Carl Ernst: Adolph Diesterweg, 1824
Bleistiftzeichnung auf Papier
Stadtmuseum Berlin: Museum Kindheit und Jugend/Schulmuseum

FRIEDRICH ADOLPH WILHELM DIESTERWEG
SÄMTLICHE WERKE

FRIEDRICH ADOLPH WILHELM

DIESTERWEG

SÄMTLICHE WERKE

HERAUSGEGEBEN VON
GERT GEISSLER, KLAUS GOEBEL,
MANFRED HEINEMANN, RUTH HOHENDORF,
PETER MENCK, HORST F. RUPP

LUCHTERHAND

2003

FRIEDRICH ADOLPH WILHELM

DIESTERWEG

SÄMTLICHE WERKE

II. ABTEILUNG

XXIII. BAND

BRIEFE, AMTLICHE SCHREIBEN
UND LEBENSDOKUMENTE
AUS DEN JAHREN 1810 BIS 1832

BEARBEITET VON
SYLVIA SCHÜTZE

UNTER MITARBEIT VON GABY HERCHERT,
ELISABETH GUTJAHR UND KLAUS GOEBEL

HERAUSGEGEBEN VON
KLAUS GOEBEL

LUCHTERHAND

2003

Gedruckt mit Unterstützung der Deutschen Forschungsgemeinschaft

Die Deutsche Bibliothek – CIP-Einheitsaufnahme

Diesterweg, Adolph:
Sämtliche Werke / Friedrich Adolph Wilhelm Diesterweg. Hrsg. von Gert Geißler
... – Neuwied; Kriftel; Berlin: Luchterhand
Teilw. hrsg. von Karl-Heinz Günther ... Teilw. hrsg. von Robert Alt ... Teilw. hrsg.
von Heinrich Deiters ... Bis Bd. 17 im Verl. Volk und Wissen, Berlin
ISBN 3-472-00872-5/875-X/876-8 (Bd. 1–20 und 23, Luchterhand)
ISBN 3-06-212762-7 (Bd. 1–17, Verl. Volk und Wissen)

Abt. 2.
Bd. 23. Briefe, amtliche Schreiben und Lebensdokumente aus den Jahren 1810 bis
1832 / hrsg. von Klaus Goebel.
Bearb. von Sylvia Schütze unter Mitarbeit von Gaby Herchert, Elisabeth Gutjahr
und Klaus Goebel. – 2003
ISBN 3-472-00880-6

www.luchterhand-fachverlag.de

Satz und Druckvorbereitung:
Zentrum für Zeitgeschichte von Bildung und Wissenschaft (ZZBW)
der Universität Hannover
Druck / Bindung: Hahn-Druckerei GmbH & Co., Hannover

Printed in the Federal Republic of Germany

INHALTSVERZEICHNIS

Abbildungen:

EINLEITUNG:
BRIEFE, AMTLICHE SCHREIBEN
UND LEBENSDOKUMENTE

Von Friedrich Adolph Wilhelm Diesterweg ist kein geschlossener schriftlicher Nachlaß überliefert. Die Texte seiner Bücher und Aufsätze, die in der Gesamtausgabe erneut abgedruckt werden, stützen sich auf gedruckte Vorlagen. Deren Manuskripte blieben nicht erhalten. Den Briefen, amtlichen Schreiben und Lebensdokumenten im vorliegenden Band XXIII und in den beiden folgenden Bänden dagegen liegen überwiegend Handschriften aus Archiv- und Privatbesitz zugrunde. Der größere Teil davon erscheint hier zum ersten Mal im Druck, der kleinere Teil ist bereits früher veröffentlicht worden. Diese Druckfassungen wurden, soweit Handschriften vorhanden und zugänglich waren, überprüft.

Folgen wir Lebensgang und beruflichem Wirken, lassen sich von Diesterweg Briefe unterschiedlichen Inhalts erwarten. Die Briefe an Verwandte tragen in erster Linie privaten Charakter. Mit Freunden und Kollegen aus der Schulwelt korrespondierte er vorzugsweise über pädagogische Fragen. In diesen Zusammenhang gehören ebenfalls die Schreiben, die Diesterweg als Schulbuchautor und Zeitschriftenherausgeber verfaßt hat. Es gibt unter den Freunden aber auch Briefpartner, denen er persönliche Dinge anvertraut. Dazu zählt vor allem der Cronenberger Lehrer und später schriftstellernde Privatier Eduard Langenberg, sein Schüler im Lehrerseminar Moers. Diesterwegs Briefe als Seminardirektor in den Jahren 1820 bis 1847 sind dienstlich bestimmt. Diese amtliche Korrespondenz ist erstaunlicherweise nahezu unbekannt geblieben, obwohl sich die Akten erhalten haben. Sie wird hier erstmals publiziert und bietet gleichzeitig einen exemplarischen Beitrag zur Geschichte der preußischen Lehrerbildung in der Frühphase ihrer Modernisierung.

Diesterwegs Briefe standen im Gegensatz zu pädagogischen Arbeiten zwar nie im Mittelpunkt des Interesses, fanden jedoch ebenso wie seine Biographie immer wieder die Aufmerksamkeit von Lehrern und Autoren. Die Publikation einzelner Briefe hat daher eine lange Geschichte. Vor allem runde Erinnerungsdaten wie der 100. und der 200. Geburtstag sowie der 100. Todestag gaben Veranlassung, Briefe zu sammeln und zu veröffentlichen. Doch setzten die Bemühungen, Briefe für Biographie, Werk und Wirkung auszuwerten, schon nach dem Tod 1866 ein. Denn als Eduard Langenberg im Verlag des Sohnes Moritz Diesterweg, seit 1860 Inhaber der Joh. Chr. Hermann'schen Verlagsbuchhandlung in Frankfurt am Main, die erste Biographie herausbrachte, tat er dies „unter Mitwirkung der Familie", die den Verfasser „mit reichlichem Material" versorgt hatte[1]. Nachweise im Einzelnen fehlen jedoch; „wenn ich die Stellen angeführt hätte, wo ich diese oder jene biographischen Momente in seinem Leben gefunden, so würde man über die Menge derselben, mehr aber noch über die verschiedenartigsten Orte staunen, wo ich dieselben fand"[2], schreibt der Verfasser, gewiß zum Mißfallen von Lesern, die solche Quellenhinweise schmerzlich vermissen. Langenberg war kein kritischer Biograph. Diesterwegs Moerser Seminarschüler wollte vielmehr den Lebenslauf ausführlich und positiv darstellen. Denn sein verehrter pädagogischer Meister hatte ihn so begeistert, daß er „der gewissen Hoffnung lebte", seine

[1] Eduard Langenberg: Adolph Diesterweg. Sein Leben und seine Schriften. Unter Mitwirkung der Familie herausgegeben. Erster Theil: Diesterweg am Rhein. Frankfurt am Main 1867; Zweiter Theil: Diesterweg in Berlin. Ebenda 1868; Dritter Theil: Diesterweg außer Diensten. Ebenda 1868
[2] Wie Anmerkung 1, Erster Theil, Vorwort, S. III

innere Erhebung möge auch „auf den Leser übergehen"[3]. Während die Inhalte der Schriften ausgiebig referiert werden und die Fundstellen angegeben sind, fehlen Nachweise, wenn es um Biographisches geht. Dann heißt es lapidar, „sagt Diesterweg", „erzählt Diesterweg"[4], oder Diesterweg verlebte „glückselige Tage, wovon die noch vorhandenen Briefe in beredten Worten sprechen"[5].

Die Briefe, die Langenberg zur Verfügung standen, hatte Diesterweg entweder an Familienangehörige geschrieben, oder sie waren an ihn, Langenberg, gerichtet. Langenberg starb 1891. Seine Absicht, die an ihn gerichteten Schreiben Diesterwegs zu veröffentlichen, hat er nicht mehr verwirklichen können. Als Hugo Gotthard Bloth auf diese 88 Briefe in der damaligen Deutschen Lehrerbücherei am Ostberliner Alexanderplatz stieß und sie für den Abdruck in seiner Biographie[6] mit allen bisher bekannten und von ihm neu ermittelten Briefen[7] vorsah, mußte er feststellen, daß Langenberg für die Druckfassung Stellen gestrichen oder neugefaßt hatte. Dies betraf vor allem Formulierungen Diesterwegs, von denen er annahm, daß sie Diesterweg oder ihn in ein weniger günstiges Licht rückten. Es ist darum denkbar, daß auch Zitate aus Briefen, die in Langenbergs Biographie vorkommen, verändert worden sind.

Vermutlich ist ein Teil der übrigen, von Langenberg benutzten Briefe später auf einzelne Familienzweige übergegangen, wie es im noch zu erwähnenden Fall Moritz Diesterweg/ Ruth Pasquay erfolgte. Der größere Teil verschwand wohl für immer. Was an Manuskripten, Briefschaften und sonstigen Aufzeichnungen im Verlag des Sohnes Moritz vielleicht noch verblieben war, wurde bei Bombenangriffen auf Frankfurt am Main im Zweiten Weltkrieg zerstört. Bald nach Diesterwegs Tod hat Langenberg auch einen Teil des Tagebuchs herausgegeben[8]. Der vollständige Wortlaut anderer Tagebuchaufzeichnungen, aus denen Langenberg in der Biographie zitiert, ist nicht mehr bekannt. So blieben aus einem Tagebuch, das Diesterweg über längere Abschnitte seines Lebens führte, neben dem gedruckten Teil allein die in dieser Biographie abgedruckten Zitate übrig.

Mit der Verehrung seines pädagogischen Meisters stand Langenberg nicht allein. „Offenbart uns die Biographie Diesterwegs", schreibt er darin einleitend, „ein Leben voll unaussprechlicher Liebe für seine Mitmenschen und besonders für die Lehrerwelt, die er liebte, wie wohl keiner zuvor"[9], so wirkten in dieser Lehrerwelt persönliche Erinnerungen noch lange nach. Dies kam auch dem Berliner Lehrerverein zugute. Von seinem Mitglied und späteren Ehrenvorsitzenden Hermann Gallee war 1876 die Initiative zur Gründung eines Deutschen Schulmuseums ausgegangen. Dessen Bibliothekar wurde Adolf Rebhuhn. Zehn Jahre später gab Gallee anläßlich der bevorstehenden 100. Wiederkehr von Diesterwegs Geburtstag bekannt, innerhalb des Schulmuseums solle ein „Diesterweg-Museum" geschaffen werden. Darin würden gedruckte Schriften von und über Diesterweg sowie alle Handschriften gesammelt, ferner Abbildungen und andere Erinnerungsgegenstände. Zu einem ansehnlichen Grundstock hätten schon Ad[olf] Böhme, Dr. Jonas (beide Berlin) und

---

[3] Ebenda, S. IV
[4] Ebenda
[5] Ebenda, S. 13
[6] Hugo Gotthard Bloth: Adolph Diesterweg. Sein Leben und Wirken für Pädagogik und Schule. Heidelberg 1966
[7] Ebenda, S. 185–411
[8] Eduard Langenberg (Hrsg.): Aus Diesterwegs Tagebuche von 1818 bis 1822. Frankfurt, Elberfeld, Mörs. Unter Zustimmung der Familie herausgegeben. Frankfurt am Main 1870; Hugo Gotthard Bluth (Hrsg.): Aus Adolph Diesterwegs Tagebuch 1818 bis 1822. Neu herausgegeben. Frankfurt am Main/Berlin/Bonn 1956
[9] Wie Anmerkung 3

XVIII

Moritz Diesterweg (Frankfurt am Main) beigetragen. Weitere Beiträge seien von W[ilhelm] Böckmann, L. Rudolf, Ferd[inand] Schmidt (alle Berlin), Ed[uard] Langenberg (Bonn) und Dr. W[ichard] Lange (Hamburg) in Aussicht gestellt worden. An die deutsche Öffentlichkeit, vor allem an die Lehrer, erging der Aufruf, sich an der Sammlung zu beteiligen [10].

Wesentliche Teile des Bestandes an Diesterweg-Briefen im heutigen Archiv der Bibliothek für Bildungsgeschichtliche Forschung (BBF) des Deutschen Instituts für Internationale Pädagogische Forschung (DIPF) in Berlin gehen auf dieses erste systematische Bemühen zurück, Hinterlassenschaften Diesterwegs zu sichern, ebenso Sammlungsstücke im jetzigen Museum für Kindheit und Jugend/Schulmuseum des Berliner Stadtmuseums. Erster und unmittelbarer Ertrag des Galleeschen Aufrufs war in Bezug auf die Handschriften die Herausgabe einer Auswahl von 122 Briefen Diesterwegs durch A. Rebhuhn im Gedenkjahr 1890 [11].

Für die nächstfolgende Ausgabe von Briefen bedurfte es wieder eines Jubiläums. H. G. Bloths bereits erwähntes, zum 100. Todestag erschienenes Buch enthielt 268 Briefe. Bloth nahm in seine Ausgabe auch die von Rebhuhn herausgebrachten sowie die von Langenberg gesammelten und einige schon 1881 von Louis Walter publizierte Schreiben an Friedrich Fröbel [12] auf. Der Biograph und Herausgeber setzte nach dem Erscheinen des Werkes die biographischen Studien fort, fand weitere Briefe und publizierte sie [13]. Darin begegnen uns Zeugnisse von Diesterwegs Liebe zu Sabine Enslin aus den jungen Jahren.

Der Herausgeber dieses Bandes beschäftigte sich seit Anfang der 70er Jahre mit der Tätigkeit Diesterwegs als Seminardirektor, die sich im amtlichen Schriftverkehr dokumentierte. Neue Schriftquellen versprachen die Akten der preußischen Lehrerseminare, die das Geheime Staatsarchiv Preußischer Kulturbesitz Berlin-Dahlem in den 1970er Jahren übernommen hatte, ebenso Behördenakten im Hauptstaatsarchiv Düsseldorf und im Landeshauptarchiv Koblenz. Auch die Möglichkeit, in den aus Berlin stammenden, nach Kriegsende in der Ostzone verbliebenen und in Merseburg zusammengezogenen Beständen des Deutschen Zentralarchivs, Historische Abteilung II (seit 1976 Zentrales Staatsarchiv, Dienststelle Merseburg, genannt), zu arbeiten, führte zu Einblicken in Diesterweg-Materialien. Die auf diesen Arbeiten basierenden Publikationen [14] verstärkten die Erwartung, daß

10 Rheinische Blätter für Erziehung und Unterricht 60 (1886), S. 575 f.; Pädagogische Blätter 15 (1886), S. 494
11 Adolf Rebhuhn: Briefe Adolph Diesterwegs. Leipzig 1890
12 Louis Walter: Adolph Diesterweg und Friedrich Fröbel. Dresden 1881
13 Hugo Gotthard Bloth: Neuentdeckte Briefe Diesterwegs an seine Braut und Gattin. In: Zeitschrift für Pädagogik 13 (1967), S. 451–473
14 Klaus Goebel: Diesterwegs Nachfolger in Moers. Die politische Vorgeschichte der Berufung Franz Ludwig Zahns zum Seminardirektor 1832. In: Rheinische Vierteljahresblätter 36 (1972), S. 229–244; ders.: Drei unbekannte Briefe Diesterwegs an Johannes Schulze. In: Pädagogische Rundschau 29 (1975), S. 449–459; ders.: Adolph Diesterwegs Reise zu den Lehrerseminaren Trier, Kaiserslautern, Karlsruhe und Bensheim in den Sommerferien 1829. Ein unveröffentlichter Bericht. In: Theorie und Praxis in der Lehrerausbildung. Festschrift für Ulrich Freyhoff. Hrsg. von Michael Konrad. Dortmund 1988, S. 51–62; Klaus Goebel: Die Schulvisitationsreise des Seminardirektors Adolph Diesterweg in den Kreis Solingen 1830. Ein unveröffentlichter Bericht. In: Die Heimat. Mitteilungsblatt des Bergischen Geschichtsvereins, Abt. Solingen, NF 5 (1989), S. 18–26; ders.: Schulverhältnisse am Niederrhein und im Bergischen Land 1827. Ein Visitationsbericht des Seminardirektors Adolph Diesterweg. In: „Am Gespräch des menschlichen Geistes über die Jahrhunderte teilzuhaben ...". Festschrift für Hans Georg Kirchhoff zum 60. Geburtstag. Hrsg. von Klaus Goebel, Johannes Hoffmann, Klaus Lampe und Dieter Tiemann. Bochum 1990, S. 269–274; ders.: Literatur für das Volk. Mit sechs unveröffentlichten Briefen Adolph Diesterwegs an Berthold Auerbach. In: Pädagogische Rundschau 46 (1992), S. 587–597; Diesterweg am Niederrhein. Briefe und Berichte. Hrsg. von Klaus Goebel. Neuwied/Kriftel 2000

alle Dokumente eines nicht zu fernen Tages vollständig erfaßt und im Druck erscheinen würden, zumal diese Briefe und amtlichen Schreiben die einzigen Autographen von Diesterwegs Hand darstellten.

Doch die Schwierigkeiten, die mit Forschungsreisen in die DDR und der Benutzung der dortigen Archivunterlagen verbunden waren, schränkten Forschungskontakte zwischen beiden deutschen Staaten erheblich ein. Eine gemeinsame Arbeit mit gemeinsam verantworteten Publikationen von und über Diesterweg war nicht in Sicht. So mußte die Aufgabe, die Arbeit Bloths an den Briefen fortzuführen, zunächst in der Bundesrepublik erfolgen. Gespräche mit Hugo Gotthard Bloth bestärkten mich in dieser Absicht. Mit Dank und Respekt sei vermerkt, daß Herr Kollege Bloth seine Forschungsmaterialien uneingeschränkt zur Verfügung stellte. Dennoch mußte sich eine gewisse Hoffnung auch auf die in der DDR erscheinende Gesamtausgabe richten, in deren Publikationskonzept die Briefe einbezogen waren. Aber die Drucklegung der Aufsätze aus den Rheinischen Blättern und dem Pädagogischen Jahrbuch beanspruchte in den ersten Jahrzehnten die volle Aufmerksamkeit der Herausgeber. Zudem vergrößerte sich der Abstand, in dem neue Bände erschienen.

Anläßlich der zum 200. Geburtstag 1990 erfolgten „Diesterweg-Ehrung", die von einem Komitee der Akademie der Pädagogischen Wissenschaften der DDR vorbereitet worden war und Ende Oktober 1990, wenige Wochen nach der Wiedervereinigung, im Ostteil Berlins stattfand, veröffentlichten die Mitherausgeber Ruth und Gerd Hohendorf eine Liste aller bisher bekannt gewordenen 492 Briefe und riefen zu ihrer Vervollständigung auf [15]. Nach der 1. Abteilung (Zeitschriftenbeiträge) und der 2. Abteilung (Selbständige Schriften) der Gesamtausgabe rücke, so R. und G. Hohendorf, nun eine 3. Abteilung mit Tagebüchern, Briefen und amtlichem Schriftwechsel ins Blickfeld [16]. Zu diesem Zeitpunkt war für die Briefe ein Band vorgesehen. Aus der Liste ging hervor, daß die Herausgeber bisher unveröffentlichte Sammlungen und Einzelbriefe für die Edition vorsahen. In erster Linie ist hier der schon zu Beginn der Werkausgabe genannte Nachlaß Pasquay zu nennen. Er umfaßt Briefe des Vaters Adolph an den Sohn Moritz Diesterweg sowie an Wichard Lange. Dieser Handschriftenbestand befand sich 1956 [17] im Besitz von Ruth Pasquay, einer Enkelin von Moritz, wurde später von der Akademie der Pädagogischen Wissenschaften übernommen und gehört heute zum Archiv der Bibliothek für Bildungsgeschichtliche Forschung. Von Bedeutung erwies sich auch ein Bestand an Briefen, die Diesterweg an Heinrich Hoffmann von Fallersleben und andere Zeitgenossen gerichtet hatte. Diese Briefe, die bis Kriegsende zu den Sammlungen der Preußischen Staatsbibliothek Berlin zählten, werden heute von der Universitätsbibliothek der Jagellonischen Universität Krakau verwahrt. Auch weitere an Friedrich Fröbel geschriebene Briefe Diesterwegs waren unbeachtet geblieben [18].

Die nach der Wiedervereinigung in den 90er Jahren einsetzende finanzielle Förderung der Gesamtausgabe durch die Deutsche Forschungsgemeinschaft ermöglichte es, das Werk fortzuführen und damit auch die Edition der Briefe zu verwirklichen. Nun begann eine systematische Erfassung. Der Herausgeber nahm seine vor der Vereinigung begonnenen Nachforschungen wieder auf. Weitere in Frage kommende Archive und Sammlungen wurden erkundet – darunter vor allem die Landeshauptarchive Potsdam und Koblenz, das Ar-

---

[15] Gerd Hohendorf / Ruth Hohendorf: Aufruf zur Vervollständigung der Sammlung der Briefe F. A. W. Diesterwegs (1790–1866) nebst einer Übersicht über die bisher erfaßten Diesterweg-Briefe. Typoskript, vervielfältigt. Berlin 1990
[16] Ebenda, S. 1
[17] Vorwort zur Gesamtausgabe. In: Friedrich Adolph Wilhelm Diesterweg: Sämtliche Werke, Bd. 1. Hrsg. von Heinrich Deiters, Hans Ahrbeck, Robert Alt, Gerda Mundorf und Leo Regener. Berlin 1956, S. XVII
[18] Näheres zur Geschichte des Fröbel-Nachlasses bei Helmut Heiland: Fröbelforschung. Darmstadt 1983, S. 3 ff.

chiv der Bibliothek für Bildungsgeschichtliche Forschung Berlin und das Hauptstaatsarchiv Düsseldorf. Die systematische Erschließung dieser Bestände durch die wissenschaftlichen Mitarbeiterinnen Gaby Herchert (1996–1998) und insbesondere Sylvia B. Schütze (seit 1996) führte zu einem erheblichen Zuwachs an Dokumenten. Die Archivmaterialien wurden vor Ort durchgearbeitet und neu aufgefundene Handschriften transkribiert. In dieser Arbeitsphase bereiteten gerade die in den Akten des Lehrerseminars Moers verbliebenen Entwürfe von der Hand Diesterwegs oft beträchtliche Probleme.

Die Zahl der Einzelstücke wuchs gegenüber der Hohendorf-Liste von 1990 schließlich auf mehr als das Doppelte an. Ihre Grundlage bestand aus handschriftlichen privaten Briefen, handschriftlichen Ausfertigungen amtlicher Schreiben, handschriftlichen Entwürfen zu amtlichen Schreiben, handschriftlichen Abschriften amtlicher Schreiben sowie handschriftlichen, von Diesterweg mitunterzeichneten Briefen, Protokollen und andern Schriftstücken, ferner aus maschinenschriftlichen Abschriften privater und amtlicher Briefe (hier vor allem im Nachlaß Gunnar Thiele), deren handschriftliche Vorlagen bisher nicht nachweisbar waren, sowie aus bereits edierten, im Original jedoch nicht mehr vorhandenen Privatbriefen, Amtsschreiben und Tagebuchaufzeichnungen. Für diese von Diesterweg stammenden Dokumente sind statt des ursprünglich geplanten einen Bandes jetzt drei Bände vorgesehen.

Das Abfassen der Anmerkungen für den vorliegenden ersten Band lag vor allem in der Hand der wissenschaftlichen Mitarbeiterin Elisabeth Gutjahr (1998–2000), die sich wiederum auf Vorarbeiten von Gaby Herchert stützen konnte; Sylvia B. Schütze ergänzte die Kommentierungen seit 2000. Den wissenschaftlichen Apparat einschließlich des biobibliographischen Personenregisters erstellte Sylvia B. Schütze.

Der vorliegende Band, der XXIII. der Gesamtausgabe, enthält Diesterwegs Briefe, amtliche Schreiben und Lebensdokumente bis zum Wechsel von Moers nach Berlin 1832. Der nachfolgende Band XXIV betrifft die Zeitspanne vom Amtsantritt in Berlin bis zur Amtsenthebung 1847, während der XXV. Band die Lebensjahre bis zum Tod 1866 dokumentiert. Der abschließende XXVI. Band enthält die Registereinträge dieser drei wie auch der übrigen Bände. Ich danke vor allem den Mitarbeiterinnen Sylvia B. Schütze, Gaby Herchert und Elisabeth Gutjahr für die geleistete Arbeit. Auch der langjährigen Bearbeiterin und späteren Mitherausgeberin Ruth Hohendorf sei besonders dafür gedankt, daß sie die reichen Erfahrungen, die sie in ihrer Tätigkeit für die Gesamtausgabe seit 1954 zu erwerben wußte, in den Dienst der Briefbände gestellt hat. Ebenso sind wir dafür dankbar, daß wir auf Briefkopien zurückgreifen konnten, die der damalige Mitherausgeber Karl-Heinz Günther in Merseburg hatte erstellen lassen. Mit den jetzigen Mitherausgebern Gert Geißler, Manfred Heinemann, Ruth Hohendorf, Peter Menck und Horst F. Rupp wurden in Arbeits- und Herausgebersitzungen editorische und inhaltliche Fragen gemeinsam mit den für diesen Band unmittelbar Verantwortlichen erörtert. Maßgeblichen Anteil an der Herstellung des druckfertigen Manuskriptes hat Anne Peters, der wir ebenfalls herzlich danken.

Unser Dank gilt allen Archiven und Bibliotheken, die Benutzungs- und Publikationsgenehmigungen erteilten. Einzelne haben uns wertvolle Auskünfte gegeben. Ohne die schon erwähnte Förderung der Deutschen Forschungsgemeinschaft hätte das Werk nicht erscheinen können. Diesterwegs Urenkelin Lotte Köhler vermittelte die Anschubfinanzierung der Köhler-Stiftung München. Die Kulturstiftung der Sparkasse Moers ermöglichte durch eine Zuwendung den Druck der Abbildungen. DFG, Köhler- und Kulturstiftung sind wir besonders dankbar.

Klaus Goebel

XXI

ERLÄUTERUNG DER EDITIONSPRINZIPIEN

Die Edition historischer Texte stellt Herausgeber und Bearbeiter vor die Aufgabe, Richtlinien zu entwickeln, nach denen die betreffenden Dokumente ausgewählt, wiedergegeben und kommentiert werden sollen. Zwar liegen historisch-kritische Ausgaben vor, die durchaus als Empfehlung oder Maßstab dienen können, doch ist das Quellenmaterial jeder Edition, zumal einer Briefausgabe, so individuell, daß die Wiedergabe nicht einfach einem Muster folgen kann, das für andere Texte beschritten wurde.

In der Editionsphilologie befaßt sich mittlerweile eine ganze Forschungsrichtung mit dem angemessenen Herausgeben von Dokumenten. Doch auch hier sind die Vorschläge sehr heterogen. In den meisten Fällen geht es um die Herausgabe literarischer Texte. Wenngleich im Hinblick auf Gründlichkeit und Historizität sicherlich die gleichen Anforderungen an die Editoren von Werken zu richten sind, die keinen poetischen Rang für sich beanspruchen, so sind doch nicht alle Kategorien übertragbar.

Dies betrifft insbesondere die Frage der wiederzugebenden Textversion. Während im Hinblick auf Literatur vor allem die Entscheidung für die „Ausgabe erster Hand" oder „letzter Hand" diskutiert wird, d.h. ob der ursprünglichen oder der letztgültigen Druckfassung eines Werkes für die Literaturgeschichte die größere Bedeutung zukommt, ist es im Hinblick auf ein in der Geschichte wirksam gewordenes Schreiben vermutlich gerade die „Version mittlerer Hand" – chronologisch gesehen also weder der Entwurf noch die Abschrift für Dritte, sondern die Ausfertigung, die den Adressaten tatsächlich erreichte –, deren Kenntnis für den Leser die größte Bedeutung besitzt (siehe unter: „Textwiedergabe").

TEXTBESTAND

Gegenstand dieser Edition sind alle vollständig oder teilweise überlieferten Briefe von F.A.W. Diesterweg, sofern sie Briefcharakter im engeren Sinne besitzen und von Diesterweg nicht schriftstellerisch verarbeitet bzw. publiziert wurden. Nicht aufgenommen sind also undatierte, nicht adressierte Zettel, ebensowenig öffentliche Aufrufe, wenn Diesterweg diese beispielsweise in den Rheinischen Blättern abgedruckt hat.

Zu den Briefen werden auch die amtlichen Schreiben gerechnet, darunter zahlreiche Berichte an Behörden, sowie Protokolle, die Diesterweg mitunterzeichnet hat. Hinzu kommt der einzige im Druck erhalten gebliebene Tagebuchtext.

Gesondert erfaßt – in einer Übersicht im Anhang dieses Bandes – sind häufig vorkommende, standardisierte Texte, z.B. Anschreiben zur Übersendung von Liquidationen, sowie Rechnungen und Quittungen, sofern diese Dokumente nichts enthalten, was den Empfänger oder das Verhältnis Diesterwegs zu ihm individuell kennzeichnet.

Ebenfalls in einer Übersicht wiedergegeben sind sämtliche Listen von Seminaristen und Lehrkursteilnehmern, d.h. Beköstigungs-, Stipendiaten-, Beurteilungs- und Teilnehmerlisten. Um dem interessierten Leser eine Vorstellung von der Anlage solcher Listen zu vermitteln, wurden exemplarisch drei Listen unterschiedlichen Typs im Anschluß an die Übersicht abgedruckt.

Die Übersichten sind chronologisch angeordnet und mit genauen Quellenangaben versehen, um sie weiteren Forschungen zugänglich zu machen.

XXIII

Sofern von einem Schreiben mehrere Versionen vorliegen, etwa Entwurf und Ausfertigung oder Abschriften, so wurde für den Abdruck möglichst die rezeptionswirksame Variante ausgewählt, also derjenige Text, der den Adressaten tatsächlich erreichte, die Ausfertigung. Fehlt diese, so hat ein Text von Diesterwegs Hand, in der Regel also ein Entwurf, Vorrang vor der Abschrift, da er die höhere Authentizität besitzt.

Orthographie und Interpunktion sind im Original wiedergegeben, ebenso Hervorhebungen durch Unterstreichung; auch Fehler, etwa grammatischer Art, wurden nicht stillschweigend behoben, sondern durch den Eintrag *[sic!]* gekennzeichnet.

Dokumente, bei denen gestalterische Elemente von Bedeutung sind, beispielsweise horizontale und vertikale Linien in Quittungen und Listen, sind im Druck möglichst so gestaltet wie von Diesterwegs Hand.

Im Textkritischen Apparat im Anhang dieses Bandes sind alle gestrichenen Textteile sowie die Abweichungen in anderen Textversionen erfaßt, sofern es sich um semantisch bedeutsame Wortfragmente, ganze Wörter und Satzteile oder den Satzcharakter verändernde Satzzeichen wie Ausrufungszeichen, Fragezeichen, Semikola handelt. Die entsprechende Stelle ist im wiedergegebenen Text jeweils durch ein tiefgestelltes Zeichen gekennzeichnet (vgl. die detaillierte Darstellung der Wiedergaberegeln im Anhang):

- eine tiefgestellte Ziffer für eine Streichung im wiedergegebenen Text,
- ein tiefgestellter Großbuchstabe für die Position einer Streichung in einer anderen Textversion,
- ein tiefgestellter Kleinbuchstabe für Anfang und Ende einer Abweichung in einer anderen Textversion.

Abkürzungen Diesterwegs wurden entweder durch die Bearbeiter aufgelöst, wobei die ergänzten Zeichen durch eckige Klammern als Konjektur gekennzeichnet sind, oder aber, sofern es sich um sehr häufig verwendete Abkürzungen handelt, beibehalten und in einem Verzeichnis erläutert, das der Wiedergabe der Diesterweg-Texte vorangestellt ist.

Lücken, die Diesterweg im Text gelassen hat, beispielsweise zur späteren Eintragung von Namen oder Ziffern, wurden optisch als Lücken wiedergegeben. Lücken, die auf die Unleserlichkeit von Manuskriptteilen (durch Verunreinigung oder Ausriß) zurückzuführen sind, sind durch den kursiven Eintrag *[Lücke]* gekennzeichnet.

TEXTANORDNUNG

Die Dokumente sind chronologisch geordnet und mit einer fortlaufenden Nummer versehen, die zur Identifizierung des jeweiligen Textes in den Anhängen sowie als Orientierungshilfe dient, wenn innerhalb der Kommentierungen auf andere Dokumente verwiesen wird.

Nicht präzise datierte Texte wurden ihrem chronologischen Ort zugeordnet, sofern das Absendedatum aus dem Inhalt oder dem Kontext erschlossen werden konnte. Dokumente, die nur mit Monats- und Jahresangabe versehen sind, sind am Beginn des jeweiligen Monats wiedergegeben, solche, die nur durch eine Jahreszeitangabe gekennzeichnet sind, am Beginn der entsprechenden Jahreszeit, und Schreiben, die nur eine Jahreszahl enthalten, am Beginn des betreffenden Jahres.

Nicht datierbare Dokumente werden am Ende von Band 25 abgedruckt.

XXIV

Vor jedem Dokument stehen drei von den Bearbeitern festgelegte Kopfzeilen:

– Die ersten beiden Zeilen enthalten zentriert die laufende Nummer sowie den vollständigen Vor- und Zunamen des Adressaten, sofern er bekannt ist, außerdem die Bezeichnung seiner Funktion, wenn er in als Funktionsträger angeschrieben wird, und den Bestimmungsort; dem alphabetischen Verzeichnis aller Briefempfänger im Anhang des Bandes kann eine Zusammenstellung sämtlicher ihnen zugesandten Diesterweg-Briefe entnommen werden.
– Die dritte Zeile enthält rechtsbündig Ort und Datum des Schreibens.

Während die Anrede des Adressaten durch Diesterweg ein Bestandteil der Textwiedergabe ist, werden Ort und Datum nicht wiederholt; ausgenommen sind besondere Kennzeichnungen wie Tageszeiten oder Gedenktage.

Die Provenienz der Dokumente mit genauen Blatt- oder Seitenangaben wird am Schluß des jeweiligen Textes angegeben. Da es sich bei den Quellen meist um foliierte Akten handelt, wurde auf die Abkürzung „F." oder „Bl." verzichtet.

Ebenfalls angegeben wird der Quellenstatus des wiedergegebenen Dokuments; sofern mehrere Quellen existieren, wird auf die Provenienz der nicht abgedruckten Versionen ebenfalls hingewiesen.

Eine vollständige Übersicht sämtlicher Textquellen ist einem gesonderten Verzeichnis zu entnehmen – die Herkunft der ungedruckten Textquellen in alphabetischer Reihenfolge der Fundorte, die Herkunft der gedruckten in ebensolcher der Autoren bzw. Herausgeber.

TEXTERLÄUTERUNGEN

Sacherklärungen, die sich auf eine bestimmte Textstelle beziehen, folgen unmittelbar im Anschluß an das Dokument. An der entsprechenden Textstelle wird durch eine hochgestellte Ziffer, die vor der Erklärung wiederholt wird, auf deren Vorhandensein hingewiesen.

Die Sacherklärungen dienen der Erläuterung von Anspielungen, erwähnten Ereignissen und Gepflogenheiten, der Auflösung von Zitaten, der Übertragung fremdsprachiger Ausdrücke und Redensarten, sofern diese dem Fremdwörterlexikon nicht zu entnehmen sind, sowie der Erklärung sprachlicher und grammatischer Eigentümlichkeiten. Hinweise auf eventuell erhaltene Gegenkorrespondenz oder Marginalien auf den Dokumenten werden ebenfalls hier gegeben.

Allgemeine Informationen über erwähnte Personen (Lebensdaten und -stationen, Veröffentlichungen) finden sich im Personenregister. In den Sacherklärungen zu einzelnen Dokumenten finden sich deshalb nur solche personenbezogenen Hinweise, die sich auf spezielle, für das Verständnis dieses Textes notwendige Aspekte beziehen.

Erläuterungen von bildungsgeschichtlich und bildungspolitisch relevanten Begriffen und Sachverhalten, die sich häufig wiederholen, werden zur Vermeidung zu umfangreicher Einzelkommentare in einem gesonderten Glossar gegeben, ebenso Erklärungen zu Währungen, Maßen und Gewichten in einem eigenen Verzeichnis. Diese befinden sich wie das Personenregister im Anhang des Bandes.

Sylvia Schütze

XXV

Reuter, Hans Heinrich: Die Regestausgabe sämtlicher an Goethe gerichteter Briefe. Zugleich Thesen über die prinzipiellen Möglichkeiten und die Methoden der Darbietung eines Briefnachlasses in Regestenform. In: Euphorion. Zeitschrift für Literaturgeschichte 62 (1/1968), S. 150–159

Woesler, Winfried: Theorie und Praxis der Nachlassedition. In: Die Nachlassedition. La publication de manuscrits inédits. Akten des vom Centre National de la Recherche Scientifique und der Deutschen Forschungsgemeinschaft veranstalteten französisch-deutschen Editorenkolloquiums Paris 1977. Bern/Frankfurt a.M./Las Vegas 1979, S. 42–53

Gregolin, Jürgen: Briefe als Texte: Die Briefedition. In: Deutsche Vierteljahresschrift 64 (4/1990), S. 756–771

Probleme der Kommentierung. Kolloquien der Deutschen Forschungsgemeinschaft Frankfurt am Main 12.–14. Oktober 1970 und 16.–18. März 1972. Referate und Diskussionsbeiträge. Hrsg. von Wolfgang Frühwald, Herbert Kraft und Walter Müller-Seidel. Boppard/Bonn-Bad Godesberg 1975

Probleme der Brief-Edition. Kolloquium der Deutschen Forschungsgemeinschaft Schloß Tutzing am Starnberger See 8.–11. September 1975. Referate und Diskussionsbeiträge. Hrsg. von Wolfgang Frühwald, Hans-Joachim Mähl und Walter Müller-Seidel. Boppard/Bonn-Bad Godesberg 1977

Editionsphilologie. Hrsg. von Herbert Kraft. Mit Beiträgen von Jürgen Gregolin, Wilhelm Ott und Gert Vonhoff. Unter Mitarbeit von Michael Billmann. Darmstadt 1990

Briefe von und an Joachim Heinrich Campe. Hrsg., eingeleitet und kommentiert von Hanno Schmitt. Band 1: Briefe von 1766–1788. Wiesbaden 1996

QUELLENVERZEICHNIS DER DIESTERWEG-TEXTE IN DIESEM BAND

I
UNGEDRUCKTE QUELLEN
(alphabetisch nach Archiv- und Nachlaßorten)

BERLIN

Deutsches Institut für Internationale Pädagogische Forschung /
Bibliothek für Bildungsgeschichtliche Forschung (DIPF / BBF), Archiv
1.101 (Nachl. F. A.W. Diesterweg), Mappe 10; 12; 22; 29

Geheimes Staatsarchiv Preußischer Kulturbesitz, Dahlem (GStA PK)
I. Ministerium der geistlichen, Unterrichts- und Medizinalangelegenheiten
I. HA Rep. 76 VII Kultusministerium, Sekt. 14 bb Nr. 5 Bd. 1–2
I. HA Rep. 76 VII Kultusministerium, Sekt. 23 bb Nr. 6 Bd. 2–3
I. HA Rep. 76 VII neu Kultusministerium, Sekt. 25 C Teil I Nr. 4 Bd. 1–4
I. HA Rep. 76 Seminare, Nr. 930 (Spandau / Berlin)
I. HA Rep. 76 Seminare, Nr. 10058–10065, 10071 (Moers)

II. Nachlässe
VI. HA Familienarchive und Nachlässe, Nachlaß Thiele, Nr. 42

DORTMUND

Stadt- und Landesbibliothek
Handschriftenabteilung, Atg.

Universität, Fakultät 15, Historisches Institut
Teilnachl. Hugo Gotthard Bloth

DRESDEN

Sächsische Landesbibliothek
Mscr. Dresd., App. 1515, Nr. 22–23; 1532, Nr. 45–46
Mscr. Dresd., R 265^d, 35
Nachl. Preußker, Mscr. Dresd., R 265^b, 40^c

DÜSSELDORF

Nordrhein-Westfälisches Hauptstaatsarchiv (HStA)
Konsistorium Köln, Nr. 10; 21
Rheinisches Oberpräsidium, BR 1041, Nr. 467

Reg. Düss., Nr. 2625; 2698; 2741; 2850; 3049; 3164; 3172; 3258; 3312; 3320; 3324; 3327; 3368a; 3388; 3396; 3401; 3408; 3429; 3456; 3577; 3595; 3616; 3618; 3868

Reg. Düss., Landratsamt Moers, Nr. 68; 503

Reg. Köln, Nr. 3265

RWN 211, Nr. 3, Nachl. Altgelt

Archiv der Evangelischen Kirche im Rheinland (Archiv EKiRh)
Bestand Evangelisch-reformierte Kirchengemeinde Moers Nr. 54; 55, Anhang

Theodor-Fliedner-Archiv
ThFlArchiv Kaiserswerth, Rep. II, K b

DUISBURG
Stadtarchiv
Bestand 10 (Duisburg), Nr. 3951
Bestand 12 (Ruhrort), Nr. 1816

FRANKFURT AM MAIN
Stadt- und Landesbibliothek
Handschriftensammlung

Magistrat der Stadt, Institut für Stadtgeschichte, Archiv
Sen. Suppl. 11/50

HILDEN
Archiv der evangelischen Gemeinde
Best. 34,4

KOBLENZ
Landeshauptarchiv (LHA)
Best. 403, Nr. 9142; 10334; 15238; 15275
Best. 405, Nr. 530; 2123; 3554; 3682; 3693

KRAKAU
Universitätsbibliothek
Varnhagen-Sammlung, ehemals GStA Berlin
Varnhagen-Sammlung (Bestand Altenstein), ehemals GStA Berlin

MOERS

Stadtarchiv

Alte Regist. 16.–20. Jh., Kart. 245; Akte 72,19; Kart. 246, Akte 72,22; Kart. 279; Akte 329,22; Kart. 596; Akte 224,3

MÜNCHEN

Privatbesitz (Dr. Lotte Köhler)

Nachl. Köhler (Dr. Lotte Köhler)

SIEGEN

Stadtarchiv

Slg. 342 (Diesterweg-Autographen), Mappe 1–8; 28–29; 31; 34; 38; 40; o. Nr.

WIESBADEN

Hessisches Hauptstaatsarchiv (HStA)

Nachl. Gruner, Abt. 1036, Nr. 15

WUPPERTAL

Stadtarchiv

Bestand L I 101, 129, 149

II
GEDRUCKTE QUELLEN

TEXTE, DIE NUR GEDRUCKT VORLIEGEN UND NACH DIESER QUELLE WIEDERGEGEBEN WERDEN

Carnap, Johann Adolph von, und Platzhoff, Friedrich: Aus Elberfeld. In: Rheinisch-westphälischer Anzeiger Nr. 13 vom 12. Februar 1831, Sp. 227–236

Carnap, Johann Adolph von, und Platzhoff, Friedrich: Aus Elberfeld. In: Rheinisch-westphälischer Anzeiger Nr. 33 vom 24. April 1831, Sp. 640–646

Langenberg, Eduard (Hrsg.): Aus Diesterwegs Tagebuche von 1818 bis 1822. Frankfurt, Elberfeld, Mörs. Unter Zustimmung der Familie herausgegeben. Frankfurt am Main 1870; neu herausgegeben von Hugo Gotthard Bluth. Frankfurt am Main / Berlin / Bonn 1956

Meinel, Alfred: Diesterwegs geistige Entwicklung bis zum Jahre 1820. Dargestellt auf Grund seiner Schriften und bisher unbenützter Akten. Diss. phil. Leipzig 1927

Ottsen, Otto: Diesterweg in Mörs, größtenteils nach Urkunden bearbeitet. Moers 1918

Warum Diesterweg nicht in Frankfurt blieb. In: Frankfurter Zeitung und Handelsblatt Nr. 342 vom 3. 12. 1890, S. 1

TEXTE, DIE IM ORIGINAL UND IM DRUCK VORLIEGEN *

Bloth, Hugo Gotthard: Adolph Diesterweg. Sein Leben und Wirken für Pädagogik und Schule. Heidelberg 1966 (18, 23, 166, 174, 184, 198, 202, 218)

Bloth, Hugo Gotthard: Neuentdeckte Briefe Diesterwegs an seine Braut und Gattin. In: Zeitschrift für Pädagogik 13 (1967), S. 451–473 (2, 3, 5, 7, 9, 10, 12, 21, 32, 222)

Diesterweg am Niederrhein. Berichte und Briefe. Hrsg. von Klaus Goebel. Neuwied/Kriftel 2000 (22 <Auszug>, 27, 32, 33, 35, 37, 39, 41, 48, 59, 60. 61, 69, 71, 77, 84, 85, 86, 94, 111, 126, 130, 134, 135, 142, 147, 152, 157, 163, 167, 173, 195, 205, 206, 218, 220, 233, 243, 251, 252)

Goebel, Klaus: Diesterwegs Nachfolger in Moers. Die politische Vorgeschichte der Berufung Franz Ludwig Zahns zum Seminardirektor 1832. In: Rheinische Vierteljahresblätter 36 (1972), S. 229–244 (27, 245, 246)

Goebel, Klaus: Adolph Diesterwegs Reise zu den Lehrerseminaren Trier, Kaiserslautern, Karlsruhe und Bensheim in den Sommerferien 1829. Ein unveröffentlichter Bericht. In: Theorie und Praxis in der Lehrerausbildung. Festschrift für Ulrich Freyhoff. Hrsg. von Michael Konrad. Dortmund 1988, S. 51–62 (208)

Goebel, Klaus: Die Schulvisitationsreise des Seminardirektors Adolph Diesterweg in den Kreis Solingen. Ein unveröffentlichter Bericht. In: Die Heimat. Mitteilungsblatt des Bergischen Geschichtsvereins, Abt. Solingen, NF 5 (1989), S. 18–26 (219)

Goebel, Klaus: Schulverhältnisse am Niederrhein und im Bergischen Land. Ein Visitationsbericht des Seminardirektors Adolph Diesterweg. In: Am Gespräch des menschlichen Geistes über die Jahrhunderte teilzuhaben ...". Festschrift für Hans Georg Kirchhoff zum 60. Geburtstag. Hrsg. von Klaus Goebel u. a. Bochum 1990, S. 269–274 (173)

Goebel, Klaus: Ich kenne kein herrlicheres Amt als das Lehramt. Eine dreibändige Ausgabe der Briefe Adolph Diesterwegs wird vorbereitet. In: Romerike Berge. Zeitschrift für das Bergische Land 46 (1996), Heft 4, S. 29–35 (27)

Huckenbeck, Ernst: Geschichte der evangelischen Gemeinde Hilden (1827–1947). Hilden 1999, S. 237 (54)

Rebhuhn, Adolf: Briefe Adolph Diesterwegs. Leipzig 1890 (18, 23, 184, 198, 202)

Zimmermann, Wilhelm: Der Aufbau des Lehrerbildungs- und Volksschulwesens unter der preußischen Verwaltung 1814–1840 (1846). Ein Beitrag zur Geschichte des rheinischen Schulwesens, Bd. 3. Köln 1963 (27, 33, 60)

---

* Die Texte wurden nicht aus den Publikationen übernommen, sondern für den vorliegenden Band aus dem Original neu transkribiert. In Klammern sind die Nummern angegeben, unter denen die in den einzelnen Veröffentlichungen enthaltenen Texte im vorliegenden Band abgedruckt wurden.

ABKÜRZUNGSVERZEICHNIS*

a.	annum (lat.): Jahr; anni: des Jahres; anno: im Jahr
Abschr.	Abschrift
Abthl. / Abthlg.	Abtheilung
a. c. (bei Daten)	anno currendo (lat.): im laufenden Jahr
a. d. O.	an der Oder
Archiv EvKiRh	Archiv der Evangelischen Kirche im Rheinland
a. M.	am Main
a. p. (bei Daten)	anno posteriori: im vergangenen Jahr
Aug.	August
Ausf.	Ausfertigung
B. / Bd.	Band
Bauinsp.	Bauinspector
beil.	beiliegend
Berl. C. / Berl. Court.	Berliner Courant (siehe Währungen, Maße und Gewichte)
betr.	betreffend, betrifft
bibl.	biblisch
C. / clev.	clevisch [Courant] (siehe Währungen, Maße und Gewichte)
c. / curr. (bei Daten)	currentis (lat.; Genitiv von: currens): des laufenden, d. h. in diesem (Jahr, Monat etc.)
Dcbr. / Decbr.	Dezember
d. h.	das heißt
DIPF / BBF	Deutsches Institut für Internationale Pädagogische Forschung / Bibliothek für Bildungsgeschichtliche Forschung
Dir.	Direktor
d. J.	des / dieses Jahres
d. M. / Mts.	des / dieses Monats
Dn.	Denar oder Dinar, Pfennig (siehe Währungen, Maße und Gewichte)
Düss.	Düsseldorf
eigh.	eigenhändig
Entw.	Entwurf
ergbr. / ergebr.	ergebener
Ew.	Euer
Exc.	Excellenz
Fl. / fl.	Florin (siehe Währungen, Maße und Gewichte)

* Die Abkürzungen können mit und ohne Punkt vorkommen.
Siehe auch das Abkürzungsverzeichnis für die Einträge im Personenregister, vorliegender Band, S. 752–757, sowie die im Quellenverzeichnis verwendeten Kürzel, vorliegender Band, S. XXVII–XXIX.

Freih.	Freiherr
frz.	französisch
gef.	gefällig, gefälligst
Gr.	Groschen (siehe Währungen, Maße und Gewichte)
GStA	Geheimes Staatsarchiv Preußischer Kulturbesitz, Berlin-Dahlem
H.	Herr
Hn.	Herrn, Herren
Hochl. / Hochlöbl.	Hochlöblich
Hochpr.	Hochpreislich
Hochw.	Hochwürdig
Hofr.	Hofrat
HStA	Hauptstaatsarchiv
Jh.	Jahrhundert
K. / Kgl. / Kön. / Königl.	Königlich
k. J.	kommenden Jahres
Konsist.	Konsistorialrat
K. R.	Konsistorialrat
L. A.	Landratsamt
lat.	lateinisch
Ldors	Louisdors (siehe Währungen, Maße und Gewichte)
LHA	Landeshauptarchiv
Min.	Minister / Ministerium
Mon.	Monat
musik.	musikalisch
N. / No. / Nr.	Nummer
Nachl.	Nachlaß
Nov. / Novbr.	November
Oberpräs.	Oberpräsident / Oberpräsidium
Oct. / Okt.	Oktober
od.	oder
o. F.	ohne Foliierung
p.	pagina (lat.): Seite
p. / pp. / p. p.	perge (lat.): usw. (in der Regel Platzhalter für vollständige Titelangaben oder Behördenbezeichnungen)
p. (bei Daten)	posterior (lat.): vergangen
pr. / Pr. Cour.	Preußisch Courant (siehe Währungen, Maße und Gewichte)
p. c.	pro centum (lat.): von Hundert, Prozent
Pestal.	Pestalozzisch
Pf.	Pfennig (siehe Währungen, Maße und Gewichte)

Prüfg.	Prüfung
Reg.	Regierung
Regg. / Rgg.	Regierung
Rep.	Repositur
Rescr.	Rescript
Rh. Bl. / Rhein. Bl.	Rheinische Blätter für Erziehung und Unterricht
Rh. / Rth. / Rthlr.	Reichsthaler (siehe Währungen, Maße und Gewichte)
S.	Seite
s. ds.	siehe diese[n] (Verweis auf einen Eintrag im Personenregister des vorliegenden Bandes)
s. ds. Personenregister Bd.	siehe diese[n] im Personenregister von Band ... (Verweis auf ein Personenregister in einem anderen Band dieser Ausgabe)
Se.	Seine
Sept. / Septbr. / Sptbr.	September
Sgr. / Slbgr.	Silbergroschen (siehe Währungen, Maße und Gewichte)
sittl.	sittlich
Sma. / Sme.	Summa / Summe
Sp.	Spalte
Sr.	Seiner
Sr.	Seminar
Ssten	Seminaristen
Staatsm.	Staatsminister
s. Z.	seiner Zeit
Th. / Thlr.	Thaler
u.	und
u. dgl. m.	und dergleichen / desgleichen mehr
Unterschr.	Unterschrift
v. J.	vorigen Jahres
v. M.	vorigen Monats
z. B.	zum Beispiel

LEBENSSTATIONEN F.A.W. DIESTERWEGS (1790–1866) IN DEN JAHREN 1790 BIS 1832

IM ZUSAMMENHANG MIT WICHTIGEN ALLGEMEIN- UND SCHULPOLITISCHEN EREIGNISSEN, MIT VORGÄNGEN AN DEN STÄTTEN SEINES WIRKENS UND MIT DEREN ENTWICKLUNG, INSBESONDERE DER DES LEHRERSEMINARS IN MOERS*

1790

29. Oktober Geburt von Friedrich Adolph Wilhelm Diesterweg in Siegen
Eltern:
Carl Friedrich Diesterweg (18.1.1754–5.11.1812), Advokat, seit 1805 fürstlich nassau-oranischer Amtmann, und
Catharina Charlotte geb. Dresler (12.5.1759–11.9.1798),
miteinander verheiratet seit 11.9.1778
Geschwister:
1. Heinrich Carl (1780–1813)
2. Christine Johanna (1781)
3. Wilhelm Adolph (1782–1835)
4. Anna Charlotte Christine (1784–1856)
5. Johann Friedrich Ludwig (1786–1850),
   später Friedensrichter in Wipperfürth und Bonn
6. Charlotte Adolphine (1788–1811)
7. Henriette Franziska Amalia (1793–1794)
8. Susanna Arnoldine Johannetta (1795–1847)
9. Heinrich Franz Carl Friedrich (1798–1799)

5. November Taufe Diesterwegs in der evangelisch-reformierten Gemeinde
Paten:
Superintendent Jacob Wilhelm Grimm,
Amtmann Johann Friedrich Trainer und Johann Adolph Hampé

Wahl und Krönung von Kaiser Leopold II. in Frankfurt am Main

1792

Wahl und Krönung von Kaiser Franz II. in Frankfurt am Main

---

* Veröffentlichungen von Diesterweg werden jeweils am Ende eines Jahres angezeigt. Der Inhalt von Aufsätzen in den von ihm seit 1827 veröffentlichten „Rheinischen Blättern" wird summarisch wiedergegeben, ebenso dadurch ausgelöste literarische Fehden in anderen Zeitschriften.
Informationen über erwähnte Personen, die auch im Personenregister dieses Bandes angeführt werden, z.B. Verwandte Diesterwegs, Lehrer und Pfarrer, werden hier nicht wiederholt, sondern können dort nachgeschlagen werden.
Allgemeine politische und bildungspolitische Vorgänge, die indirekt Einfluß auf den Lebensgang Diesterwegs hatten, sind *kursiv* wiedergegeben.

1796

Eintritt Diesterwegs in die reformierte Siegener Elementarschule
Besetzung von Frankfurt am Main durch französische Truppen unter General Jourdan

1798

11. September Tod der Mutter von Diesterweg; Weiterführung des Haushaltes durch Charlotte Diesterweg, einer Schwester des Vaters

1799/1800

Eintritt Diesterwegs in die Siegener Lateinschule, eine nach Melanchthon ausgerichtete, christlich-philanthropisch orientierte Lehranstalt
in der ersten und dritten Klasse Schüler von Magister Heinrich Adolph Achenbach (1774–1838)
in der zweiten Klasse Schüler von Konrektor Heinrich Ludwig Marquard Weidenbach (1770–1809)

1801

Frieden von Lunéville

1802

Reichsdeputationshauptschluß
Ernennung von K. Th. von Dalberg zum Kurerzkanzler des Heiligen Römischen Reiches Deutscher Nation

VERMUTLICH 1804

Konfirmation durch Pfarrer Johann Heinrich Achenbach

1806

14. Oktober *Sieg Napoleons über Preußen bei Jena und Auerstedt; militärischer Zusammenbruch Preußens*
27. Oktober *Einzug Napoleons in Berlin*
Niederlegung der Kaiserkrone durch Franz II.
Napoleon Protektor des Rheinbundes
Ernennung von K.Th. von Dalberg zum Fürstprimas des Rheinbundes

SEIT 1807

Durchführung zahlreicher innerer Reformen in Preußen, u. a. Aufhebung der Erbuntertänigkeit sowie der strengen ständischen Gliederung, Neuordnung der Staatsverwaltung, insbesondere durch Einrichtung von

XXXVI

Fachministerien (u. a. 1817 Ministerium der geistlichen, Unterrichts- und Medizinalangelegenheiten), Heeres- und Bildungsreform

1 8 0 8

Sommer-semester	Beginn des „Grundstudiums" Diesterwegs an der artistischen Fakultät der nassauischen Landesuniversität Herborn Privatissimum in der Mathematik bei Prof. Ernst Wisseler Erteilung von Privatstunden im Hause von Prof. Fritze Wohnung bei seinem Paten J.W. Grimm
16. Dezember	*Auflösung des „Ober-Schulcollegiums" als zentraler Schulaufsichtsbehörde in Preußen und Einrichtung der „Section für Cultus und den öffentlichen Unterricht" im preußischen Innenministerium (Sektionschef 1808 bis 1810 Wilhelm von Humboldt <1767–1835>)*

1 8 0 9

Frühjahr	Beendigung des Studiums in Herborn
Sommer-semester	Studium an der Universität Heidelberg, u. a. bei Johann Heinrich Voß, Jakob Friedrich Fries, Wilhelm Martin Leberecht de Wette, Friedrich Heinrich Christian Schwarz
16. August	*Gründung der Universität Berlin*
Winter-semester	Studium der Mathematik, Physik, Astronomie und Geodäsie an der Universität Tübingen

1 8 1 0

	Studium Diesterwegs in Tübingen, u. a. bei dem Mathematiker Christoph Friedrich von Pfleiderer und dem Astronomen Johann Gottlieb Friedrich Bohnenberger
	Frankfurt am Main Großherzogtum unter K.Th. von Dalberg
12. Juli	*Edikt wegen Notwendigkeit einer Prüfung der Kandidaten für das höhere Schulamt („Examen pro facultate docendi");* *Beginn der Professionalisierung des Lehrerstandes durch die Staatsunmittelbarkeit und die Emanzipation des Philologen- vom Theologenstand*

1 8 1 1

Frühjahr	Beendigung des Studiums in Tübingen Berufsziel Diesterwegs: Vermessungsingenieur Einberufung Diesterwegs in das großherzoglich-bergische Truppenkontingent Freikauf vom Militärdienst
März bis Dezember	Hauslehrer in Mannheim bei der Familie des Theaterintendanten F. J. G. Freiherrn von Venningen und den Kindern des preußischen Oberst von

Dörnberg; vergebliches Bemühen, nach der Methode J. H. Pestalozzis zu unterrichten

Wohnung in der Familie seines Bruders Wilhelm Adolph, Lehrer am Gymnasium in Mannheim

Dezember   Wanderung Diesterwegs über Siegen und Elberfeld nach Düsseldorf, um bei dem Leiter der bergischen Landesvermessung Johann Friedrich Benzenberg (1777–1846) das Ingenieurexamen abzulegen; Prüfung wegen der angespannten politischen Lage angesichts des geplanten Rußlandfeldzugs Napoleons nicht mehr durchführbar

Begegnung Diesterwegs mit dem Pädagogen J. Fr. Wilberg, einem Schüler F. E. von Rochows, in Elberfeld

Entscheidung Diesterwegs für den Lehrberuf

1 8 1 2

Einführung der Reifeprüfungsordnung in den alten preußischen Provinzen (1818/19 in der Rheinprovinz); dadurch Normierung der abiturfähigen Schulen

Rußlandfeldzug Napoleons

Januar   Diesterweg zweiter Lehrer am Gymnasium (Sekundärschule bzw. Collège) in Worms; Direktor: G. L. Schneidler; Unterricht in Mathematik und Geographie

Sommer   Begegnung Diesterwegs mit Sabine Enslin aus Wetzlar im Hause ihres Onkels, des Organisten A. W. Erk

Verlobung mit Sabine

5. November   Tod des Vaters von Diesterweg nach langer Krankheit und schweren Depressionen

1 8 1 3

1. Februar   Berufung Diesterwegs als Lehrer an die 1804 gestiftete „Musterschule", eine koedukative Real- und höhere Mädchenschule, in Frankfurt am Main; Oberlehrer: W. H. Seel; Lehrdeputat: 30 Stunden; Unterricht in Mathematik, Geographie und Naturlehre

unerlaubter Umzug nach Frankfurt bereits vor Erteilung der offiziellen Genehmigung durch die französischen Behörden in Worms

18. April   Lehrbeginn

Beteiligung Diesterwegs an den Auseinandersetzungen um die Position von Oberlehrer Seel im Kollegium der Musterschule, dabei bald führende Rolle

16. bis 19. Okt.   *Völkerschlacht bei Leipzig: Sieg der verbündeten Preußen, Österreicher und Russen über Napoleon; Rückzug Napoleons an den Rhein; Auflösung des Rheinbundes*

1 8 1 4

territoriale Neuordnung des deutschen Staatensystems; Frankfurt am Main wieder Freie Reichsstadt

April	*Einsetzung von J. J. von Görres als Direktor des öffentlichen Unterrichts für den Mittelrhein und von K. F. A. Grashof für den Niederrhein*
14. April	Heirat Diesterwegs mit Sabine Enslin in Frankfurt
	Bezug einer Wohnung im Hause des Sprachforschers und Lehrers J. V. Meidinger
	Einrichtung eines Turnplatzes für den Unterricht, gemeinsam mit seinem Kollegen Chr. Tr. H. Hahn
1814–1815	*Wiener Kongreß zur Wiederherstellung der europäischen Ordnung*

1 8 1 5

8. Januar	Geburt des ersten Kindes Emilie
	(1838 Heirat mit dem Pfarrer Julius Küpper)
5. April	*Besitzergreifung Westdeutschlands durch Preußen auf dem Wiener Kongreß*
	Bildung der drei Provinzen Großherzogtum Niederrhein (Sitz: Koblenz, Regierungsbezirke: Koblenz, Trier und Aachen), Jülich-Kleve-Berg (Sitz: Köln, Regierungsbezirke: Köln, Düsseldorf, Kleve, letzterer 1822 mit Düsseldorf vereinigt) und Westfalen (Sitz: Münster) unter der Leitung jeweils eines Oberpräsidenten
	Zuständigkeit für kirchliche Angelegenheiten (Interna) sowie Gymnasien und Lehrerseminare bei Konsistorien am Sitz der Oberpräsidenten
	Aufsicht über das niedere Schulwesen und äußere Kirchensachen (Externa) durch die einzelnen Regierungen; Ausübung dieser Aufsicht durch Schulpfleger (Schulinspektoren und Schulräte, zumeist die Superintendenten und Dechanten)
	Ordnung des evangelischen Kirchenwesens durch neue, aus reformierten und lutherischen Gemeinden gebildete Kreissynoden unter Leitung eines Superintendenten (seit 1817 in Moers W. J. G. Roß) und Provinzialsynoden unter Leitung eines Präses (seit 1818 für Jülich-Kleve-Berg ebenfalls Roß)
Dezember	*Lehrplanempfehlungen J. W. von Süverns (1775–1829)*

1 8 1 6

12. Januar	*J. W. von Süverns „Unterrichts-Verfassung der Gymnasien und Stadtschulen" in Preußen*
April 1816	*Einsetzung von K. Fr. A. Grashof als Leiter des Konsistoriums für Jülich-Kleve-Berg*
25. August	Diesterweg Stiftungsmitglied der „Gesellschaft zur Beförderung nützlicher Kenntnisse und deren Hülfswissenschaften" (Polytechnische Gesellschaft)
1. Oktober	Geburt des zweiten Kindes Bertha
	(1837 Heirat mit dem Oberlehrer Wilhelm Thilo)

1 8 1 7

20. Februar	Promotion Diesterwegs zum Dr. phil. in Tübingen mit einer Arbeit zu dem Thema: „Abhandlung über einige mathematische Aufgaben des Apollonius in seinem Werke de vectione determinata (nach der latein. Ausgabe)"

17. Mai	Anregung Diesterwegs bei der Polytechnischen Gesellschaft zur Einrichtung einer Sonntagsschule für Handwerkslehrlinge und Gesellen
5. Juni	Darlegung eines entsprechenden Planes
	Abfassung einer Gegenschrift zur Abhandlung W.H. Seels „Vom Weltuntergange" (Frankfurt a. M. 1817); dadurch Infragestellung der Autorität des Oberlehrers der Musterschule
	Streit Diesterwegs mit Seel wegen der Durchführung des Turnunterrichts durch ihn und seinen Kollegen Hahn
Sommer	Erlaß einer Schulordnung durch die Ökonomische Kommission (Leitungsgremium der Musterschule); dadurch Erhebung Seels in den Rang eines Direktors
Herbst	Ruf Diesterwegs als zweiter Rektor an die Lateinschule (späteres Gymnasium) der reformierten Gemeinde in Elberfeld; erster Rektor: Johann Ludwig Seelbach, ein Jugendfreund aus Siegen
31. Oktober	*Wartburgfest der deutschen Burschenschaften für innere Freiheit und deutsche Einheit; Verfolgung der Teilnehmer durch die Regierungen*
3. November	*Einrichtung eines eigenständigen preußischen „Ministeriums der geistlichen, Unterrichts- und Medicinal-Angelegenheiten" [im folgenden: Ministerium] unter Leitung von Minister K.S.F. Freiherr vom Stein zum Altenstein; Schaffung von Kirchen- und Schulkommissionen; Übertragung der inneren Verwaltung der Gymnasien von den städtischen Schuldeputationen an die Provinzialbehörden; Einrichtung von wissenschaftlichen Prüfungsämtern zur Erteilung des Abiturs an den Universitäten; Anordnung zur Einrichtung von Seminaren zur Ausbildung von Elementarschullehrern*
9. Nov.	Eröffnung der von Diesterweg angeregten Sonntagsschule für Handwerkslehrlinge und Gesellen; Erteilung von kostenlosem Unterricht
27. Nov.	Einreichung eines Gesuchs um Bildungsurlaub durch Diesterweg bei der Stadt als Bedingung des Verbleibs in Frankfurt; Ablehnung durch Direktor Seel im Herbst
16. Dez.	einstimmige Wahl Diesterwegs zum zweiten reformierten Rektor in Elberfeld durch das Scholarchat der Gemeinde

Vom Weltuntergange, nebst einer freimüthigen Widerlegung der Theorie des Herrn Dr. Wilhelm Heinrich Seel vom Weltuntergange, und anderen in die Geschichte der Erde einschlagenden Bemerkungen. Frankfurt am Main 1817

Ueber den Zweck und die Einrichtung guter Lehranstalten für Handwerker. Kleine Beiträge zur Verbesserung der technischen Künste in Deutschland, veranlaßt durch die Stiftung der Sonntagsschule für Handwerker zu Frankfurt am Main. Frankfurt am Main 1817

1818

31. Januar	*Vorschlag des Oberpräsidenten Graf von Solms-Laubach, für die Provinz Jülich-Kleve-Berg (den Nordteil der späteren Rheinprovinz) ein katholisches und ein evangelisches Lehrerseminar einzurichten, letzteres in Moers*
24. Februar	*Einverständnis des Ministeriums mit den Vorschlägen des Oberpräsidenten*
4. März	Bestätigung des Rufes von Diesterweg an die Lateinschule in Elberfeld durch Konsistorialrat K.F.A. Grashof in Köln

April	feierliche Verabschiedung Diesterwegs in Frankfurt im Beisein des Präsidenten der Ökonomischen Kommission, Freiherr Fr. M. von Günderrode
Mai	Reise Diesterwegs von Frankfurt über Wetzlar nach Elberfeld
13. Mai	Amtsantritt Diesterwegs in der Lateinschule (heute Wilhelm-Dörpfeld-Gymnasium); Lehrdeputat: 30 Stunden
Sommer	Aussicht Diesterwegs auf eine Lehrstelle am Gymnasium in Frankfurt am Main (Nachfolge von Prof. J. H. M. von Poppe); Ablehnung durch den Senat der Stadt Frankfurt
	regelmäßige Teilnahme Diesterwegs an den samstäglichen Versammlungen unter Leitung Wilbergs zur pädagogischen Fortbildung von Elberfelder Lehrern; starke Prägung durch Wilberg; Beginn einer lebenslangen Freundschaft
	zunehmende Entfremdung zwischen Seelbach und Diesterweg wegen unterschiedlicher pädagogischer Ansichten
2. Oktober	Geburt des dritten Kindes Hermine (1858 Selbstmord)
Okt.–Nov.	mehrwöchiges Nervenfieber Diesterwegs

1 8 1 9

1. Juni	*provisorischer Unterrichtsbeginn am ersten evangelischen Lehrerseminar für die Provinz Großherzogtum Niederrhein unter Direktor Fr. Chr. W. Braun in Neuwied*
27. Juni	*„Entwurf eines allgemeinen Gesetzes über die Verfassung des Schulwesens im preußischen Staate" durch J. W. von Süvern; darin – im Gefolge der Reformvorschläge von Wilhelm von Humboldt zur Differenzierung des Schulwesens – Versuch einer einheitlichen Organisation des allgemeinbildenden Schulwesens in aufeinanderfolgenden Stufen und die Verzahnung von geistlicher und staatlicher Schulaufsicht; 1826 endgültige Verwerfung des Entwurfs, insbesondere durch den Einfluß des für das Elementarschulwesen zuständigen Oberregierungsrates G. Ph. L. Beckedorff*
	Beginn der Lehrtätigkeit von Diesterwegs Bruder Wilhelm Adolph als Professor für Mathematik an der Universität Bonn
	Ermordung des Dichters A. Fr. F. von Kotzebue durch den Studenten K. L. Sand; in der Folge Karlsbader Beschlüsse auf Veranlassung des österreichischen Staatskanzlers Reichsfürst von Metternich und Preußen: Verbot der Burschenschaften und des Turnens, scharfe Zensur, Verfolgung sogenannter „Demagogen" (u. a. Maßregelung von E. M. Arndt und Fr. L. Jahn)
3. November	*Antrag des Ministers für geistliche, Unterrichts- und Medizinalangelegenheiten in Berlin, von Altenstein, bei König Friedrich Wilhelm III. auf Einrichtung eines zweiten evangelischen Lehrerseminars in Moers und eines katholischen in Siegburg*

1 8 2 0

Anfang Jan.	Tod des Diesterweg sehr nahe stehenden Schülers Bernhard Wever
2. Februar	Bewerbung Diesterwegs als Leiter des in Moers geplanten evangelischen Lehrerseminars für die Provinz Jülich-Kleve-Berg; Angabe von Wilberg und Grimm als Referenzen; Unterstützung des Anliegens durch seinen Bruder Wilhelm Adolph
	Berufung durch das Konsistorium in Köln

9. März	ausdrückliche Annahme der Bewerbung Diesterwegs durch das Ministerium, jedoch unter dem Vorbehalt der noch zu klärenden finanziellen Absicherung
April	Aufnahmeprüfung für die ersten Seminaristen in Moers durch Superintendent Roß und den Orsoyer Lehrer J. H. Schürmann
14. April	Aussetzung der Eröffnung der Lehrerseminare in Siegburg und Moers wegen Geldmangels beim Ministerium; Beschluß des Konsistoriums, den Unterricht dennoch beginnen zu lassen
31. Mai	Abschied Diesterwegs von Elberfeld
4. Juni	Ankunft der Familie Diesterweg in Moers
3. Juli	offizielle Eröffnung des Seminars; Rede von Diesterweg „Worauf stützt sich unser Vertrauen auf den guten Anfang und gedeihlichen Fortgang des Schullehrer-Seminars in Moers?" (abgedruckt in Bd. II)
	Unterrichtsbeginn mit vierzehn evangelischen und vier katholischen Seminarzöglingen, ohne definitive Bestätigung durch das Ministerium in Berlin
	Lehrer für Pädagogik, Mathematik, Geometrie und deutsche Sprache, zeitweilig auch für andere Fächer, u.a. 1820 bis 1823 und 1828 bis 1832 für Religion
	Unterbringung des Seminars in den hinteren Räumen des Progymnasiums, Wohnung der Seminaristen zur Untermiete bei verschiedenen Bürgern der Stadt, Wohnung der Familie Diesterweg im alten Kastell von Moers (Eigentümer Friedrich Wintgens)
3. August	Seminarfeier zum Geburtstag des Königs Friedrich Wilhelm III.
	Ablehnung eines Rufes an das Gymnasium in Hamm als Professor für Mathematik
27.–29. Sept.	*Empfehlung einer gemeinsamen Kommission beider Provinzen – unter Mitwirkung von Grashof für das Konsistorium Köln –, die Seminare von Neuwied und Moers am Standort Moers zu vereinigen*
Ende Sept.	Anweisung seitens des Ministeriums an Diesterweg zur Entlassung der Seminaristen auf unbestimmte Zeit wegen ungesicherter Finanzierung
3. Oktober	Gesuch von Superintendent Roß an Minister von Altenstein zugunsten des Seminarstandortes Moers
29. Oktober	Einrichtung von Diesterwegs Geburtstag als „Fest- und Freudentag" im Seminar
3. Dezember	Geburt des vierten Kindes Julie (1844 Heirat mit dem Arzt Dr. Heinrich Köhler)

Ueber Erziehung im Allgemeinen und Schul-Erziehung im Besonderen. Ein Fragment. Elberfeld: Heinrich Büschler 1820. Widmung an den Paten und Freund des Vaters, Generalsuperintendent Wilhelm Grimm in Dillenburg

Geometrische Combinationslehre. Zur Beförderung des Elementar-Unterrichts in der Formen- und Größenlehre, nebst einer Sammlung von Aufgaben, zu zweckmäßiger Beschäftigung mehrerer Abtheilungen einer Schulklasse. Mit zwei Kupfertafeln. Elberfeld: Heinrich Büschler 1820

1821

4. Januar	Beginn eines Sommerkursus mit den 19 bestgeeigneten Zöglingen des letzten Jahres nach befürwortenden Eingaben von Superintendent Roß und Oberpräsident Fr. L. Chr. Reichsgraf von Solms-Laubach beim Ministerium

12. Februar	vorläufige Zustimmung des Ministers von Altenstein zur Einrichtung beider Seminarstandorte – Neuwied und Moers –, jedoch noch ohne definitive Berufung Diesterwegs und ohne Genehmigung einer zweiten Lehrerstelle
15. Februar	*Einreichung einer Denkschrift bei König Friedrich Wilhelm III. über den bedenklichen Zustand des Schul- und Erziehungswesens; Verfasser: Bischof und Staatsrat Friedrich Eylert, die Ministerialräte Friedrich Schultz und G.Ph.L. Beckedorff sowie der Direktor des Joachimsthalschen Gymnasiums in Berlin, Bernhard Moritz Snethlage; Erhebung von Bedenken gegen wissenschaftliche „Halbbildung" und mangelnde religiöse Ausrichtung in den Lehrerseminaren*
	Stellungnahme der Regierung in Düsseldorf gegen die Einrichtung von Lehrerseminaren überhaupt und stattdessen Befürwortung von Gehaltsverbesserungen für Schulpfleger
16. März	Vorstoß von Superintendent Roß beim Konsistorium für die Ernennung von Diesterweg zum Direktor
13. April	Vermittlung von Einblicken in das Düsseldorfer Schulwesen durch Schulrat J. V. J. Bracht
seit Ostern	Erteilung des Religionsunterrichts am Seminar durch Pfarrer J. J. Engels, bis 1824 Konrektor des Progymnasiums in Moers
seit Ostern	Erteilung des Geschichtsunterrichts am Seminar durch Dr. C. Hoffmeister, bis 1832 Rektor des Progymnasiums in Moers; im Gegenzug Erteilung von Arithmetikunterricht am Gymnasium durch den Seminaristen Fr. A. L. Schürmann und von Mathematikunterricht durch Diesterweg selbst (bis 1823); Freundschaft zwischen Hoffmeister und Diesterweg
1. bis 5. Mai	*neuerliche Empfehlung einer gemeinsamen Kommission beider Provinzen (Lange, Koblenz; Hüsgen, Aachen; Grashof, Köln; Bracht, Düsseldorf), die Seminare von Neuwied und Moers am Standort Moers zu vereinigen und dieses simultan, nicht konfessionell zu führen; Vorschlag, den Lehrkursus auf drei Jahre festzulegen*
	Eintreten des Fürsten von Wied – als einflußreichem Standesherrn der Provinz – für den Seminarstandort Neuwied anstelle von Moers
5. Mai	Bezug weiterer gemieteter Räume des Kastells durch das Seminar; Eröffnungsrede Diesterwegs (abgedruckt in Bd. XVIII); Teilnahme der Konsistorial- und Schulräte Grashof, Bracht und H. Schultheiß; Zusicherung weiterer Unterstützung durch das Konsistorium
3. Juli	Stiftungsfeier des Seminars; Rede Diesterwegs (abgedruckt im vorliegenden Band) und Ansprachen von acht Seminaristen
3. August	Feier zum Geburtstag von König Friedrich Wilhelm III.; Rede Diesterwegs (abgedruckt in Bd. XVIII)
19.–20. Aug.	erstmalige gemeinsame Beobachtung des nächtlichen Sternenhimmels mit Fernrohren und Karten durch Diesterweg und Seminaristen
in den Ferien	Besuch Diesterwegs in dem von C. G. Ehrlich geleiteten evangelischen Lehrerseminar in Soest
15. Dezember	Geburt des fünften Kindes Julius (1855 Heirat mit Pauline Meyer)
Jahresende	neuerliche Infragestellung des Seminarstandortes Moers durch den zuständigen Rat Beckedorff und Erwägung einer Versetzung Diesterwegs an das Seminar in Neuwied

24. Februar	*Tod des Oberpräsidenten der Provinz Jülich-Kleve-Berg von Solms-Laubach; Übernahme der Leitung durch den Oberpräsidenten der Provinz Großherzogtum Niederrhein, K. H. L. Freiherr von Ingersleben, in Personalunion; dadurch Zusammenwachsen beider Teile zur Rheinprovinz*
seit Frühjahr	Bemühungen im Ministerium, die Seminare von Neuwied und Moers am Standort Neuwied zu vereinigen, da dort ein geeignetes Gebäude vorhanden sei
4. Mai	Unterrichtung Diesterwegs durch Konsistorialrat Grashof über seine geplante Versetzung nach Neuwied
Mai	Gesuch des Magistrats von Moers beim Ministerium in Berlin, der Stadt das Seminar zu erhalten
Pfingsten	Besuch Diesterwegs in dem von Fr. Chr. W. Braun geleiteten Seminar in Neuwied; anschließend Erhebung von Forderungen für den Fall der gemeinsamen Leitung
	Unterstützung der Beibehaltung beider Seminarstandorte durch Konsistorialrat Grashof, Superintendent Roß, den Berliner Oberkonsistorialrat G. Fr. A. Strauß und Oberpräsident von Ingersleben
15. Juni	*Erlaß einer Kabinettsorder durch König Friedrich Wilhelm III. als Reaktion auf die Denkschrift vom 15. Februar 1821; Aufruf zur Beschränkung der Lehrstoffe in Lehrerseminaren auf elementare Fähigkeiten und Religion*
3. Juli	Stiftungsfeier des Seminars; Rede von Diesterweg (abgedruckt in Bd. XVIII)
3. August	Feier zum Geburtstag von König Friedrich Wilhelm III.; Rede Diesterwegs „Ueber den Gemeingeist" (abgedruckt in Bd. XVIII)
in den Ferien	Besuch Diesterwegs in dem von M. Wagner geleiteten katholischen Lehrerseminar Brühl
9. Oktober	Resolution des Ministerums zur vorläufigen Genehmigung beider Seminarstandorte, Neuwied und Moers, gegen die ausdrückliche Meinung Beckedorffs, jedoch nach wie vor ohne definitive Bestätigung Diesterwegs
10. Oktober	erster Hinweis Diesterwegs an das Ministerium auf das zum Verkauf angebotene Scheidtmannsche Haus mit Nebengebäude in der Haagstraße und einem dazugehörigen Garten außerhalb der Stadt Moers als gut geeignetes Seminargebäude

Leitfaden für den Unterricht in der Formen-, Größen- und räumlichen Verbindungslehre. Für Schüler, welche an mathematischen Gegenständen denken lernen wollen. Elberfeld: Heinrich Büschler 1822. 4. Aufl. Leipzig 1845

7. Februar	Forderung Beckedorffs, Diesterweg aufgrund seiner zu hohen Ansprüche an die Ausbildung von Elementarschullehrern Ende Juli endgültig abzuberufen
10. Februar	endgültige Genehmigung der beiden Seminarstandorte Neuwied und Moers durch König Friedrich Wilhelm III.

7. März	Mitteilung des Oberpräsidenten von Ingersleben an Diesterweg über den definitiv bewilligten Ankauf des Scheidtmannschen Hauses
10.–11. März	Prüfung der ersten dreizehn Seminaristen; Entlassungsfeier
25. März	Gründung des „Vereins der aus dem Schullehrerseminar in Moers entlassenen Seminaristen" und Verabredung jährlicher Konferenzen
Juni	Ankauf des Scheidtmannschen Hauses für das Seminar in Moers
19. Juni	Bitte des Ministers von Altenstein an Oberkonsistorialrat Strauß, vormals Pfarrer in Elberfeld, um ein vertrauliches Gutachten über Diesterweg
28. Juni	Eingang einer sehr positiven Begutachtung durch Strauß
1. Juli	definitive Bestätigung Diesterwegs als Seminardirektor
3. Juli	Stiftungsfeier des Seminars; Rede Diesterwegs (abgedruckt in Bd. XVIII)
	Anstellung der Seminaristen J. W. Elsermann, J. W. Schürmann, beide bis 1825, und J. W. Schnuck, bis 1824, als Hilfslehrer für die jüngeren Seminaristen
3. August	Feier zum Geburtstag von König Friedrich Wilhelm III.; Rede Diesterwegs „Ueber Fürstengröße" (abgedruckt in Bd. XVIII)
1. November	feierlicher Bezug des Scheidtmannschen Hauses als Seminar- und Wohngebäude für alle Seminaristen, die Familie Diesterweg sowie einen Lehrer; Rede Diesterwegs „Hauptgesichtspunkte, unter welchen ein Schullehrerseminar anzusehen ist" (abgedruckt in Bd. XVIII); zugleich Eröffnung des neuen Eingangskurses durch Konsistorialrat Grashof

Leitfaden für den Unterricht in der allgemeinen und praktischen Arithmetik, sowie in dem algebraischen Schrift- und Kopfrechnen, nebst Beyspielen, Formeln und Aufgaben für höhere Bürgerschulen, Gymnasien und Seminarien. 3 Theile. Theil 1: Theorie der Arithmetik. Bonn: Eduard Weber 1823

1 8 2 4

1. Januar	Amtsantritt von C. M. Ernst, einem ehemaligen Schüler von Chr. W. Harnisch am evangelischen Lehrerseminar in Breslau, als Seminarlehrer für Zeichnen, Naturgeschichte und „deutsches Ballspiel" in Moers
	Abhaltung der sonntäglichen Abendandachten durch Diesterweg und Ernst im Wechsel
Gründonnerstag	erste Konferenz des Vereins ehemaliger Seminaristen unter Leitung Diesterwegs in Moers
seit Ostern	Erteilung von Religionsunterricht am Seminar durch den Moerser Pfarrer J. W. Bornemann; ordentliche Anstellung im November (bis 1825)
Juni	provisorische Anstellung des vom preußischen Heer als Halbinvalide entlassenen Regimentstrompeters C. W. A. Witzka zur Erteilung von Gesangs- und Violinunterricht am Seminar in Moers
Ende Juli	nach den Prüfungen Entlassung des zweiten Jahrgangs von vierzehn Seminaristen durch Konsistorialrat Grashof; Rede von Superintendent Roß
3. August	Feier zum Geburtstag von König Friedrich Wilhelm III.; Rede Diesterwegs „Die Pflichten des Lehrers gegen den Staat" (abgedruckt in Bd. XVIII)
15. August	Genehmigung des Seminar-Reglements für Moers; Verfasser: Konsistorialrat Grashof, Bearbeiter: Oberregierungsrat Beckedorff in Berlin

in den Ferien	Besuch von Diesterweg und C. Ernst in dem von G. A. Gruner geleiteten simultanen Lehrerseminar in Idstein (Hessen-Nassau, gegründet 1779) sowie in den Seminaren in Brühl und Neuwied
	Gründung eines Unterstützungsvereins für Witwen und Waisen ehemaliger Moerser Seminaristen durch Diesterweg
Herbst	Vervollständigung der Seminareinrichtung
Oktober	Ernennung zum Mitglied des Städtischen Schulvorstandes von Moers
22. Nov.	Geburt des sechsten Kindes Carl (1851 Heirat mit Emilie Böhme)

1 8 2 5

24. Januar	Gesuch Diesterwegs um generelle Verlängerung des Lehrkursus von zwei auf drei Jahre
1. März	Bitte Diesterwegs um definitive Anstellung von C.W.A. Witzka als Musiklehrer am Seminar; Ablehnung durch das Ministerium
Osterdienstag	zweite Konferenz ehemaliger Seminaristen in Moers
22. April	Übernahme der Bibliothek des ehemaligen Weseler Lehrerseminars in Moers
10. Mai	*Institutionalisierung der höheren Bürgerschule durch Ministerialerlaß*
14. Mai	*offizielle Einführung der allgemeinen Schulpflicht in den Rheinlanden*
3. Juni	Genehmigung der Verlängerung des Lehrkursus von zwei auf drei Jahre durch den Oberpräsidenten, jedoch nur einmalig für den laufenden Kursus wegen der schweren Anfangsbedingungen des Seminars
29. Juli	Schuljahresabschluß mit Abschiedsfeier für Seminarlehrer Carl Ernst, die Hilfslehrer J.W. Elsermann und J.W. Schürmann sowie den als lehrfähig angesehenen Seminaristen G. Martin in Anwesenheit von Konsistorialrat K.W.Chr. Kortüm und Superintendent Roß; Rede Diesterwegs (abgedruckt in Bd. XVIII)
in den Ferien	(um einen Monat verlängert) Besuch Diesterwegs in den preußischen Lehrerseminaren in Soest, Magdeburg (unter C.Chr.G.G. Zerrenner), Stettin (unter Fr.H.G. Grassmann), Neuzelle (unter August Ferdinand Crüger, 1705–1871), Breslau (unter J.G. Hientzsch) und Weißenfels (unter Chr.W. Harnisch) sowie im Blindeninstitut von Johann August Zeune (1778–1853) in Berlin
6. Oktober	Eröffnung des neuen Kursus; Rede Diesterwegs (abgedruckt in Bd. XVIII)

Praktisches Rechenbuch für Elementar- und höhere Bürgerschulen. Herausgegeben in Verbindung mit Peter Heuser, Elberfeld. Erstes Uebungsbuch. Elberfeld: Heinrich Büschler 1825. Zahlreiche Neuauflagen

1 8 2 6

seit Januar	interimistische Erteilung von Klavier- und Orgelunterricht am Seminar in Moers durch den Lehrer der städtischen Elementarschule A. Bleckmann
15. Februar	Einrichtung eines Provinzialschulkollegiums für die Rheinprovinz; Übernahme der Zuständigkeit für die Lehrerseminare und Gymnasien von den Konsistorien; Leitung der aus Provinzialschulräten bestehenden Behörde durch den Oberpräsidenten

28. Februar	Amtsantritt von J. H. Vorreiter (1799–1828) als Seminarlehrer für die Fächer Religion, Geschichte und Geographie in Moers
März	erste ausführliche Kritik Diesterwegs an der industriellen Kinderarbeit in der Rheinisch-westphälischen Monatsschrift (abgedruckt in Bd. XVIII)
Frühjahr	aufgrund einer schon länger währenden schweren Erkrankung des provisorischen Musiklehrers C. W. A. Witzka Einladung des Cousins von Sabine Diesterweg, L. Chr. Erk, als Seminarlehrer für Musik
Osterdienstag	dritte Konferenz ehemaliger Seminaristen in der „Neanderhöhle" im Neandertal bei Düsseldorf
18. Juni	Tod des Seminarlehrers C. W. A. Witzka
24. Juni	offizielle Genehmigung der Beschäftigung von L. Chr. Erk als Seminarlehrer für Musik (Gesang, Orgel-, Klavier-, Geigenspiel) und Leiter „musikalischer Unterhaltungen" an den Sonntagabenden
Ende Juli	Abschlußfeier für die Teilnehmer des dreijährigen Lehrganges in Anwesenheit der beiden Konsistorialräte J. Fr. H. W. Lange und Kortüm; Rede Diesterwegs (abgedruckt, einschließlich einer Darstellung der Prüfungskriterien, in Bd. II)
9. August	Genehmigung der Anstellung der beiden ehemaligen Seminaristen J. Fr. H. Schoppmann und A. H. D. Kamphausen als Hilfslehrer am Seminar für die Fächer Naturgeschichte bzw. Schreiben und Zeichnen durch den Oberpräsidenten
in den Ferien	Reise von L. Chr. Erk zu den Seminaren in Brühl und Soest, um sich als Musiklehrer fortzubilden
Herbst	Planungen Diesterwegs für die Herausgabe einer eigenen Zeitschrift „Rheinische Blätter für Erziehung und Unterricht"
	erste Kontaktaufnahme mit möglichen Autoren, u. a. mit G. H. Th. Fliedner in Kaiserswerth und G. A. Gruner in Idstein
Ende Sept.	Weggang von Kamphausen und Ersetzung durch den ehemaligen Seminaristen J. Schwalfenberg
Okt. und Nov.	Erkrankung nahezu der Hälfte der Moerser Seminaristen an schweren fiebrigen Infekten

Praktisches Rechenbuch (wie 1825). Zweites Uebungsbuch. Elberfeld: Heinrich Büschler 1826. Zahlreiche Neuauflagen

Lese- und Sprachbuch für mittlere Schulklassen und gehobene Elementarschulen. Zur Beförderung eines verständigen Lese- und eines bildenden Sprachunterrichts. Essen: G. D. Baedeker 1826. 3. Aufl. Essen 1839

1 8 2 7

13. März	Geburt des siebten Kindes Adolph (28. Dezember 1835 Tod durch Vergiftung mit Malfarben)
Osterdienstag	vierte Konferenz ehemaliger Seminaristen in Stiepel an der Ruhr
2. Juni	definitive Berufung von J. Schwalfenberg als zweiten Lehrer an der städtischen Elementarschule und zur Erteilung von Unterricht im Seminar
Sommer	Heirat von J. H. Vorreiter und J. A. Friederike geb. Kurtze; Erteilung des Heiratskonsenses unter der Bedingung, daß das Paar das neben dem Seminargebäude gelegene Haus erwirbt, um in unmittelbarer Nähe der Seminaristen zu wohnen

Sommer	Einrichtung einer Privatschule neben der städtischen Elementarschule, um der zunehmend schwieriger werdenden Zusammenarbeit zwischen dem Seminar und Lehrer A. Bleckmann zu entgehen
	Anstellung von Friedrich Thalheim als Hilfslehrer an der zum Seminar gehörigen Klein-Kinder-Schule
August	Inspektionsreise Diesterwegs zu Schulen des Regierungsbezirks Düsseldorf am Niederrhein und im Bergischen Land (Bericht abgedruckt im vorliegenden Band)
1.–27. Okt.	erstmalige Durchführung eines methodologischen Weiterbildungskursus für Lehrer im Seminar in Moers
27. Oktober	Abschluß des Kursus mit Ansprachen von Diesterweg und Superintendent Roß unter Anwesenheit von Konsistorialrat Kortüm
	im Anschluß an den Kursus eine in Zeitschriften ausgetragene Fehde über dessen Wert zwischen Diesterweg und dem Lehrer W. Kreeft, der bereits 1825 von jenem geprüft und kritisch beurteilt worden war (abgedruckt in Bd. I und Bd. XVIII)
29. Oktober	Feier von Diesterwegs Geburtstag, u. a. durch Aufführung einer Kantate (Text: Seminarist J. H. Blasius, Musik: L. Chr. Erk)
2. November	Antrag Diesterwegs bei einer von Superintendent Roß einberufenen Sitzung des Städtischen Schulvorstandes von Moers, eine von der städtischen Elementarschule getrennte Seminarübungsschule einzurichten; schwere Vorwürfe gegen die Amtsführung von Elementarlehrer A. Bleckmann
Jahresende	Tod des Seminaristen Eduard Stöcker infolge einer schweren fiebrigen Infektion

Schul-Lesebuch in sachgemäßer Anordnung nach den Regeln des Lesens für Schüler bearbeitet. Krefeld: J. H. Funcke 1827. Zahlreiche Neuauflagen

Begründung der „Rheinischen Blätter für Erziehung und Unterricht mit besonderer Berücksichtigung des Volksschulwesens" im Verlag Moritz Scherz, Schwelm in Westfalen. Im ersten Jahrgang erörtert Diesterweg Fragen der Schulorganisation, die Bedeutung der Lehrerseminare, das Schulpflegeramt und methodische Fragen (abgedruckt in Bd. I).

1 8 2 8

Osterdienstag	fünfte Konferenz ehemaliger Seminaristen in Bensberg
18. Sept.	Geburt des achten Kindes Marie
	Anstellung des Seminaristen W. A. Roeber (1806–1891) als Hilfslehrer am Seminar
29. Sept.	Tod von J. H. Vorreiter (dessen Selbstbiographie sowie ein Nachruf von Diesterweg abgedruckt in Bd. I)
Ende Sept./ Anfang Okt.	Niederkunft der Witwe von J. H. Vorreiter; Eintreten Diesterwegs für ihre finanzielle Unterstützung durch die Regierung

Raumlehre oder Geometrie nach den jetzigen Anforderungen der Didaktik für Lehrende und Lernende. Bonn: Eduard Weber 1828. 2. Aufl. Bonn 1843

Praktisches Rechenbuch (wie 1825, 1826). Elberfeld: Heinrich Büschler 1828. Zahlreiche Neuauflagen

Praktischer Lehrgang für den Unterricht in der deutschen Sprache. Ein Leitfaden für Lehrer, welche die Muttersprache naturgemäß lehren wollen. Erster Theil. Krefeld: J. H. Funcke 1828. Zahlreiche Neuauflagen

Praktisches Uebungsbuch für den Unterricht in der deutschen Sprache. Für Schüler, welche richtig schreiben und denken lernen wollen. Erster Theil. Krefeld: J. H. Funcke 1828. Zahlreiche Neuauflagen
In den „Rheinischen Blättern" wendet sich Diesterweg in diesem Jahr gegen die Kinderarbeit, setzt sich mit Schulorganisation, dem Bildungsstand von Schulamtskandidaten, dem Elementarschulwesen in Moers und methodischen Fragen auseinander (abgedruckt in Bd. I).

1829

Osterdienstag	sechste Konferenz ehemaliger Seminaristen in Krewinkel bei Solingen
2. Juli	definitive Veranlassung durch das Ministerium, die Seminarkurse in Zukunft nicht mehr im Sommer, sondern im März enden zu lassen
28. August	Bitte Diesterwegs um Einstellung des ehemaligen Seminaristen Fr. A. L. Schürmann als zweiten Seminarlehrer
10. Sept.	Genehmigung der Einrichtung eines neuen Seminars für Lehrer an städtischen Schulen in Berlin durch König Friedrich Wilhelm III.
Herbst	Reise Diesterwegs durch die Eifel und die Rheinpfalz; Besuch der Lehrerseminare in Trier, Kaiserslautern, Karlsruhe und Bensheim (Bericht abgedruckt im vorliegenden Band)
Oktober	auf Veranlassung Diesterwegs und unter seiner Leitung zweiter vierwöchiger Lehrkursus für 30 Lehrer im Seminar in Moers zur Weiterbildung in der Methodologie der Fächer Religion, Sprache und Gesang
1. Oktober	Genehmigung der definitiven Anstellung von L. Chr. Erk als dritten sowie des ehemaligen Seminaristen Fr. A. L. Schürmann als zweiten Seminarlehrer
14. November	Tod des ehemaligen Moerser Seminarlehrers C. Ernst in Schlesien
16. November	Genehmigung durch das Ministerium in Berlin, das Vorreitersche Haus für das Seminar zu erwerben

Methodisches Handbuch für den Gesammtunterricht im Rechnen. Als Leitfaden im Rechenunterrichte und zur Selbstbelehrung. Erster Theil. Elberfeld: Heinrich Büschler 1829. Zahlreiche Neuauflagen. 2. Theil von Peter Heuser 1829/1830
Beschreibung der Rheinprovinzen. Zum Gebrauch in Schulen und zum Selbstunterricht abgefaßt und mit einer Handkarte versehen. Krefeld: J. H. Funcke 1829. Auch unter dem Titel: Anleitung zu einem methodischen Unterrichte in der Erdkunde. Erster Theil: Heimaths- und Provinzkunde. Neuauflage Duisburg 1990
Wandkarte der preußischen Rheinprovinzen. Zunächst für den Schulgebrauch. Krefeld: J. H. Funcke 1829
Der Unterricht in der Klein-Kinder-Schule, oder die Anfänge der Unterweisung und Bildung in der Volksschule. Krefeld: J. H. Funcke 1829. Zahlreiche Neuauflagen
Anweisung zum Gebrauche des Leitfadens für den Unterricht in der Formen-, Größen- und räumlichen Verbindungslehre. Für Lehrer, welche mathematische Gegenstände als Mittel zur allgemeinen Bildung benutzen wollen. Mit drei Steintafeln. Elberfeld: Heinrich Büschler 1829. Später Neuauflage
Unterrichtsplan für die Elementarschule in Moers. Eine Anweisung für Volksschullehrer zur gesegneten Wirksamkeit in ihrem Amt. Schwelm: Moritz Scherz 1829
Für die „Rheinischen Blätter" verfaßt Diesterweg Abhandlungen über die Organisation des Schulwesens am Beispiel Köln, über Lehrervereine und den Unterricht in Kleinkinderschulen (abgedruckt in Bd. I).
Eine im Vorjahr in den „Rheinischen Blättern" geübte Kritik an der Rechenmethode des Pestalozzischülers Johannes Niederer (1779–1843), abgedruckt in Bd. I, löst eine in Zeitschriftenartikeln geführte literarische Fehde mit weiteren Stellungnahmen Diesterwegs (abgedruckt in Bd. XVIII) aus. Im Gegenzug erscheint im Februar „Der pädagogische Geistessumpf unserer Zeit und das Quaken darin gegen die Pestalozzische Schule. Erstes Beispiel, Herr Dr. Diesterweg in Mörs" in der von Johann Philipp Rossel (1791–1831) herausgegebenen „Allgemeinen Monatsschrift für Erziehung und Unter-

richt". Diesterweg antwortet mit einem gegen „Die After-Pestalozzianer unserer Zeit" gerichteten Aufsatz (Bd. I).

1830

22. Januar	Vertrag mit Frau J. E. Kurtze, der Schwiegermutter des verstorbenen J. H. Vorreiter, über den Ankauf des ehemaligen Vorreiterschen Hauses durch das Seminar
15. Februar	Berufung von W. Chr. Harnisch zum ersten Direktor des 1829 genehmigten Seminars für Stadtschulen in Berlin; Ablehnung durch Harnisch
24. März	Prüfung der abgehenden Seminaristen in Anwesenheit von Konsistorialrat Kortüm
	Anstellung des Seminarabsolventen W. Greef an der Seminarschule
1. April	Amtsantritt des ehemaligen Seminaristen Fr. Ad. L. Schürmann, seit 1823 Lehrer an der Lateinschule Moers, als Seminarlehrer; Einzug in das ehemalige Vorreitersche Haus
Osterdienstag	siebte Konferenz ehemaliger Seminaristen an der Meisenburg bei Kettwig
Mai	Antrag des Schulvorstandes der städtischen Elementarschule an die Regierung Düsseldorf, eine Untersuchung gegen den trunksüchtigen Lehrer A. Bleckmann einzuleiten
Juli	Information Diesterwegs durch Oberkonsistorialrat Roß über die zu besetzende Direktorenstelle am Seminar für Stadtschulen in Berlin
28. Juli	Übergabe des ehemaligen Vorreiterschen Hauses an das Seminar
24. Aug. bis 5. Sept.	Visitationsreise Diesterwegs zu Schulen des Kreises Solingen (Bericht abgedruckt im vorliegenden Band)
Mitte Okt. bis Mitte Nov.	Reise nach Berlin, um über die Leitung des neuen Seminars für Stadtschullehrer zu verhandeln; dort:
26. Oktober	Abfassung eines Lebenslaufes
4. November	Abfassung eines Seminarplanes (beide abgedruckt im vorliegenden Band)

Auflösung der Aufgaben in dem praktischen Rechenbuche für Elementar- und höhere Bürgerschulen. Mit 15 geometrischen Figuren. Elberfeld: Heinrich Büschler 1830. Zahlreiche Neuauflagen

Praktischer Lehrgang für den Unterricht in der deutschen Sprache. Ein Leitfaden für Lehrer, welche die Muttersprache naturgemäß lehren wollen. Zweiter Theil: Die Wortformen- und die Satzlehre. Krefeld: J. H. Funcke 1830. Dritter Theil: Anleitung zum Verstehen der Lehrstücke; Dynamik, Melodik und Rhythmik des Lesens. Ebenda 1830. Mehrere Neuauflagen

In den „Rheinischen Blättern" erörtert Diesterweg in diesem Jahr methodisch-didaktische Fragen, hält einen kritischen Rückblick auf das zehnjährige Bestehen der rheinischen Schullehrerseminare und geht Disziplinproblemen nach unter dem Titel „Was fordert die Zeit in Betreff der Schulzucht?" (abgedruckt in Bd. II). 1818, als er in Elberfeld als Lehrer begann, habe er, der von Frankfurt her an eine „heitere, lebensfrohe Jugend gewöhnt" gewesen sei, keine Vorstellung gehabt „von der Rohheit, Gemeinheit, Frechheit" der Elberfelder Heranwachsenden. Der Aufsatz führt zu schweren Auseinandersetzungen in der Zeitschriftenpresse, weiteren Stellungnahmen Diesterwegs (abgedruckt in Bd. XVIII) und schließlich 1831 zu einer Klage gegen Diesterweg vor dem Düsseldorfer Zuchtpolizeigericht, die aber fallengelassen wird.

1831

Ostern	achte Konferenz mit 47 ehemaligen Seminaristen in Urdenbach; Abhaltung von zwölf Vorträgen

10. Mai	Freisprechung Diesterwegs durch das Zuchtpolizeigericht Düsseldorf von der Anklage, Oberbürgermeister und Polizeibehörde in Elberfeld mit dem Aufsatz „Was fordert die Zeit in Betreff der Schulzucht?" (abgedruckt in Bd. II) beleidigt zu haben, da er keine Namen genannt habe
20. Mai	Ernennung von Fr. Thalheim zum definitiven zweiten Lehrer an der Elementarschule in Moers
21. Mai	Entscheidung Diesterwegs für die Annahme der Direktorenstelle in Berlin im Falle seiner Berufung
25. Mai	Hilfslehrerprüfungen im Seminar in Moers
26. Mai	Wahlfähigkeitsprüfungen im Seminar in Moers
16. Juni	Antrag des städtischen Schulvorstandes der Elementarschule auf Absetzung des Lehrers A. Bleckmann wegen fortgesetzter Trunkenheit und Dienstuntauglichkeit
25. August	Anstellung des ehemaligen Seminaristen W. Greef als Lehrer an der städtischen Elementarschule in Moers
7. Sept.	Geburt des neunten Kindes Ernst Theodor
13. Sept.	Rücktrittserklärung des Lehrers A. Bleckmann
14. Sept.	Tod des neugeborenen Kindes Ernst Theodor
8. November	offizielle Bestellung Diesterwegs zum Seminardirektor in Berlin; Verschiebung des Dienstantritts wegen der in Berlin grassierenden Cholera

Anleitung zum Gebrauche des ersten Theiles des Schul-Lesebuches. Für Lehrer. Krefeld: J. H. Funcke 1831. Mehrere Neuauflagen

Schullesebuch in sachgemäßer Anordnung, nach den Regeln des Lesens, für Schüler bearbeitet. Krefeld: J. H. Funcke 1831. 12. Aufl. Bielefeld 1866

In den „Rheinischen Blättern" erörtert Diesterweg in diesem Jahr methodische Fragen der Lehreraus- und -fortbildung sowie des Schulunterrichts, außerdem Fichtes Vorstellungen von pädagogischen Reformen (abgedruckt in Bd. II).

1 8 3 2

März	lebensbedrohliche Erkrankung von Sabine Diesterweg
18. April	Abschiedsfeier im Seminar in Moers; Rede von Diesterweg (abgedruckt in Bd. II)
Ende April	Abfahrt der Familie Diesterweg nach Berlin mit einem für 100 Taler erworbenen Postwagen
5. Mai	Ankunft der Familie Diesterweg in Berlin

Schulreden und pädagogische Abhandlungen. Ein Nachlaß von seinem Wirken an dem Lehrer-Seminar in Mörs, für Freunde zum Druck befördert von –r–. Krefeld: J. H. Funcke 1832 (abgedruckt in Bd. XVIII)

Karte der beiden Rheinprovinzen.
Quelle: Josef Nießen (Bearb.): Geschichtlicher Handatlas der deutschen Länder am Rhein.
Mittel- und Niederrhein. Köln/Lörrach 1950. S. 41.

Die politische Einteilung der
Rheinlande im Jahre 1818

NIEDERLANDE

KÖNIGREICH DER

CLEVE
Rees
Xanten
Wesel
Gelden
Rheinberg
Dinslaken
Moers
Essen
Mülheim
Duisburg
Kempen
Krefeld
LAND-
KREIS Mettmann
Provinz
Elberfeld
Barmen
Gladbach
Neuss
DÜSSELDORF
Solingen
Lennep
Wupper
Greven-
broich
Opladen
Nippes?

Heinsberg
Erkelenz
LANDKREIS
KÖLN
Mülheim
Hamburg
Geilenkm.
Jülich
Berghm.
Waldbr.
LANDKREIS
AACHEN
Düren
Lechenich
Jülich-Cleve-Berg
Siegburg.
Eupen
Rheinbach
Bonn
Uckerath
Sieg
Montjoie
Gemünd
Altenkirchen
Dillenburg
Malmedy
Ahrweiler
Linz
Hachenburg
Marienb.
Herborn
Blankenhm.
Wied
Rennerod
Zur
Preuss.Prov.
Niederrhein
geh.Bez.Köln
St.Vith
Adenau
Selters
Meudt
Hadamar
Weilburg
Braunfels
Wetzlar
Prüm
Mayen
KOBLENZ
Neuwied
Montabaur
Limburg
H.Z.T.
NASSAU
Provinz Niederrhein
Daun
Cochem
Mosel
P.Braubach
Nastätten
Wehen
Idstein
Usingen
HOMBURG
Königstein
Bitburg
Wittlich
Zell
St.Goar
St.Goarshsn.
Langenschwalb.
Eltville
WIESBADEN
Höchst
FRST.
FRANKFURT
Simmern
Rüdesheim
Main
Bernkastel
Bingen
MAINZ
GRHZT.
Kreuznach
Oppenheim
Gr-Gerau
DARMSTADT
LUXEMBURG
TRIER LANDKREIS
Oberstein
H.
MEISENHM.
Alzey
Saarburg
FTM
BIRKENFELD
FTM
Baumholder
Grumbach
Kirchheimbolanden
Worms
Bensheim
Heppenheim
Luxemburg
Nohfelden
LICHTEN-
BERG
Kusel
KÖNIGREICH
Frankenthal
Merzig
St.Wendel
Kaiserslautern
Mannheim
Neckar
KÖNIGREICH
Saarlouis
Uhrweil.
Homburg
Neustadt
SPEYER
Saarbrücken
Rhein
Zweibrücken
BAYERN
Landau
GRHZT.
FRANKREICH
Pirmasens
Bergzabern
BADEN
Lauter

KURHESSEN

Maßstab 1:1250000

Grenze der Provinzen
Grenze der Regierungsbezirke
Grenze der Kreise, Kantone bzw. Bez.-Ämter
Orte mit mehr als 10000 Einwohnern
Orte mit weniger als 10000 Einwohnern

BRIEFE,
AMTLICHE SCHREIBEN
UND
LEBENSDOKUMENTE
VON FRIEDRICH ADOLPH WILHELM DIESTERWEG
AUS DER ZEIT VON 1810 BIS 1832

1

An Ernst Ludwig Hellwag, Tübingen

Tübingen, August 1810

Symb.[1] Dem Freunde treu.

Der geht nach Norden, der nach Süden
Das Ziel ist Eine *[sic]*, der Weg – verschieden.
Erinnre Dich, lieb. Freund

zuweilen an Deinen stets
treuen Fr. u. Br. Ad. Diesterweg
[a]us Siegen[2]

Eigh., Eutiner Landesbibliothek, Handschriftenabteilung, Autogr. III.30.1

[1] Im Jahre 1810 beendete Diesterweg sein Studium an der Universität Tübingen. Das als Abschieds-gruß formulierte Symbolum, das an seinen Freund und Bundesbruder E. L. Hellwag (s. ds.) gerichtet ist, trägt ein Burschenschaftszeichen mit den Buchstaben „TCo". Diese stehen für den „Tübinger Bur-schenkomment", zu dem sich die Burschenschaften der „Franconia", der „Niedersuevia" und der „Obersuevia", der Diesterweg angehörte, zusammengeschlossen hatten.

Bei dem Text handelt es sich um einen Eintrag in das Stammbuch des Kommilitonen Hellwag. Auch Diesterweg führte ein solches Stammbuch (Universitätsarchiv Tübingen, S 127/34), in dem sich u.a. ein Eintrag des Eutiners Hellwag befindet, ebenfalls aus dem August 1810 und mit dem gleichen Bur-schenschaftszeichen versehen. Hellwag erinnert Diesterweg u.a. an „fidele Kneipereyen im Löwen" – dem Stammlokal der Verbindung –, „Fechtüb[u]ngen im Gartenhaus" und „Holzerey in der Nacht". Als Abschiedsgruß schreibt er: „Vergiß nicht ganz Deinen Dich liebenden Freund u. Bundesbruder E. Hellwag (...) aus Eutin in Holstein." (a.a.O., 27)

[2] Ein Teil des Stammblattes ist abgeschnitten; möglicherweise befanden sich darauf auch Hin-weise Diesterwegs auf gemeinsame Erlebnisse. Eine ungewöhnliche Gleichung erinnert im Zähler an den Stiftungstag der „Suevia" (7. Januar), im Nenner an die Gesamtzahl der Stiftungsmitglieder (7) und links und rechts vom Gleichungsstrich an den Stifter: „v[ivat] R[euß]":

$$v \ \frac{1.7}{7} \ R$$

Ein ähnliches Stammbuchblatt verfaßte Diesterweg für seinen Bundesbruder Gessler von der „Fran-conia" (Stammbuch Gessler, Archiv Corps Franconia Tübingen; vgl. Rainer Assmann: Diesterweg als Student. In: Jahrbuch des Vereins für corpsstudentische Geschichtsforschung 37 <1992>, S. 250–260) – ebenfalls mit dieser Gleichung und dem Zeichen „TCo" versehen. Das Symbolum lautet: „Plus este quam videni" („Sei mehr als du scheinst"), der Eintrag: „In deiner Brust sind deines Schiksals Sterne".

2

An Heinrich Carl Diesterweg, Kirberg

Mannheim, 17. März 1811

Lieber Bruder!

Schon längst wollte ich ein Paar Worte mit Dir wechseln, es geschieht jezt, weil mir eine freye Stunde vergönnt ist. – Seit dem 1ten Merz hat sich meine bisherige Lage geändert. Ich gab vom November Privatunterricht, der mich ordentlich ernährte. Freiherr VON VEN-

3

NINGEN bot mir die Hauslehrerstelle über seine 2 Söhne mit 30 Ldors fixen Gehalt an.[1] Aus mancherley Ursachen nahm ich die Stelle an; meine Erwartungen wurden bis jezt nicht getäuscht. Ich lebe hier ganz auf großem Fuße. Um 3 Uhr Nachmittags wird zu Mittag gegessen. etc. etc. Das übrige kannst Du Dir hinzudenken.

Ein Hauptgrund, warum ich Dir schreibe, ist folgender: unser Vater hat vor ein paar Monaten eine Ohm Wein von hier bekommen. Bezahlt ist sie nicht, und ohne die größten Schwierigkeiten kann sie von Siegen aus nicht bezahlt werden.[2] So schwer es Br[uder] W. A.[3] u. mir wird (denn Du kannst Dir denken, daß ihm jezt beim Kindbett seiner Frau Alles drauf geht; von meinem Cassenbestand kannst Du Dir eine Idee machen, wenn ich Dir sage, daß mir der Heidelberger Schneider gestern eine Rechnung von 106 fl gesendet hat und ich noch 4 fl. besitze, mit denen ich bis zum lten Juny haushalten muß. Doch dies blos inter nos, wie sich versteht) es sehr schwer, die fl. 50 zu zahlen. Gerne übernehmen wir $1/2$ davon, wenn Du das andre $1/2$ herschießest. Ich hoffe ganz nächstens eine willfährige Antwort von Dir nebst dem Gelde. –

Die LUISE ist wohl, auch der kleine ALEXANDER[4]. In dieser Woche kehrt Fr. Bergräthin JUNG[5] zurück. BETTY hat sich sehr verschlimmert; und wenn sie sich nicht beßert, so ist sie der Gefahr ausgesezt, fortgejagt zu werden. –

Das Loos in der Conscription hat mich zum Activdinst bestimmt. Auch dieses kostet wieder 300 fl.[6] – Vale faveque.[7]

Antworte bald

Deinem tr. Br. Ad. Diesterweg.

d. 13ten 1811 weggeschickt mit 7 Ldors.

Eigh., Stadtarchiv Siegen, Slg. 342 (Diesterweg-Autographen), Mappe 34

[1] Diesterweg wohnte bis Dezember 1811 im Hause seines Bruders Wilhelm Adolph (s. ds.), Lehrer am Mannheimer Lyzeum. Sein Kostgeld verdiente er beim Intendanten des Theaters, Freiherrn Fr. J. A. G. von Venningen (s. ds.), indem er dessen Kindern sowie denen des preußischen Oberst Wilhelm H. Ferdinand Freiherrn von Dörnberg (<1768–1850>; s. ds. Personenregister Bd. XI) als Hauslehrer Unterricht erteilte. Er bemühte sich, dabei der Methode Pestalozzis (s. ds.), so wie er sie verstanden hatte, zu folgen, wandte sich aber enttäuscht davon ab.
Ursprünglich sollte diese pädagogische Tätigkeit nur ein Zwischenspiel bleiben; Diesterweg bereitete sich während dieser Zeit auf das Examen als Vermessungsingenieur bei Johann Friedrich Benzenberg (s. ds. Personenregister Bd. II) in Düsseldorf vor, wohin er im Dezember 1811 aufbrach. Wegen Napoleons Kriegsvorbereitungen gegen Rußland wurde die geplante Prüfung und anschließende Vermessung des Großherzogtums Berg jedoch abgesagt, so daß Diesterweg sich in Worms erneut einer Lehrtätigkeit zuwandte.
[2] Der verwitwete Vater Carl Friedrich D. (s. ds.) litt seit vier Jahren an schwerer Depression (siehe Brief vom 13. August 1812, Nr. 3). Er starb im November des folgenden Jahres.
[3] Wilhelm Adolph Diesterweg.
[4] Luise Diesterweg geb. Jung, die Gattin von Wilhelm Adolph, und ihr gemeinsamer Sohn Alexander.
[5] Agnes Jung geb. Becker, Mutter von Luise Diesterweg.
[6] Unter der Franzosenherrschaft 1806–1813 gehörte Siegen zum neugegründeten Großherzogtum Berg mit der Hauptstadt Düsseldorf. Diesterweg sollte im großherzoglich-bergischen Truppenkontingent dienen, zu dessen Aufstellung das Großherzogtum Berg als Mitglied des Rheinbundes 1806 verpflichtet worden war. Ein Konskribierter (wörtlich: Eingezogener, Eingeschriebener) konnte sich vom Militärdienst befreien, wenn er eine höhere Losnummer kaufte. Diesterweg veranschlagte den Preis relativ gering; es sind Verträge über 1000 fl. erhalten.
[7] Lebe wohl und sei mir gewogen.

3
An Sabine Enslin, Frankfurt am Main

Worms, 13. August 1812

Donnerstags Abends. 6 Uhr.

Liebe, beste Sabine![1]

Die Thränen, welche ich heute bey Dir weinte, und jezt weinen muß, waren über den Tod Deines besten Vaters, wovon der Cantor[2] Nachricht erhalten hatte. Ich konnte meine Gefühle nicht ausdrücken, kann es jezt nicht, und nur mit der größten Anstrengung konnte ich es dahin bringen, Dir etwas zu verheimlichen, was Dir unaussprechliche Schmerzen verursachen muß.[3] Du hast keinen Vater mehr; nicht mehr den, dem Du Alles verdankst, dem Du Alles, der Dir Alles war, für den Du leben, mit dem Du sterben mögtest, und der Alles dieses verdiente. O unnennbar schmerzliches Gefühl [1] ! Tag des Schreckens, o Botschaft, welche Wunden schlägt, die keine Zeit zu heilen vermag! Ich mögte Dich, theuerste Sabine, so gerne trösten, aber ich kann es nicht; ich bedaure mich, daß ich einen Mann nicht kennen lernte, dessen Blut mir so theuer ist. Dir begegnet jezt, was mir im vorigen Jahre begegnete, wo ich die beste Schwester[4] verlohr. Wenn ich daran denke, und mich ein Schiksal wie das heutige ist, trifft, o so mögte ich so gerne sterben, wie Du es in dem Augenblicke, wo Du dieses liesest, gewis mögtest.

Unser Schiksal ist sich, wie unsre Gefühle, in vielen Stücken gleich. Ich verlohr frühe meine Mutter[5], Du jezt den Vater; Deine Mutter [2] steht jezt allein da, so wie mein kranker Vater. Doch laß uns, theuerste Freundin, über die Vorsehung nicht murren, laß uns nicht verzagen! Mit Dir und Deiner Familie hat es Gott noch recht gut gemacht. Du wirst Dich davon überzeugen, wenn ich Dich versichere, daß mein Vater schon bald 4 Jahre an der grausendsten Melancholie laborirt, ja daß es mit ihm so weit gekommen ist, daß ich Thränen des Dankes zu Gott weinen werde, wenn ich die Nachricht erhalte, daß der beste, geliebteste Vater, welcher in gesunden Tagen Leib und Leben für seine Kinder ließ, selig gestorben ist. Gott! hier mögte ich schließen; ich kann fast nicht weiter. Doch noch ein paar Worte.

Wenn wir eine andere Seite betrachten, so finde ich, daß Gott hier [3] zugleich entsezlich straft und zugleich segnet. In den Tagen, wo Du den besten Vater verlieren solltest u. verlorest, fandest Du einen Freund; vielleicht daß der Dir ins Künftige einigermaßen ersetzen sollte, was Du durch das Hinscheiden des erstren verlorest. O wenn ich das könnte, wie gerne wollte ich es! Dazu, denke ich, kennst Du mich.

Im Geiste war ich seit dem Augenblick, als ich Dich das erstemal sahe, bis jezt immer bey Dir; ich sehe Dich jezt diesen Brief mit unbeschreiblicher Wehmuth lesen und in dieser Stimmung zu Deiner Familie zurückkehren. Fasse, liebe Sabine [4] ! Muth. Denke, Gott legt Niemand etwas auf, was er nicht tragen könnte. Er versezt Dich jezt in eine Lage, [5] worin ein frommes Kind, wie Du, Gott dankbar seyn mußt. Du bist Gottlob gesund, und wirst dieses zur Unterstützung Deiner Mutter anwenden. Du k[ann]st dadurch vieles nützen, kannst den Eltern vergelten, kannst Alles in Allem, kannst zugleich Kind, zugleich St[ell]vertreter Deines seligen Vaters seyn. Ich kann [nicht] daran zweifeln, daß Du dies seyn wirst, und freue mich unendlich über Deine Gesinnungen. Kommt zuweilen eine schwere Stunde, so denke an gute Menschen an Deine Freunde; mit solchen Gedanken schriebe ich Dir den Vers ins Stammbuch, welcher so viel Beherzigung verdint.

So reise denn, liebste Freundin! mit Gott, sey getrost und guter Hoffnung. Möge es jezt bey Dir wahr werden: <u>getheilter</u> Schmerz ist nur <u>halber</u> Schmerz.

Ich will mich recht freuen, wenn Du mir bald viel schreibst, und mich überzeugst, daß Du dem, welcher Alles bisherige aus Liebe zu Dir sagen 6 mußte, ferner gut bist und bleibst, so wie Dein ergbr

Adolf Diesterweg.

Eigh., Stadtarchiv Siegen, Slg. 342 (Diesterweg-Autographen), Mappe 28

[1] Diesterwegs spätere Ehefrau, die er bei ihren Verwandten Erk (s. ds.) in Worms kennenlernte. – Der Brief ist adressiert: „An Herrn von Canstein in Frankfurt a/M neben der fahrenden <u>Post</u>".

[2] Adam Wilhelm Erk (1779–1820), Kantor und Organist in Worms, war mit der Schwester von Sabine Enslins Mutter, Anna Barbara geb. Göth (s. ds.), verheiratet.

[3] Wahrscheinlich hat Sabine Enslin erst durch den Brief Diesterwegs, den sie unmittelbar vor ihrer Abreise erhielt, vom Tode ihres Vaters (8.8.1812) erfahren (vgl. Brief vom 19. August 1812, Nr. 4).

[4] Adolphine Seel geb. Diesterweg (s. ds.), geb. 14. Mai 1788, gest. 5. Januar 1811 im ersten Wochenbett.

[5] Diesterweg war acht Jahre alt, als seine Mutter Catharina Charlotte geb. Dresler (s. ds.) am 10. September 1798 starb.

4
An Sabine Enslin, Wetzlar

Worms, 19. August 1812

An Demoiselle Sabine Enslin zu <u>Wetzlar.</u>

Theuerste Freundin!

Von den Empfindungen, welche Deine Abreise von hier bey mir zurückließ, will ich nichts weiter sagen, als daß ich dasselbe mit denselben Worten hier wiederholen müßte, was Du mir in Deinem lieben Briefe von Mainz aus gestehst. Mit dem innigsten Vergnügen erhielt ich vorigen Montag den erwähnten Brief, und lese ihn jetzt mit erneuertem Vergnügen. Daß Du einen soliden Reisegefährten fandest, beruhigte mich einigermaßen, obgleich ich heute, da ich bisher vergebens den versprochenen Brief von Frankfurt erwarte, von neuem in Sorgen bin. Wenn ich mir denke, daß man Dir auch vielleicht in Frankfurt auf eine unvernünftige Art den Tod Deines l[ieben]. Vaters verheimlichte, und Dir diese schreckliche Nachricht zuerst durch meinen Brief bekannt wurde, o so mögte ich den Augenblick verwünschen, in dem ich den unseligen Gedanken hatte, Dir diesen Brief mitzugeben.[1] Doch ich hoffe das Beste. Mögte nun bald diese Hoffnung durch Dich selbst zur Gewisheit werden. – Daß ich in der Stunde, wo Du das Hinscheiden Deines theuren Vaters erfuhrst, nicht bey Dir seyn konnte, that mir unendlich leid. Wenn es einen Trost auf Erden gibt, so ist es gewis der, Menschen zu haben, welche gleiche Gefühle mit uns theilen und weinen, wenn wir weinen. Daß ich an Allem, was Dich betrifft, liebe Sabine, den wärmsten Antheil nehme, davon bist und bleibst Du, das weis ich, überzeugt. Oeffne nur, Liebe, Deinem Freunde Dein Herz, so sollst Du auch dessen Herz nicht geschlossen finden.

Ich konnte mich unmöglich enthalten, mit Freund MAYER[2] über unser Verhältniß zu sprechen. Er war gerade, wie ich vermuthet hatte, und zeigte sich hier, wie in Allem, als redlichen, ja deutschen Freund. Er hat Dich außerordentlich lieb u. versichert, daß der Abschied von Dir ihm so leid gethan habe, als hättest Du längst zu seiner Familie gehört[3]. Weiter brauche ich Dir nichts zu sagen. Er ist, hier in Worms mein einziger Freund, mein Alles. Des wegen blieb ihm auch keinen Augenblick die Freude verborgen, mit der ich Deinen Brief empfing. Du nimmst es doch nicht übel, daß er ihn gelesen hat. Ach könnte ich jezt bey Dir seyn, und von Dir einen Blick, einen Kuß erhalten; wie selig wäre ich dann!

MAYER machte mir unter andren auch den Vorwurf, den ich mir schon selbst gemacht hatte, daß ich Dir kein Andenken von mir verehrt hatte. Ich muß gestehen, daß ich in den lezten Tagen Deines Hierseyns nichts kalt überlegen konnte, daher diese Vergessenheit. Hier träume ich nun schon einen 2ten Kuß der Verzeihung.

Vorigen Samstag früh ging ich von hier nach Mannheim, um der Beiwohnung der Kirchenmusik im Dom, welche mich nur an traurige Dinge erinnern konnte, überhoben zu seyn; ich wollte nach Speyer, blieb indeßen in Mannheim ruhig und still, bis ich am Sonntag Abend auf meiner Rückreise hierher unsren MAYER traf. Ich freute mich unendlich, jemand zu sehen, der auch Dich kannte.

Vorigen Montag kamst Du mir nicht aus dem Sinn. Es war der Erinnerungstag eines gleich unglücklichen und glücklichen Ereignißes. Indem sie in Wezlar dem theuren Toden *[sic!]* die lezte Ehre anzeigen, sind die, welche in Worms seinem Herzen nahe waren, lustig und guter Dinge, und denken an nichts weniger als an Sterben – Ein sonderbares, über Alles unangenehmes Zusammentreffen von contrastirenden Gefühlen und Umständen in denselben Momenten, von Leuten, die in Ansehung solcher Gegenstände nur ein Gefühl haben sollen und wollen.[4]

Zufällig war am Montag Kirchenmusik in Hochheim. MAYER und ich gingen nach 8 Uhr noch hinaus. Doch wie ganz anders wurde die gefeyert, als die vor 8 Tagen. Auf eine sonderbare Art hatten MAYER und ich von allen Leuten aus Worms, deren nicht wenige dort waren, fast keinen einzigen bemerkt. Dem Geiste nach waren wir abwesend, und eine Stunde verfloß uns dort in einer einsamen Laube ₁ unter Unterhaltungen theils über seine Verblichene, theils über Dich.

Du fragst, ob Du mich Du nennen solltest. Ach wie denn anders? Wo Herzen sich finden, die sich gegenseitig angezogen fühlen, da sey alle Steifheit und Zurückhaltung verwiesen. Ohne Dich um Erlaubniß zu fragen, konnte ich Dich schlechterdings nicht anders als Du nennen; daß Du mir darin bald folgtest, bewies mir, daß ich richtig geschlossen hatte.

Seitdem Du weg bist, leben wir sehr zurückgezogen. Der [...] verstreicht unter Geschäften, der Abend ist der Erholu[...] Könnte ich dann nur ein Viertel Stündchen bey [...] ₂ Ach die Freude über unsere Bekanntschaft sollte nicht lange dauern!

Beinahe hätte ich Dir die Ursache zu melden vergeßen, warum ich gerade heute vergnügt bin. Ueber 4 Wochen haben wir Ferien. O wie will ich mich freuen, wenn ich den Tag anbrechen sehen, wo ich sagen kann: noch heute wirst Du Deine beste Freundin umarmen. Ich kann Dir gar nicht sagen, wie ich mich darnach sehne.

Noch so vieles habe ich Dir zu sagen, daß ich darüber gar Manches vergesse. Schreibe mir recht Vieles, liebes Mädchen, besonders über Deine jezigen Verhältnisse in Wezlar. –

Eigentlich wollte ich Deinen Brief von Frankfurt abwarten, ehe ich schrieb, doch ich mußte mich mit Dir unterhalten. Für das Lied an die Hoffnung 1000 Dank.

7

Nun lebe recht recht wohl. Ich küsse Dich Tausendmal. Stets Dein unwandelbarer Freund

Ad. Diesterweg

Der Brief ist schlecht geschrieben nimms nicht übel. Adieu.

Abschr., Nachlaß Köhler

[1] Siehe Brief vom 13. August 1812 (Nr. 3).

[2] Ferdinand Christoph Philipp Mayer, ein Kaufmann, stand mit dem Gymnasium in Worms in enger Verbindung und pflegte mit dessen Lehrern offenbar freundschaftlichen Umgang; so wählte er sowohl Diesterwegs Vorgänger Fr.W. Balbier (s. ds.) als auch seinen Nachfolger Georg Jacob Roller zu Trauzeugen.

In den Jahren 1803 bis 1813 unter französischer Herrschaft wurde das Gymnasium als École Secondaire geführt.

[3] Mayer dürfte Sabine Enslin auf den regelmäßig veranstalteten Konzerten der „Musikalischen Gesellschaft" in Worms kennengelernt haben.

[4] Diesterweg spielt darauf an, daß die Sabine und ihn beglückende erste Begegnung in Worms gerade zu dem Zeitpunkt stattfand, an dem Sabines Vater in Wetzlar starb.

5

An Sabine Enslin, Wetzlar

Worms, 1. Dezember 1812

An Demoiselle Sabine Enslin, auf dem Eisenmarkt zu Wetzlar.

Schon mehr als einen Brief hatte ich an Dich angefangen, doch keinen beendigt, weil ich immer abgehalten wurde; und ich liebe es nicht, einen angefangenen, mir deshalb alt vorkommenden Brief fortzusetzen, deswegen fange ich von Neuem an. – Schon vor 8 Tagen lief mir Deine Antwort auf mein Schreiben von Fr[an]kf[urt] in die Hände. Es ist mir ein neuer Beweis Deiner Liebe, und hat mich deswegen sehr erfreut. Ich war ganz mit dessen Inhalte zufrieden. – Nachdem ich mit mir selbst und nachher mit MAYER Alle *[sic!]* Gründe für u. wider Fr[an]kf[urt] überlegt hatte, meldete ich H. SEEL, daß, wenn er mir nicht die Bedingungen, welche er meinem Bruder versprach, zusagen könnte, ich ihm für die Stelle danken müßte; denn in öconomischer Hinsicht würde ich einen zu ungleichen Tausch thun.[1] Den Brief, worin dieses enthalten war, schikte ich zuvorderst nach Manheim *[sic!]*, und mein Bruder, welcher ganz dafür ist, daß ich hingehen soll, schikte mir ihn zurük, und lud mich nebst MAYER auf verwichenen Sonntag nach Mannheim ein. Hier wurde die Sache abermals besprochen; und, obgleich ich noch nicht so ganz für die Stelle bin, so will ich der Sache ihren Lauf lassen. In 8 Tagen erwarte ich die Entscheidung, und wird mir die Stelle förmlich offerirt, so fasse ich einen Entschluß, vielleicht und wahrscheinlich für Frankfurt. – Hier weis indessen außer MAYER Niemand etwas davon u. darf Niemand wissen, weil man mir sonst entgegen arbeitet. An Cantor schreibe davon also keine Sylbe. – [1] In jenem Falle verliere ich an Besoldung viel, und ich würde mir erst durch mehrjährigen Unterricht den Credit verschaffen müssen, um zu dem Gehalt zu gelangen, welcher einen eignen Heerd ohne Sorgen leben läßt. Indessen Deutschland und . . . (doch Du verstehst mich).

Nun etwas von Cantor.

Vor einer Virtelstunde war ich dort. Er zeigte mir mehrere Certificate, von Maire[2] und Friedens Richter, in welchen es heißt [2] : daß man ihm keine Hindernisse in den Weg lege, von hier abzuziehen, und er hier (ich bediene mich des gebrauchten Ausdrucks) sich einer

Conduite irreprochable[3] beflissen habe. – Dieses ist recht gut, und macht ihn gegen jeden Angriff fest. – Seine Abreise bestimmt er aufs Neue Jahr, wünscht indessen, seine Frau[4] und Kinder für diesen Winter an einem andren Orte, als Frankfurt, unterzubringen. Die Gründe, welche er dafür angibt, sind nicht verwerflich; besonders, da es Ihr nach ihrer eignen Aeußerung gegen mich nichts weniger, als schwer wird, Ihren Mann auf einige Zeit zu verlassen. Ich hielt fürs Beste, Ihr den Vorschlag zu machen, nach Wezlar zu Euch zu gehen, um so viel möglich Ihr Vermögen zusammenzuhalten. Doch scheint weder Cantor noch seine Frau Lust dazu zu haben. Am Besten wäre es meiner Meinung nach. – Cantor spricht von 150–200 fl, welche er <u>noch</u> von Euch nach Frankf. geschikt haben müßte. Von dem empfangenen Gelde behielte er wenig oder nichts übrig. Dieser Forderung kann man nicht entgegen seyn, wenn man weis, wie theuer es in Frankfurt ist, um mit Familie ohne Verdinst, wenigstens Anfangs zu leben; allein man könnte dadurch ausweichen, wen[n] Deine Tante samt den Kindern nach Wezlar ginge, wo sie mit 200 fl bey weitem weiter reicht. Geschähe dieses, so wäre mein Rath, dem Cantor <u>keinen Kreuzer</u> mehr zu senden, sondern ihm geradezu zu sagen, daß man das Vermögen für seine Kinder erhalten wolle. Die Erfahrung hat mich gelehrt, daß er das Geld seiner Frau nicht sehr hoch anschlägt. Ueberlegt nun, was zu thun ist. Durch Zureden ist Deine Tante wohl zu bewegen, zu Euch zu gehen. Sie verläßt Worms gerne, und ist vergnügt. – Ich besuche sie täglich, obgleich es mir kein Vergnügen gewährt; denn dort hört man fast nichts, als Schimpfworte über Worms u. dessen Bewohner ohne Ausnahme, in Ausdrücken, welche dem Gebildeten, oder auch Gebildet seyn Wollenden eben nicht sehr wohl stehen. Ueberhaupt muß ich Dir sagen, liebe Sabine, daß ich durch mancherley Reden von Deiner Tante, welche früheren schnurstracks widersprechen, weit weniger ₃ vortheilhaft von ihr zu denken, gezwungen bin. Doch ist Manches auf Rechnung Ihres, die gewöhnlichen Grenzen nicht überschreitenden Kopfes zu setzen. (Dieses jedoch <u>blos</u> unter Uns.)

Was ich Dir noch weiter zu sagen habe, kann dieses Papier nicht [fassen]. Mein Herz fühlt sich stets unwiderstehlich zu Dir hingezogen. [Auf] alle Vergnügen würde ich gerne Verzicht thun, könnte ich [da]mit eine Zusammenkunft mit Dir erkaufen. Doch ich brauche Dir dieses, nicht noch erst zu sagen. – MAYER sizt hinter mir u. raucht sein Pfeifchen; er grüßet Dich herzlich. Ich hoffe, daß er sich das nächste Jahr wieder verheyrathen wird. – Was ich bis Weihnachten thue, kann ich unmöglich bestimmen; vielleicht bin ich in Mannheim, oder in Speyer, oder mein Bruder und SEELBACH sind hier. – <u>Welche</u> Neuigkeit hast Du denn von Deinem Onkel in Frankf. erfahren:: *[sic!]* – Wenn ich prophezeyen könnte, so würde ich vorhersagen: daß Cantor <u>uns</u> noch einmal zu <u>entzweyen</u> suchen wird. – Und <u>was</u> hat derselbe denn Deinem Onkel in Fr[an]k[furt] geschrieben? – Wir haben ein Theater hier, das sich zu dem Eurigen verhält wie 1 zu 100. – Ein paar Dutzend Bälle werden enterprennirt[5], von denen mich kein Einziger anzieht – lebe wohl, Innigstgeliebte, antworte bald recht, recht viel, grüße herzlich Mutter und Schwester, laß <u>Niemand</u> diesen Brief lesen, bleibe mir Gut, u. sey der unwandelbaren Liebe u. Ergebenheit versichert Desjenigen, der Dein Allein ist, u. Dich 1000mal küßt.

Adolf Dwg.

Eigh., Stadtarchiv Siegen, Slg. 342 (Diesterweg-Autographen), Mappe 1

[1] Ursprünglich war die Berufung an Wilhelm A. Diesterweg (s. ds.) ergangen, der aber in Mannheim bleiben wollte und statt seiner den jüngeren Bruder vorgeschlagen hatte.

[2] Bürgermeister; Worms gehörte seit 1806 dem Rheinbund an, der unter französischer Vorherrschaft stand. Ohne offizielle Genehmigung aus Paris durfte Adam Wilhelm Erk (s. ds.) seinen Wohnsitz nicht von Worms nach Frankfurt verlegen; vgl. Anmerkung 2 zum Brief vom 26. Februar 1813 (Nr. 7).

[3] conduite irreprochable (frz.): tadelloses Benehmen.

4 Anna Barbara Erk geb. Göth (s. ds.).

5 Ableitung von entrependre (frz.): unternehmen.

6
An Dr. Georg Franz Burkhard Kloß, Frankfurt

Frankfurt am Main, 1813[1]

An Herrn Doctor Kloos, Wohlgebohren
Dahier.

Wohlgebohrner Herr Doctor!

Schon mehrere Male wollte ich mir die Freiheit nehmen Ihnen meine Aufwartung zu machen, um mir Ihren Rath für einen Freund – welcher zu blöde ist, um es selbst zu thun – gehorsamst auszubitten.[2] Weil ich aber keinmal das Vergnügen hatte, Sie persönlich anzutreffen, so erlauben Sie wohl gütigst, daß ich Ihnen folgendes vortrage.

Mein Freund – den ich mit Ihrer Erlaubniß N. nennen will – hat folgenden Umstand an sich. Gewöhnlich fließt ihm jede Nacht, besonders gegen Morgen, bey einer Erection eine kleine Quantität zäher, ganz durchsichtiger Materie aus dem membro virili, welche Materie kein Same ist, weil ihr der diesem eigenthümliche Geruch u. Farbe abgeht.[3] Derselbe Zufall ereignet sich bey ihm auch bey Tage, so oft er nur einen kleinen Reiz – er komme, woher er wolle – empfindet. Schmerz ist damit nicht verbunden. Wahrscheinlich ist es eine Folge von Selbstschwächung in früher Jugend. N. wünscht um so eher davon befreit zu seyn, weil er, obgleich übrigens ganz gesund, schon seit 4–5 Jahren damit behaftet ist. Auf Anrathen eines Arztes hat er eine Zeit lang Kampferspiritus äußerlich eingerieben, hat aber von diesem äußerlich angewandten Mittel nicht die erwünschte Wirkung gespürt. Sonstige Ausschweifungen hat er sich nicht erlaubt, u. erlaubt sich sie jezt um so weniger.[4]

Wollten Sie, wohlgebohrner Herr! mir Ihre Gedanken u. Vorschriften darüber mittheilen, entweder mündlich, ₁ wenn Sie die Güte haben wollten, mir eine Stunde zu bestimmen, oder auf jedem andren Ihnen gefälligen Wege, so werden Sie jenen Ungenannten und mich dadurch sehr verbinden, als

Ew. Wohlgebohrnen
ergeb[e]n[sten] Diner
A. Diesterweg
Lehrer der Musterschule
wohnhaft bey H. REINHART
hinter der Schlimmauer.

N. S.
N ist 22 Jahre alt, leidet auch bisweilen an wirklichen Pollutionen.[5]

Eigh., Stadtarchiv Siegen, Slg. 342 (Diesterweg-Autographen), Mappe 29

[1] Der Brief ist nicht datiert. Die Angabe von Wohnort und Tätigkeit läßt auf das Jahr 1813 schließen.

[2] Der Freund ist vorgeschoben; es geht um Diesterweg selbst, wie dem Brief an Dr. Kloß aus dem Jahre 1814 (Nr. 13) zu entnehmen ist.

3 Das beschriebene Symptom des Ausflusses aus dem männlichen Glied deutet am ehesten auf eine Entzündung der Prostata hin.

4 Diesterweg beschreibt präzise und offen die Beschwerden; seine Besorgnis ist im Zusammenhang mit dem Kampf deutscher Pädagogen gegen die Masturbation zu sehen.
Die mit den Philanthropen einsetzende „wissenschaftliche" Diskussion bezog sich vor allem auf ein vermutetes Risiko gesundheitlicher und seelischer Art.

5 Ableitung von pollutio (lat.): Besudelung, Verunreinigung; historische Bezeichnung, um den nicht willkürlichen nächtlichen Samenerguß des sexuell inaktiven Mannes zu beschreiben.

7
An Sabine Enslin, Wetzlar

Frankfurt am Main, 26. Februar 1813

Geliebteste!

Dein lezter Brief kam mir glücklich zu. Zu beiliegendem von Deinem Onkel ein Paar Worte.

Deine Tante ist jezt mit den Kindern in Isenburg. Vielleicht gehe ich morgen hinaus, um sie auf deutschem[1] Boden zu bewillkommen. Ich hoffe, daß es mit Cantor hier gut geht. Dadurch ist es ja auch wohl leicht zu machen, Dich einmal wieder zu sehen. Ich brenne vor Begierde, Dich einmal wieder zu küssen. Die Weiber u. Mädchen sind ja so voll Plänen und Listen. Hast Du nicht einen im Petto, der Dich mir einmal zu Gesicht bringt. Von Worms u. Frankreich[2] habe ich nichts weiter gehört. Es wird nach Deinem Wunsche ausfallen.

Kommst Du denn das Frühjahr mit BRAUN her. Oder – wenn es möglich – noch früher. Ich soll vor Ostern nach Siegen, um unsere Familienangelegenheiten in Ordnung ₁ zu bringen. Ich habe aber abgeschrieben, und werde hier bleiben, wenn Du kommst.

Diesen Abend gibt ALOYS SCHMIDT ein Concert im rothen Haus. Cantor brachte mir so eben ein Billet. Das werde ich benutzen, muss daher, weil es $\frac{1}{2}$ 7 ist, dahin. Also für jezt guten Abend u. gute Nacht. Bis morgen die Fortsetzung.

Cantors Anstellung entscheidet sich in einigen Tagen. Dein Freund MENGER ist hier. Vorgestern speiste ich bey ihm. Er erinnert sich Deiner mit Vergnügen.

Schlafe wohl, bestes Mädchen.

D. 26ten Abends
Stets Dein Treuster.
A. Dwg.

Eigh., Stadtarchiv Siegen, Slg. 342 (Diesterweg-Autographen), Mappe 3

1 Frankfurt gehörte seit 1806 dem Rheinbund an, der unter französischer Vorherrschaft stand. Die Truppen der Verbündeten gegen Napoleon trafen im November 1813 in Frankfurt ein.

2 Diesterweg bedurfte für die Übersiedlung von Worms nach Frankfurt a. M. der Genehmigung französischer Behörden, die er erst Ende Februar aus Paris erhielt. Er zog also bereits vor dem Erhalt einer Erlaubnis um. – Der Maire von Worms teilte dem Unterpräfekten am 3. Februar 1813 mit, daß

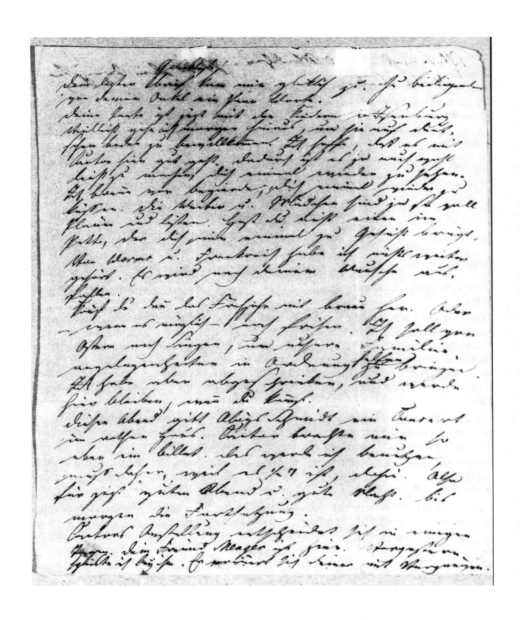

Brief von F. A. W. Diesterweg an Sabine Enslin
vom 26. Februar 1813, Seite 1
Quelle: Stadtarchiv Siegen, Slg. 342 (Diesterweg-Autographen),
Mappe 3

Diesterweg, von Geburt Ausländer – Deutscher, im Hinblick darauf, daß Worms zum französischen Reich gehörte –, den „Grand Maître" um Entlassung gebeten habe, und dann, ohne die Antwort abzuwarten, plötzlich das Collège – so die Bezeichnung des Gymnasiums unter französischer Herrschaft – verlassen habe; er bat den Unterpräfekten, Diesterweg zur Rückkehr zu zwingen.

In einem Brief vom 23. Februar 1813 wies er die Hauptschuld allerdings der Frankfurter Schuladministration zu, „laquelle sans doute a seule provoqué la démarche inconsiderée du s[ieu]r Diesterweg, en l'admettant à la place de professeur, avant qu'il ait obtenu sa demission". Aufgrund dieser Annahme wurde die Anklage gegen Diesterwegs offenbar fallen gelassen (vgl. Stadtarchiv Worms, Abt. 2, Registre de Correspondence de la Mairie de Worms pour l'an 1813, Nr. 45, S. 12 f., und Nr. 58, S. 17 f.).

8
An Sabine Enslin, Wetzlar

Worms, 31. Juli 1813

An Demoiselle Sabine Enslin auf dem Eisenmarkte zu Wetzlar

Samstag Abend 9 Uhr den letzten July 1813

Meine Liebe!

Ein Jahr ist in den Ocean der Zeit dahingeflossen, seitdem des Himmels weise Führung mich zum Ersten Male in deine Nähe führte. Es war am <u>heutigen</u> Abend in Gesellschaft von MAYER und BENDER, als ich dich bei Cantors zum Ersten Male erblickte. Eigentlich war es der 1. August, der aber im vorigen Jahre auf einen Samstag fiel, und des wegen stimmt mich der heutige Abend, den ich schon ganz in Erinnerungen zubrachte, wehmüthig fröhlich. Dich sehen, und dich lieben, und nimmer aufhören. – Ich weis fast noch jedes Wort, was dir den Abend entwischte; wie du mir einen Stuhl setztest, welches Compliment du machtest, wie du mich einludest zu singen u.s.w. Das ich nachher über dich mit MAYER und BENDER sprach, hat mein Gedächtniß treu aufbewahrt. Am morgenden Tage sahe ich dich in der Kirche in einem weisen *[sic!]* Schleyer, des Nachmittags in Pfifflichheim mit Cantors u. Frau SCHMIDT. Du tanzest in der Scheune, ich sehe aus der Ferne zu, sehe im Geiste noch jede Bewegung deines Körpers, Cantor zerreißt die Hose durch einen Sturz und KREITNER führt dich nach Hause, dem MAYER vor der Stadt abnimmt. O wär ich jetzt doch bey dir, liebes Mädchen! Wie wollten wir in Erinnerungen die ganze Nacht schwelgen? Ich sehe noch deinen Gang nach Hause, bin bis zum nächsten Mittwoch von dir getrennt, wo ich dich im Concert singen höre.[1] Wie mir so angst ist, sagtest du im Vorübergehen zu mir am Ofen Stehenden! Ach wer hätte dich auf den Abend nicht lieben sollen! Am Ende bist du mit CAROLINE KREITNER noch allein da, sitzest neben mir, äußerst deine Verlegenheit über Unschicklichkeit deines längeren Verweilens, und ich bleibe sitzen, um meine Verzweiflung und Unruhe wegen deiner in 1811er zu vertrinken. Den Donnerstag sehe ich dich bei Cantors wieder. Den nächsten Montag führe ich dich mit Cantors <u>nach Neuhausen</u>, MAYER und BENDER kommen nach. O Tag der Seligkeit u. Wonne! Wann werde ich aufhören, dich zu preisen! Ich glaube zu bemerken, daß in dir etwas dem in mir so heis glühenden ähnlich sich regt. Ich höre jedes Wörtchen, was du sprachst, jeden Blick, den du mir zuwarfst, ich war ganz außer mir, nun bey dir. Ich könnte dir alles wiederholen, würde es tun, wenn der Himmel durch deine Gegenwart mich jetzt beglückte. Ich führe dich nach

13

Hause, darf dich küßen u.s.w. Des anderen Tages bist du bey MAYER, nachdem ich dich Sonntags vorher auf dem Gange zu MAYER einen Augenblick gesehen und dich verschlungen hatte. Denkst du noch der MERKLIN und der PAULINE? – Ewig werde ich des gedenken, als ich dich nach Hause begleitete, ja den Stein wollte ich noch finden können, auf den ich tratt *[sic!]*, als du mich mit den Worten fragtest: Profeßor hast du mich lieb? und ich nicht durch Worte, nur durch Betragen vor Seligkeit antworten konnte. An Cantors Türe küßte ich den Cantor (den deutschen Kerl) auf dein Geheiß und seine Frau, und dich. Den Mittwoch sehe ich mehrmalen dich, BENDER ist noch dort, ich küßte dich im Zimmer, als du Schlemchen[2] den Hut mir verstecktest. BENDER reiset ab u. du erhälst den Abend traurige Nachrichten. Ich bin dir nahe, dir vertraut geworden, du öffnest mir dein Herz, ich nenne kühn dich du u. du verstehst mich und erwiederst es, und erwartest mich vorübergehend an der Türe, ich bei Tritte sitzend. Den Donnerstag sehe ich dich Anstalten treffend zur Abreise, das Herz blutet mir u. des anderen Morgens scheidest du.[3] – Ich will nicht alles sagen u. erzählen, um noch von etwas träumen zu können. – Die genannten Tage lebe ich nun in Erinnerung u. heute gehe ich mit Dank zu dem zu Bette, der mir den heutigen Tag im vorigen Jahre zu einem Tage werden ließ, den ich ewig zu segnen hoffe!

Ewig
Dein tr. Dwg.

Abschr., Nachlaß Köhler

[1] Wahrscheinlich eine Veranstaltung der „Musikalischen Gesellschaft" Worms; siehe Brief vom 19. August 1812 (Nr. 4), Anmerkung 3.

[2] Eine nicht mehr gebräuchliche Nebenform von schlimm.

[3] Siehe Brief vom 13. August 1812 (Nr. 3).

9
An Sabine Enslin, Wetzlar

Frankfurt am Main, 31. Dezember 1813

An Demoiselle Sabine Enslin zu Wetzlar

Fr[eitags] Nachmitt. Sylvester

Gestern Abend kam ich glücklich in Friedberg u. vor $1/2$ Stunde gut hier an. So wie ich immer nach einer Trennung von Dir Einzige Geliebte! eine unaussprechliche Leere spürte, so auch gest[ern] u. heute. Nur durch die sichre Aussicht einer baldigen immerwährenden Vereinigung kann ich mich trösten u. freudig an die Arbeit gehen. 1000 Dank Dir u. den Deinigen für gütige Aufnahme u. 1000faches Glück zum neuen Jahre. Möge der Himmel alle die Schwierigkeiten wegwälzen, die sich unsrer Verbindung noch entgegen thürmen können. Der festen Zuversicht lebe ich.

Grüße Deine liebe Mutter, H. Onkel[1], BIBERLE[2], schreibe mir bald ein Paar Zeilen halte Dich recht munter, erfülle alle meine Bitten, theurste SABINE, u. sey von der immerwährenden Liebe überzeugt

Deines A. Dwg.

Eigh., Stadtarchiv Siegen, Slg. 342 (Diesterweg-Autographen), Mappe 4

14

¹ Johann Philipp Friedrich Enslin (s. ds.).

² Anna Barbara Enslin, spätere Luther (s. ds.), die einzige Schwester von Sabine Enslin.

10
An Sabine Enslin, Wetzlar

Frankfurt am Main, 2. Februar 1814 ¹

An Demoiselle Sabine Enslin zu Wetzlar

Daß ich Dir bis jetzt Deinen l[ieben]. Brief nicht beantwortet habe, war nicht meine Schuld, sondern die zufälliger Umstände. Erst diesen Abend konnte ich mit Mad[ame] MEIDINGER sprechen über das Logis; ich habe es gemiethet für 105 fl jährlich. In dem Zimmer, welches ich jetzt bewohne, lasse ich einen kleinen Durchschlag anbringen, um zugleich Wohnzimmer u. Schlafzimmer zu erhalten. So steht, denk ich, unsrer Heurath bis Ostern nichts mehr im Wege. Im Anfang April gedenke ich nach Siegen zu reisen um dort noch einige Familiensachen in Ordnung zu bringen; dann kehre ich froh zurück, um nicht mehr von Dir Theuerste! zu scheiden. Ich bin dann ganz glücklich.

Heute ist die Russische Kaiserin gekommen. Es war Nacht u. deßwegen konnte man sie selbst nicht sehen. Für jetzt Beste! gute Nacht. Morgen vielleicht noch ein Paar Zeilen, wo möglich. Vorläufig viele Grüße Deinen guten Eltern u. BIBERLE² u. Dir.

Der Deinige,
A. D.

Mittwochs Abend 11 Uhr.

Das Päckchen von VÖLK³ bringt mir H […] herauf. Meinen herzlichen Dank […] doch gar zu gut! Wenn VÖLK morg[en] […] so erhälst Du das Duett. Mir […] nicht, weil ich wegen der Land[…] ₁ abermals vorgeladen bin.⁴ Es ist den Herren nur um Geldbeiträge zu thun. Viele Truppen⁵ liegen hier u. ich habe fortwährend Einquartierung. Doch das Alles soll uns nicht hindern.

Bis Ostern – – –
Ewig Dein Dwg.

Eigh., Stadtarchiv Siegen, Slg. 342 (Diesterweg-Autographen), Mappe 5

¹ Der Brief ist nicht datiert; das Datum wurde daraus erschlossen, daß die Ankunft der russischen Kaiserin erwähnt wird.

² Anna Barbara Enslin, spätere Luther (s. ds.), die einzige Schwester von Sabine Enslin.

³ Johann Jakob Heinrich Völk, Metzgermeister und Fuhrmann in Wetzlar, entfernter Verwandter von Sabine Enslin.

⁴ Es handelt sich wahrscheinlich um die Erlaubnis zum Umzug von Worms nach Frankfurt am Main (vgl. Anmerkung 2 zum Brief Nr. 7 vom 26. Februar 1813). Möglicherweise bezieht sich Diesterweg

aber auch auf eine neuerliche Konskription zum Militärdienst (vgl. Anmerkung 6 zum Brief Nr. 2 vom 17. März 1811), dieses Mal auf Seiten der alliierten Truppen der Preußen, Österreicher und Russen.

5 Russische und österreichische Truppen lagen nach der Völkerschlacht bei Leipzig am 18. Oktober 1813 in der Stadt.

11
An den Senat der Freien Stadt Frankfurt

Frankfurt am Main, 21. Februar 1814

An
den hochverehrlichen Senat der freyen Stadt Francfurt,

Unterthänige Vorstellung und Bitte
von Adolph Diesterweg, Lehrer der hiesigen Musterschule,

um hochgefällige Erlaubniß,
sich verehlichen zu dürfen.[1]

Bereits vor Einem Jahre wurde ich durch eine hohe Verfügung der Schul- und Studien-inspection von Worms an die hiesige Musterschule versetzt. In jener Stadt hatte ich die Bekanntschaft einer gewissen Demoiselle ENSLIN, Tochter eines Bürgers in Wetzlar ge-macht, und war im Begriff, mich mit derselben unter der Zustimmung ihrer Eltern zu verehlichen, als mich jener Beruf der Ober-Schulinspection bewog, jene Stelle in Worms mit derjenigen, welche ich jetzt begleite, zu vertauschen. Dadurch wurde meine Heurath bis jetzt verschoben. Dringende Familienverhältnisse meiner Verlobten nöthigen mich, mit der Vollziehung derselben nicht länger mehr zu zögern. Ich bin weder Bürger noch Beisaß, kann mich auch persönlicher Gründe wegen jetzt nicht um die Vortheile des Bür-gerrechtes bewerben. Ich wollte daher Einem Hochverehrlichen Senate die unterthänige Bitte vortragen, um die hochgefällige Ertheilung der Erlaubniß, jene Heurath schließen zu dürfen.

Mit gehörigem Respecte verharrend, Eines Hochverehrlichen Senates

unterthäniger Diener
Adolph Diesterweg,
Lehrer der Musterschule.

Eigh., Institut für Stadtgeschichte Frankfurt a. M., Sen. Suppl. 11/50, Nr. 1814, Febr. 21, 1r+v

1 Sein Status als Lehrer zwang Diesterweg, um Erlaubnis für seine Eheschließung zu bitten. Nach dem Ende der französischen Herrschaft war die Gleichheit der Bürger aufgehoben worden. Frankfurts Be-völkerung setzte sich wieder aus verschiedenen Einwohnergruppen mit jeweils unterschiedlichem Rechtsstatus zusammen.

16

Diesterweg hätte das Bürgerrecht nur durch Heirat oder Besitz eines ansehnlichen Vermögens von 5000 Gulden erwerben können. Er besaß lediglich – wie die Juden und leibeigenen Landbewohner – „Permissionsstatus", also einen Aufenthalts- und Erwerbsschein.

12
An Sabine Enslin, Wetzlar

Frankfurt am Main, 5. März 1814

An Demoiselle Sabine Enslin zu <u>Wetzlar</u>.

<u>sogleich abzugeben</u>.

Sammstags d. 5. Merz

Theuerste Sabine!

Wenn ich – wie ich Dir gestern bemerkte – einen Fehler begangen hatte, daß ich den Permissionsschein[1] vom Senate nicht ausdrücklich von Dir zurückbegehrte, so beging ich gestern abermals eine Übereilung, daß ich ohne Einschränkung meldete, daß wir bis Morgen nun hier nicht proclamirt werden könnten. [Endlic]h [1], nachdem ich den gestrigen Brief auf die Post gebra[cht] [2] hatte, fiel es mir ein, zu versuchen, ob der Permissionsschein vielleicht entbehrlich sey. Und siehe [da] [3], es war so: Der Secretär des Consistoriums kannte Deinen seligen Vater, freute sich, mich kennen zu lernen u. half mir durch. Auf diese Art habe ich es dahin gebracht, daß wir <u>Morgen</u> in der reformirten Kirche sowohl, als in der lutherischen Hauptkirche proclamirt werden.

Vielleicht hast Du, Einzige! die Proclamation dorten, durch meinen gestrigen Brief veranlasset, verschieben lassen; ich schreibe deßwegen schon heute wieder an Dich, damit Du, wenn dieser Brief Morgen frühe b[ey] [4] Zeit ankommen sollte, vielleicht die Sache n[och ein]leiten [5] kannst. Wo nicht, so ist's eben 8 Tage auch noch Zeit genug. – [6] Werden denn auch Deine Sachen fertig? u. Wann wirst Du mir sie senden?

Von Mannheim erwarte ich schon seit 8 Tagen täglich den Stoff zu einem Kleide, den ich durch meine Schwägerin[2] habe kaufen lassen, u. Dir zum Geschenk anzubieten, mir das Ve[rgnüg]en [7] machen werde. In den nächsten Tagen [erwar]te [8] ich es nun ganz sicher.

Kannst Du die schöne Bettlade wohlfeil kaufen, so thue es; dasselbe gilt von Stühlen, deren wir übrigens nicht sehr viele weiter nöthig haben werden.

Sende mir nun nächstens den Permissionsschein des Senates u. antworte bald

Deinem A. D.

Von Worms hörte ich lange nichts. – Viele Grüße den Deinigen.

Eigh., Stadtarchiv Siegen, Slg. 342 (Diesterweg-Autographen), Mappe 6

[1] Die Erlaubnis des Frankfurter Senats zur Eheschließung mit Sabine Enslin; siehe Brief vom 21. Februar 1814 (Nr. 11).

[2] Luise Diesterweg geb. Jung, die Gattin von Wilhelm Adolph.

17

13
An Dr. Georg Franz Burkhard Kloß, Frankfurt am Main

Frankfurt am Main, Ende April/Anfang Mai 1814[1]

An Herrn Doctor Kloos, Wohlgeboren, zu Hause

Geehrtester Herr Doctor!

Weil mir in den letzten Tagen keinmal das Vergnügen wurde, Sie zu Hause anzutreffen, so bin ich so frey, Ihnen schriftlich folgendes mitzutheilen:

Vor 14 Tagen begann ich eine Reise nach Hause, theils zu Fuß theils zu Wagen. Letzteres äußerte gleich vom ersten Tage an üble Wirkungen auf mein Uebel, und die alte Reizbarkeit und Ausflüße stellten sich wieder ein.

Ich setzte deßwegen bald das Stahlwasser[2], bald das Weintrinken, welches jedoch immer sehr mäßig geschehen war, aus; aber vergebens. Ich konnte des Uebels nicht Meister werden, und selbst bis jetzt hat es wenig nachgelaßen.

Wollten Sie die Güte haben, mir unter dieses nur mit wenigen Worten Ihren guten Rath mitzutheilen, so verpflichten Sie um so mehr

Ihren
ergebensten
A. Diesterweg.

Eigh., Stadtarchiv Siegen, Slg. 342 (Diesterweg-Autographen), Mappe 38

[1] Der Brief ist nicht datiert. Das Jahr 1813 – wie im vorhergehenden Brief an Kloß (Nr. 6) – ist nicht wahrscheinlich, da Diesterweg sich in dieser Sache kaum in so kurzem Zeitabstand unter eigenem Namen ärztlichen Rat eingeholt haben dürfte. Die im Brief erwähnte „Reise nach Hause" könnte Siegen gegolten haben (siehe Brief vom 2. Februar 1814, Nr. 10), so daß das Jahr 1814, frühestens Ende April, als Datum zu vermuten ist.

[2] Ein Heilwasser mit Eisenbicarbonaten und adstringierender Wirkung.

14
An die Redaktion des Morgenblattes, Stuttgart

Frankfurt am Main, 20. Oktober 1816

An die löbliche Redaction des Morgenblattes, in Stuttgardt.

An die wohllöbliche Redaction des Morgenblattes!

Vorstehendes[1] biete ich Ihnen zum Einrücken ins Morgenblatt an, wenn Sie dasselbe dieser Stelle für würdig halten, unter der Voraussetzung der strengsten Anonimität. Dagegen räume ich gerne ein, alles Anstößige, was Sie in dem Geschriebenen finden sollten, zu durchstreichen.

Können Sie aber diesen Aufsatz nicht gebrauchen, so senden Sie mir ihn gefälligst umgehend zu.

A. Diesterweg, Lehrer an
der Musterschule in Frankf. a/M.

Eigh., Stadt- und Universitätsbibliothek Frankfurt am Main, Autographensammlung

[1] Aus dieser Zeit stammt Diesterwegs Aufsatz „Vorschläge, die Errichtung einer Sonntagsschule betreffend". Er erschien 1817 in dem Band „Ueber den Zweck und die Einrichtung guter Lehranstalten für Handwerker. Kleine Beiträge zur Verbesserung der technischen Künste in Deutschland, veranlaßt durch die Stiftung der Sonntagsschule für Handwerker zu Frankfurt am Main", den Diesterweg gemeinsam mit J. H. M. Poppe und Th. Friedleben bei Sauerländer in Frankfurt herausgab (vgl. vorliegende Ausgabe, Bd. XIX, S. 25–32).

15
An die Gebrüder Wilmans, Frankfurt am Main

Frankfurt am Main, 3. Februar 1817

An die Herrn Gebrüder Wilmans Wohlg[e]b[o]h. Dahier

Durch Hr. Dr. ENGELMANN haben Ew. Wohlgeb. bereits von mir empfangen		fl	39 – 38 Gr.
Die für Hr. Hofr. GUTSMUTHS besorgten Auslagen, welche ich nach dessen Vorschrift hier in Rechnung bringen soll,		———	6 – 22 Gr.
	bereits bezahlt fl	46.	

Ew. Wohlgeb. bin ich schuldig die von Hn. HOFMANN in Aschaffenburg empfangenen		fl	18 ———
Und für gesammelte ₁ Pränumerationen [1]			36 fl
		fl	54
	bezahlt		46 ———
	bleibe ich schuldig fl		8

welche hier beiliegen. Für jene 36 fl Pränumerationsglieder empfange ich 40 Exemplare, und da Sie mir bereits 38 zugesendet haben, so haben Sie doch die Güte, an den Überbringer noch 2 Exemplare des Turnbuches[2] zu übergeben.

Ew. Wohlgebohren
ergeb[ene]r Diesterweg.

Eigh., Stadt- und Landesbibliothek Dortmund, Handschriftenabteilung, Atg. 19889

[1] Vorauszahlungen.

[2] Johann Christoph Guts Muths (s. ds.): Turnbuch für die Söhne des Vaterlandes und Katechismus der Turnkunst. Frankfurt a. M. 1817.

16
An Johann de Laspée, Wiesbaden

Moers, 7. April 1817

An Herrn De Laspée, Wohlgebohren, in Wiesbaden.

Hochgeschätzter Freund!

Erst gestern hat H. SACHS seine Erklärung über die Wiederbesetzung einer vacanten Stelle an seiner Anstalt[1] an mich abgegeben u. nun eile ich, Sie davon in Kenntniß zu setzen. H. SACHS verlangt: 1) gründliche Kenntnisse der Muttersprache (der deutschen, nicht der hebräischen), namentlich Unterricht in der Grammatik u. Styl 2) außerdem noch die Fähigkeit in irgend einem andren Fache, Geographie oder Geschichte, oder Geometrie oder in der Rechenkunst Unterricht ertheilen zu können. Wegen der unerläßlichen Bedingung [1] würde ein geborner Schweitzer zu dem Posten nicht wohl passen, da man nicht voraus setzen darf, daß ein solcher eine gute Aussprache besäße. SACHS stellt es einem jene Eigenschaften besitzenden Subjecte frei, entweder bei ihm zu wohnen u. zu essen, oder außerhalb des Institutes an einem beliebigen Orte zu wohnen. Das Erstere wäre H. SACHS das liebste. Dann verlangt er 36 Stunden wöchentlich Unterricht (Sammstags frei, Sonntags [2] nicht, doch aber während des Gottesdienstes) u. im Fall der Lehrer zu ihm zöge, einen Theil der Aufsicht über die Pensionäre. An Privatunterrichtstunden kann es einem fleißigen Subjecte nicht fehlen. Zöge der Lehrer nicht zu ihm ins Haus, so bietet H. SACHS einen Jahrgehalt von 50 Carolin. – Sie sehen, theurer H. de Laspée daß H. SACHS hohe Forderungen macht u. einen spärlichen Gehalt bietet. Hier kann Niemand mit 50 Carolin leben. Privatunterricht müßte Succurs zuführen. – Wenn Sie einen geeigneten Lehrer wissen, so ist es das gerathenste, wenn derselbe mit H. SACHS eine Correspondenz anknüpft. Derselbe läßt außerdem sich Ihnen emphelen u. Sie bitten, im Falle der genannte Schweizer[2] sich zu dem Posten qualificirt, den jungen Mann zu ersuchen, sich directe an ihn zu wenden, sobald als möglich. Das Turnbuch[3] haben Sie doch bekommen?

Nebst Emphelungen an Ihren H. Bruder[4] u. Frau Gemahlin

der Ihrige
Dr. Diesterweg.

Eigh., Stadt- und Universitätsbibliothek Frankfurt am Main, Autographensammlung

[1] Jakob Sachs (s. ds.) leitete eine jüdische Erziehungsanstalt in Frankfurt a. M.

[2] Da Johann de Laspée sich mehrfach zur Weiterbildung in der Anstalt von J. H. Pestalozzi (s. ds.) in Yverdon aufgehalten hatte und die Verbreitung seiner Pädagogik förderte, hatte er sicherlich Kontakt zu vielen schweizerischen Lehrern.

Möglicherweise handelt es sich bei dem hier erwähnten Pädagogen um Johannes Ramsauer (s. ds.), der 1816 wegen des Lehrerstreits aus Pestalozzis Anstalt ausgeschieden war und nach einem neuen Tätigkeitsfeld suchte. Es ist durchaus denkbar, daß er sich dabei auch an den Pestalozzianer de Laspée gewandt hatte.

[3] Vermutlich ist das „Turnbuch für die Söhne des Vaterlandes und Katechismus der Turnkunst" (Frankfurt a. M.) von J. Chr. Fr. Guts Muths (s. ds.) gemeint, das gerade erschienen war.

[4] Jakob de Laspée (gest. 1817) war Lehrer am Institut seines Bruders. 1812–1814 hatte er sich mit dessen finanzieller Unterstützung in der Anstalt von J. H. Pestalozzi (s. ds.) in Yverdon weitergebildet.

17
An das Konsistorium der Stadt Frankfurt am Main

Frankfurt am Main, 29. Mai 1817

Ich Unterschriebener verspreche durch diesen eigenhändig geschriebenen und besiegelten Brief einem hochwürdigen [???], die den Lehrern an der Musterschule vorgeschriebenen Gesetze ihrem Geist und Sinn nach pflichtgemäß zu beobachten und zu halten.[1]

[A. Diesterweg.]

Veröff.: Meinel, Alfred: Diesterwegs geistige Entwicklung bis zum Jahre 1820. Dargestellt auf Grund seiner Schriften und bisher unbenützter Akten. Diss. phil. Leipzig 1927, S. 103 f.

[1] Die Schulordnung sollte am 23. Mai 1817 in Anwesenheit des Konsistoriums von den Lehrern mit Eidesversicherung angenommen werden. Ihre Einführung war um so dringlicher geworden, als der bisherige Oberlehrer Seel (s. ds.) erhebliche Führungsschwierigkeiten gegenüber seinen Kollegen gezeigt hatte, auch gegenüber Diesterweg. Dieser hatte u. a. gemeinsam mit dem Lehrer Hahn (s. ds.) versucht, den gesamten Schulgarten in einen Turnplatz umzuwandeln.

Auch hatte er durch die Veröffentlichung einer Gegenschrift zu Seels Abhandlung „Vom Weltuntergange" (Frankfurt a. M. 1817) die Autorität des Oberlehrers in Frage gestellt; in seiner Schrift „Vom Weltuntergange, nebst einer freimüthigen Widerlegung der Theorie des Herrn Dr. Wilhelm Heinrich Seel (s. ds.), vom Weltuntergange, und anderen in die Geschichte der Erde einschlagenden Bemerkungen" (ebd. 1817; vorliegende Ausgabe, Bd. XIX, S. 1–24) hatte er Seel sowohl mit theologischen als auch mit physikalischen Argumenten scharf angegriffen.

Durch die neue Schulordnung wurde Seel zum Direktor der Schule erklärt. Seine Befugnisse waren klar umrissen. Während Lehrer, die ihm treu anhingen, die geforderte Unterschrift in Anwesenheit des Konsistoriums sofort leisteten, baten sich Diesterweg und andere Bedenkzeit aus; sie akzeptierten dann schriftlich.

18
An Gottlieb Anton Gruner, Idstein

Frankfurt am Main, 19. August 1817

Hochgeschätzter Herr Schul-Inspector!
Verehrter Freund!

Daß Herr Dr. OPPENHEIM bereits vor 4 Wochen zu den Seligen heimgegangen ist, blieb Ihnen wohl nicht unbekannt. Bis jetzt ist dessen hinterlassene Wittwe untröstlich, u. ihren Trost nicht bei Menschen suchend, wo er auch wohl nicht zu finden ist, sieht sie sich unwiderstehlich zu den Menschen hingezogen, welche nach ihrer Überzeugung dem Himmel am nächsten stehen. Zu diesen gehören Sie, verehrter Herr! indem sie noch gestern mit thränendem Auge ihre Sehnsucht zu Ihnen als einem ihrem seligen Manne sehr nahe Stehenden unverholen aussprach, den Wunsch nicht zurückhaltend, doch endlich einen Brief von Ihnen ankommen zu sehen, da Sie fast der Einzige seien, der im Stande wäre, sie zu trösten. Die Größe ihres Schmerzes habe es ihr nicht zugelassen, Ihnen selbst die

Nachricht über den Tod ihres Mannes mitzutheilen, u. durch unsre Zeitungen sei Ihnen doch gewis dieser Fall nicht unbekannt geblieben.

Überzeugt, daß Sie gerne u. von Herzen trösten u. helfen, wo zu trösten u. zu helfen ist, möchte ich gerne der zärtlich-liebenden Gattin dieses Labsal gönnen. Dieses bewog mich, Ihnen ganz ohne Auftrag u. Wissen der Frau OPPENHEIM dieses zu melden, u. so freue ich mich, eine Gelegenheit gefunden zu haben, durch die ich meine Achtung gegen die Manen des herrlichen Menschen Dr. OPPENHEIM an den Tag legen konnte. Über ihn herrscht nur eine Stimme im Publikum u. diese spricht Liebe u. Verehrung gegen den Seligen aus. Viel läßt sich von ihm nicht sagen, denn er wirkte nichts Rauschendes, nur im Stillen. Aber solche stille Größe führt in ihrer Betrachtung einen Reiz mit sich, welcher im Spiegel der Geschichte glanzvoller, welthistorischer Thaten vergebens gesucht wird.

Wie sehr ich mich freue über Ihre Ihren Wünschen entsprechende Lage, darf ich wohl noch hinzufügen. Sie stehen auf dem beneidenswerthen Posten, wo der Mann mehr wirkt, durch das, was er ist u. was er will, als durch das, was er sagt u. weiß.

An unsrer Schule ist ein Zustand der gleichmäßigen Ruhe eingetreten.[1] Nicht zu hoffen, daß dieser Zustand der sturmvollen, nun aber durch darauf gegossenes Öl niedergedämpften See zu vergleichen wäre, in welcher wegen Mangel des belebenden Licht- u. Luftstoffes das rege Leben verschwunden, ist vielmehr die Aussicht da, daß, so wie der Baum, den wir pflanzten u. begießen, sich von innen befestigend, bald auch von außen als ein an Früchten reiches, leben- u. saftvolles Gewächs angesehen werde.

Und die Humanität des H. v. GÜNDERODE führt geistiges steigendes Leben in die Säfte dieses Gewächses u. läutert sie. Er ist ein verehrungswürdiger Mann.

Ich schließe mit der Versicherung meiner ausgezeichneten Hochachtung.

Ihr
ergebenster Diesterweg.

Eigh., DIPF/BBF, Archiv, 1.1.01 (F. A. W. Diesterweg), Mappe 22

[1] Diesterweg hatte heftige Auseinandersetzungen mit seinem Schulleiter Seel gehabt. Diese Streitereien wurden im Mai 1817 durch Erlaß einer Schulordnung, die auch Diesterweg akzeptierte, offiziell beendet; siehe Brief vom 29. Mai 1817 (Nr. 17) und die dortige Anmerkung.

19
An den regierenden Bürgermeister von Frankfurt am Main [1]

Frankfurt am Main, 27. November 1817

[...] Mit diesen Emolumenten[2] würde ich dort[3], den höheren Preis der Lebensbedürfnisse mit angeschlagen, etwas bequemer haushalten können, als mit meiner jetzigen Besoldung hier, indem, das brauche ich nicht zu verhehlen, ein ehrliches Bestehen hier in Frankfurt mir jetzt nicht leicht wird.

Rektor jener Schule ist mein alter, verehrter Freund, Herr SEELBACH, und beide Umstände geben jenem Antrage für mich viel Einladendes.

Indeß ist die Musterschule und der Aufenthalt allhier mir lieb und werth und ich bekenne, daß ich vor der Hand nur einen dringenden Wunsch hege, dessen Erfüllung von dem Willen der Hochpreißlichen Oekonomischen Deputation der Musterschule abhängt und dessen Realisirung mich geneigt machen würde, auch jenen Antrag nach Elberfeld zu dekliniren.[4]

Vollkommene Ausbildung ist das unverrückte Ziel meines Strebens und obgleich alle sich mir dazu darbietenden Gelegenheiten benutzend, indem ich zur Erreichung dieses Zweckes vor 2 Jahren Vorlesungen über Experimentalphysik übernahm und jetzt im Begriff bin, Vorlesungen über Astronomie zu beginnen[5], hauptsächlich um meiner Selbstbildung, freilich mit, auch um des Erwerbs willen, so wurde ich doch durch den Mangel einer längeren Ferienzeit und andere Hemmungen gefesselt erhalten, nicht in den Stand gesetzt, einige bedeutende Lücken in dem Kreise meiner Wissenschaft ordentlich auszumerzen, woran mir überaus viel gelegen sein muß. Deshalb wünsche ich sehr dringend, mit nächstem Frühjahr mich in den Stand gesetzt zu sehen, eine pädagogisch-literarische Reise von 6–10 Monaten antreten zu können, welches ich von meiner Seite möglich zu machen suchen würde, <u>wenn eine Hochpreißliche Oekonomische Deputation der Musterschule mir diese Reise möglichst erleichtern und für den während meiner Abwesenheit anzuordnenden vikarirenden Unterricht Sorge tragen wollte.</u>[6] [...]

Veröff.: Frankfurter Zeitung und Handelsblatt Nr. 342 vom 3.12.1890, S. 1

[1] Dieser Brief Diesterwegs ist im Original nicht erhalten. Die hier wiedergegebenen Auszüge entstammen einem Artikel im Feuilleton der Frankfurter Zeitung: „Warum Diesterweg nicht in Frankfurt blieb." Der nicht genannte Autor dieses Artikels nennt als Adressaten den „Stadtschultheißen". Das Stadtschultheißenamt wurde in Frankfurt am Main allerdings bereits 1810 abgeschafft. Vermutlich meint der Autor den regierenden (älteren) Bürgermeister. Dieses Amt bekleidete 1817 der Jurist Dr. Johann Wilhelm Metzler (s. ds.).

[2] émoluments (frz.): Gehalt, Bezüge.
Die Rektoratsschule in Elberfeld hatte Diesterweg die zweite Lehrerstelle angetragen. Diese Schule existierte bereits seit dem 16. Jahrhundert als Lateinschule der reformierten Gemeinde in Elberfeld. Als die Gefahr drohte, daß sie von seiten der Stadt mit anderen Schulen vereinigt werden sollte, entschied die Königliche Regierung in Düsseldorf 1817, daß sie als kirchliche Einrichtung anzusehen sei. 1818 trat sie als „Rectoratsschule" mit ihrem ersten Schulprogramm an die Öffentlichkeit. In dieser Umbruchphase schien Diesterweg offenbar ein geeigneter Mann zu sein, um neben Rektor L. J. Seelbach (s. ds.) den wissenschaftlichen Charakter der Schule aufzuwerten. (Vgl. auch Anmerkung 2 zum Tagebucheintrag vom 3. Mai 1818 <Nr. 20>.) – Seine Einnahmen dort sollten sich „nach ganz mittelmäßigem Anschlage auf 1000 bis 1100 Berg. Thaler nebst freier Wohnung (und Garten wahrscheinlich) außerdem" belaufen (Frankfurter Zeitung und Handelsblatt Nr. 342 vom 3.12.1890, S. 1).

[3] In Elberfeld.

[4] „Dekliniren" hat im juristischen Sinne die Bedeutung von „ablehnen".
Die Ökonomische Deputation war das Verwaltungsgremium der Musterschule und in dieser Funktion auch für Beurlaubungen und Bezahlung zuständig.

[5] In den Wintersemestern 1816 und 1817 las Diesterweg in Frankfurt Experimentalphysik; außerdem hielt er im Erziehungsinstitut der Frau Bunsen (s. ds.) populärwissenschaftliche Vorträge über Anatomie (vgl. den Brief vom 26. Oktober 1830 <Nr. 221>).

[6] „Vikarieren" ist eine Ableitung von „vicarius" (lat.): Stellvertreter.
Der Bürgermeister beauftragte Direktor Seel (s. ds.) mit einem Gutachten über Diesterwegs Gesuch. Angesichts der vorausgegangenen Auseinandersetzungen zwischen Seel und Diesterweg (vgl. die Anmerkung zum Brief vom 29. Mai 1817 <Nr. 17>) versetzte dieser Auftrag Seel „einigermaßen in

Verlegenheit"; aber er wisse sich frei von jeder „Animosität", betonte er in seinem Gutachten. Diesterwegs Antrag auf eine längere Bildungsreise sei allerdings nicht im Interesse der Schule, zumal dieser vermutlich ohnehin der Musterschule nicht erhalten bleiben werde. Zum einen strebe er eindeutig eine Stelle an einer höheren Lehranstalt an: „Nach Hrn. Diesterwegs eigenen Aeußerungen und Urtheilen ist ihm elementare Bildung und elementarischer Unterricht etwas Geringschätziges und Niederes, und nur wissenschaftliche Bildung hat bei ihm allein Werth" (Frankfurter Zeitung und Handelsblatt, a.a.O.). Da die Musterschule aber gerade elementarische, allgemeine Bildung im Sinne Pestalozzis (s. ds.) anstrebe, sei Diesterweg fehl am Platze. Zum anderen erhoffte Seel sich vom Ausscheiden Diesterwegs die Wiederherstellung eines herzlichen Verhältnisses unter den übrigen Kollegen: „Ich verspreche mir von seinem Abgange von der Schule das Beginnen einer neuen, schönen und bessern Zeit, die Zeit eines liebevollen, einträchtigen, echt kollegialischen Zusammenwirkens" (ebd.).

Der Bürgermeister beschied Diesterwegs Gesuch aufgrund dieses Gutachtens abschlägig; im April 1818 trat dieser sein neues Amt in Elberfeld an.

20
Aus Diesterweg's Tagebuche von 1818 bis 1822.
I. Frankfurt.[*1]
Auf der Reise von Frankfurt nach Elberfeld.

Wetzlar, den 3. Mai 1818. Sonntags. Reminiscenzen aus den vorigen Tagen:

In den ersten Tagen nach meinem Abschiede von Frankfurt am Main war ich krank und meine Frau war in Folge der innern Stürme in Herz und Gemüth ganz deprimirt. Gott, welche Scenen habe ich erlebt, alle menschliche Erwartung übersteigend! Wie war es möglich gewesen, eine Stadt zu verlassen, in welcher so viele Menschen mir wahrhaft befreundet sind, und in welcher so viele Kinder ganz innig an mir hingen?[2] Welche Wehmuth beim Abschied von der zweiten Mädchenklasse, als ich bei meinem Eintritt in dieselbe ein Blumenkörbchen geschmückt hingestellt fand! –

Die zweite Klasse schrieb in ihr Zeugnißbuch: Heute verläßt uns unser – Lehrer. Ein unersetzlicher Verlust!

Am 26. April Spaziergang mit den Mädchen nach Bornheim und Bergen. Ich beschenkte sie mit Veilchen, traktirte sie in Bergen, und sie überreichten mir durch meinen Collegen HAHN eine goldene Repetiruhr. Alle wollten in Bergen neben mir sitzen.

Ueberreichung des Ringes durch die dritte Klasse im Garten von Herrn MAPPES. Meine Anrede: deutschen Tugenden treu zu bleiben.

Uebergabe des Bechers durch die erste Klasse am Frankfurter Chaussee-Haus mit den Collegen SÄNGER und ZÄHRER.

Herzlicher Abschied von NÄNNY, Rührung GULDNER'S.

Es gibt Gefühle, die unbeschreiblich sind, die entheiligt werden, wollte man sie in Worte fassen, ja, die mit allem Gedankenspiel contrastirend, den Ideen gleichsam keinen Raum mehr lassen. Wer Gefühle schön beschreiben und in Worte fassen kann, dem mögen sie wohl häufig fehlen; wer sie fühlen kann, kann sie selten oder nie denken.

---

[*] Aufgrund der Länge der wiedergegebenen Texte aus Diesterwegs Tagebuch (Nr. 20, Nr. 22 und Nr. 34) wurden Anmerkungen nicht am Ende, sondern jeweils nach dem betreffenden Abschnitt eingefügt.

24

[1] Der Text beruht auf der Ausgabe: Aus Diesterweg's Tagebuche von 1818 bis 1822. Frankfurt, Elberfeld, Mörs. Unter Zustimmung der Familie herausgegeben von Eduard Langenberg. Frankfurt a. M.: Joh. Chr. Hermann'sche Buchhandlung (Moritz Diesterweg) 1870, hier: S. 1–5.

Als Motto wird auf dem Titelblatt dieser Ausgabe ein Ausspruch Diesterwegs angegeben; er lautet: „Im Frühlinge des Jahres und des Lebens erfreut ja auch die kleinste Blüthe."

Langenberg (s. ds. Personenregister Bd. IV, XIII und XVI) war ein Schüler aus Diesterwegs Moerser Zeit. Der Text ist eine Zusammenstellung von Auszügen des Tagebuchs mit Einfügungen und (vermutlichen) Änderungen Langenbergs. Die Stellen, die als Einfügungen Langenbergs erkennbar sind, wurden in {geschweifte Klammern} gesetzt.

Der Textwiedergabe vorangestellt ist ein Vorwort von E. Langenberg:

„Es gewährt mir eine große Freude, die vorliegende Schrift veröffentlichen zu können; denn von einem so wahren und aufrichtigen Menschen und einem so seltenen Lehrer, wie Diesterweg war, kann man nicht genug erfahren, und besonders, wenn man, wie hier, in sein edles Herz blicken, sein tiefes Wirken durchfühlen und seine einsamen Gedanken belauschen kann.

Ich erhielt erst nach Vollendung meines biographischen Werkes den Nachlaß Diesterweg's, konnte also davon keinen Gebrauch machen, und wenn das auch, so würde doch des Raumes wegen nur Weniges Aufnahme gefunden haben.

Die Tagebücher von 1818 bis 1822 enthalten eine Menge Auszüge aus beinahe hundert Schriften, größtentheils philosophischen Inhalts. Mir fiel die angenehme Thätigkeit zu, Das herauszusuchen und zusammenzustellen, was auf Diesterweg den Menschen, den Lehrer und den Denker Bezug hatte.

Von 1822 ab bis 1866 hat Diesterweg zwar fortwährend Auszüge, literarische Notizen gemacht, aber aus seinem Leben und Wirken habe ich nichts gefunden, was um so mehr zu bedauern ist, da dasselbe von hier ab sich immer reicher nach außen hin entfaltete.

Eingedenk des Wortes: ,Wenn der Meister spricht, schweigt der Jünger,' lade ich zur Lektüre ein. Möge sie reiche Früchte schaffen!

Bonn, am Geburtstage Diesterweg's 1869.   E. Langenberg."

Mit seinem biographischen Werk ist gemeint: Eduard Langenberg: Adolph Diesterweg. Sein Leben und seine Schriften. 3 Theile. Frankfurt a. M. 1868 / 1869.

[2] Diesterweg hatte heftige Auseinandersetzungen mit dem Schulleiter der Musterschule, Seel (s. ds.), die ihren Höhepunkt in der literarischen Reaktion Diesterwegs auf die katastrophentheoretische Abhandlung Seels „Vom Weltuntergange" (Frankfurt a. M. 1817; vorliegende Ausgabe, Bd. XIX, S. 1 bis 24) gefunden hatte. Diesterweg reagierte mit der Schrift „Vom Weltuntergange, nebst einer freimüthigen Widerlegung der Theorie des Herrn Dr. Wilhelm Heinrich Seel (s. ds.), vom Weltuntergange, und anderen in die Geschichte der Erde einschlagenden Bemerkungen" (ebd. 1817); er griff Seel darin sowohl mit theologischen als auch mit physikalischen Argumenten scharf an. Offiziell wurde der Konflikt als Kompetenzgerangel dargestellt und durch Erlaß einer Schulordnung geschlichtet; siehe Brief vom 29. Mai 1817 (Nr. 17).

Dieser Streit mag den Anlaß für Diesterwegs Weggang aus Frankfurt gegeben haben. Ob sein Wechsel nach Elberfeld auf Anregung seines Bruders Wilhelm Adolph (s. ds.) erfolgte, der mit dem dortigen ersten Rektor Ludwig Johann Seelbach (s. ds.) bereits aus der gemeinsamen Kindheit in Siegen her befreundet war, ist nicht ganz zu klären. Der Pädagoge und spätere preußische Staatsrat Gerd Eilers (s. ds. Personenregister Bd. VIII) behauptet in seiner Autobiographie („Meine Wanderung durch's Leben. Ein Beitrag zur inneren Geschichte der ersten Hälfte des 19. Jahrhunderts", Leipzig 1858), der preußische Gesandte in Frankfurt a. M., von Hänlein, habe das Ministerium der geistlichen, Unterrichts- und Medizinalangelegenheiten auf Diesterwegs Talente aufmerksam gemacht und ihn als zweiten Rektor für Elberfeld vorgeschlagen. Daß Diesterweg zu den höchsten Kreisen Frankfurts Zugang hatte, in denen auch Diplomaten verkehrten, ist unbestritten und gibt der Behauptung von Eilers einiges Gewicht.

Das Scholarchat der reformierten Gemeinde wählte Diesterweg am 16. Dezember 1817 einstimmig zum zweiten Rektor; in der Mitteilung dieser Entscheidung an den Bürgermeister Brüning heißt es u. a.:

„Die öffentliche Stimme bekleidet ihn, als einen, wissenschaftlichen, gebildeten, besonders als Pädagog, sehr schätzbaren Mann, dessen sittlicher Ruf, ohne Tadel ist. Seine Studien hat er auf Universitäten ordentlich vollendet, und aller Aussage deren, die Ihn kennen, stimmt darin überein, daß Elberfeld sich über den Besitz eines solchen Mannes wird freuen dürfen" (HStA Düsseldorf, Reg. Düss., Nr. 2906, Nr. 42r).

Am 4. März 1818 stimmte das Konsistorium in Köln der Wahl zu mit der Begründung, „die Urtheile über den in Vorschlag gebrachen" Diesterweg seien „von mehrern Seiten günstig ausgefallen", zumal derselbe sich „vorzüglich für den mathematischen und physikalischen Unterricht eignen wird" (ebd., 47r).

Besuch des Gymnasiums in Wetzlar.

Das Gymnasium ist wohl eingerichtet. Sehr gute Disciplin, ohne daß ich ernste Worte, Blicke von Seiten der Lehrer gesehen hätte, die aber doch vorhergegangen sein müssen.

Die Religion scheint hier den Schülern als freundliche Begleiterin bei allen Verhältnissen des Lebens vorgestellt zu werden.

Bemerkung nach einem Schulbesuch in der Nachbarschaft.

Das Certiren pro loco[3] mag gut sein, so lange die Liebe zum Gegenstande noch nicht gesteigert ist, *weil* die Sache liebenswürdig ist. Die Schüler dürfen nicht lernen, um der erste zu sein.

Man muß nicht nur das Rechte thun, sondern auch in *der rechten Absicht*, um des Rechten willen; man muß lernen, um des Lernens und um der Selbstbildung willen, nicht deswegen, um höher zu stehen, als der Nebenmensch.

[3] Veraltet für Wetteifern um den Rang in der Klasse. Von den Philanthropen, besonders

(s. ds.) eingeführtes Meritensystem, nach dem die Schüler ihren Rang nach Verdienst und Leistung auf einer manchmal öffentlichen Tafel ablesen konnten.

Die Uniform der Nassauischen Lehrer.

Weiße Hosen, goldgestickte Kragen und Umschläge, Buonaparts-Hüte – auswendig Militärpersonen, Handhaber der Gewalt – inwendig Theologen.

Das Reich der Wissenschaft, der Wahrheit und des Geistes – das ist das Ziel und der Plan des Lehrers; warum ihn in Uniformen einschnüren, er, der den Geist nicht bannen läßt, der frei nach individuellen Bestimmungen denkt, lehrt und lebt? Aber die Fürsten möchten gern alle Staatsdiener sclavisch und knechtisch, nach dem despotisch-willkürlichen Wink des Vormannes sich bewegen sehen. Daher die vielen Conduitenlisten, die Einregistrirungen, das Rapportiren, Berichterstatten! Suchten die Oberen nur tüchtige, wissenschaftlich gebildete und gemüthvolle Lehrer zu erhalten – was liegt daran, ob der nach SCHMIDT, jener nach KÄSTNER oder LANGSDORF lehrt?[4] Ihr schaffet Heuchler oder Maschinen, und beides ist schlimm. –

[4] Gemeint ist eine didaktische Kontroverse um die angemessenste Methode, in die Mathematik einzuführen. Diesterweg spielt auf die Autoren Abraham Gotthelf Kästner, Karl Christian Langsdorf und Georg Gottlieb Schmidt und deren „Anfangsgründe der Mathematik" an.

26

After-Pestalozzianismus.

Ihr armen Kinder, die ihr noch mit dem pestalozzischen Buchstaben gequält und getödtet werdet! Wie lange wird's dauern, bis Eure Lehrer das Gold von den Schlacken zu scheiden wissen? Wer das Heil der Welt von einer Methode erwartet, der geht in der Irre.[5]

[5] Die Kritik an den vor allem von Nachfolgern Pestalozzis vorgestellten Methoden hielt Diesterweg auch später aufrecht.
Siehe dazu Brief vom 13. Mai 1829 (Nr. 202) an Karl Kruse (s. ds.) und den Aufsatz „Der jetzige Standpunkt der Pestalozzischen Schule und das Treiben der After-Pestalozzianer unserer Zeit" in seiner Zeitschrift „Rheinische Blätter für Erziehung und Unterricht" (Jg. 1829, Bd. IV, 4. Heft, S. 455–484; vorliegende Ausgabe, Bd. I, S. 514–531).

Siegen am 1. Pfingsttag 1818.

Wie freue ich mich der einfach (blau) gekleideten Leute von den Hütten[6], der reinlich schönen Kleidung der Frauen und ihres Feiertagsschmuckes, die doch gewiß in der Woche in härenem Gewande schwitzen! Wie diese biederen Siegener zur Kirche festlich wallen und auf den Straßen sehnsuchtsvoll der Eröffnung des Tempels entgegen sehen – wie sie kräftig, lebendig und tapfer singen und andächtig still und fromm zuhören. Heil Euch, Ihr meine biederen, frommen Landsleute, wie beschämt ihr manchen auf der Rathsbank, der in jeder Pause mit den Nachbarn schmuset, Scherze macht und Klatschereien anbringt. O, in Euch, Ihr braven Landleute, ist ein frommer, religiöser Sinn, den Euch Gott erhalten, der Euch ehrwürdige Prediger geben möge! Wie ergriff mich der Anblick der Kirche, in der ich so oft mich erbaute, in der ich manch Loblied mitsingen half! O, welch ein beneidenswerthes Geschick, solcher Gemeinde vorzustehen, und herrliche Gaben des Geistes, des Gemüths und des Rednertalentes zu besitzen! Ich würde zerfließen vor Wehmuth, sollte ich die Kanzel besteigen. ACHENBACH predigt lebendig, ergriffen und ergreifend.[7]

[6] Gemeint ist die Siegerländer Erzverhüttung.

[7] Heinrich Adolph Achenbach, Oberpfarrer in Siegen, war der Sohn von Diesterwegs Konfirmator Johann Heinrich Achenbach. An dessen mechanischen Religionsunterricht, in strenger Anlehnung an den Heidelberger Katechismus, hatte er keine guten Erinnerungen.

21
An Sabine Diesterweg, Frankfurt am Main

Elberfeld, Mai 1818[1]

[...][2] Gott erhalte mir dieses. – Durch den Scholarchen von CARNAP hat die reform. Gemeinde mir ein Geschenk von 200 Cronthalern übermachen lassen. Wirklich sehr honett u. ehrenvoll; für die Reise u. für häusliche Einrichtung hieß es. Deß freue ich mich auch sehr.

Was wir bei Deiner Ankunft allhier nicht sogleich brauchen, werde ich nicht anschaffen, sondern Dir überlassen. – Meine Bücher sind gut erhalten. Andere Sachen habe ich noch nicht ausgepackt. Das Clavier steht einstweilen bei H. Seelbach. Von Fr[ankfurt]. a /M nach Cölln kostet der Transport 51 fl. Das ist viel. – Nun lieb Weibchen, wie geht es Dir? Daß ich oft an Dich denke, kannst Du glauben. Ich weiß daß Du, wie ich es herzlich wünsche, vergnügt bist mit den Kindern und den Deinigen; daß Du öfters spielst, singst u. schöne Lieder lernest. Auch an Gesundheit wird es Dir nicht fehlen. Sorge ja für die Kleinen u. mein tägliches Abendgebät ist: frei um Brust u. Arm, rauhe Kost, Alles gegessen, Kittel an, grobe u. dunkle, damit die Kinder sich wälzen können. – Deinen Brief habe ich erhalten u. mich gefreut. – Dieses wirst Du durch H. Hübscher erhalten, u. zugleich 60 fl, die ich ihm, als einem ehrlichen Mann, einhändigen werde. ₁ Davon bezahle, was zu bezahlen ist u. reise dann bald nach Siegen. Solltest Du dort noch Geld brauchen, so wird mein Schwager Kreutz Dir einhändigen, damit ₂ Du sogleich das Ding ₃ hast. – Wie gesagt, reise nun, je eher, je lieber, in Gottes Nahmen nach Siegen u. gib mir bald davon die Nachricht – Zugleich erkundige Dich genau, ob nicht in Wetzlar für Kätchen Nimez ein Plätzchen in einem ordentlichen Hause gefunden werden könnte, wo die Leute brav sind, wo sie allenfalls mancherlei noch lernen könnte, wo sie tüchtig arbeiten müsste. Wenn sie nur die Kost sich verdient, so ist's schon gut. Aber gemeine Magd kann sie nicht wohl werden. – So wie die Tochter der Krafftin. Besorge das ja gut.

Jetzt ist es fast 8 Uhr Abends u. Fr. Seelbach darf ich nicht warten lassen. Für jetzt u. heute – es ist Mittwoch – gute Nacht. Vermuthlich bist Du jetzt mit dem Waschen der Kleinen beschäftigt, oder sie schlafen schon. Möchten Sie gut schlafen, so wie Du u. ich! Euch Allen einen freundlichen Gruß. – Morgen oder übermorgen noch Einiges.

Schlafe wohl.

Dein Adolph.

Freitags Abend.

Morgen hoffe ich den Hübscher hier im Posthause zu treffen, um ihm diesen Brief mitgeben zu können, nebst 60 fl. – Das Wetter ist heute hier sehr unfreundlich, ordentlich kalt. Gut, daß Du im Sommer mit den Kindern her kommest. Ich bemerke eine nicht wohl thuende Verschiedenheit zwischen dem Clima an der Wupper u. ₄ dem am Maine. Wie ich höre, weht hier fast beständig ein ₅ nach allen Theilen der Windrose schnell abwechselnder Wind, mit vielem Regenwetter. Sonst ist die hiesige Gegend ungemein schön u. die wahrhaft ländlichen Parthien derselben gewähren ein großes Vergnügen. Mit Seelbach habe ich schon einige Excursionen gemacht. Dir, die Du an der durch die Kunst des Menschen nicht verzerrten einfachen Natur Vergnügen findest, wird mancher stille Genuß hier zu Theil werden. – Noch einen Kuß Dir, Emilie u. Bertha. Der Himmel sei bei Euch. Mache Dich auf nach Siegen, u. wenn Du in Dillenburg zu Mittag issest, so besuche ja H. Vetter Grimm, solltest Du auch erst nach dem Essen hingehen, um die Leute nicht in Verlegenheit zu setzen, was das Beste sein wird. Ich denke, ihr seid um 11 Uhr in Dillenburg. Und wenn alsbald gegessen wird, so kannst Du immer noch ein Stündchen mit den Kindern bei dem alten, herrlichen Grimm zubringen. Der gemüthliche Mann wird Dir gefallen. Versäume das nicht. – Mache einstweilen auch Deinen Haushaltungs- u. Lebensplan für Elberfeld. Davon hängt viel ab. Unser Glück sei unter uns, nicht draußen. Denke daran, wie Du Dich bisweilen in die Launen Deines Mannes schicken kannst. Doch das wirst Du in Siegen lernen, obgleich ich 20 Stunden entfernt bin. Du verstehst das nicht, liebe theure Sabine. Und es wird doch geschehen, obgleich kein Mensch, kein Papier was davon weiß,

u. Du vielleicht selbst nicht daran denkst. Und Alles auf eine lustige Art. Deswegen zerbrich Dir den Kopf nicht, u. sei lustig u. guter Dinge wie

Dein Adolph Dg.

Eigh., Stadtarchiv Siegen, Slg. 342 (Diesterweg-Autographen), Mappe 31

[1] Diesterweg war am 13. Mai 1818 in Elberfeld als zweiter Rektor der Lateinschule feierlich empfangen worden, während seine Frau mit den beiden Töchtern Emilie (s. ds.) und Bertha (s. ds.) sich noch bei ihren Angehörigen in Wetzlar aufhielt; der Brief dürfte demnach Mitte Mai 1818 geschrieben worden sein.
[2] Der Anfang des Briefes fehlt.

22
Aus Diesterweg's Tagebuche von 1818 bis 1822.
II. Elberfeld.[1]*

Am 10. Juni 1818.

Gebet. Herr, führe mich auf der rechten Bahn, zeige mir das schöne Gute, laß mich Ernstliches ergreifen, Gutes wirken bei den Kindern, ihnen sein zur guten Lehr' und nachahmungswerthem Beispiel. Du prüfest mich, Herr! Laß mir Alles dienen zum Heil und zur Seligkeit. Sei mein Schutz und mein Hort und verleihe mir den Geist der Weisheit und Erkenntniß. Amen!

{*Seelbach und Diesterweg.* (Beide Rektoren der lateinischen Schule der reformirten Gemeinde in Elberfeld). – Das Tagebuch Diesterweg's erzählt mit „ tiefem Kummer" den Bruch der früher in der Jugend geschlossenen Freundschaft zwischen beiden Männern. (Siehe meine Biographie Diesterweg's S. 2. I. Theil).[2] Indem wir auf die Mittheilungen der einzelnen Vorfälle verzichten müssen, können wir es nicht unterlassen, einige Aussprüche Diesterweg's anzuführen, die sich auf die einzelnen Fakta beziehen:}

Alle früheren Freundschaftsbande sind gelöst. Wie ist das wirklich möglich geworden, was ich nie für möglich hielt – was aber, Gott sei's gedankt! nicht durch meinen Willen und Vorsatz ist bewirkt worden. Gott lenke Alles zum Frieden und zur Eintracht![3] –

Gottlob! ich bin ruhig. Ich kann es sein, denn ich bin mir keiner feindseligen Absicht oder Gesinnung bewußt. Im Gegentheil habe ich Lust zur Versöhnung, und ich kann vergessen und vergeben. –

Ich will meine Pflicht üben und das Weitere abwarten. – Das ist's. Feige Nachgiebigkeit und stetes Beifallgeben und Stillesein taugt nicht. Nur positiv beleidigen will ich nicht, und nie, wenn's die Ehre nicht fordert und das Recht. –

O Aufrichtigkeit, Preis Dir!
Du Schmuck der Seelen!
Begleite mich auf allen Pfaden!
Dank Dir, daß Du mir treu geblieben!

[1] Aus Diesterweg's Tagebuche von 1818 bis 1822. Frankfurt, Elberfeld, Mörs. Unter Zustimmung der Familie herausgegeben von E. Langenberg. Frankfurt a. M. 1870, hier S. 5–42. Zusätze Langenbergs stehen in geschweiften Klammern. Vgl. auch Anmerkung 1 zu Nr. 20.

* Aufgrund der Länge der wiedergegebenen Texte aus Diesterwegs Tagebuch (Nr. 20, Nr. 22 und Nr. 34) werden Anmerkungen nicht am Ende des Gesamtabschnittes, sondern jeweils nach kleineren Zäsuren eingefügt

² Gemeint ist: Langenberg, Eduard: Adolph Diesterweg. Sein Leben und seine Schriften. 3 Theile. Frankfurt a. M. 1868 / 1869.

³ Nach Bloth bezieht sich Diesterweg vermutlich auf einen Konflikt mit dem ersten Rektor Seelbach wegen ihres Dienstverhältnisses zueinander (Bloth I, S. 74 f.). Anders sieht es Rupp, der die Ursache in der Einflußnahme des Predigers G. D. Krummacher (s. ds.) auf die pädagogische Tätigkeit der beiden Rektoren vermutet, die Seelbach nicht abwehren konnte oder wollte (vgl. Horst F. Rupp: Fr. A. W. Diesterweg. Pädagogik und Politik. Göttingen und Zürich 1989, S. 118; siehe auch Brief vom 27. Mai 1820 <Nr. 32>). Diesterweg und Seelbach kannten sich aus gemeinsamen Siegener Schultagen.

Am 19. Januar 1819.

Der Fundamentalsatz biblischer Theologen[4]*: „ Daß der Mensch von Natur nichts nütze und zu allem Bösen geneigt sei"* – darf in der Erziehung nicht berücksichtigt werden. Er würde sehr verderblich wirken. Denn der Erzieher würde demzufolge alles Schlimme von seinem Zöglinge erwarten, seinen sittlichen Erscheinungen unedle Motiven unterlegen und in allem mit Mißtrauen gegen ihn erfüllt sein. So fehlte also der Träger und Erhalter aller Seelenreinheit, Engelsunschuld, der Hebel zu allem Edlen – das *Vertrauen.* Entweder ist also jener dogmatische Satz falsch, oder er passet noch nicht für Unerzogene. Wäre Letzteres, so sind diese also nicht in der Erbsünde und der Satz wiederum falsch. Oder es ist vielmehr so: Hege alles Zutrauen zu dem Zögling. Aber verdeutliche ihm, je mehr und mehr mit der Reife, die Schwachheit der menschlichen Natur im Allgemeinen, der wir alle unterworfen.[5]

Der Mensch hat alle Anlagen energischst auszubilden.[6] Um dazu Muth, Lust und Freude zu haben, bedarf er des Vertrauens in sein eigenes Vermögen, etwas leisten zu können. Jene Wahrheit würde ihm allen Eifer zur Ausbildung rein-menschlicher Anlagen benehmen. Er soll daher auch auf sich vertrauen, und in der fröhlichen, ermuthigenden Ueberzeugung, daß er aus eigener Kraft alles Edle zu vollbringen im Stande sei, und durch das Gesetz seines Innern dazu sich verpflichtet fühle. Die Erzieher muß er in gleichem Kampfe, in demselben Streite, demselben Werke begriffen sehen und so vor sich die höchsten Anstrengungen der Menschenkraft, wollen und wirken. Und siehe, auch er erlebt es, daß seinem Ringen nach idealischer Güte, nach durchaus reinem Sein das Vollbringen fehle. Die Menschenkraft reicht auch in ihm nicht an die Verwirklichung dieses Ideals. Und doch verlangt das innere Bewußtsein diese göttliche Reinheit. Er würde entweder verzweifeln, je obzusiegen, oder sich dem gemeinen Menschenleben hingeben – wenn ihm nicht in der Stunde der Entdeckung, daß absolut Gutes dem Menschen als Aufgabe hingestellt, aber von ihm nicht erreicht werden kann, dadurch das Bewußtsein der menschlichen und seiner Schwäche aufginge, und damit auch so gerne und willig das anerkenne und an den glaube, der dieses Ideal doch wirklich zur Realität gebracht hat: Damit gewinnt er die Ueberzeugung, daß Christus, der Erlöser, mehr war als wir sind, und daß ihm nachstreben, ihn liebhaben, ihm folgen, ihm glauben besser sei, denn alles Wissen. – Das ist der natürliche Weg zum Glauben und zum Leben in der übersinnlichen Welt zu gelangen. Und als Mittel zu demselben muß man dem Erzieher empfehlen:

Anregung des Bewußtseins bis zur höchsten Lebendigkeit, daß wir zur Reinheit und Tugend geboren sind – daß dieses das Ziel alles Menschendaseins sei, daß in dem Ringen darnach allein die Menschenwürde ruhe. – Läßt sich der junge Mensch in diesen Kampf nicht ein, so wird er endlich sich nicht mächtig fühlen und nach dem Stabe greifen, der ihn stützet und hebet.

Das ist der Weg zum Glauben. Durch das Gewisseste, durch eigene Erfahrung muß der Mensch dahin gelangen. Sonst bleibt es Nachbeterei, die leicht vom Winde verweht wird.

30

Das ist ein Wissen der Nothwendigkeit des Glaubens, eine in der Erfahrung nachweisbare Ueberzeugung des Bedürfnisses nach dem, der selig macht alle, die an ihn glauben. {An einem andern Orte sagt Diesterweg:} So viel darf von jedem Redlichen gefordert werden, daß er Ehrfurcht in der Brust trage vor der einzigen Lehre des Christenthums und ihres einzigen Stifters, sollte er auch sich nicht zurecht finden können mit allen Arten der Erscheinung dieses Hohen. Ohne diese Ehrfurcht geht der Mensch leicht zu strafbarem Frevel über, und man kann behaupten, daß in solchem das Princip der Tugend noch nicht recht eingewurzelt sei. Und man wird dem Ausspruch gerne beistimmen: „Die grübelnde Denkkraft sei auf ihrer Hut, dem Christenthum zu entsagen, und die Vernunft trage eine heilige Scheu, sich mit ihm in Widerspruch zu setzen."

4 Heidelberger Katechismus, Frage 8; auch der zentrale Gedanke der Prädestinationslehre Augustinischer Tradition.
5 Als Pädagoge mühte sich Diesterweg, die Prädestinationslehre und die Ueberzeugung von der Bildsamkeit des Menschen in einen widerspruchsfreien Zusammenhang zu bringen; denn streng genommen erlaubt die Prädestinationslehre es, alle Erziehung zu verwerfen, weil der Mensch ohnehin vollkommen verdorben ist. Rettung gibt es nur durch Gott, indem er Menschen seine nicht verdienbare und unvorhersehbare Gnade schenkt.
6 Im folgenden entwickelt Diesterweg seine pädagogische „Ausnahmeregelung" zur strikt ausgelegten Prädestinationslehre.

Einige Tage später.

Die meisten Gläubigen (alle?) bekennen, daß sie zum Glauben nicht durch sich selbst gelangt sind, und leben der Ueberzeugung, daß Gott es ihnen unmittelbar aus Gnaden gewähret. Immer sehr merkwürdig und ein Argument a posteriori, daß der Weg zum Glauben unentdeckbar ist, wie er denn bis jetzt noch vergeblich gesucht wird.

Seltsam, daß diese Ansicht mit denen der heutigen Naturphilosophen übereinstimmen *[sic]*, nämlich darin, daß sie übersinnliche Wahrheiten im Sinnlichen ausgedrückt finden. Nur darin bilden beide einen schneidenden Contrast, daß die Gläubigen das Unsichtbare als das Prius und allein Anzustrebende und die Sinnenwelt nur als den schwachen Reflex jenes ansehen, die Philosophen aber die Natur als die einzige Offenbarung Gottes und unser Wissen des Uebersinnlichen nur als Abstraction und Personification des Physischen. Dann wenn dieses Problem umfassend gelöst ist, wird, wie bei den Alten, eine Vergötterung der Natur wiederkehren. Denn in diesem Symbol verehren wir dann das Wesen selbst.

Die drei Freunde Hiob's reden schöner, trefflicher als er, da er mit seiner Reinheit dick thut. Und deß ungeachtet spricht Gott: „mein Knecht Hiob ist besser denn sie."7 –

7 Ein Wort aus dem Alten Testament; Hiob 42,8. Das Buch Hiob (Job) schildert in Form eines Gesprächs das innere Ringen des „Verfassers" um die Frage der göttlichen Gerechtigkeit. Hiob, in der Vorzeit im Lande Uz ansässig, wird trotz seines Gerechtseins von Gott mit schwerstem Leid geschlagen, um die Echtheit seiner Frömmigkeit zu überprüfen. Während die Freunde als Verteidiger des alten Vergeltungsglaubens Hiob davon zu überzeugen suchen, daß nur vergangene Sünden die Ursache des Elends sein könnten, fordert dieser Gott selbst heraus, ihn zu widerlegen. Er kann sich schließlich zu dem Bekenntnis zu Gott als dem ewigen Bürgen des Rechts durchringen und wird daraufhin begnadigt.

Unterschied des Gesetzes und des Gewissens.

Jenes ist das Bewußtsein dessen, was der Mensch *soll*. Dieses stellt die Vergleichung an, ob die Handlungen und Gesinnungen des Menschen dem Gesetze gemäß sind oder nicht und vermöge dieser Vergleichung, die ein untrügliches Resultat gewährt, billigt das Gewissen oder es verdammt. Das Gesetz ist dem Menschen angeboren und geringe Anregung erheben *[sic]* das dunkle Bewußtsein desselben im Kinde zur Klarheit.[8] Das Gewissen aber verrichtet sein Geschäft weit weniger frühe. Es bedarf der Erfahrung, der vielseitigen Anregung und Belebung. Und das ist eine ernste Aufgabe des Erziehers. Das Gewissen in Thätigkeit zu setzen und über Handlungen der Menschen nach dem Grade ihrer Uebereinstimmung mit dem in allen Seelen gleichen Gesetze zu beurtheilen, gränzt für alle Menschen, in denen einige Uebung dieser Seelenthätigkeit vorhanden ist, an Vergnügen und Lust.

[8] Diesterweg vertritt hier eine Anthropologie, die von einem keimhaft angelegten Wissen von Gut und Böse ausgeht, das einer weiteren Förderung bedarf. Diese Auffassung ist mit der Prädestinationslehre logisch nicht mehr vereinbar.

Am 3. Februar 1819.

Die Haupttendenz des Christenthums finde ich in der Erstrebung der höchsten Sittlichkeit, des moralischen Ideals.[9] –

In Elberfeld keine Predigten über Pflichten, Nothwendigkeit des Lebens zur Besserung, Nichts davon; sondern ein Predigen des Hasses gegen die Tugend, Freiheit des Willens, Moral, Philosophie. Sie freuen sich über ihre Sünden und ihre Sündhaftigkeit und danken Gott dafür, denn gerade sie sei die Bedingung der Begnadigung. – Wem der Gnadenstand geschenkt, der gehöre einmal Gott an und könne aus dieser Gnade durch keine Sünde wieder herausfallen. Dabei Haß und Verfolgung gegen Andersdenkende; lauter Clicken, Rotten und Sectirerei![10] –

Mag es unklug genannt werden, daß ich meine Grundsätze laut werden lasse – ich mag nicht scheinen, was ich nicht bin. Es lebe die Philosophie und das Christenthum! denn beide liefern dasselbe Resultat, dasselbe Gesetz, das dem Menschen ins Herz geschrieben ist.

———

{Kurz darauf finden wir folgende Aussprüche:} *Wer sich selbst nicht gut ist*, wie kann er's anderen sein? Qui sibi nequam, cui bonus? Wer sich wegwirft, sich als Sache behandeln läßt, wird auch Andere so behandeln?[11]

———

Achtung vor der Menschheit in Dir und den Anderen erhebt zu dem edlen Stolze, von dem der Dichter sagt: sancta superbia, hominem occupa![12]

———

Die Liebe (= Neigung) kann nicht geboten werden, Aber *[sic!]* die Liebe (= Pflicht) Achtung vor dir und Andern und in beiden vor der Menschheit.

———

Es ist ein *wichtiges Wort*: die ganze Erziehung dem strengen Unterricht unterzuordnen.

———

Lykurg, FICHTE. Jemand will, wie diese beiden Männer, die Jugend nach zurückgelegter Kindheit, von den Eltern entfernt, in Anstalten versammelt und gemeinschaftlich unterrichtet und erzogen wissen;
1) weil dadurch allein Staatserziehung, oder Erziehung zur Erreichung der Staatszwecke möglich sei;

2) wegen der Schlechtheit der Erziehung im Hause durch die Eltern, deren Entgegen-arbeiten gegen öffentliche Anstalten, überhaupt deren Unerzogenheit selbst;

3) Schulen, selbst, die besten, erzögen nicht, lieferten nichts Ganzes – Privatinstitute, Pensionsanstalten etc. huldigten der Mode und den Launen der Eltern;

4) bei einer noch so vollkommenen häuslichen Erziehung wird der Uebergang ins bürger-liche Leben zu wenig vorgebildet und vorbereitet.[13]

Lebt denn das Kind nicht schon bürgerlich mit im Hause bürgerlicher Eltern und wird so unabsichtlich und deßwegen sehr gut zu unserm Bürgerwesen erzogen? Auch haben wir ja noch gar kein öffentliches Staatsleben wie die Spartaner. – Nein, die Familie ist das Heiligthum der Erziehung, des jungen Vogels Nest. – Durch jene Absonderungsanstalten würden höchstens starke, thatlustige stoische Menschen erzogen – aber das innere häus-liche Gemüthsleben, die Quelle sanftmenschlicher Tugenden würden verdrängt. Jene An-stalten würden dem strengen nordischen Himmel gleichen, und die entwickelnde Wärme liebender Eltern und die das Höchste erziehende stille Geräuschlosigkeit und bescheidene Sittigkeit wären dahin. – Nur gut für Waisenkinder und anerkannt ruchlose Eltern, weßhalb strenge Aufsicht über häusliche Erziehung dem Geistlichen obliege. Aber wie steht's damit? Gott bessere es!

———

Staat und Schule. Der Staat ist nur eine große Erziehungsanstalt, welche da eingreift, wo die Schule das Ihrige gethan hat. Staat und Schule bezielen also denselben Zweck: Erzie-hung des Menschen zur Menschheit. Der Staat muß auf die ihm vorarbeitende Anstalt, die Schule, Rücksicht nehmen, und ihre Einrichtung zweckmäßig machen und die Schule muß auf die Staatserziehung vorarbeiten und auf die Individualität des einzelnen Staates stets und volksthümlich Rücksicht nehmen. Das ist etwas ganz anderes, als Bildung zum Berufe, die der Einseitigkeit anheim fällt.[14]

Die Schule ist gewissermaßen der Staat im Kleinen. Und das muß eine gute Schule sein. Daher strenge Gesetze, eine und dieselbe Ordnung heute und morgen, Pünktlichkeit in Allem, Folgsamkeit, Gehorsam, gegenseitige Hülfsleistung und Unterstützung, Beaufsich-tigung der Schwachen und Unzuverlässigen durch Geübte und Zuverlässige, gesetzmäßige Bestrafung und Zwang, keinerlei Vorziehungen, keine Lieblinge, Rangverhältnisse als die der Tüchtigkeit etc. Einheit der Disciplin – nicht der Lehrmethode.

Leider hat PESTALOZZI darauf nicht Rücksicht genommen, und seine Schule, die nur ein Bild der Familie sein sollte, ist oft in Gefahr gewesen, durch Zügellosigkeit und Unordnung unterzugehen.[15]

[9] Philosophische Tugendlehre und Ethik fallen mit christlicher Religion in eins. Diese Position wurde – laut Rupp (S. 119 f.; vgl. Anmerkung 3 zum Tagebucheintrag vom 10. Juni 1818) – bestimmend für Diesterwegs weiteres Leben.

[10] Gemeint sind wohl vor allem die Predigten G. D. Krummachers (s. ds.), eines weithin bekannten Theologen, der Elberfeld zu einem Zentrum der niederrheinischen Erweckungsbewegung machte. Im Gegensatz zum Protestantismus aufklärerischer Färbung, den Diesterweg vertrat, betonte Krumma-cher die unüberwindliche Sündhaftigkeit des Menschen im Vergleich zur Heiligkeit Gottes.

Siehe dazu: Friedrich Wilhelm Krummacher: G. D. Krummacher und die niederrheinische Erwek-kungsbewegung. Berlin /Leipzig 1935.

[11] Diesterwegs Übersetzung und Auslegung; üblicherweise wird das Zitat „Cui bono?" übertragen mit „Wem zum Nutzen?" Der Ausspruch geht nach Cicero (s. ds.) auf den Consul Lucius Cassius zurück und war leitende Frage in Strafprozessen.

[12] Heiliger Stolz ergreife den Menschen.

[13] Lykurg ist der Name des sagenhaften Gesetzgebers von Sparta, auf den zahlreiche staatliche und soziale Einrichtungen Spartas im 9. bis 6. Jh. v. Chr. zurückgeführt werden.

Wie Lykurg, so hatte auch der Philosoph Johann Gottlieb Fichte (Reden an die deutsche Nation, 1808) zur Verbesserung des Staatswesens die Erziehung der Jugend in Staatsanstalten gefordert, um die Heranwachsenden den negativen und willkürlichen Einflüssen der unterschiedlichen Elternhäuser zu entziehen.

[14] Mit diesen Überlegungen zu einer Erziehung zur Menschlichkeit und allgemeiner Bildung für alle schließt Diesterweg an neuhumanistische Positionen an, wie sie zum Beispiel von Wilhelm von Humboldt im „Litauischen Schulplan" entwickelt hat.

[15] Diesterweg kritisierte nicht nur wie andere den Mangel der Darstellung, sondern auch der Systematik bei Pestalozzi: „Eigentlich herrschte in der Regel in seinem Kopfe das, was man ein Chaos nennt, und in den meisten Zeiten seines Lebens hat er auch in einem chaotischen Zustande gelebt" (Rheinische Blätter für Erziehung und Unterricht, Jg. 1829, Bd. IV, 4. Heft; vorliegende Ausgabe, Bd. I, S. 516).

{Treffende Ausdrücke über Lehrer und Schule.}

1) Anfachen und anregen ist Sache des Lehrers im ersten Unterricht; denn ein Sprüchwort sagt schon: Lehre ist nur Blasbalg, der die Funken der Natur brennen macht.

2) Der Lehrer kann nicht geben, was nicht da ist, nicht den denken lehren, der die Anlage zum Denken nicht hat; nicht dichten lehren den, dem das dichtende Talent fehlt. Er kann nur *Hebamme* sein.[16]

3) Der Lehrer muß sein wie ein Fixstern, immer an demselben Orte, immer hellglänzend.

4) Sehen, selbst angreifen, in die Natur gehen und beobachten, – nicht alles in der Schule. Da lernt man viel.[17] Chemie in den Laboratorien, Technologie in den Werkstätten, den gestirnten Himmel im Freien etc. etc. Sprichwort: *Man lernt eher eine Sprache in der Küche, als in der Schule.*

5) Jeder Lehrer hat nur in so fern und in dem Grade Bedeutung, als er sich den Interessen des Ganzen anschließt, in so fern er durch sein Wirken die lebendige Einheit (des Staates) zu erreichen hilft. Sonst ist sein Wirken in Beziehung auf den Staatszweck ein einzelnes, vereinzeltes, nicht selten in Zwiespalt mit dem Hauptzweck. Dasselbe Verhältniß hat das Leben und Wirken jedes einzelnen Menschen im Staate.

6) Auch von manchem trägen, sich schonenden Lehrer gilt es: „Wer sein Leben retten will, der verliert es.["][18]

[16] Das Vorhandensein natürlicher Anlagen als Ausgangspunkt und Voraussetzung des Lehrens und Lernens ist seit der Antike eine gängige Annahme in der Pädagogik.

[17] Naturkundliche Unterrichtsausflüge, Wetterbeobachtung, Arbeiten im Schulgarten waren Selbstverständlichkeiten in der Pädagogik der Philanthropen.

[18] Wohl abgeleitet aus dem neutestamentlichen Wort: „Wer sein Leben lieb hat, der wird's verlieren" (Johannes 12,25).

Hoheit des Lehrerberufes.

Nur der Lehrer führt in der Ausübung seines Amtes ein höheres, aufs Produciren sittlicher und religiöser Erscheinungen unmittelbar gerichtetes Leben. Alle auf den Gelderwerb unmittelbar gerichteten Beschäftigungen und Stände sind davon per se ausgeschlossen. Denn der Handelsmann, wozu auch der Handwerker gehört, muß nicht selten sogar die Grenzen der Moralität überschreiten, wenn er seinen materiellen Gewinn fördern will. Und so erzielt also nur der Studirte durch seine Praxis Inneres. Aber auch von diesem gilt diese Behauptung in hohem Grade nur vom Erzieher. Denn der Jurist beugt nur zu leicht das Recht, und im besten Falle wirkt er für den Sieg loyaler Handlungen, die, wie die Differenz der Gesetze verschiedener Zeiten und einer und derselben Zeit zur Genüge ausweiset, man ja nicht mit absolut sittlichen verwechseln darf. Die Kunst des Arztes dienet nur der Erhaltung des physischen Lebens, ohne Rücksicht auf die Art und Weise, ob und wie dieses physische Leben der Sittlichkeit dienet. Und selbst dann, wenn die Medicin zur physischen Erziehungs-Wissenschaft gebracht würde, steht immer noch der moralische und religiöse Erzieher, was den Zweck seiner Thätigkeit betrifft, über ihm [19]. Der eigentliche Akademiker fördert und lebt der Wissenschaft und baut das Erkenntnißvermögen aus, erweitert das Wissen. Aber das ist nicht das Höchste und selbst das Genie irrt, wenn es glaubt, für sich in und durch Wissenschaft seine Vollendung zu erreichen. Sein Amt muß auch er nur als Wirkungssphäre für's Irdische und als Mittel, sein Inneres durch Thaten auszubilden, ansehen. Er dient ebenso häufig der Steigerung böser als guter Gesinnungen. Und der Beifall, der namentlich einem philosophischen Systeme wird, hängt von dem Glück ab, mit dem er das vorangegangene Philosophon bekämpft und vernichtet. So bleibt also keine praktische Wirksamkeit, die unmittelbar das Höhere bezielt, das Gemüth veredelt, Sittlichkeit und Frömmigkeit befördert, übrig, als das Amt des Lehrers und Erziehers. Erziehung in der Schule und in der Kirche. Seid mir gepriesen ihr Werkstätten des Unvergänglichen und bleibend Schönen! Und heiliget uns mehr und mehr in dem Erkennen und Thun dessen, was sich ziemet!!!

[19] Hier wurde eine Korrektur vorgenommen; im Original bei Diesterweg bzw. Langenberg heißt es „ihn" statt „ihm" (Aus Diesterweg's Tagebuche, a.a.O., S. 17).

Träumen und Wachen, niedergeschrieben am 19. Mai 1819.

Am 28. October 1818 überfiel mich eine Krankheit, welcher der Arzt den Namen „eines schleichenden Nervenfiebers" gab.[20] Von diesem Tage an phantasirte ich häufig, meist über angenehme, erfreuliche Gegenstände. Da der Arzt meine Aufmerksamkeit vorzüglich auf die Selbstbeobachtung richtete und mir zur Erhöhung des Interesses und zur Gewinnung einer wissenschaftlichen Uebersicht Natur, Verlauf und wahrscheinliches Ende der Krankheit vorausgesagt hatte, so bemühte ich mich, geistiges und körperliches Befinden genau ins Auge zu fassen. Bald nahm ich wahr, daß ich mich während der Phantasien in einem Zustand befand, der zwischen Wachen und Schlafen in der Mitte liegt, beides zugleich war, ein Selbstbewußtsein übrig ließ und dennoch mit Gegenständen der Phantasiewelt sich beschäftigte und zwar mit einer mir bis dahin unbekannten Freiheit und Leichtigkeit. Es gelang mir, oder, da dasselbe ohne Anstrengung und gleichsam von selbst sich einstellte, es wurde mir eigen, den Gang und den Inhalt der freien Vorstellungen, der Phantasien, zu beobachten, ohne daß dadurch dieselben im mindesten wären gestört oder verhindert worden. Diese Beobachtungen hatten für mich einen ungemeinen Reiz und ganz wachend, im natürlich geschwächten fieberlosen Zustande wußte ich, weit deutlicher und bestimmter als nach einem lebhaften Traume im natürlich gesunden Schlafe, mich aller einzelnen Gestalten und Begegnisse, welche die Phantasie mir vorgezaubert hatte, zu erinnern und an der Rückerinnerung dieser Erscheinung einer überirdischen Welt mich zu ergötzen.

Im letzten Sommer und kurz vor dem Eintritt der Krankheit hatte ich mich öfters mit der Art und Weise beschäftigt, auf welche Weise die Welt mit dem Schöpfer in Verbindung stehe, wie und durch welche Mittelglieder dieselbe von ihm gelenkt und regiert werde, ob durch allgemeine von Uranfang erschaffene und der Materie einverleibte Gesetze, ob durch ewig erneutes Schaffen etc. in wie fern mit der einen oder anderen Vorstellung die Idee der menschlichen Freiheit bestehen könne oder nicht etc. Vielleicht ließ diese frühere Beschäftigung manchen Nachhall zurück und vermuthlich war deshalb mein Geist mit dem Uebersinnlichen, der Ursache aller Erscheinungen und Veränderungen beschäftigt. Was ich in der übersinnlichen Welt sah, schwebte mir so bestimmt und gewiß vor, wie das mit leiblichen Augen mich Umgebende und deutlicher noch, denn alle Gestalten erlaubten nicht nur eine Ansicht, sondern *Durchsicht*. Als Doppelwesen beobachtete ich beständig diese *Visionen* und man erlaube mir zwei derselben kurz und ungeschmückt zu erzählen.

Am 4. November lag ich Abends gegen 10 Uhr zu Bette. Vor mir stand das Lager meiner Frau, die bereits schlief. Ich beschäftigte mich unwillkürlich mit der Vorstellung über das letzte Gericht, über Hölle und Himmel. In mir war der Wunsch lebhaft, die Beschäftigung und das Gefühl der Höllenbewohner und der Himmelsbürger näher kennen zu lernen, als ich auf einmal wie von einer mächtigen Hand geschoben in eine unbekannte Gegend des Universums mich gerückt sah. Zu meiner Linken lag ein unabsehbares Land, das sich allmählich aber schwach höher und höher erhob. Ueber dasselbe lag ein Lichtschimmer verbreitet, den ich bisher nicht gesehen hatte und den ich mit irdischem Lichtstoffe nicht vergleichen mag; ein magischer Zauber wehte mich von daher an, und je mehr in der Ferne das Land sich erhob, desto kräftiger, intensiver war die über dasselbe verbreitete Atmosphäre. Eine Sonne bemerkte ich nicht; die Luft selbst schien leuchtend zu sein. Vor mir lag dieses Zauberland, zur Linken sich ausdehnend; ich selbst stand an der Grenze desselben, die eine gerade Linie bildete, gerade vor mir hinlaufend. Rechts von dieser Scheidewand war Alles dunkel; eine unübersehbare Finsterniß Rechts, Oben und Unten; ohne Boden, ohne Halt. Ich selbst stand auf der Grenzscheide, halb in Licht, halb in Finsterniß. Auf dem Lande vor mir, noch im Lichte, erhob sich ein Felsen, der sich oben zu einem Sitze abrundete. Von demselben – ich sah Nichts darauf sitzen – wehte mich ein Hauch an, und es wurde mir – nicht durch hörbare Worte – dadurch kund gethan, dies sei der Richtstuhl, zu meiner Linken der Wohnsitz der Seligen, zur Rechten die Hölle; ich solle jetzt die Freuden des Himmels und die Qualen der Hölle empfinden. Sogleich hatte ich festen Fuß auf dem Lande. Was ich hier empfand, kann ich noch ohne Thränen der unnennbaren Rührung und Seligkeit nicht denken und sagen. Mich durchdrang eine Wonne, die ich nicht bezeichnen, eine Freudigkeit, die mir ganz unbekannt, eine Seligkeit, die nicht genannt werden kann. Ich sah, empfand, dankte, lobte, jubelte, in mir Kraft und Leben, Begeisterung – und wie soll ich Alles das nur nennen, was das mich durchfließende Licht mir mittheilte. Mit einem belebenden Frühlingshauch möchte ich es am Ersten noch vergleichen. –

Plötzlich werde ich entrückt und die Finsterniß umgab mich. Ich stand nicht mehr, lag nicht, schwebte nur ohne Handhabe, ohne Angel, ohne Rückhalt, ohne Stützpunkt in der unermeßlichen Höhe und Tiefe. Wer nennt den Jammer dieses Zustandes? Was ich thun sollte, wußte ich nicht; ob greifen, rufen, stöhnen, jammern, fluchen – ich wußte es nicht; in der grausenhaften Oede sah ich nur mich; kein Ton, keine Bewegung – Nichts, Nichts, als ich allein. Ohne Beschäftigung und doch lauter Begierde zu schaffen, ohne Genuß und Heißhunger nach Genüssen – ohne Gott, dessen Andenken mir geblieben – ohne Himmel, dessen Wonne in meinem Grundstoff lebte – keine Unterhaltung, keine Gedanken, keine

36

Vorstellung, Nichts als das Gefühl der Reue, der Scham, der – – – – Ich weiß nicht die Qualen zu nennen, die mein Herz zerrissen; so muß das Gift die Eingeweide zerreißen, Feuer den Körper verzehren, wie Reue über mein unnützes Leben mich zerfleischte. Der Jammer trieb mir kalten Schweiß ins Angesicht, ich zitterte an allen Gliedern, eine unermeßliche Angst ergriff mich, ich stöhnte laut, klammerte mich an die Pfosten des Bettes, ich schlug die Augen auf, hatte keinen Athem mehr, ich schwang mich mühsam in die Höhe, trat vor das Bett, wußte nicht, ob ich zum Fenster hinausspringen oder zur Thüre eilen sollte, (ohne daß mich die Schauder der Hölle verlassen hätten, mein zweites Ich war noch an jenem Orte) als ich mich besann, meine Frau zu rufen, die mir helfen sollte. – Ein Glück für mich, daß dieser Gedanke siegte. Laut und ängstlichen Tones rief ich. Meine Frau, aus ihrem ersten festen Schlafe dadurch aufgeschreckt, blickt um sich, und sieht mich zitternd und zähneklappernd da stehen. Sie springt auf, und indeß sie zu mir hinschreitet, entsteht eine plötzliche Veränderung, ich fühlte mich dem Labyrinthe der Hölle entrückt, wieder hingezaubert in das beseligende Lichtland, ins Paradies, und indeß meine Frau sich nach kaltem Wasser umsieht, mich damit zu waschen und dadurch zurecht zu bringen, beginne ich, ihr in allen Zügen erneut und verklärt die Seligkeit meiner inneren Wonne zu beschreiben. Gott, wie bin ich unendlich glücklich, herrlich; welche Wonne ist's, im Paradies zu sein; Gott, welche Seligkeit! –

Inzwischen besprengte mich meine Frau mit kaltem Wasser; ich tauchte die heißen Hände in das Nasse und so kehrte ich mit beiden Hälften der Erde wieder zu. Die lebhafteste Erinnerung blieb mir von allem Gesehenen, Gefühlten, Erlebten und selbst jetzt, nach einem halben Jahre, ist die Erinnerung noch sehr lebendig und beweglich.

Am andern Tage quälte mich der Zweifel, der die Wahrheit des Gesehenen in Widerspruch mit der Schrift setzte, die sagt: Gehet ein, ihr Gerechten, zur Rechten. Und doch hatte ich das Land der Seligen zur Linken gehabt. Erst, als mir einfiel, daß ich, stehend vor dem Richterstuhl und mit dem Angesicht ihm zugewendet, allerdings das zur Rechten des Richtenden liegende Land zur Linken liegend haben mußte, – ward ich ruhig.

Dieselbe Bewandtniß hatte es in der folgenden Nacht mit einer anderen, gleichfalls einer der lebhaftesten Visionen. Daher ich mich hier sehr kurz fassen kann. Ich schlief mit dem Gedanken über die Art und Weise der Weltregierung Gottes ein, oder vielmehr schlafwachend beschäftigte ich mich mit ähnlichen Vorstellungen. Plötzlich hörte ich eine Stimme laut mir zurufen: Komm, ich will dir's zeigen. Schon folgte ich durch weite Räume des Himmels, ohne daß ich einen Führer wahrgenommen. Jene Stimme sprach in sehr lockendem Tone. Mit dem weiteren Fortschreiten kam ich in Gegenden, wo ein stets lebendigerer belebenderer Hauch mich durchdrang, nicht anwehte; sondern durch Mark und Bein ging. Es war ein Etwas, keine Luft, mehr lichtartig, aber unendlich fein. Mein ganzes Wesen verklärte sich. Ich schwamm in einem Meer voll Seligkeit. Worte bezeichnen das Gefühl nicht und Aehnliches hatte ich nie empfunden. Das Vergnügen in dem Umgange geliebter Menschen, am Finden mathematischer Sätze, das zu den reichsten und höchsten Freuden ich zähle, war Nichts gegen jene Wonne. Jetzt wurde Halt gemacht. Ich sah vor mir ein Lichtatom, in raschen Bewegungen sich umdrehen und drehend größer werden, mit ungemeiner Raschheit – ich sah und staunte. Was von ihm ausging, lieh mir wundersame Kräfte; ich war mehr als Mensch; doch in unendlicher Demuth, die mich nicht zerknirschte, sondern über alle Namen selig machte, selig, selig, selig. Die Stimme rief mir von der Seite zu: Gib Acht, jetzt sollst du ein Bild haben von der schaffenden Allmacht. Nun bemerkte ich während des Umschwunges ein Fädchen aus der rollenden Kugel, unendlich klein, herauskommen. Aus diesem entsprangen ein zweites, drittes, viertes, noch mehrere, ich konnte sie nicht zählen, über alle Zahlen. Aus diesen Fäden wurden Zeuge, die Alle sich um Walzen drehten, welche Walzen zugleich nach verschiedenen Richtungen rotirten. Die gewobenen, unendlich vielen, alle aus dem Atomfädchen entspringenden Zeuge spiegelten Farben, wie ich nie gesehen. Grün, gelb, roth, violet und doch nicht grün, nicht gelb –, Alle von wunderbarer überirdischer Schönheit, Alle ergreifendes Leben von sich strahlend.

So staunend, bewundernd, anbetend, zerfließend in lauter Wonne sah ich dieses unendliche Meer von Geschaffenem aus einem Atom, in der kürzesten Zeit, in klarem Bewußtsein, mit unendlicher Sehnsucht und Vergnügung. Ich hatte keine Worte, keine Gedanken; ich glaube nicht, daß ich athmete. Da rief mir die erste Stimme: Was du siehest, ist ein Abglanz der Majestät Gottes. Unwillkürlich sprang ich im Bette auf, und rief laut, daß meine Frau erwachte, in unnennbarer Wonne: Herr, du mein Gott, ist's möglich, ist's möglich! Welche Macht, Pracht, Herrlichkeit, Majestät, unbeschreibliches Wesen! – – – –

Ich sah mich um, erkannte die gewöhnlichen Gegenstände, erfreute mich über Alles des Gesehenen, und schon als ich bereits fast ganz wieder genesen war, konnte ich dasselbe einem Freunde nicht ohne viele Thränen der Rührung und Bewegung erzählen. –

[20] Unter dieser allgemeinen Bezeichnung faßte man eine Reihe von Phänomenen zusammen, in denen sich psychische Erregungszustände mit physischen überlagerten. Diesterweg beschreibt Erlebnisse, wie sie auch heute in der einschlägigen Literatur bekannt sind, aber nicht als pathologisch eingeschätzt werden. Diesterwegs Distanz in der Schilderung läßt eine Überwindung seiner Krise ohne weitere Folgen vermuten; eine schwere Krankheit anzunehmen, wie Bloth es tut, scheint nicht angemessen zu sein.

Bernhard Wever. {Ein Schüler Diesterweg's.}

Am 3. December 1819. Besuch bei Bernhard, einem herrlichen Knaben von tiefem Gemüthe, von einem wahrhaft lyrischen Anfluge, fast nur zur Rührung gestimmt und zu elegischen Anklängen. Der Liebling der zarten Mutter. Ihm fehlte die Stärke des Gedächtnisses. Warum? Möchte er wieder genesen! –

Am 2. Januar 1820. Bernhard will sterben. Ach, er war so unschuldig, so sanft, so fromm, so gut! –

Um 1 Uhr starb er, der blondgelockte, sanfte, ach, fast zu gemüthliche[21] Knabe! – Hätte er wohl in die rauhe Welt gepasset? Diese sanfte, ruhige liebe Seele! Frühe fand der Ewige ihn reif zu dem Genusse der sanften, stillen Freuden himmlischer Regionen! Und gewiß, darum nahm ihn der himmlische Vater väterlich – gütig zu sich. Wir Andere müssen erst durch die Feuer- und Wasserproben mürb und weich werden. Möchte ich mit ihm wieder zusammen kommen! –

Am 7. Januar. Besuch bei der Mutter. Ich ließ einen Condolenz-Brief zurück. – O Gott! wem die Gabe verliehen, Geister zu beschwören und Todte zu beleben! Sei uns gnädig, lieber Vater! Der Herr führe uns Alle zu sich hin. Amen. –

Am 8. Januar. Wie reich, innerlich reich fühle ich mich! Welcher sichtbare Schatz wiegt solch ein Gut wohl auf? Ja, welche Freuden können damit verglichen werden?

Welcher Schmerz in mir – und welche Seligkeit! Ich revidire mein Leben, bessere, mache gut – und bin besser. Wie viel wird er mir, der herrliche Knabe, dieser Engel, der durch die Krankheit wahrhaft für den Himmel erzogen wurde!

Ja, wer ermißt den Schmerz der Mutter!

Heute die Antwort derselben auf meinen Brief. Welcher Schmerz und welche Innigkeit! Ja, für alle Arbeiten, Lasten, Trübsal in Elberfeld bin ich reich, überreich belohnt! –

Wie theuer ist mir mein Amt! Wie lieb die Jugend! Jetzt seh' ich den Fleck, wo gewirkt werden kann und muß. Laß fahren, thörichtes Herz! weite Aussichten, und lebe einzig deinem Amte! Jetzt glaube ich zu wissen, wozu Gott mich geschaffen. – Die Gemüthswelt, die Welt des Unsichtbaren fördern durch das Sichtbare. – O leite mich an deiner Hand, dann wandle ich in Liebe, Friede, Vertrauen, Seligkeit! –

Wie unglücklich ist der Mensch, der dieses Innere, Heilige nicht kennt, nicht liebt, nicht übt. Was ist so gewiß, als das unsichtbare, herrliche Reich verklärter Geister! Jetzt ist's mir gewiß, daß verwandte Gemüther nur sich unaussprechlich lieben können. Meine Liebe zu BERNHARD ist eine solche! O daß sie ewig dauern möge! –

Am 12. Januar. BERNHARD durchlief in 50 (10–50) Krankheitstagen alle Stadien des Lebens. Und was andern Sterblichen, die leiden können, 50–60 Jahre sind, das waren ihm die Arzneien, Schmerzen. Er äußerte die Umsicht des Mannes in seinen Urtheilen, und eine Gemüthlichkeit, die nur den edelsten Menschen eigen ist. Und welche Offenheit und wiederum welche Abstoßung! Er hatte Alles, was auf Erden gelernt werden soll, gelernt und darum konnte er nicht leben. Wer wollte sich getrauen, solche Erzogenen zu erziehen. Zur Mutter vor dem Tode sprach er: Komme bald! – – –

Sit ei terra levissima.[22]

Am 13. Januar. Frau WEVER ließ das Lied HEBELS: „auf einem Grabe“, das ich ihr vorgelesen, bei mir holen. Gott tröste doch die arme, unglückliche, von Leiden so tief gebeugte edle Frau! Möchte ich mehr dazu beitragen können!

{Zwei Briefe von der Mutter BERNHARD's liegen noch in dem Tagebuche, aber eine Abschrift des Condolenz-Briefes ist leider nicht vorhanden. Die Mutter überreichte Diesterweg zum Andenken an BERNHARD dessen Reißfeder und Federmesser. „Nach Allem“ schreibt sie, „was BERNHARD von Ihnen erzählte, achtete ich Sie hoch, und wie ich Ihnen auch gestern sagte, that es mir leid, daß wir uns so fremd waren. An dem Krankenbette meines Kindes wußte ich nicht, ob ich mehr den gefühlvollen Menschen lieben, oder den vorzüglichen Lehrer in Ihnen bewundern sollte. BERNHARD sagte mehrere Mal: hab' ich Dir's nicht gesagt? und bekräftigte das früher Gesagte.“ – – – –}

Am 27. Januar. Ja, dir Aufrichtigkeit, dir schwör' ich auf's Neue! Wie bewährt bist du erfunden in dem schönen Verein, der die Schule heißt! Wie ist's möglich, daß der, der nur einmal ihren Werth erkannt, dein Wesen geschätzt, deinen Erfolg und deine Wirkung erlebt hat, sich jemals wieder von dir wende! Du allein bist die Basis alles höheren Wirkens, du allein fundirst so recht tief die Demuth, Geduld, Sanftmuth, den Ernst und das ewig – *eine* Wollen und Streben! Ja, du wirktest Schönes, Wahres, Gutes, Göttliches. O welch Gefühl, Menschen im Innersten anzuregen und das Bessere in ihnen im Grunde aufzuwühlen! –

Laßt uns besser werden, gleich wird's besser sein!

[21] Abgeleitet von Gemüt, als Gemüthaftigkeit zu verstehen.

[22] Frei übersetzt: Diesem sei die Erde besonders leicht. Anlehnung an ein Zitat aus den „Elegien" II, 4, 50 des römischen Dichters Tibull.

Aus dem Umgang mit WILBERG.

Wenn die Menschen doch einmal bedächten, daß *meine Religion* für mich ist, mir allein ausschließlich angehört, zur Mittheilung, zum Unterricht gar nicht da ist; meine *Moral* aber auch die anderer Menschen ist, sein muß und werden soll. Daher gehört in die Schule vorzüglich Moral, der geschichtliche Theil des Christenthums nicht ausgeschlossen.[23] –

Ein Mensch, der meinen Glauben nicht hat, ist deswegen noch kein un- und auch noch kein irrgläubiger. Es kommt nicht darauf an, welchen Glauben ein Mensch hat, sondern darauf, was der Glaube aus einem Menschen macht. „Zeige mir deinen Glauben durch deine Werke."[24] –

Bekehrung zu einem andern Glauben findet nicht statt, denn der Glaube an das Göttliche ist uns schon mitgegeben, und es bedarf nur der Anregung. –

Das Thier sieht äußere Gegenstände (nimmt wahr) mit dem sinnlichen Auge, der Mensch macht Wahrnehmung des Aeußeren mit dem geistigen Auge vermittelst des Sinnlichen. –

An jedem Körper nehmen wir wahr Materie und Form. Ebenso enthält jede Vorstellung einen Inhalt und eine Form. Letztere ist willkürlich und kann verschieden sein und die Formen der Vorstellungen heißen *Wörter*. Lehrst du solche und zuerst, ohne Inhalt, so ist dein Unterricht *leer*, hohl. (Maulwerk).[25] –

WILBERG sagt: es gibt nur eine Methode? Unter dieser Behauptung kann ich mir nur denken, daß er den Begriff dessen, was Methode ist, meinet. Und der ist natürlich nur einer. Aber diese Abstraction zerfällt in viele Arten. Es gibt viele Arten des allgemeinen Begriffs Methode. Und diese Arten enthalten wie alle Artbegriffe alle Prädikate ihres Gattungsbegriffes. Und wenn nach BERNHARDI diese Prädikate vollständig aufgezählt heißen: Einheit, Ordnung, Vollständigkeit, Klarheit,[26] so möchten sich diese in jeder guten Lehrmethode finden. Denn Methode ist doch die Weise, wie der Lehrer dem Schüler zur Kenntniß eines Ganzen verhilft. Und in dieser Hinsicht gibt es so viele Weise, als Lehrobjecte, daher viele Methoden, von denen jede für ihren Gegenstand die einzig wahre, die beste ist. –

[23] Diesterweg unterscheidet hier zwischen den Vorstellungen christlicher Moral und Ethik, die öffentlich zu machen und zu unterrichten sind, und den christlichen Glaubensvorstellungen, die der privaten Religiosität zugehören.

[24] Anlehnung an ein Wort aus dem Neuen Testament (Jakobus 2,18).

[25] Es handelt sich hier möglicherweise um eine didaktische Adaption von Kants (s. ds.) Diktum in der „Kritik der reinen Vernunft", daß alle unsere Erkenntnis mit der Erfahrung anhebt, wenngleich sie nicht allein der Erfahrung entspringt. – „Maulwerk" ist vermutlich eine Anspielung auf Pestalozzi (s. ds.); dieser bezeichnet mit „Maulbrauchen" das Nachsprechen unverstandener Begriffe (vgl. z.B. Pestalozzis Sämtliche Werke. Hrsg. von E. Spranger, A. Buchenau und H. Stettbacher. Bd. XIII, Berlin und Leipzig 1932, S. 333).

[26] Gemeint ist der Philologe August Ferdinand Bernhardi (s. ds.), der an einer Systematisierung der sprachwissenschaftlichen Erkenntnisse des 18. Jahrhunderts arbeitete und eine wissenschaftstheoretische Fundierung des Faches anstrebte.

Es bedarf meiner unmaßgeblichen Meinung nach noch immer einer Veranstaltung, um die jetzigen Lehrer in's rechte Gleise zu bringen, darin zu erhalten und mehr und mehr zu ihrem hohen Berufe zu befähigen.

Von diesem Bedürfniß hat mich Autopsie[27] überzeugt und in den meisten deutschen Provinzen wird es so sein. Wie ist zuerst diesem Bedürfniß abzuhelfen? Dadurch, daß man die kenntnißreichen, gediegenen und tüchtigen Lehrer aufsucht, und sie beauftragt, die in ihrer Umgebung lebenden Elementarlehrer bei sich zu versammeln, und dasjenige zu veranstalten, was diese Umgebung, Localumstände nöthig machen, um dem Baume der Erziehung und des Unterrichts saftreiche Früchte abzulocken. Jeder gereifte Lehrer stehe so an der Spitze einer Lehrerversammlung und von der Regierung gehörig unterstützt, trage er das Seinige dazu bei, daß es mit den Lehrern besser werde; er werde der Mittelpunkt gemeinsamen Strebens; er werde die Leuchte seines Bezirks, der Stützpunkt für alle, der Träger des Besseren, und der, der das faule Holz wegschneidet; er fördere ihre Erziehung und Belehrung, denn nur der erzogene Mensch kann erziehen.

Vielleicht halten Sie die Ausführung dieses Vorschlags für schwierig, vielleicht für unmöglich. Aber, mein Freund, dieser Vorschlag gehört nicht mir an, sondern ich nehme ihn aus dem Leben im Preußischen, wenigstens am Rheine ist er ausgeführt, und durch die Person der *Schulpfleger*[28] wird das erzielt, was ich nannte. Um Sie von der hohen Wichtigkeit und Zweckmäßigkeit dieser Einrichtung zu überzeugen, so erlauben Sie mir, Ihnen das Wirken und Streben eines Schulpflegers, den ich genau kenne, und der als Realist hinstellt, was die Idee des Amtes will, mit wenigen Worten zu schildern; bleibt und läßt auch das geschriebene Wort nur todt, so vergessen Sie nicht, daß der Geist nur und das lebendige Wort lebendig macht.

Dieser Schulpfleger {es war WILBERG in Elberfeld} versammelt jeden Sonnabend Nachmittags 1 Uhr die Elementarlehrer aus seiner Umgebung. Obgleich keiner an diesen Versammlungen Theil zu nehmen gezwungen wird, (welchen Zwang man da, wo er nöthig ist, nicht scheuen sollte), so beträgt die Zahl der Theilnehmer gewöhnlich gegen 50, oft 60. Einige eifrige Lehrer lassen es sich nicht verdrießen, einen Weg von 3 Stunden zurückzulegen, und alle stehen im Amte, entweder als Inhaber einer Schule oder als Gehülfen. Männer von 40–50 Jahren sind darunter. Während der Zeit, daß ich Gelegenheit hatte, die Versammlungen zu besuchen,[29] umfaßten dreierlei Gegenstände die jedesmalige Beschäftigung von 2–5 Uhr. Zuerst wurden einige Sätze diktirt, deren Inhalt in wichtigen, das Lehramt bezielenden Wahrheiten bestand; Sätze, welche Gelegenheit darboten, mancherlei praktische Bemerkungen über Sprache hinzuzufügen; Sätze, welche nach und nach einen pädagogischen Katechismus bildeten. Hierauf folgte zu damaliger Zeit ein Cursus der Geographie, mit Benutzung der von der Preußischen Regierung diesem Schulvereine geschenkten Düsseldorfer Karten. Der Vorsteher verlor damit keine Zeit, durch Aufstellung statistischer Notizen und inhaltleerer Nomenclatur, welche aus jedem geographischen Lehrkursus zu nehmen sind, das Gedächtniß voll zu pfropfen, sondern durch Auffassung der Hauptverhältnisse des Landes und der Menschen ein lebensvolles Gemälde im Ganzen hinzustellen und diesem meist so sterilen Gebiet des Unterrichts eine fruchtbare annehmliche Seite abzugewinnen. In letzter Stunde wurde eine Stelle aus einem Werke DINTERS[30] gelesen. Doch, was sage ich? Gelesen, wahrlich nicht. Dieser Ausdruck bezeichnet eine mechanische Verrichtung, ein schulmäßiges Kunststück – hier in dieser Versammlung war nichts mechanisch, nichts pedantisch. Doch wie wollte ich Ihnen Alles das beschreiben, welche Geistesfunken hier ausgestreut, wie Geist, Gemüth hier so kräftig und erquickend belebt wurden. Auch hier gilt, wie von Allem, was die innere Tiefe des Gemüths belebt, erzieht und bessert, wie von Allem, was bleibend herrlich ist und groß, und deßwegen unmeßbar: „Was sichtbar ist, das ist zeitlich; was aber unsichtbar ist, das ist ewig"[31] und umgekehrt.

Der Schulpfleger theilte aus der Fülle seiner Erfahrungen das Wissenswürdigste mit, fern von allen theoretischen Speculationen; Alles war aus dem Leben selbst gegriffen und veranlaßte die Lehrer, mit Freimüthigkeit ihre Erfahrungen dagegen zu halten, Gegenbemerkungen zu liefern, und so entstanden die lehrreichsten Dialogen *[sic]* und interessantesten Discussionen.

Ferner vereinigte der Schulpfleger in sich ein reiches Wissen, eine umfassende Kenntniß der pädagogischen Literatur mit gewandter Urtheilskraft, mit Witz und Scharfsinn. Und anstatt daß bei Vielen eine langjährige Erfahrung ihren Eifer abgekühlt, ihrem Wirken Einseitigkeit aufgeprägt hat, so ist hier bei diesem Manne ein Glühen für die Erziehung der Jugend, ein edler Stolz auf sein Amt, ein Leben und Weben in dem Amte und für dasselbe sicht- und fühlbar. Er lebt in der Sache, die Sache in ihm, treibt die Pädagogik nicht um des Amtes, sondern das Amt um der Pädagogik willen. Durch sein ausgeprägtes Leben, kräftiges Handeln, seine gemüthliche[32] Behandlung durchdringt er den Lehrer von der Wichtigkeit seines Amtes, zeigt ihm den hohen Werth desselben, der ihm reichen Ersatz beut für viele Entsagungen des Sinnenlebens, Ersatz für Zurücksetzung und Hohn der vornehmen Welt, Ersatz durch stille Berufstreue.[33] Hier fühlt der niedergeschlagendste Lehrer nach vollendeter Wochenarbeit sich wieder als Mensch, fasset neuen Muth für die folgenden Tage und Entschlüsse, kräftig zu sein und zu werden nach dem lebendig ihm vorgehenden Beispiel. Wie ist es auch anders möglich, als daß ein gereifter, in seiner Sache vollendeter Mann ermunternd und belebend auf die, welche denselben Beruf haben, einwirken sollte.

In dieser Lehrerversammlung herrscht eine Aufmerksamkeit, die der Andacht verwandt ist, eine Lebendigkeit, eine so fröhliche Stimmung, welche ergötzt und erbaut und der ähnlich oder gleich ist, welche in Kirchen stattfindet, in denen der Redner mit ächt christlicher Salbung d.h. so redet, wie wahre Begeisterung es ihm eingibt. Die stattfindende Erbauung spricht sich auch in dem vollen runden Gesange aus, welcher die Versammlung schließt. O, daß doch der Mensch, welcher an dem glücklichen Erfolge menschlichen Wirkens selbst wenn es mit aller Hingebung geschähe, verzweifeln kann, käme und sähe, wie hier Menschen, meistens aus niederen Ständen, ergriffen und belebt werden für die höchsten Güter des Menschen, für Tugend, Frömmigkeit, Gemeinwohl und Erziehung überhaupt, welcher Segen würde für ein Land kommen, das viele solcher Versammlungen in sich schlösse! –

[27] Ansicht mit eigenen Augen; heute nur noch in der medizinischen Fachsprache geläufiger Ausdruck.

[28] Während die evangelischen und katholischen Gemeindepfarrer die Leitung und Aufsicht über die Schulen in ihren Gemeinden als Ortsschulinspektoren ausübten, war die Aufsicht über größere Bezirke, meist Kreise, einzelnen Pfarrern als Schulpflegern und Kreisschulinspektoren übertragen worden. Diese „geistliche Schulaufsicht" geschah in staatlichem Auftrag. Einsatz und Verständnis für die Belange der Schulen waren seitens der Pfarrer sehr unterschiedlich, ihr Interesse an pädagogischen Fragen oft eher gering. Diesterweg wurde u.a. aufgrund dieser Erfahrung zu einem Befürworter der Schulaufsicht durch ausgebildete Lehrer. Erst durch das Gesetz vom 11. März 1872 wurde in Preußen die Schulaufsicht zur ausschließlichen Angelegenheit des Staates erklärt.

[29] Während seiner Tätigkeit als zweiter Rektor an der Schule der reformierten Gemeinde in Elberfeld (1818–1820) besuchte Diesterweg regelmäßig die Lehrerversammlungen bei Wilberg; er schrieb ihm rückblickend großen Einfluß auf seine eigene pädagogische Orientierung zu.
Vgl. Diesterwegs Aufsätze über Wilberg in den Rh. Bl., Jg. 1847, Bd. XXXVI, Heft 2, S. 125–154 und 155–225 (vorliegende Ausgabe, Bd. VII, S. 189–204 und 204–240) sowie die von Diesterweg, Heuser und Fuchs herausgegebene Schrift: Joh. Fr. Wilberg, der „Meister an dem Rhein". Essen 1847.

[30] Mit dem Werk von Gustav Friedrich Dinter (s. ds.) ist möglicherweise gemeint:
Kleine Reden an künftige Volksschullehrer, vorzüglich zur Beförderung der Weisheit in Lehre und Leben. Ein Erbauungsbuch für nicht ganz ungebildete Schullehrer. Auch u. d. T.: Handbuch für Schul- und Hauslehrer. 4 Bde. Leipzig 1803–1805; oder:
Die vorzüglichsten Regeln der Pädagogik, Methodik und Schulmeisterklugheit. Ebd. 1806. Die Schrift war sehr verbreitet und erschien 1831 bereits in der 6. Auflage.

[31] Ein Wort aus dem Neuen Testament; 2. Korintherbrief 4,18.

[32] Vgl. Anmerkung 21.

[33] Den Volksschullehrern dieser Zeit blieb sicherer Lebensunterhalt und soziale Anerkennung überwiegend versagt.

Am 23. Januar. Neigungen.

Gegeben haben wir uns allerdings die Neigung, Verwandtschaft, Abneigung nicht. Und so können wir uns die Afficität zum Innern, Uebersinnlichen nicht geben. Sie ist uns Allen gegeben. Aus Gnaden. Die Verbindung mit ihm können wir hemmen, ihm widerstreben, und sie befördern – durch Anregung des Gemüthes, durch Liebe zu Wahrem, Schönem, Gutem, also durch Fesselung an Analoges. Denn die Genannten sind ja Verwandte des Uebersinnlichen. Das ist für den Erzieher der Weg, auf dem er seine Zöglinge zum ewig Schönen hinleitet. Erzwingen kann er's nicht. Er muß nur für Regen und Sonnenschein und laue Lüfte sorgen. Dann wird der Baum schon Blätter, Blüthen und Früchte treiben.

E. v. ROCHOW. Der edle Mann dehnte seine menschenfreundliche Bemühungen sogar auf einen Knaben aus, der ganz stumpfsinnig war. Durch öftere Versuche brachte er es dahin, daß derselbe anzugeben im Stande war, *was er nicht thun dürfe.*

v. ROCHOW. Was darfst Du nicht thun?

Er. Die Gänse nicht werfen, keine Steine in den Garten werfen, die Kinder nicht schlagen, keine Aepfel wegnehmen etc.

Am 4. Februar 1820. Ueber Grundsätze.

Wenn Grundsätze die Richtschnur des Handelns eines Menschen sind, ist dieses das Höchste. Oder gibt es noch ein Wirken, herfließend aus tiefer liegender Quelle?

Das Kind handelt nach Instinkt und Temperament; bewußtlos gut. So soll es sein. Aber wenn die Jünglingsjahre kommen und die wilden Begierden, woher soll dann die Bändigung derselben kommen, wenn nicht durch Regeln und Vorschriften, welche die Vernunft und das Gewissen vorhalten d. h. durch Grundsätze. Diese Grundsätze stehen nun gewissermaßen noch außer dem Gemüth; die Vernunft stellt sie als Leitstern hin. Aber sie sollen in's Gefühl und in die Tiefe des Herzens aufgenommen werden, dem Worte und dem Bewußtsein nach ganz verschwinden und mit dem Menschen ganz verwachsen. Er handelt zwar diesen Vernunftgesetzen gemäß, aber er denkt nicht daran. Sie sind in ihm lebendig geworden, unbekümmert überläßt er sich denselben. Seine Natur ist nun zur harmonischen Einheit gelangt. Der Wille braucht nicht durch's starre Sittengesetz gebrochen zu werden. Gesetz und Wille sind identisch. Das ist und soll der wahre Mann sein. Muß er immer noch die

Grundsätze, die er einmal als die wahren erkannt hat, im Auge festhalten, so ist sein Tugendthum noch nicht lebendig, noch nicht er selbst geworden. Und das ist dann noch wenig.

Bewußtlos und gut handelt das unschuldige Kind. Bewußtlos gut auch handelt der Mann. Beide Arten des Handelns sind in ihrer Quelle verschieden. Das Handeln nach Grundsätzen bildet den Uebergang von jener zu diesen. Daher darf man bei Maximen nicht stehen bleiben, aber ihre Wichtigkeit für die Erziehung ist sehr einleuchtend.

Also ohne diese Fertigkeit, erlangt durch beständige Uebung, welche die Tugend dem Menschen zur andern Natur machte, bleibt der Mensch noch sittlich unvollkommen, und es läßt sich nicht ein für allemal zum Voraus entscheiden, wozu seine Freiheit sich bei einer Alternative bestimmen würde. Auf ihn, den nur nach erkannten Grundsätzen handelnden Mann kann man also noch nicht *bauen und trauen*.[34]

[34] Zum einen vertritt Diesterweg hier sittliche Erziehung in Kantischer (s. ds.) Tradition, in der allgemeine Grundsätze unentbehrlich sind. Zum anderen weist er darauf hin, daß rechte Sittlichkeit auch als im Leben bewährte Sittlichkeit aufzufassen ist. Bloße Erkenntnis reiche dazu nicht hin. Das theoretische Problem, die Identität von Gesetz und Wille, tangiere den Gedanken der sittlichen Bewährung nicht.

Kleine Bemerkungen.

1. PETRUS Wille und Kraft; JOHANNES Innigkeit und Liebe; JAKOBUS Praxis und Leben und Wirksamkeit; PAULUS Verstand.
2. Dreifacher Gesichtspunkt der Erlösung:
   a) tägliche Erwerbung – Messe – Katholiken.
   b) Erwählung durch Gnade – Prädestinisten.
   c) Zueignung durch Glauben und thätige Liebe – Protestanten (Lutheraner).[35]
3. Prüfe neue Gedanken an den Höchsten, ob sie damit stimmen oder widerstreiten.
4. Der Mensch (das Mädchen) muß sich erst in die Verhältnisse des Lebens fügen lernen, ehe es sie begreift.
5. Junge Blüthen können den Frost nicht ertragen. Ein einziger kalter Nebel tödtet sie. Früchte aber werden durch Nachtfröste gezeitigt und saftreicher. Ebenso welkt das Menschliche im zarten Kinde durch unfreundliche Behandlung und Noth; Erwachsene und Charaktermenschen erstarken durch beide.
6. Die Anlagen der Seele können *nie verloren* gehen, denn sie ist eine Einheit, keine Vielheit. Theilbarkeit findet nicht statt. Theilweise Vernichtung wäre gänzlicher Tod. – Das Verhältniß der Seelenkräfte soll durch den Sündenfall gestört und durch eigene Kraft nicht wieder herzustellen sein.
7. *Frage* an einen Pfarrer: Besteht die Haupttendenz des Christenthums in der Erstrebung der höchsten Sittlichkeit, des moralischen Ideals?[36]
   Pfarrer. Nein, sondern etc. ein panegyrischer, poetischer, naturphilosophischer Gallimathias[37] von Gnade, Glaube, Liebe etc., den ich nicht verstand.

Pfarrer G. D. KRUMMACHER sagte am 15. März 1820 in einer Wochenpredigt, daß alles, was ein Mensch thun möge, nur Gott oder Christum näher zu kommen, vergeblich sei; hier helfe weder gute Werke, noch Reue und Buße, *noch Gebet*, noch sonst was. Gott müsse das Alles erst durch den heiligen Geist in einem Menschen erwecken, ohne welches der Mensch zu nichts fähig sei. Erwecke Gott nicht das Dankgefühl im Menschen, so könne er auch nicht danken u. s. w.

Ein Mensch könne in dem Sinne *seiner Sünden sich freuen*, daß er seine ihm gewordene Begnadigung, deren Gewißheit ihm Gott offenbart, nicht sich selbst, sondern allein dem Heilande und dessen Verdienste zuschriebe. –

Jeder Mensch sei von Natur ein Barrabas.[38]

(Die Pädagogik und alle praktisch wirkenden Menschen werden dieses Ohnmachtssystem nicht aufkommen lassen. Sonst wäre es besser, den ganzen lieben Tag im Bette zu liegen und zu dämmern.)

[35] Diese pointierte Skizzierung berücksichtigt zum Beispiel nicht, daß der Gedanke der Gnade in allen Positionen eine bedeutende Rolle spielt.

[36] Das ist Diesterwegs Position; siehe dazu die Eintragungen am 3. Februar 1819 sowie Anmerkung 9.

[37] Schmeichlerisches und sinnloses, verworrenes Gerede.

[38] Siehe dazu die Eintragungen am 19. Januar 1819, Anmerkungen 5 und 6.
Barrabas war nach dem Neuen Testament ein von den Römern zum Tode verurteilter Mörder. Statthalter Pontius Pilatus schlug ihn dem jüdischen Volk alternativ zu Jesus zur Amnestie vor, da er hoffte, es werde den Mord schlimmer beurteilen als die angeblichen Vergehen Jesu. Er mußte ihn jedoch nach dem Willen des Volkes, das von den Hohepriestern gegen Jesus aufgehetzt worden war, freilassen.

Am 30. Mai 1820. Vorsatz.

Und wenn dich etwas verwirrt, die Zeitereignisse dir nicht klar werden wollen, und wenn du Pflichttreue und weise Benutzung der Zeit, sowie freie Humanität und wissenschaftliche Umsicht anschauen willst, so denke an den trefflichen Arzt und was mehr sagen will, den herrlichen Menschen RAUSCHENBUSCH. {*}

Am Abende eines bei Obigem abgestatteten Besuches, in Erinnerung einer tiefen, gemüthlichen Unterhaltung mit diesem *Geiste*, am Vorabend meines Abschiedstages von unseren Schülern – und unter sprachlosen Danksagungen gegen den Vater der Menschen.

Am 31. Mai 1820. Abschied von der Rektoratschule.

In der ersten Klasse schloß ich mit der Astronomie, zeigte, daß jeder Stern dadurch dem Menschen ein Vorbild sei, daß er *leuchte und erwärme*. Auch dies war mein Bestreben.

Zweite Classe. Ich scheide mit Ruhe, mit gutem Bewußtsein, mit Wünschen für das Wohl der Schüler und der Schule – und vor Allem mit Dank gegen Gott. Und wodurch kann der Mensch sein Dankgefühl zuerst kund thun?

Antwort: Durch redliches, treues Wirken. Amen!!!

* {*Carl Rauschenbusch* war der Sohn des ev. luther. Pfarrers H. E. Rauschenbusch in Elberfeld. Pfarrer Leipoldt sagt 1840 in seiner Biographie des Vaters: „Beide, Vater und Sohn übten 6 Jahre hindurch, Jeder an seiner Stelle, gemeinschaftliche Krankenpflege. Ihm als jungen Arzte, war der Verlust seiner Kranken durch den Tod fast unerträglich, namentlich wenn es an menschlichen Zufälligkeiten, oder Versäumniß der Umgebung gelegen war – er eilte dann des Vaters Tröstungen zu, der ihm in solchen Stunden zurief: ‚Weißt Du nicht, daß *Gott* die Menschen sterben läßt?[‘]"
„Was Rauschenbusch als geistvoller Arzt mit seiner großen Kenntniß in dem ganzen Gebiete der Heilkunde, mit seiner eminenten Erfahrung und selbstständiger unabhängiger Handlungsweise – was er als theilnehmender Menschenfreund in seinem ganzen, *großen* Kreise gewesen, das hat sich bei seinem frühen vielbeweinten Tode tief und unvergeßlich ausgesprochen, und sein Gedächtniß wird unverwelklich fortblühen." E. Langenberg.}

23
An Dr. med. Aloysius C. Clemens, Frankfurt am Main

Elberfeld, 15. Juli 1818

An Herrn Dr. medic. Clemens, Wohlgebohren in Frankfurt a /M.

[...] ₁ Ohne Zweifel ist Ihnen durch H. HAHN¹ ein kurzes Schreiben auf ihren angenehmen Brief zugekommen, obgleich es mir auffallend ist, daß auf alle die Briefe, welche ich dem Genannten zu gefälliger Besorgung überschickte, noch nicht eine Sylbe als Antwort mir zugeflogen ist. Sollte vielleicht das ganze Paket verloren gegangen sein?

Wie unerwartet drehen sich oft die Ereigniße! Eben hatte ich mit meiner Frau hier die ersten Visiten gemacht, als wir nach Hause zurück kehrend die Anfrage des dortigen Konsistorium: „ob ich geneigt sei, der Nachfolger des H[errn] Prof. POPPE zu werden" antrafen. Ich habe mit „ja" geantwortet u. ich leugne nicht, daß ich gerne zu der freien Stadt zurück kehre.² Das Konsistorium wird demnach meine Wenigkeit einem Hochpr. Senate vorschlagen, u. da Sie wohl wissen, daß die Entscheidung einer solchen Sache von der Gesinnung der Einzelnen abhängt, von denen ich kaum dreien bekannt bin, so bitte ich Sie, werther Freund! dahin mitzuwirken, daß wir bald das Vergnügen erleben, Ihre freundschaftlichen Gesinnungen gegen uns neu verjüngt aufleben zu sehen. Eine freundliche Empfehlung an Ihren H. Vater, u. freundschaftl. Grüße an H. FRIEDLEBEN u. Gemahlin. Meine Frau wird Ihnen nächstens auch noch Einiges zu sagen haben.

Herzlichen Gruß.

Ihr
ergeb[en]ster Ad. Diesterweg.

Eigh., DIPF/BBF, Archiv, 1.1.01 (F. A. W. Diesterweg), Mappe 12

¹ Ehemaliger Kollege Diesterwegs an der Frankfurter Musterschule.

² An Poppe, bisher Professor der Mathematik, Physik und Naturgeschichte am Gymnasium in Frankfurt a. M., war 1818 ein Ruf an die Universität Tübingen ergangen. Daraufhin erhielt Diesterweg eine Anfrage, ob er gegebenenfalls bereit sei, eine Anstellung am Gymnasium anzunehmen. Diesterweg hätte diese Stellung gerne angetreten, wie aus dem Schreiben an den Scholarchen der Schule der reformierten Gemeinde in Elberfeld (Nr. 24) hervorgeht; er wurde jedoch nicht nach Frankfurt am Main berufen. Nach Aussage von Diesterweg stammte die Anfrage vom Frankfurter Konsistorium; laut Aussage der Elberfelder Bürger Johann Adolph von Carnap (s. ds.) und Friedrich Platzhoff (s. ds. Personenregister Bd. V) handelte es sich bei dem Anfragenden um ein Mitglied des Schulvorstandes (Rheinisch-westphälischer Anzeiger 1831, Sp. 230).

24
An den Scholarchen¹ der Lateinschule (Rektoratschule) der reformierten Gemeinde Elberfeld

Elberfeld, im Sommer 1818²

[...] Mir kommt jener Antrag³ sehr zur ungelegenen Zeit; eben so unerwünscht als unerwartet. Ich fühle mich in den momentanen Verhältnissen zum Konsistorium, der Gemeinde, zu Ihnen, der Schule, zu meinem Kollegen⁴ und dem Publikum ganz zufrieden

46

und glücklich. Der Elberfelder Jugend wohnt neben einer sehr derben, rauhen, von Seiten des Lehrers ungemeine Anstrengung erfordernden Außenseite, Regsamkeit und Selbstwille im Allgemeinen in einem Grade inne, wie ihn der thätige Lehrer zum glücklichen Erfolge seines Strebens nur wünschen kann. Aber meine jetzige Zufriedenheit und der Wunsch, so fortzuwirken, sind doch nicht gewichtig genug, um jene andere Wagschaale, welche die obengenannte Vortheile[5] trägt, zu überwiegen. […]

Sollte indeß, was wohl in den nächsten vier Wochen entschieden sein wird, die Sache diesen wahrscheinlichen Ausgang[6] nicht haben, so werde ich auch hier, auf meinem jetzigen Posten, die Wege der göttlichen Menschenregierung zu preisen hinlängliche Veranlassung finden.

Fast halte ich es für eine ungegründete Furcht, daß Jemand, der die Sache genau prüft, wie sie unumwunden vorliegt, und mit meinen bürgerlichen und ökonomischen Verhältnissen bekannt ist, mich bei diesem Schritte eines Mangels an Dankbarkeit oder Zartsinn beschuldigen könnte. Es ist wahr – und die Erinnerung an diese Wahrheit wird mir eine unversiegbare Veranlassung zur Freude bleiben –, das hochwürdige reformirte Konsistorium und die verehrliche Gemeinde haben mich ungemein zuvorkommend und zutrauensvoll aufgenommen. Ihnen besonders verdanke ich die gastfreundlichste Aufnahme. Daß ich für solche Himmelsgaben Empfänglichkeit besitze, darf ich wohl sagen. Wie sollte es mich schmerzen, von Ihnen oder anderen geschätzten Männern dieser Stadt, die mir mit so viel Offensinn und Biederkeit entgegen kamen, verkannt zu werden. Wahrlich! wenn erwünschte Gelegenheit sich mir zeigte, so würde ich es beim kalten Worte allein nicht bewenden lassen. […]

Ich erkenne ganz, daß die reformirte Gemeinde zur Emporbringung ihrer Schule – welcher in ihrem ersten Rektor ein Mann vorsteht, der, wie die Fortschritte der Schüler beweisen, mehr gethan hat und thut, als man von Menschenkräften, die mehrere Dezennien fortdauern sollen, erwarten und fordern darf, ja der, man darf es wohl sagen, die Schüler in seinen Unterrichtsgegenständen zu einem Grade der Fertigkeit und Einsicht gebracht hat, welchen man nur in einem mit 6–10 Professoren besetzten Gymnasium zu erwarten berechtigt ist – Vieles gethan hat,[7] und ich möchte alle Hindernisse, die diesem Emporkommen durch mich in den Weg gelegt werden könnten, wegräumen, wie ich durch Vorstehendes auch bewiesen zu haben glauben darf.

Die Mittheilung dieser Ereignisse war ich Ihnen, hochzuverehrender Herr Scholarch! zu ihrem beliebigen Gebrauche schuldig. Wenn Sie alle diese Umstände, die mich zu dem erwähnten Entschlusse bestimmen und bestimmen müssen, wenn ich pflichtgemäß zu handeln fortfahren will, zu erwägen die Gewohnheit haben, so wird dieser unerwartete Schritt vor Ihnen nicht nur entschuldigt, sondern auch gerechtfertigt dastehen, und ein hochwürdiges Konsistorium, verehrliche Gemeindevertretung und sämmtliche Gemeindsglieder [sic] werden mich nicht der Undankbarkeit oder des Mangels an Zartgefühl beschuldigen, und meiner Versicherung Glauben beimessen, daß ich das Wohl der Schule und der Stadt von Herzen wünsche und nach Kräften und Umständen zu befördern geneigt bin. […]

Veröff.: Rheinisch-westphälischer Anzeiger Nr. 13 vom 12. Februar 1831, Sp. 230 f.

[1] Der Scholarch ist namentlich nicht genannt. Wie aus dem Schreiben hervorgeht, hatte Diesterweg zu ihm ein besonders vertrautes Verhältnis und glaubte es ihm schuldig zu sein, ihn umgehend über die bevorstehende Veränderung zu informieren.

Möglicherweise handelte es sich um den Vater von Bernhard Wever, der seinen Lehrer Diesterweg sehr schätzte; der Junge verstarb allerdings bereits Anfang 1819.

² Das Datum dieses Briefes ist nicht überliefert; es ergibt sich aus dem Inhalt. Diesterweg hatte im Juni oder Juli 1818 eine Anfrage aus Frankfurt erhalten, ob er bereit sei, eine Lehrstelle am dortigen Gymnasium anzutreten. Davon setzte er im vorliegenden Brief den Scholarchen in Elberfeld in Kenntnis.

³ Gemeint ist die Anfrage aus Frankfurt (siehe Anmerkung 2). Dieser Brief Diesterwegs ist im Original nicht erhalten; auch der Abdruck durch die beiden Elberfelder Bürger Johann Adolph von Carnap (s. ds.) und Friedrich Platzhoff (s. ds. Personenregister Bd. V) im Rheinisch-westphälischen Anzeiger Nr. 13 vom 12. Februar 1831 (Aus Elberfeld, Sp. 227–236) ist nicht vollständig.

Carnap und Platzhoff zitierten Diesterwegs Brief im Zusammenhang mit der Auseinandersetzung um dessen Aufsatz „Was fordert die Zeit in Betreff der Schulzucht?" (Rh. Bl., Jg. 1830, Bd. II, S. 273–291; vorliegende Ausgabe, Bd. II, S. 138–149). Der Aufsatz, der kräftige Angriffe gegen Schüler- und Elternschaft im Bergischen Land enthielt, veranlaßte eine monatelange Fehde im Rheinisch-westphälischen Anzeiger und eine Klage gegen Diesterweg vor dem Düsseldorfer Landgericht, das ihn allerdings freisprach, da Elberfeld nicht ausdrücklich genannt worden war. Die Bürger hatten die Anspielungen auf ihre Stadt allerdings verstanden und wehrten sich, indem sie beispielsweise durch die Wiedergabe des Diesterweg-Briefes zu belegen versuchten, daß dieser sich in Elberfeld sehr wohl gefühlt habe und seine jetzt erhobenen Anklagen sie deshalb irritierten und beleidigten. (Vgl. Anmerkung 13 zum Reisebericht vom 7. September 1827 <Nr. 173>.) Allerdings war Diesterweg zum Zeitpunkt dieses Schreibens erst seit einem Jahr in Elberfeld; zu den Erfahrungen und Streitigkeiten, die schließlich seinen Weggang nach Moers mit veranlaßt haben mögen, kam es vermutlich erst in den folgenden Monaten; aus diesem Grunde ist die Diffamierung Diesterwegs als unehrlich durch Carnap und Platzhoff allein aufgrund dieses Briefes nicht gerechtfertigt.

⁴ Gemeint ist Johann Ludwig Seelbach (s. ds.), der erste Rektor der Schule.

⁵ Diesterweg nennt an späterer Stelle „bürgerliche und ökonomische Verhältnisse" als Ursache für die Bevorzugung der angebotenen Stelle gegenüber Elberfeld. Eine in Aussicht gestellte bessere Bezahlung wird damit ebenso gemeint sein wie der große Freundes- und Bekanntenkreis, den er in Frankfurt am Main während seiner Zeit an der dortigen Musterschule gewonnen hatte und zu dem er sicherlich gerne zurückgekehrt wäre.

⁶ Diesterweg scheint mit seiner Anstellung am Frankfurter Gymnasium fest gerechnet zu haben; er erhielt die Stelle jedoch nicht.

⁷ Die Herrschaft Napoleons, unter der alle kirchlichen Schulen der unmittelbaren Aufsicht des Staates unterstellt worden waren, hatte den Fortbestand der reformierten Lateinschule fraglich werden lassen. Im Jahre 1813 konnte sie unter J. L. Seelbach als alleinigem Lehrer mit sechs Schülern neu eröffnet werden. Wegen der guten Erfolge Seelbachs wuchs die Schülerzahl bis zum Jahre 1817 bereits auf 52 an und machte die Einstellung eines zweiten Lehrers, zugleich zweiter Rektor, notwendig.

25
Verpflichtungserklärung gegenüber der Lateinschule (Rektoratschule) der reformierten Gemeinde Elberfeld

Elberfeld, 1. März 1819

Wir bezeugen durch unsere Unterschriften, daß wir uns verpflichten, nach Vermögen die uns in vorstehenden Statuten und Einrichtungen vorgeschriebenen Pflichten zu erfüllen.¹

JOHANN LUDWIG SEELBACH, erster Rector.
Friedr. Adolph Wilh. Diesterweg   2r   —

Ausf. mit eigh. Unterschr. (Kopie), Universität Dortmund, FB 15, Nachlaß Hugo Gotthard Bloth, GEY 1.3 0041, 38

¹ Im Jahre 1817 war für die Rektoratschule der reformierten Gemeinde Elberfeld ein Schulplan (GEY 1.3 0041, 1–38; Fritz Jorde: Geschichte der Schulen der Stadt Elberfeld. Elberfeld 1903, S. 74–94) entworfen worden; dieser wurde am 9. Dezember 1817 der Gemeindevertretung vorgelegt, einer Kommission zur Prüfung übergeben, am 15. Dezember 1818 genehmigt und im Frühjahr 1819 den betreffenden Lehrern Seelbach und Diesterweg vorgelegt, die sich durch ihre Unterschriften zur Einhaltung dieser „Statuten und Einrichtungen für die Lateinische oder Rectorat-Schule der Reformirten Gemeinde in Elberfeld" verpflichteten.

Der Schulplan enthält zunächst allgemeine Ausführungen zum „Zweck der Schule". Neben den Lehrzielen aller Schulen – die jungen Menschen zur Erkenntnis Gottes und des Menschen zu führen sowie Kenntnisse und Fertigkeiten zu erwerben – wird als besonderer Zweck der reformierten lateinischen Schule angegeben, „junge Menschen, die den Anfang ihrer Bildung in Elementarschulen gemacht haben, weiter zu führen, so daß sie imstande sind, auf der Universität die vollendete Bildung als Gelehrte zu erlangen oder sich einem bürgerlichen Geschäfte zu widmen."

Es folgen allgemeine Ausführungen über „Lehrgegenstände", „Lehrstunden" und „Die Klassen". Die einzelnen Gegenstände werden näher ausgeführt; es handelt sich dabei um: „I. Die lateinische Sprache; II. Die griechische Sprache; III. Die hebräische Sprache; IV. Die französische Sprache; V. Die deutsche Sprache; VI. Allgemeine Weltgeschichte; VII. Geographie; VIII. Mathematik; IX. Zeichnen; X. Kalligraphie; XI. Naturkunde, d.h. Naturgeschichte und Physik; XII. Der Unterricht in der Religion und Moral". – Des weiteren regelt der Schulplan „Die Aufnahme der Schüler", „Die Schulzeit", „Das Schulgeld", „Die Stipendiatstellen", „Das Examen", „Kleinere Prüfungen", „Die Ferien", den „Privat-Unterricht" und die Beschäftigung der „Unterlehrer".

In 21 Punkten wird „Das Verhältnis beider Rektoren unter sich, sowie zum Scholarchat" bestimmt. Schulangelegenheiten sind meist gemeinschaftlich zu regeln; es gibt unterschiedliche Funktionen im Hinblick auf den Religionsunterricht (der zweite Rektor leitet lediglich das Bibellesen) und die Examina (der erste Rektor führt sie durch und hält die einleitende Rede, der zweite die Abschlußrede). In Streitsachen entscheidet nach vorausgegangenem Bericht das Scholarchat mit Beratung des Konsistoriums (31–35; S. 89–92).

Die Genehmigung der „Statuten und Einrichtungen" ist unterzeichnet vom „zeitl. Präses" Gottfried Daniel Krummacher (s. ds.), den Pastoren Daniel Kamp (s. ds. Personenregister Bd. VIII) und Anton Hermann Nourney (s. ds.), dem Städtischen Scholarchen Johann Adolph von Carnap (s. ds.), dem Kirchspiels-Scholarchen Johann Peter Hecker sowie den Gemeindeverordneten Abraham Peter von Carnap, Ab. Frowein, J. P. Schlickum, Joh. Wilh. Köter und Johann Wichelhaus.

Anschließend wurde der Schulplan den beiden Rektoren zur Verpflichtungserklärung vorgelegt.

26
An Konsistorialrat Karl Friedrich August Grashof, Köln

*Elberfeld, 29. Januar 1820*¹

Der gehorsamst Unterzeichnete wünscht sich eine Lehrstelle an dem neu zu errichtenden Schullehrerseminar in Mörs. Zu dem Ende verfaßte ich eine Petition² an das Königliche Ministerium der Unterrichtsangelegenheiten und sandte dieselbe an Herrn Konsistorialrath Bruch, den humanen Zensor meiner Schrift über Erziehung³, mit der Bitte, dieselbe dem dortigen Oberkonsistorium zu übergeben. Ich wage es hiermit, Ihnen diese mir nahegehende Angelegenheit höflichst und gehorsamst zu empfehlen.

Zugleich benutze ich die Gelegenheit, Ihnen zur Herausgabe der projektierten Zeitschrift⁴ über Schulwesen die Mitwirkung meiner schwachen Kräfte anzubieten. Und wenn Sie entweder einen Aufsatz über Seminaristenbildung⁵ oder eine Rede über Zweck und

Zusammenstimmung der Lehrobjekte einer gelehrten Schule[6] oder eine kritische Revision der wichtigsten, in den letzten 2 Dezennien erschienenen Bearbeitungen der Formenlehre[7] gebrauchen könnten, so würde ich Ihnen alsbald zu Diensten stehen können.

Der Director des Schullehrer Seminars
Diesterweg

Auszug; veröff.: Meinel, Alfred: Diesterwegs geistige Entwicklung bis zum Jahre 1820. Dargestellt auf Grund seiner Schriften und bisher unbenützter Akten. Diss. phil. Leipzig 1927, S. 153,165

[1] Schon vor dem 2. Februar 1820 hatte Diesterweg also – entgegen bisherigen Angaben in der Literatur – Schritte wegen der Moerser Stelle unternommen; siehe Folgebriefe.

[2] Diese Petition ist nicht überliefert, dürfte aber dem Inhalt nach mit der vom 2. Februar 1820 identisch gewesen sein.

[3] Ueber Erziehung im allgemeinen und Schul-Erziehung im besonderen. Ein Fragment. Elberfeld, 1820 (vorliegende Ausgabe, Bd. XIX, S. 33–75).

[4] Grashof plante eine pädagogische Zeitschrift „Jahrbücher des niederrheinisch-westfälischen Schulwesens". Die Zahl der Interessenten war so gering, auch aus finanziellen Gründen, daß das Projekt nicht realisiert werden konnte (vgl. Zimmermann, Wilhelm: Der Aufbau des Lehrerbildungs- und Volksschulwesens unter der preußischen Verwaltung 1814–1840 <1846>. Ein Beitrag zur Geschichte des rheinischen Schulwesens, Bd. 3. Köln 1963, S. 278).

[5] Wahrscheinlich umgearbeitet zu den „Bescheidenen Bemerkungen über Seminarien und die Einrichtungen in denselben" im 1. Jahrgang (1827) der „Rheinischen Blätter" (Bd. I, 4. Heft, S. 58–68, und Bd. II, 1. Heft, S. 48–104; vorliegende Ausgabe, Bd. I, S. 99–133).

[6] Ein solcher Titel ist nicht überliefert.

[7] Hiervon erschien offenbar nur ein Teil: Geometrische Combinationslehre. Zur Beförderung des Elementar-Unterrichts in der Formen- und Größenlehre, nebst einer Sammlung von Aufgaben, zu zweckmäßiger Beschäftigung mehrerer Abtheilungen einer Schulklasse. Elberfeld 1820. Die „Combinationslehre" wird im Vorwort als Teil einer geplanten größeren Arbeit ausgewiesen.

27
An Minister Karl Freiherr von Altenstein, Berlin

Elberfeld, 2. Februar 1820

Ew. Excellenz

wünscht der ehrerbietig Unterzeichnete die Bitte um Übertragung einer Lehrstelle an dem zu errichtenden Schullehrer-Seminarium in Mörs vorzutragen zu dürfen.[1] Auf dem Vertrauen zu der bekannten Humanität Ew. Excellenz ruht die Hoffnung des Bittstellers, daß das mißliche, aber durch die Natur der Sache gebotene Unterfangen desselben, von sich selbst zu reden, nachsichtig werde beurtheilt werden. Denn nur allzu leicht trägt die Lösung der Aufgabe, eine Skizze des eigenen Lebens zu entwerfen, das Gepräge der Anmaßung oder der erkünstelten Bescheidenheit an sich. Jederzeit aber wird man in solchem Falle nur eine kurze Geschichte des äußeren Lebens erwarten, gerne beistimmend, wenn der Autobiograph die Beurtheilung des Verlaufes seiner inneren Bildung und die Zeichnung der Umrisse seines Charakters Anderen und namentlich seinen vernünftigen Umgebungen überläßt.

50

Bewerbungsschreiben von F. A. W. Diesterweg
an Minister von Altenstein
vom 2. Februar 1820 (Auszug)
Quelle: GStA PK, I. HA Rep. 76 Kultusministerium,
VII neu Sekt 25C Teil I Nr. 4 Bd. 1: 134r

Erzogen bin ich in den Grundsätzen der reformirten Kirche. Mein Vater war Amtmann in Siegen. Auf dem Pädagogium meiner Vaterstadt erhielt ich meine Jugendbildung, bezog dann die Akademie in Herborn und Heidelberg und endigte das akademische Studium zu Tübingen 1810. Die Fächer, denen ich mich widmete, waren, außer den gewöhnlichen vorbereitenden philosophischen und philologischen Studien, Pädagogik, Mathematik u. Naturkunde, welchen Zweigen menschlicher Erkenntniß ich bis jetzt treu geblieben bin.

Mit dem Jahre 1811 begann meine practische Wirksamkeit u. damit erst, wie gewöhnlich, das eigentliche Lernen für die Schule, das Leben u. die Wissenschaft. Die Erstlingsversuche in der Kunst, zu unterrichten und zu erziehen, legte ich in Mannheim als Haus- und Privatlehrer ab, nahm ein Jahr darauf die zweite Lehrstelle an der Secondärschule in Worms an. Ein Jahr später 1813 trat ich in ausgedehnteren Wirkungskreis an der Musterschule in Frankfurt a/M, einer höheren und niederen Bürgerschule zugleich, wo ich in den 5 Jahren meiner Amtsführung mit ältern und neueren Methoden, theoretisch und practisch, bekannt zu werden, Gelegenheit hatte. In dem letzten Abschnitt meines dortigen Aufenthaltes war ich zugleich Lehrer und Mit-Vorsteher einer freien Sonntagsschule für Handwerker. Seit zwei Jahren endlich bekleide ich die zweite Lehrstelle an der hiesigen lateinischen Schule.

Am meisten Mühe verwandte ich bisher auf Physik u. Naturkunde überhaupt, Rechenkunst u. Geometrie, auf theor. u. pract. Mathematik, dann auf theoretisches Studium der Pädagogik und Didactik, und ich darf die Überzeugung aussprechen, daß meine bisherige Laufbahn eine zweckmäßige Vorbereitung zu dem Amte, das ich mir wünsche, werden mußte.

Doch ich fühle nur zu sehr, daß das Bisherige nicht hinreichen kann, um das Wohlwollen Ew. Excellenz zu fixiren, und die Nothwendigkeit leuchtet mir entgegen, begründetere Andeutungen, wo nicht Beweise, für die Rechtmäßigkeit meiner Wünsche und Hoffnungen darzulegen. Deswegen werde ich beim königlichen Consistorio in Cölln einige testimonia aus früheren Verhältnissen einreichen. Über meine jetzige Amtsführung u. die Art der Einwirkung auf die Jugend möge die Behörde gefälligst urtheilen.

Eine Schrift über „Erziehung im Allgemeinen und über Schulerziehung ins besondere"[2] ist bereits unter der Presse. Nach vollendetem Drucke beehre ich mich, dieselbe Ew. Excellenz zu überreichen, und zugleich eine früher erschienene physikalische Abhandlung „über den Weltuntergang"[3] beizulegen. Noch in Frankfurt gab ich etwas über Sonntagsschulen[4] heraus. Eine nach Tübingen gesendete mathematische Abhandlung, in der Methode der Alten abgefaßt, erwarb mir die Würde eines Dr. der Philosophie[5]. Ein Manuscript über elementarische Behandlung der Geometrie[6], versuchend, dasjenige, was man bisher bald unter dem Nahmen der Formenlehre, bald unter Propädeutik der Geometrie aufstellte, rein elementarisch und zugleich wissenschaftlich zu geben und dadurch die Geometrie in die Volksschulen einzuführen, hoffe ich noch in diesem Jahre gedruckt zu sehen.

Möchte dieses anspruchlose Wenige Ew. Excellenz davon überzeugen, daß ich nicht unwürdig sei, die erste Lehrstelle am Schullehrer-Seminar in Mörs zu bekleiden. Diese Fähigkeit mehr und mehr zu bewahrheiten, und diese Überzeugung für mich selbst zur unumstößlichen Gewißheit zu steigern, möchte ich wohl eine Prüfung vor sachkundigen Männern bestehen, wenn nicht schon das „Was und Wie", das ein Lehrer bereits zu Tage förderte, zu einem untrüglichen Schlusse berechtigte, was derselbe in einem ähnlichen oder identischen Fache zu leisten im Stande u. gesonnen sei. Alle bleibende, christliche Wirksamkeit eines Menschen, besonders eines Erziehers, hängt eines Theils von dem Grade seiner Intelligenz, von dem Umfange dessen, was er weiß, von der Geschicklichkeit, das Wissen mitzutheilen u. bildend aufzuregen, anderen Theils u. hauptsächlich aber von seinen Neigungen, Überzeugungen, Grundsätzen, überhaupt von dem Charakter ab. Jene äußere Seite des geistigen Lebens, jederzeit darstellbar und meßbar, die auch ich in Obigem nur berühren durfte, bezeichnet die Dimensionen der intellectuellen Ausbildung und der möglichen sichtbaren Wirksamkeit; die andere Lebensseite aber betrifft das verborgene Innere, von dem das Element aller wahren Bildung nur allein ausgehen kann. Das Individuum, in dem beide Hälften des Ideales eines Lehrers, Äußeres und Inneres, Kopf und Herz, zu einer harmonischen Ganzheit sich vereinigen, verdienet allein nur einen Posten von so unmeßbarer Wichtigkeit, als der des ersten Lehrers eines Seminars ist u. gerne räume ich einem solchen, wo er sich finden mag, den Platz.

Das freimüthig Ausgesprochene ist, wie jedes rechtschaffenen Lehrers, auch der unverrückbare Zielpunct des Strebens des ehrerbietigst-Unterzeichneten, der sich zu nennen die Ehre hat

Ew. Excellenz

unterthäniger Diener
A. Diesterweg, Rector in Elberfeld.

Eigh., GStA PK, I. HA Rep. 76 Kultusministerium, VII neu Sekt. 25 C Teil I Nr. 4 Bd. 1: 134ʳ–135

[1] Dieser Brief erreichte Altenstein über das Konsistorium Köln; siehe Briefe vom 29. Januar 1820 (Nr. 26) und vom 4. Februar 1820 (Nr. 28).

[2] Siehe Brief vom 29. Januar 1820 (Nr. 26), Anmerkung 3. Vgl. vorliegende Ausgabe, Bd. XIX, S. 33 bis 75.

[3] Vom Weltuntergange, nebst einer freimüthigen Widerlegung der Theorie des Herrn Dr. Wilhelm Heinrich Seel (s. ds.) vom Weltuntergange und anderen in die Geschichte der Erde einschlagenden Bemerkungen. Frankfurt am Main 1817. Diese Schrift ist lange Zeit fälschlicherweise für Diesterwegs Dissertation gehalten worden. Vgl. vorliegende Ausgabe, Bd. XIX, S. 1–24.

[4] Ueber den Zweck und die Einrichtung guter Lehranstalten für Handwerker. Kleine Beiträge zur Verbesserung der technischen Künste in Deutschland, veranlaßt durch die Stiftung der Sonntagsschule für Handwerker zu Frankfurt am Main. Frankfurt am Main 1817. Vgl. vorliegende Ausgabe, Bd. XIX, S. 25–32. Siehe Brief vom 20. Oktober 1816 (Nr. 14), Anmerkung 1.

[5] Diesterweg wurde am 20. Februar 1817 promoviert; er schrieb eine „Abhandlung über einige mathematische Aufgaben des Apollonius in seinem Werke de vectione determinata (nach der latein. Ausgabe)" (vgl. Brief vom 26. Oktober 1830, Nr. 221). Die Dissertation ist nicht überliefert.

[6] Siehe Brief vom 29. Januar 1820 (Nr. 26), Anmerkung 7.

28
An Konsistorialrat Karl Friedrich August Grashof, Köln

Elberfeld, 4. Februar 1820

Der ehrerbietigst Unterzeichnete nimmt sich die Freiheit beim Königlichen Konsistorium in Köln hiermit eine Petition an des Herrn Minister VON ALTENSTEIN Exzellenz zu übersenden, worin derselbe um Übertragung der ersten Stelle am Schullehrerseminar in Mörs bittet, und er richtet zugleich an das Königliche Konsistorium in Köln die gehorsame Bitte, daß es Hochdemselben gefallen möge, diese Petition mit einigen empfehlenden Worten zu begleiten[1], insofern dieses mit den Überzeugungen des Königlichen Konsistoriums überein-stimmt, und wenn anders die dem Unterzeichneten unbekannte Natur des Geschäftsganges dieses zuläßt. Zu dem Ende lege ich 2 Testimonien[2] aus meinem früheren Wirkungskreise bei, um das Mögliche zu einem basierten Urteile über mich beizutragen.

[Diesterweg]

Veröff.: Meinel, Alfred: Diesterwegs geistige Entwicklung bis zum Jahre 1820. Dargestellt auf Grund seiner Schriften und bisher unbenützter Akten. Diss. phil. Leipzig 1927, S. 165

[1] In einem Brief vom 14. Februar 1820 an Minister von Altenstein bemerkte das Kölner Konsistorium, daß Diesterweg „als Lehrer einer ganz vorzüglichen Empfehlung würdig" sei (GStA PK, VI. HA Familienarchive und Nachlässe, Nachlaß Thiele, Nr. 41, S. 235).

[2] Siehe Briefe vom 20. Oktober 1816 (Nr. 14), Anmerkung 1, und vom 2. Februar 1820 (Nr. 27), Anmerkung 3.

29
An Konsistorialrat Karl Friedrich August Grashof, Köln

Elberfeld, 9. Februar 1820

Zufolge der am letzten Sonntage mir zugekommenen Aufforderung Ew. Hochwürden übersende ich hiermit den fragl. Aufsatz.[1] Ich bin weit entfernt, dieser Arbeit einigen Werth beizulegen und es war mir fast leid, daß ich deren erwähnt hatte. Doch glaubte ich keinen Anstand nehmen zu dürfen, damit hervor zu treten, zumal da ich mir nur unter der Be-dingung die Lehrstelle in Mörs wünsche, wenn diesem wichtigen Amte durch mich ein Genüge geschehen kann. Denn nicht äußere Verhältnisse[2] bewogen mich zur Abfassung der Petition ans Ministerium, sondern die Liebe zu dieser Art von Wirksamkeit. Mit der Besoldung, welche ich allhier ziehe, habe ich Ursache, zufrieden zu sein. Und ich würde jeden ernstlichen Antrag zur Übernahme jenes Postens ablehnen, wenn achtbare Männer dieses für einen Gewinn für die gute Sache erklären. – Zu dem Ende wünsche ich nichts mehr, als daß man, in dem Falle, wenn man auf mich wirklich Rücksicht nehmen wollte, meine Persönlichkeit ganz genau kenne. Daher lege ich einen zweiten, bereits vor zwei Jahren geschriebenen, Aufsatz bei, wegen dessen äußerer Form ich aber um gütige Nach-sicht bitten muß. Es war mir nicht möglich, denselben in diesen Tagen auch umzu-schreiben. Anderen allgemein-pädagogischen Arbeiten klebt eine noch weniger gefällige Form an, daher sie sich für jetzt zur Mittheilung nicht eignen. Einiges[3] von mir steht in GUTSMUTHS pädagogischer Zeitschrift[4] in verschiedenen Jahrgängen.

Das unter der Presse befindliche Opus oder Opusculum ist erst zur Hälfte fertig. Gleich nach Vollendung desselben werde ich der Anforderung Ew. Hochwürden Genüge leisten.

Herr WILBERG kennt mich hier in Elberfeld wohl am genauesten. Außerdem Herr Super-intendent GRIMM in Dillenburg.

54

Alles Andere, was Ew. Hochwürden noch von mir wünschen möchten, werde ich mit Eifer zu bewerkstelligen suchen.

Mit vollkommner Achtung

Ew. Hochwürden

ergeb[en]ster Diener
A. Diesterweg.

Eigh., GStA PK, I. HA Rep. 76 Kultusministerium, VII neu Sekt. 25 C Teil I Nr. 4 Bd. 1: 172^{r+v}

[1] Grashof hatte Diesterweg gebeten, seinen Aufsatz über Seminaristenbildung und seine übrigen pädagogischen Schriften einzusenden; siehe Diesterwegs Angebot im Brief vom 29. Januar 1820 (Nr. 26).

[2] Von durchaus auch äußeren Schwierigkeiten zeugt ein Brief des Bruders Wilhelm Adolph D. (s. ds.) an Johann Wilhelm Süvern (s. ds. Personenregister Bd. V) vom 12. Februar 1820, in dem jener von den großen Klassen, der hohen Stundenbelastung und der gescheiterten Umwandlung der Lateinschule Elberfeld in ein königliches Gymnasium berichtet (GStA PK, I. HA Rep. 76 Kultusministerium, VII neu Sekt. 25 C Teil I Nr. 4 Bd. 1: 165^{r}).

Aufgrund der verweigerten Anerkennung schied die Elberfelder Schule aus dem Gelehrtenschulwesen aus, denn bereits seit dem 15. Oktober 1812 waren die preußischen Regelungen wieder eingeführt worden. Eine gültige Abiturprüfung mußte vor einem königlichen Kommissar in einer anerkannten Schule abgelegt werden.

Allerdings unterstreicht auch Wilhelm Adolph D. die davon unabhängigen Absichten seines Bruders, dessen Bewerbung einem „schon lange gehegten lebhaften Wunsch (...), an einem Seminar oder einem königlichen Gymnasium" unterrichten zu dürfen, entspreche. Er beschreibt detailliert dessen Bildungsgang und Unterrichtserfahrungen und empfiehlt ihn dem Ministerium ausdrücklich für die Stelle in Moers.

In einem Schreiben an Konsistorialrat Grashof, der sich offenbar über den Wunsch nach einem Wechsel Diesterwegs von einer eher wissenschaftlichen Lehrtätigkeit an ein Seminar für Elementarschullehrer verwundert gezeigt hatte, betont der Bruder Wilhelm Adolph, daß sich in jenem „schon seit mehreren Jahren eine entschiedene Vorliebe für das Elementarschulwesen, insbesondere für die Bildung tüchtiger Elementarlehrer" ausgesprochen habe, und er faßt zusammen: „(...) es ist auf die genaueste Kenntniß seines Wesens, seiner ganzen Sinnes- und Denkart gegründet, wenn ich Ew. Hochwürden versichere, daß nicht die Unzufriedenheit mit seinen Verhältnissen in Elberfeld den Entschluß in ihm rege gemacht haben, jene Stelle zu suchen" (ebd., 171^{r}).

Grashof führt in seiner befürwortenden Stellungnahme gegenüber dem Ministerium ausdrücklich an, daß „das Urtheil seines Bruders (...) allen Zweifel gehoben" habe (ebd., 167^{r}–169^{v}).

Dieser wendet sich am 9. August 1823 nochmals fürsprechend an das Ministerium, da sein Bruder immer noch nicht definitiv bestätigt sei; wiederum hebt er dessen besondere Liebe zu seinem Amte und seine große Lehrgeschicklichkeit hervor. Das Ministerium antwortet ihm am 16. August, daß die Bestellung zum Seminardirektor zum ersten des Monats ausgesprochen worden sei. (Vgl. GStA PK, VI. HA Familienarchive und Nachlässe, Nachlaß Thiele, Nr. 42: S. 311 ff. und 315 f.)

[3] Unter anderem: Über den Unterricht in Geometrie. Zur Beantwortung der Frage: wie ward bisher dieser Unterrichtsgegenstand in der Real- oder Musterschule zu Frankfurt a. M. betrieben?

[4] Neue Bibliothek für Pädagogik, Schulwesen und die gesamte pädagogische Literatur Deutschlands. 1800–1820, zunächst Gotha, seit 1806 Leipzig.

30

An Konsistorialrat Karl Friedrich August Grashof, Köln

Elberfeld, 10. März 1820

Die Überlegung mußte sich bei mir notwendig auf ein Zweifaches erstrecken.[1] 1. darauf ob ich mir eines lebendigen Berufes zu dem begehrten Amte bewußt sei, eines inneren Berufes, der die Gewißheit erteilt, in dieser Wirkungssphäre das Ziel des irdischen Strebens gefunden zu haben; 2. darauf, ob ich die zur Führung dieses wichtigen Amtes erforderlichen Eigenschaften zu besitzen die Überzeugung habe. Auf das Erstere antwortete mein Inneres mit einem zuversichtlichen Ja. Diese Aus- und Zusage gründet sich weniger auf eine idealistische Anschauung des bewußten Amtes als auf die durch Erfahrung und Autopsie mir gewordene Überzeugung, daß die Bildung künftiger Lehrer nicht nur das wichtigste, sondern auch erfolgreichste und schönste Wirken eines Lehrers darstelle. Ich glaube daher, daß ich jenes Amt nicht ohne Erfolg verwalten würde, und ich hege den Wunsch, daß ein Hochwürdiges Konsistorium zu Köln sich entschieden und überwiegend entweder für oder gegen mich erklären möge. Das letztere könnte ich ertragen, sowohl deswegen, weil das Amt eines 1. Lehrers eines Seminars nur dem Besten zu Teil werden darf, und ich aus freier Wahl dann verzichte, wenn der Sache dadurch ein Vorschub geleistet wird, als auch deswegen, weil mein gegenwärtiges Amt, das zwar eine ungewöhnliche Anstrengung von unserer Seite erfordert, damit der neue Rahmen der Schule[2] nicht auch uns selbst zum Spott werde, doch der Annehmlichkeiten genug hat, als daß ich mit Leichtsinn mich einem Amte aufdrängen sollte in dem ich ohne Liebe und folglich ohne Erfolg zu wirken, in voraus gewiß wäre. Sollte daher ein Hochwürdiges Konsistorium auf irgend eine Weise, etwa durch ein Colloquium, meine Person näher kennen zu lernen wünschen, so erkläre ich mich dazu hiermit geneigt.

[Diesterweg]

Auszug; veröff.: Meinel, Alfred: Diesterwegs geistige Entwicklung bis zum Jahre 1820. Dargestellt auf Grund seiner Schriften und bisher unbenützter Akten. Diss. phil. Leipzig 1927, S. 167

[1] Grashof hatte Diesterweg gebeten, sich nochmals zu überlegen, ob die angestrebte Stelle passend für ihn sei.
[2] Siehe Brief vom 9. Februar 1820 (Nr. 29), Anmerkung 2.

31

An einige Mitglieder des Schulvorstandes der Lateinschule (Rektoratschule) der reformierten Gemeinde Elberfeld[1]

Elberfeld, 31. März 1820

Verehrte Herren!

Nach einer mit Hrn. SEELBACH genommenen Rücksprache scheint es die bewußte Sache[2] schleunigst auf's Definitive zu bringen, wenn ich selbst den Ort und die Umgebung von Meurs besehe. In dieser Absicht werde ich mich morgen früh aufmachen, und nach einigen Tagen zurückkehren.

Ohne Zweifel bin ich dadurch in den Stand gesetzt, alsbald eine bestimmte Erklärung von mir zu geben, und da ich in dem von Ihnen auf diesen Abend angekündigten freundschaftlichen Besuche die wohlgemeinte Absicht erkenne, Rücksprache mit mir zu nehmen über einige, jenen Ort betreffende Gegenstände, so nehme ich mir, in Berücksichtigung des oben Gesagten, die Freiheit, Ihnen den Vorschlag zu machen, daß es Ihnen, verehrte Herren! gefällig sein möchte, Ihren Besuch um einige Tage zu verschieben. Zudem bin ich genöthigt, noch heute[3] der schriftlichen Aufforderung des Hrn. Scholarchen[4], die Gründe meines Entschlusses, von hier wegzugehen, mitzutheilen, zu entsprechen, so daß theils diese Arbeit, theils die nöthigsten Vorbereitungen zur Abreise die Zeit in Beschlag nehmen.

Übrigens darf ich Sie versichern, daß ich in der Ankündigung Ihres Besuches abermals einen sprechenden, mir theuern Beweis Ihrer freundschaftlichen Gesinnungen gegen mich erkenne, wofür ich Ihnen mit warmen Danke verpflichtet bleibe.

Mit ganzer Ergebung

Ihr
A. Diesterweg.

Veröff.: Rheinisch-westphälischer Anzeiger Nr. 33 vom 24. April 1831, Sp. 643

[1] Dieser Brief Diesterwegs ist im Original nicht überliefert; es handelt sich um einen Abdruck durch die beiden Elberfelder Bürger Johann Adolph von Carnap (s. ds.) und Friedrich Platzhoff (s. ds. Personenregister Bd. V) im Rheinisch-westphälischen Anzeiger Nr. 33 vom 24. April 1831 (Aus Elberfeld, Sp. 640–646).

Carnap und Platzhoff zitieren Diesterwegs Brief im Zusammenhang mit der Auseinandersetzung um dessen Aufsatz „Was fordert die Zeit in Betreff der Schulzucht?" in den Rh. Bl. vom 7. September 1830 (Jg. 1830, Bd. II, S. 273–291; vorliegende Ausgabe, Bd. II, S. 138–149). Es kann nicht mit Sicherheit gesagt werden, ob der Abdruck vollständig ist und ob er dem Wortlaut des Originals in allen Stücken entspricht. Vgl. zu dieser Auseinandersetzung auch den Brief vom Sommer 1818 (Nr. 24) und die dortige Anmerkung 3.

[2] Bewerbung als Seminardirektor in Moers.

[3] Diesterweg hatte am 9. März 1820 einen Brief von Johann Wilhelm von Süvern (s. ds. Personenregister Bd. V) erhalten, in dem dieser ihm unverbindlich von der Neigung des Ministeriums berichtete, seinem Wunsche nach Versetzung zu entsprechen (GStA PK, VI. HA Familienarchive und Nachlässe, Nachlaß Thiele, Nr. 41: S. 229–244). Wenn Diesterweg seinen Abschied von Elberfeld schon am 31. März schriftlich begründen wollte, mußte ihn die Berufung des Konsistoriums zwischenzeitlich erreicht haben, die freilich ohne Zustimmung des Ministers von Altenstein (s. ds.) ergangen war. Aus diesem Sachverhalt entstanden ernste Komplikationen, da der Minister unerwartet am 14. April 1820 erklärte, die beabsichtigte Einrichtung des Seminars Moers aus finanziellen Gründen bis auf weiteres auszusetzen (ebenda, S. 249).

[4] Für Schulfragen zuständiges Mitglied des Konsistoriums der Kirchengemeinde (Presbyterium).

32

An Sabine Diesterweg, Frankfurt am Main

Elberfeld, 27. Mai 1820

Theure!

Üb' immer Treu u. Redlichkeit u.s.w.

Dieses bekannte, schöne Lied ist mir dieser Tage oft in den Sinn gekommen.[1]

Woher kommt es, theures Weib! daß wir uns bei mancher Differenz unsrer Ansichten nicht immer weiter von einander entfernten, daß wir nicht endlich einander gleichgültig wurden? Worin anders liegt der Grund, als hauptsächlich in der Achtung, welche Redlichkeit u. Treue uns, wie jedem Menschen, einflößet. Rechtschaffenheit u. Tugend sind die Grundpfeiler des Bestehens aller gesellschaftlichen Verbindungen, besonders des heiligen Ehebundes. Und darum wollen wir auch forthin ihnen vertrauen, sie stets fester begründen. Daß Du jene großen Tugenden besaßest, wie konnte ich das vergessen? Daß ich ihnen nicht ganz ferne war, durfte Dir nicht entgehen? Ja wäre ich weniger redlich gewesen, hätte ich weniger Solidität u. Geradheit geschätzt u. geübt, ich hätte in Elberfeld Gelegenheit gehabt, durch Halbwahrheit, Scheintugend, Augendienst u. andre verächtliche Eigenschaften mir Gönner u. Geld verschaffen können. Daß ich das nicht konnte, nicht wollte, das vertrieb mich.[2] Und ich meine, diese Beweggründe der Lust, wegzuziehen, ja dieses Verziehen selbst, sey eine edle Sache u. könne unmöglich uns zu Schanden machen. Nein, fürwahr, ich bin der lebendigen Überzeugung, daß von dem guten Gott jeder guten Gesinnung u. That aussen auch die Stätte schon bereitet sey, daß ein Mensch, der dies nur unverrückt fest hält, endlich den ihm Nahestehenden näher u. immer näher kommen müsse. Darum habe ich von Neuem der Tugend u. Rechtschaffenheit geschworen! Du, meine Lebensgefährtin, bist auch 1 ein Glied dieses heiligen Bundes u. vereint werden wir uns Vieles seyn, u. Anderen vieles werden. Und die Bewohner von Meurs müssen es inne werden, wie eine Familie, in der die Tugend einen Altar gefunden hat, glücklich ist, u. begeisternd u. erhebend wirkt auf die ganze Umgebung. Das wollen wir nicht vergessen. –

Für Deinen, gestern erhaltenen Brief, den herzlichsten Dank. Er traf die rechte, wunde Stelle u. heilte. Ich habe Dich unaussprechlich lieb. Und dem werde ich Alles darbringen. Wir wollen weise handeln, nach einem wohldurchdachten Plane. – Daß Du Dich wohl fühlest unter den dortigen Menschen, das wußte ich. Ich habe mich hier in Gesellschaft nie so innig wohl gefühlt. Wir werden es an andrem Orte. Darum ist es gut, daß wir gingen. Gott leitet mit eigner Hand die Menschen, die ihm vertrauen. Und das thun wir ja. Es wird uns gut gehen. – Erhalte Dir nur den Natursinn, den Sinn, der an Natürlichkeit Vergnügen findet. Einfachheit des Äußeren u. Inneren beglückt den Menschen. Und unsre Kinder werden uns dereinst dafür segnen. Gewiß liegt in dem Liede: Üb' immer u. s. w. ein Meer von Weisheit u. Wahrheit! –

Ich muß wohl alle Tage an Dich schreiben. Wie könnte ich anders? Was ist die Welt mir, gegen Dich? Und so gehe ich denn in 8 Tagen hin, Dir die Stätte zu bereiten. Und das ist der Beruf des Mannes, dem Weibe voranzugehen, u. des Weibes, ihm zu folgen, u. sich heimisch zu fühlen in dem bereiteten Bette. – Aber erst mußt Du in Fr[ankfurt]. u Wetzlar Dein Gemüth gesättigt, Dein Bedürfniß nach dem Umgange mit guten redlichen Menschen befriedigt haben, ehe ich will, daß Du kommest. Schüttle alle Schlacken des hiesigen Zwangslebens von Dir, lebe Dich in die fröhliche Naturunschuld recht hinein, u. wenn Du dann auch gern u. ohne Sehnsucht nach dem schönen Lande in ein minder schönes ziehen kannst, ja erst dann, wenn Du fühlst, Du habest nun dem schönen Triebe nach Freundes-Umgange vollends genug gethan, dann kehre wieder, auf daß Du dann auch ganz bei mir seyest, ganz mir u. unsren Kindern angehörest, mit ganzer Liebe Dich des Hauswesens annehmest, u. in der Besorgung kleinlicher Geschäfte u. in Entbehrung alter lieber Menschen, mehr auf Häusliches beschränkt, alle Theile des Herzens ausgefüllt findest. Denn wo Lücken bleiben, die uns schmerzlich an frühere Erfüllung derselben erinnern, da fehlt die stille, beseligende Zufriedenheit. Daher also, auf daß diese uns nicht fehle, genieße ganz die Reize der Natur u. der Gesellschaft. Gott mit Dir!

58

Sonntags [28.5.1820] Abends 10 Uhr.

Jetzt muß ich noch ein wenig mit Dir kosen. Und zwar von mir reden. Heute ist mir so recht benaut³ gewesen. So recht gedrückt, gepresst im Gemüthe war mir. Ich konnte nicht frei athmen. Mir fehlte immer was, ich wußte nicht was. Du hast gewiß ähnliche innere Unbehaglichkeiten erlebt. Ich hätte laut seufzen, rufen mögen. Verstimmt kam ich aus der Kirche von NOURNEY. Ich dachte, wie schön Du vielleicht in demselben Augenblicke dort erbaut würdest. Nachmittags war ich in der Kirche bei STRAUSS. Dann bei WILBERG, wo ich sonst mich stets so wohl fühle. Und doch war mir es so enge ums Herz. Dann ging ich zu SEELBACH, aß dann mit meinen braven (leider nicht glücklichen) Hausleuten, u. hier wurde ich erheitert. Jetzt bin ich es ganz. Denn mit wem spreche ich? Mit Dir, Du mein Herzensweib. Wie Alles an mir sich erhebt, wie ich mich belebt fühle, denn ich denke mich in Deine Nähe. Fast vergesse ich die Kinder über Dich. Ist das auch Recht? –

Wie Dein Adolph Dir sich zusehnt, wie er mit Dir Eins seyn möchte, wie er Dich in Gedanken mit der treuesten Liebe umfaßt, wie er nur für Dich zu leben denkt, glaubst u. denkst Du das? Ja Du fühlst Ähnliches. Nun denn Herzensweib: wir wollen uns lieb haben. Lieben ist das Höchste, das der Mensch kann. Liebe, wahre treue Liebe, wie wir sie suchen, ist unvergänglich u. ewig. Ja ein Sinn begleite uns durchs Leben, ein Hügel decke unsre Leichname, ein Paradies nehme uns auf. Doch was sagen Worte? Nichts, nichts. Komm u. siehe! Ja Theuerste! wie könnte ich so voll Sehnsucht zu Dir seyn, ohne Deiner Rückkehr entgegen zu sehen. Hast Du am Ende des nächsten Monates Alles genossen? Nun so kehre zurück in die Arme Deines Treuen. Ich gehe von hier, um Dir die Stätte zu bereiten, ich arbeite dort, um Dich fröhlich zu empfangen. Heute sinds 4 Wochen, daß Du weg bist. Und noch 4 Wochen! Doch sey ruhig, unruhiges Herz! Die Geliebte bedarf der Erholung, u. es ist ihr so gerne, so innig gegönnt. O genieße nur recht alle Freuden, damit Du auch freudig u. glücklich seyest in

dem Umgange Deines Adolph.

Eigh., Stadtarchiv Siegen, Slg. 342 (Diesterweg-Autographen), Mappe 7

¹ Dieses Lied des Hainbündlers Ludwig Heinrich Christian Hölty (1748–1776; s. ds. Personenregister Bd. III) entstand 1775 und wurde bekannt durch den Musenalmanach für 1779 von Johann Heinrich Voß (s. ds.).

² Es hatte Konflikte mit dem Ersten Rektor Seelbach (s. ds.) wegen dessen Weisungsbefugnis gegeben, aber Diesterweg war auch in die religiös bzw. konfessionell motivierte Auseinandersetzung zwischen Wilberg und dem neupietistisch ausgerichteten Pfarrer G. D. Krummacher (s. ds.) verstrickt gewesen.

³ Bergische Mundart: drückend, ängstlich, beklommen.

33
An das Konsistorium der Provinz Jülich-Kleve-Berg, Köln

*Moers, 12. Juli 1820*¹

An das p. Konsistorium von Cleve, Jülich-Berg zu Cöln.

Die Ansicht des Protokolles über die am 1ten Mai allhier vorgenommene Prüfung² der Aspiranten, so wie das späterhin von mir angestellte Examen einzelner Individuen ließ den

59

Gedanken, in diesem Vorbereitungs-Kursus einen gedrängten Unterricht über alle Hauptgegenstände der Seminarbildung zu geben, das Ganze summarisch und gleichsam in nuce mitzutheilen, nicht zur Reife kommen. Dann dazu wäre die Kenntniß des Materials der Gegenstände, geübtes Auffassungsvermögen und eine ausgebildete Denkkraft erforderlich gewesen, – Eigenschaften, welche kein Einziger der Aspiranten besitzt. Die Schulbildung derselben ist sehr mangelhaft und dürftig gewesen, ihre Seelenkräfte sind meist unentwickelt, zum Theil noch im Schlummer, und selbst das aufgestellte Minimum von Kenntnissen, welche den Eintritt ins Seminar bedingen, ist nicht einmal bey Allen vorhanden. Es blieb demnach, um den vorgeschriebenen präparatorischen Kursus möglichst nützlich zu machen, nichts Anders übrig, als darnach zu streben, die Lücken in dem Wissen der Einzelnen zu füllen, die versäumten Vorkenntnisse mitzutheilen, hauptsächlich aber die Seelenkräfte möglichst an- und aufzuregen, an Selbstdenken zu gewöhnen, mit einem Worte vorzubereiten für einen gründlichen, sichern, schnell zum Ziele führenden, wohldurchdachten Unterricht. Es schien mir daher rathsam, einige Unterrichtsgegenstände der Seminarbildung auszuschließen, und nur diejenigen aufzunehmen, welche die angegebenen Zwecke zu befördern ganz vorzüglich geeignet sind. Durch diese Beschränkung der Zahl der Lehrobjekte ist zugleich einer allzu großen Verzweigung für den Anfang vorgebeugt, und eine heilsame Concentration der geistigen Thätigkeit möglich geworden.

Die Religionskenntniß der Seminaristen besteht in dürftigem Wissen der positiven Lehren des Christenthums, verbunden mit einer sehr oberflächlichen und lückenvollen Bekanntschaft mit der Religionsgeschichte und unsern heiligen Urkunden. An Grundsätzen reiner Sittlichkeit und vernünftig begründeter Religionslehre fehlt es durchaus. Und doch ist eine auf klar erkannten Gründen ruhende Religionskenntniß unerläßliche Bedingung jedes gebildeten Menschen und die fruchtbringende lebenbessernde Auffassung der Religion überhaupt, und der sittlich-religiöse Unterricht künftiger Lehrer muß – meiner Meinung nach – von der klaren Erkenntniß ausgehen und auf sie basirt werden. Daher glaubte ich den Unterricht in der Religionslehre während dieses ersten Kursus auf Entwicklung sittlicher Begriffe beschränken zu müssen, wodurch zugleich der Zweck geistiger Aufregung befördert, das Denkvermögen vielseitig geübt, und vielfache Gelegenheit zu Bemerkungen über Sprache die Bedeutung und Innhalt der Wörter geboten wird.

Daß mathematische Gegenstände das intellectuelle Vermögen in vorzüglichem Grade entwickeln und üben, ist allgemein anerkannt. Daher durfte der Unterricht im Rechnen und in der geometrischen Kombinationslehre keinen Tag verschoben werden. Ich beschränke mich jedoch darauf, zu einer vernünftigen Ansicht und Behandlung der Zahl anzuleiten, alle weitere Ausbildung technisch-praktischer Fertigkeit in der Ausrechnung und Behandlung schwieriger Aufgaben auf schriftlichem Wege hinausschiebend – und in der Formen- und Kombinationslehre wird, wie sich das wohl von selbst versteht, auf erfindende, synthetische Weise zu Werk gegangen.

Außerdem bietet die Natur mit ihren mannigfaltigen Produkten und Erscheinungen einen unerschöpflichen Vorrath von Materialien zur Beobachtung, Beurtheilung und Anregung geistiger Thätigkeit. Der gänzliche Mangel aller Kenntnisse aus dem Gebiete der Naturwissenschaft, die Unfähigkeit zu beobachten und über die Erscheinungen zu reflektiren, die Abwesenheit aller Ahnung über die große Verkettung des Weltganzen, zeigt die Ungründlichkeit und Schlechtheit der Bildung, welche die Seminaristen genossen haben, in ihrer wahren Blöße. Man erstaunt, Jünglinge von 16–20 Jahren kennen zu lernen, die in stetem Verkehr mit der Natur nichts weniger kennen als die Natur; junge Leute vor sich zu sehen, welche Augen haben, ohne zu sehen, Ohren, ohne zu hören. Um so weniger durfte aller Unterricht über Naturgegenstände ausgeschlossen bleiben, indem ich glaube, daß demselben eine vorzügliche Wichtigkeit in dem Cyclus von Bildungsgegenständen für künftige Lehrer zugeschrieben werden muß.

Die Unterrichtsstunden, welche von den bisher genannten Gegenständen nicht ausgefüllt werden, sind der deutschen Sprache, dem Recitiren auswendig gelernter Lieder und Gedichte, der Übung im richtigen, gehörig betonten Lesen in Verbindung mit dem Verständniß des Gelesenen, und demnächst den Übungen im Schönschreiben und Zeichnen gewidmet.

Als Privatarbeiten werden den Seminaristen leichte deutsche Aufsätze, Ausarbeitungen über das Material der Unterrichtsgegenstände und über andre wichtige, eine vernünftige Lebensbeurtheilung herbeiführende Objekte gegeben, vorzüglich wird darauf gesehen, möglichst Vieles durch selbsteignes Nachdenken aufzufinden und schriftlich und mündlich darzustellen. Hierin liegt die Sphäre der sittlichen Erscheinungen, welche die Einseitigkeit des theoretischen Religionsunterrichts ergänzt.

Aus den bisherigen Ansichten entsprang beiliegender Lektionsplan für den präparatorischen Kursus im Schullehrer-Seminar zu Mörs.

Viel ist zu thun. Denn aus nicht-denkenden, ungebildeten, schlecht unterrichteten Jünglingen sollen Menschen, sollen Lehrer hervorgehen. Die üble Verfassung des Äußern und Innern der Seminaristen wäre durchaus abschreckend und erlahmend, wenn nicht aus der klaren Erkennung ihrer Verwahrlosung die Überzeugung von dem herrlichen Erfolg guter Bildung und der absoluten Nothwendigkeit zweckmäßiger Bildungsanstalten für künftige Schullehrer siegend und belebend hervorsteige. Unsre Seminaristen sind meist die Söhne von Schullehrern. Und diese haben an ihren eignen Kindern solche Früchte zur Reife gebracht! Wenn das am grünen Holze geschieht, was soll am dürren werden?

Hochw: p! Jammervoll steht es mit vielen unsrer Volksschulen. Trägheit, Vorurtheile, Schlendrian und Mechanism haben die meisten Lehrer in Fessel geschlagen. Soll es nicht besser werden? Ja, es soll und muß. Ich will nach dem Maße meiner Kräfte dazu mitwirken. Mit dem innigsten Danke werde ich jede Verfügung und Bemerkung des Königlichen Konsistoriums über bessere Einrichtung des Seminars aufnehmen.[3]

Möchten nur auch die äußern Mittel als kräftige Hebel mitwirken! Für die gelehrte Schulbildung geschieht so viel, für den Luxus auf Universitäten werden reiche Spenden gesendet, und für eine gründliche, bessere Volksbildung sollte man – – – doch nein; wir wollen Gott und der Regierung vertrauen. p.p.

(gez:) Diesterweg[4]

[für richtige Abschrift
A. Hirter]

Abschr., GStA PK, I. HA Rep. 76 Kultusministerium, VII neu Sekt. 25 C Teil I Nr. 4 Bd. 1: 213ʳ–214ᵛ

Entwurf
des provisorischen Lektionsplanes für den Vorbereitungs-Cursus
im Schullehrer-Seminarium zu Meurs.

	Montag	Dienstag	Mittwoch	Donnerstag	Freitag	Sonnabend
6–7.	Morgenandacht Entwicklung sittlicher Begriffe					Naturkunde
7–8.	Zahlenlehre				Naturkunde	Repetition und Schluß
8–9	Ausarbeitung schriftlicher Arbeiten.					Repetition und Schluß
9–10.	Gesang	"	Gesang	"	Gesang.	Repetition und Schluß
2–3.	Formenlehre	Zeichnen		Formenlehre		Repetition und Schluß
3–4.	Deutsche Sprache und Lesen	Zeichnen		Deutsche Sprache und Lesen		Repetition und Schluß

Anmerkung. Um auch schon vorläufig Etwas in der Gesanglehre zu thun, nehmen die Seminaristen wöchentlich 3 mal, Morgens von 9–10 am Gesangunterricht in der Schule des H. BLECKMANN Antheil –

Wöchentlich Einmal gedenke ich mit den Seminaristen eine Excursion in die Natur zu machen.

gez: Diesterweg

Abschr., GStA PK, I. HA Rep. 76 Kultusministerium, VII neu Sekt. 25 C Teil I Nr. 4 Bd. 1: 215ʳ

[1] Diesterweg hatte die Arbeit im Seminar am 3. Juli 1820 aufgenommen, obwohl weder eine ministerielle Zustimmung zu seiner Versetzung vorlag noch die verfügte Aussetzung der Einrichtung des Seminars aufgehoben war. Letztere bestätigte von Altenstein (s. ds.) am 11. Juli sogar nochmals, indem er Diesterwegs Versetzung nach Neuwied anordnete (vgl. Zimmermann, Wilhelm: Der Aufbau des Lehrerbildungs- und Volksschulwesens unter der preußischen Verwaltung 1814–1840 <1846>. Ein Beitrag zur Geschichte des rheinischen Schulwesens, Bd. 3. Köln 1963, S.124).

[2] Im April 1820 hatten Superintendent Roß (s. ds.) und Lehrer J. H. Schürmann (s. ds.) aus Orsoy die ersten 18 Bewerber für das Seminar geprüft (vgl. Zimmermann <s. Anmerkung 1>, S. 122); es handelte sich um 14 Teilnehmer evangelischer und vier Teilnehmer katholischer Konfession.

Außer diesen nahmen einige Lehrer aus der Umgegend jeweils an den beiden ersten morgendlichen Unterrichtsstunden teil, etliche weitere versammelten sich jeden Samstagnachmittag im Seminar. Einmal im Monat fand in Asberg bei Moers eine Lehrerversammlung statt, an der Diesterweg regelmäßig teilnahm und mitwirkte.

[3] In seinem Tagebuch vermerkte Diesterweg, daß er schon Ende September die Zöglinge auf unbestimmte Zeit entlassen mußte (vgl. „Aus Diesterweg's Tagebuche", Nr. 34, „Geschichte des Seminars").

[4] Konsistorialrat Grashof (s. ds.) leitete Diesterwegs Bericht am 15. August 1820 an das Ministerium in Berlin weiter, begleitet von einem sehr befürwortenden Schreiben. Der Erfolg des Sommerkurses habe gezeigt, „daß wir uns in diesem Manne nicht geirrt haben, und daß in ihm gerade der Sinn vorherrschend ist, den wir allen Elementarlehrern wünschen müssen: Streben nach Einfachheit in allen Verhältnissen des bürgerlichen Lebens und des amtlichen Lebens" (GStA PK, I. HA Rep. 76 Kultusministerium, VII neu Sekt. 25 C Teil I Nr. 4 Bd. 1: 214ʳ⁺ᵛ).

Ebenso wie das Konsistorium und namentlich Grashof setzte sich Superintendent Roß intensiv beim Ministerium für die Wiederaufnahme des Unterrichts am Seminar ein. In einem ausführlichen Schreiben vom 3. Oktober 1820 bat er unter Anführung zahlreicher sachlicher Gründe um die Beibehaltung des Standortes Moers unter der Leitung von Diesterweg (vgl. GStA PK, I. HA Rep. 76 Kultusministerium, VII Sekt. 13bb Nr. 6 Bd. 2).

34
Aus Diesterweg's Tagebuche von 1818 bis 1822.
III. Mörs.[1]*

DIESTERWEGS SELBST-BIOGRAPHIE VOM JAHRE 1820.

Mannheim. Schwanken in intellektueller und moralischer Hinsicht. Klippen. Druck und Gährung. 1810–1811 Dezember.

Schicksalsruf.

Worms. Seliges Vertrauen zu Menschen. Naturleben und Kraftgefühl. Begeisterung in Liebe. 1812–1813 Februar.

Wahl ohne Gründe.

Frankfurt. Kampf gegen innere und äußere Feinde. Entzweiung mit mir selbst und Unmuth und Unheil. – Streben nach vielseitiger Ausbildung, nach festem Lande im Wissen durch innern Lebensdrang. Allzu großes Fundament. Ich rettete mich selbst. – Begeisterung durch die Zeitereignisse. 1813–1818 Mai.

Wahl und Führung.

Elberfeld. Sclavendienst. Mechanismus und Maschinen. Abmüdung. Beschränkung der vielseitigen Richtung. Klarheit und Entschiedenheit des Lebenszweckes. Außen Abstoßung, im Innern Einheit und Selbstständigkeit. 1818–1820.

Wahl durch Gründe.

Mörs. Intellektuelle und moralische Freiheit. – Freiheit und Leben! Praktisches Wirken!!!

Dank! Dank! Dank!

[1]Aus Diesterweg's Tagebuche von 1818 bis 1822. Frankfurt, Elberfeld, Mörs. Unter Zustimmung der Familie herausgegeben von E. Langenberg. Frankfurt a. M. 1870, hier S. 43–136. Zusätze Langenbergs stehen in geschweiften Klammern. Vgl. auch Anmerkung 1 zu Nr. 20.

* Aufgrund der Länge der wiedergegebenen Texte aus Diesterwegs Tagebuch (Nr. 20, Nr. 22 und Nr. 34) werden Anmerkungen nicht am Ende des Gesamtabschnittes, sondern nach kleineren Zäsuren eingefügt

Zur Geschichte des Seminars.

Im März 1820 machte das Königliche Konsistorium von Cleve-Jülich-Berg bekannt, daß mit dem 1. Mai a. c. zwei Schullehrerseminarien eröffnet werden sollen – ein evangelisches zu Mörs – ein katholisches zu Siegburg.[2]

Am 3. Juni traf ich in Mörs ein. Und am 3. Juli eröffnete ich mit 14 Zöglingen die Anstalt.

Die Seminaristen mußten aber Ende September auf unbestimmte Zeit entlassen werden.

Erst mit Anfang Januar 1821 wurde ich zur Eröffnung eines zweiten provisorischen Kursus aufgefordert. Dieser begann nach der Mitte Januars mit 13 Zöglingen.

Endlich im Anfang März war beschlossen zwei protestantische Seminarien für die Rheinprovinz zu errichten und zwar in Mörs und Neuwied.

Unterrichtsgegenstände des *ersten Cursus*: Moral (katechetisch-sokratisch) u. s. w. vide den Lektionsplan.

Zweiter Cursus: Moral (philosophisch, in katechetisch-sokratischen Gesprächen), Katechisationen, die ich und die sie halten – deutsche Sprache, Geometrie, Kopfrechnen und Algebra, Zeichnen und Singen.

---

[2] Siehe dazu die Korrespondenz mit Konsistorialrat Grashof (s. ds.) aus dem ersten Halbjahr 1820 (Nr. 26 und Nr. 28–30). – In Siegburg wurde erst 1876 ein Seminar gegründet.

Am 22. August 1820. Religions-Unterricht.

Woher mag es kommen, daß der gute Unterricht (namentlich der Religionsunterricht) guter, braver Lehrer so wenig Früchte im Leben bringt, so gut vom Kopfe gefaßt wird und so wenig auf's Herz wirkt? Einen Hauptgrund finde ich darin, daß der Lehrer nicht außer der Schule in praktischer Berührung mit dem Schüler steht, nicht mit ihm lebt, so daß derselbe Gelegenheit hat, zu beobachten, wie die schönen Grundsätze des Erziehers in dessen eigenem Leben hervortreten. Zwischen Schule und Leben, Theorie und Praxis liegt darum eine tiefe Kluft, die nur das Leben des Schülers, nachdem er längst der Schule entwachsen, im glücklichen Falle ausfüllt. Darum scheinen mir die Veranstaltungen mancher Lehrer, wodurch sie in praktische Berührung auch außerhalb der Schule mit den Schülern kommen, von großem Gewinn und wichtiger Bedeutung. Und nur dadurch ergänzt sich Theorie und Praxis, und in einem Individuum, seinem Erzieher, sieht der Zögling beide Hälften der Menschenbildung, die geistige (intellektuelle) und die moralisch-praktische ausgebildet. Auf diese Weise ist der Lehrer ihm wahrhaft Erzieher und sein Thun ist nicht mehr, wie so oft begrenzt durch die Wände des Schulzimmers und für die kurze Schulzeit, sondern es reicht in's Leben und durch's ganze Leben des Schülers.[3] Dann wird dem alten Spruche genügt: non scholae sed vitae discendum.[4]

Am 21. März 1821. Durch den künftigen Rector der hiesigen Mittelschule[5] (CARL HOFFMEISTER) wird mir in der Folge Concentrirung meiner Unterrichtsgegenstände, wenn wir uns wechselseitig erleichternd die Hand bieten.{*}[6]

---

* {Dies geschah, indem Diesterweg aus freiem Antriebe am Progymnasium, und Hoffmeister am Seminar Unterricht ertheilte.   E. Langenberg.}

³ Diesterweg plädiert für eine Pädagogik des „Umgangs" oder Miteinanderlebens. Diesen seit der Antike immer wieder postulierten Gedanken propagiert auch das Ministerium für das Seminar; siehe auch Brief vom 10. September 1823 (Nr. 64) an von Ingersleben (s. ds.), Anmerkung 3.

⁴ Dieses Wort geht auf Seneca (4 v. Chr.–65), 106. Brief, zurück, der die Aussage „Non vitae, sed scholae discimus – Nicht für das Leben, sondern für die Schule lernen wir" als Vorwurf an die Zeitgenossen richtete, während die übliche Umstellung des Zitats einen pädagogischen Grundsatz formuliert.

⁵ Bis zur französischen Besatzungszeit war die Schule ein Gymnasium (Adolfinum). 1821 wurde sie als Progymnasium neu eingerichtet; später wurde sie wiederum Gymnasium.

⁶ Die Lehrer Neumann und Limborg, die nach dem Weggang des Direktors Fr. Ad. Krummacher an die Universität Duisburg und unter den erschwerten Bedingungen der französischen Besatzung den Unterricht am Adolfinum weitergeführt hatten, waren nicht in der Lage, Unterricht auf wissenschaftlichem Niveau zu erteilen. Als die Schule im Jahre 1821 unter Karl Hoffmeister als Progymnasium neu eingerichtet wurde, fehlte es folglich an kompetenten Lehrkräften. Diesterweg übernahm den Mathematikunterricht in den beiden oberen Klassen und ein Seminarist den Unterricht in der Arithmetik in den unteren Klassen des Progymnasiums. Im Gegenzug erteilte Hoffmeister den Geschichtsunterricht am Seminar.

Am 18. März 1821. Die Pfarrer und das Seminar.

Aus welcher Quelle mögen die Vorurtheile geflossen sein und fließen, welche sich unter dem (größten) Theile der Prediger (der protestantischen) gegen die Seminaristen verbreitet haben? Viele wollen lieber zu ihrem Schulmeister einen ungebildeten und rohen (Bauern) zum Lehrer haben, als einen Seminaristen; sie ziehen einen Köhler- und Abergläubigen, einen Ignoranten dem denkenden, Alles prüfenden, gründlich Unterrichteten vor. Sie haben dessen auch keinen Hehl und viele erklären rund heraus, daß sie sich mit aller Kraft gegen die auf irgend einem Seminar gebildeten Jünglinge, wenn man einen derselben in ihrer Gemeinde anstellen wollte, wehren würden. Die Gründe dieser Abneigung sind theils, zum kleinern Theile, in der Erfahrung begründet, theils rühren sie von Ansichten und anderen Dingen her, welche den Geistlichen eben nicht zur Ehre gereichen. Sie rühren her nach meiner Meinung:

1. aus der abschreckenden (übertrieben geschilderten) Erfahrung, die man mit den Zöglingen des ehemaligen Wesel'schen Seminars⁷ gemacht hat. Ich nenne sie übertrieben, weil das gewisse, dem Aeußeren anklebende, Burschikose, welches alle Jünglinge durch Zusammenleben annehmen, und den ernsteren Mann abzuschrecken im Stande ist, wenn er selbst seine Jugendzeit vergessen und verlernt hat, in die Gefühle des 18–20 jährigen Jünglings sich zurück zu versetzen, gar nicht in's männliche Alter hinüberfolgt, sondern durch das praktische Leben schwindet, aber mit zu der Frühlingsbegeisterung des Menschen, die wir ja keinem verkümmern wollen, zu gehören scheint. Man denke nur an die Streiche der Theologie Studirenden, wie anderer Studirenden, auf den Universitäten. Macht dies unmöglich, nachher ein tüchtiger Mann zu werden? Aber wahrlich, wenn die Gemeinden die jungen Gottesgelehrten bei Commercen und auf dem Fechtboden zu erblicken Gelegenheit hätten, sie würden ihnen insgesammt einen Schnips schlagen.⁸ Und mit demselben Unrecht, mit dem die Geistlichen, die doch durch Erfahrung an sich selbst belehrt, anderen Sinnes sein sollten, jetzt jede jugendliche Aeußerung schmähen und verwerfen. Jenes sei hiermit rund heraus erklärt, daß wir gegen die sogenannten jugendlichen, lustigen Streiche gar nichts haben, sie vielmehr gerne sehen, wenn sie nur mit Unschuld des Herzens und Offenheit des Charakters, fern von Unlauterkeit, Unreinheit und Schlechtigkeit verbunden sind. Gerade diese, eine Kraftfülle und einen Thatenmuth verrathend, versprechen am meisten für's männliche Leben, nicht aber die Kopfhänger, Stubenhocker, die

Nachbeter, die Kriecher und alle dergl. Ich berufe mich auf die Erfahrung Aller, welche die Studenten beobachtet und nachher ins bürgerliche Leben begleitet haben – wie auf das offene Zeugniß der Kräftigsten unseres Geschlechts. Ich denke hierbei an WILBERG, STEINS in Neukirchen und andere.

Einen *zweiten* und *dritten* und andere Gründe der Vorurtheile gegen die Seminaristen liegt in den Geistlichen selbst, von denen die meisten seit ihren Universitätsjahren rückgängige Schritte gemacht haben, die jede neue Ansicht, jede Veränderung, Verbesserung, die sie Neuerungen zu nennen belieben, hassen und schmähen, weil es sie in ihrer Behaglichkeit stört, nicht selten ihre Blößen aufdeckt; weil sie der Stufe der Gewohnheit, worauf ihre Gemeinden stehen, fröhnen, weil sie nichts so sehr scheuen, als die Unruhe und die Angst des Selbstdenkens. – Dazu kommt der Stolz der Geistlichen, die gewohnt sind, Alles unter sich zu sehen, und von einem gescheuten Schulmeister fürchten, er möge nicht immer in der dritten Stellung ihre diktatorischen Sprüche vernehmen, sondern Gründe verlangen.[9] Hier liegt bei den Meisten der Hase im Pfeffer.

Die Erfahrung bestätigt alle diese Meinungen in solchem Grade, daß es weiter keiner Beweise bedarf. Von allen Geistlichen des Fürstenthums Mörs bekümmern sich 3 (jetzt 2) für die Schulen, ROSS (Budberg) und ESSLER (Capellen), früher auch ENGELS in Emmerich. Allen anderen fehlt jedes Interesse für die Schule. Furchtbare Thatsache! Jeder Pastor, der sich für die Schule nicht interessirt, ist gleichgültig gegen das heranwachsende Geschlecht, gegen die theuersten Interessen der Gemeinde, unbekümmert um Moralität, Aufklärung, Fortschreiten – ein nichtswürdiger, elender verachtungswürdiger Mensch. Dagegen welche Anhänglichkeit, Folgsamkeit, Nachgiebigkeit, Achtung und Liebe aller Lehrer hier gegen jene drei. Wie ist es auch anders möglich? Schon das persönliche Interesse will es nicht anders – dagegen gegen schlechte Geistlichen, gegen Uninteressirte oder Feinde der Volksschulverbesserung hier die Opposition der Lehrer und Zwietracht – zur bleibenden Ehre der Lehrer. – RAPPARD (Pfarrer) in Neukirchen verbietet eines Tages dem Lehrer STEINS den Unterricht in der deutschen Sprache. STEINS weiset diese Nichtswürdigkeit mit Festigkeit ab. Jener beschuldigte diesen mit dem Vorwurfe (man höre), er mache den Bauer zu klug. Der Bauer dürfe nicht klug sein. Und er spinnt seitdem wahre Intriguen und falsche Anklagen gegen den wackern Lehrer, der eine der besten Schulen des Landes hat und ungeachtet der Last der Mairie-Geschäfte [10] weiter schreitet und sich fortbildet.

Ich selbst habe es mir zur Maxime gemacht, mit den Geistlichen ganz besonders Freundschaft zu erhalten, um ihnen durch mich selbst die Abneigung gegen das Seminar nach und nach zu benehmen, um ihnen jeden Vorwand der Opposition zu entziehen. Unbekümmert um die unendlich vielen Schwierigkeiten und Hindernisse, womit unsere Anstalt zu kämpfen hat, will ich meiner Ueberzeugung folgen, die Bildung der Zöglinge möglichst tief begründen, ihre sittlichen Begriffe aufhellen, wahres Christenthum lehren und durch's Leben bezeigen, und sie, so viel an mir ist, tüchtig, tapfer, begeistert, fromm und edel machen, auf jede Weise.[11]

{*Anmerkung 1.* Diesterweg war, nach seinem Tagebuche, auch damals gegen ein gemischtes Seminar, weil er, wie er sagt, voraussah, daß durch die katholischen Geistlichen die Anstalt erst recht angefeindet und als ketzerisch erscheinen werden würde.

Anmerkung 2. In der Anmaßung vieler Geistlichen gegen die Schullehrer erblickte Diesterweg einen menschenfeindlichen Aristokratismus, die Meinung, mehr zu sein, mehr Ansprüche machen zu dürfen.} Gottlob, {fügt er hinzu,} daß es nicht überall mehr so ist. Gründliche Ausbildung der Lehrer ist einziges Radicalmittel. Qui bene distinguit, bene docet [12] – daher nur Beförderung der Erkenntniß, der Einsicht, des Verstehens, Eindringens, Begreifens – allgemeine und freie Bildung.

[7] In Wesel hatte die Synode der reformierten Kirche im Herzogtum Kleve 1784 ein Seminar gegründet, das 1806, nachdem französische Truppen das Gebiet besetzt hatten, in die Grafschaft Mark nach Soest verlegt wurde.
Siehe Heinrich Obhues: Die Anfänge der Lehrerbildung in Wesel (1784–1806). In: Hans Georg Kirchhoff: Der Lehrer in Bild und Zerrbild. 200 Jahre Lehrerausbildung Wesel-Soest-Dortmund 1784–1984. Bochum 1986 (Dortmunder Arbeiten zur Schulgeschichte und zur historischen Didaktik 9), S. 1 ff.

[8] Abweisende schnelle Bewegung, die das Schnippchenschlagen ausdrückt.

[9] Diesen Gedanken der Aufklärung, auch die Religion habe sich der Kritik bzw. den Vernunftgründen zu unterwerfen, führt Kant (s. ds.) in der Vorrede zur 1. Auflage der „Kritik der reinen Vernunft" aus.

[10] Viele Lehrer waren darauf angewiesen, sich durch Schreibarbeiten für den Bürgermeister zusätzlichen Verdienst zu beschaffen. Vermutlich traf dies auch auf Lehrer Hermann Steins in Neukirchen zu.

[11] Die Arbeit des Seminars zeigte mittelfristig Erfolge; siehe dazu Jahresbericht für 1826 vom 8. März 1827 (Nr. 163).

[12] Wer wohl unterscheidet, lehrt gut.

Am 9. April 1821. {(Notiz auf einem Blatt Papier.)}

Welch ein Wetter! Jauchze meine Seele und freue dich des Herrn, des Himmels und der Erde! Die Natur lebt noch und noch der Allvater! Der Winter ist entflohen, die Pflanzen treiben. Die Knospen schwellen, die Lämmer blöcken, die Vögel singen und ich freue mich meines Daseins, meines Wirkens, meiner Bestimmung! Herr, segne! Dank, ewig Dank! Preis dem Herrn! O, welche Wonne, welche Herrlichkeit. Nun wohne ich höher, athme in reinerer Luft, bin näher dem Himmel! O daß ich stets näher käme! Segne die Erde, die Menschen und uns. Gib Segen zu meiner Arbeit und sei uns nahe! – – – –

Am 13. April 1821.

Konsistorialrath BRACHT *in Düsseldorf.* (Katholik.) Er ist ein ausgezeichneter Mann, hat einen praktischen Blick, Kenntniß der Bedürfnisse der Elementarschulen und dessen was Noth thut. Er führte mich 1 1/2 Tag in den Düsseldorfer Schulen umher.

BRACHT wünscht, daß nicht alle Unterstützung der Seminaristen aus der Staatskasse fließen möge, sondern aus Gemeindekassen und denen der Privaten. Denn, welches Unheil könnte nicht ein WÖLLNER stiften, wenn ein solcher die ganze Jugend des Volkes in der Hand hätte!? [13]

Nach Herrn BRACHT's Meinung soll der Schullehrer nicht so gestellt sein, daß er der *erste* des Dorfes sei, sondern so, daß er dem Mittel-Bauer gleich stehe. Mit jenem {, fügt Diesterweg hinzu,} hat es aus guten Gründen noch keine Gefahr. Aber unabhängig in ökonomischer Hinsicht muß der Lehrer sein, so daß die Befriedigung der dringendsten Bedürfnisse nicht abhängt von der Gunst der Bauern und der Frequenz der Schule. Aber in geistiger Hinsicht muß der Lehrer – wo möglich – über allem stehen, so daß er unbedingt der Gebildeteste des Dorfes ist – den Prediger ausgenommen.

[13] Als Justizminister zuständig für die geistlichen und Schul-Angelegenheiten, suchte Wöllner mit dem Religionsedikt von 1788 den Einfluß der Aufklärung zu bekämpfen.

Im Mai 1821. Besuch.

Im Mai besuchten die Konsistorialräthe GRASHOF, BRACHT, SCHULTHEISS zum ersten Male das Seminar und versicherten das Fortbestehen der Anstalt. GRASHOF hat den Kampf um Erhaltung der Anstalt tapfer durchgefochten und gesiegt.

Am 7. Juni 1821.

Ungemein (außerordentlich) wichtig ist es, die jungen Leute vor der Seuche des Unglaubens, des Naturalismus, der niederreißenden Kraft des Spottes zu verwahren. Wehe ihnen, wenn sie die biblischen Wunder als die Hauptsätze des Christenthums, wenn sie überhaupt Aeußeres als die Basis desselben ansehen. Die Wahrheit desselben und die Hauptvorzüge liegen im Inneren, sind ihre innere Vortrefflichkeit. Achten, schätzen, lieben und verehren sie daher nur *diese Wahrheit*, so mögen Zweifel gegen dieses oder jenes Dogma in ihnen entstehen, die Hauptsache ist gesichert. Nirgends kommt es hauptsächlich darauf an, wer spricht, sondern *was* gesprochen wird. Die Sache ist hier mehr und höher als die Person. Sind wir nur in der Hauptsache einig, so mögen einzelne Verschiedenheiten in unserer Ueberzeugung von der Person (Jesu) vorhanden sein. Wir feinden uns darum nicht an; wir gehen brüderlich auf verschiedenen Wegen zu Einem Ziele. Der Glaube an die Tugend und Reinheit der Gesinnung, die Ueberzeugung, daß der Mensch sie im Leben üben könne und solle, die gottergebene Gesinnung, welche Alles auf Gott bezieht, und Alles aus Liebe zu ihm thut, sind immer das Wichtigste. – Auch mit den Zweifeln an christlich-dogmatische Dinge müssen sie bekannt werden, weil sie von denselben ohnedies nicht bewahrt bleiben können. Und welche Gefahr entsteht, wenn sie vorher von denselben nie hörten und nicht Einsicht genug haben, sie zu widerlegen.

Nach Wahrheit suche und forsche ich. Möchte ich sie erkennen, möchte Gott mein Wahrheitsgefühl schärfen – er ist ja ein Gott der Wahrheit. Scheu vor der Wahrheit schändet sehr den Menschen. Und wenn die Widersacher der Bibel unumstößliche Gründe aufführen könnten, so müßten wir unsern Glauben, der dann als Wahn sich erwiese, fahren lassen. – Was den Menschen bessert, beruhigt, tröstet, ihn mit Hoffnung und Liebe erfüllt, das ist allezeit das Beste!

{*Anmerkung.* An einem dieser Nummer vorhergehenden Datum reicht Diesterweg einige Schlußfolgerungen bezüglich eines rationell skizzirten Versuchs (der aber nicht mehr vorhanden ist) über die Erhabenheit und Größe Christi *[sic]*. Als letzte Schlußfolgerung sagt er:}

Christus habe mehr offenbart als unsere Vernunft. Er verdient nicht nur unsere Verehrung, sondern unsere Dankbarkeit, unsere Liebe, unsere Anbetung. Mit Recht wird er von allen Menschen angebetet, und er ist der Göttliche, für den er sich ausgibt. Das höhere Verhältniß, in dem er mit Gott stand, wird ausgedrückt durch die Worte: Christus war Gottes Sohn etc.

Am 22. Juni 1821. Mehrere Seminaristen sind dünkelhaft hergekommen. Wie schwand der Wahn in den ersten Wochen! Welche Demüthigung, Verzagtheit! Zweifel am eigenen Talent! So ist's recht. Mehrere sind schon weggegangen, weil das Lernen ihnen zu schwer wurde. Andere wollen weg. So möge sich der Weizen von der Spreu scheiden!

68

Am 22. Juni 1821. Entwurf einer Katechisation.

Welche Gründe bestimmen die Menschen, sich dem Lehramte zu widmen?

1. Herkommen – Beispiel. Die Söhne lernen gern des Vaters Handwerk.
2. Hoffnung auf einen Broderwerb ohne Anstrengung – Arbeitsscheu, Liebe zum Schlendrian etc. Scheu vor dem 3jährigen Militärdienst.
3. Hoffnung des Geldgewinnstes, der Geschenke, des Ansehens – Stolz, Hochmuth, Dünkel.
4. Liebe zu geistiger Arbeit – Liebe zum Lernen und zum Lehren – Liebe zu den Kindern – Wunsch, der Welt vorzüglich nützlich zu werden – u. s. w.
   Woran erkennt man es, ob ein Jüngling aus schlechten oder guten Beweggründen zum Lehreramte sich bestimmt?
   Fröhlichkeit beim Lernen; Lust zum Denken, Schweres zu begreifen; Ordnungsliebe, Reinlichkeit; Deutlichkeit des Ausdrucks; Begeisterung bei der Vorstellung des Amtes, bei den Lehren begeisterter Erzieher – Beziehung des ganzen Denkens und Lebens auf das künftige Amt u. s. w.

LUTHER: Ich kenne kein herrlicheres Amt als das Lehreramt. Ich wüßte nicht, was ich lieber sein möchte.

Am 29. Juni 1821. Biblische Geschichte.

Mit dem Vortrag der biblischen Geschichte, welche theils erzählt, theils gelesen wird, also mit Bibellektüre und Bibelerklärung in Verbindung steht, werden Katechisationen des Lehrers und der Schüler verbunden, wöchentlich *ein* oder einige Male. So z. B. wurde jedem Seminaristen, nachdem in der ersten Woche der Bibellektionen die ersten 24 Kapitel der Genesis durchgegangen waren, ein Thema zur Ausarbeitung einer Katechisation und zum Halten derselben gegeben. Aus dem Gelesenen: z. B. Schöpfungsgeschichte, Allmacht, Weisheit und Güte Gottes. Abrahams Uneigennützigkeit – Abraham's *[sic!]* Gastfreundschaft, Frömmigkeit – Gehorsam gegen Gott bei Isaaks Aufopferung – Gastfreundschaft bei Rebekka – schreckliche Folgen des Neides und Hasses bei Kain – furchtbar schneller Fortschritt im Sündigen bei Adams Ungehorsam bis zum Brudermord und dergl.

Zugleich werden die schönsten Stellen dem Gedächtniß eingeprägt, und die Seminaristen üben sich im mündlichen Vortrag durch die freie Erzählung der biblischen Geschichte.

Die Stiftungsfeier des Seminars am 3. Juli 1821.

{Ueber diese Feier liegt ein Heft vor mir, daß den Titel trägt: *Die Feier des dritten Juli im Schullehrer-Seminar zu Mörs. 1821. Ein Wort der Befreundung.*

Diesterweg beabsichtigte, dieses Manuscript herauszugeben und zwar mit demselben Motto, welches ich der gegenwärtigen Schrift gegeben haben.}

Am 3. Juli 1820 {, so heißt es in der Einleitung,} wurde das Schullehrer-Seminar zu Mörs mit 14 Zöglingen eröffnet. Obgleich dieser Tag nicht als der eigentliche Stiftungstag angesehen werden kann, weil damals die, dem königlichen Ministerium zustehende Bestätigung der durch die weise Vorsorge des hochlöblichen Consistoriums in Cöln einstweilen begonnenen Anstalt noch nicht eingetroffen war, und weil die förmliche Einweihung derselben noch bevorsteht.[14] Inzwischen sah das Publikum von jenem Tage das Institut als begründet an, und erwartete von der Zeit die gehörige Erweiterung und angemessene Dotirung. Da uns letztere zu Theil geworden, so steht nun auch der ersteren kein Hinderniß mehr im Wege.

Auch den Zöglingen der Anstalt war jener Tag nicht aus dem Gedächtniß entschwunden, und da der Herausgeber dieser Blätter eine fruchtbringende Erinnerung an den geendigten Jahreslauf anzuknüpfen gedachte, so trafen, Lehrer und Schüler, ohne daß eine Vorbesprechung oder Hindeutung geschehen war, in einem Gedanken zusammen. Die Zöglinge hatten in der Stille am Abende vorher das Lehrzimmer mit Blumen passend ausgeschmückt, und ich wurde nicht wenig überrascht, als ich dieselben (16) am Morgen des 3. Juli auf eine ungewöhnliche Weise aufgestellt fand.

Nach geendigtem Gesange und Morgengebet, womit die Beschäftigung jedes Tages beginnt, bat einer der Zöglinge um die Erlaubniß, einige Worte sprechen zu dürfen. An ihn reihten sich noch einige an. Da dieser Theil der Feier des 3. Juli ganz ohne mein Vorwissen und ohne mein Zuthun veranstaltet war, so schien mir die Mittheilung dieser gesprochenen Worte unserer Zöglinge am geeignetsten, den unter ihnen und in der begonnenen Anstalt waltenden Geist charakteristisch darzustellen. Aus diesem Gesichtspunkte beurtheile man den Druck dieser Blätter.

Die Zahl der mitgetheilten Ansprachen ist acht. Wir heben eine hervor:

„Wichtig und theuer, liebe Mitschüler, ist und bleibe uns stets dieser Tag; er erinnert uns an einen wichtigen Augenblick unseres Lebens. Heute ist es ein Jahr, daß wir diese Anstalt besucht haben. Der heutige Tag war es, an welchem wir den ersten wichtigen Schritt zu unserem Ziele thaten, in welchem wir es uns zur Pflicht machten, durch treue Anwendung des Unterrichts unsern Verstand zu erleuchten und unser Herz zu veredeln, damit wir einst, wenn wir dem Rufe des Vaterlandes folgen, als treue Lehrer die hoffnungsvollen Knospen der Menschheit zu schönen Blüthen und saftigen Früchten erziehen könnten. Schon eine bedeutende Strecke der Zeit ist zurückgelegt, in welcher wir berufen sind, uns tüchtig zu machen zu dem wichtigen großen Geschäfte. Das Vaterland erwartet viel von uns und gewiß Jeder, dem der Zweck seines Hierseins heilig ist, wünscht es sehnlich, den Hoffnungen des Vaterlandes zu entsprechen.

Trübe Aussichten boten sich unserm Blicke auch schon in dieser kurzen Frist dar; es schien, als wenn wir diese uns heilige Stätte nicht lange betreten sollten; kaum angefangen den Weg unserer Bestimmung zu gehen, wurden uns schon Hindernisse entgegengestellt.

Doch der gütige Gott regierte es so, daß bald wieder der trübe Nebel verschwand, und sich unserm Auge wieder eine herrliche Aussicht darbot, welche uns um so mehr zurief, munter auf Gottes Zuversicht trauend die betretene Bahn ferner zu gehen.

Edler Lehrer, Ihrem liebevollen Unterrichte in dem verflossenen Jahre verdanken wir es, daß wir uns schon manche nützliche Kenntnisse verschafft, daß wir schon manche hellere Einsichten erlangten. Ihre väterliche Liebe facht immer mehr die Liebe zum Lernen in uns an, so daß jeder von uns, dem sie wohl am Herzen liegt, es Ihnen nie vergelten kann, was Sie für uns thaten. Sie setzten uns in den Stand, immer mehr und mehr die Wichtigkeit des von uns gewählten Standes einzusehen, um auf diese Weise den Weg zur Erreichung unseres Zieles selbst auffinden zu können, und wo Sie als treuer Führer uns unterstützen.

Manchmal, liebe Mitschüler, müssen wir uns traurig zurufen: haben wir unsern edlen Lehrer betrübet, manchmal durch Unachtsamkeit gekränkt; doch mit mir faßt heute hier an heiliger Stätte den Vorsatz: Wahrlich! künftig soll dies nicht von uns gesagt werden können; alsdann werden Sie, theurer Lehrer, uns diese Fehler auch verzeihen.

Beschenken Sie uns ferner mit Ihrer väterlichen Liebe, guter Lehrer, und wir, liebe Mitschüler, laßt uns bestreben, dieser Liebe würdig zu sein; dann werden wir einst nach einer langen Reihe von Jahren heiteren Blickes in das lachende Land der hier verlebten Jugendjahre zurückblicken können."

{Die Ansprache Diesterweg's lautete:}

Willkommen hier an diesem Orte! Ich heiße Alle herzlich willkommen! Ich freue mich eures Hierseins, eurer Absicht und eures Zweckes. Mit dem Vertrauen, daß Ihr das Rechte wollet, habe ich euch in diese Anstalt aufgenommen. Mit der fröhlichen Zuversicht in die Redlichkeit Eurer Gedanken wollen wir das Werk, so der Herr will, fortsetzen. Ihr seid ja hier, um nützliche Kenntnisse zu sammeln, nach Schätzen der Weisheit und der Erkenntniß zu graben, und das Fundament der Sittlichkeit und Frömmigkeit in Kopf und Herz tiefer zu begründen. Sind das nicht hohe, große Zwecke? Seid Ihr nicht gekommen in der Absicht, euch zu *Menschen* zu bilden? Fühlet das große Wort in seinem ganzen Umfange, seiner umfassenden Aufforderung, seiner tiefsten Bedeutung, das große Wort *Mensch*! Ja, wir wollen Menschen werden, darum sind wir hier. Menschen sind die Erstlinge der sichtbaren Schöpfung, die Herren der Erde; Menschen verstehen, begreifen und denken; Menschen wollen und handeln; Menschen glauben, lieben, hoffen; glauben das Unendliche, Vollendete – Gott; lieben den Schöpfer des Weltalls; lieben die Natur und beten an; Menschen hoffen auf den Geist des Herrn, hoffen seiner Herrlichkeit theilhaftig zu werden in froher Ewigkeit. Freunde! heißt das nicht hohem Ziele nachstreben, wenn man *Mensch* werden will? O, es hat der Menschen in der umfassenden Bedeutung dieses Wortes nie viele gegeben! Möchte es uns gelingen, in menschlichem und göttlichem Sinne ein Mensch zu sein und zu werden! Ihr seid zu einem bestimmten Lebenszwecke hierher berufen. O möchte es wahr sein, was ich hoffe und erflehe, daß ein unwiderstehlicher Drang, Lehrer zu werden, euch hierher führte! Seid mir gegrüßt, Ihr angehenden Lehrer! Ich selbst bin Lehrer, bin es mit hoher Freude, und ich soll euch zu Lehrern bilden. O, wie freue ich mich deß! Ist das nicht ein hoher, ein wichtiger Zweck, sich zum Lehrer auszubilden? Ja, wahrlich, schön und groß ist es, ein Lehrer mit Ernst und Eifer werden zu wollen, es zu erstreben mit Anstrengung und Begeisterung, es zu erreichen mit Gebet und Dank. Ja, ich preise dich, du schönes Lehreramt. Uns liegt es ob, Bildner, Muster, Meister des heranwachsenden Menschengeschlechtes zu werden. Von uns soll die Jugend Alles lernen, was nützlich, wahr, schön und gut ist; wir wollen den Grund legen zu einer besseren Zukunft; wir wollen Arbeiter sein in dem Weinberge des Herrn.[15] Sagt, ist das nicht groß, nicht schön? Faßt euch nicht Begeisterung bei dem Gedanken, ein vollendeter Mensch zu werden, mit Wahrheit ein Meister zu sein in der Kunst zu unterrichten und zu erziehen! Ihr seid erwärmt und belebt bei diesem Gedanken; unschuldigen Kindlein ihre Unschuld zu erhalten, Knaben und Mädchen die leitende Hand zu reichen, und Muster und Meister zu werden in Allem, was herrlich ist und groß. Darum, junge Freunde, sind wir hier; das ist das Ziel unserer gemeinsamen Anstrengung; das ist der Beruf, dem Ihr euch widmet, der Lebensweg, den ihr erwählet. Und diese Wahl – ich lese es auf euern Gesichtern – habt ihr nach reiflicher Ueberlegung und mit Freuden ergriffen, und freudig habt ihr diesen ersten Gang gethan. O, daß ihr stets mit gleicher Freude jeden Morgen diesen Gang thätet! Dann wäre die Erreichung jenes Zieles auch gewiß, und der Zweck eures Hierseins erreicht. So zeige du uns recht deutlich den Weg, die Mittel, die Anstalt stets mit Freuden zu besuchen, so höre ich euch; zeige uns, du unser Freund, die Straße, die wir wandeln müssen zum Tempel der Freude, wenn an ein fröhliches Herz die Erreichung des Zieles unseres Hierseins geknüpft ist.

Kommt, ich will's; ich will euch die Mittel nennen, durch deren Gebrauch ihr jeden Tag mit derselben, ja mit erhöhter Lust und Freude das Seminar besuchen werdet. Ich rechne auf euer ungetheiltes Nachdenken, ich darf dies, und ihr werdet, weil ich ja mit Freude und Liebe die Wahrheit rede, meine Worte in treuem Herzen bewahren. In dieser Hoffnung nenne ich unter den Mitteln, welche euch den stets freudenvollen Besuch des Seminars erleichtern und möglich machen:

1) *den Gehorsam.* Gehorsam ziemt dem freien Menschen. Merkt es euch, Jünglinge, Gehorsam ziemt dem freien Menschen. Gehorsam ist nicht Sclaverei, nicht Zwang und Pein; Gehorsam ist Unterwerfung des eigenen Willens unter das Gesetz. Wer gehorsam ist, will nur das, was das Gesetz will, will nur das recht- und gesetzmäßige; nie das herrische, selbstische, nie das rechts- und gesetzwidrige. Und dieser Gehorsam ist die erste Pflicht. Woher wollte eine Gesellschaft von Menschen, verbunden zu gewissen Zwecken, Bestand und Dauer nehmen, ohne Gesetze, ohne Achtung und Gehorsam jedes Einzelnen gegen das Gesetz, das gegeben ist, die Ordnung zu erhalten und die Erreichung der Zwecke der Gesellschaft möglich zu machen? Ohne Achtung vor dem Gesetze besteht auf die Dauer kein Verein; ohne sie hat kein Hauswesen gesicherte Existenz; ohne sie fallen Staaten in die Tigerklauen der Revolution und Anarchie; ohne Achtung vor dem Gesetze zerstört die Welt sich selbst. Wer das Gesetz in des Menschen Brust nicht achtet, wird nie Bürger des Himmels. Ja, ohne Gesetz stürzt der Weltbau in ein wüstes Chaos zusammen und vernichtet sich selbst. Darum pflegt man jedes Mitglied einer Gesellschaft auf die bestehenden Gesetze zu verpflichten und denjenigen auszuschließen, der sie grob verletzt. Der selbstständige Mensch macht sich das gegebene Gesetz selbst zum Gesetz, und darum bleibt er ein freier Mann. Der Sklave *[sic!]* unterwirft sich nur demselben aus Furcht vor Verlust und Strafe und darum ist er ein verwerflicher Knecht. Knechtischer Sklavensinn und Furcht entehrt den Menschen, aber freiwilliger Gehorsam ziert ihn. Die Weltkörper und der Stein dienen blinden Kräften und äußerer Naturnothwendigkeit, nicht so der Geist; das Thier gehorcht blinden Trieben und die Gründe seines Gehorsams gegen den Menschen sind ihm unbekannt. Darum heißt sein Gehorsam ein blinder. Nicht also der Mensch, wenn er zum Denken heranwächst, wenn er in die Epoche der Vernunft eintritt; nun sieht er ein, was er soll, warum er soll und wie er soll. Er gehorcht aus freiem Entschlusse, nicht aus Hoffnung irdischen Gewinnstes, nicht aus Furcht vor gedrohter Strafe; sein Gehorsam ist frei, denn er macht das Gesetz sich selbst zum Gesetz. Also auch ihr Jünglinge! Kinder gehorchen blindlings den Befehlen der Eltern; der Jüngling aber gibt sich selbst Gesetze und er fügt sich gern und freudig den Anordnungen der Gesellschaft, welcher er angehört. Nur dann gedeiht das Streben, nur dann ist Einklang und Harmonie im Einzelnen und Ganzen; nur dann ist Freude, Wonne. Gehorsam gegen die Gesetze, freiwilliger Gehorsam ist die erste Bedingung eines fröhlichen Lebens im Seminar zu Mörs.

Auch meinem Wirken wäre die Freude benommen, wolltet ihr nur der Nothwendigkeit euch fügen, nur zwangvoll und ungern und mit innerem Widerwillen thun, was recht ist. Doch nein, das wollet, das werdet ihr nicht. Mit willigem und freudigem Gehorsam werdet ihr euch den zu treffenden Anordnungen fügen; denn sie bezwecken nur euer Bestes. Gerne werdet ihr Winke, Ermahnungen und Lehren eures Lehrers anhören und befolgen, denn er hat nur euer Wohl im Auge. Ihr werdet das Gesetz ansehen, als sei es von euch selbst entworfen, ja, ihr sollt es selbst entwerfen; denn ihr seid den Jahren entwachsen, wo fremder Verstand für euch denken, Anderer Einsicht euch leiten und fremder Wille der eurige werden muß.[16] Ihr kennt den Zweck eures Hierseins, ihr werdet die Mittel zur Erreichung dieser Zwecke auffinden und sie gebrauchen. Dann weilt und wohnt hier Friede und Freude, dann sind wir hier lieber als anderswo, dann führen wir ein freies und darum glückliches Leben; ein Leben nach den Vorschriften des Gesetzes, nicht nach Laune und Willkühr. In freudigem Sein aber keimt und wurzelt die Tugend; denn wahre Freude ist Tugend. Gehorsam gegen Gesetz und Lehrer, denn der Lehrer ist der Repräsentant des Gesetzes, bestimmt euer Verhältniß zu mir.

Auch zu dem Stoffe, den wir bearbeiten, steht euer Betragen in wichtigen Beziehungen, aus welchen, wenn ihr sie klar erkennt, die *zweite* Bedingung eines fröhlichen Lebens im Seminar hervorgehen muß; es ist

der Fleiß.

Nicht im Schlafe erwächst dem Menschen das Glück, im Schweiße deines Angesichts sollst du dein Brod erwerben.[17] Nicht in träger Ruhe wird der Erdgeborene ein Mensch. Dahin führt nur Anstrengung und emsiger Fleiß. Werfet euern Blick auf die großen Männer der Geschichte, und forschet nach, wodurch sie sich über ihre Zeitgenossen emporschwangen! Nur durch ernstes Wollen und Vollbringen. Das muß uns ermuntern. Der träge, geistigtodte Mensch gleicht den niederen Thieren. Faulheit schändet den Menschen, denn der Geist soll herrschen über das Fleisch. Ruhe ist nur nach vollbrachter Arbeit gedeihlich. Aus der Arbeit quillt Segen für uns und Andere.[18] Darum hoffe ich, euch nicht vergebens zum Fleiße zu ermuntern. Blicket auf die Jugend des Jahres, auf den Frühling, wie sich Alles reget und beweget. Er sei in eurem Lebensfrühlinge Muster und Vorbild. Bejahrte Männer mögen nach thatenreichem Leben auf ihren wohlverdienten Lorbeeren ausruhen, euch ziemt's, darnach zu ringen. Gleich der Biene und Ameise sei euer Thun; die frühe Morgensonne begrüße euch am Arbeitstische und erst am späten Abend überlasset euch erquicklicher Ruhe. Mit munterem Sinne tretet in dieses Gebäude ein, verweilet mit Aufmerksamkeit beim Vortrage des Lehrstoffes, *macht ihn euch mit Anstrengung* zum bleibenden Eigenthum, *prägt ihn mit emsigem Fleiße* euerm Geiste ein. Durch gute *Vorbereitung* auf die Lehrstunden machet ihr den Boden bereit, den auszustreuenden Samen zu empfangen und durch stete Wiederholung des Gehörten und Erlernten sammelt ihr euch Schätze, die weder Motten noch Rost fressen.[19]

Viel ist euch zu lernen aufgegeben, weit seid ihr noch vom Ziele. Das schrecke euch nicht, die ihr Kraft und Muth fühlet, Schwieriges zu überwinden, Schweres zu erlernen. Durch Kampf und Streit erstarken die Kräfte, durch errungene Siege wächst der Muth und Muth führt zu Thaten. Auf denn, seid stets rüstig zur Arbeit, zur geistigen Arbeit! Uebet Tapferkeit, Tapferkeit im Lernen und Ueben. Kein Tag vergehe, ohne daß ihr Rechenschaft geben könnt von der Anwendung derselben, keine Stunde vergehe, ohne daß ihr Neues erlernt habt, ja kein Augenblick verfließe vergebens. Ruhe nur nach der Arbeit und zur Stärkung auf die bevorstehenden Stunden der Anstrengung. Dann ist frohes Bewußtsein euer Lohn, nicht vergebens seid ihr hier, und der Gedanke an wohlangewendete Jugendzeit wird euch am Rande des Grabes noch erheitern. Fleiß ist die Mutter des Segens in irdischen und geistigen Gütern. Die Schändlichkeit des Unfleißes, der Faulheit, das Herabwürdigende der Trägheit brauche ich euch nicht erst zu schildern. Ihr werdet die Kräfte, die Gott in euch legte, weise gebrauchen und dann seid versichert, daß kein Gang ins Seminar euch sauer wird, daß die Stunde der Lernzeit euch nicht unangenehm überrascht, daß euer Leben im Seminar ein fröhliches Leben sein wird.

Eine *dritte* Bedingung der ungestörten Fröhlichkeit eures Lebens als Seminaristen geht aus der richtigen Stellung hervor, in die ihr euch als Mitglieder derselben Gesellschaft, als Comilitonen zu setzen bemüht sein müsset. Als Seminaristen steht ihr alle unter demselben Gesetz, ihr habt denselben Lehrer, dieselben Zwecke, dieselbe Verbindlichkeit, dieselbe Hoffnung. Republikanische Freiheit möchte ich euer Verhältniß zu einander nennen. Keiner hat einen Vorzug vor dem andern, als den, den er sich durch Thätigkeit in jeder Hinsicht erwirkt, und ihr werdet nicht verkennen, daß darin ein Sporn zum edlen Wettkampfe für euch liege. Wohlan denn, Jünglinge, die Rennbahn ist geöffnet, versuchet eure Kräfte, ringet mit beharrlichem Muthe nach dem Kampfpreise, nicht um nach errungenem Siege damit zu prahlen, sondern um der innern Tüchtigkeit willen, die den Kämpfer lohnet und mit der bescheidensten Demuth innig verschwistert ist. Darum sei ferne von euch jedweder Hochmuth, dünkelhafter Stolz, unredlicher Ehrgeiz, Ruhm und Lohnsucht. Keiner erhebe sich über den andern, keiner belächle den andern, keiner beneide den andern, sondern seid freundlich, artig gegen einander; die Freundschaft sei das schöne Band, das Alle umschlinge. Ihr Glücklichen, vergesset nicht dieses Glückes, ihr stehet in der schönen Zeit eures Lebens, wo die Welt dem Menschen mit den fröhlichsten Bildern entgegen lächelt; darum seid freundlich unter einander. Euer jugendliches Herz hat noch nicht die bitteren Erfahrungen des männlichen Alters gemacht, sondern ihr öffnet jeder Unbefangenheit Ohr und Herz. So ziemt es dem Jüngling, so ziemt es dem deutschen Jüngling ganz vorzüglich, in dem besonders die preiswürdige Tugend unserer Vorfahren: Lauterkeit des Herzens, Biederkeit des Sinnes, Treue und Redlichkeit lebendig-thätig sein müssen. Darum seid Freunde unter einander! Offenheit sei der Grundzug eures Charakters und Wahrheitsliebe gegen Jedermann sei die Zierde jedes Seminaristen. Aus der Freundschaft quillen uns die reinsten Freuden. Wer keinen Herzens-Freund hat, der stehle weinend sich aus diesem Bunde.[20] Auch böse Menschen sind zuweilen Freunde, nennen sich wenigstens also, aber das ist keine Freundschaft, keine christliche Freundschaft. Ihre Basis ist Reinheit des Gemüthes, Lauterkeit des Wandels, Tugend und Frömmigkeit. Und damit ist im Allgemeinen
die *vierte* Bedingung ausgesprochen, unter welcher hauptsächlich ein freudenvolles Dasein eurer erwartet. Das ist das große Ziel unseres Zusammenseins, das ist der Inbegriff alles dessen, was wir erstreben müssen, erstreben wollen, nämlich Tugend und Frömmigkeit. Machet die herrlichsten Fortschritte in dem Gebiete des Wissens, bildet alle eure Geisteskräfte auf das vielseitigste aus, werdet treffliche Lehrer, die Materie und Form, Lehrstoff und Methode in gleich hohem Grade sich zu eigen gemacht haben, aber ohne wahren edlen Charakter, ohne Tugend und Menschenliebe, ohne Sittlichkeit und freien Sinn, und ihr seid umsonst hier gewesen, ihr seid unnütze, verderbliche Glieder der menschlichen Gesellschaft; es wäre dann besser gewesen, ihr wäret in plumper Rohheit aufgewachsen; es wäre besser gewesen, euch hinter den Pflug zu verweisen, mit dem ihr wohl die Erde durchwühlen, aber dann wenigstens nicht Menschenseelen verderben könnt. Fasset die Wichtigkeit eures künftigen Berufes ernst ins Auge, und gedenket seiner ernsten Anforderungen an euch. Ihr wollt Menschen unterrichten, dann müßt ihr selbst gut unterrichtet sein; ihr wollt Menschen erziehen, darum muß eure Erziehung einen hohen Grad von Vollendung erreicht haben. Ihr wollt Meister sein in eurer Kunst, wohl! diese Meisterschaft erreicht nur der edle, der gute, der fromme Mensch; ihr wollt Christenthum in das Herz der Jugend pflanzen, darum muß Christenthum euer Eigenthum werden. Wer selbst nicht erzogen ist, kann Andere nicht erziehen. Frömmigkeit sei der Grundzug eures Charakters. In dem inneren Heiligthum eures Herzens nähret das belebende Gefühl der Liebe zu Gott und zu Menschen. Eure Lippen brauchen und dürfen nicht strömen von dem Lobe des Unendlichen, von Sittlichkeit und Tugend, sondern euer Thun bekunde das Dasein und Leben jenes himmlischen

Gutes. An sittlichen Erscheinungen, an eurem Fleiße, an eurer Verträglichkeit zu einander, an der Unwandelbarkeit eures gesetzmäßigen Betragens will ich es erkennen, ob ihr würdig seid des hohen Lehrerberufes. Fromme Gefühle sind ein Geheimniß des Herzens, edle Thaten sind die Frucht desselben. Nicht das Wissen, auch nicht das Können, sondern das Wollen alles dessen, was wahr, schön und gut ist, vollendet die Würde des Lehrers. O, daß ich euch den Inhalt dieser Worte tief in's Herz eingraben könnte! O, daß ihr heute den Vorsatz faßtet, fromme Lehrer zu werden! O, wenn ihr nie diesem Vorsatze untreu würdet! Nein, ihr werdet es nicht. Lasset mich mit fröhlicher Zuversicht zu der Reinheit eurer Gesinnungen, zu der Unwandelbarkeit eurer Absichten mein Amt antreten. Und ich will es, das gelobe ich euch. Gelobet euch ein Gleiches! Und dann verspreche ich euch die schnelle Förderung eurer Wünsche, dann entgeht euch nicht die Liebe Gottes, nicht das Wohlwollen der Menschen, nicht die Unterstützung unserer Regierung. Wer edlen Vorsätzen treu bleibt, dem bleibt auch die Obrigkeit treu. Edle Bestrebungen ermangeln nie eines schönen Erfolges. Ihr wollt euch tüchtig machen, *geistig* für Andere zu wirken, und darum werden diese Andern und deren Freunde *leiblich* für euch sorgen. Sorget nicht mit zaghafter Beklommenheit für den andern Morgen, sondern habt Muth zur eigenen Kraft, Zutrauen zu den Menschen und Vertrauen zum Allerhöchsten, dann ist freudenvolles Bewußtsein euer Lohn.

Fasset noch einmal den Inhalt dieser ernsten und wichtigen zu euch geredeten Worte zusammen. Ihr seid mit fröhlichem Herzen her gekommen, so wie ich; beantwortet euch selbst nun die Frage, wie es zu machen sei, daß ihr jeden Tag mit derselben Fröhlichkeit ins Gebäude des Seminars eintretet. Die Verwirklichung dieses Wunsches ruht in eurer Hand und die Mittel entspringen aus den erkannten und angewandten Verhältnissen zu eurem Lehrer, zu den Lehrgegenständen, zu einander und zu euch selbst. Gehorsam, williger, freiwilliger, freier Gehorsam gegen das Gesetz ist das erste; ausdauernder Fleiß das zweite; Artigkeit und Freundschaft das dritte; der Erwerb eines edlen Charakters das vierte und höchste. All euer Thun entspringe aus reiner Gottes- und Menschenliebe. Dann stimmt euer Inneres mit den äußeren Erscheinungen; dann werdet ihr gute Menschen, tüchtige Lehrer; dann führet ihr ein vergnügtes und fröhliches Leben, und dieses ist das Mittel zur Erreichung eurer Bestimmung.

In stillem Gebete flehen wir um den Beistand des göttlichen Geistes.

{Nach dem darauf erfolgten Gesang sprach Diesterweg den Segen:}

Der Gott des Friedens und der Vater der Kinder, deren Engel sein Angesicht schauen, segne diese Anstalt, Euch und mich! Amen.

{*Anmerkung.* Die übrige Zeit des Vormittags wurde mit Leibesübungen und gymnastischen Wettspielen, in welchen Bücher als Kampfpreise ausgesetzt waren, zugebracht.}

[14] Endgültig wurde das Seminar am 9. Oktober 1822 genehmigt. Die offizielle Einweihung im neuen Seminargebäude fand am 1. November 1823 statt.

[15] Der bildhafte Ausdruck „Weinberg des Herrn" beruht auf dem Wort des Alten Testaments: „Des Herrn Zebaoth Weinberg aber ist das Haus Israel" (Jes. 5, 7); davon abgeleitet wird der Ausdruck „Arbeiter im Weinberg des Herrn" nach dem Gleichnis Jesu im Neuen Testament (Matth. 20, 1–16).

[16] Dieses Programm entwickelt Kant (s. ds.) 1784 in seiner Preisschrift „Beantwortung der Frage: Was ist Aufklärung?" und stellt fest: „Habe Mut, dich deines eigenen Verstandes zu bedienen! ist also der Wahlspruch der Aufklärung".

17 Bezugnahme auf die Darstellung der Vertreibung der ersten Menschen aus dem Paradies und den über sie verhängten Fluch im Alten Testament (1. Mose 3).

18 Diesterweg vertritt hier eine protestantische Arbeitsethik, wie sie später von Max Weber und Werner Sombart beschrieben wurde.

19 Diesterweg bezieht sich auf ein Wort aus dem Neuen Testament; Matthäus 6,19.

20 Diesterweg bezieht sich auf Worte Schillers (s. ds.); in dem Gedicht „An die Freude" (1785) heißt es in der 2. Strophe, Verse 17–20:

> „Ja – wer auch nur eine Seele
> Sein nennt auf dem Erdenrund!
> Und wer's nie gekonnt, der stehle
> Weinend sich aus diesem Bund!"

Am 6. Juli 1821.

Der Unterricht in der Religions- und Sittenlehre der Seminaristen sei allein auf sie selbst beachtet. Hierin bin ich mit EHRLICH (Seminardirektor in Soest) einverstanden. Es fragt sich, welche Eindrücke sind die stärksten? Diejenigen, von denen der Zögling weiß, daß sie auf ihn berechnet sind, oder die, welche er nur gelegentlich, gleichsam zufällig empfängt? Aussprüche denkender Menschenbeobachter, so wie die Erfahrung geben dem letzteren das größere Gewicht. Darum sei der Unterricht in jenen Dingen (die erziehende und bildende Seite des Seminarunterrichts) so eingerichtet, theils unmittelbar mit Bewußtsein der Zöglinge und klar dies aussprechend für sie selbst, theils in Anweisungen, wie für Kinder gewirkt werden kann. Begreiflich nicht in kalten Vorschriften, sondern mit aller Tiefe und Wärme des Gefühls, so daß man auf die Seminaristen wirkt, wie man für Kinder zu wirken sie lehren will. Obgleich, wie sie meinen mögen, letzteres allein oder vorwaltend der Zweck des Lehrers sei, die Anwendung auf sich selbst können sie nicht unterlassen zu machen. Sie müssen nothwendig sich selbst, ihren Zustand mit dem vergleichen, den sie im Kinde hervorbringen wollen, und wenn letzteres ihr Ernst ist, so ist die Besserung und Veredlung ihrer selbst nothwendig – gefühlte Bedingung und – der Erfolg. So behandle ich gegenwärtig die Geschichte Joseph's.21 Und wenn ich ihnen z. B. über dieses Thema das Betragen guter Kinder gegen Eltern zeige, wie man über diesen Gegenstand mit schwachen und mit mehr gehobenen Kindern reden muß, so scheint Methodik und Mittheilung desselben hier mein alleiniges Augenmerk, obgleich dies vielleicht gerade der untergeordnete Zielpunkt meines Strebens ist. – Nach dem Satze: Mache, daß der Mensch viel wird, gut ist, so wird er auch ohne Zweifel Gutes wirken und gut lehren.

21 Nach dem Alten Testament; 1. Mose 37–50.

Am 17. Juli 1821.

Devant celui22, qui pense, toutes les distinctions civiles disparaissent. REUCHLIN C. 10. p. 141.23

Denken also die Seminaristen, so werden sie allerdings den Menschen nicht nach dem Werthe schätzen, den ihm conventionelle Einrichtungen, glückliches Geschick, Geburt, Reichthum, hohe Ehrenstellen geben, sondern mit dem höheren Maßstab, welcher bleibenden erworbenen innern Werth der Seele mißt. Verschwinden also wird die knechtische Demüthigung der dummen, die Vorurtheile der vornehmen Sklaven des gemeinen Lebens – aber bleiben wird durch das Denken und durch die Auffassung der Nothwendigkeit bürgerlicher Einrichtungen die äußere Achtungsbezeugung vor Hohen und Angesehenen – stets

76

indeß unterscheidend das Amt, das der Mann bekleidet, von dem selbstständigen Werth desselben und wohl wissend, daß sich die Seele nicht immer mitbückt, wenn der Rücken sich krümmt.

[22] Hier wurde eine Korrektur vorgenommen; im Original bei Diesterweg bzw. Langenberg heißt es „celni" statt „celui" (Aus Diesterweg's Tagebuche, a. a. O., S. 73).

[23] Vor dem, der denkt, verschwinden alle bürgerlichen Unterschiede. – Die Fundstelle des Reuchlin-Zitats konnte nicht ermittelt werden.

{Unter demselben Datum.}

Wenn die Seminaristen sich Hefte über Geometrie etc. ausgearbeitet haben, dann will ich jedem ein Buch über denselben Gegenstand in die Hand geben, welches mehr enthält (zum Sporn für's Weiterstudiren) als was er schon niedergeschrieben hat, und damit er unter Aufsicht und wenn es nöthig sein sollte, mit Beihilfe lerne, sich desselben zu bedienen. Der Grund, warum so viele Lehrer, in's Amt eingetreten von bildendem Umgange auf einsamen Dörfern oder in der Umgebung vornehm herabsehender Halbgelehrter (Falschgelehrter, sagt Jahn) ist nur der, weil sie nicht vermögend sind, Bücher zu verstehen, die erst belehren und mehr geben, was sie wissen und in schwerer Form als der Unterricht leistete und in todter Form, wie alles Schriftwort. – Diese Maßregel scheint mir *wichtig*. Nur dann schätzt man Bücher, wenn man die Schwierigkeit, welche auszuarbeiten, kennen gelernt hat.

Im Juli 1821. Katechisation.

{In dem Tagebuche dieses Jahres sind einige mehr oder weniger vollständige Entwürfe zu Catechisationen enthalten: z. B. über 1. Buch Mosis 24, 31. und über die Geschichte Joseph's, mit Bezug auf den Satz: Der Sieg der Tugend über das Laster ist nie ungewiß; über die Geschichte des Sündenfalls als Geschichte des menschlichen Herzens; über: Du sollst nicht lügen; über eigentliche und uneigentliche Ausdrücke; Vergleichung der Lehre der Israeliten mit der Lehre der Christen – das Judenthum mit dem Christenthum (in Sätzen – zuletzt in Bildern. Eine wichtige Uebung. Denn alles Denken ist ja nichts anderes als Vergleichen und Unterscheiden.)

Diesterweg spricht sich bei dieser Gelegenheit also aus:}

Bevor der Seminarist nicht im Stande ist, logische Eintheilungen (Divisionen und Subdivisionen) zu machen, bevor ist er nicht fähig, eine Catechisation gut anzulegen. Allenfalls entwirft er eine, welche der Homilie[24] der Prediger ähnlich ist, oder ein richtiges Gefühl leitet ihn sicher. Indeß reicht Letzteres in vielen Fällen nicht hin und in den wenigsten, von der Natur zu Lehrern und Katecheten bestimmt, möchte dieser entwickelnde Lehrtakt sich vorfinden. Ueberdies soll im Gebildeten das zu klarer Erkenntniß gebracht werden, was unbewußt in ihm lebt. Der Mensch soll wissen, was er treibt, und begreifen, weß Geistes Kind er ist. Darum ist es wichtig, den Seminaristen anzuleiten, richtige Eintheilungen zu machen. Am leichtesten lernt er das Wesen derselben an mathematischen Gegenständen kennen, weil dieser Stoff ihm schon bekannt ist. Man beginne daher mit Entwerfung mathematischer (geometrischer) Classificationen und stelle dieselbe in Tabellen und Schematen dem Auge zur Beschauung auf. Dann nehme man Gegenstände aus der Naturgeschichte, und hierauf gehe man zu nicht-sinnlichen, abstrakten, nicht-mathematischen Begriffen über. –

Die katechetischen Uebungen der Seminaristen mit Seminaristen {(das Seminar hatte damals noch keine Seminarschule)} haben immer etwas Gezwungenes, weil der eigentliche Zweck der sokratischen Gespräche: „Entwickelung der Denkkraft" nicht vorhanden ist. Denn keiner interessirt sich sehr dafür, zur Bildung der Anderen viel beizutragen. Jeder lebt und übt sich für sich. Anders ist dies bei dem katechisirenden Lehrer, dessen Denkvermögen gestärkt, jetzt sich bemüht, die Nichtstarken stark zu machen. In dieser Verschiedenheit liegt die etwas unnatürliche Constellation Katechisirender, die wissen, daß sie reden, um zu reden, nicht um zu belehren, vor Antwortenden, die antworten, nicht um sich zu unterrichten, sondern um dem Fragenden fortzuhelfen. So gewiß dies ist, so gewiß daher auch das Gefühl der Zuhörer, die nur den Zweck der Katechisation in Kinderschulen mitbringen, gestoßen wird und in einige Peinlichkeit übergeht, so gewiß ist der Zweck sokratischer Uebung der Seminaristen mit Seminaristen ein anderer, nämlich der mannigfaltige: durch Auftreten und freies Gespräch blöde Schüchternheit zu vertreiben, freie Haltung, Selbstvertrauen und Gewandtheit zu erlangen, den Augenblick benutzen zu lernen und durch unerwartete Antworten sich nicht zerstreuen lassen; zu nöthigen, vorher Begriffe klar zu denken und klar in Worte überzutragen. Die Uebungen sind Selbstzweck in dem Sinne, daß jeder Seminarist die Katechisation um seinetwillen hält, statt daß der katechisirende Lehrer dies thut, um der Anderen willen. – Auch wissen dies die Seminaristen sehr gut, ohne es vielleicht ganz klar zu denken. Jenes geht aus den Antworten hervor, die die Gescheuteren geben. Sie richten dieselben nämlich nach dem Bedürfniß des Fragenden ein, suchen ihm durch ihre Antworten das Festhalten des errathenen Weges zu erleichtern, geben daher öfters nicht solche Antworten, wie das schlichte Kind sie gegeben haben würde. – Mehr dem Zweck der Belehrung nähert sich die Katechisation der Geübteren mit den weit weniger Geübten. Diese Unterhaltungen nähern sich dem Ton in der Schule und hier fallen die Antworten mehr so aus, wie das ungebildete Kind, das auf die Hülfe des Lehrers nicht denkt, sie gibt. Nicht zu leugnen ist indeß, daß in beiden Fällen die Fragenden und Antwortenden Vieles lernen. –

[24] Predigt über einen Abschnitt der Bibel.

Am 29. Juli 1821.

{Aus dem Entwurfe einer Rede zum 3. August 1821, dem Geburtstage des Königs.} *Ueber die Erscheinung der großen Verschiedenheit der Urtheile.*

1. Das Heilige kennt nur der, der Heiliges empfunden hat, und über das Allerheiligste kann nur der urtheilen, der darin gewesen ist. Wer noch am ABC lernt, dem sind die schweren Künste des Buchstabirens und Lesens, und Rection[25] und Deklination unbegreifliche Dinge. Sie sind über oder unter dem Horizonte. Und sind wir in den meisten Dingen, die zu übersinnlichen, also zu den höheren, schwereren gehören, über das ABC hinaus? – Der unsterbliche KANT – auch am heutigen Tage Ehre seinem Namen – wunderte sich nicht wenig über die verschiedenen *Ansichten* der Philosophen – oft für *Einsichten* verkauft – welche die höheren Dinge betreffen. In einem Briefe sagt er: Ihm käme es vor, als sei das übersinnliche Gebiet durch eine hohe, dicke und dichte Mauer vom Gebiet des sinnlich Erschaubaren getrennt. Da hätten sich dann von Zeit zu Zeit kühne Waghälse und Vernunft-Abenteurer an diese freie Grenze des menschlichen Erkenntnißvermögens gewagt, die Mauer mit Kalk überzogen und an dieselbe geschrieben, was nach ihrer Ueberzeugung jenseits der unsichtbaren Mauer befindlich sei. Jeder später lebende gleich kühne Abenteurer hätte das gelesen, was der Vorgänger gefabelt, habe es für falsch erklärt, ausgelöscht und

einen andern Traum für objectivere Wahrheit haltend und ausgebend an die Stelle gesetzt. So gehe es fort von Geschlecht zu Geschlecht; jeder Spätere fände das für falsch, was an der Mauer stehe, und noch solle der kommen, dem es glücke, mit einem Fernrohre durch oder über die Mauer hinweg zu sehen. – – –

2. Ich bin Pädagoge, und verlange daher, daß derjenige, der mein Thun und Lassen als Lehrer und Erzieher beurtheilen will, vorerst nachweise, daß er über die Grundsätze der Lehrkunst und Erziehungswissenschaft nachgedacht und jene praktisch geübt habe. Sonst bin ich stolz genug, mich um sein Urtheil nicht zu kümmern, und unbesorgt meinen Gang zu verfolgen. –

3. Der Menschheit Gang ist nicht die gerade Linie, nicht die Kreislinie, deren monotone Natur leicht aufzugreifen ist, sondern eine gewundene Linie in Cycloiden und Epycycloiden[26], deren Wesen nur durch schwere Formeln ausgedrückt werden kann, nur dem Eingeweiheten zugänglich. –

4. Wir Lehrer haben uns auf den kleinen Kreis zu beschränken, der uns angewiesen. Treu sein im Kleinsten. Im kleinsten Punkte die höchste Kraft sammeln.

Wenn *jeden Menschen* Bescheidenheit und Anspruchlosigkeit und Sittsamkeit ziert, so sind diese Eigenschaften *unerläßlich* für jeden, der der Jugend vorleuchten soll. Durch unsere Schuld, durch unser Beispiel soll die große Zahl der Schwätzer und Raisonneurs nicht größer, nein, so Gott will! kleiner werden.

{*Anmerkung.* Mehrere meiner Versuche, die Rede aus den hingeworfenen Gedanken zusammen zu stellen, sind mir mißlungen. Ich zweifle auch, daß dieselbe gehalten worden ist. Diesterweg würde sie sonst in Reinschrift den „Schulreden"[27] übergeben haben.}

[25] Den Kasus eines abhängigen Wortes im Satz bestimmen.

[26] Kurven, die von einem Punkt auf dem verlängerten Radius eines sich abrollenden Kreises aus beschrieben werden. Dieser Punkt kann innerhalb oder außerhalb des Kreises oder auf dessen Umfang liegen.

[27] Schulreden und pädagogische Abhandlungen. Ein Nachlaß von seinem Wirken an dem Lehrerseminar in Moers, für Freunde zum Druck befördert. Krefeld 1832.

Am 19. August 1821. Unterricht in der Nacht.

Bei Gelegenheit der mathematischen Geographie, auf welche großer Werth gelegt und die unter der geographischen Disciplin auf's ausführlichste behandelt wird, weil sie denken lehrt und fordert, ohne Anstrengung, ohne Einbildungskraft gar nicht begriffen werden kann und weil sie einen der erhabensten Gegenstände, die Welt, Gottes Schöpfung, nicht das Winzige, was Menschen gemacht haben, betrachtet – hatte ich das Wichtigste der Himmelskunde mitgenommen[28] – über die Bewegungen des Mondes, Finsternisse, Zodiakus, Fixsterne – und den Seminaristen erlaubt, am ersten schönen hellen Abend bei mir einzukehren und die Nacht mit mir durchwachend dazu anzuwenden, die Sternbilder aufzusuchen, die scheinbare Bewegung zu beobachten, und all den großen Eindrücken sich hinzugeben, denen man in der Stille der Nacht, entfernt vom Geräusch des Lebens, im Dunkel der Erde unter dem glänzenden Himmelsheer nicht entgehen kann. – Dies geschah zum ersten Male am 19. August.

Mit Folgendem brachten wir die Nacht zu, die vorüber war, ehe wir es selbst recht inne wurden.

Apparat: 2 Fernröhre, eine akromatische, 1 Himmelskarte, 1 Himmels- und 1 Erdglobus, 1 Quadrant. Beobachtung des Fixsternhimmels, der größten Sternbilder, der Milchstraße, des Auf- und Untergangs der Sonne, des Culmirens, der ungleichen Bewegung, der Parallelkreise um den Nordpol, des Zodiakus, der Planeten (Jupiter) durch Fernröhre, des Mondes, der im letzten Viertel stand und gegen Mitternacht aufging, seiner herrlichen Erscheinung mit seinen Höhen und Tiefen, Bergen und Schluchten, hellen und dunkeln Partien – die Dunkelheit unter uns, das magische Licht des Mondes, die stille Heiterkeit und die Erhabenheit der Nacht – die Einbildungskraft und die Gefühle der Demuth ohne Zerknirschung – nur Erhebung – Stille im Gemüthe und beseligende Selbstzufriedenheit im Vertrauen gegen den allmächtigen Schöpfer des Himmels und der Erden – – Pause, um vor Ermüdung zu bewahren.

Gegen 2 Uhr wurden die Fenster geschlossen. Niedergelegt, Gedichte deklamirt, Räthsel aufgegeben in der Runde und gesungen. Nach $1\frac{1}{2} - 2$ Stunden wieder zu den Sternen hin. Welche Veränderung der Stellung in so kurzer Zeit! Hier gilt Beobachtung und Erfahrung. Andere Sternbilder stehen am östlichen Himmel, und am westlichen sind welche verschwunden. Der Bär hat inzwischen seinen hochgestreckten Schwanz gestreckt. Nur der Nordpol steht unbeweglich. Wenn Du, o Mensch, willst unwandelbar bleiben, so bleibe treu der Tugend und der Pflicht, diesem Einen Pole. – Inzwischen bemerkte man die ersten Spuren der Herannäherung der Sonne, am östlichen Himmel Merkmale des kommenden Tages. Allmählich erbleichen die Sterne, erst verschwinden die kleineren. Nun, bevor die großen verschwinden, eilte man, die frische Morgenluft im Freien zu genießen und die aufgehende Sonne zu beobachten. Dichter Nebel deckt die tiefsten Stellen. Der Mond steht schon blaß am Himmel – nun kommt im röthlichen Feuer und in sichtbarer Vergrößerung, gleich einem feurigen Rade durch den Nebel hindurch, die majestätische Königin des Himmels. Welche Veränderung – welch anderes Schauspiel, welche stille Erhabenheit vor 2 Stunden – welche schaffende anregende Thätigkeit nun! Welch Farbenspiel in den Nebelstreifen – welch gewaltiger Eindruck! – Fürwahr, man lernt in einer so verlebten Nacht manches – was man nicht vergißt, und was nicht verdirbt. Unter den Kronleuchtern der Säle sind die Empfindungen etwas verschieden von den unter dem azuren Blau des prachtvoll glänzenden nächtlichen Himmels.

[28] Diesterwegs 1840 veröffentlichtes Werk: Lehrbuch der mathematischen Geographie und populären Himmelskunde (Berlin), wurde bis ins 20. Jahrhundert hinein immer wieder neu aufgelegt.

Am 5. September 1821.

Wenn es mir gelungen ist, aus den Seminaristen viel zu machen, zu bewirken, daß sie *viel* (nicht gerade und darum Vieles) sind, so brauche ich nicht bekümmert zu sein, was sie in der Folge ihres Lebens treiben werden. *Denn was ein Mensch thut, hängt davon ab, was er ist.* Wer wenig geworden ist durch sich und andere und Umstände, wird nimmer viel leisten; unmöglich aber ist's, daß der, der tüchtig, geschickt, gewandt, ein denkender, fühlender, guter Mensch, kurz, der *viel ist*, wenig oder unnützes, unbestimmtes, schlechtes thun werde.

{Unter demselben Datum.}
Wodurch wird ein Buch uns lieb?

Durch Reichthum des Inhaltes, Wichtigkeit desselben, Wahrheit, dann durch reizende, gefällige Form und schöne Darstellung. Und Beides finden wir in der Bibel. Weg bei

Erklärung derselben mit dem Leichtsinn oder leichten Sinn, der beim Lesen der Profan-schriftsteller manchmal an seinem Orte ist, sondern Ernst, Achtung, Würde. Aber auch verschieden sind die Bibellektionen. Darum auch oft weg mit gesuchtem Ernst, pedantischer Steifheit bei geschichtlicher Darstellung, Gleichnissen etc. Auch vergnügen kann und soll die Bibel. Nur nicht zu Scherz veranlassen. Ist sie auch reich an Satyre? Nur an der ernsten.

Im September 1821. Der Seminarlehrer.

Den Seminarlehrer macht der Umstand vor allen andern Lehrern, sie mögen in der Dorf-schule oder auf Lehrstühlen und Kanzeln Platz nehmen, beneidenswerth, der Umstand nämlich, daß das Seminarium seine Zöglinge mit ihrem Lebensberufe vollständig bekannt macht, nicht bloß wie die meisten Schulen allgemeine Bildung im Auge, sondern es mit Jünglingen zu thun hat, die wissen was sie wollen. Das Seminar hat also für die ganze Bildung des jungen Menschen zu sorgen, und hat diese, begünstigt durch mancherlei Um-stände ganz in seiner Gewalt. Seminare sind allgemeine Bildungsanstalten und zugleich Berufsschulen und der Seminarlehrer hat das seltene Glück, im kleineren Kreise, als die Akademie, das Leben und Treiben jedes einzelnen Schülers zu beobachten, zu regeln und zu fördern. – Sachkenntniß des Berufsgeschäftes kann in den gewöhnlichen Schulen nicht gegeben, sondern nur durchs Leben und die Erfahrung erworben werden. Nicht so im Seminar.

Neuer Vorzug: Nicht Knaben-, sondern *Jünglingsschule*.

Die Seminaristen haben nichts zu verlernen, weil sie nichts gelernt haben.

Im September 1821.

Hell müssen die Vorstellungen und Begriffe über die Grundsätze der Moral in dem Seminaristen sein. Vielfach von *einer* Seite (theoretisch und praktisch-allgemein und populär, satyrisch mit nachdrücklichem Ernst und wieder mit ergreifendem Gefühl –) dar-gestellt; denn es ist undenkbar, daß das mit dem Verstande erfaßte und dem Gefühl mit-getheilte von einem für die Sache ergriffenen, nach diesen Grundsätzen lebenden Lehrer nicht nach und nach in die Denk- und Sinnesweise übergehen, und in ihren Handlungen, Sitten sich spiegeln sollte. Kopf und Herz – Herz und Kopf. Gleich weit entfernt von Klüg-ling und Phantasten – ergriffen von allen Angelegenheiten, die die Menschen betreffen und die dem Menschen nahe sind. Humanität, du großer Name! Tolerant aber nicht Indifferen-tist – entschieden für Aufklärung, Bildung – Feindschaft und Haß jedem Verdunkler, Frömmler, Quietisten. Es gibt einen christlichen Haß. Es lebe der christliche Haß! Wer liebt, haßt das Gegentheil. Freund Gottes – Feind der Lüge. –

Am 21. September 1821.
Maximen.

1. Alles, auch an sich Gleichgültiges, vermeiden, was Anstoß oder Gelegenheit zur Aus-artung und zum Mißbrauch werden kann.
2. Der positiv-körperlichen Strafe mich enthalten. Sobald einer dieselbe nöthig macht, – marsch! –
3. Keinen mehr aufnehmen, der noch den Knabenschuhen nicht entwachsen ist, damit kindliche Albernheiten, leichtsinnige Knabenstreiche nicht auftauchen. – Das Alter des

Seminaristen ist ein Zwischenalter, das leicht entweder zurückfällt oder fortschreitet. Darum weg mit Buben!

Am 26. September 1821.

Vier von den Seminaristen verlieren fast den Muth. Sie meinten ankommend viel zu wissen, und nun beginnend finden sie, daß sie nichts wissen, ja sie zweifeln fast am nöthigen Talent. Rousseau sagt L. III. p. 46: Le mal n'est pas donc ce qu'il n'entend point, mais dans ce qu'il[29] croit entendre.[30]

Jene meinten vorher, viel zu verstehen und verstanden nichts; jetzt meinen sie nichts zu verstehen und nun haben sie angefangen, zu verstehen, wenigstens das, daß sie bisher nichts verstanden.{*}

[29] Hier wurde eine Korrektur vorgenommen; im Original bei Diesterweg bzw. Langenberg heißt es „quil" statt „qu'il" (Aus Diesterweg's Tagebuche, a.a.O., S. 86).

[30] Das Übel ist folglich nicht, daß man gar nichts versteht, sondern daß man glaubt zu verstehen. Diesterweg zitiert nahezu wörtlich Jean-Jacques Rousseau aus dem dritten Teil des „Emile, ou de l'éducation" (Band 2. Genf 1780, S. 52). Allerdings heißt es im Original bei Rousseau: „dans ce qu'il n'entend point", nicht „donc ce (…)".

{Spätere Bemerkung.}

Zwei von den genannten sind recht wacker geworden. Sie lernen mit Vergnügen und folglich mit Erfolg. – Einer von den 4 Seminaristen war der von einem Pfarrer so dringend empfohlene, aber wie matt, schwach und feig ist dieser Jüngling, und zu allem dummgläubigen Fürwahrhalten und Seufzen aufgelegt. Der am meisten Empfohlene ist der Schlechteste.

Zu Ende des Jahres 1821. {Kleinere Notizen.}

1. Der Seminarist, wie der Jüngling überhaupt, soll denken, und durch Denken erfahren und *ein*sehen, begreifen, daß sein Denken meist nur ein Versuch ist, dessen Resultate nicht unwandelbar fest stehen, sondern die sich noch gar mannigfaltig verändern und umwandeln werden.
2. Von Seminaristen (Seminaranstalten) gilt das Schiller'sche Wort:
   „Aber entfaltet sich auch nur einer, einer allein streut Eine lebendige Welt ewiger Bildungen aus."[31]
3. Was ein Seminar nicht ist:
   a. kein Versorgungshaus,
   b. keine Fabrikanstalt,
   c. kein Treibhaus.
   Was ein Seminar ist:
   a. eine Unterrichtsanstalt,
   b. eine Menschenbildungsanstalt,
   c. eine Schule künftiger Lehrer,
   Und wegen a, b, c auch
   d. ein Gotteshaus.

* {„Die Demuth wird begünstigt durch das Wissen des Nichtwissens." *Herbart*, Einleitung in die Philosophie.}

82

4. Die Seminaristen bedürfen, je länger sie im Seminar gewesen sind, immer weniger und weniger des Unterrichts. Anfangs muß ihnen, weil sie noch nicht zu lernen verstehen, das Lernen gelehrt werden. Sobald sie es können und je mehr sie es können, desto mehr mag man sie bloß anleiten zum Selbststudium. Endlich, wenn sie vollends das Lernen gelernt haben, werden sie aus der Anstalt entlassen.

5. Von ungemeiner Wichtigkeit ist es für Seminaristen, daß sie lernen ein Buch lesen, verstehen, gebrauchen, durchdenken, studiren. Dazu muß ihnen Anleitung werden. Daher erst Unterricht in den durch eigene Kraft zu erschaffenden Wahrheiten (über Mathematik etc.) dann das Ringen nach Kenntnissen. Erst Erkenntnisse, dann Kenntnisse. Und um jener Wichtigkeit willen die Belehrung über ein schweres, wichtiges Buch; z. B. GRUNER[32]. Durch Streben nach Hoch- und Tiefliegendem wird man hoch und tief. Hohe Ansichten und tiefe Einsichten sind der Erfolg. Wissenschaftlichkeit. Oder fruchtet irgend[33] ein Wissen ohne Umsicht, tiefe Begründung, Wissenschaftlichkeit? Der Erfolg lehrt es. Daher Wissenschaftlichkeit im Seminar-Unterricht. Populär und elementarisch, d. h. zergliedernd, lückenlos fortschreitend, begründend, beweisend.{[*]}

[31] Diesterweg bezieht sich auf Friedrich Schillers Epigramm „Die verschiedene Bestimmung" (Tabulae votivae, 1797); vollständig lauten die Verse:

„Millionen sorgen dafür, daß die Gattung bestehe,
Aber durch wenige nur pflanzet die Menschheit sich fort.
Tausend Keime zerstreut der Herbst, doch bringet kaum einer
Früchte, zum Element kehren die meisten zurück.
Aber entfaltet sich auch nur Einer, der einzige streuet
Eine lebendige Welt ewiger Bildungen aus."

[32] Von Gottfried Anton Gruner sind wahrscheinlich folgende Schriften gemeint:
Versuch einer wissenschaftlichen Darstellung und Begründung der wichtigsten Hauptpunkte der Erziehungslehre. Jena 1823; sowie:
Versuch einer gemeinfaßlichen doch auf Selbstverständigung gegründeten Entwicklung der dem Volksschullehrer unentbehrlichsten wissenschaftlichen Vorkenntnisse. Jena 1823.
Beide Werke befanden sich in der Moerser Seminarbibliothek und wurden von Diesterweg mehrfach empfohlen.

[33] Hier wurde eine Korrektur vorgenommen; im Original bei Diesterweg bzw. Langenberg heißt es „irgend irgend" statt „irgend" (Aus Diesterweg's Tagebuche, a. a. O., S. 88).

[34] Gemeint ist vermutlich: Legendre, Adrien-Marie (1752–1833; s. ds. Personenregister Bd. V und VI): Elements de géométrie. Paris 1794.
Dieses Lehrbuch wurde von A. L. Crelle ins Deutsche übersetzt und mit Anmerkungen begleitet: Die Elemente der Geometrie und der ebenen und sphärischen Trigonometrie. Berlin 1822.

{Aus derselben Zeit.} Verdienste PESTALOZZI'S.

1. Aufmerksammachung auf die aus der Natur der menschlichen Geistesanlagen hervorgehende Nothwendigkeit frühzeitiger Beschäftigung mit *räumlicher* Größe.
2. Gründliche, naturgemäße Behandlung der *Zahl*.
3. Betonung der Wichtigkeit, die er auf Naturgemäßheit legte, sich hierin an ROUSSEAU anschließend.[35]

[*] {Das Buch von Gruner (Versuch einer wissenschaftlichen Begründung etc. der Erziehungslehre etc.) gab Diesterweg auch mir im Jahre 1827 zum Selbststudium, ebenso das mathematische Werk von Legendre[34] und Andere.
E. Langenberg}

4. Aufregung der pädagogischen Welt.
5. Nachweisung der Nothwendigkeit liebevoller Behandlung der Kinder.
6. Begründung der Nothwendigkeit, mit Anschauungen allen Unterricht zu beginnen.
7. Hervorhebung der Wichtigkeit des Sprachunterrichts für Volksschulen.
8. Bekämpfung des Realismus, Vernichtung des Basedowianismus[36] – und die Darstellung der Nothwendigkeit: die Seelenkräfte zu stärken, formell zu unterrichten, die Menschenkraft zu steigern – durch Selbstsuchen, Selbstfinden, eigene Anstrengung.

[35] Der junge Johann Heinrich Pestalozzi war ein großer Verehrer Jean-Jacques Rousseaus. Das Tagebuch über die Erziehung seines Sohnes beispielsweise spiegelt das Bemühen, das eigene Kind gemäß Rousseauschen Maximen naturgemäß zu erziehen; es zeigt zugleich die Abkehr Pestalozzis vom Postulat der reinen Naturgemäßheit hin zu einem differenzierteren Erziehungskonzept.
Vgl. Pestalozzis Aufsatz: Wie Vater Pestalozzi anno 1774 sein drei und ein halbjähriges Söhnlein Jacobli unterrichtet und beobachtet und zu welchen Betrachtungen es führt. In: Pestalozzische Blätter. Hrsg. von J. Niederer (s. ds.). Beilage zur „Rheinisch-westphälischen Monatsschrift", hrsg. von J. Ph. Rossel, Aachen 1828, Bd. X, S. 514–632.
Die „Tagebuchblätter" sind abgedruckt in: Pestalozzis Sämtliche Werke. Hrsg. von E. Spranger, A. Buchenau und H. Stettbacher. Bd. I. Berlin und Leipzig 1927, S. 115–130.
[36] Damit dürften die „falschen Jünger" gemeint sein, die J. B. Basedows (s. ds.) „in seinem Ursprunge und in seinen Zwecken größtentheils richtiges Erziehungssystem" verkehrten. Diesterweg kritisierte 1830 in den „Rheinischen Blättern" deren Nützlichkeitsprinzip als nachteilig für die Bildung für das höhere praktische Leben; vgl. „Über Philanthropinismus und Humanismus in bezug auf die in unserer Zeit entstehenden (höheren) Bürgerschulen", Bd. I, S. 25–53; vorliegende Ausgabe, Bd. II, S. 3–20, hier: S. 8.

Zu Ende des Jahres 1821.

Ein Kind kann nur dadurch entwickelt, gebildet, erzogen werden, daß man seine naturgemäße Entwickelung nicht hemmt, sondern fördert. Jede diesem naturgemäßen Entwicklungsgange entsprechende Anregung ist förderlich, das Gegentheil macht entweder keinen Eindruck, indem die Natur unempfindlich ist für denselben, ihn abweiset, neutral bleibt; oder wirkt hinderlich, störend, verbildend, verziehend. Der Erzieher muß sich also der Natur unterwerfen, nicht sie beherrschen in diesem Sinne, sondern ihre Gesetze und die Art ihrer Entfaltung im Menschen belauschen, befördern und überhaupt die Naturgesetze als heilige verehren; denn sie sind die Gesetze der Schöpfungsthätigkeit Gottes. Die Naturgesetze sind die heilige Schrift des heiligen Gottes, gegen welche alle Menschenkunst das elendeste aller Pfuscherwerke bleibt. Elender Mensch! du wolltest die Natur meistern, ihre Mängel und Gebrechen corrigiren und gut machen, was sie verbrochen. Ja fürwahr, Menschenwerk und Menschenkunst ist nur da erforderlich, wo die Natur nicht mehr schafft, wo die Menschen schon Alles verdorben, verkünstelt haben.[37] –

[37] Hier wird die Wirkung der Lektüre von Rousseaus „Emile" erkennbar, der sein erstes Buch mit dem Satz beginnt: „Alles ist gut, wie es aus den Händen des Schöpfers kommt; alles entartet unter den Händen des Menschen".

Naturgemäß ist:[38]

1. Lückenlos, ohne Sprünge zu machen. So wirkt die Natur.
2. Von einem festen fast unscheinbaren Keime aus (oder Anfangs) ununterbrochen fort, ohne Stillstand, einem gewissen relativen Höchsten entgegen zu streben.

84

3. Mit dem Bekannten, nahe liegenden zu beginnen, dann das Nächste anzureihen und sofort zum Entferntesten fortzuschreiten.
4. Nicht mehr Stoff vorzulegen, als die geistige und leibliche Kraft verarbeiten, verdauen, verassimiliren kann.
5. Nicht ewige Einerleiheit, noch weniger zu große Mannigfaltigkeit – sondern Einfachheit und Abwechselung in den Thätigkeiten – Einheit in der Mannigfaltigkeit – zum Eins werden.
6. Heiter das Kind anzusprechen, in heiterer Stimmung es zu erhalten, alles Düstere, keineswegs aber den Ernst ihm fern zu halten. Fröhlicher Ernst.
7. Nahrung zu bieten zu vielseitiger Kraftanwendung und Entwickelung nach allen Seiten der Entwickelungsfähigkeit des Kindes. Jedoch zu einer Zeit, einer Periode, eine Geisteskraft vorzugsweise ansprechend.
(Alle richtige [sic!] Grundsätze der Erziehung könnte man unter die Rubrik der Naturgemäßheit bringen; denn an den Prüfstein der Naturgemäßheit gehalten bewähren sich die Grundsätze. Folglich muß der Begriff der Naturgemäßheit im engeren Sinne genommen werden, weil hier kein System der Erziehung festgestellt werden soll. Der Gegensatz ist die Künstelei, Verkünstelung etc.)

[38] In den „Rheinischen Blättern" von 1830 bezieht sich Diesterweg unter diesem Stichwort auf Rousseau und Pestalozzi („Über das oberste Prinzip in der Erziehung", Bd. I, S. 54–69; vorliegende Ausgabe, Bd. II, S. 21–31, insbesondere S. 28 ff.). Die Befolgung dieses Prinzips bereitet Schwierigkeiten bei der moralischen Erziehung, wenn die Frage gestellt wird, ob und welche Moral sich von selbst entfaltet und welche Moral angesichts der Unterschiede zwischen den Kulturen die naturgemäße ist.

Gleichheit der Gesetze der leiblichen und geistigen Verdauung.

Nur die den heiligen (warum?) Gesetzen der Entfaltung des Menschengeistes entsprechende Anregung fruchtet. Das Gegentheil wirkt gar nicht oder verbildet, verzieht. Aber den wahren Anregungen, die der Natur des Menschen entsprechen, kann er sich gar nicht entziehen. Er muß von ihnen angeregt werden, kann sich ihrer erregenden Kraft nicht entziehen. Oder kann die durstige Wurzel einer Pflanze sich gegen das Einsaugen des auf sie andringenden Regens entziehen? Oder ist es möglich, daß eine Claviersaite, wenn sie gehörig angeschlagen wird, nicht erklinge? Also auf die rechte Anregung folgt momentan die Wirkung und Gegenwirkung. Die Fröhlichkeit des Kindes, das Hingeben an die Erregung, das Folgeleisten des richtigen Griffes. Zwar nur bei naturgemäß erzogenem Kinde. Der verdorbene Magen verdaut oft nicht einfache Speise; aber der Hunger findet Schwarzbrod schmack- und nahrhaft. Und der Geist hat eben so gut Hunger und Bedürfniß, überhaupt wie der Körper. Gibst du ihm die rechte Speise, so arbeitet er. Warte daher den Hunger ab, ehe du gibst. Bei einfacher naturgemäßer Speise wächst die Verdauungskraft. – Ehemals meinte man, und viele Nichtkenner der Entfaltung des Geistes meinen es noch, daß der Erzieher den Menschen nach seiner Willkühr bilden, formen, machen könne. Aber der Erzieher kann nichts machen. Er kann nur Gelegenheit, aber kein Objekt machen. Der Zögling muß sich selbst machen. Einzig ist Selbsterziehung möglich. Der Erzieher macht nur die Umstände, die Veranlassung. Und wer diese naturgemäß zu machen weiß, der ist ein wahrer, natürlicher Erzieher. Ehrfurcht vor der Natur außer und im Menschen. Heilig, heilig ist Gott; heilig, heilig sind die Gesetze der Entwickelung der Natur und ihrer Geschöpfe! Großer Rousseau! –

– – – – – – – – – – – – – – – –

Ein jedes organische Geschöpf trägt in sich das Gesetz seiner Entwickelung. Ein anderes die Eiche, ein anderes die Linde, ein anderes die Lilie, ein anderes die Kornblume. Selbst wenn die äußeren Erregungen dieselben sind, derselbe Boden, dieselbe Luft, dieselbe Wärme, dieselbe Feuchtigkeit, so entfaltet sich die Eiche keinesweges nach dem Entwickelungsgesetze der Linde, noch weniger nach dem der Lilie und der Kornblume. Eben so wenig als der Forstmann aus der Eichel eine Linde ziehen kann, eben so wenig kann der Mensch aus einem Menschenkeime ein anderes machen, als wozu die Anlage, die Bestimmung in demselben liegt. – Und das Okuliren[39], Pfropfen geht auch nicht beim Menschen. Wasserreiser abschneiden, Wucherpflanzen entfernen, Insekten verjagen, Nester vertilgen, also negativ wirken; Schutt, Ballast, Hindernisse und Schwierigkeiten wegräumen – das kann er; Nichts aber machen; nur befördern, was der Mensch in sich trägt.[40]

Begehren, wollen kann der Mensch nur das, was seiner Natur gemäß ist, oder was er seiner Natur, seinem Bedürfniß gemäß, für gemäß hält. Etwas Naturwidriges kann der natürliche Mensch nicht begehren, nicht wollen. Oder das zum Bedürfniß gewordene, vielleicht natürlichen Naturverhältnissen nicht ganz entsprechende in obigem Sinne in etwa aufgedrungene, das aber aus natürlichen Bedürfnissen entspringt, kann ich nur begehren. Naturgemäß leben und sein will und muß jedes Wesen. Anregen kann nur der Erzieher. Dies ist allein wirksam, folglich auch das wirksamste, so wie für Pflanzen-Organismen nichts erregender und anregender ist als der Regen. Wie der Regen die Pflanze erregt, sie nicht nur in Thätigkeit und Bewegung setzt, sondern auch Nahrungsstoff zugleich zuführt, so soll der Mensch das Kind durch naturgemäßen Nahrungsstoff anregen.

Die Erzieher, gewöhnlich ihren Idealmenschen anschauend und ihn in die Seele des Jünglings hinein tragend, kehren die Unwissenheit jener Wilden, die Schießpulver säeten, statt es zu machen, bloß um, wenn sie in und aus des Kindes Seele etwas *machen* wollen, statt daß sie nur die Keime ruhig und zeitgemäß d.h. allmählich sich entfalten lassen sollten.[41]

Naturwidrig ist: (weil die Natur es so nicht macht) das Kind erst lesen lehren, bevor es reden kann. Ihm Namen, Zeichen geben, bevor es die Sache hat. Ihm von Dingen schwatzen, die seinem kindlichen Vorstellungsvermögen fremd sind, wie z.B. die Seligkeit des dritten Himmels. Es frühe zum Stillsitzen zwingen, stundenlang. Es unbeschäftigt lassen oder es zu machen, daß es nichts thue. Ihm Aberglaube und Gespensterfurcht beibringen. Sprünge zu thun ohne Verbindung, und ohne daß das Kind die Kraft habe, sie mitzumachen, Aufgaben zu geben, an deren Lösung die kindliche Kraft nicht reicht. Am Gängelbande führen.

– – – – – – – – – – – – – –

Alles was auf Menschen wirken soll, muß einem *Triebe* derselben entsprechen. Sonst ist es – wenn dies anders möglich ist – etwas Erzwungenes, Gekünsteltes, Angeflicktes, das den Menschen nicht frei, sondern sklavisch macht.

Eben so zu einer Sache, zu der ein Mensch Talent hat, muß er auch Lust haben. Oder es ist verkehrt angefangen. –

[39] Beim Okulieren (Okulation) handelt es sich um eine Veredelungsform für Pflanzen. Die sogenannten „Augen" werden schildförmig samt einem Stück umgebender Rinde aus dem Edelreis herausgeschnitten, in einen T-förmigen Rindeneinschnitt des Wildreises eingesetzt und die Stelle unter Freilassung des Auges mit Bast verbunden.

[40] Diese Anthropologie, noch ganz unter dem Einfluß der Vermögenspsychologie des 18. Jahrhunderts, steht diametral zur zeitgenössischen, die gerade die Unbestimmtheit und Offenheit der menschlichen Natur als spezifisch ansieht.

Die Metapher des Entfaltens, das Erziehung zu befördern hat, verdeckt die theoretischen Schwierigkeiten, das Ergebnis der Erziehung von angeborenen Talenten zu unterscheiden. Talente oder Anlagen werden erst dann Gegenstand möglicher Aussagen, wenn sie nicht mehr grundsätzlich als angeboren gelten, so beispielsweise bei Theodor Litt 1928 in seiner grundsätzlichen Kritik an der Reformpädagogik, von der dieser Gedanke des „Wachsenlassens" wieder aufgenommen wurde: „Führen oder Wachsenlassen. Eine Erörterung des pädagogischen Grundproblems" (1927). 11. Aufl. Stuttgart 1964.

Am 5. Januar 1822.

Das Kind ist eine Knospe, die noch der Entwickelung harret, die sich aber, wenn äußere Umstände nicht ungünstig sind, *nothwendiger Weise* entwickelt und zwar nach dem vom Schöpfer in sie gelegten Entwickelungsgesetze und zufolge des in sie gelegten *Entwickelungstriebes*. Die Rosenknospe, wie jedes organische Wesen hat als lebendiges Wesen einen Trieb, zu werden, was es kann, in sich, der also in allen Organismen, folglich auch im Menschen vorgefunden wird. Dieser Entwickelungstrieb wird nicht gemacht, sondern er ist da, vorhanden, in aller Energie.[42] Verschieden zwar in Hinsicht der Intensität in den Einzelwesen, nirgends aber, wo Leben vorhanden ist und etwas Organisches werden soll, fehlt er. Wäre dieses, so ist Leblosigkeit und Tod vorhanden und keine sterbliche Gewalt wird Leben hervorrufen, wo der Keim des Lebens nicht vorhanden ist. Folglich hat der Erzieher nichts zu thun, als diesen vorhandenen Keim und den in ihm liegenden Entfaltungstrieb nicht zu stören, Hindernisse wegzuräumen und der Hoffnung sich überlassen, daß die Zeit die Reife hervorbringen werde. Also soll er nichts verfrühen, nicht die Menschenpflanze in's Mistbeet, nicht in's Treibhaus versetzen, wenn sie an der freien Luft gedeihen kann. Ueberhaupt also kann er nichts machen, nur Schwierigkeiten wegräumen. Er braucht auch schlummernde Kräfte nicht zu wecken bei naturgemäß aufgewachsenem Kinde; denn die Kräfte schlummern nicht. Sie sind von innen heraus thätig, suchen Gelegenheit zur Thätigkeit und Uebung, und wenn du es an Vorführung dieser Gelegenheit nicht fehlen lässest, so entwickelt sich das Kind ganz von selbst, nach dem Entwickelungsgange der Natur, naturgemäß. – Frevler, wenn du die geschlossene Knospe mit Gewalt erbrichst und mit Instrumenten die zarten Blätter herausziehst. Frühreife – frühes Welken. Alles hat seine Zeit. Gewichtiges Wort für Erzieher. Es ist so wenig möglich, daß ein auf diese Weise naturgemäß sich entwickelndes Kind naturwidrig, d. h. böse werde, so wenig der allmächtige Schöpfer Himmels und der Erde etwas Böses, eine böse Anlage geschaffen hat. Und so wie jede Rosenknospe, der es an dem erforderlichen Boden, Regen, an Luft und Sonne nicht fehlt, das wird, was sie werden soll, eine duftende, herrliche, schöne Rose, so gewiß wird ein Menschenkind, diese Rosenknospe unter naturgemäßen Einflüssen das, was sie werden kann und soll, ein Natur- (Fluch dem Spötter!) d. h. ein guter Mensch. Aus diesem Gesichtspunkte betrachtet erscheint das Gefasel von dem Menschen angeborener Anlage zur Naturwidrigkeit, zur Bosheit, eine Blasphemie Gottes. Vieles aber, was verkünstelten Menschen als böse erscheint; vieles was unsern verdrehten gesellschaftlichen Verhältnissen gemäß ist; vieles, was Convention, Sitte und Herkommen geheiligt haben, ist naturwidrig, und das gerade Gegentheil vieler dieser Herkömmlichkeiten, dieser Wahnsätze, dieser Irrlehren – ist allein naturgemäß. Dem möglichst der Natur gemäß Lebenden, dem die Natur Verehrenden und demjenigen, welcher dem Entwickelungsgange der kindlichen Natur nachspürt, diesen Allen werden diese schiefen, verkrüppelten Ansichten nicht entgehen, und er wird unter unschuldig fröhlichen Kindern, die naturgemäß erzogen sind, nichts weniger finden, als Hinterlist, Mißtrauen, Selbstsucht und andere Teufeleien. Diese Räuber des Menschenglückes, diese Früchte menschlicher Ausartung, regieren meist die Welt der Erwachsenen, nicht aber die Kinderwelt. Wo sind die Besseren, die Guten, hier oder dort: „*Wenn ihr nicht werdet, wie die Kinder, so könnt ihr nicht in's Himmelreich kommen"*.[43] Folglich – das lehrt der göttliche Ausspruch und die Erfahrung, sind die Kinder so, wie Menschen überhaupt sein sollen, d. h. nicht radical-böse. Und das radicale Böse[44] ist wie eine Ausgeburt künstlicher Unnatur. Seid naturgemäß, seid so, wie Gott euch geschaffen hat, und ihr seid gut! Alles, was der Mensch aus sich machen kann, Alles, was er Fremdes in sich hineinträgt, Alles was der angeborenen Natur nicht entspricht, ist vom Uebel. Und je mehr ihr Fremdartiges, Naturanlagen nicht entsprechendes in euch verpflanzt, desto schlechter werdet ihr: die personificirte Unnatur! –

[42] Siehe dazu die Anmerkungen 37 und 41 zu den Ausführungen zum Ende des Jahres 1821. Der Begriff „Entwicklungstrieb" verweist auf ein weiteres Problem, wenn dem Handeln und Tun des Menschen je ein Trieb zugeordnet wird. Die Liste der Triebe wird prinzipiell unabschließbar und ihre Allgemeinheit fragwürdig.

[43] Nach einem Wort des Neuen Testaments; Lukas 18,17.

[44] Von Kant (s. ds.) geprägter Begriff, gegen den Diesterweg mit dem Neuen Testament und Rousseau (s. ds.) argumentiert. Damit werden nicht vergleichbare Aussagen gegeneinander abgewogen; Rousseau bezieht sich auf die natürlichen Anlagen des Menschen, während bei Kant von einem Hang zum Bösen die Rede ist. Das Böse verschuldet der Mensch selbst; es muß seiner Freiheit zugerechnet werden. „Angeboren" ist dieser Hang nur insofern, als er bis zur Geburt, d. h. bis zum ersten Gebrauch der Freiheit zurückgeht.

{Einige Tage später.} J. H. Voss.

Im Jahre 1822 hatte man angefangen einzusehen, daß man vom Jahre 1813 an dem Gefühl zu großen Spielraum eingeräumt und zu voreilig das Gebiet der Vernunft geschmälert hatte. Ueberall Seufzer, Glockentöne, Begeisterung in Wort und Phrasen, Gemunkel und Geliebel, Gefasel und Gechristel, Mystik und Katholicismus, Symbolisiren, Allegorisiren u. dergl.

Einer der vorzüglichsten Denker (Achtung diesem Worte und denen, die das trifft), welcher dieser Sucht *in Gefühlen zu abenteuern* sich entgegenstellte, das Vernunftgesetz vertheidigte gegen Mystik etc. war J. H. Voss, der Luther unter den Gelehrten des 19. Jahrhunderts. Gott sei Dank, daß wir noch solche Männer haben. Paulus ist seines Gleichen. Jenes Ansicht schnitt und drang durch und die Uhus krochen in ihre Löcher. Jene sind enthalten in Sophroniza, der Bestätigung der Umtriebe und in der Jenaer lit. Zeitung 1821 Märzheft gegen den Symboliker Kreuzer.[45] Herrlicher Mann, der du der Schwärmerei die Quellen vergräbst. Lebe und wirke lange!

In ähnlichem Gefühl warf ich mich der Mystification, Symbolik und allegorischen Darstellung im Dethmar'schen Institute{*}[46] entgegen. Selbst bis in die Zimmer der Schul- und Erziehungshäuser trieb man Mystik. Man mystificirte das Klare, deutete, wo man im Licht wandeln konnte, steckte Kerzen an, damit Gottes Sonne nicht scheine, umnebelte den Verstand, und wähnte, in frommem Gefasel Gott dienen zu können. Ja Wagner mystificirte sogar die Mathematik.[47] – Diesen kraftlähmenden Teufel wird J. H. Voss noch vollends austreiben.

Männern, wie Voss, ist Schulparteiung, betriebsame Unserigkeit, verabredete Schwärmerei, Frömmelei und Schalksnebelei widerlich und verächtlich.[48]

* {Dieses weibliche Erziehungsinstitut wurde geleitet vom Pfarrer Dethmar in Reckenburg. Gepriesen wurde der dortige „Komödiantenunfug", wie es Diesterweg nennt, im Rheinisch-westphälischen Anzeiger 1819 Beilage zu Nummer 20. Diesterweg trat dem Unfug entgegen in der Zeitschrift „Hermann" am 17. Mai 1819.}

[45] Mit den angeführten Veröffentlichungen von Johann Heinrich Voß sind gemeint:
Wie ward Fritz Stollberg ein Unfreyer? beantwortet in H. E. G. Paulus Sophronizon, Bd. 1, Heft 3 (1819);
Bestätigung der Stollbergischen Umtriebe, nebst einem Anhange über persönliche Verhältnisse. Stuttgart 1820;
Anfragen an Gelehrte. In: Jenaische Literaturzeitung 1820.
[46] Vgl. vorliegende Ausgabe, Band XVIII, S. 451 f. und Anmerkung 85.
[47] Gemeint ist Johann Jakob Wagner und dessen Werk: System des Unterrichts oder Enzyklopädie und Methodologie des gesamten Schulstudiums. Aarau 1821.
J. J. Wagner war von der mathematischen Faßbarkeit des Weltgesetzes überzeugt.
[48] Diesterweg spielt auf Auseinandersetzungen an, die dieser Spätaufklärer schon in seiner Heidelberger Zeit mit Achim von Arnim, Clemens Brentano und den Kollegen J. J. Görres (s. ds.) und G. Fr. Creuzer (s. ds.) hatte. Romantikern erschien Voß als personifizierter Rationalismus, später kamen religiöse Differenzen hinzu. Wegen der romantischen Affinität zur christlichen Mystik des Mittelalters – es gab spektakuläre Konversionen zum Katholizismus – hielten die Differenzen an.
Diesterweg versteht unter Mystizismus auch verschiedene Ausprägungen des Pietismus.

Am 12. Januar 1822.

O, der Armseligkeit aller Reden des Verstandes, des Begriffsvermögens über göttliche Dinge! Da wollen wir elende Menschen, winzig und klein und eitel – arme Sünder! über die Weisheit Gottes philosophiren, nachweisen, warum der Höchste so und nicht anders handelte, wie *klug* er sei. Ja, man will seine Klugheit erkennen in Natur und Offenbarung. Und dieselben Armseligen werden, wäre gerade das Gegentheil geschehen, wiederum beweisen, daß dies das einzige Kluge und Weise sei. Wahrhaftig, wer durch diese Gedanken nicht demüthig an seine Brust schlägt und wortlos verstummt und schweigt – der – . Fürwahr, wenn wir in unserer Beschränktheit den Schrankenlosen begreifen, seine Klugheit nachweisen könnten, so müßten wir doch wenigstens ihm gleich stehen. Und die Menschen, die Alles wissen, Alles beweisen können, setzen sich gewöhnlich noch ein klein wenig über Gott.

Am 16. Januar 1822.

Wunderlich, daß die Seminaristen durch große Beispiele der Geschichte, nämlich durch äußere, glänzende, heroische Thaten der Helden und Kraftmenschen z. B. eines ALEXANDERS so wenig ergriffen werden! Fast thut mir das hier und da leid. Sie messen Alles mit dem Maaßstabe der Sittlichkeit. Wo die nicht ist, wo etwas Irrationales in moralischer Hinsicht erscheint, da schütteln sie den Kopf und die große Kraft des Menschen läßt sie kalt. An Nacheiferung ist hier gar nicht zu denken. Vielleicht daß dazu ein Grad *äußerer* Selbstständigkeit gehört, ein Freisein von leiblichen Bedürfnissen, eine freie Erziehung, die ihnen nicht geworden. Welche Begeisterung auf Gymnasien über ALEXANDER, HANNIBAL, HERMANN etc. Für Seminarien ist es in vielen Stücken anders. Ob besser dort?

Am 16. Januar 1822.

a. *Bildung, zumal sittliche* (wiewohl es keine andere gibt, denn auch die intellektuelle muß sittlich sein) entsteht nur durch *Gemeinschaft*. Allein für sich werde kein Mensch sich bilden können.

Zur Erregung reicht ein zufälliges und unterbrochenes Zusammentreffen hin; hingegen zur Bildung, in welcher Einheit sein soll, gehört eigentliche Gemeinschaft, worunter ein Zusammenhalten der Menschen für *einen* oder für mehrere gleiche Zwecke zu verstehen ist, dessen Band der verständige Wille ist. – Alle Bildung besteht in der Herrschaft des nach Zweckeseinheit gerichteten Willens über den Geist, und diese Herrschaft wird erleichtert durch das Anschließen des Einzelnen an die Gesammteinheit (Apologie öffentlicher Schulen, die durch die öffentlichen Bildungs-Anstalten werden). – Die ganze sittliche Richtung, die ein Mensch nimmt, hängt ab von der sittlichen Gemeinschaft, in der er aufwächst, von seiner Erziehung und dem Familien- und Volksleben, dem er angehört.

b. Höhnend die Natur und ihren Schöpfer zucken die Orthodoxen die Achsel bei dem Namen: Naturreligion, natürliche Religion. Und doch könnte die geoffenbarte im engen Sinne gar nicht gefaßt, verstanden, angenommen werden, sie wäre = 0 für den Menschen, ohne den Trieb zur Religion, ohne natürliche Religion. Denn Alles, was auf Menschen wirken soll, muß einer Anlage, einem Triebe, einem Bedürfniß entsprechen.[49] Ohne natürliche Religion wäre übernatürliche Religion ein Unding, ein Hirngespinnst, das an Menschen so vorüberging, wie an Steinen. Nur in so fern ist ein Wesen fähig außer sich Göttliches wahrzunehmen, als es Göttliches in sich wahrnimmt und in demselben Grade. Erst muß ich an das Schöne – das natürliche Schöne – Wahre, Gute, Sittliche, Göttliche, Idelle in mir glauben, ehe mir das Glauben an Göttliches außer mir kommen kann, und erst muß ich an Gottes Offenbarung *in mir* glauben, ehe ich an dieselbe außer mir glauben kann. Wie einfach, natürlich – schön, entzückend sind diese Ansichten, gegen die aufgedrängten, die von hinten anfangen. Auf Anthropologie[50] ist basirt Philosophie, Pädagogik, Religion und Alles.

[49] Siehe dazu die Anmerkungen zu den Ausführungen zum Ende des Jahres 1821.
[50] Eine überwiegend biologisch-physisch verstandene Anthropologie.

Am 21. Januar 1822. Wahr, schön, gut.[51]

Wahr ist das oder für wahr halten wir, was den Gesetzen des Erkenntnißvermögens nicht widerspricht, sondern gemäß ist. Was ihnen widerspricht (also den Regelbegriffen des Verstandes, der Kathegorien) nennen wir unwahr und falsch. –

Schön heißt (dünkt uns) das, was den Gesetzen des ästhetischen Gefühles gemäß ist. Was ihnen widerspricht, ist häßlich.

Gut ist (heißt) das, was den in uns liegenden Gesetzen der Sittlichkeit gemäß ist. Das ihnen widersprechende ist böse.

Die Gesetze des Wahren und Guten sind erkennbar, ausdrückbar und nachweisbar. Nicht aber die Beurtheilung des Schönen. Hier urtheilen wir nach einem unauflösbaren, nicht ausdrückbaren Obersatz.[52]

Wie wollen wir es anfangen, die Häßlichkeit eines Naturproduktes nachzuweisen? Angenommen, es sei möglich, d.h. es wäre nachweisbar, daß die Gesetze der Erscheinung eines Dinges widersprächen den Gesetzen unserer Kunstbeurtheilung, so machte die Natur einen unharmonischen, wehethuenden Eindruck auf unser Gefühl; Natur und Geist stimmten dann nicht zusammen und die Gesetzgebung des Geistes wäre eine andere, als die Naturgesetzgebung. – Die Natur als Wirkung eines verständigen Geistes gedacht, widerspräche dann sich selbst, da unser Geist auch zur Natur gehört. So undenkbar dies ist, so sehr ist die Erfahrung der wohlthuenden Einwirkung und harmonischen Zusammenstimmung der äußeren und inneren Natur für unsere Meinung, der gemäß als Postulat der Beurtheilung der Naturschönheit aufgestellt werden muß: Alle Produkte der Natur (die als Ganzes aufgefaßt werden können) sind schön, abgesehen von allem äußeren Zweck, Werth u. dergl. Sprechen wir daher einem Naturprodukt Schönheit zu, so geschieht dies keineswegs so, daß wir die Uebereinstimmung desselben mit irgend einem Begriffe nachweisen, sondern wir urtheilen nach dem genannten Postulate als Obersatz und unser Urtheil enthält eigentlich folgender Schluß: Alles Natürliche ist schön. Dies ist natürlich (naturgemäß), folglich ist es schön.[53] –

Oder begründe Einer, wenn er es vermag, das Gefühl der Schönheit eines Laubwerks, Sonnenaufgangs etc. In einer Beziehung anders beurtheilen wir Produkte der menschlichen Kunst. Bei allen ist die Vorfrage: sind die Gegenstände wahr? widerspricht ihre Darstellung nicht den Regeln unseres Erkenntnißvermögens? Und dann erst kommt die Beurtheilung der Schönheit des Werkes hinzu. Ohne Wahrheit gibt es keine Schönheit. Das Unwahre kann nicht schön gefunden werden. Hat nun irgend ein menschliches Werk einen Zweck, so liegt seine Wahrheit in seiner Uebereinstimmung mit diesem Zwecke. Ohne dieselbe ist das Werk zweckwidrig und unwahr, folglich niemals schön. Oder ich denke nicht an den Zweck, kenne ihn gar nicht und dann gefällt mir der Gegenstand vielleicht, ohne Zweckbeziehung. Darum ist nicht alles Wahre, seinem Zweck entsprechende schön. Aber die Wahrheit ist conditio sine qua non. Ein Portrait z.B., das eine bestimmte Person vorstellen soll, kann nie schön sein, wenn es nicht ähnlich ist, also die Wahrheit verletzt. Allenfalls mag das Colorit, die Gruppirung etc. schön sein, aber immer bleibt es ein häßliches Portrait. Ebenso ist es mit der Baukunst.[54]

(Daß der Obersatz der Beurtheilung der Schönheit unangebbar sei, ist ganz klar. Wäre z.B. Alles, was Einheit mit Mannigfaltigkeit verbindet, schön, so stände die Beurtheilung des Schönen ganz unter dem Gesetz des Verstandes. Und ein eigenes ästhetisches Gefühl anzunehmen, wäre ganz überflüssig und ein Unding. Das Verständige wäre dann auch das Schöne. Beide identisch, so doch das Schöne ein ganz anderes, freies, selbstständiges ist.)

Verschiedenheit in der Beurtheilung der Kunstgegenstände findet statt, in so fern sie körperliche oder geistige Mittel gebrauchen. (Die Schönheit ist immer geistig, gedacht). Die Poesie stellt Schönheiten der Geisterwelt auf, und jedes Poetische, welches unsere Einbildungskraft in freie Thätigkeit setzt, den Gesetzen der Einbildungskraft, welcher das Produkt entquollen, gemäß ist, ist schön. Würde z.B. der Tod eines Hundes noch so schön in Hinsicht des Rythmus, der Versification, der Abwechselung etc. geschildert, aber nicht nach den Gesetzen des Sterbens, so wäre das Ganze unwahr, folglich häßlich.

Aus dem Vorhergehenden erhellt, daß wir nun und nimmer über objective Wahrheit urtheilen können. Wir sind ein für allemal an die Formen unseres Lebens und Geistes gebunden. Was an sich – auch für andere Geister und Gott selbst – sei, das liegt über dem menschlichen Horizonte.[55] Wir können bestimmen, was für Menschen wahr, schön und gut ist, (aber für keine andere Wesen), d.h. was den Gesetzen unserer Weltanschauung, unserer Geisteseinrichtung, unserem Erkenntniß-, Gefühls- und Willensvermögen gemäß ist. Alle Philosophie, Pädagogik ist daher Psychologie,[56] und das *Naturgemäße* ist allein das Wahre, Schöne und Gute in allen Hinsichten. Das den Gesetzen des Geisteslebens nicht Entsprechende ist das Unwahre, Häßliche und Böse in jeder Hinsicht.

Wohl wird sich bestimmen lassen, begriffsmäßig, was das Schöne *nicht ist*, welche Merkmale einem Gegenstande das Prädicat Schönheit vorenthalten, z.B. Alles Schöne muß Einheit haben und Mannigfaltigkeit. Einförmiges oder bloß Vielfaches ohne Harmonie sind unschön.

[51] Diese formelhaft gewordene Wendung der deutschen Klassik identifizierte das Wahre und Gute mit dem Schönen, eine platonische Tradition, die im 18. Jahrhundert wieder auflebte.

[52] Diese Aussage dürfte auf die Definition des Schönen nach Kant (s. ds.) zurückgehen, derzufolge das Schöne ohne Begriffe als ein Objekt des allgemeinen Wohlgefallens angenommen wird.

[53] Der Syllogismus beweist nichts, sondern veranschaulicht die Bedeutung des Postulats: Alle Produkte der Natur sind schön. – Das Interesse an Naturschönheit war von besonderer Bedeutung; auch Kant räumte ihm in der „Kritik der Urteilskraft" (§ 42) ein, daß es als unmittelbares Interesse jederzeit Kennzeichen einer guten Seele sei.

[54] Siehe dazu Anmerkung 51.

[55] Für die kantische Überlegung, daß wir über die Dinge nur nach ihrer Erscheinung, aber nicht eigentlich etwas sagen können, sprechen bei Diesterweg anscheinend auch religiöse Gründe.

[56] Dieser Gedanke geht auf Herbart (s. ds.) zurück.

Am 17. Februar 1822.

Ueber die Wirkungen des Erlernens fremder Sprachen, besonders der lateinischen in höheren Bürgerschulen (sogenannten Stadtschulen).

Präliminarsätze oder Vorposten.

Ohne Latein und Griechisch kann man ein guter Bürger, guter Gatte, guter Mensch, gebildet, fröhlich frei, tüchtig, fromm sein, ohne Latein und Griechisch kann man selig werden. Das wissen manche Gelehrte noch nicht. Vor hundert Jahren wußten es noch viel weniger. –

Wer sich gewöhnt, immer in die Vorwelt zu blicken, dem entschwindet darüber die Gegenwart. Nur einem Eindrucke kann der Mensch hauptsächlich sich hingeben. Wenn auch die von verschiedenen Kräften nach verschiedenen Richtungen gestoßene Kugel die Diagonalrichtung einschlägt, so folgt sie doch am meisten der stärksten Kraft.

Es gibt Gelehrte, die jede Straße Roms zu nennen wissen, ihr halbes Leben damit zubringen, die Straße aufzusuchen, in welcher CICERO gewohnt hat – und darüber nicht wissen, daß die Schlacht von Leipzig geschlagen worden, und warum. Unsere Jünglinge, die in die griechische und römische Welt gedrängt werden, kommen darüber nicht zu einem kernhaften tüchtigen Wissen und Wollen in und auf die Gegenwart; der Schwärmer, Quietist, Seufzer und Versenker in die Tiefen der Gottheit läßt aus anderem Grunde Gottes Wasser über Gottes Land laufen und wird – weil die Erde und Gegenwart ihm verschwinden gegen die erträumte Seligkeit des Himmels – ein Sclave des fremden Priestervolkes. Wir kommen zu keinem kräftigen Volksleben, wenn unsere Bürger abgestumpft werden durch fremde Dinge, und so lange wird es mit dem deutschen Volksthum nichts, so lange man das Griechen- und Römerthum abgöttisch verehrt. Was würden wir sagen, wenn die Griechen sich um ihr Leben wenig oder weniger bekümmert hätten, als um die Geschichte, Sprache der Aegypter, Gallier, Indier etc.? Was würden wir sagen, wenn in den Schulen der Spanier mehr Werth auf die deutsche Sprache gelegt werde, als auf die spanische? – Es wird eine Zeit kommen, wo ein deutscher Mann das Deutschthum, deutsche Volksthümlichkeit ehrt, achtet, hebt und das Franzosen-, Griechen- und Römerthum in die Dachstuben weniger Gelehrten verdrängt, und unsere künftigen Bürger und Vaterlandsvertheidiger deutsch reden, deutsch denken, deutsch fühlen, und deutsch – deutsch sein lassen. Diese Revolution wird eine der größten, eine der wichtigsten sein, die je die Welt erfahren hat – und eine der wohlthätigsten. –

Durch das Lateinthum werden allen anderen Bildungs-Gegenständen die Flügel geschnitten. Die Hälfte der Zeit, wenigstens $1/3$ der ganzen Schulzeit wird auf die Erlernung dieser Fremdsprache verwandt und alle anderen Gegenstände verkrüppeln. Und wie weit bringt es der nicht Studirende? Höchstens bis zum Lesen des NEPOS, zum Buchstabiren des SALLUST, zum ABC im VIRGIL! Welcher Gewinn für einen ungeheuren Zeitaufwand? Man spreche gar nicht von dem formellen Gewinn. Denselben und weit ersprießlicheren und weit tieferen, und weit lebendiger machenden erzielen wir durch den gründlichen vielseitigen Unterricht in der herrlichen Muttersprache, durch Mathematik und psychologische Moral. –

Weg mit dem Latein aus unsern Bürgerschulen! Weg mit den herkömmlichen Ansichten! Aber wie wenige können sich von diesen Vorurtheilen losmachen? Wie viele gibt es, die meinen, ohne Latein keine gründliche Bildung, ohne Latein kein Denken, ohne Latein keine ordentliche Schule, ohne Latein kein Himmel. Weg mit ihnen aus unsern Bürgerschulen!

Unsere Schüler sollen den VIRGIL, den CICERO lesen um ihres Gehaltes willen? Haben wir keinen deutschen CICERO und VIRGIL? Haben wir nicht mehr? Haben wir nicht KLOPSTOCK, SCHILLER und andere Herrliche? Aber etwa die Alten der Philosophie wegen? Wahrlich, CICERO war ein großer Philosoph, ein großer, großer! Besonders in seiner de amicitia de senectute![57] Fürwahr – eine Säuglingsphilosophie. – Weg mit dem Quark, und an ihre Stelle: Moral, Christenthum, Muttersprache, Mathematik, Anthropologie – Psychologie – deutsche Geschichte und deutsches Leben. – Gehet in unsere lateinischen Bürgerschulen! (a potiori fit denominatio[58]). Sie kauen das Latein, kauen alles Andere, und lassen die Köpfe hängen. Wo ist die lebendige Regsamkeit der Jugendwelt? Wenige Spuren davon. Und die alten Sprachen sind in Bürgerschulen fauler Mist, faul machender Mist. – Doch das wird zu seiner Zeit werden. Haben wir erst ein öffentliches Leben, eine deutsche Verfassung und lebt in uns erst wieder Gemeinsinn, Bürgersinn, Volksliebe – dann wird es besser. – Ich erwarte gar nicht, daß man auf diese flüchtig niedergeschriebenen Bemerkungen geschwind eine Aenderung vornehme. Aber[59] wir appelliren an die einsichtsvolle Nachwelt, die mehr in der Gegenwart leben wird, als wir, die wir stets rückwärtsblickend und in den Folianten des Alterthums blätternd unsere Zeit nicht verstehen und nicht in ihr wirken. –

Wozu die ausländische Pflanze, da unsere heimischen allen Bedürfnissen des Leibes und des Geistes genügen. Man schreit über den Luxus der Zeit, die schlimme Verwöhnung an Asiens und Amerikas Produkte und sieht dies als ein leider zur Nothwendigkeit gewordenes Uebel an. Und siehe! was diese Menschen im Leiblichen tadeln und wegwünschen, das führen sie eigenmächtig in's Gebiet des Geistigen ein, wo dieses Ausländische noch viel verderblicher wirkt, als jene leiblichen Dinge. Jene Menschen wollen Nationalsinn und Volksliebe und erziehen, und erzeugen und pflanzen vor allen Dingen Liebe zum Römerthum. Zum Glück will ihnen dies ungeachtet all ihrer Mühe nicht ganz gelingen und dieses Mißlingen der Arbeit könnte sie, wären sie vorurtheilsfrei, schon aufmerksam machen auf das Verkehrte ihres Thuns – dieselben Menschen predigen deutschen Sinn, deutsches Leben, *gemeinsames* Vaterland – sie wollen den Zweck, verschmähen aber die Mittel – und verlangen außerdem vorzugsweise Gewicht zu legen auf die Provinzialgeschichte, im

Baierischen auf die baierische, in Schwaben auf die würtembergische, im Hessischen auf die hessische, in Preußen auf die preußische Geschichte und pflanzen statt des Gemeinsinnes für's ganze Bürgerthum: Baierthum, Schwabenthum, Hessenthum, Preußenthum – überhaupt Irrthum und Irrthümer aus Irrthum und Irrthümern.[60]

[57] „Laelius. Über die Freundschaft" und „Cato. Über das Alter" sind zwei Gelegenheitsschriften, die in den letzten Lebensjahren Ciceros entstanden.

[58] Lat.: Vom Wichtigeren bildet sich der Name. – Für Diesterweg liegt die Betonung also auf „Schule der Bürger", zu deren Kenntnissen Latein nicht unbedingt gehören muß.

[59] Hier wurde eine Korrektur vorgenommen; im Original bei Diesterweg bzw. Langenberg heißt es „Abe" statt „Aber" (Aus Diesterweg's Tagebuche, a.a.O., S. 111).

[60] Diesterweg nimmt Partei für die lateinlosen Bürgerschulen, die späteren Realschulen I. und II. Ordnung. Aus diesen erwuchsen in der Lehrplanreform 1882 lateinlose Realgymnasien und Oberrealschulen. Diesterweg verwirft deswegen humanistische Bildung nicht in Bausch und Bogen, lehnt hingegen reine Nützlichkeit als „realistischen" Grundsatz der Erziehung zu Lasten einer allgemeinen Bildung ebenfalls ab.

Am 5. März 1822. Analogie der äußeren und inneren Naturgesetze.

Es ließe sich ein Aufsatz schreiben über die Analogie (Gleichheit?)[61] der äußeren und inneren Naturgesetze, der Gesetze der äußeren Natur und des Geistes z.B.

Die Fruchtbarkeit des Jahres hängt vorzüglich von der Witterung des *Frühlings* ab. Ein auf einen fruchtbaren Frühling folgender schlechter Sommer bringt doch gute Ernte. Ein schlechter Sommer vermag nicht die durch einen solchen Frühling entsproßten Keime zu vernichten. Aber ein guter Sommer macht die Mängel des schlechten Frühlings nicht wieder gut. Beweis zu jenem 1821.

Ebenso hängt der Charakter, das Schicksal, das Wesen des Menschen zunächst und hauptsächlich, ja fast allein von der Art ab, in welcher der Mensch seine Jugend, den Frühling seines Lebens zubrachte. Fröhliche Jugendzeit – männliche Stärke, welche Ungewitter und Stürme im Mittag des Lebens Trotz bietet – beengende Fessel im Jugendleben (Fabrikarbeit, schlechtes Beispiel etc.) tragen ihre bösen Früchte durch das ganze Leben, und die beglückendsten Umstände des männlichen Alters ersetzen nimmer die unwiderbringlichen Versäumnisse des menschlichen Frühlings. Frühlingsbegeisterung hält durchs ganze Leben; ohne sie keine Begeisterung, kein Heroismus im männlichen Alter; ja ohne sie meistens Zaghaftigkeit, Halbheit und Gemeinheit.

[61] In der neuzeitlichen Philosophie wird Analogie meist im Sinne einer Entsprechung verstanden, die Wahrscheinlichkeit begründet. Kant (s. ds.) läßt Analogie nur als eine Möglichkeit der Erläuterung unserer Erkenntnis gelten, nicht als eine Erweiterung der Erkenntnis, wie sie Diesterweg hier versucht.

Im April 1822. Gebet und Anrede.

Großer allmächtiger Gott, der du den Himmel und die Erde und Alles, was darauf und darinnen ist, erschaffen hast, wir danken dir für unser Dasein. Du riefst uns ins Leben, du bist unser Vater! Mit Ehrfurcht aber auch mit Vertrauen nahen wir uns dir, dich zu preisen, dich den Verjünger und Verherrlicher der Natur, dich zu loben, der die Pracht des Himmels bildete, dich, der die majestätische Sonne aus ihrem Nichts ins Dasein rief, dich, der die Fluren der Felder und der Wiesen mit unnachahmlicher Herrlichkeit schmückte; ja wir danken dir, Großer, Unendlicher, Unvergleichbarer – wir Menschlein unterwinden uns, dir dem Ewigen und Vollendeten zu danken! Siehe mit Gnade, Barmherzigkeit und Wohlgefallen auf deine Geschöpfe und schließe uns nicht aus von Denen, die du führst! Wir sind voll Staunen und Bewunderung von der Pracht, die du von Neuem über die Erde gegossen, sie erfüllt unser Herz mit erhebenden Gefühlen, und bringt uns näher, dir dem Vater über Alles, was Kinder heißt im Himmel und auf Erden.[62] Schön ist der Himmel, schön ist die Erde, erhaben ist dein Name – du seiest unser Vorbild, der Himmel unser Spiegel, die Erde unseres Gleichen. Führe uns zur Mutter Natur zurück; einfach, wie die Blume sei unser Sinn; fruchtbar unser Wirken, wie der blühende Baum; unsere Gesinnung so rein, wie die Tropfen des Regens. Amen.

Unser Vater etc.

Verschwunden sind die angenehmen Tage der Erholung, verschwunden die Festtage der Auferstehung unseres Herrn, verschwunden die ersten schönen, erquickenden, erhebenden Tage des neugebornen Frühlings. Herrliche Tage nenne ich sie, diese Tage der Erneuerung und Belebung. Weg ist der Winter mit seinem Eise, seinem Nebel, seiner Trübe; wer kann es begreifen, wie das Alles geworden? Wer vermag es zu beantworten, wie das kleinste Veilchen wird, das Gras in die Höhe treibt, die Knospe des Baumes sich bildet? Das kann kein Sterblicher, das vermochte kein Weiser der Vergangenheit, es wird in Ewigkeit keiner vermögen, er habe auch alles Wißbare der Natur sich zu eigen gemacht. Geheimnisse sind es und Wunder vor unsern Augen. Darum ist es kein Wunder, daß die Spuren des wiederkehrenden Sommers, die lauen Winde, die ersten Singvögel, der erquickende Regen und das erste Grün, dem Menschen wunderbar das Gemüth bewegen; kein Wunder, daß im ersten Frühling innere Rührung das Herz des Menschen durchziehet und sein Auge überläuft. Solltet ihr es noch nicht erfahren haben, daß das Innere des Menschen erbebt, erzittert, gleichsam geschmolzen wird, wenn der Frühling wiederkehrt? Wehmüthig fröhlich tritt er dann hinaus in Gottes ewige, ewig neue herrliche Schöpfung. Dann bestürmt ihn sein Gewissen, wenn er unrecht gethan, dann ergreift ihn unnennbare Sehnsucht, rein zu werden, wie die Produkte der Natur. Betrachtet eine einfache, die einfachste Feldblume; wer kann sich etwas Schöneres, Mannigfaltigeres, Reinlicheres, den Natursinn des unverdorbenen Menschen Ansprechenderes denken, als eine Blume. Ja, was sprach jener Größte der Menschen: „Auch Salomon in aller seiner Herrlichkeit ist nicht bekleidet gewesen, als derselben Eins.“[63] Darum freuen wir uns des heitern Sonnenscheins, der belebenden Kraft ihrer Strahlen, der Fruchtbarkeit des Jahres; darum wollen auch wir der Natur getreu danken und beten. Nicht geruht und gerastet haben die einfachen Kinder der Natur, die Landleute, in diesen Tagen. Wir haben gefeiert. Jene haben mit emsiger Hand den Boden umackert, und guten Samen gestreuet in die Furchen. Laßt uns ein Gleiches thun, jeder Mensch soll ein Säemann sein. Wir wollen säen, damit wir ernten, wir wollen im Frühling des Lebens tüchtig zu werden suchen, damit wir im Herbste mit Freude und Dank auf den Frühling zurücksehen; wir wollen nach Reinheit des Herzens streben gleich der Blume des Feldes; wir wollen den Blumen gleich zu werden trachten an Schmuck der Seele, einfach, natürlich kindlich wie der Naturmensch; wir wollen stark zu werden suchen, wie die Eiche, stark im Wissen, stark im Können, stark im Wollen. Jetzt, wo die Tage der Erholung vorüber sind, wollen wir uns von Keinem übertreffen lassen an Lust und Heiterkeit, an frohem Muth, an Wißbegier; wir Menschen wollen uns nicht übertreffen lassen von der Natur; wir wollen innere Schönheit uns anbilden, wie draußen äußere Schönheit uns entgegen strahlt. Wer will, der kann; denn Gott segnet das rechte Wollen; wer noch nicht viel ist (und wer könnte sagen, daß er viel sei?) der suche viel zu werden; nicht-wissen schändet nicht, aber nicht-wollen.

62 Ein Wort des Neuen Testaments; Epheser 3, 15.

63 Ein Wort des Neuen Testaments; Matthäus 6, 29.

Am 23. Juni 1822. Disputir-Uebungen.

Disputir-Uebungen sind ein vorzügliches Mittel, Schnelligkeit des Denkens zu fördern, Sprachgewandtheit hervorzubringen, Selbstvertrauen zu erzielen und die Benutzung des Augenblickes zu erlernen. Da diese Eigenschaften vorzugsweise den guten Katecheten bezeichnen, so dürfen sie unter den Mitteln, die Seminaristen in der Kunst der Sokratik[64] zu üben, nicht fehlen. Ihnen gebührt in dieser Hinsicht ein entschiedener Werth. Disputir-Uebungen zeigen überdies einen Gegenstand aus den verschiedensten Gesichtspunkten und leiten zu einer gemäßigten Polemik, der Mutter aller Wahrheitserforschung. Aus diesen Gründen nehmen wir in den Uebungen der Seminaristen-Bildung Disputir-Uebungen vor, überlassen in der Regel die Wahl der zu vertheidigenden Sätze den Zöglingen selbst oder wählen sie vorzüglich aus dem reichen Gebiete der Erziehung, der Didaktik und Methodik. Insbesondere machen wir sie hierdurch mit den vorzüglichsten historischen Grundsätzen, die über Erziehung festgestellt worden sind, bekannt, hierdurch die ihnen entgegenstehenden und entgegengesetzten Meinungen der Gegner, größtentheils selbst erfindend und bestätigend. Die daraus hervorgehende Bekanntschaft mit der Geschichte der Pädagogik ziehen wir einem jeden geordneten dogmatisch-historischen Vortrag desselben vor, und leben der Ueberzeugung, daß dadurch mehr für Bildung der Zöglinge und für die Gewinnung selbsteigenen Urtheiles gethan wird, als durch die Mittheilung eines geschlossenen, bestrittenen und bestreitbaren Systems. Das Wahre stellt sich auf diese Weise in seiner siegenden Kraft heraus.

Zu wünschen wäre es, daß ein Büchlein ausgearbeitet würde, das die verschiedensten Ansichten über die wichtigsten Gegenstände der Pädagogik, Anthropologie etc. in kurzen Sätzen Beurtheilung neben einander gestellt enthielte, um dasselbe als Leitfaden dieser Uebungen zu Grunde zu legen. Man könnte hier entweder chronologisch verfahren, an die Hauptmänner der Geschichte der Pädagogik ihre Grundsätze anreihen, oder eine systematische Darstellung vorziehen. Ich würde mich für das Erstere entscheiden.

Ein schöner Gegenstand einer Ausarbeitung, als Ausbeute des Studiums der Geschichte der Pädagogik.

64 Lehrform, bei der durch geschicktes Fragen ein Thema oder die Lösung eines Problems entwickelt wird.

Am 25. Juni 1822. Geographie.

Die Geographie wird im Seminar erst dann begonnen, wenn die Zöglinge eine gewisse Stufe in geometrischen Kenntnissen erstiegen haben; bis zum Ende der Geometrie müssen sie zum wenigsten gekommen sein, auch die trigonometrische Grundanschauung ihnen nicht fremd geblieben sein. So wie der Fortschritt aller Naturwissenschaften durch die Ausbildung der Mathematik bedingt war, so wie der Naturkundige nur durch mathematische Einsichten zum Naturforscher wird, so hängt auch alles Gelingen des geographischen Unterrichts von dem Grade geometrischer Erkenntnisse, die der Zögling sich erworben hat, ab. Ohne Geometrie bilden geographische Notizen in ihrer Mannigfaltigkeit und Zerstreutheit keine Einheit, machen die Uebersicht und Ordnung unmöglich und je größer die Menge der geographischen Daten ist, die der Zögling ohne Mittheilung sich sammelt, desto größer ist das Chaos. Durch Ziehung der Linien und Kreise auf der Erd- und Himmelskugel aber wird

96

ein festliegendes Gerippe geschaffen, an welches die übrigen Kenntnisse als Fleisch und Blut sich anlegen können. Was die Chronologie der Geschichte ist, das ist die Geometrie der Geographie. Und noch mehr. Denn durch die mathematische Geographie und durch die Einsicht in die Lage der Achse gegen die Bahn der Erde und den regelmäßigen Umschwung wird es dem Zögling möglich, gleich a priori Klima, örtliche Lage etc. der Gegenstände auf der Erde zu bestimmen. Darum legen wir auf die mathematische Geographie den entschiedensten Werth. Der Lehrer der Geometrie hat sie zu übernehmen. Denn sie ist ein Zweig der angewandten Mathematik. Ueberdies ist mir kein Gegenstand des Unterrichts bekannt, welcher tiefer bildend wirkt, Verstand und Einbildungskraft in höherem Grade befestigt, als mathematische Geographie. Gegen sie ist das, was man sonst Geographie nennt, nur Bruchstück und in Beziehung auf Geistesgymnastik geringen Werthes.

Am 28. Juni 1822. Erfreuliche Erscheinung.

Eine sehr erfreuliche Erscheinung ist mir die nun schon an 4–6 Seminaristen beobachtete: daß sie Anfangs aufgeblasen sind und meinen, Wunder was, zu sein. Dieser Hochmuth, noch jedesmal innig gepaart mit roher Unwissenheit, zuweilen mit äußerlich zierlicher Erscheinungsweise, schöner Handschrift etc. fängt dann gegen die 4.–6. Woche an zu wanken. Vorher gerathen diese Jünglinge in Unmuth und Unlust. Die Sache fängt an, ihnen zu verleiden. Ein sicheres Zeichen des schwankenden Zustandes, in den sie gerathen, die Unsicherheit in Allem, was sie zu besitzen meinen und des Zweifels an sich selbst. Dann endlich, wenn sie nun über die schwere Linie des Selbstbekenntnisses hinaus sind, wenn es ihnen gelungen ist, die Nichtigkeit ihres Wissens und Könnens klar einzusehen, und wenn sie nun angefangen haben, wirklich zu lernen, dann folgt gelegentlich und demüthig erfreut das Geständniß, mit welcher Meinung von sich selbst sie hieher gekommen. Eine lehrreiche Erfahrung für sie und mich, und mir ein Beleg zu der Meinung, daß gründliche Bildung einzig und allein sicher und gründlich den Hochmuthsteufel stürze.

Am 20. August 1822. Zum Studium der Bücher.

Es ist von unendlicher Wichtigkeit, daß die Seminaristen, während ihres Lebens auf dem Seminar Bücher zu lesen und darüber sich auszusprechen und zu lehren verstehen; Bücher aus allen Fächern der Menschen- und Seminarbildung insbesondere. Darum muß ein Seminar eine reiche Bibliothek haben, Werke nach den verschiedensten Weisen bearbeitet und über alle Fächer des Seminar-Unterrichts.[65] Nachdem nun der Seminarist in irgend einem Fache einige Fortschritte gemacht hat, werde ihm zum Selbststudium ein nicht zu schweres, aber noch weniger ein zu leichtes Buch über dasselbe in die Hand gegeben. Damit ist es aber nicht genug, denn nun weiß ich nicht, ob er wirklich das Buch studirt und versteht und ob die Wahl desselben *für ihn* die richtige gewesen. Darum müssen eigends Stunden angesetzt werden, worin ein jeder einen Satz, einen Theil des Buches den übrigen vorträgt und deutlich macht; bald heuristisch[66], bald sokratisch[67], bald akromatisch[68]. Die Kürze der Zeit erfordert gewöhnlich das letztere. Auch gewöhnen sie sich dadurch an zusammenhängenden, klaren Vortrag. Eine ungemein wichtige Sache ist diese Anleitung zum Studiren der Bücher. Ohne dieselbe fehlt ihnen das Mittel zur Fortbildung für die Zeit, wenn sie das Seminar verlassen haben und dann sollte das Studium eigentlich beginnen, weil nun Erfahrung und Praxis ihnen zu Hülfe kommen und Spreu vom Weizen scheiden. Weil jene Uebungen in den Seminarien zu wenig angewandt werden, darum bleiben auch die Seminaristen gewöhnlich stehen oder gehen zurück, weil sie der oft abstrakten und philosophischen Büchersprache nicht Meister sind. – In diese gegenseitige Belehrung – den eigentlich bildenden wechselseitigen Unterricht[69] – kommt ungemein viel Regsamkeit und Aufregung. Nun entgeht dem Lehrer keine Lücke, die der Schüler in seinem Wissen hat. Nun gleicht das Seminar nicht mehr einer gewöhnlichen Schule, sondern einer Gesellschaft von Vortragenden und sich Besprechenden. Und je länger die Seminaristen in der Anstalt sind, desto mehr verliert das Seminar die Gestalt einer Schule. Es ist wahrhaft Schade, daß unsere Schulen nicht auch solche Anstalten und Einrichtungen zulassen. Sie setzen allerdings voraus, daß das Interesse an der Sache in jedem gehörig aufgeregt sei. Und so ist es doch in guten Seminarien.

[65] Diesterweg war um eine gut ausgestattete Seminarbibliothek sehr bemüht. Davon zeugen die Bücherverzeichnisse, die den jeweiligen Jahresberichten und Inventarien beigefügt wurden (vgl. Nr. 111 vom 1. März 1825, Nr. 142 vom 18. Februar 1826, Nr. 163 vom 8. März 1827 und Nr. 186 vom 1. März 1828); außerdem erhielt das Seminar in Moers 1825 die Buchbestände des ehemaligen Lehrerseminars in Wesel (vgl. das Bibliotheksverzeichnis im Schreiben an Oberpräsident von Ingersleben (s. ds.) vom 25. April 1825 <Nr. 113 > in diesem Band).
Daß Diesterweg offenbar auch beträchtliche eigene Mittel darauf verwandte, die Bibliothek mit wichtigen Büchern zu versehen, geht aus einem Brief an das Ministerium der geistlichen, Unterrichts- und Medizinalangelegenheiten hervor (Nr. 185 vom 15. Februar 1828).

[66] Lehrform, bei der mit Hilfe bestimmter Regeln selbständig etwas Neues herausgefunden wird; hier auf die Interpretation unbekannter Texte bezogen.

[67] Vgl. Anmerkung 64 zur Eintragung vom 23. Juni 1822.

[68] Lehrform, bei der der Lehrer vorträgt und die Schüler zuhören.

[69] Die Aussage Diesterwegs vom „eigentlich bildenden wechselseitigen Unterricht" ist vor dem Hintergrund der Auseinandersetzungen um die Methode der sogenannten „wechselseitigen Schuleinrichtung" zu sehen, in die sich Diesterweg später auch einschaltete: Dieses sogenannte Monitorensystem wurde von A. Bell (s. ds.) und J. Lancaster (s. ds.) eingeführt und fand vor allem in England, Skandinavien und Norddeutschland Verbreitung. Es wurde ursprünglich entwickelt, um in Schulklassen mit sehr vielen Schülern dennoch gezielte Unterrichten und damit Lernfortschritte zu ermöglichen: Während der Lehrer sich mit einem Teil der Lerngruppe beschäftigte, unterrichteten die anderen Schüler sich gegenseitig, d.h. die jeweils älteren gaben das bereits Erworbene an die jüngeren Schüler weiter.
Diesterweg lehnte diese Schulform später aus zweierlei Gründen ab. Zum einen machte er die Erfahrung, daß der Unterricht nach der Methode der wechselseitigen Schuleinrichtung oftmals zu chaotischen Zuständen im Klassenzimmer führte, die Lernen geradezu unmöglich machten. Zum anderen fürchtete er den politischen Mißbrauch dieser Methode insofern, als die Behörden damit begründen konnten, weshalb sie nicht mehr Lehrkräfte einzustellen bereit waren.
Seine erste Publikation zu diesem Thema war ein Aufsatz „Über die Bell-Lancastersche Schulverfassung" im Jahrgang 1827 der Rh. Bl. (Bd. I, 2. Heft, S. 29–49; vorliegende Ausgabe, Bd. I, S. 50–61). Zum weiteren Verlauf der Auseinandersetzungen und den Schriften, die für und wider die wechselseitige Schuleinrichtung erschienen, vgl. vorliegende Ausgabe, Bd. VIII, S. 474 f., Anm. 15.
Mit den Verteidigern der wechselseitigen Schuleinrichtung, die Diesterweg zum Teil scharf angriff, setzte dieser sich im 1. Teil seiner Schrift „Streitfragen auf dem Gebiete der Pädagogik" (2 Teile, Essen 1837–1838) auseinander (vorliegende Ausgabe, Band XIX, S. 369–429).

Am 21. August 1822. Kopf und Herz.

Man hat gesagt und manche meinen es, daß die Ausbildung des Erkenntnißvermögens die Thätigkeit des Gefühlsvermögens und der Thatkraft beschränke. Wer klar denkt, Alles der Prüfung unterwirft, zergliedert, vergleicht und unterscheidet, – der, meint man, fühle wenig oder selten, in dem gehe das Gefühl in Reflexion auf. Und zugleich komme er vor Reflexion,

Betrachtung und Speculation nicht zum Handeln.[70] Diese Anklage ist falsch. Denn sie widerspricht der einigen, harmonischen Natur eines Geistes, trägt also einen Widerspruch in sich selbst und die Behauptung muß gerade die umgekehrte werden: Je mehr das Erkenntnißvermögen ausgebildet wird, je mehr der Mensch das Wahre zu erkennen im Stande ist, desto mehr Nahrung und Stoff hat das Gefühlsvermögen; denn allem Fühlen liegt ja ein Erkennen zu Grunde. Je mehr der Mensch denkt, desto mehr fühlt er. Wir meinen *wahre Gefühle*. Freilich haben Diejenigen recht, obigen falschen Satz aufzustellen und die Bildung des Erkenntnißvermögens durch den verdächtigten Namen „*Aufklärung*" in bösen Ruf zu setzen, welche dem Menschen gern dunkle Gefühle einflößen, um ihn durch dieselben zu beherrschen. Freilich; denn der Denkende unterwirft die Behauptung der Sprechenden und Schreibenden eigner Prüfung, und Phantasterei und Fanatismus bleiben ihm ferne. Diese gedeihen nur auf dem Heerde dunkler, falscher Gefühle. Daher sehnt man sich nach der Dunkelheit und Verworrenheit der Köpfe.

Eine ähnliche Bewandtniß hat es mit der Thatkraft. Je mehr ich die Wahrheit in ihrer siegenden Kraft erkenne, ihre Wichtigkeit fühle, desto mehr ermuthige ich mich zur Anstrengung, damit sie siege, wo sie jetzt noch unterliegt. Der helle Kopf lenkt sicher und faßt den Arm, freilich da nicht, wo man die Anstrengung sieht, Irrthümer auszusäen.

Was wäre das für ein Wesen, das mit verschiedenen Kräften ausgerüstet, so beschaffen wäre, daß die naturgemäße Ausbildung des Einen nur auf Unkosten der Andern geschehen könne, daß Stärke der einen Schwäche der anderen herbei führe. In der Organisation eines solchen Wesens wäre nicht Harmonie und Einheit, sondern Zwiespalt und Widerspruch. Und das ist doch wohl in den Anlagen des menschlichen Geistes nicht der Fall. Darum wollen wir *Helle des Kopfes* und *Wärme des Herzens*. Und wenn wir jene fördern, so stören wir diese nicht, sondern fördern und läutern sie. Fiat applicatio![71]

{Späterer Zusatz.} Das Erkenntnißvermögen liegt jedem Gefühle zu Grunde. Jedes Fühlen ruht auf Erbarmen. Es gibt kein Fühlen ohne Erbarmen; das Fühlen ist das Wissen des Herzens.

[70] Diese Einwände gegen Aufklärung und Rationalismus wurden vor allem von Frühromantikern wie Heinrich Wackenroder oder Johann Ludwig Tieck, sowie auch von Friedrich von Schlegel und von pietistischer Seite vorgebracht.

[71] Lat.: Die Verbindung möge erfolgen!

Am 23. August 1822. Pädagogik und Orthodoxie.

Der wahre Pädagoge hat den größten Respect vor der Natur, außer und in dem Menschen – Respect vor der Welt Gottes und vor der Menschennatur. Von Beiden meint er, nicht groß genug denken zu können. Der orthodoxe Theolog denkt von der Menschennatur sehr klein. Darum ist er nie ein Erzieher, so wie der Pädagoge nie orthodoxe Grundsätze hegen kann. Pädagogik und Orthodoxie stoßen sich ab. Sie haben nichts mit einander gemein. Darum sollte man jedem, der sich als Lehrer und Erzieher examiniren lassen will, zuerst die Frage vorlegen: was er von der Natur halte?

Am 6. September 1822. Leibesübungen.

Sonderbar: Mit der geistigen Unbehülflichkeit der Ankommenden ist auch stets die leibliche Steifheit und Ungelenkig-, Unfügigkeit verbunden. Und mit der geistigen Gewandtheit die leibliche. Darum muß man als Mittel zur Bekämpfung der geistigen Steifheit das Streben nach leiblicher Gewandtheit durch Gymnastik gebrauchen. Mit der leiblichen

stellt sich auch die geistige ein. Darum gehören namentlich in das erste Jahr des Seminar-
unterrichts leibliche Uebungen als stehende Lektionen (unter Anführung eines der ge-
wandteren Seminaristen nach Leib und Seele). – Die ältern Seminaristen gestehen es
selbst, wie wohl ihnen die im ersten Jahre angestellten Leibesübungen gethan haben. Sie
fühlen es ordentlich, daß der Geist beweglich geworden durch die erzielte Geschwindig-
keit des Körpers. Wie kann es anders sein in dem zweilebigen eingeistigen Menschen?
Wie kann eine Saite unangenehm klingen, wenn die mit ihr zugleich angeschlagene nicht
mit ihr akkordirt? –

– – – – – – – – – – – – –

Sehr wichtig für Erziehung müssen die Resultate aus den Beobachtungen der ankommenden Seminaristen sein. Darüber würde sich eine Abhandlung schreiben lassen. Jene Beobachtungen wären die Prämissen, wozu der Lehrer die Schlüsse zu machen hätte. Sie
mitzutheilen wäre nicht nöthig, stellte die Abhandlung anders die Beobachtungen klar hin.

Die Seminaristen kommen aus der Hand der Natur, oder aus dem Zustand der Verwahrlosung. Ihre Seele und ihr Geist wurden *durch nichts* gespannt. Ein großes Unglück (Schon
ein wichtiges Resultat.) Selbst wenn die Seele durch ein falsches Mittel gespannt würde.
Es wäre doch eine Spannung, keine Erschlaffung. – An den Seminaristen muß sich also
beobachten lassen: 1) was ohne Erziehung versäumt wird; 2) was sich im 16. Jahre noch
nachholen läßt binnen 3 Jahren.

Am 6. September 1822.

Eine eigene Bemerkung, nicht zunächst anwendbar für Seminaristen ist die, daß junge
Männer, die ein trefflicher Jugendunterricht bildet, gut erzogen worden, im 20. Jahre
schon so weit sind, als sie jemals schreiten, in Wissenschaft und in der Bildung ihres
Charakters. Sie bleiben stehen und entsprechen dem männlichen Alter, in den Jahren der
Festigkeit und der Kraft, den großen Erwartungen nicht, die man billig hegen durfte.
Andere dagegen, verwahrlost in der Jugend in Erziehung und Unterricht, weit hinter jenen
im 20. Jahre zurückstehend, aber angeregt durch irgend etwas, Noth oder Beispiel etc.,
klein beginnend, streben weiter, bilden sich selbst, leisten nachher weit mehr, als man zu
erwarten berechtigt war, und überflügeln jene in der Jugend vor ihnen so weit und hoch
begünstigten.

So werden die in das Seminar tretenden, durch Gymnasialunterricht gut vorbereiteten, mit
mancherlei Kenntnissen aller Art ausgerüsteten Jünglinge noch darum gerade nicht die besten; dahingegen die aus dem Bauern- und Handwerkerstande oft die vorzüglicheren.

Ist es überhaupt in der Jugend nicht besser, mehr überhaupt die Kräfte zu spannen,
anzuregen durch Ideen und großartige An- und Uebersichten, als viel Wissens mitzutheilen
ohne diese Anregung? Darum ist das Ausmeißeln[72] eines an sich sehr lebendigen Unter-
richtsstoffes, der Geographie, {(Diesterweg hat hier den Unterricht eines Seminardirektors[73] im Auge)} geradezu verwerflich, den Geist klein- nicht großmachend. Mit solchem
Buchstabenkram prunken nachher die pädagogischen Männlein, fangen Geister ein durch
Listen, Controllen und Vorschriften, und bilden Geister durch das Ein mal Eins und fleißi-
ges Schreiben und Nachschreiben unverbesserlicher Hefte. Die Geistes-Armseligen aber
Sprach-Seligen, die Alles zu machen wissen, für alle Uebel des Geistes ein Arcanum[74] in
der Tasche führen, zustutzen und einfahren in die allgemeine Heerstraße, die der Vormann
gebahnt hat, sich überselig (-aner) genannt hören.

[72] Hier wurde eine Korrektur vorgenommen; im Original bei Diesterweg bzw. Langenberg heißt es: „Ausmeiseln" statt „Ausmeißeln" (Aus Diesterweg's Tagebuche, a.a.O., S. 127).

Mit dem Bild des „Herausmeißelns" ist hier das Ausführen nutzloser geographischer Detailkenntnisse gemeint, beispielsweise die Vermittlung der Namen von zahlreichen Ortschaften, Gewässern und Bergen, anstatt die Geographie zunächst im Überblick zu unterrichten und die Schüler und in größere Zusammenhänge einzuführen.

[73] Vermutlich meint Langenberg hier Friedrich Christoph Wilhelm Braun (s. ds.), seit 1818 Seminardirektor in Neuwied. In einem Schreiben an Regierungsrat J. H. Altgelt (s. ds.) in Düsseldorf (Nr. 242 vom 14. September 1831) bezeichnet Diesterweg jenen als „Pedant".

[74] Arcanum (lat.): das Geheimnisvolle, vor allem im Zusammenhang mit geheimen religiösen Handlungen oder Lehren. In der Alchemie ist damit ein Geheimmittel von angeblich besonderer Wirkung gemeint; die spätere mystisch-spekulative Alchemie bezeichnet damit auch das geheime, körperlose und unsterbliche Etwas.

Am 9. September 1822. Einseitigkeit. Stundengeberei.

Welcher Lehrer, der mit Stunden beladen und überladen ist – und wer von den Schullehrern ist es nicht? – hat nicht an sich selbst die Erfahrung gemacht; daß man nach und nach eine gewisse feste Form annimmt im Denken, Sprechen, Lesen, Thun – eine Art Schulmechanismus und Pedantismus. Dieses Gefühl der anfangenden Versteinerung ist ein sehr schmerzliches. Die enge Lebendigkeit des Geistes schwindet und an die Stelle der vielseitigen Thätigkeit tritt die Einseitigkeit. Und mit dem Lehrer wird der Schüler einseitig, steif und hölzern. Das ist das Unglück des Ueberladens mit Arbeit und Stunden. Und nun schimpfen und spotten die Menschen über den steifen Pedanten, nachdem sie ihm so viel geben, daß er nicht verhungert, sein Brod aber zum Theil auf dem dornigen Wege der Privatstunden erbetteln muß.

Ein jeder Mensch wird, von Arbeit überhäuft, die einer Hauptrichtung folgen *[sic!]*, steif, und man sieht ihm, sobald er sein Geschäft handwerksmäßig treiben muß, das Geschäft von außen an. Der mit Stunden überhäufte Lehrer wird ein Handwerksmann und sein Unterricht muß ein handwerksmäßiger werden. Wer darüber spottet, der spottet über die Natur und über die Verhältnisse, deren Abwendung nicht in des Lehrers Macht liegt. Ein solcher ist ein Menschenfeind. Und dem ordentlichen Lehrer, der weiß und fühlt, wie sehr zum gedeihlichen Erziehungsunterricht die geistige Frische gehört, thut es wahrhaftig in der Seele wehe, wenn er fühlt, wie er nach und nach versteinert. Den[75] Schreiber dieses, weniger mit Stunden geplagt, als die meisten seiner Amtsgenossen, überfällt dieses Gefühl gewöhnlich gegen das Ende eines Schuljahres, vor den Ferien, und er gesteht, daß er ohne Sonn- und Feiertage und ohne die Ferienzeit (die aeta aurea[76] der Lehrer) längst ganz zum Handwerksmann geworden. Darum sollte man wahrhaftig die dem armen Elementarlehrer dürftig zugemessene Ferienzeit nicht schmälern, sondern dafür sorgen, daß er in denselben nicht mit Anfertigung von Listen und Tabellen geschoren, dieselbe ganz in freier Muße genießen und aufthauen könne. Dann versteinert er wenigstens ein Jahrzehend später. Nur wenige Glückliche entgehen ganz diesem Schicksal. Eine traurige Wahrheit!

[75] Hier wurde eine Korrektur vorgenommen; im Original bei Diesterweg bzw. Langenberg heißt es „Der" statt „Den" (Aus Diesterweg's Tagebuche, a.a.O., S. 129).

[76] Lat.: Die goldene Zeit.

Am 22. September 1822. Ueber Strafen.

Das Kapitel meiner Schrift über Erziehung[77], über Strafen – von SCHWARZ als das beste herausgehoben – würde sich dadurch vervollständigen lassen, oder es ließe sich darüber eine Abhandlung schreiben, indem man Vergehungen meinte, die zur Bestrafung desselben mögliche Strafen (oder hie und da übliche) anführte, und die Zweck- oder Unzweckmäßigkeit mit kurz angeführten Gründen belegte. Hierdurch würde das Wesen der Strafe deutlicher.

Schwierig bleibt dies immer, weil das dritte Strafen bestimmende Moment: die Subjektivität des Schülers nicht berücksichtigt werden kann. Aus diesem Grunde *lassen* sich nie allgemeine, in *allen Fällen* geltende Gesetze für Strafen angeben, weil der möglichen Combinationen im Subjekt unendlich viel sind. Daher hat der Lehrer, welcher wegen einer diktirten Strafe in Anspruch genommen wird, immer die Ausflucht: ich gebe zu, daß im Allgemeinen deine Gründe, welche für eine andere Strafe sprechen, als die angewandte, gültig sind, nur in dem speciellen eben vorliegenden Falle traten doch die und die Individualitäten, die und die Modificationen ein. – Indeß ist dennoch jener Vorschlag und die Ausführung desselben anzurathen, weil immer – ceteris paribus[78] – die Einsicht in das schwere Problem über Strafen gewinnt.

[77] Ueber Erziehung im allgemeinen und Schul-Erziehung im besonderen. Ein Fragment. Elberfeld, 1820 (vorliegende Ausgabe, Bd. XIX, S. 33–75).

[78] Lat.: unter diesen Umständen.

Schlußwort.

Wenn es mir gelungen ist, den Seminaristen durch den Unterricht des ersten Vierteljahres den Staar zu stechen, so ist meine Mühe belohnt; den Staar, so Gott will, nicht den unheilbaren schwarzen, sondern den heilbaren grauen, Nebel ähnlichen, der sich vor den gesunden Sehnerven durch Vorurtheile, falsche Erziehungsmaximen etc. geleget hat. Vorerst versuche ich allgemeine Anregung der Kräfte durch Uebungen aller Art – die Operation der Vertheilung, der mittelbaren Heilung. Denn, wenn der ganze Organismus zu Gesundheit gelangt, so wird das einzelne Glied nicht krank bleiben. Gelingt dies bei diesem oder jenem nicht, so versuche ich den Schnitt oder die Aetzung mit Höllenstein. Zwei haben bereits dieser Operation sich nicht unterwerfen wollen. Andere haben gesunde Augen mitgebracht; Einige sind nur kurzsichtig und blödsichtig. Denen will ich eine Brille aufsetzen, welche das Auge stärkt etc.

{ANHANG.

1. DIE LEKTÜRE.

Die Hefte Diesterweg's aus den Jahren 1818–1822 enthalten, wie gesagt, meistens Auszüge, Lesefrüchte, literarische Notizen. Er pflegte jedes Mal die Seitenzahlen der ausgezogenen Stellen anzugeben und nur selten irgend Zusätze dazu zu machen.

Um dem Leser einen Blick in die Lektüre Diesterweg's zu geben, theilen wir in möglicher Kürze die deßfallsigen Schriften mit*[1]:

* Aufgrund der umfangreichen Literaturliste beginnt die Zählung der Anmerkungsziffern wieder mit „1".

[1] Die Literaturangaben werden, sofern es um ganz bestimmte Titel geht, in den Kommentierungen so weit als möglich vervollständigt. In denjenigen Fällen, wo Langenberg lediglich einen Autor anführt, haben die Bearbeiter keine Entscheidung für bestimmte Werke getroffen.

1. Ueber die Begründung der Ethik durch die Physik von v. BAADER. 1818.[2]
2. Metaphysik von KAYSERLINGK. 1818.[3]
3. Betrachtung des Menschen von D.T. A. SUABEDISSEN.[4]
4. Wetteranzeiger von SCHARFENBERG. 1818.[5]
5. KÄHLER Supernaturalismus und Rationalismus.[6]
6. F. KLEUKER über das Ja und Nein der biblisch-christlichen und der reinen Vernunft-Theologie. 1819.[7]
7. REINHOLD's Versuch der logischen Formen.[8]
8. J. GÖRRE's *[sic!]* Glauben und Wissen. 1805.[9]
9. Europa's Auswanderer von A. v. SCHADEN. 1819.[10]
10. Naturlehre von J.G. MELOS. 1819.[11]
11. Betrachtungen über das Universum von C.T. VON DALBERG. 1819.[12]
12. Geistreiche Gedanken von v. ECKARTSHAUSEN. 1819.[13]
13. Historien und gute Schwänke des Meisters HANS SACHS. 1818.[14]
14. Briefe über den gefährlichen Einfluß der Jesuiten auf die Erziehung und den öffentlichen Unterricht in höheren Lehranstalten. 1814–1815.[15]
15. MÜLLNER's Schuld. 1819.[16]
16. GRILLPARZER's Ahnfrau. 1819.[17]
17. Sokrates von F. DELBRÜCK. 1819.[18]
18. Das Fräulein vom See von W. SCOTT. 1819.[19]
19. Platon. Eine Rede von F. DELBRÜCK. 1819.[20]
20. Gedichte von F.W. KRUMMACHER. 1819.[21]
21. Levana von J. PAUL.[22]
22. E. M. ARNDT's Fragmente. 1819.[23]
23. Hat Deutschland eine Revolution zu fürchten? Von J. WEITZEL. 1819.[24]
24. BELL und LANKASTER und ihre Methode. 1819.[25]
25. Ueber den Umfang unserer Geschichte etc. von J. G. RHODE. 1819.[26]
26. Sophroniza. 3 Hefte.[27]
27. Grundlinien der Religionsphilosophie von J. SALET. 1819[28]
28. Wilhelm Meister von GOETHE.[29]
29. SCHWARZ. 2. Heft der freien Jahrbücher.[30]
30. Die Bibel. A. u. N. Testament.
31. Die Productionskraft der Erde von C. F. WERNER.[31]
32. Neues System der Erziehung und des Unterrichtes von dem Grafen v. LASTEYRIE. Uebersetzt von TH. FRIEDLEBEN. 1820.[32]
33. Algebra von E. NIZZE.[33]
34. ANCILLON.
35. H. EG. PAULUS in den Heidelberger Jahrbüchern. 1819.[34]
36. EUCHARISTON. Ueber das Verhältniß der göttlichen Welt zur außerweltlichen Gottheit. 1820.[35]
37. C. RITTER.
38. C. H. PFAFF. Ueber den strengen Winter. 1809 und 1810.[36]
39. Ueber den heißen Sommer von 1811. Von C. H. PFAFF. 1812.[37]
40. NATORP's Briefwechsel.[38]

41. OKEN. Neue Bewaffnung, neues Frankreich, neues Deutschland. 1814.[39]
42. Ueber Magnetismus und Elektricität als identische Urkräfte von F. v. YALIN. 1818.[40]
43. Die Bedeutung der Philosophie von F. v. CALKER. 1818.[41]
44. H. ZSCHOKKE. Der Geist des deutschen Volkes im Anfange des 19. Jahrhunderts. 1820.[42]
45. J. GÖRRES. Mythengeschichte der asiatischen Welt 1810.[43]
46. Plattdeutsche Gedichte von BORNEMANN. 1816.[44]
47. Ueber die Elementarschule im Fürstenthum Lippe von F. WERTH. 1810.[45]
48. Beiträge zur Beförderung der Humanität von P. J. H. HOOGEN. 1805.[46]
49. Ueber den Charakter und die Schriften der Frau von Staël. Von Frau NECKER. Uebersetzt von A. W. v. SCHLEGEL. 1820.[47]
50. WESSENBERG's Schriften.[48]
51. GRUNER.
52. Mesmerismus von WOLFART. 1814.[49]
53. JOHANNSEN's gründliche Kritik der Pestalozzi'schen Methode. 1804.[50]
54. HERBART. Pestalozzisches ABC der Anschauung. 1802.[51]
55. Kirche, Schule und Haus. 1820.[52]
56. Die christliche Lehre von der Wiedergeburt. Von C. BORMANN. 1820.[53]
5Z. HERBART. Einleitung in die Philosophie. 1821.[54]
58. DENZEL.
59. Christliche Sittenlehre von DE WETTE.[55]
60. FRIES. Ethik.[56]
61. P. C. HARTMANN. Der Geist in seiner Selbstständigkeit zum physischen Leben. 1820.[57]
62. MUTSCHELLE.
63. HIPPEL.
64. Bedenken über den Pietismus von HIRL.[58]
65. LICHTENBERG.
66. HERBART's Pädagogik.[59]
67. SCHLOSSER.
68. SCHUDEROFF.
69. Titan von J. PAUL.[60]
70. P. P. WILMSEN. Unterrichtskunst. 1818.[61]
71. J. G. KELBER. Die deutschen Volksschulen in ihrer Entwickelungsperiode. 1819.[62]
72. HÜLLMANN. Urgeschichte des Staates. 1819.[63]
73. BAGGESEN, humane Religion.[64]
74. Ueber Kotzebue's Ermordung von STEFFENS. 1819.[65]
75. A. ZARNACK's Abhandlung über Waisenhäuser. 1819.[66]
76. KRUG. Staat und Schule.[67]
77. Ueber den Ursprung und die Schicksale der Gelehrsamkeit und Kunst von KOSSCON [fälschlich für ROSCOE]. 1819.[68]
78. Versuch einer neuen Begründung der logischen Formen von REINHOLD. 1819.[69]
79. SEIDENSTÜCKER, Nachlaß der deutschen Sprache.[70]
80. PESTALOZZI's Nachforschung über den Gang der Natur in der Entwickelung des Menschengeschlechts. 1797.[71]
81. FRIES's System.[72]
82. SCHLEIERMACHER's Werke. I.–III. Band.[73]
83. WIELAND's Schriften.[74]
84. FRIES, Anthropologie.[75]

85. DOLZ' Katechisation.[76]
86. ROUSSEAU's Emil.[77]
87. CRAMER's Hauschronik.[78]
88. Jenaer liter. Zeitung.[79]
89. SCHWARZ' Erziehungslehre.[80]
90. GLEIM's Briefwechsel deutscher Gelehrten.[81]}

[2] Baader, Franz von: Ueber die Begründung der Ethik durch die Physik. 1818. (Erstaufl. München: Stöger 1813.)

[3] Keyserlingk, Hermann Wilhelm Ernst von: Metaphysik, eine Skizze zum Leitfaden für seine Vorträge. Heidelberg: Mohr und Winter 1818.

[4] Suabedissen, David Theodor August: Die Betrachtung des Menschen. 1r und 2r Bd.: Betrachtung des Lebens des Menschen im Wirken und Gefühle. Marburg: Cnobloch 1815; 3r Bd.: Betrachtung des leiblichen Lebens des Menschen. Ebd. 1818.

[5] Scharfenberg, Karl Ludwig: Wetteranzeiger, oder: ein, nichts als geringe Aufmerksamkeit kostendes, Mittel, nähere und entferntere künftige Witterung zum höchsten Verlaß erforschen zu können. Wien: Wallishauser 1819.

[6] Kähler, Ludwig August: Supernaturalismus und Rationalismus in ihrem gemeinschaftlichen Ursprunge, ihrer Zwietracht und hohen Eintracht; ein Wort zur Beruhigung für alle, welche nicht wissen, ob sie glaubend erkennen oder erkennend glauben sollen. Leipzig: Fleischer 1818.

[7] Kleuker, Johann Friedrich: Ueber das Ja und Nein der biblisch-christlichen und der reinen Vernunft-Theologie. Hamburg: Hoffmann u. Campe 1819.

[8] Reinhold, Ernst: Versuch einer Begründung und neuen Darstellung der logischen Formen. Leipzig: Lehnhold 1819.

[9] Görres, Johann Joseph von: Von Glauben und Wissen. München: Fleischmann/Scherer 1805.

[10] Schaden, Adolph von: Europa's Auswanderer, eine verwilderte Skizze zur Charakteristik der verwilderten Zeit, in einer freien Versart, als Gegenstück zu den deutschen Emigranten. Boston (Berlin: Rücker) 1819.

[11] Melos, Johann Georg: Naturlehre für Bürger- und Volksschulen, mit Hinweisung auf biblische Stellen. Rudolstadt: Hofbuchhandlung 1819.

[12] Dalberg, Carl Theodor von: Betrachtungen über das Universum. 6. Aufl. Mannheim: Löffler 1819; 1. Aufl. Erfurt 1777.

[13] Eckartshausen, Carl von: Geistreiche Gedanken, Meinungen und Schwärmereien. Aus seinen Schriften gezogen. Pesth: Hartleben 1819.

[14] Sachs, Hans, des Meisters, Historien und gute Schwänke. Hrsg. von Conrad Spät, genannt Frühauf (d. i. W. A. Gerle). Pesth: Hartleben 1818.

[15] Der oder die Verfasser blieben anonym. Die Briefe wurden 1818 bei Orell in Zürich veröffentlicht.

[16] Müllner, Amandus Gottfried Adolph: Die Schuld. Trauerspiel in 4 Akten. Leipzig: Göschen 4. Aufl. 1819; 1. Aufl. 1816.

[17] Grillparzer, Franz: Die Ahnfrau. Trauerspiel in 5 Aufzügen. 1819; 1. Aufl. Wien: Wallishausser 1817.

[18] Delbrück, Friedrich Ferdinand: Sokrates, Betrachtungen und Untersuchungen. Köln: Bachem 1819.

[19] Scott, Walter: Das Fräulein vom See. Gedicht in 6 Gesängen. Aus dem Englischen übersetzt von J. A. Storck. Essen: Bädeker 1819.

[20] Delbrück, Friedrich Ferdinand: Platon, eine Rede, gehalten bei Eröffnung seiner Vorträge über Platons Lehre von den göttlichen und menschlichen Dingen. Bonn: Marcus 1819.

[21] Krummacher, Friedrich Wilhelm: Gedichte. 1s Bdchen. Essen: Bädeker 1819.

[22] Paul, Jean (d. i. Richter, Paul Friedrich): Levana oder Erziehlehre. 1. Aufl. in 2 Bdn. Braunschweig: Vieweg 1807.

[23] Arndt, Ernst Moritz: Fragmente über Menschenbildung. Auch u. d. T.: Psychidion, oder über weibliche Erziehung. Altona: Hammerich 1819. (1. Aufl. ebd. 1805.)

[24] Weitzel, Johann Ignatz: Hat Deutschland eine Revolution zu fürchten? 2., verm. Aufl. Wiesbaden: Schellenberg 1819.

[25] Bell und Lancaster und ihre Methode. Wien: Gerold 1819.

[26] Rhode, Johann Gottlieb: Ueber den Anfang unserer Geschichte und die letzte Revolution der Erde, als wahrscheinliche Wirkung eines Kometen. Breslau: Holäufer 1819.

[27] Sophronizon, oder unpartheiisch-freimüthige Beiträge zur neuern Geschichte, Gesetzgebung und Statistik der Staaten und Kirchen. Hrsg. von Heinrich Eberhard Gottlob Paulus. 1r–3r Bd. oder 12 Hefte: Frankfurt a. M.: Fr. Wilmans 1819–1822. (Die Zeitschrift erschien bis 1842.)

[28] Salat (bei Langenberg fälschlich: Salet), Jakob/Joseph: Grundlinien der Religionsphilosophie. 1819.

[29] Goethe, Johann Wolfgang von: Wilhelm Meister. Wilhelm Meisters Lehrjahre. 4 Bde.: 1. Aufl. Berlin: Unger 1795–1796; Wilhelm Meisters Wanderjahre oder die Entsagenden. Stuttgart und Tübingen: Cotta 1821.

[30] Freimüthige Jahrbücher der allgemeinen deutschen Volksschulen, mit besonderer Hinsicht auf West- und Süddeutschland. Hrsg. von F. H. C. Schwarz, H. A. d'Autel, F. L. Wagner und C. A. Schellenberg. Darmstadt: Leske 1819–1823 [erschienen 1823–1829 in Heidelberg, seit 1829 in Stuttgart]. Auch u. d. T.: Freimüthige Jahrbücher für das Volksschulwesen.

[31] Werner, Christian Friedrich: Die Produktionscraft der Erde oder die Entstehung des Menschengeschlechts aus Naturkräften. Leipzig: Richter 1811.

[32] Lasteyrie, Charles Philibert Comte de: Neues System der Erziehung und des Unterrichtes, oder der wechselseitige Unterricht, angewandt auf Sprachen, Wissenschaften und Künste, in besonderer Beziehung auf Frankreich. Uebersetzt von Th. Friedleben. Frankfurt a. M.: Sauerländer 1820.

[33] Nizze, Ernst: Algebra. 2 Theile. Prenzlau: Ragoczy 1819.

[34] Heidelberger Jahrbücher der Literatur. 65 Jahrgänge. Heidelberg: Mohr und Zimmer, zuletzt J. C. B. Mohr 1808–1872.

[35] Euchariston (d. i. Johann Ludwig Christoph Thilo): Ueber das Verhältnis der göttlichen Welt zur außerweltlichen Gottheit. Breslau: Holäufer 1820.

[36] Pfaff, Christoph Heinrich: Ueber die strengen Winter, vorzüglich des 18. Jahrhunderts, und über den letztverflossenen strengen Winter von 1808–1809. Ein Beytrag zur meteorologischen Geschichte der Erde. 2 Abth. Kiel: Hesse 1809 und 1810.

[37] Pfaff, Christoph Heinrich: Ueber den heißen Sommer von 1811, nebst einigen Bemerkungen über frühere heiße Sommer. Eine akademische Gelegenheitsschrift, bei Niederlegung seines von Johannis 1810 bis 1811 geführten Decanaths der medicinischen Facultät. Kiel: Akademische Buchhandlung 1812.

[38] Natorp, Bernhard Christoph Ludwig: Briefwechsel einiger Schullehrer und Schulfreunde. 3 Bde. Essen und Duisburg: Bädeker 1813–1823.

[39] Oken, Lorenz: Neue Bewaffnung, neues Frankreich, neues Theutschland. Jena: Cröker 1814.

[40] Yelin (bei Langenberg fälschlich: Yalin), Julius Conrad von: Ueber Magnetismus und Electricität als identische und Urkräfte. Eine Rede, gehalten in der öffentlichen Versammlung der königlich-bayerischen Akademie der Wissenschaften zur Feier des Maximilians-Festes am 12. Oktober 1818. München: Lentner 1818.

[41] Calker, Friedrich von: Die Bedeutung der Philosophie, einleitende Vorlesungen. Berlin: Dümmler 1818.

[42] Zschokke, Heinrich: Vom Geist des deutschen Volks im Anfang des 19. Jahrhunderts. Aarau: Sauerländer 1820.

[43] Görres, Johann Joseph von: Mythengeschichte der asiatischen Welt. 2 Bde. Heidelberg: Mohr und Zimmer 1810.

106

44 Bornemann, Wilhelm: Plattdeutsche Gedichte. Berlin: Decker 1816.

45 Weerth, Ferdinand: Ueber die Elementarschulen im Fürstentum Lippe, ein historischer Bericht. Duisburg: Bädeker 1810.

46 Hoogen, P. Jakob H.: Beiträge zur Beförderung der Humanität und Volksbildung. 1s Bdchen. Essen und Duisburg: Bädeker 1805.

47 Necker de Saussure, Albertine Adrienne: Ueber den Charakter und die Schriften der Frau von Staël. Uebersetzt von August Wilhelm von Schlegel. Straßburg: Treuttel u. W. 1820.

48 Zu dieser Zeit gab es noch keine Werk- oder Schriftenausgabe von Ignatz Heinrich von Wessenberg. Es müssen also einzelne „Schriften" im wörtlichen Sinne gemeint sein.

49 Wolfart, Karl Christian: Mesmerismus, oder System der Wechselwirkung, Theorie und Anwendung des thierischen Magnetismus, als die allgemeine Heilkunde zur Erhaltung des Menschen, von Franz Anton Mesmer, mit Erläuterungen von Wolfart. 2 Bde. Berlin: Nicolai 1814.

50 Johannsen, Fr.: Kritik der Pestalozzi'schen Erziehungs- und Unterrichtsmethode, nebst Erörterung der Hauptbegriffe der Erziehungswissenschaft. Jena (Cnobloch in Leipzig) 1803. Nachdruck 1804.

51 Herbart, Johann Friedrich: Pestalozzi's Idee eines ABC der Anschauung, untersucht und wissenschaftlich ausgeführt. Göttingen: Röwer 1802.

52 Kirche, Schule und Haus. Verl: Albanus 1820.

53 Bormann, Karl: Die christliche Lehre von der Wiedergeburt, im Lichte des Geistes der Wahrheit erkannt und philosophisch betrachtet. Berlin: Herbig 1820.

54 Herbart, Johann Friedrich: Einleitung in die Philosophie. Königsberg: Unzer 1821.

55 Wette, Wilhelm Martin Leberecht de: Christliche Sittenlehre. 3 Theile. Berlin: Reimer 1819–1823. 1r Theil: Allgemeine Sittenlehre.; 2r Theil: Geschichte der christlichen Sittenlehre; 3r Theil: Besondere Sittenlehre.

56 Fries, Jakob Friedrich: Beiträge zur Geschichte der Philosophie. 1s Heft: Ideen zur Geschichte der Ethik überhaupt, und besonders eine Vergleichung der Aristotelischen Ethik mit den neuen deutschen enthaltend. Heidelberg: Winter 1819.

57 Hartmann, Philipp Carl: Der Geist des Menschen in seinen Verhältnissen zum physischen Leben, oder Grundzüge zu einer Physiologie des Denkens. Für Ärzte, Philosophen und Menschen im höhern Sinne des Wortes. Wien: Gerold 1820.

58 Hirt (bei Langenberg fälschlich: Hirl), Johann Friedrich: Theologische Betrachtungen von dem geistlichen Priesterthum und dessen Mißbrauch bei den Herrnhutern. Jena: Melchior 1751.

59 Herbart, Johann Friedrich: Allgemeine Pädagogik, als der Zweck der Erziehung. Göttingen: Röwer 1806.

60 Paul, Jean (d. i. Paul Friedrich Richter): Titan. 4 Bde. 1. Aufl. Berlin: Matzdorff 1800–1803.

61 Wilmsen, Friedrich Philipp: Die Unterrichtskunst. Ein Wegweiser für Unkundige, zunächst für Lehrer in Elementarschulen. 2., verm. und verb. Aufl. Berlin: Amelang 1818; 1. Aufl. 1815.

62 Kelber, Johann Georg: Die teutschen Volksschulen in ihrer Entwickelungsperiode, oder Charakteristik der Volksschulen, wie sie waren, wie sie sind und wie sie seyn sollen. Erlangen: Palm 1819.

63 Hüllmann, Ritter Carl Dietrich: Urgeschichte des Staates. Königsberg: Unzer 1817.

64 Jens Immanuel Baggesen war bekannt für seinen Einsatz gegen spekulative und mystische religiöse Strömungen in der deutschen Romantik; diese Kritik fand ihren Ausdruck vor allem in der Schrift: Der Karfunkel oder Klingelkling-Almanach: ein Taschenbuch für vollendete Romantiker und angehende Mystiker; auf das Jahr der Gnade 1810. Tübingen: Cotta 1809. – Der von Langenberg angeführte Titel konnte nicht ermittelt werden.

65 Steffens, Heinrich: Ueber Kotzebue's Ermordung. Breslau: Max u. C. 1819.

66 Zarnack, August: Daß zweckmäßig eingerichtete Waisenhäuser die vollkommensten und nützlichsten Erziehungsanstalten in dem Staat und für den Staat werden können. Berlin: Maurer 1819.

[67] Krug, Ritter Wilhelm Traugott: Der Staat und die Schule, oder Politik und Pädagogik in ihrem wechselseitigen Verhältnisse, zur Begründung einer Staatspädagogik dargestellt. Leipzig: Göschen 1810.

[68] Roscoe (bei Langenberg fälschlich: Kosscon), William: Ueber den Ursprung und die Schicksale der Gelehrsamkeit und Kunst und ihren Einfluss auf den gesellschaftlichen Zustand. Aus dem Englischen von W. A. Lindau. Leipzig: Rein 1819.

[69] Vgl. Anmerkung 8.

[70] Seidenstücker, Johann Heinrich Philipp: Nachlaß, die deutsche Sprache betreffend. Dortmund: Mallinkrodt 1818.

[71] Pestalozzi, Johann Heinrich: Freymüthige Nachforschungen über den Gang der Natur in der Entwickelung des Menschengeschlechts. Zürich: Geßner 1797.

[72] Fries, Jakob Friedrich: Entwurf eines Systems der theoretischen Physik. Heidelberg: Mohr 1813; oder: System der Logik. Heidelberg 1811; 2. Aufl. 1819; oder: System der Philosophie als evidente Wissenschaft aufgestellt. Leipzig: Hinrichs 1804.

[73] Eine Werkausgabe von Friedrich Daniel Ernst Schleiermacher existierte zu dieser Zeit noch nicht. Möglicherweise ist gemeint: Plato: Werke, aus dem Griechischen übersetzt von Fr. D. E. Schleiermacher. 1r Th. in 2 Bdn., 2r Theil in 3 Bdn. Berlin: Realschulbuchhandlung 1804–1805; auch: Reimer 1817–1819.

[74] Mit den „Schriften" von Christoph Martin Wieland ist eventuell gemeint: Kleinere prosaische Schriften. 2 Theile. Leipzig: Weidmann 1794. Oder es ist von „Schriften" im wörtlichen, einzeln verstandenen Sinne die Rede.

[75] Fries, Jakob Friedrich: Handbuch der physischen Anthropologie, oder die Lehre von der Natur des menschlichen Geistes. 2 Bde. Jena: Cröker 1820 und 1821.

[76] Dolz, Johann Christian: Neue Katechisationen über religiöse Gegenstände. 1e bis 5e Sammlung. Leipzig: Voß 1799–1800. Neue Aufl. 1805–1827; oder: Katechetische Jugendbelehrungen. 1e bis 5e Sammlung. Leipzig: Voß 1805–1817.

[77] Rousseau, Jean-Jacques: Emil. Folgende Ausgaben kommen in Frage: Aemile, oder von der Erziehung. Aus dem Französ. übersetzt von Johann Joachim Schwabe. 5 Theile. Leipzig 1762–80; oder: Emil, oder von der Erziehung. Aus dem Französ. übersetzt von K. Fr. Cramer. 4 Theile. Braunschweig: Schulbuchhandlung 1789–1791; oder: Emil, oder von der Erziehung, im Auszug von Ch. A. Stuve. 1r Theil. Glogau: Günther'sche Buchhandlung 1798.

[78] Cramer, Andreas Wilhelm: Hauschronik meinen Anverwandten und Freunden gewidmet. Hamburg: Perthes 1822.

[79] Allgemeine Literaturzeitung [genannt: Jenaische]. Hrsg. von Christian Gottlieb Schütz, Friedrich Justin Bertuch u.a. Jena und Leipzig 1785–1849.

[80] Schwarz, Friedrich Heinrich Christian: Erziehungslehre. 5 Bände. 1r Band: Die Bestimmung des Menschen, in Briefen. 1802; 2. Aufl. 1813; 2r Band: Das Kind, oder Entwickelung und Bildung des Kindes von seiner Entstehung bis zum 4n Jahre. 1804; 3r Band: 1e und 2e Abth.: Entwickelung und Bildung des jungen Menschen etc. 1808. 4r und 5r Band: Geschichte der Erziehung nach ihrem Zusammenhange unter den Völkern von alten Zeiten her bis auf die neueste. Auch unter diesem Titel erschienen. 1813.

[81] Gleim, Johann Wilhelm Ludwig: Briefwechsel deutscher Gelehrten. Briefe deutscher Gelehrten, aus Gleim's literarischem Nachlasse. Hrsg. von W. Korte. 3 Bde. Zürich: Geßner 1804.

2. ZUR VISION AM 19. MAI 1819.

Aus IMMERMANN'S Epigonen. 3. Th. 8. Buch.[1]

Da wurde mir eines Tages, es war gerade um 12 Uhr Mittags, die wunderbarste innere Erfahrung. Sie kam *ungesucht*, unvorbereitet, wohl recht, wie das Höchste erscheinen muß.

108

Ich will mich nicht besser machen, als ich bin, will gestehn, daß auch nachmals mein Inneres voll Schlacken geblieben ist, aber ich kann, wie Cromwel [sic!], von mir behaupten, daß ich einmal im Stande der Gnade gewesen bin, und deshalb nicht verloren gehen werde.

Ich wanderte für mich eine gerade, keineswegs zur Erholung stimmende Landstraße hin, ruhig, ohne Bewegung des Gemüths, nur an eine ganz gewöhnliche Tagesobliegenheit denkend. Da, auf einmal fühlte ich in mir die Existenz Gottes, und seine unmittelbarste Gegenwart in mir, so daß ich nun ganz bestimmt wußte: Er ist. Und zwar nicht als Begriff, Idee, sondern sein Dasein ist ein reelles. Der Sitz dieser Empfindung war der ganze Mensch zwar, jedoch hauptsächlich und vorzugsweise das Herz, in welchem sich dieselbe wie ein sanftes Wirbeln gestaltete, welches das Herz zugleich in den Mittelpunkt des Weltalls rückte, und es auf einen Zug begreifen lehrte, in welchen Gesetzen der Unschuld, Schönheit und Güte dieses ungeheure Ganze erbaut worden sei. Damals wußte ich auch sofort, daß wir nie Gott anschauen werden, daß vielmehr die Seligkeit darin bestehen soll, einen solchen Moment für immer zu haben, und daß dann Gott, wie ein ewiges Pulsiren der Heiligkeit, in uns die Stelle des fleischlichen Herzens einnehmen wird.

Alles dieses war keine Phantasie, keine Speculation, sondern eine fast sinnliche Gewißheit. Es dauerte nur wenige Secunden, auch kann ich den Moment nicht näher beschreiben, denn es würde doch nur auf schmückende Armseligkeiten hinauslaufen. Dante's Worte kommen ihm noch am nächsten, wenn er singt:

> All' alta fantasia qui mancò possa;
> Ma già volgeva il mio disiro, e'l velle,
> Siccome, ruota, che igualmente è mossa,
> L'amor, che muove 'l Sole e l'altre stelle.

Doch klingen auch sie nur wie ein Lallen von hoher Musik. Das Ganze aber, war ein Gemüthswunder, welches sich nachmals nicht hat wiederholen wollen, mir jedoch auch in seiner einzelnen und einzigen Erscheinung zur Beruhigung über einen höhern Zusammenhang der Dinge vollkommen genügt. Bin ich Ihnen in meinem Wesen ungestimmt erschienen, so ist es die Nachwirkung dieses Augenblicks gewesen.

---

[1] Immermann, Karl Leberecht: Die Epigonen. Familien-Memoiren in neun Büchern. 3 Theile. Düsseldorf: Schaub 1836.

35
An Konsistorialrat Karl Friedrich August Grashof, Köln

Moers, 29. März 1821

Die Gewinnung eines zweiten Lehrers für unser Seminar muß mir nunmehr, da die Anstalt bestätigt[1], und für möglichste Vollständigkeit des Unterrichts zu sorgen ist, ganz vorzüglich am Herzen liegen. Darum sei es mir erlaubt, Ew. p. hierüber meine unmaßgebliche Meinung mitzutheilen.

Zufolge der von Ew. p. mir gütigst mitgetheilten Nachrichten wird das Seminar auf große Ausdehnung verzichten, und darauf sich beschränken müssen, seine Thätigkeit an einer kleineren (vielleicht kleinen) Anzahl von Jünglingen zu üben.

Und aus denselben Gründen wird es geboten seyn, von dem ursprünglichen Plan, einen eigenen (dritten) Lehrer für Musik und Gesang anzustellen, abzugehen, und vorerst nur dafür zu sorgen, daß ein Mann gefunden wird, welcher dem musikalischen und wissenschaftlichen Unterricht zugleich gewachsen ist. Da beide Eigenschaften sich sehr selten in demselben Individuo in gleichem Grade vorfinden, so wird man eine dieser Qualitäten und zwar die unentbehrlichere, vorzüglich zu berücksichtigen und die andre mehr als Nebensache zu betrachten haben. Da ich selbst nicht Musikus bin, so bleibt eine vorzügliche Fertigkeit in dieser Kunst conditio sine qua non bei Anstellung des 2ten Lehrers, diese das constitutive Merkmal, die Geschicklichkeit auch in andern Gegenständen zu unterrichten, ein – obgleich sehr wünschenswerthes – Attribut. Allerdings bleibt mir, wenn der homo questionis[2] nur einzig von Apoll begünstigt ist, eine Masse von Arbeiten zu bewältigen übrig, vor der ich zwar gerade nicht erschrecke, deren ich aber doch nur unter dem besondern Beistand Gottes und mit Unterstützung der geübteren Jünglinge Meister zu werden hoffen kann. Die letztere Maßregel scheint mir so lange vorzüglich empfehlenswerth, bis ein erweiterter An- und Ausbau der Anstalt möglich wird. Wenn man die physische Existenz des Vorzüglichsten der Zöglinge durch einen Aufwand von etwa 100 Rth sichert, so kann derselbe bei dem Eintritt neuer Zöglinge sehr erspriesliche Dienste leisten. Soll aber alsbald mit dem Seminar eine Übungsschule verbunden werden, so muß ich auf die Anstellung eines Mitarbeiters Rechnung machen, der mehr als musikalische Kenntnisse besitzt.

Nur einen Mann kenne ich, welcher den genannten Forderungen in gleich vorzüglichem Grade zu entsprechen im Stande ist. – H. HEUSER, Lehrer an dem WILBERGischen Institute in Elberfeld, auf den ich schon früherhin die Aufmerksamkeit Ew. p. zu lenken bemüht war. HEUSER ist in jeder Hinsicht ein vorzüglicher Mann, als Mensch und Lehrer gleich achtungswerth und schätzbar, der vorzügliche musikalische Kenntnisse, pädagogischen Takt, Lehrtalent, Lehrlust, Charakterstärke und Zähigkeit in sich vereinigt. Ich würde ihn schon früher sondirt haben, ob er geneigt sey, hieher zu ziehen, wenn ich nicht gefürchtet hätte, durch diesen Versuch H. WILBERG, dem der Genannte so Vieles ist, zu beleidigen und dadurch eine Rücksichtslosigkeit zu beweisen, welche bei vieler durch WILBERG genossener Freundschaft zweideutig für mich hätte ausgelegt werden können. Für die Vortrefflichkeit des Mannes stehe ich ein, und ich würde der Anstalt und mir Glück wünschen, wenn H. HEUSER zu gewinnen wäre. Sollten Sie, verehrter Herr Konsistorialrath! diese Ansicht theilen, so möchte es der Sache sehr förderlich seyn und am schnellsten zur Entscheidung führen, wenn Ew. p. es übernehmen wollten, H. HEUSER zu einer kategorischen Erklärung aufzufordern. Zwar wird man demselben, wenn Hoffnung bleiben soll, daß er komme, mindestens 600 Rth. Berl. Court. bieten müssen, da er Familie hat und ungefähr dasselbe Fixum in Elberfeld bezieht; eine Summe, welche nicht groß erscheint, wenn man die großen Vortheile in die Wagschale legt, welche durch ihn der Anstalt erwachsen würden, wenn man bedenkt, daß dann für die Hauptinteressen des Seminars gesorgt ist, daß dann nichts mehr für Hülfslehrer auszugeben ist, auf welche indeß vorerst allhier bei der vorhandenen antipädagogischen Beschaffenheit unsrer Geistlichen und bei dem weit vorgerückten Alter der Lehrer der höheren Bürgerschule Verzicht geleistet werden muß.

(gez.) A. Diesterweg
[für gleichlautenden Auszug
HIRTER
Regierungs Kanzlist]

Abschr. (Auszug), LHA Koblenz, Best. 403, Nr. 15275, S. 267–269

¹ Diesterweg war am 4. Januar 1821 vom Kölner Konsistorium aufgefordert worden, mit den geeigneten Teilnehmern des vergangenen Sommerkursus von Mitte Januar bis Mitte April einen dreimonatigen Winterkursus zu halten (GStA PK, I. HA Rep. 76 Seminare, Nr. 10057: 6ʳ). Am 12. Februar stimmte Minister Altenstein (s. ds.) dem Vorschlag der Konsistorien Koblenz und Köln vorläufig zu und genehmigte die beiden evangelischen Seminarstandorte Neuwied und Moers (LHA Koblenz, Best. 403, Nr. 15275, S. 65–81).

Ein zweiter Lehrer wurde angesichts der Vorläufigkeit der Einrichtung jedoch noch nicht berufen. Bei Befürwortern des Seminars rief dieser Umstand durchaus Bedauern und Ärger hervor. So äußerte Pfarrer Johann Arnold von Recklinghausen, Prediger der reformierten Gemeinde in Langenberg und Superintendent der Elberfelder Kreissynode, am 20. November 1821 gegenüber Superintendent Roß (s. ds.) in Budberg: „Es ist traurig, daß das Seminarium zu Meurs, noch immer weiter keine Lehrer hat als den Herrn Diesterweg. (…) Wollen Sie den Herren nicht noch einmal derbe Bescheid sagen, damit die jungen Leute in Thätigkeit kommen?" (Vgl. Archiv EKiR Düsseldorf, Rh Prov K Arch. C I a 15, 188ʳ)

² Lat.: Der gewünschte, d.h. in Frage kommende Mensch.

36
An das Konsistorium der Provinz Jülich-Kleve-Berg, Köln

Moers, 15. April 1821

Die wichtigste Angelegenheit für das Seminar, zugleich gegenwärtig die dringendste, ist ohne Zweifel die Anstellung des zweiten Lehrers.[1] Darum beeile ich mich, die von 2 Testimonien begleitete Bittschrift des Elementarlehrers am Weyer im Bergischen, Herrn SCHMACHTENBERG's, um Anstellung am hiesigen Seminar einzureichen. Obgleich ich bei der neulichen kurzen Anwesenheit desselben allhier manche empfehlende Eigenschaften an demselben entdeckt zu haben glaube, so reicht diese oberflächliche Bekanntschaft doch nicht weit genug, um ein begründetes Urtheil über denselben abzugeben. Ich werde mir indeß Mühe geben, ihn näher kennen zu lernen und allenfalls seine Wirksamkeit auf seinem eignen Territorium zu beobachten. Uebrigens habe ich die Ueberzeugung, daß unsere Anstalt durch die Gewinnung des Herrn HEUSER, Lehrers an dem WILBERGschen Institute in Elberfeld, alle Wünsche befriedigt sähe, welche man an den zweiten Lehrer, welcher praktisch-pädagogische Kenntnisse mit vorzüglichen musikalischen Fertigkeiten in sich vereinigen muß, zu machen berechtigt ist. Daher nehme ich mir die Freiheit, Ew p Consistorium auf diesen durch und durch redlichen, biedern, geschickten, trefflichen, in jeder Hinsicht empfehlenswerthen Mann aufmerksam zu machen. Freilich wird derselbe kaum mit 600 Rh. preuß. C. jährlicher Besoldung zu gewinnen seyn. Erwägt man, daß die vielseitige Gewandtheit desselben, verbunden mit nicht gewöhnlichen musikalischen Fertigkeiten, jede andere Ausgabe für Hülfslehrer überflüssig und unnöthig machen wird, so möchte die Anstellung desselben eher Ersparnisse herbeiführen als das Gegentheil. Ich würde mich glücklich schätzen, denselben als Mitlehrer hier einziehen zu sehen. p

(gez.) Diesterweg.
[für gleichlautenden Auszug
HIRTER
Regierungs Kanzlist]

Abschr. (Auszug), LHA Koblenz, Best. 403, Nr. 15275, S. 271–272

¹ Siehe Brief vom 29. März 1821 (Nr. 35).

37
An den Bürgermeister der Stadt Moers[1]

Moers, 1. August 1821

Wohlgeborner
Hochzuehrender Herr Bürgermeister!

Zufolge einer Verordnung der Königl. Regierung und in specie einer von dem Königlichen Consistorio in Cöln getroffenen Verfügung soll der 3te August[2] in dem hiesigen Seminar alljährlich gefeyert werden. Die Ober-Behörde will es gerne sehen, daß Freunde des Königs und der Jugend der anzuordnenden Schulfeyer beiwohnen. Indem ich dieses Ew. Wohlgeboren mitzutheilen mir die Freiheit nehme, füge ich die Bitte hinzu, mich es gefälligst vorher wissen zu lassen, wenn Ew. Wohlgeboren gesonnen seyn sollten, die Anstalt mit Dero Gegenwart zu beehren.

Mit gebührender Achtung unterzeichnet

der Director des Seminars
Dr. Diesterweg.

Eigh., Stadtarchiv Moers, Alte Registratur (16.–Anfang 20. Jahrhundert), Karton 279, Akte 329,22, o. F.

[1] Bürgermeister der Stadt Moers war zu diesem Zeitpunkt Wilhelm Urbach (s. ds.).
[2] Der Geburtstag von König Friedrich Wilhelm III. (s. ds.).

38
Bescheinigung für Heinrich Eickschlag

Moers, 23. Februar 1822

HEINRICH EICKSCHLAG aus Rumeln hat, mit Unterbrechungen, überhaupt 8 Monate den Unterricht im hiesigen Schullehrer-Seminar genossen.[1]

Während dieser Zeit hat er sich als einen offenen, bescheidenen, fleißigen und treuen Menschen gezeigt, und so viel gelernt, als nach Verhältniß der Kürze der Zeit, seiner mangelhaften Vorbildung, so wie nach Verhältniß seiner Anlagen zu erwarten war. Die meisten Kenntnisse besitzt er im Rechnen. Am mangelhaftesten ist seine Aussprache und es bleibt hierin noch sehr viel zu wünschen übrig. Das Beste für ihn möchte der fortgesetzte Besuch des Seminars seyn. Sollte er indeß zur Leitung einer Schule für tüchtig befunden werden, so werde ich, mich seiner anzunehmen, nicht aufhören.[2]

Ad. Diesterweg
Direct. des Sem.

Eigh., HStA Düsseldorf, Reg. Düss., Nr. 3408, o. F.

[1] Heinrich Eickschlag hatte aus ökonomischen Gründen den Unterricht im Seminar „nur in Nebenstunden" besuchen können, wie Schulpfleger Pfarrer Eßler (s. ds.) der Königlichen Regierung im Antrag auf Einstellung von Eickschlag in Bettenkamp mitteilte (HStA Düsseldorf, Reg. Düss., Nr. 3408, o. F.). Seinen Unterhalt verdiente er als Hauslehrer der Kinder des Johann Schroer in Hoch-Hahlen so-

wie weiterer dort ansässiger Schüler; Schroer stellte ihm ein gutes Zeugnis aus: „Durch gütige Behandlung, sanftes Ermahnen und freundliche Belehrung" habe er sich „die Liebe, das Zutrauen der Kinder", seine „Zufriedenheit, so wie auch die Zufriedenheit der Aeltern, deren Kinder die Schule mit besuchten", erworben und „seine freien Stunden" zur „Vermehrung und Berichtigung seiner Kenntnisse" genutzt (a.a.O., o.F.).

[2] Eickschlag trat 1822 die Lehrerstelle an der evangelischen Elementarschule in Bettenkamp provisorisch an, mit der Auflage der Königlichen Regierung, nebenher weiterhin den Unterricht im Moerser Seminar zu besuchen und sich von Schulpfleger Eßler Rat und Anweisung zu holen. Nach einem Jahr solle er sich einer Prüfung unterziehen.

39
An Konsistorialrat Karl Friedrich August Grashof, Köln

Moers, 9. Mai 1822

Ungemein beklagen und betrauern muß ich es, daß die Stadt Neuwied in dem Conflicte über die Wahl des Ortes für das zu errichtende evangelische Schullehrer Seminar über Mörs, diesen durch seine stille Freundlichkeit, die Wohlfeilheit der Lebensbedürfnisse, wie die Theilnahme der Bürger an unsrer aufblühenden Anstalt und durch die Zweckmäßigkeit der Einrichtung des Schullokals ausgezeichneten und durch das Zusammentreffen dieser glücklichen Umstände für das Schullehrer Seminar so vorzüglich geeigneten Ort, gesiegt hat.[1] In Neuwied werden wir nie das erreichen, was wir mit weit geringerer Anstrengung hier erzielt haben würden. Indessen waltet ein wahrer Unstern über die hiesige Anstalt und ich erwähne daher auch, seit zwei Jahren durch die Uebungen in der Bescheidenheit und Geduld gehärtet, mit keiner Sylbe der Unannehmlichkeiten, die für mich und meine Familie durch einen abermaligen Zug entstehen.

Mein Entschluß, entweder in die erwarteten Vorschläge des Königl. Konsistoriums zu Koblenz einzugehen oder einen der von Euer p gefälligst bezeichneten Auswege zu versuchen, würde hauptsächlich von den Lokalverhältnissen Neuwieds, von der Beschaffenheit des Seminargebäudes und der mir bereiteten Wohnung, so wie von der Individualität des Herrn BRAUN und der Art seiner Wirksamkeit abhangen. Daher drängt sich mir, um einen sichern gehörig basirten Entschluß fassen zu können, der Wunsch auf, die genannten individuellen Umstände durch Autopsie kennen zu lernen.

Diese Reise kann ich aber im Laufe des Unterrichts nicht machen ohne die Genehmigung der mir vorgesetzten Behörde, so wie nicht ohne Vergütung der Reisekosten.[2] Ich habe 5 Kinder, folglich zum Reisen keine Mittel. Euer p wollen daher gütigst die Anfrage entschuldigen, ob das Königl. Hochwürdige Konsistorium zu Köln geneigt ist, mir die zu einer erforschenden Reise nach Neuwied nöthigen Reisegelder zu bewilligen. Sollte diese Anfrage bei einem Königl. Konsistorium zu Koblenz anzubringen seyn, so bitte ich Euer p diese Zeilen gefälligst dorthin gelangen zu lassen, wenn dieses anders die Verhältnisse erlauben. pp

Der Director des Schullehrer Seminars
(gez.) Diesterweg

Abschr. (Auszug), LHA Koblenz, Best. 403, Nr. 15238, 12[r+v] (S. 23–24)

¹ Diesterweg hatte erst durch einen Brief Grashofs vom 4. Mai 1822 von der neuen Verfügung des Ministerums erfahren, daß die beiden evangelischen Seminare zu vereinigen seien und er nach Neuwied versetzt werde (GStA PK, I. HA Rep. 76 Seminare, Nr. 10057: 12ʳ; LHA Koblenz, Best. 403, Nr. 15238, S. 3–9).

² Grashof leitete den vorliegenden Auszug dieses Briefes, der im Original nicht überliefert ist, an den Oberpräsidenten von Ingersleben (s. ds.) weiter: In seinem Begleitschreiben zeigt er sich irritiert darüber, daß Diesterweg nicht bereits durch das Oberpräsidium informiert worden war und erst durch ihn von den Plänen der Seminarzusammenlegung erfahren hatte. Wenngleich er ausdrücklich den Wunsch äußert, daß das Seminar der Stadt Moers erhalten bleiben möge, so will er die entsprechende Entscheidung des Ministeriums abwarten und akzeptieren und befürwortet aus diesem Grunde Diesterwegs Reiseantrag (LHA Koblenz, Best. 403, Nr. 15238, S. 19–21).

Am 15. Mai genehmigte der Oberpräsident die Reise in den Pfingstferien, wies allerdings darauf hin, daß in Neuwied noch nicht das endgültige Gebäude bezogen sei. Diesterweg möge seine Reise eventuell aufschieben, zumal sich in dem bisherigen „mangelhaften Lokal" keine Lehrerwohnung befinde (GStA PK, I. HA Rep. 76 Seminare, Nr. 10057: 13ʳ; LHA Koblenz, Nr. 15238, S. 25). Siehe auch Brief vom 6. Juni 1822 (Nr. 41).

40
An Friedrich Christoph Wilhelm Braun, Neuwied

Moers, 3. Juni 1822

Hochgeschätzter Freund!

Der Absprache gemäß, wenn auch eilend, theile ich Ihnen das Resultat der Verabredungen mit H. Reg R. LANGE mit.

Neuwied ist ganz bestimmt vom hohen Ministerio zum Seminarorte erwählt. Nichts desto weniger wird die Regierung in Düsseldorf auf dem Fortbestehen meiner Anstalt in Meurs antragen. H. LANGE weissaget diesen Bemühungen wenig Glück. Im Falle einer abschlägigen Antwort bin ich geneigt, nach Neuwied zu ziehen, unter folgenden Bedingungen:

1) Völlige Vergütung der Umzugskosten und Entschädigung für unabwendbare Verluste und Nachtheile.

2) Erhöhung meiner Besoldung.

3) Völlige Gleichstellung mit Ihnen, mein werther Freund!

Coordination in allen Stücken, nach dem Princip der Parität. In Hinsicht der Geschäfte würden wir uns nach H. Reg R. LANGE's Vorschlag so zu theilen haben, daß Sie nebst der Wohnung im Seminargebäude die Leitung übernehmen der inneren Angelegenheiten, die Beaufsichtigung der Seminaristen pp, ich dagegen, außerh[al]b des Seminargebäudes wohnend, alle äußeren Verhältnisse z B. die Geschäfte mit dem Publikum, den Eltern der Zöglinge u. die Berichte an die Behörden aufzusetzen u. wahrzunehmen hätte. Jedoch dergestalt, daß alles zu Unterschreibende von beyden Directoren zu unterschreiben ist. H. Reg R. LANGE fragte mich, ob mir am Titel „Director" etwas liege. Ich verneinte dies. Und so ist es. Bey näherer Überlegung bin ich andrer Meinung geworden. Viele Menschen, besonders entferntere urtheilen nach dem Äußeren. Meine Verwandten u. entfernten Freunde könnten ₁ aus dem Verluste meines bisherigen Titels auf eine übertünchte Degradation

114

und auf Krebsgang schließen. Dem vorzubeugen, glaube ich meiner Ehre schuldig zu seyn. Darum bestehe ich auf dem Nichts des Titels.

Hier haben Sie ganz offenherzig das Ganze. Unumwundene Offenheit sey das Panier, unter dem wir gemeinschaftlich u. vereinigt das Seminarschiff lenken! Und sollte dann auch unser Duett nicht immer unisono klingen, so schreite es doch nie über die Gränzen einer Harmonia discor[d]o[1] hinaus.[2]

Ob H. RgR. LANGE bis Donnerstag nach Neuwied kommt, hängt von H. Consist.R. GRASHOF ab, dessen Nachrichten H. RgR. LANGE erwartet.[3]

Schreiben Sie mir nun alsbald Ihre Ansichten nach Meurs, besser: bringen Sie mir sie selbst. Sollte Ihnen eine der obgemeldeten Bedingungen unangenehm seyn, so sagen Sie mir dieses frey heraus. Nur mit beyderseitiger Zufriedenheit wollen wir das Steuerruder ergreifen; oder der Eine führe es allein.

Ihrer lieben Frau bitte ich mich bestens zu emphelen. Ihnen beyden danke ich für freundliche Aufnahme herzlich.

Geben Sie mir bald Nachricht.

Freundschaftlichst

Ihr Diesterweg.

Eigh., GStA PK, I. HA Rep. 76 Kultusministerium, VII Sekt. 13bb Nr. 6 Bd. 2: 171ʳ–172ʳ

[1] Nicht übereinstimmender Klang.

[2] Braun bedrückte die Aussicht einer paritätischen Zusammenarbeit mit Diesterweg, sowohl in der Sache als auch wegen Diesterwegs Charakter, der ihm „gar nicht so gemüthlich" erschien. Er bat Grashof (s. ds.) und den Fürsten von Wied, sich für den Erhalt beider Seminare zu verwenden (GStA PK, I. HA Rep. 76 Kultusministerium, VII Sekt. 13bb Nr. 6 Bd. 2: o. F.)

[3] Siehe Briefe vom 9. Mai und 6. Juni 1822 (Nr. 39 und Nr. 41).

41
An das Konsistorium der Provinz Jülich-Kleve-Berg, Köln

Moers, 6. Juni 1822

An Ein p. Konsistorium zu Cöln.

Dem Königlichen Konsistorium zu Cöln beehrt sich der Unterzeichnete, seine Ansichten in Betreff seiner Versetzung zufolge der mit dem H. Konsistorialrath LANGE zu Coblenz getroffenen Verabredungen mitzutheilen.[1]

Immer von neuem ergreift mich lebhafte Betrübniß bei dem Gedanken, daß Neuwied definitiv zum Orte für das einzige rheinische evangelische Schullehrer-Seminar erwählt worden ist. Die bekannten Thatsachen, daß dort ein zweckmäßiges Schullokal mit einer bedeutenden Summe angekauft werden muß, daß die dortige Bürgerschaft dem Ankaufe desselben Schwierigkeiten mancherlei Art entgegen stemmt, also durchaus gar keine Theilnahme für das neue Institut an den Tag legt, daß sogar eine gewisse Parthey sich geschäftig zeigt, das Seminar von Neuwied zu verdrängen, daß es unter den Einwohnern an allem Bürger- und

Gemeinsinn mangelt, daß der in Neuwied herrschende Sektengeist nur von nachtheiligem Einfluß auf die Zöglinge des Seminars seyn kann, daß die Einwohnerschaft nicht vom besten Geiste gegen unser verehrtes Königliches Haus beseelt ist, daß die Stellung des Fürsten zu der Königlichen Regierung in Coblenz allerlei Conflicte herbeiführt, woraus für die Anstalt beengende Formen hervorgehen werden p. p. alle diese und andre Umstände, die ich der Regierung zu Düsseldorf mitzutheilen mich beeilen werde, versetzen mich in wahre Trauer. Und wenn ich nicht in der Bildung künftiger Lehrer den schönsten Wirkungskreis erblickte, so würde ich unter so ungünstigen Auspicien diesem Amte Vale sagen. Zwar nähre ich noch die Hoffnung, daß ein hohes Ministerium den gefaßten Beschluß umzuändern und die hiesige Anstalt zweckmäßig zu dotiren geruhen werde, halte es indeß bei der Unsicherheit dieser Hoffnungen für meine Pflicht, dem p. Konsistorium meine Gesinnungen gehorsamst mitzutheilen, die ich auf den Fall meiner Versetzung nach Neuwied hege. Wenn also das hiesige Institut aufgehoben werden sollte, bin ich geneigt, an das Seminar nach Neuwied zu gehen, unter folgenden Bedingungen:

1) Vollständige Vergütung der Umzugskosten und Erschädigung für unvermeidliche Nachtheile und Verluste.

Ich glaube mich von aller Schuld an den unglücklichen Constellationen, die bisher über unser Institut gewaltet haben, frei sprechen zu dürfen. Alles, was unter so schwierigen Umständen geschehen konnte, ist geschehen. So sagt es mir mein Gewissen. Und selbst auf den Vorwurf der Anmaßung hin stelle ich kühn meine Zöglinge, die während 1 1/2 Jahren Unterricht genossen haben, neben die Neuwiedischen, die sich 3 Jahre dort aufgehalten haben. Eben darum dürfen die Folgen der gedroheten Auflösung der hiesigen Anstalt mich nicht treffen.

2) Erhöhung meines Gehaltes.

Als ich von dem Konsistorium zu Cöln im Frühling 1820 aufgefordert wurde, die erste Lehrstelle am Seminar zu Meurs anzutreten, vertauschte ich die mit meiner Stelle zu Elberfeld verbundene jährliche Einnahme von 14–1500 Rth. Berg. C. nebst freier Wohnung mit meinem jetzigen Gehalte von 700 Rth. pr. C. mit freier Wohnung, büßte also jährlich 5–600 Rth. Berg. C. ein. Überdieß mußte ich die von der Elberfelder Gemeinde geleistete Einlage von 700 Rth. Berg. in die allgemeine Berliner Wittwen-Societät zurück bezahlen. Dieses Kapital schaffte ich durch Anleihe herbei. Freiwillig und gerne brachte ich diese großen Opfer, einzig getrieben aus Liebe zu einem freien Wirkungskreise. Ich – mit Frau und 3 Kindern, deren Anzahl sich seitdem um 2 vermehrt hat – konnte damals nicht umhin, den Herrn Konsistorialrath Grashof so wie des Herrn Oberpräsidenten Grafen von Solms-Laubach Excellenz auf diese bedeutende Verluste aufmerksam zu machen. Herr Konsistorial-Rath Grashof hatte die Gewogenheit, zu bemerken, daß Aussichten zur Gehaltserhöhung vorhanden seyen, und sich zu erbieten, dieselbe höheren Ortes in Antrag zu bringen, und Se. Excellenz der Herr Oberpräsident äußerte sich in Gegenwart des p Grashof auf die ihm eigene humane Weise, daß er mir, so lange ich als einziger Lehrer des Seminars dastehen würde, eine jährliche Gratification von 100 Rth. Pr. C. zuzuwenden gedenke. Mit unbegränztem Zutrauen zu dem p Konsistorium zu Cöln habe ich mein Amt angetreten und verwaltet, und mit Vertrauen sehe ich anjetzt noch der Realisirung dieser Hoffnungen und Versprechungen entgegen. Und sowohl wegen der angeführten Gründe, als auch wegen der höheren Preise der Lebensbedürfnisse zu Neuwied und der dort gesteigerten Lebensverhältnisse überhaupt kann ich nicht daran zweifeln, daß das p Konsistorium die Bedingung einer Gehaltserhöhung gerecht und billig finden werde.

116

3) Coordination mit dem jetzigen Direktor der Neuwiedschen Anstalt H. Braun in allen Stücken.

Von dessen Seite Subordination zu verlangen, wäre eben so ungerecht und schädlich als das Umgekehrte. Ich schätze H. Braun, glaube in Harmonie mit ihm das gemeinsame Werk fördern zu können, aber mich ihm subordiniren kann und werde ich nicht. Diese Gleichstellung nach dem Princip der Parität muß sich erstrecken bis auf Rang und Titel. Ich bin es meiner öffentlichen Ehre schuldig, und vermöge meines Strebens bin ich dazu berechtigt, zu erwarten, daß auch nicht ein Schein von Subordination und Degradation auf mich falle. In wie fern nun diese Gleichstellung sich mit dem Wohl der Anstalt verträgt und in wie ferne eine Theilung der leitenden Geschäfte zweckdienlich befunden wird – dieses überlasse ich dem Ermessen des p. Konsistoriums.

In den bisherigen freimüthigen Aeußerungen sind die Bedingungen enthalten, unter denen ich im Falle der Nichtrealisirung unsrer Wünsche für Meurs nach Neuwied zu ziehen geneigt bin. Ich vertraue hierbei ganz der Gerechtigkeit des p Consistoriums zu Cöln als der mir vorgesetzten Behörde. In diesem Vertrauen, in der Erwartung, daß ein hohes Ministerium redlich geleistete Dienste anzuerkennen geneigt ist, in dem frohen Bewußtseyn, durch gewissenhaftes Streben mich der Achtung und des Schutzes des Vorgesetzten werth gemacht zu haben, sehe ich der endlichen Entscheidung eines p Konsistoriums und Eines hohen Ministeriums mit Zuversicht und Gelassenheit entgegen.[2]

Sollten indessen aus irgend einem Grunde obige Bedingungen nicht angenommen, auch die hiesige Anstalt nicht fest begründet werden, so bleibt mir nichts anders übrig, als der Übertritt in ein anderes Amt, in dem ich gern und darum mit Eifer und Segen zu arbeiten im Stande bin. In diesem Falle würde ich bei Einem Hohen Ministerio die Bitte wagen, mir ein akademisches Lehramt im Gebiete der Mathematik und Physik anzuvertrauen, wofür ich vorläufig die Unterstützung des p Konsistoriums zu erbitten mir erlaube.

Der Direktor des Schullehrer-Seminars.
(gez.) Dr. Diesterweg.

Abschr. (Auszug), GStA PK, I. HA Rep. 76 Kultusministerium, VII Sekt. 23 bb Nr. 6 Bd. 2: 163ʳ–165ʳ; weitere Abschrift (Auszug): LHA Koblenz, Best. 403, Nr. 15238, 16ʳ–18ʳ (S. 31–35)

[1] Siehe Brief vom 9. Mai 1822 (Nr. 39). Für die in diesem Schreiben erbetene Reise, um die Verhältnisse in Neuwied persönlich in Augenschein nehmen zu können, überreichte Diesterweg dem Oberpräsidenten von Ingersleben (s. ds.) am 15. Juni 1822 die Liquidation (vgl. LHA Koblenz, Best. 403, Nr. 15238, S. 37 bzw. Brief vom 15. Juni 1822 <Nr. 42> im vorliegenden Band).

[2] Grashof sicherte Diesterweg am 18. Juni 1822 weiter seine Hilfe zu und berichtete von seinem Vorschlag an das Ministerium, ob „nicht die Vereinigung wenigstens in Mörs stattfinden könne". Er habe sich „auch noch privatim in dieser Angelegenheit an den Herrn Minister Frh. von Altenstein [s. ds.] gewandt" (GStA PK, I. HA Rep. 76 Seminare, Nr. 10057: 16ʳ). Nach dem Besuch Diesterwegs in Neuwied verfolgte Grashof diesen Plan nicht weiter. In dem Brief an das Ministerium sagte Grashof Schwierigkeiten bei der Zusammenarbeit von Braun und Diesterweg in Neuwied voraus: Braun werde voraussichtlich „mit dem Hofe", Diesterweg „mit dem Volk und der Geistlichkeit" halten (LHA Koblenz, RZZ–0611).

Auch der Magistrat der Stadt Moers hatte sich im Mai 1822 mit der Bitte an das Ministerium gewandt, den Standort des Seminars zu erhalten; zu sicherlich vorhandenen ökonomischen Interessen trat die Anerkennung „des ebenso geschickten wie für sein Fach begeisterten Directors Diesterweg", der die Anstalt „mit sichtbarem Seegen" leite (vgl. vgl. LHA Koblenz, Best. 403, Nr. 15238, S. 41 ff.). Am 22. Oktober 1822 teilte Grashof zwar mit, daß „eine in Grenzen genehmigende Resolution" zur Beibehaltung beider evangelischer Seminarien eingegangen sei, aber das bestätige lediglich den Standort, nicht Diesterweg als Direktor (GStA PK, I. HA Rep. 76 Seminare, Nr. 10057: 26r). Endgültig genehmigte der König beide Seminare am 10. Februar 1823. Diesterweg wurde zum 1. Juli 1823 als Direktor bestätigt.

42
An Oberpräsident Karl Heinrich Ludwig Freiherr von Ingersleben, Koblenz

Moers, 15. Juni 1822

Ew. Excellenz

beehre ich mich, beiliegende Liquidation[1] zu überreichen, mit der unterthänigen Bitte, die Anweisung der liquidirten Summe – unter der Voraussetzung, daß dieselbe reglementsmäßig aufgestellt ist – hochgefälligst zu verfügen.

Die Ergebnisse jener Reise habe ich bereits in Berichten an die Königl. Hochlöbliche Regierung zu Düsseldorf und an das Königl. Hochwürdige Konsistorium zu Cöln niedergelegt.

Der Director des Schullehrer-Seminars
Dr. Diesterweg.

Eigh., LHA Koblenz, Best. 403, Nr. 15238, 19r (S. 37)

[1] Es handelte sich um eine Summe von 63 Reichsthalern, 13 Silbergroschen und 8 Pfennigen, die Diesterweg im Rahmen seiner Reise nach Neuwied und Koblenz ausgegeben hatte (siehe Brief vom 6. Juni 1822 <Nr. 41>).

43
An Johann Friedrich Heinrich König, Ruhrort

Moers, 15. Juli 1822

An Herrn Kaufmann König Wohlgeboren in Ruhrort.

Versprochener Maße [*Ausriß*] beyliegender Brief,
geehrtester Herr Kö[nig.][1]

Derselbe kommt von einem zuverlässigen Manne. Auch trägt der Brief das innere Gepräge der Wahrheit. Ich zweifle nicht daran, daß Sie in H. Schleheck einen tüchtigen Schulmann bekommen würden.

Herzlichst emphielt sich Ihnen
Ihr

ergeb[en]ster Diesterweg.

Eigh., Stadtarchiv Duisburg, Bestand 12 (Ruhrort), Nr. 1816, 27r

118

¹ Bei diesem Brief handelt es sich um eine gutachtliche Äußerung von Peter Franz Eberhard Hundt (1794–1877), Oberlehrer an einer Elementarknabenschule in Aachen, über den Lehrer J. P. Schleheck (s. ds.) in Eschweiler. Diesterweg hatte Hundt um diese Stellungnahme gebeten, nachdem sich König als Mitglied des Presbyteriums der evangelischen Gemeinde in Ruhrort offenbar ratsuchend an Diesterweg gewandt hatte: An der evangelischen Elementarschule in Ruhrort war die Stelle des aus Altersgründen ausscheidenden Lehrers Heinrich Wens neu zu besetzen.

Diesterweg kannte Hundt offenbar aus seiner Zeit in Elberfeld, da dieser Schüler J. Fr. Wilbergs (s. ds.) dort ebenfalls vorübergehend als Lehrer tätig war. Später wurde Hundt Direktor der „großen Karlsschule" in Aachen und 1837–1862 Schulinspektor für das gesamte Aachener Elementarschulwesen.

Hundt äußerte sich in seiner Stellungnahme sehr lobend über Schlehecks Lehrfähigkeit und seine Publikationen (auch im Seminar in Moers wurden zwei Lehrbücher von Schleheck verwandt); die Gemeinde Eschweiler werde seinen möglichen Weggang mit Sicherheit sehr bedauern.

Schleheck ging allerdings nicht nach Duisburg. Die vakante Stelle wurde mit Koetter aus Soest besetzt. (Stadtarchiv Duisburg, Bestand 12, Nr. 1816, 25^{r+v} und 29^r; zur Wiederbesetzung der Stelle vgl. auch HStA Düsseldorf, Reg. Düss., Nr. 2880).

44
An das Konsistorium der Provinz Jülich-Kleve-Berg
(Bericht über die beiden ersten Jahre des Seminars)¹

Moers, 17. Juli 1822

1. Was bisher im Seminar geschehen ist.

1. Religionsunterricht. Sokratische² Entwickelung sittlicher Begriffe und Ideen.
   Biblische Geschichten und Bibellectüre.
   Seit Ostern durch Herrn Conrector ENGELS
   a. Kurze Einleitung in das alte Testament und die einzelnen kanonischen und apokryphischen Bücher desselben mit Berücksichtigung der jüdischen Geschichte.
   b. Kurze Einleitung in das neue Testament und dessen einzelne Schriften. Beendigt ist das Evangelium Lukas.
   c. Lesen alt- und neutestamentlicher Stücke mit Besprechung religiöser Gegenstände.

2. Mathematik.
   a. Ebene Geometrie nebst Formen- und Combinationslehre. Stereometrie und ebene Trigonometrie. Praktisch-geometrische und trigonometrische Aufgaben. Einiges auf dem Felde.
   b. Arithmetik. Die allgemeine Algebra bis zu den Gleichungen des 3ten Grades excl. Kopf- und Tafelrechnen in den gewöhnlichen Rechnungsarten. Auch algebraisches Kopfrechnen.

3. Deutsche Sprache.
   Uebungen im Lesen. Grammatikalischer Unterricht nach HEYSE. Übungen im Katechisiren, Recitiren, Sprechen, im freien Vortrage kleiner Reden und im Disputiren. Aufsätze.

4. <u>Geschichte</u>. Allgemeine Uebersicht mit Ausführungen.
Seit Ostern <u>durch Herrn Rector Hofmeister</u>. Die Geschichte der Aegyptier, Israeliten, Assyrer und Babylonier, Perser und Griechen bis zum Ende des dritten persischen Krieges.

5. <u>Geographie</u>. <u>Mathematische</u> mit populärer Himmelskunde. Dann die gewöhnliche Geographie verbunden mit Kartenzeichnen und mit besonderer Berücksichtigung Palästinas.

6. <u>Naturkunde</u>. Allgemeine Uebersicht. Beschreibung des Menschen nach seiner physischen und psychischen Natur. (Noch nicht beendigt.) – <u>Physik</u> nach Kries.

7. <u>Grundsätze der Erziehung und des Unterrichts</u>. Nach meinem kleinen Opus.

8. <u>Uebungen</u> im Zeichnen, Schreiben – und Unterrichten in der Abendschule.

2. <u>Was</u> (nach meiner Meinung) <u>nun hauptsächlich noch zu thun übrig ist</u>.

1. Fortsetzung des Religionsunterrichts. (2 Stunden wöchentlich)
2.   –   – geschichtlichen Unterrichts. 2 St.
3. Uebungen im Kopfrechnen. 2 St.
4. Methodik. 2 St.
5. Naturgeschichte. 2 St.
6. Ein erneuerter theor. Cursus der deutschen Sprache. 6 St.
7. Fortsetzung der technischen Uebungen.
8. <u>Musikalischer Unterricht</u>.

3. Die <u>zweite Abtheilung</u> der Zöglinge hat seit Ostern durch die drei Seminaristen Schürmann, Drinkmann und Rosenkranz [3] besondern Unterricht erhalten in

der <u>deutschen Sprache</u> nach Krause

im <u>Rechnen</u> nach Kawerau,

in der <u>Formen</u>- und <u>Größenlehre</u> nach Türk und meiner Combinationslehre.

(gez.) Diesterweg.[4]

Verzeichniß der Zöglinge des Seminars.

Namen.	Alter.		Zeit der Aufnahme.
1. Friedrich Schürmann aus Orsoy	20	Jahr.	Juli 1820.
2. Jakob Drinkmann aus Elberfeld	19	"	—————
3. Friedrich Rosenkranz aus Langenberg	18	"	—————
4. Wilhelm Schäfer aus Duisburg	20	"	—————
5. Wilhelm Henckell aus Wermelskirchen	17 1/2	"	—————

6.	FERDINAND BRENDOW aus Ruhrort	18	"	————
7.	AUGUST PETERS aus Düsseldorf	17	"	————
8.	LUDWIG EMMERICH aus Schermbeck	18	"	Mai 1821.
9.	ABRAHAM FISCHER aus Elberfeld	19	"	————
10.	GOTTLIEB BECKER aus Hamminkeln	17	"	————
11.	WILHELM WINTERHAGEN aus Dhünn	18	"	————
12.	WILHELM SCHLÖSSER aus Odenspiel	17 1/2	"	————
13.	PETER LINDENBERG aus Duisburg	19	"	Mai 1822.
14.	WILHELM BÖCKMANN aus Herringen	21	"	————
15.	FRANZ V. STAA aus Ruhrort	17	"	————
16.	WILHELM SCHÜRMANN aus Büderich	17 1/2	"	————
17.	WILHELM GELDERMANN aus Schermbeck	19	"	————
18.	BERNHARD BELING aus Hamminkeln	16	"	————
19.	JOHANN ELSERMANN aus Hamminkeln	16 1/2	"	————

Abschr., GStA PK, I. HA Rep. 76 Kultusministerium, VII neu Sekt. 25 C Teil I Nr. 4 Bd. 2: 41r–42r

[1] Vermutlich Anlage eines Schreibens des Konsistoriums an Minister von Altenstein (s. ds.) vom 6. September 1822 (GStA PK, I. HA Rep. 76 Kultusministerium, VII neu Sekt. 25 C Teil I Nr. 4 Bd. 2: 37r–38r), dem ein sehr positiver Bericht Grashofs über die Arbeit am Seminar (39r–40r) beigefügt war.

[2] Lehrform, bei der durch geschicktes Fragen ein Thema oder die Lösung eines Problems entwickelt wird.

[3] Diese drei Zöglinge finden in einem Gutachten von Konsistorialrat Grashof (s. ds.) über den Unterricht im Seminar in Moers vom 18. Dezember 1822 „rühmliche Erwähnung" wegen ihres Unterrichts (vgl. GStA PK, VI. HA Familienarchive und Nachlässe, Nachlaß Thiele, Nr. 42: S. 143–173).

[4] Dieser Bericht Diesterwegs sorgte für Mißtrauen im Ministerium. L. Beckedorff (s. ds.) sah darin einen Beleg für flüchtige Arbeit und Bevorzugung der Mathematik zu Lasten anderer Fächer und hielt Diesterweg für ungeeignet.
Am 26. September 1822 verfaßte Beckedorff ein entsprechendes Votum, in dem er zwar die Beibehaltung beider Seminare – Neuwied und Moers – für „unvermeidlich" erklärt, es allerdings als eine „Gewissens Pflicht" bezeichnet, Diesterwegs „definitive Anstellung nicht eher zu verfügen, bis man die vollständigste Ueberzeugung von seiner Tauglichkeit erhalten hat. Anjetzt ist er noch mit leichter Mühe in eine andere Stellung zu bringen; ist er aber bestätigt, so hält dies schwer, und für ein dritthel Jahrhundert ist das evangel. Volksschulwesen einer ganzen Provinz in eine Hand gegeben, die dem wichtigen Geschäfte nicht gewachsen ist" (GStA PK, I. HA Rep. 76 Kultusministerium, VII Sekt. 13bb Nr. 6 Bd. 3). Entsprechend dieser Auffassung wurde am 9. Oktober 1822 der Standort Moers definitiv bestätigt, nicht aber Diesterweg als Direktor. Die endgültige Bestätigung Diesterwegs erfolgte erst zum 1. Juli 1823.

45
Zeugnis für Wilhelm Böckmann, Moers

Moers, 19. September 1822

Wilhelm Böckmann aus Herringen, seit Frühling a. c., Zögling des hiesigen Schullehrer-Seminars, hat seine Sache recht wohl gemacht, ganz zu meiner Zufriedenheit.[1] Auch ist seine Bemühung, seinem von Natur etwas steifen Sprachorgane mehr Gelenkigkeit zu geben, nicht ohne merklichen Erfolg geblieben. Ich zweifle nicht daran, daß aus ihm ein recht brauchbarer und tüchtiger Lehrer werden wird. – Mit wahrem Vergnügen ertheile ich ihm dieses Zeugniß – ihm, dem es so viele Freude macht, sich dadurch der freundlichen Unterstützung des Herrn Pastors VON DER KUHLEN[2], dem ich mich hiermit freundschaftlichst emphele, werth zu bezeigen.

Dr. Diesterweg, Director des Seminars.

Eigh., Staatsbibliothek zu Berlin Preußischer Kulturbesitz, Handschriftenabteilung, Slg Diesterweg, Adolf, acc. ms. 1962.209, 3r

[1] Siehe Brief vom 29. Juni 1823 (Nr. 56).
[2] Vermutlich handelt es sich um Pfarrer Jakob Arnold van der Kuhlen in Wallach.

46

An das Konsistorium der Provinz Jülich-Kleve-Berg, Köln

Moers, 2. Oktober 1822

An das Königl Konsistorium zu <u>Cöln</u>

Zwei Individuen haben die Aufmerksamkeit des Königlichen Konsistoriums auf sich gezogen: H. ENGSTFELD, lutherischer Schullehrer in Duisburg und H. HEUSER, erster Lehrer an der mit 3 Lehrern besetzten Elementarschule zu Hattingen, der mir von frühern Jahren her bekannt, durch eine neulich hier abgelegte Probelektion noch näher bekannt geworden ist.

H. ENGSTFELD habe ich erst in der jüngsten Zeit kennen gelernt. Über beide erlaube ich mir folgende unmaßgebliche Bemerkungen.

In <u>musikalischer</u> Hinsicht steht ENGSTFELD über HEUSER. ENGSTFELD dichtet und componirt mit künstlerischer Genialität, HEUSERS Fertigkeit im Spielen ist anerkennens werth, gut und hinreichend, genialisch aber ist er nicht. So wie ENGSTFELD in musikalischer Hinsicht etwas voraus hat, so steht er HEUSER nach in der technischen Fertigkeit des Schreibens und Zeichnens. HEUSER schreibt besser und zeichnet gut, ENGSTFELD nicht besonders und zeichnet nicht.

In pädagogischer Hinsicht verdient HEUSER entschieden den Vorzug. In seiner Schule herrscht Ordnung und Pünktlichkeit, und Kleinigkeiten werden nicht übersehen; in ENGSTFELD's Schule vermißt man eigentliche Schulordnung, und Vieles wird den Launen des Augenblicks überlassen. ENGSTFELD fühlt sich in der Elementarschule ohne Zweifel unwohl. So wie der Anblick eines Menschen, den die Natur mit einem vorzüglichen Talente ausstattete, ihn aber nicht in die Umstände versetzte, dieses Talent gehörig auszubilden, und dadurch den Genius des Menschen zu einem unglücklichen Kampfe herausfordert, wehmutherregend ist, so thut es mir wahrhaft leid, dem ENGSTFELD ohngeachtet seines vorzüglichen musikalischen Talentes, ungeachtet seiner von Herrn Prediger SCHRIEVER sehr gerühmten Temperaments- und Herzens-Eigenschaften nicht unbedingt das Wort reden, ihn nicht mit vollem Vertrauen zu der 2ten Lehrstelle des Seminars empfehlen zu können. Gewiß ist es, daß H. ENGSTFELD sich hier sehr glücklich fühlen würde, vielleicht auch ist und würde er ganz der Mann, den wir suchen; vielleicht wirkte sein genialisches Wesen nur aufregend und bildend auf die Seminaristen; vielleicht bliebe seine Anlage zur Excentricität bei guter Leitung innerhalb der gehörigen Schranken etc.; aber diese Vielleicht machen es mir unmöglich, ihn mit vollem Vertrauen zu empfehlen, besonders da durch die Charakterfestigkeit, die Solidität und den Ernst des H. HEUSER ähnliche Vielleicht gar nicht aufkommen. Wir brauchen keinen musikalischen Künstler, sondern einen musikalischen Schulmann, und da das gewisse Gute dem ungewissen Guten, ja dem ungewissen Besseren vorzuziehen ist, so nehme ich keinen Anstand, dem p HEUSER unbedingt den Vorzug vor p ENGSTFELD einzuräumen.

Der Herr Superintendent UELTJESFORT in Hattingen rühmt H. HEUSER sehr und unbedingt; H. Prediger SCHRIEVER giebt H. ENGSTFELD ein sehr vortheilhaftes Zeugniß mit Einschränkungen und unter Bedingungen.

Die äußeren Verhältnisse der beiden Männer sind von der Art, daß jeder mit 500 Rth. pr. Cour. nebst freier Wohnung zufrieden seyn kann. H. HEUSERS Einnahme beträgt ungefähr 600 Rth. Kölnisch, H. ENGSTFELD hat weniger. Jener ist 38. *[sic!]*, dieser ungefähr 30 Jahre alt; HEUSER hat Frau und Kind durch den Tod verloren; ENGSTFELD ist verheirathet und hat 4 Kinder. Beide sind evangelischer Confession.

Nur das sehnliche Verlangen nach der baldigen Ernennung des 2ten Lehrers sei mir erlaubt, hier noch auszusprechen. Könnte ich doch selbst Courier-reiten, um dieses Ziel schneller zu erreichen! Ich weiß würklich nicht, wie ich im nächsten Cursus fertig werden soll, da ungefähr 8 neue Jünglinge eintreten, wenn mich nicht ein College unterstützt. Und wie mangelhaft bleibt die Bildung der Jünglinge! Ich weiß es, daß das Königl. Konsistorium auch ohne meine Bitte die Ernennung eines 2ten Lehrers auf jede mögliche Weise beschleunigen wird.[1]

Der Direktor des Schullehrerseminars
gez: Diesterweg.

Abschr. (Auszug), GStA PK, I. HA Rep. 76 Kultusministerium, VII neu Sekt. 25 C Teil I Nr. 4 Bd. 2: 86r–87r

[1] Das Konsistorium hatte Diesterweg am 6. September aufgefordert, Vorschläge für die Besetzung der zweiten Lehrerstelle zu machen. Über den Kandidaten Engstfeld sollte Diesterweg nähere Erkundigungen einholen; Heuser hatte er selbst empfohlen (vgl. Briefe vom 29. März 1821 <Nr. 35> und vom 15. April 1821 <Nr. 36>). Das Konsistorium ging zu diesem Zeitpunkt schon von dem Erhalt des Standortes Moers aus, der definitiv erst am 9. Oktober bestätigt wurde (GStA PK, I. HA Rep. 76 Seminare, Nr. 10057: 21r).
Die Stelle wurde erst zum 1. Januar 1824, dann allerdings mit Carl Ernst (s. ds.) besetzt.

47

An das Ministerium der geistlichen, Unterrichts-
und Medizinalangelegenheiten, Berlin

Moers, 10. Oktober 1822

Den Ankauf des SCHEIDTMANN'schen Hauses für das Schullehrer-Seminar betr.

An Das *[sic!]* Hohe Ministerium der geistlichen, Unterrichts- und Medicinal-Angelegenheiten!

Einem Hohen Ministerio glaubt der ganz gehorsamst Unterzeichnete die Anzeige machen zu müssen, daß gegenwärtig die günstige Gelegenheit vorhanden ist, das SCHEIDTMANN'sche

Haus allhier nebst Nebenhaus und einem außerhalb der Stadt liegenden Garten für 5000 Rth. cöln. (ungefähr 3850 Rth. preuß. Cour.) anzukaufen. Für diese geringe Summe ist dasselbe von den Gebrüdern SCHEIDTMANN, wie mir der Commissionär derselben, H. BORCHERT[1] allhier, versicherte, einem Kaufliebhaber angeboten worden. Diese Gebäulichkeiten sind im besten Stande, erst vor 15 Jahren erbaut worden und haben im Aufbau 22000 Rth. cöln. gekostet. Wahrscheinlich wird sich nie wieder Gelegenheit finden, ein solches Haus für solchen Preis zu kaufen. Wie auch die Verhältnisse von Meurs sich gestalten mögen, nie wird das SCHEIDTMANN'sche Haus unter den Werth von 5000 Rth. hinabsinken; das hiesige Schloß aber wird, sollte man gesonnen seyn, dasselbe für das Seminarium zu benutzen, ganz werthlos, sobald es heute oder morgen seine Bestimmung für das Seminarium verlieren sollte.[2]

Der Herr Geheimrath VON SEYDEWITZ Hochwohlgeboren ist am besten im Stande, die Brauchbarkeit der oben genannten Gebäulichkeiten für das zu organisirende Seminarium zu beurtheilen.

Des Hohen Ministeriums

unterthänigster
Dr. F. A. W. Diesterweg.

Eigh., GStA PK, I. HA Rep. 76 Kultusministerium, VII neu Sekt. 25 C Teil I Nr. 4 Bd. 2: 31r+v

[1] Es ist einer der beiden städtischen Steuereinnehmer gemeint, entweder Johann Wilhelm Borchardt oder Ludwig Borchers.
[2] Zur Bausubstanz des Kastells siehe Brief vom 11. November 1822 (Nr. 49); zum Kaufabschluß siehe Brief vom 12. November (Nr. 50).
Zu diesem Zeitpunkt bewohnte die Familie Diesterweg das Kastell; die Seminaristen waren bei Moerser Bürgern untergebracht. Unterstützung fand Diesterwegs Anliegen, das Kastell zu verlassen und das Scheidtmannsche Haus zu erwerben, deshalb auch in einem Votum L. Beckedorffs (s. ds.; GStA PK, I. HA Rep. 76 Kultusministerium, VII Sekt. 13bb Nr. 6 Bd. 3), dessen Anliegen es vornehmlich war, die Seminaristen aus disziplinarischen und pädagogischen Gründen gemeinsam mit dem Direktor oder den Lehrern in einem Gebäude unterzubringen.

48

An das Konsistorium der Provinz Jülich-Kleve-Berg, Köln

Moers, 27. Oktober 1822

Um dem verehrlichen Auftrage des p. Konsistoriums[1] vom 18. d. über den bisherigen Lehrplan, die Lehrart, wöchentliche Stundenzahl und die zum Grunde gelegten Lehr- und Lesebücher bei dem Religionsunterrichte in dem hiesigen Schullehrer-Seminario zu berichten, zu entsprechen, will ich einige einleitende Bemerkungen, worin die leitenden Maximen enthalten sind, vorausschicken.

Da der Schullehrer nicht nur den christlichen Religionsunterricht vorzubereiten, sondern auch hauptsächlich dahin zu wirken hat, daß die ihm übergebenen Kinder christliche Gesinnungen aus der Schule in das Leben mit hinüber nehmen, so muß er 1. mit dem ganzen Umfange der positiven Religionswahrheiten und namentlich mit der Bibel bekannt und vertraut seyn, 2. die in jedes Menschen Brust liegenden Gesetze der Sittlichkeit klar erkannt, und 3. die Gewandheit *[sic!]*, Wahrheiten der Religion und Moral zu entwickeln, sich erworben haben, und endlich 4. als Hauptsache einen frommen, ächt religiösen, darum demüthig bescheidnen und kräftigen Sinn, eine in Liebe zu Gott, Christus und allem Guten begründete und begeisterte Liebe zu den Menschen, den Kindern insonderheit und darum zur Schule, als Hauptresultat des ganzen Seminarlebens mit davon nehmen.

Da das unter Nr. 4 genannte Hauptziel alles Strebens der Seminarbildung nicht sowohl durch den Inhalt des Unterrichts erstrebt wird, also auch nicht durch isolirte Schilderung anschaulich gemacht werden kann, sondern mehr als das Ergebniß der ganzen Lehrer- und Schülerthätigkeit und der sie bewegenden Principien anzusehen ist, so glaube ich eine weitere Schilderung des Geistes der hiesigen Anstalt, wenn es mir erlaubt ist, mich dieses hohen Ausdrucks bescheiden bedienen zu dürfen, unversucht lassen zu müssen, um die unter Nr. 1.–3. aufgestellten Gesichtspunkte näher zu erörtern.

Zu 1. Den biblisch christlichen Religionsunterricht ertheilt Herr Kandidat und Konrektor ENGELS, der ohne Zweifel dem p. Konsistorium von vortheilhaften Seiten sowohl in Hinsicht seines Charakters als seiner Kenntnisse bekannt ist. Auf meine Veranlassung geht derselbe dabei historisch zu Werke, die Geschichte der Israeliten vorausschickend und daran das Merkwürdigste der Bücher des alten Bundes anreihend. Ganz ausführlich wird die Erlösung des Menschengeschlechts durch Jesum Christum behandelt, die einzelnen Momente seines göttlichen Lebens werden herausgehoben, und an sie Betrachtungen gereiht, fruchtbar für Verstand und Herz der Zöglinge. Dem Unterrichte der Christusreligion geht das Lesen der bedeutendsten Bibelabschnitte und das Memoriren der schönsten und wichtigsten Stellen des alten und neuen Testaments parallel, eine Charakteristik der einzelnen Bücher der heil. Schrift, nebst biographischen Notizen über deren Verfasser, wird noch hinzugefügt, und endlich mit einer kurzen Geschichte der christlichen Kirche bis auf unsere Tage geschlossen. Diesem Unterrichte sind wöchentlich 2 Stunden gewidmet, die Lehrart ist akroamatisch[2], zuweilen und bei der Repetition katechetisch[3].

Zu 2. Durch Nr. 1. wird noch nicht allen Forderungen, die an den Schullehrer in religiöser Hinsicht zu machen sind, Genüge geleistet, denn er soll, namentlich in Gemeindeschulen, nicht eigentlich einen confessionellen, sondern einen allgemein christlichen Religionsunterricht ertheilen, überdies muß ihm die reiche unversiegbare Quelle ethischer Grundsätze, die Vernunft, erschlossen werden, damit er die Ueberzeugung gewinne, daß Vernunft und Offenbarung auf dasselbe ewige sittliche und religiöse Leben hinweisen, und damit wenn Religionsspötter oder verderbliche Bücher – wer kann dafür stehen, daß er mit beiden nicht in Berührung komme? – ihm Zweifel an der Wahrheit dieses oder jenes Dogmas einflößen, seine Ueberzeugung von der absoluten Verbindlichkeit zu einem moralischen Lebenswandel nicht wankend werde. Ueberdies – was hebt den Jüngling, zumal den mit der Noth des Lebens ringenden, zu Anstrengungen aufgeforderten Jüngling mehr als ethische Gesinnungen und Grundsätze? Darum muß sich nach meiner Meinung an den unter Nr. 1. bezeichneten Religionsunterricht der Unterricht in der Moral anschließen, mit einer populären Psychologie beginnen und nach der Betrachtung der großen Kräfte des menschlichen Geistes, die Grundsätze und Gesinnungen der Gerechtigkeit, Liebe und Frömmigkeit sokratisch[4] entwickeln. Hier ist nicht die Rede von einer dürren Pflichtenlehre, sondern die Darstellung sucht die klare Ueberzeugung durch die angeregte Sprache des Gemüths zu beleben, und mein Bestreben ist dahin gerichtet gewesen, die der christlichen Moral gewidmeten Stunden zu der Würde der Erbauungsstunden zu erheben. Wöchentlich sind 2 Stunden für diesen Gegenstand bestimmt.

Zu 3. Nach dem Spruche docendo discimus[5] darf man die von den Zöglingen der Anstalt anzustellenden Uebungen im Katechisiren über Sprichwörter, Bibelstellen und moralisch religiöse Gegenstände, so wie die ihnen vorhergehende Anweisung zum Gebrauche der Bibel in dieser Hinsicht, zum Religionsunterrichte hinzurechnen. Nur die weiter geförderten Zöglinge nehmen an diesen Uebungen Antheil, worauf bisher zu verschiedenen Zeiten, jedoch unterbrochen *[sic!]* wöchentlich einige Stunden verwandt wurden.

Als Lehr- und Lesebuch ist bisher allein die Bibel nach LUTHERS Uebersetzung gebraucht worden, und als Vorbereitung beim Unterricht von Nr. 2. und 3. haben mir REINHARD's Moral und DINTERS Werke über den Bibel- und Religionsunterricht[6] gute Dienste geleistet.

Indem ich durch das bisherige obiger Aufforderung des p. Konsistoriums genügt zu haben glaube, kann ich nicht unterlassen zu bemerken, daß hier wie überall alle diese Veranstaltungen Bemühungen und Meinungen nichts als Holz, Stroh und Stoppeln hervorbringen werden, ohne den rechten Geist der Lehre, mit dem Gott mich und alle Lehrer in Gnaden segnen wolle.

Der Direktor des Schullehrer-Seminars

gez. Diesterweg.

Abschr., GStA PK, VI. HA Familienarchive und Nachlässe, Nachlaß Thiele, Nr. 42: S. 137–141; usprgl. Sign.: Rep. 76, U III, Generalia, Teil I, Nr. 3, Bd. 2 (vermutlich Kriegsverlust)

[1] Das Ministerium hatte schon im Mai 1821 alle Konsistorien zu einem Bericht über den Religionsunterricht aufgefordert. Es betrachtete den evangelischen Religionsunterricht als das zentrale und wichtigste Lehrfach.

Diesterwegs erster Bericht (siehe Brief vom 17. Juli 1822; Nr. 44) hatte nicht überzeugt. Minister von Altenstein (s. ds.) nahm dessen „kurze und flüchtige Form" und die vermeintliche Beschränkung des Religionsunterrichts auf „eine sokratische Entwicklung sittlicher Begriffe und Ideen aus der eigenen Seele der Schüler" u.a. zum Anlaß, Diesterwegs definitive Anstellung weiter hinauszuzögern (vgl. GStA PK, VI. HA Familienarchive und Nachlässe, Nachlaß Thiele, Nr. 42: S. 101–105; eigh. von Beckedorff <s. ds.>).

Der nun vorgelegte Bericht stellte Roß (s. ds.) und das Konsistorium zufrieden; in diesem Sinne berichtete Grashof (s. ds.) dem Ministerium.

[2] Lehrform, bei der der Lehrer vorträgt und die Schüler nur zuhören.

[3] Lehrform, die sich auf Fragen und wiederholende Antworten beschränkt.

[4] Lehrform, bei der ein Thema oder die Lösung eines Problems durch geschicktes Fragen und Antworten von den Lernenden selbst entwickelt werden.

[5] Lat.: Durch Lehren lernen wir.

[6] Gemeint sind:

Reinhard, Franz Volkmar: System der christlichen Moral. 5 Bände. Wittenberg 1802 (Erstauflage in 4 Bdn. 1788); Neuauflagen 1805, 1807, 1810, 1815;

Dinter, Gustav Friedrich: Die vorzüglichsten Regeln der Katechetik, als Leitfaden beym Unterrichte künftiger Lehrer in Bürger- und Landschulen. Neustadt a. d. Orla 1802; 4. Aufl. 1817;

ders.: Letzte Anrede eines Lehrers an seine Katechumenen. Neustadt 1803;

ders.: Anweisung zum Gebrauch der Bibel in Volksschulen. 3 Theile. Neustadt 1814–1817.

49
An das Ministerium der geistlichen, Unterrichts-
und Medizinalangelegenheiten, Berlin

An Das Hohe Ministerium der geistlichen, Unterrichts- und Medicinal-Angelegenheiten zu Berlin!

Den Ankauf des SCHEIDTMANN'schen Hauses für das Schullehrer-Seminar betr.

Einem hohen Ministerio beeile ich mich, beiliegende Erklärung der Gebrüder SCHEIDT-MANN unterthänigst einzusenden.[1] Ohne diese Veranlassung würde ich es nicht wagen, einem hohen Ministerio meine Ansicht in Betreff des Ankaufs des hiesigen Kastells oder des SCHEIDTMANN'schen Hauses mitzutheilen. Nun aber sehe ich in dieser Veranlassung die Aufforderung, vor einem hohen Ministerio die Erklärung, welche ich gegen das Königliche Konsistorium, die mir unmittelbar vorgesetzte Behörde, früherhin ausgesprochen habe, freimüthig bescheiden zu wiederholen, daß nach meiner unmaßgeblichen Ansicht

> „das Kastell, sowohl in Hinsicht seines Werthes, als der Art seines Baues und seiner Enge, mit dem SCHEIDTMANN'schen Hause gar nicht verglichen werden kann; daß das Kastell fortwährend sehr kostspieliger Reparaturen bedürfen wird – im verflossenen Winter wurde ein Theil des Daches 2 mal vom Sturm eingerissen – was das neue, massiv und solide gebaute SCHEIDTMANN'sche Haus in langen Jahren nicht erheischt; daß die Wohnung im Kastell, welche beständigem Wind und Zug ausgesetzt ist und an Feuchtigkeit leidet, in 2jähriger Erfahrung von mir und meiner Familie als sehr ungesund befunden worden ist; endlich, daß das im Fall des Ankaufs des Kastells neu aufzuführende Erdgeschoß gegen einen Erdhügel angelehnt werden muß, darum noch mehr der Feuchtigkeit ausgesetzt seyn wird, als der obere Theil; daß ich es daher wahrhaft betraure, wenn das Kastell dem SCHEIDTMANN'schen Hause, welches bei dem nunmehr herabgesetzten Ankaufspreise als das weit wohlfeilere erscheint, vorgezogen werden sollte."

Zugleich freue ich mich dieser Veranlassung, um mir die Ehre zu bereiten, einem hohen Ministerio ein Exemplar einer neulich von mir herausgegebenen kleinen Schrift[2] in Unterthänigkeit zu überreichen, womit ich verharre,

des hohen Ministeriums

unterthänigster Diener
Dr. Diesterweg.

Eigh., GStA PK, I. HA Rep. 76 Kultusministerium, VII neu Sekt. 25 C Teil I Nr. 4 Bd. 2: 49r+v

[1] Nicht überliefert.

[2] Gemeint ist: Leitfaden für den Unterricht in der Formen-, Größen- und räumlichen Verbindungs-Lehre. Für Schüler, welche an mathematischen Gegenständen denken lernen wollen. Elberfeld 1822.

50

An Konsistorialrat Karl Friedrich August Grashof, Köln

Moers, 12. November 1822

Hochgeehrter Herr Doctor,

Hochwürdiger Herr Konsistorialrath!

In Voraussetzung der Möglichkeit des Ankaufes des SCHEIDTMANNischen Hauses für das Seminarium, erlaube ich mir, Ewr. Hochwürden eine Bemerkung mitzutheilen. Da die Gebrüder SCHEIDTMANN das Gebäude sehr gerne verkaufen, so halte ich es für wahrscheinlich, daß sie zu bewegen sind, das kleine Nebenhaus, vielleicht gar auch den Garten mit in den Kauf zu geben; wenn man ihnen dieses als conditio sine qua non hinstellt. Es sind pure Kaufherren, gegen die man klug seyn darf. Im Falle daher von dem hohen Ministerio der Kauf beschlossen werden sollte, wäre es mir sehr angenehm, wenn der Zuschlag mir zuerst bekannt und so lange verborgen gehalten würde, bis der Versuch gemacht wäre, ob nicht die genannten beiden Gegenstände (oder einer von beiden) noch zu gewinnen seyen.

Ob die oben vorgetragene Bemerkung verwirklicht werden kann, weiß ich nicht; ich habe indeß nichts versäumen wollen, was auch nur die Möglichkeit der Gewinnung eines zweckmäßigen Locals erhöhen könnte.[1]

Mit besonderer Hochachtung verharre ich

Ewr. Hochwürden
gehorsamster Diener
D. Diesterweg

Abschr., GStA PK, I. HA Rep. 76 Kultusministerium, VII neu Sekt. 25C Teil I Nr. 4 Bd. 2: 62ʳ

[1] Am 7. März 1823 teilte Oberpräsident von Ingersleben (s. ds.) mit, daß das Haus ohne Nebengebäude, aber mit Gehöft und auswärtigem Garten angekauft werden sollte. Der Preis wurde mit maximal 5000 Reichstaler veranschlagt und Diesterweg mit den Vertragsverhandlungen beauftragt. Für ihre Mitwirkung an dem schließlichen Kaufvertrag über 4550 Reichstaler erhielten der Predigtamtskandidat und spätere Bürgermeister Vinmann (s. ds.) 450 Reichstaler und Diesterweg 200 Reichstaler als Anerkennung (vgl. Ottsen, Otto: Diesterweg in Mörs, größtenteils nach Urkunden bearbeitet. Moers 1918, S. 5 f.).

51

An das Konsistorium der Provinz Jülich-Kleve-Berg, Köln

Moers, 27. Januar 1823

An das Königliche Hochwürdige Consistorium zu Cöln.

Die Militärpflicht der Zöglinge des Schullehrer-Seminars betreffend.

Vier Zöglinge des hiesigen Schullehrer-Seminars

1.) DIEDERICH HALFMANN aus Duisburg,
2.) PETER LINDENBERG aus Duisburg,

128

3.) Wilhelm Schäfer aus Duisburg,

4.) Jacob Drinkmann aus Elberfeld,

hatten sich im vorigen Jahre, aus Irrthum zu spät bei der Königl: Departements-Prüfungs-Commission zum einjährigen Dienste gemeldet.[1]

Auf inständiges Bitten, dieselben noch zum einjährigen Dienste zuzulassen, wurden sie von der genannten Commission an die betreffende Kreis-Ersatz-Commission gewiesen, von welcher sie laut der abschriftlichen Beilage No. 1. (mit welcher die 3 übrigen gleichlautend sind)[2] die Erlaubniß erhielten, sich binnen 4 Monaten noch zum einjährigen Dienste in Düsseldorf melden zu dürfen.

Inzwischen erschien in No. 57 des vorjährigen Amtsblattes der Königl. Regierung zu Düsseldorf die durch des Herrn Oberpräsidenten von Ingersleben Excellenz erlassene Verfügung laut welcher die Jünglinge eines Schullehrer-Seminars, nach Vorzeigung des erforderlichen Zeugnisses vom Director der Anstalt, Ansprüche auf Zurückstellung von Jahr zu Jahr bey der ordentlichen Ersatz-Aushebung zu machen berechtigt sind.

Da diese Verordnung Bedingungsweise *[sic!]* eine Befreiung der Schulamts-Kandidaten vom activen Militärdienste zu enthalten scheint, so hielt ich es für angemessen, bey der Königl: Departements-Kommission zur Prüfung der Freiwilligen für den einjährigen Militärdienst in Düsseldorf anzufragen, ob die obengenannten 4 Jünglinge nunmehr von der Meldung zum einjährigen Dienste frei gesprochen wären und mit Sicherheit auf die erwähnte Zurückstellung, von Jahr zu Jahr bei der ordentlichen Ersatz-Aushebung rechnen dürften und wie sich namentlich Diederich Halfmann zu verhalten habe, da derselbe laut der Beilage No. 2 von der Gemeinde zu Asberg bereits zum Schullehrer ernannt worden sey.

Hierauf wurde mir der in der Beilage No. 3 abschriftlich beigefügte Bescheid. Da hierdurch die in Frage stehende Sache noch nicht definitiv erledigt ist, so erlaube das Königl: Hochwürdige Consistorium hochgefälligst die Anfrage:

„was den Zöglingen des Seminars überhaupt in Ansehung der Verpflichtung zum Militärdienst zu rathen sey, insonderheit was die obengenannten und namentlich was Diederich Halfmann zu thun habe, damit er das provisorisch angetretene Amt nicht wieder zu verlassen genöthigt sey".[3]

Das Königl: Hochwürdige Consistorium wolle diese Anfrage mit meiner Unkunde in dergleichen Angelegenheiten entschuldigen, und hochgefälligst einen Bescheid über diese Anfrage möglichst bald mir werden zu lassen, da die obengenannten spätestens binnen 4 Wochen a dato sich in Düsseldorf melden müssen, wenn sie nicht Gefahr laufen wollen, eine 3jährige Dienstzeit aushalten zu müssen.

Der Director des Schullehrer Seminars

Abschr., HStA Düsseldorf, Konsistorium Köln, Nr. 10, 29ʳ–30ʳ

[1] Siehe Brief vom 21. März 1823 (Nr. 53).

[2] Diese sowie die nachfolgend genannten Beilagen sind nicht überliefert.

[3] In seiner Antwort vom 28. Januar 1823 teilte Grashof (s. ds.) mit, daß das Ministerium des Inneren besonders qualifizierte Seminaristen in der Regel durch entsprechende Anträge vom Militärdienst zurückstelle (Marginalie, HStA Düsseldorf, Konsistorium Köln, Nr. 10, 29ʳ). Außerdem bat Grashof den Superintendenten Roß (s. ds.) in einem Brief am 25. März 1823, die wesentlichen Bedingungen für eine Befreiung junger Theologen und Lehrer vom Militärdienst zusammenzustellen (Archiv EKiR Düsseldorf, Best. Evangelisch-reformierte Kirchengemeinde Moers Nr. 55/II, Anhang, Schulsachen, o. F.).

52
An Wilhelm Johann Gottfried Roß, Budberg

Moers, 22. Februar 1823

Sr. Hochwürden dem Herrn General-Superintendenten <u>Roß</u> in <u>Budberg</u>.

Verehrtester Herr Superintendent!

Einige Zöglinge des hiesigen Seminars haben mir heute erklärt, daß sie gesonnen seyen, gegen Ostern die Anstalt zu verlassen, vorher also das Abiturienten-Examen zu machen. Da es noch ungewiß ist, ob bis Ostern ein Lehrer für Musik etc. angestellt seyn wird; da ferner noch nicht mit völliger Zuverläßigkeit auf die Anweisung der nöthigen Gelder von Seiten der Königlichen Regierung zu Düsseldorf gebaut werden kann,[1] so habe ich allen älteren Zöglingen, 13 an der Zahl, gerathen, gleichfalls nun der Prüfung sich zu unterwerfen. Mit diesem Blatte werde ich zugleich die Anfrage nach Cöln abschicken, ob die Prüfung der Seminaristen mit der Prüfung der anderen Schulamtskandidaten verbunden werden solle. Ich versäume nicht, Ihnen, Verehrtester! diese Anzeige zu machen, in der zuverläßigen Hoffnung, daß Sie diese erste Prüfung leiten werden.[2] Natürlicher Weise muß mir nicht wenig daran gelegen seyn, daß diese Prüfung mit Vollständigkeit und Genauigkeit gehalten werde, um durch das Urtheil sachkundiger Männer bestimmt zu werden, auf der betretenen Bahn fort zu schreiten, oder dieselbe zu verlassen. NATORP verwendet auf die Abiturienten-Prüfung zu Soest in der Regel 3 Tage.

Mit vollkommenster Hochachtung

Diesterweg.

Eigh., Archiv EKiR Düsseldorf, Best. Evangelisch-reformierte Kirchengemeinde Moers Nr. 55/II, Anhang (Schulsachen), o. F.

[1] Wahrscheinlich zahlte die Regierungskasse die Stipendiengelder schleppend aus. In einem Entwurf vom März 1823 bittet Superintendent Roß „auf Veranlassung des Seminardirektors Herr Diesterweg zu Moers" die Königliche Regierung in Düsseldorf, die „erbetene Unterstützungssumme für die bedürftigen Seminaristen gütigst anweisen zu wollen. (…) Die Wirte fordern mit Ungestüm das Kostgeld und drohen, den Herrn Diesterweg, der sich dafür verbürgt, in Anspruch nehmen zu wollen" (Archiv EKiR Düsseldorf, Best. Evangelisch-reformierte Kirchengemeinde Moers Nr. 55/II, Anhang, Schulsachen, o. F.).

[2] Roß kam dieser Bitte nach, und am 10. und 11. März 1823 fand die erste Prüfung im Seminar Moers statt.

53
An Oberpräsident Karl Heinrich Ludwig Freiherr von Ingersleben, Koblenz

Moers, 21. März 1823

An Seine Excellenz, den Herrn Staatsminister und Oberpräsidenten von Ingersleben in Coblenz.

Unterthänigste Vorstellung und Bitte des Seminar-Direktors Diesterweg zu Meurs, um Befreiung des Seminaristen FRIEDERICH SCHÜRMANN zu Orsoy (Kreis Rheinberg, Regierungsbezirk Düsseldorf) vom activen Militärdienst.

Im zuversichtlichen Vertrauen, daß Ew. Excellenz das Wohl der Schulen zu fördern geneigt seyen, und im Bewußtseyn, eine gerechte Sache wohlwollendem u. kräftigem Schutze anempfehlen zu wollen, wage ich folgende unterthänigste Vorstellung:

Die vormalige Königliche Regierung zu Cleve hatte die Verordnung erlassen, daß die auf den freiwilligen einjährigen Militärdienst Anspruch machenden Jünglinge ihre Anmeldung vor vollendetem 20sten Jahre machen sollten. Als der Clevische Regierungsbezirk mit dem der Königlichen Regierung zu Düsseldorf vereinigt war[1], erschien in dem Düsseldorfer Amtsblatte die Bestimmung, daß die Anmeldung zum einjährigen Dienste vor vollendetem 19ten Jahre erfolgen müßte. Durch diese durchaus nicht vorher zusehende Umänderung geschah es, daß einige Zöglinge des hiesigen Schullehrerseminars, gebürtig aus dem Regierungsbezirk Cleve, erst nach vollendetem 19ten Jahre sich in Düsseldorf zum einjährigen freiwilligen Dienste meldeten.[2] Die Königl. Departments Prüfungs-Commission glaubte, auf den angegebenen vollgültigen Entschuldigungsgrund keine Rücksicht nehmen zu dürfen und erließ das Dekret, daß diese jungen Leute nur unter der Bedingung, wenn die respektiven Kreis-Ersatz-Commissionen ihnen noch die Erlaubniß, sich zum freiwilligen einjährigen Dienst melden zu dürfen ertheilen wollten, zur Prüfung der Freiwilligen für den einjährigen Dienst zugelassen werden könnten. Unter der Zahl der auf diese Weise beschiedenen Jünglinge befand sich auch der Seminarist FRIEDERICH SCHÜRMANN, geboren 1802 zu Orsoy. Er trug die eben genannte Bitte der im Herbste vorigen Jahres in Rheinberg versammelten Departemental-Commission vor, erhielt aber den Bescheid, daß er der Kriegs-Reserve überwiesen werden sollte. Sein Vater, ein verdienter Schullehrer zu Orsoy, sah dies mit mir als eine Befreiung vom activen Militärdienst und als ein Zeichen humaner Berücksichtigung der Schulamtskandidaten, zufolge der die Kandidaten des Predigt- und Schulamts besonders begünstigenden Verordnung der hohen Ministerien des Innern und des Kriegs, an. Ganz unerwartet wird plötzlich der FRIEDERICH SCHÜRMANN, welcher unter N. 5 der Kriegs-Reserve eingetragen ist, aufgefordert sich den 30. dieses Monats in Rheinberg einzufinden und zum Abmarsch nach Wesel u. demnächst zum 3jährigen Dienst bereit zu halten.

Dieser Seminarist SCHÜRMANN, seit beinahe 3 Jahren Zögling des hiesigen Schullehrer-Seminars, hat sich durch Solidität des Charakters, durch Gewissenhaftigkeit und Fleiß und durch eine ganz vorzügliche Qualifikation zum Lehramte rühmlichst ausgezeichnet. Als Erster und Ältester des Seminars hat er mir mit vorzüglichem Erfolge die in die Anstalt neu Eingetretenen unterrichten helfen; als Seminar-Ältester hat er sich einer ausgezeichneten Geldunterstützung durch die Königliche Regierung zu Düsseldorf zu erfreuen gehabt; in der vorigen Woche hat er vor der Prüfungs-Commission das Abiturienten-Examen rühmlichst bestanden. Nunmehr glaubte ich darauf rechnen zu dürfen, daß der Genannte als Mitarbeiter an dem Seminar definitiv angestellt werden würde; zugleich hat ihm das hiesige Scholarchat – ein Beweis seiner vorzüglichen Qualifikation zum Lehramte – den Antrag zur Anstellung an der höhern Bürgerschule gemacht. – Und nun sollen alle die schönen Hoffnungen, zu welchen der Seminarist FRIEDRICH SCHÜRMANN berechtigt, vernichtet, die Unterstützungsgelder ihm umsonst gereicht und eine fast 3jährige Mühe vergebens an ihn gewandt seyn?

Das kann unmöglich der Wille der Königl. Hochlöblichen Regierungen, das kann der Sinn des Gesetzes nicht seyn, einen jungen Menschen mit Aufopferungen zum Schulamte bilden zu lassen und darauf zu einem andern Zwecke benutzen zu wollen. In dieser Überzeugung und in dem unbedingten Vertrauen zu der wohlwollenden Fürsorge Ew. Excellenz für das Heil der Schule, spreche ich hiermit ganz unterthänigst die Bitte aus:

Daß Ew. Excellenz die Gnade haben wollen, den Seminaristen FRIEDRICH SCHÜRMANN, unsern Seminar-Ältesten, den besten meiner bisherigen Zöglinge, dem Schulamte zu erhalten und ihn von dem aktiven Militärdienste frei sprechen zu wollen.[3]

In acht Tagen soll dieser hoffnungsvolle Jüngling in die Casernen nach Wesel abmarschieren. Möchte es Gott fügen, daß Ew. Excellenz denselben vor dieser Zeit zum Heil der Schule frei zu sprechen geruhen möchten.

Mit unterthänigstem Respecte verharre ich
Ew. Excellenz

unterthänigster
(Gez.) Diesterweg, Director des Schullehrer-Seminars.[4]

Abschr., ArchivEKiR Düsseldorf, Best. Evangelisch-reformierte Kirchengemeinde Moers Nr. 55/II, Anhang (Schulsachen), o. F.

[1] Am 1. Januar 1822 wurde der Regierungsbezirk Kleve dem Regierungsbezirk Düsseldorf angegliedert.

[2] Siehe Brief vom 27. Januar 1823 (Nr. 51).

[3] Das Kölner Konsistorium leitete das Gesuch sogleich an Oberpräsident von Ingersleben weiter. Außerdem bat Konsistorialrat Grashof (s. ds.) am 25. März 1823 Superintendent Roß (s. ds.) und Regierungsrat Klüber in Düsseldorf um Unterstützung, „um, wo möglich, eine Suspension des Beschlußes zu erwirken" (Archiv EKiR Düsseldorf, Best. Evangelisch-reformierte Kirchengemeinde Moers Nr. 55/II, Anhang, Schulsachen, o. F.).

[4] Obwohl das Dokument als „Abschrift" gekennzeichnet ist, scheint die Unterschrift von Diesterwegs Hand zu sein.

54
Prüfungszeugnis für Johann Wilhelm Schlösser, Moers

Moers, 25. März 1823

Zeugnis

Das Resultat der Abiturientenprüfung, welche der Schulamts-Candidat WILHELM SCHLÖSSER aus Odenspiel, seit May 1821 Zögling des hiesigen Schullehrer-Seminars, vor der am 11. und den folgenden Tagen d. M. hier versammelten Prüfungs-Commission bestanden hat, ist im Einzelnen[1] folgendes gewesen:

1. Mit den Grundsätzen der christlichen Religions- und Sittenlehre ist er sehr gut bekannt. Er kennt die Bibel gut.

2. Die Hauptregeln der deutschen Sprache sind ihm geläufig. Auch weiß er sich mündlich und schriftlich gut auszudrücken.

3. In dem Kopf- und Tafelrechnen ist er gut bewandert. Mit den Aufgaben der Buchstabenrechnung u. Algebra weiß er gut umzugehen. – In der Geometrie ist er zu Hause.

4. Seine Kenntnisse in der allgemeinen Weltgeschichte, der Geschichte Deutschlands und Preußens sind vorzüglich zu nennen. Er erzählt richtig und geläufig.

132

5. Das Wesentliche der Geographie hat er inne. Deutschland und Preußen kennt er gut. In der mathematischen Geographie und in der populären Himmelskunde ist er bewandert.

6. Die Haupterscheinungen in der Natur weiß er nach ihren Gründen zu erklären und die Naturgeschichte übersichtlich aufzustellen.

7. Die Hauptgrundsätze der Erziehung und des Unterrichts versteht er recht gut. Er unterrichtet mit Eifer und Lebendigkeit. – Die Hauptformen der Logik kennt er gut.

8. Seine Handschrift ist gut. Im Zeichnen hat er einen guten Anfang gemacht. Im Singen und Spielen besitzt er Übung.

9. Durch unausgesetzten Fleiß, Bescheidenheit, Gewissenhaftigkeit und Treue hat er sich die Achtung und Liebe seiner Kameraden und seiner Lehrer in hohem Grade erworben.

Dr. F. A. W. Diesterweg
Director des Seminars

Abschr., Archiv der evangelischen Gemeinde Hilden 34, 4, 2

[1] Das Zeugnis für Johann Wilhelm Schlösser ist besonders ausführlich und geht auf die Leistungen in einzelnen Fächern genau ein. Vgl. dazu die Zeugnisse für Wilhelm Böckmann (s. ds.) vom 19. September 1822 (Nr. 45), Diederich Seher (s. ds.) vom 30. Juli 1826 (Nr. 154) und Wilhelm Greef (s. ds.) vom 24. März 1830 (Nr. 212).

55

An Wilhelm Johann Gottfried Roß, Budberg

Moers, 28. März 1823

Verehrtester Herr Superintendent!

Indem ich Ihnen nochmals den herzlichsten Dank abstatte für den mir und meinen Schülern bereiteten unvergeßlichen Tag[1], sende ich Ihnen, der Verabredung gemäß, die besprochenen Papiere. Bestimmen Sie nun gefälligst die Prädikate, welche jedem einzelnen Seminaristen gegeben werden sollen, ob „bestanden", „gut bestanden" etc. etc. Und, wenn ich Sie bitten darf, sagen Sie nun dem Konsistorium, wie Sie die Frucht gefunden haben![2]

Morgen werde ich dem Konsistorium die Erledigung der einen hiesigen Pfarrey anzeigen, weil die Besetzung dieser Stelle dem Seminarium und dadurch dem Konsistorium nichts weniger als gleichgültig seyn kann.

Mit Hochachtung und Verehrung

Diesterweg.

Eigh., Archiv EKiR Düsseldorf, Best. Evangelisch-reformierte Kirchengemeinde Moers Nr. 55/II, Anhang (Schulsachen), o. F.

[1] Gemeint ist der Prüfungstag der abgehenden Seminaristen (siehe Brief vom 22. Februar 1823 <Nr. 52>).

[2] Dieser Bitte kam Roß mit großem persönlichen Einsatz nach. Es liegen sowohl ein Brief an Kultusminister von Altenstein (s. ds.) wie auch Briefentwürfe an das Konsistorium Köln und die Königliche Regierung in Düsseldorf vor (Archiv EKiR, Best. Evangelisch-reformierte Kirchengemeinde Moers

Nr. 55/3, o. F.), in denen die Tätigkeit und der Charakter Diesterwegs uneingeschränktes Lob finden. Die Ergebnisse der Prüfung im März waren hervorragend; „allen habe ich das Zeugnis erster Classe geben können" (GStA PK, VI. HA Familienarchive und Nachlässe, Nachlaß Thiele, Nr. 42: S. 289–291).

56
An Wilhelm Böckmann, Herringen

Moers, 29. Juni 1823

An den Schulamts-Kandidaten Herrn <u>Wilhelm Böckmann</u>[1] in Herringen bey Hamm in der Gr. Mark.

Heute habe ich von H. Ewich in Barmen die Anfrage erhalten, von der Henckell Ihnen früher geschrieben hat. H. Ewich fragt: ob Sie die erledigte Stelle haben wollten. Nun frage ich Sie, mein Lieber! dasselbe.[2]

Hoffentlich werden Sie doch der Muskete glücklich entgangen seyn.[3] Wenn dies ist, u. wenn Sie auf jene Frage mit „ja" antworten, so gehen Sie von Ihrem Geburtsorte gerades Weges nach Barmen zu H. Ewich, u. sprechen Sie mit ihm das Nähere ab. Denn man eilt mit der Besetzung.

Sie und Ihre Eltern freundlichst grüßend

Diesterweg.

Eigh., DIPF/BBF, Archiv, 1.1.01 (F. A. W. Diesterweg), Mappe 10

[1] Siehe Zeugnis vom 19. September 1822 (Nr. 45).

[2] Böckmann erhielt die Stelle in Barmen.

[3] Einige der Moerser Seminaristen wollten den freiwilligen einjährigen Militärdienst leisten, um so der dreijährigen Verpflichtung zu entgehen; siehe Briefe vom 27. Januar und 21. März 1823 (Nr. 51 und Nr. 53).

57
An Oberpräsident Karl Heinrich Ludwig Freiherr von Ingersleben, Koblenz

Moers, 30. Juni 1823

An Se Excellenz den Herrn Staats Minister und Oberpräsidenten p von Ingersleben in <u>Coblenz</u>.

Gemäß dem von Euer Excellenz unterm 23ten dieses mir ertheilten verehrlichen Auftrage sende ich hiermit die <u>Bescheinigung</u> der erfolgten Uebergabe der für die Gebrüder Scheidtmann bestimmten, mit der von Euer Excellenz vollzogenen Ratification versehenen Hauptausfertigung des abgeschlossenen Kaufcontraktes ein.

Zugleich thue ich, in Folge des verehrlichen Auftrages vom 12ten dieses, unter Rücksendung des Grundrisses[1], folgende <u>unmaßgebliche Vorschläge</u> über die Art der Benutzung des erworbenen Seminargebäudes.

134

1.) Zu den erforderlichen beiden Lehrzimmern eignen sich am besten die im Grundrisse mit a bezeichneten 4 Zimmer der ersten Etage. a^I sey das eine Lehrzimmer; a^{II}, in Verbindung mit a^{III} gesetzt durch Wegnahme der sie trennenden Wand, werde der andere größere Lehrsaal, in dem alsdann sämmtlich *[sic!]* Zöglinge zugleich unterrichtet werden können. In demselben werde die Orgel aufgestellt, und er diene zugleich als Arbeitssaal. a, neben a^I, giebt den nöthigen Raum zur Aufstellung der Bibliothek und übrigen Apparate.

2.) In der 2ten Etage bilde man durch Vereinigung der mit a^I und a^{II} bezeichneten Zimmer den für 30 Zöglinge hinlänglich geräumigen Schlaf-Saal. Die beiden an denselben stoßenden Zimmer, beide mit a bezeichnet, mögen eben hinreichen, um die Kleider der Zöglinge ordentlich aufbewahren zu können.

3.) Die Waschkammer werde durch die nöthigen Vorrichtungen in dem Lokal, welches mit „Stall und Remise" bezeichnet ist, gewonnen.

4.) Das zur linken Hand liegende Nebenhäuschen hat 1 Zimmer zur ebenen Erde, ein 2tes mit einer Kammer in der 2ten Etage. Dieses bestimme man zum Krankenzimmer; in jenem, so wie in der mit b bezeichneten Kammer des Pferdestalles stelle man Claviere auf, worauf sich die Zöglinge einzeln üben können.

5.) Der übrige Raum des Hauses, unten und oben zur linken Hand bilde die Wohnung des ersten Lehrers. Ohne neue Anlagen kann der 2te Lehrer unmöglich in dem Gebäude selbst wohnen. In der untern Hälfte des Hauses findet der erste Lehrer nichts mehr als Wohnzimmer für sich und seine Familie, oben zur linken in den mit b und mit „Kammer" bezeichneten, sämmtlich engen Zimmern (b^I ausgenommen) muß er seine Schlaafzimmer, Arbeitszimmer etc. wählen.

Der 2te Lehrer wird sich in der Stadt eine Wohnung miethen müssen. Für 60 Rth. jährlicher Miethe kann man eine anständige Wohnung haben. Soll aber der 2te Lehrer durchaus im Gebäude selbst wohnen, so baue man den Stall mit der Remise im Hofe aus. Hier gewönne man im oberen Stocke den Schlaf-Saal, im unteren die Kleider- und Waschkammer. Alsdann könnten die mit a bezeichneten Zimmer der 2ten Etage dem 2ten Lehrer übergeben werden. Immer aber würden, im Falle derselbe verheirathet sein sollte, wegen Mangel der Küche und andern Bequemlichkeiten, mancherlei Unannehmlichkeiten für ihn entstehen, wenn man auch das Uebel des nahen Zusammenwohnens zweier Familien übersehen wollte. Daher würde ich den unmaßgeblichen Vorschlag thun, den 2ten Lehrer in der Stadt, nicht im Gebäude wohnen zu lassen.

In jedem Falle aber möchte es, sobald Euer Excellenz über das Ganze und namentlich über obige Vorschläge verfügt haben, wünschenswerth und nothwendig erscheinen, daß Euer Excellenz die Gewogenheit haben, einen Bauverständigen hieher zu senden, um mit demselben wegen Wegnahme einiger Wände, Brechen einiger Thüren und andere kleine Einrichtungen das Nöthige zu berathen.[2]

Der Director des Schullehrer-Seminars
(gez.) Diesterweg

Abschr., GStA PK, I. HA Rep. 76 Kultusministerium, VII neu Sekt. 25 C Teil I Nr. 4 Bd. 2: 114ʳ–115ʳ

[1] Nicht überliefert.

[2] Am 28. August 1823 berieten Diesterweg, Konsistorialrat Grashof (s. ds.) und Bauinspektor Heermann (s. ds.) über die Verwendung der Räume; siehe Protokoll vom 28. August 1823 (Nr. 61). Die Beteiligten folgten Diesterwegs Vorschlägen. Probleme gab es später mit der Wohnung für den zweiten

Lehrer; siehe dazu Briefe vom 10. September 1823 (Nr. 64), Anmerkung 3, und vom 4. Dezember 1823 (Nr. 72).

58
An Oberpräsident Karl Heinrich Ludwig Freiherr von Ingersleben,
Koblenz

Moers, 7. Juli 1823

A[n] S[eine] Exc. des H Geh[eimen] St[aa]t[sminister]s u Ob[e]r[präsidenten] F[reiherrn] v In[gersleben] zu C[oblenz].

Die dem H. Stadtr. W[IN]TG[EN]s zu bewill[igende]. Entsch[ädigung]. betr.

Zufolge des durch Ew. Excell. unterm 23 ten m.p. mir erth[ei]lten Auftrages die Ent-schädig[un]g d[e]s St[a]dtr. W[IN]TG[EN]s ₁ für die Verluste, welche er durch ₂ die Ver-änd[e]r[un]g des S[emina]rlocals erleiden möchte, betreffend, machte ich dems[e]lben die nöthigen Eröffnungen.¹ Die darauf erfolgte schriftlich mir mitgetheilte Erklärung lege ich z[u]r hochgef[ä]lligen Einsicht Ew. Exc. bey. Ich f[ü]r meine Person ₃ fühle mich außer Stand, die Gerechtigkeit der Forderungen des H. Stadtr. WINTGENS gründlich zu prüfen. Dieselben gründen sich nehmlich laut der Beilage auf eine mit den H. Consistorialr[ä]then GRASHOF u. SCHULTHEISS lange vor meiner Anwesenh[ei]t in Meurs statt gehabten Verab-redung, der zufolge das sogenannte Schloß völlig aus gebaut worden seyn soll. Meiner unmaßgbl. Meinung nach kommt es hier ₄ auf die Art u. den Umfang der Aufträge u. Ver-sprechungen an, welche dem H. St[a]dtr. W. von den genannten H. Consist[orialräth]en gegeben worden sind.² Das hohe Ministerium hat im J. 1821, als der Stadtr. W[IN]TGENS d[u]rch das verbreitete Gerücht von der Aufheb[un]g des hiesigen Seminars veranlaßt wurde, bey der preuß. Hohen Behörde eine Entschädig[un]g für die Unkosten des Aus-baues zu verlangen, das aufgestellte Argument durch die Bemerk[un]g abgewiesen, daß der hiesige B[ü]rg[e]r[mei]ster URBACH dem hohen Ministerio das bereits ausgebaute Kastell als ein zweckmäßiges Lokal für Lehrerwohnungen angeboten habe, ehe noch irgendwo von der Errichtung einer solchen Anstalt in Meurs die Rede gewesen ₅ sey. Wie sich ₆ nun bey diesen einander widersprechenden Beh[au]ptungen die Sache wirklich verhält, muß ich ₇ dahin gestellt seyn lassen ₈ .

Indessen geht [au]s der Beilage selbst hervor, daß der im Anfange d[e]s J. 1820 entworfene höhern Ortes aber nicht förmlich genehmigte Miethcontract auf 9 Jahre abgeschlossen war; daß zugl[ei]ch St[a]dtrath W[IN]TG[EN]s versprach, auch nach Ablauf d[ie]s[e]r Frist d[a]s Geb[äu]de auf l[än]gere Zeit zu vermiethen, wogegen ₉ aber die höhere Behörde wie [au]s der Natur der Sache hervorgeht sich nicht verpflichtete, d[a]s Geb[äu]de in jedem Falle län-ger zu behalten. Hiernach scheint es mir, als habe der Stdtr. W[IN]TGENS mit einiger Sicher-heit nur auf 9 Jahre Miethe rechnen können. ₁₀ Und hieraus sollte man sich zum Schlusse berechtigt gl[au]ben, daß, da ₁₁ der auf 200 Rth. clev. verabredete Miethzins 4 Jahre lang bezahlt worden ist, u. nunmehr das Geb[äu]de dem Eig[en]th[üme]r zurückgegeben wird u. er selbst den aug[en]blicklichen Werth [de]s Geb[äu]des auf 100 Rth. jährlich anschlägt, der Stdtr. W[IN]TG[EN]s keine höhere Forderung machen könnte als die, für den innerhalb der projectirten Miethzeit von 9 Jahren ₁₂ ihm erwachsenden Verlust entsch[ä]digt werden.

136

Da die Miethe in 9 Jahren 1000 Rth. clev. betr[ä]gt u. $_{13}$ das Geb[äu]de für ihn ungefehr einen Werth von 100 Rth. j[ä]hrlich hat, so würde $_{14}$ sein Verlust mit 500 Rth. clev. getilgt werden.[3]

Da ich ebenso weit davon entfernt bin, einem Privatmann Ungerechtes zuzumuthen, als für meinen Theil ungerechte Forderungen an den Staat fördern zu helfen, so muß ich die vorgetragenen Bem[er]kungen u. d[a]s Ganze üb[e]rh[au]pt $_{15}$ aus allen angegebenen Gr[ün]-den der Entsch[ei]dung Ew. Exc[e]ll[en]z überlassen.

Eigh. Entw., GStA PK, I. HA Rep. 76 Seminare, Nr. 10058: 46^v und 49^r

[1] Vor dem Ankauf des Scheidtmannschen Hauses als Seminargebäude wohnte Diesterweg mit seiner Familie im Kastell, das dem Stadtrat Wintgens gehörte. Die Seminaristen waren bei Bürgern in der Stadt untergebracht; siehe Protokoll vom 28. August 1823 (Nr. 61) und Brief vom 10. September (Nr. 64).

[2] L. Beckedorff (s. ds.), der 1822 in einem Votum das Zusammenleben der Seminaristen und Lehrer im Scheidtmannschen Haus befürwortet hatte (vgl. GStA PK, I. HA Rep. 76 Kultusministerium, VII Sekt. 13bb Nr. 6 Bd. 3), wies in diesem Zusammenhang darauf hin, daß das Konsistorium „Verpflich-tungen" gegenüber Wintgens „ohne Autorisation (...) eingegangen" sei.

[3] Wintgens akzeptierte die Entschädigung; siehe Brief vom 10. September 1823 (Nr. 64).

59
An Wilhelm Johann Gottfried Roß, Budberg

Moers, 11. Juli 1823

Sr. Hochwürden dem Herrn General-Superintendenten Ross in Budberg.

Verehrter Herr General-Superintendent!

Als ich in der Nacht von Orsoy hier ankam, fand ich einen Brief von H. Konsist. R. GRAS-HOF, worin er mich aufforderte, den 10ten dieses [Monats] nach Crefeld zu kommen, wo ich ihn bey seinem Schwiegersohne treffen würde. Ich mußte mich daher gestern auf den Weg machen.   H. GR. sagte mir nun, daß er Ihnen u. mir nicht geantwortet habe aus Verdrießlichkeit über den Gang der Sache u. weil er sich für alle Bemühungen mit Undank belohnt sehe.[1] Dann las er mir abgerissene Bruchstücke aus dem Schreiben des H. Ministers VON ALTENSTEIN vor, auf welches sich der ZELLER'sche Brief bezog.[2] Hierin wird nun das Konsistorium aufgefordert, mich zu einer andren Stelle vorzuschlagen, weil der H. Minister mit der von mir vorgenommenen Einrichtung des Religionsunterrichts durchaus nicht zufrieden seyn könne.[3] Hauptgrund war die Trennung des dogmatischen Theiles von dem moralischen und die Ansicht, daß der Mensch in seiner eignen Vernunft religiöse Wahrheiten vorfände.   Sie sehen, verehrtester Herr Superintendent! wie unschuldig ich in den ganzen Handel gekommen bin. Sie allein wissen es genau, aus welchen Gründen und durch welche Veranlassung der Religionsunterricht dem H. Conr. ENGELS übertragen wurde.[4] Obendrein war dies nur eine provisorische Einrichtung, welche d[a]s Konsistorium gut hieß. Überhaupt sieht d[a]s Ministerium die Sache so an, als sey hier bereits alles bleibend eingerichtet gewesen, macht daher auf eine Vollständigkeit des Lectionsplanes Ansprüche, wie ein Mensch sie nicht zu leisten im Stande ist, es ganz übersehend, daß ich von Tag zu Tag seit 3 Jahren die vollständige Organisation u. damit auch eine ausführliche Dienstinstruction und folglich auch einen höhern Ortes vorgeschriebenen Lehrplan erwarten mußte. Ich konnte meine bisherigen Arbeiten nur als provisorisch u. interimistisch ansehen.

Indeß ist die Sache nun einmal nicht anders. Und wenn Ihre kräftigen Schritte wirklich nicht ₁ mit einer günstigen Diversion gekrönt werden, so werde ich den Kopf in's Loch halten müssen.[5] Ich hoffe es noch. H. GR. bemerkte außerdem, daß er direct nichts mehr für das Seminar thun könne.   Zu einer andern Stelle vorgeschlagen zu werden[6], habe ich abgelehnt, entschlossen, das Ende abzuwarten.   Von Verdacht gegen mich in demagogischer Hinsicht war in jenem Schreiben des H. Ministers nicht die Rede. Auch wußte H. GRASHOF davon nichts.

Für die Herbeischaffung der rückständigen Gelder für die Seminaristen ist noch nichts geschehen. H. GRASHOF soll ich eine Abschrift meiner früheren, diesen Gegenstand betreffenden Berichte an die Regierung in Düsseldorf schicken. Dann wolle er an den H. Oberpräsidenten schreiben. Ich habe mich doch fürwahr eben keiner kräftigen Unterstützung von Seiten der Behörde, die mich ernannt u. eingesetzt hat, zu erfreuen. So lassen sie mich handeln u. wirthschaften, indeß man höchsten Orts die ausgedehntesten Ansprüche an mich macht.   Ich kann Ihnen nicht bergen, daß es mir sehr wehe gethan hat, daß man höchsten Orts so über mich aburtheilt, wie es in dem Schreiben des H. Ministers der Fall ist. Sonst achtet man doch noch guten Willen, Lernlust u. die Begier, es wenigstens gut machen zu wollen. Auch hört man wohl noch den Delinquenten selbst.   Niemand kennt die Mängel meines Wirkens besser als ich u. nicht leicht werde ich einem Andern eine heftigere Begier, belehrt zu werden, zuschreiben. Um diese habe ich das Konsistorium in jedem Berichte gebeten. Niemals ist sie mir geworden. Man hat zu Allem geschwiegen, folglich gut geheißen. Und dann ist es auch die Pflicht ehrenwerther Männer, mit in den Kampf zu treten u. bis zu Ende mitzufechten. – Was ist zu machen?   Am 3ten Juli habe ich zu meinen Schülern über das Thema gesprochen:

Gutes gewollt mit Vertrauen u. Beharrlichkeit führet zum Ausgang! – Schwer ist aller Beginn; wer getrost fortgeht, der kommt an. –

Wenn ich nicht irre, sagten Sie mir, daß H. STRAUSS nach mir gefragt worden sey. Ich würde sonst einmal an diesen Mann schreiben. Doch möchte das auch jetzt zu spät seyn.[7] Und überflüssig, da Sie bereits alles Mögliche gethan haben. –

Natürlich sehe ich nun der endlichen Entwicklung mit Heißhunger entgegen. Möchte sie, wie es auch komme, nicht lange mehr ausbleiben. – Unangenehm ist es mir nun, daß ich in 8 Tagen als Geschworner nach Cleve muß. Ich hatte dies selbst früher einmal gewünscht, der Belehrung wegen. Das Konsistorium hat übrigens beigestimmt. Meine Rückkehr werde ich möglichst zu beschleunigen suchen. Wenn ich nicht irre, kommen Sie um dieselbe Zeit dorthin. Ich würde mich sehr freuen, Sie dort zu sehen. – Nochmals danke ich Ihnen innigst für Ihre energischen Bemühungen, mich hier zu halten. Auch ohne Sieg werde ich dies nie vergessen. Ich empfehle mich

Ihrer fortdauernden Liebe

Diesterweg.

Eigh., Archiv EKiR Düsseldorf, Best. Evangelisch-reformierte Kirchengemeinde Moers Nr. 55/III, Anhang (Schulsachen), o. F.

¹ Grashofs Einsatz für das Moerser Seminar hatte ihm schon eine Mahnung des Ministers vom 7. Februar 1823 eingetragen, „daß ihm alles abgenommen werde, wenn er sich nicht in den zuständigen Grenzen halten werde" (Zimmermann, Wilhelm: Der Aufbau des Lehrerbildungs- und Volksschulwesens unter der preußischen Verwaltung 1814–1840 <1846>. Ein Beitrag zur Geschichte des rheinischen Schulwesens, Bd. 3. Köln 1963, S. 143 f.). – In einem Schreiben vom 7. Juli 1823 ließ Grashof Roß wissen, daß er dem Fortbestand des Seminars und der Belassung von Diesterweg in der Stellung des Direktors nach wie vor großes Interesse entgegenbringe; daß er aber wegen der „unangenehmen Erfahrungen, welche" er „in dieser Angelegenheit gemacht habe", wünschen müsse, „von einer näheren Einwirkung auf dieselbe entbunden zu seyn" (Archiv EKiR Düsseldorf, Best. Evangelisch-reformierte Kirchengemeinde Moers Nr. 55/III, Anhang, Schulsachen, o. F.). Er wünschte dringend die Anwesenheit von Roß bei der Unterredung mit Diesterweg am 10. Juli, erklärte aber zugleich sein Verständnis dafür, daß es diesem wohl unmöglich sein werde, so kurzfristig nach Krefeld zu kommen.

² Karl August Zeller hatte am 2. Dezember 1822 gemeinsam mit Konsistorialrat Grashof und Superintendent Roß das Seminar in Moers besucht und im Auftrag des Konsistoriums seine Beurteilung des Unterrichts und des Seminardirektors schriftlich niedergelegt (vgl. GStA PK, VI. HA Familienarchive und Nachlässe, Nachlaß Thiele, Nr. 42: S. 175 ff.). Wie Grashof in seiner ausführlichen Darstellung dieses Besuches (ebd., S. 143–173) erwähnt , hatte er sich mit Zeller bewußt einen „Begleiter zugesellt, von dem ich im Voraus erwarten durfte, daß er dabei eher in der Rolle eines Gegners, als in der eines nachsichtigen Beurtheilers auftreten werde". Er sei sich dies „selbst schuldig, um jedem Verdacht einer rücksichtslosen Begünstigung des Herrn p Diesterweg zuvorzukommen" (S. 175 f.; vgl. obige Anmerkung 1).

Tatsächlich fiel Zellers Urteil kritischer aus als das der beiden anderen Besucher; er bescheinigte Diesterweg zwar redliches Bemühen, bemängelte aber vor dem Hintergrund von dessen wissenschaftlicher Vorbildung den häufigen Gebrauch von Fremdwörtern, eine zu starke Betonung gelehrter Inhalte und überhaupt fehlende Vertrautheit mit den Notwendigkeiten des Elementarunterrichts; darüber hinaus beklagte er, daß Diesterweg weder den Musik- noch den Religionsunterricht selbst erteilen könne. Die Tatsache, daß Diesterweg ihn – Zeller – um beratende Unterstützung gebeten habe, zeige allerdings dessen redliche charakterliche Gesinnung.

Grashof, der diese Beurteilung zwar als „tadelnd, jedoch auf eine milde Weise" (S. 144) einstufte, hatte angesichts der positiven Stellungnahmen von Roß und von ihm selbst wohl nicht mit einer so starken negativen Wirkung des Zellerschen Briefes im Ministerium gerechnet.

Dieses forderte – darauf nimmt Diesterweg hier Bezug – am 7. Februar 1823 sowohl das Oberpräsidium in Koblenz als auch das Konsistorium in Köln dazu auf, Diesterweg nach Beendigung des Kursus aus seiner Stellung zu entfernen, und zwar unter ausdrücklicher Berufung auf die Beurteilung Zellers. Aus dessen Bericht gehe „hinlänglich hervor, wie gegründet" die bisherigen „Besorgnisse wegen mangelhafter Einrichtung des dortigen Lehrwesens und wegen nicht genügender Qualifikation des interimistischen Vorstehers der Anstalt gewesen" seien; Diesterweg wird sogar „Mangel an Lehrgewandtheit und Methode" vorgeworfen, obwohl sowohl Grashof als auch die Regierung in Düsseldorf, u. a. unter Berufung auf die Tätigkeit in Elberfeld, gerade Diesterwegs Lehrfähigkeit ausdrücklich hervorgehoben hatten (vgl. GStA PK, VI. HA Familienarchive und Nachlässe, Nachlaß Thiele, Nr. 42: S. 229–234 <Ministerium>, S. 143–173 <Grashof> und S. 209 f. <Regierung Düsseldorf>).

Der Entwurf zu diesem ministeriellen Schreiben stammt von L. Beckedorffs (s. ds.) Hand und spiegelt dessen bereits mehrfach geäußerte Bedenken gegen Diesterweg. Befremdlich ist die Tatsache, daß Beckedorff seine Argumentation ganz auf Zeller stützt und das Konsistorium, namentlich Grashof, zugleich heftig dafür tadelt, diesen „Mann von getheiltem Rufe" hinzugezogen und als möglichen zweiten Lehrer neben Diesterweg in Betracht gezogen zu haben. Dieser Tadel und die Androhung, „die Leitung des betreffenden Geschäfts demselben abzunehmen", hatten Grashof in der hier von Diesterweg angesprochenen Weise verstimmt.

³ Siehe Brief vom 27. Oktober 1822 (Nr. 48), Anmerkung 1.

⁴ Das Problem lag nicht, wie Diesterweg annahm, in der Person von Engels; das Ministerium, besonders Beckedorff, legte Wert auf „eine vollständige und gründliche Mittheilung des ganzen Inbegriffs

der geoffenbarten Glaubens- und Pflichten Lehren", nicht aber auf eine „sokratische Entwicklung sittlicher Begriffe und Ideen aus der eigenen Seele der Schüler", wie sie Diesterweg präferierte (Altenstein an von Ingersleben am 12. November 1823: GStA PK, VI. HA Familienarchive und Nachlässe, Nachlaß Thiele, Nr. 42: S. 101 bis 105; siehe auch Brief vom 27. Oktober 1822 <Nr. 48>).

5 Diesterweg wußte zu diesem Zeitpunkt noch nicht, daß der Minister ihn bereits am 1. Juli 1823 in einem Schreiben an von Ingersleben (s. ds.) definitiv bestätigt hatte (GStA PK, VI. HA Familienarchive und Nachlässe, Nachlaß Thiele, Nr. 42: S. 309).

6 Das Ministerium hatte in seinem Schreiben vom 7. Februar 1823 (vgl. obige Anmerkung 2) den Vorschlag gemacht, Diesterweg die Leitung einer städtischen Schule zu übertragen.

7 Das positive Gutachten von Strauß, der Diesterweg aus dessen Elberfelder Zeit kannte, war bereits am 28. Juni 1823 an Altenstein gegangen (GStA PK, VI. HA Familienarchive und Nachlässe, Nachlaß Thiele, Nr. 42: S. 305–307). Strauß schildert Diesterweg darin als einen an theologischen und Glaubensfragen sehr interessierten Menschen, der sich „nach dem Siege der Wahrheit und einer wissenschaftlich begründeten Rechtfertigung des Glaubens sehne".Obwohl er in unwesentlichen Detailfragen eine Nichtübereinstimmung Diesterwegs mit orthodoxen Positionen einräumt, bescheinigt er ihm ein „tief gefühltes Bedürfniß des Glaubens, seine innere Demüthigung vor Gottes Wort und die Begeisterung seiner Seele für alles Christliche"; entscheidend für die „jungen Schullehrer" sei, daß „nichts bey ihm Formel und alles vielmehr Leben ist".

Die Zustimmung durch Minister von Altensteins erfolgte drei Tage später, da er „nur Vortheilhaftes aus sehr glaubwürdigen Quellen vernommen habe" (a. a. O.).

60
Rundschreiben an die Seminarabiturienten vom März 1823

Moers, 11. Juli 1823

Meine Lieben!

Nun endlich sind die versprochenen Arbeiten beisammen. Heute noch soll die Zirkulation derselben anfangen. Ich setze hierbei folgendes fest:

1. Jeder schreibt den Tag der Ankunft und den Tag der Absendung der Aufsätze auf das beiliegende Blatt.
2. Jeder darf dieselben längstens zehn Tage behalten. Wer früher fertig ist mit Lesen derselben, der packe sie fest ein und sende sie dem Nachbarn auf sicherem Wege franko, was durch Aufdrücken des Siegels des Herrn Schulpflegers oder Bürgermeisters geschehen kann.
3. Der letzte der Empfänger, W. SCHLÖSSER, sendet sie an mich zurück oder bringt sie selbst im Herbste mit.
4. Die Zahl der rundlaufenden Aufsätze ist 19[1] + 1.
5. Jeder streicht die orthographischen und grammatischen Fehler eines Aufsatzes mit roter Tinte an und setzt seinen Namen unter den auf diese Weise durchgesehenen Aufsatz. Ich hoffe, daß das nächste Mal nichts anzustreichen sein wird.
6. Die Aufsätze zirkulieren in folgender Ordnung:
   a) an F. SCHÜRMANN, welcher den Aufsatz Nr. 1 korrigiert, b) G. BECKER Nr. 2, c) EMMERICH Nr. 3, d) SCHNUCK Nr. 4, e) HALFMANN in Asberg Nr. 5, f) FISCHER in Budberg Nr. 6, g) ROSENKRANZ in Appeldorn bei Cleve bei Herrn Bürgermeister HALLESLEBEN Nr. 7, h) BRANDOW *[sic!]* in Hünxe bei Wesel Nr. 8, i) SCHÄFER in Ruhrort bei Herrn SANTERUS

[sic!] Nr. 9, k) PETERS auf der Kurzestraße in Düsseldorf bei Herrn Schlachtermeister STARK Nr. 10, l) DRINKMANN am Gymnasium in Elberfeld Nr. 11, m) WINTERHAGEN in Elberfeld Nr. 12, n) HENKEL und BÄCKMANN *[sic!]* in Barmen Nr. 13 und 14, o) SCHLÖSSER in Odenspiel Nr. 15.

Außerdem spreche ich mit Euch, in der Kürze der Zeit noch über folgende Gegenstände.

Nach und nach müssen die einzusendenden Arbeiten mehr praktischen Inhalts werden, sich mehr und mehr auf die wirklichen Gegenstände der Schule beziehen. Jedoch sind alle eigenen Aufsätze über solche Gegenstände, die den gebildeten Menschen und Lehrer interessieren, sehr willkommen. Auch ist es der Sache sehr angemessen, wenn jeder bemüht ist, passende Arbeiten anderer Lehrer zu erhalten und diese demnächst mitteilt. Ich mache auf diese Weise den Anfang mit einem Aufsatze von dem Lehrer in Rheydt BACKHAUS, welchen Ihr lesen mögt.

Ich hatte unsern Freund, W. WINTERHAGEN gebeten, mir eine andere zweckmäßigere Arbeit, als die beiliegende ist, zu senden. Derselbe scheint keine Zeit gehabt zu haben.

Wann wir die auf den bevorstehenden Herbst verabredete Zusammenkunft halten werden, kann in diesem Augenblicke noch nicht bestimmt werden. Jedoch soll dies einem jeden durch besondere Anzeige, so bald es möglich ist, gemeldet werden. Ein jeder hat alsdann die Arbeiten für den zweiten Turnus mitzubringen, vorher und zeitig also auf recht zweckmäßige zu sinnen.

Außerdem empfehlte ich Eurem Nachdenken folgende Fragen, welche wir im Herbste hier besprechen wollen und über welche jeder die Resultate des Nachdenkens niederschreiben mag:

1. Welche Folgen hat das Auswendiglernen unverständlicher Dinge für den Geist des Kindes?

2. Welche Lehren der deutschen Grammatik sind in Elementarschulen gänzlich zu übergehen?

3. Wie muß das „Lesen und Nachsprechen im Chore" angewandt werden, wenn dasselbe
   a) die Geisteskräfte der Kinder wecken
   b) allgemeinere Tätigkeit herbeiführen, also den Schulschlendrian verdrängen, überhaupt also die Schule dem Vollkommneren näher bringen soll?

4. Durch welche äußeren Erscheinungen der Schulwelt unterscheidet der Kenner die gute Schule alsbald von der schlechten?

5. Wodurch macht der Lehrer seine Schule zu einer Schule der Gesittetheit?

6. Was ist das A und das O, der Anfang, die Mitte und das Ende eines tüchtigen Lehrers?

Nach Eurem Abgange von hier ist mein Leitfaden in der allgemeinen und praktischen Arithmetik bei Weber in Bonn erschienen.[2] Lieb wird es mir sein, wenn Ihr zu Eurer Weiterbildung in dem Rechnen Euch dieses Leitfadens bedienen und die Punkte, wo Ihr Schwierigkeiten finden solltet, im Herbste mir namhaft machen wolltet. Dieses Buch ist so eingerichtet, daß es unmöglich ist, dasselbe mechanisch zu gebrauchen. Nur derjenige wird es als Leitfaden bei seinem Unterricht gebrauchen können, welcher denkend rechnen gelernt hat. F. SCHÜRMANN[3] legt es seinem Unterricht an der hiesigen Bürgerschule zu Grunde.

Ferner empfehle ich Euch:

KRAUSE's Rechtschreibelehre für Erwachsene, besonders für Lehrer; und WILBERG's, Lebrecht, Elberfeld bei Büschler.[4]

Jenes Buch begründet die Regeln der Rechtschreibung viel tiefer, als es in den gewöhnlichen Sprachlehren der Fall ist, und dieses Werk wird Euch in Eurem praktischen Leben die rechte Straße zeigen.

Für das Seminar ist das SCHEIDTMANNsche Haus gekauft. Im Herbste werde ich dasselbe mit meinen Schülern beziehen.

Den 3. Juli[5] haben wir nicht vergessen. Es hat uns ganz besondere Freude gemacht, daß DRINKMANN und HENKEL eine Festgabe für diesen Tag einsandten. Was ich an demselben gesprochen habe, will ich Euch im Herbste vorlesen.

Nun Euch allen, Ihr meine Schüler und Freunde: ein fröhliches „Glück auf!" Einem jeden von Euch bin ich nahe. Es vergeht kein Tag, wo ich Eurer nicht gedenke. Was Euch begegnet, begegnet mir. Wie will ich mich freuen, wenn ich Euch dereinst in Euren Schulen besuchen und mit Freude darin weilen kann! – An die besten Lehrer Eurer Gegend schließet Euch an! Vieles könnt Ihr von ihnen lernen und vieles habt Ihr zu lernen. Nicht wahr: „kein Tag ohne eine Linie!![“]6 Meiner Frau und meinen Kindern geht es, Gott Lob! gut.

Seid alle auf das herzlichste gegrüßt von Eurem Lehrer

Diesterweg.

Veröff.: Ottsen, Otto: Diesterweg in Mörs, größtenteils nach Urkunden bearbeitet. Moers 1918, S. 44–46

Laut Aussage von O. Ottsen wurde ihm das Original dieses Schreibens durch Frau Kühler, Tochter des verstorbenen Seminarhauptlehrers Kühler, zur Verfügung gestellt; es ist nicht überliefert.

[1] Wahrscheinlich ein Übertragungsfehler; es müßten 15 Aufsätze sein, wie die folgende Korrekturordnung vorausssetzt.

[2] Leitfaden für den Unterricht in der allgemeinen und praktischen Arithmetik, sowie in dem algebraischen Schrift- und Kopfrechnen, nebst Beispielen, Formeln und Aufgaben für höhere Bürgerschulen, Gymnasien und Seminarien. Bonn: E. Weber 1823.

[3] Siehe Brief vom 21. März 1823 (Nr. 53).

[4] Krause, Karl Heinrich: Versuch eines methodischen Lehrbuches der deutschen Sprache. I. Theil: Sprachübungen. 2 Abth. Halle 1817/1819; II. Theil: Sprachunterricht. 2 Abth. Ebd. 1818/1819;

Wilberg, Johann Friedrich: Der Schulmeister Leberecht, wie er über sein Amt dachte und darin wirkte. Elberfeld 1820.

[5] Am 3. Juli 1820 fand die Eröffnung des Moerser Seminars statt.

[6] Nach dem lateinischen Spruch „Nulla dies sine linea", der auf Gaius Plinius Secundus, ursprünglich wohl auf Apelles zurückgeht.

61
Protokoll einer Beratung
über Umbau und Verwendung des Seminargebäudes

Moers, 28. August 1823

In Auftrag des Königlichen-Rheiniglichen Oberpräsidenten, Herrn geheimen Staats-Ministers INGERSLEBEN Excellenz war der Mitunterzeichnete H. Consistorialrath GRASHOF aus Cöln mit dem Bau-Inspector HEERMANN aus Cleve am gestrigen Tage hier zusammengetroffen, um mit dem hierselbst anwesenden Seminariums Director Diesterweg über die Vertheilung des für das hiesige evangelische Schullehrerseminarium angekauften Scheidtmannschen Hauses[1], und über die zu diesem Zweck erforderlichen Veränderungen und Reparaturen in demselben gemeinschaftlich zu berathen, die Resultate dieser Berathung zu Protokoll zu bringen, und durch den Königlichen Commissarius zur höhern Prüfung und eventuellen Bestätigung vorzulegen.[2]

Auf dem Grund, der deshalb gestern Nachmittag und heute früh gehaltenen Lokal-Besichtigung und mündlichen Rücksprache wurden die Resultate dieser gemeinschaftlichen Berathung in folgender Weise aufgenommen; und zu Protokoll gebracht.

Es kommt für den Zweck des evangelischen Schullehrer-Seminars hierselbst, auf die Gewinnung hinreichender Räume an.

1. Für die Bedürfniße der Seminaristen;
2. Für die Ökonomie der Anstalt;
3. Für den Direktor derselben;
4. Für eine mit dem Seminario in Verbindung zu setzende Schule; und
5. Für den dabei anzusetzenden zweiten ordentlichen Lehrer.

Zur Befriedigung der unter diese 5 Rubriken gehörigen wesentlichen Bedürfniße sind erforderlich

A. Für die Seminaristen.
1. 2 Lehrsääle, der eine für 30, der andere für 15 bis 20 Zöglinge. In einem derselben ist zugleich die für das Seminarium angekaufte Hausorgel aufzustellen.
2. Zwey Zimmer, zum Unterricht u. zur Uebung in der Musik, in denen etwa 4 Klaviere oder mehr angebracht werden können.
3. Ein Bibliothek- und Instrumenten-Zimmer, in der Nähe der Lehrsääle.
4. Ein Schlafsaal oder deren mehrere für 30 Betten, in gehöriger Entfernung von einander, nebst Einrichtung zum Waschen und Ankleiden der Seminaristen;
5. Ein Raum zur Aufbewahrung der Effecten[3] derselben;
6. Ein Krankenzimmer;
7. Ein Speisesaal für 30 Personen;
8. Ein Raum zur Reinigung der Kleidungsstücke, mit Einschluß der Schuh und Stiefel;
9. Zwey Abtritte.

B. Für die Ökonomie.[4]
1. Eine Wohnung für den Ökonomen von etwa 4 Zimmern;
2. Eine geräumige Küche nebst Speisezimmer;
3 u 4. Den Keller als gehörigen Speicherraum für denselben;
5. Eine Waschküche insofern er die Wäsche für die Seminaristen übernimmt.
6. Ein Abtritt.

C. Für den Director.
1. Eine Wohnung von wenigstens 5 Stuben und 3 Kammern;
2. Eine Küche nebst Speisekammer;
3 u 4. Den nöthigen Keller und Speicherraum;
5. Hof und Stallraum für Federvieh;
6. Zwey Abtritte;

D. Für die Seminar-Schule.
1. Zwey bis 3 Lehrzimmer, zusammen für etwa 30 Knaben.
2. Wenn es seyn kann, ein besonderes Zimmer für denjenigen Seminaristen, dem die nähere Leitung dieser Schule anvertraut wird.

Was nun die Gewinnung dieser Räume betrifft, so fänden sich diese

A. Für die unter dieser Rubrik aufgeführten Bedürfnisse größtentheils in der Benutzung, der auf der rechten Seite des Hauptgebäudes durch beide Stockwerke und dem Speicher gelegenen Räume, mit Hinzunahme des Fehlenden, in den Neben- und Hintergebäuden.

Es gibt nemlich:

a^1. den großen und
a^2 den kleinen Lehrsaal, der zugleich die Orgel aufnehmen kann;
a^3. das Bibliothek- und Instrumenten-Zimmer;
a^4. den Eingang, der zugleich als Aufe[nt]haltsort für den Lehrer benutzt werden kann, der die Aufsicht führ[t]
a^5 und a^6. die größeren
a^7 und a^8. die kleineren Schlafzimmer; jene zu 20, diese zu 10 Bettstellen, jedes mit einem Waschtische und den nöthigen Einrichtungen zum Aufhängen der täglichen Kleidungsstücke
a^9. das Krankenzimmer;
a^{10}. den Speisesaal.

Zur Aufbewahrung der Effekten ist ein Raum auf dem Speicher mit möglichst geringen Kosten auszubauen, und die beiden Musikzimmer sind über dem Speisesaal zu gewinnen.

B. Für die Ökonomie durch Benutzung des Nebengebäudes, wozu die erforderlichen Keller in dem Hauptgebäude gewonnen werden.

Hier gäben nemlich

b^1. und die im zweyten Stock gelegenen 2 Zimmer nebst Kammer die Wohnung für den Ökonomen.
b^2 und b^3 die Küche nebst Speisekammer mittelst Durchbrechung der Wand und Verlegung der Thür nach dem Hofe zu.

Den Kellerraum erhält der Ökonom im Hauptgebäude, und zwar die beiden Keller, zu denen der Eingang vom Hofe aus führt. Den Speicherraum kann er im Hauptgebäude nicht gewinnen, daher es zu wünschen ist, daß für die Wäsche der Seminaristen außer dem Hause durch einen für dieselben vortheilhaften Contract mit einer Wäscherin besorgt werde. Für seinen eigenen Gebrauch hat der Ökonom einen hinreichenden Speicherraum in dem Nebengebäude.

C. Für den Director durch Benutzung sämtlicher auf der linken Seite des Hauptgebäudes durch beide Stockwerk hindurch und auf dem Speicher gelegenen Räume, so daß:

c^1 mit dem daran stoßenden Kabinet
c^2 zu den gewöhnlichen Wohnzimmern
c^3 mit der anstoßenden Kammer c^4, zum Kinder und Gesindezimmer

144

c⁵. zur Küche und Speisekammer
c⁶ zur Schlafkammer für den Director,
c⁷. zum Schlafzimmer für die Kinder
c⁸. zum Fremden Zimmer
c⁹. zum Arbeitszimmer für den Director
c¹⁰. zu einer Polterkammer⁵, und ein auf dem Speicher liegender Raum zur Schlafkammer für das Gesinde benützt werden können.

Der Kellerraum, zu welchem der Eingang von der Flur aus führt, ist für eine Familie mehr als hinreichend, auf dem Speicher wird der dem Director zufallende links gelegene Theil durch eine Lattenwand gesondert.

D. Für die Seminarschule.

Um eine Schule von etwa 30 Knaben von verschiedenem Alter mit dem Seminarium verbinden zu können wird der über der jetzigen Remise gelegene Theil des Hintergebäudes zu zweyen Lehrzimmern ausgebaut; auf ein besonderes Zimmer für den die Schule leitenden Seminaristen muß jedoch zur Zeit noch verzichtet werden.

E. Für den zweyten Lehrer.

Da zur Befriedigung der Bedürfniße unter diesen 4 gedachten Rubriken bereits der ganze disponible Raum verwandt wird, so kann eine Wohnung für den zweyten ordentlichen Lehrer des Seminariums nicht gewonnen werden und es ist eine etatsmäßige Mieths[-]Entschädigung für denselben in Antrag zu bringen, wozu bey den jetzigen Preisen der Wohnung hieselbst, die Summe von 60 Thl. Courant nothdürftig hinreichen wird. Wäre die von Seiten der Stadt für das bisherige Unterrichts-Lokal des Seminariums, dem Schulfond gezahlte Entschädigung von 30 Thl. Preuß. Courant jährlich für das Seminarium zu gewinnen, nachdem jenes Lokal an den Schulfond abgetreten wird, so wäre dadurch schon jene Mieths-Entschädigung bereits zur Hälfte gedeckt. Der unterzeichnete Königliche Commissarius übernimmt es, zu diesem Ende den hiesigen Stadtrath zu Protokoll zu nehmen.

Die bisherige Remise, welche zu gleichem Zwecke nicht mehr gebraucht wird, kann als ein Raum für die Seminaristen benutzt werden, in welchem sie bey regnigter Witterung ihre Kleidungsstücke ausklopfen, und ihre Schuh und Stiefel reinigen pp.

Die Abtritte fanden sich für den den *[sic!]* Director und seine Familie im Hause selbst, in dem ihm angewiesenen Theile desselben. 6 andere für die Seminaristen, für die Schüler der Seminarschule, und für den Ökonomen werden am zweckmäßigsten durch Ueberbauung, der auf dem Hofe befindlichen Mistgruben, und durch Verlegung, der darüber bereits gelegenen 2 Abtritte gewonnen.

Außer den durch die vorstehende Vertheilung der disponiblen Räume nothwendig werdenden Reparaturen und Ausbaue, welche an sich nicht sehr bedeutend seyn werden, kommt es unter den jetzigen Verhältnissen vorzüglich noch auf die Gewinnung einer Haupttreppe, welchem *[sic!]* vom zweyten Stock des Hauptgebäudes nach dem Speicher führt, und auf eine Abänderung in der Richtung und Struktur, der jetzt zum Theil ganz ₁ polizey-wiedrige *[sic!]* gebaute Schornsteine an. Die erstere ist schon bey etwa eintretender Feuersgefahr unentbehrlich, und wird es zugleich für den gewöhnlichen Gebrauch der Seminaristen, welche ihre Effecten-Kammer auf dem Speicher erhalten, und denen einen *[sic!]* Zugang zu demselben auf der jetzt zum Speicher führenden engen Treppe in der Wohnung des Directors nicht gestattet werden darf.

Endlich bedarf es noch zur Absonderung der Wohnung des Directors von dem Schlafzimmer der Seminaristen im zweyten Stockwerk des Hauptgebäudes eines Lattenabschlußes mit zu verschließender Thür und Schellenzug am links gelegenen Korridor desselben.

———

Nachdem zur Zufriedenheit des betheidigten [sic!] mitunterzeichneten Directors, und mit vorzüglicher Berücksichtigung der Bedürfniße der Seminaristen, die obige Vertheilung der vorhandenen Räume gut geheißen und zur höhern Bestätigung in Antrag gebracht ist, übernimmt es der mitunterzeichnete Bauinspector HEERMANN in Auftrag des Königlichen Commissarius, den Kostenanschlag für sämtliche dadurch nothwendig gewordenen Veränderungen und Reparaturen anzufertigen, und verpflichtet sich, denselben innerhalb 14 Tagen, also spätestens bis zum 11 ten September c. dem Königlichen Consistorium unmittelbar einzusenden.

———

ₐEin zweyter wesentlicher Punkt, der bey Anwesenheit des comittirten königlichen Baubeamten zur Sprache gebracht werden muß, wenn er nicht zugleich im Auftrage des unterzeichneten Commissarius liegt, ist die Anschaffung der nothwendigen Utensilien für den Unterricht und die übrigen Bedürfniße der Seminaristen in dem neuen Lokal der Anstalt. Wenn gleich in Hinsicht der Ökonomie, und in Hinsicht der Schlafzimmer ein höherer Auftrag möchte abgewartet werden können, insofern die jetzigen Seminaristen, welche bey Bürgern in der Stadt untergebracht sind, auch noch eine Zeit lang bey denselben verbleiben können und für die neu Hinzutretenden einstweilen auf eine ähnliche Weise gesorgt werden mag, so ist dagegen die Verlegung der Unterrichtszimmer, zugleich mit der Wohnung des Directors in dieses Lokal zum Anfange des neuen Cursus fast unerläßlich, um so mehr, da der Eintritt eines zweyten ordentlichen Lehrers, und die Absonderung der beiden Klaßen der Seminaristen zu erwarten ist. Da es nun an zweckmäßigen Schul-Utensilien für den Unterricht bisher noch ganz gefehlt hat, und die bisherigen höchst dürftigen Einrichtungen [sic!, wie sie nur in einem provisorischen Stande geduldet werden konnte [sic!] der definitiven Anordnung und dem schönen neuen Lokal durchaus unangemessen ist [sic!], so glaubt es der unterzeichnete Commissarius verantworten zu können, wenn er den Bauinspector HEERMANN hierdurch beauftragt für die Anfertigung der nöthigen Pulte und Bänke zu 30 und respective 16 Zöglingen sogleich an Ort und Stelle einen Kosten-Anschlag anzufertigen, und mit einem tüchtigen zuverläßigen Werkmeister einen geeigneten Accord abzuschließen, der sich verpflichtet, die gedachten Utensilien, zu denen auch noch 2 schwarze Wandtafeln zu rechnen sind, spätestens zum 12 October c. an Ort und Stelle aufzustellen.[6] Dieser Accord ist dem unterzeichneten Commissarius noch bey seiner Anwesenheit zur Genehmigung vorzulegen, wegen der übrigen Aufträge aber, die Anschaffung der übrigen Utensilien, die höhere Bestimmung abzuwarten. ₐₗ

Womit das vorstehende Protokoll geschlossen und unterzeichnet worden ist.

Meurs wie oben den 28 ten August 1823.[7]

W GRASHOF, Kons. Rath.   Diesterweg.

HEERMANN B[auinspektor]

Ausf. mit eigh. Unterschr., GSt A PK, I. H A Rep. 76 Seminare, Nr. 10058: 53ʳ–56ᵛ;
Abschr., GSt A PK, I. H A Rep. 76 Kultusministerium, VII neu Sekt. 25 C Teil I Nr. 4 Bd. 2: 135ʳ–138ᵛ

¹ Zum Kauf siehe Briefe vom 11. und 12. November 1822 (Nr. 49 und Nr. 50).

² Darin bestand die Funktion Grashofs als anwesender Konsistorialrat.

³ Sachen, Vermögensstücke.

⁴ Hier in der Bedeutung von Hauswirtschaft und Versorgung.

⁵ Abstellraum.

⁶ Grashof verfuhr in dieser Weise. Siehe dazu Briefe vom 14. und 22. September 1823 (Nr. 66 und Nr. 67).

In derselben Akte befindet sich ein Quittungsentwurf (75ᵛ), in dem Diesterweg den Erhalt von „144 Rh 12 Slbg 3 De" bescheinigt; diese Summe war dem Seminar vom Oberpräsidenten von Ingersleben (s. ds.) „zur Ausführung der in dem neuen Seminargebäude allhier erforderlichen auf Rechnung zu fertigenden kleinen Reparaturen" angewiesen worden.

⁷ Die letzten beiden Zeilen dieses Protokolls stammen von Diesterwegs Hand.

62
An das Konsistorium der Provinz Jülich-Kleve-Berg, Köln

Moers, 31. August 1823

An das Königliche Hochlöbliche Konsistorium zu Cöln.

Die Herbstferien des Schullehrer-Seminars und die Aufnahmen der Aspiranten für den bevorstehenden neuen Cursus betreffend.

Da die gesetzlichen Schul-Ferien in der Regel um die Mitte des nächsten Monats beginnen und 4 Wochen später mit Eröffnung eines neuen Schuljahrs endigen, so wollte ich hiermit das Hochwürdige Konsistorium gehorsamst bitten, Anfang und Ende dieser Ferien hochgefälligst bestimmen zu wollen.

Aus mehreren Gründen muß ich es lebhaft wünschen, möglichst bald mehrere Tage dem Unterrichte in dem vollständig eingerichteten Schullehrer-Seminar zu Brühl beiwohnen zu können. Da nun dem Vernehmen nach die Ferienzeit der genannten Anstalt sich vom 15ten September bis zum 15ten October erstreckt, so wäre es mir aus dem genannten Grunde lieb, wenn der Anfang der Ferien für das Schullehrer-Seminar zu Meurs um 1 oder 2 Wochen vor oder nach dem Beginn der Ferien in Brühl festgesetzt würde.

Zweckmäßiger, wenn auch weniger angenehm, scheint es mir zu seyn, wenn unsere Ferien ganz auf den Monat October verlegt werden; denn wir gewinnen dadurch eine etwas längere Frist zu den Vorbereitungen, welche nöthig sind, um bey dem Anfange des neuen Schuljahrs den Unterricht in dem neuen Unterrichtslokal des Seminars anfangen zu können; zugleich kann ich von der Mitte des Octobers an, die alsdann wieder thätige Anstalt in Brühl besuchen.¹ Mit dem Wunsche, daß das Hochwürdige Konsistorium hochgefälligst mich darüber bescheiden wollen verbinde ich 1) die Anzeige, daß von den mir angemeldeten Aspiranten für das neue Schuljahr die in der Beilage aufgeführten die zum Eintritt in die Anstalt erforderliche Qualification ₁ nachgewiesen haben; 2) die Anfrage, ob diese Aspiranten mit dem neuen Schuljahr in die Anstalt aufgenommen werden sollen, wobei ich freilich voraussetzen muß, daß alsdann der 2te Lehrer des Seminars nicht nur ernannt, sondern auch hier eingetroffen seyn ₂ werde.²

Der Director des Schullehrer-Seminars.

Abschr., GStA PK, I. HA Rep 76 Seminare, Nr. 10058: 57ʳ⁺ᵛ

¹ In seiner Antwort vom 6. September 1823 genehmigte Grashof (s. ds.) die Verlegung der Ferien „auf die Dauer des Monats Oktober" (GStA PK, I. HA Rep. 76 Seminare, Nr. 10058: 61ʳ).

² Am 1. Januar 1824 trat der Lehrer Carl Ernst (s. ds.) sein Amt als zweiter Seminarlehrer in Moers an.

63
An den Rat der Stadt Moers

Moers, 1. September 1823

Einem wohllöblichen Stadtrathe der Stadt Meurs überreiche ich hiermit die Abschrift eines mir von Sr. Excellenz dem Herrn Staatsminister und Oberpräsidenten VON INGERSLEBEN er-theilten verehrlichen Auftrages, mit der Bitte, daß es einem wohllöblichen Stadtrathe gefal-len möge, sich über den in diesem Auftrage enthaltenen Punkt, die Stadt Meurs und namentlich die Fortzahlung der bisher für das Seminarlokal an den Schulfonds bezahlten Miethe betreffend¹, gefälligst gegen mich zu äußern, und im Falle der wohllöbliche Stadt-rath beschließen sollte, diese Miethe nicht fortzuzahlen, die Gründe dieser Weigerung gefäl-ligst beizufügen, damit ich davon in dem an des Herrn Oberpräsidenten Excellenz darüber zu erstattenden Bericht Gebrauch machen könne.

Mit besondrer Hochachtung
Eines wohllöblichen Stadtrathes der Stadt Meurs

ergebenster Diener
Dr. Diesterweg, Director des Seminars.

Eigh., Stadtarchiv Moers, Alte Registratur (16.–Anfang 20. Jahrhundert), Karton 596, Akte 224,3, 102ʳ

¹ Es ging um bislang von der höheren Bürgerschule angemietete Unterrichtszimmer, die wegen des neuen Seminargebäudes nicht mehr benötigt wurden. Mit der dadurch eingesparten Summe sollte ein Teil der Mietaufwendungen für den zweiten Seminarlehrer finanziert werden. Die Stadt lehnte die Zahlung aber ab; siehe Protokoll vom 28. August (Nr. 61) und Brief vom 10. September 1823 (Nr. 64).

64
An Oberpräsident Karl Heinrich Ludwig Freiherr von Ingersleben, Koblenz

Moers, 10. September 1823

An des Herrn Staatsministers und Oberpräsidenten von Ingersleben Excellenz in Coblenz.

Das dem Stadtrath WINTGENS anzubietende Abfindungs-Quantum betr.

Zufolge des hochverehrlichen Auftrages Ew. Excellenz vom 26ten des vorigen Monates bot ich dem Stadtrath WINTGENS allhier, zur Entschädigung desselben ₁ für die Verluste, die er allenfalls durch die Verlegung der Seminarlehrer-Wohnungen erleiden möchte, ₂ das stipulirte¹ Abfindungs-Quantum von 500 rh an. Die Annahme dieser Anerbietung und die ₃ darüber aufgenommene Verhandlung ₄ finden Ew. Excellenz in der Beilage N.1.²

Vor 14 Tagen hatte der Herr Konsistorialrath GRASHOF bereits persönlich den Versuch ge-macht, den Magistrat der Stadt Meurs zu bestimmen, die 40 rh clevisch C[ourant], welche derselbe an den Meursischen Schulfonds jährlich als Miethe für die Unterrichtszimmer be-

148

za[h]lt, welche ₅ dem Seminar in dem dem Schulfonds zugehörigen Schulgebäude von ₆ dem Magistrate angewiesen waren, fernerhin an die Seminarkasse fortzuzahlen, wenn auch die bisher gebrauchten Schulzimmer bey der Bezieh[un]g des SCHEIDTMANN'schen Hauses nicht weiter in Anspruch genommen würden.³ Allein der Magistrat weigerte sich, in diesen Antrag einzugehen, aus Gründen, welche in dem beiliegenden über diese Verhandlung aufgenommenen Protokoll, Beil. N. 2. enthalten sind. Derselbe Bescheid ist mir auf ₇ das Schreiben geworden, das ich in ₈ Folge des oben citirten hochverehrlichen Auftrags Ew. Excellenz an den hiesigen Stadtmagistrat ergehen ließ⁴, wie die Beilage N. 3 nachweiset. Freilich ist die bisher jährlich von der Stadt bezahlte Miethe von 40 rh clev. eine kleine Summe, und es würden mehr als 16 Jahre verfließen, ehe der Stadtrath WINTGENS zu der ihm angebotenen Entschädigungs-Summe gelangte, wenn man auch den hiesigen Magistrat geneigt machen oder dazu verpflichten könnte, die 40 rh immerwährend oder eine Reihe von Jahren fortzuzahlen.

Ganz getrennt von den citirten ₉ Lehrzimmern des Seminars bestand das Kastell, als Eigenthum des Stadtraths WINTGENS und von demselben an das Königliche Konsistorium in Cöln zu Wohnungen für die Lehrer des Seminars provisorisch vermiethet. Die in dem ₁₀ zu diesem Zwecke entworfenen projectirten Miethcontracte als jährliche Miethe festgesetzte Summe von 200 rh clev. ist, obgleich nur die Hälfte des Kastells von mir bewohnt war, auch jährlich durch Anweisung von Seiten des Königlichen Konsistoriums in Cöln bezahlt worden u. es hat die hiesige Stadt niemals etwas dazu beigetragen.

In wie ferne nun Ew. Excellenz den hiesigen Stadtmagistrat zur Fortzahlung obiger 40 rh clev. anzuhalten, und auf den in der Verhandlung mit dem Stadtrath WINTGENS enthaltenen Wunsch, die 500 rh gleich in Einer Summe aus bezahlt zu erhalten, Rücksicht zu nehmen beschließen möchten, darüber wollen Ew. Excellenz, wenn es nöthig befunden werden sollte, hochgefälligst mich näher bescheiden.

Der Director des Schullehrer-Seminars

Eigh. Entw., GStA PK, I. HA Rep. 76 Seminare, Nr. 10058: 64ʳ⁺ᵛ

¹ verbindlich zugesagte

² Die aufgeführten Beilagen sind nicht überliefert.

³ Siehe Brief vom 1. September 1823 (Nr. 63), Anmerkung 1. Minister von Altenstein (s. ds.) verfügte in einem Schreiben vom 31. Oktober 1823 an von Ingersleben, daß der zweite Seminarlehrer im Seminargebäude zu wohnen habe, damit er „an der Aufsicht und Einwirkung auf die Zöglinge vollständigen Antheil nehmen" und „heimisch seyn in der Anstalt, und sich ihr ganz und gar widmen" könne (a.a.O., 103ʳ). Der Anlaß, auf Weiterzahlung des Mietzins durch den Magistrat zu bestehen, war somit hinfällig.

⁴ Siehe Brief vom 1. September 1823 (Nr. 63).

65
An die Regierung Düsseldorf

Moers, 12. September 1823

An die Königliche Hochlöbliche Regierung zu Düsseldorf.

Die Aspiranten des Schullehrer-Seminars betreffend.

Zufolge verehrlichen Auftrags des Königlichen Hochwürdigen Konsistorii zu Cöln vom 6ten dieses trage ich der Königlichen Hochlöblichen Regierung hiermit Folgendes gehorsamst vor.

Die Zahl der ₁ Zöglinge des hiesigen Schullehrer-Seminars ₂ ist, nachdem die im Frühlinge d. J. examinirten auch einige andere wenig zum Schulamt qualificirte abgegangen sind, gegenwärtig 15, und die Anzahl derer, welche mit dem 1ten November d. J., dem vom Königlichen Konsistorio dazu festgesetzten Tage, in die Anstalt aufgenommen zu werden wünschen und ₃ die dazu ₄ erforderlichen Vorkenntnisse u. übrigen Eigenschaften nachgewiesen haben, ist 9. Sie heißen: [1]

[Lücke]

Diesen 9 habe ich, da bisher keine andre Bestimmung über die Art der ₅ Anmeldung der Aspiranten getroffen war, die Aufnahme in die Anstalt mit dem neuen Schuljahre zugesagt. Da nun zufolge ₆ höherer Verordnung die Zahl der Zöglinge auf 30 gebracht werden soll, ₇ also noch 6 Stellen offen sind, so bitte ich hiermit ₈ in Auftrag des K. Konsistorii zu Cöln die Hochlöbliche Regierung zu Düsseldorf gehorsamst, zu veranstalten, daß die auf 30 festgesetzte Zahl der Zöglinge am 1ten November dieses Jahres vollzählig werde.[2]

Der Director des Schullehrer-Seminars

Eigh. Entw., GStA PK, I. HA Rep. 76 Seminare, Nr. 10058: 61ᵛ–62ʳ

[1] Es folgen einige leere Zeilen zur Eintragung der Namen.

[2] Die Vertreter der Königlichen Regierung zu Düsseldorf Kortüm (s. ds.), Budde und Heinzen, veranstalteten am 13. Oktober 1823 eine Prüfung für fünf Aspiranten des Moerser Seminars. Die Prüfer übersandten Diesterweg am 17. Oktober 1823 die Prüfungsergebnisse (GStA PK, I. HA Rep. 76 Seminare, Nr. 10058: 88ʳ–91ʳ). Es handelte sich um die Seminaristen Peter Friedrich Windfuhr (s. ds.), Johann Wilhelm Schoppmann (s. ds.), Johann Friedrich Hermann Rüttgers (s. ds.), Carl August Gottbehüt (s. ds.) und Friedrich Wilhelm Dörken (s. ds.); Gottbehüt wurde die Prüfung erlassen.

66
An Konsistorialrat Karl Friedrich August Grashof, Köln

Moers, 14. September 1823

An des Herrn Konsist. Grashof Hochwürden zu Cöln.

Mit dem verbindlichsten Danke für die schleunige verehrliche Anwort Ew. Hochwürden vom gestr[i]gen Datum auf meine ₁ Anfrage vom 10ten dieses, die Anfertig[un]g der Schreibpulte f[ü]r die S[eminari]sten betr. habe ich diese Sache mit den Werkmeistern endlich dahin verabredet, daß sie ohne Überschreit[un]g des Kostenanschlags anstatt d[e]r allerdings nicht sehr zweckmäßigen Schubladen Pulte anfertigen, ohne jedoch die Schlösser daran zu liefern. Es bleibt dann jedem Seminaristen überlassen, sich einen verschließbaren Raum zu verschaffen oder nicht.[1]

Zugleich ₂ habe ich die Ehre, Ew. Hochwürden zu benachrichtigen, daß hiesige Werkmeister die Lieferung von 30 Bettstellen im Laufe des Octobers versprochen haben, in d[e]r Voraussetz[un]g, daß ₃ sie dazu vor dem 1ten October ermächtigt würden. Vor einigen Tagen habe ich dieses dem H Bauinspector HEERMANN bereits gemeldet.

150

Sehr angenehm würde es mir seyn, wenn Ew. Hochw[ü]rden die Güte haben wollten, ein Dienstsiegel für mich anfertigen zu lassen. Sie gaben mir früher die Erl[au]b[ni]ß, diesen Gegenstand bei Ihnen in Er[inneru]ng zu bringen.[2]

Mit hochacht[un]gsvoller Verehr[un]g

Ew. E.

Eigh. Entw., GStA PK, I. HA Rep. 76 Seminare, Nr. 10058: 66ʳ

[1] Eigentlich hatte Grashof verschließbaren Pulten den Vorzug gegeben, die dann jedoch die kalkulierten Kosten überstiegen. Diesterweg war deshalb von ihm ermächtigt worden, die Sache so zu entscheiden, wie er es für zweckmäßig halte, „ohne daß der dem Kontrakt zum Grunde liegende Kostenanschlag dabei überschritten wird" (GStA PK, I. HA Rep. 76 Seminare, Nr. 10058: 65ʳ).

[2] Oberpräsident von Ingersleben (s. ds.) kam diesem Wunsche nach und beauftragte Grashof mit der Beschaffung des Dienstsiegels (a. a. O.: 71ʳ).

67
An Konsistorialrat Karl Friedrich August Grashof, Köln

Moers, 22. September 1823

Antwort.

Ew. Hochwürden hochgeehrtes Schreiben vom 19ten dieses erwiedernd beehre ich mich 1) in bezug auf die Speisung der S[eminari]sten vom 1ten Nov. durch den Ökonomen KELLER, daß derselben gar keine Schwierigkeiten im Wege stehen. Die jetzigen Miethsleute des Nebenhauses ₁ ziehen in der Mitte des Octobers aus; ₂ das untere Zimmer ₃ dient einstweilen ₄ in seiner gegenwärtigen, d[a]zu hinreich[en]den Größe zum Speisezimmer; der Ökonom KELLER hat hinreichendes Kochgeschirr; ₅ die Kleinheit der Küche u. ₆ die Enge des übrigen, ihm zur Wohnung dienenden Raumes wird ihn im L[au]fe des Winters um so weniger belästigen, weil er noch einen Theil seines geg[en]w[är]tigen Hauses für sich zu behalten gedenkt ₇. Er selbst wünscht es sehr, unter diesen Umst[än]den mit dem 1. Nov. die Gesch[ä]fte eines Ökonomen übernehmen zu können.[1]

Wenn daher Ew. Hochw[ü]rden h[o]chg[e]f[äl]ligst die baldige Genehmig[un]g des mit ihm abgeschl. Kontraktes erw[i]rken wollen, so steht nach meiner Mein[un]g ₈ diesem G[e]g[e]nst[an]de nichts im Wege.

Was 2) den mit hiesig[en] W[er]km[ei]st[e]rn ₉ üb[e]r die Anfertig[un]g von Bettstellen abgeschlossenen Kontrakt betrifft, so ₁₀ habe ich, da derselbe zuf[o]lge Schr[ei]b[en]s ₁₁ H. HEERMANN ₁₂ Ew. Hochw[ü]rden zugesandt worden, nur die Bemerk[un]g hinzuzufügen, daß dieser Kontrakt nur versuchsweise von mir entworfen wurde.

Da Sämtliche 5 hiesige Werkm[ei]ster, sich außer St[an]d erkl[ä]rt[en], vor dem 1. Nov. 32 Bettstellen von d[e]r von H HEERM[ANN] vorgeschl[agen]en Art von Eich[en]holz anfertigen zu können, ₁₃ also hier in Meurs der Kontraktsentwurf gar nicht z[u]r Ausf[ü]hr[un]g kommen könnte, so nehme ich Bettstellen von Tannenholz auf, um, wenn man höheren Orts unter den gemeldeten Umstanden u. bey dem wohlfeilern Preise derselben dazu überzugehen geneigt seyn sollte, ₁₄ diese Umänderung ₁₅ möglichst zu beschleunigen.[2] Die ₁₆ Sache mit den Schlössern an den Pulten, ₁₇ auf die so oft ₁₈ zurückkommen zu müssen ich darum sehr bedaure, weil die kostbare Zeit Ew. Hochwürden über alle Gebühr geschmälert wird, hoffe ich zur Zufr[ie]d[en]h[ei]t beider Theile ₁₉ in der Art zu schlichten, daß die Werkmeister vollst. Schlösser an die Pulte liefern[3], ₂₀ indem sie die bedungenen „Fuß vereinigte Tische u B[än]ke" 112 an der Zahl, da wir, wie sich jetzt zeigt, dieselben nicht ₂₁ alle brauchen können, nicht g[an]z vollständig zu liefern haben werden.[4]

Eigh. Entw., GStA PK, I. HA Rep. 76 Seminare, Nr. 10058: 70[r+v] und 69[r]

[1] Grashof genehmigte den Antrag, Keller ab 1. November 1823 die Küche des Seminars führen zu lassen. Mit der Bestätigung des Vertrages durch den Oberpräsidenten von Ingersleben (s. ds.) rechnete Grashof in den nächsten Tagen und bat Diesterweg, „das Nöthige vorläufig einzuleiten" (GStA PK, I. HA Rep. 76 Seminare, Nr. 10058: 74[v]).

[2] In seiner Antwort vom 24. September 1823 kritisierte Grashof die hohen Preise für die Bettstellen. Sie lägen um ein Drittel höher als die für das Seminar in Brühl, die ebenfalls aus Tannenholz mit eichenen Stollen gefertigt waren. Um die Verantwortung nicht allein zu tragen, leitete er das Schreiben an den Oberpräsidenten weiter (ebenda).

[3] Siehe Brief vom 14. September 1823 (Nr. 66).

[4] In seinem Schreiben vom 24. September 1823 wünschte Grashof außerdem, davon in Kenntnis gesetzt zu werden, „wieviel von den bedungenen (…) Tische und Bänke bei der Ausführung abgehen werden und wodurch diese Verminderung begründet wird" (a. a. O., Rep. 76, Seminare, Nr. 10058, 74[r]).

68
An Wilhelm Johann Gottfried Roß, Budberg

Moers, 1. Oktober 1823[1]

Sonnt. Morg[en]s 9 Uhr.

Verehrter Herr General-Superintendent!

Indem ich Gegenwärtiges Ihnen mitzutheilen mich beehre, hoffe ich, daß die Verschiebung der Prüfung in keiner Hinsicht Inconvenienzen herbeiführen wird. Nach dem, was unsre Absprache ergab, habe ich gestern die S[eminari]sten verabschiedet, u. heute Morgen frühe sind sie bereits ad patres gereiset.[2]

Unter bester Emphelung

Ihr

erg[e]b[en]ster Diener Diesterweg.

Eigh. Entw., GStA PK, I. HA Rep. 76 Seminare, Nr. 10058: 77[v]

[1] Diese Datierung wurde aus der Antwort des Konsistoriums vom 6. September 1823 erschlossen (GStA PK, I. HA Rep. 76 Seminare, Nr. 10058: 61[r]).

[2] Die Ferien waren wegen der Arbeiten am neuen Seminargebäude und der Hospitation Diesterwegs im Brühler Seminar in den Monat Oktober verlegt worden; siehe Brief vom 31. August 1823 (Nr. 62). Aus diesem Grunde waren die Seminaristen bereits zu ihren Eltern (ad patres) abgereist.
Die angesprochene Prüfung betraf die Vergabe von Stipendien und fand am 4. November statt; siehe auch Brief vom 10. November 1823 (Nr. 70).

69
An das Konsistorium der Provinz Jülich-Kleve-Berg, Köln

Moers, 11. Oktober 1823

A. d. k. Hoch. K. z. C. [An das königliche Hochwürdige Konsistorium zu Cöln]

Der Dir. Dg protestirt gegen die von dem H. Bauinsp. HEERMANN vorgeschl[agene] Verleg[un]g d[e]r Abtritte.

Da der H. B. HEERMANN, wie derselbe mir gestern bei s[eine]r Anwes[en]h[ei]t allhier ₁ sagte, auf ₂ Verleg[un]g d[e]r Abtritte in dem S[emina]rlokal [au]s dem Grunde angetragen hat, weil die Nähe des Speisezimmers der S[eminari]sten dieselbe nothwendig mache, ich aber [au]s Gründen, welche ich dems[e]lben zum Th[ei]l mündlich mitgeth[ei]lt habe, zu d[ie]ser Verl[e]g[un]g meine Zustimm[un]g nicht geben kann, so möge es mir hiermit vergönnt seyn, dem Hochw. Konsist. ganz kurz die Gründe der hiermit vorgetragenen Bitte, den Antrag des H. B. HEERMANN die Abtritte betr. nicht zu genehm[i]gen, g[an]z gehorsamst vorzulegen.

Ungeachtet ₃ ich nicht in Abrede setzen kann, daß ₄ das Anstoßen ₅ der Mistgrube an das Geb[äu]de, in welchem das Speisezimmer gewonnen werden muß, gerade nicht zu den Annehmlichk[ei]ten des Lokales gehört, so wird dieselbe doch dad[u]rch schon sehr vermindert, wenn man, wie H B. H[EERMAN]N auch zu veranlassen Will[en]s war, ₆ die Abtritte so anlegt, daß sie von dem Hofraume gar nicht gesehen werden können. Vollends ₇ möchte aber der ganze Mißstand verschwinden, wenn man bedenkt, daß das Speisezimmer nach der Seite d[e]r Mistgrube hin gar kein Fenster nöthig macht, da demselben von dem Hofraum aus das nöthige Licht versch[a]fft werden kann. Dazu kommt, daß ₈ wir die jetzige völlige Geruchlosigk[ei]t der Abtritte ohne Zweifel einzig dem Umst[an]de verdanken, daß dieselbe ganz am Ende d[e]s Hofraumes, in der möglich gr[ö]ßten Entf[e]r-[nun]g von dem H[au]ptg[e]b[äu]de entf[e]rnt liegt; ₉ zugleich wird doch wenigstens nur <u>ein</u> Abtritt ₁₀ , nehmlich der des Ökonomen, an der jetzigen Stelle bleiben müssen, ₁₁ indem ja nichts unzweckm[ä]ß[i]ger wäre, als ₁₂ den Ökon[om] mit Frau, Kindern u Magd zu nöthigen, den Weg zu den Abtritten über den ganzen Hofraum zu nehmen. Viel zweckm[ä]ß[i]g[e]r m[u]ß es d[a]h[e]r [au]s diesem Gr[un]de erscheinen, wenn man sie an ihrer jetzigen Stelle läßt, wo sie nur ₁₃ den einzigen ₁₄ imaginären Übelstand der Nähe des Speisezimmers hervorrufen möchten, welcher, selbst wenn er sich der Einb[i]ld[un]sk[ra]ft e[ine]s S[eminari]sten präsentiren sollte, bald d[u]rch Gewohnh[ei]t verschwinden wird, da kein sinnlich unangenehmer Eindruck dens[e]lben hervorruft. ₁₅ Sollten aber die Abtritte verl[e]gt werden, so ₁₆ ist dazu kein andrer Raum vorhanden, als das kleine Gartenplätzchen, unmittelbar ₁₇ neben dem einen der beiden Lehrzimmer des H[au]ptgeb[äu]-des. Abgesehen davon, daß der bessere Th[ei]l des Gärtchens dazu genommen werden muß, wo allein die Sonne hinscheint, so muß ₁₈ ich doch bedenken, daß die Abtritte ₁₉ alsdann in dem Prospect des Lehrzimmers u. in der Nähe desselben zu liegen kommen; daß diese ₂₀ Lage ₂₁ mehr in d[e]r Mitte des Hofraums hochst w[a]hrsch[ein]lich emphatischen Geruch verbreiten m[u]ß; endlich daß aus dem H[au]ptgeb[äu]de selbst jeder beobachtet w[e]rden kann, welcher ₂₂ den Abtritt besucht, wod[u]rch d[e]r aufhört, ein geheimes Gemach zu seyn; aus allen d[ie]sen Gründen m[u]ß ich hiermit geh[o]rs[a]mst die Bitte vortragen, daß es E[inem] Hochw Kons. gefallen möge, ₂₃ den Antr[a]g des H. Bauins. Heermann, die V[er]leg[un]g der Abtritte betr., nicht zu genehmigen oder wenigstens diese Sache vorher von einem 3ten unparth. Mann in Augenschein nehmen zu lassen.[1]

Eigh. Entw., GStA PK, I. HA Rep. 76 Seminare, Nr. 10058: 84ᵛ–85ʳ

[1] Konsistorialrat Grashof (s. ds.) teilte Diesterweg am 23. Oktober mit, daß er bei seiner voraussichtlichen Anwesenheit in Moers am 31. Oktober versuchen wolle, einen Ausgleich zu erreichen (GStA PK, I. HA Rep. 76 Seminare, Nr. 10058: 93ʳ).

70
An Wilhelm Johann Gottfried Roß, Budberg

Moers, 10. November 1823

Verehrter Herr General-Superintendent!

Hiermit übersende ich Ihnen das verlangte Schema* über die Seminaristen mit den Prädikaten, welche ich ihnen zufolge des Maaßstabes, den ich an sie lege, geben muß.[1]

Und in Ansehung der beiliegenden Abschrift der Rede wiederhole ich gehorsamst die Bitte, daß Sie die väterliche Güte haben möchten, dieselbe durchzusehen, und Ihre gefälligen Bemerkungen zu einzelnen Stellen auf ein Blättchen zu schreiben und zum Eintragen mir zurück zu senden. Dann geht alles schleunigst nach Cöln.

Mit meiner Frau geht es, Gott sey's gedankt! gut, zwar langsam, aber, wie ich hoffe, um so sicherer vorwärts. In diesen Tagen hoffe ich ohne Bedenken einziehen zu können.[2]

Ich emphele mich Ihnen u den Ihrigen so angelegentlich wie ich bin

Ihr erg[e]b[en]ster Diesterweg.

Beiliegend die Pieçe von Sack.[3]

Noch wollte ich Sie um die Erlaubniß bitten, den Aufsätzen, welche ich in diesen Tagen zur Circulation bey den im Frühling d. J. abgegangenen Seminaristen abgehen lassen werde[4], eine Abschrift Ihres am 1 November gehaltenen trefflichen Vortrages[5] beilegen zu dürfen.

U.s. Dg.

Eigh., Archiv EKiR Düsseldorf, Best. Evangelisch-reformierte Kirchengemeinde Moers Nr. 55/III, Anhang (Schulsachen), o. F.

* Siehe die tabellarische Übersicht auf der gegenüberliegenden Seite.

154

Übersicht über die Seminaristen und ihre Leistungen

	Namen und Geburtsort	Dauer des Aufenthaltes im S[eminar]	Charakter und sittl. Betragen	Religionsunterr.	Deutsche Sprache	Geschichte	Geographie	Rechnen	Geometrie
1.	JOH. ELSERMANN aus Haminkeln.	1 1/2 J.	Vorzüglich.	Vorzüglich.	Sehr gut.	Vorzüglich.	Sehr gut.	Vorzüglich.	Vorzüglich.
2.	FRANZ VON STAA aus Ruhrort.	Desgl.	Gut.	Gut.	Gut.	Gut.	Gut.	Gut.	Gut.
3.	WILHELM SCHÜRMANN aus Büderich.	Desgl.	Gut.	Gut.	Gut.	Recht gut.	Gut.	Recht gut.	Gut.
4.	PET. LINDENBERG aus Duisburg.	Desgl.	Gut.	Gut.	Mittelmäßig.	Gut.	Gut.	Ziemlich.	Mittelm.
5.	BERNH. BELING aus Haminkeln.	Desgl.	Nicht zuverlässig.	Mittelmäßig.	Mittelm.	Genügend.	Mittelm.	Mittelm.	Mittelm.
6.	WILH. GELDERMANN aus Schermbeck.	Desgl.	Gut.	Gut.	Gut.	Gut.	Gut.	Gut.	Gut.
7.	J. WILH. SCHNUCK aus Wesel.	1 Jahr.	Vorzüglich.	Sehr gut.	Vorzüglich.	Sehr gut.	Gut.	Sehr gut.	Sehr gut.
8.	FERD. PÖTER aus Wald.	Desgl.	Gut.	Mittelmäßig.	Nicht genügend.	Ziemlich.	Mittelm.	Ziemlich.	Ziemlich.
9.	WILH. KÜPPERDAMM aus Kamp.	Desgl.	Gut.	Gut.	Gut.	Gut.	Gut.	Gut.	Gut.
10.	WILH. GIERLINGS aus Gruten [sic].	Desgl.	Gut.	Gut.	Gut.	Gut.	Gut.	Gut.	Gut.
11.	WILH. LOTT aus Elberfeld.	Desgl.	Gut.	Mittelmäßig.	Nicht genügend.	Ziemlich.	Ziemlich.	Ungenügend.	Ziemlich.
12.	HEINR. MIDDELDORF aus Eversael.	Desgl.	Gut.	Gut.	Gut.	Gut.	Gut.	Gut.	Recht gut.
13.	PET. VOGELSANG aus Hilten [sic].	Desgl.	Vorzüglich.	Gut.	Gut.	Gut.	Gut.	Gut.	Gut.
14.	CARL EVERTSBERG aus Lüttringhausen.	Desgl.	Schwankend,	Mittelmäßig.	Nicht genügend.	Ziemlich.	Mittelm.	Mittelm.	Mittelm.
15.	GOTTFRIED MARTIN aus Duisburg.	1 Jahr.	Gut.	Gut.	Mittelmäßig.	Ziemlich.	Mittelm.	Mittelm.	Mittelm.

¹ Roß wohnte am 4. November 1823 einer Prüfung im Seminar bei. Die Prüfung entschied über die Vergabe von Stipendien; die Kandidaten sind auf der bewilligten Stipendienliste vom 15. Dezember 1823 aufgeführt (GStA PK, I. HA Rep. 76 Seminare, Nr. 10081: 1ʳ–6ᵛ); siehe auch Brief vom 16. November 1823 (Nr. 71).

Am 7. November 1823 hatte Roß Diesterweg in einem Schreiben um besondere Berücksichtigung der Unterstützungsgesuche des Waisen Middeldorf, des Halbwaisen Martin und der Seminaristen J. H. Sarres (s. ds.) und A. H. D. Kamphausen (s. ds.) gebeten (vgl. GStA PK, I. HA Rep. 76 Seminare, Nr. 10060: 16ʳ⁺ᵛ).

² Das Seminar zog am 1. November in das umgebaute Scheidtmannsche Haus um, in dem dann auch die Familie Diesterweg ihren Wohnsitz hatte.

³ Ursprünglich Musik- oder Theaterstück, hier wohl Abhandlung o. ä. Es ist nicht klar, welchen Sack Diesterweg meint: ob Johann August Sack, der sich besonders um die Volksbildung bemüht hatte und der Pestalozzi-Pädagogik nahe stand, oder Karl Heinrich Sack, der wie Diesterwegs Bruder Wilhelm Adolph in Bonn Professor war.

⁴ Siehe Brief vom 11. Juli 1823 (Nr. 60) an die Seminarabsolventen.

⁵ Anläßlich der Einweihung des neuen Seminargebäudes.

71
An die Regierung Düsseldorf

Moers, 16. November 1823

A. die K. Hochl. Reg[ierun]g zu Düsseldorf.

Zufolge des verehrl. Auftrages der K. Hochl. Reg[ierun]g vom 27 Okt. überreiche ich hiermit die Vorschlagslisten über die den Zöglingen des hies. S[emina]rs für d[a]s J. 1823 hochg[e]f[ä]lligst zu bewilligenden ₁ Stipendien. Zwar bin ich unterm 23 Oktober direct von S[eine]r Exc. dem H. Staatsminister und Oberpräsidenten VON INGERSLEBEN aufg[e]fordert worden, diese Vorschläge Hochdemselben einzusenden; ich habe ₂ daher diese beiden Aufforderungen ₃ der Art in Über[ein]stimm[un]g bringen zu müssen geglaubt, daß diese Listen durch die Hochl. Reg[ierun]g Sr. Excell[en]z dem H Oberpräsidenten überreicht werden sollten, ₄ in welcher Absicht ich dieselben hiermit gehorsamst einsende.

Da im Frühling dieses Jahres ₅ 11 Zöglinge nach bestandener Abiturienten-Prüf[un]g die Anstalt verlassen haben¹, und mit dem 1 Novbr dieses Jahres eine neue Aufnahme statt gefunden hat, so mußten sollte anders nach dem vorgeschriebenen Schema verfahren werden, die Vorschläge für das ganze Jahr nothwendig in 3 Listen vertheilet werden, nehmlich 1) für die ersten 3 Monate des Jahres, während welcher auch die 11 abgegangenen noch in der Anstalt waren, 2) für die darauf folgenden 7 Monate; 3) für die beiden letzten Monate des Jahres, in welchem sich nach erfolgter Aufnahme von 14 neuen Zöglingen 28 Zöglinge in der Anstalt befanden. Zum Grunde aller dieser Vorschläge liegt das mir von des H Oberpr[ä]sidenten Excell[en]z unterm 23 Oktober zug[e]f[e]rtigte Schema ₆ . –

Da die ganze, aus der Anpass[un]g der Vorschläge nach dem vorgeschriebenen Maaßstabe hervorgehende hochg[e]f[ä]lligst zu bewilligende Sme 672 Rh nicht übersteigt, so würde es mir sehr angenehm seyn, wenn Ew. Excellenz noch einen beliebig zu bestimm[en]den Überschuß hochgefälligst überreichen wollten ₇ theils zur Vertheil[un]g an ₈ die 3 Seminaristen ELSERMANN, SCHÜRMANN u. SCHNUCK, welche ₉ schon ₁₀ seit ¹/₂ Jahr die jüngeren Zög-

156

linge mit mir unterrichten, u. von denen der letztre ₁₁ als Zögling des Waisenhauses zu Wesel mit den erforderlichen Mitteln [au]s dieser Anstalt versehen wurde, <u>hochgefälligst</u> <u>übermachen wollten</u>, da die ₁₂ 3 Stipendien à 70 Rh² zufolge Verordn[un]g Ew. Exc[e]ll[en]z vom 27sten Okt. jetzt noch nicht vertheilt werden sollen. – Theils um den bedürftigsten Zöglingen, für welche ich zufolge des vorgeschr[ie]b[e]nen Schema's keinen höheren Satz erbitten durfte, RÜTTGERS, VOSS, KAMPHAUSEN, SCHMITZ, KÜHN³, SARRES einige Rh mehr überreichen zu können.

Es war mir unmöglich, diese Listen früher einzusenden, weil ich die Ausfertig[un]g derselben nicht eher vornehmen durfte, als bis ich die neuen Zöglinge etwas näher erforscht u. über die Vermög[en]sumst[ä]nde der Eltern möglichst genaue Notizen eingezogen hatte.

Eigh. Entw., GStA PK, I. HA Rep. 76 Seminare, Nr. 10058: 95ᵛ und 94ʳ

¹ Siehe Brief vom 10. November 1823 (Nr. 70).

² Ein Schreibfehler; Ingersleben hatte 80 Reichstaler ausgesetzt (GStA PK, I. HA Rep. 76 Seminare, Nr. 10058: 94ʳ).

³ G. Kühn war Diesterweg am 29. September 1823 von Superintendent Peter Friedrich Mohn (1762 bis 1845) in Duisburg zur Aufnahme empfohlen worden, ebenso wie Wilhelm Otterbeck (vgl. GStA PK, I. HA Rep. 76 Seminare, Nr. 10058: 72ʳ). Letzteren wollte Diesterweg – aus nicht genannten Gründen – zunächst ablehnen, wie aus einer Notiz auf dem Anschreiben von Mohn hervorgeht. Otterbeck wurde schließlich doch aufgenommen und erhielt auch eine Unterstützung (vgl. Aktenvermerk Nr. 74 vom Januar 1824). – Bei Otterbeck aus Neuenkamp (s. ds.), der 1827 zum Lehrkursus angemeldet war, jedoch ohne Angabe von Gründen fernblieb (vgl. Bericht Nr. 176 vom 28. Oktober 1827), handelt es sich um eine andere Person gleichen Namens, da dieser bereits seit 1818 als Lehrer tätig und für ihn Schulpfleger J. P. A. Schriever (s. ds.) zuständig war.
Mohn hatte noch 1822 gegenüber Superintendent Roß (s. ds.) geäußert, „er verkenne den Werth nicht, den ein zweckmäßig eingerichtetes Schullehrerseminar hat; halte aber solche Seminarien nicht für unentbehrlich". Damit hatte er auf die drohende Schließung des Seminars reagiert, über die er sich „bei dieser Ansicht leicht (…) beruhigen" wollte. (Vgl. RhProvKArch. C I 69.)

72
An Oberpräsident Karl Heinrich Ludwig Freiherr von Ingersleben, Koblenz

Moers, 4. Dezember 1823

An des H. G[e]h. Staats[ministers] u[nd] Ob[er]p[räsiden]t[en] ₐₗₗ v. IN. Excell[en]z in Coblenz.

Die Einricht[un]g ₁ eigener Wohn- u. Arbeits-Zimmer f[ü]r die S[eminari]sten betr.

Da das K. Hochw. Konsistorium in Cöln ₂ mir ₃ einen Auszug aus dem hochverehrlichen Rescript S[eine]r Excellenz des H. Staatsministers VON ALTENSTEIN vom 31ten Okt. a. c., die Veränderungen in der Einrichtung des hiesigen ₕSeminariengebäudesₘ betr.,¹ mitgetheilt hat ₑ;ₗₗ 4 Veränderungen, deren Zweckmäßigkeit an sich nicht zu verkennen ₐist, doch ₐₗ aber hinsichtlich der hiesigen Anstalt auf Voraussetz[un]gen beruhen, ₅ welchen die Konstruktion des Gebäudes nicht ganz entspricht ₑ;ₑₗ da üb[er]h[au]pt ₗnach meiner Ansichtₘ

157

die Ausführ[un]g des genannten hochverehrl[ich]en Ministerialrescripts $_{g||}$ eben wegen lokaler, nur an Ort u. Stelle selbst erkennbarer V[e]rh[ä]ltniße $_{6\,h||}$ nichts zur Vervollkommnung der Anstalt $_i$selbst$_{i|}$ beitragen möchte, so habe ich nicht anstehen $_7$ dürfen, diese Meinung ganz unumwunden gegen Ew. Excellenz auszusprechen, $_j$mit dem Zusatz, daß ich glaube, daß die nachfolgende Einricht[un]g dem Zwecke u. den Bedürfnißen eines Seminariums üb[er]h[au]pt u. namentlich des hiesigen vollkommen entsprechen werde,$_{j|}$ und wenn es mir gelingen sollte, Ew. Excellenz Zustimm[un]g zu den $_k$folg[en]den$_{k|}$ $_8$ Vorschl[ä]gen zu gewinnen, so möchte ich die Bitte wagen, dieselben zu genehmigen u. die Zustimm[un]g eines hohen Ministeriums hochgef[ä]lligst zu erwirken.

Ganz unverkennbar vortheilhaft f[ü]r $_{9\,|||}$ Seminarium üb[e]rh[au]pt, wie für mich selbst, ist $_{10}$ der § des mehrgedachten Ministerialrescripts, $_m$worin verordnet ist$_{m|}$, daß der 2te $_n$Lehrer d[e]s S[emina]rs$_{n|}$ auch in dem Geb[äu]de $_o$selbst$_{o|}$ wohnen soll, und es hat dies auch $_p$jetzt, da H. ERNST^2 ein unverheiratheter Mann ist u. $_{11}$ 2 Zimmer ihm hinreichenden Raum gewähren, keine weiteren Schwierigk[ei]ten$_{p|}$. Wirklich hat er $_q$auch$_{q|}$ bereits das früherhin zum Krankenzimmer bestimmte Zimmer N. $_r$[a^9]$_{r|}$ des $_s$beilieg[en]den Planes$_{s|}$ bezogen, $_t$und das Krankenzimmer wird $_{12}$ in das Nebenhaus über den zu bauenden Speisesaal verlegt$_{t|}$. Das 2te für H. ERNST bestimmte Zimmer ist N. [c^6] $_{u||}$, welches ich bisher in Gebrauch gehabt habe, u. nunmehr abgeben soll$_v$. Überdies sollen N. [a^7 und a^8]$_{v|}$ von den jetzt darin angebrachten Bettstellen der S[eminari]sten geräumt, dieselben in $_{13}$ die zu $_w$einem$_{w|}$ Schlafsaal zu vereinig[en]den beiden Zimmer N. [a^5 und a^6] gebracht, u. diese beiden Zimmer $_x$mit N. [a^3]$_{x|}$ zu $_y$Arbeits- u Wohnzimmern$_{y|}$ f[ü]r die S[eminari]sten, zu je 10 in jedem Zimmer, eingerichtet werden. $_{14}$ Uber diesen Theil $_z$der Verord[nun]g des hohen Ministeriums seyen mir nun$_{z|}$ folgende Bemerkungen erlaubt.

Die mir eingeräumte linke Seite des Geb[äu]des, von welcher das dem H. ERNST bereits eingeräumte Zimmer abgeht, erscheint u. muß dem hohen M[ini]st[er]io als eine sehr geräumige, als eine unv[e]rh[ä]ltn[i]sm[äßi]g, $_{aa}$gar$_{aa|}$ luxuriös geräumige erscheinen, wenn man die Anzahl der Pieçen, welche 9 beträgt, in's Auge faßt, welche Ansicht aber $_{ab}$gleich$_{ab|}$ verschwindet, wenn man $_{ac}$die Größe$_{ac|}$ derselben an Ort u. Stelle $_{ad}$in's Auge faßt, $_{15}$ woraus sogl[eic]h erhelle, daß ich bey der jetzigen Ausdehnung nicht mehr als einen, eben hinreichenden, nothd[ü]rftigen Wohnraum inne habe. $_{ad|}$ Die Sache verhält sich so:

$_{16\,ae}$Von den 9 Pieçen $_{17}$ liegen 4 im ersten Stocke. Diese 4 zusammen$_{ae|}$ bilden $_{18}$ zwar 4 abgeschlossene Räume, $_{af}$zusammen aber$_{af|}$ in Anseh[un]g ihrer Ausdehnung $_{ag}$nicht mehr als 2 recht mäßig große Zimmer$_{ag|}$. Denn N. [c^2] ist $_{ah||}$ f[ü]r sich kein Zimmer, sondern ein Kabinetchen, $_{ai}$F lang und breit, (in welchem keine Bettstelle Raum hat (?)) N. [c^3] ist breit, und N. [c^4]   F[uß] l[an]g u.   F. breit. Letztre 3 $_{ail}$ bilden bey geöffneten Thüren das Wohnzimmer m[eine]r $_{aj}$5$_{aj|}$ Kinder, N. [c^2] abgeschlossen $_{ak}$allenfalls$_{ak|}$ ein $_{19}$ Lernlokal f[ü]r meine ält[e]sten $_{al}$3$_{al|}$ Mädchen $_{am}$, N.   das Wohnzimmer meiner Frau$_{am|}$. Hier ist also kein Visiten- u. kein Fremdenzimmer, wie üb[e]rh[au]pt nirgends, was auch $_{20}$ ganz unnöthig ist. $_{an||}$ Von den 5 Pieçen im 2ten Stocke $_{ao}$ist N. [c^{10}]   F[uß]. l[ang].   F[u]ß breit, $_{21}$ hat $_{aol}$ $_{22}$ dem vorigen $_{ap||}$ Eig[en]th[ü]m[e]r als Puderstübchen gedient u. $_{aq||}$ vertritt jetzt die Stelle eines nicht großen Kleiderschrankes. $_{23\,ar}$Wollte man in $_{24}$ dems[e]lben eine Bettstelle anbr[in]gen, so könnte$_{arl}$ die Thüre nicht mehr geöffn[e]t werden$_{as}$. Dasselbe $_{25}$ m[u]ß also aus der Zahl der Zimmer gestrichen werden$_{asl}$. N. [c^7] ist Schlafzimmer meiner 4 Kinder, in N. [c^8] $_{at}$schl[ä]ft ich m[i]t m[eine]r Fra[u] u. einem Säugling, N. [c^9] $_{26}$ ein Zimmer von   F[u]ß Breite,$_{atl}$ beh[e]rb[e]rgt die g[e]g[en]w[är]tig bey [u]ns wohn[en]de Schwägerin^3 und N. [c^6] ist mein Arb[ei]tszimmer.

158

₂₇ Die 9 Piecen m[eine]r Wohn[un]g bilden also im ersten Stocke ₐᵤ2 Wohnzimmer,ₐᵤₗ im 2ten Stocke w[i]rd mein ₐᵥₗₗ d[u]rchaus nicht excessives Bed[ü]rfn[i]ß befr[ie]digt u. ₂₈ meine V[er]ll[e]g[en]h[ei]t ₐw w[ü]rde ₐwₗ f[ü]rw[a]hr groß werden, wenn ich mein Arb[ei]tszimmer abgeben sollte, da ich dasselbe n[i]rg[en]ds ₐₓand[e]rs ₐₓₗ zu nehmen weiß. ₂₉ Fr[ei]lich ₃₀ möchte es vielleicht ₃₁ als tadelnswerthe Anmaß[un]g erscheinen, wenn ich ₐy v[e]rl[an]ge, daß ₐyₗ bey der Bemess[un]g m[eine]r Wohn[un]g auf ₐz meine ₐzₗ Fam[i]l[ie]n-v[er]h[ä]l[t]n[i]ß[e], ₍ₐetwa ₍ₐₗ auf das Dasein ₐ einer Schwägerin Rücksicht ₍ₑgenommen werden solle ₍ₑₗ, aber doch gebieten häufig ₍꜀Fam[i]l[ie]na[n]g[e]ll[e]g[en]h[ei]ten ₍꜀ₗ solche Rücksichten, u. wenn ich beif[ü]gen darf, daß es doch ₍ₑauch ₍ₑₗ ₃₂ ein peinlicher Umst[an]d ist, nicht einmal ₃₃ einem simplen F[reun]d ein Nachtlager anbieten, oder f[ü]r die m[ö]gl[i]che Niederkunft ein[e]r Mutter nicht ein abgesöndertes Lokal auff[in]den zu können, ₍ₑₗₗ so ersch[ei]nt gewiß die Bitte, ₍fin m[eine]r Wohn[un]g nicht beschr[än]kt zu werden, ₃₄ ganz gerecht ₍fₗ.

₃₅ Was die V[e]rleg[un]g sämtlicher Bettstellen in die beiden Zimmer ₍gₗₗ N. [a⁵ und a⁶] betr[i]fft, so ₃₆ f[ü]hrt dies den sehr schlimmen, ₍ₕviell[ei]cht gefährlichen ₍ₕₗ Umst[an]d h[e]rbei, daß ₃₇, wenn auch alle 30 Bettstellen daselbst a[u]fgestellt w[er]den können, alsdann gar kein Zwischenraum zwischen denselben übrig bl[ei]bt, daß Bettstelle ₍ᵢdicht ₍ᵢₗ an Bettstelle zu stehen kommt,⁴ daß selbst in ₍ⱼd[e]r M[i]tte welche [au]fgestellt ₍ⱼₗ werden m[ü]ssen, daß die zu Bette gehenden über die Bettstellen hin[ü]b[e]r steigen u. beym Hingang zu ₍ₖden Bettstellen ₍ₖₗ s[i]ch zw[i]schen den mittl[er]en d[u]rchdrä[n]gen m[ü]ssen. Diesem ₍ₗschlimmen Umst[an]d ₍ₗₗ kann nur dad[u]rch vorgeb[eu]gt werden, wenn man N. [a⁸] ₍ₘals Schlafstelle für S[eminari]sten ₍ₘₗ fortbest[e]hen l[ä]ßt, ₃₈ dieses Zimmer aber folgl[ich] ₍ₙalsdann ₍ₙₗ nicht als Wohn- u. Arb[ei]tsz[i]mm[e]r f[ü]r die S[eminari]sten gebraucht werden kann ₍ₒ, weil es nur eben f[ü]r 5 Bettstellen hinreicht. Das ₍ₒₗ Z[i]mm[e]r N. [a⁷] ₍ₚ, in welchem jetzt 4 S[eminari]sten schl[a]fen, ₍ₚₗ kann ₍qₗₗ geräumt [werden], ₍ᵣu. diese 4 Bettstellen f[in]den all[en]f[a]lls noch Raum in den beiden Schlafzimmern N. , wodurch der Raum derselben aber schon enge genug wird ₍ᵣₗ. Das 3te ₃₉ zum ₍ₛₗₗ Arb[eit]sz[i]mm[e]r bestimmte ₍ₜZimmer N. [a³] ist F[u]ß lang, u. da es n[u]r von einem F[en]st[e]r Licht erhält, dunkel ₍ₜₗ. Es enth[ä]lt jetzt den Instr[u]m[en]tenschr[an]k ₍ᵤu. ₍ᵤₗ 2 Schr[än]ke f[ü]r die Biblioth[e]k ₍ᵥ, auch ₍ᵥₗ einige den S[eminari]sten geh[ö]rige Klaviere. Mehr faßt es nicht. ₍ᵥₗₗ Zugleich ₄₀ muß d[u]rch dasselbe ₄₁ der D[u]rchgang zum 2ten Lehrz[i]mm[e]r genommen werden, wenn man nicht den Übelst[an]d nothw[en]dig machen will, daß die ₍ₓSchüler ₍ₓₗ d[ie]ser Abth[ei]l[un]g jedes mal d[u]rch das Lehrz[i]mm[e]r der 1ten ₍yAbth[ei]l[un]g ₍yₗ u. dann d[u]rch N. [a⁴] ₍zₗₗ nehmen sollen. Aus diesen Gr[ün]den ist es sehr wünsch[en]s werth, daß beide ꜀ₐₗₗ N[ebe]nzimmer ihre jetzige Best[immun]g behalten, N. [a³] als D[u]rchg[an]gsz[i]mm[e]r ꜀ᵦf[ü]r die 2te ꜀ᵦₗ Klasse, z[u]gl[ei]ch als Raum f[ü]r Schr[än]ke u. einige Klaviere, N. [a⁴] als Zimmerchen ꜀꜀ zum A[u]ffenth[a]lte ꜀꜀ₗ für den die A[u]fsicht führ[en]den Lehrer.

₄₂ Es bleiben mithin im H[au]ptgeb[äu]de, dessen Ausdehn[un]g üb[e]rh[au]pt ₄₃ hinsichtlich der Bedürfniße f[ü]r das wenn auch kleine Seminar klein ꜀ₐersch[ein]t ꜀ₐₗ, gar keine Räume f[ü]r abges[ön]d[e]rte ₄₄ Wohn[-] u Arb[ei]tsz[i]mm[e]r f[ü]r die S[eminari]sten übrig, wenn Ew. Excellenz anders mir den jetz[i]gen Wohnraum lassen u. es ₄₅ genehmigen wollen, ₄₆ ꜀ₑN. [a⁷] statt N. [a⁸] H. ERNST als ₄₇ 2tes Zimmer anzuweisen ꜀ₑₗ· ꜀fₗ ₄₈ ꜀gZugleich ꜀gₗ halte ich die Einricht[un]g besonderer Wohn[-] u Arb[ei]tsz[i]mm[e]r f[ü]r die S[eminari]sten weder f[ü]r nothw[en]dig, noch ₄₉ ꜀ₕhins[i]chtlich der vorh[an]d[en]en Lokalität f[ü]r gut. −꜀ₕₗ Nicht f[ü]r nothw[en]dig ꜀ᵢ−꜀ᵢₗ da der Unterricht der S[eminari]sten den ganzen Tag ꜀ⱼₗₗ wegnimmt, erst am Abend die stille Arb[ei]tszeit eintritt, welche am ₅₀

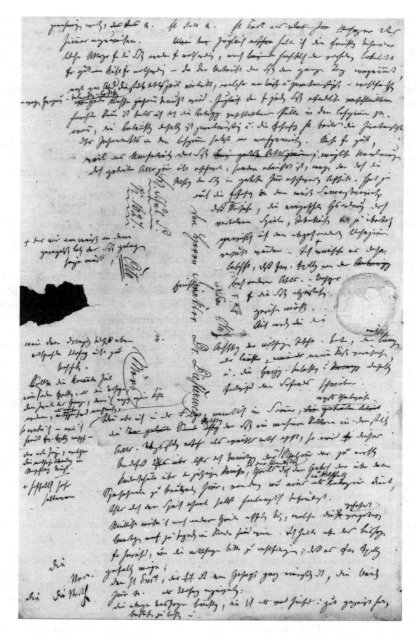

Schreiben von F. A. W. Diesterweg an Oberpräsident von Ingersleben
vom 4. Dezember 1823
Quelle: GStA PK, I. HA Rep. 76 Seminare, Nr. 10060: 22ʳ–23ᵛ

zweckmäßigsten u. wohlfeilsten wegen Heizung u Beleucht[un]g u Bef[eue]r[un]g $_{ck}$von jeder Klasse$_{ckl}$ zusammen benutzt wird. $_{cll|}$ 51 Der f[ü]r jeden S[eminari]sten erford[e]rliche 52 $_{cm}$h[i]nr[ei]ch[en]de$_{cml}$ Raum ist ber[ei]ts auch d[u]rch die Anbr[in]g[un]g verschließbarer Pulte in den Lehrzimmern gewonnen, die Beleucht[un]g derselben ist zweckmäßig, $_{cnll}$ u. die Erfahr[un]g h[a]t bereits $_{co}$die Zweckm[ä]ßigk[ei]t d[ie]s[e]s Zusam[men]arb[ei]t[en]s in den Lehrzimmern selbst nachgewiesen$_{col}$. Nicht f[ü]r gut $_{cp},$cpl$ weil das Umhertreiben $_{cq}$der$_{cql}$ S[eminari]sten 53 u. mögliche Unordnungen d[u]rch getr[e]nnte Arb[ei]tsz[i]mm[e]r nicht erschwert, sondern erleichtert $_{cr}$ist$_{crl}$, wegen der d[u]rch $_{cs}$die$_{csl}$ V[er]th[ei]l[un]g der S[eminari]sten in $_{ct}$getr[enn]te$_{ctl}$ Z[i]mm[e]r erschwerten Aufsicht. Hat ja auch die Erfahr[un]g in den meisten Sem[ina]ren bewiesen, daß $_{cu}$die$_{cul}$ Versuche, die eingef[ü]hrte H[au]sordnung d[u]rch verbotene Spiele, Tabackrauchen etc. zu übertr[e]ten, gewöh[n]lich auf den abgesonderten Wohnzimmern $_{cv}$versucht$_{cvl}$ wurden. $_{cwll}$ $_{cx}$Ich$_{cxl}$, der mir $_{cyll}$ am meisten an $_{cz}$dem geregelsten$_{czl}$ Leben der S[eminari]sten gelegen seyn muß, wünsche es daher $_{dall}$ lebhaft, daß Ew. Exc[e]ll[en]z von der 54 Einricht[un]g besonderer Arb[ei]ts- u Wohnz[i]mm[e]r f[ü]r die S[eminari]sten abzustehen geruhen möchten.

Auch w[ü]rde die Ans[cha]ff[un]g der $_{dbll}$ nöthigen Tische $_{dc}$u. Bänke, der nöthigen Lampen oder Leuchter$_{dcl}$ 55 neue Kosten verursachen, u. die Heiz[un]g $_{dd},$ddl$ Beleucht[un]g $_{de}$u.$_{del}$ derselben fortwähr[en]d den S[emina]rfonds schmälern.

$_{df}$Sollte die kommende Zeit eine andre E[i]nr[i]cht[un]g, als die b[i]sh[e]r[i]ge, $_{dgll}$ dem Zwecke des Ganzen $_{dh}$, dem ich e[i]nzig meine Kr[ä]fte widme,$_{dhl}$ als entsprechend nachweisen, so werde ich – wie ich h[ie]rmit Ew. Exc[e]ll[en]z verspr[e]che – der erste seyn, welcher die $_{di}$nöthige Abä[n]d[erun]g$_{dil}$ in Vorschlag bringt.$_{dfl}$

Wenn aber auch $_{dj}$in der Folge, nam[en]tlich$_{djl}$ im Sommer 56 w[eni]gst[en]s theilweise die 57 V[e]rth[ei]l[un]g der S[eminari]sten in mehrere Rotten in den stillen $_{dk}$Arb[ei]ts- u Ueb[un]gsst[un]den$_{dkl}$ als wünsch[en]s w[e]rth $_{dl}$ersch[ein]t$_{dll}$, so $_{dm}$wird$_{dml}$ dieses Bed[ü]rfn[i]ß th[ei]ls 58 d[u]rch Benutz[un]g der 2 Schulzimmer der zu errricht[en]den Kinderschule $_{dn}$über der jetzigen Remise$_{dnl}$ in den Abendst[un]den, th[ei]ls d[u]rch den Gebr[au]ch $_{do}$der$_{dol}$ über dem Speisesaal $_{dp}$zu bauenden Z[i]mm[e]r, von denen eins in hoffentlich sehr seltenen Nothfällen als Kr[a]nk[e]nz[i]mmer dient$_{dpl}$, th[ei]ls d[u]rch den Speisesaal $_{dq}$selbst hinlanglich$_{dql}$ befriedigt $_{drll}$.

Vielleicht möchte ich noch andere Gründe a[u]ff[in]den können, welche die 59 geh[o]rs[a]mst vorgetragenen Bemerk[un]gen $_{ds}$zu begr[ün]den im Stande wären$_{dsl}$. Ich halte aber das Bish[e]r[i]ge f[ü]r hinreich[en]d, um die $_{dt}$unt[er]th[ä]n[i]ge Bitte$_{dtl}$ zu rechtfertigen, daß es Ew. Exc[e]ll[en]z gefallen möge:

dem H. ERNST, $_{du}$der mit dem Gesagten ganz einv[e]rst[an]den ist$_{dul}$, die beiden Zimmer N. [a^7 und a^9] $_{dv}$als Wohn[un]g$_{dvl}$ anzuweisen;

die $_{dw}$übr[i]ge bish[e]r[i]ge Einr[i]cht[un]g, die$_{dwl}$ sich als h[in]reich[en]d u. gut gezeigt $_{dx}$hat$_{dxl}$, bestehen zu lassen u.

$_{dy}$mein[e] dem dring[en]den B[e]d[ü]rfn[i]ß eben entsprechende Wohn[un]g nicht zu beschr[än]ken$_{dyl}$.

$_{dzll}$

Eigh. Entw., GStA PK, I. HA Rep. 76 Seminare, Nr. 10060: 22^r–23^v;
Abschr. („Copia Vidimata" vom 5.12.1823), GStA PK, I. HA Kultusministerium, VII neu Sekt. 25 C Teil I Nr. 4 Bd. 2: 155^r–162^r

[1] Der Minister plädierte für eigene Wohn- und Arbeitszimmer der Seminaristen, da dies die Aufsicht und Kontrolle erheblich erleichtere. Ebenfalls wünschte er die Einrichtung der Wohnung des zweiten Lehrers im Seminar, damit er seine Erziehungsaufgaben auch außerhalb des Unterrichts wahrnehmen könne. Der Minister gab konkrete Baumaßnahmen vor und erwartete von Diesterweg, daß er von seiner „unverhältnißmäßig geräumige[n] Wohnung", die als „fast luxuriös" bezeichnet wird, ein Zimmer abtrete, zumal „ein Fremdenzimmer (...) ganz unnöthig" sei. Das Ministerium war wohl von der Anzahl der Räume ausgegangen; ihm lag ein Grundriß des Gebäudes vor, vielleicht ohne genaue Längenangaben. Diesterwegs Antwort ist eine Rechtfertigung und Klärung der tatsächlichen Größenverhältnisse seiner nur dem Anschein nach stattlichen Neun-Zimmer-Wohnung (GStA PK, I. HA Rep. 76 Seminare, Nr. 10058: 103r-104r).

[2] Ernst trat seinen Dienst im Seminar am 1. Januar 1824 an, war aber offenbar schon vorher eingezogen. Am 15. Dezember 1823 übersandte Diesterweg eine Quittung von Ernst an die Regierungshauptkasse in Düsseldorf, möglicherweise Umzugs- und Reisekosten betreffend (GStA PK, I. HA Rep. 76 Seminare, Nr. 10060: S. 1).

[3] Sabine Diesterwegs einzige Schwester Anna Barbara, verheiratete Luther (s. ds.).

[4] Der Abschrift ist eine Skizze von Diesterwegs Hand beigefügt, die die Aufstellung von 30 Betten für Seminaristen in einem einzigen Raum wiedergibt und die von Diesterweg beschriebene Enge deutlich macht. 24 Betten stehen rundum an den Wänden, 6 in einer ununterbrochenen Reihe in der Mitte des Raumes (GStA PK, I. HA Rep. 76 Kultusministerium, VII neu Sekt 25 C Teil I Nr. 4 Bd. 2: 163r).

73
An die Regierungshauptkasse Düsseldorf

Moers, 14. Dezember 1823

In Silbergeld 100 Rth. Preuß. Courant geschrieben hundert Reichsthaler Preuß. Cour. habe ich als Reise-Entschädigung[1] von der Königlichen Regierungs-Hauptkasse in Coblenz richtig empfangen, welches ich hiermit bescheinige.

Eigh. Entw., GStA PK, I. HA Rep. 76 Seminare, Nr. 10060: 11v

[1] Als Seminardirektor hatte Diesterweg die Aufgabe, die Schulen der Provinz zu inspizieren. Die Abrechnung bezieht sich vermutlich auf eine solche Reise.

74
Aktenvermerk für ein Schreiben
an Oberpräsident Karl Heinrich Ludwig Freiherr von Ingersleben, Koblenz

Moers, Januar 1824[1]

In der Antwort darstellen, daß DOERKEN's Begleiter ihn als unterstütz[un]gsbed[ü]rftig geschildert haben.

Zusehen, ob BUNGE's Briefe oder die Nachricht der Düss. R[e]g[ierun]g dar[ü]b[e]r etwas sagt.

162

Anz[ei]gen, daß er nichts empf[an]gen hat. – Schmitz u. Voß[2] Abgang

Vorschlagen:

1) daß jeder nachweisen soll, wovon er sich erhalten will.

2. Eversb[e]rg u. Kamphausen.

3. Otterbeck.

Eigh., GStA PK, I. HA Rep. 76 Seminare, Nr. 10061: 98^v

[1] Die Datierung folgt dem Schreiben der Düsseldorfer Regierung (GStA PK, I. HA Rep. 76 Seminare, Nr. 10061: 98^r).
Die Notiz bezieht sich auf ein Schreiben des Oberpräsidenten von Ingersleben (s. ds.) vom 5. Januar 1824. Dörken war am 16. Nov. 1823 für die letzten beiden Monate des Jahres ein Stipendium von je fünf Talern bewilligt worden. (Der Brief ist nicht überliefert.) Die Düsseldorfer Regierung hatte daraufhin angezeigt, daß Dörkens Eltern über ausreichende Mittel verfügten, er also nicht unterstützungsbedürftig sei. Die für Dörken vorgesehene Unterstützung sollte an Otterbeck ausgezahlt werden.
Offensichtlich bestand bei Dörken aber doch Unterstützungsbedarf, denn er wandte sich 1824 an das Königliche Konsistorium zu Köln, um eine Unterstützung aus dem Fonds des 1821 geschlossenen Seminars in Wesel zu erbitten; der Oberpräsident bewilligte ihm am 1. Januar 1825 ein Stipendium von 25 Reichstalern. (Vgl. HStA Düsseldorf, Rheinisches Oberpräsidium, BR 1041, Nr. 467, 45^r.)
[2] J. G. Fr. Th. Voß, der aus ärmlichen Verhältnissen stammte, mußte offenbar wegen familiärer Bedrängnisse das Seminar verlassen und andere, einträglichere Tätigkeiten ausüben. 1835 bemühte er sich als provisorischer Unterlehrer bei J. Fr. Rosenkranz (s. ds.) in Holten (ebd.), den Anschluß ans Lehrfach wieder zu finden, war allerdings wegen der großen zeitlichen Distanz zu seinem Examen im Gemeindevorstand sehr umstritten. Obgleich er 1836 auf dessen Drängen hin im Seminar in Moers die Hilfslehrerprüfung ablegte, wurde er nicht übernommen. Voß wandte sich daraufhin an Schulpfleger Pfarrer Diergardt in Meiderich (h. Stadtteil von Duisburg), durch dessen Vermittlung er eine zunächst interimistische, nach Ablegung der Wiederholungsprüfung im Jahre 1839 eine definitive Anstellung an der Simultanschule in Königshardt (h. Stadtteil von Oberhausen) erhielt. (Vgl. HStA Düsseldorf, Reg. Düss., Nr. 2739 und 2740 <Königshardt>.)

75
An die Regierungshauptkasse Koblenz

Moers, 3. Januar 1824

An die Königliche Regierungs-Hauptkasse in Coblenz.

Zufolge Benachrichtigung des Königlichen Konsistoriums zu Cöln vom 29ten des vorigen Monats ist die Königliche Wohllöbliche Regierungs-Hauptkasse in Coblenz von des Herrn Staatsministers und Oberpräsidenten von Ingersleben Excellenz ermächtigt worden, an den Schreinermeister J. Goldberg hierselbst 211 Rh 7 Sg. 6 Pf auszuzahlen. Ich beehre mich daher, die darüber von Goldberg ausgestellte Quittung hiermit zu übermachen, und die Königliche Regierungs-Hauptkasse ergebenst zu bitten, die fragliche Summe gefälligst möglichst bald an mich abgehen zu lassen. Durch Verzögerung der Anweisung dieser Gelder ist der etc. Goldberg in verdrießliche Händel gerathen. – Ich habe die beiliegende Quittung auf Freipapier[1] schreiben lassen, weil in diesem Augenblicke bey der hiesigen Steuerkasse der erforderliche Stempelbogen[2] nicht zu haben war, zugleich vermuthend, daß derglei-

163

chen contraktmäßig behandelte Auszahlungen auf Freipapier geschrieben werden. Sollte dieses nicht der Fall seyn, so würde es mir sehr angenehm seyn, wenn die Königliche Regierungs-Hauptkasse die Gefälligkeit haben wollte, den erforderlichen Stempelbogen beilegen und den Betrag desselben von der übersendenden Summe zurückhalten zu lassen, damit die Absendung des Geldes sich nicht noch länger verzögern möge.[3]

Einer Königlichen Regierungs-Hauptkasse

gehorsamster Diener
Diesterweg, Direktor des Schullehrer-Seminars.

Eigh., GStA PK, I. HA Rep. 76 Seminare, Nr. 10061: 97[r+v]

[1] Blankopapier.

[2] Ursprünglich kostenpflichtiger Nachweis für die Entrichtung von Steuern; hier gestempeltes Papier, das zugleich die Berechtigung eines Anspruchs nachweist.

[3] Die Summe war bereits angewiesen worden, durfte aber nur „gegen zwei auf Stempelpapier ausgestellte, gehörig beglaubigte Quittungen" ausgezahlt werden. Außerdem mußte die Summe auf zwei Beträge verteilt werden, weil von Ingersleben „über jeden Gegenstand eine besondere Anweisung" ausstellte. Bei der vom Oberpräsidenten erwähnten Anlage dürfte es sich um das erforderliche Stempelpapier handeln (Marginalie, GStA PK, I. HA Rep. 76 Seminare, Nr. 10058: 97[r+v]).

76
An Bauinspektor Carl Gottlieb Heermann, Kleve

Moers, 6. Januar 1824

Ew. Wohlgeborn beehre ich mich, beiliegende Rechnungen und Nachweisung über die Verwend[un]g der mir übergebenen 144 Rh 12 Sg. 3 Dn zu übermachen. In dem Rescripte des Herrn Oberpräsidenten etc. VON INGERSLEBEN Excell[en]z vom 27ten Sptbr des verflossenen Jahres heißt es nehmlich, daß ich über die Verwendung des Betrages unter <u>Ihrer Mitwirkung</u> eine gehörig justificirte Rechnung aufstellen solle. Dieses ist nunmehr geschehen, und ich wollte Sie daher gehorsamst bitten, die Richtigkeit dieser Arbeiten etc. anzuerkennen, überh[au]pt das zu thun, was zur Anerkennung der Rechnungen erforderlich ist.[1]   Die Summe sämmtlicher Ausgaben für Reparaturen u. Anschaffungen betrug ein Bedeutendes mehr; alles übrige habe ich indeß, zufolge Auftrags des K. Oberpräsidii bereits nach Coblenz gesandt.

Unbekannt mit dem Geschäftsgange d[ie]s[e]r Art überlasse ich es ganz Ihnen, ob Sie diese Papiere direkt nach Coblenz oder mir zur Beförderung zurück senden wollen.

Unter bester Emphelung

Ew. Wohlg[e]b[ore]n

gehors[a]mster Di[ene]r
Dg.

Eigh. Entw., GStA PK, I. HA Rep. 76 Seminare, Nr. 10058: 76[r]

[1] Für die Reparaturen am Seminargebäude war Diesterweg die Summe vorab zur Disposition überwiesen worden (GStA PK, I. HA Rep. 76 Seminare, Nr. 10058: 75[r]).

164

77
An das Konsistorium der Provinz Jülich-Kleve-Berg, Köln

Moers, 12. März 1824

Verhältnisse des evangelischen Schullehrer-Seminars
zu Mörs im Laufe des Jahres 1823; bis März 1824

1. Äußere Beschaffenheit etc.

In der Mitte des Jahres 1823 wurde für die Anstalt das Haus der Gebrüder SCHEIDTMANN nebst Remise, Pferdestall, kleinem Nebenhause und einem außerhalb der Stadt liegenden Garten von der Größe eines kölnischen Morgens, für 4550 Rth. Pr. Courant, angekauft. Nachdem in diesem Gebäude die unentbehrlichsten Reparaturen und Einrichtungen getroffen waren, wurde dasselbe am 1 ten November 1823 durch den Herrn Konsistorialrath GRASHOFF zu Cöln als evangelisches Schullehrer-Seminar eingeweiht. In dem Gebäude selbst finden sich die Lehr- und Schlafzimmer der Seminaristen, und die Wohnungen der beiden Lehrer. In dem kleinen Nebenhause wohnt der Ökonom. Die Vorschläge zum Ausbau der Remise und des Pferdestalles zum Lokal einer Seminar-Kinderschule, zur Gewinnung eines Speise- Musik- und Krankenzimmers liegen einer königlichen Ober-Baudeputation vor. Das Lokal selbst ist massiv und dauerhaft gebaut, seine Ausdehnung aber gewährt nur nothdürftig den erforderlichen Raum. Darum sehen die Lehrer und Schüler mit Sehnsucht der Genehmigung der Vorschläge zum Ausbau der kleinen Seitengebäude entgegen.[1]

Ein eigentliches Inventarium ist im Laufe des Jahres 1823 erst entstanden. Das bis dahin provisorisch bestehende Seminarium besaß, außer einigen Büchern, die größtentheils von dem ehemaligen Wesel'schen Seminar herrührten[2], und einigen Landkarten etc. nichts. Das beiliegende Verzeichniß macht die im verflossenen Jahre angeschafften Inventarien-Stücke an Utensilien, Betten, Büchern und Instrumenten namhaft.

2. Frequenz der Anstalt.

Auf 30 ist die Anzahl der Zöglinge festgesetzt. Eine größere Anzahl erlaubt die Lokalität nicht, und eine viel größere Anzahl erheischt, da dem Seminar die Bildung der evangelischen Schulamts-Kandidaten nur des Regierungsbezirkes Düsseldorf obliegt, wahrscheinlich auch das Bedürfniß nicht. Da wegen Zeitkürze die förmliche Eröffnung der Anstalt am 1 ten November 1823 nicht hatte bekannt gemacht werden können, so wurde die festgesetzte Zahl von 30 Zöglingen nicht voll, so daß noch 2 Stellen offen blieben. Gegenwärtig ist also die Zahl der Zöglinge 28.

3. Gesundheitszustand.

Bis jetzt ist die Anstalt Gott Lob! von allen Krankheiten verschont geblieben. Luft und Wasser sind gesund, und überhaupt herrscht in Mörs und in der Umgegend ein gesundes Klima.

4. Ordnung, Disciplin und Sittlichkeit.

Sittliches Betragen ist das erste, was von den Zöglingen gefordert wird. Die Lehrer halten auf pünktlichen Gehorsam, unverbrüchliche Ordnung, und feste Disciplin. Der Gehorsam wird für die Kardinaltugend der Zöglinge gehalten. Auffallende Übertretungen der Gesetze sind nicht vorgefallen; manchmal mußten disciplinarische Verweise gegeben werden. Doch hat sich keine unsittliche Erscheinung gezeigt.

Das enge Zusammenleben der Lehrer mit den Schülern führt gute Folgen herbei, und im Allgemeinen haben die Zöglinge ein sittlich-ernstes, mit Fleiß, Ordnungsliebe u. Anstrengung verbundenes Leben geführt.[3]

5. Unterrichtswesen und Seminarschule.

Der gründliche strenge Unterricht ist die Hauptsache bei der Bildung künftiger Lehrer. Nur wer Tüchtiges gelernt hat, kann künftig tüchtig lehren. Daher wird auch in Mörs auf Gründlichkeit des Unterrichts hoher Werth gelegt. Doch darf auch die praktische Ausbildung der Seminaristen nicht fehlen; daher haben wir bis jetzt den Mangel einer Seminar-Kinderschule schmerzlich empfunden. Sobald das dazu erforderliche Lokal gebaut sein wird, wird sie in's Leben treten.

6. Lehrer der Anstalt etc.

2 Lehrer: der Direktor (Diesterweg) und der 2te Lehrer (ERNST) besorgen den Unterricht, den Religionsunterricht ausgenommen, welcher einstweilen dem Conrektor-Kandidaten ENGELS übertragen ist. Diesterweg lehrt deutsche Sprache, Mathematik, Naturkunde und leitet die pädagogisch-didaktischen Übungen. ERNST lehrt Musik, Zeichnen, Schönschreiben, Geschichte und Geographie. Die Inspektion führt zunächst Diesterweg. Die wöchentliche Andachtsstunde wird abwechselnd von beiden Lehrern gehalten.

7. Abiturienten-Prüfung.

Im Frühjahr 1823 bestanden 13 Zöglinge die Abiturientenprüfung. Die meisten erhielten das Prädikat vorzüglich-, die übrigen: gut-bestanden.[4]

8. Aussichten zur Anstellung.

Diese 13 Zöglinge haben bald nachher Arbeit gefunden. Als öffentliche Lehrer sind von ihnen bereits 4 angestellt; die übrigen fungiren als Hauslehrer.

9. Qualification der Neuaufgenommenen.

Die im Herbste Neuaufgenommenen waren im Allgemeinen ziemlich gut vorbereitet. Mehr, als sie leisteten, darf man von den Schulen, wie sie sind – und sie sind, wie sie sein können – nicht erwarten.[5] Freilich bleibt in dieser Hinsicht noch viel zu wünschen übrig, und die Seminarien sind, in ihrer raschen und erfolgreichen Wirksamkeit außerordentlich gehemmt.

166

10. Vertheilung der Unterstützungen.

Im Ganzen ist im Jahre 1824[6] an dürftige Zöglinge die Summe von 656 Rth. 7 Sgr. 6 Pf. in einzelnen Stipendien von 50, 40, 30 und 25 Rth., vertheilt worden. Im Allgemeinen melden sich nur die Söhne schlecht bemittelter oder armer Eltern als Aspiranten.

11. Historische Notizen.

Im Januar besuchte der Herr Oberschulrath ZELLER die Anstalt. Von den zunächst Vorgesetzten war Herr Konsistorialrath KORTÜM aus Düsseldorf 1mal, Herr Konsistorial-rath GRASHOFF aus Cöln 3mal hier. Letzterer weihte die Anstalt in ihrem neuen Lokal am 1ten November ein, und ich muß es hier dankbar erwähnen, daß Herr Konsistorialrath GRASHOFF sich der Anstalt mit sehr großer Liebe angenommen hat.[7] Außerdem war der General-Superintendent der Provinz, Herr ROSS in Budberg, oft hier und in der Anstalt. Seine Gegenwart hat jedesmal die Lehrer und die Zöglinge erfreut. Als Feste gefeiert wurden der 3te August[8] und der Weihnachtsabend.

12. Wünsche und Vorschläge.

Außer dem oben berührten Wunsche, daß die Genehmigung der Bauvorschläge bald ein-treffen möge, hege ich noch folgende:

a. Ernst und mühsam für Schüler und Lehrer verrinnen die Tage. Von früh bis spät wird gelernt und geübt. – Wenn nun die christlichen Feste und der 3te August herannahen, so fühlt jeder das Wohlthuende einer Unterbrechung des ermüdenden Gleichklangs der Tage. Und da möchten wir wohl gerne auch den braven Zöglingen eine Festfreude bereiten, wozu dann, da der Mensch ja nirgends als reiner Geist erscheint, auch Festspeisen gehören, die, auch bei aller stets beizubehaltenden Einfachheit, doch zur erhebenden Feier des Tages mit beitragen können. Wenn namentlich am 3ten August das Wort seine Stätte gefunden – wenn nach der schönen Sitte unseres Landes am heiligen Abend vor Weihnachten der Lichterbaum angesteckt wird: so möchten wir gerne unsren geliebten König hoch leben lassen, und unsren Zöglingen kleine Geschenke zu machen im Stande sein. Darum würde uns die Bewilligung einer kleinen Summe zur Verwendung für diese tief wirkenden Zwecke recht erfreuen.[9]

b. In dem Regierungsbezirk Düsseldorf üben die Gemeinden bei vakanten Schullehrerstel-len das Wahlrecht aus. Wie sehr hierbei Vorurtheile, Vorliebe dieses oder jenes Schulpfle-gers oder Pfarrers etc. mitwirken, ist bekannt. Und doch scheint nichts billiger, als daß die Schulamtskandidaten, welche im Schullehrer-Seminar gebildet worden sind, und die viel fordernde Abiturienten-Prüfung bestanden haben, den Vorzug bekommen vor Schulamts-Kandidaten, die nur bei diesem oder jenem Lehrer zum Schulhalten zugestutzt wurden, und nur mit Mühe sich durch das wenig fordernde Examen der Schulamts-Kandidaten hindurch gearbeitet haben, die aber freilich den Vorurtheilen, dem Schlendrian und dem Festkleben am Alten mehr huldigen, und darum oft die Wahlherrn eher für sich gewinnen als tüchtig gebildete Seminaristen.[10] Und doch ist es unumgänglich nothwendig, daß die Zöglinge des Seminariums alsbald in's Amt kommen, wenn wir Lebende anders die Früchte einer bes-sern Lehrmethode noch sehen wollen. Darum wünschen wir es lebhaft, daß auch auf den Regierungsbezirk Düsseldorf die in mehreren Provinzen unsres Staates geltende Verordnung, nach welcher eine Gemeine nur dann einen andern Schultamts-Kandidaten wählen darf, wenn keiner von denen, die das Abiturienten-Examen der Seminaristen bestanden haben, mehr vorhanden ist, angewandt werden möge. Wenn es nun überdies jedem anderwärts gebildeten Schulamts-Kandidaten frei gestellt wird, auch das Abiturienten-Examen der Seminaristen mitzumachen, so wird durch diese Verordnung das Recht keines Einzigen gekränkt; aber das Mittel ist gefunden, um die Wahl der in der Regel urtheilslosen Wahlherrn, die an den meisten Orten aus Bürgern und Bauern bestehen, auf die Besten zu leiten. Es wäre ja die größte Ungerechtigkeit gegen die Seminaristen, von ihnen einen weit höheren Grad der Bildung verlangen, und ihnen doch gar keine Vorrechte vor minder Ausgebildeten zugestehen wollen. Eine solche Verordnung, wie die angeführte, ist in den preußischen Provinzen, in denen die Regierungen selbst die vakanten Stellen vergeben, ganz unnöthig; hier aber, wo jeder Gemeine das Wahl- und der Regierung nur das Bestätigungsrecht oder das Recht, aus 3 Vorgeschlagenen einen zu wählen, zukommt, wo auch bei 3 Vorgeschlagenen immer auf die Wünsche der Gemeine Rücksicht genommen wird, und wo zu dem allein Gewünschten oft solche Namen gestellt werden, von denen man weiß, daß sie nicht gewählt werden, oder daß sie dem Rufe nicht folgen [11] – hier muß unter solchen Umständen die citirte Verordnung uns, denen es am meisten um Verbesserung des Schulwesens und darum um die Blüthe des Seminariums zu thun sein muß, als eine sehr heilsame und höchst wünschenswerthe erscheinen.

c. Überall bedarf der Mensch der Ermunterung zum Guten. Ja, selbst zum Schönen und Angenehmen will oder muß er aufgefordert und erregt werden. Diese allgemeine Wahrheit findet auch auf die musikalischen Übungen der Seminaristen ihre Anwendung. Darum veranstalten wir im Kreise der Seminarfamilie alle 14 Tage, am Sonnabend, nach der Abend-Andachtsstunde, ein kleines Konzert, wo jedes Glied der Familie, die Frauenzimmer und Kinder des Hauses nicht ausgeschlossen, mit demjenigen auftritt, was es im Laufe der letzten 14 Tage in musikalischer Hinsicht zur Fertigkeit gebracht hat. Wie sehr diese Einrichtung zur Erheiterung und Verschönerung unsres Lebens beiträgt, wie sehr dadurch die Anfänger befeuert werden, bald etwas zu leisten, liegt am Tage. Nur fehlt uns zur Leitung der Sängerchöre, so wie zum schönen Spiele überhaupt ein zweckmäßiges, schönes Instrument. Für die gewöhnlichen Übungen sollen 3 Klaviere, zusammen für 150 Rth., angeschafft werden. Dafür können wir nur ganz mittelmäßige oder schlechte Instrumente kaufen. [12] Doch thun diese uns für den gemeinen Werkeltag die nöthigen Dienste, und die Zahl 3 ist noch klein genug. Aber wenn der Sonntag, und der Sonnabend-Abend kommt – –! Dürfte ich darum wohl leise den Wunsch wagen, daß die hohe Behörde das Seminarium durch das Geschenk eines Flügel-Fortepiano erfreuen und beglücken möge! Sollten 200 bis 300 Rth., zu diesem Zwecke verwandt, nicht wirkliche Zinsen tragen? [13]

Endlich möchte ich mir noch

d. den Wunsch erlauben, daß es einer hohen Behörde gefallen möge, den physikalischen Apparat des Seminariums – in beiliegendem Verzeichniß ist Alles angegeben, was wir besitzen – zu vermehren.

Schullehrer die für's Leben lehren sollen, müssen möglichst viel gesehen, versucht und erfahren haben. Naturkunde ohne Anschauung bleibt fahles Wortwerk. Eben darum wäre es auch gewiß gut, wenn die Anstalt zur Veranschaulichung des naturhistorischen Unterrichts die gehörige Anzahl von Mineralien besäße. Da die Rheinuniversität in Bonn, von allen Seiten großmüthig beschenkt, einen Überfluß an Mineralien aller Art, eine Menge von Doubletten besitzt, die füglich dort entbehrt werden können, indem sie meist nur den Raum

168

versperren, so möchte ich unmaßgeblich den Vorschlag thun, ob nicht auf diesem Wege durch jenen Überfluß unsere Armuth zugedeckt werden könne.[14] Die ganz flache, einförmige Gegend von Mörs bietet durchaus nichts von Naturmerkwürdigkeiten dar, daher unser Augenmerk darauf gerichtet sein muß, durch Kunst und Absicht das einigermaßen zu ersetzen, was die Natur hier versagt hat.

Alle diese Wünsche trage ich vertrauensvoll Einer Hohen Behörde vor, und erlaube es mir nur noch, die junge Anstalt hochgeneigtem Wohlwollen unterthänigst zu empfehlen.[15]

Der Seminardirektor
Diesterweg.

[Dem Bericht ist die nachfolgende Übersicht beigefügt:]

Inventarienstücke,
die im Jahre 1824 für das Schullehrer-Seminar zu Mörs
erworben wurden.

I Utensilien
1. 32 vollständige Betten.
2. 4 Öfen nebst Zubehör.
3. 6 messingene Leuchter nebst Lichtscheeren.
4. 4 Hängelampen
5. 2 Wandlaternen
6. 1 Handlaterne.
7. 1 Hanglaterne nebst Ölkanne.
8. 112 Fuß laufende Tische und Bänke
9. 4 Tische
10. 2 Bücherschränke.
11. 1 Instrumentenschrank.
12. 4 Waschtische.
13. 1 Hausorgel.
14. 2 Wandtafeln.
15. 2 Katheder.
16. 1 Nachtstuhl nebst Nachtgeschirren.
17. 32 hölzerne Waschbecken.
18. 9 Stühle.
19. 1 Regenfaß.

II Instrumente:
1. 1 Elektrisirmaschine nebst Conductor, Glockenspiel und Isolirstuhl.
2. 1 Planetarium.
3. 1 Tellurium.
4. 1 camera obscura.
5. 2 Kästchen mit geometrischen Körpern.
6. 2 Glocken.
7. Holzkörper zum Zeichnen.

III. Bücher und Musikalien.
1. 30 Exemplare der Eutonia von SEIDENSTÜCKER.[16]
2. FALK's VaterUnser 2 Exemplare[17]
3. KRUMMACHER's Volksschule.[18]
4. SCHNABEL's Psalm.[19]
5. HERR's Naturlehre.[20]
6. KELLER's Vorschriften zum Schreiben.[21]
7. Tagebuch aus Rügenwalde.[22]

Der Seminardirektor
Diesterweg.

Ausf. mit eigh. Unterschr., GStA PK, I. HA Rep. 76 Kultusministerium, VII neu Sekt. 25 C Teil I
Nr. 4 Bd. 3: 25ʳ–30ʳ und 31ʳ⁺ᵛ

[1] Der Ausbau wurde am 30. November 1824 vom Oberpräsidenten von Ingersleben (s. ds.) genehmigt;
siehe Brief vom 27. Februar 1825 (Nr. 110). Der Bau wurde erst im Frühjahr 1826 fertig gestellt; siehe
Brief vom 30. Dezember 1825 (Nr. 139) und Jahresbericht für 1825 vom 18. Februar 1826 (Nr. 142).

[2] Zum Weseler Seminar vgl. Diesterwegs Tagebucheintrag vom 18. März 1821 (Nr. 34), Anmerkung 7.

[3] Das Zusammenleben war vom Ministerium angeordnet worden, um möglichst familiäre Verhältnisse zu schaffen. Für Direktor und Lehrer war das Wohnen im Seminar Bedingung; siehe z. B. Brief vom
8. Januar 1831 (Nr. 227), Anmerkung 2.

[4] Siehe Brief vom 28. März 1823 (Nr. 55), Anmerkung 2.

[5] Das Ministerium (eigenhändiges Konzept von L. Beckedorff <s. ds.>) rügte in seiner Stellungnahme
(vgl. GStA PK, VI. HA Familienarchive und Nachlässe, Nachlaß Thiele, Nr. 42: S. 459–463) namentlich an diesem Satz „die leichtfertige Art des Ausdruckes, die in einer amtlichen Rechenschaft an die
oberste Behörde nicht an der Stelle ist".

[6] Schreibfehler; gemeint ist 1823.

[7] Siehe Brief vom 11. Juli 1823 (Nr. 59) an Roß und Anmerkung 1.

[8] Der Geburtstag des Königs Friedrich Wilhelm III. (s. ds.).

[9] In einer Marginalie setzte der Oberpräsident eine maximale Summe von 20 Talern „zur gemeinschaftlichen Speisung der Lehrer u. Seminaristen" aus, damit die „Feyer in den Grenzen der Ordnung
und Sittlichkeit verbleibe". Das Ministerium erklärte sich am 14. August 1824 gegenüber dem Oberpräsidenten damit einverstanden (eigh. Konzept von L. Beckedorff; siehe obige Anmerkung 5). In den
anderen Seminarien fanden solche Feiern nicht statt.

[10] Das Thema beschäftigte Diesterweg sehr; siehe dazu besonders Aktenvermerk vom 30. Juli 1824
(Nr. 80), Anmerkung 1, Brief an Roß vom 29. September 1824 (Nr. 91) und Jahresbericht für 1824
vom 1. März 1825 (Nr. 111). Der Oberpräsident vermerkte allerdings in einer Marginalie, daß „die allgemein bestehende Verordnung, daß jeder Kandidat, er mag auf einem Seminario, oder sonst wo seine
Bildung erhalten haben, vor der auf ihn gefallenen Wahl, eine Prüfung seiner Qualification bestanden
haben, und darüber wie solche ausgefallen, sich ausweisen muß", vollkommen genüge; die weitere Bestätigung sei Sache der königlichen Regierungen.
In der Stellungnahme des Ministeriums vom 14. August 1824 (siehe obige Anmerkung 5) wird Diesterwegs Anliegen allerdings durchaus Berechtigung zugestanden. Wenn Gerichte und Pfarrgemein-
den verpflichtet seien, nur entsprechend ausgebildete Kandidaten einzustellen, so sei ein ähnliches
Verhältnis auch für Schullehrer anzustreben, zumal der Staat durch die Seminarien in deren Ausbildung investiere. Wenngleich auch extern Gebildete einer Prüfung unterzogen würden, so seien doch
deren Charakter und Lehrbefähigung ungleich schwerer zu beurteilen, als wenn ein Seminarist längere
Zeit mit den ihn Beurteilenden zusammengelebt habe.

[11] Der Oberpräsident hielt die bestehende Verordnung für ausreichend, da jeder Kandidat seine Qualifikation vorzuweisen habe und die Regierung so im einzelnen Falle die Bestätigung verweigern könne.

12 Am 27. Dezember 1823 hatte das Konsistorium Köln Diesterweg aufgetragen zu ermitteln, ob die erforderlichen drei Klaviere in Krefeld erhältlich wären, da dort gute Instrumentenbauer wohnten (vgl. GStA PK, I. HA Rep. 76 Seminare, Nr. 10060: 3ʳ).

13 Am 12. Oktober konnte die erste Rate eines Flügels bezahlt werden, den Diesterweg bereits ein Jahr lang zur Probe in seiner Wohnung hatte aufstellen lassen; siehe Brief vom 30. September 1825 (Nr. 128).

14 Der Oberpräsident stellte es dem Konsistorium anheim, sich um „entbehrliche Exemplarien" zu bemühen, allerdings mit der Auflage, die möglichen Exponate unter den Seminarien Moers, Brühl und Neuwied aufzuteilen. – Das Ministerium genehmigte entsprechende Schritte, jedoch nicht ohne darauf hinzuweisen, „daß die Zöglinge nicht durch die ihnen zu Gebote stehende Menge von Lehr-Hülfsmitteln, derer sie in ihren künftigen Verhältnissen entbehren müssen, verwöhnt werden u. nicht auf den Gebrauch dieser Dinge einen allzugroßen Werth legen lernen". Es seien schließlich doch „Herbarien die nützlichsten naturhistorischen Sammlungen", da „jeder Dorfschullehrer sich dergleichen selber verschaffen kann" (eigh. Beckedorff; siehe obige Anmerkung 5).

15 Der Bericht stellte das Ministerium wegen mangelnder Ausführlichkeit nicht zufrieden; er sei „allzu kurz und oberflächlich abgefertigt worden" (siehe obige Anmerkung 5); siehe auch Brief vom 20. September 1824 (Nr. 89) und Jahresbericht für 1824 vom 1. März 1825 (Nr. 111).

16 Seidenstücker, Johann Heinrich Philipp: Eutonia, oder declamatorisches Lesebuch für mittlere und obere Schulklassen. Dortmund: Mallinkrodt 1807; 2., verm. Aufl. 1811; 3. Aufl. 1822.

17 Falk, Johannes (Hrsg.): Das Vaterunser der Weimarer Sonntagsschule, mit Evangelien. Weimar: Brockhaus in Leipzig 1822.

18 Krummacher, Friedrich Adolph: Die deutsche christliche Volksschule im Bunde mit der Kirche. 2. Aufl. Essen: Bädeker 1815.

19 Schnabel, Joseph Ignatz: Psalm für 4 Männerstimmen. Breslau: Leuckart vor 1824.

20 Gemeint ist entweder: Herr, J. A.: Kurzer Inbegriff des Wissenswürdigsten aus der Naturlehre. Berlin: Maurers B. 1823; oder: Erster Unterricht in der Naturlehre. Ein Leitfaden für Elementar-Classen. Neuwied: Lichtfers & Faust 1824.

21 Keller, Jakob: Deutsche Vorschriften. Elberfeld: Schönian 1810.

22 Minister Karl Freiherr von Altenstein (s. ds.) hatte den Bericht des Schulrats Bernhardt über die im Herbst 1821 in Wildenbruch und Regenwalde gehaltenen Lehrerverhandlungen sowie das Tagebuch über den Regenwalder Lehrkursus in mehreren Exemplaren an das Konsistorium in Koblenz eingereicht mit dem Befehl (24.7.1822), die Dokumente weiterzuleiten. (Vgl. GStA PK, VI. HA Familienarchive und Nachlässe, Nachlaß Thiele, Nr. 42: S. 89ʳ; ursprgl. Signatur lt. Thiele: Rep. 76, U III, A. Generalia, Teil III, Nr. 1, Bd. 1; vermutl. Kriegsverlust).

78
Zeugnis für Peter Lindenberg [1]

Moers, 22. März 1824

Peter Lindenberg aus Duisburg ist seit 2 Jahren Seminarist der hiesigen Schullehrer-Bildungsanstalt. Er war bereits 2 Jahre Unterlehrer in Dinslaken gewesen, und hatte sich dadurch, unterstützt durch die ihm eigene Lebendigkeit, einige Fertigkeit im Schulhalten und im Umgange mit Kindern erworben. Ohne alles Vermögen war er genöthigt, hier in Mörs fortwährend Privatunterricht zu ertheilen. Daher kommt es, daß er von unsern Zöglingen die meiste praktische Gewandtheit besitzt; überhaupt hat er viele pädagogische Anlagen, reinen Kindersinn und Freude am Schulleben.   Da ich ihn durch und durch

171

kenne, so weiß ich, daß er gefällig, fleißig, wahr und brav ist. Die in seinem Wissen befindlichen Lücken kennt er. In der bevorstehenden Prüfung wird er gut bestehen. Charakter-
fehler habe ich an ihm nicht bemerkt. Ich halte ihn für einen braven Jüngling, der schöne
Hoffnungen für die Zukunft erregt.   Darum, und weil er selbst nichts zuzusetzen hat,
so bin ich darauf bedacht, ihm, so bald als möglich, einen passenden Wirkungskreis zu verschaffen.

Der Seminardirektor
Diesterweg.

Eigh., HStA Düss, Reg. Düss., Nr. 3368a, 50ʳ

1 Dieses Zeugnis stellte Diesterweg für den Seminaristen P. Lindenberg aus in der Hoffnung, ihm damit Aussichten auf die Lehrerstelle an der lutherischen Elementarschule in Cronenberg (h. Wuppertal)
zu verschaffen. Wenngleich die Prüfung noch nicht abgelegt war, verwandte sich Superintendent Roß
(s. ds.) unter Beifügung von Diesterwegs Zeugnis für den jungen Mann, indem er dem Gemeindevorstand sicher in Aussicht stellte, Lindenberg werde das Wahlfähigkeitszeugnis gegen Ostern erlangen
(vgl. HStA Düss, Reg. Düss., Nr. 3368a, 46ʳ⁺ᵛ). Der Gemeindevorstand war mit der Verschiebung der
Wahl bis zu diesem Zeitpunkt einverstanden.
Am 22. März 1824 berichtete Lindenberg an Roß über den Ablauf des Wahlverfahrens (a.a.O.,
48ʳ–59ᵛ). Nachdem er bei Lehrer Johann Peter Hürxthal in Radevormwald die musikalische Prüfung
abgelegt hatte, stellte er sich dem Gemeindevorstand vor, der ihn einstimmig wählen wollte. Schulpfleger Wilberg erklärte diese Kandidatur jedoch für nichtig, indem er das Fehlen des Wahlfähigkeits-
zeugnisses gemäß einer Regierungsverordnung aus dem Jahre 1814 zum formalen Grund erhob,
Lindenberg nicht in die Dreizahl der zu wählenden Kandidaten aufzunehmen (vgl. a.a.O., 51ʳ). Die
Mehrheit der Gemeinde entschied sich daraufhin für den von Wilberg vorgeschlagenen Mann, Lehrer
Linden, bislang Unterlehrer bei Lehrer Dallmeier in Gemarke. Man erklärte allerdings, die Kinder
nicht zu diesem Fremden in den Unterricht schicken, sondern mit einer Eingabe bei der Königlichen
Regierung die Anstellung von Lindenberg erwirken zu wollen.
Lindenberg wurde jedoch auch später nicht in Cronenberg eingestellt. Er arbeitete bis 1826 als Haus-
lehrer und erhielt dann eine Anstellung an der evangelischen Elementarschule in Eversael.

79
An die Regierung Düsseldorf

Moers, 27. Juli 1824

An die Königliche hochlöbliche Regierung zu Düsseldorf.

Gemäß dem verehrlichen Rescripte der Königl. Regierung vom 16. d. M . überreiche ich
hiermit das eigenhandige Zeugniß des W. HENCKEL.

Zugleich verfehle ich nicht, zu bemerken, daß die zufolge meines Berichtes vom 22 April
1824¹ ersparten 123 Rth. bis Dato bey mir vorräthig liegen. Ich habe mich dieser Ersparniß
um so mehr gefreut, da ich glaube, hoffen zu dürfen, daß die hochlöbliche Regierung diese
einmal zum Besten des Seminariums bestimmte Summe auch zum Besten desselben verwenden lassen werde; namentlich wünschte ich, daß diese 123 Rth. zum Ankauf eines Flü-
gelforte-piano bestimmt werden möchten. Zwar bin ich durch des Herrn Oberpräsidenten
VON INGERSLEBEN Excellenz unlängst ermächtigt worden, 3 Claviere für die Anstalt anzuschaffen. Da aber zu diesen Ankäufen nur 150 Rth. überhaupt bewilligt werden konnten,

so dürfen wir, genötigt, auf vorzügliche Dauerhaftigkeit der Instrumente zu sehen, nicht darauf rechnen, ein dauerhaft gutes und wohlklingendes Instrument so wohlfeilen Kaufs zu gewinnen, um so mehr, da 3 Instrumente kaum hinreichen, den Anfängern die gehörige Beschäftigung zu gewähren. Es bleibt uns also kein Instrument übrig, auf dem der Chorgesang würdig geleitet werden könnte. Ich habe dieses Bedürfniß bereits vor einiger Zeit mit dem Herrn Superintendenten Ross in Budberg besprochen, und da derselbe die Güte gehabt hat, sich bereit zu erklären, für das Uebrige, was noch an den 123 Rth. zum Ankaufe eines Flügel-Forte-piano fehlen möchte, Sorge zu tragen, so wollte ich die Königliche Regierung hiermit g[e]h[or]s[ams]t. gebeten haben, diese 123 Rth. zum Ankaufe eines solchen Instruments für das hiesige Schullehrer-Seminar hochgefälligst zu bestimmen.[2] Ich bitte die Königliche Regierung mich in dieser Hinsicht hochgefälligst bescheiden zu wollen.[3]

Der Seminardirector
gez: Diesterweg

Abschr., GStA PK, I. HA Rep. 76 Kultusministerium, VII neu Sekt. 25 C Teil I Nr. 4 Bd. 3: 36[r+v]

[1] Nicht überliefert.

[2] Es liegt der Entwurf eines Anschreibens von Diesterwegs an die Regierung in Düsseldorf von Ende Juli 1824 vor (GStA PK, I. HA Rep. 76 Seminare, Nr. 10061: 141[r]), das er den „Nachweisungen über die Verwend[un]g der 123 Rh" beigefügt hatte. Da es sich um exakt die gleiche Summe wie das von Diesterweg angesparte Geld handelt, ist dieses möglicherweise zwischenzeitlich für andere, nicht näher nachweisbare Ausgaben verwendet und Diesterweg dann von der Regierung zurückerstattet worden. In seinem Schreiben vom 19. Januar 1825 (Nr. 108) wird die vorliegende Ersparnis wieder erwähnt

[3] Der Oberpräsident stellte im Reskript vom 2. September die Anschaffung eines Flügelfortepianos in Aussicht; siehe Brief vom 19. Januar 1825 (Nr. 108). Vermutlich im Herbst 1824 ließ Diesterweg einen Flügel zur Probe aufstellen. Die Genehmigung zum Ankauf dürfte im Herbst 1825 erfolgt sein; siehe Brief vom 30. September 1825 (Nr. 128).

80
Aktenvermerk

Moers, 30. Juli 1824

1. Am 30ten Juli 1824 wurde zwischen H. K R. GRASHOF u. H. G. S. ROSS u. mir verabredet, daß in der Folge die beiden besten Seminaristen, unter den Abgehenden, noch 1 Jahr hier gehalten werden sollten; der eine für die Seminarschule, der andre zum Aushelfen bei den jüngeren S[eminari]sten. Jeder solle 80 Rh p. C. erhalten. Dies mal SCHÜRMANN u. ELSERMANN.

2. Ich übergab H K.R GRASHOF ein Papier, Wünsche u. Anfragen enthaltend.
   a. Nothwendigkeit der Verbindung der Prüfungscommissionen der nicht im Seminar gebildeten Schullehrer u. der Seminar-Prüfungscommission.[1]
   Momente:
   Einheit u. Gleichförmigkeit.
   Steigerung der Forderungen an alle Nicht-S[eminari]sten.
   Credit des Seminar u. Einfluß desselben auf die Prüfung.
   b. Wie viel darf jährlich für Bücher u. Musicalien verwandt werden? Ungewiß.

c. Gratification für H. Conr. ENGELS.
d. Besoldung des künftigen Religionslehrers.
e. H. WITZKA?
f. Violinen u. Claviere. (In Münster.).
g. 14 Tage Ferien zu Weihnachten. Darüber berichten!
h. Obstbaumzucht. Ein eigener Lehrer. Ob H. ERNST[2] nach Düsseldorf zu schicken?
(Jetzt zu den Vorlesungen WEIHE's?[3])

3. Ich übergab H. K R. GRASHOF noch ein Papier, folgenden Inhaltes:

Meinung
über die Bestimmung der Nro. des Prüfungs-Zeugnißes.

No 1.

erhalte derjenige, welcher in allen Hauptgegenständen entweder „vorzüglich" oder „sehr gut" erhält. Diese Hauptgegenstände sind:

1. Religionslehre
2. Sprachlehre (Lesen und Aufsatz mit inbegriffen)
3. Mathematik (Zahlenlehre und Geometrie)
4. Gesang und Orgelspiel.
5. Praktische Fertigkeit im Unterrichten.

Sollte ein Examinand in einem dieser Gegenstände den Anforderungen nicht ganz Genüge leisten, z. B. einem Gegenstande nur „gut" erhalten, so muß er dagegen in den folgenden sich besonders auszeichnen.

6. Geschichte und Geographie.
7. Naturlehre und Naturgeschichte.
8. Erziehungs- und Methodenlehre.
9. Zeichnen und Schönschreiben.
10. Kenntnisse aus der Lehre vom Menschen, aus der Logik etc.

Nro 2.

erhalte derjenige, welcher in allen Hauptgegenständen der Prüfung wenigstens „gut" erhält. Ein „mittelmäßig" in einem derselben kann nur durch Leistungen in den Gegenständen von 6 bis 10 wieder gehoben werden.

Nro. 3

erhalten alle diejenigen, welche zwar im Allgemeinen für wahlfähig, jedoch nicht für so vorbereitet erkannt werden, daß sie auf Nro 1 oder 2 Ansprüche hätten.

Nro. 1 setzt die Wahlfähigkeit des Inhabers zu jeder Elementarschule fest, innerhalb dreier Jahre. Ist er innerhalb dieser Zeit nicht gewählt worden, so muß er sich von neuem zur Prüfung stellen. – So lange ein Inhaber von № 1 noch keine öffentliche Stelle hat, so lange darf eine Gemeinde keinen von Nro. 2. wählen. Wer Nro. 2. hat, ist auch zu jedem Elementar-Schulamt wahlfähig, innerhalb dreier Jahre. Wer № 2 hat, darf nach 1 Jahre sich abermals zur Prüfung stellen, um № 1 zu erhalten.

174

Wer Nro. 3. hat, darf zu einer Elementarschule, die keines Gehülfen bedarf, gewählt werden; doch muß er sich nach Verlauf eines Jahres abermals prüfen lassen. Erhält er dann nicht Nro. 2., so wird er zur folgenden Prüfung abermals beschieden; und sollte er auch dann nicht Nro. 2 erhalten, so tritt die Prüfungscommission zur Berathung über seine definitive Entlassung vom Schulamte zusammen.[4]

Eigh.; „Meinung über die Bestimmung …": Abschr., GStA PK, I. HA Rep. 76 Seminare, Nr. 10061: S. 3–5

[1] Lehrerausbildung wurde bis zur flächendeckenden Einrichtung von Seminaren zumeist durch die Lehre bei einem Schulmeister, gelegentlich außerdem in weiterbildenden Kursen betrieben. Mit der Bestimmung des Ministers von Altenstein (s. ds.) vom 1. Juni 1826 erhielten die Seminaristen bei der Besetzung von Lehrerstellen den Vorzug vor anders Ausgebildeten (vgl. Zimmermann, Wilhelm: Der Aufbau des Lehrerbildungs- und Volksschulwesens unter der preußischen Verwaltung 1814–1840 <1846>. Ein Beitrag zur Geschichte des rheinischen Schulwesens, Bd. 3. Köln 1963, S. 154, 282); siehe auch Brief an Roß (s. ds.) vom 29. September 1824 (Nr. 91), in dem Diesterweg nur für Seminaristen Anstellungsfähigkeit forderte.

[2] Der zweite Seminarlehrer, der seinen Dienst am 1. Januar 1824 angetreten hatte.

[3] Die Bezirksregierung Düsseldorf förderte die Obstbaumpflege besonders. Seit dem 13. November 1822 fanden unter Leitung des Hofgärtners Weyhe (s. ds.) jährlich dreiwöchige Kurse statt (Zimmermann <siehe obige Anmerkung 1>, S. 298). Siehe auch Brief vom 9. Juli 1829 (Nr. 205). – Bis zu diesem Jahr war kein Unterricht in der Obstbaumzucht im Seminar erteilt worden.

[4] Erst ein Reskript vom 19. Oktober 1832 regelte die Anstellung der Lehrer entsprechend ihrer Zeugnisse (Zimmermann <siehe obige Anmerkung 1>, S. 282).

81
Aktenvermerke

Moers, 30. Juli bis 6. August 1824

Bei Gelegenheit der Anwesenheit von H KR. BRACHT wurde verabredet, daß die Zeugnisse der Wahlfähigkeit der Abiturienten nach 4 Klassen angefertigt werden sollten: N. 1 = ausgezeichnet, N 2 = sehr gut, N 3 = gut, N 4 = bestanden.

2. Jedem Abiturienten soll später von der K. Regierung durch den betreff[en]den Schulpfleger noch ein Zeugniß eingehändigt werden, das das Resultat der Prüfung in jedem einzelnen Unterrichtsg[e]g[en]st[an]d angibt. Davon erhält d[e]r Schulpfleger eine Abschrift, damit er den Inhaber kenne.

3. Wer N. 4 erhält, ist wahlfähig zu einer kleinen Schulstelle; N 3 zu einer ohne Unt[e]rlehrer, N 2 u 1 zu [1] jeder Elementar-Schulstelle.[1]

4. Wer ein höheres Nro haben will, kann sich nochmals examiniren lassen.

5. Wer nach [2] bestandenem Examen noch hier bleiben will, muß dies auf seine Kosten thun, auß[e]rh[a]lb des Gebäudes.

6. Die Reg[ierun]g will den Schulpflegern u. durch d[a]s Amtsblatt die S[eminari]sten emphelen.

7. Von jetzt an sollen alle Schulamts-Candidaten, die nicht die Prüfung des Unterlehrers sondern die Wahlfähigkeit zu einem Schulamte nachsuchen, in Mörs, jährlich 2mal, von <u>derselben</u> Commission geprüft werden.[2]

(H. BRACHT emphal bei seinem Weggehen den S[eminari]sten, die kleinste Landschule der glänzendsten Hauslehrerstelle vorzuziehen u. gab die Versicherung, daß er zu ihrem Fortkommen das Seinige beitragen wolle.[3])

Eigh., GStA PK, I. HA Rep. 76 Seminare, Nr. 10061: S. 5–6

[1] Siehe Aktenvermerk vom 30. Juli 1824 (Nr. 80).

[2] Diese Absprache bereitete die Privilegierung der Lehrerausbildung im Seminar vor; siehe auch Aktenvermerk vom 30. Juli 1824 (Nr. 80), Anmerkung 1.

[3] Auch Diesterweg kritisierte die Beschäftigung von Seminarabsolventen als Hauslehrer, da sie den Erziehungs- und Ausbildungszielen des Seminars nicht entsprach. Von den dreizehn 1823 entlassenen Seminaristen waren acht Hauslehrer geworden; siehe Brief vom 29. September 1824 (Nr. 91) an Roß.

82
Aktenvermerk

Moers, 4. August 1824

Bei meiner Anwesenheit in Düsseldorf, den 4ten August, wurden die Stipendien pro <u>Schuljahr</u> 1824/25 festgesetzt. Die bereits bewährten haben ceteris paribus[1] den Vorzug. Von den 19 vorhandenen wurden die 3 untüchtigsten ausgeschlossen. – Gute Aussichten! Ich muß jedes Jahr zur Aspiranten-Prüfung nach Düsseldorf gehen, damit wir die Besseren bekommen.[2] H K.R BRACHT übernahm es, den Vorschlag zu thun, daß die Stipendien von Schuljahr zu Schuljahr festgesetzt u. daß sie monatlich aus gezahlt würden.

Ich muß an ENGELHARD[3] <u>wegen Clavieren</u> schreiben u. wegen d[e]s Religionsunterrichts. H K R. GRASHOF ist der Meinung, daß ich nicht mehr als 18 Stunden wöchentlich geben dürfe.[4] –

Eigh., GStA PK, I. HA Rep. 76 Seminare, Nr. 10061: S. 6–7

[1] Lat.: unter sonst gleichen Bedingungen.

[2] Am 9. Dezember 1824 reichte Diesterweg eine Diäten-Liquidation über 2 Taler pro Tag „für Beiwohnung der Prüfung der Aspiranten für das Schullehrer-Seminar zu Mörs" am „4ten u. 5ten Aug." ein (eigh. Entw., GStA PK, I. HA Rep. 76 Seminare, Nr. 10061: S. 64). Vgl. auch die entsprechende Fuhrkostenliquidation vom Ende des Jahres 1824 (Nr. 101).

[3] Musiklehrer im Lehrerseminar Soest; Diesterweg wollte sich bei diesem nach einer geeigneten Firma zur Herstellung von Klavieren erkundigen (vgl. Brief vom 6. September 1824, Nr. 88).

[4] Den Religionsunterricht mußte laut Reglement ein Theologe erteilen, der zusätzlich eingestellt werden sollte, wenn weder der Direktor noch der zweite Lehrer Theologe waren. Siehe außerdem Brief vom 27. Oktober 1822 (Nr. 48), Anmerkung 1.

83
An das Konsistorium der Provinz Jülich-Kleve-Berg, Köln

Moers, 6. August 1824

An das königliche Hochwürdige Konsistorium zu Cöln.

Die Bezahlung des Schreinermeisters GOLDBERG betr.

Laut des Inhaltes der unterm 29ten August und 14/17 September des verflossenen Jahres mit dem Schreinermeister GOLDBERG hierselbst abgeschlossenen Kontrakte sollte, wie dem Königlichen Konsistorio bekannt ist, die Auszahlung der zweiten Hälfte der bedungenen Summen, mit 120 Rh 10 Sg. und mit 90 Rh 27 Sg. 6 Dn, in Summa also mit 211 Rh 7 Sg. 6 Dn, zu Ostern dieses Jahres erfolgen.[1] Da dieses bis zum heutigen Tage noch nicht geschehen ist, so dringet der [1] GOLDBERG mit allem Rechte auf die Erfüllung dieser festgesetzten Bedingung, nachdem er seinen Verpflichtungen pünktlich und, wie ich mit Überzeugung behaupten darf, kontraktmäßig nachgekommen ist. Zwar hat der H Bauinspektor HEERMANN in Cleve einige Ausstellungen [2] an den gelieferten Utensilien etc. gemacht, allein dieselben sind [3] theils unbegründet, theils ist denselben durch den GOLDBERG bereits befriedigend abgeholfen worden.

Der H. HEERMANN [4] tadelte [5] hauptsächlich die Form der Katheder und theilweise das Holz, das zum Boden der Bettstellen genommen worden sei. Dagegen bemerke ich nun, daß [6] der GOLDBERG die Katheder vorschriftmäßig nehmlich so, wie H HEERMANN es ihm vorgezeichnet hatte, gemacht, u. daß derselbe die getadelten schlechten Bretter aus den Bettstellen entfernt und durch bessere ersetzt hat. Es bleibt daher nach meiner Überzeugung, gar kein Anstand mehr übrig, der die Verzögerung der Auszahlung der bemerkten Summe von 211 Rh 7 Sg. 6 Dn fernerhin rechtfertigen könnte. Auch halte ich die Besichtigung der Utensilien durch einen Königlichen Baubeamten durchaus für überflüssig, und es können die dadurch von neuem veranlaßten Kosten füglich erspart werden. –

Außer den beiden oben citirten Kontrakten wurde unterm 9ten Oktober ein Dritter mit dem hiesigen Schreinermeister SCHROER, für den sich zugleich AD. SCHAEFER und J. GOLDBERG verbürgten, abgeschlossen, [7] den ich nebst dem dazu gehörigen Anschlage hiermit dem Kön. Konsistorio in Abschrift überreiche. [8] Die in diesem Anschlage [9] aufgeführten Arbeiten, veranschlagt zu 266 Rh 17 Sgr. 3 Dn, wurden an den SCHROER zu 256 Rh verdungen, und nach §. 3 u 4 der Bedingungen sollte die letzte Auszahlung [10] an den SCHROER ein halbes Jahr nach vollendeter Arbeit geschehen. Kontraktmäßig schritten nun die Handwerker an die Ausführungen; [11] die im Anschlage unter den Nummern 1 bis 7 incl. und 33 bis 46 incl. aufgeführten Arbeiten waren beendigt und das Holz zu dem Bau [12] der Haupttreppe (N. 8 bis 32 des Anschlages) bereits geschnitten und in dem Seminargebäude niedergelegt, als das Hohe Ministerium einige Abänderungen in der Einrichtung des Gebäudes vorschrieb, welches den Bauinspector HEERMANN veranlaßte, den Schreinermeistern die Fortsetzung der Arbeiten zu untersagen. Da nun das Hohe Ministerium [13] auf die gegen die vorgeschriebene Einrichtung eingereichten Einwendungen bis heute noch nichts beschlossen hat, so ist der Bau der Treppe [14] unterblieben und [15] den Schreinermeistern ist ohne ihr Verschulden daraus der Nachtheil erwachsen, daß sie die Arbeit, worauf sie vorbereitet waren, nicht fortsetzen konnten und das bereits zugeschnittene Holz wieder zurück nehmen mußten. [16] Dieselben fordern daher für diesen Verlust an Holz eine Entschädigung, und ich halte es für [17] billig und gerecht, ihnen die geforderte Entschädigung von 10 Rh zu bewilligen. [18]

Außerdem können sie rechtmäßig die Bezahlung der bereits vollendeten Arbeiten (Nummer 1 bis 7 incl. und Nro 33 bis 46 incl. des Anschlages) fordern, und [19] da auch diese Arbeiten kontraktmäßig angefertigt worden sind, so bitte ich das Hochwürdige Konsistorium, die Anweisung dieser Summen möglichst beschleunigen zu wollen. Diese sind:

nach [20] Inhalt des Anschlages

	Rh	Sg.	Dn
N. 1.	—	20	—
N. 2	8 "	20	—
N. 3	14 "	20	—
N. 4	26 "	10	—
N. 5	14 "	20	—
N. 6 & 7	18 "	1	—
N. 33 bis 46	17 "	28	" 6
Sme Rh	110	20 Sgr	6 Dn

[21] Von dieser Summe müssen sich die Schreinermeister einen Abzug gefallen lassen. Denn da die veranschlagte Summe für alle Arbeiten 266 Rh 17 Sg. 3 Dn betrug und dieselben für 256 Rh übernommen wurden, so [22] wurden, da von 266 Rh 17 Sg. 3 Dn – 10 Rh 17 Sg. 3 Dn abgehen, [23] obige Arbeiten nicht für 110 Rh 29 Sg. 6 Dn, sondern für 106 Rh 8 Sg. übernommen [24]. [25] Dazu kommen, wenn das Königliche Konsistorium obige Entschädigung [26] genehmigen wollte, noch 10 Rh. Ich bitte daher zur endlichen Erledigung dieser Angelegenheit und zur Befriedigung der gerechten Forderungen der Schreinermeister das Hochwürdige Konsistorium inständigst, dafür Sorge tragen zu wollen

daß obige	211 Rh	7 Sg.	6 Dn
und diese	106 Rh	8 Sg.	
und resp.	10 Rh		

möglichst bald zur Auszahlung an die Werkmeister mir überwiesen werden.

Der Seminardirector

Eigh. Entw., GStA PK, I. HA Rep. 76 Seminare, Nr. 10061: S. 7–11

[1] Siehe Brief vom 3. Januar 1824 (Nr. 75).

84
An Oberpräsident Karl Heinrich Ludwig Freiherr von Ingersleben, Koblenz

Moers, 28. August 1824

An des Herrn Geheimen Staatsministers und Oberpräsidenten Freiherrn von Ingersleben Excellenz in Coblenz.

Die Anschaffung einiger Bedürfniße für das Schullehrer-Seminar zu Mörs betr.

In [1] meinem gehorsamsten Berichte vom 13ten März d. J. beehrte ich mich, Ew. Excellenz [2] einige Bedürfniße des hiesigen Seminars zu nennen und um deren Anschaffung unterthänigst zu bitten. Bald nachher ertheilten darauf Ew. Excellenz mir den Bescheid, daß die Erledigung dieser und andrer Angelegenheiten dem Königlichen Konsistorio in Cöln übertragen sei. Da bis jetzt aber von dieser Seite nichts geschehen ist, auch in einem andren verehrlichen Rescripte Ew. Excellenz mir die Weisung zugegangen ist, alle [3] äußern Angelegenheiten unmittelbar an Ew. Excellenz zu berichten, so kann ich nicht umhin, nochmals [4] auf [5] den unterm [6] 13ten März bereits gemachten Antrag zurück zu kommen und demselben noch einige andre Gegenstände, von deren Nothwendigkeit uns die Erfahrung überzeugt hat, beizufügen. Es geht nehmlich in unsrer Anstalt wie in dem Leben überhaupt, worin [7] Erfahrung und Zeit mit zu den besten Lehrmeistern gehören. Gleich Anfangs fühlten wir manches Bedürfniß nicht, was uns doch jetzt so nahe liegt, und ohne [8] deren *[sic!]* Befriedigung wir wesentlich gestört und gehemmt zu sein [9] uns bewußt sind. Voll Vertrauen zu Ew. Excellenz [10] werde ich daher jetzt und künftig die Bedürfniße unsrer Anstalt, der es noch an so Manchem gebricht, namhaft machen.

Ich komme soeben mit meinem Collegen[1] von einer Reise nach Idstein, Neuwied und Brühl zurück [11]. Die Seminarien dieser Orte, welche kennen zu lernen der Zweck unsrer Reise war, sind weit reichlicher und vorzüglicher ausgestattet, als es mit der unsrigen der Fall ist [12]. Und doch [13] hegen wir freudig die Überzeugung, daß Ew. Excellenz unsrer Anstalt mit demselben Wohlwollen zugethan sein werden wie den übrigen. Drum nehme ich keinen Anstand, Ew. Excellenz die Bedürfniße unsrer Anstalt vorzuführen. Ich habe den Preis derselben zugleich von hiesigen [14] Werkmeistern abschätzen lassen, damit Ew. Excellenz den Betrag der gewünschten Anschaffungen zugleich ermessen möchten.

	Rh	Sg.
1. Eine Holztafel für [15] Kartenzeichnung 5' lang und 6' hoch, sauber gearbeitet	4 "	2
2. Eine dito mit Notenlinien 6' lang, 5' hoch, nebst Gestell	5 "	6
3. 2 Musikpulte a 2 Rh. 20 Sg.	5 "	10
4. Das Aufkleben der 4 großen Düsseldorfer Karten auf Leinewand à 2 Rh. 4 Sg.	8 "	16
5. 3 Rolleaux an die 3 Fenster der Lehrzimmer die gegen Süden liegen, à 3 Rh.	9 "	—
6. 1 Schrank mit 30 Abtheilungen für Messer u. Gabel, Brod etc der Seminaristen	16 –	—
7. 1 Schrank mit 30 Abtheilungen für die Bücher der Zöglinge	18 "	10
8. 1 Schrank [16] zur Aufstellung der (mir eigenthümlich angehörigen) Mineralien, unterrichtlich geordnet	11 "	15
9. 15 Violinen, deren [17] Ankauf 45 bis 50 Rh zu stehen kommen möchte, also ungefähr	50 –	— —

179

₁₈ Alle diese Gegenstände befriedigen dringende, tief gefühlte Bedürfniße ₁₉ .² Ihr Besitz wird uns ₂₀ mancher Verlegenheiten entheben, denen wir überhaupt erst dann ganz entrinnen ₂₁ werden, wenn der projectirte Ausbau der kleinen Seitengebäude endlich höheren Ortes genehmigt sein wird.³ Vorerst aber werden wir schon recht froh sein, wenn Ew. Excellenz die Anschaffung obiger Bedürfniße hochgefälligst genehmigen ₂₂ wollen.

Der Seminardirector

Eigh. Entw., GStA PK, I. HA Rep. 76 Seminare, Nr. 10061: S. 11–14

¹ Carl Ernst (s. ds.), der zweite Seminarlehrer.

² Der Oberpräsident genehmigte mit Schreiben vom 4. September 1824 die Vorschläge, gestand jedoch nur zehn Violinen „zum Preise bis zu 40 Rtlr." zu (GStA PK, I. HA Rep. 76 Seminare, Nr. 10061: 150ʳ).

³ Der Oberpräsident genehmigte den Bau am 30. November 1824; siehe Brief vom 27. Februar 1825 (Nr. 110).

85
An Oberpräsident Karl Heinrich Ludwig Freiherr von Ingersleben, Koblenz

Moers, 28. August 1824

An des Herrn Geheimen Staatsministers und Oberpr[ä]s[i]d[en]ten von Ingersleben Excellenz in Coblenz.

Die Anschaffung einer eisernen Fournaise ¹ für die Küche des Ökonomen betr.

₁ Der ₂ dritte § des im verflossenen Jahre mit dem Ökonomen KELLER abgeschlossenen und von Ew. Excellenz genehmigten Kontraktes setzt fest, daß dem Ökonomen auf Seminarkosten eine eiserne Fournaise mit wenigstens 3 Löchern angeschafft werden solle. Der Ökonom KELLER hat sich zwar bis jetzt auf andre Art zu helfen gesucht, allein es ist eben so billig als gerecht, daß diesem Punkte des Kontraktes Genüge geleistet werde, zumal, da die längere Entbehrung dieses Apparates dem Ökonomen pecuniären Nachtheil bringen muß. Ich nehme daher keinen Anstand, Ew. Excellenz um die Genehmigung der Anschaffung dieser Fournaise hiermit gehorsamst zu bitten. Am wohlfeilsten ₃ werden wir eine solche auf der Eisenhütte in Stärkrath, 4 Stunden von hier, gewinnen. Nach den darüber eingegangenen Erkundigungen wird eine solche, von Gußeisen angefertigt, ungefähr 50 Rh zu stehen kommen, wo hingegen eine ähnliche in Düsseldorf mit 65 bis 70 Rh bezahlt werden muß. Ich bitte daher Ew. Excellenz unterthänigst, mich in diesem Punkte näher zu bescheiden, ob ich zur Anschaffung einer solchen Fournaise ₄ die nöthigen Schritte thun soll.²

Der S[e]m[ina]rdirector

Eigh. Entw., GStA PK, I. HA Rep. 76 Seminare, Nr. 10061: S. 15–16

¹ Backofen (frz.).

² Der Oberpräsident genehmigte den Kauf der Fournaise am 7. September 1824 (GStA PK, I. HA Rep. 76 Seminare, Nr. 10061: 151ʳ).

180

86
An das Konsistorium der Provinz Jülich-Kleve-Berg, Köln

Moers, 29. August 1824

An das Königliche Hochwürdige Konsistorium zu Cöln.

Die Anschaffung einiger Bücher für das Seminar betr.

Durch des Herrn Oberpräsidenten VON INGERSLEBEN Excellenz angewiesen, alle inneren Angelegenheiten des hiesigen Seminars dem Königlichen Konsistorio zur Erledigung zu übergeben, beehre ich mich hiermit, dem Hochwürdigen Konsistorio beiliegendes Verzeichniß derjenigen Werke, welche der Anstalt theils wesentliches Bedürfniß geworden sind, theils derselben erheblichen Nutzen bringen werden, zu übergeben, mit der gehorsamsten Bitte, die Genehmigung zur Anschaffung derselben für die Bibliothek der Anstalt entweder hochgefälligst zu ertheilen oder zu erwirken.

Der S[e]m[ina]rdirector.

Titel von Büchern,
welche für die Bibliothek des Schullehrer-Seminars zu Mörs gewünscht werden.

	Rthlr.	Slbgr.	Pf.
1. Taschenbuch des verständigen Gärtners. Aus dem Französ. übers. von LIPPOLD. 2 Bände, mit Abbildungen[1]	3	28	"
2. FRIEDR. SCHNEIDER, Elementarbuch der Harmonie und Tonsetzkunst[2]	2	15	"
3. NÄGELI, Gesangbildungslehre nach pestalozzischen Grundsätzen 2 Theile[3]	7	22	"
4. RINK, 12 leichte und kurze Choralvorspiele für die Orgel[4]	"	13	9
5. dito, 12 Adagio für die Orgel[5]	"	20	"
6. dito, 12 leichte Orgelpräludien[6]	"	13	9
7. dito, 12 kurze und leichte Choralvorspiele[7]	"	13	9
8. HERING, Instructive Variationen. 4 Hefte[8]	2	20	"
9. HENKEL, 60 leichte 2, 3 und 4 stimmige Orgelstücke[9]	1	5	"
10. PETER SCHMID, Anleitung zur Zeichenkunst[10]	4	19	"
11. LORENZ ECKEMANN, Zeichenbuch zum Selbstunterricht im Baum- und Landschaftszeichnen. 3 Abthl.[11]	6	7	6
12. SEBER, Sammlung deutscher Dichter[12]	1	5	"
13. SEBER, ——— ——— —— und Prosaiker für untere Klassen[13]	1	5	"
14. SEBER, ——— ——— —— — — für obere Klassen. 2 Theile.[14]	2	10	"
15. DILSCHNEIDER, Commentar zu Seber 1ter Theil[15]	1	17	"
16. GRUNER, Erziehungslehre[16]	1	27	"
17. GRUNER, Vorbereitung zur Erziehungslehre[17]	"	23	"
18. Freimüthige Jahrbücher der deutschen Volksschulen von SCHWARZ etc etc. 7 Hefte, à 1 Rthl. 6 Sgr.[18]	8	12	"
19. STEIN, Formenlehre[19]	1	2	"
20. WINKLER, Sprachbaulehre 1ter Theil[20]	"	14	"

21. HERGENRÖTHER, Erziehungslehre im Geiste des Christenthums[21]   1   21   6
22. Von PESTALOZZI's sämmtlichen Schriften. Die bis jetzt
erschienenen 12 Bände [22] $_1$

2
_____

Summa. 71 14. 3.

Der Seminardirektor
Diesterweg.

Anschreiben: eigh. Entw., GStA PK, I. HA Rep. 76 Seminare, Nr. 10061: S. 14; Titelverzeichnis: Ausf. mit eigh. Unterschr., ebd., 148ʳ

[1] Taschenbuch des verständigen Gärtners. Übers. aus dem Französischen (Almanach du bon jardinier) von Johann Friedrich Lippold. Nebst bedeutenden Verbesserungen und Zusätzen von den Gebrüdern Baumann. 2 Bde. Stuttgart: Cotta 1824.

[2] Schneider, Friedrich: Elementarbuch der Harmonie und Tonsetzkunst. Leipzig: Peters 1820.

[3] Nägeli, Hans Georg: Gesangbildungslehre nach Pestalozzischen Grundsätzen, pädagogisch begründet von Michael Traugott Pfeiffer, methodisch bearbeitet von Hans Georg Nägeli. 2 Abth. Erste Hauptabtheilung, mit Beilagen (30 einstimmige Singstücke, 30 zweistimmige Gesänge, 30 dreistimmige Gesänge). Zürich: Nägeli (Leipzig: Fr. Fleischer) 1811. Zweite Hauptabtheilung: Bildung zur Ausführung des einstimmigen Gesangs, nebst einer Stufenfolge von Chören. Ebd. 1812.

[4] Rinck [Rink], Christian Heinrich: 12 kurze und leichte Choralvorspiele mit und ohne Pedal zu spielen. Op. 47. Mainz: Schott o. J.

[5] Ders.: 12 Adagio für die Orgel. 19. Sammlung der Orgelstücke. Op. 57. Bonn: Simrock o. J.

[6] Ders.: 12 leichte Orgelpräludien mit und ohne Pedal zu spielen. Op. 49. Mainz: Schott o. J.

[7] Außer den unter der obigen Anmerkung 4 genannten „Choralvorspielen" kommen noch in Frage: Sammlung von Vor-, Nach- und Zwischenspielen. 1ste Lieferung: 12 leichte Stücke verschiedener Art. Op. 1. Mainz: Schott o. J.; 24 kurze und leichte Orgelstücke für angehende Spieler mit und ohne Pedal zu spielen. 23. Sammlung. Op. 66. Bonn: Simrock o. J.

[8] Hering, Carl Gottlieb: Instructive Variationen, ein neues wenigstens unbenutztes Hülfsmittel zur leichteren Erlernung des Clavierspielens und zur Selbstübung. 4 Hefte. Oschatz: beim Autor (Leipzig: Frohberger) o. J.

[9] Vermutlich ist gemeint:
Henkel, Michael: Praktische Orgelschule oder 66 Orgelstücke für Anfänger und Schulamtskandidaten. 2 Hefte. Op. 68. Mainz: B. Schott's Söhne o. J.

[10] Schmid, Peter: Anleitung zur Zeichenkunst, besonders für diejenigen, die es ohne Lehrer erlernen wollen. Leipzig: Feind 1809; auch u. d. T.: ... diejenigen, die ohne Lehrer dieselbe lernen wollen. Berlin: Dümmler 1814.

[11] Eckemann, Lorenz: Zeichnungsbuch zum Selbstunterricht im Baum- und Landschaftszeichnen. 3 Abthl. München: Zeller 1821.

[12] Seber, Franz Joseph: Sammlung von Mustern deutscher Dichter und Prosaiker für die untern und mittlern Klassen der Gymnasien (1. Abth.). Köln: Dü-Mont-Schauberg 1817; 2., mit einem Anhang vermehrte Aufl. 1819; 3. Aufl. 1824.

[13] Siehe obige Anmerkung 12. Diesterweg hat vermutlich etwas doppelt angegeben.

[14] Ders.: Sammlung von Mustern deutscher Dichter und Prosaiker für die drei obern Klassen der Gymnasien (2. Abth.). Köln: Dü-Mont-Schauberg 1819; 2. Aufl. 1820.

[15] Dilschneider, Johann Joseph, und Willmann, Bd.: Commentar zur Seberschen Mustersammlung deutscher Gedichte. Für Lehrer und zur Selbstbelehrung. Köln: Dü-Mont-Schauberg 1822. 1ter Theil.

[16] Gruner, Gottlieb Anton: Versuch einer wissenschaftlichen Darstellung und Begründung der wichtigsten Hauptpunkte der Erziehungslehre. Jena: Schmid 1823.

182

[17] Ders.: Versuch einer gemeinfaßlichen doch auf Selbstverständigung gegründeten Entwicklung der dem Volksschullehrer unentbehrlichsten wissenschaftlichen Vorkenntnisse. Jena: Schmid 1823.

[18] Freimüthige Jahrbücher der allgemeinen deutschen Volksschulen, mit besonderer Hinsicht auf West- und Süddeutschland. Hrsg. von F. H. C. Schwarz, H. A. d'Autel, F. L. Wagner und C. A. Schellenberg. Darmstadt: Leske 1819–1823 [erschienen 1823–1829 in Heidelberg, seit 1829 in Stuttgart]. Auch u. d. T.: Freimüthige Jahrbücher für das Volksschulwesen.

[19] Stein, Carl Ludwig Ferdinand: Die Formenlehre und das Elementarzeichnen in wechselseitigen Verbindungen, ein Handbuch für Volksschulen. Frankfurt am Main: Hoffmann 1821. 2., umgearb. und erw. Aufl. mit einem Vorwort von Riez: Züllichau (Hinrichs in Leipzig) 1823.

[20] Winkler, Johann Leonhard: Versuch einer bildenden Sprachbaulehre für Volksschulen mit ausführlichen Verzeichnungen des Unterrichtsganges und großentheils katechetischer Nachweisung der Methode. 1r Lehrgang: Die Wortbaulehre. Erlangen: Palm 1823. – Der zweite Lehrgang: Die Satz- und Redebaulehre, erschien ebd. 1825.

[21] Hergenröther, Joseph: Erziehungslehre im Geiste des Christenthums. Ein Handbuch für Schullehrer und Schulpräparanden. Sulzbach: Seidel 1823.

[22] Pestalozzi, Johann Heinrich: Sämmtliche Schriften. 12 Bände. Stuttgart: Cotta 1800–1824.

87
An Konsistorialrat Karl Friedrich August Grashof, Köln

Moers, 30. August 1824

An des Herrn Konsistorialraths Dr. Grashof Hochwürden in Cöln.

Ew. Hochwürden beehre ich mich, hiermit die Liquidation der Unkosten für die, den Zöglingen des hiesigen Schullehrer-Seminars am 3ten August a. c. gegebene, Recreation nebst den erforderlichen Belegen zu übersenden, mit der gehorsamsten Bitte, die ₁ Anweisung der liquidirten Summe gefälligst zu erwirken.[1]

Der S[emina]rdirector

Liquidation
der Unkosten für die den Zöglingen des hiesigen Schullehrer-Seminars
am 3ten August gegebene Recreation.

	Rh	Sg.	Pf.
1. ₂Mittagessen laut Beleg 1	7	18	6
2. Wein laut Beleg 2	8	10	
Sme	Rh 15	28 Sg	6 Pf.

Der Seminardirector

Eigh. Entw., GStA PK, I. HA Rep. 76 Seminare, Nr. 10061: S. 16–17

[1] Der Geburtstag von König Friedrich Wilhelm III. (s. ds.) wurde im Seminar gefeiert; siehe auch Brief vom 1. August 1821 (Nr. 37).

88

An das Konsistorium der Provinz Jülich-Kleve-Berg, Köln

Moers, 6. September 1824

An das Königliche Hochwürdige Konsistorium zu Cöln.

Den Ankauf von Klavieren für das Seminar betr.

Es ist dem Hochwürdigen Konsistorio bekannt, daß des Herrn Oberpräsidenten VON INGERS-LEBEN Excellenz mir den Auftrag ertheilt hat, für 150 Rh pr. C. 3 Klaviere für das Seminar anzukaufen. Indessen ist es mir bis jetzt nicht gelungen, in der hiesigen Gegend gut gearbeitete u. wohl klingende Instrumente für den angegebenen Preis ausfindig zu machen. Sehr gerne habe ich daher in Auftrag des Herrn Konsistorialraths GRASHOF Hochwürden bei dem Seminarlehrer ENGELHARDT in Soest Erkundigung über die Beschaffenheit der ₁ für das dortige Seminar von Münster bezogenen Instrumente eingezogen. Ich beeile mich die darüber mir zugegangenen Nachrichten dem Hochwürdigen Konsistorio in Abschrift mitzutheilen ₂ . ₃ Erst dann, wenn wir in den Besitz guter Instrumente gesetzt sind, wird man an das Seminar in musikalischer Hinsicht mit Recht strenge Forderungen machen können, u. ich bitte daher das Königliche Konsistorium recht dringend, die Einleitung zu dem Ankaufe der erforderlichen Instrumente für das Seminar zu treffen.[1]

Der S[emina]rdirector

Eigh. Entw., GStA PK, I. HA Rep. 76 Seminare, Nr. 10061: S. 17–18

[1] Siehe Brief vom 19. Januar 1825 (Nr. 108).

89

An Oberpräsident Karl Heinrich Ludwig Freiherr von Ingersleben, Koblenz

Moers, 20. September 1824

An des Herrn Geheimen Staatsministers und Oberpräsidenten Freiherrn von Ingersleben Excellenz in Coblenz.

Gemäß dem Befehle Ew. Excellenz vom 29ten Juli a. c. verfehle ich nicht, Ew. Excellenz hiermit ein Exemplar des über das Eigenthum des Seminars aufgestellten Inventariums ₁ zu überreichen. Daß ₂ dieses erst jetzt geschieht, wollen Ew. Excellenz hochgefälligst theils ₃ meiner ₄ Abwesenheit von 3 Wochen auf einer pädagogischen Reise[1], theils der ₅ Menge von ₆ täglichen Amtsgeschäften, welche meine Kraft ganz in Anspruch nehmen, zuschreiben. Dazu kommt noch, daß mir die Gewandtheit in dergleichen tabellarischen u. schematischen Arbeiten abgeht ₇ . Auch würde ich gezwungen sein, die mir zunächst obliegenden wichtigsten Lehrerpflichten zu verletzen, wenn ich es darauf anlegen wollte, in der Anfertigung von Berichten, Tabellen und Schematen einige Virtuosität zu erreichen.   Ich habe mir diese Bemerkung ₈ hier erlauben wollen, da ich, wie Ew. Excellenz verehrliches Rescript vom 2ten September[2] mir kund thut, nicht so glücklich gewesen bin, durch den unterm 12ten Mai c. erstatteten Jahresbericht das Hohe Ministerium der geistlichen etc. Angelegenheiten zu befriedigen. Ich glaubte ₉ vermuthen zu dürfen, das Hohe Ministerium durch einen mehr als 2 oder 3 Bogen langen Bericht zu ermüden, und ich weiß nicht, wie ich auf den Gedanken hätte kommen sollen, daß dieser Bericht zugleich als ₁₀ amtliche Rechenschaft über die Verwaltung des Amtes der Seminarlehrer angesehen werden würde; vielmehr würde ich gefürchtet haben, mir den Vorwurf des Mangels alles Gefühls der Schicklichkeit zuzuziehen, wenn ich in eigener Angelegenheit als Sprecher hätte auftreten wollen. Rechenschaft, glaubte ich, ₁₁ solle das Seminar nicht durch Berichte, sondern durch ₁₂ die jährliche Abiturienten-Prüfung und deren Resultate dem Königlichen Commissarius und durch denselben der Höheren und Höchsten Behörde ablegen. Nunmehr aber eines Anderen belehrt ₁₃ hoffe ich die Erwartungen eines hohen Ministerii in dieser Hinsicht zu befriedigen. Zugleich wünsche ich sehr lebhaft, daß Ew. Excellenz meine amtlichen Berichte stets genügend ausgearbeitet finden möchten. Sollte dieses gegen alle meine Hoffnungen und Wünsche nicht immer der Fall sein, so bitte ich Ew. Excellenz unterthänigst, ₁₄ hochgefälligst zu berücksichtigen, daß es mir unmöglich ist, ₁₅ so viel ängstliche Sorgfalt auf ₁₆ Berichterstattung zu verwenden, als ich es wohl wünschen möchte.[3]

Der Seminardirektor

Eigh. Entw., GStA PK, I. HA Rep. 76 Seminare, Nr. 10061: S. 18–20

[1] Siehe Brief an von Ingersleben vom 28. August 1824 (Nr. 84).

[2] Der Oberpräsident hatte Diesterweg am 2. September 1824 unterrichtet, daß Kultusminister von Altenstein (s. ds.) über den am 12. Mai erstatteten Jahresbericht „nicht befriedigt" sei. Diesterweg gebe „kein ganz klares und anschauliches Bild der Anstalt" und handele wichtige Gegenstände „allzu kurz und oberflächlich" ab. Von Ingersleben forderte Diesterweg auf, künftig Berichte „mit größerer Genauigkeit und Umständlichkeit zu erstatten und insbesondere auch auf die Fassung mehr Aufmerksamkeit zu verwenden" (GStA PK, I. HA Rep. 76, Seminare Nr. 10061: 149r).

[3] In seiner Antwort vom 24. September empfahl der Oberpräsident Diesterweg, „weniger Empfindlichkeit über das, was von Ihren vorgesetzten Behörden gefordert und erwartet wird, zu äußern: es werden keine strengeren Anforderungen an Sie als an alle übrige Directoren der Seminarien gemacht, deren Befriedigung auch überhaupt keine Virtuosität, wie Sie sich auszudrücken belieben, sondern nur eine einfache Befolgung des Vorgeschriebenen erfordert" (GStA PK, I. HA Rep. 76 Seminare, Nr. 10061: 154r).

90
An das Konsistorium der Provinz Jülich-Kleve-Berg, Köln

Moers, 24. September 1824

An das Königliche Hochwürdige Konsistorium zu Cöln.

Den Lectionsplan des Seminars für das bereits angetretene Schuljahr u.s.w. betreffend

Der § 11 des von dem Hochwürdigen Konsistorio durch verehrliches Rescript ₁ vom 11ten dieses ₂ mir mitgetheilten Reglements für das hiesige Schullehrer-Seminar ₃ setzt fest, daß der Seminardirektor jährlich in der Mitte des Juni einen speciellen Lections- und Stundenplan [4] entwerfe und bei der betreffenden Provincial-Behörde zur Bestätigung einreiche. Da dieses in diesem Jahre zu der festgesetzten Zeit nicht geschehen ist, so beeile ich mich, hiermit es nachträglich zu thun, damit wir die etwaigen Abänderungen und Verbesserungen des seit dem 6ten dieses M. zu Grund gelegten Lections- und Stundenplanes, [5] welche das Königliche Konsistorium vorschreiben möchte, alsbald zu benutzen in den Stand gesetzt werden möchten. Ich beehre mich daher, in der Beilage 1 den Grundplan des Reglements mit dem zu Grund gelegten Lections- und Stundenplane, [6] dessen Vertheilung auf die einzelnen Tage und Stunden der Woche die Beilage 2 enthält, übersichtlich zusammenzustellen, indem ich zugleich hiermit die Abweichungen des letzteren von dem reglementsmäßigen Lectionsplane, wie sie mir als in dem Verhältniß der Lehrer und dem Bedürfniß der Schüler begründet zu sein scheinen, durch einige Bemerkungen aus einander zu setzen mich bemühen werde.

Nach Vorschrift des Reglements [7] ist die festgesetzte Stundenzahl, welche dem Religionsunterricht gewidmet werden [8] soll, in unsern diesjährigen Lectionsplan aufgenommen worden. Zur Ausführung konnte aber bis jetzt dieser [9] Unterrichtszweig nicht gebracht werden, da, wie es dem Hochwürdigen Kosistorio bekannt ist, [10] der Religionslehrer des Seminars noch fehlt. Auch hat die früher bestandene provisorische Einrichtung, der zufolge der Religionsunterricht durch den Herrn Conrector ENGELS ertheilt wurde, dadurch aufgehört, daß derselbe mit der Annahme der Pfarrstelle in Inden von dem hiesigen Progymnasio seinen Abschied genommen hat. Wir sehen daher mit großer Sehnsucht [11] der definitiven [12] Ernennung eines Religionslehrers entgegen. Denn wenn wir Lehrer auch durch die täglichen Andachtsübungen den Mangel des religiösen Unterrichts den Zöglingen weniger fühlbar zu machen bemüht sind, so kann doch die dadurch hervorgebrachte Wirkung mit der beabsichtigten und dringend nothwendigen gar nicht verglichen werden.[1]

Wenn demnächst dem Religionslehrer wöchentlich 8 Stunden übergeben werden, so bleiben von den 66 Lehrstunden des jetzigen Lectionsplanes noch 58 zu besetzen übrig. Von diesen habe ich 18, Herr ERNST 26 übernommen; die übrigen 14 sind unter die beiden Seminaristen ELSERMANN und SCHÜRMANN so vertheilt, daß jener wöchentlich 10, dieser 4 Stunden zu geben hat. Nach den Kräften dieser beiden in der letzten Abiturientenprüfung entlassenen, nunmehr als Hülfslehrer auftretenden Zöglinge können sie am besten in den mathematischen Fächern gebraucht werden. Indessen ist von ihrem Unterrichte noch keineswegs das Resultat zu [13] verlangen, was man mit Recht von geübten und ausgebildeten Lehrern erwartet; weshalb es nothwendig sein wird, [14] jeden in den Unterrichtsgegenständen, welche ihm ganz oder theilweise anvertraut werden, wöchentlich einige Stunden mehr unterrichten zu lassen, als das Reglement festsetzt, damit sie in der größeren Zeit das wieder ersetzen, was an intensiver Gediegenheit ihres Unterrichts abgehen möchte. Daher [15] tritt die Zahlenlehre, welche in dem Reglement mit 5 und 2 Stunden bedacht ist, in unsrem Plane mit 6 und 4 Stunden auf, und die Formenlehre, welcher nach dem Reglement 2 Stunden zugemessen sind, ist mit 4 Stunden bedacht worden.[2] Der Seminarist ELSERMANN gibt demnach in der ersten Abtheilung alle Stunden der Zahlenlehre und in der [16] zweiten Abtheilung von den derselben zugemessenen 4 Lectionen 2 Stunden. Die beiden anderen habe ich übernommen, und es ist hierbei die Einrichtung so getroffen, daß [17] durch diese Zertheilung eines Gegenstandes unter 2 Lehrer kein Nachtheil entstehe. [18] Die beiden Hülfslehrer unterrichten, wie sich von selbst versteht, ganz nach dem ihnen vorgezeichneten Plane.

[19] Die übrigen Abweichungen [20] unsres Lectionsplanes von der Vorschrift des Reglements [21] sind folgende.

186

Nach unsrem Plane wird der Unterricht in der Geographie und Geschichte in combinirten Klassen betrieben, welches im Reglement anders festgesetzt ist.[3] Daß letztres den Vorzug verdiene, kann nicht geleugnet werden. Doch wird sich der Zweck des geographisch-historischen Unterrichts in Seminarien auch ganz vollständig auf andere Art erreichen lassen. Namentlich können ohne allen Nachtheil alle Seminaristen zugleich an dem Unterrichte der Geographie und Geschichte, wie Herr ERNST ihn ertheilt, Theil nehmen. Sein Lehrgang ist der von HARNISCH in dessen „Weltkunde"[4] angegebene, welches Werk eigens auf diejenigen Seminarien, worin [22] beide Klassen der Zöglinge in [23] einen Cursus vereinigt sind, wie dies in dem Seminar zu Breslau immer der Fall gewesen [24], besonders berechnet ist.

Die vorstehende Bemerkung findet auch ihre volle Anwendung in Bezug auf die Differenzen in den Unterrichtsgegenständen der Naturgeschichte und des Schönschreibens. [25] Ob man in der Naturgeschichte mit der Pflanzen- oder mit der Mineral- oder Thierkunde beginne, wird [26] keine wesentlichen Verschiedenheiten herbei führen.

Noch einer besonderen Rechtfertigung scheint aber die Aufführung der Pädagogik und Didaktik mit <u>vier</u> Stunden wöchentlich zu bedürfen. Ich halte es für unmöglich, in 2 Stunden auch nur einiges Erhebliche in diesem [sic!] für [27] die Bildung der Schullehrer höchst wichtigen Unterrichtszweigen zu leisten, [28] wenigstens darf man es als Regel aufstellen, daß die meisten Seminarien bis jetzt die Aufgabe, welche der pädagogisch-didaktische Unterricht aufgibt, noch nicht gelöset haben. Und daran ist gewiß zum Theil die allzu beschränkte Zeit, welche man dafür ausgesetzt hat, Schuld.[5] Nach meiner Ansicht [29] muß, wie dies auch der 21te § des Reglements anerkennt, der Unterricht in den genannten Gegenständen, von der Kenntniß des Menschen, nach leiblicher und geistiger Seite, ausgehen. [30] Und die Aufgabe, den Zöglingen, wie wir sie erhalten und wie sie im Anfange des zweiten Jahres noch sind, eine klare Einsicht in die Natur des menschlichen Geistes zu verschaffen, gehört gewiß nicht mehr zu den leichten Aufgaben, zu deren Lösung nicht wenig Zeit erforderlich ist. [31] An diese populären psychologischen Erörterungen schließt sich [32] sehr zweckmäßig [33] eine ausführlichere Lehre von den Formen des Erkenntnißvermögens dh. eine populäre Logik an, ungefähr so, wie sie DOLZ in seinem Werkchen[6] aufstellt. Denn wenn man auch theils die Sprache, theils Mathematik dazu benutzen kann, das Wesentlichste der [34] Denkformen und Gesetze klar zu machen, so scheint mir die Sache für den Lehrer doch von zu großer Wichtigkeit, als daß man blos bei Gelegenheiten [35] das Wichtigste mitzunehmen suchen sollte. Und wenn nun die Zöglinge doch auch [36] zum Bewußtsein der Gesetze und Regeln der katechetischen und sokratischen Lehrweise gelangen und darin zu Versuchen angeleitet [37], zugleich, wie es das Reglement vorschreibt, den Zöglingen eine klare Übersicht der allgemeinen Grundsätze der Methoden- Unterrichts- und Erziehungslehre verschafft, und damit der Unterricht über die Grundsätze der Disciplin und Schullehrerklugheit, nebst einer Anweisung über die zur weiteren Ausbildung und Vervollkommnung schon angestellter Lehrer führenden zweckmäßigsten Mittel verbunden werden soll, so [38] weiset der pädagogischdidaktische Unterricht dem Lehrer ein Feld von solcher Wichtigkeit für die Geistesbildung der Zöglinge und von so großer Ausdehnung an, daß er [39] des angestrengtesten Nachdenkens und der möglich besten Benutzung der Zeit nicht überhoben sein wird, wenn er in einem Jahre, in 4 wöchentlichen Stunden die schwere Aufgabe vollständiger lösen will, als dies in den meisten Seminarien der Fall zu sein scheint.[7]

Endlich erwähne ich noch, daß wir mit 7 wöchentlichen Stunden in dem <u>Clavier</u>- und <u>Orgelspiel</u> unmöglich ausreichen können; die darauf verwendete Zahl von 10 Stunden wird nur den dringendsten Bedürfnißen genügen, obgleich wir uns noch der [40] weiter geförderten Spieler zur Nachhülfe bei den schwächeren bedienen.[8]

Außer den bisherigen den Lections- und Stundenplan betreffenden Bemerkungen sei es mir noch vergönnt, folgende Gegenstände der Beurtheilung des Hochwürdigen Konsistorii vorzulegen.

1. Der 40te § des Reglements setzt fest, daß diejenigen Zöglinge welche nicht innerhalb des ersten Jahres solche Fortschritte machen, daß von ihnen wenigstens eine hinlängliche Befähigung am Schluße des ganzen Seminarcursus zu erwarten ist, vor Anfang des zweiten Jahres zur Ergreifung einer anderen Beschäftigung im bürgerlichen Leben angewiesen werden sollen. Da das Reglement es unbestimmt läßt, $_{41}$ auf welche Weise diese Entlassung statt finden, ob dieselbe von dem Königlichen Konsistorio ausgesprochen oder ob sie vom Direktor des Seminars ausgehen soll, so wünschte ich, daß das Königliche Konsistorium das Nähere darüber festsetzen möge. Allerdings ist es wünschenswerth, daß die Prüfung der Aspiranten möglichst vollständig und gründlich vorgenommen werde, um Unfähige gleich von vorn von der Anstalt abzuweisen, aber nicht leicht wird es $_{42}$ Menschen gelingen, daß $_{43}$ sie sich nicht in der Beurtheilung dieses oder jenes Jünglings irren; zugleich wird auch der Fall eintreten, daß ein $_{44}$ Jüngling den Erwartungen, zu denen er Hoffnung gab, nicht entspricht. Darum wird sich bei aller Umsicht und Vorsicht auch in der Folge, wie gegenwärtig bei den am 6ten dieses aufgenommenen Zöglingen, der Fall ereignen, daß dem einen oder anderen der Rath gegeben werden muß, einen andren Lebensberuf zu ergreifen. Und in dieser Hinsicht wünschte ich allerdings, daß ich ohne Zeitverlust, obgleich darum nicht ohne menschenfreundliche aber pflichttreue Besonnenheit, denjenigen welcher keine begründete Hoffnung gewährt, daß $_{45}$ er ein guter Schullehrer werden könne, $_{46}$ ohne vorherige Berichterstattung an die dem Seminar vorgesetzte Behörde, zu entlassen $_{47}$ ermächtigt werden möge.[9] Das Hochwürdige Konsistorium wird $_{48}$ meiner Versicherung Glauben beimessen, wenn ich behaupte, daß ich durch die vielen mit meinem Amte verbundenen außerwesentlichen Arbeiten, und zugleich durch die Menge von Berichten und Anfragen, die mir theils an des Herrn Oberpräsidenten Excellenz, theils an das Hochwürdige Konsistorium, theils an die Königliche Regierung zu Düsseldorf obliegen, in dem Grade beschäftigt werde, daß ich den mir obliegenden nächsten und wichtigsten Pflichten nicht die gehörige Aufmerksamkeit zu schenken im Stande bin. Daher muß mir daran gelegen sein, den Geschäftsgang möglichst abzukürzen.

2. Nach dem $_{49}$ 28ten § des Reglements sollen die Nachmittage an den Mittwochen und Sonnabenden zum Theil für den Unterricht in der Obstbaumzucht und im Gartenbau, und dazu nach § 52 der vor dem Thore gelegene Garten hauptsächlich benutzt werden. $_{50}$ Da es $_{51}$ den Seminaristen an der nöthigen Unterweisung in den genannten Gegenständen bisher gefehlt hat, auch die Ausführung des früheren Planes des Herrn VINNMANN bedeutenden Schwierigkeiten unterworfen ist, so hat bisher in der genannten Hinsicht wenig oder nichts geschehen können.[10] Auch fehlt es wirklich zu einem einigermaßen ausgedehnten Unterricht in diesen Zweigen, die doch stets $_{52}$ nur eine sehr untergeordnete Berücksichtigung verdienen, den Zöglingen an Zeit. Indessen wird, wie wir hoffen, durch $_{53}$ den ehemaligen Seminaristen FISCHER, welcher als 2ter Lehrer der hiesigen Elementarschule hieher zieht, und welcher in dem verflossenen Monat den Unterricht in der Obstbaumzucht bei dem Hofgärtner WEIHE benützt hat, das Nothwendigste in der Folge geleistet werden können. Indem ich mir es vorbehalte, darüber zu seiner Zeit dem Königlichen Konsistorio $_{54}$ umständliche $_{55}$ Nachrichten zu geben, wünsche ich, daß es mir fernerhin vergönnt sein möge, die für die genannten Zwecke nicht erforderlichen Theile des Gartens zum Gemüsebau für meine Familie benutzen zu dürfen. Ein geehrtes $_{56}$ Rescript des Königlichen Konsistorii vom Jahre 1820 sagt mir die Benutzung eines Gartens zu, und da wir in dem ländlichen Mörs

eines Gemüsemarktes entbehren, so bleibt jeder Familie nichts anders übrig, als für ihren Bedarf selbst zu sorgen.[11]

3. In dem verehrlichen Rescripte des Königlichen Konsistorii vom 30ten Juni K. 489 wird mir $_{57}$ aufgetragen, den Violinlehrer WITZKA zu einem Berichte über die Art $_{58}$ seines Unterrichts im Violinspielen aufzufordern. Ich möchte hiermit, da $_{59}$ WITZKA erst $_{60}$ kurze Zeit diesen Gegenstand betreibt, das Königliche Konsistorium $_{61}$ bitten, dem WITZKA vorerst diesen Bericht zu erlassen, da $_{62}$ ihm selbst in der Anfertigung eines solchen die nöthige Gewandtheit abgeht. Vorerst geht sein eifriges Bestreben dahin, die Zöglinge zu dem richtigen Spielen der Tonleitern anzuführen, wobei er die „Violinschule von RODE, KREUTZER und BAILLOT, von dem Conservatorium der Musik in Paris beim Unterricht eingeführt, Mainz in der Hofmusikhandlung"[12] zu Grund legt.

4. $_{63}$ Zugleich verfehle ich nicht, $_{64}$ dem § 9 des Reglements gemäß $_{65}$, zu berichten, daß $_{66}$ die von der Königlichen Regierung zu Düsseldorf am 4ten August dieses Jahres examinirten und zum Eintritt in die Anstalt hieher beschiedenen 16 $_{67}$ Jünglinge, mit Ausnahme zweier (von denen der eine durch ein ärztliches Zeugniß als krank gemeldet, jedoch der Genesung entgegen gehend, noch erwartet werden muß, indeß der zweite erst am 22ten hier eintraf, weil das an ihn gerichtete Schreiben der Königlichen Regierung sich auf der Post verirrt hatte) am 5ten September hier eingefunden haben, $_{68}$ und den Tag darauf am 6ten dieses $_{69}$ in die Anstalt aufgenommen worden sind. $_{70}$ Die 2te (obere) Klasse besteht demnach aus 13, die erste aus 16 Zöglingen.[13] Von den am 3ten August Entlassenen sind 4 wieder hieher zurückgekehrt, um auf ihre Kosten $_{71}$ noch einige Zeit hier weiterzubilden [sic!]. Diese wohnen in der Stadt und die Aufsicht über sie ist eine entferntere geworden. Rechnet man zu diesen noch die beiden Hülfslehrer ELSERMANN und SCHÜRMANN, so beläuft sich die $_{72}$ Zahl der dem Seminar gegenwärtig angehörigen Jünglinge auf 35.

5. $_{73}$ Endlich wollte ich es mir noch erlauben, die Aufmerksamkeit des Hochwürdigen Konsistorii auf die Ersprießlichkeit der Ausführung des § 41 des Reglements hinzulenken. So lange nicht alle Schulamtskandidaten evangelischer Confession des Regierungsbezirks Düsseldorf, sie mögen ihre Bildung in oder außer dem Seminar erhalten haben, von derselben Commission, gleichzeitig mit den Zöglingen des Seminars, ganz nach denselben Grundsätzen geprüft werden, so lange wird es dem Seminar nicht gelingen, sich einer bedeutenden Einwirkung auf $_{74}$ sämtliche Schulamtskandidaten der Provinz zu bemächtigen.[14]

Eigh. Entw., GStA PK, I. HA Rep. 76 Seminare, Nr. 10061: S. 20–28

[1] In der ausführlichen Antwort vom 21. Oktober 1824 lehnte das Konsistorium die Einstellung eines dritten Lehrers aus finanziellen Gründen ab. Diesterweg sollte nach Rücksprache mit Superintendent Roß (s. ds.) wieder einen Geistlichen aus der Region für den Unterricht vorschlagen (GStA PK, I. HA Rep. 76 Seminare, Nr. 10061: 162^r-165^r). Siehe auch Aktenvermerk vom 4. August 1824 (Nr. 82), Anmerkung 4.

[2] Diese Mehrstunden, so das Konsistorium, seien nicht im Lektionsplan zu berücksichtigen. Überdies rügte es die Stundenverteilung zugunsten der mathematischen Themen; das Reglement sehe eine geringere Stundenzahl vor. Darin offenbare sich „das der Anstalt bisher schon nicht ohne Grund vorgeworfene Ueberschreiten der für die Bildung der Elementarlehrer angemessenen Gränze des mathematischen Unterrichts". Diesterweg müsse hier eine „weise Beschränkung" walten lassen (vgl. GStA PK, I. HA Rep. 76 Seminare, Nr. 10061: 162^r-165^r).

[3] Das Konsistorium untersagte diese Vorgehensweise mit sofortiger Wirkung, da besonders der geschichtliche Unterricht zu bedeutsam für die „Gemüthsbildung" der Seminaristen sei. Diesterweg wur-

de aufgefordert, in der unteren Klasse Geographie, in der oberen Geschichte unterrichten zu lassen und dafür einen speziellen Lehrplan zur Bestätigung einzureichen (ebenda).

[4] Harnisch, Christian Wilhelm: Die Weltkunde, ein Leitfaden bei dem Unterricht in der Erd-, Mineral-, Stoff-, Pflanzen-, Tier-, Menschen-, Völker-, Staaten- und Geschichtskunde. Breslau: Graß 1817.

[5] Das Konsistorium genehmigte die Erhöhung „nur für das jetzige Bedürfniß" und warnte darüber hinaus, den Unterricht „in ein zu philosophisches Gewand einzukleiden", welches für die Mehrheit der Seminaristen ungeeignet sei (vgl. GStA PK, I. HA Rep. 76 Seminare, Nr. 10061: 162ʳ-165ʳ).

[6] Vermutlich ist gemeint:
Dolz, Johann Christian: Kleine Denklehre als Vorbereitung zu schriftlichen Aufsätzen. Leipzig: Barth 1807.

[7] Das Konsistorium warnte Diesterweg in seiner Antwort davor, „diesen Unterricht nicht in ein zu philosophisches Gewand einzukleiden, welches vielleicht für einige ausgezeichnete Talente passend, für die Mehrzahl aber gewiß ungeeignet sein würde" (vgl. Ottsen, Otto: Diesterweg in Mörs, größtenteils nach Urkunden bearbeitet. Moers 1918, S. 40).

[8] Die erhöhte Stundenzahl wurde genehmigt.

[9] Diesen Vorschlag lehnte das Konsistorium als „unzulässig" ab.

[10] In einem nicht überlieferten Schreiben an das Konsistorium vom 16. Januar 1824 berichtete Diesterweg vom Anerbieten des Herrn Vinmann (s. ds.), die Seminaristen unentgeltlich in Obstbaumzucht und Landwirtschaft zu unterrichten. Das Konsistorium nahm das Angebot mit Dank und der Bemerkung an, daß eine finanzielle Anerkennung nicht in Aussicht gestellt werden könne (vgl. GStA PK, I. HA Rep. 76 Seminare, Nr. 10061: 162ʳ-165ʳ). Siehe auch Aktenvermerk vom 30. Juli 1824 (Nr. 80).

[11] Diesterweg erhielt die Erlaubnis mit der Einschränkung, auf Unterrichtszwecke zu gegebener Zeit Rücksicht nehmen zu müssen.

[12] Baillot, Pierre-Marie François, Kreutzer, Rudolphe, und Rode, Pierre: Violinschule des Conservatoriums der Musik in Paris. Leipzig 1803.

[13] Das Konsistorium forderte unverzüglich ein Verzeichnis und eine Beurteilung der neu eingetretenen Seminaristen an.

[14] Das Konsistorium stellte eine Entscheidung in Aussicht. Siehe auch Aktenvermerk vom 30. Juli 1824 (Nr. 80), Anmerkung 1, und den Brief an Roß vom 29. September 1824 (Nr. 91).

91
An Wilhelm Johann Gottfried Roß, Budberg

Moers, 29. September 1824

An des Herrn [1] General-Superintendenten Ross Hochwürden in Budberg.

Ob es gut sei, sämmtliche evangelische [2] Kandidaten [3] der Elementarschulen des Regierungsbezirks Düsseldorf in dem hiesigen Seminar zu bilden, und nur Zöglinge dieser Anstalt [4] bei der Prüfung der Elementarlehrer zuzulassen, über diese Frage wünschen Ew. Hochwürden meine Meinung zu vernehmen. Indem ich mich hiermit beehre, ₐdieselbeₐₗ niederzuschreiben, kann ich nicht unterlassen, zu bemerken, daß meine Stellung [5] vielleicht nicht die günstigste zur vorurtheilsfreien und unbefangenen Beurtheilung des fraglichen Gegenstandes ist, indem ich zu viel in, nicht über der Sache stehe, und für dieselbe als eine der wichtigsten für das Seminar selbst, mich zu lebhaft interessiren muß, um meine Ansicht nicht unter einem zu großen, oder gar falschen Gesichtswinkel zu ᵦerblickenᵦₗ.

190

Nur die Gewißheit, daß die Vorbereitung für das Schulamt (= Elementarschul-Amt jetzt und fernerhin) ohne Seminarien eine durchaus ungenügende, höchst mangelhafte und den Bedürfnissen der Zeit gar nicht mehr angemessene sei, konnte die Idee der Einrichtung eigener Anstalten zur Bildung _cder Volksschullehrer_{cǀ} eingeben, und ihre Ausführung und den ₆ dadurch herbeigeführten Kostenaufwand rechtfertigen. ₇ Diese Gewißheit ist eine unumstößliche, überall auch durch die Erfahrung bestätigte. Wenn auch hin und wieder einzelne Jünglinge gute Vorkenntnisse und hinreichend praktische Fertigkeit für das Schulamt in dem Examen bewährten, so gehörten diese Erscheinungen immer und überall zu den seltenen Ausnahmen, welche gleich Sternen oder Sternchen in der dunkeln Nacht glänzend oder schimmernd hervortraten, dadurch aber zugleich die weite Verbreitung der Nacht um so anschaulicher vorzeigten. _{dǀǀ}

Im Allgemeinen aber durfte man nicht darauf rechnen, unter 100 Examinanden 10 genügend befähigte herauszufinden. Und fragte man bei diesen 10 nach einer allgemeinen menschlichen Bildung oder nur nach einer guten Grundlage zu derselben, so mußte man froh sein, wenn sich die Zahl _e10_{eǀ} nicht auf Null reducirte. So ist und war es in allen Provinzen Deutschlands, in welchen keine Seminarien, oder keine von Seminarien anderer Provinzen gebildete Volksschullehrer gewirkt haben. Fragen wir nach, welcher Schulpfleger und Lehrer in unserm Regierungsbezirk für Lehrerbildung bis jetzt am meisten gewirkt habe, so wird uns ein ₈ Zögling des Berliner Seminars genannt. Daß die Seminarien, selbst wenn die Zeit der Bildung der _fZöglinge_{fǀ}, was nicht zu wünschen ist, auf 2 Jahre beschränkt bleiben sollte, ungleich mehr leisten und leisten müssen, als von diesem oder jenem vorzüglichen einzelnen Lehrer nebenher hervorgerufen werden kann, daß 2, 3 und mehr Männer, welche einzig und allein ihre Kraft auf den _geinen_{gǀ} Gegenstand der Berufsbildung hinrichten, welche von dem Staate so gestellt sind, daß man von ihnen voraussetzen darf, daß sie sich nicht unter dem dem pädagogischen Heer nachziehenden Troße befinden_{h,hǀ} daß diese Männer ₉ mit vereinten Kräften, lebend in und mit den _iZöglingen_{iǀ}, welche ihre ganze Kraft u. Aufmerksamkeit ihrem Lebenszwecke wenigstens 2 Jahre ausschließlich zuwenden können und ₁₀, wie zugleich voraus gesetzt werden muß, eine gediegene theoretische und praktische Anleitung erhalten, ₁₁ mehr, ungleich mehr leisten, den Grund zu einer tüchtigen Menschen- und Lehrerbildung viel tiefer legen können, als dieses selbst unter den günstigsten Umständen dem Einzelnen verstattet ist, bedarf keines Beweises.   Aus dieser untrüglichen Gewißheit ziehe ich nun gleich den Schluß, daß, da die Seminarbildung nicht nur im Allgemeinen besser, sondern auch in den meisten, ja in fast allen möglichen und denkbaren Fällen mehr leistet, als jede andere dem Belieben Einzelner und glücklichen oder unglücklichen Umstände überlassene Vorbereitung zum Lehramte, auch da, <u>wo Seminarien bestehen, nur Zöglinge dieser Seminare für anstellungsfähig erklärt werden müssen.</u>[1] Erlauben Sie, werther Herr Generalsuperintendent! daß ich dieser Behauptung ₁₂ einige Erläuterungen nachsende_{j·jǀ}

1. ₁₃ Ohne diese Verordnung _kfehlt_{kǀ} ₁₄ dem Seminar die zum Gedeihen seiner Wirksamkeit unentbehrliche ₁₅ öffentliche Achtung. –

Ich setze voraus, daß (ich will ganz im Allgemeinen sprechen) die Regierung sich von dem Werthe, der zweckmäßigen Einrichtung, überhaupt von der Gediegenheit ihres Seminars überzeugt habe (und wäre dies nicht der Fall, so folgte daraus nur, daß man dem Seminar diese Einrichtung gebe). Eine solche Regierung wird alsdann _lgewiß auch_{lǀ} gerne und öffentlich diese Achtung und zwar dadurch aussprechen, daß sie erklärt, sie _mhalte_{mǀ} sich überzeugt, daß in ihrem Seminar vorzugsweise tüchtige Schulamtskandidaten gebildet, daß daher auch diese vor allen anderen zur Anstellung für ₁₆ würdig erklärt würden. – Wollte man einwenden, daß eine gediegene Anstalt sich schon selbst in Achtung und Ansehen [17] setzen könne, so ist dies allerdings wahr [n], aber welch langer[nl] Weg zum Ziele? Wie viele Zeit verfließt, bis [18] die junge Anstalt die jedem Neuen entgegen wirkenden Vorurtheile besiegt, bis sie es dahin gebracht hat, ihre Zöglinge in's Amt zu bringen; wie viele Zeit, bis diese durch die vollendete Bildung ihrer Schüler und Zöglinge [19] gezeigt haben, welche Früchte die Anstalt bringe, in welcher sie gebildet wurden? Leicht vergeht darüber mehr als 1 Jahrzehend, und wozu dieser traurige [o]Verzug[ol]?

Als im J. 1817 die Herzoglich-Nassauische Regierung das Seminar in Idstein errichtete [20], schrie und lärmte man durch das ganze Land, in der Erinnerung an die früheren halb lateinischen und halb deutschen Seminaristen des alten Seminars. Unbekümmert um diesen Rumor befahl die Landes-Regierung, daß nur Zöglinge der neu errichteten Anstalt zu Schullehrern ernannt werden sollten. Und schon nach 3 Jahren dankte man der [21] Regierung für eine Maaßregel, welche man Anfangs bekrittelt hatte. Seitdem ist ein lebendiger Schwung unter die Schullehrer des Nassauischen Landes gekommen; alles bessere Neue des Seminars und seiner Schule geht unmittelbar, nicht durch tausend Um- und Schleichwege, in's Leben über, und selbst bejahrte Männer wetteifern mit einander, nicht zurück zu bleiben hinter den Seminaristen. Und doch ist es in dem Regierungsbezirk Düsseldorf noch [22] [p]ungleich nöthiger[pl], nur Zöglinge des Seminars zu vakanten Stellen zu befördern als in dem Nassauischen, weil hier einzig und allein die Landesregierung die Stellen vergibt, dort aber den Gemeinen das [23] Recht zusteht, eine Dreizahl von Candidaten zu wählen und dieselben der Regierung vorzuschlagen.[2] Würden die Stellen unmittelbar von der königlichen Regierung, ohne Einfluß der betreffenden Gemeinde besetzt, so möchte man auch außer dem Seminar Schullehrer bilden lassen; die Königliche Regierung könnte dann ihrer Überzeugung von der größeren Tüchtigkeit dieser oder jener Candidaten folgen [24]: So aber, wo die Regierung an die 3 wahlfähigen, von der Gemeinde vorgeschlagenen Subjecte gebunden ist, könnte leicht der größte Theil der Vortheile, welche das Seminar der Provinz zu bringen bestimmt ist, verloren gehen, wollte man nicht dafür sorgen, daß die Zöglinge des Seminars alsbald in's Amt treten. – Daß die einzelnen Gemeinden der Provinz nicht das gehörige Vertrauen zu den Zöglingen des Seminars [qll] besitzen, geht aus der Thatsache hervor, daß es sich dieselben herausnehmen, die von der Königlichen Regierung zu Düsseldorf für wahlfähig erklärten, in der Abiturienten-Prüfung bestandenen Jünglinge noch einmal [r]privatim[rl] auf die Probe zu stellen, und es ist fürwahr traurig genug, daß ein wohl vorbereiteter, mit ehrenvollem Zeugniß entlassener Jüngling durch äußerlich bedrängte Umstände sich in der Nothwendigkeit befindet [25], vor einem Wahlkollegium, das zum Theil aus Bauern besteht, [sll] einer [t]neuen[tl] [26] Prüfung seiner Geschicklichkeit im Singen, Katechisiren, Predigt vorlesen und anderen Äußerlichkeiten zu [27] unterziehen. Dem Allen würde auf einmal vorgebeugt, wenn die Königliche Regierung bekannt machte, daß nur Zöglinge des Seminars auf die Wahlliste gebracht werden dürfen. Die Königlich Preußischen Regierungen stehen auch überall so, daß eine solche Erklärung [28] allen Vorurtheilen und Grimassen auf einmal ein Ende machen wird. Mir ist es keinen Augenblick zweifelhaft, daß in den nächsten, vielleicht [u]vielen[ul] Jahren, jeder Nicht-Seminarist einem Seminaristen von den Gemeinden vorgezogen werden wird. Ich kann mich über diese Erscheinung auch gar nicht wundern, da sich mit dem weitverbreiteten Vorurtheil gegen die Seminarien im Allgemeinen in unserer Provinz die Erinnerung an die miserablen Subjecte des ehemaligen Wesel'schen Seminars[3] verbindet, wozu noch kommt die [29] Eingenommenheit Vieler gegen alles, was neu ist, oder neu scheint, und die Abneigung Einiger gegen die Anstalt, schon des wegen, weil sie eine Staatsanstalt ist.

2. Ohne die genannte Einrichtung erreicht das Seminar ᵥseinen Zweckᵥₗ zum Theil gar nicht.

In dem Seminar sollen die Zöglinge nach den Vorschriften des Reglements gebildet, sie sollen mit den besten Erziehungs- und Unterrichtsgrundsätzen theoretisch und praktisch bekannt gemacht werden, ᵥdamitᵥₗ <u>sie das Bessere in die Schulen des Landes einführen.</u> Wie aber, wenn diese Zöglinge Jahre lang auf Anstellung warten, inzwischen aus öko-nomischem Drange Schreiber und Copisten werden, oder andere mit ihrem Lebensrufe unverträgliche Geschäfte ergreifen müßen? Wie, wenn sie genöthigt sind, Unterlehrer zu werden bei solchen Lehrern, ₃₀ welche sich wahrhaftig von den Anfängern nicht belehren lassen, sondern dieselben nöthigen, sich in den alten Schulschlendrian hinein zu zwingen, was um so leichter ist, da unsre Zöglinge selbst seit 2 Jahren von demselben entwöhnt worden sind? Wo bleiben dann die erwarteten Früchte einer besseren Pädagogik? Sie redu-ciren sich auf Nichts. Oder ₃₁ ist das Hauslehrerleben in den Familien, wie sie meistens sind, eine zweckmäßige Vorbereitung für eine *[sic!]* öffentliches ₓElementarschulamtₓₗ in der Stadt und auf dem Lande? Nur die vermögenden Familien nehmen Hauslehrer an. Welche offenbaren Nachtheile, welche den Lebenszweck des jungen Mannes oft geradezu vernichtende Richtung erhält derselbe dadurch! ₃₂ Von ₃₃ unsren 13 Abiturienten der ᵧFrühlingsprüfungᵧₗ 1823 sind 8 derselben bis heute Hauslehrer, von welchen kein Einziger eine Stelle auf dem Lande, entfernt von einer Stadt, sich wünscht, ᵤund von welchen wahr-scheinlich auch kein Einziger mehr auf das Land paßtᵤₗ. Was hat nun die Einfachheit, in welcher sie im Seminar erzogen worden sind, geholfen?⁴

Nein wahrhaftig, wenn man den Zweck will, so muß man auch die Mittel wollen. Wird der Seminarist, welcher Jahre lang Hauslehrer gewesen ist, endlich zu einer Landschule beför-dert, so kommt er in einen ihm gar nicht mehr zusagenden ₃₄ Lebenskreis; an genußreiche Lebensart und Bedürfnisse aller Art gewöhnt fühlt er sich unwohl unter den Bauern und Bauernkindern. Er ging vielleicht mit einem vortrefflichen Sinne aus dem Seminar heraus, bescheiden, anspruchlos, unverwöhnt und sich glücklich preisend, bald eine kleine Stelle zu erhalten, und nun, ₃₅ nach einigen Jahren, finden wir in ihm den unzufriedenen Men-schen. – Wenn die Einrichtung so bleibt, wie sie gegenwärtig ist, ohne daß Veranstaltungen getroffen werden, daß die Zöglinge des Seminars alsbald in's Amt kommen, so bleibt ₃₆ der bei weitem größeren Zahl der Abiturienten nichts übrig, als, wenn sie ihrem Berufe nicht untreu werden wollen, Hauslehrer zu werden. Nach meiner Ansicht wird dadurch das Bäumchen, dem wir im glücklichsten Falle zu einigem Laubschmuck und zum Anfange der Knospenbildung verhelfen, entweder an der Wurzel rasirt oder zur unzeitigen Hervorbrin-gung tauber Blüten veranlaßt. – Es geht mir an's Herz, wenn ich an dieses vorauszusehen-de, nur allzu gewisse Welken schön aufblühender Hoffnungen denke. Und wie kann man das Hauslehrerwesen überhaupt als eine geeignete Durchgangsperiode für den Seminari-sten von der Anstalt bis zum öffentlichen Schulamte halten, da er als Seminarist eine ganze Schulklasse zu unterrichten, angeleitet wurde, was er als Hauslehrer nothwendig wieder verlernt. Denn was man noch nicht vollständig kann, geht ohne fortgesetzte Übung ₐₐals-baldₐₐₗ wieder verloren.

Die noch folgenden Gründe ₃₇ für ₃₈ die ausgesprochene Meinung scheinen mir zwar nicht unerheblich, behaupten jedoch gegen die früheren einen untergeordneten Rang. Ich will ₃₉ die mir gegenwärtigen neben einander stellen, obgleich ich in diesem Augenblicke ₐᵦge-wißₐᵦₗ nicht alle Gründe für die Sache zu nennen in Stande bin.

3. a. Es $_{40}$ scheint billig, daß die Zöglinge des Seminars den Vorzug erhalten wegen des Kostenaufwandes, $_{41}$ wozu sie durch ihren mehrjährigen Auffenthalt im Seminar veranlaßt wurden. Zwar erhalten die Dürftigen aus Königlichen Gnadenmitteln Stipendien, welche den Dank der Einzelnen und des Ganzen mit Recht in Anspruch nehmen; doch erhält in der Regel keiner so viel, daß es nicht noch des Zuschusses einer namhaften, für die Vermögensumstände der Eltern in der Regel bedeutenden Summe bedürfen sollte. Und dazu werden sich die Eltern fernerhin nur alsdann entschließen, wenn sie die Zukunft ihrer Söhne dadurch gesichert sehen. –

b. Die mitunter trübe Aussicht der Abiturienten in Hinsicht auf baldige Anstellung und Lebensversorgung nach ihrer Entlassung aus dem Seminar macht sie bekümmert, muthlos und matt, schon in der Anstalt. Täuschen wir uns nicht mit der chimärischen Hoffnung, daß es der Anstalt und ihren Lehrern – selbst deren fortwährende Begeisterung für die Sache der Jugendbildung vorausgesetzt und mit in Anschlag gebracht – gelingen würde, alle $_{ac}$Zöglinge$_{acl}$ mit der reinsten, uneigennützigsten$_{ad}$, begeistersten *[sic!]* $_{adl}$ Liebe zum Schulamte $_{ae}$in dem Grade$_{ael}$ $_{42}$ zu erfüllen, daß sie über alle Schwierigkeiten siegend, nur einzig den reinen Zweck ihrer Bildung und derer, welche sie dereinst bilden sollen, im Auge behalten. Der Mensch bedarf in der Regel zur Erstrebung edler Ziele auch der äußeren Erreger. Vergessen wir nicht, welche Erziehung, welche Lebensansicht, welche $_{43}$ Geistesrichtung den uns übergebenen Zöglingen von ihrer Geburt bis zum vollendeten 16ten (jetzt 17ten) Jahre aufgedrückt worden ist, so werden wir uns nicht wundern, wenn wir gewahr werden, daß die Zwecke des Seminars ohne alle äußere Begünstigung größtentheils in das Unerreichbare hinaus geschoben werden.

c. Nur durch die Ausführung der bisher vertheidigten Behauptung gewinnt das Seminar alsbald das rechte Verhältniß zur Provinz. Man hat es erkannt, daß nicht jedes Seminar in jeder Provinz an seiner Stelle stünde. Die Anstalt soll sich den Bedürfnißen und dem Standpunkte der Provinz, für welche sie wirkt, anschließen; und umgekehrt, die bereits angestellten Lehrer der Provinz sollen Empfänglichkeit gewinnen für das bessere Neue, welches von der Anstalt ausgeht. Und dieses wird nicht hauptsächlich erwirkt durch Schriften, obgleich auch diese dazu mitwirken können, sondern dadurch, daß die nicht im Seminar gebildeten Lehrer durch die Anschauung in den Schulen, welche von den Zöglingen des Seminars verwaltet werden, von der Ersprießlichkeit des Besseren überführt werden$_{af}$;$_{afl}$ dadurch, daß sie gewissermaßen genöthigt werden, ihre Blicke auf die Anstalt, aus welcher nun einzig und allein die Schulamtskandidaten hervorgehen, zu richten und sich um die Einrichtung derselben zu bekümmern.

d. Schon an vielen Orten ist die vorgeschlagene und projectirte Einrichtung in's Leben getreten, und überall hat sie sich bewährt. So im Nassauischen, in Rheinbaiern[5]; in Hessen-Darmstadt wird sie begehrt. Ersteres kenne ich aus eigener Anschauung$_{ag}$,$_{agl}$ das zweite durch $_{44}$ Briefwechsel mit dem Director BALBIER in Kaiserslautern; in Ansehung des dritten berufe ich mich auf die Schrift des Regierungsrath HESSE in Mainz: „Die Schullehrer-Bildungsanstalt zu Friedberg Mainz 1823".

^{ahll}

Ich glaube, daß ich hier abbrechen kann. Die $_{ai}$Menge$_{ail}$ der Gründe für eine Sache entscheidet ja nicht allein über den Werth und Gehalt derselben. Erlauben Sie nur noch, daß ich einigen möglichen Einwürfen gegen meine Meinung mit wenigen Worten begegne$_{aj}$·$_{ajl}$

1. Daß sich kein Kasten- oder Innungswesen in das Schulwesen einschleiche, keine Einförmigkeit, Einseitigkeit oder Halbheit, wenn alle Schulamtskandidaten einer Provinz

194

in ₐₖeinerₐₖₗ Anstalt gebildet werden, dafür garantirt die Mehrheit der Lehrer an derselben, welche nie ₄₅ in allen Ansichten ₄₆ Richtungen, Methoden u.s.w. harmoniren und nothwendig ein vielseitigeres Produkt liefern werden, als ein einziger andrer Lehrer ₄₇ ; dafür garantirt die Forderung unsres nunmehr bestätigten, von einer freien Ansicht der Bildung der Seminarzöglinge durchdrungenen Reglements; dafür bürgt endlich die beständige Aufsicht der vorgesetzten Behörde auf die Anstalt, überhaupt der ganze Geist ₐₗunserrₐₗₗ Regierung.

2. Auch ist es undenkbar, daß die Gemeinden die gewünschte Verordnung als eine drückende Beschränkung ihrer Rechte und Freiheiten ansehen sollten. Haben sie ja doch immer unter einer Menge von Candidaten die Wahl. Und sollte hier und da jenes Vorurtheil oder ₐₘₗₗ Vormeinung einen Augenblick sich äußern, so wird die Erfahrung die Nichtigkeit desselben alsbald nachweisen, wie es im Nassauischen der Fall gewesen. Auch darf man, soll anders das schlechtere Alte dem besseren Neuen Platz machen, nicht jedes Vorurtheil als ein Heiligthum betrachten. Die Einsichtsvolleren ₄₈ gewinnt man alsbald für das Bessere, und diesen schließen sich die Partheilosen an. Befangene achtet man nicht.

3. Wollte man den Einwand vorbringen, daß vielleicht eine einzelne Anstalt von verkehrten und verderblichen Ansichten und Zwecken geleitet, z.B. in religiöser Hinsicht von dem Rationalismus oder Mysticismus ergriffen werden könne, so bleibt es ja jederzeit ₄₉ jedem wohldenkenden Manne unbenommen, die vorgesetzte Behörde auf die eingeschlichenen Mißgriffe und Mißbräuche aufmerksam zu machen. ₅₀ In einer öffentlichen Anstalt und in dem unmittelbaren Wirken für's Leben offenbaren sich alsbald alle Verwirrungen, und dem aufmerksamen Beobachter können sie nicht lange verborgen bleiben. Weit eher ₅₁ wäre dies von einer unbekannten und unbeaufsichtigten Bildungsstätte zu fürchten, als von einer Königlichen Anstalt, welche den vorgesetzten Behörden Rechenschaft ablegen, ₅₂ reglementsmäßig verfahren ₅₃ muß, und jedem Fremden ihre Thore öffnet.

4. Faßte man endlich die Ansicht, daß es damit genug sei, wenn alle, auch die ₐₙnichtₐₙₗ im Seminar gebildeten Zöglinge, einer und derselben Prüfung unterworfen, an alle dieselben Ansprüche gemacht würden, so vergäße man, daß man in jeder Prüfung nur das Äußere des Examinanden, sein Wissen, nicht aber den ihn bewegenden Geist, seine Grundsätze und Überzeugungen, sein ganzes Streben und Wollen, heraus zu ₅₄ fühlen im Stande ist. Welche genaue Kenntniß erlangt man nicht über den Charakter, das Talent, die Gesinnungsweise, die Zielpunkte des Strebens jedes Zöglings, wenn man mehrere Jahre familienartig mit ihm zusammen gelebt hat! Man ist dann im Stande genau zu bestimmen, für welche Art der Schulen, ob für eine große oder kleine, für eine Stadt- oder Landschule, für eine zusammengesetzte oder einfache jeder einzelne Zögling sich eignet. Mancher, der auf einem Dorfe ein nützliches Glied der Gesellschaft geworden oder geblieben wäre, versinkt und verdirbt vielleicht in Düsseldorf oder Elberfeld. Von der Vortrefflichkeit und Nothwendigkeit der genauesten Kenntniß und der Berücksichtigung der Individualität der Anzustellenden hat man sich im Nassauischen, welches Land in Betreff der ₅₅ Einrichtungen für's Elementarische nicht zu übersehen ist, überzeugt. Man hütet sich wohl, den, ₅₆ dessen Charakter für ein Dorf des Westerwaldes geeignet ist, nach Wisbaden [sic!] oder Bad-Ems zu schicken. ₅₇ Dieser große Vortheil ist gar nicht zu erreichen ohne die Bildung der Einzelnen in einer geschlossenen Anstalt und die dadurch bedingte specielle Kenntniß der Zöglinge. Ja ohne die Benutzung der individuellen Kenntniß, welche die Seminarlehrer sich über jeden Zögling erwerben, bringt man sich um einen der Hauptvortheile, welche die Familienerziehung der Seminaristen herbei führen kann. (In dieser Hinsicht wird es stets sehr zu bedauern sein, daß die Regierung nicht selbst alle Stellen besetzt. Ich hoffe noch immer, daß dieses mit der Zeit geschehen wird.) Unser Seminarist A wird nie etwas Ordentliches leisten, wenn er nicht in

eine aufregende Umgebung kommt. In Kranenburg an der holländischen Gränze würde er versauern und verdumpfen. Unser B eignet sich vorzugsweise für den Unterricht _{ao}kleiner_{aol} Kinder. Wird es ihm gelingen, gerade einen solchen Wirkungskreis zu gewinnen? Und wenn C nach Düsseldorf kommt, so wird ihn die Komödie anlocken. Der muß 58 in eine stille Landgemeinde. Wie segensreich würde ein Seminar wirken, 59 wenn man die Anstellung der Abiturienten nicht wie bisher dem Zufalle und der Gunst oder Ungunst der meistens gar nicht Urtheilsfähigen überließe! Freilich werden wir vorerst auf diese heilbringenden Einrichtungen in ihrer _{ap}ganzen Ausdehnung_{apl} verzichten müssen; aber ganz darauf zu verzichten, wäre hart und niederschlagend. Werden nur Seminaristen von den Gemeinden vorgeschlagen, so kann wenigstens unter _{aq}diesen_{aql} dreien der _{ar}geeigneteste_{arl} gewählt werden.

Erlauben Sie, verehrter Herr General-Superintendent! daß ich hier abbreche. Ich habe vielleicht manche Gründe für 60 meine _{as}Ansicht_{asl} 61 unberührt gelassen, und doch muß ich schon um gütige Entschuldigung der Ausgedehntheit dieser Bemerkungen bitten. Sie sind basirt auf die Voraussetzung, daß das Seminar diejenige Anstalt sei, welche sie sein soll, und ich habe mich wohl gehütet, Mörs zu nennen. Daß aber auch unsre Anstalt das sei und werde, was man von einem vollständigen Seminar zu erwarten berechtigt ist, wird 62 bleibend mein Streben sein. Und sollte sie dahin nicht gelangen, oder die der Anstalt vorgesetzten Behörden zur Überzeugung gelangen, daß dieses Ziel 63 durch andere Lehrer eher erreicht würde, als durch die gegenwärtigen, so fühle ich wenigstens Kraft genug in mir, mein Heil 64 anderwärts zu suchen. Wer sich des redlichen Strebens bewußt ist, dem gilt die erstrebte Sache mehr als die eigene Persönlichkeit. Ich kann mich indeß nicht enthalten, nochmals zu wiederholen, daß ich die projectirte Verordnung für die Erreichung der Zwecke des Seminars, nehmlich für die Förderung besserer Erziehung durch besseren Unterricht, von solcher Wichtigkeit halte, daß ohne dieselbe dem Seminar der Schlußstein _{at}fehlt_{atl}. Ohne diese Einrichtung bauen wir in's Weite, wir legen ein Fundament zu einem Gebäude, welchem das Dach fehlt, und unser Werk schließt sich nicht, wie jedes feststehende solide Menschenwerk, pyramidalisch mit einer Spitze, sondern je weiter nach oben, desto weiter aus einander, nach allen Weltgegenden hin.

Wenn ich mich übrigens in den vorstehenden Bemerkungen kathegorisch ausgedrückt habe, so 65 bitte ich Sie, dieses ja nicht so an[zu]sehen, als wollte ich Ihrer gereifteren und umsichtigeren Ansicht im mindesten vorgreifen. Eher befürchte ich, daß Sie meine Anfangs _{au}gesprochene_{aul} Vermuthung, daß ich zu sehr _{av}in_{avl} der Sache nicht _{aw}über_{awl} derselben stehe, nur zu begründet finden werden. Sollten Sie aber dem in dem Vorstehenden aufgestellten Hauptgedanken beistimmen, so bitte ich Sie auf das innigste, dazu mitzuwirken, daß eine nach meiner Ansicht so heilsame und in ihren Folgen so segensreiche Einrichtung baldigst zu Stande komme.[6]

Ich verharre mit hochachtungsvoller Verehrung
_{ax}Ihr

ergebenster Diener_{axl}
Diesterweg.

Eigh. Entw., GStA PK, I. HA Rep. 76 Seminare, Nr. 10061: S. 29–40;
Abschr., LHA Koblenz, Best. 403, Nr. 10334, S. 25–37

[1] Siehe Aktenvermerk vom 30. Juli 1824 (Nr. 80), Anmerkung 1.
[2] Die Gemeinden im Regierungsbezirk Düsseldorf hatten Vorschlagsrecht.
[3] Wesel war bis 1805 Seminarstandort gewesen.
[4] Siehe Aktenvermerke vom 30. Juli bis 6. August 1824 (Nr. 81).
[5] Rheinpfalz.

6 Diesterweg war nicht der einzige Seminardirektor, der sich für eine bevorzugte Einstellung der in Seminaren gebildeten Schullehrer einsetzte. Chr. W. Harnisch (s. ds.), erster Lehrer am Seminar in Breslau und dann Direktor des Seminars in Weißenfels, vertrat gegenüber dem Ministerium für geistliche, Unterrichts- und Medizinalangelegenheiten ähnlich lautende Ansichten: In einem Bericht vom 24. November 1827 („Uebersicht der Fortschritte, welche das Königl. Schullehrer-Seminar zu Weißenfels von 1816 bis jetzt gemacht hat", GStA PK, VI. HA Familienarchive und Nachlässe, Nachlaß Thiele, Nr. 46: S. 361–382) schildert er die positiven Auswirkungen seit der Einführung gemeinsamer Prüfungen von Seminaristen und Nichtseminaristen (1823), da die Seminarzöglinge nunmehr ihre Überlegenheit beweisen und ihre Einstellungschancen verbessern konnten.

92
An das Konsistorium der Provinz Jülich-Kleve-Berg, Köln

Moers, 5. Oktober 1824

An das Königliche Hochwürdige Konsistorium zu Cöln.

Die Anschaffung einiger Bedürfniße für das Seminar betreffend, beantwortend K. 312.

$_1$ Gemäß dem verehrlichen Auftrage des Hochwürdigen Konsistorii vom 30ten September d. J. (K. 312), verfehle ich nicht, hiermit gehorsamst zu berichten, daß, in Beziehung auf den unterm 13ten März curr. bei des Herrn Oberpräsidenten Excellenz gemachten Antrag, die Anschaffung einiger Gegenstände für das Seminar betreffend, unterm 4ten September curr. von des Herrn Oberpräsidenten Excellenz die Genehmigung erfolgt ist[1], daß

1. 10 Violinen gekauft
2. 1 Holztafel für Kartenzeichnung
3. 1 dito mit Notenlinien
4. 2 Musikpulte
5. 3 Roulleaux an $_2$ 3 Fenster der Schulzimmer
6. 1 Schrank für Messer, Gabel etc. der Seminaristen
7. 1 Schrank für die Bücher derselben
8. 1 Schrank zur Aufstellung der Mineralien
   angeschafft und
9. die 4 Düsseldorfer Wandkarten auf Leinwand gezogen werden $_3$.

Dem zufolge $_4$ sind einstweilen 6 Violinen angekauft, die beiden Tafeln und 1 Musikpult angefertigt worden. $_5$ An den übrigen Gegenständen arbeiten bereits die Handwerker.

Sehr angenehm würde es uns sein, wenn das Königliche Konsistorium hochgefälligst genehmigen wollte, $_6$ die unterm 29ten Aug. $_7$ curr.[2] namhaft gemachten Schriften oder die wichtigsten derselben für die Bibliothek des Seminars anzuschaffen, und wenn das Hochwürdige Konsistorium über den unterm 6ten September curr.[3] erneuerten Antrag, den Ankauf von Clavieren betreffend, hochgefälligst $_8$ verfügen wollte.

Endlich muß ich bei dieser Gelegenheit $_9$ in Beziehung auf die im Laufe des vorigen Monates im $_{10}$ Amtsblatte der Königlichen Regierung zu Düsseldorf enthaltene Aufforderung des Königlichen Konsistorii, „die bei demselben einzureichenden Berichte nach den im Jahre 1816 und 1817 $_{11}$ erlassenen Bestimmungen einzurichten", gehorsamst bemerken, daß diese Bestimmungen in den Amtsblättern, welche in den Jahren 1816 u. 17 von der damaligen Regierung zu Cleve heraus gegeben wurden, nicht zu finden sind, daher ich das Königliche Konsistorium einstweilen um gütige Entschuldigung bitten muß, wenn meinen Berichten in der einen oder andren Hinsicht die vorgeschriebene Form fehlen sollte.

Der Seminardirektor

Eigh. Entw., GStA PK, I. HA Rep. 76 Seminare, Nr. 10061: S. 44–46

[1] Siehe Brief vom 28. August 1824 (Nr. 84).
[2] Siehe Brief vom 29. August 1824 (Nr. 86).
[3] Siehe Brief vom 6. September 1824 (Nr. 88).

93
An Oberpräsident Karl Heinrich Ludwig Freiherr von Ingersleben, Koblenz

Moers, den 11. Oktober 1824

An des Herrn Geheimen Staatsministers und Oberpräsidenten Freiherrn von Ingersleben Excellenz!

Rücksendung eines hochverehrlichen Rescripts betr.

Der Inhalt des beiliegenden hochverehrlichen Schreibens Ew. Excellenz vom 30ten Sept. curr. zwingt mir die Vermuthung auf, daß dasselbe durch zufällige Verwechselung der Adressen, gegen seine Bestimmung, an mich gelaufen ist. Ich beehre mich daher, dieses Schreiben Ew. Excellenz hiermit zurück zu senden. Sollte aber dessen Inhalt gegen alle Vermuthung mich betreffen, so bitte ich Ew. Excellenz unterthänigst, mir den darin enthaltenen Auftrag hochgefälligst näher kund zu thun.[1]

Der Seminardirektor
Diesterweg.

Eigh., LHA Koblenz, Best. 403, Nr. 9142, S. 27

[1] Die Verfügung wurde an Diesterweg zurückgeschickt, da sie nicht irrtümlich zugestellt worden war. Ihr zufolge war jährlich eine Conduiten-Liste (conduit [frz.]: Betragen, Benehmen) der Lehrer nach festgelegtem Schema zum jeweiligen Jahresbericht anzufertigen (Marginalie, LHA Koblenz, Best. 403, Nr. 9142, S. 27).

94
An Oberpräsident Karl Heinrich Ludwig Freiherr von Ingersleben, Koblenz

Moers, A *12. Oktober 1824*

Die ausschließliche Wahlfähigkeit der Seminar-Zöglinge zu Elementar-Schulstellen betr.

Die in dem hochverehrlichen Rescripte Ew. Excellenz vom 2ten Sept. B acurr.al hochgefälligst ausgesprochene Versicherung, daß Hochdieselben sich die weitere Verfügung über die c gehorsamst von mir b in Antragbl gebrachte Begünstigung der Seminar-Zöglinge bei erledigten Schulstellen cvorbehieltencl, veranlaßt mich, Ew. Excellenz die abschriftlich beiliegenden Bemerkungen über diesen Gegenstand D dunterthänigst zu überreichen. Vielleicht möchten Ew. Excellenz dieselben der Ansicht würdigen.dl Der efraglicheel Gegen-

198

stand scheint mir nicht nur für ₍f₎das₍fl₎ Seminar, sondern ₍g₎auch für das Schulwesen des Regierungsbezirkes Düsseldorf überhaupt₍gl₎ von solcher Wichtigkeit zu sein, daß ich ₍E₎ der Aufforderung des Präses der Provincialsynode, des Herrn Ross in Budberg, ₍F₎ ihm in dieser Angelegenheit meine Ansichten mitzuteilen, gerne Genüge zu leisten bemüht war.¹ Und diese Ansichten sind es, für welche ich bei Ew. Excellenz ₍G H₎ die ₍h₎gehorsame₍hl₎ Bitte ₍I₎, dieselben einer hochgefälligen Ansicht zu würdigen, ₍J₎ wagen wollte.

₍i₎Sollten Ew. Excellenz es nicht für gut halten, die nach meiner subjectiven und unmaßgeblichen Ansicht aufgefaßte Angelegenheit in ihrer ganzen Allgemeinheit in's Leben zu rufen, so werden wir Lehrer es gewiß mit lebhaftem Danke erkennen, wenn Ew. Excellenz die Veranstaltung verordnen wollten, daß sämmtliche Schulamts-Candidaten des Regierungsbezirkes Düsseldorf, Seminaristen und Nicht-Seminaristen, von derselben Prüfungs-Commission, zu derselben Zeit und an demselben Orte, examinirt werden. Die Autopsie würde die Vergleichung zwischen Seminaristen und Nicht-Seminaristen außerordentlich erleichtern, und alsbald zu einem ganz untrüglichen Resultate über die Vortheile oder Nachtheile der Seminarbildung hinführen.₍il₎

Der Seminardirektor
₍j₎Diesterweg.₍jl kll₎

Eigh., LHA Koblenz, Best. 403, Nr. 10334, S. 23–24;
eigh. Entw., GStA PK, I. HA Rep. 76 Seminare, Nr. 10061: S. 40–42

¹ Siehe Brief an Superintendent Roß (s. ds.) vom 29. September 1824 (Nr. 91), den Diesterweg hier abschriftlich dem Oberpräsidenten mitteilt.

95
An Oberpräsident Karl Heinrich Ludwig Freiherr von Ingersleben, Koblenz

Moers, 15. Oktober 1824

An des Herrn Geheimen Staatsministers und Oberpräsidenten Freiherrn von Ingersleben Excellenz!

Die Liquidation über den musikalischen Unterricht des Witzka betreffend.

Gemäß dem hochverehrlichen Auftrage Ew. Excellenz vom 29ten Juli d. J. verfehle ich nicht, Ew. Excellenz die Liquidation über den drei monatlichen ₍1₎ Unterricht des Musiklehrers Witzka beiliegend zu überreichen, ₍2₎ gehorsamst bittend, die Zahlungsanweisung hochgefälligst ausstellen zu lassen.¹ Bis jetzt ist Witzka allein für den Violin-Unterricht gebraucht worden, da ₍3₎ alle Seminaristen mit der Behandlung dieses Instrumentes ganz unbekannt waren. ₍4₎ Es scheint mir, daß wir mit den ersten Fortschritten der Zöglinge zufrieden sein können.

Zu gleicher Zeit wollte ich gehorsamst bemerken, ob Ew. Excellenz es nicht für angemessen halten, die hiesige Steuerkasse, aus welcher auch ich monatlich mein Gehalt beziehe, anzuweisen, dem Witzka monatlich, gegen Quittung von ihm und Bescheinigung von mir, das derselbe den Unterricht gehörig wahrgenommen habe, zu bezahlen.

Der Seminardirektor

Liquidation

über

den Betrag von 3/12 von 80 Rh pr. Cour., nehmlich
über 20 Rh, schreibe zwanzig Thaler

Preußisch Courant, welche ich in Gemäßheit der hochverehrlichen Verfügung des Herrn Oberpräsidenten VON INGERSLEBEN Excellenz vom 22ten Juni d. J., für den 5 Violinunterricht in dem Königlichen Schullehrer-Seminar während der zuletzt verflossenen Monate Juli, August und September zu fordern habe.

Mörs den 14ten Oktober 1824.

Eigh. Entw., GStA PK, I. HA Rep. 76 Seminare, Nr. 10061: S. 43–44

1 Das Oberpräsidium hatte am 22. Juni 1824 die Anstellung für 80 Reichstaler jährlich genehmigt; das Dienstverhältnis war jederzeit kündbar (GStA PK, I. HA Rep. 76 Seminare, Nr. 10061: 137r).

96
An Wilhelm Johann Gottfried Roß, Budberg

Moers, 19. Oktober 1824

Hochwürdiger

Verehrter Herr General-Superintendent!

Mit wahrer Sehnsucht habe ich schon seit dem Anfange des jetzigen Seminarcursus (dem 6ten September) mit jedem Posttage einer Verfügung des Königlichen Konsistorii zu Cöln entgegen gesehen, worin die wöchentlichen Religionsstunden, welche den beiden Coetus [1] zufolge des Reglements gegeben werden sollen, einem eigenen Religionslehrer übertragen würden. Ganz einverstanden mit der höheren Orts vorgeschriebenen Einrichtung, nach welcher diese Stunden von einem im Amte stehenden Geistlichen übernommen werden sollen, 1 ist bis zum heutigen Tage, also schon 2 an 7 Wochen kein eigentlicher Religionsunterricht im Seminar ertheilt worden. Zwar suchen wir Lehrer durch die tägliche Morgen- und Abendandacht, wie durch die wöchentliche Andachtsstunde den Seminaristen diesen Verlust weniger fühlbar zu machen; aber es leuchtet von selbst ein, daß die dadurch erzielten Wirkungen mit denen, welche ein geordneter Religionsunterricht hervorbringen muß, kaum verglichen werden können. Es ist uns daher sehr schmerzlich gewesen, daß das Königliche Konsistorium ungeachtet mehrmals wiederholter 3 Bitten diese dringende Angeleg[en]h[ei]t noch nicht in Ordnung gebracht hat 4 . Die Gründe, welche diesen Aufschub herbeigeführt haben, sind mir unbekannt. Unser Pastor H[err] BORNEMANN 5 ist gewiß in jeder Hinsicht 6 ganz vorzüglich 7 zum Religionslehrer des Seminars geeignet, und gewiß ist auch die Seminarkasse im Stande, diese Stunden anständig zu honoriren.

Unter diesen Umständen erlaube ich mir, da ich höre, daß Sie, verehrter Herr Generalsuperintendent! 8 von Ihrer Reise nach Cöln zurück gekehrt sind, die Anfrage, ob Ihnen dort vielleicht Kunde geworden über die berührte Angelegenheit, und, im Falle 9 dieselbe noch nicht definitiv erledigt sein sollte, die Bitte, daß Sie, der Sie mit stets unermüdeter Freundlichkeit die Zwecke des Seminars zu befördern die Gewogenheit gehabt haben, wohlwollend die Sorge übernehmen möchten, daß diese Sache schleunigst zum Wohl des Ganzen entschieden werden möge.

Auf das angelegentlichste emphele ich mich Ihrer Freundschaft, der ich mit hochachtungs-voller Verehrung verharre
Ew. Hochwürden

gehorsamster Diener

Eigh. Entw., GStA PK, I. HA Rep. 76 Seminare, Nr. 10061: S. 47–49

[1] coetus (lat.): Versammlung, Vereinigung, Kreis; veraltet für: Klasse.

97
An Oberpräsident Karl Heinrich Ludwig Freiherr von Ingersleben, Koblenz

Moers, 23. Oktober 1824

An des Herrn Geheimen Staatsministers und Oberpräsidenten Freiherrn von Ingersleben Excellenz.

Den Religionsunterricht an dem Seminar betr.[1]

Bis zum Schlusse des mit Ende Juli verflossenen Schuljahres wurde in dem hiesigen Seminar der Religionsunterricht von dem hieselbst angestellten Candidaten Conrektor ENGELS wöchentlich in zweien Stunden ertheilt. Natürlich genügte diese provisorische Ein-richtung den hohen Zwecken des Religionsunterrichts nicht, und es blieb mir nicht verbor-gen, daß, ungeachtet wir Lehrer durch die tägliche Morgen- und Abendandacht so wie durch eine wöchentliche Erbauungsstunde für religiöse Zwecke Einiges zu thun uns be-strebten, es doch sehr wünschenswerth sei, [1] diese wichtige Angelegenheit auf eine zweck-mäßigere und tiefer wirkende Weise einzurichten. Nichts desto weniger aber verdient der H Conr. ENGELS, welcher inzwischen durch die Annahme [2] der Pfarrei in Inden bei Jülich von hier abgezogen ist, durch seinen unermüdeten Eifer und seine Uneigennützigkeit, in-dem er fast ein ganzes Jahr die beiden wöchentlichen Stunden umsonst gegeben hat, den Dank der dem Seminar vorgesetzten Behörde und ohne Zweifel auch eine diese An-erkennung seiner Bestrebungen bestätigende Gratifikation, um deren Erwirkung bei Ew. Excellenz ich bei Gelegenheit der letzten Abiturienten-Prüfung [3] dem Herrn Konsistorial-rath GRASHOF Hochwürden in Cöln gehorsamst gebeten habe.[2]

Schon geraume Zeit vor Ende des Seminarcursus [4] war es meine Pflicht, das Königliche Konsistorium zu Cöln auf die [5] Nothwendigkeit einer definitiven Anordnung des Reli-gionsunterrichts von Anfang des laufenden Cursus an aufmerksam zu machen. Dieses ist nun zwar in der Art geschehen, daß festgesetzt worden ist, daß ein eigener Religionslehrer die in dem Reglement festgesetzten 8 wöchentlichen Lehrstunden übernehme, allein der Religionslehrer selbst fehlt bis zum heutigen Tage.

Mit schmerzlicher Sehnsucht haben wir täglich der Erledigung dieser dringenden und wichtigen Angelegenheit entgegen gesehen. Ich kann mich daher nicht enthalten, Ew. Excellenz diese Angelegenheit vorzulegen, damit Hochdieselben [6] die Wohlgewogenheit haben möchten, [7] den Religionslehrer des Seminars zu ernennen.

201

Nach meinem unmaßgeblichen Dafürhalten kann über die Wahl des dazu zu ernennenden Mannes auch keine Schwierigkeit obwalten. ₈ Mörs ist so glücklich, seit ¹/₂ Jahre in dem H Pastor BORNEMANN einen überaus vortrefflichen Pfarrer und Religionslehrer zu besitzen, der theils durch seine gehaltvollen Predigten, theils durch seinen sittlich frommen Lebenswandel einen belebenden Schwung unter die ganze Gemeinde gebracht hat, welcher überdieß pädagogisch gebildet ist, und früherhin lange Jahre einem Pensionat vorgestanden hat.

Freilich kan[n] dieser treffliche Mann, dessen Anstellung dem Seminare eine unversiegliche Quelle des Segens gewähren wird, diese 8 Stunden wöchentl[i]ch nicht ohne Honorar übernehmen. H BORNEMANN ₉ genießt ein nicht ₁₀ bedeutendes Gehalt (800 Rh cölnisch C.), und hat eine Familie von 8 unerwachsenen Kindern. ₁₁ Darum ₁₂ scheint es sehr wünschenswerth, daß Ew. Excellenz die Gewogenh[ei]t haben möchten, diesem Manne ein recht anständiges Honorar auszusetzen, wie es ja auch der Religionsunterricht vorzugsweise ₁₃ in Anspruch nehmen möchte.³

₁₄ Es ist gar kein Grund vorhanden, einen Augenblick daran zu zweifeln, daß diese Anwendung einer jährlichen Summe dem Seminar bleibenden Gewinn, bleibenden Segen bringen werde. ₁₅ Gerne möchte ich daher durch diesen Bericht die erwähnte Angeleg[en]h[ei]t Ew. Excellenz unterthänigst emphelen.

Der S[emina]rd[i]r[e]kt[o]r

Eigh. Entw., GStA PK, I. HA Rep. 76 Seminare, Nr. 10061: S. 49–51 und 54

¹ Siehe Brief an Superintendent Roß (s. ds.) vom 19. Oktober 1824 (Nr. 96).
² Diesterweg äußerte diese Bitte später nochmals; siehe Brief vom 19. Januar 1825 (Nr. 108).
³ Bornemann wurde angestellt; siehe Brief vom 2. November 1824 (Nr. 99).

98
An Konsistorialrat Karl Friedrich August Grashof, Köln

1. November 1824

An des Herrn Konsistorialrath Dr Grashof Hochwürden in Cöln.

Verzeichniß der Seminaristen etc. und Stipendien betr.
beantwortend K. 1843.

In Beziehung auf die verehrliche Aufforderung Ew. Hochwürden vom 29ten dieses verfehle ich nicht, Ew. Hochwürden hiermit beiliegende Tabelle in der Form, wie der § 35 des Reglements es vorschreibt, über die jetzigen Seminaristen des zweiten Cursus nach dem Maaßstabe ihres Standpunktes am Schlusse des vorigen Cursus, gehorsamst zu überreichen.

Ew. Hochwürden ₁ werden aus dieser Tabelle unter der Rubrik „Unterstützung der Seminaristen" gefälligst ersehen, welches Stipendium des Hn. Oberpräsidenten Excellenz einem jeden der namentlich aufgeführten Zöglinge bewilligt hat. ₂ Diese ₃ Bewilligungen ₄ stimmen mit den gegen Ende des vorigen Jahres von mir ausgegangenen Vorschlägen überein, mit Ausnahme der unter den Nummern 9, 11 und 12 aufgeführten Stipendien. Des Hn. Oberpräsident[en] Excellenz versagte dem W. DÖRKEN ein Stipendium, weil dessen Eltern in vermögenden Umständen seien, und Hochdieselben erhöhten ₅ die für den WILH[ELM] SCHOPPMANN Anfangs bewilligten ₆ 30 Rh bis zu 45, und die dem FR. WINDFUHR bewilligten 25 ebenfalls bis zu 45, beides auf meinen gehorsamen Antrag, der nachweisbaren Dürftigkeit der Eltern

202

und der besonderen Würdigkeit dieser beiden Jünglinge wegen.[1] Alle diese Stipendien sind für das Kalenderjahr 1824 angewiesen, und sie wurden bisher virteljährlich *[sic!]* ausgezahlt. Viel zweckmäßiger [7] aber ist es ohne Zweifel, wenn die Stipendien <u>für das Schuljahr</u> bewilligt und <u>monatlich</u> ausgezahlt werden. Jenes, weil sich in dem Seminar Alles nach dem Schuljahr richtet, und die bis jetzt bestandene dem Kalenderjahr angepaßte Einrichtung weitläufige Schreibereien verursacht (indem z B. die den im Anfang August abgegangenen Seminaristen gebührenden Stipendien pro Juli dieses Jahres erst Ende September zahlbar waren, die daher entweder ihnen nachgesandt oder für welche doch eine Quittung von ihnen begehrt werden mußte), dieses, weil auch die Seminaristen <u>monatlich</u> den Ökonomen der Anstalt befriedigen müssen. Beides ist auch bei meiner Anwesenheit in Düsseldorf am 4 ten August von den Herrn Konsistorialräthen Bracht und Kortüm zweckmäßig gefunden und demnächst Sr Excellenz dem H. Oberpräsidenten als wünschenswerth für die Zukunft und zwar vom 1 ten August oder September dieses Jahres an vorgeschlagen worden. Es wurde daher eine <u>alle Seminaristen beider Curse</u> umfassende [8] Liste über die denselben für das Schuljahr 1824/25 zu bewilligenden Stipendien in Düsseldorf entworfen, welche gleich darauf an das Königliche Oberpräsidium abgehen sollte. Inzwischen bin ich über den weiteren Verlauf dieser Angelegenheit nicht unterrichtet worden, sehe aber der erwünschten Beendigung derselben durch die Königliche Regierung zu Düsseldorf täglich entgegen.

Übrigens sind meines Wissens die für die beiden Hülfslehrer Elsermann und Schürmann gewünschten Stipendien nicht mit in die dem Königlichen Oberpräsidio [9] von Seiten der K. Regierung zu Düsseldorf zu überreichenden Vorschläge aufgenommen worden. Zwar wird [10] nach der früheren mit dem hiesigen Schulvorstande genommenen Verabredung der W. Schürmann von dem morgenden Tage an [11] die Geschäfte eines dritten Lehrers der Elementarschule übernehmen, jedoch erhält er dafür von dem Schulvorstande keine Besoldung, sondern er müßte mit Elsermann aus dem Etat des Seminars mit einem Stipendio von 80 Rh versorgt werden, wie solches, wenn Ew. Hochwürden sich desselben gefälligst erinnern wollen, am 3 ten August allhier [12] besprochen wurde. [13] Die Verwendung dieser 80 Rh auf diese Weise erscheint dadurch gerechtfertigt, daß die hiesige Elementarschule nun auch für die Seminaristen eine Übungsschule wird, und weil man ohne diese Einrichtung entweder die Seminaristen ohne Aufsicht [14] in [15] eine einzelne Klasse der Elementarschule hätte hinein stellen müssen, oder es wäre jedesmal nöthig gewesen, daß einer der beiden Seminarlehrer jeder Übung eines Seminaristen beigewohnt hätte, was die Ausdehnung dieser Übungen nothwendig allzu sehr hätte beschränken müßen. Die nächste Zukunft wird die Zweckmäßigkeit oder Unzweckmäßigkeit dieser Einrichtung nachweisen, und ich werde nicht verfehlen, dem K. Konsistorio darüber ausführlichen Bericht zu erstatten.

Inzwischen ist es sehr wünschenswerth und sehr nothwendig, daß die beiden für die Seminar-Kinderschule bestimmten Zimmer in dem hinteren Raume des Seminargebäudes ausgebaut werden, wie solches auch von dem Hohen Ministerio bereits genehmigt worden ist, weil jene Verbindung der Städtischen Elementarschule mit dem Seminar nur versuchsweise eingerichtet worden, und weil es, auch bei einem günstigen und genügenden Resultate immer sehr ersprießlich sein wird, der <u>vielseitigeren</u> Übung der Seminaristen wegen Kinder in das Seminargebäude kommen zu lassen.[2] Ich glaubte mir, diese Bemerkung hier erlauben zu dürfen, damit Ew. Hochwürden nicht veranlaßt werden möchten, in dem projectirten Ausbau zweier Zimmer für die Seminar-Übungsschule etwas Ungereimtes oder Überflüssiges zu erblicken. Auch in andrer Hinsicht, z. b. zur Vertheilung der Seminaristen in Sodalitien[3] werden diese Zimmer dem Seminar ersprießliche Dienste leisten können.

[Vergleiche die Anlage auf der folgenden Seite.]

Anlage zum Brief vom 1. November 1824 an das Konsistorium

Nro.	Name u. Vorname	Alter	Wohnort	₁ Stand der Eltern	₂ Vor-kennt-nisse.	Bemerk[un]gen.
1.	HEINRICH VOGEL⁴	16 J.	Reusrath. Kr. Opladen.	Schullehrer.	Gering.	Träge, schwachen Talentes, erregt geringe Hoffnungen
2.	JOHANN DICKMANN	18	₃ Obrighoven. Kr. Rees.	Ökonom.	Mittel-mäßig.	Zu frei. (Gymnasiast).
3.	AUGUST BRAUER⁵.	19.	Wesel. Kr. Rees.	Schullehrer.	Gut.	₄ Zu frei. (Gymnasiast).
4.	ABRAHAM GOERTZ	16.	Lennep, Kr. Lennep.	Kleinhändler.	Gut.	
5.	BORGARD KRINS	17	Neuenkamp Kr. Dinslaken.	Bauer. (Wittwe.)	Gering.	Ungeachtet seines guten Willens u. seiner regsten Bestrebungen wird er kaum die Stufe N. 3 errei-chen.
6.	HEINRICH REHMANN.	18	Mülheim a. d. R. Kr. Essen.	Schreiner.	Mittelm.	
7.	FRIEDRICH NEU.	18	Wesel, Kr. Rees	Wittwe.	Gut.	Zu frei (Gymnasiast.)
8.	HEINRICH HUSTADT.	17.	Mülh. a. d. R. Kr. Essen.	Bäcker.	Mittelm.	
9.	WILHELM ROTTBERG.	17	Werden, Kr. Essen	Wollarbeiter.	Mittelm.	
10.	WILHELM DANIELS.	18	Styrum. Kr. Essen.	Schullehrer.	Mittelm.	
11.	C. WILHELM TRAPPMANN.	16	Kranenburg, Kr. Cleve.	Schullehrer.	Gering.	
12.	WILH. ROTHSTEIN.	16	Elsenroth, Kr. Homburg.	Schuster.	Mittelm.	
13.	PETER SCHNEPPE.	17	Lennep, Kr. Lennep.	Schneider. ₅ (beide Todt.)	Mittelm.	
14.	GERHARD DUNGS⁶.	18	Mülh. a. d. R. Kr. Essen.	Schiffer.	Gering.	Scheint N. 3 nicht erreichen zu können.
15.	EDUARD STÖCKER.	18	Linnep, Kr. Düsseldorf.	Prediger. (beide Todt.)	Mittelm.	
16.	J. HEINRICH FINKENTEY.	16.	Velbert, Kr. Elberfeld	Küster.	Gering.	erregt geringe Hoffnungen.

Eigh. Entw., GStA PK, I. HA Rep. 76 Seminare, Nr. 10061: S. 55–57 und 59

¹ Der Antrag Diesterwegs ist nicht erhalten, wohl aber das Bewilligungsschreiben des Oberpräsidenten von Ingersleben (s. ds.) vom 17. Mai 1824 (vgl. GStA PK, I. HA Rep. 76 Seminare, Nr. 10062: 42ʳ).

² Siehe Brief über die Bedürfnisse des Seminars vom 28. August 1824 (Nr. 84), Anmerkung 3.

³ sodalitas (lat.): Kameradschaft, Freundschaft.

204

4 Die Leistungen von Heinrich Vogel und Gerhard Dungs waren offenbar so schlecht, daß Diesterweg in einem nicht mehr erhalten gebliebenen Schreiben vom 16. März 1825 deren Entlassung vorschlug. Am 26. März 1825 genehmigte das Oberpräsidium „die Entfernung der Zöglinge" vom Seminar (vgl. GStA PK, I. HA Rep. 76 Seminare, Nr. 10062: 41r).

5 Am 14. Februar 1825 forderte Diesterweg in Düsseldorf ein Taufzeugnis für Brauer an, wie aus einer Notiz im Korrespondenztagebuch hervorgeht (GStA PK, I. HA Rep. 76 Seminare, Nr. 10061: S. 95). – Brauer erhielt nach dreijähriger Seminarzeit ein gutes Zeugnis von Diesterweg (vgl. Abschlußzeugnisse vom Juli 1827 <Nr. 168>).

6 Siehe obige Anmerkung 4.

99
An Oberpräsident Karl Heinrich Ludwig Freiherr von Ingersleben, Koblenz

Moers, 2. November 1824

An d[en] G[eheimen] H[errn] von Ingersleben.

Den Religionsunt[e]r[ri]cht betr.

Ew. Excellenz hochverehrtem Auftrag vom 26ten des vorigen Monates, die Übernahme des R[e]l[i]g[ion]sunterrichts durch den H Pfarrer BORNEMANN betreff[en]d [1], gemäß habe ich mit freudigem Eifer dem eben genannten würdigen Geistlichen die Anerbiet[un]g gemacht, gegen eine jährliche Remuneration [2] von 120 Rh den ₁ Religionsunterricht im Seminar reglementsmäßig zu ertheilen. ₂ Ich beeifere mich, Ew. Excellenz gehorsamst zu melden, daß H BORNEMANN den Vorschlag angenommen hat, und ₃ am morgenden Tage den R[e]l[i]g[ion]sunterricht nach dem Inhalte und Geiste des Reglements beginnen wird. Die Anstalt darf sich zum Gewinn eines durch ₄ Vortrag, pädagogische Bildung, Geist ₅ frommen Lebenswandel und ₆ christliches Streben gleich ausgezeichneten Mannes wahrhaft Glück wünschen.

Eigh. Entw., GStA PK, I. HA Rep. 76 Seminare, Nr. 10061: S. 58

1 Siehe Brief vom 23. Oktober 1824 (Nr. 97).

2 Vergütung, Entschädigung.

100
An das Konsistorium der Provinz Jülich-Kleve-Berg, Köln

Moers, 9. November 1824

An das Königliche Hochwürdige Konsistorium zu Cöln.

Den Lectionsplan etc. des Seminars betr.
Beantwortend K. 1642.

Zufolge der verehrlichen Aufträge des Hochwürdigen Konsistorii vom 21ten des vorigen Monates verfehle ich nicht, ₁ das unter N. 4 dieses verehrlichen Rescriptes namhaft gemachte ₂ Verzeichniß der ₃ unterm 6ten September d. J. neu eingetretenen 16 Zöglinge gehorsamst einzusenden. Die [4] 3 unter N. 1 N. 5 u. 14 dieses Verzeichnißes aufgeführten Zöglinge zeigen so wenig Talent, daß nur wenig Hoffnung vorhanden ist, sie zu tüchtigen Schullehrern zu bilden, wenn es ihnen auch bei Fortsetzung ihres gegenwärtigen anerkennenswerthen Fleißes gelingen sollte, nach 2 Jahren das Zeugniß N. 3 zu erstreben. [5] Da zugleich N. 1 u. 5 [6] mit ihrem Fleiße einen bescheidenen, liebenswürdigen, frommen Charakter verbinden, was in gleichem Grade von N. 14, dem Sohne eines <u>Schiffers</u> nicht gesagt werden kann, so [7] möchte irgend ein Antrag auf ihre Entlassung aus der Anstalt noch nicht gehörig begründet erscheinen. [8] Weil auch das Reglement überhaupt erst nach Jahresfrist eine definitive Beurtheilung der Zöglinge über ihre Qualification zum Lehramte vorschreibt, so möchte es auch [9] mit den 3 Bezeichneten also zu halten sein. [10]

Ferner beehre ich mich, dem Hochwürdigen Konsistorio den zufolge des erwähnten verehrlichen Rescripts vom 22ten[1] des vorigen Monates umgeänderten Lections- und Stundenplan zu überreichen.[2] Derselbe stimmt nunmehr ganz mit den Bestimmungen des Reglements überein, mit den beiden Ausnahmen, daß die Pädagogik mit dreien statt mit zweien Stunden bedacht ist, und daß [11] auf die Übungen im Schönschreiben 2 Stunden [12] in combinirten Klassen verwandt werden, [13] wofür das Reglement 3 Stunden vorschreibt, von denen <u>eine</u> eine combinirte sein sollte. Zugleich [14] sind die verordneten 8 Religionsstunden nunmehr mit eingetragen, da der Herr Prediger Bornemann wie dem Hochwürdigen Konsistorio ohne Zweifel bekannt sein wird zufolge Auftrages des Königlichen Oberpräsidii vom 28ten des vorigen Monates gegen eine zus[ätz]liche Remuneration von 120 Rh[3] den Religionsunterricht bereits begonnen hat. Durch diese Anzeige, welch ich hiermit dem Königlichen Konsistorio freudig darbringe, ist zugleich der verehrliche Auftrag von Nro 6 des mehrerwähnten verehrlichen Rescriptes vom 22ten[4] Oct. bereits [15] vollführt. Da der H. Bornemann jeden Son[n]tag predigen muß, so hat derselbe gewünscht, die sonn- und festtägliche Anrede nicht mit übernehmen zu müssen. Eine besondere Rechtfertigung dieses Wunsches liegt in der großen Menge der Amtsarbeiten des H Bornemann. [16] Auch möchte jene Anrede aus dem Grunde wegfallen können, weil wir jede Woche mit einer eigenen Andachtsstunde beschließen. Sollte das Königliche Konsistorium dieselbe in eine sonntägliche Anrede umgewandelt zu sehen wünschen, so bitte ich mir darüber einen hochgefälligen Bescheid aus.

Übrigens erkenne ich es sehr wohl, daß die [17] Zeit, in welche gegenwärtig [18] die Religionsstunden fallen, nicht die passendsten sind [sic!]. Allein wir mußten uns in dieser Hinsicht nach H Bornemann richten, da er erklärte, daß er ohne dies in den nächsten Monaten den Unterricht nicht beginnen könne. Zugleich hege ich auch die Hoffnung, daß [19] unsre Zöglinge zu <u>allen</u> Stunden mit Eifer und Begierde den christlichen Religionsunterricht empfangen werden.

Was den Violin-Unterricht [20], welchen H Witzka ertheilt, betrifft, so glauben wir, daß wir mit den ersten Leistungen der Zöglinge recht wohl zufrieden sein können. [21] Der Lehrer ist seinem Fache mit Eifer ergeben; er läßt sich's nicht verdrießen, wöchentlich noch einige Stunden zuzusetzen u. Alles aufzubieten, um den Schülern Liebe zu'r Sache einzuflößen.

Die Namen der 4 [22] wieder hierher zurückgekehrten Seminaristen, welche am 3ten August bereits für wahlfähig erklärt wurden, sind:

1. Peter Vogelsand [sic!] aus Hilden
2. Carl Eversberg [au]s Lennep
3. Ferdinand Pöter [au]s Wald
4. J. Wilh. Küpperdamm

206

welchen dreien letzteren die Theilnahme an dem neuen Cursus sehr nothwendig war u. hoffentlich sehr heilsam sein wird.[5] Auch hat der Umstand, daß dieselben bei Bürgern in der Stadt wohnen, noch nicht die geringste nachtheilige Folge nach sich gezogen, was auch bei der [23] Stunden- und Tagesordnung der Zöglinge nicht wohl möglich ist. [24] Jene 4 auswärts Wohnenden werden auf ihren Zimmern gar nicht besucht, sondern dieselben sind in der Regel den ganzen Tag in dem Seminargebäude, und überdieß erhalten sie von den Lehrern des Seminars so oft Besuche, als dies zu ihrer Aufmunterung und Belebung nothwendig oder heilsam [25] ist. Es scheint mir überhaupt, daß wir Ursache haben, mit dem Geiste, der unsre Zoglinge belebt, zufrieden zu sein [26] . Von Excessen oder auch nur von solchen Vergehungen, die einer ernsten Rüge [27] bedurft hätten, ist, seit dem Tage der Einweihung der Anstalt, Gott Lob! nicht die Rede gewesen.

[28] Den übrigen Anforderungen des mehrerwähnten verehrlichen Rescripts vom 22ten [6] Oct. werde ich, so bald als möglich, zu genügen mich bestreben.

Der Seminardirektor

Eigh. Entw., GStA PK, I. HA Rep. 76 Seminare, Nr. 10061: S. 60–63

[1] Irrtum; es handelt sich um den 21. Oktober.
[2] Siehe Brief vom 24. September 1824 (Nr. 90) ans Konsistorium.
[3] Siehe Brief vom 2. November 1824 (Nr. 99).
[4] Siehe obige Anmerkung 1.
[5] J. W. Küpperdamm trat bald darauf eine Hilfslehrerstelle an der Elementarschule in Mehrum (h. Stadtteil von Voerde, b. Wesel) an; die Gemeinde war mit ihm sehr zufrieden und übernahm ihn nach seiner zweiten Prüfung 1829 im Jahre 1831 definitiv (vgl. HStA Düsseldorf, Reg. Düss., Nr. 2741, 36r–37r; siehe dort auch Abschriften der Zeugnisse Küpperdamms zur ersten und zweiten Lehrerprüfung <32r>).
[6] Siehe obige Anmerkung 1.

101

Aktenvermerk

Moers, Ende 1824[1]

Abschrift.

Fuhrkosten-Liquidation über eine Reise von Mörs nach Düss[el]dorf
zur Prüf[un]g der Aspiranten[2] für d[a]s Schullehrer-Seminar zu Mörs.

	Rh.	Sg.	Dn.
Am 4ten Aug. Reise von Mörs nach Düsseldorf			
Entf[e]r[nun]g 4 Meilen macht für 2 Pferde			
a 12 1/2 Sg. pr[o]. Pf[e]rd u. Meile	3 "	10 "	—
Wagenmiethe à 10 Sg. pr[o] Tag		10 "	—
Trinkgeld à 5 Sg pr[o] B[e]d[ienste]n		20	—
Stationsgeld à 5 Sg pr[o] 2 Pferde		10	—
Uberfahrtsgeld üb[e]r den Rhein u. Wegegeld		19 "	5
	5 "	9 "	5
Am 5ten Aug. Rückreise nach Mörs	5 "	9 "	5
Sme	10 "	18 "	10

Die Meilenzahl ist nach der Portotaxe
des hiesigen Oberpostamtes richtig

Der Calculator
HARTUNG

Festgestellt auf den Grund des
Oberpräsidialbeschlusses vom 23 ten Sptber
l. J. auf zehn Thlr. achtzehn Sg. zehn Dn.
Rech[nun]gs Controlle B. I.
HARTUNG. OTTO.

Diäten-Liquidation des Seminardirektors Diesterweg zu Mörs
für Beiwohnung der Prüfung der Aspiranten für das Schullehrer Seminar zu Mörs.

Am 4 ten u 5 ten Aug. der Prüf[un]g beigewohnt

macht à 2 Rh pro Tag   4 Rh.

Eigh. Entw., G St A PK, I. HA Rep. 76 Seminare, Nr. 10061: S. 63–64

[1] Das Datum läßt sich indirekt aus der Position im Korrespondenztagebuch (zwischen zwei Schreiben vom 9.11. und vom 1.12.1824) sowie inhaltlich aus dem Hinweis auf einen vorliegenden Präsidialbeschluß vom September erschließen.

[2] Siehe auch Aktenvermerk vom 4. August 1824 (Nr. 82).

102
An das Konsistorium der Provinz Jülich-Kleve-Berg, Köln

Moers, 1. Dezember 1824

An das Königliche Hochwürdige Konsistorium zu Cöln.

Den speciellen Lectionsplan des Seminars betr.

ad Rescr. vom 21 ten Oct. c.

K. 1642. n. 3

[1] Dem verehrten Auftrage des Hochwürdigen Konsistorii, „für das laufende Schuljahr einen speciellen [2] Lectionsplan mit Angabe des Jahrespensum jeder Klasse in jeder Lection mit Bezeichnung der Lehrbücher und des Lehrers einzureichen," glaube ich dadurch am besten zu entsprechen, wenn ich die Unterrichtsgegenstände in der Ordnung, in welcher das Reglement von ihnen handelt, auftreten lasse.[1] [3] Bei den folgenden Angaben [4] ist sowohl der Sinn des Reglements, [5] als auch der Umstand berücksichtigt worden, daß [6] der [7] Unterrichtsgang des [8] vorigen Jahres u. der jetzigen IIten Abtheilung einige jedoch nicht wesentliche Abweichungen in dem Unterrichte [9] dieser Abtheilung von den Vorschriften des Reglements zu erfordern schien.

1. Religion.

Der Religionslehrer des Seminars, H. Pfarrer BORNEMANN ist bemüht, [10] den Vorschriften des Reglements dadurch zu genügen, daß er [11] mit der Beförderung [12] klarer [13] Erkenntniß

208

der Heilswahrheiten unsrer Religion stets auf die Erregung und Belebung $_{14}$ einer frommen $_{15}$ Gesinnung der Zöglinge $_{16}$ hinwirkt.

Nach einer kurzen Einleitung in die Religionslehre überhaupt behandelt er in $_{17}$ Abth[ei]-l[un]g I die biblische Geschichte nach RAUSCHENBU[S]CH's Anleitung[2]. Die Zöglinge werden im Erzählen der einzelnen Stücke geübt und praktische Lehren aus denselben gezogen. $_{18}$ Gleichzeitig werden sie in die Kenntniß der biblischen Bücher eingeführt, die Hauptstellen werden gelesen und memorirt. Die schnelle Übersicht über das Wesentliche des Inhalts der $_{19}$ heiligen Schrift wird erleichtert durch den Gebrauch des Bibelkatechismus von KRUM-MACHER[3], welchen die Zöglinge in der Hand haben, und welcher in der Folge Gelegenheit bieten wird, die Zöglinge mit dem Gebrauche des Katechismus in den Schulen bekannt zu machen. H. Pfarrer BORNEMANN ist noch nicht im Stande, $_{20}$ den Zeitraum anzugeben, $_{21}$ in welchem der eine oder andre Theil beendigt werden wird. Nach einer längeren Erfahrung wird dies sich leicht von selbst ergeben.

In der IIten Abtheilung wird die Glaubenslehre ausführlich und im Zusammenhange behandelt, und mit ihr die christliche Sittenlehre verbunden, beides in steter Verbindung mit $_{22}$ erläuternden und beweisenden Stellen der heiligen Schrift. Da die jetzigen Zöglinge des IIten Cursus im verflossenen Jahre mit der biblischen Geschichte $_{23}$ noch nicht genügend vertraut geworden sind, so wird in einzelnen Stunden die biblische Geschichte nach KOHLRAUSCH's Anleitung[4], welche die Zöglinge bereits in der Hand haben, behandelt. Der Herr Pfarrer BORNEMANN hofft so weit zu kommen, daß es ihm nach Beendigung der Glaubens- und Sittenlehre möglich wird, die Zöglinge zum Gebrauch der heiligen Schrift in den Volksschulen praktisch anzuleiten.

2. Sprach-Unterricht.

Als ein für sich bestehender Theil des Sprachunterrichts $_{24}$ treten für jetzt $_{25}$ die Übungen in richtiger Aussprache und im Lesen auf. $_{26}$ Letztres muß so lange geübt werden, bis $_{27}$ die Zöglinge nicht nur geläufig sondern auch logisch richtig und schön lesen. Es $_{28}$ werden daher wöchentlich diesem Zweige des Sprachunterrichts in $_{29}$ Abtheilung I 2 Stunden gewidmet, so daß für die Folge die Übungen im Lesen für die Abthl. II ganz wegfallen können. $_{30}$ Diese beiden Stunden in I ertheilt ELSERMANN nach SEIDENSTÜCKER's Eutonia[5] $_{31}$. Dem $_{32}$ eigentlichen Sprachunterricht liegt der pädagogische Grundsatz: „von den Übungen zu den Regeln, erst Sprachfertigkeit, dann Einsicht in die Regel und das Gesetz" zu Grunde.

Daher $_{33}$ werden von September bis Neujahr von den übrigen 4 Stunden in der Abthl. I 3 derselben zu eigentlichen Sprach-, Wort- und Satzbildungs-Übungen verwandt. Die 4te Stunde wird in der einen Woche zu orthographischen, in der andren Woche zu stylistischen Übungen und zur $_{34}$ Nachweisung auf Correctur des alle 14 Tage zu liefernden u. vorher verbesserten Aufsatzes $_{35}$ angewendet. $_{36}$ Auf diese Weise wird diese eine Stunde bis zu Ende des Jahrescursus $_{37}$ benutzt. Von Neujahr an $_{38}$ beginnt die grammatische Betrachtung der Sprache in jenen 3 Stunden. Dabei liegt HEYSE's Grammatik[6] zu Grund. $_{39}$ Das Wichtigste der grammatischen Regeln wird bis zu Ende des Jahrescursus $_{40}$ festliegen. – Diese 4 Stunden ertheilt Diesterweg.

In der Iten Abtheilung $_{41}$ wird, $_{42}$ wochenweise abwechselnd 1 Stunde zur Übung im Lesen, und zur Begründung des alle 14 Tage angefertigten und vorher corrigirten Aufsatzes verwendet. $_{43}$ In den 3 übrigen Stunden wird das Grammatikalische mehr befestigt, nach HEY-SE, vorzugsweise aber auf die logische Berücksichtigung der Sprache Werth gelegt. $_{44}$ Für jetzt liegt diesem wichtigen Zweige des Unterrichts kein Buch zu Grund. Sobald das von mir herauszugebende Lese- und Sprachbuch[7], das gegenwärtig unter der Presse ist, beendigt sein wird, wünsche ich die darin enthaltenen Sprachübungen sowohl in der ersten als zweiten Abtheilung in dieser Hinsicht zu benutzen.

Lehrer: Diesterweg.

3. [45] Mathematischer Unterricht.

In der Iten Abtheilung [46] ertheilt ELSERMANN den Rechenunterricht, auf rationelle Weise, wie sich von selbst versteht. Mit dem Theoretischen werden überall praktische Übungen im Kopfe und auf der Tafel verbunden. Zu Grunde liegt der von mir herausgegebene Leitfaden der Arithmetik[8]. Bis zu Ende des Jahrescursus wird den Anforderungen des Reglements, was den Rechenunterricht betrifft, der Hauptsache nach, Genüge geleistet sein.

Die [47] 2 Stunden des mathematischen Unterrichts in der IIten Abthl., welche Diesterweg gibt, werden einigen weiteren Ausführungen praktischer Rechnungsarten und den Anfangsgründen der Algebra gewidmet.

[48] In den 2 Stunden [49], in welchen in der Iten Abtheilung nach [50] der Vorschrift des Reglements die Formenlehre [51] behandelt werden [52] soll, [53] unterrichtet SCHÜRMANN nach Anleitung meines Leitfadens über diesen Gegenstand.

In den beiden wöchentlichen geometrischen Stunden der IIten Abthlg [54] stehen wir jetzt [55] an der Lehre vom Kreise, an welche sich nach Vorschrift des Reglements das Wesentlichste der Betrachtung und Berechnung der Körper anschließen wird.[9]

4 Geschichte

5. Geographie

[56] 6. Naturkunde

[Lücke]

Den physikalischen Unterricht in II ertheile ich in zweien wöchentlichen Stunden. Theilweise gebrauche ich dabei das Lehrbuch der Physik von KRIES[10]. Besondere Rücksicht wird genommen auf die nächsten Erscheinungen in dem Reiche der Elemente und deren verständige Erklärung. An sie reiht sich der Unterricht in der mathematischen Geographie, auf welche [57] ein populärer Vortrag über die Kenntniß des physischen Himmels folgt.

7. Musik.

8. Zeichnen

9. Methodik, Didaktik und Pädagogik.

In den diesen Gegenständen in der IIten Abth. gewidmeten drei Stunden wird folgendes in der angegebenen Reihenfolge vorgenommen:

1. Kenntniß des menschlichen Körpers.

2. Kenntniß der menschlichen Seele.

Damit sind wir jetzt beinahe zu Ende. [58] Sollen unsere Zöglinge jemals wahrhaft denkende und einsichtsvolle Lehrer werden, so muß ihnen die Möglichkeit einer klaren Anschauung

210

und Beobachtung des kindlichen Geistes durch eine möglichst klare, 59 überall auf Thatsachen 60 gegründete, durch Schlüsse aus denselben gewonnene Einsicht der Natur des menschlichen Geistes in dem Seminar gewonnen werden. Überdieß kenne ich auch kein besseres Mittel, sie zum Verstehen der in etwas allgemeiner, in der sogenannten philosophischen Sprache geschriebenen pädagogischen Werke anzuleiten, als eben diesen Unterricht über den Menschen. Daß die Zöglinge eines Seminars 61 DENZEL's Volksschule[11] zu schwer fanden, lag an dem Mangel 62 des eben beschriebenen Unterrichts. Überhaupt können wir in den zweien Jahren des Seminarcursus zu Allem nur den Grund legen.

An das Bisherige reihen sich

3. die Grundsätze der Erziehung 63 , des Unterrichts, der Disciplin 64 der allgemeinen und speciellen Methodik.

Wenn die Zöglinge 65 Klarheit der Hauptgedanken, welche, wie bei 1 u. 2, 66 sokratisch[12] gewonnen werden, erlangt haben, so greifen wir zu den besseren pädagogischen Schriften, welche die Einzelnen, je nach ihrem Standpunkte und ihren ökonomischen Mitteln, sich anschaffen. Wir wählen dazu DENZEL's Volksschule, dessen Einleitung in die Schulkunde und Schulpraxis, HARNISCH's Handbuch für das deutsche Volksschulwesen, und HERGENRÖTHER's [Lücke] in dem Geiste des Christenthums[13]. 67 Um der Vielseitigkeit der Ansicht und Vergleichung wegen liebe ich es, wenn die einzelnen Zöglinge verschiedene Werke in der Hand haben. Wichtig ist nach meiner Meinung, die Lösung der Aufgabe, die Zöglinge zum Verstehen der Schriften ihres Berufes anzuleiten. 68 Außer der praktischen Beobachtung des Lebens öffnen sich dem in einsamer Gegend wohnenden Schullehrer keine andren Quellen der Weiterbildung als gute Schriften. – Dieser ganze Unterricht ist durchaus populär und praktisch und findet in den Anschauungen und Vorfällen der hiesigen Elementarschule seine praktische Unterlage.

9. [sic!] Die praktischen Übungen.

Die Lehrer des Seminars verkennen es nicht, daß in dieser Hinsicht 69 bisher 70 nicht genug geschah. Abgesehen davon, daß die den Seminaristen zur Übung bestimmte hiesige Elementarschule 71 erst seit 4 Wochen einen geregelten Gang angenommen hat, weshalb wir erst jetzt darauf denken 72 durften, die Zöglinge mit zur Thätigkeit heranzuziehen, so liegt in der Sache selbst gar manche Schwierigkeit. Wir suchen dieselben theilweise vorerst dadurch zu beseitigen, daß wir die Seminaristen einander selbst in Sodalitien[14] unterrichten lassen. Immer aber wird erst dann gesteigerteren Anforderungen Genüge geleistet werden können, wenn die Elementarschule selbst mehr und mehr zu einer Musterschule heran reift, und wenn es uns durch den Ausbau der Remise möglich gemacht wird, einen Theil der Kinder unmittelbar in unsre Nähe zu bringen. Kann es uns überhaupt auch nicht einfallen, dem Einzelnen in jedem Fache der Elementarschule einen bedeutenden Grad praktischer Fertigkeit in der kurzen Zeit des Seminarcursus anzueignen. Die Fertigkeit bringt erst das Leben; doch suchen wir ohne Benachtheiligung der eigenen Ausbildung der Zöglinge das Mögliche hierin zu thun, zugleich die 73 Überzeugung festhaltend, daß die lebendige Anschauung eines geregelten Schullebens und die theilweise Thätigkeit für dasselbe dem Einzelnen von bleibender Erregung sein werde. Für die Folge möchten wir übrigens wohl wünschen, die Zöglinge, sobald sie 1/2 Jahr hier gewesen sind, schon zur Theilnahme an den praktischen Übungen heran ziehen zu können. 74

Das Bisherige enthält in allgemeinen Zügen und Andeutungen die Leistungen, welche die Seminarlehrer in dem laufenden Schuljahre beabsichtigen. 75 Der lebhafte Wunsch, in allen

Stücken den Anforderungen des Reglements und den Forderungen des Hochwürdigen Konsistorii zu entsprechen, leitet und belebt ihre Schritte.

Der S[emina]rd[i]r[e]ktor

Eigh. Entw., GStA PK, I. HA Rep. 76 Seminare, Nr. 10061: S. 64–71

[1] Das Konsistorium hatte an Diesterwegs Bericht vom 24. September 1824 (Nr. 90) das Fehlen eines „speciellen Lektionsplans" gerügt, „in welchem das Jahres-Pensum jeder Klasse in jeder Lektion mit Bezeichnung der Lehrbücher und des Lehrers angegeben ist" (GStA PK, I. HA Rep. 76 Seminare, Nr. 10061: 163r).

[2] Rauschenbusch, Hilmar Ernst: Handbuch für Lehrer beim Gebrauch der biblischen Geschichte. Schwelm 1820.

[3] Krummacher, Friedrich Adolph: Bibelkatechismus, das ist kurzer und deutlicher Unterricht von dem Inhalt der heiligen Schrift. 3. Aufl. Duisburg: Bädeker 1816; 5., verb. Auflage Duisburg und Essen 1818.

[4] Am 12. September 1824 war Diesterweg von der Regierung Düsseldorf aufgefordert worden, Kohlrauschs Geschichte nicht mehr zu verwenden. Das Königliche Ministerium habe die „Überzeugung gewonnen, daß dieses Buch für den Unterricht der Jugend in den Gymnasien und Schulen nicht geeignet ist, indem darin die Elemente der späteren revolutionären Umtriebe als Resultate und Postulate des Zeitgeistes gelegt werden" (GStA PK, I. HA Rep. 76 Seminare, Nr. 10061: 153r).

[5] Seidenstücker, Johann Heinrich Philipp: Eutonia, oder declamatorisches Lesebuch für mittlere und obere Schulklassen. Dortmund: Mallinkrodt 1807; 2., verm. Aufl. 1811; 3. Aufl. 1822.

[6] Heyse, Johann Christian August: Theoretisch-practische deutsche Schulgrammatik, oder kurzgefaßtes Lehrbuch der deutschen Sprache, mit Beispielen und Aufgaben zur Anwendung der Regeln. (Ein Auszug aus: Theoretisch-deutsche Grammatik, oder Lehrbuch zum reinen und richtigen Sprechen. Hannover: Hahn 1814; 2. Aufl. 1820; 3. Aufl. 1822.) Hannover: Hahn 1816; 2., verb. und mit einem Anhang über die Verskunst verm. Aufl. 1819.

[7] Lese- und Sprachbuch für mittlere Schulklassen und gehobene Elementarschulen. Zur Beförderung eines verständigen Lese- und eines bildenden Sprachunterrichts. Essen: G. D. Bädeker 1826.

[8] Leitfaden für den Unterricht in der allgemeinen und praktischen Arithmetik, sowie in dem algebraischen Schrift- und Kopfrechnen, nebst Beispielen, Formeln und Aufgaben für höhere Bürgerschulen, Gymnasien und Seminarien. Bonn: E. Weber 1823.

[9] Ursprünglich hatte Diesterweg dem mathematischen Unterricht eine noch ausgedehntere Zeit widmen wollen, war aber vom Konsistorium davon abgehalten worden (vgl. Ottsen, Otto: Diesterweg in Mörs, größtenteils nach Urkunden bearbeitet. Moers 1918, S. 31 f.).

[10] Kries, Friedrich Christian: Lehrbuch der Physik für gelehrte Schulen. Jena: Frommann 1806; 4. Aufl. 1826.

[11] Denzel, Bernhard Gottlieb: Die Volksschule. Ein methodischer Lehrcursus. Stuttgart: Metzler 1817.

[12] Lehrform, bei der ein Thema oder die Lösung eines Problems durch geschicktes Fragen und Antworten von den Lernenden selbst entwickelt werden.

[13] Gemeint sind:
Denzel, Bernhard Gottlieb: Schulpraxis, d. i.: Einleitung in die Erziehungs- und Unterrichts-Lehre für Volksschullehrer. Auch u. d. T.: Einleitung in die Elementar-Schulkunde und Schulpraxis. Stuttgart: Metzler 1822 (3 Teile);
Harnisch, Christian Wilhelm: Handbuch für das deutsche Volksschulwesen, den Vorstehern, Aufsehern und Lehrern bei den Volksschulen gewidmet. Breslau: Graß 1820;
Hergenröther, Joseph: Erziehungslehre im Geiste des Christenthums. Ein Handbuch für Schullehrer und Schulpräparanden. Sulzbach: Seidel 1823.

[14] Von sodalitas (lat.): Kameradschaft, Freundschaft.

212

103
An die Regierungen Aachen, Münster, Trier, Arnsberg, Koblenz und Düsseldorf

Moers, 15. Dezember 1824

An die Königliche Hochlöbliche Regierung zu Aachen (Münster, Trier, Arensberg, Coblenz und Düsseldorf).

Der Seminardirector Diesterweg beehrt sich, ein Buch zu überreichen.

Mit demjenigen Vertrauen, welches den Bürger gegen die wohlgesinnte und thätig wirkende Obrigkeit belebt und erhebt, nahe ich mich hiermit der Königlichen Hochlöblichen Regierung, indem ich mich beehre, Hochderselben ₁ beiliegendes Exemplar einer im verflossenen Jahr erschienenen Schrift gehorsamst zu überreichen.[1] Nicht mit Anmaßung, dadurch etwas Vorzügliches, doch mit der Hoffnung, für die Verbesserung des arithmetischen Unterrichtes und die durch denselben zu ₂ erzielende Geistesbildung einiges Ersprießliche ₃ erstrebt ₄ zu haben, ₅ übergebe ich dieses Exemplar der Königlichen Regierung. Da diese Schrift bereits in mehreren Schulen zB. in Idstein, Bonn, Cöln, Crefeld, Elberfeld, Essen u.s.w. Eingang gefunden hat, so möchte ich ₆ hiermit die Bitte wagen, daß es einer Hochlöblichen Regierung gefallen möge, dieselbe der Ansicht zu würdigen und sie, falls sie so glücklich sein sollte, sich den Beifall der Königlichen Regierung zu erwerben, ₇ den Anstalten ihres Verwaltungsbezirkes hochgefälligst zu empfehlen. Der Verleger hat die Einführung der Schrift durch den außerordentlich wohlfeilen Preis von 24 Sgr., wofür er ₈ das Ganze in Parthien verkauft, sehr erleichtert.

Ich benutze diese Gelegenheit, um den Respect auszudrücken, mit welchem ich verharre

Einer K. Hochl. Reg[ierun]g

unterth[äni]gster Di[en]er

Eigh. Entw., GStA PK, I. HA Rep. 76 Seminare, Nr. 10061: S. 74

[1] Leitfaden für den Unterricht in der allgemeinen und praktischen Arithmetik, sowie in dem algebraischen Schrift- und Kopfrechnen, nebst Beispielen, Formeln und Aufgaben für höhere Bürgerschulen, Gymnasien und Seminarien. Bonn: E. Weber 1823.

104
An Bauinspektor Carl Gottlieb Heermann, Kleve

Moers, 17. Dezember 1824

An den H Bau[i]nsp. Heermann W[o]hlg[eboren] z[u] Cleve.

Ew. Wohlgebor[e]n

überreiche ich hiermit ergebenst beiliegendes Verzeichniß derjenigen ₁ Utensilien, welche außer den in Ihrer Aufstell[un]g namhaft gemachten Utensilien noch angeschafft worden sind. Da ₂ ich mit der der Gesammt-Aufstellung zu gebenden äußeren Einrichtung nicht

213

hinreichend bekannt bin, auch nicht bestimmt weiß, ob ₃ diejenigen Utensilien, ₄ die noch nicht angefertigt sind, zu deren Anfertigung aber bereits die Autorisation erfolgt ist, auch mit in das Verzeichniß aufgenommen werden müssen, so bleibt mir nichts anders übrig, als Ew. Wohlgebor[e]n ergeb[en]st zu bitten, die Gesammt-Aufstell[un]g gefälligst anfertigen zu lassen u. mir zur Weiterbeforderung gefälligst zuzusenden.[1]

Verzeichniß
über die noch angeschafften Utensilien u. ausgeführten Arbeiten.

———

1. Kleinere auf Rechnung ausgeführte Arbeiten, wofür laut Anweisung vom 19 Ja[n]u[a]r 1824 bezalt worden	144 Rh	12 Sg.	3 Dn.
2. Kleinere Reparaturen im J. 1823, wofür bezalt w[ur]de laut Anweis[un]g vom 20 Fe[br]u[a]r 1824.	28 "	20 "	3
3. Regenfaß, Waschbecken vom 20 F[e]b[rua]r 1824.	15 "	18 "	–

(6 " 27 " 8
  5 " 26 " —
  2 " 26 " 2
 15 " 18 —
  5 " 6 " 11)

4. 1 Hausuhr u. Holzkörper, laut Anw[ei]s[un]g vom 23 Juni 24 —————————	30 "	3 "	1

5. 1 Hausorgel, deren Preis mir unbekannt geblieben ist.

———

1 Zur ₅ Ansch[a]ff[un]g einiger Schrä[n]ke, Fournaisen etc v[e]r[a]nschl[a]gt u[n]term 4 Sptbr curr.
2. 3 Claviere à 270 Rh
letztre 2 Objecte sind noch nicht fertig, also ihr Preis noch nicht genau anzugeben.

Dg.

Eigh. Entw., GStA PK, I. HA Rep. 76 Seminare, Nr. 10061: S. 75–76

[1] Vgl. Liquidation vom 17. Januar 1824 (Nr. 106).

105
An die Schulpfleger

Moers, Anfang 1825[1]

An den Herrn Schulpfleger in *[Lücke]*[2]

Der in ₁ dem ₂ Schulbezirk Ew. ₃ sich aufhaltende *[Lücke]*

₄ muß sich nach einer Bestimmung des Seminar-Reglements ₅ Ende Juli 1827 einer abermaligen Prüfung im Seminar stellen.[3] Da ₆ dieses demselben bei seinem Abgange vom Seminar nicht bekannt gemacht worden ist, so ₇ ersuche ich ₈ in Auftrag der Königlichen

214

Rgg zu Düsseldorf Ew.   ganz ergebenst den   mit Vorstehendem bekannt machen zu
wollen.

Mörs den

D[e]r S[emina]rdir[e]ktor Diest[erwe]g.

Eigh. Entw., GStA PK, I. HA Rep. 76 Seminare, Nr. 10062: 13ᵛ

1 Der ungefähre Zeitpunkt läßt sich aus der Fundstelle im Korrespondenztagebuch erschließen.

2 Vermutlich handelt es sich um den Entwurf für ein Formblatt, das allen zuständigen Schulpflegern zugestellt werden sollte.

3 Das Reglement ermöglichte Seminaristen nach drei Jahren eine weitere Prüfung, um bei Erreichung besserer Noten die Aussichten auf eine Anstellung zu erhöhen; siehe auch Aktenvermerk vom 30. Juli 1824 (Nr. 80).

106

An Oberpräsident Karl Heinrich Ludwig Freiherr von Ingersleben, Koblenz

Moers 17. Januar 1825 1

An des Herrn Geheimen Staatsministers und Oberpräsidenten Freiherrn von Ingersleben Excellenz in Coblenz.

Die Liquidationen der Ausgaben für 1824 betr.

ad N. 4136.

In Gemäßheit des hochverehrlichen Auftrages Ew. Excellenz vom 14ten Dec. p. verfehle ich nicht, hiermit die Liquidationen der Unkosten für Anschaffungen und Einrichtungen in dem hiesigen Schullehrer-Seminar während des Jahres 1824 zu überreichen.2 Ich habe die 16 Belege nach den Objecten in der Art geordnet, daß die Nummern

1 bis 6   die Kosten für Reparaturen an den Gebaulichkeiten und Utensilien

7   die Kosten 1 über das Einbinden der angeschafften Bücher

8 – 13   die Kosten für Beleuchtung 3 und Heizung

14 u. 15 ——— über diverse Gegenstände

16 ——— über verschiedene Einrichtungen 4

enthalten, wenn anders diese Rubriken die Vertheilung so enthalten, wie 2 die 3 Rechnungsführung sie vorschreibt, was mir jedoch nicht bekannt geworden ist, weshalb es mir angenehm sein würde, wenn Ew. Excellenz befehlen wollten, daß diese Rubriken mir mitgetheilt würden.

Der Bauinspector HEERMANN in Cleve hat die Revision vorgenommen, und überall bin ich bemüht gewesen, die Objecte so wohlfeil zu erhalten, als es möglich war. Zugleich ist auf den Belegen selbst jedesmal bemerkt, unter welcher Nummer im Inventario der nun hinzugekommene Gegenstand eingetragen ist.

215

Liquidation
der
Unkosten für ₄ Anschaffungen in dem Schulh[aus]. zu Mörs im J. 1824.

Nro der Belege	Namen der Liquidanten.	Gegenstand der Lieferung oder Forderung.	Betrag der Forderung.		
			Rh	Sgr	Dn.
1.	JOHANN GOLDBERG	Schreinerarbeiten	15	7	2
2.	JOHANN KÜPPERS	Schlosserarbeiten	6	16	11
3.	JOSEPH KELLER	Kleine Reparaturen	4	11	₅6
4.	ANTON CLAESGES	Blechrohr	"	24	3
₆5.	ANTON CLAESGES	Dintenfasser und kleine Reparaturen	4	19	9
6.	KAMANN	Anstreicherarbeiten	14	20	"
7.	HEINRICH BRÜNNER	Buchbinderarbeit.	10	15	9
8.	J. B. SCHROER	140 Gang Kohlen	43	5	"
9.	JOSEPH KELLER	Fuhrlohn u. Bearbeitung der Kohlen	10	28	"
10.	JOSEPH KELLER.	Holz und Stroh	3	12	"
11.	WITTIB LEISER.	Kerzen.	37	"	"
12.	JOSEPH KELLER.	Öl.	53	23	6
13.	JOSEPH KELLER.	Dochte.	5	12	5
14.	JOSEPH KELLER.	Diverse Gegenstände.	8	4	6
15.	Derselbe	Obstbaumstämmchen	4	13	4
16.	JOHANN KÜPPERS	Verschiedene Einrichtungen	28	24	7
			251	27	8

Eigh. Entw., GStA PK, I. HA Rep. 76 Seminare, Nr. 10061: S. 79–80 und 77–78

[1] Diesterweg datierte diesen Brief versehentlich auf das Jahr 1824.

[2] Siehe Briefe vom 29. August und 5. Oktober 1824 (Nr. 86 und Nr. 92).

[3] Wegen der Beleuchtung schrieb Diesterweg am 2. Februar 1825 nochmals ausführlich an die Regierung in Düsseldorf, wie aus einer Notiz in seinem Korrespondenztagebuch hervorgeht (GStA PK, I. HA Rep. 76 Seminare, Nr. 10061: S. 95).

[4] Siehe Brief vom 18. Januar 1825 (Nr. 107).

107
An Oberpräsident Karl Heinrich Ludwig Freiherr von Ingersleben, Koblenz

Moers, 18. Januar 1825[1]

An des Herrn Geheimen Staatsministers und Oberpräsidenten von Ingersleben Excellenz in Coblenz.

Anschaffungen für das Seminar betreffend
ad Rescr. N. 2913, 2987 u. 3721. ₁

216

In Gemäßheit der hochverehrlichen wohlwollenden Ermächtigung, hochgefälligst von Ew. Excellenz unterm ₂4ten, 7ten u. 19ten Septbr mir ertheilt, habe ich die Ehre, Ew. Excellenz beiliegende Liquidationen zu überreichen, woran ich gehorsamst die Bitte reihe, die Auszahlung der liquidirten Summen hochgefälligst befehlen zu wollen. Die anderen durch das verehrliche Rescript vom 4ten Septbr noch zur Anschaffung befohlenen Gegenstände sind noch nicht ₃ vollendet; sobald dies geschehen, werde ich nicht verfehlen, Ew. Excellenz die betreffenden Liquidationen gehorsamst vorzulegen.

Übersicht der Liquidationen
für Anschaffungen in dem Schullehrer-Seminar zu Mörs.

Nro der Belege	Namen der Liquidanten.	Gegenstände.	Rh	Sg.	Dn.
1.	Buchhändler BAEDEKER	Bücher.	56	15	3²
2.	HEINRICH BRÜNNER	Aufgezogene Landkarten	8	10	"
₄3.	LIEBEL	Violinen	38	"	"
₅4.	JOHANN GOLDBERG	Schreinerarbeit	₆28	22	"
		Sme	131	17	3

Der S[eminar]d[ire]kt[o]r
Dg.

Übersicht dessen
was die Liquidation pro 1824 ad Bericht v. 17ten J[an]uar 1825³
im Einzelnen enthält.

1. GOLDBERG. Abschrift davon in meinen Papieren.   Beleg   1
2. KÜPPERS.   ————————   ————————————   2
3. KELLER. Also.

	Rh	Sg.	Dn
An Maurerarbeit für den Speisesaal zu Weißen			
Taglohn ————————————	"	23	"
An Kalk u Nägel ————————	"	15	"
Für Ausschmierung der Luftlöcher [in] dem Speis[e]zimm[e]r	"	5	"
An Pflasterarbeit vor der Hausthüre ————————————		4	"	6
2 Fensterscheiben im Lehrzimmer à 22 Sgr.	1	"	12	"
2 Dito im Schlafzimm[e]r ———————	1	"	12	"
	4	"	11	"	6

4 CLA[E]SGES   ———————————— Beleg   4.
5. CLA[E]SGES   ————————————   5.
6. KAMANN   ————————————   6
7. BRÜNNER. Dessen Rechnung betragt   10 Rh   15 Sgr. 9 Dn.
8. SCHROER.
   Also.

217

1824.
J[a]nuar

			Rh	Sgr	Dn
15 ——— 15 G[än]g[e] Kohlen à 9 Sgr 3 Dn ——			4 "	18 "	9
16 ——— 15 —————————			4 "	18 "	9
19 ——— 10 —————————			3 "	2 "	6

Febr.

| 6 ——— 10 ————————— | | | 3 " | 2 " | 6 |

März

| 25. ——— 10 ————————— | | | 3 " | 2 " | 6 |

Oct.

12 ——— 30 —————————			9 "	7 "	6
13 ——— 40 —————————			12 "	10 "	–
14 ——— 10 —————————			3 "	2 "	6
			43 "	5	"

9. KELLER.

Also.

	Rh	Sgr.	Dn
1. Für Fuhrlohn für 140 Gang Kohlen	7 "	11 "	8
2. 6 Korn Klei zum Anmengen der Kohlen	1 "	18 "	"
3. Für Arbeitslohn zum Anmengen pr Gang 5 Dn	1 "	28 "	4
	10 "	28 "	"

10. KELLER. Dessen Rechnung f[ü]r Holz u Stroh.
11. Frau LEISER. Siehe meine Papiere u Beleg 11.
12. KELLER. Dessen Rech[nun]g für Öl.
13. KELLER. ——————— Dochte.
14. KELLER.

Also:

	Rh	Sgr.	Dn.
2 Vorlegschlösser an die beiden Thüren der Remise a 6 Sgr	"	12 "	
11 Cylinder à 6 1/2 Sgr. —————————	2 "	11 "	6
4 Wischlappen zum Reinigen der Pulte 7	"	28 "	–
1 Riemen an die Blasbälge —————————	"	14 "	
5 Schwämme à 7 Sgr —————————	1 "	5 "	
Kreide —————————————	"	19 "	
14 Matten à 2 1/2 Sgr —————————	1 "	5 "	
Eine Spelle in den Lehrsaal	1 "		
	8 "	4 "	6

15. Keller.

Also:

März 1824. 100 Obstbaumstämmchen[4] durch
den HEINRICH BIERHANS auf der Hochheide
in die Baumschule besorgt à 1 Sgr 4 Dn ——— 4 " 13 " 4

16. KÜPPERS. —— Meine Papiere. Beleg. 16.

218

Übersicht des
Einzelnen der Liquidationen
für autorisirte Ans[cha]ff[un]gen ad Bericht 18 J[a]nu[a]r 24.

1. Bädeker. Siehe meine Papiere   Beleg 1.
2. Brünner. Landkartenaufziehg.   Dessen Rech[nun]g.
8 3. Liebel. Dessen Rechnung für 10 Violinen
à 3 Rh 24 Sgr. ———————————   38 Rh pr. Cour.
9 4 . J. Goldberg. ——————————— Papiere. Beleg 4.

——

Nicht zu vergessen:

1. Die Empfangsbescheinigung. und, – wenn die Revision vom Bauinspector nicht geschehen ist – die Wohlfeilheit der Preise.
2. Die Nummer, unter welcher der neue Gegenstand in's Inventarium einzutragen ist.

Eigh. Entw., GStA PK, I. HA Rep. 76 Seminare, Nr. 10061: S. 81–85

1 Der Entwurf ist irrtümlich mit der Jahresangabe 1824 versehen; im folgenden wird jedoch auf 1825
Bezug genommen.

2 In seinem Korrespondenztagebuch hatte Diesterweg für Baedeker ein Formular entworfen, mit dem
dieser den Erhalt der betreffenden Summe quittieren sollte (vgl. GStA PK, I. HA Rep. 76 Seminare,
Nr. 10061: 148r).

3 Siehe Brief vom 17. Januar 1825 (Nr. 106).

4 Trotz dieser Anschaffung wurde kein Unterricht in der Obstbaumzucht erteilt; siehe Brief vom
9. Juli 1829 (Nr. 205).

108
An Oberpräsident Karl Heinrich Ludwig Freiherr von Ingersleben,
Koblenz

Moers, 19. Januar 1825

An den H Ob[e]rpr[ä]s[i]d[en]ten.

Die Liquid. über ein Klavier betr.
Ad Rescr. 3314. a. p.

In Verfolg des hochverehrlichen Auftrages Ew. Excell[en]z vom 6ten Oct. des verfl[osse-
nen] Jahres beehre ich mich, Ew. Exc[e]ll[en]z beil. Liquidation über die Anschaff[un]g eines Forte Piano zu überreichen.1 Ich hatte dasselbe bei dem Instrumentenmacher Ibach
in Barmen schon bestellt, als das K. Konsistorium in Cöln mir befahl, die für das Seminar
bestimmten 3 Claviere 1 von Münster kommen zu lassen. Ich bestellte daher ein zweites
von daher, um dasselbe mit dem von Ibach vergleichen u. dadurch entscheiden zu können,
2 von woher wir am besten das dritte beziehen. Das von Ibach ist indeß recht gut ausgefallen, und verdient dasselbe, wegen seiner Wohlfeilheit, caeteris paribus2, vor denen in
Münster den Vorzug.

Ew. Excellenz geruhten in dem hochverehrlichen Rescr. vom 2ten Spbr., dem Seminar Hoffnung zur Anschaffung eines Flügel-Forte-Piano's zu machen. Es würde uns ungemein freuen, wenn die Ersparniße[3] des vorigen Jahres hinreichten, um die zufolge Rescriptes der Königl. Regierung zu Düsseldorf vom 13 Oct. p. bereits zur Anschaffung hier vorräthig liegenden 123 Rh um so viel zu erhöhen, als die Kosten eines soliden Flügel-Forte-Piano's betragen werden.[4]

Zugleich möchte ich mir bei dieser Gelegenheit auch ₃ den Ausdruck des wiederholten Wunsches erlauben, daß Ew. Excellenz die Gewogenheit haben möchten, dem jetzigen Pfarrer ENGELS in Inden bei Jülich, früheren Conrektor hierselbst, die Anerkennung seines Eifers für das Beste des Seminars, der ihn antrieb, 9 Monate wöchentlich ₄ 2 Stunden Religionsunterricht unentgeldlich zu ertheilen, durch eine, wenn auch ₅ nicht bedeutende, Remuneration[5], oder, wenn der Fonds dieß nicht zulassen sollte, durch ein seine Thätigkeit anerkennendes, ₆ erhebendes Rescript zu erkennen zu geben.

Dg.

Eigh. Entw., GStA PK, I. HA Rep. 76 Seminare, Nr. 10061: S. 86–87

[1] Siehe Brief vom 6. September 1824 (Nr. 88). Die Liquidation ist dem obigen Schreiben beigefügt. Sie umfaßt den Ankauf des Fortepiano für 73 Taler, 25 Silbergroschen und 5 Pfennige sowie den Fuhrlohn für den Transport von Barmen nach Moers über 5 Taler und 2 Silbergroschen.

[2] Lat.: bei sonst gleichen Leistungen.

[3] Es bestand ein Fonds, d. h. Sondervermögen, aus dessen Erträgen Einrichtung und Unterhaltung des Seminars bestritten wurden.

[4] Diesterweg hatte das Geld bereits im Oktober 1824 für den Bau des Flügels erhalten (GStA PK, I. HA Rep. 76 Seminare, Nr. 10062: 49r+v). Siehe auch Brief vom 30. September 1825 (Nr. 128) an die Bezirksregierung Düsseldorf.

[5] Siehe Brief vom 23. Oktober 1824 (Nr. 97).

109
An das Konsistorium der Provinz Jülich-Kleve-Berg, Köln

Moers, 24. Januar 1825

An das Königliche Hochwürdige Konsistorium zu Cöln.

Die Entlassung der jetzigen IIten Klasse der Zöglinge des Seminars betreffend.

Der Inhalt des § 25 des Seminar-Reglements setzt fest, daß die Bildung der Zöglinge für's Elementar-Schulamt in der Regel 2 Jahre dauern solle ₐ , und nach § 40 soll es dahin gar nicht kommen, daß ein Zögling, welcher länger als 1 Jahr in der Anstalt behalten wurde, nach Ablauf von 2 Jahren ʙ für nicht zu einem Elementar-Schulamt wahlfähig erklärt werde. Nach dieser Vorschrift ᴄ muß also ᴅ mit dem 1ten August dieses Jahres auf den Austritt ᴇ der jetzigen ganzen zweiten Abth[ei]l[un]g unsrer Zöglinge gerechnet werden. Obgleich ꜰ wir Lehrer nun der begründeten Hoffnung leben dürfen, daß jeder dieser Zöglinge den wesentlichen Anforderungen des Reglements Genüge leisten werde, so ɢ drängen sich mir doch beim Gedanken an die nahe bevorstehende Entlassung dieser Zöglinge einige Betrachtungen auf, deren Mitth[ei]l[un]g ich dem Königlichen Hochwürdigen Konsistorium nicht vorenthalten zu dürfen glaube.

220

1. Augenfällig und gewiß eines Beweises nicht bedürftig ist die Behauptung, daß wir bei dem jetzigen Stande der Volksschulen, aus welchen wir unsre Zöglinge erhalten, $_H$ und also bei der vorhandenen mangelhaften, lückenvollen, plan- und ziellosen Vorbereitung $_I$ derselben, in dem kurzen Zeitraum von zweien Jahren durchaus nicht im Stande sind, solche junge Männer in's Examen zu führen und demnächst in's Leben zu entlassen, von denen man behaupten darf, daß sie nun sogleich, ohne allen Zweifel alle, das Ziel der Elementarschule $_a$sicher$_{al}$ zu fördern vermögen. Die Mangelhaftigkeit der Vorbereitung und die Kürze der Zeit zwingen uns, $_J$ Vieles in's Gedränge zusammenzuziehen, was mehr im Einzelnen betrachtet und geübt werden sollte, und Vieles zu übergehen, was $_K$ bei jeder Bildung als ein nicht unwesentliches Stück angesehen werden muß. Ueberhaupt lehrt uns die Erfahrung, welche wir nun wiederholt, an den Zöglingen unsrer jetzigen zweiten Abtheilung, machen, daß wir in $_L$ einem Zeitraum von 2 Jahren unsre Zöglinge $_M$ nicht so vorzubereiten im Stande sind, wie es die $_N$ Wichtigkeit des Schulamts verlangt.

2. Stellen wir uns ganz unbefangen unsren jungen Leuten gegenüber, so $_O$ finden wir die einfache und trostvolle Wahrheit, daß – vorausgesetzt, daß die Schuld $_P$ ihrer nicht tief genug begründeten Vorbereitung zum Elementar-Schulamte nicht an den Lehrern liegt – auch unsre $_{bll}$ Leute nicht die Schuld der Unreife tragen, mit welcher wir sie entlassen müssen. Vorerst ist es gewiß, daß junge Leute [1] nicht wohl fleißiger sein können, als es die unsrigen sind. Dann wird es ihnen wohl auch nicht an dem mittleren Maaße von Fähigkeiten, womit eine Schaar von Menschen im Durchschnitte begabt zu sein pflegt, fehlen. Aber $_Q$ ohne Nachforschung legt sich der Fehler $_R$ und seine Quelle klar vor das Auge. Es ist die Jugend, $_S$ das zarte Alter dieser Leute. Sie sind $_T$ 17 bis 18 Jahre alt. Wenn nun die Lehrer bedenken, was ein 17 und 18jähriger Mensch ist, $_U$ wie es mit $_V$ ihrer eigenen Ausbildung in diesem Alter beschaffen gewesen ist, wie man unmöglich an einen 18jährigen Zögling die Forderung machen könne, die Reife des Mannes zu besitzen, die Festigkeit des Charakters, die Gewißheit der Ansichten und Ueberzeugungen, die Haltung in Körper und Stimme, kurz die Eigenschaften, welche man von solchen verlangt und verlangen muß, denen man ein Amt übertragen will, und welche dadurch für selbstständig erklärt werden sollen, so werden wir keinen Augenblick Anstand nehmen, zu bekennen, daß $_W$ unsre zu entlassenden achtzehnjährigen Zöglinge keineswegs und mit nichten zu Schullehrerstellen, sondern zu nichts mehr als zu Gehülfenstellen tauglich seien, daß wir eigentlich uns nicht die Aufgabe stellen dürfen, Schullehrer, sondern Gehülfen der Schullehrer zu bilden. Denn was hilft es, sich Aufgaben zu stellen, deren Lösung durch unbesiegbare Hindernisse $_X$ in der Regel unmöglich gemacht wird $_c$!$_{cl}$ $_Y$ Eine niederschlagende Wahrheit. Aber es ist nicht anders. Ein 18jähriger, wenn auch noch so fleißiger, gut gesinnter, recht verständiger und geschickter junger Mensch hat nicht die gehörige Reife des Lebens, daß ihm ein Schulamt anvertraut werden könne: Er kann ein nützliches Glied der menschlichen Gesellschaft sein unter der Leitung eines tüchtigen Mannes, und unter derselben einst selbst ein tüchtiger Mann werden; aber er selbst ist in diesem Alter ein ganz unreifer Jüngling, unreif in körperlicher, wie in geistiger Hinsicht, unreif in Einsicht und Willenskraft, unreif in Kenntnissen, wie in der Kenntniß der Welt und seiner selbst.

$_d$Was ist zu thun?$_{dl}$

Unser Reglement enthält zu unsrer großen Freude $_e$eine$_{el}$ Bestimmung, welche $_z$ das vorhandene Uebel um Etwas vermindert. Der § 2 sagt, daß die Aspiranten ein Alter von siebenzehn Jahren erreicht haben sollen. Und ein siebzehnjähriger Mensch hat schon, selbst wenn er nur den Geschäften des bürgerlichen Lebens übergegeben [sic!] gewesen ist, eine andere Altersstufe, und darum eine andre Stufe der Einsicht und Lebenserfahrung gewonnen, als der, nicht selten noch an kindischen Dingen Freude findende, sechzehnjährige. Wir werden also vom 1ten September dieses Jahres an siebzehn- AA und mehrjährige Jünglinge erhalten. AB Ein wesentlicher Gewinn. Aber doch gelten obige, die Nothwendigkeit der Unreife eines achtzehnjährigen Jünglings betreffenden Bemerkungen auch größtentheils noch für das Alter des Neunzehnjährigen. Darum AC sehen wir in der genannten Bestimmung des Reglements wohl eine Verminderung, nicht aber eine Aufhebung des vorhandenen Übels. Und darum möge es mir hier erlaubt sein, von neuem auf die Nothwendigkeit eines dreijährigen Lehrkursus der dem Seminar übergebenen Zöglinge aufmerksam zu machen. Nicht erschöpfen, nur andeuten wollte ich hier diesen wichtigen, höchst wichtigen Gegenstand. AD Von allen Seiten praesentiren[2] sich unzählige Vortheile. Welch ein Gewinn an Zeit! Mit welcher Ruhe und Besonnenheit AE könnten die Lehrgegenstände behandelt und durchgeführt werden! Wie mächtig schreitet nicht der Jüngling, gegen das zwanzigste Jahr hin, der Reife in körperlicher und geistiger Hinsicht entgegen! Wie ließe sich den Zöglingen innerhalb fdreierfl Jahre auch eine schöne praktische Fertigkeit im Unterrichten aneignen! gUndgl wie würde die Seminarbildung dadurch erst fest und tief begründet AF! Erst dann sind die Seminarien im Stande, Zöglinge zu entlassen, welche würdig sind, zu Schulstellen für wahlfähig erklärt zu werden.

Dieser Veränderung in dem Grundplane unsrer Anstalt AG stehen, wie es mir scheint, auch von keiner Seite Hindernisse im Wege. Denn

1) es scheint gleichgültig, ob AH jährlich oder in etwas längeren hZeiträumenhl Zöglinge aufgenommen und entlassen werden. AI Setzt ja auch das Reglement AJ das Alter von 17 bis AK 22 Jahren fest, innerhalb dessen die Aufnahme der Zöglinge statt finden kann. Bei der Annahme eines dreijährigen Lehrcursus für die hiesige Anstalt, AL möchte es ziemlich auf eins hinaus laufen, ob man, bei der Nothwendigkeit, und vollkommenen Zweckmäßigkeit der Beibehaltung izweieril Lehrcurse, von welchen dann jeder 1 1/2 Jahre dauern würde, sich zu der ersten oder der zweiten der im folgenden kürzlich näher bezeichneten Einrichtungen entschließen wollte. Sollte die Aufnahme der neuen Zöglinge jjedesmal im Herbstejl statt finden, so AM geschähe diese und die Entlassung AN von jetzt an in folgenden Zeit-Verhältnissen:

Aufnahme neuer Zöglinge.			Entlassung derselben.		
1. Herbst	— —	1823	Herbst	— —	1826
2.	——————	1824		— — —	1827
3.	——————	1826		— — —	1829
4.	——————	1827		— — —	1830
5.	——————	1829		— — —	1832
6.	——————	1830		— — —	1833

Aufnahmen und Entlassung fänden also jedesmal AO innerhalb dreier Jahre kzweimalkl statt, zwei Jahre nach einander, mit Ueberspringung des dritten. AP Zöge man AQ die Einrichtung vor, nach welcher alle anderthalb Jahre eine Aufnahme und eine Entlassung geschähe, so wäre die Sache z. B. so:

Aufnahme neuer Zöglinge.		Entlassung derselben.	
1. Herbst	1824	Herbst	1827
2. Frühling	1826	Frühling	1829
3. Herbst	1827	Herbst	1830
4. Frühling	1829	Frühling	1832

u. s. w.

222

2. $_{AR}$ Dieser Verfassung und der Einrichtung unser Anstalt gemäß, $_{AS}$ welche auf eine Anzahl von 30 Zöglingen berechnet ist, würden also binnen 3 Jahren jedesmal 30, folglich im Durchschnitt jährlich 10 $_l$Jünglinge$_{ll}$ aus der Anstalt entlassen. Von einem, eine $_{AT}$ größere Anzahl von Zöglingen im Regierungsbezirke Düsseldorf $_{AU}$ in Anspruch nehmenden, Bedürfnisse kann nicht wohl die Rede sein, so lange die $_{AV}$ Schulamtskandidaten ihre Bildung suchen können, wo sie wollen.[3] $_{AW}$ Das Seminar hat ja nun gar nicht die Aufgabe, für alle evangelische Schulstellen Kandidaten zu liefern. Aber auch davon abgesehen, so findet sich in unsrem Regierungsbezirke eine $_m$große Anzahl wahlfähiger, nicht angestellter$_{ml}$ Kandidaten, wie die Erfahrung überall lehrt. Zu jeder kleinen Landschulstelle melden sich 6, 12 und mehr Kandidaten, welche alle das Zeugniß der Wahlfähigkeit haben. Der noch nicht versorgten, mit Wahlfähigkeitszeugnissen versehenen, von jetzt hier entlassenen Seminaristen sind allein nicht weniger als 18, denen zum größten Theile nichts anderes übrig geblieben ist, als Hauslehrer zu werden.[4] Eine Bildung von 10 Schulamtskandidaten jährlich würde noch für eine Reihe von Jahren und wahrscheinlich für immer dem Bedürfnisse entsprechen. Nimmt man hinzu, daß der Provinz wahres Interesse in weit höherem Grade durch 10 tüchtige, als durch 15 halb tüchtige Kandidaten erstrebt wird, so möchte der gethane Vorschlag hinlänglich gerechtfertigt sein.

Die $_{AX}$ übrige Gesammteinrichtung der Anstalt, die Größe des Fonds[5], die Zahl der Stipendien u. s. w. $_{AY}$ erlitten gar keine Änderung. Ich glaube daher, nichts weiter zur Begründung unsrer uns so nahe gehenden Wünsche beifügen zu dürfen. Möge es dem Hochwürdigen Konsistorio gefallen, diesen Gegenstand einiger Berücksichtigung zu würdigen!

Aber selbst wenn Hochdasselbe auch nicht in die Realisirung meines Vorschlags $_n$für die ganze folgende Zeit$_{nl}$ einzugehen gesonnen sein sollte, so möchte derselbe doch vorerst für $_{AZ}$ die Zöglinge $_o$unsrer jetzigen IIten Abtheilung$_{ol}$ der Berücksichtigung würdig sein. Im vorigen Herbste meldeten sich zu Düsseldorf zur Aufnahme in das Seminar zu Mörs 19 evangelische Aspiranten. Nachdem von den Königlichen Kommissarien die 3 untauglichsten ausgeschlossen waren, $_{BA}$ bleiben 16 übrig, welche sämmtlich aufgenommen worden sind.[6] Das die Aufnahme bedingende Alter war das vollendete $_p$16te$_{pl}$. Nun aber setzt unser Reglement für die Folge das $_q$vollendete 17te$_{ql}$ fest. Es entsteht also für das nächste Jahr eine $_r$Lücke$_{rl}$, welche es wahrscheinlich macht, daß sich nur wenige Zöglinge zur nächsten Aufnahme melden werden, da diejenigen, welche im vorigen Jahre noch zu jung waren, $_{BB}$ auch in diesem Jahre aus demselben Grunde nicht aufgenommen werden können. Darum wollte ich dem Hochwürdigen Konsistorio gehorsamst den Vorschlag thun, hochgefälligst zu bestimmen, daß in $_s$diesem$_{sl}$ Jahre keine neue Aufnahme statt finden und die Zöglinge des jetzigen IIten Kursus erst Ende Juli 1826 entlassen werden sollen.[7] Lehrer und Zöglinge würden dieser Verordnung den wärmsten Dank entgegen bringen, und der Erfolg würde das Hochwürdige Konsistorium und die Königliche Regierung von der Ersprießlichkeit eines dreijährigen Lehrkursus sicher und zuverläßig überzeugen. Auf Erfahrung gestützt $_{BC}$ würde sich dann $_{BD}$ die Bitte um die bleibende Feststellung eines dreijährigen Lehrkursus bei einem Hohen Ministerio um so triftiger und bündiger vortragen lassen.

Das Königliche Konsistorium zu Coblenz hat dem evangelischen Seminar in Neuwied auch eine ähnliche Gunst bewilligt.

Wenn ich mich in den bisherigen Bemerkungen der Kürze wegen zuweilen kategorisch ausgedrückt habe, so darf ich nicht unterlassen, hinzuzufügen, daß ich den Beschlüssen und

Ansichten des Hochwürdigen Konsistorii, – sollten sie auch meine Wünsche und Ansichten nicht begünstigen – stets mit hochachtungsvollem Respecte entgegen sehe.

ₜDer Seminar-Director
Diesterweg.ₜₗ

Ausf. mit eigh. Unterschr., GStA PK, I. HA Rep. 76 Kultusministerium, VII neu Sekt. 25 C Teil I Nr. 4 Bd. 3: 64ʳ–68ʳ;
eigh. Entw., GStA PK, I. HA Rep. 76 Seminare, Nr. 10061: S. 88–93 und 95–96

¹ Konsistorialrat Grashof (s. ds.) strich in der Ausfertigung das Wort „Leute" durch und ersetzte es durch „Zöglinge". Wahrscheinlich war dem Schreiber ein Fehler unterlaufen, da er das in Diesterwegs Entwurf stehende Adjektiv „jungen" weggelassen hatte; die Formulierung „unsre Leute" klang für Grashof vermutlich befremdlich.

² Grashof strich das Wort „praesentiren" durch und ersetzte es durch „bieten ... dar".

³ Siehe Aktenvermerk vom 30. Juli 1824 (Nr. 80), Anmerkung 1.

⁴ Siehe Aktenvermerke vom 30. Juli bis 6. August 1824 (Nr. 81) und Brief an Roß vom 29. September 1824 (Nr. 91).

⁵ Siehe Brief vom 19. Januar 1825 (Nr. 108), Anmerkung 3.

⁶ Siehe Aktenvermerk vom 4. August 1824 (Nr. 82).

⁷ Oberpräsident von Ingersleben (s. ds.) genehmigte am 3. Juni 1825 eine einmalige Verlängerung aufgrund einer Verfügung des Ministeriums vom 9. Mai des Jahres (vgl. GStA PK, I. HA Rep. 76 Seminare, Nr. 10062: 77ʳ); er schränkte aber zugleich ein, eine grundsätzliche Ausdehnung der Ausbildung auf drei Jahre – wie von Diesterweg beantragt – könne nicht vorgenommen werden, da die Anzahl der Lehrer keine Neueinteilung der Anstalt in drei Klassen zulasse (siehe auch Brief vom 20. Juni 1825, Nr. 123).

110
An Oberpräsident Karl Heinrich Ludwig Freiherr von Ingersleben, Koblenz

Moers, 27. Februar 1825

An den H Oberpr[ä]s[i]d[en]ten.

Die zur Einrichtung des Seminars noch erforderlichen G[e]g[en]st[ä]nde betr.

ad Rescr. vom 14ten Novbr. 1824. 3721.

Gemäß dem Hochverehrlichen Auftrage Ew. Excellenz vom 14ten Novbr des verflossenen Jahres verfehle ich nicht, Ew. Excellenz Folgendes gehorsamst vorzutragen.

Durch die ₁ Bewilligungen ₂, welche unsre Anstalt dem Wohlwollen Ew. Exc. ₃ während des Jahres 1824 verdankt, ist dieselbe, nach ihrem damaligen Bedürfniße, mit den wichtigsten und wesentlichsten Gegenständen versehen, u. ich bin ehestens im Stande, die Liquidation für die ₄ inzwischen angefertigten, nebst anderen unterm 4ten Septbr. 1824 bewilligten, Gegenstände: 3 Roulleaux, Schrank für die Bücher der Se[minari]sten, 1 Schrank für Aufstell[un]g der Mineralien, und für die unterm 7ten Septbr 1824 zur Anschaff[un]g anbefohlene Fournaise¹ Ew. Excellenz zu überreichen. Damit ist den wesentlichsten Bedürfnißen der Anstalt abgeholfen. In wie ferne der, zufolge Mittheilung des K. Konsistorii zu Cöln, unter'm 30sten Novbr. a. p. von Ew. Excellenz genehmigte Plan zum Ausbau der kleinen Seitengebäude[2] der Anstalt neue Bedürfniße herbei führen, und ob [5] in den Vorschlägen des Königlichen Bauinspektors H. HEERMANN zu Cleve [6] Alles enthalten ist, was namentlich die Einrichtung des Speisezimmers und der beiden projektirten Schulzimmer für die Seminar-Kinderschule erheischen wird, bin ich [7] zu beurtheilen [8] außer Stand. Diese Gelegenheit ergreifend, möchte ich Ew. Excellenz Aufmerksamkeit darauf zu leiten mir erlauben, wie dringend nothwendig es ist, daß der von Ew. Excellenz genehmigte Plan zum Ausbau, nunmehr, bei dem Eintritt des Frühlings, zur Ausführung gebracht werde, [9] worüber ich bis jetzt noch nichts erfahren habe.

[10] Zu den unentbehrlichen Bedürfnißen der Anstalt gehört noch ein Schrank zur Aufbewahrung der Bettleinewand, welche der Ökonom [11] jetzt in seinem kleinen Häuschen aufzubewahren genöthigt ist. Ein solcher von der Größe, wie ihn das Bedürfniß erheischt, würde ungefähr 16 Rh zu stehen kommen.

Zu den wünschenswerthen, wenn nicht gerade [12] absolut unentbehrlichen Gegenständen rechne ich noch:

1. 2 Altviolinen, [13] ungefähr   8 Rh
2. 1 Violoncell   –   10 "
3. ein Paar Hörner   –   20 "
4. eine Partie Musikalien für gemeinschaftliche (Concert-) Musik, leichte Symphonien etc.   –   15 "
5. Gartengeräthschaften –   12 "

Wie in allen anderen Preußischen Seminarien üben sich unsre Zöglinge innerhalb der Anstalt in Aufführung leichter Concertmusik, [14] zur Aufmunterung bei den ermüdenden Übungen der Anfänger und [15] zu anständiger und bildender Beschäftigung in einzelnen Erholungsstunden. [16] Darum wünschen wir die Gegenstände 1 bis 4 für die Anstalt gewonnen zu sehen. Und da zufolge unsres Reglements die Zöglinge [17] an den Gartenarbeiten Theil nehmen sollen, so [18] entsteht daraus der Wunsch zur Anschaffung der nothwendigsten Gartengeräthschaften.

So wie ich diese Wünsche [19] dem gütigen Wohlwollen Ew. Excellenz anheim stelle, so geschieht dieß in noch höherem Grade in Betreff des folgenden Punktes.

Es ist mir unbekannt, ob Dienstwohnungen mit den nöthigen Öfen und einer Fournaise zum Kochen [20] aus Staatsmitteln versehen werden. Zweckmäßig erscheint diese Maaßregel in Betreff unsrer Anstalt wenigstens, da die Lehrer derselben jetzt und in der Zukunft [21] als Fremde in Mörs einziehen werden, also auch keine Öfen etc. mitbringen können, deren Größe u. Form in der Regel auch den Bedürfnissen der Lokale angepaßt werden muß. Ich wollte es daher Ew. Excellenz anheim stellen, ob Hochdieselben es für geeignet halten möchten, meine und meines Kollegen Wohnung mit Öfen und einer eisernen Fournaise versehen zu lassen.[3]

Eigh. Entw., GStA PK, I. HA Rep. 76 Seminare, Nr. 10062: 1r+v und 21r

1 Siehe Brief vom 28. August 1824 (Nr. 85).

2 Siehe Briefe an den Oberpräsidenten vom 28. August (Nr. 84) und an das Konsistorium vom 9. November 1824 (Nr. 100).

3 Der Oberpräsident genehmigte am 5. März die beantragten Öfen sowie den Kauf des Schrankes und der Gartengerätschaften. Er teilte außerdem mit, daß das Konsistorium wiederholt angewiesen worden sei, den genehmigten Ausbauplan zur Ausführung zu bringen (GStA PK, I. HA Rep. 76 Seminare, Nr. 10062: 32r).

111

An das Ministerium der geistlichen, Unterrichts-
und Medizinalangelegenheiten, Berlin

Moers, 1. März 1825[1]

Bericht über das Königliche Schullehrer-Seminar zu Mörs,
das Jahr 1824 betreffend.[2]

Dem Hohen Ministerio der geistlichen, Unterrichts- und Medicinal-Angelegenheiten unterthänigst überreicht von dem Seminardirector Diesterweg.

A Das Jahr 1824 ist für das Schullehrer-Seminar zu Mörs ohne Unfall und Unglück zu Ende
gegangen. B Unter dem Schutze des Allerhöchsten C blieb die Anstalt von Feuer- und Was-
sersnoth, von bedeutenden Krankheiten, Sorgen und anderen Bekümmernißen befreit, und
so viel Schaden auch die Fluthen nahe und ferne anrichteten, so konnten sie doch die Schul-
lehrer-Anstalt nicht erreichen. Eine verheerende Krankheit raffte, vor und nach der großen
Ueberschwemmung, eine Menge gesunder und kräftiger Menschen weg – D doch kein Mitglied unsrer Anstalt befindet sich unter der Zahl E ihrer Opfer.

Darum, und aus vielen anderen Ursachen, beginne ich den Jahresbericht über die Anstalt
mit Dankgefühl gegen den Allerhöchsten.

F Wenn auch in einsamer, abgelegener Gegend errichtet, wenn auch klein und ohne Ruf und
Namen, so entging die Anstalt doch nicht der wohlwollenden Aufmerksamkeit der höheren
und höchsten Behörde. Auch in dem Jahre 1824 hatte sie sich G der väterlichen Fürsorge
ihrer Vorgesetzten zu erfreuen. H An keinem wesentlichen Gute hat es ihr gemangelt; durch
I Vermehrung ihrer physischen und geistigen Kräfte zählt sie das Jahr 1824 unter diejenigen, welche sie ihrem Ziele um einige Schritte näher geführt haben.

Darum J fühle ich mich gedrungen, gleich zu Anfang K gegen die hohe und höchste Behörde im Namen der Anstalt L das Dankgefühl der Lehrer und Zöglinge zu äußern.

Es war das verflossene Jahr das erste nach der festen Begründung der Anstalt und nach der
Besetzung aller Lehrgegenstände. Es ist daher in diesem Jahre Manches besser und vollständiger aufgetreten, als früherhin, aber es ist daher auch noch Manches nicht so, wie es
erst durch eine Reihe von Jahren M zur Reife N geführt werden kann. Das Jahr 1825 wird
unter Gottes und der Regierung Schutz fördernd dazu mitwirken. Darum, wenn auch in
dem Bewußtsein der weiten Entfernung von dem Ziele, doch gehoben durch diese Mächte
und das Gefühl nicht unreger Bestrebungen der Lehrer O blicken wir ohne Unruhe in die
vergangenen, und froher Hoffnung voll in die künftigen Tage P , und mit Q diesen Hoffnungen gehe ich daher auch zur gedrängten Beschreibung der einzelnen Verhältnisse der
Anstalt über.

1. Äußere Beschaffenheit und darin vorgenommenen Veränderungen, als: Bauten, Reparaturen, Vermehrung oder Abgang im Inventario.

Die R Ausdehnung und äußere Einrichtung der Anstalt ist S im wesentlichen dieselbe geblieben, wie sie am Ende des Jahres 1823 war; eine zum Theil veränderte Einrichtung wird

das Seminar mit der Ausführung des bereits von Sr. Excellenz dem Herrn Oberpräsidenten VON INGERSLEBEN in Coblenz genehmigten Planes zum Ausbau der beiden _{all} Seitengebäude erhalten.[3] Bis jetzt dienen die beiden größeren Zimmer auf der rechten Seite des Gebäudes zu Lehr- und Arbeitszimmern der Zöglinge; in _T den beiden daran stoßenden kleineren Zimmern _U üben sie sich einzeln im Klavierspielen, und die Schränke der Bibliothek und Naturalien sind darin aufgestellt. Im ersten Stocke dienen 3 Zimmer zu Schlafstätten, eins zu den Übungen im Violinspiel. Gleich daneben wohnt Herr ERNST; den übrigen Raum des Gebäudes bewohne ich mit meiner Familie. Vorläufig dient ein Zimmer in dem kleinen Hause des Ökonomen zum Speisezimmer; in _V dem untern Theile der Remise ist die Waschstätte, in dem oberen der Aufbewahrungsplatz für die Kisten und Kleider der Zöglinge, bis der in diesem Jahre projektirte Ausbau der Remise, des Pferdestalles und des Söllers des Hauptgebäudes eine bessere Einrichtung möglich macht.

Am fühlbarsten war bisher der Mangel eines Lokals für die Seminar-Kinderschule. Darum sehen wir mit Sehnsucht dem Anfange der projektirten Bauarbeiten entgegen. Im Allgemeinen _W freuen wir uns über die Solidität des Gebäudes, und wenn wir auch die Entbehrung eines größeren freien Raumes unangenehm fühlen, so legt das Gebäude selbst und seine Lage doch in keiner Hinsicht der Ausführung der Seminar-Einrichtungen schlimme Hindernisse in den Weg.

Das beiliegende Inventarium weiset die Vermehrungen, _X deren sich die Anstalt zu erfreuen gehabt hat, nach. Die Anschaffung der darin noch nicht aufgeführten unentbehrlichen Inventarienstücke: zweier Klaviere, mehrerer Schränke etc. ist von des Herrn Oberpräsidenten Excellenz bereits angeordnet _Y .

2. <u>Frequenz der Anstalt.</u>

Höherer Verfügung gemäß ist die Zahl der Zöglinge auf 30 berechnet, und dieser Ausdehnung ist die Einrichtung und Ausstattung der Anstalt angepaßt. _Z Im Anfange des Jahres 1824 war diese Zahl vollständig. Bald nachher verminderte sich dieselbe um 3, indem 1 Zögling wegen ungeregelten Betragens, ein zweiter wegen _{b|}nicht geistigen Vermögens_{b|} entlassen wurde, und ein dritter die Anstalt verließ,[4] weil seine Anverwandten die nöthigen _{AA} Subsistenzmittel für ihn nicht aufzubringen wußten.[5] Von den noch übrigen 27 wurden in der Abiturientenprüfung am 31. July 14 für entlassungs- und wahlfähig erklärt, und 12 derselben wirklich entlassen. Die 2 anderen, die vorzüglichsten, wurden dazu ausersehen, noch 1 Jahr in der Anstalt zu verbleiben und die Geschäfte der Hülfslehrer zu versehen. Dieses Mittel hat sich als vorzüglich bewährt, theils um Einigen eine vorzügliche Ausbildung zu geben, theils um durch sie vortheilhaft auf die Neuangekommenen zu wirken und den Hauptlehrern das Geschäft der Bildung zu erleichtern. Von den 27 Zöglingen blieben daher 15 in der Anstalt zurück, und zu denselben wurden am 1ten September 16 andere gefügt, so daß die Zahl sämmtlicher Zöglinge 31 betrug. Außerdem kehrten von den 12 Entlassenen 4 nach Mörs zurück, um noch auf eigene Kosten ein halbes Jahr ihre unvollendete Bildung fortzusetzen. Dieselben wurden den übrigen Zöglingen ganz gleich gehalten, obgleich sie bei _{AB} Bürgern der Stadt wohnten, wodurch _{AC} für ihre und der übrigen Zöglinge Lebensordnung kein Nachtheil erwachsen ist.

Endlich gesellten sich zu den 35 Zöglingen noch 4 Schulamtskandidaten aus der Gegend von Mörs, welche _{AD} , von der Königlichen Prüfungscommission bereits als zu einer Gehülfenstelle für wahlfähig[6] erkannt, sich durch die Hülfe des Seminars weiter zu bilden gesonnen waren. Daher belief sich die Zahl aller Schüler des Seminars am Ende des Jahres

1824 auf 39; die Zahl der eigentlichen Zöglinge im engeren und eigentlichen Sinne des Wortes war, wie bereits angegeben, 31.

3. Gesundheitszustand der Zöglinge.

Im Allgemeinen haben wir uns $_{AE}$ der dauerhaften Gesundheit der Mitglieder des Seminars zu erfreuen gehabt. Nur an zweien der am 1ten September Neuaufgenommenen zeigten sich wenige Wochen nach ihrem Aufenthalte in der Anstalt die Spuren ansteckender Hautkrankheit. Da wegen der nahen Vereinigung aller Bewohner des Hauses eine strenge Absonderung derselben nicht möglich war, indem $_{AF}$ ein abgesondert liegendes Krankenzimmer erst durch den Ausbau gewonnen werden wird, so schien es $_{AG}$ am rathsamsten, diese beiden bis zur gänzlichen Wiederherstellung zu den nahe wohnenden Eltern zu entlassen, wodurch dann auch die Weiterverbreitung dieses gefährlichen Übels glücklich abgewehrt worden ist. Sechs Wochen später fanden sich beide, mit einem Gesundheits-Zeugniß $_{AH}$ des Kreisphysikus versehen, in der Anstalt wieder ein.

4. Ordnung, Disciplin und Sittlichkeit.

Die Handhabung dieser wichtigen Erziehungsmomente in den Schullehrer-Seminaren, zumal den kleinen, ist keine schwere Aufgabe. Die Zöglinge, in der Regel von einfach lebenden Eltern erzogen, $_{AI}$ nicht verdorben durch böses Beispiel und unsittliche Umgebung, in beschränkten Verhältnißen in der Regel aufgewachsen, und mit guten Vorsätzen in die Anstalt tretend, leben zu enge verbunden mit den Lehrern der Anstalt; ihre ganze Thätigkeit wird für den einen Zweck ihres Zusammenlebens zu strenge in Anspruch genommen, und sie fühlen sich und ihr künftiges Bestehen von den Lehrern und ihrem Betragen in der Anstalt zu abhängig, als daß viele $_{AJ}$ Maaßregeln zur Erhaltung $_{AK}$ geregelter Lebensordnung, streng disciplinarischen Betragens und sittlicher Erscheinungsweise nothwendig seien. Obgleich sich daher diese Bedingniße, woran allerdings die Erreichung des Seminarzweckes geknüpft ist, in der Regel von selbst einstellen, so gebieten dessen ungeachtet die Unreife der Zöglinge und die Natur des menschlichen Herzens den Seminarlehrern die Festhaltung bewachender und verhütender Aufsicht. Und obgleich wir im Allgemeinen gute $_{cll}$ Lebensordnung in der Anstalt $_{AL}$ begründet $_{AM}$ gesehen haben, so hat es doch auch selbst unter unsrer nicht großen Zahl von Zöglingen nicht an einzelnen, Mißfallen erregenden, Erscheinungen $_{AN}$ gefehlt. Doch ist, Gottlob! kein Ereigniß vorgefallen, welches nach den Gesetzen unsrer Hausordnung[7] mehr als ernste Rüge oder Entziehung der erlaubten Freiheiten erheischt hätte. Von großem Vortheil für Disciplin, $_{AO}$ Befestigung des Charakters und der Sittlichkeit überhaupt, haben sich uns 2 Stunden bewährt, welche wir wöchentlich außer den gewöhnlichen Unterrichtsstunden den oben genannten Zwecken widmen. $_{AP}$ Die erste ist eine Censur-, die zweite eine Andachtsstunde. In jener sprechen wir Lehrer, in der Regel in Gegenwart aller Zöglinge, unser Urtheil über das gesammte Verhalten jedes Einzelnen, offen, wahr, $_{AQ}$ ermunternd und rügend, mit vollkommner unverholener Offenheit, mit Berücksichtigung der uns genau bekannten Individualität des Einzelnen, aus. Da wird nichts verschwiegen, was uns mißfällt, und äußere und innre Erscheinungsweise, Aufmerksamkeit und Fleiß, wie Temperament und körperliche Haltung, die $_{AR}$ Gestaltung des Angesichts und der Ton der Stimme, wie die Reinlichkeit in Heften und in der Kleidung, $_{AS}$ geben Veranlassung zu belebenden Bemerkungen. $_{AT}$ In dem Leben der Erzieher ist ja Vieles nicht gleichgültig, worüber für Menschen anderen Berufs zu reden an lächerliche Pedanterie gränzen möchte. Nach unsrer Meinung geziemt dem Erzieher gegen Jünglinge, deren Erziehung er sich zur Aufgabe des Lebens gemacht hat, rückhaltlose Offenheit. – Die wöchentliche Andachtsstunde, abwechselnd von den beiden Hauptlehrern der Anstalt geleitet, gibt denselben Gelegenheit, die höheren Beziehungen des Lebens zu finden, und ₐᵤ in denselben, ₐᵥ der Religiosität und Frömmigkeit, die Motive zu edler Gesinnung und sittlicher Handlungsweise zu finden. Mit ihr schließt am Abend des Sonnabends die Thätigkeit der Woche.

5. Unterrichtswesen.

Einem Hohen Ministerio würde es gewiß nicht willkommen sein, wollte ich es unter dieser Rubrik versuchen, durch viele Worte eine umständliche Beschreibung des statt findenden Unterrichts zu liefern. Glaube ich daher den Erwartungen Hochdesselben, da vom Unterrichts__wesen__ die Rede sein soll, einigermaßen zu entsprechen, wenn ich in gedrängter Kürze die ₐᵥ Hauptgesichtspunkte unsres Strebens durch jeden Unterrichtszweig zu bezeichnen den Versuch mache.

a. Der Religionsunterricht hat die Aufgabe, das Gemüth des ₐₓ Zöglings für die Religion zu gewinnen und sittliche Gesinnung in ihm auf das Festeste zu begründen. Gleich weit entfernt von den gleich gefährlichen Extremen, einer Seits einer bloßen Erregung der Gefühle und andern Seits einer puren Bildung erkennender Einsicht, soll die Religion Sache des Herzens und Kopfes werden, und ₐᵧ Religiosität soll der Mensch in sittlichen Handlungen bewähren. Da die Religion eine Sache des ganzen Menschen ist, nicht einseitig irgend einem Gebiete des geistigen Lebens ₐᵤ angehört, so soll auch der ganze Mensch, d.h. Herz, Erkenntniß und Wille sich für Religion entscheiden. Darum ₆ₐ stellt sich jeder Religionslehrer, also auch der Religionslehrer des Seminars, die Aufgaben: Belebung des Gemüthes der Zöglinge für die Heiligkeit der christlichen Religion, zuerst und vor allen Dingen Ergreifung des Gemüths, weil ₆₆ sich in dem Gemüth des Menschen die Wurzeln aller Religiosität finden, ₄ und ₄ₗ Religiosität vorzugsweise Herzenssache ist – Dann: durchaus feste Begründung der Überzeugung, ₆c daß der Mensch von Gott dem Herrn berufen sei, seine Religion durch strenge Sittlichkeit vor den Menschen zu offenbaren, daher der Wärme des Gefühls auch klare Einsicht ₆ᴅ über den Umfang und das Wesen menschlicher Pflichten und ihre innige Verbindung mit Religion und Glauben. Mittel zur Erreichung dieser Zwecke: Innige vertraute Bekanntschaft mit der heiligen Schrift, das Leben und die Lehre des Erlösers, Übereinstimmung ₆ₑ und Überstrahlung der menschlichen Vernunft durch das ₆ꜰ Christenthum, ₆ɢ Verständigung des Menschen über die tiefsten Grundwahrheiten seines Geistes – demnächst das vorleuchtende, nothwendig ergreifende Beispiel des Lehrers und der ganze Geist der Anstalt. –

Die Zöglinge des Seminars sind ₆ₕ vorzugsweise in dem Religionsunterrichte Selbstzweck, weshalb die Beziehung auf die Methodik des Religionsunterrichts der Volksschule zwar nicht übersehen, aber doch von untergeordneter Wichtigkeit betrachtet wird.[8]

b. Der Zweck des Sprachunterrichts wird zuerst erstrebt auf dem Wege der Übung. Nach und mit der Übung wird die Einsicht in die Gesetze der Sprache erstrebt. Das richtige Lesen wird für wichtiger gehalten, als die Kenntniß der Regeln, wie richtig gelesen werden soll, und die richtige Anwendung syntaktischer und stylistischer Gesetze steht über der Aufsuchung derselben ohne jene. Im Allgemeinen ₆ᵢ sehen wir die Sprache als ein sehr wichtiges intensives Bildungsmittel an, weshalb auf das Logische der Sprache so viel Werth gelegt wird, als möglich ist, um die zu den Übungen erforderliche Zeit nicht zu sehr zu beschränken. Die neueren Forschungen in dem Gebiete der Sprache werden, wenn das zu

Tage geförderte Gold ausgemünzt ist, den Seminarien und den Schulen überhaupt wesentlichen Gewinn bringen.

Die Aufgabe, welche das Anfertigen der Aufsätze dem Seminar stellt, ist bisher noch nicht zu meiner Zufriedenheit gelöset worden. Ich suche den Grund dieser unangenehmen Erscheinung theils in der Unreife der Seminarzöglinge, theils in dem Mangel an Zeit, irgend einen Gegenstand mit umsichtiger Aufmerksamkeit zu überlegen, theils ʙᴊ darin, daß nach meinem Dafürhalten eine Summe praktischer Lebenserfahrungen und eine nur im Leben zu gewinnende Bildung zur Abfassung eines einigermaßen genügenden Aufsatzes erfordert wird.[9] Um den Mangel dieser Einrichtung zu ergänzen, und um mich zugleich des Fortschreitens der aus dem Seminar Entlassenen zu versichern, habe ich die Einrichtung getroffen, daß jeder Zögling eines Cötus[10] mir alle drei Monate einen Aufsatz über irgend einen allgemein interessirenden, oder pädagogischen Gegenstand zusenden muß. Diese Arbeiten werden dann hier gesammelt, beurtheilt, mit unsren Aufgaben etc. bereichert, und dann an die Einzelnen rund geschickt. ʙᴋ Eine zwar lästige, aber belohnende Einrichtung, durch welche noch andere wichtige Zwecke erreicht werden.

c. Der ʙʟ Rechen- überhaupt der mathematische Unterricht ist durch Pᴇꜱᴛᴀʟᴏᴢᴢɪ und seine Nachfolger so vervollkommnet und auf so feste Principien gebaut worden, daß ein Seminar eine sehr schlechte Anstalt sein müßte, wenn in demselben weniger geleistet würde, als das Reglement in Betreff des mathematischen Unterrichts vorschreibt. Wenn wir die übertriebene Werthlegung auf ʙᴍ scheinbar erstaunenswerthe Gewandtheit im sogenannten Kopfrechnen, welche das Leben in jedem Falle bringt, zu vermeiden, die rationelle Erkenntniß der Gesetze den Übungen voraus oder mit ihnen parallel fortschreiten zu lassen, die Allgemeinheit der zu Grund liegenden Begriffe, Grundsätze, Regeln und Gesetze, als worin hauptsächlich die geistbildende Kraft des mathematischen Unterrichts gesucht wird, keineswegs aber hintan zu setzen, übrigens aber in dem Geiste der vortrefflichen Rechenbücher, woran unsre Literatur so reich ist, zu verfahren uns Mühe geben, so glaube ich damit das Wesen unsres Strebens in der genannten Hinsicht bezeichnet zu haben.

d. In der ₑGeographie, Naturgeschichte und Naturlehreₑ₎ legen wir entscheidenden Werth auf das Festliegende, zu demselben anstrebend ʙɴ durch das bereits Erfahrene, Naheliegende und Bekannte. Nach unsrer Ansicht liegt eine vorzüglich bildende Kraft in der Betrachtung der großen Umrisse der ʙᴏ Erde, wie der allmächtige Schöpfer des Himmels und der Erde sie in's Dasein gerufen hat – in der Erkenntniß der mathematischen und der größentheils durch sie bedingten physischen Gesetze des Erdballes – in der Kenntniß der Abstufung, Verbindung und Vervollkommnung aller Kreaturen ʙᴘ unsres Weltkörpers von dem Kiesel, durch das Reich der Pflanzen und Thiere hindurch, bis zum Menschen – in der Kenntniß und Erkenntniß der ewigen Gesetze des Weltbaues und seiner wundervollen Pracht, erkennbar dem Geiste, fühlbar dem Gemüthe des Beschauers.

Freilich ʙQ stecken die Verhältniße der Seminarien den genannten Gegenständen feste Gränzen, aber doch soll der Grund zur Erkennung der Herrlichkeiten der Schöpfung Gottes in der Anstalt fest gelegt werden. Und schon diese Rücksicht gebietet es, die neuen Kenntnisse an die im Bewußtsein und in der Erfahrung der Zöglinge bereits liegenden anzuschließen, um den Beruf derselben nicht aus dem Auge zu verlieren.[11]

e. In der allgemeinen Weltgeschichte kann in unsrer Anstalt nicht sehr viel geschehen. Wir sind zufrieden, wenn wir die vom Reglement gesteckten Gränzen erreichen. Der Lehrer bemüht sich, um Zusammenhang und Einheit in die zu gebenden Bruchstücke zu bringen, die Thatsachen der allgemeinen Weltgeschichte an die biblische Geschichte und an die ʙʀ historische Entwicklung des Christenthums $_{BS}$ anzuknüpfen. Da in extensiver Hinsicht die Geschichte dem Volksschullehrer nicht gerade von sehr hohem Werthe ist, so stellt dieselbe dem Geschichtslehrer in Seminarien die Forderung, sie durch $_f$Kenntniß$_{fl}$ des Ganges der göttlichen Weltregierung und der Gewißheit des endlichen Sieges alles Guten über das Böse, so wie durch Belebung der Vaterlandsliebe, zu einem Gegenstande intensiver Bildung zu machen.

f. In der Musik, <u>namentlich im Gesange und Orgelspiel</u>, leistet unsre Anstalt nach meiner Ansicht nicht genug. <u>Zum Theil</u> mag dieses Resultat darin begründet sein, daß $_{BT}$ bei der Aufnahme der Zöglinge nicht entscheidend auf musikalische Vorkenntnisse gesehen werden konnte, und daß eine solche Anstalt, wie die unsrige, unmöglich innerhalb zweier Jahre den Anfänger bis $_{BU}$ zu einiger anerkennenswerthen Fertigkeit in musikalischen Leistungen zu bringen im Stande ist. Obgleich wir der Meinung sind, daß eine große Fertigkeit in der Musik nicht gerade $_{BV}$ mit unerlaßlicher Nothwendigkeit $_{BW}$ zum rechten Wesen eines tüchtigen Schullehrers $_{BX}$ gehöre, und daß man heut zu Tage die Erwartungen von der bildenden Kraft der Musik in Schulen, welche sich doch wohl auf die Erregung belebender Gefühle beschränken möchten, zu sehr steigert,[12] so $_{BY}$ hege ich doch die lebhafte Hoffnung, daß ich über den Erfolg des musikalischen Unterrichts $_g$im nächsten Jahre$_{gl}$ günstiger zu berichten im Stande bin.

Da $_{BZ}$ der Violin-Unterricht einem Hülfslehrer anvertraut ist, so befriedigen die $_{CA}$ Leistungen der Zöglinge auf diesem Instrumente vollkommen.

g. <u>Methodik, Pädagogik, Didaktik</u>.

So viel mir die Schullehrer-Seminarien und die für dieselben über Methodik etc. geschriebenen Werke bekannt sind, so herrscht unter den Lehrern der Seminare selbst in Ansehung obiger Gegenstände eine sehr große Verschiedenheit der Ansichten. Wenn die sogenannten Praktiker von begründender Pädagogik nichts wissen wollen, so legen dagegen Andere auf sie und ihre Resultate einen sehr hohen Werth. Ich muß gestehen, daß ich zu letzteren gehöre. Wenn es wahr ist, daß $_{CB}$ zur Erreichung der Zwecke des erziehenden Unterrichts nicht nur gründliche Kenntniß der Unterrichtsgegenstände und der verschiedenen Methoden, sondern auch die Kenntniß der Natur und des Entwicklungsganges der menschlichen Anlagen gehört; wenn es wahr ist, daß der Lehrer ohne $_{CC}$ psychologische Kenntnisse $_{CD}$ im Allgemeinen, und der Kindesseele im Besonderen, wohl ein einigermaßen guter Lehrer, nicht aber ein reifer Erzieher sein kann; wenn der Seminarist in dem Seminar $_{hll}$ mit dem menschlichen Körper und mit dem menschlichen Geist bekannt gemacht werden soll; wenn die Seminarien zugleich die Aufgabe haben, um sich die Möglichkeit der Fortbildung ihrer Zöglinge durch gute Schriften, nach ihrer Entlassung aus der Bildungsanstalt, zu sichern, die Zöglinge in $_{CE}$ ein verständiges, belehrendes, Nachdenken erweckendes Lesen nicht bloß der ganz populären, sondern auch der in etwas allgemeinerer Darstellung geschriebenen Werke einzuführen; wenn endlich doch irgend wie Zeit gefunden werden muß, um über Erziehung und Unterricht, ihre Quellen, Zwecke und Mittel, über Disciplin und Methoden zu reden; wenn, sage ich, so große Zwecke, wenn auch nur annäherungsweise, durch die bezeichneten Gegenstände erreicht werden können: so möchte ich die Behauptung aufstellen, daß $_{CF}$ der Unterricht über Pädagogik unbedingt zu den wichtigsten gehört, welche in einem Seminar betrieben werden mögen. In den diesem Gegenstande in dem Seminar zu Mörs gewidmeten Stunden bemühe ich mich, die Zöglinge $_{CG}$ mit folgenden $_{CH}$ Wissenswürdigkeiten, meist auf sokratischem Wege,[13] bekannt zu machen: 1.) Kenntniß des menschlichen Körpers und $_{CI}$ der geistigen Vermögen, in's Besondere des Erkenntnißvermögens; 2) Kenntniß des Hauptinhaltes

231

der logischen Gesetze; 3) Entwicklungsgang der menschlichen Anlagen; 4) die vorzüglichsten allgemeinen Grundsätze $_{CJ}$ der Erziehung und des Unterrichts; 5) Methodische Behandlung der einzelnen Unterrichtsgegenstände in der Volksschule. Während des letzten halben Jahres pflege ich den Zöglingen dieses oder jenes pädagogische Werk in die Hände zu geben, um sie an's Selbstdenken und an das Verstehen schriftlichen Gedankenvortrages mehr und mehr zu gewöhnen. Ich liebe dabei eine Mannigfaltigkeit von Schriften, um vergleichend und prüfend das Beste herauszuheben. Ich habe dazu bisher die Werke von ZERRENNER, DENZEL, HARNISCH, HERGENRÖTHER und GRUNER benutzt.

Mit diesem scheinbar theoretischen, in der That aber, weil ihm überall Thatsachen und Erfahrungen zu Grund gelegt werden, praktischen, oder theoretisch-praktischen Unterricht stehen die Übungen in der Kinderschule in enger Verbindung. Die Wahrheit gebietet mir, zu sagen: <u>sollen</u> in Verbindung stehen. Denn bis dahin ist dieß allhier in Mörs <u>nicht überall</u> der Fall gewesen.

Wie ich schon früher zu bemerken die Ehre gehabt habe, fehlt es dem Seminar noch ganz an einem Lokal zur Kinderschule, und wird dasselbe erst in dem Laufe dieses Jahres gewonnen werden. Einstweilen haben wir daher diese empfindliche Lücke theils durch Übungen der Zöglinge unter einander, theils durch die Elementarschule der hiesigen Stadt zu füllen gesucht. Dieselbe ist im Laufe des vorigen Jahres erweitert, in 3 Klassen abgetheilt, und dem bereits angestellten Lehrer ein ehemaliger Zögling des hiesigen Seminars zur Seite gesetzt worden. Die Geschäfte des dritten Lehrers, welcher jedoch nicht allein auf die unterste Klasse beschränkt ist, $_{CK}$ besorgen die Zöglinge des Seminars. Theils arbeiten sie unter Aufsicht des einen der beiden ältesten Seminaristen, welche bereits ihren zweijährigen Cursus vollendet haben, theils unter den Augen und der speciellen Anleitung der beiden Hauptlehrer des Seminars, von welchen jeder die $_{CL}$ oberste Abtheilung der Zöglinge wöchentlich in zweien Stunden nach der Elementarschule begleitet. Überdieß finden sich auch wöchentlich zweimal einige Kinder der Elementarschule in dem einen Lehrzimmer des Seminars ein, um den Seminaristen noch mehr Gelegenheit zur Übung zu geben. $_{CM}$ Obgleich nun durch diese Veranstaltungen die vorzüglichsten Resultate, welche die Verbindung der Kinderschule mit dem Seminar herbeizuführen bestimmt ist, erreicht werden mögen, so betrachte ich diese ganze Einrichtung doch als eine provisorische, und die Sache wird gleich nach vollendetem Ausbau des Seminargebäudes eine vollständigere Einrichtung erhalten $_{CN}$.[14]

6. Lehrer der Anstalt, Veränderungen im Personale, Vertheilung der Lehrgegenstände und der Inspection etc.

Zwei ordentliche und 2 Hülfslehrer besorgen den Unterricht $_{CO}$ und obenerwähnte 2 Seminaristen helfen den Anfängern nach. Im Seminar ertheilten

Schreiber dieses (Diesterweg) $_{CP}$ wöchentlich		18
H. ERNST	"	24
Hülfslehrer H. Pfarrer BORNEMANN	"	8
Musiklehrer WITZKA, auf der Violine	"	24 Stunden.

Diesterweg und ERNST leiten $_{CQ}$ die Übungen in der Übungsschule, jener wöchentlich in 4, dieser in 2 Stunden. Herr Pfarrer BORNEMANN ertheilt den Religionsunterricht $_{CR}$ seit dem Abgange des Herrn Pfarrer ENGELS, seit November des verflossenen Jahres. Herr BORNEMANN ist als Mensch und Geistlicher in gleichem Grade achtungs- und verehrungswürdig, und es sind ihm sämmtliche Zöglinge in hohem Grade zugethan. $_{CS}$ Es unterliegt keinem Zweifel, daß

232

die oben angegebenen Zielpunkte des Religionsunterrichts durch dessen belebende und belehrende Vorträge innerhalb und ausserhalb der Anstalt vollkommen erreicht werden. Die Anstalt hat sich daher zu dem ereigneten Wechsel der Religionslehrer wahrhaft Glück zu wünschen. Der Musiklehrer WITZKA ist als Hülfslehrer für den Unterricht im Violinspiel provisorisch angestellt. Durch $_{CT}$ den unermüdlichen Eifer dieses Mannes sind die Zöglinge im ersten halben Jahre so weit fortgeschritten, daß sie zur Erheiterung der Anstalt sich an kleine Symphonien wagen konnten. Da derselbe für 24 Stunden wöchentlichen Unterrichts jährlich nur 80 Rth. erhält, so würde die Anstalt für die Folge darauf verzichten müssen, wenn $_{CU}$ dieses kleine Gehalt nicht erhöht werden könnte.[15] $_{CV}$

Die ₍übrigen₎ₗ noch nicht namhaft gemachten Unterrichtsgegenstände des Seminars sind auf folgende Art unter die beiden ordentlichen Lehrer vertheilt:

Diesterweg: Methodik etc., Sprache, Rechnen, Geometrie und Naturlehre;

ERNST: Gesang, Orgelspiel, Geschichte, Geographie, Naturgeschichte, Schönschreiben $_{CW}$ und Zeichnen.

Der Seminarist ELSERMANN besorgt den Unterricht im Rechnen und im Lesen in der Iten (untersten) Abtheilung und der Seminarist SCHÜRMANN ebendaselbst den Unterricht in der Formenlehre, beide unter meiner speciellen Leitung.

Die Inspection der Anstalt wechselt wochenweise unter den beiden Hauptlehrern, und die wöchentliche Andachtsstunde wird gleichfalls abwechselnd von ihnen, jedesmal von demjenigen geleitet, dessen Inspectionswoche zu Ende gehet. Daß beide sonntäglich mit den Zöglingen den offentlichen Gottesdienst besuchen, versteht sich von selbst.

7. Resultate der Abiturienten-Prüfung.

Dieselbe findet jährlich einmal statt, jedesmal Ende Juli. Im verflossenen Jahre wurde $_{CX}$ sie von dem Herrn Konsistorialrath GRASHOFF in Cölln geleitet; der Herr Konsistorialrath BRACHT in Düsseldorf wohnte $_{CY}$ am zweiten Tag der Prüfung bei, und der Präses der Provincialsynode, Herr Superintendent ROSS in Budberg, leitete die Prüfung in der Religion. $_{CZ}$ Sie zerfiel, der Vorschrift gemäß, in eine mündliche, schriftliche und praktische, und sie währte, ausser der schriftlichen, 2 Tage. Von den 14 geprüften und entlassenen Zöglingen erhielten

1r	die erste Censur:	$_{DA}$	Ausgezeichnet gut bestanden;
5	die zweite −:		Sehr gut bestanden;
4	die dritte −:		Gut bestanden;
₍4₎ₗ	die vierte −:		Bestanden.

Nach den Resultaten dieser Prüfung und $_{DB}$ den schriftlichen Probearbeiten wurde jedem Abiturienten ein Wahlfähigkeits-Zeugniß ausgefertigt, und dasselbe ihm am 3ten August feierlich übergeben.[16]

8. Aussichten für die entlassenen Zöglinge der Anstalt.

Von den am 3ten August entlassenen 14 Zöglingen $_{DC}$ hat man $_{DD}$ 2 noch 1 Jahr hier behalten; 2 andere haben bis heute (1 März 1825) eine feste Anstellung als Lehrer gefunden; 4 sind Hauslehrer geworden; 2 haben $_{DE}$ die Stelle eines Gehülfen bei anderen Lehrern angenommen; 4 sind bis jetzt noch auf eigene Kosten hier geblieben.

Aus diesen Bemerkungen und aus dem Umstande, daß von den im Frühling 1823 entlassenen 13 Zöglingen 4 derselben bis jetzt Hauslehrerstellen bekleidet haben, geht hervor, daß es wenigstens vorerst nicht zu erwarten ist, daß die Entlassenen gleich nach ihrem Austritt aus der Anstalt in ein öffentliches Lehramt $_{DF}$ eintreten werden. Und doch ist daran nach meiner Ansicht zum Theil die Gedeihlichkeit ihres künftigen Wirkens geknüpft. Ich fühle mich gedrungen, zu glauben, daß das Leben der Schulamts-Kandidaten als Hauslehrer in den reicheren, wenigstens wohlhabenden Familien, wie die Natur der Sache es mit sich bringt, eine sehr verkehrte Vorbereitung zu dem Amte eines Schullehrers sei. Ich werde es mir erlauben, einen in dieser Beziehung bereits im vorigen Jahre ausgesprochenen Wunsch am Schlusse dieses Berichtes unterthänigst zu erneuern.[17]

9. Qualifikation der Neuaufgenommenen.

Ohne allen Zweifel hängt die ersprießliche Wirksamkeit $_{DG}$ eines Seminars zum Theil von dem Verhältniß ab, in welchem dasselbe zu der Provinz, zu dem Schulwesen in der Provinz, für welche es zu wirken berufen ist, steht, ab *[sic!]*. Ein Seminar soll sich den Bedürfnißen und dem Standpunkte des Schulwesens der Provinz im Allgemeinen anschließen, um dadurch verbessernd $_{DH}$ auf dieses Schulwesen zurück wirken zu können. Je enger diese Vereinigung wird, desto gedeihlicher für die Anstalt, welche aus den Schulen die Aspiranten erhält, und desto ersprießlicher für die Schulen, welche wieder aus dem Seminar ihre Schullehrer empfangen. Solche fördernde Wechselwirkung entsteht aber nicht in einem oder in wenigen, sondern erst in einer Reihe von Jahren, und daher ist es zu erklären, daß das hiesige Seminar auch noch keine feste Stelle in dem Verhältniß des Schulwesens des Regierungsbezirkes Düsseldorf eingenommen hat. $_{DI}$ Doch ist diese Sache im Fortschreiten begriffen, und sollten die Seminarlehrer Gelegenheit und Muße finden, $_{DJ}$ persönlich mit den Schulpflegern und den vorzüglichsten Lehrern der Provinz $_{DK}$ Bekanntschaft anzuknüpfen, so möchte auch dieses Einiges dazu beitragen, die Aufmerksamkeit der Schulvorgesetzten auf das Seminar zu Mörs, in diesem von $_{DL}$ der Landstraße entfernten Landstädtchen, hinzulenken.

Offenbar dürfen wir es unter diesen Umständen nicht erwarten, daß die Aspiranten irgend einen auf die Seminarbildung vorbereitenden Unterricht empfangen haben.[18] Wir erhalten daher die Zöglinge so, wie sie entweder unmittelbar aus den Elementarschulen, welche wohl an keinem Orte für 16jährige Jünglinge passend eingerichtet sind, heraus treten, oder wie sie das Feld, oder die Gehülfenstelle bei einem Schullehrer oder etwa die mittleren Klassen eines Gymnasii verlassen haben. Der zuletzt angeführte Fall ist, wie Nachdenken lehrt und $_k$Erfahrungen $_{DM}$ bestätigt haben$_{kl}$, $_{DN}$ offenbar der schlimmste, da solche Gymnasiasten, obgleich mit allerhand, dem Schullehrer meist unbrauchbarem, Wissen ausgestattet, in der Regel diejenige Gemüthsstimmung und Charakterbildung bereits verloren haben, welche den Schullehrer in seinem Amte segnet. Es bleibt daher $_{DO}$ in Betreff der Qualification der Neuaufzunehmenden noch Mancherlei zu wünschen übrig.

10. Vertheilung der Unterstützungen.

Der im Ganzen 1 130 Rth. betragende Stipendienfonds ist also vertheilt:

3	Stipendien,	jedes zu	80 Rth.
4	———	———	50 "
5	———	———	40 "
8	———	———	30 "
10	———	———	25 "

234

Nur ganz dürftige, geistig ausgezeichnete Zöglinge $_{DP}$ sollen mit der Verpflichtung, $_{DQ}$ an ₁dem₁₁ *[sic!]* Unterrichtertheilung der jüngeren Seminaristen Theil zu nehmen, ein Stipendium von 80 Rth. erhalten. Überhaupt werden nur diejenigen, welche des Stipendiums bedürfen, zur Unterstützung vorgeschlagen. $_{DR}$ Dieselbe ist mit Recht an ein ganz gesittetes und gesetzmäßiges Betragen geknüpft $_{DS}$. Gegenwärtig befinden sich 8 Zöglinge in der Anstalt, welche keiner Geldunterstützung bedürftig sind. Aus diesem Umstande erhellet, daß in der Regel nur die Söhne unvermögender Eltern sich dem Schulstande widmen. Da mit der allmähligen Verbesserung des Schulwesens und der vollkommenen Ausbildung der Lehrer $_{DT}$ nothwendig auch die Gehälter der Lehrer, $_{DU}$ überhaupt die Achtung des Lehrstandes und die Neigung zu demselben steigen werden, so ist zu erwarten, daß allmählig auch $_{DV}$ wohlhabendere Eltern ihre Söhne für den Lehrerstand bestimmen werden. –

Die im verflossenen Jahre vertheilte Stipendiensumme betrug im Ganzen 849 Rth. 17 Sgr. 6 Pf.

11. Historische Notizen, als Revisionen, erhaltene Besuche, Feste und dergl.

$_{DW}$ Das Jahr 1824 hat die Geschichte des Seminars nicht durch auffallende, der Mittheilung würdige Ereigniße bereichert. Ohne Unterbrechung, gleich- und regelmäßig, haben sich die Tage vom 1.ten Januar bis 31ten December aneinander gereiht, nur unterbrochen durch die 4 Wochen dauernde *[sic]* $_{DX}$ Ferientage, welchen die eigentliche $_{DY}$ Festzeit der Anstalt, die Prüfung der Abiturienten und $_{DZ}$ der 3te August, vorangehen. $_{EA}$ Die letzte Abiturientenprüfung $_{EB}$ schloß mit dem 2ten August, und der Geburtstag Sr Majestät unsres Königs war nun für die Anstalt ein Doppelfest: das Fest des Preußen und der feierlichen $_{EC}$ Entlassung der Abiturienten. Letztres, geschah durch den Königlichen Kommissarius, Herrn Konsistorialrath GRASHOFF in Cöln, nachdem Herr Superintendent ROSS und Schreiber dieses ihre Gedanken $_{ED}$ den Abgehenden an's Herz gelegt hatten. $_{EE}$ Ausser *[sic]* dieser Gelegenheit erfreute sich die Anstalt der mehrmaligen Anwesenheit des Herrn ROSS. Daß $_{EF}$ der Besuch des Seminardirektors Herrn HARNISCH gerade in $_{EG}$ unsre Ferienzeit fiel, mußte uns leid thun. Sonst sind keine Männer bedeutenden Namens bei uns eingekehrt. – Durch den Bauinspektor HEERMANN in Cleve ist die Anstalt zweimal revidirt worden.

12. Etwaige Wünsche und Vorschläge.

a. Unter No. 6 habe ich bereits angeführt, daß der für den Violinunterricht angestellte Hülfslehrer WITZKA $_{EH}$ nicht im Stande ist, die ihm übertragenen wöchentlichen 24 Stunden für $_{EI}$ ein jährliches Gehalt von 80 Rth. $_{EJ}$ zu ertheilen. Als derselbe mit dieser Gehaltsanerbietung zufrieden war, glaubte er, durch anderweitigen Privatunterricht in $_{EK}$ Mörs noch so viel zu verdienen, als zum ehrbaren Lebensunterhalt erforderlich ist. Allein unser Städtchen ist zu klein, und der Kredit eines hier angesessenen bejahrten Musiklehrers zu groß, als daß diese Hoffnung des WITZKA hätte realisirt werden können. Und doch ist es sehr wünschenswerth, daß derselbe, da $_{EL}$ sich Geschicklichkeit und reger Eifer $_{EM}$ in ihm vereinigen, der Anstalt erhalten bleibe. Ich möchte daher wohl unmaßgeblich den Vorschlag wagen, daß es einem Hohen Ministerio gefallen möge, das geringe Gehalt des WITZKA hochgefälligst zu erhöhen. Eine Verdoppelung desselben würde ihn gewiß kaum für Mühe und Arbeit schadlos halten. Unvorgreiflich möchte ich daher wohl vorschlagen, 1mal 80 Rth. von den 3 mal 80 Rth. Stipendiengelder darauf zu verwenden.[19]

b. Der 40te § des Seminar-Reglements setzt fest, daß nach einem einjährigen Aufenthalte der Zöglinge in der Anstalt bestimmt werden solle, ob dieselben sich auch für das Lehramt hinreichend qualificirten; und unter No. 3 der Disciplinargesetze[20] heißt es: „Denjenigen, welche in der ersten Zeit ihres Aufenthaltes im Seminar Mangel an Sinn und Geschick für ihre Bestimmung beweisen, muß der Rath gegeben werden, einem Berufe zu entsagen, für welchen sie keine Anlagen und Eigenschaften haben." Diese beiden Bestimmungen stimmen nicht ganz mit einander überein. Da $_{EN}$ es sich in der Regel gleich in den ersten Monaten ganz unzweideutig herausstellt, ob ein Jüngling sich zum Schulamte eignet oder nicht, so möchte ich $_{EO}$ dafür halten, daß es der Vortheil eines solchen zu Hoffnungen nicht Berechtigenden in gleichem Grade, wie der Vortheil der Anstalt, erheischt, ihn, sobald nehmlich die Indicien ganz überzeugend sind, sofort aus der Anstalt zu entlassen. Wird ein Solcher erst nach $_m$einem ganzen$_{ml}$ Jahre entfernt, so hat er den Fortschritt der übrigen aufgehalten, und für ihn selbst ist 1 Jahr so zu sagen verloren. Darum scheint es mir zweckmäßig, obige Bestimmung des Reglements dahin abzuändern, daß diejenigen Zöglinge, welche in den ersten Monaten ihres Aufenthaltes im Seminar beweisen, daß ihnen die Anlagen zu einem ordentlichen Schullehrer fehlen, $_n$so fort aus der Anstalt entlassen werden$_{nl}$.[21]

Mit diesem Vorschlag steht unmittelbar der folgende in Verbindung.

c. Bisher $_{EP}$ sind einige mal Stipendiengelder an solche Zöglinge ausgezahlt worden, denen doch nachher der Rath gegeben werden mußte, sich einen anderen Beruf zu wählen. Durch obige Bestimmung des Reglements und den Umstand, daß die Zöglinge von der Königlichen Regierung zu Düsseldorf zu Stipendien vorgeschlagen werden, bevor sie sich in der Anstalt als tüchtige $_{EQ}$, wackre und in jeder Hinsicht hoffnungsvolle Jünglinge gezeigt haben, $_{ER}$ wird dieses Mißverhältniß herbeigeführt. Es scheint mir daher, daß der Zweck der Stipendienertheilung dann vollkommner erreicht würde, wenn die Vorschläge erst nach bestandener Bewährung in der Anstalt und durchaus nur für solche geschähen, welche sich nicht nur durch Fleiß und ordentliches Betragen, sondern auch durch Talent und Fortschritte $_{ES}$ auszeichnen. Ein Hohes Ministerium erlaube mir daher, unterthänigst vorzuschlagen, daß festgesetzt werden möge, die neueingetretenen, der Unterstützung bedürftigen Zöglinge erst nach einem zwei oder drei-monatlichen Aufenthalte in der Anstalt zu Unterstützungen vorzuschlagen. In dieser Zeit hat auch der Direktor der Anstalt Zeit, die Dürftigkeitszeugniße der Zöglinge zu controlliren $_{ET}$. Daher möchten die Vorschläge zu Unterstützungen wohl am sichersten von der Anstalt selbst ausgehen.[22]

d. Nach dem 42ten § unsres Reglements ist die einmalige Ferienzeit $_{oII}$ zu 4 Wochen festgesetzt, und dieselbe in den Monat August verlegt. Obgleich wir die $_{EU}$ Zweckmäßigkeit dieser Einrichtung erkennen, so scheint es uns doch wünschenswerth, $_{EV}$ daß eine zweite Unterbrechung der 11 Monate ununterbrochen fortzusetzenden Anstrengung statt finden könnte. Wenn die Weihnachten herannahen, so haben wir bereits 4 volle Monate gearbeitet, und zu Ostern sind 7 Monate vollendet. Es drängt sich daher den Zöglingen, und vielleicht in noch höherem Grade den Lehrern, welche neben, mit u. unter den Zöglingen leben und eigentlich $_p$auch den Sonntag nicht$_{pl\ qII}$ für sich benutzen können, der sehnliche Wunsch auf, $_{EW}$ eine Unterbrechung der täglichen Arbeit von $_{EX}$ 2 oder 3 Wochen herannahen zu sehen, eine Unterbrechung, welche gewiß auch nicht ohne heilsame Folgen für Körper und Geist der Zöglinge bleiben kann. Auch fällt $_{EY}$ ein Umstand, welcher die Zulassung mehrmaliger Ferien an anderen Seminarien hindert, bei unsrer Anstalt weg, indem wir bis jetzt keinen Zögling in der Anstalt gehabt haben, welcher im Sommer nicht in einem Tage hätte nach Hause gehen können. Daher würden wir es für eine Wohlthat erkennen, wenn ein Hohes Ministerium $_{EZ}$ unsrer Anstalt zu Weihnachten oder Ostern noch eine Ferienzeit von 2 bis 3 Wochen hochgeneigt bewilligen wollte.[23]

236

e. Unter No. 8 dieses Berichtes habe ich bereits des schlimmen Umstandes erwähnt, daß unsren Zöglingen nach ihrem Austritt aus der Anstalt zum Theil nichts anderes übrig bleibt, als – Hauslehrer zu werden. Die Schädlichkeit dieses Durchganges durch das Hauslehrerleben, von der Eingezogenheit und der mäßigen Lebensart in dem Seminar $_{FA}$ zum öffentlichen Elementar-Schulamt, $_{FB}$ liegt am Tage. Ich habe daher lange $_{FC}$ auf ein Mittel gesonnen, diesem großen Übel zu begegnen. Mein Nachdenken hat mich zu keinem anderen Resultate geführt, als daß

α. entweder nur Zöglinge des Schullehrer-Seminars zu evangelischen Schulstellen für wahlfähig erklärt werden; oder daß

β. die Regierung den $_{FD}$ Gemeinden und Confessions-Verwandten, welche überall hier am Rheine $_{FE}$ bei Besetzung ihrer erledigten Schulstellen das Wahlrecht ausüben, zum Heil und Besten für die Gemeinden selbst, dieses Wahlrecht entzieht, und, ohne die Vorschläge der Gemeinden anzuhören, die Stellen mit den ihnen bekannten besten Schulamts-Kandidaten besetzt.[24]

Es ist mir einleuchtend, daß der Vorschlag sub β seine großen Schwierigkeiten haben möchte, obgleich ich von der Überzeugung $_{†||}$ durchdrungen bin, daß das Schulwesen im Herzogthume Nassau dem Umstande, daß ₛdie Regierung seit 1817 $_{†||}$ die Schulstellen vergibtₛ₎, größtentheils den erhaltenen Schwung verdankt. Anfangs rumorte und schrie man dort durch das ganze Land, und schon nach wenigen Jahren segnete man die Regierung wegen einer Maaßregel, welche den Gemeinden ein Recht, dessen Ausübung ihnen nur Schaden und Nachtheil brachte, entzog.

Ohne alle Schwierigkeit möchte aber der Vorschlag sub α auszuführen sein. So wie man von den Akademikern verlangt, daß sie wenigstens einige Jahre auf inländischen Universitäten studiren, $_{FF}$ und an die Beobachtung dieser gemachten Vorschrift die Ertheilung der Vortheile knüpft, welche der Staat zu vergeben hat, so scheint es auch eben so natürlich und billig, daß diejenigen Schulamtskandidaten, welche sich mit Aufwand von Zeit und Geld zu tüchtigen Amtsbewerbern herangebildet haben, auch vor allen Anderen den Vorzug verdienen. Denn es ist gewiß, und die Erfahrung wird in den älteren Preußischen Provinzen dies längst gezeigt haben, daß in der Regel nur die in den Seminarien, nicht die anderswo, durch Zufall und einseitig gebildeten Kandidaten die besten Schulmänner werden. $_{FG}$ Es möchte daher auch nicht ungerecht sein, ihnen vor allen Anderen Vorzüge zu gestatten.[25]

Ohne diese Beschränkung des freien Wahlrechtes der Gemeinden auf die Zöglinge des Seminars wird es noch lange währen, bis die Anstalt sich $_{FH}$ einen solchen Einfluß bei den einzelnen Schulvorständen und Gemeinden erworben hat, daß man vorzugsweise nur Zöglinge aus dem Seminar begehrt. Abgesehen davon, daß immer eine Reihe von Jahren vergeht, bevor ein junger Mann durch die That zeigen kann, was er zu leisten im Stande ist, so treten in dem Regierungsbezirk Düsseldorf noch ganz besondere Hinderniße gegen die Anstalt auf. Das mächtigste, überall hier verbreitete unter denselben, ist der schlimme Ruf, in welchem das ehemalige Seminar zu Wesel in der ganzen Provinz steht. $_{FI}$ Man braucht den Grund oder Ungrund dieser Meinungen oder Vormeinungen nicht zu untersuchen, $_{FJ}$ genug $_{FK}$, es existirt ein altes Vorurtheil gegen die Seminarbildung in der Provinz. Darum wäre die Beschränkung des Wahlrechts der Gemeinden, wenigstens in Betreff der zu wählenden Subjekte, ein sehr mächtiger Hebel zur Erhebung des Seminars, des Schulwesens und der Verbindung der Provinz mit dem Seminar. $_{FL}$

f. Endlich sei es mir noch vergönnt, unmaßgeblich die Ansicht vorzutragen, daß die $_{FM}$ Ausdehnung der Bildungszeit der Zöglinge von 2 $_{FN}$ auf 3 Jahre von den wichtigsten und heilsamsten Folgen zu sein scheint. Bedenkt man, $_{FO}$ in welcher Unreife, Unfertigkeit des Charakters und der ganzen Ausbildung ein 18jähriger, wenn auch noch so vortrefflicher junger Mensch, da steht, so begreift es sich auch leicht, warum die Abiturienten nicht gleich zu Schulstellen berufen werden. Man will zum Schulmann einen Mann haben, keinen unreifen $_{FP}$ Jüngling. Zwar hilft das im Laufe des Jahres 1824 dem Seminar vorgeschriebene Reglement diesem Übel in etwa $_{FQ}$ durch die Bestimmung ab, daß die Aspiranten erst $_{FR}$ nach zurückgelegtem 17ten Lebensjahre in die Anstalt aufgenommen werden sollen. Demnach treten sie also nach vollendetem 19ten wieder aus. Gewiß $_{FS}$ bringt auch diese Altersstufe noch nicht die natürliche Reife, welche die kräftige Führung eines Amtes in ernsten Anspruch nimmt. Schon aus diesem Grunde müßte es $_{FT}$ von den ersprießlichsten Folgen sein, wenn die Entlassungszeit der Zöglinge noch um 1 Jahr hinausgeschoben und die Bildungszeit auf 3 Jahre festgesetzt würde. Wie viel $_{FU}$ gewönnen dann die Zöglinge nicht in einem ganzen Jahre an Reife des Verstandes, $_{FV}$ Festigkeit des Herzens und des Willens, wie an Gewandtheit und Übung![26]

Ohne Zweifel würde das Interesse der Provinz weit mehr durch 10 jährlich zu entlassende recht tüchtige, als durch 15 halb tüchtige Schulamtskandidaten befördert. Und wenn namentlich keiner der beiden unter e zum Besten der Anstalt ausgesprochenen Wünsche zur Ausführung kommen könnte, so möchte $_{FW}$ in unsrem Regierungsbezirke Düsseldorf $_{FX}$ eine möglichst gründliche und vollendete theoretische und praktische Ausbildung der Seminarzöglinge noch am ehesten dazu geeignet sein, die Vorurtheile gegen die Seminarbildung in ihrer ganzen $_{FY}$ Nichtigkeit hinzustellen, und das Resultat herbeizuführen, daß die Gemeinden einen Seminarzögling vor jedem nicht in dem Seminar gebildeten Schulamtskandidaten den Vorzug einräumen, wenn anders für die ganze Folgezeit die Vorbildung zum Schulamte auch ausserhalb des Seminars gestattet bleiben soll.

Ein Hohes Ministerium wolle die Ausgedehntheit dieses Berichtes hochgefälligst $_{FZ}$ wohlwollend entschuldigen. Zum voraus überzeugt daß Höchstdasselbe die respektvoll vorgetragenen Wünsche und Vorschläge allein aus dem richtigsten Gesichtspunkte zu würdigen vermag, überlasse ich die Beurtheilung derselben vertrauensvoll Hochdemselben.

$_{GA}$ Mein vorjähriger Jahresbericht hat nicht das Glück gehabt, $_{GB}$ einem Hohen Ministerio zu genügen. Ich ahndete damals nicht, daß Hochdasselbe einen ganz ausführlichen Bericht über die Anstalt erwartete, und $_{GC}$ ich glaubte nicht erwarten zu dürfen, daß selbst die höchste Behörde ihre Aufmerksamkeit auf alle Einzelheiten der Anstalt ausdehne. Daher vermuthete ich, daß ich bei mehr allgemeiner Darstellung stehen bleiben müßte. Späterhin vom Gegentheil überzeugt, $_{GD}$ habe ich nunmehr mich $_{u\parallel}$ bestrebt, die Erwartungen eines Hohen Ministerii $_{GE}$ genügender zu befriedigen.[27]

Es bleibt mir nun nichts mehr übrig, als $_{GF}$ einem Hohen Ministerio für die Beweise der Aufmerksamkeit auf unsre Anstalt und für die derselben zugewandten Geschenke den $_{GG}$ gehorsamsten Dank darzubringen und die Anstalt der Fortsetzung des hochgeneigten Wohlwollens eines Hohen Ministerii unterthänigst zu empfehlen.

$_{v}$Diesterweg.$_{v\mid w\parallel}$

$_{x\parallel}$

[Es folgen das Inventarium und das Bibliotheksverzeichnis. Da Diesterweg beides in Tabellenform angelegt hat, soll es hier ebenso wiedergegeben werden, um auch einen optischen Eindruck vom Jahresbericht zu vermitteln.]

238

Inventarium des königlichen Schullehrer-Seminars zu Mörs.[28]

Nro.	Benennung der Gegenstände.	Be-stand aus dem Jahre 1823.	Zu-gang für 1824.	Ab-gang für 1824.	Be-stand für 1824.	Bemerkungen
	I. Immobilien.					
1.	Das Seminargebäude nebst Nebenhaus, Remise, Stallung und Hofraum.					
2.	Ein Garten außerhalb der Stadt, zwischen den Gärten von Althof und Neumann, 1 köln. Morgen groß.[29]					
	II. Mobilien.					
	A. Hausmobilien. a. Für das Seminar überhaupt.					
1.	Handlaternen	1			1	
2.	Wandlaternen mit Glascylindern.	2			2	
3.	Hanglaterne mit Ölkanne.	1			1	
4.	Regenfaß.	1			1	
5.	Hausglocke		1		1	
6.	Wanduhr.[30]		1		1	
	b. Für die Lehrzimmer.					
1.	Pulte mit verschließbaren Behältern	32[31]			32	
2.	Katheder	2			2	
3.	Tische von Tannenholz (braun)	4			4[32]	
4.	Tische von Eichenholz (schwarz)	1			1	
5.	Stühle, mit Rohr geflochten	7			7	
6.	Wandtafeln	3			3	
7.	Öfen nebst Kohlenfässern, Schuppen u. Stocheisen.	4			4	
8.	Hanglampen mit doppelten Dochten	4			4	

239

9.	Leuchten von Zinn.	7		1	6	Der abgegangene war unbrauchbar geworden.
10.	Lichtscheeren	5			5[33]	
11.	Dintenfäßer von Blei		30		30[34]	
12.	Hölzerne Staffelei		1		1	
13.	Mantelstöcke mit 32 Haken		1		1	
14.	Wandtafel für Landkarten		1		1	
15.	Notentafel		1		1	
16.	Schelle von Messing.		1		1[35]	
	c. <u>Für das Speisezimmer.</u>					
1.	Ofen nebst Kohlenfaß, Schuppe u. Stocheisen	1			1	
2.	Tischblätter von Tannenholz	2			2	
3.	Holzböcke	4			4	
4.	Bänke von Tannenholz	4			4	
5.	Leuchter von Messing	6			6	
6.	Lichtscheeren	3			3[36]	
7.	Schrank		1		1[37]	
	d. <u>Für das Leinwandzimmer.</u>					
	Dasselbe fehlt noch.[38]					
	e. <u>Für die Waschstätte.</u>					
1.	Hölzerne Waschbecken.	32		3	29[39]	Die drei abgegangenen waren gesprungen, daher nicht mehr brauchbar.
2.	Waschtische von Eichenholz	4			4	
3.	Vorlegschlösser	2			2	
	f. <u>Für die Küche.</u>					
1.	Eine eiserne Fourneise [sic] mit drei Löchern		1		1	
	g. <u>Für die Waschküche.</u>					
	Dieselbe fehlt.					

	h. Für die Schlafsäle.				
1.	Bettstellen, grau angestrichen.	30		30	
2.	Leibmatratzen, jede 20 Pfd. schwer, mit Pferdehaaren gefüllt, mit blau-weiß Leinen überzogen	30		30	
3.	Kopfpolster, 4 Pfd. schwer, mit Pferdehaaren gefüllt, mit blau-weiß Leinen überzogen	30		30	
4.	Bettdecken: Ueberzüge von demselben Leinen	60		60	
5.	Kopfpolster: Überzüge, dito	60		60	
6.	Bettlaken, à 7 br. Ell., 4/4 br.	120		120	
7.	Strohsäcke à 12 br. Ell., grau Leinwand, 4/4 br.	30		30	
8.	Kopf-Strohsäcke, à 2 3/4 br. Ell., grau Leinen, 4/4 br.	30		30	
9.	Wollendecken	30		30	
10.	Nachttöpfe von Steingut.	8	2	6	Zerbrochen.
11.	Größere Steinkrüge	6	1	5 40	Desgl.
12.	Kleinere "	2		2	
13.	Nachtlampen	4		4	
14.	Mantelstöcke		4	4	
	i. Für das Krankenzimmer.				
1.	Waschtisch von Eichenholz	1		1	
2.	Bettstellen grau angestrichen	2		2	
3.	Leibmatratzen, wie oben	2		2	
4.	Kopfpolster	2		2	
5.	Bettdecken-Überzüge	2		2	
6.	Kopfpolster-Überzüge	2		2	
7.	Bettlaken	8		8	
8.	Strohsäcke	2		2	
9.	Kopf-Strohsäcke	2		2	
10.	Wollendecken	2		2	
11.	Nachtlampe	1		1	
12.	Nachtstuhl mit Topf	1		1	
13.	Nachttöpfe von Steingut	2		2	

14	Ofen nebst Kohlenfaß, Schuppe und Stocheisen	1			1[41]
	B. Unterrichtsmittel.				
	a. Bibliothek.				
	Siehe Beilage!				
	b. Musikalische Instrumente (nebst Zubehör).				
1.	Hausorgel	1			1
2.	Musikpult mit 6 Leuchtern		1		1
3.	1 dito kleineres		1		1
4.	Violinen mit Bogen		10		10
5.	Piano Forto.		1		1
6.	Notenbrett mit 2 Leuchtern		1		1[42]
	c. Physikalische Instrumente.				
1.	Erdglobus	1			1
2.	Himmelsglobus	1			1
3.	Scheiben-Elektrisirmaschine	1			1
4.	Kugelmaschine	1			1
5.	Isolirstuhl	1			1
6.	Glockenspiel	1			1
7.	Planetarium	1			1
8.	Tellurium	1			1
9.	Camera obscura	1			1
10.	Kästchen mit geom. Körpern	2			2
11.	Tillich'sche Rechenmaschine	1			1
12.	Kasten von Pappendeckel mit geom. Körpern	1			1
13.	Transporteur von Pappe	1			1
14.	dito von Messing	1			1
15.	Zirkel mit Reisfeder	1			1
16.	Eiserne Meßkette.	1			1[43]
	d. Baumschule.				
1	100 Obstbäumchen		100	23	77[44] Die 23 schlugen nicht an.

Verzeichniß der Bücher der Bibliothek
des Königlichen Schullehrer-Seminars zu Mörs
am Ende des Jahres 1824.[45]

Nro	Benennung der Gegenstände.	Bestand aus dem Jahre 1823	Zugang für 1824.
	B. Unterrichtsmittel.		
	a. Bibliothek		
	1. Pädagogische Schriften.		
1.	Pädagogisches Handbuch[46]	1823	
2.	D. G. G. MEHRING[47]	"	
3.	Kleine Reden an künftige Volksschullehrer[48]	"	
4.	J. E. F. RIST Anweisung für Schulmeister[49]	"	
5.	C. MEINERS Anweisung für Jünglinge zum eigenen Arbeiten.[50]	"	
6.	KARL FRIEDR. RIEMANNS Versuch[51]	"	
7.	D. AUG. HERM. NIEMEIER. Ueber öffentliche Schulen u. Erziehungsanstalten.[52]	"	
8.	L. C. SCHMAHLING. Der Hauslehrer.[53]	"	
9.	D. AUG. HERM. NIEMEIER. Grundsätze der Erziehung u. des Unterrichts[54]	"	
10.	B. C. L. NATORP. Grundriß zur Organisation allg. Stadtschulen[55]	"	
11.	CARL CHRISTOPH GOTTLIEB ZERRENNER. Methodenbuch für Volksschullehrer[56]	"	
12.	KAJETAN WEILER. 2 Bände[57]	"	
13.	JOH. JAK. WAGNER. System des Unterrichts[58]	"	
14.	ANTON HYE Ausgang des Methodenbuchs[59]	"	
15.	DINTER. Kleine Reden an künftige Volksschullehrer. 4 Bände[60]	"	
16.	FRIEDR. HEINR. CHRIST. SCHWARZ. Erziehungslehre. 3 Bände.[61]	"	
17.	———— Geschichte der Erziehung. 2 Bände[62]	"	
18.	J. B. GRASER. Die Elementarschule. 2. Auflage[63]	"	
19.	CHRIST. WILH. JUL. MOSCHES ausgewählte deutsche Aufsätze[64]	"	
20.	B. C. L. NATORP. ANDR. BELL u. JOH. LANCASTER[65]	"	

21.	D. ANDREAS BELL's Schulmethodus[66]	"	
22.	B. C. L. NATORP Briefwechsel einiger Schullehrer u Schulfreunde.[67]	"	
23.	" " " —— Kleine Schulbibliothek. 5te Aufl.[68]	"	
24.	CARL CHRIST. GOTTL. ZERRENNER. Der neueste deutsche Schulfreund 1. Bdchen[69]	"	
25.	C. G. SALZMANN. Ameisenbüchlein[70]	"	
26.	SAM. GOTTLOB FRISCH Geschichte und Beschaffenheit der Bildungsanstalt für künftige Lehrer[71]	"	
27.	C. W. HARNISCH Deutsche Volksschulen.[72]	"	
28.	B. G. DENZEL. Die Volksschule[73]	"	
29.	G. L. SCHNEIDLER Volksbildung[74]	"	
30.	A. ZERNACK. *[sic!]* Ueber Kinderfeste und öffentliche Erziehungsanstalten[75]	"	
31.	HEINR. MÜLLER Lehrbuch der Catechetik.[76]	"	
32.	C. AUGUST ZELLER. Die Schulmeisterschule.[77]	"	
33.	– – – – Das Ziel der Elementarschule[78]	"	
34.	D. JOH. FR. DEGEN Vorträge über Gegenstände der Erziehung u. Bildung[79]	"	
35.	J. F. WILBERG Der Schulmeister Leberecht[80]	"	
36.	Fragen an Kinder[81]	"	
37.	EHRLICH. Das Seminar zu Soest[82]	"	
38.	GRASER. Schulmeisterthum.[83]	"	
39.	GRASER. Erster Kindesunterricht[84]	"	
40.	DINTER. Die vorzüglichsten Regeln der Pädagogik[85]	"	
41.	WESSENBERG. Die Elementarbildung des Volks[86]	"	
42.	ZEHETER Schulgesetze[87]	"	
43.	KELLER Leselehrarten.[88]	"	
44.	ROUSSEAU's Emil[89]	"	
45.	DINTER. Die Regeln der Katechetik[90]	"	
46.	DENZEL. Schulpraxis 2 Theile[91]	"	
47.	SALZMANN Krebsbüchlein[92]	"	
48.	KRUMMACHERS Volksschulen[93]	—	1824
49.	J. B. BASEDOW. Verbesserungen der Kunst Lesen zu lehren[94]	1823	

		Bestand des Jahres	
50.	Buch der Mütter. 1tes Heft[95]	"	
51.	G̲ʀᴜɴᴇʀ Erziehungslehre[96]	—	1824
52.	——— Vorbereitung zur Erziehungslehre[97]		"
53.	Freimüthige Jahrbücher der deutschen Volks-schulen 7 Hefte[98]		"
54.	Hᴇʀɢᴇɴʀöᴛʜᴇʀ Erziehungslehre.[99]		"
55.	Pᴇsᴛᴀʟᴏᴢᴢɪ sämtl. *[sic!]* Schriften 7–12 Band[100]		"

2. Schriften religiösen Inhaltes

		Bestand des Jahres
1.	Sechs Stück Bibeln.[101]	1823
2.	Cʜʀɪsᴛ. Aʙʀᴀʜ. Wᴀʜʟ Einleitung in die bibl. Geschichte 2 Thl.[102]	"
3.	D. Jᴏʜ. Oᴛᴛᴏ Tʜɪᴇss. Das neue Testament 2ter Band u 2t Aufl u 3ter Band[103]	"
4.	Jᴏʜ. Wɪʟʜ. Kᴇʟʟɴᴇʀ. Die Gebote Jesu Christi.[104]	"
5.	H. Gᴏᴛᴛʟ. Zᴇʀʀᴇɴɴᴇʀ u. Cʜʀɪsᴛ. Lᴜᴅᴡ. Hᴀʜɴ-ᴢᴏɢ. Christliche Volksreden[105]	"
6.	Fʀᴀɴᴢ Vᴏʟᴋᴍᴀʀ Rᴇɪɴʜᴀʀᴅ. System der christl. Moral 5 Bände[106]	"
7.	F. A. Kʀᴜᴍᴍᴀᴄʜᴇʀ. Bibelkatechismus.[107]	"
8.	Jᴏʜ. Dᴀᴠ. Nɪᴋᴏʟᴀɪ. Das neue Testament 2 Thl.[108]	"
9.	D. Gᴇᴏʀɢ Fʀɪᴇᴅʀ. Sᴇɪʟᴇʀ. Die heil. Schrift nach Lᴜᴛʜᴇʀ.[109]	"
10.	Lᴜᴅᴡ. Hᴇɪɴʀ. Jᴀᴋᴏʙ. Beweis für die Unsterblich-keit d. Seele[110]	"
11.	G. J. Zᴏʟʟɪᴋᴏғᴇʀs Predigten 1t. 2ter 4ter, u 6ter Band[111]	"
12.	D. G. Fʀ. Sᴇɪʟᴇʀ Schullehrerbibel 4 Thl.[112]	"
13.	Jᴏʜ. Pᴇᴛʀ. Lᴜᴅᴡ. Sɴᴇʟʟ Sittenlehre in Beispielen 2 Theile[113]	"
14.	G. Hɪʀᴏɴɪᴍ. Rᴏsᴇɴᴍüʟʟᴇʀ D. M. Lᴜᴛʜ. Katechismus[114]	"
15.	Aɴᴛᴏɴ Kɪʀᴄʜɴᴇʀ Christenlehre.[115]	"
16.	C. A. H. Cʟᴏᴅɪᴜs Von Gott in der Natur.[116]	"
17.	C. G. Sᴀʟᴢᴍᴀɴɴ Gottesverehrungen[117]	"

18.	Handbuch für Lehrer, beim Gebrauch d. bibl. Geschichte nach Hübner [118]	1823
19.	Hübners bibl. Historien [119]	"
20.	Kohlrausch bibl. Geschichte [120]	"
21.	— — Anleitung zum Gebrauch derselben [121]	"
22.	J. Falk. Vaterunser. [122]	"

3. Schriften über Sprache

1.	J. G. L. Adelungs allg. deutscher Briefsteller [123]	1823
2.	J. P. Schleheck Anleitung zur Rechtschreibung [124]	"
3.	C. T. H. Hahn. Praktische Anleitung zu Denk u. Verstandesübungen [125]	"
4.	F. W. Balbier. Naturgemäße Anleitung Lesen u. Schreiben zu lehren [126]	"
5.	Solbrig's Declamirbuch für Schulen [127]	"
6.	Christ. Gottl. Bröder. Praktische Grammat. d. lateinischen Sprache [128]	"
7.	J. G. Röchling Lehrreiche u angenehme sintactische Vorüben [sic!] der lateinischen Sprache [129]	"
8.	J. F. Heinatz Handbuch zu richtiger Verfertigung u. Beurtheilung aller Arten von schriftl. Aufsätzen [130]	"
9.	F. Gedicke Französisches Lesebuch [131]	"
10.	A. F. Büsching Liber Latinus [132]	"
11.	Kurze Anleitung zur Kenntniß der deutschen Schreibart [133]	"
12.	Lesebuch für die deutschen Schulen. 1 Thl. [134]	"
13.	Handbuch zum Unterricht in der Orthographie im Briefschreiben u. Rechnen [135]	"
14.	J. J. G. Schellers latein. Sprachlehre od. Grammatik [136]	"
15.	D. Theod. Heinsius Teut. od. theoretisch-praktisches Lehrbuch gesammter deutscher Sprachwissenschaft 2 Th [137]	"
16.	J. Ch. Dolz Hülfsbuch zur Schön und Recht-schreibung [138]	"
17.	J. Ch. A. Heyse Theoretisch-practische Grammatik [139]	"

246

18.	J. A. Eberhards Sinonimisches Handwörterbuch der deutsch. Sprache [140]	"	
19.	Harnisch Vollständiger Unterricht der deutschen Sprache 4 Theile [141]	"	
20.	Heise und Sickel Handbuch der deutschen Dichtungsarten [142]	"	
21.	Stephani. Fibel. [143]	"	
22.	Tillich. Erstes Lesebuch [144]	"	
23.	Zarnack Sprüchwörter [145]	"	
24.	Heyse Kleine Sprachlehre [146]	"	
25.	Muhl. Das erste Lesen [147]	"	
26.	Wilmsen Deutscher Kinderfreund [148]	"	
27.	Wilberg Lesebuch 1t. Theil [149] 30 Ex.	"	
28.	— — — — 2t. " [150] 24 Ex.	"	
29.	— — Sprachbuch [151]	"	
30.	Hermansen Denkübungen [152]	"	
31.	Seidenstücker Eutonia [153] 30 Exempl.	"	
32.	Dilschneider Commentar zu Sebers Mustersammlung [154]		1824
33.	Winkler Sprachbaulehre 1 Theil [155]		"
34.	Seber Sammlung deutscher Dichter [156]		"
35.	— — — — — u Prosaiker für untere Klassen [157]		"
36.	— — — — — — — — obere Klassen [158]		"

4. Zahlenlehre.

1.	Gerhard Ulrich Anton Vieth Anfangsgründe der Mathematik 4t. Theil [159]	1823.	
2.	Joh. Georg Büsch Versuch einer Mathematik. 2 Th. [160]	"	
3.	Friedr. Gottl. Busse Gemein verständliches Rechenbuch für Schulen [161]	"	
4.	—————— Anweisung zum Gebrauch eines Rechenbuchs [162]	"	
5.	J. Christ. Fidejust Silberschlag. Vernunftmäß. u. allgem. Rechenkunst [163]	"	

247

6.	S. J. P. Pöhlmann Praktische Anweisung der Rechenkunst [164]	"
7.	——————— " " " " 2. Bd. [165]	"
8.	Meier Hirsch. Sammlung von Beispielen, Formeln und Aufgaben aus der Buchstabenrechnung u. Algebra [166]	"
9.	P. N. C. Egen Handbuch der allgemeinen Arithmetik. 2 Theile [167]	"
10.	J. M. Möller Erste Anleitung für Kinder mit Zahlen umzugehen [168]	"
11.	Aufgaben zum Kopfrechnen, in Erzählungen eingekleidet. [169]	"
12.	A. Hr. Wilberg Anleitung zum Kopf und Tafelrechnen 2 Theile [170]	"
13.	Kries. Anleitung zur Rechenkunst für Geübtere. [171]	"
14.	Tillich. Lehrbuch der Arithmetik. [172]	"
15.	Sachl. Auflösung der Exempel in Meier Hirsch [173]	"
16.	Schmid. Anwendung der Zahl. [174]	"
17.	Schmeisser Anleitung zum Selbstfinden Mathesis [sic!] [175]	"
18.	Gm Rechenbuch [176]	"
19.	v. Türk. Leitfaden zum Rechnen [177]	"
20.	Schellenberg. Arithmetik. [178]	"
21.	Baumgarten. Vorlegeblätter zum Rechnen [179]	"
22.	Lehrbuch ₁ in mathematischen Wissenschaften [180]	"

5. Geometrie

1.	J. F. Meyer. Gründlich [sic!] und ausführlicher Unterricht zur practischen Geometrie 2t. 3t Theil [181]	"
2.	C. J. Hoffmann Stereometrische Anschauungs und Wissenschaftslehre [182]	"
3.	Hegenberg, F. A. Deutliche und vollständige Anweisung ohne Winkel Meßinstrumente zu messen [183]	"
4.	C. H. Hänle Abriß der Geometrie und Mechanik [184]	"
5.	——— Die Geometrie als Geistesgymnastik [185]	"

6.	CARL AUG. ZELLER Der Elemente der Gestalt 1tes Heft.[186]	"	
7.	J. F. P. PÖHLMANN Die 1t. Anfangsgründe der Geometrie 1t. Bdchen[187]	"	
8.	D. G. S. OHM Grundlinien zu einer zweckmäßigen Behandlung d. Geom.[188]	"	
9.	J. W. FISCHER Vorbereitung zur Geometrie[189]	"	
10.	EUKLIDES Werk Elemente o.ä., 15 Bücher[190]	"	
11.	E. G. FISCHER Lehrbuch der Geometrie[191]	"	
12.	E. G. FISCHER Erläuterungen zu demselben[192]	1823.	
13.	DEVELEY. Geometrie[193]	"	
14.	HOFFMANN Geometrische Anschauungslehre[194]	"	
15.	v. TÜRK. Formen und Größenlehre[195]	"	
16.	GROSSE Korollarien zur praktischen Geometrie[196]	"	
17.	STEIN Formenlehre[197]	—	1824.

6. Naturkunde

1.	J. G. HOFFMANNS Unterricht von natürlichen Dingen[198]	1823	
2.	C. P. FUNKE Naturgeschichte 3 Bände[199]	"	
3.	Phisikalische Unterhaltungen über die Natur[200]	"	
4.	J. C. P. ERXLEBEN. Anfangsgründe der Naturlehre[201]	"	
5.	J. H. HELMUTH. Volksnaturlehre[202]	"	
6.	D. J. P. EBERHARDS 1te Gründe der Naturlehre[203]	"	
7.	D. J. H. M. POPPE D[e]r physikalische Jugendfreund 3 u. 5t Th.[204]	"	
8.	J. F. W. KOCH Mikrographie[205]	"	
9.	K. W. G. KASTNER: Grundzüge der Physik u. Chemie[206]	"	
10.	W. v. TÜRK Die Erscheinungen der Natur[207]	"	
11.	J. C. A. MAYER. Einheimische Giftgewächse[208]	"	
12.	D. S. C. LUCÄ: Grundriß der Entwickelungsgeschichte des menschlichen Körpers[209]	"	
13.	OKEN Naturgeschichte[210]	"	
14.	HERR's Naturlehre[211]	—	1824.

249

7. Geographie.

1.	Fabri Handbuch der neuesten Geographie.[212]	"	
2.	— Kurzer Abriß der Geographie[213]	"	
3.	L. v. Baczko Grundriß einer Geschichte, Erd-beschreib[ung] u. Statistik aller Provinz[en] des preuß. Staats[214]	"	
4.	D. F. A. O'Etel *[sic!]* Erdkunde für den Unter-richt. 2 Th.[215]	"	
5.	J. D. Petersen Kurz. Abriß der Erdbeschreibung[216]	"	
6.	J. H. Tieftrunk Das Weltall nach menschl. Ansicht[217]	"	
7.	A. C. Gaspari. Lehrbuch der Erdbeschreibung.[218]	"	

8. Geschichte.

1.	G. G. Bredow. Umständliche Erzählung der merkw. Begebenheiten aus der allgemeinen Weltgeschichte[219]	"	
2.	J. K. Grimm Handbuch der Geschichte d. preuß. brandb. Staaten 1 Bdch.[220]	"	
3.	D. Fr. Kohlrausch Chronologischer Abriß der Weltgeschichte[221]	"	
4.	v. Chappuis Darstellung d. preuß. Staats[222]	"	
5.	Hystor. Statistisch-militärische Uebersicht d. Preuß. Staats[223]	—	1824.

9. Gesang.

1.	Herders Gesänge und Lieder 2 Hefte[224]	1823	
2.	Schnabel Psalm für Männerstimmen[225]	"	
3.	K. Gläser Musikalisches Schulgesangbuch[226]	"	
4.	——— Kurze Anweisung zum Singen nebst 17 gr Notentafeln[227]	"	
5.	——— Choralspiel mit Vor und Zwischen-spielen[228]	—	1824.
6.	B. C. L. Natorp Lehrbüchlein der Singekunst 1t u 2t Cursus[229]	1823.	
7.	A. Zarnack Deutsche Volkslieder mit Volks-weisen 2 Thl.[230]	"	

8.	E. CLAUSNITZER. Grundsätze kirchlicher Sängechöre [sic!] [231]	"	
9.	C. G. HERING Gesanglehre für Volksschulen.[232]	"	
10.	C. H. SCHREIER Neue Generalbaßschule [233]	"	
11.	Kirchenmelodien in Ziffern zu dem bergischen Gesangbuche.	"	
12.	J. CH. KÜHNAU. Alte und neue Choralgesänge.[234]	"	
13.	J. D. SANDER. Die heil. Cäcilia. In 3 Abth.[235]	—	1824
14.	F. SCHNEIDER. Elementarbuch der Harmonie u. Tonsetzkunst[236]	—	"
15.	RINK 12 kurze und leichte Choralvorspiele für die Orgel (12t. Werk der Orgelstücke [237]		"
16.	—— 12 Adagio für die Orgel 19te Sammlung der Orgelst.[238]		"
17.	—— 12 leichte Orgelstücke[239]		"
18.	—— 12 kurze u. leichte Choralvorspiele (17. Werk der Orgelstücke)		"
19.	HERING Instructive Variationen 4 Hefte[240]		"
20.	HENKEL 60 leichte Orgelstücke 9t. Werk der Orgelstücke[241]		"
21.	NÄGELI Gesangsbildungslehre in 2 Abth.[242]		"

10. Vermischte Schriften.

1.	J. C. MENSCHING Bibliotheka (in franz. Sprache[243]	1823.	
2.	Gemeinnütziger- u. unterhaltender Volkskalender[244]	"	
3.	C. F. GELLERTS sämtliche Schriften 3t. 4t. 6. 7. u. 9t Theil[245]	"	
4.	Noth und Hülfsbüchlein od. Lehrreiche Freuden und Trauergeschichten der Einwohner zu Wildheim.[246]	"	
5.	H. G. ZERRENNER Volksbuch 1t. u. 2t Theil[247]	"	
6.	Zeitvertreib und Unterricht für Kinder von 3 bis 10 Jahren 2t Bdch[248]	"	
7.	C. P. MORITZ Versuch einer kleinen practischen Kinderlogik[249]	"	
8.	J. L. EWALD Hand und Hausbuch für Bürger u. Landleute[250]	"	

9.	SEBAST. MUTSCHELLE Vermischte Schriften od. philosophische Gedanken[251]	"	
10.	H. ZSCHOCKE Vom Geist des deutschen Volks im 19t. Jahrh.[252]	"	
11.	Akkorde deutscher Klassiker über Philosophie des Lebens[253]	"	
12.	Neuester hundertjähriger Zeit und Witterungs-kalender von 1819–1919[254]	1823.	
13.	Lebensansichten. Ein Buch für Jünglinge[255]	"	
14.	F. A. KRUMMACHER. Das Neujahrsheft[256]	"	
15.	——————— Der Sonntag	"	
16.	——————— Festbüchlein – – – – – 2t Bändchen	"	
17.	——————— Parabeln 3 Bändchen[257]	"	
18.	CHR. AD. PESCHECK Menschenwerth, in That-sachen u. Vorbildern dargestellt[258]	"	
19.	Deutsche Zeitung für die Jugend u. ihre Freunde 4t. Band[259]	"	
20.	Eilf Bände Reichsanzeiger von 1797 bis 1804.[260]	"	
21.	Drei Bände Nationalzeitung von 1799 bis 1804[261]	"	
22.	Tagebuch über den Schulunterricht zu Rügen-walde [sic!][262]	"	
23.	RECLAM's Mustersaml. 1t. Theil[263]	"	
24.	WAGNER Lehren der Weisheit und der Tugend[264]	"	
25.	KANT. Anthropologie[265]	"	
26.	F. G. H. J. BÄDEKER Kurzer und faßlicher Unter-richt in d. Obstbaumzucht[266]	"	
27.	HEBEL Schatzkästlein[267]	"	
28.	RAMLER Mythologie[268]	"	
29.	Mancherlei zur nützlichen Unterhaltung 12 Hefte[269]	"	
30.	Politische und moralische Unterhaltungen 8 Hefte[270]	"	
31.	LIPPOLD Taschenbuch 2 Bd.[271]	—	1824.
32.	2 Folio Schreibbücher in halb-Leder, das eine ent-haltend das Inventarium, das and. das Verzeichniß der Zöglinge d. Anstalt	—	1824.

b) Vorschriften, Landkarten und dergleichen Schulapparate.

1.	Ramsauer Zeichnungslehre. 2 Theile mit 1 Heft[272]	1823	
2.	Korf Zeichenmuster 4 Sammlungen[273]	"	
3.	Hennings *[sic!]* Schulvorschriften[274]	"	
4.	Jak. Keller Schreibübungen[275]	"	
5.	Wandkarte von Deutschland Herausgegeben u	"	
6.	——— — Europa verlegt von der	"	
7.	——— — d. östlichen lithographischen Hemisphere Anstalt bei Renz	"	
8.	——— — d. westl. — & Comp. in Düsseldorf. Alle 4 auf Lein- wand gezogen.	"	
9.	Karte des nordwestlichen Deutschlands	"	
10.	Die östl. Halbkugel der Erde entworfen von Fr W. Streit[276]	"	
11.	Die westliche[277] ——— — — ——— — — — ———	"	
12.	Karte von Frankreich ——— — Streit[278]	"	
13.	—— von der Schweiz ——— — Streit	"	
14.	—— von dem türkischen Reiche[279] ——— .	"	
15.	Der Europäische Theil des Türkischen Reichs v. C.G. Reichard.[280]	"	
16.	Karte des preuß. Staats v. A.W. Möller[281]	"	
17.	Registerkarte von Jülich Cleve Berg von Windgassen	"	
18.	Karte von Italien v. A. Vieler.	"	
19.	Palästina zur Zeit Jesu von Melos[282]	"	
20.	Völkercharte von Europa von Dr. F. A. O. O'Etzel alle auf Pappe gezogen.	"	
21.	Deutschland und Preußen mit ihrer nächsten Umgebung. v. J. M. F. Schmidt[283]	1823.	
22.	Ein Herbarium enthaltend 369 getrocknete Pflan- zen.	—	1824.
23.	80 Stück Holzkörper zum Zeichnen	—	"
24.	L. Eckemann Zeichenbuch mit Landschaftszeich- nung 3 Abth.[284]	—	1824.
25.	6 Hefte Lithographischer Vorlegeblätter	—	"

Ausf. mit eigh. Titelblatt, eigh. Inventarium und eigh. Unterschr., GStA PK, I. HA Rep. 76 Kultusministerium, VII neu Sekt. 25 C Teil I Nr. 4 Bd. 3: 75ʳ–89ᵛ, 90ʳ–92ᵛ und 93ʳ–97ᵛ; eigh. Entwurf, GStA PK, I. HA Rep. 76 Seminare, Nr. 10062: 2ʳ–13ʳ

[1] Die Ausfertigung wurde mit Datum vom 1. März 1825 verfertigt. Laut einer Notiz zum Entwurf wurde der Bericht am 18. März 1825 an den Oberpräsidenten geschickt (GStA PK, I. HA Rep. 76 Seminare, Nr. 10062: 13ʳ).

[2] Dem Jahresbericht ist ein Titelblatt beigegeben, auf dem diese Überschrift wiederholt wird.
Die Ausfertigungen des Jahresberichts und des Bücherverzeichnisses sind von fremder Hand; die Titelblätter, das Inventarium und die Unterschrift sind eigenhändig von Diesterweg.

[3] Siehe Jahresbericht für 1823 vom 12. März 1824 (Nr. 77), Anmerkung 1.

[4] Wenn die Leistungen eines Seminaristen im ersten Jahr nicht den erfolgreichen Abschluß erwarten ließen, wurde er laut Reglement entlassen; siehe Brief vom 27. Oktober 1825 (Nr. 131).

[5] Die Seminaristen hatten für Kost und Logis zu zahlen; die Stipendien wurden nur leistungsabhängig und in je unterschiedlicher Höhe gewährt. Zu diesem Thema siehe auch Brief vom 14. Juni 1829 (Nr. 204).

[6] Lehrer wurden auch durch Beschäftigung als Hilfslehrer ausgebildet; siehe Aktenvermerk vom 30. Juli 1824 (Nr. 80), Anmerkung 1.

[7] Die „Disciplinar-Gesetze für das Schullehrer-Seminarium in Moers" wurden vom Oberpräsidium am 18. Oktober 1824 dem Ministerium eingereicht und am 17. November 1824 von diesem bestätigt (vgl. GStA PK, VI. HA Familienarchive und Nachlässe, Nachlaß Thiele, Nr. 42: S. 471–495). Sie umfaßten folgende „Gesetze": I. Allgemeine Gesetze; II. Das Spazierengehen und Spielen betreffend; III. Die körperliche Reinlichkeit und Ordnung betreffend; IV. Den Unterricht betreffend; V. Die Ordnung in den Speise- und Lehrsälen und den Arbeitsstunden betreffend; VI. Ordnung beim Schlafengehen und in den Schlafsälen betreffend; VII. Die Ordnung mit Feuer und Licht und die Nachtwachen betreffend; VIII. Die Ordnung im Speisesaal betreffend; IX. Krankheitsfälle betreffend; X. Die Häuslichen Dienste betreffend; XI. Die Bibliothek betreffend; XII. Die Kirche betreffend; XIII. Den Garten betreffend; XIV. Den Urlaub betreffend; außerdem eine „Instruction für die Aufseher".

[8] Mit dieser Zielsetzung war das Ministerium nicht einverstanden. Künftige Religionslehrer benötigten nicht nur religiöses Gefühl; „Lehrgeschicklichkeit, Uebung und Bewußtsein der Regel als Methode" seien daneben erforderlich (GStA PK, I. HA Rep. 76 Seminare, Nr. 10062: 103ʳ).

[9] Diesen Gründen folgte das Ministerium, jedoch forderte es Diesterweg auf, seine Ansprüche zu reduzieren, da die schriftlichen Arbeiten „zunächst und vorzugsweise einen sprachlichen Zweck" verfolgten. Die Seminaristen sollten über ihnen bekannte Gegenstände schreiben, dabei käme es darauf an, „ihre Gedanken sprachrichtig, klar, bestimmt, angemessen und kurz auszudrücken". Sie seien nicht berufen zur „wissenschaftlichen Erweiterung" der Pädagogik (a. a. O., 103ᵛ).

[10] coetus (lat.): Versammlung, Vereinigung, Kreis; veraltet für Klasse.

[11] Das Ministerium bemängelte trotzdem die Betonung der „contemplativen Seite" zu Lasten der praktischen Erziehung; so seien Obstbaumzucht und Gartenbau leider nicht erwähnt worden (a. a. O., 104ʳ).

[12] Diese Einschätzung teilte man im Ministerium nicht und befand den Gesangsunterricht in „pädagogischer und disciplinarischer Hinsicht" nicht ausreichend gewürdigt (a. a. O., 103ᵛ–104ʳ).

[13] Diese Lehrmethode, ein Thema oder die Lösung eines Problems durch Fragen und Antworten zu entwickeln, beurteilte das Ministerium als eine „seichte und geistlose (…) Manier", untersagte sie aber nicht (a. a. O., 103ʳ).

[14] Der Umbau wurde endgültig im Frühjahr 1826 fertiggestellt; siehe Jahresbericht für 1826 vom 8. März 1827 (Nr. 163).

[15] Am 13. Februar hatte Diesterweg die Regierung in Düsseldorf bereits um die Befreiung Witzkas von der Klassensteuer gebeten, wie aus einer Notiz in seinem Korrespondenztagebuch hervorgeht (GStA PK, I. HA Rep. 76 Seminare, Nr. 10061: S. 95).

254

16 Die Regierung Düsseldorf unterbreitete Diesterweg am 11. Juli den Vorschlag, die Prüfungsergebnisse öffentlich bekanntzugeben und zugleich auf die Kandidaten hinzuweisen, die noch ohne Amt waren (GStA PK, I. HA Rep. 76 Seminare, Nr. 10062: 101r).

17 Siehe auch Aktenvermerke vom 30. Juli bis 6. August 1824 (Nr. 81).

18 Diese schlechten Voraussetzungen beanstandete Diesterweg seit Beginn seiner Moerser Zeit; siehe Brief vom 12. Juli 1820 (Nr. 33).

19 Das Ministerium lehnte die Erhöhung ab und setzte Diesterweg von dem Plan in Kenntnis, einen dritten Lehrer mit fixem Gehalt für den gesamten Musikunterricht einzustellen, der auch in anderen Fächern unterrichten müsse. Die Beschäftigung von Bornemann und Witzka sei künftig nicht mehr erforderlich. Außerdem sollte an die Stelle von Herrn Ernst ein Kandidat der Theologie treten, der den gesamten Religionsunterricht zu halten hätte (GStA PK, I. HA Rep. 76 Seminare, Nr. 10062: 104r). Dieses Amt übernahm Vorreiter im Februar 1826.

20 Vgl. obige Anmerkung 7. Das hier angesprochene Gesetz gehörte in die Gruppe der „Allgemeinen".

21 Das Ministerium hielt eine Änderung für unnötig, da im Reglement der Ausdruck im ersten Jahr verwendet werde und somit kein Widerspruch gegeben sei (a. a. O., 104v).

22 Das Ministerium genehmigte den Antrag (ebenda).

23 Dem Wunsch wurde nicht stattgegeben (ebenda).

24 Die Regierung Düsseldorf hielt die Beschränkung des Wahlrechts auf Seminaristen für bedenklich. Sie gehe zuversichtlich davon aus, daß in naher Zukunft vorzugsweise Seminaristen eingestellt würden. Diese Bevorzugung sei den Gemeinden empfohlen und zugleich verordnet worden, die Stellen in öffentlichen Anzeigern auszuschreiben (a. a. O., 101r).

25 Siehe auch Jahresbericht für 1823 vom 12. März 1824 (Nr. 77) und Brief vom 29. September 1824 (Nr. 91) an Roß.

26 Der Oberpräsident genehmigte am 3. Juni 1825 eine Verlängerung des Kursus für den Jahrgang 1823; siehe Brief vom 20. Juni 1825 (Nr. 123).

27 Vermutlich war Diesterweg nicht in Kenntnis der Zirkularverfügung des Ministeriums an Oberpräsidenten von Ingersleben vom 4. April 1823 gewesen, derzufolge eine genaue Gliederung der Jahresberichte vorgegeben war:
1. Äußere Beschaffenheit (Veränderungen, Bauten, Reparaturen, Inventar); 2. Frequenz; 3. Gesundheitszustand; 4. Ordnung; 5. Unterrichtswesen (einschließlich Übungsschule); 6. Lehrer; 7. Resultate der Prüfung; 8. Aussichten Entlassener; 9. Qualifikation der Neuen; 10. Verteilung der Unterstützungen; 11. Historische Notizen; 12. Wünsche und Vorschläge. (Vgl. LHA Koblenz, Best. 403, Nr. 9142, S. 1.)
Im hier vorliegenden sowie den folgenden Berichten hielt Diesterweg sich genau an dieses vorgegebene Schema.
Das Ministerium befand den Jahresbericht für 1824 dann auch „für ausführlicher und zweckmäßiger, als den vorjährigen" und war im allgemeinen zufrieden (GStA PK, I. HA Rep. 76 Seminare, Nr. 10062: 103r).

28 Das Inventarium für das Jahr 1825 vom 24. Februar 1826 weist geringfügige Veränderungen und einige Neuanschaffungen auf. Dieses Verzeichnis wird deshalb nicht vollständig wiedergegeben, sondern die Unterschiede sind im folgenden durch Anmerkungen kenntlich gemacht.
Das Inventarium für das Jahr 1825 befindet sich in: GStA PK, I. HA Rep. 76 Kultusministerium, VII neu Sekt. 25 C Teil I Nr. 4 Bd. 3: 161r-165r.
Die anschließenden Inventarien verzeichnen nur noch die Neuzugänge und werden aus diesem Grunde vollständig wiedergegeben (für 1826: 8. März 1827, Nr. 163; für 1827: 1. März 1828, Nr. 186).

29 Im Jahr 1825 kommt eine Wasserrinne zum Urinieren hinzu.

30 Im Jahr 1825 kommt ein hölzerner Fußreiniger hinzu.

31 Im Jahre 1825 ist die Rede von 12 Pulten mit 32 verschließbaren Behältern.

32 Im Jahre 1825 ist die Rede von 3 Tischen von Tannenholz und 2 Tischen von Eichenholz.

[33] Im Jahr 1825 gehen 4 Lichtscheren kaputt und 6 neue werden angeschafft, so daß das Inventarium dann 7 aufweist.

[34] Im Jahre 1825 gehen 4 Tintenfässer kaputt, so daß das Inventarium dann nur noch 26 aufweist.

[35] Im Jahr 1825 kommen 3 Fensterrouleaux und 2 Bücherschränke für die Seminaristen hinzu.

[36] Im Jahr 1825 gehen diese 3 Lichtscheren kaputt, und 6 neue werden angeschafft.

[37] Im Inventarium für das Jahr 1825 wird dieser Schrank ausdrücklich als Brotschrank bezeichnet.

[38] Im Jahre 1825 wird das Leinwandzimmer eingerichtet und dafür ein Leinwandschrank angeschafft.

[39] Im Jahre 1825 geht ein weiteres Waschbecken kaputt.

[40] Im Jahre 1825 geht ein weiterer Steinkrug kaputt.

[41] Im Jahr 1825 kommen 2 Rohrstühle hinzu.

[42] Im Jahr 1825 kommen 1 Flügel-Fortepiano und ein Musikkasten hinzu.

[43] Im Jahr 1825 kommen eine eckige Erdkugel, ein Instrumentenschrank und ein Mineralienschrank hinzu.

[44] Die Zahl der Obstbäumchen reduziert sich im Jahre 1825 um weitere 8 auf 69 Exemplare; angeschafft werden 10 eiserne Spaten, 4 Rechen, 1 Wegschaufel und 1 Schiebkarre.

[45] Das Bücherverzeichnis stammt bis auf die Titelseite nicht von Diesterwegs Hand.

[46] Pädagogisches Handbuch für Schulmänner und Privatzieher. Hrsg. von August Hermann Niemeyer. Halle: Waisenhaus-Buchhandlung 1790.

[47] Gemeint ist Gottlieb Gerhard/Gebhard Mehring und von diesem entweder: Der Geist der Schule, oder wie wird einzig ein kräftiges Volk gebildet. Nebst dem Entwurf einer höheren Bürgerschule etc. Berlin: Nauck 1816; oder: Über Pestalozzis Bildungsmethode. Berlin: 1807.

[48] Dinter, Gustav Friedrich: Kleine Reden an künftige Volksschullehrer, vorzüglich zur Beförderung der Weisheit in Lehre und Leben. Ein Erbauungsbuch für nicht ganz ungebildete Schullehrer. (Auch u. d. T.: Handbuch für Schul- und Hauslehrer.) 4 Bände. Leipzig: 1803–1805; 2. Aufl. Neustadt a. d. Orla: Wagner 1820.

[49] Rist, Johann Ephraim (Christoph) Friedrich: Anweisung für Schulmeister niederer Schulen, zur pflichtmäßigen Führung ihres Amtes. Zwei Preisschriften (von Jh. Fr. Goldbeck und Köppen), umgearb. und mit Zusätzen hrsg. von J. E. Fr. Rist. Hamburg: Bohn 1782; 2. Aufl. (Nachdruck) Bamberg 1787; 4. Aufl. 1798 (Wesché in Frankfurt am Main; Fleischer in Leipzig; Frommann in Jena).

[50] Meiners, Christoph: Anweisung für Jünglinge zum eigenen Arbeiten, besonders zum Lesen, Schreiben etc. Hannover: Helwing 1789; 2. Aufl. 1791.

[51] Riemann, Karl Friedrich: Versuch einer Beschreibung der Reckanschen Schuleinrichtung. Berlin: Nicolai 1781; 2. Aufl. u. d. T.: Neue Beschreibung der Reckanschen Schuleinrichtung und der von Rochowschen Lehrart in Volksschulen. Mit einer Vorrede von F. E. v. Rochow. Ebd. 1792; 3. Aufl. 1798; 4. Aufl. 1809.

[52] Niemeyer, August Hermann: Ueber öffentliche Schulen und Erziehungsanstalten. Nebst einigen Zusätzen zu den Grundsätzen der Erziehung für die Besitzer der 1n und 2n Auflage. Halle: Waisenhaus-Buchhandlung 1799; 2. Aufl. u. d. T.: Über die Organisation öffentlicher Schulen und Erziehungsanstalten. Ebd. 1806; 3. Aufl. 1814.

[53] Schmahling, Ludwig Christoph: Der Hauslehrer, oder Anleitung für Aeltern und Lehrmeister, kleine Kinder in der Naturlehre und Religion zu unterrichten. Leipzig: Hilscher 1775.

[54] Niemeyer, August Hermann: Grundsätze der Erziehung. und des Unterrichts für Eltern und Schulmänner. Halle: Waisenhaus-Buchhandlung 1796; 3. Aufl. in 2 Theilen 1799; 7. Aufl. 1818; 8. Aufl. 1825.

[55] Natorp, Bernhard Christoph Ludwig: Grundriß zur Organisation allgemeiner Stadtschulen. Duisburg und Essen: Bädeker 1824.

256

[56] Zerrenner, Carl Christoph Gottlieb: Methodenbuch für Volksschullehrer. Magdeburg: Heinrichshofen 1814; 2. Aufl. 1816; 3. Aufl. 1820.

[57] Vermutlich ist gemeint: Weiller, Kajetan: Versuch eines Lehrgebäudes der Erziehungskunde. 2 Bde. München: 1r Bd. J. Lindauer 1802, 2r Bd. Lentner 1805; außerdem kommt in Frage: Kleine Schriften. München: J. Lindauer, 1r Bd.: Schulreden. 1822; 2r Bd.: Akademische Reden und Abhandlungen. 1823.

[58] Wagner, Johann Jakob: System des Unterrichts, oder Encyklopädie und Methodologie des gesammten Schulstudiums, nebst einer Abhandlung über die äußere Organisation der Hochschulen. Aarau: Sauerländer 1821.

[59] Hye, Anton: Auszug des Methodenbuchs, oder ausführliche Anweisung alle, den Unterricht und Lehrstand betreffenden Anordnungen zu erfüllen. Wien: Wimmer 1820; zu: Methodenbuch, oder ausführliche Anweisung, alle in der politischen Verfassung der deutschen Schulen in den k. k. Erbstaaten enthaltenen Unterricht und Lehrstand betreffenden Anordnungen zu erfüllen. 4. Aufl. Wien: Wimmer 1817.

[60] Vgl. obige Anmerkung 48.

[61] Schwarz, Friedrich Heinrich Christian: Erziehungslehre. 3 Bände. 1r Band: Die Bestimmung des Menschen, in Briefen. 1802; 2. Aufl. 1813; 2r Band: Das Kind, oder Entwickelung und Bildung des Kindes von seiner Entstehung bis zum 4n Jahre. 1804; 3r Band: 1e und 2e Abth.: Entwickelung und Bildung des jungen Menschen etc. 1808.

[62] Schwarz, Friedrich Heinrich Christian: Erziehungslehre. 4r und 5r Band: Geschichte der Erziehung nach ihrem Zusammenhange unter den Völkern von alten Zeiten her bis auf die neueste. Auch unter diesem Haupttitel erschienen. 1813.

[63] Graser, Johann Baptist: Die Elementar-Schule für's Leben, in ihrer Grundlage. 2. Aufl. Hof: Grau 1819.

[64] Mosche, Christian Julius Wilhelm: Ausgewählte deutsche Aufsätze und Reden, nebst dessen Leben und Charakter. Hrsg. von F. C. Matthiä und R. G. Eichhoff. Frankfurt a. M.: Herrmann 1821.

[65] Natorp, Bernhard Christoph Ludwig: Andreas Bell und Joseph Lancaster. Bemerkungen über die von denselben eingeführte Schuleinrichtung, Schulzucht und Lehrart. Essen: Bädeker 1817. (Eine veränderte Ausgabe von Lancasters „Schulmeister unter 1000 Kindern".)

[66] Bell, Andrew: Schulmethodus. Ein Beytrag zur Verbesserung der Lehrmethode und Schuldisciplin in niedern Volksschulen. Übersetzt von F. W. Tilgenkamp. Duisburg: Bädeker & Kürzel 1808.

[67] Natorp, Bernhard Christoph Ludwig: Briefwechsel einiger Schullehrer und Schulfreunde. 3 Bde. Essen und Duisburg: Bädeker 1813–1823. 1r Bd. 2., verb. Aufl. 1823.

[68] Natorp, Bernhard Christoph Ludwig: Kleine Schulbibliothek. Ein geordnetes Verzeichniß auserlesener Schriften für Lehrer an Elementar- und niedern Bürgerschulen, mit beigefügten Beurtheilungen. Düsseldorf: Schreiner 1809; 5., umgearb. Aufl. Duisburg: Bädeker 1820.

[69] Zerrenner, Carl Christoph Gottlieb: Der neueste deutsche Schulfreund, eine Zeitschrift für Lehrer an Bürger- und Landschulen. 1. Bdchen. Magdeburg: Heinrichshofen 1811.

[70] Salzmann, Christian Gotthilf: Ameisenbüchlein, oder Anweisung zu einer vernünftigen Erziehung der Erzieher. Schnepfenthal: Erziehungsanstalt 1806.

[71] Frisch, Samuel Gottlob: Geschichte und Beschaffenheit der Bildungsanstalt für künftige Lehrer in Bürger- und Landschulen zu Freiberg. Freiberg: Craz und G. 1809.

[72] Harnisch, Christian Wilhelm: Handbuch für das deutsche Volksschulwesen, den Vorstehern, Aufsehern und Lehrern bei den Volksschulen gewidmet. Breslau: Graß 1820.

[73] Denzel, Bernhard Gottlieb: Die Volksschule. Ein methodischer Lehrcursus. Stuttgart: Metzler 1817.

[74] Schneidler, G. L.: Volksbildung im Geist und nach den Bedürfnissen unserer Zeit. Mainz: Kupferberg 1821.

[75] Zarnack, August: Ueber Kinderfeste in öffentlichen Erziehungsanstalten, und wie dieselben in der unsrigen gefeiert werden. Berlin: Maurers Buchhandlung 1820; 1. und 2. Fortsetzung ebd. 1821 und 1822.

[76] Müller, Johann Heinrich: Lehrbuch der Katechetik, mit besonderer Hinsicht auf den katechetischen Religionsunterricht. Altona: Hammerich 1816; 2. Aufl. 1823.

[77] Zeller, Karl August: Schulmeisterschule, oder Anleitung für Landschullehrer zur geschickten Verwaltung ihres Amtes, in Fragen und Antworten, Gleichnissen, Geschichten und Gesprächen, und eine Schulgesetztafel. Zürich: beim Autor 1808; 3., verb. Aufl. u. d. T.: Die Schulmeisterschule, oder Anleitung für Schullehrer ... Königsberg: Universitätsbuchhandlung 1817.

[78] Zeller, Karl August: Das Ziel der Elementarschule durch überzeugende und erhebende Thatsachen beleuchtet. Königsberg: Degen 1808.

[79] Degen, Johann Friedrich: Vorträge über Gegenstände der Erziehung und Bildung. Erlangen: Schubert (Breuning) 1800.

[80] Wilberg, Johann Friedrich: Der Schulmeister Leberecht, wie er über sein Amt dachte und darin wirkte. Elberfeld: Büschler und Schönian 1820.

[81] Fragen an Kinder: eine Einleitung zum Unterricht in der Religion von der ascetischen Gesellschaft in Zürich. München: Fleischmann 1800. Neue Auflage: Fragen an Kinder, nebst Einleitung in die Religion. Hrsg. von ders. Zürich: Geßner 1807.

[82] Ehrlich, C.G.: Das Seminar zu Soest zur Bildung der Elementarlehrer, für Schulen etc. Elberfeld: Schönian 1821.

[83] Graser, Johann Baptist: Das Schulmeisterthum mit der Elementarschule für's Leben im Kampfe, eine nähere Darstellung des beiderseitigen Geistes auf Veranlassung der in dem Schulfreund für die deutschen Bundesstaaten recensirten Schrift: erster Kindesunterricht, erste Kindesqual etc. Hof: Grau 1820.

[84] Graser, Johann Baptist: Der erste Kindesunterricht, die erste Kindesqual, eine Kritik der bisher üblichen Leselehrmethoden. Hof: Grau 1819.

[85] Dinter, Gustav Friedrich: Die vorzüglichsten Regeln der Pädagogik, Methodik und Schulmeisterklugheit als Leitfaden beym Unterrichte künftiger Lehrer. Neustadt a. d. Orla: Wagner 1806. Neue Aufl. 1813; 3. Aufl. 1818; 4. Aufl. 1822.

[86] Wessenberg, Ignatz Heinrich von: Elementarbildung des Volkes im 18. Jahrhundert. Zürich 1814. Neuauflage u. d. T.: Die Elementarbildung des Volkes in ihrer fortschreitenden Ausdehnung und Entwicklung. Konstanz 1835.

[87] Heilingbrunner, Anton: Die Schulgesetze, erklärt und durch lehrreiche Geschichtchen erläutert. Mit einer Vorrede von Matthäus Zeheter. München: Fleischmann 1820.

[88] Keller, T.C.: Ehrenrettung der Buchstabirmethode gegen die Vorwürfe neuerer Leselehrer, mit Beziehung auf v. Stephani's Schrift: „Ausführliche Beschreibung meiner Leselehrmethode." Tübingen: Laupp 1824.

[89] Rousseau, Jean-Jacques: Emil. Folgende Ausgaben kommen in Frage:
Aemile, oder von der Erziehung. Aus dem Französ. übersetzt von Johann Joachim Schwabe. 5 Theile. Leipzig 1762–80; oder: Emil, oder von der Erziehung. Aus dem Französ. übersetzt von K. Fr. Cramer. 4 Theile. Braunschweig: Schulbuchhandlung 1789–1791; oder: Emil, oder von der Erziehung, im Auszug von Ch. A. Stuve. 1r Theil. Glogau: Günther'sche Buchhandlung 1798.

[90] Dinter, Gustav Friedrich: Die vorzüglichsten Regeln der Katechetik, als Leitfaden beym Unterrichte künftiger Lehrer in Bürger- und Landschulen. Neustadt a. d. Orla: Wagner 1802; 4. Aufl. 1817.

[91] Denzel, Bernhard Gottlieb: Schulpraxis, d.i.: Einleitung in die Erziehungs- und Unterrichts-Lehre für Volksschullehrer. Auch u. d. T.: Einleitung in die Elementar-Schulkunde und Schulpraxis. 3 Theile. Stuttgart: Metzler 1822

[92] Salzmann, Christian Gotthilf: Anweisung zu einer zwar nicht vernünftigen, aber doch modischen Erziehung der Kinder. Erfurt 1781. Von der 3. Auflage (1792) an unter dem Titel: Das Krebsbüchlein

258

oder Anweisung zu einer unvernünftigen Erziehung der Kinder; 5., veränderte, verb. und mit einem Anhange vermehrte Aufl. 1819.

[93] Krummacher, Friedrich Adolph: Die deutsche christliche Volksschule im Bunde mit der Kirche. 2. Aufl. Essen: Bädeker 1815.

[94] Basedow, Johann Bernhard: Unerwartlich große Verbesserung der Kunst lesen zu lehren, nebst einem Buchstabir-Büchlein. Leipzig 1785.

[95] Pestalozzi, Johann Heinrich: Das Buch der Mütter, oder Anleitung für Mütter, ihre Kinder bemerken und reden zu lehren. 1. Heft. Zürich 1803, Leipzig: Wienbrack 1812.

[96] Gruner, Gottlieb Anton: Versuch einer wissenschaftlichen Darstellung und Begründung der wichtigsten Hauptpunkte der Erziehungslehre. Jena: Schmid 1823.

[97] Gruner, Gottlieb Anton: Versuch einer gemeinfaßlichen doch auf Selbstverständigung gegründeten Entwicklung der dem Volksschullehrer unentbehrlichsten wissenschaftlichen Vorkenntnisse. Jena: Schmid 1823.

[98] Freimüthige Jahrbücher der allgemeinen deutschen Volksschulen, mit besonderer Hinsicht auf West- und Süddeutschland. Hrsg. von F. H. C. Schwarz, H. A. d'Autel, F. L. Wagner und C. A. Schellenberg. Darmstadt: Leske 1819–1823 [erschienen 1823–1829 in Heidelberg, seit 1829 in Stuttgart]. Auch u. d. T.: Freimüthige Jahrbücher für das Volksschulwesen.

[99] Hergenröther, Joseph: Erziehungslehre im Geiste des Christenthums. Ein Handbuch für Schullehrer und Schulpräparanden. Sulzbach: Seidel 1823.

[100] Pestalozzi, Johann Heinrich: Sämmtliche Schriften. 12 Bände. Stuttgart: Cotta 1800–1824.

[101] Gebräuchlich in Schulen und Schullehrerseminaren war: Die Bibel, oder die ganze Heilige Schrift des Alten und Neuen Testaments, nach der deutschen Uebersetzung Dr. Martin Luthers. Halle: Canstein'sche Bibelanstalt und Buchhandlung des Waisenhauses 1781 und später.

[102] Von Christian Abraham Wahl kommen in Frage:
Historische Einleitung in die sämmtlichen Bücher der Bibel, als Vorbereitung auf den christlichen Religionsunterricht für Schul- und Privatlehrer und als eine Anweisung zu einer richtigen Kenntniß und Schätzung dieser Bücher. Leipzig: Köhler 1802; oder: Historisch-praktische Einleitung in die biblischen Schriften. Ein Handbuch für Lehrer an Gymnasien und für jeden besonders wissenschaftlich gebildeten Christen. 2 Theile. Leipzig: Hartmann 1820.

[103] Thiess, Johann Otto: Das neue Testament, oder die heiligen Bücher der Christen neu übersetzt mit einer durchaus anwendbaren Erklärung aus dems. 4 Bde. Leipzig und Gera: Heinsius 1794–1800; 1. Bd. 2. Ausg. 1794; 2. Bd. 1. Abth. 2. Ausg. 1795; 2. Bd. 2. Abth. 2. Ausg. 1795; 3. Bd. 2. Ausg. 1794.

[104] Kellner, Johann Wilhelm: Die Gebote Jesu Christi. Leipzig: Gleditsch 1785. Mit 2 Zusätzen versehen und bearbeitet Bamberg und Würzburg: Göbhard 1794; ebd. 1801.

[105] Von Heinrich Gottlieb Zerrenner und Christian Ludwig Hahnzog kommen in Frage:
Christliche Volksreden über die Evangelien, oder Postille zum Vorlesen beim öffentlichen Gottesdienste. Magdeburg: Scheidhauer 1785; neue Ausgabe ebd.: Hessenland 1801; und: Christliche Volksreden über die Episteln, sowohl zu einem Vorlesebuch bei öffentlichen Gottesverehrungen, als zum Gebrauch bei häuslicher Andacht eingerichtet. Erfurt: Keyser 1792; verm. Ausgabe 1797.

[106] Reinhard, Franz Volkmar: System der christlichen Moral. 5 Bände. Wittenberg: Zimmermann 1802 (Erstauflage in 4 Bdn. 1788); Neuauflagen 1805, 1807, 1810, 1815 (Berlin: Mylius).

[107] Krummacher, Friedrich Adolph: Bibelkatechismus, das ist kurzer und deutlicher Unterricht von dem Inhalt der heiligen Schrift. 3. Aufl. Duisburg: Bädeker 1816; 5., verb. Auflage Duisburg und Essen 1818.

[108] Nicolai, Johann David: Das neue Testament, mit einem genauen Inhalt, Sinn und Zusammenhang, Anmerkungen etc. Nebst einer Einleitung ins ganze Neue Testament und in jedes Buch besonders. 2 Theile. Bremen (Seifert?) 1775/76.

[109] Seiler, Georg Friedrich: Die heilige Schrift alten Testaments im Auszuge, nebst dem ganzen neuen Testament nach Luther's Uebersetzungen. Mit Anmerkungen. Erlangen: Bibelanstalt 1781; 4. und 5. Aufl. 1783.

[110] Jakob, Ludwig Heinrich von: Beweis für die Unsterblichkeit der Seele aus dem Begriff der Pflicht. Eine Preisschrift. Jena: Frommann 1790; 2., ganz umgearb. Ausgabe Züllichau: Frommann 1794.

[111] Von Georg Joachim Zollikofer kommen in Frage:
Predigten, nach seinem Tode hrsg. von Christian Friedrich von Blankenburg. 9 Bde. Auch u. d. T.: Sämmtliche Predigten, 7.–15. Band. Leipzig: Weidmann 1788–1804; oder: Sämmtliche Predigten. 15 Bde. Leipzig: Weidmann 1798–1804.

[112] Seiler, Georg Friedrich: Schullehrerbibel, oder Anweisung für Lehrer etc. Altes Testament, 3 Theile. Erlangen: Bibelanstalt 1796; 2. Aufl. 1815; Neues Testament, 3 Theile. Ebd. 1790–1793; 3. Aufl. beider Abth. 1818; 5. Aufl. des Neuen Testaments 1820.

[113] Snell, Johann Peter Ludwig: Sittenlehre in Beispielen für Bürger- und Landleute. 2 Theile. Bremen: Wilmans 1795; 4. Aufl. 1819.

[114] Rosenmüller, Georg Hieronimus Konrad: Dr. Martin Luthers kleiner Katechismus, in Fragen und Antworten erläutert, nebst hinzugefügten Sprüchen, als Hülfsbuch bei dem Gebrauch des Dresdner Katechismi. Leipzig: Baumgärtner 1821.

[115] Kirchner, Anton: Christenlehre für reifere Zöglinge der evangelischen Kirche, auch Erinnerungsbuch für Erwachsene. Frankfurt a. M. 1820.

[116] Clodius, Christian August Heinrich: Von Gott in der Natur, in der Menschengeschichte und im Bewußtsein. 1. Theil, 1. Band, 1. und 2. Abth., und 2. Band, 1. Abth. Leipzig: Göschen 1818; 2. Theil, 2. Hauptabth. auch u. d. T.: Christus in der Vernunft, oder Gott in der Geschichte und im Bewußtsein. Leipzig: Reclam 1820; 2. Theil, 3. und letzte Hauptabtheilung: ebd.

[117] Salzmann, Christian Gotthilf: Gottesverehrungen im Betsaale des Dessauer Philanthropin gehalten. 1.–4. Theil Dessau und Leipzig 1781–1783; 5.–6. Theil Leipzig: W. Vogel 1784 und 1788; 2. Aufl. des 1.–4. Theils Wolfenbüttel (Schulbuchhandlung in Braunschweig) 1786.

[118] Vermutlich ist ein Werk von Friedrich Kohlrausch gemeint, da Diesterweg den Gebrauch von dessen „Anleitung" bei der Ausbildung der Seminaristen ausdrücklich erwähnt (vgl. Bericht vom 1. Dezember 1824 über den Lehrplan, Nr. 102):
Handbuch für Lehrer höherer Stände und Schulen zu den Geschichten und Lehren Alten und Neuen Testaments für Schulen und für den Privatunterricht. Halle: Waisenhaus-Buchhandlung 1811; 2. Aufl. 1818. Siehe auch die nachfolgenden Anmerkungen 120 und 121.

[119] Die Originalausgabe von Johann Hübner: Biblische Historien, erschien 1677 in Leipzig. Vermutlich ist die Neubearbeitung von Hilmar Ernst Rauschenbusch gemeint, mit der dieser eine entscheidende Wende in der Methodik des Religionsunterrichtes mit einleitete, indem er die Einführung eines gesonderten biblischen Geschichtsunterrichtes anregte und Verständnis und Lebensbezug bei den Kinder herzustellen versuchte:
Auserlesene biblische Historien aus dem Alten und Neuen Testament. Schwelm und Duisburg 1807. Diesterweg schätzte Rauschenbuschs Arbeit offenbar sehr.

[120] Kohlrausch, Friedrich: Die Geschichten und Lehren der heiligen Schrift Alten und Neuen Testaments zum Gebrauch der Schulen und des Privatunterrichts. Mit einer Vorrede von A. H. Niemeyer. 2 Abtheilungen. Halle: Waisenhaus-Buchhandlung 1811; 3. Aufl. 1816; 6. Aufl. 1820.

[121] Kohlrausch, Friedrich: Anleitung für Volksschullehrer zum richtigen Gebrauch der Geschichte und Lehren der heiligen Schrift. Mit einer Vorrede von A. H. Niemeyer. Halle: Waisenhaus-Buchhandlung 1811; 2. Aufl. 1813; 3. Aufl. 1820.

[122] Falk, Johannes (Hrsg.): Das Vaterunser der Weimarer Sonntagsschule, mit Evangelien. Weimar: Brockhaus in Leipzig 1822.

[123] Adelung, J. G. L.: Allgemeiner deutscher Briefsteller für alle Fälle des menschlichen Lebens. Nürnberg: Campe 1810; 2., durchaus verb. und verm. Auflage 1819; 4. Aufl. 1820.

260

[124] Schleheck, Johann Peter: Anleitung zur Rechtschreibung nach der Lautlehre. Ein methodisches Handbuch für Lehrer an Elementarschulen. Essen: Bädeker 1821.

[125] Hahn, Christian Traugott Hermann: Praktische Anleitung zu Denk- und Verstandesübungen für die Jugend in Vorlageblättern, nebst einem Hand- und Hilfsbuch für Lehrer und Eltern. Leipzig 1820.

[126] Balbier, Friedrich Wilhelm: Naturgemäße Anleitung lesen und schreiben zu lehren. Kaiserslautern (Mannheim: Löffler in Comm.) 1821.

[127] Solbrig, Karl Friedrich: Die Lyra. Auswahl deutscher Gedichte, Reden, Erzählungen etc. zur Uebung in der Declamation. Leipzig: Taubert 1816. Auch u. d. T.: Declamirbuch für Schulen. Eine Auswahl deutscher Gedichte, Reden, Erzählungen etc. 1r Bd. Leipzig: Taubert 1818. Der zweite Band erschien ebd. 1826.

[128] Broeder, Christian Gottlob: Practische Grammatik der lateinischen Sprache. Mit den Lect. lat. Leipzig: W. Vogel 1787.

[129] Röchling, Johann Gottfried: Lehrreiche und angenehme syntaktische Vorübungen nach der Schellerschen Grammatik. Frankfurt a. M.: Brönner 1786; 3. Aufl. 1793; Neuauflage 1802.

[130] Heynatz, Johann Friedrich: Handbuch zur richtigen Verfertigung und Beurtheilung aller Arten schriftlicher Aufsätze etc. 5 Theile. Berlin: Sander 1773; 6. Aufl. 1800.

[131] Gedike, Friedrich: Französisches Lesebuch für Anfänger, nebst einer kurzen Grammatik. Berlin: Mylius 1785.

[132] Büsching, Anton Friedrich: Liber latinus in usum puerorum latinam linguam discentium editus. Berlin und Stralsund: Lange 1767; 5. Aufl. 1788. Deutsch u. d. T.: Nützliches und angenehmes Lehrbuch für die Jugend. Offenbach 1772 und 1786.

[133] Lang, Johann: Kurze Anleitung zur Kenntniß der deutschen Schreibart und Verfassung aller Gattungen von Briefen. Ein Lehrbuch für Schulen. Düsseldorf: Dänzer 1791.

[134] Maas, Gottfried Arnold: Lesebuch für die deutschen Schulen im Herzogthum Cleve und der Grafschaft Mark. Kleve: Hannesmann (Fleischer in Frankfurt a. M.) 1786; Neuaufl. 1803.

[135] Handbuch zum Unterricht in der Orthographie, im Briefschreiben und Rechnen. Leipzig: Comptoir für Litteratur 1793.

[136] Von Immanuel Johann Gerhard Scheller kommen in Frage:
Kurzgefaßte lateinische Sprachlehre oder Grammatik. Leipzig: Hahn 1780; 2. Aufl. 1785; 4., umgearbeitete Aufl. 1814; oder:
Ausführliche lateinische Sprachlehre, oder sogenannte Grammatik. Leipzig: Hahn 1779; 4. Aufl. 1803.

[137] Heinsius, Theodor: Teut, oder theoretisch-praktisches Lehrbuch der gesammten deutschen Sprachwissenschaft. 4 Theile. Berlin: Duncker und Humblot 1807–1811. 1r Theil: Sprachlehre des Deutschen. 1807; 3. Aufl. 1817; 2r Theil: Grammatisch-stylistische Vorschule, oder theoretisch-practische Anleitung zum richtigen Sprechen, Schreiben und Verstehen der deutschen Sprache. 1808; 3. Aufl. 1821.
Der 3. Teil: Die Redner und Dichter, oder Anleitung zur Rede- und Dichtkunst, erschien 1810, der 4. Teil: Geschichte der deutschen Literatur, oder der Sprach-, Dicht- und Redekunst 1811.

[138] Dolz, Johann Christian: Hülfsbuch zur Schön- und Rechtschreibung, auch zum schriftlichen Gedankenvortrage. 3. Aufl. Leipzig: Barth 1806; 4. Aufl. 1810; 6. Aufl. 1820.

[139] Heyse, Johann Christian August: Theoretisch-practische deutsche Schulgrammatik, oder kurzgefaßtes Lehrbuch der deutschen Sprache, mit Beispielen und Aufgaben zur Anwendung der Regeln. (Ein Auszug aus: Theoretisch-deutsche Grammatik, oder Lehrbuch zum reinen und richtigen Sprechen. Hannover: Hahn 1814; 2. Aufl. 1820; 3. Aufl. 1822.) Hannover: Hahn 1816; 2., verb. und mit einem Anhang über die Verskunst verm. Aufl. 1819.

[140] Eberhard, Johann August: Synonimisches Handwörterbuch der deutschen Sprache für alle, die sich in dieser Sprache richtig ausdrücken wollen. Nebst einer ausführlichen Anweisung zum nützlichen Gebrauche desselben. Halle: Hemmerde und Schwetschke 1802; 2. Aufl. 1806; 3., verm. und verb. Aufl. Berlin: Nauck 1814.

[141] Der „vollständige Unterricht der deutschen Sprache" von Wilhelm Harnisch umfaßt folgende Werke:
Erste faßliche Anweisung zum vollständigen deutschen Sprachunterricht. Mit beweglichen Buchstaben und 5 Lesetafeln. Breslau: Graß 1814; 4. Aufl. 1822;
Erstes Sprachbuch, oder Uebungen, um richtig sprechen, lesen und schreiben zu lernen. Darmstadt: Leske 1814; 5. Aufl. 1820;
Zweite faßliche Anweisung zum vollständigen deutschen Sprachunterricht. Breslau: Graß 1818; 2. Aufl. 1822;
Zweites Sprachbuch, oder Uebungen im Lesen und Reden, Schreiben und Aufschreiben, Begreifen und Urtheilen, für Volksschulen herausgegeben. Darmstadt: Leske 1818; 2. Aufl. 1822.

[142] Heyse, Johann Christian August, und Sickel, Heinrich Friedrich Franz: Theoretisch-praktisches Handbuch aller verschiedenen Dichtungen, zunächst für die obern Schulklassen, mit besonderer Hinsicht auf die weibliche Jugend. Magdeburg: Heinrichshofen 1821.

[143] Von Heinrich von Stephani kommen in Frage:
Fibel, oder Elementarbuch zum Lesenlernen. Erlangen: Palm 1802 (1809); oder: Fibel für Kinder von edler Erziehung, nebst der Methode für Mütter, die Kinder in kurzer Zeit lesen zu lehren. Erlangen: Palm 1807; 2., verb. Aufl. 1816; 3. Aufl. 1820.

[144] Tillich, Ernst Gotthelf Albrecht: Erstes Lesebuch für Kinder. 2., umgearb. und sehr verb. Aufl. des ersten Unterrichts [1809]. 2 Theile. Leipzig: 1809 und 1811; 3., unveränderte Aufl. 1818.

[145] Zarnack, August: Deutsche Sprüchwörter, zu Verstandesübungen für die Schulen bearbeitet, nebst einer Anweisung, auf welchen Wegen ein Schatz der lehrreichsten Sprüchwörter unter die Volksjugend gebracht werden könne. Berlin: Nauck 1820.

[146] Gemeint ist vermutlich: Heyse, Johann Christian August: Kurzer Leitfaden zum gründlichen Unterricht in der deutschen Sprache, für höhere und niedere Schulen nach dessen größern Lehrbüchern der deutschen Sprache. Hannover: Hahn 1822.

[147] Muhl, Servatius: Das erste Lesen für Lehrer. Mit 2 Wandtafeln. Koblenz: Gelehrten-Buchhandlung 1820.

[148] Wilmsen, Friedrich Philipp: Der deutsche Kinderfreund, ein Lesebuch für Volksschulen (1. Theil). Berlin: Reimer 1802; 17. Aufl. 1812; Anhang, enthaltend prosaische und poetische Lesestücke zur Bildung und Uebung des richtigen und ausdrucksvollen Lesetons. Ebd. 1814. – 2r Theil (auch u. d. T.: Ausgewählte Lesestücke aus prosaischen Musterschriften). Berlin: Reimer 1810. – 3r Theil (auch u. d. T. Uebungsstücke aus deutschen Dichtern). Ebd. 1817; 2. Aufl. 1822.

[149] Wilberg, Johann Friedrich: Lesebuch für Kinder in Stadt- und Landschulen. 1. Theil. Elberfeld: Schönian 1806; 2. Aufl. 1808; 1r Theil 14. Auflage Büschler 1820; 15. Aufl. Schönian 1822.

[150] 2. Theil. Elberfeld: Schönian 1806; 2. Aufl. 1808; 8. Aufl. 1822.

[151] Vermutlich ist gemeint: Wilberg, Johann Friedrich: Lese-, Denk- und Sprachübungen für Schulen, als Vorbereitung zum Unterricht in der deutschen Sprache. Elberfeld: Schönian 1818; 2. Aufl. 1824.

[152] Von Nicolai Her[r]man[n]sen können gemeint sein:
Theoretisch-praktisches Handbuch für unmittelbare Denkübungen. (Gemeinsam mit L. Nissen und A. Steffensen.) 3 Theile. Duisburg und Essen 1812; 2. Aufl. 1819; oder:
Lesebuch für Elementarschulen, welches Stoff für die ersten Denkübungen enthält. (Gemeinsam mit L. Nissen und A. Steffensen.) Schleswig 1814.

[153] Seidenstücker, Johann Heinrich Philipp: Eutonia, oder declamatorisches Lesebuch für mittlere und obere Schulklassen. Dortmund: Mallinkrodt 1807; 2., verm. Aufl. 1811; 3. Aufl. 1822.

[154] Dilschneider, Johann Joseph, und Willmann, Bd.: Commentar zur Seberschen Mustersammlung deutscher Gedichte. Für Lehrer und zur Selbstbelehrung. 1. Theil. Köln: Dü-Mont-Schauberg 1822. 2. Theil. Ebd. 1828.

[155] Winkler, Johann Leonhard: Versuch einer bildenden Sprachbaulehre für Volksschulen mit ausführlichen Verzeichnungen des Unterrichtsganges und großentheils katechetischer Nachweisung der Methode. 1r Lehrgang: Die Wortbaulehre. Erlangen: Palm 1823.

262

[156] Diesterweg meint vermutlich die in den Anmerkungen 157 und 158 angegebenen Bücher. Ein anderer Titel dieser Art ist nicht nachweisbar.

[157] Seber, Franz Joseph: Sammlung von Mustern deutscher Dichter und Prosaiker für die untern und mittlern Klassen der Gymnasien (1. Abth.). Köln: Dü-Mont-Schauberg 1817; 2., mit einem Anh. vermehrte Aufl. 1819; 3. Aufl. 1824.

[158] Seber, Franz Joseph: Sammlung von Mustern deutscher Dichter und Prosaiker für die drei obern Klassen der Gymnasien (2. Abth.). Köln: Dü-Mont-Schauberg 1819; 2. Aufl. 1820.

[159] Vieth, Gerhard Ulrich Anton: Anfangsgründe der Mathematik. 4 Theile. Leipzig: Barth 1796–1821; 4r Theil: Praktische Geometrie, 2. Abth. Auch u. d. T.: Lehrbuch der Mathematik, 2. Bd. Ebd. 1821.

[160] Büsch, Johann Georg: Versuch einer Mathematik zum Nutzen und Vergnügen des bürgerlichen Lebens. Hamburg: A. Campe 1773; 3. Aufl. 1790; 4. Aufl. in 2 Abth. 1798.

[161] Busse, Friedrich Gottlieb von: Gemeinverständliches Rechenbuch für Schulen. 2 Theile. Leipzig: W. Vogel 1786/87.

[162] Busse, Friedrich Gottlieb von: Anleitung zum Gebrauche meines Rechenbuches. 2 Theile. Leipzig: W. Vogel 1786/87.

[163] Silberschlag, Joh. Christ. Fidejust: Vernunftmäßige und allgemeine Rechenkunst, nach Reesischer Manier auf geometrischen Proportionen gegründet etc. Leipzig: Heinsius 1794. 1. Theil von: Leichtfaßlicher Unterricht in der Proportionsrechnung für Kinder. Leipzig: ebd. 1803.

[164/165] Pöhlmann, Johann Paul: Versuch einer praktischen Anweisung für Schullehrer etc., welche die Verstandeskräfte ihrer Zöglinge und Kinder auf eine zweckmäßige Weise üben und schärfen wollen. 6. und 7. Bändchen auch u. d. T.: Rechenkunst. Erlangen: Palm 1803; 2. Aufl. 1807.

[166] Hirsch, Meier: Sammlung von Beispielen, Formeln und Aufgaben aus der Buchstabenrechnung und Algebra. Berlin: Duncker & Humblot 1804; 3., verb. und verm. Aufl. 1816.

[167] Egen, Peter Nicolaus Caspar: Handbuch der allgemeinen Arithmetik, besonders in Beziehung auf die „Sammlung von Beyspielen, Formeln und Aufgaben aus der Buchstabenrechnung und Algebra, von Meier Hirsch". 2 Theile. 1. Theil: Die Buchstabenrechnung. Berlin: Duncker und Humblot 1819; 2. Theil: Die Algebra. Ebd. 1820.

[168] Möller, Johann Melchior: Erste Anleitung für Kinder, mit Zahlen umzugehen. Erfurt: Beyer und M./Otto 1798.

[169] Aufgaben zum Kopfrechnen, in Erzählungen eingekleidet. Essen und Duisburg: Bädeker 1817.

[170] Wilberg, Adolph Heinrich: Methodisch bearbeitete und mit hinreichenden Uebungsaufgaben versehene Anleitung zum Kopf- und Tafelrechnen, für Volksschulen. 2 Theile. Magdeburg: Rubach 1819; 2. Aufl. 1824.

[171] Kries, Friedrich: Gründliche Anweisung zur Rechenkunst für Geübtere. Nebst einer kurzen Einleitung in die Geometrie. Gotha: Becker 1803; 2. Aufl. 1819.

[172] Tillich, Ernst Gotthelf Albrecht: Allgemeines Lehrbuch der Arithmetik, oder Anleitung zur Rechenkunst für Jedermann. 1r Theil Leipzig: Gräff 1806; 2r Theil, hrsg. von Fr. W. Lindner, ebd.: Wienbrack 1821.

[173] Sachs, Salomon: Auflösungen der in Meier Hirsch's Sammlung von Beispielen, Formeln und Aufgaben aus der Buchstabenrechnung und Algebra enthaltenen Gleichungen und Aufgaben. Berlin: Duncker & Humblot 1810; 2. Aufl. 1817; 3. Aufl. 1821; außerdem: Supplement zu den Auflösungen der Meyer Hirschischen Aufgaben aus der Buchstabenrechnung und Algebra. Berlin: Wolf 1811.

[174] Schmid, Joseph: Die Anwendung der Zahl auf Raum, Zeit, Werth und Ziffer. Heidelberg: Mohr 1810.

[175] Schmeisser, Friedrich: Anleitung zum Selbstfinden der reinen Mathesis. (Für Schüler.) 1r Thl. Die Arithmetik. 1r Lehrg. Berlin: Reimer 1817.

[176] Gemeint sein können außer dem bereits erwähnten „Gemeinverständlichen Rechenbuch" von Friedrich Gottlieb von Busse (vgl. obige Anmerkung 161):

Siebenkess, Johann Christian: Gemeinnütziges Rechenbuch zum Unterricht in Stadt- und Landschulen. Altdorf: 1793. 4. Aufl. ebd. (Nürnberg: Riegel und W.) 1816; oder: Roscher, Johann Peter: Gemeinnütziges Rechenbuch, zur Selbstübung. Lippstadt: 1788–1789.

[177] Türk, Wilhelm von: Leitfaden zur zweckmäßigen Behandlung des Unterrichts im Rechnen, für Landschulen und Elementarschulen in Städten. 2 Theile. Berlin: Logier und Späthen. 1r Theil 2. Aufl. 1817; 3. Aufl. 1819; 4. Aufl. 1821; 2r Theil auch u. d. T.: Die anschauliche Auflösung der Gleichungen des ersten, zweiten und dritten Grades. 1818.

[178] Gemeint sein können folgende Werke von Johann Philipp Schellenberg:
Kaufmännische Arithmetik, oder allgemeines Rechenbuch für Banquiers, Kaufleute etc. 1r und 2r Cursus oder 1r bis 4r Theil. Braunschweig: Vieweg, und Rudolstadt: Hofbuchhandlung 1805; 3. Aufl. Rudolstadt 1817; oder: Kurzgefaßte kaufmännische Arithmetik, oder Auszug aus Obigem. Rudolstadt: Klüger 1806.

[179] Baumgarten, Johann Christoph Friedrich: Vorlegeblätter zu Rechenübungen in fortschreitender Ordnung vom Leichten zum Schwerern. Leipzig: Barth, und Reutlingen: Mäcken 1816; 2., verb. Aufl. Leipzig: Barth 1820; 3., genau durchgesehene und verm. Aufl. ebd. 1824; außerdem: Vorlegeblätter zur Uebung des Kopfrechnens. Magdeburg: Heinrichshofen 1820.

[180] Möglicherweise ist gemeint:
Rouyer, Franz Conrad: Mathematisches Lehrbuch. Berlin 1778.

[181] Meyer, Johann Friedrich von: Unterricht zur praktischen Geometrie. 5 Theile. Göttingen 1802–1809.

[182] Hoffmann, Johann Joseph Ignaz: Stereometrische Anschauungs- und Wissenschaftslehre. Eine Anleitung zum leichten und gründlichen Studium der Stereometrie. Mainz: Kupferberg 1820.

[183] Hegenberg, F. A.: Deutliche und vollständige Anweisung ohne Winkelmeßinstrumente nicht nur Aecker, Gärten, Waldungen, Flüsse etc., sondern auch ganze Feldmarken zu vermessen und zu berechnen. Zum Gebrauch für Oekonomen, Forstmänner, Gärtner etc. Berlin: Maurer 1818; 2. Aufl. 1819.

[184] Hänle, Christian Heinrich: Abriß der Geometrie und Mechanik für Pädagogien und mittlere Klassen der Gymnasien, nebst einer Probe geometrischer Geistesgymnastik nach Pestalozzi und Ladomus. Frankfurt a. M.: Hermann 1811.

[185] Hänle, Christian Heinrich: Die Geometrie als Geistesgymnastik. 1t Theil. Hadamar: Gelehrten-Buchhandlung 1817.

[186] Zeller, Karl August: Die Elemente der Gestalt. 1tes Heft: Die Form- und Größenverhältnisse der Punkte und Linien. Königsberg: Nicolovius 1815.

[187] Pöhlmann, Johann Paul: Die ersten Anfangsgründe der Geometrie, als Stoff zu Denk- und Sprachübungen, zum Gebrauch für Lehrer in Bürgerschulen. 2 Bde. Fürth (Nürnberg: Campe) 1804–1806; 1. Band 2. Aufl. Nürnberg: Campe 1818.

[188] Ohm, Georg Simon: Grundlinien zu einer zweckmäßigen Behandlung der Geometrie als höheren Bildungsmittels an vorbereitenden Lehranstalten. Erlangen: Palm und Enke 1817.

[189] Fischer, Julius Wilhelm: Vorbereitung zur Geometrie, besonders zu den ersten Büchern des Euklides. Brandenburg: Wisike 1809.

[190] Euclides: Elemente, 15 Bücher. Aus dem Griechischen von Johann Friedrich Lorenz. Halle: Buchhandlung des Waisenhauses 1781; neue Aufl. 1798. Neu hrsg. von K. B. Mollweide. Halle: ebd. 1809; 4. Aufl. 1819; 5. Aufl. 1824.

[191] Fischer, Ernst Gottlieb: Lehrbuch der Elementar-Mathematik zum Gebrauch in den oberen Klassen gelehrter Schulen nebst Anhang und Anmerkungen. Theil 1: Lehrbuch der ebenen Geometrie. Nebst Anmerkungen. Berlin und Leipzig: Nauck 1820.

[192] Gemeint sind vermutlich die „Anmerkungen" des in Anmerkung 191 genannten Buches; ansonsten kommt in Frage: Auszug aus dem 1n Theile des Lehrbuchs der ebenen Geometrie für Schulen. Leipzig: Nauck 1823.

[193] Develey, Isaac Emanuel Louis: Anfangsgründe der Geometrie in einer natürlichen Ordnung und nach einem durchaus neuen Plane. Aus dem Franz. von B. H. Deyhle. Stuttgart: Steinkopf 1818.

264

194 Hoffmann, Johann Joseph Ignatz: Geometrische Anschauungslehre. Mainz: Kupferberg 1815; 2., verb. und verm. Aufl. 1818; 3. Aufl. 1823.

195 Türk, Wilhelm von: Leitfaden zur Behandlung des Unterrichts in der Formen- und Größenlehre. Berlin 1818; 2. Aufl. 1820; 3. Aufl. 1823.

196 Grosse, G.: Korollarien zur praktischen Geometrie für diejenigen, deren Beruf es ist, einzelne Feldmarken auszumessen. Halle: Renger 1805.

197 Stein, Carl Ludwig Ferdinand: Die Formenlehre und das Elementarzeichnen in wechselseitigen Verbindungen, ein Handbuch für Volksschulen. Frankfurt a. M.: Hoffmann 1821. 2., umgearb. und erw. Aufl. mit einem Vorwort von Riez: Züllichau (Hinrichs in Leipzig) 1823.

198 Hoffmann, Johann Georg: Unterricht von den natürlichen Dingen, oder Geschöpfen und Werken Gottes; zum Lobe des großen Schöpfers und zum Dienste der Unstudirten, sonderlich aber der kleinern Schuljugend aufgesetzt. Umgearbeitet von Joh. Chr. W. Nicolai. Halle: Waisenhaus-Buchhandlung 1790; 19., verb. und neu herausgegebene Aufl. ebd. 1819.

199 Funke, Karl Philipp: Naturgeschichte und Technologie für Lehrer in Schulen. 3 Bände. Braunschweig: Schulbuchhandlung 1790/92; 2. Aufl. 1794 und 1796.

200 Physikalische Unterhaltung über die Natur, und vorzüglich über den Menschen nachzudenken. 2 Theile. Leipzig: Hilscher 1793.

201 Erxleben, Johann Christian Polykarp: Anfangsgründe der Naturlehre. 3. Aufl. Göttingen: Dieterich 1787.

202 Helmuth, J. H.: Volksnaturlehre zur Dämpfung des Aberglaubens. 3. Aufl. Braunschweig: Schulbuchhandlung 1792.

203 Eberhard, Johann Peter: Erste Gründe der Naturlehre. Erfurt und Leipzig 1753; spätere Auflagen in Halle.

204 Poppe, Johann Heinrich Moritz von: Der physikalische Jugendfreund, oder Darstellungen aus der Naturlehre. 8 Theile. Frankfurt a. M.: Wilmans 1811–1820; 5r Theil auch u. d. T.: Der chemische Jugendfreund.

205 Koch, Johann Friedrich Wilhelm: Mikrographie, eine Anleitung die interessantesten mikroskopischen Objecte etc. zu sammeln, zu präpariren und zu beurtheilen. 10 Theile mit einem Handmikroskop von Junker und einigen Objecten etc. Magdeburg: Heinrichshofen 1803.

206 Kastner, Karl Wilhelm Gottlob: Grundzüge der Physik und Chemie, zum Gebrauch für höhere Lehranstalten und zum Selbstunterricht für Gewerbtreibende und Freunde der Naturwissenschaft. Nürnberg: Stein 1821.

207 Vermutlich ist gemeint:
Türk, Wilhelm von: Die sinnlichen Wahrnehmungen, als Grundlage des Unterrichts in der Muttersprache. Winterthur: Steiner 1814; 2. Aufl. Berlin: Maurersche Buchhandlung 1822.

208 Mayer, Johann Christoph Andreas: Einheimische Giftgewächse, welche für Menschen am schädlichsten sind. 3 Hefte. Berlin: Realschulbuchhandlung und Reimer 1798–1801.

209 Lucä, Samuel Christian: Grundriß der Entwicklungsgeschichte des menschlichen Körpers. Marburg: Krieger 1819.

210 Oken, Lorenz: Lehrbuch der Naturgeschichte. 3 Bde. 1r Band: Mineralogie. Leipzig: Reclam 1812; 3r Band: Lehrbuch der Zoologie. Jena: Schmid 1816. Der 2. Band: Naturgeschichte der Pflanzen, erschien 1825/26.

211 Von J. A. Herr kommen in Frage:
Grundriß der Naturlehre für Gymnasien, höhere Bürgerschulen und Seminarien. Berlin: Rücker & Püchler. 3. Aufl. 1833 (frühere Auflagen konnten bibliographisch nicht ermittelt werden); oder:
Kurzer Inbegriff des Wissenswürdigsten aus der Naturlehre. Berlin: Maurers B. 1823; oder:
Erster Unterricht in der Naturlehre. Ein Leitfaden für Elementar-Classen. Neuwied: Lichtfers & Faust 1824.

[212] Fabri, Johann Ernst: Handbuch der neuesten Geographie für Akademien und Gymnasien. Nebst einer Einleitung in die mathematische und physikalische Erdbeschreibung. 5. Aufl. Halle: Hemmerde und Schwetschke 1795. Die 1. Aufl. erschien 1784/85.

[213] Fabri, Johann Ernst/Bürger, Carl Hinrich August: Kurzer Abriß der Geographie. Halle: Hemmerde und Schwetschke 1805. Die 1. Aufl. erschien 1785.

[214] Baczko, Ludwig von: Grundriß der Geschichte, Erdbeschreibung und Statistik aller Provinzen des Preußischen Staats. Königsberg und Leipzig: Göbbels und Unzer 1804.

[215] O'Etzel, Friedrich August: Erdkunde für den Unterricht. 2 Theile. 1r Theil: Erdbeschreibung nebst einer Einleitung in die Verhältniß-Erdkunde. Berlin: Dümmler 1817; 2r Theil: Länder und Völkerkunde. 1e und 2e Abth.: Europa, Asia und Afrika, nebst den Vorbegriffen der Sternkunde und Naturerdkunde. Ebd. 1821 und 1822.

[216] Petersen, J. D.: Kurzer Abriß der Erdbeschreibung nach den neuesten Bestimmungen für Schulen. 2., verb. und verm. Aufl. Essen: Bädeker 1818.

[217] Tieftrunk, Johann Heinrich: Das Weltall nach menschlicher Ansicht. Einleitung und Grundlage zu einer Philosophie der Natur, verständlich für jeden gebildeten Leser. 1. Abth. Leipzig: Gebauer 1821.

[218] Gaspari, Adam Christian: Lehrbuch der Erdbeschreibung. 1. Kursus. Weimar 1792; 17. Aufl. 1831; 2. Kursus. Weimar 1793; 11. Aufl. 1826.

[219] Bredow, Gabriel Gottfried: Umständliche Erzählung der merkwürdigen Begebenheiten aus der allgemeinen Weltgeschichte, für den ersten Unterricht in der Geschichte, besonders für Bürger- und Landschulen. Altona: Hammerich 1804; 7., bis auf die neueste Zeit fortgesetzte und verb. Ausgabe 1820.

[220] Grimm, Johann Karl Philipp: Handbuch für Geschichte der Preuß. Brandenburgschen Staaten. Breslau: Gosohorsky 1797–1799.

[221] Kohlrausch, Friedrich: Chronologischer Abriß der Weltgeschichte für den Jugendunterricht. 3. Aufl. Elberfeld: Büschler 1818; 4. Aufl. 1820.

[222] Chappuis, Wilhelm Friedrich Heinrich von: Kurze Darstellung des preußischen Staats, oder Versuch einer Geschichte und Geographie desselben, mit Bezug auf die Weltgeschichte. Berlin: Mittler 1818.

[223] Diesterweg meint wahrscheinlich:
Historische Uebersicht des Landes- und Volksbestandes der preußischen Monarchie in den Jahren 1740–1776, 1804 und nach den Cessionen durch die Tractaten von Lüneville, Wien und Tilsit. Berlin: Reimer 1807; oder:
Dilling, C.: Statistische Uebersicht der preußischen Staaten vor dem Kriege mit Frankreich 1806 und nach dem Frieden von Tilsit 1807. Leipzig: Herzog 1807.

[224] Herder, Johann Gottfried von: Volkslieder. Gesetzt von dems. 2 Theile. Leipzig: Weygandsche Buchhandlung 1778 und 1779.

[225] Schnabel, Joseph Ignatz: Psalm für 4 Männerstimmen. Breslau: Leuckart o. J.

[226] Gläser, Karl: Musikalisches Schulgesangbuch (methodisch geordnet nach Natorps Anleitung zum Unterricht im Singen). 1s Bdchen. Essen: Bädeker 1821. Ein 2. Bändchen erschien 1826.

[227] Von Karl Gläser können gemeint sein: Kurze Anweisung zum Singen in zwey Kursen für Volksschulen, nebst 7 großen Notentafeln und einem musikalischen Schulgesangbuche nach Natorps Gesanglehre. Essen: Bädeker 1821; oder: 17 musikalische Wandtafeln zur ersten Unterweisung im Singen nach Noten, nach Natorps Methode entworfen, nebst einer kurzen Anweisung zum Singen. Essen: Bädeker 1821.

[228] Gläser, Karl: Kurze Anweisung zum Choralspiel mit Vor- und Zwischenspielen für ganz Ungeübte, die keine Kenntniß der Harmonie und Composition besitzen. Essen: Bädeker 1824.

[229] Natorp, Bernhard Christoph Ludwig: Lehrbüchlein der Singekunst für die Jugend in Dorfschulen. 1t u 2t Cursus. Essen: Bädeker 1820.

230 Zarnack, August: Deutsche Volkslieder mit Volksweisen. 2 Theile. Berlin: Maurers Buchhandlung 1818–1820.

231 Gemeint ist: Clausnitzer, E.: Grundgesetze (Statuten) kirchlicher Sängerchöre, die Errichtung derselben in Städten und Dörfern zu erleichtern und einzuleiten. Nebst einem Anhange über Schulfestfeyern. Leipzig: Hartmann und Lehnhold 1820.

232 Hering, Carl Gottlieb: Gesanglehre für Volksschulen. (Des Lehrmeisters 22r Theil.) Leipzig: Fleischer 1820.

233 Schreier, Christian Heinrich: Neue Generalbaßschule, oder Geist vereinfachter Grundsätze des Generalbasses mit 100 Beispielen, nebst einem Anhang über das Accompagnement der Generalbaßstimmen bei Kirchenmusiken. Meißen: Goedsche 1821.

234 Kühnau, Johann Christoph: Vierstimmige alte und neue Choralgesänge mit Provinzial-Abweichungen. Berlin: Selbstverlag 1786.

235 Die heilige Cäcilia, geistliche Lieder, oder Motetten, Psalmen, Chöre und andere Gesänge. Hrsg. von Johann David Sander. 3 Abtheilungen in 4 Lieferungen. Berlin: Sander 1819.

236 Schneider, Friedrich: Elementarbuch der Harmonie und Tonsetzkunst. Leipzig: Peters 1820.

237 Rinck [Rink], Christian Heinrich: 12 kurze und leichte Choralvorspiele mit und ohne Pedal zu spielen. Op. 47. Mainz: Schott o. J.

238 Rinck [Rink], Christian Heinrich: 12 Adagio für die Orgel. Op. 57. Bonn: Simrock o. J.

239 Gemeint sein können mit dieser und der zunächst genannten Orgelausgabe von Christian Heinrich Rinck [Rink]:
Sammlung von Vor-, Nach- und Zwischenspielen. 1ste Lieferung: 12 leichte Stücke verschiedener Art. Op. 1. Mainz: Schott o. J.; oder: 12 Orgelstücke. Op. 8. Mainz: Schott o. J.; oder: 12 Orgelstücke. 4. Sammlung. Op. 9. Mainz: Schott o. J.; oder: 12 Orgelstücke verschiedener Art. 5. Sammlung. Op. 12. Mainz: Schott o. J.; oder: 12 Orgelstücke. 7. Sammlung. Op. 29. Offenbach: André 1812; oder: 24 kurze und leichte Orgelstücke für angehende Spieler mit und ohne Pedal zu spielen. 23. Sammlung. Op. 66. Bonn: Simrock o. J.; oder: 12 Orgelstücke. Op. 92. 1s Heft. Offenbach: André o. J.; oder: 12 Orgelstücke zum gottesdienstlichen Gebrauch. Op. 94. 2s Heft. Offenbach: André o. J.; oder: 12 Orgelstücke zum gottesdienstlichen Gebrauch. Op. 96. 3s Heft. Offenbach: André o. J.; oder: 18 leichte Orgelstücke. Op. 106. Mainz: Schott's Söhne o. J.

240 Hering, Carl Gottlieb: Instructive Variationen, ein neues wenigstens unbenutztes Hülfsmittel zur leichteren Erlernung des Clavierspielens und zur Selbstübung. 4 Hefte. Oschatz: Autor (Leipzig: Frohberger) o. J.

241 Gemeint ist vermutlich:
Henkel, Michael: Praktische Orgelschule oder 66 Orgelstücke für Anfänger und Schulamtskandidaten. 2 Hefte. Op. 68. Mainz: B. Schott's Söhne o. J.

242 Nägeli, Hans Georg: Gesangbildungslehre. 2 Abth. Erste Hauptabtheilung, mit Beilagen (30 einstimmige Singstücke, 30 zweistimmige Gesänge, 30 dreistimmige Gesänge). Zürich: Nägeli (Leipzig: Fr. Fleischer) 1811; zweite Hauptabtheilung: Bildung zur Ausführung des einstimmigen Gesangs, nebst einer Stufenfolge von Chören. Ebd. 1812.

243 Mensching, Justus Konrad: Bibliothèque choisie des meillers auteurs français. 2 Bde. Lemgo: Meyer 1771 / 1772; 2. Aufl. 1776.

244 Gemeinnützig unterhaltender Volkskalender für die königliche preußische Monarchie, auf die Jahre 1820–1824. Hamm: Wundermann. Der Kalender erschien bis 1827.

245 Gellert, Christian Fürchtegott: Schriften 3.r, 4.r, 6.r, 7.r und 9.r Theil. Neuaufl. Leipzig: Hahn 1784. Erstaufl. des 1.–5. Teils 1769, des 6.–9. Teils 1770.

246 Noth- und Hülfsbüchlein für Bauersleute, oder lehrreiche Freuden- und Trauergeschichte des Dorfes Wildheim. Hrsg. von Rudolf Zacharias Becker. 6 Theile. Gotha und Leipzig 1788–1798; 2. Aufl. 1789–1800.

247 Zerrenner, Heinrich Gottlieb: Volksbuch; oder faßlicher Unterricht in nützlichen Erkenntnissen und Sachen für Landleute, um sie anständig, gut, wohlhabend, zufrieden, und für die Gesellschaft brauchbar zu machen. 2 Theile. Magdeburg: Scheidhauer 1787; neue Ausgabe 1801; Neubearbeitung Leipzig: Köhler o. J.

248 Zeitvertreib und Unterricht für Kinder vom dritten bis zehnten Jahr. Hrsg. von Johann August Ephraim Götze. 2 Bdchn. Leipzig: Weidmann 1883–1885; 2. Aufl. 1788–1796.

249 Moritz, Karl Philipp: Versuch einer kleinen praktischen Kinderlogik, welche auch zum Theil für Lehrer und Denker geschrieben ist. 3. Aufl. Berlin: August Mylius 1805.

250 Ewald, Johann Ludwig: Christliches Hand- und Hausbuch auf alle Sonntage des ganzen Jahres. Sonst Bremen: Müller, jetzt Leipzig: Verlag von Göthe. o. J.

251 Mutschelle, Sebastian: Vermischte Schriften, oder philosophische Gedanken und Abhandlungen. 4 Bdchn. München: Lindauer 1799–1800.

252 Zschocke, Heinrich: Vom Geist des deutschen Volks im Anfang des 19. Jahrhunderts. Aarau: Sauerländer 1820.

253 Akkorde deutscher Classiker über Philosophie des Lebens. Karlsruhe: Bureau der deutschen Classiker 1820.

254 Hundertjähriger Zeit- und Witterungskalender, vom Jahre 1819 an bis 1919. 6. Aufl. Pesth: Hartleben 1819.

255 Willemer, Johann Jakob: Lebensansichten. Ein Buch für Jünglinge. Frankfurt am Main: Andreä 1821. (Die Fortsetzung der „Erfahrungen, Meinungen und Berathungen" des Verf.)

256 Mit diesem sowie den beiden nächsten unter Nr. 15. und 16. aufgeführten Titeln ist gemeint:
Krummacher, Friedrich Adolph: Festbüchlein für's Volk. 2 Theile. 1s Bändchen: Der Sonntag. Duisburg und Essen: Bädeker & Kürzel 1810; 3. Aufl. 1813; 4. Aufl. 1819; 2s Bändchen: Das Christfest. Ebd. 3. Aufl. 1814; 4. Aufl. 1824; 3s Bändchen: Das Neujahrfest. Ebd. 1819.

257 Krummacher, Friedrich Adolph: Parabeln. 3 Bändchen. Duisburg und Essen: Bädeker 1819.

258 Pescheck, Christian Adolph: Menschenwerth in Thatsachen und Vorbildern dargestellt, ein Lesebuch zur Geisteserhebung für das frühere Jünglingsalter, besonders für junge Studirende. Zittau und Leipzig: Schoeps 1821.

259 Deutsche Zeitung für die Jugend und ihre Freunde, oder Moralische Schilderungen der Menschen, Sitten und Staaten unserer Zeit. 2.–5. Band 1785–88.

260 Kaiserlich-privilegirter Reichsanzeiger oder allgemeines Intelligenzblatt. Hrsg. von Rudolph Zacharias Becker. Gotha: Becker 1790–1806.

261 Die National-Zeitung der Deutschen. Hrsg. von Rudolf Zacharias Becker. Gotha 1796–1821.

262 Minister Karl Freiherr von Altenstein (s. ds.) hatte den Bericht des Schulrats Bernhardt über die im Herbst 1821 in Wildenbruch und Regenwalde gehaltenen Lehrerkonferenzen sowie das Tagebuch über den Regenwalder Lehrkursus in mehreren Exemplaren an das Konsistorium in Koblenz eingereicht mit dem Befehl (24.7.1822), die Dokumente weiterzuleiten. (Vgl. GStA PK, VI. HA Familienarchive und Nachlässe, Nachlaß Thiele, Nr. 42: S. 89ʳ; ursprgl. Signatur lt. Thiele: Rep. 76, U III, A. Generalia, Teil III, Nr. 1, Bd. 1; vermutl. Kriegsverlust.)

263 Mustersammlung aus deutschen Klassikern, geordnet nach den Bedürfnissen unterer, mittlerer und oberer Klassen der verschiedenen Schulanstalten Deutschlands, in 3 Cursus dargestellt und herausgegeben von mehreren Lehrern der Bürgerschule zu Leipzig. 1. Cursus. Leipzig: Reclam 1822.

264 Wagner, Friedrich Ludwig: Lehren der Weisheit und Tugend in auserlesenen Fabeln, Erzählungen, Liedern und Sprüchen. Ein Buch für die Jugend. Leipzig: Fleischer 1792; 11., verm. und verb. Aufl. 1820.

265 Kant, Immanuel: Anthropologie in pragmatischer Hinsicht. Königsberg: Schröp 1798; 2. Aufl. 1800; 3., verb. Aufl. Königsberg: Universitäts-Buchhandlung 1821.

268

266 Bädeker, Franz Gotthilf Heinrich Jacob: Kurzer und faßlicher Unterricht in der einfachen Obstbaumzucht, für die Landjugend. Dortmund: Bädeker 1796; neue Auflage 1802; 2. Aufl. Duisburg und Essen 1804; 3., verb. und verm. Aufl. ebd. 1820; 4., verb. und verm. Aufl. 1822.

267 Hebel, Johann Peter: Schatzkästlein des rheinischen Hausfreundes. Tübingen: Cotta 1811; unveränderte Neuaufl. 1818.

268 Ramler, Karl Wilhelm: Kurzgefaßte Mythologie, oder Lehre von den fabelhaften Göttern, Halbgöttern und Helden des Alterthums. 2 Bde. Berlin: Rücker 1790; 2. Aufl. 1808; 3. Aufl. 1816; 5. Aufl. 1821.

269 Mancherlei zur angenehmen und nützlichen Unterhaltung. Hrsg. von Nicolaus Hüther. 12 Hefte. Kleve 1789 bis 1790.

270 Politische und moralische Unterhaltungen für die Jugend und ihre Freunde. Hrsg. von Nicolaus Hüther. 8 Hefte. Cleve: 1788–1789.

271 Taschenbuch des verständigen Gärtners. Übers. aus dem Französischen (Almanach du bon jardinier) von Johann Friedrich Lippold. Nebst bedeutenden Verbesserungen und Zusätzen von den Gebrüdern Baumann. 2 Bde. Stuttgart: Cotta 1824.

272 Ramsauer, Johannes: Zeichnungslehre. 2 Theile mit 1 Heft. Stuttgart: Cotta 1821.

273 Korff, Jacob: Vorlegeblätter zum Unterricht im Zeichnen in Schulen. 1e, 2e und 3e Abth. Essen: Schmachtenberg und Co. 1819, 4e Abth. ebd. 1820.

274 Hennig, J. C.: Berlinische Schulvorschriften. Deutsche, 2 Hefte. Englische, 2 Hefte. Berlin: Amelang 1818.

275 Keller, Jakob: Deutsche Vorschriften. Elberfeld: Schönian 1810.

276 Streit, Friedrich Wilhelm: Die östliche Halbkugel der Erde. 1817. (Diese sowie die beiden folgenden Angaben stammen aus dem British Museum Catalogue of Maps, der allerdings keine Orte und Verlage nachweist.)

277 Streit, Friedrich Wilhelm: Die westliche Halbkugel der Erde. 1817.

278 Streit, Friedrich Wilhelm: Karte von Frankreich. 1809 (Neuaufl. 1815).

279 Streit, Friedrich Wilhelm: Karte des osmanischen Reiches in Europa und Asien. Nach den vorzüglichsten Hilfsmitteln entworfen. Gestaltet von H. Leutemann. (4. Aufl. Leipzig: Hinrichs 1829).

280 Möglicherweise liegt eine Verwechslung vor. Nachweisbar von Christian Gottlieb Reichard ist eine Karte des asiatischen Teils der Türkei:

Sechs Karten zum Gasparischen Handatlas, nämlich: Nordamerika. Weimar 1802; Nördlicher Theil des stillen Meeres. Ebd. 1802; Persien. Ebd. 1803; Südamerika. Ebd. 1804; Türkisches Reich in Asien (Karte). Ebd. 1805; Asien. Ebd. 1805.

281 Vermutlich ist gemeint:

Möller, Arnold Wilhelm: Versuch einer Territorialgeschichte des preußischen Staats, oder kurze Darstellung des Wachsthums der Besitzungen des Hauses Brandenburg seit dem 12. Jahrhundert. Mit 1 ill. Karte. Hamm: Wundermann 1822.

282 Melos, Johann Georg: Beschreibung des jüdischen Landes zur Zeit Jesu, in geographisch-bürgerlich-religiöser, häuslicher und gelehrter Hinsicht für Bürger- und Volksschulen. Mit einer Charte von Palästina zur Zeit Jesu. Weimar: Ind.-Comptoir 1822.

283 Schmidt, J. Marius Friedrich: Karte des preussischen Staats nach seiner neuesten Begränzung und Eintheilung in Militair-Abtheilungen, Provinzen und Regierungsbezirken im Jahre 1815. Berlin: Simon Schropp & Co. o. J.

284 Eckemann, Lorenz: Zeichnungsbuch zum Selbstunterricht im Baum- und Landschaftszeichnen. 3 Abthl. München: Zeller 1821.

269

112
Conduitenliste für das Schuljahr 1824

Moers, 5. März 1825

Conduiten-Liste der in dem Seminar zu Mörs angestellten Lehrer
CARL ERNST Pfarrer BORNEMANN CARL WITZKA
während des Jahres 1824,
aufgestellt von dem Seminardirektor Diesterweg.[1]

Lau-fende No	Dienstcharakter des Lehrers	Name	Vaterland	Jetziges jährliches Diensteinkommen		
				rthlr	Sgr	Dn
1.	Zweiter ₁ Lehrer des Seminars zu Mörs	CARL ERNST	Bankwitz in Schlesien	400	"	"
2.	Der evangelische Pfarrer als Religionslehrer des Seminars	H. BORNEMANN	Wesel	120	"	"
3.	Der Musiklehrer auf der Violine, als Hülfslehrer des Seminars	CARL WITZKA	Löwenberg (Schlesien)	80	"	"

	Qualification.	Dienstführung.	Anmerkungen
[ad 1.]	Durch die ihm gewordene gute Vorbildung im evgl. Seminar zu Breslau u. seinen kindlich frommen Sinn wirkt derselbe ₂ nur vortheilhaft auf die Zöglinge. Zum Unterricht im Zeichnen besitzt H ERNST eine ₃ vorzügliche Geschicklichkeit.	Sehr lobens werth, mit Fleiß, Eifer, Treue und Liebe zum Amte und zu den Zöglingen.	₄ H. ERNST würde an einem großen Seminar noch mehr leisten, als an einem kleinen. ₅ Dort könnte er in seinen Hauptfächern: Zeichnen und Schreiben vorzugsweise angestellt werden.
[ad 2.]	Ausgezeichnet als ₆ christlicher Geistlicher durch Vortrag und Wandel; zugleich in der Pädagogik bewandert, und deßhalb ₇ mehr als gewöhnlicher Religionslehrer.	H. BORNEMANN ₈ sucht auch außer den Unterrichtsstunden auf alle Weise vortheilhaft auf die Zöglinge zu wirken. Das Wohl der Anstalt liegt ihm am Herzen.	———
[ad 3.]	₉ spielt mit Geschicklichkeit die meisten Instrumente und unterrichtet mit anerkenn[en]s werthem Erfolge	Lobenswerther, ungewöhnlicher Eifer.	Die Erhöhung seines gar zu spärlichen Gehaltes ist sehr zu wünschen.

Der Direktor
Diesterweg.

Eigh. Entw., GStA PK, I. HA Rep. 76 Seminare, Nr. 10061: 183ʳ–184ʳ

¹ Die Conduitenliste diente dem Provinzialschulkollegium als Grundlage für seine Ausfertigung an das Ministerium (17.5.1825, GStA PK, I. HA Rep. 76 Kultusministerium, VII neu Sekt. 25 C Nr. 4 Bd. 3: 98ʳ–99ʳ), die auch eine Beurteilung Diesterwegs einschloß.

Über diesen heißt es im Hinblick auf seine „Qualification": „Daß derselbe seinem Berufe mit aller Liebe sich widmet, und ihn mit Treue erfüllt, bewährt sich mit jedem Jahre mehr. Wenn dabey nur das an ihm zu tadeln ist, daß er das ihm gestellte Ziel vielleicht etwas zu hoch greift, und in einzelnen Punkten die Sphäre des künftigen Volkslehrers in der Bildung desselben überschreitet; so mag das in seiner etwas zu idealen Ansicht von seinem Berufe und in der eignen Richtung seiner Bildung Entschädigung finden, muß aber den Wunsch begründen, daß er mehr Gelegenheit erhalte, gute Seminarien zu sehen" (a.a.O., 99ʳ).

113
An Oberpräsident Karl Heinrich Ludwig Freiherr von Ingersleben,
Koblenz

Moers, 22. April 1825

An des Herrn Geheimen Staatsministers und Oberpräsidenten Freiherrn von Ingersleben Excellenz in Coblenz.

Die aus dem Seminar zu Wesel herstammenden Lehrmittel betr.
ad Rescr. d.d. 16 März 1825. N. 493. ¹

In Gemäßheit des hochverehrlichen Auftrages Ew. Excellenz vom 16ten März d. J. verfehle ich nicht, beiliegendes Verzeichniß nebst meiner Bescheinigung gehorsamst zu remittiren.   Die in diesem Verzeichniß aufgeführten Gegenstände sind bereits in den Katalog des Seminars eingetragen, mit folgenden Ausnahmen:

1. Jack Schreibmeister 1 Zoll breite Vorschriften etc.
2. Sämmtliche Landkarten.
3. Die zu der Meßkette gehörigen 11 Steckphäle.

N. 1 u. 2 befanden sich in ganz unbrauchbarem Zustande. Der Pappdeckel, worauf die Landkarten zum Theil geklebt waren, ist zu geometrischen Körpern verwandt worden. Die 11 Steckphäle sind bei dem Verzuge der Anstalt im Herbste 1823, auf eine mir unbekannte und unbegreifliche Weise abhanden gekommen.

Bei dieser Gelegenheit möchte ich Ew. Excellenz den Wunsch vortragen, daß der 2te Lehrer des Seminars, gegenwärtig Herr Ernst, mit der Beaufsichtigung der Bibliothek und Instrumente der Anstalt beauftragt werden möge. Dieser mein College hat diese Geschäfte bisher aus Gefälligkeit mit besorgt. Wenn Ew. Excellenz ihm dieselben ganz übertragen wollten, so würde ich dadurch die Zahl meiner beaufsichtigenden Geschäfte und dadurch meiner Verantwortlichkeit um Etwas vermindert sehen.

Der Seminardirektor
Diesterweg.

Eigh., HStA Düsseldorf, Rheinisches Oberpräsidium, BR 1041, Nr. 467, 39ʳ⁺ᵛ

I. Bücher.

A. Bibeln und geistliche Bücher.   b|

ZERENNER christliche Volksrede Magdeburg 85[2]   1 Exempl.

NICOLAI Neues Testament 2 Bände Bremen 75[3]   1 "

KELLNERS Gebote Jesu Leipzig 84[4]   1 "

Unterricht zum Christenthum[5]   1 "

SEILERS Bibel im Auszuge Erlangen 82[6]   1 "

JACOBS Unsterblichkeit der Seele Züllichau 90[7]   1 "

ZOLLIKOFFERS Schriften 1ter, 2ter, 4ter und 6ter Band Leipzig 88[8]   1 "

D. JOH: OTTO THIESS neue Testament,

erste u zweite Abtheilung des 2ten Bandes Leipzig u Gerra 95

und 3ter Band Leipzig u Gerra 94[9]   1 "

Drey Stück Bibeln Halle 76.[10]

Eine do Halle 81.

Eine do Halle 82.

Eine dito Halle 84.

Ein Notenbuch für die Orgel.

B. Pädagogische Bücher und Grammatiken.

BRODERS Lath. Gramm: Leipzig 87[11]   2 "

Landschl. Bibliothek 2 Bände[12]   1 "

ROCHLINGS syntaktische Vorübungen Manh. 85[13]   1 "

Liber Latinus[14]   3 "

GEDICKE französisches Lesebuch Berlin 85[15]   2 "

_cREIMANNS_{c|} Beschreibung der Reckhaner Schule[16]   1 "

SCHMALINGS Hauslehrer. 75[17]   1 Exempl.

Anleitung zur Kenntniß der deutschen Schreibart Düsseldorf 91[18]   1 "

MEINERS Unterweisung für Jünglinge Leipzig 91[19]   1 "

Paedagogisches Handbuch Halle 90[20]   1 "

SCHELLERTS Lat: Gramm: Leipzig 85[21]   1 "

RISTS Unterweisung für Schullehrer in niederen Schulen Hamburg 87[22]   1 "

Kleine Reden an künftige Volksschullehrer 3 Bände Halle 1803[23]   1 "

B.G. L. NATORP Grundriß zur Organisation

allgemeiner Stadtschulen Duisburg und Essen 1804[24]   1 "

Lesebuch für die deutschen Schulen Cleve 1803[25]   1 "

Exempeltafeln Halle 1802[26]   1 "

J. B. BASEDOW. Verbesserung der Kunst lesen zu lehren Leipzig 85[27]   1 "

MÖLLNER [sic!] Anleitung für Kinder mit Zahlung umzugehen Erfurt 97[28] 1 "

Dr NIEMEYER Grundsätze der Erziehung und des Unterrichts Halle 96[29]   1 "

Dr NIEMEYER Ueber öffentliche Schulen und

Erziehungsanstalten Halle 99 [30]   1 "

JACK Schreibmeister, 1 Zoll breite Vorschriften, mit 2 Linien-Schriften
in einem Papkasten *[sic!]* 190 Stück. Noch 38 Stück auf Pappe.[31]
114. Rechentafeln auf Pappe.

C. Wissenschaftliche Bücher.

Deutsche Zeitung für die Jugend 87[32]	1 Exempl.
ERXLEBEN Naturlehre Göttingen 87[33]	1 "
MORITZ Kinder Logik 86[34]	1 "
HEYNATZ Handbuch Berlin 81[35]	1 "
Zeitvertreib und Unterricht. 2r. Band Leipzig 83[36]	1 "
EBERHARD Anfangsgründe ₔderₔₗ Naturlehre Halle 75[37]	1 "
BUSCH Mathematik ₑ2ₑₗ Th: Hamb: 90[38]	1 "
Noth- und Hülfsbüchlein Gotha 90[39]	2 "
GELLERTS Schriften 3r. 4r. 6r. 7r. und 9ter Theil Leipzig 84[40]	1 "
Handbuch zum Unterricht der Orthographie Leipzig 93[41]	1 "
Physicalische Unterhaltung über die Natur Leipzig 93[42]	1 "
Hand- und Hülfsbüchlein für Landleute Lemgo 91[43]	1 "
MEYERS Geometrie Göttingen 79[44]	1 "
MENSCHING ₍Bibliotheque /: in franz: Sprache :/₎ Lemgo 76[45]	2 "
Mancherley zur nützlichen Unterhaltung 12 Hefte.[46]	
FUNCKE *[sic!]* Naturgeschichte und Technologie	
1–3r. Band Braunschweig 94[47]	1 "
HELMUTHS Volks-Naturlehre 92[48]	1 "
FABRI Handbuch der Geographie Halle 95[49]	1 "
Eilf Bände Reichs-Anzeiger von 1797 bis incl. 1804 in Quarto[50]	1 "
Drey Bände National Zeitungen von 1799 bis 1804 in Quarto.[51]	1 "
ZERENNERS *[sic!]* Volksbuch Magdeburg 87[52]	2 Ex.
FABRI Handbuch der neuesten Geographie Halle 95.[53]	1 "
J. C. W. NICOLAI Unterricht von natürlichen Dingen Halle 1803[54]	2 "
FABRI ₉Kurzer₉ₗ Abriß der Geographie Halle 1805[55]	2 "
L. V. BACZKO. Grundriß der Geschichte, Erdbeschreibung und Statistik	
aller Provinzen des Preußischen Staats Königsb. und Leipzig 1804[56]	2 "
A. C. GASPARI Lehrbuch der Erdbeschreibung Weimar 1803[57]	1 "
J. F. W. KOCH Mikrographie Magdeburg 1803 mit Mikroscop[58]	1 "
POHLMANN *[sic!]* Practische Anweisung der Rechenkunst	
2 Bände Erlangen 1803[59]	1 "
G. GROSSE Korollarien zur practischen Geometrie Halle 1805[60]	1 "
Buch der Mütter 1tes Heft Zürich und Bern 1803[61]	1 "
Lehr-Buch in mathematischen Wissenschaften Berlin 66	
Politische und moralische Unterhaltungen 8 Hefte[62]	
F. G. BUSSE Gemeinverständliches Rechenbuch Leipzig 94.[63]	1 "
BUSSE Anleitung zum Gebrauche meines Rechenbuches Leipzig 94[64]	1 "
J. K. P. GRIMM Handbuch ₕderₕₗ Geschichte	
der Preuß. Brandenburgsch. Staaten[65]	1 Ex.

Physikalische Unterhaltungen über die Natur[66]	1 "
Noth- und Hülfs-Büchlein Gotha 98[67]	2 "
J. C. F. SILBERSCHLAG vernunftmäßige und allgemeine Rechenkunst	
Leipzig 94[68]	1 "
MEYER Einheimische Giftgewächse,	
Berlin 98 in Folio, mit illuminirten Kupfern[69]	1 "

II Landcharten.

Eine Charte von Oestreich
   "   do   " Obersachsen
   "   do   vom Niederrhein
   "   do   von der ₁Polnesischen₁₁ Inselwelt oder Australien
   "   do   vom Oberrhein
   "   do   von der Schweiz
   "   do   " England
   "   do   " Bajern
   "   do   " Schweden
   "   do   " Africa
   "   do   vom fränkischen Kreis.
Eine Charte von Frankreich
   "   do   vom Burgundischen Kreis
   "   do   von Preußen
   "   do   " der Erde
NB. Vorstehende Charten sind auf steifem Deckelpapier befestigt.

Eine Charte vom Russischen Reich	1 Ex.
" do von Frankreich	2 "
" do " Deutschland	1 "
" do vom Polnischen Reich	3 "
" do " Schottländischen Reich	4 "
" do " Preußischen "	1 "
" do von Irrland *[sic!]*	7 "
" do " England	2 "
" do " Schweden	2 "
" do " Spanien und Portugal	1 "
" do " Norwegen	6 "

Einen kleinen Schul-Atlas von GASPARI.[70]

III Instrumente.

Ein Zirkel mit Reisfeder
  " Transporteur von Messing.
  " Döschen worin einige Stücke Eisenerz und ein Stück Marmor.
Eine Weltkugel mit hölzerner Dose und Stiftern.
Eine Meßkette mit eilf Steckpfählen.

[Wesel den 18 Dezember 1821.

Der Bürgermeister
ADOLPHI.]

Bescheinigung.

Ich bescheinige hiermit, daß die in vorstehendem Verzeichniß aufgeführten Gegenstände sämmtlich an mich abgeliefert worden sind.

Mörs den 22ten April 1825.

Der Seminardirektor.
Diesterweg.

Ausf. mit eigh. Unterschr. (Adolphi)/eigh. Unterschr. (Diesterweg), HStA Düsseldorf, Rheinisches Oberpräsidium, BR 1041, Nr. 467, 40ʳ–42ᵛ;
Abschr., GStA PK, I. HA Rep. 76 Kultusministerium, VII Sekt. 23bb Nr. 6 Bd. 3: o. F.

[1] Gemeint ist das evangelische Schullehrer-Seminar in Wesel, das im Jahre 1806 nach Soest verlegt wurde. Dem angeführten Anschreiben des Oberpräsidenten (a. a. O., 29ʳ) ist zu entnehmen, daß das Seminar in Moers bereits vor einiger Zeit Bücher, Landkarten und einige Materialien aus Wesel erhalten hatte, darüber aber bislang noch keine Empfangsbescheinigung vorlag. Deshalb wurde Diesterweg am 16. März 1825 das hier abgedruckte Verzeichnis aus dem Jahre 1821 in der Anlage zugesandt mit der Aufforderung, den Erhalt der Gegenstände darauf zu quittieren. Am 18. April folgte eine nochmalige Erinnerung (HStA Düsseldorf, Rheinisches Oberpräsidium, BR 1041, Nr. 467, 30ʳ).

[2] Gemeint ist vermutlich:
Zerrenner, Heinrich Gottlieb, und Hahnzog, Christian Ludwig: Christliche Volksreden über die Evangelien, oder Postille für Landleute zum Vorlesen beim öffentlichen Gottesdienste. Magdeburg: Scheidhauer 1785.

[3] Nicolai, Johann David: Das neue Testament, mit einem genauen Inhalt, Sinn und Zusammenhang, Anmerkungen etc. Nebst einer Einleitung ins ganze Neue Testament und in jedes Buch besonders. 2 Theile. Bremen (Seifert?) 1775/76.

[4] Kellner, Johann Wilhelm: Die Gebote Jesu Christi. Leipzig: Gleditsch 1785. Mit 2 Zusätzen versehen und bearbeitet. Bamberg und Würzburg: Göbhard 1794; ebd. 1801.

[5] Gemeint sein können:
Heckel, Johann Christian: Unterricht im Christenthum für die ersten Anfänger durch biblische Stellen. Augsburg 1788; oder:
Capobus, Johann: Unterricht im Christenthum aus der Apostelgeschichte. Rostock: 1785; oder:
Riesner, Philipp Heinrich: Unterricht im Christenthum für die Jugend. Kassel 1789; 2. Aufl. 1790.

[6] Seiler, Georg Friedrich: Die heilige Schrift alten Testaments im Auszuge, nebst dem ganzen neuen Testament nach Luther's Uebersetzungen. Mit Anmerkungen. Erlangen: Bibelanstalt 1781; 4. und 5. Aufl. 1783.

[7] Jakob, Ludwig Heinrich von: Beweis für die Unsterblichkeit der Seele aus dem Begriff der Pflicht. Eine Preisschrift. Jena: Frommann 1790.

[8] Zollikofer, Georg Joachim: Predigten, nach seinem Tode hrsg. von Christian Friedrich von Blankenburg. 9 Bde. Auch u. d. T.: Sämmtliche Predigten, 7.–15. Band. Leipzig: Weidmann 1788–1804.

[9] Thiess, Johann Otto: Das neue Testament, oder die heiligen Bücher der Christen neu übersetzt mit einer durchaus anwendbaren Erklärung von dems. 4 Bde. Leipzig und Gera: Heinsius 1794–1800; 1. Bd. 2. Ausg. 1794; 2. Bd. 2. Ausg. 1795; 3. Bd. 2. Ausg. 1794.

[10] Gebräuchlich in Schulen und Schullehrerseminaren war:
Die Bibel oder die ganze Heilige Schrift des Alten und Neuen Testaments, nach der deutschen Uebersetzung Dr. Martin Luthers. Halle: Canstein'sche Bibelanstalt und Buchhandlung des Waisenhauses, die dort in zahlreichen Neuauflagen gedruckt wurde.

[11] Broeder, Christian Gottlob: Practische Grammatik der lateinischen Sprache. Mit den Lect. lat. Leipzig: W. Vogel 1787.

[12] Landschul-Bibliothek, oder Handbuch für Schullehrer auf dem Lande. Hrsg. von Johann Friedrich Prenninger. Berlin: Himburg 1780–1788 (4 Bände).

[13] Gemeint sein können die folgenden Werke von Johann Gottfried Röchling:
Lehrreiche und angenehme syntaktische Vorübungen nach der Schellerschen Grammatik. Frankfurt a. M.: Brönner 1786; 3. Aufl. 1793; Neuauflage 1802; oder: Historisch-physikalisches Lesebuch, den Anfängern der lateinischen Sprache gewidmet. Mannheim: Schwan und G. 1785; 2. Aufl. 1796; Neuauflage 1804; oder: Lehrreiche Unterhaltungen, den Anfängern der lateinischen Sprache gewidmet. Ebd. 1785; verb. Ausgabe 1786.
Für die von Adolphi angegebene Kombination von Titel, Erscheinungsort und -jahr läßt sich keine Schrift nachweisen.

[14] Wahrscheinlich ist gemeint:
Büsching, Anton Friedrich: Liber latinus in usum puerorum latinam linguam discentium editus. Berlin und Stralsund: Lange 1767; 5. Aufl. 1788. Deutsch unter dem Titel: Nützliches und angenehmes Lehrbuch für die Jugend. Offenbach 1772 und 1786.

Dieses Werk war laut Inventarium für das Jahr 1824 auch in Moers gebräuchlich. Außerdem kommt in Frage:
Münzer, Johann Philipp: Liber latinus tironum usui accomodatus, oder der leichte Lateiner. Nördlingen: Beck 1783.

[15] Gedike, Friedrich: Französisches Lesebuch für Anfänger, nebst einer kurzen Grammatik. Berlin: Mylius 1785.

[16] Riemann, Karl Friedrich: Versuch einer Beschreibung der Reckanschen Schuleinrichtung. Berlin: Nicolai 1781; 2. Aufl. u. d. T.: Neue Beschreibung der Reckanschen Schuleinrichtung und der von Rochowschen Lehrart in Volksschulen. Mit einer Vorrede von F. E. v. Rochow. Ebd. 1792; 3. Aufl. 1798; 4. Aufl. 1809.

[17] Schmahling, Ludwig Christoph: Der Hauslehrer, oder Anleitung für Aeltern und Lehrmeister, kleine Kinder in der Naturlehre und Religion zu unterrichten. Leipzig: Hilscher 1775.

[18] Anleitung zur Kenntniß der deutschen Schreibart. Düsseldorf 1791; Anhang zu: Deutsche Briefe zur Bildung junger Leute im Briefstyl. Von Jh. Lang I. Düsseldorf: Dänzer 1790 und 1791.

[19] Meiners, Christoph: Anweisung für Jünglinge zum eigenen Arbeiten, besonders zum Lesen, Schreiben etc. Hannover: Helwing 1789; 2. Aufl. 1791.

[20] Pädagogisches Handbuch für Schulmänner und Privaterzieher. Hrsg. von August Hermann Niemeyer. Halle: Waisenhaus-Buchhandlung 1790.

[21] Scheller, Immanuel Johann Gerhard: Kurzgefaßte lateinische Sprachlehre oder Grammatik. Leipzig: Hahn 1780; 2. Aufl. 1785.

[22] Rist, Johann Ephraim (Christoph) Friedrich: Anweisung für Schulmeister niederer Schulen, zur pflichtmäßigen Führung ihres Amtes. Zwei Preisschriften (von Jh. Fr. Goldbeck und Köppen), umgearb. und mit Zusätzen hrsg. von J. E. Fr. Rist. Hamburg: Bohn 1782; 2. Aufl. (Nachdruck) Bamberg 1787.

[23] Dinter, Gustav Friedrich: Kleine Reden an künftige Volksschullehrer, vorzüglich zur Beförderung der Weisheit in Lehre und Leben. Ein Erbauungsbuch für nicht ganz ungebildete Schullehrer. (Auch u. d. T.: Handbuch für Schul- und Hauslehrer.) 4 Bände. Leipzig: 1803–1805.

[24] Natorp, Bernhard Christoph Ludwig: Grundriß zur Organisation allgemeiner Stadtschulen. Duisburg und Essen: Bädeker 1804.

[25] Maas, Gottfried Arnold: Lesebuch für die deutschen Schulen im Herzogthum Cleve und der Grafschaft Mark. Kleve: Hannesmann (Fleischer in Frankfurt am Main) 1786; Neuauflage 1803.

[26] Junker, Friedrich August: Exempeltafeln. Ein Hülfsmittel beym Rechnungs-Unterricht in Volksschulen. Halle: Waisenhaus-Buchhandlung 1802.

[27] Basedow, Johann Bernhard: Unerwartlich große Verbesserung der Kunst lesen zu lehren, nebst einem Buchstabir-Büchlein. Leipzig 1785.

[28] Möller, Johann Melchior: Erste Anleitung für Kinder, mit Zahlen umzugehen, um sie etwas zum Kopfrechnen vorzubereiten. Erfurt: Beyer und M./Otto 1798.

[29] Niemeyer, August Hermann: Grundsätze der Erziehung und des Unterrichts für Eltern und Schulmänner. Halle: Waisenhaus-Buchhandlung 1796.

[30] Niemeyer, August Hermann: Ueber öffentliche Schulen und Erziehungsanstalten. Nebst einigen Zusätzen zu den Grundsätzen der Erziehung für die Besitzer der 1n und 2n Auflage. Halle: Waisenhaus-Buchhandlung 1799.

[31] Jäck, K.: Schreibmeister, oder Anweisung, wie ein jeder selbst seine Kinder lehren kann, schön und deutlich zu schreiben. 1s Heft. Berlin: Lagarde (Fr. Fleischer in Leipzig) 1792.

[32] Deutsche Zeitung für die Jugend und ihre Freunde, oder Moralische Schilderungen der Menschen, Sitten und Staaten unserer Zeit. Gotha: Rud. Zach. Becker. 4. Band 1787.

[33] Erxleben, Johann Christian Polykarp: Anfangsgründe der Naturlehre. 3. Aufl. Göttingen: Dieterich 1787.

[34] Moritz, Karl Philipp: Versuch einer kleinen praktischen Kinderlogik, welche auch zum Theil für Lehrer und Denker geschrieben ist. Berlin: August Mylius 1786.

[35] Heynatz, Johann Friedrich: Handbuch zur richtigen Verfertigung und Beurtheilung aller Arten schriftlicher Aufsätze etc. 5 Theile. Berlin: Sander 1773; vermutl. 2. oder 3. Aufl.

[36] Zeitvertreib und Unterricht für Kinder vom dritten bis zehnten Jahr. Hrsg. von Johann August Ephraim Götze. 2. Bdchn. Leipzig: Weidmann 1883.

[37] Eberhard, Johann Peter: Erste Gründe der Naturlehre. Erfurt und Leipzig 1753; spätere Auflagen in Halle.

[38] Büsch, Johann Georg: Versuch einer Mathematik zum Nutzen und Vergnügen des bürgerlichen Lebens. Hamburg: A. Campe 1773; 3. Aufl. 1790.

[39] Noth und Hülfsbüchlein für Bauersleute, oder lehrreiche Freuden- und Trauergeschichte des Dorfes Wildheim. Hrsg. von Rudolf Zacharias Becker. 6 Theile. Gotha und Leipzig 1788–1798.

[40] Gellert, Christian Fürchtegott: Schriften 3r, 4r, 6r, 7r und 9r Theil. Neuaufl. Leipzig: Hahn 1784. Erstauflage der Teile 1–5: 1769, der Teile 6–9: 1770.

[41] Handbuch zum Unterricht in der Orthographie, im Briefschreiben und Rechnen. Leipzig: Comptoir für Litteratur 1793.

[42] Physikalische Unterhaltung über die Natur, und vorzüglich über den Menschen nachzudenken. 2 Theile. Leipzig: Hilscher 1793.

[43] Für das Jahr 1791 läßt sich nachweisen: Ehrenfels, Johannes Marcus Ritter von: Erdmann Hülfreichs Bewährtes Handbüchlein für Bauersleute. Wien 1791.

[44] Meyer, Johann Friedrich von: Unterricht zur praktischen Geometrie. 5 Theile. Göttingen 1802–1809.

[45] Mensching, Justus Konrad: Bibliothèque choisie des meilleurs auteurs français. 2 Bde. Lemgo: Meyer, Bd. 1: 1771, Bd. 2: 1772; 2. Aufl. 1776.

[46] Mancherlei zur angenehmen und nützlichen Unterhaltung. Hrsg. von Nicolaus Hüther. 12 Hefte. Kleve 1789–1790.

[47] Funke, Karl Philipp: Naturgeschichte und Technologie für Lehrer in Schulen. 1–3.r Band. Braunschweig: Schulbuchhandlung 1790/92; 2. Aufl. 1794 und 1796.

[48] Helmuth: Volksnaturlehre zur Dämpfung des Aberglaubens. 3. Aufl. Braunschweig: Schulbuchhandlung 1792.

[49] Fabri, Johann Ernst: Handbuch der neuesten Geographie für Akademien und Gymnasien. Nebst einer Einleitung in die mathematische und physikalische Erdbeschreibung. 5. Aufl. Halle: Hemmerde und Schwetschke 1795.

[50] Kaiserlich-privilegirter Reichsanzeiger oder allgemeines Intelligenzblatt. Hrsg. von Rudolph Zacharias Becker. Gotha: Becker 1790–1806.

[51] Die National-Zeitung der Deutschen. Hrsg. von Rudolf Zacharias Becker. Gotha 1796–1821.

[52] Zerrenner, Heinrich Gottlieb: Volksbuch; oder faßlicher Unterricht in nützlichen Erkenntnissen und Sachen für Landleute, um sie anständig, gut, wohlhabend, zufrieden, und für die Gesellschaft brauchbar zu machen. 2 Theile. Magdeburg: Scheidhauer 1787.

[53] Adolphi meint offenbar das unter Anmerkung 49 bereits angeführte Werk. Es lassen sich nicht zwei solcher Titel von Fabri für das Jahr 1795 nachweisen.

[54] Hoffmann, Johann Georg: Unterricht von den natürlichen Dingen, oder Geschöpfen und Werken Gottes; zum Lobe des großen Schöpfers und zum Dienste der Unstudirten, sonderlich aber der kleinern Schuljugend aufgesetzt. Umgearbeitet von Joh. Chr. W. Nicolai. Halle: Waisenhaus-Buchhandlung 1790; 19., verb. und neu herausgegebene Aufl. ebd. 1819.

[55] Fabri, Johann Ernst/Bürger, Carl Hinrich August: Kurzer Abriß der Geographie. Halle: Hemmerde und Schwetschke 1805.

[56] Baczko, Ludwig von: Grundriß der Geschichte, Erdbeschreibung und Statistik aller Provinzen des Preußischen Staats. Königsberg und Leipzig: Göbbels und Unzer 1804.

[57] Gaspari, Adam Christian: Lehrbuch der Erdbeschreibung zur Erläuterung des neuen methodischen Schul-Atlasses. 1. Kursus. Weimar: Industrie-Comptoir 1792; 17. Aufl. 1831; 2. Kursus. Ebd. 1793; 11. Aufl. 1826.

[58] Koch, Johann Friedrich Wilhelm: Mikrographie, eine Anleitung die interessantesten mikroskopischen Objecte etc. zu sammeln, zu präpariren und zu beurtheilen. 10 Theile mit einem Handmikroskop von Junker und einigen Objecten etc. Magdeburg: Heinrichshofen 1803.

[59] Pöhlmann, Johann Paul: Versuch einer praktischen Anweisung für Schullehrer etc., welche die Verstandeskräfte ihrer Zöglinge und Kinder auf eine zweckmäßige Weise üben und schärfen wollen. 6. und 7. Bändchen auch unter dem Titel: Rechenkunst. Erlangen: Palm 1803.

[60] Grosse, G.: Korollarien zur praktischen Geometrie für diejenigen, deren Beruf es ist, einzelne Feldmarken auszumessen. Halle: Renger 1805.

[61] Pestalozzi, Johann Heinrich: Das Buch der Mütter, oder Anleitung für Mütter, ihre Kinder bemerken und reden zu lehren. 1. Heft. Zürich 1803.

[62] Politische und moralische Unterhaltungen für die Jugend und ihre Freunde. Hrsg. von Nicolaus Hüther. 8 Hefte. Cleve: 1788–1789.

[63] Busse, Friedrich Gottlieb von: Gemeinverständliches Rechenbuch für Schulen. 2 Teile. Leipzig: W. Vogel 1786/1787.

[64] Busse, Friedrich Gottlieb von: Anleitung zum Gebrauche meines Rechenbuches. 2 Teile. Leipzig: W. Vogel 1786/87.

[65] Grimm, Johann Karl Philipp: Handbuch für Geschichte der Preußisch Brandenburgschen Staaten. Breslau: Gosohorsky 1797–1799.

[66] Physikalische Unterhaltung über die Natur, und vorzüglich über den Menschen nachzudenken. 2 Theile. Leipzig: Hilscher 1793.

[67] Noth und Hülfsbüchlein für Bauersleute, oder lehrreiche Freuden- und Trauergeschichte des Dorfes Wildheim. Hrsg. von Rudolf Zacharias Becker. 6 Theile. Gotha und Leipzig 1788–1798; 2. Aufl. 1789–1800.

[68] Silberschlag, Joh. Christ. Fidejust: Vernunftmäßige und allgemeine Rechenkunst, nach Reesischer Manier auf geometrischen Proportionen gegründet etc. Leipzig: Heinsius 1794.

[69] Mayer, Johann Christoph Andreas: Einheimische Giftgewächse, welche für Menschen am schädlichsten sind. 3 Hefte. Berlin: Realschulbuchhandlung und Reimer 1798–1801.

[70] Vgl. obige Anmerkung 57.

278

114
Aufgaben für die schriftliche Prüfung des Lehrers Wilhelm Kreeft[1]

Moers, vor dem 13./14. Mai[2] 1825

<u>Schriftlich zu bearbeitende Aufgaben.</u>[3]

1. Grundsätze des Unterrichts mit einiger Erläuterung oder Begründung.

2. Angabe der einzelnen Stufen des Religions-, Lese- und Rechenunterrichts.

3. Aus der Rechenkunst, mit wörtlich anzugebenden Auflösungen:

a. Wie viel Rth. $_{all}$ altpreußisch Courant sind 57 Rth. 27 Sgr. 9 Pf. neupreußisch Courant?

b. Wie schwer wird ein Stück Weißbrod sein, welches man für 5 Pf. erhält, wenn der Scheffel $_b$Weizen$_{bl}$ 4 Rth. 13 $5/12$ Sgr. kostet $_{c}$–$_{cl}$ wenn man für 5 Pf. ein 2 $1/4$ löthiges Brod bei dem Scheffelpreise von 5 Rth. 17 $3/4$ Sgr. erhält?

c. Wie viel Zins erhält man von 750 Rth. zu 3 $1/2$ p. c. in 8 Monaten?

4. Aus der Raumlehre:

a. Der Umring eines Kreises ist 20 Fuß. Wie groß ist sein Flächeninhalt?

b. Die Länge eines Rechtecks ist 20 Fuß; $_A$ die Breite 12'. Wie groß ist die Höhe eines Dreiecks, dessen Flächeninhalt dem Flächeninhalt des Rechtecks und dessen Grundlinie 50' gleich ist?

c. Auf eine gerade Linie von einem Punkte außerhalb derselben eine Perpendikulärlinie[4] zu fällen?[5]

Ausf., HStA Düsseldorf, Reg. Düss., Nr. 3164, 63^r;
eigh. Entw., GStA PK, I. HA Rep. 76 Seminare, Nr. 10062: 68^{r+v}

[1] Die Regierung Düsseldorf hatte Diesterweg am 2. April 1825 aufgefordert, bei Wilhelm Kreeft, der an der evangelischen Elementarschule in Süchteln nur provisorisch angestellt war, die zweite Lehrerprüfung abzunehmen, da dessen definitive Anstellung vom Erfolg dieser Prüfung abhängig sei und auch er selber wünsche, „sich dieser Prüfung bald möglichst unterziehen zu können" (GStA PK, I. HA Rep. 76 Seminare, Nr. 10062: 51^r).

Kreeft hatte 1822 vor der Königlichen Prüfungskommission in Düsseldorf die Prüfung zum Lehrer an kleinen Landschulen abgelegt, und zwar dort, weil er „als Eingeborener von Elberfeld" glaubte, „nur von jener Commission geprüft werden" zu können; die Prüfung zum definitiven Lehramt ließ er ebenfalls in Düsseldorf vornehmen, da ihm Konsistorialrat Bracht (s. ds.) die Auskunft gegeben hatte, daß er „nun zu Düsseldorf bleiben möchte, um geprüft zu werden" (HStA Düsseldorf, Reg. Düss., Nr. 3164, 25^{r+v}). Die Königliche Regierung teilte ihm jedoch anläßlich seiner Berufung nach Süchteln am 16. Juli 1824 mit, daß er, da er „in einem zum ehemaligen Regierungs-Bezirk Cleve gehörigen Kreise wohne, (…) zu Meurs die Prüfung bestehen müsse". Seither mühten er und der Schulvorstand sich um einen Prüfungstermin. Schließlich suchte Schulpfleger A. E. Zillessen (s. ds.) am 4. März 1825 bei der Königlichen Regierung um die endliche Prüfung Kreefts nach, nachdem dieser nun bereits seit einem halben Jahre als provisorischer Lehrer in Süchteln arbeite und immer noch keinen Prüfungstermin erhalten habe (ebd., 60^{r+v}).

[2] Das Datum ergibt sich aus dem Prüfungstermin 13./14. Mai 1825.

[3] Eine Kurzfassung dieser Aufgaben findet sich in der Prüfungsmitschrift (Nr. 115), eine Darstellung der Beantwortung im ausführlichen Protokoll (Nr. 116). Um die Entstehungsgeschichte eines solchen Protokolls zu dokumentieren, werden hier alle dazu gehörigen Stufen wiedergegeben.

4 Veraltet für lotrechte Lage.

5 Die Antworten Kreefts befinden sich ebenfalls in der Schulakte der Regierung Düsseldorf (a. a. O., 64ʳ–67ᵛ), von Diesterweg eigenhändig überzeichnet mit den Worten „Anlage 1. Schriftliche Arbeiten des Schullehrers W. Kreeft zu Süchtelen." und unterschrieben mit: „Aufgeschrieben von W. Kreeft, Mörs den 14ten Mai 1825. Diesterweg."

Bei den Antworten selbst findet man einige Unterstreichungen, bei der Rechenaufgabe 3. a. und der Aufgabe aus der Raumlehre 4. c. ein großes Fragezeichen am Rand.

115
Aktennotiz über die Zweite Prüfung des Lehrers Wilhelm Kreeft

Moers, 13. und 14. Mai 1825

Protokoll
über die mit dem Schullehrer KREEFT aus Süchtelen
zu Mörs am   ¹ Mai abgehaltene Prüfung. ²

1. Religionslehre.
   a. biblische Geschichte. b³.
   b. Inhalt der Bücher der Bibel. ß
   c. Sitten- und Glaubenslehre. b.
   d. Geschichte des Christenthums. ß.

2. D[eutsche]. Sprache.
   a. Lesen (Poet. u. pros. Stück). R[EIN]BECK⁴ S. 88 u. S. 189./S. 88.b. S. 189 1:
   b. Grammatik. D[a]s auß[e]re, grammatikalische.
   c. Satzlehre. 12.

3. Mathematik.
   a. Rechnen. Speci[e]s g[u]t. Br[ü]che dito
   b. Raumlehre. Anf[an]g.

4. Geschichte. Allgemeine, deutsche u. preuß.-br[an]d[en]b[u]rgische. A.

5. Geographie.
   a. Politische. m[it]t[e]lm.
   b. Mathematische. dito

6. Naturkunde.
   a. Naturgeschichte. satis⁵
   b. Naturlehre. dito

280

7. Musik.
   a. Gesang.
   b. Orgelspiel.

8. Schönschreiben u. Zeichnen.

9. Pädagogik.
   a. Kenntniß des Menschen nach Leib u. Seele. (Logik)
   b. Grundsätze der Erziehung u. des Unterrichts.
   d. Behandlung der einzelnen Unterrichtsgegenstände.

II. Schriftliche Prüfung.
1. Aufgaben der Zahlen- u. Raumlehre mit geschriebener Auflösung.
2. Grundsätze des Unterrichts mit einiger Erläuterung od[e]r Begründung.
3. Angabe der einzelnen Stufen des Religions-, Lese- und Rechenunterrichts.

III. Praktische Prüfung.
   Probelection über eine bibl[ische] Geschichte oder Sprachg[e]g[en]st[an]d etc.

Aufgaben.
1. 37 Rh 27 Sgr. 9 Pf. neu preußisch Courant – wie viel alt preuß. Courant u. wie viel bergisch Courant?
2. Wenn der Scheffel Roggen 5 Rh 17 $3/4$ Sgr. kostet, so erhält man für 5 Pf. 2 $1/4$ Loth
   Weißbrod; wie schwer wird das Stück Weißbrod sein, welches man für 5 Pf. erhält,
   wenn der Scheffel Roggen 4 Rh 13 $5/12$ Sgr. kostet?
3. Wie viel Zins erhält man von 750 Rh zu 3 $1/2$ % in 8 Monaten?
4. Der Umring eines Kreises ist 20 Fuß. Wie groß ist sein Flächen-Inhalt?
5. Die Länge eines Rechtecks = 30', die Breite = 12'. Wie groß ist die Höhe eines Δ , dessen Flächeninhalt der Fläche des Rechtecks gleich und dessen [1] Grundlinie = 50'.
6. Auf eine gerade Linie von einem Punkte eine Perpendikulärlinie [2] zu fällen.

Eigh. Entw., GStA PK, I. HA Rep. 76 Seminare, Nr. 10062: 69ʳ–70ʳ

[1] Das Tagesdatum ist offen gelassen.

[2] Zum Anlaß dieser Prüfung vgl. Anmerkung 1 zu den Aufgaben vom 13./14. Mai 1825 (Nr. 114).
Diese Notizen dürften die Grundlage für das Protokoll vom 15. Mai 1825 (Nr. 116) sein. Siehe unter
diesem Datum auch die Berichte an die Düsseldorfer Regierung (Nr. 117) und an Superintendent Roß
(Nr. 118).

[3] Diesterweg verwendet hier offenbar Kürzel, die nicht eindeutig zu übertragen sind. „b." könnte für
„beantwortet", „ß" für „Auslassung", „A."/„Anf[an]g" für Anfangs- oder Grundkenntnisse stehen.

[4] Gemeint ist vermutlich:
Reinbeck, Georg: Poetische Beispielsammlung zu Vorlesungen über Poetik und zur Deklamation.
Zum Gebrauche für die oberen Klassen der Gymnasien und Lyceen. Essen: Bädeker 1824.

[5] satis (lat.): hinreichend, genügend.

116
Protokoll über die Zweite Prüfung des Lehrers Wilhelm Kreeft

Moers, 15. Mai 1825

_a P r o t o k o l l _{a|}
ü b e r   d i e   m i t   d e m   z u   _b S ü c h t e l n_{b|}
p r o v i s o r i s c h   a n g e s t e l l t e n   S c h u l l e h r e r   W i l h e l m   K r e e f t
z u   M ö r s   a m   _A 1 3 t e n   u.   1 4 t e n   M a i   d . J.   a b g e h a l t e n e   P r ü f u n g. ¹

I. Mündliche Prüfung.

1 Religionslehre.

In der biblischen Geschichte zeigte er sich nicht gehörig bewandert; selbst die allgemeinsten Thatsachen wußte er nicht bestimmt anzugeben. Noch weniger bekannt ist _B er mit dem Inhalte der Bücher _cder Bibel_{cl}, _C und den Lebensumständen ihrer Verfasser _D. In der Glaubens- und Sittenlehre fehlt es ihm durchaus an klarer Erkenntniß.

2. Deutsche Sprache _{d·dl} Er lies't Poesie und Prosa _E _edeklamatorisch_{el}. In der Grammatik kennt er das gewöhnliche (oberflächliche) Regelwerk. Das Logische der Sprache, wie das bildende _F derselben für die Elementarschule, die praktische Satzlehre ist ihm unbekannt geblieben.

3. Mathematik.

a Rechnen. Mit den Grundoperationen des Rechnens und ihrer Erklärung ist er gut bekannt. In den zusammengesetzten Rechnungsarten zeigte er _fsich hinlänglich befähigt_{fl}. Auch hat er einen _gAnfang_{gl} in der Algebra gemacht.

b. Raumlehre. Darin hat er _G einige Kenntnisse, die man gut nennen kann, wenn der Unterricht nicht sehr gründlich gewesen ist.

4. Geschichte und Geographie.

Die Hauptthatsachen der allgemeinen Weltgeschichte weiß er gut, die der deutschen u. preußisch-brandenburgischen Geschichte ziemlich _H sicher anzugeben. In der mathematischen Geographie zeigte er einige _I Klarheit der Vorstellungen; von der politischen Geographie weiß er genug; Palästina aber ist ihm fast ganz fremd geblieben.

5. Naturkunde.

Von der Naturgeschichte weiß er das ganz Gewöhnliche; in der Naturlehre hat er sich _hbesser_{hl} umgesehen. Er erklärt die bekanntesten Erscheinungen _igenügend_{il}.

6. Musik.

Seine Stimme ist gut; im Treffen der Töne hat er einige Fertigkeit; _J die Theorie der Musik _K ist ihm fremd; im _jOrgelspielen_{jl} hat er _L einen guten Anfang gemacht.

282

7. $_M$ <u>Schreiben und Zeichnen</u>

Im <u>Zeichnen</u> hat er einige Uebung; seine Handschrift ist fest.

8. <u>Pädagogik</u>

$_N$ Ueber <u>den Menschen</u>, nach leiblicher und geistiger Seite, über Begriff, Urtheil und Schluß$_{k,kl}$ über die $_l$Grundsätze der Erziehung$_{m,ml}$ des Unterrichts$_{ll}$ und die $_n$Behandlung$_{nl}$ der einzelnen $_o$Unterrichtsgegenstände$_{ol}$ der Elementarschule hat er so viele Vorkenntnisse, daß ein sicheres Fortschreiten $_O$ und besonnenes Verfahren möglich ist.

II <u>Schriftliche Prüfung.</u>

Seine Handschrift ist fest, die Orthographie im Allgemeinen richtig. Die von ihm aufgestellten Grundsätze ($_p$vide$_{pl}$ Anlage) sind nicht falsch, aber die Begründung derselben ist größtentheils nichtig. $_P$ Hier $_Q$ zeigt sich $_R$ oberflächliche Bildung.

Der oben angegebene Mangel der Religions-Erkenntnisse $_S$ tritt hier in der Anwendung, sehr klar hervor. $_T$ Die Schüler des Lehrers CONRADY in Dinslaken, deren ich 3 kennen gelernt habe, legen großen Werth auf das $_U$ für den Charakter $_{qll}$ $_r$<u>verderblich</u>$_{rl}$ wirkende $_s$<u>Deklamiren</u>$_{sl}$. – Die Ansichten des Examinanden über den Rechenunterricht erheben sich nicht über das Gewöhnliche. Die Rechenaufgaben sind zum Theil unrichtig, die Begründung nicht überall genau. Die geometrischen Aufgaben sind richtig gelöset, die letzte ausgenommen.

III <u>Praktische Prüfung.</u>

Dieselbe bestand in einer Erzählung und Anwendung des Gleichnisses vom <u>Säemann</u> in der oberen Abtheilung der hiesigen Elementarschule. Der Examinand zeigte Gewandtheit im Erzählen. Seine Manir war unnatürlich, gekünstelt und unkindlich; der Ton hochfahrend und zweckwidrig; die Anwendung fehlerhaft und verkehrt. – Hier zeigte sich $_V$ nicht nur der Mangel alles einfach evangelischen Sinnes, sondern auch die Verkehrtheit der Richtung, welche CONRADY seinen Schülern gibt. $_W$ Die Ueberzeugung zwingt mich, solch hochfahrendes gekünsteltes Wesen der Lehrer im Religionsunterrichte – was sie Katechisiren nenen *[sic!]* – für sehr verderblich zu halten. –

Eine kleine Probe im Lautiren[2] war $_t$<u>genügend</u>$_{tl}$.

$_X$ Als $_u$<u>Ergebniß des Ganzen</u>$_{ul}$ halte ich unmaßgeblich dafür, daß $_Y$ die sichtbaren Spuren des Fortschreitens des Examinanden seit der ersten Prüfung am 21ten Octob. 1822 ihn der <u>definitiven</u> Anstellung würdig machen. $_Z$ Immer aber ist er nur einen <u>kleinen Theil</u> desjenigen zu leisten im Stande, was $_{AA}$ der Schullehrer CONRADY in Dinslaken durch ein Zeugniß vom 5ten Juli 1824 von ihm versichert hat; namentlich ist die darin enthaltene Versicherung seiner „vorzüglich guten $_V$Einsicht$_{VI}$ und seines wahren Interesse's an der Religionslehre, und daß die biblische Geschichte ihm ein sehr bekanntes Feld sei" durchaus unwahr und verdient gewiß eine derbe Zurechtweisung.[3] Und es dürfte $_{AB}$ $_{WII}$ dem Examinanden auch noch recht ernstlich zu rathen sein, $_{AC}$ der großen Mangelhaftigkeit seiner Religionskenntnisse durch angestrengten Fleiß abzuhelfen, wie ich es mündlich zu thun für Pflicht gehalten habe. $_{xll}$ Ob es nicht überhaupt gerathen sei, solche Schullehrer mit ihrem hochfahrenden deklamatorischen Wesen, besonders in wie fern dasselbe auf den Religionsunterricht leicht sehr verderblich einwirkt, unter die Specialaufsicht der Hn. Schulpfleger zu stellen, überlasse ich dem Ermessen der Hochlöblichen Regierung.[4]

_yDer Seminardirektor
Diesterweg._{yl}

Ausf. mit eigh. Unterschr., HStA Düss, Reg. Düss., Nr. 3164, 87ʳ–88ᵛ;
eigh. Entw., GStA PK, I. HA Rep. 76 Seminare, Nr. 10061: 130ʳ–131ᵛ.

[1] Zum Anlaß dieser Prüfung vgl. Anmerkung 1 zu den Prüfungsaufgaben vom 13./14. Mai 1825 (Nr. 114).
Eine Vorstufe zu diesem ausformulierten Protokoll (vermutlich Prüfungsmitschrift) ist in einer anderen Seminarakte ebenfalls erhalten (vgl. Nr. 115 in diesem Band). Dort wie auch in der Schulakte für Süchteln bei der Regierung Düsseldorf sind außerdem die schriftlich zu beantwortenden Aufgaben festgehalten (vgl. Nr. 114).
[2] Lehrmethode, Wörter nach ihren Lauten zu schreiben oder Wörter nach ihren Lauten zu buchstabieren.
[3] Siehe Berichte an die Regierung Düsseldorf und an Superintendent Roß (s. ds.) vom 15. Mai 1825 (Nr. 117 und Nr. 118).
[4] Wilhelm Kreeft nahm im Oktober des Jahres 1827 am ersten Lehrkursus im Seminar in Moers teil. Sein dortiges Auftreten und Verhalten führte zu einer deutlichen Kritik von seiten Diesterwegs; siehe Brief an die Regierung Düsseldorf vom 28. Oktober 1827 (Nr. 176) und die dortigen Anmerkungen.

117
An die Regierung Düsseldorf

Moers, 15. Mai 1825

An die Königliche Hochlöbliche Regierung zu Düsseldorf

Die Prüfung des Schullehrers Wilhelm Kreeft zu _aSüchteln_{al} betreffend.[1]

Dem verehrlichen Auftrage der Hochlöblichen Regierung vom 2ten April a. c. gemäß habe ich mit dem _A Wilhelm Kreeft, provisorischem Lehrer zu _bSüchteln_{bl}, am 13ten und 14ten dieses Monats die 2te Prüfung vorgenommen. Ich beehre mich hiermit, der Hochlöblichen Regierung das darüber aufgenommene Protokoll in der Anlage zu überreichen. Die _B zugleich beiliegenden übrigen Zeugniße des Examinanden wünscht derselbe zurück zu erhalten.

Da es, wie in dem vorliegenden Falle, häufig der Fall ist, daß Schulamtskandidaten den einzelnen Gemeinden in welchen eine Schulstelle vakant ist, Privatzeugniße vorzeigen und nicht selten herum tragen, in welchen ihnen Eigenschaften beigelegt werden, die sie entweder gar nicht, oder nicht in dem auf Pflicht und Gewissen _c bezeugten Grade besitzen, so möchte ich die Meinung äußern, daß es gerathen sein möchte, _D den Gebrauch <u>aller Privatzeugniße</u> bei der Bewerbung um eine Schulstelle zu verbieten.[2]

Der Seminardirektor
_cDiesterweg._{cl}

Ausf. mit eigh. Unterschr., HStA Düss, Reg. Düss., Nr. 3164, 61ʳ;
eigh. Entw., GStA PK, I. HA Rep. 76 Seminare, Nr. 10062: 70ʳ⁺ᵛ

284

¹ Zum Anlaß der Prüfung vgl. Anmerkung 1 zu den Prüfungsaufgaben vom 13./14. Mai 1825 (Nr. 114). Kreeft wurde aufgrund dieser Prüfung definitiv an der evangelischen Elementarschule in Süchteln angestellt. Der zunächst damit befaßte Referent der Königlichen Kirchen- und Schulkommission vermerkte im Entwurf seines Schreibens an Schulpfleger A. E. Zillessen (s. ds.), „er habe dem Schullehrer Kreeft den gestrengsten Fleiß zu empfehlen, um die Mängel, welche in seinen Religionskenntnißen in der Prüfung wahrgenommen sind, zu ergänzen" (HStA Düss, Reg. Düss., Nr. 3164, 61ʳ, Marginalverfügung) – ganz nach dem Wortlaut Diesterwegs. Sowohl die schriftliche Antwort zu den Stufen des Religionsunterrichts (Kreeft wußte nur drei anzugeben, im Gegensatz zu sechs für den Lese- und den Rechenunterricht; vgl. a.a.O., 65ʳ–66ʳ) als auch die mündliche und die praktische Prüfung in der Religionslehre (vgl. Protokoll vom 15. Mai 1825 <Nr. 116>) waren besonders schwach ausgefallen. Dieser Text des Referenten wurde jedoch gestrichen und Zillessen lediglich mitgeteilt, er erhalte das Protokoll zu seiner Einsicht „und zur geeigneten Berücksichtigung". Offenbar wollte man nicht alle Formulierungen Diesterwegs übernehmen.

² Bei den erwähnten Privatzeugnissen handelt es sich um Bescheinigungen
a) des Lehrers J. C. Conradi (s. ds.) in Dinslaken, bei dem Kreeft 1822–1824 als Unterlehrer gearbeitet hatte, vom 5. Juli 1824 (HStA Düss, Reg. Düss., Nr. 3164, 68ʳ⁺ᵛ);
b) der Schulvorsteher in Dinslaken vom 21. September 1824 und 9. Mai 1825 (a.a.O., 69ʳ und 73ʳ);
c) des für Dinslaken zuständigen Schulpflegers Schriewer (s. ds.) in Duisburg vom 24. September 1824 (a.a.O., 70ʳ);
d) des Schulvorstandes in Süchteln vom 19. April 1825 (a.a.O., 71ʳ) und
e) des dortigen Schulpflegers Zillessen vom 25. April 1825 (a.a.O., 72ʳ).
Die ihm ausgestellten sehr guten Beurteilungen konnte er in der Prüfung nicht bestätigen. Siehe Protokoll (Nr. 116) und den nachfolgend wiedergegebenen Brief an Superintendent Roß (s. ds.) vom 15. Mai 1825 (Nr. 118).
Gerade im Hinblick auf den Religionsunterricht hatte Conradi ihm bescheinigt: „In der Religionslehre hat er vorzüglich gute Einsichten und ein wahres Interesse für die Sache derselben. Die biblische Geschichte ist ihm ein sehr bekanntes Feld" (a.a.O., 68ʳ).

118
An Wilhelm Johann Gottfried Roß, Budberg

Moers, 15. Mai 1825

Verehrter Herr General-Superintendent!

Da die Stipendien für dieses Jahr festgesetzt sind, so läßt sich für MARTIN¹ nichts weiter durch mich thun. Er empfängt 40 Rh. Mehr als er, nehmlich 50 erhalten: KAMPHAUSEN, ELSERMANN, SCHÜRMANN u. STÖCKER, der Sohn eines Predigers. Ich <u>darf</u> deshalb nicht für ihn einkommen; doch wird erspart; das Oberpräsidium <u>kann</u> daher extra etwas bewilligen. Wenn Sie für ihn einkommen, so wird es nicht fehlen. Eine *[sic!]* 20 Rh thäten dem armen Schelm gut – In Betreff der nächsten Abiturienten habe ich noch keine Nachricht, dieselbe täglich erwartend.

KREEFT ist kein ungeschickter Mensch. Aber er leistet freilich nicht ¹/₄ dessen, was CONRADI verspricht. Ich habe dies der Regierung angezeigt u. bei dieser Gelegenheit gebeten, den Gebrauch von <u>Privatzeugnißen</u> bei vakanten Stellen in den einzelnen Gemeinden zu verbieten.² –

CONRADI hatte KREEFT's Religionskenntnisse am meisten herausgestrichen. Und darin gerade ist er am ärmsten. Auch hat derselbe leider ₁ den verkehrten tief verderblichen deklamatorischen Pathos an sich, wie es in der Probelection so stark hervortrat.³ Ich habe es versucht, KREEFT davon zurück zu bringen, ihm überhaupt seine Mängel klar nachgewiesen.

Unter bester Emphelung

Ihr ergeb[en]st[e]r
Diesterweg

Eigh., Archiv EKiR Düsseldorf, Best. Evangelisch-reformierte Kirchengemeinde Moers Nr. 55/I, Anhang (Schulsachen), o. F.

¹ Siehe Brief vom 20. Juni 1825 (Nr. 123).
² Siehe Brief an die Regierung Düsseldorf vom 15. Mai 1825 (Nr. 117).
³ Siehe Protokoll der Prüfung vom 15. Mai 1825 (Nr. 116) und die dortige Anmerkung 4.

119
Utensilienverzeichnis

*Moers, Juni 1825 (?)*¹

Nachweise über die von dem Entrepreneur ROSENDAHL²
zu liefernden Utensilien

Posten nach dem Anschlage v. 16 Sept[em]b[e]r 1823.	Anzahl der Stücke	Angabe der Utensilien.	Veranschlagter Kostenbetrag.		
			Rh	Sgr	Dn
		1. Für den Speisesaal.			
1.	5	Speisetische, jeder 6' lang, 3' breit, die Rollen von Eichenholz, das Blatt von 1½ Zoll oberl. Tannenbrettern à 4½ Rh	22	15	"
2.	1	Tisch zum Vorlegen der Speisen in obiger Art, 6½' lang 3' breit	5	"	"
3.	60	l. F. Bänke, 10" breit von 1½ zöll. oberl. Tannenbrettern à 5 Sgr.	10	"	"
4.	10	steinerne Wasserkrüge à 6 Sgr	2	"	"
		2. Für das Musikzimmer:			
5.	4	Pulte von Eichenholz à 2 Rh	8	"	"
	2	Tische à 3 Rh	6	"	"

6.	12	Stühle mit Binsensitz von Kirschbaum-holz à 1 Rh 10 Sgr	16	"	"
7.	1	Schrank 6' lang 7' hoch 2' tief mit 8 inne-ren Abtheilungen [1], eine Rückenwand von $1/2$ zöll. Brettern, einem gekehlten Fuße und Gesimse, u. zwar die Seitenstücke und Thüren mit Einfassungen und Füllun-gen, erstere $1^{1}/_{2}$ " stark von oberl. Tan-nenbrettern anzufertigen, mit den nöthigen Beschlägen zu versehen und braun zu beizen	16	"	"
		3. Für [3] das Zimmer, woselbst die Semi-naristen ihre Effekten aufbewahren und ihre Kleider reinigen.			2
4	60	Knaggen[3]	2	"	" [5]
		4. <u>Für die Seminarschule.</u>			
	2	Katheder			
	2	Wandtafeln			
	2	Erhöhungen [6]			
	24	l. F. Bänke			
	2	kl. zweifl. Schränke. [7]			
	30	l. F. Mantelstöcke			
		5. Für den Ökonomen:			
	1	Waschbecken			
		Verschiedenes Hausgeräthe:			
	1	Leiter ————————	1	13	"

Nachanschl[a]g.

Leuchter für die S[emina]rschule für die Privatarbeiten in d[e]r S[emina]rschule.
——————— das Speisezimmer zum Arbeiten.
1 Zeichentischchen. [8]

$$\begin{array}{r} 24 \\ \underline{8} \\ 9 \end{array}$$

——————————

Ein[ig]e besondere Nachweise für die aus dem Nachschlage dem ROSENDAHL zu über-geb[en]den Stücke.

——————————— [10]

Eigh. Entw., GStA PK, I. HA Rep. 76 Seminare, Nr. 10062: 86ʳ–87ᵛ

¹ Das Datum orientiert sich an der Fundstelle in Diesterwegs Korrespondenztagebuch. Das Verzeichnis befindet sich zwei Blätter hinter den „Nachweisen der auf Rechnung noch anzuschaffenden Utensilien", die vermutlich vom 20. Juni 1825 stammen (Nr. 124).

² Der Entrepreneur Rosendahl ist möglicherweise identisch mit dem Bauunternehmer B. Rosendahl, der im Moerser Seminar, vermutlich in den Jahren 1825/26, bauliche Veränderungen vornahm, wie aus dem Jahresbericht für das Jahr 1826 vom 8. März 1827 hervorgeht (Nr. 163).

³ Knagge: Holzstütze, Pflock.

120
An Oberpräsident Karl Heinrich Ludwig Freiherr von Ingersleben, Koblenz

Moers, 10. Juni 1825

An des Herrn Geheimen Staatsministers und Oberpräsidenten Freiherrn von Ingersleben Excellenz in Coblenz.

Der Seminarlehrer Diesterweg wünscht, eine pädagogische Reise machen zu dürfen.

Nach der unterm dritten dieses von Ew. Excellenz hochgefälligst ausgesprochenen Genehmigung soll der laufende Cursus unsrer jetzigen Zöglinge bis zum Juli 1826 ausgedehnt werden. Indem ich für diese wohlwollende Berücksichtigung des Wohles unsrer Anstalt und ihrer Zöglinge Ew. Excellenz den wärmsten Dank darzubringen mich verpflichtet fühle, möchte ich es wagen, einen mich persönlich betreffenden Wunsch vorzutragen, dessen Ausführung durch die Verlängerung der Bildungszeit unsrer jetzigen Zöglinge in hohem Grade erleichtert wird.

Von welcher Wichtigkeit es für den praktischen Schulmann ist, wenn er Gelegenheit findet, andere Schulanstalten mit eigenen Augen zu sehen, sich über deren Einrichtung und den in ihnen lebenden Geist nicht bloß durch den todten Buchstaben der über sie geschriebenen Werke, sondern durch eigene Anschauung zu unterrichten, zu belehren, zu beleben, ist mir aus eigener Erfahrung zur Überzeugung geworden. Das zum Theil einförmige Geschäft des Lehrers, die große Gebundenheit, in welcher er lebt, und der Mangel an Zeit, welcher es ihm selten vergönnt, über die Gränzen seiner nächsten Umgebung hinaus zu schreiten, geben seinen Ansichten und seinem Leben nur zu leicht eine einseitige, beschränkte Richtung, welche der Gedeihlichkeit seines Wirkens leicht sehr hinderlich in den Weg tritt. Es ist gewiß, daß das alleinige Studium der Schriften Anderer über Unterricht und Erziehung den Lehrer in seiner einseitigen oder verkehrten Richtung nicht selten bestärkt und befestigt, und noch gewisser ist es, daß man den Geist der Erziehung nur durch eigene Anschauung, nur dadurch, daß man sich seinem Einflusse selbst hingibt, ihn also an sich selbst erfährt, kennen und würdigen zu lernen im Stande ist. Aus diesen und noch vielen anderen Gründen, mit deren Aufzählung ich Ew. Excellenz nicht ermüden darf, habe ich es mir stets angelegen sein lassen, andere Schulanstalten so oft zu besuchen, als es mir möglich gewesen ist, und noch im vorigen Jahre habe ich unsre 4 Wochen Ferienzeit zu einer Reise nach Brühl, Neuwied und Idstein benutzt, nachdem ich 2 Jahre früher in Soest gewesen war. Die Begierde, Gelegenheit zu finden, weiter entferntere Seminarien im In- und Auslande besuchen zu können, ist dadurch in hohem Grade in mir gesteigert worden, und ich habe recht eigentlich nach dem Augenblicke geschmachtet, welcher mir die Aussicht eröffnete, eine in dieser Hinsicht Ew. Excellenz vorzutragende Bitte gewährt zu sehen. Und dazu scheint mir der gegenwärtige Augenblick sehr günstig zu sein. Da die Bildungszeit unsrer Zöglinge in der Regel auf zwei Jahre bestimmt ist, so darf, ohne wesentlichen Nachtheil, eine längere Unterbrechung des Unterrichts, als unsre Ferien von 4 Wochen zulassen, nicht statt haben. In dem gewöhnlichen Laufe unsres Lebens dürfte daher die Hoffnung zur Bewilligung der längeren Entfernung eines Lehrers nur sehr schwach sein. Da aber die Bildungszeit unsrer jetzigen Zöglinge auf drei Jahre festgesetzt ist, so kann für diese eine längere Ferienzeit von keinem oder von sehr geringem Nachtheile begleitet sein, und dieselben werden sich, auch in diesem Falle, vor den Zöglingen anderer Zeiten einer vorzüglichen Begünstigung zu erfreuen haben.

Deshalb wollte ich hiermit unterthänigst den Wunsch vortragen, daß es Ew. Excellenz gefallen möge, mir die Gelegenheit und die Mittel zu verschaffen, mit dem 1ten August dieses Jahres, dem Anfangspunkte unsrer jährlichen vierwöchentlichen Ferien, eine weitere pädagogische Reise nach entfernteren Seminarien des In- und Auslandes antreten zu können. – Sollten Ew. Excellenz meine unterthänigste Bitte zu gewähren oder zur Gewährung derselben ein Hohes Ministerium geneigt zu machen die Gewogenheit haben wollen, so würde ich unmaßgeblich vorschlagen, unsre Ferien für beide Abtheilungen der Zöglinge auf 2 Monate auszudehnen, wofür noch der Umstand spricht, daß mein College, H. Ernst, in dieser Zeit gesonnen ist, seine Braut in Breslau abzuholen, was binnen vier Wochen nicht wohl geschehen kann. Wenn daher der Wiederanfang des neuen Cursus auf den 1ten Oktober festgesetzt würde, so könnte H. Ernst mit den übrigen Lehrern des Seminars und mit den beiden älteren Seminaristen, welche auch jetzt, wie Ew. Excellenz bekannt ist, an dem Unterrichte der jüngeren Seminaristen Theil nehmen, die beiden Abtheilungen der Zöglinge bis zu meiner, nicht lange über den 1ten Oktober sich verzögernden, Zurückkunft hinreichend und zweckmäßig beschäftigen.

Da zu keiner andern Zeit die hohe Bewilligung dieser Gunst so leicht statt finden kann, als in diesem Jahre; da fast alle meine Kollegen an den rheinischen Seminarien bereits auf ähnliche Art begünstigt worden sind und Gelegenheit gehabt haben, andere entferntere Anstalten zu besuchen, da Ew. Excellenz auch die Gewogenheit gehabt haben, den H. Direktor Schweitzer in Brühl zu einer ähnlichen Reise aufzufordern, so gewinne ich dadurch einige Hoffnung, daß Ew. Excellenz, auch mir die Gelegenheit und die Mittel zur Gewährung meines heißen Wunsches zu verschaffen, die Gnade haben werden.

Unter andern Umständen, bei der Kürze unsrer Ferien, bei dem Mangel eigenen Vermögens und bei der Unmöglichkeit, aus meinem Gehalte, bei den vielen Bedürfnissen meiner zahlreichen Familie, die Kosten zu einer solchen Reise jemals bestreiten zu können, würde ich auf die schöne Aussicht zu einer solchen viel belehrenden Reise auf immer verzichten müssen. Ich möchte daher diese Angelegenheit der wohlwollenden Berücksichtigung Ew. Excellenz unterthänigst emphelen dürfen.[1]

Der Seminardirektor
Diesterweg.

Eigh., GStA PK, I. HA Rep. 76 Kultusministerium, VII neu Sekt. 25 C Teil I Nr. 4 Bd. 3: 102^r–103^v

[1] Diesterwegs Antrag wurde vom Oberpräsidenten am 23. Juli 1825 einschließlich des nötigen Reisegeldes genehmigt. Die ihm genau vorgeschriebene Reiseroute führte über Soest, Magdeburg und Potsdam nach Berlin, wo er weiteren Bescheid von L. Beckedorff (s. ds.) erhielt (GStA PK, I. HA Rep. 76

Seminare, Nr. 10062: 102ʳ). Diesterweg besuchte dann auf Beckendorffs Veranlassung hin die Schullehrerseminare Stettin, Neuzelle, Breslau und Weißenfels, außerdem das Berliner Blindeninstitut unter Direktor Zeune (s. ds. Personenregister Bd. III).

121
An Oberpräsident Karl Heinrich Ludwig Freiherr von Ingersleben, Koblenz

Moers, 11. Juni 1825

₁ An den H. Oberpr[ä]s[i]d[ent]en v[on] I[ngersleben].

Die ₂ Zahlung des Gehaltes an den Rel[i]g[ion]slehrer des Sem. betr[e]ffe[n]d.

Wie Ew. Excell[en]z bekannt ist, ertheilt der H. Pastor BORNEMANN seit Anfang November vorigen Jahres den Religionsunterricht an dem Seminar.[1] Seit dieser Zeit sind mit dem Ablaufe d[ie]s[e]s Monates 8 Monate verflossen. Ich wollte daher Ew. Excell[en]z unterth[äni]gst bitten, dem H. Pastor BORNEMANN das ihm nach Ew. Excell[en]z hochgefälliger Festsetz[un]g dafür zukommende Gehalt d[u]rch die hiesige Steuerkasse hochg[e]f[ä]lligst auszahlen zu lassen u. unmaßg[e]blich den Vorschl[a]g thun, daß es Ew. Exc. gefallen möge, dieselbe zu bea[u]ftragen, auch ohne jedesmalige specielle Anweis[un]g in vierteljährigen Ratis die gehörige Zahl[un]g an den H. Pastor B. zu leisten.

D[e]r S[emina]rd[irektor] Dg.

Eigh. Entw., GStA PK, I. HA Rep. 76 Seminare, Nr. 10062: 24ʳ

[1] Siehe Brief vom 2. November 1824 (Nr. 99).

122
Quittung des Ökonomen Joseph Keller und Bestätigung

Moers, 6. und 14. Juni 1825

[In Auftrag des Herrn Direktor Diesterweg an das Königl. Seminar hierselbst folgende Gartengeräthschaften[1] angeschafft und abgeliefert ₁:[2]

	Thlr	Sgr.	Pff.
1. 10 eiserne Spaten à 14 Sgr. ————	4 "	20 "	–
2. Die Stiele dazu à 2¹/₂ Sgr ————	– "	25 "	
3. 4 Rechen mit eisernen Spitzen à 13 Sgr. 8 Pff.	1 "	24 "	8
4. 1 Wegschaufel	– "	12 "	4
5. 1 Schubkarre	4 "	12 "	–
Summa:	12 Rth.	4 Sgr.	

290

Diese Summe von 12 Th[a]lern vier S[i]l[ber]gr[osche]n sind mir von dem Herrn Direktor Diesterweg baar und richtig ausgezahlt worden, worüber hiermit quittire.

Mörs den 6ten Juni 1825.

Der Ökonom

Der. *[sic!]*]

Die Richtigkeit vorstehender Rechnung und die Preiswürdigkeit der darin aufgeführten Gegenstände, so wie die richtige Ablieferung derselben bescheinige ich hiermit.

Dieselben sind unter II. B. d[ie]. n[ummern]. 2 bis 5 in's Inventarium eingetragen worden.

Mörs den 14ten Juni 1825.

Der Seminardirektor
Diesterweg.

Ausf. für den Ökonomen von fremder Hand, eigh. Bestätigung mit Unterschr., GStA PK, I. HA Rep. 76 Seminare, Nr. 10062: 83ʳ

1 Zum sogenannten „Scheidtmann'schen Haus" am Markt gehörte ein außerhalb der Stadt Moers gelegener Garten. Dessen Erwerb hatte Diesterweg im Hinblick auf den Unterricht der Seminaristen ausdrücklich begrüßt; Gartenarbeit gehörte zum Lehrplan der Anstalt (vgl. Briefe vom 10. Oktober 1822 <Nr. 47> und vom 12. November 1822 <Nr. 50>).

2 Für den Lieferanten J. Küppers (s. ds.) hatte Diesterweg ebenfalls einen eigh. Entwurf aufgesetzt, um die Lieferung dieser Gegenstände zu bestätigen (GStA PK, I. HA Rep. 76 Seminare, Nr. 10062: 81ʳ).

123
An Oberpräsident Karl Heinrich Ludwig Freiherr von Ingersleben, Koblenz

Moers, 20. Juni 1825

A[n] d[e]n H v. Ingersl[e]b[e]n.

Einige Folgen der Verläng[e]r[un]g des jetzigen Lehrkursus betreff[en]d.[1]

Da durch die hochverehrliche Verord[nun]g Ew. Excell[en]z vom 3ten dieses, nach welcher der 1 Lehrcursus für diej[enigen] S[eminari]sten, welche Ende Juli 1825 zu entlassen gewesen wären, bis zum Ende Juli 1826 verl[än]g[e]rt wird, noch einige Abweichungen von der in dem Reglement festgesetzten gewöhnlichen 2 Ordnung 3 entstehen u. durch dieselben einige V[e]rh[ä]ltniße 4 herbeigef[ü]hrt w[e]rden, deren alsbaldige Beseit[i]g[un[g] sehr wünschenswerth ist, so säume ich nicht, Ew. Excell[en]z darüber folgende Bem[e]rk[un]gen unterthä[ni]gst vorzulegen:

1. Unter den (älteren) Zöglingen der 2ten Abth[ei]l[un]g befindet sich der S[eminari]st MARTIN aus Duisburg *[Lücke]* geboren, also in diesem Jahre 26 Jahre alt.[2] Derselbe ist der Sohn einer armen Schullehrer-Wittwe, welcher die Unterhalt[un]g ihres Sohnes in d[e]r Anstalt sehr schwer geworden ist. Da derselbe 5 schon im April 1823, die übrigen Zöglinge der IIten Abth[ei]l[un]g aber erst am 1ten Novemb[e]r 1823 angetreten sind, deshalb auch

seine ₆Ausbildung weiter gediehen ist, als die ₇der übrigen Zöglinge, so ist es wünschenswerth, daß MARTIN mit dem 1ten August d. J. aus der Anstalt entlassen werde.

2. ₈Mit Genehmigung Ew. Excell[en]z ₉wurden die beiden Seminaristen ELSERMANN u.
SCHÜRMANN nach bestandener Prüf[un]g am 1ten Aug. 1824 nicht entlassen, sondern als
Hülfslehrer noch für 1 Jahr angenommen.³ Ew. Excell[en]z verehrl[ich]e Wohlgewogenheit ertheilte ihnen unterm *[Lücke]* die Zusage, daß sie außer einem Stipendium von 50 Rh
nach vollendetem Jahreskursus u. unter der Voraussetz[un]g redlichen Eifers noch [auf]
eine besondere Gratifikation hoffen dürften. Da ich beiden ₁₀das Zeugniß geben kann, daß
sie das Interesse der Anstalt ₁₁nach Kräften ₁₂gesucht haben, so erlaube ich mir den
Antrag, daß es Ew. Exc[e]ll[en]z gefallen möge, jedem deshalb noch eine Remuneration
von 15–20 Rh hochgef[äl]l[i]]gst zufließen zu lassen. ₁₃Mit Ende Juli d. J. ₁₄kann das
Seminar ihrer Hülfe entbehren; ₁₅deshalb sie mit diesem Zeitpunkte zu entlassen sein dürften. Wenn dadurch auch für mich ₁₆die Nothwendigkeit erwächst, eine größere Stundenzahl, als wozu ich verpflichtet bin, zu übernehmen, so ₁₇darf ich doch keinen Aug[en]blick
Bedenken tragen, mich dazu zu erbieten, weil die Summe, welche auf diese beiden Hülfslehrer verwandt würde, anderweitig dringend in Anspruch genommen wird.

3. Unter den Eltern unsrer Zöglinge d[e]r IIten Abth[ei]l[un]g, ₁₈welche auf die Entlaß[un]g ihrer Söhne mit Ende Juli d. J. bestimmt gerechnet hatten, befinden sich Manche,
₁₉welchen die Unterst[ü]t[zun]g ihrer Söhne außerord[en]tlich schwer geworden ist, obgleich sie sich eines namhaften Stipendiums zu erfreuen gehabt hatten. Während der verflossenen 2 Jahre bin ich mit den Privatverh[ä]ltnißen dieser Zöglinge u. mit der dürftigen
Lage ihrer Eltern ganz genau bekannt geworden, u. ich darf daher Ew. Exc[e]ll[en]z versichern, daß es mehreren Eltern sehr schwer, anderen unmöglich ist, ex propriis⁴ so viel zur
Unt[e]rh[a]lt[un]g ihrer Söhne zuzuschießen, als in einem Jahre nothwendig ist. Dieser
Umstand hat ₂₀sie bisher die Wohlthat welche ihren Söhnen aus der Verlä[n]g[erun]g der
Bild[un]gszeit erwächst, nicht einsehen lassen. Ich habe ihnen indeß die ₂₁Hoff[nun]g
eröffnet, für sie ₂₂an Ew. Exc[e]ll[en]z die ₂₃unterthänigste Bitte zu richten, die Stipendien
der dürftigsten Zöglinge möglichst für das kommende 3te J[a]hr, vom 1ten August d. J. an,
zu erhöhen. Da ₂₄ich von der Nothwendigk[ei]t d[ie]s[e]r Maaßregel üb[e]rzeugt bin, so ₂₅
zögere ich keinen Aug[en]blick, die Entlaß[un]g d[e]r beiden Hülfslehrer u. des MARTIN
vorzuschlagen, damit Ew. Exc[e]ll[en]z die Gnade haben möchte, die auf diese 3 verwandten Summe von 20 + 2 x 80 + 40 also von ₂₆220 Rh zur Erhöh[un]g der Stipendien der
Dürftigsten zu verwenden. Die dringende Lage derselben läßt mich mit Gewißh[ei]t auf die
Bewillig[un]g dieser unterth[äni]gsten Bitte hoffen, ₂₇u. demnächst werde ich, sobald Ew.
Exc[e]ll[en]z dieselbe ausgesprochen haben, nicht zögern, die erforderlichen Vorschläge
unt[e]rth[äni]gst einzureichen. Möchten zugleich Ew. Exc[e]ll[en]z die Genehmigung dieser Bitte vor ₂₈Ende Juli d. J. aussprechen, damit die Einzelnen mit Ruhe die Ferien antreten u. ₂₉in gleicher Stimm[un]g wieder hieher zurück kehren können.

4. ₃₀Aus der ganzen Einricht[un]g unsrer Anstalt folgt, daß nunmehr in diesem Jahre keine
Aufnahme neuer Zöglinge statt finden kann ₃₁, sondern dieselben bis zum 1ten Sept[em]ber
1826 verschoben bleiben wird. Ich glaube, daß es gut sein möchte, dieses dem betheiligten
Publ[i]kum durch das Amtblatt der K. Reg[ierun]g zu Düsseld[o]rf bekannt zu machen.

Seit dem 1ten Sept[em]b[e]r des vorigen Jahres besucht GULERMANN aus *[Lücke]* evang[e]l.
Confession, bei einem Verwandten in hiesig[e]r Stadt wohnend, als Gast an dem Unt[er]-

r[i]chte u den Üb[un]gen d[e]r S[eminari]sten Theil *[sic!]*.[5] Da er sich in dieser Zeit als ein ord[en]tli[c]h[e]r M[en]sch gezeigt hat, so wünsche ich, daß Ew. Exc[e]ll[en]z es hochgef[ä]lligst genehmigen, denselben ₃₂ nach den Ferien in die Anstalt als e[i]g[en]tl[i]chen Zögl[in]g aufzunehmen.

5. Zugleich entsteht nun die Frage, ₃₃ wie lange unsre jetzige 1te Abth[ei]l[un]g, welche am 1ten Sptbr 1824 eingetreten ist u. nach dem Reglement am 1[ten] Aug[u]st 1826 entlassen werden sollte, die Anstalt besuchen soll, ob 2 Jahre oder länger. So wie ich letztres üb[e]rh[au]pt für sehr wichtig halte, so wird es noch durch den Umstand geboten, weil ₃₄ im Falle sie am 1ten Aug[u]st 1826, also mit unsrer jetzigen IIten Abth[ei]l[un]g, entlassen werden sollte, als dann alle Seminaristen ₃₅ ausschieden. Wir hätten als dann gar keine Zöglinge mehr u. für das nächste Jahr nur eine Abtheilung. Ob nun letztres oder die V[e]rläng[e]r[un]g der Bild[un]gszeit auch unsrer jetzigen ersten Abth[ei]l[un]g auf 3 Jahre vorzuziehen sein möchte, überlasse ich der hohen Entsch[ei]d[un]g Ew. Exc[e]ll[en]z. Im Falle Ew. Exc[e]ll[en]z, wie es mir um der Sache willen am wünschenswerthesten scheint, die V[e]rl[än]g[erun]g der B[i]ld[un]gszeit aussprechen sollten, so dürfte es gut sein, den einzelnen Zöglingen dieses vor ₃₆ ihrer Entlass[un]g in die Ferien am 1ten Aug. d. J. zu erklären, damit ihre Eltern danach die nöthigen Maaßregeln ergreifen könnten.

6. Nach § 32 unsres Reglements soll alljährlich am Schluße des Jahrescursus eine Prüf[un]g der S[eminari]sten statt finden, nicht nur, um die Abiturienten kennen zu lernen, sondern auch um nach § 40 zu bestimmen, ob ₃₇ die Zöglinge in dem ersten Jahre ihres Auf[en]th[a]ltes im S[emina]r hinreich[en]de Fortschritte gemacht haben, daß sie ₃₈ die gewissen Erwart[un]g[en] der Erreich[un]g des Zieles ₃₉ im 2ten Jahre fest begründen. ₄₀ Damit diese Unt[e]rs[u]ch[un]g auch in diesem Jahre statt finden u. zugleich auch den Zöglingen, welche alsdann bereits 2 Jahre hier sind, ein immer wünschenswerther Sporn gegeben werde, trage ich Ew. Exc[e]ll[en]z ₄₁ geh[o]rsa[m]st die Bitte vor, auch in diesem Jahre gegen Ende Juli diese Prüf[un]g ₄₂ anzuordnen, u. wo möglich, einen Rath der K. R[e]g[ierun]g zu D[ü]ss[e]ld[or]f d[e]rselben beiwohnen zu lassen, damit die der Hochl. Reg[ierun]g zu D[ü]ss[e]ld[o]rf noch ferne steh[en]de Anstalt derselben etwas mehr bekannt werden möge. In derselben könnte alsdann auch d[e]r S[eminari]st MARTIN, wenn Ew. Exc[e]ll[en]z seine w[ü]nsch[en]swerthe Entlaßung dekretiren sollten, näher geprüft werd[e]n.

Nach Allem diesen erl[a]uben Ew. Exc[e]ll[en]z ₄₃ die Vo[r]trag[un]g der u[n]t[e]rth[äni]gsten Bitten, daß es Ew. Exc[e]ll[en]z gefallen möge

1. den MARTIN u die beiden Hülfslehrer ELS[ERMANN]. u SCHÜRM[AN]N mit Ende Juli d. J. zu entlassen,

₄₄ 2. jedem der beiden H[ü]lf[s]lehr[er] ELS[ERMANN]. u SCHÜRM[ANN] eine besondre Grat[i]f[i]kat[ion] von 15 bis 20 Rh zu bewilligen

3. die dad[u]rch u d[u]rch die Entlass[un]g derselben u des MARTIN im nächsten Schuljahre ersparte Summe von 220 Rh zur Erhöh[un]g der Stipendien der dürftigsten Zöglinge zu bestimmen[6]

4. durch das Amtblatt d[e]r K. R[e]g[ierun]g zu D[ü]ss[el]d[or]f bekannt machen zu lassen daß die A[u]fnahme neuer Zöglinge in das hiesige S[emina]r bis zum 1ten S[e]pt[em]ber 1826 verschoben bleiben ₄₅ müsse,

5. den HERMANN GULERMANN mit dem Wiedera[n]f[an]g d[e]s Kursus unter die Zahl d[e]r Zöglinge a[u]fzunehmen

6. ₄₆ üb[e]r die Länge der Bild[un]gszeit unsr[er] jetzigen 1ten Abth[ei]l[un]g hochg[e]-f[äl]ligst zu bestimmen

7. die ₄₇ Ende Juli abzuh[a]lt[en]de Pr[ü]f[un]g auch ₄₈ dieses Jahr hochgefälligst anzuordnen

Eigh. Entw., GStA PK, I. HA Rep. 76 Seminare, Nr. 10062: 78ʳ–80ʳ

[1] Siehe Brief vom 24. Januar 1825 (Nr. 109).

[2] Siehe Brief vom 15. Mai 1825 (Nr. 118) an Superintendent Roß (s. ds.).

[3] Siehe Briefe vom 21. März und 16. November 1823 (Nr. 53 und Nr. 71) und Aktenvermerk vom 30. Juli 1824 (Nr. 80).

[4] Lat.: aus dem Eigenen.

[5] Satzbau unstimmig, weil Prädikatwechsel.

[6] Auf der Rückseite dieses Entwurfes befindet sich eine nicht datierte Aufstellung über erhaltene und vorgesehene Stipendien für einzelne Seminaristen („erhält", „soll erhalten"). Da es sich bei der Gesamtsumme der geplanten Stipendien um 210 Taler handelt, gehört die Aufstellung vermutlich zu diesem Brief. H. Rüttgers (s. ds.) soll mit 30 Talern am höchsten bedacht werden, für Fr. W. Dörken (s. ds.), der vermutlich kurz vor der Entlassung steht, ist keine Erhöhung eingetragen. Vgl. das „Verzeichnis der nichtabgedruckten Dokumente" im Anhang dieses Bandes.

124
Utensilienverzeichnis

Moers, 20. Juni 1825 (?)[1]

Nachweise
über die auf Rechnung noch anzuschaffenden Utensilien.

Posten	An-z[a]hl	Angabe der Utensilien.	Betrag nach dem Kostenanschlage vom 16 Sptr 1823. Veranschlagter Kostenbetrag.			Betrag nach dem Kostenanschlage v. 20ten Juni 1825.
			Rh	Sgr.	Dn.	
1.	1	1. Für ₁ den Speisesaal. große zweiarmige hängende Lampe incl. Zubehör	10	"	"	
2.	1	2. <u>Für die Musikzimmer.</u> Flügelinstrument	250	"	"	(Submittieren).
3.	1	Clavier	90	"	"	

294

4.	2	hängende zweiarmige große Lampen nebst Zubehör	20	"	"
5.	2	eiserne Öfen $_2$, mit 12 Rauchröhren zu jedem, mit Rost und Futter nebst hölzernem Fuß, einfachem Beschlag, mit Klappe in den Rauchröhren, zu liefern u. zu setzen, mit Zubehör zusammen für	$_3$53	25	"
7.	24	l[aufende]. Fuß an der Decke hängende Mantelstöcke	6	12	"
		3. <u>Für die Zimmer der Seminarschule.</u>			
	2	eiserne Öfen mit Zubehör	40	"	"
	4				
Mer- ke!	5				
	2	Fenster Rouleaux	4	6	"
		Außerdem noch 2 Rouleaux	4	6	
		Für die Wohnzimmer der beiden Lehrer.			
	4	Öfen f[ü]r die Wohnung des Direktors			
	1	Ofen für die Wohnung des 2ten Lehrers			
	2	Fenster Rouleaux für das Krankenzimmer à 3 Rh 10 Sgr	6	20	"
		<u>Verschiedenes Hausgeräthe</u>			
	2	Laternen	8	"	"

Eigh. Entw., GStA PK, I. HA Rep. 76 Seminare, Nr. 10062: 84r+v

[1] Das Datum orientiert sich an dem des hier angegebenen zweiten Kostenvoranschlags; der Nachweis kann auch einige Tage später verfaßt worden sein.

125
Aktenvermerk über Gesprächsvorhaben
mit Bauinspektor Carl Gottlieb Heermann

Moers, 20. Juni 1825 (?)[1]

B e m e r k u n g e n
<u>d e m   H e r r n   B a u i n s p e k t o r   H e e r m a n n   m i t z u t h e i l e n</u>.

1. Die Hängelampe, in's Speisezimmer bestimmt, $_1$ ist zu niedrig veranschlagt. Eine der im Lehrzimmer kostet 12 1/2 Rh. Jene muß größer sein.

2. Der Ofen für's Speisezimmer ist angeschafft, herrührend vom Provisorium des Seminars. (Siehe Inventarium).

3. Die Klaviere fallen aus, außer einem. 1 ist angekauft, 2 sind bestellt; also noch 1 auf Rechnung; denn 4 sind nothwendig; dieses 4. m[u]ß zu 90 Rh veranschlagt werden.

4. 2 Pulte sind schon angeschafft. (Aber an jedes 2 eiserne Leuchter mit 1 Lichtscheere.)

5. 1 Ofen für die Musikzimmer reicht nicht hin, wegen der veränderten Baueinrichtung.

6. Ob die Knaggen[2] u. Mantelstöcke im Kleiderzimmer gut passend sein werden?

7. 2 oder 1 Schulzimmer? A *[Lücke]* t. Ob es nicht besser wäre statt Pulte Tische zu wählen?

Eigh., GStA PK, I. HA Rep. 76 Seminare, Nr. 10062: 85ᵣ

[1] Das Datum orientiert sich an der Position im Korrespondenztagebuch und am inhaltlichen Zusammenhang mit dem vorstehenden Utensilienverzeichnis. Der Vermerk kann auch einige Tage später verfaßt worden sein.
[2] Knagge: Holzstütze, Pflock

126
An Oberpräsident Karl Heinrich Ludwig Freiherr von Ingersleben, Koblenz

Moers, 10. Juli 1825

An d[en]H[errn] v In[gersleben].

Die Entlass[un]g des W. DÖRKEN aus dem Seminar betr.[1]

In dem Ew. Exc[e]ll[en]z unterm 2ten d. M. unt[e]rth[äni]gsten eingesandten Briefe erl[au]bte ich mir die ₁ Bem[er]k[un]g, daß das Betragen des W. DÖRKEN nicht von der Art sei, daß wir mit Wah[r]sch[ein]lichk[ei]t aus ihm ₂ einen ord[ent]lichen Lehrer zu bilden hoffen dürften. Hierdurch hatte ich ₃ die schlimmen Eigenschaften, welche der W. D. schon seit Monaten an den Tag gelegt hatte, gelinde angedeutet ₄, immer noch – wie dies a[u]fzugeben dem Lehrer so schwer wird – im Herzen eine schwache Hoffnung ₅ hegend, daß derselbe den Anforderungen, die wir an die Zöglinge zu machen verpflichtet sind, ₆ mehr u. mehr entsprechen ₇ u. daß die fortgesetzte Entzieh[un]g des Stipendii ihn zum Ernste z[u]r[üc]kführen werde. Aber der Erfolg hat unsre Erw[a]rt[un]g empfindlich getäuscht. – Schon seit längerer Zeit hatte ₈ der W. D. wegen seines anhaltenden Unfleißes, seiner geistigen Trägheit, seiner Gleichgültigkeit gegen die wohlgemeinten, gelinden u scharfen Verweise seiner Lehrer ₉ wegen der häufigen Übertretungen der Disciplinar-Gesetze die Verweisung u. ₁₀ weil er g[an]z unmerkbare Fortschritte oder nur Rückschritte machte aus der Anstalt verdient, u., wenn das Wohl des Ganzen allein berücksichtigt worden wäre, auch erhalten müssen. Aber ₁₁ so wie üb[e]rh[au]pt ein solcher Schritt ₁₂ sorgf[ä]ltig erwog[en] zu werden verdient, so bewog mich eine gewisse nat[ü]rliche Gemüthlichk[ei]t, welche er früh[e]r an der Tag gelegt hatte, so wie besonders die Bek[ann]tsch[a]ft, in welcher ich mit dem Vat[e]r des W. D. stehe, zur möglichsten Nachsicht. Da ich deshalb vor

296

6 Wochen dem Vater die eben angedeuteten V[er]h[ä]ltniße meldete, so bewog dieses denselben, sich hieher zu verfügen, um dadurch auf den Sohn $_{13}$ günstig u. belebend zu wirken.
So sehr ich mich nun auch d[u]rch die V[e]rsprech[un]gen des Sohnes abermals guter
Hoff[nun]g üb[e]rließ, u. hoffte, daß die mit dem Vat[e]r getroffene Maaßr[e]gel, nach welcher ich monatlich dem selben ein Z[eu]gniß üb[e]r den Sohn [au]sstellen u. zuschicken,
auch das dem Sohne bestimmte Geld einkassiren u. seine Ausgaben berichtigen wollte, u.
s. w. nicht ohne günstigen Erfolg bleiben würde, so $_{14}$ entsprach der Erfolg doch keineswegs auch nur den geringsten Erwartungen. $_{15}$ Ich darf Ew. Exc[e]ll[en]z die V[er]sich[e-
run]g geben, daß es kein Lehrer unsrer Anstalt an dem Nöthigen hat fehlen lass[en], u. nicht
leicht ist ein Sonntag vergangen, an dem wir nicht geme[i]ns[cha]ftliche Maaßregeln wegen W. D. genommen hätten. Die Sache wäre indeß $_{16}$ bis zum Examen am Ende d[ie]s[e]s
Monates zu keiner Entsch[ei]d[un]g gekommen, wenn nicht ein unvorhergesehener Umst[an]d dieselbe beschl[euni]gt hätte. Durch günstigen Zufall kam es mir zu Ohren, daß
W. D. sich in den Freistunden in $_{17}$ eine hiesige Schenke schleiche. Da ich dieser Nachricht
nachforschte, erfuhr ich [au]s über[ein]stimmenden Zeugnißen, daß $_{18}$ derselbe mit der
Tochter des Wirthes $_{19}$ in Einverständniß stehe u. gemeinschaftlich mit ihr Verabredungen
treffe, bei welcher $_{20}$ V[e]r[an]l[a]ss[ung] sie sich zu sehen G[e]l[e]g[en]h[ei]t finden könnten. Ich hielt d[a]r[au]f an dem heutigen Morgen eine Lehrerconf[e]r[en]z, um diesen
G[e]g[en]st[an]d $_{21}$ in reifliche Erwäg[un]g zu ziehen. $_{22}$ Nach einstimmig[e]r Mein[un]g
hatten alle die Hoff[nun]g, aus dem W. D. einen ord[en]tlichen Lehrer zu bilden a[u]fge-
geben, da sein g[an]z[e]s Betr[a]gen d[a]s gerade G[e]g[en]th[ei]l von dem Berufe zum
Lehramte aussprach. $_{23}$ Bevor wir aber einen weiteren Beschl[u]ß faßten, wollten wir ihn
noch einmal gemeinschaftlich vernehmen. Dies geschah. Anstatt daß nun der W. D. seine
Fehler eingestehen u. Besser[un]g versprechen sollte, fing er an, das, was ihm vorgehalten
wurde, zu leugnen u. mit frecher Stirne Ausreden zu suchen. Dieses Betragen benahm uns
nicht nur alle Hoff[nun]g, sondern auch alle Geduld, allen Muth u. alle Lehrerfreudigkeit.
Ja es empörte uns. Wir faßten daher den Entschluß, $_{24}$ dessen Ausführ[un]g ihm schon so
oft angedroht worden war, ihn, den der Besserung nicht fähigen $_{25}$, notorisch schlechten
Zögling, zum Wohl des Ganzen u. zur möglichen Besserung seiner selbst, sofort aus der
Anstalt zu entlassen. So geschah es dann auch wirklich. Es ist dies der erste höchst unangenehme Fall d[ie]s[e]r Art, welcher d[u]rch die Nothw[en]digk[eit] gebieterisch gefordert
wurde, zum großen Betr[ü]bn[i]ß f[ür] die Lehrer u. mir zu persönlichem, vorhergehendem
u. nachfolgender *[sic!]* Betrübniß. Allein ich gl[au]bte diese peinlichen Gefühle, in B[e]-
zieh[un]g [au]f $_{26}$ N. 1 u. 2 der Disciplinärgesetze unsrer Anstalt u. in Abs[i]chten m[eine]r
V[or]steher- u Lehrerpflichten üb[e]rnehmen zu müssen. Ich gestehe es, daß es mir un-
m[ö]glich gewesen wäre, l[än]g[e]r den W. D. nach so vielen treu gemeint[en] V[e]rsu-
chen, Bem[ü]h[un]gen aller Art, wozu mich die Bek[ann]tschaft mit dem Vater besonders
anspornte, mit Fr[eun]dl[i]chk[ei]t zu unt[er]richten.

Ich habe [n]icht zögern zu d[ü]rfen g[eg]l[au]bt, Ew. Exc[e]ll[en]z vorsteh[en]de Thatsache unt[e]r[t]h[äni]gst mitzutheilen u. damit die Bem[e]rk[un]g zu verbinden, daß
ich dem[n]ach die 12 Rh 15 Sgr., welche Ew. Exc[e]ll[en]z laut des hochverehrl[i]-
chen Rescripts vom 6ten dieses, welches mir $_{27}$ an dem heutigen Abend eingeh[ändi]gt
worden ist, zum Besten des W. D. in die Verpfleg[un]gs-Liquidation f[ü]r d[a]s 2te Qu[a]r-
tal c. aufzunehmen geruht haben, $_{28}$ bei der hiesigen Steuerkasse nicht nachbegehren
werde.

Eigh. Entw., GStA PK, I. HA Rep. 76 Seminare, Nr. 10062: 99^{r}–100^{v}

¹ Das Reglement sah bei ungenügenden Fortschritten in den Leistungen oder bei unsittlichem Betragen eines Zöglings die Entfernung aus dem Seminar vor; siehe auch Brief vom 27. Oktober 1825 (Nr. 131).

In den „Disciplinar-Gesetze[n] für das Schullehrer-Seminarium in Moers" vom 18. Oktober 1824, die am 17. November vom Ministerium bestätigt wurden (vgl. GStA PK, VI. HA Familienarchive und Nachlässe, Nachlaß Thiele, Nr. 42: S. 471–495), fällt unter solche Vergehen das unerlaubte und alleinige Fortgehen:

„In den einzelnen Freistunden muß die Erlaubniß zum Spazierengehen, bey dem Aufseher der Abtheilung nachgesucht werden, doch dürfen nie weniger als drei zusammen gehen" (Gesetz II. 18).

Außerdem war der Besuch von Wirtshäusern ausdrücklich untersagt (Gesetz XIV. 80).

127
An Oberpräsident Karl Heinrich Ludwig Freiherr von Ingersleben, Koblenz

Moers, 30. September 1825

An des Herrn Geheimen Staatsministers und Oberpräsidenten Freiherrn von Ingersleben Excellenz in Coblenz.

Den Ankauf eines Flügel-Fortepiano betr.

Ew. Excellenz wollen aus dem abschriftlich beiliegenden Rescript der Königlichen Regierung zu Düsseldorf hochgefälligst ₁ von dem Auftrage, der ₂ mir in Betreff des Ankaufes eines Flügel-Fortepiano's für das Seminar geworden ist, Kenntniß nehmen. Um demselben zu genügen u. der Anstalt ein zweckmäßiges Instrument zuzuwenden, beehre ich mich, Ew. Excellenz folgendes gehorsamst vorzutragen.¹

Da es immer mißlich ist, ein musikalisches Instrument auf die Autorität eines Dritten ₃ und bevor dasselbe ₄ die Probe bestanden hat, anzukaufen, so habe ich mir Mühe gegeben, ein Flügel-Fortepiano in der Nähe kennen zu lernen u. dasselbe einer soliden Probe zu unterwerfen. Ein solches fand sich in der Werkstätte des Instrumentenmachers HÖCKER in ₅ Crefeld. Derselbe war geneigt, dasselbe in meiner Wohnung aufzustellen und ₆ zum Gebrauche hinzugeben, wenn ₇ der Absatz des Instruments, falls dasselbe allen Anforderungen Genüge leiste, ihm gesichert wäre.

Ich habe daher besagtes Instrument seit einem Jahre in ₈ meiner Wohnung, wo dasselbe fast täglich gespielt worden ist.² Die Bauart ist sehr solide, der Ton stark und angenehm, und es eignet sich nach meiner und Andrer Urtheil ganz für den Zweck, dessen Erreichung wir durch dasselbe beabsichtigen. HÖCKER ₉ setzt als äußersten Preis 215 Rh preuß. Cour. fest ₁₀, entweder jetzt baar in einer Summe, oder 123 Rh jetzt welche bereits bei dem Königlichen Oberpräsidio zu dem besprochenen Zwecke bereit liegen, und den Rest mit 92 Rh zu Neujahr 1826. Da ₁₁ dieser Preis von ₁₂ Kennern für ₁₃ billig erkannt wird, ₁₄ die Anstalt durch den Ankauf ₁₅ des Instruments einen ihrer Zwecke erreicht sieht und zugleich dadurch der Anforderung der Königlichen Regierung in Düsseldorf Genüge geleistet wird, so bitte ich Ew. Excellenz, hochgefälligst ₁₆ mir den Auftrag zu ertheilen, ₁₇

„das bezeichnete Flügel-Fortepiano um den Preis von 215 Rh pr. C. $_{18}$ für das hiesige Schullehrer-Seminar anzukaufen."

Der Seminardirektor

Eigh. Entw., GStA PK, I. HA Rep. 76 Seminare, Nr. 10062: 116^v–117^r

[1] Siehe Brief vom 30. September 1825 (Nr. 128) an die Regierung Düsseldorf.

[2] Offenbar spielten Mutter und Kinder auf dem Instrument; Sabine Diesterweg (s. ds.) stammte aus einer Musikerfamilie. – Außerdem fand an jedem Samstagabend im Wohnzimmer des Seminardirektors ein Hauskonzert statt, bei dem Seminaristen und Mitglieder der Lehrerfamilien ihre Fortschritte vorführten.

128
An die Regierung Düsseldorf

Moers, 30. September 1825

An die Königliche Hochlöbliche Regierung zu Düsseldorf.

Die Verwendung der zur Anschaffung eines Flügel-Fortepiano's bewilligten 123 Rh betr.[1]

Um dem Auftrage der Königlichen Hochlöblichen R[e]g[ierun]g vom 16ten August d. J., die Nachweisung der Verwendung der zum Ankaufe eines Flügel-Fortepiano für das hiesige Schullehrer-Seminar $_1$ bewilligten 123 Rh betreffend, zu genügen, habe ich da das Hohe Oberpräsidium den zu den 123 Rh noch erforderlichen Zuschuß bisher noch nicht bewilligen wollte, unterm heutigen Datum des $_2$ Herrn Oberpräsidenten VON INGERSLEBEN Excellenz $_3$ gebeten, $_4$ nunmehr zu genehmigen, $_5$ ein von dem Instrumentenmacher HÖCKER $_6$ in Crefeld angefertigtes Fortepiano um den Preis von 215 Rh für die Anstalt anzukaufen, dazu die von der Königlichen Regierung zu Düsseldorf $_7$ zu diesem Zwecke bewilligten 123 Rh (welche ich inzwischen dem Königlichen Oberpräsidio baar habe zuschicken müssen[2]) $_8$ an mich zurück zu senden, und den Rest mit 92 Rh aus den Ersparnißen des Seminar-Etats[3] zu bewilligen. Da ich mit nächstem der $_9$ Genehmigung dieses Vorschlages entgegen sehe, so glaube ich sehr bald im Stande zu sein, die Verwendung der 123 Rh zu dem festgesetzten Zwecke der Hochlöblichen Regierung nachweisen zu können.[4]

D[e]r S[emina]rdi[re]kt[o]r

Eigh. Entw., GStA PK, I. HA Rep. 76 Seminare, Nr. 10062: 116^r

[1] Siehe Brief vom 19. Januar 1825 (Nr. 108).

[2] Siehe Brief vom 19. Januar 1825, Anmerkung 3.

[3] Siehe Brief vom 19. Januar 1825, Anmerkung 4.

[4] Im Korrespondenztagebuch Diesterwegs befinden sich seine Entwürfe zur Liquidation und zu zwei Quittungen des Instrumentenmachers: am 12. Oktober 1825 über 123 Reichstaler und am 2. Januar 1826 über 92 Reichstaler (GStA PK, I. HA Rep. 76 Seminare, Nr. 10062: 128^r).

129
An Oberpräsident Karl Heinrich Ludwig Freiherr von Ingersleben, Koblenz

Moers, 2. Oktober 1825

An den Herrn Geh. Staatsm. u. Oberpräs. Freiherrn v. Ingersleben Excellenz in Coblenz.

Die Liquidation über die Verpflegungskosten der Seminaristen im 3 ten Quartal 1825 betr.[1]

Die Liquidation über die im 3ten Quartal 1825 den Zöglingen unsrer Anstalt gegebene Beköstigung, welche ich beiliegend Ew. Excellenz in duplo zu überreichen die Ehre habe, weicht darin von den gewöhnlichen Schematen ab, daß für einzelne Seminaristen ₁ nehmlich für J. ELSERMANN, W. SCHÜRMANN, G. MARTIN, ₂ welche als reif, ₃ für B. KRINS der auf Befehl der Koniglichen Regierung wegen ungenügender Fortschritte sich von nun an ganz auf eigene Kosten erhalten soll u. H. FINKENTEY, welcher als unfähig aus der Anstalt entlassen worden ₄ ist, nur ein einmonatliches Stipendium aufgenommen worden ist, und daß, ₅ da wegen ₆ der Ferien von 2 Monaten die Stipendiengelder die Verpflegungsgelder bei einzelnen Seminaristen übertreffen, nicht die ganze Stipendiensumme des 3 ten Quartals, welche 168 Rh 22 Sgr 6 Dn beträgt, sondern davon nur 109 Rh ₇ 11 Sgr 4 Dn an den Ökonomen zu zahlen sind, dagegen der Überfluß von 59 Rh 11 Sgr 8 Dn den betreffenden Seminaristen auf andere Weise zu gut kommt. ₈

₉ Übrigens bitte ich gehorsamst um hochgefällige Genehmigung der Liquidation.

Der S[emina]rd[ire]ktor

Eigh. Entw., GSt A PK, I. HA Rep. 76 Seminare, Nr. 10062: o. F.

[1] Bei der Liquidation handelte es sich um eine Summe von 147 Reichstalern und 27 Silbergroschen, von denen 109 Reichstaler, 11 Silbergroschen und 4 Pfennige aus dem Stipendienfonds und 38 Reichstaler, 15 Silbergroschen und 8 Pfennige aus Zuschüssen der Seminaristen stammten (vgl. GSt A PK, I. HA Rep. 76 Seminare, Nr. 10062: 118ᵛ).

130
An das Ministerium der geistlichen, Unterrichts- und Medizinalangelegenheiten, Berlin

Moers, 10. Oktober 1825

[An das Hohe Ministerium der Geistlichen- Unterrichts- und Medicinal-Angelegenheiten in Berlin.

Der Musiklehrer WITZKA bittet unterthänigst um hochgefällige Verleihung ₐ einer Stelle.[1]

Ein Hohes Ministerium wolle dem unterthänigst Unterzeichneten hochgefälligst die Erlaubniß ertheilen, folgende Darstellung und Bitte vortragen zu dürfen.

Als Seine Majestät unser hochverehrter König im Jahre 1813 alle ᵦ waffenfähigen Preußen zum Kampfe für die Rettung des Vaterlandes aufriefen, trat ich, geboren 1795, und bis dahin wohnend zu Ottendorf, Kreis Liegnitz, Provinz Schlesien, als Freiwilliger in das Brandenburgische Husarenregiment, welches damals noch den Namen des ersten Husaren-Regimentes führte, und machte bei demselben als Trompeter die Campagnen von 1813 und 1814 mit. ₍c₎ Dieses Regiment wurde 1815 in die 2te Eskadron unter Commando des Herrn Majors VON EISENHART verwandelt, und ich ₍D₎ machte mit dem 8ten Husaren-Regiment ₍E₎ den Feldzug von 1815 mit. Als ₍F₎ wir nach geschlossenem Frieden nach Hause zurück kehrten, blieb ich bei gedachtem Regimente in der Eigenschaft des Trompeters, nach wie vor demselben treu ₍G₎ meine Dienste widmend. Allein die großen Strapatzen im Kriege hatten ₍H₎ meiner Gesundheit zugesetzt, so daß ich im Jahr 1824 für Halbinvalid erklärt und von dem genannten Regimente entlassen wurde. Die Lust zu nützlicher Thätigkeit, und da ich der Musik immer mit großer Vorliebe obgelegen habe, so daß es mir möglich geworden ist, auf allen Instrumenten Unterricht zu ertheilen, bewog mich zu dem Entschlusse, dem Militärstande zu entsagen, und eine, wenn auch ₍I₎ provisorische und spärlich bezahlte Anstellung als Violinlehrer an dem königlichen Schullehrer-Seminar zu Mörs anzunehmen, in der festen Hoffnung zu einer festen und besseren Anstellung, wenn ich mir durch Eifer und Treue in dem mir übergebenen Geschäfte das Vertrauen meiner Vorgesetzten zu erwerben das Glück gehabt hätte.[2] Obgleich ich nun ₍J₎ das Bewußtsein, nach Kräften gearbeitet zu haben, in mir trage, so ist mir doch bereits die Ankündigung geschehen, daß ehestens ein dritter Lehrer für das musikalische Fach an ₍K₎ dem Seminar angestellt und ₍L₎ von demselben auch der Unterricht auf der Violine übernommen, ich also hieselbst unnöthig würde.[3]

In dieser hoffnungslosen Lage wende ich meine Blicke voll Vertrauen zu einem Hohen Ministerio und zu Dessen anerkannter großen Gerechtigkeit und Milde. ₍a₎In meinem Vaterlande Schlesien gibt es Stadtmusikus-Stellen, und an vielen Orten wird dem Militär musikalischer Unterricht ertheilt.₍a|₎ Da ich dazu die Fähigkeit mir erworben zu haben glaube; da ich meinem Könige treu gedient habe, wofür mir noch in diesen Tagen ₍M₎ das Dienstauszeichnungskreuz erster Klasse geworden ist; ₍b||₎

Da ich in meiner bisherigen ₍N c||₎ Anstellung auch meine Pflicht gethan zu haben mir bewußt bin, ₍O₎ worüber ich ₍P₎ Zeugnisse beizulegen mir erlaube: so wage ich voll Vertrauen an ein Hohes Ministerium die unterthänigste Bitte:

₍d₎„mir die Stelle eines Stadtmusikus oder eines Musiklehrers an einer Militäranstalt oder irgend einen anderen, meinen Kräften angemessenen, Posten hochgefälligst ₍Q₎ und gnädigst ₍e₎ertheilen₍e|₎ zu wollen."₍d|₎

In tiefster Ehrfurcht verharre ich
Eines Hohen Ministerii

unterthänigster Diener
₍f₎C. W. A. WITZKA,₍f|₎
provisorischer Lehrer an dem Schullehrer-Seminar zu Mörs.]

₍R₎ Daß der Musiklehrer Herr WITZKA seit anderthalb Jahren den Violinunterricht an dem hiesigen Königlichen Schullehrer-Seminar mit Eifer und gutem Erfolge ertheilt, sich auch bei jeder Gelegenheit als ein sehr gefälliger und dienstfertiger Mann bewiesen habe, bezeuge ich hiermit.[4]

Der Seminardirector
₍g₎Diesterweg.₍g|₎

Ausf. von Witzka und eigh. Bescheinigung von Diesterweg, GStA PK, I. HA Rep. 76 Kultusministerium, VII neu Sekt. 25 C Teil I Nr. 4 Bd. 3: 140ʳ–141ᵛ;
eigh. Entw. des gesamten Schreibens (datiert auf den 6. Oktober 1825), GStA PK, I. HA Rep. 76 Seminare, Nr. 10062: 124ʳ–125ᵛ

¹ Der Entwurf des gesamten Schreibens vom 6. Oktober 1825 stammt von Diesterweg; Witzka hat ihn abgeschrieben, so daß in der Ausfertigung nur die Bescheinigung am Ende von Diesterwegs Hand stammt.

² Siehe Brief vom 15. Oktober 1824 (Nr. 95), Anmerkung 1.

³ Siehe Jahresbericht für 1824 vom 1. März 1825 (Nr. 111).

⁴ Auch Minister von Altenstein (s. ds.) hatte sich beim König am 31. August 1825 für die Einstellung eines besonderen Musiklehrers mit einer Bezahlung von 300 Rth. eingesetzt (GStA PK, I. HA Rep. 89, Nr. 22218 B VIII 114 Bd. I, 222ʳ); Friedrich Wilhelm III. (s. ds.) lehnte jedoch am 20. Oktober – also nach Eingang des hier vorliegenden Bittschreibens von Witzka und Zeugnisses von Diesterweg – mit der Begründung ab, die bisherigen Musiklehrer hätten den Erwartungen an einen richtig bezahlten Lehrer dieses Faches alle nicht entsprochen (ebd., 221ʳ).

Witzka versah sein Amt im Seminar bis zu seinem plötzlichen Tode am 18. Juni 1826. Er erlebte also noch die Ankunft des neuen Musiklehrers Ludwig Erk (s. ds.); siehe Brief vom 24. Juni 1826 (Nr. 149).

131
An Oberpräsident Karl Heinrich Ludwig Freiherr von Ingersleben, Koblenz

Moers, 27. Oktober 1825

An des H[err]n Geheimen Staatsm. u. Oberpräsidenten Freiherrn von Ingersleben Excellenz in Coblenz.

Die beiden S[eminari]sten B. Kʀɪɴs u. H. Fɪɴᴋᴇɴᴛᴇʏ betr.
Ad Rescr. d.d. 10 Oct. c. N. 3038.

In Bezug auf den hochverehrlichen Auftrag Ew. Excellenz vom 10ten dieses, die beiden Seminarzöglinge B. Kʀɪɴs u. H. Fɪɴᴋᴇɴᴛᴇʏ betr., beehre ich mich, Ew. Excellenz Folgendes ₁ unterthänigst zu berichten.

Da nach § 40 unsres Reglements jedem Zögling welcher im Laufe des ersten Jahres nicht die gehörigen Fortschritte macht, der ernstliche Rath ertheilt werden soll, sich einem andern Berufe zu widmen, so machte ich den H. Konsistorialrath Kᴏʀᴛüᴍ bei Abhaltung der Schlußprüfung am 2 u. 3ten Aug. dieses Jahres ₂ auf die beiden genannten Zöglinge aufmerksam u. daß ich der Meinung sei, daß von ihnen ₃ am Ende des 2ten Jahres eine <u>hinlängliche</u> Befähigung kaum erwartet werden dürfte. H. Konsist[orialrath]. Kᴏʀᴛüᴍ trat nach beendigter Prüfung dieser Meinung bei u. rieth dem zufolge bei seinem Abschiede dem B. Kʀɪɴs und dem H. Fɪɴᴋᴇɴᴛᴇʏ ernstlichst, sich einen andren Lebensberuf zu erwählen. Ein solcher Rath ist natürlich für jeden Seminaristen ein Befehl.¹

₄Nicht anderes wissend, als daß H. K[onsistorialrath]. Kᴏʀᴛüᴍ in seinem Ew. Excellenz abzustattenden Berichte auch der eben erzählten Verhältniße Erwähnung thun würde, trat ich meine pädagogische Reise[2] an, u. als ich zurück kam, fand ich das abschriftlich beiliegende Schreiben der Königlichen Regierung zu Düsseldorf, den B. Krins betr., vor, wodurch ich in der Meinung, daß die nöthigen Schritte, die beiden mehrgenannten Seminaristen betr., bereits gethan seien, bestärkt wurde.

B. Krins[5] hat sich daher bei Wiedereröffnung des Cursus wieder hier eingefunden, was mir mit aus dem Grunde nicht unlieb sein kann, da Krins, zwar sehr schwach an Geisteskräften, fortwährend den besten Willen bewährt; der H. Finkentey aber[6] hat sich den ihm ertheilten wohlgemeinten Rath zu Nutze gemacht.[3]

Der Direktor

Eigh. Entw., GStA PK, I. HA Rep. 76 Seminare, Nr. 10062: 134[r+v]

[1] Siehe auch Brief vom 10. Juli 1825 (Nr. 126).

[2] Siehe Diesterwegs Antrag vom 10. Juni 1825 (Nr. 120).

[3] Am 2. November 1825 bestätigte Oberpräsident von Ingersleben die Entlassung von Finkentey und gestattete den Verbleib von Krins auf eigene Kosten (vgl. GStA PK, I. HA Rep. 76 Seminare, Nr. 10062: 136[r]).

132
An Oberpräsident Karl Heinrich Ludwig Freiherr von Ingersleben, Koblenz

Moers, 28. Oktober 1825

An etc.

Die Aufnahme des C. F. Neuhoff aus Crefeld in das Seminar betr.

In Kraft des abschriftlich beiliegenden Rescriptes der Königl. Regierung zu Düsseldorf, welches ich Ew. Excellenz hiermit vorzulegen[1] mich beehre, habe ich den C. F. Neuhoff seit[2] dem Wiederanfang des Lehrcursus provisorisch[3] an dem Unterrichte u. den Übungen der Seminaristen Theil[4] nehmen lassen, um zu versuchen, ob derselbe sich gegenwärtig zur Aufnahme in das Seminar qualificire. Da diese Probe zur Genüge ausgefallen ist und der[5] C. F. Neuhoff als ein ordentlicher, fleißiger u. mit den nöthigen Anlagen ausgestatteter Mensch erscheint, so trage ich kein Bedenken, ihn Ew. Excellenz zur hochgefälligen Aufnahme unter die Zahl der Zöglinge des Seminars hiermit[6] vorzuschlagen.[1]

Der Seminardirektor

Eigh. Entw., GStA PK, I. HA Rep. 76 Seminare, Nr. 10062: 135[v]

[1] Oberpräsident von Ingersleben genehmigte die Aufnahme von C. Friedrich Neuhoff, wie dessen Nennung in späteren Seminarlisten belegt (vgl. u. a. Rep. 76, Seminarakten, Nr. 10062, 160[r]-161[r], sowie Nr. 10063, 108[r+v]).

133
An Oberpräsident Karl Heinrich Ludwig Freiherr von Ingersleben, Koblenz

Moers, 29. Oktober 1825

An [etc.]

Die Verabschied[un]g des Pred[igers]. BORNEMANN betr.

₁ Das Rescript des Hohen Konsist. zu Cöln, welches ₂ verordnet, daß der Pred[i]ger B. hies[e]lbst den R[e]l[i]g[io]nsunterricht in dem Seminar nicht ferner ertheilen solle, ist demselben am 3 ten ₃ dieses Monats durch die Post zugekommen. Abgesehen davon daß diese V[er]füg[un]g ₄ dem Pred. BORNEMANN unangenehm gewesen, so mußte es ihm doch empfindlich sein, daß er schon mehrere Wochen <u>vorher</u> durch den hiesigen Empfänger die Nachricht erhielt, daß ₅ vom 1 ten Aug. dieses Jahres ₆ weiter keine Zahl[un]g für den R[e]l[i]g[ion]sunt[e]r[i]cht im Seminar ₇ geleistet werde.

Ohne Zweifel ist dieses gegen den Willen Ew. Excellenz so gekommen, u. da ich zugleich vermuthe, daß auch an den nicht definitiv angestellten Lehrer die Zahlung bis zum Tage, an welchem die vorgesetzte Behörde ihm die Stelle aufkündigt, geleistet u. daß ₈ keinem Lehrer die Ferienzeit in Abzug gebracht werde, da auch der Prediger B. am 1 u. 2 ten August, an dem Tage unsrer Prüfung, noch fungirt hat, so ₉ möchte der Pr. B. wohl ₁₀ auf die Zahl[un]g des Gehaltes bis zum 1 ten Oct. d. Jahres Ansprüche zu machen haben.

Zugleich möchte ich Ew. Excellenz den W[un]sch vortragen, in den auch der H. K[onsistorial].R[ath]. K[ORTÜM]. am 1 ten Aug [ei]nst[im]mte, daß es sehr wünsch[en]swerth sei, wenn Ew. Exc. die Gewog[en]h[ei]t haben wollten, ₁₁ u[n]sern Violinl[e]hrer WITZKA, der für jährliche 80 Rh 24 St[un]den U[n]t[er]r[ic]ht] gibt, mit einer – wenn auch kl[ein]en – Gratification zu betr[a]u[e]n.

Eigh. Entw., GStA PK, I. HA Rep. 76 Seminare, Nr. 10062: 135ʳ

134
An das Scholarchat der Stadt Moers

Moers, 1. November 1825

Auf beiliegendes Papier habe ich in aller Kürze die Zwecke und äußere Einrichtung der Elementarschule u. des Progymnasii geschrieben.

Freilich genügt dies nicht, wenn die Regierung eine förmliche <u>Schulordnung</u> verlangt, unter welchem Namen man ein vollständiges Regulativ des Schulwesens versteht. – Vielleicht aber ist die Regierung mit dieser kurzen Nachweisung zufrieden. Wo nicht, so muß die bereits entworfene Schulordnung des Progymnasii, welche aber längst in den Händen der Regierung ist, nebst dem die Elementarschule betreffenden nachgeschickt werden.

Diesterweg.

B e r i c h t
ü b e r   d i e   S c h u l o r d n u n g   d e r   S t a d t   M e u r s

In der hiesigen Stadt befinden sich 3 verschiedene Schul- und Bildungs-Anstalten: eine Elementar- oder Volksschule, ein Schullehrer-Seminarium und ein Progymnasium. Obgleich die Schullehrer-Bildungs-Anstalt nicht unmittelbar der Stadt angehört, so muß dieselbe doch hier mit aufgeführt werden, weil sie in 1 die Verfassung der Elementarschule 2 eingreift.

Die Zwecke der Elementarschule sind: Mittheilung und Aneignung der jedem Menschen nothwendigen unentbehrlichen Kenntnisse 3 Fertigkeiten und Eigenschaften. Außer diesem Hauptzwecke soll sie zugleich, wenigstens in ihren unteren Klassen, Vorschule des Progymnasiums 4 sein. Damit diese Zwecke vollständig erreicht werden, ist die Schule in 3 abgesonderte Klassen vertheilt mit 2 fest angestellten Lehrern. Die Geschäfte des dritten Lehrers werden von den am meisten ausgebildeten Zöglingen des Schullehrer-Seminars unter der Leitung des Seminardirectors besorgt 5 . Die äußere und innere Leitung der Schule besorgt der Städtische Schulvorstand, 6 bestehend aus dem Bürgermeister, den beiden evangelischen und dem katholischen Pfarrer und dem Direktor des Seminars.

Das Progymnasium, dessen 7 ausführliche Schulordnung schon längst in den Händen Einer H. Lob. Regierung und von derselben genehmigt worden ist, hat die Aufgaben, denjenigen Bürgersöhnen, welchen 8 die Leistungen der für das allgemeine Bedürfniß eingerichteten Elementarschule 9 nicht genügen können, eine 10 höhere Bildung zu geben und namentlich diejenigen, welche sich dem Gelertenstande 11 widmen, zur Universität vorzubereiten. 12 Den Bedürfnissen und den Mitteln der Stadt angemessen ist das Progymnasium in 4 getrennte Klassen abgetheilt, und jeder Klasse ist ein eigener Lehrer vorgesetzt. Die Leitung der Anstalt steht zunächst unter 13 dem sogenannten Scholarchate des Progymnasii, welches gegenwärtig aus dem Bürgermeister, den beiden evangelischen Predigern und dem Stadtrathe WINTGENS besteht, und von welchem zugleich die zum Besten des Städtischen Schulwesens gestiftete HAR[T]ZING'sche Fundationskasse [1] verwaltet wird.

Auf die vorbeschriebene Weise genügt das hiesige Schulwesen sowohl den allgemeinen als den besonderen Bedürfnißen der hiesigen Stadt.

14 Für den hiesigen Schulvorstand als Mitglied desselben

der Burgermeister[2]

Eigh. Entw., Stadtarchiv Moers, Alte Registratur (16.–Anfang 20. Jahrhundert), Karton 245, Akte 72,19, o. F.

[1] Der Hof- und Bergrat Peter Hartzing (s. ds.) hatte 1680 die Hälfte seines Vermögens (6000 Reichsthaler) für die Lateinschule Moers gestiftet, um armen begabten Moerser Kindern den Schulbesuch und die Aufnahme eines Studiums zu ermöglichen (Hartzingsche Stiftung/Fundation) – unter ausdrücklichem Hinweis auf Förderung der Musik und der Arithmetik und Unterbringung der Kinder in einem Alumnat.

² Der Bericht war zur Unterzeichnung durch den Bürgermeister vorgesehen. Diesterweg hatte offenbar den Auftrag, für ihn einen Text zu entwerfen. Aus diesem Grunde sind hier sowohl das Anschreiben als auch der Bericht wiedergegeben.
Bürgermeister der Stadt Moers war zu diesem Zeitpunkt Friedrich von Nyvenheim (s. ds.).

135
An Oberpräsident Karl Heinrich Ludwig Freiherr von Ingersleben, Koblenz

Moers, 4. November 1825

An des Herrn Geheimen Staatsm. u. Oberpräs. Freih. v. Ing. Excell[en]z in Coblenz.

Die Wiederaufnahme des W. DÖRKEN in's Seminar betr.[1]

Daß Ew. Excell[en]z noch einmal ₁ durch den W. DÖRKEN beschwert worden sind, hat mir recht leid gethan, da derselbe sich nicht ₂ durch sein Betragen einer solchen Gunst würdig gezeigt hat. – Dieser W. D. besitzt ₃ nur sehr geringe Anlagen, die in ₄ der Jugend nicht einmal gehörig angeregt worden sind, wie es die Aspiranten-Prüfung vor der Königlichen Regier[un]g zu Düsseldorf vor 2 Jahren nachgewiesen hat. Indessen hofften wir während des ersten Jahres seines Aufenthaltes im Seminar immer noch, daß er wenigstens ein mittelmäßiger Schullehrer werden würde. Als aber im 2ten Jahre die praktischen Übungen in der Kinderschule begannen, ₅ offenbarte W. DÖRKEN eine solche Unbeholfenheit im ₆ Ausdruck u. in der Handhabung der bekanntesten Dinge, u. zugleich eine solche Trägheit u. Unlust bei dem Unterrichte, daß er ₇ dadurch die untrüglichsten Proben seines Mangels in Befähigung zum Lehrstande ₈ lieferte. Nichts desto weniger wurde das Mögliche versucht, besonders da ich mit dem Vater in einigermaßen befreundeter Beziehung stand. Durch Wort u. Beispiel, durch Ernst u. Liebe suchten wir den W. D. für die Sache zu gewinnen. Alles vergebens u. statt dankbarer Annahme redlicher Bemühungen Beharren in bäurisch rohen Sitten u. stumpfer Gefühllosigkeit. ₉ Als ₁₀ es ihm nun zuletzt auch noch einfiel, die Hausordnung nach Willkühr zu übertreten, heimlich ₁₁ Schenken zu besuchen ₁₂ und ₁₃ gegen die Lehrer offenbare u. ihm nachgewiesene Unwahrheiten frech zu behaupten, da durfte ich nicht länger einer schwachen Gutmüthigkeit Raum geben, sondern ich mußte schnell darauf sinnen, ein so unbrauchbares verderbliches Mitglied aus der Schullehrer-Bildungsanstalt u. dadurch von dem Schulstande überhaupt zu entfernen. Ich darf es daher für baare Unwahrheit erklären, wenn Jemand ₁₄ behauptet, daß der W. DÖRKEN Liebe zum Schulamte besitze, es sei denn, daß ₁₅ er darunter verstehe, daß er dasselbe als ein Mittel liebe, um den verhaßten Soldatenübungen zu entgehen. Letzteres ist – wie ich ₁₆ vor 3 Wochen aus dem Munde des ₁₇ W. D. selbst vernommen habe – der hauptsächliche Grund, warum er wieder hieher wünscht. Wenn aber noch irgend etwas den W. D. aus seiner Trägheit heraus zwingen kann, so ist es das Militär-Exercitium.

Aus diesem Grunde ₁₈ muß ich lebhaft wünschen, daß es Ew. Ex. gefallen möge, den W. DÖRKEN von unsrer Anstalt u. von dem Schulstande überh[au]pt abzuhalten.

Eigh. Entw., GStA PK, I. HA Rep. 76 Seminare, Nr. 10062: 138r+v

¹ Siehe Brief vom 10. Juli 1825 (Nr. 126) und die dortige Anmerkung 1 über die Disziplinargesetze der Anstalt.

136
An die Regierung Düsseldorf

Moers, 9. November 1825

An
die Königliche Hochlöbliche Regierung
zu Düsseldorf.

Emphelung des W. GELDERMANN betr.

Der Schulamtskandidat W. GELDERMANN aus Schermbeck, früher Zögling des evangelischen Schullehrer-Seminars hierselbst und seit 1 Jahre Hauslehrer in Ruhrort, hat, bei Gelegenheit der erledigten Elementar-Schulstelle in Jüchen, daselbst eine Probe abgelegt. Für den Fall, daß derselbe unter die Dreizahl der der Hochlöblichen Regierung Vorzuschlagenden aufgenommen werden sollte, erlaube ich es mir, denselben der Hochlöblichen Regierung zu hochgefälliger Berücksichtigung zu emphelen. Derselbe ist mit dem Zeugniß „sehr gut bestanden" von hier entlassen worden,[1] und er hat sich seitdem mit regem Eifer fortgebildet. Auch sein Charakter macht ihn sehr emphelenswerth.[2]

Der Seminardirektor
Diesterweg.

Eigh., HStA Düss, Reg. Düss., Nr. 3107, 26^{r+v}

[1] Vgl. das Zwischenzeugnis über Geldermann in dem Brief an Superintendent Roß (s. ds.) vom 10. November 1823 (Nr. 70).

[2] Die Gemeinde in Jüchen hatte sich ursprünglich für einen anderen Bewerber, Johann Peter Aretz, entschieden. Die Regierung in Düsseldorf stimmte diesem Vorschlag aber nicht zu, sondern forderte die Gemeinde auf, sich zwischen den ehemaligen Moerser Seminaristen A. W. Peters (s. ds.) und W. Geldermann zu entscheiden. Am 21. April 1826 schickte das Ministerium in Berlin eine ausdrückliche Bestätigung der Ansicht, Seminarabsolventen seien bevorzugt einzustellen, an den Schulgemeindevorstand. (Vgl. HStA Düss, Reg. Düss., Nr. 3107, 28^{r}–39^{v}.)

137
An Oberpräsident Karl Heinrich Ludwig Freiherr von Ingersleben, Koblenz

Moers, 28. Dezember 1825

An des H[err]n. Geh. Staatsm. u. Oberpr[ä]s[i]d[en]ten Fr[ei]h[err]n v Ingersl[e]ben Excell[en]z in Coblenz.

Die Pr[ü]f[un]g der Schulamtskandidaten in dem R[e]g[ierun]gsbez[i]rk Düsseldorf betr.

Ew. Exc[e]ll[en]z ist es wohl bekannt, wie nothwendig u. wichtig es nach ₁ der Uberzeug[un]g des gehorsamst Unterzeichn[e]ten ist, daß die Schulamtskandidaten eines u. desselben Regierungsbezirkes, sie mögen sich nun in oder außer den Seminarien zum Schulamte vorbereitet haben, <u>derselben Prüfung</u> unterworfen werden.[1] ₂ Schon die gewöhnliche alltägliche Gerechtigkeit will es, daß die Gleichheit der Ansprüche u. Forderungen durch Gleichheit der Leistungen bedingt werde. Daher stellt man mit Recht allen denen, welche sich um ein Amt bewerben, gewisse, klar ausgesprochene und zur allgemeinen Kenntniß gebrachte Bedingungen, aus der Natur des Amtes u. seiner Verhältniße hergenommen, u. weis't jeden unnachsichtlich ab, welcher diese Bedingungen nicht erfüllt. Man macht ₃ also an <u>Alle</u>, welche sich um dasselbe Amt bewerben, <u>dieselben</u> Anforderungen.

Es kommt mir vor, als wenn die eben ausgesprochenen Meinungen so einleuchtend u. auch so allgemein anerkannt seien, daß es ein ganz überflüssiges Beginnen wäre, alte oder neue Gründe für deren Wahrheit aufzustellen. Und doch ₄ möchte ich mich gewissermaßen dazu versucht fühlen, da die Königliche Regierung zu Düsseldorf ₅ mir eröffnet hat, daß sie diese Ansichten auf die Schulamtskandidaten ihres Bezirkes anzuwenden nicht gesonnen sei. Diese Erklärung nöthigt mich, ₆ um Ew. Excellenz, des hochverehrten Vorstehers der Seminarien, hochgeneigte Aufmerksamk[ei]t auf einige Augenblicke unterthanigst zu bitten:

Ich hatte ₇ unterm 26ten Juli des zu Ende laufenden Jahres bei der Königlichen R[e]g[ierun]g zu Düsseldorf einige Vorschläge eingereicht, die dazu dienen sollten, die Erreichung der Zwecke des Seminars ₈ zu begünstigen.[2] Unter denselben war auch der näher motivirte Vorschlag und respective Wunsch enthalten, daß ₉ an <u>alle</u> Schulamtskandidaten des Regierungsbezirkes, gleichviel ob Seminaristen oder Nichtseminaristen, bei der Prüfung zu einem Elementarschulamt, <u>dieselben</u>, gegen früher <u>gesteigerten</u> Anforderungen gemacht, daß demjenigen Maaßstab, welcher an die S[eminari]sten gelegt werde, auch alle Nichtseminaristen unterworfen werden möchten u. daß zu dem Ende, insonderheit zur Vermeidung aller Bevorrechtung der einen oder andren Parthei, und zur untrüglichen, ganz anschaulich klaren Entscheidung, <u>wo</u> die bessere Vorbereitung zum Schulamte geleistet werde, die Prüfung aller, ein Wahlfähigkeitszeugniß Aspirirenden, vor derselben Commission, an demselben Orte und zu derselben Zeit abgehalten werden möchte. Dieser Wunsch ₁₀ enthielt nichts anders als die Forderung der Gleichheit der Leistungen bei denselben Ansprüchen, keine Zurücksetzung der Nicht-Seminaristen, aber auch keine Bevorrechtung derselben, weder Über- noch Unterordnung der einen oder andren Seite, enthielt ja nichts, als den Wunsch der Gleichheit vor Gesetz und Richter, nichts, als was in andren Regierungsbezirken zb. im Reg[ierun]gsbezirk Merseburg, um nur einen namhaft anzuführen, längst in's Wort gesetzt ist. Die Königliche Regierung in Düsseldorf hat darauf Folgendes erwiedert.

„(Inhalt: „Abschlägliche Antwort.)"

[(]Siehe Beilage im Original!)"

Die K. Reg[ierun]g erklärt in dem Mitgetheilten, daß sie <u>in dem Maaße</u>, als sich <u>Aussicht</u> zeige, daß <u>Subjekte in hinlänglicher Anzahl zu finden seien</u>, welche solchen <u>höheren</u> Anforderungen entsprächen, die Anforderungen steigern werde. Nun aber ist es unmaßgeblich meine Meinung, daß die Berücksichtigung subjektiver Verhältniße da durchaus wegfallen müsse, wo dieselben einer heiligen und großen Angelegenheit, hier der Volksbildung, zum offenbaren Nachtheil gereichen, und wo auf andrem Wege Subjekte in hinlänglicher Anzahl sich finden, welche diesen höheren Anforderungen Genüge leisten. ₁₁ Als letzte nenne ich nun hier ohne allen Anstand die Zöglinge der Seminarien, auch ₁₂ des hiesigen, welche, ₁₃ wie dies gar nicht anders sein kann, ganz andre Anforderungen befriedigen, als die durch den leidigen, in seiner Nichtigkeit noch lange nicht genug erkannten alten Schulmechanismus gestumpften Aspiranten. Eben davon auch die K. Hochl. Regierung zu Düsseldorf zu überzeugen, eben deßwegen können wir auf den Wunsch, daß die Schulamtskandidaten zusammen examinirt werden, unmöglich verzichten. [14]

[15] Da sich seit einem Jahre im R[e]g[ierun]gsb[e]z[i]rk Düsseldorf die Meinung verbreitet hatte, daß in's künftige alle Nicht-Seminaristen auch im Seminar – wie es unter andern auch, zum Segen für die Sache, in Weißenfels der Fall ist – examinirt werden sollten, da fuhr ein heilsamer Schrecken in die Nicht-Seminaristen, u. schon zeigte sich die Heilsamkeit desselben darin, daß mehr Zöglinge als je, die Aufnahme in die Anstalt begehrten, nicht selten mit dem offenen Geständniß, daß [16] sie sonst das Examen nicht passiren [17] möchten. Und dieser heilsame, dieser zum Gedeihen des Seminars, d h. [18] eines sehr wichtigen Zweiges des Schulwesens im R[e]g[ierun]gsb[e]z[i]rk Düsseldorf, ganz unentbehrliche Andrang zum Seminar wird dadurch wie abgeschnitten, sobald es bekannt wird, daß die K. R[e]g[ierun]g zu Düsseldorf auch anderwärts examiniren läßt und mit andrem Maaße mißt, als dieß in Mörs der Fall ist. Denn bisher hat das hiesige Seminar bei der Prüfung der in's Seminar Aspirirenden [19] leider immer nur eine kleine Zahl von Aspiranten versammelt gesehen, so daß fast genommen werden mußte, was sich meldete, und während man sich in [20] den Seminarien der älteren Provinzen in dem beglückenden Zustande befindet, aus der großen Zahl der Aspiranten die besten auszuwählen, hat sich unser Seminar [21] auf den niedrigern Standpunkt herabgedrückt gesehen, aus der kleinen Schaar einige der schlechtesten zu entfernen. Schon aus diesem Grunde allein verlangte [22] die Wohlfahrt des Seminars dh. die gründliche Vorbereitung der Schula[mts]kandidaten, daß die Seminaristen v[o]rzugsweise berücksichtigt würden, damit nicht nur die schlechten, sondern die besten Köpfe veranlaßt werden, in's Seminar einzutreten. Allein gerne abstrahirt die Anstalt unter den obwaltenden Umständen von jeder Art der Bevorrechtung; sie will nur keine Zurücksetzung und sie kämpft darum, ihre Zöglinge den übrigen Schulamtskandidaten, oder diese jenen gleichgestellt zu sehen, und zwar durch Gleichheit der Anforderungen an alle in derselben Prüfung. Wird es aber fernerhin noch einen andren Weg geben, der zum Schulamte führt, als den durch eine gerecht strenge Prüfung, als den durch die Seminar-Prüfungscommission, dann werden die besseren Köpfe sich selbst zu helfen suchen, und nur diejenigen, an deren Fortkommen die Eltern, Lehrer u. Schulpfleger verzweifeln, nur solche stumpfe Köpfe werden die Aufnahme in's Seminar aspiriren. Darum müssen wir auf das nächste Mittel, einen Andrang zum Seminar zu bewirken, dh. auf eine gemeinschaftliche strenge Prüfung einen sehr hohen Werth legen, und ich würde mich selbst für einen feilen Miethling[3] halten müssen, wäre es mir nicht ernste Angelegenheit, die K. R[e]g[ierun]g in Düsseldorf zu andren Entschlüssen zu bewegen. – Die in dem ehemaligen R[e]g[ierun]gsbez[i]rk Cleve wohnenden Schulamtskandidaten, welche sich, nicht im Seminar gebildet, zur Wahlfähigkeits-Prüfung gemeldet haben, sind bisher von einer von der K. R[e]g[ierun]g zu Düsseldorf ernannten Prüfungscommission hier in Mörs geprüft worden. Dadurch habe ich den Standpunkt der Nicht-Seminaristen und [23] die Anforderungen kennen gelernt, [24] welche die K. R[e]g[ierun]g in Düsseldorf an die Schulamtskandidaten macht. Es geziemt mir nicht, dieselben zu beurtheilen [25]; aber ich würde [26] mir selbst untreu werden, wenn ich [27] es unversucht ließe, der Sache eine andre Wendung zu geben.

Ich lege dieselbe in die Hand Ew. Excellenz. [28] Sie ist für die hiesige Anstalt, für die [29] Fortführung der Volksbildung, für Einführung der neueren Erziehungs- und Unterrichtsbestrebungen, welche auch in dem R[e]g[ierun]gsb[e]z[i]rke Düsseldorf sowohl den Lehrern als den Herrn Schulpflegern im Allgemeinen noch sehr wenig bekannt sind, für endliche

Verdrängung des geisttödtenden Schulmechanismus u. s. w. u. s. w. von der größten Wichtigkeit.

30 Wie das Hohe Ministerium der geistlichen, Unterrichts u. Medicinal-Angelegenheiten 31 diesen Gegenstand ansehe u. angesehen wissen wolle, erhellet aus folgender Verordnung desselben an das königliche Konsistorium in Westpreußen, dessen Anführung Ew. Excellenz hier noch gütigst erlauben wollen:

(Ein Rescript des 32 Ministeriums an 33 das Konsistorium in Westpreußen, die bevorzugte Anstellung der Seminarzöglinge betreffend.) S. 167 der preußischen Volksschule Görlitz 1825.⁴

Ew. Excellenz wollen 34 wegen der Wichtigkeit der Sache gütigst entschuldigen, daß ich 35 Hochdenselben diese Angel[e]g[en]h[ei]t 36 vorzutragen mir erlaubt habe.

Eigh. Entw., GStA PK, I. HA Rep. 76 Seminare, Nr. 10062: 154ʳ–156ʳ

¹ Siehe Aktenvermerk vom 30. Juli 1824 (Nr. 80) und die Briefe an Superintendent Roß (s. ds.) vom 29. September (Nr. 91) und an von Ingersleben vom 12. Oktober 1824 (Nr. 94).

² Das Schreiben ist nicht überliefert.

³ Die Redewendung vom „Mietling" stammt aus dem Neuen Testament; als Nichteigentümer der Schafherde versieht dieser sein Amt nicht gewissenhaft, sondern läßt die Herde im Stich, sobald er einen Wolf kommen sieht: „denn er ist ein Mietling und achtet der Schafe nicht." (Johannes 10, 12–13)

⁴ Beckedorff, Ludolf (s. ds.): Jahrbücher des Preußischen Volksschulwesens. 8 Bände. Berlin 1825 bis 1829.

138
An die Regierung Düsseldorf

Moers, 29. Dezember 1825

An die K. Hochl. R[e]g[ierun]g zu Düs[se]ld[or]f.

Die Mittheilung der Hauptberichte der Schulpfleger an das Seminar betr.

In mehrern R[e]g[ierun]g[s]b[e]z[i]rken ₁ unsres Staates z B. im R[e]g[ierun]g[s]b[e]z[i]rk Fr[a]nkf[u]rt besteht die Einricht[un]g, daß die H[au]ptberichte d[e]r Schulpfleger dem ₂ Director des Seminars ₃ mitgeth[ei]lt werden, damit derselbe oder ₄ die Lehrerconferenz überh[au]pt Einsicht erhalten, sowohl üb[e]r den Zustand des Elementar-Schulwesens im Allgemeinen, als auch über das Benehmen der ehemaligen Seminarzöglinge im Besonderen ₅ , zu dessen ₆ Verbesserung das Seminar ₇ wegen des fortbestehenden Verhältnißes zwischen der Anstalt u. den Zöglingen ₈ manches Ersprießliche ₉ beizutragen im Stande ist.¹ Da diese Einricht[un]g wohl überall von ₁₀ heilsamen Folgen begleitet sein möchte, so habe ich Vorstehendes der K. Hochl. R[e]g[ierun]g mitzutheilen und den ₁₁ unmaßgeblichen Vorschlag, daß Hochdieselbe ein ähnliches Verfahren mit der hiesigen Anstalt einzuleiten veranlaßt werden möchte, daran zu reihen für Pflicht gehalten.

Dg.

Eigh. Entw., GStA PK, I. HA Rep. 76 Seminare, Nr. 10062: 14ʳ

¹ Siehe Brief an die ehemaligen Seminaristen vom 11. Juli 1823 (Nr. 60).

139
An das Konsistorium der Provinz Jülich-Kleve-Berg, Köln

Moers, 30. Dezember 1825

An das Königliche Hochwürdige Konsistorium zu Cöln.

Die baulichen Einrichtungen in dem Seminar betr.

Ad Rescr. d.d. 24 Dec. 1825. K. 2351.

Die Vollendung der baulichen Arbeiten in der hiesigen Anstalt hat sich, leider! bis jetzt verzogen, und noch an dem heutigen Tage sind die Schreiner mit Arbeiten beschäftigt; die Maurer sind erst am 24ten Dec[em]b[e]r fertig geworden.[1] Darum können die neu eingerichteten Zimmer in diesem Winter gar nicht gebraucht werden, der Schlafsaal allenfalls ausgenommen, in so fern dieß durch die erwartete Ankunft zweier Lehrer[2] nöthig werden sollte. – Die noch fehlenden aber veranschlagten und zur 1 Anschaffung genehmigten Utensilien sind zwar noch nicht fertig, aber doch in Arbeit gegeben; 2 wegen einiger andern, 3 zu deren Anschaffung die Genehmigung noch nicht ertheilt war, ist von dem Distriktsbaubeamten BRÜGGERHOF in Geldern 4 die Genehmigung bei der K. Regierung zu Düsseldorf nachgesucht worden, welche demnächst erwartet wird. Auch ist, da die K. Regierung zu Düss[el]dorf mir angezeigt hat, daß der Seminarien-Einrichtungsfonds[3] noch einige Einrichtungen zuließ, Hoffnung vorhanden, daß 5 noch einige Bedürfniße unsrer Anstalt befriedigt werden, welche namhaft zu machen ich von der K. R[e]g[ierun]g zu Düsseldorf aufgefordert worden bin.

Eigh. Entw., GStA PK, I. HA Rep. 76 Seminare, Nr. 10062: 157ʳ

[1] Siehe Brief vom 28. August 1824 (Nr. 84), Anmerkung 3.

[2] Vermutlich sind die Lehrer J. H. Vorreiter (s. ds.) und L. Erk (s. ds.) gemeint, die im Februar bzw. Juni 1826 offiziell bestätigt wurden.

[3] Siehe Brief vom 19. Januar 1825 (Nr. 108), Anmerkung 3.

140
An das Konsistorium der Provinz Jülich-Kleve-Berg, Köln

Moers, 5. Januar 1826

An das Königliche Hochwürdige Konsistorium zu Cöln.

Den Empfang des Werkes „Der Krieg der Verbündeten etc." betr.[1]

Beiliegend beehre ich mich, gemäß der verehrlichen Verordnung vom 27ten Decbr 1823, eine Bescheinigung über den Empfang des angezeigten Werkes dem hochwürdigen Konsistorio zu übersenden, und damit den richtigen Empfang der Wandcharte von West- und Mittel-Europa von R. v. L.[2] zugleich anzuzeigen. Für beide Geschenke statte ich dem Hochwürdigen Konsistorio im Namen des Seminars den verbindlichsten Dank ab.

Der Seminardirektor
Diesterweg

Bescheinigung.

Ich bescheinige hiermit den richtigen Empfang des Werkes: „Der Krieg der Verbündeten in den Jahren 1812/15, erster Theil", nebst der dazu gehörigen Charte, und daß dasselbe unter der Nummer B. a. 8. 7.
in's Inventarium des Seminars eingetragen worden ist.

Der Seminardirektor
Diesterweg.

Eigh., HStA Düsseldorf, Konsistorium Köln, Nr. 21, 53r–54r

[1] Gemeint ist: Rau, Karl Fd. von (s. ds.): Der Krieg der Verbündeten gegen Frankreich in den Jahren 1813, 1814 und 1815; als Erläuterung der beiden Tableaus, welche die Schlachtpläne jenes Krieges darstellen. In gedrängter Kürze entworfen von dems. und hrsg. von Carl Vetter. Mit Allerhöchster Genehmigung Seiner Majestät des Königs von Preussen etc. 3 Bde. Berlin: Nauck 1821–1824; 2ter Theil 1822.
[2] Gemeint ist: Johann Jakob Otto August Rühle von Lilienstern (s. ds.). Möglicherweise handelt es sich um die drei Supplementsblätter zu dessen Werk: Allgemeiner Schul-Atlas. Berlin: Reimer 1826.

141
Rundschreiben an ehemalige Seminaristen

Moers, 22. Januar 1826

[1] Zufolge des vom Hohen Ministerio dem hiesigen Seminar vorgeschriebenen Reglements muß jeder abgehende S[eminari]st, welcher in der Prüfung nicht das Zeugniß N. I erhält, sich 3 Jahre nach seinem Austritt [au]s der Anstalt abermals einer Prüfung [2] unterwerfen.[1] – Dieses ist daher auch mit Ihnen der Fall u. ich säume Ihnen *[sic!]*, Ihnen dieses hiermit, also bei Zeiten, anzuzeigen. Sie müssen sich nehmlich Ende Juli 1827 [3] hier in Mörs einfinden – der Tag der Prüf[un]g selbst wird Ihnen seiner Zeit näher angezeigt werden. –

Es bedarf [4] keiner Erinnerung, daß diese Prüf[un]g für Sie ein Sporn sein wird, in allen Schulgegenständen möglichst sichern Fortschritt zu machen. Ich traue es Ihnen zu, daß Sie das auch ohne dieß thun würden. Aber doch muß der gerechte Wunsch, 1827 auf ein recht ehrenvolles Zeugniß Anspruch machen zu können, Ihnen Eifer Reg[e]lmässigkeit u. Ausdauer geben. Wenden Sie daher alle Ihre Freistunden mit gewissenhaftem Eifer dazu an, daß Sie sich sämmtlicher Unterrichtsgegenstände der El[emen]t[a]rschule vollends bemächtigen u. es in technischen Geschicklichkeiten wirklich zur anerkennenswerthen Fertigkeit bringen. Die Anstalt rechnet mir ganz sicher auf dieses Resultat. –

Bei dieser Gelegenheit empfele ich Ihnen unbedingt
1. zum Unterricht im Lesenlehren
   KAWERAU's Leitfaden beim Unterricht im Lesenlehren nach der Lautirmethode[2]
2. zu Denk- u. Sprachübungen
   GRASSMANN Leitfaden zu Denk- u. Sprachübungen.[3]
3. Die biblische Geschichte von HEBEL.[4]

[5] Sie dürfen sich den beiden ersten ganz methodisch bearbeiteten Büchern nur ganz überlassen u. Sie werden Früchte davon einärndten.

312

In jedem Falle werden Sie beide erst für sich studiren, bevor Sie zur Anwendung schreiten. Beides ist in hohem Grade der Mühe werth.

Wenn Sie mit Ihren einzuschickenden Arbeiten noch zurück sind, so säumen Sie nicht länger u. beobachten Sie ja in dieser Hinsicht eine bestimmte Regelmäßigkeit.[5]

Wenn Sie es wünschen, in diesem Jahre mit Ihren ehemaligen Cameraden u. mir hier eine Zusamm[en]k[un]ft zu halten, so zeigen Sie mir dieses bei Zeiten an, u. <u>wann</u> es Ihnen am gelegensten kommen würde.[6] Mit bekannten Gesinnungen grüße ich Sie freundschaftlichst.

Dg.

Eigh. Entw., GStA PK, I. HA Rep. 76, Seminare Nr. 10062: 14v–15r

[1] Siehe auch Formblatt an die Schulpfleger vom Anfang des Jahres 1825 (Nr. 105).

[2] Lehrmethode, die Wörter nach ihren Lauten aufzuschreiben.
Mit dem Lehrbuch ist gemeint: Kawerau, Peter Friedrich Theodor: Leitfaden für den Unterricht im Lesen, nebst vorangeschickter kurzer Lautlehre zur Belehrung des Lehrers etc. Breslau: 1824.

[3] Graßmann, Friedrich Heinrich Gotthilf: Anleitung zu Denk- und Sprechübungen, als der naturgemäßen Grundlage für den gesammten Unterricht, besonders aber für den ersten Sprachunterricht in Volksschulen. Mit drei Kupfertafeln. Berlin: G. Reimer 1825.

[4] Hebel, Johann Peter: Biblische Geschichten für die Jugend. 2 Bdchen. Stuttgart 1822; 2. Aufl. 1824.

[5] Siehe Rundschreiben an die ehemaligen Seminaristen vom 11. Juli 1823 (Nr. 60).

[6] Die ehemaligen Seminaristen hatten mit Diesterweg zu ihrer beruflichen Weiterbildung den „Verein der aus dem Seminar zu Moers Entlassenen" gegründet und trafen sich jeden Osterdienstag (vgl. den Aufsatz „Verein der aus dem Seminar zu Mörs Entlassenen", Rh. Bl., Jg. 1827, Bd. I, Heft 1, S. 131 ff.; vorliegende Ausgabe, Bd. I, S. 184 f.).

142
An das Ministerium der geistlichen, Unterrichts- und Medizinalangelegenheiten, Berlin

Moers, 18. Februar 1826[1]

J a h r e s b e r i c h t
ü b e r   d a s   S c h u l l e h r e r - S e m i n a r   z u   M ö r s ,
d a s   J a h r   1 8 2 5   b e t r e f f e n d ;
a b g e s t a t t e t   v o n   d e m   S e m i n a r d i r e c t o r   D i e s t e r w e g .[2]

Das Jahr 1825 hat dem Schullehrer-Seminar zu Mörs Veränderungen mancherlei Art gebracht; Veränderungen im Äußern und im Innern. Die Zeiten der Veränderungen sind in der Natur und im Menschenleben nicht diejenigen, in welchen $_A$ Früchte aller Art zur <u>Reife</u> gebracht werden; $_B$ dazu wird ein festes, bleibendes Bestehen des Vorhandenen und die Benutzung aller Elemente des Werdens erfordert. Die Zeiten der Umänderungen legen nur den Grund $_C$ zu künftiger Entwicklung. Wo man daher an Umbildungen, Erweiterungen und Veränderungen arbeitet, da wird man berechtigt sein, von der Zukunft mehr zu hoffen, als die Gegenwart vorzeigt und die Vergangenheit geleistet hat.

Dieser Gedanke findet seine völlige Anwendung auf die hiesige Anstalt in Betreff ihres Zustandes während des Jahres 1825. Im Anfange desselben waren noch nicht alle nöthigen Räume beschafft; im Laufe desselben sind sie größtentheils hergestellt worden. Das Lehrerpersonal hat wesentliche Veränderungen erlitten; der Religionslehrer der Anstalt wurde entlassen und der zweite Lehrer versetzt.[3] Das Jahr 1825 war für das Seminar die Zeit der Veränderung. Daher zeigten sich mehr Hoffnungen als Leistungen, wie der Verfasser dieses Berichtes zu reden um so dringender aufgefordert wird, da er gegen Ende des Jahres die Anstalt allein geführt hat. Er hat daher meist ₐnur von sich selbstₐₗ zu berichten. Wenn aber auch Manches erst im Entstehen begriffen gewesen; wenn Vieles erst in der (hoffentlich nahen!) Zukunft vollständig geleistet und ausgeführt werden wird: so glaubt er doch im Allgemeinen die Anstalt in festem Gange erhalten, und den Zweck derselben nie aus dem Auge verloren zu haben.

Unter dem ₆nöthigen₆ₗ Beistande Gottes, dessen wir auch in dem verflossenen Jahre gewürdigt wurden, und unter dem fördernden Schutze unseres Hohen Ministerii, dessen ᴅ Gunst die Anstalt mit mir so viele Beweise wohlwollender Berücksichtigung verdankt, wird das Jahr 1826 die Anstalt zu derjenigen Festigkeit führen, welche zur Zeitigung ᴄreifer꜀ₗ Früchte erfordert wird.

1. ᴅÄußere Beschaffenheit꜀ₗ und darin vorgenommene Veränderungen, als Bauten, Reparaturen, Vermehrung oder Abgang im Inventario u. dgl. mehr.

Gleich im Anfange des Jahres wurden die zum Ausbau der Anstalt eingereichten Vorschläge von des Herrn Oberpräsidenten VON INGERSLEBEN Excellenz genehmigt und zum Verding der vorzunehmenden Arbeiten geschritten. Obgleich sich deren Beginn bis zum Monat August verzog, so ist doch das Meiste im Laufe des Jahres vollendet worden. Die Anstalt ist dadurch in den Besitz der ihr noch fehlenden unentbehrlichen Räume gekommen. Dadurch, daß auf dem Söller des Hauptgebäudes ein Schlafsaal für 18 Seminaristen angelegt ᴇ wurde, ist es möglich geworden, ein geräumiges Zimmer für musikalische Übungen, für Chorgesänge etc. einzurichten. In den beiden kleinen Nebengebäuden sind nun zwei Zimmer für die Seminarschule, ꜰ ein Speise-, ein Effecten-[4] und ein Krankenzimmer eingerichtet, welche gleich vom Frühling 1826 an benutzt werden können. Wenn daher auch die Anstalt grade keine besonders große Ausdehnung hat, so wird es ihr doch in der Folge nirgends an den nöthigen räumlichen Einrichtungen mangeln.

Auch das Inventarium der Anstalt hat sich bedeutender Vermehrungen ɢ zu erfreuen gehabt, wie das beiliegende Verzeichniß nachweiset. ʜ

2. Frequenz der Anstalt.

Am Ende des Jahres 1824 zählte die Anstalt 31 Zöglinge. Von ɪ diesen wurden im Anfange des Jahres 1825 3 wegen geistiger Stumpfheit und einer wegen ᴊ anhaltender Trägheit entlassen.[5] Außerdem verließen die beiden Seminaristen ELSERMANN und SCHÜRMANN, welche ein Jahr als Hülfslehrer mitgewirkt hatten, am Ende des Cursus, Anfangs August, die Anstalt. Da zufolge höherer Verfügung der ᴋ zweijährige Cursus diesmal zu einem dreijährigen ausgedehnt wurde, so entließ die Anstalt außer den Genannten nur noch einen Zögling, welcher bereits 2 1/2 Jahre der Anstalt angehört hatte.[6] Die ʟ Zahl der im Jahre 1825 Abgegangenen belief sich daher auf 7. _M Eine eigentliche Aufnahme fand wegen des angeführten Umstandes nicht statt, und es wurden daher nur drei gehörig qualificirte Zöglinge zu den 24 gebliebenen hinzugethan, so daß sich die Zahl derselben am Ende 1825 auf 27 belief.

3. Gesundheitszustand der Zöglinge.

Ungeachtet des nassen Winters, der großen Ueberschwemmungen und des _N feuchten Jahres überhaupt _O haben wir uns fast einer ununterbrochenen Gesundheit aller Zöglinge zu erfreuen gehabt. Nach Aussage der Ärzte bringen trockne Jahre den hiesigen Gegenden mehr Krankheiten als nasse. Ein einziger Zögling _P wurde an einem Nervenfieber bettlägerig, genaß aber bald. Ohne Zweifel _Q äußert die thätige und mäßige Lebensart der Seminarzöglinge überhaupt, die oft veranlaßte freie Bewegung in frischer Luft, Gartenarbeiten, und, möchte ich hinzusetzen, die _R _ebemerkenswerthe_{el} Reinlichkeit unsres Hauses Vieles zur Erhaltung der Gesundheit der Zöglinge bei *[sic!]*. Ich _S halte darauf, daß jeder sich am _T Ende der Woche mit frischem Wasser den Körper reinigt, wenn nicht eine strenge Witterung es verbietet, und so lange _U nicht im _V Flußwasser gebadet werden kann.

4. Ordnung, Disciplin und Sittlichkeit.

In den katholischen Schulen der Rheingegend herrscht fast durchgängig mehr äußere Zucht und Ordnung, als in den evangelischen Schulen. Ohne Zweifel deswegen, weil das katholische Kind schon frühe zur Ehrerbietung gegen Kirche und Schule erzogen wird; weil der Schullehrer ihm als ein halber Geistlicher erscheint, und weil viele katholische Lehrer _W ihren Beruf _X als eine geweihte Sache betrachten. Leicht erkennt man daher schon an vielen Orten den Unterschied der evangelischen und katholischen Schulen, bevor man hineingetreten ist. _Y Es möchte sich daher auch wohl bestätigen, daß _Z katholische Seminarzöglinge sich leichter _{AA} unter strenge Regel und äußere Ordnung fügen, als dies bei evangelischen Zöglingen der Fall ist. Freilich kommt Alles zuletzt auf den Geist an, mit welchem eine Sache behandelt wird. _{AB} Im Allgemeinen möchte ich von dem Sinne der Seminarzöglinge im Regierungsbezirke Düsseldorf behaupten, daß er die Handhabung der disciplinarischen Ordnung grade nicht erleichtert. Es mögen Umstände verschiedener Art: Wohlstand, _{AC} Betriebsamkeit des Lebens, _{AD} Selbstständigkeit der Gemeinden in Kirchen- und Schulangelegenheiten, freie Beurtheilung der Lebensverhältniße etc. dazu beitragen. So lange die hiesige Anstalt besteht, haben immer Einige unserer Zöglinge sich schwer in den geregelten Gang, den jede zusammengesetzte Anstalt nun einmal festhalten muß, finden können; daher ist es zu allen Zeiten nöthig gewesen, gute Aufsicht zu führen; nicht gerade, um Excessen vorzubeugen, sondern um der pünktlichen Erfüllung vieler kleinen Dinge gewiß zu sein. Ich muß hinzufügen, daß nach meiner Beobachtung grade die <u>aufstrebenden</u> Köpfe sich dazu aufgelegt gezeigt haben, in sogenannten Kleinigkeiten nach _{AE} Willkühr zu verfahren. Uebrigens glaube ich, daß es in unsrer Anstalt an Ordnung und Zucht nicht fehlt. Ich sage dieß mit Dank gegen Gott. Denn was nützt alle Erziehung ohne Zucht, Gehorsam, Ehrerbietung, Respect etc.? Von eigentlich unsittlichen Erscheinungen _{AF} weiß ich keine anzuführen. Wenn ich irgend etwas zuweilen mit einigem Schmerzgefühl vermißt habe, so war dies der Mangel der Auffassungsfähigkeit zarter Verhältniße bei vielen unserer Zöglinge, wie sie die nahe Verbindung mit einer Familie veranlaßt, und wie sie aus fein fühlenden Menschenherzen, welche mit dem Schmuck der Seelenschönheit bekleidet sind, hervorzutreten pflegt. Ich muß es dahin gestellt sein lassen, ob solche Nicht-Beachtung ₜjenerₙ Beziehungen überhaupt als Geist der Jugend, oder als Folge gewöhnlicher Erziehung, oder als Charakterzug der Zöglinge unserer Gegend anzusehen ist.

5. Unterrichtswesen.

Im Allgemeinen sind wir den Ansichten, welche ich in meinem vorjährigen Berichte über die Unterrichtsgegenstände aus einander zu setzen, mich beehrte, treu geblieben, und ich bin der Meinung, daß die Erfolge des Unterrichts nicht als ungenügend erscheinen möchten. ₐG Die Lehrer streben überall, so weit es die Natur des Gegenstandes und der Standpunkt der Zöglinge erlaubt, nach Gründlichkeit der Erkenntniß. Sie ist das Hauptgesetz ₐH unserer Unterrichtsbestrebungen ₐI : Sie anzustreben, wird keine Mühe für zu groß geachtet ₐJ, und gerne bringen wir ihr die Ausdehnung der Unterrichtsgegenstände zum Opfer. – Wenn ich mich nun im Ganzen als mit den Fortschritten unserer Zöglinge zufrieden erkläre, so muß ich davon doch die musikalische, überhaupt die technische Ausbildung ausnehmen. ₐK Unsere Zöglinge haben bisher zu wenig oder gar keine Vorkenntnisse in der Musik mitgebracht, und ₐL unser bisheriger Musiklehrer ₐM ERNST leistete in musikalischer Hinsicht nicht genug. Auch in der Zeichenkunst und im Schönschreiben sind unsere Zöglinge hinter den Leistungen anderer Seminarien zurückgeblieben, und es ₐN erwächst für die Anstalt in dieser Hinsicht noch manche Aufgabe. Wir freuen uns daher auf die Anstellung eines eigenen dritten Lehrers für Musik und technische Fertigkeiten. ₐO

Zu schönen Darstellungen ₐP haben unsere Zöglinge im Allgemeinen bisher wenig Anlage gezeigt. Diese Erscheinung zeigt sich auch in den schriftlichen Darstellungen. Sind die Gedanken auch richtig, ₐQ so fehlt es doch an gefälliger Form. Mehr Neigung zeigen die Zöglinge zur Erforschung der Dinge; ₐR ihre Geistesrichtung ₐS zeigt mehr eine vorherrschende Neigung zum Rationellen als zum Gefälligen und Schönen. Ueberall bestätigt sich diese Ansicht, selbst in den Gartenarbeiten. ₐT An denselben haben alle Zöglinge Theil genommen. In der Regel arbeitete jeder wöchentlich 2 Stunden in dem Garten.

Diese Arbeiten zeigen sowohl in körperlicher, wie in geistiger Hinsicht angenehme Folgen, der Natur der Sache gemäß.[7] Im Allgemeinen hat sich ₐU die von dem Hohen Ministerii ertheilte Genehmigung, daß unsre jetzige obere Abtheilung 3 Jahre in der Anstalt verbleiben soll, ₉sehr heilsam₉ₗ gezeigt ₐV . Wir werden am Schlusse des laufenden Jahrscursus Zöglinge entlassen, welche in geistiger und praktischer Ausbildung ₕbedeutendₕₗ höher stehen, als die früheren, welche nach 2 Jahren die Anstalt verließen. So hat die Erfahrung die Hoffnung bestätigt, daß ein dreijähriger Lehrcursus die Zwecke der Anstalt wesentlich fördern werde.

In den letzten Monaten des Jahres hat die Anstalt endlich eine eigene Kinderschule erhalten. Die Einrichtung ist folgende.

Die hiesige Elementarschule steht unter der Leitung eines Schulvorstandes, zu dessen Mitgliedern ich gehöre. Als solcher leite ich die innern Angelegenheiten der Schule. Sie ist in drei getrennte Klassen abgetheilt, hat aber nur zwei fest angestellte Lehrer. Der ältere ist Hauptlehrer der ₐW obern, der jüngere Hauptlehrer der untern Abtheilung. Unter ihnen arbeiten in mehreren Gegenständen die Seminaristen als Hülfslehrer. Außerdem wird die mittlere Schulklasse allein von den Zöglingen des Seminars gehandhabt. Dieselbe ₐX zerfällt – was schon die Localität unumgänglich nöthig macht – in 2 Parallel-Klassen, von denen wir die eine (nur aus Knaben bestehend, 25 an der Zahl) bereits seit mehrern Monaten in dem Seminargebäude haben. Hierdurch ist den Seminaristen hinreichende Gelegenheit geboten, sich unter der Leitung der Lehrer praktisch auszubilden. Die Beaufsichtigung und

316

Leitung dieser Uebungen habe ich bisher allein übernommen. In der Folge $_{AY}$ werden auch die übrigen Seminarlehrer daran Theil nehmen. Die einzelnen Seminaristen arbeiten in den einzelnen Unterrichtsgegenständen nach vorgeschriebenem Lehrgange, übrigens aber $_{AZ}$ selbstständig und nicht in jeder Stunde beaufsichtigt und bewacht. Damit die nöthige Einheit nicht fehle, und ein Geist die zusammengesetzte Maschine in Bewegung setze, halten die beiden Elementarlehrer mit den Zöglingen des zweiten Cursus und mir wöchentlich eine Zusammenkunft zur gemeinschaftlichen Berathung aller Angelegenheiten der Schule, und alle 6 Wochen findet eine Prüfung aller Schulklassen statt, besonders in denjenigen Gegenständen $_{BA}$, welche $_{BB}$ der Berichtigung, Beobachtung etc. besonders zu bedürfen scheinen. Die raschern Fortschritte der Schulkinder, die Zunahme der Ordnung und Zucht, das Wachsthum der Lernlust, kurz die im Allgemeinen erfreulichen Erscheinungen, insonderheit auch die Lust, mit welcher die Zöglinge den Unterricht ertheilen, und namentlich die innige Anschließung der Meisten an die Schulkinder sprechen zu Gunsten der bisher dargestellten Einrichtung.

Das Seminar zieht von diesen großen Diensten, welche es dem hiesigen Elementar-Schulwesen leistet, keinen äußern Gewinn; denn die Verhältnisse der Stadt und die mit den beiden Elementarlehrern geschlossenen Verträge erlauben es nicht, einen Theil des Schulgeldes der ₁Seminarklasse₁₁ zuzuwenden.

In der Folge, sobald ein zweites Kinderschul-Zimmer in dem Seminargebäude bereitet sein wird, gedenken wir auch die $_{BC}$ untere Elementarklasse in 2 Parallel-Klassen zu spalten, und eine derselben in das Seminargebäude aufzunehmen.

6. ₁Lehrer der Anstalt₁₁, Veränderungen im Personal,
Vertheilung der Lehrgegenstände und ₖanₖₗ Inspection u. dgl.

Bis zu Ende des Jahrescursus arbeiteten $_{BD}$ an der Anstalt als Lehrer

1. der Pfarrer BORNEMANN als Religionslehrer;

2. der zweite Seminarlehrer ERNST in Clavier- und Orgelspiel, Zeichnen und Schönschreiben, Naturgeschichte, Geschichte und Geographie;

3. der Hülfslehrer WITZKA $_{BE}$ als Lehrer des Violinspieles;

4. die beiden Seminaristen ELSERMANN und SCHÜRMANN, welche in der untern Klasse den mathematischen Unterricht ertheilten;

5. $_{BF}$ meine Lehrfächer waren: Pädagogik, Katechetik etc., deutsche Sprache, Systematik, Naturlehre, und die Leitung der praktischen Uebungen

Die specielle Aufsicht über die Zöglinge und die Haltung der Andachtsübungen wechselten wochenweise $_{BG}$ unter ERNST und mir; die $_{BH}$ Inspection über die Elementarschule und die ₁Gartenarbeit₁₁ führte ich allein.

Da $_{BI}$ der Pfarrer BORNEMANN und die beiden Seminaristen Ende Juli entlassen und ERNST zu derselben Zeit nach Bunzlau versetzt wurde, so verblieb mir von Anfang October $_{BJ}$ der gesammte Unterricht allein, die Hülfe des WITZKA im Violinspiele abgerechnet. Da sich die Ankunft des Nachfolgers des ERNST bis dahin (Mitte Februar) verzogen hat, so ist es bis jetzt so geblieben, außer daß von Anfang Januar 1826 der hiesige Organist BLECKMANN $_{BK}$ interimistisch, bis zur ersehnten Anstellung eines eigenen Musiklehrers, wöchentlich 12 Stunden Clavier- und Orgelunterricht ertheilt. Ich glaubte durch $_{BL}$ den Genuß der Begünstigung von Seiten $_{BM}$ eines Hohen Ministerii und S. Excellenz des Herrn Oberpräsidenten

VON INGERSLEBEN, durch welche mir das Glück einer pädagogischen Reise[8] von 2 Monaten mit großmüthiger Unterstützung zu Theil geworden ist, doppelte Verpflichtung zu haben, mit um so größerer Anstrengung und Unverdrossenheit BN auch die Geschäfte der abgegangenen und noch nicht wieder ersetzten Lehrer BO zu übernehmen, da ich dadurch Gelegenheit fand, meinen Dank gegen so große Begünstigung BP zu bethätigen. Freilich ist es mir unmöglich gewesen, alle Lücken zu füllen, und mit Sehnsucht sehe ich daher der Ankunft der beiden erwarteten Lehrer entgegen. – Noch sey es mir erlaubt, der Achtung und Liebe zu erwähnen, BQ welche ERNST wegen der Biederkeit und Treue seines Charakters BR nach seinem neuen Bestimmungsorte gefolgt sind. Er besaß in hohem Grade die Liebe der Zöglinge, die Achtung der BS Bewohner der Stadt, meine Achtung und Liebe, und nicht leicht wird in uns Allen das Andenken an solche BT Geradheit, solche Freundlichkeit, solche Anspruchlosigkeit und solche Pflichttreue erlöschen. Unsere Segenswünsche haben ihn begleitet BU.

7. Resultate der Abiturientenprüfung.

Da in dem verflossenen Jahre nicht eine ganze Abtheilung entlassen werden sollte, so fand nur eine Jahresprüfung, nicht eine eigentliche Abiturientenprüfung statt. Nur in Ansehung des Einen (GOTTFRIED MARTIN), welcher entlassen wurde, war jene Prüfung zugleich eine Entlassungsprüfung. Derselbe erhielt das Zeugniß Nro. III.

8. Aussichten für die entlassenen Zöglinge zur Anstellung.

In dem vorjährigen Jahresberichte glaubte ich BV die Aufmerksamkeit der höhern Behörde darauf lenken zu müssen, daß die Aussichten der entlassenen Zöglinge auf baldige Anstellung nicht gesichert genug seien BW. Obgleich BX dieselben sich ein wenig gebessert zu haben scheinen, so kann ich doch nicht umhin, hier abermals diese Meinung unterthänigst vorzutragen. Von den im Jahre 1823 entlassenen 13 Zöglingen sind noch 3, von den 1824 entlassenen 14 Zöglingen sind noch 6 bis jetzt ohne Anstellung, und es ist ihnen, obgleich sie mit der kleinsten festen Stelle sehr zufrieden gewesen wären, nichts Anderes übrig geblieben, als Hauslehrer in begüterten Familien zu werden. Ich habe alle Ursache zu glauben, daß dieses für die Schulamtskandidaten selbst und für die Sache des Volksschulwesens von sehr großem Nachtheile ist. – BY Als Hauptquellen der verspäteten Anstellung der Seminarzöglinge möchten folgende anzusehen sein:

1) Es sind noch zu viele Schulamtskandidaten vorhanden, welche in den letzten Jahren BZ nach bestandener Prüfung, außer und ohne Verbindung mit dem Seminar, ein Wahlfähigkeitszeugniß erhalten haben, und noch nicht angestellt sind. CA

2 Die einzelnen Gemeinden üben im Regierungsbezirke Düsseldorf das Recht aus, ihre Schullehrer selbst zu wählen, oder wenigstens zur Wahl vorzuschlagen, und es werden bei solchen Wahlen von den einzelnen Kandidaten alle möglichen Mittel versucht, die Mehrzahl der Stimmen für sich zu gewinnen. Daß nun theils CB manche Prediger und Schulpfleger, theils einzelne wahlberechtigte Mitglieder mit bekannten Gründen lieber einen auf dem gewöhnlichen Wege zum Lehrer gebildeten Kandidaten, als einen aus dem Seminar entlassenen Zögling erwählt sehen, lehrt die Erfahrung.

Zwar hat die Königliche Regierung zu Düsseldorf CC den Schulpflegern empfohlen, auf die Zöglinge der Seminarien besondere Rücksicht zu nehmen; allein CD schwerlich möchte eine bloße Empfehlung ein genügendes Resultat CE herbeiführen.[9]

Es wird nun nach meiner unvorgreiflichen Meinung darauf ankommen, diese Quellen zu verstopfen, wenn anders die Aussichten der Zöglinge auf baldige Anstellung nach ihrer Entlassung aus der Anstalt hinlänglich $_{CF}$ sicher gestellt werden sollen. Da die Königliche Regierung zu Düsseldorf nicht darauf eingegangen ist, die Seminarzöglinge allein für wahlfähig zu erklären, sondern auch junge Leute bei praktischen Schullehrern, überhaupt auf jedem andern Wege, sich zu Schulamtskandidaten sollen bilden dürfen, so trug ich bei der Königlichen Regierung darauf an, wenigstens an alle Nicht-Seminaristen dieselben Anforderungen zu machen und von derselben Commission, zu derselben Zeit und an demselben Orte, examiniren zu lassen.[10] Kommt es auch am Ende vielleicht nicht darauf an, wo Einer gebildet worden ist, so wird es doch darauf ankommen, ob er so gebildet ist, wie das Gesetz es vorschreibt; und es möchte nach meinem Bedünken doch wohl $_{CG}$ weder für billig, noch für gerecht gehalten werden dürfen, wenn man dem einen Kandidaten bei minderer Befähigung dieselben Ansprüche auf Anstellung, wie dem Befähigteren, zugestehen wollte. Sollen nun die Zöglinge der Seminarien nicht bevorzugt werden, so dürfen sie doch auch nicht in Nachtheil gesetzt werden. Aus diesen Gründen hoffte ich auf Zustimmung der Königlichen Regierung in den genannten Vorschlag; allein dieselbe $_{CH}$ ist laut des darüber erlassenen Rescripts $_{CI}$ in denselben nicht eingegangen.

Die Königliche Regierung will nicht nur auch anderweitig gebildete Kandidaten zur Wahlfähigkeitsprüfung zulassen, sondern $_{CJ}$ auch nicht nach demselben Maaßstabe verfahren, nach welchem die Seminarzöglinge geprüft werden. Zuerst ist uns dadurch, daß die Nicht-Seminaristen nicht mit den Seminaristen geprüft werden sollen, das Mittel benommen, den Beweis zu liefern, wenn es dessen noch bedürfen sollte, daß die Zöglinge unsers Seminars andern Anforderungen entsprechen, als die nicht im Seminar Gebildeten. Dann wird durch diese Maaßregel der gegenwärtig bestehende Übelstand, daß viel mehr Kandidaten vorhanden sind, als Stellen vacant werden können, bleibend gemacht. Nach den von dem Herrn Geheimen-Ober-Regierungsrath Beckedorff $_{CK}$ mitgetheilten statistischen Notizen werden in dem Regierungsbezirke Düsseldorf jährlich im Durchschnitte 12 bis 16 evangelische Schulstellen erledigt. Da nun unser Seminar jährlich 15 Zöglinge entlassen wird, so reicht diese Anzahl der Kandidaten hin, um alle Stellen zu besetzen. Erhalten daher auch noch anderwärtig Gebildete Wahlfähigkeits-Zeugnisse, so können unmöglich alle Kandidaten Schulämter erhalten. Endlich wird durch die genannte Maaßregel ein Andrang von jungen Leuten zum Seminar nicht leicht entstehen. Denn wenn ein Vater seinen Sohn auf dem viel leichtern und weniger kostspieligen $_{CL}$ Wege durch einen gewöhnlichen Schullehrer zum Schulamtskandidaten bilden lassen kann, so wird es ihm nicht leicht einfallen, den schwierigern und kostbarern Weg durch das Seminar vorzuziehen. Denn die Meisten sind nur um das Amt bekümmert, nicht um eigentliche Bildung. Wenn aber kein größerer Andrang zum Seminar entsteht, als bisher, so kann gar nicht darauf gerechnet werden, daß wir die besseren Köpfe erhalten. Diese helfen sich selbst, und diejenigen, mit denen wenig zu machen ist, werden in's Seminar geschickt. Im Jahr 1824 meldeten sich 19 Aspiranten zur Aufnahme. Da 16 Stellen offen waren, so konnte nicht davon die Rede sein, die besten Köpfe auszusuchen, sondern die Anstalt $_{CM}$ sah sich auf den niedrigen Standpunkt herabgedrückt $_m$gesehen$_{ml}$ [sic!], die 3 schlechtesten $_{CN}$ auszulesen.

Aus allen diesen Gründen habe ich mich bei dem Rescripte der Königlichen Regierung nicht beruhigen zu dürfen geglaubt, sondern es für Pflicht gehalten, die Sache Sr. Excellenz dem Herrn Oberpräsidenten von Ingersleben vorzutragen, dessen Entscheidung in dieser für das Seminar höchst wichtigen Angelegenheit ich mit Vertrauen entgegen sehe. Das Vertrauen der Provinz zum Seminar ist zum Theil davon abhängig, daß die Bewohner derselben gewahr werden, daß die Königliche Regierung zu Düsseldorf Vertrauen zu der Anstalt hat. Und jenes Vertrauen kann hier $_{CO}$ weniger als $_{CP}$ in irgend einer Gegend entbehrt werden, weil die einzelnen Gemeinden ohne dieses Vertrauen keinen Seminaristen auf die Wahlliste bringen werden. Wenn aber die Königliche Regierung nicht nur Nicht-Seminaristen zur Wahlfähigkeits-Prüfung zuläßt, sondern dieselbe auch nicht einmal $_{CQ}$ vor dieselbe Commission, von welcher die Seminaristen geprüft werden, stellt, oder gar geringere Anforderungen an sie macht: so scheint $_{CR}$ mir dadurch die Ansicht der Königlichen Regierung ganz $_{CS}$ faktisch angesprochen, daß sie mehr Vertrauen zu den Nicht-Seminaristen als zu den Seminaristen hege. $_{CT}$ Wenigstens würde die Sache so in der Provinz zum unverkennbarsten Nachtheil des Seminars, angesehen werden. Es drängt sich mir daher täglich der Wunsch auf, daß diese schwankenden Verhältnisse endlich beseitigt und eine ähnliche Bestimmung für den Regierungsbezirk Düsseldorf getroffen werden möchte, wie solches ein Hohes Ministerium $_{CU}$ dem Königlichen Konsistorium in Westpreußen (Preußische Volksschule. Görlitz 1825. S. 167) $_{CV}$ vorgeschrieben hat.[11]

9. Qualification der Neuaufgenommenen.

In dem verflossenen Jahre wurden, wie ich bereits gemeldet habe, nur 3 neue Zöglinge aufgenommen, und es fand nicht eine allgemeine Concursprüfung[12] statt. Daher kann ich über den hier in Rede stehenden Gegenstand jetzt kein begründetes Urtheil fällen. $_{CW}$ Von jenen dreien waren zwei genügend, einer $_{CX}$ gut vorbereitet.

10. $_{CY}$ Vertheilung der Unterstützungen.

$_{CZ}$ Die im Jahre 1825 $_{DA}$ vertheilte Stipendiensumme belief sich auf 763 Rth. 22 Sgr. 6 Pf., $_{DB}$ wozu noch 30 Rth. als Gratification an die beiden Hülfslehrer gerechnet werden können. Dieses macht die Totalsumme von 793 Rth. 22 Sgr. 6 Pf.[13] Die Zahl derer, unter welche diese Summe vertheilt wurde, war 21. Die übrigen erhielten $_{DC}$ nichts, da sie sich aus eigenen Mitteln zu erhalten im Stande waren. Jene Summe verpflichtet die ganze Anstalt zu aufrichtigem Danke gegen $_{DD}$ den Staat $_{DE}$. Was einzelne sehr Dürftige allenfalls noch mehr $_{n}$bedurften, könnten$_{nl}$ sie sich durch einige Privatstunden bei den Bürgern der Stadt verdienen.

11. Historische Notizen.

$_{DF}$ Mit hoher Freude haben wir auch in dem verflossenen Jahre die untrüglichsten Beweise erhalten, $_{DG}$ welche Anhänglichkeit die entlassenen Zöglinge an die Anstalt knüpft. $_{DH}$ Jeder hat die Gewohnheit angenommen, nicht nur von allen Ereignissen seines Lebens schriftlich Nachricht zu geben, und jedes Vierteljahr eine schriftliche Arbeit über einen pädagogischen Gegenstand einzusenden (welche Arbeiten allen Einzelnen der Reihe nach mitgetheilt werden), sondern die zu einem Cötus[14] Gehörigen versammeln sich jährlich auf einige Tage hier in dem Seminar. Es ist dieß bis jetzt 2 Jahre hinter einander geschehen. Jeder Einzelne $_{DI}$ brachte $_{DJ}$ Aufsätze mit, welche vorgelesen und besprochen wurden. Die Seminarlehrer thaten das Ihrige hin zu $_{DK}$. Ich habe hier zwei Mal Gelegenheit gehabt, die glücklichsten Tage des Lebens zu feiern, indem ich nicht nur die untrüglichsten Proben ihres geistigen Fortschreitens und ihres edlen Eifers für die große Sache der eigenen Bildung, der Erziehung und des Unterrichts gewahrte, sondern auch in den ehemaligen Schülern $_{DL}$ Freunde heranreifen sah. In diesem Jahre wird eine dritte Versammlung gleich in den ersten

Tagen nach Ostern gehalten, und ich glaube, diese Einrichtung allen Seminarien auf das Dringendste emphelen zu dürfen.[15]

Mit gleichem Vergnügen haben wir bemerkt, daß die Anstalt mehr und mehr die Aufmerksamkeit der Lehrer auf sich gezogen hat. Es hat sich dieß sowohl durch die größere Zahl der Besuche, als durch andere unzweideutige Beweise ausgesprochen. – Von den unmittelbar dem Seminar vorgesetzten Behörden verweilte Herr Konsistorialrath KORTÜM 2 Tage in der Anstalt; bei Gelegenheit der jährlichen Prüfung am 1ten und 2ten August. Bei derselben Gelegenheit sahen wir auch den Präses der Generalsynode, Hn. Superintendenten ROSS in Budberg. Aber ungemein habe ich es beklagt, daß die Anstalt bei Gelegenheit des uns ehrenden Besuches des Herrn Geheimen Ober-Regierungsrathes BECKEDORFF nicht in vollem Gange war.

Das Hauptfest der Anstalt ist nach dem Jahresschlusse das Geburtsfest Sr. Majestät unseres Königs. Wir feierten dasselbe des Morgens durch religiösen Gesang, durch Gebet und eine von mir gesprochene Rede. Dann nahm die Anstalt an der Feier des Progymnasiums Theil, indem die Zöglinge durch Gesang und Saitenspiel thätig mitwirkten.[16]

12. Etwaige Wünsche und Vorschläge.

1. Zuerst erlaube ich mir in Bezug auf die unter N. 8 gemachten *[sic!]* ₀Bemerkung₀₁ den Wunsch, daß es einem Hohen Ministerio gefallen möge, die Aussichten der entlassenen Zöglinge auf baldige Anstellung fester zu stellen.

2. Unsere Anstalt besitzt zwar eine Hausorgel; allein dieselbe ist alt und baufällig; sie verursacht fortwährend Reparatur-Kosten und $_{DM}$ sie ist ohne Pedal. Ein solches kann auch nur durch 60–70 Rth., $_{DN}$ welches Aufwandes sie nicht werth ist, angebracht werden. Da nun die Seminarkasse die Anschaffung einer neuen Orgel nicht erlaubt, so würden wir es mit innigem Danke erkennen, wenn ein Hohes Ministerium die Anstalt mit einer neuen Orgel beschenken wollte. Die Fertigkeit im Orgelspiel ist nicht nur ein wesentliches Stück der Ausbildung der Zöglinge, sondern die einzelnen Gemeinden sehen bei den Wahlen der Schullehrer auch vorzugsweise auf diese Geschicklichkeiten.

3. Dann fehlt es der Anstalt noch an einigen, nicht gerade unentbehrlichen, aber doch sehr nützlichen Apparaten. Wir $_{DO}$ haben nur sehr wenige physikalische, gar keine mathematischen Meßinstrumente, $_{DP}$ keine Modelle zum Zeichnen, außer einigen Holzkörpern, keine Mineralien, keine Instrumente zur Concertmusik, außer den nöthigen Geigen. Vielleicht wäre ein Hohes Ministerium wohlwollend geneigt, der Anstalt die Anschaffung des Einen oder Andern möglich zu machen.

Schließlich $_{DQ}$ kann ich nicht umhin, einem Hohen Ministerio im Namen der Anstalt den unterthänigsten Dank für wohlwollende Berücksichtigung und die derselben im Laufe des Jahres 1825 verliehenen werthvollen Geschenke darzubringen; und $_{DR}$ für meine Person $_{DS}$ für die großmüthige Unterstützung, durch welche es mir möglich wurde, eine mir in jeder Hinsicht so belehrende $_{DT}$ pädagogische Reise anzutreten, $_{DU}$ das Gefühl des innigsten Dankes auszusprechen.

$_{p}$Der Seminardirector
Diesterweg.$_{pl}$

Inventarium des königlichen Schullehrer-Seminars zu Mörs am Ende des Dezembers 1825.[17]

Nro.	Gegenstände.	Bestand von 1824.	Bestand für 1825.	Abgang für 1825.	Bestand für 1825.
(…)	(…)	(…)	(…)	(…)	(…)
	1. Pädagogische Schriften.	55			
	Zugang:				
1.	SCHLACHTER's Andeutungen über Amt und Leben des Lehrers.[18]				
2.	HESSE die Schullehrer-Bildungsanstalt zu Friedberg.[19]				
3.	WILBERG Aufsätze über Erziehung 1ter Theil.[20]				
4.	HARNISCH Handbuch für's Volksschulwesen.[21]				
5.	MUHL Der Volksunterricht in seiner Begründung.[22]				
6.	DENZEL Schulpraxis 3ter Theil.[23]				
7.	ROSSEL Monatsschrift. Jahrgang 1824 und 1825.[24]		7	0	62
	2. Religionsschriften.	23.			
	Zugang:				
1.	SCHULTZ Grundsätze des christlichen Religionsunterrichts.[25]				
2.	RÖHR Beschreibung des jüdischen Landes.[26]				
3.	DINTER Schullehrerbibel 4 Theile.[27]				
4.	DOLZ Katechetische Unterredungen.[28]				
5.	DOLZ Jugendbelehrungen.[29]		5	0	28.
	3. Sprache	36.			
	Zugang:				
1.	KRUG hochdeutscher Sprachschüler[30]				
2.	—— Denkschüler[31]				
3.	HARNISCH erstes Sprachbuch[32]				
4.	—— erste faßl. Anw. zu demselben[33]				
5.	—— zweites Sprachbuch[34]				
6.	—— zweite faßl. Anw. zu dems.[35]		6	0	42

	4. Zahlenlehre	23			
	Zugang:				
1.	SICKEL Anweisung zum Kopfrechnen[36]		1	0	24
	5. Geometrie.	17	0	0	17
	6. Naturkunde	14	0	0	14
	7. Geographie.	7			
1.	MELOS Beschreibung des jüdischen Landes.[37]				
2.	RÜHL *[sic!]* VON LILIENSTERN Schulatlas 3 Lieferungen[38]		2	0	9
	8. Geschichte.	5			
	Zugang:				
1.	Teutsche Volksgeschichten 1ter Th.[39]				
2.	Der Krieg der Verbündeten in den Jahren 1812/15.[40]		2	0	7
	9. Gesang.	21			
	Zugang:				
1.	FISCHER evangelisches Choralmelodienbuch 2 Abth.[41]				
2.	NATORP Melodienbuch[42]				
3.	—— über den Zweck desselben.[43]				
4.	—— Anleitung zur Unterweisung im Singen.[44]		4	0	25
	10. Vermischte Schriften	32			
	Zugang:				
1.	RUMPF Handbuch für Geistliche und Schullehrer.[45]		1	0	33
	11. Vorschriften, Landkarten etc.	25.			
	Zugang:				
1.	6 Hefte lithographischer Vorlegeblätter.		1	0	26

Ausf. mit eigh. Unterschr., GStA PK, I. HA Rep. 76 Kultusministerium, VII neu Sekt. 25 C Teil I Nr. 4 Bd. 3: 150^r–160^r und 161^r–165^r;
eigh. Entw. (ausgenommen Inventarium), GStA PK, I. HA Rep. 76 Seminare, Nr. 10062: 15^v–22^v (S. 34–48) und 0^v (S. 2)

[1] Dieses Datum geht aus der Antwort des Oberpräsidenten von Ingersleben (s. ds.) hervor (GStA PK, I. HA Rep. 76 Seminare, Nr. 10063: 56r).

[2] Dem Jahresbericht ist ein Titelblatt beigegeben, auf dem diese Überschrift wiederholt wird. Die Ausfertigung des Jahresberichts und des Inventariums stammen von fremder Hand, sie sind aber beide von Diesterweg unterschrieben.

[3] Siehe Jahresbericht für 1824 vom 1. März 1825 (Nr. 111), Anmerkung 19. Der Lehrer Carl Ernst wechselte zum 1. August nach Bunzlau, Pfarrer Bornemann wurde mit dem Kursende entlassen.

[4] Sachen, Vermögensgegenstände.

[5] Siehe dazu Briefe vom 10. Juli, 27. Oktober und 4. November 1825 (Nr. 126, Nr. 131 und Nr. 135).

[6] Der Seminarist Martin aus Duisburg; siehe Brief vom 20. Juni 1825 (Nr. 123).

[7] Am Vorjahresbericht war die Außerachtlassung des Gartenbaus und der Obstzucht moniert worden.

[8] Siehe Brief vom 10. Juni 1825 (Nr. 120), Anmerkung 1.

[9] Siehe Jahresbericht für 1824 vom 1. März 1825 (Nr. 111), Anmerkung 24.

[10] Auf diese Regelung lief eine inoffizielle Absprache mit Schulrat J. V. J. Bracht (s. ds.) hinaus; siehe Aktenvermerke vom 30. Juli bis 6. August 1824 (Nr. 81).

[11] In seiner Antwort vom 22. Mai 1826 berichtete von Ingersleben im Auftrage des Ministeriums von der baldigen „allgemeine[n] Festsetzung, nach welcher die in den Seminarien gebildeten Schulamts-Candidaten vorzugsweise berücksichtigt werden sollen" (GStA PK, I. HA Rep. 76 Seminare, Nr. 10063: 56v). Dieses wichtige Reskript wurde unter dem 1. Juni 1826 vom Ministerium veröffentlicht (vgl. Anmerkung 2 zum Brief vom 29. Oktober 1827 <Nr. 180>).

[12] Wettbewerb.

[13] Für das erste Quartal des Jahres 1825 liegt ein Anschreiben Diesterwegs an die Regierungshauptkasse in Düsseldorf vor, in dem er bescheinigt, die bewilligte Summe von 201 Reichstalern, 7 Silbergroschen und 6 Pfennigen von der Königlichen Kreiskasse in Rheinberg bar empfangen zu haben (GStA PK, I. HA Rep. 76 Seminare, Nr. 10062: 61r).

[14] coetus (lat.): Versammlung, Vereinigung, Kreis; veraltet für Klasse.

[15] Diesterweg nahm bis zu seiner Berufung nach Berlin an allen Versammlungen der ehemaligen Seminaristen teil.

[16] In diesem Jahr hatte das Oberpräsidium die Übernahme von Kosten für eine Feier des Königsgeburtstages abgelehnt, im Gegensatz zu den vorhergehenden Jahren; Diesterweg war zu einer „angemessenen religiösen Feier" aufgefordert worden (vgl. GStA PK, I. HA Rep. 76 Seminare: Nr. 10062, 106r). Daß er der Anordnung nachgekommen war, zeigt dieser Bericht.

[17] Das Inventarium datiert vom 24. Februar 1826. Die Liste ist aufgebaut wie die für 1824; allerdings enthält das Verzeichnis für 1825 keine Bemerkungen mehr. Angaben zu Bibliothekserwerbungen sind in das Inventarium integriert.
Die Bibliothekserwerbungen (163v-164v) sind vollständig wiedergegeben. Die anderen Veränderungen im Inventarium (162r–163v) können wie folgt zusammengefaßt werden:
„Zugänge":
1 Wasserrinne zum Urinieren (unter „Immobilien")
1 hölzerner Fußreiniger (Hausmobilie für das Seminar)
6 „Lichtscheeren", 3 „Fenster-Roulleaux" und 2 Bücherschränke für die Seminaristen (für das „Lehrzimmer")
6 „Lichtscheeren" (für das „Speisezimmer")
1 Leinwandschrank (für das „Leinwandzimmer", das inzwischen also eingerichtet worden war)
1 eiserne Fournaise (für die „Küche")
2 Pianoforte, 1 Flügel-Pianoforte und 1 Musikkasten
1 Mineralienschrank
10 eiserne Spaten, 1 Wegschaufel und 1 Schiebkarre (für die „Baumschule")

324

„Abgänge":

4 kleinere Dintenfässer (von 30) und

8 Obstbaumpflänzchen (von 77).

18 Schlachter, G. J.: Andeutungen über Amt und Leben des Lehrers in Land- und Bürgerschulen in Briefen an einen angehenden Landschulmann. Dessau: Ackermann 1821.

19 Hesse, Wilhelm: Die großherzoglich hessische Schullehrer-Bildungsanstalt zu Friedberg, nach ihrer Entstehung und Entwickelung dargestellt. Mainz: Kupferberg 1824.

20 Wilberg, Johann Friedrich: Aufsätze über Unterricht und Erziehung für Lehrer und Aeltern. 2 Bdchn. Essen: Bädeker 1824–1826.

21 Harnisch, Christian Wilhelm: Handbuch für das deutsche Volksschulwesen, den Vorstehern, Aufsehern und Lehrern bei den Volksschulen gewidmet. Breslau: Graß 1820.

22 Muhl, Servatius: Der Volks-Unterricht in seiner Nothwendigkeit, so wie in seiner Einwirkung auf die Gesammtbildung des Menschen. Für Volkslehrer. Mainz: Kupferberg 1824.

23 Denzel, Bernhard Gottlieb: Schulpraxis, d.i.: Einleitung in die Erziehungs- und Unterrichts-Lehre für Volksschullehrer. Auch u. d. T.: Einleitung in die Elementar-Schulkunde und Schulpraxis. Stuttgart: Metzler 1822 (3 Theile).

24 Rossel, Johann Peter (Hrsg.): Allgemeine Monatsschrift für Erziehung und Volksunterricht. Im Vereine mit mehreren Lehrern und Erziehern hrsg. 1. und 2. Jahrgang Aachen: Roschütz und Comp. 1824 f.

25 Vermutlich ist gemeint:

Schulze, Christian Ferdinand: Hauptlehren des Christenthums, ein Leitfaden bei dem frühern Religionsunterrichte. Gotha: Ettinger 1804; 4. Aufl. 1824.

26 Röhr, Johann Friedrich: Historisch-geographische Beschreibung des jüdischen Landes zur Zeit Jesu. Mit 1 Karte. Zeitz: Webel 1816; 2. Aufl. 1819; 3. Aufl. u. d. T.: Palästina, oder … Ebd. 1820.

27 Dinter, Gustav Friedrich: Schullehrer-Bibel des Alten Testaments. 4 Theile. Neustadt: Wagner 1826.

28 Dolz, Johann Christian: Katechetische Unterredungen über religiöse Gegenstände. 4 Bdchn. Leipzig: Voß 1795–1798.

29 Dolz, Johann Christian: Katechetische Jugendbelehrungen über moralische und religiöse Wahrheiten. 1.–5. Slg. Leipzig: Voß 1805–1818.

30 Krug, Johann Friedrich Adolph: Hochdeutscher Sprachschüler, oder Uebungen im richtigen Wort und Satzbilden, zu gründlicher regelmäßiger und leichter Erlernung des Hochdeutschen. Leipzig: Wienbrack 1824.

31 Krug, Johann Friedrich Adolph: Der Denkschüler oder Anregungen für Kopf und Herz durch die notwendigsten Grundbegriffe von der Natur und dem Wesen des Menschen. Leipzig: Wienbrack 1825.

32 Harnisch, Wilhelm: Erstes Sprachbuch, oder Uebungen, um richtig sprechen, lesen und schreiben zu lernen. Darmstadt: Leske 1814; 5. Aufl. 1820.

33 Harnisch, Wilhelm: Erste faßliche Anweisung zum vollständigen deutschen Sprachunterricht. Mit beweglichen Buchstaben und 5 Lesetafeln. Breslau: Graß 1814; 4. Aufl. 1822.

34 Harnisch, Wilhelm: Zweites Sprachbuch, oder Uebungen im Lesen und Reden, Schreiben und Aufschreiben, Begreifen und Urtheilen, für Volksschulen herausgegeben. Darmstadt: Leske 1818; 2. Aufl. 1822.

35 Harnisch, Wilhelm: Zweite faßliche Anweisung zum vollständigen deutschen Sprachunterricht. Breslau: Graß 1818; 2. Aufl. 1822.

36 Sickel, Heinrich Friedrich Franz: Vollständige und gründliche Anweisung zum Kopfrechnen, nebst einigen Uebungsaufgaben. Für Lehrer. Magdeburg: Heinrichshofen 1823.

37 Melos, Johann Georg: Beschreibung des jüdischen Landes zur Zeit Jesu, in geographisch-bürger-lich-religiöser, häuslicher und gelehrter Hinsicht für Bürger- und Volksschulen. Mit einer Charte von Palästina zur Zeit Jesu. Weimar: Ind.-Comptoir 1822.

38 Rühle von Lilienstern, Johann Jakob Otto August: Allgemeiner Schul-Atlas. Berlin: Reimer 1826; dazu 3 Supplementsblätter.
Zum Empfang dieses sowie des in Anmerkung 39 angeführten Werkes vgl. Brief vom 5. Januar 1826 (Nr. 140) an die Regierung Düsseldorf.

39 Volksgeschichten der Teutschen; eine Sammlung wahrer Familienbegebenheiten. Hrsg. von Carl August (Gottlieb) Seidel. 3 Theile. Leipzig: Sommer 1786–1788.

40 Rau, Karl Fd. von: Der Krieg der Verbündeten gegen Frankreich in den Jahren 1813, 1814 und 1815; als Erläuterung der beiden Tableaus, welche die Schlachtpläne jenes Krieges darstellen. In gedrängter Kürze entworfen von dems. und hrsg. von Carl Vetter. Mit Allerhöchster Genehmigung Seiner Maje-stät des Königs von Preussen etc. 3 Bde. Berlin: Nauck 1821–1824; 2ter Theil 1822.

41 Fischer, Michael Gotthardt: Evangelisches Choral-Melodien-Buch, vierstimmig ausgesetzt mit Vor- und Zwischenspielen. 1. und 2. Abth. Gotha: Perthes 1820.

42 Natorp, Bernhard Christoph Ludwig: Melodienbuch für den Gemeindegesang in den evangelischen Kirchen. Essen: Bädeker 1822.

43 Natorp, Bernhard Christoph Ludwig: Über den Zweck, die Einrichtung und den Gebrauch des Me-lodienbuchs für den Gemeindegesang. Ein nöthiges Vorwort zu demselben. Essen: Bädeker 1822.

44 Natorp, Bernhard Christoph Ludwig: Anweisung zur Unterweisung im Singen für Lehrer in Volks-schulen. Potsdam: Horvath 1813; Bd. I: Leitfaden für den In Cursus. 3. Aufl. Duisburg und Essen: Bä-deker 1815; 5. Aufl. ebd. 1818; Bd. II: Leitfaden für den IIn Cursus. 4. Aufl. ebd. 1820.

45 Von Rumpf kommen zwei Werke in Frage:
Handbuch für Geistliche und Schullehrer im Preußischen Staate zur Kenntniß der in Kirchen- und Un-terrichtsangelegenheiten erlassenen Gesetze und Verordnungen. Berlin: Hayn 1821; oder: Handbuch für Geistliche und Schullehrer, zur Kenntniß der Preußischen Gesetzgebung in Kirchen- und Unter-richtsangelegenheiten, nach alphabetischer Wortfolge. Berlin: Hayn 1822.

143
Conduitenliste für das Schuljahr 1825

Moers, 4. März 1826

Conduiten-Liste der an dem Schullehrer-Seminar zu Mörs angestellten Lehrer
CARL ERNST   Pfarrer BORNEMANN   CARL WITZKA
während des Jahres 1825 aufgestellt
von dem Seminardirektor Diesterweg.

| Nro. | Dienstcharakter | Name | | Jetziges jährliches Diensteinkommen | | |
	des Lehrers.		Vaterland.	Rh	Sgr	Dn
1.	Zweiter Seminarlehrer	CARL ERNST	Schlesien.	400	"	"
2.	Der evangelische Pfarrer	BORNEMANN	Wesel.	120	"	"
3.	Der Privat-Musiklehrer	CARL WITZKA	Schlesien.	80	"	"

	Qualification.	Dienstführung.	Anmerkungen.
[ad 1.]	Hinreichende Kenntnisse in den ihm übertragenen Lehr-fächern. Nur in der Musik ist ERNST nicht stark genug. Den Gesang leitet er gut.	Musterhaft.	Zu Ende des Jahrescursus, Juli 1825, wurde derselbe an das Seminar nach Bunz-lau versetzt.
[ad 2.]	Seine Bildung als Geistlicher und Pädagog ist mehr als die gewöhnliche.	Mit Liebe und Eifer.	Ende Juli hörte seine Function als Religions-lehrer der Anstalt auf.
[ad 3.]	Er spielt die meisten Instru-mente, einige vorzüglich. Seine pädagogische Bildung ist ungenügend.	Mit Eifer und Treue.	Da derselbe bei der projec-tirten Anstellung eines eigenen Musiklehrers ent-lassen werden wird,[1] so möchte ich ihn, der bisher provisorisch mit arbeitete, zu hochgefälliger Berück-sichtigung empfehlen. Am meisten möchte er zu einer Anstellung bei Militärmu-sik oder als Stadtmusicus eignen.[2]

Der Seminardirector
Diesterweg.

Eigh. Entw., GStA PK, I. HA Rep. 76 Seminare, Nr. 10062: 158r–159r

[1] Siehe Brief vom 10. Oktober 1825 (Nr. 130).
[2] Siehe Brief vom 24. Juni 1826 (Nr. 149).

144
An Oberpräsident Karl Heinrich Ludwig Freiherr von Ingersleben, Koblenz

Moers, 14. März 1826

An des Herrn Geheimen Staatsministers und Oberpräsidenten Freiherrn von Ingersleben Excellenz in Coblenz.

Die Aufnahme des Proseliten PETRI in das Schullehrer-Seminar betr.

Ew. Excellenz hochverehrlichem Auftrage in beiliegendem Rescripte zufolge verfehle ich nicht, Ew. Excellenz hiermit diejenigen Bemerkungen unterthänigst vorzulegen, welche mich zu dem Wunsche veranlassen, daß es Ew. Excellenz gefallen möge, den Proseliten PETRI von dem hiesigen Seminar entfernt zu halten.

Vor ungefähr 14 Tagen fand sich der PETRI, nachdem ihm das Rescript Ew. Excellenz vom 20ten Februar d. J. mitgetheilt worden war, mit Empfehlungsschreiben der Herrn Super-intendenten und Prediger MÜLLER, BERENDT und ROSS hier ein, um mich dadurch zu veranlassen, den PETRI einstweilen an den Übungen und dem Unterrichte des Seminars Theil nehmen zu lassen. Die Achtung welche ich gegen die genannten Männer zu hegen mich verbunden fühle, machte mich auch alsbald geneigt, in $_1$ ihren Plan einzugreifen $_2$. Ich ließ mich daher mit dem PETRI in $_3$ nähere Berathung über die Ausführung dieses Planes ein, und widmete ihm eine Reihe von Stunden. So sehr geneigt ich aber anfangs gewesen war, seinen Wünschen Gehör zu geben, so entschieden war ich am Ende der langen Überlegung gegen den projectirten Plan. Ich erklärte diese Abneigung auch sogleich schriftlich dem H. Prediger MÜLLER $_4$. Erlauben Ew. Excellenz, die Begründung desselben hier $_5$ in der Kürze wiederholen zu dürfen.

Eigh. Entw., GStA PK, I. HA Rep. 76 Seminare, Nr. 10063: 2^{r+v} (S. 3–4)

Der Proselit PETRI ist ein Mann von 35 Jahren, schwächlicher Constitution. Er ist bereits eine Reihe von Jahren jüdischer Lehrer gewesen; dann hat er sich in andren Fächern zB. dem merkantilischen versucht. Nach mancherlei Schicksalen ist er nach Düsseldorf gekommen, ist in die Bekehrungsanstalt des H. Grafen VON DER RECK eingetreten, um Christ zu werden, vorher aber ein Handwerk zu erlernen. Ungeachtet eines halbjährigen Aufenthaltes in dieser Anstalt hat er doch kein Handwerk erlernt. Er erklärt dieß mit den Worten: „es ging nicht mehr." Hiermit ist er von dem Grafen entlassen und später von dem Pr[ediger]. MÜLLER getauft worden. – PETRI ist ein Mann, der viele Lebensverhältniße durchgemacht hat; man erkennt bald in ihm einen $_6$ ganz durchgelebten Mann $_7$. Er versteht von mehreren Gegenständen des Elementarunterrichts nichts; Clavier- und Orgelspiel, so wie Gesang, sind ihm ganz fremd. Dabei kleben ihm manche unangenehmen Eigenthümlichkeiten seiner Nation ganz an. Der Prediger MÜLLER wünscht in einem $_8$ zweiten Schreiben vom 7ten dieses Monats $_9$ besonders aus <u>dem</u> Grunde die Aufnahme in die hiesige Anstalt, damit „er an Ordnung, Pünktlichkeit und Fleiß gewöhnt würde, woran es ihm noch fehle". Er selbst erklärte, daß es ihm besonders darum zu thun sei, sich zu einem <u>höheren</u> Schulamte hier vorzubereiten, da er sich manche zum Elementarschulamte erforderliche Eigenschaften wohl nicht mehr würde aneignen können, oder auch wohl wenig Hoffnung habe, von einer christlichen Gemeinde zum Schullehrer erwählt zu werden, so lange noch ursprünglich christliche Schullehrer vorhanden seien.

Ich habe diese Umstände und Verhältniße des PETRI reiflich erwogen, mit dem Zwecke und dem Zustande der hiesigen Anstalt zusammen gehalten, und kann daher nur den Wunsch hegen, daß er $_{10}$ nicht nur nicht in die Anstalt als Zögling aufgenommen $_{11}$, sondern auch, daß er $_{12}$ nicht als Gast zugelassen, überhaupt, daß er sich gar nicht zum Schullehrer ausbilden möge. Um möglichst unpartheiisch und vorurtheilsfrei zu verfahren, habe ich diese Angelegenheit den beiden Pfarrern H. BORNEMANN und H ESSLER, so wie meinem Collegen VORREITER vorgetragen, und alle sind einstimmig der ausgesprochenen Ansicht. Und wenn ich nun noch Ew. Excellenz die ganze Eigenthümlichkeit des PETRI, wie sie im Umgange Jedem entgegen tritt, vorführen könnte und dürfte, so würde ich um so $_{13}$ sicherer $_{14}$ Ew. Excellenz den Wunsch vortragen zu dürfen glauben, den 35jährigen Judenchristen PETRI, diesen durchgelebten, schwächlichen Mann, der erst an Ordnung und Fleiß gewöhnt werden soll, dem es an den zum Elementarschulamte $_{15}$ unentbehrlichen Vorkenntnissen und Fertigkeiten fehlt, der unter die jugendlich unbefangenen u. darum bildungsfähigen Zöglinge unsrer Anstalt gar nicht paßt, dem alle jugendliche Bildsamkeit abgeht, der $_{16}$ selbst eigentlich etwas Anderes sucht, als unsre Anstalt gewähren kann, der durch seine Erscheinungsweise uns gar nicht das Vertrauen eingeflößt hat, daß wir dereinst die Früchte der Anstrengung und Mühe, welche er uns verursachen würde, zu sehen bekommen würden – kurz

328

diesem PETRI ₁₇ die Berechtigung zu irgend einer Theilnahme an unsrer Anstalt hochgefälligst zu versagen.

₁₈ Eine in's Einzelne gehende Vergleichung des Zustandes unsrer Anstalt mit den Eigenschaften und Verhältnißen des PETRI würde den ausgesprochenen Wunsch noch vollständiger u. entscheidender motiviren, wenn ich nicht hoffen zu dürfen glaubte, daß schon das
Bisherige Ew. Excellenz dem ausgesprochenen Wunsche geneigt zu machen geeignet sein
möchte.

Eigh. Entw., GStA PK, I. HA Rep. 76 Seminare, Nr. 10063: 23ʳ–24ʳ (S. 46–48)

145
An das Ministerium der geistlichen, Unterrichts-
und Medizinalangelegenheiten, Berlin

Moers, 14. März 1826[1]

An ein Hohes Ministerium der geistlichen, Unterrichts- und Medicinal-Angelegenheiten in
Berlin.

Der Seminardirector Diesterweg in Mörs beehrt sich, 2 Schriften zu überreichen.

Einem Hohen Ministerio
beehrt sich hiermit der unterthänigst Unterzeichnete, beiliegende 2 kleine Schriften[2] respect-
voll zu überreichen, mit dem unterthänigsten Wunsche, daß es einem Hohen Ministerio gefallen mögen, dieselben hochgeneigtest anzunehmen, und sie als ein Zeichen ansehen zu
wollen, wie sehr ich mich Einem Hohen Ministerio, besonders für die hohe Gunst, welche
mir im verflossenen Jahre eine pädagogische Reise möglich machte, mit Dank verpflichtet
fühle.[3]

Mit tiefstem Respect verharre ich
Eines Hohen Ministerii

unterthänigster
Dr. F. A. W. Diesterweg,
Seminardirector in Mörs.

Eigh., GStA PK, I. HA Rep. 76 Kultusministerium, VII neu Sekt. 25 C Teil I Nr. 4 Bd. 3: 144ʳ⁺ᵛ

[1] Das Datum der Absendung dieses Schreibens ergibt sich aus einer Notiz im Korrespondenztagebuch. Dort ist von einem „Lese- und R[e]ch[en]buch" die Rede (vgl. GStA PK, I. HA Rep. 76 Seminare, Nr. 10063: 3ʳ).

[2] Praktisches Rechenbuch für Elementar- und höhere Bürgerschulen. Herausgegeben in Verbindung mit
Peter Heuser, Elberfeld. Erstes und zweites Uebungsbuch. Elberfeld: Heinrich Büschler 1825 und 1826.

[3] Zur pädagogischen Reise siehe Brief vom 10. Juni 1825 (Nr. 120).

146
Bescheinigung für Wilhelm Schoppmann

Moers, 25. April 1826

Wilhelm Schoppmann aus Lennep ist seit beinahe drei Jahren Zögling des hiesigen königlichen Schullehrer-Seminars. Derselbe hat sich in dieser Zeit nicht nur die zur tüchtigen Leitung einer Schulstelle nöthige Kenntnisse, sondern auch durch vielfachen Unterricht in der mit dem Seminar verbundenen Schulklasse die erforderlichen praktischen Fertigkeiten erworben. Zugleich hat er sich stets durch einen ernsten, soliden und sittlichen Lebenswandel ausgezeichnet. Ich kann ihn daher in jeder Hinsicht für tüchtig und würdig erklären, einem Schulamte mit Erfolg und Segen vorzusteh'n.

Solches bezeuge ich hiermit.[1]

Der Seminardirector
Gez. Diesterweg.

Abschr., HStA Düsseldorf, Reg. Düss., Nr. 3577, 9r

[1] Die Ausstellung dieser Bescheinigung bereits vor Ablegung der eigentlichen Prüfung im Juli 1826 (vgl. Zeugnis vom 30. Juli <Nr. 155>) erfolgte vermutlich zur Begründung von Schoppmanns Anstellung als Hilfslehrer an der städtischen Elementarschule in Moers. Schoppmann unterrichtete von 1826 bis 1828 die zweite Klasse der Elementarschule und fungierte zugleich als Hilfslehrer im Seminar.
Diese Zeugnisabschrift reichte er bei seiner Bewerbung um die Lehrerstelle an der evangelischen Elementarschule in Schüttendelle ein, zugleich mit dem Abschlußzeugnis und einer Bescheinigung über seine Hilfslehrertätigkeit vom 27. Juli 1827 (Nr. 171).

147
Bescheinigung für Peter Friedrich Windfuhr

Moers, 6. Mai 1826

Peter Friedrich Windfuhr aus Lennep[1]

bildet sich seit beinahe drey Jahren in dem hiesigen Seminare zum Lehrer. Er trat gut vorbereitet in die Anstalt, wandte in demselben *[sic!]* einen anerkennenswerthen Fleiß an, benutzte die ihm dargebotenen Mittel und verfolgte ohne Unterbrechung seinen Zweck. Derselbe hat sich daher alle diejenigen Kenntnisse, und Fertigkeiten Erworben *[sic!]*, welche zur erfolgreichen Führung eines Schulamtes erforderlich sind. In dem Unterrichten ist er geübt. Solches bezeuge ich hiermit

Der Seminardirector
Dr. Diesterweg

Abschr., HStA Düsseldorf, Reg. Köln, Nr. 3265, o. F.

[1] Der ehemalige Seminarist Windfuhr legte diese Bescheinigung sowie eine Abschrift seines Prüfungszeugnisses (vgl. Zeugnis vom 30. Juli 1826 <Nr. 153>) beim Schul- und Kirchenvorstand in Klüppelberg vor, wo er sich um eine Unterlehrerstelle beworben hatte. Windfuhr erhielt diese Stelle.

Als sich herausstellte, daß der Hauptlehrer Nicolaus Wellenbeck durch Grauen Star bereits nahezu erblindet war, bemühten sich sowohl Windfuhr als auch der Schul- und Kirchenvorstand, der mit Windfuhrs Einfluß auf die Hebung des Schulniveaus sehr zufrieden war, um eine vorzeitige Pensionierung Wellenbecks und die Anstellung Windfuhrs als seinem Nachfolger. Der zuständige Schulpfleger Pfarrer Forstmann in Gummersbach erachtete dieses Ansinnen allerdings als unbotmäßig und wirkte auf den Landrat und die Bezirksregierung in Köln dahingehend ein, Windfuhr bei seinem Unterlehrergehalt zu belassen. Dieser nahm daraufhin eine Berufung an die neu gegründete höhere Privatschule in Remscheid an.

Mehrere Gesuche von Schul- und Gemeindevorstand, Windfuhr zurückzuholen, bezeugen die große Zufriedenheit mit seiner Leistung. Die Behörden blieben jedoch bei ihrer ablehnenden Haltung. (Vgl. Schriftwechsel in: HStA Düsseldorf, Reg. Köln, Nr. 3265, o. F.)

148
Chronik des Seminars in Moers

Moers, 1. Januar und 17. Mai 1826

Beiträge zu einer <u>Chronik</u>
des evangelischen Schullehrer-Seminars
zu Mörs.

₁ Nachdem im Anfange des J. 1814 n. Chr. Geburt durch die alliirten Herrn, unter dem mächtigen Beistande Gottes, das linke Rheinufer von der Herrschaft der Franzosen befreit und das Fürstenthum Mörs dem Preußischen Scepter wieder unterworfen worden war, dachte die einsichtsvolle und die Volksbildung auf mannigfache Weise fördernde K. Preußische Regierung auf die Verbesserung des höheren und niederen Schulwesens, welches während der zwanzigjährigen französischen Herrschaft dem zurückgesetztesten Stiefkinde gleich behandelt worden war. Nachdem daher vom J. 1814 bis zum J. 1820 mehrere neue Gymnasien an den Ufern des Rheines errichtet, auch 1818 die Rheinuniversität Bonn gestiftet worden war, kam die Reihe an die Anstalten, welche die Lehrer der Volksschulen zu bilden berufen sind, an die Schullehrer-Bildungs-Anstalten oder Schullehrer-Seminarien. Dergleichen wurden in den Rheinprovinzen zu Trier, Neuwied, Brühl und Mörs errichtet. Hier ist nur von letztrem die Rede.

Im März des Jahres 1820 machte das Hochwürdige Konsistorium zu Cöln bekannt, daß mit dem 1sten Mai desselben Jahres das Seminar zu Mörs eröffnet werden sollte. Ich – bis dahin zweiter Rector der lateinischen Schule zu Elberfeld – meldete mich daher bei dem K. Konsistorio zu Cöln und durch dasselbe bei einem Hohen Ministerio in Berlin um eine Anstellung in diesem Seminar.¹ Gleich darauf erhielt ich von dem H. Ministerio die Antwort, daß meine Versetzung nach Mörs beschlossen sei, daß die definitive Ernennung aber bis zu näheren Vorschlägen des Consistorii zu Köln verschoben bleibe. Gleich nachher schrieb mir H. Konsist.R. GRASHOF in Köln, daß ich als Direktor der Anstalt am 1ten Mai in Mörs sein müsse. Da dieß nun wegen der Kürze der Zeit nicht möglich war, so traf ich erst am 4ten Juni des gedachten Jahres allhier ein, bezog als Wohnung das dem Kaufmann WINTGENS abgemiethete Kastell, und eröffnete am 3ten Juli 1820 in dem zum Unterrichtslokal des Seminars bestimmten hintern Theile des Gymnasial-Gebäudes mit 18 Jünglingen die Anstalt.

Unerwartete Hindernisse verzögerten von Monat zu Monat die definitive Feststellung der Verhältnisse der Anstalt, die Ernennung eines 2ten oder 3ten Lehrers und die Bestätigung der provisorischen Ernennung meiner Person als Direktor der Anstalt von Seiten eines Hohen Ministerii.[2]

Da die Kastellwohnung sehr unbequem gefunden wurde und ein Hohes Ministerium die Zöglinge der Anstalt, welche bei Bürgern in der Stadt wohnten, mit den Lehrern in einem Hause vereinigt wissen wollte, so benutzte man die durch den Tod des Oberamtmann Scheidtmann entstandne Gelegenheit, ein zweckmäßiges Lokal für die Anstalt zu gewinnen, und kaufte das ehemalige Scheidtmann'sche Haus samt Hinter- und Nebengebäuden nebst dem dazu gehörigen Garten außerhalb der Stadt und zweien Kirchenstühlen für die billige Summe von 4550 Rh preuß. Courant. Dieß geschah im Sommer 1823.[3] Gleichzeitig wurde ich definitiv zum Direktor der Anstalt ernannt, und das harte dreijährige Provisorium hatte ein Ende, und mit ihm mancher Kampf und manches Leiden. Schnell wurde nun die erste nöthige Einrichtung in dem Hause getroffen, und die Anstalt am 1ten Novbr 1823 durch den H. K. R. Grashof zu Köln und durch den Präses der Generalsynode H. Superintendent Ross in Budberg in dem neuen Lokal mit 30 Zöglingen begründet und befestigt. Die Honoratioren der Stadt und die benachbarte Geistlichkeit waren zur Feier eingeladen und gegen 60 Personen nahmen an dem veranstalteten Mittagsmahle Theil, welches unter Trompeten- und Paukenschall und unter dem Donner der Böller in dem hiesigen Societäts-saale 2 in allgemeiner Freude gehalten wurde.

Noch stand ich allein an der Anstalt, bis ich Nachricht erhielt, daß ein Zögling des evangelischen Seminars in Breslau Namens Carl Ernst, seit zwei Jahren Lehrer an dem Erzieher-Vereine in Nürnberg, zum zweiten Lehrer ernannt sei. Derselbe traf in den ersten Tagen des Decembers 1823 hier ein, ein Mann von 22 Jahren, voll guten Willens und treuen Charakters, aber sehr schwachen und mittelmäßigen Kenntnissen, und zum Nachtheile der Anstalt nicht mit den nöthigen musikalischen Kenntnissen und Fertigkeiten ausgerüstet, welche er vorzugsweise hier in Anwendung bringen sollte. Doch wirkte der C. Ernst mit Eifer und Treue und geliebt von allen Seminaristen bis zum 3ten Aug[u]st 1825 an der Anstalt, an welchem Tage er von hier abzog, um eine Lehrstelle am Seminar zu Bunzlau in Schlesien zu übernehmen. Der Herr segne ihn für die Treue und Biederkeit, mit welcher er hier gewirkt hat, und gestatte es ihm, sich möglichst tüchtig auszubilden.

Von 1823–1826 wurde die Anstalt nach und nach mit den dringendsten Bedürfnissen versorgt, und im Sommer 1825 der Ausbau des Hinter- und Seitengebäudes und die Anlegung eines Schlafsaales auf dem Söller des Hauptgebäudes beschlossen und ausgeführt. Gegen Neujahr 1826 waren die Arbeiten vollendet. Dadurch hat die Anstalt mehr Raum gewonnen, die Vertheilung der Seminaristen in einzelne Parthien ist möglich geworden, und ohne Unbequemlichkeit kann die Seminar-Kinderschule in die Anstalt aufgenommen werden.

Mit dem Herbste 1824 wurde die Verbindung der hiesigen Elementarschule mit dem Seminar in der Art bewerkstelligt, daß ein 2ter Lehrer in der Person des A. Fischer, eines Zöglings des S[eminar]rs angestellt und die 3te Klasse der Elementarschule von den Seminaristen versehen wurde. So blieb die Sache bis Herbst 1825, wo wir einen Theil der Schüler der mittleren Klasse der Elementarschule in das Seminargebäude nahmen, um eine selbstständige Kinderschule zu haben. Außerdem versehen die S[eminari]sten die Arbeiten in der mittleren Klasse der Elementarschule, welche in dem Lokal der Elementarschule geblieben ist, und andre arbeiten unter u. neben den beiden Lehrern Bleckmann u. Fischer.

332

In dieser Einrichtung ist der 1te Januar 1826 herangekommen. Die Stelle des ERNST ist leider noch nicht besetzt. Den Violin-Unterricht besorgt einstweilen der Privatlehrer WITZKA, den Orgelunterricht der Schullehrer BLECKMANN.[4] Wir erwarten demnach hoffnungsvoll im J. 1826 die Ankunft eines 2ten Lehrers und die Ankunft eines 3ten, welcher den ganzen musikalischen Unterricht besorgen soll. Möge die allliebende Vorsehung die Anstalt stets in liebendem Schutze erhalten.

Diesterweg.

Se. Majestät unser König haben die Anstellung eines 3ten Lehrers nicht genehmigt. Da nun die Leistungen der beiden musikalischen Hülfslehrer nicht genügend sind, so habe ich den LUDWIG ERK, einen jungen talentvollen Mann hieher eingeladen, um zu versuchen, ob er in die Stellen der beiden Hülfslehrer interimistisch und einstweilen versuchsweise einrücken mag und kann.[5] –

Die Stelle des zweiten Lehrers wurde im März 1826 besetzt durch den Candidaten der Theologie Herrn JOH. HEINRICH VORREITER aus Langensalza in Sachsen. Demselben wurden folgende Unterrichtsgegenstände übergeben: a) Religion; b) Katechetik; c) Geschichte; d) deutsche Aufsätze. – Siehe die nachfolgenden Notizen über dessen Lebenslauf!

Die 3te Klasse der hiesigen Elementarschule zählte im Frühling 1826 120 Kinder fünf- bis achtjährigen Alters. Dadurch wurde eine Trennung der Kinder in 2 Abtheilungen nothwendig. Da der Seminarist vorzüglich viel durch den Umgang und den Unterricht kleiner Kinder lernen kann, so nahmen wir die jüngsten 50 Kinder in die beiden, zum Unterricht bestimmten Schulstuben unsres Gebäudes, auf. Hier werden sie nun seit Ostern theils zusammen, theils in getrennten Abtheilungen unterrichtet.

Zugleich trat nun 3 der Theil der 2ten Klasse, welcher bisher ausschließlich die Seminarklasse gewesen war, zu dem übrigen Theile der 2ten Klasse wieder zurück. Die Elementarschule ist demnach jetzt in 4 Klassen getheilt.

Ite Klasse: Lehrer: H. BLECKMANN.
II — — – ₄   Die Seminaristen.
III. — — :   H. FISCHER.
IV. ——   Die Seminaristen.[6]

Anfang Mai legte ich dem hiesigen Schulvorstande einen Plan vor zur Errichtung einer Armenschule. Derselbe wurde genehmigt. Das Schullokale wird in dem Wohnhause H. BLECKMANNS gefunden; die Utensilien werden aus der Fundationskasse angeschafft; Lehrer sind: BLECKMANN u. FISCHER, welche dafür bezahlt werden, ebenfalls aus der Fundationskasse; Unterrichtszeit im Sommer: 1/2 8–9 Uhr Abends; im Winter 1/2 9–10, mit Ausnahme des Sonntages. Die Kinder bezahlen kein Schulgeld; es ist eine Freischule; sie erlegen nur monatlich so viel, als zur Anschaffung des nöthigen Papieres, der Federn, Griffel u. Dinte erforderlich ist. Für Bücher, Schiefertafeln etc. wird aus der HARZ[INGISCHEN]. Fundation gesorgt. – Die Umstände haben es zu unsrem großen Schmerze nicht möglich gemacht, die Kinder am Tage in die Schule zu führen. Nun müssen die armen Armenkinder (Fabrikkinder!) in den Stunden des Feierabends an das ABC. Möge Gott in seiner Liebe die Begebenheiten der Welt so lenken, daß sich das Loos der unglücklichen Fabrikkinder ändert![7]

Dg.[8]

Eigh. Entw., GStA PK, I. HA Rep. 76 Seminare, Nr. 10071: Titelblatt und S. 1–6

1 Siehe Briefe vom Anfang des Jahres 1820 (Nr. 26–28).

2 Siehe hier Briefe vom 9. Mai und 6. Juni 1822 (Nr. 39 und Nr. 41).

3 Siehe Protokoll vom 28. August 1823 (Nr. 61).

4 Über die von Bleckmann vom Januar bis zum Mai 1826 erteilten „Clavier- und Orgellectionen" liegt in Diesterwegs Korrespondenztagebuch der Entwurf zu einer Liquidation und Bestätigung an die Regierungshauptkasse in Düsseldorf vor (GStA PK, I. HA Rep. 76 Seminare, Nr. 10063: 62r+v).

5 Siehe Brief vom 24. Juni 1826 (Nr. 149). Bereits am 2. Juni hatte Diesterweg dem Oberpräsidenten von Ingersleben (s. ds.) gemeldet, „daß L. Erk vom 1ten Mai an wöch[en]tlich 16 Stdn Clavier- u Orgel, 6 Stdn Gesang, 10 Stdn Violinu[n]t[erri]cht erth[ei]lt", wie aus seinem Korrespondenztagebuch hervorgeht (GStA PK, I. HA Rep. 76 Seminare, Nr. 10062: 56r+v). Definitiv wurde Erk erst zum 1. Oktober 1829 als dritter Seminarlehrer bestätigt; siehe Brief vom 28. August 1829 (Nr. 207).

6 Wegen jahrelanger Differenzen mit Bleckmann wurde 1828 eine von der Elementarschule unabhängige Übungsklasse im Seminar eingerichtet; siehe Jahresbericht für 1827 vom 1. März 1828 (Nr. 186). Bereits 1823 hatte Superintendent Roß vorgeschlagen, daß „die Elementarschule im Seminargebäude gehalten werden möge", unter der „speciellen Aufsicht und Leitung des Seminar-Direktors"; so könne eine „Normal-Schule" aufgebaut werden, an der die Seminaristen praktische Erfahrungen sammeln könnten, und Bleckmann, über dessen Amtsführung es bereits mehrfach zu Klagen gekommen sei, stünde unter der notwendigen Aufsicht. (Vgl. Briefe von Roß vom 30. Januar und vom 18. Mai 1823, abgedruckt in: Klein-Reesink, Andreas: Das Gymnasium Adolfinum in Moers in der Zeit von 1815 bis 1950. Moers 1992, S. 64 f.) Die Regierung in Düsseldorf begrüßte den Gedanken einer Verbindung zwischen Elementarschule und Seminar, beurteilte Bleckmann aber als „nicht geeignet (…), einer Schule, die als Normal-Anstalt gelten solle, vorzustehen" (vgl. HStA Düsseldorf, Landratsamt Moers, Nr. 68, o. F.).
Am 17. Mai 1824 kamen das Scholarchat, Diesterweg, Roß, der Rektor des Progymnasiums Hoffmeister und Bleckmann überein, die Elementarschule zugleich als Musterschule für das Seminar zu nutzen, allerdings in Räumen des Gymnasialgebäudes und ausdrücklich ohne eine „nothwendige Verbindung" mit dem Seminar, „noch weniger Subordination". Diesterweg wurde gestattet, einzelne Stunden an der Elementarschule abzuhalten; außerdem traten der ehemalige Seminarist Abraham Fischer sowie ein fortgeschrittener Seminarist als Lehrer mit ein (vgl. ebd., S. 65 f.).
Roß schien von der Notwendigkeit der Aufsicht über Bleckmann durch Diesterweg überzeugt zu sein. Am 2. September 1824 erläuterte er gegenüber der Düsseldorfer Bezirksregierung, Bleckmann müsse „auf die Fächer reduziert werden, denen er gewachsen ist, und man muß ihn einer strengen Kontrolle unterwerfen". Diesterweg solle die „Aufsicht über das Innere führen" (vgl. ebd., S. 67).
Diesterweg wurde jedoch durch die Widerstände Bleckmanns sowie von Pfarrer Bornemann zu einer Umorientierung gezwungen; er beschränkte sich in der Folge auf die Klasse der Anfänger und unterrichtete gereiftere Schüler in einer Privatklasse im Seminar (vgl. ebd.).

7 Das Schicksal der „Fabrikkinder" beschäftigte Diesterweg sehr; er kritisierte die Praktiken der Unternehmer in mehreren Aufsätzen, zum Beispiel „Über den Gebrauch der Kinder zur Fabrikarbeit. Aus pädagogischem Gesichtspunkte betrachtet" (Rheinisch-westphälische Monatsschrift, Jg. 1826, Bd. III, Heft 3, S. 161–190; vorliegende Ausgabe, Bd. XVIII, S. 250–260) und „Ein pädagogischer Blick auf Fabriken und – eine menschliche Bitte" (Rhein. Bl., Jg. 1828, Bd. III, Heft 3, S. 33–38; vorliegende Ausgabe, Bd. I, S. 341–344). Siehe auch seine Bemerkungen über Krefeld im Reisebericht vom 7. September 1827 (Nr. 173).

8 Es folgt S. 7–10 eine Darstellung von Hand des Lehrers Johann Heinrich Vorreiter (s. ds.), datiert auf den 11. Mai 1828 (sic!). Vorreiter hatte durch gute Leistungen in Schulpforta die Aufmerksamkeit des Ministers von Altenstein (s. ds.) erregt und ein Stipendium zum Studium der Theologie an der Universität Halle erhalten. Anschließend hospitierte er in verschiedenen Schullehrerseminaren, insbesondere bei C. Chr. G. Zerrenner (s. ds.) in Magdeburg. Das Ministerium (eigh. L. Beckedorff <s. ds.>, GStA PK, I. HA Rep. 76 Kultusministerium, VII neu Sekt. 1 C Teil I Nr. 1 Bd. 1: 160r+v) begrüßte es ausdrücklich, angesichts des Bedarfs in Moers über einen „so wohl qualificirten Seminar-Lehrer sofort" disponieren zu können.

334

149
An Oberpräsident Karl Heinrich Ludwig Freiherr von Ingersleben, Koblenz

Moers, 24. Juni 1826

An [etc.]

Die dem interimistischen Musiklehrer des Seminars L[UDWIG]. ERK zu bewilligende monatl. Remuneration betr.

Zufolge $_1$ der hochverehrlichen Verfüg[un]g Ew. Excellenz vom 6ten Juni d. Jahres[1] verfehle ich nicht, $_2$ hiermit die Anzeige zu machen, daß der $_3$ Musiklehrer WITZKA am 18ten dieses Monats gestorben ist. Die Anstalt hat ihn zu seiner letzten Ruhestätte begleitet. Da derselbe postnumerando sein monatliches Gehalt von 6 Rh 20 Sgr bezog, so $_4$ wird ihm noch $_5$ diese Summe für den Monat Juni gebühren. Ich bitte Ew. Excellenz dieselbe gegen Quitt[un]g an mich hochgef[ä]lligst aus zahlen zu lassen. Ich habe dieselbe, da seine lange Krankheit seine wenigen Habseligkeiten längst verschlungen hatte, zur Bestreit[un]g eines Theils der Unkosten bei dem Leichenbegängniß verwandt. Den übrigen Theil der Unkosten haben seine hiesigen Freunde übernommen.

$_6$ Der L. ERK wird $_7$ daher vom nächsten Monate an die Violinstunden nicht[2] mehr für den Verstorbenen ertheilen. Ew. Excellenz haben mir den Auftrag ertheilt, mich über die demselben monatlich zu ertheilende Remuneration gutachtlich zu äußern.

L. ERK $_8$ giebt jetzt wöchentlich 32 Stunden im Gesange, auf dem Klavier, auf der Orgel und auf der Violine. So viele Stunden sind auch wenigstens erforderlich. ERK hat $_9$ ihre Anzahl noch nicht ganz genügend gefunden, daher noch 2 Stunden hinzugefügt. Unter diesen Umständen ist er von dem Seminar ganz in Beschlag genommen, u. die Verhältniße erlauben es ihm nicht – was auch in andrer Hinsicht nicht gut wäre – außer dem Seminar noch Verdienst zu suchen. Die ihm monatlich zu bewilligende Rem[uneration]. dürfte daher nach meiner unmaßgeblichen Ansicht nicht unter $_{10}$ 20 Rh sein, welches eine jährliche Summe von $_{11}$ 240 Rh ausmacht. Diese Summe wird bei großer Sparsamkeit zur Deckung der <u>unentbehrlichsten</u> Bedürfniße des jungen talentvollen Mannes $_{12}$ hinreichen. $_{13}$ Wir haben ihm bereits ein Zimmer in dem Seminar eingeräumt, mit welchem L ERK zufrieden ist. Bis jetzt entspricht er unsren Erwartungen. $_{14}$ Nothwendig aber ist es, daß er alte Seminarlehrer in den $_{15}$ musikalischen Lectionen sehe. Deßhalb soll er $_{16}$ den Ferienmonat August theils in Soest, theils in Brühl zubringen. Wenn Ew. Excellenz ihm dieses durch eine kleine Remuneration erleichtern wollen, so wird er mit mir dafür sehr dankbar sein.

Ich möchte daher Ew. Exc[e]ll[en]z nunmehr un[ter]thanigst bitten:

1) Die dem verstorbenen WITZKA für den Monat Juni d J. gebührenden 6 Rh 20 Sgr an mich hochg[e]f[ä]lligst auszahlen zu lassen;

$_{17}$ 2) $_{18}$ Den Betrag für die Lectionen, a 6 Sgr, welche der L. ERK in den beiden Monaten Mai u. Juni ertheilt hat, hochg[e]f[ä]lligst zur Zahlung anzuweisen.

2) *[sic!]* Demselben vom 1ten Juli des Jahres ab eine monatliche Remuneration von 20 Rh nebst $_{19}$ einem Zimmer zur Wohnung im Seminar hochgefälligst zu bewilligen.[3]

Eigh. Entw., GStA PK, I. HA Rep. 76 Seminare, Nr. 10063: 65ᵛ–66ᵛ

[1] Unter diesem Datum hatte der Oberpräsident L. Erks „einstweilige Aufnahme" genehmigt und „nach dem etwaigen Abgang des p. Witzka" um ein Gutachten bezüglich der Vergütung gebeten (Ottsen, Otto: Diesterweg in Mörs, größtenteils nach Urkunden bearbeitet. Moers 1918, S. 56 f.).

[2] Schreibfehler; siehe den nachfolgenden Text, demzufolge Erk den Unterricht übernahm.

[3] Der Oberpräsident genehmigte Erk am 27. Juni 1826 die Erteilung von 35 Stunden Gesang, Klavier, Orgel und Geige sowie freie Wohnung im Seminargebäude mit der Einschränkung, nur „auf Kündigung beschäftigt" zu sein (GSt A PK, I. HA Rep. 76 Seminare, Nr. 10063: 69r). – Zum Erfolg der ebenfalls bewilligten Weiterbildungsreise Erks zu den Seminaren Brühl und Soest vgl. den Jahresbericht für 1827 vom 1. März 1828 (Nr. 186).

150
An Oberpräsident Karl Heinrich Ludwig Freiherr von Ingersleben, Koblenz

Moers, 30. Juni 1826

An des Herrn Geh. Staatsm. u. Oberpräsid[en]ten Freiherrn von Ingersleben Excell[en]z in Coblenz.

Die $_1$ abgehaltene Aspirantenprüfung betr.

Ew. Excellenz

überreiche ich hiermit gehorsamst in den Anlagen das Protokoll über die am 26ten dieses Monats hieselbst abgehaltene Aspirantenprüfung nebst

1. der über $_2$ das Resultat der Prüfungen in den einzelnen Gegenständen entworfenen Tabelle
2. den $_3$ schriftlichen Arbeiten der Aspiranten
3. den Zeugnißen derselben.

In dem Protokolle $_4$ selbst sind die Ew. Excellenz zur Aufnahme Vorgeschlagenen in derjenigen Ordnung aufgeführt, in welcher sie den Examinatoren als $_5$ zur Aufnahme reif erschienen sind. $_6$ – Die Anzahl der mit dem Ende dieses Monats zu entlassenden Zöglinge ist 11. Da bisher $_7$ 27 Zöglinge in der Anstalt waren, so bleiben 16 in derselben zurück, u. da die Gesammtzahl auf 30 festgesetzt ist, so wären 14 $_8$ Stellen neu zu besetzen. Allein es drängt sich mir durch die $_9$ Erfahrung des nun zu Ende gehenden Jahres der Wunsch auf, 2 der abgehenden 11 Zöglinge auf ein Jahr in der Anstalt zu behalten, damit sie als Hauptlehrer der beiden Klassen der Elementarschule, welche einzig von den Seminaristen unterrichtet werden, auftreten. Den Lehrern des Seminars ist es nicht möglich, so oft diese beiden Seminarklassen zu besuchen, als es $_{10}$ gut wäre, u. selbst wenn sie dieses möglich machten, so würde doch dadurch nicht diejenige Einheit und Festigkeit in den Gang des Unterrichts und der Disciplin gebracht, wel[che] ein Lehrer bleibend zu machen im Stande ist u. welche ohne großen Nachtheil für die $_{11}$ Kinder $_{12}$ und die unterrichtenden Seminaristen nicht fehlen darf. Dieser wichtige Zweck läßt sich auf keine andre Weise erreichen, als dadurch, daß von den nächstens zu entlassenden Zöglingen die beiden zu diesem $_{13}$ Zwecke qualificirtesten noch 1 Jahr, jeder mit einem Stipendio von 80 Rh, $_{14}$ in der Anstalt verweilen. Diese

336

beiden $_{15}$ sind alsdann die eigentlichen Klassenlehrer der beiden Klassen der Seminar-Übungsschule, u. die sich übenden Seminaristen arbeiten alsdann unter $_{16}$ der speciellsten Aufsicht derselben. Wir begegnen allein dadurch einer Menge von Übelständen, welche $_{17}$ im Laufe des nun zu Ende gehenden Schuljahres hervorgetreten sind, u. wir geben diesen beiden Zöglingen zugleich dadurch eine um so reifere Bildung. $_{18}$ Der Regierungsbezirk Düsseldorf kann dadurch nur gewinnen. Zugleich ist es bei der großen Menge derer, welche noch aus früheren Jahren ein Wahlfähigkeitszeugniß, aber noch keine Stelle haben, nach der sie schmachten, besser, daß $_{19}$ nicht zu viele neue Schulamtskandidaten hinzutreten. $_{20}$ Aus diesen Gründen glaube ich der Hoffnung Raum geben zu dürfen, daß Ew. Excellenz die Genehmigung des Vorschlages, zwei von den nächstens zu entlassenden Zöglingen noch ein Jahr mit einem Stipendio von 80 Rh in der Anstalt fest zu halten, hochgefälligst ertheilen werden. Gleich nach abgehaltener Abiturientenprüfung werde ich alsdann diese beiden Ew. Excellenz namentlich vorzuschlagen nicht verfehlen. $_{21}$ Es blieben als dann der zu besetzenden Stellen 12 übrig, und ich trage Ew. Excellenz in dieser Hinsicht die Bitte vor, $_{22}$ aus dem beiliegenden Protokolle, diejenigen hochgefälligst zu ernennen, $_{23}$ welche zu diesen Stellen $_{24}$ bestimmt werden sollen.

Da der $_{25}$ September $_{26}$ dieses Jahres $_{27}$ mit dem Freitage beginnt, so möchte es am zweckmäßigsten sein, den Anfang des neuen Cursus auf den 3ten und das Eintreffen der aufgenommenen Aspiranten auf den 2ten September hochgefälligst zu bestimmen.[1]

Eigh. Entw., GStA PK, I. HA Rep.76 Seminare, Nr. 10063: 70^{r+v}

[1] Das Oberpräsidium entsprach mit Schreiben vom 13. Juli 1826 den Vorschlägen Diesterwegs; die Stipendien für die verbleibenden Seminaristen wurden mit der Auflage gewährt, bei ihrer Verteilung eine Summe von 830 Reichstalern insgesamt nicht zu übersteigen (GStA PK, I. HA Rep. 76 Seminare, Nr. 10063: 73^{r}–74^{r}).

151
An die Regierung Düsseldorf

Moers, 2. Juli 1826

An die Königliche Hochlöbliche Regierung zu Düsseldorf.

Die Prüfung der nicht im Seminar gebildeten evangelischen Schulamtskandidaten betreffend.

Einer Königlichen Hochlöblichen Regierung ist es bekannt, daß in der letzten Woche dieses Monates (am 27ten, 28ten und 29ten Juli) die dießjährige Entlassungsprüfung unter dem Vorsitze des Herrn Konsistorialraths KORTÜM hieselbst statt haben wird. Früherhin habe ich bereits bei mehreren Veranlassungen, zuletzt durch meinen Bericht vom 26ten Juli 1825, der $_A$ Hochlöblichen Regierung $_B$ die Gründe vorgetragen, aus der *[sic!]* ich die Nothwendigkeit, daß alle Schulamtskandidaten, sie mögen sich in oder außer dem Seminar zum Amte vorbereitet haben, nach demselben Maaßstabe, von derselben Commission, zu derselben Zeit und an demselben Orte $_C$ geprüft werden, erkenne.[1] Die Hochlöbliche Regierung ist zwar bis jetzt laut der auf meinen $_a$angezogenen$_{al}$ Bericht erlassenen Verfügung vom 14 December 1825, noch nicht auf diesen Vorschlag eingegangen, allein die stärksten

Gründe veranlassen und verpflichten mich, auf diesen Gegenstand wieder zurück zu kommen, und zwar in diesem Augenblicke, da wir einer neuen Entlassungsprüfung der Seminarzöglinge nahe sind. Ich glaube die Hochlöbliche Regierung nicht mit einer neuen Aufzählung dieser Gründe behelligen zu dürfen, besonders da, so weit die älteren preußischen Provinzen mir in dieser Hinsicht bekannt geworden sind, das preußische Sachsenland mit inbegriffen, bei den Amtsprüfungen der Schulamtskandidaten diesen Gründen gemäß verfahren wird ᴅ . ᵦNurᵦₗ muß ich gegenwärtig wo wir cᶻum ersten Malcₗ bei der Entlassungsprüfung vollständig nach dem, dem Seminar vom ᵈHohenᵈₗ Ministerio vorgeschriebenen, Reglement verfahren können und sollen, auf einen Umstand die Aufmerksamkeit ₑderₑₗ K. Regierung hinlenken.

Nach § 36 unseres Reglements muß in dem Entlassungszeugniß jedes einzelnen S[eminari]sten bemerkt werden, welchen ᴇ Grad der Kenntnisse er in ſjedemſₗ einzelnen Fache, welchen ₉Grad der₉ₗ Fertigkeit er im Unterrichten besitzt, und wie seine Aufführung beschaffen gewesen ist.

Wenn wir hier ₕgewissenhaftₕₗ verfahren sollen ᵢ–ᵢₗ und das ꜰ verlangt nicht nur ɢ unser Diensteid, sondern das Wohl der Anstalt und ⱼfolglichⱼₗ des Schulwesens von uns, da das gewissenhafte Verfahren in dieser Abfassung des Zeugnisses den betreffenden Gemeinden, die wichtigsten Aufschlüsse über den Kandidaten und dem Seminar die gehörige sittliche Würde erteilt und erhält – so geben wir durch jedes Prädikat, welches einigen Tadel enthält, dem Inhaber des Zeugnisses eine Waffe in die Hand, die nur gegen ihn selbst gerichtet ist. Denn wenn bei ʜ erledigten Schulstellen daneben diejenigen auftreten, deren Zeugniß sie bloß im Allgemeinen für wahlfähig erklärt, ohne nähere Erläuterung und Ausführung, wie es in den bisher von der Königlichen Regierung erteilten Zeugnissen der Fall gewesen ist, so ɪ ist jeder Seminarist, in dessen Zeugniß irgend ein Tadel vorkommt, geschlagen. Welche anderweitigen Zeugnisse sich diese andern Schulamtskandidaten zu verschaffen wissen, welche sie dem allgemeinen Wahlfähigkeitszeugniß beilegen, ist allgemein bekannt, und ist von neuem aus den Zeugnissen der diesjährigen Aspiranten des hiesigen Seminars zu ersehen. Diesen Zeugnissen gemäß ist die Welt nur von den ⱼ christlichsten, frömmsten, fleißigsten, treuesten, kurz von den ᴋ allervortrefflichsten Jünglingen bewohnt; und doch reduciret sich der wahre Gehalt der meisten ʟ dieser Zeugnisse, welche ᴍ ₖwahrₖₗ sind, darauf: daß der Zeugnißaussteller nichts positiv Böses von dem Inhaber gewußt habe. Oft aber entdeckt man schon bei oberflächlicher Bekanntschaft mit demjenigen, dem das herrliche Zeugniß schamlos erteilt wurde, die niederträchtigste Unwahrheit. Eine Hochlöbliche Regierung wolle es mir ₗₗₗ zu gut halten, wenn ich hierdurch meinen Abscheu gegen eine Erscheinung, welche von Schullehrern, Bürgermeistern und selbst Predigern und ɴ andren Personen herbeigeführt wird, ausspreche. Aber die Sache verhält sich so. Wie soll nun ein Seminarzögling dagegen aufkommen, wenn es in seinem amtlichen Zeugniß ᴏ , das übrigens ₘₗₗ doch ᴘ einem wackren Jüngling gelten kann, in diesem oder jenem Gegenstande heißt: „mittelmäßig“, „gering“, „genügt nicht“, „schlecht“, „nichts“, „seine Reizbarkeit verleitet ihn zuweilen zur Übereilung“, „er übertrat manchmal die Gesetze der Anstalt“, „diesen Gegenstand hat er mit Lauigkeit behandelt“, „er giebt sich den Kindern nicht genug hin“, „er besitzt noch nicht genug Fertigkeit im Unterrichten“ ᴏ oder noch schärfere Bemerkungen, die wir nicht weglassen dürfen, wenn wir gewissenhaft, treu unserm Eide, zum Besten der Vorsteher der Schulen, zum Sporne für unsre Zöglinge verfahren wollen ₙ?ₙₗ

Ich muß gestehen, daß ich nicht abzusehen weiß, wie dieser Gegenstand in's ₒGleiseₒₗ gebracht werden ʀ soll, wenn nicht alle Schulamtskandidaten in den Seminarien gebildet werden. Denn ohne dieses lernt man sie allenfalls von Seiten ihres Wissens, aber nicht von der wichtigeren Seite ihres Charakters kennen. Jene erspäht man wohl in <u>sorgsamer</u> _p, <u>strenger Prüfung</u>_{p|}, diese aber verbirgt sich oft auch dem schärfesten Auge in bloßer Prüfung. Wenn man aber 2–3 Jahre mit ihnen in demselben Hause zusammengelebt hat, dann kennt man jeden Burschen. Nach den frühern Verfügungen der Hochlöblichen Regierung muß ich es bezweifeln, daß dieselbe _s geneigt sein sollte, _T alle ihre evangelischen Schulamtskandidaten in dem hiesigen Königlichen Seminar bilden lassen zu wollen. _U Dagegen aber hoffe ich zuversichtlich, daß _V Hochdieselbe fernerhin alle Kandidaten <u>einer</u> Prüfung unterwerfen werde. In dieser Hinsicht trage ich zufolge der bisherigen Bemerkungen, anderer für sich sprechender Gründe nicht zu gedenken, der Hochlöblichen Regierung hiermit die Bitte vor, _{q|} daß es derselben gefallen möge,

„künftighin alle anderwärts gebildeten evangelischen Schulamtskandidaten zugleich mit den Zöglingen des hiesigen evangelischen Seminars nach _reiner_{r|} Weise, von derselben Commission, zu derselben Zeit u. an demselben Orte – und _s<u>falls</u>_{s|} Hochdieselbe in _W _tdem_{t|} <u>laufenden Jahre</u> _u 1826 eine Prüfung der Nicht-Seminaristen _x <u>anberaumen lassen möchte</u>_{u|}, dieselben am Ende dieses Monats, _y am 27ten, 28ten und 29ten _vJuli_{v|} zugleich mit den als dann zu entlassenden Seminarzöglingen examiniren zu lassen.“

Nur dadurch werden wir Seminarlehrer _Z einem Collisionsfalle enthoben, dessen _{AA} Schwere ich oben angedeutet habe, und wir erhalten dadurch _{w|} Gelegenheit, anschaulich darzuthun, wo die gründlichste und beste theoretische und praktische Bildung der Schulamtskandidaten gewonnen wird.

Der Seminardirektor
_x Diesterweg _{x|} [2]

Ausf. mit eigh. Unterschr., HStA Düsseldorf, Reg. Düss., Nr. 2625, 72ʳ–74ᵛ; eigh. Entw., GStA PK, I. HA Rep. 76 Seminare, Nr. 10063: 71ʳ–72ᵛ

[1] Siehe Brief vom 28. Dezember 1825 (Nr. 137).

[2] Die Regierung antwortete Diesterweg umgehend am 3. Juli und teilte ihm mit, daß in ihrem nächsten Amtsblatt eine Bestimmung erscheinen werde, in der die von ihm geäußerten „Wünsche Berücksichtigung finden“ würden (vgl. HStA Düsseldorf, Reg. Düss., Nr. 2625, 73ʳ).

152
Protokoll über die Prüfung
von Aloysius Straaten und Peter Johann Rotzen

Kloster Kamp, 17. Juli 1826

Verhandelt zu Kloster-Camp am 17ten Juli 1826.

Im Jahre 1824 ₁ erschienen vor der in Mörs versammelten Prüfungs-Commission die beiden katholischen Schulamtskandidaten ALOYSIUS STRAATEN aus   und PETER JOHANN ROTZEN aus   ₂ um sich der Prüfung für das Elementar-Schulamt zu unterwerfen. Beide ₃ wurden in den ihnen eingehändigten Prüfungszeugnißen ₄ als Unterlehrer oder Gehülfen ₅ für fähig erkannt. Inzwischen erkannten beide, daß sie noch einer besonderen Hülfe bedürften, um dereinst als selbstständige Lehrer auftreten zu können. Deßhalb begaben sich beide mit Erlaubniß des mitunterzeichneten Seminardirectors nach Mörs und nahmen an dem Unterrichte und den Übungen des Seminars als Gäste Theil.[1] Der Eine, P[ETER]. J[OHANN]. ROTZEN setzte dieses ein Jahr lang fort, übernahm nun 6 provisorisch die Verwaltung der Lehrerstelle zu   besuchte aber jede Woche noch einen Tag das Seminar. Der Andre, AL[OYSIUS]. STRAATEN blieb 2 Jahre in Mörs, bis er 7 vom 1ten Mai dieses Jahres an provisorisch die erledigte Lehrerstelle zu Camp verwaltete. Beide bewährten in dem Seminar Thätigkeit und Eifer und einen guten Sinn. Von der Zeit 8 ihrer Thätigkeit in den Schulen arbeiteten sie unter der speciellen Aufsicht des mitunterzeichneten Schulpflegers MICHELS und zur Zufriedenheit desselben. Beide erwarben sich auch das Vertrauen der Schulgemeinden in dem Maaße, daß 9 dieselben sie als die Lehrer ihrer Schulen fest angestellt zu sehen wünschten. Aus diesen Gründen 10 glaubte der genannte Schulpfleger 11 auf eine neue Prüfung der oben genannten Hülfslehrer antragen zu müssen, um zu untersuchen, ob das Resultat der Prüfung so genügend sei, daß 12 der Eine oder Andre des Zeugnißes der Wahlfähigkeit würdig befunden werden würde. In dieser Absicht versammelten sich die Unterzeichneten heute hieselbst in Kloster-Camp, um diese Prüfung abzuhalten. Das Resultat derselben war in den einzelnen Prüfungsgegenstanden *[sic!]* Folgendes.

1. Religionslehre 13. Beide sind mit den Grundsätzen und Lehren der Glaubens- und Sittenlehre hinlänglich bekannt.
2. Lesen. ROTZEN besitzt darin gute, STRAATEN 14 genügende Fertigkeit.
3. Deutsche Sprache. Beide 15 haben die Regeln der Orthographie u. Grammatik und 16 eines bildenden Sprachunterrichts sehr gut inne.
4. Formen- und Größenlehre. ROTZEN hat in der Formenlehre einen Anfang gemacht; STRAATEN besitzt darin mehr 17 Kenntnisse und von der Raumlehre sind ihm die einfacheren Sätze bekannt.
5. Zahlenlehre. ROTZEN genügend; STRAATEN gut. Die schriftlichen Aufgaben stimmen damit überein.
6. Naturkunde. Beide 18 haben in der Kenntniß der Naturerscheinungen nur einen Anfang gemacht.
7. Erdbeschreibung. Beide zeigten hinreichende Kenntnisse.
8. Geschichte. Die biblische Geschichte ist beiden geläufig; ROTZEN kennt einige Thatsachen der Profangeschichte; STRAATEN weiß wenig von ihr.
9. Pädagogik. Beide legten in ihren Antworten 19 gesunde, richtige Ansichten über das Erziehungs- und Unterrichtswesen an den Tag. Die schriftlichen Arbeiten bestätigen dieses Urtheil.
10. Schönschreiben. Genügende Fertigkeit.
11. Zeichnen. ROTZEN zeichnet nicht; STRAATEN hat darin einen Anfang gemacht.
12. Gesang. Genügend.
13. Klavier-, Orgel- und Violinspiel. ROTZEN hat einen guten Anfang im Violinspiel gemacht, STRAATEN besitzt einige Fertigkeit im Klavierspielen.
14. Die beiliegenden schriftlichen Arbeiten finden die 20 Prüfenden genügend.

Die Erscheinungsweise der beiden Examinanden war anziehend. Beide legten 21 während der ganzen Prüfung 22 aufgeregte Aufmerksamkeit, Lernlust und Liebe zum Schulamte an den Tag.

23 Nach diesen Ergebnißen, mit Berücksichtigung der schriftlichen Arbeiten der beiden Examinanden, und mit Erwägung des vortheilhaften Zeugnißes, welches den 24 selben sowohl

340

von dem Schulpfleger MICHELS als dem Seminardirector Diesterweg ertheilt wurde, war die Ansicht der Examinatoren einstimmig, daß die bisherigen Gehülfen PETER JOHANN ROTZEN und ALOYSIUS STRAATEN für wahlfähig zu einem Elementar-Schulamte zu erklären seien.

Also verhandelt zu Kloster-Camp am 17ten Juli 1826.

Eigh. Entw., GStA PK, I. HA Rep. 76 Seminare, Nr. 10063: 78^r–78a^r

[1] Eine gängige Form der Fortbildung für Lehrer.

153
Prüfungszeugnis für Peter Friedrich Windfuhr

Moers, 30. Juli 1826

P r ü f u n g s z e u g n i ß   N u m m e r   E i n s .
P e t e r   F r i e d r i c h   W i n d f u h r   a u s   L e n n e p .[1]

19 Jahre alt, und seit 2 3/4 Jahren Zögling des hiesigen Königlichen Schullehrer-Seminars trat gut vorbereitet in die Anstalt ein. Er besitzt gute Anlagen, seine Aufmerksamkeit war stets geregelt, und sein Fleiß musterhaft. Daher hat er sich, wie das umstehend aufgeführte Prüfungsprotokoll nachweist, vorzügliche Kenntnisse erworben. Sein Betragen war gut. Nur blieb manchmal mehr Zartheit des Gemüths und mehr Empfänglichkeit für wohl ge-meinten Zuspruch, und zeitgemäße Ermahnung zu wünschen übrig.

Er besitzt im Unterrichten die erforderliche Uebung. Er lehrt mit Bestimmtheit, Nachdruck und Eifer. Wir erwarten, daß er sich stets bestrebt, sich mehr Hingebung zu den Kindern anzueignen.

Demnach erklären wir ihn für anstellungsfähig, mit der Censur vorzüglich bestanden, und mit dem Prüfungszeugnisse Nro Eins.

Dr. KORTÜM   Dr. Diesterweg,
als Königlicher Commissarius   als Director des Seminars

Protokoll über die Prüfung des abgehenden Seminaristen.

1	In der Religion	Vorzüglich
2	In der deutschen Sprache	Gut
3	In den Aufsätzen	Gut
4	Im Rechnen	Vorzüglich
5	In der Formen- und Größenlehre	Vorzüglich
6	Im Schreiben	Mittelmäßig
7	In Mathematik	Vorzüglich
8	Im Zeichnen	Mittelmäßig
9	In der Geographie	Vorzüglich
10	In Naturbeschreibung	Gut
11	In der Naturlehre	Vorzüglich
12	In der Geschichte	Vorzüglich

13 In der Theorie der Musik -- Er hat einen Anfang
darin gemacht
14 Im Gesang --- [1] mittelmäßig
15 Im Orgelspiel --- Gut.
16 Im Spielen anderer Instrumente ------------------------------------- Klarinette und Geige
ziemlich gut.
17 In Erziehungs- und Unterrichtslehre --- Sehr gut
18 In der Denklehre --- Sehr gut
19 In der Katechetik --- Gut
20 In der Ausübung und Anwendung des Unterrichts ----------------------------------- Gut.

Abschr., HStA Düsseldorf, Reg. Köln, Nr. 3265, o. F.

[1] Vgl. Fußnote zur Bescheinigung vom 6. Mai 1826 (Nr. 147). Die Beurteilung der charakterlichen Eignung von Windfuhr, insbesondere der Hinweis darauf, daß er nur unwillig Ermahnungen annehme, finden möglicherweise eine Bestätigung in Windfuhrs Verhalten bei dem Konflikt um die Pensionierung und Nachfolge von Lehrer Wellenbeck in Wipperfürth, wo er in seinen Anträgen undiplomatisch und sehr fordernd auftrat (vgl. HStA Düsseldorf, Reg. Köln, Nr. 3265, o. F.).

154
Prüfungszeugnis für Diederich Seher, Moers

Moers, 30. Juli 1826

Prüfungszeugniß Nummer <u>Drei</u>.
Diederich Seher aus Mörs,[1]

20 Jahre alt und seit 2 3/4 Jahren Zögling des hiesigen Königlichen Schullehrer-Seminars hat nur mittelmäßige Fähigkeiten. Seine Vorkenntnisse bei seinem Eintritt in die Anstalt waren gleichfalls sehr mittelmäßig und er verläßt die Anstalt auch mit mittelmäßigen Kenntnissen und Fertigkeiten. Sein Charakter ist gut. Er ist ein gefälliger Mensch und es macht ihm Vergnügen, sich Andern dienstfertig zu erweisen.

Im Lehren hat er einige Uebung. Doch fehlt es ihm noch an der erforderlichen Lebendigkeit. Er behandelt die Kinder mit Milde und Liebe; überhaupt belebt ihn ein guter Wille.

Wir hoffen daher, daß er bei fortgesetztem Fleiße und bei dem ernsten Streben, sich die erforderliche Gewandtheit zu erwerben, ein guter Lehrer a werden al und nicht ohne Nutzen wirken werde.

Wir erklären ihn daher hiermit für

b anstellungsfähig an einer kleinen Landschule bl mit der Censur c hinreichend cl bestanden und mit dem Prüfungszeugniß Nummer Drei.

Dr. KORTÜM   Dr. Diesterweg,
als Königlicher Commissarius   als Director des Seminars
d[Siegel der Regierung]   [Siegel des Seminars] dl

Ausf. mit eigh. Unterschr., Stadtarchiv Wuppertal, Bestand L I 101, o. F.;
Abschr. ebd., o. F.

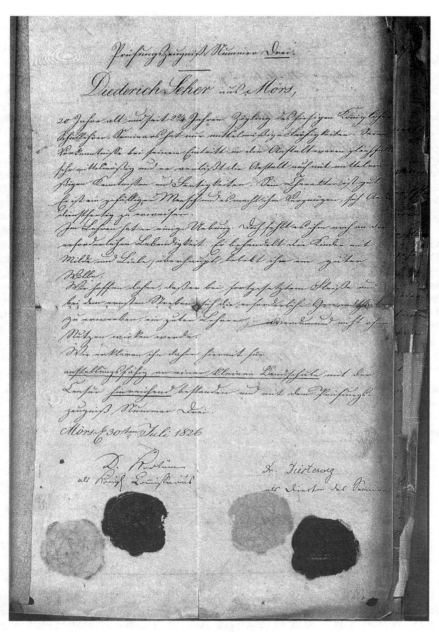

Prüfungszeugnis für Diederich Seher vom 30. Juli 1826,
Ausf. mit eigh. Unterschr. mit Regierungs- und Seminarsiegel
Quelle: Stadtarchiv Wuppertal, L I 101, o. F.

Protokoll über die Prüfung des abgehenden Seminaristen.

In der Religion. -- Mittelmäßig.
In der deutschen Sprache. -- Mittelmäßig.
In den Aufsätzen. -- Mittelmäßig.
Im Rechnen. --- Gut.
In der Formen- u. Größenlehre. --- Gut.
In der Mathematik. -- Mittelmäßig.
Im Schreiben. -- Gut.
Im Zeichnen. -- Gut.
In der Geographie. -- Mittelmäßig.
In der Naturbeschreibung. -- Mittelmäßig.
In der Naturlehre. --- Gering.
In der Geschichte. --- Gering.
In der Theorie der Musik. -- Er hat einen Anfang
                                                                                                      darin gemacht.
Im Gesang. --- Mittelmäßig.
Im Orgelspiel -- Gering.
Im Spielen anderer Instrumente. --- Geige – gering.
In der Erziehungs- u. Unterrichtslehre. ---------------------------------- Mittelmäßig.
In der Katechetik. -- Gering.
In der Denklehre. --- Mittelmäßig.
In der Ausübung u. Anwendung der Unterrichtskunst. ------------------------------- Gering.
                                                        Für die Obigen (gez:) Diesterweg.

Abschr., Stadtarchiv Wuppertal, Bestand L I 101, o. F.

[1] Diederich Seher bewarb sich mit diesem Zeugnis auf die Lehrerstelle an der evangelischen Elementarschule in Wichlinghausen, ebenso mit der Abschrift; er erhielt diese Stelle.

Zur unterschiedlichen Qualität der abgehenden Seminaristen vgl. das am selben Tag ausgestellte Prüfungszeugnis von Wilhelm Schoppmann (Nr. 155).

155
Prüfungszeugnis für Wilhelm Schoppmann

Moers, 30. Juli 1826

Prüfungszeugniß: Nummer Eins.
Wilhelm Schoppmann aus Lennep,[1]

19 Jahre alt und seit 2 3/4 Jahren Zögling des hiesigen Königlichen Schullehrer-Seminars trat gut vorbereitet in die Anstalt. Er besitzt gute Anlagen. Seinen musterhaften Fleiß, seine rege Lernbegierde, seine Gesetztheit und den Ernst seines Charakters haben wir stets mit Vergnügen wahrgenommen und anerkannt. Ihn belebt ein redlicher, ernster Wille. Durch diese Eigenschaften hat er sich vorzügliche Kenntnisse erworben.

344

Im Unterrichten besitzt er die erforderliche Übung. Er lehrt mit Eifer, mit Nachdruck, mit Klarheit und Bestimmtheit. Er weiß seinen Vortrag den Fassungskräften der Kinder anzupassen.

Wir hegen daher von ihm frohe Hoffnungen für die Zukunft, erklären ihn hiermit für anstellungsfähig, mit der Censur vorzüglich bestanden, und mit dem Prüfungszeugniß Nummer Eins.

Gez. D. KORTÜM   Gez. Dr. Diesterweg
als Königl. Commissarius.   als Director des Seminars.

Protokoll über die Prüfung des abgehenden Seminaristen.

1. In der Religion --- Vorzüglich.
2. In der deutschen Sprache -- Vorzüglich.
3. In den Aufsätzen --- Gut.
4. Im Rechnen --- Vorzüglich.
5. In der Formen- u. Größenlehre -------------------------------------- Vorzüglich.
6. In der Mathematik -- Vorzüglich.
7. Im Schreiben -- Mittelmäßig.
8. Im Zeichnen --- Mittelmäßig.
9. In der Geographie -- Vorzüglich.
10. In der Naturbeschreibung -- Gut.
11. In der Naturlehre -- Vorzüglich.
12. In der Geschichte --- Vorzüglich.
13. In der Theorie der Musik ------------------------------------- Er hat einen Anfang darin gemacht.
14. Im Gesange -- Mittelmäßig.
15. Im Orgelspielen -- Gut.
16. Im Spielen anderer Instrumente --------------------------------- Klarinette und Geige — ziemlich gut.
17. In der Erziehungs- u. Unterrichtslehre --------------------------------- Sehr gut.
18. In der Katechetik --- Gut.
19. In der Denklehre --- Sehr gut.
20. In der Ausübung u. Anwendung der Unterrichtskunst ----------------------- Gut.

Für die Obigen:
Gez: Diesterweg.

Abschr., HStA Düsseldorf, Reg. Düss., Nr. 3577, 10r–11r;
Abschr., Stadtarchiv Wuppertal, Bestand L I 149, o. F.

[1] Schoppmann wurde aufgrund seiner sehr guten Leistungen von Diesterweg als Hilfslehrer am Seminar und an der städtischen Elementarschule empfohlen und nach Genehmigung des Oberpräsidenten angestellt (vgl. Anmerkung 15 zum Jahresbericht vom 8. März 1827 <Nr. 163>). Er wirkte dort bis Ende des Jahres 1827 und wechselte dann an die evangelische Elementarschule in Schüttendelle (vgl. Anmerkung 1 zur Bescheinigung vom 25. April 1826 <Nr. 146>).

156
Ankündigung der Zeitschrift
„Rheinische Blätter für Erziehung und Unterricht"

Moers, September 1826

Ankündigung.[1]

Es gehört zu den erfreulichsten Erscheinungen unserer Zeit, daß die großen Angelegenheiten der Erziehung und des Unterrichts immer mehr und mehr nach ihrer umfassenden Wichtigkeit aufgefaßt und anerkannt werden. Fast jeder gebildete Mann schließt Erziehungsangelegenheiten und öffentliche Schulanstalten in den Kreis derjenigen Gegenstände, welche er einer besondern Berücksichtigung würdigt.

Ganz besondere Anerkennung aber verdient das allgemeine lebendige und hohe Interesse, welches alle diejenigen, die an Kirchen und Schulen angestellt sind und die Quelle des Guten und Bösen erkannt haben, an Allem nehmen, was sich auf Erziehung und Unterricht bezieht. Jeder tüchtige Geistliche umfaßt die Angelegenheiten der öffentlichen Schule mit warmem Eifer, und jeder wackre Schulmann ergreift mit Begierde jede Gelegenheit, seine Einsichten und Geschicklichkeiten auf alle mögliche Art zu erhöhen.

Also verhält es sich zur großen Freude jedes Freundes der Menschenbildung fast in allen Gegenden unsers geliebten deutschen Vaterlandes und also verhält es sich auch in den Rheinprovinzen, seitdem in denselben die Unterrichtsangelegenheiten sich einer sorgsamen, väterlichen Unterstützung von oben herab zu erfreuen haben. Unverkennbar werden die in allen Provinzen Deutschlands errichteten Volksschullehrer-Bildungsanstalten sehr viel zur Hebung des gesammten Schulwesens und folglich zur Steigerung der Volksveredlung beitragen. Durch die amtliche Stellung, welche die Vorsehung mir angewiesen hat, dazu berufen, durch Lehre und Beispiel zur Bildung lebendiger Kräfte, die sich die Erziehung der Jugend zur Lebensaufgabe gemacht haben, mitzuwirken, wünschte ich, in einem noch größern Kreise durch alle Mittel, welche mir zu Gebote stehen, den großen Angelegenheiten der Erziehung und des Unterrichts auf umfassendere Art zu dienen, und dadurch das allgemeine Interesse für pädagogische Bestrebungen, so viel an mir liegt, zu erhalten und zu steigern. Ich thue dieses, indem ich hiermit dem Publikum eine pädagogische Zeitschrift ankündige, welche von Anfang des nächsten Jahres an unter dem Titel

> „Rheinische Blätter für Erziehung und Unterricht,
> mit besonderer Berücksichtigung des Volksschulwesens"

erscheinen soll.

Da es bei aller Erziehungsthätigkeit zuerst auf richtige An- und Einsichten über das Wesen der Erziehung selbst ankommt; da sich bei allen denen, welche diese Sache durch praktische Wirksamkeit, namentlich durch Unterrichten, fördern wollen, zu den allgemeinen Ansichten bestimmte Kenntnisse und Fertigkeiten gesellen müssen; da endlich jeder Lehrer zur Vermeidung aller Einseitigkeit und Engherzigkeit ein größeres Gebiet überschauen soll, als das kleine seiner eigenen unmittelbaren Thätigkeit: so hat sich obige Zeitschrift vorzugsweise ein Dreifaches zur Aufgabe gestellt:

1) Anregung und Mittheilung allgemeiner Ansichten über Erziehung und Unterricht überhaupt. – (Es sind die allgemeinen Ansichten, die Erkennung allgemeiner Gesetze und Regeln, welche den wahrhaft gebildeten Mann auszeichnen.)

2) Mittheilung methodischer Lehrgänge über alle einzelnen Fächer des Unterrichts in der Volksschule.

Es sollen dieses Lehrgänge sein aus der Schule für die Schule. Mit ihnen möge der Lehrer die Wege, welche er bisher wanderte, vergleichen, und, falls er kürzere und richtigere Wege vorgezeichnet findet, dieselben einschlagen. Nach meiner Erfahrung fehlt es vielen Lehrern an einem festen Lehrgange. Diesem Mangel sollen die rheinischen Blätter nach und nach abhelfen, und sie sollen die Gewinnung allgemein brauchbarer Lehrbücher für die Volkschule begünstigen. Wenn die Absicht des Herausgebers erreicht wird, so werden diese Blätter allmählich zu einem *pädagogischen Magazin.*

3) Mittheilungen über die *äußere* Gestaltung des Volksschulwesens, seine Mängel und Bedürfnisse, und über die *innere* Gestaltung desselben durch Schriftworte und die pädagogische Literatur überhaupt. – Außer diesen drei Hauptgesichtspunkten, welche die rheinischen Blätter sich zum Hauptaugenmerk gemacht haben, sollen auch noch andere Gegenstände, welche in dem Gesichtskreise des gebildeten Menschen und des gebildeten Lehrers liegen, berücksichtigt werden. Ich werde mir in dieser Beziehung nicht zu enge Gränzen stecken, denn der öffentliche Lehrer soll überhaupt zu den gebildeten Menschen gehören.

Zur Erreichung dieser kurz angedeuteten Zwecke habe ich mich mit mehreren Männern verbunden, welche für das Erziehungs- und Unterrichtswesen unmittelbar thätig sind. Außerdem aber werden hiermit alle Männer, welche den Beruf in sich fühlen, über die Gegenstände dieser Zeitschrift öffentliche Mittheilungen zu machen, namentlich die Schulinspectoren und die öffentlichen Lehrer freundlichst und zutrauensvoll eingeladen, sich an den Herausgeber anzuschließen und ihn mit ihren Beiträgen zu unterstützen oder ihm nur die Geneigtheit zum Mitarbeiten zu erkennen zu geben. Gerne wird er sich alsdann über alles Nähere mit ihnen verständigen und befreunden. Durch die Vereinigung der einzelnen Kräfte, welche für Erziehung und Unterricht wirksam sind, möge alsdann ein Werk zu Stande kommen, welches gewiß nicht ohne günstigen Einfluß auf die große Angelegenheit, welcher es zu dienen bestimmt ist, bleiben wird.

Mörs im September 1826

Dr. F. A. W. Diesterweg,
Seminardirektor in Mörs.

Gedruckt (siehe unten, Anmerkung 1), Hess. HStA Wiesbaden, Abt. 1036, Nr. 15

1 Dieser vorstehende Text gehört eigentlich in Band XVIII der Sämtlichen Werke von F. A. W. Diesterweg („Verstreute Beiträge, Schulreden und aus dem Nachlaß veröffentlichte Aufsätze"), da es sich um einen gedruckten Text handelt. Er war zum Zeitpunkt des Erscheinens von Band XVIII (1998) jedoch noch nicht bekannt.

Da diese offenbar als Werbematerial gedruckte „Ankündigung" den beiden nachfolgend wiedergegebenen Briefen an Theodor Fliedner (s. ds.) vom 6. Oktober 1826 (Nr. 157) und an Gottlieb Anton Gruner (s. ds.) vom 20. Oktober 1826 (Nr. 158) offenbar beigelegt wurde (vgl. Quellenangaben), ist ihr Abdruck im Rahmen dieses Bandes gerechtfertigt und notwendig.

157
An Theodor Fliedner, Kaiserswerth

Moers, 6. Oktober 1826

Sehr verehrter Freund!

Im Begriffe, eine neue Zeitschrift über Pädagogik etc. zu beginnen, überreiche ich Ihnen hiermit die Anzeige derselben.[1] Haben Sie die Güte, dieselbe in Ihrem Kreise zu verbreiten und mich mit Beiträgen zu unterstützen. Wir alle kennen Ihre Geneigtheit, jedes Gute zu fördern, für Menschenwohl auf möglichst vielseitige Weise thätig zu sein. Wie würde ich mich freuen, wenn diese Zeitschrift für Volks- und Menschenveredlung durch bessere Erziehung und vollkommneren Unterricht auch Ihnen eine Veranlassung würde, Ihre Gedanken und Anregungen zur Minderung menschlichen Elendes etc. dem Publikum mitzutheilen. Sie haben, verehrter Freund! auf Ihren Reisen sehr viel Interessantes und Wichtiges gesehen, was jeden Menschenfreund und jeden Lehrer sehr interessirt, und Sie haben Gedanken und Plane *[sic!]*, welche die Veredlung des Menschengeschlechts bezwecken. Theilen Sie mir die Resultate Ihrer Reisen und Ihres Nachdenkens zur Mittheilung an das erziehende und menschenliebende Publikum mit! –

Nach meiner Ansicht müßte es zur Förderung Ihres Planes, die Zuchthäuser in Besserungshäuser umzuwandeln, nicht wenig beitragen, wenn Sie Ihre Gedanken niederschrieben und den Entwurf zur Ausführung bekannt machten. Ich würde mich, wie gesagt, sehr freuen, wenn Sie die projectirte Zeitschrift als ein passendes Mittel zur Förderung edler Zwecke erkennen sollten, und wenn dadurch der Weg gefunden wäre, der mich mit Ihnen in ununterbrochene erregende pädagogisch-wissenschaftliche Berührung brächte. Darum bitte ich Sie nochmals freundschaftlichst, mir Beiträge zum Lesen und Mittheilen zu übermachen. Überall, wo ich zur Förderung edler Zwecke etwas beizutragen im Stande bin, werde ich Ihnen zu Diensten sein. – Machen Sie uns bald das Vergnügen, Sie auf einige Tage hier zu sehen. Hoffmeister, der jetzt in Paris seie, wird in 14 Tagen zurück erwartet.

Ich grüße Sie mit wahrer Freundschaft

Diesterweg.

Nachträglich bemerke ich, daß wenn Sie die Güte haben wollen, Einiges über die englischen Klein-Kinder-Schulen mitzutheilen, ich Ihnen das über dieselben erschienene interessante Werk von Wilderspin, übersetzt von Wertheimer, mit Vergnügen zusenden werde. D.[2]

Eigh., ThFlArchiv Düsseldorf (Kaiserswerth), Rep II, K b 3, o. F.

[1] Vgl. die „Ankündigung" vom September 1826 (Nr. 156).
Es handelt sich um Diesterwegs Zeitschrift „Rheinische Blätter für Erziehung und Unterricht"; siehe auch Brief vom 20. Oktober 1826 (Nr. 158). Der erste Jahrgang erschien 1827.

[2] Aus einem Korrespondenzvermerk Fliedners auf diesem Schreiben geht hervor, daß er die Anfrage am 24. Juni 1827 beantwortete; dieses Antwortschreiben ist nicht überliefert.
Zur späteren Stellung Fliedners gegenüber Diesterweg vgl. Klaus Goebel: Theodor Fliedner über Adolf Diesterweg. Aus den Anfängen der Volksschullehrerbildung am Niederrhein. In: Romerike Berge 11 (1961/62), S. 138–141.

158
An Gottlieb Anton Gruner, Idstein

Moers, 20. Oktober 1826

Verehrter Herr College!

Die innige Hochachtung, welche ich, seitdem mir Ihr Name bekannt wurde, stets vor Ihnen, Ihren Werken und Ihrem Wirken gehegt habe, veranlaßt mich, Ihnen beiliegende Anzeige zu überreichen.[1] Ich thue dieses mit dem Wunsche, daß es Ihnen gefallen möge, von ihrem Inhalte Kenntniß zu nehmen, dieselbe in Ihrem Kreise zu verbreiten, und mich mit Ihren Beiträgen zu unterstützen. Ungemein erfreulich und ehrend würde es für mich sein, wenn Sie die Güte hätten, Ihre Ansichten und die Resultate Ihrer Beobachtungen und Forschungen mir zum Abdrucke und zur Mittheilung zu überlassen. Die Stunden, welche in der hiesigen Anstalt dem Unterricht in der Pädagogik gewidmet sind, habe ich in dem Geiste und nach Anleitung Ihrer beiden Schriften[2] zu geben gesucht und beide sind in den Händen vieler unsrer Seminaristen. Gewiß sind Ihre Papiere reich an Schätzen ähnlicher Art. Dann dürfte es auch jetzt wohl an der Zeit sein, ein Wort über die Einrichtung des Nassauischen Schulwesens und den Erfolg desselben innerhalb 10 Jahren zu reden. Die neue Organisation desselben fesselte im Beginn die Aufmerksamkeit von ganz Deutschland. Wie belehrend würde nicht jetzt eine Revision seiner Einrichtung und seiner Resultate sein?   Oft ist auch ein Dritter in der Lage, einen Gegenstand, in dem und zu dem wir in amtlicher Beziehung stehen, freimüthiger, als wir selbst, zu besprechen. In dieser Beziehung wären mir auch kurze Andeutungen und Winke sehr willkommen.   Doch für Alles, was Sie für mich bestimmen möchten, sage ich Ihnen zum voraus schon meinen Dank.

Mit aufrichtigen Wünschen für Ihr beständiges Wohlsein und mit Empfehlungen an Ihre hochgeschätzte Familie verharre ich

Ew. Wohlgeborn

ergeb[en]st[e]r Diener

Diesterweg.

Eigh., Hess. HStA Wiesbaden, Abt. 1036, Nr. 15;
veröff.: Emil Schmidt: Gottlieb Anton Gruner. Ein deutscher Schulmann und Volkserzieher aus der Zeit der Pestalozzischen Bewegung. Frankfurt am Main 1928, S. 233 ff.

[1] Vgl. die „Ankündigung" vom September 1826 (Nr. 156).

Es handelt sich um Diesterwegs Zeitschrift „Rheinische Blätter für Erziehung und Unterricht"; siehe auch Brief vom 6. Oktober 1826 (Nr. 157). Der erste Jahrgang erschien 1827.

[2] Gemeint sind die beiden Werke von Gottlieb Anton Gruner:

Versuch einer wissenschaftlichen Darstellung und Begründung der wichtigsten Hauptpunkte der Erziehungslehre. Jena: Schmid 1823; und:

Versuch einer gemeinfaßlichen doch auf Selbstverständigung gegründeten Entwicklung der dem Volksschullehrer unentbehrlichsten wissenschaftlichen Vorkenntnisse. Jena: Schmid 1823.

Beide Bücher befanden sich in der Bibliothek des Seminars (vgl. Jahresbericht für 1824 vom 1. März 1825 <Nr. 111>). – Zur Bezugnahme auf Gruner im Pädagogik-Unterricht vgl. ebd.

159
An das Provinzialschulkollegium der Rheinprovinz, Koblenz

Moers, 26. Dezember 1826

An das [etc.] [1]

Dem hochverehrlichen Auftrage vom 3. Dec[em]b[e]r d. J. N. 1592 gemäß säume ich nicht Einem Hochlöblichen Provincial-Schul-Collegium folgende Bemerkungen gehorsamst vorzulegen. Dieselben betreffen

A) die abermalige Prüfung der abgegangenen Seminaristen und [1] der nicht in einem Seminar gebildeten Schulamts-Aspiranten.

b) die [2] methodologischen Lehrcurse.

Ad A. Nach § 6 u. ff. der unterm 1ten Juni d. J. hohen Ministerialverordnung sollen die nicht mit N. I entlassenen Seminaristen innerhalb oder nach Ablauf der ersten 3 Jahre nach ihrer Entlassung aus dem Seminar abermals, und zwar nach § 10 zugleich mit ihnen die nicht in einem Haupt-Seminar gebildeten Schulamts-Bewerber geprüft werden.

[3] Die Verbindung dieser beiden Prüfungen zweier verschiedener Klassen von Individuen, welche zu dem Seminar in einem ganz ungleichen Verhältniß stehen, [4] möchte ich aus mehreren Gründen abgeändert wünschen. Die [5] Zöglinge des Seminars stehen, wo das rechte Verhältniß vorhanden ist, mit dem Seminar in fortwährender Verbindung; die Anstalt kennt jeden Einzelnen auf das genaueste u. sucht [6] auf ihn zu wirken. Die nicht im Seminar gebildeten sind der Anstalt fremd u. bleiben es ihr. Auf jene üben die Lehrer des Seminars eine specielle individuelle Einwirkung, mit diesen stehen sie nur in [7] amtlicher, vorübergehender Beziehung. In der abermaligen Prüfung jener werden die Lehrer ganz anders verfahren und zu Werk gehen können und müssen, da sie ihnen [8] in jeder Beziehung bekannte Lehrer betrifft, auf die man, nächst der Fortführung ihrer Fortschritte, zugleich durch die Art der Prüfung belehrend u. erhebend einwirken möchte; [9] bei diesen aber kann vernünftiger Weise nur der eine Zweck, Erforschung ihrer Qualification zum Lehramte, [10] festgehalten werden. Schon aus diesen Gründen scheint mir eine Trennung [11] der Prüfung der Seminaristen und Nicht-Seminaristen <u>wünschens werth</u>. Ganz <u>absolut nothwendig</u> und unerläßlich erscheint mir aber diese Trennung, wenn der Forderung des 10ten § der Ministerial-Verordnung, welche verlangt, daß in dem Zeugniße der geprüften Nicht-Seminaristen <u>„das Maaß ihrer Kenntniße und Fertigkeiten im Einzelnen und möglichst genau angegeben, auch besonders der Grad ihrer praktischen Tüchtigkeit bezeichnet werde,"</u> genügt werden soll. [12] Gewöhnlich werden aus dem hiesigen Seminar jährlich 15 Zöglinge entlassen. Von diesen [13] mögen in der Regel ungefähr 3 oder 4 das Zeugniß N. I erhalten; alle übrigen müssen sich einer 2ten Prüfung unterwerfen. Derselben sind daher [14] in der Regel gegen 12. Treten zu diesen nun noch die zu prüfenden Nicht-Seminaristen, deren Anzahl sich zum voraus nicht bestimmen lassen wird, so scheint es mir überhaupt unmöglich, bei einer solchen Zahl von Examinanden jeden in allen Unterrichtsfächern u. in seiner ganzen Qualification, wozu dann auch eine Probelection gehört, so genau aufzufassen u. kennen zu lernen, daß die Examinatoren mit untrüglicher Gewißheit ein ganz specielles Zeugniß auszustellen vermögen. Vielmehr möchte man sich [15] durch obige Vereinigung genöthigt sehen, die Qualification der Examinirten ganz in allgemeinen Ausdrücken abzufassen, was aber der hohen Ministerialvorordnung und dem Zwecke selbst direct widerspricht. [16] Um dieser

wichtigen Anforderung genügen zu können, möchte es daher unerlaßlich sein, jedes Mal nur einen oder nur einige Examinanden zugleich zu prüfen. Die Erfahrung [17] scheint gleichfalls für diese Ansicht [18] zu sprechen. Ich kann wenigstens nicht bergen, daß mich in Betreff der bisher abgehaltenen Prüfungen, in welchen eine bedeutende Anzahl Individuen vereinigt war, eine Art Grauen anwandelt [19]. Es wird dabei im Allgemeinen gefragt, nirgends speciell eingegangen, die individuelle Ansicht u. der individuelle Standpunkt des Einzelnen nicht erforscht, und nirgends irgend einer strengeren Anforderung genügt. [20] Diesen großen Übeln zu entgehen und um der Gewissenhaftigkeit bei Ausstellung der Zeugniße willen möchte ich es daher dringend u. lebhaft wünschen, daß, was namentlich das hiesige Seminar betrifft, die Einrichtung so getroffen würde, daß wir mit der gehörigen Muße und ohne Beeinträchtigung unsrer übrigen Obliegenheiten und Geschäfte die Amtsprüfungen der Schulamts-Kandidaten vornehmen könnten. Wenn diesen Zwecken [21] u. den Anforderungen der Hohen Ministerialverordnung genügt, und der Gang des Seminarunterrichts nicht unterbrochen werden soll, so sehe ich nicht ein, wie dieß anders geschehen könne, als dadurch, daß die Kandidaten des Elementar-Schulamts ungefähr in der Weise geprüft würden, wie die Kandidaten des höheren Schulamtes, nehmlich jeder allein oder einige wenige zusammen, [22] so lange Zeit, bis man [23] jeden Einzelnen vollständig aufgefaßt hat [24]. Ohne diese Einrichtung möchte schwerlich irgend einer [25] strengeren Anforderung genug geschehen können. [26] Freilich würden diese Prüfungen ohne Leitung der betreffenden H[erre]n Schulräthe der Provinz geschehen müssen, da das Seminar nicht in der Hauptstadt der Provinz selbst liegt. Allein die Vortheile [27] der genannten Einrichtung erscheinen mir durchaus als überwiegend und den Zweck allein erfüllend. Die königliche Regierung zu Düsseldorf hätte als dann nur die Zeugniße [28] jedes einzelnen Examinanden der Seminar-Prüfungs-Commission zuzusenden, welche jeden Einzelnen auf einen bestimmten Tag citirte. Die Prüfung desselben könnte dann um 4 oder 5 Uhr Nachmittags beginnen, u. so lange als nöthig wäre, fortgesetzt werden. Am anderen Tage hielt der Examinand in der Seminarschule eine Probelection. Nach meiner unmaßgeblichen Ansicht [29] möchte daher in Betreff des ersten Punktes dieses Berichtes [30]

„die abermalige Prüfung der Seminaristen von der Prüfung der Nicht-Seminaristen zu trennen [31], und letztere an jedem Individuum einzeln oder höchstens an einigen wenigen zugleich vorzunehmen sein."

[32] Zum jährlichen Termin [33] jener dürfte als der schicklichste Zeitpunkt etwa die [34] ersten Tage nach den beiden Pfingstfeiertagen auszuwählen sein; [35] für die Prüfung der Nicht-Seminaristen wäre [36] jede Zeit des Jahres, der Monat August (der Ferienmonat des Seminars) ausgenommen, geeignet.

Ad B. In Betreff der methodologischen Lehrcurse, wie sie in der Regel abgehalten werden, glaube ich als allgemeinen Erfahrungssatz aussprechen zu dürfen, daß dieselben nirgends viel gefruchtet haben, auch nirgends viel wirken können.[2] In 4, 6 oder 8 Wochen läßt sich, was Bildung betrifft, nur Unbedeutendes leisten, allenfalls Einiges anregen; im Ganzen möchte aber der Gewinn [37] solcher Vereinigungen von Lehrern so ungenügend und unsicher sein, daß [38] es wohl gethan sein möchte, auf die Anordnung solcher vorübergehenden Einrichtungen gar nicht zu denken. Auch läßt sich nicht absehen, wann dieselben in einem Seminar, das mit den ihm übergebenen Zöglingen genug zu thun hat, abgehalten werden sollten. – [39] Das in § 11 des hohen Ministerial-Rescripts angeordnete Mittel, die Zurückberufung in das Seminar, [40] ist ohne Zweifel ein recht passendes, geeignetes Mittel, wo es wirklich eine [41] Zurückberufung ist, dieselbe also ehemalige Seminaristen, die in dem

Seminar einheimisch sind, betrifft. Für Nicht-Seminaristen dürfte dieselbe aber nicht zulässig sein. Wo daher sich irgend ein Seminarist in der Amtsführung lässig zeigt, da möge es gestattet sein, denselben auf 4 oder 6 Wochen, wie es seine Amtsverhältniße erlauben, wieder in das Seminar zu nehmen. Um dieses auszuführen, wird es nöthig sein, das Seminar in beständiger genauer Kenntniß der Amtsführung jedes Einzelnen zu erhalten. Deßwegen möchte ich vorschlagen, die von den Superintendenten u. Schulinspectoren an die Königl. Regierungen, nach § 9 [42] des an die K. Regierungen erlassenen Rescripts einzusendenden regelmäßigen Berichte über die Schulamtskandidaten entweder an das Seminar abzustatten zu lassen, wie es in dem Herzogthum Nassau der Fall ist, oder dieselben von der Königl. Regierung dem Seminar mittheilen zu lassen.[3]

Was nun die Fortbildung der bildungsbedürftigen Lehrer überhaupt durch das Seminar betrifft, so möchte darauf entweder ganz zu verzichten oder die Einrichtung so zu treffen sein, daß auch wirklich mehr als Scheinbares [43] Vorübergehendes und Oberflächliches geleistet werden kann. Dieses ist aber nur der Fall, wenn die zur Bildung erforderliche Zeit genommen und eingeräumt wird. Als kleinsten Zeitraum sehe ich [44] zur Erreichung des genannten Zweckes ein Jahr an. Sollen daher die bildungsbedürftigen und bildungsfähigen Lehrer noch die Seminarwirksamkeit erfahren, so übergebe man dieselben auf 1 Jahr dem Seminar. [45] Dieses hat, wie auf den ersten Blick erhellet, allerhand Schwierigkeiten. Doch glaube ich, daß sich dieselben beseitigen lassen, wenn [46] die Kräfte von verschiedenen Seiten zusammen wirken. [47] Angenommen, daß dieser Vorschlag Beifall findet u. an die Ausführung desselben gedacht wird, so möchte das Verfahren dieses sein.

Im Herbste 1827 zB., wo 15 neue Zöglinge in das hiesige Seminar aufgenommen werden sollen, werden keine aufgenommen, sondern statt derselben 15 oder mehr Lehrer nach Mörs beschieden, die jedoch nicht in dem Seminar wohnen können, weil es als unstatthaft erscheint, daß bejahrtere Männer mit 17jährigen Jünglingen zusammen leben. Als dann hat das Seminar für das Jahr 1827/28 die Aufgaben, die eine Klasse der zurück gebliebenen Seminaristen [48] auszubilden und die Lehrer-Klasse fortzubilden. [49] Die Ämter dieser Lehrer werden während des Jahres 1827/28 von den, Anfang August 1827, entlassenen 15 Zöglingen oder anderen Schulamts-Präparanden versehen. Da jeder von jenen 3 Jahre lang zur Disposition der Regierung steht, so wird ein jeder auf 1 Jahr an eine Schulstelle, deren Lehrer in das Seminar berufen ist, gesetzt. Nach Ablauf des Jahres tritt der Lehrer wieder in sein Amt ein. Aber woher die nöthigen Gelder nehmen? [50] Erfordert wird die Erhaltung des interimistisch angestellten Seminaristen und die Verpflegung des Lehrers im Seminarorte. Jenes dürfte den Gemeinden, da denselben die bessere Ausbildung des Lehrers zu gut kommt, zuzumuthen sein; dieses fiele dem Lehrer selbst zur Last; [51] die Dürftigeren würden aus der Seminarkasse, welche in dem laufenden Jahre die Hälfte der Stipendien ersparte, unterstützt.

[52] Zwar würden bei dieser Einrichtung weniger neue Schulamtskandidaten gebildet, allein derselben sind im Regierungsbezirke Düsseldorf überhaupt noch viel zu viel, und da dieselben sich auch ohne das Seminar zu Lehrern bilden können, so wird nie Mangel daran entstehen.

[53] Bei dieser [54] Ordnung wäre also die Einrichtung im Seminar folgende:

Herbst 1827: a) Entlassung von 15 Seminaristen, Anstellung derselben auf 1 Jahr und Einberufung von 15 oder mehr Lehrern in das Seminar;

b) Fortbildung der 1826 [55] aufgenommenen Zöglinge.

Herbst 1828: a) Entlassung ${}_{56}$ der 1827 einberufenen Lehrer;

b) Entlassung der (1826 aufgenommenen) Zöglinge.

Nun hat das Seminar keine Zöglinge mehr. Zeigt sich ein Mangel an Schulamtskandidaten, was jedoch gar nicht zu erwarten steht, so werden auf einmal 30 Zöglinge aufgenommen, um dieselben 1830 alle als wahlfähig entlassen zu können. Wenn aber nach aller Wahrscheinlichkeit noch Überfluß an wahlfähigen Subjecten vorhanden ist, so geht es also weiter:

Herbst 1828: a) Entlassung von 15 Seminaristen, Anstellung derselben auf 1 Jahr und Einberufung von 15 oder mehr Lehrern nach Mörs;

b) Aufnahme von 15 Zöglingen, deren Anzahl, wie gesagt, auch größer sein kann.

Herbst 1829: a) Entlassung jener Lehrer;

b) Aufnahme von 15 neuen Zöglingen, wenn ihrer im Jahre vorher nicht noch mehr aufgenommen würden.

Der Fortgang erhellet nun für sich, u. die Sache hat weiter gar keine bedeutenden Schwierigkeiten. Sind keine bildungsbedürftigen Lehrer, die zugleich bildungsfähig sind, mehr vorhanden, so beschränkt sich die Thätigkeit des Seminars fortan allein auf die Bildung angehender Lehrer.

Mit diesen Bemerkungen glaube ich der hochverehrlichen Aufforderung des Hochlöblichen Provincial-Schul-Collegii Genüge geleistet zu haben. Um zum Schlusse noch ein kräftiges Mittel zur Fortbildung der Lehrer zu nennen, ${}_{57}$ ich meine ${}_{58}$ zweckmäßig eingerichtete Lehrer ${}_{59}$-Vereine, aber in andrer Art u. Weise, als die meisten Schullehrer-Conferenz-Gesellschaften bestehen. ${}_{60}$ Es sei mir ${}_{61}$ erlaubt, dasselbe hier nur anzudeuten. In Betreff der Fortbildung ${}_{62}$ derjenigen Lehrer, welche in dem nächsten Umkreise des Seminars wohnen, möchte es ersprießlich sein, wenn dem Seminar die Inspection über diese Schulen anvertraut würde.

Meine unmaßgeblichen Vorschläge in Betreff der Fortbildung der Lehrer durch das Seminar sind nach dem Vorstehenden diese:

a) ${}_{63}$ Zulassung der Zurückberufung ehemaliger Seminaristen in das Seminar auf einige Zeit, wo sie nöthig erscheint; zu dem Ende, auch um andrer dadurch zu erreichender Zwecke willen, Mittheilung der von den Schulinspectoren über die ganze Amtsführung der Schulamts-Kandidaten ${}_{64}$ abzufassenden regelmäßigen Berichte.

b) Einrichtung einjähriger Lehrcurse für bereits im Amte stehende bildungsbedürftige und bildungsfähige Lehrer in dem Seminarorte – ${}_{65}$ überdieß zweckmäßige Einrichtung bildender Lehrer-Vereine, und Inspection des Seminars über die im nächsten Umkreise, etwa bis zu einer Entfernung von 3 Stunden, liegenden Schulen.[4]

Eigh. Entw., GStA PK, I. HA Rep. 76 Seminare, Nr. 10063: 3r–7r (S. 5–13)

1 Es handelt sich hier um den ersten Brief Diesterwegs an das Provinzialschulkollegium als vorgesetzte Behörde. Am 14. August 1826 hatte Oberpräsident von Ingersleben (s. ds.) mitgeteilt, daß er an diesem Tage die „Leitung des dortigen Schullehrer-Seminars" dieser neuen Behörde übertragen habe; Berichte und Anträge seien ab sofort an diese zu richten (vgl. GStA PK, I. HA Rep. 76 Seminare, Nr. 10063: 84r). – Der letzte Brief Diesterwegs an den Oberpräsidenten stammt vom 30. Juni 1826 (Nr. 150).

² Seit 1815 wurden am Niederrhein aufgrund der Initiative von Konsistorialrat Grashof (s. ds.) von den Schulpflegern Kurse und Konferenzen zur Fortbildung der Lehrer veranstaltet.

³ Siehe Brief vom 29. Dezember 1825 (Nr. 138).

⁴ Diesterwegs Vorschläge wurden nicht berücksichtigt. Am 24. März 1827 ordnete das Ministerium die Veranstaltung von vierwöchigen Lehrkursen in den Seminarien an, damit diese „wirklich der lebendige Mittelpunkt des Ganzen" werden und die „Seminarlehrer mit dem eigentlichen Zustande und den wahren Bedürfnissen der Schulen sich vertraut machen" (GStA PK, I. HA Rep. 76 Seminare, Nr. 10059: 20ʳ–21ᵛ). – In Moers fand ein solcher Lehrkursus erstmalig im Oktober 1827 statt; siehe Berichte vom 28. und 29. Oktober 1827 (Nr. 176 und Nr. 180).

160
Anschreiben an mehrere Seminarabsolventen mit vorbereiteter Quittung

Moers, 6. Februar 1827

Im Jahre 1820 habe ich

       Rh

an Sie ausgezahlt.¹ Die Behörde verlangt darüber noch eine Quittung. Ich ersuche Sie daher, beiliegende Quittung mit Vor- und Zunamen zu unterschreiben, und <u>umgehend</u> mir zurück zu schicken.

Empfangen Sie meinen freundlichen Gruß.

1. 2. 4. ₁ 7. 8. 10. 11. 14.

Q u i t t u n g .

Ich bescheinige hiermit, daß ich für den, in dem Königlichen Schullehrer-Seminar zu Mörs im Jahre 1820, abgehaltenen vorbereitenden Cursus

[Lücke] Rh

sage   *[Lücke]*

von dem Hn Dir. Dg baar und richtig empfangen habe, welches ich hiermit quittirend bescheinige:

1.
2. Wickrathberg 8ten Febr. 1827
3. Haminkel   ————— 2
4. Kettwich   —————
5. Kempen   —————
6. Kempen   —————
7. Kamp   —————
8. Rheinberg   —————
9. Asberg   —————
10. Hörstchen   —————
11. Elberfeld   —————

12. Mörs   ———
13. Repelen   ———
14. Wesel   ———

Eigh. Entw., GStA PK, I. HA Rep. 76 Seminare, Nr. 10059: 8ʳ und 9ʳ

[1] Diesterweg hatte am 2. September 1820 an Schulamtsaspiranten und Teilnehmer eines Vorbereitungskursus 150 Rtlr. an Unterstützungsgeldern ausgezahlt. Er legte diesen 1827 entsprechende Quittungen zur Unterschrift vor, da die Königliche Oberrechnungskammer solche erst jetzt verlangt hatte.

[2] Der jeweilige Strich steht für die noch fehlende Unterschrift des betreffenden Seminaristen.

161
An das Provinzialschulkollegium der Rheinprovinz, Koblenz

Moers, 7. Februar 1827

An das Königl. p. Rheinische Provinzial-Schul-Collegium zu Coblenz.

Betr. den Gesang- und practischen Unterricht in dem hiesigen Seminar.
ad resc. v 10 / 1. c. 2483.

Auf die Hochverehrliche Verfügung des pp vom 10 Januar c. sei mir im Allgemeinen die Bemerkung erlaubt, daß das dem Seminar höheren Orts vorgeschriebene Reglement[1] jeder Zeit die Richtschnur gewesen ist, nach welcher wir uns in unserm Verfahren gerichtet haben. Wo irgend eine bemerkliche Abweichung sichtbar geworden ist, da wurde sie durch Umstände, deren Beschwichtigung nicht in meiner Macht lag, z.B. durch nicht besetzte Lehrfächer, herbeigeführt.

Auch glauben wir sehr in dem Sinne der Verfügung vom 10 Januar, nach welcher es hauptsächlich auf ein gründliches Wissen und ein fac[h]liches Können ankommt, gewirkt zu haben. So viel wir wissen, haben sich die bisher von hier entlaßenen Schulamts-Kandidaten überall so betragen, daß man Unrecht gethan hätte, ihnen den Vorwurf der Anmaßung zu machen.

Ich glaube es eingestehen zu müssen, daß ich früherhin auf eine weit ausgedehnte Anleitung zum Lesen keinen großen Werth gelegt habe.[2] Ich war der Meinung, daß diese Fertigkeit sich mittelbar, durch vielseitige Anregung der Denkkraft, erziehen ließe. Die Erfahrung hat diese Meinung größtentheils gerechtfertigt. Da aber Ein pp verlangt, daß in diesem Stücke mehr geschehe, so hoffe ich, auch darin die Erwartungen der uns vorgesetzten Behörde zu befriedigen.

Was nun die Leistungen im Gesange betrifft so ist darin bis zum Sommer 1825., das Orgelspiel mit inbegriffen, am wenigsten geschehen. Nicht, weil die Lehrer des Seminars auf diese Gegenstände keinen Werth legen, sondern weil früher kein Lehrer für Musik angestellt war, darauf der damit beauftragte Lehrer Ernst wenig darin zu leisten vermochte und endlich nach Ernst's Abgang vom August 1825. bis Mai 1826. gar kein Lehrer für Gesang und Orgelspiel angestellt war. Wenn daher jetzt oder in der Folge Klagen entstehen, daß die frühern Zöglinge in diesen Gegenständen nicht genug leisten, so kann dieser Vorwurf die Anstalt selbst durchaus nicht treffen.

355

Ich habe nie unterlaßen, die Nothwendigkeit der Anstellung eines Musiklehrers der mir vorgesetzten Behörde auseinander zu setzen.

Als nun im Frühling 1825. die Nachricht umging, daß Se. Majestät unser allergnädigster König die Anstellung eines Musiklehrers für das hiesige Seminar zu genehmigen nicht geruht hätten, da war meine Verlegenheit groß.

Unmöglich durfte die Sache so fortgehen. In der Rathlosigkeit, in der ich mich befand, ließ ich auf meine Kosten den jungen ERK von Offenbach hierher kommen, um den Versuch zu machen, ob derselbe uns gegen eine sehr billige Vergütung das Nöthige zu leisten im Stande sei. Derselbe kam im Mai 1826 hier an. Natürlich konnte er in 2 Monaten nicht wieder gut machen, was in 2 Jahren 10 Monaten versäumt worden war. Aber selbst in dieser Zeit leistete er schon Einiges. Daß ERK noch ein sehr junger Mann ist, ist gar nicht zu verkennen. Allein sein rastloser Eifer und seine Treue ersetzen wirklich das, was ihm noch an Erfahrung abgeht. Ich zweifle keinen Augenblick daran, daß er am Ende dieses Cursus jede gerechte und billige Forderung befriedigt. Nichts desto weniger ergreift er mit mir die wohlwollende Gesinnung des pp mit dankbarem Eifer. Es wird ihm und der Anstalt sehr nützlich sein, wenn er einige Zeit dem musikalischen Unterrichte eines geübten Seminarlehrers beiwohnt. Unmaßgeblich schlage ich zu dieser Mission den Monat August d. J. unsern Ferienmonat vor.

Ich wünsche in dieser Beziehung daß es Einem pp. gefallen möge

1.) dem ERK eine Geldunterstützung zur Reise zu bewilligen
2. ihn, statt nach Neuwied, nach Soest zu senden.

Ich verkenne keineswegs die Geschiklichkeit des H. BRAUN; allein in Soest ist auch vortrefflich für den musikalischen Unterricht gesorgt und außerdem giebt es dort für ERK noch andere Sehenswürdigkeiten. Überdieß war derselbe im August des vorigen Jahres mehrere Tage in Neuwied, ohne daß er sich einiger Gefälligkeiten des H. Director BRAUN zu erfreuen gehabt hätte.

Endlich liegt es mir noch ob, die Vorkehrungen, welche hier getroffen sind, um die Seminaristen im praktischen Unterricht zu üben, anzugeben.

Die hiesige städtische Elementarschule, deren Leitung mir, als einem Mitgliede des hiesigen Schulvorstandes, übergeben ist, ist in 4. getrennte Klassen geheilt, mit 2 fest angestellten Lehrern. Der erste Lehrer BLECKMANN, leider ein sehr verderblich wirkender Mann, ist Hauptlehrer der 1ten (obersten) Klasse; der 2te Lehrer FISCHER, ein Zögling des hiesigen Seminars, ist Hauptlehrer der 3ten Klasse; von unsern beiden Hülfslehrern ist der eine SCHOPP-MANN, Hauptlehrer der 2ten SCHWALFENBERG, Hauptlehrer der 4ten Klasse. Außerdem giebt VORREITER den Religions Unterricht in der ersten Klasse, in 4 Stunden wöchentlich ich den Unterricht in der Anleitung zum logischen Lesen in derselben Klasse in 2 Stunden wöchentlich [sic!], ERK den Unterricht im Gesange in der 2ten Klasse in 3 Stunden wöchentlich. Die 3 obern Klassen der Elementarschule befinden sich in dem städtischen Schulgebäude, die 4te Klasse ist in dem Hintergebäude des Seminars, welche Kinder von 5 bis 7 Jahren enthält.

Durch die Theilnahme der Seminarlehrer an dem Unterrichte der Elementarschule beabsichtigen wir hauptsächlich, die Schule möglichst zu einer Musterschule zu erheben und durch deren Anschauung dem Seminaristen das Bild einer vollkommenen Schule vorzuführen.

Nach dem, dem Seminar vorgeschriebenen Reglement sollen die Seminaristen des 2ten Cursus am Unterrichten Theil nehmen. Dieses ist im verfloßenen Jahre mit unsern ältern Seminaristen, welche jetzt im 3ten Jahre hier sind geschehen. Wir hatten während desselben keine Hülfslehrer. Deshalb wurde der ganze Unterricht in der 2ten und 4ten Klasse der Elementarschule von den Seminaristen besorgt. Es geschah dieß in einer bestimmten Reihenfolge, so daß jeder Einzelne nach und nach jeden Unterrichtsgegenstand einige Zeit fortgeführt hat. Hierdurch haben sich die Zöglinge unsres jetzigen 2ten Cursus schon einige Gewandtheit erworben. Allein diese Einrichtung hatte 2 wesentliche Mängel. Einmal mußte der Einzelne zu viele Stunden übernehmen, so daß sein Unterricht im Seminar zu große Lücken bekam, und dann konnte die Aufsicht auf das Thun der Einzelnen nicht streng und genau genug geführt werden. Nach meiner Meinung kommt es nemlich bei der Einführung des Seminaristen in die Praxis hauptsächlich darauf an, daß er sich nach guten Vorbildern richte und gleich von Anfang an Alles gut mache. Letzteres ist viel wichtiger, als eine große Anzahl von Stunden. Deshalb darf der angehende Lehrer nicht ohne Aufsicht unterrichten, nicht ohne gewissenhafte Vorbereitung, nicht ohne ein bestimmtes Urtheil über seine Leistungen zu vernehmen.

Da nun die ältern Zöglinge unserer Anstalt bereits im vorigen Jahre alle viel unterrichtet haben, so schien es uns am gerathensten, sie für diesen Winter weniger am Unterrichten Theil nehmen zu lassen. Von Anfang Septbr des vorigen Jahres an gehen sie, jedesmal die Hälfte, wöchentlich 2 Mal mit mir in die 1ste Klasse der Elementarschule, wo jedesmal 2 Seminaristen Versuche in der Anleitung zum Verstehen des Gelesenen machen. Anfangs wohnten alle blos zuhörend diesem Unterrichte bei. Ebenso besuchten alle Anfangs 6 Wochen lang den Religions-Unterricht Vorreiter's. Dann sollten Einzelne auch in diesem Gegenstande sich versuchen. Allein die Religion eignet sich nicht zu Versuchen. Deshalb haben wir das gleich wieder aufgegeben. Dagegen versammeln wir wöchentlich 1 Mal einen Theil der gereifteren Kinder hier in dem Seminar, damit die älteren Seminaristen sich im Behandeln des Katechismus und im katechetischen Unterrichte überhaupt üben.

Wir halten diese Übungen im praktischen Unterrichten für unsre jetzigen Seminaristen für ausreichend. Mit Ostern d. J. oder sobald die Locale nicht mehr der Heitzung bedürfen, sollen die Einzelnen auch in allen übrigen Gegenständen wieder unterrichten, jedoch stets unter Aufsicht entweder eines der 2 Lehrer des Seminars oder wenigstens eines Hülfslehrers. Jeden Sonntag nach der Kirche werden alle Angelegenheiten der Schule in Gegenwart der Lehrer, Hülfslehrer und Seminaristen besprochen und alle 6 Wochen findet eine Prüfung aller Klassen statt, woran die ältern Seminaristen Theil nehmen.

Diese Veranstaltungen halte ich durchaus für genügend, um dem Seminaristen so viel Erfahrung und practische Fertigkeit anzueignen, als zur wirksamen Lehrerthätigkeit erfordert werden. Die Erfahrung bestätigt diese Meinung. In der vorigen Prüfung bewährten alle die nöthige Fertigkeit, und jeder Seminarist, welcher als wahlfähig aus der Anstalt entlaßen wird, hat nicht nur die lebendige Anschauung einer gut geregelten, gut disciplinirten Schule gewonnen, sondern auch in allen Gegenständen seiner praktischen Wirksamkeit sich unter der Leitung seiner Lehrer geübt, und er weiß den Lehrgang jedes Unterrichtszweiges anzugeben und sein Verfahren, so weit dieß von ihm verlangt werden kann zu begründen.

Da wir vom nächsten Jahre an wieder auf einen 2jährigen Cursus beschränkt sind, so wird die Einrichtung, in Betreff der Einführung der Seminaristen in die Praxis, von nächstem Herbste an eine andre sein müßen, als die jetzt bestehende. Ich behalte es mir vor, darüber Einem p. zu s[einer]. Z[eit]. ausführlichen Bericht abzustatten.

Der Seminar-Director
gez. Diesterweg.

Abschr., GStA PK, I. HA Rep. 76 Kultusministerium, VII neu Sekt. 25 C Teil I Nr. 4 Bd. 3: 196r–199v

¹ Das von Konsistorialrat Grashof (s. ds.) verfaßte Reglement war am 22. April 1824 auf dem Dienstwege nach Berlin gesandt worden. Nach Überarbeitung und Ergänzung durch L. Beckedorff (s. ds.) genehmigte es das Ministerium am 13. August 1824.

² Das Provinzialschulkollegium hatte an der letzten Prüfung moniert, daß sie „in den wesentlichen Fächern nicht überaus befriedigt habe und daß dem Anschein nach auf unwichtige Dinge, namentlich philosophisch grammatisches Studium der deutschen Sprache, die wissenschaftliche Naturlehre, theoretische Geometrie u. dgl., wofür die Seminaristen ohnehin selten hinreichend vorbereitet sind, zuviele Zeit verwandt worden wäre" (Zimmermann, Wilhelm: Der Aufbau des Lehrerbildungs- und Volksschulwesens unter der preußischen Verwaltung 1814–1840 <1846>. Ein Beitrag zur Geschichte des rheinischen Schulwesens, Bd. 3. Köln 1963, S. 210). Konsistorialrat Lange (s. ds.) hatte der Abschlußprüfung beigewohnt; siehe Jahresbericht für 1826 vom 8. März 1827 (Nr. 163). Es ist unklar, inwieweit er das kritische Schreiben veranlaßt hatte.

Die Meinung des Schulkollegiums lag ganz auf der Linie des Königs; bereits im Dezember 1821 wünschte Friedrich Wilhelm III. (s. ds.) die Volksbildung in Grenzen zu halten und bei aller Unterweisung die künftige Bestimmung der Zöglinge zu beachten (vgl. GStA PK, VI. HA Familienarchive und Nachlässe, Nachlaß Thiele, Nr. 25: S. 300).

162
An das Provinzialschulkollegium der Rheinprovinz, Koblenz

Moers, 2. März 1827

Betrifft die Bitte um 14 Tage Ferien zu Ostern für das Seminar.

Nach der Bestimmung des §. 42 des dem Seminar vorgeschriebenen Reglements hat das Seminar nur einmal im Jahre Ferien von 1 Monat.

So sehr ich nun auch selbst die Wichtigkeit der Benutzung der Zeit für jeden Seminaristen während seines 2jährigen Cursus erkenne, so halte ich doch dafür, daß die Beschränkung der Ferien auf 4 Wochen und einmal im Jahre eine Abänderung erleiden möchte.

Eines Theils sind unsre Zöglinge nicht so weit von ihren Eltern entfernt, daß die Heimreise viel Zeit und Geld wegnehmen könnte (der entfernteste hat 14 Stunden nach Hause), und andren Theils liegen die Gründe sehr nahe, welche eine öftere Unterbrechung der Schularbeit sehr wünschenswerth machen. Es ist dieß wünschens werth für die Seminaristen in ökonomischer, physischer und geistiger Hinsicht. Es ist dieß wünschens werth für die Lehrer. Ich glaube es einem Hochlöblichen Provincial-Schul-Collegium nicht beweisen zu dürfen, wie schwer und mühsam der Beruf des Schullehrers und des Seminarlehrers insbesondre ist, also auch unser Beruf, der es uns auflegt, eilf Monate lang ohne Unterbrechung, dicht mit unsren Zöglingen zusammen gedrängt, der angestrengtesten Schularbeit obzuliegen. Es ist dieß noch etwas ganz Anderes, als 4–5 Stunden täglich in einem entfernten Schulhause Unterricht zu ertheilen und die übrige Zeit des Tages in der Stille des häuslichen Lebens zuzubringen. Wir Seminarlehrer haben keinen Sonntag, in eilf Monaten keinen Tag stiller Zurückgezogenheit, einsamer Besinnung und Betrachtung gewidmet.

Die Sache verhält sich in der That so. Der Mangel der Unterbrechung unsrer Arbeit führt für Schüler und Lehrer Ermüdung und Abspannung herbei. Eine öftere kurze Unterbrechung ist nicht Zeit verloren, eher Zeit gewonnen.

Wenn wir vom 1ten September bis zu Weihnachten, also 4 Monate, gearbeitet haben, so fühlen wir das heftigste Verlangen nach dem Genuß einiger stiller Tage, und wenn die Zeit vom 1ten Jenner bis Ostern verflossen ist, so möchten wir auch gern eine stille Osterfeier halten.

Wir hegen daher den sehnlichen Wunsch, daß unserer Anstalt bewilligt werde, was auch andre Seminarien, z B. die in Breslau u. Magdeburg, an welchen die Ferien im Ganzen 7–8 Wochen währen, genießen. Ich erlaube mir daher hiermit an ein Hochlöbliches Provincial-Schul-Collegium die gehorsamste Bitte, daß es uns im Allgemeinen gestattet werde, von Weihnachten bis Neujahr und zu Ostern 14 Tage, namentlich in diesem Jahre vom Gründonnerstage bis zum 29sten April, Ferien zu machen.

Lehrer und Schüler unsrer Anstalt werden diese hochgefällige Begünstigung mit innigem Danke erkennen.[1]

Der Seminardirector
Diesterweg.

Eigh., LHA Koblenz, Best. 405, Nr. 2123, S. 1–3

[1] Konsistorialrat Kortüm (s. ds.) empfahl in einer Marginalie die Annahme des Gesuchs: Die Seminaristen könnten so zu Weihnachten und Ostern „mit ihren Familien das Heil[ige] Abendmahl [...] feiern".
Das Provinzialschulkollegium lehnte den Antrag jedoch am 12. März ab; eine Abänderung der Regel sei „nicht zulässig, [...] als ohnehin bey Urlaubsgesuchen in dringenden Fällen auch außer der Ferienzeit, die Privat-Verhältnisse Einzelner billige Berücksichtigung finden" (LHA Koblenz, Best. 405, Nr. 2123, S. 5).

163
An das Ministerium der geistlichen, Unterrichts- und Medizinalangelegenheiten, Berlin

Moers, 8. März 1827

Jahresbericht
über das Königliche Schullehrer-Seminar zu Mörs,
das Jahr 1826 betreffend,

A einem Hohen Ministerio der geistlichen, Unterrichts- und Medicinal-Angelegenheiten erstattet von dem Seminardirector Diesterweg.

In dem einem Hohen Ministerio von dem unterthänigst Unterzeichneten B über das Jahr 1825 abgestatteten Berichte hatte ich hoffnungsvoll C den Wunsch ausgesprochen, daß D die beiden unbesetzten Lehrfächer E des Religions- und des musikalischen Unterrichts möglichst bald u. fest besetzt werden müßten. Diese beiden Wünsche sind, wie ich nachträglich F auszuführen, die Ehre haben werde, G dem Wesentlichen nach in Erfüllung gegangen. Die in meinem vorjährigen Berichte ausgesprochene H sichre Erwartung aber, daß wir auch fernerhin, wie früherhin, von Krankheiten verschont bleiben möchten, ist nicht erfüllt worden. So I sind die Geschicke einer ganzen Anstalt, wie die des einzelnen Menschen, dem Wechsel u. Wandel, diesem allgemeinen Gesetze des Irdischen, unterworfen.

Der Ewige lenkt sie nach seinem Rathschlusse. Der Mensch hat sie mit Vertrauen zu erwarten und mit Dank anzunehmen, besonders wenn er so vielfache Ursache zur Dankbarkeit hat, als die Mitglieder des Seminars zu Mörs. Auch während des Jahres 1826 hat der Allmächtige J unsre Anstalt von seiner liebenden Sorgfalt nicht ausgeschlossen u. uns mit mancherlei Segnungen überhäuft. Unter seinem Schutze u. unter der milden u. edlen Regierung unsrer verehrten K Vorgesetzten ist auch im Jahre 1826 unsre Anstalt auf L dem Wege zum Besseren fortgeschritten M. – Ich gehe nun dazu über, das Einzelne N näher aus einander zu setzen.

1. aÄußere Beschaffenheit_{al} u. darin vorgenommene Veränderungen, als:
Bauten, Reparatur, Vermehrung oder Abgang im Inventario, u. dgl. m.

Die für das Jahr 1825 verdungenen baulichen Arbeiten waren von dem Unternehmer [1] binnen der festgesetzten Frist nicht beendigt worden. Die Vollendung derselben vollzog sich bis zum Frühling 1826. Seit dieser Zeit ist das Seminar in dem Besitze u. im Gebrauche O der P für die Anstalt bestimmten Räume. Dieselben sind außer der Wohnung des Directors u. außer der Wohnung des Ökonomen:

2 Zimmer für den zweiten Lehrer;
1 – – – dritten Lehrer;
1 – – die beiden Hülfslehrer;
2 Lehrzimmer mit 2 Vorzimmern für Klaviere und Schränke;
1 Musiksaal;
1 Schlafsaal mit 4 kleinen Kammern zur Aufbewahrung der Koffer und Kleider;
1 Speisezimmer;
2 Krankenzimmer;
1 Zimmer für die Kinderschule;
1 Raum zur Reinigung;
4 Abtritte.

Diese Räume reichen, sowohl was ihre Anzahl, als was ihre Ausdehnung u. Einrichtung betrifft, für die Bedürfnisse der Anstalt hin. Freilich ist der Raum des Schlafsaals etwas beschränkt. Doch läßt sich derselbe ohne bedeutende Kosten erweitern u. erhöhen. Zu Letzterem ist der Bauunternehmer ROSENDAHL, welcher den Schlafsaal gegen die Vorschrift zu niedrig gemacht hat, verpflichtet, und um jenes zu erwirken, habe ich bereits früher an des Herrn Oberpräsidenten VON INGERSLEBEN Excellenz das Erforderliche berichtet.[2] Q

Daß R sich in dem Gebäude selbst keine Familienwohnung für den zweiten Lehrer gewinnen liesse, war von Anfang an zu bedauern. Denn es ließ sich voraus sehen, daß S ein zweiter Lehrer früh oder spät Neigung zum Heirathen an den Tag legen würde. Dieses ist gegenwärtig bei unserm Lehrer VORREITER der Fall. Derselbe hat wiederholt um die Consens zur Heirath bei einem Hochlöblichen Provinzial-Schulcollegium in Coblenz angehalten. Es steht zu hoffen, daß dieselbe ihm unter der von ihm aufgestellten Bedingung, daß er für sich das an das Seminar anstoßende Haus kaufen wolle, bewilligt werde.[3]

Durch den Durchbruch einer, beiden Gebäuden gemeinschaftlichen Mauer sind die Hofräume beider Gebäude T mit einander verbunden, und VORREITER wohnt dann gewissermaßen noch in der Anstalt. Ich möchte wünschen, daß es einem Hohen Ministerio gefallen möge, dieses Haus, welches wohl nicht höher als 1000–1200 Thlr. zu stehen kommen

360

wird, für die Anstalt anzukaufen u. dasselbe dem zweiten Lehrer zur Wohnung anzuweisen. Die Anstalt wäre als dann für die ganze Folge nicht darauf beschränkt, drauf denken zu müssen, in der Person des zweiten Lehrers gerade einen unverheiratheten Mann angestellt zu sehen. Doch überlasse ich dieses gern dem reiferen Ermessen der höheren Behörden.[4]

Die der Anstalt noch fehlenden Öfen, die für $_U$ die Kinderschule erforderlichen Utensilien sind ebenfalls im verflossenen Jahre angeschafft worden. Uebersichtlich stelle ich in der Beilage No I die Vermehrung $_V$ im Inventario zusammen. Der Abgang in demselben betrifft, da die Anstalt noch neu ist, nur solche kleine Gegenstände, welche $_W$ im täglichen Gebrauche sind.

2. Frequenz der Anstalt.

Die Anzahl der Zöglinge betrug vom 1ten Januar bis zum 31ten Juli, mit welchem Tage sich der Jahrescursus schließt, 27, von welchen 11 zum 2ten und 16 zum ersten Cursus gehörten. Jene 11 wurden in der am Ende Juli abgehaltenen Entlassungsprüfung für entlassungsfähig erklärt u. wirklich entlassen. $_X$ Von den 16 Seminaristen des ersten Cursus hatte einer (PETER SCHNEPPE) so schlechte Fortschritte u. so wenig Qualification zum Lehramte gezeigt, daß ihm der Rath ertheilt werden mußte, sich einem andern Geschäfte zu widmen. Es blieben also Ende Juli noch 15 Zöglinge in der Anstalt. Da nun von $_Y$ jenen entlassenen 11 Zöglingen 2 als Hülfslehrer für ein Jahr in die Anstalt zurück berufen werden sollten, so blieben wegen der festgesetzten Zahl von 30 Zöglingen, $_Z$ worauf die Einrichtung der Anstalt berechnet ist, 13 Stellen offen. Es wurden daher mit dem 1ten September 13 neue Zöglinge in die Anstalt aufgenommen. Die Zahl der sämmtlichen Zöglinge war also in den 4. letzten Monaten des Jahres, mit Inbegriff der beiden Hülfslehrer, = 30. Jene 13 wurden aus 42 Aspiranten, welche sich bei der ausgeschriebenen Aspirantenprüfung eingefunden hatten, aus gewählt. Der Andrang zum Seminar u. der Wunsch, in dasselbe aufgenommen zu werden, ist, wie daraus erhellt, viel größer u. allgemeiner geworden. Wir betrachten dieß als ein sehr erfreuliches Zeichen, $_{AA}$ sowohl als Beweis, daß die junge Anstalt nach u. nach als eine wesentliche u. nothwendige allgemein anerkannt wird, u. $_{AB}$ als sichres Mittel, immer nur möglichst gut vorbereitete Zöglinge der Anstalt zuzuführen.[5]

3. Gesundheitszustand der Zöglinge.

Wie ich schon in der Einleitung bemerkte, ist der Gesundheitszustand unsrer Zöglinge nicht das ganze Jahr hindurch der beste gewesen. $_{AC}$ Wir hatten uns zwar der ununterbrochenen Gesundheit derselben in den beiden vorhergehenden Jahren, im Allgemeinen auch in den drei ersten Vierteln des Jahres 1826 zu erfreuen, allein im letzten Viertel des Jahres erkrankte ein nicht unbedeutender Theil der Zöglinge, theils auf kürzere, theils auf längere Zeit, theils leicht, theils schwer. Die ungewöhnliche Witterung des anhaltend heißen u. trocknen Sommers, u. die darauf folgende große Feuchtigkeit der drei letzten Monate des Jahres, vielleicht auch der große Mangel an frischen Gemüsen in der hiesigen Gegend u. die Schlechtigkeit $_{AD}$ eines $_{AE}$ unsrer Hauptnahrungsmittel, der Kartoffeln, mochten jenes Resultat herbeiführen. Schon während der Sommermonate litten in der Regel einige, mit andern abwechselnd, an derjenigen Krankheit, welche in der hiesigen Gegend am weitesten verbreitet ist, am kalten Fieber.[6] Ich selbst habe während des verflossenen Jahres 3 Monate an derselben laborirt. Durch strenge Diät u. den Gebrauch des zwar theuren aber in diesem Falle trefflichen Specificums, des chinini sulphurici[7], besiegten wir alle, unter Gottes Beistand, die genannte, in der Regel leichte u. fast nie tödtliche Krankheit. Noch häufiger wurden die Uebel in unsrer Anstalt gegen Ende October. Nach u. nach $_{AF}$ ist fast die Hälfte unserer Seminaristen theils von heftigen Rheumatismen, Halsentzündungen, gastrischen Fiebern auf Tage u. Wochen auf den Krankenzimmern gewesen; einer derselben wurde mit dem einen Hülfslehrer (JOH. SCHWALFENBERG) vom Nervenfieber ergriffen. Letzterer war 14 Tage lang tödtlich krank. Da wir in dem hiesigen Orte keinen zuverlässigen Krankenwärter haben konnten, so blieb nichts anders übrig, als die Kranken von gesunden Seminaristen verpflegen zu lassen. Da dieses mit Beobachtung aller bekannten Vorsichtsmaaßregeln geschah, so betrachteten wir dieses als eine passende Gelegenheit, unsre Zöglinge mit einer sorgfältigen u. zarten Krankenpflege u. dem dabei zu beobachtenden Verhalten bekannt zu machen. Wir haben das Glück gehabt, daß das böse Fieber sich nicht weiter verbreitete. In der benachbarten Stadt Duisburg wüthete es viel heftiger, u. wie weit $_{AG}$ diese schreckliche Krankheit in einigen Gegenden Hollands sich aus gebreitet hat, ist aus Zeitungsberichten bekannt geworden. Gegen Ende des Jahres waren alle Zöglinge wieder hergestellt, u. als mit dem Beginn des Jahres 1827 eine heftige Kälte sich einstellte, erfreuten wir uns wieder allgemein des Gesundheitszustandes Aller. Ein Hochlöbliches Rheinisches Provincial-Schul-Collegium hat, $_{AH}$ worüber ich hier $_{AI}$ unsern besondern Dank auszusprechen mich verbunden fühle, die Gewogenheit gehabt, die Rechnung $_{AJ}$ unsers sorgsamen Arztes mit 23 Thlr 10 Sgr, und für die dürftigsten erkrankten Seminaristen die Apothekerrechnung mit 12 Thlr 24 Sgr 4 Pf bezahlen zu lassen.

4. Ordnung, Disciplin u. Sittlichkeit.

In allen Verhältnissen des menschlichen Lebens bewährt sich die alte Wahrheit, daß der Mensch von Natur nichts kann, sondern Alles lernen muß. Nothwendig entstehen daraus $_{AK}$ bei neuen Einrichtungen u. neuen Verhältnissen Mißgriffe, Lücken- und Mangelhaftigkeit, auch bei dem besten Willen. Ich muß dieß auch in Beziehung auf die Ordnung und die Disziplin unsrer Anstalt offen bekennen. In den beiden ersten Jahren des Bestehens der organisirten Anstalt machte uns die Handhabung der Ordnung, die Befestigung des stillen, ununterbrochenen Fleißes, $_{AL}$ die Gewöhnung an äußere Gesittetheit in Miene, Gang u. Haltung, die Beobachtung derjenigen Geregeltheit, ohne welche ein angenehmes Zusammenleben Vieler $_{AM}$ nicht möglich ist, manche Schwierigkeiten, manche Sorge u. Mühe. Freilich bedarf auch noch jetzt mancher natürliche, mitunter auch ungehobelte Sohn eines Bürgers und Landmanns manche Zurechtweisung und Regelung, bevor er wie ein ganz anständiger, auch äußerlich gesitteter Mensch erscheint. Aber die Sache macht sich doch weit leichter, der Eintretende lernt es von den Eingeübten $_{AN}$. Nicht ohne Freude habe ich diesen Fortschritt in äußerer Haltung und Gesittung bemerkt. Es offenbart sich dieselbe sowohl in als außer dem Hause; in dem Hause durch Aufmerksamkeit auf Gelegenheit, sich den Lehrern gefällig zu erweisen, außer demselben durch Höflichkeit u. $_{AO}$ Anstand gegen die Bewohner der Stadt. Wir erziehen zwar keineswegs unsre Zöglinge zur Gewandtheit in Bücklingen u. glatten Worten, stellen aber doch jedem die unerläßliche Forderung der bescheidenen Höflichkeit, Dienstbeflissenheit u. Berücksichtigung $_{AP}$ des Rangverhältnisses der Stände der menschlichen Gesellschaft.

Die Anbildung einer äußeren geregelten Erscheinungsweise, die Gewöhnung an Ordnung, an Maaß im Ausdrucke u. im Urtheile, die Dienstbeflissenheit u. Unterordnung des selbsteige-

362

nen Interesses unter das Wohl einer Gesammtheit erzielen wir eines Theils hauptsächlich durch Beispiel u. Umgang, andern Theils durch die kleinen Ämter, welche die Einzelnen reihenweise zu übernehmen haben. Um einen näheren Umgang mit den einzelnen Seminaristen zu befördern, als die Unterrichtsstunden es ermöglichen, pflegen VORREITER und ich einzelne Zöglinge oder mehrere zusammen zu uns auf unser Arbeitszimmer zu berufen, um in belehrender Unterhaltung ihre Meinungen zu vernehmen u. zu berichtigen u. sie an Haltung u. Anstand zu gewöhnen. Außerdem machen wir alle 8. oder 14. Tage mit Allen eine Excursion auf mehrere Stunden, uns mit ihnen im gemeinschaftlichen Spiele erheiternd. Jeden Sonntag Abend bringen wir gemeinschaftlich mit ihnen zu. Hier treten die Einzelnen mit den gelungensten Leistungen in der Musik auf. An diesen Abendunterhaltungen nimmt auch meine Familie Theil. An jedem Sonntage nach der Kirche versammeln wir Lehrer u. Hülfslehrer uns zur gemeinsamen Berathung über das Ganze und über Einzelnes. Demnächst treten wir zu den versammelten Zöglingen, ihnen unsre Bemerkungen über die verflossene Woche zu machen, im Allgemeinen u. Einzelnen, auch die Wünsche $_{AQ}$ u. Bemerkungen Einzelner $_{AR}$ zu vernehmen, den Erfolg des Unterrichts der Einzelnen in der Seminarschule zu besprechen, ihre Lectüre zu leiten u. jeden möglichen Anstand zu beseitigen, jeder Hemmung in der geregelten Entwicklung des Einzelnen u. des Ganzen zuvorzukommen. Alle 14 Tage halten wir mit den hiesigen und benachbarten Schullehrern eine Lehrer-Versammlung, in welcher nach festgesetzter Ordnung Vorträge $_{AS}$ aus dem Gebiete der Lehrerwirksamkeit gehalten werden. An denselben lassen wir jedes Mal einige der ältern Zöglinge Theil nehmen, um sie zu ähnlicher Wirksamkeit im Leben, $_{AT}$ zur Vereinigung in Lehrergesellschaften anzuleiten und um ihnen durch Beispiel die zweckmäßige Einrichtung der Lehrervereine zu zeigen. Dann bieten auch die sittlichen u. religiösen Betrachtungen, womit wir, VORREITER u. ich abwechselnd, jeden Tag beschließen, mannichfache Gelegenheit, nicht nur zur sittlichen u. religiösen Erhebung des Gemüths, sondern auch zu fruchtbaren Bemerkungen über Sitte u. Leben. Durch diesen speciellen Umgang mit unsren Zöglingen u. durch die enge Harmonie, in welcher wir Lehrer wirken, hat sich in $_b$den verflossenen Jahren$_{bl}$ die Ordnung, Disciplin und Sittlichkeit unsrer Zöglinge so festgestellt, daß kein der strengeren Rüge würdiger, hier mitzutheilender Vorfall $_c$sich$_{cl}$ ereignet hat. Die Offenheit und Zutraulichkeit unsrer Zöglinge rathen uns, den eingeschlagenen Weg zu verfolgen.

Die praktische Sphäre zu gemeinnütziger Thätigkeit zum Besten der Anstalt bieten die kleinen Ämter in der Anstalt dar. Jeder Seminarist übernimmt, um den regelmäßigen Gang der Anstalt nicht von dem Ökonomen u. seinen Dienstpersonen abhängig zu machen, auf eine Woche die Verrichtung der meisten äußeren Geschäfte: das Läuten vor dem Aufstehen u. $_{AU}$ am Ende jeder Stunde des Tages, die Öffnung u. Schließung der Räume, die $_{AV}$ Zurichtung der Leuchter, $_{AW}$ die Aufsicht über die Reinigung der Lokale unter der Aufsicht eines Lehrers, u. s. w. Diese Geschäfte entbinden denjenigen, welcher sie besorgt, nicht von der Pflicht, allen $_{AX}$ seinen Obliegenheiten als Schüler $_{AY}$ vollständig zu genügen. Sie sind ein Mehr, welches er für eine Woche zu übernehmen hat, sowohl zum Besten der Anstalt, als $_{AZ}$ zur Gewöhnung an gemeinnützige Thätigkeit.

5. Unterrichtswesen.

Die Grundsätze u. Ansichten über die Unterrichtszweige des Seminars, welche ich in den frühern Jahresberichten mitzutheilen die Ehre gehabt habe, sind im Allgemeinen auch im zuletzt verflossenen Jahre befolgt worden. In einer dreifachen Hinsicht hat $_{BA}$ der Unterricht eine bedeutende Vervollständigung erhalten. _{BB} Erstens wird der Religionsunterricht seit der Anstellung Vorreiter's ganz reglementsmäßig u. vollständig ertheilt. Derselbe möge seine Ansichten _dhier selbst_{d)} aussprechen.[8]

_{BC} Zweitens ist der musikalische Unterricht endlich in die ihm gebührenden Rechte eingesetzt worden. _{BD} Als seine Majestät, unser hochverehrter König, nicht geruheten, die Anstellung eines eigenen dritten Lehrers, besonders für den Unterricht in der Musik, zu genehmigen, befanden wir uns in sehr großer Verlegenheit. Das Stückwerk mit dem hiesigen Organisten mußte aufhören,[9] und viel mehr u. ganz andere Dinge mußten geleistet werden, wenn wir nicht ferner Klagen der Provinz vernehmen u. in dieser Hinsicht unsern Zöglingen eine ganz ungenügende Bildung geben wollten. In dieser Verlegenheit wußte ich keinen andern Ausweg, als einen mir bekannten jungen Mann von 20 Jahren, _{BE} Ludwig Erk [10], welcher in der Erziehungsanstalt des Pfarrers Spiess in Offenbach a/M erzogen, daselbst jetzt als Lehrer angestellt war, aber schlecht gehalten wurde u. daher geneigt war, seine Stelle zu wechseln, hieher zu ziehen. Dieses geschah zu Pfingsten des vorigen Jahres. Gleich nach seiner Ankunft übertrug ich ihm den musikalischen Unterricht im Seminar zur Probe. Der Versuch gelang nach Wunsch. Ich berichtete darüber nach 4. Wochen an des Herrn Oberpräsidenten von Ingersleben Excellenz, und Hochderselbe genehmigte die Anstellung des L. Erk auf Kündigung mit einer monatlichen Remuneration von 20 Thlr.[11] L. Erk besitzt in der That eine seltne Fertigkeit im Klavier- und Orgelspiele; er spielt _{BF} mit _{BG} musikalischem Geschmacke, überhaupt meisterhaft. Er hat in diese wichtigen Theile des Volksschullehrer-Unterrichts u. in den Gesang einen ganz neuen Schwung gebracht u. unsre Anstalt leistet nun endlich auch in diesen Gegenständen, was man _emit_{e)} Billigkeit erwarten kann. Es thut dieß aber auch um so mehr Noth, da in den meisten Schulen des Regierungsbezirks Düsseldorf der Gesangunterricht sehr vernachlässigt wird. Natürlich _{BH} hat sich _{BI} Erk noch fort u. fort in der Methodik seiner Fächer zu vervollkommnen. Er hat zu dem Ende im August des vorigen Jahres, 2 Wochen lang, dem Unterrichte in dem Seminar zu Brühl beigewohnt, und wird, auf Veranlassung des Hochlöblichen Provincial-Schul-Collegii, in Neuwied oder Soest die Sommerferien dieses Jahres zubringen. Bei dieser Gelegenheit wird er auch seine Aufmerksamkeit auf den Unterricht im Zeichnen u. Schreiben ausdehnen, damit er _{BJ} außer der Musik für die Folge diese Unterrichtszweige übernehmen könne. Dieselben sind jetzt in der Hand des einen unsrer Hülfslehrer u. machen daher die schwächste Seite der Anstalt aus. In meinem nächsten Jahresberichte hoffe ich über die Leistungen in diesen zwei Gegenständen günstiger berichten zu können. Ich selbst habe zwar die specielle Aufsicht über das Zeichnen u. Schreiben übernommen, um wenigstens mittlere Fertigkeiten zu erzielen. Aber Besonderes darin zu leisten, ist uns bis jetzt nicht gelungen. Es scheint dazu auch eigentlicher Kunstsinn zu gehören.

Drittens hat sich das Unterrichtswesen unsrer Anstalt durch eine vollständigere Organisation der hiesigen Elementarschule, welche zugleich die Uebungsschule des Seminars ist, verbessert. Durch die Verordnung einer Königlichen Regierung zu Düsseldorf, daß von 1826 an die Kinder vom vollendeten 5ten Jahre schulpflichtig _{BK} seyn sollten, entstand die Nothwendigkeit, den 3 Klassen der hiesigen Elementarschule eine 4te anzufügen. Da _findessen_{f)} auch das dafür bestimmte Schulzimmer in dem Seminar fertig geworden war, so bildeten wir aus _{BL} 60 5–7jährigen Kindern eine neue Klasse _{BM} , und nahmen sie in die Anstalt auf. Hierdurch entstand das Bedürfniß, einen stehenden Lehrer für dieselbe zu gewinnen. Denn der schnelle Wechsel der Lehrer durch die Seminarlehrer u. Seminaristen ist für 5jährige Kinder am wenigsten zulässig. Das Königliche Provincial-Schul-Kollegium in

364

Coblenz genehmigte daher, wie ich oben schon erwähnt habe, die Anstellung eines zweiten Hülfslehrers auf <u>ein</u> Jahr mit einer Remuneration von 80 Thlr. Dieser 2te Hülfslehrer JOHANN SCHWALFENBERG ist nun Hauptlehrer der (untersten) 4ten Klasse der Elementarschule;[12] ein fest angestellter Lehrer, ehemaliger Zögling des Seminars hieselbst, ABRAHAM FISCHER, ist Lehrer der 3ten Klasse; unser erster Hülfslehrer, JOH. SCHOPPMANN, ist Hauptlehrer der 2ten Klasse, und der ehemalige Stadtschullehrer BLECKMANN Hauptlehrer der ersten Klasse.[13] Außerdem ertheilt VORREITER den Religionsunterricht, ich einen Theil des Leseunterrichts in der 1ten Klasse, ERK den Gesangunterricht in der 2ten Klasse. Vor der Anstellung des 2ten Hülfslehrers (Anfang September) versahen die Seminaristen des II.ten Cursus dessen Stelle u. unterrichteten einzelne kleinere Abtheilungen der $_{BN}$ 2ten $_{BO}$, 3ten u. 1ten Klasse, so daß alle in jedem Unterrichtsgegenstande unter Aufsicht Uebung erlangten. $_{BP}$ Darin wurden sie auch $_{BQ}$ von dem königlichen Commissarius, Herrn Consistorialrath KORTÜM in Düsseldorf, in der mit der Entlassungsprüfung verbundenen Probelection hinlänglich geübt gefunden, was auch unserer Ueberzeugung entsprach.

Von Anfang Januar bis Ende Juli waren auch die Seminaristen des $_g$I$_{gl}$ Cursus – welche in den 4 letzten Monaten des Jahres den IIten bildeten – schon zu praktischen Versuchen herangezogen worden, $_{BR}$ nachdem sie schon 1 1/2 Jahr in der Anstalt gewesen waren. $_{BS}$ Es schien uns daher zweckmäßig, sie in den 4 letzten Monaten des Jahres weniger häufig $_{BT}$ in praktischen Versuchen zu üben, $_{BU}$ damit sie desto ungestörter u. lückenloser alle dem Seminarunterrichte beiwohnen könnten. Die praktischen Uebungen $_{BV}$ in dieser Zeit beschränkten sich daher darauf, daß sie in 2 Cötus[14] $_h$zertheilt$_{hl}$ den 4 Religionsstunden VORREITERS beiwohnten, wöchentlich 1 Mal katechetische Uebungen mit einer Abtheilung Kinder vornahmen, mich in 2 Cötus 2 Stunden wöchentlich in die 1te Klasse der Elementarschule begleiteten, um Versuche in der Anleitung zum Verstehen des Lesestoffes (im logischen Lesen) zu machen. Es schien uns nicht rathsam, den Seminaristen den Unterricht in der Religion, auch nicht auf einzelne Stunden, zu übertragen. Sie haben dazu nicht die gehörige Reife. Doch üben sie sich in der katechetischen Stunde in der Behandlung der Religionswahrheiten. Jede Katechisation wird von den Einzelnen vorher schriftlich abgefaßt, von dem Religionslehrer beurtheilt u. verbessert. Sobald die Witterung im Jahre 1827 es nicht mehr nöthig macht, die Schulräume zu heizen, also gegen Ostern hin werden die Seminaristen des IIten Cursus wieder häufiger zu dem Unterrichte in den Seminarklassen heran gezogen, damit jeder Zögling in allen Gegenständen des Elementar-Unterrichts die erforderliche praktische Uebung erlange. Nach unserer Erfahrung sind diese Einrichtungen zur Erreichung dieses Zweckes ausreichend u. genügend.

6. Lehrer der Anstalt, Veränderungen im Personal, Vertheilung der Lehrgegenstände u. der Inspection.

Die Zahl der Lehrer des Seminars ist jetzt 3, also vollständig, mit 2 Hülfslehrern. Ich kann Allen das Zeugniß $_{BW}$ großer Gewissenhaftigkeit u. Amtstreue ertheilen. VORREITER traf am 24sten Februar hier ein u. übernahm am 28sten sein Amt; ERK traf im Mai ein; $_{BX}$ der Hülfslehrer J. SCHOPPMANN $_{BY}$ fungirte seit Anfang September; der zweite Hülfslehrer A. KAMPHAUSEN lehrte ebenfalls seit dieser Zeit.[15] Da derselbe Ende September von der Gemeinde in Velbert zum Schullehrer erwählt wurde, so schien es in Berücksichtigung seiner Privatverhältnisse wünschenswerth, ihn von der Uebernahme dieser Stelle nicht abzuhalten. An seine Stelle wurde der im Juli entlassene Seminarist J. SCHWALFENBERG in die Anstalt zurückberufen. –

365

Die Vertheilung der Unterrichtsgegenstände ist folgende:

VORREITER: Religion, Geschichte, Geographie, Aufsatz – und Religion in der 1 sten Klasse der Elementarschule – – – – 24 Stunden wöchentlich;

ERK: Gesang, Klavier- Orgel- und Violinspiel, Theorie der Musik – und Gesang in der 2 ten Klasse der Elementarschule – – 35 Stunden;

Diesterweg: Sprachunterricht, mathematischer Unterricht, Naturlehre, Pädagogik – und Leseunterricht in der 1 ten Klasse der Elementarschule – – – – 20 Stunden;

J. SCHOPPMANN ist Hauptlehrer der 2 ten Klasse der Elementarschule u. ertheilt den Unterricht in der Naturgeschichte in der I ten Klasse der Seminaristen – – – 27 Stunden;

J. SCHWALFENBERG ist Hauptlehrer der 4 ten Klasse der Elementarschule – und ertheilt den Unterricht im Schreiben u. Zeichnen in $_{BZ}$ beiden Seminarklassen – – – – 28 Stunden.

Conferenz halten wir wöchentlich, des Sonntags nach der Kirche; Hauptconferenz alle 6 Wochen, welcher eine Prüfung der Seminaristen in denjenigen Gegenständen, welche der Beobachtung und Belebung vorzüglich zu bedürfen scheinen, u. eine Prüfung der 4 ten u. 2 ten Klasse der Elementarschule vorhergehen. In dieser Hauptconferenz $_{CA}$ fällt jeder Lehrer über jeden einzelnen Seminaristen sein Urtheil, $_{CB}$ welches schriftlich aufgezeichnet wird. Den Einzelnen wird $_{CC}$ dieses, je nach ihrem Bedürfniß, mitgetheilt. Die Inspection der Seminaristen ist $_{CD}$ zwischen VORREITER und mir, wochenweise abwechselnd, ₁getheilt₁₁. Jedem von uns steht ein Hülfslehrer zur Seite, welcher in den Arbeitsstunden $_{CE}$ bei den Seminaristen arbeitet. Das Morgengebet wird von dem ersten Hülfslehrer SCHOPPMANN gesprochen. Das Abendgebet, welchem eine biblische oder eine sittlich-religiöse Betrachtung vorhergeht, wird abwechselnd von VORREITER u. mir gehalten, wobei wir uns bisweilen von einem Hülfslehrer vertreten lassen.

Unter den Lehrern herrscht gegenseitiges Vertrauen u. Eintracht. Wir theilen einander unsre Ansichten offen, aber freundschaftlich mit, u. da wir durch unser Leben an den Tag zu legen suchen, daß es uns um die Sache gilt, so giebt keiner Veranlassung zur Störung des Friedens. Ich selbst mache aber nicht nur Bemerkungen, sondern nehme auch Bemerkungen selbst gern an.

7. Resultate der Abiturienten-Prüfung.

Die Abiturientenprüfung wurde Ende Juli $_{CF}$ unter der Leitung des Herrn Konsistorialraths KORTÜM als Königlichen Kommissarius abgehalten. Während dem Haupttheile der Prüfung war ₁ₗₗ der Herr Consistorialrath LANGE aus Coblenz anwesend. Nach meiner Ansicht waren die Leistungen der Abgehenden in der Geschichte und in den musikalischen Gegenständen am ungenügendsten. Jenes, weil VORREITER ₖₗₗ erst 5 Monate, ₁u.₁₁ dieses, weil ERK erst 3 Monate hier gewesen war. In der Anfertigung von Aufsätzen zeigte sich gegen das vorhergehende Jahr ein merklicher Fortschritt. Einige Zöglinge hatten $_{CG}$ die beiden Themata: „Katechetischer Entwurf über die Allgegenwart Gottes", und: „Hauptgrundsätze des Unterrichts" ganz eigenthümlich behandelt. In den übrigen Arbeiten sah man mehr Gleichförmigkeit wegen ihrer Anschließung an den vorhergegangenen Unterricht. Diese beiden Themata waren in den beiden Tagen vor der mündlichen Prüfung bearbeitet worden. – In der Probelection zeigten wohl alle hinreichende Gewandtheit, einer ausgenommen. Mehrere übertrafen die Erwartungen der Lehrer selbst.

366

Von den 11 Entlassenen erhielten

4 das Zeugniß No I
4 " " No II
3 " " No III

Unter jenen 4 mit No I befinden sich 2 junge Männer, HEINRICH SARRES u. ADOLPH KAMP-HAUSEN, von deren Charakter u. Talent wir uns, wenn das Leben ihnen die nöthige Reife gebracht hat, ausgezeichnete Leistungen versprechen.

$_{CH}$ Die Entlassenen stehen noch fortwährend mit der Anstalt in Berührung. Jeder sendet vierteljährlich eine Ausarbeitung ein, welche von mir gesammelt, dann von VORREITER oder mir schriftlich beurtheilt, und mit dieser schriftlichen Beurtheilung u. einem Rundschreiben $_{CI}$ Allen mitgetheilt werden.

8. Aussichten für die entlassenen Zöglinge zur Anstellung.

$_{CJ}$ Von der baldigen u. sicheren Anstellung der entlassenen Zöglinge ist zum Theil die Gedeihlichkeit ihres Wirkens im Volksschulwesen abhängig. Deßwegen haben wir die Verordnung eines Hohen Ministerii, daß die Gemeinden, welche im Regierungsbezirk Düsseldorf das Wahlrecht ausüben, in der Regel an Seminaristen gebunden $_{CK}$ seyn sollen, mit verehrendem Danke gelesen u. in das Leben treten sehen. Nur sind leider! aus früheren Zeiten noch zu viele Kandidaten mit Wahlfähigkeitszeugnissen versehen. Ihre Anzahl war in der Mitte des Jahres 1826 noch 31, und wird ungefähr noch eben so groß seyn. Dadurch entsteht bei $_{CL}$ jeder Vacanz in der Regel eine wahre Stellenjägerei u. $_{CM}$ Reibung zwischen den einzelnen Bewerbern. Dabei fehlt es dann nicht an Intriguen u. Umtrieben. Wie ich mit großer Freude vernommen habe, denkt die Hochlöbliche Regierung in Düsseldorf an deren vollständige Beseitigung. Uebrigens hat das oben erwähnte hohe Dekret schon auf die Beförderung entlassener Seminaristen günstig eingewirkt, u. dazu beigetragen, dem Seminar eine festere Stellung zu sichern. Von den zuletzt entlassenen 11 Seminaristen sind 2. für ein Jahr Hülfslehrer des Seminars. Von den übrigen 9 sind

6: Schullehrer-Gehülfen (Unterlehrer)
2: Hauslehrer
1: ist als Schullehrer angestellt.

Von den im Jahre 1824 (1825 wurden keine entlassen) 15 Entlassenen sind noch 2 Privat-lehrer, 1 Hauslehrer u. 1 Gehülfe. Die übrigen sind als Schullehrer angestellt.

Vergleicht man dieses Resultat mit früheren, so zeigt sich, daß sich die Aussichten der Seminaristen wesentlich verbessert haben. Doch bleibt $_{CN}$ in dieser Hinsicht immer noch Einiges zu wünschen übrig. Namentlich möchte es sehr zu wünschen seyn, daß das schwan-kende $_{CO}$ Verhältniß der Gehülfen eine Änderung erlitte. Ich werde mir darüber am Schlusse dieses Berichts einige Bemerkungen erlauben. Wie die bisher aus dem Seminar Entlassenen wirken, wissen wir nicht genau. Dem Seminar kommen darüber amtlich keine Nachrichten zu, u. unsre Zeit erlaubt es nicht, uns persönlich davon zu überzeugen. Deswegen preise ich die Verordnung des Hohen Ministerii, daß mir jährlich einmal Gelegenheit gegeben wer-den soll, die Elementarschulen unsres Bezirks zu bereisen. Ohne diese Veranstaltung ist es uns auch nicht möglich, jemals ein sichres Urtheil über die Art unsres Wirkens zu gewin-nen.[16]

9. Qualification der Neuaufgenommenen.

Zu der im Anfang Juni ausgeschriebenen Aspirantenprüfung meldeten sich 42 junge Leute. Aus denselben wurden 13 ausgewählt. Wir freuten uns jener bedeutenden Anzahl, weil es nur dadurch möglich wird, der Anstalt möglichst gut vorbereitete Jünglinge zuzuführen. Unter der Leitung des Herrn Consistorialraths Kortüm widmeten wir der Prüfung einen ganzen Tag. Im Allgemeinen glaubten wir mit der Vorbereitung der Aspiranten nicht unzufrieden seyn zu dürfen, wenn wir den Standpunkt der Volksschulen dabei nicht außer Acht ließen. Am ungenügendsten $_{CP}$ vorbereitet sind die Aspiranten in der Regel in Religions- und musikalischen Kenntnissen. Aus Jenem sollte man den Schluß ziehen, daß die Wirksamkeit der Herr Pfarrer u. Schullehrer wirklich in der Hauptsache sehr mangelhaft $_{CQ}$, dürftig und durchaus ungenügend $_{CR}$ sey. Ich wage es nicht, diesem Schlusse zu widersprechen. Auch zeigen die Aspiranten im Allgemeinen sehr unangeregte u. ungeübte Denkkraft. So haben sich auch die Neuaufgenommenen bewährt. Ganz getäuscht haben wir uns in Ansehung eines Aspiranten, welcher große Hoffnungen erweckte, dem es aber wirklich fast an allem Talente fehlt. Hieraus folgt, daß wir unsre Umsicht bei der Aspirantenprüfung noch schärfen müssen.

Mehr genügend, als früher, erscheinen $_{CS}$ die zuletzt Aufgenommenen im schriftlichen Ausdruck u. in sogenannten gemeinnützigen Kenntnissen. In jedem Falle ist ein Fortschritt nicht zu verkennen.

10. Vertheilung der Unterstützungen.

Im Jahre 1826 sind an Stipendien 771 Rthlr. 6 Sgr 8 Pf. unter die Zöglinge des Seminars vertheilt worden. Es erhielten

1ner	64 Th	7 Sgr	6 Pf
1 "	54 "	20 "	– "
1 "	53 "	25 "	– "
1 "	50 "	–	–
1 "	40 "	–	
1 "	38 "	25 "	– "
1 "	35 "	15 "	– "
1 "	31 "	7 "	6 "
1 "	30 "	27 "	6 "
1 "	30 "	10 "	– "
3 "	28 "	"	– "
1 "	27 "	2 "	6 "
2 "	20 "	25 "	– "
1 "	19 "	7 "	6
1 "	17 "	15 "	– "
1 "	16 "	21 "	8 "
1 "	14 "	17 "	6 "
5 "	12 "	15 "	– "
4 "	10 "	12 "	6 "
2 "	8 "	10 "	– "
8 "	0 "	0 "	0 "
39 "	771 "	6 "	8 "

Gewiß haben die einzelnen Empfänger Ursache zur Dankbarkeit für solche Unterstützung, die ihnen neben $_{CT}$ unentgeldlichem Unterrichte u. freier Wohnung gereicht wird. Wir haben auch keine Ursache, über Mangel an Zufriedenheit u. Dankbarkeit Klage zu führen. Auch halte ich die bewilligten Unterstützungen für ausreichend. Freilich $_{CU}$ ist den Meisten $_{CV}$ große Beschränkung u. Sparsamkeit durch ihre Verhältnisse geboten. Aber unter solchen $_{CW}$ Umständen entwickelt sich am ersten der bessere Sinn $_{CX}$ künftiger Lehrer, wenn es nur Keinem an dem Unentbehrlichsten gebricht, was auch im verflossenen Jahre $_{CY}$ nicht der Fall gewesen ist.

11. Historische Notizen.

In dem verflossenen Jahre ist das Seminar häufiger, als in den vorhergehenden Jahren, von Lehrern besucht worden, $_{CZ}$ mehr von solchen, die in der Ferne, als die in der Nähe wohnen. Im Fürstenthum Mörs $_{m\parallel}$ steht das Schulwesen auf sehr tiefer Stufe, wie in den meisten Kreisen des linken Rheinufers. Amtlich wurde die Anstalt besucht von dem Herrn $_{DA}$ Konsistorialrath KORTÜM aus Düsseldorf 2 Mal, bei Gelegenheit der Aspiranten- u. $_{DB}$ Abiturientenprüfung, von Herrn Konsistorialrath LANGE in Coblenz bei letzterer. Von namhaften Lehrern $_{DC}$ verweilte der Seminarinspektor WAGNER aus Brühl 3 Tage hier. Auch genoß die Anstalt die Ehre des Besuchs Sr. Excellenz des Herrn Regierungs-Chefpräsidenten VON PESTEL auf 1 Stunde.

Besondere Feste sind im verflossenen Jahre nicht gefeiert worden. Da der 3te August[17] in unsre Ferien fällt, so veranlaßt derselbe keine Feierlichkeit in der Anstalt. Der feierlichste Tag ist jedes Jahr der Tag der Entlassung der Zöglinge aus der Anstalt.

12. Wünsche und Vorschläge.

a. Zuerst erlaube ich mir wiederholt den Wunsch, daß es der dem Seminar vorgesetzten höhern oder höchsten Behörde gefallen möge, der Anstalt eine zweckmäßige Orgel zu schenken.
Das der Anstalt gehörige Positiv ist alt, baufällig, beständig $_{DD}$ Reparaturkosten erfordernd[18], u. ohne Pedal. $_{DE}$ Das Instrument ist nicht geeignet, die Zöglinge $_{DF}$ im eigentlichen Orgelspiel zweckmäßig zu $_{DG}$ üben, wie sie es als dereinstige Organisten können müssen. Dieß kann nur auf einer Orgel geschehen, welche die vollständige Einrichtung einer Kirchenorgel, nur in kleinerem Maaßstabe, hat. Ohne eine solche entstehen gewiß, und nicht mit Unrecht, baldigst Klagen der einzelnen Gemeinden über mangelhafte Ausbildung der Schulamtskandidaten. Ich wünsche daher dringend, daß die Anstalt $_{n}$möglichst bald mit einer neuen Orgel$_{n\parallel}$ bedacht werde.[19]
b. Demnächst wollte ich mir unmaßgeblich den Vorschlag erlauben, daß von Seiten der Königl. Regierung $_{o\parallel}$ $_{DH}$ die Stellung der $_{DI}$ Schullehrer-Gehülfen gegen die Lehrer selbst $_{DJ}$ bestimmt werden möchte. Wo ein Lehrer eines Gehülfen bedarf, da bedarf es $_{DK}$ gewöhnlich nur der Genehmigung des Schulvorstandes der betreffenden Schule, um den Gehülfen anzunehmen. Der Lehrer selbst contrahirt mit ihm, ohne daß sich, so viel mir bekannt ist, Jemand um die Pflichten u. Rechte, welche der Unterlehrer übernimmt, bekümmert. Bei der großen Menge wahlfähiger Schulamtskandidaten u. wahlfähiger Unterlehrer werden dieselben gezwungen, sich für ein Minimum dingen zu lassen, u. $_{DL}$ Geschäfte zu übernehmen, welche sie nicht selten dem Schulamte entfremden, oft auch dasselbe ihnen ganz verleiden. Ich berufe mich hier auf bestimmte Thatsachen. Alle diejenigen $_{DM}$ Seminaristen, welche früher Unterlehrer gewesen sind, schildern ihre frühern Verhältnisse als Unterlehrer als sehr peinvoll, niederdrückend u. unpassend.

Die Hauptlehrer verfahren mit reiner Willkühr, Alles dem gebeugten u. schwachen Unterlehrer aufbürdend. Derselbe unterrichtet in der Regel die kleinen Kinder, die größere Anzahl u. an manchen Orten nur im mechanischen Lesen u. Schreiben, täglich 6 Stunden. Außerdem muß der Unterlehrer _{DN} täglich einige hundert, oft viele hundert Federn schneiden, nachher Abendschule halten, oft vor u. nach dem Abendbrode. Für all diese Arbeit erhält er dann Wohnung, Kost und 10–20 Thlr., an _peinigen_{pl} Orten auch nichts. An Fortbildung des jungen Mannes ist in der Regel gar nicht zu denken. _{DO} Unter diesen Umständen überfällt den Unterlehrer ein Grad des Mißmuths, der nicht selten an Lebensüberdruß gränzt. Die Lust zum Schulamte _{DP} schwindet u. mit ihr alle Hoffnungen, welche der früherhin oft so hoffnungsvolle Jüngling erweckte. Unter diesen regellosen Verhältnissen halte ich es nicht für heilsam, _{DQ} daß entlassene Seminaristen Unterlehrer werden. Allein, wie die Dinge noch stehen, bleibt denselben zur Fristung des Lebens _qoft_{ql} nichts Anderes übrig. Ganz zweckmäßig aber würde die Uebernahme einer Gehülfenstelle für die meisten entlassenen Seminaristen seyn, wenn feste Bestimmungen über das Verhältniß der Gehülfen zu den Lehrern getroffen, wenn ihre Pflichten u. Rechte bestimmt angegeben, wenn es dem einzelnen Lehrer nicht überlassen würde, wen er zum Gehülfen u. unter welchen Bedingungen er ihn anzunehmen Lust hätte. Vielmehr dürfte es rathsam seyn, _{DR} _rdaß die Königliche Regierung die Gehülfenstellen selbst besetzte, ohne eigenmächtige Wahl von Seiten des Lehrers oder der Schulvorstände, und jedem Gehülfen einen Berufschein einhändigte, welcher die Grenzen seiner Wirksamkeit u. Befugnisse genau bestimmte_{rl} _{DS} . Nach meiner Ansicht muß ich jedes regellose Verfahren u. jede Willkühr im Schulwesen _sfür verderblich_{sl} halten.[20] _{DT}

Zum Schlusse dieses gehorsamsten Berichtes darf ich das Bekenntniß nicht umgehen, daß unsre Anstalt, trotz unsers Strebens, noch mit mancherlei Mängeln behaftet ist. Wir kennen dieselben, vielleicht _{DU} aber doch nicht alle. Aber ich darf auch die Versicherung beifügen, daß es uns Lehrern wenigstens ernst ist, _{DV} unter Gottes Beistand u. dem Schutze unserer Oberen die Anstalt _{DW} dem Zustande vollkommenerer Einrichtung entgegen zu führen. Dieser Hoffnung dürfen wir uns für das nächste Jahr wohl mit Zuversicht überlassen, da _{DX} alle 3 Lehrer nun mit ihrem Berufe hinlänglich bekannt sind u. der Anstalt hoffentlich angehörig bleiben werden. – Dann spreche ich im Namen der Anstalt u. ihrer Lehrer das Gefühl des lebhaftesten Dankes aus gegen die uns vorgesetzte höchste Behörde _{DY} , für den uns _{DZ} gewordenen Schutz u. für die Geschenke, welche der Anstalt geworden sind; zugleich den lebhaftesten Dank _{EA} für die Wohlgewogenheit, mit welcher Se. Excellenz der Herr Staatsminister von INGERSLEBEN die Anstalt geleitet haben, u. den lebhaftesten Dank für die Förderung der Zwecke der Anstalt durch die Königl. Hochlöbliche Regierung zu Düsseldorf, namentlich durch die _{EB} _tBemühung_{tl} des Herrn Konsistorialraths KORTÜM. Endlich erwähne ich auch mit besonderem Danke der belebenden Ermunterung, _{EC} deren ich mich bei Mittheilung einer _{ED} belehrenden Beurtheilung meines Sprach- und Lehrbuchs u. des 1ten Theils des Rechenbuches _{EE} unterm _u14ten Juni_{ul} 1826 von einem Hohen Ministerio _{EF} zu erfreuen gehabt habe. Ich verehre die humanen Zwecke dieser Hohen Behörde, und ich muß es offen bekennen, daß nicht leicht durch irgend _{EG} ein Ereigniß mir eine gleich große Ermunterung u. Erfrischung geworden ist.

Endlich _{EH} empfehle ich unsre Anstalt auch für die Folge hochgeneigter, wohlwollender Berücksichtigung u. Fürsorge.[21]

_vDer Direktor des Seminars
Diesterweg._{vl}

370

Verzeichniß des Zugangs im Inventario
des Schullehrer-Seminars zu Mörs im Jahre 1826. [22]

A. An Mobilien
1. 1 Treppenlaterne.
2. 1 Leiter.
3. 19 eiserne Leuchter.
4. 2 Lichtscheeren. (23).
5 62 Dintenfässer von Blei.
6 2 Zeichentischchen.
7 10 Fenstervorhänge.
8 8 Speisetische.
9 54 hölzerne Stühle.
10 1 Waschbecken.
11 4 Öfen mit Zubehör.
12 4 Öfen ohne Zubehör.
13 3 Schränke.
14 4 Bänke.
15 2 Musikpulte.
16 2 Violinbogen.
17 4 Klavierdecken.
18 8 eiserne Spaten.
19 2 Baumsägen.
20 8 Pulte.
21 2 Wandtafeln.
22 2 Mantelstöcke.
23 60 Liniale.

B. An Büchern.
1 STRIEZ. Nachricht von dem Seminar in Potsdam.[23]
2 ZERRENNER. Jahrbuch für's Volksschulwesen. 3 Hefte.[24]
3 SICKEL. Erziehungslehre.[25]
4 ZERRENNER. Schuldisciplin.[26]
5 WILDERSPIN. Erziehung.[27]
6 FRÖBEL. Menschenerziehung.[28]
7 DINTER. Schullehrerbibel. Altes Testament. 1r Theil.[29]
8 SCHLEHECK. Geordneter Stoff zu Sprach- und Denkübungen.[30]
9 SCHOLZ. Deutscher Sprachschüler. 3 Hefte.[31]
10 SCHNEIDER. Handbuch zum Auswendigbuchstabiren.[32]
11 BERNHARDI. Sprachlehre. 2 Theile.[33]
12 RIESS. Allgemeiner Zahlunterricht.[34]
13 SCHOLZ. Anweisung zum Kopfrechnen und Zifferrechnen. 3 Bände.[35]
14 GRASSMANN. Schulbuch der Raumlehre.[36]
15 GEHLER. Physik-Wörterbuch. 1r und 2r Band.[37]
16 WAGNER. Elementar-Naturlehre. 1r Theil.[38]
17 NÄGELI. Gesang-Bildungs-Lehre. 2r Theil.[39]

Der Seminardirector
Diesterweg.

371

Ausf. mit eigh. Unterschr., GStA PK, I. HA Rep. 76 Kultusministerium, VII neu Sekt. 25 C Teil I Nr. 4 Bd. 3: 205ʳ–210ʳ, 214ʳ–223ᵛ und 224ʳ⁺ᵛ;

eigh. Entw. (ausgenommen: Inventarium), GStA PK, I. HA Rep. 76 Seminare, Nr. 10063: 7ᵛ–18ʳ (S. 14 bis 35)

¹ Es handelte sich um den Bauunternehmer B. Rosendahl (s. ds.). Diesterweg moniert an späterer Stelle, daß dieser den Schlafsaal zu niedrig eingerichtet hatte.
Rosendahl sowie die Handwerker H. Simon, J. Küppers (s. ds.) und A. Schäfer (s. ds.) erhielten am 20. bzw. 21. April 1828 von Diesterweg Zahlungen für ihre Leistungen; Diesterweg sandte die Quittungen (Entwürfe: GStA PK, I. HA Rep. 76 Seminare: Nr. 10064, 21ʳ und 22ʳ⁺ᵛ) am 1. Mai an die Regierungshauptkasse (ebd., 23ʳ). Für weitere bauliche Veränderungen verpflichtete die königliche Regierung in Düsseldorf Bauinspektor Heermann (s. ds.; vgl. Jahresbericht für 1827 vom 1. März 1828 <Nr. 186>).

² Aus einer Marginalie geht hervor, daß die Regierung in Düsseldorf genehmigte statt der Erhöhung vier neue Dachfenster, die auch den Beschwerden über dumpfe Luft vorbeugen sollten (GStA PK, I. HA Rep. 76 Kultusministerium, VII neu Sekt. 25 C Teil I Nr. 4 Bd. 3: 203ʳ).

³ Die Eheschließung wurde bewilligt mit der Auflage, das besagte Haus zu erwerben. Vorreiter heiratete im Sommer 1827; siehe Brief vom 15. Oktober 1828 (Nr. 195).

⁴ Das Haus wurde erst nach dem Tod Vorreiters für das Seminar erworben und dem Lehrer Fr. A. L. Schürmann (s. ds.) als Wohnung zugewiesen; siehe Brief vom 3. Februar 1831 (Nr. 229).

⁵ Siehe zum Vergleich den Jahresbericht für 1824 vom 1. März 1825 (Nr. 111).
Die Entlassung von Peter Schneppe hatte der Oberpräsident am 9. August 1826 genehmigt; den dadurch frei gewordenen Seminarplatz erhielt der Aspirant Eduard Langenberg (s. ds.; vgl. GStA PK, I. HA Rep. 76 Seminare, Nr. 10063: 83ʳ).

⁶ Für diese Zeit ist das Auftreten der Malaria in einigen Gebieten am Niederrhein belegt.

⁷ Aus Chinabaumrinde hergestelltes Medikament gegen die Malaria.

⁸ An dieser Stelle (Bl. 210ʳ–214ᵛ) folgt ein ausführlicher Bericht von Vorreiter über den Religionsunterricht.

⁹ Der erste Lehrer der Elementarschule in Moers, A. Bleckmann, war einstweilig für den Klavier- und Orgelunterricht angestellt worden; siehe den Jahresbericht für 1825 vom 18. Februar 1826 (Nr. 142).

¹⁰ Ein angeheirateter Vetter Diesterwegs, den er in seiner Familie aufnahm.

¹¹ Der Oberpräsident gewährte Erk ein Gehalt von 20 Talern pro Monat und Unterkunft im Seminar; siehe Brief vom 24. Juni 1826 (Nr. 149). Die endgültige Einstellung erfolgte erst zum 1. Oktober 1829; siehe Brief vom 28. August 1829 (Nr. 207).

¹² Endgültig bestätigt wurde er mit dem Berufungsschreiben vom 2. Juni 1827 (Nr. 167).

¹³ Differenzen mit Bleckmann führten später zu einer Abgrenzung zwischen Stadt- und Seminarübungsschule; siehe Anmerkung 6 zur Seminarchronik vom 1. Januar und 17. Mai 1826 (Nr. 148), Protokoll vom 2. November 1827 (Nr. 181) und Jahresbericht für 1827 vom 1. März 1828 (Nr. 186).

¹⁴ coetus (lat.): Versammlung, Vereinigung, Kreis; veraltet für Klasse.

¹⁵ In einem nicht überlieferten Schreiben hatte Diesterweg die Aufenthaltsverlängerung der Seminaristen Wilhelm Schoppmann und Adolph Kamphausen als Hilfslehrer beantragt, wie aus dem betreffenden Bewilligungsschreiben des Oberpräsidenten vom 9. August 1826 hervorgeht (vgl. GStA PK, I. HA Rep. 76 Seminare, Nr. 10063: 82ʳ).

¹⁶ Diesterweg beantragte für den Ferienmonat die Durchführung einer Reise zu verschiedenen Schulen des Regierungsbezirks, die ihm von der Regierung in Düsseldorf am 6. Juli bewilligt wurde (vgl. GStA PK, I. HA Rep. 76 Seminare, Nr. 10059: 44ʳ); dabei sollte er „vorzugsweise diejenigen" Schulen besuchen, an denen ehemalige Moerser Zöglinge angestellt waren.
Der Antrag entsprach einem Auftrag des Ministeriums der geistlichen, Unterrichts- und Medizinalangelegenheiten: Minister von Altenstein (s. ds.) hatte am 1. Juni 1826 eine Verfügung erlassen, derzufolge die Seminardirektoren in Preußen sich „alljährlich während der Ferien" mit „der Beschaffenheit und den Bedürfnissen des Schulwesens" genau bekannt machen sollten; dabei ging es über den Zweck

der Kontrolle hinaus darum, „daß das Nöthige veranlaßt", also Mißstände benannt und Änderungen herbeigeführt würden (vgl. LHA Koblenz, Best. 405, Nr. 3554, o. F.).

Im Gegensatz zur Ferienzeit im Lehrerseminar hatte der Regierungspräsident in Düsseldorf für die Elementarschulen zwei Ferienwochen „im Herbste vor dem Anfange eines neuen Schuljahres" festgelegt und „in Folge der uns gewordenen höheren Weisung" dafür die „Zeit der Kartoffelernte" bestimmt. (Vgl. Sammlung der gesetzlichen Bestimmungen und Vorschriften des Elementar-Schulwesens im Bezirke der Königl. Regierung zu Düsseldorf. Hrsg. von Johann Hermann Altgelt. Düsseldorf 1841.)

[17] Der Geburtstag des Königs Friedrich Wilhelm III. (s. ds.).

[18] Von diesen Kosten zeugt vermutlich die Quittung eines Orgelbauers vom 9. Juni 1826 über den Transport einer Orgel von Wesel nach Moers, für die ein Entwurf von Diesterweg in seinem Korrespondenztagebuch vorliegt (GStA PK, I. HA Rep. 876 Seminare, Nr. 10063: 67v).

[19] Das Ministerium stellte für die Anschaffung einer Orgel 300 bis 350 Taler zur Verfügung und wies das Provinzialschulkollegium an, Angebote einzuholen (vgl. GStA PK, I. HA Rep. 76 Kultusministerium, VII neu Sekt. 25 C Teil I Nr. 4 Bd. 3: 227r–228r).

[20] Das Ministerium folgte dieser Anregung und wies die Regierung in Düsseldorf an, entsprechend zu handeln. Diese verfügte die Prüfung und Genehmigung der Unterlehrer-Verträge hinsichtlich der Pflichten und Bezüge durch die Schulpfleger oder städtischen Schulkommissionen. Zu diesem Gegenstand siehe auch Diesterwegs Aufsatz „Der Unterlehrer" in den „Rheinischen Blättern" (Jg. 1829, Bd. II, H. 3, S. 28–41; vorliegende Ausgabe, Bd. I, S. 223–231).

[21] Das Ministerium war mit dem Jahresbericht „wohl zufrieden", wünschte sich nur den Religionsunterricht noch passender für die Volksschule und die kindliche Natur. Außerdem solle morgens eine Andacht im Seminar abgehalten werden, weil die Empfänglichkeit der Schüler dann am höchsten sei (vgl. GStA PK, I. HA Rep. 76 Kultusministerium, VII neu Sekt. 25 C Teil I Nr. 4 Bd. 3: 227r–228r).

[22] Zum Vergleich:
Im Jahresbericht für 1824 vom 1. März 1825 (Nr. 111) befindet sich das vollständige Inventarium des Seminars für das Jahr 1824; in den Anmerkungen 28 bis 44 wird dort auf die Veränderungen im Laufe des Jahres 1825 hingewiesen.
Die Zugänge des laufenden Jahres 1827 finden sich wiederum unter dem betreffenden Jahresbericht vom 1. März 1828 (Nr. 186).

[23] Striez, Friedrich Ludwig G.: Nachricht von dem Königlichen Schullehrer-Seminar in Potsdam. Potsdam 1826.

[24] Zerrenner, Karl Christoph Gottlieb: Jahrbuch für das Volksschulwesen, als Fortsetzung des neuesten deutschen Schulfreundes. 3 Bände. Magdeburg: Heinrichshofen 1824–1827.

[25] Sickel, Gustav Adolf Friedrich: Versuch einer Erziehungs-Seelenlehre, für Eltern und Erzieher, welche nützliche, glückliche und gute Menschen bilden wollen. Halle: Fr. Ruff 1826.

[26] Zerrenner, Karl Christoph Gottlieb: Grundsätze der Schul-Disciplin für Schulaufseher, Lehrer und Schullehrer-Seminarien. Magdeburg: Heinrichshofen 1826.

[27] Wilderspin: Ueber die frühzeitige Erziehung der Kinder, und die englischen Klein-Kinder-Schulen, oder Bemerkungen über die Wichtigkeit, die kleinen Kinder der Armen, im Alter von anderthalb bis sieben Jahren zu erziehen, nebst einer Darstellung der Spitalfielder Klein-Kinder-Schule und des daselbst eingeführten Erziehungssystems. Aus dem Englischen übersetzt, mit Anmerkungen und Zusätzen versehen von J. Wertheimer. Wien: Gerold 1826.

[28] Fröbel, Friedrich: Menschenerziehung, die Erziehungs-, Unterrichts- und Lehrkunst, angestrebt in der allgemeinen deutschen Erziehungsanstalt zu Keilhau. 1r Band, bis zum begonnenen Knabenalter. Keilhau 1826 (Leipzig: Wienbrack).

[29] Dinter, Gustav Friedrich: Schullehrer-Bibel des Alten Testaments. 1r Theil. Neustadt: Wagner 1826.

[30] Schleheck, Johann Peter: Geordneter Stoff zu Sprach- und Denkübungen. Ein Handbuch zur Uebung für Kinder in Volksschulen. Aachen: Mayer 1826.

³¹ Scholz, Christian Gottlieb/Gottlob: Deutscher Sprachschüler, oder stufenweis geordneter Stoff zu mündlichen und schriftlichen deutschen Sprach- und Verstandesübungen. Ein Leitfaden für Lehrer und ein Uebungs- und Wiederholungsbuch für Schüler. 1r bis 3r Lehrgang. Halle: Anton 1826; 1. Lehrgang Neuauflage 1827.

³² Schneider, Johann Andreas: Handbuch beim Auswendigbuchstabiren, für Lehrer in Volksschulen. Darmstadt: Heyer 1825.

³³ Bernhardi, August Ferdinand: Sprachlehre. 2 Theile. Berlin: Dunker und Humblot 1800. Erw. Umarbeitung: 1801–1803.

³⁴ Riess, Andreas Heinrich: Allgemeiner Zahlunterricht, als Weckungsmittel des gesunden Menschenverstandes behandelt. 1r und 2r Cursus. Magdeburg: Creutz 1826.

³⁵ Scholz, Christian Gottlieb/Gottlob: Faßliche Anweisung zum gründlichen Kopf- und Zifferrechnen. Nach naturgemäßen Grundsätzen und in methodischer Stufenfolge. Mit einem Vorwort von Dr. Chr. W. Harnisch. 3 Theile. Halle: Anton 1825.

³⁶ Graßmann, Justus Günther: Schulbuch der Raumlehre. Zum Gebrauch der Schüler in den unteren Klassen der Gymnasien und in Volksschulen. 2 Theile. Berlin: Reimer 1817 und 1824.

³⁷ Gehler, Johann Samuel Traugott: Physikalisches Wörterbuch oder Versuch einer Erklärung der vornehmsten Begriffe und Kunstwörter der Naturlehre in alphabetischer Ordnung. 1r und 2r Band. Leipzig: Schwickert 1794 und 1795 [in 6 Bänden: 1787–1796].

³⁸ Wagner, Johann Jakob: Elementarnaturlehre, nach den Grundsätzen der neuern Pädagogik für Seminarien und Volksschulen. 1r Theil. Köln: Dü-Mont-Schauberg 1826.

³⁹ Mit dem 2. Teil eines Werkes von Hans Georg Nägeli kann gemeint sein:
Gesangbildungslehre nach Pestalozzischen Grundsätzen, pädagogisch begründet von Michael Traugott Pfeiffer, methodisch bearbeitet von Hans Georg Nägeli. 3 Theile. Zürich: Nägeli (Leipzig: Fr. Fleischer); 2r Theil: Gesanglehre für Männer 1817;
oder: Gesangbildungslehre, 2 Abth. Zweite Hauptabtheilung: Bildung zur Ausführung des einstimmigen Gesangs, nebst einer Stufenfolge von Chören. Ebd. 1812.

164
Conduitenliste für das Schuljahr 1826

März 1827 (?)[1]

Conduiten-Liste
des Lehrer-Personals an dem Seminario zu Mörs
für das Schuljahr 1826.[2]

Bezeich-nung der Lehran-stalt	No	Vor- und Zunamen nebst Amtstitel	Alter	Dienstzeit	
				über-haupt	bei dieser Anstalt
			Jahr	Jahr	Jahr
	1.	Dr. Friedr. Adolph Wilhelm Diesterweg, Seminardirector	36	15	6
	2.	JOHANN HEINRICH VORREITER, Seminarlehrer	28	1	1
	3.	CHRISTIAN LUDWIG ERK, Seminarlehrer, auf Kündigung angestellt	20	1	1

374

	Lehrstunden			Lehrfähigkeit und Amtsführung	sittliches Betragen
	Objecte	wöchentliche Stundenzahl			
		einzeln	überhaupt		
[ad 1.]	Deutsche Sprache in II	2			
	—— —— – I	4			
	Pädagogik in II	2			
	Naturlehre in II	2			
	Rechnen in II	2			
	—————— I	2			
	Geometrie in II	2			
	—————— I	2			
	Prakt. Übungen	2			
	Sma		20		
[ad 2.]	Religion in II	4		Die Lehrfähigkeit V. ist im Wachsen. Seine bisherige Lehrart eignete sich mehr für Studenten als für Seminaristen. In der Kunst des Entwickelns besitzt er noch wenig Gewandtheit. Sein Fleiß und seine Amtsführung verdienen Anerkennung.	Musterhaft.
	—————— I	4			
	Katechetik in II	2			
	Geschichte in II	3			
	Geographie in I	3			
	Aufsatz in II	2			
	—————— I	2			
	Religion in der Elementarschule	4			
	Sma		24		
[ad 3.]	Gesang in II	4		Erk ist noch jung. Große Reife darf man daher noch nicht erwarten. Er macht indeß in Lehrgeschicklichkeiten rasche Fortschritte. Sein Eifer und seine Treue ersetzen das, was ihm an Gewandtheit im Vortrage noch abgeht.	Musterhaft.
	—————— I	4			
	Klavier- und Orgelspiel	16			
	Violinunterricht	8			
	Theorie der Musik	3			
			35		

[Ganz rechts befindet sich im Original noch eine Spalte:
Bemerkungen über den Privatfleiß und sonstige wissenschaftliche Thätigkeit.
Sie wurde hier weggelassen, weil sie keine Eintragungen von Diesterweg enthält.]

Eigh., GStA PK, I. HA Rep. 76 Seminare, Nr. 10063: 111ʳ–112ʳ;
Abschr. (25.4.1827), GStA PK, I. HA Rep. 76 Kultusministerium, VII neu Sekt. 25 C Nr. 4 Bd. 3: 225ʳ–226ʳ

¹ Die Conduitenliste ist nicht datiert; es ist aber anzunehmen, daß sie etwa zeitgleich mit dem Jahresbericht und dem Inventarium angefertigt wurde, wie in den anderen Jahren auch. Die Eintragstelle in der Akte deutet ebenfalls auf den März hin.

² Titelblatt und tabellarische Aufteilung der Conduitenliste sind von fremder Hand. Diesterweg hat sämtliche Eintragungen vorgenommen, auch die Orts- und Jahresangabe sowie das Wort „Seminario" auf dem Titelblatt; durchgestrichen ist statt dessen „Gymnasio".

Die Conduitenliste diente dem Provinzialschulkollegium als Grundlage für seine Ausfertigung an das Ministerium (die o. a. Abschrift), die auch eine Beurteilung Diesterwegs einschloß.

Über diesen heißt es im Hinblick auf „Lehrfähigkeit und Amtsführung": „Die Lehrfähigkeit des Directors ist ausgezeichnet; die Treue in seiner Amtsführung und der große Eifer das ihm anvertraute Institut zu dem zu erheben, was es sein soll, hat ihm bei allen denen, die ihn näher zu beobachten Gelegenheit haben, Achtung erworben."

Unter „Bemerkungen über den Privatfleiß und sonstige wissenschaftliche Thätigkeit" – eine weitere Spalte, in der für die beiden Lehrer von Diesterweg nichts eingetragen wurde – heißt es mit Bezug auf diesen:

„Für seinen Privatfleiß können wenigstens seine schriftstellerischen Arbeiten, zu denen er neben seinen vielen Amtsgeschäften noch immer Zeit zu finden weiß und zu denen ihn sein Eifer der Lehrerwelt auf jede ihm mögliche Art nützlich zu werden, zu treiben scheint, zeugen.
Von den von ihm herausgegebenen Rheinischen Blättern für Erziehung und Unterricht, ist des ersten Bandes erstes Heft erschienen." (Beides GStA PK, I. HA Rep. 76 Kultusministerium, VII neu Sekt. 25 C Nr. 4 Bd. 3: 226ʳ.)

165
An das Provinzialschulkollegium der Rheinprovinz, Koblenz

Moers, 24. März 1827

Betrifft die Bitte um einige Tage Urlaub zu Ostern.

Da nach der verehrlichen Verfügung eines Hochlöblichen Provincial-Schul-Collegii vom 12ten c. die Bestimmung des Reglements, die Ferien betreffend, keine Abänderung erleiden soll, so wollte ich ein Hochlöbliches Provincial-Schul-Collegium doch gehorsamst gebeten haben, hochgefälligst zu erlauben, daß diejenigen unsrer Zöglinge, deren Eltern nahe wohnen und die besondre Gründe dazu haben, die bevorstehenden Osterfeiertage bei ihren Eltern zubringen, also vom Gründonnerstage an bis zum Ostermontage aus der Anstalt entlassen werden dürfen.

Demnächst wollte ich für mich um hochgefällige Ertheilung eines Urlaubs von 5 Tagen gebeten haben.

Ich pflege jährlich zu Ostern mit früher entlassenen Seminaristen eine Zusammenkunft zu halten, welche hauptsächlich den Zweck hat, mich von der Fortbildung der Einzelnen zu überzeugen, und mein Verhältniß zu ihnen lebendig zu erhalten.¹ Diese Zusammenkunft hat 1824 und 1825 hier in Mörs, 1826 an der Neanderhöhle bei Mettmann statt gehabt, und sie sollte dies Mal am Mittwoch und Donnerstag nach Ostern in Blankenstein bei Hattingen an der Ruhr abgehalten werden. Um zur rechten Zeit dort zu sein, muß ich am Ostermontage schon von hier abgehen, und ich kann vor Sonnabend Mittag nicht wieder hier sein. Ich bitte daher gehorsamst, mir für diese Reise in der Osterwoche einen Urlaub von 5

Tagen hochgefälligst zu bewilligen. Ich werde dafür Sorge tragen, daß die Anstalt in meiner Abwesenheit in dem gesetzmäßigen Gange erhalten wird.[2]

Der Seminardirector
Diesterweg.

Eigh., LHA Koblenz, Best. 405, Nr. 2123, S. 7–8

[1] Siehe auch Rundschreiben vom 11. Juli 1823 (Nr. 60).
[2] Der fünftägige Urlaub und die Freigabe für die Seminaristen wurden laut Marginalverfügung genehmigt.

166

An Wilhelm Klappert, Mengede

Moers, 4. Mai 1827

An Herrn <u>Klappert</u>, Lehrer in <u>Mengede</u> bei Dortmund.

Hochgeschätzter Herr Klappert!

Schon das landsmannschaftliche Gefühl drängt mich, Ihnen zu schreiben. Wie kann der, der die frische Luft des Siegerlandes in der Jugend getrunken hat und durch das Eisen des Bodens u. durch die Betriebsamkeit seiner derben Bewohner gekräftigt worden ist, jemals die Sehnsucht nach den geliebten Bergen und Thälern und die Lust, sich mit gleichgesinnten Landsleuten zu verbinden, dran geben?

Doch die nächste Veranlassung zu diesen Zeilen ist unser gemeinschaftlicher Freund, Sup[erintendent]. BENDER in Siegen. Er, mein alter Jugendfreund, schrieb mir, daß ich Sie mit in seinem Namen auffordern möchte, Mitarbeiter an der von mir herausgegebenen u. herauszugebenden Zeitschrift „Rheinische Blätter etc." zu werden.[1] „Er kenne Ihre Gradheit und Freimüthigkeit, u. s. w."

In diesen Beziehungen trage ich Ihnen denn den Wunsch hiermit vor, daß Sie meine Zeitschrift mit passenden Beiträgen bereichern möchten. Es ist so Vieles noch für das Volksschulwesen zu thun. So gern ich daher auch meine besten Stunden diesem Gegenstande widme, so sehr wünsche ich doch, recht wackre Mitarbeiter an dem Unternehmen zu finden. In dieser Absicht lade ich Sie daher mit zur thätigen Theilnahme ein. Der Sup. BENDER hat mir dasselbe versprochen und mir eine Abhandlung über die Beschulung der Fabrikkinder etc. versprochen. Die Verbindung mit Landsleuten ist mir doppelt angenehm; und ich würde mich freuen, wenn dieselben in mir und meinem Wirken Einiges von dem Besseren der Bewohner des Siegerlandes wiederfinden möchten.

Hoffend, daß diese Zeilen Ihnen nicht unwillkommen und die Veranlassung zu fortgesetzten gegenseitigen Mittheilungen werden möchten, grüße ich Sie mit Hochachtung

Ihr

erg[e]b[en]ster Di[en]er
Diesterweg.

Eigh., Stadt- und Landesbibliothek Dortmund, Atg. 12725

[1] Siehe Brief vom 6. Oktober 1826 (Nr. 157), Anmerkung 1.

167
Vokationsschreiben für Johann Schwalfenberg, Velbert

Moers, 2. Juni 1827

Vokationsschreiben [1]
an den Herrn JOHANN SCHWALFENBERG von Velbert
als 2ten Lehrer der evangelischen Elementarschule zu Meurs.

In der Sitzung des hiesigen Schulvorstandes am 3ten May a.c. sind Sie zum 2ten Lehrer an der hiesigen Elementarschule gewählt und diese Wahl unter dem 28ten deßelben Monaths von hoher Königlicher Regierung bestätigt worden.

Wir haben daher das Vergnügen Ihnen dieses Vokationsschreiben zu übersenden und Sie mit den Pflichten und Rechten Ihres Amtes bekannt zu machen.

A I 1.) Vor allen Dingen müssen wir es, wenn es sich auch bei einem rechtschaffenen Manne von selbst versteht, zuerst aussprechen, daß wir vorzüglich auf ein gesittetes musterhaftes Leben setzen, mit welchem Sie in der Schule sowohl als außer derselben, unsrer Jugend ein gutes Beispiel geben werden; wobei ein fleißiger Besuch der öffentlichen Gottes-Verehrungen nahmhaft gemacht werden würde, wenn nicht schon ein Zwei[2] Ihres Amtes, unter No II, 2 ausgesprochen, dies von selbst mit sich brächte.

2.) Hieran schließt sich eine pünktliche Befolgung derjenigen Gesetze und Statuten, welche für unsere Schule schon jezt gelten, oder auch künftig noch festgesetzt werden.

II 1.) Sie haben gemeinschaftlich mit Ihren Mitlehrern den Unterricht an unserer Elementarschule zu ertheilen, so wie es der jedesmalige Lektionsplan mit sich bringen wird, so daß Ihnen bis zu 30 Stunden die Woche zugetheilt werden können. Die Nachmittage der Mittwoche und Sonnabende sind Freistunden, und die Ferien der Schule durch die Statuten und Verordnungen bestimt *[sic!]*.

2.) Haben Sie das Vorsänger-Amt in unsrer Stadtkirche zu übernehmen, welches darin besteht, daß Sie bei jedesmaligem öffentlichem Gottesdienste die Nummer des Liedes der Gemeinde anzukündigen und neben der Orgel den Gesang zu leiten haben, wobei ausdrücklich bemerkt wird, daß Sie sich in beiden Stücken nicht durch einen Knaben substituiren dürfen, sondern nöthigenfalls nur durch einen gesezten und qualificirten Mann.

3.) Haben Sie 5 Tage in der Woche 1 1/2 Stunde Abends zur angewiesenen oder anzuweisenden Zeit in einer von beiden Abendschul-Klassen Unterricht zu ertheilen.

B I Für diese Ihre Amts-Verrichtungen ziehen Sie jährlich in vierteljährigen Terminen nach Verlauf jedes Vierteljahres:

		Thlr	Sgr	Pfg
1)	aus der Kommünal-Kasse der Stadt	78	22	6
2.)	" der Kasse der HARTZINGschen Fundation	58	2	3
3)	" der Kasse der evangelischen Kirche	18	25	4
	Zusammen	155	20	1

buchstäblich Einhundertfünfundfünfzig Thaler zwanzig Silbergroschen einen Pfenning Berliner Courant

II   Für jeden Monath wo Abendschule gehalten wird, die Ferien also ausgenommen; und, so lange der Schulvorstand Ihnen diesen Unterricht übergeben wird,

		Thlr	Sgr	Pfg
1)	aus der Kasse der HARTZINGSchen Fundation	3	2	45
2	aus der Kommünal-Kasse		23	1

B[erliner] C[ouran]t

In der herzlichen Anwünschung des göttlichen Segens und der stetesten Freudigkeit in und zu Ihrem Amte werden wir Sie von ganzem Herzen willkommen heißen.

Der Schulvorstand
NYVENHEIM   WITFELD
BORNEMANN Pf[arrer].   Diesterweg.

Ausf. mit eigh. Unterschr., HStA Düsseldorf, Reg. Düss., 3396, 2r+v

1 Schreiben zur Berufung in ein Amt.
2 Damit ist Punkt A II, 2.) gemeint.

168
Zeugnisse der Abschlußprüfung 1827[1]

Moers, Juli 1827[2]

1. Prüfungszeugniß: Nummer 1.

JOHANN DICKMANN aus Obrighoven, Kreis Rees, evangel[ischer]. Confession 21 Jahre alt, und seit 3 Jahren [1] Mitglied der hiesigen königlichen Schullehrer-Bildungs-Anstalt, trat mittelmäßig vorbereitet in die Anstalt. | Er besitzt gute Anlagen. [2] Durch [3] Fleiß hat er sich gute Kenntnisse erworben. | Im Unterrichten besitzt er die erforderliche Übung. | Er lehrt mit Eifer und Nachdruck. | Seine Aufführung war im Allgemeinen gut. |
Wir [4] emphelen ihm, es sich angelegen sein zu lassen, in seinem künftigen Berufe mit Freundlichkeit und Milde zu wirken | , u. erwarten mit Zuversicht | , daß er [5] auf seine Fortbildung in [6] sämmtlichen Unterrichtsgegenständen eifrigst [7] bedacht sein werde. | In dieser Erwartung u. mit Rücksicht auf das umstehend verzeichnete Prüfungsprotokoll erklären wir ihn hiermit für anstellungsfähig, | mit der Censur v[or]z[ü]glich bestanden u. mit dem Prüfungszeugniß Nummer 1.

Mörs

N 1.

2. HEINRICH REHMANN, aus Mülheim a. d. Ruhr, evangelischer Confession, 21 Jahre alt u. seit 3 Jahren Mitglied der hiesigen königlichen Schullehrer-Bildungsanstalt, trat gut vorbereitet u. mit guten Anlagen in die Anstalt. [8] Durch stete Lernbegierde, regen Eifer, aufstrebenden Sinn u. [9] gute Aufführung hat er sich [10] gute Kenntnisse und Fertigkeiten u. allgemeine Achtung u. Vertrauen erworben. | Unter Kindern wirkt er mit Lebendigkeit u. gutem Erfolge. | Wir hegen daher zu ihm das feste Vertrauen, | daß er sich seine Fortbildung sehr angelegen sein | und mit [11] Treue in dem Lehrerberufe wirken werde | . In dieser Erwartung u. mit

Rücksicht auf das umstehende Prüfungsprotokoll | erklären wir ihn hiermit für anstellungs-
fähig, | mit der Censur v[or]z[ü]gl[ich] bestanden, u mit dem Prüfungszeugniß Nummer 1. |

3 AUGUST BRAUER aus Wesel, evangelischer Confession, 22 Jahre alt u. seit 3 Jahren Mitglied der hies. Königl. Schullehrer-Bildungsanstalt trat mit mittelmäßigen Vorkenntnissen
u. Anlagen in die Anstalt. Durch Fleiß hat er sich gute Kenntnisse angeeignet | . Sein Be-
tragen war im Allgemeinen untadelhaft. | $_{12}$ In der letzten Zeit seines Aufenthaltes in der
Anstalt | hat er sich zu unsrer Freude mehr u. mehr Lebendigkeit im Schulunterrichte ange-
eignet. Er behandelt die Kinder mit Freundlichkeit u. Liebe | . Wir erwarten von ihm, daß
er in diesem $_{13}$ Streben beharren | u. sich seine Fortbildung im Allgemeinen | und in einigen
Fächern im Besonderen ernstlichst an gelegen sein lassen werde. | Demnach u. mit Rück-
sicht auf das umstehende Prüfungsprotokoll | erklären wir ihn für anstellungsfähig | , mit
der Censur hinreich[en]d bestanden u. mit dem Prüfungszeugniß Nummer 3.

4 WILHELM DANIELS aus Styrum, Kreis Essen, evangelischer Confession, 21 Jahre alt, u. seit
3 Jahren $_{14}$ Mitglied der hiesigen Königlichen Schullehrer-Bildungs-Anstalt trat mit mittelmäßigen Vorkenntnissen u. Anlagen in die Anstalt ein. Durch Fleiß hat er sich in mehreren
Fächern $_{15}$ gute Kenntnisse erworben. | Sein Aufführung war gut. | $_{16}$ Nicht selten blieb eine
größere Lebendigkeit zu wünschen übrig. | Doch hat er darin zuletzt unsre Anforderungen
mehr befriedigt. | Wir erwarten mit fester Zuversicht von ihm, | daß er $_{17}$ sich seine Fortbil-
dung ernstlich angelegen sein lassen u. sich bestreben werde, allen Anforderungen an einen
künftigen Schulmann zu genügen. Da ihm freundliche Behandlung der Kinder eigen ist |
und guter Wille ihn belebt, | so erklären wir ihn, mit Rücksicht auf das umstehend verzeich-
nete Prüfungsprotokoll | für anstellungsfähig, | mit der Censur hinreich[en]d bestanden u.
mit dem Prüfungszeugniß 3.

5 FRIEDRICH NEU aus Wesel, evangelischer Confession, 21 Jahre alt und seit 3 Jahren Mitglied der hiesigen Königlichen Schullehrer-Bildungs-Anstalt, trat mit mittelmäßigen Vorkenntnissen u. Anlagen in die Anstalt. Im Allgemeinen $_{18}$ hat er sich das Zeugniß des
Fleißes u. der guten Aufführung erworben. Im Unterrichten muß er sich noch $_{19}$ größere
Lebendigkeit | u. solche Eigenschaften aneignen, welche das Gemüth des Kindes zu bele-
ben u. zu ergreifen im Stande sind $_{20}$. | Da seine Kenntnisse genügend sind u. guter Wille
ihn belebt, | so erklären wir ihn mit Rücksicht auf das umstehend verzeichnete Prüfungs-
protokoll | hiermit für anstellungsfähig, | mit der Censur h[i]nr[ei]ch[en]d bestanden u. mit
dem Prüfungszeugniß Nummer 3.

6 WILHELM ROTTBERG aus Werden, evangelischer Confession, 20 Jahre alt u. seit 3 Jahren
Mitglied der hiesigen Königlichen Schullehrer-Bildungs-Anstalt trat mit mittelmäßigen
Vorkenntnissen und Anlagen in die Anstalt. Während der ganzen Zeit seines hiesigen Auf-
enthaltes | hat er sich durch ununterbrochenen Fleiß, | $_{21}$ musterhaftes Betragen u. $_{22}$ guten
Willen | $_{23}$ unsre Achtung u. Liebe zu erhalten gewußt. | Er unterrichtet mit Sanftmuth
u. Treue | . Deßwegen u. mit Rücksicht auf das umstehend verzeichnete Prüfungsprotokoll
| erklären wir ihn hiermit für anstellungsfähig | , mit der Censur gut bestanden und mit dem
Prüfungs-Zeugniß Nummer 2. | . Wir $_{24}$ hegen das feste Vertrauen, | daß er sich im-
mer mehr diejenige geistige Lebendigkeit aneignen werde, welche die Aufmerksamkeit u.
den Fleiß der Kinder zu erregen u. zu befestigen im Stande $_{25}$ sind. |

380

7 CARL TRAPPMANN aus Kranenburg, evangel. Confession, 19 Jahre alt u. seit 3 Jahren Mitglied der hiesigen Königlichen Schullehrer-Bildungs-Anstalt trat mit $_{26}$ geringen Vorkenntnissen und guten Anlagen in die Anstalt. Sein Fleiß $_{27}$ ist anhaltend, sein Betragen untadelhaft gewesen. I Im Unterrichten emphelen wir ihm unausgesetztes Streben I nach der wichtigen Eigenschaft, sich des kindlichen Gemüthes zu bemächtigen $_{28}$ I . Seine Kenntnisse sind gut. I
Demnach u. mit Berücksichtigung des umstehend verzeichneten Prüfungs-Protokolles $_{29}$ erklären wir ihn hiermit für anstellungsfähig I , mit der Censur gut bestanden u. mit dem Prüfungszeugniß Nummer 2. I Wir erwarten mit fester Zuversicht von ihm, I daß er sich seine Fortbildung ernstlichst angelegen sein lassen I u. darnach streben werde, mit geistiger Lebendigkeit u. Kraft das $_{30}$ Lehramt zu führen.

8 HEINRICH HUSTADT aus Mülheim a. d. Ruhr, evangel. Confession, 20 Jahre alt u. seit 3 Jahren Mitglied der hiesigen Königlichen Schullehrer-Bildungs-Anstalt trat mit mittelmäßigen Kenntnissen u. Anlagen in die Anstalt. $_{31}$ Bei Fleiß u. Thätigkeit hat er sich mittelmäßige Kenntnisse angeeignet. I Sein Betragen war untadelhaft. I Im Unterrichten $_{32}$ hat er gute Übung. I Demnach u. mit Rücksicht auf das umstehend verzeichnete Prüfungs-Protokoll erklären wir ihn hiermit für anstellungsfähig I , mit der Censur h[i]nreich[en]d bestanden I u. mit dem Prüfungszeugniß Nummer 3. I   Wir erwarten mit fester Zuversicht von ihm, I daß er sich seine Fortbildung ernstlichst angelegen sein lassen I u. $_{33}$ sich bestreben werde, I seine Kenntnisse zu erweitern u. fester zu begründen.

9 ABRAHAM GÖRTZ aus Lennep, 19 Jahre alt u. seit 3 Jahren Mitglied der h. K. S. [hiesigen Königlichen Schullehrer-Bildungs-Anstalt] trat mit mittelmäßigen Vorkenntnissen u. guten Anlagen in die Anstalt. $_{34}$ Durch ununterbrochenen Fleiß u. rege Lernbegierde $_{35}$ hat er sich recht gute Kenntnisse I , so wie durch $_{36}$ rein sittlichen Charakter unsre Achtung u. Liebe erworben. I Er unterrichtet mit schönem Eifer u. gutem Erfolge I .   Wir hegen daher von seinem künftigen Wirken angenehme Hoffnungen I , und erklären ihn hiermit, mit Rücksicht auf das umstehend verzeichnete Prüfungs-Protokoll I , für anstellungs fähig [sic!], mit der Censur vorz[üglich]. bestanden I u. mit dem Prüfungszeugniß Nummer 1.

10 BORGARD KRINS[3] aus Neuenkamp, Kreis Duisburg, 20 Jahre alt und seit 3 Jahren Mitglied der hiesigen Königlichen Schullehrer-Bildungs-Anstalt, trat mit $_{37}$ sehr mittelmäßigen Vorkenntnissen u. Anlagen in die Anstalt. Durch unausgesetzten Fleiß hat er sich $_{38}$ mittelmäßige Kenntnisse erworben. I Sein Betragen war $_{39}$ untadelhaft. I Im Unterrichten hat er einige Übung I . Er behandelt die Kinder mit Sanftmuth. I Demnach u. mit Rücksicht auf das umstehend verzeichnete Prüfungs-Protokoll I erklären wir ihn hiermit für anstellungsfähig an e[i]n[e]r kleinen Landschule, mit der Censur hinreich[en]d bestanden, I u. mit dem Prüfungs-Zeugniß Nummer 3. I
Wir erwarten von ihm, daß er in $_{40}$ dem $_{41}$ Streben nach Fortbildung I die strengste Gewissenhaftigkeit an den Tag legen I u. uns von Zeit zu Zeit die Beweise $_{42}$ davon vorlegen werde. I –

11 WILHELM ROTHSTEIN aus Elsenroth, Kreis Homburg, 19 Jahre alt u. seit 3 Jahren Mitglied der hiesigen Königlichen Schullehrer-Bildungs-Anstalt trat mit mittelmäßigen Vorkenntnissen u. guten Anlagen in die Anstalt. Durch anerkennenswerthen Fleiß, rege Lernbegierde u. aufgeregte Aufmerksamkeit hat er sich sehr gute Kenntnisse erworben. I Sein Betragen war im Ganzen untadelhaft I . Er unterrichtet mit Eifer u. gutem Erfolg I . Wir emphelen

ihm, sich seine Fortbildung I u. im Unterrichte die gleichmäßige Berücksichtigung I aller Kinder angelegen sein zu lassen. I Demnach u. mit Rücksicht auf das umstehend verzeichnete Prüfungsprotokoll I erklären wir ihn hiermit für anstellungsfähig I , mit der Censur v[o]rz[ü]gl[ic]h bestanden u. mit dem Prüfungszeugniß Nummer 1.

12 EDUARD STÖCKER aus Linnep *[sic!]*, Kreis Düsseldorf, evang. Confess., 21 Jahre alt u. seit 3 Jahren $_{43}$ Mitglied der hiesigen Königlichen Schullehrer-Bildungs-Anstalt trat mit mittelmäßigen Vorkenntnissen u. guten Anlagen in die Anstalt. Während des Unterrichts belebte ihn stets rege Aufmerksamkeit I u. der Trieb, die Gegenstände $_{44}$ gründlich aufzufassen. I $_{45}$ Fleiß u. gute Aufführung machen ihn emphelenswerth. I Er unterrichtet mit $_{46}$ ziemlich gutem Erfolge. I Da er sich es angelegen sein läßt, I $_{47}$ sich mehr Lebendigkeit anzueignen I , so hegen wir von ihm $_{48}$ gute Hoffnungen. I $_{49}$ Mit Rücksicht auf das umstehend verzeichnete Prüfungs-Protokoll erklären wir ihn hiermit für anstellungsfähig I , mit der Censur gut bestanden I u. dem Prüfungs Zeugniß Nummer 2. I Wir erwarten mit fester Zuversicht, I daß er sich seine Fortbildung in mehrseitigen Richtungen an gelegen sein lassen I u. immer mehr kindlichen Sinn sich aneignen werde.

13 HERMANN GATERMANN aus Meiderich, Kreis Duisburg, evangel. Confession, 22 Jahre alt u. seit 3 Jahren Mitglied der hiesigen Königlichen Schullehrer-Bildungs-Anstalt trat mit $_{50}$ mittelmäßigen Vorkenntnissen u. Anlagen in die Anstalt. Durch anhaltenden Fleiß hat er sich gute Kenntnisse u. durch untadelhaftes Betragen unsre Achtung erworben I . Er unterrichtet mit Sanftmuth u. gutem Erfolge. I Demnach u. mit Rücksicht I auf das umstehend verzeichnete Prüfungs-Protokoll I erklären wir ihn hiermit für anstellungsfähig, I mit der Censur gut bestanden u. mit dem Prüfungszeugniß Nummer 2. I Wir hegen zu ihm das feste Vertrauen, I daß er sich seine Fortbildung ernstlichst angelegen sein lassen I u. $_{51}$ allen Eifer anwenden werde, I um immer mehr die geistigen Anforderungen an den Schulmann zu befriedigen I

14 HERMANN KRAMB aus Cleve, evangel. Conf., 21 Jahre alt und seit 1 3/4 Jahren Mitglied der hiesigen Königlichen Schullehrer-Bildungs-Anstalt trat mit guten Vorkenntnissen u. $_{52}$ Anlagen in die Anstalt. Er $_{53}$ besitzt im Allgemeinen gute Kenntnisse und hinreichende Fertigkeit im Unterrichten I . Er weiß die Kinder zu beleben u. anzuziehen. I Demnach und mit Rücksicht auf das umstehend verzeichnete Prüfungs-Protokoll I erklären wir ihn hiermit für anstellungsfähig I , mit der Censur gut bestanden u. mit dem Prüfungs Zeugniß Nummer 2. I

Wir erwarten von ihm mit fester Zuversicht I , daß er die Elementar-Unterrichtsgegenstände mehr durchdringen I u. sich üb[e]rh[au]pt seine Fortbildung ernstlichst angelegen sein lassen werde. I4

Eigh. Entw., GStA PK, I. HA Rep. 76 Seminare, Nr. 10063: 18^v–22^v (S. 36–45)

[1] Siehe zum Vergleich die Ergebnisse der Abschlußprüfung, Anlage zum Brief vom 10. November 1823 (Nr. 70).

[2] Der Entwurf ist undatiert; der Zeitpunkt wurde mit Hilfe der Stipendienlisten von 1826 und 1827 ermittelt.

[3] Zur Befähigung von Borgard Krins siehe auch Brief Nr. 131 vom 27. Oktober 1825; zur weiteren Entwicklung vgl. das Zeugnis über seine definitive Anstellungsfähigkeit vom 26. Mai 1831 (Nr. 236).

4 Es folgt eine doppelseitige Tabelle für Ergebnisse in einzelnen Unterrichtsfächern, in die allerdings nichts eingetragen wurde. Folgende Fächer werden aufgeführt: Religion, Deutsche Sprache, Rechnen und Arithmetik, Formen- und Größenlehre, Aufführung, Schönschreiben, Zeichnen, Geographie, Geschichte, Naturbeschreibung, Naturlehre, Theorie der Musik, Gesang, Orgelspiel, Andere Instrumente, Pädagogik, Praktische Fertigkeiten.

169
An das Provinzialschulkollegium der Rheinprovinz, Koblenz

Moers, 14. Juli 1827

Die an dem hiesigen Seminar abzuhaltenden methodologischen Lehrcurse betreffend.
Ad Rescr. vom 9ten Mai c.

Wenn ich einem Hochlöblichen Provincial-Schul-Collegio ₁ den mir unterm 9ten Mai d. J. über den zur Seite angegebenen Gegenstand aufgetragenen Bericht[1] nicht alsbald einzureichen mich beehrte; so geschah dieß einzig wegen der sich ₂ dem oberflächlichen Nachdenken darbietenden Schwierigkeiten, welche mit der Ausführung der ₃ hohen Ministerialverordnung vom 24sten März d. J. verbunden sind. Diese Schwierigkeiten, welche an einem vollkommen genügenden Resultate zweifeln lassen, haben ihren Grund theils in den Verhältnissen der Lehrer des hiesigen Seminars, theils in den bekannten Verhältnissen der bereits im Amte stehenden Schullehrer. Wir Lehrer des Seminars sind alle durch unser Amt, ₄ in dem Seminar u. den Seminarschulen, in solchem Grade beschäftigt, daß wir, ohne zu viel zu ₅ versuchen, nicht wohl noch neue Verbindlichkeiten übernehmen können. Indeß ist dieß noch die geringere Schwierigkeit; und da wir dem Zwecke ₆ , der durch die beabsichtigten methodologischen Lehrkurse erreicht werden soll, überhaupt unser Leben widmen; so sind wir auch mit Freuden erbötig, das Mögliche zu versuchen, u. gern wollen wir daher einen ersten Versuch machen. ₇ Die Schwierigkeiten, welche die Verhältniße der angestellten Lehrer der Ausführung des projektirten Planes entgegen setzen, ₈ sind einem Hochlöblichen Provincial-Schul-Collegio bekannt, u. es liegt ₉ deren Beseitigung außer den Gränzen der Wirksamkeit des Seminars. Der vereinigten Thätigkeit des Hochlöblichen Provincial-Schul-Collegii und der Hochlöblichen Regierung zu Düsseldorf wird es indeß ₁₀ wohl gelingen, dieselben zu beseitigen; und sehr viel möchte schon gewonnen sein, wenn den hieher zu ziehenden Lehrern der Aufenthalt hieselbst durch einige Geldzuschüsse erleichtert werden könnte.

₁₁ Ich bin daher für jetzt der unmaßgeblichen Meinung, daß vorerst ₁₂ nur der Versuch eines vierwöchentlichen methodologischen Lehrcursus gemacht werde. Die Erfahrungen, welche sich durch denselben gewinnen lassen, werden mich in den Stand setzen, ausgedehntere Anträge über diesen Gegenstand einem Hochlöblichen Provincial-Schul-Collegio vorzulegen u. alsdann dem mir unterm 9ten Mai ertheilten Auftrage vollständig zu genügen.

Zum Termin dieses Versuchs möchte der Monat Oktober dieses Jahres auszuwählen sein, da in demselben die Kartoffelernte eintritt, während welcher ₁₃ viele Schüler die Schulen nicht besuchen, u. da auch in diesem Monate fast alle Schulen einige Wochen Ferien haben. Als zu behandelnde Gegenstände würde ich ₁₄ einen praktischen Lehrgang des deutschen Sprachunterrichts und eine praktische Anleitung zur Behandlung des Gesangunterrichts vorschlagen. Ein einziger Gegenstand dürfte ₁₅ den ganzen Tag nicht vollständig ausfüllen, für die Lehrer selbst auch zu ermüdend sein. ₁₆ Den ersten Unterrichtszweig würde ich, den zweiten unser Musiklehrer ERK behandeln.

Sollte ein Hochlöbliches Schul-Collegium diese Vorschläge ₁₇ als zweckmäßig anerkennen, so bitte ich gehorsamst, ₁₈ darüber die nöthigen Bestimmungen u. Bekanntmachungen hochgefälligst zu erlassen.

Eigh. Entw., GStA PK, I. HA Rep. 76 Seminare, Nr. 10059: 41ᵛ–42ᵛ

¹ Offenbar hatte das Provinzialschulkollegium zu Vorschlägen für die Durchführungsmodalitäten eines Lehrkursus aufgefordert.

170
An das Provinzialschulkollegium der Rheinprovinz, Koblenz

Moers, 17. Juli 1827

Die heimliche Entweichung des Seminaristen JOHANN CAMPHAUSEN aus Beckrath Kreis Grevenbroich betr.

Einem Hochlöblichen Provincial-Schul-Collegio verfehle ich nicht, schleunig die Anzeige zu machen, daß der ₁ seit September des vorigen Jahres in der hiesigen Anstalt befindliche Seminar-Zögling JOHANN CAMPHAUSEN, 19 Jahr alt, gestern Abend heimlich aus der hiesigen Anstalt entwichen ist. Nachdem ich das Abendgebet geendigt hatte u. die Seminaristen sich zum Schlafsaale verfügten, hat er ₂ dem Seminaristen WILHELM ROTHSTEIN die Eröffnung gemacht, daß er gesonnen sei, gleich auf der Stelle die Anstalt zu verlassen, ₃ angeblich, vorzüglich aus dem Grunde, weil er Comtorist werden wolle. Der ROTHSTEIN mißt übrigens seiner Versicherung keinen Glauben bei. Da der CAMPHAUSEN aber wirklich zur Hinterthüre hinaus geht, beeilt er sich, mich von der Begebenheit zu benachrichtigen. ₄ Ich ₅ überzeugte mich hierauf selbst, daß der CAMPHAUSEN wirklich weg sei. Bis diesen Abend ist er auch nicht wieder sichtbar geworden. Bei unserer Erkundigung hat sich ergeben, daß er schon vor mehreren Wochen durch einzelne Äußerungen gegen seine Kameraden sowohl Gleichgültigkeit gegen die Anstalt u. das Lehramt, wie auch die Lust, dem Schulamte zu entsagen u. Comtorist zu werden, an den Tag gelegt hat. Gegen Einen hat er sich dahin geäußert, daß er fürchte, aus der Anstalt verwiesen zu werden. Ein Anderer vermuthet, daß sein Vater gleich Anfangs den niederträchtigen Plan gehabt habe, seinen Sohn ein Jahr lang in der hiesigen Anstalt scheinbar zum Schullehrer bilden zu lassen, um ihn nachher ₆ mit den erworbenen Kenntnisse *[sic!]* und Fertigkeiten in dem kaufmännischen Stande ₇ einzuführen.

Wie sich die Sache aber nun auch verhalten mag u. welcher Art die mir unbekannten Gründe seiner Entweichung sein mögen; so verdient diese Begebenheit nach meiner ₈ u. der übrigen Lehrer Ansicht, ₉ nach dem Gefühle u. der Entrüstung aller übrigen Mitglieder des Seminars, die strengste Untersuchung und Bestrafung, sowohl um der Anstalt selbst u. ihrer Ehre willen, als auch um einem zweiten ähnlichen Falle für immer vorzubeugen.

Erwägt man, daß ein jeder Seminarist nicht nur freien Unterricht u. freie Wohnung erhält, sondern an seiner ganzen menschlichen u. Berufsbildung mit ₁₀ Liebe und Sorgfalt ₁₁ gearbeitet wird; fügt man hinzu, daß der entwichene J. CAMPHAUSEN von Anfang September

384

1826 bis Dato keinen Pfennig zu seinem Unterhalte hieselbst aus seiner Tasche bezahlt hat; bedenkt man endlich, daß auch dieser CAMPHAUSEN, wie alle unsre Seminaristen, $_{12}$ täglich hieselbst leibliche u. geistige Wohlthaten aller Art genossen hat: so wird es $_{13}$ einem schwer, solche Niederträchtigkeit zu begreifen, und $_{14}$ gerechtem Unwillen Schranken zu setzen.

Der J. CAMPHAUSEN gehörte nie zu unsren besseren Zöglingen u. von seinen Kameraden mochte keiner ihn gut leiden. $_{15}$ Ihn belebte kein höherer feinerer Sinn; vielmehr trug er noch sehr die Spuren der Rusticität, in der er aufgewachsen $_{16}$ war, an sich; persönlich seinen Lehrern gegenüber war er kriechend; überhaupt $_{17}$ trug er die $_{18}$ Kennzeichen der Verstocktheit an sich. $_{19}$ Da er übrigens fleißig war u. seine Ungeschliffenheit abnahm, so hegten wir immer noch mittelmäßige Hoffnungen von ihm, u. Keiner hätte ihm einen solchen Grad von Frechheit und Dummheit, wie er durch seine Entweichung an den Tag gelegt hat, zugetraut.

Es versteht sich von selbst, daß der Gedanke, ihn wieder zu unsren Zöglingen zu zählen, ferne von uns ist. Aber eigenmächtig darf er, wie Keiner, die Anstalt verlassen; vielmehr muß er aus derselben verwiesen werden. Nach meiner Ansicht muß er also wieder hieher zurück, um $_{20}$ demnächst diejenigen Strafen über ihn zu verhängen, welche ein Hochlöbliches Provincial-Schul-Collegium bestimmen wird.

Die Kosten für seine Verpflegung, für erhaltene Bücher, Wäsche, etc. vom September 1826 bis zum 16 Juli 1827, dem Tage seiner Entweichung, betragen

$$\text{52 Rh. 10 Sgr. 10 Pf.}$$

Davon sind bezahlt worden a) durch $_{21}$ Stipendiengelder für die 5 Monate des Jahres 1826

$$\text{10 Rh 12 Sgr   6 Pf}$$

für die 3 ersten Monate 1827   6 –   7 –   6

Sme   16 Rh 20 Sgr   –

b) durch die Güte des H. Konsistorialrath PITHAN in Düsseldorf, aus dessen Privatkasse

$$\text{20 Rh}$$

Der J. CAMPHAUSEN ist also noch schuldig

$$\text{15 Rh 20 Sgr. 10 Pf.}$$

Ich bin der Meinung, daß derselbe jene 16 Rh. 20 Sgr Stipendiengelder zurückzahlen und diese 15 Rh 20 Sgr 10 Pf, also in Sme 32 Rh 10 Sgr 10 Pf erstatten muß.

Außerdem scheint es mir der gute Ruf der Anstalt zu erheischen, daß $_{22}$ der J. CAMPHAUSEN über die Ursachen seiner Entweichung gerichtlich vernommen u. das Ergebniß $_{23}$ den Lehrern des Seminars und $_{24}$ sämmtlichen Zöglingen der Anstalt amtlich mitgetheilt werde.

Nach meinem [sic!] unmaßgeblichen Ansicht $_{25}$ halte ich es daher für $_{26}$ dringend $_{27}$ nothwendig,

1) daß der J. CAMPHAUSEN durch die öffentliche Macht genöthigt werde, auf der Stelle in das Seminar nach Mörs zurück zukehren; u. daß dort ihm die Strafe der Verweisung angekündigt werde;

2) daß $_{28}$ dem Vater auferlegt werde, $_{29}$ obigen

32 Rh 10 Sgr 10 Pf

gleich baar zu erlegen, bei Strafe der augenblicklich zu vollziehenden Pfändung;

3) daß das Hochlöbliche Provincial-Schul-Collegium $_{30}$ eine diesen Fall betreffende Verfügung zur Mittheilung an unsre Seminaristen und allenfalls an das Publikum durch das
Amtsblatt der Königlichen Regierung zu Düsseldorf hochgefälligst ergehen lasse.

$_{31}$ Noch erlaube $_{32}$ ein Hochlöbliches Provincial-Schul-Collegium die $_{33}$ Bitte hinzuzufügen, den vorgetragenen Gegenstand der ernstesten Berücksichtigung zu würdigen u. demselben die gemessensten Strafen folgen zu lassen. Endlich füge ich noch hinzu, daß ich
unterm heutigen Datum den Schulpfleger H. ZILLESSEN in Wickrathberg von der Entweichung des J. C. benachrichtigt u. ihn ersucht habe, den Vater von dem Vorfalle in Kenntniß
zu setzen, falls der Sohn vielleicht nicht zu demselben zurückgekehrt ist, u. ihm anzukündigen, daß er die Folgen dieses Schritts zu erwarten habe.[1]

Eigh. Entw., GStA PK, I. HA Rep. 76 Seminare, Nr. 10059: 48^r–49^v

[1] Das Schulkollegium lehnte die Wiederaufnahme Camphausens am 27. Juli ab; die geschuldeten Verpflegungskosten seien vom Vater Camphausens einzuziehen (GStA PK, I. HA Rep. 76 Seminare,
Nr. 10059: 55^r).

171
Zeugnis für Wilhelm Schoppmann

Moers, 27. Juli 1827

Z e u g n i ß.[1]

Herr Wilhelm Schoppmann ist seit einem Jahre Hülfslehrer an dem hiesigen Seminar und
an den städtischen Schulen gewesen. Durch unverdrossenen Fleiß hat derselbe unserer
Anstalt und den Schulen sehr ersprießliche Dienste geleistet. Da seine sittliche Aufführung zugleich ganz untadelhaft war, so begleitet ihn unsere Achtung und die Liebe seiner
Schüler.

Der Director des Seminars
Gez. Dr. Diesterweg.

Abschr., HStA Düsseldorf, Reg. Düss., Nr. 3577, 8^r

[1] Wilhelm Schoppmann reichte diese Zeugnisabschrift gemeinsam mit einer Bescheinigung seiner
Lehrbefähigung und dem Zeugnis der ersten Prüfung (vgl. Nr. 146 und Nr. 155) bei seiner Bewerbung
um die Lehrerstelle an der evangelischen Elementarschule Schüttendelle ein, die er auch erhielt und
offenbar mit Erfolg führte, wie eine Belobigung durch den Landrat von Bernuth bestätigt (vgl. HStA
Düsseldorf, L. A. Lennep, Nr. 81, o. F.).

172
An das Provinzialschulkollegium der Rheinprovinz, Koblenz

Moers, 30. Juli 1827

An ein Königlich Hochlöbliches Provinzial Schul Collegium zu Coblenz

Schul Utensilien für das Seminar betreffend
ad R. vom 25 Juni u 9 Juli c.

Gemäß den hochverehrlichen Aufträgen in den zur Seite angezogenen Rescripten, überreiche ich hiermit Einem Hochlöblichen Provinzial-Schul Collegio die Nachweisung der für das hiesige Seminar noch dringend nothwendigen Schul-Utensilien Lehrmittel und häuslichen Einrichtungen in der Anlage.

Über die unter C aufgeführten Erfordernisse erlaube ich mir noch einige Bemerkungen.

Aeußerst förderlich für den stillen häuslichen Fleiß der Seminaristen und andere Zwecke ist es, wenn dieselben außer den Lehrstunden in eigenen Wohnzimmern vertheilt sind, wie dies Ein Hohes Ministerium wiederholt bemerkt hat.[1] Bis jetzt läßt sich diese Einrichtung wegen der Beschränktheit des Locals nicht bewerkstelligen. – Da aber Herr VORREITER im nächsten Monat das von ihm angekaufte Haus bezieht, dessen beide Zimmer also frei werden,[2] so ist es unser Wunsch daß dieselben zu Wohnzimmern für die Seminaristen benutzt und in dieser Absicht eingerichtet werden möchten. Auf dem einen Zimmer könnten 12, auf dem andern 8 wohnen, die übrigen 10 würden entweder einstweilen, wie bisher, in einem der Lehrzimmer arbeiten, oder, falls das bisherige Zimmer der Hülfslehrer nicht mehr in dieser Weise benutzt wird, in demselben ein Wohn- und Arbeits Zimmer finden.

Die unter C. N.5 aufgeführten 34 Wollendecken sind sehr wünschens werth, wenn die Kälte groß ist. Unser Arzt behauptet, daß als dann eine Decke nicht hinreicht. So lehrt es auch die Erfahrung. Deßwegen möchten 30 neue Decken anzuschaffen seyn. Die vier übrigen wären für die Krankenzimmer zu bestimmen.

Wenn der Arzt z.B. eine warme Bedeckung der Kranken verlangt, so reicht eine Decke gar nicht hin. –

Mit dem Anfange des neuen Cursus wollen wir die obere Klasse der hiesigen Elementarschule in das Seminar-Gebäude verlegen, aus vielen sehr wichtigen Gründen.[3] Dazu bedürfen wir eines eigenen Unterrichts Lokals. Dasselbe kann, nach meinem Dafürhalten, nur durch den Ausbau der jetzigen Remise, welche zur Waschstätte dient, gewonnen werden. Zugleich müßte allenfalls durch einen kleinen Anbau an das Abtrittgebäude, eine neue Waschstätte eingerichtet werden. Zugleich macht die neue Kinderschule die Anlegung von 4 neuen Abtritten nothwendig. Da dieses alles nur bis zum September d.J. nicht eingerichtet werden kann, so sind wir Willens das jetzige Speisezimmer der Seminaristen einstweilen zum Schullokal zu benutzen, und die Seminaristen, ebenfalls für einstweilen, in dem bisherigen Wohnzimmer der Hülfslehrer essen zu lassen.

In Ansehung der Ausführung dieser Vorschlage möchte ich sehr wünschen, daß es Einem Hochlöblichen Provinzial Schul Collegio gefallen möge, einen Bau-Beamten hierher zu beordern, um die erforderlichen Anschlage und Anordnungen zu treffen.

Der Direktor des Seminars
gz Diesterweg

387

Nachweisung

der für das Schullehrer Seminar zu Moers noch dringend nothwendigen
Schul-Utensilien, Lehrmittel und häuslichen Einrichtungen.

Lau-fende Nro	Benennung der Gegenstände	Ungefährer Kostenbetrag		
	A. Schul-Utensilien	Rh	Sgr	Pf.
1.	1 Schrank für die ₐBücher der₍ₐₗ₎ Bibliothek	12		
2.	1 Schrank für die Acten des Archivs etc.	12		
₂ 3.	1 Gefachwerk für die Schreibbücher, Schiefertafeln etc. der ersten Klasse der ₃ Übungsschule	10		
4.	1 Forte-Piano	90		
	B. Lehrmittel			
1.	Vorlageblätter, Modelle, einige Köpfe ₍bₗₗ₎ zum Zeichnen	20		
2.	15 Bestecke zur Obstbaumzucht	15		

Tr[ans]p[ort]. 159 Rh

C. Häusliche Einrichtungen

₍cₗₗ₎5	3 ₍d₎Kleiderschrank₍dₗ₎ für die Seminaristen	39 Rh
	5 Tische in die Wohnzimmer der Seminaristen	15 Rh
₆	12 Stühle ₑà₍ₑₗ₎	18 – ₇
	2 Bücherrepositorien	9 Rh
	34 Wollendecken ₍fₗₗ₎	68 Rh
	4 neue Abtritte	20 Rh
	Der Ausbau der Remise u. Anlegung einer ₍gₗₗ₎	
	Waschstätte für die Seminaristen	200 Rh
	Erweiter[un]g des Schlafsaales	60 –

₍h₎Rh 408 ₍hₗ ᵢₗₗ₎

Anschreiben: Abschr., GStA PK, I. HA Rep. 76 Kultusministerium, VII Sekt. 23 bb Nr. 6 Bd. 3: o. F.;
„Nachweisung": eigh. Entw., GStA PK, I. HA Rep. 76 Seminare, Nr. 10059: 56^{r+v};
Abschr., GStA PK, I. HA Rep. 76 Kultusministerium, VII Sekt. 23 bb Nr. 6 Bd. 3: o. F.
Das Anschreiben ist nach der Abschrift wiedergegeben, da es nur als solche erhalten geblieben ist, die Anlage „Nachweisung der … Einrichtungen" nach dem Entwurf, da dieser von Diesterweg eigenhändig verfaßt, wenn auch nicht unterzeichnet ist.

[1] Vgl. dazu Diesterwegs Stellungnahme zur Einrichtung eigener Wohn- und Schlafräume für die Seminaristen vom 4. Dezember 1823 (Nr. 72).

[2] Vorreiter heiratete 1827 J. A. Fr. Kurtze (s. ds.); siehe dazu Jahresbericht für 1826 vom 8. März 1827 (Nr. 163), Anmerkung 3, und Brief vom 15. Oktober 1828 (Nr. 195).

[3] Zur Seminarübungsschule siehe ebenfalls den Jahresbericht für 1826 (Nr. 163).

173
An die Regierung Düsseldorf (Reisebericht)

Moers, 7. September 1827

Bericht über die Reise des Seminardirectors Diesterweg
in den August-Ferien d. J. zum Besuch einiger Schulen des Regierungsbezirks Düsseldorf,
einer Königlichen Hochlöblichen Regierung abgestattet von ihm selbst.

₁ Als Hauptzweck der durch die hohe Ministerial-Verfügung vom 1ten Juni 1826[1] angeordneten jährlichen Reisen der Directoren der Schullehrer-Seminarien ₂ ist in dieser Verfügung unter N. 12 angegeben: „um ₃ mit der Beschaffenheit u. den Bedürfnissen des
Schulwesens ihres Bezirks genau bekannt zu werden." [„]Demnächst sollen sie von ihren
Beobachtungen u. Erfahrungen der betr. K. Regierung einen Bericht erstatten, damit darauf
das Nöthige veranlaßt etc. werden möge."

Dieser hohen Verordnung gemäß habe ich im Laufe des verflossenen Monats einen kleinen
Theil des Regierungsbezirks Düsseldorf durchreiset. Ich würde meine Reise gern weiter
ausgedehnt haben, wenn mich nicht sowohl Anfangs die Krankheit des H VORREITER[2] u.
nothwendige Vorbereitungen für den künftigen Cursus zurückgehalten, als auch ₄ die Berücksichtigung der letzteren Verhältniße früher wieder nach Hause gerufen hätten. ₅

Außer dem oben angedeuteten allgemeineren Zweck wünschte ich mein Augenmerk bei
dieser ersten Reise hauptsächlich auf diejenigen angestellten Lehrer zu richten, welche aus
dem hiesigen Seminar hervorgegangen sind, um dadurch in den Stand gesetzt zu werden,
die ₆ ersten Früchte der Anstalt kennen zu lernen u. über Manches, was mir zweifelhaft
schien, belehrt diejenigen Änderungen in der Einrichtung u. Beschaffenheit der Anstalt
vorzunehmen, welche das praktische Bedürfniß als nothwendig aufstellt. Da die K. Regierung diese besondere Tendenz der Reise genehmigte, so ist es nun meine Aufgabe, die
Beobachtungen u. Erfahrungen, welche ich theils über einzelne Schulen u. das Schulwesen
überhaupt, theils u. hauptsächlich über Zöglinge des hiesigen Seminars, die ₇ entweder als
Gehülfen oder als selbstständige Lehrer thätig sind, zu machen Gelegenheit gefunden habe,
mitzutheilen. Ich bescheide mich dabei, vielleicht Manches nicht aus dem richtigsten
Gesichtspunkte angesehen zu haben. Indeß wird die K. Hochlöbliche Regierung das Wahre
u. Zeitgemäße von dem Schiefen u. Ungehörigen alsbald zu scheiden wissen.

Capellen u. Haminkel bei Mörs.[3]

In Capellen steht ₈ seit 1 ¹/₂ Jahren der ehemalige Seminar-Zögling W. SCHÜRMANN, in
Haminkel WILH. PETERS als Schullehrer. Beide sind nicht durch besondere pädagogische
Gabe ausgezeichnet. Jener ist vor 2 Jahren mit dem Zeugniß N. II, dieser mit N. III entlassen worden. Ich erwartete daher von jenem mehr, als von diesem, dessen Leben überhaupt
durch sehr schwerfällige Organisation zurück gehalten wird. SCHÜRMANN leistet auch wirklich mehr als PETERS; er wirkt mit größerer Lebendigkeit u. Energie; doch übertraf ₉ PETERS
meine Erwartungen. Zwar konnte ich mich mit den Leistungen beider nicht zufrieden erklären; da ₁₀ aber ₁₁ an beiden aufgeregter Sinn und das Bestreben weiter zu schreiten, ₁₂
nicht zu verkennen war; da sie zugleich die Mängel ihrer Schulen erkannten, u., darauf aufmerksam gemacht, beistimmten: so ₁₃ hatte der Anfang der Reise mich zwar nicht ganz befriedigt, doch auch nicht zu allzu schweren Gedanken veranlaßt. Recht sichtbar traten die
Mängel des Seminar-Unterrichts, den beide genossen haben, hervor. Denn beide Lehrer lei-

sten im Gesange sehr wenig.[4] Auch hatten beide mehr darauf gesehen, den Kindern $_{14}$ Einsicht in die Gründe des Rechnens zu verschaffen, als ihnen Gewandtheit und Fertigkeit in $_{15}$ den Operationen anzueignen. In dem Religionsunterrichte hatte PETERS nur den Katechismus auf die gewöhnliche Weise gebraucht; bei SCHÜRMANN waren die Kinder auch mit dem Hauptinhalte der bibl. Geschichte bekannt.

Ich ertheilte ihnen die nöthigen Winke, forderte sie auf, die Nähe des Seminars zur Weiterbildung zu benutzen u. $_{16}$ merkte mir $_{17}$ die Nothwendigkeit, $_{18}$ einigen Gegenständen des Seminar-Unterrichts eine praktischere Richtung zu geben.   Der Herr Prediger ESSLER erklärte sich mit den Leistungen der beiden jungen Lehrer nicht unzufrieden; auch habe er dem Lebenswandel beider ein günstiges Zeugniß zu ertheilen.

Crefeld.

$_{19}$ Wenn man durch die reinlichen Straßen Crefeld's hindurch schreitet, die prachtvollen Häuser u. Palläste mit Vergnügen betrachtet und den überall sichtbaren Wohlstand der Stadt in's Auge faßt: so erwartet man mit Recht, ein blühendes, wohl eingerichtetes Schulwesen zu finden, dem es weder $_{20}$ an äußeren $_{21}$ Mitteln, noch an innrem Gehalte fehlen werde. Denn wo die $_{22}$ Erwachsenen so herrlich wohnen, da werden – so hofft man – auch die Räume, wo die Kinder sich den größten Theil der Jugendzeit aufhalten sollen, wohl beschaffen sein, u. wo so viel Geld (nervus rerum[5]) circulirt, wo es an Mitteln nicht gebricht, unter einer Menge von Lehrern die geschickteren auszuwählen, da erwartet man mit Recht gediegene Lehrer. Aber wie $_{23}$ wenig entspricht in Crefeld die Wirklichkeit der gerechten Erwartung. Ich besuchte die 3 evangelischen, die beiden katholischen und die höhere Bürgerschule; letztere, weil ein Zögling unserer Anstalt, J. ELSERMANN, an dieser angestellt ist.[6] Ich rede hier zunächst von den Elementarschulen. $_{24}$ In sämmtlichen evangelischen Schulen sind die Räume für die Menge zusammen gepfergter Kinder viel zu $_{25}$ klein. $_{26}$ In der Schule des Lehrers SCHEIDT $_{27}$ sitzen die Kleinen dicht an einander, der Raum gestattet nur Bänke, nicht Pulte; die Kinder schreiben auf den Knien. In der Schule des H BUCHMÜLLER muß der Lehrer, um zu $_{28}$ allen Kindern hinzukommen, über die Tische u. Pulte gehen; für die jüngeren Kinder ist gar kein Lokal vorhanden; ein Gehülfe unterrichtet sie im Sommer in der Kirche; im Winter sind alle, wie Schaafe, zusammen gedrängt. In der Schule des Lehrers THYSSEN ist gleicher Mangel an Raum. Auch hier schreiben die meisten Kinder auf den Knien. Überall tritt dem eintretenden Fremden die schwülste Luft entgegen u. man muß an solchen Dunst gewöhnt sein, um es in diesen Schulen einige Zeit auszuhalten.

Die katholischen Schulen sind in äußerer Hinsicht besser ausgestattet. Doch sitzen in der jüngeren Klasse der Schule des SCHUMACHER viel zu viele Kinder zusammen.

Fast eben so unerfreulich ist der innre Zustand dieser Schulen. Der im Leben gewandte $_{29}$ Lehrer SCHEIDT ist in der Schule unkräftig u. matt; er hat zwar von der neueren Pädagogik Einiges gekostet; aber er kennt das Bessere nur vom Hörensagen $_{30}$. Sein Unterricht ist Mechanismus. Dabei fehlt es in seiner Schule an aller Zucht u. Ordnung. Die Kinder kommen zwischen 8 u. 9 Uhr einzeln an, ohne getadelt zu werden; in der Schule necken u. stören sie sich unaufhörlich; ein immerwährender Lärm macht stilles Unterrichten unmöglich. Das Ganze macht auf den Zuschauer den fatalsten Eindruck. SCHEIDT ist einer von den beklagens- u. tadelnswerthen Lehrern, welche das Gute der alten Schulen verlassen, ohne das Bessere der neueren sich angeeignet zu haben.   Bei BUCHMÜLLER steht es um die Zucht etwas besser. Der Unterricht aber $_{31}$ liegt noch unter größerem Mechanismus gefangen.   Die bessere der evangelischen Schulen hat THYSSEN, ein gemüthlicher, still

390

wirkender Lehrer. Auch fehlt es nicht an der zum Gedeihen der Schulzwecke unentbehrlichen Ordnung. Die Gegenstände, in welchen diese Lehrer etwas leisten, sind Schönschreiben, Lesen u. praktisches Rechnen. Die Kinder schreiben im Allgemeinen ausgezeichnet schön. In der Religion, im Gesange u. andren Dingen leisten sie dagegen nichts.

Von den katholischen Schulen ist die des SCHUMACHER besser als die beiden zuerst genannten evangelischen, theils weil er die Zucht zu handhaben *[sic!]*, theils weil ihm ein Zögling des Seminars in Brühl beigegeben ist. Doch vermißt man diejenige Ruhe, welche sonst katholischen Schulen vorzugsweise eigen ist. Die Schule des HOHNS 32 ist dagegen ein seltnes Beispiel von Schlechtigkeit. Ich bin in Verlegenheit, 33 dieselbe zu beschreiben. Da sie der K. Regierung nicht unbekannt sein kann, so kann ich die Ausführung übergehen. Ich glaube, daß der HOHNS in der Schule betrunken war.

Auch die höhere Bürgerschule ermangelt noch derjenigen geregelten Zucht u. Ordnung, welche eine Anstalt zu einer wahren Bildungsstätte des jugendlichen Charakters machen. Wohl mögen hier grobe Ausbrüche 34 kecken Übermuthes selten sein; aber doch 35 vermißt man in den Schülern mehrerer Klassen denjenigen Respekt u. diejenige Haltung, welche 36 allein dem Schulernste angemessen sind. Ich vermuthe, daß die rechte Übereinstimmung der Lehrer in Grundsätzen u. Ansichten nicht vorhanden ist. – Über die Anstalt in intellectueller Hinsicht habe ich kein festes Urtheil. Der rein akroamatische 7 Vortrag des H Dr. VOGEL schien mir unpassend; der Gesangunterricht des *[Lücke]*, eines Zöglings des Seminars in Neuwied gefiel mir; 37 der Klarheit des Vortrags meines Schülers ELSERMANN mußte ich zwar Beifall geben; doch vermißte ich ungern die rechte Lebendigkeit u. das Ergreifende des jugendlichen Gemüths, welche den eigentlichen Jugendbildner bezeichnen. In der Unterhaltung mit ihm gewahrte ich ebenfalls ungern 38 die Entschiedenheit der Ansicht, wo 39 Bescheidenheit u. einige Zweifelhaftigkeit 40 die Zierde des jungen Mannes sind.

Die H. Prediger HEILMANN und ZERNIAL kennen zum Theil die großen Gebrechen des Crefelder Schulwesens, doch war es mir sehr befremdend, daß der letztere, der sich noch am meisten für das Schulwesen interessirt, den unbedingt schlechten Lehrer SCHEIDT noch ziemlich hoch stellte. 41 Ich habe diese Beobachtung, daß die Pfarrer und Schulpfleger von ihren eigenen Schulen nicht hinreichende Kenntniß haben, zum öfteren auf meiner Reise gemacht. Es würde anmaßend sein, also zu urtheilen, wenn sich der Charakter einer Schule nicht in kurzer Zeit ganz klar herausstellte. 42 Überhaupt muß ich hier bekennen, daß ich auf's höchste erstaunt bin, daß die Stadt Crefeld und namentlich 43 H Schulpfleger HEILMANN nicht mehr für ihr Schulwesen gethan haben. Ich glaube nicht, daß 44 sich das auf irgend eine Weise entschuldigen läßt. In H. ZERNIAL scheint ein anerkennenswerther Eifer erwacht zu sein. Nach seiner Versicherung geht er damit um, noch mehr für den Unterricht der Fabrikkinder zu thun, als bereits geschehen ist. 8 Nach meiner unmaßgeblichen Ansicht dürfte es am gerathensten sein

1) den Pred. ZERNIAL zum Schulpfleger zu ernennen;

2) den Stadtrath 45 Crefeld's aufzufordern, alsbald für die nöthigen Lokale u. eine hinreichende Anzahl von Schulen zu sorgen, 46 namentlich das große Bedürfniß von Schulen für Fabrikkinder zu befriedigen;

3) die evangelischen – deßgleichen die katholischen – Schulen der Stadt in eine Klassenschule zu vereinigen, damit die Kinder nach ihren Altersstufen getrennt werden können;

4) den Schullehrer HOHNS aber 47 ohne Aufschub zu pensioniren;

5) die Lehrer der höheren Stadtschule aufzufordern, in vollkommner Übereinstimmung, [48] namentlich in disciplinarischer Hinsicht nach einerlei festen Grundsätzen zu verfahren.

Da H. Pr. ZERNIAL den Plan hatte, an den zu errichtenden Armenschulen 2 ausgebildete Seminaristen anzustellen, ohne Gehalt, so habe ich [49] mich der neuen Verordnung der K. Regierung über die Anstellung der Gehülfen [50] sehr gefreut. Der Schullehrer BUCH-MÜLLER, [51] jetzt erkrankt, wollte auch Anfangs einen Stellvertreter mit 20 Rh jährl. Lohns anstellen; da er aber [52] um solchen Preis keinen ordentlichen Gehülfen bekommen konnte; so ist er bis zu 40 Rh clev. gestiegen. Auch dieß ist bei einer [53] Last von 40 wöchentl. Lehrstunden u. in der Stadt Crefeld noch viel zu wenig, besonders da derselbe leicht [54] seine Einnahme bis zu 1000 u. mehr Thalern steigert. Es thut daher in der That sehr Noth, das neue Gesetz wegen der Gehülfen mit aller Strenge durchzuführen.

Düsseldorf.[9]

In Düsseldorf richtete ich mein Augenmerk auf die beiden daselbst lebenden Seminarzöglinge, den Privatlehrer VOGELSANG u. den Hauslehrer KRAMB. Ich beobachtete jenen in den drei Privathäusern, in welchen er Unterricht ertheilt, diesen [55] unter den Kindern des H. Staatsraths JAKOBI. Beide unterrichten zu meiner Freude mit Ernst und Strenge, KRAMB mit mehr natürlichem Talente als VOGELSANG. Letzterer hat [56] den unter einer [57] barschen Jugend allenfalls zulässigen u. passenden Grad von Strenge [58] in den Privatunterricht fein gesitteter Kinder mit hinüber genommen; deßwegen stößt er zuweilen ab, statt anzuziehen. Überdieß hat er sich durch die Influenz hinein sprechender Personen von [59] regelrechtem Gange abbringen lassen, wodurch er in ein dem sicheren Fortschreiten nachtheiliges Schwanken hinein gerathen ist. An dem (WILHELMI'schen) Hause, wo er durch Niemanden gestört worden ist, hat er auch gerade am meisten geleistet. Ich habe ihn in richtigen Ansichten zu befestigen gesucht.

KRAMB unterrichtet bis jetzt mit Talent u. Erfolg. [60] Ich habe ihm unter Anderem bemerklich gemacht, daß er sich nicht durch das Talent eines ihm übergebenen achtjährigen Knaben zu unzeitigen, die Bildung desselben verfrühenden Abstraktionen verleiten lassen möge.

Übrigens möchte es gut sein, dem [61] im Alter schon ziemlich vorgerückten VOGELSANG durch Verleihung einer festen Lehrstelle bald die nöthige Selbstständigkeit zu verleihen.

Mettmann.

Hier besuchte ich die Schule des Lehrers SCHOLLENBRUCH u. den H. Schulpfleger WITTICH.

SCHOLLENBRUCH hatte mir früher den Plan mitgetheilt, ein Vorseminar zu errichten. Ich hatte deßhalb ein doppeltes Interesse, ihn durch seine Schule näher kennen zu lernen. [62] Dieselbe ist kaum eine Schule mittlerer Art; [63] sie zeichnet sich weder durch geregelte Zucht noch durch methodischen Unterricht aus. In derselben ist Alles mittelmäßig. Der Lehrer selbst aber hält es für vorzüglich. Deßhalb ist an ein Vorseminar bei ihm nicht zu denken.

Der [64] H. Pf[arrer]. WITTICH, ist wohl [65] für die Geschäfte eines anregenden Schulpflegers im Alter schon zu weit vorgerückt. In wie fern das allgemeine Lob, welches er den unter ihm stehenden Lehrern ertheilte, begründet ist, vermag ich nicht, sicher zu beurtheilen.

Elberfeld und Barmen.[10]

In Elberfeld u. Barmen besuchte ich die Schulen der Lehrer WILMS, FUCHS, VON SCHEWEN, WÜLFING, VOM LOHR, BÖCKMANN, außerdem in einigen Lectionen das Gymnasium u. die WILBERG'sche Anstalt in Elberfeld.[11] Da in den Tagen meiner Anwesenheit in Elberfeld in den Schulen der Lehrer WILMS u. FUCHS Prüfung gehalten wurde, so hatte ich Gelegenheit, noch andre Lehrer der Nachbarschaft kennen zu lernen.

Mein Bericht würde sich zu sehr ausdehnen, wenn ich alle Bemerkungen, die sich mir in $_{66}$ dem Wupperthale aufgedrängt u. welche fast alle mein Gemüth sehr belastet haben, aufzeichnen wollte. Ich fasse das Hauptsächlichste u. nach meiner Ansicht Wichtigste unter einigen Bemerkungen zusammen.

$_{67}$ 1. In den meisten Schulen Elberfeld's u. Barmen's herrscht unter den Schülern ein solcher Grad von Unruhe, Unbeständigkeit, $_{68}$ zerstreutem Wesen, Frechheit, Ruchlosigkeit u. wahrer Gottlosigkeit, daß die Möglichkeit fast übertroffen wird. Als Beispiel will ich nur die in der Meinung des Elberfelder Publikums (die H. Geistlichen nicht ausgenommen) hoch stehende Schule des Lehrers WILMS nennen. Ich besuchte die beiden Klassen, in welchen die Hülfslehrer EVERSBERG und DEGO arbeiten. Daß es in der Klasse des WILMS nicht besser steht, als in den Klassen dieser Hülfslehrer, weiß ich aus den Aussagen dieser jungen Männer, erfuhr es auch durch das die Mauer durchfahrende Geräusch der Schüler dieser Klasse. Wenn diese Klassen nicht gerade mit Schönschreiben beschäftigt werden, so ist an $_{69}$ stillen Einfluß des Lehrers auf das Gemüth des Schülers, auf respectvolle Haltung und angemessene stille Aufmerksamkeit gar nicht zu denken. Vielmehr herrscht ein wilder Tumult mit Apparaten, Füßen u. Armen, ein tolles Durcheinanderschreien einer ungezogenen, frechen Jugend $_{70}$. Das Ganze $_{71}$ bietet den Anblick eines offenen Kriegszustandes dar, und man fürchtet jeden Augenblick, daß die wilde Schaar $_{72}$ zu immer größerer Frechheit gereizt werden möge. Die Lehrer müssen jeden Augenblick eingreifen, hier mit dem Blicke, dort mit $_{73}$ Hand u. Faust drohen, dann an jenen Ort eilen, um entstandene Zwistigkeiten zu beseitigen, jetzt hier einen am Halse fassen u. zusammen schütteln, dann einen anderen mit einer Ohrfeige in Ruhe setzen etc. etc. Kurz, $_{74}$ es herrscht in diesen Schulen im Allgemeinen ein solcher Zustand, $_{75}$ der jedem $_{76}$ Lehrer, der nur im entferntesten erziehen möchte, das Lehrerleben ganz verleiden müßte; ein Zustand, der die eigentlichen Zwecke der Schule $_{77}$ vernichtet; ein Zustand, der die Kinder, statt zum Gehorsam u. zur Pietät, zur $_{78}$ Frechheit u. Gottlosigkeit erzieht, u. der daher für das Leben selbst die aller nachtheiligsten u. gefährlichsten Folgen herbeiführen muß.   Es kann sein, daß ich, gewöhnt an Ordnung u. Zucht unsrer Schulkinder, und in der Meinung, daß diese Eigenschaften $_{79}$ für die unerläßlichen Grundbedingungen jedes gesegneten Schulbesuchs zu halten seien, zu streng urtheile; allein die Sache scheint mir eine solche Bedeutung zu haben, daß es nicht gerathen sein möchte, diesen Zustand länger so fortdauern zu lassen. Auch gebe ich gerne zu, daß einzelne Lehrer eine rühmliche Ausnahme von der Regel machen; aber selbst wenn nur in einer Schule, die von mehreren Hundert Kindern besucht wird, eine solche Zuchtlosigkeit herrscht, so verdient dieser Gegenstand gewiß die ernsteste Beachtung.

2. Unter den Lehrern des Wupperthales herrscht aber auch $_{80}$ eben nicht der beste Geist, sondern ebenfalls – wie kann es anders sein? – der Geist des Ungehorsams u. der Anmaßung. Statt anderer Beispiele will ich nur einige anführen, die sich zum Theil auf das Seminar selbst beziehen.

Nachdem die Prüfung der ein Wahlfähigkeitszeugniß aspirirenden Nicht-Seminaristen am 23 sten ff. Juli abgehalten worden war u. sich durch die mit Recht, nehmlich nach dem der Prüfungs-Commission vorliegenden Reglement, abgewiesenen Kandidaten allerhand theils wahre, theils unwahre Gerüchte verbreitet hatten, wagten es – wie mir erzählt worden ist – mehrere Lehrer des Wupperthales, sich auf der Farbmühle zwischen Elberfeld u. Barmen zu versammeln, um über die nun zu nehmenden Maaßregeln, durch die man sich gegen die ihnen widerfahrene Unbill zu vertheidigen u. zu schützen vermöge, zu berathschlagen. Das Resultat ist mir unbekannt geblieben.

81 Eine gleiche Aufregung 82 ungezügelter Leidenschaftlichkeit hat die neulich durch 83 das Amtsblatt bekannt gemachte, höchst heilsame Verfügung die Gehülfen betreffend, unter den Lehrern des Wupperthales veranlaßt. Auch dieser wegen 84 soll eine Versammlung gehalten worden sein, um die Absichten der Hohen Regierung, wo möglich 85 mit vereinten Kräften, zu paralysiren.

Wenn nun endlich in meiner Gegenwart das neueste Dekret des Provincial-Schul-Collegii in Münster, den Religionsunterricht in Schulen betreffend, 86 dessen Heilsamkeit kein Unbefangener verkennen kann, einer bitteren und schmähenden Kritik unterworfen wurde; so glaube ich durch diese wenigen Beispiele den hohen Grad 87 verderblicher Anmaßung und Ungehorsam *[sic!]* bezeichnet zu haben, welcher die meisten Lehrer des Wupperthales charakterisirt.

Ich erwähne desselben nicht, um eine 88 K. Regierung zur Untersuchung solcher Umtriebe zu veranlassen, sondern um die Nothwendigkeit anzudeuten, auf Mittel zu sinnen, solch verderblichem Übermuthe unter Schülern u. Lehrern feste Gränzen zu setzen. Kein Wunder, daß unter solchen Verhältnißen das hiesige Seminar, welches festen Gesetzen unterworfen ist u. welches sich offentlich bemüht, überall Gesetzmäßigkeit und Gehorsam an die Stelle des Gegentheils zu pflanzen, so weit es von ihm abhängt, und welches, wie den Lehrern nicht 89 unbekannt geblieben ist, auf Beschränkung der Willkühr und des unbegränzten Eigennutzes der Lehrer anzutragen nicht versäumt, der bittersten und gehässigsten, nicht selten auch der unwahrsten und – so weit dieß möglich ist – beleidigendsten Kritik unterworfen wird; kein Wunder, daß die Lehrer 90 in schnödem Eigennutze sich zusammen thun, die Zwecke des Seminars und namentlich die Anstellung der Seminaristen zu hintertreiben. Denn so viel ist auch dem Stumpfsinnigsten von ihnen klar, daß 91 ihre Willkühr um so mehr beschränkt wird, je mehr auf die Durchführung bestimmter Gesetze im Schulwesen gehalten wird, u. daß sie daher auf nichts mehr zu sinnen haben, als die Zeit der Willkühr zu verlängern. Wir dagegen erkennen darin eben die Aufgabe, so weit es von uns abhängt, auf nichts mehr bedacht zu sein, als die Nothwendigkeit fester Gesetze, bestimmter Vorschriften und strenger Beaufsichtigung der Schulen u. Lehrer immer 92 klarer u. bestimmter nachzuweisen.

Diesen Mangel an Gesetzmäßigkeit, Ordnung Regel u. Organisation überhaupt trägt das ganze Elberfelder Schulwesen an sich. Die einzelnen Elementarschulen sind kirchliche Schulen u. kirchlichen Patronats. In jeder Schule sind Kinder jedes Alters. In den meisten Schulen wird nichts gelehrt als lesen, rechnen, schreiben, meist mechanisch. Die meiste Arbeit wird von Unterlehrern versehen, die bei dem Geiste der Hauptlehrer unmöglich eine solche Jugend leiten können. 93 Die Beaufsichtigung dieser Schulen geht von einem städtischen Schul-Collegium 12 aus, 94 in welchem kein einzelnes Mitglied mit einem bestimmten Theile der Geschäfte des ganzen Collegiums beauftragt ist. Die einzelnen Gemeinden wehren sich gegen das heilsame Ansinnen, die kirchlichen Schulen an die städtische Gemeinde abzugeben. Kurz, ich gestehe, daß ich mir fast [95] kein schlechter geordnetes Schulwesen denken kann, als das der Stadt Elberfeld. Das ganze Volk, von unten bis oben, scheint an den Gehorsam gegen Obrigkeit u. Gesetz nicht gewöhnt zu sein; denn überall vernimmt man freche [96], absprechende Behauptungen gegen die Anordnungen der Regierung und Einer reizt den Andern zur thätlichen Opposition.

Nach meinem Dafürhalten ist diesen großen Übeln u. Gebrechen nur dadurch einigermaßen zu begegnen, daß

a) das Schulwesen Elberfelds von Grund aus, etwa nach dem Muster des Magdeburger, neu organisirt;[13]

b) dasselbe, etwa in Gemeinschaft mit dem Schulwesen des ganzen Thales, einem für die Handhabung der Gesetze verantwortlich gemachten Schulinspector übergeben;

c) die Lehrer [97] zum unbedingten Gehorsam gegen das Gesetz angehalten, von der Abhängigkeit von den Eltern durch Fixirung ihres Gehaltes befreit, dagegen aber angewiesen würden, auf unbedingten Gehorsam in den Schulen zu dringen.

Bis diese Vorschläge in's Leben treten könnten, möchte es übrigens an der Zeit sein, die einzelnen Lehrer wegen der Zuchtlosigkeit in den Schulen in persönlichen Anspruch zu nehmen.

Ich gehe nach diesen allgemeinen Bemerkungen noch zu Einzelnem über.

Der Schullehrer WILMS hat 3 Klassen u. bis jetzt 2 Unterlehrer. Nun hat er in dem Seminaristen HUSTADT einen dritten Gehülfen angestellt, um sich selbst allmählig in Ruhe zu begeben. Ich würde es für viel geeigneter halten, den alten Mann zu pensioniren, u. der Schule 2 oder 3 fest angestellte Lehrer vorzusetzen. [98] Mit dem Unterlehrerwesen wird nirgends viel ausgerichtet.

Die reformirte Gemeinde sperrt sich gegen den Vorschlag, ihre Schulen der Stadt zu übergeben. In ihrem Namen hat der Scholarch VON DER HEID Opposition eingelegt. Dieser Mann ist persönlich von der Heilsamkeit jenes Vorschlags überzeugt, u. er selbst wünscht, daß die höhere Behörde den Antrag [99] seiner Gemeinde verwerfen möge.

Sehr nothwendig möchte es sein, das Schul-Collegium Elberfelds zu veranlassen, einzelne Mitglieder speciell mit Einzelnem zu beauftragen. Sonst bekümmern sich Alle um Alles, Keiner um Etwas ganz. –

Sehr erstaunt bin ich über die Meinung des H Pf[arrer]. HÜLSEMANN, daß in [100] den Schulen seiner Confession, nehmlich den lutherischen, sehr gute Zucht herrsche. Und doch ist selbst ein Blinder in einer Viertelstunde von dem Gegentheile zu überzeugen. Aber die H Pfarrer u Schulpfleger kennen nur zu häufig ihre eigenen Schulen nicht. Auch [101] scheint mir [102] die von H HÜLSEMANN für die Schulen Elberfelds entworfene Schulordnung [103] sehr ungenügend. Wenn es in derselben z.B. heißt: „Die Art der Schulzucht wird den Lehrern überlassen", so heißt das nach meinem Bedünken, Belieben und Willkühr da für gesetzlich erklären, wo [104] nur Gesetzmäßigkeit und Befolgung fester Vorschriften geduldet werden sollten.

Da der Lehrer der Vorbereitungsklasse des Gymnasii in Elberfeld, J. DRINKMANN, ein Zögling des hiesigen Seminars ist, so besuchte ich [105] dessen Klasse u. einige andere. Mit seinen Leistungen muß ich mich zufrieden erklären, nicht mit seiner Zucht, nicht mit seiner Erscheinungsweise. Er unterrichtet zu unruhig und leidenschaftlich, u. sucht durch barsche Strenge zu [106] erreichen, was nur durch milden Ernst u. Charakterfestigkeit zu gewinnen ist. Doch verdient sein Fleiß Anerkennung. – Eine andre Klasse des Gymnasii, in welcher

H Förstemann unterrichtete, war so unruhig, daß an eigentliches Unterrichten nicht zu denken war. Es war mehr ein wildes Hinein- u. Durcheinanderschreien. Ich bedaure solchen Mann unter solcher Jugend. Überhaupt dürfte es wohl sehr in Zweifel zu ziehen sein, ob in Elberfeld ein Gymnasium gedeihen kann, u. ob es nicht gerathener sein möchte, noch jetzt diese Anstalt in eine höhere Bürger- und Gewerbsschule umzubilden!

Die Schule des Böckmann zu Heidt bei Barmen ist in keinem guten Zustande. Der Lehrer ist zwar ein gutmüthiger, fleißiger Mensch; aber sein Sprachorgan ist ungebildet u sein Verfahren willkührlich; dabei legt er auf Hauptsachen weniger Werth als auf Nebendinge. Ich habe ihn mit Ernst zurecht gewiesen.

Der Seminarist Rosenkranz unterrichtet in der mechanisirten Schule des Lehrers Wülfing in Gemarke mit Lebendigkeit u. Sinnigkeit. Seine kleinen Kinder singen schon recht artig, u. er treibt das Lautiren mit gutem Erfolge. Anstößig nur war $_{107}$ der unangenehme Leseton. Aber wie wird dieser arme Mensch nach 3 Jahren im Examen bestehen, wenn sein Geschick es verlangt, daß er täglich 11 Stunden mit dem ersten Unterrichte 5–8jähriger Kinder zubringt? Sollte es nicht rathsam sein, auch die Verhältnisse bereits angestellter Unterlehrer näher zu erforschen und $_{108}$, wo es erforderlich wäre, einzuschreiten?

Lennep und Umgegend.[14]

Die Zeit erlaubte es mir nicht, $_{109}$ dem Unterrichte in den Schulen in Lennep $_{110}$ beizuwohnen. In dem $_{111}$ Rector Müller lernte ich einen im Leben gewandten, in Lehrer Oxe einen gescheuten, den Standpunkt u. die Bedürfniße des Schulwesens wohl $_{112}$ einsehenden Mann kennen. Derselbe machte mich darauf aufmerksam, daß einige Gemeinden anfingen, das bei ihnen übliche $_{113}$ mehr als 3 Sgr betragende Schulgeld auf dieses Minimum herabzusetzen; wie dadurch das Gehalt[15] der meist spärlich besoldeten Lehrer statt nach dem Willen der hohen Regierung erhöht, vielmehr herabgedrückt u. vermindert werde. Er bat mich, $_{114}$ diese Bemerkung Hochderselben vorzulegen u. die Bitte hinzuzufügen, doch nirgends, wo einmal ein höheres Schulgeld gebräuchlich sei, eine Herabsetzung desselben, auch nicht bei neuen Wahlen, zu erlauben. Ich halte diese Bemerkung und resp. Wunsch u. Bitte für berücksichtigungswürdig. –

Von Lennep ging ich nach Lüdorf, wo der Seminarist Gierlings seit 3/4 Jahren angestellt ist. Hier fand ich Alles schlecht: schlechtes Lesen, ungenügendes Schreiben, erbärmlichen Gesang, keinen Unterricht in der biblischen Geschichte, viel weniger Religionsunterricht, u. kaum einen Anfang im Rechnen. Ich habe dem Gierlings meinen Unwillen auf der Stelle zu erkennen gegeben, u. werde ihm von hier aus in diesen Tagen noch das Erforderliche eröffnen.[16]

Mehr befriedigte Gottbehüt zu Strut meine Erwartungen, obgleich seine Schule noch sehr wesentliche Mängel hat, die ich ihm nach ausführlicher Prüfung bezeichnete. $_{115}$ Gesetzmäßiges Betragen herrscht in der Schule; auch hat er Einiges vom Besseren in die Schule eingeführt. Doch muß allerdings noch viel mehr erwartet werden.

In Remscheid lernte ich die Lehrer Schürmann, Hürxthal und Uvermann von Ehringhausen kennen. Von da wanderte ich nach „dem Grunde", um der Einsetzung des Seminaristen Rüttgers durch den H Schulpfleger Bunge beizuwohnen. Eine solche Feierlichkeit war mir neu. Die Kinder waren in der Schule versammelt; und bald füllten sich $_{116}$ alle Räume durch Schulinteressenten u. benachbarte Lehrer. H. Bunge hielt eine lange, im Ganzen recht passende, vielleicht etwas zu sehr im Predigertone gehaltene Rede, worin er dem neuen Lehrer, den Eltern u den Kindern beherzigenswerthe Worte vorlegte. Im Allgemeinen zeigte sich unter den Erwachsenen eine sehr ansprechende Theilnahme. Ganz besonders gefiel es mir, daß er den RÜTTGERS ermahnte, die im Seminar gebräuchlichen u. ihm daselbst einge-übten Methoden gleich von Anfang an, auch selbst bei möglichem Widerspruche Einzel-ner, 117 in die Schule einzuführen.

118 In Kronenberg traf ich den Seminaristen RUBENS als 119 stellvertretenden Gehülfen in der mit 160 Kindern besetzten Schule. Ohne Anstand 120 traten die Kinder 121 ein, u. ohne Re-spekt war ihr Benehmen in der Schule. RUBENS fing an, die Fragen des Katechismus 122 ab-leiern zu lassen; jeden einzeln u. an einer andren Stelle des Buches. Da dieses mit 70 Kindern vorgenommen werden sollte, während die übrige Hälfte der Kinder 123 , theils beschäftigt theils unbeschäftigt da saß, womit also der ganze Vormittag hingebracht wer-den mochte; so 124 ging ich in gerechtem Unwillen von dannen.

Velbert.[17]

Nach diesen mancherlei zum Theil höchst unangenehmen 125 Erfahrungen freute ich mich ungemein, in der Schule des Seminaristen KAMPHAUSEN zu Velbert, welcher den Semina-risten SEHER zum Gehülfen hat, stille Sittsamkeit, aufmerksame Thätigkeit, Fleiß, Lernlust u. Geschick zu finden. SEHER unterrichtet die Kleinen noch mit 126 einiger Ängstlichkeit, aber mit Treue; KAMPHAUSEN mit Ernst, Fertigkeit und Liebe. Hier fand ich das Bessere, 127 welches das Seminar zu verbreiten sucht, eingeführt: sinnvolles Lesen, 128 verständlichen u. gemüthlichen Religionsunterricht, wohlklingendes sanftes Singen, üb[e]rh[au]pt den-kendes Lehren u. Lernen, geregelte Zucht u. unbedingten Gehorsam. 129 Beide Lehrer such-te ich zu noch etwas größerer Lebendigkeit 130 anzuregen. Was das Seminar will, ist hier in seinen Anfängen zu schauen; u. 131 das, was, so Gott will, 132 dort schon 133 nach einem Jah-re geleistet wird, wird jeden anmaßlichen Widerspruch gegen das Seminar zum Verstum-men bringen.

Nicht ohne Widerspruch u. Gegenpart von Seiten vieler 134 Glieder der lutherischen Ge-meinde, der durch den dort herrschenden Zwiespalt[18] vermehrt worden sein mag, hat KAMP-HAUSEN das für's Beste Erkannte durchgeführt. Anfangs haben viele Kinder seine Schule verlassen. Der Schulpfleger, H DIEPENBECK, hat sie ohne Weiteres der schlechten, erbärm-lichen Schule – wie ich sie kennen lernte – des reformirten Lehrers überwiesen. Das ist of-fenbar unrecht u. gegen Pflicht und Gewissen gehandelt. Das heißt: einem rechtschaffenen Lehrer Dornen auf den Weg streuen, ihn 135 – wenn's möglich ist – 136 zum schlechteren Verfahren verleiten, und unverständige Menschen in der Unvernunft u. Hartnäckigkeit be-stärken. Doch ist die Gemeinde in anfänglichen Vormeinungen schon wankend geworden, u. nach kurzer Zeit wird man sich gewiß in Velbert allgemein freuen, einen so geschickten u. wohlgesinnten jungen Lehrer, als KAMPHAUSEN ist, zu besitzen. –

Sehr nachtheilig für 137 ihn ist die Einrichtung, daß er als Küster jährlich 3 Umgänge[19] in der ganzen reformirten Gemeinde persönlich abmachen muß, um sich Fleisch u. Geldge-schenke zu erbitten. Jeder dieser Umgänge nöthigt ihn, 14 Tage die Schule auszusetzen; andrer Nachtheile nicht zu gedenken. Sehr wünschenswerth wäre die Abstellung dieser Einrichtung 138 durch 139 Entschädigung in Geld aus der Kasse der reformirten Gemeinde. Wahrscheinlich würde eine kräftige Aufforderung von Seiten der K. Regierung dieses schon bewirken.

Es that mir leid, den H Schulpfleger DIEPENBECK nicht anwesend zu finden. 140 Ich wäre be-gierig gewesen, die Gründe zu erfahren, die ihn bewogen haben, in dem benachbarten Orte

Heiligenhaus 50 u. mehr Kinder auf einmal aus einer Schule in die andere zu überweisen. Wenn der dies betreffende, mir unbekannte Lehrer sich nicht schwer vergangen hat, so $_{141}$ möchte dieß ein sehr tadelnswerther Gewaltstreich genannt werden können. Nach meiner unmaßgeblichen Meinung dürfte es gerathen sein, in Betreff der Befugniß der Schulpfleger, Kinder aus einer Schule in die andre zu versetzen, bestimmte Vorschriften zu erlassen.

Die letzte Schule, welche ich zu untersuchen Willens war, die des Seminaristen BRENDOW in Kettwich vor der Brücke, hatte leider Ferien weil das Schulhaus reparirt wurde. Auch traf ich den Lehrer nicht zu Hause. $_{142}$ Am andren Tage traf ich $_{143}$ in Mörs wieder ein.

Mancherlei Empfindungen u. Betrachtungen hat diese erste Inspectionsreise in mir erregt. Ich habe dieselben in der bisherigen Darstellung zum Theil berührt. Einige derselben will ich zum Schluße dieses Berichtes noch zusammen stellen.

Besondere Freude hat in mir erregt
das vertrauensvolle freundliche u. $_{144}$ gefällige Entgegenkommen, welches mir von allen ehemaligen Zöglingen unsrer Anstalt widerfuhr, u. ihre Empfänglichkeit für rückhaltlose Bemerkungen, $_{145}$ für Zurechtweisungen u. schonenden, doch jeder Zeit entschiedenen Tadel – besondere Freude die Beobachtung, daß $_{146}$ in der Thätigkeit der Meisten die Bestrebungen des Seminars sichtbaren Erfolg vorzeigten.

Doch nicht zu leugnen, vielmehr offen anzuerkennen ist die Wahrheit, daß die Mehrzahl unerlaßlichen Anforderungen noch nicht genügend entspricht. Ich habe mir daraus die $_{147}$ Nothwendigkeit abstrahirt

a) daß die jungen Lehrer fortwährend der Beobachtung u. Leitung bedürfen $_{148}$. $_{149}$ Ich werde dieselbe, so viel $_{150}$ wie möglich, von hier aus anstreben. Ich $_{151}$ werde zu dem Ende jedem Einzelnen, den ich besuchte, meine Anforderungen noch schriftlich vorlegen, auch mehrere zu einem baldigen Besuche $_{152}$ der Elementarschulen in Mörs auffordern. –

b) daß das hiesige Seminar noch eine praktischere Richtung erhalten muß. $_{153}$ Der Unterricht des Seminars muß, was die bisherige Ausdehnung der Unterrichtsgegenstände betrifft, beschränkt, dagegen die elementarische, praktische Behandl[un]g derselben erhöht u. erweitert werden[20] – also Beschränkung der Ausdehnung, Erweiterung u. Erhöhung der in engerem Kreise zu behandelnden Gegenstände u. größere Werthlegung auf praktische Fertigkeit der Zöglinge.

Dieß ist das erste u. wichtigste Resultat dieser ersten Reise.

Die zweite, unsrem Wirken ferner liegende, doch demselben nicht fremde Betrachtung ist die Ansicht, daß das Elementar-Schulwesen des Regierungsbezirks eines durchgreifenden, die Zwecke desselben fest sichernden Organismus aus einem Princip noch entbehre. Es würde die Gränzen dieses Berichts – wenn auch nicht meine Befugniß u. Verpflichtung – überschreiten, wollte ich mich in nähere Entwicklung über diesen allgemeinen, hochwichtigen Gegenstand einlassen. Doch kann ich nicht umhin, hier nochmals meine Überzeug[un]g auszusprechen, wie nothwendig es für die wichtigsten Interessen des Staates, für Obrigkeit u. Unterthanen, es *[sic!]* sein möchte, $_{154}$ ernstlichst auf die Mittel zu sinnen, den weit verbreiteten u. tief begründeten Ungehorsam, den wohl in allen Ständen wurzelnden Oppositionsgeist, welcher sich öffentlich u. geheim $_{155}$ in der gehässigsten u. bittersten Kritik selbst der wohlmeinendsten Verordnungen der koniglichen Regierung und sich in den Versuchen ausspricht, dieselben zu umgehen u. zu paralysiren, $_{156}$ zu unterdrücken und in Gehorsam, Folgsamkeit u. Vertrauen umzubilden. Als Quellen dieser großen Übel sehe ich, namentlich was das Schulwesen betrifft, an: den Mangel einer allgemeinen Schulordnung $_{157}$ – den Mangel eines für jede Schule festzustellenden Reglements, welches, wie die Reglements für die Seminarien, die Zwecke u. Leistungen jeder Schule in festen Umrißen u. Grundlinien bestimmt $_{158}$ – den Mangel strenger Beaufsichtigung jeder einzelnen Schule durch Männer, welche das Elementar-Schulwesen genau kennen, u. seine wichtigen Zwecke mit $_{159}$ Aufopferungsfähigkeit und Treue verfolgen $_{160}$ – das Wahl- oder Präsentationsrecht der Lehrer von Seiten der kirchlichen u. bürgerlichen Gemeinden, wodurch $_{161}$ auf der einen Seite die Unmöglichkeit $_{162}$, den besten Lehrer zu belohnen u. den schlechten zu bestrafen, und jeden dahin zu setzen, wohin er gehört, und auf der andren Seite die Abhängigkeit der Lehrer von denen, von welchen er unabhängig sein sollte, herbeigeführt wird $_{163}$ – die separatistische Stellung der reformirten u. lutherischen Kirche gegen einander u. beider gegen die bürgerlichen Gemeinden $_{164}$ – endlich die Presbitorial-Verfassung der evangelischen Kirche unsrer Provinz. Nach meinem Bedünken gedeihen in monarchischen Staaten nur dann $_{165}$ alle Verhältnisse u. Einrichtungen, wenn das monarchische Princip überall u. mit Strenge durchgeführt ist.

Gern bescheide ich mich – ungeachtet fester individueller Überzeugung – in diesen allgemeinen, wichtigen u. schwierigen Gegenständen der Möglichkeit des Irrthums, und bitte daher nochmals um $_{166}$ wohlwollende Aufnahme dieses Berichts.

Der Director des Seminars

Eigh. Entw., GStA PK, I. HA Rep. 76 Seminare, Nr. 10059: 68^r–79^r

[1] Abgedruckt in:
Beckedorff, Ludolf (s. ds.): Jahrbücher des Preußischen Volksschulwesens. Berlin 1825–1829, Bd. 4 (1828), S. 154–162;
Schweitzer, Peter Nikolaus (s. ds.): Sammlung der gegenwärtig gültigen Gesetze und Verordnungen ... für das Elementarschulwesen des Regierungsbezirks Köln. Köln 1856, S. 149 ff;
Kamptz, Karl Albrecht Christoph Heinrich von (s. ds.): Annalen der preußischen innern Staatsverwaltung. Berlin: Dümmler 1817–1838, Bd. 10 (1826), S. 358 ff.
In diesem Reskript des Ministeriums heißt es u. a.:
„Theils um des eben angestrebten Zweckes [, das Wirken der ehemaligen Seminaristen zu beurtheilen], theils um überhaupt mit der Beschaffenheit und den Bedürfnissen des Schulwesens ihres Bezirks genau bekannt zu werden, sollen die Seminar Direktoren alljährig während der Ferien einen Theil des Regierungsbezirkes oder der Provinz, wofür in ihren Anstalten Lehrer gebildet werden, commissarisch zur Untersuchung der Landschulen bereisen, und von ihren Beobachtungen und Erfahrungen der betreffenden Königlichen Regierung einen Bericht, der auch abschriftlich dem Königlichen Provincial-Schul-Collegium einzureichen ist, erstatten (...). Für die Kosten dieser commissarischen Reisen sind die Provincial-Fonds zur Verbesserung des Elementar Unterrichts vorzugsweise anzuwenden, aus denen auch die Einrichtung der methodologischen Curse, soweit solches thunlich ist, bestritten werden kann."

[2] Vorreiter litt an Schwindsucht, an deren Folgen er am 24. September 1828 starb; siehe Brief vom 15. Oktober 1828 (Nr. 195).

[3] Kapellen (b. Moers) zählte im Jahre 1825/26 1179 Einwohner; Hamminkeln gehörte zur Bürgermeisterei Ringenberg, in der zum gleichen Zeitpunkt 3873 Einwohner lebten (Mitteilungen des Stadtarchivs Düsseldorf).

[4] Der Musikunterricht wurde erst seit dem Eintritt L. Erks (s. ds.) im Juni 1826 in vollem Umfang erteilt.

[5] Lat.: die Haupttriebfeder der Dinge.

[6] Elsermann hatte nach seinem Abgang vom Seminar vor der Königlichen Wissenschaftlichen Prüfungskommission der Universität Bonn die Prüfung für das höhere Lehramt abgelegt und durfte damit

an höheren Bürgerschulen unterrichten. Nach vier Jahren Lehrtätigkeit immatrikulierte er sich an der Universität Bonn, um Mathematik und Naturwissenschaften zu studieren. Seine Examina am Seminar und vor der Prüfungskommission berechtigten ihn zum wissenschaftlichen Studium.

Diesterwegs Bruder Wilhelm Adolph, Mathematikprofessor in Bonn, erteilte Elsermann für seine Studienleistungen ein vorzügliches Zeugnis und empfahl ihn an die höhere Bürgerschule in Köln. Der dortige Direktor Thomas Joseph Eschweiler stellte ihn ein, doch wenige Monate später folgte Elsermann einem Ruf an das Gymnasium in Wesel, 1842 an das Gymnasium in Saarbrücken, dann nach Wetzlar, wo er schließlich 1865 zum Gymnasialprofessor ernannt wurde.

7 Lehrform, bei der der Lehrer vorträgt und die Schüler nur zuhören.

8 Die Unterrichtung der „Fabrikkinder" – besonders in Abend- und Sonntagsschulen – lag im Ermessen der jeweiligen Behörden oder Lehrer. Erst 1839 bestimmte ein Regulativ, keinen Jugendlichen unter 16 Jahren in die Fabrik aufzunehmen, der nicht Anfänge im Schreiben gemacht habe und geläufig lesen könne; Bestrafung bei Verstößen war nicht vorgesehen.

9 Im Jahre 1817 zählte Düsseldorf 22 653 Einwohner. Es besaß zehn öffentliche Elementarschulen mit 1 137 Schülern (792 Knaben und 545 Mädchen) sowie zehn Armenschulen mit 698 Schülern (351 Knaben und 347 Mädchen). (Vgl.: Wegweiser Düsseldorf's, oder Grundlage zur Geographisch-, Statistisch-, Topographisch-, Historischen Darstellung von Düsseldorf nach zuverläßigsten Quellen entnommen, zusammengetragen und aufgestellt vom Königlich-Preußischen Kreis-Polizey-Inspector Carl Heinrich August Mindel. Düsseldorf 1817, S. 6 und 13.)

Die Einwohnerzahl stieg bis 1828 bereits auf 27 550 Personen an (Mitteilung des Stadtarchivs Düsseldorf).

10 Elberfeld war im Jahre 1816 dem Regierungsbezirk der Königlichen Regierung in Düsseldorf zugeteilt und mit Barmen zu einem Kreis vereinigt worden. In Elberfeld waren vornehmlich die Handels-, in Barmen die Industriebetriebe ansässig. Insgesamt lebten dort im Jahre 1826 27 429 Einwohner, 1828 waren es bereits 28 221.
1829 gab es dort neun Stadt- und fünf Landschulen. (Vgl. Fritz Jorde: Geschichte der Schulen der Stadt Elberfeld. Elberfeld 1903, S. 433 ff.) Die Schule auf der Gathe, an der Lehrer Fuchs unterrichtete, war mit rund 500 Kindern die meistbesuchte Schule der Stadt (vgl. a.a.O., S. 124).

11 Siehe dazu: Klaus Goebel: Schule im Schatten. Wuppertal 1978. – Ders./Günther Voigt: Die kleine, mühselige Welt des jungen Hermann Enters. 5. Aufl. Wuppertal 2002. – Fritz Jorde: Geschichte der Schulen von Elberfeld. Elberfeld 1903. – Herbert Pogt: „ ... verkrüppeln an Seele und Leib". Kinderarbeit in Wuppertal. In: Adolph Diesterweg. Wissen im Aufbruch. Katalog zur Ausstellung zum 200. Geburtstag. Weinheim 1990, S. 148–155. – Dieter Tiemann: Schulmisere als öffentliches Streitobjekt. Die Elberfelder Kontroverse um Diesterwegs „Schulzucht"-Artikel. In: Adolph Diesterweg. Wissen im Aufbruch, a.a.O., S. 156–161. – Zu Wilberg siehe: Volkmar Wittmütz: Schule der Bürger. Die höhere Schule im Wuppertal 1800–1850. Wuppertal 1981.

12 Im Jahre 1827 war in Elberfeld eine städtische Schul-Kommission gebildet worden, die sich aus Schulpfleger J. Fr. Wilberg (s. ds.), den sechs Pfarrern, zwei Stadträten sowie drei gewählten Bürgern zusammensetzte. Ihre Einsetzung ging zurück auf einen Erlaß von Minister von Altenstein aus dem Jahre 1825 (s. ds.), wonach für jede Stadt eine Schulordnung festzulegen sei. Die Kommission tagte monatlich. 1828 wurde sie zur städtischen Oberaufsichtsbehörde für alle Schulen erweitert. Elberfeld erhielt am 3. November 1829 einen Schulorganisationsplan. Wilberg wurde städtischer Schulinspektor. Die unter dem Vorsitz des Oberbürgermeisters gebildete Schulkommission bestand aus den Pfarrern der drei Gemeinden, den Scholarchen, drei reformierten und zwei lutherischen Presbytern, einem Mitglied des katholischen Kirchenvorstands und drei Stadtverordneten. Diesterweg begrüßte diese Neuordnung, durch die die einzelnen Bereiche wie Einteilung der Schulklassen, Lehrergehälter, Aufsicht und Leitung der Schulen endlich vereinheitlicht wurden (vgl. seine Einleitung zur Festansprache von Wilberg in den Rh. Bl., Jg. 1830, S. 291; vorliegende Ausgabe, Bd. II, S. 208 f.).

Im Hinblick auf die besonders hilfsbedürftigen Elementarschulen erwies die Neuordnung sich allerdings als unzulänglich (vgl. Goebel, Klaus: Schulverhältnisse am Niederrhein und im Bergischen Land. Ein Visitationsbericht des Seminardirektors Adolph Diesterweg. In: Ders. u.a. <Hrsg.>: Am Gespräch des menschlichen Geistes über die Jahrhunderte teilzuhaben ...". Festschrift für Hans Georg Kirchhoff zum 60. Geburtstag. Bochum 1990, S. 270 f.).

[13] In Magdeburg war Karl Christoph Gottlieb Zerrenner war seit 1823 Direktor des Magdeburger Lehrerseminars. Er nahm großen Einfluß auf die Organisation des städtischen Schulwesens. – 1826 erschien von ihm die Abhandlung: Grundsätze der Schuldisciplin für Schulaufseher, Lehrer und Schullehrerseminarien. Magdeburg: W. Heinrichshofen. Diesterweg rezensierte diese Schrift in den „Rheinischen Blättern" (Jg. 1827, Bd. I., H. 4, S. 101–111; vorliegende Ausgabe, Bd. I, S. 204–210) und empfahl sie „allen Lehrern ohne Ausnahme" (a.a.O., S. 204).
Über die Konsequenzen, die die Schulverhältnisse im Wuppertal nach sich ziehen müßten, äußerte sich Diesterweg noch mehrfach, u.a. in den Aufsätzen „Gehorsam – der Jugend höchste Tugend" (Rh. Bl., Jg. 1828, Bd. III, S. 24–32; vorliegende Ausgabe, Bd. I, S. 335–340) und „Was fordert die Zeit in Betreff der Schulzucht?" (Rh. Bl., Jg. 1830, Bd. II, S. 273–291; vorliegende Ausgabe, Bd. II, S. 138–149). Obwohl er weder Orte noch Personen benannte, löste der Aufsatz über die Schulzucht in Elberfeld große Empörung aus, die eine Kontroverse in Zeitschriften und ein Gerichtsverfahren gegen Diesterweg nach sich zogen (vgl. Anmerkung 3 zum Brief vom Sommer 1818 <Nr. 24>).

[14] Die Stadt Lennep besaß im Jahre 1827 5 533 Einwohner. Sie verfügte über 12 Elementarschulen mit 13 Klassen, die noch im Jahre 1825 von 1 022, im Jahre 1831 jedoch bereits von 1 545 Schülern besucht wurden. (Vgl. Wilhelm Rees: Remscheid in der Zeit vom Beginn der preußischen Herrschaft bis zum Sturmjahr 1848. Remscheid 1928, S. 59.)

[15] 1825 war das Normalgehalt des Lehrers auf 66 Reichstaler festgesetzt worden; diese Regelung hatte allerdings nur bis 1832 Bestand. (Vgl. W. Rees, a.a.O., S. 54 f.)

[16] Gierlings war mit seiner Lehrerstelle außerordentlich unzufrieden; unregelmäßiger Schulbesuch der weit verstreut lebenden Kinder führte nur zu einem geringen Einkommen, und die kleine, viel zu niedrige Schulstube beeinträchtigte offenbar bereits seine Gesundheit. In einem Schreiben vom 10. September 1827 – möglicherweise angestoßen durch Diesterwegs Kritik – bat er die Königliche Regierung in Düsseldorf um Beförderung seiner Versetzung, entweder an die gerade „erledigte" Elementarschullehrerstelle in Brühl (Solingen) oder eine andere frei werdende Stelle (vgl. HStA Düsseldorf, Reg. Düss., Nr. 3616, 12ʳ⁺ᵛ).

[17] Die Stadt Velbert hatte im Jahre 1827 5 611 Einwohner und verfügte für ihre Kinder über eine katholische, eine lutherische, eine reformierte und zwei vereinigte evangelische Elementarschulen (Einwohnerstatistik des Stadtarchivs Velbert).

[18] Es herrschte ein beständiger Streit zwischen der lutherischen und der reformierten Gemeinde, die ein Kirchengebäude gemeinsam benutzen mußten (Auskunft des Stadtarchivs Velbert).

[19] Die Erträge an Naturalien für den Schullehrer sahen nach Auskunft der „Chronik der evangelischen Schule I in Velbert" von Schullehrer Roß (1850; siehe Stadtarchiv Velbert), wie folgt aus: 15 Höfe lieferten dem Lehrer an Korn jährlich 3/4 Simmer pro Hof, neun Höfe lieferten 1/4 Simmer; an Brot erhielt er von sechs Höfen jeweils eines. Es gab außerdem zum Jahreswechsel einen Umgang um Eier bzw. um ein entsprechendes Neujahrsgeld im Dorfe.

[20] Das Provinzialschulkollegium hatte den Vorwurf erhoben, Diesterweg vernachlässige in der Seminarausbildung die Praxis (vgl. Anmerkung 2 zum Brief vom 7. Februar 1827 <Nr. 161>).

174
An Wilhelm Klappert, Mengede

Moers, 20. Oktober 1827

An den Herrn <u>Klappert</u>, Lehrer in <u>Mengede</u> bei Dortmund

Ich muß Sie sehr um Entschuldigung bitten, daß ich Ihr angenehmes Schreiben von 30ten Juni d. J. nicht eher beantwortet habe.[1] Da Sie mir versprachen, den zweiten Theil Ihrer Betrachtung über Vaterlandsliebe im Laufe des nächsten Vierteljahres zu senden, so wollte ich dieses abwarten, um das Ganze ganz zu geben.[2] Die Censur liebt die Theilung kleiner Ganze nicht. Auch spricht es die Leser mehr an, wenn Zusammengehöriges zusammen steht.   Haben Sie daher die Gefälligkeit, mir bald die Fortsetzung zu schicken, damit das Ganze noch in diesem Jahre gedruckt in Ihre Hände komme!

Übrigens möchte ich Sie bitten, mir zu erlauben, einige Ausdrücke wegzunehmen. Es soll dadurch nichts im Zusammenhange gestört, der Eindruck des Ganzen nicht geschwächt, sondern befördert werden. Und es sind gerade solche, wegen welcher ich in ähnlichen Fällen mit dem Censor Hin- und Herreden gehabt habe. – Übrigens danke ich Ihnen für diese erste Sendung sehr, bitte freundlichst um mehrere und bin mit freundschaftl. Hochschätzung

Ihr erg[e]b[en]st[e]r Diesterweg.

Eigh., Stadt- und Landesbibliothek Dortmund, Atg. 12726

[1] Siehe auch Brief vom 4. Mai 1827 (Nr. 166).

[2] Klapperts Beitrag „Ueber Vaterlandsliebe und die Mittel zu ihrer Begründung in Volksschulen" erschien in den „Rheinischen Blättern", Jg. 1828, Bd. II, 4. Heft, S. 21–37.

175
Aktenvermerk zum Lehrkursus im Oktober 1827

Moers, Ende Oktober 1827

BORNEMANN macht die L[e]hrcurse schlecht; weist die Anford[e]r[un]g armer Lehrer (D[ö]PP[EN]B[E]CK[E]R u[nd] MAAS) um Unterstütz[un]g ab. BERENDT schr[ei]bt an mich selbst, u. v[e]rl[an]gt die Kosten zu wissen u. will sie d[u]r[c]h den Landrath f[ü]r 2 Lehrer s[eine]s Bezirks erwirken.

Ein Tagebuch üb[e]r den Lehrcursus führen von den Lehrern.

Zuerst: Williges Entgegenkommen, sichtbare Freude über den Gang des Unterrichts, leb[en]d[i]g[e]s Auge. Freilich ein groß[e]r Unterschied zwischen S[eminari]sten u. ihnen. Schlägt man bei jenen eine Saite, so spielt d[a]s ganze Klavier; bei diesen muß man in d[e]r Regel, soll ein Ton hörbar werden, die selbe Saite mehrmals anschlagen.

27 Lehrer u. Gehülfen / (19 Lehrer u. 8 Gehülfen) waren hieher beordert. 2 Lehrer erschienen nicht. SASSEN zu Bucholtwelm u. OTTERBECK zu Neuenkamp erschienen nicht, ohne sich zu entschuldigen; bleiben 25. 5 Lehrer traten noch unaufgefordert hinzu: HALFMANN, EICKSCHLAG, HÖRNEMANN, KÜHLER, WÜLLENWEBER (Lehrer ?) aus *[Lücke]*.

Dem H. Sup[erin]t[en]denten SCHRIEVER zeigte ich d[a]s Ausbleiben jener beiden am 2 ten Oct. an.

Eigh., GStA PK, I. HA Rep. 76 Seminare, Nr. 10059: 127ʳ

176
An die Regierung Düsseldorf
(Bericht über den Lehrkursus)

Moers, 28. Oktober 1827

An Eine Königl. Hochlöbliche Regierung zu Düsseldorf.

Bericht des S[emina]rdirectors Diesterweg
über den im Laufe dieses Monats hier abgehaltenen Lehrcursus

Der von der K. Hochlöblichen Regierung auf den ersten dieses Monats anberaumte Lehrcursus begann den Tag darauf und endigte am 27sten dieses, dauerte also vier volle Wochen. Da die meisten Lehrer mit dem ersten Nove[m]b[e]r gern wieder in ihre Wirkungskreise eintreten wollten, auch die Hauptsachen zu Ende gebracht waren, so hielten wir es für angemessen, mit dem 27sten, Abends, zu schließen. Ich bin nun damit beschäftigt, einer Hochl. Regierung über den abgehaltenen Lehrcursus ₁ kurzen ₂ Bericht abzustatten.

₃ Die Zahl der von der K. Regierung zur Theilnahme beschiedenen Lehrer betrug 27. Von diesen sind 4 ausgeblieben: GEMMER in Lennep (unentschuldigt), OTTERBECK zu Neuenkamp u. SASSEN zu Bucholtwelm aus dem Kreise Duisburg (₄ nach Anzeige des H Schulpflegers SCHRIEVER unwohl oder krank), und FISCHER in Wesel (₅ für den nach Mittheilung des H Schulpflegers BERENDT in Diersfort kein Stellvertreter gefunden werden konnte). Von den einberufenen Lehrern u. Gehülfen fanden sich demnach am ersten Oct. 23 hier ein. ₆ Da ich hoffte, ₇ daß für jeden Lehrer der Aufenthalt hieselbst nützlich sein werde, so wünschte ich, noch einige benachbarte Lehrer herangezogen zu sehen. Der H Generalsuperintendent ROSS war so gütig, dieselben auf meine Bitte privatim hieher einzuladen. Dem zufolge traten noch hinzu, aus dem Kreise Geldern: die Lehrer KÜHLER in Repelen, HÖRNEMANN in Schwafheim, EICKSCHLAG in Bettenkamp, HALFMANN in Ansberg *[fälschlich für Asberg]*; ₈ überdieß, von den betreffenden Schulpflegern ermuntert: BRUCHHAUS, Gehülfe in München-Gladbach, ₉ KAULEN ₁₀ , Gehülfe in ₁₁   , WÜLLENWEBER, Gehülfe ₁₂ in Burg ₁₃.

Demnach betrug die Zahl der ₁₄ theilnehmenden Lehrer u. Gehülfen gerade 30.

₁₅ Da es der Sache wenig angemessen gewesen wäre, wenn die Lehrer in Wirthshäusern logirt oder einzelne sich unpassende Quartiere ₁₆ gesucht hätten, so war Vorsorge getroffen, sie bei rechtschaffenen Bürgern unterzubringen. Sämtliche 30 waren daher in 5 Häusern vertheilt, so daß sie, je ₁₇ 5–7 zusammen wohnten, was die Geselligkeit, den Fleiß u. die Wiederholung des Lehrstoffes begünstigt hat. Die tägliche Bezahlung für alle Bedürfniße wurde bei einigen zu 8, bei andern zu 10 Sgr für die Person akkordirt.

₁₈ Am 2ten Oct. Morgens 8 Uhr ₁₉ wurde der Lehrcursus eröffnet. Nach Gesang u. Gebet sprach ich zu den Lehrern über den Zweck u. die Wichtigkeit der Versammlung, ₂₀ nannte die Bedingungen ₂₁ , unter welchen diese Zwecke nur erreicht werden könnten, ₂₂ machte sie mit den äußeren Anordnungen bekannt, daß wir auf Pünktlichkeit, Ordnung, Fleiß etc. feste Rechnung machten, und suchte sie durch einige Bemerkungen u. Ausführungen ₂₃ zu ermuntern u zu beleben. Hierauf begann um 9 Uhr der Unterricht. Die Mittheilung dessen, was in den einzelnen Gegenständen des Lehrcursus vorgenommen wurde, ist in den Beilagen 1, 2 u. 3 ¹ enthalten. Über die Hinzufügung des Unterrichts in der bibl. Geschichte u. im Violinspiele, so wie über die ₂₄ Vertheilung der Unterrichtsstunden bemerke ich Folgendes.

Auf meiner letzten Reise[2] hatte ich überall die Bemerk[un]g gemacht, wie ungenügend die Leistungen u Kenntnisse der Lehrer in dem Religionsunterrichte seien, u. wie wenige die Geschicklichkeit besäßen, den Gesangunterricht mit dem dazu vorzüglich passenden Instrument der Geige zu leiten. Da es überdieß für den Musiklehrer des Seminars u. auch bei unsren übrigen Seminar-Arbeiten keine geringe Aufgabe war, die 30 Lehrer anhaltend zweckmäßig zu beschäftigen, so schien es wünschenswerth, [25] Einiges in dem Unterrichte der Religion u. in der Fertigkeit, die Geige zu spielen, vorzunehmen. H Vorreiter erklärte sich dazu bereit. Den Geigen-Unterricht übernahm theils H Erk, theils zwei dazu qualificirte Seminaristen. [26] Den behandelten Unterrichtsgegenständen wurden täglich folgende Stunden gewidmet:

Von	7–8 Uhr	Violinspiel. [27] Erk.
	8–9 Uhr	Gesang. Derselbe.
	9–10	Theilnahme der Lehrer an dem Gesangunterrichte der Seminaristen, Anfangs zuhörend, später mitsingend etc. Derselbe.
Von	10–11 Uhr.	Unterricht im Lautiren und Lesen. Diesterweg.
Von	11–12 .	Eigentlicher Sprachunterricht. [28] Derselbe.
Von	2–3.	Bibl. Geschichte. Vorreiter.
Von	3–4.	Gesang. Erk.
Von	5–6.	Violinspiel. Die beiden Seminaristen Röber u. Budde.

[29] Zu den musikalischen Unterhaltungen, welche regelmäßig in dem Seminar [30] an den Abenden der Sonntage statt finden, wurden die Lehrer herangezogen.

Auf diese [31] Art wurden die 4 Wochen zugebracht. Außerdem wurden einzelne Lehrer veranlaßt, in einzelnen freien Stunden die Klassen der hiesigen Elementarschule zu besuchen. Am 27 sten Oct. Morgens führten wir sämtlichen Lehrern zwei Klassen der Elementarschule vor, die unterste (erste), um ihnen den Gang des Lautir- und Gesangunterrichts mit 5–7jährigen Kindern, die zweite, um ihnen die weiteren Leistungen des Gesangunterrichts zu zeigen. Nachher benutzte ich eine Stunde, die Lehrer auf die innren Hauptgebrechen des Schulwesens unseres Regierungsbezirks: vernachläßigter Gesang-, Religions- u. Sprachunterricht und Respekt- u. Zuchtlosigkeit der Schuljugend, besonders des Bergischen

Eigh. Entw., GStA PK, I. HA Rep. 76 Seminare, Nr. 10059: 94^r–95^v

Landes, aufmerksam zu machen, ihnen die hohe Wichtigkeit dieser Gegenstände u. die damit verbundene große Verantwortlichkeit der Lehrer einzuschärfen u. sie mit den Mitteln, diesen großen Gebrechen abzuhelfen, bekannt zu machen.

Am Nachmittage des 27ten Octobers fand von 2 Uhr an eine allgemeine Prüfung über die Resultate des Lehrcursus statt. Der H. General-Superintendent Ross beehrte uns auf unsre Bitte mit seiner Gegenwart von 1/2 3–8 Uhr Abends. [32] Nach einander [33] nahmen Schreiber dieses, Vorreiter u. Erk die Prüfungen vor. Zuletzt wurden die Lehrer nochmals in dem größeren Lehrzimmer versammelt. Ich setzte ihnen zuerst die Zwecke solcher Lehrcurse [34] wiederholt auseinander, sprach darüber, in wie weit die Zwecke des nun beendigten erreicht seien, a) von Seiten der Lehrer, b) von Seiten der [35] Schüler. Ich versicherte die Mehrzahl unsrer Achtung wegen ihres an den Tag gelegten eifrigen Strebens u. wegen ihrer sittlichen, strengen Haltung; erklärte mich dann mit den Leistungen, mit der Gesinnung und mit der ganzen Beschaffenheit Mancher unverholen durchaus unzufrieden; [36] suchte diese Meinungen durch Darlegung dessen, worauf es bei der Führung des Lehramtes u. in den Schulen hauptsächlich ankomme

a) bei den Lehrern auf sittlichen Ernst, Bescheidenheit und Gehorsam;
b) bei den Schülern auf Zucht u. Ordnung, Ehrfurcht u. Gehorsam;

404

u. dadurch zu begründen, daß die Schule <u>mehr</u> sein solle, als Unterrichts- oder Abrichtungs-Anstalten; machte zuletzt noch unsre Erwartungen von ihnen namhaft, u. daß sie das hier Erlernte einzuführen hätten, und schloß nun mit Gebet u. Gesang.

Der H. General-Superintendent sprach dann noch einige passende Worte u. entließ sie mit dem Segen.

Am anderen Tage nahmen die 37 Versammelten einzeln von den Lehrern Abschied, wo sich passende Gelegenheit fand, den Einzelnen noch Worte u. Bemerkungen unverholen vorzulegen u., wo es nöthig war, einzuschärfen. Aus dem Benehmen der Lehrer, wie es sich bei dieser Gelegenheit kund gab, glaube ich den Schluß ziehen zu dürfen, daß 38 ihr Aufenthalt hieselbst ihnen zu Ansichten u. Vorsätzen Veranlassung gegeben hat, 39 welche heilsame Wirkungen hoffen lassen. Wenn wir auch im Allgemeinen, unter der großen Mehrzahl der 30, 40 mit Freuden Fleiß u. Beharrlichkeit, Lernlust u. Eifer, Hingebung u. Werthschätzung des Unterrichts bemerkten, so 41 trat uns doch auch in Einzelnen Dünkel u. Anmaßung, und der Mangel alles 42 sittlichen Ernstes in Gesinnung u. Charakter entgegen. 43 Besonders bemerklich machten sich durch diese Untugenden: Kreeft[3] aus Süchtelen u. zum Theil Reuter aus Geistenbeck. Ich habe denselben theils in den Lehrstunden, theils beim Abschiede zugesetzt u. ihnen die Nothwendigkeit der gänzlichen Änderung ihres Sinnes vorgehalten. 44 Nach meiner unmaßgeblichen Ansicht 45 herrscht unter einer Menge von Lehrern des Regierungsbezirks leider ein sehr hoher Grad von Leichtsinn, Anmaßung, Ungehorsam u. Frechheit. Ich halte es für eine der wichtigsten Aufgaben der Behörden u. des Seminars, diesen Untugenden, welche das Gedeihen des Schulwesens geradezu vernichten u. für das öffentliche Leben den verderblichsten Saamen ausstreuen, überall scharf und gerade entgegen zu treten; 46 ich werde daher keine Gelegenheit versäumen, diese grundverderblichen Eigenschaften der Lehrer zu bekämpfen. Solche Lehrer, wie Kreeft u. wahrscheinlich auch Reuter ist, müssen in moralischer Hinsicht vernichtend auf ihre Kinder wirken, u. müssen daher, wenn sie auch in andrer Hinsicht Einiges leisten sollten, für verderbliche Mitglieder ihrer Gemeinden gehalten werden. Ich glaube nicht, daß in dieser Hinsicht Nachsicht geübt werden darf; vielmehr sehe ich in strenger Nachweisung, scharfer Zurechtweisung, Bedrohung u. wirklicher Bestrafung die rechten Mittel. Ich glaube, daß es auf die Haltung u. Gesinnung der Lehrer den heilsamsten Einfluß äußern wird, wenn ihnen 47 auf möglichst vielen Wegen u. durch die zu Gebot stehenden Mittel wieder die unerläßlichen Eigenschaften: Respekt vor Gott u Menschen, u., wenn es sein muß, eine heilsame Furcht eingeflößt werde.

48 Über 49 die Charakter der beiden Lehrer Greeft[4] und Reuter habe ich die mir nöthig scheinenden Bemerkungen dem H. Schulpfleger Zillessen bereits mitgetheilt.

Was nun die Leistungen u. Erfolge des ersten Lehrcursus betrifft, so hoffen wir:

a) daß die meisten der hier gewesenen Lehrer mit mehr Vorsicht u. Einsicht die bibl. Geschichte u. den Religionsunterricht behandeln werden;

b) daß sie im Stande sind, den Lautir-Unterricht, überhaupt einen fruchtbareren, bildenderen Lesenunterricht [sic!] einzuführen;

c) daß sie 50 wohlklingenden 51 , geist- und gemüthbildenden Gesangunterricht mit Lust u. Eifer ertheilen u. fähig werden, denselben mit der Geige zu leiten.

Ganz besonders haben uns die Leistungen der Lehrer im Gesange 52 erquickt u. erfreut. Ihr Anfangs roher, unausstehlicher Gesang ist in 4 Wochen sanft, lieblich und anziehend geworden. Unser Musiklehrer Erk hat unsre Erwartungen weit übertroffen; derselbe hat sich

405

überhaupt unendliche Mühe gegeben u. dafür $_{53}$ unsre $_{54}$ Werthachtung u. die besondere $_{55}$ Hochschätzung von Seiten der versammelt gewesenen Lehrer eingeerndtet.

Eigh. Entw., GStA PK, I. HA Rep. 76 Seminare, Nr. 10059: 132^r–133^v

Unter den Theilnehmern des Lehrcursus befanden sich 6 ehemalige Zöglinge des hiesigen Seminars, und 2, welche im Jahre 1821 u. 1822 einige Zeit hier zugebracht hatten. Unter jenen stand $_{56}$ WILHELM SCHÜRMANN in Capellen bei Mörs oben an, der überhaupt an Kenntnissen u. Einsichten alle andren übertraf. Doch ist auch ihm, wie den übrigen, die Theilnahme an dem Lehrcursus sehr förderlich gewesen. Dem ehemaligen Seminaristen LOTT, Lehrer zu Hammesberg müssen wir Gerechtigkeit widerfahren lassen. Er hat musterhaften Fleiß u. den besten Sinn – freilich bei leider sehr geringen Anlagen – an den Tag gelegt. Und er ist ohne Zweifel ein viel würdigeres Mitglied des Lehrstandes als $_{57}$ der oben angeführte, in Ansichten u. Charakter sehr verkehrte KREEFT. Als die schwächsten unter sämmtlichen Anwesenden erschienen die meisten der Lehrer aus dem Kreise Geldern $_{58}$. Mehr zu erwarten ist von den meisten der jungen Lehrer aus dem Bergischen $_{59}$. In der Beilage No. 4 ^{5} habe ich ihren Standpunkt näher bezeichnet.

Eigh. Entw., GStA PK, I. HA Rep. 76 Seminare, Nr. 10059: 97^r

$_{60}$ Aus der bisherigen Darstellung ergiebt sich schon, daß nach meiner Ansicht die von einem Hohen Ministerio an den Seminarien ange-

Eigh. Entw., GStA PK, I. HA Rep. 76 Seminare, Nr. 10059: 133^v

ordneten Lehrcurse von nicht geringem Werthe u. nicht unbedeutenden Erfolgen begleitet sein werden. Wir sind durch die Erfahrung von ihrem sehr großen Nutzen überzeugt worden, u. ich glaube, daß sie, jährlich fortgesetzt, wesentlichen Anteil daran haben werden, dem Schulwesen immer mehr innren Schwung zu geben u. das probehalbig Befundene *[sic!]* Neue schneller in die Schulen einzuführen. $_{61}$

Bei dem nächsten Lehrcursus möchte übrigens mehr darauf zu sehen sein, daß nur $_{62}$ Männer von ungefähr gleicher Bildungsstufe hieher berufen werden $_{63}$. Die Meisten haben aus eigenem Antriebe den Wunsch geäußert, daß es ihnen erlaubt werden möge, alsdann wieder kommen zu dürfen. Was endlich die neuen Anforderungen, welche durch die Lehrcurse an die Seminarien gemacht werden, betrifft, so $_{64}$ sind dieselben von mannigfaltiger u. schwerer Art. Dieselben erscheinen nun immer mehr als die Mittelpunkte des Schulwesens u. deßwegen gewinnt die Art ihrer Einrichtung immer größere Wichtigkeit. An die Seminarlehrer selbst werden die Anforderungen gesteigert u. von ihnen in gleicher Weise die genaueste Kenntniß ihrer Lehrgegenstände, pädagogischer Takt u. Lehrgeschicklichkeit u. $_{65}$ vollständige Einsicht in den Standpunkt der Lehrer u. die Bedürfniße der Schulen verlangt. Diese Betrachtungen drängen sich den Lehrern bei der Abhaltung eines Lehrcursus $_{66}$ zwingend auf $_{67}$. Dann ist es aber auch nicht zu übersehen, welche Last den Seminarlehrern für die Dauer des Cursus aufgebürdet wird, indem es in der That keine kleine Aufgabe ist, ohne Hintansetzung ihrer täglichen vielen Berufsgeschäfte den Anforderungen Erwartungen u. Bedürfnißen einer nicht unbedeutenden Anzahl ihnen fremder Lehrer vollständig zu genügen. Gern haben wir die Arbeiten in dem $_{68}$ abgehaltenen Lehrcursus übernommen; aber ich kann nicht bergen, daß wir uns darüber freuen, daß derselbe glücklich zu Ende gebracht ist. Wir fühlen unsre Kräfte erschöpft. Deßwegen $_{69}$ möchte es keinem Seminar anzumuthen sein, jährlich mehr als einmal u. auf längere Zeit als auf 4 Wochen einen solchen Lehrcursus zu übernehmen.^{6} Da nun durch $_{70}$ die bereits im $_{71}$ Amte stehenden Lehrer,

406

welche hieher berufen werden u. deren Aufmerksamkeit mit Recht vorzugsweise auf die mit dem $_{72}$ Seminar in Verbindung stehenden Kinderschulen gerichtet ist, die Verpflichtung, auf möglichst vollkommne Gestaltung dieser Schulen bedacht zu sein, $_{73}$ wo möglich, noch gewachsen ist, so bitte ich Eine Hochlöbliche Regierung gehorsamst, $_{74}$ alles Mögliche dazu beizutragen, daß $_{75}$ das hiesige Elementar-Schulwesen bald $_{76}$ eine vollständige u. bleibende Organisation erhalte, oder, falls dieses hier nicht möglich sein sollte, das Seminar nach einem seine Zwecke mehr begünstigenden Ort zu verlegen.

———

Zur Beförderung richtiger Ansichten über die an den Seminarien angeordneten Lehrcurse habe ich, zum Behuf des Abdrucks derselben in den von mir herausgegebenen Rh. Blättern einige Bemerkungen niedergeschrieben.[7] Ich erlaube es mir noch, dieselben abschriftlich einer Hochlöblichen Regierung in $_{77}$ der fünften Beilagen *[sic!]* mitzutheilen.

$_{78}$ Nach dem Schlusse des vorstehenden Briefes erlaube eine Königliche Hochlöbliche Regierung noch folgende drei Bemerkungen nachzutragen.

1) Der Schullehrer KREEFT in Süchtelen, dem ich am 28 sten Oct., $_{79}$ als er von mir Abschied nahm, die ernstesten Vorstellungen gemacht hatte, fand sich am anderen Tage nochmals bei mir ein. Er versicherte, die Wahrheit meiner Behauptungen, welche seine Verkehrtheit betrafen, einzusehen, und versprach, durch sein künftiges Leben zu beweisen, daß er den Entschluß gefaßt habe, ein andrer Mensch zu werden. Demnächst bat er mich, $_{80}$ mein Urtheil über ihn gegen die höhere Behörde nicht auszusprechen. Ich mußte ihm dagegen erwidern, daß ich das nicht dürfe, wolle aber seiner Hoffnung gebenden Versicherungen zugleich Erwähnung thun. Da ich Ursache habe, zu vermuthen, daß jene Äußerung nur in der Absicht geschah, um den letzten Zweck zu erreichen, so halte ich es für angemessen, daß derselbe unter die speciellste Aufsicht des H Schulpflegers ZILLESSEN $_{81}$ gestellt werde.[8]

2) Eine unerwartete Überraschung wurde mir noch zu Theil. Die Lehrer hatten sich, ohne unser Vorwissen, am Abend des Sonntags, den 28 sten, um 11 Uhr in der Stille in dem Seminar versammelt, u. in meiner Abwesenheit den Vorplatz vor meinem Schlafzimmer mit Laubwerk etc. geschmückt. Gegen 2 Uhr Morgens stimmten sie hierauf einen Gesang an, u. als ich $_{82}$ aufgeschreckt heraus tratt *[sic!]*, fand ich sie alle $_{83}$ in festlicher Kleidung aufgestellt. Einer sprach dann $_{84}$ kurz den Dank der Lehrer aus, überreichte mir $_{85}$ [b]eiliegendes Gedicht[9], in Musik gesetzt, und verehrte mir, im Namen der übrigen, fünf in Rahmen u. Glas gefaßte Kupferstiche von LUTHER, SCHILLER, GÖTHE, WIELAND und HERDER. $_{86}$ Zufällig war der 29 ste mein Geburtstag.

3) Die $_{87}$ am Schlusse meines Briefes erwähnte Nothwendigkeit, die Verhältniße des Seminars zu der hiesigen Elementarschule zu ändern, wird immer dringender. Die Unthätigkeit etc. des hiesigen Schulvorstandes und die in der That unglaubliche Verkehrtheit des hiesigen Schullehrers BLECKMANN paralysiren nicht nur $_{88}$ unsre ganze Wirksamkeit, sondern vereiteln auch alle unsre auf die Verbesserung der Elementarschule und die Erreichung der Seminarzwecke gerichtete unermüdet gewesene, uneigennützige, freiwillige Thätigkeit, sondern machen $_{89}$ die Fortsetzung dieses Verhältnißes durchaus unerträglich u. bereiten mir der Unannehmlichkeiten $_{90}$ unzählige. Zu der Meinung, welche der Herr Konsistorialrath BRACHT in Düsseldorf, nach einem Besuche der Schule des BLECKMANN, im Jahre 1821 aussprach, sehe ich mich endlich hinüber genöthigt, und ich habe nun selbst auf dem schmerzlichsten Wege die Überzeugung gewinnen müssen, daß wir $_{91}$ nicht einmal $_{92}$ durch unbedingte Subordination des BLECKMANN unter das Seminar, sondern nur durch

völlige Trennung 93 von ihm u. seinem Wirken zur Ruhe u. Zufriedenheit gelangen können. Möchte es einer Hochlöblichen Regierung gefallen, die Veranstaltung zu treffen, daß das Seminar endlich zu einer eigenen, von ihm allein abhängigen Schule gelange, 94 von welcher der BLECKMANN ausgeschlossen bleibt.

95 Bei den jetzt bestehenden Verhältnißen fühle ich mich gelähmt u. geknickt.[10]

Eigh. Entw., GStA PK, I. HA Rep. 76 Seminare, Nr. 10059: 96ʳ–97ʳ, 97ᵛ–98ᵛ
Foliofolge des Gesamtentwurfes: 94ʳ–95ᵛ, 132ʳ–133ᵛ. 97ʳ, 133ᵛ, 96ʳ–97ʳ, 97ᵛ–98ᵛ

[1] Vgl. das Tagebuch über den Lehrkursus (Nr. 177) und die speziellen Ausführungen zum Lese- und zum Gesangsunterricht (Nr. 178 und Nr. 179).

[2] Vgl. Diesterwegs Reisebericht vom 7. September 1827 (Nr. 173).

[3] Zu Wilhelm Kreeft, der Diesterweg bereits von einer früheren Prüfung her bekannt war, vgl. Briefe vom 15. Mai 1825 an die Regierung Düsseldorf und an Superintendent Roß (Nr. 117 und Nr. 118).

[4] Schreibfehler; richtig: Kreeft.

[5] Gemeint ist die im vorliegenden Band nur als Regest angeführte Liste der Lehrkursus-Teilnehmer (vgl. „Verzeichnis der nicht abgedruckten Dokumente").

[6] Die Düsseldorfer Regierung honorierte die Anstrengung der Seminarlehrer und bewilligte für Diesterweg 50 Reichstaler, Vorreiter 31 Reichstaler und Erk 65 Reichstaler als Gratifikation (4. Dezember 1827, GStA PK, I. HA Rep. 76 Seminare, Nr. 10059: 106ʳ). Überdies fällte sie ein überaus positives Urteil über die Durchführung des Kursus: „Aus Ihrem Berichte vom 28. October d. Js. haben wir mit wahrem Vergnügen entnommen, wie zweckmäßig der dießjährige Lehrkursus für die Lehrer von Ihnen angeordnet worden, und mit welchem Eifer und welcher Kraftanstrengung Sie und Ihre Mitarbeiter bemüht gewesen sind, den einberufenen Lehrern den kurzen Aufenthalt im Seminar so nützlich als möglich zu machen." Im Einvernehmen mit Diesterwegs Anregung wurde festgestellt, „daß solche Lehrkurse, deren von uns nicht verkannte Schwierigkeiten Sie so glücklich zu überwinden gewußt haben, für das gesammte Schulwesen unseres Verwaltungsbezirks in jeder Beziehung von der größten Wichtigkeit sind und werden (...) auch die Anordnung derselben nach den von Ihnen uns vorgetragenen Wünschen veranlassen" (a. a. O., 105ʳ).

[7] Gemeint ist der Beitrag: „Über Lehrcurse überhaupt und die in den preußischen Seminarien angeordneten insbesondere, mit Bemerkungen über den im Oktober 1827 in Mörs abgehaltenen Lehrcursus", in: Rh. Bl., Jg. 1827, Bd. II, H. 2, S. 1–21 (vorliegende Ausgabe, Bd. I, S. 158–172). Die eigenhändigen Entwürfe zu diesem Artikel und seiner Beilage über Lautier- und Sprachunterricht sind im vorliegenden Band (Nr. 180 und Nr. 178) wiedergegeben. – Eduard Langenberg (s. ds.) berichtet ausführlich über diesen Lehrkursus in: Adolph Diesterweg. Sein Leben und seine Schriften. Frankfurt a. M. 1868, Teil I, Kap. XII: „Der methodologische Kursus in Mörs, 1827", S. 63–68.

[8] Mit Kreeft kam es in der Folge zu einer heftigen literarischen Auseinandersetzung. Vgl. Anmerkung 1 zum Bericht über den Lehrkursus vom 29. Oktober 1827 (Nr. 180).

[9] Diese Beilage ist nicht überliefert.

[10] Am 2. November 1827 berief Superintendent Roß (s. ds.) in dieser Angelegenheit eine Sitzung des Schulvorstandes ein (vgl. Protokoll <Nr. 181>). – Doch erst im Jahre 1830 war der Schulvorstand endgültig gewillt, gegen Bleckmann eine Untersuchung einleiten zu lassen und sich von ihm zu trennen. Vgl. dazu Brief vom 16. Juni (Nr. 239) und die Protokolle vom 13. September und 23. November 1831 (Nr. 241 und Nr. 247).
Am 9. März 1830 beantragte Pfarrer Bornemann (s. ds.), der bislang Bleckmann verteidigt hatte, im Namen des Scholarchats die Genehmigung der Statuten für eine „vereinigte" Schule, d. h. eine Verbindung von Elementarschule und Progymnasium unter der gemeinsamen Leitung von Rektor Hoffmeister. Diese wurde bewilligt. (Vgl. Klein-Reesink, Andreas: Das Gymnasium Adolfinum in Moers in der Zeit von 1815 bis 1950. Moers 1992, S. 68 f.)

408

177

An die Regierung Düsseldorf

Moers, 28. Oktober 1827 (?)

T a g e b u c h   ü b e r   d e n   L e h r c u r s u s   i m   O c t.   1 8 2 7.[1]

2 Oct.   Gesang   Lied   Vers 1.   Gebet.   Vers

8–9   Gesangprobe in Vorsingen eines Chorals bestehend. Im Allgem. schlecht.

9–10   Zuhören dem Gesange der S[eminari]sten, damit sie Geschmack gewinnen durch
        ₁ das Hören des Richtigen.

10–12. Probe im Lautiren. Die meisten konnten es, einige recht gut u. geläufig, Andre
        mittel mäßig u. ungenügend. Die Laute werden zum Theil ganz verschieden ange-
        geben, am meisten r, l, m, n, g, ch, ng; letztre 2 meist falsch, am meisten der letz-
        tere, von allen als 2 Laute wo er doch nur 1 Laut darstellt. Dieses scheint den
        Lehrern unbekannt zu sein. Die meisten sprechen ei = e i, nicht wie ei aus, wie es
        doch in der Regel klingt. ₂ Fast alle lautiren auch die Dehnungsbuchstaben e u. h
        u. doppelte Gr[un]dlaute, u. doppelte Mitlaute. Also: ungenügende Kenntniß der
        Lautlehre.
        – Dann Unterricht in der Lautlehre. – Heuristisch,[2] katechetisch[3] sokratisch.[4]
        Was ist ein Laut? 3fache Antwort, vom Gehalt, der Form u. deren Objecte herge-
        nommen: Zeichen der Vorstell[un]g, ₃ einfacher Schall der Sprechwerkzeuge, ein-
        fachster Th[ei]l der Sprache. Von den Sprechwerkzeugen.

In den ersten 14 Tagen hatten wir die Lautlehre u. die Üb[un]gen in derselben beendigt.
Fast alle gaben nun die Laute genau an, manche, die schon mit der Sache einigermaßen bekannt waren, sehr geläufig u. gut. Ohne Ausnahme s[in]d sie fähig, den Lautirunterricht zu
beginnen. Die ₄ Übungen ₅ zerfielen in folg. Unterricht:

1. Charakterisirung des Wesens der menschl. Sprache, der menschl. Laute, des Lautir- u.
    Buchstabirunterrichts. Entschiedene Vortheile des ersteren

2. ₆ Genaue Beschreibung der Sprechwerkzeuge.

3. Die einfachen ₇ Sprachlaute,
    a) die Grund- oder Stimmlaute;
        1) die einfachen;
        2) die zusammengesetzten.
    b) die Mitlaute
        1) die Lippenlaute;
        2) die Zungenlaute;
        3) die Gaumenlaute;
        4) der Lungenlaut.

4. Unterscheidung des Vierfachen:
    a) ₈ die Laute;
    b) ₉ die Namen der Laute;
    c) die Buchstaben (Formen derselben);
    d) die Namen derselben.

5. Einübung der Laute.

6. Die Bezeichnung der Laute.

7. Die Bedeutung der Zeichen (Buchstaben)

8. Verschiedenheiten in der Aussprache derselben Laute in Berg u. Cleve u. in einzelnen Kreisen, u. daß dieselben zu berücksichtigen (nehmlich zu respektiren) seien.

9) Methodische Winke über $_{10}$ den Unterricht im Lautiren u. im Rückblicke Auffassung der großen Vorzüge der Lautirmethode,
   a) für $_{11}$ genaues, scharfes Lesen;
   b) für die Rechtschreibung;
   c) für die Begründung eines gründlichen Sprechunterrichts;
   d) für die ganze Bildung.

Beim Anfange jed[e]r Stunde m[u]ßte jeder d[a]rauf vorbereitet sein, $_{12}$ die Wiederholung der vorhergeh[en]den Stunde zu übernehmen. –

KREEFT[5] u REUTER erschienen als oberflächliche, anmaßende, eingebildete kecke Menschen; widerlich. Jener m[u]ßte, nachdem ich kurz vorher, beim Anfange der 2ten Woche, die Zwecke des Zusammenseins nochmals ernst ausgesprochen u. sie in guten Gesinnungen zu befestigen bemüht gewesen war, wegen flatterhaften Betragens in der Lehrstunde zurecht gewiesen werden. Nein, solche Kerls müßte man [au]s dem Lehrstande ausstoßen, u. solchen Sinn mit $_{13}$ Blitzen u. Knitteln austreiben. Die Seminarien, auch das schlechteste, entläßt *[sic!]* solche Leute nicht.

––––

Schluß.

Ausführ[un]g folg[en]d[e]r Bemerkungen.

Zweck der S[emina]rcurse.

1. Die Meisten haben d[u]rch Ernst, A[u]fmerksamk[ei]t, Fleiß u. Fortschritte unsren Erwartungen entsprochen. Doch $_{14}$ d[a]rf es nicht verhehlt werden, daß mehreren der sittliche Ernst u. die Ch[a]r[a]kterfestigkeit $_{15}$ abgeht, welche $_{16}$ dem erzieh[en]den Lehrer durchaus nicht fehlen dürfen. $_{17}$

2. Was wir glauben, daß die versammelten Lehrer hier erlangt haben können:
   a) Kenntnisse u Fertigk[ei]ten in der Beh[an]dl[lun]g der bibl. Geschichte, des Lese- u des Sprachunterrichts, des Gesangs, des Violinspiels u. d[e]r Musik üb[er]h[au]pt.
   b) Ansichten über Methodik, Lehrerberuf u. andre wichtige G[e]g[en]st[än]de d[e]s Lebens;$_{18}$

3) Was sie nun zu thun haben, was von ihnen zu erwarten ist:
   a) Benutz[un]g u. Anwend[un]g des hier Erlernten;
   b) Reges Fortschreiten;
   c) Treue im Lehrerberufe; Disciplin, Erzieh[un]g –

4. Wunsch z[u]r gl[üc]klichen Heimkehr – daß sie uns von Zeit zu Zeit die Beweise des Fortschritts geben möchten.

Eigh. Entw., GStA PK, I. HA Rep. 76 Seminare, Nr. 10059: 99^r–100^r

410

1 Diese Notizen sind vermutlich Grundlage für die Beilage 1 zum Bericht über den Lehrkursus vom 28. Oktober 1827 (Nr. 176).

2 Lehrform, bei der mit Hilfe bestimmter Regeln selbständig etwas Neues entwickelt wird; hier auf die Interpretation unbekannter Texte bezogen.

3 Lehrform, bei der ein Gegenstand in einem festgelegten Modus von Fragen und Antworten abgehandelt wird.

4 Lehrform, bei der eine Problemlösung durch geschicktes Fragen des Lehrers vom Lernenden selbständig entwickelt wird.

5 Siehe dessen Prüfungsprotokoll vom 15. Mai 1825 (Nr. 116).

178
An die Regierung Düsseldorf

Moers, Ende Oktober 1827

Ü b e r s i c h t [1]
des Inhaltes des während des Lehrcursus
vorgenommenen Unterrichtes zur Anleitung im Lesenlehren.

———

A. <u>Die Lautlehre und das Lautiren.</u>

1. [1] Das [2] Charakteristische der menschlichen Sprache, des Lautes, des Lautir- und Buchstabirunterrichts. Entschiedene Vorzüge des ersteren.

2. Beschreibung der Sprachwerkzeuge.

3. Die [3] Stimmlaute: a) die einfachen; b) die zusammengesetzten.

4. Die Mitlaute: a) die Lippen-; b) die Zungen-; c) die Gaumenlaute; d) der Brustlaut.

[4]6. Unterscheidung des Vierfachen: der Laut, der Namen desselben, der Buchstabe, der Name [5] desselben.

[6]5. Einübung der Laute.

7. Die Bezeichnung der Laute, deren Mängel und Lücken.

8. Die Bedeutung der einzelnen Buchstaben.

9. Mundartische[2] Verschiedenheiten in Berg und Cleve und in wie ferne dieselben auf den Lautirunterricht Einfluß haben dürfen.

10. Rückblicke, [7] vollständige Würdigung der Lautirmethode u. deren Vorzüge
    a) für ein genaues, scharfes Lesen u. Singen u. die Bildung der Sprechwerkzeuge;
    b) für die Rechtschreibung;
    c) für [8] einen begründeten Sprechunterricht.

B. <u>Die Regeln</u> [9] <u>für</u> [10] <u>richtiges Lesen.</u>

1. Allgemeine Regeln.

2. Besondere
    a) für den Laut;
    b) die Silbe;

411

c) das Bestimmungswort u. Grundwort;
d) das Wort im Satze.

3. Regeln, hergenommen aus dem Zusammenhange.
4. Regeln, hergenommen aus der Wortfolge.
5. Verhalten des $_{11}$ Satztones in $_{12}$ Bezug auf Höhe u Tiefe, Hebung, Senkung und Schwebung.

C. <u>Praktischer Lehrgang für den Sprechunterricht.</u>

1. Rückgang vom Satze zu dem Laute und erste Übungen der Wortbildung.

 a. Zerlegung des Satzes in Wörter.
 b. —— der Wörter in Silben.
 c. Bildung ein- und mehrsilbiger Wörter.
 d. Zerlegung der Silben in Laute.
 e. Bildung einsilbiger Wörter nach Bedingungen.

2. Erster Theil der Rechtschreibung.

 a. Länge u. Kürze der Grundlaute
 b. Bezeichnung der Länge u. Kürze der Grundlaute.
$_{13}$ c. Äußere Kennzeichen der Länge u Kürze der Grundlaute.
 d. Übungsaufgaben mit Grundlauten.
 e. —— Mitlauten.
 f. Buchstabir- und Aufschreibeübungen.
 g. Zur Unterscheidung verwandter Mitlaute.
 h. Wortbildung mit gegebenen An- und Auslauten.
 i. Wortbildung mit Vor- und Nachsilben.
 k. Zur Unterscheidung und Rechtschreibung ähnlich klingender Wörter.

3. <u>Die Wörterklassen.</u>

 a. Die 10 Wörterklassen mit deutschen Benennungen.
 b. Einübung derselben.
 c. Wort- und Satzbildung mit gegebenen Wörterklassen.

4. <u>Der zweite Theil der Rechtschreibung.</u>

 a. Allgemeine Regeln.
 b. Besondere Regeln.
 c. Regeln über die Abtheilung der Wörter u Silben.

5. Satzzeichenlehre.

 Bekanntmachung u. Einübung derselben.

6. Die eigentliche Wortbildung im Zusammenhange.

 1. Wurzel-, Stamm- und Ableitungssilben. Übersicht derselben.
 2. Bildung abgeleiteter u. zusammengesetzter Wörter $_{14}$ – Wortfamilien $_{15}$.
 3. Aufsuchung der Stamm- und Ableitungssilben in gegebenen Wörtern.
 4. Ableitung durch die Umlautung.

412

7. <u>Die Zusammensetzung.</u>

    a. Ein- und mehrfach zusammengesetzte Wörter.

    b. Das Grund- und das Bestimmungswort.

    c. Die Bedeutung zusammengesetzter Wörter.

    d. Zusammensetzung gegebener Wörter.

    e. Art und Geschlecht der zusamm[engesetzten]. Wörter.

    f. Art der Verknüpfung des $_{16}$ Bestimmungswortes mit dem Grundworte.

    g. Wortarten, welche zusammengesetzt werden.

    h. Zusammengesetzte Wörter, welche Gegensätze ausdrücken.

    i. $_{17}$ Gehalt des Bestimmungswortes.

8. Die Ableitung im engeren Sinne.

    Übungen in der Ableitung der 10 Wörterklassen mit Aufsuchung der Bedeutung der Vor- und Nachsilben.

Überall fand sich Gelegenheit zu pädagogischen und methodischen Bemerkungen, zu Bestätigung wahrer und Berichtigung falscher Meinungen.

Eigh. Entw., GStA PK, I. HA Rep. 76 Seminare, Nr. 10059: 130^r–131^v;
veröff.: Rh. Bl., Jg. 1827, Bd. II, H. 2, 170–172

[1] Diesterweg fügte diese Übersicht als „Beilage 2" seinem Bericht über den Lehrkursus vom 28. Oktober 1827 bei und veröffentlichte sie in den „Rheinischen Blättern" (vgl. Anmerkung 7 zu Nr. 176).

[2] Hochsprachlich nicht realisierte Adjektivbildung für: mundartlich.

179
An die Regierung Düsseldorf
(Gesangunterricht während des Lehrkursus)

Moers, Ende Oktober 1827

Was während des vierwöchentlichen Lehrcursus im Gesangunterrichte geschah.[1]

$_1$ Durch den Gesangunterricht, welchen ich den Lehrern ertheilte, verfolgte ich die zwei Zwecke

1) daß $_2$ die Fertigkeit jedes Lehrers sowohl im Choral- als auch im weltlichen Gesange möglichst weit gefördert u.

2) daß $_3$ Jedem ein bestimmter Lehrgang im Gesange angeeignet werde.

$_4$ Diese beiden Zwecke konnte ich, da sich schon in den ersten Stunden zeigte, daß $_5$ nur sehr wenige einen Choral einigermaßen schön singen konnten u. die meisten $_6$ gar keine Kenntniß, weder des Noten-, noch des Ziffernsystems, besaßen, nur näherungsweise erreichen. Doch hat der Erfolg die anfänglich geringe Erwartung übertroffen.

$_7$ In den ersten 14 Tagen beschäftigten wir uns täglich zwei Stunden ausschließlich mit dem einstimmigen Choralgesange, wobei NATORP's Choral-Melodienbuch[2] zu Grunde gelegt wurde. Die schönsten u. gebräuchlichsten Melodien wurden ausgewählt. $_8$ Nach 14 Tagen wurden in einer der $_9$ zwei Stunden, welche jeden Tag dem Gesang gewidmet $_{10}$ waren, zweistimmige Gesänge eingeübt. Die Materialien wurden genommen:

a) aus den von HIENTZSCH heraus gegebenen Volksliedern[3];

b) aus dessen neuer Sammlung zwei-, drei- u. vierstimmigen Schulliedern *[sic!]*[4];

c) aus GLÄSER's Liederbuch $_{11}$ u den dazu gehörigen Melodien[5].

Eigh. Entw., GStA PK, I. HA Rep. 76 Seminare, Nr. 10059: 126^v

Außerdem sangen die Lehrer täglich eine Stunde mit unsren Seminaristen, Anfangs Chorräle, später drei- und vierstimmige Gesänge aus den Sammlungen für Männerchöre von HIENTZSCH.[6]

Durch diese Veranstaltungen wurde der erste der oben genannten Zwecke angestrebt.

Zur Erreichung des zweiten Zwecks legte ich die NATORP'sche Gesanglehre[7] als die einfachste u. beste für Elementarlehrer zu Grund. Der erste Theil derselben wurde genau u. möglichst gründlich durchgenommen. Der zweite Theil mußte dem späteren eigenen Fleiße der Lehrer überlassen werden. Auf dem guten Grunde, der nach meiner Meinung durch die Einübung des ersten gelegt ist, kann dieses nur wenigen noch $_{12}$ Schwierigkeiten verursachen. Kehren die Lehrer nach einem Jahr noch einmal zurück, so wird sich Gelegenheit finden, die NATORP'sche Gesanglehre zu beendigen. Inzwischen bietet der erste Theil die Materialien wenigstens für ein Jahr.

In den letzten Stunden erhielten die Lehrer noch eine kurze Anleitung, Gesänge aus der Notenschrift in die Ziffernschrift zu übertragen. $_{13}$ Dann wurde eine $_{14}$ nicht unbedeutende Anzahl von Gesängen aus GLÄSER, HIENTZSCH u. NATORP in die Ziffernschrift $_{15}$ übersetzt.

———

In dem Violinspiele brachten es diejenigen, die früherhin darin ganz ungeübt waren, so weit, daß sie die gebräuchlichsten Tonleitern u. die einfachen Gesänge aus den vorher genannten Schriftstellern spielen lernten, so daß sie nun im Stande sein werden, $_{16}$ mit der Violine den Gesang zu leiten u. $_{17}$ durch Selbstübung nach weiterer Fertigkeit auf diesem Instrumente zu streben.

In Summe wurden während des vierwöchentlichen Cursus folgende Gesänge eingeübt:

1) Aus HIENTZSCH Volksliedern: No. 1. *[sic!]*, 2, 4, 6, 10, 11, 14, 15, 17, 20, 21, 26, 27, 29 u. 37.

2) Aus dessen Schulliedern: No 2, 19, 31, 38 u 40.

3) Aus GLÄSER's Melodienbuche für Schulen: No. 1, 2, 4, 5, 7, $_{18}$ 10, 12, 13, 14, 16, 18, 21, 23, 24, 28, 30, 33, 34, 36, 40, 43, 44, 60, 61, 62, 67, 79, 82, 85, 86, 87, 90, 92, 95, 96, 100, 103, 104, 112 u. 123.

4) Aus HIENTZSCH Gesängen für 3 u. 4 Männerstimmen,

Heft 2: No. 3 u 23;

Heft 3: No. 9, 10, 16, 18, 21, 23, 26, 27, 28, 29, 31, 33, 34, 35 und 36.

5) Aus NATORP's Choralbuche: 47 Nummern.

Auf diese Weise hoffe ich $_{19}$ nach meinen Kräften der Absicht einer Hohen Behörde, den Gesangunterricht in Schulen u. Kirchen zu veredeln, in dem abgelaufenen Lehrcursus

414

nachgekommen zu sein. Den Lehrern bin ich d[a]s Zeugniß schuldig, daß sie gern u. mit
Lust sangen, mit Lernbegierde die Anweisungen aufnahmen und nach Verhältniß u. über
anfängliches Erwarten gute Fortschritte gemacht haben. Möchten dieselben das Erworbene
in den Schulen benutzen u. weiter streben, da die Veredlung des Gesanges in unsren Schulen so dringend Noth thut!

Eigh. Entw., GStA PK, I. HA Rep. 76 Seminare, Nr. 10059: 125^r–126^r;
Foliofolge: 126^v, 125^r–126^r

1 Diesterweg fügte diese Übersicht als „Beilage 3" seinem Bericht über den Lehrkursus vom 28. Oktober 1827 bei.

2 Natorp, Bernhard Christoph Ludwig: Melodienbuch für den Gemeindegesang in den evangelischen
Kirchen. Essen: Bädeker 1822.

3 Hientzsch, Johann Gottfried: Auswahl der bessern deutschen Volkslieder, zunächst für Schulen,
zwei-, drei- und vierstimmig eingerichtet. Frankfurt a. d. O. 1821.

4 Hientzsch, Johann Gottfried: Neue Sammlung zwei-, drei- und vierstimmiger Schullieder. 1. Heft.
Breslau 1827.

5 Vermutlich ist gemeint: Gläser, Karl: Musikalisches Schulgesangbuch (methodisch geordnet nach
Natorps Anleitung zum Unterricht im Singen). 1s Bdchen: Essen: Bädeker 1821; 2s Bdchen: ebd.
1826.

6 Vermutlich ist gemeint: Hientzsch, Johann Gottfried: Drei- und vierstimmige Kirchenlieder ... zum
Gebrauch für Schulen und Sing-Vereine. 1. Heft. Breslau 1827.

7 Natorp, Bernhard Christoph Ludwig: Anweisung zur Unterweisung im Singen für Lehrer in Volksschulen. 2 Bde. Potsdam: Horvath 1813; Bd. I: Leitfaden für den In Cursus. 3. Aufl. Duisburg und
Essen: Bädeker 1818; 5. Aufl. ebd. 1815; Bd. II: Leitfaden für den IIn Cursus. 4. Aufl. ebd. 1820.

180
An das Provinzialschulkollegium der Rheinprovinz, Koblenz

Moers, 29. Oktober 1827

Über Lehrcurse überhaupt
und die in dem *[sic!]* preußischen Seminarien angeordneten in's Besondre,
mit Bemerkungen über den im Oct. 1827 ₁ in Mörs abgehaltenen Lehr-Cursus[1]

Das Hohe Ministerium d[e]r Unterrichts-Angelegenheiten in Berlin hat unterm 13. Juni[2]
1826 u. 24sten März d. J. verordnet, daß in den Hauptseminarien von Zeit zu Zeit Lehrcurse
für bereits im Amte stehende Lehrer eingerichtet werden sollen. Die Zwecke diese[r] Einricht[un]g sind leicht aufzufassen. ₂Einmal will man dadurch den Lehrern Veranlass[un]g
geben, ihre K[enn]tnisse zu erweitern; dann ₃ beabsichtigt man, es zu verhüten, daß nicht
einzelne Lehrer, die aus dem S[emina]r entlassen, in's Amt gerückt sind, ₄ still stehen oder
rückwärts schreiten; endlich will man das in dem Seminar Erprobte schnell den Lehrern der
ganzen Provinz mittheilen, üb[e]rh[au]pt durch diese Lehrcurse die Lehrer mit dem Seminar, das Seminar mit den Lehrern bekannt machen, und den angeregten Eifer im Schulwesen nicht nur zu erhalten, sondern zu erhöhen u. allgemeiner zu machen suchen. Diese
Zwecke sind sehr bedeutend und wichtig; es kommt nun darauf an, daß sie durch die Ausführenden erreicht werden.

₅ Hier, wie überall, bei neuen Einrichtungen zeigen sich Schwierigkeiten, welche die Ausführung hemmen. Wir wollen die Wichtigsten aufzählen u. unsre Ansicht über die einzelnen mittheilen.

1. Äußere ₆ Hinderniße.

Wenn durch einen Lehrcursus etwas Wesentliches erreicht werden soll, so muß derselbe wenigstens vier Wochen dauern. ₇ Folglich müssen die daran Theil nehmenden Lehrer wenigstens 4 Wochen ihren Wohnort verlassen, eben so lang in den Seminarorten zubringen, und ₈ für diese Zeit die Schule schließen. Hierdurch wird ₉ der Unterricht auf etwas längere Zeit unterbrochen u. den Lehrern ein Geldaufwand zugemuthet, welcher vielen lästig, vielleicht unerschwinglich sein dürfte.

Diese Hinderniße sind indessen nicht sehr erheblich u. lassen sich ₁₀ zum Theil leicht beseitigen.

Wenn man die Lehrcurse in die Monate verlegt, in welchen in den meisten Schulen 2–3 Wochen Ferien statt finden, oder in welchen die Eltern ihre zum Theil erwachsenen Kinder am besten zu häuslichen oder Feldarbeiten gebrauchen können, so erwächst der Schule durch die um wenig vermehrte Unterbrechung des Unterrichts kein Nachtheil. Jeden Falls wird derselbe durch die belebte u. gesteigerte Kraft des heimkehrenden Lehrers vollständig aufgewogen. – Auch ist der Kostenaufwand in dem Seminarorte nicht so bedrückend, als er Anfangs scheinen möchte. Sorgt der Seminardirector dafür, daß ordentliche Bürger geneigt sind, gegen billige Vergütung die fremden Lehrer in Kost u. Wohnung zu nehmen, wozu sich allerwärts Gelegenheit findet u. was dem Beziehen der Wirthshäuser in jeder Hinsicht weit vorzuziehen ist, so können die Kosten im Ganzen nur unbeträchtlich sein. Hier in Mörs z.B. ₁₁ steht jedem Lehrer ein ordentliches Bürgerhaus für 8–10 Sgr täglich offen, für welchen Preis jedes wesentliche Bedürfniß des bescheidenen Mannes befriedigt wird. Hier reicht also, die Reisekosten nicht mitgerechnet, welche auch nicht bedrückend sein können ein Aufwand von 10 Rh hin, um sich 4 Wochen anständig hier zu erhalten. Dieß ist nun freilich nicht die einzige Seite, von der die Kasse des hieher ziehenden Lehrers in Anspruch genommen wird. Denn während der Dauer des Lehrcursus steht seine Schule still u. damit ruht der Acker und der Pflug, folglich auch die Ärndte. Die meisten Lehrer beziehen den größten Theil ihres Gehalts aus dem Schulgelde, welches monatlich bezahlt wird. Jene geben also nicht nur 10 Rh mehr aus, sondern sie verlieren auch das Schulgeld für einen ganzen Monat. Diese Ausgabe ist allerdings für viele Lehrer zu bedeutend, als daß man nicht wünschen sollte, dieselbe möchte durch einen Zuschuß von irgend einer Seite vermindert werden. Das Rescript des Hohen Ministerii vom 24 sten März hat diesen Umstand vorgesehen, indem zu diesem Behufe Provincialfonds, wo sie vorhanden sind, in Anspruch genommen werden können. Auch steht es zu hoffen, daß sich die H Schulpfleger u. Landräthe für die Erreich[un]g der oben angegebenen Zwecke so sehr interessiren werden, daß sie sich bemühen werden, aus Kirchen- oder Gemeindefonds den Lehrern, die es bedürfen, beizuspringen. Eine solche kleine Ausgabe wird jeden Falls reichliche Zinsen bringen.   Auf solche Weise lassen sich überall, wo man nur will, die äußeren Schwierigkeiten, welche den Lehrern entgegen stehen möchten, beseitigen. Und sollte einer oder der andre Lehrer noch besondere Schwierigkeiten zu beseitigen haben, so darf man aufstrebenden jungen Männern vertrauen, daß sie in der Sehnsucht nach Weiterbild[un]g ₁₂ dieselben mit Eifer und Glück beseitigen werden. Als Beispiel beifallswerther Gesinnung führe ich ₁₃ die Äußerung eines jungen Lehrers an, als man ihm die ₁₄ Theilnahme an dem Lehrcursus

416

in dem hiesigen Seminar im Oct. d. J. erschweren wollte: „ich werde hingehen, u. wenn das
Seminar nach Konstantinopel verlegt werden sollte." Solcher Sinn betrachtet die erwähnten
u. ähnliche Schwierigkeiten 15 als das, was sie sind, 16 als Kleinigkeiten. 17 Die Hinderniße,
welche die Einricht[un]g der Seminarien der Ausführung der Lehrcurse u der Erreich[un]g
der Zwecke derselben entgegen stellen, lassen sich ebenfalls leicht beseitigen. Sie bestehen
darin, daß die Seminarlehrer wohl ohne Ausnahme schon ganz voll beschäftigt sind, also,
ohne Nachtheil für die Zöglinge der Anstalt, nicht noch mehr Arbeit übernehmen können.
Allein es kommt hier, wie überall in geistiger Arbeit, auf die Gesinnung der Lehrer an. Allerdings haben die S[emina]rlehrer viele u. wichtige Geschäfte. Aber jeder Tag hat 24 Stunden, u. wenn man auch nur 10–12 Stunden in geistiger Arbeit zubringen will u. kann, so
läßt sich in dieser Zeit schon sehr viel thun u. wenn die Arbeit, welche die Lehrcurse auf-
legen, unter mehreren Lehrern vertheilt ist, so wird keinem Unerschwingliches aufgelegt u.
dem Seminar kein Nachtheil zugefügt. Im Gegentheil wird 18 jedes Seminarlehrers besonderer Eifer erweckt werden, wenn er im Amte stehende Männer lernbegierig in die Anstalt
eintreten sieht. Die Arbeit führt hier ihren schönen Lohn gleich mit sich. Und was die gerade im S[emina]r befindlichen Zöglinge betrifft, so muß der Anblick der Lehrer, die noch
gern lernen wollen, für sie so belebend u. ergreifend sein, daß sich dadurch das ganze Se-
minarleben eines sehr wohlthätigen Einflusses zu erfreuen haben wird.

19 Auf diese Weise sind alle äußern Schwierigkeiten, welche sich der Ausführung der 20
heilsamen Verordn[un]g, die Lehrcurse in den Seminarien betreffend, entgegen stemmen
möchten, leicht zu beseitigen. Es wird mit ihnen gehen, wie mit den jährlichen vierwöchentlichen Landwehrübungen. Anfangs meint man, es geht nicht. Nach einigen Jahren
weiß Jedermann, daß es sehr leicht get *[sic!]*, u. man würde die Einstellung derselben sehr
ungern sehen. Ein vierwöchentlicher Lehrcursus, welcher jährlich veranstaltet wird, ist die
jährliche Landwehrübung der Lehrer.

2) Innre Hinderniße.

Von größerem Gewichte sind die innren Hinderniße. Denn 21 der Wunsch der Teilnahme
an einem solchen Lehrcursus setzt in dem betreffenden Lehrer eine gewisse Gesinnung
voraus, welche Anfangs nicht überall vorhanden sein dürfte, u. welche doch nicht fehlen
darf, wenn die äußeren Schwierigkeiten überwunden u. der Zweck der hohen Ministerial-
verordnung erreicht werden soll. Die Natur der (geistigen) Sache gebietet es, die freiwillige
Theilnahme der Lehrer vorauszusetzen *[sic!]*, u. räth es als Regel an, den Zwang zur Theilnahme auszuschließen. Denn bei erzwungner Theilnahme fehlt derjenige Sinn, welcher
dem lernenden Lehrer den Geist u. das Gemüth erschließt. Bei näherer Überlegung schwin-
den auch diese Schwierigkeiten. Denn im Allgemeinen trifft man jetzt, fast ohne Ausnahme, bei noch nicht ergrauten Lehrern, das Gefühl u. das Geständniß, daß sie allerdings
noch der Weiterbildung bedürften, u. in der Regel ist damit der Wunsch, Gelegenheit dazu
zu erhalten, verbunden. Also hat es sich schon bei dem ersten hier abgehaltenen Lehrcursus
gezeigt. Männer von 30 u. mehr Jahren haben sich freiwillig zur Theilnahme entschlossen
u. freudig mitgelernt. Wieder eine Erscheinung, welche das fast aller Orts erwachte lebendige Streben des Lehrerstandes beurkundet. Wir haben uns derselben nicht wenig gefreut
u. darin eine doppelte Aufforderung gefunden, unsrer Seits Alles aufzubieten, um die kostbare Zeit der gemeinsamen Thätigkeit möglichst fruchtbar zu machen.

Ein Hinderniß anderer Art, ist die Scheu mancher übrigens vielleicht lernbegierigen Lehrer
vor der öffentlichen Meinung. Diese denken, das Publikum, die Eltern ihrer Kinder, die H.

Collegen der Nachbarschaft beurtheilten die Sache schief, sähen [22] die Theilnahme als [23] Eingeständniß der Schwäche u. der Unreife zur Verwaltung des Amtes, die Aufforderung von Seiten der Regierung, an dem Cursus Theil zu nehmen, als Herabsetzung u. Erniederung an. Sie fürchten, ein – Dementi – zu geben. Nicht wahr, so ist es. Das böse Dementi! – Betrachten wir dasselbe etwas näher.

Der Lehrer ist der öffentliche Erzieher der Jugend, ist der geistige Vater derselben. Sein Geschäft ist ein geistiges Geschäft. Das sieht heut zu Tage fast jeder Vater eines Schülers ein, u. das ganze Publikum weiß es. Auch ist es allgemeine Ansicht, daß man in solchen Dingen, wie Erziehungsangelegenheiten sind, nie auslernen, nie zu viel, ja nie genug sehen, hören u. erfahren könne. [24] Davon ist auch jeder denkende Lehrer überzeugt. Wie kann es also in den Augen des denkenden Mannes eine Herabsetzung, die ich mir selbst anthue oder die mir von Andern angethan wird, sein, wenn ich erkläre, daß ich für meine Person das Bedürfniß spüre, in Erziehungsgeschicklichkeiten weiter zu kommen, u. den Wunsch äußere, jede Gelegenheit dazu, die sich mir darbieten möchte, mit Begierde zu ergreifen.

Eben so allgemein bekannt ist die Wahrheit, daß das Schulwesen in der neueren Zeit sehr große Fortschritte gemacht hat, deren Kenntniß nicht zu Jedermanns Wohnort gelangt ist, vielleicht nicht dahin gelangt sein kann. Aber [25] dem Seminar dürfen sie nicht fremd geblieben sein. Hier finde ich Männer, mit welchen ich über streitige Ansichten belehrend mich unterhalten, neue Ansichten kennen lernen, sie vielleicht in die Schule eingeführt sehen kann. Dieses anzuerkennen u. deßwegen einen Aufenthalt in dem Seminarorte wünschen, oder gar die gebotene Gelegenheit, eigene Belehrung zu empfangen, annehmen, kann mich in der Meinung des verständigen Publikums [26] nur heben. Und die Verständigeren pflegen überall die öffentliche Meinung zu bestimmen.   Und sollte nun noch der Eine u. Andere übrig bleiben, der mich, ungeachtet dieser Lage der Dinge, schief beurtheilte, so setze ich mich über sein befangenes u. ungerechtes Urtheil [27] hinweg. [28] Ihr werthe Lehrer! könnt es mir, dem Schreiber dieses, zutrauen, daß ich, wenn mir Gelegenheit geboten würde, einen für mich u. meines Gleichen bestimmten Lehrcursus zu benutzen, wenigstens auch nach Konstantinopel gehen (gehen) würde. Wie [29] sollte es mir Labsal u. Seelenspeise sein, wiederum einmal, enthoben den gewöhnlichen Amts- u. häuslichen Geschäften, in Verein mit Gleichgesinnten zu den Füßen eines Lehrers, der, um mir zu genügen, kein Gamaliel[3] zu sein brauchte, zu sitzen, um als Schüler zu lernen. Wollte ich fürwahr! keiner der zuletzt Ankommenden sein, würde ich wahrlich mich nicht zur Theilnahme erst auffordern, oder durch zwingende Gründe von außen bestimmen lassen!

Nach diesen aufrichtig ausgesprochenen Ansichten und Überzeugungen möchte es aussehen, als hätte ich von den Seminarien oder gar dem hiesigen eine gar sehr hoch gehende, hochfahrende Meinung. Aber so ist es nicht. Es ist mir nicht unbekannt, was im Allgemeinen die Seminarien leisten können u. leisten. Auch fühle ich es sehr wohl, daß diese Anstalten, zumal die hiesige, ihr Ziel und Ideal selten erreichen. Ich müßte die Schwierigkeit des Erziehungs- und Bildungsgeschäftes im Allgemeinen, u. die Größe der Aufgabe der Seminarien u. die Schwere des Geschäfts, Lehrer zu bilden, gar nicht kennen, wenn ich die Meinung hegte, daß anderwärts oder hier nichts mehr zu wünschen, nichts mehr zu erstreben [30] übrig bleibe. Aber so viel darf man doch wohl, ohne den entferntesten Grund zum Vorwurfe der Anmaßung zu legen, behaupten, daß es nicht leicht einen Lehrer geben möchte, dem der Besuch eines Seminars *[sic!]* die Kentnißnahme *[sic!]* von den Ansichten der Seminarlehrer u. der Einrichtung dieser Anstalten nicht von einigem Vortheil sein möchte. Nimmt man hinzu, daß [31] die Lehrcurse, welche fortan an den Seminarien bestehen werden, [32] in der Regel auf junge Männer berechnet sind, die mehr noch werden sollen, als

418

sie bereits geworden sind, so dürfte [33] die Behauptung, daß denselben die Einricht[un]g dieser Lehrcurse [34] sehr großen Gewinn bringen könne, die Gränzen der Bescheidenheit mit nichten überschreiten. Auch läßt sich außer der Kürze der Dauer eines solchen Lehrcursus kein begründeter Einwand gegen deren Nützlichkeit [35] schöpfen. In 4 Wochen [36] einen Menschen zum Lehrer stempeln wollen, kann allerdings nur dem Scharlatan einfallen. Aber [37] dieser Versuch [38] gehört auch gar nicht zu den beabsichtigten. Es werden Männer eingeladen, welche bereits Lehrer, also nicht mehr pure Anfänger, folglich schon in dem Fache der Erziehung thätig sind. Für diese [39] kann in 4 Wochen ununterbrochener Thätigkeit schon Manches geleistet werden. Gewinnt der Einzelne nur mehr Erfahrung, mehr Umsicht u. Kenntniß in den Fächern des Schulunterrichts; wird seine Geschicklichkeit in 4 Wochen nur in einem Lehrfache erhöht; fühlt er sein Gemüth nur in einem Stücke für das Erziehungsgeschäft mehr ergriffen u. belebt: so hat [40] der Lehrcursus sehr heilsame u. anerkennenswerthe Folgen. Wer diese in keinem Stücke an sich verwirklicht sähe, dürfte die Schuld lediglich allein sich selbst beizumessen haben. –

Werfen wir nun noch einen flüchtigen Blick auf das Anziehende u. Schöne u. wahrhaft Veredelnde solcher Vereinigung strebender Lehrer.

Sie kommen nicht zusammen um irdischen vergänglichen u. eitlen Genusses willen. Die meisten Gesellschaften haben nur solche Zwecke. Da kann von Erhebung des Gemüthes nicht die Rede sein. Ein Lehrcursus aber vereinigt die Theilnehmer in edlerer Absicht. Es gilt die Erstrebung [41] höherer Zwecke: die Ausbildung geistiger Kräfte zum Frommen für das heranwachsende Geschlecht. Von diesem Gefühle bleibt auch der niedrigst Stehende nicht entblößt. Nothwendig äußert es einen heilsamen Einfluß auf die bessere Gesinnung der Theilnehmer. Dazu kommt die veredelnde anspornende Kraft, welche in der Vereinigung mit [42] Menschen gleichen Alters, gleicher Verhältniße u. gleichen [43] Strebens liegt. [44] In diesem Allen liegen erhebende Antriebe zur Ergreifung des Besseren [45] menschlichen Seins. Ist nun überhaupt die Haltung des Ganzen, wie sie von den leitenden Triebfedern aus gehen soll, würdig und zweckgemäß, so erreicht die Vereinigung sicherlich die ihr gesteckten edlen u. schönen Zwecke. Wie sollte ein junger Mann sich nicht freuen, einige Zeit, wenn auch nur vier Wochen lang, einzig u. allein der [46] Förderung seiner Bildung widmen zu können. Noch in [47] später Erinnerung trägt solche Zeit ihre schönen Früchte. Bedenkt man endlich, [48] welche Last in der Regel schon dem jungen Lehrer, selbst schon u. in viel zu gesteigertem Maaße dem Hülfslehrer aufgebürdet ist, so wird man das Wohlthätige der Unterbrechung solcher Verhältniße [49] gewiß nicht verkennen.

Von welcher Seite man daher auch die bei den Seminarien angeordneten Lehrcurse betrachten möge, überall gewahrt man die Leichtigkeit der Ausführung und das Heilbringende ihrer Zwecke.

———

[50] An diese allgemeinen Bemerkungen mögen sich einige speciellere, den ersten hier abgehaltenen Lehrcursus u. solche, welche er veranlaßte, betreffend, anreihen.

Die Zusammenberufung von 30 Lehrern u. Gehülfen schien uns ein Gegenstand, der unsren Ernst in mehr als einer Hinsicht in Anspruch zu nehmen habe. Alle diese jungen Männer treten aus ihren Verhältnißen auf 4 Wochen heraus, müssen ein, gewiß Manchem sehr schweres Opfer an Geld u. Zeit bringen, und bedürfen der Nachhülfe, der Anregung u. des weiteren Unterrichts. Eines Mehreren bedurfte es nicht, um darauf zu denken, ihren hiesigen Aufenthalt für sie so nützlich als möglich einzurichten, und in dieser Hinsicht alle unsre Kräfte aufzubieten. Nach meiner Erfahrung fehlt es den meisten Lehrern unsrer Gegenden noch an den zur Betreibung des Sprach- und Gesangunterrichts erforderlichen Kenntnissen und an einem methodischen Gange in [51] diesen wichtigen Zweigen des Unterrichts. Es schien mir daher passend, den ersten Lehrcursus hauptsächlich zur Behandlung dieser zwei Gegenstände anzuwenden. Die K. Regierung genehmigte diesen Vorschlag und machte diese Zweige in der den H. Schulpflegern wegen [52] dieses Cursus gemachten Mittheilung als vorzugsweise hier zu behandelnde bekannt. [53] Dafür wurden die Lehrer einberufen. Als [54] inzwischen der Tag des Zusammentritts heran kam, wünschten wir, auch Einiges für die Belebung u. Steigerung des Religionsunterrichts thun zu können. Unser Religionslehrer, Herr VORREITER, kam diesem Gedanken, ungeachtet [55] seine Gesundheit sich von einem schweren Anfalle noch nicht vollständig wieder erholt hatte, durch [56] den Wunsch entgegen, an der Bildung der erwarteten Lehrer mitwirken zu können. Wir nahmen daher den Unterricht in der Behandlung der biblischen Geschichte, und was sich unmittelbar daran anknüpfen ließ, ohne den [57] nächsten Zweck aus dem Auge zu verlieren, noch mit in den Kreis der Beschäftigungen auf. [58] Zugleich war es gleich Anfangs mein Augenmerk, [59] den zur Theilnahme an dem Lehrcursus einberufenen ehemaligen Zöglingen des hiesigen Seminars das früherhin ohne ihre und meine Schuld Versäumte möglichst nachholen zu helfen. Einer dieser Gegenstände war außer dem Gesange der Unterricht im Spielen der Geige. Es ist nehmlich eine längst bekannte Thatsache, daß der Gesangunterricht mit diesem Instrumente in Elementarschulen am besten u. erfolgreichsten geleitet werden kann u. daß man ohne sie u. ohne irgend ein rein gestimmtes, durchdringendes Instrument im Gesange selten viel leistet. Deßwegen wurde gleich vom ersten Tage an täglich eine Stunde anberaumt, in welcher die früheren Seminaristen von zweien unserer jetzigen in diesem Stücke geübtesten Seminaristen auf der Geige geübt werden sollten. Zugleich wurden [sic!] es allen übrigen frei gestellt, ob sie ebenfalls, [60] wenn ihnen Zeit u. Lust dazu bleiben sollte, auf diesem Instrument einigen Unterricht erhalten wollten. Es meldeten sich dazu in den ersten Tagen [Lücke]. Mit [61] ihnen wurde in der zweiten Woche der Anfang gemacht. Demnach war unsre Thätigkeit hauptsächlich auf den Sprach- und Gesangunterricht, demnächst auf den Unterricht in der bibl. Geschichte und im Spielen der Geige gerüstet. Den [62] bibl. Unterricht übernahm H VORREITER, den Gesang- u Geigenunterricht H ERK, unterstützt von zwei Seminaristen, der Sprachunterricht blieb mir.

Bei der Vertheilung dieser Gegenstände auf die Stunden des Tages mußte darauf Rücksicht genommen werden, daß der Unterricht u. die Übungen der Seminaristen keine Störung erlitten u. der Gang des Seminars in keiner Weise unterbrochen wurde. Deßwegen wurden die genannten Gegenstände also vertheilt.

Täglich von 7–8 Uhr war Unterricht auf der Geige [63] (H. ERK.)

Von 8–9 Uhr Gesang. (Derselbe).

Von 9–10 Uhr hörten die Lehrer den Gesangübungen unsrer Seminaristen zu; nach einigen Tagen nahmen auch die geübteren Lehrer an einzelnen oder allen Gesängen Theil. Diese Stunde hatte vorzugsweise den [64] Zweck, den Lehrern einen regelrechten, gut aus geführten Gesang vorzuführen, dadurch ihr Ohr [65] zu üben, sie an das Bessere zu gewöhnen u. ihren Geschmack zu bilden. Dieses mußte auf ihre musik[alische]. Bildung u. ihre eignen Fortschritte nothwendig sehr vortheilhaft einwirken.

Von 10–12 Uhr fand der Sprachunterricht statt.

Von 2–3 Uhr wurde der [66] Unterricht in der bibl. Geschichte ertheilt (H VORREITER).

Von 3–4 Uhr wurde eine zweite Gesangstunde gehalten.

420

Von 5–6 Uhr übten sich die ehemaligen Seminaristen und die meisten der übrigen Lehrer auf der Geige.

Außerdem $_{67}$ wurden sämmtliche Lehrer eingeladen, an den musikalischen Abendunterhaltungen, welche jeden Sonntag, Abends $_{68}$ von $1/2$ 8 Uhr an, in dem hiesigen Seminar stattfinden, Theil zu nehmen. Diese bestehen darin, daß Alles, was inzwischen bis zu einer gewissen (verhältnißmäßigen) Vollendung in den Musikstunden gebracht ist, dem ganzen Seminar u. dessen Bewohnern vorgetragen wird. Die Zwecke dieser Veranstaltung springen in die Augen. Wir bereiten uns auf diese Weise manchen für Geist u Herz erhebenden Genuß und beginnen am andren Tage mit erfrischtem Sinne unser Tagewerk. Am ersten Sonntage machten die Gäste bloß die Zuhörer. An den folgenden Abenden traten sie $_{69}$ mitwirkend auf. Auch erfreute uns H Erk jedes Mal durch geistvolles Spiel auf dem Flügel-Forte-Piano, welches wir der Güte der K. Regierung zu Düsseldorf verdanken. –

Was in den einzelnen Fächern des Unterrichts behandelt u. vorgenommen wurde, soll im Anhange[4] für jeden $_{70}$ Gegenstand beschrieben werden. Hier mögen noch einzelne Bemerkungen ihren Platz finden.

Es liegt etwas bleibend Erhebendes in dem Bewußtsein, von Gott, dem weisen Lenker der Schicksale $_{71}$ aller Menschen, die Bestimmung erhalten zu haben, auf die geistige Beschaffenheit andrer Menschen veredelnd einzuwirken. Solcher Beruf wurde vorzugsweise demjenigen Stande zu Theil, den wir den Lehrstand nennen. Wie viel geht von ihm nicht aus! Welche wichtige Bestimmung wurde ihm unter den Ständen des bürgerlichen Vereins! Was würde aus den Menschen werden, wie würde es mit Religion, Sittlichkeit u. Ausbildung stehen, wenn man die Kirchen u. Schulen schließen u. die Ämter der Geistlichen u. $_{72}$ derer, welche im engeren Sinne des Wortes Lehrer heißen, aufheben wollte. Einleuchtend u. warnend zeigt dieß die auch in dieser Hinsicht schreckliche Geschichte der französischen Revolution. – Ganz besonders wird man von diesem Bewußtsein ergriffen, wenn man bei außerordentlichen Gelegenheiten zum Lehrer berufen wird. Leicht vergißt man dergleichen wichtige Gedanken in dem gleichen, einförmigen Ablaufe der Tage. Auch in dieser Hinsicht sind die Lehrcurse für die Seminarien wichtig. –

Wenn eine Anzahl von Menschen sich versammelt, so verfolgen sie vorzugsweise entweder $_{73}$ sinnliche oder höhere, geistige Zwecke. Jenes ist bei der Errichtung der meisten Gesellschaften der Fall; diesen Zweck hat z.B. ein Lehrcursus. Es kann nicht fehlen, daß sich der Einzelne, welcher an einem in geistigen Zwecken versammelten Vereine Theil nimmt, durch die Stimmung des Ganzen u. durch die nothwendige Erweckung des in jedem Menschen ruhenden, wenn auch fast schlafenden guten Keimes, gehoben u. zum Guten gestärkt fühlt. Trieb vielleicht auch nicht ein höherer Gedanke einen Einzelnen zum Entschluß zur Theilnahme an dem Vereine an, $_{74}$ hat nur das Ganze die nöthige Haltung, so bleibt doch auch für ihn der Gewinn, sich im Guten im Allgemeinen gestärkt zu fühlen, nicht aus. Das aber ist (wie im Gegentheil der Fluch der bösen) so hier der Segen der guten That u. der guten Gemeinschaft, daß jede einzelne gute Verrichtung, jede einzelne Belebung der guten Gesinnung u. Bestrebung veredelnd auf den ganzen Geist einwirkt und daß die Beschäftigung mit dem Rechten die Lust zum Unrechten und Verkehrten nothwendig verringert u. schmälert. Man erkennt hieraus die außerordentliche Wichtigkeit guter Gewöhnungen. $_{75}$ Auch schon in vier Wochen läßt sich für das ganze Leben bleibend Wichtiges lernen. Wer erinnert sich nicht aus dem eignen Leben einzelner Erscheinungen von Menschen, die uns schon [durch] die Art ihrer Erscheinung Bedeutendes zur Weckung u. Stärkung des Besseren in uns wurden, $_{76}$ die dazu beitrugen, einen höheren Gedanken in uns anzufachen und bleibend einen gesegneten Einfluß auf uns auszuüben. Dieß ist die unausbleibliche Frucht jedes Guten in der Welt. Das Böse trägt zwar seine böse, aber das Gute auch gewiß seine gute Frucht. Sollte daher auch der Gewinn, den ein einzelner Theilnehmer von einem vier Wochen lang dauernden, auf die Erstrebung geistiger Eigenschaften gerichteten Vereine mit davon nimmt, was einzelne Kenntnisse u. Fertigkeiten betrifft, nicht von sehr hoher Bedeutung sein, so möchte doch die allgemeine Erhöhung des Besseren in ihm leicht nicht zu hoch angeschlagen werden können. Denn überall kommt es ja bei der Bildung des Menschen weniger auf das, was für das Auge nachweisbar ist, an, als darauf, daß die rechte Gesinnung in ihm erweckt würde. Diesen Überzeugungen gemäß haben uns daher einzelne Erscheinungen von Mangel an aufstrebendem gutem Lehrersinn oder gar einzelne Wahrnehmungen von Eingebildetheit u. Anmaßung weit mehr betrübt, als die einzelnen Fortschritte Solcher in Einsichten u. Fertigkeiten; dagegen aber hat uns auch die Beobachtung, auf die Mehrzahl einen belebenden, gute Gesinnung erweckenden und strebenden Einfluß auszuüben, doppelt und dreifach erfreut u. gestärkt.

Übrigens möchten diejenigen, welche der Meinung sind, daß sich in vier Wochen so viel als nichts leisten lasse, doch sehr Unrecht haben.[5] Allerdings ist der Wahn oder das Vorgeben, in einem Monate einen Lehrer bilden zu wollen, wenigstens grober Irrthum, wo nicht Charlatanerie, aber vier Wochen sind doch 28 Tage u. liefern, wenn man auch nur mittelmäßig thätig ist, doch eine Reihe von 280 Arbeitsstunden. Die während des Lehrcursus hier versammelten Lehrer erhielten 24 Stunden Unterricht in der biblischen Geschichte, 48 Stunden über Sprache, 72 Stunden über Gesang. In dieser Zeit läßt sich keins dieser Gebiete erschöpfen, aber man kann doch von jedem Material schon Manches behandeln u. überall in den besseren Gang einführen. Bedenkt man nun, daß der gute Fortgang durch den guten Anfang mit Nothwendigkeit bedingt wird u. aus demselben hervorgeht; daß die Lernenden auch nicht überall zu den ersten Anfängern gezählt werden dürfen: so wird man von der Meinung zurück kommen, das es sich nicht der Mühe gelohne, dergleichen Lehrcurse einzurichten, u. daß es eine Ungerechtigkeit gegen die Lehrer u. die Lernenden sei, ihnen dadurch manche unvermeidliche Opfer zuzumuthen. –

Alles kommt hierbei, wie überall, auf den Sinn, mit welchem die Lernenden $_{77}$ die Unterweisung empfangen, und auf die Art an, wie die Lehrer durch Kenntnisse, Eigenthümlichkeit und Charakter einwirken. Was das erste betrifft, so $_{78}$ können wir den hier versammelt Gewesenen im Allgemeinen das Zeugniß $_{79}$ angestrengten Fleißes, regsamen Strebens u. der Empfänglichkeit für wohlgemeinte Bemerkungen, Rathschläge u. Winke nicht versagen; vielmehr ertheilen wir ihnen dieses Zeugniß mit freudigem Bewußtsein. –

Etwas anders ist unser Urtheil, wenn wir über den geistigen Standpunkt der Mehrzahl urtheilen sollen. Die meisten bedürfen der fortwährenden Unterweisung und des angestrengtesten Fleißes nur noch allzu sehr. Und wir haben wahrlich Ursache, unsren Oberen zu danken, daß sie auf die Bildung der Lehrer u. die ganze Unterweisung des Volks unausgesetzt ihr wohlwollendes Auge hinrichten. In diesen Stücken $_{80}$ hat uns die Vorzeit noch sehr viel zu thun überlassen. Auch wir werden der Nachwelt noch Einiges übrig lassen. Das wird sie uns nicht zum Vorwurf machen, wenn sie nur mit Gewißheit hinzufügen kann, daß wir redlich fortgebaut haben. Bedenkt man nehmlich, daß die Lehrer des Volks, und namentlich die ersten Lehrer desselben, nehmlich die Jugendlehrer zu den denkendsten, unterrichtetsten, unbedingt zu den hochstehenden, besten Menschen gehören sollten, so wird man das eben aus gesprochene Urtheil nicht für ungerecht, $_{81}$ nicht für übertrieben halten. Bis zu diesem Ziele haben wir noch weit hin. Wer kann das verkennen? In der Vorzeit machte man an die Lehrer der Jugend sehr geringe Anforderungen. Unser Volk thut es meist noch. Man stellte deshalb häufig solche als Lehrer an, die man nicht hätte anstellen sollen, die wenigstens den mäßigsten Anforderungen heutiger Zeit nicht mehr entsprechen. [82] Diesen nun kommt eine erleuchtete u. wohldenkende Regierung dadurch entgegen, daß sie ihnen Gelegenheit schafft, sich zu nützlicheren mehr leistenden Mitgliedern der menschlichen Gesellschaft auszubilden. Deßwegen darf man es auch erwarten, daß man diese Gelegenheiten mit Begierde u. Dank ergreift, u. daß diejenigen, welche zur Ausführung so heilsamer Absichten berufen sind, keine Anstrengung scheuen, ihrer Seits zu thun, was Gott sie durch ihre Obrigkeiten thun heißt. Die Mehrzahl der jungen Lehrer erkennt dieß, wenigstens in unsren Gegenden an, u. sie sind bereit, zu empfangen u. zu geben. Fast überall ist der bessere Sinn in dem Lehrstande erwacht. Davon liegen überall die unzweideutigsten Beweise u. Thatsachen vor. [83] Auch die Lehrcurse sind eine dieser Thatsachen. Wir freuen uns derselben u. sprechen [84] diese Wahrheit mit Erhebung u. Dank aus. Es wird besser. –

Da die Amtsprüfungen [85] aller Schulamtskandidaten der Elementarschulen [86] seit 1826 [87] in den Preußischen Seminarien abgehalten werden,[6] so haben die Lehrcurse [88] in Betreff solcher jungen Männer, welche sich außer dem Seminar zum Lehramte vorbereiten, so wie für solche junge Lehrer, die bereits ein Wahlfähigkeitszeugniß niederen Ranges, zB. für eine kleine Landschule, besitzen und [89] sich später ein besseres Zeugniß erwerben wollen, noch besondere Wichtigkeit. [90] Den Lehrern des Seminars, die zugleich bei den Amtsprüfungen unter dem Vorsitz eines Königl. Schulrathes die Examinatoren sind, muß vorzüglich viel daran liegen, die Kandidaten möglichst [91] genau kennen zu lernen, [92] um [93] mit möglichster Sicherheit den Standpunkt jedes Einzelnen aufzufassen und mit möglichster Wahrheit das Wahlfähigkeitszeugniß, welches sich über die Kenntnisse des Geprüften in jedem einzelnen Gegenstande der Prüfung genau aussprechen soll, ausstellen zu können. Denn es ist für sich klar, daß dieses – wenn die Zahl der Examinanden nicht sehr klein und die Zeit, welche auf ihre Prüfung verwandt werden soll, nicht sehr ausgedehnt wird – immer eine nicht leichte Sache bleibt. Deßhalb muß dem Seminar [94] jede Gelegenheit willkommen sein, welche die Erforschung der Eigenthümlichkeit der Einzelnen erleichtert u. begünstigt. Eben auf diese Eigenthümlichkeit kommt ja gerade bei dem Lehrer, der ein Erzieher sein soll, so sehr viel an, und eine diese Thätigkeiten begünstigende Eigenthümlichkeit ersetzt häufig eine Masse von Wissen, welche allein den Mann noch gar nicht zum Lehrer u. Erzieher stempelt. Da nun die Erfahrung lehrt, daß man in dem [95] schnellen Ablaufe eines Tages oder zweier, höchstens dreier, [96] in der Beurtheilung eines Menschen immer noch leicht dem Irrthum unterworfen ist, wo hingegen ein Zusammenleben zwischen Lehrern u. Schülern, welches vier Wochen dauert, den ersteren eine sehr genaue Kenntniß der letzteren verschafft, so leisten die Lehrcurse [97] für die Genauigkeit u. Gewissenhaftigkeit der Amtsprüfungen einen sehr großen Vorschub. Überhaupt ist die persönliche Kenntniß der im Amte stehenden Lehrer desjenigen Gebietes, für welches das Seminar die Lehrer bilden soll, von sehr großem [98] Werthe. Ohne sie würden die Lehrer sich nicht leicht an das Seminar anschließen; und ohne sie wird das Seminar nicht leicht in allen Stücken den Bedürfnißen der Provinz entsprechen.

———

[99] Gewöhnlich ordnen sich die Theilnehmer eines Lehrcursus in drei Klassen. Erstens in solche, welche in ihrer Bildung schon fast abgeschlossen sind; zweitens in solche, deren Charakter [100] noch keine bestimmte Richtung erhalten hat; drittens in solche, welche bei einer bestimmten, ihnen zum Bewußtsein gekommenen Richtung die Mängel u. Lücken ihres Wissens u Könnens empfinden. [101] Die ersten [102] sind entweder [103] von der Anmaßung ergriffen oder [104] durch [105] den Mangel früherer Bildung u. die Einseitigkeit mechanischer

Geschäfte versteinert. In beiden Fällen ist die Hoffnung [106] eines ersprießlichen Vortheils durch [107] ihre Theilnahme an dem Lehrcursus gering. Der letztre Fall ist noch immer der schlimmere, da sich viel leichter eine falsche Meinung umändert, als ein verknöcherter Charakter. Oft fehlt es den [108] in eigner Meinung von sich selbst [sich] Erhebenden nur an der Wahrnehmung größerer Tüchtigkeit u. Gediegenheit. [109] Unter Zwergen hält der größere Zwerg sich leicht für einen Goliath. – Die zweite Klasse erweckt schon mehr Hoffnung. Doch ist eine völlige Unentschiedenheit des Wissens u. der ganzen Ausbildung für den Fortschritt binnen vier Wochen auch noch kein gutes Verhältniß. In solchem Falle muß man sich mit vielseitiger Anregung und Aneignung [110] der Bestimmtheit in einer Richtung begnügen. Die in einem kleinen Ganzen gewonnene Festigkeit verbreitet sich im günstigen Falle nach u nach über größere Gebiete. – Eigentlich reif für vortheilhafte Belehrung in einem Lehrcursus ist nur die dritte Klasse der Lehrschüler. Der gewisse Grad von Bestimmtheit des Wissens liefert die Basis, auf welcher fortgebaut werden kann, u. das damit verbundne Bewußtsein der Mangelhaftigkeit der Ausbildung stiftet diejenige Gemüthsbeschaffenheit, welche das Lernen von einem Anderen so ausnehmend begünstigt. Es fehlt nun nicht die Hingebung, nicht das Vertrauen zu dem Lehrer, nicht die Freudigkeit bei der Wahrnehmung der Erweiterung des geistigen Horizonts, wodurch der Lernende den belebendsten Sporn zum eifrigsten Fleiße empfindet. –

Die erste Klasse der Lehrschüler kündigt sich theils durch barsches Auftreten, vorlautes Hineinsprechen und selbstgenügsame [111] Erscheinungsweise, theils dadurch an, daß die Haltung ungelenk und steif ist, nur auswendig gelernte Sätze [112] vorgebracht werden und der chemische Prozeß der geistigen Assimilation nicht eintritt. Die andre Klasse [113] thut sich kund durch Nichtunterscheidung des Wesentlichen und Unwesentlichen in dem Unterrichte u. im besten Falle durch die Bemühung, mit gleichem Appetit alle vorgesetzte Speise, ohne eigne Prüfung u. Wahl, zu verschlingen. Die dritte Klasse geht selbstdenkend an die Arbeit, regt den Lehrer durch verständige Auffassung des Lehrmaterials, so wie durch passende Bemerkungen u. Fragen auf u. bildet dadurch den grünen hoffnungsvollen Zweig an dem aus ungleichartigen [114] Theilen zusammengesetzten Gewächse. Durch seine Frische u. [115] den raschen Umtrieb der Säfte in ihm muß der gänzlichen Absterbung der abtrocknenden Zweige [116] abgewehrt, durch seine Knospen u. Blüthen die Wurmstichigkeit der mit erborgtem Schmelze glänzenden Früchte [117] nachgewiesen werden. Sie sind der Sauerteig, mit welchem [118] die ganze Masse durchdrungen werden muß, damit ein frischer Gährungsprozeß eingeleitet werde. Wo das nicht gelingt, da fehlt das Leben u. der erwünschte Erfolg. Denn das Wissen, was sich in vier Wochen mittheilen läßt, ist das Geringste; viel mehr kommt es auf die lang anhaltende Belebung [119] aller geistigen Kräfte der Einzelnen an. [120] Also verhält es sich ja überhaupt mit der Belehrung u. Bildung.

Gewiß hat jeder einem Lehrcursus beiwohnende Lehrer Gelegenheit, manchen Blick in das Weite zu thun und dadurch die Beschränktheit seines Horizontes zu gewahren. Woher der Dünkel, der manchen übrigens gutgearteten jungen Mann ergreift? Woher die hohe Zufriedenheit mit sich selbst und die Meinung, hoch zu stehen u. Großes zu leisten? Woher anders, als daß Mancher in einer Gegend lebt, in welcher vielleicht kein einziger gebildeter Lehrer lebt, vielleicht nicht ein gebildeter Mensch, wenigstens keiner, zu welchem der junge Lehrer Zutritt hätte. Er, als Gehülfe, wohnt z. B. bei einem Lehrer alten Schlages aber nicht unberühmten Namens und deßwegen guten Einkommens. [121] Nun weiß z. B. der Gehülfe vielleicht mehr, als der Hauptlehrer, aber er weiß nicht, daß dieß noch sehr wenig, vielleicht nicht einmal der Anfang des Selbstdenkens ist. Nun lasse man einen solchen, wenn er anders überhaupt Auffassungsgabe hat und bildungsfähig ist, vier Wochen in dem Seminar

424

zubringen; ich ₁₂₂ wette, er geht mit der Überzeugung heim, daß er in seiner Umgebung wenig zu lernen Gelegenheit gehabt hat und drauf denken muß, seine Unwissenheit und Blößen zu bedecken, dadurch, daß er sich in der That weiter bildet, was immer am besten durch gebildete Männer, selten durch Bücher, geschieht. Denn nur der schöpft aus Büchern Weisheit, der schon auf anderen Wegen ihre Quelle gefunden hatte. Ich bin daher der Meinung, daß auch in dieser Hinsicht ein Lehrcursus in einem Seminar ein[e] wichtige Veranstaltung sei.

Allein in dem Lehrer-Unterrichte veranlaßt man die Schüler nicht bloß zu Blicken in das Weite, was nur beiläufig und wie von ungefähr und zufällig geschieht, sondern man behandelt ₁₂₃ jeden Gegenstand so im Genauen und Einzelnen, wie es mit jungen Männern geschehen muß, damit sie denselben Gang in ihren Schulen einschlagen können. Sollte nun auch ein Seminar in irgend einem Unterrichtsgegenstand nicht den absolut besten Weg eingeschlagen haben, so ₁₂₄ wandelt es doch gewiß einen guten Weg, der sicher zum Ziele führt, und die jungen Lehrer lernen neue und bessere Straßen kennen. Sie werden einsichtsvoller, geschickter und kehren mit Kenntnissen und Fertigkeiten bereichert nach Haus. Was will man mehr? Wenn ein Lehrer innerhalb vier Wochen nur in <u>einem</u> Stücke brauchbarer wird, so hat diese Zeit ihm bedeutenden Nutzen gebracht. Was kann man in gewöhnlichen Verhältnißen für 15 oder 30 Rh lernen? – Nichts kann man dafür lernen.

Will man sich nun von der Wahrheit aller dieser großen Vortheile der Lehrcurse an den Seminarien überzeugen, so kann man zweierlei thun:

1) Die Seminarlehrer müssen einen solchen Lehrcursus abhalten, und sie werden's finden. – Freilich ist es für solche vielbeschäftigten Männer eine Aufgabe, außer ihren fortgehenden Arbeiten noch die neuen zu übernehmen; allein sie sind vorüber gehend und für das zu halten, was für die Landwehr die Herbstmanöver's sind. Nach vier Wochen kehrt man in die Standquartiere zurück. Aber gewiß ist es, daß ein Seminar, in welchem, wie an dem hiesigen, nur drei Lehrer angestellt sind, nicht öfter als <u>ein</u> Mal im Jahre die Abhaltung eines Lehrcursus übernehmen soll. Die fremden Lehrer wollen beschäftigt sein, und müssen es; die Zeit ist kostbar; zur vollen Beschäftigung aber gehört Zeit, da es nicht genug ist, ihnen Aufgaben zu geben und diese zu Hause ausarbeiten zu lassen; sie sind im Seminar, um mündliche Belehrung zu empfangen. Wenn nun ein Seminarlehrer für vier Wochen, außer seinen 20–30 Stunden noch 12–20 übernehmen muß, welche ihn, da die Schüler ihm fremd sind, und er in kurzer Zeit Anerkennenswerthes leisten will, doppelte Vorbereitung u. dreifache Anstrengung kosten, so ist leicht in vier Wochen seine Kraft ganz erschöpft und er bedarf der Ruhe und Erholung. Wer das nicht glaubt, der versuche es. Eine Stunde allein sprechen und predigen, ist gegen die Anstrengung, nicht denkende, oder halb denkende, oder auch ganz denkende Menschen in einem bildenden Wechselgespräch und in belehrender Unterhaltung zu erhalten, eine wahre Kleinigkeit. Das wissen auch die H. Pfarrer, daß das Katechisiren, wenn es mehr ist, als ein Abfragen und Herplappern der Fragen und Antworten des Katechismus, ganz anders ermüdet, als eine gewöhnliche Predigt. Wenn daher ein Lehrer täglich seine 5–7 Stunden mit Anstrengung gelehrt hat, so hat er sein Brod im Schweiße seines Angesichts verdient. Wir haben dieß bei Gelegenheit des hier abgehaltenen Lehrcursus erfahren.

2) Die Lehrer müssen einem solchen Lehrcursus beiwohnen, und die H Geistlichen, welche von der Meinung der Erfolglosigkeit ₁₂₅ desselben zurück kommen wollen, brauchen nur den ersten und letzten Stunden des Cursus beizuwohnen. Ein einmaliger Besuch führt zu keinem Resultat u. zu keinem Vergleich. Gewiß wird er in den letzten Stunden unter den

Versammelten, nun mit dem Lehrer bekannten und ineinander eingelebten Lehrern eine viel größere Aufmerksamkeit, Aufgeregtheit Spannung u. Sicherheit bemerken, als im Anfange, und in der Prüfung, welche passender Weise der Entlassung der Lehrer vorhergeht, wird es sich unzweideutig heraus stellen, daß die Zeit des Lehrcursus sehr wohl angewandt gewesen ist. – Die Lehrer aber müssen und werden dieß an sich selbst erfahren. Gewiß nimmt jeder manche Einsicht, manchen Gedanken, manchen Vorsatz mit nach Hause, und wenn er das in den kommenden Monaten zur Reife bringt, was er in dem Seminar einsammelte, so kann dieß für seine Bildung u. für seine Schule nur von wesentlichem Nutzen sein. Alles Neue aber hat [126] seine Schwierigkeiten zu bekämpfen, und es muß erst [127] getadelt durch den Mund der Leute gehen, besonders derer, [128] welche die Stereotypen lieben, ehe man es anerkennt und schätzt. Die Schwierigkeiten selbst scheinen dazu geeignet u. bestimmt, dasselbe in denen, die das Neue ausführen, erst recht zu begründen und zu sichern. Also wird es auch mit den Lehrcursen an den Seminarien gehen. So wenig man jetzt noch dagegen einwendet, daß der Landwehrmann bis zu einem gewissen Alter jährlich seine Übungen machen muß, eben so wenig wird [129] man späterhin gegen die Lehrcurse zu bemerken haben. Und selbst der verständige Landmann wird das Heilsame seiner Zwecke nicht verkennen. Um den unverständigen aber bekümmert man sich nicht. Wenn man sich als Lehrer von ihnen leiten lassen wollte, so legte man lieber heute noch Hammer und Zange nieder.

Ich schließe diese Bemerkungen mit der Angabe [130] desjenigen, womit der hier abgehaltene erste Lehrcursus beschlossen wurde. Es war Sonnabends den 27sten October; [131] der Cursus hatte also 4 Wochen gedauert.

Des Morgens führten wir den Lehrern zwei Klassen der mit dem Seminar verbundenen Schule vor; der untersten (vierten), um den Lehrern den Gang der Lautir- und Gesangübungen bei Kindern von 5–7 Jahren, u. der zweiten Klasse, um ihnen die weiteren Fortschritte des Gesanges zu zeigen. Der sanfte, klangreiche und angenehme Gesang der Kinder erquickte u. erheiterte Alle. Am Nachmittage wurde, von 2 Uhr an, eine allgemeine Prüfung über die behandelten Lehrgegenstände angestellt, zuerst über [132] Lautir-, Lese- und Sprachunterricht, dann über die Behandlung der bibl. Geschichte, endlich über den Gesang. Der H. General-Superintendent Ross in Budberg erfreute und beehrte uns auf unsre Einladung durch seine Anwesenheit. Die Resultate dieser Prüfung waren der Art, daß wir uns überzeugt halten dürfen, daß die meisten der Lehrer im Stande sein werden, mit größerer Geschicklichkeit den Unterricht in den genannten wichtigen Lehrzweigen zu ertheilen und mit erweitertem Horizont u. hoffentlich auch mit größerer sittlicher Kraft und mit klareren Einsichten in das Wesen des Lehrerberufs in ihre Kreise zurück zu kehren. [133] Überraschend groß fanden wir die Fortschritte der Lehrer im Gesange; derselbe war wohlklingend, lieblich und sanft, und nährt in uns die Hoffnung, diesen wichtigen, in den Rheinlanden noch so sehr versäumten Unterrichts- und Bildungszweig auch [134] gefördert zu haben. Endlich wurde zum Schluß des Lehrcursus geschritten. In den Worten, die ich deßhalb an die Lehrer richtete, setzte ich zuerst nochmals den Zweck solcher Curse auseinander, reihte daran [135] einige Bemerkungen, um nachzuweisen, in wie fern diesen Zwecken durch unsre Zusammenkunft Genüge geleistet sei, und führte den Punkt weiter aus, wie das gesegnete Wirken des Lehrers weit weniger durch Geschicklichkeiten aller Art, als durch persönliche Eigenschaften des Charakters der Lehrer bedingt werde; namentlich seien Ernst des Lebens, Bescheidenheit u. Anspruchlosigkeit, und sittliche Festigkeit ganz unerläßliche Bedingungen [136] an [137] jeden Lehrer. Der sichtbare Mangel dieser Eigenschaften in einigen der hier versammelten Lehrer machte diese Bemerkungen u. weitern Ausführungen nothwendig; den[n] hochfahrendes Wesen, Leichtsinn und Anmaßung untergraben das Wohl jeder Schule u. machen den Lehrer, der von diesen Untugenden ergriffen ist, zu einem wahrhaft verderblichen Mitglied der menschlichen Gesellschaft. In der Meinung, die ich mir zum Grundsatze gemacht habe, daß in so wichtigen Verhältnißen, wie die öffentlichen Erziehungs- und Bildungs-Angelegenheiten sind, sich die rückhaltlose Offenheit gezieme, habe ich den Lehrern, welche obige Bemerkungen bezielten, noch unter vier Augen das Einzelne vorgelegt u. ihnen das Gewissen zu schärfen gesucht. [138] Da ich weiß, daß in vielen Schulen unsrer Gegend anstatt der Ordnung, des Respekts u. der Zucht die Zucht-, Respekt- und folglich auch [139] Gottlosigkeit herrschen, halte ich es für eine meiner ersten Pflichten, jungen Männern überall die rechten unerläßlichen Bedingungen zur gedeihlichen Führung des Erzieher-Amtes namhaft zu machen u. ihnen dieselben mit Kraft u Nachdruck vorzuhalten. [140] Hierauf ließ ich nicht unbemerkt, daß wir in den Meisten mit Freude das redliche, ernste Streben nach Weiterbildung, ihre Hingebung u. ihre Empfänglichkeit für Belehrung u. Rath vorgefunden hätten, u. daß [141] diesen [142] unsre Achtung u. unsre Hoffnung folgte. Zuletzt sprach ich noch von dem, was nun vorzüglich noch von den Einzelnen zu thun sei u. schloß mit dem Aussprechen des Dankes gegen [143] unsren Vater im Himmel für so viele Gaben der Liebe u. mit Erflehung des himmlischen Segens für die ausgestreute Saat. Nach dem Gesange „Gieb uns, ehe wir gehn nach Haus, deinen väterlichen Segen etc.["], sprach H. General-Superintendent Ross noch einige passende Worte und entließ dann die Versammlung mit dem hohenpriesterlichen Segen.   Am andren Tage begrüßten die Lehrer vor ihrem Abzuge einzeln die Lehrer, wobei sich noch passende Gelegenheit fand, Einzelnen Worte der Achtung u. der Ermunterung, und [144] Anderen Worte des Ernstes u. der Bedrohung vorzulegen. Möge der Allliebende segnen das Werk unsrer Hände!

Amen!

Eigh. Entw., GStA PK, I. HA Rep. 76 Seminare, Nr. 10059: 111r–124v;
veröff.: Rh. Bl., Jg. 1827, Bd. II, H. 2, S. 1–21

[1] Diesterweg sandte diesen Artikel als Beilage zu seinem Bericht vom 28. Oktober 1827 (Nr. 176) an die Königliche Regierung in Düsseldorf; vgl. Anmerkung 6 zum Bericht.
Bis auf kleine Änderungen veröffentlichte Diesterweg diesen Text 1827 in den „Rheinischen Blättern" (Jg. 1827, Bd. II, H. 2, S. 1–21; vorliegende Ausgabe, Bd. I, S. 158–170); als Beilage dazu druckte er auch die „Übersicht des Inhaltes des während des Lehrcursus vorgenommenen Unterrichtes zur Anleitung im Lesenlehren" ab (siehe Nr. 178 im vorliegenden Band).
Dieser Aufsatz von Diesterweg sowie ein mit „a + z = r" unterzeichneter Beitrag im „Rheinisch-westphälischen Anzeiger", Nr. 102 vom 22. Dezember 1827, der sich lobend über den Lehrkursus aussprach, wurden zum Anlaß eines zunächst anonymen Angriffes auf Diesterweg und das Moerser Seminar: „Einiges über Lehrkurse, veranlaßt durch den Aufsatz ‚Über Lehrkurse überhaupt und die in den preußischen Seminarien angeordneten insbesondere mit Bemerkungen über den im Oktober 1827 in Mörs abgehaltenen Lehrkursus …' von Dr. F. A. W. Diesterweg" (Rheinisch-westphälischer Anzeiger, herausgegeben von Dr. H. Schulz, erschienen in Hamm, Beilage zu Nr. 21 vom 12. 3. 1828). Gegen diesen Angriff nahm zunächst der Lehrer Oxe (s. ds.) aus Lennep in der Beilage zu Nr. 27 (Rheinisch-westphälischer Anzeige vom 2.4.1828) Stellung: „Erwiderung auf den Aufsatz ‚Einiges über Lehrkurse … ' in der Beilage zu Nr. 21 d. Bl". Daraufhin erschien von Diesterweg in der Beilage zu Nr. 28 (Rheinisch-westphälischer Anzeiger vom 5.4.1828): „Aufforderung an den ungenannten Sprecher über Lehrkurse in Nro. 21 des westph. Anz. 1828" (vorliegende Ausgabe, Bd. XVIII, S. 453) und in der Beilage zu Nr. 41 (Rheinisch-westphälischer Anzeiger vom 21.5.1828): „Zweite Aufforderung an den verkappten Anschwärzer" (vorliegende Ausgabe, Bd. XVIII, S. 453 f.). Außerdem erschienen in der Beilage zu Nr. 35 (Rheinisch-westphälischer Anzeiger vom 30.4.1828) „Bemerkungen

zu den beiden Aufsätzen: ‚Einiges über Lehrkurse usw.‘ in den Beilagen Nr. 21 und 27 d. Bl." von W. vom Rheine In der Beilage zu Nr. 51 (Rheinisch-westphälischer Anzeiger vom 25.6.1828) antwortete der Lehrer W. Kreeft aus Süchtelen und gab sich als der Verfasser des anonym erschienenen ersten Beitrages: „Schreiben in Beziehung auf die Aufforderung des Seminardirektors Herrn Diesterweg an den Verfasser des Aufsatzes über Lehrkurse usw. in der Beilage Nr. 21", zu erkennen. Daraufhin erschien in der Beilage zur Nr. 57 und Nr. 58 (Rheinisch-westphälischer Anzeiger vom 16. und 19. 7. 1828) wiederum eine Antwort von Diesterweg: „Über die Behauptungen des Herrn Kreeft, Schullehrer in Süchtelen, (den hier abgehaltenen Lehrkursus und die dabei beteiligten Lehrer betreffend) und über ihn selbst" (vorliegende Ausgabe, Bd. XVIII, S. 454–460) und abschließend in der Beilage zu Nr. 65 (Rheinisch-westphälischer Anzeiger vom 13.8.1828) noch eine „Entgegnung auf den Aufsatz des Seminardirektors Herrn Dr. Diesterweg über die Behauptungen usw. in der Beilage zu Nr. 57" von W. Kreeft. Alle Beiträge zu diesem Streit wurden auch im Jg. 1828 des von J. P. Rossel (s. ds.) in Aachen herausgegebenen „Wochenblattes für Elementarlehrer" abgedruckt, und zwar in den Nummern 14, 17, 18, 23, 29, 31 und 35.

Kreeft hatte sich im Jahre 1825 im Seminar in Moers der Prüfung zur definitiven Anstellung unterzogen. Diesterweg hatte in seinem Prüfungsprotokoll Kreefts gekünsteltes und hochfahrendes Wesen, insbesondere im Religionsunterricht, kritisiert (vgl. Nr. 114–118).

Im Jahre 1829 wurde Kreeft erneut auffällig durch die Veröffentlichung eines anonymen Artikels über den Schulvorstand in Süchteln in Rossels „Wochenblatt für Elementarlehrer" (Nr. 33). Wenngleich die Vorstandsmitglieder nicht namentlich genannt wurden, war für jeden Ortskundigen klar erkennbar, daß es sich um den Ortspfarrer Klinker und die Vorstandsmitglieder Deussen und Küppers handeln mußte, die von Kreeft u. a. wegen ihrer mangelhaften Kenntnisse der Arithmetik und der deutschen Sprache verunglimpft wurden. Schulpfleger Zillessen strich aufgrund dieses Vorfalls einen Teil der Bezüge und versetzte Kreeft vorläufig in den Stand der provisorischen Anstellung zurück. (Vgl. Brief von Zillessen an die Königliche Regierung in Düsseldorf vom 6. November 1829; HStA Düsseldorf, Reg. Düss., Nr. 3164, 155ʳ–158ʳ.)

In dem auf Veranlassung der Königlichen Regierung eingeleiteten Disziplinarverfahren bestritt Kreeft, Verfasser dieses Artikels zu sein. Der Herausgeber Rossel verweigerte gegenüber der Königlichen Regierung Düsseldorf die Auskunft, weil er seine Autoren zu schützen habe; gegebenenfalls müsse er von höherer Stelle zur Aussage gezwungen werden. Die Bitte um Amtshilfe bei der Regierung Aachen blieb ebenfalls erfolglos, weil diese sich für den Gymnasiallehrer Rossel als nicht zuständig erklärte und an das Provinzialschulkollegium – die vorgesetzte Behörde Rossels – verwies. Die Regierung Düsseldorf verzichtete daraufhin auf eine weitere Klärung. (Vgl. a. a. O., 168ʳ–193ᵛ.)

² Gemeint das Zirkular-Reskript, die Schullehrerseminarien und die Prüfung der künftigen Schullehrer betreffend, des Ministeriums der geistlichen, Unterrichts- und Medizinalangelegenheiten vom 1. Juni 1826, welches die Grundlage zur Vereinheitlichung der Volksschullehrerbildung in Preußen bildete. Danach mußte die Seminarausbildung künftig mit einer öffentlichen Prüfung, über deren Durchführung die Verordnung genaue Anweisungen enthält, abgeschlossen werden. Außerdem mußten alle Schulamtskandidaten, auch die nicht in Seminaren ausgebildeten, nach dreijähriger Schulpraxis eine zweite, vorwiegend schulpraktische Prüfung am zuständigen Seminar ablegen. Bereits angestellte Lehrer konnten auf Grund dieser Verordnung zu Lehrkursen in einem Seminar zusammengerufen werden. – Die Seminare erhielten durch die Verordnung einen maßgeblichen Einfluß auf die Lehreraus- und -weiterbildung ihres Bezirkes. (Vgl. C. F. Müller: Handbuch der gesamten preußischen Schulgesetzgebung. Berlin 1854, S. 70 ff.; Ludolf Beckedorff (s. ds.): Jahrbücher des preußischen Volksschulwesens, Jg. 1826, Bd. IV, S. 154–162.) Siehe auch Aktenvermerk vom 30. Juli 1824 (Nr. 80).

³ Im ersten und zweiten Jahrhundert mehrfach vorkommender Name bedeutender jüdischer Gelehrter; hier als Synonym für einen herausragend gebildeten Lehrer gemeint.

⁴ Vgl. die Berichte über den Lese- und den Gesangsunterricht (Nr. 178 und Nr. 179 in diesem Band).

⁵ Diese Auffassung hatte auch Diesterweg zunächst vertreten; vgl. Brief vom 26. Dezember 1826 (Nr. 159).

⁶ Vgl. Anmerkung 2.

181

Sitzungsprotokoll des städtischen Schulvorstandes Moers[1]

Moers, 2. November 1827

Der Herr Direcktor *[sic!]* Diesterweg trägt darauf an, daß eine solche Veränderung in unserem Schulwesen gemacht werden möchte, welche das Seminar, mit einer Schule ganz für sich allein stellte. Es wird daher festgesetzt

I. Daß die 3te Classe unserer Schulkinder, bestehend aus denen von 5 Jahren an, bis zur Reife in die 2te Classe, dem Seminar eigens überwiesen werden soll. Es übergiebt hiemit der Schulvorstand dem Herrn Direktor Diesterweg diese Classe zur alleinigen Direcktion, ohne daß der Schulvorstand, jedoch als solcher aus seinen Rechten tritt, in nothwendigem Falle einzuschreiten, oder wieder eine Veränderung zu belieben, ohne daß die Prediger die Verbindlichkeit, in ihrem Berufe hierdurch kränken wollen, in welchem sie zur Aufsicht der Schulen verpflichtet sind.

II. Es wird hiemit das Seminar befugt eine Privat-Schule einzurichten[2], in welche Eltern ihre Kinder schicken können, wenn sie dazu einen Erlaubniß-Schein von dem Schulvorstande haben, welcher nicht verweigert werden darf, wenn nicht Persöhnlichkeiten und Spannungen zwischen Eltern und Lehrern gefunden, und diese auf die Frage, ob etwa kleiner Haß und Rache diesen Wunsch der Entlassung hervorbringen, mit Nein beantworten können. Daß die Eltern nach Belieben ihre Kinder aus dieser Privat-Schule wieder herausnehmen können versteht sich von selbst. Das Seminar bezahlt zur Schulkasse das berufmäßige Schulgeld für alle seine Schüler so lange dieselben im schulpflichtigem Alter sind.

III. Der Lehrer jener 3ten Claße wird vom Schulvorstande ernannt und von hoher Regierung bestätigt.

Als Gehalt bezieht er:

a. Aus dem Ueberschusse des Schulgeldes der ganzen Schule – welcher über 250 Rthlr. clev. da sein wird, die Summe von 80 Rthlr. berl. cour. und wenn nicht so viel Ueberschuß sein sollte, die vorhandene Summe.[3]

b. Hofft der Herr Direcktor Diesterweg demselben aus der Seminar-Kasse 80 Reichsthaler court. besorgen zu werden.

(Unterzeichnet:) W Bornemann . Bonn

Diesterweg Witfeld

für gleichlautende Abschrift Ross

Abschr., HStA Düsseldorf, Reg. Düss., Nr. 3401, o. F.

[1] Die Sitzung hatte auf Veranlassung des Schulpflegers Johann Wilhelm Gottfried Roß (s. ds.) stattgefunden und ist einem Schreiben desselben an die Regierung Düsseldorf beigefügt; in diesem beantragt er die Verlegung der dritten Klasse aus der Elementarschule in das Seminar, äußert gegenüber der Gründung einer gesonderten Privatschule allerdings Bedenken (a. a. O., o. F.):
„Auf die wiederholte Klage des Herrn Direcktors Diesterweg, daß der Lehrer der Elementar Schule zu Moers, Herr Bleckmann, weder guten Willen noch Tüchtigkeit zeige, den Forderungen zu entsprechen, welche an eine Schule gemacht werden, in welcher zugleich Zöglinge des Seminars eine gute Elementar-Schul-Praxis anschauen sollen, so halte ich es für das räthlichste, daß das Seminar eine eigene Schule erhalte. – Eine eigene, von der Elementar-Schule unabhängige, oder mit derselben gar nicht in Verbindung stehende Schule im Seminar zu errichten, hätte viele Bedenklichkeiten. – Es müßte daher dieser Mittelweg erwählt werden.“

2 Bereits mehrere Jahre lang während Differenzen mit Bleckmann (s. ds.) und Pfarrer Bornemann führten schließlich zu dieser Regelung. Siehe Anmerkung 6 zur Chronik des Seminars in Moers vom 1. Januar und 17. Mai 1826 (Nr. 148), Brief vom 28. Oktober 1827 an die Regierung Düsseldorf (Nr. 176) und Jahresbericht für 1827 vom 1. März 1828 (Nr. 186).

3 Die Regierung in Düsseldorf antwortete am 18. 4. 1828, daß sie das Provinzialschulkollegium ersucht habe, die 80 Reichstaler „höheren Ortes" zu erwirken (HStA Düsseldorf, Reg. Düss., Nr. 3401, o. F.).

182
An das Provinzialschulkollegium der Rheinprovinz, Koblenz

Moers, 5. November 1827

Betrifft die mir ertheilte Erlaubniß,
auch außer den Ferien Landschulen besuchen zu dürfen.

Ad Rescr. vom 11ten Oct. c. No 2431.

In dem zur Seite angezogenen Hochverehrlichen Rescripte des Hochlöblichen Provincial-Schul-Collegii ist mir die Erlaubniß ertheilt worden, auch außer den Ferien des Seminars Landschulen besuchen zu dürfen.

Indem ich nun davon von Zeit zu Zeit bescheiden Gebrauch zu machen gedenke, wollte ich mir hiermit die Anfrage erlauben, ob für solche Reisen eine Entschädigung gewährt wird und darüber liquidirt werden darf, oder nicht.

Ich bitte ein Hochlöbliches Provincial-Schul-Collegium, mich hochgefälligst zu bescheiden.[1]

Der Director des Seminars
Diesterweg.

Eigh., LHA Koblenz, Best. 405, Nr. 3554, S. 5

[1] In einer Marginalie lehnte Oberpräsident von Ingersleben (s. ds.) die Schulreisen außerhalb der Ferien ab. Es gehe nicht an, daß sich die Seminardirektoren ihrem eigentlichen Berufe entzögen. Leider sei ihm Diesterwegs Antrag entgangen, jedoch habe dieser vor jeder Reise um Urlaub zu bitten und nicht die Reise nur anzuzeigen (LHA Koblenz, ebenda).

183
An die Regierung Düsseldorf

Moers, 29. Dezember 1827

An d[ie] K[önigliche] H. R. z[u] D.

Danksagungsschreiben des Dir. Diesterweg.

Einer K. Hochl. R[e]g[ierun]g kann ich nicht umhin, für die in dem hochverehrlichen Rescripte $_1$ vom 4ten dieses Monats meinen Collegen und mir $_2$ zuerkannte Gratification in unser Aller Namen den verbindlichsten Dank hiermit darzubringen.[1] Die uns dadurch ge-

430

wordene Gewißheit, durch ₃ den hier abgehaltenen Lehrcursus² uns die Zufriedenheit einer Hochl. Regierung erworben zu haben, ist für uns Belohnung, Antrieb und im eigentlichen Sinne des Wortes – Honorar ₄ . Wir ₅ bringen e[i]n[e]r Hochl. R[e]g[ierun]g für diesen Beweis der ₆ Zufriedenheit den innigsten Dank dar, u. erlauben uns die Versich[e]r[un]g, daß wir außer dem Bewußtsein, das Gute nach unsren Kräften gewollt zu haben, keinen höheren Lohn kennen, als den der Zufriedenheit unsrer Vorgesetzten. –

Allerdings dürfte es nun auch den einzelnen Lehrern, die künftig an den Lehrcursen Theil nehmen, zur hohen Ermunterung gereichen, wenn den Besten von Seiten der K. Regierung ein Zeichen der Anerkennung würde.³ ₇ Da es indessen nicht ganz leicht sein wird, ₈ diejenigen ₉ auszuwählen, welchen diese Belohnung zu Theil werden soll, so möchte ich es mir vorbehalten, diesen Gegenstand in ₁₀ genauere Überlegung zu ziehen u. späterhin einer K. Hochl. Regierung darüber Vorschläge zu machen. –

Obgleich wir endlich hoffen dürfen, die im Oct. dieses Jahres hier versammelt gewesenen Lehrer befriedigt u. dadurch dazu beigetragen zu haben, daß die Wichtigkeit solcher Lehrcurse auch von denen erkannt wird, welche sich in Bezug auf sie entweder gleichgültig oder entschieden dagegen erklären, so möchte ich es der Hochl. R[e]g[ierun]g anheim stellen, ob ₁₁ Hochdieselbe es nicht geeignet fände, über den abgehaltenen Lehrcursus in dem Amtsblatte eine ähnliche ₁₂ Bekanntmachung zu erlassen, wie ihn die in Darmstadt erscheinende Schulzeit[un]g in Nro *[Lücke]* von der K. Reg[ierun]g in Merseburg mitgetheilt hat.

Eigh. Entw., GStA PK, I. HA Rep. 76 Seminare, Nr. 10059: 110^{r+v}

¹ Vgl. Anmerkung 6 zum Brief vom 28. Oktober 1827 (Nr. 176).
² Siehe Brief vom 28. Oktober 1827 (Nr. 176) an die Bezirksregierung.
³ Die königliche Regierung in Düsseldorf hatte Diesterweg eine solche Aufmunterung vorgeschlagen und „zur näheren Erwägung anheim" gestellt (vgl. 4. Dezember 1827, GStA PK, I. HA Rep. 76 Seminare, Nr. 10059: 105^r).

184
An Karl Kruse, Groß-Glogau

Moers, 7. Februar 1828

An Herrn <u>Karl Kruse</u>
Hauslehrer bei dem H. General von Zastrow in <u>Groß-Glogau</u> in Niederschlesien.

Da Sie mir seit meinem letzten Schreiben 2 Briefe zugesandt haben, so darf ich deren Beantwortung nicht länger aufschieben.

Ich freue mich Ihres Wohlseins. Früher fürchtete ich für die Dauer Ihrer Gesundheit. Da Sie von Kranksein nichts schreiben, so nehme ich das als ein Zeichen, daß es mit dem Physischen recht gut steht. Doppelt angenehm ist es mir, daß Sie in Wissenschaften tüchtig fortschreiten u. jede sich darbietende Gelegenheit dazu benutzen. Dazu gehören dann allerdings auch Reisen, auf denen man oft mehr lernt, als man meint und weiß.¹

Von hier weiß ich Ihnen weniger Neuigkeiten zu schreiben, als Sie mir aus der Fremde u. von entfernten Menschen. Die Personen, welche das Leben hier dirigiren, sind dieselben geblieben. H Hoffmeister ist wohl, studirt den Aristoteles u. wird ein <u>Werk</u> drüber schreiben. SCHÜRMANN muß sich sehr plagen, wird aber täglich stärker. Seine Frau ist schwächlich, leider!

Im Seminar geht Alles seinen festen Gang. Nur ist H VORREITER schon seit 1/2 Jahre kränklich; auch leider! Mir geht es, Gott Dank! sehr gut. Nie genoß ich noch einer so festen Gesundheit. – Von den Rh. Blättern[2] sind 2 neue Hefte erschienen, die Sie der Wohlfeilheit wegen am besten durch den Buchhandel, oder schneller u. kaum theurer durch die Post beziehen. Auch ist von mir bei Weber in Bonn eine Raumlehre erschienen.[3] Wenn es nicht so weit u. theuer wäre, würde ich sie Ihnen schicken. Sie verbinden mich, wenn Sie Gelegenheit nehmen, die dortigen Lehrer, namentlich gehobene El[emen]t[a]rlehrer u. Lehrer an Mittelschulen auf sie aufmerksam zu machen.

Ihr Abriß über Geographie kam zu spät, war auch zu kurz; H ERNST hat die <u>Weltkunde</u> in den Rh Bl. zu behandeln angefangen. Recensionen nehme ich an, wenn sie wichtige Werke und mit klaren u. festen Gründen beurtheilen, und wenn der Recensent sich nennt. Die Anonymität hasse ich, wie jede Art der Heimlichkeit etc.

Im Frühling kommen wir Osterndienstag in Benzberg, Cöln gegenüber, auf den Bergen, zusammen.[4] Was Sie dafür zu schicken haben, schicken Sie mir durch einen Buchhändler. Der Weg p[e]r Post ist zu theuer, wie Sie dieß an diesem Briefe ersehen werden. Überhaupt wählen Sie den vorgeschlagenen Weg zu Ihren Sendungen!

Vor 2 Tagen hat man von Remscheid aus bei mir angefragt, ob ich ihnen für ihre höhere Bürgerschule keinen Lehrer der franz., ital., engl. Sprache etc. nennen könnte. Man nannte zugleich Ihren Namen. Ich antwortete, daß ich zweifelte, daß Sie Lust hätten, daß man aber Sie fragen oder mir den Auftrag geben möge, Ihnen bestimmte Vorschläge zu thun. Was nun geschehen wird, wird sich bald zeigen.

Glück auf! mein Lieber! Es gehe Ihnen bleibend gut. Wir alle grüßen Sie von Herzen.

Ihr Diesterweg.

Eigh., DIPF/BBF, Archiv, 1.1.01 (F. A. W. Diesterweg), Mappe 29

[1] Karl Kruse besuchte während seiner Schulzeit auf dem Progymnasium in Moers (bis 1824) zugleich den Morgenunterricht (6–8 Uhr) bei Diesterweg im Lehrerseminar, da er sich bereits frühzeitig für den Lehrberuf entschieden hatte. In dieser Zeit erlitt er einen Blutsturz; darauf nimmt Diesterweg hier offenbar Bezug, wenn er Kruses Gesundheit besonders hervorhebt.

1824 ging Kruse als Hauslehrer der französischsprachigen Kinder des Obersten und späteren Generals von Zastrow (s. ds.) zunächst nach Düsseldorf, dann nach Berlin und schließlich nach Niederschlesien. 1828 bis 1829 besuchte er Vorlesungen an der Universität Breslau und legte schließlich das wissenschaftliche Examen ab, das ihm die Lehrtätigkeit an einer höheren Schule erlaubte. 1830 trat Kruse als Lehrer in die neu eingerichtete höhere Bürgerschule (hervorgegangen aus Wilbergs Bürgerinstitut) in Elberfeld ein. (Vgl. Kruses „Bericht über den Bildungsgang" in der Akte „Bericht über die Einrichtung von Realschulen" im Archiv des Carl-Fuhlrott-Gymnasiums, Wuppertal).

Diesterweg hätte Kruse gerne als Lehrer am Progymnasium in Moers gesehen (vgl. Brief vom 12 Januar 1829 <Nr. 198>).

[2] Siehe Ankündigung vom September 1826 (Nr. 156) und Brief vom 6. Oktober 1826 (Nr. 157).

[3] Raumlehre oder Geometrie nach den jetzigen Anforderungen der Didaktik für Lehrende und Lernende. Bonn: Eduard Weber 1827.

4 Siehe Rundschreiben vom 11. Juli 1823 (Nr. 60) und Briefe vom 24. März 1827 und 6. März 1828 (Nr. 165 und Nr. 188).
Obgleich Kruse kein eigentlicher Seminarist gewesen war (vgl. Anmerkung 1), rechnete Diesterweg ihn aufgrund seiner Teilnahme an einigen Unterrichtsfolgen zu seinen Schülern und sah in ihm einen potentiellen Teilnehmer der alljährlich stattfindenden Versammlungen ehemaliger Seminaristen.

185
An das Ministerium der geistlichen, Unterrichts- und Medizinalangelegenheiten, Berlin

Moers, 15. Februar 1828

Einem Hohen Ministerio der geistlichen, Unterrichts- und Medicinalangelegenheiten in Berlin.

Der Seminardirektor Diesterweg in Mörs beehrt sich, zwei Schriften zu überreichen.

Unterm 14. Juni 1826 erzeigte ein Hohes Ministerium mir, dem unterthänigst Unterzeichneten, die hohe Gewogenheit, mir über zwei Hochdemselben überreichte Schriften[1] das Urtheil eines Sachverständigen zu übersenden. Ich habe damals diese Mittheilung mit dankbarer Verehrung empfangen, mir die darin ausgesprochenen Bemerkungen zu Nutze zu machen gesucht, und mich dadurch in ungewöhnlichem Maaße gestärkt gefühlt.

Angetrieben durch den lebhaften Wunsch, daß mir auch in Betreff meiner spätern kleinen Schriften eine ähnliche Belehrung zu Theil werden möchte, und in der Absicht, einem Hohen Ministerio ein Zeichen des Respektes und der Verehrung für Hochdesselben nicht genug zu preisende Sorgfalt für die Volksbildung zu überreichen, nehme ich mir hiermit die Freiheit, Hochdemselben beiliegende zwei Schriften – Rheinische Blätter und Raumlehre – unterthänigst darzubieten.[2]

Zur Abfassung derselben veranlaßte mich hauptsächlich das Bestreben, für Lehrerbildung und Beförderung des Unterrichts und der Erziehung in weiterem Kreise thätig zu sein; nur nebenbei mußte mir auch, bei den Bedürfnissen meiner zahlreichen Familie, das Honorar, welches ich dafür gezogen habe, willkommen sein; indem ich außerdem bei der kleinen Büchersammlung des hiesigen Seminars jährlich ein Bedeutendes auf die Anschaffung litterarischer Hülfsmittel verwenden muß.

Möge es einem Hohen Ministerio gefallen, beiliegende Werkchen hochgeneigtest anzunehmen[3], und sie als ein Zeichen der Verehrung anzusehen, mit welcher ich verharre

Eines Hohen Ministerii

unterthänigster Diesterweg,
Direktor des Schullehrer-Seminars in Mörs.

Ausf. mit eigh. Unterschr., GStA PK, I. HA Rep. 76 Kultusministerium, VII neu Sekt. 25 C Teil I Nr. 4 Bd. 4: 10r+v

1 Es handelte sich dabei um das „Lese- und Sprach-Buch für mittlere Schulen" von Diesterweg und das „Praktische Rechenbuch" von Diesterweg und Heuser. Das Ministerium hatte Konsistorialassessor F. H. G. Graßmann (s. ds.) in Stettin zu einem Gutachten aufgefordert, der die Lehrbücher als sach-

lich richtig und sehr nützlich beurteilte; sie überstiegen allerdings inhaltlich und methodisch den Horizont und die Bedürfnisse für Volksschulbücher. Das Gutachten und die Danksagung erreichten Diesterweg unter dem genannten Datum (GStA PK, I. HA Rep. 76 Kultusministerium, VII neu Sekt. 25 C Teil I Nr. 4 Bd. 3: 167ʳ-170ʳ).

² Gemeint sind: Bde. I und II der von Diesterweg gegründeten und seit 1827 erscheinenden Zeitschrift (vorliegende Ausgabe, Bd. I, S. 3–268, 412–427 und 450–454; siehe Ankündigung vom September 1826 <Nr. 156> und Brief vom 6. Oktober 1826 <Nr. 157> im vorliegenden Band) sowie das Lehrbuch: Raumlehre oder Geometrie nach den jetzigen Anforderungen der Didaktik für Lehrende und Lernende. Bonn: Eduard Weber 1827.

³ Das Ministerium beauftragte wiederum Graßmann sowie den Seminardirektor Chr. W. Harnisch (s. ds.) jeweils mit einem Gutachten. Graßmanns Urteil schloß die Nutzung der Raumlehre als Lehrbuch aus, wenngleich es eine hilfreiche Sammlung von Übungsaufgaben sei. Der Inhalt hänge lose aneinander, was nur in seiner Ganzheit und im Zusammenhang erkannt werden könne. – Harnisch erstellte sein Gutachten unter dem 18. Mai 1828: Die Zeitschrift zeige, daß Diesterweg viel gelernt und gearbeitet habe. Was in preußischen Provinzen im Unterricht versucht werde, habe er sich angeeignet, einiges ergänzt oder weitergebracht. Harnisch kritisierte zwar Breite und Wortreichtum von Diesterwegs Beiträgen, die er dessen „subjektiver Fülle" zuschrieb. Zugleich sagte er der Zeitschrift aber große Wirksamkeit voraus, sollte sie in ihrem jetzigen Geist fortgesetzt werden (Zimmermann, Wilhelm: Der Aufbau des Lehrerbildungs- und Volksschulwesens unter der preußischen Verwaltung 1814–1840 <1846>. Ein Beitrag zur Geschichte des rheinischen Schulwesens, Bd. 3. Köln 1963, S. 354 ff.).

186
An das Ministerium der geistlichen, Unterrichts-
und Medizinalangelegenheiten, Berlin

Moers, 1. März 1828

Jahres-Bericht
über das Königliche Schullehrer-Seminar in Mörs,
das Jahr 1827 betreffend,

Einem Königlichen Hohen Ministerio
der geistlichen, Unterrichts- und Medicinal-Angelegenheiten
abgestattet von dem Seminardirektor Diesterweg

In den ₐ Berichten, welche ich über die zuletzt vergangenen Jahre einem Hohen Ministerio zu überreichen ʙ verpflichtet gewesen bin, habe ich c die äußere und innere Beschaffenheit des hiesigen Seminars möglichst ausführlich zu schildern ᴅ und alle Verhältniße in solcher ᴇ Ausdehnung darzustellen mich bemüht, daß ꜰ sie in ihrer Gesammtheit ₐbezeichnungsweiseₐₗ eine ɢ vollständige Auffassung der Anstalt ermöglichten.

Ich glaube daher in dem jetzt über das zuletzt verflossene Jahr abzustattenden Berichte nicht noch einmal die frühere Auseinandersetzung wiederholen ʜ zu dürfen; vielmehr werde ich mich auf die Darstellung derjenigen Verhältniße, durch welche die Geschichte des hiesigen Seminars bis zum Anfange des Jahres 1828 fortgesetzt wird, zu beschränken haben. Besonders aber ɪ wird es meine Aufgabe sein, die Veränderungen in den äußeren und inneren Einrichtungen namhaft zu machen und wie den inzwischen erlassenen neuen Verordnungen eines Hohen Ministerii Genüge geleistet worden ist.

1. Äußere Beschaffenheit und darin vorgenommene Veränderungen. ȷ

Die äußere Beschaffenheit der Seminargebäude ist fortwährend gut. Dieselben sind dauerhaft gebaut und haben bedeutende Reparaturen nicht nöthig gemacht. Die in der Benutzung der Räume vorgenommenen Veränderungen sind folgende:

Mit Erlaubniß des Hochlöblichen Provinzial-Schul-Collegii in Coblenz kaufte unser Lehrer VORREITER in der Mitte des Jahres 1827 das an das Seminargebäude anstoßende Haus für eigne Rechnung (1200 Thl), verheirathete sich darauf und bezog dasselbe. Dadurch wurden ᴋ seine bisherigen beiden Wohnzimmer leer. Wir haben dieselben zu Arbeits- und Übungszimmern der Zöglinge eingerichtet, so daß ʟ während der stillen Arbeitsstunden in dem einen 12, in dem andern 8 versammelt sind. Die übrigen 10 bleiben in ihren Klassenzimmern. Diese Veränderung ist eine wahre Verbesserung, indem die Zöglinge nun nicht mehr den ganzen Tag in ihren Lehrzimmern eingeschlossen bleiben. Es wirkt dieß auf Geist und Körper heilsam.

Außerdem wurde das Klassenzimmer der Klein-Kinder-Schule allmählig zu beschränkt. Die mit dem vollendeten 5ten Lebensjahre beginnende Schulpflichtigkeit vermehrte die Anzahl der ᴍ Schulkinder dieser Klasse auf 90. Zur Erweiterung des Schulzimmers wurde die Wand, welche dasselbe von einem kleinen, daran stoßenden ɴ Zimmer, welches bisher als Effektenzimmer gebraucht worden war, trennte, weggenommen. Die Effekten[1] sind einstweilen ᴏ anderwärts untergebracht. Andere bauliche Veränderungen sind in dem verflossenen Jahre nicht vorgenommen worden. Wesentlich ᴘ nothwendig sind noch die Einrichtung eines zweiten größeren Zimmers für die zweite Klasse der Kinderschule und die Vergrößerung des Schlafsaales. Jenes soll durch den Ausbau der bisherigen Waschstätte der Zöglinge, dieses durch die Verlängerung des Schlafsaales gewonnen werden. Dadurch entsteht zugleich das Bedürfniß ǫ einer neuen Waschstätte. Auf Befehl der Königlichen Regierung in Düsseldorf hat der Herr Bauinspektor HEERMANN in Cleve diese Gegenstände aufgenommen und veranschlagt. Wir hoffen, daß die Ausführung dieses Planes beschlossen und in dem laufenden Jahre vollendet werden wird. – Die Vermehrung im Inventario der Anstalt ist aus der Beilage ersichtlich.

2. Frequenz der Anstalt.

Die Zahl der Zöglinge betrug bis zum Ende des Schuljahres (1 August 1827) mit Einschluß der beiden Hülfslehrer 30, von welchen 13 die erste, 15 die zweite Abtheilung bildeten. ʀ Von diesen 15 wurden mit Ende Juli 14 als wahlfähig entlassen, und von jenen 13 einem wegen Mangel an genügenden Fortschritten der Rath ertheilt, sich einen andern Beruf zu wählen. Außerdem gingen die beiden Hülfslehrer ab. ꜱ Von ᴛ den noch übrigen 13 Zöglingen entlief noch vor Beendigung des Cursus einer (JOHANN CAMPHAUSEN aus Beckrath, Kreis Grevenbroich) heimlich aus der Anstalt, vorgebend, er habe die Lust zum Schulamte verloren.[2] So unangenehm uns dieser Vorfall war, so ᴜ durften wir ihn doch nicht sehr ᴠ betrauern, da der Entwichene zu großen Hoffnungen nicht berechtigte. Es blieben also 12 Zöglinge in der Anstalt. Da sich unter denselben einige befanden, welche sich zu Gehülfen für die nun aufzunehmenden Zöglinge qualificirten, so wurde von den abgehenden Zöglingen keiner als Hülfslehrer für ein Jahr zurückbehalten, und deßwegen konnten auch 18 neue Zöglinge aufgenommen werden. Dieses geschah mit Anfang September, so daß die auf 30 festgesetzte Zahl der Zöglinge bis zu Ende 1827 vollzählig war.

3. Gesundheitszustand der Zöglinge.

Der Gesundheitszustand unsrer Zöglinge war im Jahr 1827 weit besser, als im Jahr 1826. Keiner ᵥᵥ wurde von einer recht bedeutenden Krankheit befallen. Nur an vorübergehenden Übeln und an dem in hiesiger Gegend während der Sommermonate sehr häufigen kalten Fieber, welches bei einem in ein leichtes Nervenfieber ausartete, litten einige Zöglinge.³ – Hier wird auch die passendste Stelle sein, zu bemerken, was in Bezug auf die Hohe Ministerialverordnung vom 26ten Februar 1827, die Leibesübungen der Seminaristen betreffend, in der hiesigen Anstalt geschehen ist. Planmäßig geordnete, ₓ das ganze Jahr hindurch regelmäßig betriebene Leibesübungen einzuführen, haben wir nicht für nöthig erachtet. Unsere Zöglinge dürfen täglich im Winter von 1 bis 2 Uhr, im Sommer von 6–7 Uhr spatzieren gehen; während des Sommers wird jeder in der Regel wöchentlich ein Mal, 1–2 Stunden, mit Gartenarbeit beschäftigt; außerdem werden sie zum Baden angehalten, und alle 14 Tage oder 3 Wochen, wie es das Bedürfniß erheischt und die übrigen Zwecke es zulassen, geht ein Lehrer oder mehrere mit ihnen auf einige Stunden in's Freie, um daselbst größere Spiele (deutsches Ballspiel pp) zu veranstalten; endlich finden Einzelne abwechselnd auch mannigfache Gelegenheit, durch Besorgung von Geschäften, welche ᵧ die geregelte Ordnung und Reinlichkeit des Hauses bezwecken, sich Bewegung zu machen und leibliches Geschick zu gewinnen.

Diese Veranstaltungen und Gelegenheiten sind bisher zur Erhaltung der Gesundheit und Frische der Zöglinge ᵤ und zur Erhöhung leiblicher Geschicklichkeit und Gewandtheit hinreichend befunden worden.

ₐₐ Nichts desto weniger muß ich gestehen, daß in dieser Beziehung wohl noch Manches zu wünschen übrig bleiben möchte. Nur habe ich bisher nicht gewußt, wie solches ohne Gefährdung der ₐB Hauptzwecke der Anstalt bei der Kürze einer zweijährigen Bildungszeit geschehen könnte.

Ob dieses etwa durch Verlängerung der Bildungszeit bis zu 3 Jahren und Einführung militärischer Übungen – da ja ₐC nach der neuesten Kabinetsorder jeder Schulamtskandidat wenigstens 6 Wochen zum Militärdienst herangezogen ₐD wird – erzielt werden sollte, überlasse ich dem ᵦreiferenᵦₗ Ermessen eines Hohen Ministerii.

4. Ordnung, Disciplin und Sittlichkeit.

Die Versicherungen, welche ich in ₐE Bezug auf diese wichtigen Zwecke der Seminarbildung in dem vorjährigen Berichte der Wahrheit gemäß mittheilen konnte, darf ich jetzt, zu ₐF unserer Freude, in verstärktem Grade aussprechen. Unsre Zöglinge ₐG stehen bei den Bürgern der Stadt und ₐH deren Umgebung in dem Genusse der öffentlichen Achtung, was Anstand, Bescheidenheit und Sittlichkeit betrifft. Von dem Gegentheile ist auch in der That, weder außerhalb, noch innerhalb des Hauses irgend eine bemerkenswerthe Spur vorgekommen; vielmehr erfreuen wir uns ganz allgemein eines solchen Verhaltens, wie es von bescheidenen, dienstbeflissenen und gesitteten jungen Leuten erwartet werden darf und gefordert werden muß. Wir würden uns auch ohne diese Haltung des Ganzen den Vorwurf machen, einen der ersten Zwecke der Seminarerziehung nicht zu erreichen ₐI .

Deßwegen schätzen wir strenge Gesetzmäßigkeit im Betragen und tadellose Sittlichkeit in Mienen, Worten und Werken höher, als alle Fortschritte im Unterrichte und in Übungsgegenständen zusammen, und wir glauben uns letzterer nur dann freuen zu dürfen, wenn sie sich auf dem ₐJ Boden jener unerlaßlichen Eigenschaften entwickeln.

436

5. Unterrichtswesen.

Hier ist $_{AK}$ sowohl der Unterricht, welchen die Seminaristen empfangen, als auch deren praktische Anleitung in der Kinderschule zu berücksichtigen.

Da die Lehrgegenstände des hiesigen Seminars durch das von der höchsten Behörde vorgeschriebene Reglement bleibend festgesetzt sind, so bedarf dieser Gegenstand keiner weiteren Auseinandersetzung. Es kommt nur darauf an, wie den gesetzten Zielen $_{AL}$ Genüge geleistet wird.

Im Allgemeinen bin ich bemüht gewesen, $_{AM}$ jeden Unterrichtsgegenstand mehr und mehr praktisch zu machen.

Auf der im August des vorigen Jahres unternommenen Schulinspectionsreise, welche für mich außerordentlich lehrreich gewesen ist, und für deren Einrichtung ich mich einem Hohen Ministerio zu besonderem Danke verpflichtet fühle, konnte mir die Bemerkung nicht entgehen, daß auf durchaus praktische Bildung der Seminaristen der entscheidenste Werth gelegt werden müsse, und daß wir hier in dieser Rücksicht früher wohl Manches übersehen hatten.[4] Ich habe deßhalb aus meinem eigenen Unterrichte manches Wissenschaftliche ausgeschlossen, und $_{AN}$ habe mich bestrebt, meinen Mitlehrern $_{AO}$ dieselben Bestrebungen zu eigen zu machen. Es ist mir dieß auch im Ganzen nicht mißlungen; doch muß ich mich in dieser Beziehung mit den Leistungen unsres Musiklehrers ERK[5] mehr zufrieden erklären, als mit denen unsres Religionslehrers VORREITER. Beiden $_{AP}$ muß ich in hochachtender Anerkennung das Zeugniß des unverdrossensten Fleißes und der collegialischen Mitwirkung zu <u>einem</u> Ziele ertheilen; beide haben mit Anstrengung und anerkennenswerthem Erfolge den Anforderungen ihrer wichtigen Ämter Genüge geleistet $_{AQ}$. Der musikalische Unterricht gedeiht jetzt vorzüglich; das Schönschreiben hat sich wesentlich vervollkommnet; die praktische Tendenz des gesammten Unterrichts ist mehr und mehr hervorgetreten; nur blieb mir noch von Seiten ERK's eine innigere Verbindung des theoretischen Unterrichts in der Musik mit den praktischen Übungen und $_{AR}$ von Seiten VORREITER's eine genügendere Entfernung $_{AS}$ der strengen Schulform vom Religionsunterrichte zu wünschen übrig.[6] In Betreff jenes Punktes werde ich am Schlusse dieses Berichtes einen Wunsch vorzulegen mir erlauben; in Betreff dieses Mangels darf ich zu bemerken nicht unterlassen, daß VORREITER durch seine schwankende Gesundheit – wenn er anders $_{AT}$ wirklich $_{AU}$ Einiges zu wünschen übrig ließ – $_{AV}$ völlig entschuldigt und gerechtfertigt dasteht.[7] Ungeachtet anhaltender Brustbeschwerden hat er in anerkennenswerther Anstrengung mit kurzen Unterbrechungen seinen Unterricht besorgt, und sich einer größeren elementarischen Behandlung seiner Fächer befleißigt. Freilich dürfen wir von ihm als Seminar- und Kinderlehrer nicht wohl Vorzügliches erwarten, und es möchte daher wohl – besonders wenn $_{AW}$ die völlige Stärke seiner Gesundheit nicht wiederkehren sollte – wünschenswerth sein, wenn er durch das Wohlwollen eines Hohen Ministerii nach einem oder zwei Jahren in das Pfarramt einrückte.

Größere Veränderungen haben die Einrichtungen der mit dem Seminar verbundenen Kinderschulen erlitten. Die Erfahrung überzeugte uns, nach einer vergeblichen Anstrengung von 5 Jahren, endlich $_{AX}$ von der Unmöglichkeit, den hiesigen Stadtschullehrer BLECKMANN von seiner eingewurzelten Verkehrtheit abzubringen und den hiesigen Schulvorstand zur Ergreifung zweckdienlicher Maßregeln zu vermögen. Was wir erstrebt und aufgebaut zu haben glaubten, riß die Schiefheit $_{AY}$, Verkehrtheit und Untüchtigkeit BLECKMANN's wieder nieder, und $_{AZ}$ meine Veranstaltungen zur Befestigung einer geregelten Disciplin und zur Leitung des Ganzen wurden von dem Präses des Schulvorstandes, dem Pfarrer BORNEMANN, wie solches der Königlichen Regierung in Düsseldorf bekannt ist, paralysirt. Unter diesen Umständen erheischten es höhere Pflichten, ein Verhältniß aufzugeben, das weder freudige Wirksamkeit, noch gesegneten Erfolg versprach. Ich übergab daher dem hiesigen Schulvorstande die fernere Leitung der beiden Hauptklassen der Elementarschule, beschränkte mein Wirken auf die Leitung _{BA} der Klasse der Anfänger von 5–7 Jahren, und errichtete eine Privatschule von gereifteren Schülern. Demnach stehen also, von der Mitte des Jahres 1827 an, 2 Kinderschulen mit dem Seminar in Verbindung; beide befinden sich in dem Seminargebäude. Alle schulpflichtig werdenden Kinder treten in die Elementarklasse, welcher ein eigener Lehrer, FRIEDRICH THALHEIM, vorgesetzt ist. Dieselbe besteht jetzt aus 90 Kindern und wird diese Stärke im Durchschnitt behalten.[8]

Sie verweilen darin in der Regel 2 Jahre und treten dann in die _{BB} unterste der beiden Stadtschulen, welche sich in dem städtischen Schulgebäude befinden. Die errichtete Privatschule zählt jetzt 20 Schüler und Schülerinnen, _{BC} von welchen 3 meine eigenen Kinder sind. Die übrigen sind Kinder von Bürgern der Stadt und der Umgegend, 9–13 Jahre alt. Wenn im Laufe dieses Jahres ein größeres Schulzimmer eingerichtet sein wird, so werde ich bis an 40 Kinder in dieselbe aufnehmen. Bei dieser Einrichtung unterrichten wir mit Freude und mit Erfolg, und wir erreichen die wesentlichen Zwecke in Betreff der praktischen Ausbildung der Zöglinge. Dem Lehrer THALHEIM, einem jungen Manne von sehr vorzüglichem Charakter und gutem Lehrtalente, welcher früher Israelit war, sind jedes Mal zwei der älteren Seminaristen zur Unterstützung beigegeben, u. hier lernen dieselben die Handhabung des Unterrichts und der Disciplin einer großen Schule, namentlich das Schwierigste des Lehrgeschäftes, die Unterweisung und Erziehung kleiner Kinder. In der Privatschule, welche allmählig _{BD} die Gestaltung einer gehobenen Elementarklasse gewinnen wird, werden die Unterrichtsgegenstände in ihrer weiteren Ausbildung und Vollendung behandelt. Dieselbe hat keinen ihr ausschließlich angehörigen Lehrer, sondern _{BE} der Unterricht wird Theils von den 3 Seminarlehrern, Theils von den Seminaristen des zweiten Cursus _{BF} ertheilt, so daß jeder Einzelne nach und nach in allen Gegenständen des Elementarunterrichts die nöthige Übung und Fertigkeit gewinnt. Freilich entbehrt nun das städtische Elementarschulwesen eines festen Zusammenhanges, der Einheit und Vollendung. Allein der hiesige Schulvorstand hat es also gewollt. Auch ist keine Hoffnung vorhanden, jemals in Freudigkeit und mit Erfolg in Verbindung mit dem Stadtschullehrer BLECKMANN zu wirken. Mit so viel Schmerz ich daher auch auf vollkommene Organisation des hiesigen Elementarschulwesens verzichtet habe, so kann ich doch eine unmittelbare Leitung des Ganzen nicht mehr wünschen, sondern muß mich – da wir durch die geschilderte Einrichtung unsre Zwecke erreichen – darauf beschränken, in der bisherigen Weise auf die Vervollkommnung des hiesigen Elementar-Schulwesens einzuwirken. Eine vollkommnere Einrichtung ist unter den jetzigen Verhältnißen, deren Änderung von der Zeit abgewartet werden mag, nicht möglich, wenn sie auch an sich wünschenswerth _{BG} bleibt. – _{BH} Der Lehrer THALHEIM erhält ein Gehalt von 160 Thlr, welches zur Hälfte aus dem Seminarfonds, zur Hälfte aus dem Schulgelde bezahlt wird, _{BI} von welchem übrigens weiter nichts in den Seminarfonds fließt.[9] Damit unsre Privatschule noch mehr innere Einheit gewinne, werde ich darauf antragen, daß das Hochlöbliche Provincial-Schul-Collegium _{BJ} genehmige, daß einer der besseren Abiturienten mit _{BK} einem Stipendium von 80–100 Thlr jedes Mal auf ein Jahr noch hierbehalten werde. _{BL} Ein solcher junger Mann erhält dadurch eine vorzüglichere Ausbildung und qualificirt sich dann zu einer Stelle an einer höheren Bürgerschule.

6. Lehrer der Anstalt pp.

In dem Personal der 3 Lehrer ist im Laufe des verflossenen Jahres keine Veränderung ₍c₎vorgekommen₍cl₎. Als Lehrer ₍BM₎ an der Klein-Kinder-Schule des Seminars ist, ₍BN₎ wie schon berichtet, provisorisch angestellt FRIEDRICH THALHEIM. Als Hülfslehrer bei der jüngeren Klasse der Zöglinge sind 3 der älteren Seminaristen gebraucht worden. Der eine ertheilte den Unterricht in der sogenannten Formenlehre, der zweite in der Zahlenlehre, der dritte in der Naturgeschichte. Aller übrige Unterricht ist von den eigentlichen Seminarlehrern besorgt worden, nach derselben Vertheilung, wie sie schon im Jahre 1826 bestand, mit der einzigen Abänderung, daß ERK noch den Unterricht im Schreiben und Zeichnen übernommen hat.

Die Zahl der wöchentlichen Lectionen
VORREITER's betrug	28
ERK's – – – – – – –	35
Diesterweg's – – –	21

Die Inspection ist unter ₍BO₎ uns Lehrern wochenweise vertheilt gewesen. Der dienstthuende Lehrer leitet zugleich in seiner Woche die Abendandacht; die ersten Stunden am Morgen werden von den einzelnen Lehrern mit kurzem Gebet eröffnet. Sonntags treten wir Morgens nach der Kirche zu einer Berathung zusammen, eröffnen den versammelten Seminaristen das Erforderliche und besprechen die Leistungen und Arbeiten in der Kinderschule während der verflossenen und beginnenden Woche. Sonntags am Abend finden gemeinschaftliche musikalische Übungen statt.

7. Resultate der Abiturienten-Prüfung.

Von den 15 Zöglingen, welche zu Ende Juli 1827 2 Jahre in der Anstalt gewesen waren, wurden 14 für entlassungsfähig erklärt. Zwei derselben waren mit Genehmigung der vorgesetzten Behörde schon einige Monate früher in's Amt getreten, ₍BP₎ da sie hinreichend vorbereitet waren und die Besetzung der betreffenden Stellen sehr gewünscht wurde. Doch ₍BQ₎ mußten sie sich zur Prüfung stellen.

In derselben wurden   4 mit No I
                        5 mit No II
                        5 mit No III
entlassen. An praktischer Ausbildung standen sie über den vom Jahre 1826, und die vom Jahre 1828 werden hoffentlich wieder um einige Schritte weiter gefördert sein, als die vom Jahre 1827.

8. Aussichten für die entlassenen Zöglinge zur Anstellung.

Die 14 entlassenen Zöglinge waren wenige Wochen nach ihrer Entlassung sämmtlich in Thätigkeit,

als Schullehrer: 2
als Elementarschul-Gehülfen: 9
als ₍BR₎ Instituts-Gehülfen: 2
als Hauslehrer: 1

Von den zweien, welche an Instituten mitarbeiten, ist vor kurzem einer an ₍BS₎ einem schleichendem Fieber gestorben – der erste ₍BT₎ unsrer Zöglinge, welcher im Lichte höherer

Besinnung erwacht ist. ₍ᵦᵤ₎ Da mehrere unsrer Zöglinge diesen Verlust schmerzlich emp-
fanden und der Heimgegangene (EDUARD STÖCKER) ein ₍ᵦᵥ₎ vortrefflicher Mensch war, so
veranstaltete ich am Abende des Tages, als die Nachricht von seinem Tode hier eintraf, eine
₍ᵦ𝓌₎ kurze Todtenfeier.

Aus obiger Zusammenstellung erhellet, daß die Mittel gefunden sind, die entlassenen Zöglinge alsbald ₍ᵦₓ₎ zur Arbeit zu berufen. Freilich möchte ich wünschen, daß noch Mehrere
gleich unmittelbar selbstständig in's Lehramt einrückten, und in Betreff der Gehülfenstellen werde ich mir am Schlusse noch einige Bemerkungen erlauben.

9. Qualification der Neuaufgenommenen.

Zu der im Juni ₍d₎1827₍dl₎ ausgeschriebenen Aspirantenprüfung wurden 43 ₍ᵦᵧ₎ Aspiranten zugelassen. Dieselben erschienen im Allgemeinen wenigstens in musikalischen Vorkenntnissen besser vorbereitet, als dieses früher der Fall war. Noch vor 4 Jahren gehörte es zu den
Ausnahmen, wenn einer im Spielen einige Fertigkeiten besaß, jetzt gehört dieses schon zur
Regel. Doch bleibt in dieser, wie in andrer Hinsicht noch Manches zu wünschen übrig. Am
passendsten für das Seminar vorbereitet sind diejenigen, welche bereits einige Jahre bei
einem ₍ᵦᵤ₎ nicht schlechten Lehrer ₍e₎Schule gehalten₍el₎ haben; weit weniger anstellig und
brauchbar sind die von höheren Bürgerschulen und aus den mittleren Klassen der Gymnasien zum Schulamte übertretenden, ohne Zweifel hauptsächlich darum, weil nur die
schlechteren Köpfe diese Anstalten verlassen, um zum Schulamte überzutreten. ₍CA₎ Unter
den 18 Aufgenommenen befindet sich übrigens merkwürdiger Weise kein einziger ausgezeichneter Kopf – ₍CB₎ was wir bis dahin noch nicht erlebt hatten. Die meisten sind junge
Leute von mittlerem Talente; alle aber sind bis dahin wenigstens fleißig ₍CC₎ gewesen u.
haben ₍CD₎ durchgängig redlichen Willen gezeigt. Mit Gottes Hülfe hoffen wir sie auch zu
brauchbaren Lehrern zu bilden.

10. Vertheilung der Unterstützungen.

Im Jahre 1827 ₍CE₎ ist an Stipendien unter die 30 Zöglinge mit Einschluß der 2 Hülfslehrer,
die Summe von

$$819 \text{ Thlr} \quad 17 \text{ Sgr} \quad 6 \text{ Pf.}$$

vertheilt worden, in Stipendien von 20, 30, 40, ₍CF₎ 50 und 80 Thlr. Letztere bezogen die
beiden früheren Hülfslehrer für die Zeit ihres Hierseins, bis zu Ende Juli 1827, und der
Hülfslehrer THALHEIM. Die vertheilte Summe deckte die Hauptbedürfniße der Dürftigsten;
doch wünsche ich sehr, daß dieselbe nicht ₍CG₎ eine nochmalige Schmälerung erleiden möchte, da ich immer noch darauf denken muß, einzelnen sehr Bedürftigen durch wohldenkende
Menschen Zuschüsse zu verschaffen. So Gott will, wird auch dieses Geld gut angewandt
sein. Wenigstens läßt sich aus der Anhänglichkeit, mit welcher die früheren Zöglinge mit
dem Seminar in Verbindung zu ₍CH₎ bleiben wünschen, und ₍CI₎ mit welcher sie Gelegenheit
suchen, ₍CJ₎ auf einige Tage hieher zurückzukehren, auf ₍CK₎ gute Anwendung der aufgewand-
ten Gelder, Mühe und Wohlthaten schließen.

11. Historische Notizen.

Es thut uns leid, daß wir nicht mehr Gelegenheit haben, geistweckende Feste zu feiern –
Tage höherer Weihe, deren Erinnerung, gleich hohen Warten, weit in das Leben hinein-
reicht. Auch geht uns leider das einzige Volksfest, der 3te August,[10] verloren, weil unsre

440

Ferien in diesen Monat fallen. Zudem bietet auch die reizlose flache Gegend des Fürstenthums Mörs keine Veranlassung zu höherer Feststimmung in der Anschauung erhabener Naturscenen. Unser geregeltes Leben wird daher nur höchst selten von einem Epochemachenden Einschnitt unterbrochen. Der einzige ungewöhnliche Festtag ist der Entlassungstag der Zöglinge.

Häufige Besuche hat die Anstalt im Jahre 1827 gerade nicht erhalten; doch $_{CL}$ vermehren sich dieselben. Die Geistlichen der Umgegend nehmen weder an dem Schulwesen überhaupt, noch am Seminar regen Antheil. Auswärtige Geistliche besuchen <u>mich</u> wohl zuweilen, $_{CM}$ auch wohl die Lehrzimmer, den Schlaf- und Speisesaal, tragen aber im Allgemeinen kein Verlangen, die Zöglinge und die bewegenden Principien der Anstalt kennen zu lernen. Eine betrübende Wahrnehmung, welche darthut, wie weit wir in dieser Hinsicht am Rheine hinter anderen Provinzen unsres Staates zurückstehen. Unsre Geistlichen interessiren sich lebhaft für Tagesfehden im Westphälischen Anzeiger und für Zänkereien in der Kirchenzeitung, allzu häufig auch für Conventikel-, Missions- und mystisches Wesen – nur für's Schulwesen und für Volksbildung haben Wenige – welche wahrhaft seltene Ausnahmen sind – einigen Sinn. Die allgemeinen Klagen der Lehrer über Mangel an Unterstützung und Theilnahme von Seiten der Geistlichen sind daher, leider! nur allzu sehr gegründet. Deßwegen ist die neueste Verordnung eines Hohen Ministerii, daß die Predigtamts-Candidaten auch eine pädagogische Prüfung bestehen und sich in den besseren Schulen, auch in den Seminarien $_{CN}$ umsehen sollen, gewiß eine wahrhaft heilsame, herrliche Verordnung. Ihr zufolge $_{CO}$ ist bereits im Anfange des Jahres 1828 <u>ein</u> Kandidat 8 Tage hier gewesen. Wir erwarten ihrer nächstens mehrere. Über die dadurch zu machenden Erfahrungen werde ich im nächsten Jahre einige Bemerkungen niederzuschreiben mir erlauben.

Im verflossenen Jahre war Herr Konsistorialrath KORTÜM in Düsseldorf zwei Mal hier, bei Gelegenheit ₍des₎ [sic!] Aspirantenprüfung und der Prüfung nicht im Seminar gebildeter Schulamts-Kandidaten, womit die abermalige Prüfung früher entlassener Seminaristen verbunden war, und bei Gelegenheit der Abiturientenprüfung. Wir haben fortwährend Ursache, für die Humanität des Herrn Konsistorial-Raths KORTÜM und für die Begünstigung der Seminarzwecke dankbar zu sein. Außerdem besuchte der Herr General-Präses ROSS in Budberg mehrmals die Anstalt, beehrte uns auch bei der Schlußprüfung der Cursuslehrer zu Ende October mit seiner Gegenwart. Von Seminarlehrern war der Rector und Lehrer des Vorseminars in Petershagen, H. VORMBAUM, 8 Tage hier.

12. Wünsche u. Vorschläge.

a. Unser Musiklehrer ERK ist ein junger Mann von 21 Jahren $_{CP}$. Er besitzt ungewöhnliche musikalische Talente und ausgezeichnete Fertigkeit im Klavier- und Orgelspiel. Ich zweifle nicht daran, daß er sich in seinem Fache zu einem der ausgezeichnetsten Seminarlehrer oder zu einem ganz vorzüglichen Organisten und Musikdirektor ausbilden würde, wenn ihm Gelegenheit geboten wäre, die Leistungen älterer praktischer Musikmeister und wahrer musikalischer Künstler überhaupt wahrzunehmen, und praktische Anleitung von denselben zu erhalten. Schon $_{CQ}$ haben die kurzen Besuche, welche ERK in den beiden letzten Jahren den Seminarien in Brühl und Soest abgestattet hat, unsrer Anstalt wesentlichen Gewinn gebracht. Ich zweifle daher keinen Augenblick daran, daß ein längerer Aufenthalt in Berlin, wo er die Anwendung der LOGIER'schen Methode[11] beobachten, Unterricht darin empfangen und sich nebenbei in $_{CR}$ einer bewährten Methode des Unterrichts im Zeichnen üben könnte, von den heilsamsten Folgen für seine ganze Ausbildung und für das hiesige Seminar begleitet sein werde. Ich wollte daher den Wunsch, daß dem ERK die Erlaubniß und die Mittel verschafft würden, sich etwa vom 1ten August a.c ab 3 Monate lang in Berlin aufzuhalten, dem hochgeneigten Wohlwollen eines Hohen Ministerii unterthänigst empfehlen. Seine Abwesenheit würden wir durch einen der besseren Seminaristen, den wir als Hülfslehrer hier behalten könnten, zu ersetzen bemüht sein, und was etwa dennoch versäumt werden möchte, würde nachher gewiß reichlich wieder ausgewonnen.[12]

b.) Gemäß hoher Ministerial-Verordnung werden jährlich die nicht in Seminarien gebildeten Schulamtsbewerber mit denjenigen Seminaristen, welche sich einer abermaligen Prüfung unterwerfen müssen, zu gleicher Zeit examinirt.[13] Solches ist im vorigen Jahre zum ersten Male hier der Fall gewesen. Nach meiner Wahrnehmung und unmaßgeblichem Bedünken sind aber die Zwecke der einen und anderen Prüfung zu verschieden, als daß nicht durch diese Combination beide gefährdet würden. Nach der ausdrücklichen Bestimmung in der angezogenen hohen Verfügung soll in der zweiten Prüfung der Seminaristen auf den früheren Seminarunterricht nicht unmittelbar Rücksicht genommen, sondern mehr deren praktische Ausbildung und der Grad ihrer selbstständigen Entwicklung erforscht werden. Gewiß eine sehr weise Verordnung. – Bei der Prüfung der Nicht-Seminaristen ist aber, $_{CS}$ da man dieselben von keiner Seite kennt, hauptsächlich die Summe ihrer Kenntnisse, der Grad der entwickelten Denkkraft pp zu erforschen, kurz die Prüfung in der Weise anzustellen, wie sie für die Abiturienten des Seminars vorgeschrieben ist. $_{CT}$ Eher dürfte daher die Prüfung der nicht in Seminarien gebildeten Kandidaten mit der Entlassungs-Prüfung der Seminaristen zu verbinden sein, als die erste Prüfung der den Examinatoren ganz fremden Schulamtsbewerber und die zweite Prüfung der bereits im Amte stehenden, der Prüfungs-Commission sehr wohl bekannten ehemaligen Seminar-Zöglinge. Entweder muß daher bei der angeordneten Combination die zweifache Prüfung, welche verschiedene Zwecke anstrebt, auf die eine und gleiche Weise abgehalten werden – was dem Zwecke dieser Prüfungen und der höheren Verordnung zuwider ist – oder es müssen nach einander zwei Prüfungen angestellt werden, wobei die Anwesenheit der einen und andren Partei eher beschwerend und hinderlich, als förderlich sein möchte. Ich wollte daher in dieser Beziehung einem Hohen Ministerio gehorsamst vorzuschlagen wagen, die zweite Prüfung früherer Seminarzöglinge $_{CU}$ und solcher, welche überhaupt bereits im Amte $_{CV}$ stehen, also die zweite Prüfung im Amte stehender Gehülfen und Lehrer abgesondert für sich, und die erste Prüfung der nicht in Seminarien gebildeten Schulamts-Kandidaten gemeinschaftlich mit der Prüfung der Abiturienten des Seminars abhalten zu lassen. Nach meinem Ermessen würde dadurch das Verschiedenartige von einander getrennt und das Gleichartige verbunden.[14]

c.) Nach einer im Laufe des Jahres 1827 von der Königlichen Regierung in Düsseldorf erlassenen $_{CW}$ Verfügung sollen die Kontrakte, welche einzelne Schullehrer mit ihren Gehülfen abschließen, der Genehmigung der Königlichen Regierung unterworfen werden. Dessen ungeachtet hat es sich noch mehrmals ereignet, daß sich von hier entlassene gut vorbereitete Schulamts-Kandidaten eine allzu große Masse von Lectionen und Arbeiten aufbürden und $_{CX}$ außer Wohnung und Kost sich mit einem Gehalte von 15–30 Thlr. begnügen lassen $_{CY}$ mußten, weil vorerst keine besseren Aussichten für sie vorhanden waren. Sie mußten im Drang der Umstände nehmen, was sie bekommen konnten. Aber wie kann der Geist eines jungen Mannes unter $_{CZ}$ so drückenden Umständen frisch und heiter bleiben? – Ich habe $_{DA}$ bestimmte Erfahrungen von den nachtheiligsten Folgen dieser Verhältniße vor mir. Rüstige Kräfte werden in wenigen Jahren gestumpft und mechanisirt. Ohne die festeste Überzeugung, daß diese Verhältniße noch nicht gut geordnet sind, würde

442

ich gewiß auf diesen Gegenstand nicht wieder zurückkommen. Es ist ungerecht, daß ein Gehülfe von einem Lehrer, der 1000–1500 Thlr. Einnahme hat, 30 Thlr. Lohn erhält, DB wobei ihm eine Klasse von 100–150 Kindern übergeben wird. Jeder Ackerknecht empfängt hier zu Lande DC 50 und mehr Thlr. Auch ist es gewiß nicht heilsam, es dem Zufall und dem Belieben einzelner gl Lehrer zu überlassen, wen sie zum Gehülfen nehmen wollen. Wenn die Königliche Regierung die Gehülfenstellen selbst besetzte, so könnte überall, zum Heil des Schulwesens, auf die Eigenthümlichkeit der Lehrer und Gehülfen Rücksicht genommen werden. Dem trägen Lehrer z.B. würde ein recht geübter Seminarist und einem sehr tüchtigen Lehrer ein mittelmäßiger beigegeben.[15]

Die Ausführung dieses Gedankens wird von Jahr zu Jahr leichter, da die Königlichen Regierungen auch durch die jährlichen Reisen der Seminarlehrer die Schullehrer genauer kennen lernen. Nach meinem Bedünken ist jede Willkühr in Sachen des Schulwesens nicht heilsam. Ich wünschte daher auch, daß das Unterlehrer-Wesen DD ganz festen Bestimmungen unterworfen würde. Die Königliche Regierung in Cöln hat in dieser Beziehung unter'm 1ten December des vorigen Jahres eine gewiß sehr beachtenswerthe Verfügung erlassen.[16]

d.) DE Schon einmal habe ich mich gedrungen gefühlt, einem Hohen Ministerio gehorsamst vorzustellen, wie es für die Seminarschüler und Seminarlehrer wünschenswerth sei, die anstrengende Arbeit zu Neujahr und Ostern auf einige Tage unterbrochen zu sehen. Unser Jahrescursus beginnt DF mit Anfang September und dauert ohne Unterbrechung bis zu Ende Juli, also 11 ganze Monate. Ich darf das Geständniß nicht zurückhalten, daß diese 11monatliche Arbeit unsre Kräfte erschöpft. Wenn die Weihnachtstage herankommen, so haben wir bereits gegen 4 Monate gearbeitet. Dann fühlen Lehrer und Schüler den Drang nach einiger Ruhe. Da nun ohnedieß in der Regel die entferntesten unsrer Zöglinge eine Tagereise von hier entfernt wohnen, so trage ich einem Hohen Ministerio nochmals die Bitte vor, hochgefälligst zu erlauben, daß den Zöglingen unsrer Anstalt die Erlaubniß ertheilt werden darf, die Tage von Weihnachten bis Neujahr DG , und vom grünen Donnerstag bis zum Mittwoch nach Ostern bei den Ihrigen zubringen zu dürfen. In solchen Tagen befriedigen die jungen Leute zugleich ihre ökonomischen Bedürfniße, und dieselben sind wegen des belebenden Einflusses auf Geist und Gemüth mehr für Gewinn als für Verlust zu halten.

Seitdem wir im Monat October eines jeden Jahres noch einen Lehrer-Cursus abzuhalten haben, DH ist der genannte Wunsch noch dringender geworden. DI Ob es in DJ Beziehung auf DK diese Lehr-Cursus, um denselben alle mögliche Sorgfalt widmen zu können, nicht auch vorzuziehen sei, DL den Seminar-Cursus auf 3 Jahre auszudehnen, jährlich den Zöglingen 3 Monate Ferien zu DM gestatten, in den ersten 6 Wochen den Lehrer-Cursus DN abhalten und die übrigen 6 Wochen zur Ferienzeit für die Lehrer verwenden zu lassen, überlasse ich dem Ermessen eines Hohen Ministerii.[17]

e) Endlich sei es mir vergönnt, DO die Entbehrung aller Anschauungsmittel für den naturhistorischen Unterricht – eine Pflanzensammlung ausgenommen – als einen sehr fühlbaren Mangel namhaft zu machen. Der naturhistorische Unterricht gedeiht nur in Verbindung mit Naturkörpern und DP gelungenen Abbildungen. Nun ist das naturhistorische Museum in Bonn so unermeßlich reich an Gegenständen aller Art. Wenn wir nur so glücklich wären, DQ einige der dort befindlichen Doubletten, oder auch nur diejenigen Sachen, welche man daselbst kaum ansehen mag, zu besitzen – so wären wir schon reich.

In Schlesischen Seminarien findet man Sammlungen Schlesischer Mineralien, Petrefakten und Hüttenprodukte, welche durch das dortige Oberbergamt den Anstalten zugeschickt

443

worden sind. Wir würden uns glücklich schätzen, $_{DR}$ wenn ein Hohes Ministerium durch das Ober-Bergamt in Bonn $_{DS}$ dem hiesigen Seminar ein ähnliches Geschenk machen möchte. Zudem $_{DT}$ werden wir naturhistorische Werke, z.B. den sehr schätzbaren naturhistorischen Atlas von GOLDFUSS [18], aus $_{DU}$ den jährlich für die Vermehrung der Bibliothek bestimmten 25 Thlr. niemals anzuschaffen im Stande sein.[19]

———

Die Vielheit dieser unmaßgeblichen Vorschläge und Wünsche muß ich durch $_{DV}$ das Bestreben, das Seminar in Mörs, $_{DW}$ so weit es von meinen Kräften abhängt, $_{DX}$ einem vollkommeneren Zustande entgegen zu führen, entschuldigen und rechtfertigen.

———

Schwer ist unser Beruf, wichtig die uns gewordene Lebensaufgabe. Ich würde kaum den Muth gehabt haben, das Amt, das ich $_{DY}$ bekleide, zu begehren, wenn ich mit der Schwere und Größe der Aufgabe, welche den Seminarien gestellt ist, in allen Einzelheiten $_{DZ}$ vertraut gewesen wäre. Doch hat uns bisher das Vertrauen auf Gott und das sichre Bewußtsein, unter dem Schutze des erlauchtetesten [sic!] und wohlwollendsten Ministerii und überhaupt unter der Obhut durch Gerechtigkeit und Humanität verehrungswürdiger $_{EA}$ Vorgesetzten zu stehen, aufrecht erhalten und $_{EB}$ mit Muth und Vertrauen erfüllt.

Möchte es uns gelingen, uns Deren Wohlwollen immer würdiger zu machen! Wir empfehlen Demselben uns und unsre Anstalt mit derjenigen Innigkeit, welche aus dem Bewußtsein, wie wir nur mit Demselben die Zwecke unsres Berufes zu erreichen im Stande sind, und $_h$aus$_{hl}$ dem festesten Vorsatz, $_{EC}$ der eigenen Kräfte im edlen Berufe nicht zu schonen, und endlich aus der Dankbarkeit hervorgeht, welche wir für genossene Wohlthaten und $_{ED}$ verehrungswürdige Absichten in uns tragen.

Der Direktor des Seminars
Diesterweg.

Zugang
zum Inventarium des Schullehrer-Seminars in Mörs
während des Jahres 1827.[20]

I. Utensilien und Geräthe. $_{EE}$

Nro. Gegenstände.	Zahl derselben.
1. Bücherschränke	1
2. Pulte für den Lehrer THALHEIM	1
3. Pulte für die Kinder	2
4. Erhöhungen	1
5. Binsenstühle	1
6. Bewegliche Treppchen	1
7. Pflanzendosen	1
8. Pflanzenpressen	1
9. $_{EF}$ Abschneidemesser	1
10. Große Messer	1
11. Preßbretter	2
12. Eiserne Lineale	1
13. Tafel-Lineale	1.

II. Bücher und Lehrmittel.

a. Pädagogik.
1. Reglement für das Schullehrer-Seminar in Neuwied.
2. Nebe der Schullehrer-Beruf etc.[21]
3. Wörlein Repertorium der Literatur. 2 Theile.[22]
4. Gessert über den Begriff der Schulzucht.[23]
5. Niemeier Grundsätze der Erziehung. 5te Auflage.[24]

b. Religion.
1. Schöpff die symbolischen Bücher. 2 Theile.[25]
2. Dinter Schullehrer-Bibel. Altes Test. 2ter u. 3ter Theil.[26]

c. Deutsche Sprache.
1. Schlez Denkfreund.[27]
2. Schlez Kinderfreund.[28]
3. Hempel Volksschulenfreund.[29]
4. Winkler Satzbaulehre.[30]
5. Birkmann's Schreibmethode.[31]

d. Naturkunde.
1. Fischer Beschreibung aller Gift- und Arzneipflanzen etc.[32]
2. Sommer Gemälde der physischen Welt. 6 Theile.[33]

e. Geschichte.
Der Krieg der Verbündeten. 2ter Theil.[34]

f. Gesang.
Nägeli Gesangbildungslehre. 3ter Theil.[35]

g. Vermischte Schriften.
1. Karrig Andeutungen über den Seidenbau.[36]
2. Liechtenstern allgemeine Übersicht über den Seidenbau.[37]
3. Marr die 10 Gebote.[38]

h. Vorschriften etc.
Ernst Wandcharte von Palästina. Auf Leinwand gezogen.[39]

Der Direktor des Seminars
Diesterweg.

Ausf. mit eigh. Titelblatt und Unterschr., GStA PK, I. HA Rep. 76 Kultusministerium, VII neu Sekt. 25 C Teil I Nr. 4 Bd. 4: 33r–47v und 48r+v (Inventarium);
eigh. Entwurf, GStA PK, I. HA Rep. 76 Seminare, Nr. 10059: 137r–148r und 136r+v (Inventarium)

445

¹ Wertgegenstände.

² Siehe Brief vom 17. Juli 1827 (Nr. 170).

³ Siehe dazu auch den Jahresbericht für 1826 vom 8. März 1827 (Nr. 163), unter 3. „Gesundheitszustand der Zöglinge".

⁴ Siehe dazu den Reisebericht vom 7. September 1827 (Nr. 173).

⁵ Im Laufe des Berichtzeitraums hatte L. Erk bereits sein erstes Heft mit 74 Liedern für Schulen herausgegeben: Sammlung ein-, zwei-, drei- und vierstimmiger Schullieder von verschiedenen Komponisten. Essen: Baedeker. In der Einleitung äußert Erk die Auffassung, Gesangsunterricht solle frühzeitig beginnen und die ganze Schulzeit begleiten:

„Vorbereitung zum späteren, ernsteren Gesange, Ausbildung der Gehör- und Sprachwerkzeuge, Erweckung des musikalischen Sinnes und der Empfänglichkeit für Melodie und Rhythmus sind die nächsten Zwecke der ersten Stufe des Gesangunterrichts. Dafür biethe ich dem Lehrer die vorliegende Sammlung dar."

Vgl. Diesterwegs positive Besprechung im Jahrgang 1828 der „Rheinischen Blätter" (Bd. III, Heft 2, S. 102–107; vorliegende Ausgabe Bd. I, Seite 430 ff.).

⁶ Diese Meinung äußerte auch das Ministerium. Siehe Anmerkung 21 zum Jahresbericht für 1826 vom 8. März 1827 (Nr. 163).

⁷ J. H. Vorreiter litt an Schwindsucht, der er im September 1828 erlag.

⁸ Aus dem Jahre 1830 liegt eine Bescheinigung Diesterwegs über den Erhalt von Schulgeld solcher „Privat-Schüler" in Höhe von 6 Reichstalern, 28 Silbergroschen und 3 Pfennigen vor (vgl. „Verzeichnis der nichtabgedruckten Dokumente"). Darin verfügte Diesterweg, nach Abzug einer Teilsumme, die Überweisung von drei Reichstalern an die Seminarkasse und die Überantwortung des Restes an Büsgen. Büsgen war bis 1828 Seminarist in Moers und anschließend möglicherweise Lehrer an der Privatschule.

⁹ Zu Fr. Thalheims beruflichem Werdegang siehe Briefe vom 30. Dezember 1828 (Nr. 197) und 20. Mai 1831 (Nr. 231 und Nr. 232).

¹⁰ Der Geburtstag des Königs Friedrich Wilhelm III. (s. ds.).

¹¹ J. B. Logier verwendete zum Erlernen des Klavierspiels einen beweglichen Rahmen, in den die Finger beim Unterricht gesteckt wurden. Außerdem unterrichtete er mehrere Schüler gleichzeitig und betrieb Harmonielehre am Klavier.

¹² Die Antwort des Ministeriums ist nicht überliefert, nur das Begleitschreiben des Provinzialschulkollegiums. Dieses empfahl den Antrag; in vielen Fällen folgte das Ministerium dessen Vorschlägen (GStA PK, I. HA Rep. 76 Kultusministerium, VII neu Sekt. 25 C Teil I Nr. 4 Bd. 4: 31ʳ–32ᵛ).

¹³ Vgl. den Bericht über Lehrkurse vom 29. Oktober 1827 (Nr. 180), Anmerkung 2.

¹⁴ Das Provinzialschulkollegium befürwortete den Antrag nicht in dieser Weise, sondern wollte jede Prüfung gesondert stattfinden lassen (GStA PK, I. HA Rep. 76 Kultusministerium, VII neu Sekt. 25 C Teil I Nr. 4 Bd. 4: 31ʳ–32ᵛ).

¹⁵ Siehe dazu den Jahresbericht für 1826 vom 8. März 1827 (Nr. 163). Das Provinzialschulkollegium schlug keine weiteren Regelungen vor, sondern setzte auf allmähliche Verbesserung durch das neue Prüf- und Genehmigungsverfahren der Gehilfenverträge (a. a. O., 31ʳ–32ᵛ).

¹⁶ Danach hatten die Bewerber auf eine Unterlehrerstelle sich einer schriftlichen Aufnahmeprüfung zu unterziehen und wurden für zwei Jahre unter Aufsicht und Leitung eines für diese Zwecke ausgesuchten Lehrers gestellt. Der Schulpfleger hatte sich vierteljährlich Bericht erstatten zu lassen. Nach Bewährung wurden diese Kandidaten zur Aufnahmeprüfung am Seminar zugelassen (Zimmermann, Wilhelm: Der Aufbau des Lehrerbildungs- und Volksschulwesens unter der preußischen Verwaltung 1814–1840 <1846>. Ein Beitrag zur Geschichte des rheinischen Schulwesens, Bd. 3. Köln 1963, S. 271).

[17] Das Provinzialschulkollegium befürwortete die Ferien für Weihnachten und Ostern, nicht aber den dreijährigen Kurs, da drei Monate Ferien den Seminaristen nur schädlich sein könnten (GStA PK, I. HA Rep. 76 Kultusministerium, VII neu Sekt. 25 C Teil I Nr. 4 Bd. 4: 31ʳ–32ᵛ).

[18] Naturhistorischer Atlas. Erläutert von Johann Georg Goldfuß. 1ste bis 6te Lieferung. Düsseldorf: Arnz und Comp. 1824–1826 (23. und letztes Heft 1843).

[19] Der Bitte um Vermehrung des naturkundlichen Anschauungsmaterials sollte nach Ansicht des Provinzialschulkollegiums dringend stattgegeben werden, vor allem mit Blick auf die Seminaristen, die künftig an höheren Bürgerschulen zu unterrichten hätten (GStA PK, I. HA Rep. 76 Kultusministerium, VII neu Sekt. 25 C Teil I Nr. 4 Bd. 4: 31ʳ–32ᵛ).

[20] Das Inventarium hat Diesterweg auf den 7. März 1828 datiert.
Um die Entwicklung des Inventariums zu verfolgen, vgl. diejenigen für die Jahre 1824 und 1826 vom 1. März 1825 (Nr. 111) und 8. März 1827 (Nr. 163) sowie die Anmerkungen 28 bis 44 zum Inventarium von 1825.

[21] Nebe, Johann August: Der Schullehrer-Beruf nach dessen gesammten Umfange in der Schule und Kirche. Grundlage einer praktischen Amtsvorschrift für Lehrer in Bürger- und Landschulen. Nebst einer ausgewählten Litteratur für Volksschullehrer. Eisenach: Bärecke 1825; 2., verb. und verm. Aufl. 1827.

[22] Wörlein, Johann Wolfgang: Encyklopädisch-kritisches Repertorium der neuen pädagogischen Literatur. 2 Bde. Nürnberg: Riegel & W. 1827–1828.

[23] Gessert, Ferdinand: Ueber den Begriff und die Wichtigkeit der Schulzucht, besonders für Volksschulen. Münster: Regensberg: 1826.

[24] Niemeyer, August Hermann: Grundsätze der Erziehung und des Unterrichts für Eltern und Schulmänner. Halle: Waisenhaus-Buchhandlung 1796; 3. Aufl. in 2 Theilen 1799; 7. Aufl. 1818; 8. Aufl. 1825.

[25] Schöpf, Joseph Wilhelm: Die symbolischen Bücher der evangelisch-lutherischen Kirche, deutsch, mit historischer Einleitung, kurzen Anmerkungen etc. für Volksschullehrer etc. 1r und 2r Theil. Leipzig: Wienbrack/Dresden: Wagner 1826–1827.

[26] Dinter, Gustav Friedrich: Schullehrer-Bibel des Alten Testaments. 2ter u. 3ter Theil. Neustadt: Wagner 1826.
Der erste Teil war ebd. 1826 erschienen und gehörte bereits zum Inventarium, der vierte erschien ebd. 1828.

[27] Schlez, Johann Ferdinand: Der Denkfreund. Ein Lehrreiches Lesebuch für Volksschulen. Gießen: Heyer 1810; 2., durchaus verb. Aufl. 1814: 4., verm. Aufl. 1819; 9. Aufl. 1828.

[28] Schlez, Johann Ferdinand: Der Kinderfreund. Ein Lesebuch für Landschulen. Nach Fr. E. v. Rochow frei bearbeitet. Gießen: Heyer 1813; 2. Aufl. 1821; 3. Aufl. 1826.

[29] Hempel, Carl Friedrich: Der Volksschulenfreund, ein Hilfsbuch zum Lesen, Denken und Lernen. Leipzig: Dürr; 2. und 3. Aufl. 1817; 12. Auflage 1826.

[30] Winkler, Johann Leonhard: Versuch einer bildenden Sprachbaulehre für Volksschulen mit ausführlichen Verzeichnungen des Unterrichtsganges und großentheils katechetischer Nachweisung der Methode. 2r Lehrgang: Die Satz- und Redebaulehre. Erlangen: Palm 1825.
Der erste Lehrgang: Die Wortbaulehre, war 1823 ebd. erschienen und gehörte bereits zum Inventarium.

[31] Birkmann'scher methodologischer Schreibcursus. Hrsg. von Christoph Birkmann. Die erste Auflage ließ sich nicht genau nachweisen; eine neue verbesserte Auflage erschien 1831 bei Langewiesche in Iserlohn.

[32] Fischer, Johann Georg: Beschreibung fast aller Gift- und der vorzüglichen Arznei- und Futtergewächse Deutschlands, nebst Erläuterungen über die botanische Kunstsprache, das Linné'sche Pflanzensystem, die Gifte im Allgemeinen etc. (Dasselbe auch mit einem Herbarium Vivum.) Neuzelle 1827.

[33] Sommer, Johann Gottfried: Gemälde der physischen Welt, oder unterhaltende Darstellung der Himmels- und Erdkunde. 6 Bände. Prag: Calve. 1r Bd.: Das Weltgebäude, ein nützliches und unterhaltendes Lesebuch, 1819; 2. Aufl. 1827. 2r Bd.: Physikalische Beschreibung der festen Oberfläche des Erdkörpers, 1821; 2. Aufl. 1828. 3r Bd.: Physikalische Beschreibung der flüssigen Oberfläche des Erdkörpers, 1823. 4r Bd.: Physikalische Beschreibung des Dunstkreises der Erdkugel, 1823. 5r Bd.: Geschichte der Erdoberfläche, 1825. 6r Bd.: Gemälde der organischen Welt, 1826.

[34] Rau, Karl Fd. von: Der Krieg der Verbündeten gegen Frankreich in den Jahren 1813, 1814 und 1815; als Erläuterung der beiden Tableaus, welche die Schlachtpläne jenes Krieges darstellen. In gedrängter Kürze entworfen von dems. und hrsg von Carl Vetter. Mit Allerhöchster Genehmigung Seiner Majestät des Königs von Preussen etc. 3 Bde. Berlin: Nauck 1821–1824; 2ter Theil 1822.

[35] Nägeli, Hans Georg: Gesangbildungslehre nach Pestalozzischen Grundsätzen, pädagogisch begründet von Michael Traugott Pfeiffer, methodisch bearbeitet von Hans Georg Nägeli. 3 Theile. Zürich: Nägeli (Leipzig: Fr. Fleischer). 3r Theil: Chorgesangschule 1822. Der erste Teil war ebd. 1810, der zweite 1817 erschienen. Beide befanden sich bereits im Inventarium.

[36] Karrig: Andeutungen über den Seidenbau in Preußen. Berlin: Laue 1827.

[37] Liechtenstern: Allgemeine Uebersicht, selbst in der kleinsten Haushaltung den Seidenbau etc. zu betreiben. Berlin: Laue 1827.

[38] Gemeint sein können:
Marx, Johann Hermann: Religionsgeschichte des alten Testaments, ein Lese- und Lehrbuch für die Jugend in Bürger- und Landschulen. Münster: Aschendorff 1809; oder: Die 10 Gebote Gottes in Bildern. Ein Geschenk für Kinder. Mit einer kurzen Erklärung und mit biblisch-historischen Beispielen. Vom Verfasser der Genoveva. Wien: Wienbrack 1826; oder: Die zehn Gebote. Großes kalligraphisches Tableau mit Verzierungen und Vignetten. Wesel: Becker 1828.

[39] Ernst, Karl M.: Wandcharte von Palästina für Schulen. Auf Leinwand gezogen. 9 Blatt. Breslau: Grüson und C. 1827.

187
Conduitenliste für das Schuljahr 1827

März 1828[1]

Conduiten-Liste
des Lehrer-Personals an dem Seminario zu Mörs
für das Schuljahr 1827.[2]

Bezeichnung der Lehranstalt	No	Vor- und Zunamen nebst Amts-Titel	Alter	Dienstzeit	
				überhaupt	bei dieser Anstalt
			Jahr	Jahr	Jahr
	1.	Dr. F. A. W. Diesterweg, Seminardirektor.	37	16	7
	2.	Joh. Heinr. Vorreiter, Seminarlehrer.	29	2	2
	3.	Chr. Ludw. Erk interim[istischer]. Seminarlehrer.	21	2	2

448

	Lehrstunden			Lehrfähigkeit und Amtsführung	sittliches Betragen
	Objecte	wöchentliche Stundenzahl			
		einzeln	überhaupt		
[ad 1.]	Deutsche Sprache in II	4			
	— — — — I	6			
	Pädagogik in II	2			
	Naturlehre in II	2			
	Zahlenlehre in II	2			
	Raumlehre in II	2			
	Praktische Übungen	3			
			21		
[ad 2.]	Religion in II	4		V. hat ungeachtet seiner geschwächten Gesundheit seine Lectionen mit wahrer Selbstüberwindung fortgegeben. Seine Lehrfähigkeit ist nicht gerade ausgezeichnet. Er liebt den akroamatischen Vortrag, der mit Ernst und Haltung verbunden ist. Junge Leute mit Begeisterung zu ergreifen, ist ihm noch nicht eigen.	Musterhaft
	Religion in I	4			
	Katechetik in II	2			
	Geschichte in II	3			
	Geographie in I	3			
	Aufsatz in II	2			
	Aufsatz in I	2			
	Praktische Übungen	6			
			26		
[ad 3.]	Gesang in II	3		ERK's Fleiß und Treue sind musterhaft. Sein theor. Vortrag ermangelt noch einer gewissen Gewandtheit. In allen prakt. Dingen leistet er viel. Überhaupt ist er in sehr regem Fortschritte begriffen.	Musterhaft.
	Gesang in I	3			
	Klavier- u. Orgelspiel in II				
	I	{14			
	Theorie der Musik	3			
	Schönschreiben in II				
	I	{2			
	Zeichnen in II				
	I	{2			
	Violinunterricht in II				
	I	{8			
			35		

[Ganz rechts befindet sich im Original noch eine Spalte:
„Bemerkungen über den Privatfleiß und sonstige wissenschaftliche Thätigkeit."
Sie wurde hier weggelassen, weil sie keine Eintragungen von Diesterweg enthält.]

Eigh., GStA PK, I. HA Rep. 76 Seminare, Nr. 10059: 134r–135r

¹ Die Conduitenliste ist nicht datiert; es ist aber anzunehmen, daß sie etwa zeitgleich mit dem Jahresbericht und dem Inventarium angefertigt wurde, wie in den anderen Jahren auch. Die Fundstelle in der Akte deutet ebenfalls auf März 1828 hin.

² Titelblatt und tabellarische Aufteilung der Conduitenliste sind von fremder Hand. Diesterweg hat sämtliche Eintragungen vorgenommen, zu denen auf dem Titelblatt die Orts- und Jahresangabe sowie das Wort „Seminario" gehören; durchgestrichen ist stattdessen „Gymnasio".

Die Conduitenliste diente dem Provinzialschulkollegium als Grundlage für seine Ausfertigung an das Ministerium (25.4.1827, GStA PK, I. HA Rep. 76 Kultusministerium, VII neu Sekt. 25 C Nr. 4 Bd. 4: 49r–50r), die auch eine Beurteilung Diesterwegs einschloß.

Über diesen heißt es im Hinblick auf „Lehrfähigkeit und Amtsführung": „Zum Director vorzüglich geeignet; sein ungemeiner Lehreifer und seine unermüdete Thätigkeit, haben ihm die allgemeine Achtung erworben."

Die „Bemerkungen über den Privatfleiß und sonstige wissenschaftliche Thätigkeit" über Diesterweg lauten: „Fleißig und fortwährend mit schriftstellerischer Arbeit beschäftigt" (ebd., 50r).

188
An das Provinzialschulkollegium der Rheinprovinz, Koblenz

Moers, 6. März 1828

Bitte um Urlaub für die Zöglinge und den Direktor des Seminars in Mörs.

Nachdem wir seit dem Anfang des September des vorigen Jahres unausgesetzt unsre Arbeiten bis jetzt fortgesetzt haben, und – so Gott will – also bis Ostern fortsetzen werden, wünschen sämmtliche Glieder des hiesigen Seminars in den Osterfeiertagen einige Ruhetage zu genießen. Für die Zöglinge ist dieses noch besonders in mehrfacher Hinsicht wünschenswerth, indem sie dadurch Gelegenheit erhalten, leicht und ohne Kosten mannigfache ökonomische Bedürfnisse zu befriedigen.

Ich wollte daher einem Hochlöblichen Provincial-Schul-Collegio hiermit gehorsamst den Wunsch und die Bitte gehorsamst vortragen, hochgefälligst zu genehmigen, daß die Zöglinge des hiesigen Seminars vom 3ten April bis zum 12ten zu ihren Eltern entlassen werden dürfen.

Für mich selbst wünsche ich für diese Zeit noch einen besonderen Urlaub zu erhalten. Jährlich zu Osterdienstag pflege ich mit früheren Zöglingen eine Zusammenkunft zu halten, welche ich in diesem Jahre in Benzberg zu veranstalten beabsichtige.[1] Da dieser Ort nur 5 Stunden von Cöln entfernt ist[2], so möchte ich bei dieser Gelegenheit gern einige Tage in Cöln und Brühl zubringen, um das Elementar-Schulwesen in Cöln kennen zu lernen, und dem Lehr-Cursus, welcher alsdann in Brühl abgehalten wird, einige Tage beiwohnen zu können. Ich bitte daher ein Hochlöbliches Provincial-Schul-Collegium hiermit gehorsamst, mir hochgefälligst vom 8ten bis zum 19ten April d. J. Urlaub zu ertheilen.[3]

Der Seminardirektor
Diesterweg.

Eigh., LHA Koblenz, Best. 405, Nr. 2123, S. 9–11

450

[1] Siehe Brief vom 7. Februar 1828 (Nr. 184).

[2] Gemeint sind fünf Stunden Fußweg.

[3] Konsistorialrat Kortüm (s. ds.) unterstützte Diesterwegs Gesuch: „Genau bekannt mit dem ausgezeichneten Fleiß des Directors und der Lehrer des Seminars, Rücksicht nehmend auf die große Treue und den guten Erfolg, mit welchem sie während des Oktobers v. J. neben den fortlaufenden Arbeiten für das Seminar den Unterricht von 30 einberufenen Lehrern geleitet und endlich aus eigener Erfahrung wissend, wie heilsam, ja nothwendig sowohl den Lehrern, als auch den Schülern, die ihre Pflicht erfüllen nach anhaltender Anstrengung eine kleine Ausspannung ist, halte ich mich verpflichtet, das Gesuch des Directors zu unterstützen und trage gehorsamst darauf an, daß die Entlassung der Zöglinge des Seminars wenigstens während der Festtage vom 3–9ten Apr. erlaubt werden möge. Die weitere Reise des Direktors nach Cöln und Brühl ist im Interesse des Seminarunterrichts und dürfte deswegen wohl gestattet werden" (LHA Koblenz, Best. 405, Nr. 2123, Marginalie S. 10 f.). Das Schulkollegium entsprach mit Verfügung vom 19. März Diesterwegs Gesuch (a. a. O., S. 13).

189
An das Provinzialschulkollegium der Rheinprovinz, Koblenz

Moers, 2. Mai 1828[1]

Aufnahme von Zöglingen in das Seminar betreffend.

[1] Mit Ende Juli d. J. sind die 12 Zöglinge des zweiten Cursus aus dem hiesigen Seminar zu entlassen. Nach den Grundsätzen des dem Seminar vorgeschriebenen Reglements [2] steht [3] zu erwarten, daß dieselben sämtlich für wahlfähig erklärt werden. Jedoch ist es sehr zu wünschen, daß Einer [4] von ihnen zum Behuf einer gründlicheren Beschulung der einen Klasse der Seminarschule noch ein Jahr mit einem Stipendium von 80 Rh in der Anstalt verweile.[2] Wenn ein Hochl. Provincial-Schul-Collegium dieses genehmigen sollte, so sind 11 neue Zöglinge für den nächsten Cursus a[u]fzunehmen. Nach den Resultaten des in Abschrift beiliegenden Protokolls über die am 29sten Mai d. J. unter der Leitung des Herrn K[onsistorial]-R[aths]. Kortüm in Düsseldorf hier abgehaltenen Aspiranten-Prüfung sind folgende 11 [5] die würdigsten

1. Wilhelm Kellerstrahs

2. Carl Ludwig Schroeder

3. Wilhelm Hagen Hauslehrer in Baerl

4. Wilhelm Greff *[sic!]*

5. Johann Schrey

6. C. Gottlieb Müller Hülfslehrer in Leichlingen

7. H. Wilh. Gosmann

8. J. Heinrich Blasius Hülfslehrer in Neukirchen bei Opladen.

[6] 9. Jacob Dego H[ü]lfslehrer in Elberfeld.

[7] 10. Joh. Fried. Weber in Heckinghausen

[8] 11. J. Fr. Georg Dellmann H[ü]lfslehrer in Rade vorm Walde. [9]

451

Ich bitte daher ein Hochl. Prov.-Schul-Collegium, dieselben als Zöglinge in d[a]s hiesige Seminar aufzunehmen.

Als ₁₀ Zeitpunkt der Aufnahme wünsche ich, daß für dieses Jahr der 14te September ₁₁ und ₁₂ zur Abiturientenprüfung der 29ste u 30ste Juli d. J. festgesetzt werde.

Die Königl. Hochl. Regierung zu Düsseldorf wünscht, daß einer der Lehrer des Seminars sich die ₁₃ nöthigen Kenntnisse in der Obstbaumzucht aneigne. Ich bin deßhalb gesonnen, im Laufe der Ferien 8–14 Tage in Düsseldorf zuzubringen um d[u]rch den Unterricht des H. ₁₄ Garteninspektors WEIHE befähigt zu werden, den Seminaristen den erforderlichen Unt[e]rricht in d[e]r Obstbaumzucht etc. ertheilen zu können.³ Um nun nachher noch einen Theil der Schulen des Regierungsbezirks bereisen zu können, u. um H. VORREITER, dessen Gesundheitsumstände so geschwächt sind, daß er kaum im Stande ist, seine Stunden fortzusetzen, die nöthige Ruhe u. Erholung zu gönnen, wünsche ich, ₁₅ daß es einem Hochl. Provincial-Schul-Collegium gefallen möge, ₁₆ Anfang des neuen Cursus auf den 14ten ₁₇ September festzusetzen.

Eigh. Entw., GStA PK, I. HA Rep. 76 Seminare, Nr. 10064: 3r–4r

¹ Diese Datierung Diesterwegs ist problematisch, da er im Schreiben selbst Bezug auf ein beigefügtes Protokoll über die Aspirantenprüfung vom 29. Mai 1828 nimmt. Vermutlich stammt dieses Schreiben vom 2. Juni 1828.

² Das Provinzialschulkollegium genehmigte am 30. August 1828, daß der Seminarist August Roeber für ein weiteres Jahr im Seminar verbleiben, allerdings außerhalb der Anstalt wohnen sollte. Zusätzlich zu den von Diesterweg genannten Zöglingen sollte deshalb noch Friedrich Wilhelm Tweer aus Lüdenscheid als zwölfter Kandidat aufgenommen werden (vgl. GStA PK, I. HA Rep. 76 Seminare, Nr. 10064: 36r).

³ Siehe auch Aktenvermerk vom 30. Juli 1824 (Nr. 80), Anmerkung 3.

190
An Heinrich Middeldorf, Dinslaken

Moers, 8. Mai 1828

Ich zeige Ihnen hiermit an, daß die K. Regierung in Düsseldorf auf meinen Vorschlag es genehmigt hat, daß Sie erst im nächsten Jahre 1829 sich einer abermaligen Prüfung zu stellen haben. Fahren Sie daher fort, ₁ Ihre weitere Ausbildung ₂ als eine heilige Pflicht zu betrachten.¹

Empfangen Sie meinen fr[eun]dschaftlichen Gruß

Eigh. Entw., GStA PK, I. HA Rep. 76 Seminare, Nr. 10064: 24r

¹ Middeldorf war im Frühjahr 1824 entlassen worden und Unterlehrer in Dinslaken (GStA PK, I. HA Rep. 76 Seminare, Nr. 10061: 186r). Er hätte sich nach dem Reglement von 1824 und der ministeriellen Verfügung vom 1. Juni 1826 schon 1827 der Wiederholungsprüfung stellen müssen. Die Regierung hatte die Verschiebung auf das Jahr 1829 am 3. Mai genehmigt; Gründe für den Aufschub wurden nicht erwähnt (GStA PK, I. HA Rep. 76 Seminare, Nr. 10064: 24r).

191
Prüfungszeugnis für Eduard Langenberg [1]

Moers, 30. Juli 1828

Prüfungs-Zeugniß: Nummer Eins.
Eduard Langenberg aus Wald, 21 Jahre alt,

evangelischer Confession trat vor zwei Jahren mit guten Vorkenntnissen und Anlagen in das hiesige königliche Schullehrer-Seminar. Sein Streben nach Weiterbildung war im ersten Jahre mit mittelmäßigem, im zweiten Jahre mit sehr gutem Erfolge begleitet. Stets hat ihn guter Wille belebt, und selten bedurfte er der Ermunterung zu Fleiß und Anstrengung. Aus seinem Betragen sprach das Streben nach Gewissenhaftigkeit und Sittlichkeit. Er hat sich theils gute, theils vorzügliche Kenntnisse erworben. Er unterrichtet mit Ernst und Milde, mit Nachdruck und schönem Erfolg. Wir hegen gute Hoffnungen von seinem künftigen Wirken, und wir empfehlen ihm unausgesetztes Streben nach Stetigkeit und Gründlichkeit.

Demnach und mit Rücksicht auf das umstehend verzeichnete Prüfungs-Protokoll erklären wir ihn hiermit für wahlfähig, mit der Censur vorzüglich bestanden, und mit dem Prüfungs-Zeugniß Nummer Eins.

Königliche Prüfungs-Commission.

Der Königliche Commissarius   Diesterweg.   VORREITER.   ERK.
Dr. KORTÜM.

Protokoll über die Prüfung des abgehenden Seminaristen.

Bibelkunde. -- Vorzüglich.
Glaubens- und Sittenlehre. --- Gut.
Deutsche Sprache -- Gut.
Zahlenlehre. --- Vorzüglich.
Raumlehre. --- Vorzüglich.
Erdbeschreibung. --- Vorzüglich.
Geschichte. -- Gut.
Naturkunde. -- Gut.
Pädagogik. --- Gut.
Zeichnen. -- Vorzüglich.
Schönschreiben. -- Gut.
Gesang. -- Gut.
Theorie der Musik. -- Mittelmäßig.
Klavierspielen --- Mittelmäßig.
Orgelspielen. -- Mittelmäßig.
Andere Instrumente. -- Violin: Mittelmäßig.
Ausübung der Unterrichtskunst. -- Gut.

Für die Richtigkeit des Auszuges
Der Seminardirector
Diesterweg.

[1] Mit diesem Zeugnis bewarb sich Eduard Langenberg 1828 auf die Lehrerstelle an der reformierten Elementarschule in Cronenberg. Er erhielt diese Stelle und hatte sie bis zu seiner Pensionierung im Jahre 1853 inne. Nach Diesterwegs Tod wurde Langenberg sein Nachfolger als Redakteur seiner beiden Zeitschriften. Außerdem gab er Diesterwegs Tagebuch, eine ausführliche Biographie sowie ausgewählte Schriften heraus.

192
An das Ministerium der geistlichen, Unterrichts- und Medizinalangelegenheiten, Berlin

Moers, den 17. August 1828

An Ein Hohes Ministerium der geistlichen, Unterrichts- und Medicinal-Angelegenheiten in Berlin.

Ein Hohes Ministerium vergönne mir die Ehre, Hochdemselben in dem beiliegenden Buche zwei kleine Schriften zu überreichen.[1] Eines Theils wünsche ich mit demselben einem Hohen Ministerio ein Zeichen meiner Verehrung darzubringen, anderen Theils wünsche ich, durch Vermittlung eines Hohen Ministerii, über diese Schriften von einem sachkundigen Manne ein competentes Urtheil zu vernehmen. Durch Gewährung dieser Bitte würde ich mich zu sehr großem Danke verpflichtet fühlen,

Eines Hohen Ministerii

unterthänigster
Diesterweg.

Eigh., GStA PK, I. HA Rep. 76 Kultusministerium, VII neu Sekt. 25C Teil I Nr. 4 Bd. 4: 55r

[1] Praktisches Rechenbuch für Elementar- und Höhere Bürgerschulen. Herausgegeben in Verbindung mit Peter Heuser, Elberfeld. Drittes Uebungsbuch. Elberfeld: Heinrich Büschler 1828.

Praktisches Uebungsbuch für den Unterricht in der deutschen Sprache. Ein Leitfaden für Lehrer, welche die Muttersprache naturgemäß lehren wollen. Erster Theil. Krefeld: J. H. Funcke 1828.

193
An das Provinzialschulkollegium der Rheinprovinz, Koblenz

Moers, 24. August 1828[1]

Einem königlichen Hochlöblichen Rheinischen Provincial-Schul-Collegium in Coblenz.

Das Volksbuch „Christian Redlich" betr.
Zum Rescr. vom 16ten Aug. c. No 2247.

[1] Des verehrlichen Auftrages eines Königl. Hochlöblichen [2] Provinzial-Schul-Collegii, mich über das Volksbuch von L. von Baczko, betitelt „Christian Redlich der Freund [3] jedes

Nützlichen und Guten"[2] gutachtlich zu äußern, glaube ich mich, wegen der augenfälligen Eigenschaften dieses Büchleins, in der Kürze entledigen zu können.

Ein geschichtliches Lesebuch für's Volk und für die größeren Kinder in den Volksschulen muß nach meinem Bedünken unter anderm folgende Eigenschaften besitzen:

1) Die Geschichte muß zwar aus dem gewöhnlichen Leben genommen sein, aber sie darf darum das gemeine Leben nicht schildern;
2) Diese Geschichte muß [4] in ihren Thatsachen interessant u. ergreifend, u. die Darstellung muß anziehend sein;
3) Die Moral muß rein sein u. mehr in der Darstellung selbst liegen, als in den Worten.

Das in Rede stehende Buch erfüllt keine dieser unerläßlichen Anforderungen in einigem Grade:

Zu 1. Der Verfasser führt [5] seinen „Redlich" in allerhand Verhältniße des menschlichen Lebens, um ihn durch Handlungen in denselben als wahren Tugendhelden darzustellen. Ohne Zweifel um dem Hauptbilde einen größeren Glanz zu verschaffen, führt er ihn mit allerhand Menschen von ganz gemeinem Schlage zusammen, welche [6] meist von [7] der gemeinsten Lebensansicht geleitet, die trivialsten Ansichten u. Grundsätze äußern. Der Leser lernt dadurch Manches, was ihm besser verborgen bliebe. Besonders soll der heranwachsenden Jugend das gemeine Leben auch nicht in einem Buche vorgeführt werden.

Zu 2. [8] Campe, Salzmann, Pestalozzi u. Hebel [3] haben uns Muster der Darstellung geliefert. Mit den Volksschriften dieser wahren Volksschriftsteller hält das vorliegende Büchlein gar keinen Vergleich aus. Die einzelnen Theile der Geschichte stehen gar nicht in nothwendigem Zusammenhange. Die meisten Begebenheiten sind so allgemein gehalten, daß sie schon darum das Interesse der Kinder nicht fesseln können. Ungewöhnliche Ereigniße sucht man vergebens. Das Ganze ist eine wahrhaft langweilige Geschichte u. gewiß wird kein Kind durch sie so gefesselt werden, daß es von selbst bis zur Mitte des kleinen Buches lies't. Ein Volksbuch muß aber [9] durch wiederholtes Lesen [10] nie allen Reiz verlieren. Überdieß ist die Darstellung nicht anziehend. Denn es fehlt ihr die [11] Lebendigkeit, die Mannigfaltigkeit, die Phantasie.

Zu 3. Wenn es nun auch nicht zu verkennen ist, daß Redlich in der Regel aus reinen Triebfedern handelt, so ist die Moral doch nicht rein u. fein genug. Er legt seine Grundsätze überall offen u. breit aus einander. Statt durch Handlungen u. Darstellung zu dem Gemüth des Lesers zu sprechen, läßt der Verf. seinen Helden moralisiren. Derselbe wird dadurch in der That [12] wahrhaft langweilig.

Aus diesen Gründen [13] dürfte das in Rede stehende Büchlein nach meinem Bedünken weder als Lesebuch für das Volk, noch als Lesebuch für die Volksschule zu empfehlen sein.

Der Seminardirektor

Eigh. Entw., GStA PK, I. HA Rep. 76 Seminare, Nr. 10064: 34r–34ar

[1] Die Datierung ergibt sich aus einer Notiz auf der Anfrage des Provinzialschulkollegiums vom 16. August 1828 (vgl. GStA PK, I. HA Rep. 76 Seminare, Nr. 10064: 33r). Diesterweg wurde aufgefordert, sich über die Eignung des Volksbuches „Christian Redlich" für die größeren Kinder in Elementarschulen gutachtlich zu äußern.

[2] Baczko, Ludwig von: Christian Redlich, der Freund jedes Nützlichen und Guten. Ein Volksbuch. Berlin: Mittler 1828.

3 Gemeint sind vermutlich:

Campe, Johann Heinrich: Robinson der Jüngere, ein Lesebuch für Kinder. 2 Theile. Hamburg 1779. – Das Buch wurde mehrfach neu aufgelegt; die 18. Aufl. erschien 1828 in Braunschweig (Schulbuchhandlung).

Salzmann, Christian Gotthilf: Conrad Kiefers ABC- und Lesebüchlein. 2 Bdchen. Schnepfenthal: Erziehungsanstalt 1798. Neuaufl. 1816.

Pestalozzi, Johann Heinrich: Lienhard und Gertrud, vier Theile. In: ders.: Sämmtliche Schriften, 15 Bände. Stuttgart: Cotta 1819–1826.

Hebel, Johann Peter: Schatzkästlein des rheinischen Hausfreundes. Tübingen: Cotta 1811; unveränderte Neuaufl. 1818.

194
An Superintendent Johann Peter Adolf Schriever, Duisburg

Moers, 1. Oktober 1828

An den Herrn Superintendenten u. Schulpfleger <u>Schriever</u>
Hochwürden in <u>Duisburg</u>.

<u>H[erre]n. Schull[ehrer]</u>.

Math. I, 23 im Perfecto.[1]

Moers, 1. Oct. Abends.

Verehrter Herr Superintendent!

In diesem Herbste wird kein Lehrcursus hier statt haben.[2] Ein Hauptgrund war der, weil H Vorreiter's Krankheit unsere Arbeiten sehr vermehrte.

Dieser, mein theurer College u. Freund, hat uns, wie Ihnen vielleicht schon bekannt geworden, vorgestern verlassen. Morgen frühe wird er begraben. Sein Todeskampf war schrecklich. Nie habe ich etwas Ähnliches erlebt. Er starb 36 Stunden lang. Die gütige Vorsehung umhüllte größtentheils sein Bewußtsein. Die arme Frau litt schrecklich.

Seit diesem Morgen nun ist sie am Kreisen. Der gütige Gott wolle die Leiden dieses Trauerhauses nicht noch vermehren![3]

Mit wahrer Hochachtung u. Fr[eun]dschaft
Ihr

erg[e]b[en]st[e]r Diesterweg.

Eigh., Stadtarchiv Duisburg, Bestand 10 (Duisburg), Nr. 3951, o. F.

1 Auf dem Kuvert weist Diesterweg auf einen Vers aus dem Neuen Testament hin; in Matthäus 1, Vers 23, heißt es:
„,Siehe eine Jungfrau wird schwanger sein und einen Sohn gebären, und sie werden seinen Namen Immanuel heißen', das ist verdolmetscht: ,Gott mit uns.'"
Mit dieser verschlüsselten Mitteilung spielt er wahrscheinlich auf die Witwe J. A. Fr. Vorreiter geb. Kurtze (s. ds.) an, die als nun Alleinstehende ihre ganze Hoffnung bei der Geburt und Versorgung ihres Kindes auf den Beistand Gottes setzen muß.

2 Im Jahre 1827 hatte im Seminar in Moers erstmalig ein Lehrkursus zur Weiterbildung von Lehrern stattgefunden (vgl. dazu die Briefe und Berichte Nr. 169 und Nr. 175–180). Ursprünglich war geplant worden, jährlich einen solchen Kursus durchzuführen, doch die Personalprobleme im Zusammenhang mit der Krankheit Vorreiters zwangen Diesterweg, im Jahre 1828 darauf zu verzichten. Superintendent Schriever hatte sich vermutlich in seiner Eigenschaft als Schulpfleger nach der Durchführung erkundigt, um wie im Jahre zuvor bestimmte Lehrer für die Teilnahme auszuwählen.

3 Zur Krankheit Vorreiters und der unmittelbar nach seinem Tod erfolgenden Niederkunft seiner Frau siehe den nachfolgenden Brief (Nr. 195).

195

An das Provinzialschulkollegium der Rheinprovinz, Koblenz

Moers, 15. Oktober 1828

Regierungsbezirk Düsseldorf;
Kreis Geldern.

An Ein K. Hochl. Rh[eini]sch[e]s Provincial-Schul-Collegium in Coblenz.

Enthält ₁ den Antrag u. die Bitte des S[emina]rdirectors Diesterweg um hochgefällige Unterstützung der Hinterbliebenen von J. H. VORREITER.

₂ Der bisherige zweite Lehrer an dem hiesigen Seminar, dessen Tod, wie ich bereits im Anfange d. M. einem Hochlöblichen Provincial-Schul-Collegium anzuzeigen nicht verfehlt habe, am 29sten des vorigen Monates erfolgt ist – JOHANN HEINRICH VORREITER ₃ , 29 Jahre alt, ₄ Kandidat der Theologie seit 2 ¹/₂ Jahren ₐu.ₐₗ Religionslehrer der hiesigen Anstalt hat seine Wittwe u. ₅ seinen Knaben in traurigen ₆ Verhältnissen zurückgelassen. ₇ Nach meinem Bedünken haben dieselben ₈ einige Ansprüche auf die Milde u. Gnade, welche ₉ unser Staat zu allen Zeiten gegen Unglückliche auf die preiswürdigste Art geübt hat ₁₀ . Es sei mir daher erlaubt, ₁₁ einem Hochlöblichen Provincial-Schul-Collegio im Namen des Heimgegangenen die ₁₂ Verhältniße der Seinigen in aller Kürze mitzutheilen und Desselben Wohlwollen anzusprechen.

J. H. VORREITER ist ₁₃ in Schulpforte zur Akademie vorbereitet worden. ₁₄ Durch sein Betragen daselbst ₁₅ war er so glücklich ᵦsich dieᵦₗ ₁₆ Aufmerksamkeit u. das Wohlwollen ₁₇ Sr. Excellenz des Herrn Ministers VON ALTENSTEIN zu erwerben. In welcher Weise dieses geschah, möge ein Hochlöbliches Provincial-Schul-Collegium aus der Beilage 1 entnehmen, welche abschriftlich ₁₈ eine kurze Biographie VORREITER's enthält, wie er sie selbst in die Chronik des hiesigen Seminars geschrieben hat. – Mit dem Frühling 1826 ₁₉ wurde er an dem Seminar hierselbst angestellt. Ich habe demnach 2 ¹/₂ Jahre mit ihm gelebt, ihn ganz genau kennen gelernt u., der Wahrheit gemäß, in allen deßfallsigen Berichten und Conduiten-Listen die Rechtschaffenheit und Treue dieses ₂₀ Lehrers anerkannt u. verdienter Maßen herausgestellt. Meine Ansichten über ihn u. meine Verhältniße zu ihm ₂₁ möge ein Hochlöbliches Provincial-Schul-Collegium hochgefälligst noch genauer aus Beilage 2 kennen lernen, welche die Worte enthält, die ich in dem Seminar nach seiner Beerdigung gesprochen habe.[1]

Im Sommer 1827 heirathete er die Demoiselle JOHANNE KURTZE, bis dahin in Halle an der Saale wohnhaft, welche er ₂₂ im August mit ₂₃ deren alten Mutter hieherzog. Da das Semi-

457

nar ihm keine Familienwohnung anzubieten hatte, so mußte er, um zu seinen Zwecken zu gelangen $_{c}-_{cl}$ da ein Hochlöbliches Provincial-Schul-Collegium ihm nur unter dieser Bedingung die Consens zur Heirath ertheilen mochte [2] – das an das Seminar anstoßende, damals verkäufliche Wohnhaus eigenthümlich an sich bringen. $_{24}$ Um den Kaufpreis desselben, mit den Unkosten 1320 Rh., zu erlegen, mußte er ein bedeutendes Kapital aufnehmen, welches jetzt noch auf dem Hause steht. $_{dll}$ So trat er schon gleich zum Anfang unter erschwerenden Umständen in den Ehestand ein.   Dem Gesetze gemäß und um mit größerer Ruhe in die dunkle Zukunft zu schauen, kaufte er seine Gattin mit einer Pension von 100 Rh in die allgemeine Wittwenverpflegungs-Anstalt des Staates ein. Aber leider hat er nicht so lange $_{25}$ gelebt, $_{26}$ daß seine Wittwe nun die Früchte $_{27}$ dieser Anstrengungen einärndten könnte. Denn er hat nicht einmal den Ablauf des ersten Jahres nach seinem Eintritte $_{28}$ erreicht, woran die Unterstützung der Wittwen geknüpft ist. $_{ell}$ Er selbst hat daher Alles gethan, was in seinen Kräften stand, um $_{29}$ seine Hinterbliebenen $_{30}$ der Noth zu entreißen.

Die Geschicke trafen ihn im verflossenen Sommer sehr hart. Eine Anfangs leicht scheinende Erkältung zog ihm heftiges Blutspeien, $_{31}$ sogar mehrmaligen Blutsturz zu, $_{32}$ deren Folgen so nachtheilig wurden, daß alle Versuche der hiesigen und anderer Ärzte, ihn wiederherzustellen, fruchtlos blieben. Sein Todeskampf war schrecklich; denn er dauerte mehrere Tage. Alle die Seinigen litten unaussprechlich, am meisten seine ihn mit der treusten, aufopferndsten Liebe pflegende Gattin. Die letzten Tage beschleunigten $_{33}$ deren $_{34}$ bevorstehende Niederkunft, und sie gebar, während man mit den Zurüstungen zur Beerdigung $_{35}$ des Leichnams des Mannes beschäftigt war, wenige Stunden vor derselben einen Sohn, dessen Erziehung ihr zum Troste und zur Erhebung nach so viel Leiden gereichen wird, wenn sie das Glück haben sollte, durch die Gnade der Vorgesetzten ihres seligen Mannes der Nahrungssorgen enthoben zu werden.

Diese Gnade für sie zu erflehen, ist zunächst meine Pflicht. Der Heimgegangene $_{36}$ bestellte mich vor seinem Ende zum Pathen und Vormunde seines so sehnlich erwarteten Kindes, u. er empfahl mir die Sorge für die Seinigen. Ich entledige mich daher einer mir heiligen Pflicht, indem ich die Noth der Verhältnisse, $_{37}$ welcher dieselben anheim fallen möchten, vor die Ohren eines Hochlöblichen Provincial-Schul-Collegio bringe. Meine eigenen acht Kinder machen es mir unmöglich, $_{38}$ die Erziehungskosten des neuen Pathen zu übernehmen. Ich getröste mich daher der Gewißheit, daß in unserem Staate die Wittwen u. Kinder heimgegangener gewissenhafter, treuer Staatsbeamten $_{f}u._{fl}$ Lehrer die Gnade desselben nicht vergebens anzupflehen pflegen. $_{gll}$

Im Sinne der Verordnung unseres gnädigen Königs vom   (Amtsblatt der vormaligen Königl. Regierung in Cleve Nro   bitte ich daher unterthänigst, der Wittwe VORREITER's ein <u>Gnadenquartal</u> [3] zu bewilligen.

$_{39}$ Mit so großem Danke die Wittwe mit mir dieses Geschenk empfangen wird, so ist dieses doch $_{40}$ nicht im Stande, $_{h}ihrer_{hl}$ Bedrängniße in der Zukunft ein Ende zu machen, wenn sie nicht so glücklich sein sollte, eine lebenslängliche Pension u. Alimentengelder für ihr Kind bis zu dessen Großjährigkeit zu erhalten. Nicht durch eigenes Verschulden ihres Mannes, sondern durch unvermeidliche Geschicke sieht sie sich $_{41}$ jener ihr versicherten Pension von 100 Rh beraubt. Deßwegen tröstet sie sich mit dem Gedanken, daß ihr $_{i}nun_{il}$ durch $_{42}$ Gnade bewilligt werden möchte, worauf sie gesetzlich keine Ansprüche hat. In dem Namen des Entschlafenen u. der trostlosen Wittwe bitte ich daher hiermit ein Hochlöbliches Provincial-Schul-Collegium, bei der betreffenden höheren Behörde die Bitte zu unterstützen, ihr ₄₃ jährlich jene 100 Rh aus milden Stiftungen, und ₄₄ – wenn es erlaubt ist, hier eine Summe namhaft zu machen – bis zur Großjährigkeit ihres Sohnes monatlich 4–5 Rh als ₄₅ Alimentengelder in hohen Gnaden zu bewilligen. Wie groß der Dank derselben für solche Güte sein wird, vermag ich nicht auszusprechen. Ich vertraue mit ihr ₄₆ unseren Vorgesetzten, daß deren Wohlwollen ihr und mir möglich machen wird, die überkommenen schweren u heiligen Pflichten zu erfüllen.[4]

Der Seminardirektor ₍ₗₗ₎

Eigh. Entw., GStA PK, I. HA Rep. 76 Seminare, Nr. 10064: 39ʳ–41ʳ;
Abschr., GStA PK, I. HA Rep. 76 Kultusministerium, VII neu Sekt. 25 C Teil I Nr. 4 Bd. 4: 89ʳ–91ᵛ

[1] Diese Rede Diesterwegs: „Zur Erinnerung an Johann Heinrich Vorreiter", wurde in den Rheinischen Blättern abgedruckt (Jg. 1828, Bd. III, 4. Heft, S. 75–87; vorliegende Ausgabe, Bd. I, S. 400 bis 407).

[2] Siehe Brief vom 10. September 1823 (Nr. 64), Anmerkung 3, und Jahresbericht für 1826 vom 8. März 1827 (Nr. 163), „1. Äußere Beschaffenheit"; der zweite Seminarlehrer sollte unverheiratet sein.

[3] Die Weiterzahlung der Bezüge nach dem Tode bis zum Ende des Quartals.

[4] Das Provinzialschulkollegium gewährte am 6. November das Gnadenquartal unter der Bedingung, daß der Staatskasse keine besonderen Kosten entstünden, die Stelle also erst nach 1. Januar 1829 wiederbesetzt würde. „Eine Pension kann aber derselben nicht erwirkt werden, vielmehr ist es lediglich ihre Sache, sich und ihr Kind zu ernähren" (GStA PK, I. HA Rep. 76 Seminare, Nr. 10064: 43ʳ; GStA PK, I. HA Rep. 76 Kultusministerium, VII neu Sekt. 25 C Teil I Nr. 4 Bd. 4: 92ʳ).

196
An das Provinzialschulkollegium der Rheinprovinz, Koblenz

Moers, 8. November 1828

Die Besetz[un]g der Lehrerstelle an der Garnisonschule in Luxemburg betr.

Zum Rescr. vom 29sten Oct. c. Nro 2840.[1]

Gleich nach Eingang des zur Seite angezogenen hochverehrlichen Rescriptes eines Hochlöblichen Provincial Schul-Collegii ₁ bin ich bemüht gewesen, für die zu errichtende Lehrerstelle an der Garnisonschule in der Bundesfestung Luxemburg einen geeigneten Lehrer ₂ aufzutreiben. Ich glaube denselben in dem früheren Zögling des hiesigen Seminars FRIEDRICH NEU aus Wesel gefunden zu haben.[2] Derselbe wurde in der Mitte des vorigen Jahres ₃ mit dem in Abschrift beiliegenden Prüfungszeugniß entlassen. Ein Hochlöbliches Provincial-Schul-Collegium ₄ möge aus demselben entnehmen, daß derselbe ₅ nicht zu den vorzüglichsten der Zöglinge seiner Zeit gehörte, u. daß ₆ er sowohl in Kenntnissen, wie in praktischen Fertigkeiten ₇ nicht vollkommen befriedigte. Doch wurde er, ₈ wie auch das Zeugniß besagt, theils wegen seines rechtschaffenen Charakters u. sittlichen Betragens, theils wegen seiner Liebe zum Schulamte u. zum Umgange mit Kindern mit guten Hoffnungen entlassen. Er hat denselben vollkommen entsprochen.

Gleich nach seiner Entlassung wurde er bei dem Schullehrer DALLMEIER in Gemarke Hülfslehrer, wo er sich noch befindet. Er hat daselbst seit länger als einem Jahr ₉ theils die unterste, theils die mittlere Klasse, jede 120–150 Kinder stark, zur völligen Zufriedenheit des

Hauptlehrers geführt, der im Bergischen zu den geschicktesten Lehrern gezählt wird. Auch hat [10] mich NEU [11] verschiedene Male seit seinem Abgange von hier besucht u. jedes Mal habe ich mit Vergnügen bemerkt, wie er an Festigkeit des Charakters u. guten Gewöhnungen u. Fertigkeiten fortgeschritten war.

Unter diesen Umständen glaube ich ihn zu der oben genannten Stelle [12] mit der begründeten Hoffnung, daß er den an ihn daselbst zu machenden Anforderungen entsprechen u. sich die Zufriedenheit seiner [13] Vorgesetzten erwerben werde, in Vorschlag bringen zu dürfen.[3]

Eigh. Entw., GStA PK, I. HA Rep. 76 Seminare, Nr. 10064: 44r+v

[1] Diesterweg war vom Provinzialschulkollegium am 29. Oktober gebeten worden, für die Garnisonsschule der Bundesfestung des Deutschen Bundes in Luxemburg einen geeigneten Kandidaten für die mit 250 Reichstaler dotierte Lehrerstelle zu benennen. Eine Kabinettsorder vom 8. August hatte die Einrichtung einer solchen Schule für die Kinder von Unteroffizieren, Soldaten und niederen Festungsbeamten zum 1. Januar 1829 verfügt (vgl. GStA PK, I. HA Rep. 76 Seminare, Nr. 10064: 44r).

[2] Siehe Zeugnisse vom Juli 1827 (Nr. 168).

[3] Die Stelle trat 1827 J. W. A. Fischer (s. ds.) an, ebenfalls ehemaliger Seminarist in Moers. Er bekleidete sie bis mindestens 1831. In diesem Jahr bewarb er sich um die Lehrerstelle an der evangelischen Elementarschule auf dem Arrenberge in Elberfeld; diese Stelle erhielt er zwar nicht, doch geht aus seinem Bewerbungsschreiben vom 31. Juli 1830 deutlich hervor, daß er in seine Heimat zurückstrebte, wenngleich er die Anstellung in Luxemburg als günstig beschrieb (vgl. Stadtarchiv Wuppertal, L I 142, o. F.).

197
An die Regierung Düsseldorf

Moers, 30. Dezember 1828

Betrifft die dem Hülfslehrer FRIEDRICH THALHEIM bewilligte jährliche Remuneration von 60 Thlrn.

Zum Rescr. vom 20 sten Decbr c. nro 3334.

Nach d[e]r von Einem Hochlöblichen Provincial-Schul-Collegio unterm   erlassenen hochverehrlichen Verfügung blieb es unentschieden, ob der FRIEDRICH THALHEIM auch für die Folge als Hülfslehrer an der mit dem Seminar hierselbst verbundenen Klein-Kinder-Schule fungiren und ihm [1] die für das erste Jahr bewilligten 80 Thlr belassen werden würden.[1]

[2] In dieser Ungewißheit begannen und beschlossen wir unsere jährlichen Ferien. Da nun die Einrichtung des Seminars nicht nur, sondern auch [3] die damalige Krankheit VORREITER's [4] die Entbehrung eines solchen Hülfslehrers ganz unmöglich macht, so veranlaßte ich den FRIEDRICH THALHEIM, seine bisherige Stellung bei dem Seminar beizubehalten, in der festen Hoffnung, daß durch die Vorsorge eines Hochlöbliches Provincial-Schul-Collegium *[sic!]* auch das Minimum von 80 Thlrn jährlich nicht geschmälert werden würde.

Das verehrliche Rescript des Hochlöblichen Provincial-Schul-Collegii vom 20 sten Dec[em]ber d. J. reducirt dieselben aber auf 60 Thaler jährlich.

FRIEDRICH THALHEIM kann aber bei seinem früheren Gehalte nur mit der äußersten Sparsamkeit bestehen, wie das für sich klar ist. Ich trage daher einem Hochlöblichen Provincial-Schul-Collegium hiermit die Bitte gehorsamst vor, dem FRIEDRICH THALHEIM doch wenigstens noch 20 Thlrn jährlichen Zuschuß zu bewilligen (vom 1 ten Juli d. J. ab). Ich hoffe um so mehr die Gewährung dieser Bitte, da ₅ die für einen zweiten Hülfslehrer von des Königs Majestät jährlich bewilligten 60 Thlr jetzt erspart werden, da der Seminarist ROEBER die Geschäfte desselben versieht.² Wenn Fleiß u. Treue, Redlichkeit u. frommer Sinn wohlwollender Gesinnung werth machen, so kann diese dem FR. THALHEIM nicht entgehen ₆ . Ich erbitte daher dieselbe für diesen treuen Lehrer u. daß es einem Hochlöblichen Provincial-Schul-Collegio gefallen möge, demselben die Zufriedenheit mit seinem Wirken durch ₇ eine jährliche ₈ Extra-Bewilligung ₉ hochgefälligst zu bezeigen.

Der S[eminar]rdirector

Eigh. Entw., GStA PK, I. HA Rep. 76 Seminare, Nr. 10064: 48ʳ⁺ᵛ

¹ Siehe Protokoll vom 2. November 1827 (Nr. 181). Thalheim war Lehrer der dritten Klasse der Elementarschule, die den Seminaristen als Übungsschule diente.
² In Diesterwegs Anschreiben an das Provinzialschulkollegium in Koblenz zu Liquidationen über verschiedene Kosten, u.a. für den Ökonomen J. Keller (s. ds.) und für den Seminaristen W. A. Roeber (s. ds.), wird letzterer vom Seminardirektor allerdings als „Hülfslehrer" bezeichnet (eigh. Entw., GStA PK, I. HA Rep. 76 Seminare, Nr. 10064: 49ʳ).
Am 14. August 1828 hatte König Friedrich Wilhelm III. (s. ds.) genehmigt, zur Bezahlung von zwei Hilfslehrern 120 Rth. aus dem Stipendienfonds zu verwenden (Marginalie auf dem entsprechenden Antrag Minister von Altensteins vom 2. August 1828; GStA PK, I. HA Rep. 89, Nr. 22218 BVIII 114 Bd. I: 260ʳ). Diesterweg regt hier also lediglich eine angemessene Umverteilung an.

198
An Karl Kruse, Groß-Glogau

Moers, 12. Januar 1829

An Herrn Dr. Kruse, Privatlehrer in <u>Groß-Glogau</u> in Schlesien.

Mein theurer Kruse!

Sie haben mir durch Ihren, für die Rh. Blätter bestimmten Aufsatz viel Vergnügen gemacht. Ich habe denselben noch nicht lange in meinen Händen. Sonst hätte ich Ihnen dieses schon früher gemeldet. Auf die Ankunft Ihres letzten Briefes vom 28. Dec. darf ich aber die Anzeige des richtigen Eintreffens hierselbst nicht länger verschieben. Der Gegenstand, den Ihre Arbeit behandelt, ist interessant u. zeitgemäß.¹ Für denselben ist am Rhein noch so gut wie nichts geschehen. Ich habe Ihren Aufsatz daher gleich aufgenommen u. er ist schon abgedruckt. Er erscheint im 1 ten Hefte des 4. Bandes, welches etwa zu Ende d. M. ausgegeben werden wird. Sie sollen gleich ein Exemplar davon p[e]r Post haben. Sie werden Ihren Namen neben dem von EMMERICH erblicken.² Also 2 Aufsätze zugleich von jungen Männern, die ehemals in Mörs lebten – die ersten, u. noch dazu von einem, der ein Dr vor seinen Namen zu setzen das Recht hat.³

461

Wenn Ihnen die Rh. Blätter zu spät zugehen, so wählen Sie lieber den Weg durch die Post. Im ganzen Pr. Staate werden die jährlich erscheinenden 6 Hefte für 2 Rh 16 Sgr von jeder Postanstalt geliefert. Ich vermuthe, daß sie auf dem Wege des Buchhandels mehr kosten.

Ob in irgend einem Schlesischen Blatte einmal von den Rh. Blättern die Rede gewesen ist, weiß ich nicht. Wo nicht, so thun Sie es doch!

Sehr freuen würde es mich, Sie bald wiederzusehen, noch mehr, Sie an den Rhein zu ziehen. Dazu findet sich gewiß auch bald Gelegenheit, da man an mehreren Orten mit dem Plane der Errichtung höherer Bürgerschulen umgeht, zB. Elberfeld[4], Coblenz etc. Sie hier angestellt zu sehen, dazu ist vorerst wenig Hoffnung vorhanden; einmal, da es noch nicht einmal entschieden ist, ob KNEBEL weggeht; dann, weil das Scholarchat, zu dem zu gehören ich nicht die Ehre habe, der Meinung ist, daß der jedesmalige Conrector durchaus Academicus gewesen sein müsse. Solche Herrn werden sehr schwer belehrt, noch schwerer bekehrt. Und Dr. HOFFMEISTER[5] läßt sie gewähren. Richten Sie daher Ihre Blicke auf eine Anstellung an einer höheren Bürgerschule in einer der Rheinstädte. Auch um Ihrerwillen werde ich auf die Entwicklung dieser Anstalten aufmerksam sein und Ihnen zur rechten Zeit Nachricht davon geben. Natürlich kann Sie das nicht bestimmen, auf irgend einen anderen, höheren Plan zu verzichten. Jene Zwecke dürften allerdings durch eine geeignete Druckschrift oder durch eine Reihe empfehlender Aufsätze sehr befördert werden.

Nun leben Sie wohl, mein werther Freund! Hier bei mir, im Seminar u. im Städtlein steht es meist beim Alten. Es wird mich freuen, bald ein Mehreres von Ihnen zu vernehmen.

Glück auf!

Ihr Diesterweg.

Eigh., DIPF/BBF, Archiv, 1.1.01 (F. A. W. Diesterweg), Mappe 29

[1] Gemeint ist Karl Kruses Aufsatz: „Ueber die Errichtung von Gewerbschulen, den Freunden der von Raumer'schen Städteordnung gewidmet" in den „Rheinischen Blättern" (Jg. 1829, Bd. IV, 1. Heft, S. 20–37).

[2] Gemeint sind Ludwig Emmerichs Aufsätze „Geschichte der Freischule in Bonn" und „Der Frauen-Verein in Bonn, mit eingestreuten Bemerkungen" in den „Rheinischen Blättern" (a.a.O., S. 38–57 und S. 58–68). – Der erste Teil von Emmerichs Abhandlung über die Freischule, „Der Armenverein in Bonn und die Freischule daselbst", war bereits im Jg. 1828, Bd. III, 3. Heft, S. 70–75, erschienen.

[3] Gemeint ist Dr. Kruse selbst. Zu seinem Aufenthalt in Moers und der Teilnahme am Unterricht im Seminar vgl. Anmerkung 1 zum Brief vom 7. Februar 1828 (Nr. 184).

[4] In Elberfeld wurde als Nachfolgeanstalt des Bürgerinstituts von J. Fr. Wilberg (s. ds.) 1830 eine Realschule gegründet, verbunden mit einer ebenfalls von Wilberg begründeten höheren Gewerbeschule; diese Schule wurde später in ein Realgymnasium umgewandelt. – Kruse wurde bereits im Mai 1830 Lehrer an dieser Schule.

[5] Karl Hoffmeister war zu dieser Zeit Rektor des Progymnasiums in Moers. Er war mit der Familie Kruse befreundet, und Karl Kruse, ursprünglich aus Krefeld, hatte aus diesem Grunde die Schule in Moers besucht. (Vgl. Kruses „Bericht über den Bildungsgang" in der Akte „Bericht über die Einrichtung von Realschulen" im Archiv des Carl-Fuhlrott-Gymnasiums, Wuppertal).

199
An die Regierungshauptkasse Düsseldorf

Moers, 27. Januar 1829

(…) an Diäten	16 rh	
" Fuhrkosten	57 "	27 ¹/₂ Sgr
Sᵃ	73 rh	27 ¹/₂ Sgr

Buchstäblich: drey und siebenzig Thaler, sieben und zwanzig S[ilbe]rgroschen, sechs Pfennige, an liquidirten Kosten, für die Reise nach Neuwied und Coblenz[1], sind mir von der Köngl. *[sic!]* Regierungs-Haupt Cassa zu Dusseldorf richtig ausbezahlt worden, worüber diese Quittung

Der Seminar-Director
Diesterweg.

Ausf. mit eigh. Unterschr., GStA PK, I. HA Rep. 76 Seminare, Nr. 10064: 70ʳ

[1] Über diese Reise sind keine weiteren Dokumente überliefert. Möglicherweise hatte Diesterweg eine Fahrt zum Provinzialschulkollegium in Koblenz mit einem Besuch des evangelischen Lehrerseminars in Neuwied verbunden.

200
An das Provinzialschulkollegium der Rheinprovinz, Koblenz

Moers, 24. Februar 1829

Betrifft die veränderte Einrichtung der Lehrcurse behufs Militairpflicht der Seminaristen. Zur Verfügung vom 13. c. N. 308.

In der zur Seite angezogenen hochverehrlichen Verfügung ist mir der Auftrag ertheilt worden, mich über die von dem Hohen Ministerio der geistlichen und Unterrichts-Angelegenheiten verordnete Feststellung, daß die Jahrescurse in den Seminarien künftig mit dem ersten April sich endigen sollen, gutachtlich zu äußern.

Nach meiner unmaßgeblichen Ansicht dürfte es wünschenswerth sein, die bisherige Einrichtung des hiesigen Seminars nicht zu ändern. Auch scheint die Ausübung der Militärpflicht der Schulamtskandidaten dieses nicht zu erheischen.

Einmal treten die Zöglinge in der Regel mit dem vollendeten 17. oder 18. Jahre in die Anstalt, haben also, wenn sie als Zwanzigjährige losen müssen, den Seminarcursus vollendet. Sollte dieses aber auch in einzelnen Fällen nicht geschehen sein, so wird er doch erst in seinem 21.sten Jahre zum 6wöchentlichen Dienste herangezogen, und es wird in der Folge sehr selten eintreten, daß ein Einundzwanzigjähriger noch Seminarist ist. Unter diesen Umständen dürfte es gerathen sein, lieber einmal einen Solchen auf sechs Wochen aus dem Seminar zu entlassen, als mit dem 1. April den Jahrescursus zu Ende gehen zu lassen. Sollte dieses geschehen, so müßte der zweijährige Lehrcursus der jetzt in der Anstalt befindlichen Zöglinge entweder bedeutend ausgedehnt, oder bedeutend beschränkt werden. Beides aber unterliegt, sowohl wegen des Bedürfnisses einer wenigstens zweijährigen Bildungszeit, als auch wegen der ökonomischen Verhältnisse der Zöglinge und wegen des großen Mangels an Schulamtskandidaten[1] in dem Regierungsbezirk Düsseldorf, Schwierigkeiten mancherlei Art.

Darum scheint es mir rathsam, die bisherige Anordnung der Lehrcurse in dem hiesigen Seminar nicht abzuändern, bis etwa die Erfahrung in der Folge ein Anderes als nothwendig nachweisen möchte.[2]

Der Seminardirector
Diesterweg.

Eigh., LHA Koblenz, Best. 405, Nr. 3693, o. F.

[1] Obwohl sich tatsächlich sehr viele Bewerber um „erledigte" Lehrerstellen bemühten, da nach wie vor auch nicht in Seminaren ausgebildete Kandidaten gewählt werden konnten, waren es nach Diesterwegs Meinung zu wenig qualifizierte Bewerber.

[2] Die Direktoren Karl Josef Pauli (s. ds. Personenregister Bd. II), katholisches Lehrerseminar in Brühl, und Caspar Groening (ebd.), katholisches Lehrerseminar St. Matthias in Trier, stimmten der Beschließung der Lehrkurse Ende März zu; von Direktor Fr. Chr. W. Braun (s. ds.) in Neuwied ist keine Äußerung überliefert. Das Provinzialschulkollegium hingegen schloß sich in seiner Stellungnahme der Argumentation Diesterwegs an.
Das Ministerium lehnte die Einwände jedoch ab und legte den Abschluß auf März jeden Jahres fest. Am 2. Juli 1829 erhielt Diesterweg die entsprechende Mitteilung und wurde aufgefordert, den nächsten Kurs im März 1831 zu beenden und den zukünftigen Prüfungstag festzulegen.

201
An die Regierungshauptkasse Düsseldorf

Moers, 5. März 1829

Betrifft die Prüfung und Feststellung der Rechnungen des Apothekers und Arztes pro 1828.[1]

In der hochverehrlichen Verfügung vom 23 Febr. c. ist mir aufgetragen, anzugeben, ob die Rechnungen des Apothekers und Arztes pro 1828 geprüft u. festgestellt seien. Dieses ist jetzt zwar mit der Rechnung des Arztes, nicht aber noch mit der des Apothekers der Fall.

Gemäß der Verfügung vom 14. Jan. c. schickte ich die betreffenden Rechnungen sammt Recepten an den H. Regierungs-Medicinalrath Dr. KRAUSS in Düsseldorf. Statt der erwarteten Antwort erhielt ich durch Rescr. der Königlichen Regierung vom 13. Febr. die Verfügung, daß die dem H Dr KRAUSS vorgetragene Bitte dem Geschäftsgange zuwider sei. Inzwischen ₁ hatte derselbe doch die Rechnung des Arztes revidirt, nicht aber die Rechnung des Apothekers; ohne Zweifel allein deßwegen, weil ein Recept fehlte. Dasselbe konnte indeß, da es von einem Seminaristen in den Sommerferien mitgenommen worden u. verloren gegangen ist, nicht nachgeliefert werden. Ich habe Solches auch gleich der K. Regierung angezeigt, und gebeten, nach den vorliegenden Belegen die Prüfung u. Feststellung der Arzneirechnungen vornehmen zu lassen. Ich sehe darüber täglich einem Bescheide entgegen, nach dessen Eingang ich die Regierungs-Hauptkasse zu Düsseldorf zu befriedigen nicht unterlassen werde.

Der S[emina]rdirector

Eigh. Entw., GStA PK, I. HA Rep 76 Seminare, Nr. 10064: 73[r+v]

1 Im Jahresbericht für 1826 vom 8. März 1827 (Nr. 163) dankt Diesterweg den vorgesetzten Behörden für die Erstattung der Arztkosten für Seminaristen; das vorliegende Schreiben vermittelt allerdings den Eindruck, daß es sich dabei um eine übliche Amtshandlung handelte.

202
An Karl Kruse, Groß-Glogau

Moers, 13. Mai 1829

An Herrn Dr. <u>Kruse</u>, Wohlgeb. in <u>Groß-Glogau</u>.

Mein lieber Freund!

Schon längst habe ich Ihnen schreiben wollen. Ich wollte Ihnen nämlich über die hiesige Correctorstelle einigen Aufschluß geben.

Dieselbe ist noch erledigt u. noch der Nachfolger des H KNEBEL nicht zu finden. KNEBEL zieht im Herbste erst ab. Ich habe wiederholt auf Sie aufmerksam gemacht. Aber nicht mit dem gewünschten Erfolge. Woran das liegt, muß ich Ihnen, lieber Kruse! offen sagen. Unter den H Scholarchen dirigirt WINTGENS Alles. Der ist ein zwar rechtschaffener, aber sehr eigensinniger Mann, der von einer vorgefaßten Meinung nicht abgeht. Dieser meint nun, daß Sie noch zu jung seien u. daß er in dem Schreiben, daß Sie H ALTGELT geschickt haben u. daß durch denselben hieher gelangt ist, eine etwas hoch gehende Meinung, die Sie von sich selbst hegten, gefunden habe. Kurz, derselbe ist <u>gegen</u> Sie. H HOFFMEISTER [1] verhält sich neutral, besonders da er nicht lange mehr hier zu bleiben hofft. Auf diese Art hat sich hier keine sichre Aussicht für Sie eröffnen wollen. Wollten Sie noch etwas thun, so würde ich Ihnen rathen, sich direct an das Scholarchat zu wenden, <u>Zeugnisse beizulegen</u> (je mehr, desto besser) und sich zu erbieten, die Stelle auch <u>provisorisch</u> zu übernehmen. Sie müßten dann besonderen Fleiß auf den Ausdruck verwenden, um die H nicht in der Meinung einer Art von Anmaaßlichkeit in Ihrem Charakter zu bestärken.

Übrigens entwickelt sich jetzt das höhere Bürgerschulwesen am Rheine von allen Seiten. In Cöln ist ₁ diese höhere Bürgerschule schon eingerichtet; in Elberfeld ist man damit beschäftigt; in Duisburg denkt man darauf etc. Kurz, es würde sehr gut sein, wenn Sie in dieser Art angestellt zu sein wünschen, wenn Sie sich entweder einmal persönlich hier am Rhein einfänden oder wenigstens durch H ALTGELT, der ja jetzt an der Regierung angestellt ist, wirken ließen. Unmöglich kann Ihnen lange eine Anstellung fehlen.

Die letzten Hefte der Rh. Blätter habe ich Ihnen p[e]r Post nicht geschickt, weil ich vermuthete, daß Sie dieselben selbst p[e]r Post bezögen. Erschienen sind bis jetzt die beiden ersten Hefte des 4. Bandes. – Wie die Pestal[ozzische]. Schule gegen mich zu Felde gezogen, werden Sie vielleicht gelesen haben. Auf die Persönlichkeiten dieser gemeinen Menschen erwidre ich nichts.[2] Die Sache selbst aber will ich im 4. Hefte des 4. B. fortführen u. H Dr NIEDERER u. H ROSSEL die Nativität[3] stellen.

Hier in Mörs präpariren wir an einem schönen Feste, den 11 Juni dieses Jahres zu feiern – das 50jähr. Amtsjubiläum des alten würdigen LIMBORG.[4] – HOFFMEISTER giebt jetzt ein Sprachwerk heraus für Sprachforscher.[5]

Nach Ostern waren wir vergnügt zusammen in Krähwinkel![6] LINDENBERG hat den Auftrag erhalten, die beiden letzten Feste Ihnen ausführlich zu beschreiben.

Was giebt's in Schlesien Neues? – Ihr Aufsatz in den Rh. Bl. hat H K[onsistorial-]R[at] GRASHOF in Cöln besonders gefallen.

Leben Sie wohl, mein lieber Kruse! Ich wünschte sehr, Sie für den Rhein wieder zu gewinnen.[7]

In Fr[eun]dschaft

Ihr Diesterweg.

Eigh., DIPF/BBF, Archiv, 1.1.01 (F. A. W. Diesterweg), Mappe 29

[1] Karl Hoffmeister, Freund der Familie Kruse (vgl. Anmerkung 5 zum Brief vom 12. Januar 1829 <Nr. 198>) war zu dieser Zeit noch Rektor des Progymnasiums in Moers. Er wechselte 1832 an ein Gymnasium in Köln.

[2] In der Ankündigung seines „Praktischen Rechenbuches" („Bemerkungen über den Rechenunterricht mit besonderer Beziehung auf das ‚Praktische Rechenbuch‘ von Diesterweg und Heuser [3 Übungsbücher. Elberfeld 1825, 1826, 1827]", Rh. Bl., Jg. 1828, Bd. III, 3. Heft, S. 86–101; vorliegende Ausgabe, Bd. I, S. 358–367) hatte Diesterweg am Beispiel von Rechenbüchern neuere Darstellungen der Methode Pestalozzis (s. ds.) kritisiert. Ein Rechenbuch habe „auf die Bildung fürs Leben und auf die Behandlung der Rechnungsaufgaben, welche am häufigsten im Leben vorkommen, einen ganz entschiedenen Wert zu legen" (vorliegende Ausgabe, Bd. I, S. 362). Die eigentliche Auseinandersetzung eröffnete daraufhin ein anonymer Beitrag mit dem Titel „Der pädagogische Geistessumpf unserer Zeit und das Quaken darin gegen die Pestalozzische Schule. Erstes Beispiel, Herr Dr. Diesterweg in Mörs" in: Allgemeine Monatsschrift für Erziehung und Unterricht. Hrsg. von J. P. Rossel (s. ds.) in Aachen, Jg. 1829, Februarheft, und in: Wochenblatt für Elementarlehrer. Hrsg. von dems., Jg. 1829, Nr. 6 (Beilage).
Vgl. auch die beiden diesbezüglichen „Erklärung[en]" Diesterwegs in: Hermann. Zeitschrift für die Lande zwischen Weser und Maas, 16. Stück vom 25. Februar 1829, S. 126 f., und Beilage zum 23. Stück vom 21. März 1829 (vorliegende Ausgabe, Band XVIII, S. 461).
Weitere Beiträge zu diesem Streit siehe vorliegende Ausgabe, Bd. I, Anm. 352.

[3] Ursprünglich bezeichnet die „Nativität" den Stand der Gestirne bei der Geburt und das angeblich dadurch vorbestimmte Schicksal; hier ist der Nachweis gemeint, daß Pestalozzis Absichten andere waren als die neueren Darlegungen seiner Nachfolger glauben machen wollten. Siehe dazu Diesterwegs Abhandlung „Der jetzige Standpunkt der Pestalozzischen Schule und das Treiben der After-Pestalozzianer unserer Zeit" in den „Rheinischen Blättern" (Jg. 1829, Bd. IV, 4. Heft, S. 455–484; vorliegende Ausgabe, Bd. I, S. 514–531).

[4] Das 50jährige Amtsjubiläum von Lehrer Limborg wurde am 11. Juni 1829 gefeiert.

[5] Die „Erörterung der Grundsätze der Sprachlehre mit Berücksichtigung der Theorien Beckers, Herlings, Schmitthenners und anderer Sprachforscher" von Karl Hoffmeister erschien in zwei Bänden 1830 in Essen.

[6] An diesem Ort, heute Stadtteil von Leichlingen bei Düsseldorf, tagte der Verein ehemaliger Seminaristen im Jahre 1829. Zum jährlichen Treffen der Ehemaligen siehe auch die Briefe vom 24. März 1827 und 6. März 1828 (Nr. 165 und Nr. 188); im Hinblick auf die Zugehörigkeit von Kruse zum Kreis der Seminaristen siehe die Anmerkungen 1 und 4 zum Brief vom 7. Februar 1828 (Nr. 184).

[7] Dazu kam es bereits im darauffolgenden Jahr, als Kruse an die neugegründete Realschule I. Ordnung in Elberfeld, die mit einer höheren Gewerbeschule verbunden war, berufen wurde. (Vgl. auch Brief vom 12. Januar 1829 <Nr. 198>.)

203
An das Provinzialschulkollegium der Rheinprovinz, Koblenz

Moers, 18. Mai 1829

An Ein Königliches Hochlöbliches Rheinisches Provincial-Schul-Collegium in Coblenz.

Betrifft die Wiederbesetzung der durch den Tod VORREITER's erledigten Stelle an dem hiesigen Seminar.

Schon nähert sich der achte Monate seinem Ende, seitdem VORREITER todt ist, und schon ist ein ganzes Jahr verflossen, seitdem er aufhörte, zu lehren.[1]

Von Woche zu Woche haben wir mit heißer Sehnsucht die Ernennung seines Nachfolgers erwartet. Unsere Wünsche sind bis heute nicht in Erfüllung gegangen, und somit haben wir die Hoffnung aufgeben müssen, den neuen Lehrer noch als Lehrer der Zöglinge des 2ten Cursus, deren Vorbereitungszeit mit Juli d. J. zu Ende läuft, auftreten zu sehen.

Wenn wir, ERK und ich, auch Alles, was in unseren Kräften stand, gethan zu haben glauben, diese große Lücke weniger empfindlich zu machen, so hat diese lange Verzögerung auf die Entwicklung der Zöglinge immer sehr nachtheilig wirken müssen. Sowohl aus diesem Hauptgrunde, wie auch aus dem Wunsche, meine, nur zu sehr gehäuften Arbeiten auf ein geringeres Maaß reducirt zu sehen, bitte ich ein Hochlöbliches Collegium, es veranstalten zu wollen, daß nun doch möglichst bald der Nachfolger VORREITER's ernannt werde, damit derselbe wenigstens bei der Eröffnung des neuen Cursus, Anfang September, hier anwesend sei.

Wir haben den Rector VORMBAUM in Petershagen zum Lehrer gewünscht u. wünschen es noch. Derselbe stellte aber die Bedingung, daß ihm ein Gehalt von 600 Thr. nebst freier Familienwohnung bewilligt werde. Letztre ist nur zu beschaffen, wenn das VORREITER'sche Haus für den Kaufpreis von 1320 Thlrn. übernommen wird.[2] Aus Privatnachrichten des H. Probstes ROSS weiß ich, daß ein Hohes Ministerium geneigt gewesen ist, unsere Wünsche in Erfüllung gehen zu lassen.[3] Aber die lange Zögerung macht uns die Sache bedenklich u. ist uns sehr schmerzlich.

Möchte es daher einem Hochlöblichen Collegio gefallen, die erforderlichen Schritte zu thun, damit die Anstalt nicht noch länger eines geeigneten Lehrers entbehre!

Der Seminardirector
Diesterweg

Eigh., GStA PK, I. HA Rep. 76 Kultusministerium, VII neu Sekt. 25 C Teil I Nr. 4 Bd. 4: 103[r+v]

[1] Siehe Brief vom 15. Oktober 1828 (Nr. 195).

[2] Das Ministerium genehmigte den Kauf am 16. November 1829; siehe Brief vom 8. Januar 1831 (Nr. 227).

[3] Das Provinzialschulkollegium hatte dem Wunsch Diesterwegs entsprochen und den Petershagener Rektor Vormbaum zum zweiten Lehrer bestellt (vgl. GStA PK, I. HA Rep. 76 Seminare, Nr. 10064: 90[r]). Da dieser jedoch ablehnte, wurde Friedrich Schürmann (s. ds.), einer der ersten Moerser Seminaristen, als Nachfolger Vorreiters berufen und zum 1. Oktober 1829 ernannt; siehe Brief vom 28. August 1829 (Nr. 207).

An das Provinzialschulkollegium der Rheinprovinz, Koblenz

Moers, 14. Juni 1829

Betrifft die Bezahlung der Verpflegungsgelder der Seminaristen.

Nach der Bestimmung des mit dem Ökonomen des hiesigen Seminars abgeschlossenen Contractes bin ich verpflichtet, ₁ vierteljährlich für die regelmäßige Bezahlung seiner Forderungen an die Seminaristen, rücksichtlich ihrer Verpflegung, Sorge zu tragen. Dieses ist auch, wie die ₂ eingesandten Liquidationen nachweisen, bis jetzt ordnungsmäßig geschehen. Wenn ich dabei auch sehr häufig, weil der einzelne Seminarist sich nur sehr schwer an solche pünktliche Zahlungen binden kann, ex propriis¹ Vorschüsse machen mußte, so that ich das gern; allein seit einiger Zeit, besonders im Laufe des letzten Jahres hat die Nachläßigkeit mancher Seminaristen u. deren Eltern in Betreff der Bezahlung der Verpflegungsgelder, so zugenommen, daß ich genöthigt bin, einem verehrlichen Collegio darüber Vortrag zu machen.

Es ist gewiß, daß die dürftigen Verhältnisse der meisten Seminaristen eine ganz regelmäßige Abführung der Gelder immer schwierig machen.² Diese Schwierigkeit wächst aber in sehr hohem Grade, wenn die Verpflegungsgelder ₃ erst nach <u>Ablauf</u> eines jeden Vierteljahres erhoben werden, wie es bisher hier Sitte gewesen ist. Wenn der einzelne S[eminari]st aber vierteljährlich sein Quantum praenumerando³ bezahlen ₄ muß, so wird der einzelne Säumige eher darauf denken, wenigstens im Laufe des Vierteljahres das Versäumte nachzuholen, so daß ich dann eher gewiß sein kann am Ende des Vierteljahres den Ökonomen vollständig zu befriedigen, ohne zu bedeutenden Vorschüssen genöthigt zu werden. ₅ Diese Einrichtung ₆ würde auch die regelmäßige Verrechnung der Stipendiengelder gar nicht hindern. Was der Einzelne davon empfängt, wird ihm für das <u>nächste</u> Vierteljahr zu gut geschrieben. In solcher Weise ₇ glaube ich vor Wiederholung der Unannehmlichkeit, Jahre lang auf die Abführung zurückgelassener Schulden ehemaliger Seminaristen warten zu müssen, ₈ sicher gestellt zu werden, besonders wenn mir die Befugniß ertheilt würde, im Falle ein Seminarist das ganze Vierteljahr verstreichen läßt, ohne die nöthige Zahlung zu machen, nach Ablauf desselben die betreffende Summe bei den Eltern p[e]r Expressen auf deren Kosten holen zu lassen. Ich bitte daher hiermit gehorsamst, mir letztere Befugniß für den äußersten Fall zu ertheilen u. hochgefälligst zu verordnen, daß vom nächsten Cursus an jeder Seminarist vierteljährlich 15 Rh praenumerando an die Seminarkasse abzuführen habe, oder den Theil dieser 15 Rh, der nicht durch das ihm für das verflossene Vierteljahr verliehene Stipendium gedeckt ₉ ist.⁴

Eigh. Entw., GStA PK, I. HA Rep. 76 Seminare, Nr. 10064: 89ʳ⁺ᵛ

¹ Lat.: aus dem Eigenen; hier: aus eigenen, privaten Mitteln.

² Siehe auch Punkt 3. im Brief vom 20. Juni 1825 (Nr. 123).

³ Lat.: als Vorauszahlung.

⁴ Der Antrag wurde an die Regierung in Düsseldorf weitergeleitet und mit der Änderung befürwortet, daß die Seminaristen direkt an Diesterweg zu zahlen hätten.

205
An das Provinzialschulkollegium der Rheinprovinz, Koblenz

Moers, 9. Juli 1829

An das Königliche Hochlöbliche Rheinische Provincial-Schul-Collegium in Coblenz.

Betrifft den Unterricht in der Obstbaumzucht in dem Seminar.

Zum Rescr. vom 26. Juni 1829. N. 1535.

Bis jetzt hat in dem hiesigen Seminar kein Unterricht in der Obstbaumzucht statt gefunden.[1]

Um diese Lücke auszufüllen, wandte ich mich schon im Anfange des vorigen Jahres an die Königliche Regierung in Düsseldorf, und sandte derselben später den Grundriß des Seminargartens zu.

Unterm 6. Juni d. J. hat der H Garteninspector WEYHE in Düsseldorf von Derselben den Auftrag erhalten, den Plan zur Anlegung einer Baumschule in dem Seminargarten zu entwerfen und mir zuzufertigen. Sobald dieses geschehen ist und ich näher darüber unterrichtet bin, welche Einrichtungen getroffen werden sollen oder müssen, werde ich nicht verfehlen, Einem Hochlöblichen Provincial-Schul-Collegio weitläufigeren Bericht darüber zu erstatten.[2]

Der Seminardirector
Diesterweg.

Eigh., LHA Koblenz, Best. 405, Nr. 530, S. 19

[1] Die Regierung in Düsseldorf hatte bereits 1822 eine Verfügung zur Förderung der Obstbaumzucht erlassen (vgl. Zimmermann, Wilhelm: Der Aufbau des Lehrerbildungs- und Volksschulwesens unter der preußischen Verwaltung 1814–1840 <1846>. Ein Beitrag zur Geschichte des rheinischen Schulwesens, Bd. 3. Köln 1963, S. 298). Siehe auch Anmerkung 10 zum Brief vom 24. September 1824 (Nr. 90) an das Konsistorium Köln.

[2] Die Regierung genehmigte den Plan am 11. Juli 1829 und wies Weyhe an, Weiteres mit Diesterweg abzusprechen und „sich selbst nach Meurs zu verfügen". Am 28. September wurde Weyhe aufgefordert, binnen 4 Wochen Bericht zu erstatten (GStA PK, I. HA Rep. 76 Seminare, Nr. 10064: 118r).

206
An das Provinzialschulkollegium der Rheinprovinz, Koblenz

Moers, 10. Juli 1829

An das Konigliche Hochlobliche Provincial-Schul-Collegium in Coblenz.

Betrifft den Unterricht über Unglücksfälle etc. in dem Seminar.

Zum Rescr. vom 6. Juli. N. 1637.[1]

Wenn auch bisher über die Wiederbelebung der Scheintodten, Kenntniß der Giftpflanzen, Verhalten bei dem Bisse toller Hunde etc. nicht gerade ein zusammenhängender, vollständiger Unterricht in dem hiesigen Seminar ertheilt worden ist, so wurden die Zöglinge doch, theils in dem naturhistorischen, theils in dem anthropologischen, theils in dem physikalischen Unterrichte, nach meinem Bedünken genügend, mit diesen und ähnlichen Gegenständen bekannt gemacht.

Gemäß der hochverehrlichen Verfügung vom 6. dies. M. wird dieser praktische Unterricht nunmehr aber eine größere Ausdehnung erhalten, um den Anordnungen einer Hohen Behörde in dieser Hinsicht zu genügen.[2]

Der Seminardirector
Diesterweg.

Eigh., LHA Koblenz, Best. 405, Nr. 3682, S. 20

[1] Über die Abfassung dieses Schreibens und den geplanten Unterricht liegt eine Notiz Diesterwegs auf dem entsprechenden Anschreiben des Provinzialschulkollegiums vor (vgl. GStA PK, I. HA Rep. 76 Seminare, Nr. 10064: 7r).

[2] Aufgrund von Sanitäts- und sonstigen Berichten sah sich das Ministerium veranlaßt zu prüfen, ob in den Seminarien des Bezirks „der nöthige Unterricht über Wiederbelebung der Scheintodten, Kenntniß der Giftpflanzen, Verhalten bei dem Biß toller Hunde, Verhütung der Feuersbrünste und anderer Unglücksfälle p.p. ertheilt wird."
In einem Schreiben vom 6. Juli 1829 wurden das Konsistorium und das Provinzialschulkollegium aufgefordert, dafür Sorge zu tragen, denn dieser Unterricht gehöre „recht eigentlich in diese Unterrichtsanstalten, damit diese gemeinnützlichen Kenntnisse aus denselben in die Elementarschulen und aus diesen in das Volk übergehen". Diese Gegenstände sollten prüfungsrelevant werden. Das Ministerium forderte die baldige Erarbeitung einer entsprechenden Verfügung (LHA Koblenz, Best. 405, Nr. 3682, 17).

207
An das Provinzialschulkollegium der Rheinprovinz, Koblenz

Moers, 28. August 1829[1]

Die Wiederbesetz[un]g der in dem hiesigen S[emina]r erledigten Lehrstelle betr.

Zum Rescr. vom 27 Juli c. N. 1825.

Gemäß dem hochverehrlichen A[u]ftrage des h[ochlöblichen]. Collegii vom 27sten Juli d. J. habe ich in Bonn über den H Candidaten Niebuhr die erforderlichen Erkundig[ung]en eingezogen u. seine persönliche Bekanntschaft gemacht. Das Resultat ist jedoch nicht der Art, daß ich auf seine Anstell[un]g hieselbst antragen kann. Er hat nie in Schulen unterrichtet, sondern nur Privatunterricht ertheilt; zudem ist er, was allein schon seine Anstell[un]g hierselbst nicht wünschens werth macht, kränklich u. ₁ hypochondrisch gestimmt.

Außerdem wurde mir ein Dr. Busch, der jetzt in Frankfurt a/M als Privatlehrer fungirt, mehrseitig empfohlen. Ich ging daher nach Frankf[u]rt, um seine B[e]k[annt]schaft zu erneuern. Es ist dieses ein sehr interessanter Mann: Autodidact ohne schroffe Einseitigkeit, Selbstdenker u. Forscher, namentlich in der Pädagogik u. den damit verwandten

Wissenschaften, Kenner der Literatur überhaupt u. dabei ein einfacher, gerader u. biederer Mensch. Leider aber hat ihn die Natur mit einem schwerfälligen Sprachorgan u. mit einem schwächlichen Körper begabt. Obgleich ich mich nun d[u]rch eine Probelection, die er auf meinen Wunsch in der Musterschule in Frankf[u]rt hielt, von seiner Lehrfähigkeit in dem Grade überz[eu]gt halte, daß er die hier erledigte Stelle ausfüllen könnte, so ist das eigentliche praktische Lehrtalent für ein Schullehrer-Seminar ein zu unbedingt[e]s Erforderniß, als daß ich den Dr BUSCH aus vollem Vertrauen zu der hiesigen Lehrstelle vorschlagen könnte, besonders da sich ein ganz dazu qualificirter Mann gefunden hat.

₂ Dieser Mann ist der an dem hiesigen Provinzgymnasio angestellte Lehrer, FRIEDRICH SCHÜRMANN. ₃ Es ist mir jetzt selbst a[u]ffallend, daß ich früher nicht auf diesen Mann reflectirt habe, u. ₄ ich habe wie es oft zu geschehen pflegt in der Ferne die Hülfe gesucht, die doch ganz in der Nähe zu finden ist.

Dieser FRIEDRICH SCHÜRMANN ist gegenwärtig   Jahre alt, evangelischer Confession u. verheirathet. Von 1820–1823 war er Zögling des hiesigen Seminars, stets einer der tüchtigsten in der Schule u. im Leben, mit gutem Lehrtalente begabt, dabei stets offen, wahr u. treu. ₅ Nachdem er mit ₆ ehrendem Zeugniße entlassen ₇ u. nochmals in Bonn vor der wiss[en]-n[i]ß erth[ei]lt w[ur]de, erhielt er die an dem hies. Prog. erledigte vierte Lehrstelle, welche er bis jetzt mit Ehre u. ₈ mit ₉ gutem Erfolg begleitet hat. Diesen Mann halte ich für die an ₁₀ unsrer Anstalt erledigte Stelle für vorz[ü]glich geeignet u. ich bringe ihn hiermit ₁₁ bei einem Hochl. Collegio dazu in Vorschlag. Die Bedingungen, unter welchen er ₁₂ sich z[u]r Annahme der Stelle bereit erklärt hat, sind 450 Thlr pr. C. u. freie Wohnung, oder 450 Thlr Gehalt u. 50 Thlr ₁₃ als Miethsentschädigung. Ich bitte ein Hochl. Collegium, ihm dieses hochgef[ä]lligst zu bewilligen.

Diese Wend[un]g der Dinge ist mir um so angenehmer, weil nun das Mittel gefunden ist, um unsren Musiklehrer ERK besser zu stellen, was nicht mehr verschoben werden darf, wenn wir ihn nicht verlieren wollen. (Seit 1826 arbeitet er an der hiesigen Anstalt, auf Kündig[un]g angestellt mit einer monatl[i]chen Rem[u]n[e]r[a]t[io]n von 20 Thlr. Mit welchem vorz[ü]glichen Erfolge er in seinen Fächern bisher gewirkt hat, ist einem Hochl. Collegio bekannt. Wenn er auch f[ü]r seine Person mit dem bis jetzt bezogenen spärlichen Gehalt noch nicht gerade unzufrieden ist.)²

Eigh. Entw., GStA PK, I. HA Rep. 76 Seminare, Nr. 10062: 112r+v

¹ Die Jahresangabe fehlt, kann aber daraus erschlossen werden, daß Diesterweg am 27. Juli 1829 auf den Predigtamt-Kandidaten Niebuhr hingewiesen wurde (GStA PK, I. HA Rep. 76 Seminare, Nr. 10064: 106r).

² Minister von Altenstein (s. ds.) hatte den König bereits am 6. Juli 1829 um eine extraordinäre Gehaltsverbesserung für Erk gebeten, zumal dieser von seinem geringen Gehalt seine Mutter, eine arme Witwe, sowie vier jüngere Geschwister ernähren müsse (GStA PK, I. HA Rep. 89, Nr. 22218 BVIII 114 Bd. I: 263r+v). Friedrich Wilhelm III. (s. ds.) hatte dieser Erhöhung am 10. Juli 1829 zugestimmt (ebd., 262r).

Das Provinzialschulkollegium teilte am 20. Oktober 1829 mit, daß das Ministerium die Anstellung Schürmanns als zweiten und Erks als dritten Seminarlehrer mit jährlichen Gehältern von 450 bzw. 400 Reichstalern nebst freier Wohnung zum 1. Oktober 1829 genehmigt habe (GStA PK, I. HA Rep. 76 Seminare, Nr. 10064: 119r).

208
An das Provinzialschulkollegium der Rheinprovinz, Koblenz
(Reisebericht)

Moers, 29. August 1829

Betrifft einige Wahrnehmungen des Directors Diesterweg auf seiner letzten Reise.[1]

Theils um die, für das kommende Schuljahr nöthige körperliche und geistige Erfrischung zu gewinnen, theils um durch den Besuch mehrerer, mir noch unbekannter Seminarien meine ₐErfahrungₐₗ zu vermehren, trat ich, gleich nach dem Schlusse ₐ des zuletzt ᵦver-flossenᵦₗ Schuljahres, eine Reise durch die Eifel, den Hundsrücken und durch Rheinbaiern nach den Seminarien in Trier und Kaiserslautern an, welche ich, da mir in Kreuznach ein Dr. Busch[2] in Frankfurt a/M als ein zu der erledigten ₆Lehrerstelle₆ₗ an dem hiesigen Seminar vorzüglich geeigneter Mann geschildert wurde, über Karlsruhe, Bensheim und Frankfurt ausdehnte. ₔₗₗ Von dem in mancher Hinsicht für mich Belehrenden, das ich auf dieser Reise kennen zu lernen Gelegenheit fand, erlaube ich mir hiermit, dasjenige, was ich für Seminarien überhaupt und für die hiesige Anstalt insbesondere ₑbemerkenswerthₑₗ halte, Einem Hochlöblichen Provinzial-Schul-Collegio gehorsamst vorzulegen, wodurch ich zugleich der ehrenden Aufforderung dazu von Seiten des Herrn Präsidenten Fritsche, den ich zufällig in Kreuznach zu begrüßen die Ehre genoß, mit Vergnügen nachkomme.

ᵦ In Trier fand ich, was das dortige katholische Seminar betrifft, fast Alles unter jeder billigen Erwartung – kein eigenes Lokal für den Unterricht der Seminaristen, noch weniger ein Convict, keinen selbstständigen, pädagogisch gebildeten Director, einen zweiten Lehrer (Muhl) ₆ mit so geringer Besoldung, daß ₔ die Forderung, er solle ₑ alle seine Kräfte der Anstalt widmen, zu den ₊ schreiendsten Ungerechtigkeiten gehören würde; keine mit dem Seminar verbundene Uebungsschule, fast keine Lehrmittel, keinen Apparat und keinen Fonds. Eine solche Anstalt kann nicht gedeihen, kann nichts leisten. Ich traf dieselbe nicht in ihrer gewöhnlichen Tätigkeit. Der Unterricht war vielmehr zwei Tage ausgesetzt worden, ₉ damit in denselben die Quartalprüfung theils angestellter, theils noch anzustellender Lehrer und Lehrerinnen abgehalten werden könne. ₕ Ich erhielt, da mir von dem Herrn geistlichen Rathe Gratz die Erlaubniß zur Beiwohnung ertheilt wurde, dadurch Gelegenheit, von dem Standpunkte Trierischer Lehrer und Lehrerinnen Kenntniß zu nehmen, u. die Anforderungen, die daselbst an Schulamtskandidaten gemacht werden, so wie die Art der Prüfung derselben kennen zu lernen. Alle diese Verhältnisse sind ohne Zweifel Einem ₊Hochlöblichen Provincial-Schul-₊ₗCollegio bekannt. ₁ Auch selbst bei der höchsten Beschränkung der Anforderungen kann man sich unmöglich mit ⱼ den dort erscheinenden Leistungen zufrieden erklären. Kein einziger der Kandidaten und keine einzige der Kandidatinnen genügte mäßigen Ansprüchen; vielmehr bekundeten die meisten die kläglichste Unwissenheit in den ₖ ersten Elementarkenntnissen, eine übergroße Unbeholfenheit u. Steifheit im Ausdrucke – die Prüfung war langweilig u. blieb selten auf das Wesentliche künftiger Schullehrer beschränkt, vielmehr bekundete die Art der Prüfung des geistlichen Rathes, Herrn Gratz, daß derselbe mit dem heutigen Standpunkte des Elementarunterrichtes nicht nur unbekannt sei, sondern dieses Wissen ₉auch₉ₗ theils für überflüssig, theils für ₗ nachtheilig halte, u. daß er an die Examinanden Anforderungen mache, wie ₕsieₕₗ schlechte Schüler alter lateinischer Schulen wohl zu befriedigen im

472

Stande sind. Anstatt bei der Prüfung den in seinen Fächern geschickten Lehrer MUHL gehen zu lassen, griff er mit ungeduldiger Hast überall ein, verwirrte, anstatt aufzuklären, schlug Lehrer u. Schüler nieder, anstatt sie zu beleben, und trübte die Auffassung der $_i$Individualität$_{il}$ der Einzelnen in solchem Maße, daß $_M$ die ganze, unendlich lange Prüfung eigentlich zu gar keinem $_{jll}$ Resultate führte. Nach meinem Bedünken kann durch die Leitung $_N$ des Seminars in Trier durch diesen, gewiß in seinen Fächern vorzüglichen und $_O$ respectabeln Mann der Anstalt unmöglich Heil erblühen, und seine Zufriedenheit mit dem gegenwärtigen kläglichen Zustande derselben läßt auch von seinem Wirken für dieselbe gar nichts erwarten.

Auf meinen Wunsch versammelten die Lehrer am Nachmittage des zweiten Tages die Seminaristen, und Herr MUHL examinirte sie in einigen Gegenständen. $_P$ Ich fand den Zustand der jungen Leute, die freilich $_Q$ noch nicht lange in der Anstalt sind, doch $_k$unter$_{kl}$ der bescheidensten Erwartung, und es that mir wahrhaft wehe, zu sehen, wie MUHL, der mir in früheren Verhältnissen als ein rüstiger, viel leistender Lehrer bekannt gewesen war, durch die Ungunst der Verhältnisse so $_R$ an Lebendigkeit und an Einfluß verloren hatte. Gewiß bedürfte es nur einer günstigern Stellung für diesen Mann, um ihn in Rüstigkeit und mit glücklichem Erfolge wirken zu sehen, und ich würde mich glücklich schätzen, wenn ich durch diese Bemerkungen dazu beitragen könnte, $_i$ein Hochlöbliches$_{ll}$ Provincial-Schul-Collegium zu veranlassen, $_m$diesen, in seiner jetzigen Stellung sich nothwendig unglücklich fühlenden Mann zu einer freudigern Wirksamkeit $_S$ zu berufen.$_{ml}$

In Kaiserslautern, wo sich die für Katholiken u. Protestanten vereinigte Schullehrer-Bildungs-Anstalt für Rheinbaiern[3] befindet, wird man durch das glänzende Aeußere der Anstalt u. der Zöglinge $_T$ auf das angenehmste überrascht – ein treffliches Lokal, aus drei großen Gebäuden bestehend, die zu einem Ganzen vereinigt und nebst einem großen Hofraum u. einem, mehrere Morgen großen Garten, mit einer Mauer umgeben sind, und – ein auffallend frisches, blühendes, kräftiges Aussehen der Zöglinge. Lernt man sie näher kennen, so $_U$ gewahrt man $_V$ im Allgemeinen sehr gute, man kann sagen vorzügliche Kenntnisse, geistige Lebendigkeit u. Gewandheit im Ausdrucke u. in der Darstellung. Es schien mir der Mühe werth, den Ursachen dieser $_n$Erscheinung$_{nl}$ $_W$ nachzuspüren.

Körperliche Gesundheit ist offenbar eine der ersten, unerläßlichsten Eigenschaften des Lehrers, u. daher ist es auch eine der unerläßlichsten Pflichten, für die Gesundheit der $_{oll}$ Schullehrer zu sorgen. Die Zöglinge des Seminars in Kaiserslautern übertreffen an Gesundheit u. Stärke die Zöglinge aller rheinischen Seminarien, die von Mörs nicht ausgeschlossen. Woher rührt das? Ohne Zweifel trägt das gesunde Klima des baierischen Rheinkreises dazu bei. Wie die Vegetation dort üppiger ist, als in Rheinpreußen, u. wie $_X$ der Boden $_Y$ daselbst eine größere Fülle von gesunden u. reichlich nährenden Nahrungsmitteln erzeugt, als in den meisten andern Gegenden Deutschlands, so prangt dort auch der Mensch $_Z$ in größerer leiblicher Frische u. Stärke. $_{pll}$ Das Volk lebt daselbst nicht von $_{AA}$ entnervender Fabrikarbeit, sondern von der Bearbeitung eines dankbaren Bodens, u. dieses gesunde, kräftige, heitere, lebendige, lebensfrohe Volk sendet seine Söhne in die Schullehrer-Bildungsanstalt. Aber ganz erklärt sich daraus noch nicht die Fülle von Gesundheit der Zöglinge in $_q$Kaiserslautern$_{ql}$. Dieselben $_{AB}$ genießen auch in der wahrhaft königlichen Anstalt $_{AC}$ einer sorgsamen Pflege, in den weiten Lehr-, Arbeits- u. Schlafsälen einer reinen Luft, in dem schönen, zum Theil mit – Schatten gebenden Bäumen bepflanzten Garten Erholung u. Aufheiterung und eine vorzüglich gute Kost. Letztere ist vielleicht zu reichlich, wenn man an die künftigen Lebensverhältnisse der Landschullehrer denkt$_{r,rl}$ denn sie erhalten in der Anstalt nicht nur täglich zu Mittag Fleisch, sondern auch selbst des Abends wird häufig zu den vorzüglichen Mehlspeisen Fleisch genossen, und Obst in Fülle. Aber gewiß verdient der _{AD} vorzügliche Gesundheitszustand der dortigen Jünglinge, _s(woran ja auch die geistige Entwickelung geknüpft ist, so wie das gedeihliche Wirken in der Schule)_{sl} eine ernste Würdigung, u. wohl dürfte die Ernährung der Zöglinge unserer rheinpreußischen Seminare etwas reichlicher sein. Zwar _{AE} kann der bisherige Gesundheitszustand der jungen Leute in der hiesigen Anstalt, wie aus den Apotheker-Rechnungen erhellt, vorzüglich genannt werden; aber dennoch pflegt sich _{AF} eine gewisse Fülle u. Frische der Gesichtszüge _{AG} der _tJünglinge_{tl}, welche sie mitbringen, in der Regel bald zu verlieren und der Ausdruck eines gewissen Grads des Mangels u. der Abspannung einzutreten, wie ich dieses z.B. aus den Aeußerungen des Herrn Consistorialraths Kortüm mehrmals vernommen habe. _{ull} Noch viel wichtiger aber möchte die Berücksichtigung der Frische der Zöglinge in Rheinbaiern für die Anstalt in Brühl sein.

_{AH} Eben so überraschend, wie die leibliche Frische, ist die Wahrnehmung der _{AI} Festigkeit in Elementarkenntnissen, der Gewandheit _{AJ} im mündlichen Ausdrucke u. _{AK} der geistigen Frische der Zöglinge in Lautern. Mit Recht fragt man nach den Ursachen dieser belebenden Erscheinung, um so mehr, da die Lehrer nicht gerade zu den allervorzüglichsten gehören, auch die Zöglinge, wie bei uns, nicht länger als zwei Jahre in der Anstalt verweilen. _{AL} Eine Ursache ist _{AM} gewiß in der Rührigkeit u. Lebendigkeit des Pfälzers zu suchen; aber _vnicht die Hauptursache_{vl}. _wDieselbe_{wl} liegt vielmehr ohne _{AN} Zweifel darin, daß die Bildungszeit der künftigen Schullehrer in Rheinbaiern eigentlich eine fünfjährige ist. _{AO} Es besteht nämlich daselbst die Einrichtung, daß _{AP} derjenige, welcher mit dem 18ten Jahre Seminarist werden will, 3 ganze Jahre vorher _{AQ} Unterricht u. _{AR} Bildung von einem sogenannten Musterlehrer genossen haben muß. Die Regierung in Speyer hat _{AS} durch ihr Amtsblatt diejenigen Lehrer bezeichnet, welche das Vorrecht haben sollen, Präparanden zu bilden; sie hat, was von außerordentlicher Wichtigkeit ist, die Art dieser Vorbereitung für das Seminar _{AT} festgestellt, die Lehrfächer namhaft gemacht, u. die zu Grunde zu legenden Lehrbücher vorgeschrieben. _{xll} Kein Wunder, daß das Seminar in Lautern nun solche Zöglinge erhält, wie wir sie in Rheinpreußen gar nicht erwarten dürfen.[4] Will ein Lehrer in Rheinbaiern die öffentliche Ehre genießen, zu den Musterlehrern gezählt zu werden, so muß er sich durch Leistungen in seiner Schule auszeichnen; und will er, einmal dazu ernannt, dieser Ehre und der damit verbundenen Erhöhung des Einkommens nicht verlustig werden, so muß er reife Jünglinge in _{AU} das Seminar liefern. _{AV} Die _{AW} Commission, welche in Lautern die Aspiranten prüft, verwendet auf dieß Geschäft den sorgsamsten Fleiß; die Aspiranten werden mit der größten Vorsicht und Umsicht geprüft; überhaupt _{AX} werden jene Art der Vorbereitung für das Seminar u. die Aspirantenprüfung mit für _{AY} die allerwichtigsten Theile der Lehrerbildung angesehen, was schon aus dem Umstande erhellt, daß in der Regel, in wahrhaft heldenmüthiger Weise, auf die Aspirantenprüfung nicht weniger als sechs ganze Tage verwendet werden. Täglich werden etwa 12–16 zusammen geprüft, nämlich diejenigen, welche _yeinem_{yl} Schulinspectionskreise angehören, welcher Prüfung der betreffende Schulinspector beiwohnen muß.

In solcher Weise empfängt das Seminar junge Leute, die oft besser unterrichtet in das Seminar treten, als sie, ohne diese Einrichtung, anderwärts aus dem Seminar entlassen werden müssen. Eine _{AZ} Einrichtung, die, in wie fern sie auch bei uns ganz od. zum Theil einzuführen sein möchte, nach meinem Bedünken der Ueberlegung sehr würdig ist. In Rheinbaiern ermöglicht man die Ausführung dieser Anordnung nicht durch Zuschüsse aus der

474

Staatskasse; _{BA} die Präparanden müssen lediglich auf eigene Kosten 3 Jahre bei den _{BB} Musterlehrern leben; die Stipendien in dem Seminar sind geringer, als bei uns, und die Schulstellen gewähren im Allgemeinen ein spärlicheres Einkommen, als es z.B. im Regierungsbezirk Düsseldorf der Fall ist. Von dieser Seite sind also die etwa <u>hier</u> zu beseitigenden Schwierigkeiten und Bedenklichkeiten geringer, als in Rheinbaiern. Daß es geht, beweisen die erwähnten Thatsachen, u. daß der Erfolg glänzend ist, davon kann man sich in Kaiserslautern überzeugen.[5]

In Karlsruhe hindert, wie in Trier ein geistlicher Rath das Gedeihen des dort befindlichen evangelischen Seminars. Unseliger Weise hat man daselbst dem Herrn Kirchenrath _zKATZ_{zl} die Direction der Anstalt übergeben, einem Manne, der durch einige Unterrichtsversuche an dem Waisenhause in Halle und aus Büchern die Pädagogik zu kennen meint, überall störend eingreift, sich durch die Anempfehlung veralteter Lehrweisen lächerlich macht, u. nicht Bescheidenheit u. Weisheit genug besitzt, den ersten Lehrer der Anstalt, Professor _{aa}STERN_{aal} _{BC} nach seinen bewährten Ansichten wirken zu lassen.

Das Vorzüglichste, was ich daselbst wahrzunehmen Gelegenheit hatte, war der Unterricht des _{BD} vortheilhaft bekannten Musiklehrers _{ab}GERSBACH_{abl} u. die von ihm getroffenen Einrichtungen, deren Beobachtung allein mich für den Aufwand, den diese Reise mir abnöthigte, schadlos halten könnte. _{ac}GERSBACH_{acl} ist nämlich ein ausgezeichneter Theoretiker; er hat die _{ad}NÄGELI_{adl}'sche Gesanglehre und die _{ae}LOGIER_{ael}'sche[6] Manier in allen Stücken weiter ausgeführt u. tiefer begründet, und wird diesen Unterrichtszweig durch sein bald erscheinendes größeres Werk bedeutend fördern. Ich machte _{BE} _{af}jedoch dabei_{afl} die freudige Wahrnehmung, daß unser Musiklehrer _{ag}ERK_{agl} praktisch im Gesange mehr leistet, als dieser vorzügliche Lehrer.

_{BF} Eine besondere Erwähnung, besonders um des hiesigen Seminars willen, _{BG} verdient die Orgel, welche GERSBACH bei einem Künstler in Rastatt für das Seminar hat erbauen lassen. Was der Kunstverständige, den unser _{ah}Hohes_{ahl} Ministerium in Berlin wegen unseres Vorschlags, eine Orgel mit mehrern neben einander befindlichen Manualen, zum Behuf eines gleichzeitigen Unterrichts für Mehrere, _{BH} anfertigen zu lassen, zu Rathe zog, für unausführbar erklärte, ist in Karlsruhe mit vorzüglichem Erfolge _{ai}<u>ausgeführt</u>_{ail} zu sehen. _{ajll} In einem der Lehrsäle steht ein viereckiger Kasten von etwa 10 Fuß Länge, _{BI} 8 Fuß Breite und 4 Fuß Höhe. Dieser Kasten enthält, was, wenn er verschlossen ist, äußerlich nicht wahrzunehmen ist, _{BJ} eine Orgel mit den nöthigen Registern zu <u>vier</u> Klavieren, von welchen zwei an einer der längern, u. die beiden andern an den kürzern Seiten, einander gegenüber, angebracht sind. Pfeifen, Blasebälge und alles Andere liegen im Innern. <u>Ein</u> Klavier ist mit einem Pedal versehen. Das Ganze kostet nicht mehr als 400 Gulden rheinisch. _{akll} Herr GERSBACH _{al}erklärte das Werk_{all} für durchaus gelungen; nur _{am}wünschte_{aml} er an der Stelle, wo das Pedal ist, ein doppeltes Manual, so wie wir dieses für die, für das hiesige Seminar in Neuwied zu bauende Orgel gewünscht hatten. Nach Herr GERSBACH's Mittheilung will der Erbauer seiner Orgel in Rastatt aber für _{BK} den Preis von 400 Gulden keine mehr bauen; allein gesetzt auch, daß _{BL} ein Instrument, wie wir es wünschen, mit einem doppelten Manual, die Transportkosten _{BM} der Orgel u. die Reisekosten des Künstlers hieher mit inbegriffen, auf 300 Thlr. preuß. Cour. zu stehen kommen würde, so ist diese Summe doch noch nicht die Hälfte von 775 Thalern, welche die Gebrüder WEIL in Neuwied verlangten, welcher hohe Preis gewiß allein die Versagung der Genehmigung von Seiten des _{an}Hohen_{anl} Ministerii herbeiführte. _{aoll} Um so mehr freue ich mich _{BN} jener Wahrnehmung in Karlsruhe, da ich nunmehr der Hoffnung lebe, daß ein _{ap}Hochlöbliches Provincial-

Schul-₍apl₎Collegium die Gewogenheit haben werde, mich zu beauftragen, durch Vermittlung des Lehrers GERSBACH in Karlsruhe mit dem Orgelbauer in Rastatt einen Akkord in Betreff einer für das hiesige Seminar anzufertigenden Orgel, die wir ₍BO₎ zum größten Nachtheil für die musikalische Bildung der hier zu bildenden Organisten schon so lange entbehrt haben, abzuschließen, oder durch einen andern Mann abschließen zu lassen. Ich bitte ₍aq₎ein Hochlöbliches Provincial-Schul-₍aql₎Collegium gehorsamst, diesem Gegenstande doch wohlwollende Beachtung zu widmen, und mich in dieser Hinsicht zu bescheiden.[7]

Das Seminar ₍ar₎zu₍arl₎ Bensheim auf der Bergstraße ist ein katholisches. Für dasselbe ist in der Schulzeitung oft die Posaune geblasen worden; ich war daher sehr erstaunt, theils nur die allergewöhnlichste Mittelmäßigkeit, theils noch weniger zu finden. Lokal, Lehrapparath, Lehrer u. Schüler – nichts verdient ein Verweilen daselbst. Ich will daher auch ₍as₎ein Hochlöbliches₍asl₎ Collegium nicht mit Namhaftmachung der daselbst tractirten Trivialien langweilen. –

Ueber die Qualification des Dr. BUSCH in Frankfurt a/M, um deßwillen ich dorthin reisete, zu der hier erledigten Lehrstelle, enthält der beiliegende besondere Bericht das Nähere.[8]

Ich schließe diese kurzen Bemerkungen mit dem lebhaften Wunsche, daß ₍at₎ein Hochlöbliches₍atl₎ Collegium dieselben nicht der Mittheilung für unwerth erachten möchte.

Der ₍au₎Seminardirector

₍avll₎ Diesterweg. ₍aul₎

Ausf. mit eigh. Unterschr., LHA Koblenz, Best. 405, Nr. 3682, 44ʳ–50ᵛ;
eigh. Entw.: GStA PK, I. HA Rep. 76 Seminare, Nr. 10064: 109ʳ–113ᵛ (datiert vom 26.8.29);
Abschr.: GStA PK, I. HA Rep. 76 Kultusministerium, VII neu Sekt. 25 C Teil I Nr. 4 Bd. 4: 120ʳ–125ᵛ;
teilw. veröff. u. d. T. „Das Seminar in Kaiserslautern, ein Muster für viele", in Rh. Bl., Jg. 1830, Bd. I, S. 260–265; vorliegende Ausgabe, Bd. II, S. 153 ff.

[1] Zum Zweck und zur Anordnung von Visitationsreisen vgl. Anmerkung 16 zum Jahresbericht für 1826 vom 8. März 1827 (Nr. 163) und Anmerkung 1 zum Reisebericht vom 7. September 1827 (Nr. 173).

[2] Die Stelle des verstorbenen Lehrers Vorreiter war seit Oktober 1828 unbesetzt.
Das Lehrerseminar Trier gehörte zur preußischen Rheinprovinz („Rheinpreußen"), Kaiserslautern zum pfälzischen Landesteil des Königreichs Bayern („Rheinbaiern"), Karlsruhe zum Großherzogtum Baden und Bensheim zum Großherzogtum Hessen-Darmstadt.

[3] Siehe obige Anmerkung 2.

[4] In diesen Zusammenhang gehören Diesterwegs Bemühungen, den Kursus auf drei Jahre auszudehnen; siehe Brief vom 24. Januar 1825 (Nr. 109) an das Konsistorium.

[5] Im Jahr darauf veröffentlichte Diesterweg den Kaiserslautern betreffenden Teil dieses Berichtes in den „Rheinischen Blättern" unter dem Titel „Das Seminar in Kaiserslautern, ein Muster für viele" (Jg. 1830, Bd. I, S. 260–265; vorliegende Ausgabe, Bd. II, S. 153–155). Als einleitende Bemerkung stellte er voran: „Wer ein schönes Seminar mit schönen jungen Leuten sehen will, gehe nach Kaiserslautern im bayerischen Rheinkreis", und schloß deutlicher als im Schreiben an die Regierung mit den Worten: „Lauter Umstände, welche die beschriebene Einrichtung in Rheinbayern zur Annahme auch bei uns empfehlen".

6 Eine nach ihrem Erfinder Logier (s. ds.) benannte Methode zum Erlernen des Klavierspiels, bei der die Finger während des Spielens durch einen beweglichen Rahmen gesteckt wurden. Das Verfahren wurde bald wieder aufgegeben.

7 Diesterweg erhielt am 17. September 1829 vom Provinzialschulkollegium den Auftrag, eine Orgel in der von ihm beschriebenen Ausführung und zu dem genannten günstigen Preis von 300 Talern anzuschaffen. Der Orgelbauer nahm den Auftrag wegen anderer Arbeiten jedoch nicht an; siehe Brief vom 2. Januar 1830 (Nr. 209).

8 Siehe Brief vom 28. August 1829 (Nr. 207).

209
An das Provinzialschulkollegium der Rheinprovinz, Koblenz

Moers, 2. Januar 1830

Betrifft den Unterricht im Orgelstimmen[1].

Zum Rescr. vom 23. Nov. 1829. Nro 2834.

In Bezug auf die zur Seite angezogene verehrliche Aufforderung verfehle ich nicht, hiermit gehorsamst zu berichten, daß hier zum Unterrichte im <u>Mechanischen</u> des Orgelstimmens keine Gelegenheit vorhanden ist.[2] Weder der hiesige Organist, noch auch unser Musiklehrer ERK ist damit bekannt; auch fehlt es an Gelegenheit für den letzteren, sich darin die erforderliche Geschicklichkeit zu erwerben und die etwa erworbene anzuwenden. Denn das Seminar besitzt noch keine eigentliche Orgel, u. der hiesigen Gemeinde ist es nicht anzumuthen, ihre Kirchenorgel zu dem Behufe herzugeben.

Aus diesen Gründen eröffnet sich erst dann einige Aussicht für den bemeldeten Unterricht, wenn das Seminar zum Besitz einer eigentlichen Orgel gelangt ist.

Dazu haben wir, ungeachtet des hochverehrten Auftrages vom 17. Sept. 1829, leider! noch keine zuverlässige Hoffnung. Gegen alle Erwartung haben Verfertiger der Orgel des Seminars in Karlsruhe keine Lust, eine ähnliche für unsre Anstalt zu construiren, weil sie sich bereits in Geschäfte, die sie für mehrere Jahre in Anspruch nähmen, eingelassen hätten.[3] Es bleibt mir daher, nach diesem abermals fehlgeschlagenen Versuche, nichts übrig, als sie wenigstens um eine genaue Disposition des Karlsruher Orgelwerkes zu bitten, um dadurch bei einem inländischen Orgelbauer endlich zum Zwecke zu gelangen.

Der Seminardirector
Diesterweg.

Eigh., LHA Koblenz, Best. 405, Nr. 3682, 77r+v

1 Die Lehrer waren bei verbundenen Kirchen- und Schulämtern zugleich Kirchendiener, dabei häufig auch Kantoren und Organisten.

2 Das Ministerium hatte die Anschaffung einer Orgel zum Preis von 775 Talern abgelehnt; siehe Reisebericht vom 29. August 1829 (Nr. 208). Die Ausbildung der zukünftigen Organisten im Stimmen von Instrumenten solle allerdings verbessert werden, doch dieses Stimmen könne durchaus auch am Klavier erlernt werden (LHA Koblenz, Best. 405, Nr. 3682, o. F.).

477

3 Die Karlsruher Orgel hatte nur 400 Gulden gekostet; siehe Reisebericht vom 29. August 1829 (Nr. 208).

210
An das Provinzialschulkollegium der Rheinprovinz, Koblenz

Moers, 3. Januar 1830

Betrifft die Feststellung der Ferienzeit des Seminars.

Zum Rescr. vom 25. Septbr 1829. N. 2208.

Nachdem, zufolge der hohen Verfügung von 25. Septbr 1829, künftighin der Jahrescursus des Seminars mit dem Monat März abläuft, so entsteht die Frage, ob die Ferien des Seminars wie bisher im Monat August beizubehalten oder in den April zu verlegen sind.[1]

Daß unsere Ferien in eine Zeit fallen, in welcher andere Anstalten ihre Ferien gewöhnlich nicht genießen, ist uns bisher sehr zu statten gekommen, da wir dadurch Gelegenheit erhielten, diese Anstalten kennen zu lernen. Darum wünschen wir auch fernerhin eine solche Einrichtung.

Schon aus diesem Grunde qualificirt sich zu unserm Ferienmonat der Monat August besser als der April, weil manche Anstalten um Ostern, welches Fest gewöhnlich in den April fällt, einige Ferien haben, solches aber im August niemals der Fall ist.

Zudem darf man auch in dem letzteren Monat eher auf gutes Reisewetter rechnen, als in dem wetterwendischen Aprilmonate.

Ich wünsche daher, daß ein Hochlöbliches Provincial-Schul-Collegium bestimmen möge, daß die Ferien des hiesigen Seminars auch in der Folge in den Monat August fallen sollen.

Bisher hatten wir niemals Gelegenheit, den 3. August zu feiern.[2] Solches aber ist der Sache u. unsern Wünschen angemessen. Dieser Tag möchte daher für die Folge ein passender Zeitpunkt zum Anfange unsrer Ferien sein.

Ich wünsche daher noch specieller, daß das Hochlöbliche Collegium festsetzen möge, daß die Ferien des hiesigen Seminars mit dem 5ten August beginnen und mit dem ersten Montage nach dem 5ten September endigen sollen.[3]

Der Seminardirector
Diesterweg.

Eigh., LHA Koblenz, Best. 405, Nr. 2123, S. 17–18

1 Siehe Brief vom 24. Februar 1829 (Nr. 200), Anmerkung 2.

2 Der Geburtstag von König Friedrich Wilhelm III. (s. ds.); siehe Brief vom 1. August 1821 (Nr. 37).

3 In einer Marginalie unterstützte Konsistorialrat Kortüm (s. ds.) Diesterwegs Anliegen mit dem Zusatz, daß der August gewöhnlich sehr heiß und daher der geeignetste Monat für eine Arbeitsunterbrechung sei. Das Provinzialschulkollegium setzte daraufhin die Seminarferien vom 5. August bis 4. September fest.

478

211
Vertrag und Protokoll über Ankauf des Hauses
von Johanna Elisabeth Kurtze

Moers, 22. Januar 1830

Da zufolge der verehrlichen Regiminal Verfügung d.d. Dusseldorff, den 18 December 1829 I S V No. 5000 welche dem unterschriebenen Bürgermeister mittelst Verfügung des Herrn Landraths zu Geldern vom 30 ten December 1829 mitgetheilt worden, der Ankauf des zu Meurs in der Haagstrasse sub No 150 zwischen dem Königlichen Seminar-Gebäude und dem Hause des Specerei-Händlers und Huthmachers Lucas Harttert gelegenen Wohnhauses[1], nebst Az- und Dependenzien, gehörend der Dame Johanna Elisabeth Muller Wittwe von Johann Gottfried Kurtze zu Meurs für das Königliche Seminar zu Meurs beabsichtigt wird, und die Königliche Hochlöbliche Regierung zu Dusseldorff zufolge obenerwähnter Verfügung gnädigst verordnet hat, die Besichtigung und Abschätzung jenes Hauses durch den Land-Bau-Inspektor Herrn Heermann zu Cleve bewerkstelligen zu lassen, sodann die Verkaufs-Handlungen baldigst darüber aufzunehmen und das Ganze baldmöglichst einzureichen; so hat der Bürgermeister von Meurs in Auftrag des Herrn Landraths, da die Besichtigung und Abschätzung geschehen mit der obgenannten Wittwe Kurtze folgenden Verkauf in Duplo, vorbehältlich höherer Genehmigung eingeleitet und abgeschloßen.

1 tns

Die Wittwe Johanna Elisabeth Kurtze geborne Muller verkauft für sich, ihre Erben und Nachkommen an den unterschriebenen Bürgermeister Friederich von Nyvenheim zu Meurs als Bevollmächtigten der Königlich Hochlöblichen Regierung zu Dusseldorff und des Herrn Landraths von Eerde zu Geldern ihr zu Meurs Sub No 150 in der Haagschen Straße zwischen dem Königlichen Seminar-Gebäude und dem Specerei-Händler und Huthmacher Lucas Hartert gelegenes Wohnhaus mit allem An- und Zubehör, Rechten und Gerechtigkeiten, Lasten und Unlasten, etwaigen Aktien- und Passir-Servituten, überhaupt wie dasselbe in seinem jetzigen Zustande, Lage und Grenze sich befindet, und wie es durch den Land-Bau-Inspektor Heermann nach seinen einzelnen Theilen beschrieben ist, jedoch Schulden- und Hypotheken-frei, für die einsgewordene Summa von Dreizehn hundert zwanzig Thaler Berl. Courant geschrieben 1320 Thaler.

2.

Die Auszahlung dieser Kauf-Summa ad 1320 Thaler, geschieht an die Verkäufferin, gleich nach erfolgter höherer Genehmigung dieses Kontraktes, wo sie dann auch gleich das Haus zu räumen verspricht.[2]

3 tn[s]

Alle etwaige Lasten und Abgaben sowohl lauffende als rückständige werden ebenfalls durch Verkäufferin bis zum Tage der Genehmigung des Verkaufs entrichtet. –

4 tens

Da nun übrigens auf dem Hause eine einzige Hypotheken-Schuld von Sieben Hundert Thalern zu Gunsten des Progymnasial-Lehrers Herrn Heinrich Limborg zu Meurs haftet, so giebt die Verkäufferin zu und willigt hierdurch förmlichst ein, daß dieselbe ihr bei Auszahlung der Kauf Summa von 1320 Thalern abgehalten werde, oder sie verpflichtet sich viel

479

mehr bei Auszahlung der ganzen Summa diese Hypothekschuld auf ihre Kosten löschen zu lassen.

5ten[s]

Da mehrere Liebhaber obgemeldetes Haus anzukaufen trachten, so wünscht Verkäufferin, daß die höhere Genehmigung binnen zwei Monate Zeit von Heute angerechnet, erfolge; sollte diese Zeitfrist verstreichen, und die Genehmigung noch nicht erfolgt seyn; so behält sich Verkäufferin das Recht bevor, das Haus an einen Andern zu Verkauffen, ohne daß man sie deswegen in Anspruch nehmen und wegen der aufgegangenen Kosten verantwortlich machen könnte.

6tens

Wenn nach erfolgter höherer Genehmigung ein notarieller Kaufbrief gemacht werden soll, so willigt Verkäufferin auch hierin ein, mit dem Beding jedoch, daß in keinem Falle sie die Kaufbriefs- und Stempelkosten etc. zu zahlen habe, mithin ihr die Kauf Summa unverkürzt und ohne Abzug für Kosten, ausbezahlt werden muß.

7tens

Uebrigens verpflichtet sich die Verkäufferin dem Ankäuffer in allen Fällen die gesetzliche Währschaft, sowohl wegen des ruhigen Besizstandes als der Freiheit von Hypothekschulden, zu leisten, was ersteres betrifft so hat die Verkäufferin dem unterschriebenen Bürgermeister als Bevollmächtigter der ankauffenden höhern Behörde bewiesen, daß sie das mehrgemeldete Haus laut notariellen Akts, passirt vor Notar Welter zu Meurs d[e]n 27n Aug[u]st 1828 von ihrem verstorbenen Schwiegersohn und noch lebenden Tochter den Eheleüthen Herrn Johann Heinrich Vorreiter Seminarlehrer und Johanna Auguste Friede- rike Vorreiter geborne Kurtze zu Meurs angekauft hatte und daß die Eheleüthe Vorreiter daßelbe am 25n Juny 1827 bei öffentlichem Zuschlage zufolge Ackt passirt vor dem nemlichen Notar, angesteigert hätten. Was das Zweite betrifft, so verspricht die Verkäufferin hierdurch nochmals, die obgenannte Hypothekschuld, so wie alle andere etwa darauf noch haftenden Schulden, deren ihr aber keine bekannt sind, bei Auszahlung der Kauf Summa löschen zu lassen, indem sie nochmals einwilligt, daß ihr alle Hypotheken-Schulden bei der Auszahlung abgehalten werden können.[3]

So geschehen und abgeschlossen und beiderseits nach geschehener Vor- und Durchlesung in Gegenwart des Herren Fried. Adolph Wilhelm Diesterweg Seminar Direktor und Ludwig Erk Musik-Lehrer am Seminar als hiezu ersuchte Zeügen unterschrieben.

Der Bürgermeister.
Nyvenheim

Die Verkäufferin.
Johanne Elisabeth Kurtze
geb[o]h[re]n[e] Müller

Die Zeugen.
Dr. Diesterweg, Dir. des Seminars.
L. Erk.

Ausf. mit eigh. Unterschr., Stadtarchiv Moers, Alte Registratur, 16.–Anfang 20. Jahrhundert, Kart. 596, Akte 224,3, 124r–127r

1 Zum Ankauf dieses Hauses durch den Lehrer Vorreiter vgl. den Brief vom 15. Oktober 1828 (Nr. 195). Aus diesem Brief geht hervor, mit welcher hohen finanziellen Belastung dieser unumgängliche Kauf für Vorreiter verbunden gewesen war.

2 Der Verkauf erfolgte zum 1. April 1830; mit Einverständnis des Lehrers Fr. A. L. Schürmann (s. ds.) blieben Frau Kurtze und ihre Tochter, die verwitwete Frau Vorreiter, noch bis zum Oktober in zwei kleinen Stuben des Hauses wohnen, um den Verkauf bzw. Transport ihrer Mobilien regeln zu können. Die Bezahlung erfolgte trotz der bereits vorgenommenen Nutzung des Hauses durch Schürmann erst im Oktober 1830. Das Provinzialschulkollegium sagte Frau Kurtze für diese Zeitverzögerung eine Verzinsung. Die daraufhin später erhobenen Forderungen der Witwe Kurtze unterstützte Diesterweg als gerechtfertigt. (Vgl. Brief vom 3. Februar 1831, Nr. 229.)

3 Die Transkription der Hypothek im Hypothekenregister Krefeld erfolgte am 24. Mai 1830. Das geht aus einem Vermerk des Provinzialschulkollegiums an das Ministerium der geistlichen, Unterrichts- und Medizinalangelegenheiten vom 30. Mai 1830 hervor. (Vgl. Stadtarchiv Moers, Alte Registratur, 16.–Anfang 20. Jahrhundert, Karton 596, Akte 224,3, 124r–127r.)

212
Prüfungszeugnis für Wilhelm Greef

Moers, 24. März 1830

Prüfungs-Zeugniß. Nr Eins.[1]

Wilhelm Greef aus Kettwig, 21 Jahr alt, und seit 1 2/3 Jahren Zögling des hiesigen Königlichen Schullehrer-Seminars, trat mit mittelmäßigen Vorkenntnissen in die Anstalt.

Er wußte das Vertrauen seiner Lehrer zu gewinnen und sich zu erhalten. Aufmerksamkeit, Liebe zum Lernen und Fleiß vermißte man nie bei ihm. Gefälligkeit und Bescheidenheit machten ihn beliebt. Er unterrichtete mit Eifer und gutem Erfolge. Deßhalb wird er mit besonderm Vertrauen entlassen.

Die Prüfungs-Commission ertheilt ihm, mit Rücksicht auf das umstehend verzeichnete Prüfungs-Protokoll das Zeugniß Nr. Eins mit dem Prädikate

vorzüglich bestanden.

Die Königliche Prüfungs-Commission.
Dr. Kortüm. Diesterweg. Erk.

Protokoll über die Prüfung des abgehenden Seminaristen.

1. In der Religion: --- Gut.
2. In der deutschen Sprache: -- Gut.
3. Im Rechnen: -- Vorzüglich.
4. In der Raumlehre: -- Gut.
5. Im Lesen: -- Gut.
6. Im Aufsatze: --- Gut.
7. Im Schönschreiben: -- Gering.
8. Im Zeichnen: --- Gering.
9. In der Geographie: --- Gut.

10. In der Naturbeschreibung: -- Gut.

11. In der Naturlehre: --- Gut.

12. In der Geschichte: --- Mittelmäßig.

13. In der Theorie der Musik: --- Vorzüglich.

14. Im Gesange: --- Vorzüglich.

15. Im Klavierspielen: -- Vorzüglich.

16. Im Orgelspielen: -- Gut.

17. Im Spielen anderer Instrumente: -- Geige: Gut.

18. In der Erziehungs- und Unterrichtslehre: --- Gut.

19. In der Ausübung und Anwendung der Unterrichtskunst: ---------------------------- Gut.

Für die Richtigkeit des Protokolls:
Diesterweg.

[Für gleichlautende Abschrift
Der Beigez[ogene] Bürgermeister.
ROFFHACK]

Abschr., HStA Düsseldorf, Regierung Düsseldorf, Nr. 3396, 19r–20r

[1] Zum Vergleich: Am am 24. März 1830 erhielten H. Hustadt (s. ds.) und W. A. Roeber (s. ds.) ebenfalls das „Zeugnis Nr. Zwei" (Nr. 213 und Nr. 214), allerdings in ihrer zweiten Prüfung, die nach dreijähriger praktischer Tätigkeit abgehalten wurde. Vgl. Bericht über den Lehrkursus vom 29. Oktober 1827 (Nr. 180), Anmerkung 2.

213
Zeugnis für Heinrich Hustadt

Moers, 24. März 1830

In der am 23sten März d. J. vorschriftsmäßig hier abgehaltenen Lehrerprüfung[1] gewann die unterzeichnete Prüfungs-Commission die angenehme Überzeug[un]g, daß der Schulamts-Kandidat Heinrich Hustadt [1] seit seinem Austritt aus dem Seminar seiner Bildung fleißig nachgestrebt, [2] seine Kenntnisse u. Fertigkeiten vermehrt [3] u. in praktischer Hinsicht [4] sich weiter ausgebildet hat. Deßhalb wird ihm hiermit, in Vertrauen zu seiner ganzen Persönlichkeit, das Prüfungszeugniß N. II (zwei), mit dem Prädicate <u>gut bestanden</u>, zuerkannt.

Die Königliche Prüfungs-Commission.[2]

Eigh. Entw., GStA PK, I. HA Rep. 76 Seminare, Nr. 10065: 42r

[1] Wegen der Verlegung des Kursendes in den März änderten sich auch die Prüfungstermine; siehe Brief vom 24. Februar 1829 (Nr. 200).

[2] Diesterweg war Mitglied dieser Kommission.

214

Zeugnis für August Roeber

Moers, 24. März 1830

In der am 23sten März d. J. vorschriftsmäßig hier abgehaltenen Lehrerprüfung[1] legte
August Roeber, provisorischer Lehrer in Hochstraß, Kr. Rheinberg, solche Kentnisse *[sic!]*
u Fertigkeiten an den Tag, daß ihm hiermit, in der Erwartung, er werde sich seine Fortbildung in mehrseitiger Hinsicht ferner ernst u. gewissenhaft angelegen sein lassen, das
Prüf[un]gszeugniß Nro II (zwei), mit dem Prädicate gut bestanden, zuerkannt wird.

Die Königliche Prüfungs-Commission[2]

Eigh. Entw., GStA PK, I. HA Rep. 76 Seminare, Nr. 10065: 14ʳ

[1] Siehe Zeugnis für H. Hustadt (s. ds.) vom 24. März 1830 (Nr. 213), Anmerkung 1.
[2] Diesterweg war Mitglied dieser Kommission.

215

*An das Ministerium der geistlichen, Unterrichts-
und Medizinalangelegenheiten, Berlin*

Moers, 27. März 1830

An ein Hohes Ministerium der geistlichen, Unterrichts- und Medicinal-Angelegenheiten in
Berlin.

Der Seminardirector Diesterweg beehrt sich, ein Büchlein[1] zu überreichen.

Einem Hohen Ministerio verdankt das hiesige Seminar, verdanken die Lehrer desselben so
manche Gunst und Gewogenheit, daß ich mit Freude auch eine kleine Gelegenheit ergreife,
um Hochdemselben ein schwaches Zeichen unserer Dankbarkeit und Verehrung darzubringen. In dieser Absicht nehme ich mir die Freiheit, einem Hohen Ministerio hiermit die beiliegende kleine Schrift zu überreichen, welche für den Schulgebrauch eingerichtet ist u.
darum gar keine weiteren Ansprüche macht. Ich wollte dieselbe nur als Mittel gebrauchen,
vor einem Hohen Ministerio unsre Dankbarkeit auszusprechen, und die Verehrung, mit der
ich verharre

Eines Hohen Ministerii

unterthänigster
Diesterweg.

Eigh., GStA PK, I. HA Rep. 76 Kultusministerium, VII neu Sekt. 25 C Teil I Nr. 4 Bd. 4: 136ʳ

[1] Praktischer Lehrgang für den Unterricht in der deutschen Sprache. Ein Leitfaden für Lehrer, welche
die Muttersprache naturgemäß lehren wollen. Zweiter Theil: Die Wortformen- und die Satzlehre. Krefeld: J. H. Funcke 1830.

483

216
An das Ministerium der geistlichen, Unterrichts-
und Medizinalangelegenheiten, Berlin

Moers, 15. Juli 1830

An Ein Hohes Ministerium der geistlichen, Unterrichts- und Medicinal-Angelegenheiten in Berlin.

Durch die freudige Erinnerung gehoben, daß ein Hohes Ministerium die kleinen Schriften, die ich Hochdemselben zu überreichen mir erlaubte, wohlwollend aufnahm,[1] beehre ich mich nunmehr, Hochdemselben in der Anlage ein Exemplar des „praktischen Lehrganges für den Unterricht in der deutschen Sprache"[2], den ich für Volks- und höhere Bürgerschulen ausgearbeitet habe, darzubieten.

So viel mir bekannt ist, legt ein Hohes Ministerium auf die Förderung der für die Volksbildung so höchst wichtigen Kunst des Lesens ein entscheidendes Gewicht. Es sei mir daher erlaubt, den dritten Theil des vorliegenden praktischen Lehrganges, durch welchen ich über den Unterricht in der (höheren) Leselehre mehr Licht zu verbreiten bemüht gewesen bin, der wohlwollenden Aufmerksamkeit eines Hohen Ministerii gehorsamst zu empfehlen. Nach meinem Bedünken hat die neuere Pädagogik gerade diesen Theil des Unterrichts in etwa vernachläßigt.

Das Ganze aber sei nur ein Zeichen dankbarer Verehrung, mit der ich verharre
Eines Hohen Ministerii

unterthäniger Diener
Dr. Diesterweg.

Ausf. mit eigh. Unterschr., GStA PK, I. HA Rep. 76 Kultusministerium, VII neu Sekt. 25 C Teil I Nr. 4 Bd. 4: 140r+v

[1] Siehe Brief vom 27. März 1830 (Nr. 215).

[2] Praktischer Lehrgang für den Unterricht in der deutschen Sprache. Ein Leitfaden für Lehrer, welche die Muttersprache naturgemäß lehren wollen. Zweiter Theil: Die Wortformen- und die Satzlehre. Dritter Theil: Anleitung zum Verstehen der Lehrstücke; Dynamik, Melodik und Rhythmik des Lesens. Krefeld: J. H. Funcke 1830.

217
Protokoll der Übergabe des Hauses
von Johanna Elisabeth Kurtze an das Seminar

28. Juli 1830

Zufolge der verehrlichen Regiminal Verfügungen vom 8 May I S V No. 2534 und vom 15 July 1830 I S V No. 3667 habe ich unterschriebener Bürgermeister von Meurs dem Herrn Seminar Director Diesterweg das am 22ten Januar 1830[1] für Rechnung des hiesigen Seminars von der Wittwe Kurtze gekaufte Haus nebst An und Zubehör, gelegen zu Meurs in der Haagstraße Sub No. 150 neben dem Seminar Gebäude und dem Hause des Specerey Händlers und Huthmachers Lucas Harter förmlichst übergeben. Der Herr Diesterweg nahm diese Uebergabe nach den Verkaufsbedingungen an, und hat mit mir dieses Protokoll, deswegen abgefaßt, unterschrieben. Da die Wittwe Kurtze bereits von hier weggezogen[2], und kein Kreis Baumeister anwesend war, so ist diese Uebergabe blos von mir Bürgermeister geschehen.

Meurs wie oben

Der Bürgermeister
NYVENHEIM

Der Seminar Director
Diesterweg.

Ausf. mit eigh. Unterschr., Stadtarchiv Moers, Alte Registratur (16.–Anfang 20. Jahrhundert), Karton 596, Akte 224,3, 127r+v

[1] Vgl. das Verkaufsprotokoll vom 22. Januar 1830 (Nr. 211).

[2] Laut Brief vom 3. Februar 1831 (Nr. 229), in dem Diesterweg eine Zinsforderung der Witwe Kurtze unterstützt, wohnte diese mit ihrer verwitweten Tochter, Frau Vorreiter (s. ds.), allerdings noch bis zum Oktober 1830 in zwei kleinen Stuben des Hauses. Da der Lehrer Fr. A. L. Schürmann (s. ds.) aber am 1. April offiziell eingezogen war, wußte der Bürgermeister möglicherweise von dessen Entgegenkommen nichts.

218

An Wilhelm Johann Gottfried Roß, Berlin

Moers, 30. Juli 1830

Hochwürdiger Herr Ober-Konsistorialrath,

Hochverehrter Herr Probst![1]

Die Mittheilungen und Eröffnungen, welche ich der Güte Ew. Hochwürden über die Directorstelle des zu errichtenden Seminars in Berlin verdanke, veranlassen mich zu ernstem Nachdenken. Die Sache ist, wie von der einen Seite überraschend und ehrenvoll, so von der andern zu wichtig für mich, als daß ich nicht mit Gewissenhaftigkeit und Vorsicht die vorliegenden Umstände erforschen und prüfen sollte. Darum drängt sich mir der Wunsch auf, möglichst genauen Aufschluß über die Verhältnisse, unter welchen die neue Anstalt in's Leben treten wird, zu erhalten, um nach deren Auffassung mich mit Sachgründen zu dem Einen oder dem Andern bestimmen zu können.

Sie erlauben es mir daher gewiß, verehrter Herr Propst! Ihnen hiermit den Wunsch nach möglichst vollständiger und specieller Belehrung über die zu errichtende Anstalt, die Stellung des Directors etc. vorzutragen, und Ihre Wohlgewogenheit, von der ich so manchen Beweis gegen mich dankbar verehre, in der Art in Anspruch zu nehmen, daß ich durch dieselbe mit den erforderlichen Notizen versehen werde.   Das sicherste und einfachste Mittel, dazu zu gelangen, wäre freilich eine Reise nach Berlin selbst[2], theils um die nächste, der Anstalt vorgesetzte Behörde genauer davon zu überzeugen, ob ich die zur Directorstelle erforderliche Qualification besitze, oder nicht; theils um mir die Überzeugung zu verschaffen, ob ich nach der Übernahme derselben zufrieden sein werde. Denn an diese beiden Bedingungen: Zufriedenheit der Behörden und eigene Zufriedenheit – ist ja das Glück u. die gedeihliche Wirksamkeit eines Beamten geknüpft. Allein eine Reise nach Berlin ist für mich mit solchen Umständen und Kosten verknüpft, daß ich, wenigstens vorerst, darauf verzichten muß, um so mehr, da ich auch durch Ihre gütigen Veranstaltungen mit den, zur Fassung eines Entschlusses erforderlichen Nachrichten versehen zu werden hoffen darf.

Ich wünsche, daß sich dieselben in objectiver Hinsicht besonders über folgende Verhältnisse aussprechen möchten:

Zweck der Anstalt, ob Bildung der Zöglinge für sogenannte höhere Bürgerschulen, oder für Volksschulen? – Anzahl der jedesmal versammelten Zöglinge – ob sie in dem Local der Anstalt zusammenwohnen, oder nicht; ob ein Convict eingerichtet wird – Dauer des Cursus – Beschaffenheit des Locals und der Wohnung des Directors – Zahl der anzustellenden oder vielleicht schon ernannten (?) Lehrer u. deren Gehalt – Art der mit dem Seminar zu verbindenden Normalschule und ob dieselbe einen eignen Lehrer haben wird oder schon hat – ob die Anstalt vollständig mit allen Lehrmitteln versehen werden wird oder schon versehen ist – Dienstinstruction des Directors u. der Lehrer – Vertheilung der Unterrichtsgegenstände etc.[3]

Alle diese und andre Fragen würden eine genügende Erledigung finden, wenn mir das für die Anstalt wahrscheinlich schon entworfene Reglement zur vorläufigen Kenntnißnahme mitgetheilt würde.

In mehr subjectiver Hinsicht muß ich mich noch über einige Verhältnisse aussprechen.

Ihre gefälligen Mittheilungen nannten als Gehaltssumme des Directors 1 200 Rh nebst freier Wohnung u. allenfalls die Aussicht zu einer persönlichen Zulage.   Dieser Gegenstand hat für mich eine besondere Wichtigkeit. Ich habe jetzt acht Kinder, deren Bedürfnisse sich natürlich täglich mehren. Die 800 Rh Gehalt, welche ich hier genieße, eine freie und bequeme, geräumige Wohnung und die Benutzung eines ansehnlichen Gartens befriedigen bei einigem Privatfleiße und bei der stillen Abgeschiedenheit in dem hiesigen Landstädtchen alle diese und außerdem noch meine literarischen Bedürfniße. Die Erkundigungen, welche ich eingezogen habe, lassen mich vermuthen, daß 1 200 Rh in Berlin kaum ein Äquivalent für jene 800 Rh sein würden. – Bei der, in dieser Beziehung glücklichen Abgeschiedenheit und Stille meines hiesigen Lebens ist es mir bisher leicht geworden, durch einigen literarischen Fleiß meine jährliche Einnahme um 4–500 Rh wenigstens zu erhöhen,[4] so daß ich, wie gesagt, mit meiner zahlreichen Familie als ehrlicher Mann habe bestehen können. Nach meiner Berechnung würde ich wegen des größeren und wichtigeren Wirkungskreises in Berlin, wegen der nothwendig entstehenden anderen gesellschaftlichen Verhältnisse, und weil ich selbst die gewisse Einwirkung im Leben der problematischen literarischen vorzöge, auf Nebenverdienst verzichten müssen, und unumwunden gestehe ich, im Falle ich dazu genöthigt zu sein voraussehen würde, die mich ehrende Anerbietung dankbar auszuschlagen keinen Anstand nehmen könnte. Deßhalb liegt mir der Wunsch nahe, zu erfahren, ob und welche persönliche Zulage ich zu erwarten haben dürfte?

Zufrieden und glücklich, wie ich bisher hier gelebt habe, dürfte ich nur in dem Falle einen, allerdings in mancher Beziehung für mich vortheilhaften und anziehenden Wechsel der Stelle eingehen, wenn ich mit Zuversicht auf dieselbe zufriedene und sorgenfreie Lage in Berlin Rechnung machen könnte.

Sie wollen, verehrter Herr Probst! diese freien Äußerungen gütigst entschuldigen! Ich habe dieselben nicht zurückhalten wollen, um die Unterhandlungen wegen des in Rede stehenden Gegenstandes nicht unnöthiger Weise in die Länge zu ziehen, vielmehr in der Absicht, um durch Ihre Güte in den Stand gesetzt zu werden, alsbald eine kategorische Erklärung abgeben zu können.

Empfangen Sie, Hochverehrter! nochmals die Versicherung dankbarer Verehrung, mit der ich verharre

Ew. Hochwürden

gehorsamster Diener
Dr. Diesterweg.

Eigh., GStA PK, I. HA Rep. 76 Kultusministerium, VII Sekt. 14 bb Nr. 5 Bd. 1: 169ʳ–170ᵛ

1 Aus einer Marginalie ist als weiterer Bearbeiter dieses Schreibens neben Roß Regierungsrat K. A. G. Dreist (s. ds.) erkennbar; siehe auch Diesterwegs Brief an diesen vom 26. Oktober 1830 (Nr. 220).

2 Diesterweg reiste im Oktober 1830 nach Berlin, um nähere Erkundigungen einzuziehen; siehe Brief an Sabine Diesterweg (s. ds.) vom 26. Oktober 1830 (Nr. 222).

3 Vergleiche dazu die Bewerbung Diesterwegs um die Moerser Stelle 1820 (Nr. 26–28).

4 Als Schulbuchautor und Herausgeber; siehe auch den Brief an K. A. G. Dreist vom 26. Oktober 1830 (Nr. 220).

219
An die Regierung Düsseldorf (Reisebericht)

Moers, September 1830

An die königliche Hochlöbliche Regierung in Düsseldorf.

Die Schulinspections-Reise des Dr. Diesterweg betreffend.

Nach der unterm 24. Juli c. von Hochlöblicher Reg[ie]r[un]g hochgefälligst ₁ ertheilten Genehmigung zu einer Schulinspections-Reise in den Kreis Solingen ₂ trat ich dieselbe am 24sten August an u. kehrte am 5ten Sept[em]b[e]r zurück.

Die Schulen, welche ich ₃ besuchte u. revidirte, sind in der beiliegenden Tabelle nebst den Ergebnissen der in denselben von den Lehrern u. mir angestellten Prüfungen angegeben.[1]

₄ Der H. Schulpfleger ENGELS wohnte den Revisionen in den Schulen ₅ in Solingen, Merscheid u. Weyer bei. Ich habe mit demselben über die einzelne Lehrer gesprochen u. ihm angedeutet, was nach meinem Bedünken in Betreff der Einzelnen zu thun sei. Auch habe ich jeden Lehrer nach der Revision seiner Schule unter vier Augen auf die bemerkten Fehler u. die Mittel zur Beseitigung derselben aufmerksam gemacht. Den Lehrern in Neukirchen und Merscheid habe ich besonders ₆ ernste Winke u. Warnungen vorgehalten. Überall traf ich ₇, was mir die Aufgabe der Reise sehr erleichterte, offene Ohren u. hingebenden Sinn.

₈ Ich wohnte dreien Lehrer-Conferenzen bei: in Reusrath, Opladen u. Solingen.[2]

In Reusrath versammelten sich die Lehrer des ehemaligen Schulpflegekreises Leichlingen, was, in den einzelnen Schulen abwechselnd, alle ₉ vier Wochen geschieht. ₁₀ Jedes Mal unterrichten einige vorher dazu bestimmte Lehrer in einigen Gegenständen. Diese Einrichtung ist nicht unpassend. Es geschah auch während meiner Anwesenheit. Da der betreffende Lehrer ₁₁ WINDFUHR[3] in der Ausführung der Bibellection nicht sehr glücklich war, so gab ich den Lehrern dazu einige Anleitung u. übernahm dann auf ihren Wunsch eine Leselection. Nachdem die Schüler entlassen waren, veranlaßte ich eine genaue Censur u. Kritik der Probelectionen u. ₁₂ rieth den Lehrern, ₁₃ niemals ₁₄ eine solche Beurtheilung zu versäumen. Es scheint unter diesen Lehrern ein freundlicher Geist zu herrschen.

In Opladen traf ich die katholischen Lehrer mit dem Hn. Dr. BROIX versammelt. Es waren einige Aufsätze vorgelesen worden u. nun las der Herr H. Schulpfleger die Bemerkungen vor, welche jeder Lehrer über einen pädagogischen Gegenstand aufgeschrieben ₁₅ überreichte. H. Dr. BROIX beurtheilte sie. Nachher las derselbe eine Schulordnung aus VOM KAMPZ *[sic!]* Annalen vor,⁴ welche zu manchen Bemerkungen Veranlassung gab. Das Vorlesen der Aufsätze macht das Hauptgeschäft dieser Conferenz aus. Es kommt dabei gewiß nicht viel heraus, u. sicher wäre es ersprießlicher, wenn in einem Jahre ein Unterrichtsgegenstand, z. B. das Lesen, gründlich behandelt würde. Bei den meist passenden aber allgemeinen Bemerkungen, die H. Dr. BROIX machte, sah man es den geweckteren Lehrern dieser Conferenz: JUNKER in Richrath, KEIMER in Schlebusch etc. auf dem Gesichte an, daß sie dachten: Es sind das so Redensarten von einem Manne, der nicht Schulmann ist, also nicht weiß, was geht u. was nicht. Sie ließen diese Gesinnung auch deutlich genug merken. Dem H. Schulpfleger ENGELS geht es nicht besser. Es kann auch nicht anders sein, u. dieß ist einer der Gründe, warum die Conferenzen in der Regel so sehr wenig Gewinn bringen.

Die Conferenz in Solingen wurde am 4. Sept[em]b[e]r, nachdem ich die Schulrevision, so weit es meine Zeit erlaubte, beendigt hatte, gehalten. Es hatten sich etwa 50 Lehrer eingefunden. Ich theilte ₁₆ denselben meine Erfahrungen u. Ansichten über das Schulwesen des Kreises, so weit es zu meiner Kenntniß gekommen war, mit u. ging dann zu den einzelnen Lehrgegenständen über.

₁₇ Ich hob vorzüglich folgende Gegenstände hervor:

1) Anleitung der Schüler zum Beten in u. außer den Schulen;
2) Möglichst verständige Behandlung des Katechismus u. Erleichterung des Lernens desselben;
3) Auswahl der auswendig zu lernenden religiösen Lieder – Merkmale der Besseren;
4) Nothwendigkeit der Einprägung der biblischen Geschichte u. Behandlung derselben;
5) Behandlung der Bibellectionen – Anführung der Kinder zum Mitnehmen der Bibel in die Kirche u. ₁₈ Wiederbelebung der leider immer mehr sich verlierenden Sitte, die Bibel als Hausandachtsbuch zu gebrauchen;
6) Werth und Behandlungsart des Kopfrechnens, woran es fast in allen Schulen mangelt;
7) ₁₉ Merkmale eines guten Gesanges. Die Fortschritte in diesem Gegenstande sind nicht zu verkennen;
8) Entbehrlichkeit der sogenannten gemeinnützigen Kenntnisse, so lange die Hauptgegenstände nicht fest liegen.
9) Mangelhaftigkeit des Leseunterrichts u. Mittel dagegen, mit Beispielen;
10) Erhöhung der disciplinarischen Kraft des Unterrichts, u. unbedingte Nothwendigkeit der Gewöhnung der Kinder an strengen Gehorsam, an Ordnung u. Zucht.

Im Allgemeinen hat mir der Sinn der Lehrer sehr wohl gefallen. Offenbar herrscht unter ihnen ein mannigfach reges Streben; und mit den Leistungen einzelner Schulen kann man sich durchaus zufrieden erklären. Mit diesen Lehrern verglichen sind viele Lehrer des Kreises Geldern – Bauern. – Überall fanden die Bemerkungen, die ich zu machen Gelegen-

488

heit fand u. überall rückhaltlos aussprach, ein offenes Gemüth. Mehrere Lehrer habe ich ersucht, hieher zu kommen, um ihnen das Eine u. Andere genauer zu zeigen.

Die besonderen Bemerkungen, die ich einer Hochlöblichen Regierung noch vorzutragen mich beehren wollte, betreffenden folgende Punkte:

1) Die Ansichten der Schulvorstände in Betreff der Überweisungen der Kinder aus einer Schule in die andere sind sehr verschieden. Einige beurtheilen die von den Eltern vorgebrachten Gründe, andere überweisen, sobald es die Eltern nur wünschen.[5] Zu den Letzteren gehört der H. Schulpfleger ENGELS. Ich habe die entgegengesetzte Ansicht. Aber ich habe ihn nicht überzeugen können. Aus dem Bezirk der Schule in Hossenhaus sind allein mehr als 30 Kinder der Schule in Jacobshäuschen überwiesen worden, bloß weil es die Eltern wünschten. Ein solches Verfahren muß den betreffenden Lehrer entmuthigen, besonders wenn er seine Schuldigkeit thut.

Es dürfte zweckmäßig sein, wenn die Hochlöbliche Regierung den Schulvorständen in Betreff der Überweisungen genauere Instruction zugehen ließe.[6]

2) In dem Kreise Solingen herrscht unter der Schuljugend noch Frechheit genug, weil sie unter den Eltern herrscht. Darum müssen die Lehrer strenger auf Ordnung u. Zucht halten. Aber wie ist dieses möglich, wenn die Eltern es sich fortwährend erlauben, in die Schulen zu dringen, um den Lehrer zu beleidigen und zu schimpfen, oder ihn auf öffentlicher Straße, vielleicht physisch, angreifen, oder, sobald nur ein frecher Junge von einem Hiebe einen blauen Fleck auf der Haut mit nach Hause bringt, bei Chirurgen, Bürgermeistern etc. in Betreff der Anklage des Lehrers ein geneigtes Gehör finden?[7] – Ich will dem Stockregiment das Wort nicht reden; aber in Kreisen, wie der Kreis Solingen, bedürfen die Lehrer eines größeren Beistandes u. ernsteren Schutzes, als ihnen in der Regel von den nächsten Vorgesetzten zu Theil wird.[8] Sollte es nicht in dieser Beziehung gerathen sein, den Schulvorständen, Bürgermeistern etc. ernstere Befehle zugehen zu lassen?

Denn wie sehr noth es thut, das Volk in Zucht u. Gehorsam zu erziehen, zeigen hinlänglich die neuesten Zeitereignisse.[9] Ein ₂₀ Kind aber, ₂₁ das schon als Schüler sich gegen die Autorität des Lehrers aufzulehnen die Frechheit hatte, wird gewiß als Erwachsener sich noch viel leichter gegen die Gesetze erklären.

3) Tausend Unannehmlichkeiten u. Kränkungen würden auch die Lehrer überhoben sein, wenn ₂₂ die Steuerempfänger überall allein mit der Erhebung des Schulgeldes beauftragt würden, oder wenn das Gehalt der Lehrer fixirt werden könnte.[10] Der H. Landrath VON HAUER machte zu jener Einrichtung in der Conferenz zu Opladen den Lehrern Hoffnung. Möchte sie dort u. überall realisirt werden!

4) Endlich möchte wohl der Schulpfleger, H. ENGELS zu mehr Energie zu ermuntern sein. Alle Lehrer stimmen darin überein, daß es daran mangelt; in den Conferenzen sowohl, wie in ₂₃ Schulgeschäften überhaupt. Ich halte es auch für ungeeignet, unter den ungeschlachten Menschen in Solingen Alles in Güte zu vermitteln. Solchen muß das strenge Gesetz entgegen treten.

Da der Mittwoch, den ich in Solingen zubrachte, dort noch als Bettag gefeiert wurde, so benutzte ich diesen Tag zu einer Reise nach Hückeswagen, um die dortige Bürgerschule kennen zu lernen, ₂₄ in der ₂₅ Hoffnung, daß die Hochlöbliche Regierung dieses genehmigen werde.

Auf der Reise dahin besah ich die Schule in Burg u. ihr schlechtes Local. Nach Aussage des Lehrers VOM WERTH ist das Geld $_{26}$ zu einer neuen Schule längst vorhanden u. es liegt nur an dem H. Pfarrer REUTER, daß der projectirte Neubau $_{27}$ so lange verzögert wird. Es ist im höchsten Grade zu wünschen, daß Lehrer u. Schüler daselbst bald eine bessere Wohnung erhalten.

In Hückeswagen fand ich in der Bürgerschule zwei wackre Lehrer: SCHULZ u. KORTEGARN. Der jetzige Zustand der Anstalt ist mit dem früheren, wie ich ihn vor drei Jahren kennen lernte, nicht mehr zu vergleichen.[11] Die genannten Lehrer haben in einem Jahre sehr viel geleistet. Die Schüler wurden in meiner Gegenwart in der Geographie, Physik, deutschen u. französischen Sprache u. in der Arithmetik $_{28}$ examinirt. $_{29}$ Überall zeigten sich sehr schöne Fertigkeiten u. namentlich bekundete H. KORTEGARN $_{30}$ großen Eifer, gutes Lehrtalent u. gründliche Kenntnisse in seinen Fächern. Dieser Schulmann verdient $_{31}$ Unterstützung u. Anerkennung. $_{32}$ H. SCHULZ $_{33}$ schien etwas in pedantische Kleinmeisterei zu verfallen, u. H. KORTEGARN greift $_{34}$, wegen des Strebens nach $_{35}$ Vollkommenheit in der Form, überall zu viel ein, was die freie Entwickelung der Schüler hindert. Ich machte beide darauf aufmerksam.

Am letzten Morgen meiner Anwesenheit in Solingen besuchte ich noch mit H. ENGELS das Institut des H. VOLLMANN. Die Zöglinge sind in zwei Klassen vertheilt. Den ganzen Unterricht der $_{36}$ jüngeren Abtheilung besorgt ein Seminarist aus Neuwied, ein schläfriger, erbärmlicher Mensch. Die Knaben saßen stumm u. todt auf den Bänken. H. VOLLMANN unterrichtet zwar lebendig; aber doch genügten uns der Unterricht u. die Fortschritte in einem Stücke. Die äußere Haltung der Jünglinge u. die Ordnung in $_{37}$ dem Hause waren vorzüglich. Die Anstalt scheint eine gute Verwahranstalt zu sein. H. VOLLMANN $_{38}$ ist wahrscheinlich mit sich u. der Welt zerfallen $_{39}$ u. zugleich von $_{40}$ einer hohen Meinung von sich ergriffen. In seinem Lehrzimmer prangen die Wände mit Devisen, die sein Lob verkündigen u. über seinem Haupte hängt eine Krone in Riesengröße (!).

Schließlich statte ich einer Hochlöblichen Regierung für die hochgefälligst mir bewilligte Gunst der im Vorstehenden kurz beschriebenen Reise meinen verbindlichsten Dank ab u. bitte gehorsamst, die in der Beilage liquidirten Reisekosten[12] hochgefälligst zur Zahlung anzuweisen.

Eigh. Entw., GStA PK, I. HA Rep. 76 Seminare, Nr. 10065: 33^{r+v}, 36^{r+v} und 34^r–35^v

[1] Die Tabelle ist nicht überliefert.

[2] Die meisten Elementarschullehrer auf dem Lande waren zu dieser Zeit in einklassigen Schulen tätig, hatten im Schulalltag also keine Gelegenheit zu kollegialen Gesprächen und gemeinsamer Klärung von Problemen. Lehrerkonferenzen und „Konferenzgesellschaften" – erst seit wenigen Jahrzehnten bestehende Einrichtungen, die meist auf Initiative einzelner Lehrer oder Schulinspektoren wie D. Schürmann (s. ds.) und W. J. G. Roß (s. ds.) zurückgingen – hatten demzufolge die Aufgabe, die Lehrer regelmäßig zum Erfahrungsaustausch und zur Weiterbildung zusammenzubringen. Diesterweg setzte sich sehr für die regelmäßige Durchführung solcher Versammlungen ein.

[3] Peter Friedrich Windfuhr war von 1823 bis 1826 Seminarist in Moers. In seinem Abgangszeugnis hatte Diesterweg ihm gute Anlagen und musterhaften Fleiß bescheinigt (vgl. HStA Düsseldorf, Reg. Köln, Nr. 3265, o. F.). Im Hinblick auf seine Lehrbefähigung heißt es:

„Er besitzt im Unterrichten die erforderliche Uebung. Er lehrt mit Bestimmtheit, Nachdruck und Eifer. Wir erwarten, daß er sich stets bestrebt, sich mehr Hingebung zu den Kindern anzueignen."

4 Kamptz, Karl Albrecht Christoph Heinrich: Annalen der preußischen innern Staatsverwaltung. Berlin: Dümmler 1817–1838.

5 Den Eltern stand es per Königlicher Verordnung vom 30. Oktober 1825 frei, eine öffentliche oder eine genehmigte private Schule zu wählen, die auch außerhalb ihres Bezirkes liegen durfte. Die Überweisung an die gewünschte Schule stand unter Aufsicht des Schulpflegers. Vgl. Altgelt, Hermann (s. ds.): Sammlung von gesetzlichen Bestimmungen und Vorschriften des Elementar-Schulwesens im Bezirke der Königl. Regierung zu Düsseldorf nebst einer historischen Einleitung in die Verwaltung des öffentlichen Unterrichts, aus den Zeiten des Churfürsten Carl Theodor, bis auf das Todesjahr König Friedrich Wilhelm III. 1794–1840. 2., verm. Aufl., bis Ende 1841. Nachdruck mit einer Einleitung hrsg. von Michael Klöcker. Köln/Wien: Böhlau 1986, S. 185.

6 In den Erläuterungen vom 30. Juni 1826 zur obigen Verordnung wurde sein Eingreifen der Regierung ausgeschlossen mit dem Hinweis, daß die Freiheit der Eltern nicht ohne dringende Gründe zu beschränken sei (Altgelt, Hermann: a.a.O., S. 192).

7 Eine Kabinetts-Ordre vom 14. Mai 1825 gestattete die körperliche Züchtigung der Schüler; sie durfte aber „niemals bis zu Mißhandlungen ausgedehnt werden" und nicht „der Gesundheit des Kindes auch nur auf entfernte Art schädlich werden können" (Altgelt, Hermann: a.a.O., S. 184).

8 Diesterweg berichtet in seinem Aufsatz „Was fordert die Zeit in Betreff der Schulzucht?" vom 7. September 1830 von der Mißhandlung von Lehrern im Bergischen durch Schüler und aufgebrachte Eltern (Rh. Bl., Jg. 1830, Bd. II, S. 273–291; vorliegende Ausgabe, Bd. II, S. 138–149).

9 Von diesen Zuständen berichtet Diesterweg in dem o.a. Aufsatz (vgl. Anmerkung 8). Er beschreibt darin das „tolle Rennen, Rufen, Schreien" in den öffentlichen Schulen.

Unterricht sei in den Schulen nicht mehr möglich. Mit dieser Veröffentlichung provozierte Diesterweg einen Streit auf publizistischer und juristischer Ebene. Elberfelder Bürger verwahrten sich im „Rheinisch-westphälischen Anzeiger" gegen die Anschuldigungen. Die Zeitung wurde daraufhin Podium einer Auseinandersetzung, die sich bis ins erste Halbjahr 1831 hinzog.

Von Diesterweg selbst erschienen aus diesem Anlaß drei Artikel im Rheinisch-westphälischen Anzeiger: „Tagesfehden I. Aus Moers", „Tagesfehden II. Aus Moers" und „Tagesfehden III. Aus Moers" (Beilage zu Nr. 20 vom 9. März 1831, Sp. 361–366, und Beilage zu Nr. 21 vom 12. März 1831, Sp. 385–392; Beilage zu Nr. 41 vom 21. Mai 1831, Sp. 754–758; Beilage zu Nr. 59 vom 23. Juli 1831, Sp. 1063–1066; vorliegende Ausgabe, Bd. XVIII, S. 462–476, S. 477–480 und S. 494–497).

Außerdem hatte der Elberfelder Oberbürgermeister Johann Rütger Brüning (s. ds. Personenregister Bd. VIII) Diesterweg beim Landgericht Düsseldorf verklagt, das diesen im Mai 1831 aber freisprach, da er in seiner Schrift nicht auf bestimmte Orte bezogene, sondern landesweit herrschende Zustände beschrieben habe.

Die von Diesterweg für die Gerichtsverhandlung vorbereitete Verteidigungsrede, zu deren Vortrag es dann aufgrund des Freispruches nicht mehr kam, ließ er im Rahmen seiner Veröffentlichung: Schulreden und pädagogische Abhandlungen. Krefeld 1832, S. 332–364, drucken (vorliegende Ausgabe, Bd. XVIII, S. 480–494).

Zu den Zuständen an Elberfelder Schulen siehe auch den Reisebericht Diesterwegs vom 7. September 1827 (Nr. 173).

10 Die Kabinetts-Ordre vom 14. Mai 1825 sah die direkte Zahlung des Schulgeldes an die Lehrer vor, damit den Eltern weitere Gelegenheit „geboten werde, mit den Lehrern in Berührung zu bleiben" (Altgelt, Hermann: a.a.O., S. 187).

11 Vermutlich nimmt Diesterweg Bezug auf seine Visitationsreise im Jahre 1827, über die er am 7. September dieses Jahres berichtet (Nr. 173) und die ihn auch ins Bergische Land und in den Raum Solingen geführt hatte. Allerdings wird Hückeswagen in diesem Bericht nicht ausdrücklich erwähnt.

12 Diese Liquidation ist nicht überliefert.

220
An Regierungsrat Karl August Gottlieb Dreist, Berlin

Berlin, 26. Oktober 1830

Verehrter Herr Regierungsrath!

In der Beilage empfangen Sie gefälligst, was Sie mir aufgetragen haben.[1] Ich habe es gleich und schnell entworfen. Möchte es Ihnen genügen! Ich hege unbedingtes Vertrauen zu Ihnen und danke Ihnen für Ihre offenen Mittheilungen herzlich. In jedem Falle soll es mein Bestreben sein, mich derselben würdig u. dankbar zu bezeigen.

Nachdem ich Alles nochmals überlegt habe: die Aufgabe, die mir hier werden u. ohne deren Lösung ich zu Grund gehen würde – die Verhältnisse meiner Familie u. die dankbare Verpflichtung gegen meine Frau u.s.w. – habe ich mich nicht entschließen können, von der stipulirten Gehaltssumme abzugehen.[2] Es würde mir unendlich leid thun, dadurch bei Ihnen in den Verdacht der Unbescheidenheit zu fallen. Doch fürchte ich dieses nicht. Ob übrigens mein Gehalt zum Theil in Unterstützung, die meinen Kindern zugewendet werden möchte, bestünde u.s.w., dieses überlasse ich, wie sich von selbst versteht, einer höheren Hand. Aber haben Sie, verehrter Herr Regierungsrath! doch die Güte, die Gewogenheit, mich, sobald es nur möglich ist, einer beengenden Ungewißheit zu entziehen und eine bestimmte Entscheidung herbeizuführen. Von je her einem thätigen Leben zugewandt, fühle ich mit Schmerz den Zustand eines halben Müßigganges.[3] Entschuldigen Sie alles dieses gütigst u. seien Sie von der dankbaren, verehrenden Gesinnung überzeugt, mit der ich verharre
Ihr

gehorsamster
Diesterweg.
log. im König von Portugale N. 26.

Eigh., Krakau, Universitätsbibliothek, Autographen-Sammlung Staatsbibliothek zu Berlin Preußischer Kulturbesitz (Bestand Altenstein), acc. ms. 1913.266., 59ᶜ

[1] Diesterwegs Lebenslauf für seine offizielle Bewerbung (Nr. 221).

[2] Statt des ausgeschriebenen Gehalts für die Stelle des Seminardirektors in Berlin von 1200 Talern forderte Diesterweg 1800; siehe Lebenslauf (Nr. 221) und Brief vom 30. Juli 1830 (Nr. 218).

[3] Diesterweg hielt sich schon seit ca. zehn Tagen in Berlin auf; siehe Brief vom 26. Oktober 1830 (Nr. 222) an Sabine Diesterweg.

221
An das Ministerium der geistlichen, Unterrichts- und Medizinalangelegenheiten, Berlin
(Lebenslauf)

Berlin, 26. Oktober 1830

Im Jahre 1790 wurde ich in Siegen, wo mein Vater Oranien-Nassauischer Amtmann war, geboren. Den gewöhnlichen Schulunterricht erhielt ich in den sogenannten deutschen und lateinischen Schulen meiner Vaterstadt. 1808 bezog ich die kleine Landesuniversität Herborn; späterhin ging ich nach Heidelberg und Tübingen, um mich zum Lehramte an einer höheren Schule vorzubereiten. Meiner Neigung gemäß besuchte ich hauptsächlich Vorlesungen über Mathematik, Naturkunde, Theologie und Philosophie. Im Jahre 1811 beendigte ich mein Triennium, und ging als Privatlehrer nach Mannheim, wo mein Bruder als öffentlicher Lehrer angestellt war. Noch in demselben Jahre übernahm ich die Erziehung der Kinder des H. VON VENNINGEN, eines Vetters des damaligen Fürsten Primas, zog mich jedoch, da die Verhältnisse dieses Hauses zum Zwecke meiner Anstellung gar zu wenig günstig waren, bald wieder zurück. Im folgenden Jahre, 1812, wurde ich als zweiter Lehrer an die Secundärschule in Worms berufen, um hauptsächlich den mathematisch-physikalischen, nebenbei aber auch philologischen Unterricht zu übernehmen. Die unerwartete Wendung der Weltbegebenheiten führte mich sehr bald (1813) aus dem glücklichen Wirkungskreise in Worms nach dem eigentlichen Deutschland zurück, indem ich eine Lehrstelle an der sogenannten Musterschule in Frankfurt a/m übernahm.

An dieser Schule, einer vereinigten Elementar- u. höheren Bürgerschule für Knaben und Mädchen der gebildeteren Stände, arbeitete ich 5 Jahre, bis 1818, hauptsächlich in den oberen Klassen beider Abtheilungen in Mathematik, Naturkunde und deutscher Sprache. Nebenbei ertheilte ich in einigen Pensionsanstalten in verschiedenen Fächern Unterricht, hielt in dem BUNSEN'schen Erziehungshause für heranreifende Töchter Vorlesungen über populäre Astronomie, woran auch Frauen und Männer Theil nahmen, und in den beiden Wintersemestern 1816 und 1817 öffentliche Vorlesungen über Experimental-Physik, wozu ich den großen ALBERT'schen Apparat [1] benutzte.

Durch die Berichte meines Freundes, des Directors SEELBACH in Elberfeld, über die viel versprechende Organisation des Schulwesens dieser Stadt angezogen, vertauschte ich meinen Wirkungskreis in Frankfurt a/m mit der Stelle eines zweiten Lehrers an dem zu errichtenden Gymnasium in Elberfeld. Aber theils die dem Gymnasialwesen ungünstigen Verhältnisse dieser Stadt, theils meine persönliche Neigung zu einer Thätigkeit anderer Art veranlaßten mich, schon 1820 die mir von dem damaligen Consistorio in Cöln angetragene Stelle eines Directors des in Mörs zu errichtenden Lehrer-Seminars anzunehmen. Erst 1823 wurde diese Anstalt definitiv organisirt. Hier endlich fand ich, mit Dank gegen die Vorsehung, was ich so lange vergebens gesucht hatte: einflußreiche, gesegnete Wirksamkeit auf gutgesinnte Jünglinge, die sich mit Eifer und Liebe dem Schulamte widmen wollten, und diejenige Befriedigung, welche mich bis zu diesem Jahre 1830 belebt und beglückt hat, und die ich so lange fortzusetzen gedenke, bis mich die Vorsehung, der ich in der Leitung meines Geschicks unbedingt vertraue, zu einem anderen Wirkungskreise berufen möchte.

———

Die Schriften, welche ich geschrieben habe, sind folgende:

1) Eine Abhandlung über einige mathematische Aufgaben des APOLLONIUS in seinem Werke de vectione determinata (nach der latein. Ausgabe), welche die Akademie in Tübingen veranlaßte, mich zum Doctor der Philosophie zu ernennen;

2) Eine Abhandlung über den Weltuntergang. Eine kosmologisch-geologische Hypothese. Frankfurt a/m, 1817.

3) Über Erziehung im Allgemeinen u. Schul-Erziehung im besondern. Elberfeld, 1820.

4) Leitfaden für den Unterricht in der Formen- und Größenlehre. Elberfeld, 1820 – die zweite Aufl. 1830.

5) Handbuch dazu für den Lehrer. Elberfeld, 1830.
6) Geometrische Combinationslehre. Elb., 1821.
7) Lehrbuch der Arithmetik und Algebra, in 3 Theilen. Bonn, 1825.
8) Lese- und Sprachbuch. Essen, 1826.
9) Übungsbuch im Rechnen etc.; 3 Theile; in Verbindung mit HEUSER, Lehrer in Elberfeld. Erstes Übungsbuch: 5te Aufl, 1830.
10) Handbuch für den Gesammt-Unterricht im Rechnen, in Verbindung mit HEUSER; 2 Theile. Elberfeld, 1829 u. 1830.
11) Praktischer Lehrgang für den Unterricht in der deutschen Sprache; 3 Theile; 1828–1830. Zweite Aufl. des ersten Theiles: 1830.
12) Der Klein-Kinder-Unterricht etc. Crefeld, 1829.
13) Beschreibung der Rheinprovinzen nebst einer Hand- und einer Wandcharte. Crefeld, 1830.
14) Rheinische Blätter für Erziehung und Unterricht etc. Eine Zeitschrift, von 1828 an. Bis jetzt sind 21 Hefte erschienen.

_____

Dieses ist eine kurze Skizze meines äußeren Lebens und Wirkens.

Von einem Hohen Ministerio hieher nach Berlin berufen, um das hiesige Schulwesen und den Plan eines hier zu errichtenden Seminars kennen zu lernen,[2] möge es mir vergönnt sein, darüber noch einige Worte zu sagen.

Nach meinem Bedünken hat die zu errichtende Anstalt die wichtige Aufgabe zu lösen, den geistigen Mittelpunkt des hiesigen Elementar- und Bürgerschulwesens darzustellen. Durch gründliche Bildung von Lehrern und durch directe Einwirkung auf die im Amte stehenden Lehrer und Lehrerinnen soll sie den Fortschritt des genannten Schulwesens sichern. Dieses ist ihr Hauptzweck, da es hier an einer solchen, gewiß nothwendigen, und, wenn es gelingt, schönen und herrlichen Anstalt mangelt.

Ob meine bisherige Wirksamkeit einem Hohen Ministerio die Bürgschaft gewährt, daß ich die zur Leitung dieser Anstalt erforderliche Qualification besitze, darüber unterwerfe ich mich gern Hochdesselben sicherem Urtheil.

Das unbedingte Vertrauen zu den Einsichten u. dem Wohlwollen dieser meiner höchsten Vorgesetzten, u. der sehnliche Wunsch, in dieser Angelegenheit bald zu einer festen Entscheidung zu gelangen, ermuthigen mich zu der freimüthigen Äußerung (um deren willen ich unterthänigst um Entschuldigung bitte), daß ich aus den bisher mich beglückenden Verhältnissen mit meiner Familie, die aus meiner Frau und acht Kindern besteht, an das hier in Berlin zu errichtende Seminar übertreten würde, wenn mir durch die Vorsorge eines Hohen Ministerii eine geräumige Wohnung und 1 800 Rh jährlicher Einnahme gesichert werden könnten.[3] – Möchte es dieser Hohen Behörde gefallen, mich in dieser Beziehung einer hochgefälligen Entscheidung zu würdigen, damit ich mich entweder zu dem künftigen Wirkungskreise hierselbst vorbereiten, oder zu meinem bisherigen Wirkungskreise in Mörs mit Entschiedenheit und Ruhe zurückkehren kann. Mit dieser unterthänigsten Bitte verharre ich ———————————

Dr. Diesterweg.

Eigh., Krakau, Universitätsbibliothek, Autographen-Sammlung Staatsbibliothek zu Berlin Preußischer Kulturbesitz (Bestand Altenstein), acc. ms. 1913.266., 59ᵈ

[1] Vermutlich ist ein Gerät von Michael Ferdinand d'Albert d'Ailly, Herzog von Chaulnes (s. ds.), gemeint; von diesem französischen General-Lieutenant stammen mehrere optische und astronomische Apparaturen.

[2] Diesterweg hatte die Reise vorgeschlagen, um sich an Ort und Stelle kundig zu machen. Das Ministerium erteilte die Genehmigung dazu (GStA PK, I. HA Rep. 76 Seminare, Nr. 10861: o. F.).

[3] Siehe Brief vom 30. Juli 1830 (Nr. 218).

222
An Sabine Diesterweg, Moers

Berlin, 26. Oktober 1830

Theure Sabine!

Ich glaube, daß es morgen schon 8 Tage sind, daß ich Dir schrieb. Da ich nun beigefügt habe, daß ich alle 5–6 Tage schreiben wollte, so werde ich heute schon den Anfang machen müssen.

Dein Brief, der hier (im König von Portugal) von Jemand abgegeben worden ist, den ich nicht gesehen habe, nach dem ich mich aber heute bei dem Studenten Köhnen erkundigen werde, hat mich lebhaft gefreut. Was ist diese ganze Stadt mit allen ihren Herrlichkeiten gegen den Besitz eines sanften, guten, treuen Weibes, eines braven, aufblühenden, geliebten Kindes? Schaum u. Dunst gegen eine unerschöpfliche Fülle von Seligkeit u. Wonne. Ich denke deßhalb mehr, als Du denken magst, an Euch u. mein stilles kleines Mörs. Mich können glänzende Dinge nicht blenden. Doch Du wirst wissen wollen, wie es in der Hauptsache steht.

Leider! noch so, wie vor 8 Tagen. Du kennst meine Ungeduld, u. meine Abneigung gegen jede Unentschiedenheit. Deßhalb bin ich in allen bisherigen Tagen zum Theil recht unzufrieden, oft ganz mißmuthig gestimmt gewesen. Aber seit gestern bin ich vergnügt.[1] Ich will nun die Sache ruhig abwarten u. mit Behaglichkeit den Aufenthalt hier mir zu Nutze machen. Aber heute oder morgen dringe ich auf Entscheidung, u. ohne dieselbe werde ich nicht wieder abreisen.

2 Umstände hemmen die Entwicklung des hiesigen Seminars: der Mangel an Geld und der Schulrath Schulz. Der letztere will das Seminar selbst nebenbei dirigiren, deßhalb keinen Director haben. Das Ministerium will das Gegentheil, aber das Geld dazu fehlt. Da muß nun der H von Altenstein einschreiten.[2] Der ist aber erst vorgestern zurückgekommen. Ich habe ihn schriftlich um eine Audienz gebeten; noch aber fehlt der Bescheid darauf. Dem werde ich klar u. deutlich meine Meinung sagen, u. dann gleich nachher zu H Dreist gehen, damit nun die Sache entschieden werde: ob ein Director u. ob ich unter den, Dir mitgetheilten, festgesetzten Bedingungen, von denen ich nicht abgehe, oder ob nicht. Sobald dieses ausgesprochen ist, trete ich die Rückreise an. Nachdem ich diese u. andre mißliche, kitzliche, schwierige Umstände – die große Aufgabe, die mir hier werden würde – meine Individualität u. die Zeitverhältnisse u. meine Ansichten etc. – kennen gelernt u. betrachtet habe, wünscht mein Fleisch, daß der Minister nein sage, u. ich in meinen stillen Wirkungskreis zurückkehren könne, was ich mit wahrer Freudigkeit thun werde; für Dich u. die Kinder möchte ich in mancher Beziehung das Gegentheil wünschen. Aber wie Gott will, es geht gewiß so, wie es gut ist. Auf Dreist's Rath habe ich manche Besuche gemacht, so daß

es scheinen konnte, ich suche hier etwas u. stark; seitdem ich aber zu der Ansicht gelangt bin, daß es der Vorsehung allein zu überlassen ist, thue ich nichts mehr u. mache keine amtlichen Besuche mehr.

Die hiesige Jugend in den Schulen – wie viel anders ist sie als die clevische! Welche Lebendigkeit, Thätigkeit, Gesittetheit hier! Ich habe Knaben von 8 Jahren hier gesehen, die unsre 12jährigen clevischen in Vielem übertreffen. Es ist außerordentlich. Überhaupt tritt einem hier eine Bildung, ein Verstand, ein brillantirter Verstand entgegen, daß man erstaunt. Aber die Rheinländer mögen die Berliner wohl an Gemüth übertreffen. So scheint es mir. – Ich habe bis jetzt 5 Schulen kennen gelernt; manchen geschickten Lehrer; doch noch keinen, der eine ganze Klasse so recht zu bethätigen wüßte, wie z.b. WILBERG. Mit der hiesigen Jugend muß sich übrigens Erstaunenswerthes leisten lassen. Dieselbe kennen gelernt zu haben, macht mir Vergnügen. –

Bei H Ross bin ich einige mal gewesen; H Strauss habe ich gesprochen; ich werde ihn aber noch im Hause besuchen. Auch hoffe ich H v. Forstner noch aufsuchen zu können. Am Sonntage habe ich bei Frau König[3] Eltern gegessen. – Man kann hier in einem Tage sehr wenig ausrichten; es ist Alles sehr weit von einander. – Das Wetter war bis heute ausgezeichnet schön. Hoffentlich auch bei Euch u. Du wirst es benutzt haben. – Seit dieser Nacht regnet es. – Ich bin im König von Portugal geblieben; da ich nicht gern zu ganz unbekannten Leuten ziehen mochte. Die Prinzen u. Prinzessinnen habe ich gesehen. Doch bin ich nicht sehr verlänglich, viel zu sehen. Alle schönen Gemälde u. Statuen gleichen sich, u. wenn man einen Pallast gesehen hat, hat man sie alle gesehen. Auch gehört mehr Muße dazu, wenn man genießen will, als ich habe, u. Arbeit vorher. Da ich hier nichts thue, so fehlt mir der Sinn für Genuß. Wenn ich nicht arbeite, so fehlt mir die Hauptsache. Ich versichere Dich, daß mir auf der ganzen Reise eigentlich noch kein Bissen geschmeckt hat. So lernt man sich endlich selbst kennen u. den Werth der Dinge. Der Schein kann mich nicht blenden. Gott, u. es wäre schrecklich, wenn man sich daraus etwas machen könnte, von einem Minister oder Viertelsminister gelobt zu werden, oder von einem Prinzen. Wie schwindet einem solcher Dunst, wenn man die Personen selbst sieht u. kennen lernt! Des Lebens große u. tiefe u. schöne Bedeutung faßt man, entfernt von schimmerndem Glanze, besser auf. Arbeiten in würdigem Berufe u. leben den einfachen, großen Gesetzen der Natur gemäß, an möglichst wenig Bedürfnisse gewöhnt etc. – das ist die Hauptsache. Theures Weib! erziehe mir die Mädchen u. die Knaben in diesen Gesinnungen u. Gewöhnungen! – Ob es ein wirkliches Glück für sie wäre, hieher versetzt zu werden, ich weiß es nicht; ich zweifle sehr. Dort am Rhein ist ein gut Land u. auch gute Leute. Wir haben auch genug u. wir werden immer zufriedener, glücklicher leben. Und Gott Lob u. Dank! daß wir gesund sind. [...] [1]

Eigh., Stadtarchiv Siegen, Slg.342, Mappe 8

[1] Wahrscheinlich wegen eines Gesprächs mit Regierungsrat K. A. G. Dreist; siehe Brief vom 26. Oktober an denselben (Nr. 220).

[2] Minister von Altenstein hatte die Gründung des Seminars für das mittlere und höhere Schulwesen mit Kabinettsbeschluß vom 10. September 1829 durchgesetzt. Er wünschte einen studierten Direktor einzusetzen (GStA PK, VI. HA Familienarchive und Nachlässe, Nachlaß Thiele, Nr. 31: S. 95 ff.). Provinzialschulrat J. O. L. Schulz hatte hingegen eine bescheidene Ausbildung der Volksschullehrer unter seiner Leitung geplant.

[3] Die Lesart „König" ist nicht ganz eindeutig. Der Name könnte auch „Köniz" lauten.
Bei den Eltern von Frau König könnte es sich um die Schwiegereltern von Johann Ludwig König (s. ds.) handeln, der im Jahre 1829 aus Berlin nach Moers gekommen war, um das Amt des Konrektors am dortigen Progymnasium zu übernehmen.

223
An Minister Karl Freiherr von Altenstein, Berlin

Berlin, 4. November 1830

An des Herrn Geheimen Staatsministers Freiherrn von Altenstein Excellenz.

Gemäß dem erhaltenen höchstverehrlichen Auftrage verfehle ich nicht, Ew. Excellenz hiermit in der Anlage einen kurzen Entwurf zur Abfassung des, für das hierselbst projectirte Seminar zu entwerfenden Grundplanes unterthänigst zu überreichen.[1]

Obgleich ich nun zwar mit H. Regierungsrath DREIST u. mit H. Schulrath REICHHELM über den vorliegenden Gegenstand Unterhandlung gepflogen, und diese geehrten Männer im Wesentlichen mit dem Inhalte des beiliegenden Entwurfs einverstanden sind, so darf ich, bei meiner oberflächlichen Kenntniß der hiesigen Localverhältnisse doch nicht erwarten, in allen Fällen das Rechte getroffen oder angedeutet zu haben; vielmehr muß ich die Rectification der entworfenen Grundzüge einer geübteren Hand überlassen.

Indem ich nun durch die gegenwärtige Eingabe den Befehlen Ew. Excellenz nach Kräften, und so weit es in der Kürze der Zeit geschehen mochte, nachzukommen bestrebt gewesen bin, drängt sich mir der sehnliche Wunsch auf, am nächsten Sonntage, den 7.ten dieses Monates, Abends mit dem Eilwagen, die Rückreise nach Meurs antreten zu können, wenn Ew. Excellenz geruhen wollen, mich bis dahin durch einen hochgefälligen Bescheid zu entlassen.

Ich verharre mit tiefem Respecte
Ew. Excellenz

unterthänigster
Dr. Diesterweg, Seminardirector aus Meurs,
jetzt im König von Portugal.

Eigh., GStA PK, I. HA Rep. 76 Kultusministerium, VII Sekt. 14 bb Nr. 5 Bd. 1: 181ʳ⁺ᵛ

[1] Siehe den Plan vom 4. November 1830 (Nr. 224). – Minister von Altenstein zollte dem Plan großes Lob; Diesterweg habe sich mit Sachkunde und ohne Verlegenheit auf neuem Gebiete zu bewegen gewußt. Er versprach, sich beim König sowohl für Diesterwegs Berufung als auch für die Erhöhung des Fonds zu verwenden (GStA PK, I. HA Rep. 76 Kultusministerium, VII Sekt. 14 bb Nr. 5 Bd. 1: 192ʳ⁺ᵛ).

224
An Minister Karl Freiherr von Altenstein, Berlin
(Grundzüge zu dem Plan für das in Berlin zu errichtende Seminar)

Berlin, 4. November 1830

Grundzüge zu dem Plane
für das in Berlin zu errichtende Seminar.

§. 1.

Das in Berlin zu errichtende Seminar hat die Bestimmung, Lehrer für städtische Elementar- und Mittelschulen zu bilden;[1] als Seminar <u>für</u> Berlin sollen die Lehrer für alle diejenigen

497

Anstalten und Fächer, für welche in Berlin in der Regel nicht-gelehrte Schulmänner verlangt werden, aus demselben hervorgehen.

Als Seminar für Stadtschulen[2] wird die Anstalt den auszeichnenden Charakter an sich tragen, daß der Unterricht überhaupt, namentlich der Unterricht in den technischen Fertigkeiten, in der Geographie und Geschichte, in der Raumlehre, der Arithmetik und der Muttersprache zu einer höheren Stufe geführt wird, als dieß in den übrigen Seminarien der Fall ist, und daß die lateinische und die französische Sprache als öffentliche Lehrgegenstände in den Lehrplan aufgenommen werden.[3] Wenn an den Dorfschullehrer mit Recht die Forderung gemacht wird, daß er den gebildetsten Bewohnern des Dorfes an Bildung gleich stehe, so muß vom Lehrer der Stadtkinder verlangt werden, daß er von dem guten Bürger an Bildung nicht übertroffen werde. Das Maß der Bildung der Lehrer muß sich nach dem Grade der Cultur richten, den die Menschen erreicht haben, unter welchen die Lehrer auftreten sollen.[4]

Für das Berlinische Elementar- und Bürgerschulwesen soll das zu errichtende Seminar den geistigen Mittelpunkt darzustellen streben, von wo aus das pädagogisch-Erprobte in das Schulwesen übergeht. Dieser Zweck wird hauptsächlich durch wahrhaft gründliche und tüchtige, vorzugsweise praktische Bildung junger Schulmänner erreicht; außerdem können leicht, ohne Gefährdung des Hauptzwecks, durch die Seminarlehrer für die bereits im Amte stehenden, der Belehrung bedürftigen und fähigen Lehrer und Lehrerinnen kürzere oder längere, über ein Fach oder über mehrere Fächer sich verbreitende Lehrcurse eröffnet und eingerichtet werden. Die Seminarlehrer können an dem hier bestehenden Lehrervereine Theil nehmen, um demselben eine praktische Richtung zu sichern, oder sie können nebenbei, besonders mit den aus der Anstalt entlassenen Zöglingen Lehrervereine und andere Fortbildungsanstalten in's Leben rufen.[5]

Ob und in wie fern und in welcher Weise in der Folge auch eine Theilnahme der in Berlin Theologie studirenden jungen Männer an dem Besuche und an den Übungen des Seminars und der mit ihm zu verbindenden Schulen zweckmäßig und rathsam sein dürfte; ob und wie andere, aus den Provinzen hieher berufene, oder sich hier aufhaltende junge Männer, z.B. die der Erlernung des Taubstummen-Unterrichts obliegenden zu bethätigen sein möchten etc. etc. etc.; alles dieses bleibt der Zukunft überlassen, wird zwar im Auge behalten, aber durch die erste Einrichtung der Anstalt nicht bezweckt. Als nächster Zweck wird die Aufgabe hingestellt, für die oben genannten Anstalten in Berlin die Lehrer und zwar durchaus praktisch gebildete Lehrer zu liefern, und darnach werden die ersten Einrichtungen und die dazu erforderlichen Mittel bemessen.

Wenn nun nach Maaßgabe des jetzt und in der nächsten Zukunft hier in Berlin vorhandenen Bedürfnißes das Seminar eingerichtet werden soll, so möchten die zu bildenden Lehrer in zwei Hauptklassen zerfallen:

a) in solche, welche an städtischen Elementar- und Armenschulen;
b) in solche, welche an Mittelschulen angestellt werden sollen.

Aus dieser zweiten Klasse wird sich noch ein (kleiner) Theil ausscheiden, der, als der befähigtere und ausgezeichnetere, in gesteigerten Bürger- und Privatschulen Berlins auch Unterricht in der lateinischen und französischen Sprache zu ertheilen hat.

§ . 2 .

Zur Erreichung der ausgesprochenen nächsten Zwecke wird ein Lehrcursus von drei Jahren festgesetzt.[6] Im ersten Jahre soll der Zögling vorzugsweise lernen und nur einige praktische

498

Übungen, welche den Zweck haben, den Grad des pädagogischen Talentes desselben kennen zu lernen, anstellen; mit dem zweiten Jahre wird die Zahl der praktischen Übungen vermehrt; im dritten Jahre sind sie <u>Hauptsache</u>.

Keineswegs aber ist die Meinung, daß der Zögling im ersten Jahre oder überhaupt nur zum gedächtnißmäßigen Auffassen einer Masse von Wissensgegenständen angehalten werden soll; vielmehr muß der Unterricht überall die dem Gegenstande entsprechende Geisteskraft in Anspruch nehmen, und der ganze Unterricht, den der Zögling empfängt, soll entwickelnd, übend, kräftigend, bildend, kurz durchaus praktisch sein. Daß daher die Unterrichtsweise der Seminarlehrer auch nicht in der fernsten Beziehung der akademischen gleiche, versteht sich von selbst. Überall sollen die Seminarlehrer darauf denken, den Zögling ganz für die Sache zu bethätigen.

Auch muß es Hauptaugenmerk der Lehrer, insonderheit des Directors der Anstalt sein, alle Veranstaltungen u. vorhandenen Mittel zu dem Zwecke einer möglichst vollständigen und ganzen <u>Erziehung</u> der <u>Zöglinge</u> zu vereinigen, damit aus der Anstalt nicht bloß geschickte und gewandte Lehrer, sondern gebildete Menschen und eigentliche Erzieher der heranwachsenden Generation hervorgehen. Außer dem festen Grunde religiöser Ausbildung müssen daher die Hauptlehrer des Seminars u. alle, die an demselben arbeiten, eine feste Charakterbildung der Zöglinge anstreben, und alle diejenigen jungen Leute, welche weder durch Anlagen, noch durch ernstes Streben und feste Gesittung zu sicheren Hoffnungen berechtigen, müssen von der Anstalt fern gehalten oder wieder aus derselben entfernt werden.   Das Seminar soll daher in keiner Weise von dem Schulamts-Aspiranten als eine bloße Lern- und Übungsanstalt, sondern als ein Erziehungshaus, in welchem er, außer der Anleitung zu bestimmten Berufsgeschäften, durch Selbsterziehung zur Heranbildung einer in jeder Beziehung tüchtigen Generation zu befähigen ist, angesehen werden.[7]

§ . 3 .

Die Gesammtzahl der aufzunehmenden Zöglinge wird vorläufig auf 48 festgesetzt, so daß jedes Jahr zu Ostern 16 aufgenommen und späterhin eben so viele entlassen werden. Doch kann die angegebene Zahl nach Umständen verändert werden.

§ . 4 .

Die Bedingungen der Aufnahme sind:

A) im Allgemeinen:

1) ein Alter von mindestens 17 Jahren;

2) gesunde Körper- und Organenbildung;

3) Bekenntniß der evangelischen Kirche;[8]

4) gute Zeugniße der bisherigen Lehrer;

5) pädagogische Anlagen überhaupt oder Lehrgeschick, namentlich leichtes Auffassungsvermögen, Beweglichkeit des Geistes u. die Fähigkeit zu wecken u. anzuregen.

B) in Betreff des Wissens u. der Bildung:

1) Bekanntschaft mit den Grundwahrheiten des Christenthums, der biblischen Geschichte und der Hauptschriften der Bibel;

2) Betontes Lesen, Verständniß der, einem Alter von 17 Jahren angemessenen Schriften, u. die Fertigkeit im Erzählen aufgefaßter Geschichten;

3) Gefällige Handschrift;

4) Kenntniß der einfachen Regeln der deutschen Grammatik, namentlich der Rechtschreibung, und die Fertigkeit, über einen Gegenstand des Lebens einen von groben Fehlern freien Aufsatz zu schreiben;

5) Fertigkeit in der Behandlung der Zahlen bis zu den Aufgaben des Dreisatzes einschließlich, mündlich u. schriftlich, mit Angabe der Gründe;

6) Kenntniß der Erdoberfläche im Allgemeinen;

7) Kenntniß der Hauptthatsachen der allgemeinen Weltgeschichte.

Zur Empfehlung gereichen:

1) Fertigkeiten im Zeichnen, im Singen, im Spielen der Geige, des Klaviers u. der Orgel;

2) Kenntnisse in fremden Sprachen, namentlich in der lateinischen u. französischen Sprache, u. andere Kenntnisse.

Über das Vorhandensein der obigen, die Aufnahme bedingenden Eigenschaften entscheidet eine Aufnahmeprüfung; u. ob der aufgenommene Zögling in dem Seminar zum Lehrer ausgebildet werden solle, darüber entscheidet das Maaß seiner pädagogischen Anlagen, der an den Tag gelegte Ernst u. Eifer u. die Fortschritte im ersten Jahre, während welcher Probezeit er noch aus der Anstalt entlassen werden kann.

§ . 5 .

Die Lehrgegenstände des Seminars sind folgende:

1) Christenthum;   2) deutsche Sprache;

3) Zahlenlehre;   4) Raumlehre;

5) Naturkunde (Naturbeschreibung u. Naturlehre);

6) Geographie;   7) Geschichte;

8) Schönschreiben;   9) Zeichnen;

10) Gesang;   11) Pädagogik.

Außerdem allgemeine Privatlectionen, welche jedem Zögling frei u. offen stehen,

in: 12) der lateinischen Sprache;

13) der französischen Sprache;

14) im Spielen der Geige.

§ . 6 .

Die Vertheilung dieser Gegenstände auf die einzelnen Jahre des dreijährigen Cursus und nach der den einzelnen Gegenständen zuzumessenden Stundenzahl möchte ungefähr diese sein:[9]

500

Gegenstand.	1tes Jahr.	2tes Jahr.	3tes Jahr.	Summa der Lehrstunden.
Biblische Geschichte	2	2		
Bibellesen	2	2		
Glaubens- u. Sittenlehre	—	2		
Prakt. Behandlung der heil. Schrift u. des Katechismus	—	—	2	8
Deutsche Sprache	6	4	–	10
Zahlenlehre	4	4	–	8
Raumlehre	4	1	–	5
Naturbeschreibung	2	1	–	3
Naturlehre	–	2	2	4
Geographie	2	2	–	2 [10]
Geschichte	2	2	–	4
Pädagogik	–	2	2 2	4
Schönschreiben	2	2	–	2
Zeichnen	2	2	–	2
Gesang	2	2	–	4
Sma der Hauptlectionen	30	30	8	56
Nebenlectionen in 2 Coetus[11] — Lateinische Sprache	5	5	5	10
Französische —	5	5	5	10
Geige	2	2	2	4
Sma der Nebenlectionen	12	12	12	24
Summa aller Lectionen				80

Ohne hier über die Unterrichtsweisen Bestimmungen treffen oder auch nur andeuten zu wollen, wird jedoch, namentlich in Bezug auf die drei Klassen von Lehrern, welche nach §. 1 aus dem Seminar für Berlin hervorgehen sollen, im Allgemeinen bemerkt, das außer der Bildung durch Religion und deutsche Sprache, welche Gegenstände für alle Klassen von Lehrern von gleicher und erster Bedeutsamkeit sind, für die mittlere Klasse die technischen Fertigkeiten, die geographisch-historischen, die naturhistorisch-physikalischen und die mathematischen Kenntnisse, und außer diesen für die obere Klasse die Kenntnisse in der lateinischen u. französischen Sprache an Wichtigkeit hervortreten.

Zur Erreichung aller dieser, jedoch nur zum Theil verschiedenen Zwecke bedarf es eines wohl durchdachten Lehr- und Lectionsplanes, dessen Ausführung in der Wirklichkeit bei weitem die Schwierigkeiten nicht findet, welche der erste Augenschein andeuten möchte, indem theils die Verschiedenheit der Vorbildung, theils die der Anlagen, des Fleißes u. des

Strebens der Zöglinge dieselben beinahe von selbst in die angegebene Klassenabtheilung einfügt, ohne daß es dazu einer künstlichen Einwirkung bedürfte.

In jedem Falle aber ist bei Feststellung des Lectionsplanes wohl in Überlegung zu ziehen, ob es gerathen sei, alle Zöglinge ohne Ausnahme an dem Unterrichte in der lateinischen u. französischen Sprache Theil nehmen zu lassen, oder – was sich wohl am ersten empfehlen möchte – nur diejenigen dazu heranzuziehen, welche einen höheren Grad der Befähigung für das Schulamt sich anzueignen den Beruf zeigen. Durch die letztere Einrichtung würde der Lectionsplan für die an dem Unterrichte in fremden Sprachen nicht Theilnehmenden an Einfachheit sehr gewinnen, indem für sie die Zahl der wöchentlichen Lehrstunden um 10 vermindert und es dadurch möglich würde, auf die denselben wichtigeren Gegenstände um so mehr Gewicht zu legen.

Auf den Unterricht u. die weitere Ausbildung der Zöglinge in musikalischer Hinsicht durch Klavier- und Orgelspiel ist oben keine Rücksicht genommen worden, um die ohnedieß schon große Anzahl von Lehrgegenständen u. Lehrstunden nicht noch zu vermehren. Auch erheischt es das Bedürfniß städtischer Schulen nicht überall, daß die anzustellenden Lehrer umfassendere musikalische Kenntnisse u. Fertigkeiten besitzen; weßhalb der Unterricht darin dem Privatfleiße der dafür geeigneten u. dazu vorbereiteten Jünglinge überlassen werden kann, um so mehr, da denselben der Zugang zu den Anstalten des H. Prof. ZELTER u. des H. Musikdirectors BACH leicht ermittelt werden möchte.

§ . 7 .

Wenn bei der Bildung der Zöglinge in dem hier zu errichtenden Seminar die praktische Befähigung für immer die Hauptaufgabe bleibt, so wird die Anstalt nicht beständig auf eine, auf das engste mit ihr verbundene Übungs- u. Musterschule, welche in einer vereinigten Elementar- und Mittelschule bestehen kann, verzichten dürfen. Allein für die nächste Zukunft, namentlich in den ersten zwei Jahren, während welcher die zu praktischer Thätigkeit berufenen Kräfte erst zu bilden sind, und weil die glückliche Errichtung einer solchen Schule von andern Umständen, z.B. von dem Vertrauen, welches dem Publikum von Seiten des Seminars eingeflößt worden ist, abhängt; so scheint es am geeignetesten, vorerst an die gleichzeitige Errichtung einer solchen Schule nicht zu denken, vielmehr dieses Ziel erst später anzustreben. Wenigstens in den ersten Jahren werde daher die praktische Befähigung der Zöglinge dadurch erzielt, daß der einzelne

1) im ersten Jahre wöchentlich 2 Stunden;
2) im zweiten —— —— 8 Nachmittagsstunden;
3) im dritten —— —— 18–24 Vormittagsstunden

in einer der hiesigen, näher zu bezeichnenden Schulen, nach der Angabe des Directors u. unter der speciellen Leitung des Hauptlehrers der Schule unterrichtet. Auf diese Weise erhält jede der betreffenden Schulen durch die beiden Seminaristen, von welchen der eine des Vormittags, der andre des Nachmittags unterrichtet, einen vollständigen Hülfslehrer.

Der Director hält zu obigem Behufe mit den betreffenden Lehrern der hiesigen Schulen die dazu erforderlichen Conferenzen; er übernimmt die allgemeine Inspection über die einzelnen Zöglinge.

Auch stellen unter der speciellen Leitung des Directors in einer zu diesem Zwecke näher zu bezeichnenden Schule die Zöglinge des dritten Jahres in einzelnen Gegenständen praktische Übungen an.

502

Zugleich dient der leicht einzuführende Wechselunterricht der Seminaristen des zweiten u dritten Jahres, den sie einzelnen *[sic!]* des ersten u. resp. des zweiten Jahres ertheilen, so wie der Unterricht, welcher einzelnen Zöglingen des dritten Jahres bei einer ganzen Abtheilung der Zöglinge des ersten Jahres übertragen werden kann, zur praktischen Ausbildung der Seminaristen.

Natürlicher Weise bedarf es zur Ausführung der obigen Einrichtung einer Verständigung zwischen dem städtischen Schulrathe u. dem Director des Seminars, deren Art u. Weise von der höheren Behörde anzuordnen ist.

§. 8.

An dem Seminar werden drei ordentliche Lehrer angestellt, deren erster zugleich der Dirigent der Anstalt ist. Ausgezeichnete Zöglinge können, wie schon angedeutet, im dritten Jahre in einzelnen Fächern als Hülfslehrer angestellt werden.[12]

Der Director übernimmt wöchentlich 16 Lehrstunden; der zweite Lehrer 24; der dritte Lehrer 30. Die dadurch noch nicht besetzten Lectionen werden von den geübtesten Seminaristen oder von anderen Hülfslehrern gegeben.

§. 9.

Die Vertheilung der ₁ in §. 6 aufgeführten Lehrstunden richtet sich nach der jedesmaligen Individualität der Lehrer, und die Vorschläge zu dieser Vertheilung werden verfassungsmäßig von dem Director der Anstalt ausgehen. Wie aber bei zwei gegebenen Individualitäten: dem schon ernannten Lehrer, H. , u. dem Verfasser dieser Worte (falls er zur Leitung der Anstalt berufen werden sollte) die Vertheilung geschehen könne, zeigt sich, wie folgt:

Gegenstände:	des Directors	des 2ten Lehrers	des 3ten L.	der Hülfslehrer
Biblische Geschichte	—	2	—	—
Bibellesen	—	2	—	—
Glaubens- und Sittenlehre	—	2	—	—
Prakt. Behdlg. des Religionsunterrichts etc.	—	2	—	—
Deutsche Sprache	2	8	—	—
Zahlenlehre	4	—	4	
Raumlehre	2	—	3	
Naturbeschreibung	—	3		
Naturlehre	4	—		
Geographie	—	2		
Geschichte	—	4		
Pädagogik	4			
Schönschreiben				2
Zeichnen				2

Gesang			4
Lateinische Sprache			10
Französische Sprache			10
Geige			4
Sma	16	25	39
Für den dritten Lehrer			30

Also bleiben durch Seminaristen u. Hülfslehrer
zu besetzen 9 Stunden wöchentlich.

§ . 1 0 .

Die Ausgaben des Seminars sind diese:

1) Gehalt des Directors (nach meinen Bedürfnissen) Rh	1 800[13],
— deren Vertheilung höherem Ermessen anheim gestellt wird —	
2) Gehalt des zweiten Lehrers	600
3) — – dritten ——	500
4) Miethe für das Local u. die Wohnung des Directors	600
5) Heizung	100
6) Erleuchtung	40
7) Lehrmittel	100
8) Dem Schulaufwärter außer einer freien Stube	100
9) Zur Unterstützung dürftiger Seminaristen u. ad extraordinaria	160
Sma	Rh 4000

Zur Erreichung der oben angegebenen Zwecke wäre, diesem Etat zufolge, die jährliche Summe von 4000 Rh erforderlich, indem die bis jetzt gemachten Ersparniße zur ersten Einrichtung und Begründung hinreichende Mittel darbieten würden.

Gerechnet ist bei der Aufstellung des obigen Etat weder auf ein Schulgeld, das mancher Zögling würde zahlen können, noch aber auch auf wesentliche Unterstützung dürftiger junger Leute. Auf das Erste kann, wenn der jährliche Etat zu 4000 Rh festgesetzt wird, verzichtet werden, und der Mangel des Anderen, welches in den übrigen Seminarien des Staats stattfindet,[14] erhält hier in Berlin etwa dadurch seine Ausgleichung, daß der Zögling schon im zweiten und noch mehr im dritten Jahre Gelegenheit hat, durch den zu nehmenden Antheil an dem Unterrichte in irgend einer Schule als Hülfslehrer sich einen Zuschuß zu den Ausgaben zu verdienen. Ganz dürftigen, aber sich auszeichnenden jungen Leuten könnte auch durch die, ihnen allenfalls zu verstattende Vergünstigung, wöchentlich einige Stunden Privatunterricht, wozu sich gewiß Gelegenheit finden wird, zu ertheilen, die Selbsterhaltung während des dreijährigen Cursus erleichtert werden.

504

Zugleich erhellet aus der bisherigen Darstellung, wie leicht es sein wird, die jährliche Einnahme der Seminarkasse dadurch, daß man, wenigstens den vermögenderen Zöglingen ein oder mehrere Jahre ein Schulgeld zumuthet, zu erhöhen, entweder um dasselbe den dürftigeren Zöglingen als Stipendium zuzuwenden, oder zur Erweiterung und festeren Begründung der Anstalt. Auch kann aus der Schule, welche künftig eigens für das Seminar zu errichten ist, ein nicht unbedeutender Geldgewinn gezogen werden.

Auf Unterstützung der späterhin etwa aus den Provinzen des Staats hieher zu ziehenden jungen Lehrer, z.B. der für die Anstellung an städtischen Schulen weiter zu bildenden ehemaligen Seminaristen, ist aber in dem oben aufgestellten Etat nicht gerechnet, und es müßte derselbe, falls darauf gleich von Anfang an Bedacht genommen werden sollte (was aber, nach meinem Bedünken, der Entwicklung der Sache in der nächsten Zukunft überlassen werden kann), auf eine dem Zwecke und dem wahrscheinlichen Bedürfnisse angemessene Weise erhöht werden.

In jedem Falle bietet die vorliegende Lage der Dinge noch mancherlei Hülfsmittel dar, sobald nur einmal bestimmte Erfahrungen das vorhandene Bedürfniß aufgedeckt haben werden.

Überhaupt dürfte es nach meinem Ermessen am gerathensten sein, die Bestimmung u. alle Zwecke der zu errichtenden Anstalt nicht gleich von vorn herein für Jahrzehende festsetzen zu wollen, vielmehr die Ansicht festzuhalten, vorerst durch einen festen Grundplan das jetzt vorhandene und durch die Entwickelung des Berlinischen Schulwesens in den nächsten Jahren entstehende Bedürfniß vollständig zu befriedigen, um späterhin zeit- und erfahrungsgemäß alles Übrige und Weitergehende aus demselben hervorgehen zu lassen u. daran anzuschließen.

———

Die vorliegende kurze Darstellung beabsichtigt nicht die Aufstellung eines vollständigen Reglements für die projectirte Anstalt, noch weniger einer Dienstinstruction für die Lehrer derselben; sondern sie sollte nur im Allgemeinen die <u>Grundzüge</u> eines, im Falle der Genehmigung und Beistimmung von Seiten der höchsten Behörde, leicht aufzustellenden, festen u. sicheren Grundplanes für das Berlinische Seminar entwerfen.

Dr. Diesterweg.

Eigh., GStA PK, I. HA Rep. 76 Kultusministerium, VII Sekt. 14 bb Nr. 5 Bd. 1: 182r–191v

[1] Das Moerser Seminar bildete nur Lehrer für Elementarschulen aus.

[2] Offizielle Bezeichnung für das Seminar.

[3] Das Curriculum entspricht bis auf Latein und Französisch dem Fächerkanon des Reglements für Moers von 1824, das auch an anderen Seminaren der Rheinprovinz galt.

[4] Diese Begründung machte sich Minister von Altenstein (s. ds.) in einem Konzept vom 13. Dezember 1830 für einen Brief an das Konsistorium bzw. an den Oberpräsidenten zu eigen (GStA PK, VI. HA Familienarchive und Nachlässe, Nachlaß Thiele, Nr. 31: S. 95–99).

[5] Hier schöpfte Diesterweg Anregungen aus seinen Moerser Erfahrungen; siehe Rundbrief vom 11. Juli 1823 (Nr. 60) an die Seminarabsolventen.

[6] Eine Dauer von drei Jahren hatte Diesterweg auch für die Ausbildung am Moerser Seminar durchzusetzen versucht, jedoch erfolglos; siehe Brief vom 24. Januar 1825 (Nr. 109) an das Konsistorium.

[7] Die Ziele stimmen mit dem Reglement für Moers von 1824 überein, bis auf die Ausnahme, daß dort ausdrücklich die Erziehung zu treuen und gehorsamen Untertanen genannt ist.

⁸ Auch Moers war als evangelisches Seminar gegründet worden und nahm nur ausnahmsweise Katholiken auf, so z. B. P. J. Rotzen (s. ds.) und A. Straaten (s. ds.); das katholische Seminar für diese Region befand sich in Kempen.

⁹ Siehe zum Vergleich den Stundenplan in Moers im Brief vom 24. September 1824 (Nr. 90) an das Konsistorium.

¹⁰ Die Geographiestunden werden fakultativ im ersten oder zweiten Jahr erteilt.

¹¹ Coetus (lat.): Versammlung, Vereinigung, Kreis; veraltet für: Klasse.

¹² „Hülfslehrer" wurden in den Schulen zur Unterstützung der ordentlichen Lehrer herangezogen, wenn die Klassen zu groß waren; sie hatten keine eigentliche Stelle inne und wurden von dem fest angestellten Lehrer aus dessen Gehalt bezahlt. – Auch Diesterweg denkt hier an die Inanspruchnahme zusätzlicher außerplanmäßiger Lehrkräfte.

¹³ Diesterweg forderte 600 Taler mehr wegen der Unterhaltskosten für seine acht Kinder in der Großstadt. Diese zusätzliche Summe beantragte von Altenstein am 7. Juni 1831 beim König, der sie bewilligte (GStA PK, VI. HA Familienarchive und Nachlässe, Nachlaß Thiele, Nr. 31: S. 155–159).

¹⁴ Wer seine Bedürftigkeit nachweisen konnte und sich in Prüfungen auszeichnete, erhielt seinen Leistungen entsprechend ein staatliches Stipendium.

225
An das Ministerium der geistlichen, Unterrichts- und Medizinalangelegenheiten, Berlin

Moers, 8. Dezember 1830

An ein Hohes Ministerium der geistlichen, Unterrichts- und Medicinal-Angelegenheiten in Berlin.

Einem Hohen Ministerio beehre ich mich hiermit, in der Anlage die Liquidation über die Kosten der, gemäß dem Auftrage Hochdesselben vom 26. August c. Nr. 15,521, nach Berlin unternommenen Reise zu überreichen.

Bei den dabei angenommenen Sätzen habe ich mich nach der Vorschrift eines Regierungsbeamten gerichtet. Sollte dabei irgend ein Fehler mit untergelaufen sein, so bitte ich um hochgefällige Entschuldigung und um die Gewogenheit, die Liquidation einer Revision und demnächst der Feststellung unterwerfen zu lassen.

Außerdem verfehle ich nicht, Einem Hohen Ministerio für die Aufforderung zu dieser Reise meinen unterthänigsten Dank darzubringen und mich der Wohlgewogenheit Hochdesselben unterthänigst zu empfehlen.[1]

Der Seminardirector
Diesterweg.

Eigh., GStA PK, I. HA Rep. 76 Kultusministerium, VII Sekt. 14 bb Nr. 5 Bd. 2: 16^{r+v}

[1] Die Reisekostenabrechnung steht im Zusammenhang mit der Bewerbung Diesterwegs für das Seminar in Berlin. Siehe dazu die Briefe vom Oktober und November 1830 (Nr. 220–223). Die Liquidation selbst ist nicht überliefert.

226
An die Regierung Düsseldorf

Moers, 28. Dezember 1830

An die Königliche Hochlöbliche Regier[un]g in Düsseldorf.

Die Prüfungszeugnisse der Schullehrer H. Hustadt u. A. Roeber betreffend.[1]

Gemäß der verehrlichen Aufforderung in der hiermit zurückgesandten Beilage verfehle ich nicht, den Entwurf eines Zeugnisses für den Heinrich Hustadt einzusenden. Zugleich füge ich ₁ zwei andre bei, das eine für den A. Roeber jetzt Lehrer in Pfalzdorf der gleichzeitig examinirt wurde u. dem gleichfalls, aus Versehen, kein Zeugniß über das Resultat der Prüfung ausgestellt worden ist, u. das andre für Friedrich Gierlings, Lehrer in Burscheid, Kr. Solingen, das noch der Unterschrift des kön. Regierungs-Bevollmächtigten bedarf. ₂

Der Seminardirector

Eigh. Entw., GStA PK, I. HA Rep. 76 Seminare, Nr. 10065: 41ʳ

[1] Siehe die Zeugnisse dieser beiden ehemaligen Moerser Seminaristen vom 24. März 1830 (Nr. 213 und Nr. 214).

227
An das Provinzialschulkollegium der Rheinprovinz, Koblenz

Moers, 8. Januar 1831

An das Königliche Hochlöbliche Rheinische Provincial-Schul-Collegium in Coblenz.

Betrifft die der Wittwe Vorreiter[1] zu bewilligende Vergütung von Zinsen.
Zum Rescr. vom 15. Novbr 1830, N. 2813.

Zufolge des in dem zur Seite angezogenen Rescripte mir ertheilten verehrlichen Auftrages habe ich mit dem mitunterzeichneten Hn. Bürgermeister Vinmann hierselbst ₁ darüber Rücksprache genommen, ₂ in ₃ was für Theile das Kapital von ₄ 1 320 Rh nach Verhältniß der von dem Seminar u. der Wittwe Vorreiter benutzten Räume des angekauften Hauses zu theilen sei.[2] Da nun die Wittwe Vorreiter von dem ganzen Hause zwei kleine Stuben vom 1ten April ₅ bis ₆ Ende ₇ Juni 1830 bewohnt hat, u. dieselben nach Billigkeit etwa als den 8ten Theil des Raumes des ganzen Hauses anzusehen sind, so würden demnach der Wittwe Vorreiter für 1/4 Jahr der 8te Theil ₈ oder im Ganzen ₉ 1/32 der Jahreszinsen, u. also eigentlich, da ihr nur die Zinsen vom 1ten April bis 1ten October zu gut kommen, 1/16 der ihr für diese Zeit bewilligten Zinsen abzuziehen sein. Ich bitte ₁₀ daher ein Hochlöbliches Provincial-Schul-Collegium, die der Wittwe Vorreiter demnächst zu bewilligenden Zinsen hochgefälligst an mich, ihren dazu Bevollmächtigten, auszahlen zu lassen.[3]

Der Sem[ina]rdirector

Eigh. Entw., GStA PK, I. HA Rep. 76 Seminare, Nr. 10065: 45ʳ⁺ᵛ

507

¹ Diesterweg nennt irrtümlich den Namen der Tochter: Vorreiter. Die Vergütung stand jedoch ihrer Mutter, Frau Kurtze (s. ds.), zu. Siehe Protokoll vom 22. Januar 1830 (Nr. 211) und Brief vom 3. Februar 1831 (Nr. 229).

² Lehrer J. H. Vorreiter (s. ds.) hatte das Haus, das unmittelbar neben dem Seminargebäude lag, gekauft, weil ihm bei seiner Einstellung die Bedingung auferlegt worden war, im Seminar zu wohnen, und die beiden Gebäude sich verbinden ließen; siehe Brief vom 15. Oktober 1828 (Nr. 195). Nach Vorreiters plötzlichem, unerwarteten Tod hatte das Ministerium am 16. November 1829 den Ankauf des Hauses für das Seminar genehmigt (GStA PK, I. HA Rep. 76 Seminare, Nr. 10065: 116ʳ).

³ Das Ministerium zahlte den Kaufpreis verspätet aus. Frau Kurtze hatte für diesen Zeitraum eine Verzinsung des Kapitals gefordert, die ihr auch zugestanden wurde (vgl. GStA PK, I. HA Rep. 76 Seminare, Nr. 10065: 45ʳ). Die Auffassung, die Nutzung eines kleinen Teiles des Hauses durch Frau Vorreiter für ein weiteres Vierteljahr sei mit der Verzinsung zu verrechnen, vertrat Diesterweg im Brief vom 3. Februar 1831 (Nr. 229) nicht mehr.

228
Sitzungsprotokoll des Scholarchats
und des städtischen Schulvorstandes Moers

Moers, Januar 1831

Protokoll,
in der gemeinsamen Sitzung des Scholarchats
und des Schulvorstandes
am   Januar 1831 beschlossen.

———

Nachdem sich ausgewiesen hat, daß die Einnahme aus dem Gewinn des *[Lücke]* Bruches (oder Sumpfes), welche zur Erhöhung des Gehaltes des Lehrers THALHEIM nach früheren Beschlüssen verwandt werden sollte, noch ganz unsicher ist;¹ da aber doch zugleich von allen Mitgliedern anerkannt wird, wie gerecht und wünschens werth es ist, den Lehrer THALHEIM besser zu stellen, damit er fortwährend mit Freudigkeit in seinem beschwerlichen Amte fortwirke; so wurde der Beschluß gefaßt, daß das Gehalt desselben von Anfang des nächsten Jahres 1832 an in folgender Weise festgestellt u. ihm darüber eine schriftliche Zusicherung ertheilt werden sollte:

1) Aus der   Kasse² diejenigen Gelder, welche früher
an den Lehrer SCHWALFENBERG³ bezahlt wurden, mit   57 Rh   20 Sgr   9 Pf.

2) Aus der Kasse der Elementarschulgelder   90 Rh   —   —

3) Die jährlichen Überschüsse ₁ dieser Kasse
nach Bezahlung aller Unkosten, angeschlagen zu   27 —   9 —   3 —

4) Die Kohlengelder, welche die auswärtigen
Elementarschüler nach neuerem Beschlusse jährlich
zu zahlen haben, angeschlagen zu   15   —   —

————————————

190

		Transp.[4]
		Rh 190
5) Für die Haltung der Abendschule		50
6) Aus der Seminarkasse		60

Sma   Rh 300.[5]

Außerdem soll ihm das alte Schulhaus, nachdem die nothwendigen Reparaturen vorgenommen worden sind, noch in diesem Jahre zur freien Wohnung übergeben werden.

Diesterweg.

Eigh. Entw., GStA PK, I. HA Rep. 76 Seminare, Nr. 10065: 48[r+v]

[1] Siehe Brief vom 30. Dezember 1828 (Nr. 197).

[2] Lücke; es wurde die Hartzingsche (s. ds.) Fundationskasse bestimmt, wie aus dem Vokationsschreiben für Thalheim vom 20. Mai 1831 (Nr. 232) hervorgeht.

[3] Zweiter Lehrer der Elementarschule, der am 2. Juni 1827 in sein Amt berufen worden war und 1829 am die reformierte Elementarschule in Neviges wechselte; siehe Brief vom 2. Juni 1827 (Nr. 167).

[4] Transport; hier im Sinne von: Übertrag.

[5] Vorher war Thalheim nur ein Gehalt von 80 Talern gewährt worden.

229
An das Provinzialschulkollegium der Rheinprovinz, Koblenz

Moers, 3. Februar 1831

Die Miethsentschädigung der Wittwe Kurtze betr.[1]

Zum Rescr. vom 28. Januar c. N. 175.

Nachdem [1] ein Hochlöbl. Provinzial-Schul-Collegium im Januar 1830 das Haus der Wittwe Kurtze für das hiesige S[emina]r angekauft hatte, [2] wurde dasselbe mit dem 1. April d. J. von dem S[emina]r übernommen u. von dem zu der Zeit eintretenden Lehrer Schürmann bezogen. Mithin konnte die Wittwe Kurtze die Zahlung der Kaufsumme am 1ten April verlangen. Die Auszahlung derselben verzog sich bis zum October. Deßhalb [3] verfügte das Hochlöbliche Provincial-Schul-Collegium [4], zur Beseitigung der Miethforderung, welche die Wittwe Kurtze an den Lehrer Schürmann, dem eine freie Wohnung zugesagt war, zu machen hatte, daß der Wittwe Kurtze [5] die Kaufsumme von 1 320 Rh vom 1 April bis zum 1ten [6] Oct. verzinset werden sollte. Daß nun die Wittwe Kurtze mit ihrer Schwiegertochter[2] der Frau Vorreiter, durch allerhand Umstände aufgehalten, vom 1. April an noch 3 Monate [7] zwei kleine Stuben in dem Hause bewohnt hat, war zufällig, u. konnte in *[sic!]* der gerechten Forderung der ihr zugesagten Zinsen vom 1 April bis 1 Oct. nichts ändern, zumal da nicht die Anstalt, [8] sondern allenfalls nur der Lehrer Schürmann etwas dadurch einbüßte, daß er die Gefälligkeit hatte, die hart bedrängte Familie erst ihre Sachen verkaufen zu lassen, bevor er sie zum Abzuge nöthigte.

Aus diesen Gründen halte ich daher die Forderung der Wittwe Kurtze in Betreff der ihr versprochenen Verzinsung des Kapitals von 1320 Rh vom 1ten April bis 1. Oct. 1830 für

509

durchaus gerecht u. bitte ich daher in ihrem Namen ein Hochlöbliches Collegium nochmals, mit Bezug auf den unterm 8ten des vorigen Monates eingesandten Bericht, das Ent-
schädigungs-Quantum für die Wittwe KURTZE, an deren Stelle ich irrthümlich den Namen
der Schwiegertochter genannt hatte[3], hochgefälligst an mich auszahlen zu lassen.

Der S[emina]rdirector

Eigh. Entw., Fotokopie, Quelle nicht mehr ermittelbar

[1] Siehe Protokoll vom 22. Januar 1830 (Nr. 211) und Brief vom 8. Januar 1831 (Nr. 227).

[2] Irrtum von Diesterweg; Frau Vorreiter war eine geborene Kurtze, also die Tochter; siehe Brief vom
15. Oktober 1828 (Nr. 195).

[3] Siehe Brief vom 8. Januar 1831 (Nr. 227).

230
An das Provinzialschulkollegium der Rheinprovinz, Koblenz

Moers, Mai 1831[1]

An das konigliche Hochlöbliche Rheinische Provincial-Schul-Collegium in Coblenz.

Betrifft die Bezahlung des Ökonomen durch die Seminaristen

Ungeachtet [1] der im vorigen Jahre durch das Hochlobliche Provinzial-Schul-Collegium erlassenen Verordnung, daß jeder Seminarist vierteljährlich praenumerando 15 Rh an mich
für den Ökonomen bezahlen soll, ist dennoch die Saumseligkeit vieler im Bezahlen so groß,
daß ich nicht anstehen darf, dem Hochlöblichen Collegio davon Nachricht zu geben u.
dessen gefallige Aufmerksamkeit darauf hinzulenken.[2]

Da mir nämlich die schwere Pflicht obliegt, für regelmäßige Zahlung des Ökonomen Sorge
zu tragen, aber die Gelder, wie gesagt, sehr saumselig eingehen, so gerathe ich dadurch in
wahre Verlegenheit. Wenn auch die schlechten Zeiten[3] einigen Antheil an dieser Saumseligkeit haben mögen, so liegt doch darin gewiß nicht der Hauptgrund dieser Erscheinung;
vielmehr entsteht sie nach meinem Bedünken durch die Natur der Sache u. der Menschen.

Die Mehrzahl der Eltern, welche Söhne in's Seminar senden, ist arm, so daß es ihnen entweder schwer oder unmöglich wird, ihre Söhne in der Anstalt zu erhalten. Zudem hoffen
die meisten [2] ein hohes Stipendium zu erhalten, oder sie geben es vor. Ja es sind hier schon
Fälle vorgekommen, daß sich Eltern geradezu wunderten, daß sie irgend etwas bezahlen
sollten. Diese Umstände lassen sich auch nicht ändern, da den Einzelnen nicht vorausgesagt werden kann, ob [3] ihr Sohn ein Stipendium erhalten wird u. wie viel.[4] Deßwegen
wird es ihnen nie an wahren oder an Scheingründen fehlen, durch welche sie ihre Saumseligkeit im Zahlen zu entschuldigen wissen. Auch hat der Director des Seminars [4] gar
keine Mittel in der Hand, sich von dem wirklichen Vermögenszustande der Eltern genau
zu überzeugen [5]. Deßhalb ist also eine sichere Beurtheilung dieser Angelegenheit u. ein
festes Einschreiten gegen etwa säumige Eltern eine sehr schwere, wo nicht unmögliche
Sache, u. [6] einen Seminaristen deßwegen wegschicken wollen, wäre auch für den Seminardirector eine zu schwere Bürde.

Unter diesen mißlichen Verhältnissen weiß ich keinen Vorschlag zu thun, als den, daß den
Eltern oder Vormündern der einzelnen, in die Anstalt berufenen Aspiranten durch die be-

510

treffende K. Regierung aufgegeben wird, nachzuweisen, daß sie die sämmtlichen Verpfle-gungskosten ihres Sohnes oder Mündels während zweier Jahre im Seminar zu bezahlen im Stande u. die Zahlungen regelmäßig zu leisten gesonnen sind, auch wenn denselben kein Stipendium verliehen werden sollte, u. daß die Aufnahme an diese Nachweisung, als eine unerlaßliche Bedingung, geknüpft wird. Auch selbst dann wird es mit der Regelmäßigkeit der Zahlungsleistungen noch Noth genug haben; aber es wird dann doch besser, als es jetzt ist. Ich bitte ein Hochlöbliches Schul-Collegium, diesen Gegenstand in Hochgefällige Über-legung zu ziehen.[5]

Eigh. Entw., GStA PK, I. HA Rep. 76 Seminare, Nr. 10065: 59r+v

[1] Zum Eintrag des genauen Tagesdatums hatte Diesterweg eine Lücke gelassen, die er später nicht mehr ausfüllte.

[2] Siehe Brief vom 14. Juni 1829 (Nr. 204).

[3] Die wirtschaftliche Lage stagnierte seit Mitte der zwanziger Jahre. 1828 war ein besonderes Teue-rungsjahr.

[4] Die Vergabe der Stipendien hing von den Prüfungsleistungen ab.

[5] Das Provinzialschulkollegium lehnte den Vorschlag ab und verpflichtete Diesterweg, weiterhin die Gelder einzutreiben und die Seminaristen schon bei der Aufnahme auf die Folgen säumiger Zahlungen hinzuweisen.

231
An die Regierung Düsseldorf

Moers, 20. Mai 1831

An die Königliche Hochlöbliche Regierung in Düsseldorf.

A Nachdem der Herr FRIEDRICH THALHEIM B gegen 4 Jahre lang als provisorischer Lehrer an der hiesigen Elementarschule C sowohl zur besondern Zufriedenheit des Schulvorstandes als auch der Eltern der ihm anvertrauten Kinder, mit Eifer und Nachdruck und mit sehr gu-tem Erfolge gewirkt und nachdem derselbe sich D ein vollständiges Wahlfähigkeitszeugniß erworben hat, hat der Schulvorstand beschlossen, E denselben einer Hochlöblichen Regie-rung zur definitiven Anstellung F vorzuschlagen G .

H In dieser Absicht hat derselbe beiliegende Ernennungs-Urkunde[1] aufgesetzt, welche eine Hochlöbliche Regierung hochgefälligst bestätigen und uns demnächst wieder I zuzusenden geruhen wolle.

Der Schulvorstand der Elementarschule

aHAENTJES   WITTFELD   WBORNEMANN   Diesterweg.
FRDVINMANNal

Ausf. mit eigh. Unterschr., HStA Düsseldorf, Reg. Düss., Nr. 3396, 3r;
eigh. Entw., GStA PK, I. HA Rep. 76 Seminare, Nr. 10065: 66r

[1] Vgl. das Vokationsschreiben für Friedrich Thalheim (Nr. 232).

232
Vokationsschreiben für Friedrich Thalheim, Moers

Moers, 20. ₁ *Mai 1831*

Vocationsschreiben für den H. Friedrich Thalheim
zum ₂ zweiten Lehrer an der hiesigen Elementarschule.¹

Nachdem Sie sowohl zur besonderen Zufriedenheit des Schulvorstandes als auch der Eltern der Ihnen anvertraut gewesenen Kinder mit Kraft u. Nachdruck u. mit sehr gutem Erfolge vier Jahre an der hiesigen Elementarschule als provisorisch angestellter Lehrer gewirkt haben, werden Sie hiermit definitiv zum zweiten Lehrer an derselben berufen.² Wir hegen zu Ihnen das Vertrauen, daß Sie die allgemeinen u. besonderen Pflichten eines christlichen Jugendlehrers stets erfüllen, der Jugend innerhalb u. außerhalb der Schule mit einem guten Beispiele vorleuchten, den öffentlichen Gottesverehrungen fleißig beiwohnen, den Anordnungen des Schulvorstandes u. ₃ₐIhrer_al Vorgesetzten überhaupt willig folgen, ₄ u. für das Wohl der Ihnen übergebenen Kinder jeder Zeit gewissenhafte Sorge tragen werden.

Die Zahl der Lectionen, welche Sie wöchentlich in den beiden Klassen der Elementarschule zu ertheilen haben, setzt der jährlich zu entwerfende Lectionsplan fest. Doch ₅ soll deren Anzahl ₆ die Zahl 26 nicht übersteigen. ₆ₗₗ Außerdem sind Sie verpflichtet, als Hauptlehrer der Abendschule viermal wöchentlich von 8–10 Uhr oder auch – wenn es die Umstände erlauben sollten – zu andrer Zeit eine Klasse dieser Schule zu unterweisen.

Für diese Amtsverrichtungen werden Ihnen hiermit jährlich
folgende Einkünfte u. Nutznießungen zugesichert.

1) Aus der Fundations-Kasse	₇58 ₍c₎Rh₍cl 8₎		
2) Aus der Elementarschulkasse	90 —	—	—
3) Die jährlichen Überschüsse dieser Kasse, welche nach Bezahlung der Bedürfnisse übrig bleiben, u. für jetzt angeschlagen werden, zu	27 —	₉	
4) Die Kohlengelder, welche die auswärtigen Elementarschüler zu zahlen haben, angeschlagen zu	15 —	—	
5) Für den Unterricht in der Abendschule	50		

₁₀ ₍d₎Rh.₍dl₎ 240   "

in Summa ₁₁ zweihundert vierzig Thaler ₁₂ . Außerdem wird Ihnen das ehemalige Schulhaus in der Pfeffergasse als ₁₃ freie Dienstwohnung angewiesen.

Zum Schlusse geben wir Ihnen die Versicherung, daß wir ₁₄ , in dem festen Vertrauen zu Ihrer ferneren gesegneten Wirksamkeit, stets gern bereit sein werden, Sie in Ihrem schweren Berufe zu unterstützen, ₁₅ indem wir zugleich für Sie und Ihr Wirken ₁₆ auf immerdar den göttlichen Segen erflehen.

Der Schulvorstand ₍ell₎

Eigh. Entw., GStA PK, I. HA Rep. 76 Seminare, Nr. 10065: 65ʳ–66ʳ;
Abschr., HStA Düsseldorf, Reg. Düss., Nr. 3396, 8ʳ⁺ᵛ; Abschr., Stadtarchiv Moers, Alte Registratur (16.–Anfang 20. Jh.), Karton 246, Akte 72.22, o. F.

1 Siehe zum Vergleich das Vokationsschreiben für Johann Schwalfenberg vom 2. Juni 1827 (Nr. 167) und das Protokoll vom Januar 1831 (Nr. 228).
2 Die Anstellung der Lehrer war immer zunächst eine provisorische und mußte durch die Gemeinde bestätigt werden.

233
An Regierungsrat Karl August Gottlieb Dreist, Berlin

Moers, 21. Mai 1831

Verehrter Herr Regierungsrath!

Eine so wichtige Veränderung meiner Lage u. des Ganges meines Schicksals, als meine Versetzung von hier nach Berlin herbeiführen muß, konnte mir nur die vorsichtigste Überlegung u. die besonnenste Selbstprüfung zur Pflicht machen.[1] Ich mußte daher im vorigen Herbste, ungeachtet der persönlichen Neigung zu der Übernahme der mir angetragenen Stelle u. ungeachtet vieler in die Augen springenden Vortheile den Wunsch hegen, nach der Rückkehr von Berlin, in der Stille des Lebens u. ungeblendet von dem Glanze der Hauptstadt, über die Sache von neuem ernstlichst nachzudenken, u. zu untersuchen, ob ich wirklich mit Grund hoffen dürfe, in jener nicht gesuchten Anerbietung einen Wink der Vorsehung zu erblicken und jene Stelle mit Erfolg u. Segen bekleiden zu können. Zugleich wollte ich auch mit meiner Frau näher Rath nehmen u. die Ansichten meiner Freunde nicht unberücksichtigt lassen.

Nachdem dieses nun Alles geschehen u. ich den Gegenstand in einer Reihe von Monaten von allen Seiten aufzufassen Gelegenheit gehabt habe, kann ich nun ohne Zögern u. mit freudiger Zustimmung des Herzens die Erklärung abgeben, daß ich glaube, Gründe gefunden zu haben, die mich veranlassen, dem Rufe nach Berlin zu folgen, in der festen Zuversicht, billigen Ansprüchen, welche meine Vorgesetzten an mich machen werden, entsprechen zu können, u. gewiß in der Absicht, wenigstens darnach zu ringen, daß mein Wirken daselbst nicht ohne Erfolg bleibe. Die Vorsehung wolle auch ferner das Ganze lenken!

Diese Erklärung wollte ich Ihnen, verehrter Herr Regierungsrath! auf Ihr gütiges Schreiben vom 15ten. d. M., welches ich schon gestern erhalten habe, gleich mit der heutigen Post übersenden.[2] Ich muß dabei freilich sehr wünschen, den Ruf nach Berlin, falls er mir zu Theil werden sollte, so bald als möglich zu erhalten, wenn ich mit Michaelis d. J. mein Amt dort antreten soll.[3] Denn ich muß ja mein ganzes hiesiges Hauswesen abbrechen, u. beinahe Alles verkaufen, was ich habe; auch hat die Reise mit einer so großen Familie gar mancherlei Schwierigkeiten, besonders da meine Frau im August d. J. ihrer Niederkunft entgegen sieht.[4] Sie würden mich daher sehr verbinden, wenn Sie mich möglichst bald von dem endlichen Ausgange benachrichtigen wollten.

Mich über die Wiederbesetzung meiner hiesigen Stelle, im Falle etc., zu äußern, erlauben Sie mir gütigst in einem späteren Schreiben. Caeteris paribus[5] dürfte es in mancher Beziehung wünschenswerth sein, einen Theologen zu meinem Nachfolger zu ernennen, worauf auch – wenigstens was den Religionsunterricht betrifft – die letzte, in Cöln versammelt gewesene Synode höheren Orts angetragen hat. Darauf aber ist zu rechnen, daß es an Bewerbern um meine Stelle nicht fehlen wird, wenn auch dadurch nicht gerade embarras de richesse[6] entstehen sollte.

Empfangen Sie noch die Versicherung meiner dankbaren Hochachtung u. Verehrung, womit ich verharre
Ihr

g[e]h[o]rs[a]mst[e]r Diesterweg.

Eigh., GStA PK, I. HA Rep.76 Kultusministerium, VII Sekt. 14 bb Nr. 5 Bd. 2: 32r–33r

[1] Siehe Brief vom 26. Oktober 1830 (Nr. 220).

[2] Das Schreiben von K. A. G. Dreist ist nicht überliefert.

[3] Michaelis wäre am 29. September gewesen. Diesterweg erhielt seine „Bestallung" jedoch erst mit der Urkunde vom 8. November 1831 (vgl. GStA PK, I. HA Rep. 76 Seminare, Nr. 960: 85r–89r).

[4] Sabine Diesterweg (s. ds.) kam erst im September nieder. Siehe Brief vom 14. September 1831 (Nr. 242).

[5] Lat.: unter sonst gleichen Bedingungen.

[6] Frz.: keine Behinderung durch zu große Auswahl.

234
Hilfslehrerzeugnis für Carl Gottlieb Lingenberg, Elberfeld

Moers, 25. Mai 1831

Z e u g n i ß. [1]

Nach den Resultaten der heute vorschriftsmäßig hier abgehaltenen Hülfslehrer-Prüfung wird Carl Gottlieb Lingenberg, 19 Jahr alt, evangelischer Confession, gegenwärtig in Ketzberg bei Solingen wohnhaft, hiermit zur Bekleidung einer Hülfslehrerstelle für fähig erklärt, in der festen Erwartung, daß derselbe allen Fleiß und alle Thätigkeit aufbieten werde, sich die zur Führung dieses Geschäfts erforderlichen Kenntnisse und Fertigkeiten mehr und mehr anzueignen und in allgemeiner Bildung fortzuschreiten.

Die Königliche Prüfungs-Commission.
ALTGELT   Diesterweg.   SCHÜRMANN.   L. ERK.

Ausf. mit eigh. Unterschr., Stadtarchiv Wuppertal, Bestand L I 129, o. F.

[1] Carl Gottlieb Lingenberg bewarb sich mit diesem Zeugnis auf die Hilfslehrerstelle an der lutherischen Elementarschule im Thomashof (Elberfeld)

235
Zeugnis für Ludwig Heinrich Kremer, Elberfeld[1]

Moers, 26. Mai 1831

Aus den Resultaten der heute vorschriftsmäßig hier abgehaltenen Lehrer-Prüfung hat die dazu versammelt gewesene Commission mit Vergnügen die Ueberzeugung gewonnen, daß der jetzt in der Vorschule des Gymnasii in Elberfeld angestellte Ludwig Heinrich Kremer in den seit seiner ersten Prüfung verflossenen drei Jahren mit Fleiß und Thätigkeit an seiner Bildung fortgearbeitet hat.

Sie bestätigt daher das ihm vor drei Jahren ertheilte Zeugniß, und spricht ihn von der Verbindlichkeit, sich abermals nach Ablauf einer von uns bestimmten Frist zur Prüfung zu stellen, hiermit frei.

Die Königliche Prüfungs-Commission

Der Königliche Commissarius Der Schulpfleger   Die Seminarlehrer
ALTGELT.   ESSLER.   Diesterweg. SCHÜRMANN.
ERK.

Abschr., Stadtarchiv Wuppertal, Bestand L I 149, o. F.

[1] Ludwig Heinrich Kremer aus Dinslaken legte diese Zeugnisabschrift bei der städtischen Schulkommission in Elberfeld vor. Er wechselte 1836 an die evangelische Klassenschule in Duisburg, an der er bis zu seinem Tode tätig war.

236
Zeugnis für Borgard Krins, Lüttringhausen

Moers, 26. Mai 1831

Z e u g n i ß .

Aus den Resultaten der heute vorschriftsmäßig hier abgehaltenen Lehrerprüfung hat die dazu versammelt gewesene Prüfungs-Commission die Ueberzeugung gewonnen, daß der jetzt in Lüttringhausen angestellte Hülfslehrer Borgard Krins es weder an Benutzung der Gelegenheiten zur Weiterbildung, noch auch an Fleiß und Thätigkeit in der Schule hat fehlen lassen.[1] Indem Sie dieses sehr gern anerkennt, erweitert sie zugleich sein, auf eine Landschule beschränktes Wahlfähigkeits-Zeugniß dahin, daß derselbe nun als zu jeder Elementarschule für wahlfähig erklärt wird und nicht weiter zur Erscheinung bei einer neuen Prüfung verpflichtet sein soll.

Die Königliche Prüfungs-Commission.

Der Königliche Commissarius Der Schulpfleger   Die Seminarlehrer
ALTGELD *[sic!]*.   ESSLER.   Diesterweg.
SCHÜRMANN.
ERK.

Abschr., Stadtarchiv Duisburg, Bestand 10 (Duisburg), Nr. 3951, o. F.

[1] Zur Entwicklung von Borgard Krins vgl. sein Abschlußzeugnis vom Juli 1827 (Nr. 168).

237
An die Regierung Düsseldorf

Moers, 27. Mai 1831

An die K. Hochl. Regierung in Düsseldorf.

Betrifft die Anlage einer Obstbaumschule in dem Garten des Seminars.
Zur Verordnung vom 6 d. M. I. S. I. N. 2113.[1]

So sehr ich auch mit den übrigen S[emina]rlehrern von den nützlichen Folgen der Anlage einer Musterbaumschule in dem Garten des S[emina]rs überzeugt bin, u. so gern ich zur Erreichung der dadurch erzielten Zwecke [1] beizutragen geneigt bin, so kann ich mich doch nicht entschließen, in den Vorschlag des verehrlichen Rescripts vom 6ten d. M.[2]: die Kosten der Anlage dieser Baumschule, welche die Summe von 200 Rh übersteigen, selbst zu übernehmen, einzugehen. Auch ist keiner der beiden andern Lehrer dazu geneigt. [2] Denn selbst wenn die dazu nöthigen Gelder einstweilen vorgeschossen würden u. dieselben erst in 5–6 Jahren zurückbezahlt werden sollten, so [3] müßte dieses endlich doch ex propriis [3] des betreffenden Lehrers geschehen. Auch ist der künftige Gewinn dieser Baumschule immer nur [4] problematisch u. kommt es noch darauf an, ob es sich mit dem Geschäfte der S[emina]rlehrer verträgt, daß einer eine Baumschule von solchem Umfange handhabt, daß sie ihm bei so bedeutenden Anlagekosten auch wirklichen Gewinn bringe. Zudem ist auch das Verweilen eines Lehrers an derselben Stelle zu unsicher, als daß es rathsam wäre, sich auf derselben irgend ein festes Eigenthum zu erwerben.[4] Unter diesen Umständen fühlen wir uns genöthigt, die Anerbietungen einer Hochl. Reg[ierun]g in dem oben angezogenen Rescripte gehorsamst abzulehnen.

Es seien mir [5] über die Anlage der Baumschule noch folgende Bemerkungen erlaubt.

1) Da die [6] projectirte Baumschule in der löblichen Absicht angelegt wird, daß die künftigen Schullehrer schon hier mit der Obstbaumzucht bekannt werden, so wird demnach also in der Folge die Anlage dieser Baumschule u. der in derselben den Zöglingen ertheilte Unterricht dem ganzen R[e]g[ierun]gsbezirke zu gut kommen. Darum dürfte es nach meinem Ermessen aber auch billig sein, daß die Kosten der Anlage u. der Unterhaltung, welche, da die Baumschule als <u>Muster</u> aufgestellt werden soll, nie ganz wegfallen werden, aus einem öffentlichen Fonds bestritten [7] würden.

2) Da die Anzahl der in der hiesigen Anstalt befindlichen Zöglinge 30 ist, so kann keiner der S[emina]rlehrer, ohne Versäumniß seiner anderen vielen Geschäfte, allein den Unterricht der 30 Zöglinge in der Obstbaumzucht etc. übernehmen. Zudem versteht Keiner auch in der erforderlichen Vollkommenheit dieses Geschäft. Wenn daher die Anlage der projectirten Baumschule in der That die erzielten Resultate herbeiführen soll, so müßte – wie auch der H. Garteninspector WEYHE in einer der hiermit zurückgesandten Beilagen vorschlägt – nach meinem Ermessen jährlich um die Zeit der Hauptgeschäfte ein sachkundiger Mann von Düsseldorf hieher beordert werden, welcher [8] den Zöglingen die nöthige Anleitung im Einzelnen ertheilte; demnächst wäre es am zweckmäßigsten, wenn der hiesige zweite S[emina]rlehrer, H SCHÜRMANN, zu [9] einem 3–4 wöchentlichen Aufenthalte in D[ü]ss[e]ldorf veranlaßt würde, damit er dort unter der Leitung des H. Garteninspectors WEYHE das Allgemeine u. Specielle der Obstbaumzucht erlernen könne, um wenigstens den Zöglingen des S[emina]rs einige Anleitung in den übrigen Theilen des Jahres ertheilen u. die specielle Aufsicht über dieselben in dieser Beziehung führen zu

können. Nur unter diesen Bedingungen wird man nach meinem unmaßgeblichen Ermessen auf die Erreichung der Zwecke bei der Anlage der S[emina]rbaumschule rechnen dürfen.[5]

Eigh. Entw., GStA PK, I. HA Rep. 76 Seminare, Nr. 10065: 67r+v

[1] Auf dem betreffenden Anschreiben der Bezirksregierung hat Diesterweg über die Anfertigung dieser Antwort einen Korrespondenzvermerk gemacht (vgl. GStA PK, I. HA Rep. 76 Seminare, Nr. 10065: 62r+v).

[2] Das Ministerium hatte gegenüber der Bezirksregierung Düsseldorf am 9. April die Anlage einer Obstbaumschule genehmigt (vgl. Schreiben der Bezirksregierung, a.a.O.).

[3] Lat.: aus dem Eigenen; hier: aus eigenen, privaten Mitteln.

[4] Diesterweg erwartete täglich seine Berufung nach Berlin; siehe Brief vom 21. Mai 1831 (Nr. 233).

[5] Siehe auch Brief vom 9. Juli 1829 (Nr. 205).

238
An die Regierung Düsseldorf

Moers, 30. Mai 1831

Betrifft die abermalige Prüfung der mit den Zeugnissen Nummer II u. III aus andern Seminarien entlassenen, in dem R[e]g[ierun]gsb[e]z[i]rk Düsseldorf angestellten Schullehrern *[sic!]*.

Einer Hochlöblichen Regierung ist es wohl bekannt, daß die aus dem hiesigen Seminar mit den Zeugnissen Nummer II u. III entlassenen Zöglinge sich nach Ablauf dreier Jahre abermals einer Prüfung unterwerfen müssen. Diese Einrichtung ist sehr heilsam.

Nun sind aber in dem R[e]g[ierun]gsb[e]z[i]rk Düsseldorf auch Schullehrer angestellt, z.B. evangelische, welche in anderen Seminarien, namentlich in denen zu Soest u. Neuwied gebildet worden sind. Diese sind bisher zu den abermaligen Prüfungen nicht herangezogen worden. Offenbar aber ist es der Wille [1] der hohen Verordnung, daß dieselben davon nicht eximirt sein sollen.[1] [2]Ich wollte daher hierdurch mir die Freiheit nehmen, die Aufmerksamkeit einer konigl. Hochloblichen R[e]g[ierun]g darauf hinzulenken u. dieselbe gehorsamst zu bitten, auch die abermalige Prüfung dieser in [3]andern S[emina]rien gebildeten aber in dem hiesigen R[e]g[ierun]gsb[e]z[i]rk angestellten, mit den Zeugnissen Nro. II u. III [4] versehenen Schullehrer hochgefälligst anzuordnen.[2]

Eigh. Entw., GStA PK, I. HA Rep. 76 Seminare, Nr. 10065: 68r

[1] Vgl. Brief vom 26. Dezember 1826 (Nr. 159) und Brief vom 14. September 1831 (Nr. 242), Anmerkung 7.

[2] Die Regierung antwortete am 14. Juni, daß sie sich die Zeugnisse der zur provisorischen oder definitiven Anstellung vorgeschlagenen Kandidaten jedesmal vorlegen ließe, um je „nach Befund" eine zweite Prüfung zur Pflicht zu machen oder diese zu erlassen. Eine Verordnung, wie Diesterweg sie vorschlage, sei daher unnötig (GStA PK, I. HA Rep. 76 Seminare, Nr. 10065: 68r).

239
An die Regierung Düsseldorf

An die Hochlöbliche Königliche Regierung in Düsseldorf.

Wenn der unterzeichnete Vorstand der hiesigen Elementarschule bis dahin die Klage gegen den Lehrer BLECKMANN[1] nicht fortsetzte und das resp Schreiben des Herrn Friedensrichters aus dem Anfang dieses Jahres noch unbeantwortet ließ, so that er dies um jenem noch eine letzte Frist zur Besserung seines Lebens zu setzen, besonders da der Kirchenvorstand ihn von dem Organisten Amte suspendirte, und diese Maaßregel eine kurze Zeit auf ihn zu wirken schien.

Indessen erkannten wir bald, daß es nur ein kurzer Schrecken war, da er nach etwa 14 Tagen geänderter Lebensart wieder in sein altes Geleise ging, woher wir nach Stellung so mancher Fristen und vergeblich angewandter Ermahnungen und Warnungen leider alle Hoffnung aufgeben müßen, daß er sich je bessern werde.

Gestern versammelten wir uns zur Berathung über diesen allen hiesigen Eltern so nahe liegenden Gegenstand, und ließen den BLECKMANN zu uns fordern, und da er unserer dreimaligen Aufforderung unter allerley nichtigen Vorwänden nicht Folge leistete, begaben wir uns zu ihm in sein Haus. Wir fanden ihn im Zustande völliger Betrunkenheit, und seine Frau und Kinder vor ihm geflüchtet in ein Zimmer eingeschlossen. Um ihm noch eine Frist zu stellen, legten wir ihm anliegendes Bekenntniß und Versprechen zur Unterschrift vor; allein er verweigerte dieselbe.

Wir können nun nicht anders, als bei Hoher Regierung darauf antragen, daß Hochdieselbe die Absetzung des p BLECKMANN bewirken wolle, für jetzt aber schon seine Suspension anordnen, da jeder Tag schon zu viel ist, wo ihm die Kinder der Stadt anvertraut werden; indem die Unterzeichneten sich zu erklären gedrungen fühlen, daß sie, wenn sie in dem Falle wären, keines ihrer Kinder in seine Schule schicken würden.

Was die moralische Impotenz betrifft, so werden wir noch heute dem Herrn Friedensrichter hierselbst gehörige Angabe machen und wollen mit diesem Schreiben die Bitte um so dringender darstellen, schon bald den Erfolg zu sehen unsere Schule von einem Manne zu befreien, dessen ganzes Äußeres den Ausdruck eines versoffenen und verkommenen Mannes hat.

Der Vorstand der städtischen Elementarschule[2]
(Unterschriften)

Bekenntnis und Versprechen

Moers, 15. Juni 1831
(Das dem p. BLECKMANN zur Unterschrift vorgelegte Bekenntniß und Versprechen:)

Unterzeichneter bekenne durch meine Unterschrift, daß ich öftere Male von den einzelnen Gliedern des Schulvorstandes hierselbst ermahnt worden bin, von dem Laster der Trunkenheit abzulassen, und ein ordentlicheres Leben im Hause und allenthalben zu führen; daß ferner das ganze Kollegium des Schulvorstandes mich einige Male hat vor sich kommen lassen, um mir dieselbe Ermahnung zu geben, und mich zu warnen, daß ich nicht durch Fortsetzung meines mit meinem Amte durchaus unverträglichen Lebenswandels Suspension und Absetzung von demselben erwürken möge.

Ich verspreche hiemit, daß ich mich fortan vor dem Laster der Trunkenheit sorgfältig hüten und keine Excesse irgend einer Art begehen will, mit dem Zusatz, daß ich ohne weiteren Prozeß von selbst mein Amt niederlegen werde, wenn ich eines Theils dieses mein Versprechen nicht halten und andren Theils bei einer Untersuchung meiner Schule vor den nächsten Herbstferien von dem Schulvorstande geurtheilt werden sollte, daß dieselbe die Anforderungen nicht erfüllt, welche durch die Statuten für sie gesetzt worden sind.

Abschr., HStA Düsseldorf, L. A. Moers, Nr. 68, o. F.

[1] Bereits am 7. Februar 1827 hatte Diesterweg in einem Schreiben an das Provinzialschulkollegium (Nr. 161) auf den verderblichen Einfluß des Lehrers Bleckmann hingewiesen. In seinem Bericht über den Lehrkursus vom 28. Oktober 1827 (Nr. 176) erwähnte Diesterweg, daß Schulrat J.V. J. Bracht (s. ds.) sich bereits 1821 hinsichtlich Bleckmanns kritisch geäußert hatte.
Die Differenzen mit Bleckmann führten im Verlaufe der Auseinandersetzung zu einer Abgrenzung zwischen Stadt- und Seminarübungsschule. Siehe Protokoll vom 2. November 1827 (Nr. 181) und den Jahresbericht für 1827 vom 1. März 1828 (Nr. 186).
Im Mai 1830 wurde schließlich der Schulvorstand, einschließlich Pfarrer Bornemann (s. ds.), der Bleckmann offenbar lange geschützt hatte, tätig und ersuchte die Regierung in Düsseldorf, eine Untersuchung gegen den Lehrer einzuleiten. Die betreffende Abteilung des Innern konnte die zunächst sehr allgemein gehaltene Beschuldigung nicht akzeptieren und verlangte eine detaillierte Benennung von Bleckmanns Verfehlungen. Daraufhin wurde als Ursache der Schwierigkeiten ausdrücklich seine Trunksucht benannt.
Die Regierung in Düsseldorf forderte daraufhin im Oktober 1830 Friedensrichter Dietzrath in Moers auf, gegen Bleckmann eine disziplinarische Untersuchung einzuleiten und ihn auf die möglichen Konsequenzen, seine unfreiwillige Entlassung, hinzuweisen. Pfarrer Bornemann in Vertretung des Schulvorstandes wurde zugleich angewiesen, den Friedensrichter mit allen erforderlichen Informationen zu unterstützen. (Vgl. Stadtarchiv Moers, Alte Registratur <16.–Anfang 20. Jahrhundert>, Karton 246, o. F.)
[2] Als Mitglied des Schulvorstandes war Diesterweg für die Formulierung des anschließend abgedruckten „Versprechens", die Entscheidung und dieses Protokoll mitverantwortlich.

240
Sitzungsprotokoll des städtischen Schulvorstandes Moers

Moers, 25. August 1831

Sitzung des Städtischen Schulvorstandes
am 25 t. August 1831.

Nach Verordnung hochlöblicher Regierung die Stelle des suspendirten Schullehrers BLECK-MANN[1], interimistisch zu besetzen, hatte der Schulvorstand, dem bisherigen Lehrer der Seminar Schule, Herrn WILHELM GREEF[2] diese Stelle für die Hälfte des resp. Diensteinkommens des p BLECKMANN, der auf die Hälfte seines Gehaltes bis zur ausgemachten Sache reduzirt ist, angetragen.

Herr GREEF stellt indeß vor, daß er für jene Hälfte, 150 Thlr Pr. Crt, seine ander weitigen Aussichten nicht könne fahren lassen, indem er hier dafür sein Bestehen nicht habe.

Da nun der Schulvorstand mit den bisherigen Leistungen des p GREEF Ursache hat, zufrieden zu seyn und deshalb demselben noch 50 Thlr zuzusetzen wünscht, um seiner Forderung zu genügen, so beschließt der Schulvorstand dieserwegen seine Zuflucht zur Communal Kasse oder zur HARTZINGSchen Fundation zu nehmen, in der Hoffnung eine von beiden Kassen oder beide zusammen würden im Stande seyn für die Zeit der interimistischen Verwaltung jene 50 Thlr herzugeben.

Meurs wie oben

gez: BORNEMANN
WITTFELD, HAENTJES
HOFFMEISTER, Diesterweg
F VINMANN

Für gleichlautende Abschrift

Meurs d[en] 3t. September 1831

Der Bürgermeister
FRD VINMANN

Abschr., Stadtarchiv Moers, Alte Registratur (16.–Anfang 20. Jahrhundert), Karton 246, o. F.; Abschr., HStA Düsseldorf, Reg. Düss., Nr. 3396, 11r+v

[1] Zu den Vorgängen um den Lehrer Bleckmann vgl. Brief vom 16. Juni 1831 (Nr. 239) und die dortige Anmerkung 1.

[2] Wilhelm Greef war Diesterweg bereits als Aspirant sehr angenehm aufgefallen und erreichte ein Prüfungszeugnis Nummer I. Vgl. Brief vom 2. Mai 1828 (Nr. 189) und Zeugnis vom 24. März 1830 (Nr. 212).

241
Sitzungsprotokoll des Gemeinderates und des städtischen Schulvorstandes Moers

Moers, 13. September 1831

[Diesem Dokument vorangestellt ist in der betreffenden Akte ein Protokoll der Verhandlung des Landrats von Eerde mit Bleckmann, zunächst unter vier Augen, später unter Hinzuziehung von Bürgermeister Vinmann.[1] Bleckmann wurde in diesem Gespräch dringend nahegelegt, unter der Zusicherung einer Pension freiwillig seine Stelle aufzugeben. Angesichts seiner Lage – der Fortgang der Untersuchungen hätte unweigerlich zu seiner Entlassung geführt –, erklärte Bleckmann sich, „wiewohl ungerne", zum Rücktritt bereit. Er erbat unter Berufung auf seine treuen Dienste für sich und seine mehrköpfige Familie eine Pension von 200 Reichstalern Klevisch Courant, war allerdings bereit, auch 100 Reichstaler Berliner Courant zu akzeptieren, sofern er diese Pension an jedem beliebigen Ort beziehen dürfe.

Das Protokoll ist von Landrat von Eerde und von Arnold Bleckmann unterzeichnet.]

Im Verfolge der vorstehenden Verhandlung wurde heute Nachmittag der Gemeinderath und Schulvorstand auf Veranlassung des mitunterzeichneten Landrathes auf dem Rathhause versammelt, und nach Mittheilung des Geschehenen ersucht, sich über diesen Gegenstand zu berathen und näher zu erklären.

Mit Ausnahme des Gemeinderathes Herrn LEPINE, erkannte der Gemeinde und Schulvorstand, daß der BLECKMANN seines Betragens wegen eigentlich wohl keine Pension verdiene. In Rücksicht der traurigen Lage, worin p. BLECKMANN mit einer zahlreichen Familie versetzt werde, wolle man demselben indessen eine jährliche Pension von Ein Hundert Thalern Preuß Courant bewilligen. Aus welchem Fond diese Pension indessen entnommen werden solle, wollen sich Gemeinderath und Schulvorstand in einer näheren Versammlung zur geeigneten Berathung vorbehalten, auch den deßfallsigen Beschluß zur Zeit zur höhern Genehmigung vorlegen.

Hiernach ist diese Verhandlung abgeschlossen und nach geschehener Verlesung sowie Genehmigung wie folgt vollzogen worden

zu Meurs wie Eingangs

Der Landrath	Der Gemeinderath u Schulvorstand		
v. EERDE	NOBBERS	WITTFELD	W BORNEMANN
	BORCHARDT	HAENTJES.	Diesterweg.
	SCHULZE		FRD VINMANN
			H W WEVER
			NEUENBUHR

Ausf. mit eigh. Unterschr., Stadtarchiv Moers, Alte Registratur (16.–Anfang 20. Jahrhundert), Karton 246, o. F.

1 Zu den Schwierigkeiten mit dem Lehrer Bleckmann vgl. das Protokoll vom 16. Juni 1831 (Nr. 239) und die dortige Anmerkung 1.

242
An Regierungsrat Hermann Altgelt, Düsseldorf

Moers, 14. September 1831

Verehrter!

Eines nach dem Anderen auf Ihre gefälligen Anfragen, die ich gern beantworte. Sie erlauben mir, um Ihret- und meinetwillen kurz zu sein. Ein vor 8 Tagen mir geborner herrlicher Junge ist mir wieder gestorben.[1] –

1) Ad CÖLVEN. – Ich freue mich sehr, daß Sie dieses Armen gedenken. H. ROSS hat ihn in die Dornen geführt. Ich hoffte, H. ESSLER würde ihn herausziehen. Aber, aber – . Nun haben wir das Scandal erlebt, daß im R[e]g[ie]r[un]gsb[e]z[ir]k Düsseldorf, in einer der wohlhabendsten Gemeinden, ein Lehrer, im J. 1831, nachdem er den Wandeltisch 5 Jahre aufgegeben hatte, denselben mit Genehmigung des Schulpflegers wieder angefangen hat, um nicht Hungers zu sterben. Ich halte dieß für ein Scandal. Der arme Mann wird daraus nicht erlöset, u. wird umsonst 5 Jahre gehungert haben u. nur das Normalgehalt erhalten, wenn Sie ihm nicht helfen.[2]

521

2) AD[OLPH] ANDRIESSEN. – Der Elberfelder ANDR. ist ein wunderlicher Mensch, über den ich böse sein dürfte. Er hat mich mit Briefen wahrhaft behelligt, u. nun bürdet er mir eine Schuld auf, die sein Vater oder er zu verantworten haben. Schon vor $^1/_2$ Jahre erklärte ich ihm, daß sein Bruder nicht frei hier gehalten werden könne etc. Er verspricht zu helfen, und – läßt's bleiben. Wenn ich wegen eines Umstandes Mörs gern verlasse, so ist es der, daß ich in Berlin nicht mehr die Geschäfte eines Empfängers für den Ökonomen zu wahren habe.[3] Ich bin genöthigt, mich um allen Einfluß bei einigen S[eminari]sten zu bringen, wegen des, Gott verzeih's, vermaledeiten Geldes.

Der ADOLPH ANDRIESSEN hat mir bis jetzt, nicht nur durch sein Nichtzahlen, sondern auch durch seine andern wunderlichen Eigenschaften so viel zu schaffen gemacht, daß ich ihn oft schon auf den Blocksberg gewünscht habe.

Da er nun bei dem Wiederanfange des Cursus wieder ganz ohne Geld zurückkehrte, bedeutete ich ihm, daß er binnen 8 Tagen Zahlung leisten oder das Seminar verlassen müsse. Die 8 Tage vergingen; nichts geschah. Da sich in gleicher Weise noch mehrere S[eminari]sten betragen, so muß ich die Drohung ausführen.

Indeß will ich den Ökonomen nochmals vertrösten. Aber nicht auf unbestimmte Zeit, etwa bis der H. ANDRIESSEN in Elberfeld[4], wenn sein Bruder von hier entlassen ist, ihm u. mir die Vögel auf den Bäumen zeigt,[5] wozu er Lust genug bezeigt, sondern bis zum 1. October d. J. Leistet er dann nicht Zahlung, so schicke ich ihn weg; andre S[eminari]sten trifft dieses Geschick schon früher, wenn sie nicht thun, was ihre Schuldigkeit ist. Durch die unangenehmsten Erfahrungen von der Welt bin ich dazu genöthigt. Das Schul-Collegium will mit Recht gar nicht, daß ich so nachsichtig verfahre.

Auf das höchste Stipendium von 40 Rh kann der AD. ANDR. aber auch keine Ansprüche machen. Das wäre Ungerechtigkeit gegen Andere, die eben so dürftig sind u. zu größeren Hoffnungen berechtigen.[6]

3) Ad Befreiung der Männer von N. II von einer zweiten Prüfung.[7]

Ich bin mit Ihnen dagegen:

1) weil derjenige, der dieses Spornes nicht mehr zu bedürfen scheint, N. I. erhält;

2) weil, wenn die von N. II von einer zweiten Prüfung freigesprochen werden, auf die von N. III ein noch nachtheiligeres Licht fällt, als es so schon in höherem Maaße, als sie es verdienen, der Fall ist;

3) weil ein zweites Examen der sicherste Sporn ist für solche junge Leute.

Dieses ist der Hauptgrund.

4) Ad Vereinigung von Neuwied u. Mörs.[8]

Dieser Vorschlag ist von H. GRASHOF ausgegangen. Die Anstalt paßt nicht nach Neuwied, was man jetzt einsieht. Nun weiß man keinen passenden Vorwand zu finden, um sie den Augen des Fürsten[9] zu entziehen. Aber deßwegen beide Seminarien zu vereinigen, ist, nach meinem Bedünken, ein unseliger Gedanke.

1) BRAUN paßt nicht zum Director einer solchen Anstalt. Er ist träg, eingebildet, hochmüthig, behandelt die S[eminari]sten wie Knechte; ist ein Pedant, weiß junge Leute in keiner Weise zu beleben etc. etc. Alles dieß ist zuverlässig, wie viel auch H. LANGE von seinen Schulmeisterkünsten halten mag.

(Alles dieß sub rosa.[10].)

522

2) Ein ewiges Organisiren u. Verändern taugt nicht. Die Leute kommen am Rheine nie zur Ruhe.

3) Die Düsseldorfer S[eminari]sten passen nicht zu den Bauernjungen vom Westerwald u. vom Hundsrück. Unsre jungen Leute sind erregter, u. bedürfen mehr.

4) Die großen Seminarien fallen, fast mit Nothwendigkeit einem der zwei Drachen anheim: entweder der Burschicosität wie in Soest, oder der Mystik wie in Bunzlau.[11] – An eine individuelle Leitung, väterliches Verhältniß, praktische Ausbildung ist dann nicht zu denken. Die Lehrer werden Stundengeber.

Ich bin ganz gegen das Project. Erhalten Sie dem R[e]g[ierung]sb[e]z[ir]k Düsseldorf das Seminar! Klein u. rein!

Mit Hochachtung u. Liebe

Ihr Diesterweg.

Eigh., HStA Düsseldorf, RWN 211 (Nachl. Altgelt), Nr. 3, o. F.

[1] Gemeint ist Ernst Theodor Diesterweg (vgl. Stadtarchiv Moers, Geburtsurkunde Nr. 92 vom 7. September 1831, Sterbeurkunde Nr. 70 vom 14. September 1831); er wurde nicht in die Handbibel der Familie eingetragen, in der alle anderen neun Kinder genannt werden (vgl. Langenberg, Eduard: Adolph Diesterweg. Sein Leben und seine Schriften. Unter Mitwirkung der Familie hrsg. Dritter Theil: Diesterweg außer Diensten. Frankfurt a. M. 1868. Kap. XXIV: Familiennachrichten, S. 238 ff.). Im Alter von zehn Stunden war Theodor Diesterweg in Anwesenheit der Lehrer Fr. Thalheim (s. ds.) und Fr. A. L. Schürmann (s. ds.) dem Bürgermeister vorgezeigt worden; diese beiden meldeten auch den Tod des Säuglings, was auf ihre enge Beziehung zu Diesterweg hindeutet,

[2] Lehrer Cölven in Bergheim und Oestrum war bei seiner Vokation 1793 neben einem spärlichen Gehalt das Schulgeld von drei Silberlingen pro Kind sowie der sogenannte „Wandeltisch" zugesagt worden – eine Entlohnung in Naturalien, indem die Eltern der Schüler abwechselnd für die Ernährung des Lehrers sorgten; in der Regel hatte er sich zum Abendessen einzustellen.
Die Königliche Regierung hatte sich grundsätzlich gegen den Brauch des Wandeltisches ausgesprochen und stattdessen eine angemessene Gehaltserhöhung und Pensionsanhebung für die Lehrer gefordert (vgl. Brief vom 11. Februar 1832 <Nr. 249>).
Aus diesem Grunde hatte Cölven auf Anraten von Superintendent Roß um 1827 auf den Wandeltisch verzichtet, da Roß ihm stattdessen eine angemessene Erhöhung seines spärlichen Gehaltes und seiner späteren Pension zugesagt hatte. Eine solche war ihm jedoch bis 1831 nicht zuteil geworden, so daß er den Wandeltisch wieder aufnehmen mußte.
Die Gemeinde hoffte, der als mittlerweile „altersschwach" bezeichnete Lehrer werde unter solch schlechten Bedingungen – so war ihm der abendliche Gang zu vielen Häusern gar nicht mehr möglich – freiwillig abdanken, und man könne einen neuen Lehrer mit vollem Gehalt verpflichten.
Superintendent Roß hatte diese Situation unwillentlich noch verschärft, als er am 30. Mai 1828 in einem Schreiben an Landrat Freiherrn von Eerde angeregt hatte, in Zukunft die beiden Gemeindeschulen von Bergheim/Oestrum und Asterlagen/Winkelhausen zusammenzulegen, da letztere in einem unzumutbaren Zustand sei, und Cölven zu pensionieren, oder aber in Asterlagen einen Neubau zu veranlassen. Auf die Gemeinde, die beide Standorte behalten wollte, kamen dadurch unerwartet hohe Zahlungen zu. Sowohl den Bau als auch zwei Lehrergehälter und eine Pensionierung für Cölven zu bezahlen, wurde am 27. Mai vom zuständigen Gemeinderat in Emmerich, dem dortigen Gemeindepfarrer Mellinghoff sowie den Schulvorständen von Asterlagen und Bergheim in Anwesenheit von Roß abgelehnt; in einer weiteren Sitzung am 24. November, an der anstelle von Roß Schulpfleger Pfarrer Eßler aus Kapellen teilnahm, wurde die Ablehnung nochmals bekräftigt. Die Gemeinde könne weder – anstelle des Wandeltisches – eine zusätzliche Zahlung aufbringen noch gar Cölven eine Pension zahlen und zugleich einen neuen Lehrer einstellen.

Am 30. Juli 1830 teilte die Regierung Düsseldorf Landrat von Eerde mit, die Gemeinde sei sehr wohl verpflichtet, „den Mann, den sie selbst nicht mehr für tüchtig erachtet, gegen dessen sittliches Leben sie aber nichts vorbringen kann, zu pensioniren, und zugleich die Mittel zur Anstellung einse qualifizirten Nachfolgers bereit zu stellen". Am 23. Oktober bat von Eerde die Regierung darum, Pfarrer Eßler damit zu beauftragen, auf Cölven dahingehend einzuwirken, daß dieser mit einer bescheidenen Pensionierung zufrieden sei.

Eßler berichtete dem Landrat am 22. Juli 1831, mit dem Gemeinde- und Schulvorstand habe er keine Einigung erzielen können, da man Cölven für wohlhabend halte und nicht gewillt sei, seinen freiwilligen, nicht abgesprochenen Verzicht auf den Wandeltisch anderweitig zu entgelten. Man sei allerdings bereit, ihn unter Beibehaltung seines kleinen Festgehaltes (22 1/2 Reichstaler) zu pensionieren. Auf den Bericht des Landrats hin forderte die Regierung diesen am 31. Oktober auf, dennoch die Pensionierung Cölvens, die ja am 30. Juli 1830 beschlossen worden sei, durchzuführen und die Berechtigung seiner Gehaltsansprüche anhand seines Vokationsschreibens vom Januar 1793 zu prüfen; Pfarrer Eßler aber sei ausdrücklich die Mißbilligung der Regierung wegen seines sein erfolglosen Verhandelns auszusprechen. (Sämtliche Dokumente in: HStA Düsseldorf, L.A. Moers, Nr. 503, o. F.)
Für Diesterweg waren diese Umstände offenbar Anlaß für eine Nachfrage bei Roß, der mittlerweile in Berlin wirkte, und für weitere Schritte zugunsten von Cölven (vgl. Brief vom 11. Februar 1832 <Nr. 249>).

[3] Diesterweg hatte immer wieder mit der säumigen Zahlung der Seminaristen zu kämpfen; siehe Brief vom 14. Juni 1829 (Nr. 204). Zum Zeitpunkt der Abfassung dieses Briefes war er bereits durch Minister von Altenstein (s. ds.) über seine Berufung nach Berlin unterrichtet und angewiesen worden, sich für den Herbst bereit zu halten. Das Provinzialschulkollegium war am 11. August beauftragt worden, die Bestallung auszufertigen (GStA PK, I. HA Rep. 76 Kultusministerium, VII Sekt. 14 bb Nr. 5 Bd. 3: 161r).

[4] Gemeint ist Friedrich Andrießen (s. ds.), der Bruder des Seminaristen Adolph Andrießen. Friedrich A. hatte am 11. September 1831 ein Schreiben an Regierungsschulrat J. H. Altgelt gerichtet mit der Bitte, bei Diesterweg Fürsprache für seinen Bruder zu halten (eigh., HStA Düsseldorf, RWN 211 <Nachl. Altgelt>, Nr. 2, o. F.). Jener habe dem Vater bei beiden versprochen, daß Adolph allein für seine Kleidung aufzukommen habe. Daß er nun Kostgeld fordere, sei nicht vereinbart; die Mittel dazu seien zu keinem Zeitpunkt vorhanden gewesen. Die Situation war dadurch erschwert, daß der Vater unmittelbar nach dieser Absprache verstorben war und keine schriftliche Abmachung vorlag.

[5] Als Sprichwort auch bekannt in den Formulierungen: „jemandem die Vögel auf dem Dach zeigen" oder „jemandem einen Vogel zeigen". Hier ist gemeint: Geld, das man jemandem schuldet, einfach nicht zu bezahlen.

[6] Durch Vermittlung von M. A. Fr. Vinmann (s. ds.) und K. Hoffmeister (s. ds.) erhielt Andriessen eine Nebentätigkeit als Zeichenlehrer am Moerser Progymnasium, damit er seine Zahlungen leisten konnte. Er machte sein Schullehrerexamen unter Diesterwegs Nachfolger Franz Ludwig Zahn (s. ds. Personenregister Bd. III und X). Seine weitere Entwicklung widerlegt Diesterwegs düstere Prognose: Adolph Andriessen wurde nach Ablegung der Prüfung vor der Königlichen Wissenschaftlichen Prüfungskommission in Bonn Lehrer und später Oberlehrer an der höheren Bürgerschule in Rheydt.

[7] Die Schulamtskandidaten mit Zeugnis Nr. II und III hatten sich laut Reglement von 1824 und Ministerialverfügung vom 1. Juni 1826 nach drei Jahren einer abermaligen Prüfung im Seminar zu stellen (GStA PK, VI. HA Familienarchive und Nachlässe, Nachlaß Thiele, Nr. 42: S. 379–443, §37/42); siehe Brief vom 26. Dezember 1826 (Nr. 159). Es gab auch Ausnahmeregelungen; siehe Aktenvermerk vom 30. Juli 1824 (Nr. 80).

[8] Die Vereinigung von Moers und Neuwied war vor der definitiven Berufung Diesterwegs zum Direktor schon einmal erwogen worden. Siehe Briefe vom 9. Mai und 6. Juni 1822 (Nr. 39 und Nr. 41).

[9] Der Fürst von Wied.

[10] sub rosa (lat.): unter der Rose; seit dem Mittelalter Ausdruck für eine vertrauliche Mitteilung.

[11] Das Soester Seminar hatte Diesterweg auf seiner pädagogischen Reise im Jahre 1825 besucht; siehe Anmerkung 1 zum Brief vom 10. Juni 1825 (Nr. 120). – Die Bunzlauer Verhältnisse könnten ihm über Carl Ernst (s. ds.) bekannt geworden sein, den ehemaligen zweiten Lehrer in Moers, der nach Bunzlau berufen worden war; siehe Jahresbericht für 1825 vom 18. Februar 1826 (Nr. 142).

524

243
An das Provinzialschulkollegium der Provinz Brandenburg, Berlin

Moers, 24. September 1831

An das Königliche Hochlöbliche Schul-Collegium der Provinz Brandenburg in Berlin.

Bitte des Dr. Diesterweg um Verlängerung seines Aufenthalts in Mörs bis zum nächsten Frühling.

Dem in der verehrlichen Verfügung eines Hochlöblichen Schul-Collegii vom 5. Septbr. c. enthaltenen Auftrage: „die Zeit meiner Abreise von hier baldigst anzuzeigen" säume ich nicht, hiermit zu entsprechen.[1]

So nahe mir selbst auch der Wunsch liegen muß, möglichst bald das mir hochgeneigtest übertragene Lehramt anzutreten, so nöthigen mir doch die Verhältnisse das Verlangen dringend auf, daß es mir vergönnt sein möge, meine Abreise von hier bis zum nächsten Frühling verschieben zu können. Wenn ich vor Weihnachten dieses Jahres in Berlin eintreffen sollte, würde ich entweder in der schlimmsten Jahreszeit, in den kürzesten und unfreundlichsten Tagen mit meiner Familie, die außer meiner Frau und mir aus acht, zum Theil noch sehr zarten Kindern besteht, eine so weite, so beschwerliche und für die Gesundheit nicht ungefährliche Reise unternehmen, oder ich würde mich entschließen müssen, meine Familie hier zurückzulassen und allein abzureisen. Allein beides erscheint nicht nur mir selbst, sondern allen den Männern, die einigen Antheil an mir nehmen in gleichem Grade bedenklich, indem ich der verderblichen und schrecklichen Krankheit entweder mit der ganzen Familie oder allein entgegen ginge.[2] Aber wie wollte ich zu letzterem mich entschließen können, bei der Möglichkeit, in der unbekannten Ferne von der Seuche ergriffen und vielleicht hingerafft zu werden! In keinem Falle würde ich in Berlin mit ungetrübtem Sinn leben und wirken können.

Unter diesen Verhältnissen welche ich dem wohlwollenden Ermessen eines Hochlöblichen Collegii gehorsamst empfehlen möchte, drängt sich mir der Wunsch lebhaft auf, daß Hochdasselbe gestatten möge, das mir übertragene Amt erst im Frühling des nächsten Jahres anzutreten. Ich mache mir um so mehr die Hoffnung der Gewährung dieser meiner innigen Bitte, da die Eröffnung eines zweiten Cursus bis Ostern k. J. verschoben worden ist, wegen welches Umstandes das Berufschreiben eines Hohen Ministerii vom 11. Aug. d. J.[3] meine Ankunft in Berlin in diesem Herbste als „wünschenswerth" bezeichnete.

Die Gewährung meiner gehorsamen Bitte würde auch dem hiesigen Seminar zu gut kommen, indem meine Stelle bis zum Schlusse d. J. nicht wohl wieder besetzt werden kann, eine längere Unterbrechung meiner Amtsfunctionen an der hiesigen, nicht erst zu errichtenden Anstalt für dieselbe aber von sehr nachtheiligen Folgen sein müßte. Endlich gewönne ich selbst dadurch die Muße, mich im Laufe des bevorstehenden Winters auf mein neues Amt vorbereiten zu können, falls ein Hochlöbliches Collegium die hiermit ausgesprochene gehorsamste Bitte:

„mir die in der verehrlichen Verfügung vom 5. Septbr. c. angedeutete Dienst-Instruction hochgefälligst bald zukommen zu lassen"

gewähren wollte.

525

Mögen die außerordentlichen Umstände, in welchen wir leben, mich bei einem Hochlöblichen Collegio entschuldigen, daß ich gleich zu Anfang Hochdemselben mich mit einer Bitte nahe.[4]

Der Seminardirector
Diesterweg.[5]

Ausf. mit eigh. Unterschr., GStA PK, I. HA Rep. 76 Seminare, Nr. 930: 80r–81v; Rep. 76 Kultusministerium, VII Sekt. 14 bb Nr. 5 Bd. 2: 114r–115v;
Abschr., GStA PK, I. HA Rep. 76 Kultusministerium, VII Sekt. 14 bb Nr. 5 Bd. 2: 128r–130r (letztere datiert vom 26. September); inhaltliche Abweichungen liegen nicht vor.

[1] Diesterweg wurde offiziell erst am 8. November 1831 zum Direktor in Berlin bestellt; siehe Anmerkung 3 zum Brief vom 21. Mai 1831 (Nr. 233). Diese Urkunde war die zweite Fassung; das Ministerium hatte die Bestätigung der ersten am 5. September verweigert und die Urkunde zur Umarbeitung zurückgegeben (GStA PK, I. HA Rep. 76 Seminare, Nr. 930: 84r).

[2] In Berlin grassierte die Cholera (vgl. Rheinisch-westphälischer Anzeiger vom 9. November 1831, Sp. 1614).

[3] Siehe Brief vom 14. September 1831 (Nr. 242), Anmerkung 3.

[4] Der Bitte wurde stattgegeben und der Amtsantritt auf das kommende Osterfest verlegt. Das Ministerium wies das Provinzialschulkollegium Brandenburg an, bis dahin einen Vertreter für Diesterweg zu bestimmen, die weitere Organisation aufzuschieben und die Aufnahme neuer Zöglinge bis Michaelis (29. September) auszusetzen (GStA PK, I. HA Rep. 76 Seminare, Nr. 930: 94r).

[5] Auch die als Quelle angeführte Abschrift (Rep. 76 Kultusministerium, VII Sekt. 14 bb Nr. 5 Bd. 2: 128r-130r), von Diesterweg seinem Schreiben an das Ministerium vom 24. September 1831 (Brief Nr. 244) beigefügt, ist trotz des für Kopien typischen „gez." vor der Namenszeichnung von Diesterweg eigenhändig unterschrieben.

244
An das Ministerium der geistlichen, Unterrichts-
und Medizinalangelegenheiten, Berlin

Moers, 24. September 1831

An Ein Hohes Ministerium der geistlichen, Unterrichts- und Medicinal-Angelegenheiten in Berlin

Bitte des Dr. Diesterweg um Verlängerung seines Aufenthalts in Mörs bis zum nächsten Frühling.

Auf die höchst verehrliche Verfügung eines Hohen Ministerii vom 11. August dieses Jahres, welches mich zum Director des berlinischen Seminars für Stadtschulen ernennt,[1] würde ich gegen Hochdasselbe schon meinen unterthänigsten Dank ausgesprochen haben, wenn ich nicht die in Demselben angedeutete Verfügung des Königlichen Provincial-Schul-Collegii in Berlin, durch welche der Termin des Antritts des neuen Amtes mir mitgetheilt werden sollte, hätte abwarten wollen. Dieselbe ist mir nun inzwischen eingehändigt worden und ich werde darin aufgefordert, noch vor Weihnachten dieses Jahres in Berlin zu erscheinen und mit dem Beginn des folgenden Jahres meinen Unterricht zu beginnen.

Allein die außerordentlichen Umstände, in welchen wir leben, nöthigen mir den Wunsch ab, bis zum nächsten Frühling meine Abreise von hier verschieben zu können. Ich habe nicht gesäumt, denselben dem Königlichen Schul-Collegio der Provinz Brandenburg vorzulegen, und ein Hohes Ministerium möge es höchstgefälligst erlauben, Abschrift davon Hochdemselben hiermit unterthänigst zu überreichen, um daran die Bitte zu reihen, daß es Hochdemselben gefallen möge, das Königliche Provincial-Schul-Collegium in Berlin, falls es dessen bedürfen sollte, zu ermächtigen, mir zu erlauben, den Antritt des mir übertragenen neuen Amtes bis zum nächsten Frühling verschieben zu dürfen. Da die Aufnahme neuer Zöglinge in das Seminar bis zu Ostern künftigen Jahres verschoben worden ist, so hoffe ich um so mehr auf die hochgefällige Gewährung meiner Bitte, welche ich der wohlwollenden gütigen Erwägung eines Hohen Ministerii unterthänigst anheim stelle.[2]

Der Seminardirector
Diesterweg.

Ausf. mit eigh. Unterschr., GStA PK, I. HA Rep. 76 Kultusministerium, VII neu Sekt. 14 bb Teil 1 Nr. 5 Bd. 2: 112r–113r

[1] Definitiv erfolgte die Ernennung am 8. November 1831; siehe Brief an das Provinzialschulkollegium vom 24. September 1831 (Nr. 243), Anmerkung 1.

[2] Der Bitte wurde stattgegeben; siehe Brief an das Provinzialschulkollegium vom 24. September 1831 (Nr. 243), Anmerkung 4.

245
An das Provinzialschulkollegium der Rheinprovinz, Koblenz

Moers, 15. Oktober 1831

An Ein Königliches Hochlobliches Rheinisches Provinzial Schul Collegium zu Coblenz

Betrift [sic!] die Wiederbesetzung meiner Lehrstelle

Ein Hochlobliches Provinzial-Schul Collegium ertheilte mir in dem verehrlichen Erlaß vom 2. Sept: c. den Auftrag, zur Wiederbesetzung meiner Lehrstelle einen Schulmann in Vorschlag zu bringen, welcher zugleich Theologe sey.

Diesem verehrlichen Auftrage würde ich als bald nachgekommen seyn, wenn es mir gelungen wäre, einen dazu geeigneten Mann aufzufinden, welcher zuerst und hauptsächlich Schulmann[1] und außerdem zugleich Theologe ist. Aber mir ist kein Mann bekannt geworden, welcher diese beiden Eigenschaften in sich vereinigt.

Nach meinem Ermessen wird es besonders darauf ankommen, einem möglichst tüchtigen vielseitig gebildeten Schulmann die durch meine Versetzung nach Berlin erledigte Lehrstelle zu übergeben, einem Manne, welcher der Forderung des Volks-Schulwesens alle anderen Interessen, Ansichten und Bestrebungen unterordnet. In der doppelten Voraussetzung, einmal daß die eben ausgesprochene Ansicht ihre Begründung in dem Zwecke der Seminarien finde; dann, daß sich vielleicht kein Mann finden möchte, welcher als Theolo-

527

ge, eine so vorzügliche Qualification zu meiner Lehrstelle besitzt, als der, welchen ich vorzuschlagen gesonnen bin, obgleich er nicht Theologe ist: mochte ich die Aufmerksamkeit Eines Hochlöblichen Collegii auf den zweiten Lehrer der höheren Bürger-Schule in Barmen, Herrn EWICH hinlenken.

Ohne Zweifel ist derselbe von Seiten seiner persönlichen Eigenschaften u seiner amtlichen Thätigkeit E[inem] Hochlobl Collegio bekannt. Ich selbst kann nach Jahre langer Bekanntschaft mit ihm und seiner Schule Folgendes von ihm aussagen:

p EWICH arbeitet seit mehr denn 20 Jahren in dem Schulwesen, zuerst als Elementarlehrer, dann als Vorsteher eines Erziehungs-Instituts, jetzt als Lehrer einer höheren Bürgerschule. Seine Leistungen als Lehrer in den verschiedensten Fächern, von dem Unterrichte in dem sogenannten A.B.C. bis zum Religions Unterrichte, waren theils gut, theils vorzüglich. Er besaß die Liebe seiner Schüler und Schülerinnen stets in vorzüglichem Grade. Seine Disciplin ist ernst und human, seine Kenntnisse sind in mehreren Fächern ausgezeichnet, in jedem Falle weit ausreichend.

Mit mehr als gewohnlicher Liebe und Neigung arbeitet er im Unterrichtswesen in und außer der Schule, ja er lebt einzig und allein seinem Berufe. Wie sein „Human"[2] mit Liebe und Begeisterung geschrieben ist, so durchdringen und beleben ihn diese Eigenschaften.

Wenn es wahr ist, daß Wunsch und Vorliebe für ein bestimmtes Amt Bürgschaft leisten für tüchtige Wirksamkeit in demselben, so darf man sich aus diesem Grunde auch von EWICH Ausgezeichnetes versprechen; denn schon seit Jahren nährt er kein sehnlicheres Verlangen, als das, Lehrer und Vorsteher eines Seminars zu werden. Außerdem zeichnen ihn ungeheuchelte Redlichkeit, Offenheit, Geradsinn, Biederkeit, streng moralischer Lebenswandel und lebendiger Eifer für Tugend und Religion aus.

Nichts liegt mir mehr am Herzen, als daß das hiesige Seminar, an dem ich seit seiner Entstehung 11 Jahre gearbeitet habe, den tüchtigsten Pädagogen und thätigsten Schulmann zum Vorsteher erhalte. Ein Tüchtigerer und Würdigerer als der Genannte ist mir nicht bekannt.

Ich glaube daher dem mir hochgefälligst ertheilten Auftrage entsprochen zu haben, indem ich die Aufmerksamkeit Eines Hochlöblichen Collegii auf Herrn EWICH in Barmen hinzulenken versuchte.[3]

Der Seminar Director
(gz) Diesterweg.

Abschr., GStA PK, I. HA Rep. 76 Kultusministerium, VII neu Sekt. 25 C Teil I Bd. 4 Nr. 4: 173ʳ–174ᵛ

[1] Für Diesterweg zählte primär die pädagogische Qualifikation eines Kandidaten. Dagegen bevorzugte die offizielle preußische Kulturpolitik Theologen für das Amt (siehe dazu auch Goebel, Klaus: Diesterwegs Nachfolger in Moers. Die politische Vorgeschichte der Berufung Franz Ludwig Zahns zum Seminardirektor 1832. In: Rheinische Vierteljahresblätter 36 <1972>, S. 229–244). In kirchlichen wie in politischen Kreisen hoffte man, mit dieser Personalpolitik die Lehrerschaft von liberalen Einflüssen fernzuhalten. – Aus diesem Interesse heraus wurde Diesterweg beispielsweise vom Provinzialschulkollegium im Auftrag des Ministeriums aufgefordert, darauf zu achten, daß Lehrer keine „Tagesbegebenheiten oder Gegenstände der Politik" als Beispiele, Diktate oder dergleichen wählen sollten (GStA PK, I. HA Rep. 76 Seminare, Nr. 10065: 71v).

[2] Gemeint ist Ewichs Schrift: Human, der Lehrer einer niederen und höheren Volksschule in seinem Wesen und Wirken. Elberfeld: Büschler 1829.

528

3 Ewichs Kandidatur scheiterte bereits am Zeugnis der Königlichen Regierung Düsseldorf, deren Urteil sich Regierungsrat K. A. G. Dreist (s. ds.) in Berlin anschloß (siehe Goebel, Klaus <siehe obige Anmerkung 1>, a.a.O.).

246

An das Provinzialschulkollegium der Rheinprovinz, Koblenz

Moers, 18. Oktober 1831

1 a|| b N a c h t r a g : b|

Nachdem ich mich in hochverehrl. Auftrage Eines Hochl. cCollegiicl in meinem gehorsamsten Berichte vom d16dl d. M. über die Wiederbesetzung meiner Lehrstelle nach reiflichstem Nachdenken zu äußern 2 nicht verfehlt habe, möge es mir vergönnt sein, 3 nachträglich einen zweiten unmaßgeblichen Vorschlag dem ersten 4 beizufügen, um, so viel von mir abhangen möchte, dazu beizutragen, daß das hiesige S[emina]r, 5 dessen 6 Gedeihen einer der höchsten Wünsche meines Lebens sein muß, in meinem Nachfolger einen recht 7 würdigen Director erhalten möge.

8 Weiter fortgesetztes Nachdenken hat mich in der Ueberzeug[un]g, daß H Ewich der zu besetzenden eLehrstelleel durchaus würdig sei u. zu den sichersten Erwartungen berechtige, nicht 9 wankend gemacht, vielmehr 10 die Überzeug[un]g, die ich in d[ie]s[e]r B[e]z[ie]h[un]g hege, bestätigt u. verstärkt.

fAberfl für den Fall, daß die dem S[emina]r vorgesetzten hohen Behörden 11 die Beding[un]g, daß 12 mein Nachf[o]lg[e]r ein ev[an]g[e]l[i]scher Theologe sein soll,[1] gals unerlaßlichgl 13 festhalten möchten, 14 wünschte ich die A[u]fm[e]rks[am]k[ei]t hDerselbenhl auf 15 H. JULIUS Grashof, Divisionsprediger in Cöln, hinzulenken. Zwar ist derselbe ill in dem Elementarunterrichtswesen nicht unmittelbar besch[ä]ftigt gewesen; aber theils hat sich derselbe d[u]rch sein Lehramt als C[on]r[e]ctor an dem hiesigen Progymnasio, 16 wie als Lehrer jderjl Div[i]sionsschulen in Trier u. Cöln und d[u]rch vielfachen Privatunterricht Gewandtheit im Unterrichten erworben; theils ist derselbe von sehr großer Liebe zum kL[e]hrfachekl, auch zu dem an Seminarien besellt *[sic!]* 17 ; 18 überdieß darf man 19 lvon dessen großer Gewissenh[a]ftigk[ei]t u. Pflichttreuell mit Zuversicht erwarten, daß derselbe, falls ihm meine Lehrstelle, welche anzunehmen er, wie ich mll in diesen Tagen erfahren habe, gesonnen 20 wäre, übertragen werden sollte, sich alsbald die erforderlichen Kenntnisse des Elementarschulwesens in theoret. u. prakt. Hinsicht erwerben würde. nll Zufolge der genauen Bekanntschaft, die mir A von dessen Charakter beiwohnt, darf ich diese Versicherung in so hohem Grade geben, als dieß üb[e]rh[au]pt oder Eine vom Andernol zu 21 verbürgen im Stande ist. pll Wie weit das ernste Streben desselben üb[e]rh[au]pt geht ist aus 22 dessen literarischen Vorwurf: das Neue Testament 23 neu zu übersetzen, wovon auch bereits ein Theil als Probe erschienen ist, hinlänglich zu ersehen.[2]

Im Falle daher ein 24 Hochl. Provincial-Schul-Collegium H. qEwichql aus anderweitigen rll Gründen nicht zu meinem Nachfolger zu erwählen geneigt sein 25 ssollesl, würde ich es für

529

die hiesige Anstalt f[ü]r ein Glück erachten, wenn meine Lehrstelle _{tll} H. Divisionsprediger
GRASHOF in Cöln _u übertragen werden möchte_{ul}.³

Eigh. Entw., GStA PK, I. HA Rep. 76 Seminare, Nr. 10065: 100ʳ⁺ᵛ;
Abschr., GStA PK, I. HA Rep. 76 Kultusministerium, VII neu Sekt. 25 C Teil I Bd. 4 Nr. 4: 175ʳ–176ʳ

¹ Der Theologenstatus war sowohl für die Düsseldorfer Regierung als auch für das Ministerium unab-
dingbar; siehe dazu auch Brief vom 15. Oktober 1831 (Nr. 245), Anmerkung 1.
² Grashof, Julius Werner: Die Briefe des Jacobus, Petrus, Johannes und Judas: Als Probe einer Ausgabe der heiligen Schrift neuen Testaments übersetzt und erklärt. Essen: Bädeker 1830.
Die Beurteilung dieser Schrift durch Regierungsrat K. A. G. Dreist fiel so mäßig aus, daß Grashof aus
dem Bewerbungsverfahren ausschied (siehe Goebel, Klaus: Diesterwegs Nachfolger in Moers. Die politische Vorgeschichte der Berufung Franz Ludwig Zahns zum Seminardirektor 1832. In: Rheinische
Vierteljahresblätter 36 <1972>, S. 229–244).
³ Siehe Anmerkungen zum Brief vom 15. Oktober1831 (Nr. 245).

247
Sitzungsprotokoll des Gemeinderates
und des städtischen Schulvorstandes Moers

Moers, 23. November 1831

Verhandelt zu Meurs am 23ten November 1831¹

Der heute versammelte Schul-Vorstand und Gemeinde Rath der Stadt Meurs zog in Berathung auf welche Weise und aus welchen Kassen der Fond genommen werde solle, der
gemäß landräthlicher Verhandlung vom 13ten September cur. a:, bestätigt durch Verfügung Konigl Hochloblicher Regierung vom 29ten Sept. a. c. I:S:V: No: 4941 dem ehemaligen Elementar Lehrer BLECKMANN zu Meurs für seinen freiwilligen Zurücktritt von
seinem Lehrer-Amte² als Pension, mit Einhundert Thaler Preußisch Courant jährlich, zu
geben sey.

Die Anwesenden unterwarfen diesen wichtigen und für die bürgerliche Gemeinde immer
drückenden Gegenstand einer umsichtigen Erorterung und kamen einhellig darin überein
daß dieser Fonds füglich aus den Kassen fließen könne welche seither das Gehalt des
BLECKMANN, in so weit das in diese Kassen fließende Schulgeld dabey nicht concurire, auf-
gebracht hätten.

Unter Hinzurechnung des Schulgeldes würde nach obigem Beschlusse der Elementar
Schulkasse noch einen Fond von etwa zweihundert Thaler Preuß. Crt für den an BLECK-
MANNS Stelle neu zu erwahlenden Lehrer bleiben, welcher Fond dann für die Erlangung
eines tüchtigen dem Bedürfniß der Stadt Jugend und der Schule entsprechenden Lehrers
aus reichend erscheine, wenn diesem bei seiner Ernennung die Zusicherung ertheilet
werden könnte daß ihm aus Gemeinde Mitteln schon nach Jahres Frist eine Zulage von
Einhundert Thaler Preuß. Crt gewahrt werden solle, wenn das einhellige Zeugniß des
Schulvorstandes, der unterdeß sein Wirken in seinem Berufe und sein Verhalten zu beobachten Gelegenheit gehabt habe ihn dieser Zulage würdig erkläre.

530

Einem tüchtigen erprobt guten Elementar Lehrer die vorberührte Zulage aus Gemeinde Mitteln unter oben erwahnten Umstanden zu bewilligen erklarte der Gemeinderath sich gerne geneigt worauf gegenwartige Verhandlung geschlossen und nach geschehener Vorlesung und Genehmigung voll zogen wurde

Meurs wie Eingangs.

	Der Schulvorstand	Der Gemeinderath.
	WITFELD	H W WEVER
	W BORNEMANN	BORCHARDT
	Diesterweg	NEUENBUHR
	HAENTJES.	SCHULZE
		RÖMER
		K. MÜLLER
		MAEHLER
		HOLDINGHAUS
	VALLENDER	RATING

Ausf. mit eigh. Unterschr., Stadtarchiv Moers, Alte Registratur (16.–Anfang 20. Jahrhundert), Karton 246, o. F.

[1] Den ersten Teil dieser Verhandlung – daß nämlich die 100 Taler für Bleckmann aus der Schulkasse genommen werden sollten – hält ein gesondertes kurzes Protokoll fest, das dem hier wiedergegebenen in derselben Akte abschriftlich vorangestellt ist. Möglicherweise war diese Kurzfassung für den Landrat bestimmt, da sie den in der landratlichen Verhandlung besprochenen Teil der Sitzung betraf.
Ein mit dem hier wiedergegebenen fast gleichlautendes Protokoll hält, in derselben Akte, nochmals ausdrücklich die Beschlüsse zur Bezahlung des künftigen Elementarlehrers fest. Der katholische Pfarrer Haentjes stimmte unter der Bedingung zu, „daß dadurch dem künftig anzustellenden kath. Lehrer keine Beeinträchtigung geschehen dürfe“ (Stadtarchiv Moers, Alte Registratur <16.–Anfang 20. Jahrhundert>, Karton 246, o. F.).
[2] Zum Vorgang der Suspendierung des Lehrers Bleckmann vgl. Brief vom 16. Juni 1831 (Nr. 239) und die dortige Anmerkung 1.

248
An das Provinzialschulkollegium der Provinz Brandenburg, Berlin

Moers, 7. Januar 1832

Der Dr. Diesterweg bittet gehorsamst um hochgefällige Anweisung seiner Dienstwohnung.

Einem Königlichen Hochlöblichen Collegio der Provinz Brandenburg statte ich hiermit für die unterm 16. v. M. hochgefälligst mir ertheilte Erlaubniß, bis gegen Ostern d. J. meine Abreise von hier verschieben zu dürfen, den gehorsamsten Dank ab.[1]

Ich hoffe die Einrichtung so treffen zu können, daß ich einige Wochen vor Ostern in Berlin eintreffe. Da ich wegen der weiten Entfernung die Reise in Gesellschaft meiner Familie zu machen genöthigt bin, so werde ich die Einleitung dazu bald machen müssen. Diese besteht hauptsächlich darin, daß ich vorher die unentbehrlichsten Bedürfnisse nach Berlin schaffen lasse. Darum entsteht in mir der Wunsch, daß es Einem Hochlöblichen Schul Collegio gefallen möge, mir möglichst bald das Haus, in welchem ich meine Dienstwohnung finden werde, und diese selbst anzuweisen.

Möge Ein Hochlöbliches Collegium bei der Bestimmung der Ausdehnung derselben zugleich meine zahlreiche Familie wohlwollend berücksichtigen. Es wird stets mein Bestreben sein, mich der Güte verehrter Vorgesetzten würdig zu machen.[2]

Der Seminardirector
Dr. Diesterweg.

Abschr., GStA PK, I. HA Rep.76 Kultusministerium, VII Sekt. 14 bb Nr. 5 Bd. 2: 197^{r+v}

[1] Diesterweg traf erst am 5. Mai mit seiner Familie in Berlin ein; siehe Brief vom 2. April 1832 (Nr. 252).
[2] Siehe Brief vom 25. Februar 1832 (Nr. 250).

249
An Landrat Friedrich Heinrich Melchior Clemens August Freiherr von Eerde, Geldern

Moers, 11. Februar 1832

Wohlgeborner,
Hochzuehrender Herr Landrath!

Für den Schullehrer CÖLVEN in Bergheim hatte ich mich an H. Probst Ross in Berlin gewandt.[1] Derselbe hatte, als er noch Schulpfleger der evangel. Schulen des Kreises Rheinberg war, den CÖLVEN veranlaßt, den Wandeltisch, den er nach 4 Jahren Unterbrechung, leider! wieder hat anfangen müssen, aufzugeben, ihm dafür eine angemessene Vergütung und Pensionirung, die ihm aus Communalmitteln werden sollten, versprechend. Darum hatte der CÖLVEN gerechten Anspruch auf Rath u. Unterstützung von Seiten des H. Probst Ross bei der endlichen, für den schwachen, alten, braven Mann so wünschenswerthen Regulirung seiner Angelegenheiten mit den Gemeinden zu Bergheim und Oestrum. H. Ross verweiset mich in seinem Antwortschreiben an Ew. Hochwohlgeboren, mich auffordernd, in seinem Namen diese Angelegenheit Ew. Hochwohlgeboren besonderem geneigten Wohlwollen u. humanen Berücksichtigung der Verhältnisse eines im Schuldienste und mit dem spärlichsten Gehalte ergraueten Mannes zu empfehlen. Indem ich mich dieses Auftrags hiermit entledige, erlauben Ew. Wohlgeboren noch, daß auch ich den sehnlichen Wunsch ausspreche, daß die bescheidenen Wünsche des armen Cölven doch endlich erfüllt werden möchten. Die K. Regierung will nicht, daß die Schullehrer reihenweise zu Tische umhergehen, u. dennoch hat sich der arme Mann genöthigt gesehen, endlich den Wandeltisch wieder anzufangen, ungeachtet es ihm Abends unmöglich ist, in dunkler Nacht entfernte Wohnhäuser zu suchen. Sollte ihm nun nicht nach Gerechtigkeit und Billigkeit eine Entschädigung gebühren, daß er 4 – 5 Jahre auf seine Kosten gezehrt hat?!

Bald ist derselbe 50 Jahre im Dienst, bei einer fixen Besoldung von 22 ^{1}/$_2$ Rh. Nun verlangt derselbe, da er keine Federn mehr schneiden kann, 50 Rh Pension. Gewiß eine sehr billige Forderung.

Er u. Andere würden es mit großem Danke anerkennen, wenn Ew. Hochwohlgeboren diese Angelegenheit einem erwünschten baldigen Ende entgegen führen möchten.[2]

Ich verharre mit vorzüglicher Hochachtung

Ew. Hochwohlgeboren

gehorsamer D[iene]r
Dr. Diesterweg.

Eigh., HStA Düsseldorf, L.A. Moers, Nr. 503 (Bergheim), o. F.

[1] Zu den Problemen im Zusammenhang mit der Besoldung und Pensionierung des Lehrers Cölven in Bergheim und Oestrum vgl. Anmerkung 2 zum Brief vom 14. September 1831 (Nr. 242).

[2] Landrat Freiherr von Eerde antwortete Diesterweg am 18. Februar 1832, er habe intensive Bemühungen um eine angemessene Pensionierung Cölvens eingeleitet und sei dem Auftrag der Regierung in Düsseldorf, aufgrund des Vokationsschreibens vom 21. Januar 1793 Cölvens gerechte Ansprüche „inclusive des Wandeltisches und des Ertrages des Schulgeldes" zu bestimmen, bereits nachgekommen.

Am 14. Februar setzte die Regierung aufgrund der Auskünfte von Eerdes die Pension des Lehrers Cölven auf 50 Reichstaler jährlich fest, in vierteljährlichen Raten auszuzahlen. Cölven erklärte sich angesichts dieser Höhe der Pension zum Verzicht auf eine rückwirkende Auszahlung des Wandeltisches bereit.

Zugleich verfügte die Regierung, in Zukunft sei dem neu einzustellenden Lehrer anstelle des Wandeltisches ein Fixum von 66 Reichstalern auszuzahlen. (Vgl. HStA Düsseldorf, L.A. Moers, Nr. 503, o. F.)

250
An Regierungsrat Otto Schulz, Berlin

Moers, 25. Februar 1832

Wohlgeborner,
Hochgeehrter Herr Schulrath!

Zufolge einer Verfügung des Königl. Schul-Collegii soll ich vor Ostern in Berlin eintreffen.[1] Dieses stimmt auch ganz mit meinen Wünschen überein, u. ich habe Alles so vorbereitet, daß ich etwa gegen den 20 sten März von hier abreisen kann, um wenigstens 14 Tage vor Ostern dort einzutreffen. Da es nun nöthig ist, daß ich bei meiner Ankunft daselbst das Unentbehrlichste, das ich von hier dorthin senden werde, daselbst antreffe, eine Fuhre von hier aber gegen 4 Wochen Zeit zur Reise gebraucht; so müßte ich dieselbe in der ersten Woche des März, also etwa von jetzt an in 8–10 Tagen spätestens, von hier absenden. Über diese Angelegenheit bin ich in einigen Sorgen. Denn noch ist mir die für mich bestimmte Dienstwohnung nicht angewiesen, kann auch voraus nicht wissen, wie bald dieses der Fall sein wird. Sollte sich dieses verzögern, so ist davon die unausbleibliche Folge, daß ich meine Abreise von hier so lange verschieben muß, bis ich darüber Gewißheit erlangt habe.[2] Schon hat mir inzwischen das K. Schul-Collegium in Coblenz die Entlassung gegen Ostern hin ertheilt, weßhalb ich nun endlich auch wirklich bald abreisen möchte.

Vielleicht könnten Sie, geehrtester Herr Schulrath! mir jetzt schon ein Näheres darüber mittheilen. In diesem Falle möchte ich gehorsamst darum bitten. Sollte diese Angelegenheit aber noch nicht im Reinen sein, so muß ich freilich in Geduld der Entwicklung entgegen sehen. Aber freilich geht nun mein sehnlicher Wunsch dahin, Ihnen für die Mühe, die ich Ihnen verursache, persönlich meinen angelegentlichsten Dank abstatten zu können, verharrend

Ew. Wohlgeboren

gehorsamster Dr
Diesterweg.

Eigh., GStA PK, I. HA Rep. 76 Seminare, Nr. 930: 112r+v

1 Siehe Anmerkungen zum Brief vom 24. September 1831 (Nr. 243).

2 Schulz antwortete am 3. März, daß die Wohnung in Berlin bereit stehe; siehe Brief vom 2. April 1832 (Nr. 252).

251
An das Provinzialschulkollegium der Rheinprovinz, Koblenz

Moers, 19. März 1832

An das Königl. Hochlöbl. Rheinische Provinzial-Schul-Collegium in Coblenz

Betr: den Austritt des Dr. Diesterweg aus seinen Amtsverhältnissen. ad resc: v. 31 ten Jan: c. 283.

Zuerst statte ich einem Hochl. Collegio für die unterm 31 ten Januar c. ertheilte Entlassung aus meinen Amtsverhältnissen an dem hiesigen Seminar den verbindlichsten Dank ab.

Noch lebhafter, inniger und dauernder fühle ich mich zu dieser Gesinnung erregt bei der mich stets belebenden Erinnerung an die humane Leitung und die wohlwollenden Gesinnungen, deren ich mich von Seiten der mir vorgesetzten hochverehrten Behörde zu erfreuen gehabt habe.

Auch für den Lehrer giebt es ausser der Stimme seines Gewissens keine heilsamere und kräftigere Ermunterung, als die Theilnahme, das Wohlwollen und die Achtung verehrungswürdiger Vorgesetzten. Da ich dieser großen Güter während meiner Wirksamkeit an dem hiesigen Seminar theilhaftig geworden bin, so spreche ich jetzt, bei dem nahe bevorstehenden Abgange von hier, gegen ein Hochl. Collegium hiermit die Versicherung aufrichtiger Verehrung und Dankbarkeit aus. –

Um der an mich von Seiten des K Schul Collegii der Provinz Brandenburg ergangenen Aufforderung zu genügen, bin ich gesonnen, mit dem Ende d. Mts oder in den ersten Tagen des Aprils mit meiner Familie von hier nach Berlin abzureisen. Da es nicht zu erwarten steht, daß mein Amtsnachfolger bis dahin hier eingetroffen sein sollte, so wird nach meinem Bedünken nichts übrig bleiben, als daß die beiden Lehrer SCHÜRMANN und ERK das Seminar allein fortführen, und, bei dem nicht zu umgehenden Ausfall meiner Unterrichtsfächer, inzwischen auf ihre Lehrgegenstände einen umfassenderen, die Kräfte der Zöglinge mehr in Anspruch nehmenden Werth legen. Ueberhaupt ist es von der Pflichttreue und dem Diensteifer dieser beiden Männer zu erwarten, daß sie den Mangel eines Directors der Anstalt den Zöglingen möglichst wenig fühlbar zu machen sich bestreben werden. Im Einzelnen erlaube ich mir noch folgende unmaßgebliche Vorschläge:

534

1) daß mein College Schürmann, in steter Berathung mit Erk, mit der interimistischen Leitung der Anstalt beauftragt und derselbe ermächtigt werde, einen Zögling, der sich etwa ungebührlich betragen möchte, sofort auf so lange seinen Eltern zuzusenden, bis ein Hochl: Collegium nach eingegangenem Berichte, über die gänzliche Ausschließung desselben oder seine Wiederaufnahme entschieden hat. Diese Ermächtigung würde Schürmann das nöthige Vertrauen zu sich selbst geben, und ein Mißbrauch dieser Erlaubniß ist in keiner Hinsicht zu besorgen.

2) daß, da die Zeit des Säens und Pflanzens herannaht, Schürmann und der Oekonom Keller in Verbindung Erlaubniß erhalten, den Seminargarten zu bepflanzen.

3) daß Schürmann beauftragt werde, das Inventarium des Seminars von mir zu übernehmen, und mir über den richtigen Empfang aller einzelnen Stücke Quittung zu ertheilen und mich dadurch meiner Verantwortlichkeit zu dechargiren.

Der Seminar Director
(gez:) Diesterweg

Abschr., GStA PK, I. HA Rep. 76 Kultusministerium, VII neu Sekt. 25 C Teil I Nr. 4 Bd. 4: 167r–168r

252
An Regierungsrat Otto Schulz, Berlin

Moers, 2. April 1832

Wohlgeborner,
Hochgeehrter Herr Schulrath!

Nachdem ich Ew. Wohlgeboren gefälliges Schreiben vom 3. März, welches die Gewißheit, daß meine Dienstwohnung alsbald in Bereitschaft gesetzt werde, ausspricht, empfangen hatte, zögerte ich nicht, die Anstalten zur baldigen Abreise zu treffen. Ich bat um meinen Abschied bei dem Schul-Collegio in Coblenz, packte die nach Berlin zu versendenden Sachen, sandte sie unterm 12. März, 40 Centner schwer, wirklich ab, kaufte einen Wagen etc., um spätestens 14 Tage vor Ostern in Berlin einzutreffen. Da wurde meine arme Frau plötzlich von einer schweren Krankheit befallen. Nun ist zwar bis zum heutigen Tage die Gefahr, in der wir wegen ihres Lebens geschwebt haben, vorüber, wie es scheint, und ein Rückfall nicht wohl zu befürchten; aber die auf den 30. März festgestellte Abreise hat verschoben werden müssen.

Wie schmerzlich nun dieser Verzug mir gewesen, kann ich kaum beschreiben. Alle unsre Mobilien sind verkauft, mein Amt habe ich niedergelegt und von Freunden und Bekannten der Gegend Abschied genommen. Mit Sehnsucht sah ich dem Tage entgegen, der den Schmerz der Trennung endigen sollte und mit Freude dachte ich an die Zeit, die ich vor Ostern in Berlin der ersten Einrichtung des Amtes und des Hauswesens widmen könnte, um mit diesem Zeitraume mich dem neuen Berufe ungestört widmen zu können. Aber das Geschick wollte es so nicht. Ich danke nur Gott, daß die Erhaltung meiner Frau nun gewiß scheint, und daß die Genesung derselben nun rasch fortschreiten wird.

Noch gebe ich zwar nicht alle Hoffnung auf, um die Zeit der Ostertage dort eintreffen zu können; aber doch läßt sich dieß nicht verbürgen.[1] In keinem Falle aber werde ich einen einzigen Tag länger hier verweilen, als es absolut nothwendig ist.

Es thut mir wahrhaft wehe, Ihnen, verehrter Herr Schulrath! diese Anzeige machen zu müssen. Ich muß fürchten, die Erweiterung des Seminars etc. wenigstens auf einige Wochen dadurch aufzuhalten und die Geschäfte Ew. Wohlgeboren dadurch zu vermehren. Aber ich muß in dem unabwendlichen Geschick, das meine Familie betroffen hat, meine Entschuldigung und Rechtfertigung suchen.

Hoffentlich ist dieses Schreiben das letzte, das ich an Ew. Wohlgeboren von hier aus zu richten genöthigt sein werde, der frohen Hoffnung lebend, bald, nach vollendeter Auflösung aller Bande, die mich an Mörs fesselten, in den neuen Wirkungskreis eintreten zu können. Bis dahin, wo ich das Vergnügen und die Ehre genießen werde, mich Ew. Wohlgeboren persönlich zu empfehlen, verharre ich mit der ausgezeichnetesten Hochachtung

Ew. Wohlgeboren

gehorsamster
Diesterweg.

Eigh., GStA PK, I. HA Rep. 76 Seminare, Nr. 930: 123r+v

[1] Die Abschiedsfeier in Moers fand am 18. April 1832 statt; vgl. dazu die Darstellung „Abschied von Moers am 18. April 1832" in den „Rheinischen Blättern" (Jg. 1832, Bd. IV, S. 127–142; vorliegende Ausgabe, Bd. II, S. 458–466).
Am 5. Mai des Jahres traf Diesterweg mit seiner Frau Sabine (s. ds.) und den Kindern in Berlin ein; vgl. dazu die Schilderung seiner Ankunft in Berlin im Rahmen der Abhandlung „Wie es mir erging, oder: Geschichte meines amtlichen Schiffbruchs" in den „Rheinischen Blättern" (N. F., Jg. 1851, S. 42–100; vorliegende Ausgabe, Bd. IX, S. 17–55; hier: S. 18).

253
An das Provinzialschulkollegium der Rheinprovinz, Koblenz

Moers, 4. April 1832

Die Liquidation der im Jahre 1831 an die Stipendiaten des hiesigen Seminars ausgezahlten 731 Rh 20 Sgr betr.

Zur Verordnung vom 30. März c. N. 567.

Die zur Seite angezogene verehrliche Verfügung hat mich, weil meine Frau vor drei Wochen von einer schweren Krankheit befallen worden, von der sie, leider! noch nicht genesen ist, weßhalb ich genöthigt gewesen bin, meine Abreise bis auf Weiteres zu verschieben,[1] noch hier anwesend getroffen. Ich zögere daher nicht, den verlangten Aufschluß hiermit zu ertheilen.

Der Vertheilung der Stipendien im verflossenen Jahre lag für die ersten 7 Monate die Verordnung eines Hochlöblichen Collegii vom 27. Juli 1830, N. 1806, zu Grunde, in welcher für das Schuljahr vom 1. Aug. 1830 bis zum 1. Aug. 1831 740 Rh an Stipendien bewilligt wurden. Von dieser Summe kamen also auf die 7 ersten Monate d. J. 1831 $7/12$ von 740 Rh = 431 Rh 20 Sgr. Diese Summe wurde nach der genehmigten Vertheilungsliste bis zum 5ten August den ₁ Stipendiaten, von welchen die meisten an diesem Tage die Anstalt für

536

immer verließen, gut geschrieben u. ₂ zur Deckung ihrer Schuld bei dem Ökonomen der Anstalt verwandt. Eine spätere Verordnung konnte u. sollte diese frühere Bewilligung nicht wieder ₃ aufheben. Solches ist auch in der That nicht geschehen; nur hat sich der Calculator an den Worten gehalten und dadurch zu der Meinung einer vermeintlichen Überschreitung der für Stipendien verwilligten Summe Anlaß gegeben. Wenn es nämlich in den späteren, in ₄ der Verfügung vom 30 März angezogenen Verordnungen hieß, daß ₅ im 2ten Semester 1831 300 Rh Stipendiengelder verwandt werden sollten, so konnte dieß, ₆ gemäß der Verordnung vom 27. Juli 1830, nur ₇ so verstanden werden, daß <u>so viel für die fünf letzten Monate des Jahres</u> 1831, für welche nur neue Gelder zu bewilligen waren, bestimmt seien. Solches ist auch ₈ der Wille des Hochl. Collegii gewesen. Denn wenn von den für das ganze Schuljahr vom 1. Aug 1831–1 Aug. 1832 nach dem mir mitgetheilten Etat sub Tot. 1 x festgesetzten 750 Rh, nach dem gleichfalls genehmigten Vorschlage, 30 Rh für Kurkosten abgehen, so bleiben für den angegebenen Zeitraum ₉ 720 Rh, von denen ₁₀ die für die letzten 5 Monate des J. 1831 ₁₁ zu verwendenden $5/12$ gerade 300 Rh machen, welche <u>nur dem wörtlichen Ausdrucke nach</u> für das ganze Semester bestimmt wurden. An dieses Letztere hat sich der Calculator, wie ich aus der Berichtigung der für das 3te u. 4te Quartal eingereichten Liquidation ersehen habe, gehalten u. dadurch zu jener Irrung Anlaß gegeben. Ich würde diese Bemerkung auch so fort ₁₂ mitgetheilt haben, wenn ich nicht ₁₃ zu der Vermuthung gekommen wäre, daß etwa wegen der Buchführung oder aus andern mir unbekannten Gründen die Liquidation der Verpflegung der Seminaristen im Juli, dem letzten Monate vor dem Schlusse des Schuljahres, nicht mehr, wie es früher immer der Fall gewesen ist, in die Liquidation für das 3te u. 4te Quartal aufgenommen werden sollte.

Jedenfalls müßte sich der Irrthum, falls wirklich ein solcher, sei es nun ein wirklicher oder bloß vermeintlicher, begangen war, zuletzt herausstellen. Solches ist denn nun auch wirklich geschehen, u. ₁₄ nach der kurzen Auseinandersetzung, daß ₁₅ der Irrthum nur durch den Ausdruck „Semester", der in „<u>Zeitraum von 5 Monaten</u>" umzudeuten, entstanden ist, glaube ich der ₁₆ Erwartung eines Hochl. Collegii hiermit entsprochen zu haben.

₁₇ Durch die Verordnung vom 27. Juli 1830 wurden für die ersten 7 Monate des J. 1831 431 Rh 20 Sgr, u. durch spätere Verordnungen für die übrigen 5 Monate des selben Jahres 300 Rh verwilligt, welches die Summe von 731 Rh 20 Sgr ausmacht, über deren Verwendung die der K. Regierung in Düsseldorf übersandte Haupt-Liquidation Rechnung ablegt.

Eigh. Entw., GStA PK, I. HA Rep. 76 Seminare, Nr. 10065: 54r+v

---

1 Gemeint ist der Umzug der Familie nach Berlin und damit verbunden der Dienstantritt Diesterwegs als Direktor des Seminars für Stadtschullehrer.

ANHANG

I
TEXTKRITISCHER APPARAT
ZU DEN ABGEDRUCKTEN DOKUMENTEN

1.

Hinter einer *tiefgestellten Ziffer* sind jeweils *Wörter, Wortfragmente* bzw. *Zeichen* aufgeführt, die an der im Textteil entsprechend gekennzeichneten Stelle von Diesterweg *gestrichen* wurden. Nicht erfaßt sind Streichungen, die von Diesterweg selbst wieder aufgehoben wurden, sowie gestrichene Wortfragmente, die keinen Sinn ergeben.

Sofern sinnträchtige Wort*teile gestrichen* wurden (Pluralendung, Komparativform etc.), wird das betreffende Wort im textkritischen Apparat in {geschweiften Klammern} wiedergegeben; der gestrichene Teil des Wortes verbleibt außerhalb der Klammern.

Folgen mehrere Streichungen aufeinander, sind diese durch Leerflächen voneinander abgesetzt.

Liegt ein *anderer textkritisch relevanter Sachverhalt* vor (z. B. Ausriß im Manuskript), wird dieser ausdrücklich in kursiver Schrift als Bearbeitervermerk aufgeführt.

2.

In Fällen, in denen ein Dokument in mehreren *Quellenvarianten* (Entwurf, Ausfertigung, Abschriften) vorliegt, ist im Textteil die Ausfertigung als maßgebliche Variante wiedergegeben. Sofern diese fehlt, hat der eigenhändige Entwurf Vorrang vor der Abschrift von fremder Hand.

Hinter einem *tiefgestellten Kleinbuchstaben* werden *Abweichungen in den Quellenvarianten* (abweichende Formulierungen und Satzzeichen sowie Auslassungen und Zusätze) wiedergegeben, sofern sie semantisch von Bedeutung sind. Auslassungen und Zusätze sind durch die Bearbeitervermerke „Fehlt" bzw. „Zusatz", jeweils in kursiver Schrift, gekennzeichnet. Im Textteil ist der Beginn einer Abweichung durch einen *tiefgestellten Kleinbuchstaben*, das Ende durch den gleichen *Buchstaben und einen senkrechten Strich* (I) kenntlich gemacht; handelt es sich bei der Abweichung um einen *Zusatz*, folgen unmittelbar auf den tiefgestellten Kleinbuchstaben *zwei senkrechte Striche* (II).

3.

Hinter einem *tiefgestellten Großbuchstaben* werden *Streichungen* in den nicht abgedruckten *Quellenvarianten* wiedergegeben. In der in den Textteil aufgenommenen Quellenvariante ist die entsprechende Position *dieser Streichungen* durch den jeweiligen Buchstaben kenntlich gemacht.

4.

Abkürzungen Diesterwegs, sofern sie aus dem Zusammenhang eindeutig erschließbar sind, wurden durch die Bearbeiter in [eckigen Klammern] aufgelöst.

541

3
An Sabine Enslin,
13. August 1812

1 ,
2 ist
3 auf deren
4 ,
5 worüber
6 {mußte}st

4
An Sabine Enslin,
19. August 1812

1 theils
2 *Ausriß der letzten Wörter von drei Zeilen*

5
An Sabine Enslin,
1. Dezember 1812

1 Auf
2 ,
3 {vorteilhaft}er

6
An Dr. Kloos, 1813

1 indem

7
An Sabine Enslin,
26. Februar 1813

1 helfen

10
An Sabine Enslin,
2. Februar 1814

1 *Ausriß der jeweils letzten Wörter in fünf Zeilen*

12
An Sabine Enslin,
5. März 1814

1 *Ausriß*
2 *Ausriß*
3 *Ausriß*
4 *Ausriß*
5 *Ausriß*
6 Für
7 *Ausriß*
8 *Ausriß*

15
An die Gebrüder Wilmans,
3. Februar 1817

1 Subs

16
An Johann de Laspée,
7. April 1817

1 von
2 frei

21
An Sabine Diesterweg,
Mai 1818

1 Dafür
2 ich
3 nicht entbehrest
4 an
5 {ein}e in

23
An Dr. med. Clemens,
15. Juli 1818

1 *Anfang des Briefes fehlt*

32
An Sabine Diesterweg,
27. Mai 1820

1 die

40
An F.C.W. Braun,
3. Juni 1822

1 auf

58
An Frh. v. Ingersleben,
7. Juli 1823

1 wegen
2 den Aus
3 bin
4 darauf an
5 war
6 indeß
7 ganz
8 , um so mehr, da   erlaube es mir jedoch, folg[en]de Bem[er]k[un]g[e]n Ew.
Exc[e]ll[en]z z[u]r Prüf[un]g vorzulegen
9 es da
10 Da
11 die
12 zu erleiden
13 er
14 diese Ford[erung]
15 der   aus Mangel an untrüglichen V[e]r-
träg[e]n über die

59
An W.J.G. Ross,
11. Juli 1823

1 von

61
Protokoll,
28. August 1823

1 polizeylich {wiedrige}

Abweichungen in der Abschrift

a *Fehlt in der Abschrift.*

62
An das Konsistorium,
31. August 1823

1 auf{gewiesen}
2 wird

64
An Frh. v. Ingersleben,
10. September 1823

1 um ihn damit ein für alle Mal
2 zu entschädigen
3 deshalb
4 überreiche
5 das
6 {de}r Stadt
7 mein
8 Auftrag
9 Seminar
10 – jedoch durch Unterschrift

65
An die Regierung Düsseldorf,
12. September 1823

1 jetzi[gen]   bisherigen
2 beläuft sich
3 darüber
4 nöthige
5 Aufnahme
6 einer
7 zu deren Aufnahme
8 zufolge

66
An K.F.A. Grashof,
14. September 1823

1 gehorsamst
2 beehre ich mich
3 darüber

67
An K.F.A. Grashof,
22. September 1823

1 verlassen das
2 und der Ök. KELLER in
3 wird   ist
4 als Speisezimmer benutzt
5 er behilft sich einstweilen
6 der enge Raum seiner
7 , wenn es ihm nicht gelingen sollte, das
unmittelbar an
8 der
9 in

10 darf

11 des

12 bereits in

13 so nehme ich in den Kont

14 die Sache

15 noch ein

16 vielbesprochene

17 deren öft

18 kehren   zu kommen

19 dahin zu

20 wogegen ihnen einige der

21 g[an]z

69
An das Konsistorium,
11. Oktober 1823

1 m[i]tth[ei]lte

2 eine

3 kann

4 die

5 des Abtr[i]tt-Raums

6 {die}se

7 verschwindet

8 die Lage der Mistg

9 . Endlich   Dazu kommt, daß

10 hier

11 u.

12 wollte man

13 die

14 ideellen

15 Wollte man aber

16 konnte dies gar nicht

17 hint[er]

18 , wenn man bed[en]kt

19 sich

20 Nähe an fast unausbleiblich

21 derselben wegen ihrer

22 d[a]s

23 die

71
An die Regierung Düsseldorf,
16. November 1823

1 Unterstütz[ungen]

2 aber noch   nun

3 so vereinigen

4 zu welchem

5 9

6 , welches ich in dem Sinne [au]fgefaßt
habe, daß in jedem Zeitabschnitt die
stipulirten Stipendien

7 mir

8 einige

9 jetzt u.

10 früher

11 ein

12 zu dies

72
An Frh. v. Ingersleben,
4. Dezember 1823

1 von

2 hat

3 die

4 da

5 die an der

6 vollends

7 wollen

8 Bemerk[un]gen

9 dies

10 die Verord

11 mit

12 zufolge   über dem

13 dem

14 Gegen

15 u. es erhellt daraus

16 Im ersten St

17 des ersten Stockes

18 aber nicht 4

19 Lokal f[ü]r

20 üb[e]rh[au]pt

21 ehe

22 ehemals

23 Jedenfalls hat keine Bettstelle Raum

24 dasselbe

25 ist

26 4 F[u]ß breit ist

27 Diese

28 kann auch wohl

29 Darf ich au[ch] n[o]ch beifügen, daß

30 hat

31 eine

545

₃₂ eine {peinliche} Sach
₃₃ f[ü]r
₃₄ nicht ungerecht   unbillig
₃₅ In B[e]z[u]g a[u]f den
₃₆ h[a]t d[ie]s[e] die große Schwäche
₃₇ in denselben
₃₈ wod[u]rch dann
₃₉ als
₄₀ dient es
₄₁ zum Lehrzimmer
₄₂ Wenn
₄₃ gar nicht so
₄₄ Lehr-
₄₅ H Erns
₄₆ daß das
₄₇ das Z[u]m Wohnz[i]mm[e]r
₄₈ Allein bey
₄₉ bey der
₅₀ besten u
₅₁ Zugleich
₅₂ verschließbare
₅₃ bey getr[enn]ten Arb[ei]tszimmern
₅₄ Anbring[un]g
₅₅ wieder
₅₆ die getr[e]nnten Arbeit
₅₇ Sond Th[ei]l[un]g
₅₈ über
₅₉ f[ü]r

Abweichungen in der Abschrift

_a Freiherrn   *Zusatz*
_b {Seminar}{gebäudes}
_c −
_d seyn mag, die
_e −
_f *Fehlt*
_g in allen Puncten, *Zusatz*
_h nach meiner Ansicht *Zusatz*
_i *Fehlt*
_j in der Ueberzeugung, daß die nachfolgenden Bemerkungen auf den Zweck und die Bedürfnisse eines Seminariums überhaupt und namentlich des hiesigen berechnet sind;
_k nach{folgenden}
_l das *Zusatz*
_m welcher {verordnet}
_n Seminarlehrer

_o *Fehlt*
_p durch die Wahl des Herrn Ernst, welcher unverheirathet ist, keine weitere Schwierigkeit
_q *Fehlt*
_r *Hier und im folgenden tragen die Zimmer im Entwurf noch keine Bezeichnung; sie werden dort als „N. " geführt. Die hier in eckigen Klammern eingesetzten Bezeichnungen stammen aus der Abschrift, werden aber der Übersichtlichkeit wegen hinzugefügt.*
_s zweiten Stockes
_t indem das Krankenzimmer zufolge der hohen Ministerial-Verordnung in das kleinere Zimmer über den zu erbauenden Speisesaal verlegt wird
_u des zweiten Stockes *Zusatz*
_v ; n. a^7 und a^8 sollen
_w *Unterstrichen*
_x nebst a^3 des ersten Stockes
_y Arbeitszimmern
_z des hochverehrlichen Ministerial-Rescripts seyen mir
_{aa} vielleicht {gar} als eine
_{ab} leicht
_{ac} den Flächenraum
_{ad} übersieht, woraus hervorgeht, daß meine Wohnung nichts mehr, als den durchaus erforderlichen Wohnraum darbietet
_{ae} Die 4 im ersten Stockwerke mir übergebenen Pieçen
_{af} *Fehlt*
_{ag} aber nichts mehr als ein Wohnzimmer für meine Frau c^1, und einen Aufenthaltsort für meine fünf Kinder, und allenfalls an den Winterabenden für das Gesinde
_{ah} ja *Zusatz*
_{ai} und in c^4 hat allenfalls das Gesinde Platz. c^2, c^3 und c^4
_{aj} *Fehlt*
_{ak} *Fehlt*
_{al} *Fehlt*
_{am} *Fehlt*
_{an} *[Absatz]*
_{ao} hat c^{10}
_{ap} Haus- *Zusatz*
_{aq} es *Zusatz*

_{ar} Bringt man in demselben eine Bettstelle an, so kann

_{as} , weshalb es aus der Zahl der Zimmer gestrichen werden muß

_{at} schlafe ich mit dem kleinsten Knaben;

_{au} eigentlich 2 ordentliche Zimmer, und

_{av} übriges, *Zusatz*

_{aw} müßte

_{ax} wo anders her

_{ay} verlangen wollte,

_{az} bestehende

_{ba} zum Beispiel

_{bb} zu nehmen

_{bc} Familienverhältnisse

_{bd} gewiß

_{be} und nicht im Stande zu seyn, die heranwachsenden Töchter von den übrigen Schlafgenossen abzusondern, *Zusatz*

_{bf} meine Wohnung nicht beschränkt zu sehen, als eine durchaus gerechte

_{bg} des zweyten Stockes *Zusatz*

_{bh} für die Moralität der Seminaristen vielleicht nicht ungefährlichen

_{bi} *Fehlt*

_{bj} die Mitte hin welche gestellt

_{bk} denselben

_{bl} wirklichen Uebel

_{bm} des zweiten Stockes als Schlafzimmer mit

_{bn} *Fehlt*

_{bo} . Das

_{bp} des zweiten Stockes

_{bq} aber allenfalls *Zusatz*

_{br} da die jetzt darin befindlichen 5 Bettstellen noch Raum in den beiden großen Schlafzimmern finden mögen, wodurch aber der Raum derselben schon mehr besetzt wird, als gut ist

_{bs} Wohn- und *Zusatz*

_{bt} Lokal ist a³ des ersten Stockes ein langes und schmales, nur durch ein Fenster beleuchtetes, darum dunkles Zimmer

_{bu} ,

_{bv} und

_{bw} *[Absatz]*

_{bx} Zöglinge

_{by} Klasse

_{bz} den Ein- und Ausgang *Zusatz*

_{ca} Vor- oder *Zusatz*

_{cb} der 2ten

_{cc} *Fehlt*

_{cd} ist

_{ce} dem Herrn E<small>RNST</small> im zweiten Stocke a⁷⁾ statt a⁸⁾ anzuweisen

_{cf} *[Absatz]*

_{cg} Außerdem

_{ch} für gut, wenn ich das Wesen eines kleinen Seminariums und insonderheit die Lokalität des hiesigen berücksichtige.

_{ci} : *[Absatz]*

_{cj} mit wenigen Unterbrechungen *Zusatz*

_{ck} *Fehlt*

_{cl} *[Absatz]*

_{cm} verschließbare

_{cn} die Heitzung wohlfeil, die Luft rein, *Zusatz*

_{co} für die Zweckmäßigkeit des Zusammenarbeitens der Seminaristen auch in den stillen Arbeitsstunden entschieden

_{cp} :

_{cq} einzelner

_{cr} wird

_{cs} *Fehlt*

_{ct} verschiedene

_{cu} einzelne

_{cv} vorgenommen

_{cw} *[Absatz]*

_{cx} Daher wünsche ich

_{cy} überhaupt *Zusatz*

_{cz} einem ganz geregelten

_{da} sehr *Zusatz*

_{db} dazu *Zusatz*

_{dc} , Bäncke, Lampen, und Schränke

_{dd} u.

_{de} *Fehlt*

_{df} *Dieser Absatz steht in der Abschrift am Ende des Briefes.*

_{dg} als *Zusatz*

_{dh} mehr

_{di} {nöthige}n {Abänderung}en

_{dj} *Fehlt*

_{dk} Arbeitsstunden

_{dl} erscheinen möchte

_{dm} kann

_{dn} *Fehlt*

_{do} des

_{dp} vorhandenen Zimmers (Musikzimmer No. 1)

_{dq} , allenfalls selbst

_{dr} werden *Zusatz*

_{ds} noch weiter begründeten

_{dt} hiermit unterthänigst vorgetragenen Bitten

_{du} welcher sich hierdurch mit allem Vorstehenden ganz einverstanden erklärt

_{dv} des zweiten Stockes

_{dw} übrigen bisherigen Lokal-Einrichtungen, welche

_{dx} haben

_{dy} endlich *[Absatz]* die meinen Bedürfnissen eben entsprechende Wohnung nicht zu schmälern

_{dz} gez. *[Absatz]* Der Seminardirektor *[Absatz]* Diesterweg. *Zusatz*

Streichung in der Abschrift

_A m{einer}

8 1
Aktenvermerke,
30. Juli bis 6. August 1824

₁ einer

₂ der Erklarun[g]

8 3
An das Konsistorium,
6. August 1824

₁ Schreiner

₂ gegen die

₃ nach

₄ hob nehmlich als Ausstat[tung]

₅ nehmlich wegen

₆ die

₇ von dem

₈ Zufolge dieses Kontraktes

₉ festg

₁₀ dieser Summe

₁₁ und

₁₂ einer Treppe verle

₁₃ bis jetzt

₁₄ und

₁₅ die

₁₆ Sie

₁₇ höchst

₁₈ Sollte dazu aber das Königliche Konsistorium

₁₉ ich bitte daher

₂₀ dem {Anschlag}e

₂₁ Da   Zu dieser Summe waren die namhaft gemachten Arbeiten veranschlagt, und   Die gan   Nicht unbillig

₂₂ geht

₂₃ von

₂₄ , und ich

₂₅ Wenn nun

₂₆ von 10 Rh

8 4
An Frh. v. Ingersleben,
28. August 1824

₁ dem

₂ die Ansch

₃ dergleichen

₄ obige Bed

₅ die

₆ 30.

₇ erst

₈ dessen

₉ glauben

₁₀ nenne

₁₁ , und   Alle diese Anstalten sind

₁₂ , und ich kann nicht daran zweifeln, daß

₁₃ haben wir die fröhliche

₁₄ Arbei Hand

₁₅ Land

₁₆ für

₁₇ Werth

₁₈ Die augenscheinliche Nützlichkeit und Nothwendigkeit dieser Bedürfniße macht

₁₉ , und daher erlaube ich mir nochmals

₂₀ aus {manche}n

₂₁ können

₂₂ {woll}t{en}

85
An Frh. v. Ingersleben,
28. August 1824

1 Indem   Dem von
2 erste
3 gelangen   gewinnen
4 für   Rh ungefähr von der Hütte zu
Stärkrath

86
An das Konsistorium,
29. August 1824

1 kosten ungefähr
2 20

87
An K.F.A. Grashof,
30. August 1824

1 Aus
2 Der

88
An das Konsistorium,
6. September 1824

1 in
2 und bitte die gehorsamst
3 Bevor

89
An Frh. v. Ingersleben,
20. September 1824

1 aufgestell
2 ich
3 meiner
4 dreiwöchentlichen
5 Masse
6 Arbeiten, die mir täglich in meinem
7 , und ich
8 gegen Ew. Excellenz
9 es für unschicklich halten zu müssen
10 eine
11 würde das
12 der {jährliche}n
13 , werde ich mir Mühe

14 meine Lage als Lehrer und Erzieher, ~~und~~
~~Fortbildner~~ geistige Zwecke vertret~~end~~
15 alle die
16 die

90
An das Konsistorium,
24. September 1824

1 unterm
2 hochgefälligst
3 ist mir aufgetragen
4 , mit gehörigen Bemerk[ungen]
5 , den wir seit dem 6ten dieses Monats zu
Grund legen,
6 welchen
7 sind
8 {soll}en
9 wichtige
10 dem Sem[inar]
11 die
12 <u>Bestimmung über</u>
13 erwarten
14 {jede}m
15 ist
16 ersten
17 unser
18 ELSERMANN
19 Außer
20 des
21 betreffen den Unterricht in der Geographie, Geschichte
22 alle
23 {eine}m
24 ist, besondere Rücksicht nimmt
25 Es kommt
26 im Ganzen
27 den
28 und in
29 soll
30 Schon dies ist keine leichte Aufgabe
31 Überd
32 am
33 die
34 Begriffe
35 davon
36 das
37 werden

549

38 stellt
39 seines
40 besten Zöglinge
41 ob der Direktor
42 zu verhindern sein
43 man
44 solcher
45 aus ihm
46 aus
47 zu können
48 gewiß
49 Schlusse
50 In
51 aus
52 von
53 die
54 die
55 Mitthei[lungen]
56 Schreiben
57 {aufgetragen}en
58 des
59 der
60 für   mit
61 hiermit
62 er
63 Endlich bemerke ich noch
64 zufolge
65 gehorsamst
66 mit den hieh[er]
67 {Jünglinge}n, die am 5ten September
68 der Eröffn[ung]
69 statt gefundenen Eröffnung des neuen
Cursus beigewohnt
70 Die Zahl der in der   Zöglinge beträgt
ist daher
71 ihre
72 gegen[wärtige]
73 Indem
74 die Lehrer der

91
An W.J.G. Ross,
29. September 1824

1 Präses
2 Elementar-Schulamt-
3 für
4 ein

5 von gewiß
6 auf diese Anstalten
7 Und
8 ehemaliger
9 ein anderes Produkt zu Tage fördern,
welches
10 theils
11 daß mit
12 noch
13 Es
14 sonst
15 nöthige
16 fähig
17 zu
18 man das Neue
19 , und
20 {errichte}t hatte, ließ man auch anderswo Gebildete zur Prüfung der Elementar-
Schulamts-Kandidaten zu.
21 selben
22 nicht
23 Wahl
24 könnte
25 sich
26 Probe
27 bestehen
28 allen Schreiern auf einmal
29 Abneigung
30 wie sie in den alt
31 wenn
32 Und
33 den
34 Wirkungs{kreis}
35 haben wir einen
36 deren allen
37 sind zwar
38 meine
39 sie alle
40 ist
41 zu dem
42 ergreif
43 R{ichtung}
44 die Nachrichten aus
45 von einem Gesichtspunkte
46 und
47 welcher
48 hat
49 den

₅₀ Bei
₅₁ ist
₅₂ nach regel
₅₃ und
₅₄ examiniren fähig
₅₅ Schulen
₅₆ welcher
₅₇ Um {diese}n {große}n
₅₈ auf's
₅₉ das dazu
₆₀ die
₆₁ nicht
₆₂ unser beständiger
₆₃ mit {andere}n
₆₄ auf
₆₅ wollen sie

Abweichungen in der Abschrift

_a {dieselbe}n
_b betrachten
_c {de}s {Volksschullehrer}s
_d *[Kein Absatz]*
_e *Fehlt*
_f Jünglinge
_g einzelnen
_h ;
_i Jünglingen
_j :
_k {fehlt}e
_l auch gewiß
_m habe
_n ; aber welcher weite
_o Vorzug
_p *Unterstrichen*
_q , wie überhaupt nicht zu den für wahl-
fähig erklärten Candidaten, *Zusatz*
_r privativ
_s sich *Zusatz*
_t *Fehlt*
_u in 10
_v seine Zwecke
_w *Unterstrichen*
_x Schulamt
_y Prüfung des Frühlings
_z *Unterstrichen*
_{aa} *Fehlt*
_{ab} *Fehlt*
_{ac} Jünglinge

_{ad} *Fehlt*
_{ae} *Fehlt*
_{af} ,
_{ag} ;
_{ah} *Keine Leerzeile*
_{ai} *Nicht unterstrichen*
_{aj} :
_{ak} *Nicht unterstrichen*
_{al} der
_{am} jene *Zusatz*
_{an} *Fehlt*
_{ao} *Nicht unterstrichen*
_{ap} *Nicht unterstrichen*
_{aq} den vorgeschlagenen
_{ar} *Nicht unterstrichen*
_{as} Absicht
_{at} fehlen wird
_{au} aus{gesprochene}
_{av} *Unterstrichen*
_{aw} *Unterstrichen*
_{ax} (gez.)

9 2
An das Konsistorium,
5. Oktober 1824

₁ In gehorsamer Erwiederung
₂ die
₃ , daß daher dieser
₄ haben wir bereits mehrere
₅ Die
₆ einige von den
₇ dieses
₈ einen Beschluß
₉ bemerken, daß
₁₀ Düssel[dorfer]
₁₁ gegebe[nen]

9 4
An Frh. v. Ingersleben,
12. Oktober 1824

Abweichungen im Entwurf

_a d.J.
_b zum Antrage
_c vorbehalten wollten
_d vorzulegen, mit der unterthänigsten Bit-
te, dieselben einer hochgefälligen Durchsicht würdig zu halten.

_e eben angedeutete

_f unser

_g für den ganzen Regierungsbezirk Düsseldorf

_h {gehorsam}st{e}

_i *Fehlt*

_j *Fehlt*

_k *Der Ausfertigung ist eine Abschrift des Briefes an Roß vom 24.9.1824 beigefügt; im Entwurf folgt der folgende Auszug (S. 41–42):*
Das Folgende ist in dem Brief an den H. S. Ross gekommen.

N. S.

Durchdrungen von der nicht genügenden Erschöpfung des vorliegenden wichtigen Gegenstandes behalte ich es mir vor, _K in denselben tiefer einzudringen. Aber so viel _L scheint mir fest zu stehen:

Entweder werden die Schulamts-Candidaten in den Seminarien besser vorbereitet als anders wo, oder nicht. Ist jenes, so _M fordern es Recht und Pflicht, den Besseren vorzugsweise in's Amt zu helfen; ist dieses, so sind die Seminarien unnütz.

_N

Also entweder keine Seminarien, oder die Seminarien allein und ganz – _O Möge Gott alle halben Maaßregeln von dem Schulwesen abwenden!

Mit Bangigkeit sehe ich dem Resultate der Berathungen entgegen. _P Wenn die Königliche Regierung zu Düsseldorf die Herrn Schulpfleger um ihre Meinung befragt, dann hat das Seminar seine Sache schon vor dem Anfange des Treffens verloren. Wer soll dem Seminar das Wort reden? Wer wird es thun? – Im Grunde müßte es mir lieb sein, wenn man jetzt die Stimmen sammelte. Dann träte _Q die Wahrheit, daß man im Allgemeinen gegen die Seminarien, nicht gerade ausschließlich gegen Mörs, das man noch nicht kennt und nicht kennen kann, _R in Vorurtheilen und Abneigung _S befangen ist, recht hell an den Tag. Es läßt sich historisch nachweisen, woher

diese Vorurtheile _T stammen. Und daß die _U Schulpfleger, welche in der Regel selbst den einen oder anderen Schulamtskandidaten zurichten, überdieß gewöhnlich ihren _V Schütz- und Günstlingen gerne in's Amt hinein helfen, auch deshalb nicht den Seminaristen vorzugsweise das Wort reden werden, wen wird es wundern? Daraus schließe ich, daß den meisten Herrn Schulpflegern, welche im Allgemeinen mit den Seminarien nicht bekannt sein können, kein Urtheil über die projectirte Einrichtung zusteht. –

Man hat es nun am Rheine ungefähr 300 Jahre ohne Seminarien versucht. Was ist aus den Schulen geworden? Wie weit haben sie sich _W erhoben? Sind sie gut? – Man versuche es nur einmal 30 oder auch nur 3 Jahre mit den Seminarien, aber ganz und ausschließlich mit ihnen, und dann spreche die Erfahrung.

Ich wiederhole, daß, wenn man der Ansicht sein sollte, _X es gut sein müßte, den einen oder anderen scheinbar ängstlichen Geistlichen _Y zu beruhigen, nochmals den Wunsch, daß Ihnen, verehrter Herr General-Superintendent! die Inspection über das Seminar, namentlich über den Religions-Unterricht und das religiöse Leben der Anstalt übergeben werden möge.

Streichungen im Entwurf

_A *Der Entwurf datiert vom 4. Oktober 1824.*

_B geben Hochdieselben die Versicherung

_C zum Antrag

_D unterthänigst mitzutheilen

_E die

_F über diese Sache ihn

_G hochgefälligst

_H einer hochgefälligen Ansicht zu würdigen gehorsamst bitten wollte

_I thue

_J bitten

_K den

_L steht

552

M ist es

N Oder wollte man zugeben   annehmen, daß zwar in Seminarien

O Ich zweifl[e]

P Und

Q doch

R mit

S {Abneigung}en

T gegen die

U meisten

V Schützlinge hebe

W gehob[en]

X daß man

Y beruhigen muß   sollte

95
An Frh. v. Ingersleben,
15. Oktober 1824

1 musikalischen

2 mit der

3 die

4 Nach meiner Mein[ung]

5 dreimo[natigen]   musikalisch[en]

96
An W.J.G. Ross,
19. Oktober 1824

1 sind diese

2 seit

3 dringender

4 , und da auch Sie verehrter Herr Generalsuperintendent! ungeachtet bereits in der vorigen Woche von Cöln zurück gekehrt sind, ohne daß wir die Freude gehabt haben,

5 scheint mir

6 ein

7 durch

8 Sie der thätige

9 die Sache

97
An Frh. v. Ingersleben,
23. Oktober 1824

1 den

2 einer

3 des

4 hielt ich {es} für

5 zeitige

6 mit deren bekannter erfreulicher und höchst ermunternder

7 diese

8 Wir besitzen

9 ist überhaupt

10 sehr

11 Schon {darum}, ~~ist es~~ auch abgesehen

12 ist

13 erheischt

14 Ich zweifle kein

15 Ew. Excell[en]z   Ich

98
An K.F.A. Grashof,
1. November 1824

1 wollen

2 Ich ha[be]

3 Notizen

4 {stimm}t{en}

5 das

6 20   25

7 und

8 Vorschlags{liste}

9 vorzulegen[de]

10 die

11 als dritter Lehrer der Elementar-[Schule]

12 verabred[et]

13 Diese 80 Rh werden dem

14 hätte

15 die

Anlage zum Brief 98

1 Vorkenntnisse.

2 Bemerkungen.

3 Ökonom

4 Desgleichen. (Desgl.)

5 Wittwe.

99
An Frh. v. Ingersleben,
2. November 1824

1 reglementm[äßigen]
2 Obgleich
3 bereits
4 Vorträge
5 und
6 religiöses

100
An das Konsistorium,
9. November 1824

1 die
2 Liste
3 mit dem
4 beiden
5 Nro 1 hat sich schon wesentlich
6 einen sehr
7 scheint noch kein Grund
8 Da zugleich
9 bei
10 Für die Folge aber scheint es mir doch
zweckmäßiger, daß die   nicht eher auf
Bewilligung eines Stipendii anget
11 statt für
12 mit
13 und
14 tritt der
15 aus{führt}
16 Ich   Da
17 Stunden
18 dem Religionsunterrichte gewidmet werden
19 der Mensch ja
20 des
21 Derselbe
22 von den am 3 August Entlassenen
23 Anordnung der
24 In der Regel   Die
25 erscheint
26 können

27 wert[h]
28 Die

102
An das Konsistorium,
1. Dezember 1824

1 Auf die verehrlic[he]
2 Lehr{plan}
3 Es ist
4 liegt nicht nur
5 sondern
6 das
7 vorjährige
8 vorjährigen
9 der IIten
10 die
11 neben
12 möglichst
13 und
14 des
15 Gemüthes
16 bedacht
17 der
18 Zugleich
19 Bücher
20 die
21 innerhalb dessen   welches
22 den
23 und
24 tritt
25 das
26 Es
27 sie
28 sind
29 der
30 Für jetzt bedarf die Abthl. II darin noch
einiger Nachhülfe, daher wöchentlich 1
Stunde dazu verwandt wird.
31 , die andre Stunde in II Diesterweg nach
REINBECK's poetischer Beispielsammlung
32 ganzen
33 wird die Zeit
34 Begründung der Correcturen
35 verwandt
36 Mit ~~letzte~~ der Verwendung dieser einen
37 fortgefahren
38 aber

39 Wenn
40 festliegt, so
41 ist
42 wochentlich
43 Die
44 Die Zöglinge schreiben
45 Rechnen
46 versieht
47 auf
48 Die
49 des
50 dem Sinn
51 gewidmet
52 {soll}en
53 ertheilt
54 behandeln wir   ich
55 die
56 4.
57 in einer {populäre}n Behandlung
58 {Soll} der
59 stets
60 b{egründete}
61 nicht einmal
62 einer klaren Ansicht
63 und
64 und
65 über die
66 auf
67 Wegen
68 Auf keine andre Weise   Neben dem
69 noch
70 noch
71 bisher noch
72 konnten
73 Hoffnung
74 Docendo discitur.[1]
75 Ihr {lebhafte}r

[1] Lat.: Durch Lehren lernt man.

103
An die Regierungen Aachen,
Münster, Trier, Arnsberg,
Coblenz und Düsseldorf,
15. Dezember 1824

1 ein
2 erstrebende

---

3 , wenn nicht geleistet, doch angest[rebt]
4 und
5 lege ich diese Schrift
6 es
7 der
8 die

104
An Bauinspektor Heermann,
17. Dezember 1824

1 noch   außer den bereits angefuhr-
ten   noch angeschafften
2 die
3 diese   die von mir noch
4 wo zu dem
5 Autorisation folg. Utensil[ien]

105
An die Schulpfleger,
Anfang 1825

1 Ihrem
2 Pf[arr]b[e]z[irk]
3 Hochwürd[en]
4 ist   soll
5 im H
6 denselben
7 bitte
8 Ew.

106
An Frh. v. Ingersleben,
17. Januar 1825

1 für
2 Unterh[altungsfonds]
3 dem Unterhaltungsfonds zu Grund liegende
4 Ausgaben
5 1
6 5. KAMANN Anstreicherarbeit *[Absatz]* 6.

107
An Frh. v. Ingersleben,
18. Januar 1825

1 und ad
2   und unterm
3 angefertigt;

4 3. JOHANN KÜPPERS Fournaise 50
[Absatz]
5 5.
6 31
7 a 7 Sgr.
8 JOHANN KÜPPERS. 1 Fournaise à 50
Rh pr. C. [Absatz] 4
9 5

108
An Frh. v. Ingersleben,
19. Januar 1825

1 in {Münster} zu
2 ob es
3 die
4 einige
5 kleine
6 ermunterndes

109
An das Konsistorium
24. Januar 1825

Abweichungen im Entwurf

a höher
b jungen *Zusatz*
c ?
d *Unterstrichen*
e *Unterstrichen*
f *Unterstrichen*
g Ja
h Zwischenräumen
i *Nicht unterstrichen*
j *Nicht unterstrichen*
k *Unterstrichen*
l Zöglinge
m *Nicht unterstrichen*
n *Nicht unterstrichen*
o *Nicht unterstrichen*
p *Unterstrichen*
q *Nicht unterstrichen*
r *Nicht unterstrichen*
s *Nicht unterstrichen*
t Der S[emina]rdirector

Streichungen im Entwurf

A u. daß es dahin gar nicht kommen dürfe
B als

C wird
D die
E unsrer
F ich nun
G bieten
H in den
I unsrer
J Alles in's Kurze u.
K für
L dem
M gehörig
N Würde und
O werden
P der nicht gehörigen
Q die worin
R liegt, das ist nichts anderes als
S dieser
T 16
U was er selbst in diesem Alter gar
V seiner
W wir
X sehr erschwert
Y Ich habe
Z eine
AA bis neunzehnjährige
AB Aber gewiß
AC können
AD Wir
AE statt der gebotenen Eilfertigkeit
AF , solid und
AG bietet
AH alle
AI Ist ja
AJ als
AK 24
AL und bei   wir
AM fänden Aufnahme
AN in den folgenden Jahren statt
AO in zweien auf einander folgenden Jahren
statt mit
AP Wollt[e]
AQ dieser
AR Nach dieser
AS zufolge
AT {einem größere}n Bedürfniß des {Regierungsbezirke}s
AU {Düsseldorfe}s kann ich
AV Zögling[e]

_{AW}Diese Zulaßung setzt die Ansicht voraus, daß auf

_{AX} ganze

_{AY} blieben

_{AZ} unsre

_{BA} wurden

_{BB} in 1 Jahre nicht das

_{BC} ließe sich

_{BD} um so triftiger

110
An Frh. v. Ingersleben, 27. Februar 1825

₁ wohlwollenden

₂ Ew.

₃ für

₄ noch

₅ durch den   die

₆ alle

₇ anzugebe[n]

₈ nicht

₉ wovon

₁₀ In wie ferne die

₁₁ bewahrt u. die er

₁₂ durchaus

₁₃ in Summe

₁₄ theils

₁₅ {zu}r

₁₆ Dieser

₁₇ in

₁₈ presentirt sich

₁₉ Bem[er]k

₂₀ von

₂₁ dem Orte Mörs fremd

111
An das Ministerium (Jahresbericht für 1824), 1. März 1825

₁ der

Abweichungen im Entwurf

_a kleinen *Zusatz*

_b geistigen Unvermögens

_c Sitten, anhaltenden Fleiß und geregelte *Zusatz*

_d *Fehlt*

_e *Nicht unterstrichen*

_f Er{kenntniß}

_g *Nicht unterstrichen*

_h daher *Zusatz*

_i *Fehlt*

_j 5

_k Erfahrung bestätigt hat

_l der

_m *Nicht unterstrichen*

_n *Nicht unterstrichen*

_o der Anstalt *Zusatz*

_p *Nicht unterstrichen*

_q einmal *Zusatz*

_r ganz *Zusatz*

_s *Nicht unterstrichen*

_t allein *Zusatz*

_u wenigstens *Zusatz*

_v Dg.

_w *[Absatz]* Mit Bericht an den H. Oberpräsidenten am 18ten März abgeschickt. *Zusatz*

_x Moers, 11. Februar 1825 *Abweichendes Datum im Entwurf*

Streichungen im Entwurf

_A Ohne

_B Durch

_C und seinen

_D aber

_E seiner

_F Ungeachtet der

_G die

_H Durch physische und geistige Kräfte bereichert, durch Theilnahme, Rath und Beistand wohlgesinnter Männer unterstützt

_I die physische und geistige

_J nähret die Anstalt in ihren Lehrern u. Schülern   bringe ich

_K der höheren und höchsten

_L gehorsam

_M gereift worden

_N gebracht

_O sehen wir mit

_P . Stets sollen der Anstalt als Zielpunkte ihres Strebens das Wohlgefallen Gottes, die Zufriedenheit der Obrigkeit, die

Achtung edler Menschen und der Beifall
des Gewissens vorschweben

Q gleichen

R äußere

S mehr

T die

U als Übungsort zu

V der

W sind

X welche

Y , und das

Z Zwar wird

AA Mittel zur

AB den

AC der

AD außerhalb des   als der

AE einer beständigen   Zustand sämtlicher

AF das eigentliche

AG das

AH vom

AI unverdorben

AJ künstliche

AK einer festen

AL heimisch zu machen

AM zu sehen

AN nicht

AO Festigkeit

AP In der einen

AQ unverholen,

AR Miene des Aug

AS werden

AT An

AU an dieselben

AV an

AW Zielpunkte

AX Menschen

AY seine

AZ anheimfällt

BA hat

BB das

BC daß Religion ohne Sittlichkeit ein leerer
Wahn sei

BD in

BE mit

BF Heid

BG Gewißheit der Überz

BH wie auch in allen Unterrichtsgegenständen

BI aber

BJ in der Ansicht

BK Diese Einrichtung ist zwar lästig

BL {Rechen}unterricht

BM die erstaunliche

BN auf dem Wege des

BO Erdkunde

BP des

BQ {steck}t

BR Geschichte

BS , selbst bis zur

BT die Zahl

BU {zu}r

BV wesentlich

BW einer

BX {gehör}t

BY hoffen wir

BZ für

CA Zöglinge durch ihre

CB nun der über   weit

CC diese

CD und ohne

CE das

CF die

CG durch   auf sokratische Weise

CH Gegen[ständen]

CI seiner

CJ des

CK {besorg}t

CL erste

CM Diese ganze Einrichtung betrachte ich
indeß

CN , durch welche jeder

CO außerdem

CP ertheilte

CQ den

CR erst

CS Sein Vortrag ist lebendig und kräftig,
und sein Einfluß nach dem, was er ist,
ein evangelischer Christ, kann nur sehr
vortheilhaft auf die Anstalt wirken.

CT die Unermüd

CU die hohe Behörde wohlwollend sein

CV Ich möchte daher hiermit das Wohlwollen der Hohen Behörde für ihn unterthänigst in Anspruch nehmen

CW , im {Zeichnen} und

CX durch

CY ihr den
CZ Auf dieselbe wurden in   Sie währte
   das letzte mal 2 Tage
DA Vorzüglich
DB nach
DC sind
DD im   bis jetzt (den 1ten März 1827) 2
   fest angestellt,
DE eine Gehülfe[nstelle]
DF übergehen
DG einer Anstalt
DH und
DI Hindernd trägt dazu
DJ sich
DK bekannt zu
DL allen
DM uns gelehrt
DN obgleich
DO für die
DP erhalten
DQ das Unterricht   den jüngeren
DR Daß d{ieselbe}
DS sei,
DT sich
DU und da
DV die El[tern]
DW In dem verf
DX {Ferien}zeit
DY Zeit de
DZ die
EA Auch   Da
EB wurde
EC Überreichung
ED vorgetragen
EE Meurs von großer Bedeu[tung] *[Absatz]*
EF die
EG die
EH unmöglich länger
EI {ein}e
EJ jährlich
EK der Stadt
EL er
EM mit an
EN aber nach meiner
EO wünschen
EP ist an solche
EQ und

ER führt
ES {auszeichn}et{en}
ET und
EU ganze
EV wenn
EW auf 14 Tage
EX 14 Tagen
EY der
EZ dem Seminar
FA bis
FB ist
FC darauf
FD einzelnen
FE in Schulangelege
FF u. solchen vor Anderen
FG Räume man ihnen daher auch den Vor-
   zug vor Anderen ein!
FH eine solche Macht
FI Unfähig,
FJ so besteht
FK die
FL *[Absatz]* f. Sollte ~~sich die~~ das Hohe Mi-
   nisterium der unter e unmaßgeblich vor-
   getragenen Ansicht nicht beistimmen, so
FM Beschränk[ung]   Erweiterung
FN zu
FO was
FP , unbärtigen
FQ dadurch
FR mit dem
FS ist
FT sehr
FU gewönne man
FV des Herze[ns]
FW die reife   die
FX die
FY Blöße aufzust[ellen]
FZ und
GA Durch meinen
GB die
GC offen zu bekennen,
GD glaube ich {nunmehr} hoffen zu dürfen
GE nicht ganz unbefriedigt zu lassen   an-
   näherungsweise
GF als die unsrer Anstalt fortgesetzt er
GG innigsten und

1 Seminar

2 sehr

3 ganz

4 Mehr als an

5 An einem solchen, hat er z.b. in Mörs,
hat derselbe mehr

6 Mensch

7 ein

8 läßt

9 besitzt

Abweichungen in der Abschrift

a Schulmeister-Seminars

b Exemplare.
*Hinter den Ziffern, die in dieser Spalte
die Anzahl der vorhandenen Buchexem-
plare angeben, steht in der Abschrift
nicht das Wort* Exempl. *bzw. das Wie-
derholungszeichen* " *, sondern lediglich
ein Punkt.*

c RIEMANNS

d die *[sic!]*

e {2}.

f Bibliothek (in franz. Sprache)

g /BÜRGER.

h für

i Polnischen *[sic!]*

Abweichungen im Entwurf

a etc. *Zusatz*

b Roggen

c ,

Streichungen im Entwurf

A Wie groß ist sein Flächeninhalt?

1 Höhe

2 herabzu

Abweichungen im Entwurf

a *Unterstrichen*

b Süchtelen

c *Nicht unterstrichen*

d :

e *Nicht unterstrichen*

f hinreiche[nde] Befähigung

g *Nicht unterstrichen*

h *Nicht unterstrichen*

i *Nicht unterstrichen*

j Orgelspiel

k *Fehlt*

l *Unterstrichen*

m *Fehlt*

n *Unterstrichen*

o *Unterstrichen*

p *Fehlt*

q des Kindes *Zusatz*

r *Nicht unterstrichen*

s *Nicht unterstrichen*

t *Nicht unterstrichen*

u *Nicht unterstrichen*

v {Einsicht}en

w daher *Zusatz*

x *[Absatz]*

y *Fehlt*

Streichungen im Entwurf

A am 12ten und 13ten

B ihm

C , so wie   und die

D , und fast noch dürftiger

E mit Verstand und Geschmack

F der Sprache, die pra[ktische]

G einen guten Anfang gemacht

H gut

I klare

J von der

K weiß er

L ziemliche Fertigkeit

_M Schönschreiben
_N Von der
_O von ihm zu erwarten ist
_P Auch
_Q {zeigt}e
_R eine
_S und deren praktischer   zeigt sich auch
_T Wie
_U von der
_V die
_W Ich
_X Während der mündlichen Prüfung zeigte
  der Examinand Lust und Liebe zum
  Lehramte und an   sich der Examinand
  als ein verständiger Mensch, und als
      lernbegierig und dem Lehramte mit
  Liebe zugethan.
_Y er durch
_Z Allerdings leistet   Zwar bildet
_{AA} H.
_{AB} ihm sehr zu rathen sein, dabei
_{AC} die

117
An die Regierung Düsseldorf,
15. Mai 1825

Abweichungen im Entwurf

_a Süchtelen
_b Süchtelen
_c *Fehlt im Entwurf*

Streichungen im Entwurf

_A Schullehrer
_B anderen
_C behaupteten und
_D das Vor

118
An W. J. G. Ross,
15. Mai 1825

₁ das

119
Utensilienverzeichnis,
Juni 1825

₁ , wie die Schränke sub pos.

₂ *[Absatz]*   11
Latus[1]   79   15   "
82 Thchr à 3 Rh   6   "   "
8. 2 hängende zweiarmige große Lampen
₃ die Räume
₄ 8. 60 Knaggen von Eichenholz
  anzufertigen und zu befestigen: 2
₅ *Rechnung neben der Aufstellung:*
  52
  _25_
  260
  104
  /1300/ 43
  110
₆ *[Absatz]*
28 l. F. (?)
₇ *[Absatz]*
2 eiserne Öfen
2 Fenster Rouleaux
₈ *[Absatz]* Das Klavier
₉ 192
₁₀ *Es folgen etliche Kolumnen mit Berech-
nungen ohne näheren Hinweis auf den
Inhalt.*

[1] Latus (lat.): Seite; hier i. S. einer Zwischensumme für
diese Seite der Rechnungsaufstellung.

121
An Frh. v. Ingersleben,
11. Juni 1825

₁ Verehrter
₂ Aus{zahlung}

122
Quittung, 6. Juni, und
Bestätigung, 14 Juni 1825

₁ von Johann Küppers[1]

[1] Johann Küppers war in den Jahren 1825 und 1826 auch
an Baumaßnahmen im Seminar beteiligt, wie aus einer
Quittung Diesterwegs vom 21. April 1828 hervorgeht
(GStA PK, I. HA Rep. 76 Seminare, Nr. 10064: 22ʳ⁺ᵛ),
möglicherweise im Zusammenhang mit dem Garten oder
den Außenanlagen des Hauses.

1 jetzige
2 Gange
3 , auch einige
4 entst[ehen]
5 noch   auch
6 Vorbildung reifer
7 seiner
8 Wie
9 bekannt ist
10 die
11 bis
12 unterstützt
13 Länger als bis
14 wünsche
15 u. wenn
16 mehr
17 trage ich
18 deren Eltern
19 denen
20 ihnen
21 Aussicht
22 bei
23 demüthige
24 diese
25 trage
26 240
27 wenn es auch Ew. Excellenz nicht verzeihen sollten
28 Beendigung des
29 mit
30 Da in diesem Jahr   Meine   keine
eige   außer
31 . Da dieses jedoch vom
32 vom 1ten Sept[em]b[e]r   beim Wiedera[n]f[ang]
33 ob
34 wir
35 zugleich
36 der
37 {die}jenigen
38 zur Gewißheit
39 berechtigen
40 Aus demselb[en]
41 den Wunsch

42 , in welcher dann auch der S[eminari]st
MARTIN besonders berücks[ichtigt]
43 unt[e]rth[äni]gst
44 3. die durch diese Entlassung zu erspa-
rende Summe von 220 Rh
45 werde
46 Die
47 jährliche
48 für

1 das
2 , jeder   , der eine 200 Pfd schwer, der
andre 140 Pfd schwer
3 46
4 dazu 2 Kohlenbecken, jedes 30 Pfd
schwer   – 4   Rh
2 Schuppen à 15 Sgr   – 1   "
2 Porreisen à 10 Sgr   – 20   "
6. 60 Knappen und 24   2
5 6 messingene Leuchter mit 6 Lichtscheeren   u Lichtscheeren.
28 l. F. 23 10 –
Außerdem zur Anschaff[un]g des Mehr-
bedarfs 8 20 –
Unvorhergesehene Ausgaben

1 weil allein

1 And[eu]t[un]g
2 mit
3 aus
4 . Eines
5 , die
6 in
7 würde. Ich hätte aber
8 sich
9 so wenig oder gering unsre   u. durch
die

10 wegen der   als ein
11 die
12 vor
13 eine
14 fand
15 Diese
16 zu keinem
17 {ein hiesige}s Wirths[haus]
18 sich
19 ein   in ein
20 G[e]l[e]g[en]h[ei]t
21 zur
22 Die
23 Die Frage, ob derselbe
24 da
25 , fortwährend faulen, trägen
26 die
27 diesen
28 nicht mit

127
An Frh. v. Ingersleben,
30. September 1825

1 ersehen,
2 den ich
3 zu kaufen, so   und
4 eine
5 Elberfeld
6 fortwa
7 er   ihm dadurch
8 der
9 ist geneig[t]
10 . Da das
11 das Instrument
12 Werk
13 ein billiger
14 u.
15 desselben
16 die Genehmigung
17 daß
18 angekauft und

128
An die Regierung Düsseldorf,
30. September 1825

1 betr.
2 Königliche Rheinische Ober

3 wiederholt
4 nun die Erlaubniß
5 das
6 von
7 dazu
8 mir
9 Bewilligung

129
An Frh. v. Ingersleben,
2. Oktober 1825

1 namentlich
2 B. KRINS u. H. FINKENTEY, welche die Anstalt
3 und
4 sind
5 weil
6 der zweimonat[igen]
7 6
8 *Am Rand stehen durchgestrichene Be-
rechnungen.*
9 Ew. Exc

130
An das Ministerium,
10. Oktober 1825

Abweichungen im Entwurf

a *Nicht unterstrichen*
b *[Kein Absatz]*
c provisorischen *Zusatz*
d *Nicht unterstrichen und keine Anfüh-
rungszeichen*
e conferiren
f *Fehlt*
g *Fehlt*

Streichungen im Entwurf

A eines
B Freiwillige
C Als
D wurde
E die
F ich
G {meine}m
H {meine}m Körper
I spärliche

563

J dieses
K das
L dadurch meine
M die
N interimistisch
O so bitte   in
P beiliegende
Q ertheilen
R Zeugniß *[Absatz]*

131
An Frh. v. Ingersleben,
27. Oktober 1825

1 gehorsamst
2 dara[uf]
3 das
4 Inde[m]   Da ich   Ich wußte nicht
   In die
5 ist
6 ist zu meiner Freud[e] weg geblie[ben]

132
An Frh. v. Ingersleben,
28. Oktober 1825

1 die Ehre habe
2 4
3 u. in Hoffnung
4 zu
5 P.
6 unterth[änigst]

133
An Frh. v. Ingersleben,
29. Oktober 1825

1 Durch ein
2 dem
3 Oct.
4 demselben
5 ihm befohlen
6 ab
7 weiter
8 dem
9 hege ich die
10 noch
11 den M[usiklehrer]

134
An das Scholarchat der
Stadt Moers, 1. November 1825

1 das
2 und
3 und
4 und zugleich
5 , unter dessen specieller Aufsicht als
6 der
7 Statuten von Einer Königl. Wohl. Regierung   vollständige
8 für ihr
9 wegen
10 dem Standpunkte
11 gesteigert
12 Deshalb
13 einem
14 Als Mitglied des

135
An Frh. v. Ingersleben,
4. November 1825

1 von
2 so betragen hat,
3 meiner
4 seiner
5 zeigte
6 Spr[echen]
7 uns
8 in die
9 Da
10 uns
11 Wirths[häuser]
12 etc.
13 den {Lehrer}n frech in's Angesicht lügen
14 erkl[ärt]
15 es
16 ganz
17 Sohnes
18 kann

137
An Frh. v. Ingersleben,
28. Dezember 1825

1 meiner
2 Bei Gleichheit der Ansprüche

3 aber auch

4 habe

5 diese Ansichten sich

6 die

7 nehmlich

8 durch gefordert

9 von jetzt

10 u. resp.   enthält

11 Diese

12 unsres Sem[inars]

13 so weit die

14 Denn   Die K. Regierung zu D.
scheint in obiger Mitth[ei]l[un]g wirklich die   Wirklich liegt doch wohl
in obiger Mitth[ei]l[un]g der K. R[e]-
g[ierun]g die Ansicht, daß auch das hiesige Seminar noch solche Zöglinge nicht
in hinlänglicher Anzahl liefere, welche
solchen höheren Anforderungen entsprächen. Diese   Darum hat diese Bemerkung in mir einen sehr tiefen Schmerz
      ein sehr tiefes Schmerzgefühl er-
regt, in dem festen Bewußtsein, nach
Maaßgabe meiner Kräfte und unter den
obwaltenden sehr schwierigen und ungünstigen Umständen das   die Anstalt
allein in einem geregelten festen Gange
erhalten und gut vorbereitete Zöglinge
geliefert zu haben. Freilich hätte viel
mehr geleistet werden können unter andern Umständen. Von 1820–1823 habe
ich mich durch ein hartes Provisorium
durchgekämpft, bis mir endlich ein College beigegeben wurde, aber leider ein
junger unreifer Mann, der eigentlich das,
was er hier leisten sollte, gar nicht verstand, der, als er hieher kam, in den meisten Dingen, die er hier lehren sollte, von
unsren   den gereifteren Seminaristen übertroffen wurde. Daß unter solchen Umständen nicht geleistet wurde,
was unter andern Umständen möglicher
Weise hätte geleistet werden können,
gebe ich gern zu, aber das   die Gerechtigkeit glaube ich mir selbst schuldig zu sein, mir zu sagen, daß die besten
der Schulamtskandidaten, welche, nicht
in dem Seminar gebildet, von der hier

versammelten Prüfungscommision in
meiner Gegenwart mehrmals geprüft
worden sind, den schlechtesten unsrer
Seminaristen kaum gleich standen. Und
von dieser Behauptung den Beweis zu
liefern, oder im Gegentheil mich in meiner prahlerischen Nichtswürdigkeit zu
schämen und zu verkriechen, darum
wünsche ich in Betracht der Prüfung aller Schulamtskandidaten Einheit der
prüfenden Personen, Einheit der Zeit,
Einheit des Ortes.

15 Als

16 man

17 würden

18 das

19 nur die

20 andren

21 nur

22 das

23 der Maaßstab

24 {welche}r

25 . Aber

26 einen Verrath an der guten Sache zu begehen glauben

27 nicht alle mir zu Gebot stehenden Mittel
anwendete

28 Die

29 Fortbildung

30 Welche Ansichten über den besprochn-
en G[e]g[en]stand

31 über

32 Konsistoriums

33 die Regierung

34 daher

35 Ew. Excellenz

36 vorgetragen, vielleicht zu aufgeregt vorgetragen habe

138
An die Regierung Düsseldorf,
29. Dezember 1825

1 d[e]s Pr[eußischen]

2 Lehr

3 zur

4 das

5 . Da   , und

565

₆ Vervollkommnung
₇ fort u fort
₈ Manch[es]
₉ beitragen
₁₀ guten
₁₁ Wunsch

139
An das Konsistorium,
30. Dezember 1825

₁ Genehmigung
₂ andre,
₃ deren   worüber das
₄ ist
₅ unsre Anstalt

141
Rundschreiben,
22. Januar 1826

₁ Nach der
₂ {unter}nehmen
₃ es
₄ f[ü]r Sie
₅ Ohne Zweifel

142
An das Ministerium
(Jahresbericht für 1825),
18. Februar 1826

Abweichungen im Entwurf

_a *Nicht unterstrichen*
_b mächtigen
_c *Nicht unterstrichen*
_d *Nicht unterstrichen*
_e {bemerkenswerthe}ste
_f zarter
_g *Nicht unterstrichen*
_h {bedeutend}er
_i Seminarkasse
_j *Nicht unterstrichen*
_k der
_l {Gartenarbeit}en
_m *Fehlt*
_n bedürften, konnten
_o {Bemerkung}en
_p *Fehlt*

Streichungen im Entwurf

_A reife
_B denn dazu waren
_C und
_D hoher
_E worden ist, wurde es möglich, in dem
_F das
_G aufzuweisen, wie aus
_H Als besonders werthvolle Vermehrungen treten hervor.
_I mit Inbegriff der beiden Hülfslehrer Entlassen
_J ungeeignet   nur   undisciplinarischen
_K für
_L Anzahl
_M Zu dem
_N nassen Sommers
_O sind die
_P ist bettlägerig
_Q trägt die
_R musterhafte
_S habe es zur
_T Abende des Sonn
_U das
_V frische
_W mit mehr
_X in der   aus dem Gesichtsp
_Y Leicht möchte es
_Z die
_{AA} in stren
_{AB} Was nun den disciplinarischen Geist der
_{AC} Fabrik
_{AD} dichte Bevölk[erung]
_{AE} ihrer Laune
_{AF} habe
_{AG} Wir
_{AH} des
_{AI} , und
_{AJ} ;
_{AK} Mein
_{AL} mein
_{AM} Herr
_{AN} wird
_{AO} Nach me   Die Erfahrung macht es überhaupt
_{AP} zeigen
_{AQ} ja mitunter

_{AR} und es waltet daher in ihrer Geistesrich-
tung das Rationelle der

_{AS} [das Rationelle] {ihre}r {Geistesrich-
tung} beherrscht, wie es mir scheint, zu
sehr das Gefällige, das Schöne

_{AT} Diese

_{AU} in

_{AV} , und

_{AW} {ober}sten

_{AX} ist

_{AY} wird das erwartete

_{AZ} mit aller

_{BA} und

_{BB} eine

_{BC} dritte

_{BD} außer mir

_{BE} in

_{BF} ich

_{BG} zwisch[en]

_{BH} Garten

_{BI} die beiden Seminaristen und

_{BJ} die

_{BK} wöchentlich

_{BL} die

_{BM} des

_{BN} die durch

_{BO} {übernehmen} zu müssen als

_{BP} thätig

_{BQ} mit

_{BR} in

_{BS} ganzen {Stadt}

_{BT} Biederkeit

_{BU} , und erhebend ist uns die Gewißheit,
auch in seiner Erinnerung fortzuleben

_{BV} den Wun[sch]

_{BW} , und daß

_{BX} die Aus

_{BY} Die

_{BZ} von der

_{CA} Es giebt der Schulamt wahlfähigen
Schulamtskandidaten viel mehr als der
zu besetzenden Schulämter.

_{CB} viele

_{CC} die {Schulpfleger} aufgefordert

_{CD} ich muß gestehen, daß

_{CE} schwerlich {herbeiführen} möchte

_{CF} gesichert sein

_{CG} zu   als   nicht als   weder als
Billigkeit noch als Ge[rechtigkeit]

_{CH} hat

_{CI} vom *[Lücke]* sich zu

_{CJ} sie

_{CK} im *[Lücke]*

_{CL} und

_{CM} war

_{CN} auszusuchen

_{CO} um so

_{CP} an {irgend eine}m Ort

_{CQ} von derselben

_{CR} es

_{CS} deutlich

_{CT} Und das

_{CU} von {dem Königlichen Konsistorium}
zu *[Lücke]* verlangt

_{CV} aufgetragen

_{CW} Jene 3

_{CX} vorzüglich

_{CY} <u>Historische Notizen.</u>

_{CZ} In dem

_{DA} an

_{DB} in einzelnen

_{DC} keine

_{DD} die St

_{DE} und

_{DF} Die Besuche, welche die *[Absatz]*
Mit Erhebung

_{DG} mit {welche}r

_{DH} Die

_{DI} kam

_{DJ} sehr

_{DK} , und ich

_{DL} unser

_{DM} nur mit

_{DN} was

_{DO} benutzen

_{DP} gar

_{DQ} verfehle

_{DR} die Anstalt

_{DS} die Gefühle des Dankes auszusprechen

_{DT} und

_{DU} dem

144
An Frh. v. Ingersleben, 14. März 1826

1 den
2 , und
3 eine
4 mit
5 mit
6 Mann, der
7 , mit
8 späteren
9 mit
10 die
11 werde
12 sich gar
13 mehr
14 und
15 an den not
16 in keiner Weise
17 kein Recht des
18 Eine genauere

148
Chronik des Seminars in Moers, 1. Januar und 17. Mai 1826

1 Im
2 mit
3 die
4 FISCHER

149
An Frh. v. Ingersleben, 24. Juni 1826

1 {de}s {hochverehrlichen} Rescripts
2 Ew. Excellenz
3 bisherige
4 gebührt
5 das
6 War nun
7 nun
8 wird   ertheilt
9 sie
10 16 Rh 20 Sgr
11 200
12 , der sich

13 Außerdem
14 Ich möchte daher
15 Stunden
16 die
17 1
18 Dem L. ERK für
19 freier Wohnung zu

150
An Frh. v. Ingersleben, 30. Juni 1826

1 diesjährige
2 die Exam
3 Zeugnißen
4 sind diejenigen 16
5 der
6 Der
7 26
8 neue
9 ganze
10 nöthig
11 Schüler
12 , noch das
13 Behufe
14 noch
15 treten als
16 ihrer speciellen
17 sich
18 Die
19 eher wenige
20 Die Aufnahme von 12 Z[öglingen]
21 Nach diesen Bemerkungen
22 dieselben
23 {welche}n {diese Stellen} übertra[gen]
24 ernannt
25 1te
26 auf den
27 auf den

151
An die Regierung Düsseldorf, 2. Juli 1826

Abweichungen im Entwurf

a eingegangenen
b Nun
c *Nicht unterstrichen*

_d h{ohen}
_e einer
_f *Nicht unterstrichen*
_g *Nicht unterstrichen*
_h *Nicht unterstrichen*
_i *Fehlt*
_j *Unterstrichen*
_k *Nicht unterstrichen*
_l gefälligst *Zusatz*
_m ja *Zusatz*
_n . *[Kein Absatz]*
_o Gleiche
_p *Nicht unterstrichen*
_q *[Absatz]*
_r *Unterstrichen*
_s *Nicht unterstrichen*
_t *Unterstrichen*
_u *Nicht unterstrichen*
_v *Fehlt*
_w zugleich die längst ersehnte *Zusatz*
_x *Fehlt*

Streichungen im Entwurf

_A Konig[lichen]
_B nachzuweisen gesucht
_C exam[inirt]
_D , und ihre Anerkenn[ung]
_E {welche} Kenntniss[e]
_F ist
_G um unsres
_H den einz[elnen]
_I sind
_J allervortrefflichsten
_K allerbest[en]
_L wahren
_M auf Wahr[heit]
_N selbst von Schulpf[legern]
_O zB.
_P für
_Q etc. etc.
_R , wie
_S jetzt
_T sämmtliche
_U Allein doch
_V die   Diese[lbe]
_W diesem
_X beabsichtigen   für
_Y Juli

_Z {eine}r {Collision}
_{AA} Größe

152
Protokoll, 17. Juli 1826

1 stellten sich
2 zur
3 erhielten das
4 , daß
5 arbeiten zu dürfen
6 eine
7 am
8 ihres Eintr[itts]
9 man
10 trug
11 darauf
12 von
13 und biblische Ge[schichte]
14 hinreichende
15 sind mit
16 mit
17 Fertigkeit
18 zeigten   hatten
19 eine
20 {Prüf}ung
21 in
22 stete
23 Demnach
24 beiden Examinand[en]

153
Prüfungszeugnis
für Peter Friedrich Windfuhr,
30. Juli 1826

1 Gut

154
Prüfungszeugnis
für Diederich Seher,
30. Juli 1826

Abweichungen in der zweiten Abschrift
(Stadtarchiv Wuppertal)

_a werde
_b *Nicht unterstrichen*
_c *Nicht unterstrichen*
_d *Fehlt in der Abschrift*

An das Provinzialschulkollegium,
26. Dezember 1826

1 die gleichzeitig vorzunehmende Prüfung
2 in dem
3 Wenn es diese Verbindung zweier verschiedenen Prüfungen   In jedem Falle
möchte eine jährliche einmalige Prüfung
zu dem genannten Zwecke hinreichen.
Der schicklichst[e]
4 halte
5 ehemali[gen]
6 also
7 einem
8 bekannte Menschen u.
9 diese aber   die
10 im
11 dieser beiden
12 In der Regel
13 erhal[ten]
14 gewöhnlich
15 dadurch
16 Ich   Die Erfahrung möchte dafü[r]
17 spricht
18 , indem
19 , wenn ich an die Unmen[ge]
20 Ich
21 eine
22 um
23 den
24 , oder   . Freil[ich]
25 genügenden
26 Ich halte daher
27 einer jeden
28 der
29 spricht sich
30 dafür aus
31 sein
32 Der
33 zu
34 Zeit um Pfingsten
35 diese
36 das ganze   {jede}s
37 derselben
38 man
39 Wo die
40 möchte

41 {Zurück}berufung
42 zu
43 und
44 daz[u]
45 Da es
46 mehrere
47 Ich
48 fortzu{bilden}
49 Aber woher die nöthigen
50 Da diese Einrichtung den Gemeinden
und Lehrern zu gut kommt, so darf beiden Einiges zugemuthet werden. Wenn
zB.
51 und
52 Auch von der Seite hat diese Einrichtung
keine Schwierigkeiten, daß nicht genug
53 Wenn man in diese
54 vorgeschlagenen
55 entlassenen
56 jener
57 so
58 einen
59 {Lehrer}gese[llschaften]
60 Ich begnüg[e]
61 vergönnt
62 und
63 Ein{berufung}
64 an die K. Regier[ung]
65 außerdem u.

An Seminarabsolventen,
6. Februar 1827

1 5

An das Ministerium
(Jahresbericht für 1826),
8. März 1827

Abweichungen im Entwurf

a *Nicht unterstrichen*
b dem verflossenen Jahr
c *Fehlt*
d *Nicht unterstrichen*
e nach
f inzwischen
g Iten

_h vertheilt

_i vertheilt

_j auch *Zusatz*

_k noch *Zusatz*

_l *Fehlt*

_m selbst *Zusatz*

_n *Nicht unterstrichen*

_o zu Düsseldorf *Zusatz*

_p vielen

_q *Fehlt*

_r *Nicht unterstrichen*

_s *Nicht unterstrichen*

_t {Bemühung}en

_u *Fehlt*

_v *Fehlt*

Streichungen im Entwurf

_A abgestattet *[Absatz]* an

_B für

_C die beiden Wünsche

_D das hiesige Seminar bald

_E der

_F zu beri[chten]

_G groß   ihrem Wesen n[ach]

_H Hoffnung

_I ist das

_J mit milder Hand {unsre}r

_K Oberen

_L der Bahn

_M und

_N zu

_O derje

_P vorschriftsm

_Q Die   Diese   Das Wünschenswerthe
dieses Vorschlags

_R der zweite

_S derselbe

_T eins

_U das

_V des

_W zum

_X Unter

_Y den

_Z auf deren

_{AA} und

_{AB} daß

_{AC} Die

_{AD} des

_{AE} der

_{AF} hat

_{AG} sich das

_{AH} was

_{AI} mit

_{AJ} des

_{AK} daher

_{AL} das

_{AM} lästig wird

_{AN} , und

_{AO} Beobachtung der

_{AP} äuße

_{AQ} der

_{AR} über

_{AS} über

_{AT} und {zu}m

_{AU} bei

_{AV} Versor

_{AW} das u.s.w.

_{AX} {seine} Arbeiten

_{AY} regelmäßig zu liefern. (Sie durfe

_{AZ} {zu} seiner eignen

_{BA} derselbe

_{BB} Zuerst

_{BC} Dann

_{BD} Zwar haben

_{BE} Namens

_{BF} wirklich meisterhaft

_{BG} vorzuglichem

_{BH} bildet

_{BI} L. [ERK]

_{BJ} nebst

_{BK} würden

_{BL} den

_{BM} von

_{BN} IIten u. IIIt

_{BO} und

_{BP} Diese

_{BQ} durch die

_{BR} da

_{BS} Hierdurch

_{BT} mit

_{BU} um

_{BV} der

_{BW} der größten

_{BX} die beiden

_{BY} u. J. SCHWALFENBERG

_{BZ} der II

_{CA} wird

_{CB} worüber ein Protok[oll]

_{CC} es

_{CD} unter

_{CE} mit

_{CF} von dem

_{CG} das

_{CH} Dieselb

_{CI} an

_{CJ} Die

_{CK} sind

_{CL} einer

_{CM} eine

_{CN} auch

_{CO} und

_{CP} erscheine

_{CQ} und

_{CR} ist

_{CS} unsre

_{CT} ungültlichem

_{CU} haben die

_{CV} in großer Beschränktheit

_{CW} Verhältnissen

_{CX} der

_{CY} bei

_{CZ} sowohl

_{DA} {Konsistorialr}ä{th}en {KORTÜM} und

_{DB} Entlas

_{DC} besuchte

_{DD} zu {Reparaturkosten} Veranlass

_{DE} Kurz

_{DF} das

_{DG} lehren

_{DH} eine Verord[nung]

_{DI} Lehrgehülf[en]

_{DJ} festges

_{DK} entweder

_{DL} Pflichten

_{DM} Aspiranten

_{DN} nicht

_{DO} Daher

_{DP} geht

_{DQ} wenn

_{DR} wenn

_{DS} , uberhaupt

_{DT} Möchte daher

_{DU} nur

_{DV} nach Maaß

_{DW} einem

_{DX} die

_{DY} , gegen ein

_{DZ} widerf

_{EA} gegen

_{EB} eifrigen {Bemühung}en

_{EC} die mir durch die

_{ED} humanen

_{EE} nebst hochgefällig

_{EF} zugekommen ist

_{EG} {ein}e Erscheinung

_{EH} möchte ich unsre Anstalt auch für das nächste Jahr

168
Zeugnisse, Juli 1827

1 Zogling

2 Da er es

3 guten

4 erwarten, daß er sich noch mehr   seinem künftigen   Wirkens   daß er

5 sich die

6 den

7 angelegen sein lasse

8 Seine

9 musterhafte

10 das Vertrauen u. die Achtung u. Liebe der Anstalt in vorzüglichem Grade

11 Aufopferung

12 Er unterrichtet

13 Bestre[ben]

14 Zögling des

15 manche nützliche

16 Im Unte   Seminar- und

17 in   sich bestreben wird, alle sich

18 müssen wir ihm

19 mehr

20 und mehr kindlichen Sinn aneignen

21 stille, sitts

22 bescheidenen

23 einen sehr

24 vertrauen ihm

25 ist

26 sehr mittelmäßigen

27 u. sein

28 und

29 emphelen

572

30 Schul{amt}

31 Durch

32 besitzt

33 die Lücken seiner   u.   die

34 Sein Fleiß war

35 , stille musterh[afte]

36 musterhaften,

37 geringen Kenntnissen

38 genügende

39 ganz

40 der

41 Bestreben seiner

42 dazu in die Hände

43 Zögling

44 mit

45 Dadurch   Sein

46 Eifer u.

47 mit

48 angenehme

49 Der   Wir

50 sehr

51 alle Gelegenheit, in   benutzen

52 mittel

53 unterri[chtet]

169
An das Provinzialschulkollegium,
14. Juli 1827

1 nicht alsbald die

2 mir

3 diesen   die metho

4 mit {dem Seminar u.} der

5 übernehmen

6 selbst

7 Weit

8 liegen in der

9 ihre

10 hoffentl[ich]

11 Vorerst bin ich daher

12 ein Versuch gemacht werde, in wie fern
der Plan eines Hohen Ministerii

13 die

14 die

15 die

16 Die

17 für

18 mir über die Ausführung

170
An das Provinzialschulkollegium,
17. Juli 1827

1 am 1ten Sept

2 einem

3 da er   um   als Hauptgrund

4 Da

5 begab mich daher gleich auf den Schlafsaal u.

6 die

7 benutzen zu lassen

8 unmaßgebl[ichen]

9 u.

10 vaterliche

11 von   wohl

12 mit Liebe der {täglich}en

13 Einem

14 seinem

15 Es belebte ihn

16 ist

17 zeigte   offe[nbarte]

18 Kenntnissen

19 Übrigens war er stets fleißig

20 dann

21 {Stipendien} von

22 die

23 mir

24 den

25 bitte

26 das geeigneteste

27 nothig

28 ihm

29 die

30 wegen   {eine}n

31 Da diese Begebenheit

32 ich mir gehorsamst

33 persönliche

172
An das Provinzialschulkollegium,
30. Juli 1827
(Anlage „Nachweisung")

1 [Absatz] 3. 1 Kleiderschrank für die Seminaristen

2 4.

3 Elem[entarschule]

4 [Absatz] 3.

₅ 1.
₆ 20
₇ *[Absatz]* Ausbau

Abweichungen in der Abschrift

_a *Fehlt*
_b von Gyps pp *Zusatz*
_c *Zusätzliche Numerierung der einzelnen Posten von 1. bis 8.*
_d Kleiderschränke
_e in dieselben
_f a 2 rh *Zusatz*
_g neuen *Zusatz*
_h *Fehlt*
_i *[Absatz]* Der Direktor des Seminars gz Diesterweg. *Zusatz*

173
An die Regierung Düsseldorf
(Reisebericht), 7. September 1827

₁ Die Zwecke
₂ sind
₃ dieselben
₄ letztere Verh[ältnisse]
₅ Als Haupt
₆ Art
₇ theils
₈ WILHELM [PETERS]
₉ die
₁₀ ich
₁₁ in den
₁₂ u. nicht verkannte
₁₃ verließ ich nicht mit Mißvergnügen beide Orte
₁₄ das R[echnen]
₁₅ der Handhabung des
₁₆ abstrahirte
₁₇ hier
₁₈ in
₁₉ Schreitet
₂₀ im Außeren
₂₁ Einrichtung
₂₂ Menschen
₂₃ wird man in beider
₂₄ Sowohl
₂₅ gering
₂₆ Die

₂₇ sitzt in der
₂₈ den
₂₉ u.
₃₀ ; und
₃₁ ist
₃₂ aber
₃₃ von der{selbe}n
₃₄ gegen
₃₅ bemerkt
₃₆ sich
₃₇ von
₃₈ eine
₃₉ der junge Mann
₄₀ eine
₄₁ Diese
₄₂ Ich kann   Ich muß   Mit Staunen habe ich
₄₃ daß
₄₄ es
₄₅ der
₄₆ auch
₄₇ alsbald
₄₈ also in
₄₉ die
₅₀ im Geiste gegen
₅₁ wohl
₅₂ für diese
₅₃ Stunden
₅₄ ein
₅₅ in dem Haus
₅₆ die
₅₇ rohen
₅₈ und
₅₉ dem
₆₀ Das
₆₁ nicht mehr
₆₂ Nach
₆₃ weder der Unt[erricht]
₆₄ Schulpfleger
₆₅ ein
₆₆ diesem
₆₇ *Am Rande neben diesem Absatz steht:*
Frechheit d[e]r Sch[ü]l[e]r.
—— der Lehrer.
Ung[e]h[o]rsam.
Demagogie.
M[an]gel der Organisation.
v D. HEID.

——

DRINKMANN.

Einzelnes:

WILMS:

SCHEWEN.

FUCHS

DRINKMANN.

BÖCKMANN.

ROSENKR[AN]Z.

Unterlehrer.

68 Unbescheid

69 einen

70 , und

71 gleicht einem offen[en]

72 die

73 der

74 die ganze Haltu

75 wie in

76 eigentlichen

77 in's Unerreichbare

78 schamlosesten   verruchtesten

79 als

80 ein Geist, wie der nicht

81 Ebenso

82 wilder

83 die

84 ist

85 und

86 nothw

87 von

88 Hohe

89 offentlich

90 instinktmäßig sich durch

91 sie, wenn um so mehr

92 noch

93 In den meisten Schulen wird

94 das

95 {kein}e

96 Kritik

97 dem Gesetze unbedingt

98 Das

99 der

100 ihren

101 kommt   genügte

102 der

103 nicht genügend

104 Pflicht

105 diese

106 ersetzen

107 das

108 –

109 die

110 zu

111 Lehrer

112 kennenden

113 höhere

114 im

115 Doch herrscht

116 auch

117 in's

118 Von Grund ging

119 untern

120 be{traten}

121 die

122 zu überhören

123 sich

124 schüttelte

125 u.

126 Eifer

127 das

128 grundlichen

129 {Beide}n {Lehrer}n

130 zu bef

131 hier

132 hier

133 in

134 Gemeinde{glieder}

135 von

136 von

137 KAMPHAUSEN

138 u. einer

139 eine

140 Es wäre mir lieb

141 dürfte

142 Ich reiste

143 am Ziele der Reise, {in Mörs}

144 zuvor

145 auch

146 die meisten

147 Wahrheit

148 ;

149 Diesen

150 als

151 habe

152 auf

153 Wir

154 aufs

155 gegen

156 aus

157 ,

158 ;

159 aufopfernder

160 ,

161 es unmoglich

162 herbeigeführt wird

163 ; endlich

164 ;

165 in {alle}n {Verhältnissse}n

166 nach

176
Bericht über den Lehrkursus,
28. Oktober 1827

1 eine

2 , doch gen

3 1. Die Theilnehmenden [Absatz]

4 auf

5 da

6 Auf der

7 den {jede}m

8 und zufolge Einladung von meiner Seite außerdem

9 Kreis , und von ihren Schulpflegern ermuntert:

10 aus

11 in [Lücke] Kreis [Lücke] und

12 Kreis

13 , Kreis Lennep

14 Theil

15 Daß

16 in bei den hiesigen zerstückelten

17 zu

18 Nachdem sich

19 begann

20 machte

21 namhaft

22 u. setzte die

23 mit den

24 äußere Ord

25 auch

26 Diese Unt Die

27 bei

28 Diesterweg.

29 An den Abenden der Sonntage An {den musikalischen} Abend{unterhaltungen}

30 musikalische Übungen im Gesange, Klavierspiele u. im Spielen anderer Instrumenten {statt finden}, nahmen

31 Weise

32 Zuerst nahm ich die Prüf[un]g in mein

33 traten

34 nochmals

35 Lehrer

36 begrunde

37 Lehrer

38 der

39 {welche}r gute Erfolg

40 auf

41 sahen bleibt

42 wahr

43 Die

44 Aber ich fürchte, daß es

45 leiden

46 und

47 durch

48 Was

49 den

50 einen

51 u.

52 ergötzt

53 auch

54 besondere

55 Schätzung

56 der Schull[ehrer]

57 einige die beiden {oben angeführte}n sehr verkehrten Menschen

58 ; diese werden mit wenigen

59 , unter denen sich durch Talent u. Ernst: HEBBEL, BECKER Dem Streben und Range nach folgen sie etwa in dieser Ordnung auf einander

60 Was die

61 Freilich wird der Gewinn

62 junge

63 , und daß man

64 möchte ich

65 die

66 sehr drängend

67 ; u. ich

68 glücklich zu Ende
69 dürfte
70 den Eintritt
71 Stande
72 Amte
73 sehr
74 Alles
75 sich
76 u. gut
77 einer
78 Wenn ich nicht irre, hat die Hochlöbliche Regierung die betreffenden Schulpfleger u Pfarrer aufgefordert, für dafür Sorge zu tragen, daß die einzelnen bedürftigen Lehrer eine Vergütung für die durch ihren   den   deren Aufenthalt hieselbst ihnen verursachten Kosten erhalten. Mehrere haben nun das Glück gehabt, unter solchen Schulvorstehern zu stehen, welche sich dieser Sache mit Eifer annahmen. Allein
79 bei
80 das
81 zu stellen
82 erstaunt u.
83 festlich gekleidet
84 in kurze
85 beikommendes
86 Die
87 in meinem
88 alle
89 das
90 und
91 nur
92 bei
93 und
94 an
95 Ich würde diese   Mein

177
Tagebuch über den Lehrkursus, 28. Oktober 1827 (?)

1 richtige
2 Alle
3 als
4 H[au]pt{übungen}
5 waren

6 Die Werkzeuge
7 Laute der
8 des {Laute}s
9 des {Namen}s
10 die
11 ein
12 das
13 den
14 ist
15 u.
16 das
17 Ohne diesen sittl. Ernst
18 [Absatz] c) Aussichten in

178
Leseunterricht während des Lehrkursus, Ende Oktober 1827

1 Die
2 Wesentliche
3 einfachen Sprach{laute}
4 5.
5 Buchstaben
6 6.
7 und
8 die Begründung eines
9 des Le[sens]
10 ein
11 Tones in
12 Betre[ff]
13 c. Bezeichnung der Grundlaute überhaupt. [Absatz] d.
14 in
15 mit
16 zusammengesetzten
17 Ursprüngliche und

179
Gesangunterricht während des Lehrkursus, Ende Oktober 1827

1 Bei dem Unterrichte im Gesange,   Gesangunterricht, welcher den
2 jeder
3 {Jede}r befähigt werde,
4 Da es sich
5 die
6 ganz

₇ Da die meisten durch das leider! so
gewöhnliche Schreien ihre Singstimme
entweder verdorben oder fast völlig verloren hatten
₈ In der zweiten   Eine zweite Stunde
wird
₉ beiden täglichen
₁₀ wurde, wurde der
₁₁ nebst dessen
₁₂ einige
₁₃ In
₁₄ große
₁₅ übergetragen
₁₆ dieses
₁₇ ihre Fertigkeit
₁₈ 8, 9,
₁₉ durch

1 8 0
An das Provinzialschulkollegium,
29. Oktober 1827

₁ hier
₂ Hierdurch
₃ dafür
₄ wieder
₅ Aber
₆ Schwi[erigkeiten]
₇ Also
₈ eben
₉ die Volksschule
₁₀ inzwischen
₁₁ wird
₁₂ u.
₁₃ nur
₁₄ Ausführung der
₁₅ für
₁₆ für
₁₇ Dem Schlendrianisten
₁₈ sich
₁₉ 2)
₂₀ guten
₂₁ die
₂₂ sie
₂₃ Beweis
₂₄ Das weiß
₂₅ das
₂₆ nicht
₂₇ , das ihm selbst

₂₈ Ich
₂₉ wollte
₃₀ , nichts mehr
₃₁ sich
₃₂ für
₃₃ es
₃₄ in der Re[gel]
₃₅ hernehmen
₃₆ kann
₃₇ die beste
₃₈ wird
₃₉ ist
₄₀ ein
₄₁ edler
₄₂ gleichges[innten]
₄₃ Zweck
₄₄ Alles dieses
₄₅ des
₄₆ Erhohu[ng]
₄₇ der
₄₈ in {welche}r
₄₉ unmöglich
₅₀ Es
₅₁ dens[elben]
₅₂ {diese}n {Cursus} betreffend
₅₃ Für
₅₄ indeß
₅₅ {seine}r
₅₆ das freiwillige Anerbieten
₅₇ Haupt[zweck]
₅₈ Als es sich nun
₅₉ die
₆₀ auch in
₆₁ diese[n]   deren Unterricht
₆₂ Sprachunterricht
₆₃ von H
₆₄ Gesang
₆₅ u. ihre
₆₆ bibl.
₆₇ nahmen
₆₈ um
₆₉ als Mitw[irkende]
₇₀ einzelnen
₇₁ der
₇₂ Leh[rer]
₇₃ einen {sinnliche}n
₇₄ ist
₇₅ Aber

76 u.
77 sich
78 durfen
79 des
80 bleibt noch sehr
81 und
82 Für diese
83 Eine
84 ihre
85 der
86 von dem Hohen Min[isterio]
87 von
88 für solche
89 nun
90 Es ist nehmlich von besonderer Wichtigkeit, daß
91 ganz
92 einmal   sowohl deßwegen, um dennoch ihm
93 jedem ein
94 daran geleg[en]
95 Lauf[e]
96 sehr
97 den {Amtsprüfungen}
98 , unbedingt nothwendig
99 Man kann u.
100 die Unbestimm
101 Jene
102 leiden
103 mit dem
104 die Zeit ihrer   sie sind
105 die
106 des Gewinnes
107 die
108 an der Anma[ßung]
109 In   Ein Hügel, der sich
110 zur
111 Persönlich[keit]
112 mit
113 ist
114 Zweigen
115 die
116 {, durch seine Knospen u. Blüthen}, vor-
ge[beugt]
117 der
118 man
119 des

120 So ist es
121 Daß
122 gehe
123 einen
124 ist
125 eine
126 in den
127 tadelnd
128 die das
129 sich
130 dessen
131 das
132 {Lautir-} und {Lese-}, dann über
{Sprachunterricht}
133 *[Absatz]* Hierauf wurden die Lehrer
134 durch unsre Bemühu[ngen]
135 die
136 jedes,
137 welche
138 Ich bin der Überzeug[ung]
139 die
140 Demnächst
141 wir
142 mit
143 Gott
144 den

183
An die Regierung Düsseldorf,
29. Dezember 1827

1 unterm
2 bezeugte
3 unsre
4 , und wir fühlen uns durch die   dadurch   Wir werden uns beeifern, uns
diese   der Zufriedenheit einer Hochl.
R[e]g[ierun]g immer mehr u. mehr würdig zu machen
5 statten
6 uns bele
7 Doch bin
8 die Besten
9 herauszufinden
10 einer {genauere}n
11 Dies[elbe]
12 Verf[ügung]

An das Ministerium
(Jahresbericht für 1827),
1. März 1828

Abweichungen im Entwurf

a beziehungsweise
b reifen
c vorgefallen
d des verflossenen Jahres
e in der {Schule} geholfen
f der
g der einzelnen
h uns

Streichungen im Entwurf

A Jahres
B die Ehre
C den äußeren und innren Zustand
D mich   mir Mühe   mich bemüht
E Ausführlichkeit
F aus deren Auffa
G möglichst
H , vielmeh
I werde ich
J pp.
K zwei Z[i]m[me]r frei
L in
M Kinde[r]
N leicht   vorerst   eher
O im Schranke
P {Wesentlich}e Bedürfniße
Q der
R Diese
S Es blieben also 13 Zöglinge in der An-
stalt. Außerdem
T diesen
U hat
V bedauern
W ist
X u. regelmäßige
Y der zur {geregelte}n
Z ausreichend gewesen
AA Dennoch
AB übrigen Zweck
AC durch die
AD werden soll
AE diese

AF mei[ner]
AG genießen
AH in der
AI , wenn es sich nicht also verhielte
AJ Grund
AK theils
AL genügt
AM meinen
AN bin bemüht gewesen
AO ähnliche
AP gebe
AQ ;
AR gelungnere
AS des Religionsunterrichts von der Schul-
form
AT ihm
AU etwas
AV nicht
AW er
AX davon
AY und
AZ wenn ich die
BA auf
BB beiden
BC unter
BD eine
BE die
BF besucht
BG {blei}ben
BH H[err]
BI {welche}s
BJ jedes Mal
BK 80–100 Rh. Stipendien
BL {Ein}em {solche}n {junge}n {Mann}e
geben wir dann
BM der mit
BN unterm
BO die
BP weil
BQ stellte
BR {Instituts}lehrer
BS der Auszehrung
BT der
BU Da derselbe hier im Seminar noch theu-
re   ihm theure Freu
BV biederer
BW kleine
BX in des Herrn Weinberg zu senden

BY junge Leute
BZ guten
CA Aus
CB ein
CC u.
CD guten
CE sind
CF u. {50} Rh,
CG noch {eine}r
CH stehen
CI sie
CJ uns besuchen
CK einige
CL nehmen {dieselben} zu
CM besehen
CN aufhalten
CO erwarten wir
CP , besitzt
CQ hat ein
CR der
CS hauptsächlich
CT Ganz füglich
CU allein und die erste Prüfung
CV {stehen}den
CW sehr verehrlichen
CX mit
CY wollten
CZ sehr
DA die
DB während er   indem
DC gegen {50} Rh
DD einer
DE Einem Hohen Ministerio habe ich schon
DF in der Re[gel]
DG bei den Ihrigen
DH wird
DI Ob es auch in dieser Beziehung, um
demselben alle mögliche Sorgfalt wid-
men zu können, nicht angerathen
etwa vorzuziehen sei, die   die Zeit
der Seminarbildung
DJ dieser
DK denselben
DL die Zeit der Seminarbildung
DM machen
DN {ab}zu{halten}
DO den Mangel
DP passenden

DQ die da
DR durch das Wohlwollen eines hohen Mi-
nisterii einem
DS deßhalb
DT sind
DU dem
DV den Wunsch, die
DW jährlich um einige Stufen
DX seiner
DY inne habe
DZ bekannt
EA Obere
EB aus
EC alle
ED hochachtungs
EE [Absatz]
  1. 1 Bücherschrank.
  2. 1 Lese-Pult für den Hülfslehrer THAL-
    HEIM.
EF Schneid

189
An das Provinzialschulkollegium,
2. Mai 1828

1 Nach den Resultaten des abschriftlich
beiliegenden Protokolls über die am
29sten Mai d.J. unter der Leitung des
Herrn Konsistorialraths KORTÜM Hochwürden in Düsseldorf hier abgehaltenen
Aspirantenprüfungen trage ich hiermit
bei einem Königl. Hochlöblichen Provincial-Schul-Collegium darauf an, folgende
2 ist kein Zweifel vorh[anden]
3 es
4 derselbe
5 und resp. 12
6 8
7 9.
8 10.
9 [Absatz] 11.
10 Termin
11 , dh. der Tag der Ankunft der neuen festgesetzt werde.
12 für
13 nothw
14 Hof

15 den
16 die
17 Mai

190
An Heinrich Middeldorf,
8. Mai 1828

1 sich
2 angelegen

193
An das Provinzialschulkollegium,
24. August 1828

1 Von einem
2 {Provincial-Schul-Collegi}um beauftragt
3 des
4 an u. für sich
5 den Helden
6 die in
7 ganz
8 Nach
9 auch bei   oft
10 noch   nicht
11 dem Verfasser
12 ganz
13 verdient

195
An das Provinzialschulkollegium,
15. Oktober 1828

1 die gehorsame Bitte u.
2 Unser
3 , gebürtig
4 dessen
5 deren   {sein} Kind
6 Umständen
7 Ich glaube   bin
8 gerechte
9 {unser}en {Staat} gegen
10 , u. es sei
11 die Verhältnisse der Genannten in der
12 Noth
13 auf der
14 Wie   Schon
15 machte   erregte er
16 hoher
17 der Herrn

18 dasje
19 kam
20 Mannes
21 wolle
22 ein
23 sei[ner]
24 Er kaufte
25 genug
26 um
27 {diese}s Schrittes
28 erlebt
29 die hinterlas
30 gegen
31 zuletzt u.
32 an dessen
33 ihre
34 erwartete
35 seines
36 befahl mir vor seinem Ende die Sorge
37 in
38 ihr
39 So
40 begreiflicher Weise
41 einer
42 die
43 eine jahrliche
44 ihr
45 Gnaden
46 dem Wohlwollen {unsere}r

Abweichungen in der Abschrift

a *Fehlt*
b *Fehlt*
c ,
d *[Absatz]*
e *[Absatz]*
f *Fehlt*
g *[Kein Absatz]*
h {ihre}n
i nur
j (gez.) Diesterweg. *Zusatz*

196
An das Provinzialschulkollegium,
8. November 1828

1 habe {ich} mich
2 {aufzu}finden

3 aus der   von hier
4 wird
5 zwar
6 noch
7 noch Wesentliches zu wüns[chen]
   wesentliche
8 was
9 eine
10 mir
11 zu
12 als einen   in Vorschlag
13 kunftig

197
An die Regierung Düsseldorf,
30. Dezember 1828

1 das
2 Diese
3 noch
4 es
5 wir das
6 ; ich
7 die
8 {Extra-}Remune[ration]
9 von

201
An die Regierungshauptkasse
Düsseldorf, 5. März 1829

1 lag die

202
An K.Kruse, 13. Mai 1829

1 dieselbe

204
An das Provinzialschulkollegium,
14. Juni 1829

1 monatlich u.
2 bisher
3 vierteljährlich
4 soll
5 Wenn
6 hindert

7 {glaube ich} mehr   möchte mehr
  Ordnung u. Regel in ein Geschäft gebracht wer[den]   {glaub}t{e}
8 gesichert
9 werden

207
An das Provinzialschulkollegium,
28. August 1829

1 zur Hypochondrie
2 Ehe ich denselben namhaft mache, wollte ich mir noch in Anseh[un]g des Dr
  Busch die Bemerk[un]g erlauben, daß
  derselbe sich nächstens, in A[u]ftrag
  unsers Hohen Ministerii, nächstens bei
  einem Hochl. Collegio um eine Anstel-
  l[un]g im Preuß. Staate melden wird.
3 Auffalle[nd]   Mir selbs[t]
4 es ist   indem es
5 Als er   Er wurde
6 gutem
7 war, wurde er
8 z[u]r Zufried[en]h[ei]t u.
9 dem
10 der
11 , nachdem er sich z[u]r Annahme
12 die
13 f[ü]r

208
An das Provinzialschulkollegium
(Reisebericht), 29. August 1829

Abweichungen im Entwurf und in der Abschrift

a {Erfahrung}en *Entw.*
b {verflossen}en *Entw. u. Abschr.*
c Lehrstelle *Entw.*
d *[Absatz] in der Abschr.*
e für {bemerkenswerth} erachte *Entw.*
f *Fehlt in der Abschr.*
g *Streichung im Entw.*
h *Fehlt in der Abschr.*
i {Individualität}en *Entw.*
j sicheren *Zusatz im Entw.*
k *Unterstrichen im Entw.*
l Ein p *Abschr.*
m *Nicht unterstrichen im Entw.*

583

_n anziehenden {Erscheinung}en *Entw.*
_o angehenden *Zusatz im Entw.*
_p *[Absatz] in der Abschr.*
_q Lautern *Entw.*
_r ; *Abschr.*
_s woran ja auch die geistige Entwicklung u. das künftige gedeihliche Wirken in den Schulen geknüpft ist, *Entw.*
_t Zöglinge *Entw.*
_u *[Absatz] in der Abschr.*
_v *Nicht unterstrichen im Entw.*
_w Diese *Abschr.*
_x *[Absatz] in der Abschr.*
_y *Nicht unterstrichen im Entw.*
_z *Unterstrichen im Entw.*
_{aa} *Nicht unterstrichen im Entw. und in der Abschr.*
_{ab} *Nicht unterstrichen im Entw. und in der Abschr.*
_{ac} *Nicht unterstrichen im Entw. und in der Abschr.*
_{ad} *Nicht unterstrichen im Entw. und in der Abschr.*
_{ae} *Nicht unterstrichen im Entw. und in der Abschr.*
_{af} dabei jedoch *Entw.*
_{ag} *Nicht unterstrichen im Entw.*
_{ah} hohes *Abschr.*
_{ai} *Nicht unterstrichen im Entw.*
_{aj} *[Absatz] in der Abschr.*
_{ak} *[Absatz] in der Abschr.*
_{al} erklärt dieses Instrument *Entw.*
_{am} wünscht *Entw.*
_{an} hohen *Abschr.*
_{ao} *[Absatz] in der Abschr.*
_{ap} p *Abschr.*
_{aq} Ein p *Abschr.*
_{ar} in *Entw.*
_{as} Ein p *Abschr.*
_{at} Ein p *Abschr.*
_{au} S[emina]rdirector *Entw.*
_{av} gez *Abschr.*

Streichungen im Entwurf

_A unsres
_B 1. Trier. *[Absatz]*
_C ohne
_D eine

_E sich
_F höchsten
_G um
_H Es
_I In jeder   Unmöglich
_J diesen
_K nothwe
_L unnütz
_M sich
_N dieses
_O achten   treuen
_P Mit   Es that mir leid,
_Q erst
_R in
_S wieder gegeben
_T sehr
_U wird
_V auch durch
_W näher
_X die
_Y dort
_Z mit
_{AA} der
_{AB} werden auch wirklich
_{AC} der {sorgsam}st
_{AD} die
_{AE} ist
_{AF} die
_{AG} in
_{AH} Noch
_{AI} geistigen Rührigkeit u.
_{AJ} in der
_{AK} die
_{AL} Der Hauptgrund liegt ohne allen Zweifel
_{AM} ohne Zweifel
_{AN} allen
_{AO} Der
_{AP} der künftige Seminar
_{AQ} den
_{AR} die
_{AS} in ihrem
_{AT} vorgeschrieben
_{AU} die Anstalt
_{AV} Kein
_{AW} Prüfungs-
_{AX} wird dies
_{AY} einen der
_{AZ} Thatsache

BA auch sind die Stipendien
BB Schul{leh[rern]}
BC gehen   in seine
BD vorzüglichen
BE zugleich   indeß
BF Was {eine}r {besondere}n {Erwähnung}
   verdient
BG ist
BH bauen
BI 6
BJ wenn
BK diesen
BL das
BM des Instru[ments]
BN der
BO ohne den

213
Zeugnis für Heinrich Hustadt,
24. März 1830

1 während der
2 u. sich in
3 weiter gefördert, so wie
4 gut

214
Zeugnis für August Roeber,
24. März 1830

1 der

219
An die Regierung Düsseldorf,
September 1830

1 mir
2 begab
3 im Kreise Solingen
4 Ist des Bemerkens mein *[Absatz]*   Ich
5 {Solingen}s u.
6 {ernst} zugesetzt
7 aber
8 In G
9 Mon[ate]

10 Der H. ENGELS
11 die Bibel
12 fordert
13 die jedes Mal
14 die freundschaftliche
15 hatt[e]
16 nun
17 Als nothwendig schilderte   stellte ich
   auf
18 zum
19 Methode
20 Schüler
21 der
22 nur
23 dem
24 die
25 Erwartung
26 dazu
27 einer Schule
28 unterrichtet
29 Die
30 sehr
31 jede
32 Ich machte
33 darauf
34 überall
35 vollendeter
36 ganzen
37 der Anstalt
38 scheint
39 zu sein
40 Hochmuth aufgebläht zu sein

222
An Sabine Diesterweg,
26. Oktober 1830

1 *Der Schluß fehlt.*

224
An Minister Freiherr
von Altenstein,
4. November 1830

1 im vorigen

585

226
An die Regierung Düsseldorf,
28. Dezember 1830

₁ ein zweites
₂ Letzterer ist jetzt Lehrer in Pfalzdorf bei

227
An das Provinzialschulkollegium,
8. Januar 1831

₁ über
₂ wie
₃ welche
₄ 14
₅ 1830 an
₆ gegen
₇ Juli
₈ der ihr
₉ $^1/_{24}$
₁₀ demnächst

228
Sitzungsprotokoll
des Schulvorstandes und
des Scholarchats der Stadt Moers,
Januar 1831

₁ über

229
An das Provinzialschulkollegium,
3. Februar 1831

₁ das
₂ bezog
₃ erklärte sich
₄ bereit
₅ das
₆ Sep[tember]
₇ einige
₈ durch

230
An das Provinzialschulkollegium,
Mai 1831

₁ des
₂ auf
₃ {ihr}e

₄ fast
₅ , weßhalb
₆ den

231
An die Regierung Düsseldorf,
20. Mai 1831

Abweichungen im Entwurf

a *Fehlt*

Streichungen im Entwurf

A Ernennungs-Urkunde   Urkunde über die <u>definitive</u> Ernennung des Hn. FRIEDRICH THALHEIM zum zweiten Lehrer an der Elementarschule in Mörs
B , geb.
C nicht nur
D in der   das
E *[Absatz]* 1)
F hiermit
G ;   , *[Absatz]* 2) sein Gehalt   Einkommen, so viel   weit es die Schulkasse nur zuläßt, zu erhöhen. *[Absatz]*
H und demgemäß
I zuse[nden]

232
Vokationsschreiben für
Friedrich Thalheim, 20. Mai 1831

₁ April
₂ definitiven
₃ der
₄ das Beste des   Ihre Pflichten in dem Ihnen übergebenen wichtigen Amte
₅ {soll}en
₆ nicht über
₇ dazu
₈ 2 Sgr   *[Absatz]* 57 Rh 20 Sgr 9 Pf.
₉ 9 – 3
₁₀ 9 *[Absatz]*
₁₁ ein{hundert}
₁₂ , voraus gesetzt   ohne Ihnen
₁₃ die
₁₄ uns
₁₅ u.
₁₆ für jetzt und immer

a {Ihre}n

b *[Absatz]*

c Thlr.

d Thlr.

e *[Absatz]* Gez. WITTFELD. BORNEMANN. Diesterweg. A. VINNMANN. HAENTJES. *Zusatz*

237
An die Regierung Düsseldorf, 27. Mai 1831

1 das Meinige

2 Aus leicht   Die Gründe dazu liegen mehr

3 {müßte}n

4 ein

5 darüber

6 Seminar{baums[chule]}

7 u.

8 die

9 einer Reise na[ch]

238
An die Regierung Düsseldorf, 30. Mai 1831

1 des

2 Sonst würde sich mancher

3 fremde

4 aus

246
An das Provinzialschulkollegium, 18. Oktober 1831

1 Einem Hochl. Collegium

2 die

3 diesem

4 anzu[fügen]

5 an {dessen Gedeihen} mir Alles gelegen ist,

6 Blüthe

7 tüchtigen

8 Ein

9 nur nicht

10 meine

11 von der

12 der

13 anseh[en]

14 wollte   möchte

15 einen   den Divisions

16 theils

17 , u.

18 so daß sich

19 sich

20 sein würde

21 überneh[men]

22 dem

23 in einer neuen Übersetz[un]g

24 Hochwü[rdiges]

25 möchte

a An Ein Königlich Hochlöbliches Rheinisches Provinzial-Schul Collegium zu Coblenz *Zusatz*

b Nachtrag zu meinem Bericht vom 15 d. M. die Wiederbesetzung meiner Lehrstelle betreffend.

c Schul{-Collegii}

d 15

e Stelle

f *Unterstrichen*

g *Unterstrichen*

h Hoch{derselben}

i bisher *Zusatz*

j in den

k {Lehr}amte

l zu seiner bekannten großen Pflichttreue und Gewissenhaftigkeit

m erst *Zusatz*

n – *Zusatz*

o ein Mensch vom andern

p *[Absatz]*

q *Unterstrichen*

r , mir unbekannten *Zusatz*

s mögte

t dem *Zusatz*

u übergeben {werden} würde

v Der Seminar-Director *[Absatz]* gz Diesterweg *Zusatz*

A zu

253
An das Provinzialschulkollegium,
4. April 1832

1 Zöglingen an diesem Tage zur
2 zu ihrer
3 {auf}nehmen
4 jener
5 für das

6 in Übereinst[immung]
7 heißen
8 die
9 740
10 7/12
11 noch
12 bemerkt
13 geglaubt
14 da sich gezeigt hat
15 die
16 Aufforderun[g]
17 Mörs, den 4. April 1832.

588

II
VERZEICHNIS DER ADRESSATEN*
SOWIE SPEZIFISCHER SACHGRUPPEN

Altenstein, Karl Freiherr von, Minister   27, 223, 224

Altgelt, Hermann   242

Böckmann, Wilhelm   45, 56

Braun, Friedrich Christoph Wilhelm   40

Clemens, Dr. med. Aloysius C.   23

Diesterweg, Heinrich Carl   2

Diesterweg, Sabine (siehe auch Enslin, Sabine)   21, 32, 222

Dreist, Karl August Gottlieb   220, 233

Eerde, Friedrich Heinrich Melchior Clemens August Freiherr von   249

Eickschlag, Heinrich   38

Elberfeld, Schulvorstand für die Lateinschule der reformierten Gemeinde 24, 25, 31

Enslin, Sabine (siehe auch Diesterweg, Sabine)   3, 4, 5, 7, 8, 9, 10, 12

Fliedner, Theodor   157

Frankfurt am Main, regierender Bürgermeister der Freien Stadt   19

Frankfurt am Main, Senat der Freien Stadt   11

Grashof, Karl Friedrich August   26, 28, 29, 30, 35, 39, 50, 66, 67, 87, 98

Greef, Wilhelm   212

Gruner, Gottlieb Anton   18, 158

Heermann, Carl Gottlieb   76, 104, 125

Hellwag, Ernst Ludwig   1

Hustadt, Heinrich   213

Ingersleben, Karl Heinrich Ludwig Freiherr von, Oberpräsident   42, 53, 57, 58, 64, 72, 74, 84, 85, 89, 93, 94, 95, 97, 99, 106, 107, 108, 110, 113, 120, 121, 123, 126, 127, 129, 131, 132, 133, 135, 137, 144, 149, 150

Keller, Joseph   122

Klappert, Wilhelm   166, 174

Kloss, Dr. med. Georg Franz Burkhard   6, 13

König, Johann Friedrich Heinrich   43

Konsistorium der Provinz Jülich, Kleve, Berg   33, 36, 41, 44, 46, 48, 51, 62, 69, 77, 83, 86, 88, 90, 92, 100, 102, 109, 139, 140

Konsistorium der Stadt Frankfurt am Main   17

---

* In dieses Verzeichnis wurden neben den Namen der einzelnen Briefempfänger (Personen und Behörden) auch Zusammenstellungen bestimmter, für die Tätigkeit Diesterwegs charakteristischer Textsorten – wie Zeugnisse und Jahresberichte – aufgenommen. Nicht ausdrücklich adressierte Vermerke finden sich unter dem Stichwort „Akten-vermerke".
Die Ziffern hinter den Namen entsprechen der Numerierung der Briefe. Städtische Behörden und Kirchenverwal-tungen sind der jeweiligen Stadt zugeordnet (z. B.: Moers, Bürgermeister). Regionale und nationale Behörden wie Provinzialschulkollegien und Konsistorien hingegen finden sich unter dem entsprechenden Begriff und tragen als Teil ihrer Bezeichnung die regionale Zuordnung.

III
GLOSSAR

ABITUR/ABITURIENTEN

Abitur bezeichnete in Preußen allgemein die Abschlußprüfung einer höheren Schule. Bis in das letzte Drittel des 19. Jahrhunderts hinein wurde der Abschluß der preußischen Lehrerbildungsseminare auch so bezeichnet. Den Abiturientenprüfungen gemeinsam war ihre Organisation unter Prüfungskommissionen mit Anwesenheit eines „Kommissarius" (s. dort) des Konsistoriums bzw. seit 1826 des Provinzialschulkollegiums. Die Prüfungen dauerten je nach Kandidatenzahl bis zu mehreren Tagen.

Für die Seminarabiturienten eröffnete sich mit dem in Moers zunächst in vier Zensurstufen erteilten Zeugnis die Wahlfähigkeit zum (niederen) Lehramt. Die Abiturienten bekamen im Laufe der Entwicklung Vorrang bei der Anstellung vor Bewerbern, die bei Lehrern (Schulmeistern) zum „Schulehalten" ausgebildet worden waren. Schulamtsbewerber aus der Meisterlehre finden sich in abnehmender Zahl noch bis Ende des 19. Jahrhunderts. Mit den Seminargründungen seit 1815 schränkte Preußen diesen Ausbildungsweg ein. Diesterweg legte immer großen Wert auf die Entwicklung der Prüfung der Seminaristen als „Abitur", stellte sie die Seminare doch den lateinlosen höheren Schulen in der Provinz (z.B. den Provinzialgewerbeschulen) gleich.

Auch die Einführung des Abiturs an den höheren Lateinschulen hatte im Lebensweg Diesterwegs eine Bedeutung. Seinen Ursprung hatte dieses Abitur in einer Anregung des Kanzlers der Universität Halle, Hoffmann, im Jahre 1787, durch eine Abschlußprüfung den ungehinderten Zugang „allzu unwissender" Studenten aus den Latein- oder Gelehrtenschulen zu bremsen. 1788 vom Oberschulkollegium unter Staatsminister von Zedlitz in Preußen übernommen, erwies sich das 1812 erneuerte und 1834 in Preußen dann zum alleinigen Studienzugang aufgewertete Abiturerfordernis langfristig als bedeutend auch in Verbindung mit den staatlich organisierten Berechtigungen. Der Grad der erreichten höheren Bildung auf den höheren Lehranstalten wurde zudem mit den Befreiungen vom Militärdienst (s. dort) verbunden. Die Lateinschule in Elberfeld, an der Diesterweg von 1818 bis 1820 nach seinen Jahren an der Musterschule in Frankfurt unterrichtete, gehörte zu den Gewinnern des Bereinigungsprozesses. Die Lateinschule der reformierten Gemeinde erhielt 1822 die Genehmigung, sich Gymnasium zu nennen (heute: Wilhelm-Dörpfeld-Gymnasium). Die erste Abiturprüfung erfolgte 1824. Nach Zählung Ludwig von Wieses (1864) blieben in Preußen von mehreren hundert Lateinschulen um 1812 im Jahre 1832 noch 111 nun mit dem Abiturprivileg versehene Anstalten übrig. Diesterweg sympathisierte mit den staatlichen und kommunalen schulpolitischen Bestrebungen der Zeit, lateinlose höhere Bürgerschulen einzurichten. Wilberg (s. Personenregister) unterstützte die Gründung einer solchen Bürgerschule, die dann 1830 in Elberfeld im Verbund mit der Gewerbeschule entstand (heute: Carl-Fuhlrott-Gymnasium, genannt nach dem Entdecker des Neandertalers; Fuhlrott, der Diesterweg in seiner schulpolitischen Gesinnung nahestand, war Lehrer an dieser Schule).

ARMENSCHULEN

Die Beschulung der Kinder zu sichern, die aus Armut kein Schulgeld bezahlen konnten, war eines der Hauptprobleme bei der Einführung des allgemeinen Schulunterrichts. Eine Finanzierung aus den Armenfonds war amtlicherseits nicht gestattet. Es gab eine Freischulbewegung, in der über Spenden, Stiftungen und sonstige Verpflichtungen arme Kinder vom Schulgeld dispensiert werden konnten. Schulen und bewußte industriöse Kindererziehung als Instrument zur Bekämpfung der Massenarmut und der Bettlerplage einzusetzen, gehörte zu den in Hunderten von Beispielen umgesetzten Reformbemühungen im „pädagogischen Jahrhundert" (ca. 1750–1850).

Überall in Deutschland wurden „Armen- und Industrieschulen" gegründet, in denen Kinder in den Elementarkenntnissen unterrichtet und zur Arbeit erzogen wurden und in denen in pädagogisch gestalteter Kinderarbeit einfache Produkte hergestellt wurden. Im Königreich Westphalen setzte die französische Besetzung für den Westen Preußens neue Maßstäbe für die Volksaufklärung und die Versorgung der armen Kinder in den schulgeldfreien „Primairschulen", an die auch

Diesterweg – vor allem nach dem Vorbild des Elberfelder Schulreformers Wilberg (s. Personen-register) – anknüpfte. Wilberg war 1802 zum Inspektor der kommunalen Armenanstalt nach Elberfeld berufen worden. Mit seinem Konzept zur Armenversorgung, das den Ausbau des Armenschulwesens einschloß, gehörte Wilberg in Preußen zu den Schöpfern eines von den Bürgern getragenen Schulsystems. Die Kommunalisierung der Schulen hat in solchen Bewegungen ihren Ursprung.

ELEMENTARSCHULE

Seltener als die Begriffe „Schule in den Städten", „Schule auf dem platten Land", „Landschule", „Dorfschule", „Sommer- und Winterschule", unter französischem Recht: „Primairschule", „Trivialschule" findet sich anfangs in den preußischen Schulrechtsbestimmungen der Begriff „Elementarschule". Er umfaßt zur Zeit Diesterwegs die „Normalform" einer Volksschulausbildung in Lesen, Schreiben und Rechnen und die sittlich-religiöse Unterweisung, oft auch als „nöthiger Unterricht" bezeichnet.

Die „Stiehlschen Regulative" von 1854 gehen vom Begriff der „Elementarschule" aus. Die „Allgemeinen Bestimmungen" von 1872 verwenden den Begriff „Volksschule". Der „Elementarschullehrer" wandelt sich in dieser Zeit zum „Volksschullehrer", falls man nicht vorzieht – auch amtlich –, ihn als „Schullehrer" zu bezeichnen.

In der entwickelten dreistufigen Volksschule (mit Unter-, Mittel- und Oberstufe) wird später mit „Elementarschule" der Unterricht der Unterstufe bezeichnet. Mit der Gewerbeordnung von 1869 bekam jeder Schüler in Preußen ein Anrecht auf einen mindestens dreijährigen Elementarunterricht. Der sich durchsetzende vierjährige Besuch der Elementarschule sicherte diesen Mindestanspruch bei zweimaligen Einschulungsterminen im Jahr. Anschließend konnte der Übergang (mit Aufnahmeprüfung) in die höheren Schulen erfolgen. Die zur Zeit Diesterwegs in Elberfeld existierende gymnasiale Vorschule war dreijährig (Nona, Octava, Septima) mit anschließender Versetzung in die Sexta eines Gymnasiums. Sie vermittelte einen auf die Zwecke des Gymnasiums ausgerichteten Elementarunterricht (einschließlich Latein).

FABRIKSCHULEN

Mit der Einführung von Maschinen und der Mechanisierung zahlreicher Vorgänge in den Fabriken wurden auch Kinder zur Fabrikarbeit herangezogen, zum einen um des Verdienstes willen, der den Eltern zufloß, zum anderen, weil die Kinderhand sich für bestimmte Tätigkeiten als besonders geschickt erwies. In den Staaten, in denen bereits Schulzwang bestand, ergaben sich durch die Fabrikarbeit der Kinder Schwierigkeiten für den Schulbesuch. Aus diesem Grunde und um der rücksichtslosen Ausbeutung durch Fabrikunternehmer zumindest Schranken zu setzen, griffen die Staatsbehörden schon früh dahingehend ein, daß sie die Genehmigung zur Beschäftigung von Kindern vom Nachweis eines, wenn auch eingeschränkten, Schulbesuchs abhängig machten. Die Unternehmer waren gezwungen, für die in der Fabrik beschäftigten Kinder besondere Fabrikschulen zu errichten und zu unterhalten. Den Unterricht erteilten meist die Volksschullehrer im Nebenamt. Der Unterricht war nur ein dürftiger Ersatz; die Kinder erhielten durchschnittlich drei Stunden Unterricht, meist zwischen oder nach der Tagesarbeit.

In Preußen wurden die Verhältnisse der Fabrikschulen durch die Regulative vom 9. März 1839 und vom 16. Mai 1853 endgültig geregelt. Das Regulativ von 1839 war durch alarmierende Befunde des Militärs ausgelöst worden, da sich unter den Rekruten immer mehr Verkrüppelungen infolge von Fabrikarbeit in jugendlichem Alter zeigten.

FONDS/SCHULFONDS

Schon vor 1815 waren zur dauerhaften Finanzierung des Schulwesens in einigen westdeutschen Territorien Fonds gebildet worden, die meist aus dem Vermögen aufgelöster Kirchen- und Klosterstiftungen stammten. So wurde der Bergische Schulfonds 1770 aus Ordensvermögen der Jesuiten geschaffen und durch Mittel von im Jahre 1803 säkularisierten Klöstern aufgestockt. Die Fonds wurden in den preußischen Westprovinzen weitergeführt und durch staatliche Zuwendungen ergänzt.

594

GEMEINDESCHULE

Nicht zu verwechseln mit dem Begriff *gemeine* (= allgemeine) Schule, gibt der Begriff „Gemeindeschule" einen wichtigen Hinweis auf die Schulträgerschaft. Er weist auf Schulträger kirchlicher Herkunft (Kirchengemeinde, Religionsgemeinde), auf Schulträger weltlicher und zum Schulunterhalt verpflichteter Korporationen (Schulgemeinde, „Schulsocietät", Gutsherr, staatliche Bergbaugemeinde, Landgemeinde, Samtgemeinde, Kreis, Stadtgemeinde) hin. Gemeindeschulen verfügen in der Regel über einen Schulvorstand. Dieser steht wiederum unter der Leitung von Selbstverwaltungsgremien wie Scholarchaten (s. dort), Schulkommissionen, Schuldeputationen. Ortsschulinspektoren und „Schulpfleger" (ab 1872 die Kreisschulinspektoren) sind in diesem System die staatlich beauftragten Vertreter.

Das Allgemeine Landrecht von 1794 forderte subsidiär und langfristig als Regelform die Einführung eines zum Schulunterhalt verpflichtenden Verbandes („Schulsocietät"), bestehend aus denjenigen, die über einen eigenständigen Haushalt (Wohnung mit Feuerstelle) verfügten, auch wenn sie kinderlos oder unverheiratet blieben. In den vom französischen Recht bestimmten, später preußischen Gebieten, vor allem im Rheinland, wurde nach 1806 die „Elementairschule" als Schule der bürgerlichen Mairie eingeführt. In anderen Gebieten Preußens sind die vielfältigen älteren Formen der konfessionellen Schulgemeinden bis zum Erlaß des Schulunterhaltungsgesetzes 1906 erhalten geblieben.

KIRCHE UND SCHULE

In den 1813/14 eroberten und bis 1815 kommissarisch verwalteten rheinischen Territorien richtete der preußische Staat 1814 für die Leitung des evangelisch-reformierten und evangelisch-lutherischen Kirchenwesens ein gemeinsames Oberkonsistorium ein. Dessen Nachfolgebehörden wurden in beiden Rheinprovinzen Konsistorien (s. Oberpräsident/Provinz). Die reformierten und lutherischen Gemeinden des Westens, die jahrhundertelang zumeist unter katholischer Herrschaft gestanden hatten, waren bisher von Presbyterien (Konsistorien, Gemeindekirchenräten) und Synoden eigenverantwortlich verwaltet und von auf Zeit gewählten Pfarrern (Präsides, Inspektoren) oder einem Kollegialorgan (Moderamen) geleitet worden. Auch während der französischen Oberherrschaft war dieser Tatbestand nicht grundsätzlich in Frage gestellt worden. Der französische Kultusminister respektierte vielmehr, daß die evangelische Kirche „alle Hierarchie unter den Pastoren" verwerfe und keine Gewalt anerkenne, „welche von oben herab kommt". Der staatskirchliche Anspruch des Königs von Preußen als oberster Bischof (summus episcopus) der evangelischen Kirche war diesen Gemeinden daher fremd, und der Versuch, ihn durchzusetzen, mußte auf Ablehnung stoßen.

1817 wurde neben Dienstinstruktionen für die beiden Konsistorien auch ein Entwurf für eine zukünftige Kirchenordnung bekanntgegeben. Danach sollten die Pfarrer eines Kreises eine Kreissynode bilden, ein vom König auf Lebenszeit ernannter Superintendent an ihrer Spitze stehen und eine Provinzialsynode aus diesen Superintendenten, die zugleich Schulpfleger (Kreisschulaufseher, Kreisschulinspektoren) waren, zusammengesetzt werden. Die reformierten und lutherischen Kirchen am Rhein vermochten solche umstürzenden Änderungen nicht hinzunehmen. Daß ein Kompromiß gefunden wurde, den beide Seiten, von Ausnahmen abgesehen, zu akzeptieren vermochten, war nicht zuletzt das Verdienst des langjährigen Budberger Pfarrers Johann Wilhelm Gottfried Roß. 1817 zum ersten Superintendenten der neuen Kreissynode Moers gewählt, trat er im nächsten Jahr als Präses an die Spitze der Provinzialsynode der nördlichen Rheinprovinz Jülich-Kleve-Berg (s. Oberpräsident). In diesem Amt repräsentierte er auch alle evangelischen Schulpfleger der Provinz. In den nächsten Jahren vermittelte er unermüdlich zwischen staatlichen und kirchlichen Gremien und Behörden, bis der König 1835 eine für die beiden Westprovinzen grundlegende Kirchenordnung erlassen konnte.

Das synodal-presbyteriale Element war darin wie sonst nirgendwo in der preußischen Monarchie erhalten geblieben. So erfolgte eine freie Pfarrerwahl durch die Einzelgemeinden und die Wahl des Superintendenten durch eine von Pfarrern und Laien gebildete Kreissynode. Dabei achtete man besonders auf die Eignung zum Kreisschulinspektor, der mit dem Superintendentenamt verbunden blieb. Die Provinzialsynode wählte ihren Präses selbst. Erhebliche Abstriche erfolgten jedoch bei den Leitungs- und Aufsichtsfunktionen. Denn der Generalsuperintendent wurde vom König ernannt. Auch das königliche Konsistorium, das mit einem Konsistorialpräsidenten an der Spitze am Sitz des Oberpräsidenten die laufenden Verwaltungsgeschäfte führte, war eine geistliche Staatsbehörde. Daß Roß während seiner Amtszeit als Präses gelegentlich mit „Generalsuperintendent" angesprochen wurde, läßt sich dadurch erklären, daß er über den Superintendenten der Provinz stand. Für dieses Amt war in Preußen ein Geistlicher mit diesem Titel vorgesehen. Tatsächlich wurde Roß, der 1828 zum Propst zu St.Nicolai in Berlin, Oberkonsistorial- und Vortragenden Rat im Kultusministerium berufen worden war, im Jahr darauf auch Zweiter Generalsuperintendent der Provinz Brandenburg. Während dieser Zeit, in der er unmittelbaren Zugang zu König Friedrich Wilhelm III. hatte, blieb er mit den rheinischen Angelegenheiten beschäftigt, wie sein vermittelnder Einsatz für die neue Kirchenordnung und zugunsten Diesterwegs zeigt. 1836 wurde er zum ersten Generalsuperintendenten für die Rheinprovinz und gleichzeitig für die Provinz Westfalen ernannt. Er blieb der einzige, der dieses Amt für beide Provinzen – und zumeist von Berlin aus – wahrnahm.

Die Leitung des evangelischen Schulwesens lag bis zu Beginn der preußischen Herrschaft bei den einzelnen Kirchengemeinden. Die Synoden führten die Oberaufsicht. Auch nach 1815 war dem Lehrer der einklassigen Schule – der damaligen Regelschule – der Pfarrer als Schulpfleger (Ortsschulinspektor) vorgesetzt. Das Allgemeine Landrecht bestimmte in Preußen seit 1794 die Schulaufsicht als staatliche Aufgabe, die jedoch bis 1918 meistens leitenden Geistlichen übertragen wurde. So wirkten im größeren Schulbezirk, der meist mit Kirchenkreis (evangelisch) oder Dekanat (katholisch) identisch war, Superintendenten oder Dechanten als Kreisschulpfleger (Kreisschulinspektoren, Kreisschulaufseher, später Schulräte).

KOMMISSARIUS

Die Beauftragung mit dem Amt eines „Kommissarius" gehörte in Preußen zu den wesentlichen Mitteln der Schulaufsicht und der Steuerung der Schulentwicklung. Die Provinzialschulkollegien übten ihre Aufsicht über die höheren Bildungsanstalten einer Provinz durch „Kommissarien" aus. Auch das Ministerium beauftragte eigene „Kommissäre" zur Regelung von Angelegenheiten im Schulwesen. Der Kommissar verband persönliche und fachliche Autorität mit der des zugewiesenen staatlichen Amtes. Je nach Persönlichkeit gab diese Einrichtung der preußischen Schulverwaltung den Ausdruck pädagogischer Individualität. Bis zum Erlaß der revidierten Verfassung von 1852 in Preußen (und mangels eines die Verfassungsbestimmungen ausführenden einheitlichen Schulgesetzes über die Provinzialschulkollegien in der Folgezeit weiterwirkend) verfügten die „Königlich Preußischen Staaten" über viele Varianten eines provinzial-föderativen Schulsystems. Deren Ausdruck waren die Schulordnungen für die Territorien. Die Einrichtung des Kultusministeriums 1817 verstärkte die zentralstaatlichen Regelungstendenzen. Es war nun der Staat, der auf der Basis des Allgemeinen Landrechts und der weiterwirkenden lokalen und regionalen Regelungen über die Regierungen und Provinzialschulkollegien die Schulhoheit ausübte und sich gemäß der Kabinettsorder vom 10. Januar 1817 – insbesondere bei Schulen, in denen er im Scholarchat das Patronat oder Compatronat ausübte – dabei der Kommissare und der ihm direkt unterstehenden Direktoren und Schulbeamten (wie z.B. Diesterweg) bediente. Die Kommissare vermittelten kraft der ihnen übertragenen Funktion die staatliche Anerkennung. Sie zeichneten im Falle ihrer Teilnahme als Vorsitzende der Prüfungskommissionen die Prüfungsentscheidungen gegen. Ein delegierter „Kommissarius" findet sich auch bei Schulstiftungen, in Scholarchaten und sonstigen Aufsichtsgremien im niederen und höheren Schulwesen.

KONFESSIONEN

Der Wortstamm des Begriffes leitet sich von dem lateinischen Verb „confiteri" ab, was soviel wie „bekennen" bedeutet, weshalb für den Begriff „Konfession" im religiös-institutionellen Verständnis auch „Bekenntnis" Verwendung findet. Im engeren Sinne versteht man unter Konfession bzw. Bekenntnis eine kirchlich-autoritative Formel, welche die christlichen Fundamentalwahrheiten zusammenfaßt oder auch einzelne Glaubensfragen entscheidet. Wichtige früh- und gemeinchristliche Bekenntnisse sind das Apostolikum, das Nicäische Bekenntnis, das Bekenntnis von Konstantinopel, das von Chalcedon und das sogenannte Athanasianische Bekenntnis. Mit der Bildung

596

protestantischer Kirchen gewinnt die Bekenntnisfrage eine neue Wertigkeit. So definiert sich die lutherische Kirche – in Abgrenzung vom altkirchlich-katholischen Glaubensstand – auf der Grundlage der von Melanchthon verfaßten Confessio Augustana, dem Augsburger Bekenntnis von 1530, während die reformierten Kirchen in der Schweiz, in der Tradition Zwinglis und dann auch Calvins stehend, sich mit dem Ersten (1536) bzw. Zweiten (1566) Helvetischen Bekenntnis eine neue Glaubens- und Bekenntnisgrundlage gaben. Das lutherische und das reformierte Bekenntnis waren durch eine Reihe von Lehrunterschieden gekennzeichnet, so etwa im Blick auf das Abendmahl, bei dem das lutherische Bekenntnis von einer Realpräsenz, das reformierte dagegen von einer symbolischen Präsenz Christi ausging. Diese Unterschiede schlugen sich auch in sehr unterschiedlichen Katechismen nieder. So war im Luthertum der auf Martin Luther selbst zurückgehende Katechismus im Gebrauch, während die reformierten Kirchen in Deutschland den sogenannten „Heidelberger Katechismus" verwendeten. Deutliche Differenzen gab es auch in der gesamtkirchlichen und gemeindlichen Organisation. Hatten die lutherisch ausgerichteten Kirchen eher hierarchische Strukturen mit dem Landesherrn als dem Summus Episcopus an der Spitze, so orientierten sich die reformierten Kirchen an presbyterial bzw. synodal aufgebauten Modellen der kirchlichen Organisation.

MILITÄRDIENST FÜR LEHRER IM NIEDEREN SCHULWESEN

Die Kantonsreglements regelten in Preußen die Militärpflicht. Beschwerden über den Mißbrauch höherer Schulbildung zur Befreiung vom Militärdienst führten Ende des 18. Jahrhunderts zur genaueren Abstimmung der Exemtion mit der Höhe des Bildungserwerbs. 1770 wurde ein festes Schema für die Eintragungen bei der Immatrikulation eingeführt, um der Flucht vor dem Militär durch Erwerbung des „Standes" eines Studenten einen Riegel vorzuschieben. Das Edikt vom 14. Oktober 1737 hatte Lehrer, Geistliche und Staatsbeamte von der Kantonpflicht befreit, die Kinder von Handwerkern und anderen konnten sich nur auf Antrag freistellen lassen. 1789 wurde die Befreiung der „Schullehrersöhne" eingeschränkt. Nur wenn sie sich den „Wissenschaften und Künsten, der Oekonomie, Handlung und sonstigen ähnlichen Bestimmungen" widmeten, konnten sie freigestellt werden. Nach einem Reglement von 1792 waren aus den niederen Schulen nur noch die Kinder der Rektoren von Mittelschulen und der Inspektoren bei den Seminaren befreit, wenn sie sich „wissenschaftlich" beschäftigten.
Durch die Kabinettsorder vom 16. März 1818 wurde den zu Volksschullehrern ausgebildeten Seminaristen das Recht zum verkürzten einjährigen Freiwilligendienst zugebilligt. Eine Kabinettsorder vom 29. Oktober 1827 differenzierte die Einberufung zum Militär nach dem Grad des Bildungserwerbs und erlegte allen Schulamtskandidaten, die nicht in „Haupt- oder Nebenseminaren" ausgebildet worden waren, Militärpflicht auf. Die Militärausbildung der in den Seminaren oder Präparandien Ausgebildeten wurde auf sechs Wochen beim Militär und vier Wochen beim Landsturm reduziert.
Solange Lehrer im Schulamt dienten, entfiel der Militärdienst, bei voller Anstellung wurden sie zu keinem Dienst mehr herangezogen. Auch wurde die Lehrerausbildung nicht unterbrochen, so daß die Lehramtskandidaten nur in der Zeit zwischen dem Abschluß am Seminar und der Einstellung an einer Schule militärpflichtig werden konnten. Sie konnten sich in ihrem Jahrgang auch ein militärdienstbefreiendes Los kaufen. Wurden sie nicht vom „Los getroffen" – zogen sie mit diesem Los also keine Nummer –, waren sie endgültig befreit. Immer wieder wurde von den Behörden auf die Ableistung der sechs bzw. vier Wochen beim Militär oder der Landwehr vor der Einstellung hingewiesen. Wurden Lehrer ihres Amtes „unwürdig", wurden sie wiederum der Militärpflicht unterworfen.

MUSTERSCHULE (NORMALSCHULE)

Der Begründer der Normal- oder Musterschule war der Saganer Abt Ignaz von Felbiger. 1762 hatte er die Methode Heckers an dessen Realschule in Berlin kennengelernt und bemühte sich fortan, sie auch an den ihm unterstellten Schulen des Stifts einzuführen. Nachdem sich der Lehrer Joseph Kauschke ebenfalls in Berlin mit Heckers Methode vertraut gemacht hatte, mußten auf Felbigers Befehl die meisten Lehrer der zum Stift gehörigen Dörfer im Sommer 1763 dem Unterricht in der Saganer Schule beiwohnen, um die neue Unterrichtsart kennenzulernen. So entstand in Sagan die erste Normal- oder Musterschule. Den Namen erklärte Felbiger in der „Allgemeinen Schulordnung für die deutschen Normal-, Haupt- und Trivialschulen in den sämtlichen k. k. Erbländern" vom 6.12.1774 folgendermaßen: „Diese Schulen heißen von den lateinischen Worte norma darum Normalschulen, weil sie die Richtschnur, das Muster aller übrigen Schulen in dem Lande sind."

Die Normalschulen verbreiteten sich über Schlesien nach Österreich und ganz Deutschland. Ihr anfängliches Ziel war es, durch theoretische und praktische Schulung bereits im Amte befindlicher Lehrer der Unzulänglichkeit in der bestehenden Lehrerbildung abzuhelfen; aus vielen Normalschulen entwickelten sich Lehrerseminarien.1783 begann Bernhard Overberg den Aufbau einer Normalschule in Münster. In Frankfurt a.M. hatte 1802 der Senat bestimmt, daß das der Stadt von dem verstorbenen Schöffen Johann Friedrich von Uffenbach vermachte Erbe, eine Summe von 25 000 Gulden, für die Verbesserung des Schulwesens verwendet werden solle. Am 18. April 1803 wurde diese Schule mitten in der Stadt eröffnet; unter den Kindern befanden sich auch zwei Mädchen. Der junge Gottlieb Anton Gruner wurde 1804, direkt aus der Lehrerbildungsanstalt Pestalozzis in Burgdorf kommend, Lehrer an dieser Schule und lehrte dort nach dem Vorbild Pestalozzis. Der Senat beschloß, daß die Schule „Musterschule" heißen solle, und appellierte an den Bürgersinn, um ein „Bürgerkapital" für den Schulfonds zu sammeln. Von 1805 bis 1810 war Gruner Oberlehrer (Direktor); er wurde im Anschluß daran Leiter einer Lehrerbildungsanstalt in Idstein. Ihm folgte W.H. Seel, der die Musterschule von 1810 bis zu seinem Tode im Jahre 1821 leitete.

OBERPRÄSIDENT/PROVINZ

Das Königreich Preußen errichtete in den westdeutschen Territorien, die es auf dem Wiener Kongreß am 5.4.1815 neu oder erneut in Besitz genommen hatte, eine nordrheinische Provinz, genannt Jülich-Kleve-Berg, mit Sitz in Köln und den Regierungsbezirken Köln, Düsseldorf und Kleve (1822 mit Düsseldorf zusammengelegt), eine südrheinische Provinz mit der – heute irreführenden – Bezeichnung Großherzogtum Niederrhein mit Sitz in Koblenz und den Regierungsbezirken Koblenz, Trier und Aachen sowie die Provinz Westfalen. An die Spitze der Provinzialverwaltungen traten 1816 Oberpräsidenten: in Köln Friedrich Ludwig Christian Reichsgraf zu Solms-Laubach und in Koblenz Karl Heinrich Ludwig Freiherr von Ingersleben.

Nach dem Tod von Solms-Laubach 1822 übertrug das Staatsministerium durch Kabinettsorder dem Koblenzer Oberpräsidenten von Ingersleben die Leitung der beiden rheinischen Provinzen. Doppelt vorhandene Behörden wurden zusammengelegt. So wuchsen die beiden Provinzialverwaltungen in den nächsten Jahren zusammen, ohne daß eine offizielle Anordnung zu ihrer Vereinigung bekannt geworden wäre. Nur so ist auch zu verstehen, daß noch einige Zeit von „Rheinprovinzen" die Rede war und Diesterweg 1829 ein Buch mit dem Titel „Beschreibung der Preußischen Rheinprovinzen" herausbringen konnte. Zu den Aufgaben der Provinzialverwaltungen gehörte die Leitung der geistlichen Angelegenheiten (Interna) der evangelischen Kirchen der Provinz sowie die Aufsicht über Gymnasien und Lehrerseminare. Dafür wurden zunächst Konsistorien in Koblenz (1815) und Köln (1816) gebildet. Diese beiden Konsistorien gliederte eine Kabinettsorder am 31.12.1825 mit Wirkung zum 15.2.1826 neu. Die evangelischen Kirchensachen wurden von einem neuen Konsistorium als Kollegialorgan, dessen Mitglieder Konsistorialräte waren, allein bearbeitet. Die Zuständigkeit für Gymnasien und Lehrerseminare ging auf ein Provinzialschulkollegium über, das als Kollegialorgan von Provinzialschulräten seine Arbeit aufnahm. Beide Behörden leitete der Oberpräsident an seinem Dienstsitz Koblenz.

OBSTBAUMZUCHT

Die Obstbaumzucht, bereits um 2900 v. Chr. den Ägyptern bekannt, wurde in Europa zunächst durch die Griechen, dann durch die Römer praktiziert. Diese brachten das Wissen von ihren Eroberungszügen mit, so daß für die Zeit um 300 n. Chr. zum Beispiel prächtige Obstbaumplantagen am Rhein überliefert sind. Später bildeten vor allem die Klöster den Mittelpunkt, von dem aus die Obstbaumzucht in der näheren und weiteren Umgebung verbreitet wurde. Ganz besondere Förderung erfuhr der Obstbau in Deutschland durch Karl den Großen. Durch den Dreißigjährigen Krieg wurde der Obstbau in Deutschland fast vollständig vernichtet und nur sehr mühsam wieder aufgenommen. Die Zeit von 1806 bis 1813 war insofern von günstigem Einfluß, als Napoleon I. zahlreiche Wege und Chausseen neu anlegen und mit Obstbäumen säumen ließ. Zu einem bedeutenden Aufschwung gelangte die Obstbaumzucht in Deutschland – aus volkswirtschaftlichen und volksgesundheitlichen Erwägungen – im Laufe des 19. Jahrhunderts.

Der Schule kam bei der Hebung der Obstbaumzucht besondere Bedeutung zu; in Schulgärten wurden Baumschulen mit den gängigen heimischen Gewächsen angelegt und die Schüler in Pflege und Veredelung der Pflanzen unterrichtet. Voraussetzung war, daß die Lehrer nicht nur gründliche Kenntnisse von Obstbaumzucht besaßen, sondern die Schüler auch dafür begeistern konnten. Deshalb sollte obstbaumkundlicher Unterricht an allen Lehrerbildungsanstalten obligatorisch werden, in enger Verbindung mit dem Naturkundeunterricht. Das Hauptgewicht lag dabei auf der praktischen Schulung.

PROGYMNASIEN

Unter „Progymnasium" – auch als „höhere Stadtschule", „Rektoratschule" oder „(höhere) Bürgerschule" bezeichnet – wurden in der Rheinprovinz und in Westfalen diejenigen Anstalten verstanden, die einen Lehrplan wie die vier unteren Klassen der Gymnasien verfolgten und ihre Schüler für die Aufnahme in die Quarta und Tertia eines vollständigen, aus sechs gesonderten Klassen bestehenden Gymnasiums oder für die höheren (teils lateinlosen) Bürgerschulen (später Realschulen I. und II. Ordnung, nachfolgend Realgymnasien und Oberrealschulen) vorbereiteten. Auch Moers verfügte über ein Progymnasium, das Adolphinum. Es war 1582 als Schola illustris zur „Fortpflanzung des reformierten Glaubens" gestiftet worden. Die fünf unteren Klassen bildeten anfangs den eigentlichen Gymnasialkursus, die oberen zwei Klassen die Fundamenta theologica. 1821 wurde das Adolphinum zu einer höheren Stadtschule mit Aufnahme von Reallektionen in Englisch und Chemie reorganisiert; nach erneuter Reorganisation wurde es 1862 als „vollständiges Progymnasium" anerkannt. Patron war das Scholarchat der Anstalt, „Compatron auf die Dauer seiner Zuschüsse" war der Staat. Zum Scholarchat gehörten der Bürgermeister, eventuell ein Bürger der Stadt, die beiden evangelischen Pfarrer zu Moers, der Rektor der Schule, ein Vertreter der Landgemeinden und der „Königl. Compatronats-Commissarius". Lehrer und Mitglieder des Scholarchats mußten nach dem Statut von 1862 der evangelischen Kirche angehören.

REGIERUNG

Die äußeren Kirchenangelegenheiten (Externa) sowie die Aufsicht über das niedere Schulwesen (Elementar-, später Volksschulen) oblag unter Leitung von Regierungspräsidenten den Königlichen Regierungen. Diese wurden in zwei Abteilungen gegliedert. Das Kirchen- und Schulwesen wurde der I. Abteilung zugeordnet. Zur II. Abteilung gehörten die Finanzen, darunter die Regierungshauptkasse, in der sämtliche Einnahmen und Ausgaben verbucht wurden.

Die Amtsgeschäfte der I. Abteilung lagen in den Händen von Regierungs- und Schulräten beider Bekenntnisse. Zu ihren Aufgaben gehörten Prüfungen, die zur endgültigen Anstellung der Lehrer berechtigten. Daraus erwuchs die 2. Staatsprüfung. Die Düsseldorfer Regierung maß zunächst der nichtseminaristischen Lehrerbildung besondere Wertschätzung bei, was auf Diesterwegs Kritik stieß. Zur Vorbereitung auf ihre Prüfungen führte sie auch Kurse für im Amt befindliche Lehrer durch.

REGLEMENT DES SEMINARS

Am 10. April 1823 erteilte König Friedrich Wilhelm III. dem evangelischen Schullehrerseminar Moers die endgültige Genehmigung. Konsistorialrat Grashof entwarf daraufhin eine „Reglement" genannte Seminarordnung und knüpfte an das 1818 für Neuwied erlassene Reglement an. Der Unterricht in „Methodik, Didaktik und Pädagogik" sollte „in beständiger Verbindung der Theorie und der Praxis" erfolgen. Nach Überarbeitung des Entwurfs durch den Vortragenden Rat für das Seminar- und Volksschulwesen, G. Ph. L. von Beckedorff, wurde das Reglement am 13. August 1824 durch das Ministerium der geistlichen, Unterrichts- und Medizinalangelegenheiten genehmigt und durch Beckedorff 1825 im ersten Band der von ihm herausgebrachten „Jahrbücher des preußischen Volks-Schul-Wesens" publiziert.

599

RHEINBUND

Unter dem Druck Napoleons I. verließen 1806 16 süd- und westdeutsche Staaten das Heilige Römische Reich Deutscher Nation, um in Paris den von Frankreich dominierten Rheinbund zu gründen. Anschließend legte Franz II. die Kaiserwürde nieder. Dies bedeutete auch formal das Ende des Ersten Reiches. Einige Rheinbundstaaten wurden neu- oder umgebildet (Großherzogtum Berg 1806, Königreich Westphalen 1807). Bis 1811 traten elf weitere deutsche Fürsten dem Rheinbund bei. Angesichts des sich abzeichnenden Zusammenbruchs der französischen Oberherrschaft löste sich der Bund im Herbst 1813 auf.

SCHOLARCHAT/KURATORIEN

Als eine „Zwischenbehörde" zwischen dem Provinzialschulkollegium und den Schulvorständen bzw. den Direktoren oder Rektoren einer Schule fungierten im Schulwesen im Westen Preußens Selbstverwaltungsorgane wie Kuratorien, Scholarchate, Ephorate. Diesterweg fand in Elberfeld und Moers (s. Progymnasium) z. B. ein Scholarchat für die Schulen der Stadt vor. Auf der Basis der preußischen Städte- und Landgemeindeordnungen wurden auch „Schulkommissionen" und „Schuldeputationen" eingerichtet. In der Rheinprovinz und in Westfalen waren nach Anweisung des Ministeriums der geistlichen, Unterrichts- und Medizinalangelegenheiten vom 28. April 1830 alle höheren Schulen mit Kuratorien ausgestattet. Sie sind nicht mit Schulvorständen einzelner Einrichtungen zu verwechseln.

SCHULORDNUNG

Mit den „Principia regulativa" (oder „General-Schulen-Plan") für das Königreich Preußen vom 30. Juli 1736 für das Landschulwesen beginnt die Einzelregelung der Landschulverhältnisse in den preußischen Territorien zunächst durch vom König unterzeichnete Reskripte, die alle Seiten einer „guten Schulverfassung" der Dorf- und Stadtschulen regulieren. Bemerkenswert ist die lutherische Kirchen- und Schul-Ordnung für das Herzogtum Cleve vom 6. August 1687. Mit der französischen Besatzung erfolgte die Aufhebung des alten Schulrechts. Die „Instructionen" des Großherzoglich Bergischen Ministeriums des Innern etablieren durch Einteilung in Schulbezirke als neuen Typ einer Schulordnung konfessionsübergreifende öffentliche Primairschulen, die religiösen Minderheiten in der Schule durch die Wahl eines der Konfession angehörenden Unterlehrers berücksichtigen. Die Mairie wird zum Schulträger bestimmt. Die Schulordnung untersteht einer „Schul-Commission" (auch „Schul-Rath"), die Schule einem „Curatorium". Dieses aus Frankreich übernommene System ist vollständig kommunalisiert. Schulordnungen im engeren Sinne regeln die Interna einer Schule, Schulbesuchsordnungen regeln die Schulbesuchspflicht. Schulvorstände bleiben in den katholischen und evangelischen rheinischen Gebieten in konfessioneller Ausprägung erhalten, speziell auch in den reformierten und lutherischen Gemeinden. Schulvorstände sind häufig identisch mit kirchlichen Konsistorien, die mit Gültigwerden der rheinisch-westfälischen Kirchenordnung 1835 Presbyterien genannt werden. Hinzuweisen ist darauf, dass das seit 1825 auch im Rheinland eingeführte preußische Allgemeine Landrecht angesichts des elterlichen Vorrechts, den Unterricht der Kinder selbst zu besorgen, eine Schulpflicht im Sinne eines Schulbesuchszwangs nicht kannte. Der Schulzwang galt nur für die Eltern, die eine Unterrichtung ihrer Kinder nicht besorgten. Insofern sind die Schulordnungen immer als subsidiär aufzufassen. Seit 1814 wurde das Schulwesen am Rhein unter preußischer Verwaltung neu aufgebaut. (Siehe dazu im Detail: Wilhelm Zimmermann: Der Aufbau des Lehrerbildungs- und Volksschulwesens unter preußischer Verwaltung 1814–1849 <1846>. Köln 1963)

SCHULVORSTAND

Für die Landschulen wie für die städtischen Schulen wurden in Ausführung der Vorgaben des Allgemeinen Landrechts von 1794 nach 1800 in den altpreußischen Territorien Schulvorstände eingerichtet. Der Schulvorstand sollte aus dem Patron, dem Prediger und je nach Größe der Schulsocietät aus zwei bis vier Familienvätern bestehen, darunter auch die Ortsobrigkeit (der „Schulze des Orts") oder ein Repräsentant des Magistrats der Stadt. Aufgabe des Schulvorstands war die Einhaltung der Schulordnung und die Umsetzung aller Anweisungen. Der Schulvorstand bildete die erste Instanz der Schulverwaltung für die Lehrer und für die Schulgemeinde, die dem Schulinspektor oder Schulpfleger berichtete. Der Schulvorstand führte auch Visitationen des Unterrichts durch, überwachte die Amtsführung des Lehrers, trug Sorge für das Schulvermögen und das Lehrergehalt und führte das Schulprotokollbuch. Er organisierte das jährliche öffentliche Schulexamen. Versammlungstag war der erste Mittwoch im Monat. Eine Dienstvorschrift regelte die Befugnisse und Aufgaben im Detail. Geistliche Lokalschulinspektoren übten im Schulvorstand nebenamtlich die Schulaufsicht „in internis", in den inneren Schulangelegenheiten, aus und setzten die Einwirkung der Kirchen auf die Schulen fort.

Durch Verordnung des General-Gouverneurs vom Nieder- und Mittelrhein vom 15. Juli 1814 wurden in den bisher französisch beherrschten, von Preußen eroberten Gebieten in jedem Gerichtsbezirk „Schulpfleger" eingesetzt und zur Zusammenarbeit mit den Schulvorständen verpflichtet. Diesterweg berichtete mehrfach von diesen „Schulpflegern". Die preußische Städteordnung vom 19. November 1808 wie ihre revidierte Fassung vom 17. März 1831 regelten die Einrichtung und Funktion von Schuldeputationen (auch „Schulkommissionen" genannt) für die Regelung der städtischen Schulangelegenheiten.

SONNTAGSSCHULEN

Die „Sonntagsschulen" oder Sonntagnachmittags-Katechesen werden bereits 1567 in den Niederlanden, 1569 in Samland erwähnt. Besonders durch das Wirken der Pietisten fanden sie im 18. Jahrhundert auch in Deutschland Verbreitung. Ihr Ziel war es, auf die schulentlassene männliche und weibliche Jugend bis zum 18. bzw. 20. Lebensjahr noch weiter erzieherisch und unterrichtlich einzuwirken. Die ursprünglich rein religiös-ethische Aufgabe trat später hinter den Unterrichtsgegenständen Lesen, Schreiben, Rechnen, zum Teil auch deutsche Sprache und Geographie zurück. Trotz einiger staatlicher Bemühungen wurden die Sonntagsschulen meist auf Initiative von Privatpersonen, Städten oder Vereinen eingerichtet. Da an ihnen häufig auch eine auf den Beruf bezogene Fortbildung, beispielsweise in „technischen" Fächern, erteilt wurde, kann man die Sonntagsschulen in gewissem Sinne als Vorläufer der beruflichen Fortbildungsschulen bezeichnen.

Als Mitglied der „Frankfurtischen Gesellschaft zur Beförderung der nützlichen Künste und deren Hülfswissenschaften" war Diesterweg 1817 einer der Mitbegründer einer solchen Sonntagsschule, an der er unentgeltlich Unterricht erteilte.

STAATSMINISTER

„Staats-Minister" war in Preußen die offizielle Bezeichnung der Mitglieder des „Staats-Ministeriums", das die Gesamtheit – das Kabinett – der Ressortminister bezeichnete. Eine Geschäftsordnung regelte den Geschäftsgang in Form von Zuständigkeiten. Über das Staatsministerium, vertreten durch den Staatskanzler, später den „Minister-Präsidenten", wurde dem König und Inhaber der Staatsgewalt „immediat" berichtet. An das Staatsministerium richtete der Monarch seine „Allerhöchsten Cabinetsordres" und sonstigen Weisungen, auch direkt an den nach der Ressortzuständigkeit verantwortlichen „Staats-Minister", z. B. an den Freiherrn von Altenstein.

STIPENDIEN FÜR SEMINARISTEN

Zur Unterstützung bedürftiger Seminaristen stand dem Lehrerseminar ein Stipendienfonds zur Verfügung. Die Zuwendungen waren an zufriedenstellende Leistungen geknüpft. Die Höchstsumme betrug 80 Reichstaler, die die damit unterstützten Seminaristen verpflichtete, „an dem Unterricht der jüngeren Seminaristen Theil zu nehmen" (Jahresbericht 1823). Es kamen auch Teilbeträge zur Verteilung, die sich nach Bedürftigkeit und Leistung richteten.

VOLKSSCHULLEHRER

In den ersten Jahrzehnten des 19. Jahrhunderts setzte sich die staatlich geregelte Ausbildung der bisherigen Elementarlehrer („Schulmeister") durch. Der Besuch von Lehrerseminaren, die mit der 1. Prüfung endeten, und eine von der Regierung abgenommene 2. Prüfung wurden verpflichtend. Eher die Ausnahme bildeten bei der Düsseldorfer Regierung spürbare Tendenzen, nicht im Seminar gebildete Kandidaten ebenfalls zur Prüfung zuzulassen. Besoldungs- und Arbeitsverhältnisse wurden allmählich verbessert, die allgemeine Schulpflicht Schritt für Schritt durchgesetzt. Dadurch erfolgte die Einleitung eines Professionalisierungsprozesses der Lehrer, die entsprechend der allgemeinen öffentlichen Volksschule bald Volksschullehrer genannt wurden.

WAHLFÄHIGKEIT DER SCHULLEHRER

Die Anstellung eines Schullehrers in den Schulgemeinden erfolgte durch Wahl. Kandidaten des Lehramts bewarben sich um die Schulstelle, die dem ausgewählten Bewerber durch eine Berufungsvereinbarung lebenslange Anstellung zusicherte. Um die Wahlfähigkeit nachzuweisen, mußten die Kandidaten sich persönlich vorstellen („praesentatio") und dabei je nach Art der Ausbildung ein Zeugnis (bei Ausbildung durch Schulmeister ausgestellt von einem „Schulinspektor") oder (nach dem Besuch eines Seminars) ein Abgangszeugnis, verbunden mit einem „Zeugnis der Anstellungsfähigkeit", vorlegen, das eine praktische Prüfung ihrer Kenntnisse ersetzte. Der Anstellungsvorgang wurde dann mit einem Protokoll an die Aufsichtsinstanz weitergeleitet und in Form einer „confirmatio" bestätigt oder nicht.

Die Entlassungsprüfungen der Seminare waren seit dem Runderlaß des Ministers der geistlichen, Unterrichts- und Medizinalangelegenheiten vom 1. Juni 1826 im Detail geregelt, ebenso die Anwendung von drei Gesamtzensuren („vorzüglich", „gut", „genügend"). Diesterweg hatte sich vor dieser generellen Regelung mit der Schulaufsicht auf eine vierstufige Beurteilung verständigt.

IV
WÄHRUNGEN, MASSE UND GEWICHTE

BERLINISCH KURANT
siehe KURANT und REICHSTHALER

CLEVISCH KURANT
siehe RHEINISCH KURANT

COURANT
siehe KURANT

CRONTHALER
siehe KRONTHALER

DENAR (DINAR, von lat. deni: je zehn)
Denar ist die Bezeichnung für eine kupferne *Scheidemünze* (s. ds.) im Werte eines *Pfennigs* (s. ds.). 4 *Denare* entsprachen einem *Kreuzer* (s. ds.), 12 *Denare* einem *Silbergroschen* (s. ds.).

FLORIN (FLOREN, deutsch: GULDEN)
Mit *Florin* oder *Gulden* („Goldener") wird der Fiorino d'Oro (Florenus) der Stadt Florenz bezeichnet, der als Goldmünze in hohen Stückzahlen geschlagen und bald in vielen europäischen Staaten nachgeahmt wurde.
Gegen Ende des 15. Jahrhunderts wurden allerdings – ausgehend von Tirol – als Äquivalent für den Floren große Silbermünzen geschlagen. Sie erhielten im süddeutschen Raum und in der Schweiz den Namen „Guldiner", im mittel- und norddeutschen Gebiet „Guldengroschen"; später setzte sich die Bezeichnung *Thaler* (s. ds.) durch.
Der ursprüngliche Goldgulden wurde zwar stellenweise noch bis in das 18. Jahrhundert hinein geprägt, blieb aber vor allem Rechnungsmünze für 60 *Kreuzer* (s. ds.). Sein innerer Wert sank durch Manipulierungen am Feingehalt teilweise erheblich, der Silbergulden setzte sich hingegen schrittweise durch.
Nach dem Zinnaischen bzw. ab 1690 Leipziger Münzfuß bezeichnet der Silbergulden einen Wert von 2/3 *Reichsthalern* (s. ds.), also 16 *Reichsgroschen* (s. ds.). Der wirklich ausgegebene Speziesthaler galt allerdings 32 *Reichsgroschen*, so daß der *Gulden* (besser: Silbergulden) einem halben Speziesthaler entsprach.
Auch der holländische *Gulden* wurde als *Florin* bezeichnet; die Abkürzung „hfl" war bis zur Einführung des Euro im Jahre 2002 üblich.

FUSS (auch: SCHUH)
Es handelt sich um ein altes Längenmaß, abgeleitet von der Länge des menschlichen Fußes von der Ferse bis zur Zehenspitze.
In Preußen entsprach seit 1816 1 *Fuß* (´) 12 Zoll (´´) bzw. 144 Linien (´´´), i. e. 139,13 Pariser Linien = 0,314 m.
Der rheinische Konventionsfuß war bei zwölfteiliger Rute ebenfalls 0,314 m lang, bei zehnteiliger Rute 0,377 m.
In Nassau maß der *Fuß* 0,3 m, in Frankfurt 0,285 m, im Großherzogtum Hessen 0,25 m.

GROSCHEN (von lat. grossus: dick; denarius grossus: dicker Pfennig)
Der *Groschen* ist die erste in einem silbernen Geldstück ausgegebene Münzform des mittelalterlichen Solidus. Er kam seit dem 13. Jahrhundert als Vielfacher der *Pfennige* (s. ds.) in Gebrauch, da diese den Anforderungen des Geldumlaufs nicht mehr genügten. Der *Groschen* hatte meist Beinamen, die sich auf seine Herkunft, sein Münzbild oder auch auf seine Farbe bezogen.
Nach Einführung des *Thalers* (s. ds.) wurde der *Groschen* zur wichtigsten *Scheidemünze* (s. ds.). Nach 1570 betrug sein Wert im allgemeinen 1/24 *Thaler*. Als solcher wurde er auch unter den Bezeichnungen „Reichsgroschen" und „guter Groschen" geführt, im Unterschied zum norddeutschen Mariengroschen, der zu diesem Zeitpunkt auf 1/36 *Thaler* gefallen war.

603

1821 führte Preußen den *Silbergroschen* ein, eine Billonmünze zu 12 *Pfenningen* (s. ds.); 30 *Silbergroschen* entsprachen 1 *Thaler* (im Gegensatz zu 24 *Reichsgroschen* <s. ds.> bis 1821). Der *Silbergroschen* wurde von einigen Staaten des Deutschen Bundes übernommen.

GULDEN
siehe FLORIN

GUTERGROSCHEN
siehe GROSCHEN

KRONTHALER (CRONTHALER, KRONENTHALER)
Der Name *Kronthaler* rührt von den vier bzw. drei Kronen in den Kreuzwinkeln des Andreaskreuzes her, das auf die Münzrückseite geprägt war.

Es handelt sich um eine im Jahre 1755 in den habsburgischen Niederlanden eingeführte Thalermünze mit höherem Feingehalt an Silber als der 1753 geschaffene Konventionsthaler (in Bayern z. B. 2 *Gulden* <s. ds.> 42 *Kreuzer* <s. ds.> anstelle von 2 *Gulden* 24 *Kreuzer*). Er wurde auch Krone und Silberkrone genannt.

Die *Kronthaler* verbreiteten sich in großer Anzahl in den deutschen Staaten und Österreich und behaupteten sich gegenüber dem Konventionsthaler.

Im 19. Jahrhundert wurde der *Kronthaler* schließlich von verschiedenen deutschen Staaten selbst als Nominal ausgebracht, beispielsweise von Hessen-Darmstadt zwischen 1819 und 1837 und von Nassau zwischen 1816 und 1837. In den Rheinlanden war er offenbar bis 1833 im Umlauf. Erst nach dem Wiener Münzvertrag von 1857 wurden die *Kronthaler* endgültig demonetisiert.

KREUZER (KREUTZER)
Kreuzer ist ursprünglich die Bezeichnung für eine kleine silberne Groschenmünze zu 20 Veroneser *Pfennigen* (*Denaros*, s. ds.). Der Name rührt von dem Doppel- bzw. Radkreuz auf der Rückseite der Münze her.

In der Folgezeit wurde die Bezeichnung sowohl für silberne als auch für kupferne *Scheidemünzen* (s. ds.) verwandt.

Über Österreich drang die Kreuzerwährung auch nach Süddeutschland vor.

Im 19. Jahrhundert wurden Kreuzermünzen in zahlreichen Staaten des Deutschen Bundes geprägt, u. a. in Frankfurt a. M., Hessen-Darmstadt und Nassau.

Die Kreuzerprägungen Preußens für Schlesien (bis 1810) liegen vor der Gründung des Deutschen Bundes.

1808 entsprachen in Preußen 10 *Kreuzer*: 2 guten *Groschen* 10 *Pfenningen* Berliner Courant (s. ds.); nach der Währungsreform von 1821 entsprachen 10 *Kreuzer*: 3 *Silbergroschen* 4 *Pfennigen*.

KURANT (COURANT, von frz. courant: laufend)
Als Kurantmünze oder -geld wird die wollwichtig ausgeprägte Landesmünze bezeichnet, bei der Nenn- und Metallwert übereinstimmen. Dieses Geld wird von staatlichen Stellen herausgegeben.

Seit dem 17. Jahrhundert wurde das Währungsgeld im Gegensatz zu den Gold- und Scheidemünzen (s. ds.) und zum Papiergeld mit dem Zusatz „*Kurant*" („Courant") versehen und dadurch als vollwertiges Zahlungsmittel gekennzeichnet.

So verstand man unter „*Preußisch Kurant*" das Währungsgeld Preußens: die *Thaler* (s. ds.) und deren Teilmünzen bis zum 1/6-Thaler abwärts.

Das „Lübische Kurant" des 17. und 18. Jahrhunderts waren Silbermünzen aus Hamburg und Lübeck zu 2, 1, 1/2, 1/4 und 1/8 Mark; um 1846 waren davon nur noch Kurantmünzen im Werte von 3 1/2 Millionen Mark im Umlauf. Daher mußten diese Städte und Schleswig-Holstein zunehmend zu preußischem Geld greifen.

Bis 1856 hatte man unter einem alten *Kurantthaler* eine Rechnungsmünze zu 3 Mark *Kurant* oder 48 Schillingen verstanden; der zunehmend allein umlaufende preußische *Thaler* wurde zum „neuen *Kurantthaler*" im Werte von 40 Schillingen.

KURANTTHALER
siehe KURANT

604

LOT (LOTH)

Das *Lot* ist ein kleines Masse- und Gewichtsmaß. Es entsprach zunächst 1/32, dann 1/30 Pfund, in den meisten deutschen Staaten als 1/30 Zollpfund (zu 500 g) bezeichnet, also 15,6 bis 16,7 g (z. B. im Großherzogtum Hessen, in Nassau und in Frankfurt a. M. 15,625 g, in Preußen 16,667 g). Das *Lot* als Gold-, Silber- und Münzgewicht hatte den Wert von 1/16 Mark. Seine Unterteilung bestand aus 18 Grän.

Als *Lötigkeit* bezeichnete man den in *Lot* und Grän ausgedrückten Feingehalt einer Silberlegierung.

LOUISDOR (LOUIS D'OR)

Der *Louisdor* war eine französische Goldmünze im Wert von ursprünglich 10 Livres mit einer Feinheit von 0,900 Gold.

Die Bezeichnung geht zurück auf das Portrait Ludwigs XIII. im Münzbild, der den Louisdor 1640 einführte; er wurde bis in die Zeit der Französischen Revolution geprägt.

Der *Louisdor* wurde auch zur Hauptgoldmünze des Heiligen Römischen Reiches Deutscher Nation und von vielen Münzständen nachgeahmt. Die bekannteste Nachahmung war der preußische Friedrichsdor, der bis ins 19. Jahrhundert hinein geprägt wurde.

OHM

Das *Ohm* (Ahm) ist ein altes Hohlmaß, besonders zur Messung von Weinmengen verwendet. Es faßte im Großherzogtum Hessen und in Nassau 80 Maß = 160 Liter, in Frankfurt a. M. 143,41 Liter, im Rheinland 142,62 Liter und in Preußen 2 Eimer = 120 Quart = 137,404 Liter.

PFENNIG (siehe auch DENAR)

Der Begriff „*Pfennig*" entstand im 8.–9. Jahrhundert im germanischen Sprachgebrauch; der etymologische Ursprung ist ungeklärt.

Der *Pfennig* war zunächst ein Münzgewicht, i. e. 1 *Pfennig* = 1,096 g, 4 *Pfennige* = 1 Quentchen. Zugleich handelte es sich um eine Münzbezeichnung. Mit *Pfennig* wurde bis in das 13. Jahrhundert hinein die Silbermünze bezeichnet, die in Europa die nahezu einzige Währungsmünze (Nominal) darstellte.

Als im 13. Jahrhundert *Groschen* (s. ds.) und Goldmünzen aufkamen, wurde der *Pfennig* allmählich zum Teilwert für die wertvolleren Stücke, die die Funktion der Währungsmünzen übernahmen. In den folgenden Jahrhunderten sank der *Pfennig* allmählich zur *Scheidemünze* (s. ds.) herab und wurde schon im 17. Jahrhundert häufig in Kupfer und nicht mehr in Silber ausgebracht. Im 18. Jahrhundert entsprach 1 *Kreuzer* (s. ds.) 4 *Pfennigen*, ein *Reichsgroschen* (Guter Groschen, s. ds.) 12 *Pfennigen*; ein *Thaler* (24 *Reichsgroschen*, s. ds.) entsprach demnach 288 *Pfennigen*.

Nach 1821 galt der *Thaler* in Preußen und vielen anderen Staaten des Deutschen Bundes 30 *Silbergroschen*, d. i. 360 *Pfennige*. Der Bezeichnungswechsel von „*Pfennig*" zu „*Pfenning*" wurde bewußt vorgenommen, um die neuen Münzen (auch: „leichte *Pfennige*") von den bisherigen, wertvolleren Stücken (auch: „schwere *Pfennige*") zu unterscheiden.

PREUSSISCH KURANT (BERLINISCH KURANT)

siehe KURANT und REICHSTHALER

REICHSGROSCHEN

siehe GROSCHEN

REICHSTHALER (siehe auch THALER)

Reichsthaler war zunächst die Bezeichnung für den *Thaler* (s. ds.) des Heiligen Römischen Reiches Deutscher Nation, der mit dem Reichsmünzedikt von 1566 auf einen Wert von 68 *Kreuzern* (s. ds.) festgelegt wurde.

Es handelte sich um eine Großsilbermünze mit einem Rauhgewicht von 29,23 g und einem Feingewicht von 25,98 g, enthielt also 25,98 g Feinsilber (889/1000 fein).

Als Zahlungsmittel kursierte er bis in die erste Hälfte des 19. Jahrhunderts.

Obwohl man in den süddeutschen Staaten auch weiterhin nach *Gulden* (s. ds.) und *Kreuzern* (s. ds.) rechnete, wurde der *Reichsthaler* zur beherrschenden Großsilbermünze im Römisch-Deutschen Reich.

1750 wurde auf Vorschlag des preußischen Generalmünzdirektors J.P. Graumann eine preußische Thalermünze mit der Bezeichnung *Reichsthaler* eingeführt, obwohl sie im 14-Thaler-Fuß anstatt im 9-Thaler-Fuß – wie der eigentliche *Reichsthaler* – ausgebracht wurde, d. h. statt 25,98 g Feinsilber nur 16,7025 g enthielt.

Dieser preußische *Reichsthaler* wurde bis 1821 in 24 Reichs- oder gute *Groschen* (s. ds.) bzw. 288 *Pfennige* (s. ds.) unterteilt; ab 1821 galt 1 *Thaler* = 30 *Silbergroschen* = 360 *Pfenninge*.

RHEINISCH (CLEVISCH) KURANT

Kleve wurde 1614 bzw. 1666 brandenburgisch, somit später preußisch. Insofern galten entsprechende Münz- und Gewichtsangaben. Zwischen 1795 und 1815 (linksrheinisch) bzw. 1805 und 1815 (rechtsrheinisch) gehörte Kleve zu Frankreich, danach wieder zu Preußen. *Rheinisch Kurant* entspricht aus diesem Grunde Preußisch Kurant.

Siehe außerdem: KURANT und REICHSTHALER.

SCHEFFEL

Der *Scheffel* ist ursprünglich ein Hohlmaß für trockene Schüttgüter, vor allem Getreide und Kohle, mit örtlich stark voneinander abweichenden Werten. Im Großherzogtum Hessen umfaßte er beispielsweise 8 Metzen = 80,368 Liter, in Preußen hingegen 16 Metzen = 54,961 Liter.

Als Flächenmaß bezeichnet *Scheffel* eine Ackerfläche, für die beim Säen ein *Scheffel* Getreidekörner erforderlich ist. Das Maß schwankte entsprechend nach Bodengüte und Geschick des Sämanns.

SCHEIDEMÜNZE

Scheidemünze ist der Sammelbegriff für kleine Münznominale, mit deren Hilfe sich Käufer und Verkäufer ohne Restschuld scheiden, i. e. sich verabschieden, konnten.

In den Zeiten, als der Wert einer Münze durch ihren Edelmetallgehalt repräsentiert wurde, war es nicht möglich, die Nominale korrekt auszubringen, da durch die zu hohen Prägekosten am Feingehalt gespart werden mußte.

Scheidemünzen oder Kredite besitzen im Gegensatz zu den Währungsmünzen (Kurantmünzen, siehe KURANT) eine gesetzlich festgelegte, eingeschränkte Zahlkraft bis zu einem bestimmten Betrag. In der Regel sind sie Teilstücke der Währungsmünzen auf den untersten Wertstufen. Sie werden und wurden unterwertig ausgebracht, zunächst aus mehr oder weniger stark legiertem Silber, vom 18. Jahrhundert an zunehmend aus Kupfer und unedlen Metallen.

Der Nennwert war in der Regel höher als der Metallwert, so daß die Münze allein aufgrund des Kredits, den sie genoß, als Zahlungsmittel dienen konnte.

SILBERGROSCHEN

siehe GROSCHEN

SIMMER

Simmer ist ein hessisches Volumenmaß für Getreide, das in Frankfurt in 2 Mesten (entspricht ca. 28,682 l), in Heidelberg und Mannheim in 1/4 Achtel, d. i. 2 Maß bzw. 4 Sester (entspricht ca. 28 l), im Großherzogtum Hessen und in Homburg in 4 Kumpf, d. i. 1/4 Malter (entspricht ca. 32,0 l) unterteilt wird.

Das Grimmsche Wörterbuch kennt auch die Bezeichnung *Sümmer*.

THALER

Thaler war die Bezeichnung für eine europäische Großsilbermünze, die mit etlichen Veränderungen über einen Gesamtzeitraum von knapp 400 Jahren hinweg geprägt wurde, die erste Thalermünze 1486 in Tirol, die letzte 1872 zu Ehren der Goldenen Hochzeit des Sächsischen Königspaares (Doppelthaler). Den Namen erhielt die Münze vom Prägeort der ersten böhmischen Guldengroschen: Joachimsthal im Erzgebirge.

Der *Thaler* war ursprünglich das Silberäquivalent des Goldguldens im Werte von 21 GROSCHEN (s. ds.) bzw. in Süddeutschland von 60 KREUZERN (s. ds.). Dieser Wert variierte allerdings für

606

verschiedene Thalermünzen. Erst im Jahre 1566 wurde der Thaler endgültig im Rauh- und Feingewicht fixiert (REICHSTHALER, s. ds.) und in dieser Form bis um 1750 beibehalten.

Bedeutende Veränderungen wurden durch den Preußischen REICHSTHALER von 1750, den Konventionsthaler und den KRONTHALER (s. ds.) hervorgerufen.

Im 18. Jahrhundert entsprach der *Thaler* in Preußen einem Wert von 24 GROSCHEN, von 1821 an einem Wert von 30 SILBERGROSCHEN.

Quellen:

Alberti, Hans-Joachim von: Maß und Gewicht. Geschichtliche und tabellarische Darstellungen von den Anfängen bis zur Gegenwart. Berlin 1957

Kahl, Hans-Dietrich: Hauptlinien der deutschen Münzgeschichte vom Ende des 18. Jahrhunderts bis 1878. Frankfurt a. M. 1972

Kahnt, Helmut, und Knorr, Bernd: Alte Maße, Münzen und Gewichte. Ein Lexikon. Mannheim, Wien/Zürich 1987 (Leipzig 1986)

Kroha, Tyll: Lexikon der Numismatik. Gütersloh 1977

Verdenhalven, Fritz: Alte Maße, Münzen und Gewichte aus dem deutschen Sprachgebiet. Neustadt a. d.Aisch 1968

Von Aktie bis Zoll. Ein historisches Lexikon des Geldes. Hrsg. von Michael North. München 1995

Wörterbuch der Münzkunde. Hrsg. von Friedrich Freiherr von Schrötter. Berlin und Leipzig 1930

V

PERSONENREGISTER

In diesem Register wurden alle Personen berücksichtigt, die Empfänger der abgedruckten Briefe sind oder die in den Dokumenten Diesterwegs (einschließlich den im textkritischen Apparat wiedergegebenen Textstellen) erwähnt werden. Für diesen Personenkreis sind alle Nennungen in den Dokumenten selber sowie in den Anmerkungen festgehalten. Die Einträge sind nach folgendem Schema geordnet, so weit entsprechende Informationen verfügbar waren:

NAME, VORNAMEN (Lebensdaten, gegebenenfalls nur Erwähnungsdatum);

Charakterisierung der Haupttätigkeit oder -wirksamkeit, Herkunftsort, Beruf des Vaters, verwandtschaftliche Beziehungen und Verknüpfungen mit anderen Personen in diesem Register oder anderen Personenregistern der Diesterweg-Ausgabe, Ausbildungsgang/Studium, Lebens- und Berufsstationen, Tätigkeit in öffentlichen Einrichtungen und Ämtern, Position im wissenschaftlichen Diskurs, Ehrungen und Mitgliedschaften, zentrale Wirkungen, Veröffentlichungen. Titel von ausgewählten (selbständigen) Schriften, insbesondere die von Diesterweg erwähnten.

Kürzel der Quellen dieser Informationen

Angaben zur Herkunftsfamilie, insbesondere Geburtsort sowie Beruf des Vaters, ermöglichen Vergleiche bei Personen aus einer Berufsgruppe, z.B. Lehrern oder Pfarrern. Hinweise auf Beziehungen zwischen Personen verdeutlichen Kontakt- und Wirkungsnetze.

In diesem Register werden erstmalig die Lebensläufe der Moerser Seminaristen zwischen 1820 und 1832, so weit aktenkundig, erfaßt. So lassen sich die Wege einer klar definierten Gruppe der ersten Generation preußischer Seminarabsolventen verfolgen. Darum wurde bei diesen Registereinträgen auf einige Details Wert gelegt, die nebensächlich erscheinen mögen, im Hinblick auf Entwicklung und Selbstverständnis dieser ersten Generation aber durchaus von Bedeutung sind. Dazu gehören:

– das Bewerbungsverhalten und Ergebnisse der Bewerbungen (Wer bewarb sich auf welche Lehrerstelle? Wer erreichte eine Plazierung auf der Dreierliste, die die Gemeinden der Königlichen Regierung <Bezirksregierung> vorzulegen hatten?);
– Konflikte mit der anstellenden Gemeinde (z.B. deren Zahlungsverhalten);
– Belobigungen oder Tadel von höherer Stelle (Disziplinarfälle etc.);
– die Beendigung eines Dienstverhältnisses (Pensionierung oder Entlassung; Zuteilung von Ruhegeld).

Neben den Seminaristen werden in diesem Band auch zahlreiche Lehrer ohne Seminarvorbildung erwähnt, z.B. als Teilnehmer eines Lehrkursus. Neben ihren Bildungsgängen sind auch Vergleiche mit den Lebensläufen der Seminaristen von Interesse.

Sofern in einem Eintrag andere Personen erwähnt werden, die ebenfalls in diesem Register oder in Personenregister zu anderen Bänden der Diesterweg-Ausgabe enthalten sind, wird darauf verwiesen (<s. ds.> bzw. <s. ds. Personenregister Bd. ...>).

Die geographische Lage von angeführten Orten, sofern diese nicht durch herkömmliche Atlanten zu ermitteln ist, wird durch in der Nähe befindliche bekanntere Ortschaften oder Landschaften bestimmt. Bei Orten und Regionen, die aufgrund politischer Umstände ihren Namen wechselten, wird der zu Diesterwegs Zeit gebräuchliche Name verwendet und die damalige Landeszugehörigkeit (z.B. Schlesien) angegeben. Ehemals selbständige Orte, die inzwischen eingemeindet wurden, sind den heutigen Ortsbezeichnungen zugeordnet (h. ...).

In der Regel werden höchstens fünf selbständige Veröffentlichungen genannt. Vorrang haben die von Diesterweg erwähnten Bücher. Weitere sollen einen Einblick in die Themenvielfalt des jeweiligen Autors bieten.

Bezugnahmen innerhalb eines Registereintrags auf anschließend angeführte Veröffentlichungen erfolgen durch Angabe des Erscheinungsjahres in Klammern.

Zur Erstellung dieses Registers wurden zahlreiche Spezialdarstellungen und Festschriften einzelner Schulen und Gemeinden sowie Archivalien benutzt. Die Titel der verwendeten Veröffentlichungen – ausgenommen allgemeine Lexika, einschlägige Nachschlagewerke und Datenbanken – und die benutzten Archive sind am Ende der Einträge durch Kürzel angegeben, in der Regel durch die Anfangsbuchstaben des Autors bzw. der Gemeinde. Die Kürzel werden im Quellenverzeichnis am Ende des Registers aufgelöst. Sofern Archivalien wie Melderegister und Einwohnerlisten als Quelle zur Ermittlung von Lebensdaten genutzt wurden, ist lediglich das betreffende Archiv angeführt; handelt es sich um spezifische Schul- oder Personalakten, wird auch die Aktensignatur angegeben.

Informationen über die Moerser Seminaristen, insbesondere über Herkunft, Geburtsjahr, Zeitraum der Ausbildung im Seminar und Erhalt eines Stipendiums wurden, sofern keine anderen Quellen vorlagen, aus den Beköstigungs- und Stipendiatenlisten erschlossen. Da diese in einem gesonderten Verzeichnis (Anhang 5) aufgelistet sind, wurde auf diesen Nachweis unter den einzelnen Personeneinträgen verzichtet.

Rückgriffe auf die Personenregister der bisher erschienenen Bände der Diesterweg-Ausgabe werden nicht ausdrücklich angeführt.

Die kursiv gedruckten Ziffern bezeichnen die Seiten, auf denen die betreffende Person im Textteil dieses Bandes genannt wird, die nicht kursiv gedruckten die Seiten mit Nennungen in Anmerkungen. Sofern eine Person selbst Briefempfänger ist, steht die kursive Ziffer in (runden Klammern).

Dieselbe Seitenzahl kann mehrfach genannt sein, wenn eine Person dort sowohl in einem Brief als auch in einer Anmerkung erwähnt ist. Das Kürzel „f." bezeichnet genau eine, das Kürzel „ff." genau zwei Folgeseiten. Ist eine Person auf mehr als drei aufeinander folgenden Seiten genannt, so werden die Anfangs- und die Endseite durch „–" verbunden.

Abkürzungen in den Einträgen:

a.	am	Kt.	Kanton
a. d.	an der	mind.	mindestens
a. d. O.	an der Oder	N. F.	Neue Folge
a. M.	am Main	o.	ordentlicher
a. o.	außerordentlicher	o. D.	ohne Datumsangabe
Aufl.	Auflage	o. O.	ohne Ortsangabe
b.	bei	o. P.	ohne Paginierung
Bd.	Band	Rh. Bl.	Rheinische Blätter für
Bde.	Bände		Erziehung und Unterricht
bearb.	bearbeitet		
ca.	circa	s.	siehe
d. i.	das ist	S.	Seite
ebd.	ebenda	s. ds.	siehe diese[n]
erw.	erwähnt	u. a.	unter anderem
geb.	geboren	u. d. T.	unter dem Titel
Geh.	Geheimer	umgearb.	umgearbeitet
gem.	gemeinsam	Univ.	Universität, Universitäten
gest.	gestorben	verb.	verbessert
h.	heute	verm.	vermählt
h. c.	honoris causa	vermutl.	vermutlich
Hrsg.	Herausgeber	z. T.	zum Teil
Jh.	Jahrhundert		

610

ACHENBACH, HEINRICH ADOLPH (1765–1819);
reformierter Theologe, aus Siegen, Sohn des Pfarrers Johann Heinrich A. (1731–1812) – des Konfirmators von Diesterweg –, Studium der Theologie und der Philologie an den Univ. Herborn, Jena und Erlangen, 1788–1794 Vikar der Oberpfarrei in Siegen, 1794–1811 dort Pfarrer, seit 1811 Oberpfarrer und geistlicher Inspektor, Dr. phil. h. c., Mitglied des königlichen Instituts der Moral, des königlichen Instituts der schönen Wissenschaften Erlangen, der mineralogischen Gesellschaft Jena und der Wetterauer Gesellschaft für die gesamte Naturkunde, von Diesterweg als Prediger sehr geschätzt.
Verfasser wissenschaftlicher und theologischer Beiträge, u. a.:
Materialien zu Aufsätzen aus dem Teutschen ins Lateinische, nach den in der Ordnung folgenden und jedesmahl angeführten Regeln der Lateinischen Sprachlehre, zum Gebrauch für die niederen und mittleren Klassen. Marburg 1802;
Jahrbuch für Berg- und Hüttenleute. Siegen 1808;
Sammlung auserlesener Bibelsprüche zum Andenken für seine Katechumenen und Confirmanden. Hamm 1824. *27, 27*
Bau

ADELUNG, J. G. L. (erw. 1810–1835);
Verfasser von:
J. G. L. Adelung's allgemeiner teutscher Briefsteller für alle Fälle des menschlichen Lebens. Enthaltend mehr als 400 Briefe und andere Aufsätze. Nürnberg 1810; 9. Aufl. 1846;
Der treue Nothhelfer für Studirte und Unstudirte, oder verdeutschendes und erklärendes Handwörterbuch derjenigen fremden Wörter, welche in der Conversation, der Lectüre und dem Geschäftsleben vorkommen. 3., viel vermehrte Aufl. Nürnberg 1835. *246, 260*

ADOLPHI, MATHIAS DANIEL CHRISTIAN (ca. 1770–1841);
preußischer Verwaltungsbeamter, aus Krefeld, Studium an den Universitäten Duisburg und Halle a. d. Saale, bis 1793 Regierungsauskultator, dann Stadtsekretär in Wesel, 1807–1808 und 1814 bis 1841 Bürgermeister von Wesel. *274, 276, 278*
St A Wesel

ALBERT'scher Apparat. *493*
bezieht sich entweder auf:
ALBERT D'AILLY, MICHAEL FERDINAND D', Herzog von Chaulnes (1714–1769);
Offizier und Mathematiker, Sohn eines Pair und Maréchal von Frankreich, seit 1732 im Militärdienst, erfolgreicher Soldat, General-Lieutenant und Pair von Frankreich, Verfasser mathematischer Abhandlungen und Erfinder optischer und astronomischer Apparate, seit 1743 Ehrenmitglied der Königlichen Gesellschaft in Paris.

Schriften u. a.:
Optische Versuche über eine Stelle in Newtons Optik. 1755;
Ueber die Verbesserung der astronomischen Werkzeuge. 1755;
Memoire sur l'invention d'une nouvelle Machine parallactique. 1765;
Memoire sur la perfection des Lunettes achromatiques. 1767. *493 (?)*, 495
Oder auf:
ALBERT, JOHANN VALENTIN (geb. 1774);
Mechanikus, aus Frankfurt a. M., 1824 Mitbegründer des Frankfurter Physikalischen Vereins. *493 (?)*
Kall

ALEXANDER III., DER GROSSE (356–323 v. Chr.)
mazedonischer König, Sohn von Philipp II., 342 bis 340 Schüler des Aristoteles, nach der Ermordung seines Vaters Beseitigung aller Konkurrenten zur Sicherung des Königsthrons, Leiter des griechischen Bundes von Korinth, 335 Festigung seiner Stellung durch einen Feldzug gegen die Thraker und Illyrer und die Zerstörung von Theben (Ägypten), 334 Beginn des „panhellenischen Rachefeldzuges" gegen den Perser, Unterwerfung der meisten Städte Kleinasiens, 333 Sieg über den persischen Großkönig Dareios III. bei Issos, 332 Einnahme von Tyros (h. Sur, Libanon) und Gaza (Palästina) und freiwilliger Anschluß Ägyptens, siegreiche Vorstöße über das Gebiet des heutigen Iran bis ins Indusdelta, 331 Gründung von Alexandria, als Sohn des Zeus angesehen und verehrt, Bemühungen um eine ethnische, kulturelle und politische Verschmelzung der makedonisch-griechischen und iranischen Volksteile, u. a. durch Übernahme persischer Traditionen, Verdienste um die Eröffnung neuer Wege und Handelsräume für die Griechen und die Entstehung des Welthandels durch eine einheitliche Währung und die Verbreitung der griechischen Sprache und Kultur, Gründung von mehr als 70 Städten, Zerfall des Reiches nach seinem Tod. *89*

ALTENSTEIN, KARL SIGMUND FRANZ FREIHERR VOM STEIN ZUM (1770–1840);
preußischer Minister, aus Schalkhausen (h. Ansbach), Sohn eines Rittmeisters, Studium der Rechtswissenschaft sowie der Naturwissenschaften und der Philosophie an den Univ. Erlangen, Göttingen und Jena, 1793 Referendar bei der preußischen Kriegs- und Domänenkammer in Ansbach, 1795 Assessor beim Ansbachischen Kammer- und Landwirtschaftskollegium, 1797 preußischer Kriegs- und Domänenrat in Ansbach, Förderung durch den preußischen Minister Karl August von Hardenberg (s. ds. Personenregister Bd. XIV), 1799 Berufung durch Hardenberg zum Hilfsarbeiter im Fränkischen Departement des Generaldirektoriums in Berlin, 1801 dort Kriegs- und

Vortragender Rat, 1803 Geh. Oberfinanzrat, 1806 Begleitung der preußischen Regierung nach Ostpreußen, 1807 Mitglied der Immediatkommission für die oberste Leitung der inneren und Finanzverwaltung, 1808–1810 Finanzminister, Verabschiedung aus der Regierung wegen seines Eintretens für die Abgabe der schlesischen Landesteile, 1813 Zivilgouverneur von Schlesien, 1815 Preußisches Mitglied der Zentralbehörde der verbündeten Mächte zur Verwaltung der eroberten Provinzen Frankreichs, Vorschlag der Herauslösung der Kultusangelegenheiten aus dem Ministerium des Innern, 1817–1840 Leiter des neu errichteten Ministeriums der geistlichen, Unterrichts- und Medizinal-Angelegenheiten, Anhänger J. G. Fichtes (s. ds.), Reformer des Volksschul-, Gymnasial- und Universitätswesens, Ausdehnung der Schulpflicht auf das ganze Staatsgebiet, 1826 Einführung des Probejahres für Lehrer, 1831 einer neuen Prüfungsordnung für Lehrer an höheren Schulen, 1834 Regelungen für das Abitur, 1837 Einführung des Normallehrplans, Einrichtung von Provinzialschulkollegien, 38 Schullehrerseminaren und über 30000 Volksschulen, Gründung der Univ. Bonn und Ausbau der bestehenden Hochschulen in Berlin, Breslau und Halle a. d. Saale, Förderer zahlreicher medizinischer und wissenschaftlicher Einrichtungen sowie Bibliotheken und Museen, seit 1822 Ehrenmitglied der Akademie der Wissenschaften, seit 1825 der Akademie der Künste, Träger des Schwarzen Adlerordens. *(50–53),* 53, *53,* 54, 57, 62, 111, 117, 121, 126, 133, *137,* 140, 149, *157,* 171, 175, 185, 268, 302, 334, 372, 400, *457,* 461, 471, *495,* 496, *(497),* 497, *(497–505),* 505 f., 524

ALTGELT, JOHANN HERMANN (1795–1871);

evangelischer Theologe, aus Krefeld, Sohn eines Pfarrers, seit 1812 Studium der Theologie an den Univ. Utrecht, Berlin und Halle a. d. Saale, 1815 Leutnant im Ersten rheinischen Landwehrregiment, 1818 Erstes theologisches Examen, Hauslehrer in Düsseldorf, 1820–1828 Militärprediger in Düsseldorf, Einführung durch Pfarrer J. J. Engels (s. ds.), außerdem Privatlehrer im Hause des Düsseldorfer Divisionskommandeurs Friedrich Prinz von Preußen (einem Neffen des Königs), dadurch Umgang mit Künstlern und Wissenschaftlern, zugleich Lehrer an der Militärschule, 1822 Ablehnung eines Rufes als Prediger an die evangelische Gemeinde in London sowie als Sekretär des British Museum, 1825 Ernennung zum Studien-Direktor durch August Graf Neithardt von Gneisenau (s. ds. Personenregister Bd. XV) und J. J. O. A. Rühle von Lilienstern (s. ds.), 1828 Ausscheiden aus dem Militär, seit 1829 Hilfsarbeiter bei der Regierung in Düsseldorf, 1830 Vertreter des Regierungs- und Schulrats K. W. Chr. Kortüm (s. ds.) in der Zuständigkeit für das Elementar- und höhere Schulwesen sowie

den Kultus der Juden, 1832 nach jahrelangen fachlichen und konfessionellen Bedenken der preußischen Regierung Ernennung zum Regierungs-Schulrat mit derselben Zuständigkeit, außerdem verantwortlich für die (Neu-)Düsselthaler Anstalten (h. Düsseldorf), 1841 Zuständigkeit für das gesamte evangelische Schulwesen des Regierungsbezirks, seit 1845 zusätzlich für die Fabrikschulen sowie für Vermögen, Dotation und Bauten der evangelischen Schulen, engagierte Wahrnehmung der Schulaufsicht, Weiterentwicklung der Elementarschulen, Förderung des mittleren Schulwesens, häufige Verbindung zum Seminar in Moers, Mitbegründer des „Bezirksvereins für das Wohl der arbeitenden Klassen", Freund von Ferdinand Freiligrath (s. ds. Personenregister Bd. VI), K. L. Immermann (s. ds.) und anderen Künstlern, Mitglied in Immermanns „Zweckloser Gesellschaft", 1843 Verwarnung durch die Regierung wegen der Unterzeichnung einer Petition gegen das Verbot der „Rheinischen Zeitung", als Bezirkszensor vorgesehen, jedoch wegen seiner liberalen Kontakte übergangen, 1862 Beförderung zum Geheimen Regierungsschulrat, nach seiner Pensionierung 1866 Direktor der Düsseldorfer Kunstakademie, Träger der Königlichen Medaille von 1815 und des Roten Adlerordens III. Klasse, Ehrenmitglied des Bergischen Geschichtsvereins, Mitglied der Maatschappy der Nederlandsche Letterkundete Leyden.

Verfasser von:

1. Petri III. 15. Seid aber allezeit bereit zur Verantwortung Jedermann, der den Grund fordert der Hoffnung, die in Euch ist. Eine Predigt. Düsseldorf 1830;

Geschichte der Herren und Grafen von Meurs. Ebd. 1845.

Außerdem veröffentlichte er:

Sammlung der gesetzlichen Bestimmungen und Vorschriften des Elementarschulwesens im Bezirk der kgl. Regierung zu Düsseldorf, nebst einer historischen Einleitung in die Verwaltung des öffentlichen Unterrichts, aus den Zeiten des Kurfürsten Carl Theodor bis auf das Todesjahr Königs Friedrich Wilhelm III. 1794 bis 1810. Düsseldorf 1841; 2. Aufl. 1842. 101, 373, *465,* 491, *514f., (521ff.),* 524

HStA Düss; Krall

ANCILLON, JEAN PIERRE FRÉDÉRIC (1767–1837);

preußischer Staatsmann, reformierter Theologe und Historiker, aus Berlin, Sohn eines Theologen, Studium der Theologie an der Univ. Genf, seit 1790 Prediger der französischen Gemeinde in Berlin, seit 1792 Professor der Geschichte an der Kriegsakademie, 1809 Staatsrat im Departement des Kultus, 1810–1814 Erzieher des Kronprinzen, des späteren Königs Friedrich Wilhelm IV., seit 1814 Legationsrat im Außenministerium, seit

1817 Mitglied des Staatsrats, 1831 Staatssekretär, 1832–1837 preußischer Außenminister, Gegner des Reichsfreiherrn Heinrich Friedrich Karl vom und zum Stein (s. ds. Personenregister Bd. V, XII, XIV und XV) und des Staatskanzlers Karl August von Hardenbergs (s. ds. Personenregister Bd. XIV), Anhänger des österreichischen Staatskanzlers Clemens Wenzel Nepomuk Lothar Reichsfürst von Metternich-Winneburg und Vertreter eines konservativen monarchischen Systems.

Schriften u. a.:

Ueber Souveränität und Staatsverfassungen, ein Versuch zur Berichtigung einiger politischer Grundbegriffe. Berlin 1815;

Ueber den Geist der Staatsverfassungen und dessen Einfluß auf die Gesetzgebung. Ebd. 1825;

Zur Vermittlung der Extreme in den Meinungen. Erster Teil: Geschichte und Politik. Ebd. 1828. Zweiter Teil: Philosophie und Poesie. Ebd. 1831. Dasselbe in 2 Bden., 2. Aufl. 1838. *103*

ANDRIESSEN, ADOLPH (1809–1871);

Lehrer, aus Krefeld, Sohn eines Privatlehrers und Bruder von Friedrich A. (s. ds.), seit 1830 Halbwaise, 1830–1832 Seminarist in Moers, wegen ausbleibender Zahlungen von seiten seines Bruders von Diesterweg mit Verweis von der Anstalt bedroht, Abwendung des Verweises durch Intervention von Schulrat J. H. Altgelt (s. ds.), durch Vermittlung von K. Hoffmeister (s. ds.) und M. A. F. Vinmann (s. ds.) Zuverdienst als Zeichenlehrer am Progymnasium (Adolfinum) in Moers, zunächst Privatlehrer, 1833 Bewerbung um die Lehrerstelle in Ruhrort (h. Duisburg), Lehrer an der Töchterschule in Elberfeld (h. Wuppertal), Kandidat des höheren Schulamts in Krefeld, 1837 bis 1850 ordentlicher Lehrer an der Höheren Bürgerschule in Rheydt (h. Mönchengladbach), 1839 Ablegung des Examens pro facultate docendi (Prüfung für das höhere Lehramt) vor der Königlichen Wissenschaftlichen Prüfungskommission der Univ. Bonn, 1850 Bewerber um die Direktorenstelle an der neu eingerichteten Provinzial-Gewerbe-Schule in Krefeld, 1850–1871 Oberlehrer in Rheydt, Aufbau eines physikalischen Apparates für die Schule, Förderer des Chemieunterrichts, Forderung nach chemischer Weiterbildung für Handwerker, Landwirte, Ärzte und Staatsmänner, Übersender eines eigenen Gedichtes zu Diesterwegs 25jährigem Dienstjubiläum.

Verfasser von:

Einiges über Electrometer und über eine neue Einrichtung des Goldblatt-Electrometers. Schulprogramm. Rheydt 1844;

Ueber die Bedeutung der Chemie als Unterrrichtszweig. Schulprogramm. Ebd. 1860;

Lehrbuch der unorganischen Chemie für Schulen. Braunschweig 1860. *522, 524*

HStA Düss., L. A. Gladbach, Nr. 267, sowie Reg. Düss., Nr. 3231, 3247; Krall; Schm-W

ANDRIESSEN, FRIEDRICH (geb. 1802);

Ingenieur, aus Krefeld, Sohn eines Privatlehrers und Bruder des Seminaristen Adolph A. (s. ds.), seit 1825 königlich vereidigter Geometer und Maler in Elberfeld (h. Wuppertal), 1825 von der Gewerbeschule als Zeichenlehrer gewünscht, jedoch Absage aus ökonomischen Gründen, Oberingenieur und Projektleiter der 1829 fertiggestellten Prinz-Wilhelm-Eisenbahn, Förderer der Industrialisierung im Wuppertal, 1832 Schriftführer einer Petition an die städtische Schulkommission zur Einrichtung einer Töchterschule für die mittleren Bürgerklassen. *522, 524*

HStA Düss., Reg. Düss., Nr. 3231; Krall; StA Wupp, L II 222, III 90

APOLLONIUS VON PERGA (um 200 v. Chr.);

griechischer Mathematiker, Schüler des Euklid (s. ds.), 250–221 v. Chr. Lehrer in Alexandria, Begründer der mathematischen Wissenschaften (gemeinsam mit Euklid und Archimedes), Verfasser einer bedeutenden Schrift über die Kegelschnitte („De sectionibus conicis libri octo"), von der vier Bücher in griechischer Sprache und drei in arabischer Übersetzung erhalten sind. *53, 493*

ARNDT, ERNST MORITZ (1769–1860);

evangelischer Theologe, Historiker und Schriftsteller, aus Schoritz (h. Groß Sch., Rügen), Sohn eines Leibeigenen und späteren Pächters und Inspektors, Studium der Theologie und der Geschichte an den Univ. Greifswald und Jena, 1794 bis 1798 Hauslehrer bei Ludwig Gotthard Kosegarten (s. ds. Personenregister Bd. II), Bildungsreise durch Europa, 1800–1805 Privatdozent für Geschichte und Philosophie an der Univ. Greifswald, 1805–1806 dort a. o. Professor, 1806–1809 als Redakteur und politischer Schriftsteller in Schweden, Analytiker des europäischen Zeitgeschehens, Gegenüberbestellung der Idee germanisch-nordischer Volkseinheit und der deutschen Kleinstaaterei, 1809–1811 Aufenthalt unter falschem Namen in Greifswald, Kontakte zu preußischen Patrioten, von der Vorkämpferrolle Preußens bei der Erneuerung Europas überzeugt, 1812 Begleiter des Reichsfreiherrn Heinrich Friedrich Karl vom und zum Stein (s. ds. Personenregister Bd. V, XII, XIV und XV) als Privatsekretär nach St. Petersburg, seit 1813 Vorbereiter und Unterstützer der Befreiungskriege mit publizistischen Mitteln, seit 1817 verheiratet mit einer Stiefschwester von F. D. E. Schleiermacher (s. ds.), 1818 Professor für jüngere Geschichte an der Univ. Bonn, Konflikte mit der Politik der Restauration, Anfeindungen durch Adlige, Verbot seiner meisten Schriften in Habsburg, 1820 Amtsenthebung wegen politisch-freiheitlicher Äußerungen, 1840 förmliche Revision des Urteils durch Friedrich Wilhelm IV., 1848 ältester Abgeordneter im Frankfurter Parlament, als Mitglied des rechten

Zentrums Befürworter eines konstitutionellen preußischen Erbkaisertums, 1849–1854 nochmals Professor an der Univ. Bonn, populärster politischer Publizist und Dichter der Befreiungskriege, u. a. durch wirksame Kampflyrik, außerdem Verfasser religiöser Gedichte, romantischer Reiseliteratur, pädagogischer und autobiographischer Abhandlungen.
Schriften u. a.:
Fragmente über Menschenbildung. 3 Bde. Altona 1805–1819;
Geist der Zeit (zunächst anonym). 4 Teile. Altona, London und Berlin 1806–1818;
Entwurf der Erziehung und Unterweisung eines Fürsten. Berlin 1813;
Das Turnwesen, nebst einen Anhang. Leipzig 1842;
Schriften für und an seine lieben Deutschen. 4 Bde. Leipzig und Berlin 1845–1855. *103*, 106

ARMINIUS, verdeutscht HERMANN
(18/16 v. Chr. – ca. 21 n. Chr.);
Cheruskerfürst, Sohn des Segimer, seit ca. 8 v. Chr. in Rom, 4–6 n. Chr. als Militärtribun Teilnehmer an den Feldzügen des Tiberius gegen das freie Germanien und an der Niederwerfung des Aufstandes in Pannonien, Ernennung zum römischer Bürger und Ritter, Gegner der Absichten des Statthalters von Germanien P. Quinctilius Varus, römisches Recht und Steuerwesen einzuführen, Anführer eines Aufstandes gegen die Römer, der sich von einer Truppenrevolte zur Beteiligung benachbarter Germanenstämme ausweitete, 9 n. Chr. Vernichtung des römischen Heeres (rund 20000 Mann) in der sogenannten „Schlacht im Teutoburger Wald", Beendigung der römischen Offensive gegen die rechtsrheinischen Germanen, Verwicklung in Familienintrigen durch seinen römerfreundlichen Schwiegervater, Ermordung durch Verwandte, von Tacitus als „Befreier Germaniens" gewürdigt. *89*

BAADER, FRANZ XAVER VON (1765–1841);
katholischer Theologe und Philosoph, aus München, Studium der Medizin an den Univ. Wien und Ingolstadt, 1786 Promotion, Tätigkeit als Arzt, seit 1788 Studium des Bergbaus an der Bergakademie in Freiberg und in England, seit 1797 Bergrat, dann Oberbergrat in Bayern, Verdienste um die Glasmacherei, 1820 Pensionierung, 1826 Honorarprofessor für Philosophie an der Univ. München, 1814 Verfasser einer Denkschrift an die Monarchen von Österreich, Preußen und Rußland zur Anmahnung einer gemeinsamen christlichen antinapoleonischen Politik, damit Beförderer der Heiligen Allianz, Bemühungen um eine Vereinigung von Theologie und Philosophie in der Auseinandersetzung mit Jakob Böhme (s. ds. Personenregister Bd. XIII) und Friedrich Wilhelm Joseph von Schelling (s. ds. Personen-

register Bd. I, X, XII und XIII), Forderung des Einbezugs des Proletariats in eine ständestaatliche Gesellschaftsordnung, Verfasser zahlreicher philosophischer und mystischer Abhandlungen.
Schriften u. a.:
Beiträge zur dynamischen Philosophie im Gegensatz der mechanischen. München 1809;
Ueber die Begründung der Ethik durch die Physik. Ebd. 1813;
Über das dermalige Mißverhältniß der Vermögenslosen oder Proletairs zu den Vermögen besitzenden Klassen der Societät. Ebd. 1835.
Seine sämtlichen Werke wurden von Franz Hoffmann u. a. in 16 Bänden (Leipzig 1851–1860) herausgegeben. *103*, 105

BACH, WILHELM FRIEDRICH ERNST
(1759–1845);
Musiker, aus Bückeburg (b. Minden), Enkel von Johann Sebastian B. und Sohn des Kapell- und Konzertmeisters Johann Christoph Friedrich B., frühzeitig musikalische Ausbildung durch seinen Onkel Johann Christian B. (einen Kapellmeister König Georgs III. von England) in London, 1782 Rückkehr nach Deutschland, Bekanntschaft mit Friedrich Wilhelm II. von Preußen, seit 1798 Cembalist und Kapellmeister der preußischen Königin in Berlin, Musiklehrer Friedrich Wilhelm III. (s. ds.) und seiner Geschwister, bis zum Tode der Königin Luise (s. ds.) 1810 in preußischen Diensten, Organist und Komponist. *502*

BACKHAUS (erw. 1823);
Lehrer in Rheydt (h. Mönchengladbach), möglicherweise Vorgänger von J. W. Wülfing (s. ds.), einer seiner Aufsätze von Diesterweg an ehemalige Seminaristen als lohnende Lektüre zugesandt. *141*
StA Mön

BACZKO, LUDWIG ADOLPH FRANZ JOSEPH VON (1756–1823);
Historiker und Schriftsteller, aus Lyck (Ostpreußen), Sohn eines Husarenmajors, Studium der Rechtswissenschaft, Medizin, Mathematik und Sprachen an der Univ. Königsberg, durch verschiedene körperliche Leiden (u. a. Erblindung) an einer akademischen Laufbahn gehindert, Geschichtslehrer an der Artillerie-Akademie zu Königsberg, außerdem Privatlehrer, Gründer einer wertvollen Leihbibliothek, 1780 Gründer der Monatsschrift „Preußisches Tempo" (Königsberg, 3 Jg.), seit 1816 Vorsteher des Bülow-Dennewitzschen Blindeninstituts in Königsberg, Verfasser historischer und pädagogischer Abhandlungen sowie literarischer Werke historischen Inhalts.
Schriften u. a.:
Die Reue. Trauerspiel. Königsberg 1783;
Die Folgen einer akademischen Mädchenerziehung. Liebau 1786;

Lehrbuch der Preußischen Geschichte, zum Gebrauch der Schulen. Königsberg 1803;
Grundriß der Geschichte, Erdbeschreibung und Statistik aller Provinzen des Preußischen Staats. Königsberg und Leipzig 1804;
Die Familie Eisenberg, oder: Die Gräuel des Krieges. Halle a. d. Saale 1814. *250, 266, 273,* 278, *454f.,* 455

BAEDEKER [BÄDEKER], FRANZ GOTTHILF HEINRICH JACOB (1752–1825);
lutherischer Theologe, aus Dortmund, Sohn eines Stadtbuchdruckers, Onkel von Gottschalk Diederich B. (s. ds.), Studium der Theologie, Pfarrer in Dahl a. d. Volme (h. Hagen), Konsistorialrat, Superintendent der Grafschaft Mark.
Verfasser von:
Kurzer und faßlicher Unterricht in der einfachen Obstbaumzucht, für die Landjugend. Dortmund 1796; 4., verb. und vermehrte Aufl. 1822. *252,* 269
EvRh 2; GStA

BAEDEKER [BÄDEKER], GOTTSCHALK DIEDERICH (1778–1841);
Buchdrucker und Buchhändler, aus Essen, Abkömmling einer alten Bremer Buchdruckerfamilie und Sohn eines Buchdruckers, Neffe von Franz Gotthilf Heinrich Jacob B. (s. ds.), 1798 Übernahme der väterlichen Niederlassung in Essen sowie der Redaktion der „Essener Zeitung" (der späteren „Rheinisch-Westfälischen Z."), Verleger überwiegend pädagogischer und technischer Literatur, vornehmlich von Autoren aus dem Rheinland und Westfalen, u.a. zahlreicher Schriften von Diesterweg, 1803 Ankauf der Duisburger Universitätsbuchhandlung, Vater des später besonders für seine Reisehandbücher berühmt gewordenen Buchhändlers Karl B. (1801–1859; s.ds. Personenregister Bd. XIII), Engagement für das Bildungswesen, Mitbegründer des ersten gemischtkonfessionellen Gymnasiums in Essen, zahlreiche Schenkungen von Büchern an Bildungseinrichtungen. *217, 219,* 219

BAGGESEN, JENS IMMANUEL (1764–1826);
dänischer Dichter, aus Korsør (Seeland), aus ärmlichen Verhältnissen, seit 1782 Studium der Theologie an der Univ. Kopenhagen, Bildungsreisen durch Deutschland, die Schweiz und Frankreich, begeisterter Anhänger der französischen Revolution, in Weimar Mitglied des Kreises um Chr. M. Wieland (s. ds.) und F. v. Schiller (s. ds.), 1791 Annahme des zweiten Namens Immanuel als Ausdruck seiner Kant-Verehrung, 1811 Verleihung einer Professur der dänischen Sprache und Literatur an der Univ. Kiel, die er jedoch nie wahrnahm, für den von ihm verehrten Schiller erfolgreich um eine finanzielle Hilfe des dänischen Königshauses bemüht, Verfasser poetischer Werke in deutscher Sprache, dadurch Mittler zwischen deutscher und dänischer Kultur, Engagement gegen spekulative und mystische religiöse Strömungen in der deutschen Romantik, u.a. mit der Schrift:
Der Karfunkel oder Klingelkling-Almanach: ein Taschenbuch für vollendete Romantiker und angehende Mystiker; auf das Jahr der Gnade 1810. Tübingen: Cotta 1809.
Baggesens poetische Werke in deutscher Sprache erschienen in fünf Bänden 1836 in Leipzig. *104,* 107

BAILLOT, PIERRE-MARIE FRANÇOIS (1771–1842);
bedeutender Violinist, seit 1795 Lehrer des Violinspiels am Konservatorium in Paris, gemeinsam mit R. Kreutzer (s. ds.) und J.P.J. Rode (s. ds.) Entwicklung einer neuen Methodik zum Erlernen des Violinspiels: Violinschule des Conservatoriums der Musik in Paris (Leipzig 1803), die zum offiziellen Violinschulwerk des Conservatoire ernannt wurde und die auch der Moerser Seminarlehrer C. W. A. Witzka (s. ds.) seinem Unterricht zugrunde legte. *189,* 190

BALBIER, FRIEDRICH WILHELM (1777–1832);
evangelischer Theologe und Pädagoge, aus Wöllstein (Rheinhessen), Studium der Theologie, 1804 bis 1811 Lehrer am Gymnasium in Worms, seit 1812 Professor, dann bis 1818 Direktor des Gymnasiums, 1818–1832 Leiter des Schullehrerseminars in Kaiserslautern, Mitarbeiter an den Rh. Bl., Verfasser etlicher Lehrbücher.
Schriften u.a.:
Naturgemäße Anleitung lesen und schreiben zu lernen. Kaiserslautern 1821.
(Nachruf in den Rh. Bl., Jg. 1833, Neue Folge, Bd. VIII, S. 131–135; vorliegende Ausgabe, Bd. III, S. 188f.) 8, *194, 246,* 261

BASEDOW, JOHANN BERNHARD (1724–1790);
lutherischer Theologe, aus Hamburg, Studium der Theologie an der Univ. Leipzig, Hauslehrer in Holstein, seit 1753 Professor der Moral, der Rhetorik und später auch der Theologie an der Ritterakademie in Sorø (Seeland), 1761 Versetzung an das Gymnasium in Altona (h. Hamburg) wegen der Abfassung von aufklärerischen Schriften, 1767 Entlassung bei Beibehaltung seines Gehalts aufgrund des Widerstandes der orthodoxen Theologen um Johann Melchior Goeze (s. ds. Personenregister Bd. V), Verfasser eines philanthropischen Erziehungsprogramms (1768), darin Forderung nach einem lebensnahen, überkonfessionellen, unter staatlicher Aufsicht stehenden Bildungswesen, 1774 Gründer einer Erziehungsanstalt in Dessau („Dessauer Philanthropin"), 1778 Niederlegung der Leitung, schulreformerische Unternehmungen in Magdeburg, Leipzig und Halle a.d. Saale, Hauptvertreter des Philanthropinismus.

Schriften u.a.:

Vorstellung an Menschenfreunde und vermögende Männer über Schulen, Studien und ihren Einfluß auf die öffentliche Wohlfahrt. Hamburg 1768;

Vorschlag und Nachricht von bevorstehender Verbesserung des Schulwesens. Leipzig 1771;

Elementarwerk, ein geordneter Vorrat aller nöthigen Erkenntniß zum Unterrichte der Jugend von Anfang bis ins akademische Alter, zur Belehrung der Eltern, Schullehrer und Hofmeister, zum Nutzen eines jeden Lesers, die Erkenntniß zu vervollkommnen. 4 Bde. Dessau 1774;

Unerwartlich große Verbesserung der Kunst lesen zu lehren, nebst einem Buchstabir-Büchlein. Leipzig 1785.   26, 84, *244, 259, 272, 277*

BAUMGARTEN, JOHANN CHRISTOPH FRIEDRICH (1773–1848);

Pädagoge und Schriftsteller, aus Magdeburg, Sohn eines Schankwirts, Absolvent des Landschullehrerseminar des Klosters Bergen (h. Groß Rodensleben, b. Magdeburg), 1797–1803 Schulrektor in Dodendorf (b. Schönebeck a. d. Elbe), seit 1803 Leiter der Gewerbschule in Magdeburg, Umwandlung dieser Schule in eine Volksschule für Töchter aufgrund der Neuorganisation des Magdeburger Schulwesens unter der Leitung von C. Chr. G. G. Zerrener (s. ds.) und Oberbürgermeister August Wilhelm Francke (s. ds. Personenregister Bd. I), zunächst Oberlehrer, seit 1823 Rektor an dieser Schule, Angliederung einer Sonntagsschule mit mehr als 1100 Schülerinnen, Verfasser zahlreicher Lehrbücher.

Schriften u.a.:

Kleiner Briefsteller für Mädchenschulen. Magdeburg 1807;

Aufgaben zu Denkübungen für Schulkinder auf Vorlegeblättern nebst Handbuch für Lehrer. Ebd. 1815;

Die vorzüglichsten Regeln der Orthographie und Materialien zum Diktiren. Ein Handbuch für Lehrer. Ebd. 1816;

Vorlegeblätter zu Rechenübungen in fortschreitender Ordnung vom Leichteren zum Schwereren für Land- und Bürgerschulen; 2. Aufl. ebd. 1819; 4. Aufl. 1840;

Handbuch für Volksschullehrer, welche die neuesten und zweckmäßigsten Lehrmethoden kennen lernen wollen. 3 Teile. Quedlinburg 1817–1828. *248, 264*

BECKEDORFF, GEORG PHILIPP LUDOLF [VON] (1778–1858);

preußischer Staatsmann und Ökonom, aus Hannover, Sohn eines Konsistorialbeamten, Studium der Theologie an der Univ. Jena, dann der Medizin an der Univ. Göttingen, 1799 Dr. med. (Göttingen), 1810 Erzieher des Kurprinzen von Hessen, 1811 bis 1818 des Erbprinzen von Anhalt-Bernburg,

1819 Eintritt in den preußischen Staatsdienst als Mitglied des neuen Oberzensurkollegiums, 1820 Geh. Oberregierungsrat, 1820–1827 Vortragender Rat für das evangelische Elementarschulwesen im Ministerium der geistlichen, Unterrichts- und Medizinal-Angelegenheiten, seit 1824 kommissarischer, seit 1825 definitiver Regierungsbevollmächtigter (Kurator) bei der Univ. Berlin, 1825 bis 1829 Herausgeber der „Jahrbücher des preußischen Volksschulwesens" (9 Bde. Berlin), 1827 Übertritt zur katholischen Kirche, Enthebung von seinen Amtsstellungen, Erwerb und Bewirtschaftung des Gutes Grünhoff (b. Regenwalde, Pommern), 1840 Rehabilitierung und Nobilitierung durch Friedrich Wilhelm IV., 1841 Oberdirektor der Ritterakademie zu Bedburg (b. Köln), 1842 bis 1857 Direktor des neugegründeten Landesökonomiekollegiums, seit 1849 Mitglied des preußischen Landtags, 1850 Verfasser eines Beitrags für die Rh. Bl. („Der landwirtschaftliche Unterricht in den Volksschulen"), außerdem zahlreicher weiterer Abhandlungen und Aufsätze zu politisch-pädagogischen und wirtschaftlichen Fragestellungen.

Schriften u.a.:

Das Verhältniß von Haus, Staat und Kirche zu einander und der Schule zu Haus, Staat und Kirche. Zwei Bruchstücke. Berlin 1849.   121, 124, 126, 137, 139f., 170f., 289f., 310, *319, 321,* 334f., 358, 399, 428

BECKER, JOHANN GOTTLIEB (geb. ca. 1801);

Lehrer, aus Hamminkeln (b. Wesel), 1821–1823 Seminarist in Moers, Hilfslehrer an der evangelischen Elementarschule in Hamminkeln, 1826 Bewerber um die Lehrerstelle an der lutherischen Pfarrschule in Velbert, 1826 Hilfslehrer an der evangelischen Elementarschule in Bennert (h. Leichlingen),1827–1828 Hilfslehrer an der lutherischen Stadtschule in Solingen, 1827 Teilnehmer am Lehrkursus im Seminar in Moers, dort Ablegung der Wiederholungsprüfung, seit 1828 Lehrer an der evangelischen Elementarschule in Osminghausen (h. Wermelskirchen), 1829 Bewerber um die Lehrerstelle an der evangelischen Pfarrschule in Reusrath (h. Langenfeld im Rheinland).   *121, 140, 576*

HStA Düss., Reg. Düss., Nr. 3594, 3654

BELING, BERNHARD (geb. ca. 1806);

Lehrer, aus Hamminkeln (b. Wesel), 1822–1824 Seminarist in Moers, Empfänger eines Stipendiums, Hauslehrer in Gahlen (h. Schermbeck, b. Wesel).   *121, 155*

BELL, ANDREW (1753–1832);

anglikanischer Theologe und Pädagoge, aus St. Andrews (b. Dundee, Schottland), Studium der Theologie an der Univ. von St. Andrews, Promotion, mehrjähriger Aufenthalt in Nordamerika, seit 1789 Pfarrer in Fort St. George und an der Kirche St. Mary's in Madras (Vorderindien), zugleich

Lehrer am Militärwaisenhaus, aus Lehrermangel Einrichtung eines Systems des wechselseitigen Unterrichtens der Kinder (Monitorensystem), 1797 nach seiner Rückkehr nach London Publikmachung dieser Methode durch die Schrift „An Experiment in Education, made at the Male Asylum of Madras" (London), die mehrfach überarbeitet und neuaufgelegt wurde, Weiterentwicklung dieser Methode durch den „Dissenter" (Freikirchler) J. Lancaster (s.ds) und Einrichtung etlicher Schulen nach diesem Modell in freikirchlicher Trägerschaft, 1807 Beauftragung durch die anglikanische Kirche mit Schulgründungen in ihrem Sinne („National Society for the Education of the Poor in the principles of the Established Church"), Entgeltung die Leitung des Sherborn Hospital in Durham (Nordengland) und durch die Pfründe von Westminster.

In deutscher Sprache erschienen u.a.:
Schulmethodus. Ein Beytrag zur Verbesserung der Lehrmethode und Schuldisciplin in niedern Volksschulen. Übersetzt von F.W. Tilgenkamp. Duisburg 1808;
Natorp, Bernhard Christoph Ludwig: Andr. Bell und Lancaster. Bemerkungen über die von denselben eingeführte Schuleinrichtung, Schulzucht und Lehrart. Essen 1817 (eine veränderte Ausgabe von Lancasters „Schulmeister unter 1000 Kindern");
Bell und Lancaster und ihre Methode. Wien 1819.
98, *103*, 106, *243f.*, 257

BENDER (erw. 1813);
Bekannter Diesterwegs in Worms. *13f.*

Möglicherweise identisch mit:
BENDER, JOHANN FRIEDRICH (s. ds.).

Oder:

BENDER, FRIEDRICH (erw. 1801–1811);
Musiker in Worms. *13f. (?)*
StA Worms;

Oder:

BENDER, JOHANN PHILIPP (erw. 1810–1829);
um 1810–mind. 1820 Lehrer, dann Inspektor und Direktor des Schullehrer-Seminars zu Idstein (b. Wiesbaden), 1829 herzoglich Nassauischer Kirchenrat, Dekan und Pfarrer in Igstadt (h. Wiesbaden).
Schriften u.a.:
Methodenlehre für Lehrer in den gemeinen Volksschulen, zum Gebrauch bei dem Unterricht in dem hiesigen Schullehrer-Seminario. Frankfurt a.M. 1810;
Kurze und gründliche Anleitung zur Erlernung der Rechenkunst. Zum Gebrauch beym Unterricht in Landschulen. Hadamar 1812. *13f. (?)*

Oder:

BENDER, FRIEDRICH WILHELM LUDWIG (1773–1833);
französischer Sprachlehrer, aus Buchsweiler (b. Darmstadt), seit 1791 Studium der Rechtswissenschaft und der Philosophie an der Univ. Erlangen, seit 1793 an der Univ. Gießen, Abbruch der Studien aus finanziellen Gründen und Tätigkeit als Privatlehrer in Heidelberg und der Schweiz, Inspektor und Lehrer am Findelhaus in Brumath (b. Straßburg), 1805–1807 Lehrer des Griechischen am Gymnasium in Buchsweiler, 1807 bis 1832 Französischlehrer am Gymnasium in Darmstadt, außerdem bis 1810 am dortigen Offizier-Institut, Übersetzer aus dem Französischen und Verfasser einiger Schulbücher; u.a.:
Neues Uebungsbuch zum Uebersetzen aus dem Deutschen ins Französische. Darmstadt 1831.
13f. (?)

BENDER, JOHANN FRIEDRICH (1789–1858);
reformierter Theologe, aus Siegen, Sohn eines Kleinhändlers, 1806–1810 Studium der Theologie an den Univ. Herborn und Tübingen, 1809 bis 1815 Lehrer an der Lateinschule in Siegen, 1815 bis 1821 Pfarrer in Freudenberg (Hochsauerland), 1819–1820 Verwalter der Superintendentur in Siegen, seit 1820 dort Superintendent und Schulinspektor, seit 1821 dort auch Pfarrer, Freund von Diesterweg. *13f. (?)*, 377

BERENDT, LEOPOLD CHRISTOPH ALBERT (1764–1842);
reformierter Theologe, aus Wedlitz (b. Bernburg a.d. Saale), Sohn eines Pfarrers, 1796–1804 Inspektor des Schullehrerseminars Wesel, 1804 bis 1842 Pfarrer in Diersfordt (h. Wesel), 1823 bis 1836 Superintendent und Schulpfleger für den Kreis Rees (Niederrhein). *327, 402f.*
EvRh 2

BERNHARDI, AUGUST FERDINAND (1769–1820);
Philologe und Schriftsteller, aus Berlin, Studium der Philosophie und Philologie an der Univ. Halle, u.a. bei Friedrich August Wolf (s. ds. Personenregister Bd. III), 1791–1808 Lehrer und seit 1808 Direktor des Friedrichswerderschen Gymnasiums in Berlin, 1811 Dr. phil., seither außerdem Privatdozent an der Univ. Berlin, seit 1816 Konsistorialrat, 1820 Direktor des Friedrich-Wilhelm-Gymnasiums, Theaterkritiker, befreundet mit zahlreichen Mitgliedern der romantischen Schule, u.a. Johann Ludwig Tieck (Schwager), Friedrich von Schlegel, F.D.E. Schleiermacher (s. ds.) und J.G. Fichte (s. ds.), 1797–1800 Hrsg. der „Bambocciaden" (komischer Erzählungen und dramatischer Darstellungen, gem. mit W. Tieck, 3 Bde., Berlin), Beförderer der modernen Sprachwissenschaft durch Systematisierung sprachtheoretischen Erkenntnisse des 18. Jhs. und Übertragung der Wissenschaftslehre Fichtes auf die Sprachwissenschaft (1801–1803).

Schriften u.a.:
Sprachlehre. 2 Teile. Berlin: Duncker und Hum-
blot 1800; erweiterte Umarbeitung: 1801–1803;
Anfangsgründe der Sprachwissenschaft. Ebd.
1805;
Ansichten über die Organisation der gelehrten
Schulen. Jena 1818. *40, 40, 371, 374*

BETTY (erw. 1811);
vermutl. Haushaltshilfe in der Familie von W. A.
Diesterweg (s. ds.) in Mannheim. *4*

BIBERLE, d. i. LUTHER, ANNA BARBARA
geb. ENSLIN (s. ds.).

BIERHANS, HEINRICH (erw. 1825);
Landwirt und Baumgärtner auf der Hochheide (h.
Duisburg), Lieferant von Obstbaumstämmchen für
den Garten des Seminars. *218*
StA Moers

BIRKMANN [BÜRKMANN], CHRISTOPH
(1703–1771);
lutherischer Theologe, 1732–1741 Prediger am
Zucht- und Arbeitshaus in Nürnberg, 1741–1759
Diakonus an St. Egidien, seit 1759 dort Senior,
außerdem Vesperprediger an der St. Veit- oder
Augustinerkirche, Förderer zahlreicher Gelehrter,
Ehrenmitglied der deutschen Gesellschaft zu Altdorf (b. Nürnberg) und des historischen Instituts
zu Göttingen, außerdem Mitglied der Herzoglichen deutschen Gesellschaft zu Helmstedt.
Schriften u.a.:
Ein guter Rath für lehrbegierige Jünger Jesu, die
da suchen aus guten Büchern sich in der heilsamen Lehre zu gründen, und ihren Glauben zu wei-
den. Nürnberg 1737;
Standrede bei der Hinrichtung eines Deserteurs –
nach Publication des Urtheils auf dem Casernen-
Platz gehalten. Ebd. 1741;
Birkmann'scher methodologischer Schreibcursus; die erste Auflage läßt sich nicht genau nachweisen; eine neue verbesserte Auflage erschien
1831 bei Langewiesche in Iserlohn. *445, 447*

Verfasserin ist allerdings vermutl.:
BIRKMANN, MARGARETHA BARBARA
(geb. 1734);
Schriftstellerin, aus Nürnberg, privat unterrichtet
durch ihren Vater Christoph B. (s. ds.), insbesondere in Geographie, Geschichte, Zeichnungskunst,
Kalligraphie und Musik sowie in zahlreichen
Fremdsprachen, 1753 Mitglied der Herzoglichen
deutschen Gesellschaft in Helmstedt, Verfasserin
zahlreicher Gedichte sowie der Schrift:
Le tableau du vrai Chretien. Ins Deutsche übersetzt. Nürnberg 1754. *445*

BLASIUS, JOHANN HEINRICH (1809–1870);
Zoologe, aus Eckenbach (h. Reichshof), Sohn
eines Kleinbauern, zunächst Hilfslehrer in Neun-
kirchen (h. N.-Seelscheid), 1827–1830 Seminarist
in Moers, Empfänger eines Stipendiums, Dichter

einer Kantate zu Diesterwegs Geburtstag 1827
(Vertonung durch L. Chr. Erk <s. ds.>), 1830 bis
1831 Lehrer im Pensionat von Pfarrer A. E. Zillessen (s. ds.) in Wickrathberg (h. Mönchengladbach), 1831–1833 Hilfslehrer an der höheren
Stadtschule in Krefeld, 1832 nach autodidaktischer Weiterbildung Examen pro facultate docendi (Prüfung für das höhere Lehramt) vor der
Königlichen Wissenschaftlichen Prüfungskommission der Univ. Bonn, 1833–1834 vierter ordentlicher Lehrer an der höheren Stadtschule in
Krefeld, seit 1834 als Stipendiat der preußischen
Regierung Studium der Naturwissenschaften an
der Univ. Bonn, Studienreise durch Osteuropa
gem. mit Graf Alexander Friedrich Michael Keyserlingk, seit 1836 Professor der Naturgeschichte
am Collegium Carolinum in Braunschweig, später
dessen Direktor, Anlegung einer großen naturwissenschaftlichen Sammlung, Erweiterung dieser
zum Herzoglich Naturhistorischen Museum, dessen Direktor, Beförderer der Kenntnis europäischer Säugetiere und Vögel, Mitarbeiter an den
Rh. Bl., Verfasser zahlreicher Abhandlungen, besonders auf dem Gebiet der Naturwissenschaften.
Schriften u.a.:
Reise im europäischen Rußland in den Jahren
1840 und 1841. 2 Bde. Braunschweig 1844;
Naturgeschichte der Säugetiere Deutschlands;
auch u. d. T.: Fauna der Wirbeltiere Deutschlands.
Band I: Säugetiere. Ebd. 1857;
Die Wirbeltiere Europas. 1. Teil (gemeinsam mit
Graf A. Keyserlingk). Ebd. 1840. *451*
Gym; HStA Düss, Reg. Düss., Nr. 3258

BLECKMANN, ARNOLD (1785–1840);
Lehrer, aus Kettwig a. d. Ruhr (h. Essen), 1809/
1810–1830 Lehrer an der Elementarschule und
Organist in der reformierten Gemeinde in Moers,
Einstellung auf dringende Empfehlung von Pfarrer W. J. G. Roß (s. ds.), Erhalt eines Verweises
wegen der Ablehnung katholischer Kinder und
wegen Untauglichkeit (u.a. häufiger Trunkenheit
und Schlagen der Kinder), 1821 kritische Beurteilung durch Schulrat J. V. J. Bracht (s. ds.), 1823
Rüge durch die Königliche Regierung in Düsseldorf wegen Nebentätigkeiten (Laden und kleine
Fabrik im Schulhaus), vergebliche Bemühungen
von Superintendent Roß um Verlegung der Schule in das Seminar, seit 1826 Zusammenarbeit mit
dem Seminar, zunächst als Musiklehrer für die
Seminaristen, dann auch durch Zulassung von Seminaristen als Hilfslehrer in der Elementarschule,
seit 1827 von Diesterweg als schwierig, schließlich als unerträglich beurteilt, 1828 deshalb Auflösung der engen Zusammenarbeit von Elementarschule und Seminar durch Diesterweg, 1830
mit Amtsentlassung bedroht, seither unter der
Leitung des Rektors des Progymnasiums Hoffmeister (s. ds.), 1831 wegen Unverbesserlichkeit
endgültige Einleitung des Entlassungsverfahrens

618

und Suspendierung, Weiterführung der Organistenstelle, 1832 Entlassung unter Beibehaltung einer Pension, vorübergehend Privatlehrer in Duisburg, dann wieder in Moers, 1835 Einweisung in die Besserungsanstalt Brauweiler (h. Pulheim, b. Köln) durch den Landrat von Geldern Frhn. von Eerde (s. ds.) wegen Unterhaltsverweigerung für Frau und Kinder und fortgesetzter Trunkenheit. *62, 317, 332f.,* 334, *356, 365,* 372, *407f.,* 408, 429f., *437f., 518,* 519, *519,* 520, *521,* 521, *530,* 531

Bei 2; HStA Düss, L. A. Moers, Nr. 67, 68, sowie Reg. Düss., Nr. 3401, 3397; Klein; Rich; StA Moers

BÖCKMANN [BÄCKMANN], WILHELM
(1801–1892);
Lehrer, aus Herringen (h. Hamm in Westfalen), 1822–1823 Seminarist in Moers, 1823 Bewerber um die Lehrerstelle an der evangelischen Elementarschule vor dem Arrenberg (Elberfeld, h. Wuppertal), Lehrer an der evangelischen Elementarschule in Schaberg (h. Solingen), 1827–1828 Lehrer an der evangelischen Elementarschule auf dem Heidt (Barmen, h. Wuppertal), 1826 auf der Dreierliste für die Lehrerstelle an der lutherischen Pfarrschule in Velbert, 1828–1830 Verwalter der Lehrerstelle in der Schule vor dem Arrenberg, 1830–1839 Hauptlehrer an der Elementarschule im Island (Elberfeld), dann bis 1868 zunächst Lehrer, später Hauptlehrer an der privaten höheren Töchterschule und Lehrerinnenbildungsanstalt in Elberfeld, Lehrer an der Aspiranten-Bildungsschule in Elberfeld, zuletzt in Berlin, 1890 als „ältester lebender Schüler Diesterwegs" Teilnehmer an der dortigen Gedächtnisfeier zu dessen 100. Geburtstag. *121, (121f.),* 133, *(134),* 134, *141, 393, 396, 575*

Goe 1; HStA Düss, Reg. Düss., Nr. 3388; Jor; StA Wupp, L I 142, 258

BONN, LEONHARD (erw. 1827);
Gerichtsvollzieher in Moers, 1827 Mitglied des Städtischen Schulvorstandes. *429*
StA Moers

BORCHARDT [BORGARDT], JOHANN WILHELM
(geb. 1773);
Beamter, aus Schapenhausen (h. Grefrath, Niederrhein), Sohn eines preußischen Beamten, seit 1798 zweiter Sekretär der Stadt Moers, 1803 Abgeordneter des Kantons Moers beim Kolleg des Arrondissement Krefeld, mind. 1822–1832 Steuereinnehmer, 1831 Mitglied des Gemeinderats. *124 (?),* 124, *521, 531*
HStA Düss; StA Moers

BORCHERS, LUDWIG (geb. 1769);
Leutnant, später Steuereinnehmer in Moers, Kommissionär der Gebrüder Scheidtmann (s. ds.), mit dem Verkauf von deren Haus in der Haagstraße an das Schullehrerseminar betraut. *124 (?),* 124
StA Moers

BORMANN, KARL JOSEPH ANTON
(1766–ca. 1837);
Pädagoge und Soldat, aus Gersosten (b. Guhrau, Schlesien), 1782–1784 Lehrer in Gleinig (ebd.), seit 1784 im Militärdienst, 1800 Feldwebel-Leutnant im Königlichen Kadettenkorps, seit 1820 Sekretär der Militair-Studien-Kommission in Berlin, Träger des Roten Adlerordens 4. Klasse, Verfasser mehrerer theologisch-theosophischer Abhandlungen, u. a.:
Die christliche Lehre von der Vorsehung, im Lichte des Geistes der Wahrheit erkannt und philosophisch betrachtet. Berlin 1820;
Die christliche Lehre von der Wiedergeburt, im Lichte des Geistes der Wahrheit erkannt und philosophisch betrachtet. Ebd. 1820;
Die metaphysische Lehre von dem Ursprunge der Vernunft, oder die Pneumatheologie. Im Lichte des Geistes der Wahrheit erkannt und vom theosophischen Standpunkte aus betrachtet. Ebd. 1826. *104,* 107

BORMANN, KARL WILHELM EMIL (1802–1882);
evangelischer Theologe, Pädagoge und Schriftsteller, aus Potsdam, Sohn eines Premierlieutenants, 1823–1826 Studium der Theologie an der Univ. Berlin, 1827–1830 Rektor der städtischen Töchterschule in Charlottenburg (h. Berlin), 1830 Ernennung durch das brandenburgische Provinzialschulkollegium zum ersten Lehrer des Seminars für Stadtschulen in Berlin (bis 1838), dort seit 1832 unter der Direktion Diesterwegs, Lehrer für Religion, Deutsch, Geschichte und Geographie, außerdem Leiter der 1832 gegründeten Töchterschule in der Friedrichstadt, seit 1841 Direktor der höheren Töchterschule in der Friedrichstadt (Augustaschule), 1849 Ernennung zum Provinzialschulrat, redigiert seit 1836 erscheinenden „Schulblatts für die Provinz Brandenburg", Geh. Regierungsrat, 1872 Pensionierung, Mitarbeiter an den Rh. Bl., außerdem Verfasser zahlreicher Lehrbücher, Anthologien und Gedichte.
Schriften u. a.:
Grundzüge der Erdbeschreibung, ein Leitfaden für den geographischen Unterricht in den mittleren Klassen der Bürgerschulen. Berlin 1833;
Beiträge über den deutschen Lehrer. Essen 1835;
Das Leben in Stadt und Land, in Feld und Wald.
Ein Lese- und Hülfsbuch zu den Bildertafeln für den Anschauungsunterricht von C. Wilke. Berlin 1843;
Protokolle der zur Beratung über Lehrerbildung auf Veranlassung des Ministers von Ladenberg vom 15. bis 20. Januar 1849 in Berlin versammelten Konferenz. Ebd. 1849;
Schulkunde für evangelische Volksschullehrer, auf Grund der Preußischen Regulative vom 1., 2. und 3. October 1854. 1.–4. Teil. Ebd. 1865–1866 (Lehrbuch für das neu eingeführte Fach Schulkunde). *503*

619

BORNEMANN, JOHANN WILHELM (1781–1841);
reformierter Theologe, aus Bergisch Gladbach (b.
Köln), Sohn eines Pfarrers, Studium der Theologie an den Univ. Utrecht und Duisburg, 1807 bis
1808 Pfarrer in Sittard (h. Mönchengladbach),
1808–1813 in Wallach (h. Rheinberg, Niederrhein), 1813–1824 in Jüchen (b. Mönchengladbach), 1824–1838 zweiter, 1838–1841 erster reformierter Pfarrer in Moers, vorübergehend Religionslehrer am dortigen Lehrerseminar, Initiator
der höheren Mädchenbildung in Moers durch täglichen dreistündigen Unterricht in seinem Hause, seit 1835 Superintendent, Mitarbeiter an den
Rh. Bl.
Verfasser von:
Plattdeutsche Gedichte. Berlin 1816. *104,* 107,
200, 202, 202, *205f., 208f., 232,* 255, *270, 290,
304, 317,* 324, *326ff.,* 334, *379, 402,* 408, *429,*
430, *438, 511,* 519, *520f., 531,* 587
EvRh 2

BRACHT, JOHANN VINCENZ JOSEPH
(1771–1840);
katholischer Theologe, aus Recklinghausen, seit
1789 Kanonikus beim Herzoglichen Kollegiatstift
in Düsseldorf, 1792 Subdiakon, 1794 Priesterweihe, Begründer und Leiter einer Schule für arme
und verwahrloste Kinder, seit 1802 Schulrat im
Herzogtum Berg, 1816–1840 Schul- und Regierungsrat für das Schulwesen und die katholischen
Kirchenangelegenheiten in Düsseldorf, Befürworter der Einrichtung simultaner Schullehrerseminare, seit 1824 auch Konsistorialrat, Kommissar des
Klosters der Barmherzigen Schwestern in Düsseldorf, Förderer der Einrichtung der Düsseldorfer
Kunstakademie, Initiator des Kölner Dombauvereins zur Fertigstellung des Domes, Träger des Roten Adlerordens. *67f., 175f., 203, 233,* 279, 324,
407, 519
Gers; HStA Düss; Most

BRAUER, AUGUST (ca. 1805–1873);
Lehrer, aus Wesel, Sohn eines Lehrers, Gymnasiast, 1824–1827 Seminarist in Moers, Empfänger
eines Stipendiums, Hilfslehrer an einer Privatschule in Wesel, 1832–1835 zweiter Lehrer an der
Dorfschule der reformierten Gemeinde in Wermelskirchen, 1834 Bewerber um eine Lehrerstelle
an der evangelischen Elementarschule in Voerde
(b. Wesel), 1835–1873 Lehrer an der Elementarschule Struck (Remscheid), 1843 Bewerber um
eine Lehrerstelle an der evangelischen städtischen
Elementarschule in Wesel. *204, 205, 380*
HStA Düss, L.A. Lennep, Nr.111, sowie Reg. Düss.,
Nr. 3332, 3553; StA Rem

BRAUN (erw. 1813);
Bekannter von Sabine Diesterweg (s.ds.) in Wetzlar, in dessen Begleitung sie nach Frankfurt a.M.
reisen wollte. *11*
Vermutlich ist gemeint:

BRAUN, GEORG CHRISTIAN (1785–1834);
aus Weilburg a.d. Lahn, Enkel eines Bildhauers,
Studium der Theologie an den Univ. Gießen und
Halle a.d. Saale, u.a. bei A.H. Niemeyer (s.ds.)
und Friedrich August Wolf (s. ds. Personenregister Bd. III), außerdem Erhalt von Zeichenunterricht und Besuch wichtiger Kunstsammlungen,
Examen in Weilburg, Hauslehrer in Frankfurt
a.M., nebenher künstlerische Tätigkeit und Umgang mit zahlreichen Künstlern, 1808–1814 Professor am Gymnasium in Wetzlar, Mitarbeit an
dessen Gestaltung und Verbesserung, 1814 bis
1834 Professor der Rhetorik am Gymnasium in
Mainz, seit 1820 Ehrenmitglied des Vereins für
Nassauische Altertumskunde und Geschichtsforschung, Verfasser dramatischer Werke, u.a.:
Mahomets Tod. Trauerspiel. Wetzlar 1810;
Hermann der Cherusker. Episches Gedicht in 12
Gesängen. Mainz 1819;
Der Schmied von Antwerpen. Ein Künstlerdrama.
Ebd. 1824;
Die Rheinfahrt. Ein Natur- und Sittengemälde des
Rheinlands in 3 Gesängen. Ebd. 1824. *11 (?)*

BRAUN, FRIEDRICH CHRISTOPH WILHELM
(1778–1860);
lutherischer Theologe, 1799 Oberlehrer an der
Waisenhaus-Bürgerschule in Halle a.d. Saale,
1808 durch Vermittlung von K.Chr.W. v. Türk
(s. ds.) und im Auftrag der preußischen Regierung
Eleve im Institut von J.H. Pestalozzi (s.ds.) in
Yverdon (Kt. Waadt), 1811 Lehrer am Institut von
Johann Ernst Plamann (s.ds. Personenregister
Bd. V) in Berlin, 1812 Oberlehrer am Waisenhaus
in Königsberg, 1818–1836 Direktor des Lehrerseminars in Neuwied, zuletzt in Bonn, begabter Gesangsbildungslehrer, für seine gute Durchführung
der methodologischen Lehrkurse bekannt.
101, *113, (114f.),* 115, *117,* 117, *356,* 464, *522*
Frie

BREDOW, GABRIEL GOTTFRIED [auch: GOTTFRIED GABRIEL] (1773–1814);
Pädagoge und Historiker, aus Berlin, Sohn unbemittelter Eltern, Absolvent des Joachimsthalschen
Gymnasiums, Studium der Theologie, dann – unter dem Einfluß von Friedrich August Wolf (s. ds.
Personenregister Bd. III) – der Philologie an der
Univ. Halle, 1794–1796 Lehrer am Gymnasium
zum Grauen Kloster in Berlin, seit 1796 an der von
J.H. Voss (s.ds.) geleiteten Stadtschule in Eutin,
später dessen Nachfolger als Rektor, Betreibung
historischer Studien, 1804–1809 Dozent an der
Univ. Helmstedt, nach Auflösung des Herzogtums
Braunschweig und der Errichtung des Königreichs
Westfalen wegen seiner nationalen Gesinnung in
Bedrängnis, deshalb 1809 Wechsel an die Univ.
Frankfurt a.d.O., zugleich Bibliothekar an der
Steinwehrschen Bibliothek, 1811 Verlegung der
Frankfurter Univ. nach Breslau, 1811 Ernennung

zum Regierungsrat, dort auch mit der Leitung der Schulen des Bezirks Breslau betraut, beliebter Lehrer, Erforscher und Übersetzer von Literatur des Altertums – u. a. etlicher Biographien des Plutarch, Verfasser einiger literarischer Werke sowie Abhandlungen zur Geschichte.
Schriften u. a.:
Handbuch der alten Geschichte, Geographie und Chronologie. Altona 1799; 2. Aufl. 1808; 6., verb. Aufl. 1817;
Merkwürdige Begebenheiten aus der allgemeinen Weltgeschichte. Für den ersten Unterricht in der Geschichte; besonders für Bürger- und Landschulen. 2. Aufl. Altona 1804; 36. Aufl. 1876;
Umständliche Erzählung der wichtigeren Begebenheiten aus der Weltgeschichte, für den ersten Unterricht in der Geschichte, besonders für Bürger- und Landschulen. Altona 1804; 5., vermehrte und verb. Aufl. 1814; 12. Aufl. 1850;
Hauptbegebenheiten der Weltgeschichte in drei Tabellen, für den ersten Unterricht in der Geschichte. Altona 1808; 9. Aufl. 1851. *250, 266*

BRENDOW, GERHARD FERDINAND (1804–1837);
Lehrer, aus Ruhrort (h. Duisburg), Sohn eines Einliegers und vermutl. Bruder von Gerhard B., 1820–1823 Seminarist in Moers, 1823 Bewerber um die Lehrerstelle an der evangelischen Elementarschule in Dinslaken, Hauslehrer bei C. Troost in Luisenthal (h. Mülheim a. d. Ruhr), 1826 Bewerber um die Lehrerstelle an der evangelischen Elementarschule und an der lutherischen Pfarrschule in Velbert, 1827–1837 Lehrer an der evangelischen Elementarschule in Laupendahl (Kettwig vor der Brücke, h. Essen), Unterstützung durch Schulpfleger Pfarrer Gottfried Heinrich Theophil Christian Petersen (1786–1853; Sohn eines Lehrers) in Ratingen bei der Einforderung eines angemessenen Gehaltes, 1836 Bewerber um eine Hauptlehrerstelle an der vereinigten evangelischen Stadtschule in Solingen, 1836 schwere Erkrankung, 1837 Tod nach anderthalbjähriger Bettlägerigkeit, Unterstützungszahlungen für die Witwe aufgrund einer Eingabe von Pfarrer Petersen. *121, 140, 398*

HStA Düss, Reg. Düss., Nr. 2842, 2843, 3388, 3595; StA Dui

BROEDER [BRÖDER], CHRISTIAN GOTTLIEB (1745–1819);
lutherischer Theologe und Pädagoge, aus Harthau (b. Bischofswerda), Absolvent Kreuzschule in Dresden, Studium der Theologie an der Univ. Leipzig, Pfarrer in Dessau, später in Beuthe (h. Schladen, b. Goslar), dort auch Superintendent, Verfasser von Schulgrammatiken und Lehrbüchern, insbesondere der lateinischen Sprache, die in zahlreichen Auflagen erschienen.
Schriften u. a.:
Practische Grammatik der lateinischen Sprache. Mit den Lect. lat. Leipzig 1787;

Kleine lateinische Grammatik. Ebd. 1795; 26. Aufl. 1835;
Wörterbuch zur kleinen lateinischen Grammatik. Ebd. 1796; 22. Aufl. Hannover 1835;
Neu eingerichtetes Elementarwerk in Fragen und Gegenfragen zur Bildung des Verstandes. Hannover 1804. *246, 261, 272, 276*

BROIX, JAKOB (erw. 1825–1846);
katholischer Theologe, Promotion, Verwalter der Pfarrstelle in Rheindorf (h. Leverkusen), 1825 bis ca. 1833 Schulpfleger in Opladen (ebd.), seit 1831 Pfarrer in Rheindorf, Domkapitular und Schulinspektor in Köln.
Verfasser von:
Trauerrede auf seine Heiligkeit den Papst Gregor XVI. gottseligen Andenkens am 3. Juli gehalten. Köln 1846. *488*

HStA Düss, Reg. Aachen, Nr. 2311, sowie Reg. Düss., Nr. 3655, 3656

BRUCH, CHRISTIAN GOTTLIEB (1772–1836);
lutherischer Theologe, aus Pirmasens, Sohn eines Apothekers, Studium der Theologie an den Univ. Marburg a. d. Lahn und Jena, Hilfsprediger in Bergzabern (h. Bad B.), 1789–1793 Feldprediger, 1794–1796 zweiter Pfarrer in Meisenheim am Glan, 1796–1798 in Trarbach a. d. Mosel (h. Traben-T.), 1798–1803 Pfarrer in Veldenz a. d. Mosel, 1803–1826 Pfarrer in Köln, 1826–1836 dort zweiter unierter Pfarrer, 1815 Dr. phil. (Marburg), seit 1816 Konsistorialrat, 1823–1828 Superintendent der Synode Mülheim a. d. Ruhr, 1828 Dr. theol. (Bonn), Bemühungen um die Union der lutherischen und der reformierten Gemeinde sowie um einen Ausgleich mit der katholischen Kirche, Veröffentlichung von Übersetzungen aus dem Französischen, u. a.:
Des Herrn von Beaufort Vorschlag zur Vereinigung aller christlichen Kirchen. 1808. *49*

EvRh 2

BRUCHHAUS [BRUCKHAUS] (erw. 1827);
Hilfslehrer in Gladbach (h. Mönchengladbach), 1827 Teilnehmer am Lehrkursus im Seminar in Moers. *403*

Möglicherweise identisch oder verwandt mit:
BRUCKHAUS, FRIEDRICH/CARL WILHELM (geb. ca. 1813);
Lehrer, aus Hubbelrath (h. Düsseldorf), 1829 bis 1831 Seminarist in Moers, 1832 Hilfslehrer an der evangelischen Elementarschule in Metzkausen (h. Mettmann), 1834 bei F. A. Fuchs (s. ds.) an der lutherischen Elementarschule im Thomashof (Elberfeld, h. Wuppertal), dann möglicherweise Lehrer in Neukirchen (h. Neukirchen-Vluyn) und seit 1844 zweiter Lehrer an der dritten evangelischen (reformierten) Elementarschule in Ronsdorf (h. Wuppertal), 1840 auf der Dreierliste für die Elementarschule in Metzkausen, 1847 Bewerber um die Lehrerstelle an der evangelischen Elementar-

schule auf dem Langenfeld (Elberfeld, h. Wuppertal). *403 (?)*

HStA Düss, Reg. Düss., Nr. 2850; StA Wupp, L I 129, 146

BRÜGGERHOF, PETER (1781–mind. 1848);
Baubeamter, aus Barmen (h. Wuppertal), seit 1811 Beamter bei der Königlichen Regierung in Düsseldorf, seit 1816 Wegebauconducteur, zunächst in Elberfeld (h. Wuppertal), vor 1824 Versetzung von dort nach Geldern (Niederrhein) wegen mangelnden Einsatzes infolge körperlicher Schwäche (Kopfgrippe), Besserung seines Arbeitsverhaltens, mit der Aufsicht über den Straßenbau in den Kreisen Geldern und Rheinberg (beide Niederrhein), später Geldern und Kempen (ebd.) betraut, 1828–1831 Wegebauconducteur in Barmen und 1831–1832 in Uerdingen, 1832 bis 1838 Wegebaumeister in Langenfeld im Rheinland, 1839–ca. 1848 in Hilden (ebd.). *311*

HStA Düss

BRÜNNER, HEINRICH (erw. 1825);
Buchbinder, Hersteller von Landkarten. *216f., 219*

BUCHMÜLLER, SAMUEL (1782–1828);
Lehrer, 1807 vorübergehend an der evangelischen Elementarschule in Monheim (b. Leverkusen), 1807–1828 Lehrer an der Elementar- und an der Abendschule sowie Kantor und Küster in Krefeld, Inhaber des Studiendiploms der Lütticher Akademie für Elementarschulen (Aufsicht über das Schulwesen des Roerdepartements während der Franzosenherrschaft 1798–1813), 1819–1828 erster Lehrer an der Elementarschule in Krefeld. *390, 392*

StA Kref

BUDDE, JOHANN KARL (1805–1877);
Lehrer, aus Honsberg (Radevormwald), 1826 bis 1828 Seminarist in Moers, Empfänger eines Stipendiums, 1828–1832 provisorischer, 1832 bis 1877 definitiver Lehrer an der Schule der Niederbauernschaft in Honsberg, seit 1832 auch Präparandenausbilder im Auftrag der Königlichen Regierung in Düsseldorf, bekannter Dahlien- und Obstzüchter, Leiter der Honsberger Sterbelade, 1873 wegen zunehmend tyrannischen Verhaltens, wegen des Bevorzugens von Kindern mit Geldgeschenken sowie wegen ständiger Trunkenheit von den Eltern angezeigt, 1877 freiwillige Pensionierung mit Ruhegeld. *404*

HStA Düss, u.a. L.A. Lennep, Nr. 131

BÜRGER, CARL AUGUST[IN] VON (gest. 1842);
Königlicher Oberleutnant der Artillerie, zuletzt in Chemnitz.
Gemeinsam mit J.E.E. Fabri (s. ds.) Verfasser von:
Kurzer Abriß der Geographie. Halle 1785. *560*

BÜSCH [BUSCH], JOHANN GEORG (1728–1800);
Mathematiker und Handlungswissenschaftler, aus Altenmedingen (Lüneburger Heide), Studium der Theologie, Geschichte und Mathematik an der Univ. Göttingen, zunächst Privatlehrer, seit 1754 Professor der Mathematik am Akademischen Gymnasium in Hamburg, Begründer der ersten Handelsschule (gemeinsam mit Christoph Daniel Ebeling), seit 1767 dort Lehrer und seit 1772 deren Direktor, Erwerb von Verdiensten um die Entwicklung des Bank- und Versicherungswesens sowie des Handels-, Wechsel- und Seerechts, 1788 Erwirkung einer Reform des Hamburger Kranken- und Armenwesens durch eine neue Armenordnung, Mitbegründer der patriotischen Gesellschaft, Freund u.a. von F.G. Klopstock (s. ds.) und dem Arzt Johann Albert Heinrich Reimarus, Verfasser zahlreicher Schriften über Handel und Wirtschaft, insbesondere in bezug auf Hamburg und die Hanse, außerdem über soziale und pädagogische Fragen.
Schriften u.a.:
Versuch einer Mathematik zum Nutzen und Vergnügen des bürgerlichen Lebens. Hamburg 1773;
Nachricht von der Hamburgischen Handelsakademie. Ebd. 1778;
Zwei kleine Schriften, die im Werk begriffene Verbesserung des Armenwesens in dieser Stadt Hamburg betreffend. Ebd. 1786;
Ein Wort an die Bürger Hamburgs über Nichtachtung brauchbarer Gelehrsamkeit in der Erziehung ihrer Söhne und den daher rührenden Verfall unserer beiden öffentlichen Lehrinstitute, von ihrem ältesten öffentlichen Lehrer. Ebd. 1800.
Büschs sämtliche Schriften wurden 1813–1816 in 12 Bänden herausgegeben. *247, 263, 273, 277*

BÜSCHING, ANTON FRIEDRICH (1724–1793);
lutherischer Theologe und geographischer Schriftsteller, Geograph und Pädagoge, aus Stadthagen (a. Wesergebirge), Studium der Theologie an der Univ. Halle, 1749 Hauslehrer in St. Petersburg, seit 1752 in Kopenhagen, Anleger einer Sammlung von Material für eine große Erdbeschreibung, 1754 Professor der Philosophie an der Univ. Göttingen, 1760–1765 Pfarrer der lutherischen Gemeinde in St. Petersburg, 1765–1766 in Altona (h. Hamburg), 1766–1793 Direktor des Gymnasiums zum Grauen Kloster in Berlin, außerdem Oberkonsistorialrat, in dieser Funktion bedeutender Schulreformer, Bekämpfer des Wöllnerschen Religionsedikts (gemeinsam mit Johann Samuel Diterich (s. ds.) Personenregister Bd. XIV), Friedrich Samuel Gottfried Sack (s. ds. Personenregister Bd. XIV), Johann Joachim Spalding (s. ds. Personenregister Bd. XIV) und Wilhelm Abraham Teller (s. ds. Personenregister Bd. XIV), Begründer der politischen Geographie durch Basierung auf vergleichende Statistik (1754–1792), 1767 bis 1793 Hrsg. des „Magazins für die neue Historie

und Geographie" (Hamburg und Halle, 23 Bde.) sowie 1773–1787 der „Wöchentlichen Nachrichten von neuen Landkarten, geographischen, statistischen und historischen Büchern und Sachen" (Berlin), außerdem Verfasser von Lehrbüchern sowie zahlreichen pädagogischen und historischen Abhandlungen.

Schriften u. a.:

Neue Erdbeschreibung (Bearbeitung des 1. bis 11. Teils der I. Abt. <Europa und der Anfang von Asien>). Hamburg 1754–1792;

Gedanken von den bisher geschehenen Vorschlägen und Versuchen zur Verbesserung der Schulen. Schulprogramm. Berlin 1767;

Liber latinus in usum puerorum latinam linguam discentium editus. Berlin und Stralsund 1767; 5. Aufl. 1788; deutsch unter dem Titel: Nützliches und angenehmes Lehrbuch für die Jugend. Offenbach 1772 und 1786;

A. F. Büschings eigne Lebensgeschichte, in vier Stücken. (Auch unter dem Titel: Beyträge zu der Lebensgeschichte denkwürdiger Personen, Bd. VI.) Halle 1789. *246, 261, 276*

BUNGE, JOHANN KARL FRIEDRICH (1779–1839); lutherischer Theologe, aus Remscheid, Sohn eines Pfarrers, 1801–1803 Pfarrer in Dabringhausen (h. Wermelskirchen), 1803–1811 Hilfsprediger in Remscheid, 1811–1821 Pfarrer in Leichlingen, 1821–1839 in Lüttringhausen (h. Remscheid), dort auch Schulpfleger. *162, 396*
EvRh 2

BUNSEN, CHARLOTTE AUGUSTE CHRISTIANE geb. HUTH (1766–1847); aus Wertheim a. M., Tochter eines Rechts-Konsulenten, seit 1791 Gattin des Münzmeisters und späteren Münzrats der Reichsstadt Frankfurt a. M. Johann Georg B. (1766–1833; 1816 gem. mit Diesterweg einer der Gründer der Polytechnischen Gesellschaft), Gründerin und Leiterin eines Erziehungshauses für heranwachsende Töchter in Frankfurt a. M., an dem Diesterweg zwischen 1813 und 1818 (auch für externe Hörer) Vorlesungen über populäre Astronomie und Experimental-Physik abhielt, Briefwechsel mit J. H. Pestalozzi (s. ds.), Beförderin seiner Pädagogik, Mutter des Pädagogen Georg Carl Adolph B. (1794–1872); 1820 Gründer der „Bunsen'schen Lehr- und Erziehungsanstalt für Knaben" in Frankfurt a. M., 1840 Auswanderung nach Amerika, dort Gründer einer Schule nach Grundsätzen Pestalozzis). *23, 493*

Boe; Frank; Frie; Mey; Pest; Rud

BUSCH, JOHANN GEORG s. BÜSCH, J. G.

BUSCH, JOHANN PETER CASPAR (erw. 1817–1829); Lehrer, aus Ronsdorf (h. Wuppertal), Magister der Freien Künste, Dr. phil., 1817 Oberlehrer am Waisenhaus in Frankfurt a. M., Aufgabe dieser Stellung aus gesundheitlichen Gründen, 1818 bis 1819 a. o. Lehrer an der Musterschule, an der 1813–1818 auch Diesterweg tätig war, zwischen 1818 und 1824 Gesuche an den Frankfurter Senat um die Erlaubnis zur Erteilung von Privatunterricht, nach Gewährung Lehrer u. a. beim Grafen von Reinhardt, 1821–1822 Begleitung der Söhne des Frankfurter Handelsmannes Martin Ludwig Bernus nach Hamburg, 1818 außerdem Bitte an die Königliche Regierung in Düsseldorf um Anstellung, 1819 vergebliche Hoffnung auf Direktorenstelle im Lehrerseminar in Neuwied, 1826 bis 1829 Hilfslehrer für Deutsch an der Frankfurter Musterschule, 1829 Bewerbung um eine Lehrerstelle am Seminar in Moers, kritische Beurteilung durch Diesterweg. *470ff., 476, 583*
IfStG Ffm; Mau

BUSSE, FRIEDRICH GOTTLIEB VON (1756–1839); Mathematiker und Physiker, aus Gardelegen (Magdeburger Land), Sohn eines Superintendenten, bis 1778 Studium der Theologie, dann Lehrer für Mathematik und Physik, seit 1779 Professor und Direktionsmitglied am Dessauer Philanthropin, seit 1785 außerdem Erzieher des Erbprinzen Friedrich von Anhalt-Dessau, seit 1793 im Dienst des Fürsten Leopold Friedrich Franz, seit 1800 Anhalt-Dessauischer Hofrat, seit 1801 Kurfürstlich Sächsischer Kommissionsrat, 1801–1827 Professor der Mathematik, Physik und Maschinenlehre an der Bergakademie in Freiberg, seit 1806 dort erster Professor und Königlich Sächsischer Kommissionsrat, 1808 Dr. phil., 1810 Senator, 1811 geadelt, seit 1817 Berg-Kommissions-Rat, Mitglied vieler wissenschaftlicher Gesellschaften.

Schriften u. a.:

Erste Geometrie für Kinder und Jünglinge und für's gemeine Leben. Freiberg 1784;

Gemeinverständliches Rechenbuch für Schulen. 2 Teile. Leipzig 1786/87;

Anleitung zum Gebrauche meines Rechenbuches. 2 Teile. Ebd. 1786/87;

Beschreibung einer wohlfeilen und sichern Blitzableitung, mit einigen neuern Gründen und Erfahrungen. Ebd. 1811. *247, 263, 273, 278*

CALKER, FRIEDRICH VON (1790–1870); Philosoph, aus Neudietendorf (b. Gotha), Studium der Philosophie an der Univ. Jena, u.a. bei J. F. Fries (s. ds.), Habilitation (Berlin), seit 1818 a. o., seit 1826 o. Professor der Philosophie an der Univ. Bonn, Vertreter des Standpunktes von Fries und weitgehend Reproduzent seiner Ansichten.

Schriften u. a.:

Die Bedeutung der Philosophie, einleitende Vorlesungen. Berlin 1818;

Urgesetzlehre des Wahren, Guten und Schönen. Darstellung der sogenannten Metaphysik. Ebd. 1820;

Denklehre oder Logik und Dialektik, nebst einem Abriß der Geschichte und Literatur derselben. Bonn 1822. *104*, 106

CAMPE, JOACHIM HEINRICH (1746–1818);
Pädagoge, Schriftsteller und Sprachwissenschaftler, aus Deensen (b. Holzminden, Solling), Sohn eines Kaufmanns, 1765–1768 Studium der evangelischen Theologie und der Philosophie an der Univ. Helmstedt, 1768–1769 an der Univ. Jena, 1769–1773 und 1775 Hauslehrer der Brüder Wilhelm und Alexander von Humboldt (s. ds. Personenregister Bd. III und VI) in Berlin, 1776–1777 Edukationsrat im Philanthropin von J.B. Basedow (s. ds.) in Dessau, dann Gründer eigener Erziehungsanstalten für wohlhabende Kaufmannssöhne nach dem Vorbild J.-J. Rousseaus (s. ds.) in Billwerder (h. Hamburg) und Trittau (b. Hamburg), 1786 erster deutscher „Hochfürstlicher Schulrat" an der Spitze des Braunschweigischen Schuldirektoriums, Leiter der Braunschweigischen Schulbuchhandlung, Hrsg. vieler pädagogischer Schriften, Anhänger der französischen Revolution, 1792 mit dem Bürgerdiplom der Französischen Republik ausgezeichnet, bedeutender Kinder- und Jugendschriftsteller (u.a. Robinson, 1779) mit dem Erziehungsziel des aufgeklärten, religiös und sittlich gefestigten, verantwortungsbewußten und vernünftig handelnden Menschen, engagierter Sprachpfleger, um eine puristische Reinigung der deutschen Sprache von allem ausländischen Spracheinfluß bemüht, Gegner des französischen Sprachunterrichts für Deutsche, 1785–1791 Hrsg. der „Allgemeinen Revision des gesammten Schul- und Erziehungswesens" (16 Bde, Braunschweig; Programmwerk der deutschen Aufklärungspädagogik), 1788–1791 Hrsg. des „Braunschweigisches Journal philosophischen, philologischen und pädagogischen Inhalts" (Braunschweig), 1809 Dr. theol. h. c. (Helmstedt).

Schriften u.a.:

Kleine Kinderbibliothek. 12 Bändchen. Hamburg 1779–1784;

Robinson der Jüngere, ein Lesebuch für Kinder. 2 Teile. Ebd. 1779; 27. Aufl. 1833;

Sammlung interessanter und zweckmäßig abgefaßter Reisebeschreibungen für die Jugend. Zwölf Teile. Ebd. 1785–1793;

Wörterbuch zur Erklärung und Verdeutschung der unserer Sprache aufgedrungenen fremden Ausdrücke. 2 Teile. Braunschweig 1801;

Wörterbuch der deutschen Sprache. 5 Bde. Ebd. 1807–1812. *455*, 456

CAMPHAUSEN, JOHANN (erw. 1826–1827);
aus Beckrath (h. Mönchengladbach), 1826–1827 Seminarist in Moers, Empfänger eines Stipendiums, nach heimlicher Entweichung aus dem Seminar entlassen. *384ff.*, 386, *435*

C a n t o r , d. i. ERK, ADAM WILHELM (s. ds.).

CARNAP, JOHANN ADOLPH VON (1793–1871);
Kaufmann, aus Elberfeld (h. Wuppertal), Sohn eines Kaufmanns und Bürgermeisters, Tätigkeit im Familiengeschäft, Kommerzienrat, Scholarch der reformierten Gemeinde in Elberfeld, um 1833 Stadtverordneter, 1827–1829 Ergänzungsrichter, 1830–1837 Richter am Königlichen Handelsgericht in Elberfeld, 1835–1837 dessen Präsident, 1837–1850 Oberbürgermeister von Elberfeld, 1837 Mitglied des Provinziallandtags, 1843–1845 dort Stellvertreter des Dritten Standes für den Wahlkreis Elberfeld, 1836–1839 Präsident des Verwaltungsrates der Dampfschiffahrtsgesellschaft für den Nieder- und Mittelrhein, 1849 wegen seines Verhaltens beim Elberfelder Maiaufstand zunächst vom Amt suspendiert und 1850 entlassen, zuletzt in Düsseldorf, 1830 Anerkennung der ursprünglichen Herkunftsbezeichnung „von" als Adelsprädikat, Träger des Roten Adlerordens. *27*, 46, 48f., 57
Stru; Tor

CHAPPUIS, WILHELM FRIEDRICH HEINRICH VON (1783–1869);
Soldat und Jugenderzieher, aus Kleutsch (h. Dessau), Sohn eines Obersten, 1805 Gefreiterkorporal im Infanterieregiment von Müffling, 1806/07 Teilnahme am Feldzug und an der Verteidigung von Glatz (Schlesien), 1808 Secondelieutenant, 1809 Abschied vom Militär, Studium an der Univ. Breslau, 1810 Kreisoffizier bei der Gendarmerie, 1813 Rückkehr zum Militär, 1813 Teilnahme am Feldzug und an der Schlacht bei Bautzen, schwer verwundet, 1814 Premierlieutenant, 1815 Kapitän beim Kadettenhaus Berlin, 1816 Kompagniechef beim Kadettenkorps Kulm (Westpreußen), 1824 Major, 1838 Kommandeur des Kadettenhauses Wahlstadt (b. Liegnitz, Schlesien), 1840 Oberst, hervorragender Jugenderzieher, 1851 Abschied vom Militär als Generalmajor, Träger des Roten Adlerordens, des Komturkreuzes des hohenzollernschen Haus-Ordens und des Kronen-Ordens Zweiter Klasse.

Verfasser von:

Kurze Darstellung des preußischen Staats, oder Versuch einer Geschichte und Geographie desselben, mit Bezug auf die Weltgeschichte. Berlin 1818. *250*, 266

CICERO, MARCUS TULLIUS (106–43 v. Chr.);
römischer Politiker, Redner und Schriftsteller, aus Arpinum (h. Arpino), juristische Ausbildung in Rom, rhetorische und philosophische Schulung in Athen und auf Rhodos, 75 Quästor, 69 Ädil, 66 Prätor, 63 als Konsul Unterdrücker der Verschwörung des Catilina, 58–57 Verdrängung ins Exil durch politische Gegner, nach seiner Rückkehr schriftstellerische Tätigkeit, 51 Prokonsul der Provinz Kilikien, 49 Inhaftierung wegen Parteinahme

für den im Bürgerkrieg unterlegenen Pompeius, 47 Amnestierung durch Caesar, nach Caesars Tod Eintreten für eine Wiederherstellung der Senatsherrschaft, dadurch Gegner des Herrschers Marcus Antonius, Flucht und Tod, durch seine Schriften Schöpfer der römischen Kunstprosa, darunter 58 erhaltene Reden sowie rhetorische und philosophische Schriften, u. a. zur Erkenntnistheorie (z. B. Academica: Akademische Bücher), Ethik (z. B. De officiis: Vom rechten Handeln; Laelius de amicitia: Über die Freundschaft) und philosophischen Theologie (u. a. De divinatione: Über Wahrsagung; De fato: Über das Schicksal). 34, *92f.,* 94

CLAESGE[N]S, FRANZ ANTON (geb. 1791);
Kupferschläger und Inhaber einer Fabrik für Oblaten, Siegellack und Schreibfedern in Moers, Lieferant von Tintenfässern für das Seminar. *216*
StA Moers

CLAUSNITZER, ERNST F. A. (ca. 1785– nach 1829); lutherischer Theologe, aus Pretzsch (b. Lutherstadt Wittenberg), zweiter Prediger in Pretzsch, seit 1817 dort Oberpfarrer, Verfasser von theologischen und pädagogischen Abhandlungen.
Schriften u. a.:
Aufstellung eines neuen geschichtlichen Kirchenjahres. Wittenberg 1806;
Gottesdienst, Kirchenverfassung und Geistlichkeit der bischöflich-Englischen Kirche und Volksthümlichkeit der Erziehung in England. Berlin 1817;
Grundgesetze (Statuten) kirchlicher Sängerchöre, die Errichtung derselben in Städten und Dörfern zu erleichtern und einzuleiten. Nebst einem Anhange über Schulfestfeyern. Leipzig 1820. *251, 267*

CLEMENS, ALOYSIUS C. (1792–1869);
Mediziner, aus Frankfurt a. M., Sohn eines Arztes (Dr. Johann Baptist Goldschmidt), 1811–1815 Studium der Medizin an der Univ. Göttingen, im Feldzug von 1815 Oberwundarzt im großen hannoverischen Feldlazarett in Waterloo (b. Brüssel), 1815 Dr. med., 1816 Niederlassung in Frankfurt a. M., 1817–1832 Armenarzt der katholischen Gemeinde, Fürstlich Reussischer Geh. Medizinal-Rat, Mitglied des physikalischen Vereins, 1831 dessen Vorsitzender, dort Abhaltung von Vorlesungen über Anthropologie, Mitbegründer der meteorologischen Station auf dem Feldberg (Vogelsberg), Ritter des Guelphenordens, Verfasser natur- und literaturwissenschaftlicher Abhandlungen.
Schriften u. a.:
Anthropologische Fragmente. 1. Buch: Allgemeine Betrachtungen über die klimatischen Einflüsse und Versuch einer allgemeinen Charakteristik der Gebirgsgegenden und ihrer Bewohner. Frankfurt a. M. 1820;

Die Luftpumpe als Mittel zur Reposition sowohl neu entstandener, als wieder ausgetretener Leistenbrüche. Ebd. 1840;
Goethe als Naturforscher. Ebd. 1841;
Schiller im Verhältnis zu Goethe und zur Gegenwart. Ebd. 1857. *(46)*
Kall

CLODIUS, CHRISTIAN AUGUST HEINRICH (1772–1836);
Dichter und Philosoph, aus Altenburg, Sohn eines Literaturprofessors, seit 1787 Studium der Philologie und der Rechtswissenschaft an der Univ. Leipzig, 1795 Habilitation, 1800–1811 dort a. o., seit 1811 o. Professor der praktischen Philosophie, 1815–1836 Dekan der philosophischen Fakultät, Herausgeber von Werken Jean de Lafontaines, F. G. Klopstocks (s. ds.) und Johann Gottlieb Seumes, als Dekan Verfasser einiger Programme, u. a. „De educatione populari disciplinaque publica communi morum ac legum vinculi", außerdem zahlreicher Dichtungen sowie philosophischer und theologischer Abhandlungen, zunächst Versuch der Begründung einer philosophischen Poetik auf der Grundlage der Kantischen Transzendentalphilosophie, in seinen späteren religionswissenschaftlichen Werken (1818–1820) Abwendung von I. Kant (s. ds.).
Schriften u. a.:
Grundriß der allgemeinen Religionslehre. Leipzig 1808;
Von Gott in der Natur, in der Menschengeschichte und im Bewußtsein. 3 Bde. Ebd. 1818–1820. *245, 260*

CÖLVEN, JOHANNES (erw. 1783–1833);
Lehrer, seit ca. 1783 in Hülsdonk (h. Moers), Prüfung und Bestätigung seiner Lehrbefähigung durch Pfarrer J. J. Engels (s. ds.) in Hochemmerich (h. Duisburg),1791–1793 Lehrer an der reformierten Elementarschule in Essenberg (ebd.), 1791 Vereidigung und 1793 Bestätigung durch die Königliche Regierung, 1793–1833 Lehrer an der evangelischen Elementarschule in Bergheim (ebd.), außerdem aus ökonomischen Gründen Tätigkeit als Knecht und Zahnarzt, 1828 auf Veranlassung von Superintendent W. J. G. Roß (s. ds.) vergeblicher Verzicht auf den Wandeltisch, um eine Gehaltserhöhung zu erwirken, Dienstentlassung und Altersversorgung durch die Gemeinde abgelehnt, nach Eingreifen der Königlichen Regierung u. a. aufgrund von Interventionen von Diesterweg und Landrat von Eerde (s. ds.) 1833 Pensionierung mit Ruhegeld. *521,* 523f., *532,* 533
HStA Düss, L.A. Moers, Nr. 503, sowie Reg. Düss., Nr. 3412

CONRADI [CONRADY], JOHANN CASPAR (1795–mind. 1866);
Lehrer, bis 1817 in Werth (h. Isselburg, Niederrhein), 1817–1866 Lehrer an der evangelischen

Elementarschule sowie Küster und Organist in Dinslaken, Ausbilder u.a. von W. Kreeft (s. ds.), angesehener Lehrer, Zulauf zahlreicher katholischer Kinder trotz des Vorhandenseins einer katholischen Elementarschule, zwischen 1830 und 1834 erfolgreiche Bemühungen bei der Regierung in Düsseldorf um ausstehende Zahlungen der Gemeinde. *283, 285, 285f.*

HStA Düss, u.a. L.A. Duisburg-Mülheim, Nr. 262, sowie Reg. Düss., Nr. 2725; Sta

CRAMER, ANDREAS WILHELM (1760–1833);
Jurist, aus Kopenhagen, Sohn des dortigen Hofpredigers, Studium der Rechtswissenschaft an den Universitäten Kiel und Leipzig, 1785 Dr. jur., seit 1786 a.o., seit 1792 o. Professor der Rechte in Kiel, seit 1810 Königlich dänischer Etatsrat, seit 1826 Oberbibliothekar an der Univ. Kiel, 1812 Ritter von Dannebrog, 1827 Dr. phil. h.c., 1827 inländisches Mitglied der Akademie der Wissenschaften in Kopenhagen, Verfasser zahlreicher juristischer Abhandlungen und Herausgeber alter Klassiker.
Schriften u.a.:
Wahrer Ursprung des ff., als Zeichen der Pandekten. Kiel 1798;
Rechtliches Gutachten, betreffend eine gerichtliche Erörterung eines Fideicommisses. Ebd. 1814;
Hauschronik meinen Anverwandten und Freunden gewidmet. Hamburg 1822. *105*, 108

CREUZER [KREUZER], GEORG FRIEDRICH (1771–1858);
Philosoph und klassischer Philologe, aus Marburg a.d. Lahn, Sohn eines Buchbinders und Kontributionserhebers, Absolvent des Pädagogiums in Marburg, 1789–1790 Studium der Theologie, Geschichte, Philologie und Philosophie an der Univ. Marburg, 1790–1791 an der Univ. Jena, dort Untermieter des Theologen Johann Jakob Griesbach (s. ds. Personenregister Bd. XIV), Besuch von Vorlesungen u.a. bei F. v. Schiller (s. ds.), Griesbach und Johann Christoph Döderlein, Abschluß der Studien an der Univ. Marburg, auf Anraten Friedrich Karl von Savignys (s. ds. Personenregister Bd. VI) Habilitation in alter Geschichte und klassischer Literatur, Hauslehrer, 1794 gemeinsam mit seinem Vetter Christoph Andreas Leonhard Cr. (dem späterem Professor der Philosophie und Archidiakonus in Marburg) Gründung einer privaten Unterrichtsanstalt, 1796 Aufenthalt bei F.H. Chr. Schwarz (s. ds.) in Echzell (Oberhessen), Erwerb pädagogischer Kenntnisse und Fertigkeiten, 1798 Studien der Philosophie an der Univ. Leipzig, seit 1799 Abhaltung von Vorlesungen – vornehmlich über Geschichte und klassische Philologie – an der Univ. Marburg, Dr. phil. (Tübingen), 1800–1802 a.o., 1802–1804 o. Professor der griechischen Sprache an der Univ. Marburg, seit 1804 o. Professor der Philosophie und der alten Literatur an der Univ. Hei-

delberg, 1806 Kur-Badischer Hofrat, 1807 Direktor des philologischen Seminariums, 1808 Mitbegründer der „Heidelbergischen Jahrbücher der Literatur", 1809 vorübergehend Professor der Griechischen Literatur an der Univ. Leiden (Niederlande), Rückkehr nach Heidelberg, 1816 Dr. theol. (Heidelberg), 1818 Geh. Hofrat, Verfasser zahlreicher, insbesondere altphilologischer und philosophischer Abhandlungen mit Schwerpunkten auf der Symbolik und Mythologie des Altertums, Begründer der Mythologie als Wissenschaft, Auslöser einer Debatte über die Bedeutung des symbolischen Denkens in Altertumskunde und Religionsphilosophie, bereits zu Lebzeiten durch J.H. Voß' (s. ds.) Antisymbolik widerlegt.
Schriften u.a.:
Deutsche Chrestomathie. Abschnitte aus vorzüglichen neueren lateinischen Schriftstellern; zur Uebung im Lateinschreiben für die oberen und mittleren Klassen gebildeter Schulen ins Deutsche übersetzt. Gießen und Darmstadt 1800;
Das academische Studium des Alterthums, nebst einem Plane zum humanistischen Vorlesungen und des philologischen Seminariums auf der Universität zu Heidelberg. Heidelberg 1807;
Symbolik und Mythologie der alten Völker, besonders der Griechen. 4 Bde. Leipzig und Darmstadt 1810–1812;
Abriß der römischen Antiquitäten zum Gebrauch bei Vorlesungen. Darmstadt 1824. *88, 89*

CROMWELL, OLIVER (1599–1658);
englischer Staatsmann, aus Huntingdon (Mittelengland), Sohn eines niederen Landadligen, strenger Puritaner, Studium an der Univ. Cambridge, Landwirt und Friedensrichter, seit 1628 Mitglied des Unterhauses, seit 1640 Mitglied des „Long Parliament", einer der Anführer im Kampf gegen den Absolutismus König Karls I., 1642 nach Ausbruch des Bürgerkrieges Organisator des Parlamentsheeres, 1644 und 1645 mit der Reitertruppe „Ironsides" siegreich gegen die königliche Kavallerie, 1648 Sieg über die Schotten, Anführer der „Independents" (nicht an die anglikanische Staatskirche gebundenen Christen), Ausschluß der Presbyterianer aus dem Parlament, 1649 Veranlassung der Hinrichtung Karls I., Vorsitzender des Staatsrates in der neu begründeten Republik (dem Commonwealth of England), Bau einer Ozeanflotte, Siege über die Iren und die Schotten, 1653 Selbsternennung zum Lord-Protector durch Erlaß einer neuen Verfassung, 1652–1654 mehrere Siege über Holland, 1655 und 1658 über Spanien, um die Durchsetzung puritanischer Anschauungen im gesellschaftlichen Leben bemüht. *109*

DALBERG, KARL THEODOR ANTON MARIA REICHSFREIHERR VON (1734–1817);
katholischer Geistlicher und Staatsmann, aus Herrnsheim (b. Worms), Sohn eines Kurfürstlich-

Mainzischen Beamten, 1753 Tonsur, 1753 Domkanonikus von Würzburg, 1754 von Mainz, 1758 von Worms, 1759–1761 Studium der Rechtswissenschaft an der Univ. Heidelberg, Eintritt in die Mainzische Verwaltung, 1768 Weihe zum Subdiakonus, kurmainzischer Geh. Rat und 1771 kurfürstlicher Statthalter von Erfurt, Förderer der dortigen Univ. und der „Akademie gemeinnütziger Wissenschaften", 1776 Domkanonikus von Trier, 1780 außerdem Domscholaster in Würzburg, Förderer des Bildungs- und Schulwesens im Hochstift und der Univ. Würzburg, 1787 Wahl zum Koadjutor mit Nachfolgerecht in Mainz und Worms, 1788 in Konstanz am Bodensee, seit 1802 Erzbischof und Kurfürst von Mainz, nach der Säkularisation von 1803 Erzkanzler des Reiches, Erzbischof von Regensburg, Bewunderer Napoleons, Vorbereiter der Gründung des Rheinbundes, 1806 Erhebung zum Fürst-Primas durch Napoleon, 1810–1813 Großherzog des Satelliten- und Modellstaates Frankfurt a. M. (mit Fulda und Hanau), als Landesherr Vertreter der Position des „ersten Dieners des Staates", insbesondere um die Förderung des Bildungswesens, auch der Volks- und Industrieschulen, sowie des Theaters bemüht, Förderer von Schriftstellern, Gelehrten und Künstlern, vergebliche Versuche einer vertraglichen Absicherung der Kirche (Bundeskonkordat) in Deutschland, seit 1813 Rückzug aus dem politischen Leben, Ausübung seines Amtes als Erzbischof von Regensburg, Verfasser zahlreicher Aufsätze in den „Horen", dem „Deutschen Merkur" und dem „Deutschen Museum" sowie philosphischer und literaturwissenschaftlicher Abhandlungen.

Schriften u. a.:

Betrachtungen über das Universum. Erfurt 1777;

Gedanken über die Bestimmung des moralischen Werths. Ebd. 1782;

Grundsätze der Ästhetik. Ebd. 1791;

Von dem Einflusse der schönen Wissenschaften und Künste in Beziehung auf öffentliche Ruhe. Ebd. 1793. *103, 105*

DALLMEIER [DALLMEYER], PETER KASPAR (1788–1836);

Lehrer, aus Werdohl, seit 1807 im Schulamt, 1814–1836 Lehrer an der lutherischen Elementarschule in Gemarke (Barmen, h. Wuppertal). *172, 459*

StA Wupp

DANIELS, JOHANN WILHELM (1806– mind. 1869);

Lehrer, aus Styrum (h. Mülheim a. d. Ruhr), Sohn eines Lehrers, Gehilfe seines Vaters an der evangelischen Elementarschule in Styrum, 1824 bis 1827 Seminarist in Moers, Empfänger eines Stipendiums, 1827–1829 Hilfslehrer an der lutherischen Elementarschule in Rittershausen (Barmen, h. Wuppertal), 1829–1834 Hilfslehrer seines Va-

ters in Styrum, 1834–1837 dort provisorischer, 1837–1869 definitiver Lehrer. *204, 380*

HStA Düss, Reg. Düss., Nr. 3483; StA Dui; StA Mülh; StA Wupp, L I 101

DANTE ALIGHIERI (1265–1321);

italienischer Dichter, aus Florenz, bereits als Jugendlicher Verfasser von Lyrik, Studium der Philosophie und der Theologie bei den Dominikanern und den Franziskanern, 1289 Teilnahme an der für die Florentiner siegreichen Schlacht gegen die Stadt Arezzo, seit 1296 Bekleidung verschiedener Ämter im Rat der Stadt und in Gesandtschaften, Verstrickung in eine erfolglose Opposition gegen Papst Bonifatius VIII. im Kampf um die Unabhängigkeit von Florenz, 1302 Verbannung aus Florenz, Verurteilung zum Tode, 1315 Bekräftigung dieses Urteils, seit 1303 unstetes Wanderleben, vergebliche Hoffnung auf die Wiederherstellung des römischen Weltreiches durch Kaiser Heinrich VII., zuletzt Gast des Herrschers Guido Novella da Polenta in Ravenna, Verfasser zahlreicher Abhandlungen und Dichtungen, darunter der „Göttlichen Komödie" („Divina Commedia"), der Geschichte der visionären Wanderung des Dichters durch die drei Reiche des Jenseits, gestützt auf die Sittenlehre des Aristoteles und des Thomas von Aquin. *109*

DEGEN, JOHANN FRIEDRICH (1752–1836);

Altphilologe und Polyhistor, aus Affalterthal (h. Egloffstein, Fränkische Schweiz), Sohn eines Pfarrers, seit 1772 Studium der Philologie an der Univ. Erlangen, 1774 Eintritt in das Erlanger Institut der Moral und Schönen Wissenschaften, 1774–1776 Lehrer im Philanthropin von J. B. Basedow (s. ds.) in Dessau, 1776–1790 Lehrer am Carolo-Alexandrinum in Ansbach, 1791–1803 Direktor und Inspektor der Fürstenschule zu Neustadt a. d. Aisch, 1803–1821 erster Professor am Christian-Ernestinum zu Bayreuth, seit 1811 auch dessen Rektor, als Mitglied der dortigen Harmonie-Gesellschaft Bekanntschaft mit Jean Paul (s. ds.), 1785–1787 Hrsg. des „Fränkischen Musenalmanach", Verfasser zahlreicher Aufsätze und Abhandlungen zu historischen, philologischen und pädagogischen Themen sowie Übersetzungen.

Schriften u. a.:

Versuch einer vollständigen Litteratur der teutschen Uebersetzungen der Römer. 2 Teile. Erlangen 1794/1796, Nachtrag 1798;

Bibliothek für kleine akademische und scholastische Schriften, theologischen, philologischen und pädagogischen Inhalts. Ebd. 1795–1796;

Vorträge über Gegenstände der Erziehung und Bildung. Ebd. 1800;

Beiträge zu den Wünschen und Vorschlägen zur Verbesserung der Schulen und ihres Unterrichts. 7 Stücke. Ebd. 1800–1803. *244, 258*

DEGO, JACOB (geb. 1808);
Lehrer, aus Elberfeld (h. Wuppertal), bis 1827 Hilfslehrer bei L. v. Scheven (s. ds.) an der reformierten Pfarrschule auf dem Hofkamp (Elberfeld), dann bei J. Wilms (s. ds.) an der lutherischen Pfarrschule im Thomashof (ebd.), 1827 Ablegung der Hilfslehrerprüfung im Seminar in Moers, 1828 bis 1830 Seminarist in Moers, 1830 Hilfslehrer an der reformierten Elementarschule auf dem Hofkamp (Elberfeld), Bewerber um die Lehrerstelle an der evangelischen Elementarschule vor dem Arrenberg, 1831–1834 dort Lehrer, bis 1834 auch Lehrer der Armenschule am Neuenteich (Elberfeld), seit 1834 Lehrer an der evangelischen Elementarschule am Nußbaum (h. Ratingen, b. Düsseldorf), 1836 auf der Dreierliste für eine Hauptlehrerstelle an der vereinigten evangelischen Stadtschule in Solingen, 1841 auf der Dreierliste für die neu zu besetzende Lehrerstelle an der evangelischen Pfarrschule in Wülfrath (b. Wuppertal). *393, 451*

HStA Düss, Reg. Düss., Nr. 3391, 3595; Jor; StA Wupp, u.a. L I 137, 142, 190

DELBRÜCK, JOHANN FRIEDRICH FERDINAND (1772–1848);
Philosoph und Philologe, aus Magdeburg, seit 1790 Studium der Philosophie und Philologie an der Univ. Halle, insbesondere bei dem Philosophen Friedrich August Wolf (s. ds. Personenregister Bd. III), 1794 Erzieher in Stettin, später in Hamburg, 1797 Dr. phil., seit 1797 Lehrer am Seminar für gelehrte Schulen von F. Gedike (s. ds.) sowie am Gymnasium zum Grauen Kloster in Berlin, um 1800 Lehrer des preußischen Prinzen August und der Prinzessin Charlotte, Mitarbeiter bei der „Allgemeinen Literaturzeitung" sowie der „Jenaer Literatur-Zeitung", 1809 Berufung zum Rat bei der ostpreußischen Regierung und a. o. Professor an der Univ. Königsberg, seit 1816 Regierungsrat in Düsseldorf, seit 1818 Professor der Literaturwissenschaft und der Philosophie an der Univ. Bonn, 1819–1827 außerdem kommissarischer Leiter des Bonner Gymnasiums, Befürworter der Einrichtung konfessionell getrennter Schullehrerseminare, Verfasser zahlreicher Lehrwerke und philosophischer Studien.
Schriften u.a.:
Ueber die Humanität. Berlin 1797;
Platon, eine Rede, gehalten bei Eröffnung seiner Vorträge über Platons Lehre von den göttlichen und menschlichen Dingen. Bonn 1819;
Sokrates, Betrachtungen und Untersuchungen. Köln 1819. *103,* 105
Gers

DELLMANN, J. FRIEDRICH GEORG (1805–1870);
Lehrer, aus Kettwig (h. Essen), 1822–1824 Hilfslehrer an der evangelischen Elementarschule Heiligenstock (Wald, h. Solingen), 1823 Ablegung der Prüfung für das Lehramt an kleinen Landschu-

len vor der Königlichen Prüfungskommission in Düsseldorf, 1823 auf der Dreierliste für die neu zu besetzende Lehrerstelle an der evangelischen Elementarschule in Lüdorf (Lennep, h. Remscheid), seit 1824 Hauslehrer bei Familie Peltzer in Neuss, dann Hilfslehrer am Bürgerinstitut von J. F. Wilberg (s. ds.) in Elberfeld (h. Wuppertal), 1828 bis 1830 Seminarist in Moers, Empfänger eines Stipendiums, 1831 Ablegung des Examens pro facultate docendi (Prüfung für das höhere Lehramt) vor der Königlichen Wissenschaftlichen Prüfungskommission an der Univ. Bonn, 1830–1831 provisorischer, 1831–1839 definitiver Lehrer der Mathematik und Naturwissenschaften am Progymnasium (Adolfinum) in Moers, durch die Abhaltung naturwissenschaftlicher Vorlesungen für das städtische Publikum Erwerb von Mitteln zur Errichtung eines Spiel- und Turnplatzes für die Moerser Jugend, gem. mit Lehrer Adolph Ludwig Hanckwitz (1808–1869) aus Berlin – seit 1835 Lehrer am Progymnasium – um körperliche Ertüchtigung der Schüler des Adolfinum bemüht, seit 1839 Oberlehrer am Gymnasium in Bad Kreuznach, Mitarbeiter an den Rh. Bl., Verfasser physikalischer Lehrbücher.
Schriften u.a.:
Der kleine Physiker für Haus und Schule. 1. Bändchen: Die wägbaren Stoffe. Moers 1840; Über ein neues Elektrometer. Koblenz 1842.
451

Drei; HStA Düss, Reg. Düss., Nr. 3324, 3398; Klein

DENZEL, JOHANN BERNHARD GOTTLIEB [VON] (1773–1838);
lutherischer Theologe und Pädagoge, aus Stuttgart, Besuch der Schullehrerseminare in Denkendorf (h. Eßlingen) und Maulbronn (b. Pforzheim), Studium der Theologie am Tübinger Stift, Hauslehrer in einer Kaufmannsfamilie in Frankfurt a. M., 1796–1802 Pfarrer in Zell (h. Eßlingen) und Altbach (b. Eßlingen), 1802–1806 Pfarrvikar in Neunkirch (b. Schaffhausen), 1803 Aufenthalt im Institut von J. H. Pestalozzi (s. ds.) in Yverdon (Kt. Waadt), Anhänger von dessen Unterrichtsmethode, 1806–1811 Pfarrer in Pleidelsheim (b. Marbach a. Neckar), seit 1811 Inspektor, dann Direktor des ersten Württembergischen Schullehrerseminars in Eßlingen, nassauischer Oberschulrat, um eine Umsetzung der Methoden Pestalozzis in den ihm unterstehenden Schulen bemüht, 1816 auf Veranlassung der nassauischen Regierung Durchführung eines methodologischen Lehrkursus im Zuge der Neuorganisation des nassauischen Schulwesens, an dessen Schlußprüfung Diesterweg als Gast teilnahm, Einfluß auf dessen Hinwendung zum Volksschulwesen, Beförderer allgemeiner Volksbildung und höherer Lehrerbildung, seit 1832 Dekan und Prälat, Befürworter einer Trennung der Schuldirektion von der Kircheninspektion, 1832 Nobilitierung, Verfasser

zahlreicher pädagogischer Abhandlungen und Lehrbücher, zweite Auflage von Diesterwegs „Wegweiser" ihm gewidmet.

Schriften u.a.:

Die Volksschule, ein methodologischer Lehrkursus, gehalten zu Idstein im Herbste 1816 mit einer Anzahl nassauischer Schullehrer. Stuttgart 1817; Einleitung in die Erziehungs- und Unterrichtslehre für Volksschullehrer. 3 Teile. Ebd. 1817, 1819, 1822; auch u.d.T.: Schulpraxis (vgl. Rh.Bl., Jg. 1829, Bd. IV, Heft 2, S. 220–224; vorliegende Ausgabe, Bd. I, S. 536 ff.);

Erfahrungen und Ansichten über die Berufsbildung der Volksschullehrer. Ebd. 1836.

(Nachruf in den Rh.Bl., Jg. 1839, Bd. XIX, Heft 2, S. 133–147; vorliegende Ausgabe, Bd. IV, S. 273–279.) *104, 211, 212, 232, 244, 257f., 322, 325*

Frie; Pest

DETHMAR, FRIEDRICH WILHELM (1772–1857); reformierter Theologe, aus Kleve, Sohn eines Landesschreibers, Studium der Theologie an der Univ. Halle, 1797–1826 Pfarrer in Hueth (Hueth-Millingen, h. Rees, Niederrhein), 1799 Gründung eines Töchterinstituts in Reckenburg (Niederrhein), seit 1801 dort wohnhaft, 1830–1852 Pfarrer in Anholt (h. Isselburg, ebd.), zunehmend Vertreter einer mystischen Religiosität, Verfasser etlicher theologischer Abhandlungen.

Schriften u.a.:

Ueber das Recht und die Verpflichtung zum eigenen Urtheil in der Religion, oder Beantwortung der Frage: Wie kann man den Grundsätzen der Protestanten, daß ein jeder Christ, der seines Verstandes mächtig ist, das Recht und die Pflicht habe, in Religionssachen für sich selbst zu urtheilen, und dessen Annehmlichkeit aufs bündigste beweisen? Eine gekrönte Preisschrift. Dortmund 1798;

Ueber die Existenz der Principien eines reinen uneigennützigen Wohlwollens im Menschen. Ebd. 1799;

Die Geweiheten des Herrn; Blätter der Erinnerung für die konfirmirten Zöglinge der Erziehungsanstalt zu Reckenburg. Essen 1823. *88, 88*

EvRh2

DEVELEY, ISAAC EMMANUEL LOUIS (1764–1839); Mathematiker, aus Bretonnière (b. Payerne), Kaufmann, Studium der Mathematik und der Physik an der Univ. Genf, dann in Paris, seit 1791 dort Hauslehrer für Physik und Mathematik, 1794 Erwerb eines Physikalienkabinetts, 1798–1833 Professor der Mathematik, seit 1804 auch der Physik an der Akademie in Lausanne (Kt. Waadt), 1806 Mitglied des Akademischen Rates, seit 1808 o. Professor der Mathematik und der Astronomie, 1819–1820 Rektor, 1833 Honorarprofessor, Mit-

glied zahlreicher wissenschaftlicher Akademien, u.a. der Akademie der Wissenschaften in Haarlem, in Jena und in Leipzig, Verbreiter des Pestalozzianismus in Frankreich, Verfasser zahlreicher Abhandlungen zur Mathematik, Physik, Naturgeschichte, Pädagogik und Sprachwissenschaft.

Schriften u.a.:

Traité analytique de la méthode. Lausanne 1794;

Arithméthique d'Emile, contenant l'augmentation, la diminution et la comparaison des nombres. Paris 1795;

Physique d'Émile. Ebd. 1802;

Anfangsgründe der Geometrie in einer natürlichen Ordnung und nach einem durchaus neuen Plane. Aus dem Franz. von B. H. Deyhle. Stuttgart 1818;

Cours élémentaire d'astronomie. Lausanne 1833; 3. Aufl. 1836. *249, 264*

Frie

DICKMANN, JOHANN FRIEDRICH (1806–mind. 1873); Lehrer, aus Obrighoven (h. Wesel), Sohn eines Ökonomen, Gymnasiast, 1824–1827 Seminarist in Moers, Empfänger eines Stipendiums, 1827 bis 1828 Unterlehrer an der evangelischen Elementarschule und Küster in Dinslaken, 1828 auf der Dreierliste für die neu zu besetzende Lehrerstelle an der lutherischen Pfarrschule in Wülfrath (b. Wuppertal), 1829–1832 Lehrer an der reformierten Schule in Tüschen (Velbert), 1830 auf der Dreierliste für die neu zu besetzende Lehrerstelle an der neu vereinigten evangelischen Elementarschule in Mettmann, 1830 Wahl zum Lehrer an die evangelische Elementarschule vom der Arrenberg (Elberfeld, h. Wuppertal), jedoch abgelehnt, 1832–mind. 1873 Lehrer an der Elementarschule der reformierten Kirchengemeinde und Organist in Velbert, 1842 Erwähnung im Elberfelder Kreisblatt wegen seiner Absicht, ein Mädchen gegen den Willen ihrer Eltern zu heiraten, in diesem Zusammenhang positive Beurteilung durch Schulpfleger Pfarrer Johann Karl Thiel (1801–1862) in Velbert, 1861 Tadel wegen Eigensinnigkeit durch Schulpfleger Pfarrer Friedrich Plümacher (1819 bis 1905), Stellvertreter des Komitees ehemaliger Schüler Diesterwegs, das die Errichtung eines Diesterweg-Denkmals in Moers erwirkte. *204, 379*

HStA Düss. Reg.Düss., Nr.2725, 3345, 3346, 3350, 3388; GStA; StA Wupp, L I 142

DIEPENBECK, JOHANN WILHELM (1789–1851); reformierter Theologe, aus Mülheim a.d. Ruhr, Sohn eines Kaufmanns, Studium der Theologie an der Univ. Duisburg, 1811–1830 Pfarrer in Velbert, dort auch Schulpfleger, 1830–1851 Pfarrer in Hattingen (b. Bochum). *397*

EvRh2

DIESTERWEG, BERTHA MARIANNE WILHEL-
MINE THEODORA verm. THILO (1816–1888);
zweite Tochter Diesterwegs, aus Frankfurt a. M.,
dann in Elberfeld (h. Wuppertal), Moers und Berlin, seit 1837 verheiratet mit Oberlehrer Georg
Wilhelm Moritz Thilo (s. ds. Personenregister
Bd. V) in Erfurt (später Nachfolger Diesterwegs
als Direktor des Seminars für Stadtschullehrer in
Berlin), zuletzt bei ihrer Tochter Maria Eugenie
Adelheid verm. de Weerth in Wiesbaden. *28,
29, 116, 142, 158, 492, 494, 525*

DIESTERWEG, CARL FRIEDRICH (1754–1812);
Vater Diesterwegs, Jurist, aus Siegen, Sohn eines
Advokaten und Amtmannes, seit 1778 verheiratet
mit Catharine Charlotte geb. Dresler (s. ds.), Advokat in Siegen, seit 1805 dort Nassau-Oranischer
Amtmann für Freudenberg (b. Siegen), Freund
des Theologen und Paten F. A. W. Diesterwegs
J. W. Grimm (s. ds.), zuletzt schwer depressiv.
4, 4, 5, 52, 492

DIESTERWEG, CATHARINA CHARLOTTE
geb. DRESLER (1759–1798);
Mutter Diesterwegs, aus Siegen, Tochter eines
Stadtsekretärs und Schultheißen, seit 1778 verheiratet mit Carl Friedrich D. (s. ds.). *5, 6*

DIESTERWEG, FRIEDERIKE MARIE JOSEPHE
EMILIE (geb. 1815);
erste Tochter Diesterwegs, aus Frankfurt a. M.,
dann in Elberfeld (h. Wuppertal), Moers und Ber-
lin, seit 1838 verheiratet mit Pfarrer Julius Küpper
(Garnisonsprediger in Köln), später mit diesem in
Domersleben (b. Magdeburg), zuletzt in Baden-
Baden. *28, 29, 116, 142, 158, 492, 494, 525*

DIESTERWEG, FRIEDRICH WILHELM
ALEXANDER (1811–1835);
Neffe und Patensohn Diesterwegs, aus Mann-
heim, Sohn von Wilhelm Adolph D. (s. ds.) und
Luise Justine geb. Jung (s. ds.), Studium der
Theologie an der Univ. Bonn, Predigtamtskandi-
dat, an der Schwindsucht verstorben. *4, 4*

DIESTERWEG, HE[I]NRICH CARL (1780–1813);
ältester Bruder Diesterwegs, Jurist, aus Siegen,
seit 1798 Studium der Rechtswissenschaft, Ge-
richtsassessor, zuletzt in Kirberg (h. Hünfelden, b.
Limburg a. d. Lahn), am „Lazarettfieber"
verstorben. *(3f.)*

DIESTERWEG, LUISE JUSTINE geb. JUNG
(1790–1856);
Schwägerin Diesterwegs, aus Steinbrücken (h.
Dietzhölztal, b. Dillenburg), Tochter eines Hüt-
tenverwalters in Steinbrücken und späteren Hof-
kammerrats, seit ca. 1809 verheiratet mit Wilhelm
Adolph D. (s. ds.). *4, 4, 17, 17*

DIESTERWEG, SABINE JOHANNA geb. ENSLIN
(1790–1866);
Ehefrau Diesterwegs, aus Braunfels (b. Wetzlar),
Tochter von Anna Barbara E. (s. ds.) und Chri-

stoph Albrecht E. (s. ds.), 1812 Begegnung mit
Diesterweg in Wetzlar, 1814 Heirat, aus Krank-
heitsgründen mehrfach Kuraufenthalte, u.a. in
Bad Liebenstein und Wiesbaden. *(5f.), (6ff.), 6,
8, (8f.), (11), (13f.), (14), (15), 15, 16, (17), 17,
(27ff.), 29, 36ff., 46, (57ff.), 116, 142, 154, 158,
162, 299, 487, 492, 492, 494, (495f.), 513, 514,
525, 535f., 536*

DIESTERWEG, WILHELM ADOLPH (1782–1835);
älterer Bruder Diesterwegs, Mathematiker, aus
Siegen, seit 1800 Studium der Philologie und der
Mathematik an den Univ. Marburg a. d. Lahn,
Tübingen, Herborn und Heidelberg, Hauslehrer in
Dillenburg und 1807–1808 in Elberfeld (h. Wuppertal), Freundschaft mit L. J. Seelbach (s. ds.),
1808–1809 Privatdozent in Heidelberg, seit ca.
1809 verheiratet mit Luise Justine geb. Jung (s.
ds.), 1809–1819 Professor der Mathematik und
Physik am Lyceum in Mannheim, 1819–1835
Professor der Mathematik an der Univ. Bonn, Be-
fürworter der Einstellung von F. A. W. Diester-
weg in Moers, Freund von E. M. Arndt (s. ds.),
Übersetzer und Bearbeiter der mathematischen
Schriften des Apollonius von Perga (s. ds.), Verfasser mathematischer Abhandlungen.
Schriften u. a.:
Etwas über die geometrische Analysis. Mannheim
1815;
Trigonometrische Formeln. Bonn 1822;
Lehrbuch der ebenen und sphärischen Trigono-
metrie. Ebd. 1824;
Geometrische Aufgaben nach der Methode der
Griechen bearbeitet. 1. Sammlung: Berlin 1825;
2. Sammlung: Elberfeld 1828. *4, 4, 8f., 9, 17,
25, 55, 156, 400, 493*
Beh

DILSCHNEIDER, JOHANN JOSEPH (1793–1868);
Philologe, aus Aachen, Dr. phil., Professor am
Marzellen-Gymnasium in Köln, Karnevalsdich-
ter, Verfasser von Lehrbüchern und sprachwissenschaftlichen Abhandlungen.
Schriften u. a.:
Anfangsgründe der Arithmetik, wissenschaftlich
dargestellt. Köln 1817;
Lehrbuch der Elementargeometrie, enthaltend die
Longimetrie und Planimetrie in Verbindung. Ebd.
1820;
Commentar zur Seberschen Mustersammlung
deutscher Gedichte. Für Lehrer und zur Selbstbelehrung. 2 Abtheilungen. Ebd. 1822 und 1828
(gemeinsam mit B. Willmann);
Die deutsche Sprache in Proben aus allen Jahrhunderten, von Ulphilas bis Göthe, nebst einem Wör-
terbuche, zum Gebrauch in den obern Klassen der
Gymnasien. Ebd. 1826. *181, 182, 247, 262*

DINTER, GUSTAV FRIEDRICH (1760–1831);
lutherischer Theologe und Pädagoge, aus Borna,
Absolvent der Fürstenschule in Grimma (b. Leip-

zig), seit 1779 Studium der Theologie, Philosophie und Philologie an der Univ. Leipzig, seit 1787 Pfarrsubstitut und seit 1780 Pfarrer in Kitzscher (b. Borna), um die Ausbildung künftiger Volksschullehrer bemüht, 1797–1807 Direktor des Schullehrerseminars in Dresden-Friedrichstadt, seit 1807 Pfarrer in Görnitz (b. Plauen), dort Eröffnung eines Progymnasiums, 1816 Berufung als Konsistorial- und Schulrat nach Königsberg, 1819 Habilitation, seit 1822 außerdem a. o. Professor für Praktische Theologie an der Univ., Verfasser zahlreicher Lehrbücher und Abhandlungen über pädagogische und methodische Themen, u. a. einer sehr einflußreichen „Schullehrerbibel" (1824 bis 1830).

Schriften u. a.:
Die vorzüglichsten Regeln der Katechetik, als Leitfaden beym Unterrichte künftiger Lehrer in Bürger- und Landschulen. Neustadt a. d. Orla 1802;
Kleine Reden an künftige Volksschullehrer, vorzüglich zur Beförderung der Weisheit in Lehre und Leben. Ein Erbauungsbuch für nicht ganz ungebildete Schullehrer. Auch u. d. T.: Handbuch für Schul- und Hauslehrer. 4 Bde. Leipzig 1803 bis 1805;
Die vorzüglichsten Regeln der Pädagogik, Methodik und Schulmeisterklugheit. Ebd.1806; 6. Aufl. 1831;
Schullehrerbibel des Alten Testaments. 9 Teile. Neustadt a. d. Orla 1824–1830;
Dinters Leben, von ihm selbst beschrieben, ein Lehrbuch für Eltern, Pfarrer, Schulinspektoren und Erzieher. Ebd. 1829. *41*, 43, *126*, 126, *243f.*, 256, 258, 276, *322*, 325, *371*, 373, *445*, 447

DÖPPENBECKER [DOPPENBECKER], HEINRICH (1782–1830);
Lehrer, aus Essenberg (h. Duisburg), 1808–1830 Elementarlehrer in Hülsdonk (Moers), 1814 von F. Wintgens (s. ds.) im Fragebogen für Generalgouverneur J. A. v. Sack (s. ds.) als nicht sehr kenntnisreich eingestuft, 1827 Teilnehmer am Lehrkursus im Seminar in Moers, dort Ablegung der Wiederholungsprüfung. *402*
Rich

DÖRKEN [DOERKEN], FRIEDRICH WILHELM (geb. ca. 1806);
aus Cronenberg (h. Wuppertal), 1823–1825 Seminarist in Moers, Empfänger eines Stipendiums, wegen Verstoß gegen die Hausordnung und Widersetzlichkeit vorzeitig entlassen. 150, *162*, 163, *202*, 294, *296f.*, 306

DOLZ, JOHANN CHRISTIAN (1769–1843);
lutherischer Theologe und Pädagoge, aus Golssen (Niederlausitz), Studium der Philosophie, Geschichte und Theologie an der Univ. Leipzig, erster Lehrer an der 1792 gegründeten Ratsfreischule in Leipzig, 1800–1833 dort Vizedirektor

und seit 1833 Direktor, 1806–1824 Hrsg. der „Jugendzeitung" (Leipzig), 1812–1813 des „Taschenbuches für die Jugend" (ebd.), Verfasser zahlreicher Lehrbücher, insbesondere für Religion und Geschichte, sowie pädagogischer Abhandlungen.

Schriften u. a.:
Katechetische Unterredungen über religiöse Gegenstände. 4 Bändchen. Leipzig 1795–1798;
Neue Katechisationen über religiöse Gegenstände. 1.–5. Sammlung. Ebd. 1799–1800; Katechetische Jugendbelehrungen über moralische und religiöse Wahrheiten. 1. bis 5. Sammlung. Ebd. 1805 bis 1818;
Hülfsbuch zur Schön- und Rechtschreibung. 3. Aufl. ebd. 1806;
Kleine Denklehre als Vorbereitung zu schriftlichen Aufsätzen. Ebd. 1807. *105*, 108, *187*, 190, *246*, 261, *322*, 325

DREIST, KARL AUGUST GOTTLIEB (1784–1836);
lutherischer Theologe und Pädagoge, aus Rügenwalde (Pommern), Studium der Theologie und Philologie an der Univ. Halle, im Auftrag der preußischen Regierung gem. mit Johann Wilhelm Matthias Henning (s. ds.) Personenregister Bd. IV) und P. F. Th. Kawerau (s. ds.) Eleve im Institut von J. H. Pestalozzi (s. ds.) in Yverdon (Kt. Waadt), 1812 angesichts der politischen Lage vergebliche Bemühungen um Gründung einer Erziehungsanstalt nach Pestalozzischen Grundsätzen in Ohlau (Schlesien), 1812–1815 Lehrer am Institut von Johann Ernst Plamann (s. ds. Personenregister Bd. V) in Berlin, 1815 Berufung an das reorganisierte Waisenhaus von Franz Ludwig Zahn (s. ds. Personenregister Bd. III und X) und an das Schullehrerseminar in Bunzlau (Schlesien), 1827 bis 1834 als Nachfolger von G. Ph. L. Beckedorff (s. ds.) Vortragender Rat für das evangelische Elementarschulwesen im Ministerium der geistlichen, Unterrichts- und Medizinal-Angelegenheiten, seit 1834 Regierungs- und Schulrat in Stettin.

Hrsg. von Andachten Pestalozzis u. d. T.:
Gottesverehrungen, gehalten im Pestalozzischen Institut zu Iferten. Zürich 1812. 487, *(492)*, 495, 496, *497*, *(513f.)*, 514, 529f.
Frie

DRINKMANN, JAKOB (1802–1845);
Lehrer, aus Elberfeld (h. Wuppertal), 1820–1823 Seminarist und Hilfslehrer in Moers, als solcher von Konsistorialrat K. F. A. Grashof (s. ds.) ausdrücklich gelobt, Empfänger eines Stipendiums, Elementarlehrer am reformierten Gymnasium in Elberfeld, 1830 vom Elberfelder Oberbürgermeister Johann Rütger Brüning (1775–1837) für die Lehrerstelle an der evangelischen Elementarschule vor dem Arrenberg (ebd.) empfohlen, 1831 bei der Bewerbung um die Lehrerstelle an der reformierten Pfarrschule auf dem Hofkamp (Elberfeld)

mit 7:49 Stimmen gegen J.P. Schmachtenberg
(s. ds.) unterlegen, 1831–1840 Lehrer an der
evangelischen Töchterschule in Unterbarmen (h.
Wuppertal), 1840–1843 dort zweiter Lehrer, 1841
Bewerber um die Lehrerstelle an der evangelischen Elementarschule in Heißen (h. Mülheim
a. d. Ruhr), 1843–1845 Leiter der evangelischen
Elementarschule Bruch (Unterbarmen). *120,
129, 141f., 395, 575*

HStA Düss, Reg. Düss., Nr. 2706, 3475; Jor; StA
Wupp L I 101, 137, 142, L II 77

DUNGS [DUNCKS], GERHARD (geb. 1806);
Lehrer, aus Heißen (h. Mülheim a. d. Ruhr), Sohn
eines Schiffers, 1823–1824 Seminarist in Moers,
Empfänger eines Stipendiums, vorzeitiger
Austritt. *204, 205*

StA Dui, StA Mülh

EBERHARD, JOHANN AUGUST (1739–1809);
lutherischer Theologe und Philosoph, aus Halberstadt, 1756–1759 Studium der Theologie und Philosophie an der Univ. Halle, Hauslehrer in Halberstadt beim späteren kursächsischen Minister
Johann Hermann Graf von der Horst, 1763 in dessen Gefolge Umzug nach Berlin, Teilnahme an
den Abendunterhaltungen von Moses Mendelssohn (s. ds. Personenregister Bd. XI) und Christoph Friedrich Nicolai (s. ds. Personenregister
Bd. X), seit 1768 Pfarrer am Berliner Arbeitshaus
und in der Gemeinde Stralau (Berlin), in seiner
ersten Veröffentlichung 1772 kritische Darlegung
einiger zentraler christlicher Lehrstücke in aufklärerischer Tendenz, 1774 unter Erschwernissen
Pfarrer in Charlottenburg (h. Berlin), 1776 Verleihung des Preises der Königlichen Akademie der
Wissenschaften für seine philosophisch-anthro-
pologischen Forschungen, seit 1786 Mitglied der
Akademie, seit 1778 Professor der Philosophie an
der Univ. Halle, 1788–1792 Hrsg. des „Philosophischen Magazins" (Halle a. d. Saale), 1792 bis
1795 des „Philosophischen Archivs" (2 Bde.,
Halle), Verfasser zahlreicher Abhandlungen zur
Philosophie, Ästhetik und Sprachwissenschaft,
Verbindung der Leibniz-Wolffschen Philosophie
mit Motiven der englischen Aufklärungsphiloso-
phie, Scharfer Kritiker I. Kants (s. ds.).

Schriften u. a.:
Neue Apologie des Sokrates. 2 Bde. Berlin
1772–1778;
Allgemeine Theorie des Denkens und Empfin-
dens. Ebd. 1776;
Sittenlehre der Vernunft. Ebd. 1781; 2. Aufl.
1786;
Synonymisches Handwörterbuch der deutschen
Sprache. Halle 1802; 14. Aufl., hrsg. von Lyon,
Leipzig 1888;
Handbuch der Ästhetik. 4 Bde. Halle 1803–1805.
247, 261

EBERHARD, JOHANN PETER (1727–1779);
Mediziner, Mathematiker und Naturforscher, aus
Altona (h. Hamburg), bereits seit 1842 Studium
an der Univ. Gießen, dann insbesondere der Mathematik und Kirchengeschichte an der Univ.
Göttingen sowie der Medizin an den Univ. Helmstedt, Leipzig und Halle a. d. Saale, 1749 dort
Dr. med., Privatdozent an der Univ. Halle, seit
1753 dort a. o. Professor in der Philosophischen
Fakultät, seit 1756 o. Professor der Pharmazie in
der Medizinischen Fakultät, seit 1766 auch o. Professor der Mathematik und seit 1769 der Physik,
bis 1779 Abhaltung von Vorlesungen über reine
und angewandte Mathematik sowie theoretische
und experimentelle Physik, Verfasser zahlreicher
Abhandlungen zur Pharmazie und Naturwissenschaft.

Schriften u. a.:
Gedanken von der Wirkung der Arzneimittel im
menschlichen Körper. Ebd. 1750;
Erste Gründe der Naturlehre. Ebd. 1753; 5. Aufl.
1787;
Versuch eines neuen Entwurfs der Tiergeschichte.
Halle 1768;
Abhandlung vom physikalischen Aberglauben
und der Magie. Erfurt und Leipzig 1778. *249,
265, 273, 277*

ECKARTSHAUSEN, FRANZ KARL VON
(1752–1803);
Jurist, Schriftsteller und Mystiker, von Schloß
Haimhausen (b. München), illegitimer Sohn des
Grafen Karl von Haimhausen, 1770–1774 Studium der Rechtswissenschaft und der Philosophie
an der Univ. Ingolstadt, 1776 Hofrat in München,
seit 1777 Mitglied der Akademie der Wissenschaften in München, 1780–1793 Bücherzensur-
rat, seit 1784 Geh. Hausarchivar, kurzzeitig
Illuminat, 1784 an den Angriffen des patriotischen
Flügels auf die Ordensoberen beteiligt, nach zunächst aufklärerischer Gesinnung und entspre-
chendem literarischen Wirken durch rührselige
Lustspiele und moralische Beiträge zunehmend
Hinwendung zu einer mystischen Religiosität und
zur Alchemie, mit seinen Schriften Einflußnahme
auf Johann Heinrich Jung-Stilling (s. ds. Personenregister Bd. IV), Johann Michael Sailer (s. ds.
Personenregister Bd. III), Novalis [Friedrich von
Hardenberg] und J. G. v. Herder (s. ds.).

Schriften u. a.:
Richtergeschichten. München 1782;
Gott ist die reinste Liebe. Ebd. 1790;
Zahlenlehre der Natur. Leipzig 1794.
Die Ausgabe: Geistreiche Gedanken, Meinungen
und Schwärmereien. Aus seinen Schriften gezo-
gen. Pesth 1819, zählte zu Diesterwegs Lektüre.
103, 105

632

ECKEMANN-ALLESSON, LORENZ
(erw. 1821/1822);
Verfasser von:
Zeichnungsbuch zum Selbstunterricht im Baum-
und Landschaftszeichnen. 3 Abteilungen. München 1821;
Vorlagen zum ersten allgemeinnützlichen Zeich-
nungsunterricht, auf Stein entworfen. München
1821;
Landschaftsstudien. 3 Hefte. Stuttgart 1822.
181, 182, *253*, 269

EERDE, FRIEDRICH HEINRICH MELCHIOR
CLEMENS AUGUST FREIHERR VON
(1781–1848);
Politiker, aus Haus Eyll (h. Kerken, Niederrhein),
Sohn des kurkölnischen Kämmerers Franz Carl
Jakob Frhr. von E., Studium der Landwirtschaft
an der Düsseldorfer Akademie und in Paderborn,
Rittergutsbesitzer, 1812 Maire von Vierquartie-
ren, 1814 Kantonskommissar in Rheinberg (Nie-
derrhein), 1816 landrätlicher Kommissar in Gel-
dern (Niederrhein), 1817–1848 Landrat des Krei-
ses Geldern, in dieser Funktion mit zahlreichen
Schulangelegenheiten befaßt, z. B. mit der Pensionierung bzw. Entlassung von Lehrern, u. a. A.
Bleckmann (s. ds.) in Moers, J. Cölven (s. ds.) in
Bergheim (b. Moers) und H. Steins in Neukirchen
(h. Neukirchen-Vluyn), 1847 Geh. Regierungsrat,
Träger des Roten Adlerordens. *479*, 520, *521,*
523f., *(532f.)*, 533
HStA Düss, u. a. L. A. Moers, Nr. 68, Nr. 503

EGEN, PETER NICOLAUS CASPAR (1793–1849);
Mathematiker und Physiker, aus Breckerfeld,
Rektor in Halver, seit 1822 auf Vorschlag des
Konsistoriums in Münster in Westfalen Mathe-
matik- und Physiklehrer am Gymnasium in Soest
(nachdem Minister von Altenstein <s. ds.> bei Innenminister Friedrich von Schuckmann <s. ds.
Personenregister Bd. XI> eine Unbedenklichkeitserklärung über ihn eingeholt hatte), 1830 Ehrenpromotion (Halle a. d. Saale), 1830 bis Ende 1848
Direktor der Realschule I. Ordnung mit Gewerbeschule, die 1830 aus der 1829 eröffneten höheren
Bürgerschule (drei Real-Parallelklassen des Gymnasiums) und dem Bürgerinstitut von J.F. Wilberg
(s. ds.) in Elberfeld (h. Wuppertal) als selbständige, unmittelbar dem Provinzialschulkollegium
unterstellte Einrichtung entstand, 1832 bis 1841
Berechtigung zur Abiturprüfung der Realschulab-
solventen, zahlreiche Studienreisen im In- und
Ausland, 1831 Gründer eines wissenschaftlich-
literarischen Vereins und bis 1844 dessen Leiter,
Anlegung mathematisch-physikalischer und natur-
geschichtlicher Sammlungen, 1845 Gründer der
ersten deutschen höheren Webeschule in Elberfeld, Erwirkung des Baus von Trockenanstalten
für die rheinische Seide in Elberfeld und Krefeld,
Beförderung des rheinischen Eisenbahnausbaus,

1846 Einrichtung eines Turnplatzes für die Schule, seit 1848 Geh. Regierungsrat und vortragender
Rat im Ministerium für Handel, Gewerbe und öffentliche Arbeiten sowie Direktor des Königlichen
Gewerbeinstituts in Berlin, seit 1832 Mitglied der
Société Industrielle de Mulhouse (Elsaß), seit
1837 der Aachener Gesellschaft zur Beförderung
nützlicher Wissenschaften und Gewerbe, Träger
des Roten Adlerordens 4. Klasse, Verfasser zahlreicher mathematischer und technischer Abhandlungen.
Schriften u. a.:
Untersuchungen über den Effekt einiger in Rhein-
land-Westphalen bestehender Wasserwerke. Berlin 1831;
Handbuch der allgemeinen Arithmetik. 1. Teil:
Die Buchstabenrechnung. Ebd. 1819; 2. Teil: Die
Algebra. Ebd. 1820;
Die Konstitution des Erdkörpers und die Bildung
seiner Rinde. Elberfeld 1840. *248, 263*
Goe 2; Hint; Jor; StA Wupp, L II 964

EHRLICH, CARL/KARL GOTTHILF (1776–1857);
lutherischer Theologe und Pädagoge, aus Halle
a. d. Saale, Studium der Theologie an der Univ.
Halle, seit 1797 Lehrer an den Franckeschen Stif-
tungen in Halle unter A. H. Niemeyer (s. ds.), seit
1802 Inspektor der neuen Bürgerschule an den
Franckeschen Stiftungen, seit 1805 Gymnasiallehrer und Inspektor des Schullehrerseminars in
Wesel, 1806 Umzug mit dem Seminar nach Soest,
auch dort dessen Direktor, mit Unterstützung von
Schul- und Konsistorialrat B. Chr. L. Natorp (s. ds.)
Ausbau des Seminars zu einer führenden Anstalt,
1821 von Diesterweg besucht, Mitarbeiter an den
Rh. Bl., Verfasser zahlreicher Lehrbücher.
Schriften u. a.:
Gemeinnütziges Lese- und Lehrbuch für die Schul-
jugend aller Religionsverwandten. Soest 1807;
15. Aufl. 1833;
Das Seminar zu Soest zur Bildung der Elementar-
lehrer für Schulen. Elberfeld 1821;
Unterrichtsplan für die Elementarschule. Soest
1829;
Sprachlehre für die Elementarschule. Ebd. 1835;
Kopfrechnen für die Elementarschule. 2. Aufl.
ebd. 1838.
(Vgl. seine Biographie von Franz C. Honcamp, in:
Pädagogisches Jahrbuch 1859, hrsg. von F. A. W.
Diesterweg.) *76, 244, 258*

EICKSCHLAG, JOHANN HEINRICH (1804–1860);
Lehrer, aus Hochfeld (h. Duisburg), 1820–1822
Seminarist in Moers, nur beschränkte Teilnahme
am Unterricht, da aus ökonomischen Gründen
zugleich Tätigkeit als Hauslehrer bei Johann
Schroer in Hochhalen (h. Duisburg), 1822–1823
provisorischer Lehrer an der evangelischen Elementarschule in Bettenkamp (h. Moers), Förderung durch Diesterweg bei gelegentlicher Teil-

nahme am Seminarunterricht sowie durch Schulpfleger Pfarrer J. K. L. Essler (s. ds.), 1823 bis 1860 definitiver Lehrer in Bettenkamp, 1824 auf der Dreierliste für die neu zu besetzende Lehrerstelle an der evangelischen Elementarschule in Bornheim (h. Moers), 1827 Teilnehmer am Lehrkursus im Seminar in Moers, dort Ablegung der Wiederholungsprüfung, 1829 auf der Dreierliste für die neu zu besetzende Lehrerstelle an der evangelischen Elementarschule in Vennikel (h. Moers). *(112)*, 112f., *402f.*

HStA Düss, u.a. Nr. 3408, 3414, 3456; Moc

EISENHART, FRIEDRICH VON (1769–1839);

Offizier, aus Berlin, Sohn des dortigen Polizeipräsidenten, 1786 Eintritt in das Kurzersche Husarenregiment, 1789 Beförderung zum Kornet, Militärdienst unter General Ernst Wilhelm Friedrich Rüchel (s. ds. Personenregister Bd. V), dann unter General Gebhard Leberecht Blücher (s. ds. Personenregister Bd. XV), Beförderung zum Rittmeister, Einsatz als Kundschafter unter Blücher und Graf Friedrich Wilhelm von Bülow, Beförderung zum Major, Anführer der Zweiten Neumärkischen Landwehrbrigade gegen die Franzosen, erfolgreicher Einsatz in der Schlacht von Großbeeren (b. Berlin), Leiter des Nachrichtenbureaus, Übernahme der Kavallerie unter General Friedrich Bogislaw Emanuel Tauentzien von Wittenberg (s. ds. Personenregister Bd. VI), Teilnahme an der Schlacht von Dennewitz (b. Jüterbog), der Belagerung von Wittenberg und der Blockade von Magdeburg, Übernahme des siebten Landwehr-Kavallerie-Regiments in Berlin, Organisator der Landwehr im Herzogtum Sachsen, 1815 Oberstleutnant und Kommandeur des 4. Ulanenregiments, 1830 Entlassung aus dem aktiven Militärdienst, Träger des Ordens pour le mérite. *301*

ELSERMANN, JOHANN WILHELM (1805–1881);

Lehrer, aus Hamminkeln (b. Wesel), Sohn eines Gastwirts, Schüler an der aus dem Stiftungsvermögen des Mennoniten Adam Wilhelm Scheuten (1753–1801) eingerichteten höheren Stadtschule in Krefeld, 1822–1824 Seminarist in Moers, Empfänger eines Stipendiums, 1824–1825 Hilfslehrer am Seminar, 1825–1829 Lehrer an der höheren Bürgerschule in Krefeld, 1826 Ablegung des Examens pro facultate docendi (Prüfung für das höhere Lehramt) vor der Königlichen Wissenschaftlichen Prüfungskommission der Univ. Bonn, seither zweiter ordentlicher Lehrer an der höheren Bürgerschule, 1829–1833 Studium der Naturwissenschaften und der Mathematik an der Univ. Bonn, Mitglied des Naturwissenschaftlichen Seminariums der Universität, Erlangung der Lehrbefähigung für Mathematik und Naturwissenschaft in allen, für deutsche Sprache, Geschichte und Geographie in unteren und mittleren Klassen an Gymnasien, von Diesterwegs Bruder Wilhelm

Adolph – dort Professor der Mathematik – an die höhere Bürgerschule Köln empfohlen und von Direktor Thomas Joseph Eschweiler (s. ds. Personenregister Bd. XVI) zur Anstellung vorgeschlagen, einige Monate Lehrer an dieser Schule, 1833–1837 Lehrer am Gymnasium in Wesel, 1837–1842 Lehrer und 1842–1850 Oberlehrer für Mathematik und Naturwissenschaften am Gymnasium in Saarbrücken, seit 1850 Oberlehrer am Gymnasium in Wetzlar, seit 1865 dort Gymnasialprofessor.

Verfasser von Lehrbüchern, u.a.:
Lehrbuch der Arithmetik, allgemeinen Größenlehre und Algebra für die mittlern und obern Klassen der Gymnasien und höheren Bürgerschulen. Saarbrücken 1842. *121, 155f., 173, 186, 189, 203, 209f., 233, 285, 292f., 300, 314, 317, 390f.,* 399f., *549*

Gym; HStA Düss, Reg. Köln, Nr. 2918, sowie Reg. Düss., Nr. 3257

EMMERICH, LUDWIG PETER DIEDERICH (1804–1877);

Lehrer, aus Schermbeck (b. Wesel), 1821–1823 Seminarist in Moers, 1823 Lehrer an der evangelischen Elementarschule in Pohlhausen (Selscheid, h. Wermelskirchen), 1825–1826 in Lüdorf (Lennep, h. Remscheid), 1926 um die Einsetzung des Seminaristen F. W. Gierlings (s. ds.) als Nachfolger bemüht, Tadel durch Schulpfleger Pfarrer H. L. E. Reuter (s. ds.) für diese eigenmächtige Handlung, Mitarbeiter an den Rh. Bl., 1826–1834 Lehrer an einer privaten Knabenschule mit dem Charakter einer höheren Bürgerschule in Bonn, 1834–1845 deren Leiter, seit 1838 gleichzeitig Lehrer an einer privaten Töchterschule, 1845 bis 1851 Leiter der Wuppermannschen höheren Töchterschule in Duisburg, Vertreter eines orthodoxen theologischen Standpunktes, Angreifer Diesterwegs in mehreren Veröffentlichungen wegen dessen Liberalität und vermeintlich atheistischen Anhängerschaft an G. W. F. Hegel (vgl. dazu vorliegende Ausgabe, Bd. V, S. 655, Anm. 593).

Schriften u.a.:
Berichtigung der in dem „Wegweiser für Lehrer" von dem Herrn Seminardirektor Dr. Diesterweg ausgesprochenen Ansichten über die Bestimmung des Menschen. Bonn 1841;
Die Gedankenlosigkeit der Meinungen Diesterwegs und seines Defensors Kirchberg. Frankfurt a. M. 1843;
Pädagogische und theologische Antworten auf die drei preußischen Regulative. Bonn 1859. *121, 140, 461,* 462

HStA Düss, Reg. Düss., Nr. 3324, 3328

ENGELHARD[T], HEINRICH (1793–1857);

Musiker, aus dem Stolbergischen, 1808–1812 Schüler am Lyzeum von Wernigerode, Musiklehrer am Schullehrerseminar in Soest, Träger des Roten Adlerordens.

Er gab heraus:

Leichte und kurze Chorgesänge und Kirchenchoräle für Schulen und angehende Singvereine. 3 Hefte. Soest 1833; 2. Aufl. 1834–1837. *176, 184*

ENGELMANN, JULIUS BERNHARD (1773–1844);

reformierter Theologe und Philologe, aus Bacharach a. Rhein, Sohn eines Pfarrers, Studium der Theologie und Philologie an der Univ. Halle, Dr. phil., 1798 Hauslehrer bei Bankier und Handelsmann Johann Georg Sarasin in Frankfurt a. M., vor und nach 1807 Lehrer an der Töchterschule von Frau Ch. A. Chr. Bunsen (s. ds.), Freund von K. Ritter (s. ds.) und Elias Mieg, 1807 gemeinsam mit Ritter in den Instituten von J. H. Pestalozzi (s. ds.) in Yverdon (Kt. Waadt) und Chr. G. Salzmann (s. ds.) in Schnepfenthal (h. Waltershausen, b. Gotha), 1808 Gründung einer eigenen Erziehungs- und Unterrichtsanstalt für Töchter in Frankfurt a. M. (Engelmannsches Institut), dort Tätigkeit von Ritter und Franz Xaver Joseph Peter Schnyder von Wartensee (s. ds. Personenregister Bd. IX) als Lehrer, regelmäßige Disputationen über die Methode Pestalozzis und pädagogischer Austausch mit Ritter und Mieg, 1808 Mitbegründer der Frankfurter Museumsgesellschaft, 1810 deren Sekretär, 1832 Verlegung des Töchterinstituts nach Bad Kreuznach, dort Tätigkeit seiner Frau Julie Antoinette geb. May (1789–1865), seiner zwei ältesten Töchter Margaretha Antonetta Julie (geb. 1812) und Julie Eugenie (geb. 1814) sowie einer Nichte als Lehrerinnen, Entsendung der jüngeren Töchter an das Institut von J. Niederer (s. ds.) und Rosette N. geb. Kasthofer (s. ds. Personenregister Bd. III und VII) in Genf, von republikanischer Gesinnung, Verfasser von pädagogischer, belletristischer und Reiseliteratur.

Schriften u. a.:

Worte des Friedens an die Teutschen diesseits und jenseits des Rheins; zwey Reden, gehalten bey der Friedensfeyer in Bacharach am Rhein. Frankfurt a. M. 1802;

Neuer Kinderfreund; hrsg. in Verbindung mit mehreren praktischen Erziehern. 6 Teile. Ebd. 1803–1807;

Einige Gedanken über Erziehung und Unterricht, besonders der Töchter; als Ankündigung einer Erziehungsanstalt für Töchter aus den gebildeten Ständen. Ebd. 1808;

Choix des Lectures instructives et amusantes pour la jeunesse. 2 Teile. Ebd. 1812/1813;

Schul- und Hausbibel. Ein vollständiger Auszug aus dem Alten und Neuen Testament, alles dessen, was nur irgend zur Religion gerechnet werden kann, mit den nöthigsten kurzen Erläuterungen und einem Anhang, enthaltend: biblische Religionslehre. Ebd. 1827. *19*

Frie; Bäck; Pest

ENGELS, JOHANN JAKOB (1792–1867);

reformierter Theologe, aus Wald (h. Solingen), Sohn eines Pfarrers, Studium der Theologie an der Univ. Marburg a. d. Lahn, Pfarrer in Hochemmerich (h. Duisburg), 1814 gemeinsam mit Pfarrer Matthias Daubenspeck (1758–1844) aus Homberg (ebd.) Bearbeiter des Fragebogens von Generalgouverneur J. A. v. Sack (s. ds.) über den Zustand des Schulwesens im Kanton Moers, 1815 gemeinsam mit W. J. G. Roß (s. ds.) Leiter eines Normalkursus zur Lehrerfortbildung in Moers, 1821–1824 Konrektor am Gymnasium Adolfinum in Moers, Religionslehrer am Schullehrerseminar, 1824–1827 Pfarrer in Inden (b. Aachen), 1827–1831 zweiter Pfarrer in Solingen, dort auch 1828–1831 Schulpfleger, 1831–1867 Pfarrer in Köln, gemeinsam mit Roß und J. H. Schürmann (s. ds.) Begründer der „Evangelischen Moerser Lehrer-Conferenz", einer der ältesten Lehrerorganisationen. *66, 119, 125, 137, 139, 166, 174, 186, 201, 220, 232, 487–490, 585*

EvRh 2; Kast; Klein; Ott 1; Rich; Schür

ENGSTFELD, PETER FRIEDRICH (1793–1848);

Lehrer und Musiker, aus Heiligenhaus, Sohn eines Kupferstechers, Unterlehrer in Elberfeld (h. Wuppertal), 1812–1835 Lehrer an der kleinen lutherischen Elementarschule in Duisburg (zwischenzeitlich mit der reformierten und der katholischen Elementarschule zur Stadtschule vereint), 1835–1848 Lehrer an der vereinigten Klassenschule in Duisburg, nach 1828 auch Gesangslehrer bei den höheren Lehranstalten, Organist der lutherischen Gemeinde an der Salvatorkirche, Erteilung von Armenunterricht, wegen schwächlicher Konstitution und schweren Krankheitsfällen in seiner zahlreichen Familie mehrfach verschuldet, aufgrund einer von der Düsseldorfer Regierung unterstützten Immediateingabe Gehaltszulage durch das Ministerium in Berlin, Verfechter der Ziffernmethode B. Chr. L. Natorps (s. ds.), Anwendung dieser in der Schule und in Abendkursen für Erwachsene und Verteidiger in mehreren Veröffentlichungen, Komponist von Kirchenmusik und Verfasser von Musiklehrbüchern.

Schriften u. a.:

Kurze Beschreibung des Tonziffernsystems und Versuch einer Vertheidigung desselben. Ein kleiner Beitrag zur Gesangsbildung in Volksschulen. Essen 1825;

Gesangfibel für Elementarschulen oder 500 methodisch geordnete kurze musikalische Sätze in Tonziffern mit untergelegten Texten. Ebd. 1830 (Besprechung durch L. Chr. Erk in den Rh. Bl., N. F., Jg. 1831, Bd. III, 1831, S. 390);

Zeugniss aus dem verborgenen Leben oder Lebens- und Glaubenserfahrungen eines Ungenannten in Gesängen. Ebd. 1840; 2. Aufl. 1848. *122f., 123*

HStA Düss, L. A. Duisburg-Mülheim, Nr. 265, sowie Reg. Düss., Nr. 2863, 2864, 2865; StA Dui

ENSLIN, ANNA BARBARA s. LUTHER, A. B.

ENSLIN, CHRISTOPH ALBRECHT (1758–1812);
Musiker, aus Neustadt a. d. Aisch, Sohn des dortigen Stadtorganisten und Bruder von Johann Philipp Friedrich E. (s. ds.), Stadtmusikus in Wetzlar, seit 1792 verheiratet mit Maria Christina geb. Göth (s. ds.), seit 1793 Bürger von Wetzlar, Vater von Diesterwegs Frau Sabine (s. ds.), zuletzt auch Straußwirt in Wetzlar. [Bei dem von H. G. Bloth genannten Musiklehrer und Musikdirektor in Weilburg a. d. Lahn handelt es sich um den Bruder des Vaters von Sabine E., Johann Philipp Friedrich E. (s. ds.).] *5, 5, 6, 6, 17*
StA Wetz

ENSLIN, JOHANN PHILIPP FRIEDRICH
(geb. 1754);
Musiker, aus Neustadt a. d. Aisch, Sohn des dortigen Stadtorganisten und Bruder von Christoph Albrecht E. (s. ds.), Musiklehrer und Musikdirektor in Braunfels (b. Wetzlar) und Weilburg a. d. Lahn, u. a. Lehrer der Töchter von Fürst Wilhelm Christian Carl von Solms-Braunfels (der Prinzessinnen Wilhelmine Caroline Maria Friederika und Sophie Auguste, geb. 1793 und 1796), mit denen seine Nichte Sabine E., spätere Diesterweg (s. ds.), 1807–1812 befreundet war und gemeinsam musizierte, Komponist. *9, 14*, 15
StA Wetz

ENSLIN, MARIA CHRISTINA geb. GÖTH
(1769–1848);
aus Wetzlar, Tochter eines dortigen Bürgers und Bäckermeisters, ältere Schwester von Anna Barbara verm. Erk (s. ds.), seit 1792 verheiratet mit Christoph Albrecht Enslin (s. ds.), Mutter von Diesterwegs Frau Sabine (s. ds.). *5, 6, 9, 14f.*

ENSLIN, SABINE siehe DIESTERWEG, SABINE

ERK, ADAM WILHELM (1779–1820),
genannt „Kantor";
Musiker, aus Hersfeld (h. Bad H., Waldhessen), seit 1805 verheiratet mit Anna Barbara geb. Göth (s. ds.), der Schwester der Mutter von Diesterwegs Frau Sabine geb. Enslin (s. ds.), Vater von Ludwig Christian E. (s. ds.), 1802–1811 Lehrer an der Stadtschule und Organist in Wetzlar, 1811 bis 1812 Organist an der Lutherkirche in Worms, 1812–1813 in Frankfurt a. M., 1814–1820 in Dreieichenhain (h. Dreieich, b. Darmstadt), Komponist von Orgelstücken sowie etlicher Schullieder für die Sammlungen seines Sohnes. *5, 6, 8f., 9, 11, 13f.*

ERK, ANNA BARBARA geb. GÖTH (1783–1866);
aus Wetzlar, Tochter eines dortigen Bürgers und Bäckermeisters, jüngere Schwester von Sabine Diesterwegs Mutter Maria Christina verm. Enslin (s. ds.), seit 1805 verheiratet mit Adam Wilhelm Erk (s. ds.), Mutter von Ludwig Chr. Erk (s. ds.), zuletzt in Kassel. *6, 9, 10, 11, 13f.*

ERK, LUDWIG CHRISTIAN (1807–1883);
Musiker und Komponist, aus Wetzlar, Sohn von Adam Wilhelm E. (s. ds.) und Anna Barbara geb. Göth (s. ds.), Vetter von Diesterwegs Frau Sabine geb. Enslin (s. ds.), seit 1820 Zögling der Erziehungsanstalt von Johann Balthasar Spieß (s. ds. Personenregister Bd. III und VI) in Offenbach, 1826–1835 auf Veranlassung von Diesterweg Lehrer für Gesang, Klavier- und Orgelspiel sowie Schreiben und Zeichnen am Seminar in Moers, Begründer der Bergisch-Niederrheinischen Lehrergesangfeste (erstes Treffen 1834 in Remscheid), seit 1835 Lehrer unter Diesterweg am Seminar für Stadtschulen in Berlin, 1836–1838 Dirigent des Liturgischen Chores an der Domkirche, Gründer und Dirigent des Erkschen Männergesangvereins (1843) und des Erkschen Gesangvereins für Gemischten Chor (1852), 1857 Ernennung zum Königlichen Musikdirektor durch die Akademie der Künste Berlin, 1876 Professor, Mitarbeiter an den Rh. Bl., bekannter Sammler und Herausgeber deutscher Volkslieder, Verfasser musikpädagogischer Abhandlungen mit dem Ziel, in Anlehnung an die Gesangbildungslehre nach J. H. Pestalozzi (s. ds.) die Musikerziehung grundlegend zu reformieren.
Schriften u. a.:
Neue Sammlung von Schulliedern. (In Fortsetzungsheften.) Essen 1828ff.; von 1839 an fortgesetzt u. d. T. „Liederkranz", gem. mit W. Greef (s. ds.; vgl. Besprechung in den Rh. Bl., Jg. 1828, Bd. III, Heft 2, S. 102–107; vorliegende Ausgabe, Bd. I, S. 430ff.);
Sammlung ein-, zwei-, drei- und vierstimmiger Schullieder von verschiedenen Komponisten. Ebd. 1. Heft 1828; 2. und 3. Heft 1830;
Methodischer Leitfaden für den Gesang-Unterricht in Volksschulen. 2 Teile. Krefeld 1834;
Von 1855 an erschien in fortlaufenden Lieferungen sein bedeutendstes Werk:
Deutscher Liederhort. Berlin; neue Ausgabe Leipzig 1890. *9, 11, 302, 311, 333, 334, 335, 336, 356, 364ff., 372, 374f., 384, 399, 404f., 408, 420f., 437, 439, 441f., 446, 448f., 453, 467, 471, 471, 475, 477, 480f., 514f., 534f., 568, 571*

ERNST, CARL MORITZ (1800–1829);
Seminarlehrer, aus Bankwitz (Oberschlesien), Sohn eines Lehrers, früh Halbwaise, 1818–1820 Seminarist am Schullehrerseminar in Breslau, Schüler von Chr. W. Harnisch (s. ds.), anschließend dort Hilfslehrer, im Auftrag der preußischen Regierung als Eleve im Institut von J. H. Pestalozzi (s. ds.) in Yverdon (Kt. Waadt), 1821–1823 Lehrer beim Erzieherverein Nürnberg, 1824 bis 1825 auf Veranlassung von Harnisch Lehrer für Zeichnen und Naturkunde am Seminar in Moers (nachdem Minister von Altenstein <s. ds.> bei Innenminister Friedrich von Schuckmann <s. ds. Personenregister Bd. XI> eine Unbedenklich-

keitserklärung über ihn eingeholt hatte), in den Herbstferien 1824 gemeinsame Fußreise mit Diesterweg zum Schullehrerseminar in Idstein (b. Wiesbaden) und dessen Direktor G. A. Gruner (s. ds.), trotz seiner pietistischen Religiosität gute Zusammenarbeit mit Diesterweg, seit 1825 Lehrer an den Seminaren in Bunzlau und Neuzelle (beide Schlesien), beliebter und begabter Lehrer, vorzüglicher Zeichner, Mitarbeiter an den Rh. Bl., Verfasser von Karten und Lehrbüchern, insbesondere zum Zeichenunterricht.

Schriften u. a.:

Wandkarte von Palästina, zunächst für den Schulgebrauch. Breslau 1827;

Wegweiser zur Landkarte von Palästina für Schulen. Bunzlau 1827;

Anleitung für den Unterricht im Zeichnen, zunächst für Volksschulen und besonders für Lehrer. 1. Teil: Das Zeichnen nach Vorlegeblättern. 3 Hefte. Breslau 1827/1828;

Anleitung für den Unterricht im Zeichnen, zunächst für Mädchen, bestehend in einer Reihe stufenweis fortschreitender Vorlegeblätter zum Gebrauch für Schule und Haus. 1. Lieferung. Ebd. 1828.

(Nachruf in den Rh. Bl., Jg. 1830, Bd. I, Heft 2, S. 279–289; vorliegende Ausgabe, Bd. II, S. 85 bis 91.) *123, 148, 158f., 161, 162, 166, 174, 180, 186f., 227, 232f., 255, 270f., 289, 316ff., 324, 326f., 332f., 355, 432, 445, 448, 524, 546f.*

Frie; Moers 2

ERXLEBEN, JOHANN CHRISTIAN POLYKARP (1744–1777);

Philosoph und Naturforscher, aus Quedlinburg, Sohn eines Diakonus und der ersten deutschen Doktorin der Medizin Dorothea E., 1763–1767 Studium der Medizin an der Univ. Göttingen, 1767 Magister, veterinärische Fortbildungsreise nach Frankreich, Holland und Dänemark mit Unterstützung der königlichen Regierung in Hannover, 1771 a. o., 1775 o. Professor der Philosophie in Göttingen, seit 1771 Mitglied der Batavischen Societät der Experimental-Philosophen in Rotterdam, seit 1774 Mitglied der Societät der Wissenschaften, außerdem Mitglied der Gesellschaft naturforschender Freunde in Berlin, Verfasser zahlreicher Lehrbücher und Aufsätze aus den Bereichen der Naturlehre und Vieharzneikunde, später Vertreter einer umfassenden, nicht-mathematischen Auffassung der Physik, mit seinen drei Werken „Anfangsgründe" maßgeblicher Lehrbuchautor für die nächsten Studentengenerationen.

Schriften u. a.:

Anfangsgründe der Naturgeschichte. Göttingen 1768; vermehrte und berichtigte Aufl. ebd. 1773;

Betrachtungen über das Studium der Vieharzneykunst, nebst einer Anzeige seiner Vorlesungen. Ebd. 1773;

Anfangsgründe der Naturlehre. Ebd. 1772; 2., sehr verb. und vermehrte Aufl. ebd. 1777;

Anfangsgründe der Chemie. Ebd. 1775. *249, 265, 273, 277*

ESSLER, JOHANN KARL LUDWIG (1776–1844); reformierter Theologe, aus Sonnborn (h. Wuppertal), Sohn eines Pfarrers, Studium der Theologie an den Universitäten Herborn und Marburg a. d. Lahn, 1801–1814 Pfarrer in Baerl (h. Duisburg), 1814–1844 in Kapellen (h. Moers), dort auch Schulpfleger, seit 1828 Assessor bei der Synode Moers. *66, 112f., 328, 390, 515, 521, 523f.*

H St A Düss, Reg. Düss., Nr. 3408; Ev Rh 2

EUCHARISTON, d. i. Pseudonym für THILO, JOHANN LUDWIG CHRISTOPH (s. ds.).

EUKLID [EUCLIDES] (um 365–300 v. Chr.); griech. Mathematiker, um 320 v. Chr. Lehrer in Alexandria, mit seinem Hauptwerk „Die Elemente" Verfasser des ersten streng aufgebauten Geometrielehrbuches nach der axiomatischen Methode (Vorgabe der Grundlagen durch Definitionen und Axiome, Ableitung der Lehrsätze in 13 Büchern). *249, 264*

EVERSBERG [EVERTZBERG], CARL (1805–1888); Lehrer, aus Lüttringhausen oder Lennep (beide h. Stadtteile von Remscheid), 1822–1824 Seminarist in Moers, Empfänger eines Stipendiums, freiwillige Verlängerung seines Aufenthalts im Seminar bis 1825, 1825–1828 Hilfslehrer bei J. Wilms (s. ds.) an der lutherischen Pfarrschule im Thomashof in Elberfeld (h. Wuppertal), dann Unterlehrer an der evangelischen Elementarschule in Hardtplätzgen (h. Remscheid), 1828–1873 Hauptlehrer an der evangelischen Elementarschule in Siepen ebd.), 1831 Bewerber um die Lehrerstellen an der evangelischen Elementarschule vor dem Arrenberg und an der städtischen Armenschule am Neuenteich (beide Elberfeld), 1847 Bewerber in Unterbarmen (h. Wuppertal), freiwillige Pensionierung mit Bezug des maximalen Ruhegeldes. *155, 163, 206, 393*

H St A Düss, Reg. Düss., Nr. 3578; St A Rem; St A Wupp, L I 106, 153

EWALD, JOHANN LUDWIG (1747–1822); reformierter Theologe, Pädagoge und Schriftsteller, aus Dreieichenhain (h. Dreieich, b. Darmstadt), Studium der Theologie an den Univ. Marburg a. d. Lahn und Göttingen, 1768–1770 Hauslehrer, 1773–1781 Pfarrer in Offenbach, 1781 bis 1796 Hofprediger und Generalsuperintendent in Detmold, Reformer des dortigen Schulwesens, 1796–1805 zweiter Pfarrer an St. Stephani und Professor in Bremen, 1799 Gründer einer privaten Bürgerschule, 1804 mehrwöchiger Aufenthalt im Institut von J. H. Pestalozzi (s. ds.) in Yverdon (Kt. Waadt), 1805 Professor der Moral- und Pastoraltheologie an der Univ. Heidelberg, 1807 bis

1822 Ministerial- und Kirchenrat in Karlsruhe, 1807 Mitglied der General-Studien-Kommission zur Einrichtung des Mannheimer Lyceums, bis 1821 auch Mitglied der Generalsynode, Nähe zur badischen Erweckungsbewegung und den Positionen von Johann Jakob Heß (s. ds. Personenregister Bd. XVI), Johann Kaspar Lavater (s. ds. Personenregister Bd. III) und Philipp Matthäus Hahn, supranaturalistischer Biblizist, Verbindung pietistischer Positionen mit den Ideen J. H. Pestalozzis, Bekannter J. W. v. Goethes (s. ds.), Verfasser theologisch-erbaulicher Schriften sowie zahlreicher Abhandlungen über Erziehung und Unterrichtsmethodik.

Schriften u. a.:

Die Erziehung des Menschengeschlechts nach der Bibel. Lemgo 1783;

Geist der Pestalozzischen Bildungsmethode, nach Urkunden und eigner Ansicht. 10 Vorlesungen. Bremen 1805;

Vorlesungen über die Erziehungskunst und Erziehungslehre für Väter, Mütter und Lehrer. 3 Bde. Mannheim 1809/1810; neue Ausgabe 1816;

Christliches Hand- und Hausbuch auf alle Sonntage des ganzen Jahres. Leipzig o. J.   *251, 268*

Beh; Frie

EWICH, JOHANN JAKOB (1788–1863);

Lehrer, aus Wesel, Absolvent des dortigen Gymnasiums, seit 1806 Lehrer an der evangelischen Elementarschule in Haldern (h. Rees, Niederrhein), seit 1809 in Budberg (h. Rheinberg, ebd.), enge Zusammenarbeit mit Pfarrer W. J. G. Roß (s. ds.), Ausbau der dortigen Schule zu einer Musteranstalt, die von Schullehrern der Gegend häufig besucht wurde, Beteiligung an der Gründung der „Evangelischen Moerser Schul-Konferenz" durch die Pfarrer Roß und J. J. Engels (s. ds.) sowie J. H. Schürmann (s. ds.), 1810 gemeinsam mit D. Schürmann (s. ds.) Begründer einer Lehrerkonferenz oder Schullehrer-Schule für die Lehrer von Barmen und Umgebung, seit 1811 Lehrer an der privaten Bürgerschule in Barmen (h. Wuppertal), 1820 vom Moerser Magistrat als erster Direktor des Schullehrerseminars gewünscht, aufgrund seines erfolgreichen Unterrichts Zusammenlegung der privaten Bürgerschule Ewichs und des Gymnasium zu einer höheren Stadtschule, 1823–1854 Lehrer für deutsche Sprache, Algebra, Geometrie, Geographie und Geschichte an dieser neu eingerichteten Schule, 1831 von Diesterweg als möglicher Nachfolger für die Leitung in Moers vorgeschlagen, 1846 Ablehnung der Verleihung des Oberlehrertitels durch das Ministerium in Berlin, 1854 anläßlich seiner Pensionierung Verleihung des Roten Adlerordens 4. Klasse, Mitarbeiter an den Rh. Bl., Verfasser pädagogischer Aufsätze und Abhandlungen.

Schriften u. a.:

Human, der Lehrer einer niederen und höheren Volksschule in seinem Wesen und Wirken. 1. Teil: Der Lehrer und die Zucht. 2. Teil: Der Lehrplan. Wesel 1829;

Über die edelsten Freuden des Lehrerberufes, eine Rede, gehalten von J. J. Ewich am 1. Dezember 1831, an seinem 25jährigen Amtsjubiläum. In: Rh. Bl., N. F., Jg. 1832, Bd. V, S. 86–101;

Was tut unserm erziehenden Unterricht not? Elberfeld 1834;

Autobiographie in: Das pädagogische Deutschland der Gegenwart. Hrsg. von F. A. W. Diesterweg. Berlin 1835, Bd. II, S. 215–305.   *134, 528, 528f., 529*

HStA Düss., Reg. Düss., Nr. 2698, 2699, 2700, 2701

FABRI, JOHANN ERNST EHREGOTT (1755–1825);

Publizist, Statistiker und Geograph, aus Oels (b. Breslau), seit 1776 Studium der Theologie an der Univ. Halle, historisch-geographische und pädagogische Studien, u. a. bei Johann Salomo Semler (s. ds. Personenregister Bd. XIV), 1781 bis 1786 Privatdozent für neuere und alte Geographie sowie Philologie an der Univ. Halle, 1786–1794 Professor der Geographie und Statistik an der Univ. Jena, dann in Göttingen, seit 1805 Redakteur der „Realzeitung" in Erlangen, Abhaltung von Vorlesungen an der dortigen Univ., später dort o. Professor, seit 1815 bezahlter Universitätslehrer, Verfasser zahlreicher geographischer Nachschlagewerke, Magazine und Lehrbücher.

Schriften u. a.:

Elementargeographie. 4 Bde. Halle 1780–1790; 3. Aufl. 1794–1803;

Handbuch der neuesten Geographie für Akademien und Gymnasien. 2 Teile. Ebd. 1784–1785; 10. Aufl. 1819;

Kurzer Abriß der Geographie für Schulen. Ebd. 1785; Neuauflage gem. mit C. H. A. Bürger 1805; 15. Aufl. 1817;

Abriß der natürlichen Erdkunde. Nürnberg 1800.   *250, 266, 273, 277f.*

FALK, JOHANN[ES] DANIEL (1768–1826),

Pseudonym: Johannes von der Ostsee;

Schriftsteller und Philanthrop, aus Danzig, Sohn eines Perückenmachers, Autodidakt, 1785 Eintritt ins akademische Gymnasium, seit 1791 Studium der Theologie an der Univ. Halle mit einem Stipendium des Stadtrats von Danzig, später Studium der Altphilologie, frühe schriftstellerische Versuche, 1797 auf Veranlassung von Chr. M. Wieland (s. ds.) Wechsel nach Weimar, dort Privatgelehrter, Verbindung mit J. W. v. Goethe (s. ds.), J. G. v. Herder (s. ds.) und Wieland, 1797 bis 1803 Hrsg. des „Taschenbuches für Freunde des Scherzes und der Satire" (7 Bde.), humanitäres Einschreiten während des Krieges, deshalb 1813 Ernennung zum Großherzoglich-weimarischen Legationsrat, 1813 Gründer der Gesell-

638

schaft der „Freunde in der Not" gem. mit dem Theologen Karl Friedrich Horn (s. ds. Personenregister Bd. XIII), Spendensammlungen zur Finanzierung von Saatgut sowie Schul- und Lehrgeld für mittellose Menschen, 1823–1825 Einrichtung einer Schulanstalt zur Versorgung und Erziehung verlassener und verwahrloster Kinder (Waisenhaus „Lutherhof", 1829 in öffentliche Erziehungsanstalt umgewandelt), Vorläufer der Inneren Mission, Ritter des Falkenordens, Verfasser literarischer Werke sowie pädagogischer und sozialpolitischer Abhandlungen.

Schriften u.a.:

Kleine Abhandlungen, die Poesie und Kunst betreffend. Weimar 1803;

Aufruf, zunächst an die Landstände des Großherzogtums Weimar und sodann an das ganze Deutsche Volk und dessen Fürsten über eine der schauderhaften Lücken unserer Gesetzgebungen, die durch die traurige Verwechslung von Volkserziehung mit Volksunterricht entstanden ist. Leipzig 1818;

Das Vaterunser der Weimarer Sonntagsschule, mit Evangelien. Weimar 1822;

Volksspiegel zur Lehr und Besserung. Leipzig 1826;

Goethe aus näherem persönlichen Umgange dargestellt. Ebd. 1832. *170*, 171, *246, 260*

FICHTE, JOHANN GOTTLIEB (1762–1814);

Philosoph, aus Rammenau (b. Bischofswerda), Sohn eines Bandmachers, Absolvent der Fürstenschule in Schulpforta (h. Bad Kösen), Studium der Theologie und der Rechtswissenschaft an den Univ. Jena, Wittenberg und Leipzig bis 1784 (Abbruch), Hauslehrer, Begegnung mit I. Kant (s. ds.) in Königsberg, politische Konkretisierung von dessen Freiheitslehre (1793), 1794 bis 1799 Professor der Philosophie an der Univ. Jena, Ausarbeitung einer Wissenschaftslehre (1794) und Übertragung ihrer Grundgedanken auf Rechtslehre (1796) und Ethik (1798), Mitherausgeber des „Philosophischen Journals einer Gesellschaft Teutscher Gelehrten", Atheismusvorwurf wegen eines Aufsatzes und nachfolgender Verteidigungsschriften, Distanzierung Kants, Friedrich Heinrich Jacobis (s. ds. Personenregister Bd. XII) und Karl Leonhard Reinholds (s. ds. Personenregister Bd. IX), 1799 Entlassung aus der Universität, durch Vermittlung Friedrich von Schlegels 1799–1805 Privatgelehrter in Berlin, Vortragstätigkeit, Bruch mit Friedrich Wilhelm Joseph von Schelling (s. ds. Personenregister Bd. I, X, XII und XIII), 1805–1806 Professor der Philosophie an der preußischen Univ. Erlangen, 1806 Flucht mit der preußischen Regierung nach Königsberg, 1807 dort Professor und Zensor, 1807 Rückkehr nach Berlin, Beteiligung an den preußischen Reformbemühungen, u.a. im Hinblick auf Unterricht und Studium, Forderung einer Erneuerung des politisch-gesellschaftlichen Lebens im Sinne nationaler Freiheit (1808), 1810–1814 Professor der Philosophie an der Univ. Berlin, 1811–1812 deren Rektor, Mitglied der Bayerischen Akademie der Wissenschaften.

Schriften u.a.:

Beitrag zur Berichtigung der Urtheile des Publikums über die französische Revolution. Berlin 1793;

Grundlage der gesammten Wissenschaftslehre. Jena 1794; 8. Aufl. Leipzig 1798;

Grundlage des Naturrechts, nach Principien der Wissenschaftslehre. 2 Teile. Jena und Leipzig 1796/1797;

Das System der Sittenlehre nach den Principien der Wissenschaftslehre. Jena 1798;

Reden an die deutsche Nation. Berlin 1808. *32, 34*

FINKENTEY, HEINRICH (geb. ca. 1808);

aus Velbert, Sohn eines Küsters, 1823–1825 Seminarist in Moers, als unfähig entlassen. *204, 300, 302f., 303, 563*

FISCHER, ERNST GOTTLIEB/GOTTFRIED (1754–1831);

Mathematiker und Physiker, aus Hoheneiche (b. Saalfeld), 1773–1776 Studium der Theologie und der Mathematik an der Univ. Halle, seit 1775 Lehrer am dortigen Pädagogium, 1782–1829 Lehrer – vorwiegend für Mathematik und Physik – am Gymnasium zum Grauen Kloster in Berlin, außerdem 1810–1830 a. o. Professor der Physik an der Univ. Berlin, Privatlehrer der Brüder Wilhelm und Alexander von Humboldt (s. ds. Personenregister Bd. III und VI) und 1810–1816 des preußischen Kronprinzen Friedrich Wilhelm, seit 1803 Mitglied der Preußischen Akademie der Wissenschaften, seit 1819 Mitglied der Deutschen Akademie der Naturforscher Leopoldina in Halle, Eintreten für die Ausweitung des naturwissenschaftlichen Unterrichts, Verfasser zahlreicher naturwissenschaftlicher Abhandlungen und Lehrbücher.

Schriften u.a.:

Der Rechenschüler. Berlin 1798;

Lehrbuch der mechanischen Naturlehre. Ebd. 1805; 3. Aufl. 1827;

Über die zweckmäßige Einrichtung der Lehranstalten für gebildete Stände. Ebd. 1807;

Darstellung und Kritik der Verdunstungslehre. Ebd. 1810;

Lehrbuch der Elementarmathematik. 1. Teil: Lehrbuch der ebenen Geometrie für Schulen. Ebd. 1820; 2. Teil: Lehrbuch der Arithmetik für Schulen. 1822; 3. Teil: Lehrbuch der ebenen und sphärischen Trigonometrie. 1824; 4. Teil: Anfangsgründe der Algebra und die Lehre von den Kegelschnitten. 1829. *249, 264*

FISCHER, JOHANN WILHELM ABRAHAM
(1803–1888);
Lehrer, aus Elberfeld (h. Wuppertal), 1821–1823
Seminarist in Moers, 1823–1824 Hauslehrer bei
Superintendent W. J. G. Roß (s. ds.) und Hilfslehrer an der evangelischen Elementarschule in Budberg (h. Rheinberg, Niederrhein), 1824–1827 an
der städtischen Elementarschule in Moers, 1827
bis mind. 1831 preußischer Garnisonslehrer für
die Kinder der Offiziere und höheren Garnisons-
beamten in Luxemburg, 1830 Bewerber um die
Lehrerstelle an der evangelischen Elementarschule vor dem Arrenberg (Elberfeld), später Lehrer
am Privatinstitut von F. Vollmann (s. ds.) in
Solingen, 1840–1887 Lehrer an der evangelischen
Elementarschule in Ober-Heyden (h. Mönchengladbach). *121, 140, 188, 332f., 334, 356, 365,
460, 568*
Gesch; HStA Düss, Reg. Düss., Nr. 3059, 3397; RheyJ;
StA Mön, Best. 25c/1813; StA Wupp, L I 142; Strau

FISCHER, JOHANN GEORG/GOTTLIEB
(1797–1878);
Pädagoge, Seminarist in Breslau bei Chr. W. Harnisch (s. ds.), seit 1821 Lehrer am Schullehrerseminar in Neuzelle (Schlesien), Verfasser zahlreicher Abhandlungen zur Naturwissenschaft sowie
Lehrbücher, besonders für Naturkunde und Musik.
Schriften u. a.:
Beschreibung fast aller Gift- und der vorzüglichen
Arzney- und Futtergewächse Deutschlands, nebst
Erläuterungen über die botanische Kunstsprache,
das Linné'sche Pflanzensystem, die Gifte im Allgemeinen etc. (Dasselbe auch mit einem Herbarium Vivum.) Neuzelle 1827;
Beschreibung aller naturhistorischen Gegenstände, welche auf den „Neuen Wandtafeln zur Naturgeschichte" abgebildet sind. Mit vorzugsweiser
Beachtung der Kinder in Volksschulen bearbeitet.
1.–4. Bd: Das Tierreich. Breslau 1829–1833;
5. Bd.: Das Pflanzenreich. 1835; 6. Bd.: Die
schädlichsten Giftpflanzen Deutschlands. 1836;
Volksnaturlehre von J. H. Helmuth. In der 8. Aufl.
nach einem ganz veränderten, dem jetzigen
Standpunkte der Physik angemessenen Plane für
Lehrer an Seminarien und gehobenen Volksschulen, wie auch zum Schul- und Selbstunterricht bearbeitet. 2 Teile. Braunschweig 1834;
Praktischer Leitfaden beim Gesangunterrichte in
Schulen. Ein Versuch, die Gesanglehre nach Noten in entwickelnder (Pestalozzische) Methode
ebenso möglichst zu vereinfachen als fest zu begründen. Glogau 1836. *445, 447*

FISCHER, JULIUS WILHELM (gest. 1828);
Oberlehrer, dann Professor am Gymnasium in
Brandenburg a. d. Havel.
Verfasser von:
Vorbereitung zur Geometrie, besonders zu den
ersten Büchern des Euklides. Brandenburg 1809.
249, 264

FISCHER, KARL (erw. 1824–1854);
Lehrer, aus Werth (h. Isselburg, Niederrhein),
Sohn eines evangelischen Pfarrers, bis 1824 Lehrer in Mark (h. Hamm in Westfalen), 1824– mindestens 1854 Lehrer an der evangelischen städtischen Elementarschule in Wesel, Lehrer der oberen Mädchenklasse, 1846 und 1847 Badekur in
Bad Ems wegen eines lebensgefährlichen Brust-
katarrhs. *403*
HStA Düss, Reg. Düss., Nr. 3553, 3554

FISCHER, MICHAEL GOTTHARDT/GOTTHARD
(1773–1829);
Musiker und Komponist, aus Alach (h. Erfurt),
Ausbildung am Schullehrerseminar in Erfurt,
Lehrer in Jena, 1790 Berufung durch Freiherrn
von K. Th. A. M. v. Dalberg (s. ds.) als Konzertmeister nach Erfurt, Organist an der Barfüßerkir-
che und Dirigent der Erfurter Winterkonzerte,
später Organist an der Predigerkirche, seit 1816
Lehrer für Orgel und Generalbaß am Lehrerseminar, 1818 im Auftrag von Minister von Altenstein
(s. ds.) Verfasser eines Choralmelodienbuches,
Komponist zahlreicher Vokal- und Instrumental-
werke.
Werke und Schriften u. a.:
12 Orgelstücke (Opus 4). Erfurt 1802;
Evangelisches Choral-Melodien-Buch, vierstimmig ausgesetzt mit Vor- und Zwischenspielen. 1.
und 2. Abteilung. Gotha 1820. *323, 326*

FLIEDNER, GEORG HEINRICH THEODOR
(1800–1864);
evangelischer Theologe, aus Eppstein (Taunus),
Sohn eines Pfarrers, Studium der Theologie an den
Univ. Gießen und Göttingen sowie am Theologischen Seminar Herborn, 1820–1822 Hauslehrer,
Mitarbeit in der Kölner Bibelgesellschaft, durch
K. A. Zeller (s. ds.) auf Diesterweg und das Moerser Seminar aufmerksam gemacht, 1822 Überlegungen, als erster Seminarlehrer dorthin zu gehen,
seither Bekanntschaft mit Diesterweg und K.
Hoffmeister (s. ds.), 1822–1848 Pfarrer in Kaiserswerth (h. Düsseldorf), 1823 und 1824 Kol-
lektenreisen nach Holland bzw. England, um den
wirtschaftlichen Zusammenbruch seiner verarm-
ten Gemeinde abzuwenden, unter Einfluß der
niederländischen Erweckungsbewegung Hinwendung zur erneuerten biblischen Theologie, 1826
Gründer der interkonfessionellen „Rheinisch-
Westphälischen Gefängnis-Gesellschaft" in Düsseldorf, zu deren Mitgliedern auch Diesterweg
zählte, Begründer einer zeitgemäßen Gefangenen-
seelsorge, 1833 Begründer der Strafentlassenen-
fürsorge durch Einrichtung eines „Evangelischen
Asyls für weibliche Entlassene", 1835 Gründer
der ersten Kleinkinderschule Deutschlands in
Düsseldorf, 1836 einer Kleinkinder- und Strick-
schule in Kaiserswerth sowie eines evangelischen
Kleinkinderlehrerinnenseminars, das seit 1847

auch für Volks- und höhere Mädchenschulen ausbildete, 1836 Begründer der weiblichen evangelischen Diakonie durch Einrichtung eines Diakonissenmutterhauses und eines angeschlossenen Krankenhauses in Kaiserswerth, das Vorbild für weitere ähnliche Ausbildungs-, Wohn- und Wirkungsstätten von Diakonissen wurde (bis zu seinem Tode Entstehung von 32 Diakonissenmutterhäusern nach diesem Beispiel), 1842 Gründer eines Mädchen-Waisenhauses, 1844 Gründer einer Pastoralgehilfenanstalt in Mülheim a. d. Ruhr, 1852 Gründer einer „Heilanstalt für evangelische weibliche Gemütskranke", 1855 Ehrenpromotion (Bonn), Förderer pflegerischer und pädagogischer Arbeit im Ausland (u. a. in Jerusalem und Konstantinopel), Verfasser zahlreicher religiöser, sozialpolitischer und pädagogischer Abhandlungen, Herausgabe von Predigten.

Schriften u. a.:

Collektenreise nach Holland und England, nebst einer ausführlichen Darstellung des Kirchen-, Schul-, Armen- und Gefängniswesens beider Länder mit vergleichender Hinweisung auf Deutschland, vorzüglich Preußen. 2 Bde. Essen 1831 [darin ein Vergleich mit dem Seminar in Moers: Bd. II, S. 352–377];

Christlicher Volkskalender der Diakonissenanstalt zu Kaiserswerth am Rhein. 1.–25. Jg. Kaiserswerth 1841–1866.   347, *(348)*, 348

FÖRSTEMANN, FERDINAND KARL (1798–1873);
Pädagoge, aus Nordhausen, bis 1817 Besuch des dortigen Gymnasiums, 1819 Abitur in Danzig, seit 1819 Studium zunächst der Medizin, dann der Naturwissenschaften an der Univ. Bonn, Mitglied des sogenannten „Naturwissenschaftlichen Kreises" der Universität, Assistent des Chemieprofessors Karl Gustav Bischof (1792–1870), Aspirant am chemischen Laboratorium, seit 1824 Abhaltung von Vorlesungen über Physik und Chemie in der Gesellschaft „Museum" in Elberfeld (h. Wuppertal), sowohl für die Mitglieder des „Gemeinnützigen Vereins" zur Weiterbildung als auch für die Schüler des Gymnasiums und die des Bürgerinstituts von J. F. Wilberg (s. ds.), von den Professoren Bischof und Georg August Goldfuß (s. ds. Personenregister Bd. II) an das Elberfelder Gymnasium empfohlen, 1824–1825 dort Hilfslehrer, 1825 Ablegung des Examens pro facultate docendi (Prüfung für das höhere Lehramt) vor der Wissenschaftlichen Prüfungskommission der Univ. Bonn, 1825–1830 Lehrer für Physik, Mathematik, Naturgeschichte, Geographie, Latein und Deutsch am Gymnasium, außerdem Lehrer für Physik und Chemie an den neueingerichteten parallelen Realklassen sowie an der 1825 gegründeten Gewerbeschule in Elberfeld (ebd.), seit 1826 zweiter Kollaborator, 1830–1838 Lehrer an der neu eingerichteten Realschule I. Ordnung mit Gewerbeschule (vormals Bürgerinstitut von J. F. Wilberg

<s. ds.>), 1836 definitiv angestellt, 1838–1848 dort Oberlehrer und 1848–1857 Professor, 1849 nach dem Weggang von P. N. C. Egen (s. ds.) interimistischer Schulleiter, außerdem weiterhin Erteilung von naturwissenschaftlichem Unterricht am Gymnasium, Förderer des Chemieunterrichts, u. a. durch Einführung von chemikalischen Experimenten, Betonung der Bedeutung von Chemiekenntnissen für die Gewerbe, Mitglied des Vorstandes der Gewerbeschule, 1851 Überlassung seiner Drogensammlung an diese Schule, 1857 freiwillige Pensionierung aus gesundheitlichen Gründen, Ablehnung der vom Elberfelder Oberbürgermeister beantragten Verleihung des Roten Adlerordens durch das Ministerium in Berlin, zuletzt als Privatmann in Nordhausen, Verfasser von Abhandlungen zur Physik und Chemie, u. a. in zahlreichen Jahrgängen von Kastners „Archiv für die gesammte Naturlehre", und von Schulprogrammen.

Schriften u. a.:

Einige Worte zur Verständigung über den Unterricht in Chemie. Schulprogramm. Elberfeld 1828;

Beiträge zur Climatologie Elberfelds. Ebd. 1836;

Ueber Atomvolumen und Atomwärme. Ebd. 1842. *396*

ACFGymn Wupp, Akte: Bericht über die Einrichtung der Realschulen; Hal; Hint; Jor; Schm-W; StA Wupp, u. a. L II 179, L III 98

FORSTNER, ALEXANDER KARL PHILIPP BARON VON (1798– nach 1863);

Offizier, Mathematiker und Physiker, aus Potsdam, seit 1815 Leutnant im Zweiten Garde-Regiment in Berlin, Lehrer der Mathematik an der Divisionsschule in Neiße (Schlesien), seit 1822 Leutnant im Zweiten Infanterie-Regiment und Mitglied der Ober-Militair-Examinations-Commission, seit 1825 Lehrer der Physik beim Kadettencorps, seit 1826 Lehrer der Mathematik bei der allgemeinen Kriegsschule, seit 1832 Hauptmann, später Oberstleutnant in Berlin, Abgeordneter der preußischen Ersten Kammer, Verfasser mathematischer und politisch-historischer Abhandlungen.

Schriften u. a.:

Sammlung neuer arithmetischer und algebraischer Aufgaben in 198 Tafeln. Berlin 1819;

Die Sphärik oder Lehrbuch der sphärischen Geometrie und Trigonometrie. Ebd. 1827;

Lehrbuch der theoretischen Mechanik. 2 Bde. Ebd. 1834;

Leitfaden für den Vortrag der Elemente der Astronomie oder der mathematischen Geographie. Für Gymnasien, Militär- und höhere Bürgerschulen. Ebd. 1837;

Deutschland, Preußen und die konstitutionelle Verfassung. Ebd. 1851.   *496*

FRIEDLEBEN, THEODOR (gest. 1859),
Pseudonym für: Johann Georg Cleminius;
ursprünglicher Name: Benedict Isaac Wimpfen;
jüdischer Kaufmann und Philologe, aus Frankfurt
a. M., Sohn des Juweliers Isaac David Wimpfen,
Kaufmann in Roth (b. Nürnberg), 1802 Taufe in
Kirchberg, erste Ehe mit Anna Regina geb. Kahlo
(1779–1804), Studium der Mathematik an der
Univ. Heidelberg, 1806 Dr. phil. (Helmstedt), seit
1809 Privatlehrer am Institut des Herrn Recanter
in Frankfurt a. M., dann u. a. an denen der Fräulein
Dorothea Louise Bickel und D'Autière sowie des
Herrn Weil, 1814 Hilfslehrer an der Musterschule, an der 1813–1818 auch Diesterweg tätig war,
jedoch nicht ins Kollegium aufgenommen, Lehrer
für Sprachen und Handelswissenschaft an der St.
Katharinenschule in Frankfurt a. M., enge Zusammenarbeit mit Diesterweg während dessen Tätigkeit in Frankfurt a. M., 1816 gem. mit diesem,
J. H. M. von Poppe (s. ds.) u. a. Begründer der
„Frankfurtischen Gesellschaft zur Beförderung der
nützlichen Künste und ihrer Hülfswissenschaften", außerdem gem. mit Diesterweg Gründer einer
Sonntagsschule für Handwerkslehrlinge, 1818 bis
1821 deren alleiniger, unentgeltlicher Lehrer,
1817 Gesuch um Bürgerrecht der Stadt Frankfurt,
aus ökonomischen Gründen abgelehnt, 1818 zum
Professor der Mathematik am Gymnasium vorgeschlagen, aber abgewiesen, später Bürger, Abhaltung von Vorlesungen, deren Ertrag der Blinden-
anstalt und anderen Hilfskassen zufiel, Ehrenmitglied des Sachsenhäuser Bürgervereins (Frankfurt
a. M.), Verfasser von Lehrbüchern und Abhandlungen über Naturwissenschaft und Technik.
Schriften u. a.:
Ueber den Zweck und die Einrichtung guter Lehranstalten für Handwerker. Kleine Beiträge zur
Verbesserung der technischen Künste in Deutschland (gem. mit Diesterweg und J. H. M. von Poppe). Frankfurt a. M. 1817;
Leitfaden beim Unterricht in der kaufmännischen
Buchhaltung. Ebd. 1818;
Populaire Experimental-Physik, für die Liebhaber
und für die Jugend. Ebd. 1. Band 1820, 2. und
3. Band 1822;
Leitfaden zum methodisch-praktischen Unterricht
in der Formenlehre und der gemeinen Geometrie
zunächst für Bürgerschulen. Ebd. 1829.
Übersetzer von:
Lasteyrie, Charles Philibert Comte de: Neues System der Erziehung und des Unterrichtes, oder der
wechselseitige Unterricht, angewandt auf Sprachen, Wissenschaften und Künste, in besonderer
Beziehung auf Frankreich. Ebd. 1820. *19, 46,
103,* 106
Dida 2; Fro; Gen; IfStG Ffm; Mau

FRIEDRICH WILHELM III. (1770–1840);
1797–1840 König von Preußen, Sohn Friedrich
Wilhelms II., seit 1793 verm. mit Luise Prinzessin
von Mecklenburg-Strelitz (s. ds.), seit 1797 Re-
gent, 1806 infolge seiner unentschiedenen Außen-
politik Krieg gegen Frankreich, vernichtende Niederlage Preußens, Zusammenbruch des Militär-
und Staatssystems, Einwilligung in innere Reformen, u. a. durch Reichsfreiherrn Heinrich Friedrich Karl vom und zum Stein (s. ds. Personenregister Bd. V, XII, XIV und XV) und Wilhelm
von Humboldt, neuerlicher Krieg gegen Frankreich, 1814–1815 auf dem Wiener Kongreß Zustimmung zum System des Deutschen Bundes,
seit 1819 wieder zunehmend konservative Position, Nichteinlösung seines Versprechens einer
gesamtstaatlichen Verfassung in Preußen und
einer Nationalrepräsentation, 1826 Zulassung von
Provinziallandständen. *78,* 112, 118, *167,* 170,
183, *235, 300f.,* 302, 312, *321,* 324, 326, *333, 356,*
358, *364,* 373, 446, 448, *458, 461,* 461, 471, 478,
491, 506

FRIES, JAKOB FRIEDRICH (1773–1843);
Philosoph und Physiker, aus Barby a. d. Elbe,
Schüler in Anstalten der Herrnhuter Brüdergemeine, 1795–1796 Studium der Rechtswissenschaft an der Univ. Leipzig, 1796–1801 der
Philosophie an der Univ. Jena, Schüler J. G. Fichtes (s. ds.), Hauslehrer in der Schweiz, 1801 Promotion und Habilitation (Jena), 1805 a. o. Professor der Philosophie an der Univ. Jena, 1805 bis
1816 o. Professor der Philosophie an der Univ.
Heidelberg, dort Lehrer Diesterwegs, seit 1816
wieder in Jena, Eintreten für Verfassungsgebung
und Staatsreform, einer der Wortführer der Burschenschaften, 1817 Teilnahme am Wartburgfest
(b. Eisenach), deshalb 1819 Suspendierung, 1824
Wiedereinsetzung in sein Ordinariat an der Univ.
Jena, zunächst allerdings nur für Physik und Mathematik, seit 1837 auch wieder für Philosophie,
Gegner des Idealismus' Fichtes, Friedrich Wilhelm Joseph von Schellings (s. ds. Personenregister Bd. I, X, XII und XIII) und Georg Wilhelm Friedrich Hegels, Auslegung der Kantischen
Transzendentalphilosophie in psychologischer
Hinsicht durch Gründung der Erkenntniskritik auf
Bewußtseinsanalyse, Verfasser philosophischer,
physikalischer und politischer Abhandlungen.
Schriften u. a.:
System der Philosophie als evidente Wissenschaft
aufgestellt. Leipzig 1804;
System der Logik. Ein Handbuch für Lehrer und
zum Selbstgebrauch. Heidelberg 1811; 3. Aufl.
1837;
Entwurf eines Systems der theoretischen Physik.
Ebd. 1813;
Vom deutschen Bund mit deutscher Staatsverfas-
sung. Ebd. 1816;
Beiträge zur Geschichte der Philosophie. 1. Heft.
Ebd. 1819;
Handbuch der physischen Anthropologie, oder
die Lehre von der Natur des menschlichen Gei-

stes. 2 Bde. Jena 1820/1821; 2. Aufl. 1837/1839. *104,* 107f.

FRISCH, SAMUEL GOTTLOB (1765–1829);
lutherischer Theologe, Schwiegersohn des Pädagogen Christian Felix Weiße (s. ds. Personenregister Bd. III), seit 1793 Diakon in Mutzschen (b. Oschatz), 1794–1821 Pfarrer in Freiberg, 1797 Gründer und Leiter des dortigen Schullehrerseminars, das später nach Nossen verlegt wurde, seit 1822 Hofprediger in Dresden, Verfasser von Predigten, Erbauungsschriften und pädagogischen Abhandlungen.
Schriften u. a.:
Predigten mit Hinsicht auf herrschende Fehler und Bedürfnisse. Leipzig 1797;
Biographische Nachrichten über Jh. Chr. Frisch. Freiberg 1805;
Geschichte und Beschaffenheit der Bildungsanstalt für künftige Lehrer in Bürger- und Landschulen zu Freiberg. Ebd. 1809;
Erheiterungen des Geistes. Ebd. 1813;
Geschichte der Stiftung und des Gedeihens der Eusebienschule der Stadt Freiberg. Ebd. 1814. *244,* 257

FRITSCHE, AUGUST LUDWIG LEOPOLD VON (1780–1855);
preußischer Verwaltungsbeamter, aus Pommern, Studium der Rechtswissenschaft an der Univ. Halle, bis 1806 Tätigkeit bei der Kriegs- und Domänenkammer Stettin, 1809 Regierungsrat in Stettin, 1816 in Koblenz, 1817 Geh. Regierungsrat und Abteilungsleiter in Koblenz, 1825 dort Regierungsvizepräsident, 1834 aufgrund Allerhöchster Kabinettsorder Regierungspräsident in Stralsund, 1834 Regierungspräsident in Köslin (Pommern), seit 1852 im Ruhestand, Träger des Roten Adlerordens. *472*
Rom

FRÖBEL, FRIEDRICH WILHELM AUGUST (1782–1852);
Pädagoge, aus Oberweißbach, Sohn eines Pfarrers, Försterlehrling, Studium verschiedener Disziplinen an der Univ. Jena, Abbruch, Hauslehrer bei Baron Georg von Holzhausen in Frankfurt a. M., 1804–1805 Lehrer an der dortigen Musterschule, an der 1813–1818 auch Diesterweg tätig war, 1808–1810 als Hauslehrer mit Zöglingen im Institut von J. H. Pestalozzi (s. ds.) in Yverdon (Kt. Waadt), anschließend Lehrer am Institut von Johann Ernst Plamann (s. ds. Personenregister Bd. V) in Berlin, Studien an der Univ. Göttingen und Berlin, Beeinflussung durch E. M. Arndt (s. ds.) und Friedrich Ludwig Jahn (s. ds.), 1815 Teilnehmer am Befreiungskrieg im Lützowschen Freikorps, 1815 Inspektor des Mineralogischen Museums in Berlin, 1816 Gründer der „Allgemeinen Deutschen Erziehungsanstalt" in Griesheim (h. Singerberg), 1817 Verlegung derselben nach

Keilhau (h. Rudolstadt), Bemühungen um eine zweckmäßige Ordnung des Ganzen von Unterricht, Arbeit, Spiel, Turnen und Reisen, Bekämpfung seiner Anstalt durch die preußische Regierung als „Brutstätte revolutionären Geistes", deshalb 1831 Gründer einer neuen Erziehungsanstalt in Wartensee (Kt. Luzern) und Willisau (ebd.), 1835 Einrichtung eines Waisenhauses in Burgdorf (Kt. Bern), 1837 Rückkehr nach Deutschland, Konzentration auf die Erziehung von Kindern im vorschulpflichtigen Alter, Einrichtung einer „Anstalt zur Pflege des Beschäftigungstriebes für Kindheit und Jugend" in Blankenburg, Entwicklung der sogenannten „Spielgaben", 1840 Begründer des ersten „Kindergartens" (ein von ihm eingeführter Begriff) sowie eines Kindergärtnerinnenseminars, 1849 Begegnung mit Diesterweg in Bad Liebenstein auf Veranlassung von Johanna Goldschmidt (s. ds. Personenregister Bd. X), Unterstützung durch viele Pädagogen, u. a. durch Diesterweg, pädagogisch engagierte Bürgerinnen wie J. Goldschmidt und Bertha von Marenholtz-Bülow (s. ds. Personenregister Bd. XIII) und das Fürstenhaus von Sachsen-Meiningen, 1851–1860 im Zuge der einsetzenden preußischen Reaktion Verbot der Kindergärten wegen vermeintlich sozialistischen Atheismus' (Verwechselung mit der Position seines Neffen Julius F. <s. ds. Personenregister Bd. 18>), Entwicklung einer eigenen Erziehungs- und Bildungstheorie (Sphärentheorie) und origineller Bildungsmittel, Verfasser zahlreicher Aufsätze und Abhandlungen, vierte Auflage von Diesterwegs „Wegweiser" (1859) ihm gewidmet.
Schriften u. a.:
Die Menschenerziehung, die Erziehungs-, Unterrichts- und Lehrkunst, angestrebt in der Allgemeinen deutschen Erziehungsanstalt zu Keilhau, dargestellt von dem Stifter, Vorsteher und Begründer derselben. Keilhau 1826.
Seine gesammelten pädagogischen Schriften wurden von Wichard Lange in drei Bänden (Berlin 1862–1863) herausgegeben. *371,* 373

FUCHS, FRANZ ABRAHAM (ca. 1787–1852);
bis 1812 Unterlehrer in Schee (h. Sprockhövel), 1813 Unterlehrer bei L. v. Scheven (s. ds.) in der Schule auf der Gathe (Elberfeld, h. Wuppertal), 1813–1831 dort Lehrer, 1820 Ablehnung eines Rufes an die evangelische Stadtschule in Remscheid, 1819 auf der Dreierliste für die neu zu besetzende Lehrerstelle an der lutherischen Pfarrschule in Ronsdorf (h. Wuppertal), seit 1822 auch Lehrer an der Handwerker-Sonntagsschule sowie seit 1825 Lehrer für Arithmetik und Geometrie an der neugegründeten Gewerbeschule in Elberfeld (beides unter J. F. Wilberg <s. ds.>), Freund Wilbergs, 1831–1853 Hauptlehrer an der lutherischen Pfarrschule im Thomashof in Elberfeld, 1840 Bewerber um eine Lehrerstelle an der Stadtschule in

Lennep, Beschäftigung seines Sohnes Hermann F. als Hilfslehrer, Rendant der Elberfelder Elementarlehrer-Witwenkasse. Zusammen mit Diesterweg und P. Heuser (s. ds.) gab er heraus: Johann Friedrich Wilberg, der „Meister an dem Rhein". Essen 1847. *43, 393, 400, 575* Hint; HStA Düss, u.a. Reg. Düss., Nr. 3332, 3561; Jor; StA Wupp, L I 129

FUNKE [FUNCKE], KARL PHILIPP (1752–1807); Pädagoge und Historiker, aus Görzke (b. Brandenburg a. d. Havel), Studium der Theologie an der Univ. Halle, seit 1771 Lehrer an den Schulen der Franckeschen Stiftungen in Halle, 1776–1781 Lehrer und Inspektor an der Friedrichsschule in Breslau, seit 1781 Konrektor der Gelehrtenschule in Dessau und seit 1785 Inspektor des dortigen Schullehrerseminars, 1804 Edukationsrat, Verfasser zahlreicher Hand- und Lehrbücher, insbesondere aus den Bereichen Naturgeschichte, Physik und Technik.
Schriften u. a.:
Naturgeschichte und Technologie für Lehrer in Schulen. 3 Bde. Braunschweig 1790–92; 2. Aufl. 1794/1796;
Praktische Geschichte des Menschen. Ebd. 1793;
Handbuch zur Physik. Ebd. 1797;
Kurze Entwicklung der Naturgeschichte zum Gebrauch in höheren Schulen. Berlin 1804;
Neues Realschullexikon. 5 Bde. Ebd. 1800–1805. *249, 265, 273, 277*

GASPARI, ADAM CHRISTIAN (1752–1830); Geograph und Statistiker, aus Schleusingen, bis 1790 Studium an der Univ. Göttingen, Hofmeister in Holstein, 1795–1797 a. o. Professor der Philosophie an der Univ. Jena, 1797–1798 Gymnasiallehrer in Oldenburg, seit 1798 Privatgelehrter, 1803–1810 russischer Hofrat und Professor der Geschichte, Geographie und Statistik an der Univ. Dorpat, seit 1810 o. Professor für Geschichte und Geographie an der Univ. Königsberg, 1792–1795 Hrsg. der „Neuen Allgemeinen Teutschen Bibliothek", 1800 des „Allgemeinen Jahrbuchs der Geographie und Statistik" und 1800–1803 Mithrsg. der „Allgemeinen geographischen Ephemeriden", außerdem Verfasser von Lehrbüchern, geographisch-statistischen Arbeiten zur Zeitgeschichte und Erbauungsschriften.
Schriften u. a.:
Über den methodischen Unterricht in der Geographie. Weimar 1791; 5. Aufl. 1819;
Lehrbuch der Erdbeschreibung. 1. Kursus. Ebd. 1792; 17. Aufl. 1831; 2. Kursus. 1793; 11. Aufl. 1826.
Vollständiges Handbuch der neuesten Erdbeschreibung. 2 Teile. Ebd. 1797–1801 (dasselbe fortgeführt und erweitert, gem. mit Hossei, Cannabich, F. W. A. Fröbel <s. ds.>, J. Chr. F. Guts Muths <s. ds.> und Ukert: 23 Bände. Ebd. 1819–1832);

Allgemeine Einleitung in die neueste Geographie zur vollständigen Kenntnis der Erde. Ebd. 1814. *250, 266, 269, 273f., 278*

GATERMANN, HERMANN (1806–1833); Lehrer, aus Meiderich (h. Duisburg), Sohn eines Sattlers, 1823–1827 Seminarist in Moers, Empfänger eines Stipendiums, 1827–1828 Hilfslehrer, 1828–1830 provisorischer, 1831–1833 definitiver dritter Lehrer an der Elementarschule in Ruhrort (h. Duisburg). *382*
HStA Düss, Reg. Düss., Nr. 2818; StA Dui

GEDIKE [GEDICKE], FRIEDRICH (1754–1803); Pädagoge, aus Boberow (Westprignitz), Absolvent des Pädagogiums in Züllichau (Grenzmark), Studium der Theologie und der Philologie an der Univ. Frankfurt a. d. O., Hauslehrer in Berlin, 1776–1779 Subrektor und seit 1779 Direktor des Friedrich-Werderschen Gymnasiums in Berlin, 1787 Gründer eines Seminars für gelehrte Schulen, 1787 als Oberschulrat Gründungsmitglied des Oberschulkollegiums, 1791–1793 Mitdirektor und seit 1793 Direktor des Berlinisch-Köllnischen Gymnasiums zum Grauen Kloster, bedeutende Einflußnahme auf die Entwicklung des höheren Schulwesens, Ausarbeitung einer Reform der Gymnasien im Sinne J. B. Basedows (s. ds.) und Johann Matthias Gesners (s. ds. Personenregister Bd. X), Bemühungen, die Lateinschulen der kleineren Städte in Realschulen umzuwandeln, stete Verbindung des Sprachunterrichts mit dem Sachunterricht, führender Vertreter der „Berliner Aufklärung", Förderer von F. D. E. Schleiermacher (s. ds.), 1783–1791 Hrsg. der „Berliner Monatsschrift" (gem. mit Johann Erich Biester; s. ds. Personenregister Bd. VII), seit 1800 der „Annalen des preußischen Schul- und Kirchenwesens", Herausgeber englischer, französischer, lateinischer und griechischer Texte und Lehrbücher sowie einer lateinischen und einer französischen Chrestomathie.
Schriften u. a.:
Über die Verbindung des wissenschaftlichen und philosophischen Schulunterrichts. Berlin 1780;
Praktischer Beitrag zur Methodik des öffentlichen Schulunterrichts. Ebd. 1781;
Französisches Lesebuch für Anfänger, nebst einer kurzen Grammatik. Ebd. 1785;
Ausführliche Nachricht von dem mit dem Friedrich-Werderschen Gymnasium verbundenen Seminarium für gelehrte Schulen. Ebd. 1789;
Nachricht von der gegenwärtigen Einrichtung des Berlinisch-Köllnischen Gymnasiums. Ebd. 1796;
Gedikes Biographie aus seinen Papieren. Hrsg. von Franz Horn. Ebd. 1808. *246, 261, 272, 276*

GEHLER, JOHANN SAMUEL TRAUGOTT (1751–1795); Physiker und Jurist, aus Görlitz, Sohn eines Bürgermeisters, Studium der Naturwissenschaften,

644

der Mathematik und der Rechtswissenschaft an den Universitäten Görlitz und Leipzig (seit 1767), 1774 Magister, seit 1776 Dozent für Mathematik an der Univ. Leipzig, 1777 Dr. jur. (Leipzig), seit 1783 Ratsherr, seit 1786 Beisitzer des Oberhofgerichts in Leipzig, 1787 und 1793 Delegierter beim Sächsischen Landtag, Mitglied der Ober-Lausitzischen Gesellschaft der Wissenschaften zu Görlitz und der Gesellschaft der ökonomischen Wissenschaften zu Leipzig, Verfasser und Übersetzer physikalischer und chemischer Abhandlungen, Hrsg. des ersten systematischen physikalischen Handwörterbuches in deutscher Sprache (1787 bis 1796).

Übersetzer u.a. von:

Untersuchung über die Atmosphäre und die zur Abmessung ihrer Veränderungen dienlichen Werkzeuge, von J.A. de Luc. 2 Teile. Leipzig 1776/1778;

Vorlesungen über die Pflichten und Eigenschaften eines Arztes, von John Gregory. Ebd. 1778.

Schriften u.a.:

Physikalisches Wörterbuch oder Versuch einer Erklärung der vornehmsten Begriffe und Kunstwörter der Naturlehre in alphabetischer Ordnung. 6 Bde. Ebd. 1787–1796. *371*, 374

GELDERMANN, WILHELM (geb. ca. 1804);

Lehrer, aus Schermbeck (b. Wesel), 1822–1824 Seminarist in Moers, Empfänger eines Stipendiums, Privatlehrer in Ruhrort (h. Duisburg),1824 auf der Dreierliste für die neu zu besetzende Lehrerstelle an der evangelischen Elementarschule in Kranenburg (Niederrhein), seit 1826 bis vermutl. nach 1867 Lehrer an der evangelischen Elementarschule in Jüchen (b. Mönchengladbach) sowie dort Küster, Organist und Vorsänger, 1830 bis mind. 1834 wegen rheumatischer Erkrankung an Brust, Hals und Augen durch einen von der Königlichen Regierung in Düsseldorf bewilligten Hilfslehrer vertreten. *121, 155, 307,* 307

HStA Düss, Reg. Düss., Nr. 3107, 3213

GELLERT, CHRISTIAN FÜRCHTEGOTT (1715–1769);

Dichter und Hochschullehrer, aus Hainichen (b. Freiberg), Sohn eines Pfarrers, Absolvent der Fürstenschule Afra in Meißen (b. Dresden), 1734 bis 1738 sowie 1740–1744 Studium an der Univ. Leipzig, zwischenzeitlich Hauslehrer, Bekanntschaft u.a. mit Friedrich von Schlegel und F.G. Klopstock (s. ds.), 1744 Dr. phil., erste literarische Versuche, 1745 Habilitation, 1751–1769 a. o. Professor der Philosophie an der Univ. Leipzig, Abhaltung von Vorlesungen über Poesie, Beredsamkeit und Moral, Mitglied des Kreises um Johann Christoph Gottsched (s. ds. Personenregister Bd. IV), Mentor zahlreicher Künstler und Künstlerinnen, Dichter der Übergangsphase von der Aufklärung über die Empfindsamkeit zum Sturm und Drang, Absicht, auf Herz und Sitten der Leser erziehend und bildend einzuwirken, Verfasser vor allem von Fabeln, Erzählungen, Lustspielen und geistlichen Liedern, als meistgelesener Autor vor J. W. v. Goethe (s. ds.) geltend.

Gellerts sämtliche Schriften erschienen 1769 (1.–5. Teil) und 1770 (6.–9. Teil) in Leipzig. *251, 267, 273,* 277

GEMMER, HEINRICH THEODOR (1803–1877);

Lehrer, aus Düsseldorf, Sohn eines Küsters, Absolvent des dortigen Gymnasiums, 1820 Hilfslehrer in Düsseldorf, 1821–1827 Lehrer in Barmen (h. Wuppertal), 1827–1828 provisorischer, 1828 bis 1868 definitiver Lehrer an der Stadtschule und Kantor in Lennep (h. Remscheid), 1848–1868 außerdem Lehrer der dortigen ersten Mädchenklasse, 1868–1874 zweiter Lehrer an der neu eingerichteten evangelischen Mädchenschule, zuletzt in Letmathe (h. Iserlohn). *403*

HStA Düss, Reg. Düss., Nr. 3284

GERSBACH, JOSEPH (1787–1830);

Musiklehrer und Philologe, aus Säckingen (h. Bad S.), frühe musikalische Ausbildung, 1807 bis 1809 Studium der Philologie, der Philosophie und der Mathematik an der Univ. Freiburg i. Br., seit 1809 Musiklehrer in einer Privaterziehungsanstalt in Göttstadt (b. Biel, Kt. Bern), 1810–1816 Privatmusiklehrer bei Hirzel in Zürich, 1810 Begleitung seines Zöglings Konrad Melchior Hirzel (s. ds. Personenregister Bd. III) von Zürich nach Stuttgart, nach Yverdon (in das Institut von J. H. Pestalozzi <s. ds.>; Kt. Waadt) und nach Lausanne (ebd.), seither Bemühungen, den Musikunterricht nach Pestalozzis Methode auf naturgemäße Prinzipien zurückzuführen, Verbindungen zu H. G. Nägeli (s. ds.), 1816–1817 Lehrer an der Erziehungsanstalt von Heinrich Dittmar (s. ds. Personenregister Bd. I und X), Georg Wilhelm Hartung und Friedrich Christian Kapp in Würzburg, 1817 bis 1818 Aufenthalt in Yverdon, zunächst Privatlehrer, dann in den Instituten von J. Niederer (s. ds.) und Pestalozzi, 1818–1819 Lehrer am Schullehrerseminar in Rastatt, 1819–1822 durch Vermittlung Dittmars in einem Lehrinstitut in Nürnberg, 1822 Konversion vom katholischen zum evangelischen Bekenntnis, seit 1823 zweiter Lehrer am Schullehrerseminar in Karlsruhe, dort Erteilung des Unterrichts in Musik, deutscher Sprache, Mathematik und Naturwissenschaften, Bemühungen um die Anschaffung von Orgeln in Schullehrerseminaren, Gründer eines Vereins für Kirchengesang, enger Mitarbeiter von J. W. Stern (s. ds.), Förderer der Musikpädagogik und des Elementarunterrichts in deutscher Spracheaußerdem Komponist und Hrsg. von Liedern.

Schriften u.a.:

Anfänge des Unterrichts in Volksschulen (gemeinsam mit J. W. Stern). Karlsruhe 1827 (vgl.

Rh. Bl., Jg. 1828, Bd. II, Heft 3, S. 98–101; vorliegende Ausgabe, Bd. 1, S. 416 f.);
Lehrgang der deutschen Sprache für Volksschulen (gemeinsam mit J. W. Stern). 5 Teile und eine Anleitung zum Gebrauch desselben in 2 Teilen. Ebd. 1828;
Singschule. 2 Teile. Ebd. 1833;
Anleitung zum Gebrauch der Singschule. Ebd. 1833;
Singvögelein. Ebd. 1833. *475 f.*
Frie

GESSERT, FERDINAND (1792–1866);
lutherischer Theologe, aus Zechin (Oderbruch), Studium der Theologie an der Univ. Berlin, 1813/14 Teilnahme an den Befreiungskriegen, 1816–1818 Lehrer am Gymnasium in Potsdam, 1818–1821 Brigadeprediger in Münster in Westfalen, 1821–1829 Pfarrer und Schulinspektor in Lienen (b. Tecklenburg), 1829–1833 erster Pfarrer in Halle in Westfalen, 1833–1837 in Heepen (h. Bielefeld), 1837–1862 in Schwelm, zuletzt in Elberfeld (h. Wuppertal), Träger des Roten Adlerordens, Verfasser von Abhandlungen zur Theologie und zur Pädagogik.
Schriften u. a.:
Das Heilige Land oder Palästina bis auf Christi Zeit. Hamm 1822;
Ueber den Begriff und die Wichtigkeit der Schulzucht, besonders für Volksschulen. Münster 1826;
Handbuch der Schul-Disciplin für Elementarschulen. Ebd. 1835. *445, 447*

GIERLINGS, FRIEDRICH WILHELM (geb. ca. 1805);
Lehrer, aus Gruiten (h. Haan, b. Wuppertal), 1822–1824 Seminarist in Moers, Empfänger eines Stipendiums, 1824–1825 Hauslehrer bei Pfarrer Johann Gottlieb Nourney (1795–1880, Sohn von Anton Hermann N. <s. ds.>) in Schöller (h. Wuppertal), 1825 auf der Dreierliste für die neu zu besetzende Lehrerstelle an der Elementarschule in Geistenbeck (h. Mönchengladbach), einstimmige Ablehnung durch den Kirchen- und Gemeindevorstand, 1825 Hilfslehrer bei J. P. Küller an der evangelischen Elementarschule am Wüstenhof (Elberfeld, h. Wuppertal), 1826–1829 Lehrer an der evangelischen Elementarschule in Lüdorf (Lennep, h. Remscheid), 1827 sehr schlechte Beurteilung durch Diesterweg bei dessen Visitationsreise, 1827 Teilnehmer am Lehrkursus im Seminar in Moers, dort Ablegung der Wiederholungsprüfung, wegen schlechter finanzieller und gesundheitsschädlicher Bedingungen in Lüdorf 1827 Eingabe bei der Königlichen Regierung in Düsseldorf um Zuteilung der Lehrerstelle an der evangelischen Elementarschule in Brühl (h. Solingen) oder einer anderen einträglicheren Stelle, 1828 auf der Dreierliste für die neu zu besetzende Lehrerstelle an der evangelischen Schule vor dem Arrenberg (Elberfeld), seit 1829 Lehrer an der lu-

therischen Elementarschule in Lüttringhausen (h. Remscheid). *155, 396, 401, 507*
HStA Düss, Reg. Düss., Nr. 3049, 3324, 3328, 3616; StA Wupp, L I 142

GLÄSER, KARL GOTTHILF (1784–1829);
Musiker und Pädagoge, aus Weißenfels a. d. Saale, Sohn eines Musikdirektors und Seminarlehrers, Absolvent der Thomasschule in Leipzig, 1804–1808 Studium zunächst der Rechtswissenschaft, dann der Theologie an der Univ. Leipzig, kurzzeitig in Naumburg a. d. Saale, Hinwendung zur Musik, Korrektor in der Kühnelschen Musikalienhandlung in Leipzig, Konzentration auf Orgelspiel und Komposition, dann Musiklehrer in Barmen (h. Wuppertal), Teilnahme an den Befreiungskriegen, Kriegsverletzter, 1817 Gründer des Barmer Singvereins, Eröffnung einer Musikalienleihanstalt und einer Instrumentenhandlung, eifriger Förderer des Gesangunterrichts an Volksschulen, Herausgeber von Liederbüchern und Musiklehrbüchern.
Schriften u. a.:
Kurze Anweisung zum Singen in zwei Kursen für Volksschulen. Essen 1821;
17 musikalische Wandtafeln zur ersten Unterweisung im Singen nach Noten, nach Natorps Methode entworfen, nebst einer kurzen Anweisung zum Singen. Ebd. 1821;
Musikalisches Schulgesangbuch, methodisch geordnet nach Natorps Anleitung. 2 Bde. Ebd. 1821 bis 1826 (vgl. Rh. Bl., Jg. 1827, Bd. I, Heft 2, S. 119 f.; vorliegende Ausgabe, Bd. I, S. 202 f.);
Kurze Anweisung zum Choralspiel mit Vor- und Zwischenspielen für ganz Ungeübte, die keine Kenntniß der Harmonie und Composition besitzen. Ebd. 1824;
Dreistimmige Choräle. 1. Heft. Barmen 1827 (vgl. Rh. Bl., Jg. 1827, Bd. I, Heft 2, S. 121; vorliegende Ausgabe, Bd. I, S. 203). *250, 266, 414, 415*

GLEIM, JOHANN WILHELM LUDWIG (1719–1803);
deutscher Dichter, aus Ermsleben (b. Aschersleben), Sohn eines Obersteuereinnehmers, 1738 bis 1740 Studium der Philosophie und der Rechtswissenschaft an der der Univ. Halle, Mitglied eines Dichterbundes, der sich unter dem Einfluß Friedrich von Hagedorns und Alexander Gottlieb Baumgartens an den griechischen Lyriker Anakreon (s. ds. Personenregister Bd. XVII) orientierte, seit 1743 Hauslehrer, später Stabssekretär beim Prinzen Wilhelm von Brandenburg-Schwedt in Berlin, Freundschaft u. a. mit Johann Georg Sulzer (s. ds. Personenregister Bd. V) und K. W. Ramler (s. ds.), 1745 Sekretär des Fürsten Leopold von Dessau, 1747 Sekretär des Domkapitels in Halberstadt, 1756 Kanonikus des Stifts Walbeck (b. Helmstedt), Verwirklichung einer anakreontischen Lebensführung, Freund von Matthias Claudius (s. ds. Personenregister Bd. XII), J. G. v.

Herder (s. ds.), Gotthold Ephraim Lessing und F. G. Klopstock (s. ds.), literarischer Vermittler, Förderer u. a. von Jean Paul (s. ds.), volksaufklärerische Tätigkeit, Verfasser von anakreontischer Lyrik und volkstümlichen Werken.
Seine Briefe sind überliefert in:
Briefwechsel deutscher Gelehrten. Briefe deutscher Gelehrten, aus Gleim's literarischem Nachlasse. Hrsg. von W. Korte. 3 Bde. Zürich 1804.
Seine sämtlichen Werke wurden von W. Korte in acht Bänden herausgegeben (Halberstadt 1811 bis 1813). *105,* 108

GÖRRES, JOHANN JOSEPH VON (1776–1848);
Schriftsteller und Publizist, aus Koblenz, Sohn eines Holzhändlers, Absolvent eines Jesuitengymnasiums, Studium der Naturwissenschaften, der Medizin und der Geschichte, nach Bruch mit der katholischen Kirche Anhänger revolutionären, republikanischen Gedankengutes, 1797 Mitbegründer des gegen Adel, Klerus und Despotismus gerichteten „Roten Blattes", das bald verboten wurde, Eintreten für eine „Amalgamation" der französischen politischen und der deutschen philosophischen Revolutionsideen, 1799 Mitglied einer Deputation in Paris, seit 1801 Lehrer der Naturwissenschaften an der Secondairschule (Gymnasium) in Koblenz, Einfluß Friedrich Wilhelm Joseph von Schellings (s. ds. Personenregister Bd. I, X, XII und XIII) und J. G. v. Herders (s. ds.), Begegnungen mit Achim von Arnim, G. F. Creuzer (s. ds.) und Clemens Brentano, 1806 bis 1808 Privatdozent an der Univ. Heidelberg, Streben nach einer universalen Darstellung der gesamten Geistes- und Naturwissenschaften und einer mythischen Weltdeutung, durch die Beschäftigung mit Mittelalter und altdeutschen Texten Hinwendung zum Patriotismus und allmähliche Rückkehr zum Katholizismus, 1814–1816 unter Justus von Gruner Generaldirektor für den Unterricht am Mittelrhein, 1814 Gründer des „Rheinischen Merkur", scharfer Kritiker Napoleons, Warnung vor Reaktion und Liberalismus, Erklärung der sozialen Frage zur Zukunftsfrage des deutschen Katholizismus, 1816 nach Verbot des „Rheinischen Merkur" Entlassung aus seinem Amt, 1820 Flucht vor der Verhaftung nach Straßburg, Anschluß an die demokratisch-katholische Bewegung Frankreichs, 1827 Berufung an die Univ. München – u. a. durch Vermittlung von Bischof Johann Michael Sailer (s. ds. Personenregister Bd. III) –, Professor der allgemeinen und der Literaturgeschichte, Forderung nach Unabhängigkeit von Staat und Kirche, Ringen um Frieden unter den Konfessionen, bleibender Einsatz für politischen Moralismus, Freiheit, Gerechtigkeit und Wahrheit, Verfasser politischer und religiöser Abhandlungen.
Schriften u. a.:
Von Glauben und Wissen. München 1805;

Mythengeschichte der asiatischen Welt. 2 Bde. Heidelberg 1810;
Europa und die Revolution. Stuttgart 1821;
Die christliche Mystik. 4 Bde. Regensburg 1836 bis 1842;
Aspecten an der Zeitwende. Zum Neuen Jahre 1848. Ebd. 1848.
Seine gesammelten Schriften wurden nach seinem Tode von seiner Tochter Marie Görres in neun Bänden (München 1854–1874) herausgegeben. 89, *103f.,* 105f.
Schül

GÖRTZ [GOERTZ/GOERDTS], JOHANN ABRAHAM (ca. 1807–1865);
Lehrer, aus Lennep (h. Remscheid), Sohn eines Kleinhändlers, 1825–1827 Seminarist in Moers, Empfänger eines Stipendiums, seit 1827 Hilfslehrer an der lutherischen Elementarschule in Lüttringhausen (h. Remscheid), 1828–1831 provisorischer, 1831–1865 definitiver Lehrer an der evangelischen Elementarschule in Neuenhaus (h. Solingen), 1832 auf der Dreierliste für die neu zu besetzende Lehrerstelle an der vereinigten evangelischen Elementarschule in Cronenberg (h. Wuppertal), 1864 schwere Erkrankung. *204, 381*
HStA Düss., Reg. Düss., Nr. 3327, 3368 a

GÖTH, ANNA BARBARA s. ERK, A. B.

GOETHE [GÖTHE], JOHANN WOLFGANG [VON] (1749–1832);
Dichter, Staatsmann und Naturforscher, aus Frankfurt a. M., Sohn eines Particuliers, seit 1765 Studium der Rechtswissenschaft an der Univ. Leipzig, Hörer bei Chr. F. Gellert (s. ds.) und Johann Christoph Gottsched (s. ds. Personenregister Bd. IV), Zeichenunterricht u. a. bei Johann Joachim Winckelmann, durch diesen Grundlegung seines Verständnisses von der Antike, seit 1770 Studium an der Univ. Straßburg, erste literarische und ästhetische Schriften, 1771–1775 Anwalt in Frankfurt a. M., Mitarbeit an den „Frankfurter Gelehrten Anzeigen", seit 1772 am Reichskammergericht Wetzlar, aufgrund persönlicher Erfahrungen Niederschrift der „Leiden des jungen Werther", 1775 Begegnung mit Johann Kaspar Lavater in der Schweiz (s. ds. Personenregister Bd. III), Anregung durch dessen physiognomische Studien, 1776 Geh. Legationsrat und Mitglied des Geheimen Conseils in Sachsen-Weimar, 1779 Geh. Rat, 1782 Nobilitierung, Vorsitzender der neugegründeten Bergwerkskommission, später auch der Wegebaukommission, schließlich Leiter der Staatsfinanzen, freundschaftliche Verbindung mit Herzog Karl August, 1786–1788 Aufenthalt in Italien, 1791–1817 Leiter des Weimarer Hoftheaters, intensive Beschäftigung mit botanischer und zoologischer Morphologie sowie mit Farbenlehre, Suche nach dem einen Prinzip, auf das sich die mannigfachen Erscheinungen zu-

rückführen lassen, Gegner der Französischen Revolution, 1792 Teilnahme an der Campagne in
Frankreich, 1793 an der Belagerung von Mainz,
1794–1805 Hrsg. der „Horen" (gem. mit F. v.
Schiller <s. ds.>), Begrüßung der Herrschaft Napoleons, 1808 Audienz bei diesem, 1816 Übernahme der Oberaufsicht über alle Landesanstalten
für Kunst und Wissenschaft im Großherzogtum
Sachsen-Weimar, in seinem umfangreichen literarischen Schaffen Ablegung aller poetischen
Zwänge, theoretische Durchdringung und praktische Ausübung von Bildender Kunst und Poesie,
daneben naturwissenschaftliche Forschungen zur
Metamorphose (Evolution) und Phänomenologie,
Verfasser von Werken aller literarischen Gattungen, 1831 Abschluß der Herausgabe seiner
Werke. *103, 106, 407*

GOLDBERG, JOHANN HEINRICH (1793–1840);
Zimmermeister in Moers, von der Königlichen
Regierung in Düsseldorf als qualifiziert anerkannt.
163, 177, 216f., 219
StA Moers, ULB Düss

GOLDFUSS, GEORG AUGUST (1782–1848);
Zoologe und Paläontologe, aus Thurnau (b. Bayreuth), Sohn eines Baders, Studium der Medizin
und der Arzneikunde, der Naturgeschichte und
der Zoologie an der Univ. Erlangen, 1804 Dr.
phil. in der Arzneikunde, Habilitation in der Zoologie, Hauslehrer bei Freiherrn von Winckler in
Hemhofen (b. Erlangen), 1810–1818 Privatdozent
für Zoologie an der Univ. Erlangen, seit 1818
o. Professor der Zoologie und Mineralogie an der
Univ. Bonn, Oberaufseher des Zoologischen Museums und der Paläontologischen Sammlung, seit
1813 Mitglied sowie langjähriger Bibliothekar
der Deutschen Akademie der Naturforscher Leopoldina in Halle a. d. Saale, 1818 Einführung des
Begriffs „Protoza", Verfasser von Abhandlungen
zu Naturwissenschaft und Bildung.
Schriften u. a.:
Ein Wort über die Bedeutung naturwissenschaftlicher Institute und über ihren Einfluß auf humane
Bildung. Bonn 1821;
Naturhistorischer Atlas. 1.–6. Lieferung. Düsseldorf 1824–1826;
Grundriß der Zoologie. Nürnberg 1826; 2. Aufl.
1834. *444, 447*

GOS[S]MANN, HEINRICH DIEDERICH
(ca. 1805–mind. 1860);
Lehrer, aus Berchum (h. Hagen), Sohn eines
Schneiders, 1827–1828 Hilfslehrer an der evangelischen Elementarschule auf dem Hatzfeld (Barmen, h. Wuppertal), 1828–1830 Seminarist in
Moers, 1830 Hilfslehrer an der evangelischen
Elementarschule in Haarzopf (h. Essen) und an
der evangelischen Elementarschule auf der Gathe
(Elberfeld, ebd.), 1830–1834 Lehrer an der evangelischen Elementarschule in Hochstraß (Moers),

1834 definitiv anstellungsfähig, 1834–1841 Leh-
rer auf dem Hatzfeld sowie Betreuer der Filial-
Schule in der Leimbach (beide Barmen), 1841
freiwilliges Ausscheiden aus dem Amt, Ökonom,
Schulvorsteher. *451*
HStA Düss, Reg. Düss., Nr. 2715, 3406; StA Wupp, u. a.
L I 190

GOTTBEHÜT, CARL AUGUST (1808–1860);
Lehrer, aus Lüttringhausen (h. Remscheid), Sohn
eines Lehrers (an der Linde, damals Lüttringhausen, h. Wuppertal-Ronsdorf), 1823–1826 Seminarist in Moers, Empfänger eines Stipendiums,
1827–1834 Lehrer an der evangelischen Elementarschule in Struck (Remscheid), 1832 vermutl.
Bewerber um die Lehrerstelle an der evangelischen Elementarschule in Langenberg (h. Velbert), 1834 definitiv anstellungsfähig, 1834 bis
mind. 1853 Nachfolger seines Vaters als Lehrer
an der evangelischen Elementarschule an der Linde, zugleich Lehrer an der lutherischen Armenschule in Erbschloe (ebd.), 1853 wegen wiederholt auftretender Lungenentzündung ärztlich begutachtet und Pensionierung empfohlen, Bitte
an den Präses des Schulvorstandes Pfarrer August
Franz Friedrich Wilhelm Itzenplitz (gest. 1887)
um Emeritierung. *150, 396*
HStA Düss, L. A. Lennep, Nr. 80, sowie Reg. Düss.,
Nr. 3373; StA Wupp, L I 377, 395

GRASER, JOHANN BAPTIST (1766–1841);
Pädagoge, aus Eltmann (Mainfranken), Studium
der Philosophie an den Univ. Bamberg und Würzburg, 1786 Dr. phil., Besuch des Würzburger
Priesterseminars, 1790 Priesterweihe, Präfekt am
adligen Knabeninstitut Julianeum in Würzburg,
seit 1793 Erzieher am Pageninstitut Virgilianum
in Salzburg, 1804–1810 Professor der Philosophie
und Pädagogik an der Univ. Landshut, seit 1804
Schul- und Studienrat in Bamberg, Organisation
des Schulwesens in Oberfranken, 1810–1825 Re-
gierungs- und Kreisschulrat in Bayreuth, 1812 Ex-
kommunizierung aufgrund seiner Heirat, unter
dem Einfluß der Aufklärung und der Schriften
J. G. v. Herders (s. ds.), J. G. Fichtes (s. ds.) und
Friedrich Wilhelm Joseph von Schellings (s. ds.
Personenregister Bd. I, X, XII und XIII) Verfolgung der Idee der Gottähnlichkeit des Menschen als Bildungsziel (1811), Entwicklung einer
Schreib-Lese-Methode für den Anfangsunterricht,
Förderer des Taubstummenunterrichts, Mitarbeiter an den Rh. Bl., Verfasser zahlreicher Abhandlungen zu Bildung, Schulwesen und Politik.
Schriften u. a.:
Divinität oder das Prinzip der einzig wahren Menschenerziehung mit besonderer Anwendung auf
eine neue, daraus hervorgehende Elementarunter-
richtsmethode. Hof 1811;
Die Elementarschule für's Leben in ihrer Grundlage zur Reform des Unterrichts. Bayreuth 1817;

648

Die Elementarschule für's Leben in der Steigerung. Bayreuth und Hof 1828(vgl. zu den beiden
letzten Titeln: Rh. Bl., Jg. 1828, Bd. III, Heft l,
S. 87–105; vorliegende Ausgabe, Band I, S. 302
bis 304);
Der erste Kindesunterricht, die erste Kindesqual,
eine Kritik der bisher üblichen Leselehrmethoden.
Hof 1819;
Das Schulmeisterthum mit der Elementarschule
für's Leben im Kampfe, eine nähere Darstellung
des beiderseitigen Geistes auf Veranlassung der in
dem Schulfreund für die deutschen Bundesstaaten
recensirten Schrift: erster Kindesunterricht, erste
Kindesqual etc. Ebd. 1820;
Die Elementarschule für's Leben in ihrer Vollendung. Ebd. 1841. *243f., 257f.*

GRASHOF, KARL FRIEDRICH AUGUST
(1770–1841);
Pädagoge und preußischer Staatsbeamter, aus
Groß Germersleben (Magdeburger Land), Sohn
eines Justizamtmanns, 1789–1792 Studium der
Theologie an der Univ. Halle, 1806 Dr. phil. in
Mathematik (Frankfurt a. d. O.), 1794–1798 Lehrer am Pädagogium der Realschule in Berlin,
1798–1810 Konrektor am Lyzeum und 1810 bis
1816 Rektor des Gymnasiums in Prenzlau (Uckermark), 1813/14 Teilnehmer an den Befreiungskriegen, 1814 Generaldirektor des öffentlichen
Unterrichts im Generalgouvernement Aachen, mit
der Reorganisation des Unterrichts betraut, Unterstützer des Schulwesens in Moers und um dessen
Wiederaufbau nach der Franzosenherrschaft bemüht, Anordnung und Mitdurchführung von Leh-
rerkursen, Einrichtung von Lehrerkonferenzge-
sellschaften, 1816–1841 Konsistorial- und Schulrat in Köln, Befürworter der Einrichtung simultaner Schullehrerseminare, 1820 Beförderer der
Einrichtung des Seminars in Moers ohne definitive Finanzzusagen des Ministeriums, Verteidiger
der Anstalt (die ohne seinen Einfluß 1822 aufgelöst bzw. mit dem Seminar in Neuwied zusammengelegt worden wäre) und ihrer Leitung durch
Diesterweg, 1820–1841 Direktor des ehemaligen
Kölner Karmeliter-Kollegiums (seit 1825 Friedrich-Wilhelm-Gymnasium), Verfasser schulpoliti-
scher und schulreformerischer Abhandlungen.
Schriften u. a.:
Über künftige Reformen in den Lehr- und Lek-
tionsplänen unserer Schulen. Köln 1830;
Schulzwang und Schulgeld. Zur Beherzigung für
die Versammlung der Rheinischen Landstände im
Jahre 1833. Ebd. 1833;
Aus meinem Leben und Wirken, zugleich als Beitrag zur Geschichte der Rheinprovinz in Hinsicht
auf Kirche und Schule. 1. Bd. Essen 1839. *(49f.),*
50, *(53f.), (54f.),* 55, *(56),* 56, 62, 64, 68, *(109f.),*
(113), 114, *115,* 115, *116,* 117, 121, 126, *(128),*
129, 132, 135, *136ff.,* 139, *142, 146,* 147f., *148,*
(150f.), 151, *(151f.),* 152, 154, *165, 167, 173f.,*

176, (183), 184, 201, (202ff.), 224, *233, 235,*
331f., 354, 358, *466, 522*
Gers; Gra; Heu

GRASHOF, JULIUS WERNER (1802–1873);
evangelischer Theologe, aus Prenzlau (Uckermark), Sohn von Karl Friedrich August G. (s. ds.),
1820–1823 Studium der Theologie an der Univ.
Bonn, 1824 Ablegung des Examens pro facultate
docendi (Prüfung für das höhere Lehramt) für die
Fächer Religion und Philologie an den unteren
und mittleren Klassen eines Gymnasiums vor
der Wissenschaftlichen Prüfungskommission der
Univ. Bonn, Religionslehrer in Köln, 1824–1826
erst Lehrer, dann Konrektor am Progymnasium
(Adolfinum) in Moers, von der Düsseldorfer Regierung als für diese Funktion „sehr qualifiziert"
eingestuft, 1826–1830 Divisionspfarrer in Trier,
1830–1864 in Köln, dort zugleich Religionslehrer
am Friedrich-Wilhelm-Gymnasium, außerdem
Privatlehrer, 1831 von Diesterweg als möglicher
Nachfolger für die Leitung in Moers vorgeschla-
gen, 1841–1873 Konsistorialrat in Köln, 1864 Eh-
renpromotion (Bonn), Verfasser von religiösen
Abhandlungen und Lehrbüchern.
Schriften u. a.:
Die Briefe der heiligen Apostel Jakobus, Petrus,
Johannes und Judas. Als Probe einer Ausgabe der
Heiligen Schrift. Neues Testament übersetzt und
erklärt. Essen 1830;
Leitfaden für den Unterricht in der allgemeinen
Weltgeschichte für Divisionsschulen, höhere Bür-
gerschulen und mittlere Klassen der Gymnasien.
Ebd. 1831. *529f.,* 530
EvRh 2; HStA Düss, Reg. Düss., Nr. 3397; Klein

GRASSMANN, FRIEDRICH HEINRICH GOTTHILF
(1784–1866);
evangelischer Theologe, 1809–1811 Pfarrer in
Stecklin (bei Greifenhagen, Westpommern), 1811
bis 1818 Direktor des Schullehrerseminars in
Stettin, 1818–1820 Helfer und 1820–1826 Assessor beim dortigen Konsistorium, 1826–1866
Schulrat der Regionen Pomorsky und Stettin, Entwicklung neuer Methoden für den Elementarunterricht und Verfasser zahlreicher Lehrbücher,
vom Ministerium für geistlichen, Unterrichts- und
Medizinal-Angelegenheiten mit der kritischen Begutachtung von Schriften Diesterwegs beauftragt
(vgl. hierzu den Aufsatz Diesterwegs in den
Rh. Bl., Jg. 1834, Bd. IX, Heft 3, S. 259–352; vorliegende Ausgabe, Bd. XXII <in Vorbereitung>).
Schriften u. a.:
Anleitung für Volksschullehrer zum ersten Unterricht im Lesen und Rechtschreiben. Berlin 1816;
Schulbuch der Raumlehre. Zum Gebrauch der
Schüler in den unteren Klassen der Gymnasien
und in Volksschulen. 2 Teile. Berlin 1817/1824;
Anleitung zu Denk- und Sprechübungen als der
naturgemäßen Grundlage für den gesammten Un-

terricht, besonders aber für den ersten Sprachunterricht in Volksschulen. Ebd. 1825;
Handbuch der Welt- und Menschenkunde zum Gebrauch in Volksschulen. Ebd. 1833;
Kleine deutsche Sprachlehre für Volksschulen. Ebd. 1835. *312*, 313, *371*, 374, 433f.

GRATZ, PETER ALOYS (1769–1849);
katholischer Theologe und Pädagoge, aus Mittelberg (b. Kempten), Sohn eines Lehrers, seit 1788 Studium der Theologie am Klerikalseminar in Dillingen, 1792 Priesterweihe, Hofmeister bei Freiherrn von Ratzler in Weitenburg am Neckar, seit 1796 Pfarrer in Untertalheim (h. Horb am Neckar), seit 1809 auch Schulinspektor, 1812 bis 1819 Professor der neutestamentlichen Exegese an der katholischen Univ. Ellwangen (Schwaben), 1817–1819 Königlich-württembergischer o. Professor der Theologie an der Univ. Tübingen, 1819 bis 1826 an der Univ. Bonn, 1826–1839 Kirchen- und Regierungsschulrat in Trier, zugleich Lehrer am Trierischen Schullehrerseminar, seit 1830 dessen Leiter, zahlreiche Bemühungen um die Hebung der Volksschulen, u.a. durch Schulvisitationen, durch Einberufung von Lehrerkonferenzen unter Hinzuziehung der geistlichen Schulinspektoren und durch Anschaffung von Schul- und Lehrbüchern auf Staatskosten, Eintreten für angemessene Schulbauten und Lehrerwohnungen, Förderer des Gesangs und der Musik, 1820 bis 1824 Hrsg. der Zeitschrift „Der Apologet des Katholizismus". Eine Zeitschrift zur Berichtigung mannigfaltiger Entstellungen des Katholizismus" (9 Hefte, Mainz) sowie eines historisch-kritischen Kommentars zum Matthäusevangelium (2 Bde., 1821/1823), Verfasser von Schulbüchern und geistlichen Schriften.
Schriften u.a.:
ABC-Büchlein für die erste Abtheilung der ersten Klasse in Landschulen. Tübingen 1812;
Ueber die Gränzen der Freiheit, die einem Katholiken in Erklärung der heiligen Schrift zustehen. Ellwangen 1817;
Französisches Sprachbuch für Anfänger. Karlsruhe 1831. *472*

GREEF [GREFF], WILHELM (1809–1875);
Lehrer, aus Kettwig a. d. Ruhr (h. Essen), 1828 bis 1830 Seminarist in Moers, 1830 dort Hilfslehrer, Empfänger eines Stipendiums, 1830–1833 provisorischer, 1833–1875 definitiver erster Lehrer an der städtischen Elementarschule und seit 1835 auch Organist in Moers, 1831–1871 außerdem Gesangslehrer und zwischenzeitlich in den unteren Klassen Lehrer für alle Fächer am Progymnasium (Adolfinum), 1843 vom Düsseldorfer Regierungspräsidenten Johann Adolf Freiherr von Spiegel-Borlinghausen (1792–1852) zur Belobigung empfohlen, 1851 Gründer des Männergesangvereins, Vorsteher der Kranken- und Ster-

beladen, Mitarbeiter an den Rh. Bl., darin auch Rezensent von Diesterwegs „Schullesebuch" und seiner „Anleitung zum Gebrauche des Schullesebuchs" (Jg. 1837, N. F., Bd. XVI, S. 216–244), 1844 Verteidiger Diesterwegs gegen den Vorwurf der Unchristlichkeit durch Gustav Wilhelm Pieper (s. ds. Personenregister Bd. VI), Hrsg. von Schul- und Volksliedern.
Schriften u.a.:
Liederkranz. Auswahl heiterer und ernster Gesänge für Schule, Haus und Leben. (Gem. mit L. Erk <s. ds.>.) 2 Hefte. Essen 1839–1844;
Beitrag zur Beurtheilung des Zeugnisses von G. W. Pieper, Pastor in Mettmann, gegen Dr. A. Diesterweg, Seminardirektor in Berlin. Moers 1844. 133, *451, (481f.), 519f.,* 520
HStA Düss, u.a. Reg. Düss., Nr. 3396, 3398; Klein

GRILLPARZER, FRANZ SERAPHICUS
(1791–1872);
österreichischer Dichter, aus Wien, Sohn eines Rechtsanwalts, 1807–1811 Studium der Rechtswissenschaft an der Univ. Wien, bereits während des Studiums Verfasser eines Trauerspiels, seit 1814 Beamter, zunächst Konzeptspraktikant bei der Finanzhofkammer in Wien, 1832–1856 Direktor des Hofkammerarchivs, 1849 Gründungsmitglied der Kaiserlichen Akademie der Wissenschaften in Wien, seit 1856 Hofrat, 1861 Ernennung zum Mitglied des Herrenhauses auf Lebenszeit, 1864 Ehrenbürger von Wien, Dr. h. c. (Wien, Leipzig und Innsbruck), frühzeitig unter dem dramaturgischen Einfluß des Hoftheatersekretärs Joseph Schreyvogel, unter seiner Anregung Verfasser zahlreicher am Burgtheater erfolgreicher Theaterstücke, Schaffung eines eigenen Dramenstils, gekennzeichnet durch Anschaulichkeit und Bühnenwirksamkeit, Gegner des „Geistesdrucks" durch den österreichischen Staatskanzler Reichsfürst v. Metternich, Freund u.a. von Franz Schubert und Ludwig van Beethoven, nach 1832 Rückzug vom Theater, Veröffentlichung von Erzählungen und einer Selbstbiographie, später auch weiterer Dramen. *103,* 105

GRIMM, JAKOB WILHELM (1752–1824);
reformierter Theologe, aus Oberfischbach (b. Siegen), Sohn eines Pfarrers und späteren Konsistorialrats, Absolvent des Pädagogiums in Siegen, Studium der Theologie an den Univ. Herborn und Marburg, 1778–1794 zweiter Pfarrer der reformierten Gemeinde und Hofprediger in Siegen, Freund von Diesterwegs Vater Carl Friedrich D. (s. ds.) und Pate Diesterwegs, 1794–1812 Professor der Theologie an der nassauischen Landesuniv. Herborn, Geh. Konsistorialrat für Dillenburg, Beherberger Diesterwegs während dessen Studium in Herborn, seit 1812 Pfarrer und seit 1814 oranien-nassauischer Generalsuperintendent in Dillenburg, 1814 in seinen Predigten Auf-

ruf der jungen Männer zur Befreiung des Vaterlandes, 1817 Dr. theol., von Diesterweg sehr geschätzt.
Verfasser von:
Erinnerungen an meine Lehrlinge und ihre Aeltern zur Beförderung eines vernünftigen und thätigen Christenthums. Bonn 1786.
Diesterweg gab diese Schrift im Jahre 1824 neu heraus. *28, 54*

GRIMM, JOHANN KARL PHILIPP (1768–1813);
Naturwissenschaftler und Historiker, aus Halle a. d. Saale, Professor der Physik an der Königlichen Friedrichsschule sowie an der Artillerie-Akademie in Breslau, seit 1801 Professor der Mathematik und Physik an der Ritterakademie in Liegnitz (Schlesien), Senator in Breslau, Verfasser physikalischer und historischer Abhandlungen.
Schriften u. a.:
Handbuch der Physik, für Schullehrer und Liebhaber dieser Wissenschaft. 3 Bde. Breslau 1797 bis 1800;
Handbuch für Geschichte der Preußisch-Brandenburgschen Staaten. Ebd. 1797–1799;
Grundriß der Experimentalphysik. Berlin 1800.
250, 266, *273,* 278

GROSSE, GOTTFRIED (1745–1814);
evangelischer Theologe, aus Barleben (b. Magdeburg), Oberlehrer am Pädagogium im Kloster Bergen (h. Groß Rodensleben, b. Magdeburg), seit 1781 Pfarrer in Calenberge (h. Randau-C., b. Magdeburg) und seit 1786 auch in Pechau (h. Magdeburg), seit 1793 Pfarrer in Wolmirsleben (Magdeburger Land), Verfasser von pädagogischen Abhandlungen und mathematischen Lehrbüchern.
Schriften u. a.:
Der Einfluß des guten Umgangs auf die Bildung der Menschen. Magdeburg 1780;
Korollarien zur praktischen Geometrie für diejenigen, deren Beruf es ist, einzelne Feldmarken auszumessen. Halle 1805;
Der arithmetische Jugendfreund, in praktischen Gesprächen. Eine Vorbereitung der scientifischen Erlernung der Arithmetik, zum Selbstunterricht für denkende Köpfe und vorzüglich zum Gebrauch für Hauslehrer und ihre Zöglinge. 1. Teil. Magdeburg 1810. *249,* 265, *273,* 278

GRUNER, GOTTLIEB ANTON (1778–1844);
Pädagoge, aus Coburg, 1797–1800 Studium der Theologie, der Geschichte und der Philosophie an den Univ. Göttingen und Jena, Schüler von Ernst Christian Trapp (s. ds. Personenregister Bd. VII und X) und Chr. G. Salzmann (s. ds.), 1801–1802 Hauslehrer bei dem dänischen Minister Christian Günther Graf von Bernstorff in Kopenhagen, Aufenthalte am Philanthropin von Salzmann in Schnepfenthal (h. Waltershausen, b. Gotha) und

1803–1805 im Institut von J. H. Pestalozzi (s. ds.) in Burgdorf (Kt. Bern), gem. mit J. K. Nänny (s. ds.) Lehrer an einer Privatschule in Heilbronn, 1805–1810 Direktor der Musterschule in Frankfurt a. M., an der 1813–1818 auch Diesterweg tätig war, um fortschrittliche Volksbildung bemüht, Weckung des Interesses von F. W. A. Fröbel (s. ds.) für die Pädagogik, 1810–1812 Privatdozent an der Univ. Heidelberg, Dr. phil., 1812–1817 Gymnasialprofessor in Coburg, 1817–1827 Direktor des simultanen Landeslehrerseminars und Oberschulrat in Idstein (b. Wiesbaden), Begründer einer Simultanschule, 1822 dringender Befürworter der Berufung von Ehregott Wilhelm Gottlieb Bagge (s. ds. Personenregister Bd. II und XVI) zum Direktor der Musterschule in Frankfurt a. M., Pensionierung wegen Erblindung, Befürworter und Förderer des Pestalozzianismus in Deutschland, Mitarbeiter an den Rh. Bl., Verfasser pädagogischer und elementarmethodischer Abhandlungen und Lehrbücher.
Schriften u. a.:
Briefe aus Burgdorf über Pestalozzi, seine Methode und Anstalt. Frankfurt a. M. 1804;
Versuch einer wissenschaftlichen Darstellung und Begründung der wichtigsten Hauptpunkte der Erziehungslehre. Jena 1822;
Versuch einer gemeinfaßlichen, doch auf Selbstverständigung gegründeten Entwicklung der dem Volksschullehrer unentbehrlichen wissenschaftlichen Vorkenntnisse. Ebd. 1823;
Friedemann und die Seinen oder das Gottesreich auf Erden. Ein Familienbuch zur Veredlung des häuslichen und bürgerlichen Lebens. 4 Teile. Frankfurt a. M. 1829;
Über Volksschulwesen und Volksveredelung, als gegenseitige Bedingungen der Begründung eines bessern bürgerlichen Zustandes. Wiesbaden 1833. *(21f.),* 83, 83, *104, 181,* 182, *232, 245,* 259, *347, (349),* 349
Frie

GÜNDERODE, FRIEDRICH MAXIMILIAN FREIHERR VON (1753–1824);
Jurist, aus Frankfurt a. M., Studium der Rechtswissenschaft an der Univ. Göttingen, 1773–1775 Schöffe am Reichskammergericht in Wetzlar, seit 1775 Hofgerichtsassessor für Nassau-Usingen in Wiesbaden, seit 1785 Ratsherr in Frankfurt a. M., 1789–1803 Vertreter seiner Heimatstadt beim Oberrheinischen Kreis, maßgebliche Beteiligung an der Gründung der Frankfurter Musterschule, an der 1813–1818 Diesterweg als Lehrer tätig war, und 1805–1824 Präsident von deren Ökonomischer Kommission, seit 1807 Stadtschultheiß und Geheimrat, 1810 bei der Gründung des Großherzogtums Frankfurt Ernennung zum Präfekten des Departements Frankfurt, Konsistorialdirektor, seit 1815 Präsident der neuen Gesetzgebenden Versammlung und des Appellationsgerichtes in Frank-

furt a. M., als Ratsherr und Schultheiß für das Kirchen- und Schulwesen der Stadt verantwortlich, 1812 Erlaß eines Schulgesetzes zur Neuordnung des städtischen Volks- und Mittelschulwesens, Berufung eines Vertreters des Rationalismus – Wilhelm Friedrich Hufnagel – an die Spitze der Frankfurter Geistlichkeit, Vater der Schriftstellerin Karoline von Günderode (s. ds. Personenregister Bd. VII). *22*

Fro; Mau

GULDNER, JOHANN GERLACH (1777–1836);
evangelischer Theologe und Pädagoge, aus Frankfurt a. M., Sohn eines Handwerkers, Absolvent des Frankfurter Gymnasiums, Studium der Theologie und Philosophie an der Univ. Tübingen, begeisternder Kanzelredner, aus Gesundheitsgründen Beschränkung auf Lehrtätigkeit, Privatlehrer, 1803–1810 a. o., 1810–1836 ordentlicher Lehrer an der Musterschule in Frankfurt a. M., an der 1813–1818 auch Diesterweg tätig war, Lehrer insbesondere in den oberen Mädchenklassen, 1810 Dr. phil. (Erlangen), engagierter Pädagoge, Entwurf eines religionsphilosophischen Systems, aufgrund dessen zuletzt Entbindung vom Religionsunterricht. *24*

Dida 1; Fro; IfStG Ffm; Mau

GULERMANN, HERMANN;
Lehrer, 1824–1825 als Externer Seminarist in Moers, wohnhaft bei dortigen Verwandten. *292f.*

GUTS MUTHS, JOHANN CHRISTOPH FRIEDRICH (1759–1839);
Pädagoge und Turnlehrer, aus Quedlinburg, 1779–1782 Studium der Theologie, der Mathematik, der Physik, der Geschichte und der neueren Sprachen an der Univ. Halle, seit 1782 Hauslehrer von K. Ritter (s. ds.), 1785–1839 Lehrer für Geographie und Leibesübungen am Philanthropin von Chr. G. Salzmann (s. ds.) in Schnepfenthal (h. Waltershausen, b. Gotha), Entwicklung eines Systems für das Schulturnen, Eintreten für Spiele und Schwimmen im Turnunterricht, Einrichtung des ersten Sportplatzes Deutschlands in Schnepfenthal, Forderung nach einer gründlichen körperlichen Schulung aller Kinder des Volkes, dazu Entwurf eines ersten Systems einer vielseitigen körperlichen Ausbildung der Jugend, 1800–1820 Hrsg. der „Neuen Bibliothek für Pädagogik, Schulwesen und die gesammte pädagogische Literatur Deutschlands" (zuerst Gotha, seit 1806 Leipzig), Verfasser zahlreicher pädagogischer Aufsätze und Abhandlungen, insbesondere zum Turnunterricht.
Schriften u. a.:
Gymnastik für die Jugend. Schnepfenthal 1793;
Spiele zur Übung und Erholung des Körpers und Geistes für die Jugend. Ebd. 1796;

Lehrbuch der Geographie, zum Gebrauch der Lehrer beim Unterricht. Leipzig 1800;
Turnbuch für die Söhne des Vaterlandes. Mit 4 Kupfertafeln. Grimma 1817;
Katechismus der Turnkunst. Leipzig 1818;
Versuch einer Methodik des geographischen Unterrichts. Weimar 1835.
(Nachruf in den Rh. Bl., Jg. 1840, Bd. XXI, Heft 1, S. 6–62; vorliegende Ausgabe, Bd. V, S. 4–30.)
19, 19f., 54

HÄNLE, CHRISTIAN HEINRICH (geb. ca. 1775);
Philologe und Pädagoge, aus dem Elsaß, Subkonrektor, dann Konrektor des Gymnasiums in Idstein (b. Wiesbaden), seit etwa 1810 Prorektor des großherzoglichen Badischen Pädagogiums in Lahr (h. Waldbrunn, b. Weilburg a. d. Lahn), seit 1813 Magister der Philosophie, nach 1821 Direktor des Gymnasiums in Weilburg, Verfasser zahlreicher Lehrbücher, Schulreden und pädagogisch-philologischer Aufsätze.
Schriften u. a.:
Lateinische Anthologie, aus den Werken der vorzüglichsten Römischen Dichter gesammelt und herausgegeben. Frankfurt a. M. 1803;
Lehrbuch der Staatengeschichte für höhere Schulen. Heidelberg 1808;
Abriß der Geometrie und Mechanik für Pädagogien und mittlere Klassen der Gymnasien, nebst einer Probe geometrischer Geistesgymnastik nach Pestalozzi und Ladomus. Frankfurt a. M. 1811;
Die Geometrie als Geistesgymnastik. 1. Teil. Hadamar 1817. *248, 264*

HAENTJES, JOHANN PETER THEODOR (1800–1854);
katholischer Theologe, Studium der Theologie in Aachen und Bonn, Pfarrer in Kapellen (h. Moers), 1830–1837 in Moers, dort auch Schulpfleger, unter seiner Leitung Bau eines katholischen Elementarschulhauses und Einführung des Lehrers Heinrich Allekotte (geb. 1813), seit 1837 Pfarrer in Aldekerk (h. Kerken, b. Moers). *511, 520f., 531, 531, 587*

StA Moers

HAGEN, JOHANN WILHELM (1809–mind. 1885);
Lehrer, aus Ruhrort (h. Duisburg), Sohn eines Schneidermeisters, 1828–1830 Seminarist in Moers, Empfänger eines Stipendiums, 1830–1832 Hilfslehrer an der evangelischen Elementarschule in Kuchhausen (Cronenberg, h. Wuppertal), 1832 bis 1833 in Rheinberg (Niederrhein), 1833 Bewerbung um eine Lehrerstelle in Ruhrort, 1833 bis 1835 provisorischer, 1835–1837 definitiver Lehrer an der evangelischen Elementarschule in Hülsdonk (Moers), 1837–1884 Lehrer an der evangelischen Elementarschule, Küster und Katechet in Lintorf (h. Ratingen), 1843 Bewerber auf die Lehrerstelle an der evangelischen Elementarschule in Haan (b. Wuppertal), 1844 Gründer

einer Fortbildungsschule, vergeblich um deren Anerkennung durch die königliche Regierung bemüht, 1848 wegen finanzieller Notlage Verfasser eines Bittschreibens an König Friedrich Wilhelm IV., 1852 vorübergehend Verweigerung seines Gehaltes durch den überwiegend katholischen Gemeinderat, Verfügung der Fortzahlung durch die königliche Regierung. *451*

Bev; HStA Düss, L. A. Moers, Nr. 68, sowie Reg. Düss., Nr. 2847, 3407; Voll

HAHN, CHRISTIAN TRAUGOTT HERMANN (1790–1877);

Pädagoge, aus Frankfurt a. M., Vollwaise, 1805 bis 1810 Schüler und 1810–1811 Gehilfe an der Musterschule in Frankfurt a. M., an der 1813 bis 1818 auch Diesterweg tätig war, Aufenthalt im Institut von J. H. Pestalozzi (s. ds.) in Yverdon (Kt. Waadt), 1811–1813 Weiterbildung am Institut K. Chr. W. v. Türks (s. ds.) in Vevey (Kt. Waadt), 1813–1853 ordentlicher Lehrer an der Frankfurter Musterschule, gemeinsam mit Diesterweg bemüht, den Turnunterricht einzuführen, Einrichtung eines Turnplatzes, 1848 sowie 1866–1867 Vertreter des Schuldirektors, 1848 vergeblich um den Posten der definitiven Schulleitung bemüht, auch später noch regelmäßiger Besucher und bis 1873 mehrfach Lehrer an der Schule, praktisch orientierter Pädagoge mit besonderem Verwaltungsgeschick, Einführung des Klassenlehreramtes an der Musterschule, Verfasser einiger Lehrbücher.

Schriften u. a.:
Praktische Anleitung zu Denk- und Verstandesübungen für die Jugend in Vorlageblättern, nebst einem Hand- und Hilfsbuch für Lehrer und Eltern. Leipzig 1820;
Arithmetisches Exempelbuch für den Schul- und Privatunterricht. 1. und 2. Kursus. 2. Aufl. Frankfurt a. M. 1831;
Resultate der Aufgabendes arithmetischen Exempelbuches … 1. und 2. Kursus. 2. Aufl. ebd. 1832.
21, 24, 46, 246, 261

Frie; Fro; Mau; Rav

HAHNZOG, CHRISTIAN LUDWIG (1737–1810);

lutherischer Theologe, aus Scharfenbrück (Mark Brandenburg), Pfarrer in Welsleben (b. Magdeburg), von rationalistischer und utilitaristischer Gesinnung, um die Hebung der Bildung in der Landbevölkerung bemüht, Herausgeber zahlreicher Predigten und Abhandlungen.

Schriften u. a.:
Predigten wider den Aberglauben der Landleute. Magdeburg 1784;
Christliche Volksreden über die Evangelien, oder Postille für Landleute zum Vorlesen beim öffentlichen Gottesdienste. (Gem. mit H. G. Zerrenner <s. ds.>.) Ebd. 1785; neue Ausgabe 1801;
Christliche Volksreden über die Episteln, sowohl zu einem Vorlesebuch bei öffentlichen Gottesver-

ehrungen, als zum Gebrauch bei häuslicher Andacht eingerichtet. (Gem. mit H. G. Zerrenner.) Erfurt 1792; vermehrte Ausgabe 1797;
zahlreiche Aufsätze in den Magdeburgischen gemeinnützigen Blättern. *245, 259, 275*

HALFMANN, DIEDERICH (1802–1836);

Lehrer, aus Duisburg, 1820–1823 Seminarist in Moers, 1823–1836 zunächst Hilfslehrer, dann Lehrer an der evangelischen Elementarschule in Asberg (h. Moers), 1827 Teilnehmer am Lehrkursus im Seminar in Moers, dort Ablegung der Wiederholungsprüfung. *128f., 140, 402f.*

HStA Düss

HALLESLEBEN;

1823 Bürgermeister in Appeldorn (h. Kalkar, b. Kleve). *140*

HANNIBAL (247/46–183 v. Chr.);

Feldherr und Staatsmann, aus Karthago, Sohn des Hamilkar, seit 237 mit seinem Vater in Spanien, 221 von den dortigen Truppen zum Oberbefehlshaber gewählt und vom Volk in Karthago bestätigt, 219 Eroberung des unter Roms Schutz stehenden Sagunt, 218 Überschreitung des Ebro und damit Auslösung des Zweiten Punischen Krieges, Überschreitung der Pyrrhenäen sowie der Alpen mit seinem Heer und den Kriegselefanten, Sieg über die Römer in der Poebene, Vereinigung mit den gallischen Stämmen Oberitaliens, 216 große Umfassungsschlacht bei Cannae, Zusammenschluß mit süditalienischen Gemeinden, 214 Anschluß von Syrakus an Karthago, 212 Isolierung durch den Sieg der Römer über Syrakus, nach weiteren Niederlagen Rückzug nach Kalabrien, 202 entscheidende Niederlage durch Scipio d. Ä., 196 Wahl zum Oberbeamten (Sufeten) von Karthago, Eintreten für demokratische Reformen des obersten Gerichtshofes und der Finanzverwaltung, 195 Flucht vor den Folgen einer innenpolitischen Verleumdung nach Syrien zu Antiochos III., später nach Bithynien zu Prusias I., für beide als Militärführer tätig, 183 Selbstmord, um einem Auslieferungsverlangens Roms zuvorzukommen. *89*

HARNISCH, CHRISTIAN WILHELM (1787–1864);

lutherischer Theologe und Pädagoge, aus Wilsnack (h. Bad W., Prignitz), Sohn eines Schneidermeisters und Ackerbürgers, Absolvent des Gymnasiums in Salzwedel, 1806 Studium der Theologie an der Univ. Halle, Entlassung nach dem Einmarsch der Franzosen, bis 1808 Fortsetzung des Studiums an der Univ. Frankfurt a. d. O., 1808–1809 Hauslehrer bei Major von Waldow in Dannenwalde (Mecklenburg), 1809 Ablegung des ersten theologischen Examens in Berlin, 1809 bis 1812 Lehrer am Institut von Johann Ernst Plamann (s. ds. Personenregister Bd. V) in Berlin, hier Bekanntschaft mit der Pädagogik J. H. Pesta-

lozzis (s. ds.), Freundschaft mit den Lehrerkollegen Friedrich Ludwig Jahn (s. ds.) und Karl Friedrich Friesen (s. ds. Personenregister Bd. XI), Beitritt zu deren Deutschem Bund, Versuche, die Pädagogik Pestalozzis nationalpädagogisch anzuwenden, Fortsetzung der Studien, u.a. bei J. G. Fichte (s. ds.) und F. D. E. Schleiermacher (s. ds.), 1812 Dr. phil. (Univ. Wittenberg), 1812–1822 Erster Lehrer und Leiter am Schullehrerseminar in Breslau, 1813 Beteiligung an der Aufstellung des Lützowschen Freikorps in der Stadt, Verbreitung der pestalozzischen Pädagogik im Seminar sowie – in Zusammenarbeit mit Direktor Daniel Krüger (s. ds. Personenregister Bd. VIII) vom katholischen Lehrerseminar – auch unter den katholischen Lehrerschaft, Begründer des Breslauer Schullehrervereins, 1815 Eröffnung einer Turnanstalt, 1819 im Zusammenhang mit dem Turnstreit und dem Mord an August Friedrich Ferdinand von Kotzebue (s. ds. Personenregister Bd. XI) als Systemgegner verdächtigt, Verbot der Turnanstalt, 1822 Versetzung nach Weißenfels a. d. Saale und 1822 bis 1842 Direktor des dortigen Lehrerseminars, 1830 Ablehnung eines Rufes als Leiter des Stadtschullehrerseminars in Berlin, einer der Reformer der preußischen Lehrerbildung und dadurch von maßgeblichem Einfluß auf die Entwicklung der Elementarschulen, im Zusammenhang mit elementarpädagogischen Arbeiten Erfinder der Begriffe „Heimatkunde" und „Weltkunde", 1814–1820 Hrsg. von „Der Erziehungs- und Schulrath an der Oder" (gem. mit Krüger, 24 Hefte, Breslau), 1824–1828 von „Der Volksschullehrer" (5 Bde., Halle), zunächst entschiedener Pestalozzianer, 1826 erste Begegnung mit Diesterweg, nach anfänglicher Zusammenarbeit – u.a. Mitarbeit an den Rh. Bl. – Zerwürfnis wegen seiner aus der Sicht D.s zunehmend orthodoxen und pietistischen Position (vgl. Rh. Bl., Jg. 1866, Neueste Folge, Bd. XVII, S. 3–20; vorliegende Ausgabe, Bd. XVII, S. 239–250), 1842 bis 1864 Pfarrer in Elbeu (h. Wolmirstedt, b. Magdeburg), 1856–1861 Superintendent, Verfasser pädagogischer Abhandlungen und Lehrbücher.
Schriften u. a.:
Deutsche Volksschulen mit besonderer Rücksicht auf die Pestalozzischen Grundsätze. Berlin 1812; überarb. und erweitert: Handbuch für das deutsche Volksschulwesen, den Vorstehern, Aufsehern und Lehrern bei den Volksschulen gewidmet. Breslau 1820 (vgl. Rh. Bl., Jg. 1840, Bd. XXII, Heft 3, S. 355–363; vorliegende Ausgabe, Bd. V, S. 219 bis 222);
Erstes Sprachbuch, oder Uebungen, um richtig sprechen, lesen und schreiben zu lernen. Darmstadt 1814; 5. Aufl. 1820;
Erste faßliche Anweisung zum vollständigen deutschen Sprachunterricht. Mit beweglichen Buchstaben und 5 Lesetafeln. Breslau 1814; 4. Aufl. 1822;

Die Weltkunde, ein Leitfaden bei dem Unterricht in der Erd-, Mineral-, Stoff-, Pflanzen-, Tier-, Menschen-, Völker-, Staaten- und Geschichtskunde. Ebd. 1817;
Zweites Sprachbuch, oder Uebungen im Lesen und Reden, Schreiben und Aufschreiben, Begreifen und Urtheilen, für Volksschulen herausgegeben. Darmstadt 1818; 2. Aufl. 1822;
Zweite faßliche Anweisung zum vollständigen deutschen Sprachunterricht. Breslau 1818; 2. Aufl. 1822;
Vollständiger Unterricht im evangelischen Christenthume. I. Geschichte des Reiches Gottes. II. Evangelische Christenlehre. Halle 1831. *187, 190, 197, 211, 212, 232, 235, 244, 247, 257, 262, 322, 325, 374, 434*

HARTMANN, PHILIPP CARL (1773–1830);
Mediziner und Philosoph, aus Heiligenstadt (Eichsfeld), Sohn eines Spezereiwarenhändlers, 1792–1793 Studium der Philosophie an der Univ. Erfurt, 1793–1796 der Medizin an der Univ. Göttingen, 1796–1798 an der medizinischen Hochschule in Wien, Promotion, 1799–1803 praktizierender Arzt sowie Gehilfe in der Bezirks-Krankenanstalt in Wien, seit 1803 Leiter des k.k. Siechenspitals in Mauerbach (b. Wien), 1806–1811 o. Professor der theoretischen und praktischen Heilkunde am k.k. Lyzeum in Olmütz (Schlesien) sowie Primararzt am dortigen Krankenhaus, 1811–1829 Professor der Pathologie und Arzneimittellehre an der Hochschule in Wien, seit 1813 Redaktor der „Medicinischen Jahrbücher der österreichischen Monarchie", 1829–1830 Vorstand der Medizinischen Klinik im Allgemeinen Krankenhaus, Rufe an die Univ. Bonn und die Charité Berlin, Mitglied zahlreicher Gesellschaften, Gegner der naturphilosophischen Richtung von Friedrich Wilhelm Joseph von Schelling (s. ds. Personenregister Bd. I, X, XII und XIII) in der Medizin, Vertreter des Kritizismus I. Kants (s. ds.), um wissenschaftstheoretisch fundiertes Denken in seinem Fach bemüht.
Schriften u. a.:
Analyse der neuern Heilkunde. 2 Teile. Wien 1808;
Glückseligkeitslehre für das physische Leben des Menschen. Leipzig 1810;
Theoria morbi seu pathologica generalis. Wien 1814; deutsch 1823 (eine grundlegende Wissenschaftslehre der Medizin);
Der Geist des Menschen in seinen Verhältnissen zum physischen Leben, oder Grundzüge zu einer Physiologie des Denkens. Für Ärzte, Philosophen und Menschen im höhern Sinne des Wortes. Wien 1820. *104, 107*

HART[T]ER[T], LUCAS/JOHANN HEINRICH (1767–1836);
Spezerei-Händler und Hutmacher in Moers, aus Usingen (Taunus). *479, 484*
StA Moers

HARTUNG, ERNST LOUIS (geb. ca. 1792);
Steuerbeamter, aus Minden (Westfalen), seit 1806 bei der Königlichen Domänenkammer in Minden, 1808–1810 bei der Arrondissementskasse, 1810 bis 1811 Kalkulator der Direktion der direkten Steuern in Stade (Unterelbe), 1811–1813 bei der Steuerdirektion in Osnabrück, 1813 Offizier in den Befreiungskriegen, seit 1816 Regierungskalkulator im Range eines Regierungssekretärs in Düsseldorf, Buch- und Rechnungsprüfer, 1829 unfreiwillige Dienstentlassung. *208*
HStA Düss

HARTZING[H], PETER/PETRUS (1637–1680);
aus Firando (h. Hirado, b. Nagasaki), Sohn eines Direktors und späteren Generaldirektors der Vereinigten Ostindischen Kompanie in Batavia (h. Djakarta) und einer Japanerin, 1641 Ausweisung der Europäer aus Japan, Trennung von der Mutter, ca. 1642–1654 Besuch der Lateinschule (Adolfinum) in Moers (seit 1821 höhere Stadtschule <Progymnasium>), 1654–1655 Studium der Mathematik an der Univ. Leiden sowie seit 1655 der Physik und Metaphysik an der Univ. Duisburg, Kaufmann im Dienste der Ostindischen Handelskompanie in Amsterdam, seit 1666 im Harz, 1672 bis 1680 Fürstlich-Braunschweigisch-Lüneburgischer Hof- und Bergrat und Zehntner (höchster Verwaltungsbeamter der „Kommission Oberharz") in Clausthal (h. C.-Zellerfeld), 1678 Einführung eines neuen holländischen Verfahrens zum Schlagen der Schaustücke, 1680 Stiftung der Hälfte seines Vermögens (6000 Reichsthaler) für die Lateinschule Moers, um armen begabten Kindern aus Moers den Schulbesuch und die Aufnahme eines Studiums zu ermöglichen (Hartzingsche Stiftung/Fundation) – unter ausdrücklichem Hinweis auf Förderung der Musik und der Arithmetik und Unterbringung der Kinder in einem Alumnat –, außerdem Errichtung einer Unterstützungskasse für arme Bergarbeiterkinder im Oberharz, Tod nach schwerer Erkrankung; später Erhöhung der jährlichen Unterstützung der Moerser Lateinschule durch Sohn Karl H. (Generaldirektor in Indien), Unterbrechung der Unterstützungen während der Französenherrschaft 1798 bis 1813. *305, 305, 333, 378f., 509, 520*
Drei; StA Moers; Werk

HAUER, GEORG FRANZ VON (1780–1844);
Regierungsbeamter, aus Düsseldorf, Sohn eines Forstmeisters und Wirklichen Geheimen Rats, 1801–1804 Studium der Rechts- und Staatswissenschaft an der Akademie in Düsseldorf sowie den Univ. Göttingen und Heidelberg, Arbeit bei verschiedenen Dikasterialbeamten in Düsseldorf, 1803 Aufhebungskommissar für das Kloster Gräfrath (h. Solingen), 1805 für das Damenstift Gerresheim (h. Düsseldorf), 1807 Aufhebungskommissarmeister in Hennef a. d. Sieg, 1809 in Opladen (h. Leverkusen), 1816 kommissarischer

Landrat in Opladen, 1817 dort Landrat, 1819 bis 1836 auch in Solingen (Zusammenlegung der beiden Kreise), 1826–1828 Schulpfleger, durch Verbreitung von Schriften um Hebung des Bildungsstandes der Bevölkerung bemüht, Forderung einer Höheren Bürgerschule, seit 1828 Mitglied der Verwaltungskommission für die Anstalt Brauweiler (h. Pulheim, b. Köln), 1836–1844 Direktor der Rheinischen Provinzial-Feuer-Societät Koblenz, Verfasser bedeutender „Statistischer Darstellungen des Kreises Solingen", Träger des Roten Adlerordens.

Verfasser u. a. von:

Über die Richtung der projectirten westphälisch-rheinischen Eisenbahn durch den Bezirk der bergischen Eisen- und Stahlfabriken und das interne Wupperthal nach Köln. O. O. o. J. *489*
Rom

HEBBEL, ABRAHAM (geb. ca. 1803);
Lehrer, aus Elberfeld, 1821–1828 Hilfslehrer bei Lehrer Gustorff an der reformierten Pfarrschule in Solingen, 1823 von der Königlichen Prüfungskommission in Düsseldorf zur Bekleidung einer Lehrerstelle an kleinen Landschulen für fähig erklärt, 1827 Teilnehmer am Lehrkursus im Seminar in Moers, von Diesterweg als „gut" qualifiziert für das Lehramt bezeichnet, 1828 auf der Dreierliste für die nach Gustorffs Tod neu zu besetzende Lehrerstelle. *576*
HStA Düss, Reg. Düss., Nr. 3595

HEBEL, JOHANN PETER (1760–1826);
reformierter Theologe und Dichter, aus Basel, Sohn eines Webers und Hausdieners, Studium der Theologie an der Univ. Erlangen, 1780 Examen in Karlsruhe, 1780–1783 Vikar und Hauslehrer in Hertingen (h. Bad Bellingen, Markgräfler Land), 1783–1791 Lehrer am Pädagogium in Lörrach (b. Basel), seit 1791 am Gymnasium in Karlsruhe, 1792 Subdiakon der dortigen Hofkirche, 1805 Kirchenrat, 1808 Direktor des Lyzeums, 1819 Prälat der Landeskirche und Abgeordneter des badischen Landtags, seit 1800 Verfasser mundartlicher alemannischer Gedichte, auf Anregung J. W. v. Goethes (s. ds.) Anpassungen der Sprache an die Allgemeinverständlichkeit, seit 1803 Beiträge für den „Badischen Landkalender", 1808–1815 sowie 1819 dessen Redaktor unter dem neuen Titel „Der Rheinländische Hausfreund", häufige Durchbrechung der Erzählebene durch didaktische Kommentare des Erzählerfigur, 1818 Auftrag zu einem Schulbuch für den Religionsunterricht (1824), darin souveräne Reduktion der Bibel auf ihren gemein-christlichen Gehalt, so daß die Schrift auch im katholischen Religionsunterricht verwendet wurde, Verfasser zahlreicher Erzählungen und volkspädagogischer Abhandlungen.

Schriften u. a.:

Alemannische Gedichte. Für Freunde ländlicher Natur und Sitten. Karlsruhe 1803 (anonym); 2. Aufl. 1804 (mit Verfasserangabe); Schatzkästlein des rheinländischen Hausfreundes. Tübingen 1811 (Zusammenstellung von Texten aus dem „Rheinländischen Hausfreund"); Biblische Geschichten für die Jugend. 2 Bändchen. Stuttgart 1822; 2. Aufl. 1824; daraus abgeleitet: Biblische Geschichten für die katholische Jugend; eingerichtet von einem katholischen Geistlichen. 2 Bändchen. Ebd. 1825. *39, 252, 269, 312, 313, 455, 456*

HEERMANN, CARL GOTTLIEB (1779–1845);

Baubeamter, aus Marjenale (Westpreußen), seit 1800 im preußischen Staatsdienst, 1815–1845 Königlich-preußischer Landbauinspektor in Kleve, 1821 (nach Zusammenlegung des Regierungsbezirks Kleve mit Düsseldorf) mit dem Transport der Registratur, Archivalien und weiterer Utensilien von Kleve nach Düsseldorf betraut, Verwalter der Landbauten in den Kreisen Kleve, Rees und im nördlichen Teil des Kreises Geldern (alle Niederrhein), dort auch Revisor der kommunalen Bau-Anschläge für das Seminar in Moers zuständig. *135, 142, 146, 150f., 153f., (164), 177, (213f.), 215, 225, 235, (295f.), 372, 435, 479*

Beschr; Gor; HStA Düss; StA Kleve

HEGENBERG, F. A. (erw. 1818–1831);

um 1831 Königlich preußischer Conducteur und Privatdozent der Mathematik in Berlin, Verfasser von Abhandlungen zur Mathematik und Feldmessung.
Schriften u.a.:
Deutliche und vollständige Anweisung ohne Winkelmeßinstrumente nicht nur Aecker, Gärten, Waldungen, Flüsse etc., sondern auch ganze Feldmarken zu vermessen und zu berechnen. Zum Gebrauch für Oekonomen, Forstmänner, Gärtner etc. Berlin 1818; 2. Aufl. 1819;
Leitfaden der reinen Elementarmathematik, als der Arithmetik, der Algebra bis zu den Auflösungen der Gleichungen vom dritten Grade, der ebenen und sphärischen Geometrie. Ebd. 1819;
Vollständiges Lehrbuch der reinen Elementarmathematik; zum Gebrauch für Lehrer, besonders aber für Selbstlernende und Examinanden gearbeitet. 4 Teile. Ebd. 1821–1823;
Vollständige, auf die bekannte Elementarsätze von den geraden Linien und Winkeln gegründete Theorie der Parallellinien. Ebd. 1826;
Handbibliothek der reinen, höhern und niedern Mathematik. Zum Gebrauch auf Gymnasien und Universitäten und für den Selbstunterricht bearbeitet. 7 Bändchen. Leipzig 1831. *248, 264*

HEID s. HEYDT, AUGUST FREIHERR VON DER

HEILMANN, NIKOLAUS LEONHARD
(1776–1856);
reformierter Theologe, aus Krefeld, Sohn eines Pfarrers, Studium der Theologie an der Univ. Duisburg, 1805–1821 reformierter, 1821–1856 evangelischer Pfarrer in Krefeld, dort auch Schulpfleger, 1836–1842 Superintendent, Präsident der Konsistorialkirche zu Köln. *391*
EvRh 2

HEINATZ s. HEYNATZ.

HEINSIUS, OTTO FRIEDRICH THEODOR
(1770–1849);
Grammatiker und Lexikograph, aus Berlin, Studium der Philosophie und Philologie an der Univ. Berlin, 1795–1801 Lehrer am Friedrichswerderschen Gymnasium in Berlin, seit 1801 Lehrer und 1802–1847 Professor am Berlinisch-Köllnischen Gymnasium zum Grauen Kloster, seit 1804 gleichzeitig am Französischen Gymnasium, außerdem Vorsteher einer Töchterschule in Berlin, Verfasser zahlreicher Lehrbücher und Abhandlungen zur Philologie und Sprachpflege sowie zur Schul- und Wissenschaftsentwicklung, in seinen Darstellungen eher praktisch-zweckmäßig als wissenschaftlich orientiert, 1807–1811 Bemühungen, mit seinen Veröffentlichungen an die patriotische Bewegung anzuschließen, starke Verwurzelung in der Sprachwissenschaft des 18. Jh.s.
Schriften u.a.:
Teut, oder theoretisch-praktisches Lehrbuch der gesammten deutschen Sprachwissenschaft. 4 Teile. Berlin 1807–1811;
Die Sprachschule oder geordneter Stoff zu deutschen Sprachübungen für Schule und Haus. Ebd. 1815;
Concordat zwischen Schule und Leben, oder: Vermittelung des Humanismus und Realismus aus nationalem Standpunkt betrachtet. Ebd. 1842;
Religiöse und politische Zeitbegriffe für Freunde des Fortschritts in Wissenschaft und Leben. Ebd. 1846;
Grundstriche zu einer konstitutionellen Schul- und Volksbildung in Deutschland. Ebd. 1848. *246, 261*

HELLWAG, ERNST LUDWIG (1790–1862);

Regierungsbeamter, aus Eutin, Sohn des Naturforschers und Mediziners Christoph Friedrich H. (1754–1835), Familie befreundet mit J. H. Voss (s. ds.) und gut bekannt u.a. mit Friedrich Leopold Graf Stolberg (s. ds. Personenregister Bd. II) und F. G. Klopstock (s. ds.), Besuch des Gymnasiums in Eutin, 1808–1810 Studium der Rechtswissenschaft an der Univ. Heidelberg, 1810–1814 an der Univ. Tübingen, dort Burschenschaftskamerad von Diesterweg, 1814–1819 Regierungssekretär in Eutin, 1819–1832 Regierungsassessor, 1832 bis 1860 Regierungs- und seit 1860 Oberregierungsrat sowie Hofrat, Leiter des Unterrichtswesens im

Fürstentum Lübeck, stellvertretender Präsident der Oldenburgischen Regierung im Landesteil Eutin, 1837 Neubegründer der Eutiner Literarischen Gesellschaft, Verfasser einiger Aufsätze zu kulturellen und politischen Fragen, u.a. über Carl Maria von Weber (s. ds. Personenregister Bd. XI), zu Leben und Briefwechsel des Helvetischen Innenministers Albrecht Rengger und ein geplantes Gesetz zur Zivilehe, Träger des Oldenburgischen Haus- und Verdienstordens sowie des Dannebrogordens, Vater des Eisenbahntechnikers Konrad Wilhelm H. (1827–1882; u.a. bauleitender Oberingenieur der Gotthardbahn). *(33*

LbEu; Ober; Rön

HELMUTH, JOHANN HEINRICH (1732–1813); lutherischer Theologe, Pfarrer in Volkmarsdorf (h. Groß Twülpstedt, b. Wolfsburg) und Nordsteimbke (h. Wolfsburg), Superintendent in Calvörde (Magdeburger Land), Förderer allgemeiner Volksbildung und Naturkenntnisse zur Bekämpfung des Aberglaubens, Verfasser wissenschaftlicher und populärer Abhandlungen aus den Bereichen Naturkunde und Astronomie.
Schriften u.a.:
Die ersten Gründe der Sternwissenschaft. Ebd. 1776;
Volksnaturlehre zur Dämpfung des Aberglaubens. Ebd. 1786; 7. Aufl. 1822;
Anleitung zur Kenntniß des großen Weltbaues für Frauenzimmer. Ebd. 1794;
Volksnaturgeschichte. 9 Bde. Leipzig 1797–1805;
Ausführliche Erklärung des Julianischen und Gregorianischen Kalenders. Ebd. 1809; 2. Aufl. unter dem Titel: Der neue Kalendermann. Ebd. 1826. *249, 265, 273, 277*

HEMPEL, KARL FRIEDRICH (1784–1830); lutherischer Theologe und Advokat, aus Altenburg, Pfarrer in Stünzhain (b. Altenburg), später Hofadvokat und Gerichtsdirektor, Hauptmann und Regimentsquartiermeister bei dem herzoglichen Linienbataillon Altenburg, Beisitzer des Militärcollegiums, Verfasser volkstümlicher Lehrbücher.
Schriften u.a.:
Religiöse Betrachtungen über den Krieg, zur Belehrung und Beruhigung, besonders für den nachdenkenden Bürger und Landmann. Leipzig 1805;
Neues Taschenbuch für lernende und wandernde Professionisten, oder Meister Hülfreich an Lehrlinge und Gesellen. Pirna 1821;
Der Volksschulenfreund, ein Hilfsbuch zum Lesen, Denken und Lernen. Leipzig 1816; 17. Aufl. 1832; 46. Aufl. 1866. *445, 447*

HEN[C]KEL[L], WILHELM (ca. 1805–1868); Lehrer, aus Wermelskirchen, 1820–1823 Seminarist in Moers, Empfänger eines Stipendiums, Lehrer im Pensionat von Pfarrer A. E. Zillessen (s. ds.) in Wickrathberg (h. Mönchengladbach), dann in Barmen (h. Wuppertal), 1827–1868 Lehrer an der Bürgerschule in Neuwied. *120, 134, 141f., 172*

HENKEL, JOHANN MICHAEL (1780–1851); Musiker, aus Fulda, Sohn eines Klarinettisten, Studium der Musik an der Univ. Fulda, 1800 bis 1803 dort bischöflicher Hofmusiker, seit 1803 im Kirchen- und Schuldienst, 1816–1848 Gesangslehrer am Gymnasium in Fulda, durch seine Schriften und Kompositionen Erneuerer des Musikunterrichts, richtungweisend für die Kirchen- und Schulmusik im 19. Jh.
Verfasser von:
Praktische Orgelschule oder 66 Orgelstücke für Anfänger und Schulamtskandidaten. 2 Hefte. Wien o. J.;
Sechs religiöse Gesänge für Kirchen und Schulen, für Sopran Alt Tenor Baß nebst Chor und mit Begleitung des Pianoforte. Bonn o. J.;
Lieder für Elementarschulen. 3 Sammlungen. Fulda und Kassel 1821 und 1823. *181, 182, 251, 267*

HENNIG [HENNING], JOHANN CHRISTIAN (geb. 1788); aus Rawitsch (Wartheland), Sohn eines Knechts und Schäfers, Kalligraph in Berlin. Verfasser von: Berlinische Schulvorschriften. Deutsche: 2 Hefte. Englische: 2 Hefte. Berlin 1818;
Allgemeine (deutsche) Schulvorschriften, nach streng geprüften und praktisch bewährten Grundsätzen, in lückenloser Reihenfolge von den leichtesten bis zu den schwersten Uebungen methodisch geordnet. (Gem. mit D. Hornung <s. ds. Personenregister Bd. XII>.) Ebd. 1828;
Magazin der Schreibekunst, oder Bemerkungen, Ideen, Vorschläge, Materialien und Beurtheilungen zur Beförderung und Verbreitung alles Nützlichen aus dem Gebiete der Kalligraphie. 1. Jg., 1. Bd. Ebd. 1831;
Die continuirlich-vorlesende und die conversatorische repetitorische Lehrmethode in Anwendung auf Universitätswissenschaften dargestellt und beurtheilt. Gumbinnen 1844. *253, 269*

HERBART, JOHANN FRIEDRICH (1776–1841); Philosoph und Pädagoge, aus Oldenburg, Sohn eines Justizrats, 1794–1797 Studium der Philosophie an der Univ. Jena, u.a. bei J. G. Fichte (s. ds.), nach anfänglicher Begeisterung entschiedener Opponent des bewußtseinsphilosophischen Idealismus, 1797–1800 Hauslehrer in Bern, mehrere Aufenthalte in den Instituten von J. H. Pestalozzi (s. ds.) in Burgdorf (Kt. Bern) und Yverdon (Kt. Waadt), 1802 Habilitation (Göttingen), 1805 bis 1809 a. o. Professor der Philosophie und Pädagogik an der Univ. Göttingen, 1809–1833 o. Professor der Philosophie in Königsberg, Gründung eines kleinen pädagogischen Seminars mit angegliederter Versuchsschule, Direktor der von Wilhelm von Humboldt berufenen wissenschaftlichen

Deputation und der Königlichen Wissenschaftlichen Prüfungskommission, Schulrat, Ehrenmitglied des ostpreußischen Provinzialschulkollegiums, Einflußnahme auf das dortige Schulwesen, 1833 Rückkehr als o. Professor der Philosophie an die Univ. Göttingen, als Dekan 1837 Mißbilligung der Haltung der „Göttinger Sieben", unter dem Einfluß von Gottfried Wilhelm Freiherrn von Leibniz Entwicklung einer Lehre von den sogenannten letzten einfachen Wesen („Realen") mit unveränderlichen und dauernden Eigenschaften (1806; 1828/1829), Deutung der psychischen Prozesse als Vorstellungsmechanik (1816; 1824/1825), Begründung einer intellektualistisch-mechanistischen Pädagogik auf den Grundbegriff der „Bildsamkeit" (1806; 1835), mit der darauf gegründeten Didaktik und Methodik von starkem Einfluß auf das deutsche und österreichische Schulwesen, vor allem durch seine Schüler (Herbartianer), Verfasser zahlreicher philosophischer und pädagogischer Abhandlungen.

Schriften u. a.:
Pestalozzi's Idee eines ABC der Anschauung, untersucht und wissenschaftlich ausgeführt. Göttingen 1802;
Allgemeine Pädagogik, aus dem Zwecke der Erziehung abgeleitet. Ebd. 1806;
Einleitung in die Philosophie. Ebd. 1821;
Psychologie als Wissenschaft, neugegründet auf Erfahrung, Metaphysik und Mathematik. 2 Teile. Ebd. 1824/1825;
Allgemeine Metaphysik. 3 Bde. Ebd. 1828/1829. 82, 92, *104*, 107

HERDER, JOHANN GOTTFRIED [VON] (1744–1803);
lutherischer Theologe, Philosoph und Schriftsteller, aus Mohrungen (Ostpreußen), Sohn eines Kantors und Lehrers, frühes extensives Studium der Bibel, antiker Klassiker und zeitgenössischer Literatur, 1762 Einladung zum Studium der Medizin in Königsberg durch einen Arzt der aus Ostpreußen abziehenden russischen Truppen, Wechsel zum Studium der Theologie, Schüler I. Kants (s. ds.), Freund Johann Georg Hamanns (s. ds. Personenregister Bd. IX), 1764–1769 Lehrer an der Domschule in Riga, 1767 Ordination, seither auch Pfarrer an zwei Vorstadtkirchen, Veröffentlichung erster Essays und Rezensionen, darunter „Über die neuere deutsche Literatur" (1866/1867), Reise durch Deutschland, Frankreich, Belgien und Holland, Begegnung mit Gotthold Ephraim Lessing in Hamburg, 1771 Preisträger der Berliner Akademie der Wissenschaften mit einer „Abhandlung über den Ursprung der Sprache", 1771–1776 Konsistorialrat des Grafen von Schaumburg-Lippe in Bückeburg (b. Minden), 1776 durch Vermittlung J. W. v. Goethes (s. ds.) erster Prediger an der Stadtkirche in Weimar und Generalsuperintendent des Herzogtums Sachsen-

Weimar, politische Mitwirkung in Fragen der Erziehung und Aufklärung, Einflußnahme auf Verbesserung der Methode und des Lehrplans an den Schulen sowie auf die Hebung des Lehrerstandes, 1788 Gründung eines Lehrerseminars, 1802 Nobilitierung, Herausgabe mehrerer theologischer und philosophischer Arbeiten, darunter der „Ideen zur Philosophie der Geschichte der Menschheit" (1784/1785/1787/1791) mit dem zentralen Begriff der „Humanität" (d.h. der Verortung des Menschen als Individuum sowohl in der Gesellschaft als auch in seiner Beziehung zur Transzendenz), Vertreter einer historisch-genetischen Betrachtungsweise, durch eine Interpretation der Schöpfungsgeschichte als Ursprung der Kultur Verteidigung der Würde des gottesebenbildlichen Menschen gegen den säkularen Fortschrittsoptimismus, Verfasser zahlreicher Schriften zu Geschichts-, Religions-, Sprach- und Kulturphilosophie, Pädagogik, Ästhetik, Literaturkritik und Theologie, Förderer der Volksdichtung. *250, 266, 407*

HERGENRÖTHER, JOHANN BAPTIST (1780–1835);
katholischer Theologe, aus Bischofsheim (h. Zeil a. M.), Sohn eines Schuhmachers, Studium der Theologie an der Univ. Würzburg, 1805 Priesterweihe, Kaplan in Bischofsheim, dann in Ettleben (h. Werneck, b. Würzburg), 1816–1818 Kurator in Rottenbauer (h. Würzburg), 1818 Dr. phil. (Würzburg), seit 1818 Direktor des Lehrerseminars in Würzburg, 1830 Amtsenthebung aufgrund der Beteiligung an einer Volksbewegung in Franken im Zusammenhang mit der Julirevolution, 1832 Entlassung, 1832–1835 Stadtpfarrer in Bamberg, Verfasser pädagogischer und religiöser Abhandlungen.

Schriften u. a.:
Erziehungslehre im Geiste des Christenthums. Ein Handbuch für Schullehrer und Schulpräparanden. Sulzbach 1823;
Kurze Ermunterung und Anleitung zur Obstbaumzucht. Für die Bewohner des Königreichs Baiern. Würzburg 1828.
1836 bis 1838 erschienen posthum „Predigten für die Sonn- und Festtage des katholischen Kirchenjahrs" (Sulzbach). *182, 183, 211,* 212, *232, 245,* 259

HERING, CARL GOTTLIEB (1766–1853);
Musikpädagoge und Komponist, aus Schandau (h. Bad Sch., Sächsische Schweiz), seit 1785 Studium der Theologie, der Philosophie, der Philologie und der Pädagogik an der Univ. Leipzig, musikalische Ausbildung bei dem Thomaskantor Johann Gottfried Schicht (s. ds. Personenregister Bd. I), seit 1795 Lehrer, später bis 1811 Konrektor der Lateinschule und Organist in Oschatz, seit 1811 Oberlehrer und Musikpädagoge an der Stadt-

schule in Zittau, Entwicklung einer neuen Methodik zur Erlernung des Klavierspielens, Komponist volkstümlicher Lieder, Verfasser musikpädagogischer Lehrbücher und Herausgeber von Liedersammlungen.

Schriften u. a.:

Instructive Variationen, ein neues wenigstens unbenutztes Hülfsmittel zur leichteren Erlernung des Clavierspielens und zur Selbstübung. 4 Hefte. Oschatz o. J.;

Neue praktische Singschule für Kinder, nach einer leichten Lehrart bearbeitet. 4 Bändchen. Ebd. 1807 bis 1809;

Gesanglehre für Volksschulen. Leipzig 1820;

Musikalisches Volksgesangbuch. 2 Teile. Ebd. 1821/1824;

Allgemeines Choralbuch oder Sammlung der in den evangelischen Gemeinden üblichen Kirchenmelodien, für den Gesangunterricht in Schulen geordnet und mit untergelegtem Text herausgegeben. Ebd. 1825. *181, 182, 251, 267*

HERMANN, d. i. Armin oder ARMINIUS (s. ds.).

HERR, JAKOB AUGUST (1788–1864);
Naturhistoriker und Pädagoge, 1818–1824 Lehrer am Lehrerseminar in Neuwied, 1824–1856 Lehrer am Gymnasium in Wetzlar, Verfasser zahlreicher Lehrbücher zur Naturlehre.

Schriften u. a.:

Kurzer Inbegriff des Wissenswürdigsten aus der Naturlehre. Berlin 1823;

Erster Unterricht in der Naturlehre. Ein Leitfaden für Elementarklassen. Neuwied 1824; 2. Aufl. 1831;

Erster Unterricht in der Geographie. Ein Leitfaden für Volksschulen. Grimma 1832;

Anweisung zum physikalischen Experimentieren. Berlin 1834;

Handbuch der Mineralogie oder Anleitung, die Mineralien auf eine leichte und sichere Weise durch eigene Untersuchung zu bestimmen. Für Schulen, Anfänger in der Mineralogie und jeden, der ein gefundenes Mineral kennenlernen möchte. Wetzlar 1839. *170, 171, 249, 265*

HER[R]MAN[N]SEN, NICOLAI (1773–1848);
Pädagoge, aus Sünderup (h. Flensburg), 1791 bis 1793 Besuch des Lehrerseminars in Kiel, 1793 bis 1799 Lehrer an der Elementarschule der evangelischen St.-Marien-Gemeinde in Flensburg, 1799 bis 1800 Lehrer in Grundhof (b. Flensburg), seit 1800 definitiver Lehrer in Flensburg, 1829–1845 Schreibmeister an der St.-Marien-Schule, Verfasser zahlreicher Lehr- und Elementarschulbücher.

Schriften u. a.:

Wandfibel. Schleswig 1800;

Elementarbuch zum Lesenlernen. Flensburg 1809; 3. Aufl. 1821;

Theoretisch-praktisches Handbuch für unmittelbare Denkübungen. (Gem. mit Lorenz Nissen <s. ds. Personenregister Bd. II> und Asmus Steffensen <ebd.>.) 3 Teile. Duisburg und Essen 1812; 2. Aufl. 1819;

Lesebuch für Elementarschulen, welches Stoff für die ersten Denkübungen enthält. (Gem. mit L. Nissen und A. Steffensen.) Schleswig 1814; 4. Aufl. Altona 1837;

Gedächtnißübungen für die mittlere Jugend. Schleswig 1818. *247, 262*

HESSE, WILHELM FRIEDRICH (1789–1841);
Pädagoge und Staatsbeamter, 1809–1815 Aufenthalte in den Instituten von Philipp Emanuel von Fellenberg (s. ds. Personenregister Bd. V und VI) in Hofwil (Kt. Bern) und J. H. Pestalozzi (s. ds.) in Yverdon (Kt. Waadt), später Regierungs- und Schulrat in Darmstadt, seit 1835 Direktor der von ihm eingerichteten Oberschulratsbehörde in Mainz, in dieser Funktion Aufsicht über das Seminar-, Real- und Volksschulwesen, Mitglied der Regierungskommission für Rheinhessen, Neuorganisation des dortigen Volksschulwesens, Verfasser pädagogischer und schulgeschichtlicher Abhandlungen und zahlreicher Lehrbücher, insbesondere für Mathematik.

Schriften u. a.:

Die Volksschule nach ihrer innern und äußern Bestimmung. Mainz 1826;

Die Großherzoglich Hessische Schullehrerbildungsanstalt zu Friedberg, nach ihrer Entstehung und Entwicklung dargestellt. Nebst einem Anhang über das Verhältniß des Geistlichen zu dem Schullehrer. Ebd. 1828;

Die Anfangsgründe der Zahlenlehre für den wissenschaftlichen und Elementarunterricht für Lehrer an Volksschulen bearbeitet. 2 Teile. Gießen 1829;

Die Anfangsgründe der Formenlehre für den wissenschaftlichen Elementarunterricht für Lehrer an Volksschulen. 2 Teile. Mainz 1831;

Rheinhessen in seiner Entwicklung von 1798 bis 1834. Ebd. 1835. *194, 322, 325*

HEUSER, PETER (1784–1866);
Lehrer, aus Kalteneiche (h. Gummersbach), Sohn eines Lehrers, Besuch der dortigen Landschule, Privatlektionen bei seinem Lehrer Friedrich Leopold Trommershausen, u. a. in Klavier- und Orgelspiel, in Latein und Französisch, vorübergehend Übernahme des Unterrichts, Förderung durch Pfarrer Peter Philipp Gangolf Forstmann (1774–1847) in Gummersbach, durch diesen Ermunterung zur Teilnahme an Lehrerkonferenzen und Nutzung der Lehrerbibliothek, dann Lehrer in Schee (h. Sprockhövel), seit 1805 Lehrer an J. F. Wilbergs (s. ds.) Bürgerinstitut für Kinder höherer Stände in Elberfeld (h. Wuppertal) – insbesondere für Rechnen und Französisch –, Teilnehmer an

Wilbergs Samstagversammlungen zur Lehrerfortbildung, 1807–1809 Besuch außerschulischer La-
teinstunden und sonntäglicher Cicero-Lektüre
seines Kollegen L. J. Seelbach (dem späteren ersten Rektor der Lateinschule der reformierten Gemeinde), Algebraunterricht bei W. A. Diesterweg
(s. ds.) während dessen Hauslehrerzeit in Elberfeld, 1830–mind. 1852 Lehrer für Geschichte und
Geographie an der Realschule I. Ordnung mit Gewerbeschule (vormals Bürgerinstitut von J. F.
Wilberg <s. ds.>), Lehrer für Geschichte, Geographie, Deutsch und Französisch in den unteren und
für Mathematik in allen Klassen, zugleich Lehrer
an der Höheren Töchterschule von Antoinetta
Beeckmann (geb. ca. 1781) sowie ihrem Nachfolger H. H. Friedländer (s. ds. Personenregister Bd.
X) in Elberfeld, 1837 von Schuldirektor P. N. C.
Egen (s. ds.) wegen der Benutzung nicht genehmigter Schulbücher gerügt, Gründer der Elberfelder Stadtbibliothek, Mitarbeiter Diesterwegs an
verschiedenen Lehrbüchern und an den Rh. Bl.
Schriften u. a.:
Praktisches Rechenbuch für Elementar- und höhere Bürgerschulen. 1., 2. und 3. Übungsbuch. (Gem.
mit F. A. W. Diesterweg.) Gütersloh 1825, 1826
und 1827; im Jahre 1860 lagen folgende Auflagen
der Übungsbücher vor: 1. Übungsb. 19. Aufl.;
2. Übungsb. 10. Aufl.; 3. Übungsb. 5. Auflage;
Methodisches Handbuch für den Gesammtunterricht im Rechnen. Als Leitfaden beim Rechenunterrichte und zur Selbstbelehrung. 2. Teil. (1. Teil
bearb. von F. A. W. Diesterweg.) Elberfeld 1829/
1830;
Der Jugendfreund, ein Lehr- und Lesebuch für
Stadt- und Landschulen. 2 Teile. Ebd. 1833 (vgl.
Rh. Bl., Jg. 1834, Bd. IX, Heft 1, S. 93 ff.; vorliegende Ausgabe, Bd. III, S. 293 f.);
Übersicht der merkwürdigsten Begebenheiten,
aus der allgemeinen Weltgeschichte für die untern
und mittlern Klassen höherer Lehranstalten syn-
chronistisch dargestellt. Ebd. 1835;
Johann Friedrich Wilberg, der „Meister an dem
Rhein". (Gemeinsam mit F. A. W. Diesterweg
und F. A. Fuchs <s. ds.>.) Essen 1847.   43,
110f., 122f., 123, 329, 433, 454, 466, *494*

ACFGymn Wupp, Akte: Bericht über die Einrichtung der
Realschulen; Gerh; Hint; StA Wupp, L II 222, L III 98,
245

HEYDT [HEID], AUGUST FREIHERR VON DER
(1801–1874);
Bankier und Politiker, aus Elberfeld (h. Wuppertal), Sohn eines Bankiers, 1812–1815 Besuch der
Herrnhuter Internatsschule in Neuwied, Lehrling
im väterlichen Kontor, 1824–1848 Teilhaber im
väterlichen Bankhaus, seit 1831 Mitglied des Elberfelder Handelsgerichts, 1840–1848 dessen Präsident, 1832–1835 Mitglied der Handelskammer
Elberfeld und Barmen (h. Wuppertal), 1833 Stadtrat, später Stadtverordneter, Scholarch der refor-

mierten Gemeinde Elberfeld, um eine Übergabe
der Schule der reformierten Gemeinde an die
Stadt Elberfeld bemüht, aber an dem Mehrheits-
votum der Gemeinde gescheitert, 1834 Königlich preußischer Kommerzienrat, 1841–1845 Abgeordneter des Dritten Standes für den Wahlkreis
Elberfeld beim Rheinischen Provinziallandtag,
1842 Mitglied der Vereinigten Ständischen Aus-
schüsse, 1847 Mitglied des Vereinigten Landta-
ges, 1848 Mitglied der preußischen Konstituie-
renden Versammlung, 1848–1862 preußischer
Minister für Handel und Gewerbe, 1849–1865
liberaler, 1866–1870 konservativer Abgeordneter
im Preußischen Abgeordnetenhaus, 1854–1874
Mitglied des Staatsrates, 1866–1869 Finanzminister, 1867–1869 Mitglied des Reichstages des
Norddeutschen Bundes.   *395, 574*
Tor

HEYNATZ [HEINATZ], JOHANN FRIEDRICH
(1744–1809);
Pädagoge, aus Havelberg (Südprignitz), Absolvent
des Köllnischen und des Joachimsthalschen Gym-
nasiums in Berlin, Studium der Philologie an den
Univ. Halle und Frankfurt a. d. O., 1769 bis 1775
Lehrer am Gymnasium zum Grauen Kloster in
Berlin, 1775–1809 Rektor des städtischen Lyze-
ums in Frankfurt a. d. O., seit 1791 außerdem
a. o. Professor der Beredsamkeit und der schönen
Wissenschaften an der dortigen Univ., um die Pfle-
ge und Reinhaltung der deutschen Sprache bemüht.
Schriften u. a.:
Teutsche Sprache zum Gebrauch der Schulen.
Berlin 1770; 5. Aufl. 1803;
Handbuch zur richtigen Verfertigung und Beur-
theilung aller Arten schriftlicher Aufsätze etc.
5 Teile. Ebd. 1773;
Versuch eines Teutschen Antibarbarus. 2 Bde.
Frankfurt a. d. O. 1796–1797. *246, 261, 273,*
277

HEYSE [HEISE], JOHANN CHRISTIAN AUGUST
(1764–1829);
Philologe und Pädagoge, aus Nordhausen, 1783
bis 1786 Studium verschiedener Disziplinen an
der Univ. Göttingen, 1792–1807 Lehrer am Gymnasium in Oldenburg, 1807–1819 Rektor des
Gymnasiums und Direktor einer neu eingerichteten Töchterschule in Nordhausen, 1819–1829 Direktor der Höheren Töchterschule in Magdeburg,
Verfasser vieler Lehr- und Sprachbücher; weite
Verbreitung seiner grammatischen Abhandlungen
in der Bearbeitung seines Sohnes Karl Wilhelm
Ludwig Heyse (s. ds. Personenregister Bd. V).
Schriften u. a.:
Allgemeines Wörterbuch zur Verdeutschung der
in unserer Sprache gebräuchlichen fremden Wörter und Redensarten. 2 Teile. Oldenburg 1804;
spätere Auflagen unter dem Titel: Allgemeines
Fremdwörterbuch;

Theoretisch-practische deutsche Schulgrammatik, oder kurzgefaßtes Lehrbuch der deutschen Sprache, mit Beispielen und Aufgaben zur Anwendung der Regeln. Ebd. 1816;
Theoretisch-praktisches Handbuch aller verschiedenen Dichtungen, zunächst für die obern Schulklassen, mit besonderer Hinsicht auf die weibliche Jugend. (Gem. mit H. F. F. Sickel <s. ds.>.) Magdeburg 1821;
Kurzer Leitfaden zum gründlichen Unterricht in der deutschen Sprache für höhere und niedere Schulen. Hannover 1822;
Handwörterbuch der deutschen Sprache mit Hinsicht auf Rechtschreibung, Abstammung und Bildung, Biegung und Fügung der Wörter sowie auf deren Sinnverwandtschaft. Magdeburg 1831.
119, 209, 212, 246f., 261f.

HIENTZSCH, JOHANN GOTTFRIED (1787–1856);
lutherischer Theologe und Musikpädagoge, aus Mockrehna (b. Torgau, Fläming), Absolvent der Thomasschule in Leipzig, 1808–1810 Studium der Theologie an der Univ. Leipzig, zugleich Hauslehrer, 1811 Aufenthalt im Institut von J. H. Pestalozzi (s. ds.) in Yverdon (Kt. Waadt), 1811 bis 1814 Lehrer am Institut von K. Chr. W. v. Türk (s. ds.) in Vevey (ebd.), 1815 Aufenthalt bei H. G. Nägeli (s. ds.) in Zürich, Ausbildung zum Gesangslehrer in München, 1817 Aufenthalt bei C. F. Zelter (s. ds.) in Berlin, 1818–1822 Oberlehrer am Lehrerseminar in Neuzelle (Schlesien), 1822–1833 Lehrer und Direktor am Lehrerseminar in Breslau, 1833–1849 Direktor des Lehrerseminars in Potsdam, 1849–1854 Direktor des Blindeninstituts in Berlin, große Verdienste um die Verbesserung der Methodik des Gesangunterrichtes, Förderer von Nägelis Methode nach Pestalozzi, 1825 einer der Begründer der schlesischen Musikfeste („Einige Worte zur Veranlassung eines großen jährlichen Musikfestes in Schlesien"), 1828–1836 Hrsg. von „Eutonia, einer hauptsächlich pädagogische Musikschrift", der ersten musikpädagogischen Zeitschrift (10 Bde., Leipzig 1828–1836), 1833 Hrsg. des „Wochenblatts für das Volksschulwesen" (gem. mit Johann Christian Berndt <s. ds. Personenregister Bd. VI>, Breslau), 1856 Hrsg. von „Das musikalische Deutschland des 19. Jh.s, eine historisch-biographische, kunstwissenschaftliche, pädagogische Musik-Zeitschrift" (12 Hefte, Berlin), Verfasser zahlreicher pädagogischer Abhandlungen und Lehrbücher sowie Herausgeber von musikalischen Sammlungen.
Schriften u. a.:
Auswahl der bessern deutschen Volkslieder, zunächst für Schulen, zwei-, drei- und vierstimmig eingerichtet. Frankfurt a. d. O. 1821;
Neue Sammlung zwei-, drei- und vierstimmiger Schullieder. 1. Heft. Breslau 1827;
Drei- und vierstimmige Kirchenlieder ... zum Gebrauch für Schulen und Sing-Vereine. 1. Heft.

Ebd. 1827 (vgl. zu den beiden letzten Titeln: Rh. Bl., Jg. 1828, Bd. II, Heft 3, S. 101 ff.; vorliegende Ausgabe Bd. I, S. 418);
Methodische Anleitung zu einem möglichst natur- und kunstgemäßen Unterricht im Singen. Ebd. 1836;
Gedanken über eine zeitgemäße Reorganisation der evangelischen Lehrerseminare, besonders in Schlesien. Ebd. 1848. *414, 415*

HIPPEL, THEODOR GOTTLIEB VON (1741–1796), Pseudonym: Johann Heinrich Friedrich Quitenbaum;
Staatsmann und Schriftsteller, aus Gerdauen (Ostpreußen), Sohn eines Schulrektors, 1756–1761 Studium der Theologie, seit 1761 der Rechtswissenschaft an der Univ. Königsberg, seit 1765 Advokat am Stadtgericht, seit 1768 am Hofgericht, dann bis 1780 Direktor des Kriminalgerichts und Stadtrat, 1780 Mitglied der preußischen Landrechtskommission, außerdem Oberbürgermeister von Königsberg und Kriegsrat, seit 1786 Geh. Kriegsrat und Stadtpräsident, 1795 durch Minister Karl Wilhelm Reichsfreiherrn von Schrötter mit der Einführung der preußischen Verwaltung in Danzig betraut, preußischer Regierungspräsident in Marienwerder (Westpreußen), Oppeln (Schlesien) und zuletzt in Bromberg (Kulmer Land, Westpreußen), Verfasser des Aufrufs „An mein Volk" vom 17. März 1813, Freund von Johann Georg Hamann (s. ds. Personenregister Bd. IX) und I. Kant (s. ds.), Vertreter der Gleichberechtigung der Frau auf allen Gebieten, Verfasser gesellschaftskritischer Abhandlungen – auch auf dem Gebiete der Pädagogik – sowie eines umfangreichen literarischen Werkes (letzteres unter Pseudonym).
Schriften u. a.:
Der Mann nach der Uhr. Lustspiel. Königsberg 1764;
Über die Ehe. Berlin 1774;
Lebensläufe nach aufsteigender Linie. Roman in 4 Bden. Ebd. 1778–1781;
Kreuz- und Querzüge des Ritters. A bis Z. 2 Bde. Ebd. 1793–1794;
Ueber weibliche Bildung. Ebd. 1801. *104*

HIRSCH, MEIER [MEYER] (1765/70–1851);
Mathematiker, aus Friesack (Havelland), 1823 Promotion, Privatgelehrter der Mathematik in Berlin, 1814 Festungshaft, Verzicht auf ein von Minister von Altenstein (s. ds.) angebotenes Jahresgehalt, Bemühungen um klare wissenschaftliche Beweisführung in der Mathematik, Begründer einer elementar-systematischen Behandlung der analytischen Geometrie.
Schriften u. a.:
Algebraischer Kommentar über das 10. Buch von Euklids Elementen. Berlin 1794;

Sammlung von Beispielen, Formeln und Aufgaben aus der Buchstabenrechnung und Algebra. Ebd. 1804; 14. Aufl. 1872;
Sammlung geometrischer Aufgaben. 2 Teile. Ebd. 1805–1807;
Sammlung von Aufgaben aus der Theorie der algebraischen Gleichungen. Ebd. 1809;
Integraltafeln oder Sammlung von Integralformeln. Ebd. 1810 (h. noch in Gebrauch). *248, 263*

HIRT, JOHANN FRIEDRICH (1719–1783);
lutherischer Theologe und Orientalist, aus Apolda, Sohn eines Schneiders, 1738–1742 Studium der Theologie, Philosophie und Philologie an der Univ. Jena, 1745 venia legendi in Jena, 1747 Magister und Adjunkt der philosophischen Fakultät, 1748–1758 Konrektor am Gymnasium in Weimar, seit 1758 a. o. Professor an der Univ. Jena, Promotion in Theologie, seit 1761 Superintendent, Oberpfarrer und Sachsen-Weimarischer Konsistorialrat, 1769 o. Professor, 1775 Professor der Theologie an der Univ. Wittenberg, vornehmlich Exegetiker, insbesondere des Alten Testaments, Förderer des Studiums der alten Sprachen in der Theologie.
Schriften u. a.:
Disputatio de harmonia philosophiae et philologiae sacrae cum theologia in oratore sacro amoena et necessaria. Jena 1747;
Theologische Betrachtungen von dem geistlichen Priesterthum und dessen Mißbrauch bei den Herrnhutern. Ebd. 1751;
Vollständige Erklärung der Sprache Salomons. Ebd. 1768;
Orientalische und exegetische Bibliothek. 8 Teile. Ebd. 1772–1776. *104, 107*

HIRTER, CARL JOSEPH (geb. ca. 1778);
Pädagoge und Kanzlist, aus Düsseldorf, Sohn eines Schreinermeisters, Absolvent des Düsseldorfer Gymnasiums, unter der französischen Regierung Expedient auf dem Tresor, Privatlehrer für Latein und Deutsch, 1813 Gründung eines Privatinstituts, 1815 Kriegsfreiwilliger in den Befreiungskriegen, 1816 Bewerbung bei der Königlichen Regierung in Düsseldorf um eine Kanzlistenstelle, seit mind. 1817 Kanzlist bei der Regierung und dem Konsistorium Köln. *61, 110f.*
HStA Düss

HÖCKER, GEORG WILHELM (erw. 1825);
Nürnbergerwarenhändler und Instrumentenmacher in Krefeld. *298f.*
StA Kref

HÖRNEMANN, GERHARD / GOTTFRIED (1798–1847);
Lehrer, aus Bergheim (b. Moers), zunächst Schneider, Lehrunterweisung durch Pfarrer J. K. L. Essler (s. ds.), 1816–1822 Lehrer in Bettenkamp (h. Moers), wöchentlich mehrstündige Teilnahme am Seminarunterricht in Moers, Anwach-

sen der Schülerzahl aufgrund seines erfolgreichen Unterrichtens, 1822–1836 Lehrer an der evangelischen Elementarschule in Schwafheim (h. Moers), Anlegung eines Schulgartens und einer Baumwiese, 1827 Teilnehmer am Lehrkursus im Seminar in Moers, dort Ablegung der Wiederholungsprüfung,1829 auf der Dreierliste für die neu zu besetzende Lehrerstelle an der evangelischen Elementarschule in Vennikel (ebd.),1836–1847 Lehrer an der evangelischen Elementarschule in Asberg (ebd.), eifriger Teilnehmer an Lehrerkonferenzen. *402f.*
HStA Düss, Reg. Düss., Nr. 3408, 3456; Moc

HOFFMANN, JOHANN GEORG (1754–1827);
Pädagoge, aus Berlin, Schüler der dortigen Königlichen Realschule, Erlernung eines bürgerlichen Gewerbes, autodidaktischer Erwerb der lateinischen und neuerer Sprachen, Übersetzer am Königlichen Kammergericht, Vertiefung seiner Kenntnisse in Mathematik, Naturwissenschaften, Geographie und Handelswissenschaft, seit 1791 Lehrer am Friedrichswerderschen Gymnasium in Berlin, dann an der Realschule.
Schriften u. a.:
Unterricht von natürlichen Dingen, oder Geschöpfen und Werken Gottes. Umgearbeitet von J. Chr. W. Nicolai (s. ds.). Halle 1790; 19., verb. Aufl. 1819. *249, 265, 278*

HOFFMANN, JOHANN JOSEPH IGNAZ VON (1777–1866);
Mathematiker und Pädagoge, aus Mainz, Studium der Philosophie und der Rechtswissenschaft an der Univ. Mainz, seit 1800 in Aschaffenburg, seit 1802 Supplent, später Nachfolger des Physikus Joseph Bergmann, 1806–1858 Professor der reinen und angewandten Mathematik an der Karls-Univ. in Aschaffenburg, 1807–1832 außerdem Lehrer am Forstlehrinstitut, seit 1812 auch Direktor des philosophischen Lehrinstituts der Univ., 1818–1822 Direktor des großherzoglichen Gymnasiums, Einrichtung desselben nach neueren pädagogischen Grundsätzen, bayerischer Oberschulrat, Mitglied zahlreicher naturwissenschaftlicher Gesellschaften, Verfasser mathematischer Lehrbücher und Übersetzer aus dem Französischen (Delambres Abhandlung über die Arithmetik der Griechen).
Schriften u. a.:
Geometrische Anschauungslehre, eine Vorbereitung zum leichten und gründlichen Studium der Geometrie. Mainz 1815; 4. Aufl. 1839;
Stereometrische Anschauungs- und Wissenschaftslehre. Eine Anleitung zum leichten und gründlichen Studium der Stereometrie. Ebd. 1820;
Geometrische Wissenschaftslehre, eine Anleitung zum leichten und gründlichen Studium der Geometrie. Ebd. 1816; 3. Aufl. ebd. 1826;

Die geometrischen Bücher der Elemente des Euklid, als Leitfaden zum Unterricht in der Elementargeometrie mit Anmerkungen herausgegeben. Ebd. 1829. *19, 248f.,* 264f.

HOFFMEISTER, KARL (1796–1844);

Philologe und Pädagoge, aus Billigheim (b. Landau), Sohn eines reformierten Pfarrers, Absolvent des Lyzeums in Karlsruhe, 1813–1814 Studium der Theologie an den Univ. Straßburg und Paris, 1814–1816 an der Univ. Heidelberg, 1816–1817 im Gefolge seines Lehrers J. F. Fries (s. ds.) an der Univ. Jena, Burschenschaftsmitglied, Teilnehmer und Redner beim Wartburgfest (b. Eisenach), Kandidat der Theologie in Krefeld, Hauslehrer bei der einflußreichen Krefelder Fabrikantenfamilie Scheibler, Dr. phil., 1821–1832 Rektor des Progymnasiums (Adolfinum) in Moers, seit 1829 auch der damit neu verbundenen Elementarschule, 1822/1823 im Auftrag des Ministeriums der geistlichen, Unterrichts- und Medizinal-Angelegenheiten von der Düsseldorfer Regierung wegen seiner Teilnahme an demagogischen Umtrieben (Wartburgfest) überprüft und von K. W. Chr. Kortüm (s. ds.) und W. J. G. Roß (s. ds.) sehr gut beurteilt, 1832–1834 Oberlehrer am Friedrich-Wilhelm-Gymnasium in Köln, 1834–1841 Direktor des Gymnasiums in Bad Kreuznach, 1841 bis 1844 als Nachfolger von K. F. A. Grashof (s. ds.) Direktor des Friedrich-Wilhelm-Gymnasiums in Köln, Freund Diesterwegs, mit diesem in regem Austausch über ihre jeweilige Arbeit, Mitarbeiter an den Rh. Bl., Verfasser philologischer und sprachwissenschaftlicher Abhandlungen sowie pädagogischer und sozialpolitischer Beiträge, bedeutender Biograph F. v. Schillers (s. ds.).

Schriften u. a.:

Beschreibung des Festes auf der Wartburg. Ein Sendschreiben an die Gutgesinnten, gedruckt in Deutschland und für Deutsche. O. O. 1818;

Über Zweck und Einrichtung der Höheren Stadtschule zu Mörs. Programm. Moers 1822;

Erörterung der Grundsätze der Sprachlehre mit Berücksichtigung der Theorien Beckers, Herlings, Schmitthenners und anderer Sprachforscher; als Prolegomena zu jeder künftigen allgemeinen Grammatik, welche als Wissenschaft wird auftreten können. 2 Bde. Essen 1830;

Romeo oder Erziehung und Gemeingeist. Aus den Papieren eines nach Amerika ausgewanderten Lehrers. 3 Bde. Ebd. 1831–1834;

Schillers Leben, Geistesentwicklung und Werke im Zusammenhang. 5 Teile. Stuttgart 1837–1842 (vgl. Pädagogisches Jahrbuch für Lehrer und Schulfreunde, Jg. 1853, S. 1–75; vorliegende Ausgabe, Bd. X, S. 189–229). *64,* 64f., *120,* 334, *348,* 408, *431, 462,* 462, *465,* 466, *520,* 524

H St A Düss, Reg. Düss., Nr. 3397, sowie Reg. Köln, 2892; Klein; Lang, Teil I; Ott 3

HOFMANN, JOHANN JOSEPH IGNATZ VON s. HOFFMANN, J. J. I. v.

HOHNS, JOHANN JOSEF (ca. 1783–mind. 1832);

vor 1799–1831 Lehrer an der ersten katholischen Elementarschule in Krefeld, außerdem Lehrer an der Freischule, Inhaber des Studiendiploms der Lütticher Akademie für Elementarschulen (Aufsicht über das Schulwesen des Roerdepartements während der Franzosenherrschaft 1798–1813), seit 1831 Privatlehrer, 1832 Schreiblehrer an der höheren Stadtschule in Krefeld. *391*

Gym; St A Kref

HOLDINGHAUS, ISAAC HEINRICH (um 1774–1852);

Inhaber einer Tuch- und Kaschmirfabrik sowie einer Manufakturwarenhandlung in Moers, aus Siegen (Nassau), um 1831 Gemeinderat in Moers. *531*

St A Moers

HOOGEN, P. JAKOB (1741–1805);

katholischer Theologe, Mitglied des Kreuzherrenordens, 1772–1802 Pfarrer und Prior in Wegberg (h. Mönchengladbach), Bearbeiter des „Kinderfreundes" von F. E. von Rochow (s. ds.) für die niederrheinischen katholischen Schulen (7. Aufl. Köln 1820), Verfasser von Lehrbüchern sowie sozial- und bildungspolitischen Abhandlungen.

Schriften u. a.:

Wie können wir weiter? Oder über die einzigen Mittel, die Quellen der Armut zu verstopfen, die Völker zu veredeln und zu beglücken. Dortmund 1803;

Die Tugend ist eine freundliche Stimmung oder Ueber die Veredlung öffentlicher Bildungsanstalten … durch Beförderung des Frohsinnes im Menschen. Duisburg 1804;

Die Volksschulen, keine kirchliche, sondern allgemeine Staats-Institute; mit besonderer Rücksicht auf die Preußischen Provinzen in Westphalen. Duisburg und Essen 1805;

Beyträge zur Beförderung der Humanität, und insbesondere eines rein-menschlichen Wohlwollens zwischen den verschiedenen christlichen Religionspartheyen. 1. Bändchen. Ebd. 1805. *104,* 107

HÜBNER, JOHANN (1668–1731);

Pädagoge und Schriftsteller, aus Hirschfelde (Oberlausitz), Studium der Theologie, Geschichte und Geographie an der Univ. Leipzig, 1691 Magister, Dozent an der Univ., vor allem in den „politischen" Disziplinen, 1694–1711 Rektor des Gymnasiums in Merseburg, 1711–1731 Rektor des Johanneums in Hamburg, einer der frühesten sokratischen Lehrmethodiker, Bemühungen um eine Verbesserung der Methodik des Religions- und des Geographieunterrichts, Förderer der Bildung des Bürgertums im 18. Jh. durch seine zahlreichen geschichtlichen, geographischen, kartogra-

phischen, genealogischen, staatskundlichen, religiösen und rhetorischen Schriften, die in alle wichtigen europäischen Sprachen übersetzt wurden.
Schriften u. a.:
Kurze Fragen aus der Neuen und Alten Geographie. Leipzig 1693;
Poetisches Handbuch. Ebd. 1712;
Museum geographicum oder Verzeichniß der besten Landcharten und wie daraus große und kleine Atlantes können formiret werden. Ebd. 1712;
Zweimal zweiundfünfzig biblische Historien. Ebd. 1714;
Die ganze Historie der Reformation in fünfzig kurzen Reden nebst einem Schauspiele von der Bekehrung der Sachsen zum Christenthum. Ebd. 1730. *246, 260*

HÜBSCHER (erw. 1818);
Überbringer eines Briefes sowie Geldes von Diesterweg in Elberfeld (h. Wuppertal) an seine Frau Sabine (s. ds.) in Frankfurt a. M. *28*

HÜLLMANN, KARL DIETRICH RITTER VON (1765–1846);
Historiker, aus Erdeborn (b. Eisleben), Sohn eines Pfarrers, 1783–1786 Studium der Theologie, Philosophie und Pädagogik an der Univ. Halle, 1786 Lehrer am Pädagogium in Halle und im Philanthropin von Chr. G. Salzmann (s. ds.) in Schnepfenthal (h. Waltershausen, b. Gotha), Gründung einer Privatschule für Knaben in Bremen, 1792 Lehrer am Pädagogium in Kloster Bergen (h. Groß Rodensleben, b. Magdeburg), dann an der Königlichen Realschule in Berlin, 1793 Promotion (Göttingen), 1795 Habilitation in Geschichte an der Univ. Frankfurt a. d. O., dort Privatdozent, 1797 a. o., 1807 o. Professor, zugleich Betreuer der Steinwehrschen Bibliothek, 1808–1817 Professor für Geschichte und Statistik an der Univ. Königsberg, Mitglied und mehrfach Direktor der wissenschaftlichen Deputation, Direktor des Albertinums, vorübergehend Zensor, 1818–1841 o. Professor an der Univ. Bonn, dort erster Rektor und Regierungsbevollmächtigter, Vorreiterstellung bei der Beförderung der Wirtschafts- und Verfassungsgeschichte, um nationale Erweckung und politische Bildung der akademischen Jugend bemüht, Verfasser zahlreicher Abhandlungen zur Geschichte.
Schriften u. a.:
Urgeschichte des Staates. Königsberg 1817;
Ursprünge der Besteuerung. Köln 1818;
Das Staatsrecht des Alterthums. Ebd. 1820;
Das Städtewesen im Mittelalter. 4 Bde. Bonn 1826–1829;
Ursprünge der Kirchenverfassung des Mittelalters. Ebd. 1831. *104, 107*

HÜLS[E]MANN, AUGUST WILHELM (1794–1857);
lutherischer Theologe, aus Lüdenscheid, Sohn eines Pfarrers, Studium der Theologie, Promo-

tion, 1817–1818 Pfarrer in Rüggeberg (h. Ennepetal), 1818–1819 Rektor in Hagen, 1819–1822 Pfarrer an St. Reinoldi in Dortmund, 1822–1846 zweiter lutherischer Pfarrer in Elberfeld (h. Wuppertal), dort auch Schulpfleger, 1829–1831 und 1840–1846 Superintendent, 1846–1857 Konsistorial- und Schulrat in Düsseldorf. *395*
EvRh 2

HÜRXTHAL, JOHANN PETER (1761–1833);
Lehrer, aus Ründeroth (h. Engelskirchen), seit 1779 Lehrer in Neustadt a. d. Wied, seit 1782 in Mülheim a. d. Ruhr, 1783 Lehrer an der Stadtschule in Radevormwald, 1784–1833 deren Leiter, Kantor und Organist an der lutherischen Kirche, Konflikte mit Bürgermeister und Gemeinderat wegen seines Verzichts auf den Wandeltisch – einer Empfehlung der Königlichen Regierung – und Ausbleiben entsprechender Ausgleichszahlungen, dabei durch Schulpfleger Pfarrer J. K. F. Bunge (s. ds.) unterstützt, seit 1825 unterstützt durch seinen Sohn Carl H. als Adjunctus, Ausbilder von Schulamtspräparanden, Erfinder einer Lesemaschine, die auf Betreiben der Königlichen Regierung in Düsseldorf in allen Schulen der Westprovinzen eingeführt wurde, Förderer des Schul- und Kirchengesangs und Begründer zahlreicher Singschulen, Anfertigung eines Erdglobus, 1829 Verleihung des Allgemeinen Ehrenzeichens 2. Klasse anläßlich seines 50jährigen Amtsjubiläums .
Er gab heraus:
Choralbuch zum Gebrauch in Schulen. Essen 1810. *172, 396*
HStA Düss, Reg. Düss., Nr. 3329

HUSTADT, HEINRICH (1807–1880);
Lehrer, aus Mülheim a. d. Ruhr, Sohn eines Bäckers, 1824–1827 Seminarist in Moers, Empfänger eines Stipendiums, 1827–1830 Hilfslehrer bei J. Wilms (s. ds.) an der lutherischen Volksschule im Thomashof in Elberfeld (h. Wuppertal), seit 1830 definitiv wählbar, 1830–1877 Lehrer an der evangelischen Elementarschule in Gruiten (h. Haan, b. Wuppertal), 1843 Bewerber auf die Lehrerstelle an der evangelischen Elementarschule in Haan, zuletzt in Eversael (h. Rheinberg, Niederrhein), eifriger Bienenzüchter, Träger des Hohenzollernschen Hausordens. *204, 381, 395, 482, (482), 483, 507*
HStA Düss, Reg. Düss., Nr. 3358, 3359; StA Haan; StA Wupp, L I 190

HYE, ANTON (1761–1831);
katholischer Theologe, aus Aspern a. d. Donau (Niederösterreich), Studium der Theologie in Wien, 1785 Priesterweihe, 1785–1788 Direktor der von Michael von Zoller gestifteten Hauptschule in Wien, 1788–1796 Katechet und Professor der Katechetik an der k. k. Normal-Hauptschule bei St. Anna in Wien, seit 1796 Pfarrer in

664

Hadres (Niederösterreich), 1807 Dechant und Schuldistriktsaufseher an der Pulka, seit 1814 Mitglied der Akademie nützlicher Wissenschaften zu Erfurt und der k. k. Landwirtschaftsgesellschaft in Wien, 1815 Ehrenkanonikus an der Metropolitankirche bei St. Stephan in Wien, Verfasser zahlreicher pädagogischer Abhandlungen.
Schriften u. a.:
Religionsunterricht für die erwachsene Jugend der christkatholischen Kirche und für Alle, die ihre Religionskenntnisse erweitern wollen. Wien 1815; Auszug des Methodenbuchs, oder ausführliche Anweisung alle, den Unterricht und Lehrstand betreffenden Anordnungen zu erfüllen. Wien 1820; zu: Methodenbuch, oder ausführliche Anweisung, alle in der politischen Verfassung der deutschen Schulen in den k. k. Erbstaaten enthaltenen Unterricht und Lehrstand betreffenden Anordnungen zu erfüllen. 4. Aufl. ebd. 1817; Der vieljährige Seelsorger auf dem Lande, in den meisten Verhältnissen seines Amtes lehrend und handelnd dargestellt. Ebd. 1831; Gebetbüchlein für Kinder, als Leitfaden für die ersten Gebete derselben und für die öffentlichen Andachtsübungen. Ebd. 1833. *243, 257*

IBACH, JOHANNES ADOLPH (1766–1848);
Klavierbauer, aus Lüttringhausen (h. Remscheid), Sohn eines Bauern, 1794 Gründer einer Pianofortefabrik und einer Orgelbauanstalt in Beyenburg (h. Wuppertal), Fertigung des ersten tafelförmigen Klaviers, 1806 Verlegung des Betriebs nach Wupperfeld (Barmen, ebd.) und 1816/17 nach Unterbarmen (ebd.), 1834 Firmierung mit seinem Sohn Carl Rudolf, 1839 mit seinem Sohn Richard und 1844 mit seinem Sohn Gustav Adolf zu „Adolph Ibach Söhne" (h. Schwelm). *219*

IMMERMANN, KARL LEBERECHT (1796–1840);
Jurist, Dichter und Theaterleiter, aus Magdeburg, Sohn eines Kriegs- und Domänenrats, Absolvent des Pädagogiums „Unserer Lieben Frauen" in Magdeburg, Studium der Rechtswissenschaft an der Univ. Halle, 1815 Kriegsfreiwilliger gegen Frankreich, 1818 Auskultator in Oschersleben (b. Halberstadt), dann Referendar in Magedeburg, 1819–1824 Auditeur in Münster in Westfalen, erste literarische Werke (Theaterstücke und Prosatexte), Verbindung zu Heinrich Heine, Johann Ludwig Tieck, J. W. v. Goethe (s. ds.) u. a. Dichtern, 1824–1827 Kriminalrichter in Magdeburg, 1827–1840 Landgerichtsrat in Düsseldorf, Freund von Wilhelm von Schadow und anderen Künstlern der Düsseldorfer Kunstakademie, 1834–1837 Leiter des Düsseldorfer Stadttheaters, Freundschaft mit Christian Dietrich Grabbe, Karl Gutzkow (s. ds. Personenregister Bd. IV und XII), Ferdinand Freiligrath (s. ds. Personenregister Bd. VI), J. H. Altgelt (s. ds.) u. a., Gründer der „Zwecklosen Gesellschaft" (einer künstlerischen Vereini-

gung), vielseitiger Vermittler im Kunstgeschehen seiner Zeit, Verfasser zahlreicher Bühnenwerke sowie der zeitkritischen Romane „Epigonen" und „Münchhausen", außerdem autobiographischer Texte und literarischer Kritiken.
Zu Diesterwegs früher Lektüre (vgl. sein Tagebuch) zählte:
Die Epigonen. Familien-Memoiren in neun Büchern. 3 Teile. Düsseldorf 1836. *108f., 109*
Krall

INGERSLEBEN, KARL HEINRICH LUDWIG FREIHERR VON (1753–1831);
preußischer Staatsmann, aus Potsdam, Sohn des preußischen Generalmajors und Kommandeurs der Leibgarde Johann Ludwig von I., 1764–1765 Besuch der Ritterakademie in Brandenburg a. d. Havel, 1766–1767 der Militärschule in Berlin, 1768 Fahnenjunker, 1786 Abschied vom Militär, 1787–1795 Landrat von Tangermünde (Altmark), seit 1795 Präsident der Kriegs- und Domänenkammer in Halberstadt, seit 1798 Präsident der Pommerischen Kriegs- und Domänenkammer in Stettin, mit der Durchführung der Abschaffung von Hand- und Spanndiensten der Domänenbauern und der Umwandlung der größeren Bauernwirtschaften in Eigentum betraut, 1806–1807 Staatsminister für das von Preußen besetzte Kurfürstentum Hannover, 1812 Regierungspräsident in Stargard (Pommern), 1814 in Stettin, 1815 Oberpräsident der Provinz Pommern, 1815–1816 Regierungspräsident in Koblenz, 1816–1822 auf Veranlassung Karl August von Hardenbergs (s. ds. Personenregister Bd. XIV) Oberpräsident der Provinz Großherzogtum Niederrhein, nach Zusammenschluß mit der Provinz Jülich-Kleve-Berg zur Rheinprovinz 1822–1831 deren Oberpräsident.
65, 98, 114, 117, *(118)*, 128, *129, (130ff.)*, 132, *(134f.), (136f.)*, 140, 142, 147, 148, *(148f.)*, 149, 151f., *156*, 157, *(157–161), (162f.)*, 163, *163*, 164, *164*, 170, *172, (178ff.), (180), 181, 184, (184f.)*, 185, *(198), (198f.), (199f.)*, 200, *(201f.)*, 204, *(205), (215f.), (216–219), (219f.)*, 224, *(224f.)*, 227, 255, *(271–275), (288f.), (290), (291–294), (296f.), (298f.)*, 299, *(300), (302f.)*, 303, *(303)*, 303, *(304), (306), (307–310)*, 310, *314, 318f.*, 324, *(327ff.)*, 334, *(335), (336f.)*, 353, *360, 364, 370*, 430
Preu; Reg; Rom

JACOBI [JAKOBI], GEORG ARNOLD (1768–1845);
Politiker, von Gut Pempelfort (h. Düsseldorf), Sohn des Philosophen Friedrich Heinrich Ritter von J. (s. ds. Personenregister Bd. III), 1793 Amtmann der Grafschaft Wickrath (h. Mönchengladbach), 1794 Mitglied der französischen Arrondissements-Administration zu Bonn, anschließend der Administration des Landes zwischen Maas und Rhein zu Aachen, 1797 dort Kommissar des französischen Exekutivdirektoriums, 1798 Mit-

glied der Zentraladministration, 1802 Kur-Pfalz-Bayerischer Bergischer Landesdirektionsrat, 1804 Kur-Pfalz-Bayerischer Bergischer Geheimrat, 1806 Großherzoglich-bergischer Staatsrat und Generaldirektor des Straßen- und Wasserbaus, 1811 Gutachter für die von Napoleon veranlaßte „Napoleona Augusta" (Universität) in Düsseldorf, 1813 Gouvernementsrat des Herzogtums Berg, als Präfekturrat auch für die Hebung der Schulverhältnisse zuständig, 1833–1840 Königlich-Preußischer Geh. Regierungsrat zu Düsseldorf, 1830 Eröffnung der ersten rechtsrheinischen Handelskammer mit der Zuständigkeit für die Städte Elberfeld und Barmen, Koreferent für J. H. Altgelt (s. ds.) bei der Beurteilung des von Ernst von Bodelschwingh-Velmede (s. ds. Personenregister Bd. VIII) vorgelegten Gesetzesentwurfs zum Unterricht für in Fabriken arbeitende Kinder, Dienstherr des ehemaligen Seminaristen F. H. Kramb (s. ds.) als Hauslehrer für seine jüngeren Kinder aus zweiter Ehe (geb. 1811, 1812, 1814, 1816 und 1819). *392*

Kra

JÄCK [JACK], KARL (gest. 1809);
Kalligraph, aus Ludwigsburg (b. Stuttgart), Zeichen- und Schreibmeister in Berlin, dort auch Kupferstecher, angesehener Karten- und Schriftstecher, seit 1805 Mitglied der Königlichen Akademie der bildenden Künste in der mechanischen Klasse.
Verfasser von:
Schreibmeister, oder Anweisung, wie ein Jeder selbst seine Kinder lehren kann, schön und deutlich zu schreiben. 1. Heft. Berlin 1792;
Der Schreibmeister, oder Anweisung, wie ein Jeder sich selbst lehren kann, eine schöne und leichte deutsche Geschäftshand zu schreiben und sich in der Canzleyschrift zu üben. 4 Hefte. Ebd. 1794, 1799 und 1801;
Vorzeichnungen in Buchstaben und Zügen, für Schriftstecher, Mahler, Graveurs, Petschirstecher, Steinmetzen, Schriftschneider, Glasschleifer, Juwelier und für jeden, der regelmässige und zierliche Buchstaben zu stechen, zu mahlen und aus Metall zu formen hat. 2 Hefte. Ebd. 1800. *271, 273, 277*

JAHN, FRIEDRICH LUDWIG (1778–1852);
Pädagoge und Politiker, aus Lanz (b. Lenzen, Westprignitz), Sohn eines Pfarrers, Schüler des Gymnasiums zum Grauen Kloster in Berlin, ohne Schulabschluß, Studium der Theologie, der Geschichte und der Sprachwissenschaft an den Univ. Halle, Greifswald und Göttingen, ebenfalls ohne Abschluß, bis 1809 Hauslehrer in verschiedenen Positionen und national-patriotischer Agitator, seit 1809 Erzieher am Institut von Johann Ernst Plamann (s. ds. Personenregister Bd. V) in Berlin, 1810 gem. mit Karl Friedrich Friesen (s. ds. Per-

sonenregister Bd. XI) Gründer des Deutschen Bundes – des Vorläufers der Burschenschaften –, dessen im „Bundesbuch" festgehaltene Ziele die Befreiung Deutschlands von der französischen Herrschaft und die nationale Einheit waren, 1810 Veröffentlichung seines Hauptwerkes „Deutsche Volkstum" (Lübeck), darin Eintreten für ein geeintes Deutschland und für eine Erziehung zum Volksstaat und Volksheer, 1811 Eröffnung des ersten Turnplatzes auf der Hasenheide in Berlin, 1813–1815 Teilnahme am Befreiungskrieg im Lützowschen Freikorps, 1815 Mitbegründer der Deutschen Burschenschaft, Begegnung mit Diesterweg während dessen Lehrertätigkeit an der Musterschule in Frankfurt a.M., Anregung Diesterwegs zur Anlage eines Turnplatzes, von restaurativen Kreisen der Demagogie verdächtigt, 1819 – im Zuge des Turnverbots – hochverräterischer Verbindungen bezichtigt und als angeblicher geistiger Urheber der Ermordung von August Friedrich Ferdinand von Kotzebue (s. ds. Personenregister Bd. XI) verhaftet, 1825 Entlassung mit der Auflage, sich in keiner Universitäts- oder Gymnasialstadt aufzuhalten, bis 1840 Aufenthalt in Freyburg, unter Polizeiaufsicht, 1840 völlige Rehabilitierung durch Friedrich Wilhelm IV., 1848 als Befürworter einer demokratischen Monarchie Wahl in die Deutsche Nationalversammlung, von Vertretern eines weltläufigen Liberalismus wie Karl Immermann (s.ds.) der nationalen Engstirnigkeit bezichtigt.
Jahns Hauptwerk (gem. mit Ernst Wilhelm Bernhard Eiselen <s. ds. Personenregister Bd. IV>):
Die Deutsche Turnkunst. Berlin 1816.
Jahns Werke wurden von Carl Euler 1883–1887 in 17 Bänden in Hof herausgegeben.
(Vgl. den Aufsatz „Friedrich Ludwig Jahn" im Päd. Jahrbuch 1854, S. 1–97; vorliegende Ausgabe, Band XI, S. 23–75.) *77*

JAKOB [JACOB], LUDWIG HEINRICH VON (1759–1827);
Philosoph und Staatswissenschaftler, aus Wettin (b. Halle a. d. Saale), seit 1777 Studium der Theologie, Philologie und Philosophie an der Univ. Halle, 1782 Lehrer am dortigen Stadtgymnasium, 1785 Promotion und Habilitation für Philosophie, 1789–1791 a. o., 1791–1806 o. Professor für Philosophie an der Univ. Halle, seit 1804 auch für Staatswissenschaft, 1806–1809 Professor an der Univ. Charkow (Ukraine), 1809–1816 Mitglied einer Finanzkommission in St. Petersburg, seit 1816 wieder an der Univ. Halle, zunächst Vertreter der Philosophie I. Kants (s. ds.), dann Hinwendung zu Adam Smith (s. ds. Personenregister Bd. III), Entwicklung einer besonderen Kausalität des Psychischen als nicht ursächlich aus dem Physischen ableitbar, Verfasser zahlreicher philosophischer Abhandlungen.
Schriften u. a.:

Beweis für die Unsterblichkeit der Seele aus dem Begriff der Pflicht. Eine Preisschrift. Jena 1790; 2., ganz umgearbeitete Ausgabe 1794; Grundriß der Erfahrungsseelenlehre. Halle a. d. Saale 1791; Grundriß der allgemeinen Logik. Ebd. 1788; Kritische Anfangsgründe zur allgemeinen Metaphysik. Ebd. 1788; Die Staatsfinanzwissenschaft, theoretisch und praktisch dargestellt und erläutert durch Beispiele aus der neuen Finanzgeschichte europäischer Staaten. 2 Bde. Ebd. 1820–1821. *245*, 260, *272, 275*

JAKOBUS (gest. 62 n. Chr.);
Apostel, Bruder Jesu, zu dessen Lebzeiten ungläubig, Bekehrung vermutl. im Zusammenhang mit den Berichten von Jesu Auferstehung, neben Petrus (s. ds.) und Johannes (s. ds.) wichtiger Leiter der judenchristlichen Urgemeinde in Jerusalem, nach der Überlieferung dort erster Bischof, vielfach als Verfasser des Jakobus-Briefes im Neuen Testament angesehen, in dem die Bedeutung der christlichen Werke als Ausweis des Glaubens herausgestellt wird, Märtyrer. 40, *44,* 530

JOHANNES (1. Jh.);
Apostel, galiläischer Fischer, besonders vertrauter Jünger Jesu, neben Jakobus (s. ds.) und Petrus (s. ds.) wichtiger Leiter der judenchristlichen Urgemeinde in Jerusalem, später vermutl. Leiter der Gemeinde in Ephesus, schließlich Verbannung nach Patmos, vermutl. Verfasser des Johannesevangeliums, der drei Johannes-Briefe, in denen die unverdiente Liebe Gottes in den Mittelpunkt gerückt wird, und der Offenbarung (alle Neues Testament). 34, *44,* 310, 530

JOHANNSEN, FRIEDRICH (1778–1860);
Pädagoge, aus Wallsbüll (b. Flensburg), Seminarist am Lehrerseminar in Kiel, Studium der Theologie, dann der Rechtswissenschaft an der Univ. Kiel, 1803–1806 Untergerichtsadvokat in Flensburg, 1803 Abfassung einer Schrift über J. H. Pestalozzis (s. ds.) Methode, trotz weitgehender Zustimmung Auslösung einer Gegenschrift Pestalozzis, Ablehnung einer Berufung als Lehrer an das Institut von Pestalozzi in Münchenbuchsee (Kt. Bern), seit 1806 Ober- und Landesgerichtsadvokat in Flensburg, seit 1815 auch Hospitalsekretär in Schleswig, Förderer der Pädagogik Pestalozzis in Norddeutschland.
Verfasser von:
Ueber das Bedürfniß und die Möglichkeit einer Wissenschaft der Pädagogik; als Einleitung in die künftig zu liefernde philosophische Grundlage der Erziehung. Jena 1803;
Kritik der Pestalozzi'schen Erziehungs- und Unterrichtsmethode, nebst Erörterung der Hauptbegriffe der Erziehungswissenschaft. Ebd. 1803;

Pestalozzi's gegenwärtiger Standpunkt. In: Intelligenzblatt der Jenaischen Allgemeinen Zeitung (1805). *104,* 107
Frie

JUNG, AGNES geb. BECKER (1767–1814);
Mutter von Luise Diesterweg geb. Jung (s. ds.), Großmutter Diesterwegs. *4,* 4, *17,* 17

JUNKER, MATTHIAS (ca. 1805–1841);
Lehrer, aus Unkel (a. Rhein, b. Remagen), Sohn armer Eltern, seit 1815 durch finanzielle Unterstützung des Pfarrers Besuch einer Privatschule in Unkel, u. a. Erwerb der lateinischen Sprache, Wechsel auf das Progymnasium in Linz a. Rhein, 1820–1822 Besuch des katholischen Lehrerseminars in Koblenz, 1822 Ablegung der Lehrerprüfung vor dem Königlichen Konsistorium in Köln, 1822–1824 Hauslehrer auf dem Lande, 1824 für die Besetzung einer Lehrerstelle an der Musterschule des Seminars in Brühl vorgesehen, autodidaktische Weiterbildung, seit 1825 durch Vermittlung von P. N. Schweitzer (s. ds.) – Direktor des Lehrerseminars in Brühl – Lehrer an der katholischen Elementarschule in Richrath (h. Langenfeld im Rheinland), großes Engagement trotz zeitweiser Kränklichkeit, Teilnehmer an zahlreichen Lehrerkonferenzen, dort Abhaltung von methodologischen Vorträgen, 1826 durch Landrat G. F. v. Hauer (s. ds.) belobigt, 1832 Teilnehmer am methodologischen Lehrkursus in Brühl (b. Bonn), 1837 Zusage der Königlichen Regierung, wegen Unterfinanzierung seiner Stelle Bewerbungen auf andere Lehrerstellen zu unterstützen, dennoch 1838 vergebliches Unterstützungsgesuch für die Bewerbung auf die Lehrerstelle an der katholischen Stadtschule in Solingen. *488*
H St A Düss, Reg. Düss., Nr. 3596, 3656

KÄHLER, LUDWIG AUGUST (1775–1855);
lutherischer Theologe, aus Sommerfeld (b. Oranienburg), Sohn eines Arztes, Absolvent der Fürstenschulen in Meißen (b. Dresden) und in Sorau (Mark Brandenburg, h. Polen), 1793–1796 Studium der Theologie an der Univ. Erlangen, Hauslehrer in adligen Familien, 1798–1809 Adjunkt des Pfarramts in Canig (Niederlausitz), 1809 bis 1811 Diakon, 1811–1819 Archidiakon an der Oberkirche in Cottbus, 1819–1843 Pfarrer, Superintendent, Konsistorialrat und o. Professor der Theologie an der Univ. Königsberg, beliebter Prediger, um die Vermeidung von staatlichen Zwangsmitteln bei der Durchsetzung der neuen preußischen Hofkirchenagende bemüht, zunächst Vertreter des Rationalismus, Freund von G. F. Seiler (s. ds.) und J. G. J. Schuderoff (s. ds.), später Bemühungen, Theologie und Philosophie bzw. geoffenbarte und Vernunftreligion miteinander in Übereinstimmung zu bringen, Verfasser überwiegend theologischer und philosophischer Abhandlungen.

Schriften u. a.:

Supernaturalismus und Rationalismus in ihrem gemeinschaftlichen Ursprunge, ihrer Zwietracht und hohen Eintracht; ein Wort zur Beruhigung für alle, welche nicht wissen, ob sie glaubend erkennen oder erkennend glauben sollen. Leipzig 1818; Betrachtungen über die doppelte Ansicht, ob Jesus blos ein jüdischer Landrabbiner oder Gottes Sohn gewesen sei. Königsberg 1821; Rede zu Dinter's Ehrengedächtniß. Gehalten im Dinterverein, den 29. Februar 1840. Ebd. 1840. *103,* 105

KÄSTNER, ABRAHAM GOTTHELF (1719–1800);

Mathematiker und Dichter, aus Leipzig, Sohn eines Professors der Rechtswissenschaft, Studium der Rechtswissenschaft (Abschluß 1737), der Naturwissenschaft, der Mathematik und der Literatur an der Univ. Leipzig, 1739 Promotion in Mathematik, Privatdozent für Mathematik, Philosophie und Rechtswissenschaft an der Univ. Leipzig, seit 1746 dort Professor der Mathematik, seit 1756 Professor der Mathematik und Physik an der Univ. Göttingen, seit 1763 Leiter der dortigen Sternwarte, begabter Lehrer, Vertreter der deutschen Spätaufklärung, Verfechter einer klaren mathematischen Beweisführung, Eintreten für den Gebrauch der deutschen Sprache, auch und gerade in den Naturwissenschaften, Übersetzer philosophischer und naturwissenschaftlicher Werke, Hrsg. des „Hamburger Magazins" und der „Physikalischen Belustigungen", Verfasser zahlreicher mathematisch-naturwissenschaftlicher sowie literarisch-poetischer Werke, darunter witziger und satirischer Epigramme.

Schriften u. a.:

Anfangsgründe der Mathematik. 4 Bde. Göttingen 1758–1769; 3. Aufl. 1780–1799; Betrachtungen über die Art, wie die allgemeine Begriffe im göttlichen Verstande sind. Ebd. 1769; Neueste Sinngedichte und Einfälle. 2 Teile. Gießen 1781; Über den Vortrag gelehrter Kenntnisse in der deutschen Sprache. Göttingen 1787; Geschichte der Mathematik. 4 Bde. Ebd. 1796 bis 1800. Seine gesammelten literarischen Werke wurden 1841 in vier Bänden herausgegeben (Berlin). *26,* 26

KAMANN, ARNOLD (1775–1835);

Glaser und Anstreicher in Moers, aus Mülheim a. d. Ruhr, für das Seminar in Moers tätig. *216f.,* *555*

StA Moers

KAMPHAUSEN, ADOLPH HERMANN DANIEL (ca. 1806–nach 1867);

Lehrer, aus Mörmter (h. Xanten), Sohn eines Lehrers, 1823–1826 Seminarist, von Superintendent W. J. G. Roß (s. ds.) zur Unterstützung empfohlen, Empfänger eines Stipendiums, kurzzeitig Hilfslehrer am Seminar und an der Elementarschule in Moers, 1826–1828 Lehrer an der lutherischen Pfarrschule und Vorsänger in Velbert, gegen den Willen der Gemeinde von der Königlichen Regierung in Düsseldorf direkt berufen, 1828 Abfassung einer dreizehnseitigen Klageschrift an die Regierung wegen seiner schwierigen Position und zahlreicher Behinderungen seiner Arbeit, 1828 bis 1836 Lehrer an der zunächst reformierten, seit 1828 vereinigten evangelischen Stadtschule und Kantor an der reformierten Kirche in Solingen, 1836–1865 Hauptlehrer an der reformierten Pfarrschule und Organist in Gemarke (Barmen, h. Wuppertal), Lehrer an der Aspiranten-Bildungsschule in Elberfeld, Mitgründer und Präses des 1854 gegründeten Barmer Erziehungsvereins, Vorsitzender des Sonntagsvereins für junge Handwerker und Fabrikarbeiter in Gemarke (später Jünglingsverein) – dem mutmaßlichen Vorbild für Johann Gregor Breuers ersten katholischen Gesellenverein in Elberfeld (später Kolpingsfamilie) –, Mitglied des Bundeskomitees des 1848 gegründeten Rheinisch-Westphälischen Jünglingsbundes (später CVJM), 1865 freiwillige Pensionierung wegen Kränklichkeit, Vater des Theologen an der Univ. Bonn Adolf K. (1829–1909), Mitarbeiter an den Rh. Bl. 156, *157, 163, 285, 365, 367,* 372, *397, 575*

Goe 1; HStA Düss, Reg. Düss., Nr. 3388, 3593, 3595

KAMPTZ, CARL ALBERT CHRISTOPH HEINRICH VON (1769–1849);

Jurist und Staatsbeamter, aus Schwerin, Abkömmling eines mecklenburgischen Uradelsgeschlechts, 1787–1788 Studium der Rechts- und Staatswissenschaften an der Univ. Bützow (b. Güstrow), 1788–1790 an der Univ. Göttingen, 1790–1792 Assessor bei der Justizkanzlei in Neustrelitz (Mecklenburg), seit 1792 Kanzleirat im Geheimen Rats- und Regierungskollegium, 1793–1794 Referent dieses Kollegiums und weltlicher Direktor der Schulkommission, 1794 freiwilliger Abschied, 1798 Ordentlicher Assessor des Hof- und Landgerichts in Güstrow, 1802 Assessor am Tribunal in Wismar, 1804 Eintritt in den preußischen Staatsdienst als kurbrandenburgischer Assessor beim Reichskammergericht in Wetzlar, Ernennung zum Preußischen Kammerherrn, 1809 Übersiedlung nach Neustrelitz, seit 1810 Mitglied des Oberappellationssenats beim Kammergericht in Berlin, seit 1812 Geh. Legationsrat im Ministerium des Innern, seit 1817 Mitglied des Staatsrates und Wirklicher Geheimer Oberregierungsrat im Innenministerium, 1824 erster Direktor der Unterrichtsabteilung im Ministerium der geistlichen, Unterrichts- und Medizinal-Angelegenheiten, 1825 Wirklicher Geh. Rat und Direktor im Justizministerium sowie Vorsitzender der Justizabteilung im

Staatsrat, Entbindung von der Stellung im Ministerium des Innern, aber Beibehaltung derjenigen im Ministerium der geistlichen, Unterrichts- und Medizinal-Angelegenheiten, 1830 vorläufige und 1832 endgültige Aufgabe der letzteren, 1832 Minister der Gesetzesrevision und Wirklicher Geh. Staatsminister, 1842 Abschied, aufgrund seines Druckes auf die Bevölkerung wegen sogenannter „demagogischer" Umtriebe bei freiheitlich gesinnten Bürgern unbeliebt, sein „Allgemeiner Codex der Gendarmerie" (Berlin 1815) deshalb 1817 beim Wartburgfest (b. Eisenach) symbolisch verbrannt, seit 1817 Hrsg. der „Annalen der preußischen innern Staatsverwaltung" (Berlin), auch als Justizminister führend an der Demagogenverfolgung beteiligt. 399, *488,* 491

KANT, IMMANUEL (1724–1804);
Philosoph, aus Königsberg, Sohn eines armen Handwerksmeisters, Absolvent des nach Erziehungsprinzipien August Hermann Franckes (s. ds. Personenregister Bd. V) organisierten pietistischen Collegium Fridericianum, 1740–1746 Studium der Philosophie, der Mathematik und der Naturwissenschaften an der Univ. Königsberg, Hauslehrer, 1755 Magister und Habilitation, bis 1766 Privatdozent, Vorlesungen über alle Gebiete der Philosophie, Pädagogik, Mathematik, Physik und Anthropologie, 1766 Unterbibliothekar an der Schloßbibliothek, 1769 und 1770 Ablehnung von Berufungen an die Univ. Erlangen und Jena, seit 1770 o. Professor für Logik und Metaphysik an der Univ. Königsberg, mehrfach Dekan, 1786 und 1788 Rektor, Entwicklung der für seine spätere Erkenntnistheorie verbindlich bleibenden Lehre von Raum und Zeit als den apriorischen Formen der Anschauung, in denen die empirischen Inhalte der Sinne gegeben werden, 1781 Revolutionierung der philosophischen Theoriebildung seiner Zeit durch seine „Kritik der reinen Vernunft", Nachweis der nicht-empirischen Bedingungen der Möglichkeit von Erfahrungsurteilen aus einem System von Grundbegriffen (Kategorien), die nicht aus der sinnlichen Erfahrung abstrahierbar sind, damit Zurückweisung des erkenntnistheoretischen Empirismus und der rationalistischen Metaphysik, Analyse des moralischen Bewußtseins in seiner „Kritik der praktischen Vernunft" (1788) und Herausarbeitung des in der Form des „kategorischen Imperativs" bewußten Sittengesetzes, Ausweitung des philosophischen Apriorismus auf das ästhetische Urteil in der „Kritik der Urteilskraft" (1790), Verortung des religiösen Bewußtseins ohne Bezug auf Inhalte der Offenbarung in der „Religion innerhalb der Grenzen der bloßen Vernunft" (1793), daraufhin 1794 Maßregelung durch eine Kabinettsorder Friedrich Wilhelms II. und Publikationsverbot zu religiösen Fragen, später Konkretisierung der Grundgedanken seines Kritizismus in geschichts-, staats- und kulturphiloso-

phischen Kontexten, Ablehnung des aufkommenden Idealismus als Mystizismus, Verbindung zu zahlreichen Wissenschaftlern und Dichtern, u.a. Moses Mendelssohn (s. ds. Personenregister Bd. XI), Karl Leonhard Reinhold (s. ds. Personenregister Bd. IX), F. v. Schiller (s. ds.) und J. G. Fichte (s. ds.). 40, 44, 67, 75, *78,* 88, 92, 94, *252,* 268

KARRIG, H. L. (erw. 1827);
Verfasser von:
Andeutungen über den Seidenbau in Preußen. Berlin 1827. *445,* 448

KASTNER, KARL WILHELM GOTTLOB (1783–1857);
Chemiker, aus Greifenberg (Pommern), Sohn eines Pfarrers, Apothekenlehre in Swinemünde (Pommern), Studium der Chemie an der Univ. Jena, 1804 Dr. phil. und venia legendi, 1805–1812 Professor der Chemie an der Univ. Heidelberg, 1812–1818 an der Univ. Halle, Teilnahme an den Freiheitskriegen, 1818–1821 Professor der Chemie, Pharmazie und Physik an der Univ. Bonn, 1821–1857 Professor der Chemie und Physik an der Univ. Erlangen, seit 1816 Mitglied der deutschen Akademie der Naturforscher Leopoldina in Halle, Hrsg. des „Archivs für die gesammte Naturlehre", Vertreter einer philosophisch ausgerichteten Chemie im Sinne der Romantik, begabter und beliebter Lehrer.
Schriften u.a.:
Beiträge zur Begründung einer wissenschaftlichen Chemie. Heidelberg 1807;
Grundzüge der Physik und Chemie, zum Gebrauch für höhere Lehranstalten und zum Selbstunterricht für Gewerbtreibende und Freunde der Naturwissenschaft. Nürnberg 1821;
Handbuch der Meteorologie. Erlangen 1821 bis 1825. *249,* 265

KATZ, WILHELM HEINRICH (1763–1851);
evangelischer Theologe, aus Karlsruhe, Sohn eines Obereinnehmers, zunächst Besuch des Gymnasiums in Karlsruhe, seit 1777 (Tod des Vaters) im Waisenhaus in Halle a. d. Saale, 1781 bis 1783 Studium der Theologie an der Univ. in Halle, 1784–1786 Pfarrvikar in Opfingen (h. Freiburg i. Br.), 1786–1791 an der Hofpfarrei in Rastatt, 1791–1793 dort Diakonus, 1793–1806 zweiter Geistlicher und Lehrer an der lateinischen Schule in Gernsbach (b. Baden-Baden), dort Gründung einer Erziehungsanstalt für Söhne gebildeter Eltern, 1806–1821 Hofprediger und erster lutherischer Stadtpfarrer in Mannheim, 1806–1807 evangelischer Religionslehrer am Lyzeum, Mitwirkung bei der Gründung der Armenanstalt, der Einrichtung eines gemeinschaftlichen Lyzeums und der Verbesserung der christlichen und jüdischen Schulen, 1821–1841 erster Stadtpfarrer, Dekan und Kirchenrat in Karlsruhe, Mitarbeit an der Union, Religionslehrer in der obersten Klasse

des Lyzeums, Schulvisitator, Inspektor der höheren Töchterschule und sämtlicher Privatinstitute, 1835–1837 Direktor des Lehrerseminars, seit 1844 im Ruhestand, Vorstand verschiedener religiöser und gemeinnütziger Vereine, 1835 Ritter des Zähringer Löwenordens. *475*
Beh

KAULEN, FRIEDRICH (geb. 1806);
Sohn eines Sargmachers, aus Siepen (h. Remscheid), Ausbildung bei J. F. Wilberg (s. ds.) in Elberfeld (h. Wuppertal), 1823 Hilfslehrerprüfung vor der Königlichen Regierung in Düsseldorf, Lehrer in Wermelskirchen, 1827 Teilnehmer am Lehrerkursus im Seminar in Moers, dort Ablegung der Wiederholungsprüfung, 1828 auf der Dreierliste für die Lehrerstelle an der evangelischen Elementarschule in Neuenhaus (h. Solingen), 1828–1831 Unterlehrer bei L. v. Scheven (s. ds.) an der reformierten Pfarrschule auf dem Hofkamp (Elberfeld), 1830 Bewerber um die Lehrerstelle an der evangelischen Elementarschule vor dem Arrenberg (Elberfeld). *403*
HStA Düss, Reg. Düss., Nr. 3327; StA Wupp, L I 137, 142, 190

KAWERAU, PETER FRIEDRICH THEODOR (1789–1844);
Pädagoge und Staatsbeamter, aus Elbing (Danziger Bucht), 1809–1812 als preußischer Eleve im Institut von J. H. Pestalozzi (s. ds.) in Yverdon (Kt. Waadt), 1815–1819 Lehrer am Lehrerseminar in Bunzlau (Schlesien), 1819–1825 Direktor der Erziehungsanstalt und des Lehrerseminars in Jenkau (b. Danzig), 1825–1828 Seminardirektor und Direktor des Waisenhauses in in Königsberg, 1828–1837 Direktor des Lehrerseminars in Bunzlau, seit 1837 Regierungs- und Schulrat in Köslin (Pommern), Verfasser von zahlreichen pädagogischen Abhandlungen und Lehrbüchern, insbesondere zum Erstleseunterricht (vgl. hierzu Rh. Bl., Jg. 1834, Bd. IX, Heft 3, S. 259–352; vorliegende Ausgabe, Bd. XXII <in Vorbereitung>).
Schriften u. a.:
Leitfaden für den Unterricht im Rechnen nach Pestalozzi's Grundsätzen. 2 Bde. Bunzlau 1818;
Leitfaden für den Unterricht im Lesen nebst vorangeschickter kurzer Lautlehre zur Belehrung des Lehrers. Danzig 1824. *120, 312,* 313
Frie

KEIMER [KEYMER], CHRISTOPH;
Lehrer, aus Mödrath (h. Kerpen, b. Köln), nach Entlassung aus dem Regierungsbezirk Köln 1828 bis mind. 1860 Lehrer an der katholischen Elementarschule in Schlebusch (h. Leverkusen), von Schulpfleger Pfarrer J. Broix (s. ds.) sehr empfohlen und zur Einrichtung einer Musterschule des Bezirks vorgesehen, 1859 Klage auf Beibehaltung seiner Bezüge, diese durch den Oberpräsidenten in Koblenz bestätigt. *488*
HStA Düss, Reg. Düss., Nr. 3659

KELBER, JOHANN GEORG (1789–1858);
lutherischer Theologe, zunächst Schullehrer, dann Studium der Theologie, Pfarrvikar in Wassertrüdingen, 1820–1825 Pfarrer in Herrnsheim (h. Willanzheim, b. Würzburg), 1825–1830 in Krautostheim (h. Sugenheim, b. Neustadt a. d. Aisch), seit 1830 in Uttenreuth (b. Erlangen), Verfasser von Lehrbüchern sowie pädagogischen und christlich-moralischen Abhandlungen.
Schriften u. a.:
Durch Gründe unterstützte Behauptung, daß der Schulstand, wenn nicht wichtiger, doch gleich wichtig sei als der geistliche Stand. Erlangen 1818;
Die teutschen Volksschulen in ihrer Entwicklungsperiode. Oder Charakteristik der Volksschulen, wie sie waren, wie sie sind und wie sie seyn sollen. Ebd. 1819;
Die neuesten Leselehrarten, in einer kurzen Uebersicht ihrem Wesen nach dargestellt und gewürdigt, nebst einer Beantwortung der Frage: Welches die Eine wahre Unterrichtsmethode sey? Ebd. 1820;
Der Kastengeist oder über die Ungebühr der Stände und wohlgemeinter Rath zur Heilung eines Grundübels, an dem die Menschheit erkrankt. Ebd. 1823;
Biblische Pädagogik. Ebd. 1830. *104,* 107

KELLER, JAKOB (erw. 1810);
Verfasser von:
Deutsche Vorschriften. Elberfeld 1810.
Möglicherweise identisch mit einem gleichnamigen Konrektor in Schwelm, einem Kritiker der Amtsführung von Schulrat J. H. Altgelt (s. ds.).
170, 171, *253,* 269
Krall

KELLER, JOSEF / JOSEPH (geb. 1787);
Schneider, Ökonom am Seminar in Moers, später dort Gastwirt. *151,* 152, *180, 216ff., (290f.),* 461, *468, 522, 535, 544*
StA Moers

KELLER, T. C. (erw. 1824);
Verfasser von:
Ehrenrettung der Buchstabirmethode gegen die Vorwürfe neuerer Leselehrer, mit Beziehung auf v. Stephani's (s. ds.) Schrift: „Ausführliche Beschreibung meiner Leselehrmethode." Tübingen 1824. *244,* 258

KELLERSTRASS [KELLERSTRAHS], FRIEDRICH WILHELM (ca. 1806–nach 1880);
Lehrer, aus Solingen, 1828–1830 Seminarist in Moers, Empfänger eines Stipendiums, 1830 Hilfslehrer an der evangelischen Pfarrschule in Wichlinghausen (Barmen, h. Wuppertal), 1831–1832 Lehrer an der evangelischen Elementarschule in Geistenbeck (h. Mönchengladbach), 1832–1834 provisorischer Lehrer an der Elementarschule der evangelischen Gemeinde, Küster, Kantor und Vorleser in Waldniel (h. Schwalmtal, b. Mön-

chengladbach), 1833 auf der Dreierliste für die neu zu besetzende Lehrerstelle an der evangelischen Elementarschule in Wickrath (h. Mönchengladbach), 1834 Ablegung der Wiederholungsprüfung in Moers, 1835 definitiver Lehrer in Waldniel, Empfehlung für eine bedeutendere Lehrerstelle durch Pfarrer Friedrich Wilhelm Lauffs (1803–1868), 1835–1844 Lehrer an der evangelischen Elementarschule in Schrodtberg (h. Solingen), 1837 auf der Dreierliste für die neu zu besetzende Lehrerstelle an der evangelischen Elementarschule in Ketzberg (ebd.), seit 1844 wohnhaft in Brühl (ebd.), um 1880 Erhalt eines Ordens. *451*

HStA Düss., Reg. Düss. Präs., Nr. 412, 414; Reg. Düss., Nr. 3120, 3172, 3610, 3616, 3629; StA Wupp, L I 101

KELLNER, JOHANN WILHELM (1748–1794);
lutherischer Theologe, aus Suhl, Sohn eines Pfarrers, Studium der Theologie an den Univ. Leipzig und Dresden, Magister der Philosophie in Württemberg, 1774–1784 Hauslehrer bei Familie von Seckendorf in Meuselwitz (b. Altenburg), 1784 bis 1790 Pfarrer in Kühndorf (b. Bad Meiningen), 1790–1794 Diakonus an der Hauptkirche in Suhl, beliebter Prediger, Verfasser zahlreicher theologischer und pädagogischer Abhandlungen.

Schriften u. a.:
Ueber Erziehung. Eine Vorlesung, Aeltern und Erziehern gewidmet. Leipzig 1784;
Die Gebote Jesu Christi. Ebd. 1785. *245, 259, 272, 275*

KEYSERLINGK [KAYSERLINGK], HERMANN WILHELM ERNST VON (1793–nach 1859);
Philosoph, aus Halle a. d. Saale, Sohn des kurländischen Edelmannes und Erbherrn auf Funkenhof Ernst Friedrich von K., 1814–1815 Studium der Philosophie und der Rechtswissenschaft an der Univ. Königsberg, dann Fortsetzung der Studien an den Univ. Berlin und Heidelberg, dort Promotion in Philosophie und Privatdozent, seit 1820 Privatdozent in Berlin, zuletzt Privatgelehrter, Verfasser zahlreicher philosophischer und historischer Abhandlungen.

Schriften u. a.:
Ueber Repräsentation und Repräsentativ-Verfassungen. Göttingen 1815;
Metaphysik, eine Skizze zum Leitfaden für seine Vorträge. Heidelberg 1818;
Speculative Grundlegung von Religion und Kirche, oder Religionsphilosophie. Berlin 1824;
Hauptpunkte zu einer wissenschaftlichen Begründung der Menschen-Kenntniß oder Anthropologie, eine philosophische Abhandlung. Ebd. 1827;
Kritisch-geschichtliche Uebersicht der Ereignisse, die in Europa seit dem Ausbruche der französischen Staats-Umwälzung bis auf den Congress von Verona, oder von 1789–1823 Statt gefunden haben. Leipzig 1834. *103,* 105

KIRCHNER, ANTON (1779–1834);
evangelischer Theologe und Pädagoge, aus Frankfurt a. M., Studium der Theologie an der Univ. Erlangen, Privaterzieher, dann Lehrer am Waisenhaus und Prediger am Irrenhaus in Frankfurt a. M., 1801–1811 Leitung des „Bürgerblatts", seit 1803 Redaktor der „Frankfurter Journals", 1805 bis 1806 Hilfslehrer an der Musterschule, an der 1813–1818 auch Diesterweg tätig war, 1806 bis 1807 Professor am Gymnasium, 1807–1823 Pfarrer an der Heiliggeist-Kirche, 1807–1810 Mitglied der Achtundzwanziger (Bürgerrepräsentation), Vertreter des bürgerlichen Liberalismus, 1812 Ernennung zum Großherzoglich Frankfurter Oberschulrat und Studienrat durch Großherzog K. Th. A. M. v. Dalberg (s. ds.), 1813 Direktor der neugegründeten Volksschulen im Weißfrauenkloster, 1816 Mitglied der Gesetzgebenden Versammlung, 1823 Konsistorialrat und Sonntagsprediger an der St. Katharinenkirche, 1833 an der St. Paulskirche, maßgebliche Beteiligung an der Reorganisation des Frankfurter Schulwesens und an der Gründung mehrerer Volksschulen, einer Mittelschule sowie der Weißfrauenschule (einer Schule für Kinder des Handwerkerstandes), Förderer des Turnunterrichts.

Außer theologischen Schriften gab er heraus:
Geschichte der Stadt Frankfurt am Main. 2 Bde. Frankfurt a. M. 1807/1810;
Ansichten von Frankfurt am Main, der umliegenden Gegend und den benachbarten Heilquellen. 2 Bde. Ebd. 1818. *245,* 260

Pest

KLAPPERT, JOHANN WILHELM (1804–1830);
Lehrer, aus Siegen, Absolvent des Lehrerseminars in Soest, Lehrer in Mengede (h. Dortmund), Mitarbeiter an den Rh. Bl. *(377), (401 f.),* 402

KLEUKER, JOHANN FRIEDRICH (1749–1827);
lutherischer Theologe und Philosoph, aus Osterode im Harz, Studium der Philosophie, der Theologie und der Altertumskunde, Hauslehrer, 1775 bis 1778 Prorektor am Gymnasium in Lemgo, 1798 Rektor in Osnabrück, 1798 Professor der Theologie an der Univ. Kiel, Anhänger eines historisch orientierten theosophisch-biblischen Supranaturalismus, Gegner des in Kiel vorherrschenden Rationalismus, Mittelpunkt seiner Dogmatik: die Erscheinung des Gottessohnes als Menschensohn, Verfasser mehrerer Abhandlungen zur Religionsgeschichte und Übersetzer, u. a. der Werke Platons.

Schriften u. a.:
Menschlicher Versuch über den Sohn Gottes. Bremen 1776;
Briefe über die Wunderkräfte. Leipzig 1781;
Neue Prüfung und Erklärung der Beweise für die Wahrheit des Christenthums. 3 Teile. Riga 1787 bis 1794;

Ausführliche Untersuchung der Gründe für die Aechtheit und Glaubwürdigkeit der schriftlichen Urkunden des Christenthums. 5 Bde. Leipzig und Hamburg 1793–1800;
Ueber das Ja und Nein der biblisch-christlichen und der reinen Vernunft-Theologie. Hamburg 1819. *103, 105*

KLOOS, Dr. s. KLOSS, GEORG FRANZ BURK-HARD.

KLOPSTOCK, FRIEDRICH GOTTLIEB (1724–1803);
Dichter und Literaturtheoretiker, aus Quedlinburg, Sohn eines Stiftsadvokaten und fürstlich-mansfeldischen Kommissionsrats, Absolvent der Fürstenschule in Schulpforta (h. Bad Kösen), 1745–1746 Studium der Theologie und der Philosophie an der Univ. Jena, 1746–1748 an der Univ. Leipzig, 1748–1750 Hauslehrer in Langensalza, 1750 auf Einladung Johann Jakob Bodmers (s. ds. Personenregister Bd. XVII) Aufenthalt in Zürich, 1751–1770 in Dänemark, von Friedrich V. von Dänemark mit einer Pension versehen, um die Dichtung „Messias" zu vollenden, befreundet mit J. A. Cramer, den Brüdern Christian und Friedrich Leopold Graf von Stolberg (s. ds. Personenregister Bd. II) und J. B. Basedow (s. ds.), 1770–1774 Begleiter seines Gönners Graf Johannes Hartwig Ernst Bernstorff nach Hamburg, 1772 Vollendung des „Messias" – der Leidens- und Auferstehungsgeschichte Jesu –, darin Versuch einer Psychologisierung der Passion, 1774–1775 Hofrat in Karlsruhe, Abschied aufgrund von Intrigen, Besuch J. W. v. Goethes (s. ds.) in Frankfurt a. M., geistiger und geselliger Mittelpunkt eines großen Freundeskreises in Hamburg, u. a. mit Matthias Claudius (s. ds. Personenregister Bd. XII) und J. H. Voß (s. ds.), 1792 wegen seiner republikanischen Einstellung zum Ehrenbürger der französischen Republik ernannt, Schaffung eines neuen Typs des vaterländischen Dramas mit historischem Stoff, außerdem Verfasser von biblischen Trauerspielen, Oden und Elegien, Bemühungen um eine Erneuerung des evangelischen Gemeindegesangs. *93*

KLOSS, GEORG FRANZ BURKHARD (1787–1854);
Mediziner, aus Frankfurt a. M., Sohn eines Wundarztes, bis 1809 Studium der Medizin an den Univ. Heidelberg und Göttingen, 1809 Dr. med. (Göttingen), 1810 Aufnahme in die Ärzteschaft der Stadt Frankfurt, Niederlassung, 1812 Ernennung zum a. o. Professor an der medizinisch-chirurgischen Lehranstalt von Frankfurt (Schließung 1813) durch Großherzog K. Th. A. M. v. Dalberg (s. ds.), seit 1816 „adjunctus cum spe succendi" (Gehilfe in der begründeten Hoffnung auf die Nachfolge des Amtsinhabers) des emeritierten Dr. Christian Ehrmann am Rochusspital – einem für die Behandlung von Syphilis, Krätze und Blattern

bestimmten Krankenhauses –, seit 1818 dort angestellt, 1827 Nachfolger Ehrmanns, 1840 Mitbegründer des Ärztlichen Vereins (gem. u. a. mit J. M. Mappes <s. ds.>), erfolgreicher Arzt (Darlegung seiner therapeutischen Grundsätze in „Die Klinik", Jg. 1850), Sammler kostbarer Buchdrucke, Erforscher der Geschichte der Freimaurerei.
Schriften u. a.:
Die Freimaurerei in ihrer wahren Bedeutung aus den alten und ächten Urkunden der Steinmetzen, Masonen und Freimaurer nachgewiesen. Leipzig 1846;
Geschichte der Freimaurerei in England, Irland und Schottland, sowie: Geschichte der Freimaurerei in Frankreich, aus ächten Urkunden dargestellt. 2 Bde. Darmstadt 1852/1853. *(10)*, 10, *(18)*, 18
Kall

KNEBEL, HEINRICH (1801–1859);
Theologe und Pädagoge, aus Gemünden (Eifel), Sohn eines Steuereinnehmers, Studium der Theologie und der Philologie an der Univ. Bonn, Promotion, seit 1824 Pfarrer in Ravengiersburg (b. Simmern) und Rektor der höheren Stadtschule in Simmern, 1827–1829 Konrektor am Progymnasium (Adolfinum) in Moers, 1829–1842 Lehrer am Gymnasium in Bad Kreuznach, 1842–1845 Direktor des Gymnasiums und der Realschule in Duisburg, 1845–1859 als Nachfolger von Karl Hoffmeister (s. ds.) Direktor des Friedrich-Wilhelm-Gymnasiums in Köln, Mitarbeiter an den Rh. Bl., Verfasser von Lehrbüchern.
Schriften u. a.:
Französische Schulgrammatik für Gymnasien und Progymnasien nebst einem Uebungsbuche zum Uebersetzen. Koblenz 1834; 3., verb. und vermehrte Aufl. 1839;
Französisches Lesebuch für die mittlern Klassen der Gymnasien und die Progymnasien. Ebd. 1836. *462, 465*
H St A Düss, Reg. Düss., Nr. 3398, sowie Reg. Köln, 2892; Klein

KOCH, JOHANN FRIEDRICH WILHELM (1759–1831);
evangelischer Theologe und Pädagoge, aus Sudenburg (h. Magdeburg), Sohn eines Kaufmanns, seit 1771 Schüler der Magdeburger Domschule sowie der Schule in Kloster Bergen (h. Groß Rodensleben, b. Magdeburg), seit 1777 Studium der Theologie an der Univ. Halle, 1779–1780 Lehrer an der Domschule in Magdeburg, 1780–1785 Lehrer am Pädagogium des Klosters Unserer Lieben Frauen, 1785–1792 dort Rektor, 1792–1807 dritter, 1807–1810 zweiter Pfarrer an der Magdeburger Johanniskirche, 1808 Mitglied des Gemeinderats, seit 1810 zweiter Domprediger, seit 1812 Superintendent der ersten Magdeburgischen Diözese, seit 1814 Mitglied des Konsistoriums und seit 1816 Konsistorial- und Schulrat beim Konsistorium der Provinz Sachsen, 1782–1807 außerdem

Lehrer an der Magdeburger Handlungsschule, 1824 Mitdirektor des Bürgerrettungs-Instituts, Reformer der Methodik des Gesangunterrichts durch Einführung der Ziffernmethode (unter Berufung auf die Arbeit J. J. Rousseaus <s. ds.> über die Notenschrift), Träger des Roten Adlerordens, Ehrendoktor der Univ. Halle, Verfasser zahlreicher theologischer Werke sowie Lehrbücher für den Unterricht, insbesondere zur Naturkunde und zur Musik.

Schriften u. a.:

Botanisches Handbuch für teutsche Liebhaber der Pflanzenkunde überhaupt und für Gartenfreunde, Apotheker und Oekonomen insbesondere. 3 Teile. Magdeburg 1797–1798;

Mikrographie, eine Anleitung die interessantesten mikroskopischen Objecte aus allen drey Reichen der Natur zu sammeln, zu präpariren und zu beurtheilen. 10 Teile mit einem Handmikroskop von Junker und einigen Objecten etc. Ebd. 1803;

Anleitung für Lehrer in Elementar-Schulen zu einem wirksamen Selbstunterrichte. Ebd. 1813;

Gesanglehre. Ein Hilfsmittel für Elementarschullehrer, durch eine einfachere Bezeichnungsart und Lehrmethode und durch eine zweckmäßige Sammlung von Singstücken einen reinen mehrstimmigen Volksgesang zu bilden. Ebd. 1814;

Warum soll der Gesang in unseren Volksschulen nicht nach Noten, sondern nach Ziffern gelehrt werden? Ebd. 1817. *249*, 265, *273*, 278

KÖHNEN (erw. 1830);

Student, vermutl. in Berlin, der laut Annahme von Diesterweg diesem einen Brief von seiner Frau Sabine (s. ds.) aus Moers überbringen sollte. *495*

KÖNIGs (KÖNIZ) (erw. 1830);

Eltern von Frau K. in Berlin. *496, 496*

Vermutlich Schwiegereltern von:

KÖNIG, JOHANN LUDWIG (1800–nach 1843);

Pädagoge, aus Labischin (b. Bromberg, Westpreußen, damals Großherzogtum Posen), Absolvent der Gymnasien in Thorn (Westpreußen) und Königsberg, 1818 Apothekerlehre in Alt-Stettin, 1820–1823 Studium der Theologie und der Philologie an der Univ. Breslau, 1823–1826 der Philosophie an der Univ. Berlin, Lehrer am Schindlerschen Waisenhaus, 1827–1828 Verwalter, 1828 bis 1829 Inhaber der Oberlehrerstelle am Friedrich-Wilhelm-Gymnasium, 1829–1835 Konrektor am Progymnasium (Adolfinum) in Moers, dann Königlich-preußischer Garnisonsprediger und Pfarrer in Mainz, Verfasser von Lehrbüchern.

Schriften u. a.:

Der Modus im Hauptsatze. Eine Zusammenstellung der Ausdrucksweisen dafür im Griechischen, Lateinischen, Französischen, Englischen, Deutschen und (als Anhang) im Hebräischen. Krefeld 1833;

Das apostolische Glaubensbekenntniß als Grundlage des christlichen Religionsunterrichts für Konfirmanden. Frankfurt a. M. 1837.

KÖNIG, JOHANN FRIEDRICH HEINRICH/ LUDWIG (1772–1845);

aus Duisburg, Sohn eines Apothekers, Kaufmann in Ruhrort (h. Duisburg), um 1822–mind. 1825 Ältester des Konsistoriums der evangelischen Gemeinde, im Zusammenhang mit der Besetzung einer Lehrerstelle an der Gemeindeschule Anforderung eines Gutachtens bei Diesterweg über Lehrer J. P. Schleheck (s. ds.) in Eschweiler (b. Aachen). *(118)*, 119

HStA Düss, Reg. Düss. Nr. 2818; StA Dui

KOHLRAUSCH, HEINRICH FRIEDRICH THEODOR (1780–1867);

lutherischer Theologe, Historiker und Pädagoge, aus Landolfshausen (b. Göttingen), Sohn eines Pfarrers, Absolvent der Hofschule in Hannover, Privatlehrer, seit 1799 Studium der Theologie an der Univ. Göttingen, außerdem Betreibung historischer, mathematischer und naturwissenschaftlicher Studien, Hörer u. a. bei August Wilhelm Schlegel (s. ds.) und J. F. Herbart (s. ds.), Examen in Hannover, seit 1802 Hauslehrer bei Karl Ludwig Graf von Baudissin in Holstein, zahlreiche Reisen mit seinen Zöglingen, Bekanntschaft u. a. mit J. G. Fichte (s. ds.), Christoph Wilhelm Hufeland (s. ds. Personenregister Bd. III), J. H. Voß (s. ds.), Chr. M. Wieland (s. ds.) und J. W. v. Goethe (s. ds.), 1810–1814 Vorsteher einer Erziehungs- und Unterrichtsanstalt in Barmen (h. Wuppertal), auf Veranlassung seines Freundes K. W. Chr. Kortüm (s. ds.) 1814–1818 Mitwirkung am Wiederaufbau des Gymnasiums in Düsseldorf im neuhumanistischen Sinne, außerdem auf Anweisung des Generalgouverneurs Karl Justus von Gruner Begleiter eines Schulrates bei der Neueinrichtung des Elementarschulwesens im ehemaligen Großherzogtum Berg, 1818–1830 Konsistorialrat und Mitglied des Provinzialschulkollegiums in Münster in Westfalen, 1829 Einrichtung von zwei katholischen Gymnasien, auf zahlreichen Inspektionsreisen um Förderung und Anregung der Lehrer bemüht, seit 1830 Vorsitzender des Oberschulkollegiums in Hannover, Förderer des Realunterrichts, der Schullehrerausbildung, der Lehrerbesoldung und des Lehrerpensionsfonds, Verfasser weit verbreiteter Lehrbücher für den Religions- und Geschichtsunterricht.

Schriften u. a.:

Die Geschichten und Lehren der Heiligen Schrift. Mit einer Vorrede von A. H. Niemeyer. Halle 1811; 30. Aufl. 1885;

Anleitung für Volksschullehrer zum richtigen Gebrauch meiner Bearbeitung der Geschichten und Lehren der Heiligen Schrift. Mit einer Vorrede von A. H. Niemeyer. Ebd. 1811; 4. Aufl. 1837;

Handbuch für Lehrer höherer Stände und Schulen zu den Geschichten der Heiligen Schrift. Ebd. 1811;
Chronologischer Abriß der Weltgeschichte. Elberfeld 1814; 15. Aufl. Leipzig 1861;
Erinnerungen aus meinem Leben. Hannover 1863. *209, 212, 246, 250, 260, 266*
Fisch II

KORFF, JACOB (1806–1838);
Lithograph, schon früh Hinwendung zum Zeichnen, nebenamtlicher Zeichenlehrer am Bürgerinstitut von J. F. Wilberg (s. d.) in Elberfeld (h. Wuppertal), um 1832 auch Zeichenlehrer am Gymnasium und an der Realschule I. Ordnung mit Gewerbeschule (vormals Bürgerinstitut von Wilberg <s. ds.>) in Elberfeld.
Verfasser von:
Vorlegeblätter zum Unterricht im Zeichnen in Schulen. Essen. 1.–3. Abteilung 1819, 4. Abt. 1820. *253, 269*
StA Wupp, L II 155, 245, L III 93

KORTEGARN, FRIEDRICH WILHELM THOMAS (1802–1871);
Lehrer, aus Heil (h. Bergkamen, b. Unna), Sohn eines Ökonomen, Seminarist am Lehrerseminar in Soest, zunächst Elementarlehrer, dann Hilfslehrer an der Lateinschule in Bochum, weiterführendes Studium und Examen in alten Sprachen, seit 1823 Rektor der von ihm 1827 in eine höhere Bürgerschule umgewandelten Schule in Gummersbach, 1829–1832 Rektor an der höheren Bürgerschule in Hückeswagen, 1830 Vorlage eines Schulorganisationsplans mit weitreichenden Reformvorschlägen (u.a. Klassenlehrersystem, Schülermitverwaltung), vergebliche Bemühungen um einen Ausbau der Schule, 1832–1836 Rektor der höheren Bürgerschule in Lennep (h. Remscheid), 1836 bis 1838 Rektor der höheren Bürgerschule in Neuwied (einer der größten in Preußen), 1840 Begründung einer Erziehungsanstalt für junge Kaufleute in Bonn nach seinem Schulorganisationsplan, die später von seinem Sohn fortgeführt und 1882 von der Stadt Bonn übernommen wurde.
Er gab heraus:
Versuch eines Organisationsplanes der höheren Lehranstalt zu Gummersbach. Barmen 1825;
Versuch eines Organisationsplanes der höheren Bürgerschulen in kleinen Städten, den Lehrern als Anweisung zu gesegneter Amtsführung, den Vorständen und Aeltern als Maßstab zu Beurtheilung der Lehrerbestrebungen. Ein Beitrag zum Volksschulwesen. Schwelm 1830. *490*
Wör 1; Wör 3

KORTÜM, KARL WILHELM CHRISTIAN (1787–1859);
lutherischer Theologe und Regierungsbeamter, aus Kobande (Mecklenburg), Sohn eines Pfarrers, 1804–1807 Studium der Theologie und der Philo-

logie an den Univ. Halle und Göttingen, u.a. bei Friedrich August Wolf (s. ds. Personenregister Bd. III) und F. D. E. Schleiermacher (s. ds.), 1807 bis 1809 Aufenthalte in Mecklenburg, Leipzig und Dresden, 1809–1810 Lehrer am Pädagogium der Franckeschen Stiftungen in Halle, 1810–1811 Lehrer im Hause des Philosophen Friedrich Heinrich Jacobi (s. ds. Personenregister Bd. XII) in Pempelfort (h. Düsseldorf) bei den Kindern von dessen Sohn G. A. Jacobi (s. ds.), 1811 Mitglied der Großherzoglich Bergischen Studiendirektion, nach deren Auflösung in der Regierungsabteilung des Innern Respizient der evangelischen Schulsachen, 1813–1814 außerdem Rektor des Lyzeums und 1814–1830 daraus hervorgegangenen Hohenzollern-Gymnasiums in Düsseldorf, Mitwirkung am organisatorischen und inhaltlichen Neuaufbau dieser Schule im neuhumanistischen Sinne, u.a. gem. mit H. F. Th. Kohlrausch (s. ds.), 1822 Dr. theol. h. c. (Bonn), 1822–1830 auch Konsistorial- und Schulrat bei der Regierung in Düsseldorf (nachdem Minister von Altenstein <s. ds.> bei Innenminister Friedrich von Schuckmann <s. ds. Personenregister Bd. XI> eine Unbedenklichkeitserklärung über ihn eingeholt hatte), Förderer Diesterwegs, Freund von Peter von Cornelius, Wilhelm Schadow, K. L. Immermann (s. ds.), Felix Mendelssohn Bartholdy (s. ds. Personenregister Bd. XIV) und anderen Künstlern, 1829 Mitgründer des „Kunstvereins für die Rheinlande und Westphalen", 1830–1831 Hilfsarbeiter im Ministerium der geistlichen, Unterrichts- und Medizinal-Angelegenheiten in Berlin, insbesondere für das höhere Bürgerschulwesen zuständig, seit 1831 Geh. Regierungsrat und vortragender Rat in diesem Ministerium, zuständig zunächst für das Elementarschulwesen, später auch für das höhere Schulwesen und teilweise für Kunstangelegenheiten, 1836 Geheimer Oberregierungsrat, 1852 Abschied unter Verleihung des Charakters eines Wirklichen Geheimen Oberregierungsrats, 1846–1858 Mitglied der Oberexaminationskommission für höhere Verwaltungsbeamte. *150, 167, 203, 302, 304, 321, 337, 341f., 345, 359, 365f., 368ff., 441, 451, 451, 453, 474, 478, 481, 572, 581*
Asb; Fisch II

KRAFFTIN, Tochter der (erw. 1818);
eine entfernte Verwandte Diesterwegs (seine Urgroßmutter väterlicherseits war: Maria Katharina geb. Krafft <1688–1726> aus Weilmünster <b. Wetzlar>, Tochter eines Amtmannes), offenbar als Haushaltshilfe tätig. *28*
StA Wetz

KRAMB, J. FRIEDRICH HERMANN (geb. ca. 1805);
Lehrer, aus Kleve, Sohn eines Lehrers, möglicherweise Teilnehmer am Sommerkursus von 1820, 1825–1827 Seminarist in Moers, anschlie-

ßend Hauslehrer bei der Familie des Staatsrats G. A. Jacobi (s. ds.) in Düsseldorf, bis mind. 1858 Lehrer an der lutherischen Elementarschule in Oberemmerich (h. Duisburg). *382, 392*

Gor

KRAUSE, KARL HEINRICH (1771–1841);

lutherischer Theologe und Pädagoge, aus Blankenfelde, Sohn eines Kreissekretärs, bis 1797 Studium der Theologie an der Univ. Halle, Konrektor an der Stadtschule in Wriezen (Oderbruch), 1797 bis 1806 Feldprediger im Infanterieregiment Kunitzky in Wesel, 1806–1808 Konrektor am Gymnasium in Detmold, 1808–1823 Pfarrer in Zorndorf (bei Küstrin), 1823–1841 Pfarrer und 1823 bis 1837 Superintendent in Landsberg a. d. Warthe (Neumark), Verfasser philologischer Lehrbücher.

Schriften u. a.:

Versuch planmäßiger und naturgemäßer unmittelbarer Denkübungen für Elementarschulen. 3 Kurse. Halle 1813–1815;

Versuch eines methodischen Lehrbuches der deutschen Sprache. I. Teil: Sprachübungen. 2 Abteilungen. Ebd. 1817/1819; II. Teil: Sprachunterricht. 2 Abteilungen. Ebd. 1818/1819; von der 3. Aufl. 1823 an u. d. T.: Lehrbuch der deutschen Sprache für Schulen. 4 Teile;

Methodologisches Handbuch der deutschen Sprache, zur Erläuterung des Lehrbuches derselben. 3 Teile. 4. Aufl. ebd. 1828. *120, 141,* 142

Fisch I

KRAUSS, GEORG FRIEDRICH (1773–1856);

Mediziner, aus Kitzingen (b. Würzburg), 1792 bis 1797 Studium der Medizin an den Univ. Würzburg, Erlangen, Jena, Wien und Berlin, 1796 Promotion (Erlangen), 1799–1801 praktischer Arzt in Ansbach, 1801–1802 wissenschaftliche Reise nach Straßburg und Paris, 1802 Medizinalassessor und 1804 Medizinalrat beim Preußischen Medizinal-Kollegium in Ansbach, das 1807 an Bayern überging, 1808 Medizinalrat des Rezatkreises in Ansbach, 1826 Versetzung als Regierungsmedizinalrat nach Bayreuth, 1827–1843 Regierungs- und Medizinalrat in Düsseldorf, 1850 Gemeinderat, einer der ersten Mediziner, die sich für die Pockenschutzimpfung einsetzten, medizinischer Autor und Übersetzer.

Schriften u. a.:

Praktische Heilkunde zu einem höheren Grade von Vollständigkeit und Genauigkeit erhoben durch die Anwendung der analytischen Methode. Von Philipp Pinel, Arzt in Paris. Aus dem Französischen übersetzt. Bayreuth 1803;

Die Schutzpockenimpfung in ihrer endlichen Entscheidung, als Angelegenheit des Staats, der Familien und der Einzelnen. Nürnberg 1820. *464*

HStA Düss

KREEFT, WILHELM (geb. 1800);

Lehrer, aus Elberfeld (h. Wuppertal), 1822 Zulassung als Landschullehrer durch die Königliche Prüfungskommission in Düsseldorf, 1822–1824 Unterlehrer bei J. C. Conrady (s. ds.) an der evangelischen Elementarschule in Dinslaken, 1824 Zulassung als Stadtschullehrer durch die Königliche Prüfungskommission in Düsseldorf, seit 1824 provisorischer Lehrer an der evangelischen Elementarschule, Küster und Vorsänger in Süchteln (h. Viersen), aufgrund des Wechsels in den ehemaligen Regierungsbezirk Kleve 1825 im Auftrag der Königlichen Regierung von Diesterweg nochmals wegen definitiver Anstellung geprüft, dann definitiver Lehrer in Süchteln, 1827 Teilnehmer am Lehrkursus im Seminar in Moers, wegen seiner Kritik am Lehrkursus Verwicklung in eine publizistische Kontroverse mit Diesterweg (vgl. vorliegende Ausgabe, Bd. XVIII, S. 454–460), 1829 anonyme Veröffentlichung eines verunglimpfenden Artikels über Pfarrer Wilhelm Heinrich Klinker (1782–1852) und den Schulvorstand in Süchteln im „Wochenblatt für Elementarlehrer" von J. Ph. Rossel (s. ds.), Maßregelung durch Schulpfleger Pfarrer A. E. Zillessen (s. ds.), u.a. durch Rückversetzung in den Stand der provisorischen Anstellung, 1830 Einleitung eines Disziplinarverfahrens gegen ihn durch die Königliche Regierung wegen ungebührlichen Verhaltens, Unterstützung des Verfahrens durch Schulpfleger Zillessen, Ermahnung durch die Königliche Regierung, 1832 Einstellung des Verfahrens durch Friedensrichter Stomps in Lobberich, 1834 Antrag auf Unterstützung einer höheren Ausbildung, Ablehnung durch das Ministerium in Berlin, Verwicklung in zahlreiche weitere Auseinandersetzungen, 1836 Bewerber um eine Hauptlehrerstelle an der vereinigten evangelischen Stadtschule in Solingen, 1842 freiwillige Amtsniederlegung unter Verzicht auf Zahlungen, Eintritt in die Seidenfabrikation seines Schwagers. *(279)*, 279f., *(280f.)*, *(282ff.)*, 284, *284*, 285, 285*f.*, *405ff.*, 408, *410*, 428

HStA Düss, Reg. Düss., Nr. 3161, 3164, 3595

KREITNER, CAROLINE (erw. 1813);

aus Worms, Tochter von Johann Georg K. (s. ds.), Bekannte von Sabine Enslin, spätere Diesterweg (s. ds.). *13*

StA Worms

KREITNER [KREUTNER], JOHANN GEORG (geb. 1764);

Musikalienhändler, aus Bahlingen (Breisgau), dann in Straßburg, Vater von Caroline Kreitner (s. ds.), später in Worms. *13*

StA Worms

KREMER, LUDWIG HEINRICH/DIETRICH (1806–1868);

Lehrer, aus Dinslaken, Sohn eines Kaufmanns, 1818–1823 Schüler bei J. C. Conrady (s. ds.), 1826 bis 1828 Seminarist in Moers, mind. 1832–1836 Lehrer an der Vorschule des reformierten Gymnasiums in Elberfeld (h. Wuppertal), 1831 erfolgreiche Ablegung der Wiederholungsprüfung in Moers, 1836–1851 Lehrer an der evangelischen Klassenschule in Duisburg, 1851–1868 erster Lehrer an der dortigen evangelischen Mädchenklassenschule. *(515)*, 515

HStA Düss, L.A. Duisburg-Mülheim, Nr. 265, sowie Reg. Düsseldorf, Nr. 2872, 2873, 2875; StA Dui; StA Wupp, u. a. L II 155

KREUTZ, JOHANN JAKOB (1776–1853);
Berg- und Hüttenbesitzer, aus Niederschelden (h. Siegen), Sohn eines Berggerichtsschöffen, 1803 bis 1810 Bergverhörs-Assistent in Siegen, Berg- und Hüttengewerker, Metallhändler, Stadtrat in Siegen, seit 1803 verheiratet mit Anna Charlotte Christine (1784–1856), einer Schwester Diesterwegs, nach der ihrer beider Sohn Friedrich Jacob Adolph (1822–1895) die von ihm errichtete Eisenhütte in Niederschelden „Charlottenhütte" nannte (damals eines der modernsten und führendsten Werke im Siegerland). *28*

KREUTZER, RUDOLPHE (1766–1831);
französischer Violinist und Komponist, aus Versailles (b. Paris), Musiker der Hofkapelle von Versailles, seit 1795 Professor am Conservatoire in Paris, seit 1801 Konzertmeister an der Pariser Opéra, 1816–1827 dort Kapellmeister, Kammervirtuose bei Napoleon, Komponist von über 40 Opern sowie zahlreichen Violinetüden und -konzerten, gemeinsam mit P.-M. F. Baillot (s. ds.) und J. P. J. Rode (s. ds.) Entwicklung einer neuen Methodik zum Erlernen des Violinspiels: Violinschule des Conservatoriums der Musik in Paris (Leipzig 1803), die zum offiziellen Violinschulwerk des Conservatoire ernannt wurde und die auch der Moerser Seminarlehrer C. W. A. Witzka (s. ds.) seinem Unterricht zugrunde legte. *189, 190*

KRIES, FRIEDRICH CHRISTIAN (1768–1849);
Naturwissenschaftler, Mathematiker und Pädagoge, aus Thorn (Westpreußen), Sohn eines Gymnasialrektors, 1786–1787 Studium der Theologie, der Philologie, der Philosophie und der Mathematik an der Univ. Leipzig, 1787–1789 hauptsächlich der klassischen Sprachen an der Univ. Göttingen, Schüler bei Christian Gottlob Heyne (s. ds. Personenregister Bd. IV) und G. Chr. Lichtenberg (s. ds.), seit 1789 Kollaborator am Gymnasium in Gotha, Freund u. a. von Christian Friedrich Wilhelm Jacobs (s. ds. Personenregister Bd. XVI) und Johann Friedrich Wilhelm Döring, 1819–1840 erster Professor am Gymnasium, 1801–1849 außerdem Lehrer der Mathematik und der Physik am dortigen Lehrerseminar, Verfasser zahlreicher, weit verbreiteter Lehrbücher zur Naturkunde und Mathematik, wissenschaftlicher Abhandlungen, Artikel und Rezensionen sowie Übersetzungen

aus dem Französischen, dem Englischen und dem Italienischen.
Schriften u. a.:
Lehrbuch der Naturlehre für Anfänger. Nebst einer kurzen Einleitung in die Naturgeschichte. Gotha 1803;
Gründliche Anweisung zur Rechenkunst für Geübtere. Nebst einer kurzen Einleitung in die Geometrie. Ebd. 1803;
Lehrbuch der Physik für gelehrte Schulen. Jena 1806;
Lehrbuch der mathematischen Geographie. Leipzig 1814;
Vorlesungen über die Naturlehre für Frauenzimmer. 1. Bd. Ebd. 1832. *120, 210,* 212, *248,* 263

KRINS, BORCHARD [BORGARD] (geb. 1806);
Lehrer, aus Neuenkamp (h. Duisburg), Sohn eines Schiffers oder eines Bauern, Mutter verwitwet, 1823–1827 Seminarist in Moers, Empfänger eines Stipendiums, bis 1828 Hilfslehrer an der evangelischen Elementarschule in Lennep (h. Remscheid), dann an der lutherischen Elementarschule in Lüttringhausen (ebd.), 1829 Bewerber auf die Lehrerstelle an der reformierten Elementarschule in Neviges (h. Velbert), seit 1831 definitiv anstellungsfähig, 1832 auf der Dreierliste für die neu zu besetzende Lehrerstelle an der reformierten Elementarschule in Velbert. *204, 300, 302 f.,* 303, *381,* 382, *(515),* 515, *563*

HStA Düss, Reg. Düss., Nr. 3378, 3388; StA Dui

KRUG, JOHANN FRIEDRICH ADOLPH (1771–1843);
Pädagoge, aus Naunhof (b. Dresden), Sohn eines Pfarrers, Absolvent des Gymnasiums in Bautzen, 1791–1795 Studium der Theologie, der Naturkunde, der Anatomie und der Physiologie an der Univ. Leipzig, nebenher Erteilung von Privatunterricht für einen schwachsinnigen Knaben, seit 1795 Hauslehrer in Meffersdorf (Oberlausitz), Bekanntschaft mit dem Physiker Adolph Traugott Gersdorf – einem der Begründer der Oberlausitzer Gesellschaft der Wissenschaften –, Erteilung von unentgeltlichem Elementarunterricht an arme Kinder, seit 1803 Oberlehrer an der von F. Gedike (s. ds.) neugegründeten Bürgerschule in Leipzig, Entwicklung einer Elementarlesemethode gegen die Lautiermethode von Louis Henri Ferdinand Olivier (s. ds. Personenregister Bd. I und VI), 1808 pädagogische Reise nach Süddeutschland und in die Schweiz, Aufenthalte in den Instituten von Philipp Emanuel von Fellenberg (s. ds. Personenregister Bd. V und VI) in Hofwil (Kt. Bern) und mit J. H. Pestalozzi (s. ds.) in Yverdon (Kt. Waadt), 1809–1819 Direktor der allgemeinen Stadtschule in Zittau, 1811 Angliederung eines Landschullehrerseminars, 1819–1831 Direktor der höheren Bürgerschule in Dresden, zuletzt Unterhaltung der Schule aus eigenen finanziellen

Mitteln, Verfasser von Lehrbüchern, insbesondere zum Elementarsprachunterricht, außerdem einer Schrift, deren Erlös Erblindeten zugute kam (1827).

Schriften u.a.:

Hochdeutsche Sprachelementartafeln zum Rechtschreiben-, Lesen- und Schreibenlernen. Leipzig 1804;

Ausführliche Anweisung, die hochdeutsche Sprache recht aussprechen, lesen und schreiben zu lehren, nach seiner in der Bürgerschule zu Leipzig betriebenen Lehrart. Ebd. 1808;

Hochdeutscher Sprachschüler. Ebd. 1824;

Der Denkschüler oder Anregungen für Kopf und Herz durch die nothwendigsten Grundbegriffe von der Natur und dem Wesen des Menschen. Ebd. 1825;

Leben des blinden Zacharias. Ebd. 1827. *322, 325*

KRUG, WILHELM TRAUGOTT RITTER VON
(1770–1842);

Philosoph, aus Radis (b. Lutherstadt Wittenberg), Absolvent der Fürstenschule in Schulpforta (h. Bad Kösen), Studium der Theologie und Philosophie an den Univ. Wittenberg, Jena und Göttingen, 1794 Habilitation (Wittenberg), Adjunkt der Philosophischen Fakultät, 1801–1805 a.o. Professor der Philosophie an der Univ. Frankfurt a.d.O., 1805–1809 an der Univ. Königsberg, 1809–1834 an der Univ. in Leipzig, Freiwilliger in den Befreiungskriegen, 1830 Rektor der Univ. Leipzig, 1833 Deputierter der Univ. in der sächsischen Ständeversammlung, Vertreter der Aufklärung im Sinne der kritischen Schriften I. Kants (s. ds.) und des Liberalismus, Distanzierung vom deutschen Idealismus, insbesondere von Georg Wilhelm Friedrich Hegel, Vertreter eines von ihm als Weiterentwicklung der Transzendentalphilosophie Kants aufgefaßten „transzendentalen Synthetizismus", Verfasser von zahlreichen, meist philosophischen, vielfach autobiographisch geprägten Abhandlungen.

Schriften u.a.:

System der theoretischen Philosophie. 3 Teile. Königsberg 1806–1810;

Der Staat und die Schule oder Politik und Pädagogik in ihrem wechselseitigen Verhältnisse. Leipzig 1810;

System der praktischen Philosophie. 3 Teile. Königsberg 1817–1819;

Philosophisches Gutachten in Sachen des Rationalismus und des Supernaturalismus. Leipzig 1827;

Meine Lebensreise in sechs Stationen. Ebd. 1842. *104*, 108

KRUMMACHER, FRIEDRICH ADOLPH
(1768–1845);

reformierter Theologe und Schriftsteller, aus Tecklenburg, Sohn eines Bürgermeisters, Bruder von

Gottfried Daniel K. (s. ds.) und Vater von Friedrich Wilhelm K. (s. ds.), Absolvent des reformierten Gymnasium Academicum in Lingen, 1784 bis 1788 Studium der Theologie an der Univ. Halle, Dr. theol., Hauslehrer, 1790–1793 Konrektor am Gymnasium in Hamm in Westfalen, 1793 bis 1801 Rektor der Lateinschule (Adolfinum) in Moers (seit 1821 Allgemeine höhere Stadtschule <Progymnasium>), 1801–1807 Professor der Theologie, später auch der Rhetorik und der Geschichte an der Univ. Duisburg, vorübergehender Aufenthalt in Münster in Westfalen, Verfasser eines Geschichtswerkes unter dem Einfluß von J. G. v. Herder (<s. ds.>; 1805), 1807–1812 Pfarrer in Kettwig a.d. Ruhr (h. Essen), 1812–1824 auf Empfehlung der Fürstin Pauline zur Lippe Oberhofprediger, Generalsuperintendent und Konsistorialrat in Bernburg a.d. Saale, 1824–1845 Pfarrer an der Ansgari-Kirche in Bremen, zunehmende Hinwendung zur evangelischen Erweckungsbewegung, Ablehnung des Lehrerseminarwesens (1823), Verfasser moralischer und religiöser Dichtungen, insbesondere für die Jugend.

Schriften u.a.:

Ueber den Geist und die Form der Evangelischen Geschichte. Duisburg 1805;

Die Kinderwelt, ein Gedicht in vier Gesängen. Ebd. 1805;

Festbüchlein für's Volk. 3 Teile. 1. Bd.: Der Sonntag; 2. Bd.: Das Christfest. Duisburg und Essen 1808; 3. Bd.: Das Neujahrsfest. 1819; 4. Aufl. des 1. Bandes 1819, des 2. Bandes 1824;

Bibelkatechismus, das ist kurzer und deutlicher Unterricht von dem Inhalt der heiligen Schrift. 3. Aufl. ebd. 1816; 10. Aufl. ebd. 1832;

Die christliche Volksschule im Bunde mit der Kirche. Ebd. 1823. 65, *170,* 171, *209,* 212, *244f.,* 252, 259, 268

EvRh 2; Ott 3

KRUMMACHER, FRIEDRICH WILHELM
(1796–1868);

reformierter Theologe, aus Moers, Sohn von Friedrich Adolph K. (s. ds.) und Neffe von Gottfried Daniel K. (s. ds.), Studium der Theologie an den Univ. Halle und Jena, 1817 Teilnehmer am Wartburgfest (b. Eisenach), Dr. phil. und theol., seit 1819 Hilfsprediger in der reformierten Gemeinde in Frankfurt a. M., 1823–1825 Pfarrer in Ruhrort (h. Duisburg), 1825–1835 zweiter reformierter Pfarrer in Gemarke (Barmen, h. Wuppertal), 1835 bis 1847 erster reformierter Pfarrer in Elberfeld (h. Wuppertal), 1843–1847 Hrsg. von „Palmblätter. Organ für christliche Mittheilungen" (1.–4. Jg., Elberfeld), einer der Hauptvertreter der evangelischen Erweckungsbewegung im Wuppertal, 1840 durch eine in der Bremer Ansgari-Kirche (der Gemeindekirche seines Vaters) gehaltene antirationalistische Predigt Auslöser des „Bremer

Kirchenstreites", vorübergehend in New York, 1847–1853 Pfarrer an der Dreifaltigkeitskirche in Berlin, 1853–1868 Hofprediger in Potsdam, Förderung durch Friedrich Wilhelm IV., Verfasser etlicher – vornehmlich erbaulicher – Schriften und Gedichte.

Schriften u. a.:
Gedichte. Essen 1819;
Blicke ins Reich der Gnade. Elberfeld 1828;
Heil dem Könige. Festwort, gesprochen zum Schlusse der Morgenfeier den 15. October 1844 im Elberfelder Rathhaussaale. Ebd. 1844;
Predigten, in Berlin gehalten. Berlin 1849;
Eine Selbstbiographie. Ebd. 1869.   33, *103*, 105
Died; EvRh2

KRUMMACHER, GOTTFRIED DANIEL
(1774–1837);
reformierter Theologe, aus Tecklenburg, Sohn eines Bürgermeisters, Bruder von Friedrich Ad. K. (s. ds.) und Onkel von Friedrich Wilhelm K. (s. ds.), seit 1790 Studium der Theologie an der Univ. Duisburg, Hinwendung zur evangelischen Erweckungsbewegung, Hauslehrer in Soest, dann in Moers, 1798–1801 Pfarrer in Baerl (h. Duisburg), 1801–1816 zweiter Pfarrer in Wülfrath (b. Wuppertal), 1816–1837 dritter reformierter Pfarrer in Elberfeld (h. Wuppertal), 1818 Tadel durch die Königliche Regierung in Düsseldorf wegen einer 1817 anläßlich des Reformationsfestes abgehaltenen Kontroverspredigt gegen die Katholiken, 1835 Gegner der Eingliederung der reformierten Kirche in die Preußische Landeskirche, Vertreter einer strengen Prädestinationslehre gemäß der Dordrechter Synode, in seinen Predigten besondere Betonung der Sündhaftigkeit des Menschen und der Gnadenlehre, Verfasser erbaulicher Schriften und Predigten.

Schriften u. a.:
Jacobs Kampf und Sieg, betrachtet in eilf Frühpredigten in den Jahren 1816/17 über 1. Mose 32, 24–31. 2 Abteilungen. Elberfeld 1829;
Die Wanderungen Israels durch die Wüste nach Kanaan. In Beziehung auf die innern Führungen der Gläubigen, beleuchtet in einer Reihe von Frühpredigten. 9 Hefte. Ebd. 1832;
Hauspostille. 7 Hefte. Moers 1835;
Tägliches Manna für Pilger durch die Wüste. – Schatzkästlein, aus den Predigten des Verfassers gesammelt und herausgegeben von einem Freunde des Verewigten. Elberfeld 1838.   30, 33, *44*, 49, 59
Died; EvRh2

KRUSE, KARL ADOLPH WERNHER/BERNHARD
(1807–1873);
evangelischer Theologe, aus Krefeld, nach kaufmännischer Ausbildung Besuch des Gymnasiums in Moers unter Karl Hoffmeister (s. ds.), einem Freund seiner Eltern, bis 1824 Teilnahme an den frühmorgendlichen Unterrichtsstunden im Seminar in Moers, frühzeitig fließende Beherrschung der französischen Sprache, 1824–ca. 1828 Hauslehrer – vor allem für die deutsche Sprache – beim späteren Divisions-General K. L. v. Zastrow (s. ds.) für dessen aus Neufchâtel zugezogenen Söhne, mit diesen bis 1825 in Düsseldorf, dann in Berlin, dort zugleich Studium der Theologie, der Philologie, der Geschichte, der Politik und der Geographie an der Univ., Beziehungen zu Gesandtschaftsangehörigen, Planung einer diplomatischen Laufbahn, Begleitung der Familie von Zastrow auf ihr Landgut bei Crossen (Niederschlesien), dort Ordnung der großen Hausbibliothek des Ministers von Zastrow (des Großvaters seiner Zöglinge), dann auf dem Familiengut von Groß-Glogau (ebd.), dort auch Erteilung von Unterricht an einer Töchter- und einer Militärschule, ca. 1828 Wechsel nach Breslau, 1828 Dr. phil., 1829 Ablegung des Examens pro facultate docendi (Prüfung für das höhere Lehramt) vor der Wissenschaftlichen Prüfungskommission der Univ. Breslau, Rückkehr nach Groß-Glogau, Beginn eines wissenschaftlichen Probejahres am evangelischen Gymnasium in Glogau, erfolglose Bemühungen Diesterwegs, Kruse ans Adolfinum (Höhere Bürgerschule) in Moers zu vermitteln, 1830 bis 1838 Lehrer an der Realschule I. Ordnung mit Gewerbeschule (vormals Bürgerinstitut von J. F. Wilberg <s. ds.>) in Elberfeld (h. Wuppertal), 1836 definitiv angestellt, 1838–1858 dort Oberlehrer, 1858–1863 erster Oberlehrer für Französisch, Deutsch, Geschichte und Geographie, 1832 Bewerbung um die Rektorstelle an der höheren Bürgerschule in Krefeld, 1837 von Schuldirektor P. N. O. C. Egen (s. ds.) wegen der Benutzung nicht genehmigter Schulbücher gerügt, beantragter Professorentitel durch Egens Intervention vom Provinzialschulkollegium verweigert, 1841 im Auftrag von Oberbürgermeister J. A. von Carnap (s. ds.) Abfassung einer befürwortenden Schrift über die beabsichtigte Einrichtung einer städtischen höheren Töchterschule, zahlreiche Auslandsverbindungen durch die Beherbergung ausländischer Schüler, längere Reisen zum Studium des Elementar- und höheren Schulwesens ganz Deutschlands sowie verschiedener europäischer Staaten, Mitglied der grammatischen und literarischen Gesellschaft zu Paris, Mitarbeiter an den Rh. Bl., Verfasser etlicher Werke über das Bildungswesen.

Schriften u. a.:

Vergleichende Bemerkungen über das französische Schulwesen, gesammelt auf einer Reise nach Paris und als vorläufige Beziehung auf die vom Staatsrat Cousin erschienenen Berichte über das deutsche Schulwesen. Elberfeld 1832;

Die höhere Bürger- oder Realschule, eine allgemeine Bildungsanstalt. Entlassungsrede. Ebd. 1835;

Betrachtungen über den Zustand der englischen Erziehungs- und Unterrichtsanstalten im Jahre 1836. Ebd. 1837. 27, *(431f.)*, 432f., *(461f.)*, 462, *(465f.)*, 466

ACFGymn Wupp, Akte: Bericht über die Einrichtung der Realschulen; HStA Düss, Reg. Düss., Nr. 3258; StA Wupp, L II 179, 222, 223

KÜHLER, KARL WILHELM (erw. 1815–1869);
Lehrer, vermutl. aus Repelen (h. Moers), Sohn eines Lehrers, seit 1815 im Schuldienst, 1818–1819 Lehrer an der evangelischen Elementarschule in Budberg, 1818 von Schulpfleger J. G. Roß (s. ds.) geprüft und für lehrfähig befunden, 1819–ca. 1869 in der Nachfolge seines verstorbenen Vaters Lehrer an der evangelischen Elementarschule, Küster und Organist in Repelen, wegen seines guten Lebenswandels von Roß empfohlen, mit der Erziehung und Versorgung seiner vier noch unmündigen Geschwister betraut, in einem Gesuch an Konsistorialrat Kortüm (s. ds.) um Gehaltszulage wegen dieser Belastung von Landrat von Eerde (s. ds.) unterstützt, Erhöhung seines Gehaltes durch die Gemeinde, 1826 anläßlich eines Schulbesuchs von Kortüm als eifrig und in seinen Kenntnissen als durchschnittlich beurteilt, 1827 Teilnehmer am Lehrkursus im Seminar in Moers, 1861 Hinzuziehung seines Sohnes Ludwig Wilhelm Ernst K. – ehemaliger Seminarist in Moers – als „adjunctus cum spe succedi" (Gehilfe in der begründeten Hoffnung auf die Nachfolge des Amtsinhabers), seit mind. 1868 kränklich, Anfang 1869 Gesuch um Pensionierung mit Ruhegeld, von seinem Sohn im Amt ersetzt. *402f.*

HStA Düss, Reg. Düss., Nr. 3442

KÜHN, WILHELM GOTTFRIED
(ca. 1806–mind. 1855);
Lehrer, aus Gahlen (h. Schermbeck, b. Wesel), 1823–1826 Seminarist in Moers, Empfänger eines Stipendiums, bis 1833 Lehrer in Gahlen, von den Landräten wegen seiner Bemühungen um die Obstbaumzucht dem Schulpfleger Pfarrer L. Chr. A. Berendt (s. ds.) für eine Belohnung empfohlen, 1833–1838 Lehrer, Kantor und Organist in Ruppichteroth, hier um den Anbau von Maulbeerbäumen und Seidenraupenzucht bemüht, 1838 bis 1855 definitiver Lehrer an der neu eingerichteten Hauptelementarschule auf der Hardt (Gahlen) sowie Vorsänger und Ersatzorganist, 1855 wegen Schwerhörigkeit freiwillige Pensionierung mit Ruhegeld. *157, 157*

HStA Düss, Reg. Düss., Nr. 2735, 2842 sowie Reg. Köln, Nr. 3173, 3174

KÜHNAU, JOHANN CHRISTOPH (1735–1805);
Musiker, aus Volkstedt (b. Eisleben), Sohn eines Landwirts, Schüler des Stadtmusikus, seit 1753 Seminarist auf dem Lehrerseminar in Kloster Bergen (h. Groß Rodensleben, b. Magdeburg), seit 1763 Lehrer an der Realschule in Berlin, Schüler

des Komponisten Johann Philipp Kirnberger, seit 1783 an der Dreifaltigkeitsschule, seit 1788 Musikdirektor und Kantor an der Dreifaltigkeitskirche, Gründer eines bedeutenden Chores, um das Musikleben Berlins verdient, Entwickler einer neuen Methodik des Musikunterrichts, Komponist zahlreicher Gesangswerke, u. a. Oratorien.

Schriften u. a.:

Die Anfangslehren der Tonkunst. Bey dem ersten Unterricht, sowohl in der Vokal- als Instrumentalmusik. Unveröffentlichtes Manuskript. 1767;

Das Weltgericht. Ein Singstück. Berlin 1784;

Vierstimmige alte und neue Choralgesänge mit Provinzial-Abweichungen. Ebd. 1786. *251, 267*

KÜPPERDAMM [KÜPPERDAMS], JOHANN WILHELM PETER (1805–mind. 1873);
Lehrer, aus Kamp (h. Kamp-Lintfort, Niederrhein), Sohn eines Tagelöhners, 1822–1824 Seminarist in Moers, Empfänger eines Stipendiums, Aufenthaltsverlängerung bis 1825, seit 1825 provisorischer Lehrer in Mehrum (h. Voerde, b. Wesel), 1829 erfolgreiche Ablegung der Wiederholungsprüfung in Moers, 1833–mind. 1873 definitiver Lehrer in Mehrum, 1833 von Schulpfleger Pfarrer Gerhard Heinrich Diergardt (1793–1840) in Meiderich (h. Duisburg) in seinem Bemühen um eine bessere Besoldung unterstützt, seit 1845 mehrfache Unterstützung durch den Schulvorstand bei seiner Bitte um eine Gratifikation durch die Regierung in Düsseldorf, ständige Fortbildung in der Pädagogik, Leiter einer größeren Lehrerkonferenz, 1870 wohlwollend-kritische Beurteilung durch Schulpfleger Pfarrer Georg Karl Heinrich Friedrich Schulze (1836–1900), vermutl. 1875 Pensionierung aus Altersgründen. *155, 206, 207*

HStA Düss, Reg. Düss., Nr. 2741, 2875; StA Kamp

KÜPPERS, JOHANN (1780–1855);
Schlossermeister in Moers, von der Königlichen Regierung in Düsseldorf als qualifiziert anerkannt. *216ff., 291, 372, 556*

ULB Düss

KUHLEN, JAKOB ARNOLD VON DER
(1773–1849);
reformierter Theologie, aus Meiderich (h. Duisburg), Sohn eines Pfarrers, Studium der Theologie an der Univ. Duisburg, 1796–1802 Pfarrer in Homberg (h. Ratingen, b. Düsseldorf), 1802 bis 1813 vierter reformierter Pfarrer in Wesel, 1813 bis 1845 Pfarrer der reformierten Gemeinde Wallach (h. Rheinberg, Niederrhein). *122, 122*

EvRh 2

KURTZE, JOHANN GOTTFRIED (gest. vor 1827);
verm. mit Johanna Elisabeth geb. Müller, Vater von Johanna Auguste Friederike K. verm. Vorreiter (s. ds.). *479*

679

KURTZE, JOHANNA ELISABETH geb. MÜLLER (erw. 1827–1831);
verm. mit Johann Gottfried K., Mutter von Johanna Auguste Friederike verm. Vorreiter (s. ds.), nach dem Tod des Lehrers J. H. Vorreiter (s. ds.) mit dem Verkauf von dessen Wohnhaus an das Seminar in Moers betraut. *457, (479f.),* 481, *(484f.),* 485, 508, *509f.*

LANCASTER, JOSEPH (1778–1838);
englischer Pädagoge, aus Southwark (h. London), Abkömmling einer Nebenlinie des englischen Königshauses Plantagenet, 1794 Bemühungen um Ausbildung zum freikirchlichen Prediger, Eintritt in die „Gesellschaft der Freunde", 1798 Einrichtung einer unentgeltlichen Grundschule mit wechselseitiger Schuleinrichtung (gegenseitigem Unterricht oder Monitorensystem) im väterlichen Hause, detaillierte Weiterentwicklung dieser Methode des Theologen A. Bell (s. ds.), Bemühungen um konfessionslosen christlichen Unterricht, aufgrund des großen Zulaufes (ca. 1000 Kinder) Errichtung eines Schulgebäudes, Vortragstätigkeit über den wechselseitigen Unterricht in zahlreichen Städten, Ermutigung durch König Georg III., finanzielle Schwierigkeiten wegen unangemessener Ausgaben, Unterstützung durch adlige Freunde und die Gründung der Royal Lancasterian Institution als Trägerin der mehr als 100 Schulen nach diesem Modell in England, 1818 Emigration nach Nordamerika, Aufenthalte in Kanada und Südamerika, Gründung weiterer Lancaster-Schulen, u. a. ca. 60 in New York, neuerliche Verschuldung, 1838 Unfalltod.
Schriften u. a.:
Improvements in Education, as it respects the industrious Classes of the Community. London 1803;
The British System of Education. London 1810.
In deutscher Sprache erschienen u. a.:
Ein einziger Schulmeister unter tausend Kindern in einer Schule. Ein Beitrag zur Verbesserung der Lehrmethode und Schuldisziplin in niedern Volksschulen von J. Lancaster. Aus dem Englischen ins Deutsche übersetzt und mit Anmerkungen begleitet von B. Chr. L. Natorp. Duisburg und Essen 1808;
Natorp, Bernhard Christoph Ludwig: Andr. Bell und Lancaster. Bemerkungen über die von denselben eingeführte Schuleinrichtung, Schulzucht und Lehrart. Essen 1817 (eine veränderte Ausgabe von Lancasters „Schulmeister unter 1000 Kindern");
Bell und Lancaster und ihre Methode. Wien 1819. 98, *103,* 106, *243, 257*

LANGE, JOHANN FRIEDRICH HEINRICH WILHELM (1786–1854);
Pädagoge und Regierungsbeamter, 1806–1808 Studium der Theologie an den Univ. Halle und Je-

na, 1808–1809 Lehrer am Philanthropin von Chr. G. Salzmann (s. ds.) in Schnepfenthal (h. Waltershausen, b. Gotha), dort Bekanntschaft mit K. A. Zeller (s. ds.), 1810 Aufenthalt in Königsberg, 1810–1816 Rektor der Stadtschule in Züllichau (Grenzmark), 1812 und 1816 Aufenthalte im Institut von J. H. Pestalozzi (s. ds.) in Yverdon (Kt. Waadt), 1816 und 1817 im Institut von Philipp Emanuel von Fellenberg (s. ds. Personenregister Bd. V und VI) in Hofwil (Kt. Bern), Lehrer am Friedrich-Wilhelm- und am Friedrichswerderschen Gymnasium in Berlin, Freund von Friedrich Ludwig Jahn (s. ds.), zu dem er seine Schüler zum Turnen schickte, Beitritt zu dem von Jahn und Karl Friedrich Friesen (s. ds. Personenregister Bd. XI) gestifteten „Deutschen Bund", 1816 bis 1833 Regierungs- und Schulrat bei der Königlichen Regierung in Koblenz, seit 1826 auch beim Provinzialschulkollegium der Rheinprovinz, Unterstützer der geplanten Zusammenlegung der Seminare von Neuwied und Moers und Befürworter der Leitung durch F. Chr. W. Braun (s. ds.), 1835 bis 1850 Regierungs- und Schulrat beim Provinzialschulkollegium Brandenburg, zunächst für das von Diesterweg geleitete Seminar in Moers, später für das in Berlin mit zuständig, außerdem Zensor und Direktor der Königlichen Wissenschaftlichen Prüfungskommission der Univ. Berlin. *114f.,* 358, *366, 369, 522*
Frie

LANGENBERG, EDUARD (1807–1891);
aus Wald (h. Solingen), 1826–1828 Seminarist in Moers, Empfänger eines Stipendiums, zuletzt dort auch Hilfslehrer, 1828–1831 provisorischer, 1831 bis 1853 definitiver Lehrer an der reformierten, seit 1833 vereinigten evangelischen Elementarschule in Cronenberg (h. Wuppertal), 1832 auf der Dreierliste für die neu zu besetzende Lehrerstelle an der evangelischen Elementarschule auf der Gathe (Elberfeld, ebd.), 1836 Bewerber um eine Hauptlehrerstelle an der vereinigten evangelischen Stadtschule in Solingen, Freund Diesterwegs, 1844 sein Verteidiger u. a. gegen die Angriffe Johann Heinrich Richters (s. ds. Personenregister Bd. VI und XIII) wegen Irreligiosität in seinen Lesebüchern, nach vorzeitigem Ausscheiden aus dem Schuldienst pädagogischer Schriftsteller in Bonn, nach Diesterwegs Tod Fortführer seiner Zeitschriften, Hrsg. von ausgewählten Schriften (u. a. 1877/1878) sowie den frühen Tagebüchern Diesterwegs (1870; abgedruckt unter Nr. 18, 20 und 32 im vorliegenden Band) und einer umfassenden Diesterweg-Biographie (1867/1868).
Schriften u. a.:
Die schwierigsten Aufgaben im ersten Übungsbuche des Diesterweg-Heuser'schen Rechenbuches auf möglichst verschiedene Weise erklärend aufgelöst. Mit einem Vorworte von Dr. Diesterweg.

Elberfeld 1837; 3. Aufl. 1852 (dasselbe für das zweite Übungsbuch, Elberfeld 1839, und für das dritte Übungsbuch, Elberfeld 1842);

Leitfaden für den Unterricht in der Wortformenlehre. Für die oberen Klassen einer Elementarschule und für höhere Bürgerschulen. Essen 1839;

Notwendige Ergänzungen der von Herrn Dr. Richter angezogenen Stellen aus des Herrn Dr. Diesterweg's Schriften nebst einigen verwandten Zeugnissen. Leipzig 1844;

Matth. 7,5: Du Heuchler, ziehe am ersten den Balken aus deinem Auge ... Das falsche Zeugniß und Herr Dr. Richter in Barmen. Ebd. 1844;

Was fordert unsere Zeit von der öffentlichen Erziehung. Ein Wort an Lehrer, Erzieher und Schulfreunde. Elberfeld 1850;

Adolph Diesterweg. Sein Leben und seine Schriften. 3 Teile. Frankfurt a. M. 1867/1868;

Adolph Diesterweg's ausgewählte Schriften. 4 Bde. Frankfurt a. M. 1877/1878; 2. Aufl. 1890.

25, 29f., 35, 45, 63f., 77, 82f., 94, 101, 103, 106ff., 372, 408, *(453)*, 454, 523

HSt A Düss., Reg. Düss., Nr. 3368a, 3595; St A Wupp, L I 145

LANGSDORF[F], KARL CHRISTIAN VON (1757–1834);

Mathematiker und Technologe, aus Nauheim (h. Bad N., Hessen), Sohn eines Salzrentmeisters, seit 1774 Studium der Rechtswissenschaften und der Mathematik an den Univ. Göttingen und Gießen, Erwerb praktischer Kenntnisse der Salinenkunde in der von seinem Bruder Johann Wilhelm L. geleiteten Saline Salzhausen (b. Nidda, Oberhessen), 1781 Dr. phil. an der Univ. Erfurt, seit 1781 als Privatdozent Abhaltung von Mathematikvorlesungen an der Univ. Gießen, 1781–1784 Landrichter in Mülheim a.d. Ruhr, anschließend Salineninspektor in Gerabronn, 1798–1804 Prof. der Mathematik und der Maschinenkunde an der Univ. Erlangen, 1804 bis 1806 an der Univ. Wilna, 1806–1817 o. Prof. der Mathematik in Erlangen, seit 1804 Mitglied der Deutschen Akademie der Naturforscher Leopoldina in Halle a. d. Saale, 1818–1822 an der Entdeckung der badischen Salzquellen beteiligt, Verfasser zahlreicher Schriften zur Mathematik und zum Salinenwesen sowie von Lehrbüchern.

Schriften u.a.:

Neue leichtfaßliche Anleitung zur Analysis endlicher Größen und des Unendlichen, sowie zur höhern Geometrie. Mannheim 1817;

Erläuterungen der Kästnerschen Analysis des Unendlichen. 2 Teile. Gießen 1778–1781;

Vollständige auf Theorie und Erfahrung gegründete Anleitung zur Salzwerkskunde. 5 Bde. Jena 1784–1796;

Einleitung in das Studium der Elementargeometrie, Algebra, Trigonometrie, Differential- und Integralrechnung, der höheren Geometrie und der Dynamik mit vorzüglicher Rücksicht auf Maschinenlehre. Mannheim und Heidelberg 1814;

Ueber die Unsterblichkeit der menschlichen Seele. Heidelberg 1834. *26, 26*

LASPÉE [DE L'ASPEE, DELASPÉE], JOHANN DE (1783–1825);

Pädagoge, aus Johannisberg (h. Geisenheim, Rheingau), Sohn eines Maurers, Schweizreise, seit 1802 Ausbildung als Lehrer im Institut von J. H. Pestalozzi (s. ds.) in Yverdon, 1808, 1812 und 1814 weitere Aufenthalte dort, nach Pestalozzis Aussage treuester Anwender seiner Methode, 1809 Gründer einer Musterschule im Sinne Pestalozzis in Wiesbaden, Anstellung zahlreicher Pestalozzianer, u.a. Wilhelm Heinrich Ackermann (s. ds. Personenregister Bd. VI), 1812–1814 Unterstützung seines Bruders Jakob de L. während dessen Ausbildung bei Pestalozzi, 1814 von Goethe besucht und kritisiert, Begegnung mit Diesterweg während dessen Zeit als Lehrer an der Musterschule in Frankfurt a. M. (1813–1818), mehrfache Hospitation Diesterwegs in der Schule in Wiesbaden, Nassauischer Hofrat, 1823 Erwerb des Schlosses Hansenberg bei Johannisberg zur Einrichtung einer naturnahen Schule und Erziehungsanstalt für Waisenkinder. *(20), 20*

LASTEYRIE-DUSAILLANT, CHARLES PHILIBERT COMTE DE (1759–1849);

Agronom, Philanthrop und Pädagoge, aus Brives-la-Gaillarde (Corrèze), Studium der Landwirtschaft in Limoges (Limousin) und Paris, Bildungsreisen nach England, Italien und in die Schweiz, Bekanntschaft u.a. mit Adam Smith (s. ds. Personenregister Bd. III), William Wilberforce (s. ds. Personenregister Bd. III), Philipp Emanuel von Fellenberg (s. ds. Personenregister Bd. V und VI) und Johann Kaspar Lavater (s. ds. Personenregister Bd. III), Freund des Generals und Staatsmannes Marie Jean Paul Roch Yves Gilbert Motier, Marquis de Lafayette, während der Revolution in Paris, aus politischen Gründen weitere Auslandsaufenthalte, Erlernung vielfältiger Anbauarten und -techniken, u.a. für Baumwolle und Chicorée sowie der Tuch- und Schokoladeproduktion, Aufenthalt beim Erfinder der Steindruckerei Aloys Senefelder (1771–1834) in München zur Erlernung der Lithographie, Gründung der ersten lithographischen Druckerei in Paris, von liberaler und fortschrittlicher Gesinnung, Mitglied der „Société Philanthropique", Mitbegründer der „Société pour l'encouragement de l'industrie nationale" und 1815 der „Société pour l'instruction élémentaire" (gemeinsam mit Alexandre Laborde und Marie Joseph de Gérando), um die Förderung der Volksbildung durch Schulverbesserungen bemüht, Befürworter der wechselseitigen Schuleinrichtung, 1820–1825 Hrsg. des „Journal des connaîssances usuelles et pratiques dans l'économie rurale, do-

mistique et industrielle", Verfasser zahlreicher pädagogischer und wirtschaftlicher Abhandlungen.
Schriften u.a.:
Nouveau système d'éducation pour les écoles primaires. Paris 1815; deutsche Übersetzung: Neues System der Erziehung und des Unterrichtes, oder der wechselseitige Unterricht, angewandt auf Sprachen, Wissenschaften und Künste, in besonderer Beziehung auf Frankreich. Uebersetzt von Th. Friedleben. Frankfurt a. M.;
Collection des machines, d'instruments, utensiles, constructions, appareils, etc., employés dans l'économie rurale, domestique et industrielle, d'après les dessins faits dans diverses parties de l'Europe. 2 Bde. Paris 1820–1822;
Méthode naturelle de l'enseignement des langues. Ebd. 1826;
Journal d'éducation et d'instruction. Ebd. 1828;
Des écoles des petits enfants de deux sexes de l'âge de dix-huit mois à six ans. Ebd. 1829. *103, 106*

LEISER, HENDRINE (ca. 1766–1851):
Witwe in Moers, vermutl. ehemalige Frau des Metzgermeisters L., Lieferantin von Kerzen für das Seminar. *216, 218*
StA Moers

LEPINE;
1831 Gemeinderat in Moers. *521*
Vermutlich ist gemeint:

LEPINE [L'ÉPINE], THEODOR LOUIS FERDINAND (1769–1848);
Notar und Politiker, aus Tichy (b. Soissons, Ile de France), 1798 von der Aachener Zentralverwaltung als Kommisssar für den Kanton Moers eingesetzt, dort auch kaiserlich-französischer Notar, Einheirat in die städtische Gemeinde, 1803 Abgeordneter des Kantons Moers beim Kolleg des Arrondissement Krefeld, bis lange nach 1815 Gemeinderat, 1816 Mitunterzeichner eines Antrags der Stadtverwaltung an Graf F. L. Chr. v. Solms-Laubach (s. ds.) auf Einrichtung eines Elementarschullehrerseminars in Moers. *521 (?)*
Bei 1; Moers 1; Ott 4; StA Moers
Möglicherweise ist gemeint:

LEPINE, PETER LUDWIG FERDINAND (1804–1858);
Notar, aus Moers, Sohn von Theodor Louis Ferdinand L. (s. ds.), zunächst Handlungsdiener, dann Notar in Moers, bis mind. 1850 Gemeinderat. *521 (?)*
Ott 4; StA Moers

LICHTENBERG, GEORG CHRISTOPH (1742–1799);
Naturforscher und Schriftsteller, aus Ober-Ramstadt (b. Darmstadt), Sohn eines Pfarrers, seit 1763 Studium der Mathematik und der Physik an der Univ. Göttingen, Hauslehrer für englische

Studenten, 1770 auf Einladung eines seiner Zöglinge in England, Bekanntschaft mit König Georg III., 1772–1773 astronomische Bestimmung von Hannover, Osnabrück und Stade (Unterelbe) im Auftrag des englischen Königs, 1773–1775 wieder in England, durch Vermittlung des Königs 1775 a. o. Professor an der Univ. Göttingen, Entdecker der später nach ihm benannten Staubfiguren, 1778 von seinem Lehrer und Kollegen A. G. Kästner (s. ds.) mit der Abhaltung der Hauptvorlesung in Experimentalphysik betraut, die er bis 1799 hielt, Aktualisierung dieser Vorlesung und Anreicherung durch rund 500 Experimente, Bemühungen um eine Popularisierung der Wissenschaft, u.a. als Hrsg. des „Göttinger Taschen Calenders" (1778–1799) und des „Göttingischen Magazins der Wissenschaften" (gem. mit Georg Forster, 1780–1785), später des „Hannoverischen Magazins", außerdem viermalige Überarbeitung des Physiklehrbuches von J. Chr. P. Erxleben (s. ds.), öffentliche Beteiligung an wissenschaftlichen Kontroversen und Diskussionen, u.a. mit Johann Kaspar Lavater (s. ds. Personenregister Bd. II) und J. H. Voß (s. ds.), scharfzüngiger Zeitzeuge, Niederlegung von Lesefrüchten, Exzerpten und Überlegungen in Merkbüchern, die posthum als „Aphorismen" veröffentlicht wurden. *104*

LIEBEL;
Geigenmacherfamilie in Neukirchen (Mark Brandenburg).
Stammvater:
Liebel, Carl Friedrich (1735–1803);
Sohn eines Schneiders, seit 1752 Geigenmachermeister und Zunftmitglied; Sohn und Nachfolger: Liebel, Johannes. *217, 219*

LIECHTENSTERN, JOSEPH MAX FREIHERR VON (1765–1828);
Geograph und Statistiker, aus Wien, Sohn eines k.k. Offiziers, Studium der Rechtswissenschaft an der Univ. Wien, Bildungsreisen nach Böhmen, Mähren, Italien und Bayern, 1787–1790 Jurist bei den Fürstlich-Schwarzenbergischen Herrschaften Murau und Frauenburg (Steiermark), 1790 kurzzeitig Rat beim Fürstbischof von Salzburg, dann dirigierender Geh. Rat und Plenipotentiarius der Fürstlichen und Reichsgräflich-Batthyanischen, Thun- und Thurnischen Häuser, 1790 Gründer des Kosmographischen Instituts in Wien, Durchführung zahlreicher geographischer und ökonomischer Untersuchungen, u.a. 1797 trigonometrische Aufnahme des Landes ob der Enns, Hrsg. einschlägiger Zeitschriften, u.a. „Archiv für Welt-, Erde- und Staatenkunde, ihre Hülfswissenschaften und Litteratur" (1811–1812), 1815–1819 Professor für Statistik an der Univ. Wien, nach zahlreichen politischen und beruflichen Enttäuschungen 1819 Umzug nach Dresden und von dort zu Angehörigen in Schlesien, seit 1823 in Berlin,

umfangreiche schriftstellerische Tätigkeit, Verdienste um die Einführung des Seidenbaus, zuletzt Unterstützung durch Friedrich Wilhelm III., Vorkämpfer für eine staatlich gelenkte Statistik, Verknüpfung von Statistik, Geographie, Staats- und Volkswirtschaftslehre.
Schriften u. a.:
Ueber das Studium der Geographie. Wien 1785;
Skizze und Statistik der österreichischen Staaten. Ebd. 1800;
Handbuch der allgemeinen Welt- und Staatenkunde. 2 Teile. Brünn 1819–1820;
Umriss der allgemeinen und Culturgeschichte der Menschheit. Quedlinburg 1824;
Allgemeine Uebersicht, selbst in der kleinsten Haushaltung den Seidenbau etc. zu betreiben. Berlin 1827. *445, 448*

LIMBORG, HEINRICH (1760–1850);
Lehrer, aus Neukirchen (h. N.-Vluyn, b. Moers), 1779–1835 Lehrer an der Lateinschule Adolfinum (seit 1821 Progymnasium) in Moers, 1796 bis 1815 während der französischen Besatzung Aufrechterhaltung des Unterrichtsbetriebes unter schweren Bedingungen – gemeinsam mit Lehrer Johann Heinrich Neumann (1743–1836) und teilweise in der eigenen Wohnung – , 1809 Mitglied der Prüfungskommission für die Einstellung eines neuen Elementarlehrers, die sich für Arnold Bleckmann (s. ds.) entschied, 1829 anläßlich seines 50 jährigen Amtsjubiläums Verleihung des Allgemeinen Ehrenzeichens Erster Klasse. 65, *465, 466, 479*
HSt A Düss., Reg. Düss., Nr. 3398; Klein; Ott 3; Rich

LINDENBERG, G. PETER SIEGFRIED (geb. 1803);
Lehrer, aus Duisburg, Sohn eines Schuhmachermeisters, Vollwaise, 1819–1822 Hilfslehrer bei Lehrer Conrady (s. ds.) an der evangelischen Elementarschule in Dinslaken, 1822–1824 Seminarist in Moers, Empfänger eines Stipendiums, 1824 durch Diesterweg und Superintendent W. J. G. Roß (s. ds.) zur Besetzung der Lehrerstelle an der lutherischen Elementarschule in Cronenberg (h. Wuppertal) empfohlen, jedoch aufgrund einer Intervention von Schulpfleger J. F. Wilberg (s. ds.) abgelehnt, Hauslehrer in Merode (h. Langerwehe, b. Aachen), 1826–1830 Lehrer an der evangelischen Elementarschule in Eversael (h. Rheinberg, Niederrhein), seit 1830–mind. 1845 an der vereinigten evangelischen Elementarschule in Mettmann. *121, 128, 155, (171 f.),* 172, *466*
HSt A Düss., Reg. Düss., Nr. 3350, 3368a; St A Dui

LINGENBERG, CARL GOTTLIEB (geb. 1811);
Lehrer, aus Elberfeld (h. Wuppertal), Sohn des Lehrers am dortigen allgemeinen Armenhaus, 1827–1829 Hilfslehrer an der evangelischen Elementarschule am Ostersbaum (Unterbarmen, h. Wuppertal), 1829 kurzzeitig an der evangelischen Elementarschule auf dem Westen (h. Wuppertal),

1829–1831 auf Empfehlung von Daniel Schürmann (s. ds.) an der evangelischen Elementarschule in Hasten (Remscheid), Erhalt von Französisch- und Klavierunterricht, 1831 für ein halbes Jahr in Ketzberg (h. Solingen), 1831 Ablegung der Hilfslehrerprüfung vor der Königlichen Prüfungskommission in Moers, 1832–1833 Hilfslehrer bei J. Wilms (s. ds.) und seinem Nachfolger F. A. Fuchs (s. ds.) an der lutherischen Pfarrschule im Thomashof (Elberfeld, ebd.), 1833–1835 Seminarist in Moers, 1835 kurzzeitig wieder Hilfslehrer im Thomashof, 1835–1837 Hilfslehrer am Seminar in Moers, seit 1837 Lehrer an der evangelischen Elementarschule und Organist in Hoppers (Grevenbroich), 1847 Bewerber um die Lehrerstelle an der evangelischen Elementarschule auf dem Langenfeld (Elberfeld, h. Wuppertal), 1852 um die Hauptlehrerstelle im Thomashof. *(514),* 514
St A Wupp, L I 101, 129, 149

LIPPOLD, JOHANN FRIEDRICH (erw. 1824–1831);
evangelischer Theologe, Pfarrer in Bischoffingen (h. Vogtsburg im Kaiserstuhl).
Übersetzer von:
Taschenbuch des verständigen Gärtners. Aus dem Französischen (Almanach du bon jardinier). Nebst bedeutenden Verbesserungen und Zusätzen von den Gebrüdern Baumann. 2 Bde. Stuttgart 1824;
Neues Handbuch des verständigen Gärtners, oder neue Umarbeitung des Taschenbuchs des verständigen Gärtners von 1824. Aus dem Französischen (Almanach du bon jardinier von 1825 und 1828) frei übersetzt und aus eignen und fremden Erfahrungen ansehnlich vermehrt. Stuttgart 1831. *181,* 182, *252,* 269

LOGIER, JOHANNES BERNHARD (1777–1846);
Musikpädagoge und Komponist, aus Kassel, Flöten- und Klavierausbildung, seit 1794 Flötist im Musikkorps des englischen Staatsmanns Marquis John James Hamilton of Abercorn, seit 1807 nach Auflösung des Korps u. a. Organist und Musikdirektor, seit 1810 Musikalienhändler in Dublin, Entwicklung einer neuen Musik- und Klavierunterrichtsmethode mit Gruppenunterricht und der Verwendung eines „Handleiters" (Chiroplasts) zur Regulierung der Fingerhaltung der Klavierschüler, 1814 Patentierung dieses Systems, 1822 bis 1826 aufgrund einer Einladung des preußischen Königs in Berlin, dort Ausbildung von Musiklehrern nach seiner Methode, die weite Verbreitung fand, 1826–1829 Aufenthalt in London, später wieder in Dublin.
Schriften u. a.:
System der Musikwissenschaft und des musikalischen Unterrichts. 1. Teil: Anleitung zum Pianofortespiel. Berlin 1822; 2. Teil: Lehrbuch der musikalischen Komposition zum Gebrauch für Schulen. Ebd. 1827;

Anweisung zum Unterricht im Klavierspiel und der musikalischen Komposition nach seiner Methode. Ein Handbuch für Lehrer und Eltern. Aus dem Englischen. Ebd. 1829. *441*, 446, *475*, 477

LOHR, JOHANN GERHARD VON (gest. nicht vor 1842);
bis 1821 Lehrer an der evangelischen Elementarschule am Holze (Elberfeld, h. Wuppertal), 1821 zum Lehrer der neu vereinigten Elementarschulen von Steinbeck und vom Holze (Langenfeld) vorgeschlagen, 1821–1842 Leiter der evangelischen Elementarschule Bruch (Unterbarmen, h. Wuppertal), 1835 Erlangung einer Freistelle für seinen Sohn Robert an der höheren Stadtschule in Barmen, fortwährend durch die Elternschaft behindert, 1840 Antrag des Schulvorstandes auf seine Pensionierung wegen Unbeliebtheit und krankheitsbedingter Berufsunfähigkeit, einem Aufsichtsverfahren zur Prüfung seiner Lehrfähigkeit unterzogen, Ende 1842 freiwillige Pensionierung mit Ruhegeld. *393*
HStA Düss., Reg. Düss., Nr. 2706, 2924; StA Wupp, L I 153, L II 16

LOTT, JOHANN WILHELM (erw. 1822–1852);
Lehrer, aus Elberfeld (h. Wuppertal), aus ärmlichen Verhältnissen, 1822–1824 Seminarist in Moers, Empfänger eines Stipendiums, 1825–1831 Lehrer an der zunächst vorläufig, 1827 endgültig eingerichteten evangelischen Elementarschule am Hammesberg (damals Lüttringhausen, h. Wuppertal-Barmen), 1827 Teilnehmer am Lehrkursus im Seminar in Moers, dort Ablegung der Wiederholungsprüfung, 1827 auf der Dreierliste für die neu zu besetzende Lehrerstelle an der evangelischen Elementarschule auf dem Katernberg (Elberfeld), Wahl durch die dortigen Schulinteressenten, doch Zurücknahme der Wahl durch den Gemeinderat, mehrfach Eingaben wegen Verweigerung einer Lehrerwohnung am Hammesberg, 1830 Gesuch an Landrat Otto Friedrich Karl von Bernuth (1816 bis 1887) in Lennep um endliche Zuweisung, nach Auflösung der Schule am Hammesberg 1831 bis 1852 Lehrer an der evangelischen Elementarschule in Herbringhausen (Beyenburg, damals Lüttringhausen, h. Wuppertal), 1833 Bewerber um die Lehrerstelle an der evangelischen Elementarschule Ostersbaum (h. Wuppertal), mehrfach wegen Mißhandlung von Schülern angeklagt, 1852 wegen schlechter Leistungen infolge vermeintlicher Geistesschwäche Pensionierung mit sehr niedrigem Ruhegeld. *155, 406*
HStA Düss., L. A. Lennep, Nr. 81, 108, sowie Reg. Düss., Nr. 3312, 3316; StA Wupp, L I 101, 149

LUCÄ, SAMUEL CHRISTIAN (1787–1821);
Mediziner, aus Frankfurt a. M., Sohn eines Apothekers, 1805–1807 Studium der Medizin an der Univ. Mainz, 1807–1808 an der Univ. Tübingen, 1809 Promotion, 1809 Aufnahme in die Frankfur-

ter Ärzteschaft, 1812 Privatdozent in Heidelberg, 1812–1813 Professor der vergleichenden Anatomie und Physiologie an der medizinisch-chirurgischen Akademie des Großherzogs C. Th. A. M. v. Dalberg (s. ds.) in Frankfurt a. M., 1815–1821 Professor der Pathologie und der Therapie an der Univ. Marburg sowie Direktor der dortigen Klinik für innere Medizin, Verfasser zahlreicher Abhandlungen zur Anatomie und Physiologie.
Schriften u. a.:
Physiologisch-medicinische Untersuchungen über einige Gegenstände der Lehre vom Zeugungsgeschäfte. Frankfurt a. M. 1813;
Entwurf eines Systems der medicinischen Anthropologie, zum Gebrauch beym Studium der Natur und Heilkunde des menschlichen Organismus. Ebd. 1816;
Grundriß der Entwickelungsgeschichte des menschlichen Körpers. Marburg 1819. *249, 265*

LUTHER, ANNA BARBARA geb. ENSLIN (1801–1841), genannt „BIBERLE";
aus Wetzlar, Tochter des Stadtmusikus Christoph Albrecht E. (s. ds.) und von Maria Christina E. geb. Göth (s. ds.), Schwester von Sabine E. verm. Diesterweg (s. ds.), seit 1822 verheiratet mit dem Rheinschiffahrts-Inspektor Luther in Koblenz (gest. 1834), Tod durch Schwindsucht, nach ihrem Tod Diesterweg Vormund des Sohnes Martin L. *9, 14f.,* 15, 162

LUTHER, MARTIN (1483–1546);
Theologe und Reformator, aus Eisleben, Sohn eines Kupferhüttenmeisters, seit 1501 Studium an der Univ. Erfurt, 1502 Promotion, 1505 Magister und Eintritt in die juristische Fakultät, 1505 Eintritt in das Kloster der Augustinereremiten in Erfurt, 1507 Priester, Studium der Theologie an den Univ. Erfurt und Wittenberg, 1512 Dr. theol. (Wittenberg), seither dort Professor, Distanzierung von der scholastischen Theologie aufgrund seiner Bemühungen um eine wissenschaftliche Auslegung der Bibel, Begründung der christlichen Errettungslehre auf den Glauben des Individuums an das biblische Verheißungswort, 1517 Veröffentlichung von 95 Thesen gegen den Verkauf von Ablaßbriefen, damit Angriff auf eine Heilsveranstaltung der Kirche, Einleitung eines Ketzerprozesses gegen ihn in Rom, 1518 Verhör in Augsburg durch Kardinal Cajetan, 1519 Leipziger Disputation mit Johannes Eck, 1520 Erlaß der Bannbulle und 1521 der Reichsacht gegen ihn, zu dieser Zeit Veröffentlichung fundamentalkritischer Schriften gegen die absoluten Ansprüche des Papsttums und die geltende kirchenrechtliche Ordnung (An den christlichen Adel deutscher Nation von des christlichen Standes Besserung; Von der Freiheit eines Christenmenschen), Unterstützung durch etliche Reichsfürsten und Politiker, u.a. durch den sächsischen Kurfürsten Friedrich

den Weisen, Entstehung einer „evangelischen Bewegung", 1521–1522 Internierung auf der Wartburg (h. Eisenach), Übersetzung des Neuen Testaments aus dem Griechischen, später des Alten Testaments aus dem Hebräischen (mit Mitarbeitern), 1522 Rückkehr nach Wittenberg, als Anführer der „Evangelischen" Bemühungen um ein an der Bibel orientiertes Kirchenwesen, Konflikte mit der um ökonomische Verbesserungen kämpfenden Bauernschaft, mit theologischen Einwendungen der Humanisten (Erasmus von Rotterdam; s. ds. Personenregister Bd. VII) und mit abweichenden Positionen der Evangelischen in Süddeutschland und der Schweiz (Huldrych Zwingli, Jean Calvin <s. ds. Personenregister Bd. XII>), sittliche Aufwertung der Familie, ethische Wertschätzung des weltlichen Berufs und der staatlichen Ordnung, gem. mit Philipp Melanchthon (s. ds. Personenregister Bd. XII) Pläne für einen Ausbau aller Stufen des Bildungswesens, umfangreiche literarische Tätigkeit, Dichter vieler Kirchenlieder, durch die Verbreitung seiner Bibelübersetzung (400 Ausgaben allein bis zu seinem Tod) Begründer einer gemeinsamen neuhochdeutschen Schriftsprache in Deutschland. *69, 126, 245,* 259f., *275, 407*

MAAS, JOHANN HERMANN (1796–1851);
Lehrer, aus Schwafheim (h. Moers), 1813–1819 Lehrer an der evangelischen Elementarschule in Vennikel (ebd.), 1815 Teilnehmer am Normalkursus für junge Lehrer in Moers, 1819–1851 Lehrer an der evangelischen Elementarschule an der Dong (ebd.), 1824 auf der Dreierliste für die neu zu besetzende Lehrerstelle an der evangelischen Elementarschule in Bornheim (ebd.), 1827 Teilnehmer am Lehrkursus im Seminar in Moers. *402*
HStA Düs, u. a. Reg. Düss., Nr. 3414, 3417; Rich

MAEHLER, CHRISTOPH BERNHARDT (1792–1851);
Kaufmann, aus Lüdenscheid, Juwelier und Winkelier für Zinnwaren in Moers, um 1830–1850 Gemeinderat, 1838 Stifter eines Kletterbaumes für den neu eingerichteten Turnplatz des Progymnasiums (Adolfinum). *531*
Drei; StA Moers

MAPPES (erw. 1818);
Bürger in Frankfurt a. M., in dessen Garten sich 1818 Schüler der Musterschule zur Verabschiedung von Diesterweg versammelten. *24*
Vermutlich ist gemeint:
MAPPES, GOTTFRIED (1764–1843);
Tuchhändler, aus Frankfurt a. M., Sohn eines Tuchbereiters, verm. mit Johanna Margarethe geb. Barthels (1769–1830) aus Frankfurt, 1807 Mitglied der vom Fürst-Primas C. Th. A. M. v. Dalberg (s. ds.) eingerichteten bürgerlichen Körperschaft der Achtundzwanziger (Bürgerrepräsentation), 1816 Mitglied der neuerrichteten gesetzgebenden Versammlung, seit 1817 Mitglied der ständigen Bürgerrepräsentation, Deputation zu verschiedenen Freistädtischen Verwaltungsämtern, Besitzer eines großen Grundstücks mit Wohnhaus und Gartenhaus auf der Bleichstraße 52, das er seinem Sohn Johann Michael M. (s. ds.) hinterließ. *24 (?)*
IfStG Ffm
Oder:
MAPPES, JOHANN MICHAEL (1796–1863);
Mediziner, aus Frankfurt a. M., Sohn des Handelsmannes Gottfried M. (s. ds.), Studium der Medizin an der Univ. Tübingen, 1817 Dr. med., 1818 Aufnahme in die Frankfurter Ärzteschaft, 1828 bis 1845 Lehrer der Anatomie und Direktor der anatomischen Sammlungen am Senckenbergischen medizinischen Institut, 1845 Physicus und Stadtgeburtshelfer, 1851 Physicus Primarius, Vorsitzender im Pflegamt des Rochusspitals und der Entbindungsanstalt, seit 1826 Mitglied der Frankfurter gesetzgebenden Versammlung, 1848 des deutschen Vorparlaments, 1848–1849 Mitglied der Verfassunggebenden Versammlung, 1821 bis 1840 Sekretär der Senckenbergischen Naturforschenden Gesellschaft, 1851 deren Administrator, und 1852–1863 deren Vorsteher, wichtiger Chronist dieser Gesellschaft (vgl. Festreden. Frankfurt a. M. 1842), 1840 Mitgründer des Ärztlichen Vereins (gem. mit J. G. B. Kloß <s. ds.>), 1848 Mitbegründer des allgemeinen Frankfurter Bürgervereins, 1849 Mitgründer des „Frankfurter Volksboten", 1852 Mitglied der Deutschen Akademie der Naturforscher Leopoldina in Halle a. d. Saale. *24 (?)*
IfStG Ffm; Kall; Zwei

MARR s. MARX, J. H.

MARTIN, GOTTFRIED [GOTTLIEB] (1799–1836);
Lehrer, aus Duisburg, Sohn eines Lehrers, Halbwaise, Bruder des Lehrers Georg Friedrich M. (seit 1819 Hilfslehrer in Budberg, h. Rheinberg, Niederrhein), von Superintendent W. J. G. Roß zum Lehrberuf ermuntert und Diesterweg zur Unterstützung empfohlen, 1822–1824 Seminarist in Moers, Empfänger eines Stipendiums, 1826 bis 1827 provisorischer, 1827–1829 definitiver Lehrer an der evangelischen Elementarschule und Vorsänger in Kervenheim (h. Kevelaer, Niederrhein), 1829–1836 an der evangelischen Elementarschule in Vennikel (h. Moers). *155, 156, 285, 291ff., 300, 318,* 324, *562*
HStA Düss, Reg. Düss., Nr. 3009, 3208, 3424, 3456; StA Dui

MARX, JOHANN HERMANN (1757– mind. 1822);
katholischer Theologe, aus Coesfeld (Münsterland), Jesuitenschüler, seit 1773 in der Zisterzienser-Abtei Marienfeld (h. Harsewinkel, b. Bielefeld), 1780 Priesterweihe, 1789–1795 Subprior und Pfarrer an der Abtei, 1795–1809 Pfarrer in

685

Rulle (h. Wallenhorst, b. Osnabrück), seit 1809 Pfarrer in Obercappeln (Teil von Cappeln), seit 1818 Landesdechant.

Schriften u.a.:

Das gute andächtige Kind vor dem allerbesten Vater Gott. Ein Lese- und Gebethbüchlein für Kinder von minderm Alter. Münster 1795;

Katechismus der christkatholischen Kirche, worin gelehrt wird, wie man gut und selig werden könne. Ebd. 1806;

Religionsgeschichte des alten Testaments, ein Lese- und Lehrbuch für die Jugend in Bürger- und Landschulen. Ebd. 1809. *445, 448*

Jans

MAYER, FERDINAND CHRISTOPH PHILIPP
(geb. 1778);

aus Burk (b. Ansbach), Kauf- und Handelsmann, seit 1802 in Kleinniedesheim (b. Worms), seit 1806 Bürger von Worms, enge Verbindung zum dortigen Gymnasium und Konsistorium, 1812 vom Bürgermeister zum Mitglied der Schulkommission vorgeschlagen, Verbindung mit der Sekundärschule (Gymnasium), an der 1812–1813 auch Diesterweg tätig war, 1815 Wahl von Kollegen Diesterwegs an der französischen Sekundärschule – dessen Vorgänger F. W. Balbier (s. ds.) und dessen Nachfolger Georg Jacob Roller – als Trauzeugen, später wieder in Ansbach. *7, 8, 8f., 13f.*

Beck; St A Worms, Heiratsregister 1815, Abt. 5, Nr. 1216

MAYER [MEYER], JOHANN CHRISTOPH ANDREAS (1747–1801);

Mediziner, aus Greifswald, Sohn eines Professors der Physik und der Mathematik, Studium der Medizin an den Universitäten Leiden (Niederlande) und Göttingen, Dr. phil., 1771 Dr. med., 1777 Ernennung zum zweiten Professor der Anatomie am Collegio medico-chirurgico in Berlin durch Friedrich II., 1778–1787 o. Professor der Medizin an der Univ. Frankfurt a. d. O., seit 1787 Professor der Botanik und Arzneimittellehre am Collegio medico-chirurgico in Berlin, außerdem Königlich-preußischer Geh. Rat sowie Direktor des Botanischen Gartens in Berlin, seit 1789 Königlicher Leibarzt, Kommissarius der Hofapotheken-Kommission, seit 1801 Dekan des Obercollegii medici et sanitatis, Mitglied der Akademie der Wissenschaften in Berlin und der Kaiserlichen Gesellschaft der Naturforscher, Verfasser zahlreicher medizinischer und naturwissenschaftlicher Abhandlungen.

Schriften u.a.:

Abhandlung von dem Nutzen der systematischen Botanik in der Arzney- und Haushaltungskunst. Greifswald 1772;

Beschreibung der Blutgefäße des menschlichen Körpers. Berlin 1777;

Anatomisch-physiologische Abhandlung vom Gehirn, Rückmark und Ursprung der Nerven; für

Aerzte und Liebhaber der Anthropologie bestimmt. Ebd. 1779;

Beschreibung des ganzen menschlichen Körpers mit den wichtigsten neueren anatomischen Entdeckungen bereichert. 8 Teile. Berlin und Leipzig 1784–1794;

Einheimische Giftgewächse, welche für Menschen am schädlichsten sind; nach der Natur beschrieben. 3 Hefte. Berlin 1798–1801. *249, 265, 274, 278*

MEHRING, DANIEL GOTTLIEB GERHARD
(1759–1829);

lutherischer Theologe, aus Wenzeslaushagen (Neumark), Sohn eines Pfarrers, Studium der Theologie an der Univ. Halle, 1780–1783 Rektor in Schievelbein (Neumark), 1783–1787 Pfarrer in Klützkow , Sunnatzig und Guntow (Pommern), seit 1788 Feldprediger beim Infanterieregiment von Ernst Ludwig von Pfuhl, dann beim Regiment von Alexander Heinrich von Thiele in Berlin, 1796–1797 Frühprediger an der Friedrichswerderschen und Dorotheenstädtischen Kirche, 1797 bis 1829 dort zweiter lutherischer Pfarrer, Schulinspektor der Luisen-Parochie, von der Berliner Aufklärung beeinflußt, Verfasser popularhistorischer und pädagogischer Schriften mit Pestalozzischem Gedankengut, Mitglied der Naturforschenden Gesellschaft Westphalens in Brockhausen (h. Menden, Sauerland).

Schriften u.a.:

Darf ein Soldat gründliche Einsichten besitzen? Eine Einladungsschrift zur Prüfung der Kasernenschule des Regiments von Pfuhl. Berlin 1789;

Über Pestalozzis Bildungsmethode. Ebd. 1807;

Der Geist der Schule, oder wie wird einzig ein kräftiges Volk gebildet. Nebst dem Entwurf einer höheren Bürgerschule etc. Ebd. 1816;

Thauma, oder: Der Gang durch's Leben. Ein lyrisch-didaktisches Gemälde der vier Lebensstufen. Ebd. 1826. *243, 256*

Fisch I

MEIDINGER, JOHANN VALENTIN (1756–1822);

Sprachlehrer und Naturforscher, aus Frankfurt a. M., Sohn eines Schneiders aus Sachsen-Römhild (b. Hildburghausen), seit 1746 Bürger von Frankfurt a. M., Erwerb französischer Sprachkenntnisse am Hofe des Fürsten von Wied, verm. mit Susanne Maria geb. Schmidt (s. ds.), Lehrer der französischen Sprache in Frankfurt a. M., dabei durch französische Emigranten in Frankfurt unterstützt, 1783 Hrsg. einer französischen Grammatik im Selbstverlag, da kein Verleger Interesse zeigte (1811 bereits 492000 Exemplare, 37. Aufl. 1857), darin besonderer methodischer Zugang zum praktischen Spracherwerb, Französischlehrer an der Bürgerschule, Gründer einer eigenen kleinen Lehranstalt, 1814–1818 Vermieter einer Wohnung an Diesterweg und seine Frau Sabine (s. ds.),

Mitglied der Naturforschenden Gesellschaft zu Berlin, Verfasser von Sprach- und Lehrbüchern. Schriften u. a.:
Kurzgefaßte und sehr deutliche praktische französische Grammatik, wodurch man diese Sprache auf eine völlig neue Art vermittelst der leichten Aufgabe über jede Regel in kurzem erlernen kann. Dessau 1783; 24., durchaus verbesserte, umgearbeitete Ausgabe 1808;
Methode nouvelle et tres-facile pour apprendre l'Italien, ou Grammaire Françoise et Italienne pratique. Ebd. 1786; umgearbeitete Ausgabe 1803;
Nouveau dictionnaire portabile François-Allemand et Allemand-François. Avec un Recueil de Néologismes et un Lexigal géographique en deux langues. 2 Bde. Frankfurt a. M. 1797-1798;
Neuer Versuch einer teutschen Sprachlehre, nach den bewährtesten Gründen für Stadt- und Landschulen und ihre Lehrer, von M. J. P. Snell (s. ds.). Offenbach 1799. *15*
IfStG Ffm

MEIDINGER, SUSANNA MARIA geb. SCHMIDT (erw. 1797 und 1814);
Gattin von Johann Valentin M. (s. ds.), Mutter von Johann Valentin M. (geb. 1797, einem bedeutenden Handelsmann in Frankfurt a. M.), 1814 bis 1818 Vermieterin einer Wohnung an Diesterweg und seine Frau Sabine (s. ds.). *15*
IfStG Ffm

MEIER HIRSCH s. HIRSCH, MEIER

MEINERS, CHRISTOPH (1747-1810);
Historiker und Ethnograph, aus Warstade (h. Hemmoor, Land Hadeln), Sohn eines Postmeisters, 1772-1810 Professor der Philosophie an der Univ. Göttingen, Gegner I. Kants (s. ds.), einer der Begründer der Völkerkunde und der vergleichenden Religionswissenschaft, Vertreter der von Georg Forster und J. G. v. Herder (s. ds.) bereits kritisierten These einer grundsätzlichen Verschiedenheit des „schönen" weißen Stammes und der „häßlichen" farbigen Völker, Hrsg. des „Göttingischen Historischen Magazins" (gem. mit Ludwig Timotheus Freiherrn von Spittler, 1787-1794), des „Neuen Göttingischen Magazins" und der „Philosophischen Bibliothek" (gem. mit Johann Georg Heinrich Feder, 1788-1791), Verfasser zahlreicher Abhandlungen aus den Bereichen Pädagogik, Philosophie, Völkerkunde und Kulturgeschichte.
Schriften, u. a.:
Grundriß der Seelenlehre. Lemgo 1786;
Anweisung für Jünglinge zu eigenem Arbeiten, besonders zum Lesen, Schreiben etc. Hannover 1789;
Geschichte der Entstehung und Entwickelung der hohen Schulen unsers Erdtheils. 4 Bde. Göttingen 1802-1805;
Untersuchungen über die Denk- und Willenskräfte des Menschen, nach Anleitung der Erfah-

rung, nebst einer kurzen Prüfung der Gall. Schädellehre. 2 Bde. Ebd. 1806;
Untersuchungen über die Verschiedenheiten der Menschennaturen in Asien und den Südländern, in den ostindischen und Südseeinseln. 3 Bde. Tübingen 1811-1815. *243, 256, 272, 276*

MELOS, JOHANN GOTTFRIED/GEORG (1769/1770-1828);
Pädagoge, aus Großmonra, Sohn von Landleuten, Stipendiat der Großherzogin von Weimar, Studium der Theologie und der Philologie an den Univ. Jena und Leipzig, seit etwa 1800 Collaborator am Wilhelm-Ernst-Gymnasium in Weimar, außerdem Privatlehrer bei J. G. v. Herder (s. ds.), 1805 Professor am Gymnasium, außerdem Lehrer am Landschullehrerseminar in Weimar, seine Kinder Spielgefährten der Enkel J. W. v. Goethes, seine jüngste Tochter Ida verm. mit Ferdinand Freiligrath (s. ds. Personenregister Bd. VI), vielseitiger Autor und Verfasser von Lehrbüchern.
Schriften u. a.:
Mustersammlung zu Deklamationsübungen für die Jugend. Leipzig 1818;
Naturlehre für Bürger- und Volksschulen sowie für die unteren Klassen der Gymnasien. Rudolstadt 1819; 2. Aufl. Weimar 1833; 6. Aufl. Leipzig 1843;
Beschreibung des jüdischen Landes zur Zeit Jesu, in geographisch-bürgerlich-religiöser, häuslicher und gelehrter Hinsicht für Bürger- und Volksschulen. Mit einer Charte von Palästina zur Zeit Jesu. Weimar 1822;
Lesebuch aus der sächsischen Geschichte. Ebd. 1825;
Geschichte der Reformation für Bürger- und Landschulen. 5. Aufl. Berlin 1837. *103,* 105, *253, 269, 323, 326*

MENGER, JOHANN ADAM (1775-1836);
aus Worms, Sohn eines Holzhändlers, Rheinschiffers und Fischermeisters, Schiffsknecht, dann Schiffslehrling, seit 1802 Bürger von Worms, Holzhändler und Rheinschiffer, seit 1812 außerdem Inhaber einer Ziegelhütte, einer der höchstbesteuerten Bürger der Stadt, 1811 Mitglied der Schulkommission, die Diesterweg zum Lehrer an der Sekundärschule (Gymnasium) wählte, Bekannter von Diesterweg und seiner späteren Frau Sabine geb. Enslin (s. ds.), 1811-1815 und 1818 bis 1820 Vorsteher der reformierten Gemeinde, zugleich Mitglied der Freimaurerloge, bedeutendster privater Kunstsammler seiner Zeit (Plastiken, Münzen, Druckschriften, Urkunden, Gemälde, Kupferstiche u. a.) in Worms, 1825 aufgrund seiner schlechten wirtschaftlichen Verhältnisse Überschreibung seines ganzen Vermögens an seine Frau Johanna Eleonora geb. Menger – eine Cousine –, am Ende nahezu mittellos. *11*
Gern; Rink

MENSCHING, JUSTUS KONRAD (1732–1807);
lutherischer Theologe, Pädagoge und Philologe,
aus Börry (b. Hameln, Weserbergland), Studium
der Theologie an der Univ. Göttingen, Hauslehrer, 1758–1762 Konrektor, 1762–1807 Rektor des
Gymnasiums in Lemgo, Vertreter der Bildungs-
ziele der Aufklärung im Fächerkanon (deutsche,
insbesondere zeitgenössische Literatur, lebende
Fremdsprachen und Naturwissenschaften) sowie
durch Ausbildung moralischer, staatsbürgerlicher
Eigenschaften seiner Schüler, Eintreten für eine
Verbesserung der äußeren Bedingungen im
Schulbetrieb durch den Bau neuer Schulhäuser,
Führung eines gastfreien Hauses für seine Schü-
ler, Lehrer u.a. von Johann Wilhelm Süvern (s. ds.
Personenregister Bd. V), Verfasser zahlreicher
Schriften und Lehrbücher, insbesondere zur Phi-
lologie, sowie Übersetzungen.
Schriften u.a.:
Cornelius Nepos, mit kurzen teutschen Anmer-
kungen. Lemgo 1764;
Bibliothèque choisie des meilleurs auteurs fran-
çais. 2 Bde. Ebd. 1771–1772;
Betrachtung über die Wachsamkeit eines evange-
lischen Lehrers. Ebd. 1774;
Beytrag zur Geschichte des Gymnasii zu Lemgo.
Ebd. 1783. *251, 267, 273, 277*
Hop

MERKLIN (erw. 1813);
Freundin oder Bekannte von Sabine Enslin (spätere Diesterweg; s. ds.) in Worms. *14*

Möglicherweise ist gemeint:

MERCKLE, ANNA MARIA CATHARINA
geb. Lenz;
Ehefrau des Großkaufmanns Carl Ludwig Merckle in Worms (dieser 1812 auf der Vorschlagsliste
für die Schulkommission der Sekundärschule
<Gymnasium>, an der 1812–1813 auch Diester-
weg tätig war). *14 (?)*
StA Worms

METZLER, JOHANN WILHELM (1755–1837);
Jurist, aus Frankfurt a.M., Abkömmling einer
Nürnberger Kaufmannsfamilie und Enkel des
Straßburger Ratsherrn Johann Bernhard Hene-
berg, Studium der Rechtswissenschaften an den
Univ. Straßburg und Göttingen, Promotion, Tätig-
keit am Reichskammergericht in Wetzlar, dann in
Diensten der Stadt Straßburg, 1791–1834 in Dien-
sten der Stadt Frankfurt a.M., 1817 dort regieren-
der (älterer) Bürgermeister. *(22f.),* 23
IfStG Ffm

MEYER, JOHANN FRIEDRICH VON (1772–1849),
Pseudonym: Imo Jaschem, genannt Bibel-Meyer;
Jurist und Übersetzer, aus Frankfurt a.M., Sohn
eines Kaufmanns, seit 1789 Studium der Rechtswissenschaft und der Philologie an den Univ. Göttingen und Leipzig, 1793–1794 Verfasser zahlrei-

cher Beiträge für die „Bibliothek der alten Literatur
und Kunst", den „Teutschen Merkur" und die
„Leipziger Monatsschrift für Damen", seit 1794
am Reichskammergericht Wetzlar, 1802 Salm-Ky-
burger Kammerdirektor und Pfalz-Bayerischer
Appellationsgerichtsrat in Frankfurt a.M., dort
auch Theaterdirektor, seit 1807 Stadtgerichtsrat,
seit 1816 Mitglied des Senats, seit 1837 Präsident
des Appellationsgerichts, 1825, 1839 und 1843 regierender (älterer) Bürgermeister, zunächst Anhänger einer rationalistischen Richtung, später deren
Bekämpfer, als Freimaurer Verfasser etlicher theo-
sophisch-mystischer Schriften und Hrsg. der „Blätter für höhere Wahrheit. Aus Beiträgen von
Gelehrten, ältern Handschriften und seltenen Büchern" (11 Bde., Frankfurt a.M. 1819–1832), Verfasser von belletristischen, altphilologischen und
religiösen Abhandlungen sowie einer bedeutenden
Bibelübersetzung, die eine Revision der Luther-
übersetzung zur Folge hatte.
Schriften u.a.:
Unterricht zur praktischen Geometrie. 5 Teile.
Göttingen 1802–1809;
Bibeldeutungen. Frankfurt a.M. 1812;
Die Bibel in berichtigter Uebersetzung und mit
Anmerkungen. 3 Bde. Ebd. 1819; 2. Aufl. 1822.
248, 264, 273, 277
Jans

MICHELS, FRIEDRICH (1764–1851);
katholischer Pfarrer, seit 1802 Dekan und seit
1809 Pfarrer des Zisterzienserklosters Kamp (h.
Kamp-Lintfort, Niederrhein), seit 1816 außerdem
Schulpfleger für Geldern und Rheinberg (beide
Niederrhein), seit 1837 Dechant des Dekanats
Xanten, gemeinsam mit Diesterweg Prüfer von
katholischen Seminaristen (P. J. Rotzen <s. ds.>,
A. Straaten <s. ds.>).
Verfasser von:
Die Lehren des christlichen Glaubens nebst einer
kurzen Sittenlehre für die reifere Jugend. Zum
Gebrauch in katholischen Kirchen und Schulen.
Krefeld 1830. *340f.*
Jans

MIDDELDORF, HEINRICH (1806–1853);
Lehrer, aus Eversael (h. Rheinberg, Niederrhein),
Vollwaise, 1822–1824 Seminarist in Moers, von
der Düsseldorfer Regierung und Superintendent
W. J. G. Roß zur Unterstützung empfohlen, Empfänger eines Stipendiums, Hilfslehrer an der evangelischen Elementarschule in Dinslaken, dann
Lehrer an der evangelischen Elementarschule in
Alsum (h. Duisburg), 1827–1829 an der evangelischen Elementarschule in Mehr (h. Kranenburg,
Niederrhein), 1829–1831 Hilfslehrer und 1831 bis
1846 definitiver Lehrer in Alsum, 1834 Bewerber
um eine Lehrerstelle an der evangelischen Elementarschule in Voerde (b. Wesel), wegen jahrelanger Trunksucht zum Rücktritt gedrängt, allerdings bei bei Belassung eines Ruhegeldes, zuletzt

688

Privatschreiber in Duisburg. *155, 156, (452)*, 452

HStA Düss, Reg. Düss., Nr. 2746; StA Dui

MÖLLER, ARNOLD WILHELM (1791–1864);
evangelischer Theologe, aus Duisburg, Sohn eines
Pfarrers und Professors der Theologie, Studium
der Theologie an den Univ. Münster in Westfalen,
Frankfurt a. d. O. und Breslau, zwei Jahre Hauslehrer des Erbprinzen von Anhalt-Bernburg in
Ballenstedt, 1817–1828 Brigadeprediger in Münster, dort auch Lehrer der Geschichte und Erdbeschreibung an der Königlichen Divisionsschule,
seit 1828 Pfarrer in Lübbecke (b. Minden), Hinwendung zum Pietismus, Verfasser zahlreicher
Abhandlungen aus verschiedenen Wissenschafts-
bereichen und Herausgeber von Karten.
Schriften u. a.:
Der Heldenkranz in Liedern. Halberstadt 1818;
Versuch einer Territorialgeschichte des preußischen Staats, oder kurze Darstellung des Wachsthums der Besitzungen des Hauses Brandenburg
seit dem 12. Jahrhundert. Hamm 1822;
Bibelfragen oder kundige Anleitung zur erbau-
lichen Behandlung und Wiederholung der biblischen Geschichte. Eine Zugabe zu F. A. Krum-
machers (s. ds.) Bibelkatechismus sowie zu jeder
Schullehrerbibel. Münster 1834;
Katechismus der biblischen Geschichte oder kurze
Anleitung zur Wiederholung derselben. Ebd. 1836;
Friedrich Adolph Krummacher und seine Freunde. Bremen 1849. *253, 269*

EvRh 2

MÖLLER [MÖLLNER], JOHANN MELCHIOR
(1760–1824);
lutherischer Theologe und Pädagoge, aus Erfurt,
Sohn eines Pfarrers und Gymnasialprofessors,
1777–1778 Studium der Theologie an der theologischen Hochschule in Erfurt, 1779–1780 an der
Univ. Jena, dort als Predigtamtskandidat Konrektor an der Augustinerschule, 1784–1790 Pfarrer
an der Regler Gemeinde in Erfurt, Aufseher und
Religionslehrer an der Mädchenschule, 1787 Einreichung einer Schrift über die Mängel des Schulwesens beim Stadtrat, 1790–1793 Pfarrer in
Schmira (b. Erfurt), Veranlassung einer Baumschule, Gründer einer wöchentlichen Winter-
abend-Gesellschaft zur praktischen Ausbildung
und Aufklärung der jungen männlichen Dorfbe-
wohner, Bekanntschaft mit Bischof C. Th. A. M.
v. Dalberg (s. ds.), 1793–1797 Diakonus an der
Michaeliskirche in Erfurt, außerdem Professor
am evangelischen Ratsgymnasium, dort auch
Vorbereitung von Schullehrerseminaristen, 1797
außerdem Religions- und Sittenlehrer am Zucht-
und Polizeihaus, 1797–1824 Pfarrer in Stottern-
heim (h. Erfurt), Eintreten für die Verbesserung
des Schulwesens, Verfasser zahlreicher Abhandlungen und Lehrbücher.

Schriften u. a.:
Erste Anleitung für Kinder, mit Zahlen umzugehen, um sie etwas zum Kopfrechnen vorzubereiten. Erfurt 1798;
Ueber das Absterben der Universitäten und die
daher zu hoffende, große Erbschaft für den Staat.
Ebd. 1800;
Ankündigung eines Plans für die Religiosität, Humanität und Selbstveredelung, nach eigener Ansicht von der Welt, den Menschen und den Dingen
des Lebens, gegründet auf die Beschränktheit des
menschlichen Geistes. Ebd. 1810. *248, 263,
272, 277*

MORITZ, KARL PHILIPP (1757–1793);
Schriftsteller, Kunsttheoretiker, Psychologie und
Pädagoge, aus Hameln (Weserbergland), Sohn
eines armen, pietistisch geprägten Militärmusi-
kers, Hutmacherlehrling, Stipendiat am Gymnasium in Hannover, kurzzeitig Studium der Theologie an der Univ. Erfurt, nach Aufenthalt bei der
Herrnhuter Brüdergemeine in Barby a. d. Elbe
kurzzeitige Fortsetzung des Studiums an der
Univ. Wittenberg, vergebliche Bemühungen um
eine Anstellung als Lehrer am Philanthropin von
J. B. Basedow (s. ds.) in Dessau, Informator am
Potsdamer Militär-Waisenhaus, seit 1778 Lehrer
an der unteren Schule des Gymnasiums „Zum
Grauen Kloster" in Berlin, Magister (Wittenberg),
dann Konrektor am „Grauen Kloster", seit 1784
Professor am Berlinisch-Köllnischen Gymnasium,
Mitglied des Kreises der Berliner Aufklärer um F.
Gedike (s. ds.), Moses Mendelssohn (s. ds. Personenregister Bd. XI) u. a., 1786–1788 Italienreise,
Aufenthalt in einer Kolonie deutscher Künstler,
u. a. J. W. v. Goethe (s. ds.), Entwicklung einer
klassizistischen Ästhetik auf geschichtsphiloso-
phischer Grundlage, Abfassung von Werken über
Altertumskunde und Mythologie, 1788 Aufenthalt bei Goethe in Weimar, durch Vermittlung
von Herzog Karl August von Sachsen-Weimar
1789 Professor der Theorie der schönen Künste an
der Akademie der Künste in Berlin, 1791 Hofrat,
Mitglied der Akademie der Wissenschaften, Professor an der Militärakademie, Lehrer u. a. von Johann Ludwig Tieck und Alexander von Humboldt
(s. ds. Personenregister Bd. III und VI), Förderer
von Jean Paul (s. ds.), Hrsg. des „Magazins zur
Erfahrungsseelenkunde" (Berlin 1783–1793), Redaktor der „Vossischen Zeitung" (1784–1785),
Verfasser zahlreicher archäologischer, psychologischer, literatur- und sprachwissenschaftlicher
Abhandlungen, außerdem literarischer Werke,
u. a. des autobiographischen Romans „Anton Rei-
ser" (4 Bde, Berlin 1785–1790) – einer sozial-
psychologischen Fallgeschichte im Sinne der sich
neu herausbildenden Wissenschaft der Anthropologie.

Schriften u. a.:

Versuch einer kleinen praktischen Kinderlogik, welche auch zum Theil für Lehrer und Denker geschrieben ist. Berlin 1786;
Aussichten zu einer Experimentalseelenlehre. Ebd. 1792. *251, 268, 273, 277*

MOSCHE, CHRISTIAN JULIUS WILHELM (1768–1815);
lutherischer Theologe und Pädagoge, aus Arnstadt, Sohn eines Pfarrers, Studium der Theologie an den Univ. Leipzig und Jena, Magister der Philosophie, 1793–1795 Pfarrer in Hausen (h. Frankfurt a. M.), 1795–1799 Lehrer am Gymnasium in Frankfurt a. M., 1799–1803 dort Prorektor und 1803–1806 Konrektor, seit 1806 Professor und Direktor am Katharineum in Lübeck.
Schriften u. a.:
Programm über Schuldisciplin in Gymnasien, besonders in Rücksicht auf den Geist unsers Zeitalters. 4 Stücke. Frankfurt a. M. 1803–1804;
Programm über die Mittel, Religiosität in Gymnasien zu befördern, besonders über den Werth und die Einrichtung eigener Gottesverehrungen für diese Schulen. Ebd. 1806;
Ueber Zerstreuung in den Schuljahren; eine Einladungsschrift. Lübeck 1809.
Diesterweg las von ihm:
Ausgewählte deutsche Aufsätze und Reden, nebst dessen Leben und Charakter. Hrsg. von F. C. Matthiä und R. G. Eichhoff. Frankfurt a. M. 1821. *243, 257*

MÜLLER (erw. 1826);
Pfarrer in der Nähe von Moers, Täufer des Proselyten Petri (s. ds.), Empfehlung seiner Aufnahme in das Seminar in Moers zur Vorbereitung für ein höheres Lehramt. *327f.*

Vermutlich ist gemeint:
MÜLLER, PHILIPP FRIEDRICH (1790–1838);
reformierter Theologe, aus Rodheim vor der Höhe (h. Rosbach v. d. H., b. Frankfurt a. M.), Sohn eines Pfarrers, Studium der Theologie an der Univ. Marburg a. d. Lahn, 1816–1819 Pfarrer der reformierten, 1819–1838 Pfarrer der evangelischen (unierten) Gemeinde in Hamminkeln. *327f. (?)*
EvRh2

Für den genannten Zeitpunkt (1826) kommen außerdem in Frage:
MÜLLER, CHRISTOF FRIEDRICH (1781–1828);
lutherischer Theologe, aus Sassendorf (h. Bad S.), Sohn eines Pfarrers, Studium der Theologie, 1806 bis 1828 Pfarrer in Langenberg (h. Velbert). *327f. (?)*
EvRh2

Oder:
MÜLLER, JOHANN CHRISTIAN LUDWIG (1800–1864);
reformierter Theologe, aus Bremen, Sohn eines Kaufmanns, Studium der Theologie an der Univ.

690

Tübingen, zunächst Hilfsprediger in Arsten (h. Bremen), 1825–1827 erster Pfarrer in Ruhrort (h. Duisburg), 1827–1829 reformierter Pfarrer in Bremerlehe (h. Bremen), 1839–1864 Pfarrer an St. Stephani in Bremen. *327f. (?)*
EvRh2

MÜLLER, CARL GOTTLIEB (geb. ca. 1806);
Lehrer, aus Witzhelden (h. Leichlingen), Sohn und Bruder eines Lehrers, 1827 Ablegung der Unterlehrerprüfung vor der Königlichen Prüfungskommission in Düsseldorf, 1827–1828 Unterlehrer bzw. nach dem Tod des Amtsinhabers Ehlenbeck provisorischer Lehrer an der evangelischen Elementarschule in Brühl (h. Solingen), vom Gemeinderat als definitiver Lehrer gewünscht, 1828 bis 1830 Seminarist in Moers, 1830–1834 Lehrer an der evangelischen Elementarschule in Winkelhausen (b. Lennep, h. Remscheid), 1832 von seinem Vater (Lehrer in Witzhelden) als Kandidat für die neu errichtete evangelische Elementarschule in Herscheid (h. Leichlingen) vorgeschlagen, jedoch Ablehnung durch die Gemeinde, 1834 definitiv anstellungsfähig, 1834–nach 1843 Lehrer an der städtischen Armenschule am Neuenteich (Elberfeld, h. Wuppertal). *451*
HSt A Düss, Reg. Düss., Nr. 3342, 3594, 3616, 3668; St A Dui; St A Wupp, L I 153

MÜLLER, JOHANN HEINRICH CHRISTOPH THEODOR (geb. 1773);
Lehrer, aus Hattingen (b. Bochum), Sohn eines Lehrers und Kantors, Hilfslehrer bei seinem Vater an der evangelischen Elementarschule in Hattingen, 1789–1790 dort provisorischer, 1790–1804 definitiver Lehrer, 1804–1832 erster Rektor der lutherischen Stadtschule in Lennep (h. Remscheid), 1832 Erweiterung dieser Schule um eine wissenschaftliche Klasse zur höheren Bürgerschule, 1832 bis 1835 während der Amtszeit von F. W. Th. Kortegarn (s. ds.) zweiter Rektor an dieser Schule, 1836 Pensionierung, 1830 Begründer und langjähriger Redaktor des Lenneper Kreisblattes, Mitarbeiter an den Rh. Bl., Verfasser etlicher Lehrbücher.
Schriften u. a.:
Lehrbuch der Katechetik, mit besonderer Hinsicht auf den katechetischen Religionsunterricht. Altona 1816; 2. Aufl. 1823;
Neueste Geographie oder kurze und faßliche Darstellung der mathematischen, physikalischen und politischen Erdbeschreibung. Elberfeld und Düsseldorf 1820; 3., vermehrte und verb. Aufl. 1829;
Leichtfaßliche Anleitung zur Differential- und Integralrechnung. Frankfurt a. M. 1826;
Europa und vornehmlich Deutschland in seiner neuesten Gestalt. Ein geographisches Lehr- und Lesebuch für Schule und Haus. Zur nützlichen Unterhaltung und Beförderung echter Vaterlandsliebe. Elberfeld und Barmen 1831;

Satzlehre der deutschen Sprache. Als Hülfsmittel zur Erlernung einiger Fertigkeit im mündlichen und schriftlichen Gedankenausdruck. Elberfeld 1833. *244, 258, 396*
HStA Düss, L. A. Lennep, Nr. 115, sowie Reg. Düss., Nr. 3288; Non

MÜLLER, KARL FRANZ (1781/82–1855);
Lohgerber in Moers, um 1830–1850 dort Gemeinderat. *531*
StA Moers

MÜLLNER, AMANDUS/AMADEUS GOTTFRIED ADOLPH (1774–1829), Pseudonym: Modestin; Jurist und Schriftsteller, aus Langendorf (b. Weißenfels a.d. Saale), Neffe des Dichters Gottfried August Bürger, Absolvent der Fürstenschule in Schulpforta (h. Bad Kösen), seit 1793 Studium der Rechtswissenschaft an der Univ. Leipzig, 1797 bis 1798 Amtsvizeaktuar in Delitzsch (b. Leipzig), 1798–1815 Advokat in Weißenfels, 1805 Promotion, 1817 Königlich-preußischer Hofrat, 1810 Gründer eines Privattheaters, neben juristischen Veröffentlichungen außerdem Verfasser zahlreicher, am Vorbild der griechischen Tragödie orientierter romantischer Bühnenstücke, seit 1820 ausschließlich Literatur- und Dramaturgierezensent, kämpferischer, zuweilen auch polemischer Kritiker, Herausgeber des „Cottaischen Literaturblatts" zum „Morgenblatt" (1820–1825) und des „Mitternachtsblatts für gebildete Stände" (1823 bis 1829), Mitglied der Leipziger deutschen Gesellschaft.
Schriften u.a.:
Kann ein Gerichtsherr seinen Gerichtshalter willkührlich entlassen? Zwischen der Chursächsischen Ritterschaft und dem Landes-Justizcollegio possessorisch entschieden auf dem Landtage. Leipzig 1805;
Die Schuld. Trauerspiel in 4 Akten. Ebd. 1816;
Die Albaneserin. Trauerspiel in 5 Aufzügen. Stuttgart und Tübingen 1820;
zahlreiche Rezensionen im „Berliner dramaturgischen Wochenblatt" sowie seinen eigenen Zeitschriften. *103, 105*

MUHL, SERVATIUS (1795–1862);
Pädagoge, aus Oberlahnstein, 1818–1841 Lehrer am katholischen Schullehrerseminar in Trier, 1841 wegen Schließung des Seminars auf Wartegeld gesetzt, Mitarbeiter an den Rh. Bl.
Schriften u.a.:
Elementar-Körperbildung oder Anweisung, wie die körperlichen Anlagen des Kindes auch ohne künstliche Werkzeuge entwickelt und gebildet werden können. Koblenz und Hadamar 1819;
Das erste Lesen für Lehrer. Mit 2 Wandtafeln. Koblenz 1820;
Der Volks-Unterricht in seiner Nothwendigkeit, so wie in seiner Einwirkung auf die Gesammtbildung des Menschen. Für Volkslehrer. Mainz 1824;

Über Erzeugung der Liebe für König, Volk und Vaterland. Ein Beitrag zum vaterländischen Volks-Erziehungswesen. Trier 1828 (vgl. Rh. Bl., Jg. 1828, Bd. II, Heft 4, S. 50–55; vorliegende Ausgabe, Band I, S. 424ff.);
Das Pflanzenreich nach natürlichen Familien. Ein Leitfaden beim pflanzenkundlichen Unterrichte auf Schullehrer-Seminarien, höhern und niedern Bürgerschulen. Ebd. 1828. *247, 262, 322, 325, 472f.*

MUTSCHELLE, SEBASTIAN (1759–1800);
katholischer Theologe, aus Altenhausen (h. Freising, b. München), Studium der Theologie an der Jesuitenschule in München, 1763 Novize im Jesuitenorden in Landsberg a. Lech, 1765 Eintritt in diesen Orden, seit 1770 Lehrer am Münchener Jesuitengymnasium, 1773 nach der Aufhebung des Ordens Fortsetzung seiner Studien in Ingolstadt, 1774 Priester, Pfarrverweser und seit 1779 Canonicus und geistlicher Rat am Kollegiatstift St. Veit in Freising, dort auch Konsistorialrat und Schulkommissar, Vertreter einer gemäßigten rationalistischen Richtung, Eintreten für die Hebung der Volksbildung, u.a. durch Seelsorge und Schulreformen, aus diesen Gründen als „Freigeist" angefeindet, Aufgabe seiner Stellung, 1788 nach einem Bischofswechsel Wiedereinsetzung in sein Amt, Fortsetzung seiner reformerischen Tätigkeit, u.a. Errichtung von Arbeitsschulen, 1793 Niederlegung seiner Ämter wegen neuerlicher Angriffe auf seine aufklärerischen Aktivitäten, seit 1793 Pfarrer in Baumkirchen (h. München), 1799 Rehabilitierung, seither Professor der Moral am Lyzeum in München, aufgrund seines Eintretens für die Kantische Philosophie Ruf als Professor der Theologie an die Univ. Königsberg kurz vor seinem Tod, Verfasser religiöser, philosophischer und pädagogischer Abhandlungen.
Schriften u.a.:
Über das sittliche Gute. München 1788;
Christkatholischer Unterricht, wie man gut und glücklich werden kann. Ebd. 1792;
Vermischte Schriften, oder philosophische Gedanken und Abhandlungen mit Rücksicht auf die kritische Philosophie. 4 Bde. Ebd. 1799–1800;
Ueber Kantische Philosophie. Auch u. d. T.: Versuch einer solchen faßlichen Darstellung der Kantischen Philosophie, daß das Brauchbare und Wichtige derselben für die Welt einleuchten möge. 12 Hefte (fortgesetzt von Ignatz Thanner). Ebd. 1794–1805;
Was soll die Schule für die Welt seyn? Eine Rede. Ebd. 1799. *104, 252, 268*

NÄGELI, HANS GEORG (1773–1836);
schweizerischer Musikpädagoge und Verleger, aus Wetzikon (Kt. Zürich), Sohn eines Pfarrers, seit 1790 Klavierunterricht bei Johann David Brüning in Zürich, 1791 dort Gründung einer eige-

691

nen Musikalienhandlung mit Leihbibliothek, 1794 Angliederung eines Verlages, Hrsg. von Klavierwerken Bachs und Erstveröffentlichung von Werken zeitgenössischer Komponisten, u.a. von Ludwig van Beethoven und Muzio Clementi (s. ds. Personenregister Bd. II), 1805 Gründer eines gemischten Chores ("Zürcher Singinstitut") und 1810 eines Männerchores, als Musikpädagoge an den Grundsätzen J. H. Pestalozzis (s. ds.) und der Methodik von M. T. Pfeiffer (s. ds.) orientiert, auf Pestalozzis Anregung Entwicklung einer entsprechenden Gesangbildungslehre (gem. mit Pfeiffer, 1810), seit 1815 Gesanglehrer an der Zürcher Bürgerschule, Verfasser pädagogischer Abhandlungen und Herausgeber von Musiksammlungen, Komponist von Chor- und Sololiedern.

Schriften u. a.:
Die Gesangbildungslehre nach Pestalozzischen Grundsätzen, pädagogisch begründet von Michael Traugott Pfeiffer, methodisch bearbeitet von Hans Georg Nägeli. 1. Teil: Zürich 1810; 2. Teil: Gesanglehre für Männer. Ebd. 1817; 3. Teil: Chorgesangschule. Ebd. 1822;
Gesangbildungslehre nach Pestalozzischen Grundsätzen, pädagogisch begründet von Michael Traugott Pfeiffer, methodisch bearbeitet von Hans Georg Nägeli. 2 Abteilungen. 1. Hauptabteilung mit Beilagen. Ebd. 1811; 2. Hauptabteilung: Bildung zur Ausführung des einstimmigen Gesangs, nebst einer Stufenfolge von Chören. Ebd. 1812;
Liederkranz. Zürich 1816, 1817, 1818 und 1825;
Umriß der Erziehungsaufgabe für das gesamte Volksschul-, Industrieschul- und Gymnasial-Wesen. Zürich 1832.   *181*, 182, *251*, 267, *371*, 374, *445, 448, 475*
Frie

NÄNNY, JOHANN KONRAD (1783–1847);
schweizerischer Pädagoge, aus Herisau (Kt. Appenzell), Schüler in den Instituten von J. H. Pestalozzi (s. ds.) in Burgdorf (Kt. Bern) und Johann Georg Gustav Tobler (s. ds. Personenregister Bd. IV und VI) in Basel, gem. mit G. A. Gruner (s. ds.) Lehrer an einer Privatschule in Heilbronn, seit 1805 Lehrer an der Musterschule in Frankfurt a. M., an der 1813–1818 auch Diesterweg tätig war, seit 1807 dort ordentlicher Lehrer, Förderer des Turnunterrichts, insbesondere von Spielen, 1809 Frankfurter Bürger, 1812–1837 Lehrer am Gymnasium in Bad Kreuznach, Pensionierung wegen Geisteskrankheit, Veröffentlichung eigener Gedichte in mehreren Jahrgängen des „Taschenbuchs das Jahr … der Liebe und Freundschaft gewidmet" (1800–1803 Bremen, 1803 bis 1841 Frankfurt a. M.).   *24*
Frie; Fro; IfStG Ffm; Mau; Pest

NATORP, BERNHARD CHRISTOPH LUDWIG (1774–1846);
lutherischer Theologe und Pädagoge, aus Werden a. d. Ruhr (h. Essen), Sohn eines Pfarrers, 1792 bis

1794 Studium der Theologie an der Univ. Halle, Dr. theol., 1794–1796 Lehrer in Elberfeld (h. Wuppertal), 1796–1798 lutherischer Pfarrer in Hückeswagen, 1798–1809 erster lutherischer Pfarrer in Essen, Beschäftigung mit schulpädagogischen Fragen, seit 1804 Schulkommissar für den Kreis Bochum, 1809–1816 Oberkonsistorial- und Schulrat in Potsdam, hervorragender Kanzelredner, als Prediger auch von König Friedrich Wilhelm III. gern gehört, 1816–1846 Oberkonsistorial- und Schulrat sowie Gemeindpfarrer in Münster in Westfalen, als Berater des Ministeriums der geistlichen, Unterrichts- und Medizinal-Angelegenheiten in Schulfragen großer Anteil an der Errichtung der Schullehrerseminare in Preußen, Befürworter der Union der evangelischen Bekenntnisse, 1819 Begegnung mit Diesterweg beim akademischen Erinnerungsfest in Hattingen (b. Bochum), später dessen Verteidiger gegenüber Kritik, Freund von Pfarrer F. A. Krummacher (s. ds.) sowie des Münsteraner Kammerpräsidenten Friedrich Wilhelm Ludwig Philipp von Vincke (s. ds. Personenregister Bd. XIII und XIV), 1835 Vizegeneralsuperintendent für Westfalen, Förderer des Schulwesens in Brandenburg und Westfalen, Eintreten für eine Verbesserung des Musik- und Gesangunterrichts an Volksschulen mit Hilfe des Tonziffernsystems, Befürworter der Methode J. H. Pestalozzis (s. ds.; nach H. G. Nägeli <s. ds.>), Verfasser zahlreicher pädagogischer und methodischer Abhandlungen, Übersetzer von J. Lancaster (s. ds.) ins Deutsche.

Schriften u. a.:
Verzeichnis einiger auserlesener Schriften zur Anlegung einer kleinen Landschulbibliothek. Augsburg 1803; 2. Aufl. 1806; 3. Aufl. umgearbeitet u. d. T.: Kleine Schulbibliothek. Ein geordnetes Verzeichnis auserlesener Schriften für Lehrer an Elementar- und niederen Bürgerschulen mit beigefügten Beurtheilungen. Duisburg und Essen 1809;
Grundriß zur Organisation allgemeiner Stadtschulen. Ebd. 1804;
Anweisung zur Unterweisung im Singen für Lehrer in Volksschulen. 2 Bde. Potsdam 1813;
Briefwechsel einiger Schullehrer und Schulfreunde. 3 Bde. Duisburg und Essen 1813–1823;
Andreas Bell und Joseph Lancaster. Bemerkungen über die von denselben eingeführte Schuleinrichtung, Schulzucht und Lehrart. Essen 1817;
Lehrbüchlein der Singekunst für die Jugend in Dorfschulen. 1. und 2. Kursus. Ebd. 1820–1827;
Melodienbuch für den Gemeindegesang in evangelischen Kirchen. Ebd. 1822;
Über den Zweck, die Einrichtung und den Gebrauch des Melodienbuches für den Gemeindegesang. Ebd. 1822;
Grundriß zur Organisation allgemeiner Stadtschulen. Duisburg und Essen 1824.   *103*, 106, *130*,

243f., 250, 256f.*, 266, 272,* 276, *323,* 326, *413f.,*
415
Nat; Rüt

NEBE, JOHANN AUGUST (1775–1854);
lutherischer Theologe, aus Halle a. d. Saale, Sohn
eines Waisenhausinspektors bei den Franckeschen
Stiftungen, Nachkomme von August Hermann
Francke (s. ds. Personenregister Bd. V) und Neffe
von A. H. Niemeyer (s. ds.), Studium der Theologie, Philologie und Pädagogik, Waisenhausinspek-
tor in Halle, seit 1802 Pfarrer in Krumpa (b. Merseburg), seit 1814 Superintendent in Frauenprieß-
nitz (b. Jena), seit 1816 Generalsuperintendent
und Oberkonsistorialrat in Eisenach, außerdem
Direktor des dortigen Schullehrerseminars.
Verfasser von:
Der Schullehrerberuf nach dessen gesammtem
Umfange in der Schule und Kirche. Grundlage
einer praktischen Amtsvorschrift für Lehrer in
Bürger- und Landschulen, auch zur Vorbereitung
der Seminaristen. Nebst einer ausgewählten Literatur für Volksschullehrer. Eisenach 1825; 2., verb.
und vermehrte Aufl. Eisenach 1827. *445,* 447

NECKER DE SAUSSURE, ALBERTINE ADRIENNE
(1766–1841);
schweizerische Schriftstellerin und Pädagogin,
aus Genf, Tochter des Naturwissenschaftlers Ho-
race Bénédicte de S. (s. ds. Personenregister Bd.
XII), Cousine und Freundin von Anna-Louise-
Germanie de Staël (s. ds. Personenregister Bd.
VII), verheiratet mit einem Neffen des Finanzmi-
nisters Jacques Necker (s. ds. Personenregister
Bd. IX), von Jugend auf großes Interesse an Literatur und Naturwissenschaften, auf Anraten ihrer
Cousine Übersetzerin von Friedrich von Schlegels
„Cours de littérature dramatique" (3 Bde. Paris
1814), Verfasserin einer bedeutenden Abhandlung
über Erziehungsfragen (1828–1832), Auszeichnung durch die französische Akademie für diese
Schrift:
De l'éducation progressive ou Etude du cours de
la vie. 2 Teile. Paris 1828–1832. (Neue Ausgabe,
3 Teile. Paris 1838.) Ins Deutsche übersetzt von
Andreas Renatus von Hogguer und Karl August
von Wangenheim (s. beide Personenregister Bd.
IV): Die Erziehung des Menschen auf seinen verschiedenen Altersstufen. 2 Teile. Hamburg 1836
bis 1838;
Der 3. Teil erschien auch unter dem Titel: Etude
de la vie des femmes. Bern 1839. Ins Deutsche
übersetzt von Eduard Adolph Jacobi (s. ds. Personenregister Bd. V): Die Erziehung des weiblichen
Geschlechts. 2 Abteilungen. Hamburg 1839.
104, 107

NEPOS, CORNELIUS (um 100–nach 27 v. Chr.);
römischer Geschichtsschreiber, aus Oberitalien,
u. a. Verfasser eines chronologischen Abrisses der
Weltgeschichte sowie von Lebensbeschreibungen

berühmter Männer (De viris illustribus, 16 Bücher), in denen er römische und nicht-römische
Persönlichkeiten einander gegenüberstellte. *93*

NEU, JOHANN FRIEDRICH (geb. ca. 1806);
Lehrer, aus Wesel, Halbwaise, Gymnasiast, 1824
bis 1827 Seminarist in Moers, Empfänger eines
Stipendiums, 1827 Hilfslehrer an der lutherischen
Elementarschule in Wupperfeld (Barmen, h. Wup-
pertal), 1828–1829 an der lutherischen Elemen-
tarschule in Gemarke (ebd.). *204, 380, 459f.*
StA Wupp, L I 101

NEUENBUHR, HERMANN (1783–1860);
Postsekretär in Moers, nach seiner Pensionierung
dort Gastwirt, um 1830–1850 Gemeinderat.
521, 531
StA Moers

NEUHOFF, C. FRIEDRICH (erw. 1825–1832);
Lehrer, aus Krefeld, Sohn eines Lehrers und Küsters, 1825–1828 Seminarist in Moers, Empfänger
eines Stipendiums, Lehrer an der Handwerkerschule in Krefeld, seit 1832 definitiv anstellungsfähig. *303,* 303

NICOLAI, JOHANN CHRISTIAN WILHELM
(1757–1827/28);
Naturforscher und Pädagoge, aus Arnstadt, seit
1780 Studium der Naturwissenschaften an der
Univ. Halle, seit 1782 Lehrer am Waisenhaus der
Franckeschen Stiftungen, seit 1783 am dortigen
Pädagogium, speziell mit dem Botanischen Un-
terricht und der Aufsicht über den botanischen
Garten betraut, 1790–1803 Konrektor, 1803 bis
1819 Rektor und seit 1819 Direktor am Lyzeum in
Arnstadt, Mitglied der Deutschen Akademie der
Naturforscher Leopoldina in Halle a. d. Saale, der
Botanischen Gesellschaft in Altenburg und korre-
spondierendes Mitglied der Mineralogischen So-
zietät in Jena, Verfasser und Bearbeiter zahlrei-
cher Lehrbücher.
Schriften u. a.:
Anfangsgründe der Experimental-Naturlehre für
Gymnasien und höhere Erziehungsanstalten. Bre-
men 1788;
Hoffmann, Johann Georg: Unterricht von den na-
türlichen Dingen, oder Geschöpfen und Werken
Gottes; zum Lobe des großen Schöpfers und zum
Dienste der Unstudirten, sonderlich aber der klei-
nern Schuljugend aufgesetzt. Umgearbeitet von
J. Chr. W. Nicolai. Halle 1790; 19., verb. und neu
herausgegebene Aufl. ebd. 1819;
Anfangsgründe der Geometrie in Verbindung der
Arithmetik für den ersten Anfang in der Mathema-
tik. Arnstadt und Rudolstadt 1804. *265, 273,* 278

NICOLAI, JOHANN DAVID (1742–1826);
lutherischer Theologe, aus Hamburg, 1764–1767
Studium der Theologie an der Univ. Göttingen,
Hauslehrer in Bremervörde, Lehrer in Hamburg,
1771–1778 Subrektor und 1778–1781 Rektor am

Athenäum in Stade (Unterelbe) und an der damit verbundenen, zu Hannover gehörigen lateinischen Domschule in Bremen, 1781–1798 vierter, 1798 bis 1805 dritter, 1805–1810 zweiter Bremer Domprediger, 1802–1810 erfolgreicher Rechtsstreit mit dem Bremer Rat um die Befugnisse und Ansprüche der lutherischen Domgemeinde, nachdem diese infolge des Reichsdeputationshauptschlusses der reformierten Stadt Bremen unterstellt worden war (Nicolaischer Kirchenstreit), theologische Position jenseits des Konfessionalismus, 1806 Ehrenpromotion, seit 1810 erster Prediger der Bremer Domgemeinde, mutiges Eintreten für die Bremer Bürgerschaft während der französischen Besatzung, seit 1819 Mitglied der Bremer Deputation der Norddeutschen Mission, hervorragender Prediger, bestimmt durch die in der Theologie des 18. Jahrhunderts wurzelnde Synthese von Rationalismus und supranaturalistischem Offenbarungsglauben, Verfasser theologischer und pädagogischer Abhandlungen.
Schriften u. a.:
Das Neue Testament, mit einem genauen Inhalt, Sinn und Zusammenhang, Anmerkungen etc. Nebst einer Einleitung ins ganze Neue Testament und in jedes Buch besonders. 2 Teile. Bremen 1775/76;
Ein teutsches Programm von dem Werth öffentlicher Schulen in Vergleichung mit der besondern Unterweisung. Ebd. 1780;
Kurze Uebersicht über die hauptsächlichsten Veränderungen in dem Vortrage der Theologie, seit den letzten 50 Jahren. Ebd. 1784. *245, 259, 272, 275*

NIEBUHR (erw. 1829);
in Bonn, 1829 Bewerber für ein Lehramt im Seminar in Moers. *470*
Vermutlich handelt es sich um:
NIEBUHR, HEINRICH HARTWIG (1796–1874);
evangelischer Theologe, aus Lüneburg, Sohn eines Lehrers, Studium der Theologie, 1829–1836 Pfarrer in Pferdsfeld, 1836–1874 in Gebroth (beide b. Bad Kreuznach). *470 (?), 471*
EvRh 2

NIEDERER, JOHANNES (1779–1843);
schweizerischer reformierter Theologe und Pädagoge, aus Lutzenberg (Kt. Appenzell), Studium der Theologie an der Univ. Basel, danach Pfarrer in Lutzenberg, 1803–1817 einer der engsten und bedeutendsten Mitarbeiter von J. H. Pestalozzi (s. ds.) in seinen Instituten in Burgdorf (Kt. Bern), Münchenbuchsee und Yverdon (beide Kt. Waadt), Religions- und Sprachlehrer, 1809–1815 Hauptlehrer, 1807–1812 Hrsg. der „Wochenschrift für Menschenbildung" (gem. mit Pestalozzi), 1815 Ehrendoktor der Univ. Gießen, 1817 Zerwürfnis mit Pestalozzi im Zusammenhang mit den Auseinandersetzungen um dessen Nachfolge, Austritt aus

dem Institut in Yverdon, gem. mit seiner Frau Rosette N.-Kasthofer (s. ds. Personenregister Bd. III) Leitung des Töchterinstituts in Yverdon, 1818 gem. mit Hermann Krüsi (s. ds. Personenregister Bd. I und IV) Gründung eines eigenen Knabeninstituts in Yverdon, durch harte Polemik Anteil am Niedergang des Instituts von Pestalozzi, 1837 Verlegung des Töchterinstituts nach Genf, seit 1828 (nach Pestalozzis Tod) Hrsg. der „Pestalozzischen Blätter für Menschen- und Volksbildung, oder Beiträge zur Kenntniß Pestalozzi's als Menschenbildners und zur Beförderung seiner Entwickelungs- und Unterrichtsweise" (Aachen), maßgebliche Beteiligung an der Ausarbeitung einer philosophischen Grundlegung von Pestalozzis Methode der Elementarbildung, Verfasser von religiösen, philosophischen und pädagogischen Abhandlungen sowie Streitschriften für und gegen Pestalozzi.
Schriften u. a.:
Pestalozzi's Erziehungsunternehmung im Verhältniß zur Zeitkultur. Ein historisch kritischer Beytrag zur Kenntniß und Berichtigung der öffentlichen Beurtheilung dieses Gegenstands. 2 Abteilungen. Tübingen 1812/1813;
Darstellung der Grundsätze der Niedererschen und Krüsischen Anstalten in Iferten. Zürich 1824;
Der pädagogische Geistessumpf unserer Zeit und das Quaken darin gegen die Pestalozzische Schule. Erstes Beispiel, Herr Dr. Diesterweg in Mörs. In: Allgemeine Monatsschrift für Erziehung und Unterricht. Hrsg. von J. Ph. Rossel (s. ds.) in Aachen. Jg. 1829, Februarheft (eine Replik auf Diesterwegs Aufsatz: „Der jetzige Standpunkt der Pestalozzischen Schule und das Treiben der After-Pestalozzianer unserer Zeit", in: Rh. Bl., Jg. 1829, Bd. IV, 4. Heft, S. 455–484; vorliegende Ausgabe, Bd. I, S. 514–531). *84, 465*
Frie

NIEMEYER [NIEMEIER], AUGUST HERMANN (1754–1828);
lutherischer Theologe und Pädagoge, aus Halle a. d. Saale, Urenkel von August Hermann Francke (s. ds. Personenregister Bd. V), seit 1771 Studium der Theologie und der klassischen Philologie an der Univ. Halle, seit 1779 dort a. o., seit 1784 o. Professor der Theologie, zugleich Inspektor des Pädagogiums der Franckeschen Stiftungen, seit 1785 Mitdirektor, seit 1799 Direktor dieser – von seinem Urgroßvater gegründeten – Waisen- und Schulhäuser, Hebung der heruntergekommenen Anstalten zu neuerlichem Ansehen, seit 1804 Oberkonsistorialrat in Halle, 1806 nach Auflösung der Univ. Halle durch Napoleon Verschleppung als Geisel nach Frankreich wegen politischer Demonstrationen seiner Studenten, 1808 – bei der Wiedereröffnung der Univ. – Einsetzung als Kanzler und Rektor perpetuus durch König Jérôme, Mitwirkung an der Vereinigung der Univ. Halle und Wittenberg und ihrem Ausbau, Vertre-

ter eines aufgeklärten Rationalismus in Verbindung mit einer gefühlsbetonten Christlichkeit, Förderer der Pädagogik J. H. Pestalozzis (s. ds.) in Deutschland, Forderung nach Verbindung von christlicher Sittlichkeit und menschlicher Selbstvervollkommnung als Erziehungsziel, von großem Einfluß auf die Pädagogik der ersten Hälfte des 19. Jh.s, insbesondere durch seine „Grundsätze" (1796), der ersten systematischen Darstellung der Pädagogik in Deutschland, Verfasser zahlreicher pädagogischer Abhandlungen und Lehrbücher.
Schriften u. a.:
Grundsätze der Erziehung und des Unterrichts für Eltern und Schulmänner. Halle 1796; die späteren Auflagen unter dem Titel: Grundsätze der Erziehung und des Unterrichts für Eltern, Hauslehrer und Erzieher. 3. Aufl. in 2 Teilen 1799; 5. Aufl. in 3 Teilen 1806;
Ueber die Mitwirkung der Eltern zur Bildung und Erziehung ihrer Kinder auf Schulen. Ebd. 1786;
Beschreibung und Geschichte des Hallischen Waisenhauses und der übrigen damit verbundenen Franckeschen Stiftungen. Ebd. 1799;
Ueber Pestalozzis Grundsätze und Methoden. Ebd. 1810;
Beobachtungen auf Reisen in und außer Deutschland. 4 Bde. Ebd. 1820–1826; darin: Deportationsreise nach Frankreich im Jahre 1807. *243, 256, 260, 272, 276f., 445,* 447

NI[E]ME[T]Z, KÄTCHEN (erw. 1818);
vermutl. die Tochter von Adolphine Elisabeth Niemetz geb. Dresler (der Schwester von Diesterwegs Mutter Catharina Charlotte D. <s. ds.>), und ihres Gatten, des ungarischen Oberlieutenants Niemetz von Elbenstein, möglicherweise behindert und aus diesem Grunde als Arbeitskraft schwer vermittelbar. *28*

NIEVENHEIM s. NYVENHEIM, F. V.

NIZZE, JOHANN ERNST (1788–1872);
Mathematiker und Pädagoge, aus Ribnitz (h. R.-Damgarten, Mecklenburg), seit 1807 Studium der Philologie und der Mathematik an der Univ. Rostock, 1810 in Jena, 1811–1812 Lehrer am Friedrich-Wilhelm-Gymnasium in Berlin, Dr. phil. (Erlangen), 1812 Konrektor am Gymnasium in Prenzlau (Uckermark), 1813–1814 Teilnehmer an den Befreiungskriegen in Schlesien, Offizier, 1814 bis 1821 Prorektor in Prenzlau, 1821–1834 Konrektor und 1834–1867 Rektor am Gymnasium in Stralsund, seit 1844 im Vorstand, seit 1848 Vorsitzender der Gustav-Adolf-Stiftung für Stralsund, zugleich pommerscher Abgeordneter beim Gesamtausschuß dieser Stiftung in Berlin, von konfessionell toleranter Gesinnung, 1848 Abgeordneter des Franzburg-Rügenschen Wahlkreises bei der Frankfurter Nationalversammlung, Freund von E. M. Arndt (s. ds.), begabter Lehrer.

Schriften u. a.:
Ueber Bildung der Jugend nach dem Zeitgeiste. Berlin 1812;
Algebra. 2 Teile. Prenzlau 1819;
Geometrie. 2 Teile. Ebd. 1821–1822. *103,* 106

NOBBERS, CONRAD (geb. 1790);
Landwirt in Moers, um 1830 dort Gemeinderat. *521*
St A Moers

NOURNEY, ANTON HERMANN (1762–1834);
reformierter Theologe, aus Moers, Sohn eines Gastwirts, seit 1779 Studium der Theologe an der Univ. Duisburg, 1783–1786 Hilfsprediger in Frankfurt a. M., 1786–1787 dritter Pfarrer in Mülheim a. d. Ruhr, 1787–1790 erster Pfarrer in Wald (h. Solingen), 1790–1802 erster Pfarrer in Neviges (h. Velbert), 1802–1834 erster reformierter Pfarrer in Elberfeld (h. Wuppertal), Mitbegründer der Elberfelder Missionsgesellschaft, Träger des roten Adlerordens. 49, *59*
Died; Ev Rh 2

NYVENHEIM [NIEVENHEIM], FRIEDERICH VON (geb. 1779):
Obrist-Lieutenant, später Rentier in Moers, 1822 bis 1830 dort Bürgermeister. *305,* 306, *379, 479f., 484f.*
Ott 4; St A Moers

O'ETZEL, FRIEDRICH/FRANZ AUGUST VON (1783–1850);
Naturwissenschaftler und Topograph, aus Bremen, Studium der Naturwissenschaften an den Univ. Berlin und Paris, 1804 wissenschaftliche Reise durch Frankreich und Italien, bis 1807 Tätigkeit im Preußischen Bergwerks- und Hüttenwesen, 1808–1810 Betreibung einer Apotheke in Berlin, 1810 Kriegsfreiwilliger, 1813–1815 Teilnehmer an den Befreiungskriegen, 1815 Generalstabsoffizier beim Fürsten Gebhard Leberecht Blücher (s. ds. Personenregister Bd. XV), 1816 bis 1824 mit trigonometrischen Messungen vom Rhein bis zum schlesischen Riesengebirge betraut, dann Lehrer bei der Allgemeinen Kriegsschule und Mitglied der Ober-Militair-Examinations-Commission in Berlin, 1831 Generalstabsoffizier bei Feldmarschall August Graf Neithardt von Gneisenau (s. ds. Personenregister Bd. XV), 1840 Oberst im Generalstab und der Telegraphie, 1847 Generalmajor, Träger des roten Adlerordens, des eisernen Kreuzes und des Russischen Wladimirordens, Dr.phil. und Mitglied gelehrter Gesellschaften, Verfasser zahlreicher geographischer und militärischer Abhandlungen.
Schriften u. a.:
Erdkunde für den Unterricht. 2 Teile. 1. Teil: Erdbeschreibung nebst einer Einleitung in die Verhältniß-Erdkunde. Berlin 1817; dazu ein zwanzigseitiger Erdkörper. Düsseldorf 1819; 2. Teil: Länder und Völkerkunde. 1. und 2. Abteilung:

Europa, Asia und Afrika, nebst den Vorbegriffen der Sternkunde und Naturerdkunde. Ebd. 1821 und 1822; dazu ein Übungsatlas von Europa und eine Gewässerkarte von Deutschland. Berlin 1823 und 1824;
Atlas von hydrographischen Netzen. Ebd.1823;
Terrainlehre. Ebd. 1829. *250, 253,* 266

OHM, GEORG SIMON (1789–1854);
Mathematiker, Physiker und Pädagoge, aus Erlangen, Sohn eines Schlossermeisters, 1805–1806 Studium der Mathematik und Physik an der Univ. Erlangen, 1806–1811 Privatlehrer in der Schweiz, 1811 Promotion, Privatdozent in Erlangen, 1813 bis 1817 Lehrer an der Realstudienanstalt in Bamberg, 1817–1826 Oberlehrer am Jesuitengymnasium in Köln, Fortsetzung seiner mathematischen und physikalischen Studien, durch Experimente auf den Gebieten der Elektrizität und des Magnetismus, 1826 Forschungsaufenthalt in Berlin, Aufstellung des später nach ihm benannten Gesetzes über die elektrischen Ströme (Veröffentlichung 1827), 1826 bis 1833 Lehrer an der dortigen Vereinigten Artillerie- und Ingenieurschule, 1833 bis 1839 Professor für Physik und 1839–1849 Rektor an der Polytechnischen Schule in Nürnberg, 1849 Ruf als zweiter Konservator der Mathematisch-Physikalischen Sammlung des bayerischen Staates nach München, zugleich Abhaltung von mathematischen und physikalischen Vorlesungen an der dortigen Univ., 1852 o. Professor der Physik, seit 1845 Mitglied der Akademie der Wissenschaften in München.
Schriften u.a.:
Grundlinien zu einer zweckmäßigen Behandlung der Geometrie als höheren Bildungsmittels an vorbereitenden Lehranstalten. Erlangen 1817;
Die galvanische Kette, mathematisch bearbeitet. Berlin 1827;
Beiträge zur Molekularphysik. Nürnberg 1849. *249,* 264

OKEN (eigtl. OCKENFUSS), LORENZ (1779–1851);
Naturforscher und Philosoph, aus Bohlsbach (h. Offenburg), Sohn eines Bauern, 1800–1804 Studium der Medizin in Freiburg i. Br., zugleich Betreibung von naturphilosophischen Studien, 1804 Dr. med., Fortsetzung der Studien in Würzburg, u.a. bei Friedrich Wilhelm Joseph von Schelling (s. ds. Personenregister Bd. I, X, XII und XIII), 1805 Habilitation, 1807 durch Fürsprache J. W. v. Goethes (s. ds.) a. o. Professor der Medizin an der Univ. Jena, 1812 Professor der Naturgeschichte, seit 1817 Hrsg. der enzyklopädischen Zeitschrift „Isis" (Leipzig 1817–1848), 1817 Teilnahme am Wartburgfest (b. Eisenach), Gerichtsverfahren wegen der positiven Berichterstattung darüber in „Isis", 1819 Aufgabe der Professur in Jena, 1822 nach Aufenthalten in München, Paris und Basel Rückkehr als Privatdozent, Gründer der Gesell-

schaft deutscher Naturforscher und Ärzte, 1827 bis 1832 Professor der Physiologie an der Univ. München, nach Zwistigkeiten mit der Regierung und Amtsenthebung seit 1832 Professor der Naturgeschichte, Naturphilosophie und Physiologie an der neugegründeten Univ. Zürich, Verbindung von Naturforschung und naturphilosophischen Überlegungen, Betonung des hohen Bildungswertes der Naturwissenschaften, seit 1818 Mitglied der Deutschen Akademie der Naturforscher Leopoldina in Halle a. d. Saale, Verfasser von überwiegend naturphilosophischen und naturwissenschaftlichen Abhandlungen sowie von Lehrbüchern.
Schriften u.a.:
Lehrbuch des Systems der Naturphilosophie. 3 Bde. Jena 1809–1811;
Lehrbuch der Naturgeschichte. 1. Bd. Leipzig 1812; 2. Bd. Jena 1825/1826; 3. Bd. ebd. 1816;
Neue Bewaffnung, neues Frankreich, neues Teutschland. Jena 1814;
Naturgeschichte für Schulen. Leipzig 1821;
Allgemeine Naturgeschichte für alle Stände. 6 Bde. Stuttgart 1833–1840. *104,* 106, *249,* 265

OPPENHEIMER, SELIGMANN JOSEPH (1766–1817);
jüdischer Mediziner, aus Frankfurt a. M., Sohn eines Kaffeewirts, Schüler u.a. von J. V. Meidinger (s. ds.), 1787–1794 Studium der Medizin an der Univ. Göttingen, u.a. bei G. Chr. Lichtenberg (s. ds.) und A. G. Kästner (s. ds.), nach Verweigerung seiner Niederlassung durch die Stadt Frankfurt 1796–1798 Promotionsstudium in Göttingen, 1798 Dr. med., 1799 als vierter jüdischer Arzt in Frankfurt a. M. zugelassen, für seinen aufopferungsvollen Einsatz – u.a. bei der Frankfurter Grippeepidemie von 1803 – bekannt, 1806 Mitunterzeichner der Adresse an Furtado (Präsident der Notablenversammlung in Paris), 1813 auf Veranlassung von Großherzog K. Th. A. M. v. Dalberg (s. ds.) Mitglied des Wahlkollegs in Frankfurt a. M. und Ernennung zum Munizipalrat sowie Oberschul- und Studienrat, in dieser Funktion Lehrer an der jüdischen Realschule und an der Erziehungsanstalt von Jakob Sachs (s. ds.), bedeutende Funktion im jüdischen Gemeindeleben der Stadt Frankfurt a. M. *21f.*
Arn; Diet; IfStG Ffm; Kall; Wenz

OPPENHEIMER, Frau, verwitwete LEVI (erw. 1802–1817);
Gattin des Kaufmanns Levi, eines Freundes von Seligmann Joseph O. (s. ds.), 1802 verwitwet, später Gattin von Seligmann Joseph O. *21f.*
IfStG Ffm

OTTERBECK, JOHANN HEINRICH LUDWIG (1798–1864);
Lehrer, aus Beeck (h. Duisburg), Sohn eines Lehrers und Bruder von Wilhelm O. (s. ds.), Ausbil-

dung zum Elementarschullehrer in Mülheim a. d. Ruhr, Prüfung durch Schulpfleger Pfarrer J. P. A. Schriever (s. ds.), Unterlehrer in Krefeld, 1818 bis 1864 Lehrer an der evangelischen Elementarschule und Vorsänger an der Marienkirche in Neuenkamp (h. Duisburg), bis 1832 vergeblich um Ausgleichszahlungen für seinen – von der Regierung befürworteten – Verzicht auf den Wandeltisch bemüht, doch darin von Schulpfleger Schriever letztlich erfolgreich unterstützt. 157, *402f.*

HStA Düss. Reg. Düss., Nr. 2872, 2879; StA Dui

OTTERBECK, WILHELM (ca. 1805–nach 1868);
Lehrer, aus Beeck (h. Duisburg), Sohn eines Lehrers und Bruder von Johann O. (s. ds.), 1823 bis 1824 Seminarist in Moers, von Schulpfleger Pfarrer Peter Friedrich Mohn (1762–1845) zur Aufnahme empfohlen, Empfänger eines Stipendiums, Austritt wegen Nervenschwäche auf Anraten von Diesterweg, nach Genesung Unterstützung seines Vaters an der evangelischen Elementarschule in Schmidthorst, dadurch Verhinderung seines Wiedereintritts ins Seminar, 1833 von Schulpfleger Pfarrer Gerhard Heinrich Diergardt (1793–1840) in Meiderich (ebd.) bei der Königlichen Regierung in Düsseldorf als Nachfolger seines Vaters empfohlen, Eintreten Diergardts für die Ermöglichung einer individuell angepaßten Prüfung, Ernennung zum Lehrer durch die Königliche Regierung, 1833 bis 1868 Lehrer in Schmidthorst, freiwillige Pensionierung mit Ruhegeld. 157, *163,* 163

OTTO, HEINRICH JOSEPH (geb. ca. 1771);
Regierungsbeamter, aus Ratingen (b. Düsseldorf), seit 1794 Gerichtsschreiber des Amtes Barmen (h. Wuppertal), seit 1809 Archivar in der Königlichen Abteilung des Innern in Düsseldorf, 1816 bis 1845 Registrator bei der Regierung in Düsseldorf, 1838–1842 Regierungsassessor. *208*

HStA Düss

OXE, LUDWIG CASPAR WILHELM (1801–1865);
Lehrer, aus Gevelsberg, seit 1821 Hilfslehrer in Düsseldorf, 1823–1828 Lehrer an der evangelischen Stadtschule und Kantor in Lennep (h. Remscheid), Vorstandsmitglied des dortigen Lehrervereins, 1828–1865 Hauptlehrer in Düsseldorf, 1827 Teilnehmer an dem Lehrkurs im Seminar in Moers, Verteidiger Diesterwegs im „Rheinischwestphälischen Anzeiger" (Jg. 1828, Nr. 27, Spalte 521–524) gegen die von Lehrer W. Kreeft (s. ds.) wegen des Lehrkursus erhobenen Angriffe. *396, 427*

HStA Düss, Reg. Düss., Nr. 3284; StA Rem

PAUL, JEAN, d. i. RICHTER, JEAN PAUL FRIEDRICH (s. ds.).

PAULINE (erw. 1813);
Freundin oder Bekannte von Sabine Enslin (spätere Diesterweg; s. ds.) in Worms. *14*

PAULUS (gest. um 64), ursprünglicher Name: Saulus; Heidenapostel, aus Tarsus (h. b. Adana, Türkei), Sohn jüdischer, streng pharisäischer Eltern, römischer Bürger, Zeltmacher, Ausbildung zum Rabbiner, um 31 n. Chr. Bekehrung zum christlichen Glauben aufgrund einer Erscheinung Christi, um 47 n. Chr. Entsendung zur Mission auf Zypern sowie in Pisidien und Kilikien durch die Gemeinde in Antiochia, später Missionar in Kleinasien, Mazedonien und Korinth, Gefangennahme durch die römischen Machthaber in Jerusalem, Haftstrafe in Rom, vermutl. Spanienreise, Märtyrertod durch Enthauptung unter Kaiser Nero in Rom, Verfasser etlicher Briefe des Neuen Testaments, darin Entwurf einer umfassenden Theologie, aufgrund seiner Herkunft aus dem Judentum besonders starke Betonung der Gerechtigkeit durch Glauben, unabhängig von Werken. *44*

PAULUS, HEINRICH EBERHARD GOTTLOB (1761–1851);
lutherischer Theologe und Philologe, aus Leonberg (b. Stuttgart), Sohn eines Pfarrers, Schwiegervater von August Wilhelm Schlegel (s. ds.), Studium der Theologie und der orientalischen Sprachen an der Univ. Tübingen, 1781 Dr. phil., 1784 Dr. theol., 1789–1803 o. Professor der orientalischen Sprachen und der Philosophie an der Univ. Jena, seit 1803 o. Professor der Theologie und Konsistorialrat in Würzburg, 1807–1811 Kreisschulrat in Bamberg, Nürnberg und Ansbach, 1811–1844 Professor der Theologie an der Univ. Heidelberg, Kirchenrat, Bekannter von F. v. Schiller (s. ds.) und J. W. v. Goethe (s. ds.), Arabischlehrer des letzteren, ein Hauptvertreter des Rationalismus in der Theologie, Hrsg. von „Sophronizon, oder unpartheiisch-freimüthige Beiträge zur neuern Geschichte, Gesetzgebung und Statistik der Staaten und Kirchen" (Frankfurt a. M. 1819–1831 und 1841–1843), Verfasser philologischer sowie philosophisch-theologischer Abhandlungen, Hrsg. der Werke von Benedictus Spinoza (2 Bde., 1802/ 1803).

Schriften u.a.:

Neues Repertorium für biblische und morgenländische Literatur. 3 Bde. Jena 1790–1791;

Philologisch-kritischer und historischer Kommentar über das Neue Testament. 4 Bde. Lübeck 1800 bis 1805;

Das Leben Jesu als Grundlage einer reinen Geschichte des Urchristenthums. 2 Bde. Jena 1802/ 1803;

Aufklärende Beiträge zur Dogmen-, Kirchen- und Religionsgeschichte. Bremen 1830;

Berichtigende Resultate aus dem neuen Versuch des Supernaturalismus gegen den biblisch-christlichen Rationalismus und zeitgemäße Beleuchtung des Streites zwischen dem Eingebungsglauben und der unchristlichen Denkgläubigkeit. Wiesbaden 1830. *88,* 89, *103,* 106

PESCHE[C]K, CHRISTIAN ADOLPH/AUGUST
(1760–1833);
Schriftsteller, aus Eibau (b. Zittau), Sohn eines
Pfarrers, Studium der Medizin an den Univ. Berlin und Leipzig, 1784 Promotion, praktischer Arzt
in Eibau, 1786 kurzzeitig auch in Görlitz, 1795 bis
1798 Feldarzt bei den sächsischen Feldzügen im
Rhein-Main-Gebiet, 1802–1805 Stadtphysikus in
Eibau, im Ruhestand zunächst auf seinem Landgut in Eibau, seit 1828 als Privatgelehrter und
Schriftsteller in Dresden, Hrsg. von historisch-
politischen, medizinischen und Unterhaltungs-
zeitschriften, Verfasser wissenschaftlicher und
medizinischer Schriften, außerdem anonyme Veröffentlichung von „Sittenromanen", Übersetzer.
Schriften u.a.:
Jesus und die Frauen. Ein Andachtsbuch für denkende Freundinnen des Herrn. Zittau 1819;
Menschenwerth in Thatsachen und Vorbildern
dargestellt, ein Lesebuch zur Geisteserhebung für
das frühere Jünglingsalter, besonders für junge
Studirende. Zittau und Leipzig 1821.   252, 268

PESTALOZZI, JOHANN HEINRICH (1746–1827);
Pädagoge, aus Zürich, Sohn eines Barbiers und
Wundarztes, früh Halbwaise, Absolvent der Lateinschule und des Collegiums Humanitatis in
Zürich, Studium der Theologie und der Rechtswissenschaft an der Univ. Zürich, Mitglied patrio-
tischer Gesellschaften mit dem Ziel grundlegen-
der sittlicher Reformen von Staat und Zusammenleben, Studienabbruch, unter dem Einfluß der
Physiokraten 1767 Hinwendung zur Landwirtschaft, nach mehreren Mißernten 1775 Umwandlung seines Gutes Neuhof in eine Erziehungs- und
Arbeitsanstalt für arme Kinder, zunächst von J.-J.
Rousseau (s. ds.) und Johann Kaspar Lavater (s.
ds. Personenregister Bd. III) beeinflußt, später von
I. Kant (s. ds.) und J.G. Fichte (s. ds.), 1780
Schließung der Anstalt, schriftstellerische Tätigkeit, insbesondere auf pädagogischem Gebiet,
Abfassung des vielbeachteten Volks- und Erzie-
hungsromans „Lienhard und Gertrud"(4 Teile,
1781, 1783, 1785, 1787), 1792 Ehrenbürger der
französischen Republik wegen seiner Bemühungen um die Volksbildung, 1798–1799 Leiter eines
Kriegswaisenhauses in Stans, seit 1800 Lehrer an
der Elementarschule in Burgdorf (Kt. Bern), Angliederung eines Lehrerseminars, Entwicklung didaktischer und methodischer Ansätze, nach denen
formale Elementarbildung des ganzen Menschen
(„Kopf, Herz und Hand") wesentlich auf Anschauung beruht und einer natürlichen Stufenan-
ordnung zu folgen hat, 1804 Verlegung der Anstalt nach Münchenbuchsee (Kt. Bern), 1805 nach
Yverdon (Kt. Waadt), nationaler und internationa-
ler Zulauf von Schülern, außerdem von Lehramtskandidaten (u.a. aus Preußen), um seine Unterrichtsmethode zu erlernen, 1825 Niedergang der
Anstalt wegen Nachfolgequerelen, zuletzt auf sei-

nem Neuhof, Herausarbeitung einer differenzier-
ten Anthropologie, die von einer natürlichen und
gesellschaftlichen Bedingtheit des Menschen ausgeht und ihm die Möglichkeit der Selbstversittli-
chung zumutet („Meine Nachforschungen über den
Gang der Natur in der Entwicklung des Menschengeschlechts", 1797), Erziehungsziel der Selbsterziehung, Eintreten für allgemeine Volksbildung
als Menschheitsaufgabe.   4, 20, 24, 27, *33*, 34,
40, *83*, 84f., *104*, 107f., 156, *182*, 182f., *230, 245*,
256, 259, 264, 278, 374, 448, *455*, 456, 466

PESTEL, PHILIPP FRANZ WILHELM VON
(1768–1835);
Politiker, Studium der Rechtswissenschaft an der
Univ. Halle, 1789 Kriegs- und Domänenreferen-
dar in Minden (Westfalen), 1791 dort Steuerrat,
1792 Kriegsrat, 1795 Geh. Kriegsrat, 1808 Präfekt
des Weserdepartements mit Sitz in Osnabrück,
1815 Organisationskommissar für die Regierungsbezirke Koblenz und Köln, Geh. Regierungsrat,
1816–1831 Regierungspräsident in Düsseldorf,
1831–1834 Oberpräsident der Rheinprovinz, Förderer der Gründung der Düsseldorfer Kunstakademie, von politisch liberaler Gesinnung.   *369*
Most; Preu; Rom

PETERS, AUGUST WILHELM (geb. ca. 1804);
Lehrer, aus Düsseldorf, 1820–1823 Seminarist in
Moers, Empfänger eines Stipendiums, Hauslehrer
in Hamborn (h. Duisburg), 1825–1827 Lehrer an
der evangelischen Elementarschule in Brüggen
(b. Mönchengladbach), 1826 auf der Dreierliste
für die neu zu besetzende Lehrerstelle an der
evangelischen Elementarschule in Jüchen (ebd.),
von Schulpfleger Pfarrer A.E. Zillessen (s. ds.)
sehr gelobt, 1827–1828 Lehrer an der evangelischen Elementarschule und Kantor in Vennikel
(h. Moers), 1827 Teilnehmer am Lehrkursus im
Seminar in Moers, dort Ablegung der Wiederholungsprüfung, 1828–1844 Hauptlehrer an der
evangelischen Elementarschule auf dem Heidt
(Barmen, h. Wuppertal) sowie Lehrer an einer
Abendschule, 1830 vom Elberfelder Oberbürgermeister Brüning für die Lehrerstelle an der evangelischen Elementarschule vor dem Arrenberg
(ebd.) empfohlen, 1831 Bewerber um die Lehrerstelle an der städtischen Armenschule am Neuenteich (ebd.), 1836 Bewerber um eine Hauptlehrerstelle an der vereinigten evangelischen Stadtschule in Solingen, 1844–1867 Hauptlehrer an der
reformierten Amtsschule in Gemarke (Barmen),
freiwillige Pensionierung mit Ruhegeld.   *121,
141*, 307, *389f., 574*
HStA Düss, u.a. Reg. Düss., Nr. 2696, 2716, 3107, 3456,
3595; StA Wupp L I 101, 142

PETERSEN, J.D. (erw. 1818–1826);
Verfasser von:
Kurzer Abriß der Erdbeschreibung nach den neuesten Bestimmungen für Schulen. 2., verb. und vermehrte Aufl. Essen 1818; 3. Aufl. 1826.   *250*, 266

Möglicherweise identisch mit:

PETERSEN, JOHANN DANIEL (1782–1860);
lutherischer Theologe, aus Linden a. d. Ruhr (h.
Bochum), 1806–1814 Pfarrer in Hiesfeld (h. Dinslaken, b. Duisburg), 1814–1857 in Oberwengern
(h. Wetter, b. Bochum). *250 (?)*
EvRh 2

PETRI (geb. ca. 1791, erw. 1826);
jüdischer Lehrer, nach mehrjähriger Lehrtätigkeit
Wechsel zum Kaufmannsberuf, halbjähriger Aufenthalt in der Anstalt des Grafen A. v. d. Recke-
Volmerstein (s. ds.) in Düsselthal (h. Düsseldorf),
um ein Handwerk zu erlernen, Bekehrung zum
Christentum und Taufe durch Pfarrer Müller
(s. ds.), von diesem sowie Schulpfleger Pfarrer
L. Chr. A. Berendt (s. ds.) und Superintendent
W. J. G. Roß (s. ds.) zur Aufnahme in das Seminar
in Moers empfohlen mit dem Ziel, sich auf ein
höheres Lehramt vorzubereiten, von Diesterweg
wegen Schwächlichkeit und charakterlicher Nicht-
eignung abgelehnt. *327ff.*

PETRUS (gest. vermutl. 64 n. Chr.),
ursprünglicher Name: Simon;
Apostel, galiläischer Fischer, Jünger Johannes des
Täufers, dann Jünger Jesu, neben Jakobus (s. ds.)
und Johannes (s. ds.) wichtiger Leiter der judenchristlichen Urgemeinde in Jerusalem, Missionar
in Palästina, Antiochia, Korinth und Rom, vermutl. Verfasser der zwei Petrus-Briefe (Neues
Testament), in den Evangelien und der Apostelgeschichte als tatkräftig geschildert, Märtyrertod
durch Kreuzigung unter Kaiser Nero. *44, 530*

PFAFF, CHRISTOPH/CHRISTIAN HEINRICH
(1773–1852);
Physiker und Mediziner, aus Stuttgart, 1782 bis
1793 Studium der Naturwissenschaften an der
Karlsakademie in Stuttgart und der Medizin an
der Univ. Göttingen, 1793 Dr.med. (Stuttgart),
1797 Niederlassung als Arzt in Heidenheim, 1798
herzoglich Württembergischer Bergrat und Hof-
medikus, a. o. Professor der Medizin an der Univ.
Kiel, dort Dr. phil., seit 1801 o. Professor der Me-
dizin, Physik und Chemie, Bildungsreise nach
Frankreich im Auftrag der dänischen Regierung,
Einrichtung eines chemischen Laboratoriums in
Kiel, seit 1829 Etatsrat, seit 1808 Mitglied der
Akademie der Wissenschaften in München, seit
1810 des Schleswig-Holsteinischen Sanitäts-Col-
legiums, 1815 Dannebrogsritter.
Schriften u. a.:
Ueber thierische Elektricität und Reizbarkeit.
Leipzig 1795;
Ueber die strengen Winter, vorzüglich des 18.
Jahrhunderts, und über den letztverflossenen stren-
gen Winter von 1808–1809. Ein Beytrag zur me-
teorologischen Geschichte der Erde. 2 Abteilun-
gen. Kiel 1809 und 1810;

Ueber den heißen Sommer von 1811, nebst einigen Bemerkungen über frühere heiße Sommer.
Eine akademische Gelegenheitsschrift, bei Niederlegung seines von Johannis 1810–1811 geführten Decanats der medicinischen Facultät. Ebd.
1812;
Handbuch der analytischen Chemie, für Chemiker,
Staatsärzte, Apotheker, Oekonomen und Berg-
werkskundige. 2 Bde. Altona 1821–1822. *103,
106*

PITHAN, KARL LUDWIG (1765–1832);
reformierter Theologe, aus Laasphe (h. Bad L.),
Sohn eines Pfarrers, Studium der Theologie an
den Univ. Duisburg, Marburg a. d. Lahn und Herborn, 1785–1788 Pfarrer in Hünshoven und Teve-
ren (beide h. Stadtteile von Geilenkirchen, b.
Aachen), 1788–1792 in Gruiten (h. Haan, b. Wuppertal), 1792–1824 zweiter reformierter Pfarrer in
Düsseldorf, seit 1814 Mitglied des Konsistoriums, 1816–1832 Konsistorialrat bei der Königlichen Regierung in Düsseldorf, Befürworter der
von simultanen Schullehrerseminaren, sorgfälti-
ger Homilet und Exeget mit liberaler Grundrich-
tung, engagierter Seelsorger, privater Förderer
des Seminaristen A. H. D. Kamphausen (s. ds.).
Schriften u. a.:
Einige homiletische Bemerkungen. Düsseldorf
1792;
Grundriß der Glaubenslehren und Lebenspflich-
ten nach Anleitung biblischer Beweisstellen, für
Confirmanden. Frankfurt a. M. und Leipzig 1800;
Anleitung zur Kenntniß der Religion für Catechu-
menen. Düsseldorf 1802. *385*
EvRh 2; Gers; HStA Düss

PÖHLMANN, JOHANN PAUL (1760–1848);
lutherischer Theologe und Pädagoge, aus Weißen-
stadt (Fichtelgebirge), Sohn eines Kirchners, 1780
bis 1784 Studium der Theologie an der Univ. Erlangen, intensive Beschäftigung mit Pädagogik,
u. a. mit den Schriften von J. B. Basedow (s. ds.)
und J. H. Pestalozzi (s. ds.), 1784 Gründer einer
Privaterziehungsanstalt für höhere Bildung in Erlangen, 1788 Dr. phil., 1805 Umwandlung seines
Instituts in eine öffentliche (preußische) Realschule, 1805–1818 deren Rektor, 1818–1848 Pfarrer in
Ostheim (h. Hofheim in Unterfranken), beliebter
Seelsorger, um Lehrerfortbildung bemüht, Gegner
der Leselehrmethode von Louis Henri Ferdinand
Olivier (s. ds. Personenregister Bd. I und VI) und
Verfechter der Buchstabiermethode, die er durch
die Konstruktion einer recht komplizierten Lesemaschine zu befördern versuchte, Verfasser von
pädagogischen und theologischen Abhandlungen
sowie zahlreichen Lehrbüchern.
Schriften u. a.:
Versuch einer praktischen Anweisung für Schullehrer, Hofmeister und Eltern, welche ihren Zöglingen und Kindern auf eine leichte, angenehme
Weise und in kurzer Zeit zur Buchstabenkenntniß,

zur Fertigkeit im Buchstabiren und Lesen verhelfen und zugleich ihren Verstand bilden wollen. Erlangen 1803;
Die ersten Anfangsgründe der Geometrie als Stoff zu Denk- und Sprachübungen zum Gebrauch für Lehrer in Bürgerschulen. 2 Teile. Nürnberg 1804 bis 1806; 3. Teil 1815;
Beschreibung seiner neu erfundenen Lesemaschine. Ebd. 1817;
Der sich selbst übende Denkleseschüler. Ebd. 1820;
Der Lichtfreund. Ein Lesebuch zur Bekämpfung des Aberglaubens. Ebd. 1822. *248f.*, 263f., *273, 278*

PÖTER, FERDINAND (geb. 1807);
Lehrer, aus Wald (h. Solingen), 1822–1824 Seminarist in Moers, freiwillige Aufenthaltsverlängerung bis 1825, Empfänger eines Stipendiums, Hilfslehrer an der evangelischen Elementarschule in Dhünn (h. Wermelskirchen), 1828 Bewerber um die Lehrerstelle an der evangelischen Elementarschule in Neuenhaus (h. Solingen), 1828 Hilfslehrer bei Lehrer Johann Wilhelm Schlupkoten in der evangelischen Elementarschule auf der Aue (Elberfeld, h. Wuppertal). *155, 206*
HStA Düss, Reg. Düss., Nr. 3327; StA Wupp, L I 120, 190

POPPE, JOHANN HEINRICH MORITZ VON (1776–1854);
Mathematiker und Technologe, aus Göttingen, Sohn eines Universitätsmechanikers, zunächst dessen Gehilfe, dann Studium der Mathematik, der Physik, der Technologie und der Staatswissenschaften an der Univ. Göttingen, besondere Beschäftigung mit der Uhrmacherkunst, 1803 Promotion (Göttingen), dann Habilitation, 1804 bis 1818 Professor der Mathematik, Physik und Naturgeschichte am Gymnasium in Frankfurt a. M., Förderer des gewerblichen Schulwesens, 1816 gem. mit Diesterweg, Th. Friedleben (s. ds.) u. a. Begründer der „Frankfurtischen Gesellschaft zur Beförderung der nützlichen Künste und ihrer Hülfswissenschaften", 1818–1841 Professor der Mathematik, Experimentalphysik, Maschinenkunde und Technologie an der Univ. Tübingen, Verfasser zahlreicher Lehrbücher aus den Bereichen der Experimentalphysik, der Technologie und der Mathematik.
Schriften u. a.:
Theoretisch-praktisches Wörterbuch der Uhrmacherkunst. 2 Bde. Leipzig 1799–1800;
Physikalischer Kinderfreund. 2 Teile. Ebd. 1807;
Der physikalische Jugendfreund, oder Darstellungen aus der Naturlehre. 8 Teile. Frankfurt a. M. 1811–1820; 5. Teil auch u. d. T.: Der chemische Jugendfreund;
Ueber den Zweck und die Einrichtung guter Lehranstalten für Handwerker. Kleine Beiträge zur Verbesserung der technischen Künste in Deutschland. (Gem. mit Diesterweg und Th. Friedleben.) Ebd. 1817;
Reallexikon der Handwerks- und Fabrikenkunde in allen ihren Zweigen, den Fortschritten der Industrie bis auf die neueste Zeit gemäß. 3 Teile. Zürich 1846–1847. 19, *46*, 46, *249*, 265

RAMLER, KARL WILHELM (1725–1798);
Dichter und Übersetzer, aus Kolberg (Hinterpommern), Sohn eines Steuerinspektors, 1742–1744 Studium der Theologie an der Univ. Halle, seit 1746 Studium der Medizin und der klassischen Philologie in Berlin, Bekanntschaft mit J. W. L. Gleim (s. ds.) und Heinrich von Kleist, bis 1747 Hauslehrer auf der Domäne Löhme (b. Berlin), 1748–1790 Professor der Logik und der schönen Wissenschaften an der Kadettenschule in Berlin, 1786–1796 Direktor der Königlichen Schauspiele (Nationaltheater; gem. mit Johann Jakob Engel <s. ds. Personenregister Bd. II>), seit 1786 Mitglied der Akademie der Wissenschaften in Berlin, 1750 Hrsg. der „Kritischen Nachrichten aus dem Reiche der Gelehrsamkeit" (gem. mit Johann Georg Sulzer; s. ds. Personenregister Bd. V), Veröffentlichung zahlreicher Oden, die sich streng an antiken Vorbildern orientierten und als verbindliches formales Vorbild für viele Zeitgenossen galten, Übersetzung lateinischer und griechischer Klassiker (darunter Horaz), anerkannter Kritiker.
Schriften u. a.:
Lieder der Teutschen. Berlin 1766;
Lyrische Blumenlese. 2 Teile. Leipzig 1774/1778;
Kurzgefaßte Mythologie, oder Lehre von den fabelhaften Göttern, Halbgöttern und Helden des Alterthums. 2 Bde. Berlin 1790; 5. Aufl. 1821.
Eine Sammlung seiner „Poetischen Werke" gab Göcking in zwei Bänden heraus (Berlin 1800 bis 1801). *252, 269*

RAMSAUER, JOHANNES (1790–1848);
Pädagoge, aus Herisau (Kt. Appenzell), Sohn eines Kleinfabrikanten, früh Vollwaise, 1800 gem. mit anderen Waisenkindern in den Kt. Bern verschickt, um den Kriegswirren zu entgehen, 1800 bis 1804 Schüler bei J. H. Pestalozzi (s. ds.) in Burgdorf (Kt. Bern), 1804–1805 in dessen Anstalt in Münchenbuchsee (ebd.), seit 1805 Unter-, dann Oberlehrer sowie Pestalozzis Privatsekretär in dessen Anstalt in Yverdon (Kt. Waadt), 1816 – nach dem Wiedereintritt von J. Schmid (s. ds.) in das Institut – Wechsel an eine Lehr- und Erziehungsanstalt in Würzburg, seit 1817 Privaterzieher der Prinzen Alexander und Peter von Oldenburg in Stuttgart sowie Vorsteher und Lehrer einer Elementarschule für Kinder gebildeter Eltern, 1820 Übersiedlung mit den Prinzen nach Oldenburg, dort Gründer einer Schule für Töchter aus den gebildeten Ständen, an der in den unteren Klassen auch Knaben zugelassen waren, 1836 Aufgabe dieser Anstalt, bis 1848 Lehrer an der durch Prinz

Peter gegründeten Cäcilienschule, um die Anwendung und Weiterentwicklung der Pestalozzischen Methode im Unterricht bemüht, Verfasser zahlreicher pädagogische Abhandlungen und Lehrbücher.
Schriften u. a.:
Zeichnungslehre. 2 Teile. Stuttgart und Tübingen 1821;
Die Formen-, Maß- und Körperlehre oder die Elemente der Geometrie methodisch bearbeitet. Ebd. 1826;
Die Liebe in Erziehung und Unterricht. Ein Büchlein für Eltern und Lehrer namentlich für Mütter aus den gebildeten Ständen. Zum Andenken Pestalozzi's und zu seinem hundertjährigen Geburtstage. (Umschlagtitel: Buch für Mütter.) Elberfeld und Moers 1846;
Pestalozzische Blätter. I. Heft: Memorabilien J. Ramsauers. Ebd. 1847.
(Vgl. seine Autobiographie in: Das pädagogische Deutschland der Gegenwart. Hrsg. von F. A. W. Diesterweg. Berlin 1835, Bd. I, S. 105–127.)
20, *253*, 269
Frie

RAPPARD, JOHANN HEINRICH CHRISTOF (1764–1843);
reformierter Theologe, getauft in Alpen (b. Wesel), Sohn eines Richters, Studium der Theologie an der Univ. Duisburg, 1793–1835 erster Pfarrer in Neukirchen (h. N.-Vluyn, b. Moers), Gegner von Reformen des Elementarunterrichts (u. a. der Förderung muttersprachlichen Unterrichts) durch Lehrer Steins (s. ds.), Behinderer von dessen Arbeit.   66
EvRh 2

RATING, MATHIAS (geb. 1775);
Gastwirt am Kirchtor in Moers, Inhaber des besten Hauses der Stadt, um 1830 Gemeinderat.
531
Moers 1; StA Moers

RAUSCHENBUSCH, HILMAR ERNST (1745–1815);
lutherischer Theologe, aus Merbeck (Lippe), Sohn eines Pfarrers, Studium der Theologie an den Univ. Göttingen und Halle a. d. Saale, 1771 bis 1790 Pfarrer in Bünde (b. Herford), 1790 bis 1815 erster lutherischer Pfarrer in Elberfeld (h. Wuppertal), 1807 Herausgeber einer Neubearbeitung des Buches „Zweimal zweiundfünfzig auserlesene biblische Historien" von J. Hübner (s. ds.; Hamburg 1714), durch diese Neuausgabe und ein dazugehöriges Handbuch (1820) Einleitung einer Wende in der Methodik des Religionsunterrichtes, anstelle der Beschränkung auf den Katechismus Einführung von biblischem Geschichtsunterricht und Weckung von Verständnis für die biblischen Geschichten bei den Kindern, außerdem Bemühungen um Auswirkungen der biblischen Lehren auf das alltägliche Leben der Kinder.
Verfasser u. a. von:

Auserlesene biblische Historien aus dem Alten und Neuen Testament. Schwelm und Duisburg 1807;
Handbuch für Lehrer beim Gebrauch der biblischen Geschichte. Schwelm 1820;
Erziehungsbüchlein oder Anweisung zur Erziehung der Kinder für den Bürger und Landmann. Ebd. 1833 (vgl. Rh. Bl., Jg. 1834, Bd. X. Heft 2, S. 247 ff.; vorliegende Ausgabe, Bd. III, S. 373 f.).
45, *209*, 212, 260
EvRh 2; Leip

RAUSCHENBUSCH, CARL (1787–1834);
Mediziner, aus Elberfeld (h. Wuppertal), Sohn des Pfarrers Hilmar Ernst R. (s. ds.), Studium der Medizin und der Naturwissenschaften, Niederlassung als Arzt in Elberfeld, reger seelsorgerlicher Austausch mit seinem Vater, nach dessen Tod 1815 Versorgung der Mutter bis zu deren Tod 1834.   *45*, 45
Leip

RECKE-VOLMERSTEIN, ADALBERT GRAF VON DER (1791–1878);
Pädagoge und Philanthrop, von Gut Overdyck (h. Bochum), Sohn von Philipp Christian Freiherr von der Recke (s. ds. Personenregister Bd. VII), der nach dem Vorbild der Anstalt von F. E. von Rochow (s. ds.) auf seinem Gut Overdyck eine Freischule für arme Kinder eingerichtet hatte, Studium der Kameralwissenschaften an der Univ. Heidelberg, von Johann Heinrich Jung-Stilling (s. ds. Personenregister Bd. IV) in Karlsruhe und die „Christentumsgesellschaft" in Basel im humanistischen und religiös-pietistischen Sinne beeinflußt, 1812–1813 Aufenthalt im Institut von Philipp Emanuel von Fellenberg (s. ds. Personenregister Bd. V und VI) in Hofwil (Kt. Bern), während der Befreiungskriege Westfälischer Gouvernement-Kontrolleur und Kommissar zur Verpflegung der Truppen am Rhein, 1819 Gründer der „Gesellschaft der Menschenfreunde" zur Durchführung diakonischer und missionarischer Anliegen, Gründung einer Waisenanstalt, 1822 Verlegung dieser Anstalt in das ehemalige Trappistenkloster in Düsselthal (h. Düsseldorf), Erweiterung um ein Diakonissenhaus, Einrichtung einer Eau-de-Cologne-Produktion, landwirtschaftlicher Betriebe und eine Buchdruckerei zum Selbsterhalt der Anstalt, 1847 Übergabe der Anstaltsleitung an den Moerser Seminarinspektor Christian Friedrich Georgi (s. ds. Personenregister Bd. II), 1860 Gründung einer Anstalt („Samariterstift") für geistig und mehrfach behinderte Kinder und Erwachsene in Schlesien, Vorläufer der Inneren Mission.
328

RECLAM, CARL HEINRICH/CHARLES HENRI (1776–1844);
Buchhändler, aus Berlin, Abkömmling einer reformierten Familie [ursprünglich: Reclan] aus Savoyen, Sohn eines Hofjuweliers, Buchhändlerleh-

re bei Vieweg und Sohn in Braunschweig, dann in Paris, Beteiligung an der Revolution als Jakobiner, 1802 Eröffnung einer eigenen Buchhandlung und eines Verlages in Leipzig, seit 1803 verheiratet mit Wilhelmine geb. Campe (Tochter des Braunschweiger Schulrats Joachim Heinrich C. <s. ds.> und Schwester des Hamburger Verlegers Julius C.), Übergabe der Buchhandlung an seinen Schwiegersohn Julius Altendorf, später erworben von Anton Philipp Reclam (Begründer der Universalbibliothek), Herausgeber zahlreicher Textsammlungen, u.a.:
Mustersammlung aus deutschen Klassikern, geordnet nach den Bedürfnissen unterer, mittlerer und oberer Klassen der verschiedenen Schulanstalten Deutschlands, in 3 Cursus dargestellt und herausgegeben von mehreren Lehrern der Bürgerschule zu Leipzig. 1. Cursus. Leipzig 1822. *252*
Rec; Schu

REHMANN, JOHANN HEINRICH (geb. 1806);
Lehrer, aus Mülheim a. d. Ruhr, Sohn eines Schreiners, 1824–1827 Seminarist in Moers, 1827 bis 1831 Hilfslehrer an der Höheren Töchterschule von Carl Ludwig Theodor Lieth (s. ds. Personenregister Bd. I und VI) in Elberfeld (h. Wuppertal), 1831–1836 Lehrer an der evangelischen Töchterschule in Unterbarmen (ebd.), 1836–1847 Lehrer an der lutherischen Elementarschule in Gemarke (Barmen, ebd.), 1847 Pensionierung mit Ruhegeld wegen Kränklichkeit. *204, 379f.*
HSt A Düss., Reg. Düss., Nr. 2713; StA Wupp L I 49, 101, L II 77, 222

REICHARD, CHRISTIAN GOTTLIEB (1758–1837);
Kartograph, aus Schleiz (Vogtland), Sohn eines Justizamtmanns und Musikers, 1777–1781 Studium der Rechtswissenschaft an den Univ. Leipzig und Gera, seit 1783 Stadtschreiber und Advokat in Lobenstein (heute Bad L., Frankenwald), Betreibung geographischer und historischer Studien, 1797 Konstruktion einer Erdkugel, Förderung durch den astronomisch und geographisch vielseitig tätigen Leiter der Sternwarte in Gotha Franz Xaver Freiherrn von Zach (s. ds. Personenregister Bd. XIX), seit 1806 dessen Nachfolger, seit 1816 Herzoglich Sachsen-Gothaischer Hofrat, seit 1812 Mitarbeit am Handatlas von Adolph Stieler (s. ds. Personenregister Bd. IV), Mitwirkung an den „Allgemeinen geographischen Ephemeriden" von Friedrich Justin Bertuch (s. ds. Personenregister Bd. XIX), Veröffentlichung mehrerer Atlanten und historisch-geographischer Arbeiten, zuletzt auch Tätigkeit als Komponist und Dirigent.
Veröffentlichungen u. a.:
Atlas des ganzen Erdkreises nach den neuesten astronomischen Bestimmungen und eigenen Untersuchungen in der Central-Projection auf sechs Tafeln entworfen. Weimar 1803;

Sechs Karten zum Gasparischen Handatlas, nämlich: Nordamerika. Ebd. 1802; Nördlicher Teil des stillen Meeres. 1802; Persien. 1803; Südamerika. 1804; Türkisches Reich in Asien (Karte). 1805; Asien. 1805. *253, 269*

REICHHELM, CARL WILHELM FERDINAND (1791–1835);
Pädagoge und Staatsbeamter, aus Altdamm (b. Stettin), Sohn des Bürgermeisters und Polizeidirektors, seit 1810 Studium der Theologie, Philosophie, Philologie, Geschichte und Mathematik an der Univ. Königsberg, u.a. bei J. F. Herbart (s. ds.), Oberlehrerprüfung, bis 1816 Konrektor an der Kneiphöfischen höheren Bürgerschule in Königsberg, 1816–1826 Schulrat in Bromberg (Kulmer Land, Westpreußen), Mitglied des dortigen Konsistoriums, mit der obersten Schulaufsicht und der Gründung niederer und höherer Schulen (z. B. 1818 des Brombergischen Gymnasiums) betraut, 1826–1835 Stadtschulrat in Berlin, Vorsitzender der Städtischen Schuldeputation und des Kuratoriums der Gewerbeschule, Gymnasiarch der drei städtischen Gymnasien, Mitglied der Armendirektion, um eine Reorganisation des Armenschulwesens bemüht, vielseitiger und engagierter Förderer des Schulwesens, Träger des Roten Adlerordens. *497*

REIMANN s. RIEMANN, KARL FRIEDRICH

REINBECK, GEORG (GOTTLIEB SIGISMUND) VON (1766–1849);
Schriftsteller und Literaturwissenschaftler, aus Berlin, Sohn eines Archidiakonus, Studium an der Univ. Berlin, anschließend Hauslehrer bei Herrn von Ouvaroff in St. Petersburg, 1792–1804 Lehrer der deutschen und der englischen Sprache an der von A. F. Büsching (s. ds.) bei der St. Peterskirche gestifteten deutschen Hauptschule in St. Petersburg, 1804–1805 Lehrer am Kaiserlichen Pageninstitut, das unter der Aufsicht von Friedrich Maximilian Klinger (s. ds. Personenregister Bd. II) stand, Rückkehr nach Deutschland aus gesundheitlichen Gründen, 1806–1807 in Weimar, dann in Heidelberg und Mannheim, seit 1808 Redakteur des Cottaschen „Morgenblattes" in Stuttgart, 1811 Ernennung zum Hofrat, 1811–1841 Professor für deutsche Sprache am oberen Gymnasium und seit 1818 zugleich am Katharinenstift, um die Anerkennung der deutschen Literatur neben den klassischen Studien bemüht, durch seine Heirat mit der Malerin Emilie Hartmann (1817) Mitglied einer der angesehensten Stuttgarter Familien, Gastgeber zahlreicher bedeutender Persönlichkeiten – u.a. Nikolaus Lenau –, Gründer eines Lesevereins und des für die Errichtung des Stuttgarter Schillerdenkmals konstituierten Schillervereins, 1837 Verleihung des Kronenordens, Verfasser von Lustspielen nach englischem und französischem Vorbild, von Gedichten und Prosa-

arbeiten sowie literatur- und sprachwissenschaftlichen Abhandlungen.
Schriften u. a.:
Flüchtige Bemerkungen auf einer Reise von St. Petersburg über Moskwa, Grodno, Warschau und Breslau nach Teutschland im Jahre 1805. In Briefen. 2 Teile. Leipzig 1806;
Regellehre der deutschen Sprache. Essen 1821;
Poetische Beispielsammlung zu Vorlesungen über Poetik und zur Deklamation. Zum Gebrauche für die oberen Klassen der Gymnasien und Lyceen. Ebd. 1824;
Vorhalle zum deutschen Schriftenthum. Eine Sammlung Aufsätze und Gedichte zur Uebung im richtigen und darstellenden Lesen. Stuttgart 1827;
Abriß der Geschichte der deutschen Dichtkunst und ihrer Literatur. Zum Gebrauch für die obern Abtheilungen der nicht-gelehrten männlichen und weiblichen Schulen. Essen 1830. *280, 281, 554*

REINHARD, FRANZ VOLKMAR (1753–1812);
lutherischer Theologe und Philologe, aus Vohenstrauß (Oberpfalz), Sohn eines Pfarrers, Studium der Theologie an der Univ. Wittberg, 1777 Habilitation für Philosophie und Philologie, 1778 Adjunkt der philosophischen Fakultät, Baccalaureus der Theologie, seit 1780 a. o. Professor der Philosophie an der Univ. Wittenberg, seit 1782 außerdem o. Professor der Theologie, dort seit 1784 auch Propst an der Schloßkirche, 1790–1791 Rektor der Univ., 1792–1812 Oberhofprediger und Oberkonsistorialrat in Dresden, Wortführer des Supranaturalismus, der durch die Begründung übernatürlicher Offenbarungswahrheiten den unbedingten Vernunftglauben zu begrenzen suchte, durch die jährliche Veröffentlichung seiner Predigten und die Verteilung von Kopien um eine moralische Besserung der Menschen bemüht, Verfasser theologischer und philosophischer Abhandlungen.
Schriften u. a.:
Versuch über den Plan, welchen der Stifter der christlichen Religion zum Besten der Menschen entwarf. Wittenberg und Zerbst 1781;
System der christlichen Moral. 4 Bände. Wittenberg 1788; Neuauflage in 5 Bänden 1802–1816;
Ueber den Kleinigkeitsgeist in der Sittenlehre. Meißen 1801. *126*, 126, *245*, 259

REINHART, H. (erw. 1813);
1813–1814 Vermieter Diesterwegs während seiner Lehrtätigkeit an der Musterschule in Frankfurt a. M. (An der Schlimmmauer). *10*

REINHOLD, ERNST CHRISTIAN GOTTLIEB JENS (1793–1855);
Philosoph, aus Jena, Sohn eines Professors, 1817 bis 1820 Lehrer am Gymnasium in Kiel, 1820 bis 1822 dort Subrektor, 1822 Habilitation als Privatdozent an der Univ. Kiel, seit 1824 o. Professor

der Logik und Metaphysik an der Univ. Jena, seit 1830 Sachsen-Weimar-Eisenachischer Hofrat, später Geh. Hofrat, in der moralischen Umschreibung der Religion Annäherung an I. Kant (s. ds.), Verfasser zahlreicher, zuweilen populär-philosophischer Werke.
Schriften u. a.:
Versuch einer Begründung und neuen Darstellung der logischen Formen. Leipzig 1819;
Lehrbuch der philosophisch-propädeutischen Pädagogik und der formalen Logik. Jena 1835;
Das Wesen der Religion und das evangelische Christenthum. Eine religionsphilosophische Abhandlung. Ebd. 1846. *103f.*, 105

REUCHLIN, JOHANNES (1455–1522),
gräzisiert: Capnion;
Dichter und Humanist, aus Pforzheim, Studium der freien Künste an den Univ. Freiburg i. Br., Paris und Basel, 1477–1481 Studium der Rechtswissenschaft an den Univ. Orléans (Orléanais) und Poitiers (Touraine), Tätigkeit als Jurist in Württemberg, Bekanntschaft mit Pico della Mirandola, Hinwendung zu kabbalistischen Studien, Erlernung der hebräischen Sprache in Linz a. d. Donau, Verbindung zum Heidelberger Humanistenkreis, Prinzenerzieher am Hofe des Kurfürsten Philipp von der Pfalz, dann kurfürstlicher Rat, 1502–1513 Bundesrichter des Schwäbischen Bundes in Tübingen, 1520–1522 Professor für Griechisch und Hebräisch in Ingolstadt, zuletzt in Stuttgart, durch seine Suche nach Zusammenhängen jüdisch-kabbalistischer und christlicher Lehre in streng christlichen Kreisen des Unglaubens verdächtigt, im daraus resultierenden Judenbücherstreit (der konvertierte Jude Johannes Pfefferkorn <s. ds. Personenregister Bd. IX> hatte die Vernichtung aller jüdischen Bücher gefordert) der einzige vom Kaiser bestellte Gutachter mit Gegenposition, dadurch Verhinderung der Büchervernichtung, Veröffentlichung der ihn unterstützenden Zuschriften von Humanisten in zwei Sammelschriften (1514, 1518), die als satirisches Gegenstück die sogenannten „Dunkelmännerbriefe" (1515–1517) hervorriefen, außerdem Verfasser poetischer Werke (insbesondere Komödien), Übersetzer aus dem Hebräischen, Griechischen und Lateinischen, Verfasser der ersten systematischen Einführung in die hebräische Sprache (1506).
Er veröffentlichte u. a. bzw. gab heraus:
Augenspiegel. 1511;
Clarorum virorum epistolae. 1514;
Epistolae illustrium virorum. 1518. *76*, 77

REUTER, HEINRICH LEBERECHT ERNST (1772–1851);
lutherischer Theologe, aus Essen, 1808–1851 Pfarrer in Burg (h. Solingen), 1823–1828 Superintendent, Lehrer für Religion an der evangelischen Elementarschule in Burg, Förderer zahl-

reicher Lehramtskandidaten und Lehrer, darunter Friedrich Wilhelm Dörpfeld (s. ds. Personenregister Bd. XVI), Unterstützung dieser in Ausbildungs- und ökonomischen Fragen, Freund des Lehrers R. v. Werth (s. ds.), Mitarbeiter an den Rh. Bl. *490*

EvRh 2; StA Sol

REUTER, WILHELM HEINRICH (gest. nach 1858);

Lehrer, aus Viersen, Sohn eines Lehrers, 1821 bis 1825 Hilfslehrer an der evangelischen Elementarschule in Viersen, 1823 Bewerber um die Lehrerstelle an der evangelischen Elementarschule in Rheydt (h. Mönchengladbach), 1824 Ablegung der Prüfung als Landschullehrer vor der Königlichen Prüfungskommission in Düsseldorf, 1825 Erhalt vorzüglicher Zeugnisse durch den Bürgermeister, den Kirchen- und Schulvorstand und den Schulpfleger A. E. Zillessen (s. ds.), 1825–1827 provisorischer Lehrer in Geistenbeck (ebd.), 1827 Teilnehmer am Lehrkursus im Seminar in Moers, dort erfolgreiche Ablegung der Wiederholungsprüfung, von Diesterweg wegen mangelnder Disziplin kritisiert, 1827–1830 definitiver Lehrer in Geistenbeck, 1829 von Schulpfleger Pfarrer A. E. Zillessen (s. ds.) positiv und als vorbildlich beurteilt, 1831– mind. 1858 Lehrer an der evangelischen Elementarschule in Otzenrath (h. Jüchen, b. Mönchengladbach), mehrfach belobigt. *405, 410*

HStA Düss., Reg. Düss., Nr. 3049, 3117, 3581

RHODE, JOHANN GOTTLIEB (1762–1827), Pseudonym: Mahler Anton);

Privatgelehrter und Publizist, aus dem Halberstädtischen, Studium an der Univ. Helmstedt, Hauslehrer in Mariental (b. Helmstedt) und in Braunschweig, Lehrer am Philanthropin von J. B. Basedow (s. ds.) in Dessau, dann Privatlehrer bei Szöge von Manteufel in Estland, Leiter eines privaten Erziehungsinstituts in Reval, seit 1789 wieder in Braunschweig, seit 1797 in Berlin, 1797 Mitherausgeber der „Eunomia. Zeitschrift für das 19. Jahrhundert" (Berlin), Redakteur der Vossischen Zeitung, 1800 Hauslehrer in Breslau, 1804 Direktor der Schaubühne in Breslau, seit 1809 Lehrer der deutschen Sprache und der Geschichte an der Kriegsschule in Breslau, in dieser Stellung sehr anerkannt, namentlich durch Gerhard Johann David Scharnhorst (s. ds. Personenregister Bd. V, XII und XIV), 1821 Dr. phil. (Breslau), Hrsg. der „Allgemeinen Theaterzeitung" (1800) und des „Breslauer Erzählers" (1803/04), Redakteur der „Schlesischen privilegirten Zeitung", Verfasser zahlreicher Artikel und Rezensionen sowie naturwissenschaftlicher und dramatischer Arbeiten.

Schriften u. a.:

Spielereyen vom Mahler Anton. 1. Band. Altona 1798;

Versuch über das Alter des Thierkreises und den Ursprung der Sternbilder. Breslau 1809;

Ueber den Anfang unserer Geschichte und die letzte Revolution der Erde, als wahrscheinliche Wirkung eines Kometen. Ebd. 1819. *103, 106*

RICHTER, JEAN PAUL FRIEDRICH (1763–1825), Pseudonym: JEAN PAUL;

Schriftsteller und Philosoph, aus Wunsiedel (Fichtelgebirge), Sohn eines Pfarrers, frühzeitige autodidaktische Bildung, Absolvent des Gymnasiums in Hof, 1781–1784 Studium der Theologie an der Univ. Leipzig, Abbruch, Aufenthalt bei seiner Mutter in Hof, Abfassung von gesellschaftskritischen Satiren unter dem Einfluß der Rationalisten, 1790–1794 Leiter der evangelischen Elementarschule in Schwarzenbach (Oberfranken), schwere Glaubenskrise infolge philosophischer Studien, Hinwendung zur erzählenden Prosa, 1798–1804 Reisen nach Leipzig, Weimar, Berlin, Meiningen, Coburg, Begegnung mit J. W. v. Goethe (s. ds.) und F. v. Schiller (s. ds.) in Weimar, Freund J. G. v. Herders (s. ds.), zuletzt in Bayreuth, nach anfänglicher Begeisterung für die französische Revolution Abkehr von deren Umsetzung (1808), ästhetischer Widerpart der Klassiker Goethe und Schiller, Annäherung an die Romantik, Verfasser insbesondere literarischer Texte, von denen viele eine pädagogische Problematik beinhalten, dabei eigentümliche enzyklopädische Erzählweise mit zahlreichen Abschweifungen, thematisch vorwiegend sozial orientiert.

Schriften u. a.:

Das Leben des vergnügten Schulmeisterleins Maria Wuz in Auental. Bayreuth 1790;

Das Leben des Quintus Fixlein. Ebd. 1796;

Titan. 4 Bde. Berlin 1800–1803;

Levana oder Erziehlehre. 2 Bde. Braunschweig 1807;

Friedenspredigt an Deutschland. Heidelberg 1808;

Politische Fastenpredigten während Deutschlands Marterwoche. Stuttgart 1817. *103f., 105, 107*

RIEMANN, KARL FRIEDRICH (1756–1812);

reformierter Theologe, aus Züllichau (Grenzmark), bis 1784 Studium der Theologie an der Univ. Frankfurt a. d. O., Lehrer am Waisenhaus in Potsdam, 1784–1812 Ordination, 1784–1812 Pfarrer in Neuküstrinchen (b. Königsberg), Hrsg. von Predigten und Verfasser etlicher pädagogischer Darstellungen.

Schriften u. a.:

Versuch einer besseren Beschreibung der Reckan'schen Schuleinrichtung. Berlin 1781; 2. Aufl. u. d. T.: Neue Beschreibung der Reckan'schen Schuleinrichtung und der von Rochow'schen Lehrart in Volksschulen. Mit einer Vorrede von F. E. v. Rochow (s. ds.). Ebd. 1792; 3. Aufl. 1798; 4. Aufl. 1809;

Historische Nachricht von einer unter den Schullehrern des Niederoderbruchs errichteten Konferenzgesellschaft und von der darin im ersten Lehrkurs vom 4. Sept. bis 16. Nov. nach vereinigten Rochowischen und Pestalozzischen Grundsätzen angestellten Verhandlungen. Ebd. 1812. *243, 256, 272, 276, 560*
Fisch I

RIESS, ANDREAS HEINRICH (erw. 1800 und 1826); Kantor und Lehrer in Olvenstedt (h. Magdeburg), Verfasser etlicher Lehrbücher.

Schriften u. a.:
Rechenbuch für niedere, besonders Landschulen. Magdeburg 1800;
Elementarischer Sprachunterricht, verbunden mit schriftlichen Denk- und Sprachübungen; ein unentbehrliches Mittel zur Selbstbeschäftigung und geistigen Fortbildung fähiger Schüler. Ebd. 1815;
Allgemeiner Zahlunterricht, als Weckungsmittel des gesunden Menschenverstandes behandelt. 2 Cursus. Ebd. 1826. *371, 374*

RINCK [RINK], JOHANN CHRISTIAN HEINRICH (1770–1846);
Musiker und Komponist, aus Elgersburg (b. Ilmenau), Sohn eines Organisten, Schüler mehrerer Thüringer Organisten sowie des Bach-Schülers Johann Christian Kittel in Leipzig, seit 1790 Organist und Stadtschullehrer in Gießen, außerdem Schreib- und Musiklehrer am dortigen Gymnasium, 1805 Universitäts-Musikdirektor, 1809–1839 Organist an der Stadtkirche, Stadtkantor und Musikdirektor am Pädagogium in Darmstadt, seit 1813 Schloßorganist, seit 1817 Geiger in der Schloßkapelle, mehrere Konzertreisen, Rezensent und Orgelsachverständiger, Komponist zahlreicher Messen, Motetten, Choräle sowie Klavier- und Orgelstücke, Hrsg. von Liedersammlungen, auch für Schulen.

Schriften u. a.:
Neues Choralbuch für Hessen. Darmstadt 1814;
Praktische Orgelschule. Bonn 1818;
Schullieder für zwei Soprane und eine Baßstimme. Mainz o. J.;
Choralbuch für evangelische Kirchen. Die Choräle kritisch bearbeitet und geordnet von B. Chr. L. Natorp und F. Keßler, vierstimmig gesetzt und mit Zwischenspielen versehen. Essen 1829;
12 kurze und leichte Choralvorspiele mit und ohne Pedal zu spielen. Op. 47. Mainz o. J.;
12 Adagio für die Orgel. 19. Sammlung der Orgelstücke. Op. 57. Bonn o. J.;
12 leichte Orgelpräludien mit und ohne Pedal zu spielen. Op. 49. Mainz o. J.;
Sammlung von Vor-, Nach- und Zwischenspielen. 1. Lieferung: 12 leichte Stücke verschiedener Art. Op. 1. Ebd. o. J.;
24 kurze und leichte Orgelstücke für angehende Spieler mit und ohne Pedal zu spielen. 23. Sammlung. Op. 66. Bonn o. J. *181, 182, 251, 267*

RIST, JOHANN EPHRAIM (CHRISTOPH) FRIEDRICH (1735–1807);
lutherischer Theologe, aus Hamburg, Urenkel des Kirchenliederdichters Johann R., Sohn eines Organisten, Absolvent des Johanneums in Hamburg, bis 1762 Studium der Theologie an der Univ. Jena, Examen vor dem altonaischen Konsistorium, 1770–1807 Pfarrer in Niendorf (h. Hamburg), um die Hebung des Volksschulwesens bemüht.

Er verfaßte:

Anweisung für Schulmeister niederer Schulen zur pflichtmäßigen Führung ihres Amts. Hamburg 1782; 3., sehr verbesserte und vermehrte Auflage 1798. Ins Dänische übersetzt von Laurits Hasse (Fridericia 1794). *243, 256, 272, 276*

RITTER, KARL (1779–1859);
Geograph und Pädagoge, aus Quedlinburg, Sohn eines Arztes, aus pietistischem Elternhaus, 1785 bis 1796 Zögling des Philanthropins von Chr. G. Salzmann (s. ds.) in Schnepfenthal (h. Waltershausen, b. Gotha), Hauslehrer bei dem Frankfurter Bankier Johann Jakob Bethmann Hollweg, u. a. für dessen Sohn – den späteren Minister – Moritz August v. B. H. (s. ds. Personenregister Bd. VIII), 1796–1798 auf Kosten des Bankiers Studium der Kameralwissenschaften und etlicher anderer Fächer an der Univ. Halle, u. a. bei A. H. Niemeyer (s. ds.), seit 1798 dann wieder in Frankfurt als Hauslehrer, 1807 (gem. mit J. B. Engelmann; s. ds.) und 1809 Aufenthalte im Institut von J. H. Pestalozzi (s. ds.) in Yverdon (Kt. Waadt), später auch Lehrer am Engelmannschen Institut für höhere Töchter in Frankfurt a. M., regelmäßiger pädagogischer Austausch mit J. B. Engelmann und dem Pestalozzianer Johann Elias Mieg (1770 bis 1842), Begegnung mit F. D. E. Schleiermacher (s. ds.) in Berlin, seit 1820 Professor für militärische Statistik an der Königlichen Allgemeinen Kriegsschule sowie a. o. Professor für Geographie an der Univ. Berlin, seit 1825 o. Prof., gemeinsam mit Alexander von Humboldt (s. ds. Personenregister Bd. III und VI) Begründer der wissenschaftlichen Geographie, erster Lehrstuhlvertreter dieses Faches, mit seiner „Erdkunde" (21 Bde., 1821 bis 1859) Übergang von der Kompendiengeographie zur problemorientierten wissenschaftlichen Geographie, Verknüpfung von Raum und Geschichte, u. a. unter dem Einfluß der Naturphilosophie Friedrich Wilhelm Joseph von Schellings (s. ds. Personenregister Bd. I, X, XII und XIII), Ansetzung von drei Betrachtungsebenen – empirischem Faktenmaterial, kausaler Deutung bzw. teleologischer Überformung und Transzendenz durch das theologische Postulat der wahren Sinngebung durch Gott –, Übertragung der Pestalozzischen Methode (Ausgang von dem von der Natur Gegebenen, lückenloses Fortschreiten, Aufweis des Gesetzes) auf die Darstellung der Geographie und den Geogra-

phieunterricht, Verfasser zahlreicher geographischer Abhandlungen und Lehrbücher.

Schriften u. a.:

Europa, ein geographisch-historisch-statistisches Gemälde. 2 Bde. Frankfurt a. M. 1804–1807;

Die Erdkunde im Verhältniß zur Natur und Geschichte des Menschen. 2 Bde. Berlin 1817/1818; 2. Aufl. in 19 Bden. Ebd. 1822–1859;

Einleitung zur allgemeinen vergleichenden Geographie. Ebd. 1852. *103*

Pest

ROCHOW, FRIEDRICH EBERHARD FREIHERR VON (1734–1805);

Pädagoge, aus Berlin, Sohn eines preußischen Staatsministers, Absolvent der Ritterakademie in Brandenburg a. d. Havel, 1750–1758 im preußischen Militärdienst, Offizier im Siebenjährigen Krieg, 1760 Übernahme der Familiengüter in Göttin (h. Brandenburg a. d. Havel), Reckahn und Krahne (beide b. Brandenburg), 1762 Domherr von Halberstadt, seit 1764 auch Leiter der Familiengüter in der Provinz Ostpreußen, autodidaktische Fortbildung in alten und neuen Sprachen, Geschichte und Naturgeschichte, aufklärerischhumanitäres Eintreten für Armenfürsorge, Volksgesundheit und Verbesserung der Landwirtschaft, insbesondere für Reformen des ländlichen Schulwesens mit dem Ziel, eine brauchbare, selbständig-praktisch denkende Landbevölkerung zu erziehen, Einrichtung von Volksschulen auf seinen Gütern, gemeinsam mit dem Schullehrer Heinrich Julius Bruhns (s. ds. Personenregister Bd. I) Ausbau der Dorfschule in Reckahn zu einer pädagogischen Musteranstalt mit eigener pädagogischer und didaktischer Ausrichtung, die zahlreiche Besucher anzog und sich trotz Anfeindungen gut entwickelte, Vorbild beispielsweise für die Gründung von drei Elementarschulen auf Fünen durch den dänischen Grafen Ludwig von Reventlow, Verfasser von pädagogischen Abhandlungen sowie zahlreichen Lehrbüchern, darunter eines Lesebuches (1776–1780), das als eines der ersten weltlichen Lesestoff enthielt und eine weite Verbreitung fand.

Schriften u. a.:

Versuch eines Schulbuchs für Kinder der Landleute. Berlin 1772;

Der Bauernfreund, ein Lesebuch für Landschulen. Ebd. 1773; dasselbe erweitert:

Der Kinderfreund, ein Lesebuch zum Gebrauch für Landschulen. 2 Bde. Berlin und Leipzig 1776/1780;

Vom Nationalcharakter durch Volksschulen. Leipzig 1779;

Handbuch für Lehrer in katechetischer Form, die aufklären wollen und dürfen. Halle 1783;

Geschichte meiner Schulen. Schleswig 1795. *43, 256, 276, 447*

RODE, JACQUES PIERRE JOSEPH (1774–1830);

französischer Violinist und Komponist, aus Bordeaux, Schüler des Violinisten Giovanni Battista Viotti in Paris, Unterricht im Violinespiel, seit 1790 Soloauftritte in Paris, zahlreiche Konzertreisen, u. a. nach Berlin und Wien, wo Ludwig van Beethoven Violinsonaten für ihn schrieb, 1804 bis 1808 Soloviolinist Alexanders I. in St. Petersburg, Komponist von 13 Violinkonzerten klassizistischer Prägung mit dramatisch-pathetischen Zügen des zeitgenössischen Opernstils, außerdem von 12 Streichquartetten, 24 Violin-Duos sowie zahlreichen Violin-Etüden, gemeinsam mit P.-M. F. Baillot (s. ds.) und R. Kreutzer (s. ds.) Entwicklung einer neuen Methodik zum Erlernen des Violinspiels: Violinschule des Conservatoriums der Musik in Paris (Leipzig 1803), die zum offiziellen Violinschulwerk des Conservatoire ernannt wurde und die auch der Moerser Seminarlehrer C. W. A. Witzka (s. ds.) seinem Unterricht zugrunde legte. *189, 190*

ROEBER [RÖBER], WILHELM AUGUST (1806–1891);

Lehrer, aus Elberfeld (h. Wuppertal), Sohn eines Kaufmanns, Schüler von J. F. Wilberg (s. ds.), 1824–1825 Hilfslehrer in Gräfrath (h. Solingen), 1825–1826 in Elberfeld, 1826–1828 Seminarist in Moers, 1828–1829 dort Hilfslehrer, Empfänger eines Stipendiums, 1829–1831 Hilfslehrer an der höheren Bürgerschule in Krefeld, 1830 definitiv anstellungsfähig, 1831 Ablegung des Examens pro facultate docendi (Prüfung für das höhere Lehramt) vor der Wissenschaftlichen Prüfungskommission der Univ. Bonn, 1831–1836 dritter ordentlicher Lehrer der Mathematik, Physik und Chemie an der höheren Bürgerschule in Krefeld, seit 1836 erst Oberlehrer, dann Professor an der städtischen Gewerbeschule in Berlin, Schwager von J. H. Schürmann (s. ds.).

Verfasser von:

Brechung und Reflexion des Lichts durch eine Kugel. Programm der Gewerbeschule. Berlin 1854. *404, 452, 461, 482, (483), 507*

Gym; HSt A Düss, Reg. Düss., Nr. 3258, 3406

RÖCHLING, JOHANN GOTTFRIED (1748–1787);

Altphilologe und Pädagoge, aus Saarbrücken, Kollege am Pädagogium in Gießen, 1775–1787 Konrektor des Gymnasiums in Worms, Verfasser zahlreicher Lehrbücher und pädagogischer Abhandlungen.

Schriften u. a.:

Lateinische Chrestomathie, zum Unterricht und Vergnügen für Anfänger. Gießen 1774;

Lehrreiche Unterhaltungen, den Anfängern der lateinischen Sprache gewidmet. Mannheim 1785;

Bildung eines Jünglings in lehrreichen physikalischen und historischen Unterhaltungen. Frankfurt a. M. 1781;

Historisch-physikalisches Lesebuch, den Anfängern der lateinischen Sprache gewidmet. Mannheim 1785;
Lehrreiche und angenehme syntaktische Vorübungen nach der Scheller'schen Grammatik. Frankfurt a. M. 1786. *246, 261, 272, 276*

RÖHR, JOHANN FRIEDRICH (1777–1848);
lutherischer Theologe, aus Roßbach (b. Naumburg a. d. Saale), Sohn eines Schneiders, Studium der Theologie an der Univ. Leipzig, 1800 Dr. phil., Hilfsprediger an der Universitätskirche, 1802–1804 Collaborator in der Fürstenschule in Schulpforta (h. Bad Kösen), 1804–1820 zunächst Verwalter des Pastorats, dann Pfarrer in Ostrau (b. Zeitz), 1820 Dr. theol., seit 1820 Oberpfarrer an der Haupt- und Stadtkirche in Weimar und Generalsuperintendent für das Fürstentum Sachsen-Weimar, Großherzoglich Sachsen-Weimarischer Oberhofprediger, Kirchen- und Oberkonsistorialrat, 1832 mit der Trauerrede für J. W. v. Goethe (s. ds.) betraut, 1837 Vizepräsident des Landeskonsistoriums, 1815–1848 Hrsg. zahlreicher Zeitschriften vorwiegend polemischen Inhalts, u. a. die „Neue und Neueste Predigerlitteratur" (1815 bis 1819) und die „Kritische Prediger Bibliothek" (1820–1848), Verfechter eines populären Rationalismus, Träger des Ritterkreuzes und Komtur des weißen Falkenordens.
Anonym gab er heraus:
Briefe über den Rationalismus. Aachen 1813.
Außerdem veröffentlichte er u. a.:
D. Martin Luther's Leben und Wirken, oder kurze Geschichte der Reformation für Jedermann. Ebd. 1818;
Historisch-geographische Beschreibung des jüdischen Landes zur Zeit Christi. Ebd. 1816; auch u. d. T.: Palästina, oder … Ebd. 1820; 7. Aufl. 1835;
Nachricht von der auf Befehl des Großherzogs von Sachsen-Weimar in der Residenz zu erbauenden allgemeinen Bürgerschule, nebst den bey der förmlichen Grundlegung derselben am 17 Nov. d. J. gehaltenen Reden. Weimar 1822;
Warnende Worte gegen Geringschätzung unserer menschlichen Natur. Magdeburg 1829. *322, 325*

RÖMER, PETER GERHARD (geb. 1787);
Kaufmann, Winkelier in Spezereiwaren und Kupferschläger in Moers, um 1831 dort Gemeinderat. *531*
StA Moers

ROFFHACK, JOHANN WILHELM (1783–vor 1840),
Fabrikant, 1811 Begründer einer Wolltuchfabrik in Moers, die seit 1816 als Lohnspinnerei für andere Betriebe weitergeführt wurde, seit 1828 Erster Beigeordneter (Bürgermeister) der Stadt, Befürworter der Kinderarbeit. *482*
Ott 4; StA Moers

ROSCOE, WILLIAM (1753–1831);
Schriftsteller und Biograph, aus Liverpool, Sohn eines ärmlichen Händlers, Autodidakt in antiken und modernen Sprachen, Kanzleigehilfe, 1774 Zulassung als Anwalt, frühe schriftstellerische Versuche, Aufgabe seiner Berufstätigkeit zugunsten der Schriftstellerei, seit 1799 außerdem Engagement in Bankgeschäften in Liverpool, Studium der Naturwissenschaften, Gegner der Sklaverei, Befürworter der Französischen Revolution, dichterische und publizistische Stellungnahmen für seine politischen Anschauungen, 1806–1807 Abgeordneter für die Stadt Liverpool im Britischen Parlament, 1817 Gründer und erster Präsident der Liverpool Royal Institution, infolge schlechter finanzieller Situation 1820 Bankrotterklärung, Verfasser von juristischen und staatspolitischen Abhandlungen sowie von Politikerbiographien.
Schriften u. a.:
Life of Lorenzo di Medici. 1795;
A General View of the African Slave Trade, demonstrating its Injustice and Impolicy;
Observations on Penal Jurisprudence and the Reformation of Criminals. 1819;
Ueber den Ursprung und die Schicksale der Gelehrsamkeit und Kunst und ihren Einfluß auf den gesellschaftlichen Zustand. Aus dem Engl. übers. von W. A. Lindau. Leipzig 1819. *104, 108*

ROSENDAHL, BERNHARD (gest. nicht vor 1849);
Zimmermeister in Götterswickerhamm (h. Voerde, b. Wesel), von der Königlichen Regierung in Düsseldorf als qualifiziert anerkannt, mit Baumaßnahmen im Seminargebäude in Moers beauftragt. *286f., 288, 360, 372*
StA Moers; ULB Düss

ROSENKRANZ, JOHANN FRIEDRICH
(geb. ca. 1804);
Lehrer, aus Langenberg (h. Velbert), Sohn eines Küsters, Lehrers und Winkeliers und Bruder von Johann Heinrich R. (s. ds.), kurzzeitig Schüler bei Schulpfleger J. F. Wilberg (s. ds.), 1820–1823 Seminarist und Hilfslehrer in Moers, Empfänger eines Stipendiums, 1823 auf der Dreierliste für die Besetzung der Lehrerstelle an der Elementarschule auf'm Dohr (Cronenberg, h. Wuppertal), Hilfslehrer in Appeldorn (h. Kalkar, b. Kleve), Lehrer bei H. Charlier in Wesel, bis ca. 1834 Lehrer an der Bürgerschule in Langenberg, dann vermutl. bis 1843 an der evangelischen Schule in Holten (h. Oberhausen), wegen Kränklichkeit 1835 Hinzuziehung des ehemaligen Moerser Seminaristen J. Voß (s. ds.) als Unterlehrer. *120, 140, 163*
HStA Düss, L. A. Duisburg-Mülheim, Nr. 271, sowie Reg. Düss., Nr. 3353, 3373; StA Dui

ROSENKRANZ, JOHANN HEINRICH (1806–1892);
reformierter Lehrer, aus Langenberg (h. Velbert), Sohn eines Küsters, Lehrers und Winkeliers und Bruder von Johann Friedrich R. (s. ds.), 1823 bis

1826 Seminarist und Hilfslehrer in Moers, als solcher von Konsistorialrat K. F. A. Grashof (s. ds.) sehr gelobt, Empfänger eines Stipendiums, 1826 bis 1829 Hilfslehrer bei J. W. Wülfing (s. ds.) an der reformierten Elementarschule in Gemarke (Barmen, h. Wuppertal), 1829–1842 provisorischer, 1842–1875 definitiver Lehrer in Voßnakken (h. Velbert), Mitglied der 1833 gegründeten Hardenberger Schullehrer-Conferenz, mehrfach durch Schulpfleger Pfarrer Friedrich Plümacher (1819–1905) wegen seines Einsatzes für die Schule belobigt, 1875 Pensionierung unter Bezug eines Ruhegeldes. *396, 575*

Chro; HStA Düss., Reg. Düss., Nr. 3345, 3389; Prot; StA Wupp, L I 101

ROSENMÜLLER, GEORG HIRONYMUS KONRAD (1775–1824);
lutherischer Theologe, aus Erlangen, Sohn eines Superintendenten und Domherrn zu Leipzig, Absolvent des Pädagogiums in Gießen, 1794 bis 1797 Studium der Theologie, Kirchengeschichte und Philosophie an der Univ. Leipzig, 1797 Magister der Philosophie, 1803–1804 Nachmittagsprediger an der Universitätskirche, seit 1804 Pfarrer in Oelschau (h. Wohlau, b. Riesa), Herausgeber von theologischen Abhandlungen und Lehrbüchern, Selbstmord wegen ökonomischer Probleme. Schriften u. a.:
Handbuch eines allgemein faßlichen biblischen Religionsunterrichts in der christlichen Glaubens- und Sittenlehre. 2 Teile. Leipzig und Altenburg 1818/1819;
Dr. Martin Luther's kleiner Katechismus, in Fragen und Antworten erläutert, nebst hinzugefügten Sprüchen, als Hülfsbuch bei dem Gebrauch des Dresdner Katechismi. Leipzig 1821;
Neue wichtige Entdeckung leichter untrüglicher Proben für die Addition, Multiplikation und Division. Ebd. 1821;
Meisterstücke der französischen Literatur, enthaltend interessante Auszüge aus klassischen französischen Schriftstellern, sowohl Prosaikern als Dichtern, nebst biographischen und kritischen Bemerkungen über die Verfasser und ihre Schriften. Ebd. 1821. *245, 260*

ROSS, WILHELM JOHANN GOTTFRIED (1772–1854);
reformierter Theologe, aus Isselburg (Niederrhein), Sohn eines Pfarrers, Absolvent des Gymnasiums in Wesel und des Moerser Adolfinum, 1788–1791 Studium der Theologie an der Univ. Duisburg, Kandidat unter Schulinspektor J. J. Engels (s. ds.) in Hochemmerich (h. Duisburg), 1793 bis 1795 Pfarrer in Homberg (ebd.), 1795–1828 in Budberg (h. Rheinberg, Niederrhein), dort auch Schulpfleger, während der französischen Besatzung Assessor des Konsistoriums, um die Einrichtung einer theologischen Fakultät an der Univ. Duisburg, die Wiederherstellung des Ansehens

des Moerser Gymnasiums Adolfinum und die Hebung des Schulwesens insgesamt bemüht, 1795 Mitbegründer der „Evangelischen Moerser Lehrer-Conferenz", der drittältesten Lehrerorganisation in Preußen (bestand bis zur Auflösung durch die Nationalsozialisten 1933) – gem. mit Pfarrer Engels in Hochemmerich sowie den Lehrern J. H. Schürmann (s. ds.) in Orsoy (h. Rheinberg), Dorgarten in Essenberg (h. Duisburg), J. W. Scheidt (s. ds.) in Eversael (h. Rheinberg) und Schürmann in Bornheim (h. Moers) –, dort Austausch von Erfahrungen und gegenseitige Weiterbildung, Bereitstellung seiner Bibliothek, 1807 Durchführung einer Konferenz für alle Lehrer seiner Synode in Budberg, 1809 Mitglied der Prüfungskommission für die Einstellung eines Elementarlehrers in Moers, entschiedenes Eintreten für den Lehrer A. Bleckmann (s. ds.), 1815 gem. mit Pfarrer Engels Leiter eines Normalkursus zur Lehrerfortbildung in Moers, 1817 Superintendent der Synode Moers, 1818 Präses der Provinzialsynode Jülich-Kleve-Berg (auch Generalsynode genannt, weshalb er gelegentlich auch als Generalsuperintendent angesprochen wird), 1820 Prüfung und Aufnahme der ersten Zöglinge für das Seminar in Moers – gemeinsam mit J. H. Schürmann (s. ds.) –, 1825 Mitglied des Provinziallandtags, 1827 Berufung zur Teilnahme an den Beratungen über die rheinisch-westfälische Kirchenverfassung nach Berlin (Erlaß dieser Verfassung 1834), 1828–1836 Propst an St. Nikolai in Berlin, Oberkonsistorial und vortragender Rat im Ministerium der geistlichen, Unterrichts- und Medizinal-Angelegenheiten, 1829 Wirklicher Oberkonsistorialrat sowie Generalsuperintendent für Brandenburg, 1830 Anerkennung des Grafenstandes, Dr. theol. h. c. (Berlin), 1835 Eintreten für die Annahme der umstrittenen rheinisch-westfälischen Kirchenordnung mit Agende, 1836–1846 erster Generalsuperintendent der Rheinprovinz und Westfalens unter Belassung seiner Stellung als Propst in Berlin, Ernennung zum Bischof, seit 1836 auf besonderen Wunsch außerordentliches Mitglied des Kultusministeriums, 1849 Abschied, jedoch weiterhin Propst und Ehrenmitglied der Abteilung für äußere evangelische Kirchenangelegenheiten, Förderer und Fürsprecher Diesterwegs sowohl in Moers als auch im Hinblick auf seine Berufung nach Berlin.
62f., *66*, 111, 126, 129, *(130)*, 130, 132, *(133)*, 133, *(137f.)*, 139, *(152)*, *(154f.)*, 156f., *167*, 170, 172, *173*, 175f., 189f., *(190–196)*, 199, 199, *(200f.)*, 202, 224, *233*, *235*, 255, 281, 284f., *(285f.)*, 294, 307, 310, *321*, *327*, *332*, 334, 401, *403f.*, 408, *426f.*, 429, 429, *441*, *467*, *(485ff.)*, 487, 490, *496*, *521*, 523f., *532*, *552*

Bei 2; Tor

ROSSEL, JOHANN PHILIPP (1791–1831);
Pädagoge, aus dem Nassauischen, 1812–1813 Aufenthalt im Institut von J. H. Pestalozzi (s. ds.)

708

in Yverdon (Kt. Waadt), 1814 mit Unterstützung des Generaldirektors für den Unterricht am Mittelrhein Johann Joseph von Görres (s. ds.) Gründer einer Privatanstalt in Koblenz, auf Veranlassung von Görres dort Einführung des Turnunterrichts, außerdem dort Gründung einer Turnanstalt, Ernennung zum Lehrer des Gesanges und der Turnkunst durch Görres, um auch an Gymnasien den Turnunterricht einführen zu können, 1818 Aufhebung der Koblenzer Turnanstalt durch die Regierung, seither Gymnasiallehrer in Aachen, Herausgeber der „Rheinisch-westphälischen Monatschrift für Erziehung und Volksunterricht" (Aachen 1824 bis 1828), Fortführung des wissenschaftlichen Teils als „Allgemeine Monatsschrift für Erziehung und Unterricht" (Aachen 1828 bis 1831; 1828–1829 in Verbindung mit der vierteljährlich erscheinenden, von J. Niederer <s. ds.> herausgegebenen Beilage „Pestalozzische Blätter für Menschen- und Volksbildung"), außerdem Hrsg. des lokalen „Wochenblatts für Elementarlehrer" (Aachen), als Schriftsteller und Verleger um eine Verbesserung des Elementar- und Volksschulwesens bemüht.
Schriften u. a.:
Sprachlehrliches Lesebuch für Volksschulen aller Glaubens-Bekenntnisse oder Beispielsammlung für den pädagogisch vereinten Sprech-, Rede-, Schreib-, Lese- und Sprachlehr-Unterricht. 1. Heft: Lautlehre; 2. Heft: Wortlehre; 3. Heft: Satzlehre für Schüler. 2. Aufl. Aachen 1826, 1829 und 1830; Satzlehre für Volksschulen und ihre Lehrer. Ebd. 1830;
Realbuch für Elementar- und Bürgerschulen. 2. Aufl. Ebd. 1831;
Realbuch für Elementar- und Bürgerschulen. Ein Lehr- und Lesebuch, enthaltend Erdkunde, Naturlehre, Naturbeschreibung, Menschenlehre und Geschichte.) (Gem. mit Braun, Bungeroth und Müller.) 2. Aufl. Ebd. 1831. 4. Aufl. 1832. *84, 322, 325, 428, 465, 466*
Frie; Schül

ROTHSTEIN, HEINRICH WILHELM
(ca. 1807–nach 1880);
Lehrer, aus Elsenroth (h. Nümbrecht), Sohn eines Schusters und Bruder eines Lehrers, 1823–1827 Seminarist in Moers, Empfänger eines Stipendiums, 1826–1827 Hilfslehrer in Hückeswagen, 1827–1880 Lehrer der reformierten Elementarschule auf dem Wolfshahn, 1829 Vereinigung dieser mit der Schule am Trübsal (beides Elberfeld, h. Wuppertal). *204, 381 f., 384*
H St A Düss, Reg. Düss., Nr. 2926; Jor; St A Wupp, L I 131

ROTTBERG, JOHANN WILHELM (geb. ca. 1807);
Lehrer, aus Werden (h. Essen), Sohn eines Wollarbeiters, 1823–1827 Seminarist in Moers, Empfänger eines Stipendiums, 1827–1829 Hilfslehrer an der evangelischen Elementarschule in Remscheid, 1828 Bewerber um eine Lehrerstelle an der

evangelischen Elementarschule in Holthausen (h. Essen), 1829–1830 Lehrer an der evangelischen Elementarschule in Herbringhausen (Beyenburg, h. Wuppertal), 1830–1838 an der lutherischen Elementarschule in Krewinkel (h. Velbert), seit 1837 verm. mit Maria Caroline Hürxthal – Enkelin des Lehrers Johann Peter H. (s. ds.) –, seit 1838 Lehrer in Beverath (h. Radevormwald), 1867 Pensionierung mit Ruhegeld. *204, 380*
H St A Düss, u. a. Reg. Düss., Nr. 3316, 3365

ROTZEN, PETER JOHANN (1808–1862);
katholischer Lehrer, 1824–1825 Seminarist in Moers, 1825–1826 wöchentlich eintägige Teilnahme am Seminarunterricht, 1826 externer Prüfling, seit 1825 provisorischer, seit 1829 definitiver Lehrer an der katholischen Elementarschule in Saalhoff (h. Kamp-Lintfort, Niederrhein), 1849 bis 1851 Gemeindesekretär während einer Vakanz der Bürgermeisterstelle, 1857 Erhöhung seines Gehaltes wegen treuer und guter Verrichtung seines Amtes, 1858 Pensionierung mit Ruhegeld, Agent einer Feuerversicherung, Schreiber. *(339 ff.), 506*
H St A Düss, L. A. Moers, Nr. 723, sowie Reg. Düss., Nr. 3456; St A Kamp, Best. 1, Nr. 711, S. 12 f.

ROUSSEAU, JEAN-JACQUES (1712–1778);
französisch-schweizerischer Philosoph und Pädagoge, aus Genf, Sohn eines von Hugenotten abstammenden Uhrmachers und einer Genfer Calvinistin, 1728 Flucht aus dem Elternhaus zu Madame de Warens in Annecy – einer zum Katholizismus konvertierten Calvinistin –, unter ihrem Einfluß Übertritt zum Katholizismus, Entscheidung für eine Laufbahn als Schriftsteller und Musiker, seit 1742 in Paris, Hauslehrer, vorübergehend Gesandtschaftssekretär in Venedig, Bekanntschaft mit Dénis Diderot (s. ds. Personenregister Bd. VII) und den Enzyklopädisten, 1750 Verfasser einer Preisschrift für die Akademie Dijon („Discours sur les sciences et les arts"), darin Darstellung der Entfremdung des ursprünglich guten Menschen durch Künste und Wissenschaften, Appell zur Erinnerung an die jenem Urzustand zugeschriebenen Werte, 1754 Rückkehr zum Calvinismus, 1755 neuerliche, allerdings erfolglose Teilnahme an einer Preisfrage („Discours sur l'origine et les fondements de l'inégalité parmi les hommes") mit einer grundsätzlichen Zivilisations-, Geschichts- und Gesellschaftskritik und Forderung nach Wiederherstellung der ursprünglichen Rechtsgleichheit aller Menschen, Zerwürfnis mit seinen Gönnern und Freunden, Vollendung seiner philosophischen Hauptwerke über Erziehung und Politik (1762), im „Contrat social" Forderung nach freiwilliger Entäußerung aller individuellen Rechte an die Gemeinschaft und nach einer Demokratie von mündigen Bürgern, im „Émile" Konstruktion eines gesellschaftsfreien Raumes zur optimalen Erziehung eines Knaben

allein durch die Natur und die Dinge bei absoluter Zurückhaltung der Erzieherpersönlichkeit (indirekte Erziehung) – aufbauend auf der Anthropologie vom ursprünglich guten Menschen –, Verbot dieser beiden Schriften durch die staatliche Zensur, den Erzbischof von Paris und in der Stadt Genf, seit 1762 im Ausland, 1766–1767 auf Einladung David Humes (s. ds. Personenregister Bd. XIX) in England, seit 1770 wieder in Paris, dort Vollendung seiner Memoiren („Les confessions", 1782), die durch ihre Hinkehr zur subjektiven Innerlichkeit und dem persönlichen Bekenntnis literaturgeschichtliche Bedeutung erlangten, Gegner eines optimistischen Fortschrittsglaubens.

82, 82, *83,* 84 f., *85,* 88, *105,* 108, *244,* 258

RUBENS, JOHANN FERDINAND (1804–1882);
Lehrer, aus Cronenberg (h. Wuppertal), Sohn eines Kaufmanns, 1823–1826 Seminarist in Moers, Empfänger eines Stipendiums, Hilfslehrer in Cronenberg, 1827 Bewerber um die Lehrerstellen an der evangelischen Elementarschule auf dem Wolfshahn (Elberfeld, h. Wuppertal) und an der evangelischen Elementarschule auf dem Katernberg (ebd.), seit 1828 Lehrer an der Schule in Hossenhaus (Höhscheid, h. Solingen), Begründer und Redakteur des „Landwirtschaftlichen Central-Blatts für das Bergische Land", um die Obstbaumzucht verdient, Verfasser zahlreicher Lehrbücher zur Landwirtschaft.

Schriften u. a.:

Pomologisches Lesebuch für unsere Landschulen. Enthaltend: den Unterricht in der Obstbaumzucht für Kinder und Erwachsene. Nebst einem Anhange über die Zucht der Maulbeerbäume. Krefeld 1838;

Vollständige Anleitung zur Obstbaumzucht. Ein Handbuch für Lehrer und alle Freunde der Obstkultur. 2 Bde. Essen 1843–1844;

Der kleine Weinbauer. Ein Volks- und Schulbuch. Mainz 1845;

Die Schule der Landwirtschaft. Lehrbuch für Ackerbauschulen, Landschulen und weiterstrebende Landwirte. Leipzig 1847; 2. Aufl. 1850;

Anleitung zur einträglichen Seidenraupenzucht. 2. Aufl. Ebd. 1852. *397*

HStA Düss, Reg. Düss., Nr. 2926

RÜHLE VON LILIENSTERN, JOHANN JAKOB OTTO AUGUST (1780–1847);
preußischer General und Schriftsteller, aus Berlin, 1793 Eintritt in die preußische Armee als Kadett, Studium der Naturwissenschaften, der Philosophie, der Politik und der Musik an der Kriegsschule unter der Leitung Gerhard Johann David Scharnhorsts (s. ds. Personenregister Bd. V, XII und XIV), Freundschaft mit Heinrich von Kleist, 1806 Adjutant im Stab des Fürsten Friedrich Ludwig von Hohenlohe-Ingelfingen, seit 1807 Erzieher des Prinzen Bernhard von Sachsen-Weimar in Dresden, 1809 als weimarischer Obrist Teilnahme am Feldzug gegen Österreich, 1813 Generalkommissar der deutschen Bewaffnung unter Reichsfreiherrn Heinrich Friedrich Karl vom und zum Stein (s. ds. Personenregister Bd. V, XII, XIV und XV), 1815 Ernennung zum Chef der Abteilung Kriegsgeschichte beim Großen Generalstab, seit 1837 Direktor der Allgemeinen Kriegsakademie, seit 1844 Generalinspektor des Militärerziehungs- und Bildungswesens, Vertreter einer vom Kriegsgedanken durchdrungenen Staatslehre, Verfasser von Abhandlungen über Feldzüge und Kriegsführung sowie von Karten und Atlanten, u. a.:

Bericht eines Augenzeugen von dem Feldzuge der während den Monaten Sept. und Oct. 1806 unter dem Commando des Fürsten zu Hohenlohe-Ingelfingen gestandenen … Truppen. Berlin 1807;

Kriegskatechismus für die Landwehr. Ebd. 1813;

Handbuch für den Officier. 2 Bde. Ebd. 1817/ 1818;

Rühle von Liliensterns physische Karten. Ebd. 1825;

Allgemeiner Schul-Atlas. Ebd. 1826; dazu 3 Supplementsblätter. *311,* 312, *323,* 326

RÜTTGERS, HERMANN FRIEDRICH (ca. 1806–nach 1846);
Lehrer, aus Holthausen (h. Breckerfeld), 1823 bis 1826 Seminarist in Moers, Empfänger eines Stipendiums, 1827–1831 Hilfslehrer, nach dem Tod des emeritierten Amtsvorgängers Hof 1831 definitiver Lehrer an der lutherischen Elementarschule im Grund (Lüttringhausen), später in Holthausen, 1829 Bewerber um die Lehrerstelle an der evangelischen Pfarrschule in Reusrath (h. Langenfeld im Rheinland), 1843 Anklage wegen Einreichung einer gefälschten Schulgeldliste, 1844 freiwilliges Ausscheiden aus dem Beruf wegen einer Erkrankung, 1846 aufgrund einer Eingabe bei Landrat Otto Friedrich Karl von Bernuth (1816–1887) Gewährung einer Entschädigung für die von ihm im Schulgarten angelegten Pflanzungen, Nachzahlungsforderungen an die Gemeinde wegen in der Schule belassener Gegenstände, zuletzt in Voerde (h. Ennepetal).

Verfasser von:

Praktische Anleitung zum Kopfrechnen in methodisch geordneten Uebungen und Aufgaben für Elementarschulen und höhere Lehranstalten. 1. Heft: Behandlung der ganzen Zahlen in unbenannten und benannten Größen. 2. Heft: Die Brüche. Schwelm 1846. 150, *157,* 294, *396 f.*

HStA Düss, L. A. Lennep, Nr. 80, 141, sowie Reg. Düss., Nr. 3309, 3654

RUMPF (erw. 1821 und 1822);
Verfasser von:

Handbuch für Geistliche und Schullehrer im Preußischen Staate zur Kenntniß der in Kirchen- und Unterrichtsangelegenheiten erlassenen Gesetze und Verordnungen. Berlin 1821;

Handbuch für Geistliche und Schullehrer, zur Kenntniß der Preußischen Gesetzgebung in Kirchen- und Unterrichtsangelegenheiten, nach alphabetischer Wortfolge. Ebd. 1822. *323, 326*

SACHS, HANS (1494–1576);

Meistersinger, Spruchdichter und Dramatiker, aus Nürnberg, Sohn eines Schneiders, Absolvent der Lateinschule, Schusterlehrling, Einführung in den Meistergesang durch Lienhard Nunnenbeck, Gesellenwanderung durch Bayern, Franken und an den Rhein, 1516 Rückkehr nach Nürnberg, 1520 Niederlassung als Schuhmachermeister, nach Erlangung eines ausreichenden Wohlstandes Aufgabe des Handwerks zugunsten schriftstellerischer Tätigkeit, entscheidend von der Reformation beeinflußt, 1523 Preisung von M. Luthers (s. ds.) Sieg („Die Wittenbergisch Nachtigall"), 1527 Verwarnung durch den Rat der Stadt wegen Mitwirkens an einer antipäpstlichen Schrift, Verfasser von zahlreichen Meisterliedern sowohl weltlichen als auch geistlichen Inhalts, durch abschnittweise Versifizierung von Luthers Bibelübersetzung Beförderung der Reformation, außerdem Verfasser von etwa 1900 Spruchgedichten, 125 dramatischen Werken, 85 Fastnachtsspielen sowie vier die Reformation verhandelnden Prosadialogen (insgesamt über 6100 Titel). *103, 105*

SACHS, JAKOB (1769–1843);

jüdischer Pädagoge, aus Gutentag (Schlesien), seit 1783 Student der jüdischen Theologie in Groß-Glogau unter der Aufsicht seines dort wohnenden Großvaters, Besuch der dortigen talmudischen Kollegien, mehrjähriger Studienaufenthalt in Frankfurt a. M., Verbindung zur Schule von Moses Mendelssohn (s. ds. Personenregister Bd. XI), 1789 Wechsel nach Frankfurt in der Absicht, dort aufgeklärte jüdische Kultur zu fördern, seit 1793 Lehrer an der Baruchschen Erziehungsanstalt, u. a. von Ludwig Börne (1786–1837), 1804 Begründer der ersten israelitischen Schulanstalt in Frankfurt a. M., Beschäftigung etlicher namhafter Lehrer, u. a. des französischen Gelehrten Gerson-Levy, von zahlreichen orthodoxen Juden angefeindet, jedoch von angesehenen Frankfurter Bürgern zunehmendgewürdigt, 1806 Empfehlung Wilhelm Friedrich Hufnagels an das Frankfurter Konsistorium, die Anstalt anzuerkennen, Erwerb des Bürgerrechts, 1807 Vermählung, Gründung einer mit seiner Schule verbundenen Erziehungsanstalt für Mädchen durch seine Frau, Anhänger der Pädagogik von J. H. Pestalozzi (s. ds.), nach der Machtergreifung durch die Franzosen 1815 zur Beschränkung der Schülerzahl auf 100 Kinder gezwungen, aufgrund dessen 1823 freiwillige Auflösung der Anstalt, weiterhin Teilnahme am Bildungsgeschehen, Förderung von Bedürftigen, insbesondere in Bildungsangelegenheiten. *20, 20*

IfStG Ffm; Jak; Nek

SACK, JOHANN AUGUST VON (1764–1831);

preußischer Beamter, aus Kleve, Sohn eines Kriminalrichters, 1782–1784 Studium der Rechtswissenschaft und der Kameralistik an der Univ. Halle, seit 1784 an der Univ. Göttingen, 1788 bis 1792 Bergrichter und Bergrat in Wetter a. d. Ruhr (b. Bochum), 1792–1798 Kriegs- und Domänenrat in Kleve, Freund des dortigen Kammerpräsidenten Reichsfreiherrn Heinrich Friedrich Karl vom und zum Stein (s. ds. Personenregister Bd. V, XII, XIV und XV), 1797 Leitung der diplomatischen Verhandlungen mit dem französischen General Lazare Hoche (1768–1797) wegen der linksrheinischen Besitzungen Preußens, 1798 bis 1803 Direktor des Oberbergamts in Wetter, dann Geh. Oberfinanzrat in Berlin, 1806 bei Kriegsausbruch Zivilgouverneur von Berlin, 1807 nach dem Frieden von Tilsit (Ostpreußen) Mitglied der Friedensvollzugskommission, seit 1808 Verwaltung der von Frankreich geräumten Provinzen und Bemühungen um eine Durchführung der vom Steinschen Reformen, seit 1813 Zivilgouverneur der Lande zwischen Oder und Elbe, 1814 nach Auflösung der französischen Herrschaft alliierter Generalgouverneur der preußischen linksrheinischen Provinzen Nieder- und Mittelrhein in Aachen, Einsetzung von J. J. Görres (s. ds.) und K. F. A. Grashof (s. ds.) als Direktoren des öffentlichen Unterrichts, Versendung eines Fragebogens über den Zustand der bestehenden Schuleinrichtungen („Dreiundvierzig Schulfragen") an alle Gemeinden seines Verwaltungsbezirks, 1815 Oberpräsident der neugeschaffenen preußischen Rheinprovinzen, Förderer des Schulwesens, 1816 aufgrund von Mißliebigkeit bei den zunehmend reaktionären Kräften Versetzung nach Stettin als Oberpräsident von Pommern (bis 1831), dort Durchführung wichtiger struktur- und wirtschaftspolitischer Maßnahmen. *154 (?), 156*

Gers; Preu; Rom

SACK, KARL HEINRICH (1790–1875);

lutherischer Theologe, aus Berlin, Sohn des Oberkonsistorialrats und späteren Bischofs Friedrich Samuel Gottfried S. (s. ds. Personenregister Bd. XIV), seit 1805 Studium der Rechtswissenschaften an der Univ. Göttingen, seit 1810 der Theologie an der Univ. Berlin, 1813 freiwilliger Jäger bei den Befreiungskriegen, anschließend Eintritt in das Berliner Domkandidatenstift, Stipendiatenreise durch Deutschland, Holland und England, Habilitation, 1817–1818 Privatdozent in Berlin, 1818 bis 1847 Professor der Theologie an der Univ. Bonn, 1819–1834 auch erster Pfarrer in Bonn, 1821 Dr. theol. h. c. (Bonn), 1847–1860 zunächst Konsistorialrat und später Oberkonsistorialrat in Magdeburg, 1860 Pensionierung, 1860–1862 Honorarprofessor an der Univ. Berlin, Vertreter der Schleiermacherschen Schule, Eintreten für die Union der lutherischen und der reformierten Kirche.

Schriften u. a.:

Christliche Apologetik. Hamburg 1829;
Christliche Polemik. Ebd. 1838;
Ueber Christenthum, Kirche und Bekenntniß-
schriften. Erinnerung an alte Wahrheiten zur Widerlegung alter und neuer Irrthümer. Magdeburg
1847;
Die evangelische Kirche und die Union. Bremen
1861. *154 (?), 156*

SÄNGER, FRIEDRICH BERNHARD LUDWIG
(1775–1832);
Pädagoge, aus Königsee (b. Rudolstadt), 1806
Förderer F. W. A. Fröbels (s. ds.), 1807–1826
Lehrer an der Musterschule in Frankfurt a. M., an
der 1813–1818 Diesterweg tätig war, Förderer
von Schulexkursionen, 1827 Pensionierung.   *24*
Fro; Mau

SALAT, JAKOB / JOSEPH (1766–1851);
katholischer Theologe und Philosoph, aus Abtsge-
münd (b. Ellwangen), Studium der Philosophie
und der Theologie am Klerikalseminar in Dillingen, u. a. bei Johann Michael Sailer (s. ds. Personenregister Bd. III), 1790 Priesterweihe, Pfarrvikar
in Ellwangen, 1793–1801 Pfarrer in Zusamzell (h.
Altenmünster), 1801–1802 in Haberskirchen (Ost-
bayern), seit 1802 Professor der Moral- und Pastoraltheologie am Königlichen Lyzeum in München, außerdem Pfarrer in Ambach (b. Dachau),
seit 1807 Professor der Philosophie in Landshut,
Gegner Friedrich Wilhelm Joseph von Schellings
(s. ds. Personenregister Bd. I, X, XII und XIII).
Schriften u. a.:
Die Religionsphilosophie. Landshut 1811;
Grundlinien der Religionsphilosophie. Sulzberg
1819.   *103, 106*

SALLUST, d. i. GAIUS SALLUSTIUS CRISPUS
(86 v. Chr.–34/35 n. Chr.);
römischer Historiker, aus Amiternum (b. L'Aqui-
la), 54 v. Chr. Quästor, 52 Volkstribun, 50 Versto-
ßung aus dem Senat, später Rehabilitierung und
Wiedereingesetzung durch Caesar, 46 in Begleitung Caesars als Prätor in Afrika, dort Statthalter,
nach der Ermordung Caesars Rückzug aus der Politik, Tätigkeit als Geschichtsschreiber, Beschäftigung mit der Frage nach der Schuld am Niedergang Roms, für den er vor allem den Rückgang
der „Virtus" (Tugend) unter der herrschenden No-
bilität verantwortlich machte.
Schriften u. a.:
De coniuratione Catalinae (Die Verschwörung des
Catalina);
Bellum Iughurtinum (Der Jughurtinische Krieg);
Historiae (5 Bücher über die Zeit von 78 bis 67 v.
Chr.).   *93*

SALZMANN, CHRISTIAN GOTTHILF (1744–1811);
lutherischer Theologe, Pädagoge und Schriftsteller, aus Sömmerda, Sohn eines gering dotierten,

orthodoxen Pfarrers, 1761–1764 Studium der
Theologie an der Univ. Jena, außerdem bei dem
Kameralisten Joachim Georg Darjes – einem be-
deutenden Kritiker des Schulwesens –, der einen
frühen Industrieschulversuch in die akademische
Lehre integrierte, 1768–1772 Pfarrer in Rohrborn
(b. Sömmerda), Eintreten für die arme Landbevölkerung, u. a. durch eigene Bemühungen um eine
Verbesserung der Agrarproduktion, 1772–1781
zunächst Diakon, dann Pfarrer in Erfurt, Engagement für Schulen, Waisenhäuser, Armen- und
Krankenhäuser, Gefängnisse und Zuchthäuser,
Anprangerung von Unwissenheit und schlechter
Erziehung als Ursachen sozialen Elends, nach
heftigen Auseinandersetzungen mit der orthodoxen Geistlichkeit 1781–1784 Liturg und Religionslehrer am Philanthropin von J. B. Basedow
(s. ds.) in Dessau, 1784 Eröffnung eines eigenen
Philanthropins auf dem Gut Schnepfenthal (h.
Waltershausen, b. Gotha) mit Unterstützung des
Herzogs Ernst II. von Sachsen-Gotha und der dortigen Freimaurerloge, seit 1783 deren Mitglied,
Leitung seiner Erziehungsanstalt bis zum Tode,
unter den Philanthropen der herausragende praktische Erzieher, Hrsg. der Volkszeitung „Bote aus
Thüringen" (1788–1811; um 1800 rund 6000 Be-
zieher), Darstellung seiner pädagogischen und
methodischen Gedanken in allgemeinverständli-
chen Werken (1780, 1798, 1806), Darlegung des
selbst erlebten menschlichen Elends in einem sozi-
alkritischen Roman (1783–1787).
Schriften u. a.:
Anweisung zu einer zwar nicht vernünftigen, aber
doch modischen Erziehung der Kinder. Erfurt
1780; von der 3. Aufl. (1792) an u. d. T.: Das
Krebsbüchlein oder Anweisung zu einer unvernünftigen Erziehung der Kinder;
Gottesverehrungen im Betsaale des Dessauer Philanthropin gehalten. 1.–4. Teil Dessau und Leipzig 1781–1783; 5.–6. Teil Leipzig 1784/ 1788;
Carl von Carlsberg oder über das menschliche
Elend. 6 Bde. Schnepfenthal 1783–1787;
Konrad Kiefers ABC- und Lesebüchlein. 2 Bändchen. Ebd. 1798;
Ameisenbüchlein, oder Anweisung zu einer vernünftigen Erziehung der Erzieher. Ebd. 1806;
Über die Erziehungsanstalt zu Schnepfenthal. Ebd.
1808.   *244f., 257f., 260, 455, 456*

SANDER, JOHANN DANIEL (1759–1825);
Buchhändler und Schriftsteller, aus Leipzig, bis
1780 Studium der Theologie an der Univ. Leipzig,
Lehrer in Berlin, 1785–1789 Redaktor der „Berli-
ner Zeitung", Berater, Vertreter und schließlich
Leiter der Vossischen Verlagsbuchhandlung, 1798
Ankauf der Weverschen Verlags- und Sortiments-
buchhandlung, seither selbständig, Mitglied der
„Literarischen Mittwochsgesellschaft", Bekannter
J. W. v. Goethes (s. ds.) und F. v. Schillers (s. ds.),
Verleger von August Friedrich Ferdinand von Kot-

zebue (s. ds. Personenregister Bd. XI), Mitredaktor von dessen Zeitschrift „Der Freimüthige", Hrsg. literarischer Sammelwerke, u.a.:
Kleine Romane, Erzählungen und Schwänke. (Gem. mit Wilhelm Christhelf Siegmund.) 6 Bde. Berlin 1783–1789;
Die heilige Cäcilia, geistliche Lieder, oder Motetten, Psalmen, Chöre und andere Gesänge. 3 Abteilungen in 4 Lieferungen. Ebd. 1819. *251, 267*

SANDERUS [SANTERUS] s. ZIESSLING, JOHANN HEINRICH FRIEDRICH MARTIN.

SARRES, JOHANN HEINRICH (1807–1876);
Lehrer, aus Orsoy (h. Rheinberg, Niederrhein), 1823–1826 Seminarist in Moers, von Superintendent W. J. G. Roß zur Unterstützung empfohlen, Empfänger eines Stipendiums, 1826 Bewerber um die Lehrerstelle an der evangelischen Elementarschule auf der Gathe (Elberfeld <h. Wuppertal>), Hauslehrer bei Johann Peter vom Rath und Bürgermeister Vinmann (s. ds.) auf Gut Lauersfort (b. Kapellen, h. Moers), 1829 Lehrer an der evangelischen Elementarschule in Vennikel (h. Moers), 1829–1830 Schulamtskandidat an der Realschule I. Ordnung mit Gewerbeschule (vormals Bürgerinstitut von J. F. Wilberg <s. ds.>) in Elberfeld (h. Wuppertal), 1830–1833 dort Hilfslehrer, 1831 als Halbinvalide für nicht kriegsdiensttauglich erklärt, 1832 auf der Dreierliste für die neu zu besetzende Lehrerstelle an der Schule auf der Gathe, 1833–1840 Lehrer an der evangelischen Elementarschule in Pattscheid (h. Leverkusen), Aufnahme von schwer erziehbaren Kindern – u.a. aus Elberfeld und Barmen (h. Stadtteile von Elberfeld) – in seinem Hause, 1840–1843 Lehrer an der evangelischen Elementarschule in Nümbrecht, 1843–1876 Hauptlehrer an der evangelischen Elementarschule auf der Gathe, Lehrer an der Aspiranten-Bildungsschule in Elberfeld. 156, *157, 367*

Goe 1; HStA Düss, Reg. Köln, Nr. 2875, 3456, 3650; Jor; StA Wupp, L I 145

SASSEN, JOHANN HEINRICH (1803–mind. 1857);
aus Byfang (h. Essen), getauft in Holten (h. Oberhausen), Sohn eines Lehrers, 1820 Ablegung der Prüfung zum Lehrer an kleinen Landschulen vor der Königlichen Prüfungskommission in Düsseldorf, 1821 Privatunterricht bei Pfarrer Wilhelm Emil Meyer (1762–1830) in Götterswickerhamm (h. Voerde, b. Wesel), 1823–1857 Lehrer an der evangelischen Elementarschule in Bucholtwelm (h. Hünxe, b. Wesel), Einrichtung einer Handlung im Schulgebäude, Verstrickung in Schulden, unerlaubte Überlassung seines Amtes an einen Stiefsohn wegen eigener Kränklichkeit, wiederholte Beschwerdeführung gegen ihn, 1857 freiwillige Niederlegung gegen eine Abfindungszahlung. *402f.*

HStA Düss, Reg. Düss., Nr. 2731

SCHADEN, JOHANN NEPOMUK ADOLF VON (1791–1840);
Offizier, Dichter, Reiseschriftsteller, aus Oberstdorf, Sohn eines kurfürstlich-trierischen und fürstbischöflich-augsburgischen Hofrats und Pflegeverwalters, seit 1806 Freiwilliger in der bayerischen Artillerie, 1808 Lieutenant, nach schweren Verletzungen im Zivildienst bei der Königlichen Ministerialsektion der Stiftungen und Kommunen in München, später Inspektionsoffizier und Adjutant beim Königlichen Kadettencorps, dann Platzadjutant in Lindau am Bodensee und Kempten, 1815 als Adjutant des Hauptreserveparks bei der bayerischen Armee in Frankreich, nach dem Krieg Austritt aus der Armee, Aufenthalte in Dresden, Berlin, Prag und Wien, schließlich im Zivilstaatsdienst in München, schriftstellerisch vielseitig tätig, zunächst Verfasser dramatischer Werke, dann vor allem Reiseschriftsteller.

Schriften u.a.:
Theodor Körner's Tod, oder das Gefecht bey Gadebusch. Ein dramatisches Gedicht. Berlin 1817;
Europa's Auswanderer, eine verwilderte Skizze zur Charakteristik der verwilderten Zeit, in einer freien Versart, als Gegenstück zu den deutschen Emigranten. Boston (Berlin) 1819;
Berlin's Licht- und Schattenseiten. Nach einem mehrjährigen Aufenthalt an Ort und Stelle skizzirt. Dessau 1822;
Meister Fuchs, oder humoristischer Spaziergang von Prag über Wien und Linz a. d. Donau nach Passau. Allerneuestes Capriccio, als drittes Tableau der Kater- und Bockssprünge. Ebd. 1823. *103, 105*

SCHAEFER [SCHÄFER], ADAM (1752–1834);
Zimmermeister in Moers, aus Odenkirchen (h. Mönchengladbach), von der Königlichen Regierung in Düsseldorf als qualifiziert anerkannt. *177, 372*

StA Moers; ULB Düss

SCHÄFER, WILHELM (1802–nach 1868);
Lehrer, aus Duisburg, Sohn eines Tuchbereitergesellen und Handelsmannes, 1820 Unterlehrer an der evangelischen Pfarrschule in Witzhelden (h. Leichlingen), mit Unterstützung von Schulpfleger Pfarrer J. K. F. Bunge (s. ds.) und von Diesterweg nachträgliches Einklagen seines Unterlehrergehaltes, 1820–1823 Seminarist in Moers, Hauslehrer in Ruhrort (h. Duisburg), 1825–1842 Lehrer an der evangelischen Elementarschule in Hoerstgen (h. Kamp-Lintfort, Niederrhein), 1827 Teilnehmer am Lehrkursus im Seminar in Moers, dort Ablegung der Wiederholungsprüfung, 1833 Bewerbung um eine Lehrerstelle in Ruhrort, seit 1842 provisorischer Lehrer am Seminar in Moers, 1846–1849 zunächst vierter, dann dritter provisorischer Lehrer an der städtischen Elementarschule, 1849–1868 dort definitiver Lehrer, 1868 frei-

willige Pensionierung mit Ruhegeld. *120, 129, 140*
HStA Düss, Reg. Düss., Nr. 3396, 3422, 3667

SCHARFENBERG, KARL LUDWIG (erw. 1819); evangelischer Theologe, Pfarrer in Gerau (Ostalb). Verfasser von:
Wetteranzeiger, oder: ein, nichts als geringe Aufmerksamkeit kostendes, Mittel, nähere und entferntere künftige Witterung zum höchsten Verlaß erforschen zu können. Wien 1819. *103,* 105

SCHEIDT, JOHANN WILHELM (1790–1860); Lehrer, aus Eversael (h. Rheinberg, Niederrhein), Sohn eines Lehrers, Erhalt von Privatunterricht in deutscher und französischer Sprache, u.a. bei Pfarrer W.J.G. Roß (s. ds.) – einem Freund der Familie –, 1807–1808 Vertreter des Schullehrers von Budberg, außerdem stundenweise Hospitation beim Unterricht von J.P. Schleheck (s. ds.) in Rheinberg, 1808–1809 Gehilfe an der französischen Schule des Herrn Weniger in Mülheim a.d. Ruhr, Erhalt von Französisch- und Italienischunterricht, 1809–1810 Privatlehrer bei Herrn Voet in Eversael, 1809 vermutl. Bewerber um die Elementarlehrerstelle in Moers, die A. Bleckmann (s. ds.) zugesprochen wurde, 1810–1814 Lehrer an der evangelischen Elementarschule in Eversael, Umgang mit Roß und J.J. Ewich (s. ds.) in Budberg, 1814–1815 Lehrer an der privaten Schule von Carl Lekebusch (s. ds. Personenregister Bd. I) in Rheydt, 1815 kurzzeitig Privatlehrer in Ruhrort (h. Duisburg), 1815–1819 Lehrer an der evangelischen Elementarschule in Budberg, 1819 bis 1852 Lehrer an der zweiten evangelischen Elementarschule in Krefeld und Organist der lutherischen, seit 1822 unierten Kirche, von Roß sehr empfohlen, 1833–1834 Schreiblehrer an der höheren Stadtschule, außerdem Lehrer an der Freischule, 1852 wegen unverschuldeter Dienstunfähigkeit mit Anspruch auf eine städtische Pension in den Ruhestand versetzt, Freund von J.H. Schürmann (s. ds.) und Schwiegervater von dessen Sohn Ludwig (später ebenfalls Hauptlehrer in Krefeld), 1843 vom Düsseldorfer Regierungspräsidenten Johann Adolf Freiherr von Spiegel-Borlinghausen (1792–1852) belobigt. *390f.*
Gym; HStA Düss, Reg. Düss., Nr. 3240, 3241; StA Kref

SCHEIDTMANN, CARL ARNOLD (geb. 1795), einer der „Gebrüder Sch.";
Comptorist, aus Moers, Sohn von Matthias Sch. (s. ds.), seit 1820 dessen Nachfolger als Hauptdomänenpächter (Obersteuerempfänger) des Fürstentums Moers, 1823 Verkäufer des ererbten Hauses in der Haagstraße an das Lehrerseminar (gem. mit einem oder mehreren Brüdern). *124, 127f., 134, 165*
Moers 1; StA Moers

SCHEIDTMANN, MATTHIAS (gest. um 1820); aus Duisburg, 1784–1797/98 sowie wieder seit 1804 Hauptdomänenpächter (Obersteuerempfän-

ger) des Fürstentums Moers, Inhaber zahlreicher Besitzungen, 1792 von den Franzosen aufgrund der Abschaffung der Renten für Feudalgelder vorübergehend des Amtes enthoben und als Geisel verschleppt, um von der Bevölkerung die Kriegssteuer zu erpressen, Flucht aus der Haft, 1794 Erbauung eines stattlichen Hauses in der Haagstraße in Moers, darin vorübergehend Unterbringung der Feldbäckerei der französischen Armee, seit ca. 1812 wieder Pächter (Rentier), vergebliche Bemühungen um Entschädigung für die Rentenausfälle während der französischen Besatzung, 1815 von den Bürgermeistern zum Kantonskommissar gewählt. *123f., 124, 127f., 137, 142f., 149,* 156, 291, *332*
Moers 1; StA Moers

SCHELLENBERG, JOHANN (ANTON) PHILIPP (1767–1834);
lutherischer Theologe und Arithmetiker, aus Röppisch (h. Ebersdorf, Frankenwald), Sohn eines Katecheten, 1787–1790 Studium der Theologie an den Univ. Jena und Leipzig, 1790 von dänischen Werbern zum Militärdienst verpflichtet, dort Aufstieg zum Fourier, 1795 Freikauf vom Militärdienst durch die Univ. Leipzig, privater Schriftsteller, später Buchhalter in der Ettingerschen Buchhandlung in Gotha, 1806–1807 Lehrer für Arithmetik am Erziehungsinstitut von Johann Peter Hundeiker (s. ds. Personenregister Bd. V) in Groß Lafferde (h. Lahstedt, b. Braunschweig), 1807–1817 Revisor am Landes-Industrie-Comptoir in Weimar, seit 1817 für einige Jahre Revisor bei der großherzoglichen Kammer in Weimar, nach seiner Pensionierung Privatlehrer für Rechnen, Verfasser zahlreicher Abhandlungen und Lehrbücher.

Schriften u.a.:
Fibel für Bürger- und Landschulkinder. Rudolstadt 1798;
Kaufmännische Arithmetik, oder allgemeines Rechenbuch für Banquiers, Kaufleute etc. 2 Cursus in 4 Teilen. Braunschweig und Rudolstadt 1805;
Kurzgefaßte kaufmännische Arithmetik, oder Auszug aus Obigem. Rudolstadt 1806;
Meinung der Ärzte über die Gicht. Ebd. 1807;
Das Ganze der Rechenkunst oder Gründliche und faßliche Anweisung zum Rechnen für alle Stände. 2 Bde. Erfurt 1824. *248,* 264

SCHELLER[T], IMMANUEL JOHANN GERHARD (1735–1803);
lutherischer Theologe, Philologe und Pädagoge, aus Ihlow (b. Dahme, Niederer Fläming), Sohn eines Pfarrers, Absolvent der Leipziger Thomasschule, 1757–1760 Studium der Theologie und Philologie an der Univ. Leipzig, 1761–1771 Rektor des Lyzeums in Lübben (Spreewald), dort auch Pfarrer und Privatlehrer, 1771 Ruf durch Minister Karl Abraham Freiherrn von Zedlitz (s. ds.

714

Personenregister Bd. VI) an das Königliche Gymnasium in Brieg (Niederschlesien), 1771–1803 dort Rektor, Professor primarius und Bibliothekar, Herausgeber zahlreicher altphilologischer Werke und Wörterbücher.

Schriften u. a.:

Vom Nutzen der griechischen Sprache. Brieg 1772;

Ausführliche lateinische Sprachlehre, oder sogenannte Grammatik. Leipzig 1779;

Kurzgefaßte lateinische Sprachlehre oder Grammatik. Ebd. 1780;

Lateinisch-teutsches und teutsch-lateinisches Handlexikon, vornehmlich für Schulen. 2 Teile. Ebd. 1792. *246, 261, 272, 276*

SCHEWEN [SCHEVEN], LUCAS VON (1779–1831);
Lehrer, aus Elberfeld (h. Wuppertal), 1797–1813 Lehrer an der evangelischen Elementarschule auf der Gathe (Elberfeld), 1813–1831 an der reformierten Pfarrschule auf dem Hofkamp (ebd.), Erhebung dieser Schule zur zweitbeliebtesten der Stadt (nach der auf der Gathe) mit rund 350 Schülern im Jahre 1828, 1829 schwere Erkrankung. *393, 575*

Jor

SCHILLER, JOHANN CHRISTOPH FRIEDRICH VON (1759–1805);
Dichter, Kritiker und Historiker, aus Marbach a. Neckar, Sohn eines Feldschers, 1773–1780 Besuch der „militärischen Pflanzschule" (später Hohe Karlsschule) auf Schloß Solitude (seit 1775 in Stuttgart), hier Studium der Medizin und der Philosophie, 1780 Promotion, Regimentsmedikus in Stuttgart, 1780 Uraufführung seines ersten Dramas „Die Räuber" in Mannheim, von Herzog Karl Eugen mit Arrest und dem Verbot weiterer schriftstellerischer Arbeit belegt, Flucht, in zahlreichen Dramen (u. a. 1784 „Kabale und Liebe", 1805 „Don Carlos") Darstellung psychologischer Ausnahmesituationen, seit 1785 Aufenthalt bei seinem Freund Christian Gottfried Körner (s. ds. Personenregister Bd. XIII) in Leipzig und Dresden, 1786 Veröffentlichung von „Philosophischen Briefen", 1787 in Weimar, durch Vermittlung J. W. v. Goethes (s. ds.) seit 1788 Professor der Geschichte an der Univ. Jena, Interpretation der Geschichte als Entwicklungsprozeß zur Gegenwart als der besten aller Zeiten, 1790 Meininger Hofrat, Studium I. Kants (s. ds.), Verarbeitung von dessen „Kritik der Urteilskraft" in seinen ästhetischen Schriften (u. a. „Ueber Anmuth und Würde", 1793; „Ueber die ästhetische Erziehung des Menschen in einer Reihe von Briefen", 1795), 1792 Verleihung des französischen Bürgerrechts wegen seiner positiven Darstellung von Rebellionen in historischen Dramen (u. a. „Geschichte des Abfalls der Vereinigten Niederlande …", 1788), zunehmend Kritiker der Französischen Revolution, Freundschaft

mit Wilhelm von Humboldt und Goethe, mit letzterem Frontstellung gegen literarische Mittelmäßigkeit, u.a. durch Hrsg. der „Horen" (1795 bis 1797) und des „Musen-Almanach" (1796–1800), 1799 Übersiedlung nach Weimar, kritische Bestandsaufnahme der neueren Literatur und Entwicklung grundsätzlicher dichtungstheoretischer Kategorien („Ueber natürliche und sentimentalische Dichtung"), Verfasser von literarischen Werken zahlreicher Gattungen und Übersetzer. *76, 82, 83, 93, 407*

SCHLACHTER, GEORG JOACHIM (1785–1860), Pseudonym: Julius Hart;
Lehrer und Dichter, aus Körnitz (h. Meilendorf, b. Dessau), Sohn eines Lehrers, kurzzeitiger Besuch des Schullehrerseminars, 1803–1815 Gehilfe seines Vaters in Körnitz, 1815–1828 Oberlehrer und 1828–1857 Inspektor am Luiseninstitut (Erwerbsschule) in Dessau, Verfasser von pädagogischen Schriften sowie Erzählungen und Gedichten.

Schriften u. a.:

Uebungsstunden im Kopfrechnen sowohl für Lehrer in Bürger- und Volksschulen als auch für den Selbstunterricht. Dessau 1819;

Andeutungen über Amt und Leben des Lehrers in Land- und Bürgerschulen in Briefen an einen angehenden Landschulmann. Ebd. 1821;

Die sechs abentheuerlichen Schwestern. Ebd. 1824;

Das alte und das neue deutsche Volksschulwesen, dargestellt in neben einander fortgehenden Gegensätzen. Ein Doppelspiegel, zunächst Volksschullehrern zu prüfender Selbstbeschauung dargeboten. Leipzig 1825. *322, 325*

SCHLEGEL, AUGUST WILHELM [VON] (1767–1845);
Übersetzer, Philologe und Kritiker, aus Bonn, Sohn des Theologen und Schriftstellers Johann Adolf Schlegel (1721–1793), Studium der Theologie und der Philologie an der Univ. Göttingen, Schüler von Gottfried August Bürger, von diesem in die Praxis der Übersetzung eingeführt, 1791 bis 1795 Hauslehrer in Amsterdam, Veröffentlichung erster Kritiken und Rezensionen, 1795–1801 in Jena, 1798–1801 o. Professor an der Univ. Jena, gem. mit seiner Frau Caroline S. eines der führenden Mitglieder der „romantischen Schule" um J. G. Fichte (s. ds.), Johann Ludwig Tieck und Novalis [Friedrich von Hardenberg], Übersetzer der Dramen von William Shakespeare (1797–1810), 1798–1800 gem. mit seinem Bruder Friedrich [von] S. Hrsg. der Zeitschrift „Athenaeum", 1801 Übersiedlung nach Berlin, Abhaltung einer Vorlesungsreihe „Über schöne Literatur und Kunst", darin Darstellung der Literaturen des klassischen Altertums, des germanischen und provenzalischen Mittelalters und der romanischen Neuzeit als ebenbürtig, 1801 Abhaltung von „Vorlesun-

gen über dramatische Kunst und Literatur" in Wien, 1803 – nach Auflösung seiner Ehe – bis 1817 Hausfreund und Reisebegleiter von Anna-Louise-Germanie de Staël (s. ds. Personenregister Bd. VII), seit 1818 Professor der Literatur an der Univ. Bonn, trotz seiner persönlichen Nähe zur Weimarer Klassik bereit, die Autorität der romantischen Erzpoeten wie Dante (s.ds.) und Shakespeare als Modelle moderner, organischer, phantasievoller Poesie anzuerkennen, einer der Gründer der modernen komparativen Linguistik, 1815 Nobilitierung.

Seine sämtlichen Werke wurden 1846/1847 von Eduard Böcking in zwölf Bänden in Leipzig herausgegeben. *104*, 107

SCHLEHECK, JOHANN PETER
  (ca. 1784–mind. 1851);

Lehrer, aus Sonnborn (h. Wuppertal), 1800–1804 Ausbildung zum Elementarschullehrer in Cronenberg (ebd.) und bei Lehrer Weniger in Burtscheid (b. Aachen), Ablegung einer Prüfung vor der Jury d'Instruction in Bonn, 1804–1805 Lehrer an der evangelischen Elementarschule in Remagen am Rhein, 1805–1809 an der evangelischen Elementarschule in Rheinberg (Niederrhein), 1809–1814 an der evangelischen Elementarschule in Gladbach (h. Mönchengladbach), 1814–1826 an der evangelischen Elementarschule in Eschweiler (b. Aachen), 1822 Kandidat für eine Schullehrerstelle in Ruhrort (h. Duisburg), dafür auf Anfrage von Diesterweg durch dessen ehemaligen Elberfelder Kollegen Peter Hundt in Aachen positiv begutachtet, 1827–1840 Lehrer an der neu eingerichteten Simultanschule in Eschweiler, nach deren Trennung 1840–1851 wieder an der evangelischen Schule, regelmäßig Dozent beim Lehrkursus in Eschweiler, 1844 wegen unbefriedigenden Zustandes seiner Schule und Vorlage eines dürftigen Lektionsplanes durch Schulinspektor Pfarrer Johann Friedrich Wilhelm Reinhardt (1778 bis 1857) in Jülich kritisiert, 1847 von der Königlichen Regierung in Aachen gerügt, 1851 Pensionierung mit Ruhegeld.

Schriften u. a.:

Wandfibel zur gründlichen und leichten Erlernung des Lesens nach der Lautmethode. 2. Aufl. Essen 1821;

Anleitung zur Rechtschreibung nach der Lautlehre. Ein methodisches Handbuch für Lehrer an Elementarschulen. Ebd. 1821;

Geordneter Stoff zu Sprach- und Denkübungen. Ein Handbuch zur Uebung für Kinder in Volksschulen. Aachen und Leipzig 1826 (vgl. Rh. Bl., Jg. 1827, Bd. I, Heft 2, S. 114–119; vorliegende Ausgabe, Band I, S. 199ff.). *118*, 119, *246*, 261, *371*, 373

Goe 1; HStA Düss, Reg. Aachen, Nr. 2310, 2311, 11847, Teil II; StA Dui

SCHLEIERMACHER, FRIEDRICH DANIEL ERNST
  (1768–1834);

reformierter Theologe und Philosoph, aus Breslau, Sohn eines preußischen Feldpredigers, Absolvent des Pädagogiums der Herrnhuter Brüdergemeine in Niesky (Oberlausitz), dann des Seminariums in Barby a. d. Elbe, 1787–1789 Studium der Theologie an der Univ. Halle, u.a. bei A. H. Niemeyer (s. ds.) und J. A. Eberhard (s. ds.), Prägung durch die Pietisten und die Hallesche Aufklärung, Beeinflussung durch die Romantik und den deutschen Idealismus, Hauslehrer beim Grafen zu Dohna in Schlobitten (Ostpreußen) durch Vermittlung seines Prüfers und Gönners Friedrich Samuel Gottfried Sack (s. ds. Personenregister Bd. XIV), Anhänger der französischen Revolution,1793 Zerwürfnis mit Sack aus politischen Gründen, 1793–1794 Lehramtskandidat am Seminar für gelehrte Schulen bei F. Gedike (s. ds.) in Berlin, 1794 Examen, 1794–1796 Adjunkt an der Konkordienkirche in Landsberg a. d. Warthe (Neumark), 1796–1802 Pfarrer an der Charité in Berlin, 1799 Veröffentlichung einer größeren philosophisch-theologischen Abhandlung ("Ueber die Religion. An die Gebildeten unter ihren Verächtern"), darin Preisung Benedictus Spinozas als Vertreter einer transpersonalen Idee von Gott und als Denker der Einheit von Vernunft und Leben, Definition der Religion als unmittelbares Innewerden des Unendlichen im Endlichen, Entwicklung einer religiösen Erziehungslehre und eines antihierarchischen religiösen Gemeinschaftsverständnisses, Freundschaft mit Friedrich von Schlegel, Novalis [Friedrich von Hardenberg] u.a., Versetzung nach Stolp (Pommern) aufgrund seines Umgangs mit der literarischen Avantgarde Berlins und jüdischen Freunden (u.a. Henriette Herz <s. ds. Personenregister Bd. XI>), 1802–1804 dort Hofprediger, Abfassung von wissenschaftlichen "Grundlinien einer Kritik der bisherigen Sittenlehre" (1803), einer Analyse ethischer Theorien von der Antike bis zu J. G. Fichte (s. ds.) und I. Kant (s. ds.), 1804–1806 a. o. Professor und Universitätsprediger an der Univ. Halle, Konzeption seiner philosophischen Ethik, seiner christlichen Sittenlehre, seiner Hermeneutik, seiner Glaubenslehre und seines Verständnisses des Theologiestudiums, auf Wunsch des Reichsfreiherrn Heinrich Friedrich Karl vom und zum Stein (s. ds. Personenregister Bd. V, XII, XIV und XV) Mitwirkung an der Reform des Kultur- und Bildungswesens, seit 1809 Pfarrer an der Dreifaltigkeitskirche in Berlin, 1810–1834 Universitätsprofessor für alle Disziplinen der Theologie sowie für Dialektik, Hermeneutik, Ästhetik, Pädagogik, Psychologie, Ethik und Staatslehre, Dekan der Theologischen Fakultät, 1815/1816 Rektor der Univ., 1810 bis 1814 Mitglied der Unterrichtssektion im Ministerium des Innern, politischer und wissenschaftlicher Journalist, Redaktor des „Preußischen Korrespondenten" (1813–1814), Definition der dogmatischen Theologie als Wissenschaft von der zu einer bestimmten Zeit in einer christlichen Kirchengesellschaft geltenden Lehre (1821/1822), Förderer der preußischen Kirchenunion, seit 1810 Mitglied der Königlich Preußischen Akademie der Wissenschaften. *104*, 108

SCHLEZ, JOHANN FRIEDRICH FERDINAND (1759–1839);

lutherischer Theologe und Schriftsteller, aus Ippesheim (am Steigerwald), Sohn eines Pfarrers, Studium der Theologie, der Philosophie und der Literaturgeschichte an der Univ. Jena, Pfarrer in Ippesheim, Hrsg. von „Fliegenden Volksblättern" im Dienste der Volksaufklärung (seit 1797), seit 1799 erster Pfarrer, Schulinspektor und Konsistorialrat in der Grafschaft Schlitz, Eintreten für Reformen in Kirche und Schule, Bemühungen um eine bessere Lehrerbildung und -besoldung, Beförderung der Einführung der Lautiermethode, Verfasser eines Lesebuches (1789) in der Tradition des „Kinderfreundes" F. E. v. Rochows (s. ds.), von Volksromanen sowie zahlreichen Lehrbüchern.

Schriften u. a.:
Gregorius Schlaghart und Lorenz Richard oder die Dorfschulen zu Langenhausen und Traubenheim, ein Erbauungsbuch für Landschullehrer. Nürnberg 1795;
Bilderfibel zur Beförderung der Lautiermethode, ein Versuch, die Absicht des ABC-Bilderwesens durch eine neue Anwendung zu erreichen. Gießen 1809;
Der Denkfreund, ein lehrreiches Lesebuch für Volksschulen. Ebd. 1811; 22. Aufl. 1860;
Der Kinderfreund. Ein Lesebuch für Landschulen. Nach F. E. v. Rochow frei bearbeitet. Ebd. 1813; 3. Aufl. 1826;
J. F. Schlez nach seinem Leben und Wirken. Hrsg. v. L. Ch. Dieffenbach. Ebd. 1840. *445, 447*

SCHLÖSSER, JOHANN WILHELM (1804–1864);
Lehrer, aus Dhünn (h. Wermelskirchen), Sohn eines Lehrers, vom Kölner Konsistorium der Seminarvorbereitungsschule in Urbach (h. Köln) und den Schulpflegern Hirsch und Prill zugewiesen, 1821–1823 Seminarist in Moers, 1824 Privatlehrer in Hamm in Westfalen, dem Landrat von Waldbröl Heinrich Joseph Joesten (1763–1829) empfohlen, 1824–1828 Lehrer in Dorn (h. Reichshof), 1828–1864 Lehrer an der evangelischen Elementarschule in Hilden, dort auch Organist und Kantor, wegen seiner Bemühungen um die Obstbaumzucht von den Landräten für eine Belohnung empfohlen, Mitglied der Lehrer-Konferenz, Förderer des religiösen Gesangs, Gründer von Gesangvereinen, Mitwirkung an den Niederrheinischen Musikfesten, Stifter und Hauptträger der Lehrergesangfeste, seit 1833 Leiter der vorbereitenden Lehrergesangkonferenzen, Mitwirkung bei der Gustav-Adolph-Stiftung, zeitweise Angehöriger der Größeren Gemeindevertretung der evangelischen Kirchengemeinde Hilden, mind. einmal Wahlmann, Mitarbeit beim „Evangelischen Schulblatt" (hrsg. von Friedrich Wilhelm Dörpfeld <s. ds. Personenregister Bd. XVI>), von der königlichen Regierung mehrfach geehrt und mit dem Allgemeinen Ehrenzeichen sowie dem Kronenorden IV. Klasse ausgezeichnet. *121, (132f.), 133, 140f.*

Bdr; HStA Düss, Reg. Düss., Nr. 2828; Huck; Rees 1; Schn

SCHLOSSER, JOHANN GEORG (1739–1799);
Jurist und Schriftsteller, aus Frankfurt a. M., Jugendfreund J. W. v. Goethes (s. ds.), Studium der Rechtswissenschaft an der Univ. Jena, 1762 Promotion, Anwalt in Frankfurt a. M., 1766–1769 Geheimsekretär und Erzieher des Prinzen Eugen von Württemberg, dann wieder in Frankfurt, 1773 Heirat mit Goethes Schwester Cornelia, Hof- und Regierungsrat bei Markgraf Karl Friedrich von Baden, seit 1773 Oberamtsverweser der Markgrafschaft Hochberg in Emmendingen (b. Freiburg im Breisgau) und Hofrat in Karlsruhe, seit 1784 Geheimrat, seit 1790 Direktor des dortigen Hofgerichts, 1794 Abschied, zunächst in Ansbach, seit 1796 in Eutin, 1798–1799 Stadtsyndikus in Frankfurt a. M., Justizreformer und Kirchenkritiker, um populärwissenschaftliche Volksaufklärung bemüht, außerdem Verfasser literarischer Werke.

Schriften u. a.:
Katechismus oder Sittenlehre für das Landvolk. Frankfurt a. M. 1771;
Politische Fragmente. Ebd. 1777;
Kleine Schriften. 6 Bde. Basel und Frankfurt a. M. 1779–1794;
Über Duldung der Deisten. Basel 1784;
Seuthes oder der Monarch. Straßburg 1788. *104*

SCHMACHTENBERG, JOHANN PETER (1798–1860);
Lehrer, aus Haan (b. Wuppertal), Sohn des dortigen Bürgermeisters und Bruder von Johann Abraham S. (s. ds.), 1820–1824 Elementarlehrer in der evangelischen Elementarschule vor dem Arrenberg (Elberfeld, h. Wuppertal), zugleich Kantor, 1821 von Schulpfleger F. Wilberg zum Lehrer für die vereinigte Elementarschule in Langenfeld (ebd.) vorgeschlagen, 1821 Wahl zum Lehrer für die reformierte Elementarschule in Schöller (h. Wuppertal), jedoch Verzicht auf die Stelle, 1821 Bewerber um die zweite Lehrerstelle am Seminar in Moers, 1823 auf der Dreierliste für die neu zu besetzende Lehrerstelle an der evangelischen Elementarschule in Pohlhausen (Selscheid, h. Wermelskirchen), 1827 auf der Dreierliste für die neu zu besetzende Lehrerstelle an der evangeli-

schen Elementarschule in Heyden (h. Mönchen-gladbach), 1828 Bewerber an der evangelischen Elementarschule auf dem Wolfshahn (Elberfeld), 1828–1831 Lehrer an der städtischen Armenschu-le am Neuenteich (Elberfeld) und Sekretär der städtischen Armenverwaltung, 1831–1860 Lehrer an der reformierten Pfarrschule auf dem Hofkamp (ebd.), zusätzlich Leiter der Sonntagsschule auf dem Hofkamp für bereits mit 12 Jahren ins Ar-beitsleben entlassene Kinder, Aufstellung eines Lehrplanes für diese Schule, Lehrer an der Aspi-ranten-Bildungsschule in Elberfeld, Rechnungs-führer der Elberfelder Elementarlehrer-Witwen-kasse, begabter und beliebter Orgelkomponist und -spieler, Verfasser von Kirchenliedern (Psalmen), Hrsg. des „Magazins für die Jugend. Eine Mo-natsschrift zur nützlichen und belehrenden Selbst-beschäftigung der Jugend außer der Schule" (gem. mit J. G. Schollenbruch <s. ds.>; Gladbach 1831 bis 1834). *111*

Goe 1; HStA Düss, Reg. Düss., Nr. 2924, 2926, 3328; Jor; StA Wupp, L I 153

SCHMA[H]LING, LUDWIG CHRISTOPH (1725–1804);

lutherischer Theologe, aus Kahrstädt (b. Gardele-gen, Magdeburger Land), Kircheninspektor und Oberpfarrer in Osterwieck (b. Halberstadt), 1798 Dr. theol., Verfasser von Lehrbüchern, pädago-gischen und theologischen Abhandlungen sowie Büchern für die Jugend.
Schriften u. a.:
Naturlehre für Schulen. Göttingen und Gotha 1774;
Der Hauslehrer, oder Anleitung für Aeltern und Lehrmeister, kleine Kinder in der Naturlehre und Religion zu unterrichten. Leipzig 1775;
Bestimmung des Christen. Ebd. 1780;
Briefe an Herrn Friedrich Eberhard von Rochow über die Berichtigungen desselben. Quedlinburg 1794. *243, 256, 272, 276*

SCHMEISSER, FRIEDRICH (mehrfach erw. 1814–1835);

Pädagoge und Mathematiker, Privatlehrer der Ma-thematik in Dresden, dann Unterlehrer an der dor-tigen Ritterakademie, Lehrer an der Fürstenschule in Schulpforta (h. Bad Kösen), seit 1820 Prorektor am Gymnasium in Frankfurt a. d. O., Verfasser von Lehrbüchern.
Schriften u. a.:
Orthodidaktik der Mathematik, insbesondere für gelehrte Schulen. 1. Abteilung. Dresden 1814;
Anleitung zum Selbstfinden der reinen Mathesis. (Für Schüler.) 1. Teil: Die Arithmetik. 1. Lehr-gang. Berlin 1817;
Die Elemente der Geometrie, systematisch darge-stellt zum Leitfaden beym Unterricht in Schulen. Frankfurt a. d. O. 1823;
Ueber die gänzliche Entbehrlichkeit der gewöhn-lich mangelhaften und einseitigen Umwandelun-

gen der Gleichungen der ebenen und sphärischen Geometrie. Ebd. 1835. *248, 263*

SCHMID, JOSEPH (1785–1851);

österreichischer Lehrer, aus Au (Vorarlberg), 1801–1804 Schüler im Institut von J. H. Pestaloz-zi (s. ds.) in Burgdorf (Kt. Bern), 1804–1805 Leh-rer in dessen Anstalt in Münchenbuchsee (ebd.) und 1805–1810 in dessen Anstalt in Yverdon (Kt. Waadt), 1810 Austritt aus dem Kollegium wegen heftiger Streitigkeiten mit dem Religionslehrer J. Niederer (s. ds.), 1810–1815 Schulvorsteher in Bregenz, 1815–1824 wiederum in Pestalozzis In-stitut in Yverdon, Streit mit Niederer im Zusam-menhang mit den Auseinandersetzungen um die Nachfolge Pestalozzis und Hauptursache für des-sen Austritt aus dem Institut, engster Mitarbeiter Pestalozzis, 1824 wegen Polemiken aus dem Kt. Waadt ausgewiesen, 1825–1826 wechselnde Auf-enthalte bei Pestalozzi auf dem Neuhof, in Lon-don und in Paris, 1826–1851 Pädagoge in Paris, Entwicklung der Pestalozzischen Methode für den Rechenunterricht, Verfasser wichtiger Lehrbücher.
Schriften u. a.:
Die Elemente der Zahl, als Fundament der Alge-bra, nach Pestalozzi's Grundsätzen bearbeitet. Bern 1809 (Heidelberg 1810);
Die Elemente der Form und Größe, nach Pestaloz-zi's Grundsätzen bearbeitet. 3 Teile. Bern 1809 bis 1811;
Die Anwendung der Zahl auf Raum, Zeit, Wert und Ziffer. Heidelberg 1810;
Die Elemente der Algebra, nach Pestalozzi's Grundsätzen bearbeitet. Ebd. 1810;
Wahrheit und Irrthum in Pestalozzi's Lebens-schicksalen, durch Thatsachen dargestellt. Iferten 1822. *248, 263*
Frie

SCHMID, PETER (1769–1853);

Maler und Zeichenlehrer, aus Trier, zunächst Spinner, seit 1786 Studium der Malerei an den Akademien in München und Düsseldorf, 1794 bis 1797 Lehrer für Zeichnen und Porträtmalerei in Trier, seit 1797 Zeichenlehrer in St. Petersburg, dann in Stettin, dort Gründer und Leiter eines Zeicheninstituts, 1810 Übersiedelung nach Paris, 1817 nach Frankfurt a. M. und 1819 wieder nach Berlin, 1833–1834 Lehrer an der dortigen Kunst-akademie, Leiter des Seminars zur Ausbildung von Zeichenlehrern für Lehrerseminare und höhe-re Unterrichtsanstalten, Eintreten für eine Reform des Zeichenunterrichts nach der Pestalozzischen Methode.
Schriften u. a.:
Anleitung zur Zeichenkunst, besonders für dieje-nigen, die ohne Lehrer dieselbe erlernen, für El-tern, die ihre Kinder darin selbst unterrichten wollen, zugleich auch in Schulen für Kinder unter ihrem 10. Jahre als Anleitung zum Naturzeichnen. 2 Hefte. Berlin 1809;

718

Das Naturzeichnen für den Schul- und Selbstunterricht. 4 Teile. Ebd. 1828–1832;
Formenlehre mit Anwendung auf Naturgegenstände. Ebd. 1833;
Plan, wie Peter Schmid's Zeichenmethode in allen Schulen mit Erfolg und fast ohne Umstände einzuführen ist, oder das Naturzeichnen für die allgemeinen Lehranstalten. Ebd. 1855 (vgl. F. W. Perschke: Peter Schmid, eine Lebensgeschichte, in: Rh. Bl., Jg. 1837, Bd. XVI, Heft 3, S. 263 bis 353). *181,* 182
Frie

SCHMIDT [SCHMITT], FRAU (erw. 1812/1813);
Bekannte von Sabine Enslin (spätere Diesterweg, s. ds.) in Worms, möglicherweise Ehefrau von Aloys Schmitt (s. ds.) und Mutter des Klaviervirtuosen Georg Aloys S. (geb. 1827; später Hofkapellmeister von Schwerin). *13*

SCHMIDT, GEORG GOTTLIEB (1768–1837);
Mathematiker, Physiker und Astronom, aus Zwingenberg a. d. Bergstraße (b. Darmstadt), Sohn eines Regierungsrats, 1784–1785 Studium der Mathematik und der Physik an der Univ. Gießen, seit 1785 an der Univ. Göttingen, u.a. bei G. Chr. Lichtenberg (s. ds.), Erteilung von Privatunterricht, seit 1789 dort a.o. Professor der Mathematik und der Physik, seit 1790 o. Prof. der Mathematik, seit 1801 Leiter der Sternwarte in Gießen, 1808 Promotion, seit 1811 auch Lehrer am Gymnasium, seit 1817 außerdem a.o. Professor der Naturlehre, 1830 Ernennung zum Geheimen Finanzrat, 1836 zum Geheimen Oberfinanzrat, Anhänger I. Kants (s. ds.), Förderer einer dynamischen Naturauffassung, Verfasser zahlreicher Abhandlungen und Lehrbücher zur Naturlehre und zur Mathematik.
Schriften u.a.:
Anfangsgründe der Mathematik, zum Gebrauch auf Schulen und Universitäten. 3 Teile, Frankfurt a. M. 1. Teil: Arithmetik, Geometrie, Trigonometrie und Buchstabenrechnung. 1797; 2. Teil, 1. Abt.: Statistik, Hydrostatik, Aerostatik und Mechanik fester Körper. 1798; 2. Teil, 2. Abt.: Hydraulik und Maschinenlehre. 1799; 3. Teil, 1. Abt.: Der Analysis 1ster Theil. 1805; 3. Teil, 2. Abt.: Der Analysis 2ter Theil. 1807;
Handbuch der Naturlehre zum Gebrauch für Vorlesungen. 2 Teile, Gießen 1801 und 1803; 2., sehr vermehrte und verbesserte Aufl. 1813;
Ueber die Höhenmessungen mit dem Barometer. Sendschreiben an den Herausgeber des allgemeinen physiokratischen Briefwechsels. Erlangen 1810;
Ebene und sphärische Trigonometrie. Gießen 1817. *26,* 26

SCHMIDT, JOHANN MARIUS FRIEDRICH (1776–1849);
Geograph und Pädagoge, aus Dessau, aus ärmlichen Verhältnissen, 1791–1805 Lehrer an der Ber-

linischen Handlungsschule, Bekanntschaft mit Johann Ernst Plamann (s. ds. Personenregister Bd. V), seit dem Gründungsjahr 1805 Lehrer an dessen Institut in Berlin, seit 1810 Lehrer der königlichen Prinzessinnen, Ernennung zum Königlichen Professor, 1833–1849 Inspektor des Landkarten-Kabinetts der Königlichen Bibliothek zu Berlin und Kustos für das Fach der Geographie und Statistik, Erwerb wesentlicher geographischer Literatur und Kartensammlungen für die Bibliothek, Verfasser geographischer Abhandlungen und Kartograph, Förderer der Pädagogik J. H. Pestalozzis (s. ds.), Träger des Roten Adlerordens.
Schriften u.a.:
Elementarformen der Erdbeschreibung, als zweiter Band von Plamann's Elementarformen des Sprach- und wissenschaftlichen Unterrichts nach Pestalozzi's Grundsätzen. Berlin 1806;
Pestalozzi's Größenlehre, als Fundament der Arithmetik und Geometrie betrachtet. Ein Anhang zu Plamann's Unterrichtskunst. Ebd. 1806;
Karte des preussischen Staats nach seiner neuesten Begränzung und Eintheilung in Militair-Abtheilungen, Provinzen und Regierungsbezirken im Jahre 1815. Ebd. o. J.;
Kurzer geographischer Abriss der früheren und jetzigen Städte des Preussischen Staats. Nach alphabetischer Ordnung. Ebd. 1840. *253,* 269

SCHMITT (SCHMIDT), ALOYS (1788–1866);
Pianist, Komponist und Pädagoge, aus Erlenbach a. M., Sohn eines Organisten, Unterricht in Orgel-, Violin- und Klavierspiel, seit 1800 in Offenbach (b. Frankfurt a. M.), dort Kompositionsunterricht bei Johann Anton André (s. ds. Personenregister Bd. II) und Georg Johann Vollweiler, seit 1806 in Frankfurt a. M., 1810 erster erfolgreicher Auftritt als Pianist, zahlreiche Konzertauftritte, 1816–1820 Musiklehrer in Frankfurt a. M., 1820 bis 1825 in München und Berlin, 1825–1829 Hofpianist des Herzogs von Cambridge in Hannover, 1829–1866 Musiklehrer in Frankfurt, Komponist zahlreicher Musikstücke, u.a. Oratorien, Messen, Opern, Klavierkonzerte und Etüden, Entwicklung einer „Methode des Klavierspiels" („Schmitt'scher Anschlag" oder „Schmitt'sche Schule", mit einem besonders perlenden Ton), Dr. phil. h. c. (Gießen), Träger zahlreicher Orden. *11*

SCHMITZ, JOHANN HEINRICH (gest. nach 1872);
aus Werden (h. Essen), 1823 Seminarist in Moers, vorzeitiger Austritt, Unterlehrer in Werden, 1824 Bewerber um die zweite Lehrerstelle an der lutherischen Elementarschule in Mülheim a. d. Ruhr, 1832–nach 1872 Lehrer an der Knabenklasse der evangelischen Armenfreischule in Duissern (Duisburg), 1843 Bewerber um eine Lehrerstelle an der evangelischen städtischen Elementarschule in Wesel, 1861 von Schulpfleger Pfarrer Johann Hein-

rich Eduard Hermann (1798–1883) für seinen Einsatz beim Armenunterricht belobigt. *157, 163*

HStA Düss, Reg. Düss., Nr. 3466, 3553; StA Dui

SCHNABEL, JOSEPH IGNATZ (1767–1831);
Musiker, Komponist und Dirigent, aus Naumburg am Queis (Schlesien), Sohn eines Kantors, Lehrerausbildung, seit etwa 1790 Lehrer und Gerichtsschreiber in Paritz (b. Naumburg), seit 1797 Organist am Klarenstift in Breslau, 1798–1804 auch Konzertmeister des Theaterorchesters, seit 1805 Domkapellmeister, seit 1812 außerdem Musiklehrer am katholischen Schullehrerseminar und künstlerischer Leiter des Königlichen akademischen Instituts für Kirchenmusik, als Dirigent insbesondere um die Aufführung von Werken zeitgenössischer Komponisten wie Joseph Haydn und Carl Maria von Weber (s. ds. Personenregister Bd. XI) verdient, Komponist von geistlicher und weltlicher Musik.
Kompositionen u. a.:
Acht Messen für Chor, Soli und Orchester. Breslau;
Offertorien für Chor und Orchester. Ebd.;
Hymnus Veni Creator. Ebd.;
Psalm für 4 Männerstimmen. Ebd. *170,* 171, *250, 266*

SCHNEIDER, JOHANN ANDREAS (1791–1847);
Pädagoge, aus Birkenau (b. Weinheim a. d. Bergstraße), Sohn eines Lehrers und Gerichtsschreibers, Lehrerbildung durch Privatstudien und Lehrpraxis an der Elementarschule seines Vaters in Birkenau, 1811–1813 dort selbst Lehrer, 1813 Schulvikar, 1814–1820 Lehrer an der Mädchenschule in Zwingenberg a. d. Bergstraße (b. Darmstadt), 1819 Gründer einer Schullehrerlesegesellschaft, seit 1820 Lehrer an der neu eingerichteten Knabenklasse, Rechner der Zwingenberger Sparkasse, Verfasser von Lehrbüchern und pädagogischen Aufsätzen.
Schriften u. a.:
Lesebuch für mittlere Klassen in Volksschulen. Darmstadt 1821;
Fibel oder ABC- und Lesebuch, sowohl für die Buchstabir- als Lautmethode. Ebd. 1823; 6. Aufl. 1830;
Handbuch beim Auswendigbuchstabiren, für Lehrer in Volksschulen. Ebd. 1825. *371,* 374

SCHNEIDER, JOHANN CHRISTIAN FRIEDRICH (1786–1853);
Komponist, Dirigent und Pädagoge, aus Altwaltersdorf (Oberlausitz), Sohn eines Organisten, bereits als Kind erste Kompositionen, 1805–1807 Studium der Philologie an der Univ. Leipzig, seit 1806 Organist und Gesangslehrer an der Ratsfreischule, seit 1807 Organist an der Universitätskirche, 1810–1812 Kapellmeister der Operntruppe Sekonda, seit 1712 Organist der Thomaskirche, seit 1816 Dirigent an der Singakademie, seit 1817

Musikdirektor am Stadttheater, seit 1821 Herzoglich-Anhalt-Dessauischer Hofkapellmeister in Dessau, Bildung eines Kinderchors aus Schülern des Dessauer Gymnasiums und des Schullehrerseminars, 1829 Gründung einer angesehenen Musikschule, zwischen 1825 und 1835 Dirigent großer Elbmusikfeste in Magdeburg, Halle a. d. Saale u. a., meist gemeinschaftlich mit Louis Spohr (s. ds. Personenregister Bd. II), Ehrendoktor der Musik (Halle) und der Philosophie (Leipzig), Komponist geistlicher und weltlicher Musik, u. a. von Opern, Symphonien und Messen, Ehrenmitglied zahlreicher Institutionen, u. a. der Akademie in Stockholm, des Pariser Konservatoriums und des Mozarteums, und Träger mehrerer Orden, u. a. des Adler- und des Dannebrogordens.

Neben den Kompositionen verfaßte er u. a.:
Elementarbuch der Harmonie und Tonsetzkunst. Leipzig 1820. *181, 182, 251, 267*

SCHNEIDLER, GEORG LORENZ (1761–1835);
Pädagoge, aus Hildesheim, Lektor der französischen Sprache in Mainz, Hofmeister am Hessen-Homburgischen Hof, Hofrat, seit 1787 Privatlehrer in Frankfurt a. M., 1796–1798 Studium der Medizin an der Univ. Jena, dann Professor der Geschichte in Mainz, 1803–1830 Direktor der Französischen Sekundärschule (Gymnasium) in Worms, an der 1812–1813 auch Diesterweg tätig war, Gründungsmitglied der Musikalischen Gesellschaft und deren zeitweiliger Präsident, Freimaurer, 1824 Mitglied der Pädagogenkommission für die Provinz Rheinhessen, Erblindung, seit 1830 im Ruhestand, zuletzt in Homburg (h. Bad H. a. d. Höhe).

Verfasser von Abhandlungen und Aufsätzen sowie von Übersetzungen aus dem Französischen. Schriften u. a.:
Herrn de Pagés Reisen um die Welt und nach den Polen zu Lande und zur See in den Jahren 1767 bis 1774 und 1776. Aus dem Französischen. Frankfurt a. M. und Leipzig 1786;
Des Abbé Grosier allgemeine Beschreibung des chinesischen Reichs nach seinem gegenwärtigen Zustande. Aus dem Französischen. 2 Bde. Frankfurt a. M. 1789;
P. J. Brun's Erdbeschreibung von Afrika. 1. Teil. Ebd. 1791;
Volksbildung im Geist und nach den Bedürfnissen unserer Zeit. In freimüthigen Bemerkungen über Volksbildung überhaupt und über das Landschulwesen der Provinz Rheinhessen insbesondere. Mainz 1821;
Anklänge für Geist und Gemüth in Darstellungen seiner äussern und innern Welt, aus früherer und späterer Zeit, in Poesie und Prosa. Frankfurt am Main 1828. *244, 257*

Beck

SCHNEPPE, PETER CHRISTOPH (geb. ca. 1807); Lehrer, aus Lennep (h. Remscheid), Sohn eines Schneiders, Vollwaise, 1823–1826 Seminarist in Moers, Empfänger eines Stipendiums, wegen Unfähigkeit vorzeitig entlassen. *204, 361,* 372

SCHNUCK, JOHANN WILHELM; Lehrer, aus Wesel, Absolvent des dortigen Gymnasiums, 1822–1824 Seminarist in Moers, Empfänger eines Stipendiums, 1825–mind. 1854 Lehrer an der evangelischen städtischen Elementarschule und Mitorganist in Wesel. *140, 155f.*
HStA Düss., Reg. Düss., Nr. 3553, 3554; StA Wesel

SCHÖPF[F], JOSEPH WILHELM (1793–1831); lutherischer Theologe, aus Leipzig, Sohn eines katholischen Form- und Modellstechers, von der evangelischen Mutter zu religiöser Toleranz erzogen, 1808–1812 Besuch der Fürstenschule in Meißen auf einer Freistelle, 1812–1815 Studium der evangelischen Theologie an der Univ. Leipzig, Hauslehrer in mehreren Positionen, seit 1818 Lehrer seiner Neffen in Dresden, Mitglied des Predigerkollegiums, 1820 Nachmittagsprediger an der Frauenkirche, 1821–1825 Prediger und zweiter Katechet am Ehrlichschen Armeninstitut, 1825–1828 Prediger an der Ratswaisenhauskirche, 1827–1828 außerdem zweiter Hofdiakonus, 1828–1831 Sophienprediger und 5. Diakonus an der Kreuzkirche, angesehener Seelsorger und Kanzelredner, für seine logisch aufgebaute, anschauliche Predigtweise bekannt, Unterstützer der Armen, von vaterländischer Gesinnung, Verfasser theologischer Abhandlungen und Predigten, Verleihung einer goldenen Dose durch König Friedrich Wilhelm III. (s.ds.) und Belobigung durch den Großherzog von Weimar wegen seiner aufklärenden und versöhnlichen Schrift über den evangelischen Glauben (1826–1827).
Schriften u.a.:
Die symbolischen Bücher der evangelisch lutherischen Kirche, deutsch, mit historischer Einleitung, kurzen Anmerkungen etc. für Volksschullehrer etc. 2 Teile. Leipzig und Dresden 1826 bis 1827;
Predigt zur Gedächtnißfeier Seiner Majestät des höchstseligen Königs Friedrich August von Sachsen. Dresden 1827;
Die Widerlegung der Augsburgischen Confession. Eine historisch ergänzende Zugabe zu den symbolischen Büchern. Leipzig 1830.
Wahre Frömmigkeit, die sicherste Stütze bürgerlicher Ordnung. Eine Predigt. Dresden 1831. *445,* 447

SCHOLLENBRUCH, JOHANN GOTTFRIED/ HEINRICH (1790–1847); 1814–1830 Lehrer an einer der evangelischen Elementarschulen in Mettmann, 1830–1847 an der von ihm mitgegründeten vereinigten evangelischen Elementarschule, 1832 vorübergehende schwere Erkrankung, tätiges Mitglied des Bergi-

schen Lehrervereins, Hrsg. des „Magazins für die Jugend. Eine Monatsschrift zur nützlichen und belehrenden Selbstbeschäftigung der Jugend außer der Schule" (gem. mit J.P. Schmachtenberg <s. ds.>; Gladbach 1831–1834).
Außerdem gab er heraus:
Freundliche Gaben für die christliche Jugend. 1. Bändchen. Elberfeld 1839. *392*
HStA Düss, Reg. Düss., Nr. 3350

SCHOLZ, CHRISTIAN GOTTLIEB/GOTTLOB (1791–1864), Pseudonym: Ernst Fibel; Pädagoge, aus Groß-Neundorf (b. Brieg, Niederschlesien), Sohn eines Landschullehrers, Absolvent des Gymnasiums in Brieg, Lehrer an der dortigen Mädchenschule, Weiterbildung bei Lehrern in Breslau, 1811–1813 Gehilfe an der Stadtschule in Primkenau (Westschlesien), Fortbildung am Schullehrerseminar in Breslau, u.a. bei Chr. W. Harnisch (s. ds.), 1813–1818 Lehrer und Erzieher am Königlichen Armenhaus in Creuzburg (b. Eisenach), 1818–1834 Rektor der Stadtschule in Neiße (Schlesien), Durchführung der von Superintendent Christian Friedrich Handel (s. ds. Personenregister Bd. II) begonnenen Reorganisation der Zivil- und der Militärschule, durch Harnisch zum Abfassen von Lehrbüchern ermutigt, 1833 ausgiebige pädagogische Reise, 1834–1846 Oberlehrer am Schullehrerseminar in Breslau, Leiter der beiden Übungsschulen, Vorstandsmitglied des Vereins für Klein-Kinder-Bewahr-Anstalten, 1846 nach Auflösung des Seminars Gründer einer Lehrerinnenbildungsanstalt in Breslau, 1848 einer der Anführer der freisinnigen Lehrerschaft Schlesiens, in deren Auftrag Bearbeiter einer Denkschrift an die Nationalversammlung, Hrsg. des „Schlesischen Schulboten" (gem. mit Superintendent Handel, 1832–1843) und der liberalen „Schlesischen Schullehrerzeitung" (1843 bis 1853), Mitarbeiter an den Rh. Bl.
Schriften u.a.:
Faßliche Anweisung zum gründlichen Kopf- und Zifferrechnen. Nach bewährten Grundsätzen und in methodischer Stufenfolge für Schullehrerseminare, Gymnasien, Bürger- und Volksschulen. Mit einem Vorwort von Harnisch. 3 Teile. Halle 1825;
Deutscher Sprachschüler oder stufenweis geordneter Stoff zu mündlichen und schriftlichen deutschen Sprach- und Verstandesübungen; ein Leitfaden für Lehrer und ein Uebungs- und Wiederholungsbuch für Schüler in Stadt- und Landschulen.
1.–3. Lehrgang. Ebd. 1826 (vgl. Rh. Bl., Jg. 1827, Bd. I, Heft 2, S. 120f.; vorliegende Ausgabe, Band I, S. 203);
150 Tafeln, enthaltend über tausend Fragen aus der Geographie und Geschichte des preußischen Staates, zu Wiederholungen und schriftlichen Ausarbeitungen entworfen. Neiße und Breslau 1828 (vgl. Rh. Bl., Jg. 1828, Bd. III, Heft 4, S. 91 bis 94; vorliegende Ausgabe, Band I, S. 445f.);

Kurze Nachricht über das evangelische Seminar in Breslau. Ebd. 1838;

Erstes Lesebüchlein für Kinder, welche man nach der analytisch-Jacototschen Lehrmethode das Lesen lehren will. Ebd. 1841 (unter dem Pseudonym Ernst Fibel). *371, 374*

SCHOPPMANN, JOHANN FRIEDRICH WILHELM (1807–1886);

Lehrer, aus Lennep (h. Remscheid), 1823–1826 Seminarist in Moers, 1826/1827 Bewerber um die Lehrerstelle an der evangelischen Elementarschule auf dem Katernberg (Elberfeld, h. Wuppertal), 1826–1828 Hilfslehrer am Seminar und an der evangelischen Elementarschule in Moers, Empfänger eines Stipendiums, 1827 Bewerber um die Lehrerstelle an der evangelischen Elementarschule auf dem Katernberg, 1828–mind. 1870 Hauptlehrer an der evangelischen Elementarschule Schüttendelle (Remscheid), 1829 Bewerber um die Lehrerstelle an der evangelischen Pfarrschule in Reusrath (h. Langenfeld im Rheinland), 1843 Beteiligung an der Einrichtung einer Sonntagsschule, 1852 aufgrund des günstigen Zeugnisses von Landrat Otto Friedrich Karl von Bernuth (1816–1887) von der Düsseldorfer Regierung belobigt, 1860 vergebliche Eingabe beim Ministerium in Berlin wegen erlittener Einkommenseinbußen aufgrund einer Teilung des Schulbezirkes. 150, *202, (330),* 330, 344, *(344f.),* 345, *356, 365f.,* 372, *(386),* 386

HStA Düss, L.A. Lennep, Nr. 81, sowie Reg. Düss., Nr. 3577, 3654; StA Rem; StA Wupp, L I 149

SCHREIER [SCHREYER], CHRISTIAN HEINRICH (1751–1823);

lutherischer Theologe und Komponist, aus Dresden, Sohn eines Maurergesellen, 1771–1776 Studium der Theologie an der Univ. Wittenberg, außerdem musikalischer Autodidakt, Privatklavierlehrer, seit 1776 Predigtamtskandidat in Dresden, um 1815 Pfarrer und Adjunkt in Ortrand (Lausitz), Schriftsteller, Verfasser theologischer und pädagogischer Abhandlungen sowie Komponist weltlicher und geistlicher Klaviermusik.

Schriften u.a.:

Rechenbuch für Schulen und den Hausstand. Dresden 1783;

Kurze Einleitung in die christliche Glaubens- und Sittenlehre. Leipzig 1789;

Neue Generalbaßschule, oder Geist vereinfachter Grundsätze des Generalbasses mit 100 Beispielen, nebst einem Anhang über das Accompagnement der Generalbaßstimmen bei Kirchenmusiken. Meißen 1821. *251, 267*

SCHREY, JOHANN (1811–1890);

Lehrer, aus Schaadt (Gladbach, h. Mönchengladbach), 1828–1830 Seminarist in Moers, 1830 bis 1833 zunächst Vertreter, dann definitiver Lehrer an der evangelischen Elementarschule in Wick-

rath (h. Mönchengladbach), wegen seiner Leistungen von Schulpfleger Pfarrer A. E. Zillessen (s. ds.) sehr positiv beurteilt, 1833–1836 Studium der Naturwissenschaften an der Univ. Bonn, jedoch ohne akademischen Abschluß, 1837 Ablegung des Examens pro facultate docendi (Prüfung für das höhere Lehramt) vor der Königlichen Wissenschaftlichen Prüfungskommission der Univ. Bonn, bis 1841 Lehrer am Privatinstitut von Pfarrer Friedrich Demmer (1805–1863) in Inden (b. Aachen), 1841 Kandidat an der höheren Bürgerschule in Solingen, 1841–1843 dort provisorischer, 1843–1875 definitiver zweiter Lehrer für Mathematik und Naturwissenschaften, Einführung des Chemieunterrichts an dieser Schule. *451*

HStA Düss, Reg. Düss., Nr. 3120, 3598; Ros 1; Ros 2; StA Sol

SCHRIEVER, JOHANN PETER ADOLF (1775–1851);

reformierter Theologe, aus Kleve, Sohn eines Apothekers, Studium der Theologie an der Univ. Duisburg, Hilfsprediger in Kranenburg (b. Kleve), 1800–1802 Pfarrer in Kaldenkirchen (h. Nettetal, Niederrhein), 1803–1813 erster reformierter Pfarrer in Düsseldorf, 1813–1826 zweiter, 1826 bis 1832 erster reformierter Pfarrer in Duisburg, 1823–1830 Superintendent und Schulpfleger für den Kreis Dinslaken, Befürworter der Lehrkurse Diesterwegs, 1832–1836 Konsistorialrat in Koblenz, 1836–1844 in Trier, dort zugleich erster Pfarrer. *122f.,* 157, *402f., (456),* 457

EvRh 2; StA Dui

SCHROEDER [SCHRÖDER], CARL LUDWIG (gest. 1833);

Lehrer, aus Essen, Sohn eines Lehrers, 1828 bis 1830 Seminarist in Moers, Empfänger eines Stipendiums, Lehrer in Essen, Mitglied der Düsseldorfer Lehrerversammlung.

(Nachruf in den Rheinischen Blättern, Jg. 1833, Bd. VII, Heft 3, S. 372–375; vorliegende Ausgabe, Bd. III, S. 186ff.) *451*

Kamp

SCHROER[S], PETER ADOLPH (1778–1857);

Zimmermeister in Moers, von der Königlichen Regierung in Düsseldorf als qualifiziert anerkannt, vermutlich Verwandter eines Kohlehändlers, der das Seminar in Moers belieferte. *177, 216f.*

StA Moers; ULB Düss

SCHUDEROFF, JOHANN GEORG JONATHAN (1766–1843);

lutherischer Theologe, aus Gotha, Sohn eines Pfarrers, Studium der Theologie an der Univ. Jena, Hauslehrer in Altenburg, 1790–1792 Substitut und 1792–1798 Pfarrer in Drackendorf (h. Jena), 1798–1805 Diakonus und 1805–1806 Archidiakonus in Altenburg, 1806–1843 Oberpfarrer und Superintendent in Ronneburg (b. Gera),

1817 Dr. theol. (Jena), zwischenzeitlich aus kirchenpolitischen Gründen suspendiert, als Konsistorialrat um die Weiterbildung der Lehrer im Sinne der Methode Pestalozzis (s. ds.) bemüht, Hrsg. des „Journals für Veredlung des Prediger- und Schullehrerstandes" (seit 1802; seit 1815 u. d. T. „Jahrbücher für das öffentliche Religions-, Schul- und Unterrichtswesen", seit 1817 „Jahrbücher des Religions-, Kirchen- und Schulwesens", seit 1822 „Neue Jahrbücher"), Verfasser zahlreicher homiletischer, kirchenpolitischer und pädagogischer Abhandlungen, darin Eintreten für eine größere Freiheit der Kirche vom Staat.
Schriften u. a.:
Briefe über moralische Erziehung in Hinsicht auf die neuste Philosophie. Leipzig 1792;
Ansichten und Wünsche betreffend das protestantische Kirchenwesen und die protestantische Geistlichkeit. Ebd. 1814;
Grundzüge zur evangelisch-christlichen Kirchenverfassung und zum evangelischen Kirchenrechte. Ebd. 1817;
Ueber den innerlich nothwendigen Zusammenhang der Staats- und Kirchenverfassung. Ronneburg 1818. *104*

SCHÜRMANN, DANIEL (der Ältere) (1752–1838);
Lehrer, aus Heidt (Lüttringhausen, h. Ronsdorf, Wuppertal), Sohn eines Lehrers, seit 1770 Lehrer an der evangelischen Elementarschule in Wiedenest (h. Bergneustadt), 1785–1820 an der lutherischen Pfarrschule in Remscheid, 1794 Begründer der „Remscheider Schullehrergesellschaft" (der ältesten Lehrervereinigung im niederrheinischen Gebiet) als Lesegesellschaft zum Zwecke der Lehrerweiterbildung – der Vorläuferin des im Jahre 1820 anläßlich von Schürmanns 50jährigem Amtsjubiläum gegründeten Bergisch-Märkischen Lehrervereins –, Schulung von Lehrern durch Lehrproben, Weckung des Elterninteresses durch öffentliche Prüfungen, Entwicklung von Mustern für Lehrer-Berufsurkunden, in der Rheinprovinz bekannt und geachtet, Pensionierung aus Altersgründen, Ablehnung seines Wunsches, seinen Sohn Daniel Sch. („den Jüngeren", Lehrer und Organist in Osnabrück) zum Amtsnachfolger zu ernennen, durch den Gemeindevorstand, Einklage seines Ruhegehaltes bei der Königlichen Regierung in Düsseldorf, Hrsg. des „Mathematischen Monatsblats für Lehrer und andere Freunde der Mathematik" (Elberfeld 1814–1815), seit 1824 Mithrsg. der „Niederrheinisch-westphälischen Monatschrift für Erziehung und Volksunterricht" (gem. mit J. Ph. Rossel <s. ds.>, Aachen), Mitarbeiter an den Rh. Bl., Verfasser von Lehrbüchern, insbesondere der Mathematik, 1836 Verleihung des Allgemeinen Ehrenzeichens.
Schriften u. a.:
Praktisches Schulbuch der gemeinen Rechenkunst und Geometrie. Essen 1801;

Kurzgefaßte Anweisung zur Algebra, zum Schul- und Privatgebrauch. Essen 1806.
(Vgl. die Besprechung der Schrift von P. Fasbender „Daniel Schürmann, ein bergischer Schulmann nach seinem Charakter" <Elberfeld 1838> durch Diesterweg in den Rh. Bl., Jg. 1839, Bd. XX, Heft 3, S. 395–399; vorliegende Ausgabe, Bd. IV, S. 447 ff.) *396, 490*
Gerh; HStA Düss, Reg. Düss., Nr. 3561; Rees 2

SCHÜRMANN, FRIEDRICH ADOLPH LEOPOLD (1802–1873);
Lehrer, aus Orsoy (h. Rheinberg, Niederrhein), Sohn des Lehrers Johann Heinrich Sch. (s. ds.), 1820–1823 Seminarist in Moers, Empfänger eines Stipendiums, außerdem Hilfslehrer für Arithmetik am Adolfinum (Progymnasium) in Moers, als solcher von Konsistorialrat K. F. A. Grashof (s. ds.) ausdrücklich gelobt, 1823–1825 provisorischer, 1825–1830 definitiver Lehrer am Progymnasium, 1824 Ablegung des Examens pro facultate docendi (Prüfung für das höhere Lehramt) vor der Königlichen Wissenschaftlichen Prüfungskommission der Univ. Bonn, 1830–1868 Lehrer am Seminar in Moers, insbesondere für Rechnen, Weiterentwicklung der Methodik des Rechenunterrichts für Volksschulen, zugleich Lehrer an der Privaterziehungsanstalt von Franz Ludwig Zahn (s. ds. Personenregister Bd. III und X) in Fild (h. Moers), außerdem Erteilung von Privatunterricht für interessierte Lehrer, Freund von Diesterweg und W. Greef (s. ds.), nach dem Weggang von Diesterweg für einige Monate kommissarischer Leiter des Seminars, Berater ehemaliger Seminaristen, eifriger Besucher von Lehrerkonferenzen, 1836 zweiter, 1837 erster Vorsitzender der „Moerser Lehrer-Conferenz", 1842 Erblindung, Vorsitzender des „Freundschafts-Vereins" zur Unterstützung bedürftiger Witwen ehemaliger Moerser Seminaristen, 1853 anläßlich eines Besuches von Friedrich Wilhelm IV. in Moers durch eine persönliche Unterredung ausgezeichnet, seit 1855 Unterstützung durch den neu eingetretenen Seminarlehrer Adolf Büttner (s. ds. Personenregister Bd. XV), 1868 Verabschiedung, Träger des Roten Adlerordens, Mitarbeiter an den Rh. Bl., Verfasser von Lehrbüchern.
Schriften u. a.:
Die Uebergangskörper oder Entstehung der geometrischen Körper aus einander. Moers 1836;
Rechenbuch für Elementarschulen. Moers 1840.
120, 130 ff., 140 f., 372, 432, 467, *471,* 471, 481, 485, *509, 514 ff.,* 523, *534 f.*
HStA Düss, Reg. Düss., Nr. 3397; Klein; Ott 1; Ott 2

SCHÜRMANN, JOHANN HEINRICH (1777–1858);
Lehrer, aus Orsoy (h. Rheinberg, Niederrhein), Sohn des Lehrers Johann Wilhelm Sch. (gest. 1799) in O. und Vater des Lehrers F. A. L. Schürmann (s. ds.), seit 1792 Seminarist in Wesel, Ablehnung des Angebots eines Stipendiums zum

Studium der Theologie und Philosophie, um dem Wunsch seines Vaters gemäß Elementarschullehrer zu werden, autodidaktische Weiterbildung, 1794–1847 Lehrer in Orsoy, 1795 Mitbegründer der „Evangelischen Moerser Lehrer-Conferenz", der drittältesten Lehrergesellschaft in Preußen (bestand bis zur Auflösung durch die Nationalsozialisten 1933), zum Austausch von Erfahrungen und zur gegenseitigen Weiterbildung (gem. mit den Pfarrern J.J. Engels <s. ds.> in Hochemmerich <h. Duisburg> und W.J.G. Roß <s. ds.> in Budberg <h. Rheinberg> sowie den Lehrern Dorgarten in Essenberg <h. Duisburg>, J.W. Scheidt <s. ds.> in Eversael <h. Rheinberg> und Schürmann in Bornheim <h. Moers>), 1798–1823 Sekretär des Orsoyer Bürgermeisters Peter Hüssen, nach Auflösung der Rektoratsschule 1809 außerdem Organist und Hilfsprediger, 1820 auch Prediger, 1820 gemeinsam mit Roß Prüfung und Aufnahme der ersten Zöglinge für das Seminar in Moers, Freund des Lehrers J.W. Scheidt, des Schwiegervaters seines Sohnes Ludwig (später wie Scheidt Hauptlehrer in Krefeld), 1822 Ablehnung eines Rufes an die reformierte Amtsschule in Gemarke (Barmen, h. Wuppertal), bedeutender Schulpraktiker, 1837 Verleihung des Allgemeinen Ehrenzeichens des Königs für seine Verdienste um das Schulwesen am Niederrhein, 1847 Pensionierung mit Ruhegeld, Verfasser einer Stadtchronik u. d. T.: „Altes und Neues aus Orsoy" (1849). *62, 131*

Kast; Mer; Moers 2; Ott 1; Ott 2; Schür

SCHÜRMANN, JOHANN WILHELM (1806–1870);
Lehrer, aus Büderich (h. Meerbusch, b. Düsseldorf), 1822–1824 Seminarist in Moers, Empfänger eines Stipendiums, dann dort Hilfslehrer sowie Privatlehrer der Kinder Diesterwegs, 1825 dritter Lehrer an der städtischen Elementarschule in Moers, 1825–1870 Lehrer, Küster und Organist an der evangelischen Pfarrschule in Kapellen (h. Moers), 1827 Teilnehmer am Lehrkursus im Seminar in Moers, dort Ablegung der Wiederholungsprüfung, seit 1838 auch besoldeter Rendant der kirchlichen Armenkasse und der Kirchen- und Pastoralkasse, außerdem Führer des Zivilstandsregisters der Gemeinde, Schreiber des Bürgermeisters, vereidigter Taxator bei Sterbefällen, Vertreter seines Bruders als Agent der Magdeburger Feuerversicherungsgesellschaft im Raum Kapellen, vom Schulvorstand trotz Klage einiger Eltern in der Fortführung seiner Nebenämter – für den Unterhalt seiner großen Familie (12 Kinder) – bestätigt, beliebter und fähiger Lehrer. *121, 155f., 173, 186, 189, 203, 210, 233, 285, 292f., 300, 314, 317, 389f., 406*

HStA Düss, Reg. Düss., Nr. 3422, 3429; The

SCHULTHEIS[S], HERMANN (1759–1850);
reformierter Theologe, aus Krefeld, Sohn eines Kaufmanns, Studium der Theologie an der Univ.

Duisburg, 1783–1785 Pfarrer in Geldern (Niederrhein), 1785–1787 zweiter Pfarrer in Goch (ebd.), 1787–1805 zweiter reformierter Pfarrer in Kleve, 1805–1816 Schulrat in Hamm in Westfalen, 1816 bis 1822 Konsistorialrat in Kleve, Befürworter der Einrichtung simultaner Schullehrerseminare. *68, 136*

EvRh 2; Gers

SCHUL[T]ZE, CONRAD CARL MARTIN JOHANN (1776–1857);
Fabrikant, 1807 Begründer einer Barchent-, Flanell- und Bombassinfabrikation sowie eines Manufakturwarengeschäftes in Moers, seit 1820 dort Gemeinderat, 1861 Beteiligung an der erfolgreichen Verteidigung des Standortes Moers für das Lehrerseminar gegen die Verlegung desselben nach Saarn (h. Mülheim a. d. R.). *521, 531*

Felt; Moers 1; StA Moers

SCHULZ, JOHANN OTTO LEOPOLD (1782–1849), Pseudonym: Prätorius;
Pädagoge und Staatsbeamter, aus Wurow (b. Labes, Pommern), Sohn eines Pfarrers, Absolvent der Gelehrtenschule in Alt-Stettin, 1800–1803 Studium der Philosophie und der Philologie an der Univ. Halle, u.a. bei Friedrich August Wolf (s. ds. Personenregister Bd. III), 1803–1806 und nochmals nach 1806 Hauslehrer bei Graf von der Goltz auf Züssow (b. Anklam, Vorpommern), 1806–1811 Professor am Gröningschen Gymnasium in Stargard (Pommern), 1811–1826 Lehrer am Berlinisch-Köllnischen Gymnasium zum Grauen Kloster in Berlin, seit 1826 Mitglied des Schulkollegiums der Provinz Brandenburg und Provinzialschulrat der Mark, Begründer einer Knabenschule, Anregung der Einrichtung einer Bildungsanstalt für Lehrerinnen in der Friedrichstadt sowie des Seminars für Stadtschulen in Berlin, als dessen Direktor Diesterweg 1830–1848 wirkte, erfolglose Bewerbung um die Direktorenstelle am Seminar für Stadtschulen, jedoch unmittelbarer Vorgesetzter Diesterwegs in seiner Funktion als Schulrat, Forderung nach dessen Unterordnung, wegen Streitigkeiten von Minister von Altenstein (s. ds.) der Zuständigkeit entbunden, 1845 durch Minister Johann Albrecht Friedrich Eichhorn (s. ds. Personenregister Bd. VI) in diese wieder eingesetzt, Gegner der Aufnahme jüdischer Seminaristen, Hrsg. von „Schulfreund oder fliegende Blätter über Altes und Neues im Schulwesen" (unter dem Pseudonym Prätorius, 1835–1836) und des „Schulblattes für die Provinz Brandenburg" (gem. mit F. L. Striez <s. ds.>, seit 1836), Verfasser zahlreicher Lehrbücher und pädagogischer Abhandlungen, Erfinder eines Klötze-Apparats – einer Weiterentwicklung der E. G. A. Tillichschen (s. ds.) Rechenhölzer – als Anschauungsmaterial für den ersten Rechen-Unterricht, Mitarbeiter an den Rh. Bl.

Schriften u.a.:

Ueber Warteschulen und Kinderbewahrungsanstalten. Berlin 1837;
Berlinisches Lesebuch für Schulen. 1. Teil ebd. 1840, 2. Teil 1844; 28. Aufl. des 1. Teils 1879;
An den Herrn Pfarrer in Elbei, Dr. Wilhelm Harnisch. Bescheidene Antwort auf dessen Sendschreiben. Ebd. 1846;
Lehrbuch der Raumlehre für den Elementarunterricht. Ebd. 1850. *495, 496, (533f.), 534, (535f.)*

SCHULZE [SCHULTZ], CHRISTIAN FERDINAND
(1774–1850);

Altphilologe, Historiker und Pädagoge, aus Leipzig, Sohn eines Kaufmanns, Absolvent des Gymnasiums in Gotha, 1792–1795 Studium der Theologie und der Philologie an der Univ. Leipzig, 1795 Dr. phil. und Magister, 1797–1798 Privatdozent, 1798–1800 Lehrer am Pädagogium in Halle a. d. Saale unter A. H. Niemeyer (s. ds.), 1800 bis 1848 zunächst Lehrer, dann Professor am Gymnasium in Gotha, seit 1819 überwiegend für Geschichte, 1831 Hofrat, begabter Lehrer, Verfasser zahlreicher Lehrbücher und Abhandlungen, Mitglied mehrerer gelehrter Gesellschaften und Träger etlicher Orden.

Schriften u. a.:

Vorübungen zum Uebersetzen aus dem Teutschen ins Lateinische; als Beylage zur ersten Auflage von Döring's Anleitung zum Uebersetzen aus dem Teutschen ins Lateinische. Jena 1802;
Die Hauptlehren des Christenthums. Ein Leitfaden bey dem frühern Religionsunterricht. Gotha 1804;
Historischer Bildersaal, oder Denkwürdigkeiten aus der neuern Geschichte. Ein Lehr- und Lesebuch für gebildete Stände. 2 Bde. Ebd. 1815/1816;
Von der Entstehung und Einrichtung der evangelischen Brüdergemeinde. Ebd. 1822. *322, 325*

SCHULZ[E], THOMAS GOSWIN HEINRICH
(1808–1893);

Lehrer, aus Soest, bis 1827 Seminarist am dortigen Schullehrerseminar, 1827–1829 Hilfslehrer in Gummersbach, 1829–1875 zweiter Lehrer an der höheren Bürgerschule in Hückeswagen, insbesondere für Physik, Planimetrie, Geometrie, Botanik, Zoologie, technisches Zeichnen und Musik, mehrfach kommissarischer Schulleiter, außerdem Privatlehrer, Organist und Chorleiter, häufige Auseinandersetzungen mit Rektor H. Wilhelm Romberg (Schulleiter 1834–1862), 1836 Bewerber um eine Hauptlehrerstelle an der vereinigten evangelischen Stadtschule in Solingen, von Peter Kaspar Rittinghaus (1808–1869) – ehemaliger Seminarist in Moers (1827–1829), dann Lehrer in Lüdorf (Lennep, h. Remscheid) – in der „Elberfelder Zeitung" zu Unrecht herabgewürdigt, Träger des Roten Adlerordens. *490*

HStA Düss, u. a. Reg. Düss., Nr. 3595; Lep; Wör 2; Wör 3

SCHUMACHER, JOHANN JOSEPH/THEODOR
(gest. 1834);

1806–1834 Elementarlehrer an der zweiten katholischen Schule in Krefeld, außerdem Lehrer an der Freischule, Inhaber des Studiendiploms der Lütticher Akademie für Elementarschulen (Aufsicht über das Schulwesen des Roerdepartements während der Franzosenherrschaft 1798 bis 1813). *390f.*

StA Kref

SCHWALFENBERG, JOHANN (1807–1880);

reformierter Lehrer, aus Velbert, 1823–1826 Seminarist in Moers, 1826–1827 Hilfslehrer am Seminar und an der Elementarschule, seit 1827 definitiver zweiter Lehrer und später Hauptlehrer an den zum Seminar gehörigen Elementarschulklassen, 1829–1873 Lehrer an der reformierten Elementarschule in Neviges (h. Velbert), von Schulpfleger Pfarrer Diepenbeck (s. ds.) sehr empfohlen, Mitglied der 1833 gegründeten Hardenberger Schullehrer-Conferenz, 1844 Ermahnung durch die Königliche Regierung in Düsseldorf wegen mangelnden Einsatzes, aus finanzieller Not zum Nebenerwerb durch Privatstunden gezwungen, mehrfache Belobigung wegen seines Einsatzes für die Schule durch Schulpfleger Pfarrer Friedrich Plümacher (1819–1905), zunehmend Disziplinschwierigkeiten, freiwillige Pensionierung aus Altersgründen mit Ruhegeld, 1874 Verlegung des Wohnsitzes nach Barmen (h. Wuppertal). *356, 362, 365f., (378f.), 508, 513, 571*

HStA Düss, Reg. Düss., Nr. 3345, 3378; Prot

SCHWARZ, FRIEDRICH HEINRICH CHRISTIAN
(1766–1837);

evangelischer Theologe und Philosoph, aus Gießen, Studium der Theologie, Philosophie und Mathematik an der Univ. Gießen, seit 1786 Hilfsprediger in Alsfeld (Oberhessen), dort auch Leiter einer Erziehungsanstalt (bis 1822), 1790–1795 Pfarrer in Dexbach (b. Biedenkopf), 1795–1798 in Echzell (Oberhessen) und 1798–1804 in Münster (h. Butzbach, Oberhessen), seit 1792 Schwiegersohn Johann Heinrich Jung-Stillings (s. ds. Personenregister Bd. IV), 1804–1837 Professor der Dogmatik, Dogmengeschichte und Pädagogik an der Univ. Heidelberg, dort Lehrer Diesterwegs, Kirchenrat, 1806 und 1808 Aufenthalte im Institut von J. H. Pestalozzi (s. ds.) in Yverdon (Kt. Waadt), dessen Förderer, Gründer eines pädagogischen Seminars, seit 1819 Hrsg. der „Freimüthigen Jahrbücher der allgemeinen deutschen Volksschulen" (gem. mit F. L. Wagner <s. ds.>, Heinrich August d'Autel und Carl Adolph Gottlob Schellenberg <s. ds. Personenregister Bd. XV>; 1819–1823 Darmstadt, 1823–1829 Heidelberg, seit 1829 Stuttgart).

Schriften u. a.:

Pestalozzi's Methode und ihre Anwendung in Volksschulen. Bremen 1802;

Erziehungslehre. Band 1: Die Bestimmung des Menschen, in Briefen. 1802; Band 2: Das Kind, oder Entwickelung und Bildung des Kindes von seiner Entstehung bis zum 4n Jahre. 1804; Band 3: Entwickelung und Bildung des jungen Menschen etc. 1808; Bände 4 und 5: Geschichte der Erziehung nach ihrem Zusammenhange unter den Völkern von alten Zeiten her bis auf die neueste. 1813 (alle Leipzig);

Die Schulen. Die verschiedenen Arten der Schulen; ihre inneren und äußeren Verhältnisse und ihre Bestimmung in dem Entwicklungsgange der Menschheit. Leipzig 1832;

Das Leben in seiner Blüthe oder Sittlichkeit, Christenthum und Erziehung in ihrer Einheit. (Schluß der Erziehungslehre.) Leipzig 1837.

(Nachruf in den Rh. Bl., Jg. 1837, Bd. XVI, Heft 1, S. 43–53; vorliegende Ausgabe, Bd. IV, S. 137 bis 142.)   *102f., 105,* 106, 108, *181,* 183, *243,* 257, 259

SCHWEITZER, PETER NIKOLAUS (1788–1869);
katholischer Theologe und Pädagoge, Schüler von Bernhard Heinrich Overberg (s. ds. Personenregister Bd. I), seit 1813 Kantonspfarrer und Schulinspektor in St. Vith (Hohes Venn, Belgien), 1823 bis 1826 erster Direktor des katholischen Schullehrerseminars in Brühl (b. Bonn), seit 1826 Regens des Priesterseminars und Domkapitular in Köln, seit 1833 Regierungsschulrat in Köln.

Verfasser von:
Jahresbericht über das katholische Schullehrerseminar zu Brühl pro 1824–1825. In: Jahrbücher des Preußischen Volksschulwesens. Hrsg. von G. Ph. L. Beckedorff. Berlin 1825, Bd. II, S. 193 bis 233;

Sammlung der gegenwärtig gültigen Gesetze und Verordnungen … für das Elementarschulwesen des Regierungsbezirks Köln. Köln 1856.   *289,* 399

SCOTT, WALTER (1771–1832);
schottischer Dichter, aus Edinburgh, Sohn eines Anwalts, Studium der Rechtswissenschaft an der Univ. Edinburgh, anschließend Tätigkeit in der Anwaltskanzlei seines Vaters, seit 1799 Sheriff in der Grafschaft Selkirk, Übersetzer von Balladen Gottfried August Bürgers (s. ds. Personenregister Bd. XII; 1796) sowie von J. W. v. Goethes (s. ds.) „Götz von Berlichingen" (1799), Sammler schottischer Volksballaden, als Schriftsteller Verfasser von Versromanen und historischen Romanen sowie einiger historischer Abhandlungen, Hrsg. und Biograph von John Dryden (1808) und Jonathan Swift (1804).

Schriften u. a.:
The Lay of the Last Minstrel. 1805; dt. Der letzte Minstrel;

The Lady of the Lake. 1810; dt. u. a. Das Fräulein vom See;

Ivanhoe. 3 Bde. 1820;

Quentin Durward. 1823;

History of Scotland. 2 Bde. 1829; dt. Geschichte von Schottland.   *103,* 105

SEBER, FRANZ JOSEPH (1776/77–1827);
katholischer Theologe, aus Waldthürn (Oberpfalz), Studium der Theologie an der Univ. Würzburg, Dr. phil. und Dr. theol., Pfarrverwalter in Miltenberg, 1806–1815 auf Veranlassung von Fürst-Primas C. Th. A. Th. A. M. v. Dalberg (s. ds.) Konrektor am neuorganisierten Gymnasium in Aschaffenburg, später zugleich Repetitor der Philosophie am dortigen Lyzeum, 1815–1819 auf Empfehlung des Medizinalrates und Professors Karl Joseph Hieronymus Windischmann Direktor des Gymnasiums in Köln, 1819–1825 o. Professor für Dogmatik und Moral an der neugegründeten Univ. Bonn, 1825–1827 Professor der Philosophie an dem von der niederländischen Regierung errichteten philosophischen Collegium in Leuven (Belgien), Mitarbeiter des „Archivs für das katholische Kirchen- und Schulwesen", Verfasser von Gymnasialprogrammen und Lesebüchern sowie theologischer Abhandlungen.

Schriften u. a.:
Sammlung von Mustern deutscher Dichter und Prosaiker für die untern und mittlern Klassen der Gymnasien, 1. Abteilung. Köln 1817;

Sammlung von Mustern deutscher Dichter und Prosaiker für die drei obern Klassen der Gymnasien, 2. Abteilung. Ebd. 1819;

Ueber Religion und Religionslehre überhaupt, über die christliche Religion und Religionslehre insbesondre. Ebd. 1819;

Eine allgemeine Grundlage der christlichen Religion und Theologie. Ebd. 1823.   *181,* 182, *247,* 262f.

SEEL, ADOLPHINE geb. DIESTERWEG (1788–1811);
aus Siegen, Tochter des Justizamtmanns Carl Friedrich D. und ältere Schwester Diesterwegs, seit 1809 verheiratet mit dem Siegener Amtsaktuarius Friedrich Wilhelm S., im ersten Wochenbett verstorben.   *5,* 6

SEEL, WILHELM HEINRICH (1776–1821);
reformierter Theologe und Pädagoge, aus Dillenburg, Sohn eines Pfarrers und Konsistorialrats, Studium der Theologie an den Univ. Herborn und Marburg a. d. Lahn, 1797–1803 Lehrer am Bürgerinstitut von J. F. Wilberg (s. ds.) in Elberfeld (h. Wuppertal), später Lehrer an dem Institut der Erzieherin Karoline Christiane Luise Rudolphi (s. ds. Personenregister Bd. II und IV) in Heidelberg, 1806 Dr. phil., 1806–1807 Pfarrer in Dillenburg, 1807–1810 Lehrer, 1810–1817 Oberlehrer und 1817–1821 erster Direktor der Muster-

schule in Frankfurt a. M., an der auch Diesterweg von 1813 bis 1818 als Lehrer tätig war, kritische Abgrenzung Diesterwegs gegen Seels theologische Ansichten und dessen Katastrophentheorie in seiner Schrift „Vom Weltuntergange, nebst einer freimüthigen Widerlegung der Theorie des Herrn Dr. Wilhelm Heinrich Seel vom Weltuntergange und anderen in die Geschichte der Erde einschlagenden Bemerkungen" (Frankfurt a. M. 1817) (vgl.vorliegende Ausgabe, Bd.19, S.1–24).
Schriften u. a.:
Das Erfreuliche der gegenwärtigen Theuerung. Frankfurt a. M. 1816;
Schulreden nebst einigen kleineren Schulschriften. Heidelberg 1817;
Vom Weltuntergange. Frankfurt a. M. 1817.
8, 21–25, 53
Fro; Mau

SEELBACH, LUDWIG JOHANN (1782–1832);
Lehrer, aus Siegen, Freund von Diesterwegs Bruder Wilhelm (s. ds.), Finanzierung seines Studiums durch Diesterwegs Vater Carl Friedrich (s. ds.), 1807–1809 Lehrer am Bürgerinstitut von J. F. Wilberg (s. ds.) in Elberfeld (h. Wuppertal), seit 1809 Lehrer in Heidelberg und Speyer (b. Ludwigshafen), 1813–1832 Erster Rektor (Erster Lehrer) der reformierten Lateinschule Elberfeld (seit 1824 Gymnasium), an der von 1818 bis 1820 auch Diesterweg als Zweiter Rektor tätig war, heftige Auseinandersetzungen mit Diesterweg wegen der Einstellung zu J. F. Wilberg (s. ds.) und zum reformierten Scholarchat. *9, 22,* 23, 25, *28,* 29f., 48, *48,* 49, *56, 59,* 59, *493*

SEHER, DIEDERICH (geb. ca. 1806);
Lehrer, aus Moers, 1823–1826 Seminarist in Moers, Empfänger eines Stipendiums, 1826 bis 1828 Hilfslehrer bei dem ehemaligen Seminaristen A. H. D. Kamphausen (s. ds.) an der evangelischen Elementarschule in Velbert, 1828–1829 an der evangelischen Elementarschule auf dem Hatzfeld (Barmen, h. Wuppertal), seit 1830 an der evangelischen Elementarschule in Wichlinghausen (ebd.), seit 1831 definitiv anstellungsfähig, Lehrer an der Silberkuhle (b. Hagen). 133, *(342ff.),* 344, *397*
HStA Düss, Reg.Düss., Nr.2713, 2715; StA Wupp, LI 101

SEIDENSTÜCKER, JOHANN HEINRICH PHILIPP (1765–1817);
Pädagoge, aus Hainroda, Sohn eines Metzgers und Gastwirtes, Absolvent des Martineums in Braunschweig, seit 1785 Studium der Theologie und Philologie an der Univ. Helmstedt, zugleich Lehrer für Latein, Griechisch und Hebräisch am Pädagogium des philologisch-pädagogischen Seminars, später dort Collaborator (zweiter Lehrer), seit 1786 ordentliches Mitglied in der Herzoglich deutschen Gesellschaft, 1789 zweiter Kustos der

Universitätsbibliothek, Dr. phil., 1791–1796 Adjunkt der philosophischen Fakultät, 1796 –1810 Rektor des Gymnasiums in Lippstadt (Westfalen), vergeblich um Reformen des Lippstädter Schulwesens (u. a. Einrichtung einer neusprachlichen Realschule, Zusammenlegung von Schulen, Vorrang des Französischunterrichts vor dem des Lateinischen) bemüht, 1810–1817 Direktor des Soester Archigymnasiums, erfolgreiches Wirken für die Hebung des Lehrerstandes (u. a. Verbesserung der Besoldung, Gründung einer Gymnasialbibliothek), hervorragender Lehrer, Verfasser zahlreicher Schulbücher und pädagogischer Abhandlungen.
Schriften u. a.:
Ueber den Uebergang der Gelehrtenschulen in Bürgerschulen. Lippstadt 1799;
Daß der Religionslehre Religionsübung vorangehen müsse. Soest 1810;
Bemerkungen über die Teutsche Sprache, eine Vorarbeit zu einer kritischen Grammatik der Hochteutschen Sprache. Helmstedt 1804;
Eutonia, oder declamatorisches Lesebuch für mittlere und obere Schulklassen. Dortmund 1807;
Nachlaß, die deutsche Sprache betreffend. Ebd. 1818. *104,* 108, *170,* 171, *209,* 212, *247,* 262
Flas

SEILER, GEORG FRIEDRICH (1733–1807);
lutherischer Theologe, aus Creußen (b. Bayreuth), seit 1754 Studium der Theologie und Philosophie, Orientalistik, Mathematik, Naturwissenschaften und Geschichte an der Univ. Erlangen, 1759 Betreuer junger Adliger in Tübingen, seit 1761 Diakon und Pfarrer in Neustadt (b. Coburg), seit 1769 o. Professor der Theologie in Erlangen, seit 1772 dort auch Universitätsprediger, seit 1775 Konsistorialrat und Schuldezernent in Bayreuth, seit 1788 dort auch Superintendent, 1785 Gründer einer Bibelanstalt in Erlangen, Vertreter einer rationalistischen theologischen Richtung, Hrsg. vieler katechetischer Schriften, weite Verbreitung seiner pädagogischen und methodischen Werke im Fürstentum Ansbach-Bayreuth.
Pädagogische Schriften u. a.:
Schulmethodenbuch. Erlangen 1789;
Katechetisches Methodenbuch. 3. Aufl. Ebd. 1832 (vgl. Rh. Bl., Jg. 1833, Bd. VIII, S. 236ff.; vorliegende Ausgabe, Bd. III, S. 168ff.). *245,* 260, *272, 275*

SEYDEWITZ, FRIEDRICH FERDINAND LEOPOLD VON (1787–1872);
Staatsbeamter, aus Niemegk (Fläming), 1804 bis 1813 in anhalt-dessauischen Diensten, währenddessen Studium an der Univ. Leipzig, 1813 Eintritt in den preußischen Dienst, zunächst bei der Landesdirektion Halle a. d. Saale, nach deren Auflösung beim preußischen Kommissar Georg Victor Friedrich Dietrich Freiherr von Schele von

Schelenburg in Brüssel, dann unter Staatsminister Anton Wilhelm von Klewitz beim Zivilgouvernement in Halberstadt, 1815–1816 Volontäroffizier in den Befreiungskriegen beim III. Armeekorps, 1816–1818 Regierungsrat in Magdeburg, 1818 zunächst Hilfsarbeiter, dann 1818–1826 Geh. Oberregierungs- und vortragender Rat bei allen Abteilungen im Ministerium der geistlichen, Unterrichts- und Medizinal-Angelegenheiten, mit der Begutachtung der geeigneten Lokalitäten für das Seminar in Moers und damit auch der Eignung des Hauses der Gebrüder Scheidtmann (s. ds.) betraut, zunächst Befürworter des Seminarstandortes Neuwied, 1826–1834 Vizepräsident beim Regierungspräsidenten von Klewiz in Magdeburg, 1834–1848 Regierungspräsident in Stralsund.
124
Bei 1

SICKEL, GUSTAV ADOLF FRIEDRICH
(1799–1865), Pseudonym: Gustav Adolph;
lutherischer Theologe und Pädagoge, aus Athenstedt (b. Halberstadt), Sohn eines Pfarrers, Bruder von Heinrich Friedrich Franz S. (s. ds.), Absolvent der Domschule in Halberstadt, 1815 Kriegsfreiwilliger in Frankreich, 1817–1820 Studium der Theologie und der Philologie an den Univ. Halle und Magdeburg, 1820–1822 Rektor an der Bürgerschule in Schwanebeck (b. Halberstadt), 1822 Dr. phil. (Halle), 1822–1823 zweiter Lehrer und 1823–1824 Direktor am Schullehrerseminar in Halberstadt, 1824–1829 Diakonus zu St. Petri und Johannes in Schwanebeck, 1829–1836 Direktor der höheren Töchterschule in Magdeburg, 1836–1849 Pfarrer und Superintendent in Atzendorf (b. Calbe a. d. Saale), dort Aufsicht über 56 Lehrer, Einwirkung auf die Lehrerschaft durch monatliche Schullehrerkonferenzen mit Probelektionen im Sommerhalbjahr, durch Visitationsreisen und die Einrichtung eines Lesezirkels, seit 1849 Pfarrer in Groß Rosenburg (ebd.) und Superintendent der Diözese Calbe a. d. Saale (verbunden mit der Aufsicht über 21 Pfarrer und 73 Lehrer), Verfasser von Lehrbüchern und pädagogischen Abhandlungen.
Schriften u. a.:
Versuch einer Erziehungs-Seelenlehre, für Eltern und Erzieher, welche nützliche, glückliche und gute Menschen bilden wollen. Halle a. d. Saale 1826;
Gemeinnützige Kenntnisse, oder „der Mensch in seinen verschiedenen Beziehungen", für höhere Töchterschulen. Magdeburg 1831;
Erziehungslehre für christliche Mütter. Ebd. 1835.
371, 373

SICKEL, HEINRICH FRIEDRICH FRANZ
(1794–1842);
lutherischer Theologe und Pädagoge, aus Groß Oschersleben (b. Halberstadt), Sohn eines Pfar-

rers, Bruder von Gustav Adolf Friedrich S. (s. ds.), Absolvent der Domschule in Halberstadt, 1812 bis 1814 Studium der Theologie und Philologie an der Univ. Göttingen, 1814–1817 Hauslehrer in Halberstadt, 1815 Kriegsfreiwilliger in Frankreich, 1817–1819 Rektor der Bürgerschule in Schwanebeck (b. Halberstadt), 1819 durch Vermittlung C. Chr. G. G. Zerrenners (s. ds.) Lehrer an der Handlungsschule in Magdeburg, 1819–1823 an der dortigen neu eingerichteten höheren Mädchenschule, 1823–1830 Oberprediger in Aken a. d. Elbe, um die Förderung des niederen Schulwesens bemüht, 1829–1840 Direktor des Schullehrerseminars und des Taubstummeninstituts in Erfurt, in den letzten Jahren zugleich Oberschulinspektor über die städtischen Schulen, Gründung der ersten Präparandenanstalt im Regierungsbezirk Erfurt, 1840–1842 Oberpfarrer in Hornburg (b. Halberstadt), engagierter Pädagoge und Autor, insbesondere von Lehrbüchern.
Schriften u. a.:
Theoretisch-praktisches Handbuch aller verschiedenen Dichtungen, zunächst für die obern Schulklassen, mit besonderer Hinsicht auf die weibliche Jugend. Magdeburg 1821 (gem. mit J. Chr. A. Heyse <s. ds.>);
Handbuch der Realkenntnisse für Lehrer an Land- und Bürgerschulen. 3 Teile. Ebd. 1821/1822;
Vollständige und gründliche Anweisung zum Kopfrechnen, nebst einigen Uebungsaufgaben. Für Lehrer. Ebd. 1823;
Vollständige und gründliche Anweisung zum Tafelrechnen für Lehrer und Lernende. Ebd. 1827;
Handbuch der Schulmeisterklugheit oder vollständige Anweisung zu einer treuen und umsichtigen Verwaltung des Schulamts, zunächst für Seminaristen und angehende Landschullehrer. Erfurt 1833 (vgl. Rh. Bl., Jg. 1834, Bd. X. Heft 1, S. 111 bis 120; vorliegende Ausgabe, Bd. III, S. 365 f.).
(Vgl. seine Autobiographie in: Das Pädagogische Deutschland der Gegenwart. Hrsg. von F. A. W. Diesterweg. Berlin 1835, Bd. I, S. 287–336.)
247, 262, 323, 325

SILBERSCHLAG, JOHANN CHRISTIAN FIDEJUST
(erw. 1794);
evangelischer Theologe, Archidiakonus in Ordruf (Thüringen).
Verfasser von:
Vernunftmäßige und allgemeine Rechenkunst, nach Reesischer Manier auf geometrische Proportionen gegründet etc. Leipzig 1794. 1. Theil von: Leichtfaßlicher Unterricht in der Proportionsrechnung für Kinder. Ebd. 1803. *247, 263, 274,* 278

SNELL, JOHANN PETER/PHILIPP LUDWIG
(1785–1854);
Pädagoge und Philosoph, aus Idstein (b. Wiesbaden), Bruder des Juristen Wilhelm S. (s. ds. Personenregister Bd. XVII), 1803–1806 Studium der

728

Theologie an der Univ. Gießen, 1808–1817 Lehrer und Konrektor am Gymnasium in Idstein, 1817–1819 Direktor des Gymnasiums in Wetzlar, 1819 nach den Karlsbader Beschlüssen Verhaftung wegen seiner freisinnigen Ansichten, Entlassung ohne Gehaltsfortzahlung, 1824–1827 Aufenthalt in London, seit 1827 in der Schweiz, Abhaltung von Vorlesungen in Basel, nach der Julirevolution von 1830 Mitwirkung an politischen Reformen in der Schweiz, 1831 Einbürgerung, Mitglied des Großen Rats, bis 1834 Professor für Philosophiegeschichte an der Hochschule in Zürich, 1834–1838 an der Univ. Bern, dann wieder in Zürich, zuletzt in Küsnacht (Kt. Zürich), Redakteur der Zeitschrift „Der Schweizerische Republikaner", Einfluß auf den politischen Liberalismus der Zürcher Regenerationsbewegung und auf Reformen im schweizerischen Schulwesen.
Schriften u. a.:
Sittenlehre in Beispielen für Bürger- und Landleute. 2 Teile. Bremen 1795; 4. Aufl. 1819;
Handbuch des schweizerischen Staatsrechts. 2 Bde. Zürich 1837–1845;
Geist der neuen Volksschule in der Schweiz, nebst den Hoffnungen, welche der Menschen- und Vaterlandsfreund daraus schöpft. St. Gallen 1840.
(Vgl.: Dr. Ludwig Snells Leben und Wirken. Ein Beitrag zur Geschichte der regenerierten Schweiz, bearbeitet nach den von dem Verstorbenen hinterlassenen Papieren und Schriften von einem jüngeren Freund desselben. Zürich 1858.) *245, 260*

SOLBRIG, KARL FRIEDRICH/EDUARD CARL (1773–1838), ursprüngliche Vornamen: Christian Gottfried;
Schauspieler und Schriftsteller, aus Leipzig, Sohn eines Bäckers, Studium der Ökonomie, Pferdehändler, um 1800 Debüt als Schauspieler in Prag, anschließend Auftritte in Altona (h. Hamburg), Hamburg und im Theater an der Wien, später in Breslau, 1807 sowie 1809–1814 Engagements in Augsburg, 1821 in Dessau, 1822–1838 Aufenthalt in Leipzig, kleinere Gastspiele, als Deklamator bekannt, Verfasser von Bühnenstücken, Hrsg. von Anthologien und Sammlungen mit Anweisungen zur Deklamation.
Schriften u. a.:
Museum der Declamation. Enthaltend eine strenge Auswahl von den beliebtesten Gedichten, Dialogen, Monologen, Reden, Erzählungen und andern prosaischen Aufsätzen ernsten und launigen Inhalts; nebst Erläuterungen über den Vortrag derselben. 2 Bde. Leipzig 1813/1814;
Die Lyra. Auswahl deutscher Gedichte, Reden, Erzählungen etc. zur Uebung in der Declamation. Ebd. 1816. Auch u. d. T.: Declamirbuch für Schulen. Eine Auswahl deutscher Gedichte, Reden, Erzählungen etc. 2 Bde. Ebd. 1818/1826;
Vademecum für Declamation; eine Auswahl religiöser, ernster und burlesker Dichtungen. Nach

den Regeln der Redekunst bearbeitet. Ebd. 1823. *246, 261*

SOLMS-LAUBACH, FRIEDRICH LUDWIG CHRISTIAN REICHSGRAF VON (1769–1822); preußischer Staatsmann, aus Laubach (am Vogelsberg), Erziehung durch Hauslehrer, Studium der Rechtswissenschaft an der Univ. Gießen, seit 1789 Tätigkeit am Reichskammergericht in Wetzlar, seit 1791 Reichshofrat in Wien, 1797 Gesandter der wetterauischen, fränkischen und westfälischen Reichsgrafenkollegien beim Rastatter Kongreß, 1803 einer der Initiatoren der Frankfurter Union, 1806 Rückzug auf seine Güter, seit 1813 enger Mitarbeiter des Reichsfreiherrn Heinrich Friedrich Karl vom und zum Stein (s. ds. Personenregister Bd. V, XII, XIV und XV) im Zentralverwaltungsrat, 1814–1815 Berater Karl August von Hardenbergs (s. ds. Personenregister Band XIV) auf dem Wiener Kongreß, mit der Organisation der rheinischen Provinzen beauftragt, 1815 bis 1822 Oberpräsident der Provinz Jülich-Kleve-Berg, 1815–1817 außerdem Regierungspräsident in Köln, 1815 Verwalter der Rheinschiffahrtsangelegenheiten, 1818 Kurator der neugegründeten Univ. Bonn, 1819 Generaldirektor der rheinischen Katasterkommission, 1820 Präsident der Großherzoglich-hessischen Ständeversammlung, 1821 Verweis durch Minister von Altenstein wegen seiner offenen Kritik an der Einrichtung von konfessionell getrennten Schullehrerseminaren, an einem Lungenleiden verstorben. *116*
Gers; Preu; Rom

SOMMER, JOHANN GOTTFRIED/GEORG (um 1782–1848), ursprünglicher Name: Volte; Geograph und Schriftsteller, aus Leuben (h. Leuben-Schleinitz, b. Dresden), Sohn eines Schuhmachers, Absolvent des Schullehrerseminars in Dresden, Autodidakt auf dem Gebiet der Geographie, Lehrer an der Garnisonschule in Dresden, seit 1809 zunächst als Schauspieler und Souffleur, dann als Privatlehrer in Prag, hier Annahme des Namens Sommer, Lehrer am Konservatorium in Prag, seit 1831 in Diensten des böhmischen Museums, hier Ausarbeitung der Topographie von Böhmen, Verfasser zahlreicher Schul- und Jugendschriften sowie geographischer Abhandlungen.
Schriften u. a.:
Gemälde der physischen Welt, oder unterhaltende Darstellung der Himmels- und Erdkunde. 6 Bde. Prag 1819–1826.
Lehrbuch der Erd- und Staatenkunde. 3 Bde. Ebd. 1835;
Topographie von Böhmen. 16 Bde. Ebd. bis 1849. *445, 448*

SPIESS, JOHANN BALTHASAR (1782–1841); lutherischer Theologe und Pädagoge, aus Obermaßfeld (h. O.-Grimmenthal), Sohn eines Land-

wirts und Schmiedemeisters, 1799–1801 Seminarist am Landesschullehrerseminar in Meiningen
(h. Bad M.), 1801 Aufenthalt im Philanthropin
von Chr. G. Salzmann (s. ds.) in Schnepfenthal (h.
Waltershausen, b. Gotha), kurzzeitig Lehrer an
der Freischule in Meiningen, 1801–1805 Lehrer
am Kemmerschen Institut in Frankfurt a. M., Studien in alten und neuen Sprachen, Kunstgeschich-
te, Tonkunst und Zeichnen, 1805–1807 Studium
der Theologie an der Univ. Gießen, 1807–1811
Konrektor an der Stadtschule in Lauterbach (am
Vogelsberg), Reorganisation derselben gem. mit
Rektor Christian Wilhelm Bindewald, zugleich
Leiter einer französischen Privatschule, 1811 bis
1831 zweiter Pfarrer in Offenbach (b. Frankfurt
a. M.), Gründer einer Privaterziehungsanstalt, Begründer der Lehrerkonferenzen und des Lehrer-
singvereins, Förderer der Kirchenmusik, 1830 mit
der Neuorganisation des städtischen Schulwesens
betraut, 1831–1841 Pfarrer und Dekan in Sprend-
lingen (h. Dreieich, b. Frankfurt a. M.), Verfasser
vieler Artikel sowie Abhandlungen über Pädagogik und Theologie sowie zahlreicher Lehrbücher.
Schriften u. a.:
Plan einer Lehr- und Erziehungsanstalt für Kinder
aus den gebildeten Ständen. Offenbach 1814;
Unterrichtswegweiser für das Gesammtgebiet
der Lehrgegenstände in Volksschulen. 5 Teile.
Gießen 1833ff.;
Lehre des christlichen Glaubens in systematisch
geordneten Bibelsprüchen. Ebd. 1840. *364*

STAA, FRANZ HEINRICH VON (geb. 1805);
Lehrer, aus Ruhrort (h. Duisburg), Sohn eines Ta-
gelöhners, 1822–1824 Seminarist in Moers, Emp-
fänger eines Stipendiums, bis 1826 Hauslehrer bei
Wasserbauinspektor Neuenborn in Mülheim a. d.
Ruhr, 1825 auf der Dreierliste für die neu zu be-
setzende Lehrerstelle an der Elementarschule in
Geistenbeck (h. Mönchengladbach), einstimmige
Ablehnung seiner Anstellung durch den Kirchen-
und Gemeindevorstand, später Bewerber um die
Lehrerstelle in Wanheim (h. Duisburg). *121,*
155

HStA Düss, Reg. Düss., Nr. 3049; StA Dui

STARK, GEORG (erw. 1833)
Metzgermeister in Düsseldorf, Vermieter des ehemaligen Seminaristen Peters. *141*

STEFFENS, HEINRICH/HENRIK (1773–1845);
norwegischer Naturforscher und Naturphilosoph,
aus Stavanger (Südwestnorwegen), Sohn eines
aus Holstein eingewanderten Barbiers und Chirurgen, seit 1790 Studium der Naturwissenschaften, dann der Medizin in Kopenhagen, von der
Aufklärung sowie Sturm und Drang und der Französischen Revolution beeinflußt, 1794–1795 Reise an die norwegische Westküste, 1796 Fortsetzung der Studien an der Univ. Kiel, dort Privatdozent, 1797 Promotion, Anregungen durch die

Lektüre von I. Kant (s. ds.), Friedrich Heinrich Jacobi (s. ds. Personenregister Bd. XII), Benedictus
Spinoza und J. G. Fichte (s. ds.), seit 1798 Studium der Philosophie an der Univ. Jena, insbesondere bei Friedrich Wilhelm Joseph von Schelling
(s. ds. Personenregister Bd. I, X, XII und XIII),
Bekanntschaft u. a. mit J. W. v. Goethe (s. ds.) und
Novalis [Friedrich von Hardenberg], bis 1801
außerdem Studien bei dem Geologen und Minera-
logen Abraham Gottlob Werner (s. ds. Personenregister Bd. XI) in Freiberg, Bekanntschaft mit
F. D. E. Schleiermacher (s. ds.) in Berlin, 1802 bis
1804 Dozent an der Univ. Kopenhagen, durch
Veröffentlichung seiner Vorlesungen über Natur,
Geschichte, Philosophie, Kunst und Glaube („Ind-
ledning til philosophiske Forelaesningar", 1803,
Neuaufl. 1805) wesentlicher Anteil an der Ver-
breitung der Romantik in Dänemark, 1804–1811
Professor der Naturphilosophie, Physiologie und
Mineralogie an der Univ. Halle, Forderung nach
Neugestaltung der Hochschule zur Überwindung
der Franzosenherrschaft (1809), 1811 angesichts
drohender Verhaftung Annahme eines Rufes als
Professor der Physik und Naturphilosophie an der
Univ. Breslau, 1815 Ehrendoktor der Univ. Kiel,
1821/1822 und 1829/30 dort auch Rektor, Zunahme seiner gesellschafts- und kirchenpolitische
Aktivitäten, 1813/1814 Freiwilliger bei den Befreiungskriegen bis zur Einnahme von Paris, Ablehnung der Erneuerungsbewegung von Friedrich
Ludwig Jahn (s. ds.), Verurteilung des Mordes an
August Friedrich Ferdinand von Kotzebue (s. ds.
Personenregister Bd. XI) durch Karl Ludwig Sand
(s. ds. Personenregister Bd. XI), Gegner der Kirchenunion, 1832 durch Vermittlung des preußischen Kronprinzen Friedrich Wilhelm IV. Ruf an
die Univ. Berlin, 1834 dort Rektor, 1821 a. o. Mit-
glied der Königlichen Dänischen Gesellschaft der
Wissenschaften, Verfasser wissenschaftlicher, phi-
losophischer, politischer und kirchenpolitischer
Abhandlungen sowie einer umfangreichen Auto-
biographie (1840–1844).
Schriften u. a.:
Grundzüge der philosophischen Naturwissenschaft. Berlin 1806;
Ueber die Idee der Universitäten. Ebd. 1809;
Ueber Kotzebue's Ermordung. Breslau 1819;
Anthropologie. 2 Bde. Ebd. 1824;
Wie ich wieder Lutheraner wurde. Ebd. 1831;
Was ich erlebte. Aus der Erinnerung niederge-
schrieben. 10 Bde. Ebd. 1840–1845. *104,* 107

STEIN, CARL LUDWIG FERDINAND (1796–1828);
Lehrer, zunächst Tischlerlehrling, Freiwilliger in
den Befreiungskriegen, 1815 Verwundung in
Frankreich, Ausbildung im Schullehrerseminar in
Züllichau (Grenzmark), Ausbildung zum Zeichenlehrer durch den Pestalozzianer P. Schmid
(s. ds.) in Berlin und zum Turnlehrer durch Friedrich Ludwig Jahn (s. ds.) und Ernst Wilhelm

Bernhard Eiselen (s. ds. Personenregister Bd. IV), 1818–1828 Lehrer am Schullehrerseminar in Neuzelle (Schlesien).

Schriften u. a.:
Die Formenlehre und das Elementarzeichnen in wechselseitigen Verbindungen, ein Handbuch für Volksschulen. Frankfurt a. d. O. 1821; 2. umgearb. und erweiterte Ausgabe Züllichau 1823;
Vollständiger Schreibunterricht. Theoretisch und praktisch mit besonderer Rücksicht auf Elementarschulen bearbeitet. Ebd. 1825;
Vorlegeblätter für Anfänger im freien Handzeichnen und im Zeichnen mit Lineal und Zirkel. Breslau 1828 (vgl. Rh. Bl., Jg. 1828, Bd. III. Heft 4, S. 96f.; vorliegende Ausgabe, Bd. I, S. 447).
181, 183, *249*, 265

STEINS, HERMANN (1777–1847);
Lehrer, aus Odenkirchen (h. Mönchengladbach), Sohn eines Lehrers, 1795–1799 Lehrer im Bergischen Land, frühes Mitglied der „Moerser Lehrer-Conferenz", 1799–1801 Lehrer an der evangelischen Elementarschule in Issum (b. Geldern, Niederrhein), 1801–1842 Lehrer an der evangelischen Elementarschule, Küster und Organist in Neukirchen (h. N.-Vluyn, b. Moers), Teilnehmer bei vielen Lehrerkonferenzen, Erteilung von Französisch-Unterricht für die Kollegen, 1814 von den Pfarrern J. J. Engels (s. ds.) und Matthias Daubenspeck (1758–1844) im Bericht an Generalgouverneur von J. A. v. Sack (s. ds.) wegen seiner guten Kenntnisse und Unterrichtsmethode hervorgehoben, Vorbild zahlreicher Schulamtspräparanden aus der Umgebung, die bei seinem Unterricht hospitierten, zeitweilig Vorsteher des Schullehrervereins der Grafschaft Moers, in den zwanziger Jahren zugleich Gemeindesekretär, Beschwerden gegen ihn wegen des Aufwandes dieser Nebentätigkeit, durch den Neukirchener Pfarrer J. H. Chr. Rappard (s. ds.) immer wieder in seinen fortschrittlichen Bemühungen behindert, 1842 freiwillige Pensionierung wegen Trunkenheit und Überschreitung des Züchtigungsrechtes, jedoch aus Anerkennung seiner früheren Verdienste mit angemessenem Ruhegeld und Belobigung durch Landrat Freiherrn von Eerde (s. ds.), durch seinen Schwiegersohn Johannes Kielmann ersetzt.
66, 67

HStA Düss, Reg. Düss., Nr. 3434; Rich

STEPHANI, HEINRICH VON (1761–1850);
lutherischer Theologe und Pädagoge, aus Gemünda (h. Seßlach, Oberfranken), Sohn eines Pfarrers, 1778–1782 Studium der Theologie und der Philologie an der Univ. Erlangen, ohne Abschluß Pfarramtshelfer bei seinem Vater, dann Hauslehrer der Söhne der Reichsgräfin Hedwig von Castell, Aufenthalt in Kloster Bergen (h. Groß Rodensleben, b. Magdeburg), Studium der Pädagogik, Besuch des Pädagogiums in Halle a. d. Saale, 1784 Aufenthalt im Philanthropin von Chr. G. Salzmann (s. ds.) in Schnepfenthal (h. Waltershausen, b. Gotha), Reise durch die Schweiz, seit 1795 Konsistorialrat in Castell (b. Würzburg), Anregung gezielter gewerblicher Bildung, 1808–1811 Pfarrer sowie bayerischer Konsistorial- und Schulrat in Augsburg, Eichstätt und Ansbach, 1811–1817 Pfarrer in Ansbach, um die Förderung des Elementarschulwesens bemüht, Leiter einer Kommission zur Ausarbeitung von Lehr- und Methodenbüchern für die Elementarschulen in Bayern, Einführung der Lautiermethode im Erstleseunterricht, Engagement für die Errichtung von Realschulen, Bekämpfer religiöser Vorurteile mit aufklärerischen Argumenten, aufgrund des Widerstands der Kirche an der Verwirklichung seiner Reformpläne immer wieder gehindert, 1817 zum Austritt aus dem Landeskollegium gezwungen, 1817–1834 Pfarrer und Dekan in Gunzenhausen, 1834 wiederum amtliche Suspension, Hrsg. des „Bairischen Schulfreundes" (Erlangen 1811 bis 1831, seit 1818 u. d. T. „Der Schulfreund für die deutschen Bundes-Staaten"; vgl. Rh. Bl., Jg. 1834, Bd. IX, S. 259–352; vorliegende Ausgabe, Bd. XXII <in Vorbereitung>), Verfasser zahlreicher Abhandlungen und Lehrbücher, insbesondere zum Leseunterricht.

Schriften u. a.:
Archiv der Erziehungskunde für Deutschland. 4 Bde. Weißenfels 1791–1795;
Fibel, oder Elementarbuch zum Lesenlernen. Erlangen 1802;
Grundriß der Staatserziehungswissenschaft. Weißenfels 1797; dasselbe umgearbeitet u. d. T.: System der öffentlichen Erziehung. Berlin 1805;
Fibel für Kinder von edler Erziehung, nebst der Methode für Mütter, die Kinder in kurzer Zeit lesen zu lehren. Erlangen 1807;
Geschichte seiner Amtssuspension als Dekan und Stadtpfarrer zu Gunzenhausen in Baiern. Ein Seitenstück der jüngsten mystischen Spukgeschichte zu Halle in Preußen. Hildburghausen 1835. *247*, *258*, 262

STERN, JOHANN WILHELM (1792–1873);
evangelischer Theologe und Pädagoge, aus Mosbach (Odenwald), Studium der Theologie, 1815 bis 1817 Lehrer im Institut von J. H. Pestalozzi (s. ds.) in Yverdon (Kt. Waadt), seit 1817 am Lyzeum in Karlsruhe, 1819–1823 Diakonus in Gernsbach (b. Baden-Baden), 1823 Inspektor und seit 1839 Direktor des evangelischen Schullehrerseminars in Karlsruhe, Vermittlung der Pestalozzischen Methode im Seminarunterricht (gem. mit Seminarlehrer J. Gersbach <s. ds.>) und damit Einführung dieser Unterrichtsweise in Teilen der Volksschulen Badens, Mitarbeiter an den Rh. Bl., im Alter Hinwendung zum Pietismus, Verfasser zahlreicher Lehrbücher und theologischer Abhandlungen.

Schriften u.a.:
Lehrgang des Lautirunterrichts in Verbindung mit
dem Schreiben nach geistbildenden Grundsätzen
nebst einem Lautirwörterbuch und einer Anleitung zu den ersten Stimm- und Reihenübungen.
Karlsruhe 1832;
Natur-, Erd-, Menschen- und Völkerkunde und
deren Geschichte nebst Gesundheits- und Land-
wirtschaftslehre als unterrichtendes Lesebuch für
süddeutsche Schulen. Ebd. 1839;
Lehrgang des Rechenunterrichtes nach geistbildenden Grundsätzen nebst einem Aufgabenbüch-
lein. Ebd. 1832; 3. Aufl. 1842;
Erfahrungen, Grundsätze und Grundzüge des biblisch christlichen Religionsunterrichts, mit Würdigung der Beschaffenheit dieses Unterrichts in
gegenwärtiger Zeit. Ebd. 1833;
Erstes Sprach- und Lesebuch für deutsche Elementarschulen. Ebd. 1837; 28. Aufl. 1870.   *475*
Frie

STÖCKER, EDUARD (ca. 1806–1827);
Lehrer, aus Lennep (h. Remscheid), Sohn eines
Pfarrers, Vollwaise, 1824–1827 Seminarist in
Moers, Lehrer an einem Institut, an einem Fieber
verstorben.   *204, 285, 382, 440*

STRAATEN [STRAETEN], ALOYSIUS (1807–1864);
katholischer Elementarlehrer, aus Rayen (h. Neukirchen-Vluyn, b. Moers), Bruder eines Pfarrers,
1824–1826 Seminarist in Moers, 1826 externer
Prüfling, 1826–1828 provisorischer, 1828–1834
definitiver Lehrer an der katholischen Elementarschule in Kamp (h. Kamp-Lintfort, Niederrhein),
intensive Weiterbildung in der Obstbaumzucht
durch Teilnahme an Lehrkursen von M. Weyhe (s.
ds.) und praktische Übungen in der Königlichen
Baumschule in Düsseldorf, 1834–1864 Lehrer an
der katholischen Elementarschule in Uedem (b.
Xanten).   *(339ff.), 506*
HStA Düss, u.a. Reg. Düss., Nr. 3221, 3427; StA Kamp,
Best. 1, Nr. 711, S. 13

STRAUSS, GERHARD FRIEDRICH ABRAHAM
(1786–1863);
lutherischer Theologe, aus Iserlohn, Sohn eines
pietistisch geprägten Pfarrers, Studium der Theologie an den Univ. Halle und Heidelberg, durch
das Gedankengut von Gerhard Tersteegen, Gottfried Arnold und Novalis [Friedrich von Harden-
berg] beeinflußt, 1808–1814 lutherischer Pfarrer
in Ronsdorf (h. Wuppertal), 1814–1822 in Elberfeld (ebd.), 1814 Mitbegründer der dortigen Bibelgesellschaft, 1817 Präsident der Elberfelder
Missionsgesellschaft, 1822–1836 Hof- und Domprediger sowie 1836–1859 Oberhofprediger in
Berlin, Professor der praktischen Theologie an der
dortigen Univ., seit 1836 außerdem Oberkonsistorialrat und vortragender Rat im Ministerium der
geistlichen, Unterrichts- und Medizinal-Angelegenheiten, beliebter Prediger, begabter Ausbilder

von Pfarrern, Befürworter der Union, enge Verbindung zur königlichen Familie, 1837 im Auftrag
des Königs erfolgreiche Verhandlung mit dem
österreichischen Staatskanzler Reichsfürst von
Metternich in Wien über den freien Abzug der
Zillertaler, 1843 Wirklicher Oberkonsistorialrat,
1852 Mitglied des neugegründeten Evangelischen
Oberkirchenrats, 1859 Abschied als aktives Mitglied des Evangelischen Oberkirchenrats, Ernennung zum Ehrenmitglied, Dr. theol. h.c., Träger
des Roten Adlerordens, Verfasser von theologischen Abhandlungen, Erinnerungen und Predigten.
Schriften u.a.:
Predigt von der Wiedererstattung [des von Napoleon geraubten Kunstschatzes der Victoria]. Elberfeld 1815;
Helon's Wallfahrt nach Jerusalem 109 Jahre vor
der Geburt unseres Herrn. 4 Bde. Ebd. 1820–1821;
Das evangelische Kirchenjahr, in seinem Zusammenhang dargestellt. Berlin 1850.   *59, 138, 140,*
496
EvRh 2

STREIT, FRIEDRICH WILHELM (gest. 1839);
Kartograph und Reiseschriftsteller, zunächst Pri-
vatlehrer in Weimar, dann Königlich-preußischer
Hauptmann der Artillerie in Erfurt, anschließend
in Kölln (Berlin), später Major, Redaktor des
„Berliner politischen Wochenblatts" (1834–1839),
auswärtiges Mitglied der Königlichen Gesellschaft
der gemeinnützigen Wissenschafen zu Erfurt.
Schriften u. a.:
Lehrbuch der reinen Mathematik. 10 Teile. Wei-
mar 1816–1833;
Handbuch für Reisende in Deutschland, Oester-
reich, Preußen etc. Heidelberg 1836;
Sammlung geometrischer Aufgaben. Berlin 1838;
Schulatlas von allen Teilen der Erde. (Gem. mit
F. Maull.) Ebd. 1838.
Er kartographierte u.a.:
Karte von Frankreich. 1809;
Die östliche Halbkugel der Erde. 1817;
Die westliche Halbkugel der Erde. 1817;
Karte des osmanischen Reiches in Europa und
Asien. Nach den vorzüglichsten Hülfsmitteln ent-
worfen. Gestaltet von H. Leutemann. 4. Aufl. Leip-
zig 1829;
Die mathematische Geographie in Verbindung
mit dem Gebrauch des Globus und der Entwer-
fung geographischer Netze. Berlin 1837.
253, 269

STRIEZ, FRIEDRICH LUDWIG GOTTFRIED
(1790–1873);
lutherischer Theologe und Pädagoge, aus Kater-
bow, Sohn eines Pfarrers, Studium der Theologie
an der Univ. Frankfurt a.d.O., 1815–1822 Lehrer
am Großen Militärwaisenhaus in Potsdam, seit
1820 Pfarrer und Direktor des Schullehrersemi-

nars in Neuzelle (Schlesien), seit 1824 Direktor des Schullehrerseminars in Potsdam, seit 1833 dort Schulrat, seit 1846 Konsistorialrat, seit 1862 Geh. Regierungsrat, 1865 Emeritierung, Hrsg. des „Schulblatts für die Provinz Brandenburg" (gem. mit J. O. L. Schulz <s. ds.>; Berlin, seit 1836). Darin veröffentlichte er u.a. den Aufsatz: Meine amtliche Wirksamkeit als Schulrat, 13. Jg., 1848, S. 304–314.
Außerdem verfaßte er:
Nachricht von dem Königlichen Schullehrer-Seminar in Potsdam. Potsdam 1826. *371, 373*
Fisch I

SUABEDISSEN, DAVID THEODOR AUGUST (1773–1835);
Philosoph, aus Melsungen, Sohn eines Justizamtmanns, 1789–1793 Studium der Theologie, Philosophie, Geschichte, Naturwissenschaften und Mathematik an den Univ. Marburg a. d. Lahn und Kassel, 1793 Predigtamtskandidat, Hauslehrer in Allendorf a. d. Werra, 1795–1800 zweiter Major (Nachbereiter der Vorlesungen) der Stipendiaten an der Univ. Marburg, 1800–1805 Professor der Philosophie an der Hohen Landesschule in Hanau (b. Frankfurt a. M.), 1805–1812 erster Lehrer an der neuerrichteten Erziehungsanstalt der reformierten Gemeinde in Lübeck, infolge der Besatzung durch die Franzosen nach 1810 in seiner Amtstätigkeit sehr eingeschränkt, 1812–1815 Direktor des Lyzeums und der neu zu errichtenden Bürgerschule in Kassel, 1813 Dr. phil. (Marburg), 1815–1821 Lehrer des Prinzen Friedrich Wilhelm von Hessen, seit 1822 Mitglied der Univ. Marburg, lebenslang um eine Verbindung der Philosophie mit den Erkenntnissen anderer Wissenschaften bemüht, Verfasser zahlreicher pädagogischer und philosophischer Abhandlungen.
Schriften u.a.:
Resultate der philosophischen Forschungen über die Natur der menschlichen Erkenntniß von Plato bis Kant. Marburg 1805;
Briefe über den Unterschied in der Erziehung der Knaben und der Mädchen. Lübeck 1808;
Ein Beitrag zur Entwicklung des Begriffs der Methode in der Erziehung. Ebd. 1808;
Die Betrachtung des Menschen. 3 Bde. Bde. 1 und 2: Betrachtung des Lebens des Menschen im Wirken und Gefühle; Bd. 3: Betrachtung des leiblichen Lebens des Menschen. Marburg 1815/1818;
Grundzüge der philosophischen Religionslehre. Ebd. 1831. *103, 105*

THALHEIM, JOHANN FRIEDRICH (1800–nach 1868);
Lehrer, aus Velbert, Ausbildung zum Lehrer an der evangelischen Elementarschule in Wald (h. Solingen), bis 1826 Hilfslehrer bei F. A. Fuchs (s. ds.) an der Schule auf der Gathe (Elberfeld, h. Wuppertal), 1826–1827 bei J. Wilms an der lutherischen Pfarrschule im Thomashof (ebd.), 1827

Ablegung der Hilfslehrerprüfung am Seminar in Moers, 1827–1831 provisorischer Lehrer an der dem Seminar in Moers angegliederten untersten Klasse der städtischen Elementarschule, Empfänger eines Stipendiums, 1831–1868 definitiver zweiter Lehrer an der städtischen Elementarschule, 1869 freiwillige Pensionierung mit Ruhegeld. *438ff., 444, 446, 460f.,* 461, *508,* 509, *511,* 511, *(512),* 523, *581, 586*
HStA Düss, Reg. Düss., Nr. 3396; StA Wupp, L I 190

THIESS, JOHANN OTTO (1762–1810);
lutherischer Theologe und Philosoph, aus Hamburg, Sohn eines Arztes, 1780–1783 Studium der Theologie an der Univ. Helmstedt, seit 1781 Sekretär der Herzoglich deutschen Gesellschaft, 1783–1790 Nachmittagsprediger an St. Pauli in Hamburg, 1785 Dr. phil. (Helmstedt) und Dr. theol. (Gießen), seit 1790 Privatgelehrter in Hamburg, seit 1791 Privatdozent an der Univ. Kiel, 1793–1795 Adjunkt der theologischen Fakultät, seit 1795 a. o. Professor der Philosophie, mit dem Verbot belegt, theologische Vorlesungen zu halten, da in seinen veröffentlichten Predigten frivole Äußerungen über Kirche und Christentum enthalten seien, vergebliches Bemühen um anderweitige Anstellungen, Proteste einflußreicher pietistischer Adelskreise in Schleswig-Holstein wegen sein „Andachtsbuch" (1797), 1800 Entlassung aufgrund bibelkritischer Äußerungen in widerrechtlich abgehaltenen theologischen Vorlesungen, verschiedene Aufenthaltsorte, 1805 Eröffnung eines Privaterziehungsinstituts in Bordesholm (b. Neumünster), gem. mit seiner Frau (der Witwe des verstorbenen Pfarrers Asmus Friedrich Erhardi), Verfasser zahlreicher Abhandlungen und Aufsätze.
Schriften u.a.:
Was lehrt denn die Bibel von der Gottheit Jesu? oder das Bekenntniß der Christen von Jesu Christo, daß er der Herr sey. Eine Predigt. Hamburg 1786;
Andachtsbuch für aufgeklärte Christen. 2 Bde. Gera 1798;
Das neue Testament, oder die heiligen Bücher der Christen neu übersetzt mit einer durchaus anwendbaren Erklärung. 4 Bde. Leipzig und Gera 1794–1800;
Geschichte meines Lebens und meiner Schriften, aus und mit Aktenstücken; ein Fragment aus der Sitten- und Gelehrtengeschichte des 18ten Jahrhunderts. 2 Teile. Hamburg 1801/02. *245, 259, 272, 275*

THILO, JOHANN LUDWIG CHRISTOPH (1775–nach 1827), Pseud.: EUCHARISTON;
Philosoph, aus Schwanebeck (b. Halberstadt), Privatdozent in Halle a. d. Saale, 1806–1809 a. o. Professor der Philosophie an der Univ. Frankfurt a. d. O., 1809–1811 dort o. Professor, seit 1811 o. Professor der Philosophie in Breslau, Verfasser pädagogischer und philosophischer Abhandlungen.
Schriften u.a.:

Die pädagogische Bestimmung des Geistlichen, als Wesen seines Berufs. Ein Handbuch für angehende Theologen, Erzieher und Prediger. Frankfurt a. d. O. 1811;
Ueber das Verhältnis der göttlichen Welt zur ausserweltlichen Gottheit. Breslau 1820;
Staat und Kirche in ihrem gegenseitigen Verhältnisse, angedeutet für die Zuhörer seiner Naturrechtlichen Vorlesung. Ebd. 1822. *103, 106*

THYSSEN, JOHANN ABRAHAM
(ca. 1791–mind. 1859);
Lehrer, 1809–1816 an der evangelischen Nebenschule in Hoppers (b. Aachen), 1816 Erwerb der Lehrbefähigung, 1816–1818 Lehrer an der reformierten Elementarschule in Randerath (h. Heinsberg, b. Aachen), auf Empfehlung von Schulpfleger Pfarrer W. J. G. Roß (s. ds.) 1818–1819 Lehrer an der evangelischen Elementarschule in Rheinberg (Niederrhein), 1819 auf der Dreierliste für die neu zu besetzende Lehrerstelle an der zweiten evangelischen Elementarschule in Krefeld, 1819 bis 1845 Lehrer an der evangelischen Elementarschule in Inrath (h. Krefeld), außerdem Lehrer an der Freischule, 1828 vom städtischen Schulvorstand in Krefeld als Lehrer an der evangelischen Elementarschule vorgeschlagen, jedoch wegen mangelnder Bildung von der Königlichen Regierung in Düsseldorf abgelehnt, 1845–1859 Lehrer an der neu eingerichteten Elementarschule in der Nordstadt von Krefeld, anläßlich seines 50jährigen Dienstjubiläums freiwillige Pensionierung mit Ruhegeld, Mitglied des Kirchenvorstands. *390*
HStA Düss, Reg. Düss., Nr. 3240, 3241, 3443; StA Kref

TIEFTRUNK, JOHANN HEINRICH (1759–1837);
lutherischer Theologe und Philosoph, aus Stove (b. Rostock), Studium der Theologie und Philologie an der Univ. Halle, Hauslehrer, seit 1781 Rektor der Stadtschule in Joachimsthal (Uckermark), dort auch Nachmittagsprediger, seit 1792 o. Professor für Philosophie an der Univ. Halle, bis 1799 auch Dozent für Theologie, 1805 während der Schließung der Univ. teilweise an der Univ. Wittenberg, Anhänger I. Kants (s. ds.), Vertreter einer reinen Vernunftreligion mit dem Versuch, die Religion unabhängig von der Bibel allein auf die reine Vernunft zu gründen und biblische Offenbarung als deren Versinnbildlichung zu interpretieren, Deutung der Sündenvergebung als Aufhebung von Schuld und Schuldbewußtsein mit Hilfe der „moralischen Schriftauslegung", Verfasser entsprechender Schriften, gem. mit seinem Sohn Redaktor des „Halleschen Courier" (1820 bis 1825), außerdem Verfasser von Abhandlungen zur Logik und zur Naturphilosophie sowie einiger Lehrbücher.
Schriften u. a.:
Versuch einer Kritik der Religion und aller religiösen Dogmatik, mit besonderer Rücksicht auf das Christenthum. Vom Verfasser des einzigen

möglichen Zwecks Jesu (1789). Berlin 1790;
Grundriß der Logik. Halle 1801;
Das Weltall nach menschlicher Ansicht. Einleitung und Grundlage zu einer Philosophie der Natur, verständlich für jeden gebildeten Leser. 1. Abteilung. Leipzig 1821;
Die Denklehre im reindeutschen Gewande, auch zum Selbstunterricht für gebildete Leser. Nebst einigen, auf Veranlassung eines wissenschaftlichen Briefwechsels entstandenen, noch völlig unbekannten, theils die Denklehre überhaupt, theils die Fichtische Philosophie betreffenden Aufsätzen von Immanuel Kant. Halle 1825. *250, 266*

TILLICH, ERNST GOTTHELF ALBRECHT
(1780–1807);
Mathematiker und Schriftsteller, aus Groß-Briesen (Frankfurt a. d. O.), Sohn eines Landschullehrers, Studium an der Univ. Leipzig, Gründer einer privaten Unterrichts- und Erziehungsanstalt für Knaben, 1805 Aufenthalt mit Schülern im Institut von J. H. Pestalozzi (s. ds.) in Münchenbuchsee (Kt. Bern), 1805 Übersiedelung mit einem großen Teil seiner Schüler nach Dessau, dort Einrichtung eines neuen Erziehungsinstituts (gem. mit Louis Henri Ferdinand Olivier <s. ds. Personenregister Bd. I und VI>), Entwickler von „Rechenhölzern" zur Veranschaulichung des Rechenunterrichts, Verfasser etlicher Aufsätze über die Pestalozzische Methode, pädagogischer Abhandlungen und Lehrbücher, Dichter.

Schriften u. a.:
Beiträge zur Erziehungskunst, zur Vervollkommnung sowohl ihrer Grundsätze als ihrer Methode. (Gem. mit Chr. Weiß.) 3 Bde. Leipzig 1803–1806;
Allgemeines Lehrbuch der Arithmetik oder Anleitung zur Rechenkunst für Jedermann. Ebd. 1806;
Lehrbuch der geometrischen Verhältnisse. Ebd. 1807.
Erstes Lesebuch für Kinder. 2., umgearb. und sehr verb. Aufl. des ersten Unterrichts [1809]. 2 Teile. Ebd. 1809 und 1811. *242, 247f., 262f.*
Frie

TRAPPMANN, CARL WILHELM (geb. ca. 1808);
Lehrer, aus Kranenburg (b. Kleve), Sohn eines Lehrers, 1823–1827 Seminarist in Moers, Empfänger eines Stipendiums, 1927 Hilfslehrer an der reformierten Amtsschule in Gemarke (Barmen, h. Wuppertal), dann Gehilfe am Unterrichtsinstitut von Pfarrer A. E. Zillessen (s. ds.) in Wickrathberg (h. Mönchengladbach), 1828 Bewerber um die Lehrerstelle an der evangelischen Elementarschule in Neuenhaus (h. Solingen), seit 1830 Lehrer an der evangelischen Elementarschule in Osminghausen (h. Wermelskirchen). *204, 381*
HStA Düss, Reg. Düss., Nr. 3327; StA Wupp, L I 101

TÜRK, KARL CHRISTIAN WILHELM VON
(1774–1846);

Jurist und Staatsbeamter, aus Meiningen (h. Bad M.), Sohn eines Sachsen-Meiningenschen Hofbeamten, 1791–1793 Studium der Rechtswissenschaft an der Univ. Jena, Bekanntschaft mit Magnus Friedrich von Bassewitz (s. ds. Personenregister Bd. IX und XIV) und Novalis [Friedrich von Hardenberg], Auditor der Justizkanzlei und Kammerjunker in Mecklenburg-Strelitz, mit Schulverwaltungsaufgaben betraut, Förderer des Schulwesens, autodidaktische Weiterbildung, Aufenthalte im Philanthropin von Chr. G. Salzmann (s. ds.) in Schnepfenthal (h. Waltershausen, b. Gotha) und in den Instituten von J. H. Pestalozzi (s. ds.) in Münchenbuchsee (Kt. Bern) und Yverdon (Kt. Waadt), 1806–1808 Justiz- und Konsistorialrat in Oldenburg, dort auch Gründer einer Privatlehranstalt nach Pestalozzischen Grundsätzen, 1808–1811 Aufenthalt mit seinen Zöglingen in der Anstalt in Yverdon, dort Lehrer für Sprachen, Denk- und Sprechübungen sowie Naturwissenschaften, weiterführende Studien der Mathematik, 1811 aufgrund der Streitigkeiten in der Anstalt zwischen J. Niederer (s. ds.) und Joseph Schmid (s. ds.) Gründung einer eigenen Erziehungsanstalt in Vevey (Kt. Waadt), 1815 bis 1817 preußischer Regierungs- und Stadtschulrat in Frankfurt a. d. O., Durchführung von Lehrkursen, Gründer einer Lehrer-Witwen- und -Waisen-Kasse, 1817–1833 Stadtschulrat in Potsdam, mit der Inspektion sämtlicher Schulen im Umkreis und mit der Ausarbeitung eines Planes für ein Schullehrerseminar betraut, 1833 Amtsaufgabe aus gesundheitlichen Gründen, Anlage von Maulbeerplantagen in seinem Jagdschloß in Klein-Glienicke (Potsdam), Ausbildung von Lehramtskandidaten im Seidenbau, Übernahme der Leitung des 1821 von ihm mitgegründeten, seit 1825 durch den König geförderten Zivilwaisenhauses in Potsdam, Mitgründer der Friedensgesellschaft, der Berlinischen städtischen Gewerbeschule sowie der Turn- und Schwimmanstalt in Potsdam, Mitarbeiter an den Rh. Bl., Hrsg. des „Neuen Kinderfreundes" (einer Neubearbeitung des Rochowschen „Kinderfreundes", Berlin 1825), Verfasser etlicher pädagogischer Abhandlungen und Lehrbücher.

Schriften u. a.:

Briefe aus Münchenbuchsee über Pestalozzi und seine Elementarbildungsmethode. 2 Teile. Leipzig 1806;

Die sinnlichen Wahrnehmungen als Grundlage des Unterrichts in der Muttersprache. Ein Handbuch für Mütter und Lehrer. Winterthur 1814;

Leitfaden zur zweckmäßigen Behandlung des Unterrichts im Rechnen für Landschulen und für Elementarschulen in den Städten. 2 Teile. Berlin 1817–1818;

Leitfaden zur Behandlung des Unterrichts in der Formen- und Größenlehre. Ebd. 1818;

Erfahrungen und Ansichten über Erziehung und Unterricht. Ebd. 1838 (vgl. Rh. Bl., Jg. 1840, Bd. XXII, Heft 3, S. 349–355; vorliegende Ausgabe, Bd. V, S. 216–219). *120, 248f., 264f.*

Frie

UELTJESFORTH, CARL FRIEDRICH (1784–1842);

reformierter Theologe, aus Alpen (b. Wesel), 1802–1806 Studium der Theologie an den Univ. Duisburg und Halle a. d. Saale, 1807–1842 Pfarrer in Hattingen (b. Bochum), 1820–1825 Superintendent und Kreisschulpfleger, Kunstsammler, Bestimmung der evangelischen Gemeinde als Universalerbin seines Nachlasses zur Versorgung von verwitweten Pfarrers- und Lehrerfrauen und deren Kindern.

Verfasser von:

Tempel-Worte, oder kurze Reden an besondern Festen; nebst Gedichten. Wesel 1825. *123*

Mich

URBACH, WILHELM (1773–1844);

Musiklehrer und Particulier in Moers, aus Wesel, 1815–1820 zunächst Beigeordneter, dann Bürgermeister der Stadt Moers, 1816 Mitunterzeichner eines Antrags der Stadtverwaltung an Graf F. L.Chr. v. Solms-Laubach (s. ds.) auf Einrichtung eines Elementarschullehrerseminars in Moers, Förderer einer Neueinrichtung des während der französischen Besatzung sehr geschwächten ehemaligen Gymnasiums (Adolfinum) als höhere Bürgerschule, als Bürgermeister aus ökonomischen Gründen um Unterbringung der Seminaristen in Bürgerhäusern bemüht und Gegner einer Zusammenlegung in einem größeren Seminargebäude. *112, 112, 136*

Bei 1; Klein; Ott 4; StA Moers

UVERMANN, MATTHIAS (1795–1870);

Lehrer, 1811 Prüfung seiner Lehrbefähigung durch Konsistorialrat Johann Bernhard Hasenclever in Arnsberg, bis 1821 Lehrer an der evangelischen Elementarschule in Rahlenbecke (h. Ennepetal), 1818 definitive Bestätigung durch die märkische Prüfungskommission der Regierung Arnsberg, sehr günstig beurteilt, auf Empfehlung von Schulpfleger Pfarrer H. L. E. Reuter (s. ds.) 1819 auf der Dreierliste der neu zu besetzende Lehrerstelle an der evangelischen Elementarschule in Burg (h. Solingen) und für die evangelische Elementarschule in Ehringhausen (h. Remscheid), seit 1821 Lehrer in Ehringhausen, 1855 freiwillige Pensionierung mit Ruhegeld aus Altersgründen, unter Beibehaltung freier Wohnung sowie Mitbenutzung des Schulgartens.

Er gab heraus:

Abriß der Geographie, Statistik und Geschichte des preußischen Staates. Ein Lehr- und Lesebuch für Schule und Haus. (Gem. mit J. Voßnacke.) Düsseldorf 1843; 3. Aufl. Berlin 1854;

Poetische Klänge aus dem Lehrerleben. (Gem. mit E. Langenberg <s. ds.>.) Siegen und Wiesbaden 1844. *396*

Has; HStA Düss, u. a. Reg. Düss., Nr. 3301, 3571

VALLENDER, MARTIN (1782–1837);
Kaufmann, aus Linz a. Rhein, Winkelier in Spezerei- und Ellenwaren in Moers, um 1830 dort Gemeinderat. *531*

StA Moers

VENNINGEN, FRIEDRICH JOSEPH ANTON GABRIEL FREIHERR VON (geb. 1768);
Staatsbeamter, aus Mannheim, dort Landeskommissariatsrat und freiherrlich großherzoglich-badischer Oberschenk mit Maître-Rang, seit 1801 verheiratet mit Maria Anna geb. Freiin von Dalberg aus Mannheim (geb. 1778) – Tochter des Fürstprimas K. Th. A. M. v. Dalberg (s. ds.) –, 1803–1816 Intendant am Mannheimer Nationaltheater, 1811 Arbeitgeber Diesterwegs als Hauslehrer für seine Kinder und die des Oberst von Dörnberg, glücklos um Verhinderung des wirtschaftlichen Niedergangs des Theaters bemüht, deshalb seit 1813 unter Großherzog Karl durch zwei „Hofkommissäre" kontrolliert, 1816 Amtsenthebung wegen aktiven Widerstandes gegen die Aufhebung von Ständeprivilegien durch Einführung einer Verfassung, 1829 aus Mannheim verzogen. *3 f., 4, 493*

Wal

VERGIL [VIRGIL] (70–19 v. Chr.), eigentlicher Name: PUBLIUS VERGILIUS MARO;
römischer Dichter, aus Andes (b. Mantua), Sohn eines Bauern, um 55 Übersiedlung nach Rom und Anschluß an die Nepoteriker, Studium der Rhetorik, der Medizin und der Astronomie, in Neapel Auseinandersetzung mit der epikureischen Philosophie, später auch mit der stoischen, Einführung in den Kreis des Maecenas durch Varius Rufus u. a., bereits frühe Veröffentlichung von Dichtungen, darunter Hirtengedichte („Bucolica", zwischen 42 und 39 v. Chr.), Lehrgedichte vom Landbau („Georgica", zwischen 39 und 29), dichterische Bearbeitung des Nationalepos der Römer („Aeneis", bei seinem Tod beinahe fertiggestellt) – eine Schilderung der Ursprünge Roms, des Schicksals des Äneas und der Entstehung des Volks der Römer aus Latinern und Trojanern aus der Perspektive der augusteischen Ordnung, in der Vergil die Vollendung der Geschichte sah –, Veröffentlichung der „Aeneis" durch Varius Rufus auf Befehl von Augustus gegen den letzten Willen des Vergil, Anerkennung seiner Gedichte bis zum Barock als höchsten Maßstab für Dichtung. *93*

VIELER, A. (erw. 1824);
Kartograph, Verfertiger einer Karte von Italien. *253*

VIETH, GERHARD ULRICH ANTON (1763–1836);
Pädagoge, aus Hooksiel (h. Wangerland, Friesland), Sohn eines Justizkammerrats, seit 1781 Studium der Rechts- und Staatswissenschaften, Mathematik und Physik an den Univ. Göttingen und Leipzig, erste Praxis in Leibesübungen, 1786 bis 1798 Lehrer für Mathematik und Französisch an der herzoglichen Hauptschule in Dessau, 1804 Entsendung durch den Fürsten Leopold Friedrich Franz zur Sternwarte Seebergen (b. Gotha) zur Teilnahme an einigen astronomisch-geodätischen Übungen, Beteiligung an den gymnastischen Übungen des Dessauer Philanthropins, seit 1798 Direktor der Hauptschule von Dessau, zugleich Inspektor über alle Schulen der Stadt und näheren Umgebung, seit 1819 Schulrat, Förderer der Aufnahme von Leibesübungen in den allgemeinen Erziehungsplan – ebenso wie J. Chr. F. Guts Muths (s. ds.) und Friedrich Ludwig Jahn (s. ds.) –, Entwicklung einer umfassenden, wissenschaftlichen Theorie der körperlichen Übungen (1795), Verteidiger des Dessauer Philanthropins, Verfasser von Lehrbüchern und pädagogischen Abhandlungen.

Schriften u. a.:

Anfangsgründe der Mathematik. 4 Teile. Leipzig 1796–1821;

Versuch einer Encyklopädie der Leibesübungen. 3 Teile. Berlin 1794/1795 sowie Leipzig 1818;

Anfangsgründe der Naturlehre für Bürgerschulen, welcher das Gemeinnützlichste und Faßlichste aus der Rechenkunst, Meßkunst, Mechanik und Baukunst enthält. Leipzig 1797 (6. Aufl. 1845);

Physikalischer Kinderfreund. 10 Bändchen. Ebd. 1798–1809;

Grundriß der Physik für Schulen. Zerbst 1817. *247, 263*

VIN[N]MANN, MATTHIAS ADOLPH FRIEDRICH (1788–1850);
Kommunalbeamter, aus Homberg (h. Duisburg), Sohn eines reformierten Pfarrers, um 1814 Administrator, um 1815 Predigtamtskandidat, Verwalter von Gut Lauersfort (b. Kapellen, h. Moers), Beteiligung am günstigen Erwerb des Hauses der Gebrüder Scheidtmann (s. ds.) für das Schullehrerseminar, 1824–1830 beigeordneter Bürgermeister in Kapellen, 1830–1850 Bürgermeister von Moers, 1830–1833 Abgeordneter des Vierten Standes für den Regierungsbezirk Düsseldorf beim Provinziallandtag, um 1834 Kreisdeputierter, um die Verbesserung der Schulen in Moers-Stadt und -Land bemüht, 1844 Gründer einer privaten Höheren Töchterschule unter Leitung von Fräulein Breuer. *128, 188, 190, 507, 511, 520, 520, 521, 524, 587*

HStA Düss, Reg. Düss., Nr. 3456; Jüch; Moers 1; Ott 4; StA Moers; Tor

VIRGIL s. VERGIL

VÖLK, JOHANN JAKOB HEINRICH (1770–1836);
Metzgermeister und Fuhrmann in Wetzlar, entfernter Verwandter von Diesterwegs Schwiegermutter Maria Christina Enslin geb. Göth (s. ds.; verwandt über die Metzgersfamilie Waldschmidt in Wetzlar), als gemeinsamer Bekannter von Sabine Enslin (spätere Diesterweg; s. ds.) und Diesterweg Überbringer von Päckchen der beiden. *15*, 15

VOGEL, HEINRICH (geb. 1808);
Lehrer, aus Reusrath (h. Langenfeld im Rheinland), Sohn und Bruder eines Lehrers, bis 1824 Seminarist in Moers, Empfänger eines Stipendiums, vorzeitiger Austritt. *204*, 205
Klein

VOGEL, JOHANN KARL CHRISTOPH (1795–1862);
Geologe und Pädagoge, aus Stadtilm, Sohn eines Arztes, 1812–1815 Studium der Theologie und der Philologie an der Univ. Jena, Dr. phil., 1815 bis 1819 erster Lehrer an der sächsischen Privatschule des aus Heilbronn stammenden Dr. Karl Lang (bis 1815 in Tharandt b. Dresden, seit 1816 in Wackerbarthsruh <h. Dresden>), 1819–1822 Mitdirektor, 1820 wissenschaftliche Bildungsreise durch Europa, 1823 Ablegung des Examens pro facultate docendi (Prüfung für das höhere Lehramt) vor der Königlichen Wissenschaftlichen Prüfungskommission der Univ. Halle, 1823–1824 Privatlehrer in Torgau (Fläming), 1824–1832 Leiter der aus dem Stiftungsvermögen des Mennoniten Adam Wilhelm Scheuten (1753–1801) eingerichteten höheren Stadtschule in Krefeld, Erstellung eines Grundplans für die Organisation der Anstalt im Auftrag der Königlichen Regierung in Düsseldorf, Ausbau der Schule zur Städtischen Realschule II. Ordnung, 1832–1862 Direktor der allgemeinen Bürgerschule in Leipzig, Leiter des gesamten Leipziger Schulwesens, 1834 Gründung einer städtischen Realschule in Verbund mit der ersten Bürgerschule und 1849 mit einer zweiten, 1846 Eintreten für die Gründung eines Rettungshauses für Verwahrloste (1853 als „Pestalozzi-Stiftung" realisiert), 1858 Verleihung des sächsischen Albrechtordens und der Ehrenbürgerschaft von Leipzig, Redaktor bei der „Allgemeinen Schulzeitung" in Darmstadt, Hrsg. von „Die höhere Bürgerschule. Organ zur ausschließlichen Besprechung der Real-, höheren Bürger- und Töchterschulen" (gem. mit Friedrich August Körner <s. ds. Personenregister Bd. VII>; Leipzig, seit 1852), Verfasser pädagogischer Abhandlungen und Lehrbücher, außerdem geologischer und paläontologischer Arbeiten, u. a. über die Überreste eines fossilen Auerochsen aus den Hülser Bergen (b. Krefeld).
Schriften u. a.:
Bericht über Einrichtung und Zweck der höheren Stadtschule. Programm. Krefeld 1826;

Lesebuch für Schule und Haus. (Gem. mit Chr. W. Zernial <s. ds.>.) Ebd. 1827;
Kurze Geschichte der Anstalt von 1819 bis 1825. Programm. Ebd. 1832. *391*
HStA Düss., Reg. Düss., Nr. 3257; Gym; StA Kref

VOGELSANG, PETER (erw. 1822–1828);
Lehrer, aus Hilden, 1822–1824 Seminarist in Moers, Empfänger eines Stipendiums, bis mind. 1827 Privatlehrer, 1824 zunächst im Institut von J. F. Wilhelmi (s. ds.) in Düsseldorf, dann in Privathaushalten, 1827 Bewerber um eine Lehrerstelle an der evangelischen Elementarschule in Hilden, 1828 an der reformierten Stadtschule in Solingen. *155, 206, 392*
HStA Düss., Reg. Düss., Nr. 2828, 3595

VOLLMANN, FRIEDRICH (erw. 1805–1837);
Lehrer an der evangelischen Elementarschule in Solingen, 1805 Gründer einer von einem Solinger Bürgerverein gestifteten höheren Privat-Lehr-Erziehungsanstalt, 1815 bis zu ihrer Schließung 1837 deren alleiniger Leiter, Erteilung von Unterricht in Latein, Französisch, Englisch, Italienisch, Spanisch, Naturlehre, Mathematik, Geschichte und Geographie, seit 1815 Aufnahme aller Schulinteressenten, 1825 Planungen der Stadt, seine Schule zu einer höheren Lehranstalt auszubauen und ihm die Leitung über die zu vereinigende evangelische Elementar- und die höhere Schule zu übertragen, Ablehnung des Planes durch die Königliche Regierung in Düsseldorf, wegen Vernachlässigung realwissenschaftlicher Fächer Gründung einer Konkurrenzanstalt durch Solinger Kaufleute unter der Leitung von Emanuel Grahe – Vorläuferin der 1841 eingerichteten höheren Bürgerschule –. *490*
HStA Düss., Reg. Düss., Nr. 3597; Ros 1

VORMBAUM, FRIEDRICH WILHELM (1795–1874);
Pädagoge, 1812–1823 Lehrer an der Stadtschule in Petershagen (b. Minden), seit 1823 Lehrer an der dortigen Präparandenanstalt, seit 1830 deren Leiter, seit 1831 Direktor des daraus hervorgegangenen Schullehrerseminars in Petershagen, Mitarbeiter an den Rh. Bl.
Schriften u. a.:
Die brandenburgisch-preußische Geschichte. Für Lehrer an Land- und Stadtschulen. Elberfeld 1831;
Lehrreiche und anmuthige Erzählungen aus der brandenburgisch-preußischen Geschichte. Ein Büchlein für christliche Volksschulen. Minden 1834;
Das kgl. Evangelische Schullehrer-Seminarium zu Petershagen in Westphalen. Bericht über das 25jährige Bestehen der Anstalt am 6.4.1856. Gütersloh 1856. *441, 467,* 467

VORREITER, JOHANN HEINRICH (1799–1828);
evangelischer Theologe, aus Langensalza, Sohn eines Landwirts, 1817–1821 Schüler der Fürsten-

schule in Schulpforta (h. Bad Kösen), durch ein Stipendium des Ministers von Altenstein (s. ds.) und finanzielle Unterstützung bisheriger Lehrer 1821–1825 Studium der Theologie an der Univ. Halle, auf Veranlassung von Altensteins Aufenthalte in Schullehrerseminaren – insbesondere in Magdeburg bei C. Chr. G. G. Zerrenner (s. ds.) – zur Vorbereitung auf eine Tätigkeit als Seminarlehrer, 1826–1828 Lehrer für Religion, Geschichte und Geographie am Seminar in Moers, seit 1827 verheiratet mit Johanna Auguste Friederike geb. Kurtze (s. ds.), Erwerb des Gebäudes neben dem Seminar in der Haagstraße für sich und seine Familie, trotz pietistischer Religiosität gute Zusammenarbeit mit Diesterweg, Mitarbeiter an den Rh. Bl., an der Schwindsucht verstorben. (Nachruf in den Rh. Bl., Jg. 1828, Bd. III, Heft 4, S. 75 bis 87; vorliegende Ausgabe, Bd. I, S. 400 ff.) 255, 311, *328, 333,* 334, *356f., 360, 363–367,* 372, *374f., 387,* 388, *389,* 399, *404,* 408, *420, 432, 435, 437, 439,* 446, *448f., 452f., 456,* 457, *457f.,* 459, *460, 467,* 467, 476, *480,* 481, 508
Moers 2

VORREITER, JOHANNA AUGUSTE FRIEDERIKE geb. KURTZE (erw. 1827–1831);
Tochter von Johann Gottfried K. und Johanne Elisabeth geb. Müller (s. ds.), 1827–1828 verm. mit Johann Heinrich V. (s. ds.), nach dessen frühzeitigem Tod auf öffentliche Unterstützung angewiesen, darin von Diesterweg – dem Paten ihres Kindes – beim Ministerium der geistlichen, Unterrichts- und Medizinal-Angelegenheiten erfolgreich vertreten.   388, 456f., *457f., 480,* 481, 485, *507,* 508, *509f.,* 510

VOSS, JOHANN GERHARD FRIEDERICH THEODOR (1803–nach 1872);
Lehrer, aus Holten (h. Oberhausen), aus sehr ärmlichen Verhältnissen, 1822 Ablegung der Unterlehrerprüfung vor der Königlichen Prüfungskommission in Düsseldorf, bis 1823 Aufenthalt im Seminar in Moers, Wechsel zu anderen Tätigkeiten wegen ökonomischer Bedrängnisse seiner Familie, seit 1835 provisorischer Unterlehrer bei J. F. Rosenkranz (s. ds.) in Holten, wegen der vorausgegangenen berufsfremden Tätigkeiten bei der Gemeinde sehr umstritten, 1836 Ablegung der Hilfslehrerprüfung im Seminar in Moers, durch Vermittlung von Schulpfleger Pfarrer Gerhard Heinrich Diergardt (1793–1840) in Meiderich (h. Duisburg) 1838–1840 interimistischer Lehrer an der Simultanschule in Königshardt (h. Oberhausen), 1839 Ablegung der Wiederholungsprüfung im Seminar in Moers, 1840–mind. 1872 definitiver Lehrer in Königshardt.   *157, 163*
HStA Düss, L. A. Duisburg-Mülheim, Nr. 271, sowie Reg. Düss., Nr. 2739, 2740; StA Dui

VOSS, JOHANN HEINRICH (1751–1826);
Dichter und Übersetzer, aus Sommerstorf (h. Grabowhöfe, Mecklenburg), Sohn eines Pächters und späteren Lehrers, seit 1769 Hauslehrer bei Familie von Oertzen in Ankershagen (b. Waren, Mecklenburg), autodidaktische Studien der Theologie und der alten Sprachen, erste literarische und übersetzerische Werke, seit 1772 Studium der Theologie und Philologie an der Univ. Göttingen, Schüler von Christian Gottlob Heyne (s. ds. Personenregister Bd. IV), Bekanntschaft u. a. mit Ludwig Heinrich Christoph Hölty (s. ds. Personenregister Bd. III), Gottfried August Bürger (1747–1794), F. G. Klopstock (s. ds.) sowie den Brüdern Christian und Friedrich Leopold Graf Stolberg (s. ds. Personenregister Bd. II), 1772 Mitbegründer des „Göttinger Hains", Mitwirkung am „Göttinger Musenalmanach", 1775–1800 dessen Hrsg. (späterer Titel: „Hamburger Musenalmanach"), 1775 bis 1778 Aufenthalt in Wandsbek (h. Hamburg) bei Matthias Claudius (s. ds. Personenregister Bd. XII) u. a., 1778–1782 Rektor in Ottendorf (h. Ahlerstedt, b. Hamburg), 1781 Veröffentlichung seiner Übersetzung von Homers Odyssee auf eigene Kosten, Beginn seines Ruhms als Übersetzer, durch Vermittlung Stolbergs 1782–1800 Rektor in Eutin, 1786 Hofrat, freundschaftliche Verbindung mit J. W. v. Goethe (s. ds.), J. W. L. Gleim (s. ds.), Chr. M. Wieland (s. ds.), Christoph Friedrich Hellwag (1754–1835) u. a., Entfremdung von Gleim aufgrund von dessen Hinwendung zum Mystizismus und Katholizismus (1800), 1805–1826 Professor der Philosophie und der Philologie an der Univ. Heidelberg, dort Lehrer Diesterwegs, als Schriftsteller wie als gelehrter, scharfsinniger Philologe und erster deutscher künstlerischer Übersetzer geschätzt und anerkannt.
Sonstige Schriften und Übersetzungen u. a.:
Gedichte. Hamburg 1785;
Des Publius Virgilius Maro Landbau. Vier Gesänge. Übersetzt und erklärt. Eutin und Hamburg 1789;
Idyllen. Königsberg 1800;
Abriß meines Lebens. Rudolstadt 1818;
Shakespeare's Schauspiele. Von J. H. Voß und dessen Söhnen Heinrich und Abraham Voß. Mit Erläuterungen. 7 Bde. Leipzig 1818–1827;
Bestätigung der Stollbergischen Umtriebe, nebst einem Anhange über persönliche Verhältnisse. Stuttgart 1820.   *88*

WAGNER, FRIEDRICH LUDWIG (1764–1835);
evangelischer Theologe, aus Seeheim (h. S.-Jugenheim, b. Darmstadt), Studium der Theologie und der Pädagogik, seit 1790 Lehrer an der Mädchenschule in Darmstadt, 1794–1802 am dortigen Pädagogium, Aufenthalt im Institut von J. H. Pestalozzi (s. ds.) in Burgdorf (Kt. Bern), seit 1802 Garnisonsprediger, 1806–1832 hessischer Kirchen- und Schulrat in Darmstadt, Bemühungen um die Verbesserung der Volksschullehrerbildung, Mitbegründer des Schullehrerseminars in Friedberg (Hessen), seit 1819 Hrsg. der „Freimüthigen

Jahrbücher der allgemeinen deutschen Volksschulen" (gem. mit Heinrich August d'Autel, Carl Adolph Gottlob Schellenberg <s. ds. Personenre­gister Bd. XV> und F. H. Chr. Schwarz <s. ds.>; 1819–1823 Darmstadt, 1823–1829 Heidelberg, seit 1829 Stuttgart), Hrsg. von Textsammlungen, Verfasser von Lehrbüchern.

Schriften u. a.:

Lehren der Weisheit und Tugend in auserlesenen Fabeln, Erzählungen und Liedern. Ein Buch für die Jugend. Leipzig 1782; 15. Aufl. 1831;

Neues Handbuch für die Jugend in Bürgerschulen. Frankfurt a. M. 1796;

Versuch einer leichten und allgemeinen Uebersicht der Welt- und Völkergeschichte und ihrem periodisch-synchronistischen Hauptzusammenhange. Gießen 1805;

Gemeinschaftliche Lesetafeln für die Volksschulen, nach welchen man auf die einfachste und leichteste Art in kurzer Zeit eine ganze Schulklasse zur Fertigkeit im Lesen bringt. Leipzig 1831.

106, 183, *252*, 259, 268

Frie

WAGNER, JOHANN JAKOB (1775–1841);

Philosoph, aus Ulm, Studium der Rechtswissenschaft an den Univ. Jena und Göttingen, 1797 Dr. phil., seit 1798 Redakteur in Nürnberg, dann Privatgelehrter in Salzburg und München, 1803 bis 1809 Professor der Philosophie an der Univ. Würzburg, 1809–1815 an der Univ. Heidelberg, dann wieder in Würzburg, zeitweise Anhänger der Identitätsphilosophie von Friedrich Wilhelm Joseph von Schelling (s. ds. Personenregister Bd. I, X, XII und XIII), deren Formalismus er zunächst auf eigene naturphilosophische Werke übertrug (1803) und später erweiterte, von der mathematischen Faßbarkeit des Weltgesetzes überzeugt, Übertragung seiner spekulativen Erwägungen auf gesellschaftliche Entwicklungen (1805), Verfasser zahlreicher kulturphilosophischer, staatstheoretischer und pädagogischer Abhandlungen.

Schriften u. a.:

Von der Natur der Dinge. 3 Bde. Leipzig 1803;

Philosophie der Erziehungskunst. Ebd. 1803;

Staatswissenschaft und Politik im Grundrisse. Ebd. 1805;

System des Unterrichts, oder Encyklopädie und Methodologie des gesammten Schulstudiums, nebst einer Abhandlung über die äußere Organisation der Hochschulen. Aarau 1821;

Elementarnaturlehre, nach den Grundsätzen der neuern Pädagogik für Seminarien und Volksschulen. 1. Teil. Köln 1826. *88*, 89, *243, 257, 371, 374*

WAGNER, MATHIAS (1787–1853);

Pädagoge, Lehrer in Ehrenbreitstein (h. Koblenz), Professor am Lehrerbildungsseminar in Koblenz, 1818 Aufenthalt im Institut von J. H. Pestalozzi

(s. ds.) in Yverdon (Kt. Waadt), 1820–1823 Direktor des Seminars in Koblenz, mehrmals von Diesterweg besucht, durch seine freie Unterrichtsweise ohne Lehrbücher Vorbild für Diesterweg, 1823 Auflösung des Koblenzer Seminars, seither Oberlehrer und Inspektor der Übungsschule am katholischen Schullehrerseminar in Brühl (b. Bonn), Mitarbeiter an den Rh. Bl., Verfasser zahlreicher Lehrbücher.

Schriften u. a.:

Anweisung, Kinder richtig lesen, sprechen und schreiben zu lehren. Köln 1825;

Lehr- und Lesebuch über Gott, Mensch, Natur und Kunst für die untern Klassen einer Volksschule. Essen 1831; 2. Aufl. 1835;

Methodischer Leitfaden für den Rechtschreibeunterricht in Volksschulen, Seminarien und den unteren Klassen einer höheren Bürgerschule. Ebd. 1833; 2. umgearb. Aufl. 1835;

Darstellung, wie die Fibeln und das Lesebuch in der Volksschule in lese-, denk-, rechtschreib-, sprach- und aufsatzlehrlicher Hinsicht gebraucht werden können oder vielmehr sollen, oder Nachweise, daß ein Lesebuch für die Volksschule, wirklich „alles in einem" für dieselbe enthalten kann oder vielmehr soll. Köln 1839;

Mehrere Sendschreiben zunächst an die Volksschullehrer, dann auch an die Volksschulbehörden. Neuss 1846–1847. *369*

Frie

WAHL, CHRISTIAN ABRAHAM (1773–1855);

lutherischer Theologe und neutestamentlicher Philologe, Dr. phil., seit 1797 Predigtamtskandidat und Hauslehrer in Dresden, 1801–1808 Pfarrer in Friesdorf, 1808–1823 Oberpfarrer in Schneeberg, seit 1823 Oberpfarrer in Oschatz und Superintendent, Dr. theol., Konsistorialrat in Dresden, Verdienste um die genauere Kenntnis des hellenistischen Griechisch, insbesondere im neutestamentlichen Sprachgebrauch, Verfasser philologischer sowie populärwissenschaftlicher und erbaulicher Abhandlungen, außerdem von Lehrbüchern für den Religionsunterricht.

Schriften u. a.:

Historische Einleitung in die sämmtlichen Bücher der Bibel, als Vorbereitung auf den christlichen Religionsunterricht für Schul- und Privatlehrer und als eine Anweisung zu einer richtigen Kenntniß und Schätzung dieser Bücher. Leipzig 1802;

Historisch-praktische Einleitung in die biblischen Schriften. Ein Handbuch für Lehrer an Gymnasien und für jeden besonders wissenschaftlich gebildeten Christen. 2 Teile. Ebd. 1820;

Clavis novi Testamenti philologica, usibus scholarum et juvenum theologiae studiosorum accomodata. 2 Bde. Ebd. 1822. *245*, 259

WEBER, JOHANN FRIEDRICH (1810–1890);

Lehrer, aus Heckinghausen (h. Wuppertal), Sohn eines Lehrers, 1828–1830 Seminarist in Moers,

Empfänger eines Stipendiums, 1830–1837 Hilfslehrer an der lutherischen Pfarrschule in Wupperfeld (Barmen, h. Wuppertal), seit 1836 definitiv
anstellungsfähig, 1837–1847 „adjunctus cum spe
succendi" (Gehilfe in der begründeten Hoffnung
auf die Nachfolge des Amtsinhabers) bei seinem
Vater an der lutherischen Elementarschule in
Heckinghausen, 1847–1880 Hauptlehrer an dieser
Schule, freiwillige Pensionierung mit Ruhegeld.
451

HStA Düss, Reg. Düss., Nr. 2717; StA Wupp, L I 111

WE[E]RTH, FERDINAND AUS'M (1774–1836);
reformierter Theologe, aus Gemarke (Barmen, h.
Wuppertal), Sohn eines Kaufmanns, 1790–1793
Studium der Theologie an der Univ. Marburg a. d.
Lahn, nach abgelegtem Examen Fortsetzung der
Studien an der Univ. Göttingen, Dr. theol., 1795
bis 1796 Pfarrer in Homberg (h. Ratingen, b. Düsseldorf), Freundschaft mit Superintendent W. J. G.
Roß (s. ds.), 1796–1805 zweiter Pfarrer in Kettwig
a. d. Ruhr (h. Essen), 1806 Berufung nach Detmold
durch Fürstin Pauline zur Lippe, hier 1805–1836
Generalsuperintendent, Konsistorialrat und erster
Prediger, u. a. mit der Beaufsichtigung von mehr
als 150 Lehrern betraut, großer Einsatz für deren
Weiterbildung und berufliche Anerkennung, Vater
des Dichters Georg W. (1822–1856), Verfasser
von Predigten sowie einigen pädagogischen und
religiösen Abhandlungen, u. a.:
Ueber die Elementarschulen im Fürstenthum Lippe, ein historischer Bericht. Duisburg 1810;
Leitfaden für den Religionsunterricht in Schulen.
Lemgo 1811. *104,* 107

EvRh 2

WEIL, JOHANN CHRISTIAN (1762–1827);
Instrumentenbauer, aus Seelbach (h. Vilmar, b.
Weilburg a. d. Lahn), seit ca. 1780 in Neuwied,
Kunstschreiner, dann Klavier-, Orgel- und Instrumentenmacher, Bruder von Johann Wilhelm Weil
(1756–1813) – ebenfalls Klavier-, Orgel- und Instrumentenmacher –, gemeinsam mit diesem Hersteller von Spielwerken für Kinzing-, Achenbach-
und Bofensche Spieluhren, Fortführung der Firma
mit seinen Söhnen Johann Anton (1792–1871)
und Johann Carl Christian (1804–1888), die nach
dem Tode des Vaters als „Gebr. Weil" das Unternehmen fortsetzten. *475*

AFWR Neuw; Fab; Kwa

WEILLER, KAJETAN [VON] (1762–1826);
katholischer Theologe und Philosoph, aus München, Novize in Benediktbeuern (b. Penzberg,
Oberbayern), Studium der Philosophie und Theologie am Münchner Lyzeum, Hofmeister, 1785
Priester, seit 1792 Professor der Theologie, Mathematik und Geschichte am Lyzeum, seit 1799 auch
dessen Rektor, seit 1809 außerdem Rektor des
Gymnasiums, des Progymnasiums und der Pri-
märklassen, 1794 Kaplan am Damenstift, 1795

Benifiziat am Dom, 1802 Dr. phil. h. c. (Landshut),
seit 1802 Mitglied der Bayerischen Akademie der
Wissenschaften, Anhänger von I. Kant (s. ds.) und
J.-J. Rousseau (s. ds.) sowie Gegner Georg Wilhelm Friedrich Hegels und Friedrich Wilhelm Joseph von Schellings (s. ds. Personenregister Bd. I,
X, XII und XIII), Vertreter eines liberalkirchlichen
Standpunktes, Eintreten für ein aufgeklärtes Erzie-
hungs- und Bildungssystem, vom Generalvikariat
aufgrund einiger Schriften (u. a. 1802 und 1819)
heftig angegriffen, Nobilitierung aufgrund seiner
Leistungen, Ernennung zum Geheimrat, 1823 infolge seiner freisinnigen Denkungsart seiner geistlichen Stellung enthoben, Generalsekretär der Akademie der Wissenschaften, Verfasser zahlreicher
theologischer und pädagogischer Abhandlungen.
Schriften u. a.:
Ueber den Zweck der Erziehung, Fehler unserer
heutigen Erziehung, mehr weiche als gute Menschen zu bilden. Rede in der Realschule zu München gehalten. München 1793;
Ueber den Unglauben, welcher an unsern Schulen
gelehrt wird. Ebd. 1802;
Versuch eines Lehrgebäudes der Erziehungskunde. 2 Bde. Ebd. 1802/1805;
Was ist das Christenthum? Eine Rede, in der Königlichen Studienanstalt gehalten. Ebd. 1819;
Das Christenthum in seinen Verhältnissen zur Wissenschaft. Ebd. 1821. *243, 257*

WEITZEL, JOHANN[ES] IGNAZ (1771–1837);
Redakteur und Schriftsteller, aus Johannisberg
(h. Geisenheim, Rheingau), Sohn eines Winzers,
Schneider, Studium der Geschichte und der Literatur an den Univ. Mainz, Jena und Göttingen,
1797–1799 „Commissaire du directoire exécutif"
des linksrheinischen französischen Departements
Donnersberg (Rheinpfalz), 1799–1801 Kommissar bei der Munizipalverwaltung des Kantons Ger-
mersheim, 1800 Hinwendung zum Journalismus,
1801 Gründer der politischen Monatsschrift „Ege-
ria" und Leiter der „Mainzer Zeitung", Mithrsg.
der „Europäischen Staatsrelationen" (Frankfurt a.
M. 1807–1810), kurzzeitige Lehrtätigkeit am vormaligen kaiserlichen Lyzeum in Mainz, dann nur
noch Publizist, Redakteur „Rheinischen Archivs
für Geschichte und Literatur" (Mainz 1810–1814)
sowie der „Rheinischen Blätter in Wiesbaden"
(1816–1819), seit 1816 herzoglich-nassauischer
Revisionsrat, seit 1820 Leiter der Landesbibliothek in Wiesbaden, publizistischer Unterstützer der
preußischen Politik, insbesondere von Staatskanzler Karl August von Hardenberg (s. ds. Personenregister Bd. XIV), da er Preußen zunächst als Ga-
rant einer behutsamen Reformpolitik sah, später Kritiker von staatlichem Machtmißbrauch und
Warner vor der unausweichlichen Revolution, Verfasser belletristischer Werke sowie politischer und
historischer Schriften.
Schriften u. a.:

Ueber die Bestimmung des Menschen und Bürgers. Mainz 1800;

Hat Deutschland eine Revolution zu fürchten? Wiesbaden 1818;

Napoleon durch sich selbst gerichtet. Frankfurt a. M. 1829. *103,* 106

WELTER, NIKOLAUS ARNOLD;

Jurist in Kranenburg (b. Kleve), um 1817 dort Bürgermeister und Schulvorstand, 1822 Ernennung zum Notar für den Friedensgerichtsbezirk Moers durch den preußischen Justizminister, Notar beim Kauf des Hauses neben dem Seminar durch den Lehrer J. H. Vorreiter (s. ds.) sowie beim Weiterverkauf an dessen Schwiegermutter J. E. Kurtze (s. ds.), seit 1832 als Notar für den Friedensgerichtsbezirk Goch (Niederrhein) tätig. *480*

HStA Düss., Reg. Düss., Nr. 3213; StA Moers

WERNER, JUSTUS CHRISTIAN FRIEDRICH (1789–1860);

evangelischer Theologe, 1815–1817 Mitprediger in Zwingenberg a. d. Bergstraße (b. Darmstadt), 1817–1839 Mitprediger und Lehrer an der Mädchenschule in Ober-Ramstadt (ebd.), 1839–1860 Pfarrer in Dudenhofen (b. Speyer).

Schriften u. a.:

Die Produktionscraft der Erde oder die Entstehung des Menschengeschlechts aus Naturkräften. Leipzig 1811;

Kurzer Leitfaden über mehrere Unterrichtsgegenstände in Landschulen, nämlich Religionslehre, Geographie, Naturlehre, Naturgeschichte und Sprachlehre. Zur Vorbereitung für die Kinder auf die einzelnen Unterrichtsstunden und zur Grundlage für den Lehrer. Darmstadt 1835; 3. Aufl. 1837. *103,* 106

WERTH, RÜTGER VOM (ca. 1795–1856);

Lehrer, zunächst an der evangelischen Elementarschule in Winkelhausen (b. Lennep, h. Remscheid), 1816 Lehrer an der evangelischen Elementarschule am Wüstenhof (Elberfeld, h. Wuppertal), von Schulpfleger Pfarrer H. L. E. Reuter (s. ds.) dafür dringend empfohlen, anschließend in Wermelskirchen und in Dierath (b. Remscheid), 1819–1856 Lehrer an der evangelischen Elementarschule und Organist in Burg (h. Solingen), wiederum von Pfarrer Reuter sehr empfohlen und einstimmig gewählt, Freund Reuters, 1823 auf der Dreierliste für die neu zu besetzende Lehrerstelle an der evangelischen Elementarschule in Burscheid (b. Leverkusen), beliebter und angesehener Ausbilder von Hilfslehrern, darunter von Friedrich Wilhelm Dörpfeld (s. ds. Personenregister Bd. XVI), an einer Lungenentzündung verstorben. *490*

HStA Düss., L. A. Lennep, Nr. 81, sowie Reg. Düss., Nr. 3301, 3327, 3618

WERTHEIMER, JOSEPH RITTER VON (1800–1887);

österreichischer Philanthrop und Schriftsteller, aus Wien, Sohn eines Kaufmanns, kaufmännische Lehre, seit 1821 Gesellschafter im väterlichen Betrieb, Hrsg. der Schrift „Über englische Kleinkinderschulen" (1826) von Samuel Wilderspin (s. ds.) in deutscher Sprache und mit eigenen Zusätzen, Eröffnung der ersten Kinderbewahranstalt in Wien aus dem Erlös dieser Publikation, diese Schrift auch vom preußischen Ministerium der geistlichen, Unterrichts- und Medizinal-Angelegenheiten zur Anschaffung in Schulen empfohlen, Gründer des ersten Wiener Kindergartens (gem. mit dem katholischen Priester Johann Lindner), 1834 Eröffnung eines Pensionsinstituts für israelitische Bethausbeamte, 1843 Gründer einer israelitischen Kinderbewahranstalt in der Leopoldstadt (Wien) und 1860 des Vereins zur Erziehung israelitischer Waisen, 1835–1868 Vorstandsmitglied der israelitischen Kultusgemeinde, 1864–1867 deren Präsident, Gründer der israelitischen Allianz in Wien, Einsatz für die Emanzipation der Juden in Österreich, Verfasser historischer und philantropischer Abhandlungen, außerdem humoristischer Belletristik.

Schriften u. a.:

Wilderspin, Samuel: Ueber die frühzeitige Erziehung der Kinder, und die englischen Klein-Kinder-Schulen, oder Bemerkungen über die Wichtigkeit, die kleinen Kinder der Armen, im Alter von anderthalb bis sieben Jahren zu erziehen, nebst einer Darstellung der Spitalfielder Klein-Kinder-Schule und des daselbst eingeführten Erziehungssystems. Aus dem Englischen übersetzt, mit Anmerkungen und Zusätzen versehen. Wien 1826;

Therese, ein praktisches Handbuch für die Erziehung des ersten Kindesalters in allgemein faßlicher Darstellung. Zunächst für Mütter und Kindererzieherinnen wie auch zur Anwendung in Kinderbewahr- und Vorbereitungsanstalten. Ebd. 1832;

Die Juden in Oesterreich vom Standpunkte der Geschichte des Rechtes und des Staatsvorurteils. 2 Bde. Ebd. 1842;

Zur Emanzipation unserer Glaubensgenossen. Ebd. 1882 (auch in hebräischer Übersetzung);

Jüdische Lehre und jüdisches Leben mit besonderer Beziehung auf die Juden in Oesterreich. Ebd. 1883 (auch in ungarischer und polnischer Übersetzung). *348,* 373

WESSENBERG, IGNATZ HEINRICH KARL FREIHERR VON (1774–1860),

Pseudonym: Heinrich von Ampringen;

katholischer Theologe und Staatsmann, aus Dresden, Abkömmling eines Breisgauer Adelsgeschlechts, seit 1792 Studium der Theologie, der Philosophie, der Literatur, der Kirchengeschichte und des Kirchenrechts an den Univ. Dillingen,

741

Würzburg und Wien, u.a. bei Johann Michael Sailer (s. ds. Personenregister Bd. III), 1792 Erhalt von Dompräbenden in Augsburg, Basel und Konstanz am Bodensee, seit 1798 in Konstanz, 1800 Generalvikar des dortigen Bischofs K. Th. A. M. v. Dalberg (s. ds.), 1812 Priesterweihe, seit 1814 Koadjutor, Eintreten für die Schaffung einer mit Rom nur lose zusammenhängenden deutschen Nationalkirche, nach von Dalbergs Tod 1817 bis zur Auflösung des Bistums Konstanz 1827 dort Bistumsverweser, vom Papst jedoch nicht bestätigt, Vertreter des Reformkatholizismus, bedeutende Gestalt der katholischen Aufklärung, als Verfechter von Konziliarismus und Nationalkirchentum in Gegnerschaft zur päpstlichen Kurie, Bemühungen um Reformen der Priesterausbildung, der Liturgie, der Predigt, des kirchlichen Unterrichts und der gesamten Volksbildung, 1817 seiner Berufung zum Bischof von Rottenburg a. Neckar (b. Tübingen) sowie 1822 zum Erzbischof von Freiburg i. Br. durch den Papst, 1827 Resignation und Hinwendung zu schriftstellerischer Tätigkeit, Mitglied der Ersten Badischen Kammer, in dieser Funktion Eintreten für Studienfreiheit, Neuordnung des Schulwesens sowie Hebung der Lehrerbildung und des Lehrerstandes, Überlassung seines Vermögens an die Stadt Konstanz zur Gründung eines Heimes für verwahrloste Kinder.
Schriften u.a.:
Fenelon, ein Gedicht in drei Gesängen. Zürich 1812;
Elementarbildung des Volkes im 18. Jahrhundert. Ebd. 1814;
Ueber die Bildung der gewerbetreibenden Klassen überhaupt und in Baden insbesondere. Konstanz 1833;
Die Elementarbildung des Volkes in ihrer fortschreitenden Ausdehnung und Entwicklung. Neue Aufl. Ebd. 1835;
Betrachtungen über die wichtigsten Gegenstände im Bildungsgange der Menschheit. Aarau 1836.
104, 107, *244, 258*

WETTE, WILHELM MARTIN LEBERECHT DE (1780–1849);
lutherischer Theologe, aus Ulla (h. Nohra, b. Weimar), Sohn eines Pfarrers, seit 1799 Studium der Theologie und der Philosophie an der Univ. Jena, 1805 Dr. phil., seit 1805 Mitredaktor der „Jenaer Literaturzeitung", 1807 Habilitation, 1807–1809 Professor der Philosophie, 1809–1810 der Theologie an der Univ. Heidelberg, dort Lehrer Diesterwegs, 1810–1819 Professor der Theologie an der neugegründeten Univ. Berlin, 1819 Amtsenthebung wegen der Abfassung eines Trostbriefes an die Mutter von Karl Ludwig Sand (s. ds. Personenregister Bd. XI) – dem Mörder von August Friedrich Ferdinand von Kotzebue (s. ds. Personenregister Bd. XI) –, seit 1822 Professor der Theologie an der Univ. Basel, Verfasser theolo-

gischer Abhandlungen und Lehrbücher, didaktischer Romane und einer Bibelübersetzung.
Schriften u.a.:
Die Heilige Schrift des Alten und Neuen Testaments. 6 Bde. Berlin 1806–1807;
Lehrbuch der christlichen Dogmatik, in ihrer historischen Entwicklung dargestellt. 2 Teile. Ebd. 1813/1816;
Christliche Sittenlehre. 3 Teile. Ebd. 1819–1823;
Theodor oder des Zweiflers Weihe. Bildungsgeschichte eines evangelischen Geistlichen. 2 Teile (1. Aufl. anonym). Ebd. 1822–1823; 2. Aufl. 1828;
Die Heilige Schrift des neuen Bundes, ausgelegt, erläutert und entwickelt. Ein Andachtsbuch für häusliche Erbauung und ein Handbuch für Prediger und Schullehrer. 2 Teile. Ebd. 1825–1828.
104, 107

WEVER, BERNHARD (gest. 1819);
Schüler Diesterwegs an der Lateinschule der reformierten Gemeinde in Elberfeld (h. Wuppertal), möglicherweise Sohn des Twisthändlers Gottfried W., früh verstorben. *38f.,* 47

WEVER, LOUISE;
Mutter des Diesterweg-Schülers Bernhard W. (s. ds.) in Elberfeld (h. Wuppertal), möglicherweise Ehefrau des Twisthändlers Gottfried W. *38f.*
St A Wupp

WEVER, JOHANN HEINRICH ADOLPH (1782–1851);
Fabrikant, Leiter einer Barchent- und Flanellfabrikation sowie eines Handels mit Schweizer Kattunen in Moers, dort Scholarch der reformierten Gemeinde. *521, 531*
St A Moers

WEYHE [WEIHE], MAXIMILIAN FRIEDRICH (1775–1846);
Botaniker, aus Poppelsdorf (h. Bonn), Sohn eines kurkölnischen Hofgärtners, 1789–1892 Erlernung der Gartenkunst unter Leitung des kurfürstlichen Hofgärtners Peter Joseph Lenné in Brühl (b. Bonn), Erweiterung seiner Kenntnisse durch Reisen ins In- und Ausland, seit 1801 botanischer Gärtner der Zentralschule des Roerdepartements in Köln, dort Umwandlung des Gartens des ehemaligen Jesuitenkollegiums zum Botanischen Garten, seit 1803 Königlicher Garteninspektor in Düsseldorf, Einrichtung großer Parkanlagen auf dem Terrain der geschleiften Festungswerke, aufgrund des dadurch errungenen Ruhmes Aufträge u.a. in Lindau a. Bodensee (Linderhof) und Schloß Rosenau (b. Coburg), mit der Seminargarten-Planung in Moers und Kursen über Obstbaumzucht für Lehrer und Seminarlehrer in der Rheinprovinz beauftragt, an denen u.a. Diesterweg teilnahm, als Botaniker auch schriftstellerisch tätig. *174,* 175, *188, 452, 469,* 469, *516*

WIELAND, CHRISTOPH MARTIN (1733–1813);
Dichter, aus Oberholzheim (h. Achstetten, b. Ulm), Sohn eines Pfarrers, Absolvent der Schule in Kloster Bergen (h. Groß Rodensleben, b. Magdeburg), bis 1752 Studium der Rechtswissenschaft an der Univ. Tübingen, dort Verbindung zu einflußreichen Literaten, u.a. Albrecht von Haller (s. ds. Personenregister Bd. II), Johann Jakob Bodmer (s. ds. Personenregister Bd. XVII) und F. G. Klopstock (s. ds.), erste literarische Veröffentlichungen, 1752–1754 Aufenthalt bei Bodmer in Zürich, 1754–1759 dort Privatlehrer, 1759–1760 Hauslehrer in Bern, 1760–1769 Kanzleiverwalter in Biberach (b. Offenburg), Hinwendung zur skeptischen Erfahrungsphilosophie der europäischen Aufklärung, poetische Umsetzung durch dichterisches Spiel mit Illusionen und Perspektiven, 1769–1772 Professor der Philosophie an der Univ. Erfurt und Regierungsrat, 1772–1775 auf Einladung von Herzogin Anna Amalia Prinzenerzieher am Weimarer Hof, anschließend freier Schriftsteller, Hrsg. des „Teutschen Merkur" (1773–1790) – des ersten Nationaljournals für die literarische und politische Kultur in Deutschland –, Übersetzer von 22 Dramen Shakespeares, Dichter mehrerer Verserzählungen (u.a. „Oberon", 1780), Verfasser zahlreicher Essays, Rezensionen sowie mehrerer Romane, Begründer des deutschen Bildungsromans („Agathon", 1766/1767).
Seine sämtlichen Werke erschienen 1794–1811 in 39 Bänden bei Göschen in Leipzig. *104,* 108, *407*

WILBERG, ADOLPH HEINRICH (geb. 1785);
1804–1812 Kantor in Hohenziaz (Magdeburger Land), dann Organist und Kantor in Genthin (ebd.). Verfasser von:
Methodisch bearbeitete und mit hinreichenden Uebungsaufgaben versehene Anleitung zum Kopf- und Tafelrechnen, für Volksschulen. 2 Teile. Magdeburg 1819;
Anleitung zum Kopf- und Tafelrechnen nach den neu eingeführten Silbergroschen und Pfennigen. Ebd. 1824. *248, 263*

WILBERG, JOHANN FRIEDRICH (1766–1846);
Pädagoge, aus Ziesar (am Hohen Fläming), Sohn eines preußischen Invaliden und Unterbeamten in Potsdam, Schneiderlehrling, autodidaktische Weiterbildung, Abhaltung einer Abend- und Sonntagsschule für Handwerksburschen, Hospitant bei F. E. v. Rochow (s. ds.) an der Elementarschule auf dessen Gut in Reckahn (b. Brandenburg a. d. Havel), Seminarist an dem von Johann Julius Hecker (s. ds. Personenregister Bd. VII und X) gegründeten Schullehrerseminar in Berlin, 1789 bis 1803 Leiter der in Overdyck (h. Bochum) von Philipp Christian Freiherr von der Reck (s. ds. Personenregister Bd. VII) gegründeten Armen-

schule, 1802–1804 Vorsteher und Lehrer des Armeninstituts in Elberfeld (h. Wuppertal), seit 1802 Veranstalter samstäglicher Versammlungen von Elberfelder Lehrern zur Belehrung über pädagogische Fragen und zum Gedankenaustausch, seit 1804 Leiter und Hauptlehrer an einem von Eltern gestifteten und von ihm begründeten Bürgerinstitut (Vorläufer der 1829 eröffneten höheren Bürgerschule) – einer Realschule in Konkurrenz zur Lateinschule der reformierten Gemeinde –, seit 1807 Freund von W. A. Diesterweg (s. ds.), von J. H. Pestalozzi (s. ds.) gewürdigt, 1811 erste Begegnung mit F. A. W. Diesterweg, der später – während seiner Tätigkeit an der Lateinschule 1818–1820 – an den samstäglichen Versammlungen teilnahm, maßgebliche Beteiligung an Diesterwegs weiterer beruflicher Entwicklung, lebenslange freundschaftliche Verbindung, 1816 Dr. phil.h. c. (Tübingen) auf Empfehlung von W. A. Diesterweg, 1822 Gründer der Sonntags-Handwerkerschule auf der Gathe (Elberfeld) und dort ebenfalls Lehrer, Vorstand der 1825 gegründeten Gewerbeschule und dort Lehrer für Naturlehre und -geschichte, Verknüpfung von Schulwesen und Armenpflege, 1829–1837 nach der Übergabe des Bürgerinstituts an die Stadt Elberfeld städtischer Schulinspektor, 1832 Begründer der Elberfelder Elementarlehrer-Witwenkasse, zuletzt in Bonn, Mitarbeiter an den Rh. Bl., Verfasser zahlreicher pädagogischer Abhandlungen, Lehrbücher und didaktischer Prosa, 3. Aufl. von Diesterwegs „Wegweiser" (1844) ihm gewidmet.
Schriften u.a.:
Lesebuch für Kinder in Stadt- und Landschulen. 2 Teile. Elberfeld 1806; 10. Aufl. 1832;
Der Schulmeister Leberecht, wie er über sein Amt dachte und darin wirkte. Ebd. 1820;
Die für die Elementarschulen nothwendigen und genügenden Schulübungen und Lehrgegenstände. Essen 1831;
Über Armenwesen. Elberfeld 1834;
Erinnerungen aus meinem Leben. Essen 1836;
Gedanken und Urtheile des Vetters Christian über Leben und Wirken im Mittelstande. Ebd. 1843.
(Vgl. Rh. Bl., Jg. 1847, Bd. XXXVI, Heft 2, S. 125–154 und 155–225; vorliegende Ausgabe Bd. VII, S. 189–204 und 204–240, sowie die von Diesterweg, P. Heuser <s. ds.> und F. A. Fuchs <s. ds.> herausgegebene Schrift: Joh. Fr. Wilberg, der „Meister an dem Rhein." Essen 1847.) *40f.,* 43, *54, 59,* 59, *66, 110f.,* 119, *141,* 142, 172, *244, 247,* 258, 262, *322,* 325, *393,* 400, 432, 462, *496*
HStA Düss; Jor; StA Wupp, u.a. L II 245

WILDERSPIN, SAMUEL (um 1792–1866);
englischer Pädagoge und Philanthrop, aus Hornsey (h. London), Angestellter in einem Handlungsbüro, autodidaktische pädagogische Weiterbildung, 1820 Gründer einer Kleinkinderschule in Spitalsfield (ebd.), 1824 Gründer der „Infant

School Society", Abhaltung von Vorträgen über Kleinkinderpädagogik in Edinburgh und Glasgow, Vorsteher der London Central Infant School, 1839–1841 Direktor der zentralen Kleinkinder-Musterschule in Dublin, 1846 Rücktritt von allen Ämtern.

Schriften u.a.:

Infant System of Education. London 1823;
On the Importance of Educating the Infance Poor. Ebd. 1824 (deutsche Übers. von J. Wertheimer <s.ds.>, 1826);
System of Education for the Young. Ebd. 1840;
A Manual for the Instruction of Young Children. (Gem. mit T.J. Terrington.) Ebd. 1845. *348, 371, 373*

WILHELMI, JOHANN FERDINAND (1786–1844);

Lehrer sowie Versicherungs- und Handelsagent, aus Solingen, bis 1820 Lehrer an der dortigen lutherischen Stadtschule, 1813 Bestätigung seiner Lehrbefähigung durch die Abteilung des Innern der Bezirksregierung Düsseldorf aufgrund einer schriftlichen Prüfungsarbeit, 1814 Konflikt mit der Zensur, seit 1820 Kontrolleur beim Kataster der Königlichen Rheinprovinzen und Lehrer für Geschichte und deutsche Sprache an der Königlichen 14. Divisionsschule II in Düsseldorf, 1821 Ernennung zum Mitglied der Militair-Examinations-Commission in Berlin durch Prinz Friedrich von Preußen, 1822 Einrichtung einer nebenamtlichen Privathandlungsschule, die zugleich zur Vorbereitung auf das Gymnasium dienen sollte, 1824 Rückgabe der Lehrkonzession, Betreibung eines Kommissions- und Adreßcomptoirs sowie eines Assekuranzbüros, seit 1826 Agent der vaterländischen Feuer-Versicherungs-Gesellschaft in Elberfeld (h. Wuppertal), seit 1828 Hauptagent der Berliner Hagel-Assekuranzgesellschaft für die Rheinlande und einen Teil Westfalens, 1830 bis 1831 Sekretär des Handelsvorstandes Düsseldorf, 1831–1844 Sekretär der stattdessen gegründeten Handelskammer, 1833 Mitglied des ersten Düsseldorfer Eisenbahnkomitees, Freimaurer, 1838 „Meister vom Stuhl", um 1827 kurzzeitig Hrsg. eines „Rheinischen Merkur".

Verfasser von:

Panorama von Düsseldorf und Umgebungen. Mit besonderer Rücksicht auf Geschichte, Topographie, Statistik, Gewerbfleiß und Handel des Regierungsbezirks Düsseldorf. Düsseldorf 1828. *392*

Most; Pau; HStA Düss, u.a. Reg. Düss., Nr. 2748, 3594

WILMANS, GERHARD FRIEDRICH (1764–1830);

Buchhändler, aus Bremen, Sohn eines Obristen beim städtischen Militär, Buchhändlerlehre in Frankfurt a.M., Eröffnung einer Buchhandlung mit angeschlossenem Verlag in Bremen, 1802 aus wirtschaftlichen Gründen Wechsel nach Frankfurt a. M. , Hrsg. des jährlich erscheinenden „Taschen-

buch[s]. Der Liebe und Freundschaft gewidmet" (seit 1800), für das ihm u.a. J.W. v. Goethe (s. ds.), F. v. Schiller (s. ds.), J. G. v. Herder (s. ds.) und Chr. M. Wieland (s. ds.) Beiträge zur Verfügung stellten, Förderer junger romantischer Dichter, darunter Clemens Brentano und Caroline von Günderode (s. ds. Personenregister Bd. VII), zunächst Konzentration auf philanthropische und moralpädagogische Bestrebungen, u.a. die Schriften von J. H. Campe (s. ds.) und J. B. Basedow (s. ds.), nach 1803 Spezialisierung seines Verlages auf bildende Kunst, Hrsg. von drei romantisierenden Heften „Malerische Ansichten des Rheins" (1804, 1805, 1806) sowie weiterer Landschafts- und Städteansichten, z. T. in Verbindung mit Reiseführern, Mäzen zeitgenössischer Künstler, u.a. von Peter von Cornelius, Anleger einer bedeutenden Sammlung vorwiegend niederländischer Meister. *(19)*

IfStG Ffm

WILMS, JOHANN (1763–1832);

Lehrer, aus Witzhelden (h. Leichlingen), Sohn eines Lehrers, 1780–1782 Hilfslehrer bei seinem Vater an der evangelischen Elementarschule in Witzhelden, 1782–1787 Lehrer an der evangelischen Elementarschule in Bergneustadt, 1787 bis 1789 an der evangelischen Elementarschule in in Hückeswagen, 1789–1832 Hauptlehrer an der lutherischen Pfarrschule im Thomashof in Elberfeld (h. Wuppertal), zuletzt schwer krank, 1832 anläßlich seines fünfzigjährigen Dienstjubiläums von Oberbürgermeister Johann Rütger Brüning (1775–1837) zur Auszeichnung vorgeschlagen, Verleihung des Allgemeinen Ehrenzeichens, 1832 Pensionierung mit Ruhegeld. *393, 395, 575*

Jor; StA Wupp, L I 129

WILMSEN, FRIEDRICH PHILIPP (1770–1831);

reformierter Theologe, Pädagoge und Jugendschriftsteller, aus Magdeburg, Sohn eines Pfarrers, Schüler am Gymnasium zum Grauen Kloster in Berlin, dann am dortigen Joachimsthalschen Gymnasium, 1787–1788 Studium der Theologie an der Univ. Frankfurt a.d.O., seit 1788 an der Univ. Halle, Beschäftigung u.a. mit Chr.F. Gellert (s. ds.) und J.G. v. Herder (s. ds.), mehrjährige Tätigkeit an der Hartungschen Privatlehranstalt in Berlin, Erhalt eines Reisestipendiums für Deutschland und die Schweiz, Begegnung u.a. mit Johann Kaspar Lavater (s. ds. Personenregister Bd. III), 1798–1812 dritter Pfarrer an der Parochialkirche in Berlin, 1812–1827 dort zweiter und 1827–1831 erster Pfarrer, außerdem Lehrer an der Luisenstiftung für Mädchen aus gebildeten Ständen, Oberaufseher über das Kornmessersche Waisenhaus, das Hospital und die Armenversorgung der Parochialgemeinde, Förderer der Union und Mitherausgeber des ersten gemeinsamen evangelischen

744

Gesangbuches, gem. u. a. mit F. D. E. Schleiermacher (s. ds.) und Franz Theremin (s. ds. Personenregister Bd. V), beliebter Prediger, Abfassung eines Lehr- und Lesebuches für Bürgerschulen nach dem Vorbild des für Landschulen geschriebenen „Kinderfreundes" (1802) von F. E. v. Rochow (s. ds.), Verfasser weiterer Lehrbücher.

Schriften u. a.:

Anleitung zu zweckmäßigen deutschen Sprachübungen in Beispielen und Aufgaben. 2 Teile. Berlin 1799/1805;

Der deutsche Kinderfreund, ein Lesebuch für Volksschulen. 2 Teile. Ebd. 1802/1810; 222. Aufl. 1870;

Anleitung zur zweckmäßigen Abfassung aller schriftlichen Aufsätze, welche im bürgerlichen Leben vorkommen. Ebd. 1811;

Die Unterrichtskunst. Ein Wegweiser für Unkundige, zunächst für Lehrer in Elementarschulen. Ebd. 1815;

Der Lehrer in der Elementarschule. Leipzig 1821.
104, 107, *247*, 262

WINDFUHR, PETER FRIEDRICH/FERDINAND
(ca. 1807–nach 1883);

Lehrer, aus Lennep (h. Remscheid), 1823–1826 Seminarist in Moers, 1826 zunächst Lehrer an der evangelischen Elementarschule in Scheidt (Solingen), seit September Unterlehrer bei Lehrer Nicolaus Wellenbeck an der evangelischen Elementarschule in Klüppelberg (h. Wipperfürth), 1826 Bewerber um die Lehrerstelle an der lutherischen Pfarrschule in Velbert, 1827 angesichts von Wellerbecks Erblindung um Übernahme seiner Stelle bemüht, durch den Gemeinde- und Kirchenvorstand darin unterstützt, jedoch von Schulpfleger Pfarrer Peter Philipp Gangolf Forstmann (1774 bis 1847) in Gummersbach und Landrat Schumacher abgelehnt, trotz mehrerer Eingaben des Schulvorstandes nicht zurückberufen, 1827–1829 zweiter Lehrer an der neugegründeten höheren Privatschule in Remscheid (später Höhere Bürgerschule), seit 1829 Lehrer an der evangelischen Pfarrschule und Kantor in Reusrath (h. Langenfeld im Rheinland), 1845 in den Reisebemerkungen des Düsseldorfer Regierungspräsidenten Johann Adolf Freiherr von Spiegel-Borlinghausen (1792–1852) belobigt, 1860 freiwillige Pensionierung mit Ruhegeld, zuletzt in Neuwied.

Hrsg. von (gem. mit Isaak und Peter Hufschmidt, Jakob Kahrmann (s. diese Personenregister Bd. V), J. H. Sarres (s. ds.), H. Steins (s. ds.) und G. Wüllenweber (s. ds.):

Tafelrechenaufgaben in nöthiger Menge methodisch geordnet. 1. Heft. 2. Aufl. Barmen und Elberfeld 1839. 150, *202, (330)*, 330 f., *(341 f.)*, 342, *487*, 490

HSt A Düss, Reg. Köln, Nr. 3265, sowie Reg. Düss., Nr. 2850, 3342, 3388, 3654; Rees 1

WINDGASSEN, JOHANN WILHELM (1779–1852);

Oberlandmesser, aus Barmen (h. Wuppertal), Sohn eines Apothekers, Ausbildung in der Heilkunde, autodidaktische Weiterbildung in der Mathematik, 1804–1821 Vorsteher der Plankammer der Königlichen Regierung in Düsseldorf, 1808 wegen eines Rechtsstreits mit der Regierung wegen deren fragwürdiger Beanspruchung von Ländereien vorübergehend auf Wartegeld gesetzt, 1811 Verfasser einer sternkundlichen Schrift, die Johann Friedrich Benzenberg (s. ds. Personenregister Bd. II) unter seinem eigenen Namen herausgab und damit zum Direktor der Sternwarte promovierte, 1812 Grundlegung einer Vermessung des Großherzogtums Berg, mit der Triangulierung des Rheintals betraut, 1819 Entdecker des ersten Blätterschiefers in der Rheinprovinz, 1821 Versetzung nach Köln zur Einleitung der dortigen Landesvermessung, Erwerb der Mühlen Eschmar und Sieglar, Errichtung eines Eisenhüttenwerks, 1825 Austritt aus dem Staatsdienst, Studien in Geologie und Chemie, 1843 Verkauf der Hütte.
253

HSt A Düss

WINKLER, JOHANN LEONHARD
(erw. 1823/1825);

Lehrer in Gutenstetten (b. Neustadt a. d. Aisch).

Schriften u. a.:

Versuch einer bildenden Sprachbaulehre für Volksschulen mit ausführlichen Vorzeichnungen des Unterrichtsganges und großentheils katechetischer Nachweisung der Methode. Erster Lehrgang: Die Wortbaulehre. Erlangen 1823. – Zweiter Lehrgang: Die Satz- und Redebaulehre. Ebd. 1825;

40 Singlehrstunden und nicht mehr. Ein neuer ernster Aufruf zur gründlichen Verbesserung der Gesangunterrichtsweise in Volksschulen. Auf theoretisches Studium und vieljährige Praxis gegründet. Nürnberg 1833. *181*, 183, *247*, 262, *445*, 447

WINTERHAGEN, WILHELM (geb. ca. 1804);

Lehrer, aus Dhünn (h. Wermelskirchen), 1821 bis 1823 Seminarist in Moers, Hauslehrer in Altenberg (h. Odenthal, b. Leverkusen), Lehrer in Elberfeld (h. Wuppertal), 1826–1828 Hilfslehrer an der höheren Bürgerschule in Hückeswagen, Verabschiedung aufgrund von Beschwerden der Eltern und des Rektors Dr. Arnold Wilke über seine Amtsführung. *121, 141*

HSt A Düss; St A Wupp

WINTGENS, FRIEDRICH (1770–1856);

Kaufmann, aus Duisburg, Sohn eines Hofrats und Bürgermeisters, 1803 Gründer einer Baumwollspinnerei in den ehemaligen Kasernen in Moers (1851: 169 Arbeiter), später einer Wattenfabrik und einer Eisenhandlung, seit 1807 Gemeinderat, 1807–1814 unbesoldeter Beigeordneter, Freund von W. J. G. Roß (s. ds.), 1814 Bearbeiter des Fra-

gebogens von Generalgouverneur J. A. v. Sack (s. ds.) über den Zustand der Schuleinrichtungen in der Mairie Moers, 1816 Mitunterzeichner eines Antrags der Stadtverwaltung an F. L. Chr. Graf von Solms-Laubach (s. ds.) auf Einrichtung eines Elementarschullehrerseminars in Moers, Förderer des Progymnasiums (Adolfinum) durch seine Tätigkeit als Scholarch, Mitglied des Städtischen Schulvorstands, 1810 Erwerb des Kastells und in der Folgezeit auch angrenzender Grundstücke, als solcher Vermieter des Lehrerseminars in dessen Anfangsphase, 1836 Beauftragung M. F. Weyhes (s. ds.) zur Anlage des heutigen Schloßparks, 1846 Vorschlag zur Errichtung einer Fabrikschule, von humaner Gesinnung seinen Arbeitern gegenüber, allerdings Befürworter der Kinderarbeit, um 1850 reichster Bürger der Stadt. *136,* 137, *148f.,* *305, 331, 465*
Bei 1; HStA Düss, Reg. Düss., Nr. 3397; Moers 1; Ott 4; Rich; StA Moers

WIT[T]FELD, JOHANN WILHELM (1764–1838); reformierter Theologe, aus Dhünn (h. Wermelskirchen), Sohn eines Pfarrers, seit 1752 Studium der Theologie an der Univ. Duisburg, 1786–1796 Pfarrer in Waldniel (h. Schwalmtal, b. Mönchengladbach), 1797–1823 zweiter, 1823–1838 erster reformierter Pfarrer in Moers, 1809 Beteiligung an der von W. J. G. Roß (s. ds.) dringend empfohlenen Einstellung des Elementarlehrers A. Bleckmann (s. ds.). *379, 429, 511, 520f., 531, 587*
Bei 2; EvRh 2

WITTICH, DANIEL FRIEDRICH (1755–1836); lutherischer Theologe, aus London, Sohn eines Schneiders, Studium der Theologie an der Univ. Tübingen, 1777–1824 Pfarrer an der lutherischen Gemeinde und 1824–1836 an der evangelischen (unierten) Gemeinde in Mettmann, seit 1824 auch Schulpfleger, 1810 Inspektor der Klasse (Synode). *392*
EvRh 2

WITZKA, CARL W. A. (1795–1826); Musiker, aus Ottendorf (Schlesien), Teilnehmer an den Befreiungskriegen gegen die Franzosen unter Major von F. v. Eisenhart (s. ds.), 1824–1826 provisorischer Musiklehrer am Seminar in Moers. *174, 189, 199, 206, 232f., 235, 254f., 270, 300f., 302, 304, 317, 326f., 333, 335, 336*
Nie

WÖLLNER, JOHANN CHRISTOPH [VON] (1732–1800); lutherischer Theologe und Staatsmann, aus Döberitz (b. Rathenow), Sohn eines Pfarrers, Studium der Theologie an der Univ. Halle, Hauslehrer, 1755–1759 Pfarrer, seit 1759 Pächter des Gutes Groß Behnitz (b. Nauen), Studium der Landwirtschaft und Nationalökonomie, 1770 Kammerrat, seit 1770 Domänenverwalter des Prinzen Heinrich von Preußen, 1786 Nobilitierung, Leiter des

Rosenkreuzerordens, durch diese Funktion in enger Verbindung mit König Friedrich Wilhelm II., 1788–1798 preußischer Staatsminister (Justizminister und Chef der geistlichen Angelegenheiten), 1788 Erlaß eines „Edikts, die Religionsverfassung in den preußischen Staaten betreffend" (Wöllnersches Religionsedikt), das die drei Konfessionen vor den vermeintlich schädlichen Folgen der Aufklärung schützen sollte, 1791 Einsetzung einer Immediatexamenskommission zur Überwachung des Edikts, 1797 Aufhebung dieser Rückwendung der Toleranzpolitik Friedrichs des Großen durch Friedrich Wilhelm III. (s. ds.), 1798 Entlassung aus dem Ministeramt. *67,* 68

WÖRLEIN, JOHANN WOLFGANG (1797–1861); Lehrer, autodidaktische Ausbildung, 1814 Prüfung seiner Lehrbefähigung durch H. v. Stephani (s. ds.) in Ansbach, Lehrer an der evangelischen Elementarschule in Obersulzbach (h. Lehrberg, b. Ansbach), seit 1817 an der evangelischen Elementarschule in Weihenzell (b. Ansbach), die 1830 mit der evangelischen Elementarschule in Huppurg (ebd.) vereinigt wurde, Verfasser von pädagogischen Abhandlungen und Lehrbüchern. Schriften u. a.:
Die deutsche Volksschule mit Politik, Hierarchie und Barbarei im Kampfe, oder über die Hindernisse des deutschen Volksschulwesens, besonders auf dem Lande. Erlangen 1823;
Pädagogische Wissenschaftskunde. Ein encyklopädisch-historisch, literarisch-kritisches Lesebuch des pädagogischen Studiums. Mit einer Vorrede von J. B. Graser (s. ds.). 3 Teile. Ebd. 1826 (vgl. Rh. Bl., Jg. 1827, Heft 2, S. 121; vorliegende Ausgabe, Bd. I, S. 203);
Das gegenwärtige Verhältniß des Schullehrers als Volksbildner und Kirchendiener, aus dem Standpunkte des Staats, der Kirche und der Schule beurtheilt. Auch u. d. T.: Kritik des deutschen Volksschulwesens. Passau 1826;
Encyklopädisch-kritisches Repertorium der neuen pädagogischen Literatur. 2 Bde. Nürnberg 1827 bis 1828.
System der Pädagogik. Ein vollständiges Handbuch der Theorie und Praxis, der Literatur und Geschichte des gesammten Erziehungs-, Unterrichts- und Schulwesens. 1. Bd.: Pädagogische Grundlehre. Nürnberg 1830.
(Vgl. seine Biographie in den Rh. Bl., Jg. 1832, Neue Folge, Bd. VI, S. 377–383; vorliegende Ausgabe, Bd. II, S. 614–618.) *445,* 447

WOLFART, KARL CHRISTIAN (1778–1832); Mediziner und Dichter, aus Hanau (b. Frankfurt a. M.), Sohn eines Regierungssekretärs, Studium der Medizin an der Univ. Göttingen und Marburg a. d. Lahn, 1797 Dr. med., praktischer Arzt in Hanau, seit 1800 a. o. Professor der Physik und Medizin am Kurfürstlichen Gymnasium in Hanau,

1801 Mitglied des kurfürstlich-medizinischen Kollegiums und Brunnenarzt in Wilhelmsbad, weitere Tätigkeiten in Berlin und Warschau, seit 1805 Kommissar zur Organisierung der Sicherheitsanstalten gegen das Eindringen des Gelbfiebers an der österreichischen Grenze, seit 1807 wieder in Hanau tätig, seit 1809 in Berlin, dort 1810 Habilitation an der neugegründeten Univ., 1810 Besuch bei Franz Anton Mesmer in Frauenfeld (Kt. Thurgau), seither Eintreten für dessen Magnetismus-Heillehre, u. a. in den von ihm herausgegebenen Zeitschriften „Asklepieion" (1811 bis 1814) und „Jahrbücher für den Lebensmagnetismus" (1818 bis 1823), seit 1813 Oberarzt im Hospital in Berlin, 1817 Ernennung zum o. Prof. für Heilmagnetismus an der Univ. Berlin gegen den Widerstand der medizinischen Fakultät, Mediziner der Romantik, Freund F. D. E. Schleiermachers (s. ds.), Veröffentlichung literarischer Texte sowie zahlreicher medizinischer Abhandlungen, Träger des Eisernen Kreuzes sowie des russischen St. Annen-Ordens, Mitglied zahlreicher Gesellschaften, u. a. der Société du Magnétisme in Paris, 1802 Vorstand der „Correspondirenden Gesellschaft der Pharmacie und ärztlichen Naturkunde" in Kassel.
Schriften u. a.:
Abhandlung über die Veränderung des Krankheitsgenius, in so fern solche von der Lebensart der Menschen herrührt. Marburg 1799;
Indra's Verheißung. Festspiel zur Feier der Rückkehr des Königs und der Königin von Preußen nach Berlin 1809, zum Besten des Friedrich-Wilhelms-Waisenhauses. Berlin 1809.
Außerdem gab er heraus:
Mesmerismus, oder System der Wechselwirkung, Theorie und Anwendung des thierischen Magnetismus, als die allgemeine Heilkunde zur Erhaltung des Menschen, von Franz Anton Mesmer, mit Erläuterungen. 2 Bde. Berlin 1814. *104*, 107

WÜLFING, JOHANN WILHELM
(gest. nicht vor 1836);
aus Linnich (b. Aachen), Bruder eines Pfarrers, 1805–1812 Lehrer an der evangelischen Elementarschule in Linnich, 1812–1822 an der evangelischen Hauptpfarrschule in Rheydt (h. Mönchengladbach), 1823–1836 Lehrer an der reformierten Pfarrschule und Organist in Gemarke (Barmen, h. Wuppertal), 1836 Niederlegung des Amtes wegen unerträglicher Schmerzen im linken Fuß. *393, 396*

HStA Düss, Reg. Düss., Nr. 2713; Lom; Schm; StA Mön; StA Wupp

WÜLLENWEBER, GUSTAV (1809–1866);
Lehrer, aus Cronenberg (h. Wuppertal), Hilfslehrer an der evangelischen Elementarschule in Burg (h. Solingen), 1827 Teilnehmer am Lehrkursus im Seminar in Moers, 1829–1831 Seminarist in Moers, 1833–1843 Lehrer an der neu errichteten evangelischen Elementarschule in Herscheid und Witzhelden (beide h. Leichlingen), bis zuletzt ohne definitive Bestätigung, 1835 auf der Dreierliste für die neu zu besetzende Lehrerstelle an der evangelischen Elementarschule in Brühl (h. Solingen), von Schulpfleger Pfarrer H. L. E. Reuter sehr empfohlen, 1840 Bewerber für die neu zu besetzende Lehrerstelle an der evangelischen Elementarschule in Pattscheid (h. Leverkusen), 1843 bis 1845 Lehrer an der evangelischen Elementarschule in Winkelhausen (b. Lennep, h. Remscheid), 1845–1866 Lehrer an der lutherischen Elementarschule im Grund (Lüttringhausen, h. Remscheid), Vorführung der Leistungen seiner Schüler in öffentlichen Prüfungen, häufig von Lehrern aus dem Rheinland in seiner Schule besucht. *402f.*

HStA Düss, L. A. Lennep sowie Reg. Düss., Nr. 3309, 3616, 3650, 3668

YELIN, JULIUS CONRAD VON (1771–1826);
Physiker, aus Wassertrüdingen, Sohn eines Stadtvogteiadjunkten, Studium der Mathematik, Chemie, Philosophie und Rechtswissenschaft an der Univ. Erlangen, Förderung durch Minister Karl August von Hardenberg (s. ds. Personenregister Bd. XIV), 1793 Promotion, 1797 Königlich-preußischer Kammerassessor in Ansbach, Professor der Physik am dortigen Gymnasium, seit 1803 Wirklicher Kriegs- und Domänenrat, 1808 Königlich-bayerischer erster Finanzrat, 1810–1811 Finanzdirektionsrat, 1811–1813 Schulden-Liquidations-Commissair in Augsburg, seit 1813 Oberfinanzrat bei der Steuer- und Domänensektion in München, Freund J. W. v. Goethes (s. ds.), seit 1823 Konservator des physikalischen Kabinetts, 1815 Mitbegründer des Polytechnischen Vereins in Bayern zur Förderung der einheimischen Industrie, 1815 Ritter des Königlich Bayerischen Civil-Verdienst-Ordens, Mitglied der Bayerischen Akademie der Wissenschaften, 1826 Teilnahme an einer wissenschaftlichen Reise durch die Niederlande, Frankreich, England und Schottland, während dieser in Edinburgh verstorben, Verfasser zahlreicher mathematischer und naturwissenschaftlicher Schriften, außerdem der anonym veröffentlichten Schrift „Deutschland in seiner tiefsten Erniedrigung" (1806), derentwegen der Nürnberger Buchhändler Johann Philipp Palm (s. ds. Personenregister Bd. XI) auf Befehl Napoleons in Braunau erschossen wurde.

Schriften u. a.:

Lehrbuch der Experimental-Naturlehre, in seinem chemischen Theile nach dem neuen System bearbeitet. Ansbach 1796;

Ueber Magnetismus und Electricität als identische Urkräfte. Eine Rede, gehalten in der öffentlichen Versammlung der Königlich-bayerischen Akademie der Wissenschaften zur Feier des Maximilians-Festes am 12. Oktober 1818. München 1818;

Das Kaleidoskop, eine Bayerische Erfindung, nebst einigen Seitenbemerkungen, als Wort zu seiner Zeit. Ebd. 1819. *104,* 106

ZÄHRER, JOHANN GEORG (1793–1856);
Pädagoge, aus Frankfurt a. M., 1806–1810 Schüler der Musterschule, an der 1813–1818 auch Diesterweg tätig war, 1810–1813 dort Gehilfe, 1813–1814 Weiterbildung im Institut von K. Chr. W. v. Türk (s. ds.) in Vevey (Kt. Waadt), anschließend a. o., seit 1818 ordentlicher Lehrer an der Musterschule. *24*
Fro; Mau

ZARNACK [ZERNACK], JOACHIM AUGUST CHRISTIAN (1777–1827);
lutherischer Theologe und Pädagoge, aus Mehmke (Altmark), Sohn eines Pfarrers, 1795–1798 Studium der Theologie an der Univ. Halle, 1798 bis 1805 Hauslehrer in Frankfurt a. d. O. und Berlin, 1805–1815 zweiter Pfarrer an der Stadtkirche in Beeskow a. d. Spree, Bemühungen um eine Verbesserung des Schulwesens der Stadt, Gründer einer Töchterschule, auf Veranlassung von Oberkonsistorialrat B. Chr. L. Natorp (s. ds.) seit 1815 Direktor des Militärwaisenhauses in Potsdam, gründliche Reform der Einrichtung, 1822 aufgrund der Verleumdung eines Waisenmädchens in langwierige Prozesse verstrickt, 1826 Freisprechung, Verfasser zahlreicher geistlicher Schriften, Lehrbücher und Liedersammlungen sowie dichterischer Werke.
Schriften u. a.:
Christliche Religionslehre für Kinder im Gange der göttlichen Offenbarung dargestellt. Berlin 1816; 2. Aufl. 1821;
Schulmeister Heister oder die Elementarmethode zu Süderhausen. Ebd. 1818 (ein anonym erschienener pädagogischer Roman, der sich mit der falschen Anwendung der Pestalozzischen Methode auseinandersetzte);
Daß zweckmäßig eingerichtete Waisenhäuser die vollkommensten und nützlichsten Erziehungsanstalten in dem Staat und für den Staat werden können. Ebd. 1819;
Deutsche Volkslieder mit Volksweisen. 2 Teile. Ebd. 1818–1820;
Deutsche Sprüchwörter, zu Verstandesübungen für die Schulen bearbeitet, nebst einer Anweisung, auf welchen Wegen ein Schatz der lehrreichsten Sprüchwörter unter die Volksjugend gebracht werden könne. Ebd. 1820. *104,* 107, *244, 247, 250, 258, 262, 267*
Nat

ZASTROW, KARL LUDWIG VON (1785–1835);
preußischer Offizier, aus Potsdam, Sohn eines Infanteriegenerals und Gouverneurs des Fürstentums Neufchâtel (Westschweiz), Absolvent der Militärakademie in Berlin, 1800 Offizier, seit 1802 Regimentsadjutant in St. Petersburg, 1806 Gefangennahme in der Schlacht bei Auerstedt,

1807 Premierlieutenant beim Husarenregiment von Prittwitz, 1808 Stabs-Rittmeister beim zweiten Leib-Husarenregiment, 1810 Eskadronschef, 1812 Major, 1814 Verwalter der Kommandantur des 5. Ulanenregiments in Neufchâtel, 1815 Kommandeur und Oberst-Lieutenant, 1818 Oberst, 1825 Kommandeur der 9. Kavalleriebrigade, seit 1827 Mitglied der Generalität, 1828 Generalmajor, 1835 Kommandeur der 9. Division, 1824 bis 1828 Beschäftigung des ehemaligen Diesterweg-Schülers K. A. W. Kruse (s. ds.) als Hauslehrer in Düsseldorf, Berlin, Crossen und Groß-Glogau (Niederschlesien). *431,* 432

ZEHETER, MATTHÄUS (gest. 1849);
Pädagoge, Lehrer in Wasserburg a. Inn, dann Präfekt und erster Seminarlehrer in Eichstätt, Verfasser von pädagogischen Abhandlungen und Lehrbüchern.
Schriften u. a.:
Einzelne Grundsätze der Erziehung und des Unterrichts, durch Parabeln und Erzählungen erläutert, für Lehrer und Erzieher zum Vergnügen und Unterricht. München 1817;
Naturgemäße und gründliche Leselehre, oder Anleitung zum richtigen Gebrauche meines ersten Elementarbuches im richtigen Sprechen und Lesen. Ebd. 1819;
Anleitung zum mündlichen Rechenunterrichte in Volksschulen nach der bildenden Methode. Ebd. 1822.
Außerdem gab er heraus:
Heilingbrunner, Anton: Die Schulgesetze, erklärt und durch lehrreiche Geschichtchen erläutert. Mit einer Vorrede. München 1820. *244, 258*

ZELLER, KARL AUGUST (1774–1846);
evangelischer Theologe, aus Hohenentringen (h. Ammerbuch, b. Tübingen), Sohn eines Hofrats und Bruder des Pädagogen Chr. H. Zeller (s. ds. Personenregister Bd. I, III und IV), Studium der Theologie an der Univ. Tübingen, 1797 Magister, 1798–1803 stellvertretender Prediger und Leiter einer Handwerkerschule in Brünn (b. Hildburghausen), 1803 Aufenthalt im Institut von J. H. Pestalozzi (s. ds.) in Burgdorf (Kt. Bern), Lehrer in St. Gallen und im Institut von Philipp Emanuel von Fellenberg (s. ds. Personenregister Bd. V und VI) in Hofwil (Kt. Bern), Bemühungen um die Förderung von Lehrerbildung und Schulwesen in der Schweiz, seit 1805 Pfarrer und Lehrer im Kanton St. Gallen, 1806 und 1807 Durchführung von Lehrerbildungskursen in der Pestalozzischen Methode in Riedtli (h. Zürich), 1807–1808 Lehrer im Institut von Pestalozzi in Yverdon (Kt. Waadt), seit 1808 Edukationsrat und Schulinspektor in Heilbronn, hier ebenfalls Durchführung von Lehrkursen in der Pestalozzischen Methode, Gründer einer privaten Erziehungsanstalt, 1809 von der preußischen Regierung als Schulrat nach Königs-

berg berufen, um das Schulwesen in Ostpreußen im Sinne Pestalozzis zu reformieren, dort Leiter des Waisenhauses und der Lehrerbildungsanstalt, Durchführung von Lehrerbildungskursen, Einführung einer strengen, quasi-militärischen Hausordnung, 1811 wegen pädagogischer Differenzen aus diesem Amt entlassen, Ende 1822 Gutachter über das Seminar in Moers und Diesterweg im Auftrag des Konsistoriums in Köln, als möglicher zweiter Lehrer vorgesehen, vom Ministerium der geistlichen, Unterrichts- und Medizinal-Angelegenheiten aber abgelehnt, seit 1834 in Württemberg, 1836 Begründer einer Anstalt für verwahrloste Kinder in Verbindung mit einer Lehrerbildungsanstalt in Schloß Lichtenstein (b. Reutlingen), Mitarbeiter an den Rh. Bl., Ehrenmitglied der schweizerischen Erziehungsgesellschaft.

Schriften u. a.:

Historische Nachricht von einem Versuch über die Anwendbarkeit der Pestalozzischen Lehrart in Volksschulen und von einigen Sonntagsschulen für ledige Handwerker. Tübingen 1804;

Schulmeisterschule, oder Anleitung für Landschullehrer zur geschickten Verwaltung ihres Amtes, in Fragen und Antworten, Gleichnissen, Geschichten und Gesprächen, und eine Schulgesetztafel. Zürich 1808; 3. Aufl. Königsberg 1817;

Das Ziel der Elementarschule durch überzeugende und erhebende Thatsachen beleuchtet. Königsberg 1808;

Beiträge zur Beförderung der preußischen Nationalerziehung. 5 Hefte. Ebd. 1810–1817;

Die Elemente der Gestalt. 1. Heft: Die Form- und Größenverhältnisse der Punkte und Linien. Ebd. 1815. *137*, 139, *167, 244, 249*, 258, 264
Frie

ZELTER, CARL FRIEDRICH (1758–1832);
Komponist und Musiker, aus Berlin, zunächst Maurerlehre, seit 1783 Maurermeister und Bauunternehmer in Berlin, zugleich musikalische Studien und Ausbildung als Violinist, Organist und Komponist, 1786 Vorstellung erster Kompositionen, Uraufführung seiner Trauerkantate auf den Tod Friedrichs des Großen in der Potsdamer Garnisonskirche, 1791 Eintritt in die Berliner Singakademie, seit 1800 deren Leiter, 1807 Gründer einer Orchesterschule, 1809 Gründer der „Berliner Liedertafel", seit 1809 Professor für Musik an der Königlich Preußischen Akademie der Schönen Künste, nach den Befreiungskriegen Aufgabe des Maurergeschäfts, 1822 Gründer und erster Direktor des Königlichen Instituts für Kirchenmusik, Gründer und Direktor eines Musikseminars an der Berliner Univ., Initiator der Gründung einer Musikabteilung der Königlichen Bibliothek, Lehrer Felix Mendelssohn Bartholdys (s. ds. Personenregister Bd. XIV), Otto Nicolais und Carl Löwes, Freund J. W. v. Goethes (s. ds.), mit dem er seit 1799 im Briefwechsel stand, Vertonung zahl-

reicher Gedichte desselben, Förderer des volkstümlichen Solo- und Chorliedes, Angehöriger der Zweiten Berliner Liederschule, Komponist von Chören und Opernszenen, Kantaten, geistlichen Gesängen, Orchester- und Klaviermusik, als Pädagoge und Organisator von maßgeblichem Einfluß auf die öffentliche Musikpflege in Preußen. *502*

ZERNIAL, CHRISTOPH WILHELM (1798–1831);
evangelischer Theologe, aus Schackensleben (b. Magdeburg), Gymnasiast in Berlin, dort Schüler Friedrich Ludwig Jahns (s. ds.), 1815 auf Veranlassung des Oberpräsidiums Ruf nach Düsseldorf als Vorturner an der neueröffneten ersten Turnanstalt der Rheinprovinz, zugleich Abschluß der Gymnasialausbildung, 1816–1820 Studium der Theologie an den Univ. Berlin und Königsberg, 1820–1822 Hilfsprediger in Remscheid, 1822 bis 1831 zweiter unierter Pfarrer in Krefeld, Befürworter der Union, nebenamtlich Religionslehrer, 1823–1825 auch Lehrer für Latein, Griechisch, Mathematik und Geschichte an der höheren Stadtschule in Krefeld, gemeinsam mit K. Chr. Vogel (s. ds.) Hrsg. von:
Lesebuch für Schule und Haus. Krefeld 1827. *391 f.*
Ev Rh 2; Gym; Most; St A Kref

ZERRENNER, CARL CHRISTOPH GEORG GOTTLIEB (1780–1851);
Pädagoge, aus Beyendorf (b. Magdeburg), Sohn des Pfarrers und Pädagogen Heinrich Gottlieb Z. (s. ds.), Studium der Theologie und Pädagogik an der Univ. Halle, Schüler von A. H. Niemeyer (s. ds.), 1802–1805 Lehrer und Erzieher am Pädagogium des Klosters Unserer Lieben Frauen in Magdeburg, 1805–1806 zweiter, 1806–1823 erster Pfarrer der Kirche zum heiligen Geist, Bemühungen um die Verbesserung des Schulwesens in Magdeburg, seit 1816 Konsistorial- und Schulrat, später Schulinspektor von Magdeburg, Neuorganisator des Schulwesens, seit 1823 Direktor des neuerrichteten Schullehrerseminars und des Taubstummeninstitutes, als Königlicher Kommissarius Mitglied der Wahlfähigkeitsprüfungen in allen Seminaren der Provinz Sachsen, Gründer einer städtischen Schulbibliothek, Begründer der Schullehrerwitwenkasse, Mitglied der theologischen Prüfungskommission, Vertreter der Unterrichtsmethode der wechselseitigen Schuleinrichtung, 1830 Berichterstattung darüber im Auftrag der preußischen Regierung, Organisator des Schulwesens in den dänisch-deutschen Landen im Auftrag der dänischen Regierung, seit 1833 Propst des Klosters Unserer Lieben Frauen mit Gymnasium und Alumnat, Vertreter einer rationalistischen, freisinnigen theologischen Richtung, 1833 Dr. phil. h. c., 1834 Dr. theol. h. c., Träger des Roten Adlerordens und des Dannebrogordens, umfangreiche journalistische Tätigkeit, Fortsetzung des von seinem Vater hrsg. „Neuen Deutschen Schulfreundes"

(Berlin 1801–1814), Redaktor des „Jahrbuchs für das Volksschulwesen" (ebd. 1825–1827), Hrsg. des „Neuesten Deutschen Schulfreundes" (Magdeburg 1815–1824), Verfasser zahlreicher Schriften und Lehrbücher.
Schriften u. a.:
Methodenbuch für Volksschullehrer. Magdeburg 1814;
Grundsätze der Schul-Disciplin für Schulaufseher, Lehrer und Schullehrer-Seminarien. Ebd. 1826.
232, 243f., 257, 334, *371,* 373, 401

ZERRENNER, HEINRICH GOTTLIEB (1750–1811); lutherischer Theologe und Pädagoge, aus Wernigerode, Sohn eines gräflichen Amtsverwalters und Vater von Carl Christoph Georg Gottlieb Z. (s. ds.), 1768–1771 Studium der Theologie an der Univ. Halle, 1771–1772 Privatstudien, 1772 bis 1775 Lehrer an der Schule in Kloster Bergen (h Groß Rodensleben, b. Magdeburg), seit 1775 Pfarrer in Beyendorf (b. Magdeburg), dann in Sohlen (h. Beyendorf), Bekanntschaft mit dem Gutsherrn und Pädagogen F. E. v. Rochow (s. ds.), 1787 Beförderung zum Königlichen Inspektor und Oberprediger in Derenburg (b. Halberstadt), Verbindung zu Chr. G. Salzmann (s. ds.), seit 1800 Konsistorial- und Schulrat, 1810 bis 1811 Generalsuperintendent in Halberstadt, Förderer des Schulwesens, Hrsg. des „Deutschen Schulfreundes" (46 Bde., Magdeburg 1791–1811), der von seinem Sohn seit 1801 mitgestaltet und später fortgesetzt wurde, Verfasser zahlreicher theologischer und pädagogischer Abhandlungen und Lehrbücher.
Schriften u. a.:
Kurzer biblischer Religionsunterricht. Magdeburg 1784;
Volksbuch; oder faßlicher Unterricht in nützlichen Erkenntnissen und Sachen für Landleute, um sie anständig, gut, wohlhabend, zufrieden, und für die Gesellschaft brauchbar zu machen. 2 Teile. Magdeburg 1787;
Schul-Bibel, oder die heilige Schrift Alten und Neuen Testaments für Lehrer und Kinder in Bürger- und Landschulen; auch für andere verständige Bibelfreunde brauchbar. Halle 1799.
Gem. mit Chr. L. Hahnzog (s. ds.) gab er heraus:
Christliche Volksreden über die Evangelien, oder Postille für Landleute zum Vorlesen beim öffentlichen Gottesdienste. Magdeburg 1785;
Christliche Volksreden über die Episteln, sowohl zu einem Vorlesebuch bei öffentlichen Gottesverehrungen, als zum Gebrauch bei häuslicher Andacht eingerichtet. Erfurt 1792. *245, 251,* 259, 268, *272f.,* 275, 278

ZIESSLING, JOHANN HEINRICH FRIEDRICH MARTIN (1783–1858), gen. SANDERUS; Rendant der indirekten Steuern und der Hafenkasse in Ruhrort (h. Duisburg), aus Wesel, 1804 von seinem Großvater Friedrich Wilhelm Sanderus – Preußischem Zoll- und Lizenz-Einnehmer in Ruhrort – adoptiert, Mitglied der Prüfungskommission für angehende Schiffer und Steuerleute, 1822/1823 Präsident des Konsistoriums der evangelischen Gemeinde in Ruhrort, 1824 dort Ältester, Vermieter des ehemaligen Moerser Seminaristen W. Schäfer (s. ds.), zuletzt in Laar (h. Duisburg). *140*
GStA; HStA Düss, Reg. Düss., Nr. 2818; StA Dui

ZILLESSEN, ADAM EBERHARD (1773–1844); reformierter Theologe, aus Brüggen (b. Mönchengladbach), Sohn eines Lehrers und Vater des späteren Pfarrers und Superintendenten in Gladbach (h. Mönchengladbach) Hermann Otto Z. (s. ds. Personenregister Bd. XVIII), 1792–1794 Studium der Theologie an der Univ. Duisburg, 1798–1812 Pfarrer in Jüchen (b. Mönchengladbach), 1812 bis 1844 in Wickrathberg (h. Mönchengladbach), 1822 Assessor, 1824–1837 Superintendent, langjähriger Schulpfleger, Gründer eines Pensionats für Söhne höherer Stände, vom Konsistorium in Köln wegen seiner Predigtweise im Düsseldorfer Amtsblatt belobigt, 1833 Verleihung des roten Adlerordens. 279, 285, *386, 405, 407,* 428
EvRh 2

ZOLLIKOFER, GEORG JOACHIM (1730–1788); schweizerischer reformierter Theologe und Übersetzer, aus St. Gallen, Sohn eines Rechtsgelehrten, Studium der Theologie und der Philosophie an der Univ. Utrecht, Hauslehrer in Frankfurt a. M., 1753 Rückkehr in die Schweiz, seit 1754 Pfarrer in Murten (Kt. Bern), Monstein (Kt. Graubünden) und Ilsenburg (b. Wernigerode), seit 1758 Pfarrer der reformierten Gemeinde in Leipzig, beliebter und berühmter Kanzelredner, Freund Johann Kaspar Lavaters (s. ds. Personenregister Bd. III) und Chr. G. Salzmanns (s. ds.), Hrsg. einer „Sammlung der besten geistlichen Lieder und Gesänge" mit zahlreichen eigenen Dichtungen (1766) sowie von Predigtsammlungen (u. a. „Predigten über die Würde des Menschen", 2 Bde., 1784), Übersetzer von Schriften aus dem Englischen und Französischen.
Seine gesammelten Predigten wurden nach seinem Tode von Christian Friedrich von Blankenburg in neun Bänden herausgegeben. *245,* 260, *272,* 275
Frie

ZSCHOCKE, JOHANN HEINRICH DANIEL (1771–1848), ursprünglicher Name: Heinrich Schocke, Pseudonyme: Johann von Magdeburg und J. Weber; Schriftsteller, Pädagoge und Politiker, aus Magdeburg, Sohn eines wohlhabenden Tuchmachers, frühzeitig verwaist, 1788 Verweis vom Gymnasium, Flucht nach Schwerin, dort Korrektor und

Privatlehrer, Anschluß an eine wandernde Theatertruppe, Verfasser von Theaterstücken, Ablegung der Maturitätsprüfung, seit 1790 Studium der Theologie an der Univ. Frankfurt a. d. O., 1792 Dr. phil., Privatdozent, 1795 Übersiedlung in die Schweiz, 1796–1798 Leiter des Philanthropins auf der Insel Reichenau (Bodensee), seit 1798 in Diensten der helvetischen Regierung, 1798–1801 Chef des Büros für Nationalkultur, helvetischer Regierungskommissär in Stans (Kt. Unterwalden), im Kt. Waldstätten und im Tessin sowie Regierungsstatthalter in Basel, als solcher für das von J. H. Pestalozzi (s. ds.) geführte Waisenhaus in Stans und 1799 für dessen Schließung zugunsten eines Lazaretts verantwortlich, seit 1802 Oberforst- und Bergrat in Aarau (Kt. Aargau), seit 1807 dort auch Lehrer, 1815–1841 Mitglied des Großen Rats, 1831 Mitglied des Verfassungsrats, dann aargauischer Tagsatzungsbeamter, Vorbereitung der schweizerischen Bundesverfassung von 1848, in seinen Tätigkeiten als Politiker, Historiker, Naturforscher und Schriftsteller um Volksaufklärung und Verbesserung des Bildungswesens bemüht, Verfasser politischer und pädagogischer Abhandlungen sowie literarischer Texte, Hrsg. mehrerer Zeitschriften, darunter des „Aufrichtigen und wohlerfahrenen Schweizerboten" (1798–1800 sowie seit 1804) und der „Erheiterungen. Eine Monatsschrift für gebildete Leser" (1811–1826).

Schriften u.a.:

Vom Geist des deutschen Volks im Anfang des 19. Jahrhunderts. Aarau 1820;

Das Geldmacherdorf. Eine anmuthige und wahrhafte Geschichte vom aufrichtigen und wohlerfahrenen Schweizerboten. 4. Aufl. ebd. 1828 (vgl. Rh. Bl., Jg.1829, Bd. IV, Heft 2, S. 215–220; vorliegende Ausgabe, Bd. I, S. 533 ff.);

Eine Selbstschau. 2 Teile. 1. Teil: Das Schicksal und der Mensch; 2. Teil: Welt- und Gottanschauung. Ebd. 1842; 3. Aufl. 1843.   *104*, 106, *252*, 268

Frie

VERZEICHNIS DER QUELLEN FÜR DAS PERSONENREGISTER

Die im folgenden angegebenen Werke und Archive dienten als Informationsquellen für das Personenregister. Sofern ihnen spezifische Informationen zu einzelnen Personen entnommen wurden, erscheinen die hier vorangestellten Kürzel als Quellenhinweise unter dem betreffenden Personeneintrag, bei Archiven auch die Signaturen der Archivalien, sofern es sich nicht um Akten mit allgemeinen Einwohner-, Adressen- oder ähnlichen Auflistungen, sondern spezifische Akteneinheiten (z. B. Schul- oder Personalakten) handelt.

1. Gedruckte Quellen und Literatur

Amtliches Adreßbuch der Stadt Haan und der Bürgermeistereien Gruiten, Millrath, Schöller nach den Angaben der städtischen Meldeämter bearbeitet. Elberfeld 1928/1929

Arn   Arnsberg, Paul: Die Geschichte der Frankfurter Juden seit der Französischen Revolution. 3 Bde. Frankfurt a. M. 1983

Asb   Asbach, Julius: Zur Charakteristik Karl Wilhelm Kortüms. In: Studien zur niederrheinischen Geschichte. Festschrift zur Feier des Einzugs in das Schulgebäude des Königlichen Gymnasiums (30. Juni 1906). Düsseldorf 1906, S. 1–10

Bäck   Bäcker, Gertrud, und Engelmann, Fritz: Die kurpfälzischen Familien Engelmann und Hilgard: Die Nachkommen des Pfarrers und Inspektors Erasmus Theodor Engelmann Otterberg 1730 – Bacharach 1802 in Deutschland. Ludwigshafen 1958

Bau   Bauks, Friedrich Wilhelm: Die evangelischen Pfarrer in Westfalen von der Reformationszeit bis 1845. Beiträge zur westfälischen Kirchengeschichte, Bd. 4. Bielefeld 1980

Bdr   Bdr.: Zur Erinnerung an Herrn W. Schlösser, zuletzt Lehrer in Hilden. In: Kreisblatt für Elberfeld vom 29. Mai 1864

Beck, Friedrich Adolf: Statistik der Evangelischen Kirche in der Königlich Preußischen Rheinprovinz. Neuwied 1848

Beck   Becker, Adalbert: Beiträge zur Geschichte der Frei- und Reichsstadt Worms und der daselbst seit 1527 errichteten höheren Schulen. Worms 1880

Beh   Behagel, J. P.: Geschichte und Statistik des Lyzeums zu Mannheim von der Gründung desselben im Jahre 1807 bis Herbst 1857. Mannheim 1857

Bei 1   Beilecke, P.: Aus der Geschichte des Mörser Lehrerseminars. In: Land und Leute der Grafschaft Mörs 12 (5/1930), S. 18 f.; 12 (6/1930), S. 22 f.; 12 (7/1930), S. 25 f.; 13 (5/1931), S. 19 f.; 13 (6/1931), S. 23

Bei 2   Beilecke, P.: Bischof Roß und die Mörser Schulverhältnisse. In: Land und Leute der Grafschaft Mörs 11 (7/1929), S. 1 ff.

Besch   Beschreibung des Regierungs-Bezirkes Cleve. Emmerich und Cleve 1821

Bev   Bever, Wilfried: Geschichte der evangelischen Kirchengemeinde Lintorf. Lintorf 1973

Boe   Boettger, Therta: Dem Gedenken einer liebenswerten edlen Altfrankfurterin Christine Bunsen geb. Christel Ameis. In: Alt-Frankfurt 3 (3/1930), S. 34 f.

Chro   Chronik der evangelischen Schule zu Vosnacken 1789–1901 (Abschriften Siegfried Kley). Unveröffentlichtes Manuskript

Dida 1   Didaskalia. Blätter für Geist, Gemüth und Publicität. Frankfurt a. M. 1836

Dida 2   Didaskalia. Blätter für Geist, Gemüth und Publicität. Frankfurt a. M. 1859

Died   Diederich, G.: Die Elberfelder Missionsgesellschaft von 1799–1899. Eine Gedenkschrift zur Feier ihres hunderjährigen Bestehens am 3. Juni 1899. Elberfeld 1899

Diet   Dietz, Alexander: Stammbuch der Frankfurter Juden. Geschichtliche Mitteilungen über die Frankfurter jüdischen Familien von 1349–1849. Frankfurt a. M. 1907

Drei   350 Jahre Gymnasium Adolfinum Moers. 1582–1932. Festschrift des Vereins ehemaliger Adolfiner e. V. Moers. Hrsg. von Wilhelm Fabricius und Friedrich Heinz. Moers 1932

375 Jahre Gymnasium Adolfinum Moers. 100 Jahre Kreis Moers. Festschrift des Vereins ehemaliger Adolfiner e.V. Moers und des Gymnasium Adolfinum Moers. Hrsg. von Wilhelm Fabricius und Wilhelm Marx. Moers 1957

150 Jahre Reclam. Daten, Bilder und Dokumente zur Verlagsgeschichte. 1828–1978. Stuttgart 1978

EvRh   Das evangelische Rheinland. Ein rheinisches Gemeinde- und Pfarrerbuch. Im Auftrag der Evangelischen Kirche im Rheinland hrsg. von Albert Rosenkranz. 2 Bde. Düsseldorf 1958

Fab   Fabian, Dietrich: Abraham und David Roentgen. Das noch aufgefundene Gesamtwerk ihrer Möbel- und Uhrenkunst in Verbindung mit der Uhrmacherfamilie Kinzing in Neuwied. Bad Neustadt a.d. Saale 1996

Felt   Feltgen, Christa: Carl Schultze und das Moerser Schützenfest. In: Kreis Wesel. Jahrbuch 1995 (16.Jg.), S. 141–147

Fisch I   Evangelisches Pfarrerbuch für die Mark Brandenburg seit der Reformation, Band 2: Verzeichnis der Geistlichen in alphabetischer Reihenfolge. 2 Teile. Bearbeitet von Otto Fischer. Berlin 1941

Fisch II   Fischer, Peter: Die Schule zu Düsseldorf-Derendorf im 19. Jahrhundert. Quellenstudien zur Erstellung der Schulwirklichkeit. Wissenschaftliche Arbeit zur Ersten Prüfung für das Lehramt an Volksschulen der Pädagogischen Hochschule Neuß. 1965 (Staatliches Prüfungsamt Düsseldorf)

Flas   Flaskamp, Dr.: Johann Heinrich Seidenstücker. Ein Charakterbild aus der westfälischen Schulgeschichte. In: Heimatblätter der Glocke für die Kreise Beckum, Warendorf und Wiedenbrück 153 (1964), S. 611f.

Frank   Frankfurter Blätter für Familiengeschichte. Hrsg. von Karl Kiefer. 1. und 3.Jg. Frankfurt a.M. 1908/1910

Frie   Friedrich, Leonhard, und Springer (jetzt: Schütze), Sylvia: Registerband I, zu: Pestalozzi, Johann Heinrich: Sämtliche Werke und Briefe. Kritische Ausgabe. Zürich 1994

Fro   Froning, Richard: Geschichte der Musterschule. In: Festschrift zur Hundertjahrfeier der Musterschule – Elisabethenschule in Frankfurt am Main 1803–1903. Hrsg. von dems. u.a. Frankfurt a.M. 1903, S. 35–156

Fünfundsiebzig Jahre evangelische Volksschule am Kastell. Moers 1932

Gen   Genealogisches Handbuch bürgerlicher Familien, Band 1. Frankfurt a.M. 1889

Gerh   Gerhard, Oswald: Eckenhagen und Denklingen im Wechsel der Zeiten. Versuch einer zusammenhängenden Darstellung der beiden Bürgermeistereien Eckenhagen und Denklingen. Gummersbach 1907

Gern   Gernsheim, Alfred: Das Gymnasium zu Worms 1803–1813. Aus Anlaß der 400-Jahrfeier des Gymnasiums nach den Quellen zusammengestellt. Worms 1927

Gers   Gerschler, Walter: Das preußische Oberpräsidium der Provinz Jülich-Kleve-Berg in Köln 1816–1822. Köln 1967

Gesch   Geschichte der Stadt Rheydt. Hrsg. von Wilhelm Strauß. Rheydt 1897

Goe 1   Goebel, Klaus: Schule im Schatten. Die Volksschule in den Industriestädten des Wuppertals und seiner niederbergischen Umgebung um 1850. Wuppertal 1978

Goe 2   Goebel, Klaus: Peter Nikolaus Caspar Egen (1793–1849). In: Rheinische Lebensbilder, Bd. 10. Köln 1985, S. 81–102.

Gor   Gorissen, Friedrich: Geschichte der Stadt Kleve. Kleve 1977

Gra   Grashof, Karl Friedrich August: Aus meinem Leben und Wirken, zugleich als Beitrag zur Geschichte der Rheinprovinz unter preußischer Landeshoheit in Hinsicht auf Kirche und Schule. Band 1: Die Kirche und das Vaterland. Essen 1839

Gym   Gymnasium am Moltkeplatz zu Krefeld 1819–1869. Eine Festschrift zum 150-jährigen Bestehen. Hrsg. von Alfred Kreuels. Krefeld 1969

Hal   Halasik, Anna Margret: Der Chemieunterricht während des 19. Jahrhunderts im Rheinland. Beitrag zur Geschichte des Chemieunterrichts im 19. Jahrhundert, dargestellt an ausgewählten Beispielen aus dem Rheinland. Witterschlick/Bonn 1988

Has   Hasenclever, Adolf: Zur Geschichte der Volksschule zu Ehringhausen bei Remscheid während der Jahre 1813–21. In: Monatsschrift des Bergischen Geschichtsvereins 22 (12/1915), S. 201–212

Heu   Heuser, Julius: Karl Friedrich August Grashof als Reorganisator des Volksschulwesens am Niederrhein 1814–1816. Ein Beitrag zur preußischen Schulgeschichte. Diss. Köln 1930

Hint   Hintzmann, Ernst: Festschrift zum 75jährigen Bestehen der Oberrealschule in Elberfeld. Elberfeld 1900

Hop   Hoppe, Hans: Die Lehrerhäuser in Rampendahl. In: Lemgoer Hefte 1 (3/1978), S. 4–7

Huck   Huckenbeck, Ernst: Geschichte der evangelischen Gemeinde Hilden (1827–1947). Hilden 1999

Jak   Jakob Sachs. Nekrolog. In: Frankfurter Konversationsblatt Nr. 86 vom 27. März 1843, S. 342ff., und Nr. 87 vom 28. März 1843, S. 348

Jans   Janssen, Jos., und Lohmann, F. W. L.: Der Weltklerus in den Kölner Erzbistums-Protokollen, ein Necrologium Coloniense 1661–1825. Köln 1935/1936

Jor   Jorde, Fritz: Geschichte der Schulen der Stadt Elberfeld. Elberfeld 1903

Jüch   Jüchen, Wilhelm von: Mein Prozeß über den Waldwinkel gegen den Herrn Bürgermeister Vinmann in Meurs. Ein Geschenk für meine Freunde. Köln 1849

Kall   Kallmorgen, Wilhelm: Siebenhundert Jahre Heilkunde in Frankfurt am Main. Frankfurt a. M. 1936

Kamp   Kamp, Max van de: Die Organisation der Essener Volksschule von 1815–1850. In: Beiträge zur Geschichte von Stadt und Stift Essen 52 (1934), S. 169–201

Kast   Kastner, Dieter, und Köhnen, Gerhard: Ein bedeutender Schulmann: Johann Heinrich Schürmann (1777–1858). In: Orsoy – Geschichte einer kleinen Stadt. Orsoy 1981, S. 298f.

        Kirmse, Rolf: Studenten aus der Grafschaft Moers an der Universität Duisburg. In: Kreis Moers. Jahrbuch 1975 (32. Jg.), S. 157–165

Klein   Klein-Reesink, Andreas: Das Gymnasium Adolfinum in Moers in der Zeit von 1815 bis 1950. Moers 1992

        Köhler, M.: Die nationale Petitionsbewegung. Quellen und Forschungen zur hessischen Geschichte, Band 56. Darmstadt und Marburg 1985

        Koselleck, Reinhart: Preußen zwischen Reform und Revolution 1791–1848. Stuttgart 1967

Krall   Krall, Wolfgang: „In der Schule sei der Fortschritt!" Leben und Wirken des rheinischen Schulrats Johann Hermann Altgelt. Köln/Weimar/Wien 1995

Kwa   Kwasnik, Walter: Die Orgelbauerfamilie Weil in Neuwied. In: Heimat-Jahrbuch des Landkreises Neuwied 1978, S. 104–107

        Der Landkreis Moers. Hrsg. von der Kreisverwaltung Moers und Erwin Stein. Köln/Berlin 1967

Lang   Langenberg, Eduard: Adolph Diesterweg. Sein Leben und seine Schriften. 3 Teile. Frankfurt a. M. 1867/1868

Leip   Leipoldt, W.: Hilmar Ernst Rauschenbusch, in seinem Leben und Wirken dargestellt durch handschriftliche Familiennachrichten. Barmen 1840

Lep   Lepping, Carola: Genrebild einer Hückeswagener Lehrerfamilie. In: Leiw Heukeshoven. Mitteilungsblatt des Bergischen Geschichtsvereins – Abt. Hückeswagen e. V., Nr. 29 (1990), S. 26–31

Lom   Lomberg, August: Heimatbuch der Gartenstadt Haan. Haan 1928

Mau   Maué, H. C., und Reinhold, F.: Verzeichnis der Mitglieder der Ökonomischen Deputation und der Direktoren, Lehrer und Lehrerinnen der Musterschule. In: Festschrift zur Hundertjahrfeier der Musterschule – Elisabethenschule in Frankfurt am Main 1803–1903. Hrsg. von Richard Froning u.a. Frankfurt a. M. 1903, S. 35–156

Mer   Mertens, Gottfried Bernhard: Geschichte der Stadt Orsoy und ihrer Umgegend nebst geschichtlichen Urkunden. Orsoy 1921

Mey   Meyer, Petra: Mädchenbildung in Frankfurt am Main zwischen 1816 und 1848. Diss. Frankfurt a. M. 1979

Mich   Michels, Hans: Stiftung trägt seinen Namen. Haus erinnert an Pfarrer Ueltjesforth. In: Hattinger Ruhr-Anzeiger vom 6.4.1974

Moc   Mocek, Inge: Bettenkamper Schulgeschichten. Ein Beitrag zur Heimat- und Zeitgeschichte der Gemeinde Kapellen/Kreis Moers. Mülheim an der Ruhr 1973

754

Moers 1 Moers. Die Geschichte der Stadt von der Frühzeit bis zur Gegenwart. Hrsg. von Margret Wensky. 2 Bände. Köln/Weimar/Wien 2000

Moers 2 Moers und sein Lehrerseminar. Zur Schlußfeier des Seminars 1925. Festschrift. Hrsg. im Auftrage des Festausschusses von Otto Schott. Moers 1925

Most Most, Otto: Geschichte der Stadt Düsseldorf. Bd. 2: Von 1815 bis zur Einführung der Rheinischen Städteordnung (1856). Düsseldorf 1921

Mülheim a.d. Ruhr 1808–1908. Denkschrift zur Hundertjahrfeier der Stadt Mülheim an der Ruhr 1908. Mülheim 1908

Nat Natorp, O.: B. Chr. Ludwig Natorp. Ein Lebens- und Zeitbild aus der Geschichte des Niederganges und der Wiederaufrichtung Preußens in der ersten Hälfte dieses Jahrhunderts. Essen 1894

Nek Nekrolog auf Jakob Sachs. In: Didaskalia (Blätter für Geist, Gemüth und Publizität) Nr. 76 vom 17. März 1843, o. P.

Nie Niederau, Hans: Musik im Lehrerseminar zu Moers. Ein Beitrag zur Lehrerbildung im 19. Jahrhundert. Köln 1970

Non Nonne, Rudolf: Die größere evangelische Kirchengemeinde zu Hattingen. Hattingen 1890

Ober Obermeier, Erwin: Eutiner Literarische Gesellschaft, Band I. Eutin 1983

Ottsen, Otto: Alt-Orsoy. Beiträge zu der Geschichte der Stadt und des Amtes (der Drostei) Orsoy. Orsoy 1935

Ott 1 Ottsen, Otto: Friedrich Schürmann. Seminarlehrer in Mörs, von 1829–1868. Ein Erinnerungsblatt zur 50jährigen Wiederkehr seiner Amtsniederlegung. Berlin 1918

Ott 2 Ottsen, Otto: Der Moerser Seminarlehrer Friedrich Schürmann. In: Land und Leute der Grafschaft Moers 15 (3/1933), S. 12

Ott 3 Ottsen, Otto: 350 Jahre Gymnasium Adolfinum Moers. In: Land und Leute der Grafschaft Moers 19 (2/1937), S. 12

Ott 4 Ottsen, Otto: Beiträge zur Geschichte der Stadt Moers. Band 3: Die Stadt Moers im 19. und 20. Jahrhundert. Moers 1950

Pau Pauls, Emil: Zur Geschichte der Zensur am Niederrhein. In: Düsseldorfer Jahrbuch 15 (1900), S. 96

Pest Pestalozzi und Frankfurt am Main. Ein Gedenkbuch zum hundertsten Todestage Johann Heinrich Pestalozzis. Hrsg. vom Arbeitsausschuß für die Pestalozzifeier. Frankfurt a. M. 1927

Preradovich, Nikolaus von: Die Führungsschichten in Preußen und Österreich 1806–1918. Wiesbaden 1955

Preu Die preußischen Oberpräsidenten 1815–1945. Hrsg. von Klaus Schwabe. Boppard 1985

Prot Protokolle der Hardenberger Schullehrer-Conferenz 1833–1849 (Abschriften Siegfried Kley). Unveröffentlichtes Manuskript

Rav Ravenstein, A.: Die Turnkunst in ihrer Entwickelung zu Frankfurt am Main. In: Extrabeilage zur Frankfurter gemeinnützigen Chronik 1 (3/1841), S. 99f.

Rec Reclam, Karl von: Geschichte der Familie Reclam. Leipzig 1912

Rees 1 Rees, Wilhelm: Remscheid in der Zeit vom Beginn der preußischen Herrschaft bis zum Sturmjahre 1848. Remscheid 1928

Rees 2 Rees, Wilhelm: Kleine Spätlese. Festschrift zum 70. Geburtstage. Remscheid 1958

Rehse, Ludwig: Geschichte der evangelischen Gemeinde Bergisch Gladbach. Bergisch Gladbach 1900

Reg Die Regierungspräsidenten von Koblenz. Hrsg. von der Bezirksregierung Koblenz unter Mitarbeit von Hans Köppe und Reinhold Weißenfels. Koblenz 1983

Das Rheinland in preußischer Zeit. Hrsg. von Walter Först. Köln/Berlin 1965

RheyJ Rheydter Jahrbuch 13 (1979), S. 66 und 91 (Lebenserinnerungen an F. A. Fischer)

755

Rich   Richter, A.: Das Schulwesen der Stadt und des Kantons Mörs am Ende der französischen Herrschaft (1814). In: Land und Leute der Grafschaft Mörs 11 (7/1929), S. 1 ff.; 11 (8/1929), S. 1; 11 (9/1929), S. 2 f.; 11 (10/1929), S. 1

Rink   Rinker-Olbrisch, Margit: Der anakreontische Menger – ein Wormser Kunstsammler zu Beginn des 19. Jahrhunderts. In: Der Wormsgau. Wissenschaftliche Zeitschrift der Stadt Worms und des Altertumsvereins Worms e. V. 18 (1999), S. 141–177

Roden, Günter von: Geschichte der Stadt Duisburg. 2 Bde. Duisburg 1970 und 1974

Rön   Rönnpag, Otto: Eutin und die Hellwags. In: Jahrbuch für Heimatkunde Eutin 1985 (19. Jg.), S. 72–78

Rom   Romeyk, Horst: Die leitenden staatlichen und kommunalen Verwaltungsbeamten der Rheinprovinz 1816–1945. Düsseldorf 1994

Ros 1   Rosenthal, Heinz: Solingen. Geschichte einer Stadt, Band 2. Duisburg 1972

Ros 2   Rosenthal, Heinz: Geschichte des Gymnasiums Schwertstraße zu Solingen im Rahmen der Stadtgeschichte. Solingen o. J.

Rud   Rudolph, Maria: Die Frauenbildung in Frankfurt am Main. Geschichte der privaten, der kirchlich-konfessionellen, der jüdischen und der städtischen Mädchenschulen. Frankfurt a. M. u. a. 1978

Rüt   Rüter, Wilhelm: J. C. F. Petersen – Prediger zu Weitmar 1798 bis 1838. In: Der Bochumer Wanderer 9 (1/1972), S. 16–19

Schacht, Ludwig: Die Realschule zu Elberfeld. Festschrift zur Feier des fünfzigjährigen Bestehens. Elberfeld 1880

Scheibler, Hans Carl, und Wülfrath, Carl: Westdeutsche Ahnentafeln. Weimar 1939

Schm   Schmitz, Ludwig: Geschichte der Herrschaft Rheydt. Rheydter Chronik, Bd. 1. Rheydt 1897

Schm-W Schmitz-Wallrafen, Norbert: Die Anfänge des Chemieunterrichts an weiterführenden Schulen in Rheinpreußen. Erziehungswiss. Diss. Köln 1993

Schn   Schneider, Anton: Beiträge zur Geschichte von Hilden und Haan und deren Umgebung. Hilden 1900

Schül   Schüler, Heinz: Beitrag zur Geschichte der Lehrerbildung im Regierungsbezirk Koblenz im 19. Jahrhundert. In: Monatshefte für Evangelische Kirchengeschichte des Rheinlandes 5 (3–4/1956), S. 33–53

Schür   Schürmann, Gustav: Aus der Familienchronik und „Lebenserinnerungen“. Maschinenschriftliches Manuskript o. D.

Schu   Schulz, Gerd: Die Gründung von Reclams Universal-Bibliothek. In: Reclam. 125 Jahre Universal-Bibliothek. 1867–1992. Hrsg. von Dietrich Bode. Stuttgart 1992, S. 18–21

Sta   Stampfuß, Rudolf / Triller, Anneliese: Stadtgeschichte von Dinslaken 1273–1973. Dinslaken 1973

Stein, Emil: Geschichtliches über die evangelisch-reformierte Gemeinde Orsoy. Moers 1893

Strau   Strauß, Wilhelm: Geschichte der Stadt Rheydt. Rheydter Chronik, Band 2. Rheydt 1897, S. 666 ff.

Stru   Strutz, Edmund: Die Ahnentafeln der Elberfelder Bürgermeister und Stadtrichter von 1708–1808. Wuppertal 1936

The   Thelen, Hermann: Aus der Geschichte der evangelischen Volksschule in Kapellen. In: Land und Leute der Grafschaft Mörs 11 (5/1929), S. 2 f.

Tor   Torunsky, Vera (Bearbeiterin): Die Abgeordneten der Rheinischen Provinziallandtage und Landschaftsversammlungen. Ein biographisches Handbuch. Bd. 1: Die Abgeordneten der Provinziallandtage und ihre Stellvertreter 1825–1888. Köln 1998

Verzeichnis der auf dem Seminar in Mörs mit einem Wahlfähigkeitszeugnis entlassenen Seminaristen von 1823–1839. In: Land und Leute der Grafschaft Mörs 10 (6/1928), S. 4 [1823–1829]; 10 (9/1928), S. 4 [1830–1832]; 10 (10/1928), S. 4 [1833–1835]; 10 (12/1928), S. 4 [1835–1838]; 11 (3/1929), S. 4 [1838 bis 1839]

Voll   Vollmer, Theo: Dokumente der Lintorfer Schulgeschichte (1837–1852). In: Die Quecke 1984, S. 21–34

Wal   Walter, Friedrich (Bearb.): Geschichte Mannheims vom Übergang an Baden (1802) bis zur Gründung des Reiches. Mannheim in Geschichte und Gegenwart, Bd. II. Frankfurt a. M. 1978 (unveränderter Nachdruck der Ausgabe von 1907)

       Werth, Adolf: Geschichte der Stadt Barmen. Barmen 1908

Wenz   Wenzel, Carl, und Stiebel, Salomon: Seligman Joseph Oppenheimer. Ein Denkmal der freundlichen Erinnerung. Frankfurt am Main 1917

Werk   Werkle, Helmut: Peter Hartzing-Clausthal und seine Stiftung für unser Gymnasium. In: Gymnasium Adolfinum. Schola Meursensis 1582–1982. Moers 1982, S. 32–39

Wör 1 Wörsdörfer, Willi: Friedrich Wilhelm Thomas Kortegarn, ein bergischer Schulmann und eifriger Verfechter der Bürgerschulen. In: Leiw Heukeshoven. Mitteilungsblatt des Bergischen Geschichtsvereins – Abt. Hückeswagen e. V., Nr. 36 (1997), S. 2–7

Wör 2 Wörsdörfer, Willi: AKTE V/26 Nr. 226; Die Affäre Peter Rittinghaus. Persiflage Seiner Majestät des Königs Friedr. Wilh. IV. und des Königlichen Hauses. In: Leiw Heukeshoven. Mitteilungsblatt des Bergischen Geschichtsvereins – Abt. Hückeswagen e. V., Nr. 39 (2000), S. 11–17

Wör 3 Wörsdörfer, Willi: Zur Geschichte des höheren Bürgerschulwesens. Festschrift zum 150jährigen Bestehen der städtischen Realschule. Hückeswagen 1975

       225 Jahre Dr. Senckenbergische Stiftung: 1763–1988. Hrsg. von Horst Naujoks. Frankfurt a. M. 1991

2. Archive

ACFGymn Wupp Archiv des Carl-Fuhlrott-Gymnasiums Wuppertal

AFWR Neuw   Archiv der Fürstlich Wiedischen Rentkammer Neuwied

Archiv EKiRh   Archiv der Evangelischen Kirche im Rheinland

GStA PK   Geheimes Staatsarchiv Preußischer Kulturbesitz Berlin

HStA Düss   Hauptstaatsarchiv Düsseldorf; darin: Reg. Düss./Köln/Aachen: Bestand Regierung Düsseldorf/ Köln/Aachen; Reg. Düss. Präs.: Bestand Regierung Düsseldorf Präsidialakten; L.A.: Bestand Landratsamt

IfStG Ffm   Institut für Stadtgeschichte Frankfurt am Main

LbEu   Landesbibliothek Eutin

StA Dui   Stadtarchiv Duisburg

StA Düss   Stadtarchiv Düsseldorf

StA Haan   Stadtarchiv Haan

StA Kamp   Stadtarchiv Kamp-Lintfort

StA Kleve   Stadtarchiv Kleve

StA Kref   Stadtarchiv Krefeld

StA Moers   Stadtarchiv Moers

StA Mön   Stadtarchiv Mönchengladbach

StA Mülh   Stadtarchiv Mülheim an der Ruhr

StA Rem   Stadtarchiv Remscheid

StA Sol   Stadtarchiv Solingen

StA Wesel   Stadtarchiv Wesel

StA Wetz   Stadtarchiv Wetzlar

StA Worms   Stadtarchiv Worms

StA Wupp   Stadtarchiv Wuppertal

ULB Düss   Universitäts- und Landesbibliothek Düsseldorf (Adreßverzeichnisse)

VI

ORTSREGISTER

Dieses Verzeichnis enthält sämtliche im Textteil und in den Anmerkungen erwähnte Ortsnamen. Die geographische Lage von angeführten Orten, sofern diese nicht durch herkömmliche Atlanten zu ermitteln ist, wird durch in der Nähe befindliche bekanntere Ortschaften oder Landschaften bestimmt. Bei Orten und Regionen, die aufgrund politischer Umstände ihren Namen wechselten, wird der zu Diesterwegs Zeit gebräuchliche Name verwendet und die damalige Landeszugehörigkeit (z.B. Schlesien) angegeben. Ehemals selbständige Orte, die inzwischen eingemeindet wurden, sind den heutigen Ortsbezeichnungen zugeordnet (h. ...).

Das Ortsverzeichnis zeigt die geographische Verteilung des Beziehungsnetzes von Diesterweg und örtliche Schwerpunkte seines Wirkens durch Kontakte und ehemalige Seminaristen. Nicht aufgeführt werden die ständig wiederkehrenden Absendungs- und Bestimmungsorte der einzelnen Dokumente, die aus den jeweiligen Kopfzeilen hervorgehen, der Sitz von Regierungsinstitutionen (z.B. Bezirksregierung Düsseldorf, Konsistorium Köln) sowie Verlagsorte. Fundstellen für Seminarstandorte sind hingegen angegeben.

Zu den verwendeten Abkürzungen vgl. das Abkürzungsverzeichnis in diesem Band.

Die kursiv gedruckten Ziffern bezeichnen die Seiten, auf denen der betreffende Ort im Textteil dieses Bandes genannt wird, die nicht kursiv gedruckten die Seiten mit Nennungen in Anmerkungen. Dieselbe Seitenzahl kann mehrfach genannt sein, wenn ein Ort dort sowohl in einem Brief als auch in einer Anmerkung erwähnt ist.

Aachen   119, 428

Appeldorn (h. Kalkar, b. Kleve)   *140*

Arrenberg (Elberfeld, h. Wuppertal)   460

Asberg (h. Moers)   62, *129, 140, 354, 403*

Aschaffenburg   *19*

Asterlagen   523

Bad Kreuznach   *472*

Baerl (h. Duisburg)   *451*

Bankwitz (Oberschlesien)   *270*

Barmen (h. Wuppertal)   *134,* 134, *141, 219,* 220, *393 bis 396,* 400, 528

Beckrath (h. Mönchengladbach)   *384,* 435

Bensheim (a.d. Bergstraße)   *472, 476,* 476

Benzberg (b. Köln)   *432, 450*

Bergen (h. Frankfurt a.M.)   *24*

Bergheim (h. Duisburg)   523, *532,* 533

Berlin   62, *116, 191,* 269, 289f., 307, 324, *331,* 358, 415, 432, *441f.,* 475, *485f.,* 487, 492, *494, 496, 496, 497–505, 506,* 506, *513,* 517, 522, 524, *525, 526, 526, 527,* 529, *531,* 532, *532f.,* 534, *534f., 536f.*

Bettenkamp (h. Moers)   112f., *403*

Blankenstein (b. Hattingen)   *376*

Bonn   156, *168, 213, 331,* 399f., *443f.,* 462, *470f.,* 524

Bornheim (h. Frankfurt a.M.)   *24*

Breslau   *187,* 197, *270,* 289, 290, *332, 359,* 432

Brühl (b. Bonn)   *147,* 152, *171, 179, 288f., 331, 335, 336, 364, 369, 391, 441, 450,* 451, 464, 474

Brühl (h. Solingen)   401

Bucholtwelm (h. Hünxe, b. Wesel)   *402f.*

Budberg (h. Rheinberg, Niederrhein)   66, 111, *140, 167, 173, 199, 233, 321, 332, 426, 441*

Büderich (h. Meerbusch, b. Düsseldorf)   *121, 155*

Bunzlau (Schlesien)   *317, 324, 327, 332, 523,* 524

Burg a.d. Wupper (h. Solingen)   *403, 490*

760

VII
VERZEICHNIS DER IN BAND 23
NICHT ABGEDRUCKTEN DOKUMENTE
AUS DEN JAHREN 1813 BIS 1832

(AUSGENOMMEN LISTEN UND VERZEICHNISSE
VON SEMINARISTEN)

Der Ort wird nur angeführt, wenn er ausdrücklich genannt wird und es sich nicht um Moers handelt. Die angeführten Repositorien und Bestände, die sehr häufig vorkommen, werden hier nur gekürzt nachgewiesen; sie stammen aus folgenden Archiven:

Kart.:	Stadtarchiv Moers, Alte Registratur, 16.–Anfang 20. Jahrhundert,
L I und II:	Stadtarchiv Wuppertal
Rep. 76:	Geheimes Staatsarchiv Preußischer Kulturbesitz Berlin, I. Hauptabteilung
Reg. Düss.:	Nordrhein-Westfälisches Hauptstaatsarchiv Düsseldorf
Slg. 342:	Stadtarchiv Siegen

DATUM UND ORT	DOKUMEN- TENART	ADRESSAT	BETREFF	QUELLE
nicht datiert	Quittung (Entw.)		Unkosten während des Winterkursus 1821	Rep. 76 Seminare, Nr. 10063: 67^v
nicht datiert	Aktenvermerk		tabellarische Auflistung von Satzarten und der Häufigkeit ihres Vor-kommens	Rep. 76 Seminare, Nr. 10063: 37^v
nicht datiert	Aktenvermerk		Berechnungen	Rep. 76 Seminare, Nr. 10063: 52^{r+v}
nicht datiert	Aktenvermerk		Berechnungen	Rep. 76 Seminare, Nr. 10063: 56^v
nicht datiert	Aktenvermerk		Berechnungen	Rep. 76 Seminare, Nr. 10063: 64^r
nicht datiert	Aktenvermerk		vorgesehene Stipendienerhöhungen	Rep. 76 Seminare, Nr. 10062: 80^v
September 1810	Stammbuch-blatt	Gessler	Erinnerungsblatt für sei-nen Bundesbruder	Archiv Corps Fran-conia Tübingen
26.10.1809	Matrikel-eintrag	Universität Tübingen	Name, Herkunft, Name und Beruf des Vaters, Studienfach Mathema-tik	Universitätsarchiv Tübingen, 5/29b, 32
nicht datiert (Mai 1831?)	Aktenvermerk		Bemerkung über Inkom-petenz einer Verteidi-gung (in bezug auf den Prozeß vor dem Landge-richt Düsseldorf oder das Verfahren gegen Lehrer Bleckmann)	Rep. 76 Seminare, Nr. 10065: 59^v

Frankfurt am Main, 30.6.1813	Quittung	Fuhrmann Hartmann	Zahlung	Slg. 342, Mappe Nr. 2
25.11.1813	Zahlungs-anweisung	Kreutz, Schwager Diesterwegs in Siegen		Slg. 342, Mappe 40
Frühjahr 1821	Notiz		Buchgeschenk zur Belohnung für einen besonders guten Seminaristen; Losentscheid zwischen Schürmann und Drinkmann zugunsten von letzterem	Rep. 76 Seminare, Nr. 10057: 8^r
Sommer 1821	Aktenvermerk		Capellen; Öfen; Pulte; Liquidation des Winterkursus und einer Reise; deren Resultate; Kosten des Lehrkursus	Rep. 76 Seminare, Nr. 10057: 10^r
1822	Wahl-bestätigung	Gemeinde Moers	Wahl der Bürgerdeputierten	Kart. 87, Akte Nr. 27,1, o.F.
22.4.1822	Korrespon-denzvermerk	Regierung Düsseldorf	Erhalt und Verwendung von Unterstützungs-geldern; Achtung auf Militärpflicht der Seminaristen	Rep. 76 Seminare, Nr. 10057: 11
9..5.1822	Korrespon-denzvermerk	Konsistorialrat Grashof	Verlegung des Seminars	Rep. 76 Seminare, Nr. 10057: 12^r
Ende Mai 1822 (?)	Akten-vermerke		Notwendigkeit von Lehrkursen und Lehrerkonferenzen; Bitte um Geschenk am 12.5.1822	Rep. 76 Seminare, Nr. 10057: o.F.
15.6.1822	Anschreiben zu einer Liquidation	Oberpräsident von Ingersleben	Reise-Entschädigung (Neuwied und Koblenz)	LHA Koblenz, Best. 403, Nr. 15238, S. 37
Sommer 1822 (?)	Verzeichnis	Oberpräsident von Ingersleben	Einrichtungskosten für das Seminar in Moers	Rep. 76 Seminare, Nr. 10787: 6^{r+v}
Asberg, 22.9.1822	Beratungs-protokoll (gem. mit Pfarrer Diergardt)	Schulvorstand in Asberg oder Konsistorium Köln	Lehrervertretung in Asberg	Archiv EKiR Düsseldorf, Best. Evangelisch-reformierte Kirchengemeinde Moers Band 54, o.F.
24.10.1822	Korrespon-denzvermerk	Konsistorium Köln	Seminarstandorte Moers und Neuwieds	Rep. 76 Seminare, Nr. 10057: 26^r
27.10.1822	Korrespon-denzvermerk	Konsistorium Köln	Anfrage wegen des Religionsunterrichts	Rep. 76 Seminare, Nr. 10057: 25^r
Ende 1822	Aktenver-merkl		Angelegenheiten mit Pfarrer Engels	Rep. 76 Seminare, Nr. 10057: 27^v

764

Februar/ März 1823			Berechnungen von Frühling 1822 bis Frühling 1823	Rep. 76 Seminare, Nr. 930: 35^v
3.8.1823	Prüfungs- zeugnis	Wilhelm Lott		Reg. Düss., Nr. 3312, o.F.
30.9.1823	Korrespon- denzvermerk	Konsistorium Köln	Ablehnung Otterbecks trotz Empfehlung von Pfarrer Mohn	Rep. 76 Seminare, Nr. 10058: 72^r
Ende September 1823	Korrespon- denzvermerk		Bestellung eines Portraits des Kronprinzen	Rep. 76 Seminare, Nr. 10060: 6^r
Ende September 1823	Aktenvermerk		Rechenaufgaben	Rep. 76 Seminare, Nr. 10060: 9^v
5.10.1823	Quittung (Entw.)	Regierungshauptkasse Koblenz	Reparaturen am Seminargebäude	Rep. 76 Seminare, Nr. 10058: 75^v
5.10.1823	Anschreiben zu einer Quit- tung (Entw.)	Regierungshauptkasse Koblenz	Zahlung für Reparaturen am Seminargebäude	Rep. 76 Seminare, Nr. 10058: 75^v
6.10.1823	Aktenvermerk	Konsistorialrat Grashof	Zahlungen an Bau- inspektor Heermann	Rep. 76 Seminare, Nr. 10058: 74^v
Ende Okto- ber 1823	Aktenvermerk		Stipendienverteilung an Gottbehüt, Rüttgers, Schoppmann und Wind- fuhr	Rep. 76 Seminare, Nr. 10058: 91^r
Ende Okto- ber 1823	Aktenvermerk		Berücksichtigung von Emmerich, Becker und Peters	Rep. 76 Seminare, Nr. 10058: 94^r
Ende Okto- ber 1823	Aktenvermerk		Stipendienverteilung durch Oberpäsididenten	Rep. 76 Seminare, Nr. 10058: 92^r
Ende Okto- ber 1823	Aktenvermerk		Stipendienverteilung durch die Regierung Düsseldorf	Rep. 76 Seminare, Nr. 10058: 94^r
5.12.1823	Skizze	Oberpräsident von Ingersleben	Aufstellung von 30 Bett- stellen für Seminaristen	Rep. 76 Kultusmi- nisterium, VII neu Sekt. 25C Teil I Nr. 4 Bd. 2: 163^r
14.12.1823	Korrespon- denzvermerk	Konsistorialrat Grashof	Einsendung einer Quittung	Rep. 76 Seminare, Nr. 10060: 4^v
15.12.1823	Quittung für Lehrer Ernst	Regierungshauptkasse Koblenz		Rep. 76 Seminare, Nr. 10060: 1^r
Mitte Dezember 1823 (?)	Aktenvermerk		Berechnungen	Rep. 76 Seminare, Nr. 10060: 10^{r+v}

765

Ende Dezember 1823 (?)	Aktenvermerk		Vermögensverhältnisse von Seminaristen-Eltern	Rep. 76 Seminare, Nr. 10060: 24^r
14.1.1824	Aktenvermerk	Oberpräsident von Ingersleben	Begründung der Bedürftigkeit von Doerken	Rep. 76 Seminare, Nr. 10061: 98^r
14.1.1824	Korrespondenzvermerk	Regierungshauptkasse Koblenz	Liquidation von Reparaturkosten	Rep. 76 Seminare, Nr. 10058: 80^r
30.1.1824	Quittung für N.N. (Entw.)	Regierungshauptkasse Düsseldorf	Erhalt eines Stipendiums	Rep. 76 Seminare, Nr. 10061: 110^r
15.3.1824	Korrespondenzvermerk	Regierung Düsseldorf	Ablehnung der vorzeitigen Aufnahme von Zöglingen	Rep. 76 Seminare, Nr. 10061: 118^r
Ende April 1824	Korrespondenzvermerk	Konsistorium Köln	Stellungnahme zum Lektionsplan.	Rep. 76 Seminare, Nr. 10061: 124^{r+v}
nach 16.7.1824	Anschreiben zu Empfangsquittungen (Entw.)	Regierung Düsseldorf	Stipendien (?)	Rep. 76 Seminare, Nr. 10061: 141^r
3.8.1824	Prüfungszeugnis	Friedrich Gierlings	Prüfung Nr. I	Reg. Düss., Nr. 3324, o.F., und Nr. 3616, 13^r; L I 142, o.F:
3.8.1824	Prüfungszeugnis	Johann Wilhelm Küpperdamm	Prüfung Nr. I	Reg. Düss., Nr. 2741, 36^r
3.8.1824	Prüfungszeugnis	Johann Wilhelm Schürmann	Prüfung Nr. I	Reg. Düss., Nr. 3429, 9^r
3.8.1824	Prüfungszeugnis	Franz von Staa	Prüfung Nr. I	Reg. Düss., Nr. 3049, 127^r
27.8.1824	Korrespondenzvermerk	Regierung Düsseldorf	Reiseliquidation	Rep. 76 Seminare, Nr. 10060: S. 11
4.9.1824	Korrespondenzvermerk	Regierungsrat Bracht		Rep. 76 Seminare, Nr. 10060: S. 11
8.9.1824	Korrespondenzvermerk	Regierung Düsseldorf	Ausbleiben von Zurückstellungs-Dekreten	Rep. 76 Seminare, Nr. 10061: S. 18
16.9.1824	Korrespondenzvermerk	Regierungsrat Bracht	Anfrage, ob ungeeignete Zöglinge eigenmächtig entlassen werden dürfen	Rep. 76 Seminare, Nr. 10061: S. 18
24.10.1824	Aktenvermerk	Oberpräsident von Ingersleben	Remittierung eines Reskripts	Rep. 76 Seminare, Nr. 10061: S. 47
Ende November 1824	Korrespondenzvermerk	Oberpräsident von Ingersleben	Auflistung noch fehlender Gegenstände für das Seminar	Rep. 76 Seminare, Nr. 10061: 174^r

2.12.1824	Korrespon-denzvermerk	Konsistorium Köln (?)	Anfrage wegen Ferien	Rep. 76 Seminare, Nr. 10061: S. 71
9.12.1824	Liquidation		Diäten für Aspiranten-prüfung	Rep. 76 Seminare, Nr. 10061: S. 64
Essen, Ende Dezember 1824	Quittung (Entw.)	G. D. Bädeker	Auszahlung für Liefe-rung von Schriften	Rep. 76 Seminare, Nr. 10061: 148v
22.12.1824	Korrespon-denzvermerk	Konsistorium Köln	Absendung von Nach-weisungen	Rep. 76 Seminare, Nr. 10061: S. 76
22.12.1824	Korrespon-denzvermerk		Nachlieferung der Quit-tung von Finkentey	Rep. 76 Seminare, Nr. 10061: S. 76
Ende 1824	Liquidations-liste		Anschaffungen für das Seminar	Rep. 76 Seminare, Nr. 10061: S. 77–78
Ende 1824	Liquidation		Reise nach Düsseldorf zur Aspirantenprüfung	Rep. 76 Seminare, Nr. 10061: S. 63
19.1.1825 (?)	Aktenvermerk		Empfangsbescheini-gung und Inventarisie-rung	Rep. 76 Seminare, Nr. 10061: S. 85
2.2.1825	Korrespon-denzvermerk	Regierung Düsseldorf	Beleuchtungskosten	Rep. 76 Seminare, Nr. 10061: S. 95
13.2.1825			Kostenplan für 1824	Rep. 76 Seminare, Nr. 10061: S. 94
13.2.1825	Korrespon-denzvermerk	Regierung Düsseldorf	Befreiung Witzkas von der Klassensteuer	Rep. 76 Seminare, Nr. 10061: S. 95
14.2.1825	Korrespon-denzvermerk	Regierung Düsseldorf	Taufzeugnis von Brauer	Rep. 76 Seminare, Nr. 10061: S. 95
16.3.1825	Korrespon-denzvermerk	Oberpräsidium Koblenz	Austritt von Vogels und Dungs; Bitten wegen Stipendienvergabe	Rep. 76 Seminare, Nr. 10061: 172r
1.4.1825	Korrespon-denzvermerk	Oberpräsident von Ingersleben	Anschaffung von Instrumenten	Rep. 76 Seminare, Nr. 10062: 39r
5.4.1825	Liquidation und Quittung für Ökonom Joseph J. Kel-ler	Oberpräsidium Koblenz	Beköstigung im 1. Quartal 1825	Rep. 76 Seminare, Nr. 10062: 46r
10.4.1825	Korrespon-denzvermerk	Oberpräsidium Koblenz	Begleichung von Be-leuchtungskosten	Rep. 76 Seminare, Nr. 10062: 52r
12.4.1825	Korrespon-denzvermerk	Regierung Düsseldorf	Verwendung von Gel-dern für Flügel-Forte-piano	Rep. 76 Seminare, Nr. 10062: 49v

15.4.1825	Korrespondenzvermerk	Oberpräsident von Ingersleben	Beleuchtungskosten	Rep. 76 Seminare, Nr. 10062: 52^r
21.4.1825	Liquidation und Quittung für J. Keller	Königliche Kreiskasse Düsseldorf	Beköstigung im 1. Quartal 1825	Rep. 76 Seminare, Nr. 10062: 48^v
22.4.1825	Korrespondenzvermerk	Oberpräsident von Ingersleben	Versetzung von Ernst	Rep. 76 Seminare, Nr. 10062: 29^r
22.4.1825	Anschreiben zu Liquidation	Oberpräsident von Ingersleben	Stipendienfonds für das erste Quartal des Jahres	Rep. 76 Seminare, Nr. 10062: 61^r
22.4.1825	Korrespondenzvermerk	Oberpräsident von Ingersleben	Remittierung des Bücherverzeichnisses des ehem. Seminars Wesel; Meldung der Übernahme der Bücher	Rep. 76 Seminare, Nr. 10062: 58^r
14.5.1825	Quittierung	Regierung Düsseldorf	Schriftliche Prüfungsarbeit von Wilhelm Kreeft	Reg. Düss., Nr. 3164, 64^r und 67^v
16.5.1825	Korrespondenzvermerk und Stipendiatenliste	Oberpräsident von Ingersleben	Verteilung der Stipendien im Jahre 1824/25	Rep. 76 Seminare, Nr. 10061: 172^r und 173^r
3.6.1825	Liquidation von Johann Küppers	Regierungskasse Düsseldorf	Lieferung von Gartengeräten	Rep. 76 Seminare, Nr. 10062: 81^r
5.6.1825	Aktenvermerk	Konsistorium Köln	Gespräch mit Seminaristen über die Annahme von Lehrerstellen	Rep. 76 Seminare, Nr. 10062: 73^r
14.6.1825	Liquidation von Johann Küppers	Regierungskasse Düsseldorf	Lieferung von Utensilien für den Haushalt	Rep. 76 Seminare, Nr. 10062: 81^r
14.6.1825 (?)	Nachweis	Unternehmer Rosendahl	Ausstehende Utensilien	Rep. 76 Seminare, Nr. 10062: 86^r-87^v
30.6.1825	Quittung und Bestätigung für J. Keller	Oberpräsidium Koblenz	Beköstigung im 2. Quartal 1825	Rep. 76 Seminare, Nr. 10062: 94^v
30.6.1825	Quittung und Bestätigung für J. Keller	Königliche Kreiskasse Düsseldorf	Beköstigung im 2. Quartal 1825	Rep. 76 Seminare, Nr. 10062: 95^v
2.7.1825	Korrespondenzvermerk		Inanspruchnahme von Geld für Gartengeräte	Rep. 76 Seminare, Nr. 10062: 89^r
2.7.1825	Aktenvermerk		Bezahlung einer Reise des Ökonomen	Rep. 76 Seminare, Nr. 10062: 90^r
10.7.1825	Aktenvermerk		Mitteilung an Dörken über sein Stipendium	Rep. 76 Seminare, Nr. 10062: 98^r

18.7.1825	Korrespon- denzvermerk	Regierung Düsseldorf	Prüfung von Unterlehrern	Rep. 76 Seminare, Nr. 10062: 105ʳ
1.10.1825	Quittung und Bestätigung für J. Keller	Oberpräsidium Koblenz	Beköstigung im 3. Quartal 1825	Rep. 76 Seminare, Nr. 10062: 118 ᵛ
1.10.1825	Quittung und Bestätigung für J. Keller	Königliche Kreiskasse Düsseldorf (?)	Beköstigung im 3. Quartal 1825	Rep. 76 Seminare, Nr. 10062: 120ᵛ
12.10.1825	Korrespon- denzvermerkl	Konsistorium Köln	Umgang mit schwachen Seminaristen	Rep. 76 Seminare, Nr. 10062: 115ʳ
12.10.1825	Korrespon- denzvermerk	Konsistorium Köln	Ablehnung einer Rezen- sion des Schulatlas' von Rühle von Lilienstern	Rep. 76 Seminare, Nr. 10062: 122ʳ
Krefeld, 12.10.1825 und 18.10.1825	Liquidation, Quittung und Bestätigung für den Instru- mentenmacher		Kauf des Flügel-Forte- piano	Rep. 76 Seminare, Nr. 10062: 128ʳ–129ʳ
19.10.1825 (?)	Korrespon- denzvermerke	Oberpräsident von In- gersleben	Ankauf des Flügel- Fortepianos	Rep. 76 Seminare, Nr. 10062: 123ʳ
30.11.1825	Korrespon- denzvermerk	Regierung Düsseldorf	Ankauf des Flügel- Fortepianos	Rep. 76 Seminare, Nr. 10062: 139ʳ
24.12.1825	Korrespon- denzvermerk	Konsistorium Köln	Einrichtung des Seminars	Rep. 76 Seminare, Nr. 10062: 149ʳ
28.12.1825	Korrespon- denzvermerk	Konsistorium Köln	Inventarisierung eines Buches	Rep. 76 Seminare, Nr. 10062: 153ʳ
31.12.1825	Liquidation und Quittung für J. Keller		Beköstigung im 4. Quartal 1825	Rep. 76 Seminare, Nr. 10062: 161ʳ (Entw.) sowie Nr. 10063: 108ᵛ
5.1.1826	Aktenvermerk		Inventarisierung eines Buches	Rep. 76 Seminare, Nr. 10062: Nr. 152ʳ
5.1.1826	Aktenvermerk		Inventarisierung einer Wandkarte von West- und Mitteleuropa	Rep. 76 Seminare, Nr. 10062: Nr. 153ʳ
21.1.1826	Korrespon- denzvermerk	Konsistorium Köln	Aufstellung von Be- darfsgegenständen für das Seminar	Rep. 76 Seminare, Nr. 10063: 32ʳ
Ende Janu- ar 1826	Aktenvermerk		Aufstellung von Beträ- gen für Anschaffungen	Rep. 76 Seminare, Nr. 10063: 33ʳ
1.2.1826	Quittung (Entw.) für den Instru- mentenmacher		Erhalt der Restzahlung für Flügel-Fortepiano	Rep. 76 Seminare, Nr. 10062: 128ᵛ

Ende Februar 1826	Aktenvermerk	Regierung Düsseldorf	Verbleib von Papieren in Händen des Baubeamten Brüggerhoff	Kart. 596 Akte 224,3, 111^r
8.3.1826	Korrespondenzvermerk	Kreiskasse Düsseldorf	Bestätigung und Quittung der Gelder für Okt. 1825 bis April 1826	Rep. 76 Seminare, Nr. 10063: 2^r
9.3.1826	Korrespondenzvermerk	Regierung Düsseldorf	Übersendung des Plans von Lottner und diverser Rechnungen	Rep. 76 Seminare, Nr. 10063: 2^r
10.3.1826	Korrespondenzvermerk	Oberpräsident von Ingersleben	Absendung des Jahresberichtes	Rep. 76 Seminare, Nr. 10063: 2^r
14.3.1826	Korrespondenzvermerk	Minister von Altenstein	Übersendung von Schriften	Rep. 76 Seminare, Nr. 10063: 3^r
31.3.1826	Quittung und Bestätigung für J. Keller		Beköstigung im 1. Quartal 1826	Rep. 76 Seminare, Nr. 10063: 46^r und 47^v
2.6.1826	Korrespondenzvermerk	Oberpräsident von Ingersleben	Liquidation für Erk wegen Erteilung von Musikunterricht	Rep. 76 Seminare, Nr. 10063: 56^{r+v}
3.6.1826	Liquidation und Bestätigung (Entw.) für Bleckmann	Regierungshauptkasse Düsseldorf	Erteilung von Klavier- und Orgellektionen	Rep. 76 Seminare, Nr. 10063: 62^r
3.6.1826	Quittung (Entw.) für Bleckmann	Regierungshauptkasse Düsseldorf	Bezahlung von Klavier- und Orgellektionen	Rep. 76 Seminare, Nr. 10063: 62^v
Duisburg, 7.6.1826	Quittung (Entw.) für den Buchbindermeister		Bezahlung von zwei Rechnungen	Rep. 76 Seminare, Nr. 10063: 67^r
Essen, 8.6.1826	Quittung (Entw.)		Bezahlung einer Bücherrechnung	Rep. 76 Seminare, Nr. 10063: 67^r
Krefeld, 9.6.1826	Quittung (Entw.) für Orgelbauer		Bezahlung des Orgeltransports von Wesel nach Moers	Rep. 76 Seminare, Nr. 10063: 67^v
14.6.1826	Aktenvermerk		Bezahlung an Bleckmann für Musikstunden; Berechnungen	Rep. 76 Seminare, Nr. 10063: 49^{r+v}
6.7.1826	Korrespondenzvermerk	Oberpräsident von Ingersleben	Liquidation über Remuneration für Erk	Rep. 76 Seminare, Nr. 10063: 69^r
30.7.1826	Prüfungszeugnis	Adolph Kamphausen	Prüfung Nr. I	Reg. Düss., Nr. 3388, 57^r–58^r, und Nr. 3595, 6^r–7^r

30.7.1826	Prüfungs-zeugnis	Johann Heinrich Sarres		Reg. Düss., Nr. 3456, o.F.; L I 145, o.F.
6.10.1826	Quittung und Bestätigung (Entw. und Ausf.) für J. Keller		Beköstigung im 3. Quartal 1826	Rep. 76 Seminare, Nr. 10063: 90^v und 91^v
6.10.1826	Korrespon-denzvermerk		Beköstigungsliste; Abrechnung der Unterstützungsgelder	Rep. 76 Seminare, Nr. 10063: 93^r
14.10.1826	Korrespon-denzvermerk	Regierung Düsseldorf	Übersendung von Papieren an Heermann	Rep. 76 Seminare, Nr. 10063: 85^v
23.10.1826	Quittung und Bestätigung für J. Keller		Beköstigung der älteren Seminaristen im 3. Quartal 1826	Rep. 76 Seminare, Nr. 10063: 92^v
23.10.1826	Korrespon-denzvermerk	Provinzialschul-kollegium Koblenz	Liquidation für Bekösti-gung im 3. Quartal	Rep. 76 Seminare, Nr. 10063: 96^r
12.12.1826	Korrespon-denzvermerk	Regierungshauptkasse Koblenz	Liquidationen für das Jahr 1826	Rep. 76 Seminare, Nr. 10063: 7^r
14.12.1826	Korrespon-denzvermerk	Regierungshauptkasse Koblenz	Liquidation für Aspiran-tenprüfung	Rep. 76 Seminare, Nr. 10063: 7^r
30.12.1826	Korrespon-denzvermerk	Ministerium der geistli-chen Unterrichts- und Medizinalangelegenhei-ten Berlin (im folgen-den: Ministerium)	Bekanntmachung der erledigten Lehrstelle in Luxemburg unter den Seminaristen; Bitte um Fondserhöhung	Rep. 76 Seminare, Nr. 10063: 103^r
3.1.1827	Korrespon-denzvermerk	Provinzialschul-kollegium Koblenz	Seminaristen-Liquida-tionen und Ankündigung weiterer	Rep. 76 Seminare, Nr. 10059: 4^r
2.2.1827	Korrespon-denzvermerk	Provinzialschul-kollegium Koblenz	Vorschlag, Erk zur Wei-terbildung nach Soest zu entsenden	Rep. 76 Seminare, Nr. 10059: 1^r
3.2.1827	Quittung und Bestätigung (Ausf. und Entw.) für J. Keller		Beköstigung im 4. Quartal 1826	Rep. 76 Seminare, Nr. 10063: 105^v und 107^v (Entw.)
6.2.1827	Korrespon-denzvermerk	Oberpräsident von Ingersleben	Korrektur des Inventarii	Rep. 76 Seminare, Nr. 10059: 5^r
Ende Fe-bruar 1827	Aktenvermerk	Regierung Düsseldorf	Verbleib von Papieren in Händen des Baube-amten Brüggerhof	Kart. 596, Akte 224,3, 111^r
April 1827	Korrespon-denzvermerk	Regierungshauptkasse Koblenz	Nachreichung noch aus-stehender Liquidatio-nen für 1826	Rep. 76 Seminare, Nr. 10059: 24^r

3.7.1827	Korrespon-denzvermerk	Provinzialschul-kollegium Koblenz	Bericht über Brackenhö-fer und Hölterhof; Besetzung von drei erledigten Stellen	Rep. 76 Seminare, Nr. 10059: 47r
26.7.1827 (?)	Prüfungs-zeugnis	Johann Dickmann	Prüfung Nr. I	Reg. Düss., Nr. 3388, 144r-145r
26.7.1827 (?)	Prüfungs-zeugnis	Abraham Görtz	Prüfung Nr. I	Reg. Düss., Nr. 3327, 27r-28r
26.7.1827	Prüfungs-zeugnis	Heinrich Rehmann	Wahlfähigkeitszeugnis	L II 222, o.F.
29.10.1827	Verzeichnis		Lehrer, die 1827 eine Wiederholungsprüfung abgelegt haben	Rep. 76 Seminare, Nr. 10059: 129r
10.11.1827	Aufstellung		Vergleich des Lehrper-sonals und Lehrdeputats von 1823 und 1827	Rep. 76 Seminare, Nr. 10059: 101v-102r
24.12.1827	Korrespon-denzvermerk	Johann Camphausen	Androhung gerichtli-cher Schritte bei weite-rer Zahlungs-verweigerung	Rep. 76 Seminare, Nr. 10059: 55v
4.4.1828	Quittung und Bestätigung für J. Keller		Beköstigung im 1. Quartal 1828	Rep. 76 Seminare, Nr. 10065: 17v
20.4.1828	Quittung für Bauunterneh-mer Rosendahl		Arbeiten am Seminargebäude	Rep. 76 Seminare, Nr. 10064: 21r
21.4.1828	Quittung und Bestätigung für Handwer-ker Heinrich Simon, Johann Küppers und Adam Schae-fer		Erhalt von Arbeitsent-gelten durch Bauunter-nehmer Rosendahl	Rep. 76 Seminare, Nr. 10064: 22r+v
27.4.1828	Korrespon-denzvermerk	Provinzialschul-kollegium Koblenz	Heizkostenbegründung durch Aufstellung für die einzelnen Zimmer	Rep. 76 Seminare, Nr. 10064: 18r
1.5.1828	Anschreiben zu Quittungen	Regierungshauptkasse Düsseldorf	Quittungen von Rosen-dahl und den Handwer-kern Simon, Küppers und Schaefer	Rep. 76 Seminare, Nr. 10064: 23r
6.7.1828	Quittung und Bestätigung für J. Keller		Beköstigung im 2. Quartal 1828	Rep. 76 Seminare, Nr. 10064: 29r
30.7.1828	Prüfungs-zeugnis	Arnold Betten	Prüfung I	L I 142, o.F.

30.7.1828	Prüfungs- zeugnis	Heinrich Johann Küpper	Wahlfähigkeitszeugnis	L II 222 (?), o.F.
24.8.1828	Korrespon- denzvermerk	Provinzialschul- kollegium Koblenz	Ablehnung des Buches „Christian Redlich" als Lesebuch für Schulen etc.	Rep. 76 Seminare, Nr. 10064: 33r
30.12.1828	Korrespon- denzvermerk	Provinzialschul- kollegium Koblenz	Bitte um Gehalts- erhöhung für Lehrer Thalheim	Rep. 76 Seminare, Nr. 10064: 48r
31.12.1828	Anschreiben zu Liquidatio- nen	Provinzialschul- kollegium Koblenz	Beköstigung im 3. und 4. Quartal 1828	Rep. 76 Seminare, Nr. 10064: 49r
4.1.1829	Bestätigung für J. Küppers		Rechnung	Rep. 76 Seminare, Nr. 10064: 56v
4.1.1829	Bestätigung für J. Goldberg		Rechnung	Rep. 76 Seminare, Nr. 10064: 57v
4.1.1829	Bestätigung für A. Kamann		Rechnung	Rep. 76 Seminare, Nr. 10064: 58r
4.1.1829	Bestätigung für F.A. Claes- ges		Rechnung	Rep. 76 Seminare, Nr. 10064: 59r
4.1.1829	Bestätigung für J. Keller		Rechnung	Rep. 76 Seminare, Nr. 10064: 60r
9.2.1829	Korrespon- denzvermerk	Provinzialschul- kollegium Koblenz	Bereitschaft, über Un- terricht in der Obst- baumzucht zu berichten	Rep. 76 Seminare, Nr. 10064: 98r
5.4.1829	Quittung und Bestätigung für J. Keller		Beköstigung im 1. Quartal 1829	Rep. 76 Seminare, Nr. 10064: 81r
9.6.1829	Prüfungs- zeugnis	Johann Wilhelm Küpperdamm	Prüfung Nr. II	Reg. Düss., Nr. 2741, 36r
10.6.1829	Prüfungs- zeugnis	Heinrich Schmitz	Aspirantenprüfung	Reg. Düss., Nr. 3618, 94r
10.6.1829	Prüfungs- zeugnis	Johann Peter Mühlenberg	Präparandenzeugnis	L I 102, o.F.
7.7.1829	Korrespon- denzvermerk	Provinzialschul- kollegium Koblenz	Erläuterung von uner- warteten Mehrausgaben	Rep. 76 Seminare, Nr. 10064: 105r
9.7.1829	Korrespon- denzvermerk	Maximilian Weyhe	Erteilung von Unterricht in der Obstbaumzucht	Rep. 76 Seminare, Nr. 10064: 87r
9.7.1829	Korrespon- denzvermerk	Regierung Koblenz	Erteilung von Unterricht in der Obstbaumzucht, sobald Weyhe Anord- nungen getroffen hat	Rep. 76 Seminare, Nr. 10064: 98r

10.7.1829	Korrespon-denzvermerk	Provinzialschul-kollegium Koblenz	Unterricht über Schein-tote, Unglücksfälle etc.	Rep. 76 Seminare, Nr. 10064: 7^r
24.7.1829	Prüfungs-zeugnis	Wilhelm Blügel	Zeugnis Nr. I	Reg. Düss., Nr. 2698, 216^r–217^r
24.7.1829	Prüfungs-zeugnis	Wilhelm Mink	Zeugnis Nr. I	Reg. Düss., Nr. 2698, 214^r–215^r, und Nr. 3258, o.F.; L I 142, o.F.
24.7.1829	Prüfungs-zeugnis	Gustav Witte	Zeugnis Nr. I	Reg. Düss., Nr. 3320, o.F.
28.7.1829	Korrespon-denzvermerk	Regierung Düsseldorf	Bitte, Weyhe mit der Er-teilung von Unterricht in der Obstbaumzucht zu beauftragen	Rep. 76 Seminare, Nr. 10064: 87^r
30.8.1829	Korrespon-denzvermerk	Provinzialschul-kollegium Koblenz	Prüfung Ende März; Wehrdienstbeginn am 1. April	Rep. 76 Seminare, Nr. 10064: 101^r
8.11.1829	Aktenvermerk		Anweisung an Schür-mann und Erk, Stempel-gelder zu entrichten	Rep. 76 Seminare, Nr. 10064: 119dx56^r
30.11.1829	Korrespon-denzvermerk	Regierung Düsseldorf	Versorgung der Witwe von Vorreiter; Gehalts-zahlungen an Schür-mann und Erk	Rep. 76 Seminare, Nr. 10064: 116^r
1.1.1830	Quittung und Bestätigung für J. Keller		Beköstigung im 3. und 4. Quartal 1829	Rep. 76 Seminare, Nr. 10064: 127^r
8.2.1830	Korrespon-denzvermerk	Regierungshauptkasse Düsseldorf	Einreichung von Rechnungen	Rep. 76 Seminare, Nr. 10065: 5a^r
9.3.1830	Prüfungs-zeugnis	Ferdinand Erdelen	Unterlehrerprüfung	L I 190, o.F.
9.3.1830	Prüfungs-zeugnis	Carl Ludwig Kuhlmann	Unterlehrerprüfung	L I 101, o.F.
9.3.1830	Prüfungs-zeugnis	Joel Gustav Röttgen	Unterlehrerprüfung	Reg. Düss., Nr. 3616, 47^r
9.3.1830	Prüfungs-zeugnis	Friedrich Wilhelm Zimmermann	Unterlehrerprüfung	L I 190, o.F.
24.3.1830	Prüfungs-zeugnis	Johann Heinrich Blasius	Prüfung Nr. I	Reg. Düss., Nr. 3258, o.F.
24.3.1830	Prüfungs-zeugnis	Friedrich J. Kellerstraß	Prüfung Nr. I	Reg. Düss., Nr. 3172, 73^{r+v} und 76^r

1.4.1830	Quittung und Bestätigung für J. Keller		Beköstigung im 1. Quartal 1830	Rep. 76 Seminare, Nr. 10065: 16^v
3.5.1830	Quittung	Schulkasse der Elementarschule Moers	Schulgeld von Privatschülern und Auszahlung an Büsgen	Kart. 246, Akte 72,22, o.F.
16.5.1830	Korrespondenzvermerk	Provinzialschulkollegium Koblenz	Verwendung einer außergewöhnlichen Zahlung	Rep. 76 Seminare, Nr. 10065: 22^r
Mai/Juni 1830 (nach 21. Mai)	Korrespondenzvermerk	Provinzialschulkollegium Koblenz	Bestätigung der Feuerversicherung für das Haus von Frau Kurtze	Rep. 76 Seminare, Nr. 10065: 26a^r
2.8.1830	Quittung und Bestätigung für J. Keller		Beköstigung im 2. Quartal 1830	Rep. 76 Seminare, Nr. 10065: 29^v
1.10.1830	Quittung und Bestätigung für J. Keller		Beköstigung im 3. Quartal 1830	Rep. 76 Seminare, Nr. 10065: 37^v
7.10.1830	Korrespondenzvermerk	Provinzialschulkollegium Koblenz	Haus der Witwe Kurtze	Rep. 76 Seminare, Nr. 10065: 23^r
8.10.1830	Korrespondenzvermerk	Provinzialschulkollegium Koblenz	Frau Vorreiter	Rep. 76 Seminare, Nr. 10065: 23^r
10.4.1831	Quittung und Bestätigung für Ökonom Joseph J. Keller		Beköstigung im 1. Quartal 1831	Rep. 76 Seminare, Nr. 10065: 57^v
21.5.1831	Korrespondenzvermerk	Regierung Düsseldorf	Kostenvoranschlag für Reparaturen im ehem. Haus der Witwe Kurtze	Rep. 76 Seminare, Nr. 10065: 63^r
25.5.1831	Prüfungszeugnis	Johann Peter Diederichs	Hilfslehrerzeugnis	L I 190, o.F.
25.5.1831	Prüfungszeugnis	Friedrich Drinkmann	Hilfslehrerzeugnis	L I 190, o.F.
25.5.1831	Prüfungszeugnis	Carl Fischer	Hilfslehrerzeugnis	L I 190, o.F.
25.5.1831	Prüfungszeugnis	Carl L. Haack	Hilfslehrerzeugnis	L I 190, o.F.
25.5.1831	Prüfungszeugnis	Johann Hahn	Hilfslehrerzeugnis	L I 190, o.F.
25.5.1831	Prüfungszeugnis	Peter Seeling	Hilfslehrerzeugnis	L I 190, o.F.
26.5.1831	Prüfungszeugnis	Arnold Heinrich Peter Betten	Wahlfähigkeitszeugnis	L I 190, o.F.

27.5.1831	Korrespon- denzvermerk	Regierung Düsseldorf	Ablehnung der Anlage einer Obstbaumzucht	Rep. 76 Seminare, Nr. 10065: 62^r
8.6.1831	Korrespon- denzvermerk	Provinzialschul- kollegium Koblenz	Nutzung des Vorreiter- schen Hauses durch Frau Kurtze nach dem Verkauf	Rep. 76 Seminare, Nr. 10065: 62^r
2.8.1831	Prüfungs- zeugnis	Peter Püttbach	Prüfung Nr. I	Reg. Düss., Nr. 3049, o.F.
2.8.1831	Prüfungs- zeugnis	Gottfried Vogel	Prüfung Nr. I	Reg. Düss., Nr. 2850, 177^{r+v}
2.8.1831	Prüfungs- zeugnis	Gustav Wüllenweber	Prüfung Nr. I	Reg. Düss., Nr. 3668, o.F.
4.8.1831	Korrespon- denzermerk	Steuereinnehmer Büsgen	Vorgehensweise bei Ge- haltzahlung für suspendierten Lehrer Bleckmann	Kart. 246, Akte 72,22, o.F.
20.9.1831	Quittung und Bestätigung für J. Keller		Beköstigung im 2. Quartal 1831	Rep. 76 Seminare, Nr. 10065: 73^v
25.9.1831	Korrespon- denzvermerk	Provinzialschul- kollegium Koblenz	Zusendung eines Heftes der Rh.Bl. als Stellung- nahme zur Aspiranten- qualifikation	Rep. 76 Seminare, Nr. 10065: 80^r
Dezember 1831	Beköstigungs- liste (Entw.) für J. Keller		Beköstigung im 3. und 4. Quartal 1831 und Berechnungen	Rep. 76 Seminare, Nr. 10065: 92^r und 93^{r+v}

VIII
VERZEICHNIS
DER IN BAND 23 NICHT ABGEDRUCKTEN LISTEN VON SEMINARISTEN UND LEHRKURSTEILNEHMERN IN MOERS*

(ÜBERSICHT)

DATUM (ORT: MOERS)	BETREFF	QUELLE
Juli 1823	Zöglinge des Schullehrerseminars	Nr. 10058: 48^r–48a^v
Dezember 1824	Verteilung der Stipendien 1824	Nr. 10061: S. 72–73
5. April 1825	Beköstigung im 1. Quartal 1825	Nr. 10062: 45^{r+v}, 47^{r+v} und 48^{r+v}
16. Mai 1825	Verteilung der Stipendien 1824/25	Nr. 10061: 172^r und 173^r
20. Juni 1825 (?)	Erhöhung von Stipendien	Nr. 10062: 80^v
30. Juni 1825	Beköstigung im 2. Quartal 1825	Nr. 10062: 94^r und 95^r
1. Oktober 1825	Beköstigung im 3. Quartal 1825	Nr. 10062: 118 ^{r} und 120^r
31. Dezember 1825	Beköstigung im 4. Quartal 1825	Nr. 10062: 160^{r+v} (Entwurf) sowie Nr. 10063: 108^r
31. Dezember 1825	Verteilung der Stipendien 1825/26	Nr. 10063: 109^{r+v}
31. März 1826	Beköstigung im 1. Quartal 1826	Nr. 10063: 45^{r+v} und 47^r
6. Oktober 1826	Beköstigung im 3. Quartal 1826	Nr. 10063: 90^r und 91^r
16. Oktober 1826	Verteilung der Stipendien 1826/27	Nr. 10063: 89^{r+v}
23. Oktober 1826	Beköstigung im 3. Quartal 1826	Nr. 10063: 92^r
Ende 1826/ Anfang 1827	Verteilung zusätzlich bewilligter Stipendien 1826/27	Nr. 10063: 110^r
3. Februar 1827	Beköstigung im 4. Quartal 1826	Nr. 10063: 105^r und 107^r (Entwurf)
29. Oktober 1827	Lehrkursusteilnehmer im Seminar in Moers	Nr. 10059: 128^r (Entwurf)
4. April 1828	Beköstigung im 1. Quartal 1828	Nr. 10065: 17^r
6. Juli 1828	Beköstigung im 2. Quartal 1828	Nr. 10064: 28^{r+v}
Ende 1828/ Anfang 1829	Stipendiaten und Liquidationen	Nr. 10064: 51r–55r (Entwürfe)

* Sämtliche Dokumente stammen aus dem GStA PK, I. HA Rep. 76 Seminare.

5. April 1829	Beköstigung im 1. Quartal 1829	Nr. 10064: 80^{r+v}
7. Juli 1829	Beköstigung im 2. Quartal 1829	Nr. 10064: 99^{r+v}
1. Januar 1830	Beköstigung im 3. und 4. Quartal 1829	Nr. 10064: 126^{r+v}
10. Januar 1830	Verteilung der Stipendien 1829	Nr. 10064: 128^{r}–129^{r}
1. April 1830	Beköstigung im 1. Quartal 1830	Nr. 10065: 16^{r}
2. August 1830	Beköstigung im 2. Quartal 1830	Nr. 10065: 29^{r}
1. Oktober 1830	Beköstigung im 3. Quartal 1830	Nr. 10065: 37^{r}
10. April 1831	Beköstigung im 1. Quartal 1831	Nr. 10065: 57^{r}
20. September 1831	Beköstigung im 2. Quartal 1831	Nr. 10065: 73^{r}
Dezember 1831	Beköstigung im 3. und 4. Quartal 1831	Nr. 10065: 92^{r} und 93^{r+v}

778

IX
BEISPIELE FÜR SEMINARISTENLISTEN

Beispiel 1: Beköstigungsliste

Moers, 31. März 1828

Liquidation über die im 1ten Quartal 1826
an die Schullehrer-Seminaristen zu Mörs gegebene Beköstigung.

Nro.	Namen und Vornamen der Seminaristen	Tage der Beköstigung im 1ten Quartal 1826	Beitrag nach dem Satze von 4 Sgr. 10 Pf. für jeden Seminaristen täglich			Beitrag aus dem Stipendienfonds			Beitrag aus eigenen Mitteln der Seminaristen			Betrag im Ganzen.			Bemerkungen
			Rth.	Sgr.	Pf.	Rth.	Sgr.	Pf.	Rth.	Sgr.	Pf.	Rth.	Sgr.	Pf.	
1.	Heinrich Sarres.	90.	14	15	"	13	"	"	1	15	"	14	15	"	
2.	Adolph Kamphausen.	"	"	"	"	14	15	"	0	0	0	14	15	"	
3.	August Gottbehüt.	"	"	"	"	7	15	"	7	"	"	14	15	"	
4.	Gottfried Kühn.	"	"	"	"	12	"	"	2	15		14	15	"	
5.	Heinr. Rosenkranz.	"	"	"	"	8	7	6	6	7	6	14	15	"	
6.	Ferdinand Rubens.	"	"	"	"	6	7	6	8	7	6	14	15	"	
7.	Joh: Schwalfenberg.	"	"	"	"	9	15	"	5	"	"	14	15	"	
8.	Herrmann Rüttgers.	"	"	"	"	12	"	"	2	15	"	14	15	"	
9.	Wilh: Schoppmann.	"	"	"	"	13	7	6	1	7	6	14	15	"	
10.	Fried: Windfuhr.	"	"	"	"	13	7	6	1	7	6	14	15	"	
11.	Joh: Dickmann.	"	"	"	"	0	0	0	14	15	"	14	15	"	
12.	August Brauer.	"	"	"	"	0	0	0	14	15	"	14	15	"	
13.	Abraham Görtz.	"	"	"	"	9	15	"	5	"	"	14	15	"	
14.	Borgard Krins.	"	"	"	"	0	0	0	14	15	"	14	15	"	
15.	Heinr. Rehmann.	58.	9	10	4	0	0	0	9	10	4	9	10	4	Wegen Krankheit 32 Tage abwesend.
16.	Friedrich Neu.	90.	14	15	"	0	0	0	14	15	"	14	15	"	
17.	Heinr: Hustadt.	70.	11	8	4	1	16	8	9	21	8	11	8	4	Wegen Krankheit 20 Tage abwesend.
18.	Wilh. Rottberg.	90.	14	15	"	6	7	6	8	7	6	14	15	"	
19.	Wilh. Daniels.	"	"	"	"	6	7	6	8	7	6	14	15	"	
20.	Wilh. Trappmann.	"	"	"	"	12	15	"	2	"	"	14	15	"	
21.	Wilh. Rothstein.	"	"	"	"	10	"	"	4	15	"	14	15	"	
22.	Peter Schneppe.	"	"	"	"	12	"	"	2	15	"	14	15	"	
23.	Eduard Stöcker.	"	"	"	"	14	15	"	0	0	0	14	15	"	
24.	Hermann Gatermann.	"	"	"	"	0	0	0	14	15	"	14	15	"	
25.	Fried. Neuhoff.	"	"	"	"	0	0	0	14	15	"	14	15	"	
26.	Fried. Kramb.	"	"	"	"	0	0	0	14	15	"	14	15	"	
	Summa		368	18	8	182	1	8	186	17		368	18	8	

Die gegenwartige Liquidation wird hiermit in allen Punkten als richtig bescheinigt.

Der Direktor des Seminars.
Diesterweg.

Ausf. mit eigh. Unterschr., GStA PK, I. HA Rep. 76 Seminare, Nr. 10063: 47r+v

779

Beispiel 2: Seminaristenverzeichnis mit Kursusabschlußbewertung

Ende Juli 1823

Verzeichniß sämmtlicher Zöglinge des Schullehrer-Seminars zu Mörs am Schlusse des Jahrescursus.[*]

Nro.	Namen und Heimath	Alter	Eintritt in das Seminar	Stipendium		Geistes-anlage.	Religion	Deutsche Sprache			Pädagogik etc.	
				1824	1825			Lesen	Gramma-tik	Aufsatz.	Theorie	Praxis.
	Johann Heinrich Sarres [au]s Orsoy.	18 J.	1. Nov. 1823	40 Rh	40	Gut.	gut.	Mittelm.	Gut.	Mittelm.	Gut.	Lebhaft
	Friedrich Windfuhr [au]s Lennep	18	„	45	45	Gut.	gut.	Gut.	Gut.	Gut.	Gut.	Genü-gend.
	Johann Schwalfenberg [au]s Velbert	18	„	30	30	Mittel-mäßig	mittelm.	Mittelm.	Gut.	Mittelm.	Mittelm.	Steif.
	Ferdinand Rubens [au]s Kronenberg	21	„	25	25	Mittel-mäßig	mittelm.	Mittelm.	Mittelm.	Gut.	Mittelm.	Schlecht.
	Diedrich Seher [au]s Mörs	19	„	0	0	Gering.	mittelm.	Mittelm.	Gering.	Mittelm.	Gering.	Schlecht.
	Gottfried Martin [au]s Duisburg.	26	1. Mai 1823.	40	40	Mittelm.	gut.	Gut.	Gut.	Mittelm.	Mittelm.	Gut.
	Gottfried Kühn [au]s Gahlen.	19	1. Nov. 1823.	40	40	Mittelm.	mittelm.	Mittelm.	Mittelm.	Mittelm.	Mittelm.	Mittelm.
	J. Friedr. Rosenkranz [au]s Langenberg.	19	„	25	25	Gering.	mittelm.	Mittelm.	Mittelm.	Schwach.	Gering.	Ohne Leben.
	Hermann Rüttgers [au]s Lüttringhausen.	19	„	50	40	Mittelm.	mittelm.	Mittelm.	Mittelm.	Mittelm.	Mittelm.	Mittelm.
	August Gottbehüt [au]s Ronsdorf.	17	„	30	30	Mittelm.	gut.	Mittelm.	Mittelm.	Mittelm.	Mittelm.	Ungenü-gend.
	Adolf Kamphausen [au]s Mörmter	19	„	50	50	Gut.	vorzüg-lich	Gut.	Gut.	Vorzüg-lich.	Gut.	Gut.
	Wilhelm Schoppmann [au]s Lennep.	18	„	45	45	Mittelm.	gut	Mittelm.	Gut.	Mittelm.	Gut.	Gut.
	Wilhelm Rothstein [au]s Elsenroth	17	1 Septbr 1824	30	30	Mittelm.	gut.	mittelm.	Mittelm.	Mittelm.	—	—
	Borgard Krins [au]s Neuenkamp.	18	„	25	25	Gering.	mittelm.	mittelm.	Gering.	Schwach.	—	—
	Abraham Gortz [au]s Lennep.	17	„	30	30	Mittelm.	gut.	gut.	Mittelm.	Mittelm.	—	—
	August Brauer [au]s Wesel.	20	„	0	0	Mittelm.	gut	gut	Gut.	Gut.	—	—
	Wilhelm Rottberg [au]s Werden.	18	„	25	25	Gut.	gut.	gut	Gut.	Gut.	—	—
	Friedrich Neu [au]s Wesel.	19	„	0	0	Gut.	gut.	gut	Gut.	Gut.	—	—
	Heinrich Rehmann [au]s Mülheim a. d. R.	19	„	0	0	Gut.	vorzügl.	gut	Gut.	Gut.	—	—
	Johann Dickmann [au]s Obrighoven.	19	„	0	0	Mittelm.	mittelm.	mittelm.	Gut.	Gut.	—	—
	Heinrich Hustadt [au]s Mülheim a. d. R.	18	„	0	0	Gering.	mittelm.	gut	Mittelm.	Mittelm.	—	—

[*] Die Originaltabelle von Diesterweg ist im Querformat angelegt. Um diesen Eindruck optisch zu erhalten, wird sie hier auf zwei gegenüberliegenden Seiten wiedergegeben. Die Fortsetzung folgt auf den Seiten 782 und 783.

Zahlenlehre	Formenlehre und Geometrie	Nat[u]rgeschichte	Math. Geographie u. Nat[u]rlehre	Geographie	Geschichte	Schönschreiben	Zeichnen.	Gesang.	Klavier u. Orgelspiel	Violinspiel.	Aufführung	Abgang vom Seminar	Bemerkungen
Vorzüglich.	Vorzüglich.	Gut.	Gut.	Gut.	Gut.	Mittelm.	Mittelm.	Gut.	Gut.	Mittelm.	Gut.		
Gut.	Gut.	Gut.	Gut.	Gut.	Gut.	Mittelm.	Mittelm.	Mittelm.	Gut.	Gut.	Gut.		
Gut.	Gut.	Gut.	Mittelm.	Gut.	Mittelm.	Gut.	Gut.	Gut.	Mittelm.	Gut.	Gut.		
Mittelm.	Mittelm.	Mittelm.	Mittelm.	Mittelm.	Gut.	Gut.	Gut.	Gut.	Mittelm.	Schlecht	Mittelm.		
Mittelm.	Mittelm.	Mittelm.	Gering	Mittelm.	Mittelm.	Gut.	Gut.	Mittelm.	Mittelm.	Mittelm.	Gut.		
Mittelm.	Mittelm.	Mittelm.	Gering	Mittelm.	Gering	Mittelm.	Mittelm.	Gut.	Gut.	Mittelm.	Gut.		
Gut.	Gut.	Mittelm.	Mittelm.	Mittelm.	Mittelm.	Gut.	Mittelm.	Mittelm.	Gut.	Gut.	Gut.		
Mittelm.	Mittelm.	Mittelm.	Gering	Mittelm.	Mittelm.	Gut.	Gut.	Mittelm.	Mittelm.	Gut.	Gut.		
Gut.	Mittelm.	Mittelm.	Mittelm.	Mittelm.	Mittelm.	Gut.	Gut.	Mittelm.	Mittelm.	Mittelm.	Mittelm.		
Mittelm.	Mittelm.	Mittelm.	Mittelm.	Mittelm.	Gut.	Gut.	Gut.	Mittelm.	Gering	Mittelm.	Mittelm.		
Gut.	Gut.	Gut.	Gut.	Gut.	Gut.	Gut.	Gut.	Gut.	Gut.	Gut.	Vorzüglich.		
Gut.	Gut.	Gut.	Gut.	Gut.	Gut.	Mittelm.	Gut.	Mittelm.	Mittelm.	Gut.	Brav.		
Gut.	Zufr.	Mittelm.	—	Gut.	—	mittelm.	mittelm.	mittelm.	mittelm.	Mittelm.	Gut.		
gering	Schlecht	Mittelm.	—	mittelm.	—	mittelm.	mittelm.	mittelm.	mittelm.	Schlecht	Gut.		Sein Mangel an Talent gewährt nur schwache Hoffnung zu ordentl. Ausbildung.
gut.	Gut.	Mittelm.	—	mittelm.	—	Gut.	mittelm.	mittelm.	mittelm.	Schlecht	Gut.		
gering	Ziemlich	Gut.	—	mittelm.	—	mittelm.	Gut	mittelm.	Gering	Schlecht	Schwankend		Scheint sich zum Schullehrer nicht recht zu qualificiren.
gut	Gut.	Gut.	—	Gut.	—	Gut.	Gut.	mittelm.	Gut.	Gut.	Gut.		
gut	Vorzüglich	mittelm.	—	mittelm.	—	mittelm.	Gut.	mittelm.	Gut.	Mittelm.	Gut.		
gut	Mittelm.	Gut.	—	Gut.	—	Gut.	mittelm.	mittelm.	Gut.	Mittelm.	Gut.		
vorzüglich	Gut.	Gut.	—	Gut.	—	Gut.	Gut.	Gut.	Gut.	Mittelm.	Gut.		
mittelm.	Gering.	mittelm.	—	mittelm.	—	Gut.	Gut.	Gut.	Gut.	Mittelm.	Gut.		

781

Peter Schneppe [au]s Lennep.	18	"	30	40	Mittelm.	gut.	mittelm.	Mittelm.	Mittelm.	—	—
Wilhelm Trappmann [au]s Kranenburg.	17	"	40	40	Mittelm.	mittelm.	gut	Mittelm.	Mittelm.	—	—
Wilhelm Daniels [au]s Styrum.	19	"	25	25	Schwach.	mittelm.	gut	Mittelm.	Mittelm.	—	—
Heinrich Finkentey [au]s Velbert.	17	"	30	30	Sehr mittelm.	mittelm.	mittelm.	Mittelm.	Mittelm.	—	—
Hermann Gatermann [au]s Meiderich	19	"	0	0	Sehr mittelm.	mittelm.	mittelm.	Mittelm.	Mittelm.	—	—
Eduard Stöcker [au]s Lennep.	19	"	40	50	Mittelm.	gut.	mittelm.	Mittelm.	Mittelm.	—	—

Beispiel 3: Stipendiatenliste

Moers, 10. Januar 1830

Haupt-Nachweisung über die im Jahre 1829
den Zöglingen des hiesigen Seminars bewilligten und ausgezahlten Stipendien

Nro.	Namen der Stipendiaten.	Empfangene Summe			Quittungen der Stipendiaten
		Rh.	Sgr	Pf.	
1.	August Roeber.	46	20	–	Siehe Beilage 1!
2.	Peter Rittinghaus.	23	10	–	—— 2!
3.	Gerhard Brendow.	17	15	–	—— 3!
4.	Gerhard Klingenburg.	17	15	–	—— 4!
5.	Jacob Kahrmann.	23	10	–	—— 5!
6.	Wilhelm Neuburg.	14	17	6	—— 6!
7.	Gottfried Krickhaus.	56	20	–	—— 7!
8.	Ludwig Susen.	14	17	6	—— 8!
9.	Heinrich Moll.	23	10	–	—— 9!
10.	Wilhelm Mink.	14	17	6	—— 10!
11.	Eduard Kirchberg.	11	20	–	—— 11!
12.	Hermann Batz.	17	15	–	—— 12!
13.	Gustav Witte.	14	17	6	—— 13!
14.	Wilhelm Oberhoff.	14	17	6	—— 14!
15.	Carl Sax.	14	17	6	—— 15!
16.	Eduard Braselmann.	14	17	6	—— 16!
17.	Wilhelm Kuckes.	14	17	6	—— 17!
18.	Friedrich Dellmann.	38	10	–	
19.	Friedrich Twer.	35	12	6	
20.	Carl Schroeder.	25	–	–	
21.	Wilhelm Hagen.	27	2	6	
22.	Heinrich Blasius.	35	12	6	
23.	Friedrich Weber.	20	–	–	
24.	Heinrich Goßmann.	20	–	–	
25.	Friedrich Kellerstraß.	24	5	–	
27. [sic!]	Wilhelm Greef.	12	15	–	
	S[um]me	592	2	6	

[Seitenwechsel]

Mittelm.	Mittelm.	mittelm.	—	Gut.	—	mittelm.		mittelm.	mittelm.	Mittelm.	Gut.	
gut.	Gut.	Gut.	—	Gut.	—	mittelm.	mittelm.	mittelm.	mittelm.	Mittelm.	Gut.	
mittelm.	gering	mittelm.	—	mittelm.	—	Gut.	Gut.	mittelm.	mittelm.	Schlecht	Gut.	
mittelm.	Mittelm.	mittelm.	—	mittelm.	—	Gut.	Gut.	mittelm.	mittelm.	Mittelm.	Gut.	Nicht viel versprechend.
gut	Gut.	mittelm.	—	mittelm.	—	mittelm.	mittelm.	mittelm.	.	Schlecht	Gut.	
mittelm.	Mittelm.	mittelm.	—	mittelm.	—	Gut.	Gut.	Gering	Gering	Mittelm.	Gut.	

Eigh., GStA PK, I. HA Rep. 76 Seminare, Nr. 10058: 48^r–48a^v

			Transp.	592	2	6	
28.	Johann Heß.			16	20	–	
29.	Gustav Wüllenweber.			16	20	–	
30.	Peter Püttbach.			16	20	–	
31.	Gustav Grube.			16	20	–	
32..	Fr. W. Schlechtendahl.			16	20	–	
33.	Joh. Kielmann.			16	20	–	
34.	Gottfr. Vogel.			16	20	–	
35.	Aug. Brenner.			12	15	–	
36.	Eduard Küster.			10	12	6	
37.	Heinr. Theißen.			8	10	–	
			S[um]me	740	=	=	

Daß alle vorgenannte Stipendiaten dem Unterrichte regelmäßig beigewohnt u. nichts begangen haben, was sie des ihnen verliehenen Stipendiums unwürdig gemacht hätte u. daß dieselben in meiner Gegenwart eigenhandig unterschrieben haben, bescheinige ich hiermit.

Der Seminardirector

Eigh. Entw., GStA PK, I. HA Rep. 76 Seminare, Nr. 10064: 129^r und 128^r

X
VERZEICHNIS SÄMTLICHER SEMINARISTEN IN MOERS
1820–1832

Im folgenden sind alle Moerser Seminaristen aufgeführt, die für Diesterwegs dortige Wirkungszeit durch Korrespondenz, Listen und Verzeichnisse nachweisbar sind. Dabei handelt es sich um die Teilnehmer des ersten Sommerkursus 1820 sowie alle ordentlichen Seminaristen, unabhängig davon, ob sie den erfolgreichen Abschluß ihrer Ausbildung in Moers erreichten.

So weit bekannt, werden folgende Angaben gemacht: Name, Vornamen, Herkunftsort, Aufenthaltsdauer im Seminar sowie gegebenenfalls Hinweis auf die Darstellung im Personenverzeichnis.

Nähere Bestimmungen zu den Ortsangaben können dem Ortsverzeichnis in diesem Anhang entnommen werden.

ANDRIESSEN, ADOLPH;
  aus Krefeld, 1830–1832 (siehe Personenregister)

BACKHAUS, GEORG FRIEDRICH;
  aus Duisburg, 1830–1832

BATZ, JOHANN HERMANN;
  aus Kettwig, 1827–1829

BECKER, JOHANN GOTTLIEB;
  aus Hamminkeln, 1821–1823 (siehe Personenregister)

BELING, BERNHARD;
  aus Hamminkeln, 1822–1824 (siehe Personenregister)

BENDER, GOTTFRIED;
  aus Wesel, 1826–1828

BERGH, WILHELM VON;
  aus Letmathe, 1830–1832

BETTEN, ARNOLD;
  aus Dinslaken, 1826–1828

BEUMER [BAUMER, BENNER], JACOB;
  aus Homberg, 1830–1832

BLASIUS, JOHANN HEINRICH;
  aus Eckenbach, 1827–1830 (siehe Personenregister)

BLÜGEL, JOHANN WILHELM;
  aus Barmen, 1827–1829

BÖCKMANN, WILHELM;
  aus Herringen, 1822–1823 (siehe Personenregister)

BRACHES, CARL;
  aus Neukirchen, 1831–1833

BRACKENHÖFER, WILHELM;
  aus Wermelskirchen, 1826–1827 (vorzeitig ausgetreten)

BRASELMANN, JOHANN EDUARD;
  aus Stolberg, 1827–1829

BRAUER, AUGUST;
  aus Wesel, 1824–1827 (siehe Personenregister)

BRENDOW, GERHARD FERDINAND;
  aus Ruhrort, 1820–1823 (siehe Personenregister)

BRENDOW, GERHARD;
  aus Ruhrort, 1827–1829

BRONNER, AUGUST;
  aus Düsseldorf, 1829–1831

BRUCHHAUS [BRUCKHAUS], FRIEDRICH/CARL WILHELM;
  aus Hubbelrath, 1829–1831 (siehe Personenregister)

BUDDE, JOHANN KARL;
  aus Honsberg, 1826–1828 (siehe Personenregister)

BÜSCHER, WILHELM;
  aus Essen, 1829–1831

CAMPHAUSEN [KAMPHAUSEN], JOHANN;
  aus Beckrath, 1826–1827 (vorzeitig entlassen) (siehe Personenregister)

DANIELS, JOHANN WILHELM;
  aus Styrum, 1824–1827 (siehe Personenregister)

DANTZ, FRIEDRICH;
  aus Elberfeld, 1831–1833

DEGO, JACOB;
  aus Elberfeld, 1828–1830 (siehe Personenregister)

DELLMANN, J. FRIEDRICH GEORG;
  1828–1830 (siehe Personenregister)

DEUS, FRIEDRICH DANIEL;
  aus Merscheid, 1830–1832

DI[E]CKMANN, JOHANN FRIEDRICH;
  aus Obrighoven, 1824–1827 (siehe Personenregister)

DÖRKEN, FRIEDRICH WILHELM;
  aus Cronenberg, 1823–1825 (vorzeitig entlassen) (siehe Personenregister)

DOMMERS, JAKOB;
    Sommerkursus 1820

DRINHAUS, FRIEDRICH;
    aus Wülfrath, 1826–1828

DRINKMANN, JAKOB;
    aus Elberfeld, 1820–1823 (siehe Personenregister)

DUNGS [DUNCKS], GERHARD;
    aus Heissen, 1823–1824 (vorzeitig ausgetreten)
    (siehe Personenregister)

DYCKERHOFF, WILHELM;
    aus Xanten, 1830–1832

EICKSCHLAG, JOHANN HEINRICH;
    aus Hochfeld, 1820–1822 (siehe Personenregister)

ELSERMANN, HERMANN;
    aus Hamminkeln, 1829–1831

ELSERMANN, JOHANN WILHELM;
    aus Hamminkeln, 1822–1824 (siehe Personen-
    register)

EMMERICH, LUDWIG PETER DIEDERICH;
    aus Schermbeck, 1821–1823 (siehe Personen-
    register)

ERDELEN, FERDINAND;
    aus Elberfeld, 1831–1833

ERK, FRIEDRICH;
    1830–1832

EVERTSBERG [EVERTZBERG], CARL;
    aus Lüttringhausen oder Lennep, 1822–1824 (sie-
    he Personenregister)

FINKENTEY, HEINRICH;
    aus Velbert, 1823–1825 (vorzeitig entlassen) (sie-
    he Personenregister)

FISCHER, JOHANN KARL;
    1831–1833

FISCHER, JOHANN WILHELM ABRAHAM;
    aus Elberfeld, 1821–1823 (siehe Personenregister)

GATERMANN, HERMANN;
    aus Meiderich, 1823–1827 (siehe Personenre-
    gister)

GELDERMANN, WILHELM;
    aus Schermbeck, 1822–1824 (siehe Personenre-
    gister)

GIERLINGS, FRIEDRICH WILHELM;
    aus Gruiten, 1822–1824 (siehe Personenregister)

GÖRTZ [GOERDTS], JOHANN ABRAHAM;
    aus Lennep, 1825–1827 (siehe Personenregister)

GOSSMANN, HEINRICH DIEDERICH;
    aus Berchum, 1828–1830 (siehe Personenregister)

GOTTBEHÜT, CARL AUGUST;
    aus Lüttringhausen, 1823–1826 (siehe Personen-
    register)

GREEF; WILHELM;
    aus Kettwig, 1828–1830 (siehe Personenregister)

GRUBE, CARL ALBRECHT GUSTAV;
    aus Elberfeld, 1829–1831

GULERMANN, HERMANN;
    1824–1825 als Externer (siehe Personenregister)

HAGEN, JOHANN WILHELM;
    aus Ruhrort, 1828–1830 (siehe Personenregister)

HALFMANN, DIEDERICH;
    aus Duisburg, 1820–1823 (siehe Personenregister)

HEN[C]KEL[L], WILHELM;
    aus Wermelskirchen, 1820–1823 (siehe Personen-
    register)

HERLITSCHKA, TH. A.;
    Sommerkursus 1820

HESS, JOHANN;
    aus Kaiserswerth, 1829–1831

HOBIRK, FRIEDRICH;
    aus Homberg (Ratingen), 1829–1831

HOFIUS, GUSTAV ADOLPH;
    aus Rade, 1830–1832

HÖLTERHOF, JOHANN;
    aus Neukirchen, 1827

HUFSCHMIDT, ISAAK;
    aus Kronenberg, 1830–1832

HUSTADT, HEINRICH;
    aus Mülheim a.d. Ruhr, 1824–1827 (siehe Perso-
    nenregister)

KAHRMANN, SIMON JACOB;
    aus Neuß, 1827–1829

KAMPHAUSEN, ADOLF HERMANN DANIEL;
    aus Mörmter, 1823–1826 (siehe Personenregister)

KAUFMANN, CARL;
    aus Dorp, 1830–1832

KELLERSTRASS [KELLERSTRAHS], FRIEDRICH
    WILHELM;
    aus Solingen, 1828–1830 (siehe Personenregister)

KIELMANN, JOHANN;
    aus Ruhrort, 1829–1831

KIRCHBERG, JOHANN EDUARD FLORENZ;
    aus Eller (heute Düsseldorf), 1827–1829

KIRCHBERG, WILHELM;
    aus Werden, 1831–1833

KLINGENBURG, GERHARD;
    aus Mülheim a.d. Ruhr, 1827–1829

KÖNIGS, EBERHARD;
    aus Hückelhoven, 1826–1828

KRAMB, J. F. H.;
Sommerkursus 1820;
möglicherweise identisch mit:

KRAMB, FRIEDRICH HERMANN;
aus Kleve, 1825–1827 (siehe Personenregister)

KREMER, LUDWIG HEINRICH/DIETRICH;
aus Dinslaken, 1826–1828 (siehe Personenregister)

KRICKHAUS [KRIEKHAUS], GOTTFRIED;
1827–1829

KRINS, BORCHARD/BORGARD;
aus Neuenkamp, 1823–1827 (siehe Personenregister)

KRUSE, CARL ADOLPH WERNHER/BERNHARD;
bis 1824 (siehe Personenregister)

KUCKES, WILHELM;
1827–1829

KÜHLER, JAKOB;
Sommerkursus 1820

KÜHN, CARL FRIEDRICH;
aus Gahlen, 1829–1831

KÜHN, WILHELM GOTTFRIED;
aus Gahlen, 1823–1826 (siehe Personenregister)

KÜHNEMUND[T], F.L.;
aus Haesten (bei Solingen) , 1831–1833

KÜPPERDAMM/KÜPPERDAMS, JOHANN WIL-HELM PETER;
aus Kamp, 1822–1824 (siehe Personenregister)

KÜPPER, HEINRICH JOHANN;
aus Emmerich, 1826–1828

KÜSTER, EDUARD;
aus Düren, 1829–1831

LANGENBERG, EDUARD;
aus Wald, 1826–1828 (siehe Personenregister)

LINDENBERG, G. PETER SIEGFRIED;
aus Duisburg, 1822–1824 (siehe Personenregister)

LOTT, JOHANN WILHELM;
aus Elberfeld, 1822–1824 (siehe Personenregister)

LUCHSEN, RÜTTGER;
aus Beeck, 1831–1833

LÜTGEN, AUGUST;
aus Solingen, 1829

MARTIN, GOTTFRIED [GOTTLIEB];
aus Duisburg, 1822–1824 (siehe Personenregister)

MIDDELDORF, HEINRICH;
aus Eversael, 1822–1824 (siehe Personenregister)

MIESTE [MEESE], JOHANN HEINRICH;
aus Burscheid, 1831–1833

MINK, WILHELM;
aus Remscheid, 1827–1829

MOLL, HEINRICH;
1827–1829

MÜLLER, CARL GOTTLIEB;
aus Witzhelden, 1828–1830 (siehe Personenregister)

NEERFORTH, JOHANN HEINRICH;
aus Hoerstgen, 1831–1833

NEU, JOHANN FRIEDRICH;
aus Wesel, 1824–1827 (siehe Personenregister)

NEUBURG, JOHANN WILHELM;
aus Lennep, 1827–1829

NEUHOFF, C. FRIEDRICH;
aus Krefeld, 1825–1828 (siehe Personenregister)

OBERHOFF, WILHELM;
aus Wermelskirchen, 1827–1829

OTTERBECK, WILHELM;
aus Beeck, 1823–1824 (siehe Personenregister)

PETERS, AUGUST WILHELM;
aus Düsseldorf, 1820–1823 (siehe Personenregister)

PLIESTER, JOHANN FRIEDRICH HEINRICH;
aus Dinslaken, 1830–1832

PÖTER, FERDINAND;
aus Wald, 1822–1824 (siehe Personenregister)

PÜTTBACH, PETER;
aus Haan, 1829–1831

REHMANN, JOHANN HEINRICH;
aus Mülheim a.d. Ruhr, 1824–1827 (siehe Personenregister)

RICK, MATTHIAS;
Sommerkursus 1820

RITTINGHAUS, PETER;
aus Loh (b. Arnsberg), 1827–1829

ROEBER, GEORG;
Sommerkursus 1820

ROEBER, WILHELM AUGUST;
aus Elberfeld, 1826–1828 (siehe Personenregister)

ROSENKRANZ, JOHANN FRIEDRICH;
aus Langenberg, 1820–1823 (siehe Personenregister)

ROSENKRANZ, JOHANN HEINRICH WILHELM;
aus Langenberg, 1823–1826 (siehe Personenregister)

ROSS [ROHS], JOHANN;
aus Heidt (Barmen), 1831–1833

ROTHSTEIN, HEINRICH WILHELM;
aus Elsenroth, 1823–1827 (siehe Personenregister)

ROTTBERG, JOHANN WILHELM;
aus Werden, 1823–1827 (siehe Personenregister)

ROTZEN, PETER JOHANN;
1824–1825 (1826) (siehe Personenregister)

RUBENS, JOHANN FERDINAND;
aus Cronenberg, 1823–1826 (siehe Personenregister)

RÜTTGERS, HERMANN FRIEDRICH;
aus Holthausen, 1823–1826 (siehe Personenregister)

RUMSWINKEL, HERMANN;
1827–1829

SARRES, JOHANN HEINRICH;
aus Orsoy, 1823–1826 (siehe Personenregister)

SARTORIUS, CARL;
aus Essen, 1826–1828

SAX, CARL HERMANN G.;
aus Hamminkeln, 1827–1829

SCHÄFER, WILHELM;
aus Duisburg, 1820–1823 (siehe Personenregister)

SCHLECHTENDAHL, FRIEDRICH WILHELM;
aus Haan, 1829–1832

SCHLÖSSER, JOHANN WILHELM;
aus Dhünn, 1821–1823 (siehe Personenregister)

SCHMITZ, HEINRICH;
aus Burscheid, 1830–1832 (siehe Personenregister)

SCHMITZ, JOHANN HEINRICH;
aus Werden, 1823 (vorzeitig ausgetreten) (siehe Personenregister)

SCHNEPPE, PETER CHRISTOPH;
aus Lennep, 1823–1826 (siehe Personenregister)

SCHNUCK, JOHANN WILHELM;
aus Wesel, 1822–1824 (siehe Personenregister)

SCHOPPMANN, JOHANN FRIEDRICH WILHELM;
aus Lennep, 1823–1826 (siehe Personenregister)

SCHREY, JOHANN;
aus Schaadt, 1828–1830 (siehe Personenregister)

SCHRÖDER, CARL LUDWIG;
aus Essen, 1828–1830 (siehe Personenregister)

SCHÜRMANN, FRIEDRICH ADOLPH LEOPOLD;
aus Orsoy, 1820–1823 (siehe Personenregister)

SCHÜRMANN, GUSTAV ADOLPH;
aus Moers, 1831–1833

SCHÜRMANN, HERMANN FRIEDRICH;
aus Neu-Büderich, 1829–1831

SCHÜRMANN, JOHANN WILHELM;
aus Büderich, 1822–1824 (siehe Personenregister)

SCHÜTZ, CHRISTIAN;
aus Hilden, 1831–1833

SCHULTE, FRIEDRICH WILHELM;
aus Westkotten (Gemarke), 1830–1832

SCHWALFENBERG, JOHANN;
aus Velbert, 1823–1826 (siehe Personenregister)

SEHER, DIEDERICH;
aus Moers, 1823–1826 (siehe Personenregister)

SIEGLERSCHMIDT, FERDINAND;
aus Velbert, 1831–1833

SPICKER, JOHANN HEINRICH;
aus Emmerich, 1829–1831

STAA, FRANZ HEINRICH VON;
aus Ruhrort, 1822–1824 (siehe Personenregister)

STÖCKER, EDUARD;
aus Lennep, 1824–1827 (siehe Personenregister)

STRAATEN [STRAETEN], ALOYSIUS;
aus Rayen, 1824–1826 (siehe Personenregister)

SUSEN, LUDWIG;
aus Dinslaken, 1827–1829

TETSCH, CONRAD;
aus Wesel, 1826–1828

THEYSSEN, HEINRICH;
aus Holten, 1829–1831

THOMAS, ARNOLD;
aus Ruhrort, 1831–1833

THÜSEN, PETER VAN DER;
aus Baerl, 1831–1833

TRAPPMANN, CARL WILHELM;
aus Kranenburg, 1823–1827 (siehe Personenregister)

TWER, FRIEDRICH;
1828–1830

VOGEL, GOTTFRIED;
aus Hassels (heute Düsseldorf), 1829–1831

VOGEL, HEINRICH;
aus Reusrath, bis 1824 (vorzeitig ausgetreten) (siehe Personenregister)

VOGELSAND, PETER;
aus Hilden, 1822–1824 (siehe Personenregister)

VOSS, JOHANN GERHARD FRIEDERICH THEODOR;
aus Holten, bis 1823 (siehe Personenregister)

WEBER, JOHANN FRIEDRICH;
aus Heckinghausen, 1828–1830 (siehe Personenregister)

WINDFUHR, PETER FRIEDRICH/FERDINAND;
aus Lennep, 1823–1826 (siehe Personenregister)

WINTER, JOHANN;
aus Heiligenhaus, 1830–1832

WINTERHAGEN, WILHELM;
aus Dhünn, 1821–1823 (siehe Personenregister)

WITTE, GUSTAV;
aus Hückeswagen, 1827–1829

WITTENBERG, J.H.;
Sommerkursus 1820

WITTICH, KARL EDUARD;
aus Mettmann, 1831

WOLFERZ, CARL;
aus Solingen, 1829–1832

WÜLLENWEBER, GUSTAV;
aus Cronenberg, 1829–1831 (siehe Personenregister)

ZIMMERMANN, FRIEDRICH WILHELM;
1831–1833

Diesterweg am Niederrhein

Der Band enthält Texte, die der junge Adolph Diesterweg als Gründungsdirekter des evangelischen Lehrerseminars Moers am Niederrhein zwischen 1820 und 1832 schrieb. Briefe, Chroniken, Inspektionsberichte, Bitt- und Protestschreiben bieten ein ungeschminktes Bild von Lehrerbildung und Volksschule in diesen Jahren.

Nachdem Preußen seine Niederlage gegen Napoleon in den Befreiungskriegen umgekehrt hatte und auf dem Wiener Kongress die staatlichen Verhältnisse neugeordnet worden waren, musste das Schulwesen modernisiert werden. Die Impulse der wenige Jahre zuvor verkündeten Stein-Hardenberg'schen Reformgesetze wirkten in diesem Lebensbereich weiter. Ein von Vorbildern wie Pestalozzi und Wilberg erfüllter, voll neuer Ideen steckender Diesterweg stellte sich diesen Aufgaben, allen Schwierigkeiten zum Trotz. Vor Ort versuchte er, den Reformgeist in die Wirklichkeit umzusetzen, wie sich an anschaulich dokumentierten Beispielen nachlesen lässt.

Klaus Goebel (Hrsg.)
Diesterweg am Niederrhein
Briefe und Berichte
2000, 220 Seiten, broschiert,
€ 15,–/sFr 30,–
ISBN 3-472-03924-8

Zu beziehen über Ihre
Buchhandlung oder
direkt beim Verlag.

Wolters Kluwer Deutschland GmbH
Heddesdorfer Straße 31 · 56564 Neuwied
Telefon 02631 801-2222 · Telefax 02631 801-2223
www.luchterhand.de · www.wolters-kluwer.de
E-Mail info@wolters-kluwer.de

Luchterhand
Eine Marke von Wolters Kluwer Deutschland